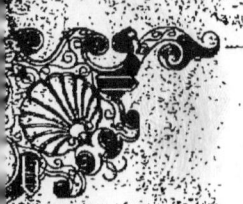

DICTIONNAIRE
CLASSIQUE
DE LA LANGUE FRANÇAISE

CONTENANT

TOUS LES MOTS DU DICTIONNAIRE DE L'ACADÉMIE

et un grand nombre d'autres qui ne s'y trouvent pas

AVEC L'ÉTYMOLOGIE ET LA PRONONCIATION FIGURÉE

extraits du grand Dictionnaire

PAR NAPOLÉON LANDAIS

Troisième Édition

PARIS
DIDIER, LIBRAIRE-ÉDITEUR
35, QUAI DES AUGUSTINS

1844

DICTIONNAIRE
CLASSIQUE
DE LA LANGUE FRANÇAISE.

Ouvrages de M. Napoléon Landais

GRAND DICTIONNAIRE
GÉNÉRAL
DES DICTIONNAIRES FRANÇAIS.

Extrait et complément de tous les dictionnaires anciens et modernes les plus célèbres, contenant la nomenclature exacte des mots *académiques, artistiques, géographiques, industriels, scientifiques*, etc.; *la conjugaison de tous les verbes irréguliers, la prononciation figurée de tous les mots, les étymologies savantes, la solution de toutes les questions grammaticales*, etc., par NAPOLÉON LANDAIS. 7e édit. revue et corrigée, 2 forts vol. gr. in-4° 1843. 26 fr.

<small>Jamais la librairie n'eut à enregistrer un succès aussi grand, aussi soutenu que celui qui accueillit et qui accueille toujours cet important ouvrage. La vente de 65,000 exemplaires en six ans le dit assez. Il contient environ 68,000 mots de plus que le *Dictionnaire de l'Académie*, et 36,000 de plus que le *Dictionnaire de Boiste*. On peut donc avancer que cet excellent livre est le dictionnaire le plus commode, le plus complet, le plus réellement universel qui existe : en effet, consultez-le, et, non seulement vous trouverez à côté de la *définition exacte des mots*, leur *étymologie savante* et leur *prononciation figurée*, la *différence synonymique*, la *conjugaison des verbes irréguliers*, si embarrassante même pour les gens instruits, *la solution des questions grammaticales* les plus ardues; mais encore des notes historiques précieuses et des dates certaines sur de grandes institutions, des événements importants, des découvertes mémorables, etc. ; de sorte que le Dictionnaire de Landais se trouve être une encyclopédie réelle contenant toutes les notions essentielles, et pouvant donner une réponse immédiate à tous les genres d'interrogations : il peut donc suppléer à tous les autres dictionnaires, sans pouvoir être suppléé par aucun. Voilà ce qui explique le brillant accueil que cette belle publication reçoit par toute la France et à l'Étranger.</small>

GRAMMAIRE
GÉNÉRALE
DES GRAMMAIRES FRANÇAISES,

Présentant la solution analytique, raisonnée et logique de toutes les questions grammaticales anciennes et modernes. 1 volume in-4. 4e édition imprimée sur 2 colonnes. 1843. 12 fr.

<small>NOTA. Cette grammaire est supérieure à toutes celles du même genre publiées jusqu'à ce jour. M. Landais a été plus hardi que Girault-Duvivier, qui présente bien les opinions diverses des grands maîtres, mais n'émet point d'opinion personnelle ; notre auteur, au contraire, motive et dit franchement son avis, et cet avis est toujours fondé sur une sage et froide raison.</small>

Petit Dictionnaire français portatif contenant tous les mots du Dictionnaire de l'Académie, et un grand nombre d'autres qui ne s'y trouvent pas; extrait du Grand Dictionnaire de NAPOLÉON LANDAIS, 9e édit. 1 joli vol. gr. in-32 de 600 p., orné de 25 vign. 1844. 2 fr.

<small>Cet excellent petit Dictionnaire portatif est beaucoup plus complet que tous ceux qui ont paru jusqu'à ce jour dans ce format.</small>

Dictionnaire Classique de la Langue française, avec l'étymologie et la prononciation figurée, etc., extrait du Grand Dictionnaire de NAPOLÉON LANDAIS, 3e édition. 1 joli vol. in-8 carré. 1844. 4 fr.

Dictionnaire des Rimes, précédé d'un Traité de Versification, par NAPOLÉON LANDAIS. 1 vol. in-32. 2 fr.

Imprimerie de Ducessois, quai des Augustins, 55

DICTIONNAIRE
CLASSIQUE
DE LA LANGUE FRANÇAISE

CONTENANT

TOUS LES MOTS DU DICTIONNAIRE DE L'ACADÉMIE

et un grand nombre d'autres qui ne s'y trouvent pas

AVEC L'ETYMOLOGIE ET LA PRONONCIATION FIGURÉE

extraits du grand Dictionnaire

PAR NAPOLEON LANDAIS

Troisième Édition

PARIS
DIDIER, LIBRAIRE-ÉDITEUR,
35, QUAI DES AUGUSTINS.

1844

AVERTISSEMENT.

Quelque grand que soit le nombre des ouvrages de ce genre déjà existants, il nous a semblé qu'il y avait une lacune à combler. Aucun des dictionnaires de ce format publiés jusqu'à ce jour ne donne en même temps l'étymologie et la prononciation des mots. Et cependant, quoi de plus nécessaire que ces deux choses : l'étymologie, qui facilite la connaissance et l'intelligence des termes, et qui seule peut accréditer leur orthographe; la prononciation, qui embarrasse si souvent les étrangers et les Français eux-mêmes lorsqu'ils commencent l'étude de la langue? Nous ne nous sommes pas bornés à présenter les différents sens et acceptions, propres et figurés; nous nous sommes efforcés de rendre la prononciation claire et sensible, au moyen de lettres de pure convention et qui donnent le son net et exact du mot.

Quant aux définitions, le cadre rétréci de cet ouvrage nous forçait à les restreindre singulièrement, ce qui ne s'était fait jusqu'ici qu'aux dépens de leur exactitude. Nous croyons cependant être parvenus à leur donner une très-grande concision, sans altérer en rien leur clarté ni leur justesse. La plupart de ces définitions ont été prises dans notre *Grand Dictionnaire général et grammatical des dictionnaires français*, dont nous avons publié récemment la septième édition; dans la dernière édition du *Dictionnaire de l'Académie*, et dans les meilleurs grammairiens.

Le soin que nous avons apporté à ce travail nous fait espérer que, sous ce rapport, notre livre sera exempt des fausses interprétations, des inexactitudes, qu'on rencontre souvent dans les meilleurs ouvrages de ce genre.

Notre *Dictionnaire* comprend tous les mots contenus dans la dernière édition du *Dictionnaire de l'Académie*, et en outre un très-grand nombre de mots que l'Académie n'a pas cru devoir admettre, et que cependant un long usage a consacrés. En effet, dans le nombre des termes qui ont vieilli, quelques-uns ont une telle énergie et une si grande force d'expression, qu'on les emploie encore très-souvent. D'autres mots, d'une origine plus récente, ont pris naissance au milieu de nos agitations politiques et des débats parlementaires, ou ont été introduits par le progrès des arts et des hautes sciences; leur fréquent emploi leur a donné place dans la langue. Parmi tous ces mots nous avons choisi avec un soin minutieux et une attention scrupuleuse ceux qui sont le plus usités, et nous les avons admis dans notre *Dictionnaire classique*. On trouvera encore à leur ordre alphabétique tous les participes passés des verbes.

Les abréviations ont aussi appelé notre attention. Il importait de ne laisser aucune confusion possible : nous croyons y avoir réussi. Un mode d'abréviations a été combiné de telle sorte, qu'après avoir jeté un coup d'œil sur le tableau que nous donnons plus loin, il deviendra complétement impossible de se tromper.

Quant à l'exécution typographique, il suffira d'ouvrir au hasard notre livre pour se convaincre que, sous ce rapport comme sous tous les autres, il est infiniment supérieur à tous ceux du même genre qui l'ont précédé.

TABLE DES ABRÉVIATIONS.

a.	actif.
adj.	adjectif ou adjectivement.
adv.	adverbe ou adverbial.
agric.	agriculture.
alg.	algèbre.
anat.	anatomie.
anc.	ancien ou ancienne.
antiq.	antiquité.
aor.	aoriste.
archit.	architecture.
arithm.	arithmétique.
astr.	astronomie.
augm.	augmentatif.
blas.	blason.
bot.	botanique.
charp.	charpenterie.
chim.	chimie.
chir.	chirurgie.
coll.	collectif.
conj.	conjonction ou conjonctif.
démonstr.	démonstratif.
dimin.	diminutif.
dr.	droit.
escr.	escrime.
étym.	étymologie.
excl.	exclamation.
f.	féminin.
fam.	familier ou familièrement.
fauconn.	fauconnerie.
féod.	féodalité.
fig.	figurément.
fortif.	fortification.
fréq.	fréquentatif.
g.	genre.
gén.	génitif.
géogr.	géographie.
géom.	géométrie.
gramm.	grammaire.
grav.	gravure.
hist.	histoire.
hist. nat.	histoire naturelle.
impers.	impersonnel.
horlog.	horlogerie.
imprim.	imprimerie.
interj.	interjection.
inus.	inusité.
irrég.	irrégulier.
jur.	jurisprudence.
lat.	latin.
loc.	locution.
log.	logique.
m.	masculin.
man.	manège.
mar.	marine.
math.	mathématique.
méd.	médecine.
milit.	militaire.
minér.	minéralogie.
monn.	monnaie.
mus.	musique.
myth.	mythologie.
n.	neutre.
nég.	négative.
num.	numéral.
opt.	optique.
ord.	ordinal.
pal.	palais.
pap.	papetterie.
part.	participe.
partic.	particule.
pass.	passé.
peint.	peinture.
pers.	personnel.
pharm.	pharmacie.
phil.	philosophie.
phys.	physique.
pl.	pluriel.
pop.	populaire.
pr.	pronominal.
prat.	pratique.
prép.	préposition.
priv.	privatif.
pron.	pronom.
rac.	racine.
relat.	relatif.
rhét.	rhétorique.
rom.	romain ou romaine.
s.	substantif.
sculpt.	sculpture.
sing.	singulier.
subst.	substantivement.
t.	terme.
théol.	théologie.
unip.	unipersonnel.
us.	usité.
v.	verbe.
vén.	vènerie.
Voy.	voyez.

A, s. m., première lettre de l'alphabet français et des cinq voyelles.

A, avec l'accent grave, prép.

A, 3e pers. sing. ind. prés. du v. *avoir*.

ABAB, s. m. (*ababe*), matelot turc.

AB ABRUPTO. Voy. ABRUPTO.

ABAISSE, s. f. (*abèce*), pâte qui fait le fond d'une pièce de pâtisserie.

ABAISSÉ, E, part. pass. de *abaisser*, et adj.

ABAISSEMENT, s. m. (*abèceman*) (du lat. barbare *bassus*), diminution de hauteur; *fig.* bassesse, humiliation.

ABAISSER, v. a. (*abècé*) (rac. à prép. et *laisser*), mettre plus *bas*; *fig.* avilir.

ABAISSEUR, s. et adj. m. (*abèceur*), t. d'anat., muscle qui abaisse.

ABAJOUE, s. f. (*abajou*), t. d'hist. nat., cavité des joues de certains animaux.

ABALOURDI, E, part. pass. de *abalourdir*.

ABALOURDIR, v. a. (*abalourdir*), rendre lourd et stupide. Fam.

ABANDON, s. m. (*abandon*) (de l'allemand *a* priv. et *band*, lien), état d'une personne, d'une chose délaissée.

ABANDONNÉ, E, part. pass. de *abandonner*, et adj.

ABANDONNEMENT, s. m. (*abandoneman*), acte d'*abandonner*; délaissement complet; *fig.* déréglement.

ABANDONNER, v. a. (*abandoné*), quitter, délaisser entièrement.

ABANNATION, s. f. (*abannacion*) (du lat. *ab* et *annus*), exil d'une année entière.

1

ABAQUE, s. m. (*abake*) (en grec αξαξ, table), table de multiplication, de jeu ; en archit., partie supérieure d'un chapiteau.
ABARTICULATION, s. f. (*abartikulácion*) (en lat. *abarticulatio*), t. d'anat., articulation des os mobiles.
ABASOURDI, E, part. pass. de *abasourdir*.
ABASOURDIR, v. a. (*abazourdir*) (rac. *sourd*), étourdir par un grand bruit, consterner.
ABATAGE. Voy. ABATTAGE.
ABATANT. Voy. ABATTANT.
ABÂTARDI, part. pass. de *abâtardir*.
ABÂTARDIR, v. a. (*abâtardir*) (rac. *bâtard*) faire dégénérer.
ABÂTARDISSEMENT, s. m. (*abâtardiceman*), état d'une chose *abâtardie*.
ABATÉE. Voy. ABATTÉE.
ABAT-FAIM, s. m. (*abafein*) (*abattre la faim*), grosse pièce de viande. Fam.
ABAT-FOIN, s. m. (*abafoein*), ouverture par laquelle on *abat* le *foin*.
ABATIS. Voy. ABATTIS.
ABAT-JOUR, s. m. (*abajour*), fenêtre en soupirail qui reçoit le jour d'en haut.
ABATTAGE, s. m. (*abataje*), l'action d'abattre des bois qui sont sur pied.
ABATTANT, s. m. (*abatan*), dessus de table, de châssis, qui s'élève et s'*abat*.
ABATTÉE, s. f. (*abaté*), t. de mar., mouvement de rotation du vaisseau en panne qui arrive de lui-même.
ABATTEMENT, s. m. (*abateman*), fig. accablement, affaiblissement.
ABATTEUR, s. m. (*abateur*), celui qui *abat*.
ABATTIS, s. m. (*abati*), choses *abattues* ; cou, ailes etc., de volaille.
ABATTOIR, s. m. (*abatoar*), bâtiment où l'on tue les bestiaux.
ABATTRE, v. a. (*abatre*), renverser ; fig. décourager.
ABATTU, E, part. pass. de *abattre*.
ABATTURE, s. f., (*abature*), l'action d'abattre les glands.—Au pl., traces du cerf.
ABAT-VENT, s. m. (*abavan*), petit auvent, toit en saillie.
ABAT-VOIX, s. m. (*abavoé*), dessus d'une chaire à prêcher.
ABBATIAL, E, adj. (*abacial*), qui appartient à une *abbaye*.
ABBAYE, s. f. (*abèi*), monastère régi par un *abbé* ou par une *abbesse*.
ABBÉ, s. m. (*abé*) (en lat. *abbas*), celui qui possède une *abbaye*.
ABBESSE, s. f. (*abèce*), supérieure d'un monastère de filles.
A B C, s. m. (*ábécé*), livret contenant l'alphabet ; fig. premiers éléments d'une science, d'un art.
ABCÉDÉ, E, part. pass. de *abcéder*, et adj.

ABCÉDER, v. n. (*abcédé*), t. de chir., se résoudre en *abcès*.
ABCÈS, s. m. (*abcè*) (du lat. *abscidere*), apostème qui se termine par la suppuration.
ABCISSE. Voy. ABSCISSE.
ABDALA, s. m. (*abdalá*) (de l'arabe *abdallah*, composé de *abd*, serviteur, et de *Allah*, Dieu), religieux chez les Perses.
ABDICATION, s. f. (*abdikácion*) (en lat. *abdicatio*), action de renoncer volontairement à....
ABDIQUÉ, E, part. pass. de *abdiquer*.
ABDIQUER, v. a. (*abdikié*) (de *ab*, qui signifie extraction, et de *dicere*, déclarer), renoncer volontairement à...
ABDOMEN, s. m. (*abdomène*), le ventre.
ABDOMINAL, E, adj. (*abdominal*) (en lat. *abdominalis*), qui appartient au ventre.
ABDOMINAUX, adj. m. pl., et s. m. pl., poissons qui ont des nageoires sous le ventre.
ABDUCTEUR, s. m. (*abdukteur*) (du lat. *abduco*, je conduis hors), t. d'anat., muscle qui fait mouvoir en dehors.
ABDUCTION, s. f. (*abdukcion*) (en lat. *abductio*), t. d'anat., mouvement des muscles en dehors ; fracture d'un os.
ABÉCÉDAIRE, s. m. (*abécédère*), livre élémentaire pour apprendre l'alphabet. — Adj. des deux g., qui concerne l'alphabet ; alphabétique.
ABECQUÉ, E, part. pass. de *abecquer*.
ABECQUEMENT, s. m. (*abèkeman*), action de donner la *becquée*.
ABECQUER, v a. (*abèké*), donner la *becquée* à un oiseau. Fam.
ABER, s. f. (*abé*) (du lat. *abeo*, je m'en vais), rigole.
ABEILLAGE, s. m. (*abèiaje*), ruche, essaim d'abeilles.
ABEILLE, s. f. (*abèie*), mouche à miel.
ABERRATION, s. f. (*abèrerácion*) (en lat. *aberratio*), changement qui apparaît dans les astres ; fig. erreur, écart de l'esprit.
ABÊTI, E, part. pass. de *abêtir*.
ABÊTIR, v. a. (*abétir*) (rac. *bête*, en lat. *bestia*), rendre stupide, *bête* ; ôter l'esprit. — V. n. devenir *bête*.
AB HOC ET AB HAC, loc. lat. et adv. (*abokétabak*), sans ordre, confusément.
ABHORRÉ, E, part. pass. de *abhorrer*.
ABHORRER, v. a. (*aboreré*) (du lat. *ab* et *horrere*, se hérisser), avoir en *horreur*, détester.
ABIGEAT, s. m. (*abijé-ate*) (du lat. *abigere*), t. de jur., larcin d'un troupeau de bétail.
ABÎME. Voy. ADYME.
AB INTESTAT, loc. adv. (*abeintècetate*) (du latin *ab intestato*), sans avoir *testé* ; sans *testament*.
AB IRATO, loc. lat. et adv. (*abiráto*), se dit d'une chose faite par un homme en colère.
ABIRRITATION, s. f. (*abireritácion*), t. de

méd., affaiblissement des phénomènes vitaux.

ABJECT, E, adj. (*abjèkte*)(en lat. *abjectus*), méprisable, bas, vil.

ABJECTION, s. f. (*abjèkcion*) (en lat. *abjectio*), humiliation, abaissement.

ABJURATION, s. f. (*abjurácion*) (en lat. *abjuratio*, de *ab* et de *jurare*), action de celui qui abjure.

ABJURÉ, E, part. pass. de *abjurer*.

ABJURER, v. a. (*abjuré*) (même étymol. que celle d'*abjuration*), renoncer à une religion ou à une doctrine que l'on croit mauvaise.

ABLACTATION, s. f. (*ablaktácion*) (en lat. *ablactatio*), sevrage; action ou manière de sevrer les enfants.

ABLATEUR, s. m. (*ablateur*), t de méd. vétérin., cisailles pour couper la queue des animaux.

ABLATIF, s. m. (*ablatif*) (en lat. *ablativus*), sixième cas des déclinaisons.

ABLATION, s. f. (*ablácion*) (en lat. *ablatio*), action d'enlever, de retrancher.

ABLATIVO, adv. (*ablativó*), avec confusion et désordre. Peu usité

ABLE, s. m., ou ABLETTE, s. f. (*able, ablète*) (en lat. *albula*), petit poisson osseux.

ABLÉGAT, s. m. (*ablégua*) (en lat. *ablegatus*), vicaire d'un légat.

ABLERET, s. m. (*ablèrè*), filet pour pêcher des *ables*, etc.

ABLETTE, s. f. Voy. ABLE.

ABLUANT, E, adj. (*abluan, ante*), qui nettoie, qui lave.

ABLUÉ, E, part. pass. de *abluer*, et adj.

ABLUER, v. a. (*ablué*) (du lat. *abluo*, je lave), laver; *fig.* raviver l'écriture.

ABLUTION, s. f. (*ablucion*) (en lat. *ablutio*), action d'ôter les taches, les souillures, au propre et au figuré.

ABNÉGATION, s. f. (*abnéguácion*) (en lat. *abnegatio*), renoncement.

ABNORMAL, E, adj. (*abnormal*) (formé de *a*, ou *ab*, priv., et de *norma*, règle, *sans règle*), irrégulier.

ABOI, s. m (*aboè*), cri du chien.

ABOIEMENT, s. m. (*aboèman*), synonyme de *aboi*.

ABOIS, s. m. pl. (*aboè*), extrémité à laquelle le cerf est réduit; *fig.* état d'une personne qui se meurt, d'une place qui ne peut se défendre, etc.

ABOLI, E, part. pass. de *abolir*, et adj.

ABOLIR, v. a. (*abolir*), annuler, casser.

ABOLISSABLE, adj. des deux g. (*aboliçable*), qui doit être *aboli*.

ABOLISSEMENT, s. m. (*aboliceman*), action d'*abolir*.

ABOLITION, s. f. (*abolicion*)(en lat. *abolitio*), anéantissement, extinction.

ABOMINABLE, adj. des deux g. (*abominable*) (de *abominari*, exécrer), détestable, exécrable.

ABOMINABLEMENT, adv. (*abominableman*), d'une manière *abominable*.

ABOMINATION, s. f. (*abomináciον*)(en lat. *abominatio*), action *abominable*; horreur.

ABOMINÉ, E, part. pass. de *abominer*.

ABOMINER, v. a. (*abominé*) (en lat. *abominari*), détester; avoir en horreur; exécrer. Voy. ABOMINATION.

ABONDAMMENT, adv. (*abondaman*)(formé d'*abonder*), avec *abondance*.

ABONDANCE, s. f. (*abondance*) (en lat. *abundantia*), grande quantité de...

ABONDANT, E, adj. (*abondan, dante*) (en lat. *abundans*), qui abonde; qui offre plus qu'il ne faut pour l'usage et les besoins

ABONDER, v. n. (*abondé*) (du lat *ab*, de, et *undo*, je coule), avoir ou être en grande quantité; être ou venir en grand nombre, en foule,

ABONNATAIRE, s. des deux g. (*abonatère*), qui obtient une concession temporaire.

ABONNÉ, E, part. pass. de *abonner*.—Il est aussi adj. et s.

ABONNEMENT, s. m. (*aboneman*), convention, marché à prix fixe.

ABONNER, v. a. (*aboné*), prendre, contracter un *abonnement*.

ABONNI, E, part. pass. de *abonnir*.

ABONNIR, v. a. (*abonir*) (rac. *bon*), rendre meilleur.

ABONNISSEMENT, s. m. (*aboniceman*), amélioration.

ABORD, s. m. (*abor*; le d ne se prononce jamais), approche, accès, entrée.

ABORDABLE, adj. des deux g. (*abordable*) (formé de *aborder*), accessible.

ABORDAGE, s. m. (*abordaje*) (formé de *aborder*), action d'*aborder*, de toucher.

ABORDÉ, E, part. pass. de *aborder*, et adj., qui est joint; qui est arrivé.

ABORDÉE, d'ABORDÉE, pour *abord*, d'*abord*.

ABORDER, v. a. (*abordé*) (rac. *bord*), joindre, accoster; tomber sur l'ennemi. — V. n. aller à *bord*, prendre terre.

ABORDEUR, s. m. (*abordeur*), celui qui aborde.

ABORIGÈNES, s. m. pl. (*aborijène*) (du latin *ab*, de, et *origo*, origine), originaires du pays.

ABORNÉ, E, part. pass. de *aborner*.

ABORNEMENT, s. m. (*aborneman*), limite.

ABORNER, v. a. (*aborné*) (rac. *borne*), mettre des *bornes*, des limites.

ABORTIF, IVE, adj. (*abortife, tive*) (du lat. *abortior*, je nais avant le temps), qui est venu avant terme.

ABOUCHÉ, E, part. pass. de *aboucher*.

ABOUCHEMENT, s. m. (*aboucheman*) (rac. *bouche*), entrevue, conférence.

ABOUCHER, v. a. (*abouché*) (rac. *bouche*), réunir pour une conférence.

ABOUGRI, E, adj Voy. RABOUGRI, plus us.

ABOUT, s. m. (*abou*), extrémité par laquelle un morceau de bois est assemblé avec un autre.

ABOUTÉ, E, part. pass. de *abouter*.

ABOUTER, v. a. (*abouté*), joindre, mettre bout à bout.

ABOUTI, E, part. pass. de *aboutir*.

ABOUTIR, v. n. (*aboutir*), toucher d'un bout à une chose; se terminer; tendre à suppurer.

ABOUTISSANT, E, adj. (*aboutiçan, çante*), qui *aboutit*.

ABOUTISSANTS, s. m. pl. (*aboutiçan*), qui *aboutissent*: *Les tenants et les aboutissants*.

ABOUTISSEMENT, s. m. (*abouticeman*), action d'*aboutir*.

AB OVO, loc. adv. et lat. (*abóvó*), dès l'origine, dès le commencement.

ABOYANT, E, adj. (*aboèian, iante*), qui *aboie*.

ABOYÉ, E, part. pass. de *aboyer*.

ABOYER, v. n. (*aboèié*) (rac. *aboi*), japper; *fig*. convoiter, médire.

ABOYEUR, EUSE, s. (*aboèieur, euse*), qui *aboie*.

ABRACADABRA, s. m. (*abrakadabra*), parole magique.

ABRAXAS, ou, par abréviation, ABRAC, s. m. (*abrakçáce*), mot symbolique, amulette.

ABRE. s. m. (*abre*), plante légumineuse.

ABRÉGÉ, E, part. pass. de *abréger*, et adj.

ABRÉGÉ, s. m. (*abréjé*), précis d'un ouvrage, d'une histoire, etc.

ABRÉGEMENT, s. m. (*abrèjeman*), action d'*abréger*.

ABRÉGER, v. a. (*abréjé*) (du lat. *abbreviare*), rendre plus court.

ABREUVÉ, E, part. pass. de *abreuver*.

ABREUVER, v. a. (*abreuvé*) (du lat. *ad*, à, et *bibere*, boire), mener à l'abreuvoir; faire boire.

ABREUVOIR, s. m. (*abreuvoar*), lieu où l'on mène boire les animaux.

ABRÉVIATEUR, TRICE, s. (*abréviateur, trice*), celui, celle qui *abrège*.

ABRÉVIATIF, TIVE, adj. (*abréviatife, tive*) qui *abrège*, qui indique l'*abréviation*.

ABRÉVIATION, s. f. (*abréviácion*), retranchement de lettres dans un mot.

ABRÉVIATIVEMENT, adv. (*abréviativeman*), par *abréviation*.

ABRI, s. m. (*abri*) (du lat. *apricus*), lieu de retraite, de sûreté.

ABRICOT, s. m. (*abrikó*), fruit à noyau.

ABRICOTIER, s. m. (*abrikotié*), arbre qui porte les *abricots*.

ABRITÉ, E, part. pass. de *abriter*.

ABRITER, v. a. (*abrité*), mettre à l'abri.

ABRIVER, v. a. (*abrivé*), aborder.

ABROCOME, adj. des deux g. (*abrokome*), qui a une longue chevelure.

ABROGATION, s. f. (*abroguácion*) (en lat. *abrogatio*), acte par lequel on annule.

ABROGÉ, E, part. pass. de *abroger*, et adj.

ABROGER, v. a. (*abrojé*) (du latin *ab*, hors, et *rogare*, demander), détruire, annuler.

ABROTONE, s. f. (*abrotone*) (α priv. et βροτός, mortel), plante toujours verte et odoriférante.

ABROTONOÏDE, s. f. (*abrotono-ide*)(α priv. βροτός, mortel, et εἶδος, forme), madrépore; corail perforé. On dit aussi *abrotanoïde*.

ABROUTI, E, adj. (*abrouti*) (rac. brouter, mot qui vient du grec βρυττειν, manger), ébourgeonné, *brouté*.

ABROUTISSEMENT, s. m. (*abrouticeman*) (formé d'*abrouti*), action de brouter; dommage occasionné par des animaux.

ABRUPT, E, adj. (*abrupte*) (du lat. *ab* hors, et *rumpere*, séparer), escarpé, rapide, peu poli.

ABRUPTION, s. f. (*abrupcion*) (en lat. *abruptio*), t. de chir., fracture avec écart.

ABRUPTO (précédé de *ab* ou de *ex*) (*abrupté*), brusquement, sans préambule.

ABRUTI, E, part. pass. de *abrutir*, et adj.

ABRUTIR, v. a. (*abrutir*) (rac. *brutus*, brute), rendre stupide.

ABRUTISSANT, E, adj. (*abrutiçan, çante*), qui *abrutit*.

ABRUTISSEMENT, s. m. (*abruticeman*), stupidité.

ABRUTISSEUR, EUSE, adj. (*abruticeur, ceuze*), qui *abrutit*.

ABSCISSE, s. f. (*abcice*) (de *ab* et *scindere*, couper), portion de courbe.

ABSCISSION, s. f. (*abcicecion*) (du verbe *abscindere* ou *abscidere*, ôter), action de retrancher.

ABSENCE, s. f. (*abçance*), (en lat. *absentia*), éloignement; privation de...; *fig*. distraction.

ABSENT, E, adj. (*abçan, çante*) (en lat. *absens*), qui est éloigné, qui n'est pas présent.

S'ABSENTER, v. pr. (*çabçanté*) (du lat. *abesse*, de *ab*, hors, et *esse*, être), s'éloigner d'un lieu.

ABSIDE, s. f. (*abcide*), voûte, niche, sanctuaire.

ABSINTHE, s. f. (*abceinte*) (du grec α priv. et ψινθος, douceur), plante et liqueur amère.

ABSINTHÉ, E, adj. (*abceinté*), mélangé d'*absinthe*.

ABSOLU, E, adj. (*abçolu*) (du lat. *absolutus*, part. pass. d'*absolvere*, parfaire), souverain, indépendant, impérieux, arbitraire.

ABSOLUMENT, adv. (*abçoluman*) (en lat. *absolute*), souverainement, impérieusement, entièrement.

ABSOLUTION, s. f. (*abçolucion*) (en lat. *absolutio*), rémission d'un crime, d'un péché.

ABSOLUTISME, s. m. (*abçoluticeme*) (du lat. *absolvere*), système d'un gouvernement *absolu*.

ABSOLUTISTE, s. des deux g. (*abçoluticete*), partisan de l'*absolutisme*.

ABSOLUTOIRE, adj. des deux g. (*abçolutoare*), qui porte *absolution*.

ABSORBABLE, adj. des deux g. (*abçorbable*), propre à être *absorbé*.

ABSORBANT, E, adj. (*abçorban, bante*) (en lat. *absorbens*), qui *absorbe*, qui pompe.

ABSORBANT, s. m. (*abçorban*), substance qui s'unit aux acides.

ABSORBÉ, E, part. pass. de *absorber*.

ABSORBER, v. a. (*abçorbé*) (en lat. *absorbere*, avaler), engloutir, faire disparaître.

ABSORPTIF, TIVE, adj., (*abçorpetif, tive*), qui *absorbe*.

ABSORPTION, s. f. (*abçorpecion*), l'action d'*absorber*.

ABSORPTIVITÉ, s. f. (*abçorpetivité*), faculté d'*absorber*.

ABSOUDRE, v. a. (*abçoudre*) (en lat. *absolvere*, délier), déclarer innocent.

ABSOUS, SOUTE (*abçou, çoute*), part. pass. d'*absoudre*; qui est déchargé d'un crime.

ABSOUTE, s. f. (*abçoute*), absolution solennelle donnée le Jeudi-Saint et le jour de Pâques.

ABSTÈME, adj. des deux g. (*abcetème*) (formé de *abs*, hors, et de *temetum*, vin), qui ne boit pas de vin.

s'ABSTENIR, v. pr. (*çabcetenir*) (du lat. *abs*, de, hors, et *tenere*, tenir), se priver de....

ABSTENTION, s. f. (*abcetantion*) (en lat. *abstentio*, refus), action d'un juge qui se récuse.

ABSTENU, E, part. pass. de *s'abstenir*.

ABSTERGÉ, E, part. pass. d'*absterger*.

ABSTERGENT, E, adj. (*abcetèrejan, jante*) (formé d'*abstergere*), qui amollit, qui dissout.

ABSTERGER, v. a. (*abcetèrejé*) (formé de *abs*, de, hors, et *tergere*, nettoyer), t. de méd., nettoyer.

ABSTERSIF, IVE, adj. (*abcetèrecif, cive*), propre à *absterger*.

ABSTERSION, s. f. (*abcetèrecion*), action d'*absterger*.

ABSTINENCE, s. f. (*abcetinance*) (en lat. *abstinentia*), privation volontaire de...

ABSTINENT, E, adj. (*abcetinan, nante*), sobre, tempérant.

ABSTRACTEUR, s. m. (*abcetrakteur*), qui déduit.

ABSTRACTIF, IVE, adj. (*abcetraktife, tive*), (du lat. *abstrahere*, abstraire), qui exprime une *abstraction*.

ABSTRACTION, s. f. (*abcetrakcion*) (du lat. *abstrahere*), action d'*abstraire*; distraction.

ABSTRACTIVEMENT, adv. (*abcetraktiveman*), d'une manière *abstraite*.

ABSTRAIRE, v. a. (*abcetrère*) (fait de *abs*, de, hors, et *trahere*, tirer), séparer quelque chose par le moyen de l'esprit.

ABSTRAIT, E, part. pass. d'*abstraire*, et adj. (*abcetrè, trète*) (en lat. *abstractus*), métaphysique; distrait.

ABSTRAITEMENT, adv. (*abcetrèteman*), d'une manière *abstraite*.

ABSTRUS, E, adj. (*abcetru, truzè*) (formé de *abs*, hors, et *trudere*, pousser), difficile à entendre, à concevoir.

ABSURDE, adj. des deux g. (*abçurde*) (formé de *ab*, de, et *surdus*, sourd), qui choque l'esprit, la raison.

ABSURDEMENT, adv. (*abçurdeman*), d'une manière *absurde*.

ABSURDITÉ, s. f. (*abçurdité*), vice, défaut de ce qui est *absurde*.

ABUS, s. m. (*abu*) (du lat. *abusus*), mauvais usage, désordre; erreur; tromperie.

ABUSÉ, E, part. pass. de *abuser*.

ABUSER, v. a. (*abusé*) (du lat. *abuti*), tromper.—V. n. faire un mauvais *usage*, user mal.

ABUSEUR, s. m. (*abuzeur*), qui trompe.

ABUSIF, SIVE, adj. (*abuzif, zive*), qui est contraire aux règles.

ABUSIVEMENT, adv. (*abuziveman*), d'une manière *abusive*.

ABUTER, v. a. (*abuté*), viser au *but*.

ABYME et non pas ABÎME, s. m. (de α priv. et βυσσος, fond), gouffre; *fig.* malheur, enfer.

ABYMÉ, E, part. pass. de *abymer*, et adj.

ABYMER, v. a. (*abimé*), précipiter, ruiner, perdre.

ACABIT, s. m. (*akabi*) (de *acapitum*, achat), qualité d'une chose.

ACACIA, s. m. (*akacia*) (en grec ακακια, de ακκ, pointe), arbre de haute tige qui porte des fleurs légumineuses.

ACACIE, s. f. (*akaci*), plante légumineuse.

ACADÉMICIEN, s. m. (*akademiciein*) (en lat. *academicus*), philosophe ancien; membre d'une *académie*. Au f., ACADÉMICIENNE.

ACADÉMIE, s. f. (*akadémi*) (du grec ακαδημια), compagnie de savants, d'artistes ; maison d'étude, d'exercices, de jeu; figure d'après un modèle nu.

ACADÉMIQUE, adj. des deux g.(*akadémike*), qui concerne une *académie*.

ACADÉMIQUEMENT, adv. (*akadémikeman*), d'une manière *académique*.

ACADÉMISÉ, E, part. pass. de *académiser*.

ACADÉMISER, v.n.(*akademizé*), travailler d'après le modèle.

ACADÉMISIÉ, E, part. pass. de *académisier*.

ACADÉMISIER, v. a. (*akadémizié*), faire *académicien*. Presque inus.

ACADÉMISTE, s. des deux g. (*akadémicete*), élève dans une *académie*.

ACÈNE, s. f. (*acène*), t. de botan., plante.

ACAGNARDÉ, E, part. pass. de *acagnarder*.

ACAGNARDER, v. a. (*akagniardé*), accoutumer à une vie fainéante et obscure.

ACAJOU, s. m. (*akajou*), arbre d'Amérique, du Brésil et des Indes.

ACALIFOURCHONNÉ, E, adj. (*akalifourchoné*), à cheval. Fam.

ACALOT, s. m. (*akaló*), ibis du Mexique.

ACAMPTE, adj. des deux g. *(akanpete)* (du grec α priv., et καμπτω, je réfléchis), t. d'opt., qui ne réfléchit pas la lumière.

ACANTHE, s. f. *(akante)* (formé du grec ακανθα, épine), plante épineuse.

ACARE, s. m. *(akare)* (du grec α priv., et κειρω, couper), ciron, petit ver de fromage. On dit plus souvent *acarus*.

ACARIATRE, adj. des deux g. *(akariâtre)* (du grec αχαριστερος, opiniâtre), qui est d'une humeur aigre.

ACARNAR, s. f. *(akarnar)*, t. d'astron., étoile de première grandeur.

ACARON, s. m. *(akaron)*, myrte sauvage.

ACARUS, s. m. *(akâruce)*. Voy. ACARE.

ACATALEPSIE, s. f. *(akatalèpci)* (du grec α priv., et καταλαμβανω, je saisis), maladie mentale; pyrrhonisme.

ACATALEPTIQUE, adj. et s. des deux g. *(akatalèptike)*, Pyrrhonien; affecté d'*acatalepsie*.

ACAULE, adj. des deux g. *(akôle)* (formé du grec α priv., et καυλος, tige), sans tige.

ACCABLANT, E, adj. *(akâblan, blante)*, qui *accable*; qu'on ne peut supporter; fig. importun.

ACCABLÉ, E, part. pass. de *accabler*.

ACCABLEMENT, s. m. *(akâbleman)*, douleur, chagrin.

ACCABLER, v. a. *(akâblé)*, surcharger, abattre.

ACCAPARÉ, part. pass. de *accaparer*.

ACCAPAREMENT, s. m. *(akapareman)*, action d'*accaparer*.

ACCAPARER, v. a. *(akaparé)* (du lat. *adparare*), faire amas de denrées pour en rehausser le prix.

ACCAPAREUR, EUSE, s. *(akapareur, reuse)*, celui ou celle qui *accapare*.

ACCÉDÉ, E, part. pass. de *accéder*.

ACCÉDER, v. n. *(akcédé)* (de *ad*, à, et *cedere*), consentir, entrer dans un traité.

ACCÉLÉRATEUR, TRICE, adj. *(akcélérateur, trice)*, qui *accélère*.

ACCÉLÉRATION, s. f. *(akcélérácion)*, augmentation de vitesse.

ACCÉLÉRÉ, E, part. pass. de *accélérer* et adj.

ACCÉLÉRER, v. a. *(akcéléré)* (du lat. *ad augm.*, et *celer*, vite), hâter.

ACCÉLÉRIFÈRE, s. m. *(akcélérifère)* (formé de *accélérer*), diligence fort rapide. On dit plutôt *célérifère*.

ACCENSE, s. f. *(akçance)* (de *ad*, auprès, et *census*, revenu), dépendance d'un bien.

ACCENSEMENT, s. m. *(akçanceman)*, l'action d'*accenser*.

ACCENSÉ, E, part. pass. de *accenser*.

ACCENSER, v. a. *(akçancé)* (de *ad*, auprès, et *census*, bien), joindre un bien à un autre.

ACCENSES, s. m. pl. *(akçance)* (du lat. *accire*, appeler), officiers publics à Rome.

ACCENT, s. m. *(akçan)* (du lat. *ad*, auprès, et *cantus*, chant), ton de la voix; prononciation; signe grammatical.

ACCENTOR, s. m. *(akçantor)*, espèce de fauvette.

ACCENTUATION, s. f. *(akçantuácion)*, art, manière d'*accentuer*; système qui l'indique.

ACCENTUÉ, E, part. pass. de *accentuer*, et adj.

ACCENTUER, v. a. *(akçantué)*, mettre des accents; bien faire sentir la prononciation.

ACCEPTABLE, adj. des deux g. *(akçèptable)* (en lat. *acceptabilis*), qu'on peut *accepter*.

ACCEPTANT, E, adj. *(akçèptan, tante)*, qui reçoit, qui agrée.

ACCEPTATION, s. f. *(akçèptacion)* (en lat. *acceptatio*), action d'agréer.

ACCEPTÉ, E, part. pass. de *accepter*.

ACCEPTER, v. a. *(akçèpté)* (fait de *ad*, à, vers, et de *capere*, prendre), recevoir, agréer.

ACCEPTEUR, s. des deux g. *(akçèpteur)* (en lat. *acceptor*), qui *accepte*, surtout en parlant d'une lettre de change.

ACCEPTILATION, s. f. *(akçèptilácion)* (en lat. *acceptilatio*), remise faite d'une dette sans paiement.

ACCEPTION, s. f. *(akçèpcion)* (en lat. *acceptio*), sens d'un mot; préférence.

ACCERSITEUR ou mieux **ACCERSITOR**, s. m. *(akcèrciteur, tor)* (mot lat. formé d'*accercire*, appeler), esclave romain.

ACCÈS, s. m. *(akcè)*, (formé de *ad*, à, vers, et de *cedere*, survenir), abord, entrée; attaque d'un mal.

ACCESSIBILITÉ, s. f. *(akcècecibilité)*, facilité d'approcher ou d'être approché.

ACCESSIBLE, adj. des deux g. *(akcècecible)* (en lat. *accessibilis*), abordable.

ACCESSION, s. f. *(akcècecion)* (en lat. *accessio*), consentement.

ACCESSIT, s. m. *(akcèscite)*, récompense de celui qui a le plus approché du prix.

ACCESSOIRE, adj. des deux g. *(akcèceçoare)*, qui accompagne la chose principale. — S. m., accompagnement du principal.

ACCESSOIREMENT, adv. *(akcèceçoareman)*, d'une manière accessoire.

ACCIDENT, s. m. *(akcidan)* (en lat. *accidens*), malheur; cas fortuit.

ACCIDENTÉ, E, adj. *(akcidanté)*, inégal, raboteux.

ACCIDENTEL, ELLE, adj. *(akcidantèl, tèle)*, qui n'est ou n'arrive que par *accident*.

ACCIDENTELLEMENT, adv. *(akcidantèloman)*, par hasard.

ACCIPÉ, E, part. pass. de *acciper*.

ACCIPER, v. a. *(akcipé)* (du lat. *accipere*, recevoir), prendre.

ACCIPITRES, s. m. pl. *(akcipitre)*, famille des éperviers.

ACCISE, s. f. *(akcize)* (de l'allemand *accys*, dont les Anglais ont fait *excise*), taxe sur les boissons.

ACCISME, s. m. (akciceme), refus simulé.
ACCLAMATEUR, s. m. (aklamateur) (du lat. ad. vers, et clamo, je crie), celui qui fait des acclamations.
ACCLAMATION, s. f. (aklamácion) (en lat. acclamatio), cri de joie, d'applaudissement.
ACCLAMER, v. n. (aklamé), nommer par acclamation; approuver.
ACCLIMATATION, s. f. (aklimatácion) (rac. climat), action d'acclimater. Voy. ACCLIMATEMENT.
ACCLIMATÉ, E, part. pass. de acclimater, et adj.
ACCLIMATEMENT, s. m. (aklimateman), action de s'habituer à un climat.
ACCLIMATER, v. a. (aklimaté) (du grec κλιμα, région), accoutumer à la température d'un climat.
ACCOINTABLE, adj. des deux g. (akoeintable) (du lat. ad, près, et comitari, accompagner), sociable. Fam.
ACCOINTANCE, s. f. (akoeintance), liaison intime.
ACCOINTÉ, E, part. pass. de s'accointer.
s'ACCOINTER, v. pr. (çakoeinté), se lier intimement, se familiariser.
ACCOLADE, s. f. (akolade) (du lat. ad, à, et collum, cou), embrassement; cérémonie de la chevalerie; trait de plume qui joint plusieurs articles.
ACCOLAGE, s. m. (akolaje), action d'accoler la vigne aux échalas.
ACCOLÉ, E, part. pass. de accoler.
ACCOLER, v. a. (akolé), embrasser. Fam.
ACCOLLEMENT, s. m. (akoleman), espace entre le pavé et les fossés d'un grand chemin.
ACCOLURE, s. f. (akolure), lien pour la vigne.
ACCOMMODABLE, adj. des deux g. (akomodable), qui se peut accorder.
ACCOMMODAGE, s. m. (akomodaje), apprêt des viandes; coiffure.
ACCOMMODANT, E, adj. (akomodan, dante), complaisant, facile.
ACCOMMODATION, s. f. (akomodácion), (en lat. accommodatio), accord, conciliation des lois opposées.
ACCOMMODÉ, E, part. pass. d'accommoder, et adj., ajusté, propre, en ordre.
ACCOMMODEMENT, s. m. (akomodeman), accord, ajustement.
ACCOMMODER, v. a. (akomodé) (en lat. accommodare), conformer, arranger.
ACCOMPAGNAGE, s. m. (akonpagniaje), trame des étoffes.
ACCOMPAGNATEUR, TRICE, s. (akonpagniateur, trice), qui accompagne.
ACCOMPAGNÉ, E, part. pass. de accompagner.
ACCOMPAGNEMENT, s. m. (akonpagnieman), ce qui est joint à quelque chose; accord de voix et d'instruments.

ACCOMPAGNER, v. a. (akonpagnié) (formé du lat. ad, à, et compages, union), aller avec..; convenir à..; jouer ou chanter avec..;
ACCOMPLI, E, part. pass. de accomplir, et adj.; (akonpli), achevé, parfait.
ACCOMPLIR, v. a. (akonplir) (du lat. ad, augm., et complere, remplir), achever, effectuer, exécuter.
ACCOMPLISSEMENT, s. m. (akonpliceman), achèvement, exécution.
ACCON, s. m. (akon), petit bateau plat.
ACCORAGE, s. m. (akoraje), action d'accorer.
ACCORD, s. m. (akor) (du grec χορδη, corde), convention, harmonie, union.
ACCORDABLE, adj. des deux g. (akordable), qui peut ou qui doit s'accorder.
ACCORDAILLES, s. f. pl. (akordáie), fiançailles. Voy. ACCORDS.
ACCORDANT, E, adj. (akordan, dante), qui s'accorde bien; conforme, convenable.
ACCORDÉ, E, s. (akordé), fiancé.
ACCORDÉ, part. pass. d'accorder, et adj., accommodé, pacifié.
ACCORDÉON, s. m. (akordéon), petit instrument de musique à touches et à vent.
ACCORDER, v. a. (akordé) (formé d'accord), concilier, concéder, promettre en mariage; mettre d'accord un instrument.
ACCORDEUR, EUSE, s. (akordeur, deuse), celui ou celle qui accorde les instruments
ACCORDO, s. m. (akordó), basse italienne ayant douze à quinze cordes.
ACCORDOIR, s. m. (akordoar), outil d'accordeur.
ACCORDS, s. m. pl. (akor), réunion de parents pour la lecture et la signature d'un contrat de mariage.
ACCORE, s. m. (akore), t. de mar., étai pour soutenir les vaisseaux en construction ou dans les bassins.
ACCORÉ, E, part. pass. de accorer, et adj.
ACCORER, v. a. (akoré), poser des accores; fig. appuyer, soutenir.
ACCORNE, E, adj. (akorné) (du lat. cornu, corne) t. de blas. Il se dit des animaux dont les cornes sont d'un autre émail que le corps de l'animal.
ACCORT, E, adj. (akor, korte) (de l'italien accorto), complaisant, doux.
ACCORTISE, s. f. (akortise), douceur, complaisance. Fam.
ACCOSTABLE, adj. des deux g. (akocetable), facile à aborder.
ACCOSTÉ, E, part. pass. de accoster, et adj.
ACCOSTER, v. a. (akocété) (du lat. ad, à, vers, et costa, côté), aborder. Fam.
ACCOTÉ, E, part. pass. de accoter.
ACCOTER et non pas ACCOTTER, v. a. (akoté) (du lat. ad, à, et costa, côté), affermir, maintenir, assurer un corps en l'appuyant de côté contre un autre corps.
ACCOTOIR, s. m. (akotoar), appui pour

s'*accoter*; étai pour les vaisseaux en construction.

ACCOTTEMENT, s. m. (*akoteman*) (formé d'*accoter*), en t. d'horl., frottement.

ACCOUCHÉ, E, part. pass. de *accoucher*.

ACCOUCHÉE, s. f. (*akouché*), femme qui vient de mettre un enfant au monde.

ACCOUCHEMENT, s. m. (*akoucheman*), action d'*accoucher*; enfantement.

ACCOUCHER, v. n.(*akouché*) (du lat. *accubare*, formé de *ad* augm., et *cubare*, être couché), mettre un enfant au monde; produire. — V. a. aider une femme à accoucher.

ACCOUCHEUR, EUSE, s. (*akoucheur, euze*), celui ou celle dont la profession est d'*accoucher* les femmes.

ACCOUDÉ, E, part. pass. de *s'accouder*.

S'ACCOUDER, v. pr. (*çakoudé*), s'appuyer du *coude*.

ACCOUDOIR, s. m. (*akoudoar*), appui pour le *coude*.

ACCOUPLE, s. f. (*akouple*) (en lat. *copula*, attache), lien avec lequel on attache les chiens ensemble.

ACCOUPLÉ, E, part. pass. de *accoupler*.

ACCOUPLEMENT, s. m. (*akoupleman*) (en lat. *copulatio*), assemblage par *couples*.

ACCOUPLER, v. a. (*akouplé*) (en lat. *copulare*), joindre deux choses ensemble; apparier le mâle et la femelle pour la génération.

ACCOURCI, E, part. pass. de *accourcir*.

ACCOURCIE, s. f. (*akourci*), passage plus court qu'un autre.

ACCOURCIR, v. a. (*akourcir*) (de *ad*, et de *curtare*, écourter), rendre plus *court*, diminuer de la longueur.

ACCOURCISSEMENT, s.m.(*akourciceman*), diminution de durée et de longueur.

ACCOURIR, v. n. irrég. (*akourir*) (du lat. *ad*, à, vers, et *currere*, courir), aller en hâte vers...

ACCOURU, E, part. pass. de *accourir*.

ACCOUTRÉ, E, part. pass. de *accoutrer*, et adj., ridiculement habillé.

ACCOUTREMENT, s. m. (*akoutreman*), habillement, ajustement ridicule.

ACCOUTRER, v. a. (*akoutré*) (du lat. *ad* et *cultura*, culture), habiller d'une façon ridicule.

ACCOUTREUR, EUSE, s. (*akoutreur, euze*), t. de march. d'or, celui ou celle qui arrondit les trous des filières.

ACCOUTUMANCE, s.f. (*akoutumance*) (rac. *coutume*), habitude. Vieux.

ACCOUTUMÉ, E, part. pass. de *accoutumer*, et adj.

ACCOUTUMER, v. a. (*akoutumé*), donner, faire prendre une habitude.

ACCOUVÉ, E, adj. (*akouvé*) (du lat. *ad*, auprès, et *cubare*, être couché), qui reste au coin du feu. Fam.

ACCRÉDITÉ, E, part. pass. de *accréditer*, et adj., qui a du *crédit*, une mission d'état.

ACCRÉDITER, v. a. (*akrédité*) (du lat. *ad*, auprès, et *credere*, croire), mettre en *crédit*, en réputation; donner cours ou faveur.

ACCROC, s. m. (*akrô*), déchirure : fig. difficulté.

ACCROCHANT, E, adj. (*akrochan, chante*), qui arrête, qui *accroche*.

ACCROCHE, s. f. (*akroche*), difficultés, embarras, obstacles dans une affaire.

ACCROCHÉ, E, part. pass. de *accrocher*.

ACCROCHEMENT, s. m. (*akrocheman*), action d'*accrocher*, effet de cette action.

ACCROCHER, v. a. (*akroché*), attacher à un *croc*; heurter.

ACCROIRE (faire, en faire), v. a. (*akroare*), faire *croire* ce qui n'est pas.

ACCROISSEMENT, s.m. (*akroèceman*) (formé d'*accroître*), augmentation.

ACCROÎTRE, v. a. (*akroètre*) (du lat. *ad*, et *crescere*, croître), augmenter, rendre plus grand. — V. n. devenir plus grand.

ACCROUPI, E, part. pass. de *s'accroupir*.

S'ACCROUPIR, v. pr. (*çakroupir*) (rac. *croupe*), s'asseoir sur sa *croupe* ou sur ses talons.

ACCROUPISSEMENT, s. m. (*akroupiceman*), état d'une personne *accroupie*.

ACCRU, E, part. pass. de *accroître*, et adj. (*akru*), augmenté.

ACCRUE, s. f. (*akrue*), augmentation d'un bois, d'une terre.

ACCUEIL, s. m. (*akeuie*), réception qu'on fait à quelqu'un.

ACCUEILLANT, E, part. prés. de *accueillir*, et adj., qui fait bon *accueil*.

ACCUEILLIR, v. a. (*akeuie-ir*), (du lat. *ad* augm., et *colligere*, cueillir), recevoir quelqu'un qui vient à nous; agréer.

ACCUL, s. m. (*akul*), sans issue. — Au pl., piquets pour retenir un canon.

ACCULÉ, E, part. pass. de *acculer*, et adj.

ACCULEMENT, s. m. (*akuleman*), état de ce qui est *acculé*.

ACCULER, v. a. (*akulé*) (formé du lat. *ad*, augm., et *culus*, derrière), pousser dans un coin.

ACCUMULATEUR, TRICE, s.(*akumulateur, trice*) qui accumule.

ACCUMULATION, s. f. (*akumulâcion*, (en lat. *accumulatio*), entassement, amas.

ACCUMULÉ, E, part. pass. de *accumuler*.

ACCUMULER, v. a. (*akumulé*) (du lat. *aa* augm., et *cumulare*, entasser), mettre en monceau.

ACCUSABLE, adj. des deux g. (*akuzable*) (en lat. *accusabilis*), qui peut être *accusé*.

ACCUSATEUR, TRICE, s. (*akuzateur, trice*), (en lat. *accusator*), celui ou celle qui *accuse* quelqu'un.

ACCUSATIF, s. m. (*akuzatife*) (en lat. *accusativus*, sous-entendu *casus*), quatrième cas dans les langues où les noms se déclinent.

ACCUSATION, s. f. (*akuzácion*) (en lat. *accuratio*), action en justice par laquelle on *accuse*; reproche, imputation contre quelqu'un.

ACCUSATOIRE, adj. des deux g. (*akuzatoare*), se dit d'un acte qui motive l'*accusation*.

ACCUSÉ, E, s. (*akuzé*), celui ou celle qui est déféré en justice pour quelque crime ou délit.

ACCUSÉ, E, part. pass. de *accuser*, et adj.

ACCUSER, v. a. (*akuzé*) (en lat. *accusare*), déférer à la justice; reprocher; annoncer; avouer.

ACENS. Voy. ACENSER.

ACENSÉ, E, part. pass. de *acenser*.

ACENSEMENT. Voy. ACENSER.

ACENSER, v. a., donner à cens, à rente. Voy. ACCENSE, ACCENSÉ, ACCENSEMENT et ACCENSER.

ACÉPHALE, adj. des deux g. (*acéfale*) (du grec α priv., et κεφαλη, tête), qui est sans tête ou sans chef.

ACÉPHALIE, s. f. (*acéfali*) (du grec α priv., et κεφαλη, tête), absence totale de la tête.

ACERBE, adj. des deux g. (*acèrebe*) (en lat. *acerbus*), âpre, sûr.

ACERBITÉ, s. f. (*acèrebité*) (en lat. *acerbitas*), âpreté, amertume.

ACÉRÉ, E, part. pass. de *acérer*, et adj., tranchant; qui déchire, qui blesse.

ACÉRER, v. a. (*acéré*) (du lat. *aciarium*), garnir d'acier; *fig.* aiguiser.

ACESCENCE, s. f. (*acèceçance*) (formé d'*acescent*), disposition à l'acidité.

ACESCENT, E, adj. (*acèceçan, çante*) (de *acescere*, s'aigrir), qui tend à l'acidité; qui tient de l'acide.

ACÉTATE, s. m. (*acétate*) (formé d'*acetum*), sels chimiques.

ACÉTEUX, EUSE, adj. (*acéteu, euze*) (du lat. *acetosus*), qui tient du goût du vinaigre.

ACÉTIQUE, adj. des deux g. (*acétike*), acide d'une saveur très-forte.

ACHALANDAGE, et non point ACHALANDISE, s. m. (*achalandaje*) (rac. *chaland*), l'art, l'action d'*achalander*; clientèle.

ACHALANDÉ, E, part. pass. de *achalander*, et adj., qui a beaucoup de *chalands*.

ACHALANDER, v. a. (*achalandé*), (rac. *chaland*), faire avoir des *chalands*.

ACHARNÉ, E, part. pass. de *acharner*, et adj., furieux.

ACHARNEMENT, s. m. (*acharneman*) action de s'*acharner*; fureur.

ACHARNER, v. a. (*acharné*) (ad et *caro, carnis*, chair), donner aux bêtes le goût de la chair; *fig.* exciter, irriter.

ACHAT, s. m. (*acha*) (du lat. *ad*, à, et *captare*, tâcher d'avoir), emplette, acquisition.

ACHE, s. f. (*ache*), nom du céleri non cultivé.

ACHEMINÉ, E, part. pass. de *acheminer*, et adj.

ACHEMINEMENT, s. m. (*achemineman*) (formé d'*acheminer*), disposition, préparation.

ACHEMINER, v. a. (*acheminé*) (rac. *chemin*), mettre une affaire en train.

ACHÉRON, s. m. (*achéron*; le *ch* à la française) (αχος et ροος), nom d'une rivière d'Epire.

ACHETÉ, E, part. pass. de *acheter*.

ACHETER, v. a. (*acheté*, et non pas *ajeté*) (du lat. *ad* et *captare*), acquérir à prix d'argent.

ACHETEUR, EUSE, s. (*acheteur, euze*), celui, celle qui *achette*.

ACHEVÉ, E, part. pass. de *achever*, et adj., fini, accompli.

ACHÈVEMENT, s. m. (*achèveman*), action d'*achever*; fin, exécution entière.

ACHEVER, v. a. (*achevé*) (du lat. *ad* et *caput*), finir, terminer une chose commencée.

ACHILLE (Tendon d'), s. m. (*achile*), t. d'anat., gros tendon qui s'étend des muscles du mollet au talon.

ACHILLÉE, s. f. (*achilée*), plante radiée, espèce de jacobée.

ACHIT, s. m. (*achite*), vigne sauvage.

ACHOPPEMENT, s. m. (*achopeman*) (du grec κοπτειν, aor. 2 de κοπτειν), *fig.* obstacle, cause de malheur.

ACHORES, s. m. pl. (*akore*) (αχωρ), t. de méd., espèce de teigne humide.

ACHROMATIQUE, adj. des deux g. (*akromatike*) (de α priv. et χρωμα, couleur), t. d'opt., se dit d'instruments qui rendent les images plus nettes.

ACHROMATISME, s. m. (*akromaticeme*), propriété ou effet des lunettes *achromatiques*.

ACIDE, s. m. (*acide*) (du grec αχις, gén. αχιδος), substance d'une saveur aigre et piquante — Adj. des deux g., qui a une saveur tirant sur l'aigre.

ACIDITÉ, s. f. (*acidité*) (en lat. *acidilas*), qualité de ce qui est *acide*.

ACIDULE, adj. des deux g. (*acidule*) (en latin *acidulus*), qui est légèrement *acide*.

ACIDULÉ, E, part. pass. de *aciduler*, et adj.

ACIDULER, v. a. (*acidulé*) (du lat. *acidus*), rendre légèrement acide.

ACIER, s. m. (*acié*) (du lat. barbare *aciarium*, dérivé d'*acies*), fer raffiné, très-pur, et beaucoup plus flexible que le fer ordinaire.

ACIÉRÉ, E, part. pass. de *aciérer*.

ACIÉRER, v. a. (*aciéré*) (rac. *acier*), convertir le fer en *acier*.

ACIÉRIE, s. f. (*aciéri*), atelier où l'on fabrique l'*acier*.

ACOLYTAT, s. m. (*akolita*) (rac. *acolyte*), le plus élevé des quatre ordres mineurs.

ACOLYTE, s. m. (*akolyte*) (ακωλυτος), clerc promu à l'un des quatre ordres mineurs; personne qui en fréquente habituellement une autre. *Fam.*

ACOMAT, s. m. (*akoma*), arbre des Antilles.

ACONIT, s. m. (*akonite*) (en grec ακονιτον), plante vénéneuse.

ACOQUINANT, E, adj. (akokinan, nante) (d'acoquiner), qui acoquine. Fam.

ACOQUINÉ, E, part. pass. de acoquiner.

ACOQUINER, v. a. (akokiné) (rac. coquin, formé du lat. coquina, cuisine), attirer, attacher par habitude; accoutumer à la paresse.

ACOTYLÉDONE, adj. des deux g. (akotilédone) (de *a* priv. et κοτυλη, cave), t. de bot., plante dont le germe, sans lobes, n'a que la plumule et la radicule.—S. f. pl., plantes sans fleurs séminales.

A-COUP, s. m. (akou), mouvement saccadé, temps d'arrêt brusque.

ACOUSTIQUE, s. f. (akoucetike) (du grec ακουω, je prête l'oreille), théorie de l'ouïe, des sons et de leurs propriétés.—Il est aussi adj. des deux g.

ACQUÉREUR, EUSE, s. (akiéreur, euse), qui acquiert.

ACQUÉRIR, v. a. (akiérir), (de ad, à, et quærere, chercher), se procurer par achat.

ACQUÊT, s. m. (akiè), chose acquise; bien qu'on acquiert.

ACQUÊTÉ, E, part. pass. de acquêter.

ACQUÊTER, v. a. (akièté), acquérir un immeuble par un acte.

ACQUIESCÉ, E, part. pass. de acquiescer.

ACQUIESCEMENT, s. m. (akièceman), action d'acquiescer; adhésion, consentement.

ACQUIESCER, v. n. (akiècé), consentir, adhérer à...

ACQUIS, E, part. pass. de acquérir, et adj. (aki, kize).—S. m. connaissances, savoir.

ACQUISITION, s. f. (akizicion), action d'acquérir.

ACQUIT, s. m. (aki) (rac. quitte), quittance, décharge, certificat de paiement.

ACQUIT-À-CAUTION, s. m. (akitakócion), sorte de passavant.

ACQUIT-PATENT. Voy. PATENT.

ACQUITTABLE, adj. des deux g. (akitable), qui peut être acquitté.

ACQUITTÉ, E, part. pass. de acquitter.

ACQUITTEMENT, s. m. (akiteman), action d'acquitter.

ACQUITTER, v. a. (akité) (du lat. quietus), rendre quitte; payer; déclarer innocent.

ACRE (sans accent circonflexe), s. f. (akre) (en lat. acra), mesure de terre d'un arpent et demi.

ÂCRE, adj. des deux g. (âkre) (du lat. acer, formé d'ακις), piquant, mordicant.

ÂCREMENT, adv. (âkreman), d'une manière âcre, piquante; avec humeur. Peu us.

ÂCRETÉ, s. f. (âkreté) (rac âcre; en lat. acritudo), qualité mordicante et piquante.

ACRIMONIE, s. f. (akrimoni) (acrimonia), âcreté.

ACRIMONIEUX, NIEUSE, adj. (akrimonieu, nieuze), qui a de l'acrimonie.

ACROBATE, s. des deux g. (akrobate) (du grec ακρις, extrémité, et βαινω, je marche), danseur, danseuse de corde.

ACRONYQUE, adj. des deux g. (akronike) (du grec ακρος, extrême, et νυξ, nuit), t. d'astr. qui se dit du lever ou du coucher d'un astre pendant le coucher ou le lever du soleil.

ACROSTICHE, s. m. et adj. des deux g., (akrocetiche) (de ακρος, extrême, et στιχος, ordre), pièce composée d'autant de vers qu'il y a de lettres dans un nom qu'on a pris pour sujet, et dont chaque vers commence par une des lettres de ce nom.

ACROTÈRE, et non pas ACROSTÈRE, s. m. (acrotère) (ακρωτηριον), petit piédestal au dessous d'un frontispice.

ACTE, s. m (akte) (actus, de agere, agir), tout ce qui se fait ou s'est fait; partie d'une pièce de théâtre; action d'un agent; opération; écrit fait sous seing privé.

ACTEUR, TRICE, s. (akteur, trice) (de agere, agir), qui agit; qui joue un rôle dans quelque pièce dramatique; comédien.

ACTIF, s. m. (aktife), ce qui compose l'avoir mobilier ou immobilier.

ACTIF, TIVE, adj. (aklife, tive) (de agere), qui agit; qui a la vertu d'agir; qui est sans cesse en action.

ACTION, s. f. (akcion) (actio, formé de agere, agir), opération d'une puissance active; ce qu'on fait ou ce qui est fait; combat; chaleur à dire ou à faire quelque chose; poursuite en justice; somme mise dans une compagnie de commerce.

ACTIONNAIRE, s. m. et f. (akcionère), qui a des actions dans une entreprise.

ACTIONNÉ, E, part. pass. de actionner, et adj., occupé, attentif.

ACTIONNER, v. a. (akcioné), intenter une action contre quelqu'un.

ACTIVE, E, part. pass. de activer.

ACTIVEMENT, adv. (aktiveman), d'une manière active.

ACTIVER, v. a. (aktivé), mettre en activité; hâter, presser.

ACTIVITÉ, s. f. (aktivité) (de agere), faculté active; vertu d'agir; vivacité, diligence.

ACTUALITÉ, s. f. (aktualité) (rac. acte), état présent d'une chose.

ACTUEL, LE, adj. (aktuèl, èle) (actualis), présent, effectif, réel.

ACTUELLEMENT, adv. (aktuèleman), présentement.

ACUITÉ, s. f. (aku-ité) (du lat. acutus, aigu), état de ce qui est aigu; t. de mus., la hauteur d'un son.

ACUMINÉ, E, adj. (du lat. acumen, pointe), qui se rétrécit en pointe.

ACUPUNCTEUR, s. m. (akuponkteur) (de acus, aiguille, et punctura, piqûre), opérateur de l'acupuncture; instrument qui sert à cette opération.

ACUPUNCTURE, s. f. (akuponkture), opération chirurgicale qui consiste à tirer du sang avec une aiguille d'or ou d'argent.

ACUTANGLE, adj. des deux g. (*akutangnele*) (*acutus* et *angulus*), se dit, en géom., d'un triangle qui a ses trois *angles aigus*.

ADAGE, s. m. (*adaje*) (en lat. *adagium*), proverbe, maxime.

ADAGIO, adv. (*adajio*), t. de mus., tiré de l'italien, qui marque un mouvement lent.

ADAPTATION, s. f. (*adaptácion*) (formé d'*adapter*), action d'*adapter*. Peu us.

ADAPTÉ, E, part. pass. de *adapter*.

ADAPTER, v. a. (*adapté*) (*adaptare*, de *ad* et *aptus*), appliquer, ajuster une chose à une autre.

ADATAIS, écrit par l'*Académie* ADATIS. s. m. (*adatè*), mousseline des Indes orientales.

ADDITIF, TIVE, adj. (*adeditife*, *tive*), qui s'ajoute à un mot pour en former un composé.

ADDITION, s. f. (*adedicion*) (de *ad* augmentatif, et *do je donne*), ce qui est ajouté à quelque chose; note qu'on place en marge d'un livre; règle d'arithmétique.

ADDITIONNÉ, E, part. pass. de *additionner*.

ADDITIONNEL, E, adj. (*adedicionèl*, *nèle*) (rac. *addition*), qui est ajouté, qui doit être ajouté.

ADDITIONNER, v. a. (*adedicioné*) (rac. *addition*), réunir plusieurs nombres en un seul.

ADDUCTEUR, s. m. (*adedukteur*) (de *ad*, vers, et *ducere*, conduire), nom de plusieurs muscles qui meuvent, en dedans, les parties auxquelles ils sont attachés.—Il est aussi adj. m.

ADDUCTION, s. f. (*adedukcion*) (pour l'étymologie, voy. ADDUCTEUR), action des muscles *adducteurs*.

ADEMPTION, s. f. (*adanpecion*) (du lat. *adimere*, ravir), t. de jur., révocation d'un legs, d'une donation.

ADEPTE, s. des deux g. (*adèpte*) (*adeptus*, part. d'*adipiscor*, j'obtiens), qui est initié dans les mystères d'une secte ou d'une science.

ADÉQUAT, E, adj. (*adékoua*, *kouate*) (de *ad æquatus*), t. de phil., entier, parfait.

ADHÉRÉ, part. pass. de *adhérer*.

ADHÉRENCE, s. f. (*adérance*) (de *adhérer*), union intime d'une chose à une autre.

ADHÉRENT, E, adj. (*adéran*, *rante*) (*adhærens*), attaché fortement à ...—S. partisan.

ADHÉRER, v. n. (*adhéré*) (de *ad* et *hærere*), être attaché à ..., acquiescer.

ADHÉSION, s. f. (*adézion*) (de *ad*, à, et *hærere*, être attaché), action d'*adhérer*.

AD HOC, loc. adv. et lat. (*adok*), mot à mot: *pour cela*; spécialement, directement.

AD HOMINEM, loc. adv. et lat. (*adominème*), mot à mot: *pour ou à l'homme*; personnel.

AD HONORES, loc. adv. et lat. (*adonorece*), mot à mot: *pour les honneurs*; se dit en parlant d'un titre purement honorifique.

ADIANTE, s. f. (*adiante*) (de *a* priv., et *iaino*, humecter), plante capillaire.

ADIEU (*adieu*), loc. ellipt., sorte d'interj. dont on se sert pour se saluer en se quittant.

ADIPEUX, PEUSE, adj. (*adipeu*, *peuze*) (de *adeps*, graisse), gras.

ADIPOCIRE, s. f. (*adipocire*) (*adeps*, gén. *adipis*, et *cera*, cire), substance analogue à la graisse et à la cire; blanc de baleine.

ADIRÉ, E, part. pass. de *adirer*, et adj., t. de palais, perdu, égaré.

ADIRER, v. a. (*adiré*), perdre, égarer.

ADITION, s. f. (*adicion*) (de *aditio*), t. de dr., acceptation d'une succession.

ADJACENT, E, adj. (*adjaçan*, *çante*) (de *ad*, auprès, et *jacere*, être situé), contigu.

ADJECTIF, TIVE, adj. (*adjèktif*, *tive*) (de *ad* et *jacere*), t. de gramm., se dit du mot qui se joint à un substantif.—Il est aussi s. m.

ADJECTIVEMENT, adv. (*adjèktiveman*), en manière d'*adjectif*, dans un sens *adjectif*.

ADJOINDRE, v. a. (*adjoindre*) (de *ad*, à, et *jungere*, joindre), joindre avec...

ADJOINT, E, part. pass. de *adjoindre*, et adj.

ADJOINT, s. m., *adjoein*), celui qui est joint à un autre pour l'aider ou le suppléer; officier municipal.

ADJONCTIF, s. m. (*adjonktif*), t. de gramm., mot ajouté pour appuyer sur une chose ou énoncer un mouvement de l'âme.

ADJONCTION, s. f. (*adjonkcion*) (en lat. *adjunctio*), jonction de...

ADJUDANT, s. m. (*adjudan*) (de *ad*, auprès, et *juvare*, aider), t. milit., qui aide les chefs dans le commandement; officier.

ADJUDICATAIRE, s. m. et f. (*adjudikatère*), à qui l'on a *adjugé* une chose à l'enchère.

ADJUDICATEUR, TRICE, s. (*adjudikateur*, *trice*), celui ou celle qui *adjuge*.

ADJUDICATIF, TIVE, adj. (*adjudikatif*, *tive*), qui *adjuge*, qui porte *adjudication*.

ADJUDICATION, s. f. (*adjudikácion*) (*adjudicatio*), action d'*adjuger*.

ADJUGÉ, E, part. pass. de *adjuger*.

ADJUGER, v. a. (*adjujé*) (de *ad* et *judicare*), déclarer en jugement qu'une chose appartient à quelqu'un; donner au plus offrant.

ADJURATION, s. f. (*adjurácion*) (*adjuratio*), formule d'exorcisme.

ADJURÉ, E, part. pass. de *adjurer*.

ADJURER, v. a. (*adjuré*) (*adjurare*, conjurer), sommer au nom de Dieu.

AD LIBITUM, loc. lat. et adv. (*adlibitome*), à volonté.

ADMETTRE, v. a. (*admètre*) (de *ad*, vers, et *mittere*, envoyer), recevoir, agréer.

ADMINICULE, s. m. (*adminikule*) (*adminiculum*), t. de jur., qui aide à faire preuve.

ADMINISTRATEUR, TRICE, s. (*administrateur*, *trice*), qui *administre*.

ADMINISTRATIF, TIVE, adj. (*administratife*, *tive*), qui tient à l'*administration*.

ADMINISTRATION, s. f. (*administrácion*) (*administratio*), direction.

ADMINISTRATIVEMENT, adv. (*administra-*

tratipeman), par des moyens *administratifs*.

ADMINISTRÉ, E, part. pass. de *administrer*, et s. (*adminicetré*), soumis à une administration.

ADMINISTRER, v. a. (*adminicetré*) (*administrare*), gouverner, diriger.

ADMIRABLE, adj. des deux g. (*admirable*) (*admirabilis*), qui mérite l'*admiration*.

ADMIRABLEMENT, adv. (*admirableman*) (*admirabiliter*), d'une manière *admirable*.

ADMIRATEUR, TRICE, s. (*admirateur*, *trice*) (*admirator*), qui *admire*.

ADMIRATIF, TIVE, adj. (*admiratif, tive*) (formé de *admirer*), t. de gramm., qui marque *admiration*.

ADMIRATION, s. f. (*admirâcion*) (*admiratio*), action d'*admirer*.

ADMIRÉ, E, part. pass. de *admirer*.

ADMIRER, v. a. (*admiré*) (de *ad*, et *mirare* ou *mirari*), considérer avec étonnement, avec plaisir.

ADMIS, part. pass. de *admettre*.

ADMISSIBILITÉ, s. f. (*admicecibilité*) (rac. *admis*), qualité de ce qui est *admissible*. Peu us.

ADMISSIBLE, adj. (*admicecible*) (rac. *admis*), qu'on peut *admettre*.

ADMISSION, s. f. (*admicion*) (*admissio*), action par laquelle on *admet*.

ADMONÉTÉ, s. m. (*admonété*) (*admonitus*), celui qui a été *admonété*.

ADMONÉTÉ, E, part. pass. de *admonéter*.

ADMONÉTER, v. a. (*admonété*) (de *ad* et *monere*), faire une réprimande.

ADMONITION, s. f. (*admonicion*) (*admonitio*), avertissement, action d'*admonéter*.

ADOLESCENCE, s. f. (*adolècecance*) (*adolescentia*), âge qui suit la puberté et précède la virilité.

ADOLESCENT, ENTE, s. (*adolèceçan, çante*), qui est dans l'âge de l'*adolescence*.

ADONIEN ou **ADONIQUE**, adj. (*adoniein, nike*), vers grec ou latin composé d'un dactyle et d'un spondée.

ADONIQUE. Voy. **ADONIEN**.

ADONIS, s. m. (*adônice*), se dit d'un jeune homme qui fait le beau; sorte de plante.

ADONISÉ, E, part. pass. de *adoniser*.

ADONISER, v. a. (*adonizé*), ajuster avec affectation. Fam.

ADONNÉ, E, part. pass. de *s'adonner*, et adj.

S'ADONNER, v. pr. (*çadoné*) (de *ad* et *dare*), s'attacher avec soin à quelque chose.

ADOPTABLE, adj. des deux g. (*adoptable*), qu'on peut *adopter*.

ADOPTANT, E, s. (*adopetan, tante*), t. de dr., qui *adopte* quelqu'un.

ADOPTÉ, E, part. pass. de *adopter*, et s.

ADOPTER, v. a. (*adopeté*) (de *ad*, pour, et *optare*, choisir), prendre pour fils ou pour fille; s'attacher de préférence à; sanctionner; accepter législativement.

ADOPTIF, TIVE, adj. (*adoptif, tive*) (*adoptivus*), qui est *adopté*; qui a *adopté*.

ADOPTION, s. f. (*adopecion*) (*adoptio*), l'action d'*adopter*.

ADORABLE, adj. des deux g. (*adorable*) (*adorabilis*), qui mérite d'être *adoré*.

ADORATEUR, TRICE, s. (*adorateur, trice*) (*adorator*), celui ou celle qui *adore*.

ADORATIF, TIVE, adj. (*adoratif, tive*), qui exprime l'*adoration*. Peu us.

ADORATION, s. f. (*adorâcion*) (*adoratio*), action par laquelle on *adore*.

ADORÉ, E, part. pass. de *adorer*, et adj.

ADORER, v. a. (*adoré*) (en lat. *adorare*), rendre à Dieu le culte qui lui est dû; témoigner un respect sans bornes; aimer passionnément.

ADOS, s. m. (*adô*) (rac. *dos*), terre élevée en talus pour y semer des graines.

ADOSSÉ, E, part. pass. de *adosser*, et adj.

ADOSSER, v. a. (*adôcé*), (rac. *dos*), mettre le *dos* contre; *fig.* placer, appuyer contre.

ADOUBÉ, E, part. pass. de *adouber*.

ADOUBER, v. n. (*adoubé*) (*adobare*), t. de jeu, toucher une pièce pour l'arranger.

ADOUCI, E, part. pass. de *adoucir*.

ADOUCIR, v. a. (*adoucir*) (de *dulcis*) rendre *doux*.

ADOUCISSANT, E, adj. (*adouciçan, çante*) (de *adoucir*), qui *adoucit*.—Il est aussi s. m.

ADOUCISSEMENT, s. m. (*adouciceman*), l'action par laquelle on *adoucit*, état de la chose *adoucie*.

ADOUÉ, E, adj. (*adoué*), t. de chasse, accouplé.

AD PATRES, loc. lat. et adv. (*adepâtrèce*), vers les pères. *Aller ad patres*, mourir.

ADRAGANT, s. m. (*adraguan*), sorte de gomme.

AD REM, loc. lat et adv. (*adrème*), mot à mot: *à la chose*; catégoriquement, à propos.

ADRESSE, s. f. (*adrèce*), indication, désignation; finesse, dextérité; réponse des chambres au discours de la couronne.

ADRESSÉ, E, part. pass. de *adresser*.

ADRESSER, v. a. (*adrècé*) (*addirectiare*), envoyer directement quelqu'un ou quelque chose.

ADROIT, E, adj. (*adroè, droète*) (de *ad* augm. et *dexter*), qui a de l'*adresse*; fin, rusé.

ADROITEMENT, adv. (*adroèteman*), avec *adresse*.

ADULATEUR, TRICE, s. (*adulateur, trice*) (*adulator*), qui flatte par bassesse et par intérêt.—Il s'emploie aussi adj.

ADULATION, s. f. (*adulâcion*) (en lat. *adulatio*), flatterie basse.

ADULÉ, E, part. pass. de *aduler*.

ADULER, v. a. (*adulé*) (du lat. *adulari*), flatter bassement.

ADULTE, s. et adj. (*adulte*) (*adultus*), qui est parvenu à l'adolescence, à l'âge de raison.

ADULTÉRATION, s. f. (*adultérâcion*) (de *ad* et *alter*), action d'altérer; falsification.

ADULTÈRE, adj. des deux g. (adultère) (du lat. adulterium), qui viole la foi conjugale. —S. m., violation de cette foi.

ADULTÉRÉ, E, part. pass. de adultérer.

ADULTÉRER, v. a. (adultéré.) (en lat. adulterare), altérer, falsifier, en t. de pharm. et de jur.

ADULTÉRIN, E, adj. (adultérein, rine) (adulterinus), né d'un adultère.

ADUSTE, adj. (aducete)(adustus, part. pass. de adurere), t. de méd., qui est comme brûlé.

ADUSTION, s. f. (aducetion) (de adurere), état de ce qui est brûlé ou cautérisé.

ADVENIR, v. n. Voy. AVENIR.

ADVENTICE, adj. des deux g. (advantice) (de ad, à, vers, et venire, venir), qui n'est pas naturellement dans une chose, qui y survient de dehors.

ADVENTIF, TIVE, adj. des deux g. (advantif, tive), se dit, en t. de droit, des biens qui arrivent à quelqu'un par succession collatérale.

ADVERBE, s. m. (advèrebe) (de ad, auprès, et verbum, verbe), mot auprès d'un verbe, partie invariable du discours qui se joint au verbe et à l'adjectif pour les modifier.

ADVERBIAL, E, adj. (advèrebial) (rac. adverbe), qui tient de l'adverbe.

ADVERBIALEMENT, adv. (advèrebialeman), à la manière d'un adverbe.

ADVERBIALITÉ, s. f. (advèrebialité), qualité d'un mot considéré comme adverbe.

ADVERSAIRE, s. des deux g. (advèrecère) (de ad, contre, et de versus, part. pass. de vertere, tourner), qui est opposé à...; ennemi.

ADVERSATIF, TIVE, adj. (advèrecutif, tive), se dit d'une conjonction qui marque opposition entre ce qui la précède et ce qui la suit.

ADVERSE, adj. des deux g. (advèrece) (en lat. adversus), contraire, opposé.

ADVERSITÉ, s. f. (advèrecité) (en lat. adversitas), état de celui qui éprouve les rigueurs du sort; malheur.

ADYNAMIE, s. f. (adinami) (α priv., et δυναμις, force), t. de méd., défaut de force.

ADYNAMIQUE, adj. (adinamike) (α priv., et δυναμις, force), qui a rapport à l'adynamie.

AÉRÉ, E, part. pass. de aérer, et adj., qui est en bon air.

AÉRER, v. a. (a-éré) (αηρ, air), donner de l'air, chasser le mauvais air.

AÉRIEN, RIENNE, adj. (a-érien, rièae) (en lat. aerius, formé du grec αηρ, air), qui est de l'air, qui est un effet de l'air.

AÉRIFÈRE, adj. des deux g. (a-érifère) (du lat. aer, air, et fero, je porte, ou du grec αηρ, et φερω), qui porte, qui conduit l'air.

AÉRIFORME, adj. des deux g. (a-ériforme) (du grec αηρ, air, et du lat. forma, forme), qui a la forme, l'apparence de l'air.

AÉROGRAPHE, s. m. (a-éroguerafe), qui écrit sur l'air.

AÉROGRAPHIE, s. f. (a-éroguerafi) (αηρ, air, et γραφω, je décris), description, théorie de l'air.

AÉROGRAPHIQUE, adj. des deux g. (a-éroguerafike), qui concerne l'aérographie.

AÉROLITHE, s. f. (a-érolite) (de αηρ, air, et λιθος, pierre), pierre tombée du ciel.

AÉROLOGIE, s. f. (a-éroloji) (de αηρ, air, et λογος), traité sur l'air.

AÉROLOGIQUE, adj. des deux g. (a-érolojike), qui a rapport à l'aérologie.

AÉROMANCIE, s. f. (a-éromanci) (de αηρ, air, et μαντεια, divination), art prétendu de connaître l'avenir par le moyen de l'air.

AÉROMANCIEN, CIENNE, s. et adj. (a-éromanciein, cièae), qui se dit initié dans l'aéromancie.

AÉROMÈTRE, s. m. (a-éromètre) (de αηρ, air, et μετρον, mesure), instrument pour mesurer la condensation ou la raréfaction de l'air.

AÉROMÉTRIE, s. f. (a-érométri), l'art de mesurer et de calculer les propriétés et les effets de l'air.

AÉRONAUTE, s. des deux g. (a-éronôte) (de αηρ, air, et ναυτης, navigateur), celui ou celle qui parcourt les airs dans un aérostat.

AÉROSTAT, s. m. (a-éroceta) (de αηρ, air, et ισταμαι, je me tiens), ballon rempli d'un fluide plus léger que l'air.

AÉROSTATION, s. f. (a-éroccrtacion) (de aer et stare), l'art de faire des aérostats ou de les diriger dans l'air.

AÉROSTATIQUE, adj. des deux g. (a-érocetatike), qui a rapport aux aérostats.

ÆSTHETIQUE, s. f. (écetétike) (de αισθανομαι, sentir), art de sentir et de juger.

ÆTHER. Voy. ÉTHER.

AÉTITE ou PIERRE D'AIGLE, s.f. (a-étite) (du grec αετος, aigle), feroxydé, sorte de pierre.

NOTA. *Cherchez par E les mots francisés qui s'écrivaient autrefois par Æ.*

AFFABILITÉ, s. f. (afabilité) (en lat. affabilitas), qualité d'une personne affable.

AFFABLE, adj. des deux g. (afable) (affabilis), qui reçoit et écoute avec bonté ceux qui ont affaire à lui.

AFFABLEMENT, adv. (afableman) (affabiliter), avec affabilité. Peu us.

AFFABULATION, s. f. (afabulacion) (de ad et fabula), sens moral d'une fable.

AFFADI, E, part. pass. de affadir.

AFFADIR, v. a. (afadir) (rac. fade), rendre fade; donner du dégoût.

AFFADISSEMENT, s. m. (afadiceman), effet que produit la fadeur. Voy. AFFADIR.

AFFAIBLI, E, part. pass. de *affaiblir*.
AFFAIBLIR, v. a. (*afèblir*) (rac. *faible*) rendre plus *faible*, abattre la force.
AFFAIBLISSANT, E, adj. (*afèbliçan, çante*), qui *affaiblit*.
AFFAIBLISSEMENT, s. m. (*afèbliceman*), diminution de force. Voy. **AFFAIBLIR**.
AFFAIRE, s. f. (*afère*) (*facere*), chose qui est à *faire*; qui est le sujet de quelque occupation; combat, querelle.
AFFAIRÉ, E, adj. (*aferé*), qui a beaucoup d'*affaires*.
AFFAISSÉ, E, part. pass. de *affaisser*, et adj.
AFFAISSEMENT, s. m. (*afèceman*), état de ce qui est *affaissé*.
AFFAISSER v. a. (*afècé*) (rac. *faix*), faire plier, faire courber sous le *faix*.
AFFAITÉ, E, part. pass. de *affaiter*.
AFFAITER, v. a. (*afèté*), t. de faucon., apprivoiser un oiseau de proie.
AFFAITEUR, s. m. (*afèteur*), celui qui dressait un oiseau de proie.
AFFALE, s. m. (*afale*), t. de mar., commandement d'*affaler* une manœuvre.
AFFALÉ, E, part. pass. de *affaler*.
AFFALER, v. a. (*afalé*) (du lat. barbare *avalare*, pour *advallare*, avaler, conduire à *val*, abaisser), peser, faire effort sur un cordage, etc., pour l'abaisser.
AFFAMÉ, E, part. pass. de *affamer*, et adj., qui est pressé de la *faim*.
AFFAMER, v. a. (*afamé*) (du lat. *famem afferre*, apporter la *faim*), causer la *faim*.
AFFANURES, s. f. pl. (*afanure*), salaire en blé de ceux qui font la récolte.
AFFÉAGÉ, E, part. pass. de *afféager*.
AFFÉAGEMENT, s. m. (*afé-ajeman*), action d'*afféager*.
AFFÉAGER, v. a. (*afé-ajé*), donner à *féage*, en fief.
AFFECTATION, s. f. (*afèktácion*) (en lat. *affectatio*), propension vicieuse à dire ou à faire certaines choses d'une manière singulière.
AFFECTÉ, E, part. pass. de *affecter*, et adj.
AFFECTER, v. a. (*afèkté*) (en lat. *affectare*), faire ostentation de quelque chose; destiner, consacrer; fig. faire impression, affliger.
AFFECTIF, TIVE, adj. (*afèktife, tive*), qui affecte, excite, touche, émeut.
AFFECTION, s. f. (*afèkcion*), (en lat. *affectio*), bienveillance, sentiment de préférence, attachement; maladie.
AFFECTIONNANT, E, adj. (*afèkcionan, nante*), qui *affectionne*, qui marque de l'attachement.
AFFECTIONNÉ, E, part. pass. de *affectionner*, et adj., qui a de l'*affection* pour...
AFFECTIONNÉMENT, adv. (*afèkcionèman*), avec *affection*.
AFFECTIONNER, v. a. (*afèkcioné*), aimer; se sentir du penchant pour quelqu'un.
AFFECTUEUSEMENT, adv. (*afèktueuzèman*) (en lat. *affectuosè*), d'une manière *affectueuse*.
AFFECTUEUX, TUEUSE, adj. (*afèktueu, tueuze*) (en lat. *affectuosus*), plein d'*affection*.
AFFÉRÉ, E, part. pass. de *afférer*.
AFFÉRENCE, s. f. (*afèrance*), rapport, produit. Vieux.
AFFÉRENT, E, adj. (*afèran, rante*) (de *ad* vers, et *ferre*, porter), qui revient à chacun dans un objet indivis.
AFFÉRER, v. a. (*aféré*), rendre; établir le paiement d'un débiteur.
AFFÉREUR, s. m. (*aféreur*), celui qui fait un partage de succession. Vieux.
AFFERMAGE, s. m. (*aferemaje*), action d'*affermer*.
AFFERMÉ, E, part. pass. de *affermer*.
AFFERMER, v. a. (*aferemé*), donner ou prendre à *ferme*.
AFFERMI, E, part. pass. de *affermir*.
AFFERMIR, v. a. (*afermir*), rendre *ferme*, stable.
AFFERMISSEMENT, s. m. (*aferemiceman*), action d'*affermir*; état d'une chose *affermie*. Voy. **AFFERMIR**.
AFFERON, s. m. (*aféron*) (rac. *fer*), fer des lacets.
AFFÉTÉ, E, adj. (*afété*), qui a de l'*afféterie*.
AFFÉTERIE, s. f. (*afèteri*) (du lat. *affectatio*), manière *affectée* de parler ou d'agir.
AFFETTO ou **AFFETTUOSO**, adv., (*afèteteó, afèfètetuózó*), t. de mus. emprunté de l'italien pour indiquer un air tendre et gracieux.
AFFICHE, s. f. (*afiche*), placard écrit ou imprimé, que l'on appose dans les lieux publics.
AFFICHÉ, E, part. pass. de *afficher*.
AFFICHER, v. a. (*afiché*) (de *ad* et *figere* ficher, attacher), mettre des *affiches*; publier.
AFFICHEUR, CHEUSE, s. (*aficheur, cheuze*), celui ou celle qui pose des *affiches*.
AFFIDÉ, E, adj. et s. (*afidé*) (en lat. *fidus*), à qui l'on se *fie*.
AFFILÉ, E, part. pass. de *affiler*, et adj.
AFFILER, v. a. (*afilé*), donner le *fil* à un instrument, aiguiser.
AFFILEUR, LEUSE, s. (*afileur, leuze*), celui ou celle qui *affile*.
AFFILIATION, s. f. (*afiliácion*) (rac. *fils*) association à une compagnie.
AFFILIÉ, E, part. pass. de *affilier*, et adj. adopté, admis.—Il est aussi s.
AFFILIER, v. a. (*afilié*)(rac. *fils*), (du lat. barbare *adfiliare*), adopter, associer.
AFFILOIR, s. m. (*afiloar*), pierre pour donner le *fil*.
AFFINAGE, s. m. (*afinaje*) (rac. *fin*), action d'*affiner*.
AFFINÉ, E, part. pass. de *affiner*.
AFFINER, v. a. (*afiné*) (de *ad*, et de *fingere*). rendre le métal plus *fin*, plus pur.
AFFINERIE, s. f. (*afineri*), lieu où l'on *affine*.

AFFINEUR, NEUSE, s. (*afineur, neuze*), celui ou celle qui *affine*.

AFFINITÉ, s. f. (*afinité*) (de *ad*, auprès, et de *fines*, limites), alliance, degré de parenté par mariage ; conformité.

AFFINOIR, s. m. (*afinoar*), instrument pour *affiner*.

AFFIQUET, s. m. (*afikiè*), porte-aiguille. — Au pl., petits ajustements de femme. Fam.

AFFIRMATIF, TIVE, adj. (*afirmatife, tive*) (en latin *affirmativus*), qui *affirme*, qui soutient une chose comme vraie.

AFFIRMATIVE, s. f. (*afirmative*), proposition par laquelle on *affirme*.

AFFIRMATION, s. f. (*afirmácion*) (en lat. *affirmatio*), action d'*affirmer*.

AFFIRMATIVEMENT, adv. (*afirmativeman*), d'une manière *affirmative*.

AFFIRMÉ, E, part. pass. de *affirmer*.

AFFIRMER, v. a. (*afirmer*) (en lat. *affirmare*), assurer, soutenir qu'une chose est vraie.

AFFISTOLÉ, E, part. pass. de *affistoler*.

AFFISTOLER, v. a. (*aficetolé*), ajuster.

AFFLEURÉ, E, part. pass. de *affleurer*.

AFFLEUREMENT, s. m. (*afleureman*), extrémité d'une veine de houille ou de charbon.

AFFLEURER, v. a. (*afleuré*), réduire deux corps contigus à un même niveau.

AFFLICTIF, TIVE, adj. (*afliktif, tive*), t. de pal., ne se dit guère qu'au fém. : *peine afflictive*, peine corporelle et physique.

AFFLICTION, s. f. (*aflikcion*) (en lat. *afflictio*), abattement profond d'esprit ; malheur, disgrace.

AFFLIGÉ, E, part. pass. de *affliger*, et adj.

AFFLIGEANT, E, adj. (*aflijan, jante*), qui *afflige*.

AFFLIGER, v. a. (*aflijé*) (du grec φλεγομαι, être blessé), causer de la douleur, de l'*affliction*, mortifier.

AFFLUÉ, E, part. pass. de *affluer*.

AFFLUENCE, s. f. (*afluance*) (en lat. *affluentia*), concours et chute d'eaux, d'humeurs, etc.; grande abondance de choses ; foule.

AFFLUENT, s. m. (*afluan*) (en lat. *affluens*), lieu où une rivière se jette dans une autre.

AFFLUENT, E, adj. (*afluan, ante*), qui *afflue*; se dit des rivières qui se jettent dans d'autres.

AFFLUER, v. n. (*aflué*) (de *ad*, et de *fluere*, couler), couler vers; *fig.* abonder.

AFFLUX, s. m. (*aflu*) (du lat. *affluere*), t. de méd., action d'*affluer*.

AFFOLÉ, E, part. pass. de *affoler*.

AFFOLER, v. a. (*afolé*) (rac. *fol*) rendre passionné jusqu'à la *folie*.

AFFORAGE, s m. (*aforaje*), ancien droit qui se payait pour la vente du vin.

AFFOUAGE, s. m. (*afouaje*) (de *ad*, vers, et *focum*), le droit de coupe de bois.

AFFOURCHE, s. f. (*afourche*), t. de mar., qui s'*affourche*. Voyez AFFOURCHER.

AFFOURCIÉ, E, part. pass. de *affourcher*.

AFFOURCHER, v. a. (*afourché*) (de *ad*, et *furca*), disposer deux ancres en croix, en fourche.

AFFOURRAGÉ, E, part. pass. de *affourrager*.

AFFOURRAGEMENT, s. m. (*afourrajeman*), action de donner du *fourrage* au bétail ; provision de *fourrage*.

AFFOURRAGER, v. a. (*afourajé*), donner du *fourrage*; faire provision de *fourrage*.

AFFRANCHI, E, s. (*afranchi*), esclave à qui on a rendu la liberté.

AFFRANCHI, E, part. pass. de *affranchir*, et adj.

AFFRANCHIR, v. a. (*afranchir*) (de *francus*, franc), mettre en liberté ; décharger, exempter de droits ou d'impôts.

AFFRANCHISSEMENT, s m. (*afranchiceman*), action d'*affranchir*; l'effet de cette action.

AFFRE, s. f. (*áfre*) (de φριξ, frayeur), grande peur, frayeur extrême, angoisse. Il n'est usité qu'au pl.

AFFRÉTÉ, E, part. pass. de *affréter*.

AFFRÈTEMENT, s. m. (*afrèteman*), condition de louage d'un vaisseau.

AFFRÉTER, v. a. (*afrété*) (du lat. *fretum*, détroit de mer), prendre un vaisseau à louage.

AFFRÉTEUR, TEUSE, s. (*afrèteur, teuze*), qui *affrète*, qui prend un vaisseau à louage.

AFFREUSEMENT, adv. (*afreuzeman*), d'une manière *affreuse*.

AFFREUX, EUSE, adj. (*afreu, freuze*) (voyez AFFRE, son primitif), qui cause de la frayeur, de l'*effroi*.

AFFRIANDÉ, E, part. pass. de *affriander*.

AFFRIANDER, v. a. (*afriandé*) (rac. *friand*), rendre *friand*; attirer.

AFFRICHÉ, E, part. pass. de *affricher*.

AFFRICHER, v. a. (*afriché*) (rac. *friche*), laisser en *friche*.

AFFRIOLÉ, E, part. pass. de *affrioler*.

AFFRIOLEMENT, s. m. (*afrioleman*), action d'*affrioler*.

AFFRIOLER, v. a. (*afriolé*), attirer par quelque appât.

AFFRONT, s. m. (*afron*) (du lat. *ad*, et *frontem*), injure, outrage ; déshonneur, honte.

AFFRONTÉ, E, part. pass. de *affronter*, et adj., se dit, en t. de blason, de deux animaux qui se regardent.

AFFRONTER, v. a. (*afronté*) (voy. AFFRONT), attaquer de *front*, avec hardiesse.

AFFRONTERIE, s. f. (*afronteri*), tromperie, action d'*affronter*. Vieux.

AFFRONTEUR, TEUSE, s. (*affronteur, teuze*), qui *affronte*.

AFFUBLÉ, E, part. pass. de *affubler*, et adj., vêtu d'une manière bizarre.

AFFUBLEMENT, s. m. (*afubleman*), voile ; habillement ridicule et sans goût. Fam.

AFFUBLER, v. a. (*afublé*) (de *fibula*, agrafe), habiller d'une manière étrange.

AFFUSION, s. f. (*afuzion*) (en lat. *affusio*, dérivé de *affundere*, verser, répandre sur), action de verser une liqueur sur certains médicaments.

AFFÛT, s. m. (*afû*), assemblage de charpente sur laquelle est monté un canon ; lieu où l'on se cache pour attendre le gibier.

AFFÛTAGE, s. m. (*afutaje*) (rac. *affût*), action d'*affûter* un canon ; action d'aiguiser un outil.

AFFÛTÉ, E, part. pass. de *affûter*.

AFFÛTER, v. a. (*afûté*), mettre le *canon* en état de tirer ; aiguiser.

AFFÛTIAU, s. m. (*afutió*), bagatelle, brimborion , affiquet.

AFIN, conj. (*afein*), elle dénote le but, la *fin*.

AFISTOLER. Voy. AFFISTOLER.

AFOURAGEMENT, **AFOURAGER**. Voy. AFFOURRAGEMENT, AFFOURRAGER.

AGA ou **AGHA**, s. m. (*agua*), chef , commandant chez les Turcs.

AGAÇANT, E, adj. (*aguaçan, çante*) (formé de *agacer*), qui excite, qui *agace*.

AGACE, s. f. (*aguace*), pie.

AGACÉ, E, part. pass. de *agacer*.

AGACEMENT, s. m. (*aguaceman*) (formé d'*agacer*), sensations désagréables; irritation.

AGACER, v. a. (*aguacé*) (de *axa?ειν*, piquer), causer aux dents une sensation désagréable ; picoter; irriter; chercher à plaire.

AGACERIE, s. f. (*aguaceri*) (formé d'*agacer*), gestes, petites manières d'une femme qui veut plaire.

AGAILLARDI,E part.pass. de *s'agaillardir*.

s'AGAILLARDIR, v. pr. (*cagua-iardir*) (rac. *gaillard*), devenir plus *gaillard*, plus gai.

AGALACTIE, s. f. (*agualakci*) (du grec *a* priv., et γαλα, lait), défaut de lait.

AGALLOCHE, s. m. (*agualoche*), petit arbre noueux, bois d'aloès.

AGAME, s. m. (*aguame*) (de *a* priv., et γαμος noces), lézard d'Amérique. — Adj. des deux g., il se dit des plantes auxquelles on ne connaît point d'organes sexuels.

AGAMI, s. m. (*aguami*), t. d'hist. nat., oiseau d'Amérique.

AGAPANTHE, s. f. (*aguapante*) (de αγαπαι, aimer, et ανθος, fleur), plante d'Afrique.

AGAPE, s. f. (*aguape*)(du grec αγαπη), repas en commun des premiers chrétiens.

AGAPÈTES, s. f. pl. (*aguapète*) (*agapetæ*, bien-aimées), vierges qui vivaient en communauté.

AGARIC, s. m. (*aguarike*), genre de champignon qui s'attache au tronc des arbres.

AGATE, de αχατης, ou **AGATHE**, de αγαθος bon , riche , précieux , s. f. (*aguate*),

pierre précieuse ; instrument de tireur d'or.

AGAVÉ, s. f. (*aguavé*) (du grec αγαυος, beau), aloès d'Amérique.

ÂGE, s. m. (*âje*)(en lat. *ætas* ou *ævum*), la durée de la vie; temps, siècle, période.

ÂGÉ, adj. (*âjé*), qui a un certain *âge*; vieux.

AGENCE, s. f. (*ajance*), charge, fonctions d'*agent*; administration dirigée par un ou plusieurs *agents*.

AGENCÉ, E, part. pass. de *agencer*.

AGENCEMENT, s. m. (*ajanceman*), action d'*agencer*; état de ce qui est *agencé*.

AGENCER, v. a. (*ajancé*), ajuster, parer, ranger.

AGENDA, s. m. (*ajeinda*) (de *agere*), petit livret où l'on inscrit les choses à faire. Au pl., des *agenda*, sans *s*.

AGENOUILLÉ, E, part.pass. de *agenouiller*.

AGENOUILLER, v. a. (*ajenouié*) (*genu*, genou), mettre à genoux.

~~AGENOUILLOIR, s. m. (ajenouir), petit~~ escabeau sur lequel on s'*agenouille*.

AGENT, s. m. (*ajan*) (de *agere*), ce qui agit, ce qui opère ; celui qui fait les affaires d'autrui.

AGGLOMÉRATION, s. f. (*aguelomérâcion*), état de ce qui est *aggloméré*; action d'*agglomérer*. Voy. AGGLOMÉRER.

AGGLOMÉRÉ, E, part. pass. de *agglomérer*, et adj.; au pl., amoncelés, réunis.

AGGLOMÉRER, v. a. (*aguelomêré*), (de *ad*, *angm*., et de *glomerare*, assembler), assembler, amonceler, grossir par pelotons.

AGGLUTINANT, E , adj. (*aguelutinan*, *nante*) (de *ad*, à, et *gluten*, glu), t. de méd., qui *agglutine*.

AGGLUTINATIF , TIVE, adj. (*aguelutinatif, tive*) (de *agglutiner*).Voy.AGGLUTINANT.

AGGLUTINATION, s. f. (*agulutinâcion*), (*agglutinatio*), action d'*agglutiner*.

AGGLUTINÉ, E, part. pass. de *agglutiner*.

AGGLUTINER, v. a. (*aguelutiné*), (de *ad*, et *glutinare*), t. de méd., rejoindre, recoller les parties du corps qui ont été séparées.

AGGRAVANT,E, adj. (*agueravan , vante*) (de *ad*, et *gravis*), qui rend plus *grave*, plus grief.

AGGRAVATION, s. f.(*agueravâcion*), t. de dr. crim., augmentation.

AGGRAVE, s. f. (*aguerave*), censure ecclésiastique.

AGGRAVÉ, E, part. pass. de *aggraver*.

AGGRAVER, v. a. (*aguerâvé*) (de *gravis*), rendre plus *grave*, plus grief.

AGGRÉGAT, AGGRÉGATION, AGGRÉGER. Voy. AGRÉGAT, AGRÉGATION, AGRÉGER.

AGI, part. pass. de *agir*.

AGILE, adj. des deux g. (*ajile*) (de *agere*, agir), qui a de l'*agilité*; léger et dispos.

AGILEMENT, adv. (*ajileman*) (de *agere*), avec *agilité*.

AGILITÉ, s. f. (*ajilité*) (*agilitas*), légèreté, souplesse.

AGIO, et non pas AGIOT, s. m. (*ajió*) (de l'italien *aggio*), bénéfice résultant d'un échange de monnaie, d'argent, contre des effets de commerce; action d'*agioter*.

AGIOTAGE, s. m. (*ajiotaje*)(formé d'*agio*), action d'*agioter*; spéculation sur les effets publics; commerce usuraire; jeu de Bourse.

AGIOTÉ, part. pass. de *agioter*.

AGIOTER, v. n. (*ajioté*), faire l'*agiotage*.

AGIOTEUR, TEUSE, s. (*ajioteur, teuse*) (formé d'*agio*), qui fait l'*agiotage*.

AGIR, v. n. (*ajir*) (en lat. *agere*), faire quelque chose; opérer; poursuivre en justice; se comporter. — Avec le pronom *se*, il devient v. unipersonnel, et sert à marquer de quoi il est question.

AGISSANT, E, adj. (*ajiçan, çante*) (formé de *agir*), qui se donne beaucoup de mouvement; qui opère avec force.

AGITATEUR, TRICE, s. (*ajitateur, trice*) (en lat. *agitator*), qui cherche à *agiter* les esprits.

AGITATION, s. f. (*ajitácion*) (en lat. *agitatio*), mouvement répété, ébranlement; *fig.* trouble.

AGITÉ, E, part. pass. de *agiter*.

AGITER, v. a. (*ajité*) (de *agitare*); mouvoir, ébranler, secouer; discuter; *fig.* troubler.

AGLOMÉRATION. Voy. AGGLOMÉRATION.

AGLOMÉRER. Voy. AGGLOMÉRER.

AGLUTINANT, AGLUTINATIF, AGLUTINATION, AGLUTINER. Voy. AGGLUTINANT, AGGLUTINATIF, AGGLUTINATION, AGGLUTINER.

AGNAT, s. m. (*aguena*) (*agnatus*), se dit de collatéraux qui descendent par mâles d'une même souche masculine.

AGNATION, s. f. (*aguenácion*) (*agnatio*), qualité des *agnats*.

AGNATIQUE, adj. des deux g. (*aguenatike*), qui appartient aux *agnats*. Peu us.

AGNEAU, s. m. (*agnió*) (αγνος, chaste), le petit d'une brebis.

AGNEL, s. m. (*agniël*), monnaie d'or dont le type était un *agneau* pascal.

AGNELÉ, part. pass. de *agneler*.

AGNELER, v. n. (*agnielé*) (rac. *agneau*), mettre bas, en parlant d'une brebis.

AGNELET, s. m. (*agnielé*) (en lat. *agnellus*), petit *agneau*.

AGNELINE, adj. f. (*agnieline*) (rac. *agneau*), qui provient des *agneaux*.

AGNÈS, s. f. (*agnièce*)(αγνος, chaste), jeune fille très-innocente, très-ingénue. Fam.

AGNUS ou AGNUS DEI, s. m. (*aguenuce dé-i*), cire bénite sur laquelle est imprimée la figure d'un *agneau*; petite image de piété.

AGNUS-CASTUS, s. m. (*aguenuce-kacetuce*), arbrisseau de l'espèce des gattiliers.

AGONI, part. pass. de *agonir*.

AGONIE, s. f. (*aguoni*) (de αγων, combat), dernier combat de la nature contre la mort.

AGONIR, v. a. (*aguonir*), accabler d'injures; invectiver.

AGONISANT, E, s. et adj. (*aguonisan, zante*) (formé de *agonie*), qui est à l'*agonie*.

AGONISÉ, part. pass. de *agoniser*.

AGONISER, v. n. (*aguonizé*) (αγων, combat), être à l'*agonie*.

AGONISTIQUE, s. f. (*aguonicetike*) (de αγων, combat), l'art des athlètes; gymnastique. — Adj. des deux g., qui concerne les combats des athlètes.

AGONOTHÈTE, s. m. (*aguonotéte*) (du grec αγων, combat, et τιθημι, j'ordonne), magistrat qui présidait aux jeux sacrés.

AGOUTI, s. m. (*aguouti*), mammifère rongeur du genre des *caliais*.

AGRAFE, s. f. (*aguerafe*) (αγρα et αψη), crochet qui sert à attacher ensemble différentes choses.

AGRAFÉ, E, part. pass. de *agrafer*.

AGRAFER, v. a. (*aguerafé*), attacher avec une *agrafe*.

AGRAIRE, adj. des deux g. (*aguerère*), (de *ager*, champ), qui a rapport aux terres.

AGRANDI, E, part. pass. de *agrandir*.

AGRANDIR, v. a. (*aguerandir*), faire plus grand, rendre plus grand; exagérer.

AGRANDISSEMENT, s. f. (*aguerandiceman*) (rac. *grand*), accroissement; action d'*agrandir*.

AGRAVANT, AGRAVATION, AGRAVER. Voy. AGGRAVANT, AGGRAVATION, AGGRAVER.

AGRÉABLE, adj. des deux g. (*aguerèable*) (rac. *agréer*), qui plaît, qui *agrée*. Voy. GRACIEUX.

AGRÉABLEMENT, adv. (*aguerèableman*), d'une manière *agréable*.

AGRÉÉ, s. m. (*aguerèé*), avocat *agréé*, reçu par les tribunaux pour y plaider.

AGRÉÉ, E, part. pass. de *agréer*.

AGRÉER, v. a. (*aguerèé*) (du lat. *gratus*, agréable), accueillir, recevoir favorablement; trouver bon; en t. de mar., équiper. — V. n., plaire, être au *gré*.

AGRÉEUR, s. m. (*aguerèeur*), qui *agrée* un vaisseau.

AGRÉGAT, s. m. (*agueregua*) (de *grex*, troupeau), assemblage.

AGRÉGATIF, TIVE, adj. (*agueréguatif, tive*), qui réunit plusieurs propriétés.

AGRÉGATION, s. f. (*agueréguácion*) (de *grex*, troupeau), réception dans une compagnie; assemblage.

AGRÉGÉ, s. m. (*aguerèjé*) (en lat. *aggregatus*), gradué, chargé de suppléer les professeurs.

AGRÉGÉ, E, part. pass. de *agréger*, et adj.

AGRÉGER, v. a. (*aguerèjé*) (*aggregare*), réunir, de *ad*, auprès, et de *grex*, troupeau), amasser, unir; recevoir, admettre dans un corps.

AGRÉMENT, s. m. (*aguerèman*), approbation; bonne grâce, air qui plaît; avantage; plaisir.

AGRÉNÉ, E, part. pass. de *agréner*.
AGRÉNER, v. a. (*aguerèné*), pomper l'eau d'un bâtiment.
AGRÈS, s. m. pl. (*agnerè*), tout ce qui est nécessaire pour mettre un vaisseau en état de naviguer.
AGRESSEUR, SEUSE, s. (*aguerèceceur, ceuze*) (aggressor, de *aggredior*, j'attaque), qui attaque le premier ou la première.
AGRESSION, s. f. (*aguerècecion*) (*aggressio*), action de celui qui attaque le premier.
AGRESTE, adj. des deux g. (*aguerècete*) (αγριος, champ), champêtre, rustique, grossier.
AGRICOLE, adj. des deux g., (*aguerikole*) (de *ager*, et de *colere*), qui s'adonne à l'*agriculture*; qui a rapport à l'*agriculture*.
AGRICULTEUR, s. m. (*aguerikulteur*), qui cultive la terre, ou qui professe l'art de l'*agriculture*.
AGRICULTURE, s. f. (*aguerikulture*) (*agricultura*), art de *cultiver* la terre.
AGRIE, s. f. (*agueri*) (αγρια), t. de méd., espèce de dartre; pustule maligne.
AGRIFFÉ, E, part. pass. de *s'agriffer*.
s'AGRIFFER, v. pr. (*çaguerifé*), s'attacher avec les *griffes*. Fam.
AGRIPAUME, s. f. (*agueripôme*), t. de bot., genre de plante.
AGRIPPÉ, E, part. pass. de *agripper*.
AGRIPPER, v. a. (*agueripé*) (rac. *gripper*), prendre, saisir avidement. Voy. GRIPPER.
AGRIPPEUR, EUSE, s. (*agueripeur, peuze*), qui aime à prendre.
AGROGRAPHE, s. m. (*agueroguerafe*) (du grec αγρος, champ, et γραφω, j'écris), qui écrit sur l'agriculture. Peu us.
AGROGRAPHIE, s. f. (*agueroguerafi*), description des choses qui concernent l'agriculture.
AGROGRAPHIQUE, adj. des deux g. (*agueroguerafike*), qui a rapport à l'*agrographie*.
AGROLOGIE, s. f. (*agueroloji*) (du grec αγρος, champ, et λογος, discours), traité d'agriculture.
AGROLOGIQUE, adj. des deux g. (*aguerolojike*), qui concerne l'*agrologie*.
AGRONOME, s. des deux g. (*agueronome*) (αγρος, champ, et νομος, loi), qui est versé dans la théorie de l'agriculture.
AGRONOMIE, s. f. (*agueronomi*) (voy. AGRONOME pour l'étymologie), théorie de l'agriculture.
AGRONOMIQUE, adj. des deux g. (*agueronomike*), qui a rapport à l'*agronomie*.
AGROUPÉ, E, part. pass. de *agrouper*.
AGROUPER, v. a. (*agueroupé*) (rac. *groupe*), disposer en *groupe*.
AGUERRI, E, part. pass. de *aguerrir*.
AGUERRIR, v. a. (*aguèrir*), accoutumer à la *guerre*, aux fatigues, etc.
AGUET, s. m. (*aguè*), poste, lieu pour guetter. Il n'est plus usité qu'au pl.

AGUIMPÉ, E, part. pass. de *aguimper*.
AGUIMPER, v. a. (*aguinpé*), revêtir d'une guimpe. Vieux.
AH! interj. (*á*), ce mot exprime la joie, la douleur, l'admiration, etc.
AHAN, s. m. (*a-an*), cri de fatigue, de peine; *fig.* tourment, chagrin. Voy. AHANER.
AHANÉ, part. pass. de *ahaner*.
AHANER, v. n. (*a-ané*) (du cri *ahan*), avoir beaucoup de peine en faisant quelque chose.
AHEURTÉ, E, part. pass. de *s'aheurter*, et adj.
AHEURTEMENT, s. m. (*a-eurteman*) (rac. *heurt*), obstination.
s'AHEURTER, v. pr. (*ça eurté*), s'obstiner, s'opiniâtrer.
AHI! (*a-i*), interj. qui exprime la douleur.
AHURI, E, part. pass. de *ahurir*, et adj. (*a-uri*), troublé, interdit.—S., brouillon.
AHURIR, v. a. (*a-urir*), troubler, étourdir. Fam.
AI, s. m. (*a-i*), nom d'un vin de Champagne; quadrupède d'Amérique.
AIDANT, E, part. prés. de *aider*, et adj. (*èdan, dante*), qui *aide*, qui assiste.
AIDE, s. f. (*èdé*), secours, assistance. — Au pl., subsides.
AIDE, s. des deux g. (*èdé*), qui est adjoint à un autre pour l'*aider*.
AIDÉ, E, part. pass. de *aider*.
AIDER, v. a. et n. (*èdé*), donner secours, assister; contribuer à...
AIE (*a-ie*), interj. qui marque la douleur.
AÏEUL, s. m. (*a-ieul*), au pl. AÏEULS, le père du père ou de la mère.
AÏEULE, s. f. (*a-ieule*), la mère du père ou de la mère.
AÏEUX, s. m. pl. (*a-ieu*), tous les parents qui nous ont précédés; ancêtres.
AIGLE, s. m. (*ègule*) (*aquila*), très-grand et très-fort oiseau de proie; *fig.* homme de génie.—S. f., enseigne, drapeau.
AIGLETTES, s. f. pl. (*èguelète*), t. de blas. Il se dit de plusieurs *aigles* qui sont dans l'écu.
AIGLON, s. m. (*ègulon*), le petit de l'*aigle*.
AIGRE, s. m. (*ègure*) (*acer*), saveur piquante, désagréablement acide.—Adj. des deux g., acide, piquant au goût.
AIGRE-DOUX, DOUCE, adj. (*èguredou, douce*), qui a un goût mêlé d'*aigre* et de *doux*.
AIGREFIN, s. m. (*èguerefein*), espèce d'escroc, adroit et rusé.
AIGRELET, TE, adj. (*èguerelè, lète*) (dimin. d'*aigre*), un peu *aigre*.
AIGREMENT, adv. (*ègureman*), avec aigreur, d'une manière aigre.
AIGREMOINE, s. f. (*èguéremoèns*), t. de bot., plante vivace.
AIGREMORE, s. m. (*ègueremore*), charbon pulvérisé, propre aux feux d'artifice.
AIGRET, TE, adj. (*èguerè, rète*) (dimin. d'*aigre*), un peu *aigre*. On préfère *aigrelet*.

AIGRETTE, s. f. (èguerète), oiseau du genre des hérons ; sorte d'ornement de tête composé d'un bouquet de plumes ; panache d'une coiffure militaire.

AIGRETTÉ, E, adj. (èguerèté), t. de bot., terminé par une aigrette.

AIGREUR, s. f. (èguereur) (rac. aigre), qualité de ce qui est aigre ; fig. disposition à offenser, brouillerie.— Au pl., rapports acides causés par des aliments mal digérés.

AIGRI, E, part. pass. de aigrir.

AIGRIETTE, s. f. (èguerièle), sorte de cerise un peu aigre.

AIGRIR, v. a. (èguerir), rendre aigre, faire devenir aigre ; fig. irriter.

AIGU, Ë, adj. (ègu) (acutus), qui se termine en pointe ou en tranchant. On appelle accent aigu un signe mis sur les é fermés (').

AIGUADE, s. f. (èguade) (aqua), eau douce et fraîche dont on fait provision en mer sur les vaisseaux ; lieu où l'on envoie faire provision d'eau douce. On dit aussi aigade.

AIGUAIL, s. m. (èguaie), t. de chasse, rosée.

AIGUAYÉ, E, part. pass. de aiguayer.

AIGUAYER et AIGAYER, v. a. (èguèié) (de aqua, eau), baigner, laver dans l'eau.

AIGUE-MARINE, s. f. (èguemarine) (de aqua marina, eau de mer), pierre précieuse de la couleur du vert de mer.

AIGUIÈRE, s. f. (èguière), vase où l'on met de l'eau.

AIGUIÉRÉE, s. f. (èguiéré), tout le liquide que peut contenir une aiguière.

AIGUILLADE, s. f. (ègu-iiade), gaule pour piquer les bœufs.

AIGUILLAT, s. m. (ègu-lia), chien de mer.

AIGUILLE, s. f. (ègu-iie) (rac. aigu), petite broche d'acier fort déliée qui sert à coudre ; clocher haut et pointu, pyramide, obélisque.

AIGUILLÉ, E, part. pass. de aiguiller, et adj. (ègu-iié), t. de bot. et de minér., en aiguilles, semblable à des aiguilles.

AIGUILLÉE, s. f. (ègu-iié), longueur de fil, soie, etc., nécessaire pour travailler à l'aiguille.

AIGUILLER, v. a. (ègu-iié), t. de chir., ôter la cataracte de l'œil avec une aiguille propre à cette opération. Vieux.

AIGUILLETAGE, s. m. (ègu-iietaje), action, effet d'aiguilleter.

AIGUILLETÉ, E, part. pass. de aiguilleter, et adj., attaché avec des aiguillettes.

AIGUILLETER, v. a. (ègu-iieté), attacher avec des aiguillettes ; ferrer des lacets ; t. de mar., lier au moyen du cordage appelé aiguillette ; amarrer des canons dans un gros temps.

AIGUILLETIER, TIÈRE, s. (ègu-iietié, tière), qui fait des aiguillettes, des lacets.

AIGUILLETTE, s. f. (ègu-iiète), cordon ferré par les deux bouts, destiné à attacher quelque chose ou à servir d'ornement ; marque distinctive de certains militaires ; cordage.

AIGUILLIER, s. m. (ègu-iié) (rac. aiguille), petit étui pour mettre les aiguilles ; ouvrier qui fait des aiguilles.

AIGUILLON, s. m. (ègu-iion) (en lat. aculeus), petit dard des abeilles, des guêpes, etc. ; bâton délié et pointu qui sert à piquer les bœufs ; fig. tout ce qui incite à quelque chose.

AIGUILLONNÉ, E, part. pass. de aiguillonner, et adj.

AIGUILLONNER, v. a. (ègu-iioné) (de aiguillon), piquer les bœufs avec l'aiguillon ; fig. exciter, animer.

AIGUISÉ, E, part. pass. de aiguiser, et adj.

AIGUISEMENT, s. m. (ègu-izeman), action d'aiguiser.

AIGUISER, v. a. (ègu-isé) (rac. aigu, formé du lat. acutus), rendre aigu ou plus pointu, plus tranchant.

AIL, s. m. (a-ie), au pl. AULX (ô) (allium), espèce d'oignon d'une odeur et d'un goût très-forts.

AILE, s. f. (èle) (ala), partie du corps de l'oiseau, de quelques insectes et de certains autres animaux, qui leur sert à voler et à se soutenir dans l'air. On dit par analogie les ailes d'une armée, d'un édifice, d'un moulin à vent.

AILE, s. f. (èle) (emprunté de l'anglais ale, qu'on prononce èle), bière anglaise faite sans houblon.

AILÉ, E, adj. (èlé) (alatus), qui a des ailes.

AILERON, s. m. (èleron), extrémité de l'aile d'un oiseau.— Au pl., nageoires de quelques poissons.

AILLADE, s. f. (a-iade), sauce faite avec de l'ail.

AILLEURS, adv. (a-ieur) (du lat. aliorsum), en un autre lieu, dans un autre endroit.— D'AILLEURS, loc. adv., de plus, outre cela.

AIMABLE, adj. des deux g. (èmable) (en lat. amabilis), digne d'être aimé ; doué du talent de plaire.

AIMANT, s. m. (èman) (du grec ἀδάμας, indomptable), pierre, minéral ferrugineux qui a la propriété d'attirer le fer.

AIMANT, E, adj. (èman, mante), porté à aimer.

AIMANTÉ, E, part. pass. de aimanter, et adj., qui a les vertus et les propriétés de l'aimant.

AIMANTER, v. a. (èmanté), frotter d'aimant.

AIMANTIN, E, adj. (èmantein, tine), qui appartient à l'aimant, qui lui est propre. Peu us., on dit plutôt magnétique.

AIMÉ, E, part. pass. de aimer, et adj., qu'on aime, pour qui l'on a de l'amour, de l'amitié.

AIMER, v. a. (èmé) (amare), avoir de l'attachement, de l'affection pour...; prendre plaisir à...

AINE, s. f. (ène) (du lat. inguen, aine), partie du corps où se fait la jonction de la cuisse et du bas-ventre.

AÎNÉ, E, adj. et s. (èné) (antè natus, né auparavant), le premier né des enfants; plus âgé.

AÎNESSE, s. f. (ènèce) (rac. aîné), priorité d'âge entre frères et sœurs.

AINS, conj. (eince), mais. Inus.

AINSI, adv. et conj. (einci), en cette manière, de cette façon; par conséquent.—AINSI QUE, de même que.

AINSI SOIT-IL, loc. adv. (eincicoètile), souhait de l'accomplissement d'une chose auparavant énoncée.

AIR, s. m. (ère) (du grec αυρ, en lat. aer), fluide élastique, pesant, invisible, dont la masse totale enveloppe la terre; vent; manière, physionomie, extérieur, apparence ; suite de tons qui composent un chant; musique adaptée aux paroles d'un couplet ; t. de man., allure d'un cheval.

AIRAIN, s. m. (èrein) (en lat. æramen), cuivre jaune allié avec l'étain, et devenu par ce mélange plus dur et moins ductile.

AIRE, s. f. (ère) (en lat. area), surface plane, et proprement le lieu où l'on bat les grains; nid d'oiseaux de proie.

AIRÉ, part. pass. de airer.

AIRÉE, s. f. (èré), la quantité de gerbes contenues dans une aire.

AIRELLE ou MYRTILLE, s. f. (èrèle, mirtile), arbrisseau du genre des bruyères.

AIRER, v. n. (èré), faire son nid.

AIS, s. m. (è) (du lat. axis, assis ou asser, soliveau), planche de bois; établi de boucher.

AISANCE, s. f. (èzance) (rac. aise), facilité dans les actions, les discours, les manières; fortune suffisante. — Au pl., fig. lieu disposé pour y satisfaire les besoins naturels.

AISE, s. f. (èze) (αισιος, heureux), contentement, émotion douce et agréable; commodité; état commode et agréable.—Adj. des deux g., content, qui a de la joie. — A L'AISE, loc. adv., aisément, commodément, sans peine.

AISÉ, E, adj. (èzé), facile, libre, dégagé, commode; qui jouit d'une fortune honnête.

AISEMENT, s. m. (èzeman) (rac. aise), commodités. Vieux.

AISÉMENT, adv. (èzéman), avec aisance; facilement, commodément.

AISSELLE, s. f. (ècèle) (axilla), le dessous du bras à l'endroit où il se joint à l'épaule ; en bot., angle formé par la base d'une feuille, etc.

AISSIEU, s. m. Voy. ESSIEU. On écrivait autrefois aissieu, peut-être à cause de l'étymologie grecque αξων, essieu.

AITIOLOGIE, s. f. (étioloji) (αιτια, cause, et λογος, discours), partie de la méd. qui traite des causes des maladies. Voy. ÉTIOLOGIE.

AJONC, s. m. (ajon), arbuste à fleurs légumineuses jaunes, et garni de piquants. On l'appelle aussi jonc marin. Voy. ce mot.

AJOURNÉ, E, part. pass. de ajourner, et adj., qui a été assigné ou remis à jour fixe.

AJOURNEMENT, s. m. (ajourneman), assignation à jour fixe que l'on donne pour appeler une personne devant un tribunal; remise à un autre jour.

AJOURNER, v. a. (ajourné), assigner quelqu'un à certain jour en justice; différer.

AJOUTAGE, s. m. (ajoutaje) (formé de ajouter), t. de fondeur, chose ajoutée à une autre.

AJOUTÉ, E, part. pass. de ajouter, et adj., se dit, en musique, d'un son ajouté à un autre dont il ne fait pas partie essentielle.

AJOUTÉE, s. f. (ajouté) t. de géom., ligne prolongée, et à laquelle on ajoute.

AJOUTER, v. a. (ajouté) (ad, à, et jungere, joindre), joindre une chose à une autre; mettre quelque chose de plus.—Ajouter foi à.., croire.

AJOUTOIR, s. m. (ajoutouar), tuyau ajouté à l'extrémité de celui d'une fontaine ou d'un jet d'eau.

AJUSTAGE, s. m. (ajucetaje) (rac. juste), action d'ajuster l'affinage, de donner à une pièce de monnaie le poids légal.

AJUSTÉ, E, part. pass. de ajuster, et adj.

AJUSTEMENT, s. m. (ajuceteman) (formé d'ajuster), action par laquelle on ajuste quelque chose; accommodement; parure, habits.

AJUSTER, v. a. (ajuceté) (de ad, à, et juxtà, près), rendre juste; concilier, accorder; approprier à...; embellir par des ajustements; viser.

AJUSTEUR, EUSE, s. (ajuceteur, teuze), qui ajuste le flan des monnaies.

AJUSTOIR, s. m. (ajucetoar) (rac. juste), petite balance dans laquelle on pèse et ajuste les monnaies.

AJUTAGE, s. m. Peu us. Voy. AJOUTOIR.

AJUTOIR et AJUTOIRE. Voy. AJOUTOIR.

AKOLOGIE, s. f. (akoloji) (du grec ακος, remède, et λογος, discours), traité pharmaceutique.

ALABASTRIQUE, adj. pris subst. (alabacetrike), l'art de faire de l'albâtre artificiel.

ALABASTRITE, s. f. (alabacetrite), faux albâtre.

ALALIE, s. f. (alali) (α priv., et λαλω, je parle), impossibilité de parler.

ALAMBIC, s. m. (alanbike) (du grec αμβιξ, vase), vaisseau pour distiller.

ALAMBIQUE, E, part. pass. de alambiquer, et adj., trop subtil, trop raffiné.

ALAMBIQUER, v. a. (alanbiké). Il n'a d'usage qu'au fig.: alambiquer l'esprit, le fatiguer, peu us. Employé d'une manière absolue, il signifie raffiner, subtiliser.

ALAN. s. m. (alan), chien propre à chasser le sanglier.

ALANGUI, E, part. pass. de alanguir.

ALANGUIR, v. a. et n. (alanguir), rendre ou être languissant.

ALANGUISSEMENT, s. m. (alanguiceman), action d'*alanguir*; ses effets.
ALARGUÉ, E, part. pass. de *alarguer*.
ALARGUER, v. n. (*alargué*)(*largus*, large), t. de mar', gagner le *large*, s'éloigner.
ALARMANT, E, adj. (*alarman, mante*), qui *alarme*; effrayant.
ALARME, s. f. (*alarme*)(de l'italien *all'arme*! aux armes!), cri, signal pour faire courir *aux armes*; émotion causée par l'approche de l'ennemi ; *fig.* inquiétude, souci, chagrin, crainte.
ALARMÉ, E, part. pass. de *alarmer*, et adj.
ALARMER, v. a.(*alarmé*), donner l'*alarme*; *fig.* causer de l'émotion, de l'inquiétude.
ALARMISTE, s. des deux g. (*alarmicete*) (formé d'*alarme*), qui répand des bruits *alarmants*; qui s'*alarme* facilement.
ALATERNE, s. m. (*alatèrene*) (*alternus*), genre d'arbrisseau toujours vert.
ALBÂTRE, s. m. (*albâtre*) (αλαβαστρον), pierre de la nature du marbre, mais tendre et transparente. On dit poét. un *sein d'albâtre*, pour peindre la blancheur extrême d'un sein.
ALBATROS, s. m. (*albatroce*), oiseau de mer extrêmement vorace.
ALBERGE, s. f. (*albèreje*), sorte de pêche ou d'abricot.
ALBERGIER, s. m. (*albèrejié*), arbre qui porte les *alberges*.
ALBINOS, s. m. (*albinóce*) (de l'espagnol *albino*, blanc), homme d'un blanc blafard.
ALBRAN, mieux HALBRAN, s. m. (*albran*), jeune canard sauvage. Voy. HALBRAN.
ALBRENÉ, E, adj. (*albrené*), déplumé. Voy. HALBRENÉ
ALBRENER, v. n. (*albrené*), chasser aux *albrans*. Voy. HALBRENER.
ALBUGINÉ, E adj. (*albujiné*) (du lat. *albus*), t. d'anat.,se dit des membranes blanches.
ALBUGINEUX, NEUSE, adj. (*albujineu*, *neuze*) (*albus*), qui est de couleur *blanche*.
ALBUGO, s. f. (*albugúó*) (de *albus*), tache blanche qui se forme à l'œil.
ALBUM, s. m. (*albome*) (empr. du lat.), cahier sur lequel les voyageurs prient les personnes illustres d'écrire leur nom; tablettes; recueil de morceaux de dessin, de peinture et de musique.
ALBUMINE, s. f. (*albumine*) (du lat. *albus*), t. de chim., substance de la nature du blanc d'œuf, et qui se trouve dans diverses matières végétales et animales.
ALBUMINEUX, NEUSE, adj. (*albumineu*, *neuze*), qui contient de l'*albumine*.
ALCADE, s. m.(*alkade*)(de l'arabe *alqadhy*), nom des juges, des prévôts, en Espagne.
ALCAÏQUE, adj. des deux g. (*alka-ike*) (en lat. *alcaicus*), se dit d'une sorte de vers grec inventé par *Alcée*.
ALCALESCENCE, s. f. (*alkalèceçance*) putréfaction produite par les *alcalis*; fermentation des *alcalis*.

ALCALESCENT, E, adj. et s. m. (*alkalèceçan, cante*); qui contient de l'*alcali*.
ALCALI, s. m. (*alkali*) (de l'arabe *al, kali*), sel fossile et minéral tiré de la soude.
ALCALIN, E, adj. (*alkalein, line*), qui a quelques propriétés des *alcalis*.
ALCALISATION, s. f. (*alkalisácion*), action d'*alcaliser*.
ALCALISÉ, E, part. pass. de *alcaliser*.
ALCALISER, v. a. (*alkalizé*), dégager la partie acide d'un sel neutre, de manière qu'il ne reste plus que la partie *alcaline*.
ALCANTARA, s. m. (*alkantara*) (de l'espagnol *al*, au, et *cantara*, poirier), ordre militaire d'Espagne. On le nommait autrefois *Ordre de Saint-Julien-du-Poirier*.
ALCARAZAS, s. m. (*alkarazáce*), vase espagnol pour rafraîchir l'eau.
ALCÉE, s. f. (*alcé*), mauve sauvage, rose-trémière.
ALCHIMIE, s. f. (*alchimi*) (de l'art. arabe *al*, et du grec χημεια, chimie) , science, philosophie hermétique; art chimérique de la transmutation des métaux.
ALCHIMILLE, s. f. (*alchimile*), t. de bot., plante rosacée.
ALCHIMIQUE, adj. des deux g.(*alchimike*), qui a rapport à l'*alchimie*.
ALCHIMISTE, s. des deux g. (*alchimicete*), qui exerce l'*alchimie*.
ALCOHOL, s. m. (*alkoole*) (mot arabe qui veut dire *subtil*), esprit de vin très-pur.
ALCOHOLIQUE, adj. des deux g. (*alkoolike*), qui tient de l'*alcohol*; qui a été dissous dans l'*alcohol*.
ALCOHOLISATION, s. f. (*alkoolisácion*), action d'*alcoholiser*.
ALCOHOLISÉ, E, part. pass. de *alcoholiser*.
ALCOHOLISER, v. a. (*alkoolizé*), réduire en poudre impalpable; purifier les esprits et les essences.
ALCOOL. Voy. ALCOHOL.
ALCORAN ou CORAN, s. m. (*alkoran*, *koran*) (de l'art. arabe *al*, et de *coran*, lecture), livre de la loi de Mahomet.
ALCÔVE, s. f. (*alkóve*) (de l'arabe *alquobbah*), enfoncement pratiqué dans une chambre, où le lit est placé.
ALCYON, s. m. (*alcion*) (du grec αλκυων), oiseau de mer semblable à l'hirondelle.
ALCYONIEN, IENNE, adj. (*alcioniein, niène*), appartenant à l'*alcyon*.
ALCYONITE, s. f. (*alcionite*), t. d'hist. nat., *alcyon* fossile.
ALDÉBARAN, s. m. (*aldébaran*) (tiré de l'arabe), étoile fixe de la première grandeur.
ALDÉE, s. f. (*aldé*), nom de divers bourgs et villages à la côte de Coromandel.
ALDERMAN, s. m. (*aldèremane*) (de l'anglais *elder*, ancien, et *man*, homme), en Angleterre, officier municipal, officier de police.
ALE ou AILE, s. f. (*èle*, à l'anglaise), bière. Voy. AILE.

ALÉATOIRE, adj. (alé-atoare) (du lat. aleatorius, fait de alea, jeu de hasard), qui dépend d'un événement incertain.

ALÉATOIREMENT, adv. (alé-atoareman) d'une manière aléatoire. Peu us.

ALÈGRE, ALÈGREMENT, ALÉGRESSE, ALEGRETTO, ALEGRO. Voy. ALLÈGRE, ALLÈGREMENT, ALLÉGRESSE, ALLEGRETTO, ALLEGRO.

ALÈNE, s. f. (alène) (de l'espagnol alesna), instrument pour percer le cuir.

ALÊNÉ, E, adj. (alèné), terminé en pointe fine comme une alène.

ALÉNIER, s. m. (alènié), qui fait et vend des alènes.

ALÉNOIS, s. m. et adj. (alénoa), espèce de cresson.

ALENTOUR, adv. (alantour), aux environs.

ALENTOURS, s. m. pl. (alantour), lieux circonvoisins.

ALÉRION, s. m. (alérion) (du lat. valeria, aigle), nom vulgaire du martinet noir.

ALERTE, s. f. (alèrete), alarme, peur vive. —Adj. des deux g., vigilant, vif, gai. — Interj. (de l'italien all'erta), debout! soyez sur vos gardes!

ALESTER ou ALESTIR, v. a. (alèceté, tir) (rac. leste), t. de mar. débarrasser, alléger un vaisseau.

ALEVIN, s. m. (alevin), menu poisson qui sert à peupler les étangs.

ALEVINAGE, s. m. (alevinaje), petits poissons que les pêcheurs rejettent dans l'eau.

ALEVINÉ, E, part. pass. de aleviner.

ALEVINER, v. a. (aleviné) (de αλιευς, pêcheur), jeter de l'alevin dans un étang.

ALEVINIER, s. m. (alevinié), petit étang.

ALEXANDRIN, E, adj. et s. m. (alèkçandrin, drine), vers français de douze syllabes.

ALEXIPHARMAQUE, adj. des deux g. (alèkcifarmake) (du grec αλεξω, je repousse, et φαρμακον, venin), se dit des remèdes contre le venin. —Il s'emploie aussi comme s. m.

ALEXITÈRE, adj. des deux g. (alèkcitère) (du grec αλεξω, je repousse, et θηρια, bête féroce), propre à guérir de la morsure des bêtes venimeuses. — Il est aussi s. m.

ALEZAN, E, adj. (alezan) (de l'arabe alhhassan, cheval de bonne race), se dit d'un cheval bai tirant sur le roux. —Il est aussi s. : un alezan, une alezane.

ALÈZE, s. f. (alèze), drap; planche étroite.

ALGALIE, s. f. (algualí), sonde d'argent.

ALGANON, s. m. (alguanon) petite chaîne que portent les galériens.

ALGARADE, s. f. (alguarade) (de l'arabe algaradah), insulte faite avec bravade; avec éclat, sortie brusque. Fam.

ALGÈBRE, s. f. (aljèbre) (ce mot semble purement arabe), science du calcul des grandeurs en général, représentées par des lettres; fig. chose difficile à comprendre.

ALGÉBRIQUE, adj. des deux g. (aljébrike), qui appartient à l'algèbre.

ALGÉBRIQUEMENT, adv. (aljébrikeman), comme il se pratique en algèbre.

ALGÉBRISTE, s. des deux g. (aljébricete), qui sait l'algèbre, qui fait des opérations d'algèbre.

ALGIDE, adj. des deux g. (aljide) (algidus, froid), t. de méd., qui est froid, qui glace.

ALGUAZIL, s. m. (alguouazile) (de l'art. arabe al, et du mot guazil, ministre de justice), en Espagne, archer, exempt, gendarme. Il se dit par plaisanterie d'un agent de police.

ALGUE, s. f. (algue) (algua), herbe qui croît dans la mer.

ALIBI, s. m. (alibí) (adv. lat. signifiant ailleurs), absence d'une personne d'un lieu où a été commis un crime ou délit. Sans s au pl.

ALIBIFORAIN, s. m. (alibiforein), échappatoire, vaine allégation, vaine défaite. Fam. et vieux.

ALIBILE, adj. des deux g. (alibíle) (de alere, nourrir), qui est propre à la nutrition.

ALIBORON, s. m. (aliboron), sot, ignorant, homme stupide, ridicule.

ALIDADE, s. f. (alidade) (de l'arabe alhadá), règle mobile servant à prendre la mesure des angles; aiguille du cadran à canneler.

ALIÉNABLE, adj. des deux g. (aliénable), qui peut être aliéné.

ALIÉNATION, s. f. (aliénácion) (alienatio), transport, vente de la propriété d'un fonds; fig. égarement, folie; haine, aversion.

ALIÉNÉ, E, part. pass. de aliéner, et adj. — s., fou, folle.

ALIÉNER, v. a. (aliéné) (alienare, alienum facere), vendre; transférer la propriété de...; fig. rendre malveillant; rendre fou.

ALIGNÉ, E, part. pass. de aligner, et adj.

ALIGNEMENT, s. m. (alignieman), action d'aligner; résultat de cette action; commandement fait aux soldats de s'aligner.

ALIGNER, v. a. (alignié) (rac. ligne), ranger sur une même ligne; fig. polir, rendre régulier.

ALIMENT, s. m. (aliman) (alimentum), tout ce qui nourrit, entretient, et conserve le corps.

ALIMENTAIRE, adj. des deux g. (alimantère) (rac. aliment), qui est propre à servir d'aliments; qui est destiné aux aliments.

ALIMENTATION, s. f. (alimantácion), action de nourrir; résultat de cette action.

ALIMENTÉ, E, part. pass. de alimenter.

ALIMENTER, v. a. (alimanté) (de alere, nourrir), fournir les aliments nécessaires; entretenir.

ALIMENTEUX, EUSE, adj. (alimanteu, euse), qui sert d'aliment, qui nourrit.

ALINÉA, s. m., et loc. adv. (du lat. ad lineam, à la ligne), première ligne d'un écrit on imprimé ou d'une section d'imprimé ou d'écrit.

ALIQUANTE, adj. f. (alikante) (aliquantum), se dit des parties qui ne sont pas exactement contenues un certain nombre de fois dans un tout. Voy. ALIQUOTE.

ALIQUOTE, adj. f., et s. m. (alikote) (aliquotus), partie contenue plusieurs fois exactement dans un tout.

ALISIER. Voy. ALIZIER.

ALITE, E, part. pass. de aliter.

ALITER, v. a. (alité), réduire à garder le lit.

ALIZE, s. f. (alize), petit fruit aigrelet.

ALIZE, E, adj. (alizé), t. de mar., se dit de vents réguliers qui soufflent en certains temps.

ALIZIER, s. m. (alizié), arbre qui produit l'alize.

ALKALI, et ses dérivés. Voy. ALCALI.

ALKÉKENGE, s. f. (alkékanje), plante du Pérou dont le fruit est vénéneux.

ALKERMÈS, s. m. (alkèremèce) (de l'arabe alkermès, écarlate), composition dont le kermès est la base.

ALLAH; s. m., et quelquefois interj. (alelá) (de al-ilah), nom que les Mahométans donnent à Dieu, et qui est leur exclamation ordinaire de joie, de crainte, etc.

ALLAISES, s. f. pl. (alèze), barres placées en travers des rivières.

ALLAITE, E, part. pass. de allaiter.

ALLAITEMENT, s. m. (alelèteman), action d'allaiter.

ALLAITER, v. a. (alelété) (de ad augm., et de lactare), nourrir de son lait.

ALLANGUI, E, part. pass. de allanguir.

ALLANGUIR, v. a. (alanguir), rendre languissant. Peu us.

ALLANGUISSEMENT, s. m. (alanguiceman), état de langueur.

ALLANT, E, s. et adj. verbal (alan, lante), qui va; qui aime à aller. Fam.

ALLANTOÏDE, s. f. (alelanto-ide) (du grec αλλας, et ειδος), l'une des membranes qui enveloppent le fœtus.

ALLÉCHÉ, E, part. pass. de allécher, et adj.

ALLÉCHEMENT, s. m. (alècheman), moyen par lequel on allèche.

ALLÉCHER, v. a. (alèché) (allicere), attirer par quelque appât.

ALLÉE, s. f. (alé), passage étroit entre deux murs ; chemin non pavé, bordé d'arbres.

ALLÉGATION, s. f. (alelégácion), citation d'un passage, d'un fait ; assertion.

ALLÉGE, et non pas ALLÉGE, s. f. (alèje), petit bateau à la suite d'un grand, et qui est destiné à l'alléger.

ALLÉGÉ, E, part. pass. de alléger.

ALLÉGEANCE, s. f. (aleléjance), adoucissement, soulagement.

ALLÉGEMENT, et non pas ALLÉGEMENT, s. m. (alelèjeman), soulagement.

ALLÉGER, v. a. (aleléjé) (alleviare, rendre plus léger), décharger d'une partie d'un fardeau une personne ou une chose.

ALLÉGI, E, part. pass. de allégir.

ALLÉGIR, v. a. (alelègir), diminuer dans tous les sens le volume d'un corps.

ALLÉGORIE, s. f. (aleléguori) (αλλος, autre, et αγιρα, discours), fiction dont l'artifice est de présenter à l'esprit un objet de manière à lui en désigner un autre; allusion ; métaphore prolongée.

ALLÉGORIQUE, adj. des deux g. (aleléguorike), qui renferme une allégorie ; qui a rapport à l'allégorie.

ALLÉGORIQUEMENT, adv. (aleléguorikeman), d'une manière allégorique.

ALLÉGORISE, E, part. pass. de allégoriser.

ALLÉGORISER, v. a. (aleléguorizé), expliquer selon le sens allégorique ; donner un sens allégorique ; se servir d'allégories.

ALLÉGORISEUR, SEUSE, s. (aleléguorizeur, zeuse), qui allégorise.

ALLÉGORISME, s. m. (aleléguoriceme), métaphore trop prolongée ; science des allégories.

ALLÉGORISTE, s. des deux g. (alelégoricete), qui explique un auteur dans un sens allégorique.

ALLÈGRE, adj. des deux g. (aleléguere) (de l'italien allegro), dispos, agile, gai. Fam.

ALLÉGREMENT et non ALLÈGREMENT, adv. (aleléguereman), d'une manière allègre.

ALLÉGRESSE, s. f. (aleléguerèce) (de l'italien allegrezza), joie qui éclate au dehors. Il se dit surtout d'une joie publique.

ALLEGRETTO, adv.(aleléguerèteto)(dimin. d'allegro).

ALLEGRO, adv. (aleléguero) (mot italien), t. de mus., indication d'un mouvement vif et gai.—S. m., en parlant de l'air même. Au pl., des allegro, sans s.

ALLÉGUE, E, part. pass. de alléguer.

ALLÉGUER, v. a. (alelégué) (allegare), rapporter, avancer, mettre en avant, citer.

ALLELUIA, s. m. (alelélu-ia) (mot hébreu qui signifie louez le Seigneur), nom d'un chant d'église, plante qui fleurit vers Pâques.

ALLEMAND, s. m. (aleman). On se sert de ce mot dans quelques phrases proverbiales: querelle d'Allemand, querelle suscitée sans sujet, etc.

ALLEMANDE, s. f. (alemande), sorte de danse vive et gaie empruntée à l'Allemagne.

ALLER, v. n. (alé), se mouvoir d'un point vers un autre, marcher ; s'adresser à..., tendre à...; être dans la direction de...

ALLEU, au pl. ALLEUX, s. m. (aleu) (alodium), n'a d'usage qu'avec le mot franc, et signifie, en t. de féod., un fonds de terre exempt de droits seigneuriaux.

ALLIACÉ, E, adj. (aleliacé), qui tient de l'ail.

ALLIAGE, s. m. (aliaje) (de ad et ligare), combinaison d'un métal avec un ou plusieurs métaux; mélange.

ALLIAIRE, s. f. (alelière), herbe aux aulx.

ALLIANCE, s. f. (aliance) (de ad augm., et ligare), union par mariage ; confédération des peuples pour leurs intérêts particuliers; ligue; *fig.* mélange de plusieurs choses disparates; en t. d'orfévre, bague, anneau.

ALLIÉ, E, s. (*alié*), qui est joint à un autre par affinité; qui est confédéré.

ALLIÉ, E, part. pass. de *allier*, et adj.

ALLIER, s. m. (*alié*), filet pour prendre les perdrix et les cailles.

ALLIER, v. a. (*alié*) (du lat. *alligare*, lier), mêler, incorporer ensemble les métaux; unir par mariage.

ALLITÉRATION, s. f. (*alelitérácion*) (*alliteratio*, froissement de lettres, d'*allido* et de *litteral*, t. de rhét., figure de mots, qui consiste dans la répétition affectée des mêmes lettres ou des mêmes syllabes.

ALLOBROGE, s. et adj. des deux g. (*alelobroje*), ancien nom des habitans de la Savoie, et dont on se sert fig. et fam. pour désigner un rustre, un homme grossier.

ALLOCATION, s. f. (*alelokácion*) (de *ad* et *locare*), action d'*allouer*.

ALLOCUTION, s. f. (*alelokucion*) (de *alloqui*, parler), harangue d'un chef à ceux qu'il commande.

ALLODIAL, E, adj., au pl. m. ALLODIAUX (*alelodial, diô*), qui est en franc *alleu*; qui est libre.

ALLODIALITÉ, s. f. (*alelodialité*), qualité de ce qui est *allodial*.

ALLONGE, et non pas ALONGE, s.f. (*alonje*) (de *allonger*), pièce rapportée à une autre pour l'*allonger*.

ALLONGÉ, E, part. pass. de *allonger*, et adj. (*alonjé*), rendu plus *long*, plus étendu.

ALLONGEMENT, s. m. (*alonjeman*) (formé de *allonger*), augmentation de *longueur*.

ALLONGER, v. a. (*alonjé*) (rac. *long*), rendre plus *long*; faire durer davantage; étendre; porter un coup.

ALLOUABLE, adj. (*alelouable*), qui peut s'*allouer*, s'accorder.

ALLOUÉ, s. m. (*aleloué*) (de *allouer*), nom d'un juge dans certaines juridictions d'autrefois.

ALLOUÉ, E, part. pass. de *allouer*, et adj., accordé, cédé.

ALLOUER, v. a. (*aleloué*) (du lat. *allaudare*), accorder, approuver; passer une dépense en compte.

ALLUCHON, s. m. (*aleluchon*), fuseau de bois dont on arme une roue pour la faire engrener.

ALLUMÉ, E, part. pass. de *allumer*, et adj.

ALLUMER, v. a. (*alumé*) (de *ad*, à, et *lumen*, lumière), mettre le feu à quelque chose de combustible; *fig.* exciter, enflammer.

ALLUMETTE, s. f. (*alumète*) (rac. *allumer*), petit brin de bois soufré par les deux bouts.

ALLUMETTIER, TIÈRE, s. (*alumetié, tière*), fabricant d'*allumettes*.

ALLUMEUR, EUSE, s. (*alumeur, euze*),

qui *allume* régulièrement des chandelles, des lampes, des reverbères, etc.

ALLURE, s. f. (*alure*) (rac. *aller*), démarche, façon de marcher.

ALLUSION, s. f. (*aleluzion*) (*alludere*), fig. de rhét. qui, comme l'allégorie, présente un sens pour en faire entendre un autre.

ALLUVIEN, VIENNE, adj. (*aleluvien, viène*), se dit d'un terrain formé par transport et sédiment.

ALLUVION, s. f. (*aleluvion*) (du lat. *alluvio*, de *ad* et *luere*), accroissement de terrain qui se fait le long des rivages.

ALMAGESTE, s. m. (*almajècete*) (de l'art. arabe *al*, le, et du grec μιγιστος, très-grand), collection d'observations astronomiques.

ALMANACH, s. m. (*almana*) (de l'arabe *manah*, supputer, précédé de l'art. *al*), calendrier qui contient tous les jours de l'année, les fêtes, etc.

ALOÈS, s. m. (*alo-èce*) (en grec αλοη), arbre des Indes; sorte de plante vivace.

ALOÉTIQUE, adj. (*alo-étike*), remède où il entre de l'*aloès*.

ALOI, s. m. (*aloè*) (du lat. *adligare* ou *alligare*), mélange d'un métal précieux avec un autre; *fig.* qualité bonne ou mauvaise.

ALONGÉ, ALONGE, ALONGEMENT, ALONGER. Voy. ALLONGÉ, ALLONGE, ALLONGEMENT, ALLONGER.

ALOPÉCIE, s. f. (*alopéci*) (αλωπιξ, renard), pelade, maladie qui fait tomber le poil.

ALORS, adv. (*alore*, et, devant une voyelle, *alorze*) (du lat. *ad illam horam*), en ce temps-là; en ce cas-là.

ALOSE, s. f. (*alôze*), poisson de mer.

ALOUETTE, s. f. (*alouète*) (de-*alaudetta*, dimin. de *alauda*), petit oiseau fort connu.

ALOURDI, E, part. pass. de *alourdir*.

ALOURDIR, v. a. (*alourdir*), rendre *lourd*; appesantir.

ALOYAU, s. m. (*aloeiô*), pièce de bœuf coupée le long du dos.

ALPAGA, s. m. (*alpagua*), animal du Pérou; grosse étoffe de laine.

ALPESTRE, adj. des deux g. (*alpècetre*), qui a rapport aux *Alpes*.

ALPHA, s. m. (*alfa*), la première lettre de l'alphabet grec; *fig.* le commencement.

ALPHABET, s. m. (*alfabè*) (de *alpha* et *bèta*, les deux premières lettres de l'alphabet grec), recueil des signes ou lettres dont les diverses combinaisons représentent tous les sons divers des mots composant une langue.

ALPHABÉTIQUE, adj. des deux g. (*alfabétike*) (de *alphabet*), selon l'ordre de l'*alphabet*.

ALPHABÉTIQUEMENT, adv. (*alfabétikeman*), d'une manière *alphabétique*.

ALPIN, E, adj. (*alpein, pine*), t. de bot. Il se dit des plantes qu'on ne trouve que sur le sommet des hautes montagnes.

ALPISTE, s.m. (*alpicete*), plante graminée.

ALSINE, s. f. (*alcine*) (en grec αλσινη), plante médicinale. Voy. MORGELINE.
ALTE, s. f. Voy. HALTE.
ALTÉRABLE, adj. des deux g. (*altérable*), qui peut être *altéré*.
ALTÉRANT, E, adj., (*altéran, rante*), qui *altère*, qui cause la soif.
ALTÉRATION. s. f. (*altéracion*) (en lat. *alteratio*), changement de bien en mal; falsification; émotion d'esprit; grande soif.
ALTERCAS, s. m. (*altèreká*), altercation. N'est plus usité que dans le style burlesque.
ALTERCATION, s. f. (*altèrekácion*) (du lat. barbare *altercari*, s'entretenir ensemble), dispute, débat, contestation.
ALTÉRÉ, E, part. pass. de *altérer*, et adj., changé, falsifié, détérioré; qui a soif; qui est troublé, ému.
ALTÉRER, v. a. (*altéré*) (de *alterum reddere*, rendre autre), changer une chose; falsifier; causer une grande soif; émouvoir.
ALTERNAT, s. m. (*altèrena*), action d'*alterner*; liberté d'*alterner*.
ALTERNATIF, TIVE, adj. (*altèrenatif, tive*), qui se succède.
ALTERNATIVE, s. f. (*altèrenative*), changement successif; pouvoir ou nécessité de choisir entre deux partis.
ALTERNATIVEMENT, adv. (*altèrenativeman*) (*alternatim*), tour à tour, l'un après l'autre.
ALTERNE, adj. des deux g. (*altèrene*) (en lat. *alternus*), t. de géom., qui se succède.
ALTERNÉ, E, part. pass. de *alterner*.
ALTERNER, v. n. (*altèrené*) (du lat. *alternare*, faire tantôt une chose, tantôt une autre), faire alternativement quelque chose avec une autre personne.
ALTESSE, s. f. (*altèce*) (de l'italien *altezza*, dérivé de *alto*, haut, élevé), titre d'honneur qu'on donne à différents princes.
ALTHÆA, s. f. (*altéa*), plante, espèce de mauve.
ALTIER, TIÈRE, adj. (*altié, tière*), fier, hautain.
ALTO, s. m. (*altô*), sorte de violon.
ALUDE, s. f. (*alude*), basane colorée.
ALUDEL, s. m. (*aludèle*), appareil de chimie.
ALUMELLE, s. f. (*alumèle*) (du lat. *lamella*, lame), lame de couteau; outil de tabletier. Vieux.
ALUMINE, s. f. (*alumine*) (du lat. *alumen*, alun), terre argileuse qui fait la base de l'*alun*.
ALUMINEUX, NEUSE, adj. (*alumineu, neuze*), qui est d'*alun*, qui est de la nature de l'*alun*.
ALUN, s. m. (*aleun*), sel neutre astringent. On le nomme aujourd'hui *sulfate d'alumine*.
ALUNAGE, s. m. (*alunaje*), opération par laquelle on plonge une étoffe dans une dissolution d'*alun* pour en fixer la couleur.
ALUNATION, s. f. (*alunácion*), formation naturelle ou artificielle de l'*alun*.
ALUNÉ, E, part. pass. de *aluner*.
ALUNER, v. a. (*aluné*), tremper dans l'eau d'*alun*, imprégner d'*alun*.
ALUNIÈRE, s. f. (*alunière*), lieu où l'on travaille l'*alun*.
ALVÉOLAIRE, adj. des deux g. (*alvéolère*), qui appartient aux *alvéoles*.
ALVÉOLE, s. m. (*alvéole*) (du lat. *alveolus*, niche, loge), petite cavité où est placée la dent dans la mâchoire; petite cellule dans un rayon de miel; l'intérieur de l'oreille.
ALVÉOLÉ, E, adj. (*alvéolé*), t. de bot., dont la surface est creusée de trous anguleux.
ALVIN, E, adj., (*alvein, vine*) (du lat. *alvus*, ventre), qui a rapport au bas-ventre.
AMABILITÉ, s. f. (*amabilité*) (en lat. *amabilitas*), qualité de ce qui est *aimable*; douceur de caractère; aménité.
AMADIS, s. m. (*amadice*), manche collante.
AMADOU, s. m. (*amadou*), mèche faite avec l'agaric de chêne, et qui s'embrase aisément.
AMADOUÉ, E, part. pass. de *amadouer*.
AMADOUER, v. a. (*amadoué*) (du lat. *dulcis*, doux), adoucir; caresser; dire des douceurs à quelqu'un; flatter.
AMAIGRI, E, part. pass. de *amaigrir*.
AMAIGRIR, v. a. (*amèguerir*), rendre maigre.—V. n. devenir *maigre*.
AMAIGRISSEMENT, s. m. (*amèguericeman*), diminution d'embonpoint.
AMALGAMATION, s. m. (*amalguamácion*), union d'un métal ou d'un demi-métal avec le mercure; action d'*amalgamer*.
AMALGAME, s. m. (*amalguamé*) (αμα, ensemble, et γαμειν, marier), mélange, alliage du mercure avec des matières métalliques; fig. union de plusieurs choses, de personnes différentes.
AMALGAMÉ, E, part. pass. de *amalgamer*.
AMALGAMER, v. a. (*amalguamé*), faire un amalgame.
AMANDE, s. f. (*amande*) (αμυγδαλη, amande), le fruit de l'*amandier*; chair du noyau de l'*amande*; toute graine contenue dans un noyau.
AMANDÉ, s. m. (*amandé*), boisson faite avec du lait et des amandes broyées.
AMANDÉ, E, adj. (*amandé*), qui tient de l'*amande*.
AMANDIER, s. m. (*amandié*), arbre qui porte des *amandes*.
AMANT, E, s. (*aman, mante*) (en lat. *amans*), qui aime une personne d'un autre sexe.
AMARANTE, et non pas AMARANTHE, s. f. (*amarante*) (de α priv., et μαραινω, je flétris), t. de bot., sorte de fleur d'automne qui ne se flétrit point. — Adj. des deux g., se dit des choses qui sont de couleur d'*amarante*.
AMARINAGE, s. m. (*amarinaje*), action d'*amariner*.
AMARINÉ, E, part. pass. de *amariner*.
AMARINER, v. a. (*amariné*), habituer un

homme à la mer; remplacer l'équipage d'un vaisseau pris.

AMARRAGE, s. m. (amaraje) (formé de amarre), ancrage d'un vaisseau; l'attache de ses agrés avec des cordages.

AMARRE, s. f. (amare) (du bas-breton amarr, lier), cordage servant à attacher un vaisseau ou diverses choses dans un vaisseau.

AMARRÉ, E, part. pass. de amarrer.

AMARRER, v. a. (amaré) (formé de amarre), lier, attacher avec une amarre.

AMARYLLIS, s. f. (amarilelice) (du grec αμαρυσσω, je brille), plante de la famille des narcisses.

AMAS, s. m. (amá) (du grec αμαω, j'amasse), assemblage de plusieurs choses.

AMASSÉ, E, part. pass. de amasser.

AMASSER, v. a. (amácé) (rac. amas), faire amas; accumuler, assembler.

AMATELOTAGE, s. m. (amatelotaje), action d'amateloter.

AMATELOTÉ, E, part. pass. de amateloter.

AMATELOTER, v. a. (amateloté) (rac. matelot), mettre les matelots deux à deux.

AMATELOTTEMENT, s. m. (amateloteman), action de mettre les matelots deux à deux; résultat de cette action.

AMATEUR, s. des deux g. (amateur) (du lat. amator, qui aime), qui a un goût particulier pour une chose.

AMATI, E, part. pass. de amatir.

AMATIR, v. a. (amatir), rendre mat.

AMAUROSE, s. f. (amóroze) (αμαυρος, obscur), t. d'ocul., maladie de l'œil, goutte sereine.

AMAZONE, s. f. (amazóne) (du grec α priv, et μαζος, mamelle), femme d'un courage mâle et guerrier; longue robe que les femmes portent pour monter à cheval.

AMBAGES, s. f. pl. (anbaje) (du lat. ambages, détours), circuit et embarras de paroles.

AMBASSADE, s. f. (anbaçade), mission dont un prince charge quelqu'un auprès d'un autre prince; charge, hôtel d'un ambassadeur; message pour une affaire particulière.

AMBASSADEUR, s. m. (anbaçadeur) (de l'ancien gaulois ambactus, agent), qui est envoyé en ambassade.

AMBASSADRICE, s. f. (anbaçadrice), la femme de l'ambassadeur; femme chargée d'un message.

AMBE, s. m. (anbe) (ambo, deux), combinaison de deux numéros.

AMBESAS, s. m. (anbezáce) (ambo, et as), coup de dés qui amène deux as.

AMBIANT, E, adj. (anbian, biante) (ambiens), t. de phys., qui entoure, qui enveloppe.

AMBIDEXTRE, adj. et s. des deux g., (anbidèkcetre) (de ambo, tous deux, et dextera, la droite), qui se sert des deux mains avec la même facilité.

AMBIGU, s. m. (anbigu), repas où l'on sert à la fois la viande et le fruit; réunion de choses opposées.

AMBIGU, Ë, adj.(anbigu) (ambiguus), qui a deux sens, qu'on peut prendre à double sens.

AMBIGUITÉ, s. f. (anbigu-ité) (ambiguitas), sens équivoque. Voy. AMPHIBOLOGIE.

AMBITIEUSEMENT, adv. (anbicieuzeman), avec ambition.

AMBIGUMENT, adv. (anbiguman), d'une façon ambiguë.

AMBITIEUX, TIEUSE, adj. (anbicieu, cieuze) (ambitiosus), qui a de l'ambition; qui a rapport à l'ambition.

AMBITION, s. f. (anbicion) (ambitio), désir immodéré d'honneurs, de distinctions.

AMBITIONNÉ, E, part. pass. de ambitionner, et adj.

AMBITIONNER, v. a. (anbicioné) (ambire, aller à l'entour), désirer avec ambition; rechercher avec ardeur.

AMBLE, s. m. (anble) (ambulare, se promener), allure du cheval entre le pas et le trot, et dans laquelle l'animal lève en même temps les deux pieds du même côté.

AMBLÉ, part. pass. de ambler.

AMBLER, v. n. (anblé), aller l'amble.

AMBRE, s. m. (anbre) (de l'arabe ambar, ou plutôt anbar), substance résineuse.

AMBRÉ, E, part. pass. de ambrer, et adj. (anbré), qui a une odeur d'ambre; qui est de couleur d'ambre.

AMBRER, v. a. (anbré), parfumer avec de l'ambre.

AMBRETTE, s. f. (anbrète), petite fleur qui sent l'ambre.

AMBROISIE, et mieux AMBROSIE, s. f. (anbroèzi, brozi) (en grec αμβροσια), nourriture des dieux selon la fable; fig. mets exquis; t. de bot., plante aromatique.

AMBROSIEN, SIENNE, adj. (ambroziein, zième), de saint Ambroise.

AMBULANCE, s. f. (anbulance) (du lat. ambulare, marcher), hôpital militaire qui suit un corps d'armée.

AMBULANT, E, adj. (anbulan, lante) (de ambulare, marcher), qui n'est pas fixe en un lieu.

AMBULATOIRE, adj. des deux g., (anbulatoere), a le même sens que ambulant.

ÂME, s. f. (áme) (anima), ce qui est le principe de la vie dans tous les êtres; ce qui anime; cœur; chaleur, sensibilité; personne.

AMÉ, E, adj. (amé) pour aimé, e, n'est plus d'usage qu'en style de chancellerie dans les lettres et ordonnances du roi.

AMÉLIORANT, E, adj. (amélioran, rante), qui améliore.

AMÉLIORATION, s. f. (amelioràcian), progrès vers le bien; action d'améliorer; résultat de cette action.

AMÉLIORÉ, E, part. pass. de améliorer.

AMÉLIORER, v. a. (amélioré), rendre meilleur.

AMEN, adv. (*âmène*), mot hébreu signifiant *ainsi soit-il*, et qui termine les prières.

AMÉNAGÉ, E, part. pass. de *aménager*.

AMÉNAGEMENT, s. m. (*aménajeman*), l'action d'aménager; résultat de cette action.

AMÉNAGER, v. a. (*aménajé*), régler les coupes d'un bois; débiter le bois de charpente, de chauffage, etc.

AMENDABLE, adj. des deux g. (*amandable*), qui est sujet à l'amende, qui mérite d'y être condamné; qui est susceptible d'amélioration; qui peut se corriger.

AMENDE, s. f. (*amande*) (du lat. *emendare*, corriger), peine pécuniaire imposée par suite d'un crime ou d'un délit.

AMENDÉ, E, part. pass. de *amender*, et adj.

AMENDEMENT, s. m. (*amandeman*), changement en mieux; modification; engrais.

AMENDER, v. a. (*amandé*) (*emendare*, corriger), rendre meilleur, corriger; condamner à l'amende; mettre des engrais.

AMENÉ, s. m. (*amené*), t. de dr., ordre d'amener.

AMENÉ, E, part. pass. de *amener*.

AMENER, v. a. (*amené*), mener, conduire vers quelqu'un; introduire; faire condescendre.

AMÉNITÉ, s. f. (*aménité*) (*amænitas*), agréments; douceur de manières; bonté; grace.

AMENTACÉES, s. f. pl. (*ameintacé*) (*amentum*, lien), t. de bot., genre de plantes.

AMENUISÉ, E, part. pass. de *amenuiser*.

AMENUISER, v. a. (*amenuizé*), rendre plus menu; moins épais.

AMER, s. m. (*amère*), fiel de certains animaux; espèce d'oranger appelé *bigaradier*.

AMER, MÈRE (*amère*) (*amarus*), adj., qui a de l'amertume, une saveur rude, désagréable, triste, douloureux; offensant.

AMÈREMENT, adv. (*amèreman*), avec amertume. Ne se dit qu'au fig.

AMERS, s. m. pl. (*amère*), t. de mar., objets visibles de loin sur les côtes de la mer.

AMERTUME, s. f. (*amèretume*) (rac. *amer*), saveur *amère*; fig. affliction, fiel, aigreur.

AMÉTHYSTE, s. f. (*améticete*) (αμιθυςτος), oiseau du genre des colibris; plante; serpent; pierre précieuse de couleur violette.

AMEUBLÉ, E, part. pass. de *ameubler*.

AMEUBLEMENT, s. m. (*ameubleman*), assortiment de *meubles* pour une chambre.

AMEUBLI, E, part. pass. de *ameublir*.

AMEUBLIR, v. a. (*ameublir*) (*mobiliare*, rendre mobile), rendre une terre plus *meuble*, plus légère; en t. de jur., rendre de nature mobiliaire.

AMEUBLISSEMENT, s. m. (*ameubliceman*), action d'ameublir la terre; résultat de cette action.

AMEULONNÉ, E, part. pass. de *ameulonner*.

AMEULONNER, v. a. (*ameuloné*), mettre en *meule* du blé, du foin etc.

AMEUTÉ, E, part. pass. de *ameuter*.

AMEUTEMENT, s. m. (*ameuteman*), action d'ameuter.

AMEUTER, v. a. (*ameuté*), rassembler les chiens en *meute*; fig. exciter à la sédition.

AMI, E, s. (*ami*) (*amicus*), avec qui on est lié d'affection réciproque.

AMI, E, adj. (*ami*), propice, favorable.

A MI, loc. adv. (*a mi*), au milieu, à la moitié.

AMIABLE, adj. des deux g., (*amiable*) (rac. *ami*), doux, gracieux — A L'AMIABLE, loc. adv., en *ami*, sans procès, de gré à gré.

AMIABLEMENT, adv. (*amiableman*), d'une manière *amiable*.

AMIANTE ou **ASBESTE**, s. m. (*amiante*, *acebècete*) (αμιαντες, incorruptible), matière minérale, filamenteuse et incombustible.

AMICAL, E, adj. (*amikale*) (*amicus*), qui part de l'amitié, qui est inspiré par l'amitié.

AMICALEMENT, adv. (*amikaleman*), d'une manière amicale.

AMICT, s. m. (*ami*, le c ni le t ne se prononçant jamais) (*amictus*), linge bénit qui couvre les épaules ou la tête du prêtre.

AMIDON. Voy. AMYDON, et ses dérivés.

AMIGDALE. Voy. AMYGDALE.

A-MI-LA, s. m. (*a-mi la*), t. de mus. par lequel on désigne la note *la*, ou le ton de cette note. Vieux.

AMINCI, E, part. pass. de *amincir*, et adj.

AMINCIR, v. a. (*ameincir*), rendre plus mince; fig. diminuer, affaiblir.

AMINCISSEMENT, s. m. (*ameinciceman*), action d'amincir; diminution d'épaisseur.

AMIRAL, s. m., au pl. **AMIRAUX** (*amiral*) (de l'arabe *amir* ou *emir*, prince), titre du premier grade dans la marine française; chef suprême d'une armée navale; le vaisseau qu'il monte; t. d'hist. nat., coquille univalve; beau papillon de jour.

AMIRAL, E, adj. (*amirale*), qui appartient à l'*amiral*.

AMIRAUTÉ, s. f. (*amirôté*), état et office d'*amiral*; siège de la juridiction de l'*amiral*; administration de la marine.

AMITIÉ, s. f. (*amitié*) (*amicitia*), affection que l'on a pour quelqu'un, et qui est ordinairement mutuelle; grace, faveur, plaisir.

AMMAN, s. m. (*ameman*), titre de dignité des chefs de quelques cantons suisses.

AMMEISTRE, s. m. (*amemècetre*), titre des échevins de quelques villes d'Allemagne.

AMMI, s. m. (*amemi*), genre de plantes ombellifères.

AMMON, s. m. (*amemon*) (αμμος, sable), genre de coquilles fossiles; bélier des Grecs.

AMMONIAC, QUE, adj. (*amemoniake*) (αμμωνιακον, formé de αμμος, sable), t. de chimie: *sel ammoniac*, sel neutre formé d'acide marin et d'alcali volatil.

AMMONIACAL, E, adj., au pl. m. **AMMONIACAUX** (*amemoniakal*) qui tient de l'*ammoniaque*.

AMMONIAQUE, s. m. (amemoniake) (αμμωνιακον) combinaison d'hydrogène et d'azote.

AMMONITE, s. f. (amemonite) (αμμος, sable), pierre composée de petits grains semblables au sable; genre de coquilles.

AMNIOS, s. m. (ameniôce) (αμνιον), t. d'anat., enveloppe du fœtus.

AMNISTIE, s. f. (ameniceti) (de α priv., et μναομαι, se ressouvenir), grace, pardon général.

AMNISTIÉ, E, part. pass. de amnistier, adj. et s. (amenicetié) (formé de amnistier), qui est compris dans une amnistie.

AMNISTIER, v. a. (amenicetié) (rac. amnistie), comprendre dans une amnistie.

AMODIATEUR, TRICE, s. (amodiateur, trice), qui prend quelque terre à ferme.

AMODIATION, s. f. (amodiácion), convention par laquelle on donne une terre à ferme.

AMODIÉ, E, part. pass. de amodier.

AMODIER, v. a. (amodié) (fait de ad, à, et modium, boisseau), afferme une terre en grains ou en argent.

AMOINDRI, E, part. pass. de amoindrir.

AMOINDRIR, v. a. (amoeindrir), diminuer, rendre moindre.—V. n. devenir moindre.

AMOINDRISSEMENT, s. m. (amoeindriceman), diminution.

AMOLLI, E, part. pass. de amollir.

AMOLLIR, v. a. (amolir) (mollire), rendre mou, maniable; fig. adoucir.

AMOLLISSEMENT, s. m. (amoliceman), action d'amollir; effet de cette action.

AMOME, s. m. (amome), drogue médicinale; fruit d'une plante des Indes.

AMONCELÉ, E, part. pass. de amonceler.

AMONCELER, v. a. (amoncelé), mettre en monceaux, entasser.

AMONCELLEMENT, s. m. (amoncèleman) (formé de amonceler), action d'amonceler, état de ce qui est amoncelé.

AMONT, s. m., ou mieux adv. (amon) (ad montem, vers la montagne), en remontant ; le côté d'où vient la rivière.

AMORCE, s. f. (amorce) (dérivé de morsus, morsure), appât, tromperie; poudre mise dans le bassinet d'une arme à feu.

AMORCÉ, E, part. pass. de amorcer.

AMORCER, v. a. (amorcé) (dérivé de amorce), garnir d'amorce; attirer; en t. de charp., commencer un trou dans du bois avec l'amorçoir.

AMORÇOIR, s. m. (amorçoar), tarière, outil pour commencer les trous.

AMOROSO, adv. (amorôzo) (mot italien), t. de mus. qui indique un mouvement tendre.

AMORTI, E, part. pass. de amortir, et adj., éteint, dépourvu de force.

AMORTIR, v. a. (amortir) (mors, mort), rendre moins ardent ; affaiblir, diminuer; annuler.

AMORTISSABLE, adj. des deux g. (amortiçable), t. de prat., qui peut être amorti.

AMORTISSEMENT, s. m. (amorticeman) (fait de amortir), rachat, extinction d'une rente, etc.; comble d'un bâtiment ; amoindrissement dans l'effet d'un choc.

AMOUR, s. m., et quelquefois f. au pl. (amour) (amor), sentiment passionné à l'égard de ce qui paraît aimable; penchant naturel des deux sexes l'un pour l'autre.—AMOUR-PROPRE, orgueil, vaine gloire.

AMOURACHÉ, E, part. pass. de amouracher.

AMOURACHER, v. a. (amouraché), engager dans de folles amours.

AMOURETTE, s. f. (amourète) (dimin. d'amour), amour passager ; t. d'hist. nat., petits insectes coléoptères; plante.—Au pl., parties délicates de la viande.

AMOUREUSEMENT, adv. (amoureuzeman), avec amour.

AMOUREUX, EUSE, s. et adj. (amoureu, euse), qui aime d'amour.

AMOVIBILITÉ, s. f. (amovibilité) (formé de amovible), qualité de ce qui est amovible.

AMOVIBLE , adj. des deux g. (amovible) (amovere, mouvoir), qui peut être ôté d'une place ; qui peut être destitué.

AMPHIBIE, adj. des deux g. (anfibi) (αμφι, des deux côtés, doublement, et βιος, vie), se dit des animaux et des plantes qui vivent également sur la terre et dans l'eau.

AMPHIBOLOGIE, s. f. (anfiboloji) (αμφι, des deux côtés, βαλλω, je jette, et λογος, discours), double sens; vice du discours, qui le rend ambigu et obscur.

AMPHIBOLOGIQUE, adj. des deux g. (anfibolojike), ambigu, à double sens.

AMPHIBOLOGIQUEMENT, adv. (anfibolojikeman), d'une manière amphibologique.

AMPHICTYONIDE, adj. (anfiktionide), t. d'hist. anc., se dit d'une ville qui avait le droit d'amphictyonie.

AMPHICTYONIE, s. f. (anfiktioni), droit que les villes grecques avaient d'envoyer un député aux amphictyons; le tribunal des amphictyons.

AMPHICTYONIQUE, adj. (anfiktionike), du ressort du conseil des amphictyons.

AMPHICTYONS , s. m. pl. (anfiktion) (d'Amphictyon, fils de Deucalion, roi d'Athènes, qui le premier avait établi ces assemblées), députés des villes et des peuples de la Grèce.

AMPHIGOURI, s. m. (anfigouri) (αμφι, autour, et γυρος, cercle), phrase, discours dont les mots présentent des idées sans ordre et vides de sens.

AMPHIGOURIQUE, adj. des deux g. (anfigourike), qui tient de l'amphigouri; obscur.

AMPHISCIENS, s. et adj. m. pl. (anficeciein) (αμφι, autour, et σκια, ombre), t. de géogr., les habitants de la zone torride.

AMPHITHÉATRE, s. m. (*anfitéâtre*) (αμφι, autour, et θεατρος, théâtre), bâtiment spacieux où les Romains assistaient aux combats des gladiateurs ou des bêtes féroces; lieu élevé en degrés vis-à-vis de la scène; lieu où l'on dissèque.

AMPHITRYON, s. m. (*anfitrion*), le maître d'une maison où l'on dîne.

AMPHORE, s. f. (*anfore*) (de αμφι, des deux côtés, et φερω, je porte), vase à deux anses; mesure de liquide chez les Romains.

AMPLE, adj. des deux g. (*anple*) (*amplus*), long, large, copieux.

AMPLEMENT, adv. (*anpleman*), d'une manière *ample*.

AMPLEUR, s. f. (*anpleur*), étendue de ce qui est *ample*.

AMPLIATIF, TIVE, adj. (*anpliatif, tive*), qui étend, qui augmente.

AMPLIATION, s. f. (*anpliácion*), double copie d'une quittance, d'un acte, etc.

AMPLIFICATEUR, TRICE, s. (*anplifikateur, trice*), qui *amplifie*, qui exagère.

AMPLIFICATION, s. f. (*anplifikácion*), discours par lequel on étend le sujet qu'on traite; exagération.

AMPLIFIÉ, E, part. pass. de *amplifier*.

AMPLIFIER, v. a. (*anplifié*) (en lat. *amplificare*), étendre, augmenter par le discours; exagérer.

AMPLISSIME, adj. des deux g. (*anplicecime*) (superlatif forgé du latin), très-*ample*; titre d'honneur donné autrefois au recteur de l'Université.

AMPLITUDE, s. f. (*anplitude*) (*amplitudo*), portée horizontale d'une bombe.

AMPOULE, s. f. (*anpoule*) (*ampulla*), petite pustule sur la peau; sorte d'enflure pleine d'air, qui se forme sur la surface de l'eau; fiole, petite bouteille.

AMPOULÉ, E, adj. (*anpoulé*) (en lat. *ampullæ*, paroles enflées), enflé; *fig*. emphatique, boursoufflé.

AMPUTATION, s. f. (*anputácion*) (*amputatio*), t. de chir., opération par laquelle on coupe une partie du corps.

AMPUTÉ, E, part. pass. de *amputer*.

AMPUTER, v. a. (*anputé*) (*amputare*), faire une *amputation*.

AMULETTE, s. f. (*amulète*) (*amuletum* ou *amoletum*), talisman, caractère, figure qu'on porte sur soi comme préservatif.

AMURÉ, E, part. pass. de *amurer*.

AMURER, v. a. (*amuré*), bander des cordages afin de soutenir une voile contre le vent.

AMURES, s. f. pl. (*amure*), t. de mar., cordages qui servent à tendre les voiles.

AMUSABLE, adj. des deux g. (*amusable*), qui peut être *amusé*.

AMUSANT, E, adj. (*amuzan, zante*), qui amuse, qui divertit.

AMUSÉ, E, part. pass. de *amuser*.

AMUSEMENT, s. m. (*amuzeman*), ce qui amuse ou sert à *amuser*, à divertir.

AMUSER, v. a. (*amuzé*) (de l'allemand *musse*, oisiveté), divertir agréablement; faire perdre le temps; tromper, leurrer.

AMUSETTE, s. f. (*amuzète*), petit *amusement*; bagatelle.

AMUSEUR, SEUSE, s. (*amuzeur, zeuze*), qui *amuse*, qui trompe; bavard qui détourne du travail. Fam.

AMUSOIRE, s. f. (*amuzoare*), chose qui amuse, qui distrait, qui arrête inutilement.

AMYDON, s. m. (*amidon*) (de α priv., et μυλη, meule), substance amylacée qu'on trouve dans les végétaux, et qu'on nomme aussi *fécule*; farine dont on fait l'empois.

AMYDONNER, v. a. (*amidoné*), faire de l'*amydon*; poudrer, enduire d'*amydon*.

AMYDONNIER, NIÈRE, s. (*amidonier, nière*), qui fait de l'*amydon*, qui en vend.

AMYGDALE, s. f. (*amiguedale*) (αμυγδαλη, amande), t. d'anat., glandes en forme d'amandes placées aux deux côtés de la gorge.

AMYGDALOÏDE, s. f. (*amiguedalo-ide*) (αμυγδαλη, amande, et ειδος, forme), pierre figurée, qui ressemble à une amande.

AMYLACÉ, E, adj. (*amilacé*) (*amylum*, amydon), qui a la même propriété que l'*amydon*.

AN, s. m. (*an*) (*annus*), espace de douze mois.

ANA, s. m. (*ana*), terminaison qui, ajoutée au nom d'une personne célèbre, sert de titre à un recueil de ses pensées, bons mots, etc. Il s'emploie aussi isolément pour désigner ces sortes de livres.

ANABAPTISTE, s. et adj. des deux g. (*anabaticete*), nom d'une secte de chrétiens.

ANACARDE, s. m. (*anakarde*) (ανα, ressemblance, et καρδια, cœur), fruit qui a la forme d'un cœur.

ANACARDIER, s. m. (*anakardié*), arbre qui produit l'*anacarde*.

ANACHORÈTE, s. m. (*anakorète*) (αναχωρητης), moine qui vit dans un désert.

ANACHRONISME, s. m. (*anakroniceme*) (ανα, au-dessus, et χρονος, temps), faute contre la chronologie.

ANACOLUTHE, s. f. (*anakolute*) (α priv., et ακολουθος, compagnon), espèce d'ellipse.

ANACRÉONTIQUE, adj. des deux g. (*anakréontike*), vers composés dans le goût des odes d'*Anacréon*.

ANAGALLIS, s. m. (*anagualelice*). Voy. MOURON.

ANAGNOSTE, s. m. (*anaguenoscete*) (αναγνωστης, lecteur), esclave lecteur chez les Romains.

ANAGOGIE, s. f. (*anaguoji*) (en grec αναγωγη), t. de théol., ravissement ou élévation vers les choses divines.

ANAGOGIQUE, adj. des deux g. (*anaguojike*), qui élève l'âme aux choses divines; mystique.

ANAGRAMMATISÉ, E, part. pass. de *anagrammatiser*

ANAGRAMMATISER, v. a. (*anagueramatizé*), faire des anagrammes.

ANAGRAMMATISTE, s. des deux g. (*anagueramaticete*), qui fait des anagrammes.

ANAGRAMME, s. f. (*anaguerame*) (ανα, en arrière, et γραμμα, lettre), transposition des lettres d'un mot pour en former un autre d'un sens différent.

ANAGYRIS ou BOIS PUANT, s. m. (*anajiricé*) (ανα, avec, et γυρος, courbure), arbrisseau d'Amérique.

ANALECTES, s. m. pl. (*analèkte*) (αναλεγω, je rassemble), fragments choisis d'un auteur.

ANALEMME, s. m. (*analème*) (αναλημμα, instrum.), sorte de planisphère.

ANALEPTIQUE, adj. des deux g. (*analèptike*), se dit d'un médicament propre à rétablir les forces.—Il est aussi s. des deux g.

ANALOGIE, s. f. (*analoji*) (αναλογια), rapport ou ressemblance que plusieurs choses ont les unes avec les autres; conformité.

ANALOGIQUE, adj. des deux g. (*analojike*), qui a de l'*analogie*.

ANALOGIQUEMENT, adv. (*analojikeman*), d'une manière *analogique*.

ANALOGUE, adj. des deux g. (*analogue*) (rac. *analogie*), qui a de l'*analogie*, du rapport.

ANALYSE, s. f. (*analize*) (αναλυσις), décomposition d'un tout en ses parties ; méthode de résolution qui remonte des effets aux causes ; décomposition des corps.

ANALYSÉ, E, part. pass. de *analyser*.

ANALYSER, v. a. (*analizé*), faire une *analyse*; employer l'*analyse*; examiner, décomposer.

ANALYSTE, s. des deux g. (*analicete*), t. de math., qui est versé dans l'*analyse*.

ANALYTIQUE, adj. des deux g. (*analitike*), qui procède par voie d'*analyse*; qui tient de l'*analyse*.

ANALYTIQUEMENT, adv. (*analitikeman*), par *analyse*.

ANAMORPHOSE, s. f. (*anamorfoze*) (ανα, derechef, et μορφη, forme), représentation grossière de quelque image qui, vue de loin, paraît régulière; tableau changeant suivant les points de vue; projection d'un dessin.

ANANAS, s. m. (*anana*), plante des Indes, dont le fruit est exquis ; grosse fraise.

ANAPESTE, s. m. (*anapécete*) (αναπαιστος), sorte de pied de vers grec et latin.

ANAPESTIQUE, adj. des deux g. (*anapècetike*), qui a rapport à l'*anapeste*.

ANAPÉTIE, s. f. (*anapéci*) (du grec αναπταω, j'ouvre), dilatation des vaisseaux qui donnent passage au sang ou aux humeurs.

ANAPHORE, s. f. (*anafore*) (αναφερω, je rapporte), fig. de rhét., répétition de mots.

ANAPHRODITE, adj. des deux g. (*anafrodite*) (du grec α priv., et αφροδιτη, Vénus), t. de méd., qui n'est pas propre à la génération.

ANARCHIE, s. f. (*anarchi*) (α priv., et αρχη commandement), état d'une réunion d'hommes qui se trouve sans chef; absence de gouvernement dans un état; grand désordre.

ANARCHIQUE, adj. des deux g. (*anarchike*), qui tient de l'*anarchie*.

ANARCHISTE, s. des deux g. (*anarchicete*), partisan de l'*anarchie*; fauteur de troubles.

ANASARQUE, s. f. (*anaçarke*) (ανα, entre, et σαρξ, chair), sorte d'hydropisie répandue sur tout le corps.

ANASTOMOSE, s. f. (*anacetomoze*) (en grec αναστομωσις), endroit où une veine se joint à une autre veine; embranchement.

ANASTOMOSÉ, E, part. pass. de *s'anastomoser*.

S'ANASTOMOSER, v. pr. (*canacetomozé*), se joindre; s'emboucher l'un dans l'autre.

ANASTROPHE, s. f. (*anacetrofe*) (αναστροφη), t. de gramm., vice de construction; inversion.

ANATHÉMATISÉ, E, part. pass. de *anathématiser*.

ANATHÉMATISER, v. a. (*anatématizé*), frapper d'*anathème*; excommunier.

ANATHÈME, s. m. (*anatême*) (αναθημα, exécrable), excommunication ; fig. réprobation; blâme solennel.—Adj., qui est excommunié.

ANATIFE, s. m. (*anatife*) (*anas*, gén. *anatis*, canard, et *fero*, je porte), mollusque de l'ordre des brachiopodes.

ANATOMIE, s. f. (*anatomi*) (ανα, à travers, et τεμνω, je coupe), dissection du corps ou de quelque partie du corps animal; art de disséquer ; science de la structure du corps humain; sujet qu'on dissèque ou qu'on a disséqué; représentation de ce sujet en plâtre, en cire, etc.

ANATOMIQUE, adj. des deux g. (*anatomike*), qui appartient à l'*anatomie*.

ANATOMIQUEMENT, adv. (*anatomikeman*), d'une manière *anatomique*.

ANATOMISÉ, E, part. pass. de *anatomiser*.

ANATOMISER, v. a. (*anatomizé*), faire de l'*anatomie*.

ANATOMISTE, s. des deux g. (*anatomicete*), qui fait de l'*anatomie*; qui possède la science *anatomique*.

ANCÊTRES, s. m. pl. (*ancêtre*) (*antecessores*, ceux qui ont précédé), ceux qui ont vécu avant nous ; ceux de qui on descend, aïeux.

ANCHE, s. f. (*anche*) (de αγχω, serrer la gorge), conduit de bois par où la farine tombe dans la huche ; petit tuyau plat par lequel on souffle dans le haut-bois, le basson, etc. ; demi-tuyau de cuivre qui se met dans les tuyaux d'orgue.

ANCHILOPS, s. m. (*ankilopce*), tumeur à l'angle interne de l'œil.

ANCHOIS, s. m. (*anchoa*), petit poisson de mer.

ANCIEN, CIENNE, adj. (*ancicin, ciène*), (*antè* avant, auparavant), qui existe depuis long-temps ; qui fait depuis long-temps quelque chose ; qui n'existe plus. — S. m., personnage de l'antiquité.

ANCIENNEMENT, adv. (*ancièneman*), autrefois, dans les siècles passés.

ANCIENNETÉ, s. f. (*ancièneté*), qualité de ce qui est *ancien*.

ANCILE, s. m. (*ancile*) (*ancilia*), bouclier sacré de l'ancienne Rome.

ANCOLIE, s. f. (*ankoli*) (*aquilegia*, dérivé de *aquila*, aigle), sorte de plante vivace.

ANCRAGE, s. m. (*ankraje*), endroit de la mer propre à jeter l'ancre ; action d'ancrer.

ANCRE, s. f. (*ankre*) (*anchora*), instrument de fer à deux crochets, qu'on jette au fond de l'eau pour arrêter les vaisseaux ; mesure pour les liquides.

ANCRÉ, E, part. pass. de *ancrer*, et adj., qui a une ancre ; *fig.* bien établi, bien affermi.

ANCRER, v. n. (*ankré*), jeter l'ancre. — V. pr., s'établir. Fam.

ANDABATE, s. m. (*andabate*) (du lat. *andabata*), gladiateur qui combattait les yeux fermés.

ANDAIN, s. m. (*andein*), l'étendue qu'un faucheur peut couper à chaque pas qu'il avance ; rangée de foin fauché.

ANDANTE, adv. (*andante*) (de l'italien *andare*, aller), t. de mus. qui indique un mouvement modéré, ni trop vif ni trop lent. —S. m., morceau de musique.

ANDELLE, s. f. (*andèle*), bois de hêtre.

ANDOUILLE, s. f. (*andou-ie*) (*indusiola*, dimin. d'*indusia*), boyau de cochon farci d'autres boyaux ou de la chair de cet animal.

ANDOUILLER, s. m. (*andou-ié*), cheville ou premier cor qui sort des perches du cerf.

ANDOUILLETTE, s. f. (*andoui-ète*) (dimin. de *andouille*), chair de veau hachée, et roulée ordinairement en ovale.

ANDROGYNE, s. et adj. des deux g. (*androjine*) (de ανδρος, gén. de ανηρ, homme, et de γυνη, femme), qui est des deux sexes.

ANDROÏDE, s. m. (*andro-ide*) (ανηρ, gén. de ανηρ, homme, et ειδος, forme), figure d'homme qui parle et qui marche par le moyen de ressorts ; automate.

ANDROMÈDE, s. m. (*andromède*), sorte de coquille ; plante de l'ordre des bicornes ; constellation.

ÂNE, s. m. (*âne*) (*asinus*), bête de somme ; *fig.* esprit lourd, stupide, ignorant.

ANÉANTI, E, part. pass. de *anéantir*.

ANÉANTIR, v. a. (*anéantir*), réduire au néant ; détruire entièrement.

ANÉANTISSEMENT, s. m. (*anéantiseman*) (formé d'*anéantir*), réduction au *néant* ; abattement, faiblesse extrême ; destruction totale ; *fig.* humilité.

ANECDOTE, s. f. (*anèkdote*) (α priv., et ιχδοτος, livré, mis au jour), particularité secrète d'histoire omise ou supprimée par les historiens précédents ; récit succinct d'un trait, d'un fait non historique.

ANECDOTIER, TIÈRE, s. (*anèkdotié, tière*), qui raconte, qui recueille des anecdotes.

ANECDOTIQUE, adj. des deux g. (*anèkdotike*), qui est relatif aux *anecdotes*, qui renferme des *anecdotes*.

ÂNÉE, s. f. (*âné*) (rac. *âne*), la charge d'un âne ; mesure dans certains départemens.

ANÉMOMÈTRE, s. m. (*anémomètre*) (ανεμος vent, et μετρον, mesure), instrument pour mesurer les vents.

ANÉMONE, s. f. (*anémone*) (ανεμωνη), sorte de renoncule, fleur printanière ; animal marin.

ÂNERIE, s. f. (*âneri*), ignorance grossière, faute produite par cette ignorance.

ÂNESSE, s. f. (*ânèce*), femelle de l'âne.

ANETH, s. m. (*anète*) (ανηθον, mineur), plante ombellifère.

ANÉVRISMAL, E, ou mieux ANÉVRYSMAL, adj. (*anévricemal*), au pl. m. ANÉVRISMAUX, qui appartient à l'*anévrisme*.

ANÉVRISME, ou mieux ANÉVRYSME, s. m. (*anévriceme*) (ανευρυσμα, dilatation), tumeur causée par la dilatation ou la rupture d'une artère.

ANFRACTUEUX, EUSE, adj. (*anfraktueu, euze*) (*anfractuosus*), plein de détours et d'inégalités.

ANFRACTUOSITÉ, s. f. (*anfraktuôzité*) (*anfractus*, circuit), détour et inégalité. Peu us.

ANGAR, et non HANGAR, s. m. (*anguar*) (*angarium*), appentis, sorte de remise.

ANGE, s. m. (*anje*) (αγγελος, messager), créature purement spirituelle et intellectuelle ; esprit céleste qui annonce les ordres de Dieu. — S. f., poisson, chien de mer ; petit moucheron. — Au pl., fragments de boulets tenant l'un à l'autre par une chaîne.

ANGÉIOGRAPHIE, s. f. (*anjéiografi*) (αγγειον, vase, et γραφω, je décris), description des vaisseaux du corps humain.

ANGÉIOLOGIE, s. f. (*anjéioloji*) (αγγειον, vaisseau, et λογος, discours), traité des veines.

ANGÉIOSPERME, adj. des deux g. (*anjéiocepèreme*) (αγγειον, vase, et σπερμα, semence), plante dont les graines sont revêtues d'un péricarpe distinct. — S. m., famille de plantes.

ANGÉIOSPERMIE, s. f. (*anjéiocepèremi*), se dit de l'un des deux ordres dans lesquels se subdivise la *didynamie* dans la méthode de Linnée.

ANGÉLIQUE, adj. des deux g. (*anjélike*) (rac. *ange*), qui appartient à l'*ange*, qui tient de l'*ange*; excellent.—S. f., plante vivace, ombellifère; espèce de guitare; danse des anciens Grecs.

ANGÉLIQUEMENT, adv. (*anjélikeman*), d'une manière *angélique*. Peu us.

ANGELOT, s m. (*anjelo*), fromage de Normandie; ancienne monnaie d'or.

ANGELUS, s. m. (*anjéluce*) (empr. du lat.), prière qu'on fait le matin, à midi et le soir.

ANGINE, s. f. (*anjine*) (*angere*, serrer, suffoquer), maladie inflammatoire de la gorge.

ANGINEUX, EUSE, adj. (*anjineu, euze*), qui a rapport à l'*angine*.

ANGIOGRAPHIE. Voy. ANGÉIOGRAPHIE.
ANGIOLOGIE. Voy. ANGÉIOLOGIE.
ANGIOSPERME. Voy. ANGÉIOSPERME.
ANGIOSPERMIE. Voy. ANGÉIOSPERMIE.

ANGLAISE, s. f. (*anguelèse*), sorte de contredanse, air de contredanse; gros galon de fil.

ANGLAISÉ, E, part. pass. de *anglaiser*.

ANGLAISER, v. a. (*anguelèzé*), couper la queue d'un cheval à la manière *anglaise*.

ANGLE, s. m. (*anguele*) (αγκυλυς, crochu), ouverture formée par deux lignes qui se rencontrent en un point.

ANGLET, s. m. (*anguelè*), t. d'archit., cavité à *angles* droits entre les bossages.

ANGLEUX, EUSE, adj. (*angueleu, euze*), qui forme des *angles*.

ANGLICAN, E, s. (*anguelikan, kane*), qui professe la religion établie en Angleterre. — Adj., qui a rapport à cette religion.

ANGLICISME, s. m. (*anguelicíceme*), idiotisme *anglais*.

ANGLOMANE, s. et adj. des deux g. (*anguelomane*) (formé de *anglomanie*), imitateur ou admirateur outré des *Anglais*.

ANGLOMANIE, s. f. (*anguelomani*) (formé du mot *anglais*, et du grec μανια, manie), affectation ridicule d'admirer, d'imiter les *Anglais*.

ANGOISSE, s. f. (*anguoèce*, et non pas *anguoéze*) (de l'italien *angoscia*), grande affliction, vive inquiétude, anxiété violente; sentiment de suffocation, de palpitation et de tristesse.

ANGON, s. m. (*anguon*), javelot des anciens Francs; crochet pour pêcher les crustacés.

ANGORA, s. m. et adj. des deux g. (*anguora*), se dit de certaines races d'animaux originaires d'Angora, dans l'Asie-Mineure.

ANGUILLADE, s. f. (*anguiiade*) (rac. *anguille*), coup de peau d'*anguille*. Peu us.

ANGUILLE, s. f. (*anguiie*) (*anguis*), poisson d'eau douce, qui a la forme d'un serpent.

ANGULAIRE, adj. des deux g. (*angulère*), qui a un ou plusieurs *angles*.

ANGULEUX, EUSE, adj. (*anguleu, euze*), dont la surface a plusieurs *angles*.

ANGUSTICLAVE, s. m. (*angucetiklave*) (formé de *angustus*, étroit), tunique des chevaliers romains, bordée de bandes de pourpre étroites.

ANGUSTIÉ, E, adj., (*angucetié*) (*angustus*), étroit. Inus.

ANICROCHE, s. f. (*anikroche*) (*hamus*, croc, et *crena*, entaille), obstacle, contre-temps.

ÂNIER, NIÈRE, s. (*dnié, nière*), qui conduit des *ânes*.

ÂNIÈRE, s. f., lieu où l'on élevait des *ânes*.

ANIL, s. m. (*anile*), plante dont on tire l'indigo.

ANIMADVERSION, s. f. (*animadverecion*) (*animadversio*), blâme, censure, correction en paroles; haine, répugnance.

ANIMAL, s. m., au pl. **ANIMAUX** ('*animal*) (en lat. *animal*), être organisé et doué de sensibilité; fig. personne stupide, grossière.

ANIMAL, E, adj., au pl. m., **ANIMAUX**, (*animal*) (en lat. *animalis*), qui appartient à l'*animal*.

ANIMALCULE, s. m. (*animalkule*) (dimin. d'*animal*), petit *animal*.

ANIMALISATION, s. f. (*animalizácion*) (*animal*, animal, et *agere*, faire), assimilation de la matière végétale à la substance *animale*.

ANIMALISÉ, E, part. pass. de *animaliser*.

ANIMALISER, v. a. (*animalizé*), assimiler une matière à une substance *animale*.

ANIMALITÉ, s. f. (*animalité*) (rac. *animal*), caractère propre et constitutif de l'*animal*.

ANIMATION. s. f. (*animácion*) (*animatio*), union de l'âme au corps de l'homme dans le sein de la mère; action d'animer.

ANIMÉ, E, part. pass. de *animer*, et adj.

ANIMER, v. a. (*animé*) (*animare*), donner l'âme, la vie à un corps organisé; fig. donner de la vivacité, de l'action; irriter; encourager.

ANIMOSITÉ, s. f. (*animózité*) (*animositas*), haine, aversion, emportement.

ANIS, s. m. (*ani*), plante aromatique; dragée faite avec de l'*anis*.

ANISÉ, E, part. pass. de *aniser*.

ANISER, v. a. (*anizé*), mêler à quelque chose de l'extrait d'*anis*.

ANISETTE, s. f. (*anizète*) (dimin. d'*anis*), liqueur faite avec de l'*anis*.

ANKYLOSE, s. f. (*ankilôse*) (αγκυλος, courbé), privation de mouvement dans les articulations.

ANNAL, E, adj. (*anenal*) (*annus*, année), qui ne dure qu'un *an*; qui n'est valable que pendant un *an*.

ANNALES, s. f. pl. (*anenale*) (en lat. *annales*), histoire qui rapporte les événements *année* par *année*.

ANNALISTE, s. des deux g. (anenalicete), qui écrit des annales.

ANNATE, s. f. (anenate), droit que le pape prenait sur les grands bénéfices consistoriaux.

ANNEAU, s. m. (ano) (annulus), cercle fait d'une matière dure, qui sert à attacher quelque chose; bague qu'on porte au doigt.

ANNÉE, s. f. (ané) (annus), durée de douze mois.

ANNELÉ, E, part. pass. de anneler, et adj.

ANNELER, v. a. (anelé), former en anneaux; boucler. Inus.

ANNELET, s. m. (anelé) (dimin. d'anneau), petit anneau; petit filet du chapiteau dorique.

ANNELIDES, s. m. pl. (anelide), classe d'animaux sans vertèbres.

ANNELURE, s. f. (anelure), frisure par boucles ou anneaux. Inus.

ANNEXE, s. f. (anenèkce) (formé de annexer), ce qui est uni à une chose principale.

ANNEXÉ, E, part. pass. de annexer.

ANNEXER, v. a. (anenèkcé) (annectere), nouer, unir, joindre, attacher.

ANNIHILATION, s. f. (aneni-ilácion), anéantissement.

ANNIHILÉ, E, part. pass. de annihiler, et adj.

ANNIHILER, v. a. (aneni-ilé) (ad, à, et nihilum, néant), anéantir.

ANNIVERSAIRE, s. m. (anivèrecère) (anniversarius), jour d'une année numériquement le même que celui où a eu lieu, dans le cours d'une autre année, un événement important.
— Il est aussi adj. des deux g.

ANNONAIRE, adj. des deux g. (anenonère), t. d'antiq., se disait des villes ou des pays qui étaient obligés de fournir des vivres à Rome.

ANNONCE, s. f. (anonce), publication; avis par lequel on fait savoir quelque chose au public.

ANNONCÉ, E, part. pass. de annoncer.

ANNONCER, v. a (anoncé) (annuntiare), faire savoir; prédire; être la marque de..

ANNONCEUR, s. m. (anonceur), comédien qui venait annoncer sur le théâtre les pièces que l'on devait jouer le lendemain.

ANNONCIADE, s. f. (anonciade), ordre religieux de femmes; ordre militaire.

ANNONCIATION, s. f. (anoncidcion), fête en l'honneur de la Vierge.

ANNOTATEUR, TRICE, s. (anenotateur, trice), qui annote, qui fait des remarques.

ANNOTATION, s. f. (anenotation), remarque sur un ouvrage; action de prendre note.

ANNOTÉ, E, part. pass. de annoter.

ANNOTER, v. a. (anenoté) (adnotare), faire des notes, des remarques sur un ouvrage; prendre note

ANNUAIRE, s. m. (anenuère) (annus, année), almanach, calendrier. — Adj. des deux g., qui se fait annuellement. Peu us.

ANNUEL, s. m. (anenuèle), messe qu'on dit tous les jours durant un an pour un défunt; impôt pour un an.

ANNUEL, ELLE, adj. (anenuèle) (du lat. annus, année), qui dure une année; qui revient chaque année.

ANNUELLEMENT, adv. (anenuèleman), par chaque année; toutes les années.

ANNUITÉ, s. f. (anenuité), remboursement par parties ajoutées annuellement aux intérêts; rente annuelle.

ANNULAIRE, s. f. (anenulère), chenille. — Adj. des deux g., qui a rapport à un anneau; qui est propre à recevoir un anneau.

ANNULATION, s. f (anenulácion), action d'annuler; résultat de cette action.

ANNULÉ, E, part. pass. de annuler.

ANNULER, v. a. (anenulé), casser, abolir, rendre nul.

ANOBLI, E, part. pass. de anoblir, et adj.

ANOBLIR, v. a. (anoblir), rendre noble, conférer la noblesse.

ANOBLISSEMENT, s. m. (anobliceman) action d'anoblir; résultat de cette action.

ANODIN, E, ou mieux ANODYN, E, adj. (anodein, dine), il se dit des remèdes qui ont la propriété de calmer les douleurs; fig. fade, insignifiant. Fam.

ANOMAL, E, adj. (anomal), irrégulier.

ANOMALIE, s. f. (anomali) (ανωμαλια, de α priv., et ομαλος, égal), distance d'une planète à son abside; désordre; irrégularité.

ANOMALISTIQUE, adj. des deux g. (anomalicetike), se dit de la révolution totale d'une planète par rapport à son apside.

ANOMIE, s. f. (anomi) (de α priv. et ομος, pareil). genre de coquillages.

ÂNON, s. m. (ánon), le petit de l'âne.

ÂNONNÉ, E, part. pass. de ánonner.

ÂNONNEMENT, s. m. (ánoneman), action d'ánonner, de lire en tâtonnant. En parlant de l'ânesse, action de mettre bas.

ÂNONNER, v. n. (ánoné), ne lire ou ne parler qu'avec peine, en hésitant; mettre bas. en parlant de l'ánesse.

ANONYME, adj. des deux g. et s. m. (anonime) (α priv. et ονομα, nom), qui est sans nom.

ANSE, s. f. (ance) (ansa), sorte de demi-cercle par lequel on enlève un vase, un panier, etc.; petit golfe.

ANSE, s. f. ligue. Voy. HANSE.

ANSÉATIQUE, adj. f Voy. HANSÉATIQUE.

ASPECT, s. m. (ancepèk), t. de mar., levier qui sert dans la manœuvre du canon.

ANSPESSADE et mieux LANCEPESSADE, s. m. (ancepècade), se disait autrefois d'un soldat d'infanterie qui aidait le caporal.

ANTAGONISME, s. m. (antaguoniceme) αντι, contre, et αγωνισμαι, je combats), action d'un muscle contraire à celle d'un autre; fig. rivalité, opposition.

ANTAGONISTE, s. m., et adj. des deux g. (antaguonicete), qui est opposé à un autre, qui est son adversaire, son ennemi.

ANTAN, s. m. (antan) (ante annum, avant

cette année), vieux mot qui veut dire l'*année précédente*.

ANTANACLASE, s. f. (*antanaklāze*) (αντι, contre, et ανακλασις, répercussion), répétition d'un même mot pris en différents sens.

ANTARCTIQUE, adj. des deux g. (-*antarktike*) (αντι, contre, et αρκτος, ourse), méridional, opposé au septentrion.

ANTÉCÉDEMMENT, adv. (*antécédaman*), antérieurement, avant, précédemment.

ANTÉCÉDENT, E, adj. (*antécédan, dante*) (*antecedens*), qui précède en temps, qui est auparavant—S. m., fait accompli.

ANTÉCESSEUR, s. m. (*antécèceceur*) (*antecessor*), se disait autrefois d'un professeur de droit dans une université.

ANTECHRIST, s. m. (*antekri*) (αντι, contre, et χριστος, oint ou *christ*), celui qui est contraire à *Jésus-Christ* ; séducteur qui, selon l'Écriture, viendra pour corrompre les fidèles.

ANTÉDILUVIEN, VIENNE, adj. (*antédiluvien, viène*) (*ante*, avant, et *diluvium*, déluge), qui a précédé le *déluge*.

ANTENNE, s. f. (*antène*) (*antenna*), long bois attaché en travers au haut d'un mât.—Au pl., filets qui surmontent la tête des insectes.

ANTÉPÉNULTIÈME, adj. des deux g. et s. f. (*antépénultetième*) (*antè*, avant, *penè*, presque, et *ultimus*, dernier), qui précède immédiatement l'avant-dernier.

ANTÉRIEUR, E, adj. (*antérieur*)(*anterior*), qui est devant ; qui a eu lieu auparavant.

ANTÉRIEUREMENT, adv. (*antérieureman*), auparavant.

ANTÉRIORITÉ, s. f. (*antériorité*) (rac. *antè*, avant), priorité de temps.

ANTHÈRE, s.f. (*antère*) (ανθηρος, fleuri), sommet ou partie supérieure de l'étamine.

ANTHOLOGIE, s. f. (*antoloji*) (ανθος, fleur, et λεγω, je cueille), choix de fleurs ; *fig*. recueil de poésies.

ANTHRAX, s. m. (*antrakce*) (du grec ανθραξ, charbon), t. de méd., maladie ; charbon, bubon très-enflammé ; t. d'hist. nat., papillon diptère ; calcaire charbonneux.

ANTHROPOLOGIE, s. f. (*antropoloji*) (ανθρωπος, homme, et λογος, discours), expression figurée qui attribue à Dieu des sentiments humains ; discours sur l'homme ou sur le corps humain ; traité de l'économie morale de l'homme.

ANTHROPOMORPHISME, s. m. (*antropomorficeme*), erreur des *anthropomorphites*.

ANTHROPOMORPHITE, s. des deux g. (*antropomorfite*) (ανθρωπος, homme, et μορφη, forme) ; hérétiques qui attribuaient à Dieu une figure humaine.—S. m., reptile, testacé pétrifié qui représente d'un côté la face de l'homme.

ANTHROPOPHAGE, s. et adj. des deux g. (*antropofaje*) (ανθρωπος, homme, et φαγειν, manger), qui mange de la chair humaine.

ANTHROPOPHAGIE, s. f. (*antropofaji*), usage ou action de manger de la chair humaine.

ANTI, (*anti*) (tantôt du lat. *antè*, avant, tantôt du grec αντι, contre), prép. qui marque opposition ou antériorité.

ANTIAPOPLECTIQUE, adj. des deux g. (*anti-apopelèktike*)(αντι, contre, et αποπληξια, apoplexie), se dit d'un remède contre l'*apoplexie*. — Il est aussi s. m.

ANTICHAMBRE. s. f. (*antichanbre*), pièce d'un appartement qui est immédiatement avant la *chambre*.

ANTICHRÈSE, s. f. (*antikrèze*) (αντι, contre, et χρησις, jouissance, ou χρεος, dette), convention par laquelle un débiteur engage son héritage à un créancier.

ANTICHRÉTIEN, TIENNE, adj. et s. (*antikrétiein, tiène*) (αντι, contre, et χριστιανος, chrétien), opposé au *christianisme*.

ANTICIPATION, s. f. (*anticipâcion*), action d'*anticiper*; résultat de cette action.

ANTICIPÉ. E, part. pass. de *anticiper*, et adj., prématuré.

ANTICIPER, v. a. (*anticipé*) (*anticipare*, formé de *antè*, avant, et *capere*, prendre), faire avant le temps.—V.n., usurper, empiéter.

ANTIDARTREUX, EUSE. adj. (*antidartreu, euze*), se dit des remèdes contre les *dartres*. — Il est aussi s. m.

ANTIDATE, s. f. (*antidate*) (*antè data*, donnée avant), fausse *date* antérieure à la véritable.

ANTIDATÉ. E, part. pass. de *antidater*.

ANTIDATER, v. a. (*antidaté*), faire une *antidate*.

ANTIDOTE, s. m. (*antidote*) (αντι, contre, et διδωμι, donner), contre-poison ; remède pour se garantir de l'effet du poison.

ANTIENNE, s. f. (*antiène*) (*antiphona*), verset dit en tout ou en partie avant un psaume ou un cantique, et répété ensuite tout entier.

ANTIFÉBRILE, ou **FÉBRIFUGE**, adj. des deux g.et s.m. (*antifébrile*), opposé à la *fièvre*.

ANTILAITEUX, EUSE, ou **LACTIFUGE**, adj. (*antilèteu, euze*) (de αντι, contre, et du lat. *lac*, lait), se dit d'un remède qui fait évacuer le *lait*. — Il est aussi s. m.

ANTILOGIE, s. f. (*antiloji*) (αντι, contre, et λογος, discours), contradiction.

ANTILOPE, s. f. (*antilope*), g. de quadrupèdes mammifères, ruminants, à cornes creuses.

ANTIMÉPHYTIQUE, adj. des deux g. et s. m. (*antiméfitike*) (du grec αντι, contre, et du lat. *mephyticus*, vapeur méphytique), opposé au *méphytisme*.

ANTIMOINE, s.m. (*antimoène*) (αντι, contre, et μονος, seul), sorte de métal blanc.

ANTIMONIAL, E, adj. (*antimonial*), qui appartient à l'*antimoine*.

ANTIMONIÉ, E, adj. (*antimonié*), mêlé, chargé d'*antimoine*.

ANTINOMIE, s. f. (*antinomi*) (αντι, contre, et νομος, loi), contradiction entre deux lois.

ANTIPAPE, s. m. (*antipape*), celui qui se porte pour *pape* sans être légitimement et canoniquement élu.

ANTIPATHIE, s. f. (*antipati*) (αντι, contre, et παθος, passion), aversion, répugnance naturelle.

ANTIPATHIQUE, adj. des deux g. (*antipatike*), qui appartient, qui a rapport à l'*antipathie*, contraire, opposé.

ANTIPÉRISTALTIQUE, adj. des deux g. (*antipéricetaltike*) (αντι, contre, et περισταλτικος, péristaltique), se dit d'un mouvement dépravé des intestins, qui se fait de bas en haut.

ANTIPÉRISTASE, s. f. (*antipéricetáse*) (αντιπεριστασις), action de deux qualités contraires, dont l'une, par son opposition, augmente la force de l'autre.

ANTIPESTILENTIEL, ELLE. adj. (*antipècetilanciélc*) (de αντι, contre, et du lat. *pestis*), efficace contre la *peste*.

ANTIPHILOSOPHIQUE, adj. des deux g. (*antifilozofike*) (de αντι, contre, φιλος, ami, et σοφια, sagesse), contraire, opposé à la *philosophie*.

ANTIPHLOGISTIQUE, adj. des deux g., et s. m. (*antiflojicetike*), (αντι, contre, et φλεγω, j'enflamme), qui diminue la trop grande effervescence du sang.

ANTIPHONAIRE, s. m. (*antifonère*) (αντι, contre, et φωνη, voix), livre qui contient les antiennes notées qu'on chante dans l'église. On dit aussi ANTIPHONIER.

ANTIPHRASE, s. f. (*antifráse*) (αντι, contre, et φρασις, locution), *phrase* employée dans un sens contraire à celui qui lui est propre; contre-vérité; ironie.

ANTIPODE, s. m. (*antipode*) (αντι, contre, et ποδες, pied), se dit de lieux ou d'habitants de lieux diamétralement opposés; *fig.* opposé.

ANTIPSORIQUE, adj. des deux g. et s. m. (*antipeçorike*) (αντι, contre, et ψωρα, gale), t. de méd., se dit d'un remède contre la gale.

ANTIPUTRIDE, adj. des deux g. (*antiputride*) (du grec αντι, contre, et du lat. *putridus*, putride), bon contre la *putridité*.

ANTIQUAILLE, s. f. (*antikáie*), chose antique de peu de valeur.

ANTIQUAIRE, s. m. (*antikière*), qui est versé dans la connaissance des *antiquités*.

ANTIQUE, adj. des deux g. (*antike*) (*antiquus*), fort ancien. — S. des deux g., se dit des ouvrages d'art, des monuments curieux qui nous viennent des anciens.

ANTIQUITÉ, s. f. (*antikité*) (rac. *antique*), grande ancienneté; temps fort reculés; les hommes qui ont vécu longtemps avant nous; monument *antique*, débris *antiques*.

ANTISCIENS, s. m. pl. (*anticecicin*) (αντι, contre, et σκια, ombre), peuples qui habitent sous le même méridien, et dont les ombres, à midi, sont dans des directions contraires.

ANTISCORBUTIQUE, adj. des deux g. et s. m. (*anticekorbutike*), qui guérit le *scorbut*.

ANTISEPTIQUE, adj. des deux g. et s. m. (*anticèpetike*) (αντι, contre, et σηπω, je pourris), se dit d'un remède qui a la vertu de conserver.

ANTISIPHILITIQUE, adj. des deux g. et s. m. (*anticifilitike*) (de αντι, contre, et du lat. siphilis, maladie vénérienne), se dit d'un remède contre la maladie vénérienne.

ANTISOCIAL, E, adj., au pl. m. ANTISOCIAUX (*anticocial*), contraire à la *société*.

ANTISPASMODIQUE, adj. des deux g. et s. m. (*anticepacemodike*) (αντι, contre, et σπασμα, les convulsions), se dit d'un remède contre les *spasmes* et les convulsions.

ANTISTROPHE, s. f. (*anticetrofe*) (αντι, et στρεφω, je tourne), seconde stance de la poésie lyrique chez les Grecs; t. de gramm., conversion ou renversement réciproque de deux termes.

ANTITHÈSE, s. f. (*antitèze*) (αντιθεσις), fig. de rhét., opposition de pensées ou de mots dans le discours.

ANTITHÉTIQUE, adj. des deux g. (*antitétike*), qui tient de l'*antithèse*; abondant en *antithèses*.

ANTIVÉNÉRIEN, IENNE, adj. (*antivénériein*, iène), se dit d'un remède contre les maladies *vénériennes*.

ANTIVERMINEUX, EUSE, ou VERMIFUGE, adj. (*antivèrcemineu*, euse), se dit d'un remède contre les *vers*. — Il est aussi s. m.

ANTONOMASE, s. f. (*antonomáze*) (αντι pour, et ονομα, nom); emploi d'une dénomination commune au lieu du nom propre, ou d'un nom propre à la place d'une dénomination commune.

ANTRE, s. m. (*antre*) (*antrum*), caverne, grotte; retraite des animaux féroces.

ANTRUSTIONS, s. m. pl. (*antrucetion*) (de l'allemand *am*, à, et *treu*, fidélité), volontaires qui, chez les Germains, suivaient les princes dans leurs entreprises.

ANUITÉ, E, part. pass. de *s'anuiter*.

S'ANUITER, v. pr. (*çanuité*) se mettre à la nuit; s'exposer à être surpris par la *nuit* en chemin.

ANUS, s. m. (*ánuce*), orifice du fondement.

ANXIÉTÉ, s. f. (*ankciété*) (*anxietas*), tourment; inquiétude; peine d'esprit.

AORISTE, s. m. (*oricete*) (αοριστος), t. de gramm. grecque qui marque un prétérit indéfini.

AORTE, s. f. (*a-orte*) (αορτη, vaisseau), artère.

AOÛT, s. m. (*oû*) (*augustus*), le huitième mois de l'année; moisson qui se fait dans ce mois.

AOÛTÉ, E, part. pass. de *aoûter*, et adj.

se dit des fruits mûris par les chaleurs du mois d'août.

AOÛTER, v. a. (oûté), faire mûrir au soleil d'août.

AOÛTERON, s. m. (oûteron), moissonneur qui travaille à la récolte qui se fait au mois d'août. Peu us.

APAISÉ, E, part. pass. de apaiser.

APAISER, v. a. (apézé) (ad, à, et pax, paix), adoucir, calmer, modérer.

APALACHINE, s. f. (apalachine), arbrisseau de l'Amérique septentrionale.

APANAGE, s. m. (apanaje) (rac. panis, pain), ce que les rois donnent à leurs puînés pour leur tenir lieu de partage ; fig. ce qui est le propre de.., ce qui est la suite de..

APANAGÉ, E, part. pass de apanager, et adj.

APANAGER, v. a. (apanajé), donner un apanage.

APANAGISTE, s. et adj. des deux g. (apanajiste), qui a un apanage.

APARTE, s. m (aparté)(empr. du lat. à parte), ce qui, quoique dit par un acteur de manière à être entendu du public, est censé ne l'être point des autres personnages en scène.

APATHIE, s. f. (apati) (de a priv., et παθις, passion), indolence; insensibilité.

APATHIQUE, adj. des deux g. (apatike) (formé de apathie), indolent; insensible à tout.

APEPSIE, s. f. (apèpeci) (α priv., et πιπτω, je digère), maladie qui consiste à ne point digérer.

APERCEVABLE, adj. des deux g. (apèrecevable), qui peut être aperçu.

APERCEVANCE, s. f. (apèrecevance), faculté d'apercevoir. Vieux.

APERCEVOIR, v. a. (apèrecevoar) (ad', à, et percipere, prendre), commencer à voir, découvrir. — V. pr., connaître; remarquer.

APERÇU, E, part. pass. de apercevoir.

APERÇU, s. m. (apèreçu), première vue non approfondie d'un objet ; exposé sommaire ; estimation approximative.

APÉRITIF, TIVE, adj. (apéritif, tive) (aperire, ouvrir), t. de méd , qui ouvre les pores, qui fait uriner. — Il est aussi s. m.

APÉTALE, adj. des deux g. (apétale) (α priv., et πεταλυν, feuille), sans pétale.

APETISSÉ, E, part. pass. de apetisser.

APETISSEMENT, s. m. (apeticeman) (formé de apetisser), diminution.

APETISSER, v. a. (apeticé) (rac. petit), rendre plus petit.

APHÉLIE, s. m. (aféli) (απο, loin, et ηλιος, soleil), t. d'astr., le point de l'orbite d'une planète où elle se trouve à sa plus grande distance du soleil.—Il est aussi adj. des deux g.

APHÉRÈSE, s. f. (aférèse) (αφαιρεσις, retranchement), retranchement d'une lettre ou d'une syllabe au commencement d'un mot.

APHONIE, s. f. (afoni) (α priv., et φωνη, voix),
extinction de voix causée par une maladie.

APHORISME, s. m. (aforiceme) (αφορισμος, définition), proposition qui renferme en peu de mots une maxime générale.

APHRODISIAQUE , adj des deux g. et s. m. (afrodiziake) (en grec αφροδισιακυς), t. de méd., se dit de ce qui excite à l'acte vénérien.

APHTE, et non pas APHTHE, s. m. (afte) (de απτω, je brûle), petit ulcère dans la bouche.

APHYLLE, adj. des deux g. (afile) (α priv., et φυλλον, feuille), sans feuilles.

APHYTÉE, s. f. (afité) (du grec α priv., et φυτον, tige), plante parasite d'Afrique.

API, s. m. (api), petite pomme rouge et blanche.

APITOYÉ, E, part. pass. de apitoyer.

APITOYER, v a. (apitoëié),toucher de pitié.

APLANI, E, part. pass. de aplanir.

APLANIR, v. a. (aplanir) (planus, uni), rendre uni ce qui était inégal ; fig. lever des obstacles.

APLANISSEMENT , s. m. (aplaniceman) action d'aplanir ; état de ce qui est aplani.

APLATI, E, part. pass. de aplatir, et adj.

APLATIR, v. a. (aplatir), rendre plat.

APLATISSEMENT , s. m. (aplaticeman) action d'aplatir ; résultat de cette action.

APLOMB, s. m. (apelon), ligne perpendiculaire à l'horizon ; fig. solidité ; assurance.— D'APLOMB, loc. adv., verticalement.

APNÉE, s. f. (apné) (α priv., et πνεω, je respire), défaut de respiration.

APOCALYPSE, s. f. (apokalipce) (αποκαλυψις, révélation), nom d'un des livres du Nouveau-Testament; fig. chose obscure.

APOCALYPTIQUE, adj. des deux g. (apokaliptike), qui concerne l'Apocalypse; obscur.

APOCO, s. m. (apóko) (empr. de l'italien), homme de peu d'esprit ou de peu de sens.

APOCOPE, s. f. (apokope) (de ακοκοπτω, je coupe), retranchement de quelque chose à la fin d'un mot; t. d'anat., fracture ou coupure dans laquelle une pièce de l'os est séparée.

APOCRISIAIRE, s. m. (apokrizière) (αποκρισις, réponse), t. d'hist. anc., porteur de réponse; garde du trésor dans les monastères.

APOCRYPHE, adj. des deux g. (apokrife) (απο, et κρυπτω, je cache), inconnu, caché, suspect. Il ne se dit que des livres ou des auteurs.

APOCYN, s. m. (apocein) (απο, loin, et κιων, chien), plante originaire de la Syrie.

APODE, s. m. (apode) (α priv., et πους, πεδες, pied), hirondelle de mer à pattes fort courtes; poisson sans nageoires ; larve sans pattes. — Adj. des deux g., se dit d'une classe de poissons.

APODICTIQUE, adj. des deux g. (apodiktike) (αποδεικτικος), t. de log., démonstratif, convaincant. Peu us.

APOGÉE, s. m. (apojé) (απο, loin, et γαια,

APO

terre), point où une planète se trouve à sa plus grande distance de la terre ; *fig.* le plus haut degré d'élévation.—Il est aussi adj. des deux g.

APOGRAPHE, s. m. (*apogurafe*) (απογραφω, je transcris), copie d'un écrit, d'un original.

APOLOGÉTIQUE, adj. des deux g. (*apolojétike*), qui contient une *apologie*.

APOLOGIE, s. f. (*apoloji*) (απο, de, et λογος, discours), justification, défense de quelqu'un.

APOLOGISTE, s. des deux g. (*apolojicete*) qui fait l'*apologie* de quelqu'un.

APOLOGUE, s. m. (*apologue*) (απο, de, et λογος, discours), fable morale.

APONÉVROSE, s. f. (*aponévroze*) (απονευρωσις), t. d'anat., expansion membraneuse d'un muscle, d'un tendon.

APONÉVROTIQUE, adj. des deux g. (*aponévrotike*), qui tient de l'*aponévrose*.

APOPHTHEGME, s. m. (*apofetègueme*) (αποφθεγμα), pensée forte et concise ; sentence, maxime.

APOPHYSE, s. f. (*apofize*) (απο, de, et φυομαι, naître, sortir), partie saillante du corps d'un os ; excroissance.

APOPLECTIQUE, adj. et s. des deux g. (*apoplèketike*) ; qui appartient à l'*apoplexie*.

APOPLEXIE, s. f. (*apoplèkeci*) (αποπληξια), t. de méd., maladie du cerveau ; privation subite de sentiment et de mouvement.

APOSTASIE, s. f. (*apocetazi*) (αποστασις), abandon public d'une religion pour une autre ; renonciation d'un religieux à ses vœux ; *fig.* désertion d'un parti, d'une doctrine.

APOSTASIER, v. n. (*apocetazié*)(fait. apostasie), abandonner sa religion ; renoncer à ses vœux ; *fig.* déserter un parti, une doctrine.

APOSTAT, E, s. et adj. (*apoceta*, tate), qui *apostasie* ; religieux qui renonce à ses vœux ; *fig.* qui quitte un parti pour s'attacher à un autre.

APOSTÉ, E, part. pass. de *aposter*.

APOSTÈME ou APOSTUME, s. m. (*apocetème*, *tume*) (αποστημα, éloignement), enflure extérieure avec putréfaction ; abcès.

APOSTER, v. a. (*apoceté*), mettre quelqu'un dans un *poste*.

À POSTERIORI. Voy. POSTERIORI.

APOSTILLE, s. f. (*apocetiïe*) (du lat. barbare *apostilla*, dérivé de *adposita*, placée contre), petite note sur un écrit ; addition au bas d'une lettre ; recommandation écrite en marge d'une pétition.

APOSTILLÉ, E, part. pass. de *apostiller*, et adj.

APOSTILLER, v. a. (*apocetiïé*), mettre une *apostille*.

APOSTOLAT, s. m. (*apocetola*) (*apostolatus*), ministère de l'*apôtre*.

APOSTOLIQUE, adj. des deux g. (*apocetolike*), qui appartient aux *apôtres*, qui convient

APP

à un *apôtre* ; qui concerne le saint-siège.

APOSTOLIQUEMENT, adv. (*apocetolikeman*), à la manière des *apôtres*.

APOSTROPHE, s. f. (*apocetrofe*) (αποστροφη), fig. de rhét., interpellation vive ; signe gramm. qui marque l'élision d'une voyelle (').

APOSTROPHÉ, E, part. pass. de *apostropher*.

APOSTROPHER, v. a. (*apocetrofé*), adresser vivement la parole à quelqu'un, ou à quelque chose qu'on personnifie ; dire quelque chose de désagréable.

APOSTUME. Voy. APOSTÈME.

APOSTUMÉ, part. pass. de *apostumer*.

APOSTUMER, v. n. (*apocetumé*), se former en *apostème* ; abcéder.

APOTHÉOSE, s. f. (*apoté-ôze*) (απο, auprès, et θεος, Dieu), action de mettre au nombre des dieux ; déification ; *fig.* éloge pompeux.

APOTHICAIRE, s. m. (*apotikière*) (αποθηκη, boutique), celui qui prépare et vend les remèdes pour les malades.

APOTHICAIRERIE, s. f. (*apotikièreri*), boutique d'*apothicaire* ; art de l'*apothicaire*.

APÔTRE, s. m. (*apôtre*) (αποστολος, messager), nom donné à ceux que Jésus-Christ choisit pour prêcher l'évangile ; *fig.* défenseur zélé d'un système.

APOZÈME, s. m. (*apozème*) (de αποζεω, je bous), potion faite d'une décoction d'herbes.

APPARAÎTRE, v. n. (*aparétre*)(*apparere*), d'invisible devenir visible.

APPARAT, s. m. (*apara*) (*apparatus*), éclat, pompe ; petit dictionnaire.

APPARAUX, s. m. pl. (*aparô*), agrès et artillerie d'un vaisseau.

APPAREIL, s. m. (*aparèie*), apprêt, préparatif de tout ce qui a de la pompe ; attirail ; pompe ; ce qui sert au pansement d'une plaie.

APPAREILLAGE, s. m. (*aparèiaje*), action d'*appareiller* ; résultat de cette action.

APPAREILLÉ, E, part. pass. de *appareiller*.

APPAREILLEMENT, s. m. (*aparèïeman*), accouplement de deux animaux.

APPAREILLER, v. a. (*aparèié*), mettre ensemble des choses *pareilles*, assortir ; tracer la coupe des pierres. —V. n., mettre à la voile.

APPAREILLEUR, s. m. (*aparèïeur*), celui qui apprête les étoffes, etc. ; t. d'archit., celui qui trace l'épure des pierres.

APPAREILLEUSE, s. f. (*aparèieuze*), femme qui fait métier de rapprocher des personnes de différent sexe, dans des vues de libertinage.

APPAREMMENT, adv. (*aparaman*), selon les *apparences* ; vraisemblablement.

APPARENCE, s. f. (*aparance*) (de *apparere*, paraître), extérieur ; ce qui paraît au dehors, vraisemblance, signe, indice.

APPARENT, E, adj. (*aparan*, ante), visible.

APPARENTÉ, E, part. pass de *apparenter*, et adj.

APPARENTER, v. a. (*aparanté*) (*ad*, à, et *parens*, parent) allier; donner des *parents* par alliance.

APPARIEMENT ou **APPARÎMENT**, s. m. (*apariman*), action d'*aparier*.

APPARIÉ, E, part. pass. de *apparier*, et adj.

APPARIER, v. a. (*aparié*) (*ad*, à, et *par*, *paris*, pareil), mettre ensemble deux choses qui sont *pareilles*; assortir; accoupler.

APPARITEUR, s.m. (*aparileur*) (de *apparere*, apparaître), espèce d'huissier dans les cours ecclésiastiques; huissier d'université.

APPARITION, s. f. (*aparicion*), action d'*apparaître*; manifestation d'un objet qui, étant invisible de sa nature, se rend visible.

APPAROIR, v. n. (*aparoar*), t. de palais, paraître; être évident, manifeste. Vieux.

APPARTEMENT, s. m. (*aparteman*) (de *partiri*, partager), logement composé de plusieurs pièces; portion d'une maison.

APPARTENANCE, s. f. (*apartenance*), ce qui *appartient à...*; ce qui dépend de...

APPARTENANT, E, adj. (*apartenan, nante*) qui *appartient* à quelqu'un.

APPARTENIR, v. n. (*apartenir*) (*pertinere*), être la propriété de quelqu'un.

APPARTENU, E, part. pass. de *appartenir*.

APPARU, E, part. pass. de *apparaître*.

APPAS, s. m. pl. (*apá*), charmes; la beauté des formes; et fam., le sein.

APPÂT, s. m. (*apá*) (*pastus*, nourriture), pâture, mangeaille attachée à des pièges; *fig.* ce qui attire; ce qui engage à faire quelque chose.

APPÂTÉ, E, part. pass. de *appâter*, et adj.

APPÂTER, v. a. (*apâté*), attirer avec un *appât*; faire manger.

APPAUMÉ, E, adj. (*apômé*), t. de blas., se dit d'un écu chargé d'une main étendue et qui montre la *paume*.

APPAUVRI, E, part. pass. de *appauvrir*, et adj.

APPAUVRIR, v. a. (*apóvrir*), rendre *pauvre*; épuiser.

APPAUVRISSEMENT, s. m. (*apóvriceman*), changement par lequel une personne devient *pauvre*; indigence.

APPEAU, s. m. (*apo*), sorte de sifflet avec lequel on contrefait la voix des oiseaux pour les attirer; oiseau dressé à cet usage.

APPEL, s. m. (*apèle*), action d'*appeler*; résultat de cette action; t. de jur., voie de recours; défi.

APPELANT, E, s. et adj. (*apelan, lante*) (*appelans*), qui interjette *appel* d'une sentence; oiseau qui sert d'*appeau*.

APPELÉ, E, part. pass. de *appeler*, et adj.

APPELER, v. a. (*apelé*) (*appellare*), faire venir; nommer, donner un nom. — V. n., interjeter un *appel*.

APPELLATIF, TIVE, adj. (*apèlelatif, tive*), se dit, en t. de gramm., d'un nom qui convient à toute une espèce.

APPELLATION, s. f. (*apèlelácion*), action

d'*appeler*; action de nommer les lettres de l'alphabet.

APPENDICE, s. f. (*apeindice*) (*appendix*), ce qui tient ou ce qu'on ajoute à quelque chose; supplément; en t. d'anat., de bot., de phys., tout ce qui semble être une addition, un prolongement.

APPENDRE, v. a. (*apandre*) (*appendere*), attacher, suspendre.

APPENDU, E, part. pass. de *appendre*.

APPENTIS, s. m. (*apanti*) (*appendere*, pendre à...) toit adossé contre un mur.

APPERT (IL), v. imp. Voy. APPAROIR.

APPESANTI, E, part. pass. de *appesantir*.

APPESANTIR, v. a. (*apezantir*), rendre *pesant*, lourd; *fig.* rendre moins vif.

APPESANTISSEMENT, s. m. (*apezanticeman*), action d'*appesantir*; état d'une personne *appesantie*.

APPÉTÉ, E, part. pass. de *appéter*, et adj.

APPÉTENCE, s. f. (*apétance*), action d'*appéter*; sentiment qui fait désirer les substances propres à l'alimentation.

APPÉTER, v. a. (*apété*) (*apetere*), désirer fortement par instinct.

APPÉTISSANT, E, adj. (*apétican, çante*), qui donne de l'*appétit*, qui réveille l'*appétit*.

APPÉTIT, s. m. (*apéti*) (*appetitus*), en t. de phil., inclination, faculté, puissance par laquelle l'âme se porte vers quelque chose pour la satisfaction des sens; désir de manger; goût. — Au pl., sorte de petits oignons.

APPLAUDI, E, part. pass. de *applaudir*, et adj.

APPLAUDIR, v. a. et n. (*aplódir*) (de *ad*, à, et *plaudere*, battre des mains), battre des mains en signe d'approbation; approuver; féliciter.

APPLAUDISSEMENT, s. m. (*aplódiceman*), action d'*applaudir*; approbation.

APPLAUDISSEUR, EUSE, s. (*aplódiceur, euse*), qui *applaudit* beaucoup.

APPLICABLE, adj. des deux g. (*aplikable*) qui doit ou peut être *appliqué*.

APPLICATION, s. f. (*aplikácion*) (*applicatio*), l'action d'*appliquer*; résultat de cette action; attention.

APPLIQUE, s. f. (*aplike*) ce qui s'*applique* sur quelque chose.

APPLIQUÉ, E, part. pass. de *appliquer*, et adj. (*aplikié*). Il se dit d'une personne attachée à l'étude, aux affaires, etc.

APPLIQUER, v. a. (*aplikié*) (*applicare*), adapter; attacher; destiner. — V. pr., s'attacher avec attention à..; s'approprier.

APPOINT, s. m. (*apoein*) (*ad punctum*, au point juste), monnaie qu'on ajoute pour compléter une somme, pour faire le solde d'un compte.

APPOINTÉ, E, part. pass. de *appointer*, adj. et s. m., militaire qui touchait une plus grosse paie que les autres; salarié.

APPOINTEMENT, s. m. (*apoeinteman*), règlement en justice. — Au pl., gages annuels.

APPOINTER, v. a. (*apoeinté*), régler par un

appointement en justice; accommoder; salarier.
APPORT, s. m. (*apor*) espèce de marché ; action d'*apporter*; ce qu'on *apporte*.
APPORTÉ, E, part. pass. de *apporter*.
APPORTER, v. a. (*aporté*) (*apportare*), *porter* d'un lieu à un autre; causer; employer; alléguer. *fig.* annoncer.
APPOSÉ, E. part. pass. de *apposer*.
APPOSER, v. a. (*apòzé*) (*apponere*), mettre, appliquer.
APPOSITION, s. f. (*apózicion*), action d'*apposer* ; résultat de cette action.
APPRÉCIABLE, adj. des deux g. (*apréciable*), qui peut être *apprécié*.
APPRÉCIATEUR, TRICE, s. (*apréciateur, trice*), qui *apprécie* ; commis de bureau chargé de l'estimation des marchandises.
APPRÉCIATIF, TIVE, adj. (*apréciatif, tive*), qui marque l'*appréciation*.
APPRÉCIATION, s. f. (*apréciácion*), estimation exacte de la valeur d'une chose.
APPRÉCIÉ, E, part. pass. de *apprécier*.
APPRÉCIER, v. a. (*aprécié*) (*apretiare*), estimer la valeur de...
APPRÉHENDÉ, E, part. pass. de *appréhender*.
APPRÉHENDER, v. a. (*apréandé*) (*prehendere*, prendre), saisir une personne; craindre.
APPRÉHENSIF, SIVE, adj. (*apréancif, cive*), timide. Vieux.
APPRÉHENSION, s. f. (*apréancion*), crainte, peur; en log., première idée qu'on prend d'une chose.
APPRENDRE, v. a. (*aprandre*) (*ab, de, et prehendere*, prendre), acquérir ou enseigner quelque connaissance; découvrir; faire savoir.
APPRENTI, E, s. (*apranti*), qui *apprend* un métier; *fig.* personne peu habile.
APPRENTISSAGE, s. m. (*aprantiçaje*), l'état d'un *apprenti*; temps qu'il met à *apprendre*.
APPRÊT, s. m. (*apré*), manière d'*apprêter*; préparation; recherche.
APPRÊTE, s. f. (*apréte*), mouillette.
APPRÊTÉ, E, part. pass. de *apprêter*, et adj.
APPRÊTER, v. a. (*aprété*) (en italien *apprestare*), préparer, mettre en état.
APPRÊTEUR, EUSE, s. (*aprêteur, euse*), qui donne l'*apprêt* à quelque chose.
APPRIS, E, part. pass. de *apprendre*.
APPRIVOISÉ, E, part. pass. de *apprivoiser*, et adj.
APPRIVOISER, v. a. (*aprivoèsé*) (rac. *priver*), rendre doux ou moins farouche.
APPROBATEUR, TRICE; s et adj (*aprobateur, trice*), qui *approuve* ; qui donne son *approbation* à..
APPROBATIF, TIVE, adj. (*aprobatif, tive*), qui marque de l'*approbation*.
APPROBATION, s. f. (*aprobácion*) (*approbatus*), consentement; témoignage favorable.
APPROCHANT, E, adj. (*aprochan, chante*), qui a quelque rapport avec...—Prép. et adv., environ, à peu près.

APPROCHE, s. f. (*aproche*), action d'*approcher*; abord, accès.
APPROCHÉ, E, part. pass. de *approcher*.
APPROCHER, v. a. (*aproché*), mettre près.—V. n., devenir *proche*; avancer.
APPROFONDI, E, part. pass. de *approfondir*.
APPROFONDIR, v. a. (*aprofondir*), rendre *profond*; creuser; *fig.* examiner de près.
APPROPRIATION, s. f. (*apropriácion*), (*ad, à*; et *proprius*, propre), action de s'*approprier* une chose.
APPROPRIÉ, E, part. pass. de *approprier*, et adj.
APPROPRIER, v. a. (*aproprié*) (*appropriare, de ad, à,* et *proprius*, propre), conformer; rendre *propre*. — V. pr., prendre pour soi.
APPROUVÉ, E, part. pass. de *approuver*.
APPROUVER, v. a. (*aprouvé*) (*approbare*), donner son *approbation*; juger louable.
APPROVISIONNÉ, E, part. pass. de *approvisionner*, et adj. , rempli, fourni.
APPROVISIONNEMENT, s. m. (*aprovizioneman*), fourniture; action d'*approvisionner*.
APPROVISIONNER, v. a. (*aprovizioné*) (*ad*, à, et *providere*, pourvoir), fournir les choses nécessaires.
APPROVISIONNEUR, EUSE, s. (*aprovizioneur, euze*), qui *approvisionne*.
APPROXIMATIF, TIVE, adj. (*aprokcimatif, tive*), fait par approximation.
APPROXIMATION, s. f. (*aprokcimácion*) (*ad, à,* et *proximus*, proche), estimation qui approche de l'exactitude.
APPROXIMATIVEMENT, adv. (*aprokcimativeman*), par approximation.
APPUI, s. m. (*apui*), soutien; protection, faveur —A L'APPUI, loc. prépositive, pour *appuyer*.
APPUI-MAIN, s. m. (*apuimein*), baguette dont un peintre se sert pour soutenir sa *main*.
APPUYÉ, part. pass. de *appuyer*, et adj.
APPUYER, v. a. (*apuié*) (du lat. barbare *appodiare*, soutenir), soutenir; poser sur..; *fig.* aider. — V. n., peser, être posé sur..; insister.
ÂPRE, adj. des deux g. (*âpre*) (*asper*), rude, dur, âcre ; *fig.* avide.
ÂPREMENT, adv. (*âpreman*), avec *âpreté*.
APRÈS, adv. et prép. (*aprè*), et devant une voyelle, *après*), ensuite. à la suite de...
APRÈS-DEMAIN, adv. de temps (*aprèdemein*), second jour après celui où l'on est.
APRÈS-DÎNÉE, s. f. (*aprèdiné*), temps qui s'écoule depuis le *dîner* jusqu'au soir.
APRÈS-MIDI, s. f. (*aprèmidi*), temps qui s'écoule depuis *midi* jusqu'au soir.
APRÈS-SOUPÉE, s. f. (*aprècoupé*), temps qui s'écoule entre le *souper* et le coucher.
ÂPRETÉ, s. f. (*âpreté*) (*asperitas*), qualité de ce qui est *âpre*; rudesse.
À PRIORI. Voy. PRIORI (A).
À-PROPOS, s. m. (*apropó*), occasion, circonstance favorable. Voy. PROPOS.
APSIDE, s. f. (*apcide*). Voy. ABSIDE.
APSIDES, s. m. pl. (*apcide*) (*ἁψίς*,

pl. de ακεις, arc), les deux points de l'orbite d'une planète où elle se trouve à sa plus grande ou à sa plus petite distance du soleil ou de la terre; les deux sommets d'une courbe.

APTE, adj. des deux g. (*apte*) (*aptus*), qui est propre à quelque chose.

APTÈRE, s. m. et adj. des deux g. (*aptère*) (*æ* priv., et πτερον, aile), qui n'a pas d'ailes.

APTITUDE, s. f. (*aptitude*)(*aptus*, propre à...), disposition; capacité; habileté; droit.

APURÉ, E, part. pass. de *apurer*, et adj.

APUREMENT, s. m. (*apureman*), vérification d'un compte.

APURER, v. a. (*apuré*) (du lat. *purus*, pur, net), vérifier. régler; purifier.

APYRE, adj. des deux g. (*apire*) (απυρος, qui résiste au feu. — S. f., argile.

AQUARELLE, s. f. (*akouarèle*) (*aqua*, eau), lavis colorié.

AQUA-TINTA, s. f. (*akouateinta*) (*aqua*, eau, et *tinta*, colorée), dessin au lavis.

AQUATIQUE, adj. des deux g. (*akouatike*), (*aqua*, eau), marécageux; qui vit dans l'eau.

AQUEDUC, s. m. (*akéduc*), canal pour conduire les eaux.

AQUEUX, EUSE, adj. (*akeu*, *euze*) (*aquosus*), de la nature de l'eau; plein d'eau.

AQUILIN, adj. m. (*akilein*) (*aquilinus*, fait de *aquila*, aigle), en forme de bec d'aigle.

AQUILON, s. m. (*akilon*), vent du nord.

ARA ou ARAS, s. m. (*ara*), gros perroquet.

ARABE, s. et adj. des deux g. (*arabe*), qui est de l'*Arabie*; *fig.* avare.

ARABESQUE, adj. des deux g. et s. m. (*arabèceke*), à la manière des *Arabes*.

ARABESQUES, s f pl (*arabèceke*), t. d'archit., ornements à la manière *arabe*.

ARABIQUE, adj. des deux g. (*arabike*), qui est de l'*Arabie*.

ARABLE. adj. des deux g. (*arable*) (*arabilis*), labourable.

ARACHNOÏDE, s. f. (*arakno-ide*) (αραχνη, toile d'araignée, et ειδος, forme), t. d'anat., membrane de la tête et de l'œil.

ARACK ou RACK, s. m. (*arake*), boisson spiritueuse

ARAIGNÉE, s. f. (*arègnié*) (αραχνη), insecte fort connu.

ARASÉ, E, part. pass. de *araser*, et adj.

ARASEMENT, s. m. (*arázeman*), action d'araser; résultat de cette opération.

ARASER, v. a (*arázé*), mettre de niveau.

ARASES. s. f. pl. (*aráze*), pierres hors du niveau.

ARATOIRE, adj. des deux g. (*aratoare*) (*aratorius*), qui tient au labourage.

ARBALÈTE, s. f. (*arbalète*) (*arcus*, arc, et *balista*, baliste), arme de trait.

ARBALÉTIER, s. m. (*arbalétié*), soldat qui était armé d'une *arbalète*; en archit., pièces de bois qui servent à la charpente d'un bâtiment.

ARBITRAGE, s. m. (*arbitraje*)(*arbitrium*), jugement par *arbitres*; comparaison des changes.

ARBITRAIRE, adj. des deux g. et s. m. (*arbitrère*) (*arbitrarius*), qui dépend de la volonté; qui n'est fixé par aucune loi; absolu, despotique.

ARBITRAIREMENT, adv. (*arbitrèreman*), d'une façon *arbitraire*.

ARBITRAL, E, adj., au pl. m. ARBITRAUX (*arbitral*), qui vient d'*arbitres*.

ARBITRALEMENT, adv. (*arbitraleman*), par *arbitres*.

ARBITRATION, s. f. (*arbitrâcion*), t. de jur., liquidation; estimation approximative.

ARBITRE, s. m. (*arbitre*) (*arbiter*), juge choisi; maître absolu; faculté de se déterminer.

ARBITRÉ, E, part. pass. de *arbitrer*, et adj.

ARBITRER, v. a. (*arbitré*), liquider, estimer approximativement.

ARBORÉ, E, part. pass. de *arborer*, et adj.

ARBORER, v. a. (*arboré*) (*arbor*, arbre), planter, déployer ; *fig.* se déclarer pour...

ARBORISÉ, E, adj (*arborizé*), se dit d'une pierre qui représente des feuillages d'arbre.

ARBOUSE, s. f. (*arbouze*), fruit de l'arbousier.

ARBOUSIER, s. m. (*arbouzié*), arbrisseau.

ARBRE, s. m. (*arbre*) (*arbor*), végétal à tronc ligneux, garni de feuilles et de branches; pièce principale d'une machine.

ARBRISSEAU, s. m. (*arbriçô*), petit *arbre*.

ARBUSTE, s. m. (*arbucete*), végétal plus petit que l'*arbrisseau*.

ARC, s. m. (*arke*) (*arcus*), arme en demi-cercle pour tirer des flèches; cintre, ligne courbe.

ARCADE, s. f. (*arkade*), ouverture cintrée ou en *arc*.

ARCANE, s. m. (*arkane*) (*arcanum*), mystère, secret; remède secret.

ARCASSE, s. f. (*arkace*), culasse d'un navire; moufle d'une poulie.

ARC-BOUTANT, s. m. (*arboutan*) (suivant Ménage, du lat. *arcus pultans*, pour *pulsans*, arc qui pousse), pilier d'une voûte.

ARC-BOUTÉ. E part. pass. de *arc bouter*.

ARC-BOUTER, v. a. (*arbouté*), soutenir, appuyer au moyen d'un *arc-boutant*.

ARC-DOUBLEAU, s. m. (*ardoubló*), arcade en saillie.

ARCEAU, s. m. (*arçô*) (*arcus*, arc), arc d'une voûte.

ARCENAL et non pas ARSENAL, s. m., au pl. ARCENAUX, (*arcenal*) (*arx*, gén. *arcis*, citadelle, et *navalis*, navale), lieu destiné à recevoir les armes pour la guerre; port où sont les officiers de marine, les vaisseaux, etc.

ARC-EN-CIEL. s m. (*arkancièle*), météore en forme d'*arc*, offrant diverses couleurs.

ARCHÆOLOGIE, s. f. (*arkéoloji*) (αρχαιος,

ancien, et λογος, discours), science des monuments de l'antiquité.

ARCHÆOLOGIQUE, adj. des deux g. (arkéolojike), qui a rapport à l'archæologie.

ARCHÆOLOGUE, s. m (arkéologue), homme versé dans la science de l'antiquité.

ARCHAÏSME, s. m. (arka-iceme) (de αρχαιος, ancien, et de ισμος, qui marque imitation), imitation des anciens dans le langage.

ARCHAL, s. m. (archal) (aurichalcum, laiton), fil de métal.

ARCHANGE, s. m. (arkanje) (αρχαγγελος), ange d'un ordre supérieur.

ARCHE, s. f. (arche) (arcus, arc), voûte de pont en forme d'arc; vaisseau de Noé; coquille.

ARCHÉE, s. f. (arché) (de αρχη, principe), principe, commencement; agent universel.

ARCHÉOLOGIE, ARCHÉOLOGIQUE, ARCHÉOLOGUE. Voy. ARCHÆOLOGIE, ARCHÆOLOGIQUE, ARCHÆOLOGUE.

ARCHER, s. m. (arché), homme de guerre combattant avec l'arc; bas officier de police.

ARCHEROT, s. m. (archero), petit archer.

ARCHET, s. m. (arché) (arcus), baguette garnie de crin; châssis; petite scie.

ARCHÉTYPE, s. m (arkétipe) (αρχη, principe, et τυπος, type), modèle; t. de monn., étalon.

ARCHEVÊCHÉ, s. m. (archevéché) (αρχη, primauté, et επισκοπος, évêque), juridiction, palais d'un archevêque.

ARCHEVÊQUE, s. m. (archevéke) (αρχιεπισκοπος), prélat ecclésiastique au-dessus des évêques.

ARCHI, (mot emprunté du grec, que l'on prononce arki, quand le mot grec n'est pas passé absolument dans la langue, et archi, lorsque le mot est bien francisé), prép. qui marque la supériorité ou l'excès. On forme ainsi un grand nombre de mots; nous ne donnons que les plus usités.

ARCHICHANCELIER, s. m. (archichancelié), grand chancelier.

ARCHIDIACONAT, s. m. (archidiakona), office, dignité d'archidiacre.

ARCHIDIACONÉ, s. m. (archidiakoné), territoire soumis à la juridiction d'un archidiacre.

ARCHIDIACRE, s. m. (archidiakre), officier au-dessus des curés; premier diacre.

ARCHIDUC, s. m. (archiduk), titre de dignité des princes de la maison d'Autriche.

ARCHIDUCHÉ, s. m. (archiduché), seigneurie d'archiduc.

ARCHIDUCHESSE, s. f. (archiduchèce), titre de dignité; la femme d'un archiduc.

ARCHIÉPISCOPAL, E, adj. (arkiépicekopale), qui appartient à l'archevêque.

ARCHIÉPISCOPAT, s. m. (arkiépicchopa), dignité d'archevêque.

ARCHIMANDRITAT, s. m. (archimandrita), dignité de l'archimandrite.

ARCHIMANDRITE, s. m. (archimandrite) (αρχη, primauté, et μανδρα, troupeau), supérieur d'un monastère, dans l'église grecque.

ARCHIPEL, s. m. (archipèle) (αρχη, principe, commencement, et πελαγος, mer), étendue de mer semée d'îles.

ARCHIPRESBYTÉRAL, E, adj. (archiprècebitérale), qui regarde l'archiprêtre.

ARCHIPRÊTRE, s. m. (archiprêtre) (de αρχι, et de πρεσβυς, vieillard), premier prêtre.

ARCHIPRÊTRÉ, s. m. (archiprêtré) juridiction d'un archiprêtre.

ARCHITECTE, s. m. (architékete) (αρχι, commandement, et τεκτων, ouvrier), qui possède l'art de l'architecture, l'art de bâtir.

ARCHITECTONIQUE, s. f. (architéketonike) (αρχιτεκτονικος), l'art de la construction. — Il est aussi adj. des deux g.

ARCHITECTONOGRAPHE, s. m. (architéketonoguerafe) (αρχιτεκτον, architecte, et γραφω, je décris), qui s'occupe d'architecture historique ou descriptive.

ARCHITECTONOGRAPHIE, s. f. (architéketonoguerafi), art de décrire les édifices.

ARCHITECTURAL, E, adj. (architéketurale), qui appartient à l'architecture.

ARCHITECTURE, s. f. (architékture) (αρχιτεκτονια), art de bâtir.

ARCHITRAVE, s. f. (architrave) (de αρχι, principe, et du lat. trabs, poutre), t. d'archit., partie de l'entablement.

ARCHITRICLIN, s. m. (architrikelsin) (αρχιτρικλινος), ordonnateur d'un festin chez les anciens.

ARCHIVES, s. f. pl. (archive) (archivum, formé du grec αρχειον), anciens titres; lieu où on les conserve; dépôt de lois, actes, etc.

ARCHIVISTE, s. m. (archivicete), garde des archives.

ARCHIVOLTE, s. f. (archivolte) (arcus volutus, arc contourné), architrave cintrée.

ARCHONTAT, s. m. (arkonta), dignité d'archonte.

ARCHONTE, s. m. (arkonte) (αρχος, commandant), magistrat d'Athènes.

ARÇON, s. m. (arçon) (arcus, arc), bois de selle; instrument de chapelier.

ARCTIQUE, adj. des deux g. (arktike) (αρκτος, ourse), nom donné au pôle du monde qui est du côté du Septentrion.

ARCTURE ou ARCTURUS, s. m. (arkture, arkturuce) (αρκτος, ourse, et ουρα, queue), étoile fixe de la première grandeur.

ARDÉLION, s. m. (ardélion) (ardelio, de ardere, être ardent), qui fait le bon valet. Fam.

ARDEMMENT, adv. (ardaman), avec ardeur.

ARDENT, E, adj. (ardan, dante) (ardens,

de *ardere*, brûler), qui est en feu; actif, violent. — S. m., feu follet.

ARDER ou **ARDRE**, v. a. (*ardé, ardre*), (de *ardere*, brûler), brûler. Inus.

ARDEUR, s. f. (*ardeur*) (*ardor*, formé de *ardere*, brûler), chaleur; véhémence.

ARDILLON, s. m. (*ardi-ion*), pointe de métal d'une boucle.

ARDOISE, s. f. (*ardoaze*) (*ardesia*, du pays d'*Ardes*, en Irlande), pierre bleuâtre et feuilletée qui sert à couvrir les maisons.

ARDOISÉ, E, adj. (*ardoazé*), couleur d'ardoise.

ARDOISIÈRE, s. f. (*ardoazière*), carrière d'où l'on tire l'*ardoise*.

ARDRE. Voy. ARDER.

ARDU, E, adj. (*ardu*) (*arduus*), escarpé, difficile à aborder; *fig.* malaisé.

ARE, s. m. (*are*) (*area*), mesure de superficie pour les terrains.

AREC ou **ARÈQUE**, s. m. (*arèk, arèke*), palmier des Indes; fruit de cet arbre.

ARÈNE, s. f. (*arène*) (*arena*, sable), menu sable; amphithéâtre.

ARÉNEUX, EUSE, adj. (*aréneu, euze*), sablonneux.

ARÉOLE, s. f. (*aréole*), petite aire.

ARÉOMÈTRE, s. m. (*aréomètre*) (αραιος, rare, subtil, et μετρον, mesure), pèse liqueur.

ARÉOPAGE, s. m. (*aréopaje*) (αρης, αρεος, Mars, et παγος colline), tribunal d'Athènes.

ARÉOPAGITE, s. m. (*aréopajite*), membre d'un *aréopage*.

ARÉOSTYLE, s. m. (*aréocetile*) (αρχιος, rare, et στυλος, style), t. d'archit. anc., édifice dont les colonnes sont fort éloignées.

ARÉOTECTONIQUE, s. f. (*aréotèktonike*) (αρης, Mars, et τευχω, préparer), partie de l'architecture militaire.

ARÊTE, s. f. (*arête*) (*arista*, pointe de l'épi de blé), os de poisson; angle saillant.

ARÊTIER, s. m. (*arétié*), pièce de bois bien équarrie qui forme l'*arête* d'un toit.

ARGANEAU, s. m. (*arguanó*), anneau de fer.

ARGÉMONE, s. f. (*arjémone*) (αργεμωνη), sorte de pavot.

ARGENT, s. m. (*arjan*) (*argentum*), métal blanc; monnaie; richesses.

ARGENTÉ, E, part. pass. de *argenter*.

ARGENTER, v. a. (*arjanté*), couvrir d'*argent*.

ARGENTERIE, s. f. (*arjanteri*), vaisselle et autres meubles d'*argent*.

ARGENTEUR, EUSE, s. (*arjanteur, euze*), celui ou celle qui *argente*.

ARGENTEUX, EUSE, adj. (*arjanteu, euze*), pécunieux, qui a beaucoup d'*argent*. Inus.

ARGENTIER, s. m. (*arjantié*), celui qui était chargé de distribuer l'*argent*, changeur

ARGENTIN, E, adj. (*arjantein, tine*), qui tient de l'*argent* pour la couleur ou le son.

ARGENTINE, s. f. (*arjantine*), plante vivace.

ARGENTURE, s. f. (*arjanture*), argent appliqué; art d'appliquer les feuilles d'*argent*.

ARGILE, s. f. (*arjile*) (αργιλλις), terre grasse, molle et ductile, dont on fait les vases.

ARGILEUX, EUSE, adj. (*arjileu, euze*), qui tient de l'*argile*.

ARGO, s. m. (*arguo*), insecte; constellation qui a reçu le nom du navire qui conduisit en Colchide Jason et ses compagnons.

ARGONAUTES, s. m. pl. (*arguonóte*), nom des héros grecs qui s'embarquèrent avec Jason sur le navire *Argo*; poisson; mollusque univalve.

ARGOT, s. m. (*arguo*), jargon des voleurs; extrémité d'une branche morte.

ARGOTÉ, E, part. pass. de *argoter*.

ARGOTER, v. a. (*arguoté*), parler l'*argot*; couper les *argots* d'une branche morte.

ARGOULET, s. m. (*arguolé*), carabin; homme de néant. Fam. et peu us.

ARGOUSIN, s. m. (*argouzein*), bas officier des bagnes.

ARGUE, s. f. (*argue*) (εργον, ouvrage), machine pour dégrossir l'or; bâtiment de mer.

ARGUÉ, E, part. pass. de *arguer*, et adj.

ARGUÉ, E, part. pass. de *arguer*.

ARGUER, v. a. (*argué*), tirer à l'*argue*.

ARGUER, v. a. et n. (*argu-é*) (*arguere*, montrer), accuser, reprendre; tirer une conséquence.

ARGUMENT, s. m. (*arguman*) (*argumentum*), raisonnement; conjecture; sommaire.

ARGUMENTANT, s. m. (*argumantan*), celui qui *argumente* dans une thèse.

ARGUMENTATEUR, TRICE, s. (*argumantateur, trice*), qui aime à *argumenter*.

ARGUMENTATION, s. f. (*argumantâcion*) (*argumentatio*), action, art d'*argumenter*.

ARGUMENTER, v. n. (*argumanté*) (*arguere*, montrer), prouver par *arguments*; tirer des conséquences.

ARGUS, s. m. (*arguce*), *fig.* espion; t. d'hist. nat, poisson; couleuvre; coquille; oiseau; papillon.

ARGUTIE, s. f. (*arguci*) (*argutia*), subtilité.

ARGYRASPIDES, s. m. pl. (*arjiracepide*) (αργυρος, argent, et ασπις, bouclier), soldats macédoniens.

ARIANISME, s. m. (*arianicme*) (du nom propre *Arius*), doctrine d'*Arius*. Voy. ARIEN.

ARIDE, adj. des deux g. (*aride*) (*aridus*), sec; stérile; *fig.* insensible.

ARIDITÉ, s. f. (*aridité*) (en lat. *ariditas*), sécheresse; insensibilité.

ARIEN, ENNE, s. et adj. (*ariein, ène*), sectateur de l'hérésie d'*Arius*.

ARIETTE, s. f. (*ariète*) (de l'italien *arietta*, petit air), air léger et détaché.

ARISTARQUE, s. m. (*aricetarke*) (du grec αρισταρχυς, bon prince), critique sévère.

ARISTÉ, E, adj. (*ariceté*), garni d'arétes.
ARISTOCRATE, s. et adj. des deux g. (*aricetokrate*), partisan, membre de l'aristocratie.
ARISTOCRATIE, s. f. (*aricetokraci*) (αριστοκρατεια), souveraineté des nobles; la classe noble.
ARISTOCRATIQUE, adj. des deux g. (*aricetokratike*), qui appartient à l'*aristocratie*.
ARISTOCRATIQUEMENT, adv. (*aricetokratikeman*), d'une manière aristocratique.
ARISTOLOCHE, s. f. (*aricetoloche*) (αριστος, très-bon, et λοχεια, les couches), plante vivace très-utile en médecine.
ARISTOTÉLICIEN, CIENNE, s. (*aricetotéliciein, cièn*), qui suit la doctrine d'*Aristote*. — Adj:, conforme à sa doctrine.
ARISTOTÉLIQUE, adj. des deux g. (*aricetotélike*), d'*Aristote*.
ARISTOTÉLISME, s. m. (*aricetotéliceme*) (de αριστοτελης, qui signifie *Aristote*), philosophie d'*Aristote*.
ARITHMÉTICIEN, CIENNE, s. (*ariteméticiein, cièn*), qui sait, qui enseigne l'*arithmétique*.
ARITHMÉTIQUE, s. f. (*aritemétike*) (αριθμος, nombre), art de calculer. — Adj. des deux g., qui est selon les règles de cet art.
ARITHMÉTIQUEMENT, adv. (*aritemétikeman*), d'une manière arithmétique.
ARLEQUIN, s. m. (*arlekein*), bateleur, bouffon dont l'habit est bigarré.
ARLEQUINADE, s. f. (*arlekinade*), bouffonnerie, lazzi d'*arlequin*.
ARLEQUINE, s. f. (*arlekine*), danse d'arlequin; coquille.
ARMADILLE, s. f. (*armadiie*) (de l'espagnol *armadilla*, armée navale), petite flotte espagnole; t. d'hist. nat., espèce de cloporte.
ARMATEUR, s. m. (*armateur*) qui arme un vaisseau.
ARMATURE, s. f. (*armature*) (*armatura*), liens, barres de fer d'une machine.
ARME, s. f. (*arme*) (*arma*), tout instrument servant à attaquer ou à se défendre. — Au pl., guerre; escrime; marques héréditaires propres à chaque maison noble.
ARMÉ, E, part. pass. de *armer*, et adj.
ARMÉE, s. f. (*armé*) (rac *arme*), troupes assemblées sous la conduite d'un général.
ARMELINE, s. f. (*armeline*), pelleterie très-fine de la Laponie; hermine.
ARMEMENT, s. m. (*armeman*), appareil de guerre; action d'*armer*, d'équiper.
ARMER, v. a. (*armé*) (*armare*), pourvoir d'*armes*; mettre sous les *armes*; renforcer; munir; équiper.
ARMET, s. m. (*armè*), ancien casque.
ARMILLAIRE, adj. f. (*armiletère*) (*armilla*, bracelet), se dit d'une sphère composée de plusieurs cercles.

ARMILLES, s. f. pl. (*armiie*) (*armilla*, bracelet), moulures de chapiteau.
ARMISTICE, s. m. (*armicetice*) (*armistitium*), suspension d'armes.
ARMOIRE, s. f. (*armoare*) (*armorium*), meuble à renfermer des hardes, etc.
ARMOIRIES, s. f. pl. (*armoari*) (rac. *armure*), attributs distinctifs d'une maison noble.
ARMOISE, s. f. (*armoaze*), plante vivace.
ARMOISIN, s. m. (*armoazein*), sorte de taffetas.
ARMON, s. m. (*armon*), partie du train de devant d'un carrosse.
ARMORIAL, s. m., au pl. ARMORIAUX (*armoriale*), livre qui contient des *armoiries*.
ARMORIAL, E, adj., au pl. m ARMORIAUX (*armoriale*), qui traite d'*armoiries*; qui contient des *armes* de familles.
ARMORIÉ, E, part. pass. de *armorier*, et adj.
ARMORIER, v. a. (*armorié*), graver, peindre des *armoiries*.
ARMORISTE, s. des deux g. (*armoricete*), qui fait des *armoiries*; qui sait le blason.
ARMURE, s. f. (*armure*), armes défensives; revêtement en fer mis à une pierre d'aimant.
ARMURIER, s. m. (*armurié*), qui fabrique, qui vend des *armes*.
AROMATE, s. m. (*arômate*) (αρωμα), parfum.
AROMATIQUE, adj. des deux g. (*arômatike*), de la nature des *aromates*.
AROMATISATION, s. f. (*arômatizácion*), action d'*aromatiser*.
AROMATISER, v. a. (*arômatizé*), mêler des *aromates* avec une autre substance.
AROME, et non pas AROME, s.m. (*arôme*), (αρωμα, parfum), principe odorant.
ARONDE, s. f. (*aronde*) (*hirundo*), hirondelle; en t. de charp., *queue d'aronde*, entaillure en queue d'hirondelle; coquillage, poisson.
ARPÈGE, et non pas ARPÉGE, s. m. (*arpèje*) (de l'italien *arpa*, harpe), leçon d'arpègement; batterie successive des notes d'un accord.
ARPÈGEMENT, et non pas ARPÉGEMENT, s. m. (*arpèjeman*) (en italien *arpeggio*), manière de frapper successivement tous les sons d'un accord.
ARPÉGER, v. n. (*arpégé*), faire des arpèges.
ARPENT, s. m. (*arpan*) (du lat. barbare *arpendium*), mesure de terre.
ARPENTAGE, s. m. (*arpantaje*), art, action d'*arpenter*.
ARPENTÉ, E, part. pass. de *arpenter*, et adj.
ARPENTER, v. a. (*arpanté*), mesurer la superficie des terres; fig. marcher vite.
ARPENTEUR, s. m. (*arpanteur*), celui qui arpente les terres.
ARPENTEUSE, adj. et s. f. (*arpanteuze*), genre de chenilles.
ARQUÉ, part. pass. de *arquer*, et adj.

ARQUEBUSADE, s. f. (*arkebuzade*), coup d'*arquebuse*.
ARQUEBUSE, s. f. (*arkebuze*) (en italien *arcobugio*), ancienne arme à feu.
ARQUEBUSÉ, E, part. pass. de *arquebuser*.
ARQUEBUSER, v. a. (*arkebuzé*), tuer à coups d'*arquebuse*. Vieux.
ARQUEBUSERIE, s. f. (*arkebuzeri*), l'art, le métier d'*arquebusier*.
ARQUEBUSIER, s. m. (*arkebuzié*), soldat armé d'une *arquebuse*; armurier.
ARQUER, v. a. (*arké*), courber en *arc*.
ARRACHÉ, E, part. pass. de *arracher*.
ARRACHEMENT, s m. (*arachemant*), action d'*arracher*; commencement d'une voûte.
ARRACHER, v. a. (*araché*) (de *eradicare*, déraciner), tirer par force, détacher.
ARRACHEUR, EUSE, s. (*aracheur, euze*), qui *arrache*.
ARRACHIS, s. m. (*arachi*), enlèvement frauduleux du plant des arbres.
ARRAISONNÉ, E, part. pass. de *arraisonner*.
ARRAISONNER, v. a. (*arèzoné*), chercher à faire entendre *raison*; interroger.
ARRANGÉ, E, part. pass. de *arranger*.
ARRANGEMENT, s. m. (*aranjeman*), action d'*arranger*; ordre; conciliation.
ARRANGER, v. a. (*aranjé*) (rac. *rang*), mettre en ordre; accommoder, pacifier.
ARRENTÉ, E, part. pass. de *arrenter*.
ARRENTEMENT, s. m. (*aranteman*), bail à rente. Peu français.
ARRENTER, v. a. (*aranté*), donner, prendre à *rente*. Peu français.
ARRÉRAGÉ, part. pass. de *arrérager*.
ARRÉRAGER, v. n. (*arérajé*), s'accumuler, en parlant d'une rente, d'un revenu, etc.
ARRÉRAGES, s. m. pl. (*aréraje*) (*ad retro*, en arrière), ce qui est échu d'un revenu.
ARRESTATION, s. f. (*arècetácion*), action d'*arrêter*; saisie.
ARRÊT, s. m. (*aré*) (αριστον, décret), ce qui *arrête*; action d'*arrêter*; jugement; saisie; pièce du harnais.—Au pl., défense de sortir.
ARRÊTÉ, s. m. (*arété*), résolution, décision administrative; règlement.
ARRÊTÉ, E, part. pass. de *arrêter*, et adj.
ARRÊTE-BOEUF, s. m. (*arètebeufe*), plante.
ARRÊTER, v. a. et n. (*arété*) (de *restis*, corde), retenir; empêcher; fixer; saisir; conclure; résoudre.—V pr., demeurer, cesser d'aller.
ARRÊTISTE, s. m. (*aréticete*), commentateur d'*arrêts*.
ARRHE. Voy. ARRHES.
ARRHÉ, E, part. pass. de *arrher*.
ARRHEMENT, s. m. (*areman*), action d'*arrher*; achat; convention.
ARRHER, v. a. (*aré*), s'assurer d'un achat en donnant des *arrhes*.
ARRHES, s. f. pl. (*arc*) (αρραβων, arrhes), gages d'un marché.

ARRIÈRE, prép (*arière*) (*ad retro*), se joint à un mot pour lui donner un sens de postériorité.— Interj., loin d'ici. — S. m., poupe d'un vaisseau. — EN ARRIÈRE. loc. adv., par derrière; en retard; en l'absence de..
ARRIÉRÉ, E, part. pass. de *arriérer*, et adj., qui est en *arrière*.—S. m., dette dont le paiement a été retardé.
ARRIÈRE-BAN, s. m. (*arièreban*) (*retro*, arrière, et *bannum*, ban), assemblée de nobles.
ARRIÈRE-BEC, s. m. (*arièrebek*), pointe d'une pile de pont en aval.
ARRIÈRE-BOUCHE, s. f. (*arièrebouche*), synonyme de *pharynx*. Voy. ce mot.
ARRIÈRE-BOUTIQUE, s. f. (*arièreboutike*), boutique de plain-pied après la première boutique.
ARRIÈRE-CORPS, s. m. (*arièrekor*), partie d'un bâtiment qui est derrière une autre.
ARRIÈRE-COUR, s. f. (*arièrekour*), petite *cour* qui sert à dégager les appartements.
ARRIÈRE-FAIX, s. m. (*arièrefè*), membranes dont le fœtus est enveloppé.
ARRIÈRE-FIEF, s. m. (*arièrefief*), fief mouvant d'un autre *fief*.
ARRIÈRE-GARANT, s. m. (*arièreguaran*), garant du *garant*.
ARRIÈRE-GARDE, s. f. (*arièreguarde*), corps détaché derrière le corps de troupes principal.
ARRIÈRE-GOÛT, s. m. (*arièreguou*), dernier *goût* d'une liqueur; goût que laisse un mets.
ARRIÈRE-MAIN, s. m. (*arièremein*), coup du revers de la *main*; en t. de man., le train de derrière du cheval.
ARRIÈRE-NEVEU, s. m. (*arièreneveu*), fils du *neveu* ou de la *nièce*. — Au pl., la postérité la plus reculée.
ARRIÈRE-NIÈCE, s. f. (*arièreniéce*), fille du *neveu* ou de la *nièce*.
ARRIÈRE-PENSÉE, s. f. (*arièrepancé*), *pensée* intérieure; vue secrète.
ARRIÈRE-PETITE-FILLE, s. f. (*arièrepetitefie*), fille du *petit-fils* ou de la *petite-fille*.
ARRIÈRE-PETIT-FILS, s. m. (*arièrepetifice*), fils du *petit-fils* ou de la *petite-fille*.
ARRIÈRE-POINT, s. m. (*arièrepoein*), *point* d'aiguille empiétant sur le précédent.
ARRIÉRER, v. a. (*ariéré*), différer, retarder.—V. pr., rester en *arrière*.
ARRIÈRE-SAISON, s. f. (*arièrecézon*), la fin de l'automne; *fig.* le commencement de la vieillesse.
ARRIÈRE-VASSAL, E, s. (*arièrevaçal*), celui ou celle qui relevait d'un *vassal*.
ARRIÈRE-VOUSSURE, s. f. (*arièrevouçure*), espèce de voûte derrière une porte.
ARRIMAGE, s. m. (*arimaje*), arrangement de la cargaison d'un navire.
ARRIMÉ, E, part. pass. de *arrimer*.

ARRIMER, v. a. (*arimé*), arranger la cargaison d'un navire.

ARRIMEUR, s. m. (*arimeur*), celui qui est chargé d'arranger les vaisseaux, les tonneaux, etc.

ARRISÉ, E, part. pass. de *arriser*.

ARRISER, ou mieux **RISER**, v. a. (*arizé*), t. de mar., diminuer les voiles de hauteur.

ARRIVAGE, s. m. (*arivaje*), abord des vaisseaux; arrivée des marchandises.

ARRIVÉ, E, part. pass. de *arriver*.

ARRIVÉE, s. f. (*arivé*), action d'arriver; venue de quelqu'un en un lieu; mouvement horizontal de rotation que fait un navire.

ARRIVER, v. n. (*arivé*), approcher d'une rive; parvenir; survenir.

ARROBE, s. f. (*arobe*) (en espagnol *arroba*), poids de trente-une ou trente-deux livres.

ARROCHE, s. f. (*aroche*), plante potagère.

ARROGAMMENT, adv. (*aroguaman*), avec arrogance.

ARROGANCE, s. f. (*aroguance*) (*arrogantia*), fierté, orgueil, présomption.

ARROGANT, E, adj. (*arognan, guante*), fier, orgueilleux, vain.

ARROGÉ, E, part. pass. de *s'arroger*.

S'ARROGER, v. pr. (*çarojé*) (*arrogare*. demander pour soi), s'attribuer mal à propos.

ARROI, s m. (*aroé*) (en italien *arredo*), train, équipage.

ARRONDI, E, part. pass. de *arrondir*, et adj.

ARRONDIR, v. a. (*arondir*), rendre rond; fig. étendre, augmenter.

ARRONDISSEMENT, s. m. (*arondiceman*), action de rendre *rond*; partie de territoire soumise à une autorité civile ou militaire.

ARROSAGE, s. m (*arózaje*), action d'arroser les terres trop sèches, etc.

ARROSÉ, E, part. pass. de *arroser*.

ARROSEMENT, s. m. (*arózeman*), action d'arroser les plantes, une chambre.

ARROSER, v. a. (*arózé*) (*ad*, à, et *rorare* arroser), humecter, mouiller.

ARROSOIR, s. m. (*arózoar*), vase pour arroser.

ARRUGIE, s. f. (*aruji*), t. de mine, canal.

ARS, mieux **ARTS**, s m. pl. (*ar*) (du lat. *artus*, membres), membres du cheval.

ARS, E, part. pass. inus. du v. *ardre*.

ARSENAL. Voy. ARCENAL.

ARSENIATE, s.m. (*arceniate*), sel *arsenical*.

ARSENIC, s. m. (*arceni*) (αρσενικος), substance métallique qui est un poison dangereux.

ARSENICAL, E, adj., au pl. m. **ARSENICAUX** (*arcenikal*), qui tient de l'*arsenic*.

ARSENIEUX, EUSE, adj. (*arcenieu, euse*), d'arsenic.

ARSENIQUE, adj. des deux g. (*arcenike*), se dit d'une combinaison d'*arsenic* et d'oxygène.

ARSENITE, s. m (*arcenite*), sel formé par l'union de l'acide *arsenieux* avec une base.

ART, s. m. (*ar*) (*ars*, *artis*, dérivé de αρετη, vertu), science; adresse; méthode; artifice.

ARTÈRE, s. f. (*artère*) (αρτηρια), vaisseau qui porte le sang du cœur vers les extrémités.

ARTÉRIEL, ELLE, adj. (*artérièle*), qui appartient à l'*artère*.

ARTÉRIOLE, s. f. (*artériole*), petite *artère*.

ARTÉRIOLOGIE, s. f. (*artérioloji*) (αρτηρια, artère, et λογος, discours), partie de la méd. et de l'anat. qui traite des *artères*.

ARTÉRIOTOMIE, s. f. (*artériotomi*) (αρτηρια, artère, et τεμνω, je coupe), ouverture d'une *artère*.

ARTÉSIEN, adj. (*artésiein*). Voy. PUITS.

ARTHRITE, s. f. (*artrite*) (de αρθριτις, goutte), goutte aux jointures.

ARTHRITIQUE, adj. des deux g. (*artritike*) (αρθρον, jointure), se dit des maladies qui attaquent les jointures et des remèdes qui guérissent ces maladies.

ARTICHAUT, ou mieux **ARTICHAUD**, s m. (*artichó*) (*radix calida*, racine chaude), plante potagère.

ARTICLE, s. m. (*artikle*) (*articulus*), jointure des os; division d'un écrit, d'un traité, d'un compte; sujet, matière; particule.

ARTICULAIRE, adj. des deux g. (*artikulère*), qui a rapport aux *articles*, aux jointures des os.

ARTICULATION, s. f. (*artikulácion*) (*articulatio*), jointure des os; action d'articuler.

ARTICULÉ, E, part. pass. de *articuler*.

ARTICULER, v. a (*artikulé*) (*articulare*), prononcer nettement; circonstancier. — V. pr., se joindre, en t. d'anat.

ARTIFICE, s. m. (*artifice*) (*artificium*), art; industrie; ruse; matière inflammable.

ARTIFICIEL, ELLE, adj. (*artificièle*) (*artificiosus*), qui est fait par *art*.

ARTIFICIELLEMENT, adv. (*artificièleman*), par art; avec art.

ARTIFICIER, s. m. (*artificié*), celui qui compose des feux d'*artifice*; soldat d'artillerie.

ARTIFICIEUSEMENT, adv. (*artificieuzeman*), d'une manière artificieuse.

ARTIFICIEUX, EUSE, adj. (*artificieu, euze*), plein d'artifice, de ruse.

ARTILLÉ, E, adj. (*artiié*), t. de mar., armé, garni de son *artillerie*.

ARTILLERIE, s. f. (*artiierie*) (du vieux mot français *artiller*, rendre fort par *art*), canons, mortiers, etc.; troupes qui s'en servent.

ARTILLEUR, s. m. (*artiieur*), qui sert dans l'*artillerie*.

ARTIMON, s. m. (*artimon*) (αρτεμων, grande voile), mât d'arrière; coquille.

ARTISAN, SANNE, s. (*artizan, zane*) (*ars*, *artis*, art), ouvrier; fig. celui qui est la cause de.

ARTISON, s. m. (*artizon*), petit ver insecte qui ronge les étoffes, le bois, etc.

ARTISONNÉ, E, part. pass. de *artisonner*, et adj.

ARTISONNER, v. a. (*artizoné*), ronger, en parlant des vers.
ARTISTE, s. des deux g. (*articete*) (*ars, artis*, art.), qui travaille dans un *art*; qui cultive les *arts*.
ARTISTEMENT, adv. (*articeteman*), avec art et industrie.
ARTISTIQUE, adj. des deux g. (*articetike*), qui a rapport aux *arts*.
ARUM, s. m. (*arome*) (αρον), plante.
ARUSPICE, s. m. (*arucepice*) (*aruspex*), prêtre qui consultait les entrailles des victimes.
AS, s. m. (*âce*) (εις, un), point seul d'une carte, d'un dé ; monnaie ancienne ; mesure.
ASARET, s. m. (*azarè*), t. de bot., plante.
ASBESTE, s. m. (*acebècete*) (ασβεστος, inextinguible), espèce d'amiante.
ASCARIDE, s. m. (*acekaride*), petit ver qui se trouve dans les intestins.
ASCENDANT, s. m. (*acecandan*) (*ascendens*, part.prés. de *ascendere*, monter), en astron., le point de l'écliptique situé dans l'horizon oriental, c'est-à-dire, le point qui se lève; *fig.* empire, influence, autorité. — Au pl., aïeux.
ASCENDANT, E, adj. (*acecandan, dante*), qui va en montant.
ASCENSION, s. f. (*acecancion*), élévation; action de monter ; fête chrétienne.
ASCENSIONNEL,ELLE,adj.(*acecancionèle*), qui monte.
ASCÈTE, s. des deux g. (*acecète*) (ασκητης, qui s'exerce), pieux.
ASCÉTIQUE, adj. des deux g. (*acecétike*), qui a rapport aux exercices de la vie spirituelle.
ASCIENS, adj. et s. m. pl. (*aceciein*) (*a* priv., et σκια, ombre; sans ombre), se dit des habitants de la zône torride.
ASCITE, s. f. (*acecite*) (ασκος, outre), hydropisie du bas-ventre.
ASCLÉPIADE, s. et adj. m. (*aceklépiade*), sorte de vers grec ou latin.
ASCLÉPIAS, s. m. (*aceklépiàce*), plante vulnéraire qu'on nomme aussi *dompte-venin*.
ASIARCHAT, s. m. (*aziarka*), dignité de l'*asiarque*.
ASIARQUE, s. m. (*aziarke*) (*Asia*, Asie, et αρχι, autorité), magistrat de l'ancienne Grèce.
ASIATIQUE, adj. des deux g. (*aziatike*), qui appartient à l'*Asie* ; il se dit d'un luxe excessif, de mœurs efféminées.
ASILE, s. m. Voy. ASYLE.
ASINE, adj. f. (*âzine*), de la nature de l'âne.
ASPECT, s. m. (*acepèke*) (*aspectus*), vue d'un objet; manière dont il se présente à la vue.
ASPERGE, s. f. (*acepèreje*) (ασπαραγος, pousses tendres d'une plante), plante potagère.
ASPERGÉ, E, part. pass. de *asperger*.
ASPERGER, v. a. (*acepèrejé*) (*aspergere*, fait de *spargere*, répandre), arroser.

ASPERGÈS, s m. (*acepèrejèce*), goupillon à jeter de l'eau bénite; moment où on la jette.
ASPÉRITÉ, s. f. (*acepérité*) (*asperitas*, fait de *asper*, âpre), rudesse, âpreté.
ASPERSION, s. f. (*acepèrecion*), cérémonie religieuse; action de répandre un liquide.
ASPERSOIR, s.m. (*acepèrecoar*), goupillon.
ASPHALTE, s. m. (*acefalte*) (ασφαλτος), sorte de bitume.
ASPHODÈLE, s. m. (*acefodèle*) (ασφοδελος,) plante vivace à fleurs liliacées.
ASPHYXIE, s. f. (*acefikci*) (ασφυξια), t. de méd., privation subite du pouls, du mouvement et de la respiration.
ASPHYXIÉ, E, part. pass. de *asphyxier*, s. et adj. (*acefikcié*), frappé d'*asphyxie*.
ASPHYXIER, v. a. (*acefikcié*), causer l'*asphyxie*; faire mourir par défaut d'air respirable.
ASPIC, s. m. (*acepik*) (ασπις), serpent venimeux; *fig.* personne médisante; plante ; mets composé de viandes à la gelée.
ASPIRANT, E, adj. (*acepiran, rante*), qui aspire. — S., qui *aspire* à un emploi; grade dans la marine.
ASPIRATION, s. f. (*acepirâcion*), action d'*aspirer*; manière de prononcer.
ASPIRÉ, E, part. pass. de *aspirer*, et adj.
ASPIRER, v. a. (*acepiré*) (*ad*, à, et *spirare*, respirer), attirer l'air dans ses poumons; prononcer de la gorge. — V. n., prétendre à...
ASPRE, s. m. (*acepre*), petite monnaie d'argent des Turcs.
ASSA, s. f. (*aceça*), suc végétal concret.
ASSAILLANT, E, s. (*açaian, iante*), agresseur; qui attaque.
ASSAILLIR, v. a. (*açaie-ir*) (*assilire*), attaquer vivement.
ASSAINI, E, part. pass. de *assainir*.
ASSAINIR, v. a. *acènir*), rendre sain.
ASSAINISSEMENT, s. m. (*acèniceman*), action d'*assainir*.
ASSAISONNÉ, E, part. pass. de *assaisonner*.
ASSAISONNEMENT, s. m. (*acèzoneman*), ce qui sert à *assaisonner*; action d'*assaisonner*.
ASSAISONNER, v. a. (*acèzoné*) (du mot français *saison*), accommoder un mets; *fig.* rendre agréable, piquant.
ASSAKI, s. f. (*aceçaki*), sultane favorite.
ASSASSIN, s. m. (*açacein*), celui qui assassine.
ASSASSIN, E, adj. (*açacein, cine*), qui assassine. Il n'est guère usité qu'en poésie.
ASSASSINAT, s. m. (*açacina*), meurtre par trahison, guet-apens; outrage cruel.
ASSASSINÉ, E, part. pass. de *assassiner*, et adj.
ASSASSINER, v. a. (*açaciné*), tuer de guet-apens; outrager ; *fig.* importuner.
ASSAUT, s. m. (*açô*) (de *assilire*, assaillir), attaque pour emporter de vive force; combat au fleuret; *fig.* combat d'esprit, etc.

ASSEMBLAGE, s. m. (*açanblaje*), action d'*assembler*; *fig.* réunion, mélange.
ASSEMBLÉ, E, part. pass. de *assembler*.
ASSEMBLÉE, s. f. (*açanblé*), réunion de personnes; signal pour réunir les soldats.
ASSEMBLER, v. a. (*açanblé*), joindre; convoquer; réunir.
ASSEMBLEUR, EUSE, s. (*açanbleur, euze*), celui ou celle qui *assemble*.
ASSÉNÉ, E, part. pass. de *asséner*.
ASSÉNER, v. a. (*acéné*) (de *ad*, à, et *signare*, désigner), porter un coup violent.
ASSENTI, part. pass. de *assentir*.
ASSENTIMENT, s. m. (*acecantiman*), consentement, approbation.
ASSENTIR, v. n. (*acecantir*) (*assentire*), approuver; consentir à.
ASSEOIR, v. a. (*açoar*) (*assidere*), mettre sur un siége; fonder, établir.
ASSERMENTÉ, E, part. pass. de *assermenter*, lié par un *serment*.
ASSERMENTER, v. a. (*acèrcmanté*), obliger quelqu'un sous la foi du *serment*.
ASSERTION, s. f. (*acèrecion*) (*assertio*), proposition; affirmation.
ASSERVI, E, part. pass. de *asservir*.
ASSERVIR, v. a. (*acèrevir*), assujétir.
ASSERVISSANT, E, adj. (*acèrevicçan, ante*), qui *asservit*. Vieux.
ASSERVISSEMENT, s. m. (*acèreviceman*), servitude, esclavage.
ASSESSEUR, s. m. (*acèceçcur*) (*assessor*), adjoint à un juge.
ASSEZ, adv. (*acé*, et devant une voyelle, *acés*), suffisamment, autant qu'il en faut.
ASSIDU, E, adj. (*acidu*) (*assiduus*), exact; appliqué à; continu.
ASSIDUITÉ, s. f. (*aciduité*), exactitude, application; continuité.
ASSIDÛMENT, adv. (*aciduman*), avec assiduité.
ASSIÉGÉ, E, part. pass. de *assiéger*, adj. et s.
ASSIÉGEANT, E, adj. et s. (*aciéjan, janta*), qui *assiége*.
ASSIÉGER, v. a. (*aciéjé*) (*obsidere*), faire un *siége*, bloquer; *fig.* importuner.
ASSIETTE, s. f. (*aciète*) (du mot français *asseoir*), situation; imposition; vaisselle.
ASSIETTÉE, s. f. (*aciété*), le contenu d'une *assiette*.
ASSIGNABLE, adj. des deux g. (*acigniable*), qui peut être *assigné*, déterminé.
ASSIGNAT, s. m. (*acignia*), constitution d'une rente; billet d'état.
ASSIGNATION, s. f. (*acigniácion*), citation en justice; destination de fonds.
ASSIGNÉ, E, part. pass. de *assigner*; et adj.
ASSIGNER, v. a. (*acignié*) (*ad*, à, et *signare*, marquer), placer un paiement sur certains fonds; indiquer; destiner; appeler en justice.
ASSIMILATION, s. f. (*acimilácion*), action d'*assimiler*; comparaison; transformation.
ASSIMILÉ, E, part. pass. de *assimiler*, et adj.

ASSIMILER, v. a. (*acimilé*) (de *similis*, semblable), rendre semblable; comparer.
ASSIS, E, part. pass. de *asseoir*.
ASSISE, s. f. (*acize*), rang de pierres.
ASSISES, s. f. pl. (*acize*) (*assisa* ou *assisia*), juridiction criminelle.
ASSISTANCE, s. f. (*acicetance*) (de *ad*, à, et *sistere*, s'arrêter), présence; aide; auditoire.
ASSISTANT, E, s. (*acicetan, tante*) (*assistens*), personne présente ou qui aide.
ASSISTÉ, E, part. pass. de *assister*.
ASSISTER, v. a. (*aciceté*), secourir. — V. n., être présent à...
ASSOCIATION, s. f. (*acociácion*) (*associare*, joindre), union de plusieurs personnes.
ASSOCIÉ, E, part. pass. de *associer*, adj. et s. (*acocié*), membre d'une association.
ASSOCIER, v. a. (*acocié*) (*associare*, joindre), prendre quelqu'un pour compagnon; donner part.
ASSOGUE, s. f. (*açogue*), galion d'Espagne qui porte du vif-argent aux Indes orientales.
ASSOLÉ, E, part. pass. de *assoler*.
ASSOLEMENT, s. m. (*açoleman*) (rac. *sole*), action d'*assoler*.
ASSOLER, v. a. (*açolé*) (rac. *sole*), diviser les terres en plusieurs *soles*.
ASSOMBRI, E, part. pass. de *assombrir*.
ASSOMBRIR, v. a. (*açonbrir*), rendre sombre.
ASSOMMANT, E, adj. (*açoman, mante*), fatigant à l'excès.
ASSOMMÉ, E, part. pass. de *assommer*, et adj.
ASSOMMER, v. a. (*açomé*) (du vieux mot *somme*, charge, fardeau), tuer avec une massue; battre à outrance; *fig.* importuner.
ASSOMMEUR, EUSE, s. (*açomeur, euze*), qui *assomme*.
ASSOMMOIR, s. m. (*açomoar*), bâton pour *assommer* les bêtes; sorte de piége.
ASSOMPTION, s. f. (*açonpecion*) (*assumptio*), enlèvement de la Vierge au ciel; fête chrétienne; mineure d'un syllogisme.
ASSONANCE, s. f. (*açonance*) (*assonare*, résonner), t. de rhét., ressemblance imparfaite de son dans la terminaison des mots.
ASSONANT, E, adj. (*açonan, nante*) (*assonans*), qui produit une *assonance*.
ASSORATH ou ASSONAH, s. m. (*açorate, açona*), livre des lois turques.
ASSORTI, E, part. pass. de *assortir*, et adj.
ASSORTIMENT, s. m. (*açortiman*), choix; collection; convenance.
ASSORTIR, v. a. (*açortir*) (du français *sorte*), mettre ensemble des choses qui se conviennent. — V. n., convenir.
ASSORTISSANT, E, adj. (*açorticcan, çante*), qui *assortit*; qui convient à.
ASSOTÉ, E, part. pass. de *assoter*.
ASSOTER, v. a. (*açoté*) (du français *sot, sotte*), infatuer d'une passion; rendre amoureux.
ASSOUPI, E, part. pass. de *assoupir*.

ASSOUPIR, v. a. (açoupir) (soporare), engourdir, endormir ; calmer ; empêcher l'éclat.
ASSOUPISSANT, E, adj. (açoupiçan, çante), qui *assoupit*.
ASSOUPISSEMENT, s. m. (açoupiceman), léger sommeil ; *fig.* nonchalance extrême.
ASSOUPLI, E, part. pass. de *assouplir*.
ASSOUPLIR, v. a. (açouplir) (rac. *souple*), rendre *souple*.
ASSOURDI, E, part. pass. de *assourdir*.
ASSOURDIR, v. a. (açourdir) rendre *sourd* à force de bruit.
ASSOURDISSANT, E, adj. (açourdiçan, çante), qui *assourdit*.
ASSOUVI, E, part. pass. de *assouvir*, et adj.
ASSOUVIR, v.a. (açouvir) (du lat. barbare *adsopiare*, assoupir), rassasier ; satisfaire.
ASSOUVISSEMENT, s. m. (açouviceman), action d'*assouvir* ; état de ce qui est *assouvi*.
ASSUJÉTI, E, part. pass. de *assujétir*.
ASSUJÉTIR, v. a. (açujétir) (*subjicere*, mettre dessous), soumettre ; dompter ; attacher.
ASSUJÉTISSANT, E, adj. (açujétiçan, çante), gênant.
ASSUJÉTISSEMENT, s. m. (açujéticeman), *sujétion*, contrainte.
ASSUMÉ, E, part. pass. de *assumer*.
ASSUMER, v. a. (açumé) (*assumere*), prendre sur soi.
ASSURANCE, s. f. (açurance), certitude ; sécurité ; gage ; promesse ; hardiesse ; garantie.
ASSURÉ, E, part.pass. de *assurer*, adj et s. (açuré), sûr, certain ; hardi ; garanti.
ASSURÉMENT, adv. (açuréman), certainement.
ASSURER, v. a. (açuré) (de l'italien *assicurare*), affirmer ; rendre stable ; garantir.
ASSUREUR, EUSE, s. (açureur, euze), qui *assure*, qui garantit moyennant une certaine somme.
ASTER, s. m., ou ASTÈRE, s. f. (acètère) (αστηρ, étoile), genre de plantes.
ASTÉRIE, s. f. (acétéri) (αστηρ, étoile), pierre précieuse. — Au pl., genre d'animaux marins ; pétrifications en forme d'étoiles.
ASTÉRISME, s. m. (acétéricème) (αστηρ, étoile), assemblage de plusieurs étoiles.
ASTÉRISQUE, ou ASTÉRIQUE, s. m. (acétéricèke) (αστηρ, étoile), petite marque en forme d'*étoile* (*), qu'on met dans les livres pour indiquer un renvoi.
ASTHMATIQUE, s. des deux g. (acèmatike), qui est travaillé d'un *asthme*.
ASTHME, s. m. (acème) (ασθμα), courte haleine ; obstruction du poumon.
ASTICOT, s. m. (acétikó), ver pour amorcer le poisson.
ASTICOTÉ, E, part. pass. de *asticoter*.
ASTICOTER, v. a. (acetikoté), taquiner, contrarier. Fam.
ASTRAGALE, s. m. (acetragale) (αστρα-

γαλος, petit os du talon) t. d'archit, moulure ronde ; t. d'anat. , os du tarse ; t. de bot., plante.
ASTRAL, E, adj. (acetral) (*astrum*, astre), qui appartient aux *astres*.
ASTRE, s. m. (acetre) (αστρον, formé de αστηρ, étoile), corps céleste ; espèce d'œillet.
ASTRÉE, s. f. (acetré), (αστηρ, étoile), polypier dont la surface est semée d'étoiles.
ASTREINDRE, v. a. (acetreindre) (*astringere*, lier), assujétir.
ASTREINT, E, part. pass. de *astreindre*.
ASTRICTION, s. f. (acetrikcion) (*astrictio*), qualité, effet d'un *astringent*.
ASTRINGENT, E, adj. (acetreinjan, jante) (*astringens*), t. de méd., qui resserre. — Il est aussi s. m.
ASTROÏTE, s. f. (acetro-ite) (αστρον, astre), sorte de pierre étoilée.
ASTROLABE, s. m. (acetrolabe) (αστρον, astre, et λαμβανω, je prends), instrument pour prendre la hauteur des *astres* ; se dit aussi de certaines projections de la sphère.
ASTROLOGIE, s. f. (acetroloji) (αστρον, astre, et λογος, discours), art chimérique de lire l'avenir dans les *astres*.
ASTROLOGIQUE, adj. des deux g. (acetrolojike), qui appartient à l'*astrologie*.
ASTROLOGUE, s. des deux g. (acetrologue), qui est versé dans l'*astrologie*.
ASTRONOME, s. des deux g. (acetronome), qui est versé dans l'*astronomie*.
ASTRONOMIE, s. f. (acetronomi) (αστρον, astre, et νομος, loi), science des mouvements célestes et de tout ce qui a rapport aux *astres*.
ASTRONOMIQUE, adj. des deux g. (acetronomike), qui appartient à l'*astronomie*.
ASTRONOMIQUEMENT, adv. (acetronomikeman), d'une manière astronomique.
ASTUCE, s. f. (acetuce) (*astutia*), finesse.
ASTUCIEUSEMENT, adv. (acetucieuzeman), d'une manière *astucieuse*.
ASTUCIEUX, EUSE, adj. (acetucieu, euze), qui a de l'*astuce*.
ASYLE, et non pas ASILE, s. m. (*azile*) (*asylum*), refuge ; protection ; séjour.
ASYMPTOTE, adj. et s. f. (aceinpetote) (α priv., συν, avec, et πιπτω, je tombe), t. de géom., ligne droite qui s'approche continuellement d'une courbe sans jamais la rencontrer.
ASYMPTOTIQUE, adj. des deux g. (aceinpetotike), de l'*asymptote*.
ATARAXIE, s. f. (atarakci) (de α priv., et ταραξις, émotion), calme, tranquillité de l'âme.
ATAXIE, s. f. (atakci) (α priv., et ταξις, ordre), irrégularité dans les crises de fièvre.
ATAXIQUE, adj. des deux g. (atakcike), t. de méd, irrégulier.
ATELIER, s. m. (atélié), lieu de travail.
ATELLANES, s. f. pl. (atèlelane), farces comiques et satiriques chez les Romains.

ATÉMADOULET, s. m. (atémadoulè) (mot arabe), titre du premier ministre des Perses.

ATERMOIEMENT, s. m. (atèremoèman), accommodement d'un débiteur avec ses créanciers pour payer à termes convenus.

ATERMOYÉ, E, part. pass. de atermoyer.

ATERMOYER, v. a. (ateremoèié), reculer les termes d'un paiement.

ATHÉE, s. et adj. des deux g. (até) (α priv., et θεος, Dieu), qui nie l'existence de Dieu.

ATHÉISME, s. m. (até-iceme), système des athées.

ATHÉNÉE, s. m. (aténé) (de Αθηνα, nom de Minerve), collège; espèce d'académie.

ATHLÈTE, s. m. (atelète) (αθλητος), qui combattait dans les jeux; fig. homme robuste.

ATHLÉTIQUE, s. f. (atelétike), l'art des athlètes.—Adj. des deux g., qui appartient, qui est propre aux athlètes.

ATHLOTÈTE, s. m. (atelotète) (αθλον, prix du combat, et τιθημι, j'établis), président des jeux gymnastiques.

ATINTÉ, E, part. pass. de atinter.

ATINTER, v. a. (ateinté), parer, orner avec affectation.

ATLANTE, s. m. (atelante) (de α, partic. augm., et τλαω, je soutiens), t. d'archit., statue tenant lieu de colonne; cariatide.

ATLANTIQUE, adj. des deux g et s. f. (atelantike), se dit de la partie de l'Océan qui est entre l'Afrique et l'Amérique.

ATLAS, s. m. (ateláce) (de α, partic. augm., et τλαω, je soutiens), recueil de cartes géographiques; vertèbre du cou.

ATMOSPHÈRE, s. f. (atemocefère) (ατμος, vapeur, et σφαιρα, sphère), la masse d'air qui enveloppe la terre.

ATMOSPHÉRIQUE, adj. des deux g. (atemocefèrike), qui a rapport à l'atmosphère.

ATOME, s. m. (atome) (ατομος), corpuscule indivisible à cause de son extrême petitesse.

ATONIE, s. f. (atoni) (α priv., et τονος, ton, force), relâchement; faiblesse.

ATONIQUE, adj. des deux g. (atonike), qui tient de l'atonie.

ATOUR, s. m. (atour) (du français tourner), parure, ornement des femmes.

ATOURNÉ, E, part. pass. de atourner.

ATOURNER, v. a. (atourné), parer, orner.

A-TOUT, et non pas ATOUT, s. m. (atou), carte de la même couleur que celle qui retourne.

ATRABILAIRE, adj. des deux g. (atrabilère) (atra, noire, et bilis, bile), triste; chagrin.

ATRABILE, s. f. (atrabile) (atrabilis), bile noire; mélancolie.

ÂTRE, s. m. (âtre) (atrium), foyer.

ATROCE, adj. des deux g. (atroce) (atrox), excessif; énorme; cruel.

ATROCEMENT, adv. (atroceman), d'une manière atroce.

ATROCITÉ, s. f. (atrocité) (atrocitas), action atroce; énormité d'un crime; cruauté.

ATROPHIE, s. f. (atrofi) (α priv., et τροφη, nourriture), consomption, desséchement.

ATROPHIÉ, E, adj. (atrofié), qui est frappé d'atrophie.

ATTABLÉ, E, part. pass. de attabler.

ATTABLER, v. a. (atablé), mettre à table.

ATTACHANT, E, adj. (atachan, ante), qui attache.

ATTACHE, s. f. (atache), lien, courroie.

ATTACHÉ, E, part. pass. de attacher, et adj.

ATTACHEMENT, s. m. (atacheman), sentiment qui attache; affection.—Au pl., t. d'archit., notes que l'on prend des ouvrages.

ATTACHER, v. a. (ataché) (en italien attaccare), joindre, lier; fig. intéresser vivement.

ATTAQUABLE, adj. des deux g. (atakable), qui peut être attaqué.

ATTAQUANT, E, s. et adj. (atakan, ante), qui attaque; assaillant.

ATTAQUE, s. f. (atake), action d'attaquer; agression; insulte.

ATTAQUÉ, E, part. pass de attaquer.

ATTAQUER, v. a. (ataké) (en italien attaccare), assaillir; porter atteinte; ronger; détériorer; entreprendre.

ATTARDÉ, E, part. pass. de attarder.

ATTARDER, v. a. (atardé) (rac. tard), mettre quelqu'un en retard. Fam.

ATTEINDRE, v. a. (ateindre) (attingere, toucher), frapper de loin; joindre quelqu'un; attaquer; saisir; égaler.

ATTEINT, E, part. pass. de atteindre, et adj.

ATTEINTE, s. f. (ateinte), coup; attaque.

ATTELAGE, s. m. (atelaje), bêtes attelées.

ATTELÉ, E, part pass de atteler, et adj.

ATTELER, v. a. (atelé) (du lat. barbare adtelare, mettre au timon), attacher des chevaux à une voiture.

ATTELLE, s. f. (atèle), outil de potier; aileron du collier; éclisse.

ATTENANT, E, adj. (atenan, ante) (attinens), contigu; qui est tout proche. — ATTENANT, adv. et prép., tout proche, contre.

ATTENDRE, v. a. (atandre) (attendere), être dans l'attente, l'espérance ou la crainte de... — V pr., compter sur....

ATTENDRI, E, part. pass. de attendrir, et adj.

ATTENDRIR, v. a. (atandrir) rendre tendre; fig. rendre sensible.

ATTENDRISSANT, E, adj. (atandriçan, ante), qui attendrit.

ATTENDRISSEMENT, s. m. (atandriceman), compassion; état d'une âme attendrie.

ATTENDU, E, part. pass. de attendre, et adj. (atandu).—Prép., vu, en égard à...—ATTENDU QUE, conj., vu que, puisque.

ATT

ATTENTAT, s. m. (*atanta*), action d'attenter, forfait; entreprise criminelle.

ATTENTATOIRE, adj. des deux g. (*atantatoare*), qui attente.

ATTENTE, s. f. (*atante*), l'état de celui qui attend; *fig.* espérance.

ATTENTÉ, E, part. pass. de *attenter*.

ATTENTER, v. n. (*atanté*) (*attentare*), commettre un *attentat*.

ATTENTIF, TIVE, adj. (*atantife, tive*), qui a de l'*attention*, de l'application.

ATTENTION, s. f. (*atancion*) (de *ad*, à, et *tendere*, tendre), application; égard; soin.

ATTENTIVEMENT, adv. (*atantiveman*), avec *attention*.

ATTÉNUANT, E, adj. (*aténuan, ante*) (*attenuans*), qui *atténue*.

ATTÉNUATION, s. f. (*aténuâcion*) (*attenuatio*), affaiblissement.

ATTÉNUÉ, E, part. pass. de *atténuer*, et adj.

ATTÉNUER, v. a. (*aténué*) (*attenuare*), affaiblir; diminuer; rendre moins grave.

ATTERRAGE, s. m. (*atèraje*), l'endroit où un vaisseau prend ou peut prendre *terre*.

ATTERRÉ, E, part. pass. de *atterrer*, et adj., abattu, *terrassé*, accablé.

ATTERRER, v. a. (*atèré*) (*ad*, à, et *terram*, terre), jeter par *terre*; *fig.* abattre, accabler.

ATTERRIR, v. n. (*atérir*), t. de mar., prendre *terre*; reconnaître la *terre*.

ATTERRISSAGE, s. m. (*atèriçage*), action d'*atterrir*.

ATTERRISSEMENT, s. m. (*atèriceman*), dépôt de *terre*, de sable, fait par les eaux.

ATTESTATION, s. f. (*atècetácion*), certificat; témoignage écrit.

ATTESTÉ, E, part. pass. de *attester*.

ATTESTER, v. a. (*atècecté*) (*attestari*), assurer, certifier; prendre à témoin.

ATTICISME, s. m. (*ateticiceme*) (αττικισμός, dérivé de αττικος, attique, athénien), finesse de goût, pureté de style.

ATTICISTE, s. m. (*ateticicete*), imitateur du style *attique*.

ATTIÉDI, E, part. pass. de *attiédir*.

ATTIÉDIR, v. a. (*atiédir*) rendre *tiède*; *fig.* rendre moins fervent, plus froid.

ATTIÉDISSEMENT, s. m. (*atiédiceman*), *tiédeur*; relâchement.

ATTIFÉ, E, part. pass. d'*attifer*, et adj.

ATTIFER, v. a. (*atifé*) (du vieux mot français *tifer*, orner), ajuster, parer avec soin.

ATTIFET, s. m. (*atifè*), parure. Vieux.

ATTIQUE, s. m. (*atetike*) (ακτη, rivage), petit étage au-dessus des autres. — Adj des deux g., à la manière des Athéniens.

ATTIQUEMENT, adv. (*atetikeman*) (en lat. *atticè*), dans le dialecte *attique*.

ATTIRAIL, s. m. (*atira-ie*) (*attrahere*, entraîner), quantité de choses diverses; bagage.

ATT

ATTIRANT, E, adj. (*atiran, ante*) (*attrahens*), qui *attire*.

ATTIRÉ, E, part. pass. de *attirer*.

ATTIRER, v. a. (*atiré*) (*attrahere*), tirer à soi; faire venir à soi; *fig.* obtenir.

ATTISÉ, E, part. pass. de *attiser*.

ATTISER, v. a. (*atisé*) (*ad*, à, et *titio*, tison), rapprocher les *tisons*; *fig.* exciter, fomenter.

ATTISEUR, EUSE, s. (*atiseur, euse*), qui *attise* le feu.

ATTITRÉ, E, part. pass. de *attitrer*, et adj., revêtu d'un *titre*; qui est en *titre*; suborné.

ATTITRER, v. a. (*atitré*) (*adtitulare*, mettre un titre), charger d'un emploi; suborner.

ATTITUDE, s. f. (*atitude*) (*aptitudo*, situation), situation, position du corps; posture.

ATTOUCHEMENT, s. m. (*atoucheman*), action de *toucher*.

ATTRACTIF, TIVE, adj. (*atraktif, tive*), qui *attire*.

ATTRACTION, s. f. (*atrakcion*) (*attractio*, action d'*attirer*; force qui *attire*.

ATTRACTIONNAIRE, s. des deux g. (*atrakcionère*), partisan du système de l'*attraction*.

ATTRAIRE, v. a. et défectif (*atrère*) (*attrahere*); attirer, faire venir à soi.

ATTRAIT, s. m. (*atré*), penchant, inclination; ce qui *attire* à soi; ce qui charme. — Au pl., charmes, appas.

ATTRAIT, E, part. pass. de *attraire*.

ATTRAPE, s. f. (*atrape*), tromperie.

ATTRAPE-LOURDAUD, s. m. (*atrape-lourdó*), attrape-nigaud. Voy. ce mot.

ATTRAPE-MOUCHES, s. m. (*atrape-mouche*), t. d'hist. nat., nom vulgaire du *gobemouches*; plante.

ATTRAPE-NIGAUD, s. m. (*atrape-niguó*), ce qui sert à *attraper* un *nigaud*. Fam.

ATTRAPER, v. a. (*atrapé*), prendre à une trappe, à un piège; tromper; recevoir; saisir.

ATTRAPEUR, EUSE, s. (*atrapeur, euse*), qui *attrape*; qui trompe.

ATTRAPOIRE, s. f. (*atrapoare*), piège pour *attraper* les oiseaux.

ATTRAYANT, E, adj. (*atrèian, iante*), qui a de l'*attrait*.

ATTRIBUER, v. a. (*atribué*) (*attribuere*), attacher, annexer à..; imputer; accorder.

ATTRIBUT, s. m. (*atribu*) (*attributum*), propriété; marques distinctives; symbole.

ATTRIBUTIF, TIVE, adj. (*atributif, tive*), qui *attribue*.

ATTRIBUTION, s. f. (*atribucion*), concession; étendue d'un pouvoir; privilège.

ATTRISTANT, E, adj. (*atricetan, ante*), qui *attriste*.

ATTRISTÉ, E, part. pass. de *attrister*.

ATTRISTER, v. a. (*atriceté*) (*tristis*, triste), rendre *triste*; affliger.

ATTRITION, s. f. (*atricion*) (*attritio*), repentir, regret; en t. de phys., frottement.

ATTROUPÉ, E, part. pass. de *attrouper*.

ATTROUPEMENT, s. m. (*atroupeman*) (rac. *troupe*), rassemblement tumultueux.

ATTROUPER, v. a. (*atroupé*), assembler tumultueusement plusieurs personnes en *troupe*.

AU, partic., (*ô*), pour *à le*. — Au pl., **AUX** pour *à les*.

AUBADE, s. f. (*ôbade*) concert donné à l'aube du jour sous les fenêtres; *fig.* insulte, avanie.

AUBAIN, s. m. (*ôbein*) (*advena*, étranger), t. de jur., étranger. Peu us.

AUBAINE, s. f. (*ôbène*), succession; avantage, profit inespéré.

AUBE, s. f. (*ôbe*) (*albus*, *alba*, blanc, blanche), vêtement ecclésiastique; la pointe du jour.

AUBÉPIN, s. m., et **AUBÉPINE**, s. f. (*ôbépein*, *pine*) (*alba spina*, épine blanche), arbrisseau épineux.

AUBÈRE, adj. des deux g. et s. m. (*ôbère*) (*albus*, blanc), se dit d'un cheval dont le poil est couleur de fleur de pêcher.

AUBERGE, s. f. (*ôbèrje*) (du lat. barbare *heriberga*, hôtellerie), maison où l'on trouve à manger et à loger en payant.

AUBERGINE, s. f. (*ôberjine*), plante.

AUBERGISTE, s. des deux g. (*ôberjicete*), qui tient une *auberge*.

AUBIER, s. m. (*ôbié*) (*alburnum*), partie tendre et blanchâtre du bois; arbre fort dur.

AUBIFOIN, s. m. (*ôbifoein*), plante; bluet.

AUBIN, s. m. (*ôbein*) (*albus*, blanc), t. de man., allure du cheval qui tient de l'amble et du galop; le blanc de l'œuf.

AUBINER, v. n. (*ôbiné*), aller l'*aubin*.

AUCUN, E, adj. (*ôkeun, kune*) (*aliquis unus*), pas un; nul. —Au pl., quelques-uns.

AUCUNEMENT, adv. (*ôkuneman*), nullement, en aucune manière; t. de pal., en quelque sorte.

AUDACE, s. f. (*ôdace*) (*audacia*), hardiesse.

AUDACIEUSEMENT, adv. (*ôdacieuzeman*), avec *audace*; insolemment.

AUDACIEUX, EUSE, adj. et s. (*ôdacieu, euze*), qui a de l'*audace*.

AUDIENCE, s. f. (*ôdiance*) (*audientia*), attention, admission, réception; séance de juges.

AUDIENCIER, adj. et s. m. (*ôdiancié*), se dit de l'huissier qui appelle les causes.

AUDITEUR, TRICE, s. (*ôditeur, trice*) (de *audere*, entendre), celui qui écoute; disciple; titre d'emploi.

AUDITIF, TIVE, adj. (*ôditif, tive*), qui appartient à l'ouïe.

AUDITION, s. f. (*ôdicion*), action d'entendre.

AUDITOIRE, s. m. (*ôditoare*), le lieu où l'on plaide; assemblée qui écoute.

AUGE, s. f. (*ôje*) (αγγειον, vase), pierre ou bois creusé pour faire manger les animaux.

AUGÉE, s. f. (*ôjé*), le contenu d'une *auge*.

AUGET, s. m. (*ôjè*), petite *auge*.

AUGMENT, s. m. (*ogueman*) (de *augere*, augmenter), augmentation, addition.

AUGMENTATIF, TIVE, adj. (*oguemantatife, tive*), qui *augmente*, qui agrandit.

AUGMENTATION, s. f. (*oguemantàcion*), accroissement.

AUGMENTÉ, E, part. pass. de *augmenter*.

AUGMENTER, v. a. et n. (*oguemanté*) (du lat. barbare *augmentare*), accroître.

AUGURAL, E, adj., au pl. m. **AUGURAUX**, (*ôgural*) (*augurium*, augure), qui appartient à l'*augure*.

AUGURE, s. m. (*ôgure*) (*augur* et *augurium*), celui qui jugeait de l'avenir par le vol des oiseaux; présage, indice.

AUGURÉ, E, part. pass. de *augurer*.

AUGURER, v. a. (*ôguré*), tirer un *augure*, une conjecture.

AUGUSTE, adj. des deux g. (*ôgucete*), grand, imposant, respectable. — S. m., monnaie d'or de Saxe.

AUGUSTIN, TINE, s. (*ôgucetein, tine*), religieux de la règle de saint *Augustin*.

AUJOURD'HUI, adv. de temps (*ôjourdui*) (des quatre mots *au jour de hui*, en lat. *hodie*), le jour où l'on est; à présent, maintenant.

AULIQUE, adj. des deux g. (*ôlike*) (αυλικυς, courtisan), de la cour. — S. f., thèse; couleuvre.

AUMAILLES, adj. et s. f. pl. (*ômaie*) (de *almalia*, basse lat.), bêtes à cornes.

AUMÔNE, s. f. (*ômône*) (ελεημοσυνη, miséricorde), ce qu'on donne aux pauvres; peine pécuniaire.

AUMÔNÉ, E, part. pass. de *aumôner*, et adj.

AUMÔNER, v. a. (*ômôné*), donner par *aumône*; condamner à *aumône*.

AUMÔNERIE, s. f. (*ômônerî*), charge d'*aumônier*.

AUMÔNIER, IÈRE, adj. (*ômônié, ière*), qui fait souvent l'*aumône*. — S. m., prêtre attaché à un prince, à un vaisseau, à un hôpital, etc.

AUMÔNIÈRE, s. f. (*ômônière*), bourse.

AUMUSSE, s. f. (*ômuce*) (en lat. barbare *almucia*), fourrure de chanoine.

AUNAGE, s. m. (*ônaje*), mesurage à l'*aune*.

AUNAIE, ou mieux **AULNAIE**, s. f. (*ônè*), lieu planté d'*aunes*.

AUNE, ou mieux **AULNE**, s. m. (*ône*) (*alnus*) arbre.

AUNE, s. f. (*ône*) (ωλενη, étendue des bras), mesure de longueur.

AUNÉ, E, part. pass. de *auner*.

AUNÉE ou mieux **AULNÉE**, s. f. (*ôné*), (ελενιον), plante vivace.

AUNÉE, s. f. (*ôné*), mesurage d'une *aune*.

AUNER, v. a. (*ôné*), mesurer à l'*aune*.

AUNEUR, EUSE, s. (*ôneur, euze*), qui *aune*. — S. m., inspecteur de l'*aunage*.

AUPARAVANT, adv. (*ôparavan*), avant une chose; premièrement.

AUPRÈS, adv. (*ôprè*) (du lat. barbare *adpressum*, pressé contre), tout contre; à côté de; en présence; au prix de...

AUQUEL, (*ôkèle*), pour **A LEQUEL**, pron. relat. précédé de la prép. *à*.

AURÉOLE, s. f. (*óréole*) (*aureolus*, de couleur d'or), cercle de lumière autour de la tête des saints.

AURICULAIRE, adj. des deux g. (*órikulère*)(*auricularius*), qui a rapport à l'*oreille*; doigt *auriculaire*, le petit doigt.

AURILLARD, adj. Voy. ORELLARD.

AURIQUE, adj. f. (*órike*), se dit d'une voile qui tient à un mât.

AUROCHS, s. m. (*óroke*), taureau sauvage.

AURONE, s. f. (*órone*), plante.

AURORE, s. f. (*órore*) (*aurora*), lumière qui précède le lever du soleil — Adj. des deux g., de la couleur de l'*aurore*, jaune doré.

AUSCULTATION, s. f. (*óculkétácion*) (*auscultare*, écouter), attention pour écouter.

AUSPICE, s. m. (*ócepice*) (*auspicium*), présage; augure; *fig* appui, protection.

AUSSI, conj. et adv. (*óci*), autant; encore; de même.

AUSSITÔT, adv. de temps (*ócitó*), dans le moment même, sur l'heure.

AUSTER, s. m. (*ócetère*) (en lat. *auster*, dérivé du grec αυω, je sèche), vent du midi.

AUSTÈRE, adj. des deux g. (*ócetère*) (αυστηρις), âpre, rigoureux; grave, sévère.

AUSTÈREMENT, adv. (*óceterèman*), avec *austérité*.

AUSTÉRITÉ, s. f (*ócetérité*) (*austeritas*), mortification; sévérité; gravité.

AUSTRAL, E, adj. (*ócetrale*) (*australis*), méridional.

AUTAN, s. m. (*ótan*) (du lat. *altum*, la mer), vent du midi.

AUTANT, adv. (*ótan*) (*tantum*). Il sert à marquer égalité.

AUTEL, s. m. (*ótèle*) (*altare*), table pour les sacrifices; constellation; *fig*. la religion.

AUTEUR, s. m. et f. (*óteur* (*auctor*), inventeur; qui est cause; qui fait un livre.

AUTHENTICITÉ, s. f. (*ótanticité*), qualité de ce qui est *authentique*.

AUTHENTIQUE, adj. des deux g. (*ótantike*) (αυθεντικος), qui a les formes prescrites par la loi; qui fait preuve; certain. — S. f., loi romaine.

AUTHENTIQUÉ, E, part. pass. de *authentiquer*.

AUTHENTIQUEMENT, adv. (*ótantikeman*), d'une manière *authentique*.

AUTHENTIQUER, v a. (*ótantikié*), vieux t. de prat., rendre *authentique*.

AUTOCÉPHALE, s. m. (*autocéfale*) (αυτος, soi-même, et κεφαλη, tête), évêque grec. — S. f., ville métropole.

AUTOCHTHONE, s. m. (*ótoktone*) (αυτος, soi-même, et χθων, terre), t. d'hist. anc., naturel d'un pays; aborigène.

AUTOCRATE, TRICE, s. (*ótokrate, trice*), titre que prend celui ou celle qui règne en Russie; souverain absolu.

AUTOCRATIE, s. f. (*ótokraci*) (αυτος, soi-même, et κρατος, force), gouvernement absolu.

AUTO-DA-FÉ, s. m. (*ótodafé*) (mot espagnol qui signifie *acte de foi*), exécution des jugements de l'inquisition.

AUTOGRAPHE, s. et adj. des deux g. (*ótoguerafe*), qui est écrit de la main de l'auteur.

AUTOGRAPHIE, s. f. (*ótoguerafi*) (αυτος, soi-même, et γραφω, j'écris), connaissance des *autographes*; art d'imiter un corps d'écriture.

AUTOGRAPHIÉ, E, part. pass. de *autographier*, et adj

AUTOGRAPHIER, v.a. (*ótoguerafié*), imiter un corps d'écriture; imprimer une écriture gravée sur la pierre.

AUTOMATE, s. m. (*ótomate*) (αυτοματος, spontané), machine qui a en soi les principes de son mouvement; *fig*. homme stupide.

AUTOMATIQUE, adj. des deux g. (*ótomatike*), qui tient de l'*automate*.

AUTOMNAL, E, adj. (*ótomenal*), qui appartient à l'*automne*, qui est de l'*automne*.

AUTOMNE, s. m. et f. (*ótone*) (du lat. *autumnus*), saison entre l'été et l'hiver.

AUTONOME, adj. des deux g. (*ótonome*) (αυτος, soi-même, et νομος, loi), qui se gouverne par ses propres lois.

AUTONOMIE, s. f (*ótonomi*), t. d'hist. anc., droit de se gouverner par ses propres lois.

AUTOPSIE, s. f. (*ótopeci*) (αυτος, soi-même, et οψις, vision), vision; t. de méd., examen de toutes les parties d'un cadavre.

AUTORISATION, s. f. (*ótorizácion*), action d'*autoriser*; permission, pouvoir.

AUTORISÉ, E, part. pass. de *autoriser*.

AUTORISER, v. a. (*ótorisé*), donner *autorité*; permettre.

AUTORITÉ, s. f. (*ótorité*) (en lat. *auctoritas*, formé de *aucto*. j'augmente), puissance légitime; droit de faire obéir; crédit; exemple.

AUTOUR, prép. et adv. (*ótour*) (des deux mots français *au* et *tour*), auprès, aux environs.

AUTOUR, s. m. (*ótour*), oiseau de proie.

AUTOURSERIE, s. f. (*ótourceri*), art de dresser les *autours*.

AUTOURSIER, s. m. (*ótourcié*), celui qui dresse les *autours*.

AUTRE, pron., adj. et s. des deux g. (*ótre*) (*alter*), différent, distinct.

AUTREFOIS, adv. (*ótrefoa*), anciennement.

AUTREMENT, adv. (*ótreman*), d'une autre manière; sinon.

AUTRUCHE, s. f. (*ótruche*) (de l'article grec ο, et de στρουθος, nom grec de l'*autruche*), grand oiseau; *fig*. homme grand, lourd et stupide.

AUTRUI, s. m. sans pl. (*ótrui*) (*alter, alterius*, autre), les *autres* personnes, le prochain.

AUVENT, s. m. (*óvan*), petit toit en appentis.
AUVERNAT, ou mieux **AUVERGNAT**, s. m. (*óvèrena, óvèregnia*), gros vin d'Orléans.
AUXILIAIRE, adj. des deux g. (*oksilière*) (*auxiliarius*), qui aide.
AVACHI, E, part. pass. de *s'avachir*.
S'AVACHIR, v. pr. (*çavachir*) (du mot français *vache*), devenir lâche, mou. Fam.
AVAL, s. m. (*aval*) (*ad*, à, et *valere*, valoir), caution d'un billet.—Au pl., *avals*.
AVAL, s. m. (*aval*) (*ad*, à, et *vallis*, vallée), opposé à *amont*; par en bas, ou : en bas.
AVALAISON, s. f. (*avalèzon*), chute d'un torrent formé par les pluies.
AVALANCHE, s. f. (*avalanche*), masse de neige qui se détache des montagnes.
AVALASSE, s. f. (*avalace*). Voy. AVALAISON.
AVALÉ, E, part. pass. de *avaler*, et adj., qui pend un peu en bas.
AVALER, v. a. (*avalé*), faire descendre par le gosier dans l'estomac; mettre son *aval*.—V. n., descendre.
AVALEUR, EUSE, s. (*avaleur, euze*), celui ou celle qui a l'habitude d'*avaler*.
AVALOIRE, s. f. (*avaloare*), grand gosier; partie du harnais des chevaux.
AVANCÉ, E, part. pass. de *avancer*, et adj.
AVANCE, s. f. (*avance*), ce qui se trouve déjà de fait; saillie.—Au pl., premières démarches.—D'AVANCE, loc. adv., par anticipation.
AVANCÉE, s. f. (*avancée*), t. de guerre et de fortif., travail *avancé*, garde *avancée*.
AVANCEMENT, s. m. (*avanceman*), progrès.
AVANCER, v. a. (*avancé*) (*ab*, de, par, et *ante*, avant), pousser en *avant*; faire des progrès; prêter; mettre en *avant*.—V. n., marcher; approcher.
AVANIE, s. f. (*avani*) (du grec vulgaire *αβανια*, calomnie), insulte; affront.
AVANT, prép. (*avan*). Elle marque priorité de temps ou d'ordre.—EN AVANT, loc. adv., au delà du lieu où l'on est.
AVANTAGE, s. m. (*avantaje*) (du français *avant*), profit; supériorité.
AVANTAGÉ, E, part. pass. de *avantager*.
AVANTAGER, v. a. (*avantajé*), favoriser, donner des *avantages*.
AVANTAGEUSEMENT, adv. (*avantajeuzeman*), avec *avantage*.
AVANTAGEUX, EUSE, adj. (*avantajeu, euze*), profitable; qui sied bien; présomptueux.
AVANT-BEC, s. m. (*avanbek*), piles d'un pont du côté opposé au courant.
AVANT-BRAS, s. m. (*avanbra*), partie du bras depuis le coude jusqu'au poignet.
AVANT-CORPS, s. m. (*avankor*), t. d'archit., parties d'un bâtiment en saillie sur la face.
AVANT-COUR, s. f. (*avankour*), cour précédant la *cour* principale.
AVANT-COUREUR, s. m. (*avankoureur*), qui précède, qui annonce.

AVANT-COURRIÈRE, s. f. (*avankourière*), qui précède, qui devance.
AVANT-DERNIER, DERNIÈRE, adj. et s. (*avandèrenié, nière*), pénultième.
AVANT-GARDE, s. f. (*avanguarde*), première division d'une armée.
AVANT-GOÛT, s. m. (*avangoû*), le goût qu'on a par avance de quelque chose d'agréable.
AVANT-HIER, adv. de temps (*avantière*), avant la veille du jour où l'on est.
AVANT-MAIN, s. m. (*avanmein*), en t. de man., la partie antérieure du cheval.
AVANT-PÊCHE, s. f. (*avanpêche*), pêche hâtive.
AVANT-PORT, s. m. (*avanpor*), entrée d'un grand *port*, en dehors de son enceinte.
AVANT-POSTE, s. m. (*avanpocète*), t. de guerre, *poste* en *avant*.
AVANT-PROPOS, s. m. (*avanpropó*), préface; introduction; préambule.
AVANT-QUART, s. m. (*avankar*), t. d'horl., coup un peu *avant* l'heure, la demie, etc.
AVANT-SCÈNE, s. f. (*avancène*), partie du théâtre en *avant* des décorations.
AVANT-TOIT, s. m. (*avantoè*), *toit* en saillie.
AVANT-TRAIN, s. m. (*avantrein*), les deux roues de *devant* et le timon d'une voiture; les jambes de *devant* et le poitrail du cheval.
AVANT-VEILLE, s. f. (*avanvèie*), surveille.
AVARE, adj. et s. des deux g. (*avare*) (*avarus*), qui a la passion de l'argent.
AVARICE, s. f. (*avarice*) (*avaritia*), amour, passion de l'argent.
AVARICIEUX, EUSE, adj. et s. (*avaricieu, euze*), *avare*; qui donne rarement ou peu.
AVARIE, s. f. (*avari*) (de l'italien *avaria*), tout dommage survenu à des marchandises, à un navire; droit de mouillage.
AVARIÉ, E, adj. (*avarié*), endommagé par *avarie*.
A-VAU-L'EAU, loc. adv. (*avóló*), au courant de l'eau.
AVE, ou **AVE, MARIA**, et non pas **AVÉ**, s. m. (*avé maria*) (mots latins qui signifient *salut*: salut, Marie), prière à la Vierge.
AVEC, prép. (*avèk*), ensemble, conjointement. On écrivait autrefois *avecque* ou *avecques*.
AVEINDRE, v. a. (*aveindre*) (*advenire*, arriver à), tirer une chose d'où elle est. Fam.
AVEINE, s. f. Voy. AVOINE.
AVEINT, E, part. pass. de *aveindre*.
AVELANÈDE, s. f. (*avelanède*), cupule des glands.
AVELINE, s. f. (*aveline*) (en lat. *avellina*), espèce de grosse noisette violette.
AVELINIER, s. m. (*avelinié*), arbre qui porte les *avelines*.
AVÉNAGE, s. m. (*avénaje*), t. d'anc. jur., redevance d'*avoine*.
AVENANT, E, et **ADVENANT, E**, adj. (*avenan, ante*) (*ad*, à, et *venire*, venir), qui a bonne grâce.—A L'AVENANT, loc. adv., à proportion.

AVÈNEMENT, et non pas AVÉNEMENT, s. m.(*avèneman*) (*venire*, venir, et *ad.* à), venue, arrivée; élévation à une dignité suprême.

AVENIR, s m. (*avenir*), le temps futur; *fig.* bien-être, état de fortune que l'on peut espérer; t. de prat., assignation. — A L'AVENIR, loc. adv., désormais.

AVENIR, v. n., et ADVENIR, plus usité, (*ad*, à, et *venire*, venir), arriver par accident.

AVENT, s. m. (*avan*) (*adventus*, arrivée), temps de préparation à la fête de Noël.

AVENTURE, s. f. (*avanture*) (de l'italien *avventura*), événement inopiné, hasard.

AVENTURÉ, E, part. pass. de *aventurer*, et adj.

AVENTURER, v. a. (*avanturé*), mettre à l'aventure; hasarder, exposer.

AVENTUREUX, EUSE, adj. (*avantureu*, *euze*), qui *aventure*; hasardeux.

AVENTURIER, IÈRE, s. (*avanturié*, *ière*), qui court les *aventures*; intrigant.

AVENTURINE, s. f. (*avanturine*), pierre précieuse; verre ou émail mêlé avec de la limaille de cuivre.

AVENU, E, et ADVENU, E, part. pass. de *avenir* et de *advenir*, et adj.

AVENUE, s. f. (*avenu*) (*advenire*, arriver), passage; allée d'arbres.

AVÉRÉ, E, part. pass. de *avérer*, et adj.

AVÉRER, v. a. (*avéré*) (*verus*, vrai), vérifier, constater.

AVERSE, s. f. (*avèrece*), pluie subite et abondante. Fam.

À VERSE, loc. adv. (du français *verser*), abondamment.

AVERSION, s.f. (*avèrecion*) (*aversio*), dégoût, répugnance, antipathie, haine.

AVERTI, E, part. pass. de *avertir*, et adj.

AVERTIN, s. m. (*avèretin*) (de *vertigo*, *vertiginis*, vertige), maladie de l'esprit qui rend emporté, furieux; celui qui en est atteint.

AVERTIR, v.a. (*avèretir*) (*advertere*, formé de *ad*, à, et *vertere*, tourner), donner avis, informer de...

AVERTISSEMENT, s. m. (*avèreticeman*), avis, conseil; préface d'un livre.

AVEU, s. m. (*aveu*), confession; consentement, témoignage.

AVEUÉ, ou mieux AVUÉ, E, part. pass. de *aveuer* ou *avuer*.

AVEUER, ou mieux AVUER, v. a. (*aveu-é*, *avu-é*), t. de chasse, garder à *vue*.

AVEUGLE, s et adj. des deux g.(*aveugueule*) (*ab*, de, et *oculus*, œil), privé de la vue; *fig.*, imprudent.

AVEUGLÉ, E, part. pass. de *aveugler*.

AVEUGLEMENT, s. m. (*aveugueleman*), privation de la vue; *fig.* erreur, égarement.

AVEUGLÉMENT, adv. (*aveuguéléman*), *fig.* sans réflexion; sans examen.

AVEUGLER, v.a. (*aveuguelé*), rendre *aveugle*; *fig.* égarer; séduire.

à l'AVEUGLETTE, loc.adv. (*alaveuguelète*),

sans lumière, à tâtons, au propre et au figuré.

AVIDE, adj. des deux g. (*avidus*), qui désire ardemment; *fig.* curieux; cupide.

AVIDEMENT, adv. (*avideman*), avec avidité.

AVIDITÉ, s. f. (*avidité*) (*aviditas*), désir ardent, immodéré, insatiable.

AVILI, E, part. pass. de *avilir*, et adj.

AVILIR, v.a. (*avilir*) rendre *vil*.

AVILISSANT, E, adj. (*avilican*, *cante*), qui *avilit*.

AVILISSEMENT, s.m. (*aviliceman*), action d'*avilir*; résultat de cette action.

AVINÉ, E, part. pass. de *aviner*, et adj.; se dit d'un homme qui boit beaucoup.

AVINER, v.a. (*aviné*), imbiber de *vin*.

AVIRON, s. m. (*aviron*), rame.

AVIS, s.m. (*avi*, et devant une voyelle *aviz*) (de l'italien *avviso*), opinion; avertissement.

AVISÉ, E, part.pass. de *aviser*, et adj., circonspect.

AVISER, v. a. (*avisé*) (du lat. barbare *advisare*), donner *avis*; découvrir, imaginer.

AVISO, s. m. (*avizô*), bâtiment destiné à porter des dépêches, des ordres, des *avis*.

AVITAILLÉ, E, part. pass. de *avitailler*.

AVITAILLEMENT, s. m. (*avitáieman*) (de *victus*, vivres), fourniture de *vivres*.

AVITAILLER, v. a. (*avitáié*), fournir de *vivres* une place, un camp, etc.

AVIVÉ, E, part. pass. de *aviver*.

AVIVER, v. a. (*avivé*) (*vivus*, vif), animer, donner de l'éclat, de la *vivacité*.

AVIVES, s.f. pl. (*avive*) (du lat. *aqua viva*), glandes à la gorge des chevaux; maladie causée par l'enflure de ces glandes.

AVOCASSER, v. n. (*avokacé*), exercer la profession d'*avocat*. Fam. et iron.

AVOCASSERIE, s. f. (*avokaceri*), profession d'*avocat*. Fam. et iron.

AVOCASSIER, IÈRE, adj. (*avokacié*, *ière*), qui concerne les *avocats*. Fam. et iron.

AVOCAT, s. m. (*avoka*) (*advocatus*, appelé pour défendre), défenseur en justice.

AVOINE, s. f. (*avoène*) (*avena*), plante dont le grain sert à la nourriture des chevaux.

AVOINERIE, s. f. (*avoèneri*), terre semée d'*avoine*.

AVOIR, v. a. (*avoar*) (*habere*), posséder. — V. auxil., il sert à conjuguer les autres verbes.

AVOIR, s. m sans pl. (*avoar*), ce qu'on possède de biens; créance; actif.

AVOISINÉ, E, part. pass. de *avoisiner*.

AVOISINER, v. a. (*avoèziné*), être proche.

AVORTÉ, E, part. pass. de *avorter*, et adj., qui n'est pas venu à maturité.

AVORTEMENT, s. m.(*avorteman*), action d'*avorter*; accouchement avant terme.

AVORTER, v. n. (*avorté*) (en lat. *abortire*), accoucher avant terme; *fig.* échouer.

AVORTON, s.m. (*avorton*), animal né avant terme; *fig.* petit homme mal fait. Fam.

AVOUÉ, s. m. (*avoué*) (*advocatus*, appelé

A...), homme de loi qui, en justice, représente les parties.

AVOUÉ, E, part. pass. de avouer.

AVOUER, v. a. (avoué) (advocare), confesser; approuver.

AVOYER, s. m. (avoèié), magistrat suisse.

AVRIL, s. m. (avrile) (aprilis, formé de aperire, ouvrir), le quatrième mois de l'année grégorienne.

AVUER. Voy. AVEUER.

AXE, s. m. (akce) (axis), ligne droite qui passe par le centre d'un globe.

AXIFUGE, adj. des deux g. (akcifuje) (du lat. axis, axe, en grec αξων, et fugio, je fuis, en grec φευγω), qui tend à s'éloigner d'un axe; centrifuge.

AXILLAIRE, adj. des deux g. (akcilelère) (axilla, aisselle), t. d'anat., de l'aisselle.

AXIÔME, s. m. (akciôme) (αξιωμα), maxime; vérité qui n'a pas besoin de démonstration.

AXIPÈTE, adj. f. (akcipète) (du lat. axis, axe, et petere, aller vers), se dit de la force par laquelle un corps tend à s'approcher de l'axe de sa révolution.

AXOMÈTRE, s. m. (akçomètre) (du grec αξων, axe, et μετρον, mesure), t. de mar., machine qui indique la position de la barre du gouvernail.

AXONES, s. f. pl. (akçone) (en grec αξονες), lois civiles et politiques établies à Athènes par Solon.

AXONGE, s. f. (akçonje) (axungia, formé de axis, axe, et ungere, oindre), graisse molle.

AYAN, s. m. (aian) (de l'arabe ain, œil), magistrat turc chargé de la sûreté publique.

AYANT-CAUSE, s. m. (èiankôze), t. de prat., héritier; représentant. Il ne s'emploie guère qu'au pluriel.

AYANT-DROIT, s. m. (èiandroè), qui a droit. Il ne s'emploie guère qu'au pluriel.

AZAMOGLAN, s. m. (azamoguelan), (formé de deux mots turcs qui signifient enfant de tribut), enfant chargé de basses fonctions chez les Turcs.

AZÉDARAC, s. m. (azédarak), plante.

AZEROLE, s. f. (azerole), sorte de fruit.

AZEROLIER, s. m. (azerolié), arbre.

AZIMUT, s. m. (azimu) (de l'arabe as-zemt, chemin, et aussi : cercle qui passe par un point de l'horizon), t. d'astr., l'arc de l'horizon compris entre le méridien et un vertical quelconque, dans lequel se trouve le soleil ou une étoile.

AZIMUTAL, E, adj., au pl. m. AZIMUTAUX (azimutal), t. d'astr., qui représente ou mesure les azimuts. — Il est aussi s. m.

AZONES, s. m. pl. (azône) (du grec α priv., et ζωνη, zône, pays), t. d'hist. anc., dieux dont le culte s'étendait à toutes les nations.

AZOTE, s. m. (azote) (α privatif, et ζωη, vie), t. de chim., gaz qui entre dans la composition de l'air atmosphérique.

AZUR, s. m. (azur) (de l'italien azzurro), minéral de couleur bleue; sa couleur.

AZURÉ, part. pass. de azurer, et adj. (azuré), qui est de couleur d'azur.

AZURER, v. a. (azuré), mettre de l'azur; peindre ou teindre de couleur d'azur; rendre bleu.

AZYME, adj. et s. m. (azime) (αζυμος, formé de α priv., et ζυμη, levain), pain sans levain.

B, s. m. (*be* ou *bé*), la seconde lettre de l'alphabet et la première des consonnes.

BAALITE, s. m. (*ba-alite*), adorateur de *Baal*.

BABA, s. m. (*baba*), sorte de pâtisserie.

BABEL (TOUR DE), s. f. (*babèle*), se dit prov. d'une société où règne une grande confusion.

BABEURRE, s. m. (*babeure*). lait de *beurre*.

BABIL, s. m. (*babile*), caquet. Fam.

BABILLAGE, s. m. (*babi-iaje*), action de *babiller*. Fam.

BABILLARD, E, s. et adj. (*babi-iar, iarde*), qui *babille*, qui aime à parler beaucoup.

BABILLEMENT, s. m. (*babi-ieman*), t. de méd., *babil*, symptôme de maladie.

BABILLER, v. n. (*babi-ié*), caqueter; parler beaucoup. Fam.

BABINE, s. f. (*babine*) (de *labina*, dimin. de *labia*, lèvres), lèvres de certains animaux.

BABIOLE, s. f. (*babiole*). jouet; bagatelle.

BÂBORD, s. m., t. de mar. Voy BAS-BORD.

BABOUCHE, s. f. (*babouche*) (en persan *popous*), souliers des Siamois; pantoufles.

BABOUIN, s. m. (*babouein*), gros singe; *fig.* figure grotesque; petit enfant. Fam.

BAC, s. m. (*bak*) (de l'allemand *bach*, ruisseau), bateau long et plat dont on se sert pour traverser une rivière.

BACCALAURÉAT, s. m. (*bakaloréa*) (*bacca*, baie, et *laurus*, laurier), premier degré pour parvenir au doctorat.

BACCHANAL, s m. (*bakanal*), grand bruit.

BACCHANALE, s. f. (*bakanale* (βαχχος, Bacchus), danse de *Bacchantes*; *fig.* débauche bruyante.— Au pl., fêtes en l'honneur de *Bacchus*.

BACCHANTE, s. f. *(bakante)*, prêtresse de *Bacchus*; *fig.* femme sans pudeur, sans retenue.

BACCIFÈRE, adj. des deux g. *(bakcifère)* (*bacca*; baie, et *fero*, je porte), t. de bot., arbre, plante dont le fruit est une baie.

BACHA, s. m. *(bacha)* (du mot turc *basch*, tête), titre d'honneur en Turquie.

BÂCHE, s. f. *(bâche)*, grande pièce de grosse toile pour couvrir les charrettes, etc.

BACHELETTE, s. f. *(bachelette)*, jeune fille.

BACHELIER, s. m. *(bachelié)* (du lat. *baculus*, petit bâton), promu au baccalauréat.

BÂCHÉ, E, part. pass. de *bâcher*.

BÂCHER, v. a. *(bâché)*, couvrir d'une *bâche*.

BACHIQUE, adj. des deux g. *(bachike)*, de *Bacchus*, ou du vin.

BACHOT, s. m. *(bachô)*, petit bateau.

BACHOTEUR, EUSE, s. *(bachoteur, euze)*, qui dirige un *bachot*.

BACILE, s. m. *(bacile)*, fenouil marin.

BÂCLÉ, E, part. pass. de *bâcler*, et adj.

BÂCLER, v. a. *(bâkelé)* (du lat. barbare *baculare*), fermer au moyen d'une barre; ranger un bateau; *fig.* faire promptement. Fam.

BADAUD, E, s. et adj. *(badô, dôde)* (du lat. barbare *badare*, regarder avec attention), qui admire tout; niais, benêt, nigaud. Fam.

BADAUDÉ, E, part. pass. de *badauder*.

BADAUDER, v. n. *(badôdé)*, faire le *badaud*; regarder tout avec une curiosité niaise. Fam.

BADAUDERIE, s. f. *(badôderi)*, action, discours de *badaud*. Fam.

BADERNE, s. f. *(badèrene)*, t. de mar., petit cordage; tresse pour garantir les câbles.

BADIANE, s. f., ou BADIAN, s. m. *(badiane, badian)*, t. de bot., anis de la Chine.

BADIGEON, s. m. *(badijon)*, couleur dont on enduit les murailles.

BADIGEONNAGE, s. m.*(badijonaje)*, action de *badigeonner*.

BADIGEONNÉ, E, part. pass. de *badigeonner*.

BADIGEONNER, v. a. *(badijoné)*, peindre une muraille avec du *badigeon*.

BADIGEONNEUR, s. m. *(badijoneur)*, celui qui *badigeonne*.

BADIN, E, s. et adj. *(badein, dine)* (παιδιος, puéril); folâtre, enjoué, plaisant.

BADINAGE, s. m. *(badinaje)*, action de *badiner*; bagatelle; agrément.

BADINANT, s. m. *(badinan)*, cheval surnuméraire dans un attelage. Vieux.

BADINE, s. f. *(badine)*, baguette. — Au pl., pincettes légères.

BADINÉ, E, part. pass. de *badiner*.

BADINER, v. n. *(badiné)*, folâtrer, plaisanter.

BADINERIE, s. f. *(badineri)*, même sens que *badinage*.

BAFOUÉ, E, part. pass. de *bafouer*, et adj.

BAFOUER, v. a. *(bafoué)* (de l'italien *beffare*, railler), se moquer de quelqu'un.

BÂFRE, s. f. *(bâfre)*, repas abondant. Pop.

BÂFRER, v. n. *(bâfré)*, manger goulûment.

BÂFREUR, EUSE, s. *(bâfreur, euze)*, qui mange goulûment.

BAGACE, s. f. *(baguace)*, t. de sucrerie, canne à sucre passée au moulin.

BAGAGE, s. m. *(baguaje)* (de l'allemand *pack*, sac des hardes), équipage de guerre ou de voyage.

BAGARRE, s. f. *(baguare)*, tumulte, encombrement.

BAGASSE, s. f. *(baguace)*, femme de mauvaise vie. Pop. et vieux.

BAGATELLE, s. f. *(baguatèle)* (dimin. de *bague*), chose frivole et sans importance.

BAGNE, s. m. *(bagnie)* (de l'italien *bagno*), prison des forçats.

BAGUE, s. f. *(bague)* (du lat. *bacca*, anneau de chaîne), anneau de métal.

BAGUENAUDE, s. f. *(baguenôde)*, fruit du *baguenaudier*.

BAGUENAUDER, v. n. *(baguenôdé)*, faire éclater des *baguenaudes*; *fig.* s'amuser à des choses frivoles.

BAGUENAUDIER, IÈRE, s. *(baguenôdié, ière)*, celui, celle qui *baguenaude*.—S. m., arbre; sorte de jeu.

BAGUÉ, E, part. pass. de *baguer*.

BAGUER, v. a. *(bagué)*, arrêter les plis d'une étoffe en les cousant à grands points.

BAGUES, s. f. pl. *(bague)*, bagages. Inus.

BAGUETTE, s. f. *(baguiète)* (du lat. barbare *baculetta*), boussine, verge.

BAGUIER, s. m. *(baguié)*, coffre pour serrer les *bagues*; écrin.

BAH! interj. *(bâ)*, qui marque l'étonnement, le doute, la négation, l'insouciance, le dédain.

BAHUT, s. m. *(ba-u)* (de l'allemand *behuten*, garder), coffre.

BAHUTIER, s. m. *(ba-utié)*, qui fait et vend des *bahuts*, des coffres.

BAI, E, adj. *(bé)* (de βαιος, branche de palmier), qui est de couleur rouge brun.

BAIE, s. f. *(bé)* (*bacca*), petit golfe; ouverture de porte; tromperie; sorte de fruit.

BAIGNÉ, E, part. pass. de *baigner*.

BAIGNER, v. a. *(bègnié)*, mettre dans le *bain*; arroser, mouiller.

BAIGNEUR, EUSE, s. *(bègnieur, euze)*, qui se *baigne*; qui tient des *bains* publics.

BAIGNOIRE, s. f. *(bègnioare)*, cuve pour le *bain*; loge de théâtre.

BAIL, s. m., au pl. BAUX *(ba-ie, bô)* (βαλλειν, envoyer), contrat de louage.

BAILE, s. m. *(bèle)*, ancien titre de l'ambassadeur de Venise près la Porte.

BÂILLE, s. f. *(bâie)*, t. de mar., moitié de tonneau; t. de fortif., retranchement.

BAILLÉ, E, part. pass. de *bailler*.

BÂILLEMENT, s. m. (*bá-ieman*), action de *bâiller*.

BÂILLER, v. n. (*bá-ié*) (*badicare*), respirer en ouvrant involontairement la bouche; *fig.* éprouver de l'ennui; s'entr'ouvrir, être mal joint.

BAILLER, v. a. (*ba-ié*) (βαλλειν, envoyer), livrer, donner. Fam.

BAILLERESSE, s. f. Voy. BAILLEUR.

BAILLET, adj. m. (*ba-ié*), se dit d'un cheval roux tirant sur le blanc.

BAILLEUL, s. m. (*ba-ieul*), celui qui fait profession de remettre les os disloqués. Vieux.

BÂILLEUR, EUSE, s. (*bá-ieur, ieuze*), qui *bâille*.

BAILLEUR, BAILLERESSE, s. (*ba-ieur, ba-ierèce*), qui donne à *bail*; qui fournit.

BAILLI, s. m. (*báie-i*) (du lat. barbare *baillivus*), ancien officier de justice.

BAILLIAGE, s. m. (*báiaje*), juridiction d'un *bailli*.

BAILLIAGER, GÈRE, adj. (*báiajé, jère*), de *bailliage*.

BAILLIVE, s. f. (*báie-ive*), la femme d'un ancien *bailli*.

BÂILLON, s. m. (*báion*) (du lat. *baculus*, bâton), ce qu'on met dans la bouche pour empêcher de crier; sorte de poisson.

BÂILLONNÉ, E, part. pass. de *bâillonner*.

BÂILLONNER, v. a. (*báioné*), mettre un *bâillon*.

BAIN, s. m. (*bein*) (*balneum*), séjour momentané du corps dans un liquide; vaisseau et lieu où l'on se *baigne*.

BAÏONNETTE, s. f. (*ba-ionète*) (de *Baïonne*), lame qu'on met au bout du fusil.

BAÏOQUE ou BAJOQUE, s. f. (*ba-ioke, bajoke*) (de l'italien *bajocco*), petite monnaie de Rome.

BAÏRAM ou BEIRAM, s. m. (*ba-irame, bèrame*), fête chez les Turcs.

BAISÉ, E, part. pass. de *baiser*.

BAISEMAIN, s. m. (*bèzemein*), hommage rendu en *baisant* la main.

BAISEMENT, s. m. (*bèzeman*), action de baiser la mule du pape.

BAISER, s. m. (*bèzé*) (*basium*, baiser), action de celui qui *baise*.

BAISER, v. a. (*bèsé*) (*basiare*), appliquer sa bouche sur...

BAISEUR, EUSE, s. (*bèzeur*), qui *baise* volontiers; qui aime à embrasser.

BAISOTTÉ, E, part. pass. de *baisotter*.

BAISOTTER, et mieux **BAISOTER**, v. a. (*bèzoté*) (dimin. de *baiser*), *baiser* sans cesse.

BAISSE, s. f. (*bèce*), diminution de valeur.

BAISSÉ, E, part. pass. de *baisser*, et adj.

BAISSER, v. a. (*bècé*), mettre plus *bas*; abaisser. — V. n., devenir plus *bas*; s'affaiblir.

BAISSIÈRE, s. f. (*bècière*), reste du vin quand il approche de la lie.

BAISURE, s. f., ou **BISEAU**, s. m. (*bèzure*,

bizô), l'endroit par lequel un pain en a touché un autre dans le four.

BAJOIRE, s. f. (*bajoare*), médaille ou monnaie empreinte de deux têtes.

BAJOUE, s. f. (*bajou*), partie de la tête de certains animaux; *fig.* joue pendante.

BAL, s. m., au pl. **BALS** (*bale*) (βαλλιζω, je saute), assemblée de personnes qui dansent; lieu où l'on danse.

BALADIN, E, s. (*baladein, dine*) (de *ballare*, danser), farceur de place ou de société.

BALADINAGE, s. m. (*baladinaje*), plaisanterie bouffonne et de mauvais goût.

BALAFRE, s. f. (*balafre*) (du lat. *bis-labrum*, lèvre double), blessure, cicatrice au visage.

BALAFRÉ, E, part. pass. de *balafrer*, et adj.

BALAFRER, v. a. (*balafré*), blesser en faisant une *balafre*.

BALAI, s. m. (*balè*) (du lat. *betula*, bouleau), faisceau de verges, de crin, etc., pour nettoyer; queue de certains animaux.

BALAIS, adj. m. (*balè*), se dit d'un rubis de couleur de vin paillet.

BALANCE, s. f. (*balance*) (du lat. *bis*, deux fois, et *lanx*, bassin), machine pour peser; septième signe du zodiaque; *fig.* équilibre, parallèle; indécision; solde d'un compte.

BALANCÉ, s. m. (*balancé*), pas de danse.

BALANCÉ, E, part. pass. de *balancer*, et adj.

BALANCELLE, s. f. (*balancèle*), embarcation napolitaine à un seul mât.

BALANCEMENT, s. m. (*balanceman*), action par laquelle un corps penche tantôt d'un côté, tantôt d'un autre; oscillation.

BALANCER, v. a. (*balancé*), tenir en équilibre; faire pencher un corps de côté et d'autre; *fig.* examiner, peser dans son esprit.

BALANCIER, s. m. (*balancié*), artisan qui fait des *balances*; pièce d'horloge; machine pour monnayer; long bâton qui sert à se tenir en équilibre.

BALANCINE, s. f. (*balancine*), t. de mar., cordage qui soutient et *balance* la vergue.

BALANÇOIRE, s. f. (*balançoare*), pièce de bois en équilibre et sur laquelle on se *balance*.

BALANDRAN ou BALANDRAS, s. m. (*balandran, balandrace*), casaque de campagne.

BALANDRE, s. f. (*balandre*), t. de mar., espèce de bâtiment de mer.

BALAUSTE, s. f. (*balôcete*) (*balaustium*), t. de bot., fleur du grenadier sauvage.

BALAUSTIER, s. m. (*balôcetié*), t. de bot., grenadier sauvage.

BALAYAGE, s. m. (*baléiaje*), action de *balayer*; son effet; salaire du *balayeur*.

BALAYÉ, E, part. pass. de *balayer*.

BALAYER, v. a. (*baléié*), ôter les ordures avec un *balai*; *fig.* chasser; détruire.

BALAYEUR, EUSE, s. (*baléieur, ieuze*), celui, celle qui *balaie*.

BAL   BAN   59

BALAYURES, s. f. pl. (*balèiure*), ordures amassées avec le *balai*.

BALBUTIÉ, E, part. pass. de *balbutier*.

BALBUTIEMENT, s. m. (*balbuciman*), action de *balbutier*.

BALBUTIER, v. a. et n. (*balbucié*)(*balbutire*), prononcer imparfaitement, en hésitant.

BALCON, s. m. (*balkon*)(en italien *balcone*), saillie d'une fenêtre; sa grille; sorte de galerie dans une salle de spectacle.

BALDAQUIN, s. m. (*baldakein*)(en italien *baldaquino*), dais; t. d'archit., ouvrage à colonnes.

BALEINAS, s. m. (*balènace*), membre génital de la *baleine* mâle.

BÂLE, s. f. (*bâle*), t. de bot. Voy. BALLE.

BALEINE, s. f. (*balèné*)(*balæna*), animal marin; ses fanons; constellation.

BALEINÉ, E, adj. (*balèné*) (*balænatus*), garni de fanons de *baleine*.

BALEINEAU, s. m. (*balènô*), le petit d'une *baleine*.

BALEINIER, s. et adj. m. (*balèniê*), navire pour la pêche de la *baleine*.

BALÈVRE, s. f. (*balèvre*)(du lat. *bislabra*, qui a deux lèvres), lèvre d'en bas.

BÂLI, s. m., ou BÂLIE, s. f. (*bâli*), langue savante des Siamois, des Brames.

BALISAGE, s. m. (*balizaje*), action de *baliser*.

BALISE, s. f. (*balize*) (du lat. *palus*, pieu), fascine pour marquer un écueil; fruit du *balisier*.

BALISÉ, E, part. pass. de *baliser*.

BALISER, v. a. (*balizé*), mettre des *balises* pour marquer un banc dangereux.

BALISEUR, s. m. (*balizeur*), préposé au *balisage*; inspecteur du halage.

BALISIER, s. m. (*balizié*) plante exotique.

BALISTE, s. f. (*balicete*)(en lat. *balista*, du grec βαλλω, je jette), machine de guerre.

BALISTIQUE, s. f. et adj. des deux g. (*balicetike*) (βαλλειν, lancer), science du jet des projectiles, des bombes.

BALIVAGE, s. m. (*balivaje*), choix et marque que des *baliveaux*.

BALIVEAU, s. m. (*balivô*) (*vallus*, pieu), arbre réservé dans les coupes d'un taillis.

BALIVERNE, s. f. (*balivèrne*), sornette; occupation puérile.

BALIVERNÉ, E, part. pass. de *baliverner*.

BALIVERNER, v. n. (*balivèrné*), dire ou faire des *balivernes*.—V. a., railler.

BALLADE, s. f. (*balade*) (βαλλειν, envoyer), ancienne poésie française.

BALLANT, E, adj. (*balan*, *ante*), pendant.

BALLE, s. f. (*bale*)(βαλλειν, jeter), pelotte pour jouer à la paume; boule de plomb; *ballot*; outil d'imprimeur; calice des fleurs; pellicule qui enveloppe le grain.

BALLER, v. n. (*balé*)(*ballare*, basse lat.), danser.

BALLET, s. m. (*balè*), danse sur un théâtre.

BALLON, s. m. (*balon*)(de βαλλειν, envoyer,) vessie enflée d'air pour jouer; aérostat.

BALLONNÉ, E, part. pass. de *ballonner*; et adj. (*baloné*), arrondi en *ballon*.

BALLONNEMENT, s. m. (*baloneman*), t. de méd., distension de l'abdomen.

BALLONNER, v. n. (*baloné*), enfler.

BALLONNIER, s. m. (*balonié*), faiseur ou marchand de *ballons*.

BALLOT, s. m. (*balô*) (dimin. de *balle*), paquet de marchandises.

BALLOTIN, s. m. (*balotin*), petit *ballot*.

BALLOTTADE, s. f. (*balotade*), t. de man., saut d'un cheval entre les piliers.

BALLOTTAGE, s. m. (*balotaje*), action de *ballotter* dans une élection.

BALLOTTE, s. f. (*balote*), petite *balle* ou boule pour les scrutins; plante.

BALLOTTÉ, E, part. pass. de *ballotter*.

BALLOTTEMENT, s. m. (*baloteman*), action de *ballotter*.

BALLOTTER, v. a. et n. (*baloté*), agiter en sens divers; *fig.* discuter; procéder à un scrutin.

BALOURD, E, s. (*balour*, *balourde*) (rac. *lourd*), personne grossière et stupide.

BALOURDISE, s. f. (*balourdize*), caractère, action du *balourd*.

BALSAMIER, s. m. (*balçamié*), plante.

BALSAMINE, s. f. (*balçamine*) (de βαλσαμον, baume), plante annuelle.

BALSAMIQUE, adj. des deux g. (*balçamike*) (de *balsamum*, baume), qui tient du *baume*.

BALSAMITE, s. f. (*balçamite*), plante.

BALUSTRADE, s. f. (*balucetrade*) assemblage de plusieurs *balustres*.

BALUSTRE, s. m. (*balucetre*) (du lat. *balaustrum*, calice de la fleur de grenadier), petit pilier façonné; *balustrade*.

BALUSTRÉ, E, part. pass. de *balustrer*.

BALUSTRER, v. a. (*balucetré*), orner, entourer d'une *balustrade*. Inus.

BALZAN, adj. m. (*balzan*) (de *balzana*, formé de βαλυς, blanc), se dit d'un cheval noir ou bai, marqué de blanc aux pieds.

BALZANE, s. f. (*balzane*), marque blanche aux pieds des chevaux.

BAMBIN, E, s. (*banbein*, *bine*) (βαμβαινω, je bégaie), petit enfant. Fam.

BAMBOCHADE, s. f. (*banbochade*)(de l'italien *bamboccio*, petit homme manqué), peinture grotesque.

BAMBOCHE, s. f. (*banboche*) (de l'italien *bamboccio*, petit homme manqué), marionnette.—Au pl., fredaines, libertinage.

BAMBOCHEUR, EUSE, s.(*banbocheur*, *euze*), qui fait des *bamboches*.

BAMBOU, s. m. (*banbou*), plante des Indes; canne faite de ce roseau.

BAN, s. m. (*ban*) (de l'allemand *bann*), convocation de la noblesse; publication; exil.

BAN

BANAL, E, adj. (*banale*), au pl. m. BA-NAUX, commun à tous; trivial.
BANALITÉ, s. f. (*banalité*), droit seigneurial; chose *banale*; trivialité.
BANANE, s. f. (*banane*), fruit du bananier.
BANANIER, FIGUIER D'ADAM ou **DES INDES**, s. m. (*bananié*), plante des Indes.
BANC, s. m. (*ban*) (*bancus*), long siège; amas de sable dans la mer.
BANCAL, E, adj. et s. (*bankale*), qui a les jambes tortues. Fam. — S. m., sabre. Pop.
BANCO, s. m. (*banko*), mot emprunté de l'italien pour désigner les valeurs en *banque*.
BANCROCHE, adj. et s. des deux g. (*bankroche*), qui a les jambes tortues. Fam.
BANDAGE, s. m. (*bandaje*), lien pour *bander*; bandes de fer qui entourent une roue.
BANDAGISTE, s. des deux g. (*bandajicete*), qui fait ou vend des *bandages*.
BANDE, s. f. (*bande*) (de *pandere*, déplier), lien plat et large; serpent; insecte; côté intérieur d'un billard; troupe.
BANDÉ, E, part. pass. de *bander*, et adj.
BANDEAU, s. m. (*bandô*), bande qui sert à ceindre le front et la tête; diadème.
BANDELETTE, s. f. (*bandelète*) (dimin. de *bande*), petite *bande*.
BANDER, v. a. (*bandé*), serrer avec une *bande*; tendre; appliquer; soulever.
BANDEREAU, s. m. (*banderô*), cordon pour porter une trompette en bandoulière.
BANDEROLE, s. f. (*banderole*), sorte d'étendard; bandoulière.
BANDIÈRE, s. f. (*bandière*), bannière.
BANDIT, s. m. (*bandi*) (de l'italien *bandito*, banni), malfaiteur vagabond.
BANDOULIER, s. m. (*bandoulié*), brigand; gueux, fripon. Peu us.
BANDOULIÈRE, s. f. (*bandoulière*), bande de cuir pour porter un fusil.
BANDURE, s. f. (*bandure*), plante.
BANIANS, s. m. pl. (*banian*) idolâtres des Indes, qui croient à la métempsycose.
BANK-NOTES, s m. pl. (*bank-note*), billets de paiement d'Angleterre.
BANLIEUE, s. f. (*banlieu*) (de *bannum*, ban, et *leuca*, lieue), alentours d'une ville.
BANNE, s. f. (*bane*), manne pour mettre le charbon; toile grossière.
BANNÉ, E, part. pass. de *banner*.
BANNEAU, s. m. (*banô*) petite *banne*; tombereau; mesure de liquides.
BANNER, v. a. (*bané*), couvrir d'une *banne*.
BANNERET, s. m. et adj. m. (*banerè*), chevalier qui avait le droit de bannière.
BANNETON, s m. (*baneton*), panier; coffre percé pour garder des poissons.
BANNETTE, s. f. (*banète*) (dimin. de *banne*), espèce de panier.
BANNI, E, part. pass. de *bannir*, adj. et s.
BANNIÈRE, s f. (*banière*) (rac. *ban*), étendard, enseigne, drapeau.

BAR

BANNIR, v. a. (*banir*) (du français *ban*, exil), exiler; chasser, exclure.
BANNISSABLE, adj. des deux g. (*banicable*), qui mérite d'être *banni*. Peu us.
BANNISSEMENT, s. m. (*baniceman*), exil.
BANQUE, s. f. (*banke*) (de l'italien *banco*, banc), trafic sur les espèces et le papier; caisse publique; t. de jeu.
BANQUEROUTE, s. f. (*bankeroute*) (de l'italien *banco rotto*, banc rompu), cessation de paiement par insolvabilité réelle ou supposée.
BANQUEROUTIER, IÈRE, s. (*bankeroutié, ière*), qui fait banqueroute.
BANQUET, s. m. (*bankè*) (de l'italien *banchetto*, banc), festin, grand repas.
BANQUETER, v. n. (*banketé*), faire un *banquet*; faire bonne chère. Fam.
BANQUETTE, s. f. (*bankète*) (de l'italien *banchetto*, banc), banc sans dossier.
BANQUIER, s. m. (*bankié*), qui fait le commerce de *banque*.
BANQUISE, s. f. (*bankize*), banc ou amas de glaces dans la mer.
BANQUISTE, s. m. (*bankicete*), charlatan.
BANS, s. m. pl. (*ban*), lits de chiens.
BANVIN, s. m. (*banvein*) (du français *ban*, proclamation, et *vin*), droit exclusif qu'avait un seigneur de vendre le *vin* de son crû.
BAOBAB, s. m. (*baobabe*), arbre.
BAPTÊME, s. m. (*batéme*) (βαπτισμος, immersion), cérémonie religieuse; sacrement.
BAPTISÉ, E, part. pass. de *baptiser*, et adj.
BAPTISER, v. a. (*batisé*) (βαπτω, je lave), conférer le *baptême*; fig. donner un nom.
BAPTISMAL, E, adj., au pl. m. **BAPTISMAUX** (*baticemale*), du *baptême*.
BAPTISTÈRE, adj m. (*baticetère*) (*baptisterium*), se dit d'un registre sur lequel on inscrit le nom de ceux qu'on *baptise*. — S. m, petite église où l'on *baptisait*.
BAQUET, s. m. (*bakè*) (dimin. du français *bac*), cuvier de bois.
BARAGOUIN, s. m. (*baragouein*) (du bas-breton *bara*, pain, et *guin*, vin), langage corrompu et inintelligible.
BARAGOUINAGE, s. m. (*baragouinaje*), manière de parler vicieuse, embrouillée.
BARAGOUINÉ, E, part. pass. de *baragouiner*.
BARAGOUINER, v. a. (*baragouiné*) parler mal une langue; prononcer mal.
BARAGOUINEUR, EUSE, s. (*baragouineur, euze*), qui baragouine. Fam.
BARAQUE, s. f. (*barake*) (de l'espagnol *barraca*, hutte), petit logement; échoppe.
BARAQUÉ, E, part pass de *baraquer*.
BARAQUER, v. a. et n. (*baraké*), faire des baraques; loger dans des *baraques*.
BARATTE, s f. (*barate*) (de l'espagnol *baratar*, brouiller), baril où l'on bat le beurre.
BARATTÉ, E, part. pass. de *baratter*.
BARATTER, v a. (*baraté*), agiter du lait dans une *baratte* pour faire du beurre.

BARATTERIE, s. f. (*barateri*), supposition d'accidents de mer.

BARBACANE, s. f. (*barbakane*), ouverture pratiquée dans un mur; meurtrière.

BARBARE, s. et adj. des deux g. (*barbăre*) (du lat. *barbarus*, pris du grec βαρβαρος, étranger), cruel; grossier; sans civilisation.

BARBAREMENT, adv. (*barbăreman*), d'une façon *barbare*, cruelle. Peu us.

BARBARESQUE, adj. et s. des deux g. (*barbărecèke*), qui habite la *Barbarie*.

BARBARIE, s. f. (*barbari*), cruauté; inhumanité; grossièreté; rudesse.

BARBARISME, s. m. (*barbariceme*) (βαρβαρισμος), faute grossière de langage.

BARBE, s. f. (*barbe*) (*barba*), poil du visage; maladie des chevaux.— S. m. et adj. des deux g., cheval de la côte d'Afrique.

BARBEAU, s. m. (*barbō*), poisson; insecte; bluet. —Adj. m., se dit de la couleur du bluet.

BARBELÉ, E, adj. (*barbelé*), garni de dents ou de pointes.

BARBERIE, s. f. (*barberi*), art de raser.

BARBET, ETTE, s. et adj. (*barbè, bète*), chien à poil frisé; espion.

BARBETTE, s. f. (*barbète*), guimpe de religieuse; cordage; t. de fortif., plate-forme.

BARBEYER, BARBOTER ou FASIER, v. n. (*barbèié*), se dit d'une voile qui ondule.

BARBICHON, s. m. (*barbichon*) (dimin. de *barbet*), petit *barbet*.

BARBIER, IÈRE, s. (*barbié, ière*), dont la profession est de faire la *barbe*; poisson.

BARBIFIÉ, E, part. pass. de *barbifier*.

BARBIFIER, v. a. (*barbifié*), raser, faire la *barbe*. Fam.

BARBILLON, s. m. (*barbi-ion*) (dimin. de *barbeau*), espèce de poisson; *barbe* de poisson.

BARBON, s. m. (*barbon*), vieillard. Iron.

BARBOTEAU, s. m. (*barbotō*), poisson.

BARBOTER, v. n. (*barbotē*), fouiller, marcher dans la boue, dans l'eau.

BARBOTEUR, EUSE, s. et adj. (*barboteur, euze*), qui fait des choses malpropres. —S. m., canard privé. —S. f., femme prostituée.

BARBOTINE, s. f. (*barbotine*), pâte de porcelaine; poudre contre les vers.

BARBOTTE, s. f. (*barbote*), poisson.

BARBOUILLAGE, s. m. (*barbouiaje*), ouvrage de *barbouilleur*; fig. mauvaise écriture.

BARBOUILLÉ, E, part. pass. de *barbouiller*.

BARBOUILLER, v. a. (*barbouié*) (du lat. barbare *barbulare*, souiller la barbe), salir; peindre mal; mal écrire.

BARBOUILLEUR, EUSE, s. (*barbouieur, ieuze*), badigeonneur; fig. mauvais peintre; méchant auteur.

BARBU, E, adj. (*barbu*), qui a de la *barbe*. —S. m., oiseau.— S. f., poisson nommé ordinairement *carrelet*; nielle sauvage.

BARCALON, s. m. (*barkalon*), titre du premier ministre de Siam.

BARCAROLLE, s. f. (*barkarole*) (de l'italien *barcarolo*, gondolier), chanson; danse de gondoliers.

BARCELONNETTE. Voy. BERCELONNETTE.

BARD, s. m. (*bár*), civière à bras; poutre.

BARDANE, s. f. (*bardane*), plante; punaise.

BARDE, s. m. (*barde*) (du mot gaulois *baren*, chanter), poète gaulois.— S. f., ancienne armure de cheval; sorte de longue selle; tranche de lard.

BARDÉ, E, part. pass. de *barder*, et adj.

BARDEAU, s. m. (*bardō*), petit ais pour couvrir les toits; vieilles douves.

BARDELLE, s. f. (*bardèle*), selle faite de grosse toile piquée de bourre.

BARDER, v. a. (*bardé*), armer un cheval d'une *barde*; charger sur un *bard*.

BARDEUR, s. m. (*bardeur*), celui qui porte un *bard*, une civière.

BARDIS, s. m. (*bardi*), t. de mar., séparation de planches à bord d'un vaisseau.

BARDIT, s. m. (*bardi*), chant de guerre des anciens Germains.

BARDOT, s. m. (*bardō*), petit mulet né de l'ânesse et du cheval.

BARÈGE, s. m. (*barèje*), tissu de laine.

BARGUIGNAGE, s. m. (*barguigniaje*), hésitation, irrésolution. Fam.

BARGUIGNER, v. n. (*barguignié*) (du lat. barbare *barcaniare*, marchander), hésiter.

BARGUIGNEUR, EUSE, s. (*barguignieur, euze*), qui *barguigne*. Fam.

BARIGEL ou BARISEL, s. m. (*barijèle, barizèle*), chef des sbires à Rome et à Modène.

BARIL, s. m. (*bari*), (de l'ancien mot gaulois *barr*, vase), petit tonneau.

BARILLET, s. m. (*bari-iè*) (dimin. de *baril*), petit *baril*; tambour d'horloge; coquille.

BARIOLAGE, s. m. (*bariolaje*), couleurs mises d'une façon bizarre et sans ordre. Fam.

BARIOLÉ, E, part. pass. de *barioler*, et adj.

BARIOLER, v. a. (*bariolé*) (du lat. barbare *variolatus*, bigarré), peindre bizarrement.

BARLONG, LONGUE, adj. (*barlon, longue*), plus *long* d'un côté que de l'autre.— S. m., carré *long* défectueux.

BARNABITE, s. m. (*barnabite*), clerc régulier de la congrégation de Saint-Paul.

BARNACHE, s. f. (*barnache*), oiseau.

BAROMÈTRE, s. m. (*baromètre*) (βαρος, poids, et μετρος, mesure), instrument météorologique qui marque les changements de temps.

BAROMÉTRIQUE, adj. des deux g. (*barométrike*), qui appartient au *baromètre*.

BARON, s. m. (*báron*) (en lat. barbare *baro*), titre de noblesse.

BARONAGE, s. m. (*báronaje*), état, qualité de *baron*. Iron.

BARONET, s. m. (*báronè*) (dimin. de *baron*), titre de noblesse en Angleterre.

BARONIE, s. f. (*bároni*), terre et seigneurie de *baron*.

BARONNE, s. f. (*bárone*), femme noble possédant une *baronie*; femme d'un *baron*.

BAROQUE, adj. des deux g. (*barokc*) (en espagnol *barrueco*), irrégulier, bizarre.

BARQUE, s. f. (*barke*) (en lat: *barca*), petit bâtiment pour aller sur l'eau.

BARQUEROLLE, s. f. (*barkerole*) (dimin. de *barque*), bâtiment sans mât; canot.

BARRAGE, s. m. (*báraje*), action de *barrer*; barrière; péage.

BARRAGER, s. m. (*báraje*), celui qui reçoit le droit de *barrage*.

BARRE, s. f. (*báre*) (*vara*), longue pièce de bois, de fer, etc.; trait de plume; intérieur d'une audience. — Au pl., jeu de course; partie de la mâchoire du cheval.

BARRÉ, E, part. pass. de *barrer*, et adj. — S. m., poisson du genre des silures.

BARREAU, s. m. (*báró*), petite *barre* qui sert de clôture; lieu où plaident les avocats; le corps même des avocats; leur profession.

BARRER, v. a. (*báré*), fermer avec une *barre*; raturer; obstruer.

BARRETTE, s. f. (*baréte*) (en italien *barretta*), bonnet de cardinal; petite *barre*.

BARRICADE, s. f. (*barikade*), retranchement; fortification faite à la hâte.

BARRICADÉ, E, part. pass. de *barricader*, et adj.

BARRICADER, v. a. (*barikadé*), faire des *barricades*. — V. pr., s'enfermer.

BARRIÈRE, s. f. (*bárière*) (du français *barre*), borne; défense; enceinte; porte de ville; *fig.* obstacle, empêchement.

BARRIQUE, s. f. (*barike*), gros tonneau.

BARTAVELLE, s. f. (*bartavèle*), espèce de grosse perdrix rouge.

BARYTE, s. f. (*barite*) (βαρυς, pesant, dérivé de βαρυς, poids), terre élémentaire; oiseau.

BARYTON, adj. et s. m. (*bariton*) (βαρυς, grave, et τόνος, ton), verbe grec sans contraction; basse viole; voix entre la basse et la taille.

BAS, **BASSE**, adj. (*bá*, *báce*) (en lat. du moyen âge *bassus*), peu élevé; inférieur; vil. — Adv., à terre; doucement.

BAS, s. m. (*bá*), vêtement des jambes.

BASALTE, s. m. (*bazalte*), pierre noire.

BASALTIQUE, adj. des deux g. (*bazaltike*), formé de *basalte*.

BASANE, s. f. (*bazane*), peau de mouton tannée et travaillée par les peaussiers.

BASANÉ, E, adj (*bazané*), hâlé, noirâtre.

BAS-BORD, s. m. (*bábor*), le côté gauche d'un navire; vaisseau à *bordage bas*.

BASCULE, s. f. (*bacekule*) (du français *bas*, et du suédois *kulle*, tête), contrepoids; jeu d'enfants; bateau pour mettre le poisson.

BAS-DE-CASSE, s. m. (*bádekáce*), partie inférieure de la *casse* d'imprimerie.

BAS-DESSUS, s. m. (*bádeçu*), voix plus basse que le *dessus*.

BASE, s. f. (*báze*) (βασις), ce qui sert de soutien; *fig.* principe, fondement; appui.

BASÉ, E, part. pass. de *baser*.

BASELLE, s. f. (*bazèle*), plante exotique.

BASER, v. a. (*bázé*), appuyer.

BAS-FOND, s. m. (*báfon*), terrain bas; endroit de la mer où il y a peu de profondeur.

BASILAIRE, adj. des deux g. (*bazilère*), de la *base*. — S. m., os de la tête.

BASILIC, s. m. (*bazilike*) (βασιλικος) serpent fabuleux; plante; étoile.

BASILICON, s. m. (*bazilikon*) (βασιλικος, royal), onguent suppuratif.

BASILIQUE, s. f. (*bazilike*) (βασιλικος, royal), autrefois maison royale; grande église; veine. — Au pl., collection de lois romaines.

BASOCHE, s. f. (*bazoche*) (de *basilica*, palais), juridiction des clercs du parlement de Paris.

BASQUE, s. f. (*baceke*), pan d'un vêtement; pieu de plomb. — S. m., langage des *Basques*.

BASQUINE, s. f. (*bacekine*), jupon.

BAS-RELIEF, s. m. (*bárelièfe*) (de l'italien *basso rilievo*), sculpture peu saillante.

BASSE, s. f. (*báce*), t. de mus., les tons bas; instrument; musicien; mesure de sel.

BASSE-CONTRE, s. f. (*bácekontre*), le plus grave de tous les tons; instrument; musicien.

BASSE-COUR, s. f. (*bácekour*), cour de ferme où l'on élève la volaille.

BASSE-FOSSE, s. f. (*báceföce*), sorte de cachot souterrain.

BASSEMENT, adv. (*báceman*), d'une manière *basse*.

BASSESSE, s. f. (*bácèce*), chose, action *basse*; vile; vice; vol.

BASSET, s. m. (*bácè*), chien qui a les jambes courtes et quelquefois tortues.

BASSE-TAILLE, s. f. (*bácetá-ie*), partie de *basse* qui se chante ou qui se joue sur l'instrument; musicien qui la chante; bas-relief.

BASSETTE, s. f. (*bácète*), jeu de cartes.

BASSIN, s. m. (*bacein*) (du lat. barbare *bacineus*, grand plat; pièce d'eau; plateau d'une balance; partie inférieure du tronc.

BASSINE, s. f. (*bacine*), grand *bassin*.

BASSINÉ, E, part. pass. de *bassiner*.

BASSINER, v. a. (*baciné*), chauffer avec une *bassinoire*; humecter avec une liqueur tiède; arroser légèrement.

BASSINET, s. m. (*bacinè*), partie de l'arme à feu où l'on met l'amorce; cavité des reins; ancien casque; plante.

BASSINOIRE, s. f. (*bacinoare*), bassin où l'on met de la braise pour chauffer un lit.

BASSON, s. m. (*báçon*), instrument de musique à vent; musicien qui en joue.

BASTANT, E, adj. (*bacetan*, *ante*), suffisant.

BASTE, s. m. (*bacete*), l'as de trèfle.

BASTER, v. n. (*baceté*) (en italien *bastare*),

suffire. Ce verbe ne s'emploie plus qu'à l'impératif.—Exclamation qui marque l'insouciance. Fam.

BASTERNE, s. f. (*bacetèrene*), char attelé de bœufs.

BASTIDE, s. f. (*bacetide*) (en lat. barbare *bastida*), maison de plaisance.

BASTILLE, s. f. (*bacetiie*) (du lat. barbare *bastile*, forteresse), prison d'état; château fort.

BASTILLE, E, adj. (*bacetiié*), t. de blas., garni de tours et de créneaux.

BASTINGUAGE, s. m. (*baceteinguaje*), t. de mar., action de se *bastinguer*; abri contre le feu de l'ennemi.

BASTINGUE, s. f. (*baccteingue*), toile matelassée pour se garantir du feu de l'ennemi.

BASTINGUÉ, E, part. pass. de *se bastinguer*. se BASTINGUER, v. pr. (*baceteingué*), se mettre à couvert par des *bastinguages*.

BASTION, s. m. (*bacetion*) (en italien *bastita*), ouvrage de fortification.

BASTIONNÉ, E, part. pass. de *bastionner* et adj., qui a des *bastions*.

BASTIONNER, v. a. (*bacetioné*), former des *bastions* autour d'une place.

BASTONNADE, s. f. (*bácetonade*), coups de bâton; punition militaire dans certains pays.

BASTRINGUE, s. m. (*bacetreingue*), bal de guinguette; mauvais lieu; tapage. Fam.

BASTUDE, s. f. (*bacetude*), filet.

BAS-VENTRE, s. m. (*bávantre*), la partie la plus *basse* du *ventre*.

BAT, s. m. (*bate*), queue de poisson.

BÂT, s. m. (*bá*) (βαχτρον, bâton), selle des bêtes de somme.

BATACLAN, s. m. (*bataklan*), attirail; cohue; troupe; choses qui embarrassent.

BATAILLE, s. f. (*batá-ie*) (en lat. barbare *batualia*), combat général; jeu de cartes.

BATAILLÉ, E, part. pass. de *batailler*.

BATAILLER, v. n. (*batá-ié*); donner bataille; fig. contester.

BATAILLEUR, EUSE, s. (*batá-ieur, euze*), qui aime à *batailler*, à discuter.

BATAILLON, s. m. (*batá-ion*), troupe d'infanterie; fig. grand nombre.

BÂTARD, E, s. et adj. (*bátar, tarde*) (βασσαρα, prostituée), né hors mariage; dégénéré.

BÂTARDEAU, s. m. (*bátardó*) (du français *báton*), cloison; digue; échafaudage.

BÂTARDIÈRE, s. f. (*bátardière*), plant d'arbres greffés.

BÂTARDISE, s. f. (*bátardize*), qualité, état de celui qui est *bátard*.

BATAVIQUE, adj. f. (*batavike*), larme batavique, goutte de verre fondue en forme de larme.

BATEAU, s. m. (*bató*) (du lat. barbare *batellus*), barque de rivière.

BATELAGE, s. m. (*batelaje*), tour de *bateleur*; transport par *bateaux*.

BATELÉE, s. f. (*batelé*), charge d'un *bateau*; fig. multitude. Fam.

BATELET, s. m. (*batelè*), petit *bateau*.

BATELEUR, EUSE, s. (*bateleur, euze*), faiseur de tours.

BATELIER, IÈRE, s. (*batelié, ière*), celui, celle qui conduit un *bateau*.

BÂTER, v. a. (*báté*), mettre un *bát*.

BÂTI, s. m. (*báti*), couture à grands points.

BÂTI, E, part. pass. de *bátir*, et adj.

BÂTIER, s. m. (*bátié*), qui fait des *báts*.

BATIFOLAGE, s. m. (*batifolaje*), action de *batifoler*. Fam.

BATIFOLER, v. n. (*batifolé*), badiner. Fam.

BATIFOLEUR, EUSE, s. (*batifoleur, euze*), qui ne songe qu'à *batifoler*.

BÂTIMENT, s. m. (*bátiman*); maison; édifice; navire.

BÂTIR, v. a. (*bátir*) (de *báton*), construire; établir; coudre à grands points.

BÂTISSE, s. f. (*bátice*), construction d'un *bâtiment* sous le rapport de la maçonnerie.

BÂTISSEUR, EUSE, s. (*baticeur, euze*), qui aime à faire *bátir*; mauvais architecte.

BATISTE, s. f. (*baticete*), fine toile de lin.

BÂTON, s. m. (*báton*) (βαχτρον), long morceau de bois rond et maniable; baguette.

BÂTONNÉ, E, part. pass. de *bátonner*, et adj.

BÂTONNER, v. a. (*bátoné*), frapper à coups de *báton*; fig. biffer; rayer.

BÂTONNET, s. m. (*bátonè*), *báton* amenuisé par les deux bouts; coquille.

BÂTONNIER, s. m. (*bátonié*), chef des avocats; celui qui tient le *báton* d'une confrérie.

BÂTONNISTE, s. m. (*batonicete*), qui sait jouer du *báton*.

BATRACIENS, s. m. pl. (*batraciein*) (βατραχος, grenouille), classe de reptiles.

BATTAGE, s. m. (*bataje*), action de *battre* le blé, etc.; résultat de cette action.

BATTANT, s. m. (*batan*), marteau d'une cloche; partie d'une porte.

BATTANT, E, adj. (*batan, ante*), qui *bat*; (métier), en activité; (porte), qui se ferme d'elle-même.

BATTANT-L'OEIL, s. m. (*batan-leuie*), ancienne coiffure de femme. Inus.

BATTE, s. f. (*bate*), sabre d'arlequin; partie polie d'une épée; espèce de maillet.

BATTE À BEURRE, s. f. (*batabeure*), long bâton pour *battre* la crème.

BATTELLEMENT, s. m. (*bátèleman*), double rang de tuiles au bas d'un toit.

BATTEMENT, s. m. (*bateman*), action de *battre*; palpitation; pas de danse.

BATTERIE, s. f. (*bateri*), querelle avec coups; réunion de pièces d'artillerie; pièce qui couvre le bassinet d'un fusil; ustensiles de cuisine; manière de *battre* le tambour.

BATTEUR, EUSE, s. (*bateur, euze*), celui ou celle qui aime à *battre*, à frapper.

BATTIN, s. m. (*batein*), jonc d'Espagne.

BATTOIR, s. m. (*batoar*), palette pour jouer à la paume, pour *battre* le linge.

BATTOLOGIE, s. f. (batetóloji) (βαττολογια), superfluité de paroles.

BATTRE, v. a. (batre) (batuere), frapper; vaincre; agiter; parcourir. — V. pr., combattre.

BATTU, E, part. pass. de battre, adj. et s.

BATTUE, s. f. (batu), action d'une troupe de gens qui battent les bois.

BATTURE, s. f. (bature), espèce de dorure.

BAU ou BARROT, s. m. (bô, báro), solive qui affermit le bordage d'un navire.

BAUD, s. m. (bó) (de l'italien baldo, hardi), chien courant de Barbarie.

BAUDET, s. m (bódè) (de l'hébreu badel, stupide), âne; fig. ignorant, stupide.

BAUDI, E, part. pass. de baudir.

BAUDIR, v. a. et n. (bódir), se réjouir; t. de chasse, exciter les chiens.

BAUDRIER, s. m. (bódrié) (en lat. barbare baldringum), bande pour porter un sabre.

BAUDRUCHE, s. f. (bódruche), pellicule de boyau de bœuf; parchemin très fin.

BAUGE, s. f. (bójc), retraite du sanglier; fig. logement sale; mortier de terre grasse.

BAUGUE, ou BAUQUE s. f. (bógue, bóke), herbe marine qui sert à l'engrais des terres.

BAUME, s. m. (bóme) (βαλσαμον), plante odoriférante; liqueur; onguent, fig. consolation.

BAUMIER ou BALSAMIER, s. m. (bómié, balcamié), arbre qui produit le baume.

BAVARD, E, s. et adj. (bavard, varde), βαβαξ, homme vain), qui parle trop.

BAVARDAGE, s. m. (bavardaje), action de bavarder; choses futiles.

BAVARDER, v. n. (bavardé), parler excessivement.

BAVARDERIE, s. f. (bavarderi), caractère, défaut du bavard.

BAVAROISE, s. f. (bavaroèze). infusion de thé avec du sirop de capillaire au lieu de sucre.

BAVE, s. f. (bave) (du lat. barbare babus, enfant), salive visqueuse; écume.

BAVÉ, E, part. pass. de baver.

BAVER, v. n (bavé), jeter de la bave.

BAVETTE, s. f. (bavète), linge sur l'estomac des petits enfants baveux.

BAVEUX, EUSE, adj. (baveu, euse), qui bave. — S f., poisson de mer couvert de bave.

BAVOCHÉ, E, part. pass. de bavocher.

BAVOCHER, v. a. (bavoché), imprimer sans netteté; peindre mal.

BAVOCHURE, s. f. (bavochure), défaut de ce qui est bavoché.

BAVOIS, s. m (bavoa), t. de féod., tableau de l'évaluation des droits seigneuriaux. Inus.

BAVOLET, s. m. (bavolè) (formé de bas-volet), coiffure villageoise.

BAVURE, s. f. (bavure), petite trace des joints des pièces d'un moule.

BAYADÈRE, s. f. (ba-iadère) (du portugais balladeiras, danseuses), femme indienne qui danse devant les pagodes.

BAYART, s. m. (ba-iar), civière.

BAYER, v. n. (ba-ié) (en lat. barbare badare), regarder la bouche béante.

BAYEUR, EUSE, s. (ba-ieur, ieuze), qui a l'habitude de bayer. Inus.

BAYONNETTE, s. f. Voy. BAÏONNETTE.

BAZAR, s. m. (bázar), marché public; prison en Orient.

BDELLIUM, s. m. (bdèleliome) (βδελλιον), gomme résine d'un arbre d'Arabie.

BÉANT, E, part. prés. du vieux v. béer, dont on a fait bayer, et adj. (béan, ante), ouvert.

BÉAT, E, s. et adj. (béa, ate) (beatus, bienheureux), dévot, ou qui fait le dévot.

BÉATIFICATION, s. f. (béatifikácion), acte par lequel le pape béatifie.

BÉATIFIÉ, E, part. pass. de béatifier.

BÉATIFIER, v. a. (béatifié) (beatificare), mettre au rang des bienheureux.

BÉATIFIQUE, adj. des deux g. (béatifike), qui rend heureux, bienheureux.

BÉATILLES, s. f. pl. (beati-ie) (beatus, heureux), friandises; ouvrages de religieuses.

BÉATITUDE, s. f. (béatitude) (beatitudo), bonheur, félicité céleste; vision de Dieu.

BEAU ou BEL, BELLE, adj. (bô, bèle) (bellus), qui a de la beauté; noble; glorieux; bienséant; bon; avantageux; favorable; heureux, grand, habile. — S. m., tout ce qui est excellent, parfait, admirable dans son genre. — S. f., femme qui a de la beauté. — Adv. en beau. — TOUT BEAU, loc. adv., doucement.

BEAUCOUP, adv. de quantité (bókou, et devant une voyelle bókoupe) (bella copia, grande quantité), grande quantité; extrêmement.

BEAU-FILS, s. m. (bô-fice), fils du mari ou de la femme; gendre; élégant à prétention.

BEAU-FRÈRE, s. m. (bô-frère), le mari de notre sœur; celui dont nous avons épousé le frère ou la sœur.

BEAU-PÈRE, s. m. bô-père), celui qui a épousé notre mère après la mort de notre père; celui dont nous avons épousé le fils ou la fille.

BEAUPRÉ, s. m. (bópré), mât à la proue.

BEAUTÉ, s. f. (bôté) qualité de ce qui est beau; fig. belle femme.

BEC, s. m. (bèk) (mot de l'ancienne langue gauloise), bouche de l'oiseau.

BÉCABUNGA, s. m. (békabongua), plante antiscorbutique.

BÉCARRE, s. m. et adj. des deux g. (békare (de sa forme qui est carrée) caractère de musique qui rétablit dans le ton naturel.

BÉCASSE, s. f. (békace), oiseau.

BÉCASSEAU, s. m. (békacó), petit de la bécasse ou de la bécassine; sorte de bécassine.

BÉCASSINE, s. f. (békacine), oiseau.

BECCARD, s. m. (békar), femelle du saumon.

BEC-COURBÉ, s. m. (békekourbé), oiseau.

BEC-DE-CANNE, s. m. (*bekedekane*), instrument de chirurgie; crochet; grand clou.

BEC-DE-CIGOGNE, DE-HÉRON, DE-PIGEON, DE-GRUE, s. m. (*bèkedecignognie, de-éron, depijon, degueru*), noms vulgaires du géranium.

BEC-DE-CORBIN, s. m. (*bèkedekorbein*), instrument de chirurgie; outil; crochet.

BEC-DE-LIÈVRE, s. m. (*bèkedelièvre*), fente aux lèvres; personne qui a la lèvre fendue.

BEC-FIGUE, s. m. (*bèkefigue*), oiseau.

BÉCHAMELLE, s. f. (*béchamèle*), sauce.

BÉCHARU, s. m. (*bécharu*), oiseau.

BÊCHE, s. f. (*béche*) (en lat. barbare *becca*), outil de jardinier.

BÊCHÉ, E, part. pass. de *bêcher*.

BÊCHER, v. a. (*béché*), creuser et remuer la terre avec la *bêche*.

BÉCHIQUE, adj. des deux g. et s. m. (*béchike*) (βηχός, gén. de βήξ, toux), pectoral.

BECQUÉE, s. f. (*bèké*) (rac. *bec*), ce qu'un oiseau donne à ses petits.

BECQUETÉ, E, part. pass. de *becqueter*.

BECQUETER, v. a. (*bèketé*), donner des coups de *bec*; caresser avec le *bec*.

BÉCUNE, s. f. (*békune*), poisson de mer.

BEDAINE, s. f. (*bedène*), gros ventre. Fam.

BEDEAU, s. m. (*bedó*) (du lat. barbare *pedellus*, dimin. de *pes, pied*), bas-officier d'église.

BÉDEGAR, s. m. (*bédeguar*), épine sauvage; gale chevelue qui vient sur un églantier.

BEDON, s. m. (*bedon*), vieux mot qui signifiait tambour; *fig.* homme gros et gras.

BEDOUIN, E, s. et adj. (*bedouein, douine*) (de l'arabe *bedaoui*, habitant du désert), Arabe errant du désert, etc.; sectaire d'Hali.

BÉE, adj. f. (*bé*), ouverte: *tonneau à gueule bée*, ouvert, défoncé par un bout.

BÉER, v. n. (*béé*). Voy. BAYER et BÉANT.

BEFFROI, s. m. (*bèfroè*) (*belfredus*), clocher où l'on sonne l'alarme; oiseau.

BÉGAIEMENT, s. m. (*bégueman*), action de *bégayer*.

BÉGAYÉ, E, part. pass. de *bégayer*, et adj.

BÉGAYER, v. n. (*béguèié*) (du lat. barbare *bigare*, répéter), parler en répétant la même syllabe; articuler mal les mots.

BÉGU, E, adj. et s. (*bégu*), cheval vieux de plus de cinq ans, mais qui marque toujours.

BÈGUE, adj. des deux g. (*bègue*) (*balbus*), qui *bégaie*.

BÉGUEULE, s. et adj. f. (*bégueule*) (des deux mots *gueule* et *bée*), prude hautaine.

BÉGUEULERIE, s. f. (*bégueuleri*), le caractère, les airs d'une *bégueule*.

BÉGUIN, s. m. (*béguein*) (du mot *bègue*), coiffe de toile.

BÉGUINAGE, s. m. (*béguinaje*), communauté de *béguines*; *fig.* dévotion affectée. Fam.

BÉGUINE, s. f. (*béguine*), religieuse; *fig.* fausse dévote. Fam.

BEHEN, s. m. (*béène*), plante médicinale.

BEIGE, s. f. et adj. des deux g. (*bèje*), se dit de la laine qui a sa couleur naturelle.

BEIGNET, s. m. (*bègnè*) (du vieux mot français *bigne*, enflure), pâte frite à la poêle.

BEIRAM, s. m. (*bérame*). Voy. BAÏRAM.

BÉJAUNE, s. m. (*béjóne*) (par contraction de *bec-jaune*), oiseau; *fig.* jeune homme niais; sottise.

BEL, adj. m. Voy. BEAU.

BÉLANDRE, s. f. (*bélandre*) (du hollandais *bylander*), petit bâtiment de transport.

BÊLANT, E, adj. (*bélan, ante*), qui *bêle*.

BÊLEMENT, s. m. (*bèleman*), cri naturel des moutons.

BÉLEMNITE, s. f. (*bélèmenite*) (βέλεμνον, trait, dard), fossile calcaire en forme de dard.

BÊLER, v. n. (*bélé*) (*balare*), faire un *bêlement*.

BEL-ESPRIT, s. m. et adj. des deux g. (*bèlèsepri*), homme qui se pique d'*esprit*.

BELETTE, s. f. (*bèlète*) (en lat. *melis*), petit animal carnassier.

BÉLIER, s. m. (*bélié*) (de *bêler*), mâle de la brebis; machine de guerre; constellation.

BÉLIÈRE, s. f. (*bélière*), anneau du battant d'une cloche.

BÉLÎTRE, s. m. (*bélître*) (de l'allemand *bettler*, gueux), coquin, homme de néant.

BELLADONE, s. f. (*bèleladóne*), plante.

BELLÂTRE, adj. et s. des deux g. (*bèlâtre*), d'une *beauté* fade. Pop.

BELLE, adj. f. (*bèle*). Voy. BEAU.

BELLE-DAME, s. f. (*bèledame*), plante.

BELLE-DE-JOUR, s. f. (*bèledejour*), plante.

BELLE-DE-NUIT, s. f. (*bèledenuit*), plante.

BELLE-D'UN-JOUR, s. f. (*bèledeunjour*), nom vulgaire de l'hémérocalle.

BELLE-FILLE, s. f. (*bèlefi-ie*), la bru; celle dont le père ou la mère s'est remarié.

BELLEMENT, adv. (*bèleman*), doucement.

BELLE-MÈRE, s. f. (*bèlemère*), celle que notre père a épousée après la mort de notre *mère*; celle dont nous avons épousé la fille.

BELLE-SOEUR, s. f. (*bèleçeur*), la femme de notre frère; celle dont nous avons épousé le frère ou la sœur.

BELLIGÉRANT, E, adj. (*bèleligéran, ante*) (*bellum*, guerre, et *gerere*, porter), qui est en guerre.

BELLIQUEUX, EUSE, adj. (*bèlelikeu, euse*), (*bellicosus*), guerrier, valeureux.

BELLISSIME, adj. des deux g. (*bèlelicime*) (*bellissimus*), très-beau. Fam.

BELLOT, OTTE, adj. (*bèlo, lote*) (dimin. de *beau*), gentil. Fam.

BELVEDER, mieux **BELVÉDÈRE**, s. m. (*bélvédère*) (en italien *belvedere*, formé de *bello*, beau, et *vedere*, voir), pavillon élevé.

BEMBÉCIDES, et non pas BEMBICILES, s. m. pl. (*banbécide*), classe d'insectes.

BÉMOL, s. m. et adj. des deux g. (*bémole*) caractère de musique qui baisse d'un demi-ton.

BEN ou BEHEN, s. m. (*bene, béene*), fruit d'un arbre d'Arabie.

BÉNARDE, s. et adj. f. (*bénarde*), serrure qui s'ouvre de deux côtés.

BENEDICITE, s. m. (*bénédicité*) (empr. du lat.), prière qu'on fait avant le repas.

BÉNÉDICTIN, E, s. (*bénédiktein, tine*), religieux ou religieuse de l'ordre de saint Benoît.

BÉNÉDICTION, s. f. (*bénédikcion*) (*benedictio*), action de *bénir*; faveur; souhait.

BÉNÉFICE, s. m. (*bénéfice*) (*beneficium*), gain, profit; privilège; titre ecclésiastique.

BÉNÉFICIAIRE, adj. et s. des deux g. (*béneficière*), par *bénéfice* d'inventaire; personne au profit de laquelle on donne une représentation théâtrale.

BÉNÉFICIAL, E, adj. (*bénéficial*), qui concerne les *bénéfices* ecclésiastiques.

BÉNÉFICIER, IÈRE, s. (*bénéficié, ière*), qui jouissait autrefois d'un *bénéfice*.

BÉNÉFICIER, v. n. (*bénéficié*), tirer du *bénéfice*; faire quelque profit.

BENÊT, adj. et s. m. (*bené*) (du nom propre *Benoît*, pris en mauvaise part), niais.

BÉNÉVOLE, adj. des deux g. (*bénévole*) *bene*, bien, et *volo*, je veux), bienveillant.

BÉNÉVOLEMENT, adv. (*bénévoleman*), d'une manière *bénévole*, volontiers.

BENGALI, s. m. (*beinguali*), langue des peuples du *Bengale*; plante du Brésil, pinson.

BÉNIGNEMENT, adv. (*bénignieman*), d'une manière *bénigne*.

BÉNIGNITÉ, s. f. (*bénignité*), douceur.

BÉNIN, NIGNE, adj. (*bénein, nignie*) (*benignus*), doux, favorable, humain.

BÉNIR, v. a. (*bénir*) (*bene*, bien, et *dicere*, *ere*), donner la bénédiction; consacrer au culte; louer; faire prospérer; remercier.

BÉNIT, E, part. pass. de *bénir*, et adj. (*béni, nite*), consacré par la *bénédiction* du prêtre.

BÉNITIER, s. m. (*bénitié*), vase à eau bénite; coquille; mollusque.

BENJAMIN, s. m. (*beinjamein*) (par allusion à la prédilection de Jacob pour *Benjamin*, le plus jeune de ses fils), enfant préféré.

BENJOIN, s. m. (*beinjoein*), résine sèche, aromatique, que produit un arbre des Indes.

BENOÎTE, s. f. (*benoate*), plante.

BENZOÏQUE, adj. m. (*beinzo-ike*), se dit de l'acide tiré du *benjoin*.

BÉQUILLARD, s. m. (*békiiar*), qui marche avec des *béquilles*. Fam.

BÉQUILLE, s. f. (*békiie*) (*baculus*, bâton), bâton pour les infirmes; instrument de jardinier.

BÉQUILLÉ, E, part. pass. de *béquiller*.

BÉQUILLER, v. n. (*békiié*), marcher avec une *béquille*. — V. a., faire un petit labour.

BER, s. m. (*bère*), appareil de charpente pour mettre un navire à flot; nom du jujubier.

BERCAIL, s. m. (*bèrekaie*) (du lat. barbare *ber bix*, fait de *vervex*, mouton), bergerie.

BERCE, s. f. (*bèrece*), plante.

BERCÉ, E, part. pass. de *bercer*.

BERCEAU, s. m. (*bèrecô*) (de *versus*, tourné), lit d'enfant; voûte; charmille en voûte.

BERCELONNETTE, s. f. (*bèrecélonète*), petit berceau d'enfant.

BERCER, v. a. (*bèrecé*) (*versare*, tourner), balancer un *berceau*; fig. leurrer.

BERCEUSE, s. f. (*bèreceuze*), femme qui berce les enfants.

BÉRET, s. m. (*béré*) (de l'espagnol *biretc*), bonnet rond; sorte de casquette, de toque.

BERGAME, s. f. (*bèreguame*), tapisserie de peu de valeur qui vient de *Bergame*, en Italie.

BERGAMOTTE, s. f. (*bèreguamote*), poire; orange; bonbonière.

BERGE, s. f. (*bèreje*) (du teutonique *bergue*, éminence), bord d'une rivière, d'un fossé, etc.; chaloupe; rocher à fleur d'eau.

BERGER, GÈRE, s. (*bèrejé, jère*) (en lat. barbare *berbicarius*), celui, celle qui garde un troupeau; fig. amant, amante.

BERGÈRE, s. f. (*bèrejère*), espèce de fauteuil; coiffure de femme.

BERGERETTE, s. f. (*bèrejerète*), jeune *bergère*; vin avec du miel.

BERGERIE, s. f. (*bèrejeri*), le lieu où l'on enferme les moutons et les brebis.

BERGERONNETTE, s. f. (*bèrejeronète*), petite *bergère*; petit oiseau fort joli.

BERLE, s. f. (*bèrele*) (en lat. barbare *berula*), plante.

BERLINE, s. f. (*bèreline*), espèce de voiture inventée à *Berlin*.

BERLINGOT, s. m. (*bereleinguô*), berline coupée; classe de compagnons.

BERLOQUE, s. f. (*bèreloke*). Voy. *breloque*.

BERLUE, s. f. (*bèrelu*) (de l'italien *vario lume*, lumière qui varie), éblouissement; défaut de lumière.

BERME, s. f. (*bèreme*), chemin entre le rempart et le fossé; tonneau.

BERMUDIENNE, s. f. (*bèremudiène*), plante.

BERNABLE, adj. des deux g. (*bèrenable*), qui mérite d'être *berné*.

BERNACLE, s. f. (*bèrenakle*), coquillage.

BERNARDIN, E, s. (*bèrenardein, dine*), religieux, religieuse de l'ordre de saint Benoît, réformé par saint *Bernard*.

BERNE, s. f. (*bèrene*) (du vieux français *berne*, espèce d'habit), saut sur une couverture tenue par quatre personnes.

BERNÉ, E, part. pass. de *berner*.

BERNEMENT, s. m. (bèrenoman), action de berner. Fam.
BERNER, v. a. (bèrené), faire sauter par le moyen d'une couverture ; fig. railler.
BERNEUR, EUSE, s. (bèreneur, euze), qui berne. Fam.
BERNIQUE, interj. (bèrenik), rien. Pop.
BÉRYL, s. m. (béril) (βηρυλλος), aigue-marine d'un beau bleu ; espèce de topaze.
BESACE, s. f. (bezace) (bis sacca, double sac), long sac à deux poches.
BESACIER, IÈRE, s. (bezacié, ière), qui porte la besace.
BESAIGRE, adj. m. (bezèguere), se dit du vin qui s'aigrit.
BESAIGUË. Voy. BISAIGUË.
BESANT, s. m. (bezan), monnaie d'or de Constantinople; t. de blas., pièce d'or sur l'écu.
BESET, s. m. (besé) (bis, deux fois, et as, as), deux as amenés du même coup de dé.
BÉSI, s. m. (bezi), sorte de poire.
BÉSICLES, s. f. p. (bezikle) (bis oculi, deux yeux), lunettes à branches.
BESOGNE, s. f. (bezognie) (du français besoin), travail, ouvrage.
BESOGNER, v. n. (bezognié), faire de la besogne. Vieux.
BESOIGNEUX, EUSE, adj. (bezognieu, euze), qui est dans le besoin.
BESOIN, s. m. (bezoein), manque de ce qui est nécessaire; dénuement; nécessité naturelle.
BESSON, ONNE, adj. (bèçon, çone) (bis, deux fois), jumeau. Vieux.
BESTIAIRE, s. m. (bècetière), à Rome, homme destiné à combattre les bêtes féroces.
BESTIAL, E, adj. (bèctiale), qui tient de la bête.
BESTIALEMENT, adv. (bècetialeman), en vraie bête.
BESTIALITÉ, s. f. (bècetialité), commerce contre nature avec une bête.
BESTIASSE, s. f. (bècetiace), personne bête.
BESTIAUX, s. m. pl. Voy. BÉTAIL.
BESTIOLE, s. f. (bècetiole), petite bête; fig. enfant qui a peu d'esprit.
BÊTA, s. m. (béta), personne bête ; deuxième lettre de l'alphabet grec.
BÉTAIL, s. m., au pl. BESTIAUX, (béta-ie, bècetiô) (bestia, bête); troupeau de bêtes.
BÊTE, s. f. (bète) (bestia), animal irraisonnable; fig. personne stupide; jeu de cartes. — Adj. des deux g., sot, stupide.
BÊTEMENT, adv. (bèteman), stupidement.
BÊTISE, s. f. (bètize), ignorance ; stupidité.
BÉTOINE, s. f. (bètoène), plante.
BÉTON, s. m. (béton), mortier ; lait trouble.
BETTE, s. f. (bète), plante potagère.
BETTERAVE, s. f. (bèterave), plante potagère; espèce de bette.
BÉTYLE, s. m. (bétile), pierre employée à faire les plus anciennes idoles.

BEUGLEMENT, s. m. (beugueleman), le cri du taureau, du bœuf et de la vache.
BEUGLER, v. n. (beuguelé) (bucula, génisse), pousser des beuglements.
BEURRE, s. m. (beure) (butyrum), crème épaissie.
BEURRÉ, E, part. pass. de beurrer.—S. m., sorte de poire fondante.
BEURRÉE, s. f. (beuré), tranche de pain couverte de beurre.
BEURRER, v. a. (beuré), couvrir de beurre.
BEURRIER, IÈRE, s. (beurié, ière), qui vend du beurre.
BÉVUE, s. f. (bévu), méprise, erreur.
BEY, s. m. (bé) (du turc beig, prince), gouverneur turc.
BEZESTAN, s. m. (bezècetan) (du turc bezestin), marché public de Constantinople.
BÉZOARD, s. m. (bézoar) (du persan beuzahar, antidote), concrétion pierreuse.
B-FA-SI, s.m. (béfaci), en mus., le ton de si.
BIAIS, s. m. (bié) (de l'ancien gaulois bikay, de travers), obliquité ; fig. moyen détourné; ménagement; faux pli.
BIAISÉ, E, part. pass. de biaiser.
BIAISEMENT, s. m. (biéseman), action de biaiser; fig. détour pour tromper. Peu us.
BIAISER, v. n. (biézé), être de biais ; user de détours — V. a., détourner un peu.
BIBERON, ONNE, s. (biberon, one), qui aime le vin. Fam. — S. m., vase à bec.
BIBLE, s. f. (bibele) (βιβλιον, livre), livre qui contient la Sainte-Écriture.
BIBLIOGRAPHE, s. des deux g. (bibliografe) (βιβλιον, livre, et γραφω, j'écris), personne versée dans la connaissance des livres.
BIBLIOGRAPHIE, s. f. (bibliografi), science du bibliographe.
BIBLIOGRAPHIQUE, adj. des deux g. (bibliografike), de la bibliographie.
BIBLIOMANE, s. des deux g. (bibliomane) qui aime les livres avec passion. — Adj. des deux g., qui a rapport à la bibliomanie.
BIBLIOMANIE, s. f. (bibliomani) (βιβλιον, livre, et μανια, manie), passion pour les livres.
BIBLIOPHILE, s. des deux g. (bibliofile) (βιβλιον, livre, et φιλος, ami), personne qui aime les livres.
BIBLIOTHÉCAIRE, s. des deux g. (bibliotékère), garde d'une bibliothèque.
BIBLIOTHÈQUE, s. f. (bibliotéke) (βιβλιον, livre, et θηκη, boîte), collection de livres.
BIBLIQUE, adj. des deux g. (biblike), qui appartient, qui est propre à la Bible.
BIBUS, s. m. (bibuce), chose de peu de valeur.
BICEPS, s. m. (bicèpece) (bis, deux fois, et caput, tête), muscle à deux branches.
BICHE, s. f. (biche) (du lat. barbare bicula), femelle du cerf; squale glauque.
BICHET, s. m. (biché), mesure de grains.
BICHOFF, s. m. (bichofe) (mot étranger),

vin froid dans lequel on fait infuser du citron.

BICHON, ONNE, s. (*bichon, one*), petit chien à poil long et soyeux.

BICHONNÉ, E, part. pass. de *bichonner*.

BICHONNER, v. a. (*bichoné*), friser comme un *bichon*, pomponner, attifer.

BICOQUE, s. f. (*bikoke*), maison chétive; petite place mal fortifiée.

BIDET, s. m. (*bidè*), petit cheval; meuble.

BIDON, s. m. (*bidon*), broc de bois; vase de fer-blanc à l'usage des soldats; balle alongée.

BIEF. Voy. BIEZ.

BIEN, s. m. (*biein*), avantage; vertu; ce qui est utile, agréable, juste; ce qu'on possède. — Adv. convenablement; expressément; beaucoup; souvent. — BIEN QUE, loc. conj., quoique. — SI BIEN QUE, loc. conj., de sorte que.

BIEN-AIMÉ, adj. et s. (*biein-nèmé*) (*benè amatus*), fort chéri, préféré.

BIEN-DIRE, s. m. (*bieindire*) (*benè dicere*), langage poli.

BIEN-DISANT, E, adj. (*bieindizan, ante*) (*benè dicens*), qui parle *bien* et avec facilité.

BIEN-ÊTRE, s. m. (*bieinnètre*), existence aisée et commode.

BIENFAISANCE, s. f. (*bieinfezance*) (*beneficentia*), inclination à *faire* du *bien* ; charité.

BIENFAISANT, E, adj. (*bieinfezan, ante*) (*benè faciens*), qui *fait* du *bien*.

BIENFAIT, s. m. (*bieinfé*) (*benè factum*), chose bien faite), *bien* qu'on *fait*; faveur.

BIENFAITEUR, TRICE, s. (*bieinfètcur, trice*), qui a *fait* du *bien* à quelqu'un.

BIEN-FONDS, s. m. (*bieinfon*), immeuble.

BIENHEUREUX, EUSE, adj. (*bien-neureu, euse*), fort *heureux*; qui jouit de la béatitude éternelle. — Il est aussi s. dans ce dernier sens.

BIENNAL, E, adj., au pl. m. **BIENNAUX** (*bièneual*) (*bis*, deux fois, et *annus*, année), qui dure deux ans.

BIENSÉANCE, s. f. (*bieincéance*), convenance.

BIENSÉANT, E, adj. (*bieincéan, ante*), conforme à la *bienséance*; ce qui sied bien.

BIEN-TENANT, E, s. (*bieintenan, ante*), qui possède les *biens* d'une succession.

BIENTÔT, adv. de temps (*bieintó* devant une consonne; *bieintôte* devant une voyelle), dans peu de temps, sous peu ; promptement.

BIENVEILLANCE, s. f. (*bieinvè-iance*) (*benevolentia*), affection, bonne volonté.

BIENVEILLANT, E, adj. (*bienvè-ian, ante*) (*benè volens*), qui a de la *bienveillance*.

BIENVENU, E, adj. et s. (*bieinvenu*), bien reçu.

BIENVENUE, s. f. (*bieinvenu*) (*venire*, venir, et *benè*, bien), heureuse *venue*; entrée.

BIENVOULU, E, adj. (*bienvoulu*), qui est aimé; à qui on *veut* du *bien*. Vieux.

BIÈRE, s. f. (*bière*) (du flamand *bier*), boisson; cercueil; fonds de forêts.

BIÈVRE, s. m. (*bièvre*) (*fiber*), ancien nom du castor ; oiseau de rivière.

BIEZ, s. m. (*bièze*), canal qui conduit les eaux au moulin ; partie d'un canal à écluses.

BIFFÉ, E, part. pass. de *biffer*, et adj.

BIFFER, v. a. (*bifé*) (en lat. barbare *batafare*), effacer ce qui est écrit.

BIFIDE, adj. des deux g. (*bifide*) (*bis*, deux fois, et *findere*, fendre), fendu en deux.

BIFTECK, s. m. (*biftèke*) (de l'anglais *beef-steak*), tranche de *bœuf* cuite sur le gril.

BIFURCATION, s. f. (*bifurkácion*) (*bis*, et *furca*, fourche), division en deux branches.

BIFURQUÉ, E, part. pass. de *se bifurquer*, et adj. (*bifurké*), divisé en deux branches.

se BIFURQUER, v. pr. (*cebifurké*), se diviser en deux; fourcher.

BIGAMIE, adj. et s. des deux g. (*biguame*) (*bis*, deux fois, et γαμεῖν, se marier), marié à deux personnes en même temps.

BIGAMIE, s. f. (*biguami*), état du *bigame*.

BIGARADE, s. f. (*biguarade*), orange aigre.

BIGARRÉ, E, part. pass. de *bigarrer*, et adj.

BIGARREAU, s. m. (*biguaró*), grosse cerise rouge et blanche.

BIGARREAUTIER, s. m. (*biguárotié*), arbre qui porte des *bigarreaux*.

BIGARRER, v. a. (*biguáré*) (*bis*, doublement, et *variare*, diversifier), rassembler des couleurs tranchantes et mal assorties.

BIGARRURE, s. f. (*biguárure*), variété de couleurs ; mélange de tons disparates.

BIGLE, adj. et s. des deux g. (*biguele*) (*bis*, deux fois, et *oculus*, œil), louche. — **S. m.**, chien anglais qui chasse le lièvre et le lapin.

BIGLER, v. n. (*biguelé*), loucher. Inus.

BIGNE, s. f. (*bignie*), bosse au front. Inus.

BIGNONE, s. f. (*bignioné*), plante.

BIGORNE, s. f. (*biguorne*) (*bicornis*, qui a deux cornes), enclume à deux *cornes*.

BIGOT, OTTE, s. et adj. (*biguo, guote*) (de l'anglais *by God*, par Dieu), dévot outré; hypocrite.

BIGOTISME, s. m. (*biguoticeme*), caractère d'un *bigot*.

BIGOTTERIE, s. f. (*biguoteri*), dévotion outrée ; hypocrisie.

BIGUE, s. f. (*bigue*), t. de mar., pièce de bois pour soulever ou coucher le vaisseau.

BIJON, s. m. (*bijon*), térébenthine du pin; liqueur qui sort du mélèze.

BIJOU, s. m., au pl. **BIJOUX** (*bijou*) (*bis*, doublement, et *jocus*, jeu), petit ouvrage curieux ou précieux.

BIJOUTERIE, s. f. (*bijouteri*), commerce de *bijoux* ; objets de ce commerce.

BIJOUTIER, IÈRE, s. (*bijoutié, ière*), qui fait commerce de *bijoux*.

BILAN, s. m. (*bilan*) (*bilanx*, balance), état de l'actif et du passif d'un commerçant.

BILBOQUET, s. m. (*bileboké*) (du français *bille*, petite boule, et *boquet*, petit morceau de bois), jouet d'enfant; homme frivole; outil de doreur; en t. d'impr., ouvrage de peu de valeur.

BILE, s. f. (*bile*) (*bilis*), humeur; *fig.* colère.

BILIAIRE, adj. des deux g. (*bilière*), de la *bile*.

BILIEUX, EUSE, adj. (*bilieu, euze*), qui abonde en *bile*; *fig.* colérique.

BILL, s. m. (*bile*), mot anglais qui signifie projet de loi du parlement en Angleterre.

BILLARD, s. m. (*biiar*), jeu de *billes* sur une table drapée; maison où est ce jeu.

BILLARDÉ, E, part. pass. de *billarder*.

BILLARDER, v. n. (*biiardé*), toucher deux fois sa *bille*. On dit plus souvent *queuter*.

BILLE, s. f. (*biie*) (*bila*, balle à jouer, ou *bulla*, bulle d'eau), petite boule; bâton pour serrer; morceau de bois non équarri; bateau.

BILLEBARRÉ, E, part. pass. de *billebarrer*.

BILLEBARRER, v. a. (*biiebâré*), bigarrer.

BILLEBAUDE, s. f. (*biiebôde*), confusion.

BILLET, s. m. (*bi-ié*) (du lat. barbare *billetus*, fait de l'allemand *bille*), petite lettre missive; promesse sous seing-privé; avis écrit ou imprimé; papier monnaie; marque d'entrée.

BILLETÉ, E, part. pass. de *billeter*, et adj.

BILLETER, v. a. (*biieté*), étiqueter. Vieux.

BILLETTE, s. f. (*biiète*), instrument de verrier; enseigne; petit baril; pièce d'armoirie.

BILLEVESÉE, s. f. (*bilevezé*), discours frivole; conte vain et ridicule. Fam.

BILLION, s. m. (*billion*, et non pas *biion*), t. d'arith., mille millions, milliard.

BILLON, s. m. (*biion*), or ou argent mêlé au dessous du degré fixé; monnaie de cuivre; t. d'agric., sillon en dos; verge de vigne.

BILLONNAGE, s. m. (*biionaje*), altération de la monnaie; action de labourer en *billon*.

BILLONNÉ, E, part. pass. de *billonner*.

BILLONNEMENT, s. m. (*biioneman*), action de *billonner*. Presque inus.

BILLONNER, v. n. (*biioné*), substituer de mauvaise monnaie à la bonne; altérer les espèces. — V. a., labourer en *billon*; châtrer.

BILLONNEUR, EUSE, s. (*bitoneur, euze*), qui *billonne*, qui fait métier de *billonner*.

BILLOT, s. m. (*biio*), tronçon de bois; souricière; bâton au cou d'un chien; *fig.* gros livre.

BIMBELOT, s. m. (*beinbeló*) (de l'italien *bambola*, poupée), colifichet, jouet d'enfant.

BIMBELOTIER, IÈRE, s. (*beinbelotié, ière*), qui fabrique ou vend des *bimbelots*.

BIMBELOTTERIE, s. f. (*beinbeloteri*), commerce de *bimbelots*.

BINAGE, s. m. (*binaje*), labour léger; action du prêtre qui dit deux messes le même jour.

BINAIRE, adj. des deux g. (*binère*) (*binarius*), composé de deux unités.

BINARD, s. m. (*binar*), espèce de chariot.

BINÉ, E, part. pass. de *biner*.

BINER, v. a. (*biné*) (*binare*, doubler) donner un second labour. — V. n., dire deux messes.

BINET, s. m. (*binè*), petit chandelier pour brûler la chandelle jusqu'au bout.

BINOCLE, s. m. (*binokle*) (*bini*, deux, et *oculi*, yeux), lorgnette à deux branches.

BINOME, s. m. (*binome*) (*bis*, deux fois, et νομɴ, part), quantité composée de deux parties.

BIOGRAPHE, s. des deux g. (*bioguerafe*), (βιος, vie, et γραϕω, j'écris), auteur d'une ou de plusieurs vies particulières.

BIOGRAPHIE, s. f. (*bioguerafi*), histoire de la vie d'un particulier.

BIOGRAPHIQUE, adj. des deux g. (*bioguerafike*), qui tient de ou à la *biographie*.

BIPÈDE, adj. des deux g. et s. m. (*bipède*) (*bis*, doublement, et *pes*, pied), qui a deux pieds; en t. de man., deux des pieds du cheval.

BIQUE, s. f. (*bike*) (βηκα), chèvre. Fam.

BIQUET, s. m. (*bikè*), chevreau; trébuchet pour peser de l'or ou de l'argent.

BIRÈME, s. f. (*birême*) (*biremis*), t. d'antiq., navire à deux rangs de rames.

BIRIBI, s. m. (*biribi*), jeu de hasard.

BIRLOIR, s. m. (*birloar*) (pour *virloir*, fait du vieux mot *virer*), tourniquet. Peu us.

BIS, E, adj. (*bi, bize*) (en grec ϕzις), brun.

BIS, adv. (*bice*) (pris du lat.), une seconde fois. — Interj. bis! bis!—Il est aussi s. et adj.

BISAÏEUL, s. m. (*biza-ieule*), deux fois *aïeul*; le père du grand-père ou de la grand'mère.

BISAÏEULE, s. f. (*biza-ieule*), la mère de la grand'mère ou du grand-père.

BISAIGUË, s. f. (*bizégu*) (*bis*, deux fois, et *acutus*, aigu), hache à deux tranchants; outil de fer acéré par les deux bouts.

BISANNUEL, ELLE, adj. (*bizanenuèle*) (*bis*, deux fois, et *annuus*, annuel), de deux *ans*.

BISBILLE, s. f. (*bicebiie*) (de l'italien *bisbiglio*), dissension sur des futilités. Fam.

BISCAÏEN, s. m. (*biceka-iein*), mousquet; petit boulet en fer d'une livre et au-dessous.

BISCORNU, E, adj. (*bicekornu*), irrégulier, bizarre, baroque. Fam.

BISCOTIN, s. m. (*bicekotein*), petit biscuit.

BISCUIT, s. m. (*bicekui*) (*bis*, deux fois, et *coctus*, cuit), pain *cuit* deux fois; pâtisserie; porcelaine *cuite* au four.

BISE, s. f. (*bize*) (du mot français *bis*, dans la signification de *noir*), vent du nord; poisson.

BISÉ, E, part. pass. de *biser*.

BISEAU, s. m. (*bizó*), extrémité coupée de biais, en talus; outil de tourneur; baisure.

BISER, v. n. (*bizé*) devenir *bis*; dégénérer. — V. a. (*bis*, deux fois), reteindre.

BISET, s. et adj. m. (*bizè*) (du français *bis*, brun), oiseau; pigeon sauvage; caillou noirâtre.

BISETTE, s. f. (*bizète*), dentelle inférieure.

BISMUTH, s. m. (*bicemute*), métal fragile.

BISON, s. m. (*bizon*), bœuf sauvage.

BISONNE, s. f. (*bizonne*), toile grise.

BISQUAIN, s. m. (*bicekain*), peau de mouton en laine.

BISQUE, s. f. (*biceke*)(*bis*, deux fois, et *cocta*, cuite), espèce de potage; avantage à la paume.
BISQUER, v. n. (*biceké*), pester, éprouver du dépit. Pop.
BISSAC, s. m. (*biçake*) (*bis*, deux fois, et *saccus*, sac), sorte de besace.
BISSECTION, s. f. (*bicecèkecion*) (*bis*, doublement, et *sectio*, division), division en deux.
BISSEXE, adj. des deux g. (*bicèkcc*), dont le *sexe* ou le genre est double.
BISSEXTE, s. m. (*bicèkeccte*) (*bissextus*), jour ajouté tous les quatre ans au mois de février.
BISSEXTIL, E, adj. (*bicèkcetile*), se dit de l'année dans laquelle se rencontre le *bissexte*.
BISSEXUEL, ELLE, adj (*bicèkcuèle*), t. de bot., qui réunit les deux *sexes*.
BISTOQUET, s.m.(*bistokè*), espèce de queue de billard. Vieux.
BISTORTE, s. f. (*biçetorte*) (*bis*, doublement, et *torta*, tortue), plante à racines tortues.
BISTOURI, s. m. (*bicetouri*), instrument de chirurgie pour faire des incisions.
BISTOURNÉ, E, part. pass. de *bistourner*, et adj.
BISTOURNER, v. a. (*bicetourné*), tourner dans un sens contraire.
BISTRE, s. m. (*bicetre*), suie cuite et détrempée, dont se servent les peintres.
BITORD, s. m. (*bitor*), t. de mar., menue corde à deux, trois ou quatre fils de caret.
BITUME, s. m. (*bitume*) (*bitumen*), matière liquide, noire, huileuse et inflammable.
BITUMINEUX, EUSE, adj.(*bitumineu*, *euze*), de la nature du *bitume* ou qui en contient.
BIVAC, s. m. Voy. BIVOUAC.
BIVALVE, s.m. et adj. des deux g. (*bivalve*) (*bis*, deux fois, et *valvæ* portes), à deux *valves*.
BIVAQUER, v. n. Voy. BIVOUAQUER.
BIVOUAC ou BIVAC, s. m. (*bivouak*, *bivak*) (de l'allemand *biwacht*, formé de *bey* et *wacht*, guet de nuit), garde faite la nuit en plein air; station d'une armée.
BIVOUAQUER ou BIVAQUER, v. n. (*bivouaké*, *bivaké*), camper en plein air.
BIZARRE, adj. des deux g. (*bizáre*), fantasque, extravagant, extraordinaire.
BIZARREMENT, adv. (*bizáreman*), d'une façon *bizarre*.
BIZARRERIE, s. f. (*bizárerí*), caractère de ce qui est *bizarre*; caprice.
BIZET, s. m. (*bizé*) (voy. BISET.) garde national non revêtu de l'uniforme.
BLAFARD, E, adj. (*blafar*, *farde*) (de l'allemand *blechfarde*, couleur de plomb), se dit d'une couleur terne, d'une lumière faible.
BLAGUE, s. f. (*blague*), espèce de sac à tabac.
BLAIREAU, s. m. (*blèró*), bête puante; son poil; petit pinceau fait de ce poil.
BLÂMABLE, adj. des deux g. (*blâmable*), digne de *blâme*.

BLÂME, s. m. (*blâme*), désapprobation; réprimande.
BLÂMÉ, E, part. pass. de *blâmer*.
BLÂMER, v. a. (*blâmé*) (*blasphemare*, fait du grec βλασφημειν, condamner, reprendre), désapprouver, faire une réprimande.
BLANC, BLANCHE, adj. (*blan*) (de l'allemand *blank*, luisant), qui est de la couleur de la neige, du lait; *fig.* propre, pur, innocent.
BLANC, s. m. (*blan*), la couleur *blanche*; sorte de fard; homme qui a le teint *blanc*; marque qu'on met à un but; ancienne monnaie de cuivre en France; émail de la faïence; maladie des cheveux; marne *blanche*.
BLANC-BEC, s.m. (*blanbèke*), jeune homme sans expérience. Fam.
BLANCHAILLE, s. f. (*blancháie*), fretin.
BLANCHÂTRE, adj. des deux g. (*blanchâtre*), qui tire sur le *blanc*.
BLANCHE, s. f. (*blanche*), note de musique qui vaut la moitié d'une ronde ou deux noires.
BLANCHEMENT, adv. (*blancheman*), proprement.
BLANCHET, s. m. (*blanchè*), camisole d'étoffe *blanche*; t. d'impr., drap sous le tympan d'une presse; tissu pour filtrer.
BLANCHEUR, s. f. (*blancheur*), la couleur *blanche*; état de ce qui est *blanc*.
BLANCHI, E, part. pass. de *blanchir*.
BLANCHIMENT, s. m. (*blanchiman*), l'action de *blanchir*; résultat de cette action.
BLANCHIR, v. a. (*blanchir*), rendre *blanc*; nettoyer; *fig.* disculper.—V. n., devenir *blanc*.
BLANCHISSAGE, s. m. (*blanchiçaje*), action de *blanchir*; résultat de cette action.
BLANCHISSANT, E, adj. (*blanchiçan*, *ante*), qui *blanchit*, qui paraît *blanc*.
BLANCHISSERIE, et non pas BLANCHERIE, s. f. (*blanchiceri*), lieu où l'on *blanchit*.
BLANCHISSEUR, EUSE, s. (*blanchiceur*, *euze*), qui *blanchit* du linge.
BLANC-MANGER, s.m. (*blanmanjé*), t. de cuisine, gelée animale *blanche*.
BLANC-SEING, s. m. (*blancein*), signature apposée sur un papier *blanc*.
BLANQUE, s. f. (*blanke*), espèce de jeu en forme de loterie.
BLANQUETTE, s.f. (*blankète*), poire; raisin; vin blanc; ragoût; soude inférieure.
BLASÉ, E, part. pass. de *blaser*, et adj.
BLASER, v. a. (*blázé*) (βλαζειν, être stupide), émousser le sens du goût; lasser.
BLASON, s. m. (*blázon*) (de l'allemand *blásen*, sonner du cor), science héraldique.
BLASONNÉ, E, part. pass. de *blasonner*.
BLASONNER, v. a. (*blázoné*), peindre, expliquer des armoiries; *fig.* médire de... Fam.
BLASPHÉMATEUR, TRICE, s. (*blacefémateur*, *trice*), qui *blasphème*.
BLASPHÉMATOIRE, adj. des deux g. (*blacefématoare*), qui contient des *blasphèmes*.
BLASPHÈME, s.m. (*blacefème*) (βλασφημα,

dérivé de βλασφυμειν, tenir des discours impies), parole impie; discours injuste, déplacé.

BLASPHÉMÉ, E, part. pass. de blasphémer.

BLASPHÉMER, v. n. (blacefémé), proférer un blasphème.

BLATIER, s. m. (blâtié); marchand de blé.

BLATTE, s. f. (blate) (βλαπτειν, nuire), genre d'insectes très nuisibles.

BLAUDE, s. f. (blôde), blouse.

BLÉ, s. m. (blé) (du lat. barbare bladum, semence), plante graminée; froment.

BLÈCHE, adj. des deux g. et s. m. (blèche) (βλαξ, lâche), homme mou, sans fermeté.

BLÉCHIR, v. n. (blèchir), mollir. Peu us.

BLÊME, adj. des deux g. (blême), très-pâle.

BLÉMIR, v. n. (blémir), pâlir beaucoup.

BLESSANT, E, part. prés. de blesser, et adj. (blèçan, ante), qui blesse, qui choque.

BLESSÉ, E, part. pass. de blesser, adj. et s.

BLESSER, v. a. (blècé) (πληςειν, frapper), faire une blessure; fig. offenser, choquer.

BLESSURE, s. f. (blèçure), plaie, contusion.

BLET, ETTE, adj. (blè, blète) (βλαξ, mou), se dit d'un fruit trop mûr; mou.

BLETTE, s. f. (blète) (βλιτυν, terre insipide), plante potagère.

BLEU, E, adj. (bleu) (en allemand blau), qui est de couleur d'azur, de la couleur du ciel.

BLEU, s. m. (bleu), la couleur bleue; chien de mer; pièce pour enfoncer les coins.

BLEUÂTRE, adj. des deux g. (bleuâtre), tirant sur le bleu.

BLEUI, E, part. pass. de bleuir, et adj.

BLEUIR, v. a. (bleuir), rendre bleu. — v. n., devenir bleu.

BLINDAGE, s. m. (bleindaje), action de blinder ; résultat de cette action.

BLINDÉ, E, part. pass. de blinder.

BLINDER, v. a. (bleindé), garnir de blindes.

BLINDES, s. f. pl. (bleinde) (en hollandais blind), t. de guerre, brancards pour couvrir la tranchée; tronçons de vieux câbles.

BLOC, s. m. (blok), amas, gros morceau.

BLOCAGE, s. m. (blokaje), menu moellon; t. d'impr., lettre retournée à la place d'une autre lettre qui manque; action de bloquer une bille.

BLOCAILLE, s. f. (bloká-ie). Voy. BLOCAGE dans sa première acception.

BLOCKAUS, s. m. (blokôce), fortin en bois.

BLOCUS, s. m. (blokuce) (de l'allemand blockhaus, maison de bois où l'on place du canon), action de bloquer, de cerner une place.

BLOND, E, adj. et s. (blon, blonde) (du saxon blond, mêlé), qui est d'une couleur moyenne entre le doré et le châtain clair.

BLONDE, s. f. (blonde), dentelle de soie.

BLONDIN, E, adj. et s. (blondein, dine), qui a les cheveux blonds; jeune homme qui fait le beau. Fam.

BLONDIR, v. n. (blondir), devenir blond.

BLONDISSANT, E, adj. (blondiçan, ante), qui devient blond.

BLOQUÉ, E, part. pass de bloquer. et adj. S., coup par lequel on bloque une bille.

BLOQUER, v. a. (bloké), faire un blocus; mettre une bille dans la blouse au jeu de billard; t. d'impr., faire un blocage.

BLOTTI, E, part. pass. de blottir.

se BLOTTIR, v. pr. (ceblotir) (du vieux mot blotte ou bloutre, motte de terre), s'accroupir, se ramasser en un tas.

BLOUSE, s. f. (blouze), sarrau, souquenille; trou des coins et des côtés d'un billard.

BLOUSÉ, E, part. pass. de blouser; et adj.

BLOUSER, v. a. (blouzé), faire entrer dans la blouse ; fig. tromper. Fam.

BLUET, ou BLEUET, s. m. (bluè, bleuè), plante bleue qui croît dans les blés.

BLUETTE, s. f. (bluète) (rac. bleu), petite étincelle ; fig. badinage d'esprit.

BLUTÉ, E, part. pass. de bluter.

BLUTEAU ou BLUTOIR, s. m. (blutô), instrument pour passer la farine.

BLUTER, v. a. (bluté) (du lat. barbare blutare, vider), passer la farine par de bluteau.

BLUTERIE, s. f. (bluteri), lieu où l'on blute la farine.

BLUTOIR, s. m. (blutoar). Voy. BLUTEAU.

BOA, s. m (boa), gros serpent; fourrure; rougeole ; enflure des jambes.

BOBÊCHE, s. f. (bobèche) (du vieux mot bavesche), petit cylindre où se met la chandelle.

BOBINE, s. f. (bobine) (bombyx , fait du grec βομβυξ, ver à soie), fuseau pour dévider.

BOBINÉ, E, part. pass. de bobiner.

BOBINER, v. a. (bobiné), dévider du fil sur la bobine.

BOBO, s. m. (bobô), petit mal. Fam.

BOCAGE, s. m. (bokaje) (de l'italien bosco, bois), sorte de petit bois.

BOCAGER, GERE, adj. (bokajé, jère), qui hante, qui fréquente les bois.

BOCAL, s. m. (bokal) (de l'italien bocale, mesure de liquide), vase à col court.

BOCARD, s. m. (bokare), t. de forge, moulin à pilon avec lequel on écrase la mine.

BOCARDÉ, E, part. pass. de bocarder.

BOCARDER, v. a. (bokardé), passer au bocard; broyer, pulvériser.

BODRUCHE, s. f. (bodruche). Voy. BAUDRUCHE.

BOEUF, s. m. (beufe; le pl. s'écrit baufs et se prononce beû) (de ἑως; en lat. bos, bœuf ou vache), taureau châtré.

BOGHEI, s. m. (boguè), cabriolet découvert.

BOHÉMIEN, MIENNE, et non pas BOHÈME, s. (bohémiein ; mième), vagabond, diseur de bonne-aventure.

BOÏARD, s. m. (bo-iar), civière à bras; nom des seigneurs de Russie.

BOIRE, v. a. (boare) (bibere), avaler quelque liquide; s'enivrer.— S. m., le breuvage.

BOIS, s. m. (*bod*, et devant une voyelle *boaze*) (en lat. barbare *boscium*), substance dure et compacte des arbres; lieu planté d'arbres; cornes des bêtes fauves.

BOISAGE, s. m. (*boazaje*), tout le *bois* dont on s'est servi pour *boiser*.

BOISÉ, E, part. pass. de *boiser*, et adj., garni de menuiserie; garni de *bois*.

BOISER, v. a. (*boasé*), garnir de *bois* de menuiserie une chambre, une salle, etc.

BOISERIE, s. f. (*boazeri*), revêtement en *bois*.

BOISEUX, EUSE, adj. (*boazeu, euse*), qui est de la nature du *bois*.

BOISSEAU, s. m. (*boèçó*) (en lat. barbare *bussellus*), ancienne mesure de capacité.

BOISSELÉE, s. f. (*boècelé*), ce qui est contenu dans un *boisseau*.

BOISSELIER, IÈRE, s. (*boècelié*, *ière*), qui fait et vend des *boisseaux*.

BOISSELLERIE, s. f. (*boècèleleri*), métier, commerce, marchandises du *boisselier*.

BOISSON, s. f. (*boèçon*), liqueur à *boire*.

BOITE, s. f. (*boète*, la première syllabe brève), l'état du vin lorsqu'il est bon à *boire*.

BOÎTE, s. f. (*boétc* , la première syllabe longue) (*buxeta*, dérivé de *buxus*, buis), petit coffret; mortier d'artifice; tabatière.

BOITER, v. n. (*boèté*), clocher; ne pas marcher droit.

BOITEUX, EUSE, adj. et s. (*boèteu, euse*), qui *boite*.

BOÎTIER, s. m. (*boètié*), petit coffre où les chirurgiens mettent les onguents.

BOL ou **BOLUS**, s. m. (*bol, boluce*) (βωλυς, morceau), grande tasse; petite boule de drogues médicinales; terre argileuse colorée.

BOLAIRE, adj. des deux g. (*bolère*), de la nature de l'argile nommée *bol*.

BOLET, s. m.(*bolè*)(βωλιτης), champignon.

BOLLANDISTE, s. m. (*bolelandicete*) (de *Bollandus*, chef de cette société), société de jésuites qui a recueilli tout ce qui concerne les vies des saints.

BOMBANCE, s. f. (*bonbance*) (du lat. barbare *pompantia*, fait de *pompa*, pompe), chère extraordinaire et abondante.

BOMBARDE, s. f. (*bonbarde*) (rac. *bombe*), machine de guerre; gros canon ; jeu d'orgue.

BOMBARDÉ, E, part. pass. de *bombarder*.

BOMBARDEMENT, s. m. (*bonbardeman*), action de *bombarder*.

BOMBARDER, v. a. (*bonbardé*), jeter, lancer des *bombes*.

BOMBARDIER, s. m. (*bonbardié*), artilleur qui tire des *bombes*.—Au pl., genre d'insectes.

BOMBASIN, s. m. (*bonbazein*) (βομβυξ, ver à soie), sorte d'étoffe de soie.

BOMBE, s. f. (*bonbe*) (*bombus*, bruit du tonnerre), boulet creux rempli de poudre.

BOMBÉ, E, part. pass. de *bomber*, et adj.

BOMBEMENT, s. m. (*bonbeman*)(βομβος), convexité; t. de méd., bourdonnement.

BOMBER, v. a. (*bonbé*) (rac. *bombe*), rendre convexe.— V. n., devenir convexe.

BOMBEUR, s. m. (*bonbeur*), qui fabrique ou vend des verres *bombés*.

BON, BONNE, adj. (*bon*, *bonne*) (*bonus, bona*), qui a des qualités convenables à sa nature; parfait; humain; avantageux. — S. m., mandat. — Interj., bien ! c'est cela !

BONACE, s. f. (*bonace*), calme de la mer.

BONASSE, adj. des deux g. (*bonace*) (*bonus*, bon), simple, sans malice.

BONBON, s. m. (*bonbon*), friandise, sucrerie.

BONBONIÈRE, s. f. (*bonbonière*), boîte à *bonbons* ; sorte de voiture.

BON-CHRÉTIEN, s. m. (*bonkrétiein*), poire.

BOND, s. m. (*bon*), rejaillissement d'un corps qui frappe sur un autre ; saut; inégalité.

BONDE, s. f. (*bonde*), pièce de bois pour retenir l'eau d'un étang; trou d'un tonneau.

BONDÉ, E, part. pass. de *bonder*, et adj., plein jusqu'à la *bonde*.

BONDER, v. a.(*bondé*), charger un navire autant qu'il est possible; remplir jusqu'à la *bonde*.

BONDIR, v. n. (*bondir*), faire des bonds.

BONDISSANT, E, adj. (*bondiçan*, *ante*), qui *bondit*.

BONDISSEMENT, s. m. (*bondiceman*), action de *bondir*.

BONDON, s. m. (*bondon*), tampon de bois qui sert à boucher la *bonde* d'un tonneau.

BONDONNÉ, E, part. pass. de *bondonner*, et adj.

BONDONNER, v. a. (*bondoné*), boucher avec un *bondon*.

BONDUC, s. m. (*bonduke*), plante.

BON-HENRI, s. m. (*bonanri*), plante ; poire.

BONHEUR, s. m. (*boneur*) (du vieux mot *heur*, événement), félicité, prospérité.

BONHOMIE, s. f. (*bonomi*) (formé de *bonhomme*), bonté, simplicité.

BONHOMME, s. m. (*bonome*), vieillard qui a de la *bonhomie*; outil de verrier ; plante.

BONI, s. m. (*bóni*), gain; excédant.

BONIFICATION, s. f. (*bonifikácion*), amélioration.

BONIFIÉ, E, part. pass. de *bonifier*, et adj.

BONIFIER, v. a. (*bonifié*) (*bonus*, bon, et *facere*, faire), améliorer ; tenir compte.

BONITE, s. f. (*bonite*), poisson de mer.

BONJOUR, s. m. (*bonjour*), terme pour saluer, souhait d'un *jour* bon et heureux.

BONNE, s. f. (*bone*) (*bona*), gouvernante d'un enfant ; servante.

BONNE-DAME, s. f. *bonedame*), plante.

BONNEMENT, adv. (*boneman*), de *bonne* foi; naïvement; précisément. Fam.

BONNET, s. m. (*bonè*), coiffure.

BONNETADE, s. f. (*bonetade*), coup de *bonnet* ou de chapeau; salut, révérence. Fam.

BONNETÉ, E, part. pass. de *bonneter*.

BONNETER, v. a. (*boneté*), saluer basse-

ment; couvrir l'amorce d'une pièce d'artifice.
BONNETTERIE, s. f. (bonèteri), métier du bonnetier; marchandise qu'il vend.
BONNETEUR, EUSE, s. (boneteur, euze), prodigue de compliments. Vieux.
BONNETIER, IÈRE, s. (bonetié, ière), qui fait ou vend des bonnets, des bas, etc.
BONNETTE, s. f. (bonète), bonnet de femme; ouvrage de fortification; petite voile.
BONNE-VOGLIE, s. m. (bonevo-ie) en italien buona-voglia), marinier de rame. Inus.
BONSOIR, s. m. (bonçoar), salut du soir.
BONTÉ, s. f. (bonté), qualité de ce qui est bon; obligeance, humanité.
BONZE, s. m. (bonze), prêtre chinois.
BOQUILLON, s. m. (bokiion), bûcheron.
BORACIQUE, adj. des deux g. (boracike), tiré du borax.
BORAX, s. m. (borakce), sel neutre.
BORBORYGME, s. m. (borborigueme) (βορϐορυγμος), vent bruyant dans les intestins.
BORD, s. m. (bor) (ora, fait du grec ορις), extrémité; rive; côté; navire.
BORDAGE, s. m. (bordaje), revêtement extérieur d'un navire.
BORDAYER, v. n. (bordéie), louvoyer.
BORDÉ, E, part. pass. de border, et adj., garni sur les bords: — S. m., galon à border.
BORDÉE, s. f. (bordé), route d'un navire qui louvoie; décharge des canons d'un bord.
BORDER, v. a. (bordé), garnir le bord; louvoyer, côtoyer.
BORDEREAU, s. m. (borderó), mémoire des espèces qui composent une somme.
BORDIER, IÈRE, s. et adj (bordier, ière), se dit d'un navire qui a un bord plus fort que l'autre; propriétaire d'un champ qui borde un chemin.
BORDIGUE, s. f. (bordigue), retranchement de roseaux pour prendre du poisson.
BORDURE, s. f. (bordure), ce qui borde.
BORE, s. m. (boré), corps simple qui, combiné avec l'oxygène, constitue l'acide borique.
BORÉAL, E, adj. (boréale), septentrional.
BORÉE, s. m. (boré), vent du nord.
BORGNE, adj. et s.des deux g. (borgnie), qui n'a qu'un œil; fig. incomplet; obscur.
BORGNESSE, s. f. (borgnièce), femme borgne. Bas et pop.
BORIQUE, adj. m. (borike), t. de chim., se dit de l'acide formé de bore et d'oxygène.
BORNAGE, s.m. (bornaje), action de borner.
BORNE, s. f. (borne) (ϐωνις, monceau de terre), marque qui sépare. — Au pl., limites.
BORNÉ, E, part. pass. de borner, et adj., qui a des bornes; inepte.
BORNER, v. a. (borné), mettre des bornes à; limiter; fig. modérer.
BORNOYÉ, E, part. pass. de bornoyer.
BORNOYER, v. a. (bornoèié), regarder d'un seul œil; placer des jalons.

BOSAN, s. m. (bozan) breuvage fait de millet bouilli.
BOSEL, s. m. (bozèle), base des colonnes.
BOSPHORE, s. m. (bocefore) (ϐους, bœuf, et πορος, passage), espace de mer entre deux terres.
BOSQUET, s. m. (boskè), petit bois.
BOSSAGE, s.m.(boçaje) (rac. bosse), saillie.
BOSSE, s. f. (boce) (φυσα ou φισσα, enflure), saillie au dos ou à l'estomac; grosseur; élévation; cordage; modèle en plâtre; relief.
BOSSÉ, E, part. pass. de bosser.
BOSSELAGE, s. m. (bocelaje), travail en bosse sur la vaisselle.
BOSSELÉ, E, part. pass. de bosseler, et adj., travaillé en bosse; bombé; bossué.
BOSSELER, v. a. (bocelé), travailler en bosse sur l'argenterie.
BOSSEMAN, s. m. (boceman) (de l'anglais boat-swain), second contre-maître d'un navire.
BOSSER, v. a. (bocé), t. de mar., mettre l'ancre sur ses bois; retenir avec des bosses.
BOSSETTE, s.f. (bocète), ornement attaché aux deux côtés d'un mors, et qui est fait en bosse.
BOSSOIR, s. m. (boçoar), poutre de l'ancre.
BOSSU, E, adj. et s. (boçu), qui a une ou plusieurs bosses.
BOSSUÉ, E, part. pass. de bossuer, et adj.
BOSSUER, v. a. (boçué), faire une bosse à quelque objet en le heurtant.
BOSTANGI, s. m. (bocetanji) (du mot turc bostan, jardinier), jardinier du sérail.
BOSTON, s. m. (boceton), jeu de cartes.
BOT, adj.m. (bó) (du vieux mot bot, crapaud): pied bot, pied contrefait.
BOTANIQUE, s. f. (botanike) (ϐοτανη, herbe), science qui traite des plantes. — Adj. des deux g., qui a rapport à cette science.
BOTANISTE, s. des deux g. (botanicete), qui s'applique à la botanique.
BOTARGUE. Voy. BOUTARGUE.
BOTTE, s. f. (bote), faisceau; coup d'épée ou de fleuret; chaussure de cuir.
BOTTÉ, E, part. pass. de botter, et adj., qui porte des bottes.
BOTTELAGE, s. m. (botelaje), action de botteler.
BOTTELÉ, E, part. pass. de botteler.
BOTTELER, v. a. (botelé), mettre en bottes du foin, de la paille, des légumes, etc.
BOTTELEUR, EUSE, s. (boteleur, euze), qui met le foin, la paille en bottes.
BOTTER, v. a. (boter), mettre les bottes à quelqu'un; faire des bottes pour quelqu'un.
BOTTIER, s. m. (botié), qui fait des bottes.
BOTTINE, s. f. (botine), petite botte.
BOUC, s.m. (bouke) (du lat. barbare buccus), mâle de la chèvre; sa peau; poulie à cornes.
BOUCAGE, s. m. (boukaje), plante.

BOUCAN, s. m. (boukan) (mot de la langue des Caraïbes), lieu où les sauvages fument leurs viandes; gril de bois; bruit, vacarme.

BOUCANÉ, E, part. pass. de *boucaner*; et adj.

BOUCANER, v. a. (boukané), faire fumer et griller de la viande sur le *boucan*. —V. n., aller à la chasse des bœufs sauvages; vexer. Pop.

BOUCANIER, s. m. (boucanié), celui qui va à la chasse des bœufs sauvages; nom donné autrefois à certains pirates; long mousquet dont ils se servaient.

BOUCARO, s. m. (boukaro), espèce de terre rougeâtre dont on fait divers vases.

BOUCASSIN, s. m. (boukacein), futaine.

BOUCAUT, s. m. (boukô), tonneau.

BOUCHE, s. f. (bouche) (du celtique *boch*), ouverture placée entre le nez et le menton, et par où l'homme parle et mange; entrée.

BOUCHÉ, E, part. pass. de *boucher*.

BOUCHÉE, s. f. (bouché), ce qu'on met dans la *bouche* d'une seule fois.

BOUCHER, v. a. (bouché) (βύω, futur βύξω), fermer une ouverture.

BOUCHER, s. m. (bouché) (rad. *bouche*), celui qui tue les bestiaux et en vend la chair; *fig.* chirurgien maladroit; homme cruel.

BOUCHÈRE, s. f. (bouchère), celle qui vend de la viande crue, ou la femme d'un *boucher*.

BOUCHERIE, s. f. (boucheri), lieu où l'on vend la viande; *fig.* massacre, carnage.

BOUCHE-TROU, s. m. (bouche-trou), remplaçant. Fam.

BOUCHOIR, s. m. (bouchoar), plaque avec laquelle on ferme, on *bouche* le four.

BOUCHON, s. m. (bouchon), ce qui sert à *boucher* une bouteille, etc.; poignée de paille; enseigne de cabaret; pièce d'horlogerie.

BOUCHONNÉ, E, part. pass. de *bouchonner*, et adj.

BOUCHONNER, v. a. (bouchoné), frotter un cheval avec un *bouchon* de paille; chiffonner; caresser, cajoler.

BOUCHONNIER, s. m. (bouchonié), qui fait et vend des *bouchons*.

BOUCLE, s. f. (boukle) (du lat. barbare *buccula*), anse du bouclier; anneau garni d'un ardillon; cheveux frisés.

BOUCLÉ, E, part. pass. de *boucler*, et adj.

BOUCLER, v. a. (boukié), mettre une *boucle*; attacher avec une *boucle*; arranger en *boucles*.

BOUCLIER, s. m. (boukié) (*buccularium*), ancienne arme défensive; *fig.* soutien.

BOUCON, s. m. (boukon) (de l'italien *boccone*, morceau), mets empoisonné. Vieux.

BOUDÉ, E, part. pass. de *bouder*.

BOUDER, v. a. et n. (boudé), témoigner du mécontentement en faisant la mine.

BOUDERIE, s. f. (boudéri), fâcherie; humeur.

BOUDEUR, EUSE, adj. et s. (boudeur, euse), qui *boude* habituellement.

BOUDIN, s. m. (boudein) (*botulus*), boyau rempli de sang et de graisse de cochon.

BOUDINE, s. f. (boudine), bosse du milieu d'un plateau de verre.

BOUDOIR, s. m. (boudoar), petit cabinet de femme.

BOUE, s. f. (bou), fange.

BOUEUR, EUSE, s. (boueur, euse), qui enlève les *boues*.

BOUEUX, EUSE, adj. (boueu, euse), rempli, couvert de *boue*.

BOUFFANT, E, adj. (bonfan, ante), qui *bouffe*.—S. m., partie de la manche d'une robe.

BOUFFE, s. m. (boufe) (de l'italien *buffa*), acteur comique; espèce de chien à long poil.

BOUFFÉ, E, part. pass. de *bouffer*.

BOUFFÉE, s. f. (boufé), haleinée; coup de vent; boutade.

BOUFFER, v. n. (boufé) (par onomatopée, du bruit qu'on fait en enflant les joues), se gonfler les joues; bomber; manger goulûment. Fam. —V. a., souffler une bête tuée.

BOUFFETTE, s. f. (boufète), petite houppe; voile de navire.

BOUFFI, E, part. pass. de *bouffir*, et adj.

BOUFFIR, v a. (boufir), rendre enflé.

BOUFFISSURE, s. f. (boufieure), enflure.

BOUFFON, s. m. (boufon) (du lat. barbare *buffo*), personnage comique.

BOUFFON, ONNE, adj. et s. (boufon, one), plaisant, facétieux.

BOUFFONNER, v. n. (boufoné), faire le *bouffon*.

BOUFFONNERIE, s. f. (boufoneri), action ou propos de *bouffon*.

BOUGE, s. m. (bouje) (de l'allemand *bogen*, arc), réduit obscur; logement malpropre; renflement; ciselet; milieu d'une futaille.

BOUGEOIR, s. m. (boujoar), petit chandelier à manche.

BOUGER, v. n. (boujé) (en allemand *vogen*), se mouvoir; *fig.* s'agiter, se révolter.

BOUGETTE, s. f. (boujète) (de *bulga*, vieux mot gaulois), petit sac de voyage. Vieux.

BOUGIE, s. f. (bouji) (de Bougie, ville d'Afrique, d'où la France tirait autrefois sa cire), chandelle de cire; t. de chir., verge cirée.

BOUGIÉ, E, part. pass. de *bougier*.

BOUGIER, v. a. (boujié), cirer le bord d'une étoffe.

BOUGON, ONNE, s. (bouguon, one), qui a l'habitude de *bougonner*.

BOUGONNÉ, E, part. pass. de *bougonner*.

BOUGONNER, v. n. (bouguoné), gronder entre ses dents. Fam.

BOUGRAN, s. m. (bougueran), toile très forte et gommée.

BOUILLANT, E, adj. (bouian, iante), qui bout; *fig.* ardent; vif.

BOUILLE, s. f. (bouie) perche pour troubler l'eau; mesure; marque sur les étoffes.

BOUILLÉ, E, part. pass. de *bouiller*.

BOUILLER, v. a. (*bou-ié*), troubler l'eau avec la *bouille* ; autrefois marquer les étoffes.
BOUILLI, E, part. pass. de *bouillir*, et adj., (*bouie-i*), qui a *bouilli*. — S. m., viande cuite dans l'eau pour faire du *bouillon*.
BOUILLIE, s. f. (*bouie-i*), mets composé de lait et de farine *bouillis* ensemble.
BOUILLIR, v. n. (*bouie-ir*) (*bullire*), être en ébullition ; cuire dans l'eau.
BOUILLOIRE, s. f. (*bouioare*), vase pour faire *bouillir* l'eau.
BOUILLON, s. m. (*bouion*) (*bulla*), bulle d'un liquide agité par le feu ; eau *bouillie* avec de la viande, etc. ; repli d'étoffe ; ondes que forme un liquide agité ou qui tombe.
BOUILLON-BLANC, s. m. (*bouionblan*), plante très commune.
BOUILLONNANT, E, adj. (*bouionan, ante*), qui *bouillonne*.
BOUILLONNÉ, E, part. pass. de *bouillonner*.
BOUILLONNEMENT, s. m. (*bouioneman*), état d'un liquide qui *bouillonne*.
BOUILLONNER, v. n. (*bouioné*), jeter des bouillons ; être agité. — V. a., faire des *bouillons* à une robe.
BOUILLOTTE, s. f. (*bouiote*), espèce de brelan ; bouilloire.
BOUJARON, s. m. (*boujaron*), petite mesure en fer-blanc.
BOULAIE, s. f. (*boulè*), lieu planté de bouleaux. Peu us.
BOULANGÉ, E, part. pass. de *boulanger*.
BOULANGER, GÈRE, s. (*boulanjé, jère*) (*polentarius*), qui fait et vend du pain.
BOULANGER, v. a. (*boulanjé*), pétrir du pain et le faire cuire.
BOULANGERIE, s. f. (*boulanjeri*), art de faire le pain ; lieu où l'on fait le pain.
BOULE, s. f. (*boule*) (*bulla*), bulle d'eau ; corps sphérique, rond en tous sens ; jeu.
BOULEAU, s. m. (*boulô*), arbre.
BOULEDOGUE, s. m. (*bouledogue*) (en anglais *bulldog*), dogue à dents en crochet.
BOULET, s. m. (*boulè*), boule de métal dont on charge les canons ; peine militaire ; jointure au paturon de la jambe d'un cheval.
BOULETÉ, E, adj. (*bouleté*), se dit d'un cheval qui a le *boulet* mal placé.
BOULETTE, s. f. (*boulète*), petite *boule* ; plante ; *fig* sottise, bévue. Fam.
BOULEUX, s. m. (*bouleu*), cheval trapu, bon travailleur. Fém.
BOULEVART ou BOULEVARD, s.m. (*boulevar*) (de l'allemand *belwerck*, ouvrage de poutres; dont les Italiens ont fait *baluardo*), rempart ; promenade.
BOULEVERSÉ, E, part. pass de *bouleverser*.
BOULEVERSEMENT, s. m. (*bouleveceman*), désordre.
BOULEVERSER, v. a. (*boulevèrcé*), renverser entièrement ; mettre en désordre.
BOULEVUE (À LA ou À), loc. adv. (*boulevu*), vaguement, sans attention.

BOULIER, s. m. (*boulié*), filet de pêche.
BOULIMIE, s. f. (*boulimi*) (du grec βου, particule augm., dérivé de βους, bœuf; et λιμος, faim), t. de méd., faim excessive.
BOULIN, s. m. (*boulein*) (βωλινος, de briques, dérivé de βωλος, motte), trou, pot à pigeons; trou dans un mur.
BOULINE, s. f. (*bouline*) (en anglais *bowline*), corde amarrée au milieu de chaque côté d'une voile carrée.
BOULINÉ, E, part. pass. de *bouliner*.
BOULINER, v. a. n. (*bouliné*), aller à la *bouline* ; haler les *boulines*.
BOULINGRIN, s.m.(*bouleinguerein*) (en anglais *bowling green*), pièce de gazon.
BOULINIER, s. m. (*boulinié*), navire qui va à *boulines* halées. Vieux.
BOULOIR, s. m. (*bouloar*), instrument pour remuer la chaux. Voy. BOUILLE.
BOULON, s. m. (*boulon*), cheville de fer, axe sur lequel tourne la poulie.
BOULONNÉ, E, part. pass. de *boulonner*.
BOULONNER, v. a. (*bouloné*), arrêter avec un boulon.
BOUQUE, s. f. (*bouke*), passage étroit. Vieux.
BOUQUÉ, E, part. pass. de *bouquer*.
BOUQUER, v. n. (*bouké*), faire embrasser de force ; *fig*. céder à la force. Vieux.
BOUQUET, s. m. (*boukè*) (de l'italien *boschetto*, petit bois), assemblage de fleurs liées ensemble ; parfum du vin ; maladie des moutons ; gerbe de fusées ou girandole qui termine un feu d'artifice.
BOUQUETIER, s. m. (*bouketié*), vase à fleurs.
BOUQUETIÈRE, s. f. (*bouketière*), marchande de *bouquets* de fleurs
BOUQUETIN, s. m. (*bouketein*), bouc sauvage.
BOUQUIN, s. m. (*boukein*) (de l'allemand *buck*, livre), vieux livre ; vieux *bouc* ; le mâle des lièvres et des lapins.
BOUQUINER, v. n. (*boukiné*), chercher de vieux livres, de vieux *bouquins*.
BOUQUINERIE, s. f. (*boukineri*), amas, commerce de vieux livres. Peu us.
BOUQUINEUR, EUSE, s. (*boukineur, euse*), qui cherche de vieux livres.
BOUQUINISTE, s. des deux g. (*boukinicete*), qui fait commerce de vieux livres.
BOURACAN, s. m. (*bourakan*), sorte de gros camelot.
BOURBE, s. f. (*bourbe*) (βορβορος, limon) terre fangeuse ; eau croupie des marais.
BOURBEUX, EUSE, adj. (*bourbeu, euse*), plein de *bourbe*.
BOURBIER, s. m. (*bourbié*), trou plein de bourbe ; *fig*. mauvaise affaire.
BOURBILLON, s. m. (*bourbiion*) ; pus blanchâtre qui se trouve au centre d'une plaie, etc.
BOURCETTE, s. f (*bourcète*), plante.
BOURDAINE, s. f. Voy. BOURGÈNE.

BOURDALOU, s. m. (*bourdalou*), pot de chambre oblong; tresse autour d'un chapeau.
BOURDE, s. f. (*bourde*), mensonge. Pop.
BOURDER, v. n. (*bourdé*), mentir. Pop.
BOURDEUR, EUSE, s. et adj. (*bourdeur, euse*), menteur. Pop.
BOURDILLON, s. m. (*bourdiion*), bois refendu pour faire des futailles; merrain.
BOURDON, s. m. (*bourdon*), grosse mouche; abeille mâle; t. de mus., basse continue; corde qui donne ce ton; grosse cloche; bâton de pèlerin; t. d'impr., omission.
BOURDONNÉ, E, part. pass. de *bourdonner*.
BOURDONNEMENT, s. m. (*bourdoneman*), bruit des insectes; murmure sourd et confus; bruissement dans l'oreille.
BOURDONNER, v. n. (*bourdoné*), bruire sourdement—V. a., chanter à demi-voix.
BOURDONNET, s. m. (*bourdonè*), rouleau de charpie.
BOURG, s. m. (*bour*, et *bourk* devant une voyelle) (πυργος, tour), gros village.
BOURGADE, s. f. (*bourguade*), petit *bourg*.
BOURGÈNE, BOURDAINE, s. f. (*bourjène, bourdène*), arbrisseau; aune noir.
BOURGEOIS, GEOISE, s. (*bourjoâ, joâze*) (de *bourg*, autrefois synonyme de ville), citoyen d'une ville; maître de maison.—Adj., qui a rapport au *bourgeois*.
BOURGEOISEMENT, adv. (*bourjoazeman*) d'une manière *bourgeoise*.
BOURGEOISIE, s. f. (*bourjoazi*), le corps des *bourgeois*; qualité de *bourgeois*.
BOURGEON, s. m. (*bourjon*) (du lat. barbare *burra*, bourre), bouton d'arbre; bube.
BOURGEONNÉ, E, part. pass. de *bourgeonner*, et adj. (*bourjoné*), qui a des *bourgeons*.
BOURGEONNER, v. n. (*bourjoné*), jeter, pousser des *bourgeons*.
BOURGMESTRE, s. m. (*bourguemècetre*) (de l'allemand *bürger*, bourgeois, et *mester*, maître), magistrat de ville.
BOURLET ou BOURRELET, s. m. (*bourlè*), coussin rempli de *bourre*.
BOURRACHE, s. f. (*bourache*) plante.
BOURRADE, s. f. (*bourade*), atteinte du chien au lièvre; coup; repartie vive.
BOURRAS, s. m. (*bourace*). Voy. BURE.
BOURRASQUE, s. f. (*bouraceke*) (en italien *borrasca*), tourbillon de vent; fig. accident imprévu; accès de colère.
BOURRE, s. f. (*boure*) (*burra*), amas de poil ras; ce dont on *bourre* une arme à feu.
BOURRÉ, E, part. pass. de *bourrer*, et adj.
BOURREAU, s. m. (*bouró*) (de l'ancien mot français *boyereau*), exécuteur de la haute-justice; fig. homme cruel, inhumain.
BOURRÉE, s. f. (*bouré*), fagot de menues branches; danse.
BOURRELÉ, E, part. pass. de *bourreler*, et adj.

BOURRELER, v. a. (*bourelé*) (du français *bourreau*), tourmenter.
BOURRELET. Voy. BOURLET.
BOURRELIER, s. m. (*bourelié*) (du mot *bourre*), artisan qui fait les harnais.
BOURRELLE, s. m. (*bourèle*), femme du *bourreau*; fig. mère qui maltraite ses enfants.
BOURRER, v. a. (*bouré*), mettre la *bourre* dans une arme à feu; donner des *bourrades*.
BOURRICHE, s. f. (*bouriche*), panier ovale.
BOURRIQUE, s. f. (*bourike*) (*buricus*, rosse), ânesse; rosse; civière; fig. personne ignare.
BOURRIQUET, s. m. (*bourikè*), ânon; civière; tourniquet; outil de brodeur.
BOURRU, E, adj. (*bouru*) (de *bourre*), brusque, *vin bourru*, vin trouble.
BOURSE, s. f. (*bource*) (βυρσα, cuir), petit sac pour l'argent, pour les cheveux; dotation de collège; assemblée de négocians; monnaie turque.
BOURSICAUT, s. m. (*bourcikó*), petite *bourse*. Fam.
BOURSIER, IÈRE, s. (*bourcié, ière*), qui fait des *bourses*; qui a une *bourse* dans un collège.
BOURSILLER, v. n. (*bourciié*), se cotiser pour une dépense. Peu us.
BOURSOUFFLAGE, et non pas BOURSOUFLAGE, s. m. (*bourçouflaje*), enflure de style.
BOURSOUFFLÉ, E, part. pass. de *boursouffler*, et adj., enflé, ampoulé.
BOURSOUFFLER, et non pas BOURSOUFLER, v. a. (*bourçouflé*), enfler.
BOURSOUFFLURE, et non pas BOURSOUFLURE, s. f. (*bourçouflure*), enflure.
BOUSCULÉ, E, part. pass. de *bousculer*, et adj.
BOUSCULER, v. a. (*boucekulé*), mettre sens dessous dessus; pousser en tous sens.
BOUSE, s. f. (*bouse*) (βους, bœuf), fiente de bœuf ou de vache.
BOUSILLAGE, s. m. (*bouziiaje*), chaume et terre détrempée; fig. ouvrage mal fait.
BOUSILLÉ, E, part. pass. de *bousiller*, et adj.
BOUSILLER, v. a. (*bouziié*), maçonner avec du chaume et de la terre détrempée; fig. travailler mal.
BOUSILLEUR, EUSE, s. (*bouziieur, ieuse*), qui *bousille*.
BOUSIN, s. m. (*bouzein*), surface tendre de la pierre; tapage; clameurs. Pop.
BOUSSOLE, s. f. (*boucole*) (du lat. du moyen âge *bussola* ou *buxula*, boîte), cadran à aiguille aimantée; guide; modèle; constellation.
BOUSTROPHÉDON, s. m. (*boucetrofédou*) (βουστροφηδον), t. d'antiq., écriture continue.
BOUT, s. m. (*bou*; le *t* ne se prononce que devant une voyelle) (ευθυς, fond), extrémité; terme; reste; morceau.
BOUTADE, s. f. (*boutade*), caprice, saillie.
BOUTANT, adj. m. Voy. ARC-BOUTANT.
BOUTARGUE, s. f. (*boutargue*) (en grec moderne ωαταριχα), œufs de poisson apprêtés.

BOUT-DEHORS. Voy. BOUTE-DEHORS.

BOUTÉ, E, part. pass. de *bouter*, et adj., se dit d'un cheval qui a les jambes droites depuis le genou jusqu'à la couronne.

BOUTE-DEHORS, s. m. (*boutedeor*), bois au bout des vergues pour porter les bonnettes.

BOUTE-EN-TRAIN, s. m. (*boutantrein*), cheval entier; *fig.* celui qui anime les autres.

BOUTE-FEU, s. m. (*boutefeu*), incendiaire; *fig.* celui qui sème la discorde; baguette pour mettre le *feu* aux canons.

BOUTE-HORS, s. m. (*bouteor*), ancien jeu.

BOUTEILLE, s. f. (*boutèie*) (du lat. barbare *buticula*), vase à goulot; son contenu; ampoule. —Au pl., aisances d'un navire.

BOUTEILLIER. Voy. BOUTILLIER.

BOUTER, v. a. (*bouté*) (en lat. barbare *butare*), mettre; pousser.

BOUTEROLLE, s. f. (*bouterole*), poinçon acéré; fente de clef; bout d'un fourreau d'épée.

BOUTE-SELLE, s. m. (*boutecèle*), signal pour mettre la *selle* et monter à cheval.

BOUTILLIER, mieux BOUTEILLIER, s. m. (*boutiié*), échanson.

BOUTIQUE, s. f. (*boutique*) (απο0ηχη, magasin), lieu au rez-de-chaussée pour vendre ou travailler; fonds de commerce.

BOUTIQUIER, IÈRE, s. (*boutikié*, *kière*), qui tient *boutique*.

BOUTIS, s. m. (*bouti*), lieu où fouille le sanglier; traces de cette fouille.

BOUTISSE, s.f. (*boutice*), t. d'archit., pierre placée en long dans un mur.

BOUTOIR, s. m. (*boutoar*), instrument de maréchal et de corroyeur; groin du sanglier.

BOUTON, s. m. (*bouton*) (du lat. barbare *botontini*, petites éminences), bourgeon; germe: poisson; coquille; insecte; tumeur; petite pièce ronde pour attacher les vêtements.

BOUTONNÉ, E, part. pass. de *boutonner*, et adj.

BOUTONNER, v. n. (*boutoné*) pousser des *boutons*. — V. a., attacher avec des *boutons*.

BOUTONNERIE, s. f. (*boutoneri*), fabrique, marchandise, commerce de boutonnier.

BOUTONNIER, IÈRE, s. (*boutonié*, *ière*), qui fait ou vend des *boutons*, des tresses, etc.

BOUTONNIÈRE, s. f. (*boutonière*), fente où l'on passe les *boutons* d'un vêtement.

BOUTS-RIMÉS, s. m. pl. (*bourimé*), rimes données pour faire des vers.

BOUTURE, s. f. (*bouture*) (du vieux mot français *bouter*, mettre), branche replantée.

BOUVARD, s. m. (*bouvar*), marteau pour frapper les monnaies.

BOUVERIE, s. f. (*bouveri*), étable à bœufs.

BOUVET, s. m. (*bouvè*), rabot à rainure.

BOUVIER, IÈRE, s. (*bouvié*, *ière*), qui garde les *bœufs*; rustre; constellation boréale.

BOUVILLON, s. m. (*bouviion*), jeune *bœuf*.

BOUVREUIL, s. m. (*bouvreuie*), oiseau.

BOVINE, adj. f. (*bovine*) : bête bovine, un bœuf, une vache ou un taureau.

BOXER, v. n. (*bokcé*) (de l'anglais *to box*), se battre à coups de poing.

BOXEUR, s. m. (*bokceur*), qui *boxe*.

BOYARD. s.m. (*boiar*). Voy. BOÏARD.

BOYAU, s m. (*boéiô*) (*botellus*), intestin; *fig.* lieu étroit et long.

BOYAUDERIE, S. f. (*boéiôderi*), profession de *boyaudier*; atelier où l'on prépare les *boyaux*.

BOYAUDIER, s. m. (*boéiôdié*), qui prépare et file des cordes à *boyau*.

BRACELET, s.m. (*bracelè*) (du lat. *brachiale*, dérivé de βραχιοιον), ornement du *bras*.

BRACHIAL, E, adj. (*brakial*) (*brachialis*), du *bras*. — S. m., muscle.

BRACMANE, BRAME, BRAMIN, BRAMINE, s. m. (*brakmane*, *brame*, *bramein*, *bramine*) (du dieu *Brama*), prêtre, philosophe indien.

BRACONNAGE, s. m. (*brakonaje*), action de *braconner*.

BRACONNER, v.n. (*brakoné*) (rac. *braque*), chasser furtivement et sans permission.

BRACONNIER, IÈRE, s. (*brakonié*, *ière*), qui *braconne*.

BRACTÉE, s.f. (*brakté*), feuille florale.

BRAGUETTE, s. f. Voy. BRAYETTE.

BRAHMANE. Voy. BRACMANE.

BRAHMANIQUE. Voy. BRAMINIQUE.

BRAHMANISME. Voy. BRAMINISME.

BRAI, s. m. (*bré*) (*brutia*), goudron; escourgeon; piège à oiseaux.

BRAIES, s. f. pl. (*bra-ie*) (*bracca*, *œ*), hauts-de-chausses; outil de cirier; couche, lange.

BRAILLARD, E, adj. (*bréiar*, *iarde*), qui aime à crier, qui parle haut et mal à propos.

BRAILLÉ, E, part. pass. de *brailler*.

BRAILLER, v. n. (*bréié*) (βραχειν, faire du bruit), crier fort; criailler.

BRAILLEUR, EUSE, s. et adj. (*bréieur*, *ieuse*), qui *braille*, qui fait que *brailler*.

BRAIMENT ou BRAIRE (le premier est préférable), s. m. (*bréman*, *brére*), cri des ânes.

BRAIRE, v. n. (*brére*). (Voy. BRAILLER pour l'étymol.), crier, en parlant de l'âne.

BRAISE, s.f. (*brèze*) (de βραζειν, être chaud), bois que le feu a réduit en charbons.

BRAISÉ, E, part. pass. de *braiser*.

BRAISER, v. a. (*brézé*), faire cuire à la *braise*.

BRAISIER, s. f. (*brèzié*), buche où l'on met la *braise* quand elle est étouffée.

BRAISIÈRE, s f. (*brèzière*), vaisseau pour faire cuire à la *braise*; étouffoir.

BRAME. Voy. BRACMANE.

BRAMER, v. n. (*bramé*) (βρεμειν, rugir, frémir), crier, en parlant du cerf.

BRAMIN, BRAMINE. Voy. BRACMANE.

BRAMINIQUE, adj. des deux g. (*braminike*), qui a rapport aux *bracmanes* ou *brames*.

BRAMINISME, s. m. (*braminicème*), religion des *brames*.

BRAN, s. m. (*bran*), matière fécale. Bas.
BRANCARD, s. m. (*brankar*) (du lat. barbare *brança*, branche), civière à bras; bras de voiture.
BRANCHAGE, s. m. (*branchaje*), toutes les branches d'un arbre.
BRANCHE, s. f. (*branche*) (en lat. du moyen-âge *branca*), bois que pousse le tronc d'un arbre; *fig.* partie, famille.
BRANCHÉ, E, part. pass. de *brancher*.
BRANCHER, v. a. (*branché*), pendre à une branche. Vieux. — V. n., se percher.
BRANCHE-URSINE. Voy. ACANTHE.
BRANCHIER, s. et adj. m. (*branchié*), jeune oiseau qui ne quitte pas les *branches*.
BRANCHIES, s. f. pl. (*branchi*) (*branchiæ*, du grec βραγχω, ouïes), ouïes des poissons.
BRANCHU, E, adj. (*branchu*), qui a beaucoup de *branches*.
BRANDADE, s. f. (*brandade*), ragoût provençal fait avec de la morue.
BRANDE, s. f. (*brande*), bruyère; menue branche d'un arbre; clairière; terre inculte.
BRANDEBOURG, s. f. (*brandebour*), casaque. — S. m., galon de boutonnière.
BRANDEVIN, s. m. (*brandevein*) (de l'allemand *brand*, brûler, et *wein*, vin), eau-de-vie.
BRANDEVINIER, IÈRE, s. (*brandevinié*, *ière*), qui fait ou vend du *brandevin*.
BRANDI, E, part. pass. de *brandir*, et adj.
BRANDILLE, E, part. pass. de *brandiller*.
BRANDILLEMENT, s. m. (*brandiieman*), mouvement qu'on se donne en se *brandillant*.
BRANDILLER, v. a. (*brandilié*), mouvoir de çà et de là. — V. pr., se balancer avec une corde.
BRANDILLOIRE, s. f. (*brandiioare*), corde pour se *brandiller*.
BRANDIR, v. a. (*brandir*), branler, agiter.
BRANDON, s. m. (*brandon*) (de l'allemand *brand*, embrasement), flambeau de paille.
BRANDONNÉ, part. pass. de *brandonner*.
BRANDONNER, v. a. (*brandoné*), planter des *brandons*.
BRANLANT, E, adj. (*branlan*, *ante*), qui *branle*. — S. m., croix sans coulant.
BRANLE, s. m. (*branle*), mouvement; impulsion; irrésolution; sorte de danse; hamac.
BRANLÉ, E, part. pass. de *branler*.
BRANLE-BAS, s. m. (*branleba*), t. de mar., commandement pour détendre les *branles* ou hamacs afin de se disposer au combat.
BRANLEMENT, s. m. (*branleman*), mouvement de ce qui *branle*.
BRANLER, v. a. (*branlé*), agiter. — V. n., être agité; osciller; n'être pas solide.
BRANLOIRE, s. f. (*branloare*), partie d'un soufflet de forge; planche posée en bascule.
BRAQUE, s. des deux g. (*brâke*), espèce de chien de chasse; *fig.* jeune homme très étourdi.
BRAQUÉ, E, part. pass. de *braquer*.
BRAQUEMART, s. m. (*brakemar*) (βραχια μαχαιρα, courte épée), épée courte et large.

BRAQUEMENT, s. m. (*brakeman*), action de *braquer*; situation de ce qui est *braqué*.
BRAQUER, v. a. (*braké*), tourner dans une certaine direction.
BRAS, s. m. (*brâ*, et devant une voyelle *brâze*) (en lat. *brachium*, dérivé du grec βραχιων), partie du corps qui tient à l'épaule; *fig.* puissance; protection.
BRASÉ, E, part. pass. de *braser*.
BRASER, v. a. (*brâzé*) (βραζειν, être chaud, brûlant), souder.
BRASIER, s. m. (*brâzié*) (βραζειν, être chaud), charbons ardents; bassin à *braise*.
BRASILLÉ, E, part. pass. de *brasiller*.
BRASILLEMENT, s. m. (*brâziieman*), réflexion des rayons du soleil ou de la lune dans les eaux de la mer; éclat électrique des flots.
BRASILLER, v. a. (*brâzilié*), faire griller sur la *braise*. — V. n., se dit en parlant de la lumière réfléchie dans les eaux de la mer.
BRASQUE, s. f. (*braceke*), t. de fondeur, mélange d'argile et de charbon pilé.
BRASQUÉ, E, part. pass. de *brasquer*.
BRASQUER, v. a. (*braceké*), t. de fondeur, enduire de *brasque* la surface des creusets.
BRASSAGE, s. m. (*braçaje*), t. de monnaies, droit de fabrication; façon donnée aux métaux.
BRASSARD, s. m. (*braçar*), ancienne armure dont on se couvrait le *bras*.
BRASSE, s. f. (*brace*), mesure de la longueur des deux *bras* étendus.
BRASSÉ, E, part. pass. de *brasser*.
BRASSÉE, s. f. (*bracé*), autant que les deux *bras* peuvent entourer, contenir ou porter.
BRASSER, v. a. (*bracé*), remuer avec les *bras*; faire de la bière, etc.; t. de mar., changer la direction d'une voile; *fig.* machiner.
BRASSERIE, s. f. (*braceri*), lieu où l'on *brasse* la bière.
BRASSEUR, EUSE, s. (*braçeur*, *euze*), qui *brasse* de la bière et la vend en gros.
BRASSIAGE, s. m. (*braciaje*), t. de mar., mesurage à la *brasse*.
BRASSIÈRES, s. f. pl. (*bracière*), petite camisole qui sert à maintenir le corps.
BRASSIN, s. m. (*bracein*), cuve où l'on fait la bière; quantité de bière qu'elle contient.
BRASURE, s. f. (*brâzure*), endroit où deux pièces de métal sont *brasées* ensemble.
BRAVACHE, s. m. (*bravache*), fanfaron.
BRAVADE, s. f. (*bravade*), action, parole, manière par laquelle on *brave* quelqu'un.
BRAVE, adj. des deux g. (βραβευς, le prix de la victoire), courageux, honnête, orné, paré. — S. m., homme vaillant; spadassin.
BRAVÉ, E, part. pass. de *braver*.
BRAVEMENT, adv. (*braveman*), avec *bravoure*; vaillamment; habilement.
BRAVER, v. a. (*bravé*), témoigner ouvertement qu'on ne craint pas quelqu'un; affronter.

BRAVERIE, s. f. (*braveri*), magnificence en habits. Vieux et fam.

BRAVO, interj. (*bravo*) (t. empr. de l'italien), mot dont on se sert pour applaudir.

BRAVOURE, s. f. (*bravoure*), qualité du *brave*; vaillance. —Au pl., action de valeur.

BRAYÉ, E, part. pass. de *brayer*.

BRAYER, v. a. (*brèié*), enduire de brai.

BRAYER, s. m. (*bra-ié*) (*braccæ*, braies), bandage pour les hernies.

BRAYETTE, s. f. (*bra-iète*), fente de devant des culottes. On dit aussi *braguette*.

BRAYON, s. m. (*brá-ion*), t. de chasse, piége pour prendre les bêtes puantes.

BRÉANT ou BRUANT, s. m. (*bréan*), oiseau.

BREBIS, s. f. (*brebi*, et devant une voyelle *brebize*) (*vervex*, mouton), la femelle du bélier.

BRÈCHE, s. f. (*brèche*) (de l'italien *bricia*, fragment), ouverture à une muraille; dommage; sorte de marbre.

BRÈCHE-DENTS, s. et adj. des deux g. (*brèchedan*), qui a perdu quelqu'une des *dents*.

BRECHET, s. m. (*brechè*) (du français *brèche*), creux externe au haut de l'estomac.

BREDI-BREDA, loc. adv. (*bredibreda*), se dit d'une chose faite ou dite avec trop de précipitation. Très fam.

BREDINDIN, s. m. (*bredcindein*), palan.

BRÉDISSURE, s. f. (*brédicure*), t. de méd., impossibilité d'ouvrir la bouche; couture faite avec des lanières de cuir.

BREDOUILLE, s. f. (*bredouie*), jeton qui sert à marquer au jeu de trictrac.

BREDOUILLÉ, E, part. pass. de *bredouiller*; et adj. (*bredouié*), mal prononcé. Fam.

BREDOUILLEMENT, s. m. (*bredouieman*), action de *bredouiller*.

BREDOUILLER, v. n. (*bredouié*) (du lat. barbare *bis reduptare*, redoubler), parler d'une manière précipitée et peu distincte.

BREDOUILLEUR, EUSE, s. (*bredouieur, teuze*), qui bredouille. Fam.

BREF, BRÈVE, adj. (*brèfe, brève*) (*brevis*), court; de peu de durée; prompt. — S. m., lettre pastorale d'un pape; calendrier ecclésiastique. — S. et adj. T., t. de gramm., syllabe ou voyelle prononcée rapidement.

BREF, adv. (*brèfe*), en un mot. Fam.

BREGIN, s. m. (*brejein*), filet de pêche.

BRÉHAIGNE, adj. f. (*bréègnie*) (de l'anglais *barren*, écrit autrefois *barrayne*), stérile.

BRELAN, s. m. (*brelan*), sorte de jeu de cartes; lieu où l'on s'assemble pour jouer.

BRELANDER, (*brelandé*), jouer continuellement; fréquenter les *brelans*. Hors d'us.

BRELANDIER, IÈRE, s. (*brelandié, ièrc*), joueur, joueuse de profession.

BRELLE, s. f. (*brèle*), pièces de bois équarries, attachées ensemble pour former radeau.

BRELOQUE, s. f. (*breloke*) (du lat. du moyen-âge *buluga*, petite pomme), objets de peu de valeur; ce qu'on laisse pendre à la chaîne d'une montre; batterie de tambour.

BRELUCHE, s. f. (*breluche*), droguet de fil et de laine.

BRÈME, s. f. (*brême*), petit poisson.

BRENEUX, EUSE, adj. (*breneu, euse*), sali de matière fécale. Pop. et bas.

BRÉSIL, s. m. (*brézile*), bois de Brésil.

BRÉSILLÉ, E, part. pass. de *brésiller*.

BRÉSILLER, v. a. (*brézilé*), rompre par petits morceaux; teindre avec du bois de *Brésil*.

BRÉSILLET, s. m. (*brézilé*), l'espèce de bois de *Brésil* la moins estimée.

BRETAILLER, v. n. (*brétá-ié*) (rac. *brette*), tirer souvent l'épée; fréquenter les salles d'armes.

BRETAILLEUR, s. m. (*brétá-ieur*), celui qui *brétaille*; duelliste, querelleur.

BRETAUDÉ, E, part. pass. de *bretauder*.

BRETAUDER, v. a. (*bretôdé*), couper les oreilles à un cheval; tondre inégalement.

BRETELLE, s. f. (*bretèle*) (*brachium*, bras), courroie; bande qui soutient le pantalon.

BRETTÉ, part. pass. de *bretter*, et adj., se dit d'un outil qui a plusieurs dents.

BRETTE, s. f. (*brète*), longue épée.

BRETTELÉ, E, part. pass. de *bretteler*.

BRETTELER, v. a. Voy. BRETTER.

BRETTER ou BRETTELER, v. a. (*brèté, brételé*), faire le *bretteur*; t. d'archit. et de sculpture, gratter, tailler avec un outil *bretté*.

BRETTEUR, s. m. (*brèteur*), qui aime à ferrailler; duelliste de profession.

BREUIL, s. m. (*breuie*), bois taillis ou buisson entouré de haies; petit cordage.

BREUVAGE, s. m. (*breuvaje*) (du lat. barbare *beveragium*, dérivé de *bibere*, boire), boisson; médicament.

BRÈVE, adj. et s. f. Voy. BREF.

BREVET, s. m. (*brevè*) (en lat. du moyen-âge *brevetum*), titre délivré par le roi; privilège; concession.

BREVETÉ, E, part. pass. de *breveter*, et adj., qui a un *brevet*.

BREVETER, v. a. (*brèveté*), donner un *brevet*.

BRÉVIAIRE, s. m. (*brévière*) (*breviarium*, abrégé), livre d'office.

BRIBE, s. f. (*bribe*) (de l'espagnol *bribar*, mendier), gros morceau de pain. — Au pl., restes d'un repas. Fam.

BRIC, BRICK, ou BRIQ, s. m. (*brike*), t. de mar., petit navire armé.

BRIC-À-BRAC, s. m. (*brikabrake*), toute sorte de vieilleries ou d'objets de hasard.

BRICK. Voy. BRIC.

BRICOLE, s. f. (*brikole*), partie du harnais; bande de cuir pour porter un fardeau; ricochet; *fig.* moyen détourné. — Au pl., filets.

BRICOLÉ, E, part. pass. de *bricoler*.

BRICOLER, v. n. (*brikolé*), jouer de *bricole*, à la paume ou au billard; *fig.* biaiser. Fam.

BRIDE, s. f. (*bride*) (du vieux saxon *bridel*), rênes; cordon; bande; lien; outil de charron.

BRIDÉ, E, part. pass. de *brider*, et adj.

BRIDER, v. a. (*bridé*), mettre la *bride*; *fig.* serrer, contraindre.

BRIDON, s. m. (*bridon*), petite *bride*.

BRIEF, IEVE, adj. (*brièfe, ieve*) (*brevis*), court; de peu de durée; prompt.

BRIÈVEMENT, adv. (*brièveman*) (*breviter*), d'une manière *briève*; succinctement.

BRIÈVETÉ, s. f. (*brièveté*) (*brevitas*, de *brevis*), brefl, courte durée.

BRIGADE, s. f (*brigade*) (en italien *brigata*), escouade; corps de troupes.

BRIGADIER, s. m. (*briguadié*), chef d'une *brigade*; grade dans la cavalerie.

BRIGAND, s. m. (*briguan*) (du nom des *Brigantes*, anciens peuples d'Hibernie), celui qui exerce le *brigandage*.

BRIGANDAGE, s. m. (*briguandaje*), volerie, pillage commis à main armée, et ordinairement en troupe; *fig.* concussion; exaction.

BRIGANDEAU, s. m. (*briguandó*), petit *brigand*. Fam.

BRIGANDER, v. n. (*briguandé*), vivre en *brigand*; s'abandonner au *brigandage*.

BRIGANDINE, s. f. (*briguandine*), ancienne cotte de mailles; haubergeon.

BRIGANTIN, s. m. (*briguantcin*) (de *brigand*), petit bâtiment à un pont; sorte de lit portatif.

BRIGANTINE, s. f. (*briguantine*), petit bâtiment de la Méditerranée; voile de *brigantin*.

BRIGNOLES, s. f. (*brigniole*), prune desséchée qui vient de Brignoles, en Provence.

BRIGUE, s. f. (*brigue*) (en lat. barbare *briga*), intrigue, cabale.

BRIGUÉ, E, part. pass. de *briguer*.

BRIGUER, v. a. (*brigué*) (de l'italien *brigare*, solliciter), poursuivre par *brigue*; rechercher avec ardeur.

BRIGUEUR, EUSE, s. (*brigueur, euze*), qui *brigue*. Peu us.

BRILLAMMENT, adv. (*briiaman*), d'une manière *brillante*.

BRILLANT, E, adj. (*briian, iante*), qui *brille*, qui a un grand éclat.

BRILLANT, s. m. (*briian*), éclat, lustre; diamant taillé à facettes.

BRILLANTÉ, E, part. pass. de *brillanter*, et adj., se dit d'un style recherché.

BRILLANTER, v. a. (*briianté*), tailler un diamant; semer un ouvrage de faux *brillants*.

BRILLÉ, part. pass. du v. n. *briller*.

BRILLER, v. n. (*briié*) (du lat. barbare *radiculare*, rayonner), reluire, avoir de l'éclat; *fig.* attirer l'attention; exceller.

BRIMBALE, s. f. (*breinbale*), levier qui sert à faire aller une pompe.

BRIMBALÉ, E, part. pass. de *brimbaler*.

BRIMBALER, v. a. (*breinbalé*) (βαμβαλειν, trembler), sonner, mouvoir des cloches démesurément. Fam. et peu us.

BRIMBORION, s. m. (*breinborion*), colifichet. Fam.

BRIN, s. m. (*brein*) (*virga*, verge), jet de plante; tige droite; petite parcelle.

BRINDE, s. f. (*breinde*) (de l'italien *brindisi*), toast. Inus.

BRINDILLE, s. f. (*breindiie*) (rac. *brin*), petite branche à fruit.

BRINGUEBALE, s. f. Voy. BRIMBALE.

BRIOCHE, s. f. (*brioche*), sorte de gâteau: *fig.* bévue, maladresse. Fam.

BRION, (*brion*). Voy. BRYON.

BRIQ. Voy. BRIC.

BRIQUE, s. f. (*brike*) (du lat. barbare *brica* tuile), terre argileuse cuite au four.

BRIQUET, s. m. (*brike*), petite pièce de fer pour tirer du feu d'un caillou; chien; sabre.

BRIQUETAGE, s. m. (*briketaje*), amas de *briques*; ouvrage de *briques*.

BRIQUETÉ, E, part. pass. de *briqueter*; et adj.

BRIQUETER, v. a. (*brikété*), imiter la *brique*.

BRIQUETERIE, mieux BRIQUETTERIE, s. f. (*brikèteri*), lieu où l'on fait de la *brique*.

BRIQUETIER, IERE, s. (*brikétié, ière*), qui fait de la *brique*; qui la vend.

BRIQUETTE, s. f. (*brikète*), petite *brique*.

BRIS, s. m. (*bri*, et non pas *brice*) (du verbe *briser*), rupture; fracture.

BRISANTS, s. m. pl. (*brisan*), t. de mar. rochers à fleur d'eau.

BRISCAMBILLE. Voy. BRUSQUEMBILLE.

BRISE, s. f. (*brize*), vent frais.

BRISÉ, E, part. pass de *briser*, et adj.

BRISÉES, s. f. pl. (*brizé*), branches rompues pour marquer un endroit; *fig.* traces.

BRISE-GLACE, s. m. (*brizeguelace*), arc-boutant en avant des piles d'un pont.

BRISEMENT, s. m. (*brizeman*), choc des flots qui se *brisent* contre un rocher.

BRISER, v. a. et n. (*brizé*) (du vieux lat. *brisare*, presser, dérivé de βριθυν, se précipiter sur...), rompre, mettre en pièces; *fig.* fatiguer, harasser. — V. pr., se casser, se plier.

BRISE-RAISON, s. m. (*brizerèzon*), personne qui parle sans liaison dans les idées.

BRISE-TOUT, s. m. (*brizetou*), maladroit, étourdi qui *brise tout* ce qu'il touche.

BRISEUR, EUSE, s. (*brizeur, euze*), qui *brise* quelque chose.

BRISE-VENT, s. m. (*brisevan*), t. de jardinage, abri pour arrêter l'action du vent.

BRISIS, s. m. (*brisi*), angle d'un comble *brisé*.

BRISOIR, s. m. (*brizoar*), instrument à *briser* le chanvre, la paille, etc.

BRISQUE, s. f. (*briceke*), jeu de cartes.

BRISURE, s. f. (*brisure*), partie *brisée*.

BROC, s. m. (*bró* devant une consonne et dans le courant de la phrase, et *broke* devant une voyelle et à la fin de la phrase) (en grec βροχος), vase à mettre du vin; son contenu.

BROCANTAGE, s. m. (*brokantaje*), action de *brocanter*; commerce de *brocanteur*.

BROCANTÉ, E, part. pass. de *brocanter*.
BROCANTER, v. n. (du vieux mot *brocante*, perche garnie de mercerie), acheter, vendre, troquer diverses choses de hasard.
BROCANTEUR, EUSE, s. (*brokanteur, euze*), qui *brocante*.
BROCARD, s. m. (*brokar*), raillerie.
BROCARDÉ, E, part. pass. de *brocarder*.
BROCARDER, v. a. (*brokardé*), piquer par des paroles satiriques. Fam.
BROCARDEUR, EUSE, s. (*brokardeur, euze*), qui lance des *brocards*. Fam.
BROCART, s. m. (*brokar*), étoffe *brochée*.
BROCATELLE, s. f. (*brokatèle*), étoffe qui imite le *brocart*; marbre d'Italie.
BROCHAGE, s. m. (*brochaje*), action de *brocher* des livres; résultat de cette action.
BROCHANT, adj. indéclinable (*brochan*), t. de blas., se dit de pièces passant sur d'autres.
BROCHE, s. f. (*breche*), verge de fer qu'on passe dans la viande que l'on veut rôtir. — Au pl., défenses d'un sanglier; premier bois du chevreuil.
BROCHÉ, E, part. pass. de *brocher*.
BROCHÉE, s. f. (*broché*), quantité de viande enfilée avec la même *broche*.
BROCHER, v. a. (*broché*), passer de la soie, de l'or, etc., dans une étoffe, en y figurant un dessin; coudre un livre; *fig.* exécuter à la hâte.
BROCHET, s. m. (*broché*) (*brochus*, qui a les dents saillantes), poisson d'eau douce.
BROCHETON, s. m. (*brocheton*), petit *brochet*.
BROCHETTE, s. f. (*brochète*), petite *broche*.
BROCHEUR, EUSE, s. (*brocheur, euze*), qui *broche* des livres; qui tricote.
BROCHOIR, s. m. (*brochoar*), marteau de maréchal propre à ferrer les chevaux.
BROCHURE, s. f. (*brochure*), livre *broché*; petit livre de peu de feuilles; art de *brocher*.
BROCOLI, s. m. (*brokoli*) (en italien *brocoli*), chou qui vient d'Italie; ses petits rejetons.
BRODÉ, E, part. pass. de *broder*.
BRODEQUIN, s. m. (*brodekein*), bottine ouverte et lacée par devant; chaussure antique.
BRODER, v. a. (*brodé*) (de *border*), travailler à l'aiguille sur une étoffe; *fig.* amplifier.
BRODERIE, s. f. (*broderi*), ouvrage de celui qui *brode*; embellissement, ornement.
BRODEUR, EUSE, s. (*brodeur, euze*), qui *brode*.
BROIE, s. f. (*broé*), instrument avec lequel on *broie* le chanvre ou le lin pour le filer.
BROIEMENT ou BROÎMENT, s. m. (*broé-man*), action de *broyer*.
BRONCHADE, s. f. (*bronchade*), action de *broncher*, en parlant d'un cheval.
BRONCHE, s. f. (*bronche*) (βρογχια, dérivé de βρογχος, gorge), vaisseau des poumons.
BRONCHÉ, E, part. pass. de *broncher*.

BRONCHER, v. n. (*bronché*) (de l'italien *broncare*), faire un faux pas; *fig.* faillir.
BRONCHIES, s. f. pl. Voy. BRANCHIES.
BRONCHIQUE, adj. des deux g. (*bronchike*), qui appartient ou qui a rapport aux *bronches*.
BRONCHOCÈLE, s. m. (*bronkocèle*) (βρογχος, la gorge, et κηλη, tumeur), goitre.
BRONCHOTOMIE, s. f. (*bronkotomi*) (βρογχος, la gorge, et τεμνω, je coupe), opération qui consiste à faire une ouverture au larynx.
BRONZE, s. m. (*bronze*) (en lat. barbare *frontis*), alliage de cuivre, de zinc et d'étain.
BRONZÉ, E, part. pass. de *bronzer*, et adj.
BRONZER, v. a. (*bronzé*), peindre en couleur de *bronze*; teindre en noir.
BROQUART, s. m. (*brokar*), t. de chasse, bête fauve d'un an.
BROQUETTE, s. f. (*brokète*), très petit clou.
BROSSE, s. f. (*broce*) (de *brucus*, dans le sens de *broussailles*), vergette; gros pinceau.
BROSSÉ, E, part. pass. de *brosser*, et adj.
BROSSER, v. a. (*brocé*), nettoyer avec une *brosse*.—V. n., courir au travers des bois.
BROSSERIE, s. f. (*broceri*), commerce de *brosses*; art du *brossier*.
BROSSIER, s. m. (*brocié*), celui qui fait ou vend des *brosses*.
BROU, s. m. (*brou*), enveloppe verte des fruits à coquille.
BROUÉE, s. f. (*broué*), brouillard, bruine.
BROUET, s. m. (*brou-è*) (du lat. barbare *brodium*, bouillon), bouillon au lait et au sucre; mets des Lacédémoniens; *fig.* mauvais ragoût.
BROUETTE, s. f. (*brou-ète*) (du mot *boue*, parce que le premier emploi des *brouettes* était d'enlever les *boues*), tombereau à une roue qu'on pousse devant soi; chaise à deux roues tirée par un homme.
BROUETTÉ, E, part. pass. de *brouetter*.
BROUETTER, v. a. (*brou-èté*), transporter dans une *brouette*.
BROUETTEUR, EUSE, s. (*brou-èteur, euse*), celui ou celle qui traînait une personne dans une *brouette* de place ou *vinaigrette*.
BROUETTIER, IÈRE, s. (*brou-ètié, ière*), qui *brouette* des terres.
BROUHAHA, s. m. (*brou-a-a*) (corruption du mot *baraba*, employé par les Juifs dans leurs acclamations du sabbat), bruit confus. Fam.
BROUI, E, part. pass. de *brouir*.
BROUILLAMINI, s. m. (*brou-idmini*) (rac. *brouille*), désordre; brouillerie; t. de pharmacie, emplâtre.
BROUILLARD, s. m. (*brou-iar*, le *d* ne se prononce jamais) (*pruina*, gelée blanche), vapeur qui obscurcit l'air; papier; livre sur lequel on écrit les affaires à mesure qu'elles se font.
BROUILLASSER, v. unipersonnel (*brou-iacé*). Voy. BRUINER, qui est préférable.
BROUILLE, s. f. (*brou-ie*), brouillerie. Fam.
BROUILLÉ, E, part. pass. de *brouiller*, et adj.

BROUILLEMENT, s. m. (brou-ieman), action de *brouiller* ; mélange, confusion. Peu us.
BROUILLER, v. a. (*brou-ié*) (de l'italien *brogliare*), mettre pêle mêle ; *fig.* désunir.
BROUILLERIE, s. f. (*brou-ieri*), mésintelligence, désunion, dissension.
BROUILLON, s. m. (*brou-ion*), écrit à mettre au net.
BROUILLON, ONNE, adj. et s. (*brou-ion, ione*), qui aime à *brouiller* ; étourdi.
BROUILLONNÉ, E, part. pass. de *brouillonner*.
BROUILLONNER, v. a. (*brou-ioné*), écrire un *brouillon*. Fam.
BROUIR, v. a. (*brou-ir*) (*pruina*, gelée blanche), se dit du soleil qui brûle les blés, les fruits, etc., attendris par une gelée blanche.
BROUÏSSURE, s. f. (*brou-içure*), dommage que la gelée et le soleil font aux plantes.
BROUSSAILLES, s. f. pl. (*brouçaie*) (en lat. barbare *bruscia*), épines ; ronces.
BROUSSIN, s. m. (*broucein*), t. de bot., menues branches qui poussent en tas.
BROUT, s. m. (*broute*) (en lat. du moyen-âge *brustum*), pousse des jeunes taillis au printemps ; action de *brouter* ; pâture. Vieux.
BROUTANT, E, adj. (*broutan, ante*), qui broute.
BROUTÉ, E, part. pass. de *brouter*.
BROUTER, v. a. (*brouté*) (du lat. barbare *brustum*, brout), paître, manger l'herbe.
BROUTILLES, s. f. pl. (*brouti-ie*) (en lat. barbare *bruscia* ou *brustum*), menues branches d'arbres ; *fig.* choses de peu de valeur.
BROYÉ, E, part. pass. de *broyer*.
BROYER, v. a. (*broéié*), casser, piler, réduire en poudre ou en pâte.
BROYEUR, s. m. (*broéieur*), celui qui broie.
BROYON, s. m. (*broéion*), t. d'impr., molette pour étendre l'encre sur le bord de l'encrier; pilon en bois pour *broyer* ; piège à fouines.
BRU, s. f. (*bru*), belle-fille, femme du fils.
BRUANT, s. m. (*bru-an*), oiseau silvain.
BRUCELLES, s. f. pl. (*brucèle*), petites pinces à ressort et très flexibles.
BRUGNON, s. m. (*brugnion*), sorte de pêche.
BRUI, E, part. pass. de *bruir*.
BRUINE, s. f. (*bruine*) (*pruina*, gelée blanche), petite pluie très fine.
BRUINÉ, E, part. pass. de *bruiner*, et adj. gâté par la *bruine*.
BRUINER, v. unipersonnel (*bruiné*), tomber, en parlant de la *bruine*.
BRUIR, v. a. (*bruir*), amortir la roideur d'une étoffe, en la pénétrant de chaleur.
BRUIRE, v. n. (*bruire*) (*rugire*, rugir, dérivé de βρύχω, frémir), rendre un bruit continu et confus.
BRUISSEMENT, s. m. (*bruiceman*), bruit confus et continu.
BRUIT, s. m. (*brui*) (*rugitus*, rugissement), son ; querelle ; renom, sédition ; nouvelle.
BRULANT, E, adj. (*brulan, ante*), qui brûle ; *fig.* très vif, très ardent, très animé.
BRÛLÉ, E, part. pass. de *brûler*, et adj. —S. m., odeur de ce qui *brûle*.
BRÛLEMENT, s. m. (*bruleman*), action de *brûler* ; résultat de cette action.
BRÛLE-POURPOINT (A) loc. adv. (*abrule-pourpoein*), à bout portant, ou de très près.
BRÛLER, v. a. (*brulé*) (*perure*), consumer par le feu ; corroder ; échauffer excessivement. —V. n., être consumé par le feu ; *fig.* être très chaud ; cuire trop ; être possédé d'une passion violente ; souhaiter avec ardeur.
BRÛLERIE, s. f. (*bruleri*), atelier où l'on fait de l'eau-de-vie ; supplice du feu. Peu us.
BRÛLE-TOUT, s. m. (*bruletou*), petite bobèche pour *brûler* entièrement la chandelle.
BRÛLEUR, EUSE, s. (*bruleur, euze*), qui brûle.
BRÛLOT, s. m. (*brulô*), navire pour incendier ; *fig.* morceau trop épicé ; boute-feu.
BRÛLURE, s. f. (*brulure*), action du feu ou d'une substance corrosive ; sa marque.
BRUMAIRE, s. m. (*brumère*), second mois d'automne de l'année républicaine.
BRUMAL, E, adj. (*brumale*)(rac. *brume*), qui appartient à l'hiver, qui vient de l'hiver.
BRUME, s. f. (*brume*) (*bruma*, formé de *brevissima*, et qui signifie le jour le plus court de l'année, le solstice d'hiver), brouillard.
BRUMEUX, EUSE, adj. (*brumeu, euse*), chargé de *brume*.
BRUN, E, adj. (*breun, brune*) (en italien *bruno*, dérivé de l'allemand *braun*), tirant sur le noir. —S., celui ou celle qui a la peau ou les cheveux *bruns*.—S. m., la couleur *brune*.
BRUNE, s. f. (*brune*), le moment où le jour devient *brun*, lorsque la nuit approche.
BRUNELLE, s. f. (*brunèle*), plante.
BRUNET, ETTE, s. (*brunè, brunète*), dimin. de *brun*. — S. f., ancienne chanson.
BRUNI, s. m. (*bruni*), t. d'orfév., le poli.
BRUNI, E, part. pass. de *brunir* ; et adj.
BRUNIR, v. a. (*brunir*), rendre de couleur brune ; polir. — V. n., devenir *brun*.
BRUNISSAGE, s. m. (*bruniçaje*), action de *brunir* ; ouvrage du *brunisseur*.
BRUNISSEUR, EUSE, s. (*bruniceur, euze*), qui *brunit* les ouvrages d'or et d'argent.
BRUNISSOIR, s. m. (*bruniçoar*), petit bâton pour *brunir* ; outil de graveur.
BRUNOIR, s. m. (*brunoar*), oiseau du genre du merle.
BRUNISSURE, s. f. (*bruniçure*), art du *brunisseur* ; poli d'un ouvrage *bruni*.
BRUSQUE, adj. des deux g. (*brucéké*) (en italien *brusco*), vif, incivil ; subit, inopiné.
BRUSQUÉ, E, part. pass. de *brusquer*.
BRUSQUEMBILLE, s. f. (*bruckanbile*), sorte de jeu de cartes.
BRUSQUEMENT, adv. (*bruceskeman*), d'une manière *brusque* ; promptement ; vivement.
BRUSQUER, v. a. (*brucéké*), offenser par des paroles *brusques*; terminer promptement.

BRUSQUERIE, s. f. (*brucekeri*), caractère d'une personne *brusque*; manière *brusque*.
BRUT, E, adj. (*brute*) (*brutus*) dans l'état grossier de nature; raboteux; non poli.
BRUTAL, E, adj., au pl. m. BRUTAUX (*brutale*) (*brutus*, brut), féroce; farouche; rustre. — S. m., homme grossier, emporté.
BRUTALEMENT, adv. (*brutaleman*), d'une manière *brutale*.
BRUTALISÉ, E, part. pass. de *brutaliser*.
BRUTALISER, v. a. (*brutalizé*), traiter *brutalement*; outrager.
BRUTALITÉ, s. f. (*brutalité*), vice du *brutal*; action, parole *brutale*.
BRUTE, s. f. (*brute*), animal privé de raison; *fig.* homme sans esprit ni raison.
BRUYAMMENT, adv. (*bru-iaman*), avec grand *bruit*.
BRUYANT, E, adj. (*bru-ian, iante*)(*bruire*, bruire), qui fait grand *bruit*.
BRUYÈRE, s. f. (*bru-ière*) (du gaulois *bruir*, brûler), petit arbuste; lieu où il croît.
BRYON, s. m. (*brion*) (βρυον), mousse qui croît sur les arbres.
BRYONE, s. f. (*brione*) (βρυωνις ou βρυωσια, dérivé de βρυειν, pousser à la manière de la vigne), plante grimpante. Voy. COULEUVRÉE.
BU, E, part. pass. du v. irrég. *boire*.
BUANDERIE, s. f. (*buanderi*) (*imbuo*, j'imbibe), lieu pour faire la lessive.
BUANDIER, IÈRE, s. (*buandié, ière*) qui blanchit les toiles neuves. — S. f., femme qui fait la lessive.
BUBALE, s. m. (*bubale*) (βουβαλος, en lat. *bubalus*), animal d'Afrique.
BUBE, s. f. (*bube*) (βουβον, espèce de tumeur), petite élevure, pustule sur la peau.
BUBON, s. m. (*bubon*) βουβων, aine), tumeur inflammatoire aux glandes de l'aine.
BUBONOCÈLE, s. m. (*bubonocèle*) (βουβων, aine, et κηλη, tumeur), hernie à l'aine.
BUCCAL, E, adj.; au pl. m. BUCCAUX (*bukale*) (*bucca*, bouche), de la bouche.
BUCCIN, s. m. (*bukecein*) (*buccina*, fait de βυκανη, trompette), coquille en spirale.
BUCCINATEUR, adj. et s. m. (*bukecinateur*) (*buccinator*) muscle de la joue.
BUCENTAURE, s. m. (*buçantôre*) (βουκενταυρος), t. de myth., centaure qui avait le corps d'un bœuf; vaisseau du doge de Venise.
BUCÉPHALE, s. m. (*bucéfale*) (βους, bœuf, et κεφαλη, tête), nom du cheval d'Alexandre, que l'on applique à un cheval de parade et quelquefois à une rosse.
BÛCHE, s. f. (*bucke*) (du lat. barbare *bosca*, formé de *boscus*, bois), pièce de gros bois pour chauffage; *fig.* personne stupide; instrument de musique.
BÛCHÉ, E, part. pass. de *bûcher*.

BÛCHER, s. m. (*buché*), lieu où l'on met le *bois*; bois dressé pour brûler un corps.
BÛCHER, v. a. (*buché*), dégrossir le *bois*.
BÛCHERON, ONNE, s. (*bucheron, one*), qui travaille à abattre du *bois* dans une forêt.
BÛCHETTE, s. f. (*buchète*), petite *bûche*; menu bois.
BUCOLIQUE, adj. des deux g. (*bukotike*) (βουκολικος, dérivé de βουκολος, bouvier, formé de βους, bœuf, et κολον, nourriture), du genre pastoral. — S. f. pl., églogues; *fig.* ramas de choses de peu d'importance; fatras.
BUDGET, s. m. (*budjè*) (de l'anglais *budget*, petite poche), état des dépenses et des recettes arrêtées pour un état pendant une année.
BUÉE, s. f. (*bué*) (*buo*, le simple d'*imbuo*, j'imbibe), lessive; évaporation du pain.
BUFFET, s. m. (*bufè*) (du lat. barbare *bufetum*), armoire; vaisselle.
BUFFLE, s. m. (*bufle*) (*bufalus*), sorte de bœuf sauvage; son cuir; *fig.* homme sans esprit.
BUFFLETIN, s. m. (*bufeletein*), jeune *buffle*.
BUFFLETERIE, s. f. (*bufleteri*), bandes de cuir de *buffle* qui entrent dans l'équipement d'un soldat.
BUFFLONNE, s. f. (*bufelone*), femelle du *buffle*.
BUGLE, s. f. (*bugele*), plante labiée.
BUGLOSSE, s. f. (*buguelôcc*) (βυγλωσσα, formé de βους, bœuf, et γλωσσα, langue), plante.
BUGRANE, s. f. (*buguerane*), plante.
BUIRE, s. f. (*buire*) (pour l'étym. voy. BURETTE), vase pour mettre des liqueurs. Inus.
BUIS, et non plus BOUIS, s. m. (*bui*) (*buxus*), arbrisseau toujours vert.
BUISSAIE, s. f. (*buicé*), lieu planté de *buis*.
BUISSON, s. m. (*buiçon*) (*buxus*, buis), touffe d'arbrisseaux épineux.
BUISSONNEUX, EUSE, adj. (*buiçoneu, euze*), couvert de *buissons*.
BUISSONNIER, IÈRE, adj. (*buiçonié, ière*), des *buissons*. — Faire l'école buissonnière, aller jouer.
BULBE, s. m. (*bulebe*) (βολβος, racine ronde), ognon de plante; t. d'anat., renflement; le globe de l'œil.
BULBEUX, EUSE, adj. (*bulebeu, euze*), formé d'un *bulbe*; pourvu d'un *bulbe*; formant un *bulbe*.
BULLAIRE, s. m. (*bulelère*), recueil de *bulles* des papes; champignon parasite.
BULLE, s. f. (*bule*) (*bulla*), globule; genre de testacés; lettre du pape; provision en cour de Rome; constitution de quelques empereurs.
BULLÉ, E, adj. (*bulelé*), t. d'anc. chancellerie, en forme authentique.
BULLÉE, s. f. (*bulelé*), t. d'hist. nat., genre de vers mollusques.

BULLETIN, s. m. (bulctein), suffrage écrit; billet; nouvelles journalières; recueil.
BULLIARDE, s. f. (buleliarde), t. d'astr., une des taches de la lune.
BUPRESTE, s. m. (buprècete) (βους, bœuf, et πρηθω, j'enflamme), petite araignée rouge.
BURALISTE, s. des deux g. (buralicete), qui tient un bureau.
BURAT, s. m. (bura), bure grossière.
BURATINE, s. f. (buratine), soie de Perse; étoffe soie et laine.
BURE, s. f. (bure) (du lat. barbare burra), étoffe de laine rousse; puits d'une mine, d'une houillère.
BUREAU, s. m. (burô) (du mot bure, ou bureau, parce que les premiers bureaux ou tables ont été couverts de cette étoffe), bure; table à écrire; lieu où travaillent des commis, des gens d'affaires, etc.; par extension, les employés mêmes d'un bureau.
BUREAUCRATE, s. des deux g. (burôkrate), homme de bureau.
BUREAUCRATIE, s. f. (burôkraci) (du français bureau, et du grec κρατος, puissance), autorité, pouvoir, influence abusive des bureaux.
BUREAUCRATIQUE, adj. des deux g. (burôkratike), propre aux gens de bureau.
BURETTE, s. f. (burète) (du vieux mot buverette, formé de boire), petit vase à goulot.
BURGANDINE, s. et adj. f. (burgandine), la plus belle espèce de nacre, tirée du burgau.
BURGAU, s. m. (burguô), espèce de limaçon d'où l'on tire la plus belle espèce de nacre.
BURGRAVE, s. m. (burguerave) (en allemand burggraf, fait de burg ou de burgh, ville, et graff, comté), seigneur d'une ville, ancien titre de dignité en Allemagne.
BURGRAVIAT, s. m. (burgueravia), dignité de burgrave.
BURIN, s. m. (burein), instrument d'acier pour graver sur les métaux; art de graver.
BURINÉ, E, part. pass. de buriner, et adj.
BURINER, v. a. (buriné), travailler avec le burin; graver.
BURLESQUE, adj. des deux g. (burlèceke), (en italien burlesco), bouffon, facétieux à l'excès; extravagant.
BURLESQUEMENT, adv. (burlècekeman), d'une manière burlesque.
BURSAL, E, adj.; au pl. m. BURSAUX (burçale) (βυρσα, cuir), qui a pour objet un impôt extraordinaire.
BUSARD ou BUSART, s. m. (buzár), oiseau de proie; on dit aussi buson.
BUSC, s. m. (buceke) (boscus, bois), petite lame d'acier ou de baleine dans un corset; en t. d'archit., assemblage de charpentes.
BUSE, s. f. (buze), oiseau de proie; tuyau; fille; fig. sot; ignorant; imbécille.

BUSQUÉ, E, part. pass. de busquer.
BUSQUER, v. a. (bucekê), tenter la fortune; mettre un busc; revêtir d'un assemblage de charpentes. Vieux.
BUSQUIÈRE, s. f. (bucekière), étui de toile servant à mettre le busc; pièce d'estomac.
BUSSARD, s. m. (buçar), vaisseau pour mettre de l'eau-de-vie; ancienne mesure.
BUSTE, s. m. (bucete) (du lat. bustum, dans le moyen-âge tombeau), tête et partie supérieure du corps; leur représentation.
BUT, s. m. (bute); point où l'on vise; fig. terme; dessein; projet; intention.
BUTANT, adj. m. (butan). Voy. BOUTANT.
BUTE, s. f. (bute), outil de maréchal.
BUTÉ, E, part. pass. de buter, et adj. (buté), fixé, arrêté.
BUTER, v. n. (buté) (rac. but), frapper au but; tendre à quelque fin.—V. pr., s'obstiner.
BUTIÈRE, s. et adj. f. (butière), arquebuse pour tirer au blanc.
BUTIN, s. m. (butein) (de l'allemand beute), ce qu'on prend sur les ennemis; par extension et pop., profit; richesses.
BUTINER, v. n. (butiné), faire du butin.
BUTOR, s. m. (butor), oiseau de marais; fig. homme sot, stupide.
BUTTE, s. f. (bute), tertre; grosseur au pied du chien.
BUTTÉ, E, part. pass. de butter, et adj., se dit d'un chien qui a une butte à la jambe.
BUTTÉE, s. f. (buté), massif de pierres aux deux extrémités d'un pont.
BUTTER, v. a. (buté), soutenir avec un arc-boutant, etc.; garnir de terre en forme de butte. — V. n., broncher.
BUTYREUX, EUSE, adj. (butireu, euze), (βουτυρον, beurre), de la nature du beurre.
BUVABLE, adj. des deux g. (buvable), potable.
BUVANT, E, adj. (buvan, ante), qui est en état de boire; qui est en train de boire.
BUVETIER, IÈRE, s. (buvetié, ière), qui tenait une buvette.
BUVETTE, s. f. (buvète), petit cabaret près du palais, où les juges, avocats, etc., allaient autrefois se rafraîchir.
BUVEUR, EUSE, s. (buveur, euze), qui boit; qui aime à boire.
BUVOTTER, v. n. (buvoté), boire à petits coups et souvent. Fam.
BY, s. m. (bi), fossé qui traverse un étang et aboutit à la bonde.
BYSSE ou BYSSUS, s. m. (bice, bicuce) βυσσος, lin très fin), t. d'antiq., tissu précieux; soie brune; espèce de lichen.
BYSSUS, s. m. Voy. BYSSE.

C, s. m. (*ce* ou *cé*), la troisième lettre de l'alphabet, et la deuxième des consonnes. Lettre numérale, il signifie *cent*.

C' pour *ce*. Voy. ce mot.

ÇA, adv. de lieu (*ça*), qui signifie *ici*. — Interj. qui indique commandement.

ÇA, pron. (*ça*), pour *cela*.

CABALE, s. f. (*kabale*) (de l'hébreu *kabalah*, tradition), tradition hébraïque; magie; complot; intrigue.

CABALÉ, part. pass. de *cabaler*.

CABALER, v. n. (*kabalé*), faire une *cabale*; être d'une *cabale*.

CABALEUR, EUSE, s. (*kabaleur, euse*), qui cabale.

CABALISTE, s. des deux g. (*kabalicete*), savant dans la *cabale* des Juifs.

CABALISTIQUE, adj. des deux g. (*kabalicetike*), qui appartient à la *cabale* des Juifs; qui a rapport à la magie.

CABANE, s. f. (*kabane*) (χαπαιη, étable), maisonnette; hutte; chaumière; niche.

CABANON, s. m. (*kabanon*), petite *cabane*; cachot obscur.

CABARET, s. m. (*kabarè*) (ϰαπηλειον), taverne; plateau à tasses; plante; oiseau.

CABARETIER, IÈRE, s. (*kabaretié, ière*), qui tient *cabaret*.

CABAS, s. m. (*kaba*) (ϰαϐος, nom d'une mesure de froment), panier; ancienne voiture.

CABASSET, s. m. (*kabacè*), casque ancien.

CABESTAN, s. m. (*kabècetan*) (en anglais *capstan*), tourniquet pour rouler le câble; peine de discipline maritime; coquille.

CABILLAUD ou **CABLIAU**, s. m. (*kabiié, kabliô*), espèce de morue.
CABINE, s. f. (*cabine*), petite cabane à bord d'un navire.
CABINET, s. m. (*kabiné*) (du lat. barbare *cavinetum*; dimin. de *cavum*, cavité), petite chambre, lieu de travail ; *fig.* conseil intime.
CÂBLE, s. m. (*kâble*) (en hollandais *cabel*), grosse corde; mesure de cent vingt brasses.
CÂBLÉ, s. m. (*kâblé*), gros cordon. Peu us.
CÂBLÉ, E, part. pass. de *câbler*, et adj.
CÂBLEAU, ou **CÂBLOT**, s. m. (*kâbloô*), petit câble.
CÂBLER, v. a. (*kâblé*), faire des câbles.
CÂBLIAU, s. m. Voy. CABILLAUD.
CÂBLOT, s. m. Voy CABLEAU
CABOCHE, s. f. (*kaboche*) (*caput*, tête), fam. tête ; vieux clou à grosse tête ; poisson.
CABOCHON, s. m. (*kabochon*), pierre précieuse non taillée; petit clou.
CABOTAGE, s. m. (*kabotaje*) (de l'espagnol *cabo*, cap), navigation le long des côtes.
CABOTER, v. a. (*kaboté*), faire le *cabotage*; naviguer le long des côtes, de cap en cap.
CABOTEUR, s. m. (*kaboteur*), marin qui fait le *cabotage*.
CABOTIÉ, s. m. (*kabotié*), bâtiment dont on se sert pour *caboter*.
CABOTIN, E, s. (*kabotein, tine*), mauvais comédien, ou comédien ambulant. Fam.
CABRÉ, E, part. pass de *cabrer*, et adj.
CABRER, v. a. (*kabré*) (*capra*, chèvre), effaroucher.— V. pr., se dresser sur les pieds de derrière, en parlant du cheval.
CABRI ou **CABRIL**, s. m. (*kabri*)(*capreolus*), chevreau.
CABRIOLE, s. f. (*kabriole*) (*capriola*, dimin. de *capra*, chèvre), saut fait avec agilité.
CABRIOLER, v. n. (*kabriolé*), faire la cabriole ou des cabrioles.
CABRIOLET, s. m. (*kabriolé*), voiture légère ; petit fauteuil ; forme de cordonnier.
CABRIOLEUR, EUSE, s. (*kabrioleur, euse*), faiseur, faiseuse de cabrioles.
CABUS, adj. m. (*kabu*), chou pommé.
CACADE, s. f. (*kakade*) (*xaxx*, excrément), décharge de ventre ; *fig.* entreprise manquée.
CACAO, s. m. (*kakaô*), fruit du *cacaoyer*, principal ingrédient du chocolat.
CACAOYER, ou **CACAOTIER**, s. m. (*kakaoié, kakaotié*), arbre d'Amérique.
CACAOYÈRE, s. f. (*kakaoière*), plant de cacaoyers.
CACATOIS, s. m. (*kakatoé*), petit mât.
CACHALOT, s. m. (*kachaloé*,) mammifère de l'ordre des cétacés.
CACHE, s. f. (*kache*), lieu pour *cacher*. Fam.
CACHÉ, E, part. pass. de *cacher*, et adj.
CACHE-CACHE, s. m. (*kachekache*), jeu d'enfants nommé aussi *cligne-musette*.
CACHECTIQUE, adj des deux g. (*kakèketike*), t. de méd., attaqué de *cachexie*.
CACHEMIRE, s. m. (*kachemire*) (de la ville de *Cachemire*, dans les Indes), étoffe dont on fait des châles, etc., dits *cachemires*.
CACHER, v. a. (*kaché*) (*saccus*, sac), couvrir ; *fig.* celer ; dissimuler.
CACHET, s. m. (*kachè*) (du mot *cacher*), petit sceau; petite carte pour constater le nombre de fois qu'une personne a fait quelque chose.
CACHETÉ, E, part. pass. de *cacheter*, et adj.
CACHETER, v. a. (*kacheté*), appliquer un *cachet*; fermer avec un *cachet*.
CACHETTE, s. f. (*kachète*), petite *cache*. Fam.—EN CACHETTE, loc. adv., en secret.
CACHEXIE, s. f. (*kakèkci*) (*xaxx*, mauvaise, et *ixis*, habitude), t. de méd., dépérissement.
CACHOT, s. m. (*kachô*) (du mot français *cacher*), prison basse et obscure.
CACHOTTERIE, s. f. (*kachoteri*) (du mot français *cachette*), mystère pour des choses peu importantes. Fam.
CACHOTTIER, IÈRE, s. et adj. (*kachotié, ière*), qui aime à faire des *cachotteries*.
CACHOU, s. m. (*kachou*) (en indien *catché*), arbre des Indes; son suc.
CACIQUE, s. m. (*kacike*), prince dans le Mexique, et dans quelques régions de l'Amérique.
CACIS, s. m. (*kacice*). Voy. CASSIS.
CACOCHYME, adj. des deux g. (*kakochime*) (*xaxcs*, mauvais, et *χυμος*, humeur), t. de méd., malsain; *fig.* bizarre, fantasque ; bourru.
CACOCHYMIE, s. f. (*kakochimi*), dépravation des humeurs, mauvaise complexion.
CACOGRAPHIE, s. f. (*kakograpfi*) (*xaxcs*, mauvais, et γραφη, écriture), orthographe vicieuse.
CACOLOGIE, s. f. (*kakoloji*) (*xaxcs*, mauvais, et *λογος*, discours), locution vicieuse.
CACOPHONIE, s. f. (*kakofoni*) (*xaxcs*, mauvais, et *φωνη*, voix), discordance de sons.
CACTIER, FIGUIER-D'INDE, CARDASSE, s. m. (*kaketié*), genre de plantes.
CADASTRAL, E, adj., au pl. **CADASTRAUX** (*kadacetral*), du *cadastre*.
CADASTRE, s. m. (*kadacetre*) (du lat. barbare *capitastrum*, formé de *caput*, tête), état des biens-fonds.
CADASTRÉ, E, part. pass. de *cadastrer*.
CADASTRER, v. a. (*kadacetré*), inscrire au *cadastre* : mesurer l'étendue des biens.
CADAVÉREUX, EUSE, adj. (*kadavéreu, euse*), qui tient du *cadavre*.
CADAVÉRIQUE, adj. des deux g. (*kadavérike*), t. d'anat., qui a rapport à un *cadavre*.
CADAVRE, s. m. (*kadâvre*) (*cadaver*, de *cadere*, tomber), corps mort.
CADEAU, s. m. (*kadô*) présent, don. Fam.
CADENAS, s. m. (*kadenâ*) (*catena*, chaîne), serrure mobile et portative.
CADENASSÉ, E, part. pass. de *cadenasser*.
CADENASSER, v. a. (*kadenacé*), fermer avec un *cadenas*.

CADENCE, s. f. (kadance) (cadere, tomber), harmonie ; justesse de mouvements, de sons.
CADENCÉ, E, part. pass. de cadencer, et adj.
CADENCER, v. a. (kadancé), donner de la cadence; mettre en cadence.
CADÈNE, s. f. (kadène) (catena, chaîne), t. de mar., chaîne de fer ; chaîne des forçats.
CADENETTE, s. f. (kadenète) (catena, chaîne), longue tresse de cheveux.
CADET, ETTE, s. et adj. (kadè, dète) (du lat. barbare caphar, petit chef), puîné.
CADETTE, s. f. (kadète), pierre de taille mince et carrée ; longue queue de billard.
CADI, s. m. (kadi) (de l'arabe kada, décider), juge chez les Turcs.
CADIS, s. m. (kadice), serge de laine.
CADMIE, s. f. (kadmi) (cadmia), t. d'hist. nat., minéral fossile ; suie métallique.
CADOGAN. Voy. CATOGAN.
CADOLE, s. f. (kadole), sorte de loquet.
CADRAN, s. m. (kadran) (quadrum, carré), surface divisée par heures ; étau de joaillier.
CADRAT, s. m. (kadra), t. d'impr., morceau de fonte pour remplir les intervalles.
CADRATIN, s. m. (kadratein), petit cadrat.
CADRATURE, s. f. (kadrature), assemblage de pièces d'horlogerie.
CADRE, s. m. (kâdre) (quadrum, carré), bordure d'un tableau ; plan ; châssis.
CADRÉ, E, part. pass. de cadrer.
CADRER, v. n. (kâdré) (du mot cadre), avoir du rapport; coïncider.
CADUC, UQUE, adj. (kaduke) (caducus, fait de cadere, tomber); vieux, cassé ; qui est sur le point de tomber.
CADUCÉE, s. m. (kaducé) (caduceus), verge accolée de deux serpents, attribut de Mercure.
CADUCITÉ, s. f. (kaducité), débilité ; état de ce qui est caduc.
CAFARD, E, s. et adj. (kafar, farde) (de l'arabe caphar, renégat) ; bigot; hypocrite.
CAFARDERIE, s. f. (kafarderi), hypocrisie; affectation ridicule de dévotion.
CAFARDISE, s. f. (kafardize), vice du cafard. Peu us. On préfère cafarderie.
CAFÉ, s. m. (kafé) (de l'arabe qaououat, force), fève du cafier; infusion faite avec cette graine ; lieu où l'on prend du café, etc.
CAFÉIER. Voy. CAFIER.
CAFÉIÈRE, s. f. (kaféière), lieu planté de cafiers.
CAFETAN, s. m. (kafetan), robe de distinction en usage chez les Turcs.
CAFETIER, IÈRE, s. (kafetié, ière), qui tient un café; limonadier.
CAFETIÈRE, s. f. (kafetière), vase dans lequel on fait bouillir, ou l'on sert le café.
CAFIER ou **CAFÉIER**, s. m. (kafié, kaféié), arbre des Indes qui produit le café.
CAGE, s. f. (kaje) (cavea), logette pour les oiseaux, les animaux; fig. prison. Fam.
CAGNARD, E, adj. (kagniar, arde) (canis, chien), fainéant, paresseux. Fam.

CAGNARDER, v. n. (kagniardé), mener une vie fainéante. Fam.
CAGNARDISE, s. f. (kagniardize), paresse, fainéantise. Fam.
CAGNEUX, EUSE, adj. (kagnieu, euse) (de l'italien cagna, chienne, fait du lat. canis), qui a les jambes et les genoux en dedans.
CAGOT, OTTE, adj. et s. (kagô, guote) (du vieux mot franc got, Dieu), faux dévot.
CAGOTISME, s. m. (kaguoticeme), esprit, caractère, manière de faire du cagot.
CAGOTTERIE, s. f. (kaguoteri), action du cagot ; manière d'agir du cagot.
CAGOUILLE, s. f. (kaguouie), t. de mar., ornement au haut de l'éperon d'un vaisseau.
CAGUE, s. f. (kague), navire hollandais.
CAHIER, s. m. (ka-ié) (en lat. barbare scaparium, fait de scapus, main de papier), feuilles de papier réunies.
CAHIN-CAHA, adv. (ka-cin, ka-a), tant bien que mal, à moitié bien. Fam.
CAHOT, s. m. (ka-ô) (de l'italien caduta, chute), saut d'une voiture ; fig. obstacle.
CAHOTAGE, s. m. (ka-otaje), mouvement causé par des cahots.
CAHOTANT, E, adj. (ka-otan, ante), qui fait faire des cahots.
CAHOTÉ, E, part. pass. de cahoter, et adj.
CAHOTER, v. a. (ka-oté), secouer, faire faire des sauts;—V. n., éprouver des cahots.
CAHUTE, s. f. (ka-ute) (rac. hutte), petite loge ; butte ; cabane ; maisonnette.
CAÏEU, s. m. (ka-ieu), rejeton d'ognons qui portent fleur; fleur qui vient d'un caïeu.
CAILLE, s. f. (ká-ie) (en italien guaglia), oiseau de passage.
CAILLÉ, E, part. pass. de cailler, et adj.
CAILLEBOTTE, s. f. (ká-iebote), masse de lait caillé; aubier des bois.
CAILLE-LAIT, s. m. (ká-ielè), t. de bot., petit muguet, bon pour les nerfs, et dont la fleur fait cailler le lait.
CAILLEMENT, s. m. (ká-ieman), état de ce qui se caille.
CAILLER, v. a. (ká-ié) (coagulare), coaguler, figer. — V. n., chasser aux cailles.
CAILLETAGE, s. m. (ká-ietaje), bavardage de caillette.
CAILLETEAU, s. m. (ká-ietô), jeune caille.
CAILLETER, v. n. (ká-ieté) (rac. caille), babiller beaucoup sur des frivolités. Fam.
CAILLETTE, s. f. (ká-iète), femme babillarde; partie d'un chevreau, d'un veau, etc., qui contient la présure à cailler le lait.
CAILLOT, s. m. (ká-iô), grumeau de sang, petite masse de sang caillé.
CAILLOT-ROSAT, s. m. (ká-iô-rôza), poire pierreuse qui a un goût de rose.
CAILLOU, s. m. (ká-iou) (calculus, du grec κιχλαξ), pierre très dure.
CAILLOUTAGE, s. m. (ká-ioutaje), ouvrage fait de cailloux rassemblés.

CAILLOUTEUX, EUSE, adj. (*kâ-Iouteu, euze*), plein de *cailloux*.

CAIMACAN, s. m. (*ka-imakan*) (de l'arabe *qaym*, qui est debout, et *makan*, lieu), lieutenant du grand-visir.

CAÏMAN, s. m. (*ka-iman*), espèce de crocodile.

CAIMANDER, CAIMANDEUR. Voy. QUÉMANDER, QUEMANDEUR.

CAÏQUE, s. f., ou **CAÏC**, s. m. (*ka-ike*), petite barque ; rocher à fleur d'eau.

CAISSE, s. f. (*kèce*) (καπσα, étui), coffre à marchandises; coffre-fort; lieu, bureau où l'on paie; tambour.

CAISSIER, s. m. (*kècié*), celui qui tient la *caisse* dans une administration, etc.

CAISSON, s. m. (*kèçon*), *caisse* sur roues pour mettre des munitions, des vivres, etc.

CAJOLÉ, E, part. pass. de *cajoler*, et adj.

CAJOLER, v. a. (*kajolé*), flatter, louer; tâcher de séduire.

CAJOLERIE, s. f. (*kajoleri*), flatterie.

CAJOLEUR, EUSE, s. (*kajoleur, euse*), qui *cajole*.

CAL, s. m. (*kale*) (*callum* ou *callus*), durillon.

CALADE, mieux **CHALADE**, s. f. (*kalade*) (χαλαν, descendre), terrain en pente.

CALAISON, s. f. (*kalézon*), profondeur d'un navire ; son enfoncement dans l'eau.

CALAMBOUR, s. m. (*kalanbour*), t. de bot., bois odoriférant qui vient des Indes.

CALAME, s. m. (*kalame*), mesure de longueur usitée en Perse.

CALAMENTHE, s. f. (*kalamante*) (χαλος, beau, et μινθα, menthe), plante labiée.

CALAMINAIRE, adj. des deux g. (*kalaminère*). Voy. CALAMINE.

CALAMINE, s. f. (*kalamine*), oxyde de zinc natif nommé aussi *pierre calaminaire*.

CALAMISTRÉ, E, part. pass. de *calamistrer*.

CALAMISTRER, v. a. (*kalamicetré*), friser, boucler les cheveux. Fam. et vieux.

CALAMITE, s. f. (*kalamite*) (*calamita*, grenouille, de *calamus*, roseau), aimant; boussole ; espèce de gomme-résine ; marne ; crapaud.

CALAMITÉ, s. f. (*kalamité*) (*calamitas*), grand malheur, infortune extrême.

CALAMITEUX, EUSE, adj. (*kalamiteu, euse*), abondant en *calamités*.

CALANDRE, s. f. (*kalandre*) (χυλινδρις, cylindre), machine pour presser et lustrer les draps, etc. ; insecte ; grosse alouette.

CALANDRÉ, E, part. pass. de *calandrer*.

CALANDRER, v. a. (*kalandré*), presser une étoffe avec la *calandre*.

CALATRAVA (L'ORDRE DE), s. m. (*kalatrava*), ordre militaire d'Espagne.

CALCAIRE, adj. des deux g. et s. m. (*kalekère*) (*calx, calcis*, chaux), se dit des terres ou pierres que le feu transforme en chaux.

CALCANEUM, s. m. (*kalekanéome*) (mot purement latin, formé de *calcare*, fouler aux pieds) , t. d'anat., l'os du talon.

CALCÉDOINE, s. f. (*kalcédoène*) (χαλκηδων), espèce d'agate d'une couleur laiteuse.

CALCÉDOINEUX, EUSE, adj.(*kalcédoineu, euse*), se dit des pierres précieuses qui ont quelque tache blanche.

CALCINATION, s. f. (*kalcinâcion*), action de *calciner*; son résultat.

CALCINÉ, E, part. pass. de *calciner*, et adj.

CALCINER, v. a. (*kalciné*) (*calx, calcis*, chaux), réduire à l'état de chaux.

CALCUL, s. m. (*kalkule*) (*calculus*, petit caillou), supputation, compte ; combinaison ; t. de méd., pierre dans la vessie.

CALCULABLE, adj. des deux g. (*kalkulable*), qui peut se *calculer*.

CALCULATEUR, TRICE, s. (*kalculateur, trice*), qui s'occupe de *calcul*.

CALCULÉ, E, part. pass. de *calculer*.

CALCULER, v. a.(*kalkulé*)(rac. *calcul*), supputer; compter; *fig.* combiner.

CALCULEUX, EUSE, adj. (*kalkuleu, euse*) (*calculosus*), t. de méd., graveleux, pierreux; —s., affecté d'un *calcul*.

CALE, s. f. (*kale*) (χαλαν, abaisser), t. de mar., fond d'un navire; abri ; punition à bord des vaisseaux; support pour mettre de niveau.

CALÉ, E, part. pass. de *caler*, et adj., mis d'aplomb au moyen d'une *cale*.

CALEBASSE, s. f. (*kalebace*), fruit du *calebassier*, espèce de courge.

CALEBASSIER, s. m. (*kalebacié*), arbre.

CALÈCHE, s. f. (*kalèche*) (du polonais *kolesse*), sorte de voiture à quatre roues.

CALEÇON, s. m. (*kaleçon*) (de l'italien *calzoni*), culottes, sorte de culotte.

CALÉFACTION, s. f. (*kaléfakcion*) (*calefactio*), chaleur causée par l'action du feu.

CALEMBOURG, s. m. (*kalanbour*), jeu de mots à double sens. Fam.

CALEMBREDAINE, s. f. (*kalanbredène*), bourde; vains propos; faux-fuyants. Fam.

CALENCAR, s. m. (*kalankar*), toile peinte des Indes.

CALENDER, s. m.(*kalandère*),religieux mahométan, espèce de derviche.

CALENDES, s. f. pl. (*kalande*) (*calendæ*, dérivé de *calare*, convoquer), premier jour de chaque mois chez les Romains.

CALENDRIER, s. m. (*kalandrié*) (*calendarium*), table des jours de l'année.

CALENTURE, s. f. (*kalanture*) (en espagnol *calentura*), fièvre chaude avec délire.

CALEPIN, s. m. (*kalepein*), recueil de notes que l'on compose pour son usage.

CALER, v. a. (*kalé*) (*chalare*, fait de χαλαν, abaisser), t. de mar., baisser; mettre une

CAL   CAM

cale. — V. n., t. d'impr., ne point travailler.

CALFAT, s. m. (*kalfa*) (en arabe *calfata*), étoupes pour *calfater*; celui qui *calfate*.

CALFATAGE, s. m. (*kalfataje*), action de *calfater*; résultat de cette action.

CALFATÉ, E, part. pass. de *calfater*.

CALFATER, v. a. (*kalfaté*) (en italien *calafatare*, du grec vulgaire καλαφατιν), garnir d'étoupes les fentes et les trous d'un navire.

CALFEUTRAGE, s. m. (*kalfeutraje*), action de *calfeutrer*; résultat de cette action.

CALFEUTRÉ, E, part. pass. de *calfeutrer*.

CALFEUTRER, v. a. (*kalfeutré*) (pour l'étym. voy. CALFATER), boucher des fentes.

CALIBRE, s. m. (*kalibre*) (de l'arabe *calib*, moule), diamètre intérieur d'un tube; volume; grosseur; *fig.* modèle; qualité; état.

CALIBRÉ, E, part. pass. de *calibrer*.

CALIBRER, v. a. (*kalibré*), donner le calibre convenable; mesurer le *calibre*.

CALICE, s. m. (*kalice*) (du grec καλυξ, bouton de rose, et aussi du lat. *calix*, gobelet), vase pour la messe; enveloppe extérieure des fleurs.

CALICOT, s. m. (*kalikó*), toile de coton.

CALIFAT, s. m. (*kalifa*), dignité de *calife*.

CALIFE, s. m. (*kalife*) (de l'arabe *khalifah*, successeur), souverain mahométan.

CALIFOURCHON (A), loc. adv. (*kalifourchon*), jambe de çà, jambe de là, comme quand on est à cheval. Fam.

CÂLIN, E, s. et adj. (*kâlein, line*) (χαλαν, se relâcher), indolent; cajoleur.

CÂLINÉ, E, part. pass. de *câliner*.

CÂLINER, v. a. (*kâliné*) (χαλαν, se relâcher), cajoler. — V. pr., se tenir dans l'inaction.

CÂLINERIE, s. f. (*kâlineri*), cajolerie.

CALLEUX, EUSE, adj. (*kaleu, euze*) (voy. CAL), où il a y des callosités.

CALLIGRAPHE, s. des deux g. (*kaleliguerafe*) (καλλιγραφις, formé de καλλις, beauté, et γραφω, j'écris), qui connaît la *calligraphie*.

CALLIGRAPHIE, s. f. (*kaleliguerafi*) (καλλιγραφια), art de bien écrire; connaissance des anciens manuscrits.

CALLOSITÉ, s. f. (*kalelôzité*) (*callositas*), endurcissement de l'épiderme ou de la peau.

CALMANDE, s. f. (*kalmande*), sorte d'étoffe de laine lustrée d'un côté.

CALMANT, E, adj. (*kalman, ante*), qui calme. — S. m., remède lénitif.

CALMAR, s. m. (*kalmar*) (*calamus*, plume), étui à plumes; poisson. Vieux.

CALME, s. m. (*kalme*) (μαλακις, doux), tranquillité; t. de mar., bonace.

CALME, adj. des deux g. (*kalme*), tranquille, sans agitation.

CALMÉ, E, part. pass. de *calmer*, et adj.

CALMER, v. a. (*kalmé*), apaiser, rendre calme, au propre et au figuré.

CALOMNIATEUR, TRICE, s. et adj. (*kalomniateur, trice*), qui *calomnie*.

CALOMNIE, s. f. (*kalomeni*) (*calumnia*), fausse imputation, mensonge.

CALOMNIÉ, E, part. pass. de *calomnier*.

CALOMNIER, v. a. (*kalomenié*) (*calumniare*), attaquer par des calomnies.

CALOMNIEUSEMENT, adv. (*kalomenieuzeman*), avec calomnie.

CALOMNIEUX, EUSE, adj. (*kalomenieu, euze*), qui contient une *calomnie*.

CALORIFÈRE, adj. des deux g. (*kalorifère*) (*calor*, chaleur, et *ferre*, porter), qui transmet la chaleur. — S. m., poêle.

CALORIQUE, s. m. (*kalorike*) (*calor*, chaleur), t. de chim., principe de la chaleur.

CALOTTE, s. f. (*kalote*) (*calantica*), coiffure sans visière et sans rebord.

CALOYER, s. m. (*kaloàié*) (καλις, bon, et γηρων, vieillard), moine grec; derviche.

CALQUE, s. m. (*kalke*), trait léger d'un dessin *calqué*; *fig.* imitation servile.

CALQUÉ, E, part. pass. de *calquer*.

CALQUER, v. a. (*kalké*) (en italien *calcare*), contre-tirer un dessin; *fig.* imiter.

CALUMET, s. m. (*kalumè*) (*calamus*, roseau), longue pipe des sauvages.

CALUS, s. m. (*kálu*), nœud des os fracturés; durillon. On dit aussi *cal*.

CALVAIRE, s. m. (*kalvère*) (*calvaria*), élévation où l'on a planté une croix.

CALVILLE, s. m. (*kalvile*), pomme.

CALVINISME, s. m. (*kalviniceme*), doctrine de *Calvin*; secte qui suit cette doctrine.

CALVINISTE, s. et adj. des deux g. (*kalvinicete*), qui suit la doctrine de *Calvin*.

CALVITIE, s. f. (*kalvici*) (*calvities*), état d'une tête chauve.

CAMAÏEU, s. m. (*kama-i-eu*) (de *camehuia*, nom donné par les Orientaux à l'onyx), pierre fine; peinture d'une seule couleur.

CAMAIL, s. m. (*kama-ie*) (en italien *camaglio*), collet ou manteau ecclésiastique.

CAMALDULE, s. des deux g. (*kamaldule*), religieux d'un ordre fondé à Camaldoli, en Toscane.

CAMARADE, s. des deux g. (*kamarade*) καμαρα, chambre), compagnon.

CAMARADERIE, s. f. (*kamaraderi*), familiarité entre *camarades*; coterie. Fam.

CAMARD, E, s. et adj. (*kamar, marde*), camus, qui a le nez plat et écrasé. Fam.

CAMBISTE, s. m. (*kanbicete*) (de l'italien *cambisto*, fait de *cambio*, change), celui qui fait le commerce des lettres de change.

CAMBOUIS, s. m. (*kanboui*), vieux oing d'une roue.

CAMBRÉ, E, part. pass. de *cambrer*, et adj., arqué.

CAMBRER, v. a. (*kanbré*) (*camerare*, voûter), courber légèrement en arc.

CAMBRURE, s. f. (*kanbrure*), courbure légère en arc.
CAMBUSE, s. f. (*kanbuze*), endroit d'un navire où l'on distribue les vivres, etc.
CAMBUSIER, s. m. (*kanbuzié*), servant de la *cambuse*.
CAME, s. f. (*kame*). Voy. CHAME.
CAMÉE, s. m. (*kamé*) (de l'italien *cameo*), pierre fine sculptée en relief.
CAMÉLÉON, s. m. (*kaméléon*) (χαμαιλιων, petit lion), petit lézard ; constellation ; *fig.* celui qui change aisément d'avis ou de parti.
CAMÉLÉOPARD, s. m. (*kaméléopar*) (χαμηλος, chameau, et παρδαλις, léopard), ancien nom de la girafe ; constellation.
CAMELINE, s. f. (*kameline*), plante.
CAMELOT, s. m. (*kamelô*) (καμηλωτη, peau de chameau), étoffe de poil de chèvre.
CAMELOTTE, s f. (*kamelote*) (καμηλωτη, étoffe de poil de chameau), mauvais ouvrage ; mauvaise marchandise.
CAMÉRIER, s. m. (*kamérié*) (de l'italien *cameriere*), officier de la chambre du pape.
CAMÉRISTE, et souvent CAMÉRIÈRE, s. f. (*kaméricete*) (en portugais *camerista*), dame de la *chambre* d'une princesse.
CAMERLINGAT, s. m. (*kamèreleingna*), dignité de *camerlingue*.
CAMERLINGUE, s. m. (*kamèreleingue*) (*camera*, chambre), premier cardinal.
CAMION, s. m. (*kamion*), sorte de petite charrette ou de haquet ; petite épingle.
CAMIONNEUR, s. m. (*kamioneur*), qui traîne ou conduit un camion.
CAMISADE, s. f. (*kamizade*) (*camisa*, chemise), attaque nocturne. Vieux.
CAMISARD, E, s. (*kamizar*, *zarde*), nom donné aux calvinistes des Cévennes.
CAMISOLE, s. f. (*kamizole*) (*camisa*, chemise), vêtement en forme de chemise.
CAMOMILLE, s.f.(*kamomiie*)(χαμαιμηλον), plante médicinale.
CAMOUFLET, s. m. (*kamouflè*) (des deux mots lat. *calamo flatus*, soufflé avec une paille), fumée soufflée au nez ; *fig.* affront.
CAMP, s. m. (*kan*) (*campus*, champ), lieu qu'occupe une armée.
CAMPAGNARD, E, s. et adj. (*kanpagniar*, *gniarde*), qui habite la *campagne*.
CAMPAGNE, s. f. (*kanpagnie*) (*campus*, champ), les champs ; expédition militaire.
CAMPAGNOL, s. m. (*kanpagniole*), espèce de mulot, de souris des *champs*.
CAMPANE, s. f. (*kanpane*) (*campana*, cloche), ouvrage de soie, d'argent filé, etc., avec des ornements en forme de cloches ; chapiteau ; ornement de sculpture.
CAMPANILE, s. m. (*kanpanile*) (de l'italien *campanile*, clocher), petit clocher à jour.
CAMPANULE, s. f. (*kanpanule*) (*campana*, cloche), plante à fleurs en forme de cloches.

CAMPANULÉ, E, adj. (*kanpanulé*), t. de bot., qui représente une cloche.
CAMPÉ, E, part. pass. de *camper*, et adj.
CAMPÊCHE, s. m. (*kanpéche*) ; arbre résineux originaire de la baie de *Campêche*, et qui fournit une belle teinture rouge.
CAMPEMENT, s. m. (*kanpeman*), action de *camper* ; lieu où l'on *campe*.
CAMPER, v. a. (*kanpé*), faire arrêter une armée dans un lieu.—V. n., dresser un *camp*.
CAMPHORATA, s. f. Voy. CAMPHRÉE.
CAMPHRE, s. m. (*kanfre*) (en arabe *cafur*), gomme odorante ; principe végétal.
CAMPHRÉ, E, part. pass. de *camphrer*, et adj., qui contient du *camphre*.
CAMPHRÉE, s. f. (*kanfré*), t. de bot., genre de plantes.
CAMPHRER, v. a. (*kanfré*), mettre du *camphre*.
CAMPHRIER, s. m. (*kanfrié*), laurier du Japon d'où l'on tire le *camphre*.
CAMPINE, s. f. (*kanpine*), t. de cuisine ; petite poularde fine. Peu us.
CAMPOS, s. m. (*kanpôce*) (*campus* ; champ), congé donné aux écoliers ; moment de relâche.
CAMUS, E, s. et adj. (*kamu*, *muze*), qui a le nez court et plat.—S. m., poisson.
CANAILLE, s. f. (*kaná-ie*) (*canis*, chien), la plus vile populace.
CANAL, s. m., au pl. CANAUX (*kanals*, *nô*) (*canalis*), aqueduc ; conduit de l'eau ; lit d'une rivière ; *fig.* voie, entremise.
CANALISATION, s. f. (*kanalisâcion*), action de faire des *canaux*.
CANALISÉ, E, part. pass. de *canaliser*.
CANALISER, v. a. (*kanalizé*), établir des canaux dans un pays ; transformer en *canal*.
CANAMELLE, s. f. (*kanamèle*) (*xana*, canne, et μελι, miel), genre de plantes.
CANAPÉ, s. m. (*kanapé*) (κωνωπιον, pavillon), sorte de grand siège à dossier.
CANAPSAC, s. m. (*kanapeçake*) (de l'allemand *kanapsack*), sac de cuir. Vieux.
CANARD, s. m. (*kanar*) (*anas*), oiseau aquatique ; chien à poil frisé ; filet.
CANARDÉ, E, part. pass. de *canarder*, et adj.
CANARDER, v. a. (*kanardé*) (rac. *canard*), tirer d'un lieu où l'on est à couvert.—V. n., se dit d'un vaisseau qui plonge trop de l'avant.
CANARDIÈRE, s f. (*kanardière*), lieu disposé pour prendre des *canards* sauvages ; long fusil ; meurtrière.
CANARI, s. m. (*kanari*), serin des îles Canaries ; arbre résineux.
CANCAN, s. m. (*kankan*) (du lat. *quanquam*), médisance ; commérage. Pop.
CANCEL, s. m. (*kancèle*) (*cancelli*, barreaux), partie du chœur d'une église ; enceinte grillée.
CANCELLÉ, E, part. pass. de *canceller*.
CANCELLER, v. a. (*kancèlelé*) (*cancel-*

lare), t. de jur., annuler une écriture en la barrant. Peu us.

CANCER, s. m. (*kancère*) (*cancer, cancri*), écrevisse), tumeur maligne; constellation.

CANCÉREUX, EUSE, adj. (*kancéreu, euse*), t. de méd., qui a rapport au *cancer*.

CANCRE, s. m. (*kankre*) (*cancer, cancri*), écrevisse de mer; misérable; avare.

CANDÉLABRE, s. m. (*kandélâbre*) (*candelabrum*), chandelier à branches; colonne.

CANDEUR, s. f. (*kandeur*) (*candor*), qualité d'une âme pure et franche.

CANDI, E, part. pass. de *candir*, et adj. (de *Candie*, ancien nom de l'île de Crète), se dit d'un sucre cristallisé. — Il est aussi s. m.

CANDIDAT, s. m. (*kandida*) (*candidatus*), aspirant à une charge, à une dignité, etc.

CANDIDATURE, s. f. (*kandidature*), état du *candidat*; poursuite faite par un *candidat*.

CANDIDE, adj. des deux g. (*kandide*) (*candidus*), qui a de la *candeur*.

CANDIDEMENT, adv. (*kandideman*), avec *candeur*.

se CANDIR, v. pr. (*kandir*) (rac. *candi*), se durcir comme la glace, se cristalliser.

CANE, s. f. (*kane*), la femelle du *canard*.

CANÉFICIER, s. m. Voy. CASSE.

CANE-PÉTIÈRE, s. f. (*kanepétière*) (de *cane*, oiseau, et du vieux mot *pétière*, signifiant *qui court*), oiseau, espèce d'outarde.

CANÉPHORE, s. f. (*kanéfore*) (*κανοῦς*, corbeille, et φέρω, je porte), t. d'antiq., jeune fille qui portait dans une corbeille les choses destinées au sacrifice; plante.

CANEPIN, s. m. (*kanepein*) (*καννάβις*, chanvre), écorce du bouleau; peau de mouton.

CANETON, s. m. (*kaneton*), le petit d'une *cane*.

CANETTE, s. f. (*kanète*), petite *cane*; mesure de liquides; petite *bille* d'enfant.

CANEVAS, s. m. (*kanevâ*) (*καννάβις*, chanvre), grosse toile claire; *fig.* plan, projet.

CANEZOU, s. m. (*kanezou*), vêtement de femme, sorte de robe sans manches.

CANGRÈNE. Voy. GANGRÈNE.

CANGUE, s. f. (*kangue*), instrument de supplice en Asie.

CANICHE, s. et adj. des deux g. (*kaniche*), race de chiens de l'espèce du barbet.

CANICULAIRE, adj. des deux g. (*kanikulère*), de la *canicule*.

CANICULE, s. f. (*kanicule*) (*canicula*, fait de *canis*, chien), constellation du *grand chien*; temps durant lequel elle domine.

CANIF, s. m. (*kanife*) (de l'anglais *knife*, couteau), instrument pour tailler les plumes.

CANIN, E, adj. (*kanein, nine*) (*canis*, chien), qui tient du chien.

CANIVEAU, s. m. (*kanivô*), gros pavé.

CANNAGE, s. m. (*kanaje*), mesurage à la *canne* des étoffes, toiles, etc. Peu us.

CANNAIE, s. f. (*kané*), lieu planté de *cannes* et de roseaux.

CANNE, s. f. (*kane*) (*canna*, du grec *κάννα*, roseau); bâton; jonc; mesure.

CANNEBERGE, s. f. (*kanebèrje*), plante.

CANNELAS, s m. (*kanelâ*), dragée faite avec de la *cannelle*.

CANNELÉ, E, part. pass. de *canneler*, et adj.

CANNELER, v. a. (*kanelé*), tracer des *cannelures* dans le fût d'une colonne, etc.

CANNELLE, s. f. (*kanèle*), robinet; écorce du *cannellier*.

CANNELLIER, s. m. (*kanèlié*), arbre de l'île de Ceylan qui fournit la *cannelle*.

CANNELURE, s. f. (*kanelure*), creux; petits canaux le long du fût d'une colonne, etc.

CANNETILLE, s. f. (*kanetiie*), lame très fine d'or ou d'argent tortillé.

CANNETTE, s. f. (*kanète*) robinet.

CANNIBALE, s. m. (*kanenibale*), anthropophage; *fig.* homme cruel et féroce.

CANON, s. m. (*kanon*) (du mot *canne*, roseau), pièce d'artillerie; tuyau; droit ecclésiastique; catalogue des saints; décret; règle; caractère d'imprimerie.

CANONIAL, E, adj, au pl. m. CANONIAUX (*kanoniale*) (*canonicus*, chanoine), de chanoine; qui concerne les *canons*.

CANONICAT, s. m. (*kanonika*), bénéfice de chanoine; *fig.* emploi qui exige peu de travail.

CANONICITÉ, s. f. (*kanonicité*), qualité de ce qui est *canonique*.

CANONIQUE, adj. des deux g. (*kanonike*), selon les *canons*, les règles de l'église.

CANONIQUEMENT, adv. (*kanonikeman*), d'une manière *canonique*.

CANONISATION, s. f. (*kanonisâcion*) (de *canon*, catalogue des saints), béatification.

CANONISÉ, E, part. pass. de *canoniser*, et adj.

CANONISER, v. a. (*kanonizé*), mettre dans le catalogue des saints; *fig.* louer avec excès.

CANONISTE, s. des deux g. (*kanonicete*), qui sait ou enseigne le droit *canon*.

CANONNADE, s. f. (*kanonade*), décharge de *canons*.

CANONNAGE, s. m. (*kanonaje*), science du *canonnier*; connaissance du *canon*.

CANONNÉ, E, part. pass. de *canonner*; et adj.

CANONNER, v. a. (*kanoné*), battre à coups de *canon*.

CANONNIER, s. m. (*kanonié*), celui dont la profession est de servir le *canon*.

CANONNIÈRE, s. f. (*kanonière*), tente; embrasure; jouet d'enfant; chaloupe armée de *canons*.

CANOT, s. m. (*kanô*), petit bateau des peuples sauvages; chaloupe.

CANOTIER, s. m. (*kanotié*), matelot de l'équipage d'un *canot*.

CANTABILE, s. m (*kantabilé*) (de l'italien

cantabile, adj. signifiant *facile à chanter*), t. de mus., mouvement lent et calme.

CANTAL, s. m. (*kantale*), fromage qui se fait dans le département de ce nom.

CANTALOUP, s. m. (*kantalou*), petit melon à côtes.

CANTATE, s. f. (*kantate*) (en italien *cantata*), petit poème fait pour être chanté.

CANTATILLE, s. f. (*kantatiie*), petite cantate.

CANTATRICE, s. f. (*kantatrice*) (*cantatrix*), chanteuse de profession.

CANTHARIDE, s. m. et adj. f. (*kantaride*) (καυθαρις, dérivé de καυθαρος, scarabée), coquille; espèce d'insecte coléoptère dont la poudre séchée est la base des vésicatoires.

CANTILÈNE, s. f. (*kantilène*) (*cantilena*), chanson, vaudeville. Peu us.

CANTINE, s. f. (*kantine*) (en italien *cantina*), coffret; cabaret militaire.

CANTINIER, IÈRE, s. (*kantinié, ière*), qui tient une *cantine*.

CANTIQUE, s. m. (*kantike*) (*canticum*, fait de *cantus*, chant), chant religieux.

CANTON, s. m. (*kanton*) (de l'allemand *kant* ou *kanthe*, borne), certaine étendue de pays; division de l'arrondissement.

CANTONNADE, s. f. (*kantonade*) (καυθυς, coin de l'œil), t. de théâtre, l'intérieur des coulisses.

CANTONNAL, E, adj., au pl. m. **CANTONNAUX** (*kantonale*), de *canton*.

CANTONNÉ, E, part. pass. de *cantonner*, et adj.

CANTONNEMENT, s. m. (*kantoneman*), état des troupes *cantonnées*; lieu où elles sont *cantonnées*.

CANTONNER, v. a. (*kantoné*), distribuer des troupes en plusieurs *cantons*.

CANTONNIER, s. m. (*kantonié*), terrassier chargé de l'entretien des routes d'un *canton*.

CANTONNIÈRE, s. f. (*kantonière*), tenture d'un lit.—Au pl., t. d'impr., fers aux coins du marbre d'une presse pour arrêter la forme.

CANULE, s. f. (*kanule*) de *canne* ou *canon*, tuyau), tuyau au bout d'une seringue.

CANUT, s. m. (*kanu*), ouvrier en soie, à Lyon.

CAOLIN, s. m. (*ka-olein*). Voy. KAOLIN.

CAOUTCHOUC, s. m. (*kaoutechou*), nom d'une sorte de gomme élastique.

CAP, s. m. (*kape*) (*caput*, tête), tête; promontoire; proue d'un navire.

CAPABLE, adj. des deux g. (*kapable*) (*capax*, de *capere*, prendre), habile; propre à...

CAPACITÉ, s. f. (*kapacité*) (*capacitas*), contenance; étendue; fig. habileté, aptitude, portée d'esprit.

CAPARAÇON, s. m. (*kaparaçon*) (en espagnol, *caparazon*), couverture de cheval.

CAPARAÇONNÉ, E, part. pass. de *caparaçonner*, et adj.

CAPARAÇONNER, v. a. (*kaparaçoné*), mettre un *caparaçon*.

CAP-DE-MORE, s. m. (*kapedemore*), cheval rouan à tête et jambes noires.

CAPE, s. f. (*kape*) (καππα), vêtement; t. de mar., grande voile.

CAPELAN, s. m. (*kapelan*), t. de mépris, prêtre qui ne s'attire pas le respect; poisson.

CAPELET, s. m. (*kapelè*), t. de méd. vétérinaire, enflure au jarret.

CAPELINE, s. f. (*kapeline*) (*caput*, tête), ancien casque de fer; chapeau; bandage.

CAPENDU, s. m. (*kapandu*) (par corruption de *court pendu*), sorte de pomme rouge.

CAPERON, s. m. Voy. CAPRON.

CAPILLAIRE, adj. des deux g. (*kapilelère*), (*capillus*, cheveu), délié comme des cheveux.

CAPILOTADE, s. f. (*kapilotade*) (*capo*, chapon), sorte de ragoût.

CAPISCOLE, s. m. (*kapicekole*) (*caput scholæ*, chef de l'école), doyen d'un chapitre.

CAPITAINE, s. m. (*kapitène*) (*caput*, tête), chef d'une compagnie, d'un vaisseau, etc.

CAPITAINERIE, s. f. (*kapitèneri*), charge de *capitaine* de château, des chasses, etc.

CAPITAL, E, adj., au pl. m. **CAPITAUX** (*kapitale*) (*caput*, tête), principal, essentiel; *peine capitale*, peine de mort. — S. m., fonds en argent; somme qui produit intérêt.

CAPITALE, s. f. (*kapitale*), la ville principale d'un état, d'une province, etc.

CAPITALISÉ, E, part. pass. de *capitaliser*, et adj.

CAPITALISER, v. a. (*kapitalizé*), convertir en *capital*. Mot nouveau.

CAPITALISTE, s. des deux g. (*kapitaliccte*), qui possède des *capitaux*.

CAPITAN, s. m. (*kapitan*), fanfaron. Inus.

CAPITANE, s. et adj. f. (*kapitane*), autrefois la galère principale d'une flotte.

CAPITAN-PACHA, s. m. (*kapitanpacha*), grand-amiral turc, *pacha* de la mer.

CAPITATION, s. f. (*kapitácion*) (*caput*, tête), taxe par tête.

CAPITEUX, EUSE, adj. (*kapiteu, euse*), (*caput*, tête), qui porte à la tête.

CAPITOLE, s. m. (*kapitole*) (*capitolium*), nom d'un ancien édifice ou temple de Rome.

CAPITOLIN, E, adj. (*kapitolein, line*), du *Capitole*.

CAPITON, s. m. (*kapiton*), soie grossière; coque de ver à soie; grosse fraise.

CAPITOUL, s. m. (*kapitoule*) (*caput*, tête, chef), échevin de Toulouse.

CAPITOULAT, s. m. (*kapitoula*), dignité du *capitoul*.

CAPITULAIRE, adj. des deux g. (*kapitulère*) (*capitulum*, chapitre), de *chapitre*.— S. m., ordonnance divisée par *chapitres*.

CAPITULAIREMENT, adv. (*kapitulèreman*), en *chapitre*.

CAPITULANT, E, adj. et s. (*kapitulan, ante*), qui a voix en *chapitre*.

CAPITULATION, s. f. (*kapitulácion*) (*capitulum*, chapitre), traité pour la reddition d'une place; convention.

CAPITULE, s. m.(*kapitule*)(*capitulum*, chapitre), leçon à la fin de l'office.

CAPITULÉ, part. pass. de *capituler*.

CAPITULER, v. n. (*kapituler*), parlementer.

CAPON, ONNE, s. (*kapon, one*), hypocrite; rusé; poltron. Pop.—S. m., crochet de fer qui sert à lever l'ancre.

CAPONNÉ, part. pass. de *caponner*.

CAPONNER, v. n. (*kaponé*), faire le capon, chercher à plaire; user de ruse au jeu; montrer de la lâcheté. Pop. —V. a., lever l'ancre.

CAPONNIÈRE, s. f. (*kaponière*) (en italien *capponiera*), t. de fortif., logement couvert.

CAPORAL, s. m. (*kaporale*) (de l'italien *caporale*, fait de *capo*, chef), chef d'escouade.

CAPOT, s. m. (*kapô*),espèce de *cape*.—Adj. des deux g., penaud; sans levée au jeu.

CAPOTE, s. f. (*kapote*), espèce de *cape* ou de manteau; couverture d'un cabriolet.

CÂPRE, s. m. (*kapre*), vaisseau corsaire.

CÂPRE, s. f., ou **CÂPERON**, s. m.(*kâpre, kâperon*) (κάππαρις), fruit du *câprier*, que l'on confit ordinairement dans du vinaigre.

CAPRICE, s. m. (*kaprice*) (*capra*, chèvre), fantaisie, boutade; amour passager.

CAPRICIEUSEMENT, adv. (*kapricieuzeman*), par *caprice*.

CAPRICIEUX, EUSE, adj. (*kapricieu, euze*), fantasque, sujet à des *caprices*.

CAPRICORNE, s. m. (*kaprikorne*) (*capra*, chèvre, et *cornu*, corne), signe du zodiaque.

CÂPRIER, s. m. (*kâprié*)(κάππαρις), arbrisseau qui porte les *câpres*.

CAPRISANT, E, adj. (*kaprizan, ante*), (*caprisans*), t. de méd., se dit d'un pouls dur, inégal.

CAPRON, ou **CAPERON**, s. m. (*kapron*), grosse fraise; sorte de vêtement.

CAPSE, s. f. (*kapece*)(*capsa*, du grec κάπτα), boîte servant à un scrutin. Vieux.

CAPSULAIRE, adj. des deux g. (*kapeçulère*), en *capsule*. —S. m., ver intestinal.

CAPSULE, s. f. (*kapeçule*) (*capsula*, dimin. de *capsa*, boîte), en t. de bot. et d'anat., enveloppe; amorce d'un fusil à piston.

CAPTAL, s. m. (*kapetale*)(*caput*, tête), ancien titre qui signifiait *chef*.

CAPTATEUR, TRICE, s. (*kapetateur,trice*), (*captator*), qui cherche à *capter*.

CAPTATION, s. f. (*kapetácion*) (*captatio*), action de *capter* ; insinuation artificieuse.

CAPTATOIRE, adj. des deux g. (*kaptatware*), provoqué par artifice.

CAPTÉ, E, part. pass. de *capter*.

CAPTER, v. a. (*kapete*) (*captare*, fréq. de *capere*, prendre), obtenir par insinuation.

CAPTIEUSEMENT, adv. (*kapecieuzeman*), d'une manière *captieuse*.

CAPTIEUX, EUSE, adj. (*kapecieu, euze*) (*captiosus*), trompeur; insidieux.

CAPTIF, TIVE, adj. (*kapetife, tive*) (*captivus*, fait de *capere*, prendre) prisonnier; esclave; assujetti.

CAPTIVÉ, E, part. pass. de *captiver*.

CAPTIVER, v. a. (*kapetivé*), rendre *captif*; *fig.* gagner; séduire.

CAPTIVITÉ, s. f. (*kapetivité*) (*captivitas*), esclavage; détention; *fig.* sujétion extrême.

CAPTURE, s. f. (*kapeture*) (*captura*), prise sur l'ennemi; arrestation; saisie.

CAPTURÉ, E, part. pass. de *capturer*.

CAPTURER, v. a. (*kapeturé*), faire *capture*; appréhender, saisir.

CAPUCE, s. m. (*kapuce*). Voy. CAPUCHON.

CAPUCHON, s. m (*kapuchon*) (κάππα, cape), morceau d'étoffe pour couvrir la tête.

CAPUCHONNÉ, E, adj. (*kapuchoné*), couvert d'un *capuchon*. Peu us.

CAPUCIN, E, s. (*kapucein, cine*), religieux. —S. m., insecte; coquille ; singe d'Amérique.

CAPUCINADE, s. f. (*kapucinade*), discours plat et trivial sur la morale. Fam.

CAPUCINE, s. f. (*kapucine*), fleur potagère; sa couleur; pièce d'un fusil.

CAPUCINIÈRE, s. f. (*kapucinière*), maison de capucins. Fam.

CAPUT-MORTUUM, s. m. (*kapute-mortuome*) (mots lat. qui signifient *tête-morte*) résidu des opérations chimiques.

CAQUAGE, s. m. (*kakaje*), action de *caquer*.

CAQUE, s. f. (*kake*)(*cadus*, du grec κάδος) baril où l'on *encaque* des harengs.

CAQUÉ, E, part. pass. de *caquer*.

CAQUER, v. a. (*kaké*), préparer le poisson pour le mettre en *caque*.

CAQUET, s. m. (*kakè*) (mot tudesque), babil.—Au pl., propos malins.

CAQUETAGE, s. m. (*kaketaje*), action de *caqueter*.

CAQUETTE, s. f. (*kakète*), *caque*, baquet pour mettre les carpes.

CAQUETER, v. n. (*kaketé*) (formé de *caquet*), se dit du bruit que font les poules qui veulent pondre; *fig.* babiller.

CAQUETEUR, EUSE, s. (*kaketeur, euze*), qui *caquette* et babille beaucoup.

CAQUETTERIE, s. f. (*kakèteri*),action de *caqueter* —Au pl., *caquets*, propos futiles.

CAQUEUR, EUSE, s. (*kakeur, euze*), qui *caque* le hareng.

CAR, conj. (*kar*) (du lat. *quare*, c'est pourquoi), par la raison que, parce que.

CARABE, s. m. (*karabé*) (χάραβος, scarabée), insecte; ambre jaune.

CARABIN, s. m. (*karabein*), carabinier ; étudiant en médecine ou en chirurgie. Pop.

CARABINADE, s. f. (*karabinade*), décharge de *carabines*. Vieux.

CARABINE, s. f. (*karabine*), fusil à canon intérieurement rayé; mousqueton.

CARABINÉ, E, part. pass. de *carabiner*, et adj.
CARABINER, v. a. (*karabiné*), creuser des raies dans le canon d'un fusil. —V. n., combattre à la façon des *carabiniers*.
CARABINIER, s. m. (*karabinié*), soldat armé d'une *carabine*.
CARACH ou CARACHE, s. m. (*karache*) (de l'arabe *karach*, tribut), tribut payé au grand-seigneur par les juifs et les chrétiens.
CARACO, s. m. (*karakó*), camisole de femme; espèce de rat.
CARACOLE, s. f. (*karakole*) (de l'espagnol *caracol*, limaçon), t. de man., mouvement en rond qu'on fait exécuter à un cheval.
CARACOLER, v. n. (*karakolé*), faire des *caracoles*.
CARACTÈRE, s. m. (*karaktère*) (χαρακτηρ, empreinte), empreinte; naturel; qualité; lettres.
CARACTÉRISÉ, E part. pass. de *caractériser*.
CARACTÉRISER, v. n. (*karaktérizé*), déterminer le *caractère*; distinguer.
CARACTÉRISME, s. m. (*karaktériceme*), t. de bot., ressemblance d'une plante avec quelque partie du corps humain.
CARACTÉRISTIQUE, adj. des deux g. (*karaktéricetike*), qui *caractérise*.
CARAFE, s. f. (*karafe*) (en italien *carafa*), bouteille de verre ou de cristal.
CARAFON, s. m. (*karafon*), petite *carafe*; vase dans lequel on met rafraîchir une *carafe*.
CARAGNE, s. f. (*karagnie*), résine aromatique produite par un arbre d'Amérique.
CARAÏTE, s. m. (*kara-ite*) (de l'hébreu *karaïm*), sectaire juif.
CARAMBOLAGE, s. m. (*karanbolaje*), action de *caramboler* au jeu de billard.
CARAMBOLÉ, E, part. pass de *caramboler*.
CARAMBOLER, v. n. (*karanbolé*), toucher d'un même coup deux billes avec la sienne.
CARAMEL, s. m. (*karamèle*) (en espagnol *caramelo*), sucre à demi brûlé et durci.
CARAPACE, s. f. (*karapace*), écaille de tortue.
CARAQUE, s. f. (*karake*) (en portugais *carraca*), navire portugais. —S. m., cacao.
CARAT, s. m. (*kara*) (de l'arabe *kira*, poids), titre de l'or; poids de quatre grains.
CARAVANE, s. f. (*karavane*) (du persan *karaouan*), troupe de voyageurs dans le Levant.
CARAVANIER, s. m. (*karavanié*), qui conduit les bêtes de somme d'une *caravane*.
CARAVANSÉRAIL, s. m. (*karavancera-ie*) (du persan *karvan*, voyageur, et *serai*, maison), hôtellerie des *caravanes*.
CARAVELLE, s. f. (*karavèle*), grand navire chez les Turcs; petit navire portugais.
CARBATINE, s. f. (*karbatine*), peau de bête nouvellement écorchée.
CARBONADE, s. f. (*karbonade*), viande grillée sur le *charbon*.

CARBONARISME, s. m. (*kuibonariceme*), système, société des *carbonari*.
CARBONARO, s. m., au pl. CARBONARI (*karbonaro*, *ri*) (mot qui signifie *charbonnier*), nom donné en Italie aux membres d'une association mystérieuse contre le despotisme.
CARBONATE, s. m. (*karbonate*), t. de chim., sel de l'acide *carbonique*.
CARBONE, s. m. (*karbone*) (*carbo*, charbon), *charbon* pur.
CARBONÉ, E, adj. (*karboné*), t. de chim., qui contient du *carbone*.
CARBONIQUE, s. m. et adj. des deux g. (*karbonike*), gaz qui résulte de l'union du *carbone* avec l'oxygène.
CARBONISATION, s. f. (*karbonisâcion*), action ou méthode de *carboniser* le bois.
CARBONISÉ, E, part. pass. de *carboniser*.
CARBONISER, v. a. (*karbonizé*), t. de chim., réduire en *charbon*.
CARBURE, s. m. (*karbure*), t. de chim., combinaison du *carbone* avec différentes bases.
CARCAN, s. m. (*karkan*) (χαρκινος, cancre), collier de fer pour attacher les criminels.
CARCASSE, s. f. (*karkace*) (*arca* coffre), ossements décharnés; assemblage de charpente; débris; sorte de bombe.
CARCINOMATEUX, EUSE, adj. (*karcinomateu*, *euse*) (χαρκινος, cancer), de la nature du cancer.
CARCINOME, s. m. (*karcinome*), cancer.
CARDAMINE, s. f. (*kardamine*) ou CRESSON DES PRÉS, s. m. (*krèçondèpré*), plante.
CARDAMOME, s. m. (*kardamome*), graine médicinale et très aromatique.
CARDASSE, s. f. (*kardace*), peigne à *carder* la bourre de la soie; plante.
CARDE, s. f. (*karde*), côte de plante qui est bonne à manger; peigne à *carder*.
CARDÉ, E, part. pass. de *carder*, et adj.
CARDER, v. a. (*kardé*), peigner avec la *carde*.
CARDEUR, EUSE, s. (*kardeur*, *euse*), qui *carde*.
CARDIALGIE, s. f. (*kardialji*) (χαρδια, cœur, et αλγεω, je souffre), douleur de l'estomac.
CARDIAQUE, adj. des deux g. et s. m. (*kardiake*) (χαρδια, cœur); du cœur; fortifiant.
CARDINAL, s. m., au pl. CARDINAUX (*kardinale*) (*cardinalis*), prélat; oiseau; coquille.
CARDINAL, E, adj., au pl. m. CARDINAUX (*kardinale*) (*cardinalis*), principal; radical; *nombre cardinal*, de quantité.
CARDINALAT, s. m. (*kardinala*), dignité de *cardinal*.
CARDINALE, s. f. (*kardinale*), plante.
CARDON, s. m. (*kardon*), plante potagère.
CARDONNETTE, s. f. (*kardonète*), fleur de l'artichaut sauvage à larges feuilles.
CARÊME, s. m. (*karême*) (*quadragesima*), les six semaines de jeûne avant Pâques.
CARÊME-PRENANT, s. m. (*karémepre-*

nan), les trois jours gras qui précèdent le mercredi des cendres; masque. Fam.

CARÉNAGE, s. m. (karénaje), action de caréner; effet de cette action.

CARENCE, s. f. (karance) (carere, manquer) t. de dr., manque, défaut.

CARÈNE, s. f. (karène) (καρυνον, tête), quille et flanc d'un vaisseau jusqu'à fleur d'eau; travail pour raccommoder la carène.

CARÉNÉ, E, part. pass. de caréner, et adj. (karéné), en forme de carène.—S. m., poisson.

CARÉNER, v. a. (karéné), donner carène à un navire; radouber.

CARESSANT, E, adj. (karèçan, ante), qui aime à caresser.

CARESSE, s. f. (karèce) (carus, cher), témoignage extérieur d'affection.

CARESSÉ, E, part. pass. de caresser, et adj.

CARESSER, v. a. (karèçé) (carus, cher); faire des caresses; fig. flatter, cajoler.

CARET, s. m. (karè), tortue; dévidoir; gros fil qui sert à fabriquer les cordages.

CARGAISON, s. f. (karguèzon) (en espagnol cargazon), chargement d'un navire.

CARGUE, s. f. (kargue), cordage des voiles.

CARGUÉ, E, part. pass. de carguer, et adj.

CARGUER, v. a. (kargué), trousser, plier les voiles par le moyen des cargues.

CARIATIDE et mieux CARYATIDE, s. f. (kariatide) (καρυατιδες), t. d'archit., figure qui soutient une corniche.

CARIBOU, s. m. (karibou), t. d'hist. nat., cerf de l'Amérique septentrionale.

CARICATURE, s. f. (karikature) (en italien caricaturá), charge; figure grotesque; fig. personne ridicule.

CARICATURÉ, E, part. pass. de caricaturer.

CARICATURER, v. a. (karikaturé), faire une ou des caricatures; tourner en ridicule.

CARIE, s. f. (kari) (caries), pourriture.

CARIÉ, E, part. pass. de carier, et adj.

CARIER, v. a. (karié), gâter, pourrir.—V. pr., se gâter.

CARILLON, s. m. (kári-ion), battement de cloche; fig. grand bruit.

CARILLONNÉ, E, part. pass. de carillonner, et adj.; fête carillonnée, grande fête.

CARILLONNER, v. n. (kári-ioné) (du lat. barbare quadritonare), sonner le carillon.

CARILLONNEUR, EUSE, s. (kári-ioneur, euse), qui carillonne.—S. m., petit oiseau.

CARISTADE, s. f. (karicetade), vieux mot peu us. qui signifie hum. aumône.

CARLIN, s. m. (karlein), monnaie de Sardaigne; petit chien.

CARLINGUE, s. f. (karleingue), pièce de bois employée dans le fond d'un navire.

CARMAGNOLE, s. f. (karmagniole) espèce d'air et de danse; sorte de veste.

CARME, CARMÉLITE, s. et adj. (karme, karmélite), religieux ou religieuse de l'ordre du Mont-Carmel.

CARMELINE, s. et adj. f. (karmeline), laine qu'on tire de la vigogne.

CARMES, s. m. pl. (karme) (quaterni, quatre à quatre), deux quatre au trictrac.

CARMIN, s. m. (karmein) (en italien carminio), couleur rouge tirée de la cochenille.

CARMINATIF, TIVE, adj. (karminatif, tive) (carminare, carder la laine), se dit des remèdes contre les vents.—Il est aussi s. m.

CARNAGE, s. m. (karnaje) (caro, carnis, chair), massacre, tuerie.

CARNASSIER, IÈRE, adj. (karnacié, ière) (caro, carnis, chair), qui se repaît de chair.

CARNASSIÈRE, s. f. (karnacière), sac où l'on met le menu gibier tué à la chasse.

CARNATION, s. f. (karnácion) (caro, carnis, chair), la couleur de la chair.

CARNAVAL, s. m. (karnavale) (en italien carnevale), temps destiné aux divertissements avant le carême.

CARNE, s. f. (karne), angle extérieur d'une table, etc.; mauvaise viande. Pop.

CARNÉ, E, adj. (karné), qui est de couleur de chair vive.

CARNET, s. m. (karnè) (quaternio, cahier), petit livre de compte.

CARNIFICATION, s. f. (karnificácion), changement des os en chair.

CARNIFIÉ, E, part. pass. de se carnifier.

se CARNIFIER, v. pr. (cekarnifié) (caro, carnis, chair, et fieri, être fait), se changer, se convertir en chair.

CARNIVORE, adj. et s. des deux g. (karnivore) (carnem, accusatif de caro, chair, et voro, je mange), qui vit de chair.

CARNOSITÉ, s. f. (karnózité) (caro, carnis, chair), excroissance dans le canal de l'urètre.

CAROLUS, s. m. (karoluce), monnaie d'or d'Angleterre; ancienne monnaie de France.

CARONADE, s. f. (karcnade) (de la ville de Caron, en Écosse), pièce d'artillerie.

CARONCULE, s. f. (karonkule) (caruncula, dimin. de caro, chair), petite portion de chair.

CAROTIDE, s. et adj. f. (karotide) (καρωτιδες), artère du cerveau.

CAROTIDIEN, IENNE, adj. (karotidiein, iène), qui appartient aux carotides.

CAROTIQUE, adj. des deux g. (karotike), qui a rapport au carus.

CAROTTE, s. f. (karote) (en italien carotá), plante potagère.

CAROTTER, v. n. (karoté), jouer mesquinement; ne hasarder que peu. Pop.

CAROTTEUR, EUSE, s. (karoteur, euse), qui carotte. On dit aussi carottier, tière.

CAROUBE, ou CAROUGE, s. m. (karoube, rouje), fruit du caroubier.

CAROUBIER, s. m. (karoubier), arbre qui porte les caroubes.

CAROUGE, s. m. Voy. CAROUBE.
CARPE, s. f. (*karpe*), poisson.
CARPE, s. m. (*karpe*) (καρπος), t. d'anat., le poignet.
CARPEAU, s. m. (*karpô*), petite carpe.
CARPILLON, s. m. (*karpi-ion*), petite carpe.
CARQUOIS, s. m. (*karkoâ*) (en allemand *karkasse*), sorte d'étui à flèches.
CARRARE, s. m. (*karare*), marbre blanc tiré de *Carrare*, en Toscane.
CARRE, s. f. (*kâre*), le haut d'un chapeau, d'un habit, etc.; carrure; au jeu de bouillotte, mise avec laquelle on se *carre*.
CARRÉ, E, adj. (*kâré*) (*quadratus*), qui a quatre côtés et quatre angles droits. — S. m., ce qui a quatre côtés.
CARREAU, s. m. (*kârô*) (*quadrellum*), petit dessin *carré*; pavé; vitre; coussin; fer à repasser; couleur du jeu de cartes; brochet; maladie du ventre.
CARREFOUR, s. m. (*kârefour*) (*quadratum forum*, place carrée), lieu où aboutissent plusieurs rues, plusieurs chemins.
CARRELAGE, s. m. (*kârelaje*), action de *carreler*; ouvrage du *carreleur*.
CARRELÉ, E, part. pass. de *carreler*, et adj.
CARRELER, v. a. (*kârelé*), paver avec des *carreaux*; raccommoder de vieux souliers.
CARRELET, s. m. (*kârelè*), poisson de mer; filet.
CARRELETTE, s. f. *kârelète*), lime plate.
CARRELEUR, s. m. (*kâreleur*), celui qui pose le *carreau*; savetier.
CARRELURE, s. f. (*kârelure*), semelles neuves qu'on met à de vieux souliers.
CARRÉMENT, adv. (*kâréman*), en *carré*; à angles droits.
CARRER, v. a. (*kâré*) (*quadrare*), rendre *carré*. — V. pr., marcher arrogamment, avec prétention; au jeu de bouillotte, s'assurer la priorité en doublant sa mise.
CARRICK, s. m. (*karike*), sorte de redingote; cabriolet découvert.
CARRIER, s. m. (*kârié*), ouvrier qui tire la pierre des *carrières*.
CARRIÈRE, s. f. (*kârière*) (en lat. barbare *quadraria*), lieu d'où l'on tire la pierre; cours de la vie; lice; *fig.* état.
CARRIOLE, s. f. (*kâriole*), petite charrette couverte et ordinairement suspendue.
CARROSSE, s. m. (*kâroce*) (*currus*, char), espèce de voiture à quatre roues.
CARROSSÉE, s. f. (*kârocé*), la quantité de personnes que contient un *carrosse*.
CARROSSIER, s. m. (*kârocié*), faiseur de *carrosses*; cheval propre à tirer le *carrosse*.
CARROUSEL, s. m. (*kârouzèle*) (de l'italien *carro del sole*, char du soleil), tournoi; place où il avait lieu.
CARROUSSE, s. f. (*kârouce*) (de l'allemand *garraus*, achevé), débauche. Peu us.
CARRURE, s. f. (*kârure*), largeur du dos.

CARTAYER, v. n. (*kartèié*), éviter les ornières.
CARTE, s. f. (*karte*) (*charta*, dérivé de χαρτης, gros papier), carton pour jouer; billet d'entrée; représentation géographique d'un pays; liste de mets.
CARTEL, s. m. (*kartèle*) (*chartella*, dimin. de *charta* papier), réglement pour la rançon ou l'échange des prisonniers; défi; sorte de pendule.
CARTERON, s. m. Voy. QUARTERON.
CARTÉSIANISME, s. m. (*kartézianicème*), système de philosophie de René Descartes.
CARTÉSIEN, IENNE, adj. et s. (*kartéziein, ième*), qui appartient à la doctrine de *Descartes*; qui a adopté cette doctrine.
CARTHAME, s. m. (*kartame*) (καθαμυς, purgation), plante; safran bâtard.
CARTIER, s. m. (*kartié*), qui fait des *cartes* à jouer.
CARTILAGE, s. m. (*kartilaje*) (*cartilago*), t. d'anat., partie de chair qui se trouve aux extrémités des os.
CARTILAGINEUX, EUSE, adj. (*kartilajineu, euze*), qui est de la nature du *cartilage*. — S. m. pl., classe de poissons.
CARTISANE, s. f. (*kartizane*), ornement dans les dentelles et dans les broderies.
CARTON, s. m. (*karton*) (*charta*, de χαρτης, grand papier), papiers collés; boîte; portefeuille; t. d'impr., feuillet réimprimé.
CARTONNAGE, s. m. (*kartonaje*), action de *cartonner*; résultat de cette action.
CARTONNÉ, E, part. pass. de *cartonner*.
CARTONNER, v. a. (*kartoné*), faire un *carton*; relier un livre en *carton*.
CARTONNIER, IÈRE, s. (*kartonié, ière*), qui fait et vend le *carton*.
CARTOUCHE, s. m. (*kartouche*) (du lat. barbare *chartuccia*, augm. de *charta*, papier), ornement de peinture ou de sculpture.
CARTOUCHE, s. f. (*kartouche*), charge d'arme à feu; congé délivré à un soldat.
CARTULAIRE, s. m. (*kartulère*) (*chartularium*), recueil de *chartes*.
CARUS, s. m. (*karuce*), maladie léthargique.
CARVI, s. m. (*karvi*), plante ombellifère.
CARYOPHYLLÉE, s. et adj. f. (*kariofilelé*) (καρυοφυλλον), clou de girofle; plante.
CAS, s. m. (*kâ*, et devant une voyelle *kâze*) (*casus*), accident; occasion; fait; t. de gramm., désinence des noms.
CAS, CASSE, adj. (*kâ, kâce*) (*cassus*, vide, creux), qui sonne le cassé. Vieux.
CASANIER, IÈRE, adj. et s. (*kazanié, ière*) (*casa*, maison), qui aime à rester chez soi.
CASAQUE, s. f. (*kazake*), vêtement de dessus.
CASAQUIN, s. m. (*kazakein*) (dimin. de *casaque*), espèce de camisole.
CASCADE, s. f. (*kacekade*), chute d'eau.
CASCATELLE, s. f. (*kacekatèle*) (en italien *cascatella*), petite *cascade*.

CASE, s. f. (káse) (casa, loge), carré d'un casier; cabane; t. du jeu de trictrac.

CASE, E, part. pass. de caser, et adj.

CASEEUX, EUSE, adj. (kazé-eu, euse) (caseus, fromage), de la nature du fromage.

CASEMATE, s. f. (kazemate) (en espagnol casamata), t. de fortif., souterrein voûté.

CASEMATÉ, E, adj. (kazematé), se dit d'un bastion qui a des casemates.

CASER, v. n. et a. (kásé), mettre dans des cases; mettre en ordre; établir, placer quelqu'un; t. du jeu de trictrac, faire une case.

CASERNE, s. f. (kazèrene) (casa, loge), bâtiment où logent les gens de guerre.

CASERNÉ, E, part. pass. de caserner, et adj.

CASERNEMENT, s. m. (kazèreneman), action de caserner; ameublement d'une caserne.

CASERNER, v. n. et a. (kazèrené), loger dans des casernes.

CASIER, s. m. (kázié) (rac. case), garniture de bureau divisée en plusieurs cases.

CASILLEUX, EUSE, adj. (kaziieu, euze), se dit d'un verre très-cassant.

CASIMIR, s. m. (kazimir), étoffe de laine qui porte le nom de son premier fabricant.

CASOAR, s. m. (kazoar), oiseau.

CASQUE, s. m. (kaceke) (cassis), armure de tête; coiffure militaire; coquille.

CASQUETTE, s. f. (kacekète), coiffure à visière.

CASSADE, s. f. (kaçade), mensonge. Fam.

CASSANT, E, adj. (kaçan, ante), fragile.

CASSATION, s. f. (kaçacion), acte juridique par lequel on casse un jugement, etc.

CASSAVE, s. f. ou PAIN DE MADAGASCAR (káçave), farine de manioc.

CASSE, s. f. (káce) (χασσια), plante médicinale, t. d'impr., caisse à compartiments où sont les caractères; t. milit., perte d'un grade.

CASSÉ, E, part. pass. de casser, et adj., rompu; fig. infirme. affaibli, tremblant.

CASSEAU, s. m. (káço), la moitié de la casse d'un imprimeur.

CASSE-COU, s. m. (kácekou), sorte d'échelle; endroit où il est aisé de tomber; fig. cavalier plus hardi qu'habile. Fam.

CASSE-NOISETTES, s. m. (kácenoèzète), petit instrument pour casser les noisettes.

CASSE-NOIX, s. m. (kácenoá), oiseau; petit instrument pour casser les noix.

CASSER, v. a. (kácé) (du lat. barbare cassare, annuler; briser; annuler; affaiblir; licencier; priver d'un emploi.

CASSEROLLE, s. f. (kacercle) (capsa, cassette), ustensile de cuisine.

CASSE-TÊTE, s. m. (káceléte), massue; fig. grand bruit; travail long et difficile.

CASSETIN, s. m (kácetein), t d'impr., compartiment de casse.

CASSETTE, s. f. (kácète) (χατσα), petit coffre où l'on serre des objets précieux.

CASSEUR, EUSE, s.(kaceur, euse), qui casse.

CASSIER, s. m. (kácié), arbre qui porte la casse; t. d'impr., armoire à casses.

CASSINE, s. f. (kacine) (de l'italien casino, fait de casa, maison), petite maison de campagne, bicoque. Fam.

CASSIOPÉE, s f. (kaciopé), constellation.

CASSIS, s. m. (kacice), espèce de groseillier à fruit noir ; liqueur qu'on en tire

CASSOLETTE, s. f. (kaçolète) (capsa), vase à parfums; fig. mauvaise odeur. Fam.

CASSON, s. m. (kaçon), morceau de cacao rompu; pain informe de sucre fin.

CASSONADE, s. f. (kaçonade) (du portugais cassonada), sucre qui n'a été raffiné qu'une fois.

CASSURE, s. f. (kaçure) (rac. casser), fracture.

CASTAGNETTE, s. f. (kacetagnièle) (castanea, châtaigne), petit instrument de musique.

CASTE, s. f. (kacete), tribu, classe.

CASTEL, s. m. (kacetèle) (castellum), château. Fam.

CASTILLE, s. f. (kaceti-ie) (castellum, château), autrefois attaque d'un château; petite querelle. Fam.

CASTINE, s. f. (kacetine) (de l'allemand kalkstein), pierre calcaire; mélange de terres.

CASTOR, s. m. (kacetor) (χαστωρ), quadrupède amphibie; chapeau en poil de castor.

CASTORÉUM, s. m. (kacetoréome), matière très fétide tirée des aines du castor.

CASTORINE, s. f. (kacetorine), étoffe de laine; principe actif du castoréum.

CASTRAMÉTATION, s. f. (kácetramétácion) (castra, camps, et metatio, alignement), l'art d'établir un camp.

CASTRAT, s. m. (kacetra) (castrare, châtrer), eunuque; chanteur châtré.

CASTRATION, s. f. (kacetrácion) (castratio), action de châtrer.

CASUALITÉ, s. f. (kazualité), qualité de ce qui est casuel ou fortuit.

CASUEL, ELLE, adj. (kazuèle) (casus, cas fortuit, hasard), fortuit, accidentel.—S. m. gain, revenu casuel.

CASUELLEMENT, adv. (kazuèleman), fortuitement, par hasard. Peu us.

CASUISTE, s. m. (kazuicete), théologien qui écrit sur les cas de conscience.

CATACHRÈSE, s. f. (katakrèze) (καταχρησις, abus), t. de rhét., sorte de métaphore qui consiste dans l'abus d'un terme.

CATACLYSME, s. m. (katakliceme) (κατακλυζω, j'inonde), grande inondation.

CATACOI, s. m. (katakoè), petit mal. Voy. CACATOIS.

CATACOMBES, s.f.pl. (katakonbe) (κατα, dessous, et κυμβις, cavité), grottes souterreines où l'on enterrait les corps.

CATACOUSTIQUE, s. f. (katakoucetike) (κατα, contre, et ακουω, j'entends), traité ou théorie des échos.—Il est aussi adj. des deux g.

CATADIOPTRIQUE, s. f. (katadiopetrike) (κατα, contre, διχ, à travers, et οπτομαι, je vois), traité des effets réunis de la lumière. —Il est aussi adj. des deux g.

CATADOUPE et non pas CATADUPE, s. f. (katadoupe) (καταδουπα), cataracte.

CATAFALQUE, s. m. (katafalke) (de l'italien catafalco), estrade, décoration funèbre.

CATAIRE, mieux CHATAIRE, HERBE-AU-CHAT, s. f. (katère), plante vivace.

CATALECTE ou CATALECTIQUE, adj. des deux g. (katalèkte, kalalèktique) (κατα, contre, et λνγω, je finis), se dit d'un vers auquel il manque une syllabe.

CATALECTES, s. m. pl. (katalèkte) (κατα, contre, et λνγω, je finis), fragments d'ouvrages anciens.

CATALEPSIE, s. f. (katalèpeci) (καταλιψις, détention), maladie qui ôte le mouvement.

CATALEPTIQUE, s. et adj. des deux g. (katalèpetike), attaqué de catalepsie.

CATALOGUE, s. m. (katalogue) (χαταλογες, recensement), liste, dénombrement.

CATALPA, s. m. (katalepa), arbre.

CATAPLASME, s. m. (kataplaceme) (κατα, dessus, et πλασσω, j'enduis), emplâtre.

CATAPULTE, s. f. (katapulte) (κατα, contre, et παλλω, je lance), machine pour lancer des pierres ou des traits.

CATARACTE, s. f. (katarakte) (καταρασσω, je brise), chute d'eau; tache sur l'œil.

CATARACTÉ, E, adj. (katarakté), t. de méd., affecté de la cataracte.

CATARRHAL, E, adj. (katârale), qui tient du catarrhe, qui a rapport au catarrhe.

CATARRHE, s. m. (katâre) (κατα, en bas, et ρεω, je coule), fluxion; gros rhume.

CATARRHEUX, EUSE, adj. (katâreu, euze), sujet aux catarrhes.

CATASTROPHE, s. f. (katacetrofe) (καταστροφη, renversement), dénouement d'une tragédie; révolution, malheur.

CATÉCHISÉ, E, part. pass. de catéchiser.

CATÉCHISER, v. a. (katéchisé) (κατηχιζειν, enseigner de vive voix), instruire des principaux points de la religion chrétienne; fig. exhorter, endoctriner.

CATÉCHISME, s. m. (katéchiceme) (κατηχισμος), instruction sur les mystères et les principes de la foi; livre qui la contient.

CATÉCHISTE, s. m. (katéchicete), celui qui enseigne le catéchisme.

CATÉCHUMÈNE, s. et adj. des deux g. (katékumène) (κατηχυμενις), personne qu'on instruit pour la disposer au baptême.

CATÉGORIE, s. f. (katéguori) (κατηγορεω, je montre), classe, ordre.

CATÉGORIQUE, adj. des deux g. (katéguorike), qui est dans les règles; clair, précis.

CATÉGORIQUEMENT, adv. (katéguorikeman), à propos, d'une manière précise.

CATHARTIQUE, adj. des deux g. et s. m. (katartike) (καθαιρω, je purge), purgatif.

CATHÉDRALE, s. et adj. f. (katédrale) (καθεδρα, siège), église principale d'un évêché.

CATHÉDRANT, s. m. (katédran) (καθεδρα, siège), qui préside à une thèse. Peu us.

CATHÉRÉTIQUE, adj. des deux g. (katérétike) (καθαιρεω, je détruis), qui ronge les chairs.

CATHÉTER, s. m. (katétère) (καθιημι, faire descendre), t. de chir., sonde creuse.

CATHOLICISME, s. m. (katoliciceme) (καθολικος, universel, formé de κατα, et de ολος, tout), religion catholique.

CATHOLICITÉ, s. f. (katolicité), doctrine de l'église catholique; pays où elle est professée.

CATHOLICON, s. m. (katolikon) (καθολικος, universel), sorte de remède.

CATHOLIQUE, adj. des deux g. (katolike) (même étym.), qui a rapport ou qui appartient à la religion romaine.—S. des deux g., se dit de ceux qui professent cette religion.

CATHOLIQUEMENT, adv. (katolikeman), selon la doctrine de l'église catholique.

CATI, s. m. (kati), apprêt des étoffes.

CATI, E, part. pass. de catir.

CATIMINI (EN), loc. adv. (ankatimini), en cachette, à la manière des chats. Peu us.

CATIN, s. m. (katein), bassin qui sert à recevoir un métal fondu.

CATIR, v. a. (katir), donner le cati, le lustre à une étoffe.

CATISSEUR, EUSE, s. (katiceur, euze), qui catit les étoffes.

CATOGAN, s. m. (katoguan) (nom d'un Anglais), nœud qui retrousse les cheveux.

CATON, s. m. (katon) (nom d'un Romain célèbre par l'austérité de ses mœurs), homme austère ou qui affecte de l'être.

CATOPTRIQUE, s. f. (katopetrike) (κατοπτρον, miroir), science de la réflexion de la lumière.—Il est aussi adj. des deux g.

CAUCHEMAR, s. m. (kôchemar) (de calca mala, dit dans la basse lat. pour mala oppressio, oppression fâcheuse), oppression, étouffement pendant le sommeil; fig. homme très ennuyeux.

CAUCHOIS, adj. m. (kôchoa), se dit d'un gros pigeon, ainsi nommé du pays de Caux.

CAUDATAIRE, s. m. (kôdatère) (cauda, queue), celui qui porte la queue de la robe d'un cardinal.—Il est aussi adj. des deux g.

CAUDEBEC, s. m. (*kôdebèke*), chapeau de laine fait à *Caudebec*.

CAULICOLES, s. et adj. f. pl. (*kôlikole*) (*cauliculus*, petite tige), t. d'archit., tiges roulées en volutes.

CAURIS, ou ZIMBI, s. m. (*kôrice, zeïnbi*), coquille qui sert de monnaie dans l'Inde.

CAUSAL, E, adj. sans pl. m. Voy. CAUSATIF.

CAUSALITÉ, s. f. (*kôzalité*), qualité, manière d'agir d'une *cause*.

CAUSATIF, TIVE, adj. (*kôzatife, tive*) (*causa, cause, raison*), t. de gramm., qui rend raison.

CAUSE, s. f. (*kôze*) (en lat. *causa*), principe; motif; procès; intérêt; parti. — A CAUSE DE, loc. conj., en raison de.

CAUSÉ, E, part. pass. de *causer*.

CAUSER, v. a. (*kôsé*), être cause de...

CAUSER, v. n (*kôsé*) (du lat. barbare *causare*, plaider, fait de *causa*, cause, procès), converser; parler trop.

CAUSERIE, s. f. (*kôzeri*), action de *causer*; babil. — Au pl., propos indiscrets.

CAUSEUR, EUSE, s. et adj. (*kôzeur, euze*), qui aime à *causer*.

CAUSEUSE, s. f. (*kôzeuse*), petit canapé.

CAUSTICITÉ, s. f. (*kôcticité*) (καιω, je brûle), propriété corrosive; malignité.

CAUSTIQUE, adj. des deux g. et s. m. (*kôctike*) (καιστικος, brûlant, de καιω, je brûle), corrosif; fig. mordant, satirique. — S. f., t. de dioptrique, courbe que touchent les rayons réfléchis ou réfractés par quelque autre courbe.

CAUTÈLE, s. f. (*kôtèle*) (*cautela*), finesse, ruse; précaution. Vieux.

CAUTELEUSEMENT, adv. (*kôteleuzeman*), avec ruse, avec finesse.

CAUTELEUX, EUSE, adj. (*kôteleu, euze*), fin, rusé. Il se prend en mauvaise part.

CAUTÈRE, s m. (*kôtère*) (καυτηριον, dérivé de καιω, je brûle), ulcère artificiel.

CAUTÉRÉTIQUE, adj. des deux g. et s. m. (*kôtérétike*) (καυτηριον, cautère), qui consume les chairs.

CAUTÉRISATION, s. f. (*kôtérizâcion*), action de *cautériser* ou de faire un *cautère*.

CAUTÉRISÉ, E part. pass de *cautériser*, et adj.

CAUTÉRISER, v. a. (*kôtérizé*), brûler les chairs; appliquer un *cautère*.

CAUTION, s. f (*kôcion*) (*cautio*, de *cavere*, être sur ses gardes), répondant; garantie.

CAUTIONNÉ, E, part. pass. de *cautionner*, et adj. — S., celui qui a été *cautionné*.

CAUTIONNEMENT, s. m. (*kôcioneman*), somme qui sert de garantie; acte par lequel on *cautionne*.

CAUTIONNER, v. a. (*kôcioné*), s'obliger ou se rendre *caution* pour quelqu'un.

CAVAGNOLE, s m. (*kavagniole*), sorte de jeu de hasard qui se jouait avec des boules.

CAVALCADE, s. f. (*kavalkade*) (en italien *cavalcata*), marche de gens à cheval.

CAVALCADOUR, adj. m. (*kavalkadour*) (en italien *cavalcatore*), se dit de l'écuyer qui a la surveillance des *chevaux*.

CAVALE, s. f. (*kavale*), jument.

CAVALERIE, s. f. (*kavalerie*) (en italien *cavalleria*), troupes de gens de guerre à cheval.

CAVALIER, IÈRE, s. (*kavalié, ière*) (en italien *cavaliere*, fait de *cavallo*, cheval), homme ou femme à cheval. — Adj., dégagé; hautain; inconvenant.

CAVALIÈREMENT, adv. (*kavalièreman*), d'une manière brusque, hautaine; hardiment.

CAVATINE, s. f. (*kavatine*) (en italien *cavatina*), t. de mus., sorte de chant.

CAVE, s. f. (*kave*) (*cavea*, de *cavus*, creux), lieu souterrain; caisse à liqueurs; fonds d'argent que chaque joueur met devant soi.

CAVE, adj. des deux g (*kave*) (*cavus*), creux, en anat., se dit de deux grosses veines.

CAVE, E, part pass. de *caver*, et adj.

CAVEAU, s. m. (*kavô*), petite cave.

CAVECÉ, E, adj. (*kavecé*), se dit d'un cheval rouan qui a la tête noire.

CAVEÇON, s. m. (*kaveçon*), muserolle que l'on met sur le nez du cheval pour le dresser.

CAVÉE, s. f. (*kavé*), t. de vén., chemin creux.

CAVER, v. a. et n. (*kavé*) (*cavare*), creuser, miner; au jeu, mettre une *cave*.

CAVERNE, s. f. (*kavèrene*) (*caverna*), antre, grotte; lieu creux dans les rochers.

CAVERNEUX, EUSE, adj. (*kavèrneu, euse*), plein de *cavernes*; fig. sourd, creux.

CAVET, s. m. (*kavé*) (*cavus*, creux), t. d'archit., moulure concave.

CAVIAR, s. m. (*kaviar*) (en grec vulgaire χαυιαρι), œuf d'esturgeon salé.

CAVILLATION, s. f. (*kàvilelâcion*) (*cavillatio*), raisonnement captieux; dérision.

CAVITÉ, s. f. (*kavité*) (*cavitas*), creux, vide dans un corps solide.

CE, CET, m.; CETTE, f.; au pl. m. et f. CES, adj. démonstratif qui sert à indiquer les personnes et les choses

CÉANS, adv. (*céan*), ici dedans. Vieux.

CECI, CELA, pron. démonstratif (*ceci, cela*), cette chose-ci; cette chose-là.

CÉCITÉ, s. f. (*cécité*) (*cæcitas*), privation de la vue.

CÉDANT, E, s. et adj. (*cédan, ante*) (*cedens*) t. de prat., qui *cède*.

CÉDÉ, E, part. pass. de *céder*, et adj.

CÉDER, v. a. (*cédé*) (*cedere*), laisser; donner. — V. n., plier; se soumettre.

CÉDILLE, s.f. (*cédi ie*) (en espagnol *cedilla*), signe orthographique qu'on met au-dessous du c devant les voyelles *a o u*, lorsqu'il doit se prononcer comme *s* dur.

CÉDRAT, s. m (*cédra*), espèce de citronnier; son fruit; essence que l'on en tire.

CEDRE, s. m. (cèdre) (cedrus, pris du grec κέδρος), grand arbre toujours vert.
CEDRIE, s. f. (cédri), résine du cèdre.
CÉDULE, s. f. (cédule) (schedula, petit billet), billet sous seing privé; citation.
CEINDRE, v. a. (ceindre) (cingere), entourer; environner; serrer.
CEINT, E, part. pass. de ceindre, et adj.
CEINTRAGE, s. m. (ceintraje). t. de mar., cordages qui servent à ceindre un navire.
CEINTURE, s. f. (ceinture) (cinctura), ruban, cordon dont on se ceint le milieu du corps; endroit du corps où on le place.
CEINTURIER, s. m. (ceinturié), qui fait ou vend des ceintures.
CEINTURON, s. m. (ceinturon), ceinture de cuir pour suspendre une épée, un sabre, etc.
CELA, pron. démonstratif. Voy. CECI.
CÉLADON, s. et adj. m. (céladon), vert pâle; amant délicat et passionné, tel que d'Urfé représente le berger de ce nom dans l'Astrée. Fam.
CÉLÉBRANT, s. m. (célébran), prêtre qui officie, qui dit, qui célèbre la messe.
CÉLÉBRATION, s. f. (célébrácion), action de célébrer.
CÉLÈBRE, adj. des deux g. (célèbre) (celeber ou celebris), fameux, renommé.
CÉLÉBRÉ, E, part. pass. de célébrer, et adj.
CÉLÉBRER, v. a. (célébré) (celebrare), exalter; louer; publier; solenniser.
CÉLÉBRITÉ, s. f. (célébrité) (celebritas), grande réputation; solennité.
CELÉ, E, part. pass. de celer, et adj.
CELER, v. a. (celé) (celare), taire, cacher.
CÉLERI, s. m. (céleri), plante potagère.
CÉLÉRITÉ, s. f. (célérité) (celeritas, de celer, rapide), promptitude; diligence; vitesse.
CÉLESTE, adj. des deux g. (célécete) (cœlestis, de cœlum, ciel) qui appartient au ciel.
CÉLESTIN, s. m. (célécetein), religieux d'un ordre fondé par le pape Célestin V.
CÉLIAQUE, mieux COELIAQUE, s. f. (céliake) (κοιλία, le ventre), flux de ventre. — Il est aussi adj. des deux g.
CÉLIBAT, s. m. (céliba) (cælibatus, formé de cœlebs, célibataire), état d'une personne qui n'a jamais été mariée.
CÉLIBATAIRE, s. des deux g. (célibatère), qui vit dans le célibat.
CELLE, pron. démonstratif fém. Voy. CELUI.
CELLÉRIER, IÈRE, s. (cèlélérié, ière) (cellarius), maître-d'hôtel d'un monastère.
CELLIER, s. m. (cèlié) (cella), lieu où l'on serre les vins et autres provisions.
CELLULAIRE, adj. des deux g. (cèlelulère), qui a des cellules.
CELLULE, s. f. (cèlelule) (cellula, dimin. de cella, chambre), chambre de religieux; petit logement; pore; alvéole; petite cavité.
CELLULEUX, EUSE, adj. (cèleluleu, euze), divisé en cellules ou cavités.
CELTIQUE, adj. des deux g. (cèletike), qui appartient aux Celtes. — S. m, leur langue.

CELUI, CELLE, pron. démonstratif, au pl. CEUX, CELLES (du lat. ille, illa), ce mot indique une personne ou une chose dont on a déjà parlé ou dont on va parler.
CELUI CI, CELLE-CI, CEUX-CI, CELLES-CI, CELUI-LÀ, CELLE-LÀ, pron. démonstratifs. Voy. CELUI.
CÉMENT, s. m. (céman) (cœmentum, blocaille), mélange de métaux, sels et soufre en poudre.
CÉMENTATION, s. f. (cémantácion), action de cémenter; calcination; stratification.
CÉMENTATOIRE, adj. des deux g. (cémantatoare), qui est relatif à la cémentation.
CÉMENTÉ, E, part. pass. de cémenter.
CÉMENTER, v. a. (cémanté), purifier les métaux.
CÉNACLE, s. m. (cénakle) (cœnaculum, de cœna, souper), salle à manger.
CENDRE, s. f. (candre) (cinis, cineris), poudre qui reste des matières consumées par le feu.
CENDRÉ, E, adj. (candré), qui est de couleur de cendre. — S. m., serpent grisâtre.
CENDRÉE, s. f. (candré), écume de plomb; menu plomb de chasse.
CENDREUX, EUSE, adj. (candreu, euse), couvert de cendre.
CENDRIER, s. m. (candrié), bassin à cendres; marchand de cendres.
CÈNE, s. f. (cène) (cœna, souper), dernier souper du Christ; communion protestante.
CÉNOBITE, s. m. (cénobite) (κοινός, commun, et βίος, vie), religieux en communauté.
CÉNOBITIQUE, adj. des deux g. (cénobitike), qui appartient au cénobite.
CÉNOTAPHE, s. m. (cénotafe) (κενός, vide, et τάφος, tombeau), tombeau vide.
CENS, s. m. (çance) (census), dénombrement; rente foncière; quotité d'imposition nécessaire pour être électeur ou éligible.
CENSE, s. f. (çance), métairie, ferme.
CENSÉ, E, adj. (çancé) (censere, croire), réputé, regardé comme.
CENSEUR, s. m. (canceur) (censor), magistrat de Rome; critique; examinateur.
CENSIER, IÈRE, s. (canciè, ière), qui tenait une cense à-ferme. — Adj. m., se disait d'un seigneur à qui le cens était dû.
CENSITAIRE, s. des deux g. (cancitère), qui devait cens et rente au seigneur d'un fief.
CENSIVE, s. f. (cancive), redevance à un seigneur de fief.
CENSORIAL, E, adj., au pl. m. CENSORIAUX (cancoriale), relatif à la censure.
CENSUEL, ELLE, adj. (cançuèle), qui a rapport au cens.
CENSURABLE, adj. des deux g. (cançurable), qui mérite censure.
CENSURE, s. f. (cançure) (censura), fonction du censeur; peine ecclésiastique; examen; correction; réprehension.

CENSURÉ, E, part. pass. de *censurer*, et adj.
CENSURER, v. a. (*cançuré*), reprendre ; critiquer ; faire la *censure* de...
CENT, adj. numéral des deux g. et s. m. (*can*) (*centum*), nombre qui contient dix fois dix.
CENTAINE, s. f. collectif (*çantène*), nombre de *cent* ou à peu près ; brin de soie ou de fil qui lie les fils d'un écheveau.
CENTAURE, s. m. (*çantôre*) (κιτταυρες), monstre fabuleux moitié homme et moitié cheval ; constellation.
CENTAURÉE, s. f. (*çantôré*), plante.
CENTENAIRE, adj. et s. des deux g. (*çantenère*), qui contient *cent* ans ; qui a *cent* ans.
CENTENIER, s. m. (*çantenié*), capitaine de *cent* hommes.
CENTÉSIMAL, E, adj., au pl. m. CENTÉSIMAUX (*çantésimale*) (rac. *cent*⁵), se dit des différents nombres de 1 à 99.
CENTIARE, s. m. (*çantiare*) (*centum*, cent, et *area*, aire), centième partie de l'are, ou mètre carré.
CENTIÈME, adj. des deux g. (*çantième*), nombre ordinal de *cent*. — S. m., la *centième* partie.
CENTIGRADE, adj. des deux g. (*çantiguerade*)(*centum*, cent, et *gradus*, degré), divisé en *cent* degrés.
CENTIGRAMME, s. m. (*çantiguerame*), (*centum*, cent, et γραμμα, gramme), centième partie du *gramme*.
CENTIME, s. m. (*çantime*) (*centum*, cent), centième partie du franc.
CENTIMÈTRE, s. m. (*çantimètre*)(*centum*, cent, et μετρον, mesure), centième partie du *mètre*, un peu plus du tiers du pouce.
CENTINODE, s. f. (*çantinode*) (*centum*, cent, et *nodus*, nœud), plante pleine de nœuds.
CENTON, s m. (*çanton*) (*cento*, habit fait de divers morceaux) rapsodie de poésies ; étoffe.
CENTRAL, E, adj., au pl. m. CENTRAUX (*çantrale*), qui est au *centre* ; *fig.* principal.
CENTRALISATION, s. f. (*çantralizácion*), réunion dans un même *centre*.
CENTRALISÉ, E, part. pass. de *centraliser*.
CENTRALISER, v. a. (*cantralisé*), concentrer, réunir dans un *centre* commun.
CENTRE, s. m. (*çantre*) (*centrum*, fait du grec κεντρον), milieu.
CENTRIFUGE, adj. des deux g. (*çantrifuje*) (*centrum*, centre, et *fugio*, je fuis) ; qui tend à s'éloigner du *centre*.
CENTRIPÈTE, adj. des deux g. (*çantripète*) (*centrum*, centre, et *petere*, aller vers), qui tend à approcher d'un *centre*.
CENT-SUISSES, s. m. pl. (*çançuice*), partie de la garde du roi, qui était composée de *Suisses*, au nombre de *cent*.
CENTUMVIR, s. m. (*çantomevir*)(*centum*, cent, et *vir*, homme), magistrat de l'ancienne Rome.
CENTUMVIRAL, E, adj., au pl. m. CENTUMVIRAUX (*çantomevirale*), qui appartenait aux *centumvirs*.
CENTUMVIRAT, s. m. (*çantomevira*), dignité de *centumvir*.
CENTUPLE, s. m. et adj. des deux g. (*cantuple*) (*centuplex*), qui vaut *cent* fois autant.
CENTUPLÉ, E part. pass. de *centupler*.
CENTUPLER, v. a. (*cantuplé*) (*centuplare*) rendre *cent* fois plus grand ou plus fort.
CENTURIATEUR, s. m. (*canturiateur*) (*centuriator*), se dit de certains historiens luthériens auteurs d'une histoire ecclésiastique divisée par *centuries*.
CENTURIE, s. f. (*çanturi*) (*centuria*), t. d'hist. anc., *centaine*; espace de cent ans.
CENTURION, s. m. (*çanturion*)(*centurio*), chef d'une compagnie de *cent* hommes.
CEP, s. m. (*cèpe*, seul ou à la fin d'une phrase, et *ce* dans le corps d'une proposition) (κυρος, tortu), pied de vigne ; lien ; chaîne.
CÈPE, s. m. (*cèpe*), champignon.
CÉPÉE, s. f. (*cépé*) (*cippus*, assemblage de pieux), touffe de plusieurs tiges de bois.
CEPENDANT, adv. (*cepandan*), pendant cela. — Conj., néanmoins, toutefois.
CÉPHALALGIE, s. f. (*céfalaleji*) (κεφαλη, tête, et αλγος, douleur), douleur de tête.
CÉPHALIQUE, adj. des deux g. (*céfalike*) (κεφαλικος), qui appartient à la tête.
CÉPHÉE, s. f. (*céfé*), constellation.
CÉRASTE, s. m. (*céracete*) (κερας, corne), serpent d'Afrique ; ver mollusque ; plante.
CÉRAT, s. m. (*céra*) (*cera*, cire, en grec κηρος), onguent où il entre de la cire.
CERBÈRE, s. m. (*cèrebère*) (*cerberus*), chien des enfers ; *fig.* gardien sévère.
CERCEAU, s m. (*cèrecô*), lame de fer mince, ou tringle de bois flexible formant un *cercle*.
CERCELLE, s. f. (*cèrecèle*) (*cerceris*), oiseau aquatique.
CERCLE, s. m. (*cèrkle*) (*circulus*), figure ronde ; ce qui entoure un autre corps ; circonférence ; *fig.* réunion ; étendue ; limites.
CERCLÉ, E, part. pass. de *cercler*, et adj.
CERCLER, v. a. (*cèreklé*), garnir, entourer de *cercles*, de cerceaux.
CERCUEIL, s. m. (*cèrekeuie*) (σαρξ, σαρκος, chair), bière, caisse pour un corps mort.
CÉRÉAL, E, adj. (*céréale*)(*cerealis*), se dit des plantes qui produisent les grains dont on fait le pain. — S. f. pl., plantes *céréales*; fêtes de *Cérès*.
CÉRÉBRAL, E, adj., au pl. m. CÉRÉBRAUX (*cérébrale*) (*cerebrum*, cerveau), du cerveau.
CÉRÉMONIAL, s. m. sans pl. (*cérémoniale*), l'usage réglé pour les *cérémonies*.
CÉRÉMONIAL, E, adj., au pl. m. CÉRÉMONIAUX (*cérémoniale*), qui concerne les *cérémonies*.
CÉRÉMONIE, s. f. (*cérémoni*) (*Cereris ritu*-

nia, oblations faites à *Cérès*), solennité ; déférence; pompe; appareil ; politesse d'étiquette.

CÉRÉMONIEUX, EUSE, adj. (cérémonieu, euze), qui fait trop de *cérémonies*.

CÉRÈS, s. f. (cérèce) (du nom de *Cérès*, déesse de l'agriculture), t. d'astr., planète.

CERF, s. m. (cère) (*cervus*, fait de κεραος, cornu), espèce de bête fauve.

CERFEUIL, s. m. (cèrfeuie) (χαιρω, je me réjouis, et φυλλον, feuille), plante potagère.

CERF-VOLANT, s. m. (cèrevolan), insecte volant nommé aussi *escarbot*, et qui a deux cornes ; jouet d'enfant.

CERISAIE, s. f. (cerizè), lieu planté de cerisiers.

CERISE, s. f. (cerize), petit fruit rouge à noyau; couleur de ce fruit.

CERISIER, s. m. (cerizié) (de *Cérasonte*, ville d'Asie), arbre qui porte la *cerise*.

CERNE, s. m. (cèrene) (*circinus*, compas), cercle ; rond livide autour des yeux.

CERNÉ, E, part. pass. de *cerner*, et adj : *yeux cernés*, yeux battus.

CERNEAU, s. m. (cèreno), la moitié du dedans d'une noix verte.

CERNER, v. a. (cèrené) (*vircinare*), faire un *cerne* ; entourer ; séparer ; détacher.

CERTAIN, E, adj. (cèretein, tène) (*certus*), sûr ; vrai ; déterminé ; quelque.

CERTAINEMENT, adv. (cèretèneman) (certé), assurément, indubitablement.

CERTES, adv. (cèrete), assurément.

CERTIFICAT, s. m. (cèretifika) (*certum*, certain, et *facere*, faire), écrit faisant foi.

CERTIFICATEUR, s. et adj. m. (cèretifikateur), celui qui *certifie*, qui fait des certificats.

CERTIFICATION, s. f. (cèretifikacion), attestation. Vieux.

CERTIFIÉ, E, part. pass. de *certifier*, et adj.

CERTIFIER, v. a. (cèretifié) (*certum*, certain, et *facere*, faire), attester.

CERTITUDE, s. f. (cèretitude) (*certitudo*), assurance; conviction; stabilité.

CÉRUMEN, s. m. (cèrumène) (*cerumen*, fait de *cera*, cire), humeur des oreilles.

CÉRUMINEUX, EUSE, adj. (cérumineu, euze), qui a rapport au *cérumen*.

CÉRUSE, s. f. (céruze) (*cerussa*, fait de *cera*, cire), oxyde blanc de plomb ; fig. faux brillant.

CERVAISON, s. f. (cèrevèzon) (rac. *cerf*), temps où le *cerf* est gras et bon à chasser.

CERVEAU, s. m. (cèrevô) (*cerebrum*), substance molle dans le crâne ; fig. esprit.

CERVELAS, s. m. (cèrevelá), petit saucisson rempli de chair hachée et fort épicée.

CERVELET, s. m. (cèrevelè) (*cerebellum*), la partie postérieure du *cerveau*; champignon.

CERVELLE, s. f. (cèrevèle) (*cerebellum*, dimin. de *cerebrum*, cerveau), nom vulgaire du *cerveau* ; fig. esprit, jugement.

CERVICAL, E, adj., au pl. m. CERVICAUX (cèrevikale) (*cervix*, cou), du cou.

CERVIER, adj. m. Voy. LOUP-CERVIER.

CERVOISE, s. f. (cèrevoaze) (*cervisia*), boisson, breuvage des anciens.

CÉSAR, s. m. (cézar), titre des empereurs romains qui succédèrent à *Jules César*; fig. homme brave, courageux.

CÉSARIENNE, adj. f. (cézariène) (de *cæsus*, part. part. de *cædere*, couper), t. de chir., se dit d'une incision que l'on fait pour tirer un enfant du corps de sa mère.

CESSANT, E, adj. verbal (cèçan, ante), qui cesse.

CESSATION, s. f. (cèceçacion), intermission, discontinuation.

CESSE, s. f. (cèce), répit, interruption.— SANS CESSE, loc. adv., continuellement.

CESSÉ, E, part. pass. de *cesser*.

CESSER, v. a. et n. (cècé) (*cessare*), discontinuer ; interrompre.

CESSIBLE, adj. des deux g. (cèceible), t. de dr., qui peut être *cédé*.

CESSION, s. f. (cècecion) (*cessio*, de *cedere*, céder), transport; abandon.

CESSIONNAIRE, s. et adj. des deux g. (cècecionère), celui à qui on *cède* quelque chose.

CESTE, s. m. (cècete) (κεστις, piqué), ceinture de Vénus ; gantelet pour le pugilat.

CÉSURE, s. f. (cèzure) (*cæsura*, de *cædere*, couper), repos qui coupe un vers.

CET, CETTE, adj. démonstratif. Voy. CE.

CÉTACÉ, E, s. et adj. (cétacé) (*cetaceus*, fait de κητος, baleine), grand poisson de mer.

CÉTÉRAC, s. m. (cétérak), espèce de fougère nommée aussi *doradille*.

CHABLIS, s. m. (chabli), arbre renversé par le vent ; vin du territoire de *Chablis*.

CHABOT, s. m. (chabó) (de l'italien *capo*, en lat. *caput*, tête), petit poisson; cordage.

CHABRAQUE, s. f. Voy. SCHABRAQUE.

CHACAL, s. m. (chakale), animal carnassier des pays orientaux.

CHACHUCHA, s. f. (chachucha), danse espagnole fort vive.

CHACONNE, s. f. (chakone) (en italien *chiaccona*), ancien air de danse; ruban, cordon.

CHACUN, UNE, pron. distributif sans pl. (chakeun, kune), chaque personne, chaque chose.

CHAFOUIN, E, s. et adj. (chafouein, fouine), pop., personne maigre et petite ; animal.

CHAGRIN, s. m. (chaguerein), affliction, peine, dépit ; espèce de cuir grenu.

CHAGRIN, E, adj. (chaguerein, rine), qui a du *chagrin* ; triste.

CHAGRINANT, E, adj. (chaguerinan, ante), qui donne du *chagrin*, qui afflige.

CHAGRINÉ, E, part. pass. de *chagriner*, et adj.

CHAGRINER, v. a. (chaguériné), attrister, causer du *chagrin* ; t. d'arts, travailler une peau de manière à la rendre grenue.

CHAÎNE, s. f. (chêne) (catena), lien d'anneaux entrelacés; fig. continuité; servitude.

CHAÎNETIER, s. m. (chénétié); ouvrier qui fait des agrafes et de petites chaînes.

CHAÎNETTE, s. f. (chénète), petite chaîne.

CHAÎNON, s. m. (chénon), anneau ou boucle de chaîne.

CHAIR, s. f. (chère) (caro), substance molle et sanguine qui est entre la peau et les os.

CHAIRE, s. f. (chère) (cathedra), siège épiscopal; tribune.

CHAISE, s. f. (chèze) (par corruption du mot chaire), siège à dossier; voiture à deux roues.

CHALAND, E, s. (chalan, ande) (du lat. barbare chalandum, dérivé du grec moderne χιλάνδιον, bateau), acheteur. — S. m., bateau plat et carré servant aux transports.

CHALANDISE, s. f. (chalandise), habitude d'acheter chez un marchand.

CHALASTIQUE, adj. des deux g. et s. m. (kalacetike) (χαλάω, je relâche), t. de méd., se dit d'un remède qui relâche la fibre.

CHALCOGRAPHE, s. m. (kalkografe) (χαλκις, airain, et γραφω, je grave), graveur.

CHALCOGRAPHIE, s. f. (kalkografi), art de graver sur métaux.

CHALDAÏQUE, adj. des deux g. (kaledaike), qui appartient aux Chaldéens, ancien peuple de la Babylonie. — Le chaldaïque ou le chaldéen, s. m., la langue de ce peuple.

CHALDÉEN, s. m. (kaledé-ein), langue chaldaïque. Voy. CHALDAÏQUE.

CHALE, s. m. (châle), grand fichu.

CHÂLET, s. m. (châlè), maison des paysans suisses; cabane où se font les fromages.

CHALEUR, s. f. (chaleur) (calor), qualité de ce qui est chaud; fig. véhémence; activité.

CHALEUREUX, EUSE, adj. (chaleur-eu, euse), qui a beaucoup de chaleur.

CHÂLIT, s. m. (châli), bois de lit. Vieux.

CHALOIR, v. n. et unipersonnel (chaloar) (calere), avoir chaud. Vieux.

CHALON, s. m. (chalon), filet de pêche.

CHALOUPE, s. f. (chaloupe) (en italien sciluppa), petit bâtiment de mer fort léger.

CHALUMEAU, s. m. (chalumô) (calamellus, dimin. de calamus, χάλαμις, roseau), tuyau de paille, etc.; flûte, tige.

CHALYBÉ, E, adj. (kalibé)(chalybeatus, dérivé de χαλυψ, acier), se dit de préparations chimiques où il entre de l'acier.

CHAMADE, s. f. (chamade) (en italien chiamata), signal pour capituler.

CHAMAILLER, v. n. (chamaié) (du vieux mot camail, armure de tête), se battre confusément; fig. disputer avec grand bruit.

CHAMAILLIS, s. m. (chamaie-i), mêlée, combat où l'on se chamaille. Fam. et pop.

CHAMARRÉ, E, part. pass. de chamarrer; et adj.

CHAMARRER, v. a. (chamaré), couvrir d'ornements de mauvais goût.

CHAMARRURE, s. f. (chamarure), passements, galons dont on est chamarré; manière de chamarrer.

CHAMBELLAGE, s. m. (chambèlaje), ancien droit dû par les vassaux à leur seigneur.

CHAMBELLAN, s. m. (chanbèlan), officier de la chambre d'un roi, d'un prince, etc.

CHAMBOURIN, s. m. (chanbourein), pierre qui sert à faire le faux cristal.

CHAMBRANLE, s. m. (chanbranle), ornement de porte, de cheminée, de fenêtre.

CHAMBRE, s. f. (chanbre) (camera), pièce d'une maison; assemblée; cavité.

CHAMBRÉ, E, part. pass. de chambrer; et adj., se dit d'un canon dont le calibre est rétréci au fond.

CHAMBRÉE, s. f. (chanbré), se dit de soldats qui logent ensemble dans la même chambre.

CHAMBRELAN, s. m. (chanbrelan), artisan qui travaille en chambre.

CHAMBRER, v. n. (chanbré), être de la même chambre. — V. a., tenir enfermé dans une chambre; tirer à l'écart. Vieux.

CHAMBRETTE, s. f. (chanbrète), petite chambre.

CHAMBRIER, s. m. (chanbrié), officier claustral dans certains monastères.

CHAMBRIÈRE, s. f. (chanbrière) (rac. chambre), servante; t. de man., long fouet.

CHAME ou CAME, s. f. (kame), coquille.

CHAMEAU, s. m. (chamô) (camelus), mammifère ruminant qui a deux bosses sur le dos.

CHAMELIER, s. m. (chamelié), conducteur de chameaux.

CHAMOIS, s. m. (chamoa) (ripes, chevreuil), espèce de chèvre sauvage; sa peau.

CHAMOISERIE, s. f. (chamoèzeri), peaux de chamois; lieu où on les prépare.

CHAMOISEUR, s. m. (chamoàzeur), ouvrier qui prépare les peaux de chamois.

CHAMP, s. m. (chan) (campus), pièce de terre; espace; matière. — Au pl., la campagne. — SUR-LE-CHAMP, loc. adv., sur l'heure même.

CHAMPART, s. m. (chanpar) (campi pars, portion du champ), droit féodal sur les gerbes.

CHAMPARTÉ, E, part. pass. de champarter.

CHAMPARTER, v. a. (chanparté), lever le droit de champart.

CHAMPARTEUR, s. m. (chanparteur), commis pour le droit de champart.

CHAMPEAUX, s. m. pl. (chanpô), prés prairies. Vieux.

CHAMPÊTRE, adj. des deux g. (chanpêtre), (campestris), qui appartient, qui a rapport aux champs; solitaire; éloigné des villes.

CHAMPIGNON, s. m. (chanpignion) (du lat. barbare campinio, fait de campus, champ), plante spongieuse.

CHAMPION, s. m. (chanpion) (en lat. barbare campio, fait de campus, champ), combattant, défenseur.

CHANCE, s. f. (*chance*) (en lat. barbare *cadencia*, formé de *cadere*, échoir), hasard; probabilité; jeu de dés.

CHANCELANT, E, adj. (*chancelan, ante*), qui *chancelle*; qui vacille; qui n'est pas ferme.

CHANCELER, v. n. (*chancelé*) (*cadere*, tomber), vaciller; *fig.* être irrésolu.

CHANCELIER, s. m. (*chancelié*) (*cancellarius*), chef suprême de la justice; officier chargé de garder les sceaux.

CHANCELIÈRE, s. f. (*chancelière*), femme du *chancelier*; meuble fourré pour les pieds.

CHANCELLEMENT, s. m. (*chancèleman*), action de *chanceler*.

CHANCELLERIE, s. f. (*chancèleri*), lieu où l'on expédie les affaires qui regardent les sceaux.

CHANCEUX, EUSE, adj. (*chanceu, euse*), qui est en *chance*, en bonheur; incertain.

CHANCI, E, part. pass. de *chancir*, et adj.

CHANCIR, v. n. (*chancir*), moisir.

CHANCISSURE, s. f. (*chancisure*), moisissure.

CHANCRE, s. m. (*chankre*) (*cancer*), ulcère rongeur.

CHANCREUX, EUSE, adj. (*chankreu, euse*), qui tient de la malignité du *chancre*.

CHANDELEUR, s. f. (*chandeleur*) (*candelosa*, de *candela*, cierge), fête catholique.

CHANDELIER, s. m. (*chandelié*), ustensile pour mettre la *chandelle*; celui qui fait et vend de la *chandelle*.

CHANDELLE, s. f. (*chandèle*) (*candela*), flambeau formé d'une mèche enduite de suif.

CHANFREIN, s. m. (*chanfrein*) (*camus*, mors, et *frenum*, frein), face du cheval; pan oblique formé par l'arête abattue d'une pierre ou d'une pièce de bois.

CHANFREINÉ, E, part. pass. de *chanfreiner*.

CHANFREINER, v. a. (*chanfréné*), abattre les arêtes d'une pièce de bois ou d'une pierre.

CHANGE, s. m. (*chanje*) (*cambium*), troc; commerce du *changeur*; banque.

CHANGÉ, E, part. pass. de *changer*, et adj.

CHANGEANT, E, adj. (*chanjan, ante*), variable.

CHANGEMENT, s. m. (*chanjeman*), action de *changer*; mutation; conversion.

CHANGER, v. a. (*chanjé*) (*cambiare*), troquer; quitter une chose pour une autre; métamorphoser. — V n., varier.

CHANGEUR, EUSE, s. (*chanjeur, euse*), qui fait le *change* des monnaies.

CHANOINE, s. m. (*chanoène*) (*canonicus*, de κανονικός, régulier, dérivé de κανών, règle), ecclésiastique qui possède un *canonicat*.

CHANOINESSE, s. f. (*chanoènèce*) (voy. CHANOINE), celle qui possédait une prébende dans un chapitre de filles.

CHANOINIE, s. f. (*chanoèni*), canonicat.

CHANSON. s. f. (*chançon*) (*cantio*, de *cantus*, chant), couplets qu'on *chante*. — Au pl., sornettes.

CHANSONNÉ, E, part. pass. de *chansonner*.

CHANSONNER, v. a. (*chançoné*), faire des *chansons* contre quelqu'un.

CHANSONNETTE, s. f. (*chançonète*), petite *chanson*.

CHANSONNIER, IÈRE, s. (*chançonié, ière*), faiseur ou faiseuse de *chansons*. — S. m., recueil de *chansons*.

CHANT, s. m. (*chan*) (*cantus*), son modulé de la voix; manière de *chanter*; division d'un poëme; cri des oiseaux.

CHANTANT, E, adj. (*chantan, ante*), qui se *chante* aisément; propre à être mis en *chant*.

CHANTÉ, E, part. pass. de *chanter*.

CHANTEAU, s. m. (*chantô*), morceau de pain; pièce d'étoffe au bas d'un manteau.

CHANTEPLEURE, s. f. (*chantepleure*) (du français *chanter* et *pleurer*), entonnoir à longue queue.

CHANTER, v. a. (*chanté*) (*cantare*), former avec la voix une suite de sons modulés.

CHANTERELLE, s. f. (*chanterèle*) (en italien *cantarella*), corde la plus déliée et la plus aiguë d'un violon, d'un luth, etc.; oiseau qui attire les autres par son *chant*.

CHANTEUR, EUSE, s. (*chanteur, euze*) (*cantor*), qui *chante*.

CHANTIER, s. m. (*chantié*) (*cantherius*), magasin de bois; atelier de construction; pièces de bois sous les tonneaux.

CHANTIGNOLE, s. f. (*chantigniole*), espèce de brique; pièce de charpente.

CHANTONNÉ, adj. m. (*chantoné*), t. de papeterie: *papier chantonné*, défectueux. — Part. pass. de *chantonner*.

CHANTONNER, v. a. (*chantoné*), chanter à demi-voix.

CHANTOURNÉ, s. m. (*chantourné*), pièce d'un lit entre le dossier et le chevet.

CHANTOURNÉ, E, part. pass. de *chantourner*.

CHANTOURNER, v. a. (*chantourné*), couper d'après un dessin.

CHANTRE, s. m. (*chantre*) (*cantor*), qui chante à l'église; *fig.* poëte.

CHANTRERIE, s. f. (*chantreri*), dignité, office du *chantre*.

CHANVRE, s. m. (*chanvre*) (*cannabis*, du grec κανναβις,) plante annuelle; sa filasse.

CHAOS, s. m. (*ka-ó*, et devant une voyelle *ka-óze*) (χαος, abîme), confusion.

CHAPE, s f. (*chape*) (*capere*, contenir), vêtement d'église; attache d'une boucle.

CHAPEAU, s. m. (*chapô*) (en lat. barbare *capellum*), coiffure.

CHAPEAU-CHINOIS, s. m. (*chapôchinoa*), instrument de musique.

CHAPELAIN, s. m. (*chapelein*) (*capellanus*), bénéficier titulaire d'une *chapelle*; prêtre.

CHAPELÉ, E, part. pass. de *chapeler*, et adj.

CHAPELER, v. a. (*chapelé*), ôter avec un couteau la superficie de la croûte du pain.

CHAPELET, s. m. (*chapelè*) (de *chapel* ou

CHA CHA 105

chapeau de roses), grains enfilés pour prières.

CHAPELIER, IÈRE, s. (*chapelié, ière*), qui fait ou vend des *chapeaux*.

CHAPELLE, s. f. (*chapèle*)(*capella*, du grec καπηλια, petite tente), petite église.

CHAPELLENIE, s. f. (*chapèleni*), bénéfice de *chapelain*.

CHAPELLERIE, s. f. (*chapèleri*), commerce des *chapeaux*; art de les fabriquer.

CHAPELURE, s. f. (*chapelure*), ce que l'on ôte de la croûte du pain en le *chapelant*.

CHAPERON, s. m. (*chaperon*) (en lat. barbare *capparo*, dérivé du grec καππα, cape), ancienne coiffure; ornement; toit: coiffe de cuir sur les yeux des oiseaux de fauconnerie.

CHAPERONNÉ, part. pass. de *chaperonner*, et adj.

CHAPERONNER, v. a. (*chaperoné*), mettre un *chaperon*; couvrir d'un *chaperon*.

CHAPIER, s. m. (*chapié*). celui qui porte *chape*; armoire pour les *chapes*.

CHAPITEAU. s. m. (*chapitô*)(*capitellum*, dimin. de *caput*, tête), haut de colonne; corniche ; dessus d'un alambic.

CHAPITRE, s m. (*chapitre*) (*capitulum*, de *caput*, tête), subdivision d'un livre; matière; corps de chanoines ; assemblée de religieux.

CHAPITRÉ, E, part pass. de *chapitrer*.

CHAPITRER, v. a (*chapitré*), réprimander.

CHAPON, s. m. (*chapon*) (*capo*, *caponis*), coq châtré ; morceau de pain frotté d'ail.

CHAPONNEAU, s. m. (*chaponô*), jeune *chapon*.

CHAPONNÉ, E, part. pass. de *chaponner*, et adj.

CHAPONNER, v. a. (*chaponé*), châtrer un jeune coq.

CHAPONNIÈRE, s. f. (*chaponière*), vase pour mettre des *chapons* en ragoût.

CHAQUE, adj. distributif des deux g. sans pl. (*chake*), chacun.

CHAR, s. m. (*char*) (en vieux lat. *carrus*, du celtique *carr*), voiture à deux roues.

CHAR-A-BANCS, s. m. (*charaban*), voiture à quatre roues garnie de *bancs*.

CHARADE, s. f. (*charade*), espèce de logogriphe; d'énigme.

CHARANÇON, s. m. (*charançon*), insecte qui ronge le blé dans les greniers.

CHARANÇONNÉ, E, adj. (*charançoné*), se dit du grain attaqué par les *charançons*.

CHARBON, s. m. (*charbon*) (*carbo*), bois éteint avant son entière combustion ; bois embrasé; maladie des céréales ; t. de méd., anthrax, inflammation gangréneuse.

CHARBON-DE-TERRE, s. m. (*charbon de tère*), fossile combustible.

CHARBONNÉ, E, part. pass. de *charbonner*, et adj., attaqué du *charbon*.

CHARBONNÉE, s. f. (*charboné*), grillade rôtie sur des *charbons*.

CHARBONNER, v. a. (*charboné*), noircir avec du *charbon*; *fig*. peindre grossiérement.

CHARBONNEUX, EUSE, adj. (*charboneu, euze*), t. de méd., qui tient du *charbon*.

CHARBONNIER, IÈRE, s. (*charbonié, ière*), qui fait ou vend du *charbon*. — S. m., lieu où on le serre.

CHARBONNIÈRE, s. f. (*charbonière*), lieu où l'on fait le *charbon* dans les bois.

CHARBOUILLÉ, E, part. pass. de *charbouiller*.

CHARBOUILLER, v. a. (*charbouié*), se dit de l'effet que la nielle produit dans les blés.

CHARCUTÉ, E, part. pass. de *charcuter*.

CHARCUTER, v. a. (*charkuté*), découper, hacher de la *chair*.

CHARCUTERIE, s. f. (*charkuteri*), état, commerce du *charcutier*.

CHARCUTIER, IÈRE, s. (*charkutié, ière*) (de *chair cuite*), qui fait tuer des cochons et en vend la *chair* crue ou cuite.

CHARDON, s. m. (*chardon*) (*carduus*), plante qui vient dans les lieux incultes.

CHARDONNERET, s. m. (*chardoneré*) (*carduelis*, de *carduus*, chardon), petit oiseau.

CHARDONNETTE. Voy. CARDONNETTE.

CHARGE, s. f. (*charje*), fardeau; chargement; impôt; obligation; office; commission ; soin; attaque vive; ce qu'on met dans une arme à feu; caricature; plaisanterie.

CHARGÉ, E, part. pass. de *charger*, et adj.

CHARGEMENT, s. m. (*charjeman*), action de *charger* ; cargaison d'un navire.

CHARGER, v. a. (*charjé*) (en lat. barbare *carricare*), mettre une *charge*; accabler; *fig*. attaquer; donner le soin ; accuser ; exagérer.

CHARGEUR, s. m. (*charjeur*), qui *charge*.

CHARIOT, et mieux **CHARRIOT**, s. m. (*chárió*)(*currus*, char), voiture à quatre roues; constellation.

CHARITABLE, adj. (*charitable*), qui a de la *charité*; qui part d'un principe de *charité*.

CHARITABLEMENT, adv. (*charitableman*), d'une manière *charitable*; avec ou par *charité*.

CHARITÉ, s. f. (*charité*)(*charitas* ou *caritas*), amour de Dieu, du prochain; aumône.

CHARIVARI, s. m. (*charivari*), bruit tumultueux ; *fig*. mauvaise musique.

CHARLATAN, s. m. (*charlatan*) (de l'italien *ciarlatano*, fait de *ciarlare*, parler beaucoup), vendeur de drogues ; hâbleur.

CHARLATANÉ, E, part. pass. de *charlataner*.

CHARLATANER, v. a. (*charlatané*), tâcher d'amadouer, de tromper. Fam. et peu us.

CHARLATANERIE, s. f. (*charlataneri*), hâblerie, discours artificieux pour tromper.

CHARLATANISME, s. m. (*charlatanicsme*), caractère du *charlatan*.

CHARLOTTE, s. f. (*charlote*), plat d'entremets fait de marmelade de pommes.

CHARMANT, E, adj. (charman, ante), agréable; qui ravit; qui plaît.

CHARME, s. m. (charmé) (carmen, enchantement), attrait; appas; ravissement; enchantement magique; t. de bot., arbre.

CHARMÉ, E, part. pass. de charmer.

CHARMER, v. a. (charmé), enchanter; fasciner; plaire extrêmement; adoucir.

CHARMILLE, s. f. (charmiie), plant de petits charmes; haie, palissade.

CHARMOIR, s. f. (charmoé), lieu planté de charmes.

CHARNAGE, s. m. (charnaje), temps où l'on mange de la chair. Inus.

CHARNEL, ELLE, adj. (charnèle) (carnalis), de chair; fig. sensuel, voluptueux.

CHARNELLEMENT, adv. (charnèleman), selon la chair.

CHARNEUX, EUSE, adj. (charneu, euzé), où il y a beaucoup de chair.

CHARNIER, s. m. (charnié) (carnarium), cimetière; lieu où l'on garde les viandes.

CHARNIÈRE, s. f. (charnière) (cardo, cardinis, gond), pièces de métal enclavées.

CHARNU, E, adj. (charnu) (carnosus), bien fourni de chair.

CHARNURE, s. f. (charnure), qualité de la chair des personnes; la peau.

CHAROGNE, s. f. (chárognie) (caro, chair), cadavre d'une bête morte.

CHARPENTE, s. f. (charpante), assemblage de grosses pièces de bois taillées et équarries; fig. structure du corps.

CHARPENTÉ, E. part. pass. de charpenter.

CHARPENTER, v. a. (charpanté), équarrir du bois; fig. tailler maladroitement.

CHARPENTERIE, s. f. (charpanteri), art de travailler en charpente.

CHARPENTIER, s. m. (charpantié) (carpentarius, fait de carpentum, charriot), artisan qui travaille en charpente.

CHARPIE, s. f. (charpi) (en lat. barbare carpia), filaments de toile.

CHARRÉE, s. f. (chárré) (en lat. barbare cinerata, de cinis, cineris, cendre), cendres qui restent dans le cuvier à lessive.

CHARRETÉE, s. f. (cháreté), la charge d'une charrette.

CHARRETIER, IÈRE, s. (cháretié, ière), qui conduit une charrette. — Adj., par où peut passer une charrette.

CHARRETTE, s. f. (chárète) (currus, char), voiture à deux roues faite de planches.

CHARRIAGE, s. m. (chàriaje), action de charrier, de voiturer dans une charrette.

CHARRIER, s. m. (chárié), pièce de coutil sur laquelle on met la cendre de lessive.

CHARRIER, v. a. (chárié), voiturer dans un charriot; entraîner, en parlant d'une rivière.

CHARRIOT, s. m. Voy. CHARIOT.

CHARROI, s. m. (charoé), charriage.

CHARRON, s. m. (cháron), artisan qui fait des charrettes, des trains de carrosses, etc.

CHARRONAGE, s. m. (cháronaje), art du charron; travail et ouvrage de charron.

CHARROYÉ, E, part. pass. de charroyer.

CHARROYER, v. a. (chároéié), transporter sur des charriots.

CHARRUE, s. f. (chárú) (du bas lat. carruca, fait de currus, char), machine à labourer.

CHARTE, autrefois CHARTRE, s. f. (charte, chartré) (charta, papier), constitution.

CHARTRE, s. f. (chartre) (charta, papier), anciens titres; prison.

CHARTREUSE, s. f. (chartreuze), couvent de chartreux; coquille.

CHARTREUX, EUSE, s. (chartreu, euze) (de la montagne de Chartreuse, en Dauphiné), religieux, religieuse de l'ordre de saint Bruno. — Adj. et s. m., chat à poil gris bleuâtre.

CHARTRIER, s. m. (chartrié), dépôt ou recueil de chartres; garde des chartres.

CHARYBDE, s. m. (karibde) (nom d'un gouffre situé dans le détroit de Sicile), écueil. On dit fig. : tomber de Charybde en Scylla, éviter un danger pour tomber dans un autre.

CHAS, s. m. (chá), trou d'une aiguille; colle d'amydon.

CHASSE, s. f. (chace) (en italien caccia, du lat. barbare cacciare, chasser), action de chasser le gibier; gibier que l'on prend; fig. poursuite.

CHÂSSE, s. f. (cháce) (capsa), coffre à reliques; cercle de lunette.

CHASSÉ, s. m. (chacé), pas de danse.

CHASSÉ, E, part. pass. de chasser.

CHASSE-COUSIN, s. m. (chacekousein), fleuret fermé et qui ne plie pas; mauvais vin.

CHASSELAS, s. m. (chacelá), raisin de table dont il y a plusieurs variétés.

CHASSE-MARÉE, s. m. (chacemaré), voiturier qui apporte la marée; voiture qui la transporte; petit bâtiment ponté.

CHASSE-MOUCHES, s. m. (chacemouche), petit balai à chasser les mouches; filet sur le dos des chevaux pour les en garantir.

CHASSER, v. a. (chacé) (en lat. barbare cacciare), faire sortir; congédier; éloigner; poursuivre les bêtes; pousser en avant. — V. n., aller à la chasse.

CHASSERESSE, s. et adj. f. (chaceréce), synonyme de chasseuse.

CHASSEUR, EUSE, s. (chaceur, euze), qui chasse. — S. m., soldat armé à la légère.

CHASSIE, s. f. (chaci) (cæcare, aveugler), humeur gluante qui sort des yeux.

CHASSIEUX, EUSE, adj. (chacieu, euze), qui a de la chassie aux yeux.

CHÂSSIS, s. m. (cháci) (capsicum, formé de capsa, boîte), assemblage de fer ou de bois pour enchâsser.

CHASTE, adj. des deux g. (chaceté) (castus), continent, pudique, pur, modeste.

CHASTEMENT, adv. (chacsteman), d'une manière chaste.
CHASTETÉ, s. f. (chaceteté) (castitas), état chaste; continence.
CHASUBLE, s. f. (chazuble) (casula, dimin. de casa, case), ornement de prêtre.
CHASUBLIER, s. m. (chazublié), faiseur et vendeur de chasubles.
CHAT, CHATTE, s. (cha, chate) (catus), animal domestique. — S. m., foule; grappin.
CHÂTAIGNE, s. f. (châtègnie) (castanea, du grec καστανον), fruit du châtaignier.
CHÂTAIGNERAIE, s. f. (châtègnieré), lieu planté de châtaigniers.
CHÂTAIGNIER, s. m. (châtègnié) (castanea), grand arbre amentacé.
CHÂTAIN, adj. m. (châtein), de couleur de châtaigne.
CHATAIRE, s. f. Voy. CATAIRE.
CHÂTEAU, s. m. (châtó) (castellum), forteresse; palais; demeure d'un seigneur.
CHÂTELAIN, E, s. et adj. (châtelein, lène), qui commandait dans un château; justicier.
CHÂTELÉ, E, adj. (châtlé), t. de blas., chargé de plusieurs châteaux.
CHÂTELET, s. m. (châtelè), petit château; ancien tribunal.
CHÂTELLENIE, s. f. (châteleni), seigneurie et juridiction d'un châtelain.
CHAT-HUANT, s. m. (cha-uan) (catus ululans), sorte de hibou.
CHÂTIÉ, E, part. pass. de châtier, et adj.
CHÂTIER, v. a. (châtié) (castigare), corriger, punir; retoucher; rendre plus correct.
CHATIÈRE, s. f. (chatière), trou pour les chats; piège à chats.
CHÂTIMENT, s. m. (châtiman), punition; correction.
CHATOIEMENT, s. m. (chatoéman), reflet d'une pierre précieuse.
CHATON, s. m. (chaton), petit chat; partie d'une bague où est une pierre précieuse.
CHATOUILLÉ, E, part. pass. de chatouiller.
CHATOUILLEMENT, s. m. (chatouicman), action de chatouiller; sensation qui naît de cette action; impression agréable.
CHATOUILLER, v. a. (chatouié) (catullire), causer par un léger attouchement un tressaillement qui provoque ordinairement à rire.
CHATOUILLEUX, EUSE, adj. (chatouieu, euse), sensible au chatouillement; fig. susceptible; qui s'offense aisément; délicat.
CHATOYANT, E, adj. (chatoéian, iante), qui chatoie; dont la couleur varie.
CHATOYÉ, E, part. pass. de chatoyer.
CHATOYER, v. n. (châtoéié), t. de lapidaire, rayonner comme les yeux du chat.
CHÂTRÉ, part. pass. de châtrer, adj. et s.
CHÂTRER, v. a. (châtré) (castrare), retrancher; supprimer.
CHÂTREUR, s. m. (châtreur), qui châtre.

CHATTÉ, part. pass. de chatter.
CHATTEMITE, s. f. (chatemite) (du bas lat. cata, chatte, et de mitis, doux), hypocrite.
CHATTER, v. n. (chaté), faire ses petits, en parlant de la chatte.
CHAUD, E, adj. (chó, chóde) (calidus), qui a de la chaleur; fig. ardent; vif; empressé.— S. m., la chaleur. — Adv., chaudement.
CHAUDEAU, s. m. (chódó), bouillon chaud.
CHAUDEMENT, adv. (chódeman), d'une manière chaude; fig. vivement, avec ardeur.
CHAUDIÈRE, s. f. (chódière) (caldaria), vase de métal pour faire bouillir ou cuire.
CHAUDRON, s. m. (chódron) (caldarium), petite chaudière.
CHAUDRONNÉE, s. f. (chódroné), ce qu'un chaudron peut contenir.
CHAUDRONNERIE, s. f. (chódroneri), métier, marchandise de chaudronnier.
CHAUDRONNIER, IÈRE, s. (chódronié, ière), qui fait et vend des chaudrons.
CHAUFFAGE, s. m. (chófaje), consommation annuelle de bois à brûler.
CHAUFFE, s. f. (chófe), t. de fondeur, foyer.
CHAUFFE-CIRE, s. m. (chófe-cire), officier de chancellerie qui chauffait la cire.
CHAUFFÉ, E, part. pass. de chauffer.
CHAUFFER, v. a. (chófé) (calefacere), de calidus, chaud, et facere, faire), donner de la chaleur en approchant du feu. — V. n., recevoir la chaleur.
CHAUFFERETTE, s. f. (chóferète), ustensile pour chauffer les pieds.
CHAUFFERIE, s. f. (chóferi), forge à chauffer le fer qu'on veut réduire en barres.
CHAUFFEUR, s. m. (chófeur), qui tire le soufflet d'une forge; nom donné à des brigands qui chauffaient les pieds.
CHAUFFOIR, s. m. (chófoar), lieu où l'on se chauffe; linge de propreté pour les femmes.
CHAUFOUR, s. m. (chófour), four à chaux.
CHAUFOURNIER, s. m. (chófournié), ouvrier qui fait où qui conduit un chaufour.
CHAULAGE, s. m. (chólaje), t. d'agric., action de chauler le blé.
CHAULÉ, part. pass. de chauler.
CHAULER, v. a. (chólé), passer le blé à l'eau de chaux, avant de le semer.
CHAUMAGE, s. m. (chómaje), action de couper le chaume; temps auquel on le coupe.
CHAUME, s. m. (chóme) (calamus), tige des graminées; tuyau de blé; paille qui couvre les chaumières.
CHAUMÉ, part. pass. de chaumer.
CHAUMER, v. a. (chómé), couper le chaume.
CHAUMIÈRE, s. f. (chómière), maison couverte de chaume.
CHAUMINE, s. f. (chómine), petite chaumière.

CHAUSSANT, E, adj. (chôçan, ante), qui se chausse aisément. Peu us.
CHAUSSE, s. f. (chôce). bas; épiloge.
CHAUSSÉ, E, part. pass. de chausser, et adj.
CHAUSSÉE, s. f. (chôcé) (calcare, marcher sur), levée de terre; chemin élevé.
CHAUSSE-PIED, s. m. (chôcepié), morceau de cuir ou corne pour chausser un soulier.
CHAUSSER, v. a. (chôcé) (calceare), mettre une chaussure; faire des chaussures pour...
CHAUSSES, s. f. pl. (chôce) (caliga, bottine de cuir), vêtement de l'homme depuis la ceinture jusqu'au genou; culotte.
CHAUSSETIER, s. m. (chôcetié), marchand qui fait et vend des bas, des bonnets, etc.
CHAUSSE-TRAPE, s. f. (chôcetrape) (en lat. barbare calcitrapa), instrument garni de pointes de fer; piège; chardon; coquille.
CHAUSSETTE, s. f. (chôcète), demi-bas.
CHAUSSON, s. m. (chôçon) (calceus, chaussure, soulier), bas pour le pied; escarpin léger; sorte de pâtisserie.
CHAUSSURE, s. f. (chôcure) (calceus), ce que l'on met aux pieds pour se chausser.
CHAUVE, adj. des deux g. (chôve) (calvus), dégarni de cheveux.
CHAUVE-SOURIS, s. f. (chôvecouri) (des mots français chauve et souris), animal quadrupède à ailes membraneuses.
CHAUVETÉ, s. f. (chôveté) (calvitas ou calvities), état d'une tête chauve. Vieux et inus.
CHAUVIR, v. n. (chôvir), dresser les oreilles, en parlant des chevaux, des ânes, etc.
CHAUX, s. f. (chô) (calx, calcis), terre alcaline; pierre calcinée.
CHAVIRÉ, E, part. pass. de chavirer.
CHAVIRER, v. n. (chaviré), se renverser; tourner sens dessus dessous.
CHEBEC, s. m. (chebèke), petit navire.
CHEF, s. m. (chéfe) (du grec κεφαλη, en lat. caput), tête; fig. celui qui est à la tête d'un corps, d'une assemblée; supérieur; point capital.
CHEF-D'OEUVRE, s. m. (chèdeuvre), ouvrage parfait en son genre.
CHEFFECIER, s. m. (chèfecié). Voy. CHEVECIER.
CHEF-LIEU, s. m. (chèfelieu), lieu principal.
CHEIK, s. m. (chèke) (tiré de l'arabe schaïkh, vieillard), chef de tribu arabe.
CHÉLIDOINE, s. f. (kèlidoéne) (χιλιδων, hirondelle), genre de plantes.
se CHÉMER, v. pr. (chémé), maigrir. Inus.
CHEMIN, s m. (chemein) (de l'italien camino), voie; route; moyen.
CHEMINÉE, s. f. (cheminé) (en lat. barbare caminata, dérivé de καμινος, fourneau), foyer avec tuyau pour la fumée.
CHEMINER, v. n. (cheminé) (rac. chemin), aller, marcher.

CHEMISE, s f. (chemize) (en lat. barbare camisia), vêtement de linge sur la peau.
CHEMISETTE, s. f. (chemizète), vêtement sur ou sous la chemise; petite chemise.
CHÉNAIE, s. f. (chéné), lieu planté de chênes.
CHENAL, s m. (chenal) (canalis, canal), courant d'eau en forme de canal.
CHENAPAN, s. m. (chenapan) (de l'allemand schnappan, brigand des montagnes Noires), vaurien, bandit, mauvais garnement. Pop.
CHÊNE, s. m. (chêne), grand arbre de nos forêts qui porte le gland.
CHENEAU, s. m. (chenô), conduit de plomb.
CHÊNEAU, s. m. (chénô), jeune chêne.
CHENET, s. m. (chené) (du mot chien, parce qu'on lui donnait autrefois la forme d'un chien), ustensile de cuisine et de chambre sur lequel on met le bois dans la cheminée.
CHENEVIÈRE, s. f. (chènevière), champ de chènevis.
CHÈNEVIS, s. m. (chènevi) (καναβις, chanvre), graine de chanvre.
CHENEVOTTE, s. f. (chènevote), tuyau de plante de chènevis.
CHENEVOTTER, v. n. (chènevoté), pousser du bois faible comme des chènevottes.
CHENIL, s. f. (cheni), lieu où l'on met les chiens; fig. logement fort sale.
CHENILLE, s. f. (cheniie) (canicula, dimin. de canis, chien), insecte rampant; plante.
CHENILLETTE, s. f. (cheniïète), plante.
CHENU, E, adj. (chenu) (canus), blanchi de vieillesse), blanc de vieillesse.
CHEPTEL, CHEPTEIL ou CHETEL, s. m. (chetèle, chetèie, sans faire sonner le p), bail de bestiaux; les bestiaux eux-mêmes.
CHER, CHÈRE, adj. (chère) (carus), qui est tendrement aimé; qui coûte beaucoup.—Adv., à haut prix.
CHERCHÉ, E, part. pass. de chercher.
CHERCHER, v. a. (cherché) (en lat. barbare circare), se donner du soin pour trouver.
CHERCHEUR, EUSE, s. (chèrecheur, euse), qui cherche.
CHÈRE, s. f. (chère) (cara, qui a signifié visage), régal; bon repas; accueil.
CHÈREMENT, adv. (chèreman), tendrement; à haut prix.
CHÉRI, E, part. pass. de chérir, et adj.
CHÉRIF, mieux SCHÉRIF ou SHÉRIF, s. m. (chérife) (de l'arabe schérif, noble), descendant de Mahomet; prince turc.
CHÉRIR, v. a. (chérir) (du mot français cher), aimer tendrement, avec prédilection.
CHÉRISSABLE, adj. des deux g. (chériçable), qui mérite d'être chéri.
CHERSONÈSE, s. f. (kèrçonèse) (χερρονησος, de χερσος, terre, et νησος, île), t. de géogr., anc. presqu'île.

CHERTÉ, s. f. (*chèreté*) (*caritas*), haut prix des choses qui sont à vendre.

CHÉRUBIN, s. m. (*chérubein*) (de l'hébreu *khéroub*, au pl. *khéroubim*), ange du second chœur de la première hiérarchie.

CHERVIS, s. m. (*chèrvi*), plante.

CHÉTIF, TIVE, adj. (*chétife, tive*) (*captivus*, captif), vil; mauvais; petit; malade.

CHÉTIVEMENT, adv. (*chétiveman*), d'une manière chétive.

CHEVAL, s. m., au pl. CHEVAUX (*cheval*) (*caballus*, du grec καβαλλης), quadrupède. — *Cheval de frise*, solive hérissée de pointes.

CHEVALEMENT, s. m. (*chevaleman*), t. d'archit., espèce d'étai.

CHEVALÉ, E, part. pass. de *chevaler*.

CHEVALER, v. n. (*chevalé*), se servir du chevalet; aller et venir. Inus. — V. a., étayer avec des chevalements.

CHEVALERESQUE, adj. des deux g. (*chevalerèceke*), qui tient de la chevalerie.

CHEVALERIE, s. f. (*chevaleri*), ordre, institution des chevaliers; dignité de chevalier.

CHEVALET, s. m. (*chevalè*) (*caballetus*, dimin. de *caballus*, cheval), punition militaire; supplice; support des cordes d'un violon; étai.

CHEVALIER, s. m. (*chevalié*) (en lat. barbare *caballarius* ou *caballaris*), qui avait reçu l'ordre de la chevalerie; titre.

CHEVALINE, adj. f. (*chevaline*), t. de prat.: *bête chevaline*, un cheval ou une jument.

CHEVANCE, s. f. (*chevance*) (du vieux mot franc *chevir*, venir à bout), tout le bien qu'on peut avoir. Vieux et peu us.

CHEVAUCHÉE, s. f. (*chevôché*), voyage à cheval de certains officiers de justice. Vieux.

CHEVAUCHER, v. n. (*chevôché*) (en lat. barbare *caballicare*), aller à cheval.

CHEVAUX-LÉGERS, s. m. pl. (*chevauléjé*), compagnie de cavalerie légère de la maison du roi. — Au sing., un *chevaux-légers*.

CHEVECIER, s. m. (*chèvecié*) (rac. *chef*), titre de dignité dans quelques églises.

CHEVELÉ, E, adj. (*chevelé*), t. de blas., se dit d'une tête dont les cheveux sont d'un autre émail.

CHEVELU, E, adj. (*chevelu*), qui porte de longs cheveux.

CHEVELURE, s. f. (*chevelure*), l'ensemble des cheveux; fig. rayons d'une comète.

CHEVET, s. m. (*chevè*) (en lat. barbare *capettum*), traversin; tête du lit.

CHEVÊTRE, s. m. (*chevétre*) (*capistrum*), licou; bandage; pièce de bois dans laquelle on emboîte tous les soliveaux d'un plancher.

CHEVEU, s. m. (*cheveu*) (*capillus*), poil de la tête de l'homme.

CHEVILLE, s. f. (*chevie*) (*clavicula*), clou de bois; os au côté du pied; fig. ce qui n'est mis dans un vers que pour la mesure ou pour la rime.

CHEVILLÉ, E, part. pass. de *cheviller*, et adj.

CHEVILLER, v a. (*chevié*), joindre, assembler avec des chevilles.

CHÈVRE, s. f. (*chèvre*) (*capra*, fait de *carpere* brouter), la femelle du bouc; machine propre à élever des fardeaux; étoile.

CHEVREAU, s. m. (*chevró*), petit de la chèvre; on l'appelle aussi *cabri*.

CHÈVRE-FEUILLE, s. m. (*chèvrefeuie*) (*caprifolium*, feuille de chèvre), plante grimpante; sa fleur.

CHÈVRE-PIEDS, adj. et s m. (*chèvrepié*), qui a des pieds de chèvre.

CHEVRETTE, s. f. (*chevrète*), la femelle du chevreuil; crevette; petit chenet.

CHEVREUIL, s. m. (*chevreuie*) (*capreolus*), bête sauve qui ressemble à la chèvre.

CHEVRIER, s. m. (*chevrié*), celui qui mène paître les chèvres.

CHEVRILLARD, s. m. (*chevriiar*), petit chevreuil, faon de chevrette.

CHEVRON, s. m. (*chevron*) (en lat. barbare *capro*), bois équarri; t. militaire, galon de laine qui marque l'ancienneté de service.

CHEVROTANT, E, adj. (*chevrotan, ante*), qui chante, qui parle en tremblotant.

CHEVROTÉ, E, part. pass. de *chevroter*.

CHEVROTER, v. n. (*chevroté*), faire des chevreaux; chanter en tremblotant.

CHEVROTIN, s. m. (*chevrotein*), peau de chevreau corroyée.

CHEVROTINE, s. f. (*chevrotine*), gros plomb à tirer le chevreuil.

CHEVROTTEMENT, s. m. (*chevroteman*), cadence formée en tremblotant.

CHEZ, prép. (*ché*, et devant les voyelles *chése*), dans la maison de...; parmi; dans.

CHIAOUX, s. m. (*chiaou*), espèce d'huissier chez les Turcs.

CHIASSE, s. f. (*chiace*), écume des métaux.

CHICANE, s. f. (*chikane*), subtilité captieuse; amour des procès; procédure.

CHICANÉ, E, part. pass. de *chicaner*.

CHICANER, v. n. (*chikané*), user de chicane. — V. a., tenir quelqu'un en procès mal-à-propos; tourmenter; critiquer sans raison.

CHICANERIE, s. f. (*chikaneri*), tour de chicane; mauvaise difficulté.

CHICANEUR, EUSE, s. (*chikaneur, euse*) (*δικανικος*, qui aime les procès), qui chicane.

CHICANIER, IÈRE, s. et adj. (*chikanié, ière*), qui chicane.

CHICHE, adj. des deux g. (*chiche*) (*siccus*, sec), trop ménager; avare; se dit aussi d'une espèce de pois gris.

CHICHEMENT, adv. (*chicheman*), d'une manière chiche; avec avarice.

CHICON, s m. (*chikon*), laitue romaine.

CHICORACÉES, s. et adj. f. pl. (*chikoracé*), t. d'hist. nat., genre de coquilles.

CHICORÉE, s. f. (chikoré) (κιχωρι ou κιχωριον); plante potagère.

CHICOT, s. m. (chikó) (de l'arabe schikkah, morceau de bois fendu), reste d'arbre; morceau de bois rompu; reste d'une dent.

CHICOTER, v. n. (chikoté), contester. Pop.

CHICOTIN, s. m. (chikotein) (par corruption de socotrin, sorte d'aloès), suc amer.

CHIEN, CHIENNE, s. (chiein, chiène) (κυων, en lat. canis), animal domestique. — S. m., pièce des armes à feu; constellation.

CHIENDENT, s. m. (chieindan), plante vivace que les chiens mangent pour se purger.

CHIENNER, v. n. (chiéné), faire des chiens.

CHIFFE, s. f. (chife) (de l'arabe scaffoun, linge mince et usé), étoffe faible et mauvaise.

CHIFFON, s. m. (chifon) (de l'arabe schaffoun, toile légère), morceau de linge usé.— Au pl., fig. ajustements de femme. Fam.

CHIFFONNÉ, E, part. pass. de chiffonner, et adj., froissé; se dit aussi d'un visage peu régulier, mais qui n'est pas sans agrément.

CHIFFONNER, v. a. (chifoné), bouchonner; froisser; fig. inquiéter; contrarier. Pop.

CHIFFONNIER, IÈRE, s. (chifonié, ière), qui ramasse des chiffons par la ville.—S. f., meuble de femme, pour renfermer des chiffons.

CHIFFRE, s. m. (chifre) (en italien cifera ou cifra, venu de l'hébreu saphar, nombrer), caractère numéral; lettres entrelacées; somme.

CHIFFRÉ, E, part. pass. de chiffrer.

CHIFFRER, v. n. (chiffré), compter avec la plume; marquer par des chiffres. — V. a., numéroter.

CHIFFREUR, EUSE, s. (chifreur, euze), qui compte bien avec la plume.

CHIGNON, s. m. (chignion) (catena, chaîne), le derrière du cou; cheveux retroussés.

CHIMÈRE, s. f. (chimère) (χιμαιρα), monstre fabuleux; idée fantastique.

CHIMÉRIQUE, adj. des deux g. (chimérike), fantastique; illusoire; visionnaire.

CHIMIE, s. f. (chimi) (χυμεια, formé de χυω, je fonds), science de l'analyse et de la décomposition des corps mixtes.

CHIMIQUE, adj. des deux g. (chimike), qui appartient à la chimie.

CHIMISTE, s. m. (chimicete), qui sait la chimie; qui en fait les opérations.

CHINA, s. f (china), salsepareille de Chine.

CHINCHILLA, s. m (cheinchilela), animal du Pérou à fourrure très estimée.

CHINÉ, E, part. pass. de chiner, et adj.

CHINER, v. a. (chiné), former des dessins dans une étoffe.

CHINOIS, OISE, s. et adj. (chinoa, oaze), qui vient de la Chine; à la manière des Chinois.

CHIOURME, s. f. (chiourme) (en italien ciurma), rameurs d'une galère; forçats d'un bagne.

CHIPOTER, v. n. (chipoté), lanterner; vétiller; chicaner. Fam.

CHIPOTIER, IÈRE, s. (chipotié, ière), barguigneur; vétilleur. Fam.

CHIQUE, s. f. (chike), ciron; petite tasse; coton défectueux; tabac qu'on mâche.

CHIQUENAUDE, s. f. (chikenôde) (du bas-breton chiquenaden), coup sur le visage, etc., avec le doigt du milieu replié.

CHIQUER, v. a. (chiké), mâcher du tabac.

CHIQUET, s. m. (chiké) (de l'espagnol chico, petit), petite parcelle. Pop.

CHIRAGRE, s. f. (kiraguere) (χειρ, main, et αγρα, prise), goutte qui attaque les mains.— Adj. et s. des deux g., qui en est attaqué.

CHIROGRAPHAIRE, adj. des deux g. (kirograferère) (χειρ, main, et γραφω, j'écris), créancier en vertu d'un acte sous seing privé.

CHIROLOGIE, s. f. (kiroloji) (χειρ, main, et λογος, discours), art d'exprimer ses pensées avec les doigts.

CHIROMANCIE, s. f. (kiromancii) (χειρ, main, et μαντεια, divination), art prétendu de deviner par l'inspection de la main.

CHIROMANCIEN, IENNE, s. et adj. (kiromancein, iène), qui exerce la chiromancie.

CHIRURGICAL, E, adj. (chirurjikal), qui appartient à la chirurgie.

CHIRURGIE, s. f. (chirurji) (χειρουργια, opération manuelle, de χειρ, main, et εργον, ouvrage), art d'opérer sur le corps de l'homme.

CHIRURGIEN, s. m. (chirurjien), qui exerce la chirurgie; poisson; oiseau.

CHIRURGIQUE, adj. des deux g. (chirurjike), qui appartient à la chirurgie.

CHISTE, s. m. (kicete). Voy. KYSTE.

CHIURE, s. f. (chiure), excrément des mouches; on dit aussi chiasse.

CHLAMYDE, s. f. (klamide) (chlamys, du grec χλαμις, χλαμυδος), manteau des anciens.

CHLORATE, s. m. (klorate), combinaison d'acide chlorique avec les bases salifiables.

CHLORE, s. m. (klore), t. de chim., acide muriatique oxygéné; genre de plantes.

CHLORIQUE, adj. des deux g. (klorike), t. de chim., produit par le chlore.

CHLOROSE, s. f. (klorose) (χλωρος, vert), t. de méd., maladie dite des pâles couleurs.

CHLOROTIQUE, adj. des deux g. (klorotike), affecté de la chlorose.

CHLORURE, s. m. (klorure) chloruretum), combinaison du chlore pur avec une base.

CHOC, s. m. (choke) (du teuton schocken), heurt d'un corps contre un autre; fig. malheur; opposition; conflit.

CHOCOLATIER, IÈRE, s. (chokolatié, ière), qui fait et vend du chocolat.—S. f., vase où l'on fait bouillir le chocolat.

CHOCOLAT, s. m. (chokola) (mot indien),

pâte solide de cacao, de sucre et de cannelle.

CHŒUR, s. m. (*keur*) (*chorus*, du grec χορος), troupe de musiciens qui chantent ensemble; morceau de musique à plusieurs parties; partie d'une église.

CHOIR, v. n. (*choar*) (*cadere*), tomber.

CHOISI, E, part. pass. de *choisir*, et adj.

CHOISIR, v. a. (*choésir*) (*colligere*, rassembler), élire; préférer. —V. n., opter.

CHOIX, s. m. (*choa*), action de *choisir*; résultat de cette action; variété; élite.

CHOLÉDOLOGIE, s. f. (*koledoloji*) (χολη, bile, et λογος, discours), partie de la médecine qui traite de la bile.

CHOLÉDOQUE, adj. m. (*kolédoke*) (χοληδοχος, de χολη, bile, et δεχομαι, recevoir), se dit d'un canal qui conduit la bile.

CHOLÉRA-MORBUS, ou simplement CHOLÉRA, s. m. (*koléra-morbuce*) (de χολη, bile, ρεω, je coule, et du lat. *morbus*, maladie), t. de méd., trousse-galant; épanchement subit de la bile par les alvines et les vomissements, avec prostration.

CHOLÉRINE, s. f. (*kolérine*), affection analogue au *choléra*, mais moins dangereuse.

CHOLÉRIQUE, adj. des deux g. (*kolérike*), qui appartient au *choléra*; bilieux. —S. des deux g., atteint du *choléra*.

CHÔMABLE, adj. des deux g. (*chômable*), qui se doit *chômer*. Il ne se dit que des fêtes.

CHÔMAGE, s. m. (*chômaje*), l'espace de temps qu'on est sans travailler.

CHÔMÉ, E, part. pass. de *chômer*, et adj.

CHÔMER, v. n. (*chômé*) (de l'allemand *saumen*, tarder), ne rien faire faute de travail; manquer de... —V. a., solenniser une fête en ne travaillant pas. *Fam.*

CHONDROLOGIE, s. f. (*kondroloji*) (χορδρος, cartilage, et λογος, discours), traité des cartilages.

CHOPINE, s. f. (*chopine*) (de l'allemand *schoppen*, mesure de vin), demi-pinte.

CHOPINER, v. n. (*chopiné*) boire du vin fréquemment, boire *chopine* à *chopine*.

CHOPPER, v. n. (*chopé*) (de κοπτω, second aoriste de κοπτω, pousser), faire un faux pas; *fig.* faire une faute grossière.

CHOQUANT, E, adj. (*chokan*, *ante*), offensant; déplaisant; désagréable.

CHOQUÉ, E, part. pass. de *choquer*.

CHOQUER, v. a. (*choké*) (en teuton *schucken*), heurter; *fig.* offenser; être contraire à...

CHORAÏQUE, adj. des deux g. (*kora-ike*), vers grec ou latin qui renferme des *chorées*.

CHORÉE, s. m. (*koré*) (χορεια, fait de χορος, chœur), pied composé d'une longue et d'une brève dans la poésie grecque et latine.

CHORÉGE, s. m. (*korèje*) (χορις, chœur,

et αγω, je conduis), t. d'hist. anc., directeur de spectacle chez les Grecs.

CHORÉGRAPHE, s. m. (*koréguerafe*) (χορεια, danse, et γραφω, je décris), celui qui note les pas et les figures d'une danse.

CHORÉGRAPHIE, s. f. (*koréguerafi*), art de noter les pas et les figures d'une danse.

CHORÉGRAPHIQUE, adj. des deux g. (*koréguerafike*), qui appartient à la *chorégraphie*.

CHORÉVÈQUE, s. m. (*koréveke*) (χωρα, région, et επισκοπος, évêque), t. d'hist. anc., évêque de campagne.

CHORIAMBE, s. m. (*korianbe*) (χορειος, chorée, et ιαμβος, iambe), pied de vers grec ou latin composé d'un *chorée* et d'un *iambe*.

CHORION, s. m. (*korion*) (χοριον, fait de χορεω, contenir), membrane du fœtus.

CHORISTE, s. m. (*koricete*), chantre du chœur. —S des deux g, qui chante dans les *chœurs*, à l'église ou au théâtre.

CHOROGRAPHIE, s. f. (*korografi*) (χωρα, contrée, et γραφω, je décris), description d'un pays, d'une province.

CHOROGRAPHIQUE, adj des deux g. (*koroguerafike*), qui appartient à la *chorographie*.

CHOROÏDE, s. f. (*koro-ide*) (χοριον, le chorion, et ιδες, forme), tunique de l'œil.

CHORUS, s. m. (*koruce*) (χορος, en lat. *chorus*), chœur.

CHOSE, s. f. (*chôze*) (*causa*, dit dans la basse lat. pour *res*; *chose*), objet quelconque; matière; affaire; bien.

CHOU, s. m. (*chou*) (*caulis*, du grec χαυλος), plante potagère.

CHOUAN, s. m. (*chouan*) (du mot breton *chouant*, hibou), insurgé vendéen.

CHOUCAS, s. m. (*chouká*), corneille grise.

CHOUCROUTE, s. f (*choukroute*) (de l'allemand *sauerkraut*, légume acide), chou fermenté et assaisonné.

CHOUETTE, s. f. (*chouète*), oiseau de nuit.

CHOU-FLEUR, s. m. (*choufleur*), plante potagère, *chou* dont on mange la graine.

CHOUQUET, s. m. (*chouké*), gros billot.

CHOYÉ, E, part. pass. de *choyer*.

CHOYER, v. a. (*choéié*) (*cavere*, avoir soin de) conserver avec soin; traiter bien.

CHRÈME, s. m. (*krème*)(χρισμα, dérivé de χριω, j'oins), huile sacrée.

CHRÉMEAU, s. m. (*krémô*), petit bonnet.

CHRESTOMATHIE, s. f. (*krècetomaci*)(χρηστος, bon, et μαθησις, science), recueils et écrits publiés sur divers objets d'instruction.

CHRÉTIEN, IENNE, s. et adj. (*krétien*, *iène*), qui fait profession de la foi de *Jésus-Christ*; qui appartient aux *chrétiens*.

CHRÉTIENNEMENT, adv. (*krétiènaman*), d'une manière *chrétienne*.

CHRÉTIENTÉ, s. f. (*krétieinte*), tous les pays où *Jésus-Christ* est adoré.

CHRIE, s. f. (*krie*) (χρεια, fait notable), t. de rhét, narration, amplification.

CHRIST, s. m. (quand ce mot est seul, on prononce *kricete*; mais lorsqu'il est joint au mot *Jésus*, on prononce *kri, jézukri*) (χριστυς, oint), le Messie, figure de notre Seigneur attaché à la croix.

CHRISTE-MARINE, s. f. (*kricete-marine*), salicorne herbacée; plante.

CHRISTIANISME, s. m. (*kricetianiceme*), religion *chrétienne*, son esprit, ses maximes.

CHROMATE, s. m. (*kromate*), t. de chim., sel composé d'acide *chromique* et d'une base.

CHROMATIQUE, adj. et s. des deux g. (*kromatike*) (χρωμα, couleur), t. de mus., qui procède par semi-tons; t. d'optique, coloré.

CHROME, s. m. (*krôme*) (χρωμα,), t. de chim., substance métallique dont toutes les combinaisons sont colorées; t. de mus., dièze.

CHROMIQUE, adj. des deux g. (*kromike*), se dit de l'acide obtenu par l'oxygénation du *chrome*.

CHRONICITÉ, s.f. (*kronicité*), t. de méd., qualité de ce qui est *chronique*.

CHRONIQUE, s. f. (*kronike*) (χρονικυς, qui appartient au temps), histoire suivant l'ordre des temps. — Adj. des deux g., t. de méd., se dit d'une maladie qui dure long-temps.

CHRONIQUEUR, s. m. (*kronikeur*), auteur de *chroniques*.

CHRONOGRAMME et **CHRONOGRAPHE**, s. m. (*kronogueråme, rafe*) (χρονος, temps, et γραμμα, lettre), inscription dans laquelle les lettres numérales forment la date de l'événement dont il s'agit.

CHRONOLOGIE, s. f. (*kronoloji*) (χρονος, temps, et λογυς, discours), science des temps.

CHRONOLOGIQUE, adj. des deux g. (*kronolojike*), qui appartient à la *chronologie*.

CHRONOLOGISTE, s. m. (*kronolojicete*), qui sait ou enseigne la *chronologie*.

CHRONOLOGUE, s. m. (*kronologue*) synonyme de *chronologiste*.

CHRONOMÈTRE, s. m. (*kronomètre*) (χρονυς, temps, et μετρον, mesure), instrument qui sert à mesurer le temps.

CHRYSALIDE, s. f. (*krizalide*)(χρυσαλις, formé de χρυσος, or), insecte renfermé dans sa coque avant de se transformer en papillon.

se CHRYSALIDER, v. pr. (*cekrizalidé*), se changer en *chrysalide*.

CHRYSANTHÈME, s. m. (*krizantème*) χριυσς, or, et ανθος, fleur), plante.

CHRYSOCALE. Voy. CHRYSOCHALQUE.

CHRYSOCHALQUE, s. m. (*krizokalke*)(χρυσος, or, et χαλκος, cuivre), similor, composition métallique qui imite l'or

CHRYSOCOLLE, s. f. (*krizokole*) (χρυσος, or, et κολλα, colle), matière à souder l'or.

CHRYSOCOME, s. m. (*krisokome*)(χρυσος, or, et κομη, chevelure), plante exotique.

CHRYSOLITHE, s. f. (*krizolite*) (χρυσος, or, et λιθος, pierre), pierre précieuse d'un jaune d'or mêlé de vert.

CHRYSOPRASE, s. f. (*krizopraze*) (χρυσος, or, et πρασον, poireau), pierre précieuse d'un vert de poireau tirant sur la couleur d'or.

CHU, E, part. pass. de *choir*, tombé.

CHUCHOTER, v. n. (*chuchoté*)(par onomatopée, du *chuchu* qu'on entend lorsqu'on est près de deux personnes qui se parlent à l'oreille), parler tout bas à l'oreille.

CHUCHOTEUR, EUSE, s.(*chuchoteur, euze*), qui a coutume de *chuchoter*.

CHUCHOTTEMENT, s. m. (*chuchoteman*). bruit que font des personnes qui *chuchottent*.

CHUCHOTTERIE, s. f. (*chuchoteri*), action de *chuchoter*. Fam.

CHUT ! (*chute*), sorte d'interj. qui signifie *paix ! silence !* Fam.

CHUTE, s. f. (*chute*) (de *chu*, part. du verbe *choir*), action de tomber; *fig.* malheur; faute; mauvais succès.

CHYLE, s. m. (*chile*) (χυλος, humeur épaisse), suc blanc formé des aliments digérés et qui se convertit en sang.

CHYLIFÈRE, adj. des deux g. (*chilifère*)(χιλος, chyle, et φερω, je porte), t. d'anat., se dit des vaisseaux qui portent le *chyle*.

CHYLIFICATION, s. f. (*chilifikåcion*) (de χιλος, chyle, et du lat. *facere*, faire), conversion en *chyle*.

CI, adv. de lieu (*ci*), abréviation de *ici*.

CIBLE, s. f. (*cible*), t. de jeu ; but contre lequel on tire.

CIBOIRE, s. m. (*ciboare*) (*ciborium*, du grec κιβωριν), vase où l'on met les hosties consacrées.

CIBOULE, s. f. (*ciboule*) (*cœpula*), petit ognon bon à manger en salade.

CIBOULETTE, s. f. (*ciboulète*) (dimin. de *ciboule*), petite *ciboule*.

CICATRICE, s. f. (*cikatrice*) (*cicatrix*), marque d'une plaie après la guérison.

CICATRISÉ, E, part. pass. de *cicatriser*.

CICATRISER, v. a. (*cicatrizé*), faire des cicatrices ; fermer une plaie ; *fig.* adoucir.

CICÉRO, s. m. (*cicéró*), caractère d'imprimerie.

CICÉROLE, s. m. (*cicérole*), pois chiche.

CICERONE, s. m. (*chicheroné*)(de l'italien *cicerone*), guide des étrangers en Italie.

CICÉRONIEN, IENNE, adj. (*cicéroniein, iène*), qui est imité de *Cicéron*.

CICISBÉE, s. m. Voy. SIGISBÉE.

CICUTAIRE, s. f. (*cikutère*), plante.

CID, s. m. (*cide*) (de l'arabe *said* ou *seid*, chef), commandant; chef.

CIDRE, s. m. (*cidre*) (σικερα, liqueur enivrante), boisson de jus de pommes.

CIEL, s. m., au pl. CIEUX; (en parlant d'un tableau, d'un lit, etc., on dit au pl. CIELS) (*ciéle, cieu*) (*cœlum*), l'espace indéfini où se meuvent les astres; l'air; la température; la providence; climat; pays; séjour des bienheureux; dais; partie supérieure d'un lit.

CIERGE, s. m. (*cièreje*) (*cereus*, de cire), flambeau d'église en cire.

CIGALE, s. f. (*cigale*), insecte.

CIGARRE, s. m (*cigare*) (en espagnol *cigarro*), petit rouleau de tabac que l'on fume.

CIGOGNE, s. f. (*cigwognie*) (*ciconia*), gros oiseau de passage.

CIGUË, s. f. (*cigu*), plante vénéneuse; son suc.

CIL, s. m. (*cile*) (*cilium*), le poil des paupières.

CILICE, s. m. (*cilice*) (*cilicium*, tissu de poil de chèvre), tissu de crin porté par pénitence.

CILIÉ, E, adj. (*cilié*), garni de *cils*.

CILLÉ, E, part. pass. de *ciller*.

CILLEMENT, s. m. (*cileman*), action de *ciller* les yeux, les paupières.

CILLER, v. a. (*cié*) (de l'ancien verbe lat. *cillere*, mouvoir), remuer les paupières. — V. n., se dit des chevaux quand ils commencent à avoir quelques poils blancs aux paupières.

CIMBALAIRE. Voy. CYMBALAIRE.

CIME, s. f. (*cime*) (*cima*, extrémité de la tige), sommet.

CIMENT, s. m. (*ciman*) (*cœmentum*), mortier, brique pilée.

CIMENTÉ, E, part. pass. de *cimenter*.

CIMENTER, v. a. (*cimanté*), joindre avec du ciment; *fig.* confirmer, affermir.

CIMETERRE, s. m. (*cimetère*) (en persan *chimchir*), large sabre recourbé.

CIMETIÈRE, s. m. (*cimetière*) (*cœmeterium*), lieu destiné à enterrer les morts.

CIMIER, s. m. (*cimié*) (*cima, cime*), figure ou ornement sur le haut du casque.

CIMOLÉE, adj. f. (*cimolé*), se dit du dépôt qui se trouve sur les meules à aiguiser.

CINABRE, s. m. (*cinabre*) (χιναβαρι, de χιαβρα, mauvaise odeur), minéral rouge.

CINÉRAIRE, adj. des deux g. (*cinérère*) (*cinis*, cendre), qui renferme des cendres.

CINÉRAIRE, s. f (*cinérère*), plante.

CINGLAGE, s. m. (*ceingelaje*), chemin qu'un vaisseau fait en vingt-quatre heures.

CINGLÉ, E, part. pass. de *cingler*.

CINGLER, v. n. (*ceingelé*) (de l'allemand *segeln*, naviguer), naviguer à pleines voiles. — V. a. (du lat. *cingulum*, ceinture), frapper avec quelque chose de délié et de pliant.

CINNAMOME, s. m. (*cinenamome*) (χινναμωμον), sorte d'aromate.

CINQ, adj. numéral des deux g. et s. m. (*ceinke*; lorsque *cinq* est suivi d'un subst. commençant par une consonne, le *q* ne se prononce point) (en lat. *quinque*), nombre impair entre quatre et six; chiffre qui le représente; carte ou dé qui a *cinq* points.

CINQUANTAINE, s. f. (*ceinkantène*), nombre de *cinquante*; *cinquante* ans accomplis.

CINQUANTE, adj. numéral des deux g. et s. m. (*ceinkante*), cinq fois dix.

CINQUANTENIER, s. m. (*ceinkantenié*), celui qui commande *cinquante* hommes.

CINQUANTIÈME, adj. numéral et s. des deux g. (*ceinkantième*), nombre ordinal de *cinquante*.

CINQUIÈME, adj. numéral et s. des deux g. (*ceinkième*), nombre ordinal de *cinq*.

CINQUIÈMEMENT, adv. (*cinkièmeman*), en *cinquième* lieu.

CINTRE, s. m. (*ceintre*) (*cinctura*, ceinture), figure en arcade, en demi-cercle.

CINTRÉ, E, part. pass de *cintrer*, et adj.

CINTRER, v. a. (*ceintré*), faire un *cintre*, bâtir en *cintre*; faire un ouvrage en *cintre*.

CIOTAT, s. m. (*ciota*) (de la ville de La Ciotat, en Provence), sorte de raisin de table.

CIPAYE, s. m. (*cipè*) (du persan *sepahy*, soldat), soldat indien.

CIPPE, s. m. (*cipe*) (*cippus*), demi-colonne sans chapiteau; t. d'antiq., entrave aux jambes des esclaves.

CIRAGE, s. m. (*ciraje*), action de *cirer*; effet de cette action; composition pour *cirer*.

CIRCÉE, s. f. (*circé*), plante.

CIRCOMPOLAIRE, adj. des deux g. (*cirkonpolère*) (*circum*, autour, et *polus*, pôle), qui environne les *pôles*.

CIRCONCIRE, v. a. (*cirkoncire*) (*circumcidere*, de *circum*, autour, et *cædere*, couper), couper la peau du prépuce.

CIRCONCIS, E, part. pass. de *circoncir*, et adj. — S., juif ou mahométan qui a le prépuce coupé.

CIRCONCISION, s. f. (*cirkoncision*), action de *circoncire*.

CIRCONFÉRENCE, s. f. (*cirkonférance*) (*circumferentia*, de *circum* autour, et *fero*, je porte), contour d'un cercle; enceinte.

CIRCONFLEXE, adj. des deux g. (*cirkonflèkce*) (*circumflexus*, de *circumflectere*, fléchir), se dit d'un accent qui rend la syllabe longue.

CIRCONLOCUTION, s. f. (*cirkonlokucion*) (*circumlocutio*, de *circum*, autour, et *loqui*, parler), périphrase, circuit de paroles.

CIRCONSCRIPTION, s. f. (*cirkoncecripcion*) (*circumscriptio*), l'action de *circonscrire*; limite; contour.

CIRCONSCRIRE, v. a. (*cirkoncekrire*) (*circumscribere*, de *circum*, autour, et *scribere*, tracer), mettre des limites; environner.

CIRCONSCRIT, E, part. pass. de *circonscrire*, et adj.

CIRCONSPECT, E, adj. (au m. *cirkoncepèke*, au f. *pèkte*), prudent, discret, retenu.
CIRCONSPECTION, s. f. (*cirkoncepèkecion*) (*circumspectio*, de *circum*, autour, et *spectare*, regarder), prudence; discrétion; retenue.
CIRCONSTANCE, s. f. (*cirkoncetance*) (*circumstantia*, de *circum*, autour, et *stare*, se tenir), particularité qui accompagne un fait.
CIRCONSTANCIÉ, E, part. pass. de *circonstancier*, et adj.
CIRCONSTANCIER, v. a. (*cirkoncetancié*), dire, détailler, marquer les *circonstances*.
CIRCONVALLATION, s. f. (*xirkonvalelácion*) (*circumvallare*, fortifier autour), ligne ou fossé pour défendre un camp.
CIRCONVENIR, v. a. (*cirkonvenir*) (*circumvenire*, de *circum*, autour, et *venire*, venir), tromper par des détours artificieux.
CIRCONVENTION, s. f. (*cirkonvancion*) (*circumventio*), tromperie artificielle. Peu us.
CIRCONVENU, E, part. pass. de *circonvenir*.
CIRCONVOISIN, E, adj. (*cirkonvoézein*, *zine*) (du lat. *circum*, autour, et du français *voisin*), environnant.
CIRCONVOLUTION, s. f.(*cirkonvolucion*) (*circumvolvere*, rouler autour), plusieurs tours faits autour d'un centre commun.
CIRCUIT, s. m. (*cirkui*) (*circuitus*, fait de *circuire*, aller autour), tour; enceinte; contour; détour; *fig*. préambule.
CIRCULAIRE, adj. des deux g. (*cirkulère*) (*circulus*, cercle), en forme de *cercle*, en rond.—Adj. et s. f., lettre commune à plusieurs personnes.
CIRCULAIREMENT, adv. (*cirkulèreman*), en rond, d'une manière *circulaire*.
CIRCULANT, E, adj. verbal. (*cirkulan*, *ante*), qui est en *circulation*.
CIRCULATION, s. f. (*cirkulácion*), mouvement de ce qui *circule* ou peut *circuler*.
CIRCULATOIRE, adj. des deux g. (*circulatoare*), qui a rapport à la *circulation*.
CIRCULÉ, E, part. pass. de *circuler*.
CIRCULER, v. n. (*cirkulé*) (*circulari*), se mouvoir *circulairement*; être en mouvement; *fig*. se propager, se répandre.
CIRE, s. f. (*cire*)(*cera*, du grec κηρὸς), produit des abeilles; bougie; composition pour cacheter.
CIRÉ, E, part. pass. de *cirer*, et adj.
CIRER, v. a. (*ciré*), enduire de *cire*; appliquer du *cirage* sur du cuir, etc.
CIRIER, s. m. (*cirié*), ouvrier en *cire*.
CIROÈNE, s. m. (*ciroène*) (κηρὸς, cire, et *vins*, vin), emplâtre de *cire* et de vin.
CIRON, s. m. (*ciron*) (de χείρ, main, ou de κείρω, je coupe), petit insecte.
CIRQUE, s. m. (*cirke*) (*circus*, fait de κίρκος, cercle), t. d'antiq., lieu pour les jeux publics; enceinte pour l'exercice des chevaux.

CIRRHE, s. m. (*cire*) (*cirrhus*, frange), t. de bot., vrille; filament de plante.
CIRSAKAS, s. m. (*vircakace*), étoffe en coton et en soie des Indes.
CIRURE, s. f. (*cirure*), enduit de *cire*.
CISAILLÉ, E, part. pass. de *cisailler*, et adj.
CISAILLER, v. a. (*cizá-ié*), t. de monn. couper des pièces fausses avec des *cisailles*.
CISAILLES, s. f. pl. (*cizá-ie*), gros *ciseaux*.
CISALPIN, E, adj. (*vizalpein*, *pine*) (*vis*, en-deçà, et *Alpes*, Alpes), qui est en-deçà des *Alpes*.
CISEAU, s. m. (*cizó*)(en lat. barbare *sicilum*, fait de *sicilire*, couper), instrument plat et tranchant par le bout. — Au pl., instrument à deux branches tranchantes.
CISELÉ, E, part. pass. de *ciseler*, et adj.
CISELER, v. a. (*cizelé*) (*sicilire*, couper), travailler avec le *ciselet* des ornements sur les métaux.
CISELET, s. m. (*cizelè*) (voy. CISEAU), petit outil de fer pour *ciseler* les métaux.
CISELEUR, s. m. (*cizeleur*), ouvrier qui *cisèle*.
CISELURE, s. f. (*cizelure*), ouvrage du *ciseleur*; chose ciselée.
CISTE, s. m. (*cicete*) (κιστος), arbrisseau.
CISTOPHORE, s. des deux g. (*cicetofore*) (κιστη, corbeille, et φερω, je porte), celui ou celle qui portait les corbeilles sacrées.—S. m., médaille où est représentée une corbeille.
CITADELLE, s. f. (*citadèle*) (*civitas*, cité), forteresse.
CITADIN, E, s. et adj. (*citadein*, *dine*), bourgeois, habitant d'une cité.
CITATEUR, TRICE, s. (*citateur*, *trice*), qui fait des *citations*. Peu us.
CITATION, s. f. (*citácion*), allégation d'un passage; ajournement; assignation.
CITÉ, s. f. (*cité*) (*civitas*), ville.
CITÉ, E, part. pass. de *citer*.
CITER, v. a. (*cité*) (*citare*), alléguer, rapporter; signaler; assigner.
CITÉRIEUR, E, adj. (*citérieur*) (*citerior*, fait de *citra*, en-deçà), t. de géogr., qui est en-deçà, de notre côté, plus près de nous.
CITERNE, s. f. (*citèrene*) (*cisterna*), réservoir souterrein d'eau de pluie.
CITERNEAU, s. m. (*citèrenó*), petite *citerne*.
CITOYEN, ENNE, s. et adj. (*citoèiein*, *ène*), habitant d'une cité, d'une ville.
CITRATE, s. m. (*citrate*), sel formé par l'union de l'acide *citrique* avec une base.
CITRIN, E, adj. (*citrein*, *trine*), qui est de la couleur du *citron*.
CITRIQUE, adj. des deux g. (*citrike*), acide tiré des *citrons* et autres fruits acides.
CITRON, s. m. (*citron*) (*citrum* pour

citreum, dérivé du grec κιτριον, fruit du *citronnier*. — Adj., couleur de *citron*.

CITRONNÉ, E, adj. (*citroné*), qui sent le *citron*; où il entre du *citron*.

CITRONNELLE, s. f. (*citronèle*), liqueur faite avec de l'eau-de-vie et du *citron*; plante qui a une odeur de *citron*.

CITRONNIER, s. m. (*citronié*) (κιτρια), arbre originaire d'Afrique.

CITROUILLE, s. f. (*citrou-ie*), plante potagère; son fruit.

CIVADIÈRE, s. f. (*civadière*), t. de mar., voile du mât de beaupré qui est sur la proue.

CIVE, ou CIVETTE, s. f. (*cive*, *civète*) (*cœpa*, ou *cepe*, ognon), plante potagère.

CIVET, s. m. (*civè*), ragoût composé de lièvre ou de lapin, et assaisonné de *cives*.

CIVETTE, s. f. (*civète*) (de l'arabe *zebed* ou *zobad*, écume), petite *cive*; espèce de grosse fouine; liqueur tirée de cet animal.

CIVIÈRE, s. f. (*civière*) (en lat. barbare *cœnovectorium*, fait de *cœnum*, fumier, et de *veho*, je transporte), brancard.

CIVIL, E, adj. (*civile*) (*civilis*), qui concerne les citoyens; honnête, poli.

CIVILEMENT, adv. (*civileman*), d'une manière *civile*; avec *civilité*; en matière *civile*.

CIVILISATION, s. f. (*civilizácion*), action de *civiliser*; état de ce qui est *civilisé*.

CIVILISÉ, E, part. pass. de *civiliser*.

CIVILISER, v. a. (*civilizé*), rendre *civil* et sociable; polir les mœurs.

CIVILITÉ, s. f. (*civilité*) (*civilitas*, conduite sage), honnêteté, courtoisie, politesse.

CIVIQUE, adj. des deux g. (*civike*) (*civicus*), du *citoyen*: qui concerne le citoyen.

CIVISME, s. m. (*civisme*), zèle qui anime le citoyen; patriotisme.

CLABAUD, s. m. (*klabó*) (de l'hébreu *kale*, chien), chien de chasse; fig. homme stupide, qui parle beaucoup et mal à propos.

CLABAUDAGE, s. f. (*klabódaje*), bruit de chiens qui *clabaudent*; fig. criaillerie.

CLABAUDÉ, part. pass. de *clabauder*.

CLABAUDER, v. n. (*klabódé*), aboyer fréquemment; fig. crier mal à propos. Fam.

CLABAUDERIE, s. f. (*klabóderi*), criaillerie importune et sans sujet.

CLABAUDEUR, EUSE, s. (*klabódeur*, *euzé*), qui crie beaucoup et sans sujet. Fam.

CLAIE, s. f. (*klé*) (χλαδος, haie, dérivé de χλειω, je ferme) tissu d'osier.

CLAIR, E, adj. (*klère*) (*clarus*), éclatant; luisant; peu foncé; peu épais; net; aigu; manifeste; évident; aisé à comprendre. — S. m., clarté; lumière. — Adv., clairement, nettement.

CLAIRE, s. f. (*klère*), cendres lavées.

CLAIREMENT, adv. (*klèreman*), d'une manière *claire*; nettement; distinctement.

CLAIRET, ETTE, adj. et s. (*klère*, *rète*), se dit d'un vin d'un rouge *clair*.

CLAIRET, s. m. (*klère*), pierre précieuse dont la couleur est trop faible; infusion de poudres aromatiques dans du vin.

CLAIRE-VOIE, s. f. (*klèrevoé*), ouverture qui n'est fermée que d'un grillage.

CLAIRIÈRE, s. f. (*klèrière*), endroit dans une forêt tout-à-fait dégarni d'arbres.

CLAIR-OBSCUR, s. m. (*klèrobcekur*), t. de peinture, science de la distribution de la lumière et des ombres.

CLAIRON, s. m. (*klèron*) (*clarus*, clair), trompette dont le son est aigu et perçant.

CLAIR-SEMÉ, E, adj. (*klèrecemé*), qui n'est pas bien serré, qui n'est pas près à près.

CLAIR-VOYANCE, s. f. (*klèrevoéiance*), sagacité, pénétration dans les affaires.

CLAIR-VOYANT, E, adj. (*klèrevoéian*), qui a l'esprit fin et pénétrant dans les affaires.

CLAMEUR, s. f. (*klameur*) (*clamor*), grand cri; cri confus; fig. injure, outrage.

CLAN, s. m. (*klan*) (de l'écossais *klaan*, enfant), tribu.

CLANDESTIN, E, adj. (*klandècetein*, *tine*), (*clandestinus*, formé de *clàm*, en secret), qui se fait en cachette et contre les lois.

CLANDESTINE ou HERBE CACHÉE, s. f. (*klandècetine*), plante qui croit sous la mousse.

CLANDESTINEMENT, adv. (*klandècetineman*), d'une manière *clandestine*.

CLANDESTINITÉ, s. f. (*klandècetinité*), vice d'une chose *clandestine*.

CLAPET, s. m. (*klapè*), soupape à charnières.

CLAPI, E, part. pass. de *clapir*.

CLAPIER, s. m. (*klapié*) (χλαπειν, dérober), trou de lapin; lieu où l'on élève les lapins domestiques; lapin domestique.

CLAPIR, v. n. (*klapir*), se dit du cri naturel du lapin. — V. pr., se tapir, se blottir dans un trou; fig. se cacher.

CLAPOTAGE ou CLAPOTIS, s. m. (*klapotaje* ou *klapoti*), effet de la mer *clapoteuse*.

CLAPOTER, v. n. (*klapoter*), éprouver l'agitation qu'on nomme *clapotage*.

CLAPOTEUX, EUSE, adj. (*klapoteu*, *euzé*), houleux.

CLAPOTIS, s. m. Voy. CLAPOTAGE.

CLAQUE, s. f. (*klake*), coup du plat de la main; réunion de *claqueurs* gagés. — Au pl., chaussures par dessus les souliers.

CLAQUE, s. m. (*klake*), chapeau aplati.

CLAQUÉ, E, part. pass. de *claquer*.

CLAQUE-DENTS, s. m. (*klakedan*), t. de mépris, misérable qui tremble de froid. Pop.

CLAQUEMENT, s. m. (*klakeman*), bruit que font des dents, des mains qui s'entrechoquent.

CLAQUEMURÉ, E, part. pass. de *claquemurer*.

CLAQUEMURER, v. a. (*klakemuré*), renfermer dans une étroite prison. Fam.

CLAQUER, v. n. (*klaké*) (par onomatopée),

faire un certain bruit aigu et éclatant.—V. a., donner une *claque*; *fig.* applaudir.

CLAQUET ou **CLIQUET**, s. m. (*klakè*; *klikè*), petite latte qui est sur la trémie d'un moulin et qui bat continuellement avec bruit.

CLAQUEUR, s. m. (*klakeur*), qui applaudit en *claquant*; applaudisseur à gages.

CLARIFICATION, s. f. (*klarifikácion*), action de *clarifier* une liqueur.

CLARIFIÉ, E, part. pass. de *clarifier*.

CLARIFIER, v. a. (*klarifié*)(*clarum facere*, rendre clair), rendre *clair* et net.

CLARINE, s. f. (*klarine*), clochette à son clair suspendue au cou des bestiaux.

CLARINETTE, s. f. (*klarinète*)(*clarus*, clair), instrument à anche; musicien qui en joue.

CLARTÉ, s. f. (*klarté*)(*claritas*), lumière, lueur; splendeur; transparence; netteté.

CLASSE, s. f. (*kláce*)(*classis*), ordre; caste; salle de collège; leçon.—Au pl., études.

CLASSÉ, E, part pass. de *classer*.

CLASSEMENT, s. m. (*kláceman*), action de *classer*; état de ce qui est *classé*.

CLASSER, v. a. (*klácé*), ranger, distribuer par *classes* suivant un certain ordre.

CLASSIFICATION, s. f. (*klácifikácion*), action de *classer*, de ranger par *classes*.

CLASSIQUE, adj. des deux g. (*klacecike*) (du lat. *classici*, citoyens romains de la première classe), qui est à l'usage des *classes*; qui se rapproche de la manière antique; il se dit aussi des auteurs ou des ouvrages qui sont autorité, qui sont devenus modèles.—S. m., partisan du genre *classique*, opposé à *romantique*.

CLATIR, v. n. (*klatir*), t. de chasse, se dit d'un chien qui redouble son cri.

CLAUDE, s. et adj. m. (*klóde*) (du nom d'un empereur romain), sot, imbécile. Fam.

CLAUDICATION, s. f. (*klódikácion*) (*claudicatio*), action de boiter.

CLAUSE, s. f. (*klóze*) (*clausula*, conclusion) disposition particulière d'un acte, etc.

CLAUSTRAL, E, adj. (*klócetral*)(*claustrum*, cloître), qui appartient au *cloître*.

CLAVEAU, s. m. (*klavó*) (*clavus*, clou), maladie qui vient aux brebis; clef de voûte.

CLAVECIN, s. m. (*klavecin*) (*clavicymbalum*), instrument à cordes et à touches.

CLAVELÉ, E, adj. (*klavelé*) (*clavus*, clou), se dit des brebis attaquées du *claveau*.

CLAVELÉE, s. f. (*klavelé*). Voy. CLAVEAU.

CLAVETTE, s. f. (*klavète*) (*clavis*, clef), sorte de clou plat.

CLAVICULE, s. f. (*klavikule*) (*clavicula*), chacun des deux os qui ferment la poitrine.

CLAVICULÉ, E, adj. (*klavikulé*), qui a des clavicules.

CLAVIER, s. m. (*klavié*) (*clavis*, clef), petite chaîne; rangée de touches d'un clavecin, d'un piano, etc.

CLAYMORE, s. f. (*klèmore*), longue épée écossaise; cri de guerre des Écossais.

CLAYON, s. m. (*klèion*), petite *claie*.

CLAYONNAGE, s. m. (*klèionaje*), assemblage de pieux et de branches d'arbres.

CLEF, s. f. (*klé*) (*clavis*, du grec κλεις), instrument pour ouvrir et fermer une serrure; signe de musique; pierre qui ferme une voûte.

CLÉMATITE, s. f. (*klématite*) (κληματις de κλημα, branche), plante renonculacée.

CLÉMENCE, s. f. (*klémance*) (*clementia*), vertu qui porte à pardonner.

CLÉMENT, E, adj. (*kléman, ante*) (*clemens*), qui est porté à la *clémence*.

CLÉMENTINES, s. f. pl. (*klémantine*), recueil des décrétales de *Clément* V.

CLEPSYDRE, s. f. (*klèpecidre*) (κλεπτω, je cache, et ὑδωρ, eau), horloge d'eau.

CLEPTE, s. m. (*klèpete*) (κλεπτης, voleur), nom de montagnards grecs qui vivent de rapines.

CLERC, s. m. (*klère*) (*clericus*), ecclésiastique; étudiant en pratique.

CLERGÉ, s. m. (*klèrcjé*) (*clerus*, fait de κληρος, héritage), le corps des ecclésiastiques.

CLÉRICAL, E, adj. (*klérikale*), appartenant au *clerc*, à l'ecclésiastique.

CLÉRICALEMENT, adv. (*klérikaleman*), à la manière et selon le devoir des *clercs*.

CLÉRICATURE, s. f. (*klérikature*), état de celui qui est *clerc* tonsuré.

CLICHAGE, s. m. (*klichaje*), t. d'impr., art ou action de *clicher*.

CLICHÉ, E, part. pass. de *clicher*.—S. m., planche obtenue par le *clichage*.

CLICHER, v. a. (*kliché*), t. d'impr., prendre sur une masse solide l'empreinte des caractères mobiles de l'imprimerie.

CLICHEUR, s. m. (*klicheur*), qui *cliche*.

CLIENT, E, s. (*klian, ante*) (κλυω, j'écoute), protégé; qui charge de ses intérêts un avocat, un notaire, etc.

CLIENTELLE, s. f. (*kliantèle*) (*clientela*), protection; les *clients*.

CLIFOIRE, s. f. (*klifoare*) (en lat. barbare *oclifera*), seringue faite de sureau.

CLIGNÉ, E, part. pass. de *cligner*.

CLIGNEMENT, s. m. (*kligniéman*), mouvement involontaire de la paupière.

CLIGNE-MUSETTE, s. f. (*kligniemuzète*), jeu d'enfants.

CLIGNER, v. a. (*klignié*) (*clinare*, fait de κλινειν, baisser), remuer les paupières.

CLIGNOTANT, E, adj. (*klignotan, ante*), qui *clignotte*.

CLIGNOTER, v. n. (*klignioté*), *cligner* fréquemment les paupières.

CLIGNOTTEMENT, s. m. (*klignioteman*), mouvement involontaire des paupières.

CLIMAT, s. m. (*klima*) (κλιμα, fait de

κλινω, incliner), pays; région; température.

CLIMATÉRIQUE, adj. des deux g. (*klimatérike*) (κλιμακτυρικος, par échelons, de κλιμαξ, degré), qui tient au climat; se dit de chaque septième année de la vie humaine.

CLIN-D'OEIL, s. m. (*kleindeuie*) (du grec κλειω, fermer, et du lat. *oculus*, œil), mouvement prompt de la paupière.

CLINCAILLE, CLINCAILLERIE, CLINCAILLIER. VOY. QUINCAILLE, QUINCAILLERIE, QUINCAILLIER.

CLINIQUE, adj. des deux g. et s. f.(*klinike*) κλινικος, fait de κλινη, lit), qui appartient au ; se dit de la médecine qui se pratique auprès du lit des malades.

CLINQUANT, s. m. (*kleinkan*), petite lame d'or ou d'argent; *fig*. faux brillant.

CLIQUART, s. m. (*klikar*), pierre à bâtir.

CLIQUE, s. f. (*klike*), société réunie pour cabaler, dire ou faire du mal. Fam.

CLIQUETER, v. n. (*kliketé*), imiter le bruit d'un *claquet* ou *cliquet* de moulin.

CLIQUETIS, s. m. (*kliketi*) (par onomatopée), bruit que font les armes en se choquant.

CLIQUETTE, s. f. (*klikète*), espèce de castagnette; t. de pêche, pierre trouée.

CLISSE, s. f. (*klice*), clayon; morceau de bois pour maintenir les os fracturés.

CLISSÉ, E, part. pass. de *clisser*. et adj.

CLISSER, v. a. (*klicé*), garnir de *clisses*.

CLIVER, v. a. (*klivé*), fendre un diamant, au lieu de le scier.

CLOAQUE, s. f.(*kloake*) (*cloaca*, dérivé de κλυζω, je lave), égout; lieu destiné à recevoir les immondices.

CLOCHE, s. f. (*kloche*) (en lat. barbare *cloca*), instrument de métal pour sonner, calice d'une fleur; verre en forme de *cloche*; ampoule.

CLOCHEMENT, s. m. (*klocheman*), action de *clocher*, de boiter.

à CLOCHE-PIED, loc. adv. (*aklochepié*), sur un seul *pied*.

CLOCHER, s. m. (*kloché*), bâtiment au-dessus d'une église pour mettre les *cloches*.

CLOCHER, v. n. (*kloché*), boiter en marchant.—V. a., couvrir d'une *cloche* de verre.

CLOCHETTE, s. f. (*klochète*), petite *cloche*.

CLOISON, s. f. (*kloéson*) (*claudere*, fermer), petit mur de séparation.

CLOISONNAGE, s. m. (*kloézonaje*), ouvrage de *cloison*.

CLOISONNÉ, E, part. pass. de *cloisonner*.

CLOISONNER, v. a. (*kloézoné*), séparer par une *cloison*.

CLOÎTRE, s. m. (*kloêtre*) (*claustrum*), galerie d'un couvent; monastère.

CLOÎTRÉ, E, part. pass. de *cloîtrer*, et adj.

CLOÎTRER, v. a. (*kloêtré*), enfermer dans un *cloître*; *fig*. enfermer.

CLOÎTRIER, s. m. (*kloêtrié*), religieux cloîtré.

CLOPIN-CLOPANT, loc. adv.(*klopin,pan*), en *clopinant*. Fam.

CLOPINER, v n. (*klopiné*), marcher avec peine et en clochant un peu.

CLOPORTE, s. m. (*kloporte*), insecte.

CLOQUE, s. f. (*kloke*), maladie des feuilles.

CLORE, v. a. (*klore*) (*claudere*), fermer; entourer; terminer.

CLOS, E, part. pass. de *clore*, et adj.

CLOS, s. m. (*klô*), enclos.

CLOSEAU, s. m. (*klôzô*). petit *clos*.

CLOSSEMENT, s. m. (*kloceman*), cri naturel de la poule. On dit mieux *gloussement*.

CLOSSER, v. n. (*klocé*), crier, en parlant de la poule. On dit mieux *glousser*.

CLÔTURE, s. f. (*klôture*) (*claustrum*), enceinte de murailles, etc.; action de *clore*.

CLOU, s. m. (*klou*) (*clavus*), morceau de métal qui a une tête et une pointe; furoncle.

CLOU-DE-GIROFLE, s. m. (*kloudejirofle*) fruit du *giroflier*.

CLOUÉ, E, part. pass. de *clouer*, et adj.

CLOUER, v. a. (*kloué*), attacher avec des *clous*; *fig*. fixer, assujétir.

CLOUTÉ, E, part. pass. de *clouter*

CLOUTER, v. a. (*klouté*) garnir de *clous*.

CLOUTERIE, s. f. (*klouteri*), commerce, fabrique de *clous*.

CLOUTIER, s. m. (*kloutié*), qui fait et vend des *clous*.

CLOYÈRE, s. f. (*klo-ièré*), petit panier d'huîtres, de poisson.

CLUB, s. m. (*klube*) (empr. de l'anglais), réunion, société politique.

CLUBISTE, s des deux g. (*klubicete*), membre d'un *club*.

CLYSOIR, s. m. (*klizoar*, et non pas *klicoar*) (κλυζω, je lave), long entonnoir dont on se sert au lieu de seringue.

CLYSTÈRE, s. m. (*klicetère*) (κλυστηρ, fait de κλυζω, je lave), lavement.

COACCUSÉ, E, s. (*ko-akuzé*)(*accusatus*, accusé, et *cum*, ensemble), *accusé* avec d'autres.

COACTIF, TIVE, adj. (*ko-aketife, tive*), qui a le droit de contraindre.

COACTION, s. f. (*ko-akecion*) (*coactio*, de *coactare*, forcer), t. de jur., contrainte.

COADJUTEUR, TRICE, s. (*ko-adjuteur, trice*) (*cum*, avec, et *adjutor*, qui aide), qui est adjoint à un prélat, à une abbesse.

COADJUTORERIE, s. f. (*ko-adjutoreri*), charge et dignité de coadjuteur.

COAGULATION, s. f.(*ko-agulâcion*)(*coagulatio*), épaississement; congélation.

COAGULÉ, E, part. pass. de *coaguler*.

COAGULER, v. a. (*ko-agulé*) (*coagulare*), figer, cailler.

COAGULUM, s. m. (*ko-agulome*), coagulation; moyen de *coaguler*.

COALISÉ, E, part. pass. de *coaliser*.

se COALISER, v. pr. (*ceko-alizé*) (*coalescere*, se fortifier; de *cum*, avec, et *alescere*, croître), se liguer; former une *coalition*.

COALITION, s. f. (*ko-alicion*), union; ligue; confédération.

COASSEMENT, s. m. (*ko-àceman*) (fait par onomatopée), cri des grenouilles.

COASSER, v. n. (*ko-àcé*) (*coaxare*), mot qui exprime le cri que font les grenouilles.

COASSOCIÉ, E, adj. et s. (*co-açocié*), associé avec un ou plusieurs autres.

COATI, s. m. (*ko-ati*), animal d'Amérique.

COBÆA, s. f. Voy: COBÉE.

COBALT, s. m. (*kobalte*) substance minérale qui colore le verre en bleu.

COBÉE, s. f. (*kobé*), plante grimpante.

COCAGNE, s. f. (*kokagnie*) (de *cocagne*, pain de pastel), pain de pastel; fête, divertissement donné au peuple; mât enduit de savon. Fam.

COCARDE, s. f. (*kokàrde*) (par corruption de *coquarde*, touffe de plumes de *coq*), nœud de ruban; morceau d'étoffe rond qu'on porte au chapeau.

COCASSE, adj. des deux g. (*kokace*), plaisant, risible. Pop.

COCCYX, s. m. (*kokecice*) (κοκκυξ, coucou), petit os à l'extrémité de l'os sacrum.

COCHE, s. m. (*koche*) (du mot hongrois *kotschi* ou *kotsi*, charriot couvert), charriot de voyage; bateau.

COCHE, s. f. (*koche*) (en italien *cocca*), entaille faite dans un corps solide; truie.

COCHENILLAGE, s. m. (*kocheniiaje*), décoction faite avec de la *cochenille*.

COCHENILLE, s. f. (*kocheniie*) (en espagnol *cochinilla*), insecte d'Amérique qui fournit l'écarlate; graine.

COCHENILLÉ, E, part. pass. de *cocheniller*.
COCHENILLER, v. a. (*kocheniié*), teindre avec de la *cochenille*.

COCHER, s. m. (*koché*), qui mène un coche, un carrosse, etc.

COCHÈRE, adj. f. (*kochère*), se dit d'une porte par laquelle une voiture peut passer.

COCHET, s. m. (*koché*), jeune *coq*.

COCHEVIS, s. m. (*kochevi*), alouette huppée.

COCHLÉARIA, s. m. (*koklé-aria*) (κιχλιαρίον, cuiller), plante médicinale.

COCHON, s. m. (*kochon*), porc, pourceau; fig. homme glouton, sale, ordurier, grossier; t. de métallurgie; mélange impur de métal et de scories.

COCHON-D'INDE, s. m. (*kochondeindé*), petit quadrupède.

COCHONNÉE, s. f. (*kochoné*), tous les cochons de la portée d'une truie.

COCHONNER, v. n. (*kochoné*), se dit de la truie qui fait des petits *cochons* — v. a., faire salement. Pop.

COCHONNERIE, s. f. (*kochoneri*), malpropreté; ouvrage mal fait; chose indécente. Pop.

COCHONNET, s. m. (*kochoné*), but au jeu de boules.

COCO, s. m. (*koko*), fruit du *cocotier*; sa liqueur; tisane de réglisse.

COCON, s. m. (*kokon*), coque du ver à soie.

COCOTIER, s. m. (*kokotié*), palmier des Indes.

COCTION, s. m. (*kokecion*) (*coctio*, fait de *coquere*, cuire), cuisson; digestion.

CODE, s. m. (*kode*) (*codex*; *tablettes*), collection; recueil de lois.

CODÉBITEUR, TRICE; s. (*kodébiteur*, *trice*), qui doit conjointement avec un autre.

CODÉCIMATEUR, s. m. (*kadécimateur*) (*cum*, avec, et *decimare*, partager), t. d'anc. jur., qui partageait des dîmes avec un autre.

CODÉTENTEUR, s. m. (*kodétanteur*), t. de jur., qui est détenteur avec un autre.

CODEX, s. m. (*kodèke*) (mot lat.), collection de lois et de formules médicales.

CODICILLAIRE, adj. des deux g. (*kodicilèlre*), contenu dans un *codicille*.

CODICILLE, s. m. (*kodicile*) (*codicilli, orum*), addition à un testament.

CODILLE, s. m. (*kodiie*), t. du jeu de l'hombre, celui qui gagne sans avoir fait jouer.

CODONATAIRE, adj. et s. des deux g. (*kodonatère*), associé conjoint avec un autre dans une même *donation*.

CŒCUM, s. m. (*cékome*) (*cœcus*, aveugle), t. d'anat., le premier des gros intestins.

COEFFICIENT, s. m. (*ko-èficiant*) (*coefficiens*, de *cum*, avec, et *efficere*, faire), nombre connu devant une quantité et qui la multiplie.

CŒLIAQUE, s. f. et adj. des deux g. (*céliake*). Voy: CÉLIAQUE.

COEMPTION, s. f. (*ko-anpecion*) (*cum*, avec, et *emptio*, achat), achat réciproque.

COERCIBLE, adj. des deux g. (*ko-èrecible*), t. de phys., qui peut être rassemblé et retenu dans un certain espace.

COERCITIF, TIVE, adj. (*ko-èrecitife, tive*), t. de palais, qui a le pouvoir de contraindre.

COERCITION, s. f. (*ko-èrecicion*) (*coercitio*), pouvoir de contraindre, de retenir.

COETAT, s. m. (*ko-éta*), état qui partage la souveraineté avec un autre.

COËTERNEL, ELLE, adj. (*ko-étèrnèle*) (*cum*, avec, et *æternus*, éternel), qui est de toute éternité avec un autre.

CŒUR, s. m. (*kieur*) (*cor*), viscère de la poitrine; fig. sentiment; courage; le milieu d'une chose. — PAR CŒUR, loc. adv., de mémoire.

COEXISTANT, E, adj. (*ko-èguesicetan, ante*), qui *co-existe*.

COEXISTENCE, s. f. (*ko-èguesicetance*), existence simultanée de plusieurs choses.

COEXISTER, v. n. (*ko-èguesicité*), exister en même temps qu'un autre.

COFFRE, s. m. (*kofre*) (de l'allemand *Kuffer*), meuble à couvercle; caisse.

COFFRÉ, E, part. pass. de *coffrer*.
COFFRER, v. a. (*kofré*), mettre dans un *coffre*; *fig.* mettre en prison. Fam.
COFFRE-FORT, s. m. (*kofrefor*), caisse pour l'argent.
COFFRET, s. m. (*kofrè*), petit *coffre*.
COFFRETIER, s. m. (*kofretié*), qui fait des *coffres*, des malles, des valises; layetier.
COFIDÉJUSSEUR, sm.)*kofidéjuceur*),chacun de ceux qui ont cautionné un même débiteur pour une même dette.
COGNASSE, s. f. (*kogniace*), coing sauvage.
COGNASSIER, s. m. (*kogniacié*), arbre qui porte les *coings*.
COGNAT, s. m. (*koguena*) (*cognatus*, de *cum*, avec, et *natus*, né), t. de dr., parent.
COGNATION, s. f. (*koguenácion*) (*cognatio*), t. de jur., lien de parenté.
COGNÉE, s. f. (*kognié*) (rac. *coin*), outil de fer plat et tranchant en manière de hache.
COGNE-FÉTU, s. m. (*kogniefétu*), qui se donne bien de la peine pour ne rien faire.
COGNÉ, E, part. pass. de *cogner*.
COGNER, v. a. et n. (*kognié*), enfoncer; frapper; heurter; battre.
COHABITATION, s. f. (*ko-abitácion*)(*cohabitatio*), t. de jur., état du mari et de la femme qui vivent ensemble.
COHABITER, v. n. (*ko-abité*) (*cohabitare*, de *cum*, avec, et *habitare*, habiter.), vivre ensemble comme mari et femme.
COHÉRENCE, s. f. (*ko-érance*) (*cohærentia*), liaison; union; connexion.
COHÉRENT, E, adj. (*ko-éran*, *ante*), lié; uni; qui a de la *cohérence*.
COHÉRITIER, IÈRE, s. (*ko-éritié*, *ière*) (*cohæres*, de *cum*, avec, et de *hæres*, héritier), *héritier* avec un autre.
COHÉSION, s. f. (*ko-ézion*) (*cohærere*, être uni, de *cum*, avec, et de *hærere*, être joint), adhérence.
COHOBATION, s. f. (*ko-obácion*), distillation réitérée de la même matière.
COHOBÉ, E, part. pass. de *cohober*.
COHOBER, v. a. (*ko-obé*) (de l'arabe *coloph*, dont on a fait *cohob*, *cohobium*, *cohobatio*), distiller plusieurs fois une même chose.
COHORTE, s. f. (*ko-orte*) (*cohors*, *cohortis*), corps d'infanterie chez les Romains; troupe de gens armés.
COHUE, s. f. (*ko-u*), assemblée tumultueuse où règne la confusion.
COI, COITE, adj. (*koé*, *koète*) (par corruption de *quietus*, calme), tranquille: paisible.
COIFFE, s. f. (*koéfe*) (en lat. barbare *cufa* ou *cuphia*), couverture de tête à l'usage des femmes.
COIFFÉ, E, part. pass. de *coiffer*, et adj.
COIFFER, v. a. (*koéfé*), couvrir la tête ; arranger la *coiffure*; friser.
COIFFEUR, EUSE, s. (*koéfeur*, *euze*), qui fait métier de *coiffer*.

COIFFURE, s. f. (*koéfure*), couverture et ornement de tête; manière de *coiffer*.
COIN, s. m. (*koein*) (*γωνία*, angle), angle, outil pour fendre du bois; marque des monnaies, de la vaisselle, etc.
COINCIDENCE, s. f. (*ko-eincidance*), état de deux choses qui *coïncident*.
COÏNCIDENT, E, adj. (*ko-eincidan*), qui *coïncide*.
COÏNCIDER, v. n. (*ko-eincidé*)(*coincidere*, de *cum*, avec, et *incidere*, tomber), s'adapter ; s'ajuster ; arriver en même temps ; avoir du rapport.
COING, s. m. (*koein*), fruit du *cognassier*.
COÏNTÉRESSÉ, E, s. (*ko-eintérecé*), qui a un *intérêt* commun avec un autre.
COÏT, s. m. (*ko-ite*) (*coitus*, fait de *coire*, aller ensemble), accouplement.
COITE, et non pas **COUETTE,** s. f. (*koète*) (*χιτες*, lit), lit de plume.
COJOUISSANCE, s. f. (*kojouiçance*), t. de jur., *jouissance* commune à deux personnes.
COKE, s. m. (*koke*) (mot anglais dérivé de *coctus*, cuit), charbon de terre brûlé.
COL, s. m. (*kole*), partie du corps qui joint la tête aux épaules ; (il est vieux, en ce sens. Voy. **cou**); collet de chemise; cravate; canal ; goulot ; défilé.
COLAO, s. m. (*kolao*), ministre d'état à la Chine.
COLARIN, s. m. (*kolarein*), t. d'archit., frise de chapiteau.
COLATURE, s. f. (*kolature*), t. de pharm., filtration qui se fait avec une *couloire*.
COLBACK, s. m. (*kolebake*), bonnet à poil dont la partie supérieure est plate.
COLCHIQUE, s. m. (*kolechike*) (*χολχιχον*), plante appelée aussi *tue-chien*.
COLCOTAR, s. m. (*kolekotar*), t. de chim., oxyde de fer.
CO-LÉGATAIRE, s. des deux g. (*kalégatère*), *légataire* avec un ou plusieurs autres.
COLÉOPTÈRE, s. m. et adj. des deux g. (*kolé-opetère*) (*χολεος*, étui, et *πτερον*, aile), nom générique des insectes dont les ailes sont renfermées sous les étuis écailleux.
COLÉRA-MORBUS. Voy. **CHOLÉRA-MORBUS.**
COLÈRE, s. f. (*kolère*) (*χολη*, bile), vive irritation morale; courroux.—Adj. des deux g., sujet à se mettre en *colère*.
COLÉRIQUE, adj. des deux g. (*kolérike*), enclin à la *colère*.
COLI ou **COLIR,** s. m. (*koli*, *kolir*), inspecteur des tribunaux en Chine.
COLIART, s. m. (*koliar*), raie ondée.
COLIBRI, s. m. (*kolibri*), petit oiseau de l'Amérique.
COLICITANT, E, s. (*kolicitan*, *ante*), se dit de cohéritiers ou copropriétaires au nom desquels se fait une vente par *licitation*.
COLIFICHET, s. m. (*kolifichè*) (des deux

mots *coller* et *ficher*), bagatelle; machine pour monnoyer; pâtisserie pour les oiseaux.

COLIMAÇON, s. m. (*kolimaçon*) (*cochlolimax*, du grec κοχλος, coquille, et du lat. *limax*, limaçon), limaçon à coquille.

COLIN-MAILLARD, s. m. (*koleinma-iar*), jeu.

COLIQUE, s. f. (*kolike*) (κωλικος, dérivé de κωλον, intestin), douleur intestinale; coquille.

COLIR, s. m. (*kolir*). Voy. COLI.

COLIS, s. m. (*koli*), caisse, ballot de marchandises.

COLISÉE, s. m. (*kolizé*) (par corruption de *colossée*), célèbre amphithéâtre de Rome.

COLLABORATEUR, TRICE, s. (*kolelaborateur, trice*) (*collaborare*, travailler de concert, de *cum*, avec, et *laborare*, travailler), auteur qui travaille conjointement avec un autre.

COLLABORATION, s. f. (*kolelaborácion*), aide du *collaborateur*.

COLLAGE, s. m. (*kolaje*), action de *coller*.

COLLANT, E, adj. (*kolan, ante*), qui *colle*.

COLLATAIRE, s. m. (*kolelatère*), celui à qui on a conféré un bénéfice.

COLLATÉRAL, E, s. et adj., au pl. m. COLLATÉRAUX (*kolelatérale*) (*collateralis*, de *cum*, avec, et *latus*, côté), parent hors de la ligne directe.

COLLATEUR, s. m. (*kolelateur*) (*collator*), qui a droit de conférer un bénéfice.

COLLATIF, TIVE, adj. (*kolelatife, tive*) (*collativus*), qui se confère.

COLLATION, s. f. (*kolelácion*) (*collatio*, de *conferre*, donner), action ou droit de conférer; action de comparer deux écrits ensemble.

COLLATION, s. f. (*kolácion*) (*collatio*, de *conferre*, s'entretenir), repas léger.

COLLATIONNÉ, E, part. pass. de *collationner*.

COLLATIONNER, v. a. (*kolelaciońe*), conférer une copie avec l'original pour voir si elle est conforme.

COLLATIONNER, v. n. (*kolacioné*), faire le petit repas appelé *collation*.

COLLE, s. f. (*kole*) (κολλα), matière gluante; mensonge; bourde. Pop.

COLLÉ, E, part. pass. de *coller*, et adj.

COLLECTE, s. f. (*kolelèkte*) (*collecta*, de *colligere*, recueillir), levée des impositions; quête; oraison avant l'épître.

COLLECTEUR, s. m. (*kolelèkteur*) (*collector*), qui fait la levée des impositions.

COLLECTIF, IVE, adj. (*kolelèktife, tive*), t. de gramm., se dit d'un nom qui renferme une idée de pluralité.

COLLECTION, s. f. (*kolelèkcion*) (*collectio*, de *colligere*, recueillir), recueil.

COLLECTIVEMENT, adv. (*kolelèktiveman*), dans un sens *collectif*.

COLLÈGE, s. m. (*kolèje*) (*collegium*, de *colligere*, réunir), assemblée de notables; lieu d'enseignement.

COLLÉGIAL, E, adj., au pl. m. COLLÉGIAUX (*koleléjiale*) (*collegialis*): église collégiale, chapitre de chanoines sans siège épiscopal. — On dit aussi subst. : une *collégiale*.

COLLÉGIEN, s. m. (*koleléjiein*), celui qui étudie au *collège*.

COLLÈGUE, s. des deux g. (*kolelègue*) (*collega*), compagnon en dignité, en mêmes fonctions.

COLLER, v. a. (*kolé*) (κολλαω), joindre et faire tenir avec de la *colle*; unir.

COLLERETTE, s. f. (*kolerète*), petit collet de linge à l'usage des femmes.

COLLET, s. m. (*kolè*) (*collum*, cou), partie de l'habillement qui est autour du *cou*; lacs.

COLLETÉ, E, part. pass. de *colleter*, et adj.

COLLETER, v. a. (*koleté*), saisir au *collet*. — V. n , tendre des *collets*, des lacs.

COLLEUR, EUSE, s. (*koleur, euse*), qui *colle*.

COLLIER, s. m. (*kolié*) (*collare*, de *collum*, cou), ornement du *cou*; partie du harnais.

COLLIGÉ, part. pass. de *colliger*.

COLLIGER, v. a. (*kolelijé*) (*colligere*, ramasser), faire des *collections*. Vieux.

COLLINE, s. f. (*koline*) (*collis*, en grec κολωνη), petite montagne; éminence de terre.

COLLIQUATIF, TIVE, adj. (*kolelikouatife, tive*), qui résout ou qui est résolu en liqueur.

COLLIQUATION, s. f. (*kolelikoudcion*) (*colliquatio*), dissolution des humeurs.

COLLISION, s. f. (*kolelizion*) (*collisio*, de *collidere*, heurter), choc; lutte; combat.

COLLOCATION, s. f. (*kolelokácion*) (*collocatio*, de *collocare*, ranger), distribution des créanciers dans un certain ordre.

COLLOQUE, s. m. (*koloke*) (*colloquium*, de *colloqui*, s'entretenir), entretien.

COLLOQUÉ, E, part. pass de *colloquer*.

COLLOQUER, v. a. (*koloké*) (*collocare*, placer), faire la *collocation* des créanciers.

COLLUDÉ, E, part. pass. de *colluder*.

COLLUDER, v. n. et a. (*koleludé*) (*colludere*), t. de palais, s'entendre avec sa partie adverse, au préjudice d'un tiers; tromper.

COLLUSION, s. f. (*koleluzion*) (*collusio*), intelligence de deux parties qui plaident et qui s'accordent à tromper un tiers.

COLLUSOIRE, adj. des deux g. (*koleluzoare*), qui se fait par *collusion*.

COLLUSOIREMENT, adv. (*koleluzoareman*), d'une manière *collusoire*.

COLLYRE, s. m. (*kolelire*) (κολλυριον, fait de κωλυω, j'empêche, et de ρεω, je coule), remède externe contre la fluxion des yeux.

COLOMBAGE, s. m. (*kolonbaje*), rang de solives posées à plomb dans une cloison.

COLOMBE, s. f. (*kolonbe*) (*columba*), femelle du pigeon; solive; constellation.

COLOMBIER, s. m. (*kolonbié*), pigeonnier; sorte de papier d'un grand format.

COLOMBIN, E, adj. (*kolonbein, bine*), qui est de couleur gorge de pigeon.

COLOMBINE, s. f. (*kolonbine*), fiente de pigeon ou de toute sorte de volailles.

CÔLON, s. m. (*kôlon*) (χωλον, de χωλυω, j'arrête), gros intestin qui suit le cœcum.

COLON, s. m. (*kolon*) (*colo*, je cultive), cultivateur; habitant des *colonies*.

COLONEL, s. m. (*kolonèle*) (de l'italien *colonello*), officier qui commande un régiment.

COLONELLE, s. et adj. f. (*kolonèle*), autrefois la première compagnie d'un régiment.

COLONIAL, E, adj., au pl. m. **COLONIAUX** (*koloniale*), qui concerne la *colonie*.

COLONIE, s. f. (*koloni*) (*colonia*), peuplade d'émigrés; lieu de son établissement.

COLONISATION, s. f. (*kolonizácion*), action d'établir ou d'organiser une *colonie*.

COLONISÉ, E, part. pass. de *coloniser*.

COLONISER, v. a. (*kolonizé*), établir une *colonie* ou des *colonies*.

COLONNADE, s. f. (*kolonade*), rangée de *colonnes*.

COLONNE, s. f. (*kolone*) (*columna*), pilier rond; *fig.* soutien; division.

COLOPHANE, s. f. (*kolofane*) (χολοφωνια), résine pour frotter l'archet d'un instrument.

COLOQUINTE, s. f. (*kolokeinte*) (χολοχυνθη), plante annuelle à fruit très-amer.

COLORANT, E, adj. (*koloran, ante*), qui donne de la *couleur*.

COLORÉ, E, part. pass. de *colorer*, et adj.

COLORER, v. a. (*koloré*), donner de la couleur; *fig.* orner.

COLORIÉ, E, part. pass. de *colorier*.

COLORIER, v. a. (*kolorié*), appliquer des couleurs sur une estampe, un dessin, etc.

COLORIS, s. m. (*kolori*), ce qui résulte du mélange et de l'emploi des *couleurs*.

COLORISTE, s. des deux g. (*koloricete*), qui entend bien le *coloris*.

COLOSSAL, E, adj. (*kolocęale*), de grandeur démesurée.

COLOSSE, s. m. (*koloce*) (*colossus*), statue gigantesque; *fig.* personne très-grande.

COLOSTRE ou **COLOSTRUM**, s. m. (*kolocetre, trome*) (*colostrum*), premier lait des femmes après la délivrance; émulsion.

COLPORTAGE, s. m. (*koleportaje*), emploi, fonction de *colporteur*.

COLPORTÉ, E, part. pass. de *colporter*.

COLPORTER, v. a. (*koleporté*), porter à son cou ou sur son dos des marchandises pour les vendre; *fig.* répandre.

COLPORTEUR, EUSE, s. (*koleporteur, euze*), qui *colporte*.

COLURE, s. m. (*koluré*) (χολουρες, coupé), chacun des deux grands cercles qui s'entrecoupent à angles droits aux pôles du monde.

COLZA, s. m. (*kolza*) (*caulis*, chou, et *satus*, semé), chou sauvage dont la graine fournit une huile bonne à divers usages.

COMA, s. m. (*koma*) (χωμα, fait de χοιμαω, j'assoupis), maladie soporeuse.

COMATEUX, EUSE, adj. (*komateu, euze*), qui annonce ou qui produit le *coma*.

COMBAT, s. m. (*konba*), action de personnes qui se *battent*.

COMBATTANT, E, s. (*konbatan, ante*), qui *combat*.

COMBATTRE, v. a. et n. (*konbatre*) (en italien *combattere*, du lat. barbare *battuere*, battre, et de *cum*, avec), attaquer son ennemi ou soutenir une attaque.

COMBIEN, adv. de quantité (*konbiein*) (*quantim bene*), quelle quantité; quel prix; à quel point. — COMBIEN QUE, loc. conj., quoique.

COMBINAISON, s. f. (*konbinèzon*) (*combinatio*), disposition; ensemble de mesures; en t. de chim., union intime de deux corps.

COMBINÉ, E, part. pass. de *combiner*.

COMBINER, v. a. (*konbiné*) (*combinare*), arranger; varier; unir; mélanger.

COMBLE, s. m. (*konble*) (*cumulus*), ce qui déborde une mesure; faîte; le plus haut degré. — Adj. des deux g., bien rempli.

COMBLÉ, E, part. pass. de *combler*.

COMBLEMENT, s. m. (*konbleman*), action de *combler*, de remplir jusqu'au bord. Peu us.

COMBLER, v. a. (*konblé*), remplir jusque par-dessus les bords.

COMBLETTE, s. f. (*konblète*), fente qui est au milieu du pied du cerf.

COMBRIÈRE, s. f. (*konbrière*), filet pour prendre des thons et autres grands poissons.

COMBUGÉ, E, part. pass. de *combuger*.

COMBUGER, v. a. (*konbujé*), remplir d'eau des futailles pour les imbiber.

COMBUSTIBLE, adj. des deux g. et s. m. (*konbucetible*), qui est susceptible de brûler.

COMBUSTION, s. f. (*konbucetion*) (*combustio*, de *comburere*, brûler), action de brûler; *fig.* désordre.

COMÉDIE, s. f. (*komédi*) (χωμδια, de χωμη, village, et αδω, je chante), pièce de théâtre qui peint les mœurs de la vie privée.

COMÉDIEN, ENNE, s. (*ko-diein, iène*), qui joue la *comédie*; *fig.* hypocrite.

COMESTIBLE, adj. des deux g. et s. m. (*komècetible*) (*comedo*, je mange), qui peut se manger; aliment.

COMÈTE, s. f. (*komète*) (χομητης, de χομη, chevelure), corps céleste accompagné d'une traînée de lumière; fusée; jeu de cartes.

COMICES, s. m. pl. (*komice*) (*comitia*), t. d'antiq., assemblée du peuple romain.

COMINGE, s. f. (*komeinje*), grosse bombe, ainsi appelée du nom de son auteur.

COMIQUE, adj. des deux g. (*komike*), qui appartient à la *comédie*; plaisant; risible. — S. m., le genre, le style *comique*; acteur qui joue les personnages bouffons.

COMIQUEMENT, adv. (*komikeman*), d'une manière *comique*.

COMITE, s. m. (*komite*), bas officier de galère.

COMITÉ, s. m. (*komité*) (de l'anglais *committee*, fait du lat. *committo*, je commets), bureau composé de commissaires; réunion.

COMMA, s. m. (*koma*) (κόμμα, membre de phrase), t. d'impr., ponctuation qui se marque avec deux points (:); en mus., différence du ton majeur au ton mineur.

COMMAND, s. m. (*koman*), celui qui a chargé un autre d'acheter pour lui. Inus.

COMMANDANT, s. m. (*komandan*), celui qui commande des troupes, ou dans une place.

COMMANDE, s. f. (*komande*), chose ordonnée; procuration, commission d'acheter.

COMMANDÉ, E, part. pass. de *commander*.

COMMANDEMENT, s. m. (*komandeman*), ordre; loi; précepte; autorité.

COMMANDER, v. a. (*komandé*) (en lat. barbare *commandare*, de *cum*, avec, et de *mandare*, ordonner), ordonner; conduire; dominer.

COMMANDERIE, s. f. (*komanderi*) (*commendare*, confier), bénéfice donné autrefois à titre de récompense à un chevalier.

COMMANDEUR, s. m. (*komandeur*), chevalier qui a une *commanderie*.

COMMANDITAIRE, s. et adj. m. (*komanditère*), bailleur de fonds dans une *commandite*.

COMMANDITE, s. f. (*komandite*) (*commendare*, confier), société de commerce formée entre un associé responsable et un ou plusieurs associés simples bailleurs de fonds.

COMME, adv. et conj. (*kome*) (*quomodò* comment), de même que; ainsi que; presque; lorsque; combien; autant que.

COMMÉMORAISON, ou **COMMÉMORATION,** s. f. (*komemorèzon, racion*) (*commemoratio*), mémoire.

COMMÉMORATIF, TIVE, adj. (*komemoratife, tive*)(*commemorare*, rappeler), qui rappelle à la mémoire.

COMMÉMORATION. Voy. **COMMÉMORAISON.**

COMMENÇANT, E, s. (*komançan, ante*), qui est encore aux premiers éléments d'un art, d'une science.

COMMENCÉ, E, part. pass. de *commencer*.

COMMENCEMENT, s. m. (*komanceman*), première partie; principe; cause première.

COMMENCER, v. a. (*komancé*) (en italien *cominciare*, du lat. *cum* et *initiare*, commencer), donner *commencement* à... — V. n., prendre *commencement*.

COMMENDATAIRE, s. et adj. des deux g. (*komandatère*), qui possède un bénéfice en *commende*.

COMMENDE, s. f. (*komande*) (*commendare*, confier), usufruit d'un bénéfice.

COMMENSAL, E, s. et adj., au pl. m. **COMMENSAUX** (*komançale*) (*cum*, avec, et *mensa*, table), qui mange à une même table.

COMMENSALITÉ, s. f. (*komançalité*), droit des *commensaux* de la maison du roi.

COMMENSURABILITÉ, s. f. (*komançurabilité*), t. de math., rapport de deux grandeurs.

COMMENSURABLE, adj. des deux g. (*komançurable*) (*cum*, avec, et *mensura*, mesure), t. de math., en rapport; qui peut être mesuré.

COMMENT, adv. (*koman*) (*quomodò*), de quelle sorte; de quelle manière.

COMMENTAIRE, s. m. (*komantère*) (*commentarium*), éclaircissement; remarque; interprétation. — Au pl., histoire.

COMMENTATEUR, TRICE, s. (*komantateur, trice*), qui fait un *commentaire*.

COMMENTÉ, E, part. pass. de *commenter*.

COMMENTER, v. a. (*komanté*), faire un *commentaire*; fig. ajouter quelque chose à un récit. — V. n., tourner en mauvaise part.

COMMER, v. n. (*komé*) (de *comme*, mot d'un usage fréquent dans les comparaisons), comparer. Vieux et fam.

COMMÉRAGE, s. m. (*koméraje*), propos et conduite de *commère*. Fam.

COMMERÇABLE, adj. des deux g. (*komerçable*), qui peut être commercé, négocié.

COMMERÇANT, E, adj. (*komerçan, ante*), qui commerce, qui trafique. — S., négociant.

COMMERCE, s. m. (*komèrce*) (*commerciam*, fait, par contraction, de *mercium commutatio*, échange de marchandises), négoce; trafic; fig. fréquentation; correspondance.

COMMERCER, v. n. (*komèrcé*), trafiquer.

COMMERCIAL, E, adj., au pl. m. **COMMERCIAUX** (*komerciale*), du commerce.

COMMERCIALEMENT, adv. (*komercialeman*), d'une manière *commerciale*.

COMMÈRE, s. f. (*komère*) (*cum*, avec, et *mater*, mère), celle qui tient un enfant sur les fonts de baptême; fig. bavarde; rusée. Fam.

COMMETTANT, E, s. (*komètan, ante*), qui charge un autre d'une affaire.

COMMETTRE, v. a. (*komètre*) (*committere*), faire; employer; confier; compromettre.

COMMINATOIRE, adj. des deux g. (*kominatoare*) (*comminatorius*, de *comminari*, menacer), qui contient quelque menace.

COMMIS, s. m. (*komi*) (*commissus*, part. pass. de *committere*, employer), celui qui est chargé d'un emploi.

COMMIS, E, part. pass. de *committre*.

COMMISE, s. f. (*komize*), confiscation d'un fief faute de devoirs rendus par le vassal.

COMMISÉRATION, s. f. (*komizérácion*) (*commiseratio*, de *commiserari*, avoir pitié), pitié, compassion.

COMMISSAIRE, s. m. (*komicère*) (en lat. barbare *commissarius*, fait de *committere*, employer), celui qui est commis pour remplir certaines fonctions; officier de police.

COMMISSARIAT, s. m. (*komiçaria*), qualité, emploi de *commissaire*.

COMMISSION, s. f. (*komicion*) (*commissio*), faute commise; charge; brevet; mandement; commerce pour le compte d'autrui; tribunal; réunion de *commissaires*.

COMMISSIONNAIRE, s. m. (komicionère) chargé de commissions; crocheteur.
COMMISSIONNÉ, E, part. pass. de commissionner.
COMMISSIONNER, v. a. (komicioné), délivrer une commission à quelqu'un.
COMMISSOIRE, adj. des deux g. (komiçoare)(commissorius), t. de jur., se dit d'une clause dont l'inexécution annulle un contrat.
COMMISSURE, s. f. (komiçure)(commissura, jointure), t. d'anat., jonction.
COMMITTIMUS, s. m. (komemitetimuce) (mot lat. qui signifie nous commettons), lettre qui attribue des causes à un tribunal.
COMMITTITUR, s. m. (komemiteliture) (mot lat. qui signifie il est commis), ordonnance qui commettait un rapporteur.
COMMODAT, s. m. (komoda) (commodatum, de commodare, prêter), prêt gratuit d'une chose qu'il faut rendre en nature.
COMMODE, s. f. (komode) (commodum, avantage, commodité), armoire à tiroirs.
COMMODE, adj. des deux g. (komode) (commodus), utile; facile; aisé; indulgent.
COMMODÉMENT, adv. (komodéman), avec commodité; d'une manière commode.
COMMODITÉ, s. f. (komodité) (commoditas), chose, état, situation, moyen commode. — Au pl., latrines.
COMMOTION, s. f. (komocion) (commotio), secousse, ébranlement.
COMMUABLE, adj. des deux g. (komuable). (commutabilis), qui peut être changé.
COMMUÉ, E, part. pass. de commuer.
COMMUER, v. a. (komué) (commutare, changer), échanger.
COMMUN, E, adj. (komeun, mune) (communis), à quoi tout le monde participe.—S. m., la majeure partie; la basse classe.
COMMUNAL, E, adj., au pl. m. COMMUNAUX (komunale), commun aux habitants d'un ou de plusieurs villages.
COMMUNAUTÉ, s. f. (komunôté), société de personnes qui vivent sous une certaine règle; société de biens entre conjoints.
COMMUNAUX, s. m. pl. (komunô), pâturages, biens des communes.
COMMUNE, s. f. (komune), subdivision d'un canton; le corps des habitants d'une ville, etc.
COMMUNÉMENT, adv. (komunéman), ordinairement; généralement.
COMMUNIANT, E, s. (komunian, ante), qui communie.
COMMUNICABLE, adj. des deux g. (komunikable), qui peut se communiquer.
COMMUNICATIF, TIVE, adj. (komunikatife, tive), qui se communique aisément.
COMMUNICATION, s. f. (komunikácion) (communicatio), action, effet de communiquer; information; exhibition; commerce; familiarité; correspondance; relation; moyen.
COMMUNIÉ, E, part. pass. de communier.
COMMUNIER, v. a. (komunié) (communicare, communiquer), administrer l'eucharistie.—V. n., recevoir l'eucharistie.
COMMUNION, s. f. (komunion) (communio), union dans une même croyance religieuse; action de communier.
COMMUNIQUÉ, part. pass. de communiquer.
COMMUNIQUER, v. a. (komuniké) (communicare), rendre commun; propager; faire part de... — V. n., avoir rapport, relation.
COMMUTATIF, TIVE, adj. (komutatife, tive) (commutare, changer), qui peut être changé ou fait par échange.
COMMUTATION, s. f. (komutácion) (commutatio), changement.
COMPACITÉ, s. f. (konpacité) (cum, avec, et pango, je lie), qualité de ce qui est compacte.
COMPACTE, adj. des deux g. (konpakete) (compactus, du grec συμπηκτος,), serré; condensé; qui a peu de pores.
COMPAGNE, s. f. (konpagnie), femme ou fille qui accompagne; épouse.
COMPAGNIE, s. f. (konpagni), réunion; société; subdivision d'un régiment.
COMPAGNON, s. m. (konpagnion) (cum, avec, et panis, pain), celui qui accompagne; camarade; ouvrier.
COMPAGNONNAGE, s. m. (konpagnionaje), état d'ouvrier; corporation de compagnons.
COMPARABLE, adj. des deux g. (konparable) (comparabilis), qui peut se comparer.
COMPARAISON, s. f. (konparézon)(comparatio), action de comparer; parallèle.
COMPARAÎTRE, v. n. (konparétre) (comparere), paraître, se présenter en justice.
COMPARANT, E, adj. (konparan, ante) (comparens), qui comparaît.
COMPARATIF, TIVE, adj. (konparatife, tive) (comparativus), qui marque comparaison.—S. m., t. de gramm., second degré de qualification.
COMPARATIVEMENT, adv. (konparativeman), par comparaison à....
COMPARÉ, E, part. pass. de comparer.
COMPARER, v. a. (konparé) (comparare), examiner les rapports; égaler.
COMPAROIR, v. n. (konparoar) (comparere, comparaître), comparaître en justice.
COMPARSE, s. f. (konparce) (comparere comparaître), entrée des quadrilles dans un carrousel.—S. des deux g., figurant ou figurante dans un théâtre.
COMPARTIMENT, s. m. (konpartiman) (compartiri, partager, de cum, avec, et de partiri, partager), assemblage symétrique; division d'un meuble, d'un coffre, etc.
COMPARTITEUR, s. m. (konpartiteur) (compartiri, partager), juge opposé au rapporteur. Vieux
COMPARU, E, part. pass. de comparaître.
COMPARUTION, s. f. (konparucion), action de comparaître en justice.

COMPAS, s. m. (*konpá*) (du lat. barbare *compassus*, de *cum*, avec, et de *passus*, part. pass.), instrument à deux branches pour mesurer.

COMPASSÉ, E, part. pass. de *compasser*, et adj., régulier; maniéré; affecté.

COMPASSEMENT, s. m. (*konpáceman*), action de *compasser*; régularité affectée.

COMPASSER, v. a. (*konpácé*), mesurer avec le *compas*; *fig.* proportionner; régler.

COMPASSION, s. f. (*konpácion*) (*compassio*), pitié, affliction pour le mal d'autrui.

COMPATIBILITÉ, s. f (*konpatibilité*), qualité, état de ce qui est *compatible*.

COMPATIBLE, adj. des deux g. (*konpatible*)(*cum*, avec, et *pati*, souffrir). sympathique; analogue; qui peut s'accorder.

COMPATIR, v. n. (*konpatir*) (*compati*, de *cum*, avec, et de *pati*, souffrir), avoir de la *compassion*, de l'indulgence; s'accorder.

COMPATISSANT, E, adj. (*konpatiçan*, ante), porté à la *compassion*; humain; sensible.

COMPATRIOTE, s. des deux g. (*konpatriote*) (*cum*, avec, ensemble, et *patria*, patrie), qui est du même pays.

COMPENDIUM, s. m. (*konpeindiome*) mot tout lat. qui signifie *abrégé*.

COMPENSATION, s. f. (*konpançacion*)(*compensatio*), action de *compenser*; dédommagement.

COMPENSÉ, E, part. pass. de *compenser*.

COMPENSER, v. a. (*konpancé*)(compensare, de *cum*, avec, et de *pensare*, fréq. de *pendere*, peser), balancer; réparer; dédommager.

COMPÉRAGE, s. m. (*konpéraje*), qualité de *compère*. Fam.

COMPÈRE, s. m. (*konpère*) (*cum*, avec, et *pater*, père), qui tient un enfant sur les fonts; compagnon; celui qui aide à tromper.

COMPÉTEMMENT, adv. (*konpétaman*), d'une manière *compétente*.

COMPÉTENCE, s. f. (*konpétance*) (*competentia*), ressort; droit de connaître d'une affaire; concurrence.

COMPÉTENT, E, adj (*konpétan*, ante) (*competens*), qui appartient; qui est dû; qui a droit de juger; suffisant.

COMPÉTER, v. n. (*konpété*) (*competere*), appartenir en vertu de certains droits; être de la *compétence*.

COMPÉTITEUR, TRICE, s. (*konpétiteur*, trice)(*competitor*, de *cum*, avec ,et de *petere*, demander), concurrent.

COMPILATEUR, TRICE, s. (*konpilateur*, trice) (*compilator*, de *compilare*, compiler), qui *compile*.

COMPILATION, s. f. (*konpilácion*) (*compilatio*), recueil de morceaux pris çà et là.

COMPILÉ, E, part. pass. de *compiler*.

COMPILER, v. a. (*konpilé*) (*compilare*), faire un recueil de diverses choses qu'on a lues dans les auteurs.

COMPITALES, s. f. pl. (*konpitale*) (*compitum*, carrefour), t. d'antiq., fêtes en l'honneur des dieux lares.

COMPLAIGNANT, E, s. (*konplègnian, ante*), qui se *plaint* en justice.

COMPLAINTE, s. f.(*konpleinte*), plainte en justice; récit triste en chanson.

COMPLAIRE, v. n. (*konplère*) (*complacere*), *plaire* par des prévenances. — V. pr., prendre plaisir à...

COMPLAISAMMENT, adv. (*konplèzaman*), avec *complaisance*.

COMPLAISANCE, s. f. (*konplèzance*), prévenance; douceur; facilité d'esprit.

COMPLAISANT, E, adj. et s. (*konplèzan, ante*), obligeant.

COMPLANT, s. m. (*konplan*), pièce de terre plantée en vignes, en arbres.

COMPLÉMENT, s. m. (*konpléman*) (*complementum*), ce qui sert à *compléter*.

COMPLÉMENTAIRE, adj. des deux g. (*konplémantère*), qui sert à *compléter*; se dit des derniers jours de l'année républicaine.

COMPLET, ÈTE, adj. (*konplè, ète*) (*completus*), entier, achevé, parfait.

COMPLÉTÉ, E, part. pass. de *compléter*.

COMPLÈTEMENT, s. m. (*konplèteman*), l'action de rendre *complet*.

COMPLÈTEMENT, adv. (*konplèteman*), d'une manière *complète*; entièrement.

COMPLÉTER, v. a. (*konplété*) (*complere*), rendre *complet*.

COMPLÉTIF, TIVE, adj. (*konplétife, tive*), qui sert à *compléter*.

COMPLEXE, adj. des deux g. (*konplèkce*) (*complexus* , fait de *complecti* , embrasser), qui embrasse plusieurs choses.

COMPLEXION, s. f. (*konplèkcion*) (*complexio*), constitution; tempérament.

COMPLEXITÉ, s. f. (*konplèkcité*), qualité de ce qui est *complexe*.

COMPLICATION, s. f. (*konplikácion*) (*complicatio*), concours de choses différentes.

COMPLICE, adj. et s. des deux g. (*konplice*) (*complex*), qui participe au crime d'un autre.

COMPLICITÉ, s. f. (*konplicité*), participation au crime d'un autre.

COMPLIES, s. f. pl. (*konpli*)(*completæ*, en sous-entendant *horæ*, heures), la dernière heure canoniale qui se récite après vêpres.

COMPLIMENT, s. m. (*konpliman*) (*complire*, dit par métaplasme pour *complere*, remplir), paroles civiles, obligeantes.

COMPLIMENTÉ, E, part. pass. de *complimenter*.

COMPLIMENTER, v. a. (*konplimanté*), faire des *compliments*, faire des civilités.

COMPLIMENTEUR, EUSE, s. (*konplimanteur, euse*), qui aime à faire des *compliments*.

COMPLIQUÉ, E, part. pass de *compliquer*, et adj. (*konpliké*) complexe; mêlé.

COMPLIQUER, v. a. (*konpliké*) (*complicare*, de *cum*, avec, et de *plicare*, plier), mêler; embrouiller; rendre confus.

COMPLOT, s. m. (*konplô*), mauvais dessein formé secrètement; conspiration.

COMPLOTÉ, E, part. pass. de *comploter*.

COMPLOTER, v. a. et n. (*konploté*), faire un *complot*.

COMPONCTION, s. f. (*konponkcion*) (*compunctio*), regret, douleur de ses péchés.

COMPONENDE, s. f. (*konponande*) (*componere*, composer), composition avec la cour de Rome pour l'obtention d'un bénéfice.

COMPORTÉ, E, part. pass. de *comporter*.

COMPORTEMENT, s. m. (*konporteman*), manière d'agir, de se *comporter*. Peu us.

COMPORTER, v. a. (*konporté*) (*comportare*, de *cum*, ensemble, et de *portare*, porter), permettre, souffrir. — V. pr., se conduire.

COMPOSÉ, s. m. (*konpozé*) (*compositum*), un tout formé de deux ou plusieurs parties.

COMPOSÉ, E, part. pass. de *composer*, et adj., formé de plusieurs parties.

COMPOSÉE, s. f. (*konpozé*), t. de bot., famille de plantes subdivisée en trois autres.

COMPOSER, v. a. (*konpozé*) (*componere*, de *cum*, ensemble, et de *ponere*, poser), faire un tout de plusieurs choses; créer; accommoder; arranger; t. d'impr., assembler les caractères. — V. n., capituler; s'accorder.

COMPOSITE, adj. des deux g. et s. m. (*konpôzite*) (*compositus*), se dit de l'un des cinq ordres d'architecture.

COMPOSITEUR, s. m. (*konpôziteur*) (*compositor*), t. d'impr., celui qui arrange les lettres pour former des mots, des lignes et des pages; musicien qui *compose*.

COMPOSITION, s. f. (*konpôzicion*) (*compositio*), action de *composer*; son effet; mixtion; disposition; accord; accommodement.

COMPOSTEUR, s. m. (*konpoceteur*), t. d'impr., instrument pour *composer*.

COMPOTE, s. f. (*konpote*), fruits cuits; manière d'accommoder les pigeonneaux.

COMPOTIER, s. m. (*konpotié*), vase à *compote*.

COMPRÉHENSIBLE, adj. des deux g. (*konpré-ancible*) (*comprehensibilis*), qui peut être *compris*.

COMPRÉHENSION, s. f. (*konpré-ancion*), (*comprehensio*), conception.

COMPRENDRE, v. a. (*konprandre*) (*comprehendere*, de *cum*, ensemble, et *prehendere*, prendre), contenir; mettre avec; concevoir.

COMPRESSE, s. f. (*konprèce*) (rac. *presse*), linge sur une plaie.

COMPRESSIBILITÉ, s. f. (*konprècecibilité*), qualité de ce qui est *compressible*.

COMPRESSIBLE, adj. des deux g. (*konprè-cecible*), qui peut être *comprimé*.

COMPRESSIF, SIVE, adj. (*konprècecife, cive*), qui *comprime*.

COMPRESSION, s. f. (*konprècecion*) (*compressio*), action de *comprimer*.

COMPRIMÉ, E, part. pass. de *comprimer*.

COMPRIMER, v. a. (*konprimé*) (*compri-
mere*, de *cum*, avec, et de *primere*, presser), presser avec violence; empêcher d'éclater.

COMPRIS, E, part. pass. de *comprendre*, et adj. (*konpri*, *prize*), contenu.

COMPROMETTRE, v. n. (*konprometre*) (*compromittere*, de *cum*, ensemble, et de *promittere*, promettre), convenir d'arbitres. — V. a., exposer; mettre dans l'embarras.

COMPROMIS, E, part. pass. de *compromettre*, et adj.

COMPROMIS, s. m. (*konpromi*) (*compromissum*), convention.

COMPTABILITÉ, s. f. (*kontabilité*), état du *comptable*; art d'établir des *comptes*.

COMPTABLE, adj. et s. des deux g. (*kontable*), qui est assujéti à rendre *compte*.

COMPTANT, adj. m. (*kontan*) (rac. *compte*), se dit d'argent en espèces. — S. m., argent effectif qu'on trouve chez un négociant, etc. — Adv., *payer comptant*, en espèces.

COMPTE, s. m. (*konte*) (*computum*, calcul), supputation; nombre; profit en déduction; avantage; récit. — A-COMPTE, s. m. et adv., somme en déduction d'une autre.

COMPTÉ, E, part. pass. de *compter*.

COMPTE-PAS, s. m. (*kontepá*), instrument pour mesurer le chemin qu'on fait.

COMPTER, v. a. (*konté*) (*computare*), calculer; payer; estimer; réputer. — V. n., venir à *compte*; espérer; croire.

COMPTOIR, s. m. (*kontoar*), table pour *compter* l'argent; bureau de commerce.

COMPULSÉ, E, part. pass. de *compulser*.

COMPULSER, v. a. (*konpulcé*) (*compellere*, au supin *compulsum*, contraindre), prendre connaissance de registres, de livres, etc.

COMPULSOIRE, s. m. (*konpulçoare*), acte qui permet de *compulser* des pièces.

COMPUT, s. m. (*konpute*) (*computum*, compte), supputation des temps.

COMPUTISTE, s. m. (*konputicete*), qui travaille au *comput* du calendrier.

COMTAT, s. m. (*konta*), comté.

COMTE, s. m. (*konte*) (*comas*), troisième ordre dans la noblesse.

COMTÉ, s. m. (*konté*), terre dont le seigneur porte le titre de *comte*.

COMTESSE, s. f. (*kontèce*), femme d'un *comte* ou qui possède un *comté*.

CONCASSÉ, E, part. pass. de *concasser*.

CONCASSER, v. a. (*konkácé*) (*conquassare*, briser), piler; écraser; rompre.

CONCAVE, adj. des deux g. (*konkave*) (*concavus*), qui est creux et rond en dedans.

CONCAVITÉ, s. f. (*konkavité*) (*concavitas*), le dedans d'un corps rond et creux.

CONCÉDÉ, part. pass. de *concéder*.

CONCÉDER, v. a. (*koncédé*) (*concedere*), accorder, octroyer.

CONCENTRATION, s. f. (*konçantrácion*), action de *concentrer*; effet de cette action.

CONCENTRÉ, E, part. pass. de *concentrer*.

CONCENTRER, v. a. (*konçantré*) (*cum*, avec, et *centrum*, centre), réunir au *centre*.

CONCENTRIQUE, adj des deux g. (*konçantrike*) qui a un *centre* commun.

CONCEPT, s. m. (*koncèpete*) (*conceptus*), idée, simple vue de l'esprit. Vieux.

CONCEPTION, s. f. (*koncèpecion*) (*conceptio*, de *concipere*, concevoir), génération; intelligence; idée; production de l'esprit.

CONCERNANT, prép. (*koncèrenan*), qui concerne; touchant; relativement à...

CONCERNÉ, E, part pass. de *concerner*.

CONCERNER, v. a. (*koncèrené*) (*concernere*) regarder; avoir rapport à...

CONCERT, s. m. (*koncère*) (*concentus*, fait de *concinere*, chanter ensemble), harmonie de voix, ou d'instruments de musique; union. —DE CONCERT, loc. adv., d'accord.

CONCERTANT, E, s. (*koncèretan*, *ante*), qui chante ou joue sa partie dans un concert. —Adj., se dit d'un morceau de musique à plusieurs parties.

CONCERTÉ, E, part. pass. de *concerter*, et adj.

CONCERTER, v. a. et n. (*koncèreté*), faire un concert. Vieux.—V. a., conférer ensemble; projeter; machiner. — V. pr., s'entendre.

CONCERTO, s. m. (*koncèreto*) (empr. de l'italien), pièce de symphonie.

CONCESSION, s. f. (*koncècecion*) (*concessio*), action de *concéder*; don; privilège.

CONCESSIONNAIRE, s. des deux g. (*koncècecionère*), qui a obtenu une *concession* dans une colonie.

CONCETTI, s. m. pl. (*koncèteti*) (empr. de l'italien), pensées brillantes, mais fausses.

CONCEVABLE, adj. des deux g. (*koncevable*), qui peut se *concevoir*.

CONCEVOIR, v. a. et n. (*koncevoar*) (*concipere*), devenir enceinte; comprendre; imaginer.

CONCHITE s. f. (*konchite*) (*concha*), pétrification en forme de coquille.

CONCHOÏDE, s. f. (*konko-ide*) (χογχος, coquille, et ειδος, forme), t. de géom., ligne courbe à asymptotes.

CONCHYLIOLOGIE, s. f. (*konkilioloji*) (χογχυλιον, coquille, et λογος, discours), t. d'hist. nat., science qui traite des coquillages.

CONCHYLIOLOGISTE, s. m. (*konkiliolojicete*), qui s'adonne à la *conchyliologie*.

CONCHYTE. Voy. CONCHITE.

CONCIERGE, s. m. (*konciéreje*) (du lat. barbare *conservius*, fait de *conservare*, garder), qui a la garde d'un hôtel, d'une prison, etc.

CONCIERGERIE, s. f. (*konciérejeri*), charge de *concierge*; prison.

CONCILE, s. m. (*koncile*) (*concilium*, assemblée), assemblée d'évêques; leurs décisions.

CONCILIABLE, adj. des deux g. (*konciliable*), qui peut se *concilier* avec...

CONCILIABULE, s. m. (*konciliabule*), concile illégal; assemblée secrète.

CONCILIANT, E, adj. (*koncilian*, *ante*), propre à la *conciliation*.

CONCILIATEUR, TRICE, s. et adj. (*konciliateur*, *trice*), qui *concilie*.

CONCILIATION, S. f. (*konciliácion*) (*conciliatio*), action de *concilier*; concordance.

CONCILIÉ, E; part. pass. de *concilier*.

CONCILIER, v. a. (*koncilié*) (*conciliare*), mettre d'accord; attirer; acquérir; gagner.

CONCIS, E, adj. (*konci*, *cizé*) (*concisus*, de *concidere*, couper), court, resserré.

CONCISION, s. f. (*koncixion*) (*concisió*), qualité de ce qui est *concis*.

CONCITOYEN, ENNE, s. (*koncitoéiein*, *iène*) (de *cum*, avec, et du français *citoyen*), citoyen d'une même ville.

CONCLAVE, s. m. (*konklave*) (du lat. *conclave*, chambre, fait de *cum*, avec, et de *clavis*, clef), assemblée de cardinaux.

CONCLAVISTE, s. m. (*konklaviceté*), ecclésiastique qui s'enferme dans le *conclave* avec un cardinal.

CONCLU, E, part. pass. de *conclure*.

CONCLUANT, E, adj. (*konklu-an*, *ante*), qui *conclut*; qui prouve; décisif.

CONCLURE, v. a. (*konklure*) (*concludere*, de *cum*, avec, et de *cludere*, fermer), terminer, achever.—V. n., finir; inférer.

CONCLUSIF, SIVE, adj. (*konkluzife*, *zive*), qui termine, *conclut* et finit.

CONCLUSION, s. f. (*konkluzion*) (*conclusio*), fin; conséquence. — Au pl., demandes.

CONCOCTION, s. f. (*konkokecion*) (*concoctio*), première digestion des aliments.

CONCOMBRE, s. m. (*konkonbre*), plante annuelle et potagère.

CONCOMITANCE, s. f. (*konkomitance*) (*concomitari*, accompagner, de *cum*, avec, et de *comitari*, suivre), accompagnement; union.

CONCOMITANT, E, adj. (*konkomitan*, *ante*), qui accompagne.

CONCORDANCE, s. f. (*konkordance*) (de *concordare*, être d'accord), convenance; rapport; accord.

CONCORDANT, E, adj. (*konkordan*, *ante*), qui *concorde*.—S. m., voix entre la taille et la basse-taille.

CONCORDAT, s. m. (*konkorda*) (*concordare*, s'accorder), transaction, accord.

CONCORDE, s. f. (*konkorde*) (*concordia*, de *cum*, avec, et de *cor*, *cordis*, cœur), conformité de volonté; union, paix.

CONCORDER, v. n. (*konkordé*) (*concordare*), être d'accord; tendre au même but.

CONCOURIR, v. n. (*konkourir*) (*concurrere*, de *cum*, avec, et de *currere*, courir), coopérer; entrer en *concurrence*.

CONCOURS, s. m. (*konkour*) (*concursus*), action par laquelle on *concourt*; affluence.

CONCRET, ÈTE, adj. (*konkrè*, *krète*) (*concretus*, part. pass. de *concrescere*, se condenser), défini; coagulé, fixé.

CONCRÉTION, s. f. (*konkrécion*) (*concre-*

tio), condensation; coagulation; amas; adhésion.

CONÇU, E, part. pass. de *concevoir*, et adj.

CONCUBINAGE, s. m. (*konkubinaje*) (*concubinatus*, de *cum*, avec, et de *cubare*, être couché), cohabitation de gens non mariés.

CONCUBINAIRE, s. m. (*konkubinère*), celui qui vit en *concubinage* avec une femme.

CONCUBINE, s. f. (*konkubine*) (*concubina*), celle qui vit en *concubinage* avec un homme.

CONCUPISCENCE, s. f. (*konkupiceçance*) *concupiscentia*), désir déréglé.

CONCUPISCIBLE, adj. des deux g. (*konkupicecible*), qui porte à désirer.

CONCURREMMENT, adv. (*konkureraman*), avec ou par *concurrence*; conjointement.

CONCURRENCE, s. f. (*konkurerance*) (*concurrere*, concourir), rivalité; prétention de plusieurs.

CONCURRENT, E, s. (*konkureran, ante*), *concurrens*, qui concourt.

CONCUSSION, s. f. (*konkucecion*)(*concussio*, fait de *concussum*, supin de *conculere*, vexer), exaction; en t. de phys., choc.

CONCUSSIONNAIRE, s. m. (*konkucecionère*), celui qui fait des *concussions*.

CONDAMNABLE, adj. des deux g. (*kondanable*) (*condemnabilis*), qui mérite d'être condamné; blâmable.

CONDAMNATION, s. f.(*kondanácion*) (*condemnatio*), jugement par lequel on *condamne*.

CONDAMNÉ, E, part. pass. de *condamner*.

CONDAMNER, v. a. (*kondané*) (*condemnare*, dérivé de *damnum*, dommage), prononcer un jugement contre; blâmer; supprimer.

CONDENSATEUR, s. m. (*kondançateur*), t. de phys., machine propre à *condenser*.

CONDENSATION , s. f. (*kondançácion*), action de rendre un corps plus *dense*.

CONDENSÉ, E, part. pass. de *condenser*.

CONDENSER, v. a. (*kondancé*)(*condensare*), rendre plus *dense*, plus compacte.

CONDESCENDANCE, s. f. (*kondèceçandance*), complaisance.

CONDESCENDANT, E, adj. (*kondèceçandan, ante*), qui a de la *condescendance*.

CONDESCENDRE, v. n. (*kondèceçandre*) (*cum*, avec, et *descendere*, descendre), se rendre aux sentiments d'autrui; consentir.

CONDIMENT, s. m. (*condiman*)(*condimentum*), assaisonnement. Inus.

CONDISCIPLE, s. des deux g. (*kondiciple*) (*condiscipulus*, de *cum*, avec, et de *discipulus*, disciple), compagnon d'étude.

CONDITION, s. f. (*kondicion*) (*conditio*, de *condere*, établir), qualité; profession; obligation; clause.

CONDITIONNÉ, E, part. pass. de *conditionner*, et adj., qui a les *conditions* requises.

CONDITIONNEL, ELLE, adj.(*kondicionèle*), soumis à certaines *conditions*. — S. m., mode des verbes exprimant l'affirmation dans la dépendance d'une *condition*.

CONDITIONNELLEMENT, adv. (*kondicionèleman*), avec ou sous *condition*.

CONDITIONNER, v. a. (*kondicioné*), faire, fabriquer avec les *conditions* requises.

CONDOLÉANCE, s. f. (*kondolé-ance*) (*condolere*. partager la douleur, de *cum*, avec, et de *dolere*, avoir de la douleur), témoignage de douleur.

CONDOR, s. m. (*kondor*), oiseau du Pérou.

CONDOULOIR, v. n., ou *se* CONDOULOIR, v. pr. (*kondouloar*), prendre part à la douleur de quelqu'un. Vieux.

CONDUCTEUR, TRICE, s. (*konducteur, trice*), qui *conduit*; guide.

CONDUCTIBLE, adj. (*konduktible*), qui a la propriété de *conduire*, de transmettre certains fluides.

CONDUCTION, s. f. (*kondukcion*) (*conducere*, louer), prise à loyer.

CONDUIRE, v. a. (*konduire*) (*conducere*), mener, guider. — V. pr. se comporter.

CONDUIT, E, part. pass. de *conduire*, et adj.

CONDUIT, s. m. (*kondui*), tuyau, canal.

CONDUITE, s. f. (*konduite*), action de *conduire*; manière de se comporter; suite de tuyaux.

CONDYLE, s. m. (*kondile*) (κονδυλος, nœud), éminence ronde de l'os; jointure des doigts.

CONDYLÔME, s. m. (*kondilôme*) (κονδυλος), éminence des os aux articulations), excroissance de chair.

CÔNE, s. m. (*kône*) (*conum* ou *conus*), pyramide ronde; genre de coquilles.

CONFABULATION, s. f. (*konfabulácion*) (*confabulatio*), entretien familier. Vieux.

CONFABULER, v. n. (*konfabulé*) (*confabulari*), s'entretenir ensemble. Vieux.

CONFECTION, s. f. (*konfekcion*)(*confectio*), action de *confectionner*; achèvement; composition de drogues.

CONFECTIONNÉ, part. pass. de *confectionner*.

CONFECTIONNER, v. a. (*konfekcioné*), former; faire; achever.

CONFÉDÉRATIF, TIVE, adj. (*konfédératife, tive*), qui appartient à la *confédération*.

CONFÉDÉRATION, s. f. (*konfédérácion*) (*confœderatio*, de *fœdus*, *fœderis*, alliance), alliance, ligue.

CONFÉDÉRÉ, E, part. pass. de *se confédérer*, adj. et s.

se CONFÉDÉRER, v. pr. (*cekonfédéré*), se liguer, se joindre ensemble.

CONFÉRÉ, E, part. pass. de *conférer*.

CONFÉRENCE, s. f. (*konférance*) (*conferre*, comparer, s'entretenir), comparaison; discussion; entretien.

CONFÉRER, v. a. (*konféré*) (*conferre*), comparer; accorder. — V. n., discuter, raisonner.

CONFERVE, s. f. (*konférève*), t. de bot.,

production végétale qui croit dans les eaux.
CONFESSE (A), loc. adv. *(akonféce)* : *aller à confesse*, aller se confesser.
CONFESSÉ, E, part. pass. de *confesser*.
CONFESSER, v. a. *(konfécé)* (*confiteri*), avouer; entendre une *confession*. — V. pr., dire ses péchés à un prêtre.
CONFESSEUR, s. m. *(konféceur)* (*confessor*), prêtre qui *confesse* ; celui qui a *confessé* le nom de Jésus-Christ dans les tourments.
CONFESSION, s. f. *(konfécion)* (*confessio*), aveu ; déclaration de ses péchés.
CONFESSIONNAL, s. m., au pl. **CONFESSIONNAUX** *(konfécional)*, siège du *confesseur*.
CONFIANCE, s. f. *(konfiance)* (*confidentia*), espérance; croyance ; assurance; hardiesse.
CONFIANT, E. adj. *(konfian, ante)* (*confidens*), disposé à la *confiance*; présomptueux.
CONFIDEMMENT, adv. *(konfidaman)*, en *confidence*.
CONFIDENCE, s. f. *((konfidance)*, communication d'un secret.
CONFIDENT, E, s.*(konfidan, ante)*, à qui on découvre, on *confie* ses secrets.
CONFIDENTIAIRE, s. m. *(konfidancière)*, celui qui garde un bénéfice pour un autre.
CONFIDENTIEL, ELLE, adj. *(konfidancièle)*, qui se dit en *confidence*.
CONFIDENTIELLEMENT, adv. *(konfidancièleman)*, d'une manière *confidentielle*.
CONFIÉ, E, part. pass. de *confier*.
CONFIER, v. a. *(konfié)* (*confidere*), commettre à la fidélité de quelqu'un. — V. pr., s'assurer, avoir *confiance*.
CONFIGURATION, s. f. *(konfigurácion)* (*configuratio*), forme extérieure.
CONFIGURER, v. a. *(konfiguré)*, *figurer* l'ensemble. Peu us.
CONFINÉ, E, part. pass. de *confiner*.
CONFINER, v. n. *(konfiné)* (*confinis*, limitrophe), toucher aux *confins*. — V. a., reléguer. — V. pr., se retirer dans une solitude.
CONFINS, s. m. pl. *(konfein)* (*confine* ou *confinium*, de *cum*, avec, et de *finis*, fin), limites d'un pays.
CONFIRE, v. a. *(konfire)* (*conficere*, fabriquer), faire cuire des fruits dans une liqueur, un suc, etc.
CONFIRMATIF, TIVE, adj. *(konfirmatife, tive)*, qui *confirme*.
CONFIRMATION, s. f. *(konfirmácion)* (*confirmatio*), ce qui rend *ferme* ; assurance ; partie du discours oratoire ; sacrement.
CONFIRMÉ, E, part. pass. de *confirmer*.
CONFIRMER, v. a. *(konfirmé)* (*confirmare*), affermir ; assurer ; prouver ; administrer la *confirmation*.
CONFISCABLE, adj. des deux g. *(konficeable)*, qui peut être *confisqué*.
CONFISCANT, adj. m. *(konficekan)* sur qui il peut échoir *confiscation*. Vieux.
CONFISCATION, s. f. *(konficekácion)*, action de *confisquer*; son effet; biens *confisqués*.
CONFISEUR, EUSE, s. *(konfizeur, euze)*, qui fait et vend des choses *confites*.
CONFISQUÉ, E, part. pass. de *confisquer*, et adj.
CONFISQUER, v. a. *(konficeké)*, adjuger au *fisc* pour cause de crime, etc.; saisir; s'emparer.
CONFIT, E, part. pass. de *confire*, et adj.
CONFITEOR, s. m. *(konfitéor)* (mot lat.), prière qu'on fait avant de se *confesser*.
CONFITURE, s. f. *(konfiture)*, fruits *confits*, racines *confites*. Le pl. est plus us.
CONFITURIER, IÈRE, s. *(konfiturié, ière)*, qui vend des *confitures*; confiseur.
CONFLAGRATION, s. f. *(konflaguerácion)* (*conflagratio*), embrasement général.
CONFLIT, s. m. *(konfli)* (*conflictus*, de *confligere*, se choquer), combat; choc; vive contestation.
CONFLUENT, E, adj. *(konflu-an, ante)*, se dit en bot., de feuilles qui se joignent; en t. de méd., d'une éruption de boutons, de pustules qui se touchent.
CONFLUENT, s. m. *(konflu-an)* (*confluens*), endroit où se joignent deux rivières.
CONFLUER, v. n. *(konflu-é)* (*confluere*), se dit en parlant de la réunion de deux rivières.
CONFONDRE, v. a. *(konfondre)* (*confundere)*, mêler ensemble; brouiller ; fig. troubler; abattre; couvrir de honte.
CONFORMATION, s. f. *(konformácion.)* (*conformatio*), arrangement ; forme.
CONFORME, adj. des deux g. *(konforme)* (*conformis*), semblable ; en rapport.
CONFORMÉ, E, part. pass. de *conformer*, et adj.
CONFORMÉMENT, adv. *(konforméman)*, d'une manière *conforme*.
CONFORMER, v. a. *(konformé)* (*conformare*), rendre *conforme*. — V. pr., agir *conformément*.
CONFORMISTE, s. des deux g. *(konformicete)*, qui professe la religion dominante en Angleterre.
CONFORMITÉ, s. f. *(konformité)* (*conformitas*), rapport entre les choses ; soumission.
CONFORT, s. m. *(konfor)*, assistance.
CONFORTABLE, adj. des deux g. *(konfortable)* (empr. de l'anglais), qui *conforte*.
CONFORTANT, E, adj. *(konfortan, ante)*. Voy. CONFORTATIF.
CONFORTATIF, TIVE, adj. *(konfortatif, tive)*, qui fortifie. — S .m., remède *fortifiant*.
CONFORTATION, s. f. *(konfortácion)* (*confortare*, corroborer), corroboration.
CONFORTÉ, E, part. pass. de *conforter*.
CONFORTER, v. a. *(konforté)* (*confortare*, de *fortis*, fort), fortifier; encourager.
CONFRATERNITÉ, s f. *(konfratèrnité)* (*cum*, avec, et *fraternitas*, fraternité), rela-

tion entre *confrères*; qualité de *confrère*.

CONFRÈRE, s. m. (*konfrère*) (du lat. *cum*, avec, et du grec φρατρια, compagnie), membre d'un même corps, d'une même compagnie.

CONFRÉRIE, s. f. (*konfréri*), association religieuse.

CONFRONTATION, s. f. (*konfrontácion*), action de *confronter* ; examen.

CONFRONTÉ, E, part. pass. de *confronter*.

CONFRONTER, v. a. (*konfronté*) (*cum*, avec, et *frons, frontis*, front), comparer, mettre en présence.

CONFUS, E, adj. (*konfu, fuze*) (*confusus* part. pass. de *confundere*, confondre), mêlé ; embrouillé ; obscur ; incertain ; honteux.

CONFUSÉMENT, adv. (*konfuzéman*), d'une manière *confuse*.

CONFUSION, s. f. (*konfuzion*) (*confusio*), mélange confus ; désordre; ignominie ; honte ; abondance ; affluence.

CONFUTATION, s. f. (*konfutácion*). Inus. Voy. RÉFUTATION.

CONGE, s. m. (*konje*), ancienne mesure grecque et romaine pour les liquides.

CONGÉ, s. m. (*konjé*) (du lat. barbare *commiatus*, dit pour *commeatus*, passeport), permission ; renvoi ; exemption de classe.

CONGÉABLE, adj. des deux g. (*konjéable*), se dit d'un domaine afferme dont le propriétaire peut toujours reprendre la jouissance.

CONGÉDIÉ, E, part. pass. de *congédier*.

CONGÉDIER, v. a. (*konjédié*), donner congé, donner ordre de se retirer.

CONGÉLATION, s. f. (*konjélácion*) (*congelatio*), action par laquelle le froid durcit un liquide.

CONGELÉ, E, part. pass. de *congeler*.

CONGELER, v. a. (*konjelé*) (*congelare*), durcir les liquides, en parlant du froid ; figer.

CONGÉNÈRE, adj. des deux g. (*konjénère*) (*congener*, de *cum*, avec, et de *genus*, genre), du même genre.

CONGÉNIAL, E, ou **CONGÉNITAL**, E, adj. (*konjéniale, tale*) (*cum*, avec, et *genitus*, né), t. de méd., qu'on apporte en naissant.

CONGESTION, s. f. (*konjécetion*) (*congestio*, de *congerere*, amasser), amas d'humeurs.

CONGIAIRE, s. m. (*konjière*) (*congiarium*), t. d'hist. anc., distribution que les empereurs romains faisaient en argent, en denrées.

CONGLOBATION, s. f. (*konguelobácion*) (*conglobatio*, peloton), t. de rhét., accumulation de preuves, d'arguments.

CONGLOBÉ, E, adj. (*konguelobé*) (*conglobatus*, de *conglobare*, ramasser), réuni.

CONGLOMÉRÉ, E, part. pass. de *congloméré*, et adj.

CONGLOMÉRER, v. a. (*kongueloméré*) (*conglomerare*), mettre ensemble ; amasser.

CONGLUTINATION, s. f. (*konguelutinácion*) (*conglutinatio*), action, effet de *conglutiner*.

CONGLUTINÉ, E, part. pass. de *conglutiner*.

CONGLUTINER, v. a. (*konguelutiné*) (*conglutinare*, fait de *gluten*, colle), rendre une liqueur visqueuse et gluante.

CONGRATULATION, s. f. (*kongueratulácion*) (*congratulatio*), félicitation.

CONGRATULÉ, E, part. pass. de *congratuler*.

CONGRATULER , v. a. (*kongueratulé*) (*congratulari*), complimenter.

CONGRE, s. m. (*konguere*) (κογγρος), grosse espèce d'anguille de mer.

CONGRÉGANISTE, s. des deux g. (*konguoréguanicete*), qui est d'une *congrégation*.

CONGRÉGATION, s. f. (*kongueréguácion*) (*congregatio*, de *congregare* , assembler), confrérie ; association religieuse.

CONGRÈS, s. m. (*konguerè*) (*congressus* ou *congressio*, de *congredi*, s'assembler), épreuve, assemblée de députés, de plénipotentiaires.

CONGRU, E, adj. (*kongueru*) (*congruus*), correct ; suffisant ; convenable.

CONGRUITÉ, s. f. (*kongueruité*) (*congruitas* ou *congruentia*), convenance.

CONGRÛMENT, adv. (*kongueruman*), d'une manière *congrue* ; correctement. Vieux.

CONIFÈRE, adj. des deux g. (*konifère*)(κωνος, cône, et φερω, je porte), se dit d'un arbre dont les fleurs et le fruit sont en *cône*.

CONIQUE, adj. des deux g. (*konike*), qui a la figure d'un *cône* ou qui appartient au *cône*.

CONJECTURAL, E, adj. (*konjekturale*), qui n'est fondé que sur des conjectures.

CONJECTURALEMENT, adv. (*konjékturaleman*), par *conjecture*.

CONJECTURE, s. f. (*konjékture*) (*conjectura*), jugement probable ; présomption.

CONJECTURÉ, E, part. pass. de *conjecturer*.

CONJECTURER, v. a. (*konjékturé*) (*conjecturare*), juger par *conjecture*.

CONJOINDRE, v. a. (*konjoeindre*) (*conjungere*), unir par le mariage.

CONJOINT, E, part. pass. de *conjoindre*, adj. et s. (*conjunctus*), uni ; marié.

CONJOINTEMENT, adv. (*konjoeinteman*), ensemble, de concert l'un avec l'autre.

CONJONCTIF, TIVE, adj. (*konjonktif, tive*), t. de gramm., qui sert à lier, à joindre. — S. m., un des modes du verbe.

CONJONCTION, s. f. (*konjonkcion*) (*conjunctio*), union ; t. de gramm., mot qui sert à joindre les parties du discours.

CONJONCTIVE, s. f. (*konjonktive*) (*conjunctivus*, qui sert à joindre), tunique extérieure de l'œil.

CONJONCTURE, s. f. (*konjonkture*) (*conjungere*, joindre), occasion ; rencontre de circonstances.

se **CONJOUIR**, v. pr. (*cekonjouir*), se réjouir ensemble. Vieux.

CONJOUISSANCE, s. f. (konjouiçance), félicitation, congratulation.

CONJUGAISON, s. f. (konjuguézon) (conjugatio), manière de conjuguer un verbe.

CONJUGAL, E, adj., au pl. m. CONJUGAUX (konjuguale) (conjugalis), du mariage.

CONJUGALEMENT, adv. (konjugualemun), comme mari et femme.

CONJUGUÉ, E, part. pass. de conjuguer.

CONJUGUER, v. a. (konjugué) (conjugare), marquer les inflexions et les terminaisons des verbes.

CONJURATEUR, TRICE, s. (konjurateur, trice), qui conjure; magicien.

CONJURATION, s. f. (konjurácion) (conjuratio), conspiration; paroles magiques.

CONJURÉ, E, part. pass. de conjurer, adj. et s., qui est entré dans une conjuration.

CONJURER, v. a. et n. (konjuré) (conjurare), conspirer; prier instamment, supplier; exorciser; fig. détourner.

CONNAISSANCE, s. f. (konécance) (cognitio), idée, notion; personne que l'on connaît. — Au pl., lumières, savoir, instruction.

CONNAISSEMENT, s. m. (konéceman), déclaration des marchandises d'un navire.

CONNAISSEUR, EUSE, s. (konéceur, euze), qui se connaît en quelque chose.

CONNAÎTRE, v. a. (konétre) (cognoscere), avoir notion de; discerner; éprouver; avoir liaison. — V. n., avoir autorité de juger de.

CONNÉ, E, adj. (konené) (cum, avec, et natus, né), t. de bot., uni.

CONNÉTABLE, s. m. (konétable) (comes stabuli, écuyer), autrefois premier officier de la couronne. — S. f., femme d'un connétable.

CONNÉTABLIE, s. f. (konétabli) juridiction du connétable et des maréchaux de France.

CONNEXE, adj. des deux g. (konenèkce) (connexus, part. pass. de connectere, lier), qui a de la connexion.

CONNEXION, s. f. (konenèkcion) (connexio), rapport; liaison.

CONNEXITÉ, s. f. (konenèkcité), rapport entre deux ou plusieurs choses.

CONNIVENCE, s. f. (konenivance) (conniventia), complicité par tolérance.

CONNIVENT, E, adj (konenivan, ante), rapproché sans adhésion réciproque.

CONNIVER, v. n. (konenivé) (connivere), participer; être de connivence.

CONNU, E, part. pass. de connaître, et adj.

CONOÏDE, s. m. (kono-ide) (xωνος, cône, et εἶδος, forme), figure conique.

CONQUE, s. f. (konke) (κογχος), grande coquille concave; cavité de l'oreille.

CONQUÉRANT, E, s. et adj. (konkiénan, ante), qui fait de grandes conquêtes.

CONQUÉRIR, v. a. (konkiérir) (conquirere, chercher avec soin, de cum, avec, et de quærere, chercher), acquérir par les armes; fig. gagner les cœurs, les inclinations, l'estime.

CONQUÊT, s. m. (konkiê), t. de jur., acquêt de la communauté.

CONQUÊTE, s. f. (konkiéte), action de conquérir; chose conquise.

CONSACRANT, adj. et s. m. (konçakran), évêque qui en sacre un autre.

CONSACRÉ, E, part. pass. de consacrer, et adj.

CONSACRER, v. a. (konçakré) (consecrare), dédier à Dieu; destiner; dévouer.

CONSANGUIN, E, adj. (konçanguein, guine) (consanguineus, de cum, avec, et de sanguis, sang), parent du côté paternel.

CONSANGUINITÉ, s. f. (konçanguinité) (consanguinitas), parenté du côté du père.

CONSCIENCE, s. f. (konciance) (conscientia), sentiment intérieur du bien et du mal; droiture; probité.

CONSCIENCIEUSEMENT, adv. (konciancieuzeman), d'une manière consciencieuse.

CONSCIENCIEUX, EUSE, adj. (konciancieu, euze), qui a la conscience délicate.

CONSCRIPTION, s. f. (konceskripecion) (conscriptio), enregistrement; fait de conscribere, écrire), enrôlement militaire; levée.

CONSCRIT, s. m. (koncekri) (conscriptus), compris dans la conscription.

CONSCRITS, adj. m. pl. (koncekri), se disait des anciens sénateurs romains qu'on nommait les pères conscrits.

CONSÉCRATEUR, s. m. (koncékrateur), synonyme de consacrant.

CONSÉCRATION, s. f. (koncékrácion) (consecratio), action de consacrer.

CONSÉCUTIF, TIVE, adj. (koncékutif, tive) (consequi, suivre), qui est de suite.

CONSÉCUTIVEMENT, adv. (koncékutiveman), tout de suite, à peu d'intervalle.

CONSEIL, s. m. (koncèie) (consilium, fait de consulere, délibérer), avis; assemblée; personne qui conseille.

CONSEILLÉ, E, part. pass. de conseiller, et adj.

CONSEILLER, ÈRE, s. (koncèiè, ière), qui donne conseil. — S. m., juge; membre d'un conseil. — S. f., femme d'un conseiller.

CONSEILLER, v. a. (koncèiè), donner un conseil.

CONSENTANT, E, adj. (konçantan, ante), qui consent, qui acquiesce.

CONSENTEMENT, s. m. (konçanteman) (consensus), action de consentir.

CONSENTI, E, part. pass. de consentir.

CONSENTIR, v. n. (konçantir) (consentire), acquiescer, adhérer à; vouloir bien.

CONSÉQUEMMENT, adv. (koncékaman) (consequenter), d'une manière conséquente; en conséquence.

CONSÉQUENCE, s. f. (koncékance) (consequentia, de consequi, s'ensuivre), conclusion; résultat; suite; importance.

CONSÉQUENT, E, adj. (koncékan, ante), qui agit, qui raisonne *conséquemment*.—S. m., t. de math., second terme d'un rapport. — PAR CONSÉQUENT, loc. adv., donc.

CONSERVATEUR, TRICE, s. et adj. (*koncèrevateur . trice*), qui *conserve*.

CONSERVATION, s. f. (*koncèrevácion*) (*conservatio*) action, effet de *conserver*.

CONSERVATOIRE. adj. des deux g. (*koncèrevatoare*), qui *conserve*.—S. m., école gratuite ; musée; maison de retraite.

CONSERVE, s. f. (*koncèreve*), espèce de confiture ; navire qui fait route avec un autre ; réservoir.—Au pl., lunettes.

CONSERVÉ, E, part. pass. de *conserver*, et adj.

CONSERVER, v. a. (*koncèrevé*) (*conservare*), garder avec soin.

CONSIDÉRABLE, adj. des deux g. (*koncidérable*), remarquable; important.

CONSIDÉRABLEMENT, adv. (*koncidérableman*), beaucoup ; notablement.

CONSIDÉRANT, s. m. (*koncidéran*), motif d'une loi, d'un jugement, etc.

CONSIDÉRATION, s. f. (*koncidérácion*) (*consideratio*), action de *considérer* ; motif; prudence; importance; égard; réputation, estime.—Au pl., réflexions, observations.

CONSIDÉRÉ, E, part. pass. de *considérer*, et adj.

CONSIDÉRER, v. a. (*koncidéré*) (*considerare*), regarder ; examiner ; estimer ; avoir des égards ; faire cas.

CONSIGNATAIRE, s. des deux g. (*koncigniatère*), dépositaire d'une somme *consignée*.

CONSIGNATION, s. f. (*koncigniácion*), dépôt juridique d'argent.

CONSIGNE, s. f. (*koncignie*), ordre donné à une sentinelle ; défense de sortir.

CONSIGNÉ, E, part. pass. de *consigner*.

CONSIGNER, v. a. (*koncignié*)(*consignare*), déposer ; défendre de sortir ; inscrire ; rapporter. — V. n., donner une *consigne*.

CONSISTANCE, s. f. (*koncicetance*) (*consistere*, se soutenir), épaississement ; fermeté; stabilité; base ; ce qui compose une chose.

CONSISTANT, E, adj. (*koncicetan*, *ante*), qui *consiste* en...; épais; solide.

CONSISTER, v. n. (*koncicete*) (*consistere*, fait de *cum*, avec, et de *sistere*, être), être composé de.

CONSISTOIRE, s. m. (*koncicetoare*) (*consistorium*), assemblée ecclésiastique.

CONSISTORIAL, E, adj., au pl. m. CONSISTORIAUX (*koncicetoriale*), qui appartient au *consistoire*.

CONSISTORIALEMENT, adv. (*koncicetorialeman*), en *consistoire*.

CONSOLABLE, adj. des deux g. (*konçolable*)(*consolabilis*), qui peut être *consolé*.

CONSOLANT, E, adj. (*konçolan*, *ante*) (*consolans*), qui *console*.

CONSOLATEUR, TRICE, s. et adj. (*konçolateur*, *trice*) (*consolator*), qui *console*.

CONSOLATIF, TIVE, adj. (*konçolatife*, *tive*), propre à *consoler*. Vieux.

CONSOLATION, s. f. (*konçolácion*) (*consolatio*), ce qui *console*.

CONSOLE, s. f. (*konçole*)(*consolidare*, consolider), saillie pour soutenir une corniche; meuble.

CONSOLÉ, E, part. pass. de *consoler*.

CONSOLER, v. a. (*konçolé*) (*consolare* ou *consolari*), adoucir l'affliction.

CONSOLIDANT, adj. et s. m. (*konçolidan*), t. de méd., remède qui affermit.

CONSOLIDATION, s. f. (*konçolidácion*), action, effet de *consolider*.

CONSOLIDÉ, E, part. pass. de *consolider*. —S. m., rente sur l'état réduite et garantie.

CONSOLIDER, v. a. (*konçolidé*) (*consolidare*), rendre *solide* ; affermir.

CONSOMMATEUR, TRICE, s. (*konçomateur*, *trice*) (*consumptor*, de *consumere*, consumer), qui *consomme* les denrées.

CONSOMMATION, s. f.(*konçomacion*) (*consumptio*, de *consumere*, consumer), action de *consommer* ; achèvement, accomplissement ; usage , débit.

CONSOMMÉ, E, part. pass. de *consommer*, et adj.—S. m., bouillon succulent.

CONSOMMER, v. a. (*konçomé*) (*consummare*), accomplir, achever. — (*consumere*, consumer), détruire par l'usage.

CONSOMPTIF, TIVE, adj. (*konçonpetife*, *tive*) (*consumere*, consumer), qui *consume*.— Il est aussi s. m.

CONSOMPTION, s. f. (*konçonpecion*) (*consumptio*), action par laquelle une chose se consume ; dépérissement ; phthisie.

CONSONNANCE, s. f. (*konçonance*) (*consonantia*, fait de *cum*, ensemble, et *sonare*, résonner), ressemblance, accord de sons.

CONSONNANT, E, adj. (*konçonan*, *ante*), formé par des consonnances.

CONSONNE, s. f. (*konçone*)(*consona*, fait de *cum*, avec, et *sonare*, rendre un son), lettre qui n'a de *son* qu'avec une voyelle.

CONSORTS, s. m. pl. (*konçor*) (*consors* fait de *cum*, avec, et *sors*, *sortis*, sort), intéressés, liés avec un autre.

CONSOUDE, s. f. (*konçoude*) (*consolida*, de *consolidare* ; consolider), plante médicinale.

CONSPIRANT, E, adj. (*konçepiran*, *ante*), t. de phys., qui *conspire*, qui concourt.

CONSPIRATEUR, TRICE, s. (*konçepirateur*, *trice*), qui conspire ou qui a conspiré.

CONSPIRATION, s. f. (*konçepirácion*) (*conspiratio*), conjuration, complot.

CONSPIRÉ, E, part. pass. de conspirer.

CONSPIRER, v. n. et a. (*konçepiré*)(*conspirare*, de *cum*, ensemble, et *spirare*, aspirer à), contribuer, concourir à..; comploter.

CONSPUÉ, E, part. pass. de *conspuer*.

CONSPUER, v. a. (*koncepué*) (*conspuere*, couvrir de crachats), cracher sur...; *fig*. mépriser d'une façon marquée.

CONSTABLE, s. m. (*koncetable*), officier de police en Angleterre.

CONSTAMMENT, adv. (*koncetaman*), avec *constance*; toujours; invariablement.

CONSTANCE, s. f. (*koncetance*) (*constantiā*) fermeté d'âme; persévérance.

CONSTANT, E, adj. (*koncetan, ante*) (*constans*), ferme ; persévérant ; certain, sûr.

CONSTATÉ, E, part. pass. de *constater*.

CONSTATER, v. a. (*koncetaté*), prouver; rendre *constant* et certain.

CONSTELLATION, s. f. (*koncetèlelácion*) (*constellatio*, fait de *cum*, avec, ensemble, et *stella*, étoile), assemblage d'étoiles fixes.

CONSTELLÉ, E, adj. (*koncetèlelé*), t. d'astr., fait sous certaine *constellation*.

CONSTER, v. n. imp. (*konceté*) (*constare*, de *cum*, avec, et de *stare*, être debout), t. de pal., être constant, certain. Vieux.

CONSTERNATION, s. f. (*koncetèrenácion*) (*consternatio*), étonnement ; abattement.

CONSTERNÉ, E, part. pass. de *consterner*.

CONSTERNER, v. a. (*koncetèrené*) (*consternare*, fait de *cum*, ensemble, et de *sternere*, renverser), frapper d'étonnement ; abattre.

CONSTIPATION, s. f. (*koncetipacion*), état de celui qui est *constipé*.

CONSTIPÉ, E, part. pass. de *constiper*, adj. et s., qui n'a pas le ventre libre.

CONSTIPER, v. a. (*koncetipé*) (*constipare*, serrer), resserrer le ventre de telle sorte qu'on ne puisse aller librement à la selle.

CONSTITUANT, E, adj. et s. (*koncetituan, ante*), qui *constitue*.

CONSTITUÉ, E, part. pass. de *constituer*, et adj.

CONSTITUER, v. a. (*koncetitué*) (*constituere*, fait de *cum*, ensemble, et de *statuere*, établir), composer un tout; établir.

CONSTITUTIF, TIVE, adj. f. (*koncetitutife, tive*), qui *constitue* essentiellement une chose.

CONSTITUTION, s. f. (*koncetitucion*)(*constitutio*), composition; formation; organisation; loi fondamentale qui détermine la *forme* d'un gouvernement ; tempérament.

CONSTITUTIONNALITÉ, s. f. (*koncetitucionalité*), qualité de ce qui est *constitutionnel*.

CONSTITUTIONNEL, ELLE, adj. (*koncetitucionèle*), conforme à la *constitution* de l'état; soumis à une *constitution*; partisan de cette *constitution*. Dans ce dernier sens il se prend aussi subst.

CONSTITUTIONNELLEMENT, adv. (*koncetitucionèleman*), selon la *constitution*.

CONSTRICTEUR, s. et adj. m. (*koncetrikteur*), se dit d'un muscle qui resserre.

CONSTRICTION, s. f. (*koncetrikcion*) (*constrictio*, de *constringere*, serrer), resserrement.

CONSTRINGENT, E, adj. (*koncetreinjan, ante*) (*constringens*), qui resserre.

CONSTRUCTEUR, s. m. (*koncetrukteur*), celui qui *construit*.

CONSTRUCTION, s. f. (*koncetrukcion*) (*constructio*), action de *construire*; arrangement; disposition; édifice.

CONSTRUIRE, v. a. (*koncetruire*) (*construere*, fait de *cum*, avec, et de *struere*, former), bâtir; arranger.

CONSTRUIT, E, part. pass. de *construire*.

CONSUBSTANTIALITÉ, s. f. (*konçubcetancialité*), unité et identité de *substance*.

CONSUBSTANTIEL, ELLE, adj. (*konçubcetancièle*) (*consubstantialis*, fait de *cum*, ensemble, et de *substantia*, substance), qui est de même *substance*.

CONSUBSTANTIELLEMENT, adv. (*konçubcetancièleman*), d'une manière *consubstantielle*.

CONSUL, s. m. (*konçul*) (*consul*, fait de *consulere*, veiller), magistrat; ancien juge; agent dans les ports étrangers.

CONSULAIRE, adj. des deux g. (*konçulère*) (*consularis*), qui appartient au *consul*.

CONSULAIREMENT, adv. (*konçulèreman*) (*consulariter*), à la manière des *consuls*.

CONSULAT, s. m. (*konçula*) (*consulatus*) dignité, charge, office de *consul*.

CONSULTANT, s. et adj. m. (*konçultan*), celui que l'on *consulte*.

CONSULTATIF, TIVE, adj. (*konçultatife, tive*), que l'on *consulte*.— *Voix consultative*, droit de donner son avis.

CONSULTATION, s. f. (*konçultácion*) (*consultatio*, fait de *consultare*, consulter), conférence pour *consulter*; avis par écrit des avocats, des médecins.

CONSULTÉ, E, part. pass. de *consulter*.

CONSULTER, v. a. (*konçulté*) (*consultare*, demander avis), prendre avis.— V. n., conférer ensemble, délibérer.

CONSULTEUR, s. m. (*konçulteur*) (*consultor*), docteur qui conseille en matière de foi.

CONSUMANT, E, adj. (*konçuman, ante*) (*consumens*), qui *consume*.

CONSUMÉ, E, part. pass. de *consumer*.

CONSUMER, v. a. (*konçumé*) (*consumere*, fait de *cum*, ensemble, et de *sumere*, prendre), dissiper; détruire; user.

CONTACT, s. m. (*kontakte*) (*contactus*, de *cum*, ensemble, et *tactus*, tact), attouchement.

CONTAGIEUX, EUSE, adj. (*kontajieu, euze*)(*contagiosus*, formé de *tangere*, toucher), qui se communique par la fréquentation; *fig*. qui corrompt.

CONTAGION, s. f. (*kontajion*) (*contagio*), peste; communication d'une maladie, du vice.

CONTAMINATION, s. f. (*kontamináciou*), souillure. Vieux.

CONTAMINÉ, E, part. pass. de *contaminer*.

CONTAMINER, v. a. (*kontaminé*) (*contaminare*), souiller. Vieux.

CONTE, s. m. (*konte*) (du grec barbere

κοντοτ, abrégé), narration; récit fabuleux ou plaisant; allégorie; fausseté.

CONTE, E, part. pass. de *conter*.

CONTEMPLATEUR, TRICE, s. (*kontanplateur, trice*) (*contemplator*), qui contemple.

CONTEMPLATIF, TIVE, adj. (*kontanplatife, tive*) (*contemplativus*), adonné à la contemplation.

CONTEMPLATION, s. f. (*kontanplâcion*) (*contemplatio*); action de contempler.

CONTEMPLER, v. a. (*kontanplé*) (*contemplare* ou *contemplari*, fait de *cum*, avec, ensemble, et *templum*, étendue du ciel), considérer.—V. n., méditer.

CONTEMPORAIN, E, adj. et s. (*kontanporein, rène*) (*contemporaneus*, fait de *cum*, ensemble, et *tempus, temporis*, temps), qui est du même temps.

CONTEMPORANÉITÉ, s. f. (*kontanporanéité*), existence dans le même temps.

CONTEMPTEUR, TRICE, s. (*kontanpeteur, trice*) (*contemnere*, mépriser), qui méprise.

CONTEMPTIBLE, adj. des deux g. (*kontanpetible*) (*contemptibilis*), méprisable. Vieux.

CONTENANCE, s. f. (*kontenance*) (*continentia*, fait de *continere*, contenir), capacité; étendue; maintien; posture; attitude.

CONTENANT, E, adj. (*kontenan, antè*), qui contient.—S. m., ce qui contient.

CONTENDANT, E, s. et adj. (*kontendan, antè*) (*contendens*), concurrent, compétiteur.

CONTENIR, v. a. (*kontenir*) (*continere*, fait de *cum*, ensemble, et de *tenere*, tenir), renfermer, retenir dans certaines bornes.

CONTENT, E, adj. (*kontan, antè*) (*contentus*), qui a l'esprit satisfait.

CONTENTÉ, E, part. pass. de *contenter*.

CONTENTEMENT, s. m. (*kontanteman*), état d'un cœur *content*; joie; satisfaction.

CONTENTER, v. a. (*kontanté*), donner du *contentement*; satisfaire.

CONTENTIEUSEMENT, adv. (*kontancieuzeman*) (*contentiosè*), avec grande *contention* et opiniâtreté; avec dispute, débat.

CONTENTIEUX, EUSE, adj. (*kontancieu, euze*) (*contentiosus*), sujet à contestation. —S. m., les affaires *contentieuses*.

CONTENTIF, adj. m. (*kontantife*) (*contineo*, contenir), t de chir., se dit d'un bandage qui ne sert qu'à retenir les topiques.

CONTENTION, s. f. (*kontancion*) (*contentio*, fait de *contendere*, disputer), débat; application d'esprit.

CONTENU, s. m. (*kontenu*), ce qui est renfermé, contenu dans quelque chose.

CONTENU, E, part. pass. de *contenir*.

CONTER, v. a. (*konté*) (voy. **CONTE**, pour l'étym.), narrer, raconter.

CONTESTABLE, adj. des deux g. (*kontècetable*), qui peut être *contesté*.

CONTESTANT, E, adj. (*kontècetan, antè*), qui *conteste*, qui aime à *contester*.

CONTESTATION, s. f. (*kontècetâcion*) (*contestatio*), débat; dispute.

CONTESTE, s. f. (*kontècete*), débat, contestation. Vieux.

CONTESTÉ, E, part. pass. de *contester*.

CONTESTER, v. a. et n. (*kontècété*) (*contestari*, prendre à témoin), débattre, disputer.

CONTEUR, EUSE, s. (*konteur, euse*), qui conte; qui aime à *conter*.

CONTEXTE, s. m. (*kontèkcete*), le *texte* d'un acte public ou sous seing-privé.

CONTEXTURE, s. f. (*kontèkceture*) (*contextura*, fait de *contexere*, faire un tissu), tissu; enchaînement de parties qui forment un tout.

CONTIGU, Ë, adj. (*kontigu*) (*contiguus*, de *cum*, avec, et *tangere*, toucher), qui touche.

CONTIGUÏTÉ, s. f. (*kontigu-ité*) (*contiguitas*), état de deux choses qui se touchent.

CONTINENCE, s. f. (*kontinance*) (*continentia*, fait de *continere*, contenir), chasteté; capacité; étendue.

CONTINENT, s. m. (*kontinan*) (*continens*), grande étendue de terre ferme.

CONTINENT, E, adj. (*kontinan, ante*) (*continens*, part. prés. de *continere*, contenir), chaste.

CONTINENTAL, E, adj. (*kontinantale*), qui appartient au *continent*.

CONTINGENCE, s. f. (*konteinjance*) (du v. lat. unipersonnel *contingit*, il arrive), casualité.

CONTINGENT, E, adj. (*konteinjan, ante*) (du v. lat. unipersonnel *contingit*, il arrive), casuel, incertain.—S. m., part.

CONTINU, E, adj. (*kontinu*) (*continuus*), non interrompu —S. m., ce qui est divisible.

CONTINUATEUR, s. m. (*kontinuateur*), celui qui *continue* l'ouvrage d'un autre.

CONTINUATION, s. f. (*kontinuâcion*) (*continuatio*), action de *continuer*; suite.

CONTINUE (À LA), loc. adv. (*kontinu*), sans interruption.

CONTINUÉ, E, part. pass. de *continuer*.

CONTINUEL, ELLE, adj. (*kontinuèle*) assidu; qui ne cesse point.

CONTINUELLEMENT, adv. (*kontinuèleman*), sans interruption, toujours.

CONTINUEMENT, adv. (*kontinuman*), sans interruption.

CONTINUER, v. a. (*kontinué*) (*continuare*, étendre), poursuivre; prolonger.—V. n., durer, ne cesser pas.

CONTINUITÉ, s. f. (*kontinuité*) (*continuitas*), liaison non interrompue.

CONTONDANT, E, adj. (*kontondan, antè*) (*contundens*, part. prés. de *contundere*, écraser), qui fait des contusions.

CONTORNIATE ou **CONTOURNIATE**, adj. et s. f. (*kontorniate*) (de l'italien *contorno*, contour), médaille de cuivre bordée d'un cercle.

CONTORSION, s. f. (*kontorcion*) (*contorsio*, de *contorquere*, tourner), convulsion; grimace.

CONTOUR, s. m. (*kontour*) (en italien *contorno*), ce qui entoure.
CONTOURNÉ, E, part. pass. de *contourner*, et adj., mal *tourné; tourné* de travers.
CONTOURNER, v. a. (*kontourné*), donner le *contour* à quelque chose; déformer.
CONTRACTANT, E, s. et adj. (*kontraktan, ante*), qui passe un *contrat*:
CONTRACTE, s. m. et adj. des deux g. (*kontrakte*) (*contractus*, part. pass. de *contrahere*, resserrer), t. de gramm. grecque, qui réunit deux syllabes en une.
CONTRACTÉ, E, part. pass. de *contracter*.
CONTRACTER, v. a. (*kontrakté*) (*contrahere*, fait de *cum*, avec, et de *trahere*, tirer), faire un *contrat*, une convention; gagner. — V. pr., se resserrer.
CONTRACTILE, adj. des deux g. (*kontraktile*), susceptible de se *contracter*.
CONTRACTILITÉ, s. f. (*kontraktilité*), faculté, propriété de se *contracter*.
CONTRACTION, s. f. (*kontrakcion*) (*contractio*), raccourcissement; réduction.
CONTRACTUEL, ELLE, adj. (*kontraktuèle*), stipulé par un *contrat*.
CONTRACTURE, s. f. (*kontrakture*) (*contractura*), contraction; en archit., rétrécissement du haut des colonnes.
CONTRADICTEUR, s. m. (*kontradikteur*), celui qui *contredit*.
CONTRADICTION, s. f. (*kontradikcion*) (*contradictio*), action de *contredire*; opposition, incompatibilité.
CONTRADICTOIRE, adj. des deux g. (*kontradiktoare*), entièrement opposé.
CONTRADICTOIREMENT, adv. (*kontradiktoareman*), d'une manière *contradictoire*; t. de pal., en présence des parties.
CONTRAIGNABLE, adj. des deux g. (*kontrègniable*), qui peut être *contraint*.
CONTRAINDRE, v. a. (*kontreindre*) (*constringere*, fait de *cum*, avec, et de *stringere*, serrer fortement), forcer; gêner; presser.
CONTRAINT, E, part. pass. de *contraindre*, et adj. (*kontrein, einte*), gêné, forcé.
CONTRAINTE, s. f. (*kontreinte*), violence; retenue; gêne; acte judiciaire.
CONTRAIRE, adj. des deux g. (*kontrère*) (*contrarius*), opposé; nuisible: — AU CONTRAIRE, loc. adv., bien loin de là.
CONTRAIREMENT, adv. (*kontrèreman*), au contraire; en opposition.
CONTRALTO, s. m. (*kontralto*) (emprunté de l'italien), la plus grave des voix de femme.
CONTRAPONTISTE, s. m. (*kontraponticete*), compositeur qui connaît le *contre-point*.
CONTRARIANT, E, adj. (*kontrarian, ante*), porté, enclin à *contrarier*.
CONTRARIÉ, E, part. pass. de *contrarier*.
CONTRARIER, v. a. et n. (*kontrarié*), contredire; faire obstacle.
CONTRARIÉTÉ, s. f. (*kontrariété*), opposition; obstacle; difficulté.

CONTRASTE, s. m. (*kontracete*) (*contrastare*, être opposé), différence, opposition.
CONTRASTER, v. a. et n (*kontraceté*) (*contrastare*, fait de *contra*, contre, et *stare*, être), faire un *contraste*; être en contraste.
CONTRAT, s. m. (*kontra*) (*contractus*), acte qui se passe devant un notaire.
CONTRAVENTION, s. f. (*kontravancion*), action par laquelle on *contrevient*.
CONTRE, prép. (*kontre*) (*contra*); elle marque opposition, proximité, contiguité. — S. m., ce qui est *contraire*.
CONTRE-ALLÉE, s. f. (*kontralée*), allée latérale parallèle à une *allée* principale.
CONTRE-AMIRAL, s. m. (*kontramiral*), le troisième officier-général dans la marine.
CONTRE-APPROCHES, s. f. pl. (*kontraproche*), travaux opposés à ceux des assiégeants.
CONTRE-BALANCÉ, E, part. pass. de *contrebalancer*.
CONTRE-BALANCER, v. a. (*kontrebalancé*), compenser; égaler; mettre de la proportion.
CONTREBANDE, s. f. (*kontrebande*) (en italien *contrabbando*, formé de *contra*, contre, et *bando*, ban), commerce défendu.
CONTREBANDIER, IÈRE, s. m. (*kontrebandié, ière*), qui fait la *contrebande*.
CONTRE-BAS (EN), loc. adv. (*kontreba*), de bas en haut; ce qui est en dessous.
CONTRE-BASSE, s. f. (*kontrebáce*), t. de mus., grosse *basse* à trois cordes.
CONTRE-BATTERIE, s. f. (*kontrebateri*), batterie opposée à une autre.
CONTRE-BOUTANT, s. m. (*kontreboutan*), mur qui en *contre-boute* un autre.
CONTRE-BOUTÉ, part. pass. de *contrebouter*.
CONTRE-BOUTER, v. a. (*kontrebouté*), appuyer un mur d'un autre mur.
CONTRE-CALQUÉ, E, part. pass. de *contrecalquer*.
CONTRE-CALQUER, v. a. (*kontrekalké*), tracer d'après un *calque*.
CONTRE-CARRÉ, E, part. pass. de *contrecarrer*.
CONTRE-CARRER, v. a. (*kontrekáré*), s'opposer directement à quelqu'un; au jeu, enchérir sur les *carres* faites.
CONTRE-CHARME, s. m. (*kontrecharme*), charme qui détruit un autre *charme*. Peu us.
CONTRE-CHÂSSIS, s m. (*kontrecháci*), châssis qu'on met devant un autre.
CONTRE-CLEF, s. f. (*kontreklé*), t. d'archit., voussoir joignant la *clef* d'une voûte.
CONTRE-COEUR, s. m. (*kontrekieur*), fond de cheminée. — A CONTRE-COEUR, loc. adv., contre son gré, avec répugnance, avec regret.
CONTRE-COUP, s. m. (*kontrekou*), répercussion; *fig.* suite; effet; influence.
CONTRE-COURANT, s. m. (*kontrekouran*), mouvement de l'eau opposé au *courant*.
CONTREDANSE, s. f. (*kontredance*) (de l'an-

glais *country*, campagne, et *dance*, danse); danse à plusieurs figures; air de cette *danse*.

CONTREDIRE, v. a. (*kontredire*) (*contradicere*, fait de *contra*, opposé, et *dicere*, dire), dire le *contraire*; contester, être en opposition.

CONTREDISANT, E, adj. (*kontredizan*, ante), qui contredit, qui aime à contredire.

CONTREDIT, E, part. pass. de *contredire*.

CONTREDIT, s. m. (*kontredi*), réponse à ce qui a été *dit*. — SANS CONTREDIT, loc. adv., certainement.

CONTRÉE, s. f. (*kontré*) (en lat. barbare *contrata*), étendue de pays; région.

CONTRE-ÉCHANGE, s. m. (*kontréchanje*), échange mutuel.

CONTRE-ENQUÊTE, s. f. (*kontrankiéte*), enquête opposée à celle de la partie adverse.

CONTRE-ÉPREUVE, s. f. (*kontrépreuve*), dessin tiré sur un autre; *fig.* faible imitation.

CONTRE-ÉPREUVÉ, E, part. pass. de *contre-éprouver*.

CONTRE-ÉPREUVER, v. a. (*kontrépreuvé*), tirer une *contre-épreuve*.

CONTRE-ESPALIER, s. m. (*kontrècepalié*), rangée d'arbres vis-à-vis d'un *espalier*.

CONTREFAÇON, s. f. (*kontrefaçon*), imitation frauduleuse d'une chose au préjudice du propriétaire ou de l'inventeur.

CONTREFACTEUR, s. m. (*kontrefakteur*), qui contrefait quelque chose.

CONTREFACTION, s. f. (*kontrefakcion*), action de *contrefaire*; imitation plaisante.

CONTREFAIRE, v. a. (*kontrefère*), faire une *contrefaçon*; déguiser; imiter; rendre difforme.

CONTREFAISEUR, EUSE, s (*kontrefézeur*, euze), qui contrefait les gens. Fam.

CONTREFAIT, E, part. pass. de *contrefaire*, et adj. (*kontrefé*, *féte*), imité; difforme.

CONTRE-FICHES, s. f. pl. (*kontrefiche*), pièces d'un assemblage de charpenterie.

CONTRE-FINESSE, s. f. (*kontrefinèce*), finesse opposée à une autre *finesse*.

CONTRE-FORT, s. m. (*kontrefor*), mur d'appui; pièce de cuir à la tige d'une botte.

CONTRE-FUGUE, s. f. (*kontrefugue*), t. de mus., *fugne* renversée.

CONTRE-GARDE, s. f. (*kontreguarde*), pièce de fortification.

CONTRE-HACHER, v. a. (*kontre-haché*), t. de graveur, couper par de nouvelles *hachures*.

CONTRE-HACHURE, s. f. (*kontre-hachure*), nouvelle *hachure* qui croise les premières.

CONTRE-HÂTIER, s. m. (*kontre-hâtié*), grand chenet de cuisine.

CONTRE-INDICATION, s. f. (*kontreindikcion*), *indication* contraire aux précédentes.

CONTRE-JOUR, s. m. (*kontrejour*), endroit où le *jour* ne donne pas à plein.

CONTRE-LATTE, s. f. (*kontrelate*), forte latte.

CONTRE-LATTÉ, part. pass. de *contre-latter*.

CONTRE-LATTER, v. a. (*kontrelaté*), garnir de *contre-lattes*.

CONTRE-LETTRE, s. f. (*kontrelètre*), acte secret par lequel on déroge à un autre acte, à ce qui est porté sur un premier acte public.

CONTRE-MAÎTRE, s. m. (*kontremétre*), officier marinier; chef d'atelier.

CONTRE-MANDÉ, E, part. pass. de *contre-mander*.

CONTRE-MANDER, v. a. (*kontremandé*), révoquer l'ordre qu'on a donné.

CONTRE-MARCHE, s. f. (*kontremarche*), marche contraire.

CONTRE-MARÉE, s. f. (*kontremaré*), marée opposée à la *marée* ordinaire.

CONTRE-MARQUE, s. f. (*kontremarke*), seconde *marque* sur un ballot; second billet de spectacle pour rentrer après être sorti.

CONTRE-MARQUÉ, E, part. pass. de *contre-marquer*.

CONTRE-MARQUER, v. a. (*kontremarkié*), mettre une *contre-marque* à...

CONTRE-MINE, s. f. (*kontremine*), mine opposée; *fig.* ruse opposée à une autre.

CONTRE-MINÉ, E, part. pass. de *contre-miner*.

CONTRE-MINER, v. a. (*kontreminé*), faire une *contre-mine*.

CONTRE-MINEUR, s. m. (*kontremineur*), celui qui fait des *contre-mines*.

CONTRE-MONT, adv. (*kontremon*), en haut.

CONTRE-MUR, s. m. (*kontremur*), mur double pour en fortifier un autre.

CONTRE-MURÉ, E, part. pass. de *contre-murer*.

CONTRE-MURER, v. a. (*kontremuré*), faire un *contre-mur*.

CONTRE-OPPOSITION, s. f. (*kontropôzicion*), dans une assemblée délibérante, minorité de l'opposition qui se détache dans certains cas de la majorité *opposante*.

CONTRE-ORDRE, s. m. (*kontrordre*), révocation d'un *ordre*.

CONTRE-PARTIE, s. f. (*kontreparti*), partie de musique opposée à une autre; opinion, système contraire; registre double.

CONTRE-PESÉ, part. pass. de *contre-peser*.

CONTRE-PESER, v. a. (*kontrepezé*), contrebalancer.

CONTRE-PIED, s. m. (*kontrepié*), t. de chasse, erreur sur la voie de la bête; *fig.* le contraire de quelque chose.

CONTRE-PLATINE, s. f. (*kontreplatine*), pièce d'un fusil, nommée aussi *porte-vis*.

CONTRE-POIDS, s m. (*kontrepoa*), poids servant à contre-balancer d'autres *poids*.

CONTRE-POIL, s. m. (*kontrepoèl*), le rebours du *poil*.

CONTRE-POINT, s. m. (*kontrepoein*), art de composer de la musique à plusieurs parties.

CONTRE-POINTÉ, E, part. pass. de contre-pointer, et adj.
CONTRE-POINTER, v. a. (kontrepoeinté), piquer une étoffe des deux côtés; opposer une batterie à une autre; contrecarrer.
CONTRE-POISON, s.m. (kontrepoèzon), antidote qui empêche l'effet du poison.
CONTRE-PORTE, s. f. (kontreporte), seconde porte devant une première.
CONTRE-RÉVOLUTION, s. f. (kontrerévolucion), seconde révolution en sens inverse de la première.
CONTRE-RÉVOLUTIONNAIRE, adj. et s. des deux g. (kontrerévolucionère), partisan de la contre-révolution.
CONTRE-RUSE, s. f. (kontreruze), ruse opposée à une autre ruse.
CONTRE-SANGLON, s. m. (kontreçanguelon), courroie sur la selle du cheval.
CONTRESCARPE, s. f. (kontrècekarpe), partie de fortification; glacis.
CONTRE-SCEL, s. m. (kontrecèl), petit sceau apposé à côté du grand.
CONTRE-SCELLÉ, E, part. pass. de contre-sceller.
CONTRE-SCELLER, v. a. (kontrecèlé), apposer le contre-scel.
CONTRE-SEING, s.m. (kontrecein), signature de celui qui contre-signe.
CONTRE-SENS, s. m. (kontreçance), sens contraire au sens naturel.
CONTRE-SIGNÉ, E, part. pass. de contre-signer.
CONTRE-SIGNER, v. a. (kontrecigné), signer en qualité de secrétaire.
CONTRE-TEMPS, s. m. (kontretan), accident inopiné; obstacle. — A CONTRE-TEMPS, loc. adv., mal à propos.
CONTRE-TERRASSE, s. f. (kontretèrace), terrasse élevée à côté d'une autre.
CONTRE-TIRÉ, E, part. pass. de contre-tirer.
CONTRE-TIRER, v. a. (kontretiré), copier trait pour trait un tableau, un plan, etc.
CONTRE-VALLATION, s. f. (kontrevalacion) (contra, contre, et vallare, fortifier); retranchement autour d'une place assiégée.
CONTREVENANT, E, s. et adj. (kontrevenan, ante), t. de prat., qui contrevient.
CONTREVENIR, v. n. (kontrevenir) (contra, contre, et venire, venir), agir contre une loi, une obligation, etc.
CONTREVENT, s. m. (kontrevan) (contra, contre, et ventus, vent), volet en dehors.
CONTRE-VÉRITÉ, s. f. (kontrevérité), proposition destinée à être entendue dans un sens contraire à celui qu'expriment les termes.
CONTRIBUABLE, s. des deux g. (kontribuable), qui doit contribuer au paiement des impositions.
CONTRIBUÉ, part. part. de contribuer.
CONTRIBUER, v. n. (kontribué) (contribuere, de tribus, ûs, tribu), aider; payer.

CONTRIBUTION, s. f. (kontribucion) (contributio), levée extraordinaire de deniers; impôt.
CONTRISTÉ, E, part. pass. de contrister.
CONTRISTER, v. a. (kontricété) (contristare, fait de tristis, triste), fâcher, donner du chagrin.
CONTRIT, E, adj. (kontri, trite) (contritus, brisé, part. de conterere, broyer), repentant; triste; affligé.
CONTRITION, s. f. (kontricion) (contritio), douleur sincère de ses péchés; remords.
CONTRÔLE, s. m. (kontrôle) (par contraction de contre-rôle), rôle opposé à un autre; registre de vérification; marque.
CONTRÔLÉ, E, part. pass. de contrôler.
CONTRÔLER, v. a. (kontrôlé), mettre sur le contrôle; marquer l'argenterie; vérifier; fig. critiquer, censurer.
CONTRÔLEUR, EUSE, s. (kontrôleur, euse), qui contrôle; fig. censeur malin.
CONTROUVÉ, E, part. pass. de controuver.
CONTROUVER, v. a. (kontrouvé) (de trouver), inventer une fausseté pour nuire.
CONTROVERSE, s. f. (kontroverece) (controversia, formé de contra, contre, et versare, tourner), discussion.
CONTROVERSÉ, E, adj. (kontrovèrecé) (controversus), disputé, contesté, débattu.
CONTROVERSISTE, s. m. (kontrovèrecicete), qui traite des sujets de controverse.
CONTUMACE, s. f. (kontumace) (contumacia, désobéissance), refus, défaut de comparaître en justice.
CONTUMACÉ, E, part. pass. de contumacer, et adj.
CONTUMACER, v. a. (kontumacé), juger, poursuivre, faire condamner par contumace.
CONTUMAX et non CONTUMACE, s. et adj. des deux g. (kontumakce) contumax, rebelle, formé de cum, avec, et de tumere, être bouffi d'orgueil), accusé qui refuse de comparaître en justice.
CONTUS, E, adj. (kontu, tuze) (contusus, part. pass. de contundere, écraser), meurtri.
CONTUSION, s. f. (kontuzion) (contusio), meurtrissure.
CONTUSIONNÉ, E, part. pass. de contusionner.
CONTUSIONNER, v. a. (kontuzioné), faire une contusion.
CONVAINCANT, E, adj. (konveinkan, ante), qui a la force de convaincre.
CONVAINCRE, v. a. (konveinkre) (convincere, formé de cum, avec, et vincere, vaincre.
CONVAINCU, E, part. pass. de convaincre, (konveinku) reconnu et réputé coupable.
CONVALESCENCE, s. f. (konvalècecance) (convalescere, recouvrer ses forces), état d'une personne qui relève de maladie.
CONVALESCENT, E, s. et adj. (konvalèce-

can, ante) (*convalescens*), qui relève de maladie.

CONVENABLE , adj. des deux g. (*konvènable*), qui *convient* ; propre ; sortable ; conforme ; décent.

CONVENABLEMENT, adv. (*konvenablemèn*), d'une manière *convenable*.

CONVENANCE, s. f. (*konvenance*) (*convenentia* , fait de *convenire*, convenir) , rapport ; conformité ; bienséance.

CONVENANT , s. m. (*konvenan*) (de l'anglais *covenant*, fait du lat. *conventum*, traité) ; ligue ; confédération ; profession de foi.

CONVENANT, E, adj. (*konvenan*, *ante*), sortable , bienséant. Peu us.

CONVENIR , v. n. (*konvenir*) (*convenire*, de *cum*, ensemble, et *venire*, venir), être conforme ; être à la *convenance* ; demeurer d'accord. — V. unipers., être à propos.

CONVENTICULE, s. m. (*konvantikule*) (*conventiculum*), assemblée secrète et illicite.

CONVENTION , s. f. (*konvancion*) (*conventio*, fait de *convenire*, convenir), accord , pacte ; assemblée nationale.

CONVENTIONNEL , s. m. (*konvancionel*), membre de la *convention* nationale.

CONVENTIONNEL, ELLE, adj. (*konvancionèle*), qui est de *convention*.

CONVENTIONNELLEMENT , adv. (*konvancionèleman*), par *convention*.

CONVENTUALITE , s. f. (*konvantualité*) (*conventus*, assemblée) , état d'une maison religieuse où l'on vit sous une règle.

CONVENTUEL , ELLE , adj. (*konvantuèle*), qui est de *couvent*.

CONVENTUELLEMENT , adv. (*konvantuèleman*), en communauté.

CONVENU, E, part. pass. de *convenir*.

CONVERGE, E, part. pass. de *converger*.

CONVERGENCE, s. f. (*konvèrejance*) t. de géom., état *convergent*.

CONVERGENT, E, adj. (*konvèrejan*, *ante*), se dit de lignes qui *convergent*.

CONVERGER, v. n. (*konvèrejé*) (*cum*, ensemble, et *vergere*, être tourné vers), se rapprocher, tendre vers un même point.

CONVERS , E, adj. (*konvère*, *vèrece*) (*conversus*, part. de *convertere*, tourner), religieux employé aux œuvres serviles du *couvent*.

CONVERSATION, s. f. (*konvèrecacion*) (*conversatio*), entretien familier.

CONVERSER , v. n. (*konvèrecé*) (*conversari*), s'entretenir familièrement.

CONVERSION, s. f. (*konvèrecion*) (*conversio*, fait de *convertere*, changer), changement, transmutation ; changement de croyance, de foi ; mouvement d'une troupe.

CONVERTI, E , part. pass. de *convertir*, adj. et s., qui a changé de religion, de vie.

CONVERTIBLE, adj. des deux g. (*konvèrtible*) (*convertibilis*), qui peut être changé.

CONVERTIR, v. a. (*konvèretir*) (*convertere*, fait de *vertere*, tourner), changer une chose en une autre ; faire changer de croyance.

CONVERTISSEMENT, s. m. (*konvèreticeman*), changement en matière de finances.

CONVERTISSEUR, EUSE, s. (*konvèreticeur*, *euze*), qui réussit dans la *conversion* des âmes. Fam.

CONVEXE, adj. des deux g. (*konvèkce*) (*convexus*, fait de *convehere*, porter), se dit d'une surface bombée sphériquement.

CONVEXITÉ, s. f. (*konvèkcité*) (*convexio* ou *convexitas*), rondeur extérieure.

CONVICTION, s. f. (*konvikcion*) (*convincere*, convaincre), preuve *convaincante* ; persuasion.

CONVIÉ, E, part. pass. de *convier*, et adj., prié, invité. — S., invité à quelque repas.

CONVIER , v. a. (*konvié*) (du bas lat. *coinvitare*, fait de *cum*, ensemble, et *invitare*, inviter), prier de... ; inviter à...

CONVIVE, s. des deux g. (*konvive*) (*conviva*, fait de *convivium*, festin) , qui se trouve à un repas avec d'autres.

CONVOCATION, s. f. (*konvokacion*) (*convocatio*), action de *convoquer*.

CONVOI, s. m. (*konvoè*) (du lat. barbare *conviare*, accompagner, formé de *cum*, ensemble , et *via*, chemin) , transport militaire de provisions ; cortège d'un corps mort.

CONVOITABLE, adj. des deux g. (*konvoètable*), désirable. Vieux.

CONVOITÉ, E, part. pass. de *convoiter*.

CONVOITER, v. a. (*konvoèté*) (du lat. barbare *convotare*, fait de *cum*, avec, et *votum*, vœu), désirer avec avidité.

CONVOITEUX , EUSE , adj. (*konvoèteu*, *euze*), désireux, qui désire ardemment. Vieux.

CONVOITISE, s. f. (*konvoètize*) , désir ardent, immodéré ; cupidité.

CONVOLER , v. n. (*konvolé*) (*convolare*), se marier de nouveau.

CONVOLUTÉ, E, adj. (*kònvuluté*), t. de bot., roulé en cornet.

CONVOLVULUS, s. m. (*konvolevuluce*) ; t. de bot., nom lat. qu'on a donné au liseron.

CONVOQUÉ, E, part. pass. de *convoquer*.

CONVOQUER, v. a. (*konvokié*) (*convocare*, formé de *cum*, ensemble, et *vocare*, appeler), faire assembler.

CONVOYÉ, E, part. pass. de *convoyer*.

CONVOYER, v. a. (*konvoèié*) (du lat. barbare *conviare*), accompagner, escorter.

CONVOYEUR, s. et adj. m. (*konvoèieur*), se dit d'un bâtiment qui en *convoie* d'autres.

CONVULSÉ, E, s. et adj. (*konvulcé*), t. de méd., attaqué d'une *convulsion*.

CONVULSIF, SIVE, adj. (*konvulcife*, *cive*), qui se fait avec *convulsion* ; accompagné de *convulsions* ; qui donne des *convulsions*.

CONVULSION, s. f. (*konvulecion*) (*convulsio*), contraction des muscles.

CONVULSIONNAIRE, adj. et s. des deux g. (*konvulecionère*), qui a des *convulsions* ; nom donné à quelques fanatiques modernes.

COOBLIGÉ, E, s. et adj. (*ko-oblijé*), obligé avec un ou plusieurs autres.

COOPÉRATEUR, TRICE. s. (*ko-opérateur, trice*) (*cooperator*), qui coopère; qui concourt.

COOPÉRATION, s. f. (*ko-opéräcion*) (*coopératio*), action de coopérer.

COOPÉRÉ, part. pass. de coopérer.

COOPÉRER, v. n. (*ko-opéré*) (*cooperari*, formé de *cum*, avec, et de *operari*), opérer conjointement avec quelqu'un.

COOPTATION, s. f. (*ko-opetäcion*) (*cooptatio*), admission extraordinaire.

COOPTÉ, E, part. pass. de coopter.

COOPTER, v. a. (*ko-opté*) (*cooptare*), admettre dans un corps en dispensant de certaines conditions.

COORDINATION, s. f. (*ko-ordinäcion*), action de coordonner; effet de cette action.

COORDONNÉ, E, part. pass. de coordonner.

COORDONNÉES, s. et adj. f. pl. (*ko-ordoné*), t. de géom., les abscisses et les ordonnées d'une courbe rapportées les unes aux autres.

COORDONNER, v. a. (*ko-ordonné*) (*cum*, avec, ensemble, et *ordinare*, disposer), combiner l'arrangement; disposer.

COPAHU, s. m. (*kopa-u*), espèce de baume ou de térébenthine qu'on tire par incision d'un arbre appelé copaïer.

COPAÏER, s. m. (*kopa-ié*), arbre du Brésil.

COPAL, s. m. (*kopale*), gomme ou résine d'une odeur très-agréable.

COPARTAGEANT, E, adj. et s. (*kopartajan, ante*), qui partage avec un autre.

COPEAU, s. m. (*kopô*) (rac. *couper*, ou du grec κοπτω, morceau), éclat de bois.

COPECK. Voy. KOPECK.

COPERMUTANT, s. m. (*kopèremutan*), chacun de ceux qui permutaient un bénéfice.

COPHTE ou COPTE, s. et adj. des deux g. (*kofete, kopete*), chrétien originaire d'Égypte. — S. m., l'ancienne langue des Égyptiens.

COPIE, s. f. (*kopi*) (*copia*, abondance), écrit transcrit d'après un autre; fig. imitation.

COPIÉ, E, part. pass. de copier.

COPIER, v. a. (*kopié*), faire une copie; fig. imiter, contrefaire.

COPIEUSEMENT, adv. (*kopieuzeman*) (*copiosè*), abondamment.

COPIEUX, EUSE, adj. (*kopieu, euze*) (*copiosus*, fait de *copia*, abondance), abondant.

COPISTE, s. des deux g. (*kopicete*), qui copie, en quelque genre que ce soit.

COPROPRIÉTAIRE, s. des deux g. (*koproprièthère*), qui possède une propriété avec un autre.

COPTE. Voy. COPHTE.

COPTÉ, E, part. pass. de copter.

COPTER, v. a. (*kopeté*) (κοπτειν, frapper), frapper une cloche d'un côté seulement.

COPULATIF, TIVE, adj. (*kopulatife, tive*) (*copulativus*), en t. de gramm., qui sert à lier.

COPULATION, s. f. (*kopuläcion*) (*copulatio*, fait de *copulare*, joindre), accouplement.

COPULE, s. f. (*kopule*) (*copula*, lien), t. de log., mot qui lie l'attribut au sujet.

COQ, s. m. (*koke*) (par onomatopée du chant du coq), le mâle de la poule.

COQ, s. m. (*koke*) (de l'anglais *kook*, cuisinier), t. de mar., cuisinier de l'équipage. Quelques-uns écrivent coque.

COQ-A-L'ANE, s. m. (*kokaläne*), discours sans suite, sans liaison.

COQ-D'INDE, s. m. (*kodeinde*), dindon; fig. imbécile.

COQUE, s. f. (*koke*) (κογχη, coquille), enveloppe extérieure de l'œuf, de la noix, de l'amande, etc.; enveloppe des insectes qui filent; corps d'un navire.

COQUECIGRUE, s. f. (*kokecigueru*), oiseau aquatique; fig. baliverne, conte en l'air.

COQUELICOT, s. m. (*kokelikô*), espèce de pavot rouge.

COQUELOURDE, s. f. (*kokelourde*), plante.

COQUELUCHE, s. f. (*kokeluche*), capuchon; toux violente et convulsive.

COQUELUCHON, s. m. (*kokeluchon*), capuchon de femme. Fam.

COQUEMAR, s. m. (*kokemar*) (*cocuma*), bouilloire. Peu us.

COQUERET, s. m. (*kokerè*), plante.

COQUERICO, s. m. (*kokerikô*) (par onomatopée) cri du coq. Pop.

COQUET, ETTE, adj. (*kokiè, kokièté*) (rac. coq), qui a de la coquetterie.

COQUETER, mieux COQUETER, v. n. (*kokieté*), être coquet ou coquette. Peu us.

COQUETIER, s. m. (*koketié*) (rac. coq), marchand d'œufs et de volaille en gros; petit vase pour manger un œuf.

COQUETTERIE, s. f. (*kokièteri*), afféterie; désir de plaire; parure soignée.

COQUILLAGE, s. m. (*kokijaje*) (κογχυλη), animal qui vit dans une coquille; coquille.

COQUILLARD, s. m. (*kokiiar*), lit de pierre de taille rempli de petits coquillages.

COQUILLE, s. f. (*kokiie*) (κογχις), enveloppe des testacés; coque; t. d'impr., lettre à la place d'une autre; sorte de papier.

COQUILLIER, IÈRE, s. et adj. (*kokiié, ière*), rempli de coquilles. — S. m., collection de coquilles.

COQUIN, E, s. et adj. (*kokein, kine*) (*coquinus*, de cuisine), t. de mépris, fripon; maraud; lâche; infâme.

COQUINERIE, s. f. (*kokineri*), action ou caractère de coquin; action vile.

COR, s. m. (*kor*), sorte de durillon qui vient aux pieds.

COR, s. m. (*kor*) (*cornu*, trompe), instrument à vent. — A COR ET A CRI, adv., avec grand bruit.

CORAIL, s. m., au pl. CORAUX (*kora-ie*)

(κοραλλιον, formé de κορευ, j'orne, et de αλς; mer); production marine.

CORAILLEUR, s. et adj. m. (kora-ieur), qui va à la pêche du *corail*.

CORALLIN, E, adj. (koralelein, line), qui a la couleur ou la vertu du *corail*. — S. f., espèce de polypier; vipère.

CORAN, s. m. (koran). Voy. ALCORAN.

CORBEAU, s. m. (korbô) (corvus, du grec κοραξ), gros oiseau noir; constellation.

CORBEILLE, s. f. (korbè-ie) (corbicula, dimin. de *corbis*), espèce de panier; bijoux et autres objets de parure pour une mariée.

CORBILLARD, s. m. (korbi-iar), coche d'eau qui allait autrefois de Paris à *Corbeil*; carrosse; char pour transporter les morts.

CORBILLAT, s. m. (corbi-ia), petit du *corbeau*.

CORBILLON, s. m. (korbi-ion), espèce de petite *corbeille*; jeu.

CORBIN, s. m. (korbein), corbeau. Vieux.

CORDAGE, s. m. (kordaje), toutes les *cordes* qui servent à la manœuvre d'un bâtiment, d'une machine, etc.; action de *corder*.

CORDE, s. f. (korde) (chorda, du grec χορδα), tortis fait de chanvre ou d'autres matières flexibles; tissu; mesure pour le bois.

CORDÉ, E, part. pass. de *corder*, et adj.

CORDEAU, s. m. (kordô), petite corde avec deux piquets pour aligner.

CORDELÉ, E, part. pass. de *cordeler*.

CORDELER, v. a. (kordelé), tresser en forme de *corde*.

CORDELETTE, s. f. (kordelète), petite *corde*.

CORDELIER, IÈRE, s. (kordelié, ière), religieux de la règle de saint *François*, et qui porte une grosse ceinture de *corde*.

CORDELIÈRE, s. f. (kordelière), corde à nœuds; collier; ornement d'architecture.

CORDELLE, s. f. (kordèle) petite *corde* pour haler les bateaux.

CORDER, v. a. (kordé), faire de la *corde*; mesurer du bois à la *corde*.

CORDERIE, s. f. (korderi) lieu où l'on fait des *cordes*; art de faire de la *corde*.

CORDIAL, E, adj., au pl. m. **CORDIAUX** (kordial) (cor, cordis, cœur, dérivé du grec χαρδια), propre à fortifier le cœur; *fig.* qui est plein d'affection. — S. m., remède *cordial*.

CORDIALEMENT, adv. (kordialeman), affectueusement; de tout son cœur.

CORDIALITÉ, s. f. (kordialité), affection sincère, franche et tendre.

CORDIER, s. m. (kordié), ouvrier qui fait des *cordes* ou marchand qui en vend.

CORDIFORME, adj. des deux g. (kordiforme) (cor, cordis, cœur, et forma, forme), en forme de *cœur*.

CORDON, s. m. (kordon), brin d'une *corde*; tissu pour lier; ruban; décoration.

CORDONNÉ, E, part. pass. de *cordonner*.

CORDONNER, v. a. (kordoné), tortiller en manière de *cordon*; entourer d'un *cordon*.

CORDONNERIE, s. f. (kordoneri), métier, commerce de *cordonnier*.

CORDONNET, s. m. (kordonè) (rac. *cordon*), petit *cordon*; tresse; soie à coudre.

CORDONNIER, IÈRE, s. (kordonié, ière) (par corruption de *cordouanier*, fait de *cordouan*, espèce de cuir), qui fait ou vend toutes sortes de chaussures.

CORÉE, s. m. Voy. CHORÉE.

CORELIGIONNAIRE, s. des deux g. (korelijionère), qui professe la même *religion* que d'autres.

CORIACE, adj. des deux g. (koriace) (coriaceus, de cuir, fait de *corium*, cuir), dur comme du cuir; *fig.* dur, avare.

CORIACÉ, E, adj. (koriacé), qui a la consistance du *cuir*.

CORIAMBE, s. m. Voy. CHORIAMBE.

CORIANDRE, s. f. (koriandre) (coriandrum, du grec κοριαννον), plante.

CORINTHIEN, ENNE, adj. (koreintiein, tiène), le quatrième et le plus riche des ordres d'architecture, inventé à *Corinthe*.

CORME ou **SORBE**, s. f. (korme, corbe), fruit très-acide qui croît sur le *cormier*.

CORMIER, ou **SORBIER**, s. m. (kormié, corbié), arbre.

CORMORAN, s. m. (kormoran), oiseau aquatique.

CORNAC, s. m. (kornake), conducteur d'éléphants.

CORNAGE, s. m. (kornaje), sifflement de certains chevaux quand ils courent.

CORNALINE, s. f. (kornaline) (κοραλλιον, corail), pierre précieuse.

CORNE, s. f. (korne) (cornu), partie dure qui est à la tête ou au pied de certains animaux; pointe; angle; trompe; vergue; pli.

CORNÉ, E, adj. (korné), de la nature de la *corne*. — Part. pass. de *corner*.

CORNÉE, s. f. (korné) (cornu, corne), t. d'anat., tunique de l'œil; substance pierreuse.

CORNÉENNE, adj. f. (korné-ène), mot appliqué à des rochers d'origine différente.

CORNEILLE, s. f. (korné-ie) (cornicula, dimin. de *cornix*), oiseau du genre du *corbeau*.

CORNEMUSE, s. f. (kornemuze) (cornu musœ), instrument de musique à vent.

CORNER, v. n. (korné), sonner d'un *cornet*; se dit des oreilles, quand on y éprouve un bourdonnement. — V. a., publier.

CORNET, s. m. (kornè) (cornu, corne), petit *cor*; papier roulé; encrier; coquillage.

CORNETTE, s. f. (kornète) (rac. *corne*), coiffure de femmes; étendard; pavillon de chef d'escadre.

CORNEUR, s. et adj. m. (korneur), qui *corne*; cheval qui siffle en respirant.

CORNICHE, s. f. (*korniche*) (*coronis*, du grec κορωνίς, faîte), t. d'archit., ornement en saillie.

CORNICHON, s. m. (*kornichon*), petite corne; petit concombre pour confire.

CORNIER, IÈRE, adj. (*kornié, ière*), qui est à la corne ou à l'angle de quelque chose.

CORNIÈRE, s. f. (*kornière*), canal de tuiles ou de plomb qui est à la jointure de deux pentes de toit et qui en reçoit les eaux. — Au pl., t. d'impr., cantonnières.

CORNILLAS, s. m. (*korniiá*), le petit d'une corneille. On dit plus souvent *corneillard*.

CORNOUILLE, s. f. (*kornouie*), fruit du cornouiller.

CORNOUILLER, s. m. (*kornouié*), arbre.

CORNU, E, adj. (*kornu*) (*cornutus*), qui a des cornes; *fig.* qui a plusieurs angles.

CORNUE, s. f. (*kornu*) (*cornu*, corne), vase pour distiller.

COROLLAIRE, s. m. (*korolelère*) (*corollarium*), suite d'une proposition précédemment avancée ou démontrée; conséquence.

COROLLE, s. f. (*korole*) (*corolla*, petite couronne, dérivé de κορωνη, courbure), t. de bot. enveloppe ronde de la fleur.

CORONAIRE, adj. des deux g. (*koronère*) (κορωνη, en lat. *corona*, couronne), il se dit en anatomie de deux artères du cœur.

CORONAL, E, adj., au pl. m. **CORONAUX** (*koronal*) (κορωνη, en lat. *corona*, couronne), t. d'anat. : *l'os coronal*, l'os du front.

CORONER, s. m. (*koronère*), officier de justice en Angleterre.

CORONILLE, s. f. (*koroni-ie*), arbuste.

CORONOÏDE, adj. des deux g. (*korono-ide*) (κορωνη, couronne, et εἶδος, forme), t. d'anat., semblable à une couronne.

CORPORAL, s. m., au pl. **CORPORAUX** (*korporal*) (*corporale*, de *corpus* corps), linge carré bénit sur lequel on met le calice et l'hostie.

CORPORATION, s. f. (*korporácion*), communauté, congrégation, *corps* de métiers.

CORPOREL, ELLE, adj. (*korporèle*) (*corporalis*), qui a un *corps*; qui concerne le *corps*.

CORPORELLEMENT, adv. (*korporèleman*) (*corporaliter*), d'une manière corporelle.

CORPORIFIÉ, E, part. pass. de *corporifier*.

CORPORIFIER, v. a. (*korporifié*) supposer un corps à ce qui n'en a point.

CORPS, s. m. (*kor*; le p et le s ne se font jamais sentir) (*corpus*), substance étendue et impénétrable; corps animé; armée; société; corporation; épaisseur.

CORPS-DE-GARDE, s. m. (*kordeguarde*), poste militaire.

CORPS-DE-LOGIS, s. m. (*kordeloji*), partie d'une maison, d'un *logis*.

CORPULENCE, s. f. (*korpulance*) (*corpulentia*), volume du corps de l'homme.

CORPULENT, E, adj. (*korpulan, ante*) (*corpulentus*), qui a de la corpulence.

CORPUSCULAIRE, adj. des deux g. (*korpuceulère*), relatif aux corpuscules.

CORPUSCULE, s. m. (*korpuceule*) (*corpusculum*, dimin. de *corpus*, corps), petit corps; atome.

CORRECT, E, adj. (*korerèkte*) (*correctus*), exempt de fautes.

CORRECTEMENT, adv. (*korerèkteman*), selon les règles; sans faute.

CORRECTEUR, TRICE, s. (*korerèkteur, trice*) (*corrector*), qui corrige.

CORRECTIF, TIVE, adj. (*korerèktif, tive*), qui adoucit, qui corrige. — S. m., ce qui a la vertu de *corriger*, de tempérer.

CORRECTION, s. f. (*korerèkcion*) (*correctio*), action de *corriger*; châtiment.

CORRECTIONNEL, ELLE, adj. (*korerèkcionèle*), qui appartient à la *correction*.

CORRECTIONNELLEMENT, adv. (*korerèkcionèleman*), d'une manière correctionnelle.

CORRÉGIDOR, s. m. (*korerèjidor*) (mot espagnol) officier de justice en Espagne.

CORRÉLATIF, TIVE, adj. (*korerélatif, tive*) (*correlativus*), qui marque corrélation.

CORRÉLATION, s. f. (*korerélácion*) (*cum*, ensemble, et *relatio*, relation), relation réciproque entre deux choses.

CORRESPONDANCE, s. f. (*korècepondance*), action de *correspondre*; communication; relation.

CORRESPONDANT, E, adj. (*korècepondan, ante*), qui se *correspond*. — S. m., celui qui est en commerce réglé d'amitié ou d'affaires avec un autre.

CORRESPONDRE, v. n. (*korècepondre*) (*cum*, ensemble, et *respondere*, répondre), convenir; être conforme; avoir une correspondance de lettres; communiquer.

CORRIDOR, s. m. (*koridor*, (de l'italien *corridore*, dérivé du lat. *currere*, courir), sorte de galerie.

CORRIGÉ, E, part. pass. de *corriger* et adj. — S. m., ce qui est ou doit être *corrigé*.

CORRIGER, v. a. (*korijé*) (*corrigere*, de *cum*, ensemble, et *regere*, régler), rendre *correct*; ôter les défauts; réparer; châtier.

CORRIGIBLE, adj. des deux g. (*korijible*), qui peut se *corriger*; qui est aisé à *corriger*.

CORROBORANT, E, adj. (*koreroboran, ante*), qui fortifie. — Il est aussi s. m.

CORROBORATIF, TIVE, adj. (*koreroboratif, tive*), corroborant. — Il est aussi s. m.

CORROBORATION, s. f. (*koreroborácion*), action de *corroborer*, de fortifier.

CORROBORÉ, E, part. pass. de *corroborer*.

CORROBORER, v. a. (*koreroboré*) (*corroborare*), fortifier, donner de nouvelles forces.

CORRODANT, E, adj. (*korerodan, ante*),

(*corrodere*, ronger), qui *corrode*, qui ronge.
CORRODÉ, E, part. pass. de *corroder*.
CORRODER, v. a. (*kororodé*) (*corrodere*, de *cum*, avec, et *rodere*, ronger), ronger ; percer; consumer.
CORROI, s. m. (*koroé*), la dernière préparation qu'on donne au cuir.
CORROMPRE, v. a. (*koronpre*) (*corrumpere*), gâter, altérer, changer en mal ; *fig.* séduire, débaucher.
CORROMPU, E, part. pass. de *corrompre*, et adj. (*koronpu*), gâté, altéré.
CORROSIF, SIVE, adj. (*korerozife*, *zive*), qui ronge, qui *corrode*.—Il est aussi s. m.
CORROSION, s. f. (*korerózion*), action de ce qui *corrode*; état de ce qui est *corrodé*.
CORROYÉ, E, part. pass. de *corroyer*.
CORROYER, v. a. (*koreroéié*) (*corium*, cuir, et *rodere*, ronger), apprêter le cuir.
CORROYEUR, s. m. (*koreroéieur*), artisan dont le métier est de *corroyer* les cuirs.
CORRUPTEUR, TRICE, s. et adj. (*korerupeteur*, *trice*) (*corruptor*, *corruptrix*), qui *corrompt*.
CORRUPTIBILITÉ, s. f. (*korerupetibilité*) t. de phys., qualité de ce qui est *corruptible*.
CORRUPTIBLE, adj. des deux g. (*korerupetible*) (*corruptibilis*), qui peut être *corrompu*, altéré, gâté.
CORRUPTION, s. f. (*korerupecion*) (*corruptio*), altération; pourriture; dépravation.
CORS, s. m. pl. (*kor*), cornes qui sortent des perches du cerf.
CORSAGE, s. m. (*korçaje*), la taille du corps humain depuis les épaules jusqu'aux hanches ; vêtement qui l'enveloppe.
CORSAIRE, s. et adj. m. (*korcère*) (de l'italien *corsare*, fait de *corso*, course) vaisseau armé en *course*; celui qui le commande ; pirate; *fig.* homme dur.
CORSELET, s. m. (*korcelè*), partie de la cuirasse des anciens; corps des insectes.
CORSET, s. m. (*korcè*), sorte de corps de jupe ; vêtement qui serre la taille; bandage.
CORTÈGE, s. m. (*kortèje*) (en italien *corteggio*), suite qui accompagne ; réunion.
CORTÈS, s. f. pl. (*kortècc*) (mot espagnol qui signifie *cour*), assemblée des états en Espagne et en Portugal.
CORTICAL, E, adj. (*kortikale*) (*cortex*, *corticis*, écorce), de l'écorce.
CORUSCATION, s. f (*koruçekácion*) (*coruscatio*, de *coruscare*, briller) éclat de lumière.
CORVÉABLE, adj. des deux g. et s. m. (*korvé-able*), homme sujet à la corvée.
CORVÉE, s. f. (*korvé*) (du lat. barbare *corvada*, dérivé de *cuivare*, courber), travail et service gratuit qui était dû par le vassal à son seigneur ; *fig.* travail ingrat; fatigue.
CORVETTE, s. f. (*korvète*), petit bâtiment de guerre, petite frégate.
CORYBANTE, s. m. (*koribante*) (χορυϐαντις,

fait de κοπτω, je secoue la tête), t. d'antiq., prêtre de Cybèle ; jongleur ; devin.
CORYMBE, s. m. (*koreinbe*) (χορυμϐος, faîte), t. de bot., fleurs ramassées en bouquet.
CORYMBIFÈRE, adj. des deux g. (*koreinbifère*) (χορυμϐος, corymbe, et φερω, je porte), t. de bot., qui porte des *corymbes*.—S. f. pl., famille de plantes.
CORYPHÉE, s. m. (*korifé*) (χορυφαιος, chef, dérivé de χορυφη, sommet de la tête), chef des chœurs ; *fig.* chef d'une secte, d'un parti.
CORYZA, s. m. (*koriza*) (χορυζα,) t. de méd., rhume de cerveau.
COSAQUE, s. propre des deux g. (*kozake*), soldat tartare ; *fig.* homme dur.—S. f., danse.
COSÉCANTE, s. f. (*kocékante*), t. de géom., la *sécante* du complément d'un angle.
COSEIGNEUR, s. m. (*kocègnieur*), celui qui est *seigneur* avec un autre.
COSINUS, s. m. (*kocinuce*), t. de géom., le *sinus* du complément d'un angle.
COSMÉTIQUE, adj. des deux g. et s. m. (*kocemétike*) (χοσμεω, j'embellis), qui sert à l'entretien de la peau.— S. f., partie de l'hygiène qui a pour objet l'entretien de la beauté.
COSMOGONIE, s. f. (*kocemogoni*) (χοσμος, univers, et γονος, génération), science ou système de la formation de l'univers.
COSMOGONIQUE, adj. des deux g. (*kocemoguonike*) qui appartient à la *cosmogonie*.
COSMOGRAPHE, s. m. des deux g. (*kocemoguerafe*), qui sait la *cosmographie*.
COSMOGRAPHIE, s. f. (*kocemoguerafi*) (χοσμος, univers, et γραφω, je décris) description du monde physique.
COSMOGRAPHIQUE, adj. des deux g. (*kocemoguerafike*), qui appartient à la *cosmographie*.
COSMOLOGIE, s. f. (*kocemoloji*) (χοσμος, monde, et λογος, discours), science des lois générales qui gouvernent le monde physique.
COSMOLOGIQUE, adj. des deux g. (*kocemolojike*), qui appartient à la *cosmologie*.
COSMOPOLITE, s. et adj. des deux g. (*kocemopolite*) (χοσμος, monde, et πολιτης, citoyen), citoyen de l'univers.
COSSE, s. f. (*koce*), enveloppe des fèves, pois, lentilles, etc., fruit d'arbustes.
COSSER, v. n. (*kocé*), se dit des béliers qui se heurtent de la tête les uns contre les autres.
COSSON, s. m. (*koçon*), espèce de charançon ; bouton de vigne.
COSSU, E, adj. (*koçu*), qui a beaucoup de *cosse*; *fig.* riche, qui est à son aise.
COSTAL, E, adj., au pl. m. COSTAUX (*kocetale*) (*costa*, côte), qui appartient aux *côtes*.
COSTUME, s. m. (*kocetume*) (en italien *costume*, fait de *costuma*, coutume), usage des différents temps, des différents lieux; habillement ; travestissement.

COSTUMÉ, E, part. pass. de *costumer*.

COSTUMER, v. a. (*kocetumé*), habiller selon le *costume*; vêtir d'un *costume*.

COSTUMIER, s. m. (*kocetumié*), qui fait ou vend des *costumes*.

COTANGENTE, s. f. (*kotanjante*), t. de géom., *tangente* du complément d'un angle.

COTE, s. f. (*kote*) (*quota*, fém. de *quotus*, combien), marque numérale pour ordre de pièces; part d'une imposition.

CÔTE, s. f. (*kôte*) (*costa*), os courbé et plat; rivage; penchant d'une colline; protubérance, arête saillante.

CÔTÉ, s. m. (*kôté*), partie de l'animal depuis les aisselles jusqu'aux hanches; partie latérale; pan; face; endroit; parti; ligne de parenté. — A CÔTÉ, prép. et loc. adv., auprès.

COTÉ, E, part. pass. de *coter*.

COTEAU, s. m. (*kotó*), penchant d'une colline; la colline même dans toute sa longueur.

CÔTELÉ, E, adj. (*kôtelé*), à *côtes*.

CÔTELETTE, s. f. (*kôtelète*), petite *côte* d'animal qu'on met cuire sur le gril.

COTER, v. a. (*koté*) (du lat. barbare *quotare*, fait de *quota*, fém. de *quotus*, combien), marquer par lettres; numéroter.

COTERIE, s. f. (*koteri*), réunion de gens intimes qui s'entendent entre eux; société.

COTHURNE, s. m. (*koturne*) (*cothurnus*, du grec κοθορνος), t. d'antiq., chaussure des acteurs tragiques.

COTI, E, part. pass. de *cotir*, et adj.

CÔTIER, IÈRE, s. et adj. (*kôtié, ière*), t. de mar., qui connaît particulièrement les *côtes*.

CÔTIÈRE, s. f. (*kôtière*), suite de *côtes* de mer; planche de jardinage en talus.

COTIGNAC, s. m. (*kotigniak*), sorte de confiture faite avec des *coings*.

COTILLON, s. m. (*kotiion*) (dimin. de *cotte*), jupe de dessous.

COTIR, v. a. (*kotir*), meurtrir, en parlant des fruits. Pop.

COTISATION, s. f. (*kotizácion*), action de *cotiser* ou de *se cotiser*; somme qui en provient.

COTISÉ, E, part. pass. de *cotiser*.

COTISER, v. a. (*kotisé*) (*quotus*, combien), régler la part que chacun doit donner. — V. pr., donner en commun, selon ses moyens.

COTISSURE, s. f. (*kotisure*), meurtrissure qu'a reçue quelque fruit en tombant. Pop.

COTON, s. m. (*koton*) (de l'arabe *alkoton*), espèce de laine ou de duvet qui enveloppe les semences du *cotonnier*; poil follet.

COTONNADE, s. f. (*kotonade*), étoffe de *coton* en général.

COTONNÉ, E, part. pass. de *cotonner*, et adj.: *cheveux cotonnés*, cheveux très-courts et très-frisés, comme le sont ceux des nègres.

COTONNER, v. a. (*kotoné*), garnir de *coton*. Presque inus. — V. pr., se couvrir d'un certain petit *coton* ou duvet; devenir mollasse.

COTONNEUX, EUSE, adj. (*kotoneu, euse*), mollasse et spongieux, en parlant des fruits et des légumes; recouvert de duvet.

COTONNIER, s. m. (*kotonié*), t. de bot., arbuste qui porte le *coton*.

COTONNINE, s. f. (*kotonine*), toile de gros *coton*; sorte de pierre précieuse.

CÔTOYÉ, E, part. pass. de *côtoyer*.

CÔTOYER, v. a. (*kotoèié*), aller *côte à côte*, tout le long de... ; marcher à *côté* de...

COTRE, s. m. (*kotre*), petit bâtiment de mer à un mât. C'est le *cutter* des Anglais.

COTRET, s. m. (*kotré*) (du lat. barbare *costretum*, dit pour *constrictum*, lié, serré), petit fagot de bois à brûler.

COTTE, s. f. (*kote*) (du teuton *kutt*, fait de *kutten*, couvrir), jupe de femme.

COTTE D'ARMES, s. f. (*kotedarmé*) casaque des hommes d'armes.

COTTE DE MAILLES, s. f. (*kotedemá-ie*), chemise faite de *mailles* ou anneaux de fer.

COTTERON, s. m. (*koteron*), petite *cotte* courte et étroite. Vieux.

COTUTEUR, TRICE, s. (*kotuteur, trice*), t. de jur., chargé d'une *tutelle* avec un autre.

COTYLE, s. m. (*kotile*) (κοτυλη, cavité), cavité d'un os, dans laquelle un autre os s'articule. — S. f., mesure de capacité chez les anciens.

COTYLÉDON, s. m. (*kotilédon*) (κοτυληδων, cavité), t. d'anat., chacun des lobes du placenta. — Au pl., lobes charnus sur la semence des plantes.

COTYLÉDONÉ, E, adj. (*kotilédoné*), se dit des végétaux pourvus de *cotylédons*.

COTYLOÏDE, adj. des deux g. (*kotilo-ide*) κοτυλη, cavité, et ειδος, forme), t. d'anat., se dit de la cavité de l'os iliaque qui reçoit le fémur.

COU, s. m. (*kou*) (*collum*), partie du corps de l'homme et des animaux qui joint la tête aux épaules. On écrivait et on prononçait autrefois *col*. (Voy. COL.)

COUARD, E, s. et adj. (*kouar, arde*) (en lat. barbare *codardus*, de *cauda*, queue), lâche, poltron.

COUARDEMENT, adv. (*kouardeman*), timidement, lâchement. Peu usité, mais expressif.

COUARDISE, s. f. (*kouardize*), lâcheté, poltronnerie. Il vieillit.

COUCHANT, adj. m. (*kouchan*), qui se *couche*; se dit d'une sorte de chien de chasse. — S. m., côté de l'horizon où le soleil paraît se *coucher*; fig. déclin.

COUCHE, s. f. (*kouche*) (du lat. barbare *culca*, lit), lit; enfantement; enduit; lit de fumier préparé pour semer certaines plantes.

COUCHÉ, E, part. pass. de *coucher*, et adj.

COUCHÉE, s. f. (*kouché*), lieu où l'on *couche* en voyageant.

COUCHER, peut-être devrait-on écrire COUCHÉ, s. m. (*kouché*), action de se *coucher*; garniture de lit.

COUCHER, v. a. (*kouché*) (*collocare*, asseoir), mettre au lit ou dans un berceau;

étendre; renverser; incliner; mettre par écrit. *Coucher en joue*, mirer avec une arme à feu — V. n., être *couché*.

COUCHETTE, s. f. (*kouchète*), petit lit sans ciel, piliers ni rideaux; bois de petit lit.

COUCHEUR, EUSE, s. (*koucheur, euse*), qui couche avec un autre.

COUCHIS, s. m. (*kouchi*), poutres, sable et terre qui sont sous le pavé d'un pont.

COUCI-COUCI, adv. (*koucikouci*) (en lat. *cosi cosi*), à peu près bien; ni bien ni mal.

COUCOU, s. m. (*koukou*), sorte d'oiseau qui a tiré son nom de son chant; pendule; jouet d'enfant; voiture; espèce de fraisier.

COUDE, s. m. (*koude*) (χυβιτος, en lat. *cubitus*), partie extérieure du bras, à l'endroit où il se plie; manche qui couvre le *coude*; angle.

COUDÉE, s. f. (*koudé*), étendue du bras depuis le *coude* jusqu'au bout de la main; ancienne mesure d'un pied et demi.

COU-DE-PIED, et non COUDE-PIED, s. m. (*koudepié*) (de l'italien *collo del piede*), la partie supérieure du pied qui se joint à la jambe.

COUDER, v. a. (*koudé*), plier en forme de coude.

COUDOYÉ, E, part. pass. de coudoyer.

COUDOYER, v. a. (*koudoèié*), pousser avec le *coude*; heurter quelqu'un du *coude*.

COUDRAIE, s. f. (*koudré*), lieu planté de *coudriers*. Vieux.

COUDRE, v. a. (*koudre*) (du lat. barbare *cusire* ou *cusare*), joindre avec du fil ou de la soie; *fig.* rassembler des citations.

COUDRE, s. m. (*koudre*), coudrier, noisetier sauvage.

COUDRETTE, s. f. (*koudrète*), coudraie. Vieux.

COUDRIER, s. m. (*koudrié*), arbrisseau qu'on nomme aussi *noisetier*.

COUENNE, s. f. (*kouène*) (en lat. barbare *catena*, par corruption de *cutis*, peau), la peau du pourceau et du marsouin.

COUENNEUX, EUSE, adj. (*kouèneu, euse*), de la nature et de la couleur de la couenne.

COUETTE, s. f. (*kouète*). Voy. COITE.

COULAGE, s. m. (*koulaje*), perte de liqueurs qui s'écoulent des tonneaux.

COULAMMENT, adv. (*koulaman*), aisément, sans contrainte, d'une manière *coulante*.

COULANT, s. m. (*koulan*), anneau pour serrer; diamant que les dames portent au cou.

COULANT, E, adj. (*koulan, ante*), qui *coule* aisément; *fig.* aisé, facile.

COULÉ, s. m. (*koulé*), en mus., passage léger d'une note à l'autre.

COULÉ, E, part. pass. de *couler*, et adj.

COULÉE, s. et adj. f. (*koulé*), sorte d'écriture libre et légère.

COULER, v. n. (*koulé*), se dit des choses liquides qui suivent leur pente; fluer; circuler; glisser; passer sans bruit.

COULER, v. a. (*koulé*) (*colare*, fait de *colum*, passoire), passer une chose liquide à travers du linge, du sable, etc.; jeter en moule.

COULEUR, s. f. (*kouleur*) (*color*), impression que fait sur l'œil la lumière réfléchie par la surface des corps; teint du visage; substance colorante; *fig.* prétexte, apparence.

COULEUVRE, s. f. (*kouleuvre*) (*coluber*), sorte de reptile non venimeux.

COULEUVREAU, s. m. (*kouleuvrô*), le petit de la *couleuvre*.

COULEUVRÉE, s. f. (*kouleuvré*), plante qui rampe comme une *couleuvre*.

COULEUVRINE, s. f. (*kouleuvrine*) (de *couleuvre*, à cause de sa forme allongée), longue pièce d'artillerie.

COULIS, s. m. (*kouli*), suc d'une viande cuite, *coulé* par une étamine. — Adj. m., se dit d'un vent qui *coule* à travers des fentes.

COULISSE, s. f. (*koulice*), longue rainure dans laquelle on fait *couler* un châssis; ourlet; pièces de décorations de théâtre, lieu où elles sont placées.

COULOIR, s. m. (*kouloar*), écuelle à fond de linge pour *couler* le lait; passage de dégagement.

COULOIRE, s. f. (*kouloare*), vaisseau troué pour y faire passer quelque liqueur.

COULPE, s. f. (*koulpe*) (*culpa*, faute), faute, péché. Inus.

COULURE, s. f. (*koulure*), le mouvement d'une chose qui *coule*; métal qui s'échappe du moule; chute de la fleur de la vigne.

COUP, s. m. (*kou*) (du lat. barbare *colpus*, corruption de *colaphus*, en grec κολαφος, soufflet), choc; action; mouvement; blessure; événement. — A COUP SÛR, certainement.

COUP, s. m. (*kou*), une fois. Fam. — TOUT-A-COUP, loc. adv., soudainement, sur-le-champ. — TOUT D'UN COUP, loc. adv., tout en une fois.

COUPABLE, adj. et s. des deux g. (*koupable*) (*culpabilis*, fait de *culpa*, faute), qui a commis une *faute*, un *crime*; *fig.* criminel.

COUPANT, E, adj. (*koupan, ante*), qui coupe.

COUP-D'ŒIL, s. m. (*koudeuie*), jet de l'œil, rapide et prompt. — Au pl., des *corps d'yeux*.

COUPE, s. f. (*koupe*), action de *couper*; manière de *couper*, de tailler; arrangement.

COUPE, s. f. (*koupe*) (*cupa* ou *cuppa*, fait du grec κυπα, tasse), vase à boire.

COUPÉ, s. m. (*koupé*), pas de danse; voiture, place de devant d'une voiture publique.

COUPÉ, E, part. pass. de *couper*, et adj.

COUPEAU, s. m. (*koupô*), sommet, cime d'une montagne; bande de carton.

COUPE-GORGE, s. m. (*koupeguorje*), lieu où l'on vole, où l'on assassine les gens.

COUPE-JARRET, s. m. (*koupejârè*), brigand, meurtrier, assassin de profession.

COUPELÉ, E, part. pass. de *coupeler*.

COUPELER, v. a. (*koupelé*), passer l'or ou l'argent à la *coupelle*.

COUPELLATION, s. f. (*koupèlelácion*), affinage des métaux au moyen de la *coupelle*.
COUPELLE, s. f. (*koupèle*), petit vase en forme de *coupe*, fait de cendres lavées et d'os calcinés, dont on se sert pour affiner l'or, etc.
COUPER, v. a. (*koupé*) (κοπτειν, deuxième aoriste de κοπτειν, diviser), trancher, diviser un corps continu; tailler; traverser.—V. pr., s'entamer la chair; *fig.* se contredire; se croiser.
COUPERET, s. m. (*kouperè*), couteau de boucherie et de cuisine, court et large.
COUPEROSE, s. f. (*kouperôze*) (*cupri ros*, rosée ou eau de cuivre), vitriol; t. de méd., éruption de boutons au visage.
COUPEROSÉ, E, adj. (*kouperôzé*), atteint par la maladie appelée *couperose*.
COUPE-TÊTE, s. m. (*koupetéte*), sorte de jeu d'enfants.
COUPEUR, EUSE, s. (*koupeur, euze*), qui coupe.
COUPLE, s. f. (*kouple*) (*copula*, lien), attache qui sert à assembler deux chiens; deux choses de même espèce.
COUPLE, s. m. (*kouple*), deux personnes unies ensemble par amour ou par le mariage.
COUPLÉ, E, part. pass. de *coupler*, et adj.
COUPLER, v. a. (*kouplé*) (*copulare*, unir), attacher ensemble; *fig.* loger ensemble.
COUPLET, s. m. (*kouplè*) (de *copula*, lien, assemblage, ou du provençal *coblas*, strophe de chanson), stance de chanson.
COUPLÉTÉ, E, part. pass. de *coupléter*.
COUPLÉTER, v. a. (*kouplété*), faire des chansons, des *couplets* contre quelqu'un.
COUPOIR, s. m. (*koupoar*), instrument pour *couper* en rond les pièces de monnaie.
COUPOLE, s. f. (*koupole*) (de l'italien *cupola*, fait de κυπελλον, coupe), la partie concave, l'intérieur d'un dôme.
COUPON, s. m. (*koupon*) (rac. *couper*), reste d'étoffe; papier portant intérêt.
COUPURE, s. f. (*koupure*), séparation, division faite par quelque chose de *coupant*; *fig.* suppression.
COUR, s. f. (*kour*) (*cors, cortis*, du grec χορτος, enclos), espace clos de murs; résidence d'un roi; sa suite; tribunal; *fig.* hommage; respect; flatteries; assiduités.
COURAGE, s. m. (*kouraje*) (en lat. barbare *coragium*, fait de *cor*, cœur), valeur, fermeté dans le péril; bravoure; affection; zèle,— Interj. pour animer, pour exciter.
COURAGEUSEMENT, adv. (*kourajeuseman*), avec *courage*, avec hardiesse, avec fermeté.
COURAGEUX, EUSE, adj. (*kourajeu, euze*), qui a du *courage* et de la hardiesse.
COURAILLER, v. n. (*kourá-ié*) (fréq. de *courir*), courir de côté et d'autre.
COURAMMENT, adv. (*kouraman*), rapidement, avec facilité.

COURANT, s. m. (*kouran*), le fil de l'eau, ruisseau; le cours des choses.
COURANT, E, adj. (*kouran, ante*) (*currens*, part. prés. de *currere*, courir), qui *court*.
COURANTE, s. f. (*kourante*), sorte de danse; écriture cursive; pop., diarrhée.
COURBATU, E, adj. (*kourbatu*), qui a la *courbature*.
COURBATURE, s. f. (*kourbature*) (*curvatura*, courbe, parce que cette maladie fait *courber*), maladie du cheval; lassitude douloureuse.
COURBATURÉ, E, adj. (*kourbaturé*), malade d'une *courbature*.
COURBE, s. f. (*kourbe*), t. de géom., ligne *courbe*; pièce de bois *courbe*; enflure qui vient aux jambes des chevaux.
COURBE, adj. des deux g. (*kourbe*) (*curvus*), qui n'est pas droit, qui approche de la forme d'un arc.
COURBÉ, E, part. pass. de *courber*, et adj., plié en arc; penché; plié; un peu affaissé.
COURBEMENT, s. m. (*kourbeman*), l'action de *courber*; état de ce qui est *courbé*.
COURBER, v. a. (*kourbé*) (*curvare*, rendre *courbe*.—V. n., plier.
COURBETTE, s. f. (*kourbète*) (rac. *courber*), t. de man., action de se cabrer.—Au pl., bassesses, flatteries.
COURBURE, s. f. (*kourbure*), inflexion, pli, état d'une chose *courbée*.
COURCAILLET, s. m. (*kourká-ié*) (mot fait par onomatopée), le cri de la *caille*; appeau.
COURÉE, s. f., ou **COURET**, s. m. (*kouré*), enduit de suif, de résine, etc., pour les navires.
COUREUR, EUSE, s. (*koureur, euze*), qui court, qui est léger à la course.—S. m., messager qui *court* à pied; libertin; cheval propre à la *course*.
COURGE, s. f. (*kourje*) (*cucurbita*, genre de plantes dont le fruit sert d'aliment.
COURIR, v. n. (*kourir*) (*currere*), aller de vitesse et avec impétuosité; errer; couler, s'écouler; se répandre; circuler.—V. a., parcourir; rechercher; voyager.
COURLIS ou **COURLIEU**, s. m. (*kourli, lieu*), espèce d'oiseaux échassiers.
COURONNE, s. f. (*kourone*) (*corona*, du grec χορωνη), ornement de tête; *fig.* souveraineté; puissance royale; cercle lumineux; tonsure; monnaie; papier; constellation.
COURONNÉ, E, part. pass. de *couronner*, et adj., qui porte une *couronne*; se dit d'un cheval qui s'est blessé au genou en tombant.
COURONNEMENT, s. m. (*kouroneman*), cérémonie dans laquelle on *couronne* un roi, etc.; en archit., le haut d'un ouvrage; *fig.* accomplissement, perfection de quelque chose.
COURONNER, v. a. (*kouroné*) (*coronare*), mettre une *couronne* sur la tête; entourer; *fig.* honorer, récompenser.

COURRE, s. m. (*koure*), endroit où l'on place les lévriers, lorsqu'on chasse le loup, etc.

COURRE, v. a. (*koure*) (*currere*). Il a le même sens que *courir*. Peu us.

COURRIER, s. m. (*kourié*), celui qui *court* la poste.

COURRIÈRE, s. f. (*kourière*). On le dit, en poésie, de l'aurore qui annonce le jour, et de la lune.

COURROIE, s. f. (*kouroè*) (*corrigia*, fait de *corium*, cuir), lien de cuir.

COURROUCÉ, E, part. pass. de *courroucer*.

COURROUCER, v. a. (*koureroucé*) (*coruscare*, lancer des éclairs), irriter, mettre en grande colère.

COURROUX, s. m. (*kourerou*) (*coruscatio*, éclair), violente colère.

COURS, s. m. (*kour*) (*cursus*), mouvement naturel des choses; flux; durée; débit, vogue, prix; étendue; promenade; étude.

COURSE, s. f. (*kource*), action, mouvement de celui qui *court*; voyage; commission.

COURSIER, s. m. (*kourcié*), cheval de haute taille; t. de mar., canon de chasse.

COURSIVE, s. f. (*kourcive*), t. de mar., passage étroit pratiqué entre les soutes.

COURSON, s. m. (*kourçon*), branche de vigne taillée à trois ou quatre œils.

COURT, E, adj. (*kour*, *kourte*) (*curtus*), qui a peu de longueur. — Adv. brusquement.

COURTAGE, s. m. (*kourtaje*), entremise, négociation de *courtier*.

COURTAUD, E, s. et adj. (*kourtô*), qui est de taille *courte* et ramassée. — S. m., garçon de boutique. Fam.

COURTAUDÉ, E, part. pass. de *courtauder*.

COURTAUDER, v. a. (*kourtôdé*) (*curtare*, écouter), couper la queue d'un cheval.

COURT-BOUILLON, s. m. (*kourbouion*), manière d'apprêter le poisson.

COURTE-BOTTE, s. f. (*kourtebote*), petit individu. Pop.

COURTE-PAILLE, s. f. (*kourtepâ-ie*), manière de tirer au sort avec des *pailles* inégales.

COURTE-POINTE, s. f. (*kourtepoeinte*) (*culcita puncta*, matelas piqué), couverture de lit.

COURTIER, IÈRE, s. (*kourtié*, *ière*) (*cursitarius*, fait de *cursitare*, courir çà et là), entremetteur de ventes et d'achats.

COURTILIÈRE, s. f. (*kourtilière*) (du vieux mot *courtille*, jardin), insecte qui ronge les pieds des melons, des laitues, etc.

COURTINE, s. f. (*kourtine*) (*cortina*, dimin. de *cors*, *cortis*, cour), rideau de lit; t. de fortif., mur qui joint deux bastions.

COURTISAN, s. m. (*kourtizan*), seigneur attaché à la *cour*; celui qui fait sa *cour*.

COURTISANESQUE, adj. des deux g. (*kourtizanèceke*), de *courtisan*.

COURTISANNE, s. f. (*kourtizane*), femme de mauvaise vie.

COURTISANNERIE, s. f. (*kourtizaneri*) art de *courtiser*; art du *courtisan*.

COURTISÉ, E, part. pass. de *courtiser*.

COURTISER, v. a. (*kourtisé*), faire la *cour* à quelqu'un, pour obtenir quelque chose. Fam.

COURT-JOINTÉ, E, adj. (*kourjoeinté*), il se dit d'un cheval qui a le paturon *court*.

COURTOIS, E, adj. (*kourtoa*, *toaze*) (en italien *cortese*, fait de *cors*, *cortis*, cour), civil, affable, poli, gracieux.

COURTOISEMENT, adv. (*kourtoazeman*), d'une manière *courtoise*. Il vieillit.

COURTOISIE, s. f. (*kourtoazi*) civilité, honnêteté, politesse. Fam.

COURT-VÊTU, E, adj. (*kourvêtu*), qui a des vêtements *courts*.

COURU, E, part. pass. de *courir*, et adj.

COUSEUSE, s. f. (*kouzeuze*), femme qui *coud* des livres pour les brocher.

COUSIN, s. m. (*kouzein*) (*culex*), insecte diptère, très-incommode par ses piqûres.

COUSIN, E, s. (*kouzein*, *zine*) (*consanguineus*), se dit de ceux qui sont issus ou de deux frères ou de deux sœurs, ou l'un du frère et l'autre de la sœur.

COUSINAGE, s. m. (*kouzinaje*), parenté entre *cousins*; assemblée de tous les parents.

COUSINÉ, E, part. pass. de *cousiner*.

COUSINER, v. a. (*kouziné*), appeler quelqu'un *cousin*. — V. n., faire le parasite.

COUSINIÈRE, s. f. (*kouzinière*), parenté nombreuse et à charge; gaze pour se garantir des *cousins*.

COUSSIN, s. m. (*koucein*) (en allemand *kussen*), sac rembourré de plume, de crin, etc.

COUSSINET, s. m. (*kouciné*), petit *coussin*.

COUSU, E, part. pass. de *coudre*, et adj. (*kouzu*), attaché par une *couture*.

COÛT, s. m. (*kou*), ce qu'une chose *coûte*. Vieux.

COÛTANT, adj. m. (*koutan*): prix *coûtant*, prix qu'une chose a *coûté*.

COÛTÉ, E, part. pass. de *coûter*.

COUTEAU, s. m. (*koutô*) (*cultellus*), instrument qui sert à couper.

COUTELAS, s. m. (*koutelâ*) (*cultellus*), couteau), épée large et courte.

COUTELIER, IÈRE, s. (*koutelié*, *ière*), qui fait ou vend des *couteaux*, des ciseaux, etc. — S. f., étui à *couteaux*.

COUTELLERIE, s. f. (*kouteleri*), métier, ouvrage, boutique du *coutelier*.

COÛTER, v. a. et n. (*kouté*) (*constare*), être acheté un certain prix; *fig.* être cause de dépenses, de soins, de douleur, etc.

COÛTEUX, EUSE, adj. (*kouteu*, *euze*), qui *coûte* beaucoup, qui engage à la dépense.

COUTIER, s. m. (*koutié*), celui qui fait des *coutils*. On devrait écrire *coutilier*.

COUTIL (sans prononcer L), s. m. (*kouti*) (*culcita*, matelas), espèce de toile.

COUTRE, s. m. (*koutre*) (*culter*), fer tranchant qu'on adapte à la charrue.

COUTUME, s. f. (*koutume*) (de l'italien *costuma*), habitude contractée; droit municipal établi par l'usage; impôt.

COUTUMIER, IÈRE, adj. (*koutumié, ière*), qui appartient à la *coutume*; qui a *coutume* de. — S. m., livre qui contient la *coutume* des lieux.

COUTURE, s. f. (*kouture*), action, art de *coudre*; cicatrice d'une plaie.

COUTURÉ, E, adj. (*kouturé*), qui porte des cicatrices semblables à des *coutures*.

COUTURIER, IÈRE, s. (*kouturié, ière*), qui travaille en *couture*. — S. et adj. m., muscle de la jambe.

COUVAIN, s. m. (*kouvein*), œufs des punaises, des abeilles, etc.

COUVAISON, s. f. (*kouvèson*), saison où la volaille *couve*.

COUVÉ, E, part. pass. de *couver* et adj.

COUVÉE, s. f. (*kouvé*), tous les œufs qu'un oiseau *couve* en même temps, ou ce qui en provient; *fig.* engeance, famille.

COUVENT, s. m. (*kouvan*) (*conventus*, assemblée), monastère, cloître.

COUVER, v. a. (*kouvé*) (*cubare*, être couché), se dit des oiseaux qui se tiennent sur leurs œufs pour les faire éclore; *fig.* tenir caché. — V. n., être caché.

COUVERCLE, s. m. (*kouvèrekle*), ce qui bouche l'ouverture d'un vase, d'un coffre, etc.

COUVERT, s. m. (*kouvère*), ce dont on *couvre* une table à manger; une cuiller et une fourchette seulement; toit; enveloppe d'une lettre. — A COUVERT, loc. adv., à l'abri.

COUVERT, E, part. pass. de *couvrir*, et adj.

COUVERTE, s. f. (*kouvèrete*), émail dont est revêtue la terre mise en œuvre.

COUVERTEMENT, adv. (*kouvèreteman*), secrètement, en cachette. Inus.

COUVERTURE, s. f. (*kouvèreture*), ce qui sert à *couvrir*; drap qui couvre un lit.

COUVERTURIER, s. m. (*kouvèreturié*), qui fait ou vend des *couvertures*.

COUVET, s. m. (*kouvé*), pot plein de braise.

COUVEUSE, s. f. (*kouveuze*), poule qui *couve*, ou que l'on garde pour *couver*.

COUVI, adj. m. (*kouvi*): œuf *couvi*, œuf à demi *couvé*, ou gâté, pourri.

COUVRE-CHEF, s. m. (*kouvrechèfe*), coiffure; en t. de chir., bandage pour la tête.

COUVRE-FEU, s. m. (*kouvrefeu*), ustensile pour *couvrir* le *feu*; signal pour se retirer.

COUVRE-PIEDS, s. m. (*kouvrepié*), petite couverture qui sert à *couvrir* les *pieds*.

COUVREUR, s. m. (*kouvreur*), artisan qui *couvre* les maisons.

COUVRIR, v. a. (*kouvrir*) (*cooperire*), mettre une chose sur une autre pour la cacher, la conserver, l'orner, etc.; défendre; revêtir. — V. pr., mettre son chapeau sur sa tête; s'obscurcir.

COVENANT, s. m. (*kovenan*), nom d'une ligue célèbre en Angleterre. Voy. CONVENANT.

COVENANTAIRE, s. et adj. des deux g. (*kovenantère*), partisan du *covenant*.

COVENDEUR, EUSE, s. (*kovandeur, euze*), qui *vend* avec un autre.

CRABE, s. m. (*krabe*) (καραϐος), crustacé.

CRABIER, s. m. (*krabié*), sorte de héron d'Amérique qui vit de *crabes*.

CRAC, sorte d'interj. (*krak*), bruit que font certains corps durs, secs et solides. Fam.

CRACHAT, s. m. (*kracha*), salive que l'on *crache*; large décoration sur l'habit.

CRACHÉ, E, part. pass. de *cracher*.

CRACHEMENT, s. m. (*kracheman*), action de *cracher*.

CRACHER, v. a. (*kraché*) (*scracere*, pour *screare*), jeter la salive hors de la bouche.

CRACHEUR, EUSE, s. (*kracheur, euse*), qui *crache* souvent.

CRACHOIR, s. m. (*krachoar*), petit vase de faïence, etc., dans lequel on *crache*.

CRACHOTÉ, E, part. part. de *crachoter*.

CRACHOTER, v. n. (*krachoté*), *cracher* souvent et peu à la fois.

CRACHOTTEMENT, s. m (*krachoteman*), action de *crachoter*; *crachement* fréquent.

CRAIE, s. f. (*kré*) (*creta*), pierre tendre et blanche, propre à marquer.

CRAINDRE, v. a. (*kreindre*) (*tremere*, trembler), redouter, appréhender, avoir peur.

CRAINT, E, part. pass. de *craindre*.

CRAINTE, s. f. (*kreinte*) (*tremor*, tremblement), appréhension, peur.

CRAINTIF, TIVE, adj. (*kreintife, tive*), timide, embarrassé par *crainte* de déplaire.

CRAINTIVEMENT, adv. (*kreintiveman*), avec *crainte*.

CRAMOISI, s. m. (*kramoèzi*) (*kermès*, substance qui sert à teindre en écarlate), rouge foncé; sorte de teinture.

CRAMOISI, E, adj. (*kramoèzi*), qui est teint en *cramoisi*. — S. f., anémone à peluches.

CRAMPE, s. f. (*krampe*) (de l'allemand *krampf*), contraction convulsive et douloureuse à la jambe et au pied.

CRAMPON, s. m. (*kranpon*) (de l'allemand *krampe*), sorte de lien de fer; fer recourbé.

CRAMPONNÉ, E, part. pass. de *cramponner*.

CRAMPONNER, v. a. (*kranponé*), attacher avec un *crampon*. — V. pr., s'attacher fortement. Fam.

CRAMPONNET, s. m. (*kranponé*), petit *crampon*.

CRAN, s. m. (*kran*) (*crena*), coche ou entaille dans un corps dur.

CRAN, s. m. (*kran*). Voy. RAIFORT.

CRÂNE, s. m. (*krâne*) (κρανιον), boîte osseuse qui renferme le cerveau. — Adj. et s. m., tapageur, rodomont. Fam.

CRÂNERIE, s. f. (*krâneri*), caractère d'un *crâne*; bravade.

CRANIOLOGIE, s. f. (*krânioloji*) (κρανιον,

CRA   CRE   147

crâne, et λογος, discours.), art prétendu de découvrir les qualités de l'âme par l'inspection des protubérances du *crâne*.

CRANIOLOGUE, s. m. (*krâniologue*), qui sait, qui professe la *crâniologie*.

CRANOLOGIE. Voy. CRANIOLOGIE.

CRAPAUD, s. m. (*krapô*) (*crepare*, crever), reptile amphibie ; affût d'un mortier.

CRAPAUDAILLE ou **CRÉPAUDAILLE**, s. f. (*krapôdâ-ie*), crêpe fort délié et fort clair.

CRAPAUDIÈRE, s. f. (*krapôdière*), lieu où il y a beaucoup de *crapauds* ; *fig.* lieu sale.

CRAPAUDINE, s. f. (*krapôdine*), dent pétrifiée ; fer creux qui reçoit un pivot — A LA CRAPAUDINE, t. de cuisine, manière d'accommoder des pigeons.

CRAPOUSSIN, E, s. (*krapoucein*, cine) (rac. *crapaud*), se dit des gens petits et contrefaits. Pop.—S. m., sorte de crustacé.

CRAPULE, s. f. (*krapule*) (χραιπαλη, ivrognerie), vile débauche ; ceux qui vivent dans la *crapule*. Pop.

CRAPULER, v. n. (*krapulé*) (χραιπαλαω ou χραιπαλιζω), vivre dans la *crapule*.

CRAPULEUX, EUSE, adj. et s. (*krapuleu, euse*), qui aime la *crapule*.

CRAQUE, s. f. (*krake*), menterie. Pop.

CRAQUÉ, E, part. pass. de *craquer*.

CRAQUELIN, s. m. (*krakelein*), sorte de pâtisserie qui *craque* sous la dent.

CRAQUEMENT, s. m. (*krakeman*), bruit que font certains corps en *craquant*.

CRAQUER, v. n. (*krakié*) (mot fait par onomatopée) ; il se dit du broit que font certains corps en se heurtant ou en éclatant ; pop., mentir ; bâbler.

CRAQUERIE, s.f.(*krakeri*), menterie. Fam.

CRAQUETER, v. n. (*kraketé*), *craquer* souvent et à petit bruit ; se dit du cri de la cicogne et de la grue.

CRAQUETTEMENT s. m. (*krakèteman*), convulsion des muscles des mâchoires, qui fait *craquer* les dents ; cri de la cigogne.

CRAQUEUR, EUSE, s. (*krakieur, euse*), qui ne fait que mentir, se vanter. Pop.

CRASE, s. f. (*krâze*) (*crasis*, du grec χρασις, mélange), contraction de deux voyelles.

CRASSANE, s. f. Voy. CRESANE.

CRASSE, s. f. (*krace*) (χρασσις, ordure des toisons), ordure ; saleté ; *fig.* avarice sordide.

CRASSE, adj. des deux g. (*krace*), épais ; grossier ; *fig.* sordide, avare.

CRASSE, E, part. pass. de *crasser*.

CRASSER, v. a. (*kracé*), remplir de *crasse*.

CRASSES, s. f. pl. (*krace*), écailles de certains métaux quand on les frappe.

CRASSEUX, EUSE, adj. et s. (*kraceu, euse*), plein de *crasse* ; couvert de *crasse* ; *fig.* sordidement avare.

CRATÈRE, s. m. (*kratère*) (*crater*, fait du grec κρατηρ, dérivé de κεραννυμι, je mêle), t. d'antiq., grande coupe ; bouche d'un volcan.

CRATICULÉ, E, part. pass. de *craticuler*.

CRATICULER, v. a. Voy. GRATICULER.

CRAVACHE, s. f. (*kravache*), fouet d'une seule pièce, en forme de badine.

CRAVAN, s. m. (*kravan*), oiseau aquatique ; coquillage bivalve.

CRAVATE, s. et adj. m. (*kravate*), cheval de *Croatie* ; ancienne milice à cheval. On ne dit plus maintenant que *croate*.

CRAVATE, s. f. (*kravate*), linge qui se met autour du cou ; ornement au haut d'un drapeau.

CRAVATÉ, E, part. pass. de *cravater*.

CRAVATER, v. a. (*kravaté*), mettre à quelqu'un une *cravate*.

CRAYON, s. m. (*krèion*) (de *craie*), substance minérale propre à dessiner ; dessin.

CRAYONNÉ, E, part. pass. de *crayonner*.

CRAYONNER, v. a. (*krèioné*), dessiner avec un *crayon* ; esquisser au *crayon* ; *fig.* dépeindre.

CRAYONNEUR, EUSE, s. (*krèioneur, euse*), qui *crayonne*.

CRAYONNEUX, EUSE, adj. (*krèioneu, euse*), qui est de la nature du *crayon*.

CRÉANCE, s. f. (*kré-ance*) (*credere*, croire), crédit sur l'esprit ; croyance, foi ; mission diplomatique ; dette active ; somme due.

CRÉANCIER, IÈRE, s. (*kré-ancié, ière*), à qui une chose est due.

CRÉAT, s. m. (*kré-a*) (de l'italien *creato*, domestique), sous-écuyer dans un manège.

CRÉATEUR, TRICE, s. et adj. (*kré-ateur, trice*) (*creator*), celui qui a *créé* ; qui tire du néant ; qui invente.

CRÉATION, s. f. (*kré-âcion*) (*creatio*), action du *créateur*.

CRÉATURE, s. f. (*kré-ature*) (*creatura*, fait de *creare*, créer, choisir), tout être *créé* ; personne ; *fig.* protégé.

CRÉCELLE, s. f. (*krécèle*) (par contraction de *crécerelle*), moulinet de bois dont on se sert comme de cloche.

CRÉCERELLE, s. f. (*krécerèle*) (χρεκω, rendre un son aigu), oiseau de proie dont la voix est aigre et très-aiguë.

CRÈCHE, s. f. (*krèche*) (du celtique *krippe*), mangeoire de bestiaux ; le berceau de Jésus-Christ.

CRÉDENCE, s. f. (*krédancé*) (de l'allemand *kredentz*, buffet), petit buffet aux côtés de l'autel, sur lequel on met les burettes, etc.

CRÉDENCIER, s. m. (*krédancié*), panetier. Presque inus.

CRÉDIBILITÉ, s. f. (*krédibilité*) (*credere*, croire) : *motifs de crédibilité*, raisons pour croire quelque chose.

CRÉDIT, s. m. (*krédi*) (*creditum*, fait de *credere*, confier), réputation de solvabilité et d'exactitude à payer; autorité; considération; faveur. — A CRÉDIT, loc. adv., sans payer sur-le-champ; inutilement.

CRÉDITÉ, E, part. pass. de *créditer*.

CRÉDITER, v. a. (*krédité*), inscrire une créance ou une dette.

CRÉDITEUR, s. m. (*kréditeur*), t. de négoce, créancier. Vieux.

CREDO, s. m. (*krédô*), le symbole des apôtres, qui commence par ce mot purement latin. Il signifie *je crois*.

CRÉDULE, adj. des deux g. (*krédule*) (*credulus*, fait de *credere*, croire), qui croit trop facilement.

CRÉDULEMENT, adv. (*créduleman*), avec crédulité.

CRÉDULITÉ, s. f. (*krédulité*) (*credulitas*), facilité à croire sur un fondement très-léger.

CRÉÉ, E, part. pass. de *créer*.

CRÉER, v. a. (*kré-é*) (*creare*), donner l'être à...; tirer du néant; *fig*. établir; inventer; constituer; imaginer.

CRÉMAILLÈRE, s.f. (*krémâ-ière*)(χριμαω, je suspends), instrument pour suspendre au-dessus du feu les chaudrons, marmites, etc.

CRÉMAILLON, s. m. (*krémâ-ion*), petite crémaillère qui s'accroche à une plus grande.

CRÈME, s. f. (*krème*) (*cremor*), la partie la plus grasse du lait, de laquelle on fait le beurre; mets; liqueur; *fig*. ce qu'il y a de meilleur.

CRÉMENT, s. m. (*kréman*) (*crementum*, de *crescere*, croître), en t. de gramm., accroissement de syllabes.

CRÉMER, v. n. (*krémé*), se dit du lait, quand il s'y forme de la crème.

CRÉMIER, IÈRE, s. (*krémié, ière*), qui vend de la crème.

CRÉNAGE, s. m. (*krenaje*), action de créner.

CRÉNÉ, E, part. pass. de *créner*, et adj.

CRÉNEAU, s. m. (*krénô*) (*crena*, entaille), dentelure au haut des murs des anciens châteaux, etc., pour tirer sur l'ennemi.

CRÉNELAGE, s. m. (*krènelaje*), cordon fait dans l'épaisseur d'une pièce de monnaie.

CRÉNELÉ, E, part. pass. de *créneler*, et adj.

CRÉNELER, v. a. (*krènelé*), faire des créneaux, des entaillures.

CRÉNELURE, s. f. (*krènelure*), dentelure en créneaux; découpure en forme de dents.

CRÉNER, v. a. (*kréné*), t. de fondeur de caractères d'impr., évider les traits saillants d'une lettre ou d'un filet.

CRÉOLE, s. des deux g. (*kré-ole*) (en espagnol *criollo*), nom qu'on donne à un Européen d'origine, qui est né dans les colonies.

CRÊPE, s. m. (*krêpe*) (*crispus*, frisé), étoffe un peu frisée et fort claire.

CRÊPE, s. f. (*krêpe*), pâte qu'on fait cuire légèrement en l'étendant dans la poêle.

CRÊPÉ, E, part. pass. de *crêper*.

CRÊPER, v. a. (*krêpé*), friser en faisant bouffer.

CRÉPI, s. m. (*krépi*), enduit sur une muraille avec du gros mortier ou du plâtre.

CRÉPI, E, part. pass. de *crépir*, et adj.

CRÉPIN (SAINT), s. m. (*krépein*), usité seulement dans cette phrase pop.: *perdre son saint-crépin*, perdre tout ce qu'on a. Les cordonniers en voyage portent leurs outils dans un sac qu'ils appellent un *saint-crépin*.

CRÉPINE, s. f. (*krépine*), sorte de frange tissue et ouvragée par le haut.

CRÉPIR, v. a. (*krépir*), enduire une muraille avec du gros mortier ou du plâtre.

CRÉPISSURE, s. f. (*krépiçure*), action de crépir; le crépi d'une muraille.

CRÉPITATION, s. f. (*krépitâcion*) (*crepitare*, pétiller), bruit d'une flamme qui pétille.

CRÉPON, s. m. (*krépon*), étoffe de laine.

CREPS, s. m. (*krèpece*), jeu anglais qui se joue avec des dés; sorte d'étoffe.

CRÉPU, E, adj. (*krépu*), crêpé, très-frisé.

CRÉPUSCULAIRE, adj. des deux g. (*krépuceulère*), qui appartient au *crépuscule*.

CRÉPUSCULE, s. m. (*krépuceule*) (*crepusculum*, de *creperus*, incertain, et *lux, lucis*, lumière), clarté qui précède et suit le soleil.

CRÉQUIER, s. m. (*krékié*), espèce de prunier sauvage.

CRESANE, s. f. (*krezane*), sorte de poire fondante et d'un goût délicat.

CRESCENDO, s. m. (*krèceceindô*) (pris de l'italien où il signifie: *en croissant*), en mus., renflement graduel de son. — Adv., en croissant, en augmentant.

CRESSON, s. m. (*kréçon*), genre de plantes employées dans les cuisines.

CRESSONNIÈRE, s. f. (*kréçonière*), lieu où croît cresson.

CRÉSUS, s. propre m. (*krézuce*) (nom d'un roi de Lydie qui possédait d'immenses richesses), *fig*. homme extrêmement riche.

CRÉTACÉ, E, adj. (*krétacé*) (*cretaceus*), de la nature de la *craie*; qui en contient.

CRÊTE, s. f. (*krête*) (*crista*), huppe de chair sur la tête de certains oiseaux; cime.

CRÊTÉ, E, adj. (*krêté*), qui a une crête.

CRÉTIN, s. m. (*krétin*) (de *chrétien*), affecté de *crétinisme*; *fig*. homme stupide.

CRÉTINISME, s. m. (*krétiniceme*), maladie qui affecte particulièrement certains habitants des montagnes; sorte d'abrutissement.

CRETONNE, s. f. (*kretone*), sorte de toile blanche.

CRÉTONS, s. m. pl. (*kréton*), résidu des

CRI   CRI   149

pellicules que renferme le suif avant d'être fondu.
CREUSÉ, E, part. pass. de *creuser*.
CREUSEMENT, s. m. (*kreuzeman*), action de *creuser*. Peu us.
CREUSER, v. a. et n. (*kreuzé*), caver, rendre *creux*; *fig.* approfondir.
CREUSET, s. m. (*kreuzè*)(du français *creux*), vaisseau pour faire fondre les métaux.
CREUX, s. m. (*kreu*), cavité.
CREUX, EUSE, adj. (*kreu*, *euze*) (*scrobs*, *scrobis*, fosse), profond; vide; *fig.* visionnaire, chimérique.
CREUX, adv. (*kreu*), profondément.
CREVASSE, s. f. (*krevace*), fente qui se fait à une chose qui s'entr'ouvre ou se *crève*.
CREVASSÉ, E, part. pass. de *crevasser*, et adj.
CREVASSER, v. a. (*krevacé*), faire des *crevasses*; fendre.
CREVÉ, E, part. pass. de *crever*, et adj. — S., gros homme, grosse femme. Fam.
CRÈVE-COEUR, s. m. (*krèvekieur*), grand déplaisir, douleur mêlée de dépit.
CREVER, v. n. (*krevé*) (*crepare*, se fendre), se rompre par un effort violent; mourir.
CREVER, v. a. (*krevé*), faire éclater avec un effort violent; fatiguer, harasser.
CREVETTE, s. f. (*krevète*), petite écrevisse de mer.
CRI, s. m. (*kri*) (mot d'origine celtique), voix haute et poussée avec effort; clameur; voix des animaux; *fig.* plainte.
CRIAILLER, v. n. (*kriá-ié*), crier à plusieurs reprises et faire beaucoup de bruit. Fam.
CRIAILLERIE, s. f. (*kriá-ieri*), crierie qui se renouvelle souvent. Fam.
CRIAILLEUR, EUSE, s. (*kriá-ieur*, *euze*), qui criaille. Fam.
CRIANT, E, adj. (*krian*, *ante*), qui excite à se plaindre hautement.
CRIARD, E, adj. et s. (*kriar*, *arde*), qui *crie*, qui gronde souvent sans sujet.
CRIBLE, s. m. (*krible*) (*cribrum*), instrument dont on se sert pour séparer le bon grain d'avec le mauvais, etc.
CRIBLÉ, E, part. pass. de *cribler*.
CRIBLER, v. a. (*kriblé*) (*cribrare*), passer du grain au travers d'un *crible*; percer en beaucoup d'endroits.
CRIBLEUR, s. m. (*kribleur*), qui *crible*.
CRIBLURE, s. f. (*kriblure*), ce que le *crible* sépare du bon grain.
CRIBRATION, s. f. (*kribrácion*) (*cribrare*, cribler), séparation des parties les plus déliées des médicaments, d'avec celles qui sont les plus grossières.
CRIC, s. m. (*kri*), instrument pour lever de terre toute sorte de fardeaux; poignard.
CRIC-CRAC, s. m. (*krikekrake*); onomatopée pour exprimer le bruit que fait une chose qu'on déchire ou que l'on casse.

CRI-CRI, s. m. (*krikri*) (onomatopée), grillon des maisons.
CRIÉ, E, part. pass. pass. de *crier*.
CRIÉE, s. f. (*krié*) (rac. *crier*), proclamation pour annoncer la vente des biens en justice.
CRIER, v. n. (*krié*) (κρίζω, je crie), jeter un ou plusieurs *cris*; rendre un son aigre; se plaindre; gronder; blâmer.—V. a., annoncer; proclamer.
CRIERIE, s. f. (*kriri*), bruit que l'on fait en *criant*.
CRIEUR, EUSE, s. (*krieur*, *euze*), qui *crie*, qui fait du bruit; qui proclame.
CRIME, s. m. (*krime*) (*crimen*, du grec κρίμα, jugement), mauvaise action que les lois doivent punir.
CRIMINALISÉ, E, part. pass. de *criminaliser*.
CRIMINALISER, v. a. (*kriminalizé*), en parlant d'un procès civil, en faire un *criminel*.
CRIMINALISTE, s. m. (*kriminaliceté*), qui a écrit sur les matières *criminelles*.
CRIMINALITÉ, s. f. (*kriminalité*), état de ce qui est *criminel*.
CRIMINEL, ELLE, adj. (*kriminèle*), coupable de quelque *crime*; condamnable; qui a rapport au *crime*.—S., qui a commis un *crime*.
CRIMINELLEMENT, adv. (*kriminèleman*), d'une manière *criminelle*.
CRIN, s. m. (*krein*) (*crinis*, fait du grec κρίνω, je sépare), poil long et rude qui vient au cou et à la queue de plusieurs animaux.
CRIN-CRIN, s. m. (*kreinkrein*), mauvais violon pour faire danser. Pop.
CRINIER, s. m. (*krinié*), artisan qui met le *crin* en état d'être employé. Presque inus.
CRINIÈRE, s. f. (*krinière*), tous les *crins* qui sont sur le cou du cheval ou du lion.
CRINOLINE, s. f. (*krinoline*), nouveau tissu de *crin* dont on fait des cols.
CRIQUE, s. f. (*krike*) (du saxon *crecca*), petit port le long des côtes.
CRIQUET, s. m. (*krikiè*), petit cheval; petit homme; espèce de sauterelle.
CRISE, s. f. (*krize*) (κρίσις, jugement, fait de κρίνω, je juge), effort violent; moment périlleux et décisif; changement subit.
CRISPATION, s. f. (*kricepácion*), resserrement dans les nerfs, etc.; contraction.
CRISPÉ, E, part. pass. de *crisper*.
CRISPER, v. a. (*kricepé*) (*crispare*, resserrer), causer des *crispations*; *fig.* tourmenter.
CRISSER, v. n. (*kricé*) (onomatopée), il se dit des dents quand elles font un bruit aigre parce qu'on les grince fortement.
CRISTAL. Voy. CRYSTAL.
CRITÉRIUM, s. m. (*kritériome*) (κριτήριον, ce qui sert de preuve), mot tout latin et usité seulement dans le dogmatique pour

signifier : la marque à laquelle on reconnaît la vérité et d'autres objets intellectuels.

CRITIQUABLE, adj. des deux g. (*kritikable*), qui peut être *critiqué*.

CRITIQUE, s. f. (*kritike*) (χριτιχη), art de juger les ouvrages d'esprit; censure.

CRITIQUE, s. m. (*kritike*)(*criticus*, en grec χριτιχος, fait de χρινω, juger), qui examine les ouvrages d'esprit; censeur importun.

CRITIQUE, adj. des deux g. (*kritiké*), qui a rapport à la *critique*; dangereux; sujet aux crises; qui inspire des craintes.

CRITIQUÉ, E, part. pass. de *critiquer*.

CRITIQUER, v. a. et n. (*kritikié*), examiner quelque ouvrage; reprendre; trouver à redire; blâmer; censurer.

CRITIQUEUR, EUSE, s. (*kritikieur, euse*), qui *critique*.

CROASSEMENT, s. m. (*kro-aceman*), le cri naturel du corbeau.

CROASSER, v. n. (*kro-acé*) (par onomatopée), crier comme le corbeau; *fig*. criailler; chanter mal.

CROATE, s. et adj. m. (*kro-ate*). Voy. CRAVATE.

CROC, s. m. (*kró*; le c final ne se prononce point), instrument à pointe recourbée pour y pendre quelque chose; harpon; certaines dents de quelques animaux. — Au pl., moustaches retroussées.

CROC, s. m. (*kroke*) (par onomatopée), bruit qu'une chose dure fait sous la dent.

CROC-EN-JAMBES, s. m. (*krokanjanbe*), tour de lutte pour faire tomber; *fig*. adresse avec laquelle on supplante quelqu'un. Fam.

CROCHE, s. f. (*kroche*), note de musique qui a un petit *crochet* au bout de la queue, et qui vaut la moitié d'une noire.

CROCHE, adj. des deux g. (*kroche*) (rac. *croc*), courbe et tortu.

CROCHET, s. m. (*kroché*), petit *croc*; agrafe; instrument recourbé; parenthèse; accolade. — Au pl., instrument de porte-faix.

CROCHETÉ, E, part. pass. de *crocheter*.

CROCHETER, v. a. (*kroché*), ouvrir avec un *crochet*. — V. pr., se battre comme les *crocheteurs*. Fam.

CROCHETEUR, EUSE, s. (*krocheteur, euse*), qui porte des fardeaux sur des *crochets*; qui *crochette* des serrures pour voler.

CROCHU, E, adj. (*krochu*) (rac. *croc*), un peu recourbé.

CROCODILE, s. m. (*krokodile*) (χροχη, rivage, et δειλος, craintif), grand lézard amphibie redoutable par sa férocité.

CROIRE, v. a. (*kroare*) (*credere*), estimer véritable; ajouter foi à; penser, présumer. — V. n. avoir la foi.

CROISADE, s. f. (*kroézade*) (rac. *croix*), expédition contre les infidèles ou les hérétiques.

CROISÉ, E, part. pass. de *croiser*, et adj., en forme de *croix* : se dit d'une étoffe dont les fils sont entrelacés. — S. m., celui qui prenait la *croix* pour la guerre sainte; pas de danse.

CROISÉE, s. f. (*kroézé*), fenêtre; ouverture; châssis vitré qui la ferme.

CROISEMENT, s. m. (*kroézeman*), action de *croiser*.

CROISER, v. a (*kroézé*), disposer en forme de *croix*; traverser; rayer. — V. n., parcourir la mer; passer l'un sur l'autre. — V. pr., s'engager dans une *croisade*.

CROISEUR, s. m. (*kroézeur*), bâtiment de guerre qui *croise* dans certains parages.

CROISIÈRE, s. f. (*kroésière*), parage où les vaisseaux *croisent*; vaisseau qui *croise*.

CROISILLON, s. m. (*kroéziion*), la traverse d'une *croix* ou d'une *croisée*.

CROISSANCE, s. f. (*kroéçance*), augmentation en grandeur.

CROISSANT, s. m. (*kroéçan*) (*crescens*, part. prés. de *crescere*, croître), figure de la nouvelle lune jusqu'à son premier quartier; ce qui en a la forme.

CROISSANT, E, adj. (*kroéçan, ante*), qui *croît*.

CROISURE, s. f. (*kroézure*), tissure d'une étoffe *croisée*.

CROÎT, s. m. (*kroé*), accroissement, augmentation du bétail.

CROÎTRE, v. n. (*kroétre*) (*crescere*), devenir plus grand; augmenter; multiplier. — V. a., augmenter; accroître.

CROIX s. f. (*kroé*) (*crux*), gibet; figure, lignes formant quatre angles; décoration en forme de *croix*; *fig*. peine, affliction. — CROIX DE PAR DIEU, alphabet marqué d'une *croix* au commencement.

CROMORNE, s. m. (*kromorne*) (de l'allemand *krummhorn*, cor recourbé), jeu d'orgues accordé à l'unisson de la trompette.

CROQUANT, s. m. (*krokan*), un homme de néant, un misérable. Fam. et peu us.

CROQUANT, E, adj. (*krokan, ante*), qui *croque* sous la dent.

à la CROQUE-AU-SEL, adv. (*krokócèle*), sans autre assaisonnement que du sel. Fam.

CROQUE-MORT, s. m. (*krokemore*), celui qui porte les morts au cimetière. Pop.

CROQUE-NOTE ou CROQUE-SOL, s. m. (*krokenote, sol*), mauvais musicien. Fam.

CROQUÉ, part. pass. de *croquer*.

CROQUER, v. n. (*krokié*) (par onomatopée), faire du bruit sous la dent. — V. a., manger en faisant *croquer* sous la dent; manger avec avidité; dessiner grossièrement; esquisser. Fam.

CROQUE-SOL. Voy. CROQUE-NOTE.

CROQUET, s. m. (*krokié*), pâtisserie qui *croque* sous la dent quand on la mange.

CROQUETTE, s. f. (*krokiète*) substance farineuse que l'on fait frire.

CROQUIGNOLE, s. f. (*krokigniole*) (du lat. barbare *curcinodula*, formé de *curvus*, courbé, et de *nodulus*, dimin. de *nodus*, jointure des doigts), chiquenaude ; pâtisserie *croquante*.

CROQUIS, s. m. (*krôki*), esquisse *croquée*, faite à la hâte.

CROSSE, s. f. (*kroce*) (rac. *croc*, à cause de sa forme crochue), bâton pastoral d'un évêque; bâton recourbé par le bout ; la partie courbe du fusil.

CROSSÉ, E, part. pass. de *crosser*, et adj. (*krocé*), qui a le droit de porter la *crosse*.

CROSSER, v. n. (*krocé*), pousser avec une *crosse*.— V. a., maltraiter.

CROSSETTE, s. f. (*krocète*), branche de vigne taillée.

CROSSEUR, EUSE, s. (*kroceur*, *euze*), qui *crosse*; médisant, moqueur.

CROTTE , s. f. (*krote*) (*creta*, terre gluante), boue ; fiente des brebis, lapins, etc.

CROTTÉ, E, part. pass. de *crotter*, et adj.

CROTTER, v. a. (*kroté*), salir avec de la boue délayée; couvrir de crotte.

CROTTIN, s. m. (*krotein*), excrément sec, dur et menu de plusieurs animaux.

CROULANT, E, adj. (*kroulan*, *ante*), qui *croule*.

CROULÉ , E, part. pass. de *crouler*.

CROULEMENT, s. m. (*krouleman*), ébranlement, action de tomber en s'affaissant.

CROULER, v. n. (*kroulé*) (de l'italien *crollare*, ébranler), tomber en s'affaissant. — V. a.; lancer un vaisseau.

CROULIER, IÈRE, adj. (*kroulié*, *ière*), mouvant; qui n'est pas ferme sous les pieds, qui menace de *crouler*. Peu us.

CROUP, s. m. (*kroupe*)(de l'écossais *roup*), espèce d'angine qui attaque les enfants.

CROUPADE, s. f. (*kroupade*), t. de man., saut de cheval.

CROUPE , s. f. (*kroupe*) (du lat. barbare *cruppa*), sommet d'une montagne; les hanches et le haut des fesses du cheval, etc.

CROUPÉ, E, adj. (*kroupé*), se dit d'un cheval qui a une belle croupe.

à CROUPETONS, adv. (*akroupeton*), d'une manière accroupie.

CROUPI, E, part. pass. de *croupir*.

CROUPIER, s. m. (*kroupié*), associé au jeu avec quelqu'un qui tient la carte ou le dé.

CROUPIÈRE, s. f. (*kroupière*)(rac. *croupe*), longe de cuir attachée derrière la selle et qui passe sous la queue du cheval.

CROUPION, s. m. (*kroupion*), bas de l'échine; partie qui soutient la queue des oiseaux.

CROUPIR, v. n. (*kroupir*), ne couler pas, se corrompre faute de mouvement; *fig.* se corrompre; rester dans le vice.

CROUPISSANT, E, adj. (*kroupiçan*, *ante*), qui *croupit*.

CROUSTILLE, s. f. (*kroucetiie*) , petite croûte de pain. Fam.

CROUSTILLER, v. n. (*kroucetiié*), manger de petites *croûtes*. Fam. et peu us.

CROUSTILLEUSEMENT, adv. (*kroucetiieuzeman*), d'une manière leste et plaisante. Fam. et peu us.

CROUSTILLEUX, EUSE, adj. (*kroucetiieu*, *euze*), plaisant ; libre ; graveleux.

CROÛTE, s. f. (*kroute*) (*crusta*) , la partie dure qui couvre la mie du pain; surface durcie; mauvais tableau.

CROÛTELETTE, s. f. (*kroutelète*) , croustille.

CROÛTIER, s. m. (*kroutié*), mauvais peintre. On dit plus souvent *croûton*.

CROÛTON, s. m. (*krouton*), morceau de croûte de pain; mauvais peintre.

CROWN, s. f. (*kroune*), monnaie d'argent d'Angleterre.

CROYABLE, adj. des deux g. (*kroéiable*), qui peut ou qui doit être cru.

CROYANCE , s. f. (*kroéiance*), opinion ; persuasion intime; ce qu'on *croit* dans une religion.

CROYANT , E, s. (*kroéian*, *ante*), qui *croit* ce que sa religion enseigne.

CRÛ, et non pas CRU, s. m. (*kru*) , terroir qui produit quelque fruit ; augmentation.

CRU, E, adj. (*kru*) (*crudus*), qui n'est point cuit ; non préparé.

CRU, E, part. pass. de *croire*, et adj.

CRÛ, E, part. pass. de *croître*, et adj.

CRUAUTÉ , s. f. (*kru-ôté*) (*crudelitas*), inhumanité ; action *cruelle*; rigueur.

CRUCHE, s. f. (*kruche*) (de l'allemand *krug*), vase de terre ou de grés à anse; *fig.* personne stupide. Fam.

CRUCHÉE , s. f. (*kruché*), ce que contient une *cruche*.

CRUCHON, s. m. (*kruchon*), petite *cruche*.

CRUCIAL, E, adj., au pl. m. CRUCIAUX (*kruciale*), t. de chir. , en forme de croix.

CRUCIFÈRE, adj. des deux g. (*krucifère*) (*crucifer*, fait de *crux*, *crucis*, croix, et *fero*, je porte), qui est disposé en forme de croix.

CRUCIFIÉ, E, part. pass. de *crucifier*.

CRUCIFIEMENT , s. m. (*krucifiman*), action de *crucifier*; supplice de la *croix*.

CRUCIFIER, v. a. (*krucifié*) (*crucifigere*, de *crux*, *crucis*, croix, et *figere*, attacher), attacher à une *croix*.

CRUCIFIX, s. m. (*krucifi*) (*crucifixus*) représentation de *Jésus-Christ* sur la *croix*.

CRUDITÉ, s. f. (*krudité*) (*cruditas*), qualité des choses *crues*: indigestion.

CRUE, et non pas CRUE, s. f. (*kru*), augmentation ; croissance.

CRUEL, ELLE, adj. (*kru-èle*) (*crudelis*), inhumain ; impitoyable ; douloureux.

CRUELLEMENT, adv. (*kruè-leman*), avec cruauté, d'une manière *cruelle*.

CRÛMENT, nous préférerions CRUEMENT, adv. (*kruman*), d'une manière *crue*, dure ; sans ménagement.

CRURAL, E, adj. (*krural*) (*cruralis*, de *crus, cruris*, jambe), qui appartient à la jambe.

CRUSTACÉ, E, adj. (*krucetacé*) (*crusta*, écaille de poisson), couvert d'une écaille divisée par des jointures différentes.

CRUSTACÉ, s. m. (*krucetacé*), classe d'animaux sans vertèbres.

CRUZADE, s. f. (*kruzade*), monnaie d'or de Portugal.

CRYPTE, s. f. (*kripete*) (χρυπτη, dérivé de χρυπτω, je cache), lieu souterrein dans une église où l'on enterrait les morts; t. d'anat., petite fosse.

CRYPTOGAME, adj. des deux g. et s. f. (*kripetoguame*) (χρυπτω, je cache, et γαμος, noces), se dit des plantes qui ont les organes sexuels peu apparents ou cachés.

CRYPTOGAMIE, s. f. (*kripetoguami*), classe des plantes *cryptogames*.

CRYPTOGRAPHIE, s. f. (*kripetoguerafi*). Voy. STÉGANOGRAPHIE.

CRYSTAL, s. m., au pl. **CRYSTAUX** (*kricetal, tô*) (*crystallum*, fait de χρυσταλλος, glacé, dérivé de χρυος, froid), pierre transparente et vitrée.

CRYSTALLERIE, s. f. (*kricetaleri*), fabrication des *crystaux*; lieu où on les fabrique.

CRYSTALLIN, s. m. (*kricetalein*), humeur transparente de l'œil; ciel de *crystal*.

CRYSTALLIN, E, adj. (*kricetalein, line*), qui appartient au *crystal*; clair comme du *crystal*.

CRYSTALLISATION, s. f. (*kricetalizácion*), action de *crystalliser*; chose *crystallisée*.

CRYSTALLISÉ, E, part. pass. de *crystalliser*.

CRYSTALLISER, v. a. et n. (*kricetalizé*), réduire en *crystaux*; congeler comme du *crystal*.

CRYSTALLOGRAPHIE, s. f. (*kricetaleloguerafi*) (χρυσταλλος, crystal, et γραφω, je décris), description des *crystaux*.

C-SOL-UT, s. m. (*cécolute*), t. de mus. par lequel on désigne la note et le ton de *ut*.

CUBAGE, s. m. (*kubaje*), action de *cuber* les bois.

CUBATURE, s. f. (*kubature*), l'art ou l'action de *cuber* un solide.

CUBE, s. m. (*kube*) (*cubus*, du grec κυβος, dé à jouer), t. de géom., produit d'un nombre carré multiplié par le nombre simple; corps solide qui a six faces carrées égales.

CUBE, adj. des deux g. (*kube*), cubique.

CUBÉ, E, part. pass. de *cuber*.

CUBÈBE, s. f. (*kubèbe*), plante médicinale.

CUBER, v. a. (*kubé*), en géom., réduire à un *cube* un autre solide; en arithm., multiplier un nombre deux fois par lui-même.

CUBIQUE, adj. des deux g. (*kubike*), qui appartient au *cube*.

CUBITAL, E, adj. (*kubitale*), t. d'anat., qui appartient à l'avant-bras ou au coude.

CUBITUS, s. m. (*kubitucé*) (*cubitus*, fait de χυϐιτος, coude), os de l'avant-bras.

CUCUBALE, s. m. (*kukubale*), plante.

CUCURBITACÉ, E, adj. (*kukurbitacé*) (*cucurbita*, courge), se dit des plantes dont les fruits approchent de ceux de la courge, du melon, etc.

CUCURBITE, s. f. (*kukurbite*) (*cucurbita*, calebasse), vase pour distiller.

CUEILLAGE, s. m. (*kieu-iaje*), action, temps de *cueillir*.

CUEILLETTE, s. f. (*kieu-iète*), récolte annuelle des fruits d'une terre; collecte.

CUEILLI, E, part. pass. de *cueillir*.

CUEILLIR, v. a. (*kieuie-ir*) (*colligere*, fait de συλλεγειν), détacher des fruits, des fleurs, des légumes de leurs branches ou de leurs tiges.

CUEILLOIR, s. m. (*kieuie-oar*), panier dans lequel on met ce que l'on *cueille*.

CUILLER ou **CUILLÈRE**, s. f. (*ku-ière*) (*cochlear* ou *cochlearè*, dérivé de κοχλιαριον, mesure ancienne), ustensile pour manger; nom de divers outils.

CUILLERÉE, s. f. (*ku-ieré*), plein la *cuiller*.

CUILLERON, s. m. (*ku-ieron*), la partie creuse de la *cuiller* qu'on met dans la bouche.

CUIR, s. m. (*kuir*) (*corium*), peau des animaux; peau corroyée; pop., faute grossière de langage.

CUIRASSE, s. f. (*kuirace*) (du vieux mot lat. *coriacca*, fait de *corium*, cuir), armure de fer.

CUIRASSÉ, E, part. pass. de *cuirasser*, et adj.

CUIRASSER, v. a. (*kuiracé*), revêtir d'une *cuirasse*; fig. fortifier, endurcir.

CUIRASSIER, s. m. (*kuiracié*), cavalier armé d'une *cuirasse*; genre de poissons.

CUIRE, v. a. (*kuire*) (*coquere*), préparer par le moyen du feu. — V. n., être préparé par le moyen du feu; causer une douleur aiguë.

CUISANT, E, adj. (*kuizan, ante*), âpre, piquant, aigu.

CUISINE, s. f. (*kuizine*) (du lat. barbare *cucina*, pour *coquina*, cuisine), lieu où l'on apprête les mets; art de les apprêter.

CUISINER, v. n. (*kuiziné*), faire la *cuisine*. Fam.

CUISINIER, IÈRE, s. (*kuizinié, ière*), qui fait la *cuisine*, qui apprête les viandes. — S. f., ustensile de *cuisine*.

CUISSARD, s. m. (*kuiçar*), partie de l'ancienne armure qui couvrait les *cuisses*.

CUISSE, s. f. (*kuice*) (du bas lat. *cossa*, pour *coxa*, cuisse), partie du corps depuis la hanche jusqu'au jarret.

CUISSON, s. f. (*kuiçon*), action de *cuire*; douleur que l'on sent d'un mal qui *cuit*.

CUISSOT, s. m. (*kuicô*), *cuisse* d'un cerf ou de quelque autre bête fauve.

CUISTRE, s. m. (*kuicetre*) (du lat. barbare *coquister*, fait de *coquus*, cuisinier), t. de mépris, valet de collège; pédant.

CUIT, E, part. pass. de *cuire*, et adj.

CUITE, s. f. (*kuite*), action de *cuire* le sucre, les briques, les tuiles, le verre, etc.

CUIVRE, s. m. (*kuivre*) (*cuprum*), métal rougeâtre quand il est pur.

CUIVRÉ, E, part. pass. de *cuivrer*, et adj., de couleur de *cuivre*.

CUIVRER, v. a. (*kuivré*), imiter la dorure avec du *cuivre* en feuilles.

CUL, s. m. (*ku*; *l* ne se prononce jamais) (*culus*), le derrière.

CULASSE, s. f. (*kulace*), la partie de derrière d'un canon, d'un fusil, d'un pistolet, etc.

CULBUTE, s. f. (*kulebute*), saut qu'on fait en tournant le *cul* par-dessus la tête; chute dangereuse.

CULBUTÉ, E, part. pass. de *culbuter*.

CULBUTER, v. n. (*kulebuté*) (des deux mots *cul* et *buter*), tomber en faisant la *culbute*.—V. a., renverser; mettre en déroute.

CULBUTIS, s. m. (*kulebuti*), amas confus de choses *culbutées*. Fam.

CUL-DE-BASSE-FOSSE, s. m. (*kudebâcefôce*), cachot souterrain.

CUL-DE-JATTE, s. m. (*kudejate*), homme infirme qui est contraint de se traîner ayant le *cul* dans une espèce de *jatte*.

CUL-DE-LAMPE, s. m. (*kudelanpe*), ornement d'architecture et de sculpture; t. d'impr., fleuron à la fin d'un livre.

CUL-DE-SAC, s. m. (*kudeçak*), rue sans issue. On dit mieux *impasse*.

CULÉE, s. f. (*kulé*), buttée.

CULER, v. n. (*kulé*), t. de mar., aller en arrière ou reculer.

CULIER, s. et adj. m. (*kulié*), gros boyau qui se termine à l'anus.

CULIÈRE, s. f. (*kulière*), sangle de cuir au derrière du cheval; pierre creusée pour recevoir l'eau d'un tuyau de descente.

CULINAIRE, adj. des deux g. (*kulinère*) (*culinarius*, de *culina*, cuisine), qui a rapport à la cuisine.

CULMIFÈRE, adj. des deux g. et s. m. (*kulemifère*) (*culmus*, chaume, et *fero*, je porte), se dit des plantes dont la tige est un chaume.

CULMINANT, adj. m. (*kuleminan*), se dit du point le plus haut, le plus élevé.

CULMINATION, s. f. (*kuleminâcion*) (*culmen*, faîte), passage d'un astre par le méridien.

CULMINER, v. n. (*kuleminé*), t. d'astron., passer par le méridien.

CULOT, s. m. (*kulô*) (*culus*, le cul, l'extrémité), dernier éclos; dernier né; résidu qui s'amasse dans une pipe; partie métallique qui reste au fond du creuset après la fusion.

CULOTTE, s. f. (*kulote*), vêtement qui couvre l'homme depuis la ceinture jusqu'au dessous des genoux.

CULOTTÉ, E, part. pass. de *culotter*, et adj.

CULOTTER, v. a. (*kuloté*), mettre en *culotte*; faire des *culottes*; noircir une pipe.

CULOTTIER, IÈRE, s. (*kulotié, ière*), qui fait des *culottes*.

CULPABILITÉ, s. f. (*kulepabilité*) (*culpa*, faute), état réel ou supposé d'un *coupable*.

CULTE, s. m. (*kulte*) (*cultus*, dérivé de *colere*, adorer), hommage à la divinité; religion.

CULTIVABLE, adj. des deux g. (*kuletivable*), propre à la *culture*.

CULTIVATEUR, TRICE, s. et adj. (*kuletivateur, trice*) (*cultor*, fait de *colere*, laboureur), qui fait *cultiver*; qui *cultive* la terre.

CULTIVÉ, E, part. pass. de *cultiver*, et adj.

CULTIVER, v. a. (*kuletivé*) (*colere*), faire les travaux nécessaires pour obtenir les productions de la terre; *fig.* s'adonner à.

CULTURE, s. f. (*kuleture*) (*cultura*), l'art de cultiver la terre ou les plantes; *fig.* soin qu'on prend; travail.

CUMIN, s. m. (*kumein*) (*cuminum*, en grec κυμινον), plante.

CUMUL, s. m. (*kumule*), action de *cumuler*, d'exercer à la fois plusieurs emplois.

CUMULATIF, TIVE, adj. (*kumulatife, tive*), t. de jur., qui se fait par *accumulation*.

CUMULATION, s. f. (*kumulâcion*), amas.

CUMULATIVEMENT, adv. (*kumulativeman*), d'une manière *cumulative*.

CUMULÉ, E, part. pass. de *cumuler*.

CUMULER, v. a. (*kumulé*) (*cumulare*, fait de *cumulus*, amas), assembler, réunir.—V. n., exercer à la fois plusieurs emplois.

CUNÉIFORME, adj. des deux g. (*kuné-iforme*) (*cuneus*, coin, et *forma*, forme), qui a la *forme* d'un *coin*.

CUNETTE, s. f. (*kunète*), t. de fortif., fossé dans le milieu d'un autre.

CUPIDE, adj. des deux g. (*kupide*) (*cupidus*), plein de *cupidité*, de convoitise.

CUPIDITÉ, s. f. (*kupidité*) (*cupiditas*, fait de *cupere*, désirer), désir ardent et immodéré; convoitise.

CUPRICATION, s. f. (*kuprikâcion*) (*cuprum*, cuivre, et *fieri*, être fait), conversion d'un corps en cuivre.

CUPULE, s. f. (*kupule*) (*cupula*, dimin. de *cupa*, coupe, t. de bot., petit godet; petite coupe qui porte le gland du chêne.

CURABLE, adj. des deux g. (*kurable*) (*curare*, soigner une maladie), qui peut être guéri.

CURAÇAO, s. m. (*kuraçô*), liqueur qui vient originairement de l'île de *Curaçao*.

CURAGE, s. m. (*kuraje*), action de *curer*, de nettoyer; plante.

CURATELLE, s. f. (*kuratèle*), le pouvoir, la charge et les fonctions de *curateur*.

CURATEUR, TRICE, s. (*kurateur, trice*) (*curator*, fait de *curare*, gérer), qui administre les biens d'un mineur.

CURATIF, TIVE, adj. (*kuratife, tive*), se dit des remèdes qu'on applique pour guérir. — On l'emploie aussi subst. au m.

CURATION, s. f. (*kurâcion*) (*curatio*) traitement d'une maladie, d'une plaie.

CURCUMA, s. m. (*kurkuma*), plante.

CURE, s. f. (*kure*) (*cura*, soin), guérison d'une maladie, d'une blessure; soin; souci; fonction ecclésiastique à laquelle est attachée la direction spirituelle d'une paroisse; logement du *curé*.

CURÉ, s. m. (*kuré*) (du lat. barbare *curatus*, pour *curator*, directeur), prêtre pourvu d'une *cure*.

CURÉ, E, part. pass. de *curer*.

CURE-DENTS, s. m. (*kuredan*), petit instrument avec lequel on se *cure* les *dents*.

CURÉE, s. f. (*kuré*), ce que l'on donne de la bête sauve aux chiens qui ont chassé.

CURE-LANGUE, s. m. (*kurelangue*), instrument de corne pour nettoyer la *langue*.

CUREMENT, s. m. (*kureman*), action de *curer*.

CURE-MÔLE, s. m. (*kuremôle*), machine pour retirer la vase du fond de l'eau.

CURE-OREILLE, s. m. (*kurorè-ie*), petit instrument propre à se *curer* les *oreilles*.

CURE-PIED, s. m. (*kurepié*), instrument pour nettoyer les *pieds* des chevaux.

CURER, v. a. (*kuré*) (*curare*, avoir soin), nettoyer quelque chose de creux.

CURETTE, s. f. (*kurète*), instrument de chirurgie pour tirer la pierre de la vessie.

CUREUR, s. m. (*kureur*), celui qui nettoie les fosses, les puits, les citernes.

CURIAL, E, adj., au pl. m. **CURIAUX** (*kurîale*), qui concerne le *curé*.

CURIE, s. f. (*kuri*) (*curia*, fait de *curare*, avoir soin), subdivision d'une tribu dans l'ancienne Rome.

CURIEUSEMENT, adv. (*kurieuseman*) (*curiosè*), avec *curiosité*; soigneusement; exactement.

CURIEUX, EUSE, s. et adj. (*kurieu, euze*) (*curiosus*), qui a de la *curiosité*.

CURIEUX, EUSE, adj. (*kurieu, cuze*), qui mérite de la *curiosité*; rare; extraordinaire.

CURION, s. m. (*kurion*), prêtre d'une *curie* dans l'ancienne Rome.

CURIOSITÉ, s. f. (*kuriozité*) (*curiositas*), passion de voir, d'apprendre, de posséder des choses nouvelles ou rares; grande envie de savoir les secrets, les affaires d'autrui. — Au pl., choses rares et *curieuses*.

CUROIR ou **CURON**, s. m. (*kuroar, ron*); bâton pour *curer* la charrue.

CURSIF, SIVE, adj. (*kurcife, cive*), se dit d'écritures et de caractères tracés avec rapidité. — On dit subst. au f. : la *cursive*.

CURULE, adj. des deux g. (*kurule*) (*curulis*), se dit de la chaise d'ivoire qui était à l'usage de certains magistrats de Rome.

CURVATEUR, s. et adj. m. (*kurvateur*), muscle du coccyx.

CURVILIGNE, adj. des deux g. (*kurvilignie*) (*curvus*, courbe, et *linea*, ligne), qui est terminé ou formé par des lignes *courbes*.

CURVILOGIE, s. f. (*kurviloji*) (*curvus*, courbe, et λογος, discours), traité sur la science de tracer des lignes *courbes*.

CURVITÉ, s. f. (*kurvité*), courbure.

CUSCUTE, s. f. (*kucekute*), plante.

CUSTODE, s. f. (*kucetode*), couverture du ciboire; rideau, courtine. Vieux.

CUSTODI-NOS, s. m. (*kucetodinôce*) (des deux mots lat. *custodi* et *nos*, garde-nous), confidentiaire; espèce de prête-nom. Fam.

CUTANÉ, E, adj. (*kutané*) (*cutaneus*, fait de *cutis*, peau), qui appartient à la peau.

CUTICULE, s. f. (*kutikule*) (*cuticula*, dimin. de *cutis*, peau), épiderme.

CUTTER, s. m. (*kutetére*), (de l'anglais *cut*, couper), bâtiment anglais à une voile.

CUVE, s. f. (*kuve*) (*cupa*, du grec κυπη, sorte de navire), grand tonneau qui n'a qu'un fond.

CUVÉ, E, part. pass. de *cuver*.

CUVEAU, s. m. (*kuvô*), petite *cuve*.

CUVÉE, s. f. (*kuvé*), ce qui se met de raisin, ce qui se fait de vin à la fois dans une *cuve*.

CUVELAGE, s. m. (*kuvelaje*), action de *cuveler* le puits d'une mine; son effet.

CUVELÉ, E, part. pass. de *cuveler*.

CUVELER, v. a. (*kuvclé*), revêtir de planches les puits qui descendent dans les mines.

CUVER, v. n. (*kuvé*), fermenter dans la cuve. — V. a. : *cuver* son *vin*, dormir après avoir trop bu.

CUVETTE, s. f. (*kuvète*), petite *cuve*, dont on se sert pour se laver les mains.

CUVIER, s. m. (*kuvié*), cuve dans laq on fait la lessive.

CYANOGÈNE, s. m. (*cianojène*), gaz flammable.

CYATHE, s. m. (*ciate*)(*cyathus*, du grec κυαθος), ancienne mesure grecque et romaine pour les liqueurs.

CYCLAMEN, s. m. (*ciklamène*) (*cyclamen*), genre de plantes.

CYCLE, s. m. (*cikle*) (κυκλος), t. d'astron., certaine période ou suite de nombres qui procèdent par ordre jusqu'à un certain terme, et qui reviennent ensuite les mêmes sans interruption.

CYCLIQUE, adj. des deux g. (ciklike), qui concerne les cycles; se dit aussi des anciens poëtes grecs qui ont écrit l'histoire fabuleuse.

CYCLOÏDAL, E, adj. (ciklo-idale), qui appartient à la cycloïde.

CYCLOÏDE, s. f. (ciklo-ide) (κυκλος, cercle, et ιδος, forme), t. de géom., courbe en volute circulaire.

CYCLOPE, s. m. (ciklope) (κυκλος, cercle, et ωψ, œil), nom de géants fabuleux qui avaient un œil rond au milieu du front.

CYCLOPÉEN, ENNE, adj. (ciklopé-ein, ène), se dit de monuments fort anciens attribués aux cyclopes.

CYCLOTOME, s. m. (ciklotôme) (κυκλος, cercle, et τεμνω, je coupe), instrument de chirurgie pour l'opération de la cataracte.

CYGNE, s. m. (cignie), oiseau aquatique qui a le cou fort long et le plumage blanc.

CYLINDRACÉ, E, adj. (cileindracé), qui approche de la forme d'un cylindre.

CYLINDRE, s. m. (cileindre) (cylindrus, du grec κυλινδρος), corps de figure longue et ronde, et d'égale grosseur partout; rouleau.

CYLINDRER, v. a. (cileindré), calendrer.

CYLINDRIQUE, adj. des deux g. (cileindrike), qui a la forme d'un cylindre.

CYMAISE, s. f. (cimèze) (cyma, cime), moulure qui termine une corniche.

CYMBALAIRE, s. f. (ceinbalère) (κυμβαλον, cymbale), espèce de muflier.

CYMBALE, s. f. (ceinbale) (cymbalum, fait du grec κυμβαλον, dérivé de κυμβος, cavité), instrument de musique.

CYMBALIER, s. m. (ceinbalié), qui joue des cymbales.

CYME, s. f. (cime) (κυμα, tige), t. de bot., tige; germe; rejeton.

CYNANCHIE, s. f. (cinanchi) (κυων, chien, et αγχω, je serre), espèce d'esquinancie inflammatoire qui fait tirer la langue comme les chiens quand ils ont chaud.

CYNANTHROPIE, s. f. (cinantropi) (κυων, chien, et ανθρωπος, homme), manie, délire; symptôme de la rage.

CYNIQUE, adj. des deux g. (cinike) (κυνικος, fait de κυων, chien), se dit d'une secte de philosophes grecs qui bravaient toutes les bienséances; impudent; obscène. — Il est aussi s.

CYNISME, s. m. (ciniceme), impudence cynique; système des cyniques.

CYNOCÉPHALE, s. m. (cinocéfale) (κυων, chien, et κεφαλη, tête), espèce de singe.

CYNOGLOSSE, s. f. (cinogueloce) (κυων, chien, et γλωσσα, langue), plante.

CYNOREXIE, s. f. (cinorèkci) (κυων, chien, et ορεξις, appétit), appétit insatiable, faim canine.

CYNOSURE, s. f. (cinozure) (κυων, chien, et ουρα, queue), constellation qu'on appelle aussi petite ourse.

CYPHI, s. m. (cifi) (mot égyptien), parfum fortifiant, résine du cèdre.

CYPHOSE, s. f. (cifôze) (κυφος, courbé), courbure contre nature de l'épine du dos.

CYPRÈS, s. m. (cipré) (κυπαρισσος, en lat. cupressus), arbre résineux toujours vert, symbole de la mort et du deuil.

CYSSOTIS, s. m. (cicçotice) (κυσθος, anus), inflammation au fondement.

CYSTALGIE, s. f. (cicetaleji) (κυστις, vessie, et αλγος, douleur), douleur de la vessie.

CYSTHÉPATIQUE, adj. des deux g. (cicetépatike) (κυστις, vessie, et ηπαρ, ηπατος, foie), se dit d'un conduit qui porte la bile du foie dans la vésicule du fiel.

CYSTIQUE, adj. des deux g. (cicetike) (κυστις, vessie), qui appartient à la vésicule du foie.

CYSTIRRHAGIE, s. f. (cicetiraji) (κυστις, vessie, et ρεειν, couler), maladie dans laquelle le sang sort de la vessie avec douleur, par suite de la rupture d'un vaisseau.

CYSTITE, s. f. (cicetite) (κυστις, vessie), inflammation de la vessie.

CYSTOCÈLE, s. m. (cicetocèle) (κυστις, vessie, et κηλη, tumeur), hernie de la vessie.

CYSTOPLÉGIE, s. f. (cicetopléji) (κυστις, vessie, et πλησσω, je frappe), paralysie de la vessie.

CYSTOTOME, s. m. (cicetotome) (κυστις, vessie, et τεμνω, je coupe), instrument dont on se sert pour inciser la vessie.

CYSTOTOMIE, s. f. (cicetotomie) (κυστις, vessie, et τομη, incision), opération qui consiste à inciser la vessie.

CYTISE, s. m. (citize) (cytisus, du grec κυτισος), genre des plantes.

CYTISINE, s. f. (citizine), t. de chim., principe actif, incrystallisable, qu'on a trouvé dans les graines du faux ébénier.

CYZICÈNE, s. f. (cizicène), autrefois chez les Grecs, grande et belle salle à manger.

CZAR, s. m. (kzar), titre d'honneur qu'on donne au souverain de Russie.

CZARIEN, ENNE, adj. (kzaricin, iène), du czar.

CZARINE, s. f. (kzarine), femme du czar, ou impératrice de Russie.

CZAROWITZ, s. m. (kzarouitze), fils du czar ou héritier présomptif de la souveraineté.

CZIGITAI, s. m. (kzijité), mammifère du genre du cheval.

D, s. m. (*de* et non pas *dé*), quatrième lettre de l'alphabet, et la troisième des consonnes; lettre numérale, il signifie 500.

D', abréviation de la prép. *de*.

DA, sorte d'interj. qui n'est que du style familier. Elle sert à affirmer : *oui-da, nenni-da*.

D'ABORD, loc. adv. (*dabor*) pour *de abord*; sur-le-champ, au commencement.

DACTYLE, s. m. (*daktile*) (δακτυλος, doigt), pied de vers grec ou latin composé d'une longue et de deux brèves ; plante ; coquillage ; mesure linéaire chez les anciens Grecs.

DACTYLOLOGIE, s. f. (*daktiloloji*) (δακτυλος, doigt, et λογος, discours), art de converser par des signes faits avec les doigts.

DA-CAPO, loc. adv. (*dakapô*) (expression italienne), t. de mus. qui indique qu'il faut recommencer l'air.

DADA, s. m. (*dada*), expression enfantine pour désigner un cheval ; *fig.* idée favorite sur laquelle on revient toujours. Fam.

DADAIS, s. m. (*dadé*), nigaud. Fam.

DAGUE, s. f. (*dague*) (de l'allemand *dagen*, glaive), épée courte et large. — Au pl., premier bois du cerf pendant sa seconde année.

DAGUÉ, E, part. pass. de *daguer*.

DAGUER, v. a. (*daguié*), frapper à coups de *dague* ; s'accoupler, en parlant du cerf.

DAGUET, s. m. (*daguiè*), jeune cerf.

DAHLIA, s. m. (*dalia*), plante nommée aussi *georgine*.

DAIGNER, v. n. (*dègnié*) (*dignari*), avoir pour agréable, s'abaisser jusqu'à vouloir bien.

D'AILLEURS. Voy. AILLEURS.

DAIM, s. m. (*dein*)(*dama*), bête fauve.

DAINE, s. f. (*dène*, les chasseurs prononcent *dine*), femelle du *daim*.

DAIS, s. m. (*dé*) (de l'allemand *decken*, couvrir), poêle fait en forme de ciel de lit.

DALER, s. m. (*dalère*). Voy. THALER.

DALLE, s. f. (*dale*), tablette de pierre; tranche de poisson. Dans ce dernier sens on dit plus souvent et mieux *darne*.

DALLÉ, E, part. pass. de *daller*.

DALLER, v. a. (*dalé*), garnir de *dalles*.

DALMATIQUE, s. f. (*dolmatike*), vêtement des diacres quand ils officient.

DALOT, s. m. (*daló*), canal pour faire écouler l'eau d'un navire.

DAM, s. m. (*dan*) (*damnum*), dommage, préjudice. Ce mot signifiait autrefois *seigneur* (par corruption du lat. *dominus*, seigneur).

DAMAS, s. m. (*damá*), étoffe de soie; espèce de prune; lame d'acier très-fin.

DAMASQUINÉ, E, part. pass. de *damasquiner*.

DAMASQUINER, v. a. (*damacckiné*), incruster de l'or ou de l'argent dans un métal.

DAMASQUINERIE, s. f. (*damacckineri*), art de *damasquiner*.

DAMASQUINEUR, s. m. (*damacekineur*), qui *damasquine*.

DAMASQUINURE, s. f. (*damacekinure*), travail d'un ouvrage *damasquiné*.

DAMASSÉ, E, part. pass. de *damasser*, et adj.

DAMASSÉ, s. m. (*damacé*, linge *damassé*.

DAMASSER, v. a. (*damacé*), fabriquer une étoffe ou du linge en façon de *Damas*.

DAMASSURE, s. f. (*damaçure*), ouvrage ou linge *damassé*.

DAME, s. f. (*dame*) (*domina*), titre donné aux femmes mariées ; seconde figure du jeu de cartes ; morceau d'ivoire arrondi pour jouer aux *dames*, au trictrac, etc.—Au pl., jeu.

DAME ! sorte d'adv. ou d'interj. (*dame*) (abrégé de l'ancien serment familier à nos pères : *par notre-dame !*), expression qui sert à affirmer ou à marquer de la surprise. Pop.

DAMÉ, part. pass. de *damer*.

DAME-JEANNE, s. f. (*damejáne*), grande bouteille couverte de nattes.

DAMER, v. a. (*damé*), doubler les pions au jeu de *dames*; donner le titre de *dame*; en archit., donner un demi-pied de pente.

DAMERET, s. m. (*damerè*), *damoiseau*, homme qui fait le beau pour plaire aux *dames*.

DAMIER, s. m. (*damié*), tablier sur lequel on joue aux *dames*, aux échecs, etc.; coquillage.

DAMNABLE, adj. des deux g. (*danable*), pernicieux; méchant; abominable.

DAMNABLEMENT , adv. (*danableman*), d'une manière *damnable*. Peu us.

DAMNATION, s. f. (*danácion*) (*damnatio*), condamnation aux peines de l'enfer; état d'un *damné*.

DAMNÉ, E, part. pass. de *damner*, adj. et s.

DAMNER, v. a. (*dané*) (*damnare*, condamner, fait de *damnum*, dommage), punir des peines de l'enfer; causer la *damnation*. — V. pr., s'exposer à être *damné*.

DAMOISEAU, s. m. (*damoézó*), autrefois, jeune gentilhomme avant qu'il fût armé chevalier; petit-maître, homme efféminé.

DAMOISEL. Voy. DAMOISEAU dans sa première acception.

DAMOISELLE, s. f. (*damoézèle*), s'est dit autrefois pour *demoiselle*.

DANDIN, E, s. (*dandein*, *dine*), niais, décontenancé. Fam.

DANDINEMENT, s. m. (*dandineman*), action de *dandiner*.

DANDINER, v. n. (*dandiné*) (de *din*, *din*, ou *dan*, *din*, son des cloches), branler le corps faute de contenance ; s'occuper à des bagatelles.

DANDY, s. m. (*dandi*) (mot anglais), homme à la mode.

DANGER, s. m. (*danjé*) (*damnum*, dommage), péril, risque, inconvénient.

DANGEREUSEMENT , adv. (*danjereuzeman*), d'une manière *dangereuse*.

DANGEREUX, EUSE, adj. (*danjereu*, *euze*), périlleux; à craindre; qui met en *danger*.

DANOIS, s. m. (*danoa*), espèce de chien.

DANS, prép. (*dan*) (*deintùs*, qu'on a dit pour *intùs*) ; il marque le lieu, le temps, l'état, la disposition. Il s'emploie pour *avec*, *selon*.

DANSE, s. f. (*dance*) (de l'allemand *dantsen*, danser), mouvement du corps en cadence; air à *danser* ; réunion de *danseurs*.

DANSÉ, E, part. pass. de *danser*.

DANSER, v. n. (*dancé*), mouvoir le corps en cadence.

DANSEUR, EUSE, s. (*danceur*, *euze*), qui *danse*; qui fait métier de *danser*.

DAPHNÉ, s. m. (*dafené*) (δαφνη, laurier), arbrisseau appelé autrement *lauréole*.

DARCE, s. f. Voy. DARSE.

DARD, s. m. (*dar*) (αρδις, pointe d'une flèche), trait qu'on lance; pointe; aiguillon des reptiles; poisson.

DARDÉ, part. pass. de *darder*.

DARDER, v. a. (*dardé*), frapper, blesser avec un *dard*; lancer comme un *dard*.

DARIOLE, s. f. (*dariole*), petite pièce de pâtisserie.

DARIQUE, s. f. (*darike*), ancienne monnaie d'or des Perses.

DARNE, s. f. (*darne*) (en bas-breton *darn*), tranche de poisson.

DARSE, s. f. (*darce*), intérieur d'un port.

DARTRE, s. f. (*dartre*) (δαρτος, écorché, fait de δερω, j'écorche), maladie de la peau.

DARTREUX, EUSE, adj. (*dartreu*, *euze*), de la nature des *dartres*. — S., personne affectée de *dartres*.

DATAIRE, s. m. (*datère*), officier de la cour de Rome qui présidait à la *daterie*.
DATE, s. f. (*date*) (de *datum* ou *data*, sous-entendant *epistola*), époque; chiffre qui l'indique.
DATÉ, E, part. pass. de *dater*.
DATER, v. a. et n. (*daté*), mettre la *date*.
DATERIE, s. f. (*dateri*), espèce de chancellerie à Rome; office du *dataire*.
DATIF, s. m. (*datife*) (*dare*), le troisième cas des noms.
DATIF, TIVE, adj. (*datife, tive*), t. de jur., nommé d'office.
DATION, s. f. (*dâcion*) (*datio*), action de donner non gratuite.
DATISME, s. m. (*daticeme*) (δατισμυς), répétition ennuyeuse de synonymes.
DATTE, s. f. (*date*) (*dactylus*, doigt), fruit du palmier.
DATTIER, s. m. (*datié*), palmier qui porte les *dattes*; oiseau de la Barbarie.
DATURA, s. f. (*datura*), plante.
DAUBE, s. f. (*dôbe*) (de *dauber*, dans le sens de battre), ragoût.
DAUBÉ, E, part. pass. de *dauber*.
DAUBER, v. a. (*dôbé*) (du teutonique *dubba*, frapper, dérivé de grec τυπτω, je frappe), faire une *daube*; battre quelqu'un; railler, médire de. Pop.
DAUBEUR, EUSE, s. (*dôbeur, euse*), railleur ou médisant. Fam.
DAUPHIN, s. m. (*dôfein*) (δελφιν, en lat. *delphinus*), poisson de mer; constellation; le fils aîné du roi de France.
DAUPHINE, s. f. (*dôfine*), femme du *dauphin*.
D'AUTANT, loc. adv. (*dôtan*), dans la même proportion.
DAVANTAGE, adv. (*davantaje*), plus.
DAVIER, s. m. (*davié*) (de l'allemand *taube*, pigeon), instrument de dentiste qui ressemble à un bec de pigeon; outil.
DE (du lat. *de*), préposition qui sert à marquer différents rapports et qu'on emploie pour *vers, dans, à, sur, pendant, par, depuis*, etc. *De* sert à former un grand nombre de composés et indique ordinairement privation, retranchement, extraction; il marque aussi quelquefois le contraire de la signification du mot auquel il est joint.
DÉ, DÉS, prépositions inséparables qui s'ajoutent aux verbes simples pour en former des verbes composés, et par le moyen desquelles ces verbes ont différentes significations.
DÉ, s. m. (*dé*) (*digitale*), instrument pour coudre; petit cube d'os, d'ivoire, qui sert à jouer; partie cubique d'un piédestal.
DÉBÂCLAGE, s. m. (*débâklaje*), travail pour débarrasser les ports.
DÉBÂCLE, s. f. (*débâkle*), action de débarrasser les ports; rupture des glaces d'une rivière; *fig*. révolution, changement brusque.

DÉBÂCLÉ, E, part. pass. de *débâcler*.
DÉBÂCLEMENT, s. m. (*débâkleman*), action de *débâcler*; *débâcle* des glaces.
DÉBÂCLER, v. a. (*débâklé*), ouvrir; débarrasser un port des bateaux vides.
DÉBÂCLER, v. n. (*débâklé*), se dit des rivières dont les glaces viennent à se rompre.
DÉBÂCLEUR, s. m. (*débâkleur*), officier qui fait *débâcler* les ports.
DÉBAGOULÉ, E, part. pass. de *débagouler*.
DÉBAGOULER, v. a. (*débagoulé*), vomir; dire tout ce qui vient à la bouche. Bas et pop.
DÉBAGOULEUR, EUSE, s. (*débagouleur, euse*), qui parle indiscrètement. Bas et pop.
DÉBALLAGE, s. m. (*débalaje*), action de *déballer*.
DÉBALLÉ, E, part. pass. de *déballer*.
DÉBALLER, v. a. (*débalé*), défaire une *balle*, en tirer les marchandises, etc.
DÉBANDADE, s. f. (*débandade*), action de se *débander*; désordre, confusion. — A LA DÉBANDADE, loc. adv., confusément.
DÉBANDÉ, E, part. pass. de *débander*.
DÉBANDEMENT, s. m. (*débandeman*), action de se *débander*.
DÉBANDER, v. a. (*débandé*), détendre; ôter une *bande*. — V. pr., se disperser.
DÉBANQUÉ, part. pass. de *débanquer*.
DÉBANQUER, v. a. (*débankié*), t. de jeu, gagner la *banque*.
DÉBAPTISÉ, E, part. pass. de *débaptiser*.
DÉBAPTISER, v. a. (*débatizé*), changer le nom. Fam.
DÉBARBOUILLÉ, E, part. pass. de *débarbouiller*.
DÉBARBOUILLER, v. a. (*débarbouié*), nettoyer le visage d'une personne *barbouillée*.
DÉBARCADÈRE, s. m. (*débarkadère*) espèce de cale, de jetée, faite en pierres brutes, pour le *débarquement* des marchandises.
DÉBARDAGE, s. m. (*débardaje*), action de *débarder*.
DÉBARDÉ, E, part. pass. de *débarder*.
DÉBARDER, v. a. (*débardé*), tirer du bois des bateaux ou de la rivière.
DÉBARDEUR, s. m. (*débardeur*), qui *débarde*.
DÉBARQUÉ, E, part. pass. de *débarquer*. — S. m., moment du *débarquement*.
DÉBARQUEMENT, s. m. (*débarkeman*), action par laquelle on *débarque*.
DÉBARQUER, v. a. (*débarkié*), faire sortir d'un vaisseau. — V. n., en sortir; arriver de quelque lieu.
DÉBARRAS, s. m. (*débarâ*), cessation d'embarras.
DÉBARRASSÉ, E, part. pass. de *débarrasser*.
DÉBARRASSER, v. a. (*débaracé*), tirer d'embarras; délivrer; dégager.

DEB   DEB   159

DÉBARRÉ, E, part. pass. de *débarrer*.

DÉBARRER, v. a. (*débáré*), ôter la *barre*.

DÉBAT, s. m. (*dèbá*), différent, contestation, dispute, discussion.

DÉBATÉ, E, part. pass. de *débâter*.

DÉBÂTER, v. a. (*débâté*), ôter le *bât*.

DÉBATTRE, v. a. (*débatre*), contester de paroles; disputer; discuter; agiter.

DÉBATTU, E, part. pass. de *débattre*, et adj.

DÉBAUCHE, s. f. (*débóche*), dérèglement; excès; désordre; libertinage.

DÉBAUCHÉ, E, part. pass. de *débaucher*, et adj. — S., qui est adonné à la *débauche*.

DÉBAUCHER, v. a. (*débóché*), jeter dans la *débauche*; tirer un ouvrier de sa boutique; corrompre; détourner du devoir.

DÉBAUCHEUR, EUSE, s. (*débócheur, euze*), qui *débauche*, qui excite à la *débauche*.

DEBET, s. m. (*débète*) (du lat. *debet*, il doit), ce qu'un comptable *doit* après l'arrêté de son compte.

DÉBIFFÉ, E, part. pass. de *débiffer*, et adj.

DÉBIFFER, v. a. (*débifé*), affaiblir; déranger. Fam. et peu us.

DÉBILE, adj. des deux g. (*débile*) (*debilis*), faible.

DÉBILEMENT, adv. (*débileman*), d'une manière *débile*.

DÉBILITATION, s. f. (*débilitácion*) (*debilitatio*), affaiblissement.

DÉBILITÉ, s. f. (*débilité*) (*debilitas*), affaiblissement.

DÉBILITÉ, E, part. pass. de *débiliter*.

DÉBILITER, v. a. (*débilité*) (*debilitare*), affaiblir.

DÉBIT, s. m. (*débi*), vente en détail; ce qu'on *doit*; élocution; façon donnée au bois.

DÉBITANT, E, s. (*débitan, ante*), qui *débite*, qui vend en détail.

DÉBITÉ, E, part. pass. de *débiter*.

DÉBITER, v. a. (*débité*) (*debitor*, débiteur, fait de *debere*, devoir), vendre; porter au débit; déclamer; exploiter le bois; *fig.* répandre des nouvelles.

DÉBITEUR, EUSE, s. (*débiteur, euse*), qui *débite* des nouvelles. Fam.

DÉBITEUR, TRICE, s. (*débiteur, trice*), qui *doit* à un autre, qui a quelque *dette*.

DÉBLAI, s. m. (*déblé*), enlèvement de terres; débarras.

DÉBLATÉRER, v. n. (*déblatéré*) (*deblaterare*, bavarder), déclamer avec passion.

DÉBLAYÉ, E, part pass. de *déblayer*.

DÉBLAYER, v. a. (*déblèïé*) (du lat. barbare *debladare*, ôter le blé), débarrasser.

DÉBLOCAGE, s. m (*déblokaje*), action de *débloquer*.

DÉBLOQUÉ, E, part. pass. de *débloquer*.

DÉBLOQUER, v. a. (*déblokié*), faire lever un *blocus*; t. d'impr., remettre dans une forme les lettres *bloquées*.

DÉBOIRE, s. m. (*déboare*), mauvais goût; dégoût; chagrin; mortification.

DÉBOÎTÉ, E, part. pass. de *déboîter*, et adj.

DÉBOÎTEMENT, s. m. (*déboêteman*), dislocation.

DÉBOÎTER, v. a. (*déboêté*) (rac. *boîte*), disloquer, disjoindre.

DÉBONDÉ, E, part. pass. de *débonder*.

DÉBONDER, v. a. (*débondé*) (rac. *bonde*), lâcher la *bonde* d'un étang. — V. n., sortir avec abondance.

DÉBONDONNÉ, E, part. pass. de *débondonner*.

DÉBONDONNER, v. a. (*débondoné*), ôter le *bondon*.

DÉBONNAIRE, adj. des deux g. (*débonère*) (des mots *de bonne aire*, de bonne race), faible; doux; bienfaisant.

DÉBONNAIREMENT, adv. (*débonèreman*), d'une manière *débonnaire*. Il vieillit.

DÉBONNAIRETÉ, s. f. (*débonéreté*) douceur, bonté. Vieux.

DÉBORD, s. m. (*débor*), débordement.

DÉBORDÉ, E, part. pass. de *débo1 der*, c¹ adj., déréglé.

DÉBORDEMENT, s. m. (*débordeman*), épanchement de l'eau d'un fleuve hors de son lit; irruption; débauche.

DÉBORDER, v. a. (*débordé*), ôter le *bord*. — V. n., dépasser le *bord*.

DÉBOTTÉ, E, part. pass. de *débotter*, et adj. — S m , le moment où l'on arrive.

DÉBOTTER, v. a. (*déboté*), tirer les *bottes* à quelqu'un.

DÉBOUCHÉ, E, part. pass. de *déboucher*.

DÉBOUCHÉ, s. m. (*débouché*), sortie, issue; moyen; extrémité d'un défilé.

DÉBOUCHEMENT, s. m. (*déboucheman*), action de *déboucher*.

DÉBOUCHER, v. a. (*débouché*), ôter ce qui bouche. — V. n., sortir d'un défilé.

DÉBOUCLÉ, part. pass. de *déboucler*.

DÉBOUCLER, v. a. (*débouklé*), ôter la *boucle*; défaire une *boucle*.

DÉBOUILLI, s. m. (*débouie-i*), opération pour connaitre la qualité du teint d'une étoffe.

DÉBOUILLI, E, part. pass. de *débouillir*.

DÉBOUILLIR, v. a (*débouie-ir*), faire *bouillir* des échantillons d'étoffe pour en éprouver la teinture.

DÉBOUQUEMENT, s. m. (*déboukeman*), l'action de *débouquer*.

DÉBOUQUER, v. n. (*déboukié*) (de, de, hors, et *bucca*, bouche), sortir hors d'un détroit.

DÉBOURBÉ, E, part. pass. de *débourber*.

DÉBOURBER, v. a. (*débourbé*), ôter la *bourbe*.

DÉBOURRÉ, E, part. pass. de *débourrer*.

DÉBOURRER, v. a. (*débouré*), ôter la *bourre*; *fig.* façonner. Fam.

DÉBOURS, s. m. (*débour*), avance ; argent déboursé.
DÉBOURSÉ, E, part. pass. de *débourser*. — S. m., ce que l'on a fourni à ses frais.
DÉBOURSEMENT, s. m. (*débourceman*), action de *débourser*.
DÉBOURSER, v. a. (*débourcé*), tirer de l'argent de sa *bourse*.
DEBOUT, adv. (*debou*) (du mot *bout*), sur pied.—*Vent debout*, vent contraire.
DÉBOUTÉ, E, part. pass. de *débouter*.
DÉBOUTER, v. a. (*débouté*) (du vieux mot *bouter*, mettre), déclarer déchu.
DÉBOUTONNÉ, E, part. pass. de *déboutonner*.
DÉBOUTONNER, v. a. (*déboutoné*), ôter les boutons des *boutonnières*.— V. pr., *fig.* dire tout ce qu'on pense.
DÉBRAILLÉ, E, part. pass. de *débrailler*, et adj. (en lat. barbare *disbracculatus*), découvert indécemment.
se DÉBRAILLER, v. pr. (*débrâ-ié*), se découvrir la poitrine avec indécence.
DÉBREDOUILLÉ, E, part. pass. de *débredouiller*.
DÉBREDOUILLER, v. a. (*débredou-ié*), t. de trictrac, faire ôter la *bredouille*.
DÉBRIDÉ, part. pass. de *débrider*.
DÉBRIDER, v. a. (*débridé*), ôter la *bride*; *fig.* faire une chose avec précipitation.
DÉBRIS, s. m. (*débri*) (rac. *briser*), restes d'un objet *brisé*, fracassé, détruit.
DÉBROUILLÉ, E, part. pass. de *débrouiller*.
DÉBROUILLEMENT, s. m. (*débrouieman*), action de *débrouiller*.
DÉBROUILLER, v. a. (*débrouié*), démêler ; *fig.* éclaircir.
DÉBRUTI, E, part. pass. de *débrutir*.
DÉBRUTIR, v. a. (*débrutir*), dégrossir, ôter ce qu'il y a de *brut*.
DÉBRUTISSEMENT, s. m. (*débrutiçeman*), art ou action d'adoucir, de polir.
DÉBUCHÉ, E, part. pass. de *débucher*.— S. m., moment où la bête *débuche*.
DÉBUCHER, v. n. (*débuché*), t. de chasse, sortir du *bois*, de son fort.
DÉBUSQUÉ, E, part. pass. de *débusquer*.
DÉBUSQUEMENT, s. m. (*débucekeman*), action de *débusquer*.
DÉBUSQUER, v. a. (*débucekié*) (en lat. barbare *deboscare*, de la partic. *de*, de, hors, et de *boscus*, bois), chasser d'un poste.
DÉBUT, s. m. (*débu*) (de la partic. *de* et du mot *but*), le premier coup à certains jeux ; *fig.* commencement d'une entreprise, d'un discours, d'un ouvrage ; premier pas dans une carrière ; ce qu'on fait pour la première fois.
DÉBUTANT, E, s. (*débutan, ante*), qui *débute*. Il se dit principalement des acteurs.
DÉBUTÉ, E, part. pass. de *débuter*.
DÉBUTER, v. a. (*débuté*), pousser une boule de dessus le *but* ou d'auprès du *but*. — V. n., commencer ; faire son *début*.
DEÇA, prép. (*deça*), de ce côté-ci ; il est opposé à *delà*.
DÉCACHETÉ, E, part. pass. de *décacheter*.
DÉCACHETER, v. a. (*dékacheté*), ouvrir ce qui est *cacheté*.
DÉCADE, s. f. (*dékade*) ($\delta\epsilon\kappa\alpha$, dizaine), le nombre de *dix* ; espace de *dix* jours.
DÉCADENCE, s. f. (*dékadance*) (*cadere*, tomber), commencement de ruine ; déclin.
DÉCADI, s. m. (*dékadi*), dixième jour de la *décade* dans le calendrier républicain.
DÉCAGONE, s. m. et adj. des deux g. (*dékaguone*) ($\delta\epsilon\kappa\alpha$, dix, et $\gamma\omega\nu\iota\alpha$, angle), figure qui a *dix angles* et dix côtés.
DÉCAGRAMME, s. m. (*dékaguerame*) $\delta\epsilon\kappa\alpha$, dix, et $\gamma\rho\alpha\mu\mu\alpha$, gramme), poids de *dix grammes* dans les nouvelles mesures.
DÉCAISSÉ, E, part. pass. de *décaisser*.
DÉCAISSER, v. a. (*dékécé*), tirer d'une *caisse*.
DÉCALITRE, s. m. (*dékalitre*) ($\delta\epsilon\kappa\alpha$, dix, et $\lambda\iota\tau\rho\alpha$, litre), nouvelle mesure de capacité qui vaut *dix litres*.
DÉCALOGUE, s. m. (*dékalogue*) ($\delta\epsilon\kappa\alpha$, dix, et $\lambda o\gamma o\varsigma$, discours), les dix commandements que Dieu donna à Moïse sur le mont Sinaï.
DÉCALQUÉ, E, part. pass. de *décalquer*.
DÉCALQUER, v. a. (*dékalkié*), tirer une contre-épreuve d'un dessin.
DÉCAMÉRON, s. m. (*dékaméron*) ($\delta\epsilon\kappa\alpha$, dix, et $\eta\mu\epsilon\rho\alpha$, jour), ouvrage qui contient les événements arrivés en *dix jours*.
DÉCAMÈTRE, s. m. (*dékamètre*) ($\delta\epsilon\kappa\alpha$, dix, et $\mu\epsilon\tau\rho o\varsigma$, mesure), nouvelle mesure de longueur qui vaut *dix mètres*.
DÉCAMPÉ, E, part. pass. de *décamper*.
DÉCAMPEMENT, s. m. (*dékanpeman*), action de *décamper*.
DÉCAMPER, v. n. (*dékanpé*), lever le *camp* ; *fig.* s'enfuir.
DÉCANAT, s. m. (*dékana*) (*decanatus*, fait de $\delta\epsilon\kappa\alpha$, dix), dignité de doyen.
DÉCANDRIE, s. f. (*dékandri*) ($\delta\epsilon\kappa\alpha$, dix, et $\alpha\nu\eta\rho$, $\alpha\nu\delta\rho o\varsigma$, homme), t. de bot., la dixième classe du système sexuel de *Linnée*.
DÉCANTATION, s. f. (*dékantàcion*), action de *décanter*.
DÉCANTÉ, E, part. pass. de *décanter*.
DÉCANTER, v. a. (*dékanté*) (*de*, de, par, et *canthus*, goulot de cruche), verser doucement une liqueur au fond de laquelle il s'est fait un dépôt.
DÉCAPÉ, E, part. pass. de *décaper*.
DÉCAPER, v. a. (*dékapé*) (de la partic. priv. *dé*, et du mot *cape*), enlever le vert-de-gris du cuivre.—V. n., sortir d'entre les *caps*.

DÉCAPITATION, s. f. (dékapitácion), action de décapiter; action de décaper.

DÉCAPITÉ, E, part. pass. de décapiter.

DÉCAPITER, v. a. (dékapité) (de la partic. priv. dé, et du lat. caput, capitis, tête), couper la tête.

DÉCARRELÉ, E, part. pass. de décarreler.

DÉCARRELER, v. a. (dékárelé), ôter les carreaux d'une chambre.

DÉCASTYLE, s. m. (dékacetile) (δεκα, dix, et στυλις, colonne), édifice dont le front est orné de dix colonnes.

DÉCASYLLABE et DÉCASYLLABIQUE, adj. des deux g. (dékacilelabe , bike) (δεκα, dix, et συλλαβη, syllabe), de dix syllabes.

DÉCATI, E, part. pass. de décatir.

DÉCATIR, v. a. (dékatir), ôter le cati.

DÉCATISSAGE, s. m. (dékaticaje), action de décatir; effet de cette action.

DÉCATISSEUR, s. m. (dékaticeur), ouvrier qui fait le décatissage.

DÉCAVÉ, E, part. pass. de décaver.

DÉCAVER, v. a. (dékavé), t. de jeu, gagner toute la cave de l'un des joueurs.

DÉCÉDÉ, E, part. pass. de décéder, adj. et s. (décédé), mort.

DÉCÉDER, v. n. (décédé) (decedere, sortir, s'en aller), mourir de mort naturelle.

DÉCELÉ, E, part. pass. de déceler.

DÉCELER, v. a. (décelé) (de la partic. priv. dé, et du v. celer, taire), découvrir ce qui est caché.

DÉCELLEMENT, s. m. (décèleman), action de déceler. Inus.

DÉCEMBRE, s. m. (décanbre) (decembris, de decem, dix, ce mois étant autrefois le dixième de l'année), le dernier mois de l'année.

DÉCEMMENT, adv. (décaman), d'une manière décente.

DÉCEMVIR, s. m. (décèmvir) (decemvir, formé de decem, dix, et vir, homme), nom de dix magistrats de l'ancienne Rome.

DÉCEMVIRAL, E, adj. (décèmvirale)(decemviralis), qui a rapport aux décemvirs.

DÉCEMVIRAT, s. m. (décèmvira) (decemviratus), magistrature des décemvirs.

DÉCENCE, s. f. (décance) (decentia, du v. decet, il convient), honnêteté, bienséance.

DÉCENNAL, E, adj., au pl. m. DÉCENNAUX (décènenale) (decennalis), qui dure dix ans.

DÉCENT, E, adj. (décan, ante) (decens), conforme à la décence.

DÉCENTRALISATION, s. f. (deçantralizácion), l'opposé de centralisation.

DÉCENTRALISÉ, E, part. pass. de décentraliser.

DÉCENTRALISER, v. a. (déçantralizé), faire que ce qui était dans un centre n'y soit plus. Mot nouveau.

DÉCEPTION, s. f. (décèpecion) (deceptio, fait de decipere, tromper), surprise, tromperie; désillusionnement.

DÉCERNÉ, E, part. pass. de décerner.

DÉCERNER, v. a. (décèrené) (decernere), accorder, donner.

DÉCÈS, s. m. (décé) (decessus et decessio, départ), mort naturelle.

DÉCEVABLE, adj. des deux g. (décevable), sujet à être trompé.

DÉCEVANT, E, adj. (décevan, ante), trompeur, séduisant.

DÉCEVOIR , v. a. (décevoar) (decipere), tromper, séduire, abuser.

DÉCHAÎNÉ, E, part. pass. de déchaîner.

DÉCHAÎNEMENT, s. m. (déchéneman), emportement contre quelqu'un.

DÉCHAÎNER, v. a.(déchéné), ôter la chaîne; fig. exciter, irriter.— V. pr., s'emporter.

DÉCHANTER, v. n. (déchanté), chanter faux ou mal; fig. changer de ton. Fam.

DÉCHAPERONNÉ, E, part. pass. de déchaperonner, et adj., se dit d'un mur dont le chaperon est ruiné.

DÉCHAPERONNER , v. a. (déchaperoné), ôter le chaperon.

DÉCHARGE, s. f. (décharje), action d'ôter un fardeau ; coup d'arme à feu ; soulagement; acte par lequel on décharge.

DÉCHARGÉ, E, part. pass. de décharger, et adj.

DÉCHARGEMENT, s. m. (décharjeman), action de décharger.

DÉCHARGEOIR, s. m. (décharjoar), tuyau pour faire écouler l'eau superflue d'une écluse.

DÉCHARGER, v. a. (décharjé), ôter la charge; diminuer, soulager; tirer une arme à feu; asséner; tenir quitte.—V. pr., se reposer sur; perdre son lustre; se jeter dans.

DÉCHARGEUR, s.m. (décharjeur), qui décharge les marchandises.

DÉCHARNÉ, E, part. pass. de décharner.

DÉCHARNER , v. a. (décharné), ôter la chair; amaigrir.

DÉCHASSÉ, part. pass. de déchasser.

DÉCHASSER, v. n. (déchacé), t. de danse, faire un chassé vers la gauche.

DÉCHAUMÉ, E, part. pass. de déchaumer.

DÉCHAUMER, v. a (déchômé) (rac. chaume, ôter le chaume d'une terre, la défricher.

DÉCHAUSSÉ, E, part. pass. de déchausser, et adj., sans chaussure ; se dit de certains religieux qui ne portent que des sandales.

DÉCHAUSSEMENT, s. m. (déchôceman), façon qu'on donne aux arbres en les labourant au pied ; action de déchausser une dent.

11

DÉCHAUSSER, v. a. (déchôcé), ôter la chaussure; fig. dégarnir, découvrir, dégager.

DÉCHAUSSOIR, s. m. (déchoçoar), instrument de chirurgie pour déchausser les dents.

DÉCHAUX, adj. m. Voy. DÉCHAUSSÉ.

DÉCHÉANCE, s. f. (déché-ance), t. de jur., perte de quelque droit, etc.

DÉCHET, s. m. (déchè) (rac. déchoir), diminution de substance ou de valeur.

DÉCHEVELÉ, E, part. pass. de décheveler.

DÉCHEVELER, v. a. (déchevelé), déranger les cheveux; décoiffer.

DÉCHIFFRABLE, adj. des deux g. (déchifrable), qui peut se déchiffrer.

DÉCHIFFRÉ, E, part. pass. de déchiffrer.

DÉCHIFFREMENT, s. m. (déchifreman), action de déchiffrer.

DÉCHIFFRER, v. a. (déchifré), expliquer ce qui est écrit en chiffres; fig. débrouiller, lire une mauvaise écriture; pénétrer.

DÉCHIFFREUR, EUSE, s. (déchifreur, euse), qui explique un chiffre; qui lit les écritures difficiles.

DÉCHIQUETÉ, E, part. pass. de déchiqueter.

DÉCHIQUETER, v. a. (déchiketé) (du languedocien chic, qui signifie petit, menu), tailler, découper menu.

DÉCHIQUETURE, s. f. (déchiketure), découpure, taillade sur un habit.

DÉCHIRAGE, s. m. (déchiraje), dépècement.

DÉCHIRANT, E, adj. (déchiran, ante), qui déchire le cœur.

DÉCHIRÉ, E, part. pass. de déchirer, et adj

DÉCHIREMENT, s. m. (déchireman), action de déchirer.

DÉCHIRER, v. a. (déchiré) (dilacerare), mettre en pièces; rompre; fig. outrager par des médisances.

DÉCHIRURE, s. f. (déchirure), rupture en déchirant.

DÉCHOIR, v. n. (déchoar) (de choir), décliner; tomber dans un état pire; dériver.

DÉCHU, E, part. pass. de déchoir.

DÉCIDÉ, E, part. pass. de décider, et adj.

DÉCIDÉMENT, adv. (décideman), d'une manière décidée, arrêtée.

DÉCIDER, v. a. (décidé) (decidere, fait de cædere, couper), déterminer; résoudre; terminer. — V. n., porter un jugement.

DÉCILITRE, s. m. (décilitre) (decimus, dixième, et λιτρα, litre), dixième partie du litre dans les nouvelles mesures.

DÉCILLER, v. a. Voy. DESSILLER.

DÉCIMABLE, adj. des deux g. (décimable), qui est sujet à la dîme.

DÉCIMAL, E, adj., au pl. m. DÉCIMAUX (décimale) (decimalis), t. d'arithm., qui procède par dizaine; divisible par dix.

DÉCIMALE, s. f. (décimale) (decima), fraction d'unités de l'ordre décimal.

DÉCIMATEUR, s. m. (décimateur) qui levait la dîme.

DÉCIMATION, s. f. (décimácion), action de décimer.

DÉCIME, s. f. (décime) (decima), la dixième partie des biens ecclésiastiques, levée pour les guerres de religion.

DÉCIME, s. m. (décime), monnaie, la dixième partie du franc, ou deux sous.

DÉCIMÉ, E, part. pass. de décimer.

DÉCIMER, v. a. (décimé) (decimus, dixième), punir une personne sur dix.

DÉCIMÈTRE, s. m. (décimètre) (decimus dixième, et μετρον, mesure), dixième partie du mètre dans les nouvelles mesures.

DÉCINTRÉ, part. pass. de décintrer.

DÉCINTREMENT, s. m. (décceintreman), action de décintrer.

DÉCINTRER, v. a. (déceintré), ôter les cintres d'une voûte.

DÉCISIF, SIVE, adj. (décisife, sive), qui décide; concluant.

DÉCISION, s. f. (décision) (decisio), action de décider; jugement; résolution.

DÉCISIVEMENT, adv. (déciziveman), d'une manière décisive.

DÉCISOIRE, adj. des deux g. (décizoare), t. de jur., décisif.

DÉCLAMATEUR, adj. et s. m. (déklamateur), qui déclame, qui exagère.

DÉCLAMATION, s. f. (déklamácion) (declamatio), action, manière, art de déclamer; emploi de phrases pompeuses; invective.

DÉCLAMATOIRE, adj. des deux g. (déklamatoare) (declamatorius), qui appartient à la déclamation.

DÉCLAMÉ, E, part. pass. de déclamer.

DÉCLAMER, v. a. (déklamé) (declamare), réciter à haute voix et d'un ton d'orateur. — V. n., invectiver; parler contre.

DÉCLARATIF, TIVE, adj. (déklaratife, tive) (declarativus), qui déclare.

DÉCLARATION, s. f. (déklarácion) (declaratio), action de déclarer; discours, acte par lequel on déclare.

DÉCLARATOIRE, adj. des deux g. (déklaratoare), qui déclare.

DÉCLARÉ, E, part. pass. de déclarer, et adj.

DÉCLARER, v. a. (déklaré) (declarare), manifester; signifier; nommer; révéler.

DÉCLIN, s. m. (déklein), état d'une chose qui décline; ressort d'une arme à feu.

DÉCLINABLE, adj. des deux g. (déklinable) (declinabilis), qui peut être décliné.

DÉCLINAISON, s. f. (déklinézon) (declinatio, de declinare, tomber), t. de gramm., manière de faire passer les noms par tous les cas)

t. d'astron., distance des astres par rapport à l'équateur; t. de phys., déviation de l'aiguille aimantée par rapport au vrai nord.

DÉCLINANT, adj. m. (*déklinan*): cadran *déclinant*, qui ne regarde pas le midi.

DÉCLINATOIRE, adj. des deux g. et s. m. (*déklinatoare*), se dit de moyens qu'on allègue pour *décliner* une juridiction.

DÉCLINÉ, E, part. pass. de *décliner*.

DÉCLINER, v. n. (*dékliné*) (*declinare*), déchoir; pencher vers sa fin; s'écarter; éviter. —V. a., faire passer un nom, un adjectif par tous ses cas; ne pas reconnaître une juridiction; dire.

DÉCLIVE, adj. des deux g. (*déklive*) (*declivis*), qui est en pente.

DÉCLIVITÉ, s. f. (*déklivité*) (*declivitas*), situation d'une chose qui est en pente.

DÉCLORE, v. a. (*déklore*), ôter la *clôture*.

DÉCLOS, E, part. pass. de *déclore*, et adj., qui n'est plus *clos*.

DÉCLOUÉ, E, part. pass. de *déclouer*.

DÉCLOUER, v. a. (*dékloué*), ôter les *clous* qui attachent quelque chose.

DÉCOCHÉ, E, part. pass. de *décocher*.

DÉCOCHEMENT, s. m. (*dékocheman*), action de *décocher*.

DÉCOCHER, v. a. (*dékoché*) (de la partic. *dé*, et du s. *coche*, entaille), tirer une flèche.

DÉCOCTION, s. f. (*dékokcion*) (*decoctio*, de *decoquere*, faire cuire), cuisson, bouillon de drogues, de plantes.

DÉCOIFFÉ, E, part. pass. de *décoiffer*.

DÉCOIFFER, v. a. (*dékoifé*), ôter la *coiffure*; défaire, déranger la coiffure.

DÉCOLLATION, s. f. (*dékolácion*), action de *décoller*, de couper le *cou*.

DÉCOLLÉ, E, part. pass. de *décoller*.

DÉCOLLEMENT, s. m. (*dékoleman*), action de *décoller*.

DÉCOLLER, v. a. (*dékolé*) (*decollare*, formé de la partic. priv. *de*, et de *collum*, cou); couper le *cou*; détacher ce qui était collé.

DÉCOLLETÉ, E, part. pass. de *décolleter*.

DÉCOLLETER, v. a. et n. (*dékoleté*), découvrir le *cou*, la gorge.

DÉCOLORATION, s. f. (*dékolorácion*), affaiblissement de la *couleur*.

DÉCOLORÉ, E, part. pass. de *décolorer*.

DÉCOLORER, v. a. (*dékoloré*), ôter, effacer la *couleur*.

DÉCOMBRÉ, E, part. pass. de *décombrer*.

DÉCOMBRER, v. a. (*dékonbré*), ôter les *décombres*.

DÉCOMBRES, s. m. pl. (*dékonbre*) (de la partic. priv. *dé*, et du lat. barbare *combri*, arbres abattus), plâtras; menues pierres.

DÉCOMMANDÉ, E, part. pass. de *décommander*.

DÉCOMMANDER, v. a. (*dékomandé*), contremander une *commande*.

DÉCOMPOSÉ, E, part. pass. de *décomposer*.

DÉCOMPOSER, v. a. (*dékonpôzé*), réduire un corps à ses principes.—V. pr., perdre contenance.

DÉCOMPOSITION, s. f. (*dékonpôzicion*), résolution d'un corps en ses principes.

DÉCOMPTE, s. m. (*dékonte*) (de la partic. *dé*, et du s. *compte*), retenue sur un *compte*.

DÉCOMPTÉ, E, part. pass. de *décompter*.

DÉCOMPTER, v. a. (*dékonté*), faire le *décompte*.—V. n., rabattre de l'opinion que l'on avait.

DÉCONCERTÉ, E, part. pass. de *déconcerter*, et adj.

DÉCONCERTER, v. a. (*dékoncèrté*), troubler les mesures prises par les autres; mettre une personne en désordre.

DÉCONFIRE, v. a. (*dékonfire*) (de l'italien *sconfiggere*), battre, défaire. Vieux.

DÉCONFIT, E, part. pass. de *déconfire*.

DÉCONFITURE, s. f. (*dékonfiture*) (en italien *sconfita*), défaite; déroute; ruine; faillite.

DÉCONFORT, s. m. (*dékonfor*) (de la partic. priv. *dé*, et du vieux mot *confort*, consolation), désolation, découragement.

DÉCONFORTÉ, E, part. pass. de *déconforter*.

DÉCONFORTER, v. a. (*dékonforté*) (de la partic. priv. *dé*, et du v. *conforter*), décourager.

DÉCONSEILLÉ, E, part. pass. de *déconseiller*.

DÉCONSEILLER, v. a. (*dékoncè-ié*), dissuader; conseiller de ne pas faire. Peu us.

DÉCONSIDÉRÉ, E, part. pass. de *déconsidérer*, et adj.

DÉCONSIDÉRER, v. a. (*dékoncidéré*), ôter, faire perdre la *considération*, l'estime.

DÉCONTENANCÉ, E, part. pass. de *décontenancer*, et adj.

DÉCONTENANCER, v. a. (*dékontenancé*), faire perdre *contenance*.

DÉCONVENUE, s. f. (*dékonvenu*) (de la partic. *dé*, et du v. *convenir*), mauvais succès.

DÉCOR, s. m. (*dékor*), action de *décorer*; ce qui *décore*; ornement.—Au pl., l'ensemble des *décorations* d'un théâtre.

DÉCORATEUR, s. m. (*dékorateur*), qui fait des *décorations*.

DÉCORATION, s. f. (*dékorácion*) (*decoramen*), ornement, embellissement; ce qui, au théâtre, représente les lieux où l'action se passe; marque de dignité.

DÉCORDÉ, E, part. pass. de *décorder*.

DÉCORDER, v. a. (*dékordé*), détortiller une *corde*.

DÉCORÉ, E, part. pass. de *décorer*.—S., qui porte une *décoration*.

DÉCORER, v. a. (*dékoré*) (*decorare*), orner; conférer une *décoration*.

DÉCORTICATION, s. f. (*dékortikácion*) (*decorticatio*, formé de la partic. priv. *de*, et de *cortex, corticis*, écorce), action d'enlever l'écorce.

DÉCORUM, s. m. (*dékorome*) (mot lat. francisé), bienséance.— Il n'a point de pl.

DÉCOUCHÉ, E, part. pass. de *découcher*.

DÉCOUCHER, v. n. (*dékouché*), coucher hors de chez soi. — V. a., faire coucher quelqu'un hors de son lit.

DÉCOUDRE, v. a. (*dékoudre*), défaire une couture. — V. n., en venir aux mains. Fam.

DÉCOULEMENT, s. m. (*dékouleman*), flux, mouvement de ce qui *découle*.

DÉCOULER, v. n. (*dékoulé*), couler de haut en bas, peu à peu et de suite ; *fig.* émaner.

DÉCOUPÉ, E, part. pass. de *découper*, et adj.

DÉCOUPER, v. a. (*dékoupé*), couper en petites parties ; couper du carton, etc., de manière que ce qui en reste forme une figure.

DÉCOUPEUR, EUSE, s. (*dékoupeur, euse*), qui travaille en *découpures*.

DÉCOUPLÉ, E, part. pass. de *découpler*, et adj., bien proportionné ; divisé.

DÉCOUPLÉ, s. m. (*dékouplé*), action de détacher des chiens *couplés*.

DÉCOUPLER, v. a. (*dékouplé*), détacher des chiens *couplés*.

DÉCOUPURE, s. f. (*dékoupure*), taillade ; chose *découpée*.

DÉCOURAGÉ, E, part. pass. de *décourager*.

DÉCOURAGEANT, E, adj. (*dékourajan*, ante), qui *décourage*.

DÉCOURAGEMENT, s. m. (*dékourajeman*), abattement, perte de *courage*.

DÉCOURAGER, v. a. (*dékourajé*), abattre le *courage*.

DÉCOURS, s. m. (*dékour*) (*decursus*), décroissement de la lune ; déclin d'une maladie.

DÉCOUSU, E, part. pass. de *découdre*, adj. et s. (*dékouzu*), où il n'y a pas de liaison.

DÉCOUSURE, s. f. (*dékouzure*), endroit décousu.

DÉCOUVERT, E, part. pass. de *découvrir*, et adj. — A DÉCOUVERT, loc. adv., publiquement.

DÉCOUVERTE, s. f. (*dékouvèrete*), action de *découvrir* ; chose *découverte* ; invention.

DÉCOUVRIR, v. a. (*dékouvrir*), ôter ce qui couvrait ; *fig.* parvenir à connaître ; apercevoir ; trouver, révéler, déclarer ; dégarnir.

DÉCRASSÉ, E, part. pass. de *décrasser*.

DÉCRASSER, v. a. (*dékracé*), ôter la crasse.

DÉCRÉDITÉ, E, part. pass. de *décréditer*.

DÉCRÉDITEMENT, s. m. (*dékréditeman*), action de *décréditer*.

DÉCRÉDITER, v. a. (*dékrédité*), faire perdre le *crédit*.

DÉCRÉPIT, E, adj. (*dékrépi, pite*) (*decre-pitus*, formé de *decrépare*, faire son dernier pétillement), vieux et cassé.

DÉCRÉPITATION, s. f. (*dékrépitâcion*), pétillement ; calcination d'un sel.

DÉCRÉPITÉ, E, part. pass. de *décrépiter*.

DÉCRÉPITER, v. a. (*dékrépité*) (de la partic. priv. *dé*, et de *crepitare*, pétiller), faire sécher le sel au feu et le calciner. — V. n., pétiller.

DÉCRÉPITUDE, s. f. (*dékrépitude*), vieillesse extrême et infirme.

DÉCRET, s. m. (*dékrè*) (*decretum*, fait de *decernere*, résoudre), ordonnance, arrêt, décision.

DÉCRÉTALE, s. f. (*dékrétale*) (*decretalis*, de décret), règlement des papes.

DÉCRÉTÉ, E, part. pass. de *décréter*.

DÉCRÉTER, v. a. et n. (*dékrété*) (*decernere*, déterminer), décerner un *décret*.

DÉCRI, s. m. (*dékri*) (de la partic. priv. *dé*, et du mot *cri*), action de *décrier* ; perte de crédit.

DÉCRIÉ, E, part. pass. de *décrier*.

DÉCRIER, v. a. (*dékrié*), défendre, par cri public, le cours ou l'usage de certaines choses ; *fig.* ôter la réputation.

DÉCRIRE, v. a. (*dékrire*) (*describere*), représenter par le discours ; tracer.

DÉCROCHÉ, E, part. pass. de *décrocher*.

DÉCROCHER, v. a. (*dékroché*), détacher ce qui est *accroché*.

DÉCROIRE, v. a. (*dékroare*), ne pas croire. Presque inus.

DÉCROISSEMENT, s. m. (*dékroéceman*), diminution.

DÉCROÎTRE, v. n. (*dékroêtre*) (*decrescere*, formé de la partic. priv. *de*, et de *crescere*, croître), diminuer.

DÉCROTTÉ, E, part. pass. de *décrotter*.

DÉCROTTER, v. a. (*dékroté*), ôter la crotte.

DÉCROTTEUR, EUSE, s. (*dékroteur, euse*), qui *décrotte*.

DÉCROTTOIR, s. m. (*dékrotoare*), ustensile placé à la porte d'une maison, d'un appartement, et qui sert à *décrotter* la chaussure.

DÉCROTTOIRE, s. f. (*dékrotoare*), brosse pour *décrotter* les souliers.

DÉCRU, E, part. pass. de *décroître*.

DÉCRUE, s. f. (*dékru*), quantité dont une chose a *décru*.

DÉCRUÉ, E, part. pass. de *décruer*.

DÉCRUEMENT, s. m. (*dékrueman*), action de *décruer*.

DÉCRUER, v. a. (*dékrué*), lessiver le fil cru avant de le teindre.

DÉCRUSÉ, E, part. pass. de *décruser*.

DÉCRUSEMENT, s. m. (*dékruzeman*), action de *décruser*.

DÉCRUSER, v. a. (*dékruzé*) (de la partic. priv. *de*, et du lat *crusta*, croûte), mettre des cocons dans l'eau bouillante pour en extraire plus facilement la soie.

DÉCUIRE, v. a. (*dékuire*), corriger l'excès de la *cuisson*. — V. pr., se liquéfier trop.

DÉCUPLE, adj. des deux g. et s. m. (*decuplex*), dix fois aussi grand.

DÉCUPLÉ, E, part. pass. de *décupler*.

DÉCUPLER, v. a. (*dékuplé*), rendre dix fois aussi grand.

DÉCURIE, s. f. (*dékuri*) (*decuria*, fait de *decem*, dix), troupe de dix hommes.

DÉCURION, s. m. (*dékurion*) (*decurio*), qui commandait une *décurie*.

DÉDAIGNER, v. a. et n. (*dédègnié*) (*dedignari*), mépriser; rejeter avec *dédain*.

DÉDAIGNEUSEMENT, adv. (*dédègnieuzeman*), avec *dédain*.

DÉDAIGNEUX, EUSE, adj. et s. (*dédègnieu, euze*), qui marque du *dédain*; méprisant.

DÉDAIN, s. m. (*dédein*), mépris insultant exprimé par l'air, le ton et le maintien.

DÉDALE, s. m. (*dédale*), labyrinthe.

DÉDAMER, v. n. (*dédamé*), au jeu de dames; déplacer une des quatre *dames* qui sont au premier rang.

DEDANS, adv. de lieu (*dedan*), dans l'intérieur. — S. m., la partie intérieure.

DÉDICACE, s. f. (*dédikace*) (*dedicatio*), consécration d'une église; action de *dédier*.

DÉDICATOIRE, adj. des deux g. (*dédikatoare*), qui contient la *dédicace* d'un livre.

DÉDIÉ, E, part. pass. de *dédier*.

DÉDIER, v. a. (*dédié*) (*dedicare*), consacrer; destiner; adresser; faire hommage.

DÉDIRE, v. a. (*dédire*), désavouer. — V. pr., se rétracter.

DÉDIT, s. m. (*dédi*), rétractation; peine encourue par cette rétractation.

DÉDIT, E, part. pass. de *dédire*.

DÉDOMMAGÉ, E, part. pass. de *dédommager*.

DÉDOMMAGEMENT, s. m. (*dédomajeman*), indemnité pour un *dommage*; compensation.

DÉDOMMAGER, v. a. (*dédomajé*), indemniser d'un *dommage*.

DÉDORÉ, E, part. pass. de *dédorer*.

DÉDORER, v. a. (*dédoré*), ôter la dorure.

DÉDOUBLÉ, E, part. pass. de *dédoubler*.

DÉDOUBLER, v. a. (*dédoublé*), ôter la doublure; séparer.

DÉDUCTION, s. f. (*dédukcion*) (*deductio*), soustraction; rabais; énumération.

DÉDUIRE, v. a. (*déduire*) (*deducere*), rabattre d'une somme; faire l'énumération; narrer; inférer, tirer une conséquence.

DÉDUIT, s. m. (*dédui*) (*deductio*, action de mener), passe-temps. Inus.

DÉDUIT, E, part. pass. de *déduire*.

DÉESSE, s. f. (*dé-èce*) (*dea*), divinité fabuleuse du sexe féminin.

se **DÉFÂCHER**, v. pr. (*cedéfâché*), s'apaiser après s'être mis en colère.

DÉFAILLANCE, s. f. (*défa-iance*), faiblesse, évanouissement; résolution d'un sel, etc., en liqueur, par l'humidité de l'air.

DÉFAILLANT, E, s. (*défa-ian, ante*), qui fait *défaut* en justice.

DÉFAILLANT, E, adj. (*défa-ian, ante*), qui s'affaiblit, qui dépérit.

DÉFAILLIR, v. n. (*défaie-ir*) (*deficere*, manquer), manquer; dépérir; s'affaiblir.

DÉFAIRE, v. a. (*défère*), détruire; faire mourir; abattre; amaigrir; mettre en déroute; débarrasser; déshabituer. — Il s'emploie souvent avec le pronom *se*.

DÉFAIT, E, part. pass. de *défaire*, et adj., battu, taillé en pièces; exténué; amaigri.

DÉFAITE, s. f. (*défète*), perte d'une bataille, déroute; débit; excuse.

DÉFALCATION, s. f. (*défalkâcion*), déduction.

DÉFALQUÉ, E, part. pass. de *défalquer*.

DÉFALQUER, v. a. (*défalkié*) (*defalcare*, de *falx, falcis*, faulx), déduire.

se **DÉFAUSSER**, v. pr. (*cedéfôcé*), au jeu, jeter une carte qu'on croit inutile.

DÉFAUT, s. m. (*défô*) (*defectus*), imperfection; manque. — A DÉFAUT DE, AU DÉFAUT DE, loc. prépositives, faute de..., à la place de...

DÉFAVEUR, s. f. (*défaveur*), cessation de faveur.

DÉFAVORABLE, adj. des deux g. (*défavorable*), qui n'est point *favorable*.

DÉFAVORABLEMENT, adv. (*défavorableman*), d'une manière *défavorable*.

DÉFÉCATION, s. f. (*défékâcion*) (*defecatio*, de *fex, fecis*, lie, marc), dépuration d'une liqueur; déjection alvine.

DÉFECTIF, TIVE, adj. (*défèktif, tive*) (*defectivus*, de *deficere*, manquer), incomplet.

DÉFECTION, s. f. (*défèkcion*) (*defectio*) désertion; rebellion; éclipse.

DÉFECTUEUSEMENT, adv. (*défèktueuseman*), d'une manière *défectueuse*.

DÉFECTUEUX, EUSE, adj. (*défèktueu, euze*), qui a des *défauts*.

DÉFECTUOSITÉ, s. f. (*défèktuosité*), défaut, vice, imperfection.

DÉFENDABLE, adj. des deux g. (*défandable*), qu'on peut *défendre*.

DÉFENDEUR, DERESSE, s. (*défandeur, derèce*), qui se *défend* en justice.

DÉFENDRE, v. a. (*défandre*) (*defendere*), conserver; soutenir; protéger; prohiber. — V. pr., repousser; s'excuser.

DÉFENDS, s. m. (*défan*), se dit des bois dont dont on a *défendu* la coupe.

DÉFENDU, E, part. pass. de *défendre*, et adj., protégé; prohibé.

DÉFENSE, s. f. (*défance*) (*defensio*), protection; appui; justification; prohibition. — Au pl., longues dents du sanglier; fortification.

DÉFENSEUR, s. m. (*défanceur*), qui défend, qui protége.

DÉFENSIF, SIVE, adj. (*défancife, cive*), qui *défend*.

DÉFENSIVE, s. f. (*défancive*), état de défense.

DÉFÉQUÉ, E, part. pass. de *déféquer*.

DÉFÉQUER, v. a. (*défékié*) (*defecare*), ôter les *fèces*, la lie d'une liqueur, etc.

DÉFÉRANT, E, adj. (*déféran, ante*), qui *défère*, qui condescend.

DÉFÉRÉ, E, part. pass. de *déférer*.

DÉFÉRENCE, s. f. (*déférance*), respect, égard, condescendance.

DÉFÉRENT, adj. m. (*déféran*) (*deferens*, de *deferre*, porter), t. de méd., se dit du canal excréteur du sperme.

DÉFÉRER, v. n. (*déféré*), céder; condescendre par respect, par égard.

DÉFÉRER, v. a. (*déféré*) (*deferre*), donner, décerner; dénoncer.

DÉFERLÉ, E, part. pass. de *déferler*.

DÉFERLER, v. a. (*déferelé*), t. de mar., déployer les voiles.

DÉFERRÉ, part. pass. de *déferrer*.

DÉFERRER, v. a. (*déféré*) (rac. *fer*), ôter les *fers*; *fig.* déconcerter.—V. pr., perdre son *fer*; se déconcerter.

DÉFETS, s. m. pl. (*défè*), t. de librairie, feuillets dépareillés.

DÉFI, s. m. (*défi*) (*diffidatio*), appel; provocation.

DÉFIANCE, s. f. (*défiance*) (*diffidentia*, fait de *diffidere*, se défier), soupçon, crainte.

DÉFIANT, E, adj. (*défian, ante*) (*diffidens*), soupçonneux.

DÉFICIT, s. m. (*déficite*) (mot pris du lat.), ce qui manque.

DÉFIÉ, E, part. pass. de *défier*.

DÉFIER, v. a. (*défié*) (*diffidere*), provoquer; braver; mettre quelqu'un à pis faire.—V. pr., suspecter; prévoir.

DÉFIGURÉ, E, part. pass. de *défigurer*.

DÉFIGURER, v. a. (*défiguré*), gâter la figure; rendre difforme.

DÉFILÉ, s. m. (*défilé*), passage étroit; action des troupes qui *défilent*; *fig.* situation embarrassante.

DÉFILÉ, E, part. pass. de *défiler*.

DÉFILEMENT, s. m. (*défileman*) t. de fortif.,

méthode pour préserver un ouvrage de l'enfilade.

DÉFILER, v. a. (*défilé*), ôter le *fil*; *fig.* réciter en détail.—V. n., aller à la *file*.

DÉFINI, E, part. pass. de *définir*.

DÉFINIR, v. a. (*définir*) *definire*, fait de *finis*, borne), expliquer; déterminer; décider.

DÉFINITEUR, s. m. (*définiteur*), administrateur d'un couvent.

DÉFINITIF, TIVE, adj. (*définitife, tive*), qui détermine, qui décide.

DÉFINITION, s. f. (*définicion*) (*definitio*), explication de la nature d'une chose; décision.

DÉFINITIVEMENT, adv. (*définitiveman*), tout-à-fait; au fond; d'une manière *définitive*.

DÉFLAGRATION, s. f. (*déflaguerâcion*) (*deflagratio*, de *deflagrare*, brûler), t. de chim., opération par laquelle un corps est brûlé.

DÉFLEGMATION ou **DÉPHLEGMATION**, s. f. (*deflèguemâcion*), action de *déflegmer*.

DÉFLEGMÉ ou **DÉPHLEGMÉ, E**, part. pass. de *déflegmer*, et adj.

DÉFLEGMER ou **DÉPHLEGMER**, v. a. (*déflèguemé*), enlever la partie *flegmatique* ou aqueuse d'un corps.

DÉFLEURIR, v. n. (*défleurir*), perdre les *fleurs*.—V. a., ôter la *fleur*.

DÉFLORATION, s. f. (*déflorâcion*) (*defloratio*), action de *déflorer*.

DÉFLORÉ, E, part. pass. de *déflorer*.

DÉFLORER, v. a. (*défloré*) (*deflorare*, formé de la partic. priv. *de*, et de *flos, floris*, *fleur*), ôter la *fleur* de la virginité.

DÉFONCÉ, E, part. pass. de *défoncer*.

DÉFONCEMENT, s. m. (*défonceman*), action de *défoncer*.

DÉFONCER, v. a. (*défoncé*), ôter le *fond*; fouiller un terrain.

DÉFORMATION, s. f. (*déformâcion*), altération de la *forme* primitive et naturelle.

DÉFORMÉ, E, part. pass. de *déformer*.

DÉFORMER, v. a. (*déformé*), ôter ou gâter la *forme*.

DÉFOURNÉ, E, part. pass. de *défourner*.

DÉFOURNER, v. a. (*défourné*), ôter du *four*.

DÉFRAYÉ, E, part. pass. de *défrayer*.

DÉFRAYER, v. a. (*défréié*), payer les frais, la dépense de quelqu'un.

DÉFRICHÉ, E, part. pass. de *défricher*.

DÉFRICHEMENT, s. m. (*défricheman*), action de *défricher*; terrain *défriché*.

DÉFRICHER, v. a. (*défriché*) (de la partic. extr. *dé*, et de *friche*), ôter les mauvaises herbes; *fig.* débrouiller une affaire.

DÉFRICHEUR, s. m. (*défricheur*), qui défriche une terre.

DÉFRISÉ, E, part. pass. de *défriser*.

DÉFRISER, v. a. (défrizé), défaire la frisure.

DÉFRONCÉ, E, part. pass. de défroncer.

DÉFRONCER, v. a. (défroncé), déplisser.

DÉFROQUE, s. f. (défroke) (de la partic. dé, et du mot froc), la dépouille d'un moine.

DÉFROQUÉ, E, part. pass. de défroquer, adj. et s., qui a quitté le froc.

DÉFROQUER, v. a. (défrokié), ôter le froc, faire quitter le froc. Fam.

DÉFUNT, E, adj. et s. (défeun, feunte) (defunctus, délivré), mort, décédé.

DÉGAGÉ, E, part. pass. de dégager, et adj., libre, aisé; leste; bien proportionné.

DÉGAGEMENT, s. m. (déguajeman), action de dégager; état d'une chose dégagée; issue secrète et dérobée; moulure.

DÉGAGER, v. a. (déguajé), retirer ce qui était engagé; débarrasser, délivrer.

DÉGAINE, s. f. (déguiéne), allure. Pop.

DÉGAÎNÉ, E, part. pass. de dégaîner. — S. m., le moment où l'on dégaîne.

DÉGAÎNER, v. n. (déguiéné), tirer l'épée.

DÉGANTÉ, E, part. pass. de déganter.

DÉGANTER, v. a. (déguanté), ôter les gants.

DÉGARNI, E, part. pass. de dégarnir.

DÉGARNIR, v. a. (déguarnir), ôter ce qui garnit; dégager.

DÉGÂT, s. m. (déguâ) (devastare, dévaster), ravage, désordre, ruine.

DÉGAUCHI, E, part. pass. de dégauchir.

DÉGAUCHIR, v. a. (déguôchire) (de la partic. priv. dé, et de l'adj. gauche), dresser un ouvrage en bois, en pierre, etc., façonner.

DÉGAUCHISSEMENT, s. m. (déguôchiceman), action de dégauchir.

DÉGEL, s. m. (déjèle), relâchement du froid, fonte des neiges et de la glace.

DÉGELÉ, E, part. pass. de dégeler.

DÉGELER, v. a. (déjelé), résoudre la gelée, fondre la glace. — V. n., cesser de geler.

DÉGÉNÉRATION, s. f. (déjénérácion), état de ce qui dégénère.

DÉGÉNÉRÉ, E, part. pass. de dégénérer.

DÉGÉNÉRER, v. n. (déjénéré)(degenerare, fait de la partic. de, et du genus, generis, race), s'abâtardir; s'écarter du bien.

DÉGÉNÉRESCENCE, s.f. (déjénérececance), tendance à dégénérer.

DÉGINGANDÉ, E, adj. (déjeinguandé) (de l'adv. français de guingois, de travers), dont la contenance est mal assurée.

DÉGLUÉ, E, part. pass. de dégluer.

DÉGLUER, v. a. (déguelué), ôter la glu.

DÉGLUTITION, s. f. (dégueluticion) (deglutire, avaler), action d'avaler.

DÉGOISÉ, E, part. pass. de dégoiser.

DÉGOISER, v. a. (déguoézé) (de la partic. extr. dé, et du mot gosier), autrefois, chanter; dire ce qu'il faut taire. Fam.

DÉGOMMÉ, E, part. pass. de dégommer.

DÉGOMMER, v.a. (dégomé), ôter la gomme; faire perdre un emploi. Pop.

DÉGONFLÉ, E, part. pass. de dégonfler.

DÉGONFLEMENT, s. m. (déguonfleman), action de dégonfler.

DÉGONFLER, v. a. (déguonflé), dissiper le gonflement.

DÉGORGÉ, E, part. pass. de dégorger.

DÉGORGEMENT, s. m. (déguorjeman), débordement, épanchement des eaux, etc.

DÉGORGER, v. a. (déguorjé), déboucher un passage engorgé; vider. — V. n., s'épancher.

DÉGOTÉ, E, part. pass. de dégoter.

DÉGOTER, v. a. (déguoté), supplanter. Fam.

DÉGOURDI, E, part. pass. de dégourdir.

DÉGOURDIR, v. a. (déguourdir), ôter l'engourdissement; fig. façonner, polir.

DÉGOURDISSEMENT, s. m. (déguourdiceman), cessation d'engourdissement

DÉGOÛT, s. m. (déguou), manque de goût, aversion; déplaisir, chagrin.

DÉGOÛTANT, E, adj. (déguoutan, ante), qui donne du dégoût, malpropre.

DÉGOÛTÉ, E, part. pass. de dégoûter, adj. et s., difficile; lassé.

DÉGOÛTER, v. a. (déguouté), ôter l'appétit, donner du dégoût, de l'aversion; rebuter.

DÉGOUTTANT, E, adj. (déguoutan, ante), qui tombe goutte à goutte.

DÉGOUTTER, v. n. (déguouté), tomber goutte à goutte.

DÉGRADATION, s. f. (dégueradácion), action de dégrader; peine infamante; censure; punition; avilissement; dégât.

DÉGRADÉ, E, part. pass. de dégrader.

DÉGRADER, v. a. (dégueradé) (de la partic. priv. dé, et du s. grade), destituer d'un grade; fig. avilir; faire du dégât.

DÉGRAFÉ, E, part. pass. de dégrafer.

DÉGRAFER, v.a. (déguerafé), détacher une agrafe.

DÉGRAISSAGE ou DÉGRAISSEMENT, s. m. (déguereçaje, rèceman), action de dégraisser.

DÉGRAISSÉ, E, part. pass. de dégraisser.

DÉGRAISSER, v. a. (déguerèce), ôter la graisse, les taches.

DÉGRAISSEUR, s. m. (déguerèceur), qui dégraisse des habits, des étoffes.

DÉGRAVOIEMENT, s. m. (déguerávoéman), effet d'une eau qui dégravoie un mur.

DÉGRAVOYÉ, E, part. pass. de dégravoyer.

DÉGRAVOYER, v. a. (dégueravoéié), dégrader, déchausser des murs, des pilotis.

DEGRÉ, s. m. (*degueré*) (*degressus*, fait de *degredi*, descendre), marche d'escalier; distance; perfection; grade; partie d'un cercle.

DÉGRÉÉ, E, part. pass. de *dégréer*.

DÉGRÉER ou **DÉSAGRÉER**, v. a. (*dégueré-é*), ôter les *agrès* d'un vaisseau.

DÉGREVÉ, E, part. pass. de *dégrever*.

DÉGRÈVEMENT, s. m. (*déguerèveman*), action de *dégrever*.

DÉGREVER, v. a. (*déguerevé*), diminuer une imposition.

DÉGRINGOLADE, s.f. (*déguereinguolade*), action de *dégringoler*.

DÉGRINGOLÉ, E, part. pass. de *dégringoler*.

DÉGRINGOLER, v. a. (*déguereinguolé*), descendre vite. Fam.

DÉGRISÉ, E, part. pass. de *dégriser*.

DÉGRISER, v. a. (*déguerizé*), faire passer l'ivresse; *fig.* détruire l'illusion. Fam.

DÉGROSSI, E, part. pass. de *dégrossir*.

DÉGROSSIR, v. a. (*déguerôcir*), ôter le plus *gros*; ébaucher; *fig.* débrouiller.

DÉGUENILLÉ, E, adj. (*dégueniié*), couvert de *guenilles*.

DÉGUENILLER, v. a. (*dégueniié*), ôter les *guenilles*; mettre en *guenilles*; *fig.* diffamer.

DÉGUERPI, E, part. pass. de *déguerpir*.

DÉGUERPIR, v. a. (*déguièrepir*) (du vieux mot français *guerpir*, abandonner), abandonner. — V. n., sortir d'un lieu malgré soi.

DÉGUERPISSEMENT, s. m. (*déguièrepiceman*), action de *déguerpir*; abandonnement d'un héritage.

DÉGUEULÉ, E, part. pass. de *dégueuler*.

DÉGUEULER, v. a. (*dégueulé*) (de la partic. extr. *dé*, et du s. *gueule*), vomir. Il est bas.

DÉGUIGNONNÉ, E, part. pass. de *déguignonner*.

DÉGUIGNONNER, v. a. (*déguignioné*), ôter le *guignon*, le malheur, surtout au jeu.

DÉGUISÉ, E, part. pass. de *déguiser*, et adj.

DÉGUISEMENT, s. m. (*déguizeman*), état où est une personne *déguisée*; dissimulation.

DÉGUISER, v. a. (*déguizé*), masquer, travestir; *fig.* cacher, altérer.

DÉGUSTATEUR, s. m. (*dégucetateur*), qui est chargé de *déguster*.

DÉGUSTATION, s. f. (*dégucetácion*) (*degustatio*), action de *déguster*.

DÉGUSTÉ, E, part. pass. de *déguster*.

DÉGUSTER, v. a. (*déguceté*), goûter une boisson pour en connaître la qualité.

DÉHÂLÉ, E, part. pass. de *déhâler*.

DÉHÂLER, v. a. (*dé-âlé*), ôter l'impression que le *hâle* a faite sur le teint. Vieux.

DÉHANCHÉ, E, adj. (*dé-anché*), qui a les hanches disloquées.

DÉHARNACHÉ, E, part. pass. de *déharnacher*.

DÉHARNACHEMENT, s. m. (*dé-arnackeman*), action de *déharnacher*.

DÉHARNACHER, v. a. (*dé-arnaché*) (du v. *harnacher*), ôter les harnais.

DÉHISCENCE, s. f. (*dé-ice ance*) (*dehiscere*, s'entr'ouvrir), ouverture du péricarpe.

DÉHISCENT, E, adj. (*dé-icecan*, *ante*), se dit des parties mûres des fruits qui s'ouvrent d'elles-mêmes.

DÉHONTÉ, E, adj. (*dé-onté*), sans pudeur.

DEHORS, adv. de lieu (*de-or*) (du lat. barbare *deforis*, pour *foris*), à l'extérieur. — S. m., partie extérieure d'une chose; apparence.

DÉICIDE, s. m. (*dé-icide*) (*deus*, dieu, et *cædere*, tuer), meurtrier du Christ.

DÉIFICATION, s. f. (*dé-ifikácion*), apothéose; action par laquelle on *déifie*.

DÉIFIÉ, part. pass. de *déifier*.

DÉIFIER, v. a. (*dé-ifié*) (*deus*, dieu, et *fieri*, être fait), mettre au nombre des *dieux*.

DÉISME, s. m. (*dé-iceme*), système du *déiste*.

DÉISTE, s. et adj. des deux g. (*dé-icete*), qui reconnaît un *Dieu*, mais qui rejette toute religion révélée.

DÉITÉ, s. f. (*dé-ité*), divinité de la fable.

DÉJÀ, adv. (*déjà*) (*jam*), dès cette heure; dès à présent; auparavant.

DÉJECTION, s. f. (*déjèkcion*) (*dejectio*), évacuation d'excréments.

se **DÉJETER**, v. pr. (*cedéjeté*) (*dejectus*, jeté hors de sa situation), se courber.

DÉJEUNER, mieux **DÉJEUNÉ**, s. m. (*déjeuné*), repas léger du matin.

DÉJEUNER, v. n. (*déjeuné*) (de la partic. priv. *dé*, et du v. *jeûner*), manger le matin.

DÉJOINDRE, v. a. (*déjoeindre*) (*disjungere*), séparer ce qui est *joint*.

DÉJOINT, part. pass. de *déjoindre*, et adj.

DÉJOUÉ, part. pass. de *déjouer*.

DÉJOUER, v. a. (*déjoué*), déconcerter. — V. n., mal *jouer*; en t. de mar., voltiger.

DÉJUC, s. m. (*déjuk*), temps du lever des oiseaux. Vieux.

DÉJUCHÉ, E, part. pass. de *déjucher*.

DÉJUCHER, v. a. (*déjuché*), faire ôter les poules du lieu où elles sont *juchées*; chasser d'un lieu élevé. — V. n., sortir du juchoir.

DELÀ, adv. (*dela*), de ce lieu.

DELÀ, prép. (*dela*), de l'autre côté de..... Il est opposé à *deçà*.

DEL DEL 169

DÉLABRÉ, E, part. pass. de *délabrer*, et adj., tout en désordre, en mauvais état.

DÉLABREMENT, s. m. (*délabreman*); état d'une chose *délabrée*.

DÉLABRER, v. a. (*délâbré*) (du lat. inus. *dislamberare*), ruiner; déchirer; détériorer.

DÉLACÉ, E, part. pass. de *délacer*.

DÉLACER, v. a. (*délacé*), défaire le lacet.

DÉLAI, s. m. (*délè*) (*dilatio*), remise, retardement.

DÉLAISSÉ, E, part. pass. de *délaisser*.

DÉLAISSEMENT, s. m. (*délèceman*), abandon.

DÉLAISSER, v. a. (*délécé*) (du v. *laisser*), abandonner; *laisser* sans secours.

DÉLARDÉ, E, part. pass. de *délarder*.

DÉLARDEMENT, s. m. (*délardeman*), t. d'archit., action de *délarder* une pierre.

DÉLARDER, v. a. (*délardé*), rabattre en chanfrein les arêtes d'une pièce de bois; démaigrir une pierre; dépouiller le cochon de son *lard*.

DÉLASSÉ, E, part. pass. de *délasser*.

DÉLASSEMENT, s. m. (*délaceman*), repos, relâche.

DÉLASSER, v. a.(*delâcé*), ôter la *lassitude*; récréer.

DÉLATEUR, TRICE, s. (*délateur, trice*) (*delator*), accusateur, dénonciateur.

DÉLATION, s. f. (*délâcion*) (*delatio*, de *deferre*, accuser), dénonciation, accusation.

DÉLATTÉ, E, part. pass. de *délatter*.

DÉLATTER, v. a. (*délaté*), ôter les *lattes*.

DÉLAVÉ, E, adj. (*délavé*), se dit des couleurs faibles et blafardes.

DÉLAYANT, E. et adj. m. (*délèian*), remède qui rend les humeurs plus fluides.

DÉLAYÉ, E, part. pass. de *délayer*.

DÉLAYEMENT, s. m. (*délèieman*), action de *délayer*.

DÉLAYER, v. a. (*délèie*) (*diluere*, fait de *diluvium*), détremper dans un liquide.

DELEATUR, s. m. (*déléatur*) (mot lat. qui signifie *qu'il soit effacé*), t. d'impr., marque corrective qui signifie *ôtez cette lettre*, etc.

DÉLECTABLE, adj. des deux g. et s. m. (*délèktable*)(*delectabilis*), qui réjouit; agréable.

DÉLECTATION, s. f. (*délèktâcion*) (*delectatio*), plaisir qu'on savoure. Fam.

DÉLECTÉ, E, part. pass. de *délecter*.

DÉLECTER, v. a. (*délèkté*) (*delectare*), réjouir, charmer.

DÉLÉGATION, s. f. (*délégâcion*) (*delegatio*), commission pour agir au nom d'un autre; transport d'une somme.

DÉLÉGUÉ, E, part. pass. de *déléguer*, et s.

DÉLÉGUER, v. a. (*déléguié*) (*delegare*),

députer; commettre; assigner des fonds.

DÉLESTAGE, s. m. (*délècetaje*), action de *délester*.

DÉLESTÉ, E, part. pass. de *délester*.

DÉLESTER, v. a. (*délèceté*), ôter le *lest* d'un vaisseau.

DÉLESTEUR, s. m. (*délèceteur*), qui est chargé de faire *délester* les vaisseaux.

DÉLÉTÈRE, adj. des deux g. (*délétère*) (δηλητηρ, nuisible, dérivé de δηλειν, nuire), qui tue, qui cause la mort.

DÉLIBÉRANT, E, adj. (*délibéran, ante*), qui *délibère*.

DÉLIBÉRATIF, TIVE, adj. (*délibératife, tive*) (*deliberativus*), qui *délibère*.—*Voix délibérative*, droit de suffrage.

DÉLIBÉRATION, s. f. (*délibérâcion*) (*deliberatio*), discussion, consultation; résolution.

DÉLIBÉRÉ, E, part. pass. de *délibérer*, et adj., libre, déterminé.— S. m., discussion.

DÉLIBÉRÉMENT, adv. (*délibéréman*), hardiment, résolument.

DÉLIBÉRER, v. n. (*délibéré*) (*deliberare*, fait de *libra*, balance), mettre en *délibération*; examiner; résoudre.

DÉLICAT, E, adj.(*délika, kate*) (*delicatus*), agréable au goût, exquis; sensible; scrupuleux; difficile; dangereux; faible; fin; délié.

DÉLICATÉ, E, part. pass. de *délicater*.

DÉLICATEMENT, adv. (*délikateman*), d'une manière *délicate*.

DÉLICATER, v. a. (*délikaté*), traiter avec délicatesse, avec mollesse.

DÉLICATESSE, s. f. (*délikatèce*) (de l'italien *delicatessa*, formé du lat. *deliciæ*, délices), qualité d'une personne ou d'une chose *délicate*, mollesse; probité.

DÉLICE, s. m. (*délice*) (*delicium*), plaisir.

DÉLICES, s. f. pl. (*délice*) (*deliciæ*), plaisir, volupté.

DÉLICIEUSEMENT, adv. (*délicieuzeman*), avec *délices*.

DÉLICIEUX, EUSE, adj. (*délicieu, euse*) (*deliciosus*), exquis; extrêmement agréable.

se **DÉLICOTER, v. pr.** (*cedélikoté*), se dit d'un cheval qui défait son *licou*.

DÉLIÉ, s. m. (*délié*), trait de plume qui unit les pleins des caractères d'écriture.

DÉLIÉ, E, part. pass. de *délier*, et adj., qui n'est plus *lié*; menu, mince; fig. subtil, fin.

DÉLIER, v. a. (*délié*), détacher ce qui *lie*; dénouer; fig. dégager, absoudre.

DÉLIMITATION, s. f. (*délimitâcion*), action, effet de *délimiter*.

DÉLIMITÉ, E, part. pass. de *délimiter*.

DÉLIMITER, v. a. (*délimité*), marquer, fixer, tracer des *limites*.

DÉLINÉATION, s. f. (*délinéácion*) (*delineatio*, fait de *linea*, ligne), description, représentation d'un objet par des lignes ou traits.

DÉLINQUANT, E, s. et adj. (*déleinkan, ante*) (*delinquere*, faillir), qui a commis un délit.

DÉLINQUER, v. n. (*déleinkié*) (*delinquere*, manquer, faillir), commettre un *délit*.

DÉLIQUESCENCE, s. f. (*délikuèceçance*) (*deliquescere*, se fondre, fait de *liquidus*, liquide), résolution d'un corps en liquide.

DÉLIQUESCENT, E, adj. (*délikuèceçan, ante*), qui se résout en liquide par l'humidité de l'air.

DÉLIQUIUM, s. m. (*délikuiome*) (mot tout lat.), *déliquescence*.

DÉLIRANT, E, adj. (*déliran, ante*), qui est en *délire*.

DÉLIRE, s. m. (*délire*) (*delirium*, formé des deux mots *de* et *lira*, hors du sillon), égarement d'esprit; désordre dans les idées.

DÉLIRER, v. n. (*déliré*), être en *délire*.

DÉLIT, s. m. (*déli*) (*delictum*), contravention aux lois; côté d'une pierre opposé au *lit* qu'elle avait dans la carrière.

DÉLITÉ, E, part. pass. de *déliter*.

DÉLITER, v. a. (*délité*), couper une pierre suivant son *lit*, la poser sur un côté opposé au *lit* qu'elle avait dans la carrière.

DÉLITESCENCE, s. f. (*délitèceçance*) (*delitescere*, cacher), reflux subit de l'humeur.

DÉLIVRANCE, s. f. (*délivrance*), action de *délivrer*, de *livrer*; affranchissement; mise en liberté; accouchement.

DÉLIVRE, s. m. (*délivre*), l'arrière-faix, l'enveloppe du fœtus.

DÉLIVRÉ, E, part. pass. de *délivrer*.

DÉLIVRER, v. a. (*délivré*) (*liberare*), mettre en liberté; affranchir; accoucher; livrer.

DÉLOGÉ, E, part. pass. de *déloger*.

DÉLOGEMENT, s. m. (*délojeman*), changement de *logis*.

DÉLOGER, v. a. (*déloje*), déplacer; chasser.—V. n., quitter un *logement*; décamper.

DÉLOYAL, E, adj., au pl. m. **DÉLOYAUX** (*déloéial*), qui n'est pas *loyal*; perfide.

DÉLOYALEMENT, adv. (*déloéialeman*), d'une manière *déloyale*.

DÉLOYAUTÉ, s. f. (*déloéiôté*), manque de *loyauté*; infidélité; perfidie.

DÉLUGE, s. m. (*déluje*) (*diluvium* ou *diluvies*), débordement des eaux, inondation générale; *fig.* grande profusion.

DÉLUSTRÉ, E, part. pass. de *délustrer*.

DÉLUSTRER, v. a. (*délucetré*), ôter le *lustre* d'une étoffe.

DÉLUTÉ, E, part. pass. de *déluter*.

DÉLUTER, v. a. (*déluté*), t. de chim., ôter le *lut* d'un vase *luté*.

DÉMAGOGIE, s. f. (*démagaoji*) (Δημαγωγια, formé de δημος, peuple; et de αγω, je conduis), ambition de dominer dans une faction populaire; exagération dans les idées favorables à la cause populaire.

DÉMAGOGIQUE, adj. des deux g. (*démaguojike*), qui appartient à la *démagogie*.

DÉMAGOGUE, s. m. (*démaguogue*) (Δημαγωγυς), chef, membre d'une faction populaire.

DÉMAIGRI, E, part. pass. de *démaigrir*.

DÉMAIGRIR, v. a. (*démèguerir*), amenuiser.—V. n., devenir moins *maigre*.

DÉMAILLOTÉ, E, part. pass. de *démailloter*.

DÉMAILLOTER, v. a. (*dém-âioté*), ôter du *maillot*.

DEMAIN, adv. et s. m. (*demein*) (du bas lat. *demanè*, dit pour *manè*, demain), le jour d'après celui où l'on est.

DÉMANCHÉ, E, part. pass. de *démancher*.—S. m., en t. de mus., art de *démancher*.

DÉMANCHEMENT, s. m. (*démancheman*), action de *démancher*; état de ce qui est *démanché*.

DÉMANCHER, v. a. (*démanché*), ôter le *manche* d'un instrument.—V. n., t. de mus., avancer la main près du chevalet du violon. —V. pr., sortir du *manche*; *fig.* aller mal.

DEMANDE, s. f. (*demande*), action de *demander*; question; action en justice.

DEMANDER, v. a. (*demandé*) (en lat. barbare *demandare*), solliciter, prier de donner; interroger; s'informer; exiger.

DEMANDEUR, DERESSE, s. (*demandeur, derèce*), qui forme une *demande* en justice.

DEMANDEUR, EUSE, s. (*demandeur, euse*), qui *demande* souvent; importun.

DÉMANGÉ, E, part. pass. de *démanger*.

DÉMANGEAISON, s. f. (*démanjézon*), picotement qu'on éprouve à la peau; *fig.* envie, grand désir.

DÉMANGER, v. n. (*démanjé*) (du v. *manger*), éprouver une *démangeaison*.

DÉMANTELÉ, E, part. pass. de *démanteler*.

DÉMANTELER, v. a. (*démantelé*) (de la partic. extr. *dé*, et du s. *manteau*), abattre les murailles d'une ville, etc.

DÉMANTELLEMENT, s. m. (*démantèleman*), action de *démanteler*.

DÉMANTIBULER, v. a. (*démantibulé*), de la partic. extr. *dé* et du s. *mandibule*), rompre la mâchoire; *fig.* mettre en pièces.

DÉMARCATION, s. f. (*démarkácion*) (du lat. barbare *marca*, frontière), action de délimiter; ligne de séparation.

DÉMARCHE, s. f. (démarche), allure, façon de *marcher*; action; entreprise.

DÉMARIÉ, E, part. pass. de *démarier*.

DÉMARIER, v. a. (démarié), séparer des époux.

DÉMARQUÉ, E, part. pass. de *démarquer*.

DÉMARQUER, v. a. (démarkié), ôter la *marque*. — V. n., se dit d'un cheval qui ne *marque* plus l'âge qu'il a.

DÉMARRAGE, s. m. (démaraje), mouvement, agitation qui *démarre* un vaisseau.

DÉMARRÉ, E, part. pass. de *démarrer*.

DÉMARRER, v. a. (démâré) (de la partic. extr. *dé*, et du v. *amarrer*, attacher), détacher; remuer. — V. n., partir.

DÉMASQUÉ, E, part. pass. de *démasquer*.

DÉMASQUER, v. a. (démackié), ôter le *masque*; *fig.* dévoiler, faire connaître.

DÉMÂTAGE, s. m. (démâtaje), action de *démâter* un vaisseau.

DÉMÂTÉ, part. pass. de *démâter*.

DÉMÂTER, v. a. (démâté), abattre ou rompre le *mât* ou les *mâts* d'un vaisseau.

DÉMÊLÉ, s. m. (démêlé), querelle, dispute.

DÉMÊLÉ, E, part. pass. de *démêler*.

DÉMÊLER, v. a. (démêlé), séparer les choses qui sont *mêlées*; *fig.* apercevoir; reconnaître; débrouiller; distinguer; contester.

DÉMÊLOIR, s. m. (démêloar), machine à dévider; peigne à *démêler* les cheveux.

DÉMEMBRÉ, E, part. pass. de *démembrer*.

DÉMEMBREMENT, s. m. (démanbreman), action de *démembrer*; division.

DÉMEMBRER, v. a. (démanbré), séparer les *membres* d'un corps; *fig.* diviser.

DÉMÉNAGÉ, E, part. pass. de *déménager*.

DÉMÉNAGEMENT, s. m. (déménajeman), action de *déménager*.

DÉMÉNAGER, v. a. et n. (déménajé), transporter ses meubles ailleurs.

DÉMENCE, s. f. (démance) (dementia, formé de la partic. priv. *de*, et de *mens*, esprit), folie.

se DÉMENER, v. pr. (cedémené), se débattre, s'agiter.

DÉMENTI, s. m. (démanti), reproche de mensonge.

DÉMENTIR, v. a. (démantir), dire à quelqu'un qu'il a *menti*; nier. — V. pr., se dédire; se relâcher.

DÉMÉRITE, s. m. (démérite) (formé de la partic. priv. *dé*, et du s. *mérite*), action punissable, blâmable.

DÉMÉRITÉ, E, part. pass. de *démériter*.

DÉMÉRITER, v. n. (démérité), perdre par sa faute l'affection, la bienveillance.

DÉMESURÉ, E, adj. (démezuré), hors de *mesure*; excessif, immodéré.

DÉMESURÉMENT, adv. (démezuréman), sans *mesure*; avec excès.

DÉMETTRE, v. a. (démètre) (demittere, abaisser, renvoyer), déposer, destituer; disloquer. — V. pr., renoncer à.

DÉMEUBLÉ, E, part. pass. de *démeubler*.

DÉMEUBLEMENT, s. m. (démeubleman), action d'ôter les *meubles* d'un logis.

DÉMEUBLER, v. a. (démeublé), ôter les *meubles* d'une maison, d'une chambre.

DEMEURANT, E, adj. (demeuran, ante), qui *demeure*. — AU DEMEURANT, loc. adv., au reste, au surplus, Fam.

DEMEURE, s. f. (demeure), habitation, domicile; état de consistance; retardement.

DEMEURER, v. n. (demeuré) (demorari, s'arrêter), habiter; tarder; rester; être permanent, durer; se trouver; s'arrêter.

DEMI, E, adj. sing. (demi) (dimidius), qui est la moitié d'une chose. Placé devant un s., *demi* est invariable, *une demi-aune*; ce n'est que lorsqu'il se trouve après un s. f. qu'on dit *demie*, et toujours au sing., *une aune et demie, deux aunes et demie*.

DEMI, adv. (demi), presque. — A DEMI, adv., imparfaitement, à moitié.

DEMI-AUNE, s. f. (demi-ône), moitié d'une *aune*.

DEMI-BAIN, s. m. (demibein), bain où l'eau ne monte pas plus haut que le ventre.

DEMI-CERCLE, s. m. (demicèrekle), moitié d'un *cercle*.

DEMI-CIRCULAIRE, adj. des deux g. (demicirkulaire), en *demi-cercle*.

DEMI-DEUIL, s. m. (demideuie), noir mêlé de blanc, qui se porte après le grand *deuil*, lequel est de couleur noire.

DEMI-DIEU, s. m. (demidieu), né du commerce des *dieux* avec les humains.

DEMI-FORTUNE, s. f. (demifortune), carrosse attelé d'un seul cheval.

DEMI-LUNE, s. f. (demi-lune), ouvrage de fortification.

DEMI-MESURE, s. f. (demimezure), mesure, précaution insuffisante.

DEMI-MÉTAL, s. m. (demimétal), substance minérale qui a quelques propriétés des vrais *métaux*.

DÉMIS, E, part. pass. de *démettre*, et adj. (démi, mize), déposé de sa charge; disloqué.

DEMI-SOLDE, s. f. (demicolede), la moitié de la *solde*.

DÉMISSION, s. f. (démicion), acte par lequel on se *démet* de quelque emploi, etc.

DÉMISSIONNAIRE, s. et adj. des deux g. (démicionère), qui a donné sa *démission*.

DEMI-TEINTE, s. f. (demiteinte), en t. de

peinture, *teinte* faible, qui sert de passage d'un ton à un autre.

DÉMOCRATE, s. des deux g. (*démokrate*), partisan de la *démocratie*.

DÉMOCRATIE, s. f. (*démokraci*) (δῆμος, peuple, et κράτος, force), forme de gouvernement par laquelle le peuple a l'autorité.

DÉMOCRATIQUE, adj. des deux g. (*démokratike*), qui appartient à la *démocratie*.

DÉMOCRATIQUEMENT, adv. (*démokratikeman*), d'une manière *démocratique*.

DEMOISELLE, s. f. (*demoèzèle*), terme commun à toute fille d'honnête famille non mariée; autrefois fille née de parents nobles; instrument de paveur; insecte.

DÉMOLI, E, part. pass. de *démolir*.

DÉMOLIR, v. a. (*démolir*) (*demolire* ou *demoliri*), abattre pièce à pièce, détruire.

DÉMOLISSEUR, s. m. (*démoliceur*), qui démolit.

DÉMOLITION, s. f. (*démolicion*) (*demolitio*), action de *démolir*.

DÉMON, s. m. (*démon*) (δαίμων, génie), diable; *fig.* personne méchante; passion.

DÉMONÉTISATION, s. f. (*démonétisácion*), décri d'une *monnaie*.

DÉMONÉTISÉ, E, part. pass. de *démonétiser*.

DÉMONÉTISER, v. a. (*démonétisé*), ôter sa valeur à une *monnaie*, à un papier-*monnaie*.

DÉMONIAQUE, adj. et s. des deux g. (*démoniake*), possédé du *démon*; *fig.* personne colère, emportée, passionnée.

DÉMONOGRAPHE, s. m. (*démonoguerafe*), auteur qui écrit sur les *démons*.

DÉMONOMANIE, s. f. (*démonomani*) (δαίμων, démon, et μανία, désir), folie qui consiste à se croire possédé du *démon*; magie; traité sur les *démons*.

DÉMONSTRATEUR, s. m. (*démoncetrateur*) (*demonstrator*), qui *démontre*.

DÉMONSTRATIF, TIVE, adj. (*démoncetratif, tive*) (*demonstrativus*), qui sert à *démontrer*; qui a pour objet la louange ou le blâme.

DÉMONSTRATION, s. f. (*démoncetrácion*), (*demonstratio*), preuve évidente et convaincante; explication; témoignage; leçon.

DÉMONSTRATIVEMENT, adv. (*démoncetrativeman*), d'une manière convaincante.

DÉMONTÉ, E, part. pass. de *démonter*, et adj.

DÉMONTER, v. a. (*démonté*), ôter à quelqu'un sa *monture*; désassembler les pièces d'un ouvrage; *fig* déconcerter.

DÉMONTRABLE, adj. des deux g. (*démontrable*), qui peut être *démontré*.

DÉMONTRÉ, E, part. pass. de *démontrer*.

DÉMONTRER, v. a. (*démontré*), prouver; expliquer; témoigner.

DÉMORALISATION, s. f. (*démoralisácion*), action de *démoraliser*; corruption des mœurs.

DÉMORALISÉ, E, part. pass. de *démoraliser*.

DÉMORALISER, v. a. (*démoralizé*), rendre *immoral*.

DÉMORDRE, v. n. (*démordre*), quitter prise après avoir *mordu*; *fig.* se départir.

DÉMOTIQUE, adj. des deux g. (*démotike*) (δῆμος, peuple), qui est à l'usage du peuple.

DÉMOUVOIR, v. a. (*démouvoar*), t. de jur., mettre quelqu'un hors d'intérêt.

DÉMUNI, E, part. pass. de *démunir*.

DÉMUNIR, v. a. (*démunir*), ôter les *munitions* d'une place.—V. pr., se dessaisir.

DÉMURÉ, E, part. pass. de *démurer*.

DÉMURER, v. a. (*démuré*), ouvrir une porte ou une fenêtre qui était *murée*.

DÉNAIRE, adj. des deux g. (*dénère*) (*denarius*), qui a rapport au nombre de *dix*.

DÉNANTI, E, part. pass. de *dénantir*.

DÉNANTIR, v. a. (*dénantir*), enlever à quelqu'un ce dont il était *nanti*.—V. pr., abandonner un *nantissement*; se dépouiller.

DÉNATTÉ, E, part. pass. de *dénatter*.

DÉNATTER, v. a. (*dénaté*), défaire ce qui était arrangé en *natte*.

DÉNATURÉ, E, part. pass. de *dénaturer*, et adj., cruel; barbare.

DÉNATURER, v. a. (*dénaturé*), changer la *nature* d'une chose; altérer; falsifier.

DENDRITE, s. m. (*dandrite*) (δένδρον, arbre), pierre arborisée.

DÉNÉGATION, s. f. (*dénéguácion*), action par laquelle on *dénie* en justice.

DÉNI, s. m. (*déni*) (du v. *dénier*), refus d'une chose due.

DÉNIAISÉ, E, part. pass. de *déniaiser*.

DÉNIAISER, v. a. (*déniézé*), rendre moins niais. Fam.

DÉNICHÉ, E, part. pass. de *dénicher*.

DÉNICHER, v. a. (*déniché*), ôter du *nid*; *fig.* faire sortir; trouver.—V. n., s'enfuir.

DÉNICHEUR, EUSE, s. (*dénicheur, euze*), qui *déniche*.

DÉNIÉ, E, part. pass. de *dénier*.

DÉNIER, v. a. (*dénié*) (*denegare*), nier; refuser.

DENIER, s. m. (*denié*) (*denarius*), monnaie; poids; intérêt d'argent; titre de l'argent.— *Denier à Dieu*, arrhes d'un marché.

DÉNIGRÉ, E, part. pass. de *dénigrer*.

DÉNIGREMENT, s. m. (*déniguereman*) (*denigratio*), action de *dénigrer*.

DÉNIGRER, v. a. (*déniguéré*) (*denigrare*,

fait de *niger*, noir), noircir la réputation ; chercher à rabaisser le prix de quelque chose.

DÉNOMBRÉ, E, part. pass. de *dénombrer*.

DÉNOMBREMENT, s. m. (*dénonbreman*), compte en détail ; énumération.

DÉNOMBRER, v. a. (*dénonbré*) (*dinumerare*), faire un *dénombrement*.

DÉNOMINATEUR, s. m. (*dénominateur*), (*denominare*, dénommer), nombre inférieur d'une fraction, qui marque de combien de parties l'entier est supposé divisé.

DÉNOMINATIF, TIVE, adj. (*dénominatife*, *tive*) (*denominativus*), qui dénomme.

DÉNOMINATION, s. f. (*dénominâcion*) (*denominatio*), appellation ; désignation.

DÉNOMMÉ, E, part. pass. de *dénommer*.

DÉNOMMER, v. a. (*dénommé*) (*denominare*, de *nomen*, nom), nommer dans un acte.

DÉNONCÉ, E, part. pass. de *dénoncer*.

DÉNONCER, v. a. (*dénoncé*) (*denuntiare*), déclarer; publier; signaler; déférer en justice.

DÉNONCIATEUR, TRICE, s. (*dénonciateur*, *trice*) (*denuntiator*), qui dénonce.

DÉNONCIATION, s. f. (*dénonciâcion*) (*denuntiatio*), délation; déclaration; publication.

DÉNOTATION, s. f. (*dénotâcion*) (*denotatio*), désignation par certains signes. Peu us.

DÉNOTÉ, E, part. pass. de *dénoter*.

DÉNOTER, v. a. (*dénoté*) (*denotare*, fait de *nota*, note), désigner, indiquer.

DÉNOUÉ, E, part. pass. de *dénouer*.

DÉNOUEMENT, s. m. (*dénouman*), point où aboutit et se résout une intrigue dramatique; événement qui *dénoue* le fil de l'action; action de *dénouer*; solution d'une affaire.

DÉNOUER, v. a. (*dénoué*), défaire un nœud; fig., mêler, développer; rendre plus agile.

DENRÉE, s. f. (*danré*), tout ce qui se vend pour la nourriture; marchandise.

DENSE, adj. des deux g. (*danç*) (*densus*), épais, compacte.

DENSITÉ, s. f. (*dancité*), qualité de ce qui est *dense*.

DENT, s. f. (*Jan*) (*dens*, *dentis*), petit os de la mâchoire; pointe en forme de *dent*.

DENTAIRE, s. f. (*dantère*), plante vivace.

DENTAIRE, adj. des deux g. (*dantère*), qui a rapport aux *dents*.

DENTAL, E, adj. (*dantale*), qui se prononce à l'aide des *dents*. — Il est souvent s. f.

DENTÉ, E, adj. (*danté*), qui a des *dents*; découpé en forme de *dents*.

DENTÉE, s. f. (*danté*), coup de *dent*.

DENTELAIRE, s. f. (*dantelère*), plante salutaire contre le mal de *dents*.

DENTELÉ, E, part. pass. de *denteler*, et adj., taillé, façonné en forme de *dents*.

DENTELER, v. a. (*dantelé*), faire des entailles en forme de *dents*.

DENTELLE, s. f. (*dantèle*) (de *dent*, parce que les premières *dentelles* ont été découpées en forme de *dents*), ouvrage à mailles, de fil, de soie, etc., qui se fait avec des fuseaux.

DENTELURE, s. f. (*dantelure*), ouvrage de sculpture *dentelé*; chose faite en forme de *dents*.

DENTICULE ou DENTELET, s. m. (*dantikule*, *dantelè*), ornement d'architecture.

DENTIER, s. m. (*dantié*), rang de *dents*.

DENTIFORME, adj. des deux g. (*dantiforme*) (*dens*, *dentis*, dent, et *forma*, forme), en forme de *dents*.

DENTIFRICE, s. m. (*dantifrice*) (*dentifricium*, de *dens*, *dentis*, dent, et *fricare*, frotter), remède propre à nettoyer les *dents*. — Il est aussi adj. des deux g.

DENTISTE, s. et adj. m. (*danticete*), chirurgien qui ne s'occupe que des *dents*.

DENTITION, s. f. (*danticion*), sortie naturelle des *dents*.

DENTURE, s. f. (*danture*), ordre dans lequel les *dents* sont rangées.

DÉNUDATION, s. f. (*dénudâcion*) (*denudatio*, de *nudus*, nu), état d'un os à découvert.

DÉNUÉ, E, part. pass. de *dénuer*, et adj., dépourvu.

DÉNUEMENT, s. m. (*dénûman*) (*denudatio*), dépouillement; privation.

DÉNUER, v. a. (*dénué*) (*denudare*, fait de *nudus*, nu), dégarnir, dépouiller, priver des choses regardées comme nécessaires.

DÉPAQUETÉ, E, part. pass. de *dépaqueter*.

DÉPAQUETER, v. a. (*dépakété*), défaire un paquet.

DÉPARÉ, E, part. pass. de *déparer*.

DÉPAREILLÉ, E, part. pass. de *dépareiller*.

DÉPAREILLER, v. a. (*déparè-ié*) (de la partic. *dé*, qui marque éloignement, et de l'adj. *pareil*), séparer deux choses *pareilles*.

DÉPARER, v. a. (*déparé*), ôter ce qui *pare*; rendre moins agréable.

DÉPARIÉ, E, part. pass. de *déparier*.

DÉPARIER, v. a. (*déparié*), ôter l'une des deux choses qui font une *paire*.

DÉPARLER, v. n. (*déparlé*), cesser de parler. Fam.

DÉPART, s. m. (*dépar*), action de *partir*; en t. de chim., séparation.

DÉPARTAGÉ, E, part. pass. de *départager*.

DÉPARTAGER, v. a. (*départajé*), lever le *partage* d'opinions formé entre des juges.

DÉPARTEMENT, s. m. (*départeman*) (*partiri*, partager), distribution; partie du royaume de France administrée par un préfet.

DÉPARTEMENTAL, E, adj., au pl. m. DÉPARTEMENTAUX (*départemantal*), qui a rapport au *département*.

DÉPARTI, E, part. pass. de *départir*.
DÉPARTIE, s. f. (*départi*), départ. Vieux.
DÉPARTIR, v. a. (*départir*) (*partiri*, partager), donner, distribuer; partager. — V. pr., se désister.
DÉPASSÉ, E, part. pass. de *dépasser*.
DÉPASSER, v. a. (*dépâcé*), retirer un ruban, etc., qu'on avait *passé* dans une boutonnière, etc.; *passer* au-delà.
DÉPAVÉ, E, part. pass. de *dépaver*.
DÉPAVER, v. a. (*dépavé*), ôter le *pavé*.
DÉPAYSÉ, E, part. pass. de *dépayser*.
DÉPAYSER, v. a. (*dépè-isé*), tirer quelqu'un de son *pays*; *fig.* donner le change.
DÉPECÉ, E, part. pass. de *dépecer*.
DÉPÈCEMENT, s. m. (*dépèceman*), action de *dépecer*.
DÉPECER, v. a. (*dépecé*), mettre en pièces, en morceaux.
DÉPÊCHE, s. f. (*dépêche*), lettre sur les affaires publiques.
DÉPÊCHÉ, E, part. pass. de *dépêcher*.
DÉPÊCHER, v. a. (*dépêché*) (du lat. barbare *depediscare*), expédier, hâter; envoyer en diligence; *fig.* tuer.—V. pr., se hâter.
DÉPEINDRE, v. a. (*dépeindre*) (*depingere*), décrire, représenter par le discours.
DÉPEINT, E, part. pass. de *dépeindre*.
DÉPENAILLÉ, E, adj. (*dépená-ié*) (du vieux mot *penaillon*, qui signifiait *haillon*), déguenillé; mis négligemment. Fam.
DÉPENAILLEMENT, s. m. (*depená-ieman*), état d'une personne *dépenaillée*. Fam.
DÉPENDAMMENT, adv. (*dépandaman*), d'une manière *dépendante*.
DÉPENDANCE, s. f. (*dépàndance*), sujétion, subordination.
DÉPENDANT, E, adj. (*dépandan, ante*), qui dépend, qui relève de...
DÉPENDRE, v. a. (*dépandre*) (*dependere*), ôter une chose qui est *pendue*; dépenser.
DÉPENDRE, v. n. (*dépandre*) (*dependere*), être dans la *dépendance* de; relever, provenir de; s'ensuivre.
DÉPENDU, E, part. pass. de *dépendre*.
DÉPENS, s. m. pl. (*dépan*) (*dispendium*), frais d'un procès.
DÉPENSE, s. f. (*dépance*) (*expensum*), argent employé à quelque chose; office.
DÉPENSÉ, E, part. pass. de *dépenser*.
DÉPENSER, v. a. (*dépancé*) (*dependere*), employer de l'argent à quelque chose.
DÉPENSIER, IERE, adj. et s. (*dépancié, ière*), qui fait de la *dépense*, qui aime la dépense; qui est chargé de la *dépense*.
DÉPERDITION, s. f. (*dépèrédicion*) (*deperdere*, perdre entièrement), perte, dissipation.
DÉPÉRI, E, part. pass. de *dépérir*.

DÉPÉRIR, v. n. (*dépérir*) (*deperire*, diminuer), tomber en ruine; déchoir; maigrir.
DÉPÉRISSEMENT, s. m. (*dépériceman*), état de décadence, de ruine.
DÉPÊTRÉ, E, part. pass. de *dépêtrer*.
DÉPÊTRER, v. a. (*dépêtré*) (de la partic. *extr. de*, et de *petra*, pierre), débarrasser.
DÉPEUPLÉ, E, part. pass. de *dépeupler*.
DÉPEUPLEMENT, s. m. (*dépeupleman*), action de *dépeupler*; état d'un pays *dépeuplé*.
DÉPEUPLER, v. a. (*dépeuplé*), dégarnir un pays d'habitants.
DÉPIÉCÉ, E, part. pass. de *dépiécer*.
DÉPIÉCER, v. a. (*dépiécé*), démembrer.
DÉPILATIF, TIVE, adj. (*dépilatife, tive*) (*pilus*, poil), qui fait tomber le *poil*.
DÉPILATION, s. f. (*dépilácion*), action de *dépiler*; effet de cette action.
DÉPILATOIRE, s. m. (*dépilatoare*), drogue ou pâte qui sert à *dépiler*.
DÉPILÉ, E, part. pass. de *dépiler*.
DÉPILER, v. a. (*dépilé*) (*depilare*), faire tomber le *poil* avec des *dépilatoires*.
DÉPIQUÉ, E, part. pass. de *dépiquer*.
DÉPIQUER, v. a. (*dépikié*), défaire des piqûres; *fig.* ôter la *pique*, la fâcherie. Fam.
DÉPISTÉ, E, part. pass. de *dépister*, et adj.
DÉPISTER, v. a. (*dépiceté*), découvrir en suivant les *pistes* de quelqu'un.
DÉPIT, s. m. (*dépi*) (*despectus*, mépris), chagrin mêlé de colère et qui dure peu.
DÉPITER, v. a. (*dépité*), causer du dépit, du chagrin à quelqu'un.—V. pr., se fâcher.
DÉPLACÉ, E, part. pass. de *déplacer*, et adj., ôté de sa *place*; *fig.* inconvenant.
DÉPLACEMENT, s. m. (*déplaceman*), action de *déplacer*.
DÉPLACER, v. a. (*déplacé*), ôter une chose de sa *place*; ôter à quelqu'un son emploi.
DÉPLAIRE, v. n. (*déplère*), ne plaire pas; être désagréable; fâcher.—V. pr., s'ennuyer.
DÉPLAISANCE, s. f. (*déplèsance*), répugnance, dégoût.
DÉPLAISANT, E, adj. (*déplèzan, ante*), qui *déplaît*, qui chagrine; désagréable.
DÉPLAISIR, s. m. (*déplèsir*) (de la partic. *extr. de*, et du mot *plaisir*), affliction, chagrin; mécontentement.
DÉPLANTÉ, E, part. pass. de *déplanter*.
DÉPLANTER, v. a. (*déplanté*), arracher une chose *plantée* pour la *planter* ailleurs.
DÉPLANTOIR, s. m. (*déplantoar*), outil avec lequel on *déplante*.
DÉPLIÉ, part. pass. de *déplier*.
DÉPLIER, v. a. (*déplié*), étendre une chose qui était *pliée*.
DÉPLISSÉ, E, part. pass. de *déplisser*.

DÉPLISSER, v. a. (*déplicé*), ôter les plis.

DÉPLOIEMENT, s. m. (*déploêman*), action de *déployer*; état de ce qui est *déployé*.

DÉPLORABLE, adj. des deux g. (*déplorable*), qui est à *déplorer*.

DÉPLORABLEMENT, adv. (*déplorableman*), d'une manière *déplorable*.

DÉPLORÉ, E, part. pass. de *déplorer*.

DÉPLORER, v. a. (*déploré*), plaindre fort; avoir pitié. Il ne se dit que des choses.

DÉPLOYÉ, E, part. pass. de *déployer*.

DÉPLOYER, v. a. (*déploé-ié*), étendre, déplier; *fig.* faire montre; faire parade.

DÉPLU, E, part. pass. de *déplaire*.

DÉPLUMÉ, E, part. pass. de *déplumer*.

DÉPLUMER, v. a. (*déplumé*), ôter les plumes; *fig.* dépouiller.

DÉPOLI, E, part. pass. de *dépolir*.

DÉPOLIR, v. a. (*dépolir*), ôter le poli.

DÉPONENT, adj. et s. m. (*déponan*) (*deponens*, part. prés. de deponere, quitter), se dit des verbes latins qui ont la terminaison passive et la signification active.

DÉPOPULARISÉ, E, part. pass. de *dépopulariser*.

DÉPOPULARISER, v. a. (*dépopularizé*), faire perdre l'affection du *peuple*.

DÉPOPULATION, s. f. (*dépopulácion*) (*depopulatio*), état d'un pays *dépeuplé*.

DÉPORT, s. m. (*dépor*), t. de pal., retard.

DÉPORTATION, s. f. (*déportácion*) (*deportatio*), exil dans un lieu determiné.

DÉPORTÉ, E, part. pass. de *déporter*, et s.

DÉPORTEMENT, s. m. (*déportemun*) (de l'italien *portamento*, conduite), mauvaise conduite; débauche. Il n'est usité qu'au pl.

DÉPORTER, v. a. (*déporté*) (*deportare*), conduire au lieu de *déportation*. — V. pr., se désister, se départir de.

DÉPOSANT, E, adj. et s. (*dépózan, ante*), qui *dépose* et affirme devant le juge.

DÉPOSÉ, E, part. pass. de *déposer*.

DÉPOSER, v. a. (*dépózé*) (*deponere*), destituer; quitter; confier; mettre en *dépôt*. — V. n., dire en témoignage ce qu'on sait; former un *dépôt*, en parlant d'un liquide.

DÉPOSITAIRE, s. et adj. des deux g. (*dépózitère*) (*depositarius*), gardien d'un *dépôt*.

DÉPOSITION, s. f. (*dépózicion*) (*depositio*), destitution; ce qu'un témoin *dépose*.

DÉPOSSÉDÉ, E, part. pass. de *déposséder*.

DÉPOSSÉDER, v. a. (*dépocédé*), ôter à quelqu'un ce qu'il *possède*.

DÉPOSSESSION, s. f. (*dépocècion*), action par laquelle on *dépossède*.

DÉPOSTÉ, E, part. pass. de *déposter*.

DÉPOSTER, v. a. (*dépocété*), chasser d'un poste.

DÉPÔT, s. m. (*dépô*) (*depositum*), ce que l'on confie à la garde de quelqu'un; action de *déposer*; lieu où l'on *dépose*; abcès, amas d'humeurs; sédiment laissé par un liquide.

DÉPOTÉ, E, part. pass. de *dépoter*.

DÉPOTER, v. a. (*dépoté*), ôter une plante d'un *pot*; changer de vase un liquide.

DÉPOUDRÉ, E, part. pass. de *dépoudrer*.

DÉPOUDRER, v. a. (*dépoudré*), ôter, faire tomber la *poudre*.

DÉPOUILLE, s. f. (*dépou-ie*) (*spolium*), la peau de certains animaux; butin fait sur l'ennemi; héritage, succession; vêtements.

DÉPOUILLEMENT, s. m. (*dépou-ieman*), privation volontaire; dénuement; extrait d'un inventaire, d'un compte, d'un procès.

DÉPOUILLÉ, E, part. pass. de *dépouiller*.

DÉPOUILLER, v. a. (*dépou-ié*) (*spoliare*), déshabiller, mettre à nu; ôter la peau; enlever ce qui couvre; priver; quitter; examiner.

DÉPOURVOIR, v. a. (*dépouvoar*), dégarnir de ce qui est nécessaire.

DÉPOURVU, E, part. pass. de *dépourvoir*, et adj. (*dépourvu*), dégarni, privé, dénué. — AU DÉPOURVU, loc. adv., inopinément.

DÉPRAVATION, s. f. (*dépravácion*) (*depravatio*), corruption, altération.

DÉPRAVÉ, E, part. pass. de *dépraver*; et adj.

DÉPRAVER, v. a. (*dépravé*) (*depravare*, de *pravus*, mauvais), pervertir, corrompre.

DÉPRÉCATION, s. f. (*déprékácion*) (*deprecatio*, dérivé de *preces*, prières), figure de rhét. par laquelle on souhaite du bien ou du mal à quelqu'un; prière pour obtenir pardon.

DÉPRÉCIATION, s. f. (*déprécácion*), action de *déprécier*; son effet; avilissement.

DÉPRÉCIÉ, E, part. pass. de *déprécier*.

DÉPRÉCIER, v. a. (*déprécié*) (*depretiare*, de la partic. priv. *de*, et de *pretium*, prix), mettre une personne, une chose au-dessous de son *prix*.

DÉPRÉDATEUR, TRICE, s. et adj. (*déprédateur, trice*) (*deprædator*), qui fait ou tolère des *déprédations*.

DÉPRÉDATION, s. f. (*déprédácion*) (*deprædatio*), vol; ruine; pillage fait avec dégât.

DÉPRÉDER, v. a. (*déprédé*) (*deprædari*), piller avec dégât. Peu us.

DÉPRENDRE, v. a. (*déprandre*), détacher.

DÉPRESSION, s. f. (*déprècecion*) (*depressio*, fait de *deprimere*, enfoncer), abaissement d'un corps serré et comprimé par un autre; *fig.* abaissement, humiliation.

DÉPRIÉ, E, part. pass. de *déprier*.

DÉPRIER, v. a. (*déprié*), contremander, révoquer une invitation.

DÉPRIMÉ, E, part. pass. de *déprimer*, et adj.
DÉPRIMER. v. a. (*déprimé*) (*deprimere*), rabaisser, avilir.
DÉPRISÉ, E, part. pass. de *dépriser*.
DÉPRISER, v. a. (*déprizé*) (*depretiare*), ôter du *prix*, de la valeur d'une chose.
DE PROFUNDIS, s. m. (*deprofondice*), mot purement lat. qui est le commencement d'un psaume qui sert de prière pour les morts.
DEPUIS, (*depui*, et devant une voyelle *depuize*) (de *depost*, fait dans la basse latinité de *post*, après), prép. de temps, de lieu, d'ordre. —Adv. de temps.
DÉPURATIF, TIVE, adj. (*dépuratife, tive*), propre à *dépurer* la masse des humeurs.— On l'emploie aussi subst. au m.
DÉPURATION, s. f. (*dépurâcion*), action de *dépurer*; effet de cette action.
DÉPURATOIRE, adj. des deux g. (*dépuratoare*), qui sert à *dépurer* la masse du sang.
DÉPURÉ, E, part. pass. de *dépurer*.
DÉPURER, v. a. (*dépuré*) (*depurare*, fait de *purus*, pur), clarifier, rendre plus *pur*.
DÉPUTATION, s. f. (*députâcion*), envoi de *députés*; leur réunion; charge de *député*.
DÉPUTÉ, s. m. (*député*), celui qui est envoyé pour traiter de quelque affaire; représentant d'une nation.
DÉPUTÉ, E, part. pass. de *députer*.
DÉPUTER, v. a. et n. (*député*) (*deputare*, séparer), envoyer avec commission de...
DÉRACINÉ, E, part. pass. de *déraciner*.
DÉRACINEMENT, s. m. (*déracineman*), action de *déraciner*; son effet.
DÉRACINER, v. a. (*déraciné*) (de la partic. extr. *dé*, et du mot *racine*), arracher de terre; *fig.* extirper entièrement.
DÉRADÉ, E, part. pass. de *dérader*.
DÉRADER, v. n. (*déradé*), il se dit d'un bâtiment qui quitte la *rade*.
DÉRAISON, s. f. (*dérézon*), défaut de *raison*; manière de penser ou d'agir *déraisonnable*.
DÉRAISONNABLE, adj. des deux g. (*dérézonable*), qui n'est pas *raisonnable*.
DÉRAISONNABLEMENT, adv. (*dérézonableman*), d'une manière *déraisonnable*.
DÉRAISONNER, v. n. (*dérézoné*), tenir des discours dénués de *raison*.
DÉRANGÉ, E, part. pass. de *déranger*, et adj., déréglé; qui a une mauvaise conduite.
DÉRANGEMENT, s. m. (*déranjeman*), état de choses *dérangées*; désordre.
DÉRANGER, v. a. (*déranjé*), ôter de son *rang*, de sa place; *fig.* troubler, débaucher.
DÉRATÉ, E, part. pass. de *dérater*, adj. et s., éveillé, rusé. Fam.
DÉRATER, v. a. (*dératé*), ôter la *rate*.

DERECHEF, adv. (*derechèfe*), de nouveau, une autre fois. Il vieillit.
DÉRÉGLÉ, E, part. pass. de *dérégler*, et adj., qui est contraire aux *règles*.
DÉRÈGLEMENT, s. m. (*dérègueleman*), désordre, mauvaise conduite.
DÉRÉGLÉMENT, adv. (*dérégueléman*), sans *règle*, d'une manière *déréglée*. Peu us.
DÉRÉGLER, v. a. (*déréguelé*), troubler, mettre dans un état de *dérèglement*.
DÉRIDÉ, E, part. pass. de *dérider*.
DÉRIDER, v. a. (*déridé*), ôter les *rides*; *fig.* réjouir, rendre plus gai.
DÉRISION, s. f. (*dérizion*) (*derisio*, dérivé de *risus*, rire), moquerie amère.
DÉRISOIRE, adj. des deux g. (*dérizoare*), qui tient de la *dérision*.
DÉRIVATIF, TIVE, adj. (*dérivatife, tive*) (*derivativus*), t. de méd., qui sert à détourner.
DÉRIVATION, s. f. (*dérivâcion*) (*derivatio*), en gramm., l'origine qu'un mot tire d'un autre; détour.
DÉRIVE, s. f. (*dérive*) (*derivare*, tirer), sillage d'un navire détourné de sa route.
DÉRIVÉ, E, part. pass. de *dériver*.— S. m., mot *dérivé* d'un autre.
DÉRIVER, v. a. (*dérivé*) (*derivare*), tirer; amener; faire venir.—V. n., venir, tirer son origine de; s'éloigner du bord, de sa route.
DERME, s. m. (*dèrme*) (δερμα), la peau du corps humain. Peu us.
DERNIER, IÈRE, adj. et s. (*dèrenié*, *ière*) (du lat. barbare *deretranarius*, formé de *retro*, en arrière), qui est après tous les autres, ou après quoi il n'y a plus rien; le plus récent; *fig.* extrême, soit en bien, soit en mal.
DERNIÈREMENT, adv. (*dèrenièreman*), il n'y a pas long-temps; depuis peu.
DÉROBÉ, part. pass. de *dérober*, et adj.— A LA DÉROBÉE, loc. adv., en cachette.
DÉROBER, v. a. et n. (*dérobé*) (de l'allemand *rauben*, voler), voler; prendre en cachette; soustraire.— V. pr., se soustraire.
DÉROGATION, s. f. (*déroguâcion*) (*derogatio*), acte par lequel on *déroge* à une loi, etc.
DÉROGATOIRE, adj. des deux g. (*déroguatoare*) (*derogatorius*), qui *déroge*.
DÉROGÉ, E, part. pass. de *déroger*.
DÉROGEANCE, s. f. (*dérojance*), action par laquelle on *déroge* à la noblesse.
DÉROGEANT, E, adj. (*dérojan, ante*), qui *déroge*.
DÉROGER, v. n. (*dérojé*) (*derogare*), modifier une loi, un usage, etc.; s'en écarter; perdre sa noblesse; condescendre; s'abaisser.
DÉROIDI, ou DÉRAIDI, E, part. pass. de *déroidir*.

DÉROIDIR, ou DÉRAIDIR, v. a. (déroè, rèdire), ôter la roideur.

DÉROUGI, E, part. pass. de dérougir.

DÉROUGIR, v. a. (déroujir), ôter la rougeur. — V. n., devenir moins rouge.

DÉROUILLÉ, E, part. pass. de dérouiller.

DÉROUILLER, v. a. (dérou-ié), ôter la rouille; fig. rendre moins grossier, polir.

DÉROULÉ, E, part. pass. de dérouler.

DÉROULEMENT, s. m. (dérouleman), action de dérouler.

DÉROULER, v. a. (déroulé), étendre ce qui était roulé.

DÉROUTE, s. f. (déroute) (disrupta, fait de disrumpere, rompre), fuite de troupes vaincues; désordre dans les affaires de quelqu'un.

DÉROUTÉ, E, part. pass. de dérouter.

DÉROUTER, v. a. (dérouté), tirer quelqu'un de sa route, le faire égarer; fig. déconcerter.

DERRIÈRE, prép. et adv. (dèrière) (du lat. barbare deretro, pour retro, opposé à devant.

DERRIÈRE, s. m. (dèrière), partie postérieure.

DERVIS ou DERVICHE, s. m. (dèrevi, viche) (mot persan qui signifie un pauvre), religieux turc.

DES, (dè, et devant une voyelle ou un h non aspiré, dèze), contraction de la prép. de et de l'article pl. les. Il se met aussi pour quelques, plusieurs.

DÈS, prép. (même prononciation), depuis. — DÈS QUE, conj. aussitôt que, puisque.

DÉSABUSÉ, part. pass. de désabuser.

DÉSABUSER, v. a. (désabuzé) (de la partic. priv. dé et du v. abuser), détromper; faire connaître à quelqu'un son erreur.

DÉSACCORD, s. m. (dézakor), désunion; état d'un instrument qui n'est pas d'accord.

DÉSACCORDÉ, E, part. pass. de désaccorder.

DÉSACCORDER, v. a. (dézakordé), détruire l'accord d'un instrument.

DÉSACCOUPLÉ, E, part. pass. de désaccoupler.

DÉSACCOUPLER, v. a. (dézakouplé), détacher ce qui était accouplé.

DÉSACCOUTUMANCE, s. f. (dézakoutumance), perte de quelque coutume. Vieux.

DÉSACCOUTUMÉ, E, part. pass. de désaccoutumer.

DÉSACCOUTUMER, v. a. (désakoutumé), faire perdre la coutume, l'habitude.

DÉSACHALANDÉ, E, part. pass. de désachalander.

DÉSACHALANDER, v. a. (désachalandé), faire perdre à un marchand ses chalands.

DÉSAFFECTION, s. f. (dézafèkcion), cessation, perte de l'affection.

DÉSAFFOURCHÉ, E, part. pass. de désaffourcher.

DÉSAFFOURCHER, v. a. (dézafourché), t. de mar., lever l'ancre d'affourche.

DÉSAGRÉABLE, adj. des deux g. (dézaguereáble), qui n'est pas agréable.

DÉSAGRÉABLEMENT, adv. (dézagueréableman), d'une manière désagréable.

DÉSAGRÉÉ, E, part. pass. de désagréer.

DÉSAGRÉER, v. n. (dézagueréé), n'agréer pas. — V. a. ôter les agrès d'un navire.

DÉSAGRÉMENT, s. m. (dézagueréman), chose désagréable; sujet de chagrin, d'ennui.

DÉSAJUSTÉ, E, part. pass. de désajuster.

DÉSAJUSTER, v. a. (dézajuceté), défaire, déranger ce qui est ajusté.

DÉSALTÉRÉ, E, part. pass. de désaltérer.

DÉSALTÉRER, v. a. (dézaltéré), ôter, apaiser la soif.

DÉSANCRÉ, E, part. pass. de désancrer.

DÉSANCRER, v. n. (dézankré), lever l'ancre.

DÉSAPPAREILLÉ, E, part. pass. de désappareiller.

DÉSAPPAREILLER, v. a. (dézaparè-ié). Voy. DÉPAREILLER, qui est plus usité.

DÉSAPPARIÉ, E, part. pass. de désapparier.

DÉSAPPARIER, v. a. (dézaparié), séparer un couple, en parlant d'animaux.

DÉSAPPOINTÉ, E, part. pass. de désappointer.

DÉSAPPOINTEMENT, s. m. (désapoeinteman), contrariété qu'on éprouve quand on est trompé dans ses espérances.

DÉSAPPOINTER, v. a. (dézapoeinté), rayer des militaires du rôle; fig. frustrer quelqu'un dans ses espérances.

DÉSAPPRENDRE, v. a. (dézaprandre), oublier ce qu'on avait appris.

DÉSAPPROBATEUR, TRICE, s. et adj. (dézaprobateur, trice), qui désapprouve.

DÉSAPPROBATION, s. f. (dézaprobácion), action de désapprouver.

DÉSAPPROPRIATION, s. f. (dézapropriácion), abandon de la propriété d'une chose.

se DÉSAPPROPRIER, v. pr. (dézapoproprié), renoncer à une propriété, s'en défaire.

DÉSAPPROUVÉ, E, part. pass. de désapprouver.

DÉSAPPROUVER, v. a. (dézaprouvé), ne pas approuver; blâmer, trouver mauvais.

DÉSARÇONNÉ, E, part. pass. de désarçonner.

DÉSARÇONNER, v. a. (dézarçoné), mettre hors des arçons; fig. confondre.

DÉSARGENTÉ, E, part. pass. de désargenter, et adj.

12

DÉSARGENTER, v. a. (*dézarjanté*), ôter l'argent de dessus une chose *argentée*.

DÉSARMÉ, E, part. pass. de *désarmer*.

DÉSARMEMENT, s. m. (*dézarmeman*), action de *désarmer*; licenciement de troupes.

DÉSARMER, v. a. (*dézarmé*), ôter les armes; *fig.* apaiser la colère. — V. n., poser les *armes*; cesser de faire la guerre.

DÉSARROI, s. m. (*dezaroè*) (rac. *arroi*), renversement de fortune; désordre.

DÉSASSEMBLÉ, E, part. pass. de *désassembler*.

DÉSASSEMBLER, v. a. (*dézaçanblé*), séparer ce qui était joint par *assemblage*.

DÉSASSORTI, E, part. pass. de *désassortir*, et adj.

DÉSASSORTIR, v. a. (*dézaçortir*), ôter ou déplacer les choses *assorties*.

DÉSASTRE, s. m. (*dezacetre*) (de la partic. priv. *dé*, et du s. *astre*; privation d'un astre *favorable*), accident funeste; malheur.

DÉSASTREUSEMENT, adv. (*dézacetreuzeman*), d'une manière *désastreuse*.

DÉSASTREUX, EUSE, adj. (*dézacetreuxeuze*), funeste, malheureux.

DÉSAVANTAGE, s. m. (*dézavantaje*) (de la partic. priv. *dé*, et du s. *avantage*), infériorité; préjudice; dommage.

DÉSAVANTAGEUSEMENT, adv. (*dézavantajeuseman*), d'une manière *désavantageuse*.

DÉSAVANTAGEUX, EUSE, adj. (*dézavantajeu, euze*), qui cause du *désavantage*.

DÉSAVEU, s. m. (*désaveu*), action ou acte par lequel on *désavoue*.

DÉSAVEUGLÉ, E, part. pass. de *désaveugler*.

DÉSAVEUGLER, v. a. (*dézaveuguelé*), détromper; tirer de l'*aveuglement*.

DÉSAVOUÉ, E, part. pass. de *désavouer*.

DÉSAVOUER, v. a. (*dézavoué*), nier d'avoir dit ou fait quelque chose; ne vouloir pas reconnaître une chose pour sienne; rétracter; blâmer, réprouver.

DESCELLÉ, E, part. pass. de *desceller*.

DESCELLER, v. a. (*décélé*), détacher ce qui est *scellé* en plâtre; ôter un *sceau*.

DESCENDANCE, s. f. (*dèçandance*), extraction, filiation.

DESCENDANT, E, adj. (*déçandan, ante*), qui *descend*. — S., qui tire son origine d'une certaine personne.

DESCENDRE, v. n. (*dèçandre*) (*descendere*), aller de haut en bas; s'abaisser; débarquer; faire irruption; *fig.* être issu de. — V. a., transporter en bas.

DESCENDU, E, part. pass. de *descendre*.

DESCENTE, s. f. (*dècante*) (*descensio* ou *descensus*), action de *descendre*; mouvement d'une chose qui *descend*; irruption; pente; visite judiciaire; t. de méd.; hernie.

DESCRIPTIF, TIVE, adj. (*dècekriptif, tive*), t. de rhét., se dit d'un style qui consiste principalement à *décrire*.

DESCRIPTION, s. f. (*dècekripcion*) (*descriptio*), discours par lequel on *décrit*, on dépeint; définition; inventaire.

DÉSÉCHOUER, v. a. (*déséchoué*), relever un navire *échoué*.

DÉSEMBALLAGE, s. m. (*dézanbalaje*), ouverture d'une caisse, d'un *ballot*.

DÉSEMBALLÉ, E, part. pass. de *désemballer*.

DÉSEMBALLER, v. a. (*dézanbalé*), défaire une *balle*; en tirer ce qui est *emballé*.

DÉSEMBARQUÉ, E, part. pass. de *désembarquer*.

DÉSEMBARQUEMENT, s. m. (*dézanbarkeman*), action de *désembarquer*.

DÉSEMBARQUER, v. a. (*dézanbarkié*), tirer d'un vaisseau ce qui y était *embarqué*.

DÉSEMBOURBÉ, E, part. pass. de *désembourber*.

DÉSEMBOURBER, v. a. (*dézanbourbé*), tirer hors de la *bourbe*.

DÉSEMPARÉ, E, part. pass. de *désemparer*.

DÉSEMPARER, v. a. (*dézanparé*) (de la partic. priv. *dé* et du v. *s'emparer*), abandonner; démâter un navire, ruiner ses manœuvres.

DÉSEMPENNÉ, E, adj. (*dézanpènené*), dégarni de plumes. Vieux.

DÉSEMPESÉ, E, part. pass. de *désempeser*.

DÉSEMPESER, v. a. (*dézanpezé*), faire sortir l'*empois* d'une étoffe.

DÉSEMPLI, E, part. pass. de *désemplir*.

DÉSEMPLIR, v. a. (*dézanplir*), vider en partie, rendre moins *plein*.

DÉSENCHANTÉ, E part. pass. de *désenchanter*.

DÉSENCHANTEMENT, s. m. (*désanchanteman*), action de *désenchanter*; son effet.

DÉSENCHANTER, v. a. (*dézanchanté*), rompre l'*enchantement*; guérir d'une passion.

DÉSENCLOUÉ, E, part. pass. de *désenclouer*.

DÉSENCLOUER, v. a. (*dézankloué*), tirer un *clou*; déboucher la lumière d'un canon.

DÉSENFILÉ, E, part. pass. de *désenfiler*.

DÉSENFILER, v. a. (*dézanfilé*), faire que ce qui était *enfilé* ne le soit plus.

DÉSENFLÉ, E, part. pass. de *désenfler*.

DÉSENFLER, v. a. (*dézanflé*), ôter l'*enflure*. — V. n., cesser d'être *enflé*.

DÉSENFLURE, s. f. (*dézanflure*), cessation, dissipation d'*enflure*.

DÉSENIVRÉ, E, part. pass. de *désenivrer*.

DÉSENIVRER, v. a. (*dézanivré*), ôter l'*ivresse*. — V. n., cesser d'être *ivre*.

DÉSENNUI, s. m. (*dèsannui*), action de se désennuyer.

DÉSENNUYÉ, E, part. pass. de *désennuyer*.

DÉSENNUYER, v. a. (*dézannuié*), chasser l'*ennui*; divertir.

DÉSENRAYÉ, E, part. pass. de *désenrayer*.

DÉSENRAYER, v. a. (*dézanrè-ié*), ôter la chaîne qui empêche une roue de tourner.

DÉSENRHUMÉ, E, part. pass. de *dézenrhumer*.

DÉSENRHUMER, v. a. (*dézanrumé*), ôter, chasser le *rhume*.

DÉSENROUÉ, E, part. pass. de *désenrouer*.

DÉSENROUER, v. a. (*dézanroué*), ôter l'*enrouement*.

DÉSENSEVELI, E, part. pass. de *désensevelir*.

DÉSENSEVELIR, v. a. (*dézancevelir*), ôter le linge qui *ensevelissait* un mort.

DÉSENSORCELÉ, E, part. pass. de *désensorceler*.

DÉSENSORCELER, v. a. (*dézançorcelé*), délivrer, guérir de l'*ensorcellement*.

DÉSENSORCELLEMENT, s. m. (*dézançorcèleman*), action de *désensorceler*.

DÉSENTÊTÉ, E, part. pass. de *désentêter*.

DÉSENTÊTER, v. a. (*désantété*), faire cesser l'*entêtement*, la prévention.

DÉSERT, s. m. (*dézère*) (*desertum*) lieu *désert* et inhabité; terre inculte.

DÉSERT, E, adj. (*dézère, zèrete*) (*desertus*), inhabité; négligé; abandonné.

DÉSERTÉ, E, part. pass. de *déserter*.

DÉSERTER, v. a. et n. (*dézèrete*) (*deserere*), abandonner un lieu; quitter le service sans congé; *fig.* abandonner un parti, etc.

DÉSERTEUR, s. m. (*dézèreteur*) (*desertor*), soldat qui *déserte*.

DÉSERTION, s. f. (*dézèrecion*) (*desertio*), action de *déserter*.

DÉSESPÉRADE (À LA), loc. adv. (*dézèceperade*), comme un *désespéré*.

DÉSESPÉRANT, E, adj. (*dézècepéran, ante*), qui jette dans le *désespoir*.

DÉSESPÉRÉ, E, part. pass. de *désespérer*, adj. et s., qui ne donne aucune *espérance*; qui est dans le *désespoir*; incorrigible; fâché.

DÉSESPÉRÉMENT, adv. (*dézècepéréman*), comme un *désespéré*, avec excès. Peu us.

DÉSESPÉRER, v. n. (*dézècepéré*), perdre l'*espérance*.—V. a., tourmenter; affliger.

DÉSESPOIR, s. m. (*dézècepoar*), perte de toute *espérance*; abattement de l'âme.

DÉSHABILLÉ, E, part. pass. de *déshabiller*. —S. m., *habillement* négligé; *fig.* vie privée.

DÉSHABILLER, v. a. (*dézabi-ié*), ôter les *habits*.

DÉSHABITÉ, E, adj. (*dézabité*), qui a été abandonné; où l'on a cessé d'*habiter*.

DÉSHABITUÉ, E, part. pass. de *déshabituer*.

DÉSHABITUER, v. a. (*dézabitué*), faire perdre une *habitude*.

DÉSHÉRENCE, s. f. (*dézérance*) (de la partic. priv. *de*, et du lat. *hæres*, héritier), droit du souverain sur une succession vacante.

DÉSHÉRITÉ, E, part. pass. de *déshériter*.

DÉSHÉRITER, v. a. (*dézérité*), priver de la succession.

DÉSHEURÉ, E, part. pass. de *désheurer*.

DÉSHEURER, v. a. (*dézeuré*), déranger les *heures* des occupations habituelles.

DÉSHONNÊTE, adj. des deux g. (*dézonète*), qui est contre la pudeur, la bienséance.

DÉSHONNÊTEMENT, adv. (*dézonèteman*), d'une manière *déshonnête*.

DÉSHONNÊTETÉ, s. f. (*dézonèteté*), parole ou action qui choque la pudeur.

DÉSHONNEUR, s. m. (*dézoneur*), perte de l'*honneur*; honte, opprobre, infamie.

DÉSHONORABLE, adj. des deux g. (*dézonorable*). Voy. DÉSHONORANT.

DÉSHONORANT, E, adj. (*dézonoran, ante*) qui *déshonore*, qui cause du *déshonneur*.

DÉSHONORÉ, E, part. pass. de *déshonorer*.

DÉSHONORER, v. a. (*dézonoré*), perdre d'*honneur* et de réputation; flétrir.

DÉSIGNATIF, TIVE, adj. (*dézigniatife, tive*), qui *désigne*, qui spécifie.

DÉSIGNATION, s. f. (*dèzigniàcion*) (*designatio*), dénotation par des *signes* précis; nomination et destination expresse.

DÉSIGNÉ, E, part. pass. de *désigner*.

DÉSIGNER, v. a. (*dézigné*) (*designare*, fait de *signum*, signe), dénoter par des *signes* qui font connaître; nommer; marquer.

DÉSINCORPORÉ, E, part. pass. de *désincorporer*.

DÉSINCORPORER, v. a. (*dézeinkorporé*), séparer d'un *corps*.

DÉSINENCE, s. f. (*dézinance*) (*desinere*, finir), t. de gramm., terminaison.

DÉSINFATUÉ, E, part. pass. de *désinfatuer*.

DÉSINFATUER, v. a. (*dézeinfatué*), désabuser une personne *infatuée*.

DÉSINFECTÉ, E, part. pass. de *désinfecter*.

DÉSINFECTER, v. a. (*dezeinfekté*), ôter l'*infection*.

DÉSINFECTION, s. f. (*dézeinfèkcion*), action par laquelle on ôte l'*infection* d'un lieu.

DÉSINTÉRESSÉ, E, part. pass. de *désintéresser*, et adj., qui ne fait rien par *intérêt*.

DÉSINTÉRESSEMENT, s. m. (*dézeintéreceman*), détachement de son propre *intérêt*.

DÉSINTÉRESSEMENT, adv. (*dézeintérèoèman*), sans aucune vue d'*intérêt*.
DÉSINTÉRESSER, v. a. (*dézeintérécé*), mettre une personne hors d'*intérêt*.
DÉSINVITÉ, E, part. pass. de *désinviter*.
DÉSINVITER, v. a. (*dézeinvité*), révoquer une *invitation*.
DÉSINVOLTURE, s. f. (*dézeinvolture*) (de l'italien *desinvoltura*) bonne grace, vivacité, air dégagé.
DÉSIR, s. m. (*dézir*) (*desiderium*), souhait.
DÉSIRABLE, adj. des deux g. (*dézirable*), souhaitable, qui mérite d'être *désiré*.
DÉSIRÉ, E, part. pass. de *désirer*.
DÉSIRER, v. a. (*déziré*) (*desiderare*), souhaiter, avoir envie.
DÉSIREUX, EUSE, adj. (*dézireu, euze*), qui souhaite, qui *désire* avec ardeur.
DÉSISTEMENT, s. m. (*déziceteman*), action de se *désister*.
se DÉSISTER, v. pr. (*déziceté*) (*desistere*), renoncer à..., abandonner.
DÈS-LORS, adv. (*dèlor*), dès ce temps-là.
DÉSOBÉI, E, part. pass. de *désobéir*.
DÉSOBÉIR, v. n. (*dézobé-ir*), ne pas obéir.
DÉSOBÉISSANCE, s. f. (*dézobé-içance*), défaut d'*obéissance*; action de *désobéir*.
DÉSOBÉISSANT, E, adj. (*dézobé-içan, ante*), qui *désobéit*.
DÉSOBLIGÉ, E, part. pass. de *désobliger*.
DÉSOBLIGEAMMENT, adv. (*dézoblijaman*), d'une manière *désobligeante*.
DÉSOBLIGEANCE, s. f. (*dézoblijance*), disposition à *désobliger*.
DÉSOBLIGEANT, E, adj. (*dézoblijan, ante*), qui *désoblige*, qui se plait à *désobliger*.
DÉSOBLIGEANTE, s. f. (*dézoblijante*), sorte de voiture très-étroite.
DÉSOBLIGER, v. a. (*dézoblijé*), rendre un mauvais office; faire quelque déplaisir à...
DÉSOBSTRUANT, E, adj. (*dézobecetruan, ante*), qui guérit les *obstructions*; apéritif. — Il est aussi s. m.
DÉSOBSTRUCTIF, TIVE, adj. (*dézobecetruktif, tive*), désobstruant. — Il est aussi s. m.
DÉSOBSTRUÉ, E, part. pass. de *désobstruer*.
DÉSOBSTRUER, v. a. (*dézobecetrué*), détruire les *obstructions*; dégager, débarrasser.
DÉSOCCUPATION, s. f. (*dézokupácion*), état d'une personne *désoccupée*.
DÉSOCCUPÉ, E, adj. (*dézokupé*), qui n'a pas d'*occupation*.
DÉSOEUVRÉ, E, adj. (*dézeuvré*) (de la partic. négative *dé*, et du s. *œuvre*, action), qui n'a rien à faire; qui ne sait point s'occuper.
DÉSOEUVREMENT, s. m. (*dézeuvreman*), état d'une personne *désœuvrée*.

DÉSOLANT, E, adj. (*dézolan, ante*); qui *désole*, qui afflige.
DÉSOLATEUR, s. m. (*dézolateur*), qui désole, qui ravage, qui détruit.
DÉSOLATION, s. f. (*dézolácion*) (*desolatio*), affliction, douleur extrême; ruine.
DÉSOLÉ, E, part. pass. de *désoler*, et adj.
DÉSOLER, v. a. (*dézolé*) (*désolare*), causer une grande affliction; ravager; ruiner.
DÉSOPILATIF, TIVE, adj. (*dézopilatif, tive*), qui ôte les *opilations*, les obstructions. — On l'emploie aussi subst. au m.
DÉSOPILATION, s. f. (*dézopilácion*), t. de méd., débouchement de quelque partie *opilée*.
DÉSOPILÉ, E, part. pass. de *désopiler*.
DÉSOPILER, v. a. (*dézopilé*), déboucher, ôter les obstructions, les *opilations*.
DÉSORDONNÉ, E, adj. (*dézordoné*), déréglé; démesuré; excessif.
DÉSORDONNÉMENT, adv. (*dézordonéman*), d'une manière *désordonnée*.
DÉSORDRE, s. m. (*dézordre*), manque d'*ordre*; confusion; dérèglement de mœurs; pillage.
DÉSORGANISATEUR, TRICE, s. et adj. (*désorguanizateur, trice*), qui *désorganise*.
DÉSORGANISATION, s. f. (*dézorguanizácion*), action de *désorganiser*; son effet.
DÉSORGANISÉ, E, part. pass. de *désorganiser*.
DÉSORGANISER, v. a. (*dézorguanizé*) (de la partic. *dé*, et du v. *organiser*), troubler l'*ordre*.
DÉSORIENTÉ, E, part. pass. de *désorienter*.
DÉSORIENTER, v. a. (*dézorianté*) (de la partic. *dé*, et du v. *orienter*), faire perdre la connaissance du lieu où l'on est; fig. déconcerter.
DÉSORMAIS, adv. de temps (*dézormé*) (des trois mots *dès, depuis, or*, pour *ore*, à cette heure, et *mais*, fait du latin *magis*, plus; d'aujourd'hui à un temps plus long), depuis ce moment-ci, à l'avenir, dorénavant.
DÉSOSSÉ, E, part. pass. de *désosser*.
DÉSOSSEMENT, s. m. (*dézôceman*), action de *désosser*.
DÉSOSSER, v. a. (*dézôcé*), ôter les *os* de quelque viande, les arêtes d'un poisson.
DÉSOURDI, E, part. pass. de *désourdir*.
DÉSOURDIR, v. a. (*dézourdir*), défaire une chose qui a été *ourdie*. Peu us.
DÉSOXYDATION, s. f. (*dézokecidácion*), action de *désoxyder*, ou effet de cette action.
DÉSOXYDÉ, E, part. pass. de *désoxyder*.
DÉSOXYDER, v. a. (*dézokecidé*), enlever à un corps l'oxygène qu'il contient.
DÉSOXYGÉNATION, s. f. (*dézokecijénácion*). Voy. DÉSOXYDATION, qui est le même.
DÉSOXYGÉNER. Voy. DÉSOXYDER.

DES   DES   181

DESPECT, s. m. (*dècepè*) (*despectus*), absence de *respect*, mais non pas *mépris*.

DESPECTUEUX, EUSE, adj. (*dècepektueu, euze*), peu *respectueux*. Mot nouveau.

DESPOTE, s. m. (*dècepote*) (δεσπότης, maître, dérivé de δεσπόζω, je domine), souverain qui gouverne arbitrairement; titre des princes de Servie et de Valachie.

DESPOTIQUE, adj. des deux g. (*dècepotike*), absolu et arbitraire.

DESPOTIQUEMENT, adv. (*dècepotikeman*), d'une manière *despotique*.

DESPOTISME, s. m. (*dècepoticeme*), autorité absolue et arbitraire.

DESQUAMATION, s. f. (*dècekouamâcion*) (*desquamatio*), en chir., séparation des parties qui se détachent par *écailles*.

DESSAISI, E, part. pass. de se *dessaisir*.

se DESSAISIR, v. pr. (*dècèzir*), relâcher une chose dont on était *saisi*.

DESSAISISSEMENT, s. m. (*dècèziceman*), action par laquelle on se *dessaisit*.

DESSAISONNÉ, E, part. pass. de *dessaisonner*.

DESSAISONNER, v. a. (*dècèzoné*), changer l'ordre de la culture des terres.

DESSALÉ, E, part. pass. de *dessaler*.

DESSALER, v. a. (*dècalé*), faire qu'une chose ne soit plus *salée*.

DESSANGLÉ, E, part. pass. de *dessangler*.

DESSANGLER, v. a. (*dèçanguelé*), défaire, lâcher les *sangles*.

DESSÉCHANT, E, adj. (*dècèchan, ante*), qui *dessèche*.

DESSÉCHÉ, E, part. pass. de *dessécher*.

DESSÈCHEMENT, s. m. (*dècècheman*) (*desiccatio*), action de *dessécher*; son résultat.

DESSÉCHER, v. a. (*dècèché*) (*desiccare*, fait de *siccus*, sec), rendre plus *sec*; *fig.* amaigrir.

DESSEIN, s. m. (*dècein*) (en italien *disegno*), projet, résolution, intention; plan. — A DESSEIN, loc. adv., avec intention; tout exprès.

DESSELLÉ, E, part. pass. de *desseller*.

DESSELLER, v. a. (*dècélé*), ôter la *selle*.

DESSERRE, s. f. (*dècère*), action de *desserrer*. Fam.

DESSERRÉ, E, part. pass. de *desserrer*.

DESSERRER, v. a. (*dècèré*), relâcher une chose trop *serrée*; *fig.* donner un coup.

DESSERT, s. m. (*dècère*), le fruit et tout ce qu'on *sert* sur la table avec le fruit.

DESSERTE, s. f. (*dècèrete*), les viandes, les mets qu'on a *desservis*; service que fait un prêtre qui exerce à la place du titulaire.

DESSERTI, E, part. pass. de *dessertir*.

DESSERTIR, v. a. (*dècèretir*), couper la *sertissure* d'un diamant sous le feuilletis.

DESSERVANT, s. m. (*dècèrevan*), celui qui *dessert* un bénéfice; prêtre qui *dessert* une église.

DESSERVIR, v. a. (*dècèrevir*), faire le service, les fonctions d'une cure ou de tout autre bénéfice; ôter, lever les plats de dessus la table; rendre un mauvais *service*.

DESSICCATIF, TIVE, adj. (*dècikatif, tive*), qui *dessèche*. — Il est aussi s. m.

DESSICCATION, s. f. (*dècikâcion*) (*desiccatio*), action de *dessécher*; dessèchement.

DESSILLÉ, E, part. pass. de *dessiller*.

DESSILLER ou **DÉCILLER**, plus conforme à l'étym., v. a. (*dèciié*) (de la prép. lat. *de*, et de *cilium*, cil), ouvrir les paupières, les yeux; *fig.* détromper, désabuser.

DESSIN, s. m. (*dècein*) (en italien *disegno*, fait du lat. *designare*, dessiner), représentation non coloriée d'une ou plusieurs figures, d'un paysage, etc.; plan; art de *dessiner*.

DESSINATEUR, TRICE, s. (*dècinateur, trice*), qui *dessine*, qui sait *dessiner*.

DESSINÉ, E, part. pass. de *dessiner*.

DESSINER, v. a. (*dèciné*) (*designare*), tracer le premier trait d'une figure; représenter avec le crayon, avec la plume, etc.

DESSOLÉ, E, part. pass. de *dessoler*.

DESSOLER, v. a. (*dècolé*), arracher la *sole* du pied d'un cheval; dessaisonner.

DESSOUDÉ, E, part. pass. de *dessouder*.

DESSOUDER, v. a. (*dècoudé*), disjoindre des parties qui étaient *soudées*.

DESSOÛLÉ, E, part. pass. de *dessoûler*.

DESSOÛLER, v. a. (*dècoulé*), faire qu'on ne soit plus *soûl*. — V. n., cesser d'être *soûl*.

DESSOUS, adv. (*deçou*) (*desub*, qu'on a dit pour *sub*), il sert à marquer la situation d'une chose qui est *sous* une autre. — S. m., partie inférieure; le côté de *dessous*; *fig.* désavantage. — AU-DESSOUS, loc. adv., plus bas.

DESSUS, adv. (*deçu*) (*desuper*, fait de *super*, sur), il sert à marquer la situation d'une chose qui est sur une autre. — S. m., partie supérieure; *fig.* avantage, supériorité; en mus., partie opposée à la basse et personne qui la chante. — AU-DESSUS, loc. adv., plus haut.

DESTIN, s. m. (*dècetein*) (*destinatum*, fait de *destinare*, arrêter), fatalité; sort; enchaînement des événements et de leurs causes.

DESTINATAIRE, s. des deux g. (*dècetinatère*), personne à qui une chose est *destinée*.

DESTINATION, s. f. (*dècetinâcion*) (*destinatio*), disposition que l'on fait de quelque chose dans son esprit; lieu où l'on doit se rendre, où une chose est expédiée.

DESTINÉ, E, part. pass. de *destiner*, et adj.

DESTINÉE, s. f. (*dècetiné*), destin; effet du destin.

DESTINER, v. a. (*dècetiné*) (*destinare*), disposer de quelque chose dans son esprit.

DESTITUABLE, adj. des deux g. (*dècetituable*), qui peut être *destitué*.

DESTITUÉ, E, part. pass. de *destituer*, et adj., dénué, dépourvu, privé de...

DESTITUER, v. a. (dècetitué) (destituere), priver quelqu'un d'une charge, etc.

DESTITUTION, s. f. (dècetitucion), déposition, privation d'un emploi, etc.

DESTRIER, s. m. (dècetrié) (du lat. barbare dextrarius, fait de dexteritas, adresse, dextérité), cheval de main, de bataille. Vieux.

DESTRUCTEUR, TRICE, s. et adj. (dècetrukteur, trice), qui détruit.

DESTRUCTIBILITÉ, s. f. (dècetruktibilité), qualité de ce qui peut être détruit.

DESTRUCTIF, TIVE, adj. (dècetruktif, tive), qui détruit.

DESTRUCTION, s. f. (dècetrukcion) (destructio), ruine totale.

DÉSUÉTUDE, s. f. (décuétude) (desuetudo, fait de la partic. priv. de, et de suescere, avoir coutume), cessation, par laps de temps, d'une loi, d'un règlement, d'une habitude, etc.

DÉSUNI, E, part. pass. de désunir, et adj.; se dit, en t. de man., d'un cheval qui galope à faux.

DÉSUNION, s. f. (dézunion), disjonction; démembrement; division, mésintelligence.

DÉSUNIR, v. a. (dézunir), disjoindre, démembrer; diviser, rompre l'union.

DÉTACHÉ, E, part. pass. de détacher, et adj.

DÉTACHEMENT, s. m. (détacheman), action de détacher; ses effets; soldats détachés.

DÉTACHER, v. a. (détaché) (de l'italien distaccare), séparer d'une chose ce qui y était attaché ou joint; tirer d'un corps d'armée un certain nombre de soldats pour quelque expédition; ôter une tache.

DÉTAIL, s. m. (détaie), action de vendre par partie, par le menu; récit accompagné de toutes les circonstances.

DÉTAILLANT, E, s. (déta-ian, ante), marchand ou marchande qui vend en détail.

DÉTAILLÉ, E, part. pass. de détailler.

DÉTAILLER, v. a. (déta-ié) (du v. tailler, couper, diviser), vendre en détail; raconter une affaire avec toutes ses circonstances.

DÉTAILLEUR, s. m. (déta-ieur), marchand qui vend en détail. On dit mieux détaillant.

DÉTALAGE, s. m. (détalaje), action de serrer des marchandises qu'on avait étalées.

DÉTALÉ, E, part. pass. de détaler.

DÉTALER, v. a. (détalé), ôter l'étalage; serrer la marchandise qu'on avait étalée.—V. n., se retirer promptement et malgré soi.

DÉTALINGUÉ, E, part. pass. de détalinguer.

DÉTALINGUER, v. a. (détaleingué), ôter le râble d'une ancre.

DÉTEINDRE, v. a. (déteindre), ôter la teinture.—V. n., perdre la couleur.

DÉTELÉ, part. pass. de dételer.

DÉTELER, v. a. (dételé), détacher les chevaux, etc., qui étaient attelés.

DÉTENDRE, v. a. (détandre), détacher ce qui était tendu; relâcher.

DÉTENDU, E, part. pass. de détendre.

DÉTENIR, v. a. (détenir) (detinere), retenir ce qui n'est pas à soi; emprisonner.

DÉTENTE, s. f. (détante), ressort d'une arme à feu; levier d'horloge.

DÉTENTEUR, TRICE, s. (détanteur, trice) (detentor), qui retient, qui possède sans droit.

DÉTENTION, s. f. (détancion) (detentio), possession injuste; état d'une chose saisie; captivité, prison.

DÉTENU, E, part. pass. de détenir, adj. et s., prisonnier.

DÉTERGÉ, E, part. pass. de déterger.

DÉTERGENT, E, adj. (détèrejan, ante), détersif.—Il est aussi s. m.

DÉTERGER, v. a. (détèrejé) (detergere), t. de méd., nettoyer, mondifier.

DÉTÉRIORATION, s. f. (détériorácion), action par laquelle une chose est détériorée.

DÉTÉRIORÉ, E, part. pass. de détériorer.

DÉTÉRIORER, v. a. (détérioré) (deterior, plus mauvais, fait de deterere, gâter), dégrader, gâter, rendre pire.

DÉTERMINANT, E, adj. (détèreminan, ante), qui détermine ou sert à déterminer.

DÉTERMINATIF, TIVE, adj. (détèreminatif, tive), t. de gramm., qui détermine la signification d'un mot.

DÉTERMINATION, s. f. (détèreminácion) (determinatio), résolution, parti pris.

DÉTERMINÉ, E, part. pass. de déterminer, adj. et s., adonné à; courageux.

DÉTERMINÉMENT, adv. (détèreminéman), résolument; expressément; hardiment.

DÉTERMINER, v. a. (détèreminé) (determinare, formé de terminus, terme), décider, fixer, régler; indiquer avec précision; faire résoudre.—V. n., prendre une résolution.

DÉTERRÉ, part. pass. de déterrer, et s.

DÉTERRER, v. a. (détèré), tirer de terre une personne enterrée; fig. découvrir une chose ou une personne cachée.

DÉTERSIF, SIVE, adj. (détèrecife, cive) (detergere), purifier; qui purifie et nettoie.—On l'emploie aussi subst. au m.

DÉTESTABLE, adj. des deux g. (détècetable), qui mérite d'être détesté; très-mauvais.

DÉTESTABLEMENT, adv. (détècetableman), d'une manière détestable.

DÉTESTATION, s. f. (détècetácion) (detestatio), action de détester.

DÉTESTÉ, E, part. pass. de détester.

DÉTESTER, v. a. (détècelé) (detestari), avoir en horreur.

DÉTIRÉ, E, part. pass. de détirer.

DÉTIRER, v. a. (détiré), étendre une chose en la tirant, pour la rendre unie et lisse.

DÉTISÉ, E, part. pass. de détiser.

DÉTISER, v. a. (détizé), ôter les tisons du feu; éteindre et couvrir le feu.

DÉTISSÉ, E, part. pass. de détisser.

DÉTISSER, v. a. (déticé), défaire un tissu.

DÉTONATION, s. f. (détonácion), t. de mus., action de détoner.

DÉTONER, v. n. (détoné), sortir du ton, n'être plus dans le ton ; fig. choquer.

DÉTONNATION, s. f. (détonácion), action de détonner; inflammation violente et subite, accompagnée de bruit.

DÉTONNER, v. n. (détoné), s'enflammer subitement et avec bruit.

DÉTORDRE, v. a. (détordre), déplier ce qui était tordu.

DÉTORDU, E, part. pass. de détordre.

DÉTORQUÉ, E, part. pass. de détorquer.

DÉTORQUER, v. a. (détorkié) (detorquere), détourner), éluder la force d'un raisonnement, d'une autorité.

DÉTORS, E, adj. (détor, torce), qui n'est plus tors ou torse, qui est détordu.

DÉTORSE, s. f. (détorce), synonyme d'entorse, qui est beaucoup plus usité.

DÉTORTILLÉ, E, part. pass. de détortiller.

DÉTORTILLER, v. a. (détortilié), défaire une chose tortillée.

DÉTOUR, s. m. (détour), sinuosité; endroit qui va en tournant; fig. adresse, subterfuge.

DÉTOURNÉ, E, part. pass. de détourner, et adj., écarté; indirect.

DÉTOURNER, v. a. (détourné), tourner ailleurs; éloigner; soustraire ; distraire ; dissuader. —V. n., quitter le droit chemin.

DÉTRACTÉ, E, part. pass. de détracter.

DÉTRACTER, v. a. (détrakté) (detrectare), médire , parler mal de quelqu'un.

DÉTRACTEUR, TRICE, s. (détrakteur, trice) (detrectator), médisant.

DÉTRACTION, s. f. (détrakcion) (detrectatio), médisance.

DÉTRANGÉ, E, part. pass. de détranger.

DÉTRANGER, v. a. (détranjé), faire la chasse aux animaux nuisibles aux plantes.

DÉTRAQUÉ, E, part. pass. de détraquer.

DÉTRAQUER, v. a. (détrakié) (de la prép. dé, et du vieux mot trac, fait de trace, vesuge), dérégler une machine; déranger les allures d'un cheval.

DÉTREMPE, s. f. (détranpe), couleur détrempée dans de l'eau et de la colle.

DÉTREMPÉ, E, part. pass. de détremper.

DÉTREMPER, v. a. (détranpé), délayer dans une liqueur ; ôter la trempe de l'acier.

DÉTRESSE, s. f. (détrèce) (du lat. barbare districtia, resserrement), peine d'esprit; situation critique, danger pressant.

DÉTRIMENT, s. m. (détriman) (detrimentum), dommage, perte, préjudice.

DÉTRITUS, s. m. (détrituce) (mot lat.), débris de quelque matière.

DÉTROIT, s. m. (détroé) (districtum, en sous-entendant mare), bras de mer resserré des deux côtés par les terres ; passage étroit.

DÉTROMPÉ, E, part. pass. de détromper.

DÉTROMPER, v. a. (détronpé), désabuser; tirer d'erreur.

DÉTRÔNÉ, E, part. pass. de détrôner.

DÉTRÔNER, v. a. (détrôné), chasser du trône; ôter la puissance souveraine.

DÉTROUSSÉ, E, part. pass. de détrousser.

DÉTROUSSER, v. a. (détroucé), détacher ce qui était troussé; fig. voler. Fam.

DÉTROUSSEUR, s. m. (détrouceur), voleur qui détrousse les passants. Vieux.

DÉTRUIRE, v. a. (détruire) (destruere), démolir, ruiner, renverser.

DÉTRUIT, E, part. pass. de détruire.

DETTE, s. f. (dète) (debitum, ce qui est dû), ce que l'on doit.

DEUIL, s. m. (deu-ié) (en lat. barbare dolium, de dolere, avoir de la douleur), affliction, tristesse; vêtements noirs portés en signe de douleur ; le temps que le deuil dure.

DEUTÉROCANONIQUE, adj. des deux g. et s. m. (deutérokanonike) (δευτερος, second, et κανων, canon), livre de l'Écriture-Sainte mis plus tard que les autres dans le canon.

DEUTÉRONOME, s. m. (deutéronome) (δευτερος, second, et νομος, loi), nom du cinquième livre du Pentateuque.

DEUX, adj. numéral (deu) (duo), nombre double de l'unité.—S. m., chiffre qui le représente; carte ou dé qui porte deux points.

DEUXIÈME, adj. et s. des deux g. (deuzième), second.

DEUXIÈMEMENT, adv. (deuzièmeman), en second lieu.

DÉVALÉ, E, part. pass. de dévaler.

DÉVALER, v. a. et n. (dévalé) (du lat. barbare devallare, fait de vallis, vallée), vieux mot qui signifie descendre.

DÉVALISÉ, E, part. pass. de dévaliser.

DÉVALISER, v. a. (dévalisé), ôter la valise à des passants ; voler ; ruiner au jeu.

DEVANCÉ, E, part. pass. de devancer.

DEVANCER, v. a. (devancé), gagner le devant; précéder; surpasser.

DEVANCIER, IÈRE, s. (devancié, ière),

qui a précédé un autre dans quelque charge ou office.—Au pl., ancêtres.

DEVANT, prép. de lieu (*devan*) (de *deabante*, dit dans la basse lat. pour *ante*), vis-à-vis, en présence.—Prép. d'ordre, l'opposé de *après*.—Il est aussi adv.—S. m., partie antérieure.— CI-DEVANT , adv. , précédemment.

DEVANTIER, s. m. (*devantié*), tablier des femmes du peuple. Vieux.

DEVANTIÈRE, s. f. (*devantière*), jupe fendue par derrière, que porte une femme quand elle va à cheval.

DEVANTURE, s. f. (*devanture*), face antérieure ; façade d'une boutique.

DÉVASTATEUR, TRICE, s. (*dévacetateur, trice*), qui *dévaste*.

DÉVASTATION, s. f. (*dévacetácion*), désolation, ruine d'un pays.

DÉVASTÉ, E, part. pass. de *dévaster*.

DÉVASTER, v. a. (*dévaceté*) (*devastare*), ruiner, désoler, saccager un pays.

DÉVELOPPÉ, E, part. pass. de *développer*.

DÉVELOPPÉE, s. f. (*dévelopé*), en géom., courbe par le *développement* de laquelle on peut supposer qu'une autre est formée.

DÉVELOPPEMENT , s. m. (*dévelopeman*), l'action de *développer* ; son effet.

DÉVELOPPER, v. a. (*dévelopé*) (*evolvere*, dérouler), ôter l'*enveloppe*; déployer; *fig.* éclaicir; débrouiller; expliquer; dégrossir.

DEVENIR, v. n. (*devenir*) (du lat. barbare *devenire*), commencer à être ce qu'on n'était pas.

DEVENU , E, part. pass. de *devenir*.

DÉVERGONDAGE, s. m. (*dévèreguondaje*), état d'un *dévergondé* ; libertinage.

DÉVERGONDÉ, E, adj. et s. (*dévèreguondé*) (de la partic. priv. *de*, et de *verecundia*, pudeur), qui n'a point de honte. Fam.

DEVERS, prép. de lieu (*devère*) (en lat. *deversum* , formé de *de* , et de *versum* , vers), vers ; du côté de...

DÉVERS, E, adj. (*dévère*, *vèrece*) (*deversus* , part. pass. de *devertere* , tourner), qui n'est pas d'aplomb.

DÉVERSÉ, E, part. pass. de *déverser*.

DÉVERSER , v. n. (*dévèrecé*) (*vertere*), pencher, incliner ; verser, jeter, répandre.

DÉVERSOIR, s. m. (*dévèreçoar*), endroit où se perd l'excédant de l'eau de la conduite d'un moulin.

se DÉVÊTIR, v. pr. (*cedévétir*), ôter ses vêtements ; *fig.* se dessaisir d'un bien.

DÉVÊTISSEMENT, s. m. (*dévéticeman*), t. de jur., dépouillement, démission.

DÉVIATION, s. f. (*déviácion*) (*deviare*, dévier), action de *dévier*.

DÉVIDÉ, E, part. pass. de *dévider*.

DÉVIDER, v. a. (*dévidé*) (de *vider*, parce que le *dévidoir* se *vide* de fil), mettre le fil, la soie, etc., en peloton ou en écheveau.

DÉVIDEUR, EUSE, s. (*dévideur, euze*), qui *dévide*.

DÉVIDOIR, s. m. (*dévidoar*), instrument propre à *dévider*.

DÉVIER, v. n. (*dévié*) (*deviare*, de la partic. extr. *de*, hors, et de *via*, chemin), se détourner ou être détourné de sa direction.

DEVIN, INERESSE, s. (*devein, inerèce*) (*divinus*, divin), qui *devine*; qui fait profession de découvrir les choses cachées, de prédire les choses à venir.—S. m., espèce de serpent.

DEVINÉ, E, part. pass. de *deviner*.

DEVINER, v. a. et n. (*deviné*), prédire l'avenir ; juger par conjecture.

DEVINERESSE, s. f. Voy. DEVIN.

DEVINEUR, EUSE, s. (*devineur, euze*), qui a la prétention de *deviner*. Fam.

DEVIS, s. m. (*devi*), état détaillé de ce que doit coûter la construction d'une maison, etc.; autrefois, propos, entretien familier.

DÉVISAGÉ, E, part. pass. de *dévisager*.

DÉVISAGER , v. a. (*dévizajé*), déchirer le visage ; *fig.* fixer attentivement.

DEVISE, s. f. (*devize*) (en lat. barbare *divisa*), figure allégorique : sentence.

DEVISER, v. n. (*devizé*), s'entretenir familièrement Vieux.

DÉVISSER, v. a. (*dévicé*), défaire les vis qui retiennent quelque chose.

DÉVOIEMENT, s. m. (*dévoéman*) (de la prép. lat. *de*, hors, et de *via*, chemin), flux de ventre.—En archit., inclinaison d'un tuyau.

DÉVOILÉ, E, part. pass. de *dévoiler*.

DÉVOILEMENT, s. m. (*dévoéleman*), action de *dévoiler*.

DÉVOILER, v. a. (*dévoélé*), ôter le *voile*; *fig.* découvrir, révéler ce qui était caché.

DEVOIR, s. m. (*devoar*) (*debere*, devoir), ce à quoi oblige la loi, la bienséance, etc.

DEVOIR, v. a. (*devoar*) (*debere*), être engagé à payer, à rendre; être redevable de; être obligé par la loi, la bienséance, etc.

DÉVOLE, s. f. (*dévole*), au jeu de cartes, coup sans faire de levée.

DÉVOLER, v. n. (*dévolé*), être en *dévole*.

DÉVOLU ou **DÉVOLUT**, s. m. (*dévolu*), provision d'un bénéfice ; *fig.* prétention.

DÉVOLU, E, adj. (*dévolu*) (*devolutus*), échu en vertu d'un droit acquis.

DÉVOLUTAIRE, s. m. (*dévolutère*), qui a obtenu un *dévolu* sur un bénéfice.

DÉVOLUTIF, TIVE, adj. (*dévolutif, tive*), t. de prat., qui saisit un juge supérieur.

DÉVOLUTION, s. f. (*dévolucion*), acquisition d'un droit *dévolu*.

DÉVORANT, E, adj. (dévoran, ante) (devorans), qui dévore.

DÉVORÉ, E, part. pass. de dévorer.

DÉVORER, v. a. et n. (dévoré) (devorare), déchirer avec les dents; *fig.* manger avidement; consumer, détruire; lire vite; retenir.

DÉVOT, E, adj. et s. (dévô, vote) (devotus, dévoué), qui a de la piété, de la dévotion.

DÉVOTEMENT, adv. (dévoteman), avec dévotion.

DÉVOTIEUSEMENT, adv. (dévocieuzeman), dévotement. Vieux.

DÉVOTIEUX, EUSE, adj. (dévocieu, euse), dévot. Vieux.

DÉVOTION, s. f. (dévocion) (devotio, de devovere, dévouer), piété; soumission; dévouement; devoirs religieux.

DÉVOUÉ, E, part. pass. de dévouer, et adj.

DÉVOUEMENT, s. m. (dévouman), abandonnement entier aux volontés d'un autre.

DÉVOUER, v. a. (dévoué) (devovere, de votum, vœu), consacrer; donner sans réserve.

DÉVOYÉ, E, part. pass. de dévoyer, et adj.

DÉVOYER, v. a. (dévoiéié) (de la partic. extr. dé, et du s. voie), détourner du chemin, égarer; donner le dévoiement.

DEXTÉRITÉ, s. f. (dèkcetérité) (dexteritas), adresse des mains, ou *fig.* de l'esprit.

DEXTRE, s. f. (dèkcetre) (dextera), la main droite, le côté droit.

DEXTREMENT, adv. (dèkcetreman), avec dextérité. Peu us.

DEY, s. m. (dé), chef de l'ancien gouvernement d'Alger.

DIA, interj. (dia), t. de charretier pour faire aller un cheval à gauche.

DIABÈTE, s. f. (diabète) (διαϐυτος, de διαϐαιω, je traverse), machine hydraulique.

DIABÉTÈS, s. m. (diabétèce) (même étym.), incontinence d'urine.

DIABÉTIQUE, adj. et s. des deux g. (diabétike), qui a le diabétès.

DIABLE, s. m. (diable) (diabolus), démon, esprit malin; *fig.* personne méchante; enfant espiègle; charrette; toupie.— Interj.

DIABLEMENT, adv. (diableman), excessivement. Fam.

DIABLERIE, s. f. (diableri), sortilège; mauvais effet dont on ignore les causes.

DIABLESSE, s. f. (diablèce), méchante femme.

DIABLEZOT, (diablezó), exclamation pour dire: Je n'ai garde. Inus.

DIABLOTIN, s. m. (diablotein), petite figure de diable; enfant espiègle; bonbon.

DIABOLIQUE, adj. des deux g. (diabolike), du diable; *fig.* extrêmement méchant.

DIABOLIQUEMENT, adv. (diabolikeman), d'une manière diabolique.

DIACHYLON, s. m. (diachilon) (δια, de, et χυλος, suc), emplâtre résolutif.

DIACODE, s. m. (diakode) (δια, de, et κωδεια, tête de pavot), sirop de têtes de pavots.

DIACONAL, E, adj., au pl. m. DIACONAUX (diakonal), de diacre.

DIACONAT, s. m. (diakona) (διακονος, office, fait de διακονιν, servir), le second des ordres sacrés.

DIACONESSE, s. f. (diakonèce) (διακονος, ministre), femme employée dans la primitive église à certains ministères.

DIACRE, s. m. (diakre) (διακονος, serviteur), ecclésiastique promu au diaconat.

DIADELPHIE, s. f. (diadèlfi) (δις, deux fois, et αδελφος, frère), classe de plantes.

DIADÈME, s. m. (diadéme) (διαδημα, fait de διαδεω, j'entoure), bandeau qui était la marque de la royauté chez les anciens.

DIAGNOSTIC, s. m. (diaguenocetik) (διαγινωσκω, je connais), connaissance des symptômes qui indiquent la nature des maladies.

DIAGNOSTIQUE, adj. des deux g. (diaguenocetike) (διαγνωσκω, jejuge), se dit des signes qui indiquent la nature des maladies.

DIAGONAL, E, adj. des deux g. (diaguonale), qui appartient à la diagonale.

DIAGONALE, s. f. (diaguonale) (δια, à travers, et γωνια, angle), ligne tirée d'un angle à l'angle opposé, dans une figure rectiligne et quadrilatère, en passant par le centre.

DIAGONALEMENT, adv. (diaguonaleman), d'une manière diagonale.

DIALECTE, s. m. (dialèkte) (διαλεκτος), idiome; langage particulier d'un pays, etc.

DIALECTICIEN, IENNE, s. (dialèkticien, ième), qui sait ou enseigne la dialectique.

DIALECTIQUE, s. f. (dialèktike) (διαλεκτικη, fait de διαλεγειν, discerner), logique; partie de la philosophie qui enseigne les règles du raisonnement.

DIALECTIQUEMENT, adv. (dialèktikeman), en dialecticien.

DIALOGIQUE, adj. des deux g. (dialojike), qui a la forme du dialogue.

DIALOGISME, s. m. (dialojiceme), l'art du dialogue.

DIALOGISTE, s. des deux g. (dialojicete), qui fait un dialogue.

DIALOGUE, s. m. (dialogue) διαλογος, formé de διαλεγομαι, converser, qui a pour racines δια, entre, et λεγω, je parle), entretien de plusieurs personnes; entretien par écrit.

DIALOGUÉ, E, part. pass. de dialoguer.

DIALOGUER, v. a. (dialogué) (διαλεγιμαι, converser), faire parler entre eux plusieurs personnages.

DIAMANT, s. m. (*diaman*) (αδαμας, fait de α priv. et δαμαω, je romps), pierre précieuse la plus brillante et la plus dure de toutes; outil de vitrier pour couper le verre.

DIAMANTAIRE, s. m. (*diamantère*), ouvrier qui taille les *diamants* et en fait trafic.

DIAMÉTRAL, E, adj. (*diamétrale*), qui appartient au *diamètre*.

DIAMÉTRALEMENT, adv. (*diamétraleman*), complètement, directement.

DIAMÈTRE, s. m. (*diamètre*) (διαμετρος, fait de δια, à travers, et μετρον, mesure); ligne droite qui, passant par le centre du cercle et se terminant de chaque côté à sa circonférence, le divise en deux parties égales.

DIANDRIE, s. f. (*diandri*) (δις, deux fois, et ανηρ, ανδρος, mâle), classe de plantes.

DIANE, s. f. (*diane*), batterie de tambour qui se fait au point du jour.

DIANTRE, s. m. (*diantre*), mot très-familier dont on se sert au lieu de *diable*.

DIAPALMA ou DIAPALME, s. m. (*diapalma*) (δια, de, et du lat. *palma*, palmier), emplâtre dessiccatif.

DIAPASON, s. m. (*diapazon*) (δια, par, et πασων, gén. pl. de πας, tout), étendue des sons qu'une voix ou un instrument peut parcourir; instrument d'acier qui sert à donner le ton.

DIAPÉDÈSE, s. m. (*diapédèze*) (διαπηδησις, fait de δια, à travers, et πηδαω, sauter), éruption du sang par les pores des vaisseaux.

DIAPHANE, adj. des deux g. (*diafane*) (διαφανης, fait de δια, à travers, et φαινω, je brille), transparent.

DIAPHANÉITÉ, s. f. (*diafanéité*) (διαφαρεια), transparence.

DIAPHORÈSE, s. f. (*diaforèze*) (διαφορησις, de δια, à travers, et φερω, je porte), évacuation des humeurs par les pores de la peau.

DIAPHORÉTIQUE, adj. des deux g. (*diaforétike*), qui aide à la transpiration.

DIAPHRAGMATIQUE, adj. des deux g. (*diafraguematike*), du *diaphragme*.

DIAPHRAGME, s. m. (*diafragueme*) (διαφραγμα, séparation, fait de δια, à travers, et φρασσω, fermer), t. d'anat., muscle nerveux qui sépare la poitrine d'avec le bas-ventre.

DIAPHRAGMITE, s. f. (*diafraguemite*), t. de méd., inflammation du *diaphragme*.

DIAPRÉ, E, part. pass. de *diaprer*, et adj. (du lat. barbare *diasprum*, pièce d'étoffe en broderie), varié de plusieurs couleurs.

DIAPRER, v. a. (*diapré*), rendre *diapré*.

DIAPRUN, s. m. (*diapreun*) (δια, de, et du lat. *prunum*, prune), électuaire de *prunes*.

DIAPRURE, s. f. (*diapruré*), variété de couleurs. Vieux.

DIARRHÉE, s. f. (*diaré*) (διαρροια, de δια, à travers, et ρεω, je coule), flux de ventre.

DIASCORDIUM, s. m. (*diacekordiome*) (δια, de, et σκορδιον, scordium), opiat dans la composition duquel il entre du *scordium*.

DIASTASE, s. f. (*diacetaze*) (διαστασις, fait de διστημι, séparer), luxation d'os.

DIASTOLE, s. f. (*diacetole*) (διαστολη, dilatation), mouvement naturel et ordinaire du cœur lorsqu'il se dilate.

DIASTYLE, s. m. (*diacetile*) (διαστυλος, formé de δια, entre, et στυλος, colonne), sorte d'édifice à colonnes.

DIATHÈSE, s. f. (*diatèze*) (διαθεσις, affection), disposition à être souvent affecté de telle ou telle maladie.

DIATONIQUE, adj. des deux g. (*diatonike*) δια, par, et τονος, ton), t. de mus., qui procède par les tons naturels de la gamme.

DIATONIQUEMENT, adv. (*diatonikeman*), dans le genre *diatonique*.

DIATRAGACANTHE, s. m. (*diatraguakante*), médicament de gomme d'adragant.

DIATRIBE, s. f. (*diatribe*) (διατριβη, dissertation), dissertation critique sur un ouvrage d'esprit; critique amère et violente.

DICHORÉE, s. m. (*dikoré*) (δις, deux fois, et χορειος, chorée), pied de vers latin ou grec composé de deux *chorées*.

DICHOTOME, adj. des deux g. (*dikotome*) (διχοτομεω, je coupe en deux), fourchu; se dit de la lune quand on n'en voit que la moitié.

DICHOTOMIE, s. f. (*dikotomi*), état de la lune quand on n'en voit que la moitié.

DICOTYLÉDONES, adj. et s. f. pl. (*dikotilédone*) (δις, deux fois, et κοτυληδων, cavité), plantes dans lesquelles l'embryon est formé de *deux cotylédons*.

DICTAME, s. m. (*diktame*) (δικταμον), plante médicinale.

DICTAMEN, s. m. (*diktamène*), t. dogmatique emprunté du lat., suggestion, mouvement, sentiment de la conscience.

DICTATEUR, s. m. (*diktateur*) (*dictator*, de *dictare*, ordonner), souverain magistrat de l'ancienne Rome; souverain absolu.

DICTATORIAL, E, adj., au pl. m. DICTATORIAUX (*diktatoriale*), de *dictateur*.

DICTATURE, s. f. (*diktature*), dignité de *dictateur*.

DICTÉ, E, part. pass. de *dicter*.

DICTÉE, s. f. (*dikté*), tout ce que *dicte* le maître à ses écoliers.

DICTER, v. a. (*dikté*) (*dictare*, fréq. de *dicere*, dicter), prononcer mot à mot ce qu'on autre écrit; *fig.* suggérer à quelqu'un ce qu'il doit dire; inspirer; prescrire.

DICTION, s. f. (*dikcion*) (*dictio*, fait de *dicere*, dire), élocution.

DICTIONNAIRE, s. m. (*dikcionère*) (*dictionarium*), livre qui contient les mots d'une langue, d'un art, d'une science, par ordre alphabétique.

DICTIONNARISTE, s. m. (*dikcionaricete*), auteur de *dictionnaires*.

DICTON, s. m. (*dikton*) (*dictum*, chose dite), mot sentencieux. Fam.

DICTUM, s. m. (*diktome*) (mot pris du lat.), dispositif d'une sentence, d'un arrêt.

DIDACTIQUE, adj. des deux g. (*didaktike*) (διδακτικος, de διδασκω, j'enseigne), qui est propre à instruire.—S. f., art d'enseigner.

DIDACTIQUEMENT, adv. (*didaktikeman*), d'une manière *didactique*.

DIDYME, adj. des deux g. (*didime*) (διδυμος, double), formé de deux parties arrondies et accouplées.

DIDYNAMIE, s. f. (*didinami*) (δις, deux fois, et δυναμις, puissance), classe de plantes.

DIÉRÈSE, s. f. (*diérèze*) (διαιρεσις, division), en chir., division des parties dont l'union est contre nature; en gramm., division d'une diphthongue en deux syllabes; tréma.

DIÈSE, ou DIÉSIS, s. m. et adj. des deux g. (*dièze, diézice*) (διεσις, division), t. de mus., signe qui, mis devant une note, la fait hausser d'un demi-ton.

DIÉSÉ, E, part. pass. de *diéser*.

DIÉSER, v. a. (*diézé*), t. de mus., marquer d'un *dièse*, ou hausser d'un demi-ton.

DIÈTE, s. f. (*diète*) (διαιτα, régime de vie), régime de vie qui règle le boire et le manger; assemblée des états en Allemagne.

DIÉTÉTIQUE, adj. des deux g. (*diététike*), t. de méd., sudorifique et dessiccatif.—S. f., partie de la médecine qui s'occupe du régime de vie qu'il faut prescrire aux malades.

DIÉTINE, s. f. (*diétine*), assemblée particulière des membres de la noblesse de chaque palatinat, en Pologne.

DIEU, s. m., au pl. DIEUX (*dieu*) (en lat. *deus*, dérivé de ζευς, que les Doriens écrivent δυς, Jupiter), le premier et souverain Être; fausse divinité que les païens adoraient.

DIEUDONNÉ, s. m. (*dieudoné*), surnom qui signifie *donné par Dieu*.

DIFFAMANT, E, adj. (*difaman, ante*), qui *diffame*.

DIFFAMATEUR, TRICE, s. (*difamateur, trice*), qui *diffame*.

DIFFAMATION, s. f. (*difamácion*), action par laquelle on *diffame*.

DIFFAMATOIRE, adj. des deux g. (*difamatoare*), qui *diffame*; *diffamant*.

DIFFAMÉ, E, part. pass. de *diffamer*.

DIFFAMER, v. a. (*difamé*) (*diffamare*, déshonorer), décrier, déshonorer, calomnier.

DIFFÉRÉ, E, part. pass. de *différer*.

DIFFÉREMMENT, adv. (*diféraman*), d'une manière *différente*.

DIFFÉRENCE, s. f. (*diférance*) (*differentia*), distinction, diversité, dissemblance.

DIFFÉRENCIÉ, E, part. pass. de *différencier*.

DIFFÉRENCIER, v. a. (*diférancié*), distinguer; marquer la *différence* de...

DIFFÉRENT et DIFFÉREND, s. m. (*diféran*) (*differre*, dans le sens de *différer* de sentiments), contestation; chose contestée.

DIFFÉRENT, E, adj. (*diféran*), distingué; divers; qui *diffère* d'un autre.

DIFFÉRENTIÉ, E, part. pass. de *différentier*.

DIFFÉRENTIEL, ELLE, adj. (*diférancièle*), t. de math., qui procède par *différences*.

DIFFÉRENTIER, v. a. (*diférancié*), t. de math.: *différentier* une quantité, en trouver et en exprimer la *différence* suivant les règles du calcul *différentiel*.

DIFFÉRER, v. a. et n. (*diféré*) (*differre*), retarder.—V. n., être *différent*; être d'opinion contraire.

DIFFICILE, adj. des deux g. (*dificile*) (*difficilis*), pénible; plein de *difficultés*.

DIFFICILEMENT, adv. (*dificileman*), avec *difficulté*, avec peine.

DIFFICULTÉ, s. f. (*difikulté*), (*difficultas*), ce qui rend une chose *difficile*; obstacle, empêchement; objection; doute; contestation.

DIFFICULTUEUX, EUSE, adj. (*difikultueu, euze*), qui fait sur tout des *difficultés*.

DIFFORME, adj. des deux g. (*diforme*) (*deformis*), laid; défiguré.

DIFFORMÉ, E, part. pass. de *difformer*.

DIFFORMER, v. a. (*diformé*), t. de pal., ôter la *forme* de quelque chose.

DIFFORMITÉ, s. f. (*diformité*) (*difformitas*), défaut dans la figure ou dans les proportions.

DIFFRACTION, s. f. (*difrakcion*) (*difringere*, rompre), t. d'optiq., détour que subit la lumière en rasant la surface d'un corps.

DIFFUS, E, adj. (*difu, fuze*) (*diffusus*, part. pass. de *diffundere*, étendre), long, prolixe.

DIFFUSÉMENT, adv. (*difuzéman*), d'une manière *diffuse*.

DIFFUSION, s. f. (*difuzion*) (*diffusio*), action de s'épandre; effet de ce qui est *diffus*.

DIGASTRIQUE, adj. des deux g. (*diguactrike*) (δις, deux fois, et γαστηρ, ventre), se dit de muscles à deux portions charnues.

DIGÉRÉ, E, part. pass. de *digérer*.

DIGÉRER, v. a. (*dijéré*) (*digerere*), faire la *digestion*; *fig.* souffrir patiemment.

DIGESTE, s. m. (*dijècete*), volume contenant les réponses des anciens jurisconsultes.

DIGESTEUR, s. m. (*dijèceteur*), vase qui sert à faire cuire les viandes dans leur jus.

DIGESTIF, TIVE, adj. (*dijècetif, tive*), qui a la vertu de faire *digérer*.—Il est aussi s. m.

DIGESTION, s. f. (*dijècetion*), coction des aliments dans l'estomac.

DIGITAL, E, adj., au pl. m. DIGITAUX (*dijitale*), qui appartient aux *doigts*; se dit de légères dépressions à la face interne du crâne.

DIGITALE, s. f. (*dijitale*), genre de plantes.

DIGITÉ, E, adj. (*dijité*), découpé en forme de *doigt*.

DIGNE, adj. des deux g. (*dignie*) (*dignus*), qui mérite; qui a de la *dignité*.

DIGNEMENT, adv. (*dignieman*), selon ce qu'on mérite; avec *dignité*.

DIGNITAIRE, s. m. (*dignitère*), qui possède une *dignité*.

DIGNITÉ, s. f. (*dignité*) (*dignitas*), mérite, importance; noblesse, gravité; élévation, distinction éminente; charge importante.

DIGRESSION, s. f. (*diguerècion*) (*digressio*, de *digredi*, s'éloigner), ce qui est, dans un discours, dans un écrit, hors du sujet principal.

DIGUE, s. f. (*digue*) (du flamand *diic* ou *dyk*), rempart contre les eaux; *fig.* obstacle.

DILACÉRATION, s. f. (*dilacéracion*) (*dilaceratio*), action de *dilacérer*.

DILACÉRÉ, E, part. pass. de *dilacérer*.

DILACÉRER, v. a. (*dilacéré*) (*dilacerare*), déchirer, mettre en pièces avec violence.

DILAPIDATEUR, TRICE, s. et adj. (*dilapidateur, trice*), qui dépense follement.

DILAPIDATION, s. f. (*dilapidácion*) (*dilapidatio*), dépense folle et désordonnée.

DILAPIDÉ, E, part. pass. de *dilapider*.

DILAPIDER, v. a. (*dilapidé*) (*dilapidare*), dépenser follement et avec désordre.

DILATABILITÉ, s. f. (*dilatabilité*), propriété de ce qui est *dilatable*.

DILATABLE, adj. des deux g. (*dilatable*), qui peut être *dilaté*, étendu.

DILATANT, s. m. (*dilatan*), t. de chir., corps introduit dans la cavité d'une plaie, et qu'on y laisse comme une espèce d'appareil.

DILATATEUR, s. m. (*dilatateur*), nom de divers muscles; instrument de chirurgie.

DILATATION, s. f. (*dilatácion*) (*dilatatio*), extension, relâchement.

DILATATOIRE, s. m. (*dilatatoare*), instrument pour ouvrir et *dilater* les plaies.

DILATÉ, E, part. pass. de *dilater*.

DILATER, v. a. (*dilaté*) (*dilatare*, fait de *latus*, large), élargir, étendre.

DILATOIRE, adj. des deux g. (*dilatoare*), t. de pal., qui tend à différer, à retarder.

DILAYÉ, E, part. pass. de *dilayer*.

DILAYER, v. a. (*diléié*) (*dilatare*, étendre), différer, remettre à un autre temps. Vieux.

DILECTION, s. f. (*dilèkcion*) (*dilectio*, fait de *diligere*, aimer), amour, charité.

DILEMME, s. m. (*dilème*) διλημμα, argument qui contient deux propositions contraires et dont on laisse le choix à l'adversaire.

DILETTANTE, s. m., au pl. DILETTANTI (*dilètetante*)(mot italien), connaisseur; amateur de musique.

DILIGEMMENT, adv. (*dilijaman*), promptement, avec *diligence*.

DILIGENCE, s. f. (*dilijance*) (*diligentia*), activité; promptitude; poursuite; soin; recherche exacte; voiture publique pour voyager.

DILIGENT, E, adj. (*dilijan, ante*) (*diligens*), prompt à faire les choses; expéditif.

DILIGENTÉ, E, part. pass. de *diligenter*.

DILIGENTER, v. a. (*dilijanté*), faire, agir avec *diligence*; hâter, presser. Fam.

✻ DILUVIEN, ENNE, adj. (*diluvièin, iène*) (*diluvium*, déluge), qui a rapport au *déluge*.

DIMANCHE, s. m. (*dimanche*) (*dominica*), premier jour de la semaine.

DÎME, s. f. (*dîme*) (*decima*, sous-entendu *pars*, dixième partie), la *dixième* partie des fruits de la terre, etc., que l'on payait à l'église ou aux seigneurs.

DIMENSION, s. f. (*dimancion*) (*dimensio*), étendue des corps; mesure.

DÎMER, v. n. (*dîmé*), lever la *dîme* dans un lieu.—V. a., soumettre à la *dîme*.

DÎMEUR, s. m. (*dimeur*), fermier qui prenait et levait les *dîmes*.

DIMINUÉ, E, part. pass. de *diminuer*, et adj.

DIMINUER, v. a. (*diminué*) (*diminuere*), amoindrir; rendre plus *menu*, plus petit.—V. n., devenir moindre.

DIMINUTIF, s. m. (*diminutif*), chose qui est en petit ce qu'une autre est en grand.

DIMINUTIF, TIVE, adj. (*diminutif, tive*), qui *diminue* ou adoucit la force du mot dont il est dérivé.—Il se dit subst. au m.

DIMINUTION, s. f. (*diminucion*) (*diminutio*), amoindrissement; retranchement; rabais.

DIMISSOIRE, s. m. (*dimiceoare*) (*dimissorius*, fait de *dimittere*, envoyer), lettre qui donne pouvoir de conférer les ordres.

DIMISSORIAL, E, adj. (*dimiceoriale*), qui contient un *dimissoire*.

DINANDERIE, s. f. (*dinanderi*)(de *Dinant*, ville du pays de Liège), se dit de toute sorte d'ustensiles de cuivre jaune.

DINATOIRE, adj. des deux g. (*dinatoare*), qui a rapport au *dîner*.

DINDE, s. f. (*deinde*), poule d'*Inde*. N'employez pas le mot *dindon* pour *dinde*.

DINDON, s. m. (*deindon*), coq d'*Inde*; *fig.* homme stupide. N'employez pas le mot *dinde* pour *dindon*.

DINDONNEAU, s. m. (*deindonô*), petit *dindon*.

DINDONNIER, IÈRE, s. (*deindonié, ière*), gardeur, gardeuse de *dindons*.

DÎNÉ ou **DÎNER**, s. m. (*diné*) (δειπνειν, souper), repas vers le milieu ou vers la fin du jour; mets qui le composent.

DÎNÉE, s. f. (*diné*), repas ou dépense qu'on fait à *dîner* en voyage; le lieu où l'on *dîne*.

DÎNER, v. n. (*diné*), prendre le repas appelé *diné*. — S. m. Voy. DÎNÉ.

DÎNETTE, s. f. (*dinète*), petit *diné*.

DÎNEUR, s. m. (*dineur*), celui dont le repas principal est le *dîner*; grand mangeur. Fam.

DIOCÉSAIN, E, s. et adj. (*diocézein, zène*), qui est du *diocèse*.

DIOCÈSE, s. m. (*diocèze*) (διοικησις, administration, dérivé de διοικεω, j'administre), pays sous la juridiction d'un évêque.

DIOECIE, s. f. (*diéci*) (δις, deux fois, et οικια, maison), classe des plantes *dioïques*.

DIOÏQUE, adj. des deux g. (*dio-ike*), se dit des plantes dont les fleurs mâles sont portées sur un pied, et les femelles sur un autre.

DIONÉE, s. f. (*dioné*), plante.

DIONYSIAQUE, s. f. (*dioniziake*) (Διονυσια, fait de Διονυσις, surnom de *Bacchus*), t. d'antiq., danse en l'honneur de *Bacchus*.

DIOPTRIQUE, s. f. (*diopetrike*) (δια, à travers, et οπτομαι, je vois), partie de l'optique qui traite de la réfraction de la lumière.—Adj. des deux g., qui a rapport à la *dioptrique*.

DIORAMA, s. m. (*diorama*) (δια, à travers, et οραμα, vue), panorama éclairé comme aux diverses parties du jour par une lumière mobile.

DIPHTHONGUE, s. f. (*diftongue*) (διφθογγος, formé de δις, deux fois, et φθογγος, son), réunion de deux sons en une seule syllabe.

DIPLOMATE, s. m. (*diplomate*), homme qui s'occupe de la *diplomatie*, qui y est versé.

DIPLOMATIE, s. f. (*diplomaci*), science du gouvernement des états, des rapports, des intérêts de puissance à puissance.

DIPLOMATIQUE, s. f. (*diplomatike*), l'art de reconnaître les *diplômes* authentiques et les manuscrits anciens.—Adj. des deux g., qui concerne la *diplomatie*; mystérieux.

DIPLOMATIQUEMENT, adv. (*diplomatikeman*), d'une manière *diplomatique*.

DIPLÔME, s. m. (*diplôme*) (διπλωμα, fait de διπλοος, double), charte; anciens titres; titre d'agrégation dans une société; autorisation d'exercer une profession.

DIPTÈRE, s. m. (*diptère*) (δις, doublement, et πτερον, ailé), édifice à deux rangs de colonnes de chaque côté; genre d'insectes qui n'ont que deux ailes.—Dans ce dernier sens il est aussi adj. des deux g.

DIPTYQUES, s. m. pl. (*diptike*) (διπτυ-χος), registre chez les anciens, où l'on conservait les noms des magistrats, et, dans les anciennes églises, les noms des vivants et des morts pour lesquels on faisait des prières.

DIRE, s. m. (*dire*), t. de prat., ce qu'une des parties a avancé.

DIRE, v. a. (*dire*) (*dicere*), exprimer, faire entendre par la parole; juger; ordonner.

DIRECT, E, adj. (*dirèkte*) (*directus*, fait de *rectus*, droit), qui va tout *droit*; immédiat.

DIRECTE, s. f. (*dirèkte*), l'étendue du fief d'un seigneur *direct*.

DIRECTEMENT, adv. (*dirèkteman*) (*directè*), en ligne *directe*; entièrement; droit à...

DIRECTEUR, TRICE, s. (*dirèkteur, trice*), qui règle, qui préside, qui administre.

DIRECTION, s. f. (*dirèkcion*) (*directio*), conduite; emploi du *directeur*; ligne droite suivant laquelle un corps se meut.

DIRECTOIRE, s. m. (*direktoare*), conseil, tribunal chargé d'une *direction* publique.

DIRECTORIAL, E, adj., au pl. m. **DIRECTORIAUX** (*dirèktoriale*), du *directoire*.

DIRIGÉ, E, part. pass. de *diriger*.

DIRIGEANT, E, adj. (*dirijan, ante*), qui dirige.

DIRIGER, v. a. (*dirijé*) (*dirigere*), conduire; régler, tourner de quelque côté.

DIRIMANT, E, adj. (*diriman, ante* (*dirimens*, part. prés. de *dirimere*, diviser), se dit de ce qui rend un mariage nul.

DIS (*dice*), préposition que l'on met au commencement de certains mots pour leur donner un sens négatif : *discordance, disgracier*.

DISCALE, s. f. (*dicekale*) (χαλαω, j'abaisse), déchet dans le poids d'une marchandise.

DISCERNÉ, E, part. pass. de *discerner*.

DISCERNEMENT, s. m. (*dicèreneman*), action de *discerner*; distinction qu'on fait.

DISCERNER, v. a. (*dicèrené*) (*discernere*), distinguer; faire la différence d'une chose avec une autre.

DISCIPLE, s. m. (*diciple*) (*discipulus*, fait de *disciplina*, enseignement), qui apprend d'un autre quelque science ou quelque art libéral; qui suit la doctrine d'un autre.

DISCIPLINABLE, adj. des deux g. (*diciplinable*), capable de *discipline*, d'être instruit.

DISCIPLINAIRE, adj. des deux g. (*diciplinère*), qui a rapport à la *discipline*.

DISCIPLINE, s. f. (*dicipline*) (*disciplina*), instruction, éducation; règlement; ordre; conduite; instrument de pénitence.

DISCIPLINÉ, E, part. pass. de *discipliner*, et adj., réglé.

DISCIPLINER, v. a. (*dicipliné*), régler, tenir dans l'ordre; donner la *discipline*.

DISCOBOLE, s. m. (*dicekobole*) (δισκος, disque, et βαλλω, je lance), athlète pour le *disque* ou le palet, dans les jeux de la Grèce.

DISCONTINUATION, s. f. (*dicekontinuâcion*), interruption.

DISCONTINUÉ, E, part. pass. de *discontinuer*.
DISCONTINUER, v. a. et n. (*dicekontinué*), interrompre une chose commencée; cesser.
DISCONVENANCE, s. f. (*dicekonvenance*), disproportion, inégalité.
DISCONVENIR, v. n. (*dicekonvenir*), ne pas convenir, ne pas tomber d'accord.
DISCONVENU, E, part. pass. de *disconvenir*.
DISCORD, s. m. (*dicekor*), discorde. Vieux.
DISCORD, adj. m. (*dicekor*) (*discors*), qui n'est point d'*accord*.
DISCORDANCE, s. f. (*dicekordance*), vice de ce qui est *discordant*.
DISCORDANT, E, adj. (*dicekordan, ante*) (*discordans*), qui n'est pas d'*accord* ou qu'on ne peut que difficilement *accorder*.
DISCORDE, s. f. (*dicekorde*) (*discordia*), dissension, division.
DISCORDER, v. n. (*dicekordé*) (*discordare*), être *discordant*. Il ne se dit qu'en mus.
DISCOUREUR, EUSE, s. (*dicekoureur, euze*), qui parle, qui cause beaucoup. Fam.
DISCOURIR, v. n. (*dicekourir*) (*discurrere* courir çà et là), parler, faire quelque *discours*.
DISCOURS, s. m. (*dicekour*) (*discursus*), propos, assemblage de paroles, pour expliquer ce que l'on pense; harangue, oraison.
DISCOURTOIS, E, adj. (*dicekourtoa, toaze*), qui manque de *courtoisie*. Vieux.
DISCOURTOISIE, s. f. (*dicekourtoazi*), manque de *courtoisie*, de civilité. Vieux.
DISCOURU, E, part. pass. de *discourir*.
DISCRÉDIT, s. m. (*dicekrédi*), diminution, perte de *crédit*.
DISCRÉDITÉ, E, part. pass. de *discréditer*, et adj., tombé en *discrédit*.
DISCRÉDITER, v. a. (*dicekrédité*), faire tomber en *discrédit*.
DISCRET, E, adj. (*dicekrè, krète*) (*discretus*, part. pass. de *discernere*), sage et retenu dans ses paroles et ses actions; qui sait garder le secret fidèlement.
DISCRÈTEMENT, adv. (*dicekrèteman*), avec prudence, avec *discrétion*.
DISCRÉTION, s. f. (*dicekrécion*)(*discretio*), prudence, retenue, conduite *discrète*; en t. de guerre, volonté.
DISCRÉTIONNAIRE, adj. des deux g. (*dicekrécionère*), qui est laissé à la *discrétion*.
DISCRÉTOIRE, s. m. (*dicekrétoare*), lieu d'assemblée des supérieurs de couvent.
DISCULPÉ, E, part. pass. de *disculper*.
DISCULPER, v. a. (*dicekulpé*) (*dis*, prép. négative, et *culpa*, faute), justifier d'une faute.
DISCURSIF, SIVE, adj. (*dicekurcif, cive*), t. de log., qui tire une proposition d'une autre par le *discours*. Vieux.
DISCUSSIF, SIVE, adj. (*dicekucife, cive*), (*discutere*, dissoudre), se dit des médicaments qui dissipent les humeurs.
DISCUSSION, s. f. (*dicekucion*) (*discussio*), examen, recherche exacte; contestation.
DISCUTÉ, E, part. pass. de *discuter*.
DISCUTER, v. a. (*dicekuté*) (*discutere*, formé de *dis*, et de *quatere*, secouer), examiner, considérer avec attention; en t. de pal., faire vendre; en t. de méd., dissoudre.
DISERT, E, adj. (*dizère, zèrte*) (*disertus*), qui parle aisément et avec quelque élégance.
DISERTEMENT, adv. (*dizèreteman*) (*diserté*), d'une manière *diserte*.
DISETTE, s. f. (*dizète*) (*desita*, part. pass. fém. de *desinere*, finir), cherté ou défaut de vivres; besoin, pauvreté.
DISETTEUX, EUSE, adj. (*dizèteteu, euze*), qui manque des choses nécessaires. Vieux.
DISEUR, EUSE, s. (*dizeur, euze*), qui a l'habitude de *dire*.
DISGRACE, s. f. (*diceguerace*), perte, privation des bonnes *graces* d'une personne puissante; infortune, malheur.
DISGRACIÉ, E, part. pass. de *disgracier*, et adj.
DISGRACIER, v. a. (*diceguéracié*), priver quelqu'un de ses bonnes *graces*.
DISGRACIEUSEMENT, adv. (*diceguéracieuzeman*), d'une manière *disgracieuse*.
DISGRACIEUX, EUSE, adj. (*diceguéracieu, euze*), qui est désagréable.
DISJOINDRE, v. a. (*dicejoindre*) (*disjungere*), séparer des choses jointes.
DISJOINT, E, part. pass. de *disjoindre*, et adj.
DISJONCTIF, TIVE, adj. (*dicejonktif, tive*) (*disjunctivus*), t. de gram., se dit d'une conjonction, qui, en joignant les membres de la phrase, sépare les choses dont on parle. — On dit subst. au f.: *la disjonctive*.
DISJONCTION, s. f. (*dicejonkcion*) (*disjunctio*), séparation de deux causes.
DISLOCATION, s. f. (*dicelokácion*), déboîtement d'un os.
DISLOQUÉ, E, part. pass. de *disloquer*.
DISLOQUER, v. a. (*dicelokié*) (de *dis*, qui marque division, et de *locare*, placer), démettre; déboîter; diviser; licencier.
DISPARAÎTRE, v. n. (*diceparétre*) cesser de *paraître*; se retirer promptement.
DISPARATE, s. f. (*diceparate*) (pris de l'espagnol), défaut très-sensible de conformité, de parité; effet qui en résulte. — Adj. des deux g., se dit des choses qui font *disparate*.
DISPARITÉ, s. f. (*diceparité*), différence entre des choses que l'on compare.
DISPARITION, s. f. (*diceparicion*), action de *disparaître*
DISPENDIEUX, EUSE, adj. (*dicepandieu, euze*), qui exige beaucoup de *dépense*.
DISPENSAIRE, s. m. (*dicepancère*), livre dans lequel se trouve décrite la composition des médicaments; lieu de consultations gratuites de la police de salubrité.
DISPENSATEUR, TRICE, s. (*dicepançateur, trice*) (*dispensator*), qui *dispense*.

DIS   **DIS**   191

DISPENSATION, s. f. *(dicepançácion)* *(dispensatio)*, distribution.

DISPENSE, s. f. *(dicepance)*, exemption de la règle ordinaire ; permission.

DISPENSÉ, E, part. pass. de *dispenser*.

DISPENSER, v. a. *(dicepancé)* *(dispensare)*, distribuer ; exempter de la règle ordinaire.

DISPERSÉ, E, part. pass. de *disperser*.

DISPERSER, v. a. *(dicepèrcé)* *(dispergere)*, répandre, distribuer en divers lieux ; mettre en désordre, en fuite.

DISPERSION, s. f. *(dicepèrecion)* *(dispersio)*, action de *disperser* ou par laquelle on est *dispersé*.

DISPONDÉE, s. m. *(diceponde)* *(δις, doublement*, et *σπονδεος*, spondée), double *spondée*.

DISPONIBILITÉ, s. f. *(diceponibilité)*, qualité, état de ce qui est *disponible*.

DISPONIBLE, adj. des deux g. *(diceponible)*, dont on peut *disposer*.

DISPOS, adj. m. *(dicepô)* *(dispositus*, disposé), léger, agile.

DISPOSÉ, E, part. pass. de *disposer*.

DISPOSER, v. a. *(dicepôsé)* *(disponere)*, arranger, mettre dans un certain ordre ; préparer. — V. n., faire de quelqu'un ou de quelque chose ce que l'on veut ; aliéner.

DISPOSITIF, s. m. *(dicepôzitif)*, le prononcé d'une sentence, d'un arrêt.

DISPOSITIF, TIVE, adj. *(dicepôzitif, tive)*, qui *dispose*, qui prépare à quelque chose.

DISPOSITION, s. f. *(dicepôsicion)* *(dispositio)*, arrangement, action par laquelle on *dispose*, ou effet de cette action ; pouvoir de *disposer* ; aptitude ; inclination ; sentiment à l'égard de ; résolution ; préparation.

DISPROPORTION, s. f. *(diceproportion)*, inégalité ; manque de *proportion*.

DISPROPORTIONNÉ, E, adj. *(diceproportioné)*, qui manque de *proportion*.

DISPUTABLE, adj. des deux g. *(diceputable)*, qui peut être *disputé*.

DISPUTE, s. f. *(dicepute)* *(disputatio)*, débat, contestation, altercation, discussion.

DISPUTÉ, E, part. pass. de *disputer*.

DISPUTER, v. a. *(diceputé)* *(disputare)*, contester pour emporter ou conserver quelque chose. — V. n., être en débat, avoir contestation ; agiter des questions dans les écoles.

DISPUTEUR, EUSE, s. *(diceputeur, euse)*, qui aime à *disputer*.

DISQUE, s. m. *(diceke)* *(discus*, du grec δισκος*), palet plat et rond ; ce qui ressemble à un *disque* ; surface visible des grands astres ; partie des fleurs radiées qui en occupe le centre ; superficie d'un corps, les bords exceptés.

DISQUISITION, s. f. *(dicekizicion)* *(disquisitio)*, examen, recherche de quelque vérité.

DISSECTION, s. f. *(dicecèkcion)* *(dissectio)*, action de *disséquer* ; état d'un corps disséqué.

DISSEMBLABLE, adj. des deux g. *(diçanblable)*, qui n'est pas *semblable*.

DISSEMBLANCE, s. f. *(diçanblance)*, manque de *ressemblance*.

DISSÉMINATION, s. f. *(dicecéminácion)*, dispersion naturelle des graines ; action de *disséminer*.

DISSÉMINÉ, E, part. pass. de *disséminer*.

DISSÉMINER, v. a. *(dicecéminé)* *(disseminare)*, semer çà et là ; répandre sur divers points.

DISSENSION, s. f. *(diceçancion)* *(dissensio*, fait de la partic. *dis*, et de *sentire*, être d'avis), discorde, querelle.

DISSENTIMENT, s. m. *(diceçantiman)*, opinion contraire.

DISSÉQUÉ, E, part. pass. de *disséquer*.

DISSÉQUER, v. a. *(dicékié)* *(dissecare*, formé de la partic. *dis*, et de *secare*, couper), ouvrir un cadavre pour en faire l'anatomie.

DISSÉQUEUR, s. m. *(dicekieur)*, celui qui *dissèque* ; famille d'insectes.

DISSERTATEUR, s. m. *(dicèretateur)* *(dissertator)*, celui qui *disserte*.

DISSERTATION, s. f. *(dicèretácion)* *(dissertatio)*, ouvrage dans lequel on discute sur quelque point particulier d'une science ou d'un art.

DISSERTER, v. n. *(dicèreté)* *(dissertare)*, faire une *dissertation*.

DISSIDENCE, s. f. *(dicidance)* *(dissidentia*, fait de *dissidere*, être en débat), scission.

DISSIDENT, E, s. *(dicidan, ante)* *(dissidens)*, qui n'est pas de la religion, de l'opinion dominante.

DISSIMILAIRE, adj. des deux g. *(dicecimilère)* *(dissimilaris)*, qui n'est pas de même nature ou de même espèce.

DISSIMULATEUR, TRICE, s. *(dicecimulateur, trice)*, qui *dissimule*. Peu us.

DISSIMULATION, s. f. *(dicecimulácion)* *(dissimulatio)*, déguisement ; art, soin de cacher ses sentiments, ses desseins.

DISSIMULÉ, E, part. pass. de *dissimuler*, adj. et s., déguisé ; qui use de *dissimulation*.

DISSIMULER, v. a. *(dicecimulé)* *(dissimulare)*, cacher ses sentiments, ses desseins ; faire semblant de ne pas remarquer.

DISSIPATEUR, TRICE, s. *(dicipateur, trice)*, qui *dissipe* ; qui prodigue.

DISSIPATION, s. f. *(dicipácion)* *(dissipatio)*, action de *dissiper*, ou par laquelle une chose se *dissipe* ; distraction ; état d'une personne *dissipée*.

DISSIPÉ, E, part. pass. de *dissiper*, et adj., plus occupé de ses plaisirs que de ses devoirs.

DISSIPER, v. a. *(dicipé)* *(dissipare)*, consumer ; détruire ; disperser ; chasser ; distraire.

DISSOLU, E, adj. *(dicecolu)* *(dissolutus)*, déshonnête, débauché, libertin.

DISSOLUBLE, adj. des deux g. *(diceçoluble)* *(dissolibilis)*, qui peut se *dissoudre*.

DISSOLUMENT, adv. (*diceçolumen*) (*dissolutè*), d'une manière *dissolue* et licencieuse.

DISSOLUTIF, TIVE, adj. (*diceçolutif, tive*), qui a la vertu de *dissoudre*.

DISSOLUTION, s. f. (*diceçolucion*) (*dissolutio*), séparation des parties d'un corps naturel qui se *dissout*; *fig.* rupture; débauche.

DISSOLVANT, E, adj. (*diceçolvan, ante*), propre à *dissoudre*. — Il est aussi s. m.

DISSONANCE, s. f. (*diceçonance*) (*dis*, doublement, et *sonare*, sonner), t. de mus., faux accord; *fig.* mélange disparate.

DISSONANT, E, adj. (*diceçonan, ante*), qui n'est pas d'accord; qui n'est pas dans le ton.

DISSONER, v. n. (*diceçoné*), t. de mus., être *dissonant*, former *dissonance*.

DISSOUDRE, v. a. (*diceçoudre*) (*dissolvere*), pénétrer un corps solide et en séparer toutes les parties; *fig.* diviser; détruire; abolir.

DISSOUS, OUTE, part. pass. de *dissoudre*.

DISSUADÉ, E, part. pass. de *dissuader*.

DISSUADER, v. a. (*diceçuadé*) (*dissuadere*), détourner par la persuasion.

DISSUASION, s. f. (*diceçuázion*) (*dissuasio*), effet des discours qui *dissuadent*.

DISSYLLABE, adj. des deux g. et s. m. (*dicilelabe*) (*δις*, deux fois, et *συλλαβη*, syllabe), qui est de deux *syllabes*.

DISSYLLABIQUE, adj. des deux g. (*dicilelabike*), qui est *dissyllabe*.

DISTANCE, s. f. (*dicetance*) (*distantia*, fait de *distare*, être éloigné), espace, intervalle d'une chose à une autre; *fig.* différence.

DISTANT, E, adj. (*dicetan, ante*) (*distans*, part. prés. de *distarc*), éloigné.

DISTENDRE, v. a. (*dicetandre*) (*distendere*), causer une *tension* violente.

DISTENDU, E, part. pass. de *distendre*.

DISTENSION, s. f. (*dicetancion*) (*distensio*), *tension* considérable.

DISTILLATEUR, TRICE, s. (*dicetilateur, trice*) (*distillator*), qui *distille*.

DISTILLATION, s. f. (*dicetilácion*), action de *distiller*; chose *distillée*.

DISTILLATOIRE. adj. des deux g. (*dicetilatoare*), qui sert à *distiller*.

DISTILLÉ, E, part. pass. de *distiller*.

DISTILLER, v. a. (*dicetilé*) (*distillare*, formé de la partic. *di*, qui marque division, et de *stilla*, goutte), tirer par l'alambic le suc de quelque chose; *fig.* répandre, verser.

DISTILLERIE, s. f. (*dicetilerie*), lieu où l'on *distille*.

DISTINCT, E, adj. (*diceteinkete*) (*distinctus*), séparé d'un autre, différent; clair, net.

DISTINCTEMENT, adv. (*diceteinketeman*) (*distinctè*), clairement, nettement.

DISTINCTIF, TIVE, adj. (*diceteinketif, tive*), qui *distingue*.

DISTINCTION, s. f. (*diceteinkcion*) (*distinctio*), division; différence; égard; mérite.

DISTINGUÉ, E, part. pass. de *distinguer*, et adj.

DISTINGUER, v. a. (*diceteinguié*) (*distinguere*), mettre de la *distinction* entre....; discerner; diviser; caractériser avec *distinction*.

DISTIQUE, s. m. (*dicetike*) (*διστιχος*, fait de *δις*, deux fois, et *στιχος*, vers), couplet de deux vers.

DISTORSION, s. f. (*dicetorcion*) (*distorsio*, fait de *distorquere*, tordre), contraction d'une partie du corps qui se *tourne* d'un côté par la relaxation des muscles.

DISTRACTION, s. f. (*dicetrakcion*) (*distractio*), inapplication à ce qui devrait occuper; ce qui *distrait*; séparation.

DISTRAIRE, v. a. (*dicetrère*) (*distrahere*), détourner de quelque application, de quelque dessein; amuser, divertir; séparer.

DISTRAIT, E, part. pass. de *distraire*, et adj. (*dicetrè, trète*), qui a peu d'application aux choses auxquelles il faudrait en avoir.

DISTRIBUÉ, E, part. pass. de *distribuer*.

DISTRIBUER, v. a. (*dicetribué*) (*distribuere*), partager entre plusieurs; disposer.

DISTRIBUTEUR, TRICE, s. (*dicetributeur, trice*), qui *distribue*, qui partage.

DISTRIBUTIF, TIVE, adj. (*dicetributif, tive*), qui *distribue*.

DISTRIBUTION, s. f. (*dicetribucion*) (*distributio*), action de *distribuer*; son effet; partage; t. d'impr., action de replacer les caractères dans la casse.

DISTRIBUTIVEMENT, adv. (*dicetributiveman*), séparément, seul à seul.

DISTRICT, s. m. (*dicetrik*) (*districtus*, fait de *distringere*, circonscrire), étendue de juridiction; étendue de pays; *fig.* compétence.

DIT, s. m. (*di*) (*dictum*), bon mot, apophthegme, maxime, sentence.

DIT, E, part. pass. de *dire*, et adj., prononcé; proféré; surnommé.

DITHYRAMBE, s. m. (*ditiranbe*) (*διθυραμβος*), sorte de poésie en l'honneur du vin et de Bacchus; ode en stances libres.

DITHYRAMBIQUE, adj. des deux g. (*ditiranbike*), qui appartient au *dithyrambe*.

DITO, adv. (*dito*), expression italienne qui dans le commerce signifie *susdit*, *idem*.

DITON, s. m. (*diton*), t. de mus., intervalle composé de deux tons.

DIURÉTIQUE, adj. des deux g. (*diurétike*) (*διουρητικος*, fait de *διουρεω*, j'urine), apéritif, qui fait *uriner*. — On l'emploie subst. au m.

DIURNAL, s. m. (*diurnal*) (*dies*, jour), livre qui contient l'office de chaque jour.

DIURNE, adj. des deux g. (*diurne*) (*diurnus*), d'un jour, ou de jour.

DIVAGATION, s. f. (*divaguácion*), action de *divaguer*.

DIVAGUER, v. n. (*divaguié*) (*divagari*, fait de *vagus*, vagabond), errer çà et là; *fig.* s'écarter de l'objet d'une question.

DIVAN, s. m. (*divan*) (de l'arabe *diouan*, conseil d'état, et, par extension, sièges sur lesquels se tient une assemblée), estrade; sopha; chambre de justice chez les Turcs; premier secrétaire d'un nabab indien.

DIVE, adj. f. (*dive*), vieux mot qui signifiait *divine*.

DIVERGENCE, s. f. (*divèrejance*), état de deux lignes *divergentes*; *fig.* contrariété d'avis.

DIVERGENT, E, adj. (*divèrejan*, *ante*) (*divergium*, détour), se dit de lignes qui vont en s'écartant l'une de l'autre.

DIVERGER, v. n. (*divèrejé*), s'éparpiller, s'écarter; *fig.* être d'avis contraire.

DIVERS, E, adj. (*divère*, *vèrece*) (*diversus*), différent, dissemblable; plusieurs.

DIVERSEMENT, adv. (*divèreceman*), en *diverses* manières.

DIVERSIFIÉ, E, part. pass. de *diversifier*.

DIVERSIFIER, v. a. (*divèrecifié*), varier; mettre, apporter de la *diversité*.

DIVERSION, s. f. (*divèrecion*) (*divertere*, détourner), action par laquelle on *détourne*.

DIVERSITÉ, s. f. (*divèrecité*) (*diversitas*), différence, variété.

DIVERTI, E, part. pass. de *divertir*.

DIVERTIR, v. a. (*divèretir*) (*divertere*, distraire), récréer, réjouir; détourner.

DIVERTISSANT, E, adj. (*divèreticàn*, *ante*), qui réjouit, qui plaît, qui *divertit*.

DIVERTISSEMENT, s. m. (*divèreticeman*), récréation, plaisir.

DIVIDENDE, s. m. (*dividande*) (*dividendus*, sous-entendu *numerus*, nombre), nombre à *diviser*; produit d'une action de commerce.

DIVIN, E, adj. (*divein*, *vine*) (*divinus*), qui est de *Dieu*, qui appartient à *Dieu*; *fig.* qui est excellent dans son genre.

DIVINATION, s. f. (*divinácion*) (*divinatio*), prétendu art de prédire l'avenir.

DIVINATOIRE, adj. des deux g. (*divinatoare*), qui sert à *deviner*.

DIVINEMENT, adv. (*divineman*), par la puissance *divine*; parfaitement.

DIVINISÉ, E, part. pass. de *diviniser*.

DIVINISER, v. a. (*divinizé*), reconnaître pour *divin*; *fig.* exalter outre mesure.

DIVINITÉ, s. f. (*divinité*) (*divinitas*), l'essence, la nature *divine*; Dieu même; il se dit aussi des faux dieux.

DIVIS, s. m. (*divi*) (*divisus*), t. de dr., opposé à *indivis*.

DIVISÉ, E, part. pass. de *diviser*, et adj.

DIVISER, v. a. (*divizé*) (*dividere*), séparer en plusieurs parties; *fig.* mettre en discorde.

DIVISEUR, s. m. (*divizeur*), nombre par lequel on en *divise* un plus grand.

DIVISIBILITÉ, s. f. (*divizibilité*), qualité de ce qui peut être *divisé*.

DIVISIBLE, adj. des deux g. (*divizible*), qui peut se *diviser*.

DIVISION, s. f. (*divizion*) (*divisio*), partage d'un tout en ses parties; séparation; quatrième règle de l'arithmétique; corps de troupes.

DIVISIONNAIRE, adj. et s. des deux g. (*divizionnère*), de *division*.

DIVORCE, s. m. (*divorce*) (*divorcium*), rupture de mariage.

DIVORCÉ, E, s. et adj. (*divorcé*), qui a *divorcé*.

DIVORCER, v. n. (*divorcé*), faire *divorce*.

DIVULGATION, s. f. (*divulguácion*) (*divulgatio*), action de *divulguer*.

DIVULGUÉ, E, part. pass. de *divulguer*.

DIVULGUER, v. a. (*divulguié*) (*divulgare*, dérivé de *vulgus*, public), rendre public.

DIX, adj. numéral des deux g. (quand *dix* est final ou suivi d'un repos, on prononce l'*x* comme *ce*, *dice*; quand *dix* est suivi d'un nom qui commence par une consonne, on ne fait pas sentir l'*x*, *di*; quand *dix* est suivi d'un nom qui commence par une voyelle, on donne à l'*x* le son du *z*, *dize*) (*decem*, en grec δεκα), nombre pair, composé de deux fois cinq, et qui suit immédiatement le nombre neuf. — S. m., carte marquée de *dix* points.

DIXIÈME, s. et adj. des deux g. (*dizième*) (*decimus*), nombre ordinal de *dix*.

DIXIÈMEMENT, adv. (*disièmcuian*), en *dixième* lieu.

DIXME. Voy. DIME.

DIZAIN, autrefois DIXAIN, s. m. (*dizein*), ouvrage de poésie composé de *dix* vers; chapelet composé de *dix* grains.

DIZAINE, autrefois DIXAINE, s. f. (*dizène*), total composé de *dix*.

DIZAINIER, s. m. (*dizènié*), chef d'une *dizaine*, qui a *dix* personnes sous sa charge.

DIZEAU, s. m. (*dizó*) *dix* gerbes, *dix* bottes de foin.

D-LA-RÉ, (*délaré*), t. de mus., ton de *ré*.

DOCILE, adj. des deux g. (*docile*) (*docilis*, fait de *docere*, enseigner), doux à manier; propre à être instruit.

DOCILEMENT, adv. (*docileman*), avec *docilité*.

DOCILITÉ, s. f. (*docilité*), qualité par laquelle on est *docile*.

DOCIMASIE, ou DOCIMASTIQUE, s. f. (*docimazi*, *macetike*) (δοκιμασια, épreuve), art de faire en petit l'essai des mines.

DOCTE, adj. des deux g. et s. m. (*dokte*) (*doctus*), savant; érudit.

DOCTEMENT, adv. (*dokteman*) (*doctè*), d'une manière *docte*.

DOCTEUR, s. m. (*dokteur*) (*doctor*, fait de *docere*, enseigner), celui qui est promu au plus haut degré de quelque faculté; *fig.* habile homme; fam., médecin.

DOCTORAL, E, adj. (*doktorale*), qui appartient au *docteur*.

DOCTORAT, s. m. (*doktora*), degré, qualité de *docteur*.

DOCTORERIE, s. f. (*doktoreri*), acte qu'on

fait en théologie pour être reçu *docteur*.

DOCTRINAIRE, s. m. (*doktrinère*), membre de la *doctrine* chrétienne ; partisan de théories abstraites et surtout modératrices.—Il est aussi adj. des deux g.

DOCTRINAL, E, adj. (*doktrinale*), il se dit des avis en matière de *doctrine*.

DOCTRINE, s. f. (*doktrine*) (*doctrina*), érudition ; enseignement ; congrégation.

DOCUMENT, s. m. (*dokuman*) (*documentum*), titre, preuve par écrit ; enseignement.

DODÉCAGONE, s. m. (*dodékagone*)(δώδεκα, douze, et γωνια, angle), figure rectiligne qui a douze côtés.

DODÉCAÈDRE, s. m. (*dodéka-èdre*), corps solide régulier dont la surface est formée de douze pentagones réguliers.

DODÉCANDRIE, s. f. (*dodékandri*)(δώδεκα, douze, et ανηρ, ανδρος, mari, mâle), classe de plantes à douze étamines.

DODINER, v. n. (*dodiné*), t. d'horlogerie, avoir du mouvement. — V. pr., se dorloter ; avoir grand soin de sa personne.

DODO, s. m. (*dodo*) (du mot *dors*, *dors*, que les nourrices répétaient en berçant leurs nourrissons), mot dont on se sert en parlant aux enfants : *faire dodo*, dormir.

DODU, E, adj. (*dodu*), gras, potelé. Fam.

DOGARESSE, s. f. (*doguarèce*), femme du *doge* de Venise.

DOGAT, s. m. (*dogua*), dignité de *doge* ; temps pendant lequel on est *doge*.

DOGE, s. m. (*doje*)(*dux, ducis*, chef), autrefois le chef de la république de Venise et celui de la république de Gênes.

DOGMATIQUE, adj. des deux g. (*doguematike*), qui regarde le *dogme* ; qui *dogmatise*.—S. m., le style *dogmatique*.

DOGMATIQUEMENT, adv. (*doguematikeman*), d'une manière *dogmatique* ; fig. d'un ton, d'un air de maître.

DOGMATISER, v. n. (*doguematizé*)(δογματιζειν, fait de δογμα, dogme), enseigner une doctrine fausse ou dangereuse ; parler par sentences et d'un ton décisif.

DOGMATISEUR, s. m. (*doguematizeur*), qui *dogmatise*. Se prend en mauvaise part.

DOGMATISTE, s. m. (*doguematicete*), qui établit des *dogmes*, qui *dogmatise*.

DOGME, s. m. (*dogueme*) (δογμα, fait de δοκεω, je pense), point de doctrine, enseignement reçu et servant de règle.

DOGRE, s. m. (*doguere*), bâtiment hollandais pour la pêche du hareng.

DOGUE, s. m. (*dogue*) (de l'anglais *dog*, chien), gros chien fort et courageux.

DOGUIN, E, s. (*doguein, guine*), petit *dogue*.

DOIGT, s. m. (*doé*) (*digitus*), chacune des extrémités des pieds et des mains de l'homme et de quelques animaux ; petite mesure.

DOIGTÉ, s. m. (*doété*), t. de mus., art de faire marcher les *doigts* sur un instrument.

DOIGTER, v. n. (*doété*) ; t. de mus., hausser et baisser les *doigts* sur un instrument.

DOIGTIER, s. m. (*doétié*), ce qui sert à couvrir un *doigt*.

DOIT-ET-AVOIR, s. m. (*doété-avoar*), t. de commerce, le passif et l'actif.

DOL, s. m. (*dole*) (*dolus*, du grec δολος, tromperie), fraude, mauvaise foi.

DOLCE, adv. (*dolcé*), mot italien employé en mus. pour signifier *doux*.

DOLÉ, E, part. pass. de *doler*.

DOLÉANCE, s. f. (*dolé-ance*) (*dolere*, se plaindre, de *dolor*, douleur), plainte.

DOLEMMENT, adv. (*dolaman*), d'une manière *dolente*.

DOLENT, E, adj. (*dolan*, *ante*) (*dolens*, triste), affligé, plaintif.

DOLER, v. a. (*dolé*), unir avec la *doloire*.

DOLIMAN, s. m. (*doliman*), habit turc en forme de longue soutane.

DOLLAR, s. m. (*dolar*), monnaie des États-Unis d'Amérique, valant à peu près cinq francs quarante-deux centimes.

DOLMAN, s. m. (*doleman*), veste de hussard dont les manches restent pendantes.

DOLOIRE, s. f. (*doloare*) (*dolabra*), outil de tonnelier pour unir le bois ; bandage.

DOM ou **DON**, s. m. (*don*) (*dominus*, seigneur), titre d'honneur des seigneurs espagnols et portugais, et de certains religieux.

DOMAINE, s. m. (*domène*) (*domanium*, corruption de *dominium*, propriété), bien-fonds, héritage, propriété ; biens de l'état.

DOMANIAL, E, adj., au pl. m. **DOMANIAUX** (*domaniale*), qui est du *domaine*.

DÔME, s. m. (*dôme*)(δομος, maison, dérivé de δομω, je bâtis), voûte demi-sphérique.

DÔMERIE, s. f. (*dômeri*), vieux titres d'abbayes qui étaient des espèces d'hôpitaux.

DOMESTICITÉ, s. f. (*domèceticité*), état de *domestique*.

DOMESTIQUE, s. m. et f. (*domècetike*), serviteur, servante qui sert dans un logis.

DOMESTIQUE, adj. des deux g. (*domècetike*)(*domesticus*, de *domus*, maison), qui est de la maison ; apprivoisé, qu'on tient à la *maison*.

DOMESTIQUEMENT, adv. (*domècetikeman*), à la manière d'un *domestique*.

DOMICILE, s. m. (*domicile*) (*domicilium*), lieu où l'on fait sa demeure ordinaire.

DOMICILIAIRE, adj. des deux g. (*domicilière*), qui concerne le *domicile*.

DOMICILIÉ, E, part. pass. de *se domicilier* ; et adj., qui a un *domicile* fixe.

se DOMICILIER, v. pr. (*cedomicilié*), se fixer dans un *domicile*.

DOMINANT, E, adj. (*dominan, ante*), qui *domine*.

DOMINANTE, s. f. (*dominante*), t. de mus., note qui fait la quinte au-dessus de la tonique.

DOMINATEUR, TRICE, s. et adj. (*dominateur, trice*) (*dominator*), qui domine, qui a autorité et puissance souveraine.
DOMINATION, s. f. (*dominacion*) (*dominatio*), puissance, empire, autorité souveraine; un des ordres de la hiérarchie céleste.
DOMINÉ, E, part. pass. de *dominer*.
DOMINER, v. n. et a. (*dominé*) (*dominari*, fait de *dominus*, seigneur), commander, avoir autorité et puissance absolue; se faire apercevoir ou sentir par-dessus tout; prévaloir.
DOMINICAIN, E, s. (*dominikein*, *kène*), religieux de l'ordre de *Saint-Dominique*.
DOMINICAL, E, adj. (*dominikale*) (*dominicalis*), qui est du Seigneur ou du dimanche.—S. f., sermon prêché le dimanche.
DOMINO, s. m. (*dominó*) (*dominus*, seigneur), camail noir que les ecclésiastiques portent au chœur pendant l'hiver; habit de bal masqué; espèce de jeu.
DOMINOTERIE, s. f. (*dominoteri*), marchandises de papiers marbrés et colorés.
DOMINOTIER, s. m. (*dominotié*), marchand de *dominoterie*, d'estampes.
DOMMAGE, s. m. (*domaje*) (en lat. barbare *damnagium*, fait de *damnum*), détriment, préjudice; dégât, perte. — *Dommages et intérêts*, indemnité due à celui qui a souffert quelque *dommage*.
DOMMAGEABLE, adj. des deux g. (*domajable*), qui cause du *dommage*.
DOMPTABLE ou **DONTABLE**, adj. des deux g. (*dontable*), qui peut être *dompté*.
DOMPTÉ, E, part. pass. de *dompter*.
DOMPTER, et plus conformément à l'étym. **DOMTER**, v. a. (*donté*) (*domitare*, dimin. de *domare*), subjuguer, vaincre, assujétir.
DOMPTEUR ou **DOMTEUR**, s. m. (*donteur*), qui *dompte*.
DOMPTE-VENIN, s. m. (*dontevenein*), plante de la famille des apocyns.
DON, titre d'honneur. Voy. DOM.
DON, s. m. (*don*) (*donum*) présent, libéralité; faveur, avantage; talent.
DONATAIRE, adj. des deux g. (*donatèrc*) (*donatorius*), à qui l'on a fait une *donation*.
DONATEUR, TRICE, s. (*donateur, trice*) (*donator, donatrix*), qui fait une *donation*.
DONATION, s. f. (*donácion*) (*donatio*), don fait par acte public.
DONATISTES, s. m. pl. (*donaticeté*), anciens sectateurs de l'évêque *Donat*.
DONC, conj. (*don* ou *donke*, on ne prononce le *c* que quand *donc* commence la phrase ou qu'il est suivi d'une voyelle) (*tunc*, alors; pour lors), particule servant à marquer la conclusion d'un raisonnement.
DONDON, s. f. (*dondon*) (augm. du vieux mot *dondaine*, ballon), femme ou fille qui a de l'embonpoint et de la fraîcheur. Fam.
DONJON, s. m. (*donjon*) (du lat. barbare *dounionus*, fait de *dominium*, domination), tour la plus forte et la plus élevée d'un château.

DONJONNÉ, E, adj. (*donjoné*), se dit, en t. de blas., des châteaux qui ont des tourelles.
DONNANT, E, adj. (*donan, ante*), qui aime à *donner*.
DONNE, s. f. (*done*), t. de jeu, action de distribuer les cartes.
DONNÉ, E, part. pass. de *donner*.
DONNÉE, s. f. (*doné*), idée; aperçu; supposition; probabilité.
DONNER, v. a. (*doné*) (*donare*, fait de *donum*, don), faire don de…; livrer; offrir; payer; causer; accorder; attribuer.—V. n., heurter; frapper; tomber; se jeter dans; avoir vue sur.
DONNEUR, EUSE, s. (*doneur, euze*), qui *donne*. Fam.
DONT, espèce de pron. indéclinable qui se met très fréquemment à la place des pron. relatifs *de qui*, *duquel*, *de laquelle*, *desquels*, *desquelles*, *de quoi*, etc.
DONZELLE, s. f. (*donzèle*), se dit, au lieu de *demoiselle*, d'une fille d'un état médiocre, dont les mœurs sont suspectes; poisson.
DORADE, s. f. (*dorade*), poisson de mer à écailles de couleur d'or; constellation.
DORADILLE, s. f. (*doradile*). Voy. CÉTÉRAC.
DORÉ, E, part. pass. de *dorer*, et adj.
DORÉNAVANT, adv. (*dorénavan*) (contraction de *dores en avant*), désormais, à l'avenir.
DORER, v. a. (*doré*) (en lat. barbare *deaurare*, pour *aurare*, dérivé de *aurum*, or), enduire d'or; fig. jaunir; embellir.
DOREUR, EUSE, s. (*doreur, euze*), qui *dore*.
DORIEN, adj. m. (*dorien*) (δωριος), se dit d'un des modes de la musique des anciens, et d'un des dialectes de la langue grecque.
DORIQUE, adj. des deux g. (*dorike*) (δωρικος), se dit du second ordre d'architecture.
DORLOTÉ, E, part. pass. de *dorloter*.
DORLOTER, v. a. (*dorloté*) (du vieux mot français *dorelot*, mignon), traiter délicatement et avec complaisance. Fam.
DORMANT, E, adj. (*dorman, ante*), qui dort; fig. qui est sans mouvement, qui ne coule point.—S. m., ouvrage qui n'est point mobile.
DORMEUR, EUSE, s. (*dormeur, euze*), qui aime à *dormir*, qui *dort* beaucoup.
DORMEUSE, s. f. (*dormeuze*), voiture de voyage dans laquelle on peut *dormir*.
DORMIR, s. m. (*dormir*), le sommeil.
DORMIR, v. n. (*dormir*) (*dormire*), être dans le sommeil; fig. être sans mouvement.
DORMITIF, TIVE, adj. (*dormitif, tive*), qui assoupit, qui fait *dormir*.—Il est aussi s. m.
DORONIC, s. m. (*doronik*), plante vivace.
DORSAL, E, adj., au pl. m. **DORSAUX**. (*dorcal*) (*dorsualis*), qui appartient au dos.
DORTOIR, s. m. (*dortoar*), lieu d'un couvent où sont les cellules et où l'on couche; grande salle de collège où sont plusieurs lits.
DORURE, s. f. (*dorure*); or fort mince appliqué sur la superficie de quelque ouvrage pour le *dorer*; art de *dorer*.

DOS, s. m. (*dô*; et devant une voyelle *doze*) (du lat. barbare *dossum*), partie de derrière du corps de l'homme et des animaux depuis le cou jusqu'aux reins; revers d'une chose.

DOSE, s. f. (*dôse*) (δοσις, fait de διδωμι, donner), mesure ou quantité des drogues qui doivent entrer dans un médicament.

DOSÉ, E, part. pass. de *doser*.

DOSER, v. a. (*dôzé*), mettre la *dose* prescrite.

DOSSIER, s. m. (*dôcié*), la partie de la chaise contre laquelle on s'appuie le *dos*; liasse de papiers relatifs à une même affaire.

DOT, s. f. (*dote*) (*dos, dotis*, fait de δως, dérivé de διδωμι, donner), bien qu'une femme apporte en mariage ou en prenant le voile.

DOTAL, E, adj., au pl. m. DOTAUX (*dotale*), qui appartient à la *dot*.

DOTATION, s. f. (*dotácion*), action de *doter*; biens d'un apanage, d'un majorat.

DOTÉ, E, part. pass. de *doter*.

DOTER, v. a. (*doté*), donner en mariage à une fille une somme d'argent; assurer un certain revenu; *fig.* gratifier.

DOUAIRE, s. m. (*douère*) (en lat. barbare *dotarium*, formé de *dos, dotis*, dot), ce que le mari donne à sa femme pour qu'elle en jouisse en cas qu'elle lui survive.

DOUAIRIER, s. m. (*douérié*), celui qui renonce à la succession de son père, et qui se tient au *douaire* de sa mère.

DOUAIRIÈRE, adj. et s. f. (*douérière*), veuve qui jouit du *douaire*.

DOUANE, s. f. (*douane*) (en italien *dogana*), lieu où l'on porte les marchandises pour acquitter les droits auxquels elles sont assujéties; droits qu'on y acquitte.

DOUANIER, s. m. (*douanié*), fermier ou commis de la *douane*.

DOUBLAGE, s. m. (*doublaje*), revêtement de planches ou de cuivre qu'on met aux bâtiments destinés à des voyages de long cours.

DOUBLE, s. m. (*double*), une fois autant; ancienne monnaie; copie d'un écrit; acteur qui en remplace un autre dans le même rôle.

DOUBLE, adv. (*double*): *voir double*, voir deux choses où il n'y en a qu'une.

DOUBLE, adj. des deux g. (*double*) (*duplex*), ce qui vaut, ce qui pèse, ce qui contient deux fois autant; *fig.* traître; dissimulé.

DOUBLÉ, E, part. pass. de *doubler*, et adj. —S. m., action de *doubler*, au billard.

DOUBLEAU, s. m. (*doublô*), solive d'un plancher plus forte que les autres.

DOUBLE-CROCHE, s. f. (*doublekroche*), t. de mus., note qui vaut la moitié de la *croche*.

DOUBLEMENT, adv. (*doubleman*), au *double*; pour deux raisons ou deux manières.

DOUBLEMENT, s. m. (*doubleman*), action de *doubler*.

DOUBLER, v. a. (*doublé*) (*duplicare*), mettre *double*; mettre une *doublure*; donner un *doublage* à un navire; remplacer quelqu'un; t. du jeu de billard. —V. n., devenir *double*.

DOUBLET, s. m. (*doublè*), morceaux de crystal imitant les émeraudes, rubis, etc.

DOUBLETTE, s. f. (*doublète*), un des jeux de l'orgue; monnaie d'or de Sardaigne.

DOUBLEUR, EUSE, s. (*doubleur, euze*), qui *double* la laine, la soie sur le rouet.

DOUBLON, s. m. (*doublon*), monnaie d'or: en t. d'impr., faute qui consiste à composer deux fois de suite un ou plusieurs mots.

DOUBLURE, s. f. (*doublure*), ce qui sert à *doubler* une étoffe ou quelque autre chose.

DOUCE-AMÈRE, s. f. (*douçamère*), plante du genre morelle.

DOUCEÂTRE, adj. des deux g. (*douçâtre*), qui est un peu *doux*; qui a une *douceur* fade.

DOUCEMENT, adv. (*douceman*), d'une manière *douce*; délicatement; sourdement; sans éclat; lentement; légèrement; sans bruit; avec calme; médiocrement bien.—Sorte d'interj.

DOUCEREUX, EUSE, adj. et s. (*douçereu, euze*), *doux* sans être agréable.

DOUCET, ETTE, adj. (*douçè, cète*), même sens que *doucereux*.

DOUCETTE, s. f. (*douçète*), mâche.

DOUCETTEMENT, adv. (*douçèteman*), tout *doucement*. Pop.

DOUCEUR, s. f. (*douceur*) (*dulcedo*), saveur *douce*; qualité de ce qui est *doux*; vertu qui modère la colère; certain procédé *doux* et modéré; plaisir; commodité, aise; petite friandise; petit profit.—Au pl., paroles galantes.

DOUCHE, s. f. (*douche*) (en italien *doccia*), épanchement d'eaux minérales qu'on fait tomber de haut sur une partie malade.

DOUCHÉ, E, part. pass. de *doucher*.

DOUCHER, v. a. (*douché*), donner une *douche*.

DOUCI, E, part. pass. de *doucir*.

DOUCINE, s. f. (*douçine*), t. d'archit., moulure ondoyante, convexe et concave.

DOUCIR, v. a. (*douçir*), donner le poli à une glace.

DOUÉ, E, part. pass. de *douer*, et adj., orné, pourvu.

DOUELLE, s. f. (*douèle*) (*dolium*, tonneau), coupe des pierres propres à faire des voûtes; courbure d'une voûte; douve.

DOUER, v. a. (*doué*) (*dotare*, de *dos, dotis*, dot ou avantage), donner, assigner un *douaire*; avantager, favoriser, orner, pourvoir.

DOUILLE, s. f. (*dou-ie*), fer creux avec lequel on emmanche une baïonnette, etc.

DOUILLET, ETTE, adj. et s. (*dou-iè, iète*), délicat, moelleux.

DOUILLETTE, s. f. (*dou-iète*), espèce de robe recouverte de soie et ouatée.

DOUILLETTEMENT, adv. (*dou-ièteman*), d'une manière *douillette*.

DOULEUR, s. f. (*douleur*) (*dolor*), mal que souffre le corps ou l'esprit; tristesse.

se **DOULOIR**, v. pr. (*cedouloar*), se plaindre. Vieux.

DOULOUREUSEMENT, adv. (*douloureuzeman*), avec *douleur*.

DOULOUREUX, EUSE, adj. (*douloureu, euze*), qui cause ou qui marque de la *douleur*.

DOUTE, s. m. (*doute*) (*dubium*), incertitude, irrésolution ; soupçon ; crainte.

DOUTER, v. n. (*douté*) (*dubitare*), être en doute ; être incertain, irrésolu. — V. pr., soupçonner, pressentir, prévoir.

DOUTEUSEMENT, adv. (*douteuzeman*), d'une manière *douteuse*.

DOUTEUX, EUSE, adj. (*douteu, euze*), incertain ; dont il y a lieu de *douter* ; ambigu.

DOUVAIN, s. m. (*douvein*), pièce de bois propre à faire des *douves* de tonneau.

DOUVE, s. f. (*douve*) (*dolium*, tonneau), planche de tonneau ; plante.

DOUX, DOUCE, adj. (*dou*) (*dulcis*), qui produit une impression agréable ; sans aigreur ; tranquille ; *fig.* affable, clément ; agréable à l'esprit et au cœur ; galant, amoureux.

DOUX, adv. (*dou*), doucement.

DOUZAINE, s. f. (*douzène*), nombre de *douze*.

DOUZE, nom de nombre indéclinable (*douze*) (*duodecim*), nombre *dix* plus *deux*.

DOUZIÈME, adj. et s. des deux g. (*douzième*) (*duodecinus*), nombre ordinal de *douze*. — S. m., la *douzième* partie.

DOUZIÈMEMENT, adv. (*douzièmeman*), pour la *douzième* fois ; en *douzième* lieu.

DOYEN, s. m. (*doèien*) (*decanus*), officier romain qui commandait à dix soldats ; le plus ancien en réception dans une compagnie ; le plus ancien selon l'âge ; titre de dignité.

DOYENNÉ, s. f. (*doèène*), titre de dignité dans certaines abbayes.

DOYENNÉ, s. m. (*doèiéné*), dignité de *doyen* dans un chapitre ; sorte de poire.

DRACHME et **DRAGME**, s. f. (*drakme, dragueme*) (δραχμη), la huitième partie de l'once ; monnaie d'argent chez les Grecs.

DRAGÉE, s. f. (*drajé*) (τραγημα, friandise), amande, petits fruits couverts de sucre durci ; menu plomb pour tirer aux oiseaux.

DRAGEOIR, s. m. (*drajoar*), petite boite dans laquelle les dames mettent des *dragées*.

DRAGEON, s. m. (*drajon*) (*tradux*), petite branche qui sort du pied d'un arbre, etc.

DRAGEONNER, v. n. (*drajoné*), se dit des arbres qui poussent des *drageons*.

DRAGON, s. m. (*draguon*) (*draco*), monstre fabuleux ; petit lézard des Indes ; tache dans la prunelle de l'œil ; constellation ; *fig.* personne acariâtre. — Au pl., sorte de troupes.

DRAGONNADE, s. f. (*draguonade*), expédition faite par des *dragons*.

DRAGONNE, s. f. (*draguone*), ornement à la poignée d'un sabre ou d'une épée.

DRAGONNIER, s. m. (*draguonié*), genre de plantes exotiques.

DRAGUE, s. f. (*drague*) (de l'anglais *drag*, traîner), pelle recourbée qui sert à tirer le sable des rivières, à curer les puits, etc.; filet ; grain qui a servi à faire la bière.

DRAGUER, v. a. (*draguié*), pêcher quelque chose dans l'eau ; nettoyer avec la *drague*.

DRAGUEUR, s. et adj. m. (*draguieur*), bâtiment pour la pêche de la morue, du hareng.

DRAMATIQUE, adj. des deux g. (*dramatike*) (δραματικος, fait de δραμα, action), se dit des ouvrages faits pour le théâtre, et qui représentent une action tragique ou comique ; qui émeut. — On le dit subst. au m.

DRAMATISTE, s. des deux g. (*dramaticete*), qui compose des pièces de théâtre.

DRAMATURGE, s. m. (*dramaturje*), auteur de *drames*. Il se prend en mauvaise part.

DRAME, s. m. (*drame*) (δραμα, action), action composée pour le théâtre et représentant un fait soit tragique, soit comique.

DRAP, s. m. (*dra*) (ancien mot gaulois), étoffe de laine ; linceul ; pièce de toile.

DRAPÉ, E, part. pass. de *draper*, et adj.

DRAPEAU, s. m. (*drapô*) (en lat. barbare *drapellum*, dimin. de *drappum*, drap), vieux morceau de linge ou d'étoffe ; enseigne d'infanterie. — Au pl., maillots d'un enfant.

DRAPER, v. a. (*drapé*) couvrir de *drap* ; vêtir ; *fig.* railler fortement.

DRAPERIE, s. f. (*draperi*), commerce de *draps* ; t. de peint., représentation des habillements ; ornement de tapisserie.

DRAPIER, s. m. (*drapié*), fabricant ou marchand de *draps*.

DRASTIQUE, adj. des deux g. (*drastike*) (δραστικος, fait de δραω, j'agis), se dit d'un remède dont l'action est prompte et vive.

DRÊCHE, s. f. (*drèche*), marc de l'orge moulue qui a servi à faire de la bière.

DRESSÉ, E, part. pass. de *dresser*, et adj.

DRESSER, v. a. (*drécé*) de l'italien *drizzare*, fait du lat. *directus*, droit) ; lever, tenir droit ; élever ; aplanir ; faire, composer ; instruire, façonner. — V. n., se tenir droit.

DRILLE, s. m. (*dri-ie*) de l'allemand *trill*, esclave), compagnon ; autrefois, soldat. Fam.

DRILLE, s. f. (*dri-ie*), chiffon de toile qui sert à faire du papier ; outil d'horloger.

DRISSE, s. f. (*drice*), t. de mar., cordage pour élever, hisser la vergue le long du mât.

DROGMAN, s. m. (*drogueman*) (en grec moderne δραγουμανος), interprète dans le Levant.

DROGUE, s. f. (*drogue*) (de l'anglo-saxon *druggs*), ingrédients pour purger ou teindre ; *fig.* choses mauvaises en leur espèce. Fam.

DROGUÉ, E, part. pass. de *droguer*.

DROGUER, v. a. (*droguié*), médicamenter ; donner trop de *drogues*.

DROGUERIE, s. f. (*drogueri*) toute sorte de *drogues*; commerce de *drogues*.

DROGUET, s. m. (*droguiè*), sorte d'étoffe.

DROGUIER, s. m. (*droguié*), cabinet, armoire, boîte à *drogues*.

DROGUISTE, s. et adj. des deux g. (*droguicete*), qui vend des *drogues*.

DROIT, s. m. (*droè*) (*directum*, fait de *dirigere*, diriger), ce qui est juste; jurisprudence; autorité; prérogative; imposition; pouvoir; prétention fondée; privilège; salaire.

DROIT, E, adj. (*droè, droète*) (*directus*, pour *rectus*), qui ne penche ou ne décline ni d'un côté ni d'un autre; qui est opposé à gauche; qui est debout; équitable, judicieux.

DROIT, adv. (*droè*), directement.

DROITE, s. f. (*droète*), main *droite*.

DROITEMENT, adv. (*droèteman*), équitablement; judicieusement.

DROITIER, IÈRE, adj. (*droètié, ière*), qui se sert ordinairement de la main *droite*.

DROITURE, s. f. (*droèture*), équité, justice, rectitude.

DRÔLE, DRÔLESSE, s. (*drôle, lèce*) (du danois *trôle* ou *drôle*, démon), gaillard, plaisant; vaurien; insolent, maraud.

DRÔLE, adj. des deux g. (*drôle*), gaillard, plaisant. Fam.

DRÔLEMENT, adv. (*drôleman*), plaisamment.

DRÔLERIE, s. f. (*drôleri*), chose *drôle*; trait de bouffonnerie. Fam.

DRÔLESSE, s. f. (*drôlèce*), femme de mauvaise vie. Fam.

DROMADAIRE, s. m. (*dromadère*) (en lat. barbare *dromadarius*, fait de δρόμος, coureur), espèce de chameau à une seule bosse.

DROME, s. f. (*drome*), t. de mar., réunion des mâts, vergues, etc., embarqués pour servir de rechange; assemblage flottant de pièces de bois.

DRU, E, adj. (*dru*) (par métathèse, du mot *dur*), fort, vigoureux; vif, gai; épais, touffu.

DRU, adv. (*dru*), en grande quantité et fort près à près.

DRUIDE, s. m. (*druide*) (du celtique *derw*, chêne), nom des anciens prêtres gaulois.

DRUIDESSE, s. f. (*druidèce*), nom des femmes des *druides*.

DRUIDIQUE, adj. des deux g. (*druidike*), qui appartient aux *druides*.

DRUIDISME, s. m. (*druidiceme*), système, doctrine des *druides*.

DRUPE ou **DROUPE**, s. m. (*drupe, droupe*) (*drupa*, fait de δρυπτης, olive), péricarpe charnu ou coriace renfermant un seul noyau.

DRYADE, s. f. (*driade*) (δρύς, chêne), nymphe des bois; plante.

DU, contraction de la préposition *de* et de l'article sing. mas. *le*.

DÛ, s. m. (*du*), ce qui est *dû*; ce à quoi on est obligé.

DÛ, DUE, part. pass. de *devoir*, et adj.

DUBITATIF, TIVE, adj. (*dubitatif, tive*), qui sert à exprimer le *doute*.

DUBITATION, s. f. (*dubitâcion*) (*dubitatio*, fait de *dubitare*, douter), figure de rhétorique par laquelle on feint de *douter*.

DUBITATIVEMENT, adv. (*dubitativeman*), avec *doute*.

DUC, s. m. (*duk*) (*dux, ducis*, chef), nom de dignité; oiseau.

DUCAL, E, adj., au pl. m. **DUCAUX** (*dukale*), qui appartient à un *duc*.

DUCAT, s. m. (*duka*), monnaie.

DUCATON, s. m. (*dukaton*), demi-*ducat*, espèce de monnaie d'argent.

DUCHÉ, s. m. (*duché*), étendue des terres d'un *duc* auxquelles le titre est attaché.

DUCHESSE, s. f. (*duchèce*), femme de *duc*, ou dame qui possède un *duché*; espèce de grand fauteuil; nœud de ruban.

DUCTILE, adj. des deux g. (*duktile*) (*ductilis*, fait de *ducere*, conduire), se dit des métaux qui peuvent s'étendre sous le marteau.

DUCTILITÉ, s. f. (*duktilité*), propriété qu'ont les métaux de s'étendre.

DUÈGNE, s. f. (*duègnie*) (de l'espagnol *duegna*), vieille femme chargée de veiller sur la conduite d'une jeune personne.

DUEL, s. m. (*duèl*) (*duellum*, qui signifiait guerre entre deux princes, fait de *duo*, deux), combat singulier; en t. de gramm. grecque, temps des verbes qui se dit de deux choses.

DUELLISTE, s. des deux g. (*duèliceté*), qui se plaît à se battre en *duel*.

DUIRE, v. n. (*duire*) (*decet*, il sied, il convient), convenir, plaire. Vieux.

DUIT, E, part. pass. de *duire*.

DULCIFICATION, s. f. (*dulcifikâcion*), action, effet de *dulcifier*.

DULCIFIÉ, E, part. pass. de *dulcifier*.

DULCIFIER, v. a. (*dulcifié*) (*dulcis*, doux, et *facere*, faire), tempérer la violence des acides, etc.; adoucir.

DULCINÉE, s. f. (*dulciné*), héroïne d'un amour ridicule.

DULIE, s. f. (*duli*) (δουλεια, service, dérivé de δουλος, serviteur); culte de *dulie*, celui qu'on rend aux anges et aux saints.

DÛMENT, adv. (*duman*), selon la raison, les formes.

DUNE, s. f. (*dune*) (du flamand *dune*, lieu élevé), colline sablonneuse qui s'étend le long des bords de la mer.

DUNETTE, s. f. (*dunète*), construction sur le pont à l'arrière d'un navire.

DUO, s. m. (*duo*) (δύο, deux), morceau pour *deux* voix ou *deux* instruments.

DUODÉNUM, s. m. (*duodénome*) (*duodenum*), le premier des intestins grêles.

DUODI, s. m. (*duodi*), second jour de la décade dans l'année républicaine.

DUPE, s. f. (*dupe*), qui est trompé ou facile à *duper*, à tromper; sorte de jeu de lansquenet.

DUPÉ, E, part. pass. de *duper*.

DUPER, v. a. (*dupé*) (*decipere*), tromper.

DUPERIE, s. f. (*duperi*), tromperie, filouterie.

DUPEUR, EUSE, s. (*dupeur, euze*), qui dupe, qui trompe.

DUPLICATA, s. m. (*duplikata*) (*duplicatus*, doublé), seconde expédition d'un brevet, d'une dépêche, d'une chose en général.

DUPLICATION, s. f. (*duplikácion*) (*duplicatio*), t. de géom., action de *doubler* une quantité.

DUPLICATURE, s. f. (*duplikature*), en anat., se dit de parties qui se replient sur elles-mêmes.

DUPLICITÉ, s. f. (*duplicité*), état de ce qui est *double*; *fig.* mauvaise foi.

DUPLIQUE, s. f. (*duplike*), t. de pal., réponse contre les *répliques* du demandeur.

DUPLIQUÉ, E, part. pass. de *dupliquer*.

DUPLIQUER, v. a. (*duplikié*), t. de pal., fournir des *dupliques*.

DUPONDIUS, s. m. (*dupondiuce*), poids et monnaie des Romains.

DUQUEL, DELAQUELLE, pron. relat., dont, de qui. Voy. LEQUEL, LAQUELLE, et DONT.

DUR, E, adj. (*dure*) (*durus*), ferme, solide, difficile à entamer; rude; inhumain; austère; difficile.—Adv. : *il entend dur*, il est un peu sourd

DURABLE, adj. des deux g. (*durable*), qui doit *durer* long-temps.

DURACINE, s. f. (*durachne*), espèce de pêche.

DURANT, prép. (*duran*), elle marque la durée du temps.

DURCI, E, part. pass. de *durcir*.

DURCIR, v. a. (*durcir*), faire devenir *dur*; rendre plus ferme.—V. n., devenir *dur*.

DURCISSEMENT, s. m. (*durciceman*), état de ce qui est *durci*.

DURE, s. f. (*dure*), terre qui est *dure*.

DURÉE, s. f. (*duré*), espace de temps que *dure* une chose.

DUREMENT, adv. (*dureman*), d'une manière *dure*; *fig.* avec dureté, rudesse.

DURE-MÈRE, s. f. (*duremère*), membrane qui enveloppe le cerveau.

DURER, v. n. (*duré*) (*durare*) continuer d'être.

DURET, ETTE, adj. (*durè, rète*), un peu *dur*; ferme. Fam. et peu us.

DURETÉ, s. f. (*dureté*) (*duritia* ou *durities*), qualité de ce qui est *dur*; fermeté; solidité; *fig.* rudesse, insensibilité.—Au pl., discours *durs*, offensants.

DURILLON, s. m. (*duri-ion*), espèce de petit calus ou de *dureté*.

DURIUSCULE, adj. des deux g. (*duriuceknle*), un peu *dur*.

DUUMVIR, s. m. (*du-omevir*) (mot lat. formé de *duo*, deux, et *vir*, homme), titre donné à différents magistrats romains qui, dans leur origine, étaient au nombre de *deux*.

DUUMVIRAT, s. m. (*du-omevira*) (*duumviratus*), magistrature, dignité de *duumvir*.

DUVET, s. m. (*duvè*) (du lat. barbare *tufetum*, fait de *tufa*, herbe velue), menue plume des oiseaux; premier poil; coton qui vient sur certains fruits.

DUVETEUX, EUSE, adj. (*duveteu, euze*), se dit des oiseaux qui ont beaucoup de *duvet*.

DYARCHIE, s. f. (*diarchi*) (δυς, deux, et αρχη, pouvoir), gouvernement de deux rois.

DYNAMIQUE, s. f. (*dinamique*) (δυναμις, force), science des forces et des puissances qui meuvent les corps.

DYNAMOMÈTRE, s. m. (*dinamomètre*)(δυναμις, force, et μετρον, mesure), instrument qui sert à mesurer les forces.

DYNASTE, s. m. (*dinacete*) (δυναστης), t. d'hist. anc., petit souverain qui n'exerçait qu'une autorité précaire.

DYNASTIE, s. f. (*dinaceti*) (δυναστεια, puissance), suite de rois ou de princes d'une même race, qui ont régné dans un pays.

DYNASTIQUE, adj. des deux g. (*dinacetike*), qui tient de la *dynastie*.

DYSCOLE, adj. des deux g. (*dicekole*)(δυσκολος, formé de δυς, difficilement, et κολον, nourriture), se dit d'une personne avec laquelle il est difficile de vivre ou qui s'écarte de l'opinion reçue.

DYSOREXIE, s. f. (*dizorèkci*), perte de l'appétit.

DYSPEPSIE, s. f. (*dicepèpeci*) (δυσπεψια, de δυς, difficilement, et πεπτω, je digère), digestion laborieuse.

DYSPNÉE, s. f. (*dicepanè*)(δυσπνοια, de δυς, difficilement, et πνεω, je respire), respiration pénible.

DYSSENTERIE, s. f. (*diçanteri*) (δυσεντερια, de δυς, difficilement, et εντερον, entrailles), dévoiement avec douleur d'entrailles.

DYSSENTÉRIQUE, adj. des deux g. (*diçantèrike*), qui appartient à la *dyssenterie*.

DYSURIE, s. f. (*dizuri*) (δυσουρια, de δυς, difficilement, et ουρεω, j'urine), difficulté d'uriner.

DYTIQUE, s. m. (*ditike*) (δυτικος, de δυω, je plonge), insecte qui vit dans l'eau.

E, s. m. la cinquième lettre de l'alphabet, et la seconde des voyelles.

E ou EX, prép. tirées du latin; elles marquent au commencement de certains mots une idée de séparation, d'infraction, ou de privation : *ébranler, excéder, exempter*, etc.

EAU, s. f. (*ó*) (*aqua*), substance liquide, transparente; pluie; mer, rivière, lac, étang; humeur; urine; sérosité; sueur; lustre, brillant des perles, des diamants.

EAU-DE-VIE, s. f. (*ódevi*), liqueur spiritueuse extraite du vin, du cidre, etc.

EAU-FORTE, s. f. (*óforte*), acide nitrique.

EAU-SECONDE, s. f. (*óceguonde*), eau-forte étendue d'un tiers d'eau.

s'ÉBAHIR, v. pr. (*céba-ir*), s'étonner. Fam.

ÉBAHISSEMENT, s. m.(*éba-iceman*), étonnement, admiration subite.

ÉBARBÉ, E, part. pass. de *ébarber*.

ÉBARBER, v. a. (*ébarbé*) (de la partic. extr. *é*, et de *barba*, barbe), ôter les inégalités du papier, des pièces de monnaie, etc.

ÉBARBOIR, s. m. (*ébarboar*), outil qui sert à *ébarber*.

ÉBAT, s. m. (*éba*), plaisir, passe-temps, divertissement. Fam.

ÉBATTEMENT, s. m. (*ébateman*), le même qu'*ébat*. Vieux.

s'ÉBATTRE, v. pr. (*cébatre*) (σπαταλαω, je vis dans la mollesse), prendre ses *ébats*; se réjouir. Vieux.

ÉBAUBI, E, adj. (*ébaubi*), étonné. Pop.

ÉBAUCHE, s. f. (*ébôche*), esquisse; ouvrage grossièrement commencé; premier trait.

ÉBAUCHÉ, E, part. pass. de *ébaucher*.

ÉBAUCHER, v. a. (*ébôché*), commencer grossièrement un ouvrage; dégrossir.

ÉBAUCHOIR, s. m. (*ébôchoar*), outil de sculpteur pour *ébaucher*.

ÉBAUDI, E, part. pass. de *ébaudir*.

ÉBAUDIR, v. a. (*ébôdir*), récréer. Vieux.

ÉBAUDISSEMENT, s. m. (*ébôdiceman*), réjouissance, démonstration de joie.

ÉBÈNE, s. f. (*ébène*)(εζενος, en lat. *ebenus*), bois exotique.

ÉBÉNÉ, part. pass. de *ébéner*.

ÉBÉNER, v. a. (*ébéné*) donner à du bois la couleur de l'*ébène*.

ÉBÉNIER, s. m. (*ébénié*), arbre dont le bois se nomme *ébène*.

ÉBÉNISTE, s. m. (*ébéniçte*), ouvrier qui travaille en *ébène*, en marqueterie.

ÉBÉNISTERIE, s. f. (*ébéniceteri*), métier de l'*ébéniste*; ouvrage qu'il fait.

ÉBLOUI, E, part. pass. d'*éblouir*.

ÉBLOUIR, v. a. (*éblouir*) (en italien *abbagliare*), aveugler par trop d'éclat; *fig.* surprendre l'esprit par quelque chose de brillant, de spécieux; tenter, séduire.

ÉBLOUISSANT, E, adj. (*éblouiçan, ante*), qui *éblouit*, au propre et au fig.

ÉBLOUISSEMENT, s. m. (*éblouiceman*), état de l'œil *ébloui*.

ÉBORGNÉ, E, part. pass. d'*éborgner*.

ÉBORGNER, v. a. (*éborgnié*), crever un œil, rendre borgne.

ÉBOUILLI, E, part. pass. de *ébouillir*.

ÉBOUILLIR, v. n. (*ébouie-ir*), diminuer à force de *bouillir*.

ÉBOULÉ, E, part. pass. de *ébouler*.

ÉBOULEMENT, s. m. (*ébouleman*), chute de ce qui *éboule*.

ÉBOULER, v. n. (*éboulé*) (*bolus*, motte de terre), tomber en s'affaissant.

ÉBOULIS, s. m. (*ébouli*), chose *éboulée*.

ÉBOURGEONNÉ, E, part. pass. de *ébourgeonner*.

ÉBOURGEONNEMENT, s. m. (*ébourjoneman*), action d'*ébourgeonner*.

ÉBOURGEONNER, v. a. (*ébourjoné*), ôter les *bourgeons*.

ÉBOURIFFÉ, E, adj. (*ébourifé*), hérissé, échevelé, troublé.

ÉBOUSINÉ, E, part. pass. de *ébousiner*.

ÉBOUSINER, v. a. (*ébouziné*), ôter le *bousin* d'une pierre.

ÉBRANCHÉ, E, part. pass. de *ébrancher*.

ÉBRANCHEMENT, s. m. (*ébrancheman*), action d'*ébrancher*; effet de cette action.

ÉBRANCHER, v. a. (*ébranché*), dépouiller un arbre de ses *branches*.

ÉBRANLÉ, E, part. pass. de *ébranler*.

ÉBRANLEMENT, s. m. (*ébranleman*), secousse.

ÉBRANLER, v. a. (*ébranlé*), donner des secousses; *fig.* toucher, émouvoir. — V. pr., chanceler; commencer à se mouvoir.

ÉBRASÉ, E, part. pass. de *ébraser*.

ÉBRASEMENT, s. m. (*ébrazeman*), t. d'archit., élargissement des côtés d'une porte.

ÉBRASER, v. a. (*ébrazé*), t. d'archit., élargir la baie d'une porte, d'une croisée, etc.

ÉBRÉCHÉ, E, part. pass. de *ébrécher*.

ÉBRÉCHER, v. a. (*ébréché*), faire une petite *brèche*.

ÉBRENÉ, E, part. pass. de *ébrener*.

ÉBRENER, v. a. (*ébrené*) (de bran, matière fécale) ôter les matières fécales d'un enfant.

ÉBROUÉ, E, part. pass. de *ébrouer*.

ÉBROUEMENT, s. m. (*ébrouman*), ronflement du cheval qui a peur.

ÉBROUER, v. a. (*ébroué*), laver. — V. pr., frémir, en parlant du cheval.

ÉBRUITÉ, E, part. pass. de *ébruiter*.

ÉBRUITER, v. a. (*ébruité*) (rac. *bruit*), divulguer, rendre public.

ÉBUARD, s. m. (*ébuar*), coin de bois.

ÉBULLITION, s. f. (*ébulicion*) (*ebullitio*), mouvement de la liqueur qui *bout*; effervescence; éruption à la peau.

ÉCACHÉ, E, part. pass. de *écacher*, et adj.

ÉCACHER, v. a. (*ékaché*) (de l'espagnol *escarchar*, fouler la terre), aplatir, froisser. Fam.

ÉCAILLE, s. f. (*éká-ie*) (en allemand *schale*), petites pièces luisantes, glissantes et dures, qui couvrent la peau des poissons et de certains reptiles; coque des testacés.

ÉCAILLÉ, E, part. pass. de *écailler*, et adj., à qui on a ôté les *écailles*.

ÉCAILLER, ÈRE, s. m. (*éká-lé, ière*), qui vend et qui ouvre des huîtres.

ÉCAILLER, v. a. (*éká-ié*), ôter les *écailles*. —V. pr., tomber par *écailles*.

ÉCAILLEUX, EUSE, adj. (*éká-ieu, euze*), qui se lève par *écailles*; composé d'*écailles*.

ÉCALE, s. f. (*ékale*) (voy. ÉCAILLE, pour l'étym.), coque d'un œuf; écorce des noix, des pois, etc; port de mer.

ÉCALÉ, E, part. pass. de *écaler*.

ÉCALER, v. a. (*ékalé*), ôter l'*écale*.

ÉCARBOUILLÉ, E, part. pass. de *écarbouiller*.

ÉCARBOUILLER, v. a. (*ékarbou-ié*), écraser. Pop.

ÉCARLATE, s. f. (*ékarlate*) (en lat. *bar-*

bare *scarletum*), couleur rouge fort vive; étoffe teinte de cette couleur.

ÉCARLATINE, adj. f. (*ékarlatine*), se dit d'une fièvre qui rend la peau très-rouge. On dit vulgairement *scarlatine*.

ÉCARQUILLÉ, E, part. pass. de *écarquiller*.

ÉCARQUILLEMENT, s. m. (*ékarkiieman*), action d'*écarquiller*. Fam.

ÉCARQUILLER, v. a. (*ékarkiié*) (*exvaricare*), écarter, ouvrir trop. Fam.

ÉCART, s. m. (*ékar*), action de s'écarter; pas de danse; cartes écartées. — A L'ÉCART, loc. adv., à part, en particulier.

ÉCARTÉ, s. m. (*ékarté*), jeu de cartes.

ÉCARTÉ, E, part. pass. de *écarter*, et adj., détourné.

ÉCARTELÉ, E, part. pass. de *écarteler*, et adj., t. de blas., divisé en quatre parties.

ÉCARTELER, v. a. (*ékartelé*), tirer à quatre chevaux. — V. n., t. de blas., partager l'écu en *quatre*.

ÉCARTÈLEMENT, s. m. (*ékartèleman*), action d'*écarteler*.

ÉCARTELURE, s. f. (*ékartelure*), division de l'écu *écartelé*.

ÉCARTEMENT, s. m. (*ékarteman*), action d'*écarter*; état de ce qui est *écarté*.

ÉCARTER, v. a. (*ékarté*), éloigner; disperser; détourner; éparpiller; mettre à part. — V. pr., s'éloigner; se détourner.

ECCE-HOMO, s. m. (*èkcé-ômô*) (mots lat. qui signifient *voici l'homme*), tableau qui représente Jésus-Christ devant Pilate.

ECCHYMOSE, s. f. (*èkimóze*) (εκχυσις, je verse), épanchement de sang entre la peau et la chair causé par une contusion.

ECCLÉSIASTE, s. m. [*éklésiacete*] (εκκλησιαστης, prédicateur), un des livres de l'Ancien Testament.

ECCLÉSIASTIQUE, s. m. (*éklésiacetiké*) (εκκλησιαστικος, fait de εκκλησια, église), nom d'un livre de l'Écriture-Sainte; prêtre. — Adj. des deux g., qui appartient à l'*église*.

ECCLÉSIASTIQUEMENT, adv. (*éklésiacetikeman*), d'une manière *ecclésiastique*.

ECCOPROTIQUE, adj. des deux g. et s. m. (*ékoprotike*) (εκ, hors, et κοπρος, excrément), purgatif.

ECCRINOLOGIE, s. f. (*ékrinoloji*) (εκκρινω, je sépare, et λογος, discours), partie de la médecine qui traite des sécrétions.

ÉCERVELÉ, E, adj. et s. (*écèrvelé*), sans prudence; étourdi; qui manque de *cervelle*.

ÉCHAFAUD, s. m. (*échafó*) (en allemand *schauhaus*), construction en charpente; amphithéâtre; espèce de plancher pour l'exécution des criminels.

ÉCHAFAUDAGE, s. m. (*échafódaje*), construction d'*échafauds* pour bâtir, etc.

ÉCHAFAUDÉ, E, part. pass. de *échafauder*.

ÉCHAFAUDER, v. a. (*échafódé*), dresser des *échafauds* pour bâtir.

ÉCHALAS, s. m. (*échalá*) (en lat. barbare *scalaceus*), perche pour soutenir la vigne.

ÉCHALASSÉ, E, part. pass. de *échalasser*.

ÉCHALASSEMENT, s. m. (*échalaceman*), action d'*échalasser*.

ÉCHALASSER, v. a. (*échalacé*), garnir une vigne d'*échalas*.

ÉCHALIER, s. m. (*échalié*), clôture d'un champ faite avec des branches d'arbres.

ÉCHALOTE, s. f. (*échalote*) (*ascalonia*), plante potagère, espèce d'ail.

ÉCHAMPÉ, E, ou ÉCHAMPI, E, part. pass. de *échamper* ou *échampir*.

ÉCHAMPER ou ÉCHAMPIR, v. a. (*échampé*, *pir*) (de la partic. extr. *é*, et du s. *champ*), t. de peint., contourner une figure.

ÉCHANCRÉ, E, part. pass. de *échancrer*.

ÉCHANCRER, v. a. (*échankré*) (*cancer*, cancer), couper en dedans en forme d'arc.

ÉCHANCRURE, s. f. (*échankrure*), coupure en forme de demi-cercle.

ÉCHANGE, s. m. (*échanje*), change d'une chose pour une autre; troc.

ÉCHANGÉ, E, part. pass. de *échanger*.

ÉCHANGEABLE, adj. des deux g. (*échanjable*), qui peut être *échangé*.

ÉCHANGER, v. a. (*échanjé*), faire un échange, troquer; mouiller le linge.

ÉCHANSON, s. m. (*échançon*) (en lat. barbare *scantio*, *scantionis*), officier dont la fonction est de servir à boire.

ÉCHANSONNERIE, s. f. (*échançoneri*), lieu où est la boisson; corps des *échansons*.

ÉCHANTILLON, s. m. (*échantilion*) (du lat. barbare *cantillo*, dimin. de *canthus*, coin de l'œil), petit morceau d'une chose.

ÉCHANTILLONNÉ, E, part. pass. de *échantillonner*.

ÉCHANTILLONNER, v. a. (*échanti-ioné*), vérifier un poids; couper des *échantillons*.

ÉCHAPPADE, s. f. (*échapade*), t. de grav., accident qui arrive lorsque l'outil échappe, et trace un sillon sur une partie déjà gravée.

ÉCHAPPATOIRE, s. f. (*échapatoare*), subterfuge; moyen de sortir d'embarras. Fam.

ÉCHAPPÉ, E, part. pass. de *échapper*, adj. et s.

ÉCHAPPÉE, s. f. (*échapé*), étourderie.

ÉCHAPPEMENT, s. m. (*échapeman*), mécanisme d'horloge.

ÉCHAPPER, v. a. et n. (*échapé*) (σκαπτω,

en lat. *scapha*, barque), éviter ; fuir ; se tirer, se sauver de.

ÉCHARDE, s. f. (*écharde*) (en lat. barbare *excarda*, fait de *carduus*, chardon), piquant de chardon ; épine qui entre dans la chair.

ÉCHARDONNÉ, part. pass. de *échardonner*.

ÉCHARDONNER, v. a. (*échardoné*), couper, arracher les *chardons* d'un champ.

ÉCHARNÉ, E, part. pass. de *écharner*.

ÉCHARNER, v. a. (*écharné*), ôter d'un cuir la *chair* qui y reste.

ÉCHARNOIR, s. m. (*écharnoar*), instrument avec lequel on écharne.

ÉCHARNURE, s. f. (*écharnure*), restes de chair ôtés d'un cuir pour le préparer.

ÉCHARPE, s. f. (*écharpe*) (en italien *ciarpa*), large bande d'étoffe.

ÉCHARPÉ, E, part. pass. de *écharper*.

ÉCHARPER, v. a. (*écharpé*), donner un coup d'épée de travers ; tailler en pièces.

ÉCHASSE, s. f. (*écháce*) (du lat. barbare *scalacia*, augm. de *scala*, échelle), règle de bois pour tracer.—Au pl. ; longs bâtons à étriers dont on se sert pour marcher.

ÉCHASSIERS, s. m. pl. (*écháciê*), ordre d'oiseaux à longues jambes.

ÉCHAUBOULÉ, E, adj. (*échôboulé*), qui a des échauboulures.

ÉCHAUBOULURE, s. f. (*échôboulure*) (du lat. barbare *excalbullatura*, de *caleo*, j'ai chaud, et *bulla*, bulle), bourgeon sur la peau.

ÉCHAUDÉ, s m. (*échôdé*), pâtisserie faite de pâte échaudée ; petit siège pliant.

ÉCHAUDÉ, E, part. pass. de *échauder*, et adj.

ÉCHAUDER, v. a. (*échôdé*), mouiller d'eau chaude, d'un liquide bouillant.

ÉCHAUDOIR, s. m. (*échôdoar*), lieu où l'on échaude ; vaisseau qui sert à échauder.

ÉCHAUFFAISON, s. f. (*échôfèzon*), éruption à la peau.

ÉCHAUFFANT, E, adj. (*échôfan*, ante), qui échauffe, qui augmente la chaleur.

ÉCHAUFFÉ, E, part. pass. de *échauffer*, et adj.

ÉCHAUFFEMENT, s. m. (*échôfeman*), action d'échauffer ; effet de cette action.

ÉCHAUFFER, v. a. (*échôfé*), rendre chaud ; fig. animer, enflammer ; impatienter.

ÉCHAUFFOURÉE, s. f. (*échôfouré*), entreprise téméraire et malheureuse ; escarmouche imprévue. Fam.

ÉCHAUFFURE, s. f. (*échôfure*), rougeur ou élevure sur la peau.

ÉCHAUGUETTE, s. f. (*échôguiète*) (en lat. barbare *eschargaita*), guérite.

ÉCHAULÉ, E, part. pass. de *échauler*.

ÉCHAULER, v. a. (*échôlé*). Voy. CHAULER.

ÉCHÉABLE, adj. des deux g. (*éché-able*), qui doit échoir.

ÉCHÉANCE, s. f. (*éché-ance*), terme de paiement d'une chose due.

ÉCHEC, s. m. (*échèke* ; le pl. échecs se prononce éché) (en italien *scachi*), s. du jeu d'échecs ; fig. perte considérable, mauvais succès.—Au pl., jeu ; pièces de ce jeu.

ÉCHELETTE, s. f. (*échelète*), petite échelle au bât d'un cheval.

ÉCHELLE, s. f. (*échèle*) (*scala*), instrument de bois portatif pour monter et descendre ; mesure ; place de commerce dans le Levant.

ÉCHELON, s. m. (*échelon*), degré d'échelle ; fig. moyen pour s'élever, s'avancer.

ÉCHELONNÉ, E, part. pass. de *échelonner*.

ÉCHELONNER, v. a. (*écheloné*), ranger en échelons.

ÉCHENILLAGE, s. m. (*écheni-iaje*), action d'ôter les *chenilles* d'un arbre.

ÉCHENILLÉ, E, part. pass. de *écheniller*.

ÉCHENILLER, v. a. (*écheni-ié*), ôter les *chenilles* des arbres ; détruire leurs nids.

ÉCHENILLOIR, s. m. (*écheni-ioar*), outil pour écheniller.

ÉCHEVEAU, s. m. (*échevô*) (*capillus*, cheveu), fil, soie ou laine pliés en plusieurs tours.

ÉCHEVELÉ, E, adj. (*échevelé*), qui a les cheveux épars et en désordre.

ÉCHEVIN, s. m. (*échevein*) (du lat. barbare *scabinus*, juge), ancien officier municipal.

ÉCHEVINAGE, s. m. (*echevinaje*), charge d'échevin ; durée de cette fonction.

ÉCHINE, s. f. (*échine*) (de l'italien *schiena*, fait du lat. *spina*, épine du dos), épine du dos ; ornement d'architecture.

ÉCHINÉ, E, part. pass. de *échiner*, et adj. ($\chi\iota\nu\circ\varsigma$, hérisson), recouvert de pointes.

ÉCHINÉE, s. f. (*échiné*), partie du dos d'un cochon.

ÉCHINER, v. a. (*échiné*), rompre l'échine ; fig. assommer.—V. pr., s'excéder de fatigue.

ÉCHIQUETÉ, E, adj. (*échiketé*), rangé en manière d'échiquier.

ÉCHIQUIER, s. m. (*échikié*), table pour les échecs ; filet carré ; ancienne juridiction.

ÉCHO, s. m. (*ékô*) ($\eta\chi\circ\varsigma$), répétition d'un son ; lieu où elle se fait.

ÉCHOIR, v. n. (*échoar*) (*excidere*, tomber), arriver par hasard ; arriver à temps préfix.

ÉCHOPPE, s. f. (*échope*) (de l'allemand *schupf*, cabane), petite *boutique* en appentis, aiguille pour graver sur le vernis dur.

ÉCHOPPER, v. a. (*échopé*), graver avec l'échoppe.

ÉCHOUAGE, s. m. (*échouaje*), endroit où l'on peut faire échouer un bâtiment.

ÉCHOUÉ, E, part. pass. de *échouer*.

ÉCHOUEMENT, s. m. (échouman), action d'échouer.

ÉCHOUER, v. n. (échoué) (en lat. barbare scopulare), donner sur le sable ou contre un écueil; *fig.* ne pas réussir.

ÉCIMÉ, E, part. pass. de *écimer.*

ÉCIMER, v. a. (écimé), couper la tête ou la cime d'un arbre.

ÉCLABOUSSÉ, E, part. pass. de *éclabousser.*

ÉCLABOUSSEMENT, s. m. (éklaboucëman), action d'*éclabousser.*

ÉCLABOUSSER, v. a. (éklaboucé) (des mots *éclat* et *boue*), faire rejaillir de l'eau ou de la boue sur...; *fig.* regarder avec hauteur.

ÉCLABOUSSURE, s. f. (éklabouçure), boue que l'on fait jaillir.

ÉCLAIR, s. m. (éklère) (*clarus*, clair), éclat de lumière subit et de peu de durée.

ÉCLAIRAGE, s. m. (éklèraje), action d'éclairer une ville, etc.; son effet.

ÉCLAIRCI, E, part. pass. de *éclaircir*, et adj.

ÉCLAIRCIE, s. f. (éklèreci), endroit clair qui paraît au ciel dans un temps brumeux.

ÉCLAIRCIR, v. a. (éklèrecir), rendre *clair*; *fig.* diminuer le nombre; débrouiller.

ÉCLAIRCISSEMENT, s. m. (éklèreciceman), explication d'une chose obscure.

ÉCLAIRE, s. f. (éklaire), plante.

ÉCLAIRÉ, E, part. pass. de *éclairer*, et adj.

ÉCLAIRER, v. a. (éklèré), illuminer, donner de la *clarté*; *fig.* instruire; épier; observer. — V. unip., faire des *éclairs*; étinceler.

ÉCLAIREUR, s. m. (éklèreur), celui qui va à la découverte.

ÉCLANCHE, s. f. (éklanche) (en lat. barbare *exlanca*), épaule de mouton.

ÉCLAT, s. m. (ékla) (*eclatum*, supin de *ecferre* pour *efferre*, transporter), morceau brisé; lueur brillante; gloire; bruit; scandale.

ÉCLATANT, E, adj. (éklatan, ante), qui a de l'*éclat*; bruyant.

ÉCLATÉ, E, part. pass. de *éclater.*

ÉCLATER, v. n. (éklaté), se rompre; faire un grand bruit; *fig.* s'emporter; briller.

ÉCLECTIQUE, adj. des deux g. et s. m. (éklèktike) (εχλεγω, je choisis), philosophe qui, sans adopter de système particulier, choisit les opinions les plus vraisemblables.

ÉCLECTISME, s. m. (éklèkticeme), philosophie des *éclectiques.*

ÉCLIPSE, s. f. (éklipece) (εχλειψις, défaut), obscurcissement ou disparition d'un astre par l'interposition d'un autre; *fig.* disparition.

ÉCLIPSÉ, E, part. pass. de *éclipser.*

ÉCLIPSER, v. a. (éklipcé), empêcher de paraître; effacer.— V. pr., disparaître.

ÉCLIPTIQUE, s. f. (éklipetike) (εχλειψις, éclipse), orbite que le soleil paraît décrire annuellement autour de la terre.—Adj. des deux g., qui a rapport aux *éclipses.*

ÉCLISSE, s. f. (éklice), rond d'osier pour faire égoutter le fromage; bois fendu très-mince; ais pour les fractures des os.

ÉCLISSÉ, E, part. pass. de *éclisser.*

ÉCLISSER, v. a. (éklicé), mettre des *éclisses.*

ÉCLOPPÉ, E, adj. (éklopé (du vieux mot *clopper*, boiter), qui marche avec peine. Fam.

ÉCLORE, v. n. (éklore) (*excludere*, mettre dehors), sortir de la coque; s'épanouir; paraître.

ÉCLOSION, s. f. (éklôzion), action d'*éclore.*

ÉCLUSE, s. f. (ékluze) (*excludere*, exclure), clôture sur un canal, etc., pour retenir et lâcher l'eau; porte pour cette clôture.

ÉCLUSÉE, s. f. (ékluzé), quantité d'eau qui coule d'une *écluse* lâchée.

ÉCLUSIER, IÈRE, s. (ékluzié, ière), qui gouverne une *écluse.*

ÉCOFRAI ou ÉCOFROI, s. m. (ékofré, froi), grosse table d'artisan.

ÉCOINSON, s. m. (ékoeinçon); pierre qui fait l'*encoignure* de l'embrasure d'une porte, etc.

ÉCOLÂTRE, s. m. (ékolâtre), professeur de théologie.

ÉCOLE, s. f. (ékole) (*schola*), lieu où l'on enseigne; secte; système; *fig.* faute.

ÉCOLIER, IÈRE, s. (ékolié, ière), qui étudie dans quelque *école*; *fig.* peu habile.

ÉCONDUIRE, v. a. (ékonduire), conduire dehors; éloigner avec ménagement.

ÉCONOMAT, s. m. (ékonoma), charge d'économe.

ÉCONOME, adj. des deux g. (ékonome), ménager.—S. m., qui a soin de la dépense.

ÉCONOMIE, s. f. (ékonomi) (οικονομια, de οιχος, maison, et νομος, règle), règle; ordre dans la dépense; épargne; harmonie.

ÉCONOMIQUE, adj. des deux g. (ékonomike), qui regarde l'*économie.*

ÉCONOMIQUEMENT, adv. (ékonomikeman), avec *économie.*

ÉCONOMISÉ, E, part. pass. de *économiser.*

ÉCONOMISER, v. a. (ékonomizé), administrer avec *économie*; épargner, ménager.

ÉCONOMISTE, s. m. (ékonomicete), qui s'occupe de l'*économie* politique.

ÉCOPE, s. f. (ékope), pelle creuse pour jeter l'eau des bateaux.

ÉCORCE, s. f. (ékorce) (*cortex*), enveloppe des végétaux, des fruits; *fig.* superficie.

ÉCORCÉ, E, part. pass. de *écorcer.*

ÉCORCER, v. a. (ékorcé), ôter l'*écorce.*

ÉCORCHÉ, E, part. pass. de *écorcher.*

ÉCORCHÉE, s. f. (ékorché), coquillage.

ÉCORCHER, v. a. (ékorché)(du lat. barbare

scorticare, de *scortum*, cuir), ôter la peau; la déchirer; *fig.* faire payer trop cher; parler mal.

ÉCORCHERIE, s. f. (*ékorcheri*), lieu où l'on écorche les bêtes.

ÉCORCHEUR, s. m. (*ékorcheur*), qui écorche les bêtes mortes; espèce de pie.

ÉCORCHURE, s. f. (*ékorchure*), petit endroit de peau *écorchée*.

ÉCORNÉ, E, part. pass. de *écorner*.

ÉCORNER, v. a. (*ékorné*), rompre la *corne*, faire une *écornure*; *fig.* diminuer.

ÉCORNIFLÉ, E, part. pass. de *écornifler*.

ÉCORNIFLER, v. a. (*ékorniflé*), chercher à manger aux dépens d'autrui. Fam.

ÉCORNIFLERIE, s. f. (*ékornifleri*), action d'*écornifler*.

ÉCORNIFLEUR, EUSE, s. (*ékornifleur, euse*), qui *écornifle*; parasite.

ÉCORNURE, s. f. (*ékornure*), éclat emporté de l'angle d'une pierre, etc.

ÉCOSSÉ, E, part. pass. de *écosser*.

ÉCOSSER, v. a. (*ékocé*), tirer de la *cosse*.

ÉCOSSEUR, EUSE, s. (*ékoceur, euse*), qui *écosse*.

ÉCOT, s. m. (*éko*) (de l'anglo-saxon *scot*, tribut), quote-part de paiement dans un repas.

ÉCOULÉ, E, part. pass. de *écouler*.

ÉCOULEMENT, s. m. (*ékouleman*), flux, mouvement de ce qui s'écoule; *fig.* vente.

ÉCOULER, v. a., et s'ÉCOULER, v. pr., (*ékoulé*), couler d'un lieu dans un autre; *fig.* se passer insensiblement; vendre.

ÉCOURGEON, s. m. (*ékourjon*), espèce d'orge, appelée aussi *orge carrée*.

ÉCOURTÉ, E, part. pass. de *écourter*.

ÉCOURTER, v. a. (*ékourté*), rogner, couper trop *court*; retrancher, resserrer trop.

ÉCOUTANT, E, adj. et s. (*ékoutan, ante*), qui écoute. Fam.

ÉCOUTE, s. f. (*ékoute*), lieu d'où l'on peut voir et *écouter*; t. de mar., cordage.

ÉCOUTÉ, E, part. pass. de *écouter*.

ÉCOUTER, v. a. (*ékouté*) (en italien *ascoltare*, fait du lat. *auscultare*, fréq. de *audire*, entendre), prêter l'oreille pour ouïr; *fig.* croire; suivre. — V. pr., être trop attentif à sa santé.

ÉCOUTE-S'IL-PLEUT, s. m. (*ékoutecilepleu*), moulin qui ne va que par des écluses.

ÉCOUTEUR, EUSE, s. (*ékouteur, euse*), qui écoute.

ÉCOUTEUX, adj. m. (*ékouteu*), se dit d'un cheval distrait.

ÉCOUTILLE, s. f. (*ékoutiie*) (*scutella*, de *scutum*, bouclier), ouverture du tillac.

ÉCOUVILLON, s. m. (*ékouvillon*), linge au bout d'une perche pour nettoyer.

ÉCOUVILLONNÉ, E, part. pass. de *écouvillonner*.

ÉCOUVILLONNER, v. a. (*ékouvilloné*), nettoyer avec l'*écouvillon*.

ÉCRAN, s. m. (*ékran*) (*crates*, claie), meuble pour se garantir de l'ardeur du feu.

ÉCRASÉ, E, part. pass. de *écraser*, et adj.

ÉCRASER, v. a. (*ékrâzé*), aplatir, briser; rendre trop bas; *fig.* détruire; vaincre

ÉCRÉMÉ, E, part. pass. de *écrémer*.

ÉCRÉMER, v. a. (*ékrémé*), lever la *crème* du lait; *fig.* prendre ce qu'il y a de meilleur.

ÉCRÊTÉ, E, part. pass. de *écrêter*.

ÉCRÊTER, v. a. (*ékrêté*), enlever la *crête*, le sommet d'une muraille.

ÉCREVISSE, s. f. (*ékrevice*) (*carabus*, du grec καραβος, crabe), poisson crustacé; signe du zodiaque.

s'ÉCRIER, v. pr. (*cékri-ié*), faire un *cri*.

ÉCRILLE, s. f. (*ékri-ie*), claie pour empêcher le poisson de sortir d'un étang.

ÉCRIN, s. m. (*ékrein*), coffret qui sert à mettre des pierreries, des bijoux.

ÉCRIRE, v. a. et n. (*ékrire*) (*scribere*), tracer des caractères avec la plume; composer un ouvrage d'esprit; mander par lettre.

ÉCRIT, s. m. (*ékri*), ce qui est *écrit*; convention, acte, engagement. — Au pl., livres.

ÉCRIT, E, part. pass. de *écrire*.

ÉCRITEAU, s. m. (*ékritô*), inscription en grosses lettres pour annoncer quelque chose.

ÉCRITOIRE, s. f. (*ékritoare*), encrier; petit meuble qui contient les choses nécessaires pour *écrire*.

ÉCRITURE, s. f. (*ékriture*) (*scriptura*), caractères *écrits*; art, manière d'*écrire*; la Bible.

ÉCRIVAILLEUR, EUSE, s. (*ékrivá-ieur, ieuze*), mauvais *écrivain*. Fam.

ÉCRIVAIN, s. m. (*ékrivein*), qui *écrit* pour le public; maître à *écrire*; auteur.

ÉCRIVASSIER, IÈRE, s. (*ékrivacié, ière*), t. de mépris. Voy. ÉCRIVAILLEUR.

ÉCROU, s. m. (*ékrou*) (de l'allemand *schraube*, vis), trou de la vis; action d'*écrouer*.

ÉCROUE, s. m. (*ékrou*), autrefois, rôle de la dépense de bouche de la maison du roi.

ÉCROUÉ, E, part. pass. de *écrouer*.

ÉCROUELLES, s. f. pl. (*ékrouèle*) (*scrophulæ*, gén. *scrophularum*), scrofules.

ÉCROUER, v. a. (*ékroué*), inscrire le nom d'un prisonnier sur le registre des prisons.

ÉCROUI, E, part. pass. de *écrouir*.

ÉCROUIR, v. a. (*ékrouir*), battre un métal à froid pour le rendre plus dense.

ÉCROUISSEMENT, s. m. (*ékrouiceman*), action d'*écrouir*; effet de cette action.

ÉCROULÉ, E, part. pass. de *écrouler*.

ÉCROULEMENT, s. m. (*ékrouleman*), action de s'*écrouler*.

s'ÉCROULER, v. pr. (cékroulé), s'ébouler, tomber en s'affaissant.

ÉCROUTÉ, E, part. pass. de écrouter.

ÉCROUTER, v. a. (ékrouté), ôter la croûte qui est autour du pain.

ÉCRU, E, adj. (ékru), se dit des soies, des fils et des toiles qui n'ont point été lavés.

ECTROPION, s. m. (éktropion) (εκτροπιον, fait de εκ, en dehors, et τρεπω, je tourne); ćraillement; renversement de la paupière.

ECTYPE, s. f. (éktipe) (εκτυπει, de εκ, de; et τυπος, type), empreinte d'une médaille, etc.

ÉCU, s. m. (éku) (scutum, fait de σκυτος, cuir), bouclier; armoiries; pièce de monnaie.

ÉCUBIER, s. m. (ékubié), t. de mar., trou à l'avant et à l'arrière d'un bâtiment.

ÉCUEIL, s. m. (ékeuil) (scopulus), rocher dans la mer; fig. chose dangereuse.

ÉCUELLE, s. f. (ékuèle) (scutella), vase où l'on met du bouillon, du potage, etc.

ÉCUELLÉE, s. f. (ékuèlé), plein une écuelle.

ÉCUISSÉ, E, part. pass. de écuisser.

ÉCUISSER, v. a. (ékuicé), faire éclater un arbre en l'abattant.

ÉCULÉ, E, part. pass. de éculer.

ÉCULER, v. a. (ékulé) (rac. cul), plier en dedans les quartiers du soulier.

ÉCUMANT, E, adj. (ékuman, ante), qui écume, qui jette de l'écume.

ÉCUME, s. f. (ékume) (spuma), mousse blanchâtre sur un liquide agité; bave.

ÉCUMÉ, E, part. pass. de écumer.

ÉCUME-DE-MER, s. f. (ékumedemèré), espèce de pierre blanche.

ÉCUMER, v. a. (ékumé) (spumare), ôter l'écume.—V. n., jeter de l'écume.

ÉCUMEUR, s. m. (ékumeur), qui écume. —Écumeur de mer, pirate.

ÉCUMEUX, EUSE, adj. (ékumeu, euze), plein d'écume.

ÉCUMOIRE, s. f. (ékumoare), ustensile de cuisine pour écumer.

ÉCURÉ, E, part. pass. de écurer.

ÉCURER, v. a. (ékuré) (de curer), nettoyer la vaisselle, etc.

ÉCUREUIL, s. m. (ékureuie) (σκιουρος, fait de σκια, ombre, et ουρα, queue, qui se met à l'ombre de sa queue), petit quadrupède.

ÉCUREUR, EUSE, s. (ékureur, euze), qui écure.

ÉCURIE, s. f. (ékuri) (en lat. barbare scuria), logement des chevaux; train, équipage.

ÉCUSSON, s. m. (ékuçon), écu sur lequel on met des armoiries; manière d'enter, de greffer.

ÉCUSSONNÉ, E, part. pass. de écussonner.

ÉCUSSONNER, v. a. (ékuçone), enter en écusson.

ÉCUSSONNOIR, s. m. (ékuçonoar), sorte de couteau pour greffer en écusson.

ÉCUYER, s. m. (ékui-ié) (scutarius, fait de scutum, écu), gentilhomme qui portait l'écu; titre; étai.—(Equarius, de equus, cheval), celui qui enseigne l'équitation.

ÉCUYÈRE, s. f. (ékui-ière), d'écuyer. —Bottes à l'écuyère, bottes pour monter à cheval.

EDDA, s. f. (èdeda), livre qui renferme la religion des anciens Scandinaves.

EDEN, s. m. (édène) (du mot hébreu aden, qui signifie délices), le paradis terrestre.

ÉDENTÉ, E, part. pass. de édenter, et adj. qui n'a plus de dents.

ÉDENTER, v. a. (édanté), briser, user les dents d'une scie, d'un peigne, etc.

ÉDIFIANT, E, adj. (édifian, ante), qui porte à la vertu, à la piété.

ÉDIFICATEUR, s. m. (édifikateur), qui construit un édifice. Peu us.

ÉDIFICATION, s. f. (édifikácion) (œdificatio), action d'édifier.

ÉDIFICE, s. m. (édifice) (œdificium), bâtiment public; temple; palais.

ÉDIFIÉ, E, part. pass. de édifier, et adj.

ÉDIFIER, v. a. (édifié) (œdificare, de ædes, maison, et facere, faire), bâtir; porter à la piété par ses discours ou son exemple.

ÉDILE, s. m. (édile) (ædilis, fait de ædes, maison), magistrat romain.

ÉDILITÉ, s. f. (édilité) (ædilitas), magistrature de l'édile.

ÉDIT, s. m. (édi) (edictum, de dicere, ordonner), ordonnance; constitution.

ÉDITÉ, E, part. pass. de éditer.

ÉDITER, v. a. (édité), proclamer, publier un ouvrage comme éditeur.

ÉDITEUR, s. et adj. m. (éditeur) (editor), qui publie un livre; celui qui revoit et fait imprimer l'ouvrage d'autrui.

ÉDITION, s. f. (édicion) (editio), publication d'un livre.

ÉDREDON, s. m. (édredon), duvet très-fin.

ÉDUCATION, s. f. (édukácion) (educatio), manière d'élever les enfants.

ÉDULCORATION, s. f. (édulkorácion), action d'édulcorer.

ÉDULCORÉ, E, part. pass. de édulcorer.

ÉDULCORER, v. a. (édulkoré) (edulcorare, de dulcis, doux), rendre doux.

ÉFAUFILÉ, E, part. pass. de éfaufiler.

ÉFAUFILER, v. a. (éfofilé), tirer la soie du bout d'un ruban, d'une étoffe, etc.

EFFAÇABLE, adj. des deux g. (éfaçable), qui peut être effacé. Peu us.

EFFACÉ, E, part. pass. de effacer.

EFFACER, v. a. (éfacé) (en lat. barbare exfaciare), rayer; fig. surpasser.

EFFACURE, s. f. (èfaçura), ce qui est effacé, soit par accident, soit à dessein.

EFFANÉ, E, part. pass. de effaner.

EFFANER, v. a. (èfané), ôter les feuilles ou la fane. Il ne se dit que des blés.

EFFARÉ, E, part. pass. de effarer, et adj.

EFFARER, v. a. (èfaré) (efferare, de fera, bête farouche), troubler, mettre hors de soi.

EFFAROUCHÉ, E, part. pass. de effaroucher.

EFFAROUCHER, v. a. (èfarouché) (du lat. barbare exferociare, fait de ex, augm. et de ferox, farouche), épouvanter, effrayer ; fig. dégoûter, donner de l'éloignement.

EFFECTIF, TIVE, adj. (èfektif, tive), qui est réellement et de fait.

EFFECTIVEMENT, adv. (èfektiveman), réellement ; en effet.

EFFECTUÉ, E, part. pass. de effectuer.

EFFECTUER, v. a. (èfektué), mettre à effet, à exécution ; réaliser.—V. pr., se réaliser.

EFFÉMINÉ, E, part. pass. de efféminer, et adj.

EFFÉMINER, v. a. (èféminé) (femina, femme), rendre faible comme une femme.

EFFENDI, s. m. (èfefèindi) (mot turc qui signifie maître), homme de loi chez les Turcs.

EFFERVESCENCE, s. f. (èfefèrevèceçance) (effervescentia), bouillonnement dans une liqueur par la combinaison de substances différentes ; fig. ardeur, impétuosité.

EFFERVESCENT, E, adj. (èfefèrevèceçan, ante), qui est en effervescence.

EFFET, s. m. (èfè) (effectus), tout ce qui est produit par quelque cause ; exécution ; chose effective ; apparence ; billet. — Au pl., objets, meubles à l'usage d'une personne.

EFFEUILLAISON, s. f. (èfeuièzon), moment où les plantes se dépouillent de leurs feuilles.

EFFEUILLÉ, E, part. pass. de effeuiller.

EFFEUILLER, v. a. (èfeuié), dépouiller de feuilles.

EFFICACE, s. f. (èfikace) (efficacia), la force, la vertu de quelque chose. Peu us.

EFFICACE, adj. des deux g. (èfikace) (efficax), qui produit son effet.

EFFICACEMENT, adv. (èfikaceman) (efficaciter), d'une manière efficace.

EFFICACITÉ, s. f. (èfikacité) (efficacitas), vertu de quelque chose.

EFFICIENT, E, adj. (èfician, ante) (efficiens, part. prés. d'efficere, produire), qui produit certain effet.

EFFIGIE, s. f. (èfiji) (effigies), représentation d'une personne ; image ; figure, portrait.

EFFIGIER, v. a. (èfijié), exécuter en effigie. Vieux.

EFFILE, s. m. (èfilé), frange qui se coud à la mousseline, etc. ; linge bordé de cette frange.

EFFILÉ, E, part. pass. de effiler, et adj., menu, étroit, délié comme un fil.

EFFILER, v. a. (èfilé), défaire un tissu fil à fil ; éclaircir les cheveux en les coupant.

EFFILOQUÉ, E, part. pass. de effiloquer.

EFFILOQUER, v. a. (èfilokié), effiler une étoffe de soie pour en faire de la ouate.

EFFLANQUÉ, E, part. pass. de efflanquer.

EFFLANQUER, v. a. (èflankié), rendre maigre jusqu'à avoir les flancs creux.

EFFLEURÉ, E, part. pass. de effleurer.

EFFLEURER, v. a. (èfleuré), ôter les fleurs d'une plante ; ne faire simplement qu'enlever la superficie ; fig. toucher légèrement.

EFFLEURI, E, part. pass. de effleurir.

EFFLEURIR, v. n. (èfleurir) (efflorescere, fleurir), tomber en efflorescence.

EFFLORESCENCE, s. f. (èflorèceçance), t. de chim., état d'un corps qui, exposé à l'air, se couvre d'une espèce de poussière ; pustules ou éruptions à la peau.

EFFLORESCENT, E, adj. (èflorèceçan, ante), qui tombe en efflorescence.

EFFLUENCE, s. f. (èfluance) (effluentia, fait de effluere, couler de), émanation d'un fluide.

EFFLUENT, E, adj. (èfluan, ante), qui émane des corps.

EFFLUVE, s. m. (èfluve), t. de chim., émanation, évaporation des capsules, effusion.

EFFONDRÉ, E, part. pass. de effondrer, et adj.

EFFONDREMENT, s. m. (èfondreman), action de creuser la terre.

EFFONDRER, v. a. (èfondré), fouiller, remuer profondément la terre ; enfoncer, rompre, briser ; vider.

EFFONDRILLES, s. f. pl. (èfondriie), ordures qui restent au fond d'un vase.

S'EFFORCER, v. pr. (cèforcé), employer toute sa force pour... ; fig. tâcher de...

EFFORT, s. m. (èfor), force avec laquelle un corps en mouvement tend à produire un effet ; action ou ouvrage fait en s'efforçant ; trop forte extension des muscles.

EFFRACTION, s. f. (èfraktion) (effractura), fracture que fait un voleur.

EFFRAYANT, E, adj. (èfrèian, ante), qui effraie.

EFFRAYÉ, E, part. pass. de effrayer.

EFFRAYER, v. a. (èfréié), donner de la frayeur.

EFFRÉNÉ, E, adj. (èfréné), qui est sans frein, sans retenue. Il ne se dit qu'au fig.

EFFRITÉ, E, part. pass. de effriter.

EFFRITER, v. a. (èfrité), user une terre.

EFFROI, s. m. (èfroè), frayeur, épouvante, crainte mêlée d'horreur.

EFFRONTÉ, E, adj. et s. (èfronté) (effrons, fait de e priv., et de frons, front ; sans front), qui a de l'effronterie ; impudent.

EFFRONTÉMENT, adv. (èfrontéman), impudemment ; d'une manière effrontée.

EFFRONTERIE, s. f. (èfronteri), impudence.

EFFROYABLE, adj. des-deux g. (èfroèiable), qui donne de l'*effroi*; prodigieux;difforme.

EFFROYABLEMENT, adv. (èfroèiableman), d'une manière excessive et prodigieuse.

EFFUSION, s. f. (èfuzion) (*effusio*, de *effundere*, répandre), épanchement.

ÉFOURCEAU, s. m. (éfourcô), machine pour transporter des fardeaux très-pesants.

ÉGAL, E, adj., au pl. m. **ÉGAUX** (*égale*) (*æqualis*), pareil, semblable; uni; uniforme. —S., qui est de même rang.

ÉGALÉ, E, part. pass. de *égaler*, et adj.

ÉGALEMENT, s. m. (égualeman). Voy. ÉGALISATION.

ÉGALEMENT, adv. (égualeman), d'une manière *égale*; autant, pareillement.

ÉGALER, v. a. (égualé), rendre *égal*; rendre uni; être *égal* à....—V. pr., s'assimiler.

ÉGALISATION, s. f. (égualizâcion), action d'*égaliser*.

ÉGALISÉ, E, part. pass. de *égaliser*.

ÉGALISER, v. a. (égualizé), rendre *égal*, rendre uni, plan.

ÉGALITÉ, s. f. (égualité) (*æqualitas*), conformité, rapport entre des choses *égales*; droits *égaux*; uniformité; équation.

ÉGARD, s. m. (éguar) (du v. teutonique *warten*, considérer), considération; respect; déférence; à Malte, tribunal pour les chevaliers.

ÉGARÉ, E, part. pass. de *égarer*.

ÉGAREMENT, s. m. (éguareman), écart de son chemin; *fig.* erreur, folie, dissipation.

ÉGARER, v. a. (éguaré) (*exvarare*, de *ex*, hors, et de *varare*, courber), détourner du droit chemin; *fig.* jeter dans l'erreur.

ÉGAYÉ, E, part. pass. de *égayer*.

ÉGAYER, v. a. (éguiè-ié), rendre gai.

ÉGIDE, s. f. (éjide) (αιγις, peau de chèvre), bouclier ou cuirasse de *Pallas*; *fig.* défense.

ÉGILOPS. Voy. ANCHILOPS.

ÉGLANTIER, s. m. (éguelantié), sorte de rosier sauvage.

ÉGLANTINE, s. f. (éguelantine), la fleur de l'*églantier*; prix des jeux floraux, à Toulouse.

ÉGLISE, s. f. (éguelize) (εκκλησια, réunion, de εκκαλεω, j'assemble), assemblée des fidèles; temple chrétien; état du clergé.

ÉGLOGUE, s. f. (éguelogue) (εκλογη, choix), poème qui présente un sujet champêtre.

ÉGOÏSÉ, part. pass. de *égoïser*.

ÉGOÏSER, v n. (éguo-izé), parler trop de soi. Voy. ÉGOÏSME.

ÉGOÏSME, s. m. (éguo-icême) (*ego*, je ou moi), amour-propre qui consiste à rapporter tout à soi; pyrrhonisme outré.

ÉGOÏSTE, s. et adj. des deux g. (éguo-icete), qui a de l'*égoïsme*; philosophe pyrrhonien.

ÉGORGÉ, E, part. pass. de *égorger*.

ÉGORGER, v. a. (éguorjé), couper la gorge; *fig.* ruiner la réputation, la fortune.

ÉGORGEUR, s. m. (éguorjeur), qui égorge.

ÉGOSILLÉ, E, part. pass. de *égosiller*.

S'ÉGOSILLER, v. pr. (céguôzi-ié), parler et crier si haut qu'on se fasse mal au *gosier*.

ÉGOUT, s. m. (éguou) (en lat. barbare *exguttum*, de *gutta*, goutte), chute, écoulement des eaux; canal pour emporter les eaux sales.

ÉGOUTTÉ, E, part. pass. de *égoutter*.

ÉGOUTTER, v. a. et n. (éguouté), faire écouler l'eau; la faire tomber *goutte à goutte*.

ÉGOUTTOIR, s. m. (éguoutoar), ais, treillis sur lequel on fait *égoutter*.

ÉGOUTTURE, s. f. (éguouture), dernières gouttes d'une chose qu'on fait *égoutter*.

ÉGRAINÉ, E, part. pass. de *égrainer*.

ÉGRAINER, v. a. (éguerèné), faire sortir le grain de l'épi, la *graine* des plantes, etc.

ÉGRAPPÉ, E, part. pass. de *égrapper*.

ÉGRAPPER, v. a. (éguerapé), ôter la *grappe* du raisin.

ÉGRATIGNÉ, E, part. pass. de *égratigner*.

ÉGRATIGNER, v. a. (éguératignié) (en lat. barbare *ingratinare*), déchirer un peu la peau; se dit d'une manière de peindre à fresque.

ÉGRATIGNURE, s. f. (éguératigniure), blessure faite en *égratignant*; sa marque.

ÉGRAVILLONNÉ, E, part. pass. de *égravillonner*.

ÉGRAVILLONNER, v. a. (éguéravi-ioné) (de la partic. extr. *e*, et de *gravillon*, dimin. de *gravier*), lever des arbres en motte.

ÉGRILLARD, E, s. et adj. (éguéri-iar, iarde), vif, éveillé, gaillard. Fam.

ÉGRISÉ, E, part. pass. de *égriser*.

ÉGRISER, v. a. (éguérizé), ôter les parties brutes d'un diamant.

ÉGRUGÉ, E, part. pass. de *égruger*.

ÉGRUGEOIR, s. m. (éguerujoar), petit vaisseau de bois pour *égruger* le sel.

ÉGRUGER, v. a. (éguerujé) (du lat. barbare *exgrumicare*, de *grumus*, masse, grumeau), casser, briser, mettre en poudre.

ÉGUEULÉ, E, part. pass. de *égueuler*.

ÉGUEULEMENT, s. m. (éguieuleman), altération à la *gueule* d'un canon.

ÉGUEULER, v. a. (éguieulé), casser le goulot d'un vase.—V. pr., s'égosiller.

ÉGYPTIEN, IENNE, s. (éjipecien, ième), d'Égypte; vagabonds appelés aussi *Bohémiens*.

EH! interj. de surprise ou d'admiration (é). —*Eh! hé*, interj.

EHANCHÉ, E, adj. Voy. DÉHANCHÉ.

EHERBÉ, E, part. pass. de *éherber*.

ÉHERBER, v. a. Voy. SARCLER.
ÉHONTÉ, E, adj. et s. (é-onté), qui a perdu toute pudeur; déshonoré, couvert de honte.
ÉHOUPÉ, E, part. pass. de éhouper.
ÉHOUPER, v. a. (é-oupé), couper la cime des arbres.
ÉJACULATEUR, s. et adj. m. (éjakulateur) (ejaculator), muscle qui sert à l'éjaculation.
ÉJACULATION, s. f. (éjakulácion) (ejaculatio), émission de la semence; prière fervente.
ÉJACULER, v. a. (éjaculé) (ejaculare), lancer avec force hors de soi.
ÉLABORATION, s. f. (élaborácion) (elaboratio), action d'élaborer, de s'élaborer.
ÉLABORÉ, E, part. pass. de élaborer.
ÉLABORER, v. a. (élaboré) (elaborare), travailler avec soin), préparer graduellement, perfectionner les sucs.
ÉLAGAGE, s. m. (élaguaje), action d'élaguer les arbres.
ÉLAGUÉ, E, part. pass. de élaguer.
ÉLAGUER, v. a. (élagué) (collucare), couper les branches; fig. corriger, retrancher.
ÉLAGUEUR, s. m. (élaguieur), qui élague.
ÉLAN, s. m. (élan), animal; mouvement subit fait avec effort; mouvement de l'ame.
ÉLANCÉ, E, part. pass. de élancer, et adj., long, mince, effilé.
ÉLANCEMENT, s. m. (élanceman), douleur subite ou violente provenant d'une cause interne; mouvement affectueux et subit.
ÉLANCER, v. n. (élancé) (de la partic. é, et du v. lancer), faire éprouver des élancements. — V. pr., se lancer en avant.
ÉLARGI, E, part. pass. de élargir.
ÉLARGIR, v. a. (élarjir), rendre plus large; fig. faire sortir quelqu'un de prison. — V. n., devenir plus large.
ÉLARGISSEMENT, s. m. (élarjiceman), action de rendre plus large; sortie de prison.
ÉLARGISSURE, s. f. (élarjiçure), largeur qu'on ajoute à un habit, à un meuble.
ÉLASTICITÉ, s. f. (élaceticité) (ελαστυς, qui pousse), propriété des corps au moyen de laquelle ils se rétablissent d'eux-mêmes dans la figure et l'étendue que quelque cause extérieure leur avait fait perdre.
ÉLASTIQUE, adj. des deux g. (élacetike), qui a de l'élasticité, qui fait ressort.
ELBEUF, s. m. (elbeuf), drap fabriqué à Elbeuf, ville de Normandie.
ÉLECTEUR, TRICE, s. (élèkteur, trice) (elector), qui élit; prince d'Allemagne.
ÉLECTIF, TIVE, adj. (élèktif, tive), qui se fait par élection.
ÉLECTION, s. f. (élèkcion) (electio), action d'élire; choix; ancien tribunal.
ÉLECTORAL, E, adj. (élèktorale), qui appartient à l'électeur, aux électeurs.
ÉLECTORAT, s. m. (élèktora), dignité d'électeur; pays soumis à un électeur.

ÉLECTRICITÉ, s. f. (élèktricité) (ηλεκτρον, ambre jaune), propriété des corps qui étant frottés en attirent ou en repoussent d'autres; puissance et action d'un fluide particulier.
ÉLECTRIQUE, adj. des deux g. (élèktrike), qui reçoit et communique l'électricité, ou qui y a rapport.
ÉLECTRISATION, s. f. (élèktrizácion), action ou manière d'électriser.
ÉLECTRISÉ, E, part. pass. de électriser.
ÉLECTRISER, v. a. (élèktrizé), développer la faculté électrique; fig. enthousiasmer.
ÉLECTROMÈTRE, s. m. (élèktromètre) (ηλεκτρον, ambre jaune, et μετρον, mesure), instrument pour mesurer le degré d'électricité.
ÉLECTROPHORE, s. m. (élèktrofore) (ηλεκτρον, ambre jaune, et φερω, je porte), instrument chargé de la matière électrique.
ÉLECTUAIRE, s. m. (élèktuère) (electuarium), opiat composé de plusieurs ingrédients.
ÉLÉGAMMENT, adv. (éléguaman) (eleganter), avec élégance.
ÉLÉGANCE, s. f. (éléguance) (elegantia), choix, politesse du langage; goût fin et délicat; agrément dans les formes.
ÉLÉGANT, E, adj. et s. (éléguan) (elegans), qui a de l'élégance.
ÉLÉGIAQUE, adj. des deux g. (éléjiake), qui appartient à l'élégie.
ÉLÉGIE, s. f. (éléji) (ελεγεια, de ελεγις, complainte), sorte de poème triste et plaintif.
ÉLÉMENT, s. m. (éléman) (elementum), corps simple qui entre dans la composition des mixtes; principe; chose à laquelle on se plaît le plus. — Au pl., première notion.
ÉLÉMENTAIRE, adj. des deux g. (élémantère), qui appartient à l'élément; qui renferme les éléments d'une science, etc.
ÉLÉPHANT, s. m. (éléfan) (elephas ou elephantus, en grec ελεφας), grand quadrupède.
ÉLÉPHANTIASIS, s. f. (éléfantiazice), lèpre qui rend la peau ridée comme celle de l'éléphant.
ÉLÉVATEUR, s. et adj. m. (élévateur), un des muscles de la lèvre supérieure.
ÉLÉVATION, s. f. (élévácion), action d'élever; exhaussement; situation d'un objet au-dessus des autres; partie de la messe.
ÉLÈVE, s. des deux g. (élève), le disciple d'un maître.
ÉLEVÉ, E, part. pass. d'élever, et adj., haut; fig. éminent, grand, généreux, noble.
ÉLEVER, v. a. (élevé) (elevare), hausser; mettre ou porter plus haut; nourrir; instruire; construire. — V. pr., s'enorgueillir.
ÉLEVURE, s. f. (élevure), sorte de pustule qui vient sur la peau.
ÉLIDÉ, E, part. pass. de élider.
ÉLIDER, v. a. (élidé) (elidere), faire une élision.

ÉLIGIBILITÉ, s. f. (*élijibilité*), capacité d'être *élu*.

ÉLIGIBLE, adj. et s. des deux g. (*élijible*), qui peut être *élu* à quelque fonction.

ÉLIMÉ, E, part. pass. de *élimer*.

ÉLIMER, v. a. (*élimé*), user par le frottement.

ÉLIMINATION, s. f. (*éliminácion*), action d'*éliminer*; opération algébrique.

ÉLIMINÉ, E, part. pass. de *éliminer*.

ÉLIMINER, v. a. (*éliminé*) (*eliminare*, de la partic. extr. *e*, et de *limen*, seuil), chasser, mettre dehors. Peu us. et fam.

ÉLIRE, v. a. (*éliré*) (*eligere*, de la part. extr. *e* et de *legere*, choisir), faire une *élection*; choisir, préférer.

ÉLISION, s. f. (*élizion*) (*elisio*, fait de *elidere*, élider), suppression d'une voyelle dans un mot à la rencontre d'une autre voyelle.

ÉLITE, s. f. (*élite*), ce qu'il y a de mieux en chaque genre.

ÉLIXIR, s. m. (*élikcir*) (de l'arabe *aalakshir*, essence), liqueur spiritueuse.

ELLE, pron. pers. f. de la 3e personne (*éle*).

ELLÉBORE, s. m. (*élelébore*) (ελλεϐορος), plante médicinale purgative.

ELLÉBORINE, s. f. (*éleléborine*), plante.

ELLIPSE, s. f. (*élelipece*) (ελλειψις), manque, retranchement d'un ou de plusieurs mots qui seraient nécessaires pour rendre la construction pleine ; en géom., courbe, ovale.

ELLIPSOÏDE, s. m. (*élelipcoide*) (ελλειψις, ellipse, et ειδος, forme), solide de révolution que forme l'*ellipse* en tournant.

ELLIPTICITÉ, s. f. (*élelipticité*), rapport de la différence des axes d'une *ellipse*.

ELLIPTIQUE, adj. des deux g. (*éleliptike*), qui tient de l'*ellipse*.

ELLIPTIQUEMENT, adv. (*éleliptikeman*), par *ellipse*.

ELME (FEU SAINT), s. m. (*élème*), feu électrique qui voltige sur la surface des eaux.

ÉLOCUTION, s. f. (*élokucion*) (*elocutio*, de *eloqui*, parler), langage, manière dont on s'exprime; diction, style; partie de la rhétorique.

ÉLOGE, s. m. (*éloje*) (*elogium*, fait de ευλογεω, louer), louange qu'on donne.

ÉLOIGNÉ, E, part. pass. de *éloigner*, et adj.

ÉLOIGNEMENT, s. m. (*éloègnieman*), action par laquelle on *éloigne*, on s'éloigne ; effet de cette action; antipathie; oubli; absence; distance de lieu ou de temps.

ÉLOIGNER, v. a. (*éloègnié*) (du mot *loin*), écarter, retarder; aliéner.—V. pr., s'absenter.

ÉLOQUEMMENT, adv. (*élokaman*) (*eloquenter*), avec *éloquence*.

ÉLOQUENCE, s. f. (*élokance*) (*eloquentia*, fait de *eloqui*, dire), art de bien dire.

ÉLOQUENT, E, adj. (*élokan*, *ante*) (*eloquens*), qui a de l'*éloquence*.

ÉLU, E, part. pass. de *élire*, et adj., choisi.— m., prédestiné ; ancien juge.

ÉLUCUBRATION, s. f. (*élukubrácion*) (*elucubratio* ou plutôt *lucubratio*), ouvrage composé à force de veilles.

ÉLUDÉ, E, part. pass. de *éluder*.

ÉLUDER, v. a. (*éludé*) (*eludere*), rendre vain, sans effet; éviter avec adresse.

ÉLYSÉE, s. m. (*élizé*) (ηλυσιω), séjour des hommes vertueux après leur mort; fig. lieu de délices.

ÉLYSÉE, ÉLYSIEN, et mieux ÉLYSÉEN, adj. m. (*élizé*, *élisiein*, *élizéein*), de l'*Elysée*, qui en est digne : *Champs-élysées*, séjour heureux des morts chez les païens.

ÉLYTRE, s. m. (*élitre*) (ελυτρον, gaîne), aile supérieure qui recouvre les ailes proprement dites de certains insectes.

ÉMAIL, s. m., au pl. ÉMAUX (*émaie*) (de l'italien *smalto*), composition de verre calciné, de sel, de métaux; ouvrage *émaillé*; diversité de fleurs et de couleurs.

ÉMAILLÉ, E, part. pass. de *émailler*.

ÉMAILLER, v. a. (*éma-ié*), couvrir, orner d'*émail*; fig. embellir, orner de fleurs.

ÉMAILLEUR, EUSE, s. (*éma-ieur*, *euze*), qui travaille en *émail*.

ÉMAILLURE, s. f. (*éma-iure*), art d'*émailler*; ouvrage d'*émailleur*.

ÉMANATION, s. f. (*émanácion*) (*emanatio*), action d'*émaner*; chose qui émane.

ÉMANCIPATION, s. f. (*émancipácion*) (*emancipatio*), acte par lequel on est *émancipé*.

ÉMANCIPÉ, E, part. pass. de *émanciper*.

ÉMANCIPER, v. a. (*émancipé*) (*emancipare*), mettre hors de la puissance paternelle. —V. pr., prendre trop de licence.

ÉMANÉ, E, part. pass. de *émaner*.

ÉMANER, v. n. (*émané*) (*emanare*, de la partic. extr. *e*, et de *manare*, sortir), sortir d'une certaine source; procéder, découler.

ÉMARGÉ, E, part. pass. de *émarger*.

ÉMARGEMENT, s. m. (*émarjeman*), action d'*émarger*; ce qui est porté en *marge*.

ÉMARGER, v. a. (*émarjé*), porter quelque chose en *marge* d'un compte, d'un mémoire.

EMBABOUINÉ, E, part. pass. de *embabouiner*.

EMBABOUINER, v. a. (*anbabouiné*), gagner par des paroles flatteuses. Fam.

EMBALLAGE, s. m. (*anbalaje*), action d'*emballer*.

EMBALLÉ, E, part. pass. d'*emballer*.

EMBALLER, v. a. (*anbalé*), empaqueter, mettre dans une *balle*.

EMBALLEUR, s. m. (*anbaleur*), qui emballe des marchandises; fig. hâbleur. Pop.

EMBARCADÈRE, s. m. (*anbarkadère*), lieu propre à s'*embarquer*.

EMB EMB 211

EMBARCATION, s. f. (anbarkâcion) (de l'espagnol embarcacion), nom générique de toute espèce de bâtiment de mer.
EMBARGO, s. m. (anbarguo) (de l'espagnol embargo, séquestre), défense aux vaisseaux de sortir des ports.
EMBARQUÉ, E, part. pass. de embarquer.
EMBARQUEMENT, s. m. (anbarkeman), action d'embarquer ou de s'embarquer.
EMBARQUER, v. a. (anbarkié), mettre dans une barque, dans un navire; fig. engager.
EMBARRAS, s. m. (anbarâ) (de barre), obstacle, confusion ; irrésolution, perplexité.
EMBARRASSANT, E, adj. (anbaraçan, ante), qui cause de l'embarras.
EMBARRASSÉ, E, part. pass. de embarrasser.
EMBARRASSER, v. a. (anbarace), causer de l'embarras. — V. pr., s'inquiéter.
EMBASEMENT, s. m. (anbâzeman) (de l'italien imbasamento), base continue.
EMBÂTÉ, E, part. pass. de embâter.
EMBÂTER, v. a. (anbâté), mettre le bât; fig. charger d'une chose incommode.
EMBÂTONNÉ, E, part. pass. de embâtonner, et adj.
EMBÂTONNER, v. a. (anbâtoné), armer d'un bâton. Peu us.
EMBATTAGE, s. m. (anbataje), action d'embattre.
EMBATTRE, v. a. (anbatre), couvrir une roue de bandes de fer.
EMBAUCHAGE, s. m. (anbôchaje), action d'embaucher.
EMBAUCHÉ, E, part. pass. de embaucher.
EMBAUCHER, v. a. (anbôché) (du vieux français bauge, boutique), engager un ouvrier; enrôler par adresse. Fam.
EMBAUCHEUR, EUSE, s. (anbôcheur, euze), qui engage ou qui enrôle. Fam.
EMBAUCHOIR. Voy. EMBOUCHOIR.
EMBAUMÉ, E, part. pass. de embaumer.
EMBAUMEMENT, s. m. (anbômeman), composition balsamique ; action d'embaumer.
EMBAUMER, v. a. (anbômé), remplir un corps mort de baumes, d'aromates, etc.; parfumer; remplir de bonne odeur.
EMBÉGUINÉ, E, part. pass. de embéguiner.
EMBÉGUINER, v. a. (anbéguiné), envelopper la tête d'un linge en forme de béguin; fig. mettre quelque chose dans l'esprit. Fam.
EMBELLI, E, part. pass. de embellir.
EMBELLIE, s. f. (anbèli), t. de mar., beau temps après un mauvais.
EMBELLIR, v. a. (anbèlir), rendre plus beau, orner.—V. n., devenir plus beau.
EMBELLISSEMENT, s. m. (anbèliceman), action d'embellir; ornement qui embellit.
s'EMBERLUCOQUER, v. pr. (çanbèrelukokié), se coiffer d'une opinion. Pop.

EMBESOGNÉ, E, adj. (anbezognié), occupé à quelque besogne ; affairé. Fam.
EMBLAVÉ, E, part. pass. de emblaver.
EMBLAVER, v. a. (anblavé), semer une terre en blé.
EMBLAVURE, s. f. (anblavure), terre ensemencée en blé.
d'EMBLÉE, loc. adv. (anblé) (de embler, dérober), du premier coup ; d'abord.
EMBLÉMATIQUE, adj. des deux g. (anblématike), qui tient de l'emblême.
EMBLÊME, s. m. (anblémé) (εμβλημα, ornement), figure symbolique accompagnée de paroles sentencieuses; attribut.
EMBOIRE, v. a. (anboare) (imbibere, fait de in, dans, et de bibere, boire), imbiber.
EMBOISER, v. a. (anboazé), engager à faire une chose par des flatteries. Pop.
EMBOISEUR, EUSE, s. (anboazeur, euze), qui emboise.
EMBOÎTÉ, E, part. pass. de emboîter.
EMBOÎTEMENT, s. m. (anboéteman), position de choses qui sont emboîtées.
EMBOÎTER, v. a. (anboété), enchâsser une chose dans une autre comme dans une boîte.
EMBOÎTURE, s. f. (anboéture), endroit où les os s'emboîtent; action d'emboîter.
EMBOLISME, s. m. (anbolicme) (εμβολισμος), intercalation.
EMBOLISMIQUE, adj. des deux g. (anbolicemike), intercalaire.
EMBONPOINT, s. m. (anbonpoein) (des trois mots en bon point, en bon état), état d'une personne en bonne santé et un peu grasse.
EMBORDURÉ, E, part. pass. de embordurer.
EMBORDURER, v. a. (anbonduré), mettre une bordure à un tableau. Inus.
EMBOSSAGE, s. m. (anboçaje), position d'un navire qui présente le travers.
EMBOSSÉ, E, part. pass. de embosser.
EMBOSSER, v. a. (anbocé), amarrer.
EMBOUCHÉ, E, part. pass. de emboucher.
EMBOUCHER, v. a. (anbouché), mettre à la bouche ; fig. instruire quelqu'un de ce qu'il doit faire ou dire. — V. pr., se jeter dans la mer, en parlant d'une rivière.
EMBOUCHOIR, s. m. (anbouchoar), instrument de bois dont on se sert pour élargir les bottes; bout d'une trompette.
EMBOUCHURE, s. f. (anbouclure), endroit par où l'on embouche ; manière d'emboucher; ouverture d'un canon ; entrée d'une rivière qui se jette dans une autre ; partie du mors.
EMBOUÉ, E, part. pass. de embouer.
EMBOUER, v. a. (anboué), salir de boue.
EMBOUQUÉ, E, part. pass. de embouquer.
EMBOUQUEMENT, s. m. (anboukeman), entrée d'un canal étroit.
EMBOUQUER, v. a. (anboukié), t. de mar., entrer dans un détroit, dans un canal.

EMBOURBÉ, E, part. pass. de *embourber*.
EMBOURBER, v. a. (*anbourbé*), mettre dans la *bourbe* ; *fig.* mettre dans l'embarras.
EMBOURRÉ, E, part. pass. de *embourrer*.
EMBOURRER, v. a. (*anbouré*), garnir de *bourre* ; rembourrer.
EMBOURSÉ, E, part. pass. de *embourser*.
EMBOURSER, v. a. (*anboursé*), mettre dans la *bourse*.
EMBOUTI, E, part. pass. de *emboutir*.
EMBOUTIR, v. a. (*anboutir*), donner du relief à une broderie ; en t. d'orfèvr., creuser.
EMBRANCHEMENT, s. m. (*anbrancheman*), jonction de tuyaux, de chemins.
EMBRASÉ, E, part. pass. de *embraser*.
EMBRASEMENT, s. m. (*anbrázeman*), feu violent et général ; *fig.* désordre dans un état.
EMBRASER, v. a. (*anbrázé*) (εμβραζειν, de βραζω, je suis chaud), allumer, mettre en feu.
EMBRASSADE, s. f. (*anbraçade*), action de celui qui *embrasse*.
EMBRASSÉ, E, part. pass. de *embrasser*.
EMBRASSEMENT, s. m. (*anbraceman*), embrassade.
EMBRASSER, v. a. (*anbracé*) (εν, dans, et βραχιων, bras), serrer avec les *bras* ; *fig.* environner ; ceindre ; contenir ; se déclarer pour.
EMBRASURE, s. f. (*anbrázure*), ouverture pour le canon ; baie d'une porte, d'une croisée.
EMBRENÉ, E, part. pass. d'*embrener*.
EMBRENER, v. a. (*anbrené*), salir de bran.
EMBROCATION, s. f. (*anbrokácion*) (εμ-βρεχω, j'arrose), arrosement, fomentation.
EMBROCHÉ, E, part. pass. de *embrocher*.
EMBROCHER, v. a. (*anbroché*), mettre en broche ou à la broche.
EMBROUILLÉ, E, part. pass. de *embrouiller*, et adj.
EMBROUILLEMENT, s. m. (*anbrouieman*), embarras, confusion.
EMBROUILLER, v. a. (*anbrouié*), mettre de la confusion. — V. pr., s'embarrasser.
EMBRUMÉ, E, adj. (*anbrumé*), chargé de brumes, de brouillard.
EMBRYON, s. m. (*anbrion*) (εμβρυον, fœtus, de εν, dans, et βρυω, je crois), fœtus qui est dans le ventre de la mère ; plante, fruit en germe ou en bouton ; *fig.* petit homme.
EMBU, E, part. pass. de *emboire*, et adj.
EMBÛCHE, s. f. (*anbûche*) (voy. EMBUSCADE pour l'étym.), entreprise secrète pour surprendre quelqu'un ; piège qu'on lui tend.
EMBUSCADE, s. f. (*anbuscade*) (du lat. barbare *imboscata*, de *in*, dans, et de *boscus*, bois), embûche pour surprendre l'ennemi.
EMBUSQUÉ, E, part. pass. de *embusquer*.
EMBUSQUER, v. a. (*anbuscié*), mettre en *embuscade*.
ÉMENDÉ, E, part. pass. de *émender*.

ÉMENDER, v. a. (*émandé*) (*emendare*), corriger, réformer. Peu us.
ÉMERAUDE, s. f. (*éméráde*) (σμαραγδος), pierre précieuse de couleur verte.
ÉMERGENT, adj. m. (*émèrejan*) (*emergens*), qui sort d'un milieu après l'avoir traversé.
ÉMERI, s. m. (*éneri*) (*smyris*), pierre pour polir les métaux, etc.
ÉMERILLON, s. m. (*émériion*) (en italien *smeriglione*), oiseau de proie ; instrument de cordier ; sorte de canon ; crochet de fer.
ÉMERILLONNÉ, E, adj. (*éméri-ioné*), gai, vif comme un *émerillon*.
ÉMÉRITE, adj. des deux g. (*émérite*) (*emeritus*, part. pass. d'*emereri*, mériter), se dit d'un professeur qui, après avoir professé pendant un certain temps, jouit d'une pension.
ÉMERSION, s. f. (*émèrecion*) (*emergere*, sortir d'un lieu où l'on était plongé), action d'un astre qui reparait après une éclipse, et d'un corps qui reparait sur l'eau.
ÉMÉRUS, s. m. (*éméruce*), plante.
ÉMERVEILLÉ, E, part. pass. de *émerveiller*.
ÉMERVEILLER, v. a. (*émèreveié*), donner de l'admiration, étonner. Fam.
ÉMÉTIQUE, s. m. et adj. des deux g. (*émétike*) (εμετικος, vomitif), remède vomitif.
ÉMÉTISÉ, E, part. pass. de *émétiser*.
ÉMÉTISER, v. a. (*émétisé*), purger avec l'émétique ; mêler d'*émétique*.
ÉMETTRE, v. a. (*émètre*) (*emittere*), produire, exprimer ; mettre en circulation.
ÉMEUTE, s. f. (*émeute*) (*motus*, mouvement), mouvement populaire momentané.
ÉMIÉ, E, part. pass. de *émier*.
ÉMIER, v. a. (*émié*), réduire à l'état de *mie*.
ÉMIETTÉ, E, part. pass. de *émietter*.
ÉMIETTER, v. a. (*émiété*), réduire en miettes.
ÉMIGRANT, E, adj. et s. (*émigueran, ante*), qui *émigre*.
ÉMIGRATION, s. f. (*émiguerâcion*), action d'*émigrer* ; son effet ; tous les *émigrés*.
ÉMIGRÉ, E, part. pass. de *émigrer*. — S., qui a abandonné son pays.
ÉMIGRER, v. n. (*émigueré*) (*migrare*), quitter son pays pour s'établir dans un autre.
ÉMINCÉ, E, part. pass. de *émincer*. — S. m., viande coupée par tranches fort *minces*.
ÉMINCER, v. a. (*éméincé*), couper de la viande en tranches fort *minces*.
ÉMINEMMENT, adv. (*éminaman*), par excellence, au plus haut point.
ÉMINENCE, s. f. (*éminence*) (*eminentia*), petite hauteur ; titre des cardinaux.
ÉMINENT, E, adj. (*éminan, ante*) (*emi-*

nens), haut, élevé ; *fig.* excellent, supérieur.

ÉMINENTISSIME, adj. des deux g. (*éminantiçecime*) (*eminentissimus*, superlatif de *eminens*), titre qu'on donne aux cardinaux.

ÉMIR, s. m. (*émir*) (mot arabe qui répond à celui de prince), titre de dignité des descendants de la race de *Mahomet*.

ÉMISSAIRE, s. m. (*émicecère*) (*emissarius*, de *mittere*, envoyer), envoyé secret, espion.

ÉMISSION, s. f. (*émicecion*) (*emissio*), action d'émettre.

EMMAGASINAGE, s. m. (*anmanguazinaje*), action d'emmagasiner.

EMMAGASINÉ, E, part. pass. de *emmagasiner*.

EMMAGASINER, v. a. (*anmaguazinè*), mettre en *magasin*.

EMMAILLOTTÉ, E, part. pass. de *emmaillotter*.

EMMAILLOTTER, v. a. (*anmá-ioté*), mettre un enfant dans son *maillot*.

EMMANCHÉ, E, part. pass. de *emmancher*.

EMMANCHEMENT, s. m. (*anmancheman*), action d'emmancher ; jointure des membres.

EMMANCHER, v. a. (*anmanché*), mettre un *manche* à quelque instrument.

EMMANCHEUR, s. m. (*anmancheur*), celui qui *emmanche* un instrument.

EMMANCHURE, s. f. (*anmanchure*), ouverture d'un habit pour recevoir les *manches*.

EMMANNEQUINÉ, E, part. pass. de *emmannequiner*.

EMMANNEQUINER, v. a. (*anmanekiné*), mettre dans un *mannequin*.

EMMANTELÉ, E, part. pass. de *emmanteler*.

EMMANTELER, v. a. (*anmantelé*), entourer d'un mur.

EMMÉNAGÉ, E, part. pass. de *emménager*.

EMMÉNAGEMENT, s. m. (*anménajeman*), action d'emménager.

EMMÉNAGER, v. a. et n. (*anménajé*), transporter ses meubles dans un nouveau logis.

EMMENÉ, E, part. pass. de *emmener*.

EMMENER, v. a. (*anmené*), mener du lieu où l'on est en quelque autre lieu.

EMMENOTTÉ, E, part. pass. de *emmenotter*.

EMMENOTTER, v. a. (*anmenoté*), mettre des *menottes*, des fers aux mains.

EMMIELLÉ, E, part. pass. de *emmieller*.

EMMIELLER, v. a. (*anmièlé*), enduire de *miel* ; mettre du miel dans une liqueur.

EMMIELLURE, s. f. (*anmièlure*), cataplasme pour les foulures des chevaux.

EMMITOUFLÉ, E, part. pass. de *emmitoufler*.

EMMITOUFLER, v. a. (*anmitouflé*), envelopper de fourrures, pour tenir chaudement.

EMMORTAISÉ, E, part. pass. de *emmortaiser*.

EMMORTAISER, v. a. (*anmortézé*), faire entrer dans une *mortaise*.

EMMOTTÉ, E, adj. (*anmoté*), dont la racine est entourée d'une *motte* de terre.

EMMUSELÉ, E, part. pass. de *emmuseler*.

EMMUSELER, v. a. (*anmuzelé*), mettre une *muselière*.

ÉMOI, s. m. (*émoè*) (du v. *émouvoir*), souci, inquiétude. Vieux.

ÉMOLLIENT, E, adj. (*émolian, ante*) (*emolliens*, part. pass. de *emollire*, amollir), qui amollit, qui adoucit. — Il est aussi s. m.

ÉMOLUMENT, s. m. (*émoluman*) (*emolumentum*, profit, de *emolere*, moudre), gain, profit. — Au pl., avantages *casuels* qui proviennent d'une charge ; traitement, salaire.

ÉMOLUMENTÉ, E, part. pass. de *émolumenter*.

ÉMOLUMENTER, v. n. (*émolumanté*), gagner. Il est pris en mauvaise part.

ÉMONCTOIRE, s. m. (*émonktoare*) (*emunctorium*), conduit des humeurs.

ÉMONDE, s. f. (*émonde*), fiente d'oiseau de proie. — Au pl., branches ôtées aux arbres.

ÉMONDÉ, E, part. pass. de *émonder*.

ÉMONDER, v. a. (*émondàre*) (*emundare*, nettoyer), ôter les branches superflues d'un arbre.

ÉMOTION, s. f. (*émocion*) (*emotio*, de *emovere*, émouvoir), agitation ; sédition.

ÉMOTTÉ, E, part. pass. de *émotter*.

ÉMOTTER, v. a. (*émoté*), rompre les *mottes* d'un champ.

ÉMOUCHÉ, E, part. pass. de *émoucher*.

ÉMOUCHER, v. a. (*émouché*), chasser les mouches.

ÉMOUCHET, s. m. (*émouché*), oiseau de proie plus petit que l'épervier.

ÉMOUCHETTE, s. f. (*émouchète*), caparaçon pour garantir les chevaux des *mouches*.

ÉMOUCHOIR, s. m. (*émouchoar*), queue de cheval pour chasser les *mouches*.

ÉMOUDRE, v. a. (*émoudre*) (en lat. barbare *exmolere*, de *mola*, meule), aiguiser.

ÉMOULEUR, s. m. (*émouleur*), celui dont le métier est d'*émoudre* les couteaux, etc.

ÉMOULU, E, part. pass. de *émoudre*, et adj.

ÉMOUSSÉ, E, part. pass. de *émousser*.

ÉMOUSSER, v. a. (*émocé*), ôter la pointe ; ôter la *mousse* ; *fig.* ôter la vivacité de l'esprit.

ÉMOUSTILLÉ, E, part. pass. de *émoustiller*.

ÉMOUSTILLER, v. a. (*émouceti-ié*), exciter à la gaîté ; mettre de bonne humeur. Vieux.

ÉMOUVOIR, v. a. (*émouvoar*) (*emovere*, de *motus*, mouvement), mettre en *mouvement* ; *fig.* agiter ; toucher ; exciter ; attendrir.

EMPAILLAGE, s. m. (*anpâ-iaje*), action d'empailler.

EMPAILLÉ, E, part. pass. de *empailler*.

EMPAILLER, v. a. (*anpâ-ié*), garnir une

chaise de *paille*; envelopper, remplir de *paille*.

EMPAILLEUR, EUSE, s. (*anpá-ieur, euze*), qui *empaille*.

EMPALÉ, E, part. pass. de *empaler*.

EMPALEMENT, s. m. (*anpaleman*), action d'*empaler*; supplice en usage chez les Turcs.

EMPALER, v. a. (*anpalé*), ficher un *pal* aigu dans le fondement, et le faire sortir par la gorge ou les épaules.

EMPAN, s. m. (*anpan*), sorte de mesure de longueur du pouce au petit doigt.

EMPANACHÉ, E, part. pass. de *empanacher*.

EMPANACHER, v. a. (*anpanaché*), garnir d'un *panache*.

EMPANNÉ, E, part. pass. de *empanner*.

EMPANNER, v. a. (*anpanné*), mettre un navire en *panne*.

EMPAQUETÉ, E, part. pass. de *empaqueter*.

EMPAQUETER, v. a. (*anpakété*), mettre en paquet; envelopper; serrer, presser.

EMPARÉ, E, part. pass. de *s'emparer*.

s'EMPARER, v. pr. (*çanparé*) (de l'espagnol *amparar*, séquestrer), se saisir.

EMPÂTÉ, E, part. pass. de *empâter*.

EMPÂTEMENT, s. m. (*anpâteman*), action d'*empâter*; son effet; gonflement.

EMPÂTER, v. a. (*anpâté*), remplir de *pâte*; rendre *pâteux*; engraisser la volaille.

EMPATTEMENT, s. m. (*anpatteman*) (du mot *patte*), fondement d'un mur; base.

EMPAUMÉ, E, part. pass. de *empaumer*.

EMPAUMER, v. a. (*anpômé*), recevoir avec la paume de la main; *fig.* prendre; s'emparer de l'esprit d'une personne; t. de vén., trouver la piste.

EMPAUMURE, s. f. (*anpômure*), partie du gant; en t. de vén., haut de la tête du cerf.

EMPÊCHÉ, E, part. pass. de *empêcher*, et adj., embarrassé, occupé. Fam.

EMPÊCHEMENT, s. m. (*anpêcheman*), tout ce qui *empêche* qu'une chose ne s'exécute.

EMPÊCHER, v. a. (*anpêché*) (*impedire*, enlacer), mettre, porter obstacle à...

EMPEIGNE, s. f. (*anpègne*), le dessus et les côtés du soulier.

EMPELOTÉ, E, adj. (*anpeloté*): oiseau *empeloté*, qui ne peut digérer ce qu'il a avalé.

EMPENNÉ, E, part. pass. de *empenner*.

EMPENNER, v. a (*anpèné*) (*penna*, plume), garnir une flèche de *plumes*.

EMPEREUR, s m. (*anpereur*) (*imperator*, de *imperare*, commander), chef souverain d'un *empire*; chef de rois; chez les Romains, titre donné à un général vainqueur.

EMPESAGE, s. m. (*anpezaje*), manière d'*empeser* le linge.

EMPESÉ, E, part. pass. de *empeser*, et adj., *fig.* qui a quelque chose d'affecté.

EMPESER, v. a. (*anpezé*), mettre de l'empois dans le linge pour le rendre ferme.

EMPESEUR, EUSE, s. (*anpezeur, euze*), qui *empèse*.

EMPESTÉ, E, part. pass. de *empester*.

EMPESTER, v. a. (*anpèsté*), infecter de peste; répandre une odeur fétide.

EMPÊTRÉ, E, part. pass. de *empêtrer*.

EMPÊTRER, v. a. (*anpêtré*) (*ir*, dans, et πέτρος, pierre), lier la jambe; embarrasser.

EMPHASE, s. f. (*anfáze*) (ἔμφασις, de ἐμφαίνω, je fais briller), manière ampoulée de s'exprimer et de prononcer.

EMPHATIQUE, adj. des deux g. (*anfatike*), qui a de l'*emphase*.

EMPHATIQUEMENT, adv. (*anfatikeman*), avec *emphase*.

EMPHYSÈME, s. m. (*anfizème*) (ἐμφύσημα), maladie qui fait enfler le corps; tumeur.

EMPHYTÉOSE, s. f. (*anfité-oze*) (ἐμφύτευσις, greffe), bail à long terme.

EMPHYTÉOTE, s. des deux g. (*anfité-ote*), qui jouit d'un fonds par bail *emphytéotique*.

EMPHYTÉOTIQUE, adj. des deux g. (*anfité-otike*), qui appartient à l'*emphytéose*.

EMPIÉTÉ, E, part. pass. de *empiéter*.

EMPIÉTEMENT, s. m. (*anpiéteman*), action d'*empiéter*; son effet.

EMPIÉTER, v. a. (*anpiété*) (*in*, dans, et du s. *pied*), usurper, prendre sur autrui.

EMPIFFRÉ, E, part. pass. de *empiffrer*.

EMPIFFRER, v. a. (*anpifré*), faire manger excessivement; rendre gras et replet. Fam.

EMPILÉ, E, part. pass. de *empiler*.

EMPILEMENT, s. m. (*anpileman*), action ou manière d'*empiler*.

EMPILER, v. a. (*anpilé*), mettre en *pile*.

EMPIRE, s. m. (*anpire*) (*imperium*), commandement, puissance; domination, monarchie; étendue des états d'un *empereur*; temps que dure son règne.

EMPIRÉ, E, part. pass. de *empirer*.

EMPIRER, v. n. (*anpiré*), devenir *pire*, en plus mauvais état.—V. a., faire devenir *pire*.

EMPIRIQUE, s. et adj. des deux g. (*anpirike*) (ἐμπειρικός, savant par expérience), qui ne s'attache qu'à l'expérience; charlatan.

EMPIRISME, s. m. (*anpirisme*), médecine pratique; charlatanisme.

EMPLACEMENT, s. m. (*anplaceman*), place où l'on peut faire un bâtiment, un jardin, etc.

EMPLÂTRE, s. m. (*anplâtre*) (ἔμπλαστρον), onguent qu'on applique sur quelque plaie.

EMPLETTE, s. f. (*anplète*) (*impleta*, de *implere*, emplir), achat de quelque chose.

EMPLI, E, part. pass. de *emplir*.

EMPLIR, v. a. (*anplir*) (*implere*), rendre *plein*.

EMPLOI, s. m. (*anploè*), usage qu'on fait d'une chose; fonction; charge, office.

EMPLOYÉ, E, part. pass. de *employer.* — S. m., celui qui a un *emploi;* commis.
EMPLOYER, v. a (*employéié*) (*implicare,* impliquer), mettre en usage; se servir de; user.—V. pr., s'occuper de.
EMPLUMÉ, E, part. pass. de *emplumer.*
EMPLUMER, v. a. (*anplumé*), garnir de *plumes.*
EMPOCHÉ, E, part. pass. de *empocher.*
EMPOCHER, v. a. (*anpoché*), mettre en *poche.*
EMPOIGNÉ, E, part. pass. de *empoigner.*
EMPOIGNER, v. a. (*anpoègnié*), prendre et serrer avec le *poing;* se saisir de; arrêter.
EMPOIS, s. m. (*anpoa*) (du bas-breton *ampes*), sorte de colle faite avec de l'amidon.
EMPOISONNÉ, E, part. pass. de *empoisonner.*
EMPOISONNEMENT, s. m. (*anpoèzoneman*), l'action d'*empoisonner;* son effet.
EMPOISONNER, v. a. (*anpoèzoné*), donner du *poison;* infecter de poison; *fig.* corrompre; empuantir; interpréter avec malice.
EMPOISONNEUR, EUSE, s. (*anpoèzoneur, euze*), qui *empoisonne.*
EMPOISSÉ, E, part. pass. de *empoisser.*
EMPOISSER, v. a. Voy. POISSER.
EMPOISSONNÉ, E, part. pass. de *empoissonner.*
EMPOISSONNEMENT, s. m. (*anpoèzoneman*), action d'*empoissonner.*
EMPOISSONNER, v. a. (*anpoèçoné*), peupler, garnir de *poissons.*
EMPORTÉ, E, part. pass. de *emporter*, et adj., violent, colère.—On le dit aussi subst.
EMPORTEMENT, s. m. (*anporteman*), mouvement déréglé, causé par quelque passion.
EMPORTE-PIÈCE, s. m. (*anporte-pièce*), instrument propre à découper.
EMPORTER, v. a. (*anporté*), enlever, ôter, porter dehors; entraîner; obtenir; avoir le dessus.—V. pr., se fâcher violemment.
EMPOTÉ, E, part. pass. de *empoter.*
EMPOTER, v. a. (*anpoté*), mettre en *pot.*
EMPOURPRÉ, E, part. pass. de *empourprer.*
EMPOURPRER, v. a. (*anpourpré*), colorer de rouge ou de *pourpre.* Il vieillit.
EMPREINDRE, v. a. (*anpreindre*) (*imprimere*), imprimer.
EMPREINT, E, part. pass. de *empreindre*, et adj., imprimé.
EMPREINTE, s. f. (*anpreinte*), impression, marque, figure de ce qui est *empreint.* — Au pl., pierres chargées de figures.
EMPRESSÉ, E, adj. (*anprècé*), zélé, ardent. — S., qui agit avec ardeur.
EMPRESSEMENT, s. m. (*anprèceman*), hâte de faire ou de dire quelque chose; soins.
S'EMPRESSER, v. pr. (*çanprècé*), avoir de l'empressement; agir avec ardeur.

EMPRISONNÉ, E, part. pass. de *emprisonner.*
EMPRISONNEMENT, s. m (*anprizoneman*), action d'*emprisonner;* effet de cette action.
EMPRISONNER, v. a. (*anprizoné*), mettre en *prison.*
EMPRUNT, s. m. (*anpreun*), action d'*emprunter;* chose qu'on *emprunte.*
EMPRUNTÉ, E, part. pass. de *emprunter*, et adj., *fig.* qui n'est pas naturel ; faux.
EMPRUNTER, v. a. (*anprunté*) (en lat. barbare *emprestare*), demander et recevoir en *prêt;* tirer de ; user.
EMPRUNTEUR, EUSE, s. (*anpreunteur, euze*), qui est dans l'habitude d'*emprunter.*
EMPUANTI, E, part. pass. de *empuantir.*
EMPUANTIR, v. a. (*anpuantir*), remplir de *puanteur.*—V. pr., devenir *puant.*
EMPUANTISSEMENT, s. m. (*anpuanticeman*), état d'une chose qui s'*empuantit.*
EMPYÈME, s. m. (*anpième*) (εμπυημα, tiré de πυг, pus), t. de méd., amas de pus.
EMPYRÉE, adj. et s. m. (*anpiré*) (εν, dans, et πυг, feu), le ciel le plus élevé, le plus pur; séjour des bienheureux.
EMPYREUMATIQUE, adj. des deux g. (*anpireumatike*), qui sent l'*empyreume.*
EMPYREUME, s. m. (*anpireume*) (εμπυρευμα, étincelle), goût et odeur désagréable des substances huileuses brûlées.
ÉMU, E, part. pass. de *émouvoir.*
ÉMULATEUR, TRICE, s. (*émulateur, trice*) (*æmulator*), qui est touché d'*émulation.*
ÉMULATION, s. f. (*émulácion*) (*æmulatio*), désir d'égaler ou de surpasser quelqu'un.
ÉMULE, s. des deux g. (*émule*) (*æmulus*), concurrent, rival, antagoniste.
ÉMULGENT, E, adj. (*émuljan, ante*) (*emulgens*), qui porte le sang dans les reins.
ÉMULSIF, SIVE, adj. (*émulcif, cive*) (*emulsivus*), dont on exprime l'huile.
ÉMULSION, s. f. (*émulcion*) (*emulsio*, de *emulgere,* tirer du lait), remède liquide.
ÉMULSIONNÉ, E, part. pass. de *émulsionner.*
ÉMULSIONNER, v. a. (*émulcioné*), mettre des semences laiteuses dans une potion.
EN, prép. (*an*) (*in*), elle marque le rapport au lieu, au temps, l'état, la disposition, la manière, le motif, la fin, l'occupation. Il signifie aussi *avec, selon, pour, dans.*
EN, pron. relatif, équivaut à la préposition *de,* suivie d'un nom ou d'un pronom.
ÉNALLAGE, s. f. (*énalelaje*) (ναλλαγη, changement), t. de gramm. lat., changement des modes, des temps d'un verbe.
ÉNAMOURER, v. a. (*annamouré*), rendre *amoureux.*

ENARRHEMENT. Voy. ARRHEMENT.
ENARRHER. Voy. ARRHER.
ENCÂBLURE, s. f. (ankâblure), mesure d'une longueur de câble.
ENCADRÉ, E, part. pass. de encadrer.
ENCADREMENT, s. m. (ankâdreman), action d'encadrer; effet de cette action.
ENCADRER, v. a. (ankâdré), mettre dans un cadre.
ENCAGÉ, E, part. pass. de encager.
ENCAGER, v. a. (ankajé), mettre en cage; fig. mettre en prison. Fam.
ENCAISSÉ, E, part. pass. de encaisser.
ENCAISSEMENT, s.m.(ankièceman), action d'encaisser.
ENCAISSER, v. a. (ankiécé), mettre en caisse.
ENCAN, s. m. (ankan) (corruption de in-quant, fait du lat. in quantum, pour combien), cri public pour vendre à l'enchère.
ENCANAILLÉ, E, part. pass. de encanailler.
ENCANAILLER, v. a. (ankaná-ié), mêler avec de la canaille.
ENCAPUCHONNÉ, E, part. pass. de encapuchonner.
ENCAPUCHONNER, v. a. (ankapuchoné), couvrir d'un capuchon.
ENCAQUÉ, E, part. pass. de encaquer.
ENCAQUER, v. a. (ankakié), mettre dans une caque; entasser les uns sur les autres.
ENCAQUEUR, EUSE, s. (ankakieur, euze), qui met des harengs en caque.
ENCARTÉ, E, ou ENCARTONNÉ, E, part. pass. de encarter ou encartonner.
ENCARTER ou ENCARTONNER, v. a. (ankarté, toné), t. d'impr., insérer un carton.
S'ENCASTELER, v. pr. (cankacetelé), se dit des chevaux qui ont le talon trop resserré.
ENCASTELURE, s. f. (ankacetelure), resserrement dans le pied d'un cheval.
ENCASTRÉ, E, part. pass. de encastrer.
ENCASTREMENT, s. m. (ankacetreman), action ou effet d'encastrer.
ENCASTRER, v. a. (ankacetré) (incastrare), enchâsser; placer dans une entaille.
ENCAUSTIQUE, adj. des deux g.et s. f. (ankôcetike) (εγκαυστικος, marqué avec le feu, de εγκαιω, je brûle), se dit d'un genre de peinture qui se faisait avec des cires coloriées et liquéfiées au feu.—S. f., préparation pour cirer les parquets, les meubles.
ENCAVÉ, E, part. pass. de encaver.
ENCAVEMENT, s. m.(ankaveman), action d'encaver.
ENCAVER, v. a. (ankavé), mettre en cave.
ENCAVEUR, s. m. (ankaveur), qui encave.
ENCEINDRE, v. a. (anceindre) (incingere, de in, dans, et cingere, ceindre), entourer.
ENCEINT, E, part. pass. de enceindre.
ENCEINTE, adj. f. (anceinte) (incincta, dans le sens de non cincta, qui ne porte point de ceinture), se dit d'une femme grosse d'enfant.

ENCEINTE, s. f. (anceinte) (incingere, enceindre), circuit, tour, clôture.
ENCENS, s. m. (ançan) (incensum, de incendere, brûler), résine ou gomme odoriférante ; fig. louange, flatterie.
ENCENSÉ, E, part. pass. de encenser.
ENCENSEMENT, s. m. (ançanceman), action d'encenser. Il ne se dit qu'au propre.
ENCENSER, v. a. (ançancé), donner de l'encens, adorer; fig. louer, flatter.
ENCENSEUR, s. m.(ançanceur), louangeur.
ENCENSOIR, s. m. (ançançoar), cassolette pour encenser; constellation.
ENCÉPHALE, adj. des deux g. (ancéfale) (ει, dans, et κεφαλη, tête), se dit de vers qui s'engendrent dans la tête.—S. m., le cervelet.
ENCÉPHALIQUE, adj. des deux g. (ancéfalike), qui est dans la tête.
ENCHAÎNÉ, E, part. pass. de enchaîner.
ENCHAÎNEMENT, s. m. (anchêneman), liaison, connexion qui se trouve entre les choses.
ENCHAÎNER, v. a. (anchêné), lier, retenir avec des chaînes; fig. joindre, lier, attacher.
ENCHAÎNURE, s. f. (anchênure), enchaînement. Il ne se dit que des œuvres de l'art.
ENCHANTÉ, E, part. pass. de enchanter, et adj., ravi, charmé; beau, surprenant.
ENCHANTELÉ, E, part.pass. de enchanteler.
ENCHANTELER, v. a. (anchantelé), mettre en chantier.
ENCHANTEMENT, s. m. (anchanteman), sorcellerie; chose merveilleuse; ravissement.
ENCHANTER, v. a. (anchanté) (incantare, pour cantare, charmer), ensorceler ; fig. surprendre, séduire, tromper; charmer, ravir.
ENCHANTEUR, TERESSE, s. et adj. (anchanteur, terèce), qui ensorcelle ; qui trompe par son beau langage, qui plaît extrêmement.
ENCHAPERONNÉ, E, part. pass. de enchaperonner.
ENCHAPERONNER, v. a. (anchaperoné), couvrir la tête d'un chaperon.
ENCHÂSSÉ, E, part. pass. de enchâsser.
ENCHÂSSER, v. a. (anchâcé) (ει, dans, et καψυ, caisse), mettre dans un châssis, dans un chaton, etc. ; fig. insérer, faire entrer.
ENCHÂSSURE, s. f. (anchâcure), action ou manière d'enchâsser ; ses effets.
ENCHAUSSÉ, E, part. pass. de enchausser.
ENCHAUSSER, v. a. (anchôcé), couvrir les légumes de paille ou de fumier.
ENCHÈRE, s. f. (anchère), (des mots cher, enchérir), offre au-dessus d'une autre. — Folle enchère, offre qui excède la valeur.
ENCHÉRI, E, part. pass. de enchérir.
ENCHÉRIR, v. a. (anchérir), faire une enchère; rendre plus cher.—V. n., devenir plus cher; surpasser.

ENCHÉRISSEMENT, s. m. (anchériceman), haussement de prix.
ENCHÉRISSEUR, EUSE, s. (anchériceur euse), qui met une enchère.
ENCHEVÊTRÉ, E, part. pass. de enchevêtrer.
ENCHEVÊTRER, v. a. (anchevêtré), mettre un chevêtre.—V. pr., s'embarrasser.
ENCHEVÊTRURE, s. f. (anchevêtrure), mal qu'un cheval se fait en s'enchevêtrant.
ENCHIFRENÉ, E, part. pass. de enchifrener.
ENCHIFRÈNEMENT, s. m. (anchifrène man), embarras dans le cerveau.
ENCHIFRENER, v. a. (anchifrené) (du lat. barbare incamifrenare), causer un enchifrènement, un rhume de cerveau.
ENCHYMOSE, s. f. (ankimôze) (εγχυμωσις), effusion du sang dans les vaisseaux cutanés.
ENCLAVE, s. f. (anklave), chose qui est enfermée dans une autre; limite d'un territoire.
ENCLAVÉ, E, part. pass. de enclaver.
ENCLAVEMENT, s. m. (anklaveman), action, effet d'enclaver.
ENCLAVER, v. a. (anklavé) (in, dans, et claudere, fermer), enfermer, enclore.
ENCLIN, INE, adj. (anklein, kline) (inclinatus, part. pass. d'inclinare, pencher), porté de son naturel à.
ENCLITIQUE, s. f. (anklitike) (εγκλιτικες), mot qui se joint à un autre mot.
ENCLORE, v. a. (anklore) (includaudere), clore de murailles, de haies, etc.; enfermer.
ENCLOS, s. m. (anklô), espace enfermé entre deux murailles, etc.; enceinte.
ENCLOS, E, part. pass. de enclore, et adj.
ENCLOUÉ, E, part. pass. de enclouer.
ENCLOUER, v. a. (anklou-é), piquer un cheval avec un clou en le ferrant; enfoncer un clou dans la lumière du canon.
ENCLOUURE, s. f. (anklou-ure), blessure d'un cheval encloué; fig. obstacle, difficulté.
ENCLUME, s. f. (anklume) (incus), masse de fer sur laquelle on bat les métaux; petit os dans l'oreille intérieure.
ENCLUMEAU, s. m. (anklumô), petite enclume à main.
ENCOCHÉ, E, part. pass. de encocher.
ENCOCHER, v. a. (ankoché), mettre la corde d'un arc dans la coche d'une flèche.
ENCOFFRÉ, E, part. pass. de encoffrer.
ENCOFFRER, v. a. (ankofré), mettre, serrer dans un coffre; fig. mettre en prison. Fam.
ENCOIGNURE et ENCOGNURE, s f. (ankognure), coin, angle de deux murailles; meuble qu'on place dans ce coin.
ENCOLLAGE, s. m. (ankolaje), couche de colle qu'on passe avant de peindre.
ENCOLLÉ, E, part. pass. de encoller.
ENCOLLER, v. a. (ankolé), étendre de la colle sur le bois qu'on veut peindre ou dorer.
ENCOLURE, s. f. (ankolure (du mot col), partie du cheval depuis la tête jusqu'aux épaules et au poitrail; fig. mine, air.
ENCOMBRE, s. m. (ankonbre), empêchement, embarras. Vieux.
ENCOMBRÉ, E, part. pass. de encombrer.
ENCOMBREMENT, s. m. (ankonbreman), action d'encombrer; effet de cette action.
ENCOMBRER, v. a. (ankonbré) (du lat. barbare incombrare), embarrasser.
à l'ENCONTRE, prép., (ankontre), contre, en opposition. Vieux.
ENCORBELLEMENT, s. m. (ankorbèleman), saillie portant à faux au-delà du nu d'un mur.
ENCORE ou ENCOR, ce dernier seulement en poésie, adv. de temps (ankore) (de l'italien ancore), de nouveau; de plus; du moins.— ENCORE QUE, conj., bien que, quoique.
ENCORNÉ, E, adj. (ankorné), qui a des cornes; qui vient sous la corne d'un cheval.
ENCOURAGÉ, E, part. pass. de encourager.
ENCOURAGEANT, E, adj. (ankourajan, ante), qui encourage.
ENCOURAGEMENT, s. m. (ankourajeman), ce qui encourage; éloge pour encourager.
ENCOURAGER, v. a. (ankourajé), donner du courage; exciter, animer.
ENCOURIR, v. a. (ankourir) (incurrere), attirer sur soi; mériter; tomber en.
ENCRASSÉ, E, part. pass. de encrasser.
ENCRASSER, v. a. (ankracé), rendre crasseux.— V. pr., se mésallier; s'abrutir.
ENCRE, s. f. (ankre) (en lat. barbare incaustum), liqueur pour écrire, imprimer.
ENCRÉ, E, part. pass. de encrer.
ENCRER, v. a. (ankré), t. d'impr., toucher la forme avec des rouleaux enduits d'encre.
ENCRIER, s. m. (ankrié), petit vase dans lequel on met de l'encre.
ENCROUÉ, E, adj. (ankroué) (crux, crucis, croix), se dit d'un arbre embarrassé dans les branches d'un autre.
ENCROÛTÉ, E, part. pass. de encroûter.
ENCROÛTER, v. a. (ankroûté) (incrustare, de crusta, croûte), enduire un mur avec un mortier.—V. pr., se couvrir de croûte.
ENCUIRASSÉ, E, part. pass. de encuirasser.
ENCUIRASSER, v. a. (ankuiracé), mettre une cuirasse à quelqu'un.—V. pr., s'encrasser.
ENCUVÉ, E, part. pass. de encuver.
ENCUVER, v. a. (ankuvé), mettre dans la cuve.
ENCYCLIQUE, s. f. et adj. des deux g. (anciklike) (εγκυκλιος, circulaire), en t. d'église, lettre circulaire.
ENCYCLOPÉDIE, s. f. (anciklopédi) (εγκυκλοπαιδεια, de εγ, pour εν, dans, κυκλος, cercle, et παιδεια, science), cercle ou enchaînement de toutes les sciences; savoir universel.
ENCYCLOPÉDIQUE, adj. des deux g. (anciklopédike), qui comprend toutes les sciences.

ENCYCLOPÉDISTE, s. m. (anciklopédicetc), nom donné aux auteurs de l'*Encyclopédie*.

ENDÉCAGONE. Voy. HENDÉCAGONE.

ENDÉMIQUE, adj. des deux g. (andémike) (ἔνδημος), particulier à un peuple.

ENDENTÉ, E, part. pass. de *endenter*.

ENDENTER, v. a. (andanté), mettre des dents à la roue d'un moulin, etc.

ENDETTÉ, E, part. pass. de *endetter*.

ENDETTER, v. a. (andèté), charger de *dettes*; engager dans des *dettes*.

ENDÊVÉ, E, adj. et s. (andévé), mutin, chagrin, emporté. Pop.

ENDÊVER, v. n. (andévé) (du lat. barbare *indeviare*), avoir du dépit; enrager.

ENDIABLÉ, E, adj. et s. (andiáblé), furieux, enragé, très-méchant, possédé du *diable*. Fam.

ENDIABLER, v. n. (andiáblé), se donner au *diable*; enrager.

ENDIMANCHÉ, E, part. pass. de *endimancher*.

ENDIMANCHER, v. a. (andimanché), mettre à quelqu'un ses habits du *dimanche*.

ENDIVE, s. f. (andive), chicorée.

ENDOCTRINÉ, E, part. pass. de *endoctriner*.

ENDOCTRINER, v. a. (andoktriné) (*doctrina*, doctrine, savoir), instruire, faire la leçon.

ENDOLORI, E, adj. (andolori), qui ressent de la *douleur*.

ENDOMMAGÉ, E, part. pass. de *endommager*.

ENDOMMAGER, v. a. (andomajé), apporter, causer du *dommage* à...

ENDORMANT, E, adj. (andorman, ante), qui *endort*.

ENDORMEUR, EUSE, s. (andormeur, euse), qui *endort*; flatteur, enjôleur. Fam.

ENDORMI, E, part. pass. de *endormir*, et adj., engourdi; *fig.* sans énergie, lent.

ENDORMIR, v. a. (andormir), faire *dormir*; amuser afin de tromper; engourdir. — V. pr., commencer à *dormir*; négliger une affaire.

ENDOSSE, s. f. (andoce), le faix et toute la peine de quelque chose. Peu us.

ENDOSSÉ, E, part. pass. de *endosser*.

ENDOSSEMENT et ENDOS, s. m. (andôceman, andô), action d'*endosser*; son effet.

ENDOSSER, v. a. (andôcé), mettre sur le *dos*; *fig.* charger de...; mettre sa signature au dos d'un billet, etc.

ENDOSSEUR, s. m. (andôceur), celui qui a *endossé* une lettre de change ou un billet.

ENDROIT, s. m. (androè) (*in directum*), lieu, place; le beau côté d'une étoffe.

ENDUIRE, v. a. (anduire) (*inducere*, ou in-duire, de ἔνδυμι, revêtir), couvrir d'un *enduit*.

ENDUIT, s. m. (andui), couche de chaux, etc.; substance molle propre à être étendue.

ENDUIT, E, part. pass. de *enduire*.

ENDURANT, E, adj. (anduran, ante), patient, qui souffre aisément les injures.

ENDURCI, E, part. pass. de *endurcir*.

ENDURCIR, v. a. (andurcir), rendre *dur*, fort; *fig.* accoutumer à ce qui est pénible.

ENDURCISSEMENT, s. m. (andurciceman), état *dur*; dureté de cœur, opiniâtreté.

ENDURÉ, E, part. pass. de *endurer*.

ENDURER, v. a. (anduré) (*durare*), souffrir, supporter avec patience; permettre.

ÉNERGIE, s. f. (énèreji) (ἐνέργεια, de ἐν, dans, et ἔργον, ouvrage), force d'âme, vertu.

ÉNERGIQUE, adj. des deux g. (énèrejike), qui a de l'*énergie*.

ÉNERGIQUEMENT, adv. (énèrejikeman), d'une manière *énergique*.

ÉNERGUMÈNE, s. des deux g. (énéregumène) (ἐνεργούμενος, de ἐνεργέω, je travaille), qui est possédé du démon; enthousiaste outré.

ÉNERVÉ, E, part. pass. de *énerver*.

ÉNERVER, v. a. (énèrvé) (*enervare*, fait de *nervus*, nerf), affaiblir beaucoup.

ENFAÎTÉ, E, part. pass. de *enfaîter*.

ENFAÎTEAU, s. m. (anfétô), tuile creuse qui se met sur le *faîte* d'une maison.

ENFAÎTEMENT, s. m. (anféteman), couverture de plomb sur le comble d'une maison.

ENFAÎTER, v. a. (anfété), couvrir le *faîte* d'une maison avec de la tuile ou du plomb.

ENFANCE, s. f. (anfance) (*infantia*), âge de l'homme jusqu'à douze ans; *fig.* commencement; puérilité; imbécillité.

ENFANT, s. des deux g. (anfan) (*infans*), qui est dans l'*enfance*; fils ou fille.

ENFANTÉ, E, part. pass. de *enfanter*.

ENFANTEMENT, s. m. (anfanteman), action d'*enfanter*.

ENFANTER, v. a. (anfanté), accoucher, mettre un *enfant* au monde; *fig.* produire.

ENFANTILLAGE, s. m. (anfanti-iaje), manières enfantines; bagatelle.

ENFANTIN, E, adj. (anfantein, tine), qui tient de l'*enfant*.

ENFARINÉ, E, part. pass. de *enfariner*.

ENFARINER, v. a. (anfariné), poudrer de *farine*.

ENFER, s. m. (anfère) (*infernus*, sous-entendu *locus*, de *inferior*, plus bas), lieu où les damnés sont punis; *fig.* les démons; bruit, vacarme effroyable; lieu où l'on se déplaît.

ENFERMÉ, E, part. pass. de *enfermer*. — S. m.: sentir l'*enfermé*, sentir mauvais, pour n'avoir pas été à l'air.

ENFERMER, v. a. (anfèrmé) (de la prép. *en*, et du v. *fermer*), mettre dans un lieu d'où on ne puisse sortir; serrer dans un lieu qui *ferme*; environner; contenir.

ENFERRÉ, E, part. pass. de *enferrer*.

ENFERRER, v. a. (anfèré), percer avec un

fer.—V. pr., se jeter sur le *fer*; *fig.* se nuire à soi-même.

ENFILADE, s. f. (*anfilade*), longue suite.

ENFILÉ, E, part. pass. de *enfiler*.

ENFILER, v. a. (*anfilé*), passer du *fil* par le trou d'une aiguille, etc.; traverser.

ENFIN, adv. (*anfein*) (*in fine*), à la *fin*; finalement; définitivement; après tout.

ENFLAMMÉ, E, part. pass. de *enflammer*.

ENFLAMMER, v. a. (*anflamé*) (*inflammare*), allumer, mettre en feu; *fig.* échauffer, donner de l'ardeur, de l'amour.

ENFLÉ, E, part. pass. de *enfler*.

ENFLER, v. a. (*anflé*) (*inflare*), remplir de vent; *fig.* augmenter; enorgueillir.—V. n. ou v. pr., augmenter de grosseur, de volume.

ENFLURE, s. f. (*anflure*), tumeur, extension, grosseur, bouffissure; *fig.* orgueil.

ENFONCÉ, E, part. pass. de *enfoncer*, et adj.

ENFONCEMENT, s. m. (*anfonceman*), action d'enfoncer; ce qui va en *enfonçant*.

ENFONCER, v. a. (*anfoncé*) (du lat. barbare *infundicare*, de *in*, dans, et *fundus*, fond), pousser vers *le fond*; faire pénétrer bien avant; rompre, briser; renverser; creuser.—V. n., aller au *fond*.—V. pr., aller en enfonçant.

ENFONCEUR, s. m. (*anfonceur*), prov.: *enfonceur de portes ouvertes*, faux brave.

ENFONÇURE, s. f. (*anfonçure*), pièces du *fond* d'un *lit*; etc.; affaissement du crâne.

ENFORCIR, v. a. (*anforcir*), rendre plus *fort*.—V. n., devenir plus *fort*.

ENFOUI, E, part. pass. de *enfouir*.

ENFOUIR, v. a. (*anfouir*) (*infodere*), cacher en terre; *fig.* cacher.

ENFOUISSEMENT, s. m. (*anfouiceman*), action d'enfouir.

ENFOUISSEUR, EUSE, s. (*anfouiceur*, *euse*), qui *enfouit*.

ENFOURCHÉ, E, part. pass. de *enfourcher*.

ENFOURCHER, v. a. (*anfourché*) (de *fourche*), monter à cheval jambe deçà, jambe delà.

ENFOURNÉ, E, part. pass. de *enfourner*.

ENFOURNER, v. a. (*anfourné*), mettre dans le *four*; mettre le verre dans les creusets.

ENFREINDRE, v. a. (*anfreindre*) (*infringere*, rompre), violer, transgresser.

ENFROQUÉ, E, part. pass. de *enfroquer*.

ENFROQUER, v. a. (*anfroké*), revêtir d'un *froc*; faire moine. Fam.

s'ENFUIR, v. pr. (*canfuir*), prendre la *fuite*, s'en aller; *fig.* s'écouler, se répandre.

ENFUMÉ, E, part. pass. de *enfumer*.

ENFUMER, v. a. (*anfumé*), remplir de *fumée*; noircir par la *fumée*.

ENGAGÉ, E, part. pass. de *engager*.

ENGAGEANT, E, adj. (*anguajan*, *ante*), attrayant, qui flatte, qui attire, qui *engage*.

ENGAGEANTES, s. f. pl. (*anguajante*), ancienne parure de femme.

ENGAGEMENT, s. m. (*anguajeman*), action d'engager; son effet; promesse, obligation; enrôlement d'un soldat; combat de peu de durée.

ENGAGER, v. a. (*anguajé*) mettre en *gage*; donner pour assurance; obliger ou inviter.—V. pr., s'obliger pour quelqu'un ou à quelque chose; s'embarrasser dans; s'enrôler.

ENGAGISTE, s. m. (*anguajicete*), celui qui tient quelque domaine, quelque droit par *engagement*.

ENGAÎNÉ, E, part. pass. de *engaîner*.

ENGAÎNER, v. a. (*anguiéné*), mettre dans une *gaîne*.

ENGEANCE, s. f. (*anjance*) (*ingignere*, engendrer), race, en parlant des volailles.

ENGELURE, s. f. (*anjelure*) (du lat. barbare *ingelatura*, de *in*, dans, et *gelare*, geler), enflure inflammatoire causée par un froid excessif.

ENGENDRÉ, E, part. pass. de *engendrer*.

ENGENDRER, v. a. (*anjandré*) (*ingignere*), produire son semblable; *fig.* être cause.

ENGEÔLER, Voy. ENJÔLER.

ENGER, v. a. (*anjé*), embarrasser. Vieux.

ENGERBÉ, E, part. pass. de *engerber*.

ENGERBER, v. a. (*anjèrebé*), mettre en *gerbe*; entasser.

ENGIN, s. m. (*enjein*) (*ingenium*), esprit, industrie, invention; machine; pièges, filets.

ENGLOBÉ, E, part. pass. de *englober*.

ENGLOBER, v. a. (*anguelobé*) (*in*, dans, et *globus*, globe), réunir en un tout.

ENGLOUTI, E, part. pass. de *engloutir*.

ENGLOUTIR, v. a. (*angueloutir*) (*inglutire*, de *in*, dans, et *glutire*, avaler), avaler gloutonnement; *fig.* absorber, consumer.

ENGLUÉ, E, part. pass. de *engluer*.

ENGLUER, v. a. (*anguelué*), enduire de *glu*.

ENGONCÉ, E, part. pass. de *engoncer*.

ENGONCER, v. a. (*anguoncé*) (*abscondere*, cacher), rendre la taille contrainte, gênée.

ENGORGÉ, part. pass. de *engorger*.

ENGORGEMENT, s. m. (*anguorjeman*) (de *gorge*), embarras dans un canal.

ENGORGER, v. a. (*anguorjé*), boucher le passage d'un fluide.

ENGOUÉ, E, part. pass. de *engouer*.

ENGOUEMENT, s. m. (*anguouman*), état de celui qui est *engoué*; *fig.* entêtement.

s'ENGOUER, v. pr. (*canguoué*), s'embarrasser le *gosier*; *fig.* se passionner.

ENGOUFFRÉ, E, part. pass. de *engouffrer*.

s'ENGOUFFRER, v. pr. (*canguoufré*), entrer avec violence en quelque endroit.

ENGOULÉ, E, part. pass. de *engouler*.

ENGOULER, v. a. (*anguoulé*) (*gula*, gueule), ravir avec la *gueule*. Pop.

ENGOURDI, E, part. pass. de *engourdir*.

ENGOURDIR, v. a. (*anguourdir*) (du lat. barbare *gurdus*, stupide), rendre comme perclus, sans mouvement, sans sentiment.

ENGOURDISSEMENT, s. m. (*anguourdiceman*), état de ce qui est *engourdi*.

ENGRAIS, s. m. (*angueré*), pâturage *gras*; ce qu'on donne pour *engraisser*; fumier.

ENGRAISSÉ, E, part. pass. de *engraisser*.

ENGRAISSEMENT, s. m. (*anguerèceman*), action d'*engraisser*; ce qui peut rendre *gras*.

ENGRAISSER, v. a. (*anguerècé*), faire devenir *gras*; fertiliser les terres; oindre de graisse.—V. n., devenir *gras*.—V. pr., devenir *gras*, crasseux; s'épaissir; *fig.* s'enrichir.

ENGRANGÉ, E, part. pass. de *engranger*.

ENGRANGER, v. a. (*angueranjé*), mettre en *grange*.

ENGRAVÉ, E, part. pass. de *engraver*.

ENGRAVEMENT, s. m. (*angueraveman*), état d'un bateau *engravé*.

ENGRAVER, v. a. (*angueravé*), engager un bateau sur le *gravier* ou sur les pierres.

ENGRÊLÉ, E, part. pass. de *engrêler*, et adj. (*gracilis*, mince), dentelé tout autour.

ENGRÊLER, v. a. (*anguerélé*), faire une *engrêlure*.

ENGRÊLURE, s. f. (*anguerélure*), petit point très-étroit au bout de la dentelle.

ENGRENAGE, s. m. (*anguerenaje*), disposition de roues, etc., qui *engrènent*.

ENGRENÉ, E, part. pass. de *engrener*.

ENGRENER, mieux ENGRAINER, v. a. et n. (*anguerené*) (*granum*, grain), mettre le blé dans la trémie; nourrir de bons *grains*; commencer; t. de mar., pomper.—V. n., entrer l'une dans l'autre, en parlant des dents de deux roues.

ENGRENURE, mieux ENGRAINURE, s. f. *anguerenure*), position de roues qui *engrènent*.

ENGRI, s. m. (*angueri*), espèce de tigre de la Basse-Éthiopie.

ENGROSSÉ, E. part. pass. de *engrosser*.

ENGROSSER, v. a. (*anguerócé*), rendre une femme enceinte ou *grosse*. Fam.

ENGRUMELÉ, E, part. pass. de *s'engrumeler*

S'ENGRUMELER, v. pr. (*çanguerumelé*), se mettre en *grumeaux*.

ENHARDI, E, part. pass. de *enhardir*.

ENHARDIR, v. a. (*an-ardir*), donner plus de *hardiesse*.

ENHARMONIQUE, adj. des deux g. (*annarmonike*) (ἐναρμονικος), musique qui procède par intervalles moindres que le demi-ton.

ENHARNACHÉ, E, part. pass. de *enharnacher*.

ENHARNACHER, v. a. (*an-arnaché*), mettre le *harnais* à un cheval; vêtir bizarrement.

ENHERBÉ, E, part. pass. de *enherber*.

ENHERBER, v. a. (*annèrebé*), mettre un terrain en *herbe*; autrefois, empoisonner.

ÉNIGMATIQUE, adj. des deux g. (*éniguematike*), qui tient de l'*énigme*.

ÉNIGMATIQUEMENT, adv. (*éniguematikeman*), d'une manière *énigmatique*.

ÉNIGMATISÉ, E, part. pass. de *énigmatiser*.

ÉNIGME, s. f. (*énigueme*) (αινιγμα, de

αινος, apologue), définition en termes obscurs qu'on donne à deviner; *fig.* discours obscur.

ENIVRANT, E, adj. (*annivran*, ante), qui *enivre*. Il est plus usité au figuré qu'au propre.

ENIVRÉ, E, part. pass. de *enivrer*.

ENIVREMENT, s. m. (*annivreman*), état d'une personne *ivre*. Il se dit surtout au figuré.

ENIVRER, v. a. (*annivré*) (*inebriare*), rendre *ivre*; *fig.* aveugler, étourdir, éblouir.—V. pr., devenir *ivre*; *fig.* se remplir de joie.

ENJAMBÉ, E, part. pass. de *enjamber*.

ENJAMBÉE, s. f. (*anjanbé*), le pas, l'espace qu'on *enjambe*; action d'*enjamber*.

ENJAMBEMENT, s. m. (*anjanbeman*), sens qui commence dans un vers et qui finit dans une partie du vers suivant.

ENJAMBER, v. a. et n. (*anjanbé*), faire un grand pas; avancer sur; usurper, empiéter.

ENJAVELÉ, E, part. pass. de *enjaveler*.

ENJAVELER, v. a. (*anjavelé*), mettre en *javelle*.

ENJEU, s. m. (*anjeu*), ce qu'on met au *jeu* en commençant à *jouer*.

ENJOINDRE, v. a. (*anjoeindre*) (*injungere*), ordonner, commander expressément.

ENJÔLÉ, E, part. pass. de *enjôler*.

ENJÔLER, v. a. (*anjôlé*) (de l'italien *gabbia*, cage), tromper par de belles paroles. Fam.

ENJÔLEUR, EUSE, s. (*anjôleur*, euse), qui *enjôle*.

ENJOLIVÉ, E, part. pass. de *enjoliver*.

ENJOLIVEMENT, s. m. (*anjoliveman*), joli ornement; tout ce qui sert à *enjoliver*.

ENJOLIVER, v. a. (*anjolivé*), rendre *joli*; orner de *jolies* choses.

ENJOLIVEUR, s. m. (*anjoliveur*), qui enjolive; ouvrier qui travaille à des *enjolivures*.

ENJOLIVURE, s. f. (*anjolivure*), enjolivement qu'on fait à des choses de peu de valeur.

ENJOUÉ, E, adj. (*anjoué*) (du mot *joie*), gai, badin.

ENJOUEMENT, s. m. (*anjouman*), gaieté douce, badinage léger.

ENKYSTÉ, E, adj. (*ankicté*) (εν, dans, et χυστις, sac), enfermé dans une membrane.

ENLACÉ, E, part. pass. de *enlacer*.

ENLACEMENT, s. m. (*anlaceman*), action d'*enlacer*; effet de cette action.

ENLACER, v. a. (*anlacé*), passer des *lacets*, etc., les uns dans les autres; *fig.* unir, mêler.

ENLAIDI, E, part. pass. de *enlaidir*.

ENLAIDIR, v. a. (*anlèdir*), rendre *laid*.—V. n., devenir *laid* ou plus *laid*.

ENLAIDISSEMENT, s. m. (*anlèdiceman*), action d'*enlaidir*; résultat de cette action.

ENLEVÉ, E, part. pass. de *enlever*.

ENLÈVEMENT, s. m. (*anlèveman*), rapt, action par laquelle une chose est *enlevée*.

ENLEVER, v. a. (*enlevé*), lever en haut; emmener par force; prendre vivement; séparer; ravir d'admiration; charmer. —V. pr., se détacher; se mettre en colère, s'élever.

ENLEVURE, et plus communément ÉLEVURE, s. f. (*anlevure*), petite tumeur; relief.

ENLIÉ, E, part. pass. de *enlier*.

ENLIER, v. a. (*anlié*), joindre et engager des pierres ensemble en élevant des murs.

ENLIGNÉ, E, part. pass. de *enligner*.

ENLIGNER, v. a. (*anligné*), t. d'impr., placer sur une même ligne.

ENLUMINÉ, E, part. pass. de *enluminer*.

ENLUMINER, v. a. (*anluminé*) (*illuminare*, de *lumen*, lumière), colorier une estampe; *fig.* rendre le teint rouge et enflammé. Fam.

ENLUMINEUR, EUSE, s. (*anlumineur, euze*), qui *enlumine*.

ENLUMINURE, s. f. (*anluminure*), art, action d'*enluminer*; ouvrage de l'*enlumineur*.

ENNÉAGONE, s. m. et adj. des deux g. (*èné-aguone*) (εννέα, neuf, et γωνία, angle), figure de neuf angles et de neuf côtés.

ENNÉANDRIE, s. f. (*èné-andri*) (εννέα, neuf, et ανηρ, ανδρος, mari), classe de plantes.

ENNEMI, E, s. et adj. (*èmemi*), qui veut du mal à quelqu'un; adversaire; parti opposé.

ENNOBLI, E, part. pass. de *ennoblir*.

ENNOBLIR, v. a. (*an-noblir*), donner de l'éclat, de la considération.

ENNUI, s. m. (*an-nui*) (εννοια, forte application de l'esprit), lassitude, langueur d'esprit; dégoût de quelque chose.—Au pl., chagrin.

ENNUYANT, E, adj. (*an-nui-ian, ante*), qui cause actuellement de l'ennui.

ENNUYÉ, E, part. pass. de *ennuyer*.

ENNUYER, v. a. (*an-nui-ié*), causer de l'ennui, du déplaisir.

ENNUYEUSEMENT, adv. (*an-nui-ieuzeman*), avec *ennui*, d'une manière ennuyeuse.

ENNUYEUX, EUSE, adj. et s. (*an-nui-ieu, euse*), qui *ennuie* habituellement.

ÉNONCÉ, s. m. (*énoncé*), chose avancée, *énoncée*; le contenu d'un acte, d'un jugement.

ÉNONCÉ, E, part. pass. de *énoncer*.

ÉNONCER, v. a. (*énoncé*) (*enuntiare*), exprimer sa pensée.—V. pr., s'exprimer.

ÉNONCIATIF, TIVE, adj. (*énonciatif, tive*), qui fait mention de quelque chose.

ÉNONCIATION, s. f. (*énonciácion*) (*enuntiatio*), manière d'*énoncer*; proposition.

ENORGUEILLI, E, part. pass. de *enorgueillir*.

ENORGUEILLIR, v. a. (*annorguié-ir*), rendre *orgueilleux*.

ÉNORME, adj. des deux g. (*énorme*) (*enormis*, de la prép. *e*, hors, et de *norma*, règle), démesuré, excessif.

ÉNORMÉMENT, adj. (*énorméman*), d'une manière *énorme*.

ÉNORMITÉ, s. f. (*énormité*), excès de grandeur, de grosseur; *fig.* gravité, atrocité, en parlant de fautes ou de crimes.

ÉNOUÉ, E, part. pass. de *énouer*.

ÉNOUER, v. a. (*énoué*), éplucher un drap, en ôter les nœuds.

ENQUÉRANT, E, adj. (*ankiéran, ante*), qui s'*enquiert* avec trop de curiosité. Inus.

s'ENQUÉRIR, v. pr. (*cankiérir*) (*inquirere*, fouiller en dedans), s'informer, faire recherche.

ENQUERRE, v. a. (*ankèrre*), vieux mot qui s'est dit pour *enquérir*. Inus.

ENQUÊTE, s. f. (*ankiête*) (*inquisitio*, de *inquirere*, rechercher), soin, recherche; information par ordre de justice.

s'ENQUÊTER, v. pr. (*cankiété*) (*inquirere*), s'enquérir; se soucier.

ENQUÊTEUR, s. et adj. m. (*ankiêteur*), officier qui avait le pouvoir de faire des *enquêtes*.

s'ENRACINER, v. pr. (*çanraciné*), prendre racine.

ENRAGÉ, E, adj. et s. (*anrajé*), qui a la rage.

ENRAGEANT, E, adj. (*anrajan, ante*), qui fait *enrager*, qui cause du chagrin. Fam.

ENRAGER, v. n. (*anrajé*), être saisi de rage; *fig.* avoir un violent dépit.

ENRAYÉ, E, part. pass. de *enrayer*.

ENRAYER, v. a. (*anrèié*), mettre les rais dans une roue; arrêter une roue par les rais.

ENRAYURE, s. f. (*anrèiure*), ce qui sert à enrayer; la première raie que fait la charrue.

ENRÉGIMENTÉ, E, part. pass. de *enrégimenter*.

ENRÉGIMENTER, v. a. (*anréjimanté*), incorporer dans un régiment.

ENREGISTRÉ, E, part. pass. de *enregistrer*.

ENREGISTREMENT, s. m. (*anrejicetreman*), transcription d'un acte dans un *registre*.

ENREGISTRER, v. a. (*anrejicetré*), mettre quelque chose sur un *registre*.

ENRHUMÉ, E, part. pass. de *enrhumer*.

ENRHUMER, v. a. (*anrumé*), causer un *rhume*.

ENRICHI, E, part. pass. de *enrichir*, et s.

ENRICHIR, v. a. (*anrichir*), rendre *riche*; donner du bien et des richesses; *fig.* orner.

ENRICHISSEMENT, s. m. (*anrichicceman*), action d'*enrichir*; ornement qui enrichit.

ENRÔLÉ, E, part. pass. de *enrôler*.

ENRÔLEMENT, s. m. (*anrôleman*), action d'*enrôler*; acte où l'*enrôlement* est écrit.

ENRÔLER, v. a. (*anrôlé*), mettre, écrire sur le *rôle*.—V. pr., se faire soldat.

ENROUÉ, E, part. pass. de *enrouer*.

ENROUEMENT, s. m. (*anrouman*) (*raucus*, rauque), état de celui qui est *enroué*.

ENROUER, v. a. (*anroué*) (*raucire*), rendre la voix *rauque* et moins nette.

ENROUILLÉ, E, part. pass. de *enrouiller*.

ENROUILLER, v. a. (*anrou-ié*), rendre *rouillé*.

ENROULÉ, E, part. pass. de *enrouler*.

ENROULEMENT, s. m. (*anrouleman*), action d'*enrouler*; ce qui est tourné en spirale.

ENROULER, v. a. (anroulé), rouler une chose autour d'une autre ou sur elle-même.
ENSABLÉ, part. pass. de ensabler.
ENSABLEMENT, s. m. (ançableman), amas de sable formé par un courant d'eau.
ENSABLER, v. a. (ançablé), faire échouer sur le sable.
ENSACHÉ, E, part. pass. de ensacher.
ENSACHER, v. a. (ançaché), mettre dans un sac.
ENSAISINÉ, E, part. pass. de ensaisiner.
ENSAISINEMENT, s. m. (encèzineman), action d'ensaisiner; mise en possession.
ENSAISINER, v. a. (ancèziné), t. de prat., mettre en possession.
ENSANGLANTÉ, E, part. pass. de ensanglanter.
ENSANGLANTER, v. a. (ançanguelanté), tacher de sang, souiller de sang.
ENSEIGNE, s. f. (ancègnie) (insigne, de signum, signe), marque, indice; tableau à la porte d'un marchand; signe militaire; drapeau; emploi de celui qui portait le drapeau.—S. m., porte-drapeau; grade dans la marine.
ENSEIGNÉ, E, part. pass. de enseigner.
ENSEIGNEMENT, s. m. (ancègnieman), action, art d'enseigner; précepte, instruction.
ENSEIGNER, v. a. (ancègnié) (insinuare, insinuer), instruire; faire connaître.
ENSELLÉ, E, adj. (ancèlé), se dit d'un cheval qui a le dos creux.
ENSEMBLE, adv. (ançanble) (en lat. barbare insimul pour simul, l'un avec l'autre.
ENSEMBLE, s. m. (ançanble), ce qui résulte de l'union des parties qui composent un tout.
ENSEMENCÉ, E, part. pass. de ensemencer.
ENSEMENCEMENT, s. m. (ancemanceman), action d'ensemencer; son résultat.
ENSEMENCER, v. a. (ancemancé), jeter de la semence dans une terre.
ENSERRÉ, E, part. pass. (ancèré) (de la prép. en, et de serrer), enfermer; mettre dans une serre.
ENSEVELI, E, part. pass. de ensevelir.
ENSEVELIR, v. a. (ancevelir) (in, dans, et sepelire, ensevelir), envelopper un mort.
ENSEVELISSEMENT, s. m. (anceveliceman), action d'ensevelir.
ENSORCELÉ, E, part. pass. de ensorceler.
ENSORCELER, v. a. (ançorcelé), jeter un sort sur quelqu'un; agir de ruse.
ENSORCELEUR, EUSE, s. (ançorceleur, euse), qui ensorcelle.
ENSORCELLEMENT, s. m. (ançorcèleman), charme ou maléfice jeté sur quelqu'un.
ENSOUFRÉ, E, part. pass. de ensoufrer.
ENSOUFRER, v. a. (ançoufré), enduire de soufre; imprégner de la vapeur du soufre.
ENSUITE, adv. (ançuite), après. — ENSUITE DE, prép., par suite.
ENSUIVANT, E, adj. (ançuivan, ante), suivant, qui suit. Presque hors d'usage.
S'ENSUIVRE, v. pr. (çançuivre), suivre immédiatement; être après; venir de; dériver.
ENTABLÉ, E, part. pass. de entabler.
ENTABLEMENT, s. m. (antableman). (tabulatum, plancher), saillie au haut d'un bâtiment; frise et corniche réunies.
S'ENTABLER, v. pr. (çantablé), se dit d'un cheval dont la croupe va avant ses épaules, lorsqu'il manie sur les voltes.
ENTACHÉ, E, part. pass. de entacher.
ENTACHER, v. a. (antaché) (de la prép. en, et du v. tacher), infecter, gâter. Vieux.
ENTAILLE, s. f. (antâ-ie), coche faite dans une pièce de bois: coupure dans les chairs.
ENTAILLÉ, E, part. pass. de entailler.
ENTAILLER, v. a. (antâ-ié) (intaillare, tailler), faire une entaille dans une pièce de bois.
ENTAILLURE, s. f. (antâ-iure), entaille.
ENTAME, s. f. (antame). Voy. ENTAMURE.
ENTAMÉ, E, part. pass. de entamer.
ENTAMER, v. a. (antamé) (τεμνειν, couper), faire une petite déchirure; ôter une petite partie d'une chose entière; fig. commencer.
ENTAMURE, s. f. (antamure), incision, petite déchirure; le premier morceau du pain.
ENTASSÉ, E, part. pass. de entasser, et adj., mis en tas; fig. contraint dans sa taille.
ENTASSEMENT, s. m. (antâceman), amas de choses entassées les unes sur les autres.
ENTASSER, v. a. (antâcé) (ετασσειν, ranger), mettre en tas; mettre plusieurs choses les unes sur les autres; fig. accumuler.
ENTE, s. f. (ante) (insitio, de inserere, insérer), greffe; arbre greffé; manche de pinceau.
ENTÉ, E, part. pass. de enter.
ENTENDEMENT, s. m. (antandeman), faculté par laquelle l'âme conçoit; jugement.
ENTENDEUR, s. m. (antandeur), qui entend et conçoit bien.
ENTENDRE, v. a. (antandre) (intendere, de in, vers, et tendere, tendre), être frappé des sons, ouïr; comprendre; être versé dans.—V. pr., se connaître en; être d'accord.
ENTENDU, E, part. pass. de entendre, adj. et s. ouï; conçu; habile; assorti; capable. — BIEN ENTENDU QUE, conj., à condition que.
ENTENTE, s. f. (antante), interprétation qu'on donne à un mot; disposition, ordonnance.
ENTER, v. a. (anté) (inserere), greffer; joindre et assembler deux pièces de bois.
ENTÉRINÉ, E, part. pass. de entériner.
ENTÉRINEMENT, s. m. (antérineman), action d'entériner, vérification, homologation.
ENTÉRINER, v. a. (antériné) (du lat. barbare interinare), ratifier juridiquement.
ENTERRÉ, E, part. pass. de enterrer, et adj.
ENTERREMENT, s. m. (antèreman), action de mettre un corps mort en terre; funérailles.
ENTERRER, v. a. (antèré), mettre en terre; inhumer; enfouir; fig. tenir caché.
ENTÊTÉ, E, part. pass. de entêter, adj. et s., qui a de l'entêtement.

ENTÊTEMENT, s. m. (antêteman), attachement obstiné; opiniâtreté.

ENTÊTER, v. a. (antété), envoyer à la tête des vapeurs incommodes; fig. prévenir en faveur de.—V. pr., s'opiniâtrer.

ENTHOUSIASME, s. m. (antouziaceme)(ενθουσιασμος), fureur poétique qui transporte l'esprit; admiration outrée; fanatisme.

ENTHOUSIASMÉ, E, part. pass. de enthousiasmer.

ENTHOUSIASMER, v. a. (antouziaceme), ravir d'admiration.—V. pr., s'engouer de.

ENTHOUSIASTE, s. des deux g. (antouziacete), visionnaire ; celui qui s'enthousiasme.

ENTHYMÈME, s. m. (antimème) (ενθυμημα, pensée, de εν, dans, et θυμος, esprit), argument qui n'a que l'antécédent et le conséquent.

ENTICHÉ, E, part. pass. de enticher, et adj.

ENTICHER, v. a. (antiché) (corruption de entacher), faire adopter une opinion; commencer à gâter.—V. pr., s'engouer.

ENTIER, IERE, adj. (antié, ière) (integer), qui a toutes ses parties; complet ; qui n'est pas hongre; fig. obstiné. — S. m., chose entière.— EN ENTIER , adv , entièrement.

ENTIÈREMENT, adv. (antièreman), tout-à-fait, totalement, complètement.

ENTITÉ, s. f. (antité) (entitas, de ens, être), ce qui constitue l'être ou l'essence d'une chose.

ENTOILAGE. s. m. (antoélaje), action d'entoiler; son résultat; toile à dentelle.

ENTOILÉ, E, part. pass. de entoiler.

ENTOILER, v. a. (antoélé) , attacher de la toile à; coller sur toile.

ENTOMOLOGIE, s. f. (antomoloji) (εντομον, insecte, et λογος, discours), traité des insectes.

ENTOMOLOGIQUE, adj. des deux g. (antomolojike), qui a rapport à l'entomologie.

ENTOMOLOGISTE, s. m. (antomolojicete), homme savant dans l'entomologie.

ENTONNÉ, E, part. pass. de entonner.

ENTONNER, v. a. (antoné), verser une liqueur avec un entonnoir; mettre en ton; commencer un chant.—V. pr., s'engouffrer.

ENTONNOIR, s. m. (antonoar), instrument avec lequel on entonne une liqueur.

ENTORSE, s. f. (antorce) (intorquere, tordre), extension violente des nerfs; fig. altération d'un texte.

ENTORTILLÉ, E, part. pass. de entortiller.

ENTORTILLEMENT, s. m. (antorti-ieman), action d'entortiller; ses effets ; fig. embarras.

ENTORTILLER, v. a. (antorti-ié) , envelopper en tortillant.—V. pr., s'attacher à.

ENTOUR, s. m. (antour), environs, circuit. —Au pl., la société ordinaire d'une personne. à l'ENTOUR, adv. Voy. ALENTOUR.

ENTOURAGE, s. m. (antouraje), ornements qui entourent; les entours de quelqu'un.

ENTOURÉ, E, part. pass. de entourer.

ENTOURER, v. a. (antouré), environner; se tenir ou se mettre tout autour; vivre avec.

ENTOURNURE, s. f. (antournure) , échancrure d'une manche vers l'épaule.

s'ENTR'ACCORDER, v. pr. (cantrakordé), s'accorder ensemble, être d'intelligence.

s'ENTR'ACCUSER , v. pr. (cantrakuzé) , s'accuser réciproquement.

ENTR'ACTES , et non pas ENTR'ACTE , s. m. (antrakte), espace, intervalle entre les actes d'une pièce de théâtre.

s'ENTR'AIDER , v. pr. (cantrèdé), s'aider mutuellement.

ENTRAILLES , s. f. pl. (antrá-ie) (en lat. barbare interalia, de εντερον, intestin), boyaux, intestins, viscères; fig. affection, tendresse.

s'ENTR'AIMER, v. pr. (cantrèmé), s'aimer l'un l'autre.

ENTRAÎNANT, E, adj. (antrénan, ante), qui entraîne. Il ne se dit qu'au figuré.

ENTRAÎNÉ, E, part. pass. de entraîner.

ENTRAÎNEMENT, s. m. (antréneman), action d'entraîner; charme de ce qui entraîne.

ENTRAÎNER, v. a. (antréné), traîner avec soi; attirer à soi; fig. causer, produire.

ENTRAIT, s. m. (antré), maîtresse pièce d'une ferme de cintre, etc.

ENTRANT, E, adj. (antran, ante), insinuant, engageant.—S. m., qui entre.

s'ENTR'APPELER , v. pr. (cantrapelé), s'appeler l'un l'autre.

ENTRAVÉ, E, part. pass. de entraver.

ENTRAVER, v. a. (antravé), mettre des entraves; fig. mettre obstacle à.

s'ENTR'AVERTIR, v. pr. (cantravèrtir), s'avertir mutuellement.

ENTRAVES, s. f. pl. (antrave) (in, dans, et trabes, poutre, bâton), liens aux pieds des chevaux; fig. obstacle, empêchement.

ENTRE, prép. (antre) (inter), au milieu, parmi, dans, en.

ENTRÉ, E, part. pass. de entrer.

ENTRE-BAILLÉ, E, part. pass. de entrebailler.

ENTRE-BAILLER, v. a. (antrebá-ié), entr'ouvrir légèrement.

ENTRE-CHAT, s. m. (antrecha) (de l'italien entrecciato, entrelacé), pas de danse.

s'ENTRE-CHOQUER , v. pr. (cantrechokié), se choquer l'un l'autre; fig. se contredire.

ENTRE-COLONNES, ou ENTRE-COLONNEMENT, s. m. (antrekolone, man), espace entre deux colonnes.

ENTRECÔTES, s. m. (antrekôte), morceau de bœuf coupé entre deux côtes.

ENTRE-COUPÉ, E, part. pass. de entrecouper.

ENTRE-COUPER, v. a. (antrekoupé), couper en divers endroits, interrompre.

s'ENTRE-CROISER, v. pr. (cantrekroèzé), se croiser l'un l'autre.

s'ENTRE-DÉCHIRER, v. pr. (çantredéchiré), se déchirer mutuellement.
s'ENTRE-DÉTRUIRE, v. pr. (çantredétruire), se détruire l'un l'autre.
ENTRE-DEUX, s. m. (antredeu), ce qui est entre deux choses.
s'ENTRE-DÉVORER, v. pr. (çantredévoré), se dévorer mutuellement.
s'ENTRE-DONNER, v. pr. (çantredoné), se donner mutuellement.
ENTRÉE, s. f. (entré), lieu par où l'on entre; action d'entrer; séance; mets; commencement; partie d'un ballet; droit du fisc.
ENTREFAITE, s. f. (antrefète) : dans ou sur ces entrefaites, pendant ce temps-là.
s'ENTRE-FRAPPER, v. pr. (çantrefrapé), se frapper l'un l'autre.
ENTREGENT, s. m. (antrejan) (inter gentes, parmi le monde), manière adroite de se conduire dans le monde. Fam.
s'ENTR'ÉGORGER, v. pr. (çantréguorjé), s'égorger l'un l'autre.
ENTRELACÉ, E, part. pass. de entrelacer.
ENTRELACEMENT, s. m. (antrelaceman), mélange de plusieurs choses entrelacées.
ENTRELACER, v. a. (antrelacé), mettre l'un dans l'autre.
ENTRELACS, s. m. pl. (antrelâ), cordons ou filets joints ou mêlés ensemble.
ENTRELARDÉ, E, part. pass. de entrelarder.
ENTRELARDER, v. a. (antrelardé), faire entrer du lard dans une pièce de chair.
ENTRE-LIGNES, s. m. (antrelignie), espace entre deux lignes.
ENTRE-LUIRE, v. n. (antreluire), luire à demi.
s'ENTRE-MANGER, v. pr. (çantremanjé), se manger l'un l'autre.
ENTRE-MÊLÉ, E, part. pass. de entre-mêler.
ENTRE-MÊLER, v. a. (antremélé), mêler parmi — V. pr., s'entremettre. Fam.
ENTREMETS, s. m. (antremè) (des mots entre et mets), ce qui se sert sur la table après le rôti et avant le fruit.
ENTREMETTEUR, EUSE, s. (antremèteur, euze), qui s'entremet dans une affaire.
s'ENTREMETTRE, v. pr. (çantremètre), s'employer pour faire réussir quelque chose.
ENTREMISE, s. f. (antremize), aide, secours, moyen, médiation.
ENTRE-NŒUDS, s. m. (antreneu), en bot., espace entre deux nœuds d'une tige.
s'ENTRE-NUIRE, v. pr. (çantrenuire), se nuire l'un à l'autre.
ENTRE-PAS, s. m. (antrepâ), t. de man., allure qui ne tient ni du pas, ni du trot.
s'ENTRE-PERCER, v. pr. (çantrepèrcé), se percer mutuellement.
ENTRE-PONTS, s. m. (antrepon), étage compris entre les deux ponts d'un vaisseau.
ENTREPOSÉ, E, part. pass. de entreposer.
ENTREPOSER, v. a. (entrepôzé) (interponere, de inter, entre, et du v. ponere, placer), mettre des marchandises dans un entrepôt.
ENTREPOSEUR, s. m. (antrepôzeur), commis à la garde des marchandises entreposées.
ENTREPÔT, s. m. (antrepô), lieu de réserve où les marchandises sont mises provisoirement.
s'ENTRE-POUSSER, v. pr. (çantrepoucé), se pousser mutuellement.
ENTREPRENANT, E, adj. (antreprenan, ante), hardi, téméraire; qui entreprend.
ENTREPRENDRE, v. a. (antreprandré), prendre la résolution de faire quelque action; s'engager à; attaquer; usurper; attenter à.
ENTREPRENEUR, EUSE, s. (antrepreneur, euze), qui entreprend quelque ouvrage.
ENTREPRIS, E, part. pass. d'entreprendre, et adj., embarrassé, perclus.
ENTREPRISE, s. f. (antreprize), action d'entreprendre; ce qu'on a entrepris de faire.
s'ENTRE-QUERELLER, v. pr. (çantrekerèlé), se quereller l'un l'autre.
ENTRER, v. n. (antré) (intrare, de intra, dedans, et ire, aller), passer du dehors au dedans.—V. unipers.: il entre, il y a.
s'ENTRE-RÉPONDRE, v. pr. (çantrérépondre), se répondre l'un à l'autre.
s'ENTRE-SECOURIR, v. pr. (çantrecekourir), se secourir mutuellement.
ENTRE-SOL, s. m. (antreçol) (de entre, et de sol, plancher), étage entre le rez-de-chaussée et le premier.
s'ENTRE-SUIVRE, v. pr. (çantreçuivre), aller de suite, l'un après l'autre.
ENTRE-TAILLE, s. f. (antretâ-ie), pas de danse; t. de grav., taille fine et déliée.
ENTRE-TAILLÉ, E, part. pass. de s'entretailler.
s'ENTRE-TAILLER, v. pr. (çantretâ-ié), se dit d'un cheval qui se heurte les jambes.
ENTRE-TAILLURE, s. f. (antretâ-iure), blessure que se fait un cheval qui s'entre-taille.
ENTRE-TEMPS, s. m. (antretan), intervalle de temps qui s'écoule entre deux actions.
ENTRETÈNEMENT, s. m. (antretèneman), action d'entretenir; l'entretien même.
ENTRETENEUR, EUSE, s. (antreteneur, euze), qui entretient.
ENTRETENIR, v. a. (antretenir), tenir ensemble; tenir en bon état; rendre durable; fournir les choses nécessaires; parler à quelqu'un, l'occuper.—V. pr., parler, converser; se conserver; se fournir.
ENTRETENU, E, part. pass. de entretenir, et adj.
ENTRETIEN, s. m. (antretiein), dépense pour entretenir; ce qu'il faut pour les besoins d'une personne, etc.; conversation.
ENTRE-TOILE, s. f. (antretoèle), dentelle qu'on met entre deux bandes de toile.
ENTRE-TOISE, s. f. (antretoèze), pièce de bois entre d'autres pour les soutenir.
ENTREVOIR, v. a. (antrevoar), voir im-

parfaitement.—V. pr., avoir une *entrevue*.

ENTRE-VOUS, s. m. (*antrevon*), intervalle qui est *entre* deux solives dans un plancher.

ENTREVUE, s. f. (*antrevu*), action de se voir avec quelqu'un en certain lieu ordinairement pour affaires.

ENTR'OUIR, v. a. (*antrou-ir*), ouïr imparfaitement, un peu.

ENTR'OUVERTURE, s. f. (*antrouvèreture*), maladie du cheval qui résulte d'un écart.

ENTR'OUVRIR, v. a. (*antrouvrir*), ouvrir un peu.

ENTURE, s. f. (*anture*), endroit où l'on place une *ente*; échelon.

ÉNUMÉRATEUR, TRICE, s. (*énumérateur, trice*), qui fait une *énumération*.

ÉNUMÉRATIF, TIVE, adj. (*énumératif, tive*), qui *énumère*.

ÉNUMÉRATION, s. f. (*énumérâcion*) (*enumeratio*), dénombrement de plusieurs choses.

ÉNUMÉRÉ, E, part. pass. de *énumérer*.

ÉNUMÉRER, v. a. (*énuméré*) (*enumerare*), dénombrer.

ENVAHI, E, part. pass. de *envahir*.

ENVAHIR, v. a. (*anva-ir*) (*invadere*, de *in*, dans, et *vadere*, aller), usurper, prendre par force, par violence, par fraude, injustement.

ENVAHISSEMENT, s. m. (*anva-iceman*), action d'*envahir*.

ENVAHISSEUR, EUSE, s. (*anva-iceur, euse*), qui *envahit*.

ENVELOPPE, s. f. (*anvelope*), tout ce qui sert à *envelopper* et à couvrir quelque chose.

ENVELOPPÉ, E, part. pass. de *envelopper*.

ENVELOPPER, v. a. (*anvelopé*) (*involvere*), couvrir d'une *enveloppe*; *fig.* cacher, déguiser; comprendre; entourer, investir.

ENVENIMÉ, E, part. pass. de *envenimer*.

ENVENIMER, v. a. (*anvenimé*), infecter de *venin*; *fig.* donner une interprétation perfide.

ENVERGÉ, part. pass. de *enverger*.

ENVERGER, v. a. (*anvèrejé*) (*virga*, baguette), garnir de *verges*, de branches d'osier.

ENVERGUÉ, E, part. pass. de *enverguer*.

ENVERGUER, v. a. (*anvèreguié*), attacher les *vergues* aux voiles.

ENVERGURE, s. f. (*anvèregure*), manière d'*enverguer*; étendue des ailes d'un oiseau.

ENVERS, s. m. (*anvère*) (*inversus*, tourné), côté le moins beau d'une étoffe. — à l'ENVERS, adv., dans un sens contraire à celui qu'il faut.

ENVERS, prép. (*anvère*) (*inversus*, dit pour *versus*), à l'égard de.

à l'ENVI, loc. adv. (*alanvi*), avec émulation.

ENVIE, s. f. (*anvi*) (*invidia*), déplaisir qu'on a du bien d'autrui; désir, besoin; disposition à; signe sur la peau; petits filets de peau.

ENVIÉ, E, part. pass. de *envier*, et adj.

ENVIEILLI, E, part. pass. de *envieillir*.

ENVIEILLIR, v. a. (*anviéie-ir*), faire paraître *vieux*.—V. n., devenir *vieux*. Peu us.

ENVIER, v. a. (*anvié*) (*invidere*), porter *envie*; être *envieux* du bonheur d'autrui; désirer.

ENVIEUX, EUSE, adj. et s. (*anvieu, euse*), qui porte *envie* à quelqu'un.

ENVINÉ, E, adj. (*anviné*), se dit de la bouche, d'un vase qui a contracté l'odeur du *vin*.

ENVIRON, adv. et prép. (*anviron*) (*in gyrum*, autour), à peu près; un peu plus ou un peu moins.

ENVIRONNANT, E, adj. (*anvironan, ante*), qui *environne*.

ENVIRONNÉ, E, part. pass. de *environner*.

ENVIRONNER, v. a. (*anvironé*) (du mot *environ*), entourer; enfermer; être autour de.

ENVIRONS, s. m. pl. (*anviron*), lieux circonvoisins.

ENVISAGÉ, E, part. pass. de *envisager*.

ENVISAGER, v. a. (*anvizajé*), regarder une personne au *visage*; *fig.* considérer en esprit.

ENVOI, s. m. (*anvoè*), action par laquelle on *envoie*; choses envoyées; couplet de ballade.

ENVOILÉ, E, part. pass. de s'*envoiler*.

s'ENVOILER, v. pr. (*çanvoèlé*), se courber, en parlant du fer à la trempe.

ENVOISINÉ, E, adj. (*anvoèziné*), qui a des *voisins*. Fam.

ENVOLÉ, E, part. pass. de s'*envoler*.

s'ENVOLER, v. pr. (*çanvolé*) (*involare*), s'enfuir en *volant*; *fig.* passer rapidement.

ENVOÛTÉ, E, part. pass. de *envoûter*.

ENVOÛTER, v. a. (*anvoûté*) (du lat. barbare *inultare*, de *vultus*, visage), prétendre faire mourir au moyen d'une image de cire. Inus.

ENVOYÉ, E, s. (*anvoè-ié*), personne envoyée de la part de quelque autre; député.

ENVOYÉ, E, part. pass. de *envoyer*.

ENVOYER, v. a. (*anvoè-ié*) (*inviare*, de *in*, en, et *via*, chemin), dépêcher quelqu'un à... ou vers...; faire porter en quelque lieu.

ÉOLIEN ou ÉOLIQUE, adj. (*é-oliein, like*) (αιολιις ou αιολικος), dialecte grec.

ÉOLIPYLE, s. m. (*é-olipile*) (Αιολυς, Éole, dieu des vents, et πυλη, porte), boule de métal creuse, qui, étant remplie d'eau et chauffée, produit un jet de vapeur.

ÉPACTE, s. f. (*épakete*) (επακτος, intercalé), jours qu'on ajoute à l'année lunaire.

ÉPAGNEUL, E, s. (*épagnieul*), chien de chasse dont la race vient d'*Espagne*.

ÉPAIS, AISSE, adj. (*épé, péce*) (*spissus*), qui a de l'*épaisseur*; *fig.* grossier, lourd, serré; qui est près à près.—S. m., épaisseur.

ÉPAISSEUR, s. f. (*épéceur*), profondeur d'un corps solide; densité.

ÉPAISSI, E, part. pass. de *épaissir*.

ÉPAISSIR, v. a. (*épécir*), rendre *épais*. — V. n. devenir *épais*.

ÉPAISSISSEMENT, s. m. (*épéciceman*), condensation; état de ce qui est *épaissi*.

15

ÉPAMPRÉ, E, part. pass. de *épamprer*.
ÉPAMPREMENT, s. m. (*épanpreman*), action d'*épamprer* la vigne.
ÉPAMPRER, v. a. (*épanpré*), débarrasser une vigne de ses *pampres* inutiles.
ÉPANCHÉ, E, part. pass. de *épancher*.
ÉPANCHEMENT, s. m. (*épancheman*), action de s'*épancher*, effusion.
ÉPANCHER, v. a. (*épanché*) (du lat. barbare *expansare*, fait d'*expandere*, répandre), verser doucement.—V. pr., se confier.
ÉPANDRE, v. a. (*épandre*) (*epandere*, jeter çà et là), éparpiller.—V. pr., s'étendre.
ÉPANDU, E, part. pass. de *épandre*.
ÉPANORTHOSE, s. f. (*épanortôze*) (επανορθωσις), t. de rhét., rétractation feinte.
ÉPANOUI, E, part. pass. de s'*épanouir*.
ÉPANOUIR, v. a. (*épanouir*) (*expandere*, étendre) : épanouir la rate, réjouir.— V. pr., s'ouvrir, se déplier, éclore, en parlant des fleurs; *fig.* se dérider, devenir serein.
ÉPANOUISSEMENT, s. m. (*épanouiceman*), l'action de s'*épanouir*.
ÉPARCET, s. m. Voy. ESPARCETTE.
s'ÉPARER, v. pr. (*céparé*), t. de man., se dit d'un cheval qui détache des ruades.
ÉPARGNANT, E, adj. (*épargnian*, *ante*), qui use d'*épargne*.
ÉPARGNE, s. f. (*épargnie*), économie dans le ménage ; autrefois le trésor public ; *fig.* ménagement que l'on fait du temps, etc.—*Caisse d'épargne*, établissement public pour recueillir les *épargnes* des ouvriers, etc.
ÉPARGNÉ, E, part. pass. de *épargner*.
ÉPARGNER, v. a. (*épargnié*) (*parcere*), user d'économie; *fig.* ménager.—V. pr., se ménager trop; se priver des choses nécessaires.
ÉPARPILLÉ, E, part. pass. de *éparpiller*.
ÉPARPILLEMENT, s. m. (*éparpileman*), action d'*éparpiller*.
ÉPARPILLER, v. a. (*éparpi-ié*) (en italien *sparpagliare*, fait du lat. *spargere*), répandre çà et là.—V. pr., se disperser.
ÉPARS, E, adj. (*épar*, *parce*) (*sparsus*, part. pass. de *spargere*, disperser), dispersé; placé çà et là, sans aucun ordre.
ÉPARVIN, s. m. (*éparvein*), sorte de maladie du cheval.
ÉPATÉ, E, part. pass. de *épater*, et adj. : *nez épaté*, nez gros, large et court ; *verre épaté*, verre qui a le pied cassé.
ÉPATER, v. a. (*épaté*), rompre le pied.
ÉPAULARD, s. m. (*épôlar*), grand poisson de mer de la forme du dauphin.
ÉPAULE, s. f. (*épôle*) (*spalla*), partie du corps de l'homme qui se joint au bras.
ÉPAULÉ, E, part. pass. de *épauler*, et adj.

ÉPAULÉE, s. f. (*épôlé*), effort qu'on fait de l'*épaule* pour pousser quelque chose.
ÉPAULEMENT, s. m. (*épôleman*), rempart de fascines, de terre, etc ; mur pour soutenir.
ÉPAULER, v. a. (*épôlé*), rompre ou disloquer l'*épaule* ; *fig.* assister, aider, appuyer.
ÉPAULETTE, s. f. (*épôlète*), bande de toile sur l'*épaule* de la chemise; galon de soie, d'or, etc., sur l'*épaule* d'un militaire.
ÉPAVE, adj. des deux g. (*épave*) (*expavefacta*, effrayée), se dit des choses égarées et dont on ne connaît point le propriétaire.— S. f., ce que la mer rejette sur ses bords.
ÉPEAUTRE, s. m. (*épôtre*) (*spelta*), espèce de froment commun en Égypte.
ÉPÉE, s. f. (*épé*) (*spatha*), sorte d'arme offensive ; *fig.* la profession militaire.
ÉPELÉ, E, part. pass. de *épeler*.
ÉPELER, v. a. (*épelé*) (*appellare*), appeler les lettres et en former des syllabes.
ÉPELLATION, s. f. (*épèlelácion*), action, art d'*épeler*.
ÉPENTHÈSE, s. f. (*épantèze*) (επενθεσις), insertion d'une lettre au milieu d'un mot.
ÉPENTHÉTIQUE, adj. des deux g. (*épantétike*), qui est ajouté par *épenthèse*.
ÉPERDU, E, adj. (*épèredu*), troublé par la crainte ou par quelque autre passion.
ÉPERDUMENT, adv. (*épèredumán*), violemment, passionnément.
ÉPERLAN, s. m. (*épèrelan*), poisson de mer.
ÉPERON, s. m. (*éperon*) (en italien *sperone*), branche de métal armée de pointes; rides au coin de l'œil; ergot des coqs; proue; fortification en angle; ouvrage en pointe.
ÉPERONNÉ, E, part. pass. de *éperonner*, et adj., qui a des *éperons*.—S. m., poisson.
ÉPERONNER, v. a. (*éperoné*), piquer de l'*éperon*.
ÉPERONNIER, s. m. (*éperonié*), artisan qui fait et vend des *éperons*, des mors, etc.
ÉPERVIER, s. m. (*épèrevié*) (en lat. barbare *sparvarius*, de l'allemand *sparver*), oiseau de proie ; filet de pêcheur ; bandage pour le nez.
ÉPERVIÈRE, s. f. (*épèrevière*), plante.
ÉPHÉLIDE, s. f. (*éfélide*) (εφηλις), tache de la peau produite par l'ardeur du soleil.
ÉPHÉMÈRE, adj. des deux g. (*éfémère*) (εφημερος, de επι, dans, et ημερα, jour), qui ne dure qu'un jour.
ÉPHÉMÉRIDES, s. f. pl. (*éfémérids*) (εφημεριδς, journal, de επι, dans, et ημερα, jour), tables astronomiques; livres qui contiennent les événements de chaque jour.
ÉPHOD, s. m. (*éfode*) (de l'hébreu *aphad*, habiller), vêtement sacerdotal des Juifs.
ÉPHORE, s. m. (*éfore*) (εφορος, surveillant), t. d'hist. anc., juge de Sparte.

ÉPI, s. m. (épi) (spica), tête du tuyau du blé, etc., qui contient le grain ; bandage.

ÉPIAL, E, adj. (épiale) (ηπιαλις), t. de méd., se dit d'une fièvre continue.

ÉPICE, s. f. (épice) (species, marchandise de droguiste), drogue aromatique pour assaisonner les viandes.—Au pl., autrefois, confitures ; fig. droits alloués aux juges.

ÉPICÉ, E, part. pass. de épicer, et adj.

ÉPICÈNE, adj. des deux g. (épicène) (επι, en, et κοινος, commun), t. de gramm., se dit des mots communs aux deux sexes.

ÉPICER, v. a. (épicé), assaisonner avec des épices.

ÉPICERIE, s. f. (épiceri), ce qui concerne les épices ; commerce d'épicier.

ÉPICHÉRÈME, s. f. (épikérème) (επιχειρημα, argument), syllogisme où chacune des prémisses est accompagnée de sa preuve.

ÉPICIER, IÈRE, s. et adj. (épicié, ière), qui vend des épiceries.

ÉPICRÂNE, s. m. (épikrâne) (επι, sur, et κρανιον, crâne), ce qui environne le crâne.

ÉPICURIEN, IENNE, s. et adj. (épikurièin, ième), sectateur d'Épicure ; voluptueux ; qui ne pense qu'à son plaisir.

ÉPICURISME, s. m. (épikuriceme), doctrine, morale d'Épicure ; vie voluptueuse.

ÉPICYCLE, s. m. (épicikle) (επι, sur, et κυκλος, cercle), t. d'astron., petit cercle.

ÉPICYCLOÏDE, s. f. (épiciklo-ide) (επι, sur, κυκλος, cercle, et ειδος, forme), ligne courbe.

ÉPIDÉMIE, s. f. (épidémi) (επιδημια, de επι, dans, et δημος, peuple), maladie contagieuse et populaire.

ÉPIDÉMIQUE, adj. des deux g. (épidémike), qui tient de l'épidémie.

ÉPIDERME, s. m. (épidèreme) (επιδερμις, de επι, sur, et δερμα, peau), première peau de l'homme et de l'animal, et la plus mince.

ÉPIÉ, E, part. pass. de épier, et adj., en épi.

ÉPIER, v. n. (épié), monter en épi.

ÉPIER, v. a. (épié) (du verbe teutonique spæhen, voir), observer quelqu'un, ses actions ; être attentif à saisir, à profiter de.

ÉPIERRÉ, E, part. pass. de épierrer.

ÉPIERRER, v. a. (épière), nettoyer la terre de pierres, de gravois.

ÉPIEU, s. m. (épieu) (en allemand spiess), sorte de hallebarde pour la chasse du sanglier.

ÉPIGASTRE, s. m. (épiguacetre) (επιγαστριον), partie supérieure du bas-ventre.

ÉPIGASTRIQUE, adj. des deux g. (épiguacetrike), qui appartient à l'épigastre.

ÉPIGLOTTE, s. f. (épiguelote) (επιγλωττις), t. d'anat., luette qui recouvre la glotte.

ÉPIGRAMMATIQUE, adj. des deux g. (épiguéramatike), qui tient de l'épigramme.

ÉPIGRAMMATISTE, s. m. (épiguéramaticete), qui fait des épigrammes.

ÉPIGRAMME, s. f. (épiguérame) (επιγραμμα, inscription), petite pièce de vers terminée par un trait piquant.

ÉPIGRAPHE, s. f. (épiguérafe) (επιγραφη), inscription ; sentence en tête d'un livre.

ÉPILATOIRE, adj. des deux g. (épilatoare), qui sert à épiler.

ÉPILEPSIE, s. f. (épilèpeci) (επιληψις), mal caduc, haut mal.

ÉPILEPTIQUE, adj. et s. des deux g. (épilèpetike), sujet à l'épilepsie.

ÉPILÉ, E, part. pass. de épiler.

ÉPILER, v. a. (épilé) (pilus, poil), arracher le poil ou le faire tomber.

ÉPILLET, s. m. (épi-iè), épi partiel de l'épi composé.

ÉPILOGUE, s. m. (épilogue) (επιλογος, conclusion), conclusion de quelque livre, etc.

ÉPILOGUÉ, E, part. pass. de épiloguer.

ÉPILOGUER, v. a. et n. (épiloguié) (επιλογος, épilogue), trouver à redire, censurer. Fam.

ÉPILOGUEUR, EUSE, s. (épiloguieur, euse), qui épilogue, qui aime à épiloguer.

ÉPINARD, s. m. (épinar), herbe potagère. Il ne s'emploie guère qu'au pl.

ÉPINE, s. f. (épine) (spina), arbrisseau dont les pointes ont des piquants ; ces piquants mêmes ; vertèbres du dos ; fig. difficulté.—Au pl., pointes de cuivre après le ressuage.

ÉPINETTE, s. f. (épinète), sorte d'instrument de musique, petit clavecin ; sapin.

ÉPINEUX, EUSE, adj. (épineu, euze) (spinosus), qui a des épines ; fig. plein de difficultés.

ÉPINE-VINETTE, s. f. (épinèvinète), arbrisseau épineux dont le fruit est rouge et aigre ; son fruit ; confiture qu'on en fait.

ÉPINGARE, s. m. (épeinguare), pièce de canon qui ne passe pas une livre de balle.

ÉPINGLE, s. f. (épeinguele) (spinicula, dimin. de spina, épine), fil de laiton avec tête et pointe.—Au pl., présents, cadeaux.

ÉPINGLETTE, s. f. (épeinguelète), aiguille de fer pour percer les gargousses.

ÉPINGLIER, IÈRE, s. (épeinguelié, ière), qui vend des épingles ; partie du rouet à filer.

ÉPINIÈRE, adj. f. (épinière), qui appartient à l'épine du dos.

ÉPINIERS, s. m. pl. (épinié), bois fourré d'épines où les bêtes noires se retirent.

ÉPIPHANIE, s. f. (épifani) (επιφανεια, manifestation), fête de l'adoration des rois.

ÉPIPHONÈME, s. m. (*épifonème*) (επιφώ-νημα), réflexion profonde, sentence. Inus.

ÉPIPHORE, s. m. (*épifore*) (επιφορα, impétuosité), écoulement continuel de larmes.

ÉPIPLOON, s. m. (*épiplo-on*) (επιπλοον, de επι, sur, et πλεω, je flotte), membrane graisseuse qui couvre les intestins.

ÉPIQUE, adj. des deux g. (*épike*) (επικος, de επος, parole), se dit des poèmes héroïques et de leurs auteurs.

ÉPISCOPAL, E, adj., au pl. m. ÉPISCOPAUX (*épicekopale*) (episcopalis), de l'évêque.

ÉPISCOPAT, s. m. (*épicekopa*) (episcopatus), dignité d'évêque.

ÉPISCOPAUX, s. m. pl. (*épicekopô*), en Angleterre, ceux qui tiennent pour l'épiscopat.

ÉPISODE, s. m. (*épisode*) (επεισόδιον, de επι, par-dessus, et εισοδος, qui arrive), histoire incidente, action accessoire dans un poème, etc.

ÉPISODIQUE, adj. des deux g. (*épisodike*), qui appartient à l'épisode, qui sert d'épisode.

ÉPISPASTIQUE, s. m. et adj. des deux g. (*épicepacetike*) (επισπαστικος), médicament qui attire les humeurs en dehors.

ÉPISSÉ, E, part. pass. de *épisser*.

ÉPISSER, v. a. (*épicé*), entrelacer une corde avec une autre.

ÉPISSOIR, s. m. (*épiçoar*), instrument qui sert à *épisser*; cheville de fer.

ÉPISSURE, s. f. (*épicure*), entrelacement de deux bouts de corde au milieu d'un nœud.

ÉPISTOLAIRE, adj. des deux g. (*épicetolère*) (epistolaris, de epistola, lettre), qui concerne les épîtres, les lettres. — S. m., auteur dont les lettres ont été recueillies.

ÉPISTOLOGRAPHE, s. m. (*épicetologue-rafe*) (επιστολη, épître, et γραφω, j'écris), auteur d'épîtres.

ÉPISTYLE, s. f. (*épicetile*) (επι, sur, et στυλη, colonne), architrave.

ÉPITAPHE, s. f. (*épitafe*) (επιταφιον, de επι, sur, et ταφος, tombeau), inscription sur un tombeau; t. d'antiq., vers à l'honneur des morts.

ÉPITASE, s. f. (*épitáse*) (επιτασις, accroissement), partie du poème dramatique où l'action se développe.

ÉPITHALAME, s. m. (*épitalame*) (επιθαλαμιον, de επι, sur, et θαλαμος, lit nuptial), poème où l'on célèbre le mariage de quelqu'un.

ÉPITHÈME, s. m. (*épitème*) (τιθημι, mettre), topique.

ÉPITHÈTE, s. f. (*épitète*) (επιθετος, ajouté), adjectif qui désigne quelque qualité du nom substantif auquel il est joint.

ÉPITOGE, s. f. (*épitoje*) (επι, sur, et toga, toge), chaperon; manteau romain.

ÉPITOME, s. m. (*épitome*) (επιτομη, de επι, dans, et τεμνω, je coupe), abrégé.

ÉPÎTRE, s. f. (*épître*) (epistola), lettre missive; lettre en vers; partie de la messe.

ÉPITROPE, s. f. (*épitrope*) (επιτροπη, concession), consentement; en t. de rhét., concession. — S. m., arbitre des chrétiens grecs.

ÉPIZOOTIE, s. f. (*épisóo-ti*) (επι, sur, et ζωον, animal), maladie contagieuse des bestiaux.

ÉPIZOOTIQUE, adj. des deux g. (*épisóotike*), qui tient de l'épizootie.

ÉPLORÉ, E, adj. (*éploré*), tout en pleurs.

ÉPLOYÉ, E, adj. (*éploè-ié*), t. de blas.: aigle éployée, dont les ailes sont étendues.

ÉPLUCHAGE, s. m. (*éluchaje*), opération par laquelle on enlève les ordures des étoffes.

ÉPLUCHÉ, E, part. pass. de *éplucher*.

ÉPLUCHEMENT, s. m. (*éplucheman*), action d'éplucher.

ÉPLUCHER, v. a. (*épluché*), ôter ce qu'il y a de mauvais dans les herbes, etc.; fig. examiner malignement. — V. pr., ôter sa vermine.

ÉPLUCHEUR, EUSE, s. (*éplucheur, euse*), qui *épluche*.

ÉPLUCHOIR, s. m. (*épluchoar*), petit couteau pour *éplucher*.

ÉPLUCHURE, s. f. (*épluchure*), ordures ou choses inutiles ôtées de quelque chose.

ÉPODE, s. f. (*épode*) (επωδη), troisième et dernière partie d'un *chant*.

ÉPOINTÉ, E, part. pass. de *épointer*, et adj., se dit d'un cheval qui a la hanche démise.

ÉPOINTER, v. a. (*époeinté*), ôter la pointe à quelque instrument.

ÉPOIS, s. m. pl. (*époa*), cors que l'on voit au sommet de la tête du cerf.

ÉPONGE, s. f. (*éponje*) (spongia), substance marine aride et poreuse; talon de cerf.

ÉPONGÉ, E, part. pass. de *éponger*.

ÉPONGER, v. a. (*éponjé*), nettoyer avec l'éponge.

ÉPONYME, s. m. (*éponime*) (επωνυμος), titre du premier des archontes athéniens.

ÉPOPÉE, s. f. (*épopé*) (εποποιια, genre, caractère du poème épique; récit en vers d'un fait long et mémorable.

ÉPOQUE, s. f. (*époke*) (εποχη, action d'arrêter), point fixe dans l'histoire; date.

ÉPOUDRÉ, E, part. pass. de *époudrer*.

ÉPOUDRER, v. a. (*époudré*), ôter la poudre ou la poussière de dessus quelque chose.

ÉPOUFFÉ, E, part. pass. de *s'épouffer*.

S'ÉPOUFFER, v. pr. (*cépoufé*), s'enfuir secrètement. Inus.

ÉPOUILLÉ, E, part. pass. de *épouiller.*
ÉPOUILLER, v. a. (*épou-ié*), ôter des *poux.*
ÉPOUMONÉ, E, part. pass. de *époumoner.*
ÉPOUMONER, v. a. (*époumoné*), fatiguer les *poumons.*
ÉPOUSAILLES, s. f. pl. (*epousâ-ie*) (*sponsalia*), célébration du mariage.
ÉPOUSE. Voy. ÉPOUX.
ÉPOUSÉ, E, part. pass. de *épouser.*
ÉPOUSÉE, s. f. (*épouzé*), celle qu'un homme vient d'*épouser* ou va *épouser.* Vieux.
ÉPOUSER, v. a. (*épouzé*) (*sponsare*, fiancer), prendre en mariage; *fig.* s'attacher à.
ÉPOUSEUR, s. m. (*épouzeur*), celui qui est connu pour avoir envie de se marier. Fam.
ÉPOUSSETÉ, E. part. pass. de *épousseter.*
ÉPOUSSETER, v. a. (*épouceté*) (*expulsare*), secouer la *poussière.*
ÉPOUSSETTE, s. f. (*époucète*), vergette qui sert à nettoyer les habits. Vieux.
ÉPOUVANTABLE, adj. des deux g. (*épouvantable*), qui cause de l'*épouvante*; excessif.
ÉPOUVANTABLEMENT, adv. (*épouvantableman*), d'une manière *épouvantable.*
ÉPOUVANTAIL, s. m. (*épouvanta-ie*), haillon pour *épouvanter* les oiseaux; *fig.* chose qui fait peur.—Au pl., des *épouvantails.*
ÉPOUVANTE, s. f. (*épouvante*), terreur causée par quelque accident imprévu.
ÉPOUVANTÉ, E, part. pass. de *épouvanter.*
ÉPOUVANTER, v. a. (*épouvanté*) (en lat. barbare *expaventare*), causer de l'*épouvante.*
ÉPOUX, OUSE, s (*épou, ouze*) (*sponsus, sponsa*), celui, celle que le mariage unit à une personne de l'autre sexe.
ÉPREINDRE, v. a. (*épreindre*) (*exprimere*, de *ex*, et de *premere*, presser), faire sortir quelque suc ou jus en pressant.
ÉPREINTE, s. f. (*épreinte*), douleur de ventre; en t. de vén., fiente de loutre, etc.
S'ÉPRENDRE, v. pr. (*céprandre*) (du v. *prendre*), se laisser *surprendre* par une passion.
ÉPREUVE, s. f. (*épreuve*) (*proba* ou *probatio*, essai), essai, expérience; feuille d'impression à corriger avant de tirer; chaque copie tirée d'une planche gravée.
ÉPRIS, E, part. pass. de *s'éprendre*, et adj.
ÉPROUVÉ, E, part. pass. de *éprouver.*
ÉPROUVER, v. a. (*éprouvé*) (*probare*), essayer; expérimenter; connaître par expérience.
ÉPROUVETTE, s. f. (*éprouvète*), sonde de chirurgien: machine pour *éprouver* la poudre.
ÉPUCÉ, E, part. pass. de *épucer.*
ÉPUCER, v. a. (*épucé*), ôter les *puces.*
ÉPUISABLE, adj. des deux g. (*épuizable*), qui peut être *épuisé.* Peu us.
ÉPUISÉ, E, part. pass. de *épuiser.*

ÉPUISEMENT, s. m. (*épuizeman*); état de ce qui est *épuisé.*
ÉPUISER, v. a. (*épuizé*) (de la partic. extr. *é*, et du v. *puiser*), tarir, mettre à sec; consommer.—V. pr., finir; perdre ses forces.
ÉPULIE, s. f. (*épuli*) (ἐπὶ, sur, et ουλον, gencive), excroissance de chair aux gencives.
ÉPULONS, s. m. pl. (*épulon*) (*epulones.* de *epulum*, repas public), prêtres qui présidaient à Rome aux festins des Dieux.
ÉPULOTIQUE, s. m. et adj. des deux g. (*épulotike*)(ἐπουλοτικος, de ἐπουλοω, je cicatrise), médicament propre à cicatriser.
ÉPURATION, s. f. (*épurácion*), action d'*épurer.*
ÉPURE, s. f. (*épure*), t. d'archit., dessin en grand d'un édifice, etc.
ÉPURÉ, E, part. part. de *épurer.*
ÉPURER, v. a. (*épuré*), rendre *pur* ou plus *pur.*—V. pr., devenir plus *pur.*
ÉPURGE, s. f. (*épurje*), plante *purgative.*
ÉQUARRI, E, part. pass. de *équarrir.*
ÉQUARRIR, v. a. (*ékarir*), tailler à angles droits, tels que sont ceux d'un *carré.*
ÉQUARRISSAGE, s. m. (*ékaricaje*), état de ce qui est *équarri*; ouvrage de l'*équarrisseur.*
ÉQUARRISSEMENT, s. m. (*ékariceman*), action d'*équarrir.*
ÉQUARRISSEUR, EUSE, s. (*ékariceur, euze*), qui fait profession de tuer, d'écorcher et de dépecer les chevaux.
ÉQUATEUR, s. m. (*ékouateur*) (*æquator*, de *æquare*, égaler), grand cercle de la sphère, qui partage le globe en deux parties égales.
ÉQUATION, s. f. (*ékouácion*), t. d'algéb., double expression d'une même quantité; t. d'astron., différence entre l'heure moyenne et l'heure vraie.
ÉQUERRE, s. f. (*ékière*) (*quadra*, sous-entendu *norma*, règle carrée), instrument qui sert à tracer, à mesurer les angles droits.
ÉQUESTRE, adj. des deux g. (*ékuècetre*), (*equus*, cheval), de chevalier; se dit aussi d'une statue qui représente un homme à cheval.
ÉQUI-ANGLE, adj. des deux g. (*ékui-anguele*)(*æquiangulus*, de *æquus*, égal, et *angulus*, anglé), t. de géom., se dit d'une figure qui a ses *angles* égaux à ceux d'une autre.
ÉQUI-DISTANT, E, adj. (*ékuidicetan, ante*) (*æqui-distans*, de *æque*, également, et *distans*, distant), également éloigné l'un de l'autre.
ÉQUI-LATÉRAL, E, adj., au pl. m. ÉQUI-LATÉRAUX (*ékuilatérale*) (*æqui-lateralis*, de *æquus*, égal, et *latus*, côté), qui a tous ses côtés égaux.
ÉQUI-LATÈRE, adj. des deux g (*ékuilatère*), t. de géom., qui a les côtés égaux.
ÉQUILIBRE, s. m. (*ékilibre*) (*æquilibrium*,

de *æquus*, égal, et *libra*, balance), égalité exacte entre deux poids, deux forces.

ÉQUILIBRÉ, E, part. pass. de *équilibrer*.

ÉQUILIBRER, v. a. (*ékilibré*); mettre en équilibre.

ÉQUINOXE, s. m. (*ékinokece*) (*æquinoctium*, de *æquè*, également, et *nox, noctis*, nuit), temps de l'année où les jours sont égaux aux nuits; points où l'écliptique coupe l'équateur.

ÉQUINOXIAL, E, adj., au pl. m. **ÉQUINOXIAUX** (*ékinokciale*), de l'*équinoxe*.

ÉQUIPAGE, s. m. (*ékipaje*), train, suite, etc.; carrosse et chevaux de luxe; soldats et matelots d'un vaisseau.

ÉQUIPÉ, E, part. pass. de *équiper*, et adj.

ÉQUIPÉE, s. f. (*ékipé*), action, démarche indiscrète, téméraire, et qui réussit mal.

ÉQUIPEMENT, s. m. (*ékipeman*), action d'*équiper*; ce qui sert à *équiper*.

ÉQUIPER, v. a. (*ékipé*), pourvoir des choses nécessaires.

ÉQUIPOLLÉ, E, part. pass. de *équipoller*.

ÉQUIPOLLENCE, s. f. (*ékuipolelance*) (*æquipollentia*, de *æquus*, égal, et *pollentia*, puissance), t. de log., égalité de valeur.

ÉQUIPOLLENT, E, s. (*ékuipolelan, ante*) (*æquipollens*), qui vaut autant que...

ÉQUIPOLLER, v. a. et n. (*ékuipolelé*) (*æquipollere*, de *æquè*, également, et *pollere*, pouvoir), être de pareil prix, valoir autant.

ÉQUITABLE, adj. des deux g. (*ékitable*), conforme à l'*équité*, qui a de l'*équité*.

ÉQUITABLEMENT, adv. (*ékitableman*), avec équité.

ÉQUITATION, s. f. (*ékuitácion*) (*equitatio*, de *equus*, cheval), art de monter à cheval.

ÉQUITÉ, s. f. (*ékité*) (*æquitas*, de *æquus*, égal), justice; droiture; probité.

ÉQUIVALENT, E, adj. (*ékivalan, ante*), qui équivaut. — On l'emploie aussi subst. au m.

ÉQUIVALOIR, v. a. (*ékivaloar*) (*æquivalere*, de *æquè*, également, et *valere*, valoir), être de même prix, de même *valeur*.

ÉQUIVALU, E, part. pass. de *équivaloir*.

ÉQUIVOQUE, s. f. (*ékivoke*) (*æquivocum*, de *æquus*, égal, et *vox, vocis*, voix), mot, expression à double sens.

ÉQUIVOQUE, adj. des deux g. (*ékivoke*), qui peut s'interpréter de deux manières.

ÉQUIVOQUÉ, E, part. pass. de *équivoquer*.

ÉQUIVOQUER, v. n. (*ékivoké*) (*æquivocare*), user d'*équivoque*; parler à double sens.

ÉRABLE, s m. (*érable*), arbre.

ÉRADICATION, s. f. (*éradikácion*) (*eradicatio*, dérivé de la partic. extr. *e*, et de *radix*, racine), action d'arracher une chose par la *racine*.

ÉRAFLÉ, E, part. pass. de *érafler*.

ÉRAFLER, v. a. (*éráflé*), déchirer légèrement la peau avec quelque chose d'aigu.

ÉRAFLURE, s. f. (*éráflure*), légère écorchure de la peau.

ÉRAILLÉ, E, part. pass. de *érailler*, et adj.

ÉRAILLEMENT, s. m. (*érá-ieman*), renversement de la paupière inférieure.

ÉRAILLER, v. a. (*érá-ié*) (*eradere*), faire relâcher les fils d'une étoffe en la tirant.

ÉRAILLURE, s. f. (*érá-iure*), ce qui est *éraillé*.

ÉRATÉ, E. part. pass. de *érater*, et adj., fin, rusé. — Il est aussi s.

ÉRATER, v. a. (*ératé*), ôter la *rate*.

ÈRE, s. f. (*ère*)(de l'arabe *arkha*), point fixe d'où l'on commence à compter les années.

ÉRÈBE, s. m. (*érèbe*) (ερεβος), t. de myth. fils du Chaos et de la Nuit; l'enfer des païens.

ÉRECTEUR, s. et adj. m. (*érekteur*) (*erector*), muscle qui sert à élever certaines parties.

ÉRECTION, s. f. (*érèkcion*) (*erectio*, de *erigere*, ériger), établissement; action d'*ériger*, d'élever, de se lever; effet de certains muscles.

ÉREINTÉ, E, part. pass. de *éreinter*.

ÉREINTER, v. a. (*éreinté*), rompre les reins ou seulement les fouler; fatiguer. Fam.

ÉRÉMITIQUE, adj. des deux g. (*érémitike*) (ερημιτης, ermite), de l'*ermite*, du solitaire.

ÉRÉTHISME, s. m. (*éréticeme*) (ερεθισμος, de ερεθιζω, j'irrite), tension violente des fibres.

ERGO, s. m. (*èrego*) (*ergo*), donc; conclusion d'un argument. — *Ergo-glu*, expression familière dont on se sert pour se moquer des grands raisonnements qui ne concluent rien.

ERGOT, s. m. (*èrego*) (*ergo*, je dresse), petit ongle pointu au pied de certains oiseaux; extrémité d'une branche morte; maladie du seigle; tumeur aux jambes des chevaux, etc.

ERGOTÉ, E, adj. (*èregoté*), qui a des *ergots*.

ERGOTER, v. n. (*èregoté*), argumenter sur tout; couper l'*ergot* d'une branche morte.

ERGOTEUR, EUSE, s. (*èregoteur, euze*), pointilleux, qui dispute et conteste sans cesse.

ÉRIDAN, s. m. (*éridan*), constellation.

ÉRIGÉ, E, part. pass. de *ériger*.

ÉRIGER, v. a. (*érijé*) (*erigere*), élever, consacrer; affecter quelque titre à... — V. pr., s'attribuer une qualité, un droit qu'on n'a pas.

ÉRIGNE, s. f. (*érignie*) (αιρω, je lève), instrument de chirurgie.

ERMIN, s. m. (*èremin*), au Levant, droit de douane pour les marchandises.

ERMINETTE, s. f. (*èreminète*), outil de charpentier en forme de hache recourbée.

ERMITAGE, s. m. (*èremitaje*), habitation d'un *ermite*; fig. lieu écarté et solitaire.

ERMITE, s. m. (*èremite*) (ερημος, désert), solitaire qui s'est retiré dans un désert.

EROSION, s. f. (érôsion) (erosio, de erodere, ronger), action de l'acide qui ronge.

EROTIQUE, adj. des deux g. (érotike) (ερωτικος, de ερως, amour), qui porte à l'amour.

ÉROTOMANIE, s. f. (érotomani) (ερως, amour, et μανια, passion), délire amoureux.

ERPÉTOLOGIE, s. f. (èrepétoloji) (ερπετον, reptile, et λογος, discours), traité des reptiles.

ERRANT, E, adj. (èreran, ante) (errare, errer), vagabond ; fig. qui est dans l'erreur.

ERRATA, s. m. (èrerata) (mot pris du lat.), indication des fautes échappées dans l'impression d'un ouvrage.—Au pl., des errata.

ERRATIQUE, adj. des deux g. (èreratike) (erraticus, de errare, errer), irrégulier.

ERRATUM, s. m. (èreratom) (mot lat.), indication d'une seule faute. Voy. ERRATA.

ERRE, s. f. (ère) (du lat. barbare itura, manière d'aller, fait de ire, aller), train, allure.— Au pl., t. de vén., traces ou voies du cerf.

ERREMENTS, s. m. pl. (èreman), erres, voies. — Il ne se dit qu'en parlant d'affaires.

ERRER, v. n. (èreré) (errare), aller çà et là à l'aventure; fig. se tromper.

ERREUR, s. f. (èrereur) (error), fausse opinion.—Au pl., dérèglement; faute; méprise.

ERRHIN, E, adj. (èrerein, rine) (ν, dans, et ριν, ρινος, nez), remède introduit par les narines.

ERRONÉ, E, adj. (èreroné) (erroneus, de error, erreur), faux, qui contient des erreurs.

ERS, s. m (ère), plante.

ERSE, s. f. (èrece), t. de mar., corde qui sert à amarrer la poulie.

ERSE, adj. des deux g. (èrece), qui appartient aux anciens Scandinaves.

ÉRUCAGUE, s. f. (érukague), plante.

ÉRUCTATION, s. f. (éruktácion) (eructatio, éruption de ventosités par la bouche.

ÉRUDIT, E, adj. et s. (érudi, dite) (eruditus), qui a beaucoup d'érudition; docte, savant.

ÉRUDITION, s. f. (érudicion) (eruditio, de erudire, instruire), grande étendue de savoir; remarque, recherche savante.

ÉRUGINEUX, EUSE, adj. (érujineu, euze), (æruginosus, de ærugo, rouille), de la rouille.

ÉRUPTIF, TIVE, adj. (éruptif, tive), accompagné d'éruptions sur la peau.

ÉRUPTION, s. f. (érupcion) (eruptio, de erumpere, sortir dehors), sortie prompte et avec effort; t. de méd., évacuation subite; sortie de pustules, boutons, etc.

ÉRYSIPÉLATEUX, EUSE, adj. (érizipélateu, euze), qui tient de l'érysipèle.

ÉRYSIPÈLE, s. m. (érizipèle) (ερυσιπελας, de ερυω, j'attire, et πελας, auprès), maladie de la peau avec inflammation.

ÈS, prép. (èce), contraction pour dans les.

ESCABEAU, s. m. (ècekábô) (scabellum), siège de bois sans bras ni dossier.

ESCABELLE, s. f. (ècekabèle), escabeau.

ESCACHE, s. f. (ècekache), mors de cheval.

ESCADRE, s. f. (ècekadre) (quadra, quatrième partie d'une chose), plusieurs vaisseaux réunis sous un seul commandant.

ESCADRON, s. m. (ècekadron) (en italien squadrone), troupe de cavalerie.

ESCADRONNER, v. n. (ècekadroné), se ranger en escadron.

ESCALADE, s. f. (ècekalade), action d'escalader.

ESCALADÉ, E, part. pass. de escalader.

ESCALADER, v. a. (ècekaladé) (scala, échelle), monter avec des échelles sur...

ESCALE, s. f. (ècekale) (scala, èche'le), t. de mar.: faire escale dans un port, mouiller.

ESCALIER, s. m. (ècekalié) (scala, de scandere, monter), degré, partie du bâtiment qui sert à monter et à descendre.

ESCALIN, s. m. (ècekalein), monnaie des Pays-Bas, de Suisse, etc.

ESCAMOTAGE, s. m. (ècekamotaje), art, action d'escamoter; son effet.

ESCAMOTÉ, E, part. pass. de escamoter.

ESCAMOTER, v. a. (ècekamoté), faire disparaître; dérober subtilement. Fam.

ESCAMOTEUR, EUSE, s. (ècekamoteur, euze), qui escamote; filou qui dérobe subtilement, qui trompe au jeu.

ESCAMPER, v. n. (ècekanpé), se retirer, s'enfuir en hâte.

ESCAMPETTE, s. f. (ècekanpète): prendre de la poudre d'escampette, s'enfuir. Pop.

ESCAPADE, s. f. (ècekapade) (de l'italien scappata), échappée. Fam.

ESCAPE, s. f. (ècekape) (σκαπος, tige), fût d'une colonne.

ESCARBOT, s. m. (ècekarbo) (scarabæus, fait de σκαραβος, scarabée), genre d'insectes.

ESCARBOUCLE, s. f. (ècekarboukle) (carbunculus), espèce de rubis d'un rouge foncé.

ESCARCELLE, s. f. (ècekarcèle) (de l'italien scarcella, bourse), grande bourse à l'antique.

ESCARGOT, s. m. (ècekarguo) (σκαραβος, scarabée), limaçon à coquille.

ESCARMOUCHE, s. f. (ècekarmouche) (scarmuccia), combat de petits corps détachés.

ESCARMOUCHER, v. n. (ècekarmouché), combattre par escarmouche.

ESCARMOUCHEUR, s. m. (ècekarmoucheur), qui va à l'escarmouche.

ESCAROLE s. f. (ècekarole), plante.

ESCARPE, s. f. (ècekarpe) (en italien scarpa), pente du fossé qui est au pied du rempart.

ESCARPÉ, E, part. pass. de escarper, et adj., qui a une pente fort roide.

ESCARPEMENT, s. m. (ècekarpeman), pente roide.

ESCARPER, v. a. (ècekarpé) (carpere, couper), couper droit de haut en bas.

ESCARPIN, s. m. (ècekarpein) (en italien scarpino), soulier à simple semelle.

ESCARPOLETTE, s. f. (ècekarpolète) (de l'italien ciarpoletta), siège suspendu, sur lequel on est balancé.

ESCAVEÇADE, s. f. (ècekaveçade), t. de man., secousse du caveçon.

ESCHARE, s. f. (ècekare) (ισχαρα, foyer), croûte noire qui se forme sur la peau par l'application de quelque caustique.

ESCHAROTIQUE, adj. et s. des deux g. (ècekarotike) (ισχαρα, croûte), substance qui fait tomber en eschare une partie vivante.

ESCIENT, s. m. (ècecian) (scire, savoir), connaissance de ce qu'on fait.

ESCLAIRE, s. m (èceklère), oiseau.

ESCLANDRE, s m. (èceklandre) (σκανδαλον, scandale), accident qui fait de l'éclat.

ESCLAVAGE, s. m. (èceklavaje), servitude, condition d'un esclave; fig. gêne.

ESCLAVE, s. et adj. des deux g. (èceklave) (en lat. barbare sclavus, formé de l'allemand stave), qui a perdu sa liberté; fig. attaché à un emploi qui ne laisse pas de liberté.

ESCOBARDER, v. n. (ècekobardé) (du jésuite Escobar), user de réticences. Fam.

ESCOBARDERIE, s. f. (ècekobarderi), subterfuge, échappatoire.

ESCOFFION, s. m. (ècekofion) (de l'italien cuffione), coiffure de femme. Inus.

ESCOGRIFFE, s. m. (ècekoguerife) (des mots escroc, et griffe), qui prend hardiment, sans demander; homme grand et mal bâti. Fam.

ESCOMPTE, s. m. (ècekonte), remise pour le paiement anticipé d'une somme, avant l'échéance du terme.

ESCOMPTÉ, E, part. pass. de escompter.

ESCOMPTER, v. a. (ècekonté), faire l'escompte.

ESCOPE, s. f. (ècekope), brin de bois pour jeter de l'eau de la mer le long d'un vaisseau.

ESCOPETTE, s. f. (ècekopète), arme à feu, que l'on portait en bandoulière. Vieux.

ESCOPETTERIE, s. f. (ècekopèteri), salve, décharge de plusieurs escopettes.

ESCORTE, s. f. (ècekorte), troupe qui accompagne un officier, un convoi, etc.

ESCORTÉ, E, part. pass. de escorter.

ESCORTER, v. a. (ècekorté), faire escorte; accompagner pour guider, pour protéger.

ESCOUADE, s. f. (ècekouade), certain nombre de soldats détachés d'une compagnie.

ESCOURGÉE, s. f. (ècekourjé), fouet fait de plusieurs courroies de cuir.

ESCOURGEON, s. m. (ècekourjon), espèce de grain; sorte d'orge hâtive.

ESCOUSSE, s. f. (ècekouce) (excussa), pas en arrière pour s'élancer. Inus.

ESCRIME, s. f. (ècekrime) (de l'italien scherma), art de faire des armes.

ESCRIMER, v. n. (ècekrimé) (de l'italien schermire), faire des armes.—V. pr., disputer.

ESCRIMEUR, s. m. (ècekrimeur), qui entend l'art de l'escrime.

ESCROC, s. m. (ècekrò) (de l'italien scrocco), fripon qui vole par fourberie.

ESCROQUÉ, E, part. pass. de escroquer.

ESCROQUER, v. a. (ècekroké) (de l'italien scroccare), voler par fourberie, par ruse.

ESCROQUERIE, s. f. (ècekrókeri), action d'escroquer.

ESCROQUEUR, EUSE, s. (ècekrokieur, euze), qui escroque. Fam.

E-SI-MI, s. m. (écimi), t. de mus. qui désigne le mode ou le ton de mi.

ESPACE, s. m. (ècepàce) (spatium), étendue de lieu ou de temps.—S. f., t. d'impr., ce qui sert à espacer les lignes.

ESPACÉ, E, part. pass. de espacer.

ESPACEMENT, s. m. (ècepàceman), distance qu'il y a entre des choses espacées.

ESPACER, v. a. (ècepàcé), mettre de l'espace, de la distance entre.

ESPADON, s. m. (ècepadon) (de l'italien spadone, fait de spada, épée), grande et large épée à deux mains; poisson cartilagineux.

ESPADONNER, v. n. (ècepadoné), se servir de l'espadon.

ESPAGNOLETTE, s. f. (ècepagniolète), ratine fine; serrure pour fermer les fenêtres.

ESPALIER, s. m. (ècepalié) (de l'italien spalliere), arbres attachés à la muraille en forme d'éventail; premier rameur d'une galère.

ESPALMÉ, E, part. pass. de espalmer.

ESPALMER, v. a. (ècepalemé), t. de mar., enduire de suif.

ESPARCETTE, s. f. (ècepàrcète), sainfoin.

ESPART, s. m. (ècepare), solive pour la construction des bateaux.

ESPÈCE, s. f. (ècepèce) (species), division du genre; sorte; qualité; cas particulier. — Au pl., pièces de monnaie; apparences; en t. de pharm., poudres mélangées.

ESPÉRANCE, s. f. (ècepérance) (en italien speranza, du lat. sperare), espérer; attente d'un bien qu'on désire; vertu théologale.

ESPÉRER, v. a. (ècepéré) (sperare), avoir espoir, être dans l'attente d'un bien à venir.

ESPIÈGLE, adj. et s. des deux g. (ècepièguele), qui fait de petites malices. Fam.

ESPIÈGLERIE, s. f. (ècepièguéleri), tour, action d'espiègle. Fam.

ESPINGOLE, s. f. (ècepeinguole), fusil fort court et dont le canon est évasé.

ESPION, ONNE, s. (ècepion, pione), qui épie, qui observe la conduite de quelqu'un.

ESPIONNAGE, s. m. (ècepionaje), action d'espionner; métier d'espion.

ESPIONNÉ, E, part. pass. de espionner.

ESPIONNER, v. a. et n. (ècepioné) (en allemand spahen), observer, épier; servir d'espion.

ESPLANADE, s. f. (èceplanade) (planus, uni), lieu aplani.

ESPOIR, s. m. sans pl. (ècepoar), espérance.
ESPONTON, s. m. (èceponton), demi-pique des officiers d'infanterie d'autrefois.
ESPRINGALE, s. f. (ècepreinguale), ancienne fronde en usage dans les armées.
ESPRIT, s. m. (ècepri) (spiritus), substance incorporelle; âme; revenant; ange; principe de la pensée et de l'intelligence ; faculté de l'âme ; conception facile, imagination vive; humeur, caractère; motif; sens d'un auteur, d'un texte; en t. de gramm. grecque , signe d'aspiration; en chim., fluide très-subtil.
ESQUICHER, v. n. (ècekiché), t. de jeu, éviter de prendre.
ESQUIF, s. m. (ècekif) (σκαφη, petit bateau), petit canot.
ESQUILLE, s. f. (èceki-ie) (du lat. barbare squidilla, dérivé de σχιδιον, petit éclat de bois), partie d'un os cassé et rompu.
ESQUINANCIE, s. f. (ècekinanci) (corruption de synanchie, fait de συναγχη, dérivé de αγχω, je suffoque), inflammation du gosier.
ESQUINE, s. f. (ècekine), reins du cheval.
ESQUIPOT, s. m. (ècekipo), espèce de tirelire où l'on dépose de l'argent. Fam.
ESQUISSE, s. f. (ècekice) (en italien schizzo), premier trait d'un dessin; ébauche.
ESQUISSÉ, E, part. pass. de esquisser.
ESQUISSER, v. a. (ècekicé) (de l'italien schizzare), faire une esquisse.
ESQUIVÉ, E, part. pass. de esquiver.
ESQUIVER, v. a. et n. (ècekivé), éviter adroitement. — V. pr., se retirer subitement.
ESSAI, s. m. (ècè) (de l'italien assagio), épreuve; expérience; échantillon.
ESSAIM, s. m. (ècein) (examen), volée de jeunes mouches à miel; fig. multitude.
ESSAIMER, v. n. (ècèmé), se dit des ruches d'où il sort un essaim.
ESSANGÉ, E, part. pass. de essanger.
ESSANGER, v. a. (ècanjé) (en lat. barbare exsaniare, de la partic. extr. ex, et de sanies, ordure), laver du linge avant de le lessiver.
ESSARTÉ, E, part. pass. de essarter.
ESSARTEMENT, s. m. (ècarteman), manière, action d'essarter; effet de cette action.
ESSARTER, v. a. (ècarté) (du lat. barbare essartare, défricher), défricher.
ESSAYÉ, E, part. pass. de essayer.
ESSAYER, v. a. (ècè-ié) (de l'italien assaggiare), éprouver; faire essai; tâcher.
ESSAYEUR, s. m. (ècè-ieur), officier de la monnaie qui vérifie le titre des métaux.
ESSE, ou mieux S, s. f. (èce), cheville en forme d'S; crochet d'une balance.
ESSENCE, s. f. (ècecance) (essentia, de esse, être), ce qui constitue la nature d'une chose; huile aromatique; espèce des arbres.
ESSÉNIENS, s. m. pl. (ècecéniein), secte de philosophes juifs.

ESSENTIEL, ELLE, adj. (ècecancièle), qui appartient à l'essence; absolument nécessaire; important.—S. m., la chose principale.
ESSENTIELLEMENT, adv. (ècecancièleman) par sa propre essence; en matière importante.
ESSETTE, s. f. (ècète) (ascia), marteau à forte tête et à tranchant recourbé.
ESSEULÉ, E, adj. (èceulé), abandonné de ses amis; demeuré seul. Inus.
ESSIEU, s. m. (ècieu) (axis), pièce qui traverse le moyeu des roues; axe.
ESSOR, s. m. (ècecor) (en lat. barbare essorum, de aura, air), vol qu'un oiseau prend en montant fort haut; fig. action de débuter.
ESSORÉ, E, part. pass. de essorer.
ESSORER, v. a. (ècecoré), exposer à l'air pour sécher; prendre l'essor.
ESSORILLÉ, E, part. pass. de essoriller.
ESSORILLER, v. a. (ècecori-ié) (en lat. barbare exauriculare, formé de la partic. extr. ex, et d'auricula, oreille), couper les oreilles.
ESSOUFFLÉ, E, part. pass. de essouffler.
ESSOUFFLEMENT, s. m. (ècoufleman), état laborieux de la respiration.
ESSOUFFLER, v. a. (ècouflé), mettre presque hors d'haleine; ôter le souffle.
ESSUI, s. m. (èçui), lieu où l'on étend pour faire sécher.
ESSUIE-MAINS, s. m. (èçuimein), linge à essuyer les mains.
ESSUYÉ, E, part. pass. de essuyer.
ESSUYER, v. a. (èçui-ié) (de l'italien sciugare, dessécher), ôter l'eau, la sueur, etc., en frottant; sécher; être exposé à...; endurer.
EST, s. m. (ècete) (en allemand ost), l'un des quatre points cardinaux ; l'orient, le levant.
ESTACADE, s. f. (ècetakade) (en allemand stakete), digue de pieux; palissade.
ESTAFETTE, s. f. (ècetafète) (en italien stafetta, de staffa, étrier), courrier qui porte les dépêches d'une poste à l'autre.
ESTAFIER, s. m. (ècetafié) (de l'italien staffire), sorte de valet de pied à livrée, en Italie.
ESTAFILADE, s. f. (ècetafilade), coupure faite avec un instrument tranchant.
ESTAFILADÉ, E, part. pass. de estafilader.
ESTAFILADER, v. a. (ècetafiladé), faire, donner une estafilade.
ESTAME, s. f. (ècetame), laine tricotée à l'aiguille.
ESTAMET, s. m. (ècetamè), étoffe de laine.
ESTAMINET, s. m. (ècetaminè), assemblée de buveurs et de fumeurs; tabagie.
ESTAMPE, s. f. (ècetanpe) (en italien stampa), image imprimée; outil.
ESTAMPÉ, E, part. pass. de estamper.
ESTAMPER, v. a. (ècetanpé) (de l'italien stampare), faire une empreinte.
ESTAMPILLE, s. f. (ècetanpi-ie), marque; timbre sur les brevets, les livres, etc.
ESTAMPILLÉ, E, part. pass. de estampiller.

ESTAMPILLER, v. a. (ècetanpi-ié), marquer avec une *estampille*.
ESTER, v. n. (èceté) (*stare*), comparaître en justice ou devant le juge.
ESTÈRE, s. f. (ècetère), lit des Orientaux en nattes de paille.
ESTERLIN, s. m. (ècetèrelein), t. d'orfèvre; poids de vingt-huit grains et demi.
ESTHÉTIQUE, s. f. (ècetétika) (*æsthesis*, sentiment), connaissance, sentiment des beautés d'un ouvrage d'esprit. — Adj. des deux g., qui a rapport à l'*esthétique*.
ESTIMABLE, adj. des deux g. (ècetimable), qui mérite d'être *estimé*.
ESTIMATEUR, s. m. (ècetimateur) (*æstimator*), qui donne un juste prix aux choses.
ESTIMATIF, TIVE, adj. (ècetimatif, tive), se dit d'un procès-verbal qui *estime*.
ESTIMATION, s. f. (ècetimàcion) (*æstimatio*), jugement de la valeur d'une chose.
ESTIME, s. f. sans pl. (ècetime), état qu'on fait de; calcul du chemin d'un vaisseau, etc.
ESTIMÉ, E, part. pass. de *estimer*.
ESTIMER, v. a. (ècetimé) (*æstimare*), évaluer quelque chose; faire cas de; croire, présumer.
ESTIVAL, E, adj. (ècetivale) (*æstivalis*, de *æstas*, été), qui naît ou produit en *été*.
ESTOC, s. m. (ècetoke) (de l'allemand *stock*, tronc), épée longue et étroite pour percer; pointe d'une épée; ligne d'extraction. Vieux.
ESTOCADE, s. f. (ècetokade), sorte d'épée ancienne; grand coup d'épée; *fig.* emprunt.
ESTOCADÉ, part. pass. de *estocader*.
ESTOCADER, v. n. (ècetokadé), porter des *estocades*; *fig.* disputer vivement.
ESTOMAC, s. m. (ècetoma) (*stomachus*), viscère qui reçoit et digère les aliments.
S'ESTOMAQUER, v. pr. (cècetomakié) (rac. *estomac*), s'offenser de quelque procédé.
ESTOMPE, s f. (ècetonpe), rouleau de peau, pour fondre et unir les coups de crayon.
ESTOMPER, v. a. (ècetonpé), frotter avec l'*estompe*.
ESTRADE, s. f. (ècetrade) (en espagnol *estrado*, du lat. *stratum*, couverture), lieu élevé dans une chambre; autrefois, chemin.
ESTRAGON, s. m. (ècetraguon) (*dracunculus*), plante potagère
ESTRAMAÇON, s. m. (ècetramaçon) (en italien *stramazzòne*), autrefois, sorte d'épée.
ESTRAMAÇONNÉ, E, part. pass. de *estramaçonner*.
ESTRAMAÇONNER, v. a. (ècetramaçoné), donner des coups d'*estramaçon*. Peu us.
ESTRAPADE, s. f. (ècetrapade) (en italien *strappata*, de l'allemand *siraf*, châtiment), sorte de supplice; potence élevée pour donner l'*estrapade*; lieu où on la donne.
ESTRAPADÉ, E, part. pass. de *estrapader*.
ESTRAPADER, v. a. (ècetrapadé), donner l'*estrapade*. Inus.
ESTRAPASSÉ, E, part. pass. de *estrapasser*.

ESTRAPASSER, v. a. (ècetrapàcé), excéder un cheval à force d'exercice de manège.
ESTROPIÉ, E, part. pass. de *estropier*.
ESTROPIER, v. a. (ècetropié) (en italien *stroppiare*), mutiler, ôter quelque membre; blesser; *fig.* défigurer, altérer une pensée.
ESTURGEON, s. m. (ècetùrjon) (*sturgio*), genre de poisson de mer.
ÉSULE, s. f. (ézule), plante.
ET (*e; le t* ne se prononce jamais), conjonction qui lie les parties du discours.
ÉTABLAGE, s. m. (établaje), loyer d'une étable, d'une écurie.
ÉTABLE, s. f. (étable) (*stabulum*), lieu où l'on met des bœufs, des vaches, des brebis, etc.
ÉTABLÉ, E, part. pass. de *établer*.
ÉTABLER, v. a. (établé), mettre dans une étable. Peu us.
ÉTABLI, s. m. (établi), table où certains artisans travaillent.
ÉTABLI, E, part. pass. de *établir*.
ÉTABLIR, v. a. (établir) (*stabilire*, de *stabilis*, stable), rendre stable, fixe; donner un établissement; régler; constituer; prouver. — V. pr., se faire un *établissement*; être reçu.
ÉTABLISSEMENT, s. m. (établiceman), action d'établir; institution; état; condition.
ÉTAGE, s. m. (étaje) (στέγη, de στέγω, je couvre), espace entre deux planchers.
ÉTAGÉ, E, part. pass. de *étager*.
ÉTAGER, v. a. (étajé), couper par *étages*.
ÉTAI, s. m. (été) (en lat. barbare *stava*, de l'allemand *staf*, pieu), t. de mar., gros cordage pour soutenir les mâts; pièce de bois pour appuyer une muraille, etc.
ÉTAIEMENT, s. m. (étèman), action d'*étayer*; effet de cette action.
ÉTAIM, s. m. (étein), partie la plus fine de la laine cardée.
ÉTAIN, s. m. (étein) (*stannum*), métal blanc.
ÉTAL, s. m., au pl. ÉTAUX (étal), table sur laquelle le boucher débite sa viande.
ÉTALAGE, s. m. (étalaje), exposition de marchandises à vendre; droit payé pour *étaler*; action de faire parade avec affectation.
ÉTALAGISTE, s. et adj. des deux g. (étalajicete), marchand qui *étale*.
ÉTALÉ, E, part. pass. de *étaler*.
ÉTALER, v. a. (étalé) (en lat. barbare *stallare*), exposer en vente des marchandises; *fig.* montrer avec ostentation. — V. pr., tomber tout de son haut. Pop.
ÉTALIER, s. m. (étalié), boucher qui a un *étal*; filet tendu sur des perches.
ÉTALINGUÉ, E, part. pass. de *étalinguer*.
ÉTALINGUER, v. a. (étaleinguié), amarrer les câbles à l'organeau de l'ancre.

ÉTALON, s. m. (étalon), cheval entier ; mesure sur laquelle on règle les autres.
ÉTALONNAGE. Voy. ÉTALONNEMENT.
ÉTALONNÉ, E, part. pass. de étalonner.
ÉTALONNEMENT ou ÉTALONNAGE, s. m. (étaloneman, étalonage), action d'étalonner.
ÉTALONNER, v. a. (étaloné), imprimer certaine marque sur un poids ou sur une mesure ; couvrir une jument.
ÉTALONNEUR, s. m. (étaloneur), officier commis pour étalonner les poids et mesures.
ÉTAMAGE, s. m. (étamaje), action d'étamer ; état de ce qui est étamé.
ÉTAMBORD, s. m. (étanbor), t. de mar., pièce de bois qui soutient le gouvernail.
ÉTAMÉ, E, part. pass. de étamer.
ÉTAMER, v. a. (étamé), enduire d'étain fondu ; mettre le tain à une glace.
ÉTAMEUR, EUSE, s. (étameur, euse), qui étame.
ÉTAMINE, s. f. (étamine) (stamen), sorte d'étoffe de laine claire ; bluteau fait de crin, etc. — Au pl., filaments qui s'élèvent des fleurs.
ÉTAMINIER, s. m. (étaminié), celui qui fabrique ou qui vend des étamines.
ÉTAMPÉ, E, part. pass. de étamper.
ÉTAMPER, v. a. (étanpé), percer un fer de cheval.
ÉTAMURE, s. f. (étamure), étain dont se sert le chaudronnier pour étamer.
ÉTANCHÉ, E, part. pass. de étancher.
ÉTANCHEMENT, s. m. (étancheman), action d'étancher.
ÉTANCHER, v. a. (étanché) (en lat. barbare stancare), arrêter l'écoulement d'un liquide ; apaiser, en parlant de la soif.
ÉTANÇON, s. m. (étançon), pièce de bois mise au pied d'une muraille pour la soutenir.
ÉTANÇONNÉ, E, part. pass. de étançonner.
ÉTANÇONNER, v. a. (étançoné), soutenir avec des étançons.
ÉTANFICHE, s. f. (étanfiche), hauteurs de plusieurs lits de pierres qui font masse.
ÉTANG, s. m. (étan) (stagnum, de stare, s'arrêter), grand amas d'eau.
ÉTAPE, s. f. (étape) (en lat. barbare stapula, de l'allemand stapeln, mettre en un tas), lieu où l'on décharge les marchandises ; ce qu'on distribue aux troupes pour leur subsistance ; lieu où se fait cette distribution.
ÉTAPIER, s. m. (étapié), celui qui est chargé de fournir l'étape aux gens de guerre.
ÉTAT, s. m. (éta) (status, de stare, être placé), situation ; gouvernement ; pays ; liste ; mémoire ; train ; condition ; profession.
ÉTAT-MAJOR, s. m. (étamajor) officiers supérieurs d'un corps de troupes.

ÉTAU, s. m., au pl. ÉTAUX (été), machine pour tenir serrées les pièces qu'on travaille.
ÉTAYÉ, E, part. pass. de étayer.
ÉTAYER, v. a. (été-ié), appuyer avec des étais ; fig. soutenir.
ÉTÉ, s. m. (été) (œstas), la saison de l'année la plus chaude et la plus belle.
ÉTEIGNOIR, s. m. (étègnioar), instrument creux pour éteindre une chandelle, etc.
ÉTEINDRE, v. a. (éteindre) (extinguere), faire cesser l'action du feu, de la lumière ; fig. affaiblir, amortir ; faire cesser. — V. pr., cesser de brûler ; finir ; mourir lentement.
ÉTEINT, E, part. pass. de éteindre, et adj.
ÉTENDAGE, s. m. (étandaje), cordes pour étendre ce qu'on veut faire sécher.
ÉTENDARD, s. m. (étandar) (en lat. barbare standardus, de stare, être fixé), toutes sortes d'enseignes de guerre.
ÉTENDOIR, s. m. (étandoar), instrumen. et lieu pour étendre.
ÉTENDRE, v. a. (étandre) (extendere), déployer ; allonger ; augmenter ; agrandir. — V. pr., tenir un certain espace.
ÉTENDU, E, part. pass. de étendre, et adj.
ÉTENDUE, s. f. sans pl. (étandu), dimension ; longueur ; long espace de temps.
ÉTERNEL, ELLE, adj. (étèrenèle) (œternus, qui n'a jamais eu de commencement et qui n'aura point de fin ; sans fin. — S. m., Dieu.
ÉTERNELLE, s. f. (étèrenèle), plante.
ÉTERNELLEMENT, adv. (étèrenèleman), sans commencement ni fin ; sans fin ; toujours.
ÉTERNISÉ, E, part. pass. de éterniser.
ÉTERNISER, v. a. (étèrenizé) (œternare), rendre éternel ; faire durer long-temps.
ÉTERNITÉ, s. f. (étèrenité) (œternitas), durée qui n'a ni commencement ni fin ; durée qui n'aura point de fin ; un fort long temps.
ÉTERNUÉ, part. pass. de éternuer.
ÉTERNUER, v. n. (étèrenué) (sternuere), faire un éternument.
ÉTERNUMENT, s. m. (étèrenuman) (sternumentum), mouvement convulsif des muscles qui servent à l'expiration.
ÉTÉSIENS, s. et adj. m. pl. (étéziein) (ετησιος), annuel), vents périodiques de la Méditerranée.
ÉTÉTÉ, E, part. pass. de étêter.
ÉTÊTEMENT, s. m. (étêteman), action d'étêter.
ÉTÊTER, v. a. (étété), couper, tailler la tête d'un arbre, etc.
ÉTEUF, s. m. (éteu) (stupeus, fait d'étoupe), petite balle pour jouer à la paume.
ÉTEULE, s. f. (éteule) (stipula), chaume.
ÉTHER, s. m. (etere) (œther), dérivé de αιθω,

je brûle), matière subtile qu'on suppose remplir tout l'espace; liqueur très-spiritueuse.

ÉTHÉRÉ, E, adj. (*étéré*), qui est de la matière subtile qu'on nomme *éther*.

ÉTHIOPS, s. m. (*éti-opece*) (αιθω, je brûle, et ωψ, aspect), mercure et soufre mêlés.

ÉTHIQUE, s. f. (*étike*) (ηθικος, moral, de ηθος, mœurs), science de la morale.

ETHMOÏDAL, E, adj. (*etmo-idal*), qui appartient à l'os *ethmoïde*.

ETHMOÏDE, s. et adj. m. (*ètemo-ide*) (ηθμος, crible, et ειδος, forme), os du crâne.

ETHNARCHIE, s. f. (*ètenarchi*), commandement d'une province.

ETHNARQUE, s. m. (*ètenarke*) (εθναρχης), t. d'antiq., commandant d'une province.

ETHNIQUE, adj. des deux g. (*ètenike*) (εθνικος, de εθνος, nation), gentil, idolâtre.

ETHNOGRAPHE, s. m. (*ètenografe*), celui qui décrit les mœurs d'une nation.

ETHNOGRAPHIE, s. f. (*ètenografi*), (εθνος, nation, et γραφω, je décris), art de décrire les mœurs d'une nation. Inus.

ETHNOGRAPHIQUE, adj. des deux g. (*ètenografike*), qui concerne l'*ethnographie*.

ÉTHOLOGIE, s. f. (*étoloji*) (ηθος, mœurs, et λογος, discours), traité sur les mœurs.

ÉTHOPÉE, s. f. (*étopé*) (ηθοποιια), peinture des mœurs et des passions.

ÉTIAGE, s. m. (*étiaje*), le plus grand abaissement des eaux d'une rivière.

ÉTIER, s. m. (*étié*), canal qui conduit l'eau de la mer dans les marais salants.

ÉTINCELANT, E, adj. (*éteincelan, ante*), qui étincelle, brillant, éclatant, plein de feu.

ÉTINCELÉ, E, adj. (*eteincelé*), t. de blas., semé d'*étincelles*.

ÉTINCELER, v. n. (*éteincelé*) (*scintillare*), briller, jeter des éclats de lumière.

ÉTINCELLE, s. f. (*éteincèle*) (*scintilla*), petite bluette qui sort du feu.

ÉTINCELLEMENT, s. m. (*éteincèleman*), éclat de ce qui *étincelle*.

ÉTIOLÉ, E, adj. (*étiolé*) (*stylus*, pointe aiguë), se dit d'une plante longue et menue.

ÉTIOLEMENT, s. m. (*étioleman*), maladie des plantes *étiolées*.

S'ÉTIOLER, v. pr. (*cétiolé*), s'altérer, en parlant des plantes qui manquent d'air.

ÉTIOLOGIE, s. f. (*étioloji*) (αιτια, cause, et λογος, discours), partie de la médecine qui traite des causes des maladies.

ÉTIQUE, adj. des deux g. (*étike*) (εκτικος, habituel), maigre, décharné.

ÉTIQUETÉ, E, part. pass. de *étiqueter*.

ÉTIQUETER, v. a. (*étiketé*), mettre une *étiquette*.

ÉTIQUETTE, s. f. (*étikiète*) (corruption des mots latins *est hic quæstio*, là est la question), petit écriteau; cérémonial.

ÉTIRÉ, E, part. pass. de *étirer*.

ÉTIRER, v. a. (*étiré*), étendre, allonger.

ÉTISIE, s. f. (*étizi*) (voy. ÉTIQUE), maladie qui dessèche toute l'habitude du corps.

ÉTOFFE, s. f. (*étofe*) (en lat. barbare *stuffa*), drap tissu de fil, de coton, de laine, de soie; *fig.* dispositions heureuses; talents; condition.—Au pl., frais que l'imprimeur prend sur le prix d'impression d'un ouvrage.

ÉTOFFÉ, E, part. pass. de *étoffer*.

ÉTOFFER, v. a. (*étofé*) (du lat. barbare *stuffare*, garnir), garnir de tout ce qu'il faut.

ÉTOILE, s. f. (*étoèle*) (*stella*), astre, corps lumineux; décoration; signe; fente au verre.

ÉTOILÉ, E, part. pass. de *étoiler*, et adj., semé d'*étoiles*; fêlé en *étoile*.—S. m., espèce de bandage.

ÉTOILER, v. a. (*étoèlé*), fêler en *étoile*.

ÉTOLE, s. f. (*étole*) (*stola*, robe traînante), longue bande d'étoffe sur le cou du prêtre.

ÉTONNAMMENT, adv. (*étonaman*), d'une manière *étonnante*. Fam.

ÉTONNANT, E, adj. (*étonan, ante*), qui étonne, qui surprend.

ÉTONNÉ, E, part. pass. de *étonner*, et adj.

ÉTONNEMENT, s. m. (*étoneman*), surprise; admiration; ébranlement, secousse.

ÉTONNER, v. a. (*étoné*) (*attonare*, frapper de la foudre), surprendre; ébranler.

ÉTOUFFADE, s. f. (*étoufade*), sauce ou préparation pour manger le gibier.

ÉTOUFFANT, E, adj. (*étoufan, ante*), qui fait qu'on *étouffe*, qu'on respire mal.

ÉTOUFFÉ, E, part. pass. de *étouffer*.

ÉTOUFFEMENT, s. m. (*étoufeman*), sorte de suffocation, difficulté de respirer.

ÉTOUFFER, v. a. (*étoufé*) (*stufa*, étuve), suffoquer, ôter la respiration, faire mourir en suffoquant; *fig.* supprimer; cacher; détruire; dissiper.—V. n., avoir la respiration gênée.

ÉTOUFFOIR, s. m. (*étoufoar*), cloche ou boîte de métal pour *étouffer* des charbons.

ÉTOUPE, s. f. (*étoupe*) (*stupa*), rebut de la filasse, du chanvre, du lin.

ÉTOUPÉ, E, part. pass. de *étouper*.

ÉTOUPER, v. a. (*étoupé*) (*stupare*), boucher avec des *étoupes*.

ÉTOUPILLE, s. f. (*étoupi-ie*), mèche de coton filé et roulé dans la poudre.

ÉTOUPILLON, s. m. (*étoupi-ion*), étoupille.

ÉTOURDERIE, s. f. (étourderi), caractère, action d'étourdi.

ÉTOURDI, E, s. et adj. (étourdi) (stolidus, sot), qui agit avec imprudence.

ÉTOURDIMENT, et à l'ÉTOURDIE, adv. (étourdiman), d'une manière étourdie.

ÉTOURDIR, v. a. (étourdir) (de l'italien stordire), causer dans le cerveau quelque ébranlement; fatiguer par le bruit; fig. causer de l'étonnement, de l'embarras; calmer. — V. pr., se préoccuper, s'entêter; se distraire.

ÉTOURDISSANT, E, adj. (étourdiçan, ante), qui étourdit.

ÉTOURDISSEMENT, s. m. (étourdiceman), effet de l'action qui étourdit; trouble.

ÉTOURNEAU, s. m. (étourné) (sturnus), oiseau; fig: jeune homme qui veut faire le capable.

ÉTRANGE, adj. des deux g. (étranje) (extraneus, étranger); contre l'usage commun.

ÉTRANGEMENT, adv. (étranjeman), d'une manière étrange.

ÉTRANGER, ÈRE, s. (étranjé, jère), qui est d'une autre nation, d'une autre famille.—Adj., qui n'a aucun rapport; qui ne participe point à.—S. m., le pays étranger.

ÉTRANGER, v. a. (étranjé), chasser, éloigner d'un lieu, désaccoutumer d'y venir.

ÉTRANGETÉ, s. f. (étranjeté), caractère de ce qui est étrange.

ÉTRANGLÉ, E, part. pass. de étrangler, et adj.; fig. trop court, trop étroit.

ÉTRANGLEMENT, s. m. (étrangleman), (strangulatio), strangulation; resserrement.

ÉTRANGLER, v. a. (étranglé) (strangulare), faire perdre la respiration en pressant ou bouchant le gosier; fig. resserrer trop.

ÉTRANGUILLON, s. m. (étrangui-ion), maladie des chevaux; poire fort âpre.

ÉTRAPE, s. f. (étrape), petite faucille pour couper le chaume.

ÉTRAPÉ, E, part. pass. de étraper.

ÉTRAPER, v. a. (étrapé), couper le chaume avec une étrape.

ÉTRAVE, s. f. (étrave), pièce de bois qui forme la proue d'un vaisseau.

ÊTRE, s. m. (être), ce qui est ou existe; l'existence.—Au pl., dispositions d'une maison.

ÊTRE, v. substantif (être) (esse ou stare), exister; subsister; appartenir; faire partie.

ÉTRÉCI, E, part. pass. de étrécir.

ÉTRÉCIR, v. a. (étrécir), rendre plus étroit.—V. pr., devenir plus étroit.

ÉTRÉCISSEMENT, s. m. (étréciseman), action d'étrécir.

ÉTREINDRE, v. a. (étreindre) (stringere), serrer fortement en liant.

ÉTREINTE, s. f. (étreinte), serrement, action d'étreindre.

ÉTRENNE, s. f. (étrène) (strena), présent qu'on se fait au commencement de chaque année; première chose que vend un marchand; premier usage qu'on fait d'une chose.

ÉTRENNÉ, E, part. pass. de étrenner.

ÉTRENNER, v. a. (étrèné), donner des étrennes; acheter le premier à un marchand; fig. avoir le premier usage d'une chose. — V. n., vendre pour la première fois.

ÉTRÉSILLON, s. m. (étrézi-ion), pièce de bois qui sert d'appui ou d'arc-boutant.

ÉTRÉSILLONNER, v. a. (étrézi-ioné), mettre des étrésillons.

ÉTRIER, s. m. (étrié) (du lat. barbare streparium), espèce d'anneau pour appuyer les pieds du cavalier; bandage; ferrement.

ÉTRILLE, s. f. (étri-ie) (strigil ou strigilis), instrument pour gratter le poil des chevaux.

ÉTRILLÉ, E, part. pass. de étriller.

ÉTRILLER, v. a. (étri-ié) (strigilare), frotter un cheval avec l'étrille; fig. battre.

ÉTRIPÉ, E, part. pass. de étriper.

ÉTRIPER, v. a. (étripé), ôter les tripes.

ÉTRIQUÉ, E, part. pass. de étriquer, et adj., qui n'a pas assez d'ampleur.

ÉTRIQUER, v. a. (étrikié), rapetisser. Fam.

ÉTRIVIÈRE, s. f. (étrivière), courroie qui sert à porter les étriers.

ÉTROIT, E, adj. (étroè, troète) (strictus) qui a peu de largeur; fig. fort borné; rigoureux, sévère, strict; intime. — à l'ÉTROIT, loc. adv., dans un espace étroit.

ÉTROITEMENT, adv. (étroèteman), à l'étroit; fortement; à la rigueur; expressément.

ÉTRONÇONNER, v. a. (étronçoné), tailler un arbre et ne lui conserver que le tronc.

ÉTUDE, s. f. (étude) (studium), travail); application d'esprit pour apprendre les sciences, etc.; connaissances acquises; essai d'un peintre; soin; bureau d'un homme d'affaires.

ÉTUDIANT, s. m. (étudian), celui qui étudie; qui suit les cours d'une école publique.

ÉTUDIÉ, E, part. pass. de étudier, et adj., fait avec soin; feint, affecté.

ÉTUDIER, v. a. (étudié) (studere), apprendre; tâcher de comprendre; méditer; préparer; observer.— V. n., s'appliquer à quelque science.—V. pr., s'attacher, s'appliquer à.

ÉTUDIOLE, s. f. (étudiole), petit meuble à tiroir pour serrer les papiers. Inus.

ÉTUI, s. m. (étui) (theca), tout ce qui est fait pour contenir et conserver une chose.

ÉTUVE, s. f. (étuve) (en lat. barbare stuffa), lieu qu'on échauffe pour faire suer; four.

ÉTUVÉ, E, part. pass. de étuver.

ÉTUVER, s. f. (étuvé), certaine manière de cuire, d'assaisonner les viandes, le poisson.

ÉTUVEMENT, s. m. (*étuveman*), action d'étuver.

ÉTUVER, v. a. (*étuvé*), layer quelque plaie ou blessure en appuyant doucement.

ÉTUVISTE, s. des deux g. (*étuvicete*), qui tient des *étuves*; baigneur. Peu us.

ÉTYMOLOGIE, s. f. (*étimoloji*) (ετυμολογια, de ετυμος, vrai, et λογος, mot), origine d'un mot; source dont il est dérivé.

ÉTYMOLOGIQUE, adj. des deux g. (*étimolojike*), qui a rapport à l'*étymologie*.

ÉTYMOLOGISTE, s. des deux g. (*étimolojicete*), qui recherche l'origine des mots.

EU, EUE, part. pass. du verbe *avoir*.

EUBAGES, s. m. pl. (*eubaje*), prêtres gaulois qui s'appliquaient à la divination.

EUCHARISTIE, s. f. (*eukariceti*) (ευχαριστια, action de grâce), sacrement du corps et du sang de Jésus-Christ.

EUCHARISTIQUE, adj. des deux g. (*eukaricetike*), qui appartient à l'*eucharistie*.

EUCOLOGE, s. m. (*eukoloje*) (ευχη, prière, et λογος, discours), livre de prières.

EUCRASIE, s. f. (*eukrazi*) (ευ, bien, et κρασις, tempérament), bon tempérament.

EUDIOMÈTRE, s. m. (*eudiomètre*) (ευδιος, serein, et μετρον, mesure), instrument propre à mesurer la salubrité de l'air.

EUDIOMÉTRIE, s. f. (*eudiométri*), art d'analyser l'air atmosphérique.

EUDIOMÉTRIQUE, adj. des deux g. (*eudiométrike*), qui a rapport à l'*eudiométrie*.

EUFRAISE, s. f. (*eufrèse*), plante annuelle.

EULOGIES, s. f. pl. (*euloji*) (ευλογιω, je bénis), choses bénites; présents.

EUMÉNIDES, s. f. pl. (*euménide*) (ευμενιδες, antiphrase de ευμενης, doux), furies de l'enfer.

EUNUQUE, s. m. (*enuke*) (ευνουχος, gardien de lit, de ευνη, lit, et εχω, je garde), homme privé des parties de la génération.

EUPATOIRE, s. f. (*eupatoare*), plante.

EUPHÉMISME, s. m. (*eufémiceme*) (ευφημισμος, discours de bon augure), figure de rhét. qui consiste à adoucir les expressions.

EUPHONIE, s. f. (*eufoni*) (ευ, bien, et φωνη, voix), son agréable d'une seule voix ou d'un seul instrument; prononciation facile.

EUPHONIQUE, adj. des deux g. (*eufonike*), qui produit l'*euphonie*.

EUPHORBE ou EUPHORBIER, s. m. (*eurbe, forbié*), genre de plantes.

EUROPÉEN, ENNE, adj. et s. (*europé-ein, ène*), qui appartient à l'*Europe*.

EURYTHMIE, s. f. (*euritemi*) (ευ, bien, et ρυθμος, cadence), belle proportion. Inus.

EUSTACHE, s. m. (*eucelache*), couteau à un seul clou, et à manche de bois.

EUX, pl. du pron. pers. *lui* (*eu*).

ÉVACUANT, E, adj. (*évaku-an, ante*), qui évacue. — Il s'emploie subst. au m.

ÉVACUATIF, TIVE, adj. (*évaku-atif, tive*), qui fait *évacuer*.

ÉVACUATION, s. f. (*évaku-ăcion*) (*evacuatio*), action d'évacuer; les matières évacuées.

ÉVACUÉ, E, part. pass. de *évacuer*.

ÉVACUER, v. a. (*évakué*) (*evacuare*), vider, faire sortir; abandonner.

ÉVADÉ, E, part. pass. de *évader*.

s'ÉVADER, v. pr. (*cévadé*) (*evadere*, de è, hors, et *vadere*, aller), s'enfuir, s'échapper.

ÉVAGATION, s. f. (*évaguácion*) (*evagatio*, de *vagus*, errant), suite de distractions.

ÉVALUATION, s. f. (*évaluácion*) (*valor*, valeur), estimation du prix, de la *valeur*.

ÉVALUÉ, E, part. pass. de *évaluer*.

ÉVALUER, v. a. (*évalué*), apprécier, estimer une chose suivant sa *valeur*.

ÉVANGÉLIQUE, adj. des deux g. (*évanjélike*), qui est de l'*évangile*, selon l'*évangile*.

ÉVANGÉLIQUEMENT, adv. (*évanjélikeman*), d'une manière *évangélique*.

ÉVANGÉLISÉ, E, part. pass. de *évangéliser*.

ÉVANGÉLISER, v. a. et n. (*évanjélisé*), annoncer, prêcher l'*évangile*.

ÉVANGÉLISTE, s. m. (*évanjélicete*), un des quatre écrivains qui ont écrit l'*évangile*.

ÉVANGILE, s. m. (*évanjile*) (*evangelium*, fait de ευαγγελλιον, bonne nouvelle), doctrine, loi de Jésus-Christ; partie des évangiles.

ÉVANOUI, E, part. pass. de s'*évanouir*.

s'ÉVANOUIR, v. pr. (*cévanouir*) (*evanescere*), tomber en faiblesse; disparaître.

ÉVANOUISSEMENT, s. m. (*évanouiceman*), défaillance; perte de connaissance.

ÉVAPORATION, s. f. (*évaporácion*) (*evaporatio*), exhalation de vapeurs; légèreté.

ÉVAPORÉ, E, part. pass. de s'*évaporer*, adj. et s.; fig. qui est trop dissipé.

ÉVAPORER, v. a. (*évaporé*) (*evaporare*), résoudre en *vapeur*. — V. pr., se dissiper.

ÉVASÉ, E, part. pass. de *évaser*, et adj.

ÉVASEMENT, s. m. (*évăseman*), état de ce qui est *évasé*; ouverture plus ou moins grande.

ÉVASER, v. a. (*évăsé*) (*vasum*, vase), élargir. — V. pr., prendre de la circonférence.

ÉVASIF, SIVE, adj. (*évăzif, zive*), qui sert à éluder.

ÉVASION, s. f. (*évăsion*) (*evadere*, s'évader), fuite secrète.

ÉVÊCHÉ, s. m. (*évéché*), étendue d'un diocèse; dignité, maison d'un *évêque*.

ÉVEIL, s. m. (*évè-ie*), avis donné à quelqu'un d'une chose à laquelle il ne pensait pas.

ÉVEILLÉ, E, part. pass. de *éveiller*, adj. et s., gai, vif, ardent, attentif.

ÉVEILLER, v. a. (*évè-ié*), faire cesser, interrompre le sommeil ; *fig.* rendre plus actif. —V. pr. (*evigilare*), cesser de dormir.

ÉVÉNEMENT, s. m. (*évèneman*) (*eventus*), issue, succès d'une chose; accident, aventure.

ÉVENT, s. m. (*évan*) (de la part. extr. *é*, hors, et du mot *vent*), goût d'un aliment, d'une liqueur qui commence à s'altérer ; action de l'air agité ; ouverture d'une arme à feu.—*Tête à l'évent*, homme étourdi et léger.

ÉVENTAIL, s. m. (*évanta-ie*), ce qui sert à *éventer*.—Au pl., des *éventails*.

ÉVENTAILLISTE, s. des deux g. (*évantaie-icete*), qui fait ou qui vend des *éventails*.

ÉVENTAIRE, s. m. (*évantère*), plateau d'oster sur lequel les vendeuses de fruits et d'herbages étalent leur marchandise.

ÉVENTÉ, E, part. pass. de *éventer*, adj. et s., léger, évaporé. Peu us.

ÉVENTER, v. a. (*évanté*), donner du *vent* en agitant l'air; exposer au *vent*, à l'air. —V. pr., se donner du *vent*; se corrompre.

ÉVENTOIR, s. m. (*éventoar*), sorte d'*éventail* pour allumer les charbons.

ÉVENTRER, v. a. (*évantré*), tirer les entrailles du *ventre*; fendre le *ventre*.

ÉVENTUALITÉ, s. f. (*évantualité*), qualité de ce qui est *éventuel*.

ÉVENTUEL, ELLE, adj. (*évantuèle*) (*eventus*, événement), qui est fondé sur un *événement* incertain.—On l'emploie subst. au m.

ÉVENTUELLEMENT, adv. (*évantuèleman*), d'une manière *éventuelle*.

ÉVÊQUE, s. m. (*évèke*) (*episcopus*), prélat du premier ordre dans l'église.

ÉVERSION, s. f. (*évèrecion*) (*eversio*), ruine, renversement d'un état, d'une ville.

s'ÉVERTUER, v. pr. (*cévèretué*) (*virtus*, force), s'efforcer de faire quelque chose.

ÉVICTION, s. f. (*évikcion*) (*evictio*), action d'*évincer*, de priver de la possession de...

ÉVIDÉ, E, part. pass. de *évider*, et adj.

ÉVIDEMMENT, adv (*évidaman*) (*evidenter*), d'une manière *évidente*.

ÉVIDENCE, s. f. (*évidance*) (*evidentia*), qualité de ce qui est *évident*.

ÉVIDENT, E, adj. (*évidan, ante*) (*evidens*), clair, visible, manifeste.

ÉVIDER, v. a. (*évidé*), faire sortir l'empois du linge; échancrer; canneler, découper.

ÉVIDOIR, s. m. (*évidoar*), outil pour *évider*.

ÉVIER, s. m. (*évié*) (*aquarium*, égoût), égoût de cuisine.

ÉVINCER, v. a. (*évincé*) (*evincere*), déposséder, dépouiller juridiquement.

ÉVITABLE, adj. des deux g. (*évitable*), qu'on peut *éviter*. Peu us.

ÉVITÉ, E, part. pass. de *éviter*.

ÉVITÉE, s. f. (*évité*), espace que peut parcourir un vaisseau en tournant sur ses amarres.

ÉVITER, v. a. (*évité*) (*evitare*, par contraction des trois mots *e, via, stare*), se placer hors le chemin), esquiver, fuir quelque chose.

ÉVOCABLE, adj. des deux g. (*évokable*), qui peut s'*évoquer*.

ÉVOCATION, s. f. (*évokácion*) (*evocatio*), action d'*évoquer*; formule pour *évoquer*.

ÉVOCATOIRE, adj. des deux g. (*évokatoare*) (*evocatorius*), qui a la vertu d'*évoquer*, qui sert de fondement à l'*évocation*.

ÉVOLUTION, s. f. (*évolucion*) (*evolutio*, de *evolvere*, développer), développement des corps organiques ; mouvement de troupes.

ÉVOQUÉ, E, part. pass. de *évoquer*.

ÉVOQUER, v. a. (*évokié*) (*evocare*), faire venir à soi, appeler; t. de jur., porter une cause d'un tribunal à un autre.

EX (*ékce*), préposition latine qui, avec le mot français qui la suit, marque ce qu'une personne a été : *ex-ministre, ex-député*, etc.

EXACERBATION, s. f. (*èguezacèrebácion*), augmentation des symptômes de la fièvre.

EXACT, E, adj. (*èguezakte*) (*exactus*), qui a de l'*exactitude*; ponctuel.

EXACTEMENT, adv. (*èguezakteman*), d'une manière *exacte*.

EXACTEUR, s. m. (*èguezakteur*) (*exactor*, de *exigere*, exiger), qui commet une *exaction*.

EXACTION, s. f. (*èguezakcion*) (*exactio*), action par laquelle on *exige* plus qu'il n'est dû.

EXACTITUDE, s. f. (*èguezaktitude*), soin apporté pour faire *exactement* les choses.

EXAGÉRATEUR, TRICE, adj. (*èguezajérateur, trice*), qui *exagère*. Peu usité au fém.

EXAGÉRATIF, TIVE, adj. (*èguezajératif, tive*), qui tient de l'*exagération*.

EXAGÉRATION, s. f. (*èguezajérácion*) (*exageratio*), action d'*exagérer*; hyperbole.

EXAGÉRÉ, E, part. pass. de *exagérer*.

EXAGÉRER, v. a. (*èguezajéré*) (*exaggerare*, entasser), amplifier, grossir, outrer.

EXALTATION, s. f. (*èguezaltácion*) (*exaltatio*), élévation du pape au pontificat; enthousiasme ; t. de chim., purification des sels.

EXALTÉ, E, part. pass. de *exalter*, adj. et s., trop ardent, exagéré.

EXALTER, v. a. (*èguezalté*) (*exaltare*, de *altus*, haut), élever par le discours, louer.

EXAMEN, s. m. (*èguezamein*) (*examen*), recherche exacte, discussion ; question.

EXAMINATEUR, TRICE, s. (*èguezaminateur, trice*) (*examinator*), qui *examine*.

EXAMINÉ, E, part. pass. de *examiner*.

EXAMINER, v. a. (*èguezaminé*) (*examinare*), rechercher exactement; interroger.

EXANTHÈME, s. m. (èguezantème (ἐξάνθημα, efflorescence), éruption à la peau.
EXARCHAT, s. m. (èguezarka), partie de l'Italie où commandait l'exarque.
EXARQUE, s. m. (èguezarke) (ἔξαρχος, chef), celui qui commandait en Italie pour les empereurs de Constantinople.
EXASPÉRATION, s. f. (èguezacepérâcion), (exasperatio), état de ce qui est exaspéré.
EXASPÉRÉ, E, part. pass. de exaspérer.
EXASPÉRER, v. a. (èguezacepéré) (exasperare, de asper, âpre), aigrir, irriter.
EXAUCÉ, E, part. pass. de exaucer.
EXAUCEMENT, s. m. (èguezôceman), action d'exaucer.
EXAUCER, v. a. (èguezôcé) (exaudire, de audire, écouter), accorder ce qu'on demande.
EXCAVATION, s. f. (èkcekavâcion) (excavare, creuser); action de creuser; creux.
EXCÉDANT, E, adj. (èkcédan, ante), qui excède. — Il s'emploie aussi subst. au m.
EXCÉDÉ, E, part. pass. de excéder.
EXCÉDER, v. a. et n. (èkcédé) (excedere, de ex, hors, et cedere, s'en aller), outre-passer, aller au-delà; traiter avec excès; fatiguer.
EXCELLEMMENT, adv. (èkcèlaman) (excellenter), d'une manière excellente.
EXCELLENCE, s. f. (èkcèlance) (excellentia), degré de perfection; titre d'honneur.
EXCELLENT, E, adj. (èkcèlan, ante) (excellens), qui a une qualité supérieure.
EXCELLENTISSIME, adj. des deux g. (èkcèlanticecime) (excellentissimus, superlatif de excellens), très-excellent ; titre de dignité.
EXCELLER, v. n. (èkcèlé) (excellere), surpasser par quelque degré de perfection.
EXCENTRICITÉ, s. f. (èkcantricité) (ex, hors, et centrum, centre), distance entre les centres des cercles non concentriques.
EXCENTRIQUE, adj. des deux g. (èkcantrike), se dit de cercles qui ont un centre différent, quoique engagés l'un dans l'autre.
EXCEPTÉ, prép. (èkcèpté), hormis, à la réserve.
EXCEPTÉ, E, part. pass. de excepter.
EXCEPTER, v. a. (èkcèpté) (excipere), ne point comprendre dans.
EXCEPTION, s. f. (èkcèpecion) action par laquelle on excepte; moyen pour se défendre d'une demande. — à l'EXCEPTION de. loc. prép., excepté, hormis.
EXCEPTIONNEL, ELLE, adj. (èkcèpecionèle), qui renferme une exception.
EXCÈS, s. m. (èkcè) (excessus, de excedere, excéder), ce qu'une quantité a de plus qu'une autre.— à l'EXCÈS, jusqu'à l'EXCÈS, loc. adv., au-delà des bornes de la raison.
EXCESSIF, SIVE, adj. (èkcècecif, sive), qui va à l'excès; où il y a de l'excès.

EXCESSIVEMENT, adv. (èkcèceciveman), d'une manière excessive.
EXCIPER, v. n. (èkcipé) (excipere), fournir des exceptions.
EXCIPIENT, adj. et s. m. (èkcipian) (excipere, recevoir), base d'un médicament.
EXCISE, s. f. (èkcize), impôt levé en Angleterre sur la bière, le cidre, l'huile.
EXCISION, s. f. (èkcizion) (excisio, de excidere, couper), échancrure, entaille.
EXCITANT, E, adj. (èkcitan, ante), t. de méd., tonique et stimulant.—Subst. au m.
EXCITATIF, TIVE, adj. (èkcitatif, tive), qui excite.—On l'emploie subst. au m.
EXCITATION, s. f. (èkcitâcion), action de ce qui excite. Peu us.
EXCITÉ, E, part. pass. de exciter.
EXCITER, v. a. (èkcité) (excitare), provoquer; émouvoir; animer; causer.
EXCLAMATION, s. f. (èkceklamâcion) (exclamatio, de exclamare, crier), cri que l'on fait par admiration, par joie, par indignation.
EXCLU, E, part. pass. de exclure.
EXCLURE, v. a. (èkceklure) (excludere, de ex, hors, et claudere, fermer), empêcher d'être admis; chasser; empêcher d'obtenir.
EXCLUSIF, SIVE, adj. (èkcecluzif, sive), qui exclut ou peut exclure.
EXCLUSION, s. f. (èkcekluzion), déclaration, acte par lequel on exclut.
EXCLUSIVEMENT, adv. (èkcekluziveman), en excluant, en exceptant.
EXCOMMUNICATION, s. f. (èkcekomunikâcion) (excommunicatio), censure ecclésiastique par laquelle on excommunie.
EXCOMMUNIÉ, E, part. pass. de excommunier, et s.
EXCOMMUNIER, v. a. (èkcekomunié) (excommunicare), séparer de la communion.
EXCORIATION, s. f. (èkcekoriâcion) (excoriatio), écorchure; plaie légère.
EXCORIÉ, E, part. pass. de excorier.
EXCORIER, v. a. (èkcekorié) (excoriare, de ex, et de corium, cuir), écorcher.
EXCRÉMENT, s. m. (èkcekréman) (excrementum, de excernere, purger), toute matière qui est évacuée du corps des animaux.
EXCRÉMENTEUX, EUSE, ou EXCRÉMENTIEL, ELLE, adj. (èkcekrémanteu, euse, ciéle), qui tient de l'excrément.
EXCRÉTEUR, adj. m. (èkcekréteur), se dit de vaisseaux qui servent aux excrétions.
EXCRÉTION, s. f. (èkcekrécion) (excretio), sortie naturelle des humeurs nuisibles.
EXCRÉTOIRE, adj. des deux g. (èkcekrétoare), qui sert à l'excrétion des humeurs.
EXCROISSANCE, s. f. (èkcekroècance) (excrescentia), superfluité de chair, de matière.
EXCURSION, s. f. (èkcekurcion) (excursio, de excurrere, courir hors), course, irruption.

EXCUSABLE, adj. des deux g. (èkcekuzable) (excusabilis), qui est digne d'excuse.

EXCUSATION, s. f. (èkcekuzacion) (excusatio), motif de démission.

EXCUSE, s. f. (èkcekuze), raison pour excuser quelqu'un ou s'excuser soi-même.

EXCUSÉ, E, part. pass. de excuser.

EXCUSER, v. a. (èkcekuzé) (excusare), justifier; admettre les excuses de; pardonner.

EXEAT, s. m. (èguezé-ate) (exeat veut dire en lat. qu'il sorte), pouvoir de sortir.

EXÉCRABLE, adj. des deux g. (èguezékrable) (exsecrabilis), détestable, abominable.

EXÉCRABLEMENT, adv. (èguezékrableman), d'une manière exécrable.

EXÉCRATION, s. f. (èguezékrácion) (exsecratio), horreur extrême; imprécation.

EXÉCRÉ, E, part. pass. de exécrer.

EXÉCRER, v. a. (èguezékré) (exsecrari), avoir en exécration. Vieux.

EXÉCUTABLE, adj. des deux g. (èguezékutable), qui peut être exécuté.

EXÉCUTANT, E, s. (èguezékutan, ante'), qui exécute de la musique.

EXÉCUTÉ, E, part. pass. de exécuter.

EXÉCUTER, v. a. (èguezékuté) (exsequi), mettre à exécution, accomplir; jouer ou chanter un morceau de musique; faire mourir par autorité de justice.—V. pr., vendre de son bien pour payer ses dettes; se déterminer.

EXÉCUTEUR, TRICE, s. (èguezékutenr, trice) (exsecutor), qui exécute.

EXÉCUTIF, TIVE, adj. (èguezékutif, tive), se dit du pouvoir de faire exécuter les lois.

EXÉCUTION, s. f. (èguezékucion) (exsecutio), action d'exécuter.

EXÉCUTOIRE, s. m. et adj. des deux g. (èguezékutoare), qui donne pouvoir d'exécuter.

EXÉGÈSE, s. f. (èguezéjèze) (ἐξήγησις, de ἐξηγέομαι, j'expose), explication claire.

EXÉGÉTIQUE, adj. des deux g. (èguezéjétike) (ἐξηγητικος), qui sert à expliquer.

EXEMPLAIRE, s. m. (èguezanplère) (exemplar ou exemplare), copie imprimée de quelque ouvrage; modèle, original. — Adj. des deux g., qui peut servir d'exemple.

EXEMPLE, s. m. (èguezanple) (exemplum), action qu'on doit suivre ou fuir; modèle; chose pareille. — S. f., modèle d'écriture. — PAR EXEMPLE, loc. adv. qui sert à confirmer ce qu'on a dit, à faire une comparaison.

EXEMPT, s. m. (èguezan), sorte d'officier qui était exempt de service; officier de police.

EXEMPT, E, adj. (èguezan, ante) (exemptus), qui n'est point sujet à.

EXEMPTÉ, E, part. pass. de exempter.

EXEMPTER, v. a. (èguezanté) (eximere), rendre exempt. — V. pr., se dispenser.

EXEMPTION, s. f. (èguezanpecion) (exemptio), droit, grace, privilège qui exempte.

EXEQUATUR, s. m. (èguezékouatúr) (mot lat.), ordre ou permission d'exécuter.

EXERCÉ, E, part. pass. de exercer.

EXERCER, v. a. (èguezèrcé) (exercere), dresser, instruire; pratiquer.—V. pr., s'appliquer à quelque exercice, s'en occuper.

EXERCICE, s. m. (èguezèrecice) (exercitatio), action de s'exercer; pratique; fonctions d'un emploi; peine, fatigue; perception de l'impôt. — Au pl., ce qu'on apprend dans les académies; thèses.

EXÉRÈSE, s. f. (èguezérèze) (ἐξαίρεσις, de ἐξαιρέω, j'emporte), action de retrancher du corps humain ce qui est nuisible, etc.

EXERGUE, s. m. (èguezèrgue) (ἐξ, hors, et ἔργον, œuvre), espace au bas du type d'une médaille, pour mettre une inscription, etc.

EXFOLIATION, s. f. (èkcefoliácion), ce qui arrive à l'os quand il vient à s'exfolier.

S'EXFOLIER, v. pr. (cèkcefolié) (ex, par, et folium, feuille), s'enlever par feuilles.

EXHALAISON, s. f. (èguesalèzon) (exhalatio), ce qui s'exhale des corps.

EXHALANT, s. et adj. m. (èguezálan'), se dit de vaisseaux qui servent à l'exhalation.

EXHALATION, s. f. (èguezaldcion), action d'exhaler; opération pour faire exhaler.

EXHALÉ, E, part. pass. de exhaler.

EXHALER, v. a. (èguezalé) (exhalare, de ex, hors, et halare, rendre une odeur), pousser en l'air des vapeurs, des odeurs, des esprits. — V. pr., s'évaporer.

EXHAUSSÉ, E, part. pass. de exhausser.

EXHAUSSEMENT, s. m. (èguezóceman), élévation d'un plancher, d'une voûte.

EXHAUSSER, v. a. (èguezócé), élever un bâtiment, un plancher, etc.

EXHÉRÉDATION, s. f. (èguezérédácion) (exhæredatio), acte par lequel on déshérite.

EXHÉRÉDÉ, E, part. pass. de exhéréder.

EXHÉRÉDER, v. a. (èguezérédé) (exhæredare), déshériter.

EXHIBÉ, E, part. pass. de exhiber.

EXHIBER, v. a. (èguezibé) (exhibere), représenter en justice; montrer.

EXHIBITION, s. f. (èguezibicion) (exhibitio), représentation de quelque pièce.

EXHORTATION, s. f. (èguezortácion) (exhortatio), discours par lequel on exhorte.

EXHORTÉ, E, part. pass. de exhorter.

EXHORTER, v. a. (èguezorté) (exhortari), tâcher de porter à quelque chose: exciter.

EXHUMATION, s. f. (èguezumácion), action par laquelle on exhume un corps.

EXHUMÉ, E, part. pass. de exhumer.

EXHUMER, v. a. (èguezumé) (de la partic. extr. ex, et humus, terre), déterrer un corps.

EXIGEANT, E, adj. et s. (ègueziján, ante), qui est dans l'habitude d'exiger trop.
EXIGENCE, s. f. (èguezijance), besoin, nécessité; ce qui est exigé.
EXIGER, v. a. (èguezijé) (exigere, conduire dehors), demander quelque chose de quelqu'un; obliger à faire quelque chose.
EXIGIBLE, adj. des deux g. (èguezijible), qu'on peut exiger.
EXIGU, Ë, adj. (èguezigu) (exiguus), petit, modique.
EXIGUÏTÉ, s. f. (èguezigu-ité), petitesse.
EXIL, s. m. (èguezil) (exilium), bannissement; lieu d'exil; fig. lieu peu agréable.
EXILÉ, E, part. pass. de exiler, adj. et s., qui est envoyé en exil.
EXILER, v. a. (èguezilé), envoyer en exil; reléguer — V. pr., s'éloigner, s'absenter.
EXISTANT, E, adj. (èguezicetan, ante), qui existe.
EXISTENCE, s. f. (èguezicetance) (existentia), être actuel, état de ce qui existe.
EXISTER, v. n. (èguezicete) (existere), être actuellement, avoir l'être; subsister.
EXOCET, s. m. (èguezocé), poisson.
EXODE, s. m. (èguezode) (εξοδος, sortie), second livre de l'Ancien Testament.
EXOMPHALE, s. f. (èguezonfale) (εξ, dehors, et ομφαλος, nombril), hernie du nombril.
EXOPHTHALMIE, s. f. (èguezofetalmi) (εξ, dehors, et οφθαλμος, œil), sortie de l'œil.
EXORABLE, adj. des deux g. (èguezorable) (exorabilis), qui peut être fléchi.
EXORBITAMMENT, adv. (èguezorbitaman) avec excès; d'une manière exorbitante.
EXORBITANT, E, adj. (èguezorbitan, ante) (exorbitans), excessif.
EXORCISÉ, E, part. pass. de exorciser.
EXORCISER, v. a. (èguezorcizé), user d'exorcismes pour chasser le démon.
EXORCISME, s. m. (èguezorciceme) (exorcismus, fait d'εξορκιζω, je conjure), paroles et cérémonies pour chasser le démon.
EXORCISTE, s. m. (èguezorcicete), celui qui exorcise; le troisième des ordres mineurs.
EXORDE, s. m. (èguezorde) (exordium), première partie d'un discours oratoire.
EXOSTOSE, s. f. (èguezocôze) (εξοστωσις), tumeur contre nature sur la surface de l'os.
EXOTÉRIQUE, adj. des deux g. (èguezotérike) (εξωτερικος, extérieur), vulgaire, commun.
EXOTIQUE, adj. des deux g. (èguezotike) (εξωτικος, étrange), étranger.
EXPANSIBILITÉ, s. f. (èkcepancibilité) (expandere, étendre), faculté expansible.
EXPANSIBLE, adj. des deux g. (èkcepancible), qui est capable d'expansion.
EXPANSIF, SIVE, adj. (èkcepancif, cive), qui a la force de s'étendre ou de faire étendre un autre corps; fig. qui aime à s'épancher.

EXPANSION, s. f. (èkcepancion) (expansio), action ou état d'un corps qui se dilate.
EXPATRIATION, s. f. (èkcepatriácion), absence, éloignement de son pays.
EXPATRIÉ, E, part. pass. de expatrier.
EXPATRIER, v. a. (èkcepátrié) (ex, dehors et πατρις, patrie), obliger quelqu'un à quitter sa patrie. — V. pr., quitter sa patrie.
EXPECTANT, E, adj. (èkcepèktan, ante) (expectare, attendre), qui attend.
EXPECTATIF, TIVE, adj. (èkcepèktatif, tive), qui donne droit d'attendre, d'espérer.
EXPECTATIVE, s. f. (èkcepèktative) attente fondée; droit de survivance.
EXPECTORANT, E, adj. (èkcepèktoran, ante), qui provoque l'expectoration.
EXPECTORATION, s. f. (èkcepèktorácion), action d'expectorer.
EXPECTORÉ, E, part. pass. de expectorer.
EXPECTORER, v. a. (èkcepèktoré) (ex, hors, et pectus, poitrine), chasser de la poitrine.
EXPÉDIÉ, E, part. pass. de expédier.
EXPÉDIENT, s. m. (èkcepédian) (expedire, ôter d'embarras), moyen de terminer une affaire. — Adj. m., nécessaire.
EXPÉDIER, v. a. (èkcepédié) (expedire, débarrasser vite; envoyer; terminer; tuer.
EXPÉDITEUR, s. m. (èkcepéditeur), celui qui est chargé d'expédier des marchandises.
EXPÉDITIF, TIVE, adj. (èkcepéditif, tive), qui expédie, qui fait vite, qui dépêche.
EXPÉDITION, s. f. (èkcepédicion), action par laquelle on expédie; entreprise de guerre; copie d'un acte; diligence.
EXPÉDITIONNAIRE, s. des deux g. (èkcepédicionère), expéditeur; copiste. — Adj. des deux g., chargé d'une expédition militaire.
EXPÉRIENCE, s. f. (èkcepériance) (experientia), action d'expérimenter; épreuve; essai; connaissance acquise par l'usage.
EXPÉRIMENTAL, E, adj. (èkcepérimantale) (experimentum, expérience), qui s'acquiert par l'expérience.
EXPÉRIMENTÉ, E, part. pass. de expérimenter, et adj., instruit par l'expérience.
EXPÉRIMENTER, v. a. (èkcepérimanté) (experiri), éprouver, faire l'expérience de...
EXPERT, E, adj. (èkcepère, pèrete) (expertus), fort versé dans quelque art. — S. m., personne choisie pour examiner certaines choses.
EXPERTISE, s. f. (èkcepèretize), visite, opération, procès-verbal et rapport des experts.
EXPIATION, s. f. (èkcepiácion) (expiatio), action par laquelle on expie.
EXPIATOIRE, adj. des deux g. (èkcepiatoare) (expiatorius), qui sert à expier.
EXPIÉ, E, part. pass. de expier.
EXPIER, v. a. (èkcepié) (expiare), réparer par quelque peine un crime qu'on a commis.

EXPIRANT, E, adj. (èkcepiran, ante), qui expire, qui est près d'expirer.

EXPIRATEUR, adj. m. (èkcepirateur), se dit des muscles qui contribuent à l'expiration.

EXPIRATION, s. f. (èkcepirâcion) (expiratio), échéance d'un terme; action par laquelle on rend l'air qu'on a tiré au-dedans.

EXPIRÉ, E, part. pass. de expirer.

EXPIRER, v. n. (èkcepiré) (expirare, rendre l'âme), finir, être au bout du terme; mourir. — V. a., rendre l'air qu'on avait aspiré.

EXPLÉTIF, TIVE, adj. (èkceplétif, tive) (expletivus), se dit des mots qui entrent dans une phrase sans être nécessaires au sens.

EXPLICABLE, adj. des deux g. (èkceplikable) (explicabilis), qui peut être expliqué.

EXPLICATEUR, s. m. (èkceplikateur), celui qui est chargé d'expliquer une chose.

EXPLICATIF, TIVE, adj. (èkceplikatif, tive), qui explique le sens d'une chose.

EXPLICATION, s. f. (èkceplikâcion) (explicatio), discours par lequel on explique ce qui est obscur; interprétation; éclaircissement.

EXPLICITE, adj. des deux g. (èkceplicité) (explicitus), clair, formel, distinct.

EXPLICITEMENT, adv. (èkcepliciteman), en termes clairs et formels.

EXPLIQUÉ, E, part. pass. de expliquer.

EXPLIQUER, v. a. (èkceplikié) (explicare, déplier), interpréter, éclaircir, développer. — V. pr., découvrir sa pensée; se manifester.

EXPLOIT, s. m. (èkceploé) (explicare, faire), action de guerre mémorable; acte d'huissier.

EXPLOITABLE, adj. des deux g. (èkceploétable), qui peut être exploité, saisi, débité.

EXPLOITANT, adj. m. (èkceploetan), qui fait les exploits.

EXPLOITATION, s. f. (èkceploétâcion), action d'exploiter des terres, des biens, etc.

EXPLOITÉ, E, part. pass. de exploiter.

EXPLOITER, v. a. (èkceploété) (du lat. barbare explicare), faire valoir; cultiver; débiter du bois; spéculer sur. — V. n., donner des exploits, des assignations.

EXPLORATEUR, s. m. (èkceplorateur) (explorator), qui va à la découverte d'un pays.

EXPLORATION, s. f. (èkceplorâcion) (exploratio), action de sonder une plaie, etc.

EXPLORÉ, E, part. pass. de explorer.

EXPLORER, v. a. (èkceploré) (explorare), parcourir avec soin, visiter, examiner.

EXPLOSION, s. f. (èkceplôzion) (explosio), bruit, éclat, mouvement de la poudre à canon.

EXPORTATION, s. f. (èkceportâcion) (exportatio), action d'exporter.

EXPORTÉ, E, part. pass. de exporter.

EXPORTER, v. a. (èkceporté) (exportare), transporter hors d'un état.

EXPOSANT, E, s. (èkcepôzan, ante), qui expose un fait. — S. m., t. de math., nombre qui exprime le rapport de deux autres.

EXPOSÉ, s. m. (èkcepôzé), ce qui est exposé dans une requête; récit; compte-rendu.

EXPOSÉ, E, part. pass. de exposer.

EXPOSER, v. a. (èkcepôzé) (exponere), mettre en vue; tourner vers; expliquer; faire connaître; mettre en péril. — V. pr., se hasarder.

EXPOSITION, s. f. (èkcepôsicion) (expositio), montre qu'on fait d'une chose; explication; interprétation; narration; situation.

EXPRÈS, s. m. (èkceprè), homme envoyé à dessein pour porter des lettres, des avis, etc.

EXPRÈS, adv. (èkceprè), à dessein.

EXPRÈS, ESSE, adj. (èkceprè, prèce) (expressus, manifeste), précis, formel.

EXPRESSÉMENT, adv. (èkceprèceman) (expressim), d'une manière expresse.

EXPRESSIF, SIVE, adj. (èkceprècif, cive), énergique, qui exprime bien ce qu'on veut dire.

EXPRESSION, s. f. (èkceprècion) (expressio), action d'exprimer en pressant; manière d'exprimer ce qu'on veut dire; mot.

EXPRIMABLE, adj. des deux g. (èkceprimable), qui se peut exprimer, dire, déclarer.

EXPRIMÉ, E, part. pass. de exprimer.

EXPRIMER, v. a. (èkceprimé) (exprimere), tirer le suc en pressant; énoncer, dire.

EX-PROFESSO, adv. (èkceprofecéô) (mots latins), avec soin, en homme instruit.

EXPROPRIATION, s. f. (èkcepropriâcion), action d'exproprier.

EXPROPRIÉ, E, part. pass. de exproprier.

EXPROPRIER, v. a. (èkceproprié), dépouiller quelqu'un de sa propriété.

EXPULSÉ, E, part. pass. de expulser.

EXPULSER, v. a. (èkcepulcé) (expulsare), chasser, déposséder; faire évacuer.

EXPULSIF, SIVE, adj. (èkcepulcif, cive), t. de méd., qui pousse dehors.

EXPULSION, s. f. (èkcepulcion) (expulsio), action d'expulser, de chasser.

EXPURGATOIRE, adj. des deux g. (èkcepurguatoare) (expurgare, corriger), se dit d'un catalogue de livres défendus à Rome.

EXQUIS, E, adj. (èkceki, kise) (exquisitus), recherché; excellent, parfait en son espèce.

EXSUCCION, s. f. (èkcecukecion) (exsugere, sucer), action de sucer.

EXSUDATION, s. f. (èkçudâcion), action de suer.

EXSUDER, v. n. (èkcudé) (exsudare, transpirer), t. de méd., sortir en forme de sueur.

EXTANT, E, adj. (èkcetan, ante) (stans, part. prés. de stare, être), qui est en nature.

EXTASE, s. f. (èkcetâze) (èrzcis), étonnement; ravissement d'esprit; fig. admiration.

EXTASIÉ, E, part. pass. de s'extasier.

s'EXTASIER, v. pr. (cèkcetâzié), être ravi d'admiration, être en extase.

EXTATIQUE, adj. des deux g. (èkcetatike), qui tient de l'extase.

EXTENSEUR, s. et adj. m. (*ekcetanceur*), se dit de muscles qui servent à *étendre*.

EXTENSIBILITÉ, s. f. (*ekcetancibilité*), qualité d'une chose qui peut s'*étendre*.

EXTENSIBLE, adj. des deux g. (*ekcetancible*), qui peut être *étendu*.

EXTENSIF, SIVE, adj. (*ekcetancif, cive*), qui exprime l'*extension*; qui étend.

EXTENSION, s. f. (*ekcetancion*) (*extensio*), étendue; action de ce qui s'étend.

EXTÉNUATION, s. f. (*ekceténudcion*) (*extenuatio*), diminution de forces, d'embonpoint.

EXTÉNUÉ, E, part. pass. de *exténuer*, et adj.

EXTÉNUER, v. a. (*ekceténué*) (*extenuare*), diminuer les forces; amaigrir; affaiblir.

EXTÉRIEUR, s. m. (*ekcetérieur*) (*exterior*, sous-entendu *pars, facies*, etc., fait de *extrà*, au dehors), ce qui paraît au dehors; mine, apparence; lieu qui est au dehors.

EXTÉRIEUR, E, adj (*ekcetérieur*), qui est au dehors; qui a lieu au dehors.

EXTÉRIEUREMENT, adv. (*ekcetérieureman*), à l'*extérieur*.

EXTERMINATEUR, TRICE, s. et adj. (*ekcetèrminateur, trice*), qui *extermine*.

EXTERMINATION, s. f. (*ekcetèremindcion*) (*exterminatio*), destruction entière.

EXTERMINÉ, E, part. pass. de *exterminer*.

EXTERMINER, v. a. (*ekcetèrminé*) (*exterminare*, bannir), faire périr, détruire.

EXTERNAT, s. m. (*ekcetèrna*), pension qui ne se compose que d'élèves *externes*.

EXTERNE, adj. et s. des deux g. (*ekcetèrne*), qui est du *dehors*, extérieur; élève qui ne réside pas dans le collège, etc.

EXTINCTION, s. f. (*ekceteinkcion*) (*extinctio*), action d'*éteindre*.

EXTIRPATEUR, s. m. (*ekcetirpateur*) (*extirpator*), celui qui *extirpe*.

EXTIRPATION, s. f. (*ekcetirpâcion*) (*extirpatio*), action d'*extirper*.

EXTIRPÉ, E, part. pass. de *extirper*.

EXTIRPER, v. a. (*ekcetirpé*) (*extirpare*, de la partic. extr. *ex*, et de *stirps*, tronc), déraciner; arracher; *fig.* détruire entièrement.

EXTORQUÉ, E, part. pass. de *extorquer*.

EXTORQUER, v. a. (*ekcetorkié*) (*extorquere*), arracher par force, par menaces, etc.

EXTORSION, s. f. (*ekcetorcion*) (*extorsio*), action de celui qui *extorque*.

EXTRACTIF, TIVE, adj. (*ekcetraktif, tive*), qui marque *extraction*.

EXTRACTION, s. f. (*ekcetrakcion*) (*extrahere*, tirer de), action d'*extraire*; origine.

EXTRADITION, s. f. (*ekcetradicion*) (*extrà*, hors, et *tradere*, livrer), remise d'un criminel, d'un prisonnier à son gouvernement.

EXTRADOS, s. m. (*ekcetradô*) (*extrà*, dehors), côté *extérieur* d'une voûte.

EXTRADOSSÉ, E, adj. (*ekcetradôcé*), se dit d'une voûte dont le dehors n'est pas brut.

EXTRAIRE, v. a. (*ekcetièré*) (*extrahere*, de *ex*, hors, et de *trahere*, tirer), tirer de.

EXTRAIT, s. m. (*ekcetrè*) (*extractum*), partie qu'on a tirée de quelque substance ; ce qu'on *extrait* d'un livre, etc.; un seul numéro.

EXTRAIT, E, part. pass. de *extraire*.

EXTRAJUDICIAIRE, adj. des deux g. (*ekcetrajudicière*) hors des formes *judiciaires*.

EXTRAJUDICIAIREMENT, adv. (*ekcetrajudicièreman*), hors de la forme *judiciaire*.

EXTRA-MUROS, adv. (*ekcetramurôce*), mots lat. signifiant *hors les murs* d'une ville.

EXTRAORDINAIRE, adj. des deux g. (*ekcetra-ordinère*) (*extraordinarius*, de *extrà*, hors, et *ordo, ordinis,* usage), qui n'est pas selon l'usage; singulier; bizarre; extravagant. — S. m., ce qui ne se fait pas *ordinairement*.

EXTRAORDINAIREMENT, adv. (*ekcetraordinèreman*), d'une façon extraordinaire.

EXTRAVAGAMMENT, adv. (*ekcetravaguaman*), d'une manière *extravagante*.

EXTRAVAGANCE, s. f. (*ekcetravagnànce*), bizarrerie, folie; action, parole *extravagante*.

EXTRAVAGANT, E, s. et adj. (*ekcetravaguan, ante*), fou, bizarre.

EXTRAVAGUER, v. n. (*ekcetravagnié*) (*extrà*, hors, et *vagare*, être errant), penser et dire des choses qui n'ont ni sens, ni raison.

EXTRAVASATION, s. f. (*ekcetravazâcion*) (*extrà*, hors, et *vas, vasis,* vaisseau), épanchement des liquides hors de leurs *vaisseaux*.

EXTRAVASÉ, E, part. pass. de *extravaser*.

S'EXTRAVASER, v. pr. (*cèkcetravâzé*), sortir des *vaisseaux*, des veines.

EXTRAVASION, s. f. Voy. EXTRAVASATION.

EXTRÊME, adj. des deux g. (*ekcetrème*) (*extremus*, le dernier, de *extrà*, hors), qui est au *dernier* point, excessif. — S. m., l'opposé.

EXTRÊMEMENT, adv. (*ekcetrèmeman*), grandement, beaucoup, au dernier point.

EXTRÊME-ONCTION, s. f. (*ekcetrèmonkcion*) (*extrema unctio*), sacrement qui s'administre aux mourants.

in **EXTREMIS**, loc. adv. (*inèkcetrèmice*) (mots lat. qui signifient les choses dernières), sur le point de mourir; à l'article de la mort.

EXTRÉMITÉ, s. f. (*ekcetrémité*) (*extremitas*), le bout d'une chose ; le dernier moment; excès. — Au pl., les mains et les pieds.

EXTRINSÈQUE, adj. des deux g. (*ekcetreincèke*) (*extrinsecus*), qui vient du dehors.

EXUBÉRANCE, s. f. (*èguezubérance*) (*exuberans*, surabondant), surabondance.

EXUBÉRANT, E, adj. (*èguezubéran, ante*), redondant, superflu.

EXULCÉRER, v. a. (*èguezulcéré*) (*exulcerare*, de *ulcus*, ulcère), causer des *ulcères*.

EXUTOIRE, s. m. (*èguezutoare*) (*exuere*, dépouiller), ulcère artificiel.

EX-VOTO, s. m. (*èkeevôtô*) (*votum*, vœu), expression empruntée du latin, qui se dit des offrandes promises par un *vœu*.

F, s. m. (prononcez fe, et non pas èfe), sixième lettre de l'alphabet français, et la quatrième des consonnes.

FA, s. m. (fa), quatrième note de notre gamme naturelle, et la plus basse des trois clefs de la musique.

FABAGO, s. m., ou FABAGELLE, s. f. (fabaguo, fabajèle), plante vivace.

FABLE, s. f. (fâble) (fabula), récit allégorique ; sujet, argument d'un poème épique ou dramatique ; mythologie ; conte ; fausseté.

FABLIAU, s. m. (fabli-ô) (fabula, fable), sortes d'anciens contes en vers.

FABLIER, s. m. (fabli-é), fabuliste.

FABRICANT, E, s. (fabrikan, ante), qui fabrique ou fait fabriquer.

FABRICATEUR, s. m. (fabrikateur), qui fabrique.

FABRICATION, s. f. (fabrikâcion), action ou peine de fabriquer ; effet de cette action.

FABRICIEN, s. m. (fabriciein), celui qui a soin du temporel d'une paroisse.

FABRIQUE, s. f. (fâbrike) (fabrica), façon de certains ouvrages et de certaines manufactures ; construction ; revenu affecté à l'entretien d'une église ; lieu où l'on fabrique.

FABRIQUÉ, E, part. pass. de fabriquer.

FABRIQUER, v. a. (fabriké) (fabricare), travailler à certains ouvrages; faire.

FABULEUSEMENT, adv. (fabuleuzeman) (fabulosè), d'une manière fabuleuse.

FABULEUX, EUSE, adj. (fabuleu, euze) (fabulosus), feint, controuvé, inventé.

FABULISTE, s. m. (fabuliceté) (fabulator, de fabula, fable), auteur de fables.

FACADE, s. f. (façade), face d'un bâtiment.

FACE, s. f. (face) (facies), visage; superficie; devant ou côté d'un édifice; fig. situation.

FACE, E, adj. (facé), qui a une bonne ou une mauvaise physionomie.

FACER, v. a. (facé), à la bassette, amener la bonne carte.

FACÉTIE, s. f. (faceci) (facetiæ, arum), plaisanterie, bouffonnerie.

FACÉTIEUSEMENT, adv. (facécieuzeman), d'une manière facétieuse.

FACÉTIEUX, EUSE, adj. (facécieu, euze) (facetus), plaisant, bouffon.

FACETTE, s. f. (facète), petite face ou superficie d'un corps taillé à plusieurs angles.

FACETTÉ, E, part. pass. de facetter.

FACETTER, v. a. (faceleté), tailler une pierre à facettes.

FÂCHÉ, E, part. pass. de fâcher.

FÂCHER, v. a. (fâché) (fascis), charge, fardeau, donner du chagrin, mettre en colère.

FÂCHERIE, s. f. (fâcheri), tristesse, déplaisir, douleur; bouderie. Fam.

FÂCHEUX, EUSE, s. et adj. (fâcheu, euze), importun, qui ennuie, qui donne du déplaisir.

FACIAL, E, adj., au pl. m. FACIAUX (facial), qui appartient à la face.

FACIENDE, s. f. (faciande), cabale, intrigue. Vieux et fam.

FACILE, adj. des deux g. (facile) (facilis), aisé; qui fait tout aisément; complaisant.

FACILEMENT, adv. (facileman), aisément.

FACILITÉ, s. f. (facilité) (facilitas), manière aisée de faire, de dire; promptitude, indulgence excessive, faiblesse.

FACILITÉ, E, part. pass. de faciliter.

FACILITER, v. a. (facilité), rendre facile.

FAÇON, s. f. (façon) (factio), manière dont une chose est faite; travail; son salaire; forme; manière de faire; labour; air, mine, maintien; cérémonie; soin excessif, sorte, espèce.—Au pl., affèterie, minauderie.—De FAÇON que, loc. conj., de sorte que.

FACONDE, s. f. (fakonde) (facundia), éloquence, grace du discours. Vieux.

FAÇONNÉ, E, part. pass. de façonner; et adj., se dit d'une étoffe à dessins.

FAÇONNER, v. a. (façoné), donner la façon à une chose; orner, embellir; donner un labour à; fig. former, polir; accoutumer à.

FAÇONNIER, IÈRE, adj. et s. (façonié, ière), qui fait des façons, des cérémonies.

FAC-SIMILE, s. m. (fakcimilé) (mot lat.), imitation parfaite d'une écriture.

FACTEUR, TRICE, s. (fakteur, trice) (factor), qui est chargé de quelque négoce pour le compte d'un autre; qui porte les lettres venues par la poste; faiseur d'instruments; en algèb., quantité qui forme un produit.

FACTICE, adj. des deux g. (faktice) (factitius), fait par art; fig. faux, trompeur.

FACTIEUX, EUSE, adj. et s. (fakcieu, euze) (factiōsus), séditieux; qui aime à remuer.

FACTION, s. f. (fakcion) (factio), guet que fait un soldat en sentinelle; cabale, parti.

FACTIONNAIRE, s. m. (fakcionère) (factionarii), sentinelle, soldat en faction.

FACTORERIE, s. f. (faktoreri), bureau des compagnies de commerce aux Indes.

FACTOTON, s. m. (faktoton), qui se mêle de tout, dans une maison.—Plusieurs écrivent, conformément à l'étymologie latine, factotum (faktotome).

FACTUM, s. m. (faktome), mémoire d'avocat ou d'un particulier qui instruit un procès.

FACTURE, s. f. (fakture) (factura), mémoire détaillé d'un marchand; façon de faire.

FACULTATIF, TIVE, adj. (fakultatif, tive), qui donne la faculté.

FACULTÉ, s. f. (fakulté) (facultas), puissance, vertu naturelle; talent; assemblée des docteurs dans les universités; moyen de faire.—Au pl., biens, fortune.

FADAISE, s. f. (fadèze) (du lat. barbare fatuacia, de fatuus), fade, niaiserie; chose inutile et frivole.

FADE, adj. des deux g. (fade) (fatuus), impertinent, de fari, parler), insipide; qui n'a point de saveur; fig. qui n'a rien de piquant.

FADEUR, s. f. (fadeur), qualité de ce qui est fade, au propre et au figuré.

FAGOT, s. m. (fagot) (fascis, faisceau), assemblage de menu bois pour allumer le feu; fig. fadaise, sornette.

FAGOTAGE, s. m. (fagotaje), travail d'un faiseur de fagots.

FAGOTÉ, E, part. pass. de fagoter.

FAGOTER, v. a. (fagoté), mettre en fagots; fig. mal arranger.

FAGOTEUR, s. m. (fagoteur), faiseur de fagots.

FAGOTIN, s. m. (fagotein), singe habillé, valet d'opérateur; fig. mauvais plaisant.

FAGOUE, s. f. (fagou), glandule au haut de la poitrine des animaux.

FAGUENAS, s. m. (faguená), odeur fade et corrompue, sortant d'un corps malpropre.

FAIBLE, adj. des deux g. (fèble) (flebilis), déplorable), débile, qui manque de force.—S. m., ce qu'il y a de défectueux dans une chose; principal défaut d'une personne; penchant.

FAIBLEMENT, adv. (fèbleman), avec faiblesse, d'une manière faible.

FAIBLESSE, s. f. (*feblèce*), manque de force; défaillance; manque de puissance.

FAIBLIR, v. n. (*feblir*), perdre de sa force, de son courage, de son ardeur.

FAÏENCE, s. f. (*faïance*) (de l'italien *Faenza*, ville de la Romagne, où la faïence fut inventée), sorte de poterie de terre vernissée.

FAÏENCERIE, s. f. (*fa-ianceri*), lieu où se fabrique la *faïence*.

FAÏENCIER, IÈRE, s. (*fa-iancié, ière*), ouvrier en *faïence*; marchand de *faïence*.

FAILLI, E, s. (*fa-ie-i*), marchand qui a fait *faillite*.

FAILLI, E, part. pass. de *faillir*, et adj.

FAILLIBILITÉ, s. f. (*fa-ie-ibilité*), possibilité de *faillir*.

FAILLIBLE, adj. des deux g. (*fa-ie-ible*), qui est sujet à l'erreur, qui peut se tromper.

FAILLIR, v. n. (*fa-ie-ir*) (*fallere*, tromper), faire une faute; se tromper; finir; manquer; être sur le point de; faire *faillite*.

FAILLITE, s. f. (*fa-ie-ite*), banqueroute non frauduleuse.

FAIM, s. f. (*fein*) (*fames*), désir et besoin de manger; appétit; *fig.* avidité, désir ardent.

FAIM-VALLE ou CALLE, s. f. (*feinvale* ou *kale*) (*fames caballa*, pour *fames caballina*, faim de cheval), maladie des chevaux.

FAÎNE, s. f. (*fêne*) (*fagina*, de *fagus*, hêtre), fruit du hêtre.

FAINÉANT, E, s. et adj. (*fèné-an, ante*) (de *faire* et *néant*), paresseux.

FAINÉANTER, v. n. (*fèné-anté*), faire le *fainéant*; ne pas travailler. Fam.

FAINÉANTISE, s. f. (*fèné-antize*), paresse.

FAIRE, s. m. (*fère*); t. de peinture, exécution d'un tableau; manière de l'exécuter.

FAIRE, v. a. (*fère*) (*facere*), agir; travailler; créer; produire; composer; construire; tâcher de; exciter; causer; amasser; disposer; être; observer; donner; se montrer. —V. pr., embrasser une profession; s'accoutumer. —V. unip., être, arriver.

FAISABLE, adj. des deux g. (*fèzable*), qu'il est possible ou permis de *faire*.

FAISAN, s. m. (*fèzan*) (*phasianus*), oiseau.

FAISANCES, s. f. pl. (*fèzance*), t. de jur., ce qu'un fermier s'oblige de *faire* ou fournir.

FAISANDEAU, s. m. (*fèzandô*), jeune *faisan*.

FAISANDÉ, E, part. pass. de *faisander*.

se FAISANDER, v. pr. (*cefèsandé*), acquérir du fumet, en parlant de la viande.

FAISANE, s. f. (*fèzane*), femelle du *faisan*. On dit mieux adject. *une poule faisane*.

FAISANDERIE, s. f. (*fèzanderi*), lieu où l'on élève les *faisans*.

FAISANDIER, s. m. (*fèzandié*), celui qui nourrit ou élève des *faisans*.

FAISCEAU, s. m. (*fècecô*) (*fascis*), amas de choses liées ensemble; assemblage. —Au pl., verges liées avec une hache au milieu.

FAISEUR, EUSE, s. (*fèzeur, euse*), qui fait quelque chose.

FAIT, s. m. (*fé*) (*factum*), chose faite; action; événement; cas, espèce dont il s'agit. — DE FAIT, loc. adv., en effet. — EN FAIT, loc. adv., en matière de. — TOUT-A-FAIT, loc. adv., entièrement.

FAIT, E, part. pass. de *faire*, et adj., achevé.

FAÎTAGE, s. m. (*fètaje*) (*fastigium*), toit et couverture d'un logis; ce qui le termine.

FAITARDISE, s. f. (*fetardize*), fainéantise, lâche paresse. Vieux.

FAÎTE, s. m. (*fête*) (*fastigium*), comble d'un édifice; sommet; *fig.* le plus haut degré.

FAÎTIÈRE, s. f. (*fètière*), tuile courbe; perche au haut d'une tente; coquillage.

FAIX, s. m. (*fè*, et devant une voyelle *fèse*), charge, fardeau.

FAKIR ou FAQUIR, s. m. (*fakir*) (de l'arabe *faqir*, pauvre), religieux mahométan.

FALAISE, s. f. (*salèze*) (φαλος, rocher), terre ou rocher escarpé le long de la mer.

FALAISER, v. n. (*falèzé*), se briser contre une *falaise*.

FALARIQUE, s. f. (*falarike*) (*falarica*), arme des anciens.

FALBALA, s. m. (*falbala*) (de l'allemand *faldplat*, feuille plissée), bande d'étoffe plissée aux robes des femmes.

FALCIDIE, s. f. (*falcidi*) (*falcidia*), nom d'une loi romaine; t. de jur. romaine, portion que l'héritier pouvait retenir sur les legs.

FALLACE, s. f. (*falelace*) (σφαλλειν, tromper), tromperie, fraude.

FALLACIEUSEMENT, adv. (*falelacieuseman*), d'une manière *fallacieuse*.

FALLACIEUX, EUSE, adj. (*falelacieu, euse*), trompeur, frauduleux.

FALLOIR, v. unip. (*faloar*), être de nécessité, de devoir, d'obligation; manquer.

FALOT, s. m. (*falô*) (φαλος, brillant), espèce de grande lanterne.

FALOT, E, adj. et s. (*falô, tote*) (dimin. de *fol* ou *fou*), impertinent, ridicule, drôle.

FALOTEMENT, adv. (*faloteman*), d'une manière *falote*. Inus.

FALOURDE, s. f. (*falourde*) (de *faix*, et *lourd*, faix pesant), gros fagot.

FALQUER, v. n. (*falkié*), t. de man., faire couler un cheval deux ou trois temps sur les hanches, en formant un arrêt ou demi-arrêt.

FALSIFICATEUR, TRICE, s. (*falcifikateur, trice*), qui *falsifie*.

FALSIFICATION, s. f. (*falcifikâcion*) (*falsificatio*), action de *falsifier*; chose *falsifiée*.

FALSIFIÉ, E, part. pass. de *falsifier*.

FALSIFIER, v. a. (*falcifié*) (*falsum*, faux, et *facere*, faire), contrefaire; altérer.

FALUN, s. m. (*faleun*), coquilles brisées qui s'emploient comme engrais.

FALUNÉ, E, part. pass. de *faluner*.

FALUNER, v. a. (*faluné*), répandre du *falun* sur une terre.

FALUNIÈRE, s. f. (*falunière*), endroit creusé pour extraire le *falun*.

FAME, s. f. (*fame*) (*fama*), t. de pal., renommée, réputation. Vieux.

FAMÉ, E, adj. (*famé*), qui a une bonne ou mauvaise réputation.

FAMÉLIQUE, adj. et s. des deux g. (*famélike*) (*famelicus*), qui est pressé de la *faim*.

FAMEUSEMENT, adv. (*fameuzeman*), considérablement. Pop.

FAMEUX, EUSE, s. et adj. (*fameu, euze*) (*famosus*), renommé, fort connu.

FAMILIARISÉ, E, part. pass. de *familiariser*.

FAMILIARISER, v. a. (*familiarizé*), rendre *familier*, accoutumer à.

FAMILIARITÉ, s. f. (*familiarité*) (*familiaritas*), manière *familière*.

FAMILIER, IÈRE, adj. (*familié, ière*) (*familiaris*), qui vit avec quelqu'un librement et sans façon; devenu facile par la pratique; libre; peu respectueux; habituel, ordinaire.—S. m., officier de l'inquisition.

FAMILIÈREMENT, adv. (*familièreman*) (*familiariter*), d'une manière *familière*.

FAMILLE, s. f. (*fami ie*) (*familia*), tous ceux d'un même sang; race, maison, naissance; en hist. nat., assemblage de genres ou d'espèces.

FAMINE, s. f. (*famine*) (*fames*), disette générale de vivres.

FANAGE, s. m. (*fanaje*), action de *faner*; salaire du *faneur*; feuillage d'une plante.

FANAISON, s. f. (*fanezon*), temps de *faner*.

FANAL, s. m. (*fanal*) (φανος, falot), grosse lanterne; feux allumés sur les tours, etc.

FANATIQUE, adj. et s. des deux g. (*fanatike*) (*fanum*, temple), qui se croit inspiré; qui porte le zèle jusqu'à la fureur.

FANATISÉ, E, part. pass. de *fanatiser*.

FANATISER, v. a. (*fanatizé*), rendre *fanatique*.

FANATISME, s. m. (*fanaticeme*), erreur du *fanatique*; inspiration imaginaire; zèle outré.

FANDANGO, s. m. (*fandanguo*) (mot espagnol), danse espagnole.

FANE, s. f. (*fane*) (*fænum*, foin), herbe des plantes bulbeuses; feuilles sèches.

FANÉ, E, part. pass. de *faner*.

FANER, v. a. (*fané*) (*fænum*, foin), étendre l'herbe d'un pré lorsqu'elle est fauchée; flétrir.

FANEUR, EUSE, s. (*faneur, euze*), qui *fane*.

FANFAN, s. m (*fanfan*), t. de caresse envers un petit enfant. Fam.

FANFARE, s. f. (*fanfare*) (onomatopée), air de musique où dominent les trompettes.

FANFARON, s. et adj. m. (*fanfaron*) (de *fanfare*), faux brave; homme vain, qui se vante.

FANFARONNADE, s. f. (*fanfaronade*), rodomontade, vanterie en paroles.

FANFARONNERIE, s. f. (*fanfaroneri*), habitude de faire des *fanfaronnades*.

FANFRELUCHE, s. f. (*fanfreluche*) (de l'italien *fanfreluca*, branche sèche), petite chose de rien et qui pare; bagatelle. Fam.

FANGE, s. f. (*fanje*) (*fimus*, bourbier); boue, bourbe des chemins; *fig.* avilissement.

FANGEUX, EUSE, adj. (*fanjeu, euze*), plein de *fange*, plein de bourbe.

FANON, s. m (*fanon*) (du lat. barbare *fano*, fait de l'allemand *fahne*, linge), peau sous la gorge d'un taureau, etc.; manipule; barbe d'une baleine.—Au pl., pendants d'une bannière; appareil pour les fractures des os.

FANTAISIE, s. f. (*fantèzi*) (φαντασια, vision), esprit, pensée; humeur; désir; opinion; caprice, boutade; *fig.* ouvrage d'art où l'on suit les caprices de son imagination.

FANTASMAGORIE, s. f. (*fantacemaguori*) (φαντασμα, fantôme, et αγορα, assemblée), art de faire apparaître des spectres par une illusion d'optique; ce spectacle.

FANTASMAGORIQUE, adj. des deux g. (*fantacemagorike*), de la *fantasmagorie*.

FANTASQUE, adj. des deux g. (*fantacke*), bizarre, capricieux, extraordinaire.

FANTASQUEMENT, adv. (*fantacekeman*), d'une manière *fantasque*.

FANTASSIN, s. m. (*fantacein*) (en italien *fantassino*), soldat à pied.

FANTASTIQUE, adj. des deux g. (*fantactike*), chimérique, imaginaire.

FANTOCCINI, s. m. pl. (*fantotechini*) (de l'italien *fantoccino*, marionnette); jeu théâtral avec des figures en bois.

FANTÔME, s. m. (*fantôme*) (φαντασμα), spectre qu'on croit voir; *fig.* chimère.

FANUM, s. m. (*fanome*) (mot lat.), temple que les païens élevaient aux héros.

FAON, s. m. (*fan*) (*infans*, enfant); petit d'une biche ou d'un chevreuil.

FAONNER, v. a. (*fané*), mettre bas, en parlant des biches ou des chevrettes.

FAQUIN, s. m. (*fakiein*) (de l'italien *facchino*, porte-faix), homme de néant, sans mérite, sans honneur; anciennement, crocheteur.

FAQUINERIE, s. f. (*fakineri*), action de *faquin*; fatuité. Fam.

FAQUIR, s. m. Voy. FAKIR.

FARANDOLE, s. f. (*farandole*), danse provençale, espèce de course mesurée.

FARCE, s. f. (*farce*) (*farcire*, remplir), mélange de viandes hachées avec des herbes, etc.; comédie bouffonne; ce qui est plaisant.

FARCEUR, EUSE, s. (*farceur, euze*), qui joue, dit ou fait des *farces*.

FARCI, E, part. pass. de *farcir*, et adj.

FARCIN, s. m. (*farcein*) (*farciminum*), tumeur avec ulcère qui attaque les chevaux.

FARCINEUX, EUSE, adj. (*farcineu, euze*) (*farciminosus*), qui a le *farcin*.

FARCIR, v. a. (*farcir*) (*farcire*), remplir de *farce; fig.* remplir.

FARD, s. m. (*far*) (de l'allemand *farbe*, couleur), composition artificielle pour enluminer le teint; *fig.* faux ornements; feinte.

FARDÉ, E. part. pass. de *farder*.

FARDEAU, s. m. (*fardó*) (φορτος), faix, charge; *fig.* chose incommode.

FARDER, v. a. (*fardé*), mettre du *fard; fig.* déguiser.—V. n., s'affaisser; se détruire par son propre poids.

FARDIER, s. m. (*fardié*), voiture pour transporter les blocs de pierre.

FARFADET, s. m. (*farfadè*) (en lat. barbare *fadus*), esprit follet; *fig.* homme frivole.

FARFOUILLÉ, E, part. pass. de *farfouiller*.

FARFOUILLER, v. a. et n. (*farfou-ié*), fouiller en brouillant; chiffonner. Pop.

FARIBOLE, s. f. (*faribole*) (*fari*, parler, et *obolus*, obole), chose frivole et vaine. Fam.

FARINACÉ, E, adj. (*farinacé*), de la nature de la *farine*.

FARINE, s. f. (*farine*) (*farina*), grain moulu, réduit en poudre.

FARINET, s. m. (*farinè*), dé à jouer qui n'a qu'une de ses faces marquée de points.

FARINEUX, EUSE, adj. (*farineu, euze*), blanc de *farine;* de la nature de la *farine*.

FARINIER, s. m. (*farinié*), marchand qui vend de la *farine*.

FAROUCHE, adj. des deux g. (*farouche*) (*ferox, ferocis*), cruel, méchant, sauvage.

FARRAGE ou **FARRAGO,** s. m. (*faraje, ragó*), mélange de toutes sortes de grains.

FASCE, s. f. (*facece*) (*fascia*, bande), t. de blas., pièce honorable de l'écu.

FASCÉ, E, adj. (*facecé*), t. de blas., divisé en six parties égales de deux émaux alternés.

FASCICULE, s. m. (*facecikule*) (*fasciculus*), t. de pharm., paquet d'herbes.

FASCICULÉ, E, adj. (*facecikulé*), se dit des feuilles et des fleurs qui forment un *faisceau*.

FASCIÉ, E, adj. (*faceciè*), t. de conchyliologie, qui est marqué de bandes.

FASCINAGE, s. m. (*faceinaje*), ouvrage de *fascines;* action de faire des *fascines*.

FASCINATION, s. f. (*facecinácion*) (*fascinatio*), charme qui *fascine*.

FASCINE, s. f. (*facecine*) (*fascis*, faisceau), gros fagot de branchages.

FASCINÉ, E, part. pass. de *fasciner*.

FASCINER, v. a. (*faceciné*) (*fascinare*), ensorceler; *fig.* tenter, éblouir, tromper.

FASÉOLE, s. f. (*aséole*) (*faseolus*), fève de haricot, sorte de légume.

FASHION, s. f. (*facheune*) (mot anglais), la mode; le beau monde.

FASHIONABLE, adj. des deux g. (*facheunèble*) (mot anglais), qui est à la mode.—S. des deux g., personne esclave de la mode.

FASIER, v. n. (*fazié*), t. de mar., se dit de la voile qui ne prend pas le vent.

FASTE, s. m. (*facete*) (*fastus*, vaine et ridicule jactance), pompe; vaine ostentation; affectation de paraître avec éclat.—Au pl., calendrier des anciens Romains; annales; histoire.

FASTIDIEUSEMENT, adv. (*facetidieuzeman*) (*fastidiosè*), d'une manière *fastidieuse*.

FASTIDIEUX, EUSE, adj. (*facetidieu, euze*) (*fastidiosus*, de *fastidium*, dégoût), qui cause de l'ennui, du dégoût.

FASTIGIÉ, E, adj. (*facetijié*) (*fastigiatus*), se dit d'un arbre dont le sommet est uni.

FASTUEUSEMENT, adv. (*facetueuzeman*) (*fastuosè*), avec *faste*.

FASTUEUX, EUSE, adj. (*facetueu, euze*) (*fastuosus*), qui a du *faste*, qui aime le *faste*.

FAT, s. et adj. m. (*fate*) (*fatuus*), impertinent, vain; sans jugement, plein de complaisance pour lui-même; homme à prétentions.

FATAL, E, adj. (*fatale*) (*fatalis*), qui porte avec soi une destinée inévitable; funeste.—Au pl. m., *fatals*. Peu us.

FATALEMENT, adv. (*fataleman*) (*fataliter*), par *fatalité*.

FATALISME, s. m. (*fataliceme*) (*fatum*, destin), doctrine des *fatalistes*.

FATALISTE, s. des deux g. (*fatalicete*), qui attribue tout à la *fatalité*.

FATALITÉ, s. f. (*fatalité*) (*fatalitas*), destinée inévitable et malheureuse; hasard.

FATIDIQUE, adj. des deux g. (*fatidike*) (*fatidicus*), qui annonce l'ordre des destins.

FATIGANT, E, adj. (*fatiguan, ante*), qui donne de la *fatigue;* ennuyeux, importun.

FATIGUE, s. f. (*fatigue*) (*fatigatio*), travail pénible; lassitude.

FATIGUÉ, E, part. pass. de *fatiguer*, et adj., las; *fig.* sans fraîcheur.

FATIGUER, v. a. (*fatigué*) (*fatigare*), donner de la *fatigue;* lasser; *fig.* ennuyer, importuner.—V. n., se donner de la *fatigue*.

FATRAS, s. m. (*fatrá*) (*farcire*, remplir), amas de choses frivoles et inutiles.

FATUAIRES, s. m. pl. (*fatuère*) (*fatuarii*), t. d'antiq., enthousiastes qui, se disant ou se croyant inspirés, annonçaient l'avenir.

FATUITÉ, s. f. (*fatuité*), caractère du *fat;* impertinence que produit la *fatuité*.

FAUBOURG, s. m. (*fóbour*) (par corruption de *forsbourg*, fait du lat. *foris*, dehors, et *burgus*, bourg), partie d'une ville qui est hors de son enceinte.

FAUCHAGE, s. m. (*fóchaje*), le temps qu'on a mis et la peine qu'on a prise à *faucher*.

FAUCHAISON, s. f. (*fóchèzon*), temps où l'on *fauche* les prés.

FAUCHE, s. f. (*fóche*), action de *faucher*.

FAUCHÉ, E, part. pass. de *faucher*.

FAUCHÉE, s. f. (fôché), ce qu'un faucheur coupe de foin, etc., en un jour.

FAUCHER, v. a. (fôché), couper avec la faulx.—V. n., t. de man., boiter.

FAUCHET, s. m. (fôchè), râteau à dents de bois; petite faulx.

FAUCHEUR, EUSE, s. (fôcheur, euse), qui fauche, qui coupe les foins, etc.

FAUCHEUX ou FAUCHEUR, s. m. (fôcheu), araignée à longues pattes.

FAUCILLE, s. f. (fôci-ie) (falcicula), instrument qui sert à scier le blé, etc.

FAUCILLON, s. m. (fôci-ion), instrument en forme de faucille.

FAUCON, s. m. (fôkon) (falco), oiseau de proie.

FAUCONNEAU, s. m. (fôkonô), petite pièce d'artillerie.

FAUCONNERIE, s. f. (fôkoneri), art de dresser les faucons; lieu où on les dresse; chasse avec ces oiseaux.

FAUCONNIER, s. m. (fôkonié), celui qui dresse les faucons et autres oiseaux de proie.

FAUCONNIÈRE, s. f. (fôkonière), sac ou gibecière à l'usage des fauconniers.

FAUFILÉ, E, part. pass. de faufiler.

FAUFILER, v. a. (fôfilé), faire une fausse couture à longs points.—V. pr., s'insinuer.

FAULX, et non pas FAUX, s. f. (fô) (falx), instrument qui sert à faucher.

FAUNE, s. m. (fône) (Faunus), dieu champêtre des Romains; papillon. — S. f., histoire naturelle des animaux d'un pays.

FAUSSAIRE, s. des deux g. (fôcère) (falsarius), qui fait de faux actes.

FAUSSÉ, E, part. pass. de fausser.

FAUSSE-ALARME, s. f. (fôçalarme), alarme prise sans sujet.

FAUSSE-ATTAQUE, s. f. (fôçatake), attaque feinte.

FAUSSE-COUCHE, s. f. (fôcekouche), accouchement avant terme.

FAUSSE-COUPE, s. f. (fôcekoupe), assemblage qui n'est ni à l'équerre ni à l'onglet.

FAUSSE-ÉQUERRE, s. f. (fôcékière), équerre à branches mobiles.

FAUSSE-FLEUR, s. f. (fôcefleur) fleur qui ne tient à aucun embryon.

FAUSSEMENT, adv. (fôceman), contre la vérité.

FAUSSE-MONNAIE, s. f. (fôcemoné), monnaie contrefaite.

FAUSSE-PAGE, s. f. (fôcepage), t. d'impr., première page d'un volume.

FAUSSE-POSITION, s. f. (fôcepôsicion), chiffres mal placés; mauvaise position.

FAUSSER, v. a. (fôcé), faire plier; courber; rendre faux; violer, enfreindre.

FAUSSET, s. m. (fôcè), petite brochette pour boucher un tonneau; t. de mus., dessus aigre de la voix; celui qui fait le fausset.

FAUSSETÉ, s. f. (fôceté) (falsitas), qualité d'une chose fausse; ce qui la rend fausse; chose fausse; duplicité, hypocrisie.

FAUTE, s. f. (fôte) (de faillir), manquement contre le devoir ou contre les règles de quelque art; imperfection; manque, disette.

FAUTEUIL, s. m. (fôteu-ie) (corruption de faudesteuil, formé de l'allemand falte, pli, et stuhl, siège), chaise à bras avec un dossier.

FAUTEUR, TRICE, s. (fôteur, trice) (fautor), qui favorise, qui appuie un parti.

FAUTIF, TIVE, adj. (fôtif, tive), sujet à faillir, à manquer; plein de fautes.

FAUVE, adj. des deux g. (fôve) (fulvus), qui tire sur le roux.—Bêtes fauves, cerfs, daims, biches et chevreuils.

FAUVETTE, s. f. (fôvète), petit oiseau.

FAUX, s. f. Voy. FAULX.

FAUX, FAUSSE, adj. (fô, fôce) (falsus), contraire à la vérité, à la justesse; feint; contrefait; discordant; infidèle.

FAUX, s. m. (fô), ce qui n'est pas vrai; altération d'actes, de pièces, etc.—Adv., faussement.—à FAUX, loc. adv., injustement; hors d'aplomb.

FAUX BOND, s. m. (fôbon), bond oblique; fig. manquement.

FAUX-BOURDON, s. m. (fôbourdon), musique à plusieurs parties simples et note contre note; abeille mâle.

FAUX-ÉBÉNIER, s. m. (fôzébénié), cytise des Alpes.

FAUX-FEU, s. m. (fôfeu), amorce qui brûle sans que le coup parte.

FAUX-FRAIS, s. m. pl. (fôfrè), menues dépenses.

FAUX-FRÈRE, s. m. (fôfrère), frère infidèle; traître.

FAUX-FUYANT, s. m. (fôfui-ian), prétexte, subterfuge; t. de vén., petit sentier à pied.

FAUX-JOUR, s. m. (fôjour), clarté indirecte.

FAUX-MONNAYEUR, s. m. (fômonè-ieur), qui fait ou qui a fait de la fausse monnaie.

FAUX-PAS, s. m. (fôpâ), pas mal assuré; fig. faute.

FAUX-PLI, s. m. (fôpli), pli d'une étoffe qui n'est pas où il doit être.

FAUX-PONT, s. m. (fôpon), t. de mar., plancher fait au-dessous du premier pont.

FAUX-PROPHÈTE, s. m. (fôprofète), imposteur qui se donne pour prophète.

FAUX-SEMBLANT, s. m. (fôcanblan), apparence trompeuse.

FAUX-TÉMOIN, s. m. (fôtémoein), témoin qui dépose faux.

FAVEUR, s. f. (faveur) (favor), grâce, bienfait; bonnes grâces; bienveillance; marque d'amour; recommandation; crédit; préférence; ruban très-étroit.—à la FAVEUR de, loc. adv., par le moyen de.

FAVORABLE, adj. des deux g. (favorable), favor, faveur, propice; avantageux.

FAVORABLEMENT, adv., (*favorableman*), d'une manière *favorable.*

FAVORI, RITE, s. (*favori, rite*), qui tient le premier rang dans les bonnes graces d'un prince, etc.—Adj., qui plaît plus que toute autre chose.—S. m., barbe le long des joues.

FAVORISÉ, E, part. pass. de *favoriser.*

FAVORISER, v. a. (*favorizé*) (*favere*), aider, appuyer de son crédit; protéger.

FÉAGE, s. m. (*fé-aje*), t. de jur., héritage qui se tient en *fief*; contrat d'inféodation.

FÉAL, E, adj. et s. (*féale*) (*fidelis*), fidèle. Vieux.—Au pl. m., *féaux.*

FÉBRICITANT, E, adj. et s. (*fébricitan, ante*) (*febricitans*), qui a la fièvre.

FÉBRIFUGE, s. m. et adj. des deux g. (*fébrifuje*) (*febris*, fièvre; et *fugare*, mettre en fuite), remède qui chasse la fièvre.

FÉBRILE, adj. des deux g. (*febrile*) (*febrilis*), qui a rapport à la fièvre.

FÉCALE, adj. f. (*fékale*) (*fœx, fæcis*, lie, excrément), qui tient de l'excrément.

FÉCES, s. f. pl. (*fèce*) (*fæces*, pl. de *fæx*), t. de chim., lie; sédiment; dépôt des liqueurs.

FÉCIAL, s. m. (*féciale*) (*fecialis*), prêtre chez les Romains.—Au pl., *feciaux.*

FÉCOND, E, adj. (*fékon*) (*fecundus*), qui produit beaucoup; fertile, abondant.

FÉCONDANT, E, adj. (*fékondan, ante*), qui concourt à la *fécondité.*

FÉCONDATION, s. f. (*fékondácion*), action de *féconder.*

FÉCONDÉ, E, part. pass. de *féconder.*

FÉCONDER, v. a. (*fékondé*) (*fecundare*), rendre *fécond.*

FÉCONDITÉ, s. f. (*fékondité*) (*fecunditas*), abondance, fertilité.

FÉCULE, s. f. (*fékule*) (*fecula*), substance végétale très-ténue, insipide à l'eau froide; partie farineuse des graines, des racines.

FÉCULENCE, s. f. (*fékulance*) (*feculentia*), lie; en t. de méd., sédiment des urines.

FÉCULENT, E, adj. (*fékulan, ante*) (*feculentus*), t. de méd., qui dépose une lie.

FÉDÉRAL, E, adj. (*fédéralé*), qui a rapport à une *fédération.*—Au pl. m., *fédéraux.*

FÉDÉRATIF, TIVE, adj. (*fédératif, tive*), se dit du gouvernement d'un état composé de plusieurs autres, unis entre eux par alliance.

FÉDÉRATION, s. f. (*fédérácion*), union, alliance, confédération.

FÉDÉRÉ, E, s. et adj. (*fédéré*), qui participe, qui assiste à une *fédération.*

FÉE, s. f. (*fé*) (*fata*, de *fari*, parler), divinité imaginaire à laquelle on supposait le don de prédire l'avenir et d'opérer des prodiges.

FÉER, v. a. (*fé-é*), enchanter. Vieux.

FÉERIE, s. f. (*féri*), art des *fées*; ouvrage dans lequel on emploie la *féerie.*

FEINDRE, v. a. (*feindre*) (*fingere*), faire semblant; inventer.—V. n., dissimuler; craindre; hésiter, boiter. — V. pr., se supposer.

FEINT, E, part. pass. de *feindre*, et adj.

FEINTE, s. f. (*feinte*), dissimulation, déguisement, artifice, faux-semblant.

FEINTISE, s. f. (*feintize*), déguisement, feinte. Vieux.

FELD-SPATH, s. m. (*feldécepate*) (de l'allemand *spath*, terre des champs), pierre qui fait la base des roches appelées *granits.*

FÊLÉ, E, part. pass. de *fêler*, et adj.

FÊLER, v. a. (*félé*) (du lat. barbare *fissiculare*, fendre), fendre un vase, un crystal, etc., sans que les parties se séparent.

FÉLICITATION, s. f. (*félicitácion*), action de *féliciter*; compliment.

FÉLICITÉ, s. f. (*félicité*) (*felicitas*), béatitude, bonheur extrême.

FÉLICITÉ, E, part. pass. de *féliciter.*

FÉLICITER, v. a. (*félicité*), complimenter sur quelque bonheur qui est arrivé.

FÉLON, ONNE, s. et adj. (*félon, lone*) (en lat. barbare *felo*), traître, rebelle; cruel.

FÉLONIE, s. f. (*féloni*), autrefois rébellion du vassal contre le seigneur; cruauté.

FÉLOUQUE, s. f. (*felouke*) (en italien *feluca*), petit bâtiment à voiles et à rames.

FÊLURE, s. f. (*félure*), fente d'une chose *fêlée.*

FEMELLE, s. f. (*femèle*) (*femina*), l'animal qui porte les petits.

FÉMININ, E, adj. (*féminein, nine*) (*femininus*), qui appartient, qui est propre à la *femme.*—S. m., t. de gramm., le contraire du *masculin.*

FÉMINISÉ, E, part. pass. de *féminiser.*

FÉMINISER, v. a. (*féminizé*), t. de gramm., donner le genre *féminin.*

FEMME, s. f. (*fame*) (*femina*), la femelle de l'homme; celle qui est ou qui a été mariée.

FEMMELETTE, s. f. (*famelète*), femme d'un esprit très-simple, très-borné. Fam.

FÉMUR, s. m. (*fémur*), t. d'anat. emprunté du latin, os de la cuisse.

FENAISON, s. f. (*fenézon*), action de couper les foins; temps où on les coupe; foin coupé.

FENDANT, s. m. (*fandan*) (*findens*, part. prés. de *findere*, fendre), coup du tranchant d'une épée; fig. fanfaron.

FENDERIE, s. f. (*fanderi*), art et action de *fendre* le fer; lieu où l'on *fend* le fer.

FENDEUR, EUSE, s. (*fandeur, euse*), qui gagne sa vie à *fendre* du bois, etc.

FENDILLÉ, E, part. pass. de *se fendiller.*

se FENDILLER, v. pr. (*cefandi-ié*), se couvrir de petites *fentes*, fêlures ou gerçures.

FENDOIR, s. m. (*fandoar*), outil qui sert à *fendre*, à diviser.

FENDRE, v. a. (*fandre*) (*findere*), diviser, séparer; couper.—V. pr., s'entr'ouvrir.

FENDU, E, part. pass. de *fendre*, et adj.
FÊNE, s. f. (*féne*). Voy. FAÎNE.
FENESTRÉ, E, adj. (*fenècetré*), t. de bot., percé de trous à jour.
FENÊTRAGE, s. m. (*fenêtraje*), ce qui concerne les *fenêtres*; les *fenêtres* d'un bâtiment.
FENÊTRE, s. f. (*fenêtre*) (*fenestra*), ouverture dans les bâtiments pour leur donner du jour; bois et vitrage de la croisée.
FENIL, s. m. (*feni-ie*), lieu où l'on serre les foins.
FENOUIL, s. m. (*fenou-ie*) (*feniculum*), plante bisannuelle; graine de cette plante.
FENOUILLETTE, s. f. (*fenou-iète*), espèce de pomme; eau-de-vie de graine de *fenouil*.
FENTE, s. f. (*fante*), ouverture faite en *fendant*; sorte de greffe; gerçure.
FENTON, s. m. (*fanton*), ferrure propre à divers usages.
FENU-GREC, s. m. (*fehuguerèk*) (*fœnum græcum*), plante originaire de la *Grèce*.
FÉODAL, E, adj. (*fé-odale*), qui concerne les *fiefs*. — Au pl. m., *féodaux*.
FÉODALEMENT, adv. (*fé odaleman*), en vertu du droit de *fief*.
FÉODALITÉ, s. f. (*fé-odalité*), qualité de *fief*; foi et hommage dus au seigneur du *fief*.
FER, s. m. (*fer*) (*ferrum*), métal d'un gris bleuâtre; poignard, épée; instrument pour repasser le linge; ce dont on garnit la corne des pieds des chevaux. — Au pl., chaînes; *fig.* esclavage. — *Cheptel de fer*, celui par lequel le propriétaire d'une métairie la donne à ferme à certaines conditions.
FER-À-CHEVAL, s. m. (*féracheval*), escalier à deux rampes; ouvrage en demi-cercle; table disposée en croissant.
FER-BLANC, s. m. (*féreblan*), fer en lames trempées dans de l'étain.
FERBLANTERIE, s. f. (*féreblanteri*), commerce du *ferblantier*.
FERBLANTIER, s. m. (*féreblantié*), ouvrier qui travaille en *fer-blanc*.
FER-CHAUD, s. m. (*ferechô*), chaleur violente qui monte de l'estomac jusqu'à la gorge.
FÉRET, s. m. (*féré*), instrument de verrier et de cirier.
FÉRIAL, E, adj. (*fériale*), de *férie*.
FÉRIE, s. f. (*féri*) (*feria*), t. d'église, pour désigner les différents jours de la semaine.
FÉRIÉ, E, adj. (*férié*) : jour *férié*, jour de vacances. Vieux.
FÉRIR, v. a. (*férir*) (*ferire*), frapper. Vieux.
FERLÉ, E, part. pass. de *ferler*.
FERLER, v. a. (*férelé*), plier et trousser entièrement les voiles.
FERMAGE, s. m. (*féremaje*), louage, prix de ce qu'on a à *ferme*, à loyer.
FERMANT, E, adj. (*féreman, ante*), qui *ferme* ou qui se *ferme*.

FERME, s. f. (*fèreme*) (*firma*), domaine de campagne, métairie; bail ou louage moyennant un prix annuel; décoration d'un théâtre; assemblage de charpente.
FERME, adj. des deux g. (*firmus*), qui tient fixement à quelque chose; fixe, assuré; fort, robuste; compacte, constant, inébranlable. — Adv., fortement. — Interj., courage!
FERMÉ, E, part. pass. de *fermer*, et adj.
FERMEMENT, adv. (*férememan*) (*firmè*), d'une manière *ferme*; avec assurance.
FERMENT, s. m. (*féreman*) (*fermentum*), levain; *fig.* ce qui fait naître la haine, etc.
FERMENTATIF, TIVE, adj. (*féremantatif, tive*), qui a la vertu de fermenter.
FERMENTATION, s. f. (*féremantdcion*) (*fermentatio*), mouvement interne dans un liquide; *fig.* agitation, division des esprits.
FERMENTÉ, E, part. pass. de *fermenter*.
FERMENTER, v. n. (*féremanté*) (*fermentare*), s'agiter, se diviser par la chaleur naturelle ou le *ferment*; *fig.* être dans l'agitation.
FERMER, v. a. (*féremé*) (*firmare*), affermir), clore ce qui est ouvert; enclore.
FERMETÉ, s. f. (*féremeté*), état de ce qui est ferme, solide; *fig.* courage; constance.
FERMETURE, s. f. (*féremetûre*), ce qui sert à *fermer*; action de *fermer*.
FERMIER, IÈRE, s. (*féremié, ière*), qui prend à ferme.
FERMOIR, s. m. (*fèremoar*), agrafe pour tenir *fermé*; ciseau à deux biseaux.
FÉROCE, adj. des deux g. (*féroce*) (*ferox, de fera*, bête farouche), farouche, cruel.
FÉROCITÉ, s. f. (*férocité*) (*ferocitas*), caractère de ce qui est *féroce*.
FERRAILLE, s. f. (*ferá-ie*), vieux morceaux de *fer* usés ou rouillés.
FERRAILLER, v. n. (*ferá-ié*), bretailler, s'escrimer, se battre au fleuret; *fig.* disputer.
FERRAILLEUR, s. m. (*ferá-ieur*), bretteur; marchand de *ferraille*.
FERRANDINIER, s. m. (*ferandinié*), ouvrier qui fabrique des étoffes de soie.
FERRANT, adj. m. (*feran*), qui *ferre* les chevaux. Il se joint au mot *maréchal*.
FERRÉ, E, part. pass. de *ferrer*, et adj.
FERREMENT, s. m. (*fèreman*), outil de *fer*; action de mettre les *fers* aux galériens.
FERRER, v. a. (*féré*), garnir de *fer*; mettre le *fer*; attacher le *ferret*.
FERRET, s. m. (*fèrè*), *fer* d'aiguillette.
FERREUR, EUSE, s. (*fèreur, euse*), qui *ferre* les aiguillettes; qui pose les *ferrures*.
FERRIÈRE, s. f. (*férière*), sac de cuir qui contient ce qu'il faut pour *ferrer* un cheval.
FERRONNERIE, s. f. (*féroneri*), fabrique de gros ouvrages de *fer*; ouvrages de *fer*.
FERRONNIER, IÈRE, s. (*féronié, ière*), qui vend des ouvrages de *fer*.
FERRUGINEUX, EUSE, adj. (*ferrujineu euze*), qui participe de la nature du *fer*.

FERRURE, s. f. (ferure), garniture de fer; action, manière de ferrer les chevaux.

FERTILE, adj. des deux g. (fèretile) (fertilis, de ferre, porter), abondant, fécond.

FERTILEMENT, adv. (feretileman), avec fertilité, abondamment.

FERTILISATION, s. f. (feretilizdcion), action de fertiliser.

FERTILISÉ, E, part. pass. de fertiliser.

FERTILISER, v. a. (feretilizé), rendre fertile.

FERTILITÉ, s. f. (feretilité (fertilitas), abondance, qualité de ce qui est fertile.

FÉRU, E, part. pass. de férir Vieux.

FÉRULE, s. f. (férule) (ferula), palette de bois pour frapper; coup de férule; plante.

FERVEMMENT, adv. (fèrevaman), avec ferveur.

FERVENT, E, adj. (fèrevan, ante) (fervens), qui a de la ferveur.

FERVEUR, s. f. (fèreveur) (fervor, de fervere, brûler), ardeur, zèle.

PESCENNIN, NINE, adj. (fècenenein, nine) (fescennini), se dit de vers libres et grossiers que l'on chantait à Rome dans les fêtes.

FESSE, s. f. (fèce) (fissæ, fendues), partie charnue du derrière.

FESSÉ, E, part. pass. de fesser.

FESSE-CAHIER, s. m. (fèceka-ié), celui qui gagne sa vie à faire des rôles d'écriture.

FESSÉE, s. f. (fècé), coups de main ou de verges sur les fesses. Fam.

FESSE-MATHIEU, s. m. (fècematieu) (par corruption de face de Mathieu, à cause du métier de publicain qu'a exercé saint Mathieu avant sa vocation), usurier. Fam.

FESSER, v. a. (fècé), fouetter.

FESSEUR, EUSE, s. (fèceur, euse), fouetteur, qui aime à fouetter.

FESSIER, s. m. (fècié), fesses de l'homme et de la femme. Très-fam.

FESSIER, IÈRE, adj. (fècié, ière), t. d'anat., qui appartient aux fesses.

FESSU, E, adj. (fècu), qui a de grosses fesses.

FESTIN, s. m. (fècetein) (festum, jour de fête), repas magnifique; banquet.

FESTINÉ, E, part. pass. de festiner.

FESTINER, v. a. et n. (fèceliné), faire un festin. Fam.

FESTON, s. m. (fèceton) (festum, jour de fête), faisceau de branches entremêlées de fleurs et de fruits; broderie.

FESTONNÉ, E, part. pass. de festonner.

FESTONNER, v. a. (fècetoné), découper en feston.

FESTOYÉ, E, part. pass. de festoyer.

FESTOYER, v. a. (fècetoé-ié), régaler, faire bonne chère, faire fête.

FÊTE, s. f. (féte) (festum), jour consacré au service de Dieu; réjouissance; bon accueil.

FÊTÉ, E, part. pass. de fêter, et adj.

FÊTE-DIEU, s. f. (fétedieu), fête du saint-sacrement.

FÊTER, v. a. (fété), chômer, célébrer une fête; recevoir, accueillir avec joie.

FETFA, s. m. (fétefa), chez les Turcs, jugement ou décision par écrit du mufti.

FÉTICHE, s. m. (fétiche) (en portugais festisso, charme), idole des nègres de Guinée. — Il est aussi adj. des deux g.

FÉTICHISME, s. m. (fétichiceme), culte des fétiches.

FÉTIDE, adj. des deux g. (fétide) (fetidus), qui a une odeur forte et désagréable.

FÉTIDITÉ, s. f. (fétidité), état, qualité de ce qui est fétide.

FÉTOYER. Voy. FESTOYER.

FÉTU, s. m. (fétu) (festuca), petite partie du tuyau de paille.

FÉTU-EN-CUL, s. m. (fétu-anku), oiseau.

FEU, s. m. (feu) (focus, foyer), matière très subtile, qui par son action produit au moins la chaleur et souvent l'embrasement; cheminée; ménage; flambeau; ardeur.

FEU, E, adj. (feu) (fuit, il fut), défunt.

FEUDATAIRE, s. des deux g. (feudaterè) (en lat. barbare feudaterius, de feudum, fief, qui possède un fief.

FEUDISTE, s. m. (feudicete), homme versé dans la matière des fiefs.

FEUILLAGE, s. m. (feu-iaje), branche d'arbre couverte de feuilles; toutes les feuilles d'un arbre; ornement qui les imite.

FEUILLAISON, s. f. (feu-ièzon), époque où chaque plante pousse ses feuilles.

FEUILLANT, ANTINE, s. (feu-ian, antine), religieux de la règle de Saint-Bernard.

FEUILLANTINE, s. f. (feu-iantine), sorte de pâtisserie.

FEUILLARD, s. m. (feu-iar), bois de châtaignier pour faire des cercles de tonneaux.

FEUILLE, s. f. (feuie) (folium), partie de la plante qui en garnit les tiges et les rameaux.

FEUILLÉ, E, adj. (feu-ié), qui porte des feuilles, qui est garni de feuilles.

FEUILLÉE, s. f. (feu-ié), le feuillage d'un arbre; branches nouvellement coupées.

FEUILLE-MORTE, adj. des deux g. (feuie-morte), se dit d'une couleur qui ressemble à celle des feuilles sèches.

FEUILLER, v. n. (feu-ié), représenter les feuilles d'un arbre; prendre des feuilles.

FEUILLET, s. m. (feu-iè), partie d'une feuille de papier qui contient deux pages.

FEUILLETAGE, s. m. (feu-ietaje), pâtisserie feuilletée; manière de la faire.

FEUILLETÉ, E, part. pass. de feuilleter.

FEUILLETER, v. a. (feuieté), tourner les feuillets d'un livre; plier, manier et rouler de la pâte avec du beurre.

FEUILLETON, s. m. (feuieton), en t. d'impr., mince réglette au-dessus des notes; partie inférieure d'un journal.

FEUILLETTE, s. f. (feu-ièle), vaisseau contenant un demi-muid de vin ou environ.
FEUILLU, E, adj. (feu-iu), chargé de feuilles.
FEUILLURE, s. f. (feu-iure), tout angle rentrant parallèle au fil du bois.
FEURRE, s. m. (feure) (du lat. barbare furrum, jonc), paille de toute sorte de blé.
FEUTRAGE, s. m. (feutraje), action de feutrer.
FEUTRE, s. m. (feutre) (en lat. barbare feltrum), étoffe foulée au lieu d'être tissue; bourre; chapeau de feutre.
FEUTRÉ, E, part. pass. de feutrer, et adj.
FEUTRER, v. a. (feutré), remplir de feutre; manier l'étoffe d'un chapeau.
FEUTRIER, s. m. (feutrié), ouvrier qui prépare le feutre.
FÈVE, s. f. (fève) (faba), sorte de légume; maladie de la bouche du cheval; chrysalide.
FÉVEROLE, s. f. (fèverole), petite fève.
FÉVRIER, s. m. (févrié) (februarius), second mois de l'année.
FI! sorte d'interj. (de l'interj. lat. fi ou phy), marque le mépris, l'aversion, l'horreur.
FIACRE, s. m. (fiakre) (d'une image de saint Fiacre, qui servait d'enseigne, à Paris, à un hôtel de la rue Saint-Antoine où l'on a commencé à louer les fiacres), cocher de carrosse de place; le carrosse même.
FIANÇAILLES, s. f. pl. (fiancá-ïe) (fidentia, confiance), promesse de mariage.
FIANCÉ, E, part. pass. de fiancer, et s., qui a fait promesse de mariage.
FIANCER, v. a. (fiancé), promettre, engager sa foi; faire les cérémonies des fiançailles.
FIBRE, s. f. (fibre) (fibra), filament du corps de l'animal; filet des plantes.
FIBREUX, EUSE, adj. (fibreu, euze), qui a des fibres; qui ressemble à des fibres.
FIBRILLE, s. f. (fibrile), petite fibre.
FIBRINE, s. f. (fibrine), t. de chimie, substance qui constitue la fibre.
FIC, s. m. (fike) (ficus, figue), t. de méd., espèce de tumeur qui ressemble à une figue.
FICELÉ, E, part. pass. de ficeler, et adj., beau, joli, superbe. Fam., mais fort usité.
FICELER, v. a. (ficelé), lier avec de la ficelle.
FICELLE, s. f. (ficèle) (fidicella, corde d'instrument), petite corde de fils de chanvre.
FICELLIER, s. m. (ficèlié), dévidoir sur lequel on met la ficelle.
FICHANT, E, adj. (fichan, ante), t. de fortif., se dit d'un feu qui va d'un bastion à l'autre; pop., contrariant.
FICHE, s. f. (fiche) (figere, ficher), morceau de fer ou de cuivre servant aux pentures des portes, etc.; outil; marque de jeu.
FICHÉ, E, part. pass. de ficher, et adj.
FICHER, v. a. (fiché), faire entrer par la pointe.—V. pr., se moquer. Pop.

FICHET, s. m. (fiché), instrument pour marquer les trous que l'on a gagnés au trictrac.
FICHU, s. m. (fichu) (de ficher), mouchoir en pointe que les femmes mettent sur le cou.
FICHU, E, adj. (fichu), t. de mépris, mal fait, impertinent; perdu. Bas et pop.
FICOÏDE, s. f. (fiko-ide) (ficus, figuier, et εἶδος, forme), genre de plantes exotiques.
FICTIF, TIVE, adj. (fiktif, tive) (fictitius, artificiel), qui n'existe que par supposition.
FICTION, s. f. (fikcion) (fictio), invention fabuleuse; mensonge.
FICTIVEMENT, adv. (fiktiveman), par fiction.
FIDÉICOMMIS, s. m. (fidé-ikomi) (fideicommissum), legs fait à quelqu'un à condition de le remettre à un autre.
FIDÉICOMMISSAIRE, s. et adj. des deux g. (fidéi-komicère), chargé d'un fidéicommis.
FIDÉJUSSEUR, s. m. (fidéjuceceur) (fidejubere, cautionner); celui qui s'oblige de payer pour un autre qui ne paierait point.
FIDÉJUSSION, s. f. (fidéjucecion) (fidejussio), cautionnement.
FIDÈLE, s. et adj. des deux g. (fidèle) (fidelis), qui est dans la vraie religion; qui a de la fidélité; qui est conforme à la vérité.
FIDÈLEMENT, adv. (fidèleman), d'une manière fidèle.
FIDÉLITÉ, s. f. (fidélité) (fidelitas), foi, loyauté; probité scrupuleuse; exactitude.
FIDUCIAIRE, s. et adj. des deux g. (fiducière) (fiduciarius), fidéicommissaire.
FIEF, s. m. (fièfe) (en lat. barbare feudum, de fœdus, alliance), domaine noble.
FIEFFÉ, E, part. pass. de fieffer, et adj., qui a un fief; fig. qui est au suprême degré.
FIEFFER, v. a. (fiefé), donner en fief.
FIEL, s. m. (fièl) (fel), liqueur jaunâtre et amère, contenue dans un petit réservoir attaché au foie; fig. haine, aigreur, colère.
FIENTE, s. f. (fiante) (corruption du lat. fimetum, fumier), excréments d'animaux.
FIENTER, v. n. (fianté), jeter ses excréments, en parlant des animaux.
FIER, IÈRE, adj. et s. (fière), orgueilleux, vain, qui a de la fierté; hardi; majestueux.
FIER, v. a. (fié) (fidere, se fier), commettre à la fidélité.—V. pr., avoir de la confiance.
FIER-A-BRAS, s. m. (fièrabrá), fanfaron qui fait le brave et le furieux. Pop.
FIÈREMENT, adv. (fièreman), avec fierté, avec orgueil; pop., beaucoup, fortement.
FIERTE, s. f. (fièrte) (feretrum, cercueil), châsse d'un saint.
FIERTÉ, s. f. (fièrté), caractère de celui qui est fier; orgueil; hardiesse.
FIÈVRE, s. f. (fièvre) (febris, de fervere, bouillir), chaleur contre nature qui provient de l'intempérie du sang ou des humeurs; fig. inquiétude; émotion violente.

FIÉVREUX, EUSE, adj. (fiévreû, euze), qui cause la *fièvre*. — S., qui a la *fièvre*.

FIÉVROTTE, s. f. (*fiévrote*), petite *fièvre*.

FIFRE, s. m. (*fifre*) (de l'allemand *pfeiffe*), instrument de musique; celui qui en joue.

FIGÉ, E, part. pass. de *figer*.

FIGEMENT, s. m. (*fijeman*), action par laquelle une chose grasse se *fige*.

FIGER, v. a. (*fijé*) (*figere*, fixer), congeler. — V. pr, se coaguler.

FIGNOLER, v. n. (*fignolé*), raffiner, vouloir enchérir sur les autres. Pop.

FIGUE, s. f. (*figue*) (*ficus*, nom du fruit et de l'arbre), fruit du *figuier*.

FIGUERIE, s. f. (*figueri*), plant de *figuiers*.

FIGUIER, s. m. (*figuié*), arbre originaire d'Asie. — Au pl, genre d'oiseaux.

FIGURANT, E, s. (*figuran, ante*), personnage muet qui *figure* dans une représentation.

FIGURATIF, TIVE, adj. (*figuratif, tive*) (*figurativus*), qui est la représentation, la *figure*, le symbole de quelque chose.

FIGURATIVE, s. f. (*figurative*), lettre qui caractérise certains temps des verbes grecs.

FIGURATIVEMENT, adv. (*figurativeman*), d'une manière *figurée*.

FIGURE, s. f. (*figure*) (*figura*), forme extérieure du visage ou des corps; bon ou mauvais état d'une personne; représentation; symbole; en log., expression métaphorique.

FIGURÉ, E, part. pass. de *figurer*, et adj. rendu trait pour trait; se dit de pierres à empreintes. — S. m., sens métaphorique.

FIGURÉMENT, adv. (*figuréman*), d'une manière *figurée* ou métaphorique.

FIGURER, v. a. (*figuré*), représenter par la peinture, etc.; représenter comme symbole. — V. n., avoir de la symétrie; faire *figure*. — V. pr., s'imaginer, se mettre dans l'esprit.

FIGURINE, s. f. (*figurine*) (en italien *figurina*, dimin. de *figura*), très-petite *figure* en peinture, en sculpture, en fonte.

FIGURISME, s. m. (*figuriceme*), secte, doctrine des *figuristes*.

FIGURISTE, s. des deux g. (*figuricete*), qui regarde l'ancien Testament comme la *figure* du nouveau; qui coule des *figures* en plâtre.

FIL, s. m. (*file*) (*filum*), petit brin long et délié de chanvre, de lin, de soie, de métal, etc.; tranchant d'un instrument; courant de l'eau; suite d'un discours; fibre.

FILAGE, s. m. (*filaje*), manière de *filer* les laines, fils ou soies.

FILAGRAMME, s. m. (*filagrame*), figures tracées dans le papier.

FILAMENT, s. m. (*filaman*), petit *fil* ou brin long et délié.

FILAMENTEUX, EUSE, adj. (*filamenteu, euze*), qui a des *filaments*.

FILANDIÈRE, s. et adj. f. (*filandière*), celle dont le métier est de *filer*.

FILANDRES, s. f. pl. (*filandre*), filets de certains légumes; *fils* blancs qui volent en l'air; libres de la viande; petits vers.

FILANDREUX, EUSE, adj. (*filandreu, euze*), rempli de *filandres*.

FILANT, ANTE, adj. (*filan, ante*), qui *file* en coulant doucement.

FILASSE, s. f. (*filace*), lin ou chanvre délié, peigné et prêt à *filer*.

FILASSIER, IÈRE, s. (*filacié, ière*), qui façonne ou qui vend des *filasses*.

FILATEUR, s. m. (*filateur*), entrepreneur, chef de *filature*.

FILATURE, s. f. (*filature*), lieu où l'on prépare le coton, la soie; lieu où l'on *file*.

FILE, s. f. (*file*) (*filum*, fil), suite de choses ou de personnes disposées l'une après l'autre.

FILÉ, s. m. (*filé*), or et argent tiré à la filière; *fil* d'or et d'argent *filé* sur soie ou sur *fil*.

FILÉ, E, part. pass. de *filer*.

FILER, v. a. et n. (*filé*), faire du *fil*; lâcher peu à peu; en mus., ménager le son. — V. n., aller l'un après l'autre; couler; s'esquiver.

FILERIE, s. f. (*fileri*), lieu où l'on *file* le chanvre.

FILET, s. m. (*filè*), *fil* délié, petit *fil*; ligament sous la langue; fibre; rets, piège; espèce de dentelle; petite bride; traits d'or sur la reliure d'un livre; t. d'impr., mince lame de fonte.

FILEUR, EUSE, s. (*fileur, euze*), qui *file*.

FILIAL, E, adj. (*filiale*) (*filialis*), qui appartient au *fils*, à l'enfant. — Au pl, m. *filiaux*.

FILIALEMENT, adv. (*filialeman*), d'une manière *filiale*.

FILIATION, s. f. (*filiácion*), descendance du *fils* ou de la *fille* à l'égard du père et des aïeux; fig. liaison, enchaînement.

FILICULE, s. f. (*filikule*) (*filicula*), plante. — Adj. des deux g., suspendu par un *fil*.

FILIÈRE, s. f. (*filière*), instrument percé de trous pour réduire les métaux en *fils*; veine de métal dans une mine.

FILIFORME, adj. des deux g. (*filiforme*) (*filum*, fil, et *forma*, forme), t. de bot., grêle et allongé comme un *fil*.

FILIGRANE, s. m. (*filiguerane*) (en italien *filigrana*, du lat. *filum*, fil, et *granum*, grain), ouvrage d'orfèvrerie travaillé à jour.

FILIN, s. m. (*filein*), espèce de serge d'Orléans; t. de mar., sorte de cordage.

FILIPENDULE, s. f. (*filipendule*) (*filum*, fil, et *pendulus*, pendant), plante des prés.

FILLE, s. f. (*fi-ie*) (*filia*), personne du sexe féminin, par rapport au père et à la mère; celle qui n'est pas encore mariée; prostituée.

FILLETTE, s. f. (*fi-iète*), petite *fille*. Fam.

FILLEUL, E, s. (*fi-ieule*) (*filiolus, filiola*), dimin de *filius* et de *filia*), celui ou celle qu'on a tenu sur les fonts de baptême.

FILOCHE, s. f. (*filoche*), gros câble de moulin; tissu en soie, laine ou fil.

FILON, s. m. (*filon*) (de l'italien *filone*, augmentatif de *filo*, fil), veine métallique.

FILOSELLE, s. f. (*filozèle*) grosse soie provenant de la bourre de la bonne soie.

FILOU, s. m. (*filou*) (φιλητης, voleur), qui vole avec adresse; qui trompe au jeu.

FILOUTÉ, E, part. pass. de *filouter*.

FILOUTER, v. a. et n. (*filouté*); voler avec adresse; tromper au jeu.

FILOUTERIE, s. f. (*filouteri*), action d'un *filou*.

FILS, s. m. (*fi; l* ne se prononce jamais, et quand ce mot ne termine pas la phrase, on ne fait pas sentir *s*) (*filius*), enfant mâle par rapport au père et à la mère.

FILTRANT, E, adj. (*filetran, ante*), qui sert à *filtrer*.

FILTRATION, s. f. (*filetrácion*)(*filtratio*), action de *filtrer*.

FILTRE, s. m. (*filetre*) (du lat. barbare *filtrum*, feutre), instrument qui sert à *filtrer* une liqueur pour la clarifier.

FILTRE, s. m. breuvage. Voy. PHILTRE.

FILTRÉ, E, part. pass. de *filtrer*.

FILTRER, v. a. (*filetré*), clarifier quelque liqueur en la passant par le *filtre*. —V. n., passer, pénétrer à travers un corps quelconque.

FILURE, s. f. (*filure*), qualité de la chose filée.

FIN, s. f. (*fein*) (*finis*), ce qui termine; but, intention; mort. — à la FIN, adv., après tout.

FIN, E, adj. (*fein, fine*) (en teuton *fein*), délié, menu; excellent; subtil, délicat; rusé, adroit. — S. m., point décisif et principal.

FINAGE, s. m. (*finaje*), t. de prat., étendue d'une juridiction ou d'un territoire.

FINAL, E, adj. (*finale*), qui *finit*, qui termine; qui dure jusqu'à la *fin* de la vie.

FINALE, s. f. (*finale*); dernière syllabe d'un mot. — S. m., t. de mus., morceau par lequel se termine un acte d'opéra.

FINALEMENT, adv. (*finaleman*), enfin.

FINANCE, s. f. (*finance*) (du vieux mot français *finer*, finir), argent comptant; état de *financier*. — Au pl., trésor public; art d'asseoir, de régir et de percevoir les impositions.

FINANCÉ, E, part. pass. de *financer*.

FINANCER, v. a. et n. (*financé*), payer une somme d'argent pour une charge, etc.; débourser de l'argent. Fam.

FINANCIER, IÈRE, s. (*financié, ière*), qui est dans les affaires de *finances*. —Adj., se dit d'une écriture en lettres rondes.

FINASSER, v. n. (*finacé*), user de mauvaises *finesses*. Fam.

FINASSERIE, s. f. (*finaceri*), petite ou mauvaise *finesse*.

FINASSEUR, EUSE, s. (*finaceur, euze*), qui use de petites ou de mauvaises *finesses*.

FINAUD, E, adj. et s. (*finó, nóde*), fin, rusé dans de petites choses. Fam.

FINEMENT, adv. (*fineman*), avec *finesse*.

FINESSE, s. f. (*finèce*), qualité de ce qui est *fin* et délié; ruse, astuce.

FINET, ETTE, adj. et s. (*finè, nète*), qui est rusé, qui use de *finesse*.

FINETTE, s. f. (*finète*), étoffe de laine.

FINI, E, part. pass. de *finir*, et adj., terminé; parfait; borné. —S. m., la perfection.

FINIMENT, s. m. (*finiman*), il se dit des ouvrages de peinture bien *finis*. Vieux.

FINIR, v. a. (*finir*), terminer; mettre *fin*, perfectionner. —V. n., prendre *fin*; mourir.

FIOLE, s. f. (*fiole*) (*phiala*), petite bouteille de verre.

FIORITURES, s. f. pl. (*fioriture*) (mot italien), notes d'agrément dans la musique.

FIRMAMENT, s. m. (*firmaman*) (*firmamentum*, appui), le ciel.

FIRMAN, s. m. (*firman*) (*firmare*, confirmer), édit émané du grand-seigneur.

FISC, s. m. (*ficeke*) (*fiscus*), le trésor public; officiers du *fisc*.

FISCAL, E, adj. (*ficekale*), qui regarde le *fisc*; qui a soin du *fisc*.—Au pl. m., *fiscaux*.

FISCALITÉ, s. f. (*ficekalité*), qualité de ce qui est *fiscal*.

FISSIPÈDE, adj. des deux g. et s. m. (*ficecipède*) (*fissipedes*, de *fissus*, fendu, et *pes, pedis*, pied), qui a le pied divisé.

FISSURE, s. f. (*ficeçure*) (*fissura*, fente), petite fente; t. d'anat., division des viscères en lobes; fracture d'un os qui est fêlé.

FISTULE, s. f. (*ficetule*) (*fistula*, flûte), espèce d'ulcère; sorte d'humeur.

FISTULEUX, EUSE, adj. (*ficetuleu, euze*), qui est de la nature de la *fistule*.

FIXATION, s. f. (*fikcácion*), opération de chimie par laquelle un corps volatil est *fixé*; détermination du prix d'une charge, etc.

FIXE, adj. des deux g. (*fikce*) (*fixus*), qui ne se meut point; qui ne change point; certain; déterminé. —S. f. pl., les étoiles *fixes*.

FIXÉ, s. m. (*fikcé*), genre de peinture.

FIXÉ, E, part. pass. de *fixer*.

FIXEMENT, adv. (*fikceman*), d'une manière *fixe*.

FIXER, v. a. (*fikcé*), arrêter quelque volatil; coaguler; déterminer; attacher; affermir; retenir.—V. pr., s'arrêter; se borner.

FIXITÉ, s. f. (*fikcité*), propriété de ce qui est *fixe*.

FLACCIDITÉ, s. f. (*flakcidité*) (*flaccescere*, devenir mou), t. de méd., relâchement.

FLACON, s. m. (*flakon*) (en lat. barbare *flasca* ou *flasco*), sorte de bouteille.

FLAGELLANTS, s. m. pl. (*flajèlelan*), fanatiques qui se *flagellaient* en public.

FLAGELLATION, s. f. (*flajèlelácion*) (*flagellatio*), action de fouetter.

FLAGELLÉ, E, part. pass. de *flageller*.

FLAGELLER, v. a. (*flajèlelé*) (*flagellare*, de *flagellum*, fouet), fouetter.

FLAGEOLER, v. n. (*flajolé*), se dit des jambes lorsqu'elles sont tremblantes.
FLAGEOLET, s. m. (*flajolè*) (πλαγιαυλος, flûte traversière), instrument de musique à vent; petite flûte à bec; celui qui en joue.
FLAGORNER, v. a. (*flaguorné*), flatter en faisant de faux rapports. Fam.
FLAGORNERIE, s. f. (*flaguorneri*), flatterie basse.
FLAGORNEUR, EUSE, adj. et s. (*flaguorneur, euze*), qui *flagorne*. Fam.
FLAGRANT, E, adj. (*flagueran, ante*) (*flagrans*, brûlant), qui se commet actuellement: *en flagrant délit*, sur le fait.
FLAIR, s. m. (*flère*), se dit de l'odorat subtil et délicat d'un chien de chasse.
FLAIRÉ, E, part. pass. de *flairer*.
FLAIRER, v. a. (*flèré*) (*fragrare*, exhaler une odeur), sentir par l'odorat; pressentir.
FLAIREUR, EUSE, s. (*flèreur, euze*), qui *flaire*. Fam.
FLAMANT, s. m. (*flaman*), ibis rouge.
FLAMBANT, E, adj. (*flanban, ante*), qui jette de la *flamme*.
FLAMBE, s. f. (*flanbe*), iris ou glaïeul.
FLAMBÉ, E, part. pass. de *flamber*, et adj., fig. ruiné, perdu. Fam.
FLAMBEAU, s. m. (*flanbô*) (rac. *flamber*), torche; chandelle de cire ou de suif; chandelier; fig. astre, lumière.
FLAMBER, v. a. (*flanbé*), passer par le feu.— V. n., jeter une grande *flamme*.
FLAMBERGE, s. f. (*flanbèreje*), épée. Fam.
FLAMBOYANT, E, adj. (*flanboè-ian, ante*), qui *flamboie*.
FLAMBOYÉ, E, part. pass. de *flamboyer*.
FLAMBOYER, v. n. (*flanboè-ié*), jeter un grand éclat, briller.
FLAMINE, s. m. (*flamine*) (*flamen*), prêtre chez les anciens Romains.
FLAMME, s. f. (*fláme*) (*flamma*), partie subtile et lumineuse du feu; banderolle longue et étroite; instrument de chirurgie; fig. l'amour.— Au pl., tourments de l'enfer.
FLAMMÈCHE, s. f. (*flamèche*), étincelle de chandelle.
FLAN, s. m. (*flan*) (corruption de *flaon*, fait du lat. *flare*, fondre les métaux), métal taillé en rond; petite tarte.
FLANC, s. m. (*flan*) (λαγων), partie de l'animal qui est depuis le défaut des côtes jusqu'aux hanches, côté d'un bastion, d'un vaisseau, etc.— Au pl., ventre d'une femme.
FLANCONADE, s. f. (*flankonade*), t. d'escrime, botte dans le *flanc*.
FLANDRIN, s. m. (*flandrein*) (de l'oiseau appelé *flamant*, à cause de ses longues jambes), homme élancé, grand et fluet. Fam.
FLANELLE, s. f. (*flanèle*) (*lana*, laine, dont on a fait *lanella*), étoffe légère de laine.
FLÂNER, v. n. (*flâné*), se promener en musant; perdre son temps dans les rues. Pop.

FLÂNERIE, s. f. (*flâneri*), action de *flâner*.
FLÂNEUR, EUSE, s. et adj. (*flâneur, euze*), qui *flâne*; musard. Pop.
FLANQUANT, E, adj. (*flankan, ante*), qui défend les approches d'une place.
FLANQUÉ, E, part. pass. de *flanquer*, et adj.
FLANQUEMENT, s. m. (*flankeman*), action de *flanquer*.
FLANQUER, v. a. (*flankié*) (rac. *flanc*), garnir, fortifier; pop., donner; lancer, jeter brusquement.— V. pr., se mettre.
FLAQUE, s. f. (*flake*), petite mare.
FLAQUÉ, E, part. pass. de *flaquer*.
FLAQUÉE, s. f. (*flakié*), eau ou autre liqueur jetée avec force. Fam.
FLAQUER, v. a. (*flakié*), jeter avec force de l'eau ou autre liqueur contre... Fam.
FLASQUE, adj. des deux g. (*flaceke*) (*flaccus*), mou et sans force.— S. f., petite bouteille de cuir pour la poudre.— S. m., madrier pour l'affût d'un canon.
FLÂTRÉ, E, part. pass. de *flâtrer*.
FLÂTRER, v. a. (*flâtré*) (du celtique *flastra*), appliquer à un chien un fer chaud sur le front, pour le garantir de la rage.
FLATTÉ, E, part. pass. de *flatter*.
FLATTER, v. a. (*flaté*) (*flare*, souffler), louer excessivement; caresser; délecter; embellir.— V. pr., espérer; se persuader
FLATTERIE, s. f. (*flateri*), louange fausse donnée pour se rendre agréable.
FLATTEUR, EUSE, s. et adj. (*flateur, euze*), qui *flatte*, qui caresse.
FLATTEUSEMENT, adv. (*flatcuzeman*), d'une manière *flatteuse*.
FLATUEUX, EUSE, adj. (*flatueu, euse*), qui cause des *flatuosités*.
FLATUOSITÉ, s. f. (*flatuôzité*) (*flatus*, souffle, vent), vent qui sort du corps humain.
FLÉAU, s. m. (*flé-ô*) (*flagellum*, dimin. de *flagrum*, fouet), instrument pour battre le blé; fig. maux, calamité; verge de fer d'une balance; barre de porte; constellation.
FLÈCHE, s. f. (*flèche*) (en allemand *flits*), trait qui se décoche avec un arc ou une arbalète; aiguille de clocher; ouvrage de fortification; partie d'une voiture; constellation.
FLÉCHI, E, part. pass. de *fléchir*.
FLÉCHIR, v. a. (*fléchir*) (*flectere*), courber; adoucir.— V. n., se ployer; céder.
FLÉCHISSEMENT, s. m. (*fléchiceman*), action de *fléchir*; son effet.
FLÉCHISSEUR, adj. et s. m. (*fléchiceur*), muscle destiné à *fléchir* les genoux.
PLEGMAGOGUE, mieux **PHLEGMAGOGUE**, adj. des deux g. (*flèguemaguogue*) (φλεγμα, pituite, et αγω, je chasse), se dit des remèdes qui purgent la pituite.
PLEGMASIE, mieux **PHLEGMASIE**, s. f. (*flèguemazi*) (φλεγω, je brûle), t. de méd., inflammation.

17

FLEGMATIQUE, mieux PHLEGMATIQUE. adj. des deux g. (flègnematike), pituiteux; fig. qui a du sang-froid. En ce dernier sens, il est aussi subst.

FLEGME, mieux PHLEGME, s. m. (flègueme) (φλεγμα), humeur du sang; pituite; fig. sang-froid.

FLEGMON, mieux PHLEGMON, s. m. (flèguemon) (φλεγμονη, inflammation), tumeur inflammatoire.

FLEGMONEUX, EUSE, mieux PHLEGMONEUX, EUSE. adj. (flègmconeu, euze), qui est de la nature du flegmon.

PLÉTRI, E, part. pass. de flétrir, et adj.

FLÉTRIR, v. a. (flétrir) (de l'ancien mot flâtrer, marquer d'un fer chaud), faner; ôter la couleur, la fraîcheur; fig. déshonorer.

FLÉTRISSANT, E, adj. (flétriçan, ante), qui déshonore.

FLÉTRISSURE, s. f. (flétriçure), état d'une chose flétrie; tache à la réputation; marque du fer chaud; maladie des plantes.

FLEUR, s. f. (fleur) (flos), production des végétaux qui précède et donne le fruit; fig. lustre, éclat; première vue, premier usage d'une chose nouvelle; élite, choix; ornement, embellissement. — à FLEUR, adv., au niveau.

FLEURAISON, s. f. (fleurèzon), formation des fleurs; leur saison et leur durée.

FLEUR-DE-LIS s. f. (fleurdeli), fleur à cinq pétales inégaux; ornement des anciennes armoiries de France; constellation.

FLEURDELISÉ, E, part. pass. de fleurdeliser, et adj., couvert de fleurs-de-lis.

FLEURDELISER, v. a. (fleurdelizé), semer de fleurs-de-lis.

FLEURÉ, FLEURETÉ, FLEURONNÉ, E, adj. (fleuré, reté, roné), en blas., terminé en fleurs ou bordé de fleurs.

FLEURER, v. n. (fleuré), répandre, exhaler une odeur.

FLEURET, s. m. (fleurè), sorte d'épée sans tranchant ni pointe; fil de soie grossière; étoffe faite avec la soie des cocons de rebut; espèce de ruban; toile faite en Bretagne.

FLEURETÉ, E, adj. Voy. FLEURÉ.

FLEURETTE, s. f. (fleureté), petite fleur; cajoleries amoureuses, galanteries.

FLEURI, E, part. pass. de fleurir, et adj., qui est en fleur; fig. qui a de la fraîcheur.

FLEURIR, v. n. (fleurir) (florère), pousser des fleurs; être en fleurs; fig. être en vogue, en crédit.

FLEURISSANT, E, adj. (fleuriçan, ante), qui pousse des fleurs.

FLEURISTE, s. et adj. des deux g. (fleuricete), qui cultive les fleurs; qui peint les fleurs; qui fait des fleurs artificielles.

FLEURON, s. m. (fleuron), sorte de corolle; ornement en forme de fleurs.

FLEURONNÉ, E, adj. Voy. FLEURÉ.

FLEUVE, s. m. (fleuve), grande rivière qui se jette dans la mer; fig. abondance.

FLEXIBILITÉ, s. f. (flèkcibilité) (flexibilitas), qualité de ce qui est flexible.

FLEXIBLE, adj. des deux g. (flèkcible) (flexibilis), souple, qui se plie aisément.

FLEXION, s. f. (flèkcion) (flectio), état de ce qui est fléchi; en anat., mouvement des muscles fléchisseurs.

FLEXUEUX, EUSE, adj. (flèkçueu, euze) (flexuosus), t. de bot., courbé en zig-zag.

FLEXUOSITÉ, s. f. (flèkçuozité), t. de bot., qualité, état de ce qui est flexueux.

FLIBOT, s. m. (flibó), petit navire.

FLIBUSTIER, s. m. (flibucetié), celui qui commande un flibot; pirate.

FLIC-FLAC, s. m. (flikflak), son d'un fouet ou de plusieurs soufflets; pas de danse.

FLIN, s. m. (flein), poudre de pierre pour fourbir les lames d'épées.

FLINT-GLASS, s. m. (fleinguelace) (de l'anglais glass, verre, et flint, caillou), crystal d'Angleterre; le plus beau verre blanc.

FLOCON, s. m. (flokon) (floccus), petite touffe de neige; pelote de laine, de soie, etc.

FLOCONNEUX, EUSE, adj. (flokoneu, euze), qui ressemble à des flocons.

FLONFLON, s. m. (flonflon) (par onomatopée), refrains, couplets de vaudeville.

FLORAISON, s. f. Voy FLEURAISON.

FLORAL, E, adj. (florale), t. de bot., qui appartient à la fleur. — Au pl. m. floraux.

FLORAUX, adj. m. pl. (floró), se dit de jeux en l'honneur de Flore, déesse des fleurs.

FLORE, s. f. (fore), livre contenant la description des plantes d'un pays.

FLORÉAL, s. m. (floré-al), second mois de printemps de l'année républicaine.

FLORENCE, s. m. (florance), taffetas qui se fabriquait autrefois à Florence.

FLORENCÉ, E, adj. (florancé), en t. de blas., terminé en fleur-de-lis.

FLORES, (florèce) (t. emprunté du latin): faire flores, faire une dépense d'éclat; briller; obtenir des succès Fam.

FLORIN, s. m. (florein), monnaie d'or ou d'argent, qui a cours en divers pays.

FLORIR, v. n. (florir). Voy. FLEURIR.

FLORISSANT, E, adj. (floriçan, ante), en honneur, en crédit, en voyage; parfait.

FLOSCULEUX, EUSE, adj. (flocekuleu, euze), t. de bot., nom d'une famille de fleurs.

FLOT, s. m. (fló) (fluctus), onde, vague; le flux et le reflux; la marée; train de bois. — Au pl., fig. foule; grande quantité.

FLOTTABLE, adj. des deux g. (flotable), se dit des rivières sur lesquelles on peut flotter.

FLOTTAGE, s. m. (flotaje), conduite du bois sur l'eau lorsqu'on le fait flotter.

FLOTTAISON, s. f. (flotèzon), t. de mar., partie du vaisseau qui est à fleur d'eau.

FLOTTANT, E, adj. (*flotan, ante*), qui flotte; fig. irrésolu, incertain.

FLOTTE, s. f. (*flote*) (de *flotta*, mot normand), réunion de vaisseaux.

FLOTTÉ, E, part. pass. de *flotter*, et adj., se dit du bois venu en *flottant* sur la rivière.

FLOTTEMENT, s. m. (*floteman*) (*fluctuatio*), mouvement d'ondulation que fait en marchant le front d'une troupe.

FLOTTER, v. n. (*floté*) (*fluctuare*), être soutenu par l'eau: aller sur l'eau; fig être irrésolu, balancer; être agité par le vent.

FLOTTEUR, s. m. (*floteur*), ouvrier qui fait les trains de bois.

FLOTTILLE, s. f. (*floti-ie*), petite *flotte*.

FLOU, adj. m. (*flou*) (*fluidus*, coulant), se dit d'une manière de peindre tendre, légère, fondue.—Il est aussi adv. et s. m.

FLUCTUATION, s. f. (*fluktuácion*) (*fluctuatio*, de *fluctuare*, flotter), mouvement d'un liquide; variation, changement.

FLUCTUEUX, EUSE, adj. (*fluktueu, euze*), agité de mouvements contraires ou violents.

FLUER, v. n. (*flu-é*) (*fluere*), couler.

FLUET, ETTE, adj. et s.(*flu-è, ète*)(corruption du vieux mot *flouet*, dimin. de *flou*), mince, délicat; de faible complexion.

FLUEURS, s. f. pl. (*flu-eur*) (*fluor*, écoulement), certaines maladies des femmes.

FLUIDE, s. m. (*flu-ide*), corps dont les parties cèdent à la moindre force, et, en lui cédant, sont aisément mues ensemble.

FLUIDE, adj. des deux g (*flu-ide*) (*fluidus*), dont la nature est de couler; non solide.

FLUIDITÉ, s. f. (*flu-idité*), qualité de ce qui est *fluide*.

FLUOR, s. m. (*flu-or*) (*fluere*, couler), crystaux de couleur; sels acides minéraux.

FLÛTE, s. f. (*flûte*) (du lat. barbare *flatare*, fréq. de *flare*, souffler), instrument de musique; celui qui en joue; jeu de l'orgue; navire.—Au pl., jambes longues et maigres.

FLÛTÉ, E, adj. (*flûté*): voix *flûtée*, douce.

FLÛTEAU, s. m. (*flûtó*), *flûte* grossière; genre de plantes.

FLÛTER, v. n. (*flûté*); jouer de la *flûte*; fig. boire. Pop.

FLÛTEUR, EUSE, s. (*flûteur, euze*), qui joue de la *flûte*; qui aime à boire. Pop.

FLUVIAL, E, adj. (*fluviale*) qui concerne les *fleuves*.—Au pl. m. *fluviaux*.

FLUVIATILE, adj. (*fluviatile*) (*fluvialis*), t. d'hist. nat., qui croit dans les *fleuves*.

FLUX, s. m. (*flu*) (*fluxus*, écoulement), mouvement réglé de la mer vers le rivage; en méd., dévoiement; évacuation de bile, de sang, d'humeurs; fig. grande abondance.

FLUXION, s. f. (*flukcion*) (*fluxio*, écoulement), enflure; écoulement ou dépôt d'humeurs; en géom., calcul différentiel.

FLUXIONNAIRE, adj. des deux g. (*flukcionère*), qui est sujet aux *fluxions*.

FOC, s. m. (*foke*), voile triangulaire placée à l'avant du bâtiment sur le beaupré.

FOCAL, E, adj. (*fokale*), t. d'optiq., qui a rapport au *foyer*.—Au pl. m. *focaux*.

FOERRE ou **FOARRE**, s. m. (*foère, are*) (*farrago*, fourrage), longue paille de blé.

FOETUS, s m. (*fétuce*) (*fœtus*), enfant qui est formé dans le ventre de la mère.

FOI, s. f. (*foè*) (*fides*), adhésion aux vérités révélées; vertu théologale; religion; dogme; probité; fidélité; croyance; témoignage.

FOIBLE. Voy. FAIBLE.

FOIE, s. m. (*foa*)(contraction du mot *foyer*), t. d'anat., viscère du bas-ventre; en chim., nom de certaines combinaisons.

FOIN, s. m. (*foein*) (*fœnum*, fait de *fœtus*, production), herbe des prés. — Interj. qui marque le dépit, la colère.

FOIRE, s. f. (*foare*) (*forum*, marché), marché public; pop., cours de ventre.

FOIS, s. f. (*foé*) (*vices*, en changeant le *v* en *f*), ce mot, joint ordinairement à un nom de nombre, sert à désigner la quantité et le temps des choses dont on parle. — *à la* FOIS, loc. adv., en même temps, ensemble.

FOISON, s. f. (*foèzon*) (*fusio*, épanchement), abondance. Inus.—à FOISON, loc. adv., abondamment. Fam.

FOISONNER, v. n. (*foèzoné*), abonder; multiplier.

FOL ou **FOU**, au f. **FOLLE**, s. et adj (*fole, fou*; on dit et on écrit *fol* au masc. quand il précède un subst. qui commence par une voyelle) (en lat. barbare *follus*, fait de *follis*, ballon à vent), qui a perdu l'esprit; gai, badin; bouffon; crédule; imprudent.—S. m. Voy. FOU.

FOLÂTRE, adj. des deux g. (*folâtre*) (dimin. de *fol*), badin, qui aime à *folâtrer*.

FOLÂTRER, v. n. (*folâtré*), badiner; faire ou dire des choses gaies.

FOLÂTRERIE, s. f. (*folâtreri*), badinerie.

FOLIACÉ, E, adj. (*foliacé*) (*foliaceus*), de la nature de la *feuille*; mince, membraneux.

FOLICHON, ONNE, adj. et s. (*folichon, chone*), folâtre, badin.

FOLIE, s f. (*foli*) (en lat. barbare *follicia*), démence; défaut de jugement; passion excessive; acte d'extravagance; propos gai; maison de plaisance. — *à la* FOLIE, adv., éperdument.

FOLIÉ, E. adj. (*folié*) (*folium*, feuille), réduit en *feuilles*; garni de *feuilles*.

FOLIO, s. m. (*folió*) (du lat. *folium*), t. d'impr., chiffre numéral au haut d'une page.

FOLIOLES, s. f. pl. (*foliole*), t. de bot., petites *feuilles* insérées sur un pétiole commun.

FOLLEMENT, adv. (*foleman*), d'une manière *folle*.

FOLLET, ETTE, adj. (*folè, lète*) (dimin. de *fou*), qui aime à badiner. — Poil *follet*, duvet des petits oiseaux, premier poil du menton. — Esprit *follet*, sorte de lutin.

FOLLICULAIRE, s. m. (*folelikulère*), auteur de *feuilles*, de journaux.

FOLLICULE, s. m. (*folelikule*), t. d'anat., membrane d'où part un conduit excrétoire.— S. f., t. de bot., enveloppe des graines.

FOMENTATION, s. f. (*fomantácion*)(*fomentatio*), remède appliqué extérieurement.

FOMENTÉ, E, part. pass. de *fomenter*.

FOMENTER, v. a. (*fomanté*) (*fomentare*, de *fovere*, tenir chaud), appliquer une *fomentation*; entretenir, faire durer.

FONCÉ, E, part. pass. de *foncer*, et adj., riche; habile dans une science; se dit aussi d'une couleur fort chargée.

FONCER, v. a. (*foncé*), mettre un *fond*.— V. n., donner sur; fondre sur. Vieux.

FONCIER, IÈRE, adj. (*foncié, ière*), qui regarde le *fonds*, qui vient du *fonds*; habile.

FONCIÈREMENT, adv. (*foncièreman*), à *fond*; dans le *fond*.

FONCTION, s. f. (*fonkcion*)(*functio*), action de celui qui fait le devoir de sa charge; en t. de méd., action propre à chaque organe.

FONCTIONNAIRE, s. m. (*fonkcionère*), celui qui remplit des *fonctions*.

FONCTIONNÉ, E, part. pass. de *fonctionner*.

FONCTIONNER, v. n. (*fonkcioné*), faire sa *fonction*; bien opérer.

FOND, s. m. (*fon*) (*fundus*), partie la plus basse d'une chose creuse; endroit le plus éloigné; profondeur; essentiel d'une affaire; ce qu'il y a de plus caché dans l'âme. — à FOND, adv., profondément, jusqu'au *fond*.

FONDAMENTAL, E, adj. (*fondamantale*), qui sert de *fondement*.—Au pl. m. *fondamentaux*.

FONDAMENTALEMENT, adv. (*fondamantaleman*), d'une manière *fondamentale*.

FONDANT, E, adj. (*fondan, ante*), qui se *fond*; qui sert à *fondre*.—S. m., ce qui dissout.

FONDATEUR, TRICE, s. (*fondateur, trice*) (*fundator*), qui a *fondé* quelque établissement.

FONDATION, s. f. (*fondácion*) (*fundatio*), travaux pour asseoir les *fondements* d'un édifice; *fonds* légué pour une œuvre de piété.

FONDÉ, E, part. pass. de *fonder*, et adj.—S., en t. de pal., chargé de...

FONDEMENT, s. m. (*fondeman*) (*fundamentum*), fossé pour commencer à bâtir; maçonnerie qui le remplit; *fig.* principe, base; assurance; cause; l'anus.

FONDER, v. a. (*fondé*) (*fundare*), faire des *fondations*; établir, appuyer; donner des *fonds*.—V. pr., faire *fond* sur quelque chose.

FONDERIE, s. f. (*fonderi*), lieu où l'on *fond* les métaux; art de *fondre* les métaux.

FONDEUR, s. m. (*fondeur*), ouvrier qui *fond* le métal.

FONDOIR, s. m. (*fondoar*), lieu où les bouchers fondent la *graisse*.

FONDRE, v. a. (*fondre*) (*fundere*), mettre en fusion; en peinture, unir les nuances —V. n., se liquéfier; diminuer; se perdre, se dissiper; tomber impétueusement sur...

FONDRIÈRE, s. f. (*fondri-ère*), lieu creux où la terre s'est *fendue*; terrein marécageux.

FONDS, s. m. (*fon*, et devant une voyelle *fonze*) (*fundus*), le sol d'un champ, d'un héritage; somme d'argent; capital d'un bien; établissement commercial; abondance.

FONDU, E, part. pass. de *fondre*.—Cheval *fondu*, jeu d'enfants.

FONDUE, s. f. (*fondu*), mets qui se fait avec du fromage *fondu* au feu.

FONGIBLE, adj. des deux g. (*fonjible*), t. de jur., qui se consomme, se compte, se mesure et se pèse, comme le grain et le vin.

FONGOSITÉ, s. f. Voy. FONGUS.

FONGUEUX, EUSE, adj. (*fonguieu, euse*), de la nature du champignon, du *fongus*.

FONGUS, s. m. (*fonguce*) (*fungus*, champignon), excroissance charnue sur une plaie.

FONTAINE, s. f. (*fontène*) (*fons*, gén. *fontis*), eau vive qui sort de terre; corps d'architecture qui sert pour l'écoulement d'une *fontaine*; vaisseau de cuivre, de marbre, etc., où l'on garde de l'eau; robinet.

FONTAINIER, s. m. (*fontènié*), qui vend des *fontaines*; qui a soin des *fontaines*.

FONTANELLE, s. f. (*fontanèle*) (*fontanella*), t. d'anat., ouverture sur la tête des nouveaux-nés; petit ulcère artificiel.

FONTANGE, s. f. (*fontanje*), nœud de ruban que les femmes adaptent à leur coiffure.

FONTE, s. f. (*fonte*), action de *fondre*; métal *fondu*; composition de cuivre, d'étain; en t. d'impr., ensemble de toutes les lettres qui forment un caractère.—Au pl., étuis à l'arçon de la selle pour mettre des pistolets.

FONTICULE, s. m. (*fontikule*), petit ulcère artificiel; cautère.

FONTS, s. m. pl. (*fon*) (*fons, fontis*), grand vaisseau de pierre ou de marbre, où l'on conserve l'eau dont on se sert pour baptiser.

FOR, s. m. (*for*) (*forum*, lieu où l'on plaide), juridiction, tribunal de justice.

FORAGE, s. m. (*foraje*), action de *forer*, son effet; droit seigneurial sur le vin.

FORAIN, E, adj. (*forein, rène*) (*foras*, hors), qui est du dehors, qui n'est pas du lieu.

FORBAN, s. m. (*forban*) (de *foras*, dehors, et du français *banni*), pirate, corsaire.

FORCAGE, s. m. (*forçaje*), excédant qu'a une pièce au-dessus du poids prescrit.

FORÇAT, s. m. (*força*), criminel condamné par la justice à servir sur les galères.

FORCE, s. f. (*force*) (en lat. barbare *forcia*, de *fortis*, fort), vigueur, faculté naturelle d'agir vigoureusement; puissance; impétuosité; solidité; violence; fermeté; énergie.

FORCÉ, E, part. pass. de *forcer*, et adj., contraint; détourné du sens naturel et véritable; exagéré.

FORCÉMENT, adv. (forcéman), d'une manière forcée, par contrainte.

FORCENÉ, E, s. et adj. (forcené) (en italien forsennato), hors de sens, furieux.

FORCEPS, s. m. (forcèpece) (forceps, tenailles), t. de chir., pincettes, ciseaux, etc., pour saisir et tirer les corps étrangers.

FORCER, v. a. (forcé) contraindre, violenter, prendre par force; rompre avec violence.

FORCES, s. f. pl. (force), les troupes d'un état; grands ciseaux pour tondre les draps.

FORCLORE, v. a. (forklore) (foras, dehors, et claudere, fermer), déclarer non recevable, le temps étant passé.

FORCLOS, E, part. pass. de forclore.

FORCLUSION, s. f. (forkluzion), exclusion.

FORÉ, E, part. pass. de forer, et adj.

FORER, v. a. (foré) (forare, percer), percer le fer à froid, avec l'outil appelé foret.

FORESTIER, IÈRE, s. et adj. (forècetié, ière), qui a quelque charge dans les forêts.— Adj., qui a rapport aux forêts.

FORET, s. m. (forè), outil d'acier qui sert à forer; outil pour percer un tonneau.

FORÊT, s. f. (foré) (en lat. barbare foresta, de l'allemand forst), grande étendue de pays couvert de bois.

FORFAIRE, v. n. (forfère) (du lat. foris, hors, et facere, faire); prévariquer.

FORFAIT, s. m. (forfè), crime énorme; marché, traité moyennant un certain prix.

FORFAITURE, s. f. (forfèture), prévarication d'un magistrat, d'un officier de justice.

FORFANTE, s. m. (forfante) (mot pris de l'italien), hâbleur, charlatan, fanfaron.

FORFANTERIE, s. f. (forfanteri), hâblerie, charlatanerie, bravoure en paroles.

FORGE, s. f. (forje) (fabrica), lieu où l'on fond le fer; atelier où l'on forge.

FORGÉ, E, part. pass. de forger.

FORGEABLE, adj des deux g. (forjable), qui peut être travaillé à la forge.

FORGER, v. a. (forjé) (fabricare), donner la forme au métal; fig. inventer, supposer.

FORGERON, s. m. (forjeron), celui qui travaille à battre et à forger le fer; poisson.

FORGEUR, s. m. (forjeur), qui forge le métal; fig. qui invente quelque fausseté.

FORHUIR, v. n. (for-uir), t. de chasse, sonner du cor pour rappeler les chiens.

FORJETER, v. n. (forjeté) (foras, dehors, et jacere, jeter), être hors de l'alignement.

FORLANCÉ, E, part. pass. de forlancer.

FORLANCER, v. a. (forlancé) (foras, hors, et du français lancer), faire sortir du gîte.

FORLIGNER, v. n. (forligné) (foras, hors, et linea, ligne), dégénérer de la vertu de ses ancêtres. Vieux.

FORLONGER, v. n. (forlonjé), se dit des bêtes qui s'éloignent de leur pays.

FORMALISÉ, E, part. pass. de se formaliser.

se FORMALISER, v. pr. (ceformalizé), se fâcher, se choquer, s'offenser de.

FORMALISTE, s. et adj. des deux g. (formalicete), attaché aux formes; vétilleux.

FORMALITÉ, s. f. (formalité), manière de procéder en justice selon les règles; formule de droit; cérémonie, civilité recherchée.

FORMAT, s. m. (forma), t. de librairie, ce qu'un volume a de hauteur et de largeur.

FORMATION, s. f. (formácion) (formatio), action de former, de se former.

FORME, s. f. (forme) (forma), ce qui détermine la matière à être telle chose plutôt que telle autre; figure extérieure; manière d'être, règle, conduite; modèle; stalle, banc; t. d'impr., châssis où sont contenues les pages.

FORMÉ, E, part. pass. de former, et adj.

FORMEL, ELLE, adj. (formèle) (formalis, de forma, forme), exprès, précis.

FORMELLEMENT, adv. (formèleman)(formaliter), en termes exprès et formels.

FORMER, v. a. (formé) (formare, de forma, forme), donner l'être et la forme; produire; faire; fig. façonner, instruire.—V. pr., être produit; prendre forme; s'instruire.

FORMICA-LEO. Voy. FOURMI-LION.

FORMICANT, adj. m. (formikan) (formicans), t. de méd., se dit d'un pouls petit, faible et fréquent.

FORMIDABLE, adj. des deux g. (formikable) (formidabilis), qui est à craindre.

FORMIER, s. m. (formié), ouvrier qui fait des formes de soulier.

FORMUÉ, E, part. pass. de formuer.

FORMUER, v. a. (formu-é), t. de vén., faire passer la mue à un oiseau.

FORMULAIRE, s. m. (formulère), livre ou écrit qui contient des formules.

FORMULE, s. f. (formule) (formula), forme prescrite; modèle des actes; ordonnance de médecin, paroles, actions consacrées par l'usage; résultat général tiré d'un calcul algébrique.

FORMULÉ, E, part. pass. de formuler.

FORMULER, v. a. (formulé), composer des formules; rédiger selon les règles.

FORNICATEUR, TRICE, s. (fornikateur, trice), qui commet le péché de fornication.

FORNICATION, s. f. (fornikácion) (fornix, nicis, chambre de courtisane), commerce illégitime entre personnes libres.

FORNIQUER, v. n. (forniké), commettre le péché de fornication.

FORPAÎTRE, v. n. (forpètre) (foras, dehors, et pasci, paître), pâturer au loin.

FORS, prép. (for) (foris, hors, dehors), hormis, excepté. Vieux.

FORSENANT, adj. m. (forcenan), se dit d'un chien courant qui a beaucoup d'ardeur.

FORT, s. m. (for), force, vigueur; lieu fortifié; chose en quoi on excelle; milieu. — Adv., beaucoup, extrêmement.

FORT, E, adj. (*for. forte*) (*fortis, de ferre,* porter), robuste, vigoureux ; dur, rude, difficile ; grand, violent; âcre ; puissant, extrême; énergique; offensant; habile.

FORTE, adv. (*forté*), mot italien qui s'emploie en musique, et qui signifie *fortement*.

FORTEMENT, adv. (*forteman*), avec *force*.

FORTE-PIANO, adv. (*fortépiano*) (de l'italien *forte*, fort, et *piano*, doux, doucement), art de renforcer et d'adoucir tour à tour les sons. Peu us. — S. m., espèce de clavecin.

FORTERESSE, s. f. (*forterèce*), tour, place bien *fortifiée*.

FORTIFIANT, E, adj. (*fortifian, ante*), qui *fortifie*, qui augmente les forces —S. au m.

FORTIFICATION, s. f. (*fortifikácion*), art ou action de *fortifier* les places; ce qui rend une place *forte*.

FORTIFIÉ, E, part. pass. de *fortifier*.

FORTIFIER, v. a. (*fortifié*) (*fortificare*), rendre *fort*. — V. pr., devenir plus *fort*.

FORTIN, s. m. (*fortcin*), petit *fort*.

FORTIORI (A), loc. adv. (*aforciori*), mots latins qui signifient à *plus forte raison*.

FORTITRER, v. n. (*fortitré*), t. de chasse, éviter des relais de chiens frais pour le courre.

FORTRAIT, E, adj. (*fortrè, trète*), se dit d'un cheval excédé de fatigue.

FORTRAITURE, s. f. (*fortrèture*), fatigue d'un cheval excédé.

FORTUIT, E, adj. (*fortui, tuite*) (*fortuitus, de fors,* hasard), qui arrive par hasard.

FORTUITEMENT, adv. (*fortuiteman*) (*fortuito* ou *fortuitu*), par hasard.

FORTUNE, s. f. (*fortune*) (*fortuna*), cas fortuit, hasard; bonheur; malheur ; établissement considérable; état, condition où l'on est; biens, richesses; déesse des païens.

FORTUNÉ, E, adj. (*fortuné*), heureux.

FORT-VÊTU, s. m. (*forvétu*), homme qui a un habit fort au-dessus de son état. Vieux.

FORUM, s. m. (*fôrvme*) (mot lat.), t. d'antiq., place publique de l'ancienne Rome.

FORURE, s. f. (*forure*), trou fait avec un *foret*; trou percé dans la tige d'une clef.

FOSSE, s. f. (*fôce*) (*fossa,* de *fodere,* fouir), creux profond dans la terre; cavité.

FOSSÉ, s. m. (*fôcé*), *fosse* creusée en long.

FOSSETTE, s. f. (*fôcète*), petite *fosse*; creux au menton ou aux joues.

FOSSILE, s. m. et adj. des deux g. (*focile*) (*fossilis*), corps que l'on tire de la terre; débris que l'on trouve dans la terre.

FOSSOYAGE, s. m. (*fôçoé-iaje*), action de *fossoyer*; travail du *fossoyeur*.

FOSSOYÉ, E, part. pass. de *fossoyer*.

FOSSOYER, v. a. (*fôçoé-ié*), fermer avec des *fossés*; fouir, creuser en terre.

FOSSOYEUR, s. m. (*fôçoé-ieur*), celui qui fait les *fosses* pour enterrer les morts.

FOU, adj. (*fou*) Voy. FOL — S. m., oiseau; pièce du jeu d'échecs.

FOUACE, s. f. (*fouace*) (*focus,* feu, foyer), pain fait en forme de gâteau.

FOUAGE, s. m. (*fouaje*) (*focus*), droit d'un seigneur sur chaque *feu,* maison ou famille.

FOUAILLE, s. f. (*foua-ie*), part qu'on fait aux chiens après la chasse du sanglier.

FOUAILLÉ, E, part. pass. de *fouailler*.

FOUAILLER, v. a. (*foua-ié*), donner des coups de *fouet;* détruire par l'artillerie.

FOUDRE, s. m. et f. (*foudre*) (*fulgur,* pour *fulmen*), exhalaison enflammée qui sort de la nue avec éclat et violence ; *fig.* grand capitaine, conquérant rapide ; grand orateur; courroux de Dieu; excommunication.—S. m., grande tonne qui contient plusieurs muids.

FOUDROIEMENT, s. m. (*foudroéman*), action par laquelle on est *foudroyé*.

FOUDROYANT, E, adj. (*foudroé-ian, ante*), qui *foudroie; fig* terrible, plein de colère.

FOUDROYÉ, E, part. pass de *foudroyer*.

FOUDROYER, v. a. (*foudroé-ié*), frapper de la *foudre; fig.* battre à coups de canon.

FOUÉE, s. f. (*foué*), sorte de chasse qui se fait la nuit à la clarté du feu.

FOUET, s. m. (*foue*) (du vieux mot *fou,* hêtre), ficelle bien torse, corde pour *fouetter;* verges; lanière de cuir; châtiment.

FOUETTÉ, E, part. pass. de *fouetter*, et adj.

FOUETTER, v. a. (*fouèté*), donner des coups de *fouet;* battre de verges; fustiger.

FOUETTEUR, EUSE, s. (*fouèteur, euse*), qui aime à *fouetter*.

FOUGADE ou **FOUGASSE,** s. f. (*fougade, guace*) (en lat. barbare *focata*, de *focus,* foyer), petite mine ou fourneau pour faire sauter un mur; effort de peu de durée; caprice.

FOUGER, v. n. (*foujé*), se dit du sanglier qui arrache les plantes avec son boutoir.

FOUGÈRE, s. f. (*foujère*) (du lat. barbare *filicaria*, fait de *filix, filicis*), plante.

FOUGON, s. m. (*fougnon*) (*focus,* foyer), cuisine d'un vaisseau, d'une galère.

FOUGUE, s. f. (*fougue*) (*fuga,* fuite), mouvement violent et impétueux ; *fig.* verve, transport, feu d'esprit, ardeur.

FOUGUEUX, EUSE, adj. (*fouguieu, euze*), qui est sujet à entrer en *fougue;* emporté.

FOUILLE, s. f. (*fou-ie*), travail qu'on fait en *fouillant* la terre.

FOUILLÉ, E, part. pass. de *fouiller*.

FOUILLE-AU-POT, s. m. (*fou-iópó*), petit marmiton Pop.

FOUILLER, v. a. et n. (*fou ié*) (de l'allemand *witlen*, tourner), creuser pour chercher quelque chose ; *fig.* sonder, pénétrer.

FOUILLIS, s. m. (*fouie-i*), désordre.

FOUINE, s. f. (*fouine*) (*fuscina,* de *fuscus,* brun), grosse belette; instrument de pêche.

FOUIR, v. a. (*fouir*) (*fodere*), creuser.

FOULAGE, s. m. (*foulaje*), action de *fouler*.

FOULANT, E, adj. (*foulan, ante*), qui *foule*.

FOULARD, s. m. (*foular*), étoffe de soie des Indes, dont on fait des mouchoirs, etc.
FOULE, s. f. (*foule*), presse; multitude.
FOULÉ, E, part. pass. de *fouler*, et adj.
FOULÉES, s. f. pl. (*foulé*), t. de vén., légères impressions du pied de la bête.
FOULER, v. a. (*foulé*) (du lat. barbare *fullare*, fait de *fullo*, foulon), presser quelque chose qui cède; opprimer; surcharger; blesser; marcher sur.—V. pr., se blesser en foulant.
FOULERIE, s. f. (*fouleri*), endroit où l'on foule les chapeaux, les draps, etc.
FOULOIR, s. m. (*fouloar*), instrument avec lequel on foule.
FOULON, s. m. (*foulon*) (*fullo*), artisan qui foule les draps.
FOULQUE, s. f. (*foulke*), oiseau plongeur.
FOULURE, s. f. (*foulure*), contusion, blessure d'un membre foulé; façon des cuirs.
FOUR, s. m. (*four*) (*furnus*), lieu où l'on fait cuire le pain, la pâtisserie, etc.
FOURBE, s. f. (*fourbe*), tromperie.
FOURBE, adj. et s. des deux g. (*fourbé*) (en italien *furbo*), trompeur adroit.
FOURBER, v. a. (*fourbé*), tromper avec adresse. Vieux.
FOURBERIE, s. f. (*fourberi*), tromperie.
FOURBI, E, part. pass. de *fourbir*.
FOURBIR, v. a. (*fourbir*) (de l'anglais *furbish*, polir), polir et éclaircir en frottant.
FOURBISSEUR, s. m. (*fourbiceur*), qui fourbit, monte et vend toutes sortes d'épées.
FOURBISSURE, s. f. (*fourbiçure*), action de fourbir et de nettoyer des armes, etc.
FOURBU, E, adj. (*fourbu*), se dit d'un cheval attaqué d'une *fourbure*.
FOURBURE, s. f. (*fourbure*), maladie du cheval qui attaque les jambes.
FOURCHE, s. f. (*fourche*) (*furca*), instrument à deux ou trois branches ou pointes.
FOURCHÉ, E, part. pass. de *fourcher*, et adj., fendu.
FOURCHER, v. n. (*fourché*), se séparer par l'extrémité en forme de fourche.
FOURCHETTE, s. f. (*fourchète*), ustensile de table en forme de fourche pour prendre les viandes; divers instruments de même forme.
FOURCHON, s. m. (*fourchon*), une des branches d'une fourche ou d'une fourchette.
FOURCHU, E, adj. (*fourchu*), fait en forme de fourche; fendu en deux.
FOURGON, s. m. (*fourgon*) (de *furcone*, ablatif du mot barbare *furco*, fait de *furca*, fourche), charrette pour porter du bagage et des munitions; instrument de boulanger.
FOURGONNÉ, E, part. pass. de *fourgonner*.
FOURGONNER, v. n. (*fourguoné*), remuer avec le *fourgon* du four; remuer le feu sans besoin; fouiller maladroitement. Fam.
FOURMI, s. f. (*fourmi*) (*formica*, de *ferre*, porter, et de *mica*, miette), insecte.
FOURMILIER, s. m. (*fourmilié*), t. d'hist. nat., genre de mammifères; genre d'oiseaux.
FOURMILIÈRE, s. f. (*fourmilière*), lieu où se retirent les fourmis; fam., grand nombre.
FOURMI-LION, s. m. (*fourmilion*) (*formica-leo*), insecte qui se nourrit de fourmis.
FOURMILLEMENT, s. m. (*fourmi-ieman*), (rac. fourni), picotement sur la peau.
FOURMILLER, v. n. (*fourmi-ié*) (rac. fourmi), abonder, être en grand nombre; picoter.
FOURNAGE, s. m. (*fournaje*) (voy. FOUR), ce que l'on donne pour la cuite du pain.
FOURNAISE, s. f. (*fournèze*) (*fornax*, de *fornix*, voûte), grand four; creuset.
FOURNEAU, s. m. (*four nó*), vaisseau propre à contenir du feu; grand four où l'on fond le verre; creux en terre rempli de poudre.
FOURNÉE, s. f. (*fourné*), quantité de pain, etc., qu'on peut faire cuire dans un four.
FOURNI, E, part. pass. de *fournir*, et adj., touffu, épais, garni.
FOURNIER, IÈRE, s. (*fournié*, *ière*), fermier, fermière d'un four banal.
FOURNIL, s. m. (*fourni*), lieu où est le four, et où l'on pétrit la pâte.
FOURNIMENT, s. m. (*fourniman*), équipement d'un soldat.
FOURNIR, v. a. (*fournir*) (de l'italien *fornire*), pourvoir, livrer, donner; achever.—V. n., subvenir à; contribuer; suffire.
FOURNISSEMENT, s. m. (*fourniceman*), mise de chaque associé dans une société de commerce.
FOURNISSEUR, EUSE, s. (*fourniceur*, *euze*), qui entreprend la fourniture.
FOURNITURE, s. f. (*fourniture*), provision.
FOURRAGE, s. m. (*fouraje*) (*furragu*), paille, foin, etc., pour les bestiaux; action de couper le fourrage.
FOURRAGÉ, E, part. pass. de *fourrager*.
FOURRAGER, v. a. (*fouragé*), ravager.—V. n., couper et ramasser du fourrage.
FOURRAGÈRE, adj. f. (*fourajère*), se dit des plantes qui servent comme de fourrage.
FOURRAGEUR, s. m. (*fourajeur*), soldat qui va au fourrage.
FOURRÉ, s. m. (*fouré*), assemblage épais d'arbrisseaux; taillis épais et serré.
FOURRÉ, E, part. pass. de *fourrer*, et adj., garni, rempli, couvert.
FOURREAU, s. m. (*fouró*), gaîne, étui, enveloppe; petite robe d'enfant.
FOURRER, v. a. (*fouré*) (en lat. barbare *foderare*, fait de l'allemand *futtern*), mettre; fister; introduire; garnir de fourrure.—V. pr., entrer; s'engager dans; se couvrir. Fam.
FOURREUR, s. m. (*foureur*), qui fait et vend toute sorte de fourrures.
FOURRIER, s. m. (*fourié*) (de l'allemand *fuhren*, conduire), sous officier chargé de marquer le logement, de fournir des vivres, etc.
FOURRIÈRE, s. f. (*fourière*) (de fourrage),

lieu où l'on met le bois; office de *fourrier*; lieu de détention pour les bestiaux saisis.

FOURRURE, s. f. (*fourure*), peau qui sert à *fourrer*; vêtement *fourré*.

FOURVOIEMENT, s. m. (*fourvoéman*), erreur de celui qui s'égare. Peu us.

FOURVOYÉ, E, part. pass. de *fourvoyer*.

FOURVOYER, v. a. (*fourvoè-ié*) (*foras*, dehors, et *via*, chemin), égarer; détourner du droit chemin.

FOUTEAU, s. m. (*fouté*), hêtre.

FOUTELAIE, s. f. (*foutelè*), lieu planté de *fouteaux* ou hêtres.

FOYER, s. m. (*foè-ié*) (*focus*), âtre, lieu où l'on fait le feu; lieu d'où part, d'où émane quelque chose; centre; partie d'une salle de théâtre; demeure, maison.

FRAC, s. m. (*frake*), habit à basques étroites, qui n'a qu'un rang de boutons.

FRACAS, s. m. (*fraká*) (de l'italien *fracasso*), rupture avec violence et bruit; bruit.

FRACASSÉ, E, part. pass. de *fracasser*.

FRACASSER, v. a. (*frakacé*) (en italien *fracassare*), rompre, briser, casser avec bruit.

FRACTION, s. f. (*frakcion*)(*fractio*), action de rompre; partie d'un tout.

FRACTIONNAIRE, adj. des deux g. (*frakcionère*), qui a rapport aux *fractions*.

FRACTURE, s. f. (*frakture*) (*fractura*), rupture avec effort; solution de continuité.

FRACTURÉ, E, part. pass. de *fracturer*, et adj., où il y a *fracture*.

FRACTURER, v. a. (*frakturé*), faire une *fracture*.

FRAGILE, adj. des deux g. (*frajile*) (*fragilis*), sujet à se casser, aisé à rompre; frêle; *fig.* peu solide; sujet à tomber en faute.

FRAGILITÉ, s. f. (*frajilité*) (*fragilitas*), facilité de se rompre, de tomber en faute; inconstance, instabilité.

FRAGMENT, s. m. (*fragueman*) (*fragmentum*), morceau de quelque chose qui a été brisé; partie d'un livre, d'un ouvrage.

FRAI, s. m. (*fré*) (*fritus*, frottement), altération dans les monnaies, causée par l'usage; action de la multiplication des poissons; temps où cette multiplication a lieu; petit poisson.

FRAÎCHEMENT, adv. (*frécheman*), avec un *frais* agréable; récemment.

FRAÎCHEUR, s. f. (*frécheur*), *frais* agréable; froidure; maladie causée par l'humidité froide; *fig.* éclat agréable, coloris, lustre.

FRAÎCHIR, v. n. (*fréchir*) (rac. *frais*), t. de mar.: le vent *fraîchit*, devient fort.

FRAIRIE, s. f. (*fréri*) (φρατρια, réunion), partie de divertissement. Fam.

FRAIS, AÎCHE, adj. (*fré, fièche*) (en lat. barbare *frescum*, dérivé de *frigere*, avoir froid), médiocrement froid; récent; coloré; non salé.—Adv., nouvellement, récemment.—S. m., un froid agréable.

FRAIS, s. m. pl. (*fré*) (du lat. barbare *freda*, amende), dépense, dépens.

FRAISE, s. f. (*frèze*) (*fraga*), fruit du *fraisier*;—(de l'italien *fregio*, ornement), collet plissé; mésentère et boyaux du veau.

FRAISÉ, E, part. pass. de *fraiser*, et adj.

FRAISER, v. a. (*frèzé*), plisser à la manière d'une *fraise*; garnir de pieux par dehors.

FRAISETTE, s. f. (*frèzète*), petite *fraise*.

FRAISIER, s. m. (*frèzié*), plante vivace.

FRAISIL, s. m. (*frèzi*), cendre du charbon de terre dans une forge.

FRAMBOISE, s. f. (*franboèze*), fruit du *framboisier*.

FRAMBOISÉ, E, part. pass. de *framboiser*.

FRAMBOISER, v. a. (*franboèzé*), accommoder avec du jus de *framboises*.

FRAMBOISIER, s. m. (*framboèzié*) (*francus rubus*, buisson franc), arbrisseau.

FRAMÉE, s. f. (*framé*), javeline.

FRANC, s. m. (*fran*; le c ne se prononce jamais), nom des Français du temps de Clovis; monnaie qui vaut vingt sous.

FRANC, FRANCHE, adj. (*fran, franche*) (*francus*, nom d'un peuple libre de la Germanie intérieure), libre; exempt d'impositions, de charges, de dettes, etc.; sincère; complet.

FRANC, adv. (*fran*), sans déguiser; sans biaiser; ouvertement.

FRANC, ANQUE, adj. et s. (*fran, franke*), nom des Européens qui font le commerce dans le Levant.

FRANÇAIS, AISE, s. et adj. (*francè, cèze*), qui est de *France*.—S. m., langue *française*.

FRANC-ALLEU, s. m. (*frankaleu*), autrefois, terre exempte des droits féodaux.

FRANCATU, s. m. (*frankatu*), pomme.

FRANC-ÉTABLE, s. m. (*frankétable*), t. de mar., *deux vaisseaux s'abordent de francétable*, s'enferrent par leurs éperons.

FRANC-FIEF, s. m. (*franfièfe*), *fief* libre de toute redevance.

FRANC-FUNIN, s. m. (*franfunein*), t. de mar., cordage qui n'est point goudronné.

FRANCHEMENT, adv. (*francheman*), avec *franchise*; avec exemption de charges.

FRANCHI, E, part. pass. de *franchir*.

FRANCHIR, v. a. (*franchir*) (du lat. barbare *franchire*, rendre libre), sauter par dessus; passer hardiment; passer au-delà.

FRANCHISE, s. f. (*franchize*) (rac. *franc*), exemption, immunité; sincérité, candeur.

FRANCISATION, s. f. (*francisácion*), acte qui constate qu'un navire est *français*.

FRANCISCAIN, s. m. (*francicekein*), religieux cordelier.

FRANCISÉ, E, part. pass. de *franciser*.

FRANCISER, v. a. (*francisé*), donner une terminaison, une inflexion *française*.

FRANCISQUE, s. f. (*francicèke*), hache d'armes des *Francs* qui avait deux tranchants.

FRA   FRE   265

FRANC-MAÇON, s. m. (*franmaçon*), membre de la *franc-maçonnerie*.
FRANC-MAÇONNERIE, s. f. (*franmaçonerî*), société, affiliation qui a pour but une union fraternelle, une égalité parfaite entre ses membres; pratiques de cette association.
FRANCO, adv. (*franko*)(motitalien), sans frais.
FRANCOLIN, s. m. (*frankolein*), espèce de perdrix; coquille.
FRANC-QUARTIER, s. m. (*frankartié*), t. de blas., premier *quartier* de l'écu.
FRANC-RÉAL, s. m. (*franréale*), poire.
FRANC-SALÉ, s. m. (*françalé*), droit de prendre à la gabelle du *sel* sans payer.
FRANGE, s. f. (*franje*) (*fimbria*), tissu d'où pendent des filets; poisson.
FRANGÉ, E, part. pass. de *franger*, et adj.
FRANGER, v. a. (*franjé*). garnir de *franges*.
FRANGIER, IÈRE, s. (*franjié, ière*), qui fait des *franges*.
FRANGIPANE, s. f. (*franjipane*), sorte de pâtisserie; espèce de parfum.
FRANGIPANIER, s. m. (*franjipanié*), arbre des Antilles.
FRANQUE, adj. f. (*franke*). Voy. FRANC.
FRANQUETTE, s. f. (*frankièle*) : à la bonne *franquette*, franchement, ingénument.
FRAPPANT, E, adj. (*frapan, ante*), qui surprend, qui *frappe* et saisit l'imagination ou les sens; qui est d'une parfaite ressemblance.
FRAPPE, s. f. (*frape*), marque sur les espèces ou le balancier; assortiment de matrices pour fondre les caractères.
FRAPPÉ, E, part. pass. de *frapper*, et adj.
FRAPPEMENT, s. m. (*frapeman*), action de *frapper*. Peu us.
FRAPPER, v. a. (*frapé*), donner des coups; fig. faire impression sur les sens ou sur l'esprit.
FRAPPEUR, EUSE, s. (*frapeur, euse*), qui *frappe*. Fam.
FRASQUE, s. f. (*fraceke*), action extravagante, imprévue et faite avec éclat.
FRATER, s. m. (*frâtère*) (*frater*, frère), perruquier de village; garçon chirurgien.
FRATERNEL, ELLE, adj. (*fratèrenèle*) (*fraternus*), qui est propre à des *frères*.
FRATERNELLEMENT, adv. (*fratèrenèleman*), d'une manière *fraternelle*.
FRATERNISER, v. n. (*fratèrenisé*), vivre *fraternellement*.
FRATERNITÉ, s. f. (*fratèrenité*) (*fraternitas*), relation de *frère* à *frère*; union intime.
FRATRICIDE, s. m. (*fratricide*) (*fratricida*, de *frater*, frère, et *cædere*, tuer), meurtre de *frère*, de *sœur*. — S. des deux g., qui a tué son *frère*, sa *sœur*.
FRAUDE, s. f. (*frôde*) (*fraus*), tromperie, action faite de mauvaise foi; contrebande.
FRAUDÉ, E, part. pass. de *frauder*.
FRAUDER, v. a. (*frôdé*) (*fraudare*), tromper, frustrer; vendre en contrebande.

FRAUDEUR, EUSE, s. (*frôdeur, euze*) (*fraudator*), qui *fraude*.
FRAUDULEUSEMENT, adv. (*frôduleuzeman*) (*fraudulenter*), avec *fraude*.
FRAUDULEUX, EUSE, adj. (*frôduleu, euze*) (*fraudulosus*), fait avec *fraude*.
FRAXINELLE, s. f. (*frakcinèle*) (*fraxinus*), frêne; plante.
FRAYÉ, E, part. pass. de *frayer*, et adj.
FRAYER, v. a. (*frèié*) (*fricare*, frotter), marquer, tracer; frôler. — V. n., s'approcher pour la multiplication de l'espèce, en parlant des poissons; diminuer de volume; s'accorder.
FRAYEUR, s. f. (*frèieur*) (*fragor*), peur, crainte très-vive; émotion violente.
FRAYOIR, s. m. (*frèioar*), marque aux baliveaux contre lesquels le cerf s'est frotté.
FREDAINE, s. f. (*fredène*) (en lat. barbare *fraudana*, de *fraus, fraudis*, fraude), trait de libertinage, folie de jeunesse. Fam.
FREDON, s. m. (*fredon*), tremblement dans la voix. Vieux.
FREDONNÉ, E, part. pass. de *fredonner*.
FREDONNEMENT, s. m. (*fredoneman*), action de *fredonner*.
FREDONNER, v. a. (*fredoné*), faire des *fredons*; chanter à demi-voix.
FRÉGATE, s. f. (*fréguate*) (de l'italien *fregata*), vaisseau de guerre; oiseau de mer.
FREIN, s. m. (*frein*) (*frenum*), mors; fig. ce qui retient dans le devoir.
FRELAMPIER, s. m. (*frelanpié*), homme de peu, qui n'est bon à rien. Inus.
FRELATAGE, s. m. (*frelataje*). Voy. FRELATERIE.
FRELATÉ, E, part. pass. de *frelater*, et adj.
FRELATER, v. a. (*frelaté*), altérer, falsifier, principalement le vin; fig. déguiser.
FRELATERIE, s. f. (*frelateri*), altération dans les liqueurs ou les drogues.
FRELATEUR, EUSE, s. (*frelateur, euze*), qui *frelate*.
FRÊLE, adj. des deux g. (*frêle*) (*fragilis*), qui peut aisément se rompre; faible.
FRELON, s. m. (*frelon*), grosse mouche-guêpe; abeille mâle.
FRELUCHE, s. f. (*freluche*) (de l'italien *fanfaluca*), petite houppe de soie.
FRELUQUET, s. m (*frelukiè*) (de *freluche*), jeune homme qui fait le suffisant. Fam.
FRÉMIR, v. n. (*frémir*) (*fremere*), être ému avec une sorte de tremblement.
FRÉMISSANT, ANTE, adj. (*frémiçan, ante*), qui *frémit*.
FRÉMISSEMENT, s. m. (*frémiceman*) (*fremitus*), émotion, tremblement; agitation.
FRÊNE, s. m. (*frêne*) (*fraxinus*), grand arbre de futaie.
FRÉNÉSIE, s. f. (*frénézi*) (φρενησις), aliénation d'esprit; passion violente; colère furieuse.
FRÉNÉTIQUE, adj. et s. des deux g. (*frénétike*), qui est atteint de *frénésie*.

FRÉQUEMMENT, adv. (frékaman) (frequenter), souvent, plus que de coutume.

FRÉQUENCE, s. f. (frékancé) (frequentia), réitération fréquente.

FRÉQUENT, E, adj. (frékan, ante) (frequens), qui arrive souvent.

FRÉQUENTATIF, TIVE, adj. (frékantatif, tive) (frequentativus), se dit d'un verbe qui marque l'action fréquente de son primitif.—On l'emploie aussi subst. au m.

FRÉQUENTATION, s. f. (frékantácion), commerce d'habitude qu'on a avec quelqu'un; liaison; usage fréquent.

FRÉQUENTÉ, E, part. pass. de fréquenter, et adj., hanté.

FRÉQUENTER, v. a. (frékanté) (frequentare), aller souvent en un lieu; hanter.

FRÈRE, s. m. frère) (frater), né d'un même père et d'une même mère, ou seulement de l'un des deux; religieux; nom d'amitié.

FRÈRE DE LAIT, s. m. (frèredelé), celui qui a eu la même nourrice.

FRESAIE, s. f. (fresé), oiseau nocturne.

FRESQUE, s. f. frèceke), espèce de peinture sur une muraille fraîchement enduite.

FRESSURE, s. f. (frècure) (du lat. barbare frixura, fricassée), parties intérieures de certains animaux, comme le foie, la rate, etc.

FRET, s. m. (frè) fretum, détroit), louage d'un vaisseau; transport par mer.

FRÉTÉ, E, part. pass. de fréter.

FRÉTER, v. a. (frété), donner un vaisseau à louage; le charger, l'équiper.

FRÉTEUR, s. m. (fréteur), propriétaire d'un vaisseau qui le donne à louage.

FRÉTILLANT, E, adj. (fréti-ian, ante), qui frétille, qui se démène.

FRÉTILLEMENT, s. m. (fréti-ieman), action de frétiller.

FRÉTILLER, v. n. (fréti-ié) (fritillus, cornet à jeter les dés), se démener, se remuer, s'agiter par des mouvements vifs et courts. Fam.

FRETIN, s. m. (fretein) (de fractivum, dimin. de fractum, brisé), menu poisson; choses de rebut, de peu de valeur. Fam.

FRETTE, s. f. (frète), lien de fer pour empêcher les moyeux de roue, etc., d'éclater.

FRETTÉ, E, adj. (frété), t. de blas., chargé de six bandes entrelacées en diagonale.

FRETTER, v. a. (frété), mettre une frette.

FREUX, s. m. (freu), sorte d'oiseau.

FRIABILITÉ, s. f. (fri-abilité), qualité de ce qui est friable.

FRIABLE, adj. des deux g. (fri-able) (friabilis), qui se peut aisément réduire en poudre.

FRIAND, E, s. et adj. (fri-an, ande) (frigere, frire), qui aime les bons morceaux et qui s'y connaît; avide; délicat.

FRIANDISE, s. f. (fri-andize), amour des bons morceaux.—Au pl., morceaux friands, comme sucreries, pâtisseries, etc.

FRICANDEAU, s. m. (frikandô), tranches de veau lardées.

FRICASSÉ, E, part. pass. de fricasser.

FRICASSÉE, s. f. (frikacé), viande fricassée; air de danse.

FRICASSER, v. a. (frikacé) (des mots frit, part. de frire, et casse, autrefois poêle), faire cuire dans la poêle; pop., dissiper.

FRICASSEUR, EUSE, s. (frikaceur, euzé), qui fait des fricassées; mauvais cuisinier. Fam.

FRICHE, s. f. (friche) (en lat. barbare friscum), terre inculte; mauvaise herbe.

FRICOT, s. m. (frikó), mets préparé. Pop.

FRICOTER, v. n. (frikoté), manger du fricot; faire bombance. Pop.

FRICTION, s. f. (frikcion) (frictio), frottement sur quelque partie du corps.

FRICTIONNÉ, E, part. pass. de frictionner.

FRICTIONNER, v. a. (frikcioné), frotter une partie malade du corps; faire des frictions.

FRIGIDITÉ, s. f. (frijidité) frigidus, froid), état de l'homme impuissant.

FRIGORIFIQUE, adj. des deux g. (frigorifike) (frigorificus), qui cause le froid.

FRILEUX, EUSE, adj. et s. (frileu, euze), fort sensible au froid.

FRIMAIRE, s. m. (frimère) (du mot frimas) troisième mois de l'année de la république française.

FRIMAS, s. m. (frimá) (fremitus, frémissement), grésil, brouillard froid et épais.

FRIME, s. f. (frime), mine, semblant. Pop.

FRINGALE, s. f. (fringuale), faim subite hors de l'heure des repas.

FRINGANT, E, adj. (fringuan, ante) (fringultire, se trémousser), fort alerte, fort vif.

FRINGUER, v. n. (fringuié) (σπρυαω, je saute), danser. Vieux.

FRIPÉ, E, part. pass. de friper, et adj.

FRIPER, v. a. (fripé) (de l'allemand werfen, jeter), chiffonner; gâter; user; manger goulument; en débauches. Fam.

FRIPERIE, s. f. (friperi), trafic de vieux habits, de vieux meubles; boutique de fripier; habits, meubles usés.

FRIPESAUCE, s. m. (fripeçôcé), goulu, goinfre, glouton. Pop.

FRIPIER, IÈRE, s. (fripié, ière), qui vend et achète de vieux habits.

FRIPON, ONNE, s. (fripon, pone) (de fripier), escroc qui dérobe secrètement; fourbe.—Adj., coquet, éveillé.

FRIPONNÉ, E, part. pass. de friponner.

FRIPONNEAU, s. m. (friponô), diminutif de fripon. Fam.

FRIPONNER, v. a. et n. (friponé), escroquer, attraper quelque chose par fourberie.

FRIPONNERIE, s. f. (friponeri), action, tour de fripon.

FRIQUET, s. m. (frikiè), moineau très-petit; ustensile pour tirer la friture de la poêle.

FRIRE, v.a. *(frire) (frigere)*, faire cuire dans la *friture*.

FRISE, s. f. *(frise)*, sorte de toile; sorte d'étoffe; t. d'archit., partie de l'entablement entre l'architrave et la corniche.

FRISÉ,E, part. pass. de *friser*, et adj.

FRISER, v. a. *(frisé)* (contraction de *friser*, dérivé de *fer*), créper, boucler; toucher superficiellement.—V. n., être *frisé*.

FRISOTTÉ, E, part. pass. de *frisotter*.

FRISOTTER, v. a. *(frizoté)*, friser souvent ou *friser* menu.

FRISQUETTE, s. f. *(fricekiète)*, t. d'impr., châssis que l'on place sur la feuille à imprimer.

FRISSON, s. m. *(friçon)* (φρικη, horreur), tremblement causé par la fièvre, par la peur.

FRISSONNEMENT, s. m. *(friçoneman)*, sorte de léger *frisson*.

FRISSONNER, v. n. *(friçoné)* (φρισσω, se hérisser), avoir peur, avoir le *frisson*.

FRISURE, s. f. *(frizure)*, façon de *friser*; état de ce qui est *frisé*; fil d'or *frisé*.

FRITILLAIRE, s. f. *(fritilelère)*, plante.

FRITTE, s. f. *(frite) (frigere*, frire), calcination de la composition du verre.

FRITURE, s. f. *(friture)*, action et manière de *frire*; ce qui sert à *frire*; poissons *frits*.

FRIVOLE, adj. des deux g. *(frivole) (frivolus)*, vain, léger, qui n'a point de solidité.

FRIVOLITÉ, s. f. *(frivolité)*, caractère de ce qui est *frivole*; chose *frivole*.

FROC, s. m. *(frok) (floccus*, flocon de laine), habit monacal; étoffe grossière.

FROCARD, s. m. *(frokar)*, moine. Fam.

FROID, s.m. *(froè) (frigus)*, qualité opposée au chaud; *fig.* indifférence, brouillerie.

FROID, E, adj. *(froè, froède)*, qui participe à la nature du *froid*; *fig.* sérieux, réservé; indifférent; qui n'émeut pas.

FROIDEMENT, adv. *(froèdeman)*, dans un état où l'on sent le *froid*; *fig.* d'une manière *froide*, réservée.

FROIDEUR, s. f. *(froèdeur)*, qualité de ce qui est *froid*; *fig.* indifférence.

FROIDI, E, part. pass de *froidir*.

FROIDIR, v. n. *(froèdir)*, devenir *froid*.

FROIDURE, s. f. *(froèdure)*, *froid* répandu dans l'air.

FROIDUREUX, EUSE, adj. *(froèdureu, euze)*, sujet à avoir *froid*; frileux.

FROISSÉ, part. pass. de *froisser*.

FROISSEMENT, s. m. *(froèceman)*, action de *froisser*.

FROISSER, v. a. *(froècé)* (du lat. barbare *fressare)*, meurtrir; chiffonner.

FROISSURE, s. f. *(froècure)*, impression qui demeure à la partie *froissée*.

FRÔLÉ, E, part. pass. de *frôler*.

FRÔLEMENT, s.m *(frôleman)*, action de *frôler*; effet d'une chose qui *frôle*.

FRÔLER, v. a. *(frôlé)* (du lat. barbare *frictulare*, frotter), toucher légèrement.

FROMAGE, s. m. *(fromaje)* (φορμις, natte), lait caillé qu'on sèche et qu'on mange.

FROMAGER, s. m. *(fromajé)*, vase percé où l'on met égoutter le *fromage*; arbre.

FROMAGER, ÈRE, s. *(fromajé, jère)*, qui fait ou vend des *fromages*.

FROMAGERIE, s. f. *(fromajeri)*, lieu dans lequel on fait ou l'on vend des *fromages*.

FROMENT, s. m. *(froman) (frumentum)*, blé qui nous fournit le pain.

FROMENTACÉ, E, adj. *(fromantacé)*, de la nature du *froment*.

FRONCÉ, E, part. pass. de *froncer*, et adj.

FRONCEMENT, s. m. *(fronceman)*, action de *froncer* les sourcils; son effet.

FRONCER, v. a. *(froncé) (frons*, front), rider; plisser à petits plis.

FRONCIS, s. m. *(fronci)*, plis faits à une robe, à une étoffe, en la *fronçant*.

FRONDE, s. f. *(fronde) (funda)*, tissu de cordes pour jeter des pierres; en chir., bandage; sous Louis XIV, parti politique.

FRONDÉ, E, part. pass. de *fronder*.

FRONDER, v. a. et n. *(frondé)*, jeter une pierre avec une *fronde*; *fig.* blâmer, critiquer.

FRONDEUR, s. m. *(frondeur)*, qui jette des pierres avec une *fronde*; qui aime à critiquer.

FRONT, s. m. *(fron) (frons)*, partie du visage depuis la racine des cheveux jusqu'aux sourcils; le visage; la tête; le devant de la tête des animaux; *fig.* audace, impudence.

FRONTAL, s. m. *(frontal)*, bandeau qu'on met sur le *front*; os du *front*.—Au pl *frontaux*.

FRONTAL, E, adj. *(frontale)*, qui appartient au *front*—Au pl. m. *frontaux*.

FRONTEAU ou FRONTAIL, s. m. *(frontô, ta-ie)*, bandeau appliqué sur le *front*; morceau de drap noir qui couvre le *front* des chevaux de grand deuil.—Au pl *frontaux*.

FRONTIÈRE, s. f. *(frontière)* (en lat. barbare *frontaria)*, limites qui séparent deux états.—Adj.. qui est limitrophe.

FRONTISPICE, s. m. *(fronticepice)* (en lat. barbare *frontispicium)*, face de bâtiment; page à la tête d'un livre.

FRONTON. s. m. *(fronton)*, ornement d'architecture au haut de l'entrée d'un édifice, etc.; cadre à la poupe d'un navire.

FROTTAGE, s. m. *(frotaje)*, action, travail de celui qui *frotte*.

FROTTÉ, E, part. pass. de *frotter*.

FROTTEMENT, s. m. *(froteman) (frictio)*, résistance qu'un corps éprouve à glisser sur un autre.

FROTTER, v. a. *(froté) (fricare)*, toucher à quelque chose en passant plusieurs fois la main, etc., par-dessus; nettoyer; oindre, enduire; fam., battre. — V pr., s'attaquer à...

FROTTEUR, EUSE, s. *(froteur, euze)*, qui *frotte* les carreaux d'une chambre.

FROTTOIR, s. m. (*frotoar*), ce qui sert à frotter; en peint., espèce de glacis.

FROUER, v. n. (*frou-é*), faire un cri, un sifflement à la pipée pour attirer des oiseaux.

FRUCTIDOR, s. m. (*fruktidor*), troisième mois d'été de l'année républicaine.

FRUCTIFICATION, s. f. (*fruktifikácion*) (*fructificatio*), parties qui composent la fleur et le *fruit* d'une plante; formation des *fruits*.

FRUCTIFIER, v. n. (*fruktifié*) (*fructificare*), rapporter du *fruit*; fig. produire un effet, un résultat avantageux.

FRUCTUEUSEMENT, adv. (*fruktueuzeman*), utilement, avec *fruit*.

FRUCTUEUX, EUSE, adj. (*fruktueu, euze*) (*fructuosus*), qui produit du *fruit*; utile.

FRUGAL, E, adj. (*frugale*) (*frugalis*), qui a de la *frugalité*.

FRUGALEMENT, adv. (*frugaleman*) (*frugaliter*), avec *frugalité*.

FRUGALITÉ, s. f. (*frugualité*) (*frugalitas*), sobriété, tempérance.

FRUGIVORE, adj. des deux g et s. m. (*frujivore*) (*fruges*, fruits, et *vorare*, manger), qui se nourrit de *fruits*, de végétaux.

FRUIT, s. m. (*frui*) (*fructus*), production des arbres et des plantes; fig. utilité, profit, avantage; enfant; diminution d'épaisseur au haut d'une muraille.—Au pl., revenus d'une terre, d'une charge, etc.

FRUITÉ, E, adj. (*fruité*), chargé de *fruits*.

FRUITERIE, s. f. (*fruiteri*), lieu où l'on garde le *fruit*; commerce de *fruitier*.

FRUITIER, IÈRE, adj. (*fruitié, ière*), qui porte des *fruits*. — S., qui vend des *fruits*.— S. m., verger, lieu où l'on garde le *fruit*.

FRUSQUIN, s. m. (*fruckein*), l'argent, les nippes d'un homme. On dit aussi *saint-frusquin*. Pop.

FRUSTE, adj. des deux g. (*frucete*), se dit d'une médaille, d'une coquille usée par le frottement.

FRUSTRATOIRE, adj. des deux g (*frucetratoare*) (*frustratorius*), qui *frustre*.—S. m., espèce de boisson sucrée.

FRUSTRÉ, E, part. pass. de *frustrer*.

FRUSTRER, v. a. (*frucetré*) (*frustrare*), priver quelqu'un de ce qui lui est dû ou de ce à quoi il s'attend.

FUCUS, s. m. (*fukuce*) (*fucus*), plante.

FUGACE, adj. des deux g. (*fugace*) (*fugax*), t. de méd., passager, qui dure peu.

FUGITIF, TIVE, adj. et s. (*fujitif, tive*) (*fugitivus*), qui *fuit*, qui est en *fuite*.

FUGUE, s. f. (*fugue*) (*fuga*, fuite), morceau de musique dont les parties se succèdent en répétant le même motif; fig. échappée, fuite.

FUI, E, part. pass. de *fuir*.

FUIE, s. f. (*fui*), petit colombier où l'on nourrit des pigeons domestiques.

FUIR, v. n. (*fuir*) (*fugere*), se mettre en *fuite*; prendre la *fuite*; couvrir.—V. a., éviter.

FUITE, s. f. (*fuite*) (*fuga*), action de *fuir*; action d'éviter; délai, échappatoire.

FULGURATION, s. f. (*fulgurácion*) (*fulguratio*), éclair dans l'opération de la coupelle.

FULIGINEUX, EUSE, adj. (*fulijineu, euze*) (*fuliginosus*), chargé de suie; se dit des vapeurs qui portent une espèce de crasse.

FULMINANT, E, adj. (*fulminan, ante*), qui *fulmine*, qui éclate avec bruit.

FULMINATION, s. f. (*fulminácion*) (*fulminatio*), exécution d'une sentence, d'une bulle, etc.; en chim., explosion causée par le feu.

FULMINÉ, E, part. pass. de *fulminer*.

FULMINER, v. a. (*fulminé*) (*fulminare*, foudroyer), t. de droit canon, publier avec certaines formalités. — V. n., s'emporter; en chim., s'enflammer et faire explosion.

FUMAGE, s. m. (*fumaje*), opération pour donner une fausse couleur à l'argent filé.

FUMANT, E, adj. (*fuman, ante*), qui *fume*.

FUMÉ, s. m. (*fumé*), épreuve d'un poinçon noirci à la flamme d'une bougie.

FUMÉ, E, part. pass. de *fumer*, et adj.

FUMÉE, s. f. (*fumé*) (*fumus*), vapeur qui sort des choses brûlées ou échauffées; fig. vanité, chimère. — Au pl., vapeurs qui montent au cerveau; en t. de vén., fiente des bêtes fauves.

FUMER, v. n. (*fumé*) (*fumare*), jeter de la *fumée*; exhaler des *vapeurs*; fig. être de mauvaise humeur. — V. a., exposer à la *fumée*, engraisser la terre avec du *fumier*; prendre du tabac en *fumée*.

FUMERON, s. m. (*fumeron*), morceau de charbon de bois qui jette encore de la *fumée*.

FUMET, s. m. (*fumè*), certaine petite *fumée* qui sort du vin, d'une perdrix, etc., et qui flatte l'odorat ou le goût; sorte de ragoût.

FUMETERRE, s. f. (*fumetère*) (*fumaria*), plante.

FUMEUR, s. m. (*fumeur*), celui qui prend du tabac en *fumée*.

FUMEUX, EUSE, adj. (*fumeu, euze*), qui envoie des vapeurs à la tête.

FUMIER, s. m. (*fumié*) (*fimum*), paille mêlée avec de la fiente; excréments d'animaux

FUMIGATION, s. f. (*fumigácion*), action de brûler quelque arômate, de *fumiger*.

FUMIGATOIRE, adj. des deux g. (*fumiguatoare*), qui sert aux *fumigations*.

FUMIGÉ, E, part. pass. de *fumiger*.

FUMIGER, v. a. (*fumijé*) (*fumigare*, de *fumus*, fumée), t. de chim., faire recevoir à un corps les vapeurs d'un autre.

FUMISTE, s. m. (*fumicete*), ouvrier qui empêche les cheminées de *fumer*.

FUNAMBULE, s. des deux g (*funanbule*) (*funis*, corde, et *ambulare*, marcher), qui danse sur la corde.

FUNÈBRE, adj. des deux g. (*funèbre*) (*funebris*), qui regarde les *funérailles*; fig. lugubre.

FUNÉRAILLES, s. f. pl. (*funéráie*) (*funus*, au

pl. *funera*), obsèques et cérémonies qui se font aux enterrements.

FUNÉRAIRE, adj. des deux g. (*funérère*) (*funerarius*), qui regarde les *funérailles*.

FUNESTE, adj. des deux g. (*funèceté*) (*funestus*), malheureux, sinistre.

FUNESTEMENT, adv. (*funèceteman*), d'une manière *funeste*.

FUNGUS. Voy. FONGUS.

FUNIN, s. m. (*funein*), cordage d'un vaisseau.

FUR, s. m. (*fur*) (*forum*, marché) : *au fur et à mesure*, à mesure que. Fam.

FURET, s. m. (*furè*) (en lat. barbare *furo*), petit animal; *fig.* homme curieux.

FURETER, v. n. (*fureté*), chasser avec un furet; *fig.* chercher partout avec soin.

FURETEUR, EUSE, s. (*fureteur, euze*), qui furette partout; qui chasse avec un *furet*.

FUREUR, s. f. (*fureur*) (*furor*), frénésie; violent transport de colère; passion démesurée.

FURIBOND, E, adj. et s. (*furibon, bonde*) (*furibundus*), furieux, emporté.

FURIE, s. f. (*furi*) (*furia*), emportement; courage impétueux; divinité infernale; *fig.* femme méchante.

FURIEUSEMENT, adv. (*furieuxeman*), avec furie; excessivement.

FURIEUX, EUSE, adj. (*furieu, euze*) (*furiosus*), qui est en furie; impétueux; excessif.

FUROLLES, s. f. pl. (*furole*), exhalaisons enflammées.

FURONCLE, s. m. (*furonkle*) (*furunculus*), tumeur inflammatoire.

FURT, s. m. (*furte*) (*furtum*), vol commis furtivement. Peu us.

FURTIF, TIVE, adj. (*furtif. tive*) (*furtivus*), qui est fait à la dérobée, en cachette.

FURTIVEMENT, adv. (*furtiveman*)(*furtim*), d'une manière *furtive*; à la dérobée.

FUSAIN, s. m. (*fuzein*), arbrisseau.

FUSAROLLE, s. f. (*fuzarole*), t. d'archit., petit ornement sous l'ove des chapiteaux.

FUSEAU, s. m. (*fuzô*) (*fusus*), instrument pour filer, pour faire de la dentelle.

FUSÉE, s. f. (*fuzé*), quantité de fil sur un fuseau; fil dont est garnie la boucle d'un rouet; pièce d'artifice; cône d'une montre.

FUSELÉ, E, adj. (*fuzelé*), t. d'archit., se dit d'une colonne qui ressemble à un *fuseau*.

FUSER, v. n. (*fuzé*) (*fundi*), t. de phys. et de méd., s'étendre, se répandre.

FUSIBILITÉ, s. f. (*fusibilité*), qualité de ce qui est *fusible*; disposition à se fondre.

FUSIBLE, adj. des deux g. (*fuzible*) (*fusibilis*, de *fundere*, fondre), qui peut se fondre.

FUSIFORME, adj. des deux g. (*fuziforme*)

fusus, fuseau, et *forma*, forme), t. de bot., se dit de racines en *forme de fuseau*.

FUSIL, s. m. (*fuzi*) (en italien *focile*), pièce d'acier avec laquelle on bat un caillou pour en tirer du feu; batterie d'arme à feu; arme à feu; fer ou acier pour aiguiser.

FUSILIER, s. m. (*fuzilié*), soldat fantassin, qui a pour armes le *fusil* et la baïonnette.

FUSILLADE, s. f. (*fuzi-iade*), plusieurs coups de *fusil* tirés à la fois; action de *fusiller*.

FUSILLÉ, E, part. pass. de *fusiller*.

FUSILLER, v. a. (*fuzi-ié*), tuer à coups de *fusil*.

FUSION, s. f. (*fuzion*) (*fusio*), fonte, liquéfaction.

FUSTE, s. f. (*fuceté*), sorte de vaisseau de bas-bord, à voiles et à rames.

FUSTET, s. m. (*fuceté*), arbrisseau du midi de l'Europe.

FUSTIGATION, s. f. (*fuceliguácion*) (*fustigatio*), action de *fustiger*.

FUSTIGÉ, E, part. pass. de *fustiger*.

FUSTIGER, v. a. (*fucetijé*) (*fustis*, bâton), battre à coups de fouet.

FÛT, s. m. (*fu*) (*fustis*, bâton), bois sur lequel est monté le canon d'une arme à feu; bois du tonneau; partie de la colonne qui est entre la base et le chapiteau.

FUTAIE, s. f. (*futé*) (*fustis*, bâton), bois qu'on a laissé croître au-delà de quarante ans.

FUTAILLE, s. f. (*futá-ie*) (dimin. de *fût*), vaisseau de bois à mettre du vin, etc.

FUTAINE, s. f. (*futène*), sorte d'étoffe de coton faite en forme de toile.

FUTÉ, E, adj. (*futé*) *fustis*, bâton), fin, rusé, adroit. Fam.

FUTÉE, s. f. (*futé*), mastic à l'usage des menuisiers, etc.

F-UT-FA, (*fe-ute-fa*), t. de musique par lequel on désigne la note *fa*.

FUTILE, adj. des deux g. (*futile*) (*futilis*), frivole, qui n'est d'aucune importance.

FUTILITÉ, s. f. (*futilité*), caractère de ce qui est *futile*; frivolité; chose *futile*.

FUTUR, E, adj. (*future*), qui est à venir. qui sera.—S., celui, celle qu'on doit épouser. —S. m., qui est à venir; t. de gramm., temps des verbes qui marque une action à venir.

FUTURITION, s. f. (*futuricion*), caractère de ce qui doit arriver. Peu us.

FUYANT, E, adj. (*fui-ian, iante*), en t. de peint., qui *fuit*, qui paraît s'enfoncer dans le tableau.

FUYARD, E, adj. et s. (*fui-iar, iarde*), qui fuit —S. m., soldat qui s'*enfuit* du combat.

G, s. m. (ge ou gue), septième lettre de l'alphabet, et la cinquième des consonnes.

GABARE, s. f. (gabare), bateau large et plat; bâtiment de charge; filet.

GABARIER, s. m. (gabarié), conducteur d'une gabare; porte-faix qui la décharge.

GABARIT, s. m (gabari), modèle de construction de vaisseau.

GABATINE, s. f. (gabatine) (du vieux mot français gaber, se moquer), tromperie.

GABELAGE, s. m. (gabelaje), séjour du sel dans le grenier avant d'être vendu.

GABELÉ, E, part. pass. de gabeler.

GABELER, v. a. (gabelé), mettre le sel dans le grenier pour le faire égoutter.

GABELEUR, s. m. (gabeleur), employé dans a gabelle. — On dit aussi gabeloux.

GABELLE, s. f. (gabèle) (de l'ancien saxon gabel, tribut), imposition sur le sel; lieu où l'on vendait le sel par minots.

GABIER, s. m. (gabié) (de l'italien gabbiere), matelot qui est chargé spécialement de l'entretien du gréement.

GABION, s. m. (gabion) (de l'italien gabbione) t. de guerre, panier rempli de terre.

GABIONNÉ, E, part. pass. de gabionner.

GABIONNER, v. a. (gabioné), couvrir avec des gabions.

GÂCHE, s. f. (gâche), pièce de fer dans laquelle entre le pêne d'une serrure.

GÂCHÉ, E, part. pass. de *gâcher*.
GÂCHER, v. a. (*guâché*), délayer du mortier, etc.; vendre à vil prix; gâter.
GÂCHETTE, s. f. (*guâchète*), pièce d'une serrure; morceau de fer pour faire partir le chien d'un fusil.
GÂCHEUR, EUSE, s. (*gnâcheur, euse*), qui gâche; qui vend à vil prix; qui gâte. Pop.
GÂCHEUX, EUSE, adj. (*guâcheu, euse*), bourbeux.
GÂCHIS, s. m. (*guâchi*) (de l'allemand *wasser*, eau), saleté causée par de l'eau; fig. désordre, affaire désagréable.
GADE, s. m (*guade*), poisson.
GADOUARD, s m. (*guadouar*), vidangeur.
GADOUE, s. f. (*guadou*), matière fécale qu'on tire d'une fosse d'aisance.
GAFFE, s. f. (*guafe*), perche armée d'un croc de fer.
GAFFÉ, E, part pass. de *gaffer*.
GAFFER, v. a. (*guafé*), accrocher avec la *gaffe*.
GAGE, s. m. (*guaje*) (en lat. barbare *vadium*), nantissement; assurance; preuve. — S. m. pl., salaire des domestiques.
GAGÉ, E, part. pass. de *gager*.
GAGE-MORT, s. m. Voy. MORT-GAGE.
GAGER, v. a. et n. (*guajé*), faire une gageure; parier. — V. a., donner des gages.
GAGERIE, s. f. (*guajeri*), saisie-arrêt de meubles pour assurance d'une dette.
GAGEUR, EUSE, s. (*guajeur, euze*), qui gage souvent. Peu us.
GAGEURE, s. f. (*guajure*), promesse de payer ce dont on convient; pari, chose gagée.
GAGISTE, s. m. (*guajicete*), qui est salarié sans être domestique.
GAGNAGE, s. m. (*guâgniaje*), lieu où vont paître les bestiaux.
GAGNANT, E, s. et adj. (*guâgnian*), qui gagne.
GAGNÉ, E, part. pass. de *gagner*, et adj.
GAGNE-DENIER, s. m. (*guâgniedenié*), celui qui gagne sa vie par le travail de son corps sans avoir de métier.
GAGNE-PAIN, s. m. sans pl. (*guâgniepein*), ce qui fait gagner la vie à quelqu'un.
GAGNE-PETIT, s. m. (*guâgniepeti*), rémouleur ambulant.
GAGNER, v. a (*guâgnié*) (de l'italien *guadagnare*), faire quelque gain, quelque profit; acquérir; obtenir; mériter; corrompre; atteindre; parvenir à.
GAGUI, s. f. (*guâgui*), femme qui a beaucoup d'embonpoint et d'enjouement. Inus.
GAI, E, adj. (*guié*) (*gaudium*, joie), joyeux; qui porte à la joie. — Adv., gaiement.
GAÏAC, s. m. (*gua-iak*), grand arbre de la Jamaïque.
GAIEMENT ou GAÎMENT, adv. (*guièman*), avec *gaieté*; de bon cœur.

GAIETÉ ou GAÎTÉ, s. f. (*guièté*), joie; belle humeur; parole ou action folâtre.
GAILLARD, E, s. et adj. (*gua-iar, iarde*) (*galius*, gaulois), joyeux; vif; dispos; libre.
GAILLARD, s. m. (*gua-iar*), élévation sur le pont supérieur d'un vaisseau.
GAILLARDE, s. f. (*gua-iarde*), caractère d'imprimerie; danse ancienne.
GAILLARDEMENT, adv. (*gua-iardeman*), joyeusement; hardiment; témérairement.
GAILLARDISE, s. f. (*gua-iardize*), action où il entre quelque chose d'un peu libre.
GAILLET, s. m. (*gua-iè*), plante.
GAÎMENT. Voy. GAIEMENT.
GAIN, s. m. (*guiein*), profit; lucre; succès, avantage.
GAÎNE, s. f. (*guiène*) (*vagina*), étui, fourreau, enveloppe.
GAÎNIER, s. m. (*guiénié*), ouvrier qui fait des *gaînes*; arbre.
GAÎTÉ. Voy. GAIETÉ.
GALA, s. m. (*guala*) (mot espagnol), fête, réjouissance; festin.
GALAMMENT, adv. (*gualaman*), de bonne grâce; d'une manière *galante*; habillement.
GALANT, E, adj. (*gualan, ante*) (de *valens*, part. de *valere*, valoir, avoir du mérite), placé avant le subst., probe, civil; placé après le subst., agréable; amoureux; qui cherche à plaire aux dames; se dit aussi d'une femme qui a des intrigues. — S., amant, amoureux.
GALANTERIE, s. f. (*gualanteri*), politesse; petits soins auprès des dames; cadeau; commerce amoureux.
GALANTIN, s. m. (*gualantein*), homme ridiculement galant auprès des femmes.
GALANTINE, s. f. (*gualantine*), plante, mets.
GALANTISÉ, E, part. pass. de *galantiser*.
GALANTISER, v. a. (*gualantisé*), courtiser les dames. Vieux.
GALAXIE, s. f (*gualakci*) (γαλαξίας, de lait), nom grec de la voie lactée.
GALBANUM, s. m. (*gualbanome*), gomme résolutive.
GALBE, s. m. (*gualbe*) (de l'italien *garbo*, bonne grâce), en archit., élargissement dans l'ouverture d'un vase, etc.
GALE, s. f. (*guale*) (*galla*, noix de galle), maladie de la peau, des végétaux.
GALÉ, s. m. (*gualé*), plante.
GALÉACE, s. m. (*gualé-acé*), bâtiment qui va à rames et à voiles. Vieux.
GALÉE, s. f. (*gualé*), t. d'impr., petit ais avec un rebord, où le compositeur place les lignes à mesure qu'il les fait.
GALÉGA, s. m. (*gualégua*), plante.
GALÈNE, s. f. (*gualène*) (γαλήνη), mine de plomb combinée avec le soufre.
GALÉNIQUE, adj. des deux g. (*gualénike*), qui est selon les principes de *Galien*.

GALÉNISME, s. m. (gualéniceme), t. de méd., doctrine de *Galien*.

GALÉNISTE, s. m. (gualénicete), médecin attaché à la doctrine de *Galien*.

GALÉOPSIS, s. m. (gualéopecice) (γαλεοψις), plante.

se GALER, v. pr. (cegualé), se gratter. Vieux.

GALÈRE, s. f. (gualère) (γαλεα, vaisseau), bâtiment de mer, long et de bas-bord.—Au pl., peine des criminels qui sont condamnés à ramer sur les *galères*; *fig.* état pénible.

GALERIE, s. f. (gualeri) (de l'allemand *wellen*, marcher), pièce d'un bâtiment plus longue que large; corridor; collection de tableaux; personnes qui regardent jouer.

GALÉRIEN, s. m. (gualériein), forçat, celui qui est condamné aux *galères*.

GALERNE, s. f. (gualèrene), vent froid qui fait geler les vignes.

GALET, s. m. (gualè) (*calculus*, caillou), jeu de palet; caillou; petite roulette.

GALETAS, s. m. (gualetá) (de l'hébreu *galifath*, chambre haute), dernier étage d'une maison; logement pauvre et mal en ordre.

GALETTE, s. f. (gualète) (de *galet*, caillou plat), gâteau plat; biscuit; bourre de soie.

GALEUX, EUSE, s. et adj. (gualeu, euse), qui a la *gale*.

GALHAUBAN, s. m. (gualóban), longs cordages pour étayer les mâts.

GALIMAFRÉE, s. f. (gualimafré), fricassée composée de restes de viandes.

GALIMATHIAS, s. m. (gualimatiá) (des mots lat. *Galli Mathias*, que prononça en s'embrouillant, au lieu de *Gallus Mathiæ*, l'avocat d'une cause où il s'agissait d'un *coq* appartenant à un nommé *Mathias*), mélange confus de paroles et d'idées incohérentes.

GALION, s. m. (gualion), grand vaisseau qui va d'Espagne en Amérique.

GALIOTE, s. f. (gualiote), petite *galère*; long bateau couvert.

GALIPOT, s. m. (gualipó), résine du pin.

GALLE, s. f. (guale) (*galla*), excroissance sur les végétaux.

GALLICAN, E, adj. (gualelikan, kane) (*gallicanus*), qui concerne l'église de France.

GALLICISME, s. m (gualeliciceme) (*gallicus*, français), expression particulière à la langue française.

GALLINACÉ, s. et adj. m. (gualelinacé) (*gallina*, poule), se dit des oiseaux du genre des poules.

GALLIQUE, adj. des deux g. (gualelike), se dit d'un acide tiré de la noix de *galle*; qui appartient aux *Gaulois*.

GALLON, s. m. (gualelon), mesure de liquides anglaise de quatre pintes de France.

GALOCHE, s. f. (gualoche) (*gallica*, chaussure des Gaulois), sorte de chaussure; poulie coupée à dents.

GALON, s. m. (gualon), tissu de soie, d'or, etc., en forme de ruban.

GALONNÉ, E, part. pass. de *galonner*, et adj.

GALONNER, v. a. (gualoné), border, orner de *galons*.

GALOP, s. m. (gualó) (χαλπη, trot), la plus diligente des allures d'un cheval; danse.

GALOPADE, s. f. (gualopade), action de galoper; espace parcouru en galopant; danse.

GALOPÉ, E part. pass. de *galoper*.

GALOPER, v. n. et a. (gualopé) (χαλκαζειν, aller le trot), aller le *galop*, mettre au *galop*; *fig.* courir; poursuivre.

GALOPIN, s. m. (gualopein), petit commissionnaire; espiègle; mauvais sujet.

GALOUBET, s. m. (gualoubè), flûte à trois trous.

GALUCHAT, s. m. (gualucha), peau de chien de mer usée, polie et colorée.

GALVANIQUE, adj. des deux g. (gualevanike), qui a rapport au *galvanisme*.

GALVANISME, s. m. (gualevaniceme) (du nom du professeur de physique *Galvain*), propriété qu'ont des substances animales d'éprouver, dans certaines positions, une irritation qui se manifeste par des mouvements.

GALVAUDÉ, E, part. pass. de *galvauder*.

GALVAUDER, v. a. (gualevôdé) (corruption de *galoper*), réprimander; gâcher. Inus.

GAMBADE, s. f. (guanbade) (de *jambe* que les Picards prononcent *gambe*), saut sans art et sans cadence.

GAMBADER, v. n. (guanbadé), faire des gambades.

GAMBILLER, v. n. (guanbi-ié), remuer sans cesse les *jambes*. Fam.

GAMBIT, s. m. (guanbi), t. du jeu d'échecs.

GAMELLE, s. f. (guamèle) (*camella*, vase de bois), grande écuelle.

GAMIN, s. m. (guamein), petit garçon. Pop.

GAMME, s. f. (guame) (du caractère grec Γ appelé *gamma*), table ou échelle des notes de musique selon l'ordre naturel des tons.

GANACHE, s. f. (guanache) (de l'italien *ganascia*), mâchoire inférieure du cheval, du mouton; *fig.* personne sans talent. Fam.

GANER, v. n. (guané), laisser aller la main, au jeu de l'hombre, etc.

GANGLION, s. m. (guanguelion) (γαγγλιον), tumeur sur les nerfs et sur les tendons.

GANGRÈNE, s. f. (guanguerène) (γαγγραινα, de γραω, je consume), mortification de quelque partie du corps, qui se communique aisément aux parties voisines; *fig.* corruption.

GANGRENÉ, E, part. pass. de se *gangrener*, et adj, où la *gangrène* s'est mise.

se GANGRENER, v. pr. (ceguanguerène), se corrompre par la gangrène.

GANGRENEUX, EUSE, adj. (guanguérencu, neuze), de la nature de la *gangrène*.

GANGUE, s. f. (*guangue*) (mot emprunté de l'allemand), roche à laquelle un métal minéral est attaché dans le sein de la terre.

GANO (*guanó*), t. du jeu de l'hombre qui signifie : laissez-moi venir la main.

GANSE, s. f. (*guance*) (*ansa*, anse), cordonnet de soie, d'or, d'argent, etc.

GANT, s. m. (*guan*) (de l'ancien allemand *wante*, ce qui sert à couvrir la main.

GANTÉ, E, part. pass. de *ganter*.

GANTELÉE, s. f. (*guantelé*), plante.

GANTELET, s. m. (*guantelé*), gant revêtu de fer; bandage.

GANTER, v. a. (*guanté*), mettre les *gants* à quelqu'un.

GANTERIE, s. f. (*guanteri*), magasin de *gants*; métier de celui qui vend des *gants*.

GANTIER, IÈRE, s. (*guantié, ière*), qui fait et vend des *gants*.

GARANCE, s. f. (*guarance*) (du lat. barbare *varantia*), plante vivace dont la racine fournit une couleur rouge; cette couleur. — Adj. des deux g., teint en *garance*.

GARANCÉ, E, part. pass. de *garancer*, et adj.

GARANCER, v. a. (*guarancé*), teindre en *garance*.

GARANT, E, s. (*guaran, ante*) (en lat. barbare *warens* ou *warantus*), qui répond d'un fait, d'une promesse; caution; autorité.

GARANTI, E, part. pass. de *garantir*, et adj.

GARANTIE, s. f. (*guaranti*), obligation de *garantir*; dédommagement auquel on s'oblige.

GARANTIR, v. a. (*guarantir*), se rendre *garant*; assurer; affirmer; préserver.

GARBURE, s. f. (*guarebure*), potage épais de pain de seigle, de choux, etc. Vieux.

GARCETTE, s. f. (*guarcète*) (en espagnol *garceta*), t. de mar., espèce de tresse.

GARÇON, s. m. (*guarçon*), enfant mâle; qui n'est point marié; ouvrier; valet; apprenti.

GARÇONNIÈRE, s. f. (*guarçonière*), jeune fille qui hante les *garçons*. Pop.

GARDE, s. f. (*guardé*) (en lat. barbare *warda*, de l'allemand *warten*, garder), action de *garder*; guet; protection; service des gens de guerre, etc.; corps de troupes d'élite; commission de *garder*; manière de tenir une épée; partie d'une épée qui couvre la main; garniture. — S. m., homme destiné à faire la *garde*.

GARDÉ, E, part. pass. de *garder*, et adj.

GARDE-BOURGEOISE, s. f. (*guardebourjòise*), le même droit à l'égard des *bourgeois* que la *garde-noble* à l'égard des nobles.

GARDE-BOUTIQUE, s. m. (*guardeboutike*), marchandise qui n'est pas de débit.

GARDE-DES-SCEAUX, s. m. (*guardedéçò*), officier chargé de la *garde* des *sceaux* de l'état; ministre de la justice en France.

GARDE-CORPS, s. m. Voy. GARDE-FOU.

GARDE-FEU, s. m. (*guardefeu*), grille de fer qu'on place autour du *feu*.

GARDE-FOU, s. m. (*guardefou*), balustrade pour empêcher qu'on ne tombe.

GARDE-MANCHE, s. m. (*guardemanche*), fausse *manche* par-dessus la *manche* de l'habit.

GARDE-MANGER, s. m. (*guardemanjé*), lieu pour *garder* les aliments, etc.

GARDE-MEUBLES, s. m. (*guardemeuble*), lieu où l'on *garde* des *meubles*.

GARDE-NOBLE, s. f. (*guardenoble*), droit qu'avait le survivant de deux époux *nobles* de jouir des biens de leurs enfants mineurs.

GARDE-NOTES, s. m. (*guardenote*), ancien titre des notaires.

GARDER, v. a. (*guardé*), conserver; retenir; surveiller; prendre soin; garantir; protéger; préserver; observer. — V. pr., se conserver; se préserver, se défier de.

GARDE-ROBE, s. f. (*guarderobe*), lieu où l'on serre les hardes; lieux d'aisances; tablier de toile pour conserver la *robe*; plante.

GARDEUR, EUSE, s. (*guardeur, euze*), qui *garde*.

GARDE-VUE, s. m. (*guardevu*), sorte de visière qui garantit la *vue*.

GARDIEN, IENNE, s. et adj. (*guardicin, iène*), qui *garde*, qui a en dépôt.

GARDON, s. m. (*guardon*), petit poisson.

GARE, impératif du v. *se garer* (*guére*); il se dit par manière d'interjection, pour avertir de se ranger, de prendre *garde* à soi.

GARE, s. f. (*guére*), abri pour les bateaux sur les rivières, les canaux, etc.

GARÉ, E, part. pass. de *garer*.

GARENNE, s. f. (*guarène*) (de l'allemand *warende*), lieu peuplé de lapins.

GARENNIER, s. m. (*guarénié*), celui qui a soin d'une *garenne*.

GARER, v. a. (*guaré*), amarrer dans une *gare*. — V. pr., se préserver, se défendre.

se GARGARISER, v. pr. (*ceguarguarizé*) (γαργαριζω), se laver la gorge.

GARGARISME, s. m. (*guarguaricème*), liqueur pour se *gargariser*; action de se *gargariser*.

GARGOTAGE, s. m. (*guarguotaje*), repas malpropre; viandes mal apprêtées.

GARGOTE, s. f. (*guarguote*) (*gurgustium*) petit cabaret où l'on mange à bas prix.

GARGOTE, part. pass. de *gargoter*.

GARGOTER, v. n. (*guarguoté*), hanter les *gargotes*; boire et manger malproprement.

GARGOTIER, IÈRE, s. (*guarguotié, ière*), qui tient une *gargote*; mauvais traiteur.

GARGOUILLADE, s. f. (*guarguou-iade*), pas de danse, demi-pirouette. Inus.

GARGOUILLE, s. f. (*guarguou-ie*) (γαργυρα, égout), gouttière de pierre; endroit d'une gouttière par où l'eau tombe.

GARGOUILLEMENT, s. m. (*guarguou-ieman*), bruit de l'eau dans la gorge, etc.

GARGOUILLER, v. n. (*guarguou-ié*), barboter dans l'eau.

GARGOUILLIS, s. m. *(guarguouie-i)*, bruit de l'eau qui tombe dans une *gargouille*.

GARGOUSSE, s. f. *(guarguonce)* (corruption de *cartouche*), charge pour un canon.

GARIGUE, s. f. *(guarigue)*, lande.

GARNEMENT, s. m. *(guarneman)* (de *garnir*), libertin, vaurien. Fam.

GARNI, E, part. pass. de *garnir*, et adj., rempli; fourni des meubles nécessaires. — S. m., hôtel *garni*.

GARNIR, v. a. *(guarnir)* (en lat. barbare *warnire*), pourvoir de ce qui est nécessaire; assortir; ajuster. — V. pr., se prémunir.

GARNISAIRE, s. m. *(guarnizère)*, homme en garnison chez les contribuables en retard.

GARNISON, s. f. *(guarnizon)* (du v. *garnir*), soldats mis dans une place pour la défendre; lieu où l'on va en garnison.

GARNITURE, s. f. *(guarniture)*, ce qui est mis pour *garnir* ou pour orner quelque chose; assortiment complet de quelque chose.

GAROU, s. m. *(guarou)*, lauréole.

GAROU, adj. m. *(guarou)*. Voy. LOUP-GAROU.

GAROUAGE, s. m. *(guarouaje)*, partie de débauche. Vieux et inus.

GARROT, s. m. *(guaró)*, assemblage des os des épaules au bas de l'encolure du cheval; bâton pour serrer en tordant; canard.

GARROTTÉ, E, part. pass. de *garrotter*.

GARROTTER, v. a. *(guaroté)*(ligare, lier), lier, attacher fortement.

GARS, s. m. *(guar)*, jeune garçon. Vieux.

GARUS, s. m. *(guáruce)*, élixir pour l'estomac; poisson.

GASCON, ONNE, adj. et s. *(guacekon, kone)*, qui est de la *Gascogne*; *fig.* fanfaron, hâbleur.

GASCONISME, s. m. *(guacekoniceme)*, façon de parler *gasconne*.

GASCONNADE, s. f. *(guacekonade)*, fanfaronnade; vanterie outrée.

GASCONNER, v. n. *(guacekoné)*, dire une gasconnade; parler avec l'accent gascon.

GASPILLAGE, s. m. *(guacepi-iaje)*, action de *gaspiller*; chose *gaspillée*.

GASPILLÉ, E, part. pass. de *gaspiller*.

GASPILLER, v. a. *(guacepi-ié)* (de l'allemand *verspielen*, prodiguer), dissiper en dépenses inutiles; gâter, perdre.

GASPILLEUR, EUSE, s. *(guacepi-ieur, euse)*, qui *gaspille*.

GASTER, s m. *(guacetère)* *(γαστρ)*, ventre), le bas-ventre, et quelquefois l'estomac.

GASTÉRALGIE, s. f. *(guacetéralji)* *(γαστρ*, ventre, et *αλγις*, douleur)*, inflammation du ventre ou de l'estomac.

GASTRIQUE, adj. des deux g. *(guacetrike)* *(γαστρ*, ventre, estomac)*, de l'estomac.

GASTRITE, s f. *(guacetrite)* *(γαστρ*, ventre, estomac)*, inflammation de l'estomac.

GASTRONOME, s. m. *(guacetronome)*, qui aime la bonne chère.

GASTRONOMIE, s. f. *(guaceti onomi)* *(γαστρ*, ventre, et *ιομς*, règle)*, art de faire bonne chère.

GASTRONOMIQUE, adj. des deux g. *(guacetronomike)*, de la gastronomie.

GASTRORAPHIE, s. f. *(guacetrovafi)* *(γαστρ*, ventre, et *ραφι*, suture)*, suture pour réunir les plaies du bas-ventre.

GASTROTOMIE, s. f. *(guacetrotomi)* *(γαστρ*, ventre, et *τεμνω*, je coupe)*, incision faite dans la cavité du ventre.

GÂTÉ, E, part. pass. de *gâter*, et adj., pourri; *fig.* pour qui on a trop d'indulgence.

GÂTEAU, s. m. *(guátó)* (du lat. barbare *pastellum*, dimin. de *pasta*, pâte), pâtisserie; gaufre d'une ruche.

GÂTE-ENFANT, s. m. *(guátanfan)*, qui a trop d'indulgence pour les *enfants*. Pop.

GÂTE-MÉTIER, s. m. *(guátemétié)*, qui vend ou travaille à trop bon marché. Fam.

GÂTE-PÂTE, s. m. *(guátepâte)*, mauvais pâtissier. Fam.

GÂTER, v. a. *(guáté)* (*vastare*, ravager, détruire), endommager; salir; avoir trop d'indulgence; corrompre.

GATTILIER, s. m. *(guatilié)*, arbrisseau.

GAUCHE, s. f. *(guóche)*, le côté *gauche*; la main *gauche*.

GAUCHE, adj. des deux g. *(guóche)* *(γαυςις*, tortu, oblique)*, opposé à *droit*; *fig.* mal fait, mal tourné, ridicule; maladroit.

GAUCHEMENT, adv. *(guócheman)*, d'une manière *gauche*, maladroite. Fam.

GAUCHER, ÈRE, adj. et s. *(guóché, chère)*, qui se sert de la main *gauche* plutôt que de la main droite.

GAUCHERIE, s. f. *(guócheri)*, action d'un homme *gauche*; maladresse.

GAUCHI, E, part. pass. du v. *gauchir*.

GAUCHIR, v. n. *(guóchir)*, détourner le corps pour éviter quelque coup; *fig.* biaiser.

GAUCHISSEMENT, s. m. *(guóchiceman)*, action de *gauchir*; effet de cette action.

GAUDE, s. f. *(guóde)*, plante; bouillie de farine de maïs.

se **GAUDIR**, v. pr. *(ceguódir)* *(gaudere)*, se réjouir; se moquer. Vieux.

GAUDRIOLE, s f. *(guódriole)*, plaisanterie; trait de gaieté sur des sujets indécents. Fam.

GAUFRE, s. f *(guófre)*, pièce de pâtisserie fort mince; rayon, gâteau de miel.

GAUFRÉ, E, part. pass. de *gaufrer*.

GAUFRER, v. a. *(guófré)*, imprimer diverses figures sur une étoffe, avec des fers.

GAUFREUR, EUSE, s. *(guófreur, euse)*, qui *gaufre*.

GAUFRIER, s. m. *(guófrié)*, ustensile pour cuire des *gaufres*; instrument pour *gaufrer*.

GAUFRURE, s. f. *(guófrure)*, empreinte qu'on fait sur une étoffe en la *gaufrant*.

GAULE, s. f. (*guôle*) (*caulis*, tige de plante), grande perche; houssine.
GAULÉ, E, part. pass. de *gauler*.
GAULER, v. a. (*guôlé*), battre des arbres avec une *gaule* pour en faire tomber le fruit.
GAULIS, s. m. (*guôli*), menues branches d'arbres qu'on laisse croître dans un taillis.
GAULOIS, E, adj. et s. (*guôlon, loaze*) (*gallus*), qui est de la *Gaule* ou des *Gaules*.
GAUPE, s. f. (*guôpe*), femme malpropre et de mauvaise vie. Pop.
GAURES, s. m. pl. (*guôre*), sectateurs de Zoroastre, adorateurs du feu.
se GAUSSER, v. pr. (*se guôcé*) (*gaudere*, se réjouir), se moquer; railler. Pop.
GAUSSERIE, s. f. (*guôceri*), moquerie; raillerie. Pop.
GAUSSEUR, EUSE, s. (*guôceur, euze*), railleur, rieur. Pop.
GAVION, et plus souvent GAVIOT, s. m. (*guavion, vió*), gosier. Pop.
GAVOTTE, s. f. (*guavote*), espèce de danse gaie; air de cette danse.
GAYAC, s. m. Voy. GAIAC.
GAZ, s. m. (*guâze*), tout fluide aériforme; gaz hydrogène carboné que l'on emploie pour l'éclairage.
GAZE, s. f. (*guâze*), étoffe très claire; fig. adoucissement de ce qui est trop indécent.
GAZÉ, E, part. pass. de *gazer*.
GAZÉIFIER, v. a. (*guâzé-ifié*), réduire à l'état de *gaz*.
GAZÉIFORME, adj. des deux g. (*guâzé-iforme*), qui se trouve à l'état de *gaz*.
GAZELLE, s. f. (*guâzèle*) (de l'arabe *alghazal*), bête fauve du genre des antilopes.
GAZER, v. a. (*guâzé*), couvrir avec une *gaze*; fig. adoucir ce qui est trop indécent.
GAZETIER, s. m. (*guazetié*), celui qui fait ou publie une *gazette*.
GAZETIN, s. m. (*guazetein*), petite *gazette* manuscrite.
GAZETTE, s. f. (*guazète*) (de l'italien *gazetta*, petite monnaie vénitienne), relation des affaires publiques; feuille périodique.
GAZEUX, EUSE, adj. (*guâzeu, euze*), de la nature du *gaz*; qui en a les propriétés.
GAZIER, s. m. (*guâzié*), ouvrier en *gaze*.
GAZOMÈTRE, s. m. (*guâzomètre*) (du mot *gaz*, et du grec μέτρον, mesure), instrument pour mesurer le *gaz*.
GAZON, s. m. (*guâzon*) (en lat. barbare *waso*), terre couverte d'herbe courte et menue.
GAZONNÉ, E, part. pass. de *gazonner*.
GAZONNEMENT, s. m. (*guâzoneman*), action de *gazonner*; emploi du *gazon*.
GAZONNER, v. a. (*guâzoné*), garnir de *gazons*.
GAZOUILLEMENT, s. m. (*guâzou-ieman*), ramage des oiseaux; murmure des ruisseaux.
GAZOUILLER, v. n. (*guâzou-ié*) (*garrire*), faire un petit bruit doux et agréable; fig. commencer à parler, en parlant d'un enfant.
GAZOUILLIS, s. m. (*guâzouie-i*), gazouillement. Vieux.
GEAI, s. m. (*jè*) (*varius*, bigarré), oiseau d'un plumage bigarré.
GÉANT, E, s. (*jé-an, ante*) (*γιγας*), qui excède de beaucoup la taille ordinaire des hommes.
GÉHENNE, s. f. (*jé-ène*) (de l'hébreu *gehinnon*, vallée de *hinnon*), t. de l'Écriture-Sainte, enfer, tartare.
GEINDRE, v. n. (*jeindre*) (*gemere*, gémir), se plaindre; gémir pour peu de chose. Fam.
GÉLATINE, s. f. (*jélatine*), matière animale qui se transforme en *gelée* dans l'eau chaude.
GÉLATINEUX, EUSE, adj. (*jélatineu, euze*), qui ressemble à une *gelée*.
GELÉ, E, part. pass. de *geler*, et adj.
GELÉE, s. f. (*jelé*) (*gelu*), grand froid qui glace; suc de viande *congelé*; jus de fruit cuit avec du sucre. — *Gelée blanche*, petite bruine froide et *blanche*.
GELER, v. a. (*jelé*) (*gelare*), endurcir par le froid; causer un grand froid. — V. n., s'endurcir par le froid; se glacer.
GÉLIF, IVE, adj. (*jélif, ive*), se dit des arbres gercés par la *gelée*.
GÉLINE, s. f. (*jéline*) (*gallina*), poule. Vieux.
GÉLINOTTE, s. f. (*jélinote*), jeune poule tendre et grasse; oiseau des bois.
GÉLIVURE, s. f. (*jélivure*), dommage qui arrive aux arbres par de fortes *gelées*.
GÉMEAUX, s. m. pl. (*jémó*), l'un des douze signes du zodiaque.
GÉMINÉ, E, adj. (*jéminé*) (*geminatus*, part. pass. de *geminare*, doubler), réitéré; double.
GÉMIR, v. n. (*jémir*) (*gemere*), se plaindre; soupirer et pleurer.
GÉMISSANT, E, adj. (*jémiçan, ante*), qui gémit.
GÉMISSEMENT, s. m. (*jémiceman*), plainte douloureuse.
GEMMATION, s. f. (*jemmâcion*), formation des bourgeons; temps de cette formation.
GEMME, s. f. (*jème*) (*gemma*), pierre précieuse; sel qui se tire des mines. — Il est aussi adj. des deux g.
GÉMONIES, s. m. pl. (*jémoni*) (*gemoniæ*, en sous-entendant *scalæ*), chez les Romains, lieu où l'on exécutait les criminels, et où l'on exposait leurs corps.
GÉNAL, E, adj. (*jénale*) (*gena*, joue), qui appartient aux joues. — Au pl. m. *génaux*.
GÊNANT, E, adj. (*jénan, ante*), qui gêne, qui contraint, qui incommode.
GENCIVE, s. f. (*jancive*) (*gingiva*), chair qui renferme les dents dans leurs alvéoles.
GENDARME, s. m. (*jandarme*) (de *gent*, sing. inus. de *gens*, personnes, et d'*armes*;

homme *d'armes*), soldat de la *gendarmerie*.— Au pl., bluettes qui sortent du feu; points dans les diamants; petite tache dans l'œil.

GENDARMÉ, E, part. pass. de se *gendarmer*.

se GENDARMER, v. pr. (*cejandarmé*), se fâcher, s'irriter de quelque chose. Fam.

GENDARMERIE, s. f. (*jandarmeri*), troupe qui a remplacé la *maréchaussée*.

GENDRE, s. m. (*jandre*) (gener, de *genus*, race), celui qui a épousé la fille de quelqu'un.

GÊNE, s. f. (*jéne*) (gehenna, tourment), torture; contrainte fâcheuse; manque d'argent; pauvreté; situation pénible; malaise.

GÊNÉ, E, part. pass. de *gêner*, et adj.

GÉNÉALOGIE, s. f. (*jéné-aloji*) (γενεαλογια, de γενος, race, et λογος, discours), suite et dénombrement d'aïeux.

GÉNÉALOGIQUE, adj. des deux g. (*jéné-alojike*), qui appartient à la *généalogie*.

GÉNÉALOGISTE, s. m. (*jéné-alojicete*), celui qui dresse des *généalogies* ou qui les fait.

GÊNER, v. a. (*jéné*), incommoder, contraindre, mettre à la *gêne*; tenir en contrainte.

GÉNÉRAL, s. m. (*jénéral*), chef militaire; supérieur d'un ordre religieux.

GÉNÉRAL, E, adj. (*jénérale*) (generalis, de *genus*, genre), universel; commun à un grand nombre.—Au pl. m. *généraux*.—En GÉNÉRAL, loc. adv., en commun, d'une manière *générale*; ordinairement.

GÉNÉRALAT, s. m. (*jénérala*), dignité d'un *général*; temps qu'elle dure.

GÉNÉRALE, s. f. (*jénérale*), batterie de tambour; femme d'un *général*.

GÉNÉRALEMENT, adv. (*jénéraleman*), universellement.

GÉNÉRALISATION, s. f. (*jénéralizácion*), action de *généraliser*.

GÉNÉRALISÉ, E, part. pass. de *généraliser*.

GÉNÉRALISER, v. a. (*jénéralizé*), rendre *général*; étendre une hypothèse.

GÉNÉRALISSIME, s. m. (*jénéralicime*), général qui commande aux autres *généraux*.

GÉNÉRALITÉ, s. f. (*jénéralité*), qualité de ce qui est *général*; juridiction des anciens trésoriers de France.— Au pl., discours, paroles qui n'ont pas un rapport précis au sujet.

GÉNÉRATEUR, TRICE, adj. (*jénérateur, trice*) (generator), qui *engendre*.

GÉNÉRATIF, TIVE, adj. (*jénératif, tive*), qui appartient à la *génération*.

GÉNÉRATION, s. f. (*jénéracion*) (generatio de generare, produire), action d'*engendrer*; postérité; tous ceux qui vivent dans le même temps; production; filiation.

GÉNÉREUSEMENT, adv. (*jénéreuzeman*), d'une manière *généreuse*; courageusement.

GÉNÉREUX, EUSE, adj. (*jénéreu, euze*) (generosus, bien né, de *genus*, race), magnanime; libéral; courageux ; se dit aussi d'un vin de bonne qualité.

GÉNÉRIQUE, adj. des deux g. (*jénérike*) (genus, generis, race), qui regarde le *genre*; qui appartient au *genre*.

GÉNÉROSITÉ, s. f. (*jénérôzité*) (generositas), grandeur d'âme, magnanimité; libéralité.

GENÈSE, s. f. (*jenèze*) (γενεσις, origine), premier livre de l'Écriture-Sainte.

GENESTROLE, s. f. (*jénècetrole*), plante dont on se sert pour teindre en jaune.

GENÊT, s. m. (*jené*), arbrisseau à fleurs jaunes; petit cheval d'Espagne.

GÉNÉTHLIAQUE, adj. des deux g. (*jénétéli-ake*) (γενεθλη, naissance), se dit des poèmes et discours sur la naissance d'un enfant.—S. m., astrologue qui dresse les horoscopes.

GENETTE, s. f. (*jenète*), espèce de chat d'Espagne; espèce de mors.—*Aller à cheval à la genette*, avec des étriers courts.

GENÉVRIER, s. m. (*jenévrié*), arbrisseau.

GÉNIE, s. m. (*jéni*) (genius), esprit; démon; ange tutélaire; talent; inclination naturelle, qualité des esprits supérieurs; ascendant; art de fortifier; corps militaire qui exerce cet art.

GENIÈVRE, s. m. (*jenièvre*), genévrier; son fruit, sa graine.

GÉNISSE, s. f. (*jénice*) (junix, junicis), vache qui n'a pas encore porté.

GÉNITAL, E, adj. (*jénitale*) (genitalis), qui sert à la *génération*.—Au pl. m. *génitaux*.

GÉNITIF, s. m. (*jénitif*) (genitivus, en sous-entendant casus), t. de gramm. deuxième cas d'un nom dans les langues qui ont des cas.

GÉNITOIRES, s. m. pl. (*jénitoare*) (gignere, engendrer), parties *génitales* du mâle.

GÉNITURE, s. f. (*jéniture*) (genitura), ce qu'un homme a engendré. Vieux.

GENOU, s. m. (*jenou*) (genu), jointure de la jambe et de la cuisse; instrument d'astronomie.

GENOUILLÈRE, s. f. (*jenou-ière*), partie de l'armure ou de la botte qui couvre le *genou*.

GÉNOVÉFAIN, s. m. (*jénovéfein*) (genovefa, Geneviève), chanoine de Sainte-Geneviève.

GENRE, s. m. (*janre*) (genus, generis), ce qui est commun à diverses espèces; en hist. nat., collection d'espèces analogues entre elles; manière; sorte; classe; style; en gramm., marque du nom masculin ou féminin.

GENS, qu'on devrait écrire GENTS, mais on supprime le *t* par exception, s. pl. (*jan*) (gens, gentis, nation), nations; personnes. *Gens* est mas. quand l'adj. le suit, et fém. quand il le précède.—S. m. pl., domestiques.

GENT, s. f. (*jan*) (gens), nation, race. Fam.

GENT, E, adj. (*jan, jante*) (contraction de *gentil, gentille*), propre, bien fait. Vieux.

GENTIANE, s. f. (*janciane*) (*gentiana*), plante médicinale.

GENTIL, adj. et s. m. (*janti*) (*gentilis*, de *gentes*, nations), païen, idolâtre.

GENTIL, ILLE, adj. (au mas. prononcez *janti*, devant une consonne, et devant une voyelle, comme au fém., *janti-ie*) (de *gens, gentis*, nation), joli, agréable, gracieux.

GENTILHOMME, s. m. (*janti-iome*), noble de race; titre de divers officiers.—Au pl. *gentilshommes* (*jantizome*).

GENTILHOMMERIE, s. f. (*janti-iomerie*), qualité de *gentilhomme*. Fam.

GENTILHOMMIÈRE, s. f. (*janti-iomière*), petite maison de *gentilhomme*. Fam.

GENTILITÉ, s. f. (*jantilité*) (*gentilitas*), les Gentils, les idolâtres; profession d'idolâtrie.

GENTILLÂTRE, s. m. (*janti-iâtre*), gentilhomme dont on fait peu de cas.

GENTILLESSE, s. f. (*janti-ièce*), grace, agrément.—Au pl., petits tours divertissants.

GENTIMENT, adv. (*jantiman*), joliment; d'une manière *gentille*, adroite. Fam.

GÉNUFLEXION, s. f. (*jénuflèkcion*) (*genu*, genou, et *flexio*, fait de *flectere*, fléchir), action de *fléchir* le *genou* jusqu'à terre.

GÉOCENTRIQUE, adj. des deux g. (*jé-oçantrike*) (γη, terre, et κεντρον, centre), qui appartient à une planète vue de la terre.

GÉODÉSIE, s. f. (*jé-odési*) (γη, terre, et δαιω, je divise), art de diviser, de partager les terres; arpentage.

GÉODÉSIQUE, adj. des deux g. (*jé-odézike*), qui a rapport à la *géodésie*.

GÉOGNOSIE, s. f. (*jé-oguenôzi*) (γη, terre, et γνωσις, connaissance), géologie.

GÉOGRAPHE, s. et adj. des deux g. (*jé-ogueraf*), qui sait ou enseigne la *géographie*; qui fait des cartes *géographiques*.

GÉOGRAPHIE, s. f. (*jé-oguerafi*) (γεωγραφια, de γη, terre, et γραφω je décris), science qui enseigne la position respective de toutes les parties de la terre.

GÉOGRAPHIQUE, adj. des deux g. (*jé-oguerafike*), qui concerne la *géographie*.

GÉÔLAGE, s. m. (*jôlaje*), droit qu'on paie au *geôlier* pour le temps qu'on a été en prison.

GEÔLE, s. f. (*jôle*) (du lat. barbare *gabiola*, dimin. de *gabia*, fait de *cavea*, cage), prison.

GEÔLIER, IÈRE, s. (*jôlié, ière*), qui a la garde d'une prison.

GÉOLOGIE, s. f. (*jé-oloji*) (γη, terre, et λογος, discours), science qui a pour objet la connaissance et la description du globe terrestre, les matières dont il est composé, etc.

GÉOLOGIQUE, adj. des deux g. (*jé-olojike*), qui concerne la *géologie*.

GÉOLOGUE, s. m. (*jé-ologue*), physicien, naturaliste versé dans la *géologie*.

GÉOMANCIE, s. f. (*jé-omanci*) (γη, terre, et μαντεια, divination), divination par le moyen de points tracés au hasard sur la terre.

GÉOMANCIEN, IENNE, s. (*jé-omancien, iène*), qui pratique la *géomancie*.

GÉOMÉTRAL, E, adj. (*jé-ométrale*), se dit d'un plan dont toutes les lignes sont développées.—Au pl. m. *géométraux*.

GÉOMÉTRALEMENT, adv. (*jé-ométraleman*), d'une manière *géométrale*.

GÉOMÈTRE, s. m. (*jé-omètre*), qui sait la *géométrie*; mathématicien.

GÉOMÉTRIE, s. f. (*jé-ométri*) (γεωμετρια, de γη, terre, et μετρον, mesure), art de mesurer la terre; science qui enseigne à mesurer tout ce qui est mesurable.

GÉOMÉTRIQUE, adj. des deux g. (*jé-ométrike*), qui appartient à la *géométrie*.

GÉOMÉTRIQUEMENT, adv. (*jé-ométrikeman*), d'une manière *géométrique*.

GÉORGIQUE, s. f. (*jé-orjike*) (γη, terre, et εργον, travail), se dit des ouvrages qui ont rapport à la culture de la terre.

GÉRANIUM, s. m. (*jéraniome*) (*geranium*, fait de γερανος, grue), plante.

GÉRANT, E, adj. et s. (*jéran, ante*), qui administre, qui *gère*.

GERBE, s. f. (*jèrebe*) (en lat. barbare *garba*), faisceau de blé coupé; constellation; jets d'eau, de lumière réunis en *gerbe*.

GERBÉ, E, part. pass. de *gerber*.

GERBÉE, s. f. (*jèrebé*), paille à demi battue où il reste encore quelques grains.

GERBER, v. a. (*jèrebé*), mettre en *gerbe*; mettre des pièces de vin les unes sur les autres.

GERBO, s. m., ou GERBOISE, s. f. (*jèrebô, boaze*), espèce de mammifères rongeurs.

GERCE, s. f. (*jèrece*), petit insecte qui ronge les livres et les habits.

GERCÉ, E, part. pass. de *gercer*, et adj.

GERCER, v. a. et n. (*jèrecé*), faire de petites crevasses à la peau, à la terre, au bois, etc.

GERÇURE, s. f. (*jèreçure*), petite crevasse qui se fait à la peau, au bois, etc.

GÉRÉ, E, part. pass. de *gérer*.

GÉRER, v. a. (*jéré*), administrer, régir.

GERFAUT, s. m. (*jèrefô*) (du lat. barbare *girofalco*), oiseau de proie.

GERMAIN, E, adj. (*jèremein, mène*) (*germanus*, de *germen*, souche), se dit de cousins issus de deux frères ou de deux sœurs.

GERMANDRÉE, s. f. (*jèremandré*), plante.

GERMANIQUE, adj. des deux g. (*jèremanike*) (*germanicus*), des Allemands.

GERMANISME, s. m. (*jèremanicme*) (Ger-

manus, Allemand), façon de parler propre à la langue allemande.

GERME, s. m. (*jèrme*) (*germen*), partie de la semence dont se forme la plante; embryon; *fig.* cause, semence.

GERMÉ, E, part. pass. de *germer*.

GERMER, v. n. (*jèrmé*) (*germinare*), pousser le *germe* au dehors.

GERMINAL, s. m. (*jèrminal*) (de *germe*), septième mois de l'année républicaine.

GERMINATION, s. f. (*jèrminâcion*) (*germinatio*), développement du *germe*.

GÉROFLE. Voy. GIROFLE.

GÉRONDIF, s. m. (*jérondif*) (*gerundia, gerondiorum, de gerere*, porter), un des temps de l'infinitif; participe indéclinable.

GERZEAU, s. m. (*jèrzô*), mauvaise herbe qui croît dans les blés.

GÉSIER, s. m. (*jézié*) (*gigerium*), deuxième ventricule de certains oiseaux.

GÉSINE, s. f. (*jézine*) (*jacere*, être couché), les couches d'une femme. Vieux.

GÉSIR, ou GIR, v. n. (*jézir*) (*jacere*), vieux mot inus., excepté dans la phrase *ci-gît*. Il signifiait : être étendu; être couché; être en couche; être mort; reposer; séjourner.

GESSE, s. f. (*jèce*), plante.

GESTATION, s. f. (*jècetâcion*) (*gestatio, de gestare*, porter), temps que les femelles des animaux portent leurs petits; sorte d'exercice chez les Romains.

GESTE, s. m. (*jèete*) (*gestus*), mouvement du corps. — Au pl., grandes actions.

GESTICULATEUR, s. m. (*jèceticulateur*) (*gesticulator*), qui *gesticule*.

GESTICULATION, s. f. (*jèceticulâcion*) (*gesticulatio*), action de *gesticuler*.

GESTICULER, v. n. (*jèceticulé*) (*gesticulari*), faire trop de *gestes*; en faire mal à propos.

GESTION, s. f. (*jècetion*) (*gestio, de gerere*, gérer), action de *gérer*, d'administrer.

GIBBEUX, EUSE, adj. (*jibebeu, euze*) (*gibbosus*, bossu), bossu; élevé, convexe.

GIBBOSITÉ, s. f. (*jibebôsité*) (*gibbosus*, bossu), courbure de l'épine du dos.

GIBECIÈRE, s. f. (*jibecière*) (en lat. barbare *gibbiciaria*, de *gibba*, bosse), bourse; sac de chasseur, d'escamoteur.

GIBELET, s. m. (*jibelè*), foret pour percer un tonneau de vin dont on veut faire l'essai.

GIBELIN, s. m. (*jibelein*), nom d'une faction qui, dans les 12e, 13e et 14e siècles, était attachée aux empereurs et opposée aux Guelfes, partisans des papes.

GIBELOTTE, s. f. (*jibelote*), espèce de fricassée de poulet, de lapin, etc.

GIBERNE, s. f. (*jibèrne*), boîte recouverte de cuir où l'on met les cartouches.

GIBET, s. m. (*jibè*) (de l'arabe *gibel*, montagne), potence où l'on pend des criminels.

GIBIER, s. m. (*jibié*) (*cibaria*, vivres), animaux bons à manger qu'on prend à la chasse.

GIBOULÉE, s. f. (*jiboulé*), pluie soudaine de peu de durée et quelquefois mêlée de grêle.

GIBOYER, v. n. (*jiboé-ié*) (du mot *gibier*), chasser avec le fusil, à pied et sans bruit.

GIBOYEUR, s. m. (*jiboé-ieur*), celui qui chasse beaucoup.

GIBOYEUX, EUSE, adj. (*jiboé-ieu, euze*), qui contient beaucoup de *gibier*.

GIGANTESQUE, adj. des deux g. et s. m. (*jiguantèceke*), qui tient du *géant*.

GIGANTOMACHIE, s. f. (*jiguantomachi*) (γίγας, γίγαντος, géant, et μάχη, combat), combat des *géants* de la fable contre les dieux.

GIGOT, s. m. (*jiguô*) (du vieux mot *gigue*, cuisse), éclanche, cuisse de mouton. — Au pl., jambes de derrière du cheval.

GIGOTTÉ, E, adj. (*jiguoté*) : *cheval gigotté*, dont les membres annoncent de la force.

GIGOTTER, v. n. (*jiguoté*), secouer les jarrets; remuer continuellement les jambes. Fam.

GIGUE, s. f. (*jigue*), air de musique fort gai; danse faite sur cet air. — Au pl., jambes.

GILET, s. m. (*jilè*), veste sans manches que l'on porte sous l'habit; camisole.

GILLE, s. m. (*jile*), filet de pêche; niais des théâtres de la foire.

GIMBLETTE, s. f. (*jeinblète*), petite pâtisserie dure et sèche faite en forme d'anneau.

GINGAS, s. m. (*jeinguâ*), toile à carreaux, en fil bleu et blanc.

GINGEMBRE, s. m. (*jeinjanbre*) (*sinziberis*), plante des Indes; sa racine.

GINGUET, ETTE, adj. (*jeinguiè, guiète*) (de *gigue*, jambe), qui a peu de force; trop court. Fam. — S. m., petit vin sans force.

GINSENG, s. m. (*jeinçangue*), plante très recherchée des Chinois.

GIRAFE, s. f. (*jirafe*), grand quadrupède de l'Afrique; constellation.

GIRANDE, s. f. (*jirande*) (de l'italien *girandola*), faisceau de jets d'eau, de fusées volantes.

GIRANDOLE, s. f. (*jirandole*), girande, chandelier à plusieurs branches. — Au pl., espèces de boucles d'oreilles.

GIRASOL, s. m. (*jiraçol*) (de l'italien *girasole*, tournesol), espèce d'opale; astérie.

GIRATOIRE. Voy. GYRATOIRE.

GIRAUMONT, s. m. (*jirômon*), plante des Indes, espèce de courge.

GIROFLE, ou GÉROFLE, s. m. (*jirofle*) (*caryophyllum*), épicerie qui a la figure d'un petit clou à tête; fruit du *giroflier*.

GIROFLÉE, s. f. (*jiroflé*), plante; sa fleur. — Adj. f.: *cannelle giroflée*, écorce du *giroflier*.

GIROFLIER, s. m. (*jiroflié*), plante; arbre qui porte le clou de *girofle*.

GIRON, s. m. (*jiron*), espace depuis la ceinture jusqu'aux genoux dans une personne assise. — Fig. *le giron de l'église*, la communion de l'église catholique.

GIRONNÉ, E, adj. (jironé), se dit, en blason, d'un écu divisé en huit ou douze triangles.

GIROUETTE, s. f. (jironète) (gyrare, tourner), plaque mobile que le vent fait tourner; *fig.* personne légère et changeante. Fam.

GISANT, E, adj. (jisan, ante), couché.

GISEMENT, s. m. (jizeman), situation des côtes de la mer, des substances minérales.

GÎT, (ji), 3e pers. du présent de l'indicatif du v. inus. *gésir* ou *gir*. — *Ci gît*, formule par laquelle commencent les épitaphes.

GÎTE, s. m. (jite), lieu où l'on demeure, où l'on couche, où l'on *gît*; lieu où le lièvre repose; meule immobile d'un moulin; le bas de la cuisse du bœuf.

GÎTÉ, E, part. pass. de *gîter*.

GÎTER, v. n. (jité), demeurer, coucher en quelque lieu. Pop.

GIVRE, s. m. (jivre), gelée blanche. — S. f., en t. de blas., couleuvre à queue tortillée.

GLABRE, adj. des deux g. (guelabre), t. de bot., sans poil et bien lisse.

GLAÇANT, E, adj. (guelaçan, ante), qui glace.

GLACE, s. f. (guelace) (glacies), eau rendue solide par le froid; crystal dont on fait les miroirs, etc.; liqueur ou fruit *glacé*; tache dans un diamant; *fig.* air de froideur.

GLACÉ, E, part. pass. de *glacer*, et adj. lustré, luisant, uni.

GLACER, v. a. (guelacé), congeler; causer un froid très-vif; *fig.* intimider, embarrasser; pénétrer d'effroi, d'horreur.

GLACEUX, EUSE, adj. (guelaceu, euze), se dit d'un diamant qui a quelque *glace*.

GLACIAL, E, adj. (guelaciale), qui glace, qui est *glacé*. — Au pl. m. *glacials*.

GLACIALE, s. f. (guelaciale), plante.

GLACIER, s. m. (guelacié), limonadier qui vend des *glaces*; montagnes ou lits de *glace*.

GLACIÈRE, s. f. (guelacière), lieu où l'on conserve de la *glace* pendant l'été.

GLACIS, s. m. (guelaci), esplanade en forme de talus; pente insensible; couleur transparente mise sur une autre déjà sèche.

GLAÇON, s. m. (guelaçon), morceau de glace.

GLADIATEUR, s. m. (gueladiateur) (gladiator, de *gladius*, glaive), à Rome, celui qui se battait sur l'arène pour le plaisir du peuple.

GLAÏEUL, s. m. (guela-ieule) (gladiolus, de gladius, glaive), plante à feuilles pointues.

GLAIRE, s. f. (guelère) (clarum ovi, le clair de l'œuf), sorte d'humeur visqueuse; blanc d'œuf non cuit.

GLAIRER, v. a. (guelèré), t. de relieur, frotter la couverture d'un livre avec des *glaires* pour lui donner du lustre.

GLAIREUX, EUSE, adj. (guelèreu, euze), plein de *glaires*.

GLAISE, s. et adj. f. (guelèze) (glis, glitis), terre grasse propre à faire de la poterie.

GLAISÉ, E, part. pass. de *glaiser*.

GLAISER, v. a. (guelèzé), enduire de *glaise*.

GLAISEUX, EUSE, adj. (guelèzeu, euze), qui tient de la nature de la glaise.

GLAISIÈRE, s. f. (guelèzière), endroit d'où l'on tire la *glaise*.

GLAIVE, s. m. (guelève) (gladius), épée tranchante.

GLAMA, s. m. Voy. LAMA.

GLANAGE, s. m. (guelanaje), action de glaner.

GLAND, s. m. (guelan) (glans, glandis), fruit du chêne; ornement en forme de *gland*.

GLANDE, s. f. (guelande), partie spongieuse qui sert à la sécrétion des humeurs; tumeur.

GLANDÉ, E, adj. (guelandé), se dit d'un cheval qui a les *glandes* enflées.

GLANDÉE, s. f. (guelandé), récolte du gland.

GLANDULAIRE. Voy. GLANDULEUX.

GLANDULE, s. f. (guelandule), petite glande.

GLANDULEUX, EUSE, adj. (guelanduleu, euze), qui a des *glandes*; composé de *glandes*.

GLANE, s. f. (guelane) (du lat. barbare gelina), poignée d'épis *glanés*; groupe de poires; paquet d'oignons.

GLANÉ, E, part. pass. de *glaner*.

GLANER, v. a. et n. (guelané) (de *gland*), ramasser les épis après la moisson.

GLANEUR, EUSE, s. (guelaneur, euze), qui glane.

GLANURE, s. f. (guelanure), ce que l'on glane après la moisson.

GLAPIR, v. n. (guelapir) (en allemand *klappern*), se dit de l'aboi des petits chiens et des renards; *fig.* parler ou chanter d'un ton de voix aigre.

GLAPISSANT, E, adj. (guelapiçan, ante), qui glapit.

GLAPISSEMENT, s. m. (guelapiceman), cri des renards et des petits chiens; *fig.* cri aigu.

GLAS, s. m. (guelá) (κλαζω, je crie), tintement d'une cloche pour une personne qui vient d'expirer.

GLAUCOME, s. m. (guelôkome) (γλαυκωμα), maladie des yeux.

GLAUQUE, adj. des deux g. (guelôke) (γλαυκος, vert de mer), d'un vert bleuâtre: poisson.

GLÈBE, s. f. (guelèbe) (gleba) motte de terre; sol d'un héritage; droits féodaux.

GLÈNE, s. f. (guelène) (γλην, emboîture des os), cavité des os.

GLÉNOÏDAL, E, adj. (gueléno-idale) (γλην, emboîture des os, et ειδος, forme), se dit de cavités qui servent à l'emboîtement des os. — Au pl. m. *glénoïdaux*.

GLÉNOÏDE, s. et adj. f. (gueléno-ide), cavité de l'omoplate qui reçoit la tête de l'humérus.

GLETTE, s. f. (guelète), litharge.

GLISSADE, s. f. (*gueliçade*), mouvement du pied qui *glisse*; action de *glisser*.
GLISSANT, E, adj. (*guelican, ante*), sur quoi l'on *glisse* facilement; *fig.* hasardeux.
GLISSE, s. m. (*guelicé*), pas de danse.
GLISSÉ, E, part. pass. de *glisser*.
GLISSEMENT, s. m. (*gueliceman*), action de *glisser*.
GLISSER, v. n. (*guelicé*), mettre le pied sur une chose *glissante*; couler sur ou de; *fig.* passer légèrement sur une matière. — V. a., couler adroitement; insinuer; introduire.
GLISSEUR, s. m. (*guelicéur*), qui *glisse* sur la glace.
GLISSOIRE, s. f. (*gueliçoare*), chemin frayé sur la glace pour y *glisser*.
GLOBE, s. m. (*guelobe*) (*globum*), corps rond et solide; la terre; nations qui l'habitent.
GLOBULAIRE, s. m. (*guelobulère*), plante.
GLOBULE, s. m. (*guelobule*) (*globulus*, dimin. de *globus*, globe), petit *globe*.
GLOBULEUX, EUSE, adj. (*guelobuleu, euse*), composé de *globules*.
GLOIRE, s. f. (*gueloare*) (*gloria*), honneur; éclat; renommée; splendeur; vanité; béatitude céleste; hommage à la divinité; auréole.
GLORIA, s. m. (*gueloria*), thé ou café noir pris avec de l'eau-de-vie.
GLORIEUSEMENT, adv. (*guelorieuzeman*), avec honneur, d'une manière *glorieuse*.
GLORIEUX, EUSE, adj. (*guelorien, euse*) (*gloriosus*), honorable; qui s'est acquis de la *gloire*; orgueilleux, vaniteux; qui jouit de la *gloire* céleste.—S., vain; superbe.
GLORIFICATION, s. f. (*guelorifikacion*) (*glorificatio*), élévation à la *gloire* éternelle.
GLORIFIÉ, E, part. pass de *glorifier*.
GLORIFIER, v. a. (*guelorifié*) (*glorificare*), rendre *gloire* et honneur; rendre participant de la *gloire*.—V. pr., se vanter.
GLORIOLE, s. f. (*gueloriole*), petite *gloire*; petite vanité. Fam.
GLOSE, s. f. (*gueloze*) (γλωσσα, langue), explication faite mot à mot; commentaire; pièce de poésie; critique.
GLOSÉ, E, part. pass. de *gloser*.
GLOSER, v. a. (*guelozé*), faire une *glose*.—V. n., critiquer, censurer.
GLOSEUR, EUSE, s. (*guelozeur, euse*), qui *glose* sur tout; qui interprète tout en mal.
GLOSSAIRE, s. m. (*guelocecère*) (γλωσσα, langue), dictionnaire servant à l'explication des mots les moins connus d'une langue.
GLOSSATEUR, s. m. (*guelocecateur*), auteur qui a *glosé* un livre.
GLOSSITE, s. f. (*guelocecite*) (γλωσσα, langue), inflammation de la langue.
GLOSSOPÈTRES, s. m. pl. (*guelocecopètre*) (γλωσσα, langue, et πετρος, pierre), dents de poisson pétrifiées.

GLOTTE, s. f. (*guelote*) (γλωττις), petite fente du larynx qui sert à former la voix.
GLOUGLOU, s. m. (*guelouguelou*) (onomatopée), bruit d'un liquide qui s'échappe d'un goulot.
GLOUGLOUTER ou GLOUGLOTTER, v. n. (*guelougueloute*) (onomatopée), se dit de la manière de crier des dindons.
GLOUME ou GLUME, s. f. (*gueloume*) (*gluma*), balle des graminées.
GLOUSSEMENT, s. m. (*guelouceman*) (*glocitatio*), bruit sourd que font les poules qui appellent leurs poussins.
GLOUSSER, v. n. (*gueloucé*) (*glocire* ou *glocitare*), faire des *gloussements*.
GLOUTERON, s. m. (*guelouteron*), plante.
GLOUTON, ONNE, s. et adj. (*guelouton, tone*) (*gluto*), qui mange avec avidité; animal.
GLOUTONNEMENT, adv. (*guelouïoneman*), d'une manière *gloutonne*.
GLOUTONNERIE, s. f. (*gueloutoneri*), vice de celui qui est *glouton*.
GLU, s. f. (*guelu*) (*glux*), matière visqueuse avec laquelle on prend des oiseaux, etc.
GLUANT, E, adj. (*guelu-an, ante*), de la nature de la *glu*; visqueux.
GLUAU, s. m. (*guelu-ô*), petite branche, petite verge enduite de *glu*.
GLUÉ, E, part. pass. de *gluer*.
GLUER, v. a. (*guelu-é*), enduire de *glu*.
GLUI, s. m. (*guelu-i*), grosse paille de seigle qui sert à couvrir les toits.
GLUME, s. f. (*guelume*), partie inférieure des fleurs ou des épis.
GLUTEN, s. m. (*guelutène*) (*gluten*, glu), substance *glutineuse* des végétaux; matière qui lie ensemble les parties des corps solides.
GLUTINATIF, TIVE, adj. (*guelutinatif, tive*), se dit d'un remède qui lie les parties divisées.— On l'emploie aussi subst. au m.
GLUTINEUX, EUSE, adj. (*guelutineu, euse*) (*glutinosus*), gluant, visqueux.
GLYCONIEN, IENNE, adj. (*guelikonien, iène*) (du poète *Glycon*, son inventeur), se dit d'un vers grec ou latin, composé d'un spondée et de deux dactyles.
GLYPTIQUE, s. f. (*guelipetike*) (γλυπτις), gravé, art de graver sur les pierres précieuses.
GNOME, s. m. (*guenome*) (γνωμαι, habile), génie que l'on suppose habiter dans la terre.
GNOMIDE, s. f. (*guenomide*), femelle d'un *gnome*.
GNOMIQUE, adj. des deux g. (*guenomike*) (γνωμικος, de γνωμη, sentence); sentencieux.
GNOMON, s. m. (*guenomon*) (γνωμων, signe), aiguille de cadran solaire.
GNOMONIQUE, s. f. (*guenomonike*) (γνωμονικη, sous-entendu τεχνη, art), science de tracer des cadrans solaires.
GNOSTIQUE, s. m. (*guenocetike*) (γνω-

GOF　　　　　　　　GON　　281

τικὸς, savant), nom d'hérétiques qui se vantaient d'avoir des sciences surnaturelles.
GO, tout de GO, adv. (*guó*), librement, sans façon, sans obstacle. Pop.
GOAILLER, v. a. (*guoá-ié*), railler. Pop.
GOBBE, s. f. (*guobe*), composition pour empoisonner les chiens.
GOBÉ, E, part. pass. de *gober*.
GOBELET, s. m. (*guobelè*) (*cupella*, dimin. de *cupa*, coupe), petit vase pour boire; vase d'escamoteur.
GOBELINS, s. m. pl. (*guobelein*) (de Gilles Gobelin, habile teinturier), célèbre manufacture de teinture et de tapisseries à Paris.
GOBELOTTER, v. n. (*guobeloté*) (de *gobelet*), buvotter, boire à plusieurs coups. Fam.
GOBE-MOUCHES, s. m. (*guobemouche*), lézard ; oiseau qui se nourrit de *mouches*; *fig.* niais, flâneur. Fam.
GOBER, v. a. (*guobé*) (du lat. barbare *cupare*, fait de *cupa*, coupe), avaler avec avidité; *fig.* croire légèrement et sans réflexion. Fam
se GOBERGER, v. pr. (*ceguobèrejé*), prendre ses aises, se réjouir. Pop.
GOBERGES, s. f. pl. (*guobèreje*), ais qui soutiennent la paillasse d'un lit.
GOBET, s. m. (*guobè*), morceau que l'on gobe; cerise à courte queue.
GOBETÉ, E, part. pass. de *gobeter*.
GOBETER, v. a. (*guobeté*), faire entrer du plâtre entre les joints des moellons d'un mur.
GOBIN, s. m. (*guobein*) (de l'italien *gobbino*), bossu. Pop.
GODAILLER, v. n. (*guodá-ié*) (du vieux mot *godale*, bière), courir les cabarets.
GODELUREAU, s. m. (*guodeluró*), jeune homme qui fait le galant; damaret. Fam.
GODENOT, s. m. (*guodenó*), marionnette d'escamoteur ; *fig.* petit homme contrefait.
GODER, v. n. (*guodé*), faire des faux plis.
GODET, s. m. (*guodè*) (*guttetus*, dimin. de *guttus*, vase), petit vase sans pied ni anse ; entonnoir; gouttière.
GODIVEAU, s. m. (*guodivó*), pâté d'andouillettes, de hachis, et de béatilles.
GODRON, s. m. (*guódron*) (du gaulois *godreen*, franges), moulure relevée en forme d'œuf allongé; plis aux manchettes.
GODRONNÉ, E, part. pass. de *godronner*.
GODRONNER, v. a. (*guódroné*), faire des godrons; faire des entailles à la tête d'une vis.
GOÉLAND, s. m. (*guélan*), grande mouette.
GOÉLETTE, s. f. (*guoèlète*), petit bâtiment qui porte deux voiles inclinées sur l'arrière.
GOÉMON, s. m. (*guoèmon*), varec.
GOÉTIE, s. f. (*guoéci*) (γοητεια, enchantement), magie par laquelle on invoquait les mauvais génies.
GOFFE, adj. des deux g. (*guofe*) (emprunté de l'italien), mal fait; grossier; maladroit. Vieux

GOGAILLE, s. f. (*guogá-ie*) (vieux mot qui signifiait : sottise, bagatelle), repas joyeux.
à GOGO, espèce d'adv. (*aguóguó*), à son aise, dans l'abondance. Fam.
GOGUENARD, E, adj. et s. (*guoguenar, narde*) (du flamand *geoghelaart*, farceur), qui aime à plaisanter, à railler.
GOGUENARDER, v. n. (*guoguenardé*), plaisanter, railler.
GOGUENARDERIE, s. f. (*guoguenarderi*), mauvaise plaisanterie.
GOGUETTE, s. f. (*guoguiète*) (dimin. du vieux mot *gog*, satire), propos joyeux; belle humeur. Fam.
GOINFRE, s. et adj. des deux g. (*guoeinfre*), qui met tout son plaisir à manger; goulu. Pop.
GOINFRER, v. n. (*guoeinfré*), manger beaucoup et avidement. Pop.
GOINFRERIE, s. f. (*guoeinfreri*), excès de gourmandise. Pop.
GOÎTRE, s. m. (*guoétre*) (corruption de *guttur*, gorge), tumeur grosse et spongieuse qui vient à la gorge.
GOÎTREUX, EUSE, adj. et s. (*guoétreu, euze*), qui est de la nature du *goître*; qui est sujet au *goître*.
GOLFE, s. m. (*guolfe*) (de l'italien *golfo*), partie de la mer qui avance dans les terres.
GOMME, s. f. (*guome*) (*gummi*), substance qui découle de certains arbres.
GOMMÉ, E, part. pass. de *gommer*, et adj.
GOMME-GUTTE, s. f. (*guomégute*), résine des Indes employée en peinture.
GOMMER, v. a. (*guomé*), enduire de *gomme*.
GOMME-RÉSINE, s. f. (*guomerézine*), composé de *gomme* et de *résine*.
GOMMEUX, EUSE, adj. (*guomeu, euze*), qui jette, qui contient de la *gomme*.
GOMMIER, s. m. (*guomié*), arbre de l'Amérique qui produit beaucoup de *gomme*.
GOMPHOSE, s. f. (*guonfóze*) (γομφωσις, de γομφος, clou), articulation par laquelle les os sont emboîtés l'un dans l'autre.
GOND, s. m. (*guon*) (*gomphus*, fait de γομφος, clou), morceau de fer coudé qui sert à porter une penture de porte.
GONDOLE, s. f. (*guondole*) (de l'italien *gondela*), petit bateau plat et long en usage à Venise; barque; voiture; petit vase à boire.
GONDOLIER, s. m. (*guondolié*) (de l'italien *gondoliere*), batelier qui mène les gondoles.
GONFALON ou GONFANON, s. m. (*guonfalon, non*), bannière d'église; étendard; écharpe.
GONFALONIER ou GONFANONIER, s. m. (*guonfalonié*), celui qui portait le *gonfalon*.
GONFLÉ, E, part. pass. de *gonfler*, et adj.
GONFLEMENT, s. m. (*guonfleman*), enflure.
GONFLER, v. a. (*guonflé*) (de l'italien *gonfiare*), enfler.— V. n., devenir enflé.
GONIN, adj. m. (*guonein*) (du vieux mot français *conil*, lapin), homme fin et rusé.

GONIOMÈTRE, s. m. (*guoniomètre*), instrument pour mesurer les angles.

GONIOMÉTRIE, s. f. (*guoniométri*) (γωνια, angle, et μετρον, mesure), art de mesurer les angles.

GONORRHÉE, s. f. (*gonoré*) (γονορροια, de γονη, semence, et ῥεω, je coule), flux involontaire de semence.

GORD, s. m. (*guore*), pêcherie construite dans une rivière.

GORDIEN, adj. m. (*guordiein*) : nœud gordien, nœud très-difficile à dénouer; *fig.* difficulté, embarras.

GORET, s. m. (*guore*) (du vieux mot français *gore*, truie), petit cochon ; le premier compagnon de la boutique d'un cordonnier.

GORGE, s. f. (*guorje*) (*gurges*, gouffre), partie de devant du cou; gosier; sein d'une femme; entrée; détroit; moulure concave.

GORGÉ, E, part. pass. de *gorger*, et adj.

GORGE-CHAUDE, s. f. (*guorjechóde*), plaisanterie, moquerie. Fam.

GORGE-DE-PIGEON, sorte d'adj. (*guorjedepijon*), couleur mélangée qui paraît changer suivant les différents aspects du corps coloré.

GORGÉE, s. f. (*guorjé*), quantité de liquide qu'on peut avaler à la fois.

GORGER, v. a. (*guorjé*), donner à manger, à boire avec excès; souler; *fig.* combler.

GORGERETTE, s. f. (*guorjerète*), ajustement de femme; collerette.

GORGERIN, s. m. (*guorjerein*), armure qui couvrait la *gorge*; frise du chapiteau dorique.

GORGONE, s. f. (*guorgone*), divinité fabuleuse qui pétrifiait ceux qui la regardaient.

GOSIER, s. m. (*guózié*), partie intérieure de la gorge qui sert de passage aux aliments, à la voix, à la respiration.

GOSSAMPIN, s. m. (*guoceçanpein*), arbre des Indes.

GOTHIQUE, adj des deux g. (*guotike*), qui vient des *Goths*; *fig.* fort ancien.—S. et adj. f., sorte d'écriture.

GOUACHE, s. f. (*gouache*) (en italien *guazzo*), peinture dont les couleurs sont détrempées; tableau peint à la *gouache*.

GOUDRON, s. m. (*goudron*) (de l'arabe *kitran*, poix), composition pour calfater.

GOUDRONNÉ, E, part. pass. de *goudronner*.

GOUDRONNER, v. a. (*goudroné*), enduire de *goudron*.

GOUÉ ou GOUET, s. m. (*gouė*), sorte de grosse serpe pour couper le bois.

GOUFFRE, s. m. (*gouffre*), abyme; trou large et profond; précipice.

GOUGE, s. f. (*gouje*) (du vieux mot gaulois *gubia*), ciseau de sculpteur, etc.

GOUINE, s. f. (*guouine*), femme prostituée, sale et de bas étage. Pop.

GOUJAT, s. m. (*guouja*), valet de soldat, garçon maçon; manœuvre; homme grossier.

GOUJON, s. m. (*guonjon*), petit poisson blanc; cheville de fer; ciseau.

GOULÉE, s. f. (*guoulé*) (*gula*), grande bouchée. Bas et pop.

GOULET, s. m. (*guoulè*), entrée étroite d'un port; goulot, cou d'un vase; filet.

GOULETTE, s. f. (*guoulète*), petit canal; petite rigole.

GOULOT, s. m. (*guoló*) (*gula*; gosier), cou d'une bouteille, d'une cruche, etc.

GOULOTTE, s. f. (*guoulote*), petite rigole pour l'écoulement des eaux.

GOULU, E, s. et adj. (*guoulu*), qui mange beaucoup et fort vite; glouton.

GOULÛMENT, adv. (*guouluman*), d'une manière *goulue*; avidement.

GOUPILLE, s. f. (*guoupi-ie*) (*cupicula*, dimin. de *cuspis*, pointe), petite clavette.

GOUPILLON, s. m. (*guoupi-ion*), instrument pour nettoyer les vases où l'on ne peut mettre la main; aspersoir pour l'eau bénite.

GOURD, E, adj. (*guour, guourde*) (*gurdus*, sot, étourdi), engourdi, perclus par le froid.

GOURDE, s. f. (*guourde*) (*cucurbita*, courge), calebasse où l'on met quelque liqueur; monnaie d'argent.

GOURDIN, s. m. (*guourdein*), bâton gros et court; manœuvre de galère.

GOURE, s. f. (*guoure*), drogue falsifiée.

GOUREUR, EUSE, s. (*guoureur, euze*), qui falsifie les drogues, qui trompe. Pop.

GOURGANDINE, s. f. (*guourguandine*), femme de mauvaise vie; coquille.

GOURGANE, s. f. (*guourguane*), petite fève de marais qui est douce.

GOURGOURAN, s. m. (*guourguouran*), étoffe de soie des Indes.

GOURMADE, s. f. (*guourmade*), coup de poing. Fam.

GOURMAND, E, s. et adj. (*guourman, ande*) (du persan *khcurmand*), qui mange avec avidité et avec excès.

GOURMANDÉ, E, part. pass. de *gourmander*.

GOURMANDER, v. a. (*guourmandé*), réprimander avec dureté.

GOURMANDISE, s. f. (*guourmandize*), intempérance dans le manger.

GOURME, s. f. (*guourme*), mauvaises humeurs qui viennent aux jeunes chevaux.

GOURMÉ, E, part. pass. de *gourmer*.

GOURMER, v. a. (*guourmé*), mettre la *gourmette* à un cheval; battre à coups de poing.

GOURMET, s. m. (*guourmè*) (de l'allemand *gaum*, gosier), personne qui sait bien connaître le vin; friand, fin gourmand.

GOURMETTE, s. f. (*guourmète*), chaînette de fer qu'on place sous la ganache du cheval, à l'endroit où vient la *gourme*.

GOUSSAUT ou GOUSSANT, s. et adj. m. (*guouçó, çan*), cheval trapu dont l'encolure annonce la force.

GOUSSE, s. f. (gnouce) (en italien gusce), enveloppe de plusieurs sortes de légumes.

GOUSSET, s. m. (gnoucè), creux de l'aisselle; petite poche de culotte; support.

GOÛT, s. m. (gnou) (gustus), celui des cinq sens par lequel on discerne les saveurs; saveur; odeur; discernement; sentiment des beautés et des défauts dans les arts; inclination, plaisir; opinion, approbation; manière dont une chose est faite.

GOÛTÉ, E, part. pass. de goûter.

GOÛTÉ, s. m. (gnouté) (gustatio), petit repas qu'on fait entre le dîner et le souper.

GOÛTER, v. n. (gnouté) (gustare, fait de γεύεσθαι), manger entre le dîner et le souper. —V. a. et n., sentir, discerner les saveurs, savourer; essayer; discerner; approuver.

GOUTTE, s. f. (gnoute) (gutta), petite partie d'une chose liquide; maladie qui attaque les articulations.

GOUTTELETTE, s. f. (gnoutelète), petite goutte. Peu us.

GOUTTEUX, EUSE, adj. et s. (gnouteu, euze), qui a la goutte ou qui est sujet à la goutte.

GOUTTIÈRE, s. f. (gnoutière) (du mot goutte), canal pour les eaux de la pluie.

GOUVERNAIL, s. m. (gnouverna-ie), timon qui sert à gouverner un navire.

GOUVERNANCE, s. f. (gnouvèrenance), juridiction établie dans les Pays-Bas, à la tête de laquelle était le gouverneur de la place.

GOUVERNANT, s. m. (gnouverenan), celui qui gouverne.

GOUVERNANTE, s. f. (gnouvèrenante), femme d'un gouverneur; femme qui a soin des enfants, du ménage.

GOUVERNE, s. f. (gnouvèrene), direction, règle, conduite.

GOUVERNÉ, E, part. pass. de gouverner.—S. m., soumis à des gouvernants.

GOUVERNEMENT, s. m. (gnouvèreneman), action, charge, manière de gouverner, de régir; constitution d'un état; ceux qui gouvernent; charge de gouverneur; ville, pays qu'il gouverne; hôtel du gouverneur.

GOUVERNEMENTAL, E, adj. (gnouvèrenemantale), du gouvernement.— Au pl. m. gouvernémentaux.

GOUVERNER, v. a. (gnouvèrené) (gubernare), conduire un vaisseau, régir, conduire avec autorité; administrer.

GOUVERNEUR, s. m. (gnouvèreneur) (gubernator), qui commande dans une province, une place forte, etc.; qui est chargé de l'éducation d'un jeune prince, etc.

GOYAVE, s. f. (gno-iave), fruit du goyavier.

GOYAVIER, s. m. (gno-iavié), grand arbre de l'Amérique et des Indes.

GRABAT, s. m. (gneraba) (grabatus), petit et méchant lit.

GRABATAIRE, s. et adj. des deux g. (gnerabatère), habituellement malade ou alité; autrefois, nom donné à ceux qui différaient jusqu'à la mort de recevoir le baptême.

GRABUGE, s. m. (gnerabuje) (en italien guarbuglio), désordre, trouble, vacarme. Fam.

GRACE et GRÂCE, s. f. (gnerace) (gratia), faveur; crédit; secours divin; agrément; aisance, souplesse; pardon; abolition d'une peine; remerciement; titre d'honneur.—Au pl., prière après le repas; déesses de la fable.—DE GRACE, loc. adv., par bonté.

GRACIABLE, adj. des deux g. (gneraciable), rémissible, qui peut être pardonné.

GRACIÉ, E, part. pass. de gracier, et adj.

GRACIER, v. a. (gneracié), faire grace; remettre la peine à un criminel.

GRACIEUSEMENT, adv. (gneracieuzeman), d'une manière gracieuse.

GRACIEUSER, v. a. (gneracieuzé), faire des démonstrations d'amitié. Fam. et peu us.

GRACIEUSETÉ, s. f. (gneracieuzeté), honnêteté, civilité; gratification. Fam.

GRACIEUX, EUSE, adj. (gracieu, euze), doux, civil, honnête; plein de grace.

GRACILITÉ, s. f. (gneracilité) (gracilitas), se dit d'une voix grêle.

GRADATION, s. f. (gneradācion) (gradatio, de gradus, degré), augmentation successive et par degrés.

GRADE, s. m. (gnerade) (gradus, degré), degré d'honneur, de dignité; centième partie du quart du méridien, ou cent mille mètres.

GRADÉ, E, part. pass. de grader, adj. et s.

GRADER, v. a. (gneradé), conférer un grade, une dignité.

GRADIN, s. m. (gneradein) (gradus, degré), petit degré qu'on met sur un autel, etc.; bancs élevés en amphithéâtre.

GRADUATION, s. f. (gneraduācion) (gradus, degré), division en degrés.

GRADUÉ, E, part. pass. de graduer, et adj., divisé en degrés; qui a pris quelque degré.

GRADUEL, ELLE, adj. (gneraduèle), qui va par degrés.—S. m., verset; livre d'église.

GRADUELLEMENT, adv. (gneraduèleman), par degrés.

GRADUER, v. a. (gneradué), diviser en degrés; conférer des degrés.

GRAILLEMENT, s. m. (gnerâ-ieman) (graculus, corneille), son de voix imitant le cri de la corneille.

GRAILLER, v. n. (gnerâ-ié), sonner du cor pour rappeler les chiens.

GRAILLON, s. m. (gnerâ-ion), les restes ramassés d'un repas; goût de graisse brûlée.

GRAIN, s. m. (gnerein) (granum), fruit et semence du blé, du seigle, etc.; fruit; petite parcelle; poids; averse; tourbillon de vent.

GRAINE, s. f. (gnerène) (granum), semence des plantes; pépin de certains fruits.

GRAINETIER. Voy. GRÈNETIER.

GRAINIER, IÈRE, s. (gnerènié, ière), qui vend en détail toutes sortes de graines.

GRAISSAGE, s. m. (*guerècaje*), action de *graisser*.

GRAISSE, s. f. (*guerèce*) (*crassities*), substance onctueuse répandue dans le corps de l'homme ou de l'animal.

GRAISSÉ, E, part. pass. de *graisser*.

GRAISSER, v. a. (*guerècé*), frotter, oindre avec de la *graisse*.

GRAISSEUX, EUSE, adj. (*guerèceu, euze*), de la nature de la *graisse*.

GRAMEN, s. m. (*gueramène*), nom générique des plantes de la famille des chiendents.

GRAMINÉE, adj. et s. f. (*gueraminé*), se dit des plantes de la nature des *gramens*.

GRAMMAIRE, s. f. (*gueramemère*) (γραμματικη, de γραμμα, lettre), art qui enseigne à parler et à écrire correctement; livre qui contient les règles de cet art.

GRAMMAIRIEN, IENNE, s. (*gueramemèriein, ième*), qui sait la *grammaire*; qui a écrit sur la *grammaire*.

GRAMMATICAL, E, adj. (*gueramematikale*), qui appartient à la *grammaire*. — Au pl. m. *grammaticaux*.

GRAMMATICALEMENT, adv. (*gueramematikaleman*), selon les règles de la *grammaire*.

GRAMMATISTE, s. m. (*gueramematicete*), chez les Grecs et les Romains, maître qui enseignait aux enfants à lire et à écrire.

GRAMME, s. m. (*gurame*) (γραμμα, vingt-quatrième partie de l'once), nouvelle mesure de poids, qui équivaut à celui d'un centimètre cube d'eau.

GRAND, E, adj. (*gran, ande*) (*grandis*), fort étendu dans ses dimensions; vaste; important, remarquable; considérable; illustre; courageux; magnanime; supérieur. — S. m., le sublime; personne élevée en dignité; titre. — *en* GRAND, loc. adv., d'une manière *grande*; de *grandeur* naturelle.

GRAND-DUC, s. m. (*gueranduk*), titre au-dessus de celui de *duc*.

GRAND-DUCHÉ, s. m. (*gueranduché*), pays gouverné par un *grand-duc*.

GRANDE-DUCHESSE, s. f. (*guerandeduchèce*), femme d'un *grand-duc*, ou qui possède un *grand-duché*.

GRANDELET, ETTE, adj. (*guerandelè, lète*), un peu *grand*. Fam.

GRANDEMENT, adv. (*guerandeman*), extrêmement; avec *grandeur*.

GRANDESSE, s. f. (*guerandèce*), qualité d'un *grand* d'Espagne.

GRANDEUR, s. f. (*guerandeur*), étendue de ce qui est *grand*; excellence, sublimité; magnanimité; pouvoir, honneurs; noblesse, élévation, dignité; titre; en math., ce qui est susceptible d'augmentation et de diminution.

GRANDI, E, part. pass. de *grandir*.

GRANDIOSE, adj. des deux g. et s. m. (*guerandiôse*) (de l'italien *grandioso*, magnifique), qui a un caractère de *grandeur*, de noblesse, de majesté, de beauté.

GRANDIR, v. n. (*guerandir*), devenir plus *grand*; croître.

GRANDISSIME, adj. des deux g. (*guerandicecime*), très-*grand*. Fam.

GRAND'MÈRE, s. f. (*gueranmère*), mère du père ou de la mère.

GRAND-OEUVRE, s. m. (*guerantenvre*), la pierre philosophale.

GRAND-ONCLE, s. m. (*guerantonkle*), oncle de l'oncle ou de la tante.

GRAND-PÈRE, s. m. (*gueranpère*), père du père ou de la mère.

GRAND'RUE, s. f. (*gueranru*), rue principale.

GRAND-SEIGNEUR, s. m. (*guerancègnieur*), homme illustre et riche; chef de l'empire ottoman.

GRAND'TANTE, s. f. (*guerantante*), tante de l'oncle ou de la tante.

GRANGE, s. f. (*gueranje*), lieu de la ferme où l'on met le *grain* en gerbe.

GRANIT ou **GRANITE**, s. m. (*guerani, nite*) (en italien *granito*, fait de *grano*, grain), pierre fort dure.

GRANITELLE, adj. des deux g. (*gueranitèle*), se dit du marbre ressemblant au *granit*.

GRANITIQUE, adj. des deux g. (*gueranitike*), formé de *granit*.

GRANULATION, s. f. (*gueranulácion*), opération pour réduire les métaux en petits *grains*. — Au pl., lésions dans le poumon.

GRANULÉ, E, part. pass. de *granuler*, et adj.

GRANULER, v. a. (*gueranulé*), réduire un métal en petits *grains*.

GRANULEUX, EUSE, adj. (*gueranuleu, euze*), qui est composé de petits *grains*.

GRAPHIQUE, adj. des deux g. (*guerafike*) (γραφω, j'écris), se dit des descriptions rendues sensibles par une figure.

GRAPHIQUEMENT, adv. (*guerafikeman*), d'une manière *graphique*.

GRAPHOMÈTRE, s. m. (*guerafomètre*) (γραφω, j'écris, et μετρον, mesure), instrument de mathématiques pour mesurer les angles.

GRAPPE, s. f. (*guerape*), assemblage de fleurs ou de fruits disposés par étage sur un pédoncule commun.

GRAPPILLÉ, E, part. pass. de *grappiller*.

GRAPPILLER, v. n. (*guerapi-ié*), cueillir ce qui reste de *grappes* de raisin dans une vigne vendangée; *fig.* faire quelque petit gain.

GRAPPILLEUR, EUSE, s. (*guerapi-leur, euze*), qui *grappille*.

GRAPPILLON, s. m. (*guerapi-ion*), petite *grappe*.

GRAPPIN, s. m. (*guerapein*) (de l'allemand *greifen*, saisir), ancre à quatre pattes; croc.

GRAS, ASSE, adj. (*guerâ, guerâce*) (*crassus*), qui a beaucoup de *graisse*, d'embonpoint; imbu de *graisse*; huileux; épais; sale, obscène; fertile. — S. m., partie *grasse* de la viande.—Adv., *faire gras*. manger de la viande ; *parler gras*, en grasseyant.

GRAS-DOUBLE, s. m. (*guerádouble*), tripe qui vient du premier ventricule du bœuf.

GRAS-FONDU, s. m. (*guerúfondu*), maladie des chevaux, inflammation des intestins.

GRASSEMENT, adv. (*guerúceman*), à son aise, généreusement, abondamment.

GRASSET, ETTE, adj. (*guerdcè, cète*), qui est un peu *gras*. Fam.

GRASSETTE, s. f. (*guerácète*), plante.

GRASSEYEMENT, s m. (*guerácè-ieman*), prononciation d'une personne qui *grassèie*.

GRASSEYER, v. n. (*guerácè-ié*), parler *gras*, prononcer mal certaines consonnes.

GRASSOUILLET, ETTE, adj. (*guerácou-iè, iète*), un peu *gras*.

GRATERON, s. m. (*gueratcron*), plante.

GRATICULÉ, E, part. pass. de *graticuler*.

GRATICULER, v. a. (*gueratikulé*) (de l'italien *grata*, gril), diviser en un même nombre de petits carrés un tableau, etc , et la toile ou le papier sur quoi l'on veut en faire une copie.

GRATIFICATION, s. f. (*gueratifikácion*) (*gratificatio*), libéralité, récompense.

GRATIFIÉ, E, part. pass. de *gratifier*.

GRATIFIER, v. a. (*gueratifié*) (*gratificari*), favoriser en faisant quelque don.

GRATIN, s. m. (*gueratein*), bouillie qui demeure attachée au fond du poêlon.

GRATIOLE, s. f. (*gueraciole*), plante.

GRATIS, adv. (*gueratice*) (mot latin), sans qu'il en coûte rien ; *fig.* sans preuve.

GRATITUDE, s. f. (*gueratitude*) (*gratus*), reconnaissant), reconnaissance.

GRATTE-CUL, s. m. (*guerateku*), ce qui reste de la rose après que les feuilles en sont tombées ; fruit de l'églantier.

GRATTELEUX, EUSE, adj. (*gueratcleu, euze*), qui a la *grattelle*.

GRATTELLE, s. f. (*gueratèle*), menue gale.

GRATTE-PAPIER, s. m. (*gueratepapié*), celui qui gagne sa vie dans la basse pratique.

GRATTER, v. a. (*gueraté*) (de l'allemand *kratsen*), frotter avec les ongles, etc.; ratisser ; heurter doucement.

GRATTOIR, s. m. (*gueratoir*), instrument propre à *gratter* le papier , etc.

GRATUIT, E, adj. (*gueratui, tuite*) (*gratuitus*), qu'on donne ou qu'on fait sans y être obligé ; *fig.* qui n'a aucun fondement.

GRATUITÉ, s. f. (*gueratuité*), caractère de ce qui est *gratuit*.

GRATUITEMENT, adv. (*gueratuiteman*), d'une manière *gratuite* ; sans fondement.

GRAVATIER, s. m. (*gueravatié*), celui qui enlève les *gravats*.

GRAVATIF, TIVE, adj. (*gueravatif, tive*), se dit d'une douleur accompagnée d'une sensation de pesanteur.

GRAVATS, s m pl.(*gueravá*). Voy GRAVOIS.

GRAVE, adj. des deux g. (*guerave*) (*gravis*), sérieux ; important; en phys., pesant.

GRAVÉ, E, part. pass. de *graver*, et adj.

GRAVELÉE, s. f. (*gueravelé*), lie sèche et brûlée dont se servent divers ouvriers.

GRAVELEUX, EUSE, adj. (*gueraveleu, euse*), mêlé ou chargé de *gravier*; qui est sujet à la *gravelle* ; trop libre.

GRAVELLE, s. f. (*gueravèle*), petits graviers qui se forment dans les voies urinaires.

GRAVELURE, s. f. (*gueravelure*), discours approchant de l'obscénité. Fam.

GRAVEMENT, adv. (*gueraveman*), avec gravité ; en mus., avec un peu de lenteur.

GRAVER, v. a. (*gueravé*) (γραφειν, écrire), tracer quelque trait sur un corps dur.

GRAVEUR, s. m. (*gueraveur*), celui dont la profession est de *graver*.

GRAVI, E, part. pass. de *gravir*.

GRAVIER, s. m. (*gueravié*) (du lat. barbare *graveria*, sable), gros sable mêlé de petits cailloux ; menu sable qui obstrue les reins, etc.

GRAVIR, v. n. et a. (*gueravir*) (de *ravir*), grimper avec peine, monter sur.

GRAVITATION, s. f. (*gueravitácion*), action de *graviter*.

GRAVITÉ, s. f. (*gueravité*), qualité d'une personne *grave*, sérieuse ; importance ; en phys., pesanteur.

GRAVITER, v. n. (*gueravité*), tendre et peser vers un point par la force de la *gravité*.

GRAVOIS, s. m. (*gueravoá*) (de *gravier*), menus débris de démolitions.

GRAVURE, s. f. (*gueravure*), art de *graver* ; ouvrage *gravé* ; estampe.

GRÉ, s. m. (*gueré*) (*gratum*, chose agréable), bonne volonté ; caprice ; goût ; reconnaissance.—*De gré à gré*, à l'amiable.— *Bon gré, mal gré*, de gré ou de force.

GRÈBE, s. m. (*guerèhe*), oiseau aquatique.

GREC, ECQUE, s. et adj.(*guerèke*), de *Grèce*, qui est écrit en *grec*.—S. m., la langue grecque.

GRECQUE, s. f. (*guerèke*), petite scie de relieur ; ornement.

GREDIN, E, adj. (*gueredein, dine*) (du mot *gradin*, degré), gueux, mesquin. Vieux. — S., mendiant ; coquin.—S. m., chien à long poil.

GREDINERIE, s. f. (*gueredineri*), misère, gueuserie, mesquinerie.

GRÉÉ, E, part. pass. de *gréer*.

GRÉEMENT, s. m. (*gueréman*), tout ce qui est nécessaire pour *gréer* un vaisseau.

GRÉER, v. a. (*gueré-é*)(du mot *agrès*),munir un vaisseau de toutes ses manœuvres.

GRÉEUR, s. m. (*gueré-éur*), qui fait métier de *gréer* les bâtiments.

GREFFE, s. m. (*guerèfe*) (γραφειν, écrire), bureau où l'on garde et où l'on expédie les actes de justice ; les droits du *greffe*.

GREFFE, s. f. (*guerèfe*) (γραφειν, écrire), opération par laquelle on détache une petite branche d'arbre, pour la substituer aux branches d'un autre arbre.

GREFFÉ, E, part. pass. de *greffer*.

GREFFER, v. a. (guerèfé), faire une greffe.
GREFFEUR, s. m. (guerèfeur), celui qui greffe les arbres.
GREFFIER, s. m. (guerèfié) (graphiarius, fait de γράφω, j'écris), officier public qui garde et expédie les actes de justice.
GREFFOIR, s. m. (guerèfoar), petit couteau dont on se sert pour greffer.
GRÉGE, s. et adj. f. (guerèje), soie sortant de dessus le cocon.
GRÉGEOIS, adj. m. (guerèjoa), se dit d'un feu qui brûle même dans l'eau.
GRÉGORIEN, IENNE, adj. (gueréguoriein, ième), se dit du chant d'église ordonné par Grégoire Ier, et du calendrier réformé par Grégoire XIII.
GRÈGUES, s. f. pl. (guerègue) (græca, culotte à la grecque), espèce de haut-de-chausses.
GRÉLE, s. f. (guerèle) (du bas-breton grisil), pluie congelée qui tombe par grains; fig. grande quantité; tumeur aux paupières.
GRÉLE, adj. des deux g. (guerèle) (gracilis), long et menu.
GRÉLÉ, E, part. pass. de grêler, et adj., se dit d'un visage marqué de la petite vérole.
GRÉLER, v. a. (guerèlé), gâter par la grêle. — V. unip., se dit de la grêle qui tombe.
GRELIN, s. m. (guerelein), t. de mar., cordage; petit câble pour amarrer; poisson.
GRÉLON, s. m. (guerèlon), grain de grêle extrêmement gros.
GRELOT, s. m. (guerelô) (crotalum, ancien instrument de musique), sonnette ronde.
GRELOTER, v. n. (guerelaté) (de grelot), trembler de froid.
GRÉMENT. Voy. CRÉEMENT.
GRÉMIAL, s. m. (guerémial) (gremium, giron), ornement pontifical. — Au pl. grémials.
GRÉMIL, s. m. (guerémi-ié), plante.
GRENADE, s. f. (guerenade) (granatum, de granum, grain), fruit du grenadier; petit boulet de fer creux, en forme de grenade, qu'on charge de poudre et qu'on jette à la main; linge ouvré; ornement en forme de grenade.
GRENADIER, s. m. (guerenadié), arbrisseau du midi de l'Europe; soldat d'élite.
GRENADIÈRE, s. f. (grenadière), gibecière dans laquelle on portait les grenades; capucine d'un fusil de munition.
GRENADILLE, s. f. (guerenadi-ié), plante.
GRENADIN, s. m. (guerenadein), petit moineau d'Afrique; mets.
GRENADINE, s. f. (guerenadine), soie qui s'emploie à faire de la dentelle noire.
GRENAILLE, s. f. (guerená-ie), métal réduit en menus grains; rebuts de graine.
GRENAILLÉ, E, part. pass. de grenailler.
GRENAILLER, v. a. (guerená-ié), mettre un métal en menus grains.

GRENAT, s. m. (guerena), pierre précieuse rouge; écorce de citron; étoffe.
GRENAUT, s. m. (guerenô), poisson.
GRENÉ, E, part. pass. de grener; et adj., fourni de grains. — S. m., en t. de grav., multitude de petits points fort rapprochés les uns des autres.
GRENELÉ, E, part. pass. de greneler.
GRENELER, mieux GRAINELER, v. a. (guerenelé), faire paraître des grains sur le cuir, etc.
GRENER, mieux GRAINER, v. a. (guerené), réduire en grains; façonner en petits grains. — V. n., produire de la graine, des grains.
GRÈNETERIE, mieux GRAINETERIE, s. f. (guereneteri), commerce de grenetier.
GRENETIER, IÈRE, mieux GRAINETIER, IÈRE, s. et adj. (guerenetié, ière), qui vend des grains.
GRENETIS, mieux GRAINETIS, s. m. (guereneti), tour de petits grains au bord des monnaies; poinçon pour faire ces grains.
GRENETTES, mieux GRAINETTES, s. f. pl. (guerenète), petites graines dont on se sert pour la couleur jaune.
GRENIER, peut-être devrait-on, contre l'usage, écrire GRAINIER, s. m. (guerenié) (granarium, de granum, grain), lieu où l'on serre le blé et autres grains; étage qui est sous les combles.
GRENOUILLE, s. f. (guerenou-ie) (ranunculus), petit quadrupède amphibie; t. d'impr., fer qui reçoit le pivot de la vis.
GRENOUILLER, v. n. (guerenou-ié), ivrogner. Inus.
GRENOUILLÈRE, s. f. (guerenou-ière), lieu où les grenouilles se retirent.
GRENOUILLET, s. m. (guerenon-iè), plante.
GRENOUILLETTE, s. f. (guerenou-iète), espèce de renoncule.
GRENU, E, peut-être devrait-on écrire GRAINU, E, adj. (guerenu), plein de grains.
GRÈS, s. m. (guerè) (du celtique craig, pierre), pierre composée de grains de sable; poterie de terre sablonneuse.
GRÉSIL, s. m. (guerési-ie), menue grêle assez ronde; verre en poudre.
GRÉSILLÉ, E, part. pass. de grésiller.
GRÉSILLEMENT, s. m. (guerézi-ieman), action de grésiller.
GRÉSILLER, v. a. (guerési-ié), faire que quelque chose se fronce, se racornisse. — V. unip., tomber du grésil.
G-RÉ-SOL, s. m. (jéréçol), t. de musique par lequel on désigne la note sol. Vieux.
GRESSERIE, s. f. (guerèceri), pierre de grès; ouvrage de grès; mine de grès.
GRÈVE, s. f. (guerève) (glarea, gravier), plage unie et sablonneuse.

GREVÉ, E, part. pass. de grever.
GREVER, v. a. (guerevé) (gravare, incommoder), léser, faire tort et dommage.
GRIANNEAU, s. m. (gueri-anô), jeune coq de bruyère.
GRIBLETTE, s. f. (gueribelète), morceau de porc qu'on fait rôtir sur le gril.
GRIBOUILLAGE, s. m. (gueribou-iaje), mauvaise peinture; écriture mal formée. Pop.
GRIBOUILLE, s. m. (gueribou-ie), sot, imbécille, niais. Pop.
GRIBOUILLÉ, E, part. pass. de gribouiller.
GRIBOUILLER, v. a. (gueribou-ié), faire du gribouillage. Pop.
GRIBOUILLETTE, s. f. (gueribou-iète), jeu d'enfants.
GRIÈCHE, adj. des deux g. (gueri-èche) (pica græca, parce qu'elle est originaire de Grèce); pie grièche, genre de pie; fig. femme criarde. — Ortie grièche, espèce d'ortie.
GRIEF, s. m. (gueri-èfe), dommage que l'on reçoit; plainte que l'on en fait.
GRIEF, IÈVE, adj. (gueri-èfe, ième) (gravis), grave, énorme, fâcheux.
GRIÈVEMENT, adv. (gueri-èveman), d'une manière grièv
e.
GRIÈVETÉ, s. f. (gueri-èveté) (gravitas), atrocité, énormité.
GRIFFADE, s. f. (guerifade), coup de griffe.
GRIFFE, s. f. (guerife) (de l'allemand greifen, saisir, fait de γρυπός, crochu), ongle crochu; serre d'oiseau de proie; empreinte d'une signature; croc.
GRIFFÉ, E, part. pass. de griffer.
GRIFFER, v. a. (guerifé), prendre avec la griffe; frapper avec la griffe.
GRIFFON, s. m. (guerifon) (gryphus, fait de γρυπός, crochu), oiseau de proie; animal fabuleux; lime; chien à poil hérissé.
GRIFFONNAGE, s. m. (guerifonaje), mauvaise écriture qu'on a peine à lire.
GRIFFONNÉ, E, part. pass. de griffonner.
GRIFFONNER, v. a. (guerifoné, de griffe), écrire mal et peu lisiblement; dessiner mal.
GRIFFONNEUR, EUSE, s. (guerifoneur, euse), qui griffonne; auteur qui écrit mal.
GRIGNON, s. m. (guerignion), morceau de l'entamure du pain; biscuit; arbre.
GRIGNOTER, v. a. (guerignioté), manger doucement en rongeant.
GRIGNOTIS, s. m. (guerignioti), t. de grav., hachures conduites avec une main tremblante.
GRIGOU, s. m. (gueriguou) (du mot grec), gredin, misérable, avare.
GRIL, s. m. (gueri) (craticula, dimin. de crates, grille), ustensile qui sert à faire griller.
GRILLADE, s. f. (gueri-iade), viande grillée; manière de faire griller.
GRILLAGE, s. m. (gueri-iaje), petits tissus de bois, de fil de fer, etc., qui s'entrelacent;

action de faire passer le minéral par plusieurs feux avant de le faire fondre.
GRILLE, s. f. (gueri-ie) (craticula, dimin. de crates), clôture de barreaux.
GRILLÉ, E, part. pass. de griller.
GRILLER, v. a. (gueri-ié), faire cuire sur le gril; fermer d'une grille; brûler. — V. n., se rôtir sur le gril; fig. avoir chaud; être impatient de.
GRILLET, s. m., ou GRILLETTE, s. f. (gueri-iè, ièle), petit grillon; t. de blas., sonnette ronde qu'on met au cou des chiens ou aux jambes des oiseaux de proie.
GRILLETÉ, E, adj. (gueri-ieté); t. de blas., se dit des oiseaux qui ont des grillets.
GRILLON, s. m. (gueri-ion) (gryllus), insecte; lien.
GRIMAÇANT, E, adj. (guerimaçan, ante), qui fait de mauvais plis
GRIMACE, s. f. (guerimace) (de l'arabe kermas, se rider), contorsion du visage; fig. feinte, dissimulation; plis désagréables sur quelque étoffe, etc.; sorte de boîte.
GRIMACER, v. n. (guerimacé), faire des grimaces; faire quelque faux pli.
GRIMACIER, IÈRE, s. et adj. (guerimacié, ière), qui grimace; fig. hypocrite, faux dévot.
GRIMAUD, s. m. (guerimô), écolier des basses classes; homme maussade. Fam.
GRIME, s. m. (guerime), petit écolier; au théâtre, personnage de vieillard comique.
GRIMÉ, E, part. pass. de grimer; et adj.
se GRIMER, v. pr. (ceguerimé), se rider la figure pour jouer les rôles de grime, etc.
GRIMOIRE, s. m. (guerimoare) (de l'italien rimario, livre de rimes), livre plein de conjurations magiques; fig. discours obscurs; écriture difficile à lire.
GRIMPANT, E, adj. (guereinpan, ante), qui grimpe, qui s'attache.
GRIMPÉ, E, part. pass. de grimper.
GRIMPER, v. n. (guereinpé) (ξιμπτειν, s'appuyer), monter en s'aidant des pieds et des mains; gravir.
GRIMPEREAU, s. m. (guereinperô), oiseau.
GRIMPEUR, s. m. (guereinpeur), ordre d'oiseaux dont les pieds ont quatre doigts.
GRINCÉ, E, part. pass. de grincer.
GRINCEMENT, s. m. (guereinceman), action de grincer les dents.
GRINCER, v. a. et n. (guereincé) (γρυζειν, pleurer), serrer les dents.
GRINGOLÉ, E, adj. (guereinguolé), t. de blas., se dit des pièces terminées en têtes de serpent.
GRINGOTER, v. n. (guereinguoté) (fringuitire), en parlant des oiseaux, fredonner.
GRINGUENAUDE, s. f. (guereinguenôde), petite ordure aux émonctoires. Bas.
GRIOTTE, s. f. (gueri-ote), espèce de cerise; marbre tacheté de rouge ou de brun.
GRIOTTIER, s. m. (gueri-otié), arbre qui porte les griottes.

GRIPPE, s. f. (*gueripe*), fantaisie; goût capricieux; déplaisance; catharre épidémique.

GRIPPER, v. a. (*gueripé*) (*corripere*, prendre), attraper subtilement; dérober.—V. pr., se prévenir contre; se froncer.

GRIPPE-SOU, s. m. (*gueripeçou*), receveur de rentes pour autrui; homme qui fait de petits gains sordides.

GRIS, E, adj. (*gueri, izé*) (en italien *grigio*), qui est de couleur mêlée de blanc et de noir;—(de *græcus*, grec), à demi ivre.—S. m., couleur *grise*.

GRISAILLE, s. f. (*guerizá-ie*), peinture *grise*; mélange de cheveux bruns et blancs.

GRISAILLÉ, E, part. pass. de *grisailler*.

GRISAILLER, v. a. (*guerizá-ié*), enduire de couleur *grise*.

GRISÂTRE, adj. des deux g. (*guerizâtre*), qui tire sur le *gris*.

GRISÉ, E, part. pass. de *griser*.

GRISER, v. a. (*guerizé*), rendre demi-ivre.

GRISET, s. m. (*guerizé*), jeune chardonneret; poisson; arbousier.

GRISETTE, s. f. (*guerizète*), étoffe *grise*; jeune ouvrière coquette et galante. Fam.

GRISOLER, v. n. (*guerizolé*), se dit du chant de l'alouette.

GRISON, ONNE, s. et adj. (*guerizon, zone*), qui *grisonne*.—S. m., valet qu'on habillait de *gris*, pour l'employer à des commissions secrètes; pop., un âne.

GRISONNER, v. n. (*guerizoné*), devenir *grison*, commencer à avoir les cheveux *gris*.

GRISOU, s. m. (*guerizou*), gaz hydrogène carboné, qui se dégage des mines de houille.

GRIVE, s. f. (*guerive*), oiseau.

GRIVELÉ, E, adj. (*guerivelé*), tacheté de *gris* et de blanc, comme le plumage de la *grive*.

GRIVELÉE, s. f. (*guerivelé*), fraude, tromperie dans une commission. Inus.

GRIVELER, v. a. (*guerivelé*), faire de petits profits illicites. Vieux et inus.

GRIVELEUR, s. m. (*gueriveleur*), trompeur, qui fait des profits illicites. Vieux et inus.

GRIVELLERIE, s. f. (*guerivèleri*), action de *griveler*. Vieux et inus.

GRIVOIS, OISE, s. (*guerivoa, oaze*), qui est alerte, éveillé; bon drôle, bon compagnon.—Adj., qui appartient au *grivois*.

GROG, s. m. (*guerogue*) (mot anglais), liqueur composée d'eau-de-vie et d'eau.

GROGNARD, E, s. et adj. (*guerogniar, arde*), qui *grogne* ou *gronde* sans cesse.—Adj., qui annonce la mauvaise humeur.

GROGNEMENT, s. m. (*guerognieman*) (*grunnitus*), cri des pourceaux.

GROGNER, v. n. (*guerognié*) (*grunnire*), crier comme le pourceau; *fig.* murmurer. Fam.

GROGNEUR, EUSE, s. et adj. (*guerognieur, euze*), qui *grogne*. Fam.

GROGNON, s. et adj. des deux g. (*guerognion*), sujet à *grogner*, à *gronder*.

GROIN, s. m. (*guero-ein*) (mot celtique), museau du cochon.

GROLLE, s. m. (*guerole*), oiseau.

GROMMELER, v. n. (*gueromelé*) (du celtique *gromellaat*), gronder sourdement. Fam.

GRONDÉ, E, part. pass. de *gronder*.

GRONDEMENT, s. m. (*guerondeman*), bruit sourd.

GRONDER, v. a. (*guerondé*), gourmander de paroles.—V. n., se plaindre entre ses dents.

GRONDERIE, s. f. (*gueronderi*), réprimande faite en colère; mécontentement.

GRONDEUR, EUSE, s. et adj. (*guerondeur, euze*), qui *gronde*.

GRONDIN, s. m. (*guerondein*), poisson.

GROOM, s. m. (*gueroume*) (mot anglais), valet d'écurie; valet de pied.

GROS, s. m. (*gueró*), ce qu'il y a de plus *gros* ou de principal; huitième partie d'une once; monnaie; grande troupe; *grosse* écriture.—Adv., beaucoup.

GROS, OSSE, adj. (*gueró, óce*) (du lat. demi-barbare *grossus*, fait de *crassus*, épais), qui a beaucoup de circonférence et de volume; enflé; épais; commun; grossier; considérable.—*Femme grosse*, femme enceinte.

GROS-BEC, s. m. (*guerobèke*), oiseau.

GROS-DE-NAPLES, **GROS-DE-TOURS**, s. m. (*guerôdenaple, detour*), étoffes de soie.

GROSEILLE, s. f. (*guerôsè-ie*) (*grossulus*, dimin. de *grossus*, petite figue), petit fruit qui vient par grappes.

GROSEILLIER, s. m. (*guerôsè-ié*), arbrisseau qui produit la *groseille*.

GROSSE, s. f. (*gueróce*), douze douzaines; écriture en *gros* caractères; t. de prat., expédition d'un acte.

GROSSERIE, s. f. (*guerôceri*), gros ouvrages de taillandiers; commerce en *gros*.

GROSSESSE, s. f. (*guerôcèce*), état d'une femme *grosse*; temps qu'elle porte son fruit.

GROSSEUR, s. f. (*guerôceur*), volume de ce qui est *gros*; tumeur.

GROSSI, E, part. pass. de *grossir*.

GROSSIER, IÈRE, s. et adj. (*guerôcié, ière*), qui n'est pas délié, qui n'est pas délicat; mal travaillé; rude, peu civilisé; malhonnête.

GROSSIÈREMENT, adv. (*guerôcièreman*), d'une manière *grossière*; en *gros*.

GROSSIÈRETÉ, s. f. (*guerôcièreté*), manque de finesse; impolitesse; parole *grossière*.

GROSSIR, v. a. (*guerôcir*), rendre *gros*; *fig.* augmenter, exagérer.—V. n., devenir *gros*.

GROSSISSEMENT, s. m. (*guerôciceman*), action de *grossir*.

GROSSOYÉ, E, part. pass. de *grossoyer*.

GROSSOYER, v. a. (*guerôcoé-ié*), faire la *grosse*, l'expédition d'un acte, d'un contrat.

GROTESQUE, adj. des deux g. (*guerotèceke*), burlesque, ridicule, extravagant, bizarre.

GROTESQUEMENT, adv. (*guerotèceke-man*), d'une manière *grotesque*.

GROTTE, s. f. (guerote) (de l'italien grotta, fait du lat. crypta), sorte de caverne.

GROUILLANT, E, adj. (guerou-ian, ante), qui grouille, qui remue, qui a vie.

GROUILLEMENT, s. m. (guerou-ieman), mouvement et bruit de ce qui grouille.

GROUILLER, v. n. (guerou-ié) (par corruption du mot crouler), remuer.

GROUP, s. m. (gueroupe), sac plein d'argent qu'on envoie d'une ville à une autre.

GROUPE, s. m. (gueroupe) (de l'italien groppo), assemblage, réunion.

GROUPÉ, E, part. pass. de grouper, et adj.

GROUPER, v. a. (gueroupé), mettre en groupe. — V. n., former un groupe.

GRUAU, s. m. (gueru-ô) (du lat. barbare grutum), avoine mondée; bouillie faite avec cette avoine; petit de la grue; machine.

GRUE, s. f. (gueru) (grus), gros oiseau de passage; grande machine à élever de grosses pierres; constellation; fig. niais.

GRUERIE, s. f. (gueruri), juridiction pour les délits commis dans les bois et forêts.

GRUGÉ, E, part. pass. de gruger.

GRUGER, v. a. (guerujé) (γρυω, je mange), briser avec les dents; broyer, écraser; fig. manger le bien d'autrui.

GRUME, s. f. (guerume), bois coupé qui a son écorce.

GRUMEAU, s. m. (gueru-mô) (grumus), petite portion de sang ou de lait caillé.

se GRUMELER, v. pr. (ceguerumelé), devenir en grumeaux.

GRUMELEUX, EUSE, adj. (guerumeleu, euse), qui a de petites inégalités dures.

GRUYER, adj. m. (gueru-ié), qui a rapport à la grue. — Adj. m. (fvs, chêne), se disait d'un seigneur qui avait des droits sur les biens de ses vassaux. — S. m., juge forestier.

GRUYÈRE, s. m. (guern-ière), fromage qui tire son nom d'une petite ville de Suisse.

GUÉ, s. m. (guié) (du lat. barbare guadum, fait de vadum), endroit d'une rivière qu'on peut passer à pied.

GUÉABLE, adj. des deux g. (guié-able), où l'on peut passer à gué.

GUÈBRES, s. m. pl. (guièbre), nom des anciens restes de la nation persane.

GUÈDE, s. f. (guiède), plante qui sert dans les teintures.

GUÉDÉ, E, part. pass. de guéder.

GUÉDER, v. a. (guiédé), préparer une étoffe; soûler, rassasier. Vieux.

GUÉÉ, E, part. pass. de guéer.

GUÉER, v. a. (guié-é), baigner, laver dans la rivière; on dit mieux aigayer.

GUELFE, s. m. (guièlfe) (du nom de Welfe VI), faction qui soutint les prétentions des papes contre celles des empereurs.

GUENILLE, s. f. (gueni-ie), haillon, chiffon. — Au pl., hardes vieilles et usées.

GUENILLON, s. m. (gueni-ion), petite guenille.

GUENIPE, s. f. (guenipe) (de guenon), femme malpropre, de mauvaise vie. Pop.

GUENON, s. f. (guenon), genre de singes; singe femelle; fig. femme très-laide.

GUENUCHE, s. f. (guenuche), petite guenon.

GUÊPE, s. f. (guiépe), insecte presque semblable à l'abeille.

GUÊPIER, s. m. (guiépié), nid de guêpes; oiseau qui mange les guêpes.

GUERDON, s. m. (guièredon) (des mots guerre, don), loyer; salaire, récompense. Vieux.

GUERDONNÉ, E, part. pass. de guerdonner.

GUERDONNER, v. a. (guièredoné), autrefois, récompenser. Inus.

GUÈRE ou GUÈRES, adv. (guière) (de ger, gar, amas, tas), peu, pas beaucoup.

GUÉRET, s. m. (guiéré) (varatum), terre labourée et non ensemencée.

GUÉRI, E, part. pass. de guérir.

GUÉRIDON, s. m. (guiéridon), petite table ronde à un seul pied; écope.

GUÉRIR, v. a. (guiérir) (curare, avoir soin), rendre la santé. — V. n., recouvrer la santé.

GUÉRISON, s. f. (guiérizon), recouvrement de la santé; cure d'une maladie.

GUÉRISSABLE, adj. des deux g. (guiériçable), qui peut être guéri.

GUÉRISSEUR, s. m. (guiériceur), qui guérit. Peu us.

GUÉRITE, s. f. (guiérite) (de l'allemand warte, lieu élevé pour veiller), loge où la sentinelle se met à couvert; terrasse, donjon.

GUERRE, s. f. (guière) (du celtique wer), lutte à main armée entre souverains, entre nations, art militaire; débat, attaque, querelle.

GUERRIER, IÈRE, adj. (guièrié, ière), qui appartient à la guerre; qui aime la guerre, propre à la guerre. — S., qui fait la guerre et qui s'y plaît; combattant.

GUERROYER, v. n. (guièroé-ié), faire la guerre; aimer à faire la guerre.

GUERROYEUR, s. m. (guièroé-ieur), celui qui fait, qui aime à faire la guerre.

GUET, s. m. (guiè) (de l'allemand wacht), action d'épier; troupe chargée de faire le guet.

GUET-APENS, s. m. (guiètapan) (par contraction de guet apensé, guet prémédité), embûche dressée pour assassiner, pour outrager.

GUÊTRE, s. f. (guiètre) (du bas-breton gueltrou), chaussure qui couvre la jambe et le dessus du soulier.

GUÊTRÉ, E, part. pass. de guêtrer.

GUÊTRER, v. a. (guiètré), mettre des guêtres.

GUETTÉ, E, part. pass. de guetter.

GUETTER, v. a. (guièté), faire le guet; épier, observer; attendre. Fam.

GUETTEUR, EUSE, s. (guèteur, euze), qui épie, qui guette.

GUEULARD, E, s. et adj. (guieular, arde), qui parle beaucoup et fort haut.

GUEULE, s. f. (guieule) (gula), bouche des animaux; ouverture.

GUEULÉ, E, part. pass. de gueuler.

GUEULÉE, s. f. (guieulé), grosse bouchée; plein la gueule; paroles sales. Fam.

GUEULER, v. a. (guieulé), t. de chasse, saisir le lièvre avec la gueule.—V. n., parler fort haut. Pop.

GUEULES, s. m. pl. (guieule) (gulæ, peaux teintes en rouge), t. de blas , couleur rouge.

GUEUSAILLE, s. f. (guieuzá-ie), t. de mépris, canaille, multitude de gueux. Fam.

GUEUSAILLER, v. n. (guieuzá-ié), faire métier de gueuser. Fam.

GUEUSANT, E, adj. (guieuzan, ante), qui gueuse actuellement.

GUEUSARD, E, s. (guieuzar, ardè), gueux, coquin.

GUEUSE, s. f. (guieuze) (de l'allemand giessen, fondre), fer fondu non purifié; étoffe.

GUEUSÉ, E, part. pass. de gueuser.

GUEUSER, v. n. et a. (guieusé), demander sa vie; mendier bassement; friponner.

GUEUSERIE, s. f. (guieuseri), indigence, misère; fig. chose de vil prix. Fam.

GUEUX, EUSE, adj. et s. (guieu, euze) (du vieux mot français queux, cuisinier), qui est réduit à mendier; indigent; coquin, fripon.

GUI, s. m. (gui) (viscum), plante parasite qui naît sur les branches de certains arbres.

GUICHET, s. m. (guichè) (dimin. de huis, porte), petite porte pratiquée dans une grande; porte d'armoire; volet de fenêtre.

GUICHETIER, IÈRE, s. (guichetié, ière), qui a soin de la porte d'une prison , qui ouvre et ferme les guichets.

GUIDE, s. m. (guide), celui qui accompagne pour montrer le chemin; qui dirige. — S. f., longe de cuir pour diriger les chevaux.

GUIDÉ, E, part. pass. de guider.

GUIDE-ÂNE, s. m. (guidáne), outil pour conduire le foret; outil; bref pour le bréviaire; notes ou renseignements. Fam.

GUIDER, v. a. (guidé) (videre, voir), conduire dans un chemin; fig. diriger.

GUIDON, s. m (guidon), petit drapeau d'une compagnie; officier qui le porte; bannière; en mus., petit renvoi; petit bouton sur le canon d'une arme à feu.

GUIGNARD, s. m. (guigniar), oiseau.

GUIGNE, s. f. (guignie), sorte de cerise grosse et rouge que porte le guignier.

GUIGNÉ, E, part. pass. de guigner.

GUIGNER, v. a. (guignié) (de l'espagnol guinar), regarder du coin de l'œil; lorgner; désirer. Fam.

GUIGNIER, s. m. (guignié), arbre.

GUIGNON, s. m. (guignion), malheur. Fam.

GUILDIVE, s. f. (guiledive), eau de vie, esprit tiré du sucre.

GUILÉE, s. f. (guilé), pluie soudaine. On dit plus souvent. giboulée.

GUILLAGE, s. m. (gui-iaje), fermentation de la bière nouvellement entamée.

GUILLAUME, s. m. (gui-iôme), sorte de rabot de menuisier.

GUILLEDOU, s. m. (gui-iedou) (de gildonia, nom d'une ancienne confrérie) : courir le guilledou, aller la nuit dans les lieux suspects.

GUILLEMET, s. m. (gui-iemè) (du nom de son inventeur), caractère figuré ainsi : « », et qui annonce au lecteur que ce qu'il va lire est tiré d'un autre auteur.

GUILLEMETÉ, E, part. pass. de guillemeter.

GUILLEMETER, v. a. (gui-iemèté), mettre des guillemets.

GUILLERET, ETTE, adj. (gui-ierè, rète), gai, gaillard. éveillé, léger. Fam.

GUILLERI, s. m. (gui-ieri), chant du moineau.

GUILLOCHÉ, E, part. pass. de guillocher, et adj.

GUILLOCHER, v. a. (gui-ioché), faire des guillochis.

GUILLOCHIS, s. m. (gui-iochi), ornement formé par des traits entrelacés les uns dans les autres.

GUILLOTINE, s. f. (gui-iotine), instrument de supplice attribué faussement à un médecin nommé Guillotin.

GUILLOTINÉ, E, part. pass. de guillotiner.

GUILLOTINER, v. a. (gui-iotiné), trancher la tête au moyen de la guillotine.

GUIMAUVE, s. f. (guimóve) (ibiscomalva), plante.

GUIMBARDE, s. f. (guieinbarde) (fait par onomatopée), petit instrument de musique en acier; danse ancienne; long charriot.

GUIMPE, s. f. (guieinpe) (du lat. barbare guimpa, voile), morceau de toile avec lequel les religieuses se couvrent le cou et la gorge.

GUINDAGE, s. m. (guieindaje), action de guinder.

GUINDANT, s. m. (guieindan), hauteur d'un pavillon de vaisseau.

GUINDÉ, E, part. pass. de guinder, et adj, fig. forcé, affecté.

GUINDER, v. a. (guieindé) (de l'allemand winder), lever en haut par le moyen d'une machine. — V. pr., s'élever.

GUINÉE, s. f. (guiné), monnaie d'or en Angleterre qui vaut à peu près vingt-quatre francs quinze centimes; toile de l'Inde.

GUINGAN, s. m. (guieinguan), sorte de toile de coton.

GUINGOIS, s. m. (guieinguoa) (du v. guigner), ce qui n'est point droit.— de GUINGOIS, loc. adv., de travers.

GUINGUETTE, s. f. (*guicinguiète*), petit cabaret hors de la ville; *fig.* petite maison de campagne.

GUIPURE, s. f. (*guipure*), dentelle où il y a de la cartisane.

GUIRLANDE, s. f. (*guirlande*) (de l'italien *ghirlanda*), couronne, chapeau, festons en fleurs; ornement d'architecture.

GUISARME, s. f. (*guizarme*), hache à deux tranchants.

GUISE, s. f. (*guise*) (du teuton *weise*), manière, façon. — En GUISE de, adv. en manière de, en façon de.

GUITARE, s. f. (*guitare*) (de l'espagnol *guitarra*, fait de κιθάρα), instrument de musique à six cordes; coquille.

GUITARISTE, s. des deux g. (*guitaricete*), qui joue de la *guitare*; maître de *guitare*.

GUMÈNE, s. f. (*gumène*), t. de blas., câble d'une ancre.

GUSTATIF, TIVE, adj. (*gucetatif, tive*), qui sert au *goût*. — Il est aussi s. m.

GUSTATION, s. f. (*gucetácion*) (*gustatio*), sensation du *goût*, perception des saveurs.

GUTTE, s. f. (*gute*), substance solide qui se retire par l'incision d'un arbre.

GUTTURAL, E, adj. (*guteturale*), se dit des parties relatives au gosier; en t. de gramm., se dit des lettres qui se prononcent du gosier. — On l'emploie subst. au fém. — Au pl. m. *gutturaux*.

GYMNASE, s. m. (*jimenáse*) (γυμνάσιον, de γυμνός, nu), lieu où les Grecs s'exerçaient aux exercices athlétiques; établissement où l'on forme la jeunesse aux exercices du corps.

GYMNASIARQUE, s. m. (*jimenásiarke*) (γυμνάσιον, gymnase, et αρχή, commandement), chef du *gymnase*.

GYMNASTE, s. m. (*jimenacete*) (γυμναστής), officier du *gymnase*.

GYMNASTIQUE, s. f. (*jimenacetike*) (γυμναστική, de γυμνάζω, j'exerce), art d'exercer le corps. — Adj. des deux g., qui appartient aux exercices du corps.

GYMNIQUE, adj. des deux g. (*jimenike*) (γυμνικός, de γυμνός, nu), t. d'antiq., se dit des jeux publics où les athlètes combattaient nus. — S. f., art des athlètes.

GYMNOSOPHISTE, s. m. (*jimenocoficete*) (γυμνός, nu, et σοφός, sage), nom d'anciens philosophes qui allaient presque nus.

GYMNOSPERME, adj. des deux g. (*jimenoceperme*) (γυμνός, nu, et σπέρμα, semence), se dit des plantes dont les graines sont nues au fond du calice.

GYMNOSPERMIE, s. f. (*jimenocepèremi*), classe des plantes *gymnospermes*.

GYNANDRIE, s. f. (*jinandri*) (γυνή, femme, et ἀνήρ, ἀνδρός, homme), classe de plantes qui ont plusieurs étamines réunies.

GYNÉCÉE, s. m. (*jinécé*) (γυναικών, de γυνή, femme), t. d'hist. anc., appartement des femmes.

GYNÉCOCRATIE, s. f. (*jinékokraçi*) (γυναικοκρατία, de γυνή, femme, et κράτος, puissance), état où les femmes peuvent gouverner.

GYNÉCOCRATIQUE, adj. des deux g. (*jinékokratike*), qui a rapport à la *gynécocratie*.

GYPSE, s. m. (*jipce*) (*gypsum*) pierre à plâtre; sulfate de chaux.

GYPSEUX, EUSE, adj. (*jipceu, euse*), qui tient de la nature du *gypse*.

GYRATOIRE, adj. des deux g. (*jiratoare*) (γῦρος, cercle), t. de chir., qui va en rond.

GYROMANCIE, s. f. (*jiromanci*) (γῦρος, cercle, et μαντεία, divination), divination qui se pratiquait en marchant en rond.

GYROVAGUE, s. m. (*jirovague*) (γῦρος, cercle, et *vagari*, errer), nom de certains moines qui erraient de monastère en monastère.

Nota. Nous marquons d'un astérisque (*) les mots dans lesquels h initial s'aspire.

H, s. m. lorsque, suivant la méthode moderne, on prononce cette lettre comme une simple aspiration; et s. f. lorsqu'on l'appelle *ache*, suivant la prononciation ancienne. Huitième lettre de l'alphabet, et la sixième des consonnes.

*HA! (*A*), sorte d'interjection de surprise, d'étonnement, de colère.

HABEAS-CORPUS, s. m. (*abé-Acekorpuce*) (mots latins), loi anglaise qui donne la faculté d'être mis en liberté sous caution.

HABILE, adj. des deux g. (*abile*) (*habilis*), intelligent, adroit; en t. de jur., qui a droit.

HABILEMENT, adv. (*abileman*), d'une manière *habile*; avec *habileté*.

HABILETÉ, s. f. (*abileté*), capacité; adresse.

HABILITÉ, s. f. (*abilité*) (*habilitas*), t. de prat., aptitude.

HABILITÉ, E, part. pass. de *habiliter*.

HABILITER, v. a. (*abilité*), t. de jur., rendre *habile* à..., capable de...

HABILLAGE, s. m. (*abi-iaje*), préparation du gibier, etc., pour le rôtir.

HABILLÉ, E, part. pass. de *habiller*, et adj.

HABILLEMENT, s. m. (*abi-ieman*), vêtement, habit; action d'*habiller*.

HABILLER, v. a. (*abi-ié*), vêtir, mettre un *habit*; donner, faire un *habit*.

HABIT, s. m. (*abi*) (*habitus*, de *habere*, avoir), habillement, vêtement.

HABITABLE, adj. des deux g. (*abitable*), qui peut être habité.

HABITACLE, s. m. (*abitakle*)(*habitaculum*), habitation, demeure; t. de mar., armoire où l'on place la boussole, la lumière et l'horloge.

HABITANT, E, s. (*abitan, ante*) (*habitans* ou *habitator*), qui réside en quelque lieu; bourgeois, citoyen.—Adj., domicilié.

HABITATION, s. f. (*abitácion*) (*habitatio*), lieu où l'on demeure; maison, domicile.

HABITÉ, E, part. pass. de *habiter*, et adj.

HABITER, v. a. et n. (*abité*) (*habitare*), faire sa demeure, son séjour en quelque lieu.

HABITUDE, s. f. (*abitude*) (*habitudo*), accoutumance; disposition acquise par des actes réitérés; usage; air; tempérament.

HABITUÉ, E, part. pass. de *habituer*, et adj., accoutumé à.—S., qui fréquente assidûment.— S. m., ecclésiastique au service d'une paroisse.

HABITUEL, ELLE, adj. (*abituèle*), qui s'est tourné en *habitude*.

HABITUELLEMENT, adv. (*abituèleman*), par *habitude*.

HABITUER, v. a. (*abitué*), accoutumer, faire prendre une *habitude*.

*HÂBLER, v. n. (*âblé*) (de l'espagnol *hablar*, parler), parler avec vanterie; mentir.

*HÂBLERIE, s. f. (*âbleri*), vanterie.

*HÂBLEUR, EUSE, s. (*âbleur, euze*), qui hâble, qui se vante.

*HACHE, s. f. (*ache*) (*ascia*), instrument de fer tranchant; cognée.

*HACHÉ, E, part. pass. de *hacher*, et adj.

*HACHE-PAILLE, s. m. (*achepâ-le*), instrument propre à *hacher* la paille.

*HACHER, v. n. (*aché*), fendre avec la *hache*; couper en petits morceaux.

*HACHEREAU, s. m. (*acheró*), petite cognée ou *hache*.

*HACHETTE, s. f. (*achète*), outil pour *hacher* le plâtre; petite *hache*.

*HACHIS, s. m. (*achi*), ragoût de viande hachée.

*HACHOIR, s. m. (*achoar*), table sur laquelle on *hache* des viandes; couteau à *hacher*.

*HACHURE, s. f. (*achure*), dans le dessin, lignes ou traits qui se croisent.

*HAGARD, E, adj. (*aguar, arde*) (de l'allemand *hag*, forteresse), farouche, rude.

HAGIOGRAPHE, s. m. et adj. des deux g. (*ajiogurafe*), auteur de vies des saints.

HAGIOLOGIQUE, adj. des deux g. (*ajiolojike*) (αγιος, saint, et λογος, discours), qui concerne les saints, les choses saintes.

*HAHA, s. m. (*a-a*), ouverture au mur d'un jardin avec un fossé en dehors.

*HAHÉ, s. m. (*a-é*), cri pour arrêter les chiens de chasse qui prennent le change.

*HAÏ, E, part. pass. de *haïr*.

*HAIE, s. f. (*è*) (du lat. barbare *haia*), clôture de ronces, d'épines; pièce de bois qui règne tout le long de la charrue; fig. rangée.

*HAÏE, (*a-ie*), cri des charretiers pour animer leurs chevaux.

*HAILLON, s. m. (*á-ion*) (syncope du mot inus. *habillon*, pour *habit*), vieux lambeau de toile et d'étoffe.

*HAIM, s. m. (*ein*), crochet de l'hameçon.

*HAINE, s. f. (*ène*), inimitié; passion qui fait *haïr*; aversion, répugnance.

*HAINEUX, EUSE, adj. (*éneu, euze*), qui est naturellement porté à la *haine*.

*HAÏR, v. a. (*a-ir*) (*odisse*), avoir de la *haine*, de l'inimitié pour...; avoir en horreur.

*HAIRE, s. f. (*ère*) (de l'allemand *haar*, poil), chemisette de crin.

*HAÏSSABLE, adj. des deux g. (*a-içable*), qui mérite d'être *haï*, qu'on doit *haïr*.

*HALAGE, s. m. (*alaje*), action de *haler*, de tirer un bateau.

*HALBRAN, s. m. (*alebran*) (αλς, mer, et βρεθος, oiseau), jeune canard sauvage.

*HALBRENÉ, E, adj. (*alebrèné*), dont les plumes sont rompues; fig. déguenillé.

*HALBRENER, v. n. (*alebrené*), chasser aux halbrans.

*HÂLE, s. m. (*âle*), (αλεα, ardeur du soleil), état de l'air qui brunit le teint.

*HÂLÉ, E, part. pass. de *hâler*, et adj.

HALEINE, s. f. (*alène*) (*halitus*), air attiré et repoussé par les poumons.

*HALENÉ, E, part. pass. de *halener*.

*HALENÉE, s. f. (*alené*), respiration accompagnée d'une odeur désagréable.

*HALENER, v. a. (*alené*), t. de chasse, se dit des chiens qui sentent la bête.

*HALER, v. a. et n. (*alé*), exciter des chiens, des chevaux; tirer un bateau, etc.

*HÂLER, v. a. (*âlé*), rendre basané; dessécher le chanvre avant de le broyer.

*HALETANT, E, adj. (*aletan, ante*), qui halette, qui est essoufflé.

*HALETER, v. n. (*aleté*) (*halitare*, exhaler), être hors d'*haleine*.

*HALEUR, s. m. (*aleur*), celui qui *hale*, qui remonte un bateau avec un câble.

*HALITUEUX, EUSE, adj. (*alitueu, euze*), se dit de la peau lorsqu'elle est recouverte d'une douce moiteur.

*HALLAGE, s. m. (*alaje*), droit de *halle* pour les marchandises qu'on y étale.

HALLALI, s. m. (*alali*), cri de chasse qui annonce que le cerf est sur ses fins.

*HALLE, s. f. (*ale*) (de l'allemand *halle*, lieu couvert), place publique pour le marché.

*HALLEBARDE, s. f. (*alebarde*) (de l'allemand *hallebard*, hache des gardes), pique dont le haut est traversé d'un croissant de fer.

*HALLEBARDIER, s. m. (alebardié), sorte de garde à pied qui portait la hallebarde.

*HALLEBREDA, s. des deux g. (alebreda), homme grand et mal bâti; femme grande et mal faite.

*HALLIER, s. m. (alié), buisson épais; filet; garde d'une halle.

HALLUCINATION, s. f. (alelucinácion) (al-lucinatio, erreur), illusion; perception qu'on croit avoir et qu'on n'a pas réellement.

*HALO, s. m. (aló) (αλως), cercle autour des astres; aréole autour du mamelon.

*HALOIR, s. m. (aloar), lieu où l'on sèche le chanvre.

*HALOT, s. m. (aló), trou dans une garenne où se retirent des lapins.

*HALOTECHNIE, s. f. (alotékni) (αλς, αλως, sel, et τεχνη, art), partie de la chimie qui a pour objet les sels.

*HALTE, s. f. (alete) (de l'allemand halten, s'arrêter), pause des gens de guerre; t. militaire pour faire arrêter.

*HALURGIE, s. f. (alurji) (αλς, sel, et εργον, travail), art d'extraire ou de fabriquer les sels.

*HAMAC, s. m. (amak), lit formé par une forte toile qu'on suspend à deux points fixes.

HAMADRYADE, s. f. (amadri-ade) (αμα, ensemble, et δρυς, chêne), nymphe des bois.

*HAMEAU, s. m. (amó) (αμα, ensemble), petit nombre de maisons champêtres, écartées les unes des autres.

HAMEÇON, s. m. (ameçon) (hamus), petit crochet de fer qu'on garnit d'appât et qu'on met au bout d'une ligne pour pêcher.

*HAMPE, s. f. (anpe) (corruption du vieux mot hante), bois d'une hallebarde, etc.; manche d'un pinceau; tige herbacée.

*HAMSTER, s. m. (amcetère), genre de mammifères rongeurs.

*HAN, s. m. (an), sorte de caravansérail; sorte d'onomatopée servant à exprimer le cri sourd d'un homme qui fait un effort.

*HANAP, s. m. (anape), vase à boire.

*HANCHE, s. f. (anche) (du lat. barbare anca, fait de αγκων, pli), partie du corps humain dans laquelle est emboîté le haut de la cuisse; partie du flanc d'un vaisseau.—Au pl., train de derrière du cheval.

HANEBANE, s. f. (nnebane), plante.

*HANGAR. Voy. ANGAR.

*HANNETON, s. m. (aneton) (corruption du vieux mot alleton, fait du lat. ala, aile, et tonus, ton ou bruit), insecte volant.

*HANSCRIT, s. m. Voy. SANSCRIT.

*HANSE ou HANSE TEUTONIQUE, s. f. (ance) (du vieux mot allemand hanse, alliance), association de plusieurs villes qu'on nomme hanséatiques.

HANSÉATIQUE, adj. des deux g. (ancé-atike), se dit de certaines villes d'Allemagne unies ensemble pour le commerce.

*HANSIÈRE, s. f. (anciére), t. de mar., cordage pour amener à bord.

*HANTÉ, E, part. pass. de hanter.

*HANTER, v. a. et n. (anté) (de l'allemand hantieren), fréquenter.

*HANTISE, s. f. (antize), fréquentation; commerce familier. Vieux et pop.

*HAPPE, s. f. (ape), cercle de fer qui garnit un essieu; crampon; presse à la main.

*HAPPÉ, E, part. pass. de happer.

*HAPPELOURDE, s. f. (apelourde) (de happer, prendre, et lourd, pour lourdaud, sot), pierre fausse.

*HAPPER, v. a. (apé) (corruption du lat. capere, prendre), attraper, saisir.

*HAQUENÉE, s. f. (akené) (dimin. du vieux mot haque, cheval), cavale ou petite jument qui va l'amble.

*HAQUET, s. m. (akié) (dimin. du vieux mot haque, cheval), sorte de charrette.

*HAQUETIER, s. m. (aketié), conducteur d'un haquet.

*HARANGUE, s. f. (arangue) (ara, autel), discours fait à une assemblée, à une personne distinguée.

*HARANGUÉ, E, part. pass. de haranguer.

*HARANGUER, v. a. (aranguié), prononcer une harangue; fam., parler beaucoup.

*HARANGUEUR, EUSE, s. (aranguieur, euze), qui harangue; fam., grand parleur.

*HARAS, s. m. (ará) (du lat. barbare haracium, fait de hara, étable), lieu destiné à loger des étalons et des juments pour élever des poulains.

*HARAS, s. m. (ará), gros perroquet. Voy. ARA.

*HARASSÉ, E, part. pass. de harasser.

*HARASSER, v. a. (aracé) (αρασσω, frapper, heurter, froisser), lasser, fatiguer.

*HARCELÉ, E, part. pass. de harceler.

*HARCELER, v. a. (arcelé) (arcere, persécuter), provoquer; importuner; fatiguer par de fréquentes attaques.

*HARDE, s. f. (arde) (corruption de horde), troupe de bêtes fauves; lien pour les chiens.

*HARDÉ, E, part. pass. de harder.

*HARDER, v. a. (ardé), attacher des chiens quatre à quatre, ou six à six.

*HARDES, s. f. pl. (arde) (du mot fardeau), tout ce qui sert à l'habillement.

*HARDI, E, adj. (ardi) (ardens, ardent), courageux; effronté; imprudent, téméraire.

*HARDIESSE, s. f. (ardièce), courage; assurance; témérité; impudence.

*HARDIMENT, adv. (ardiman), avec hardiesse.

*HAREM, s. m. (arème) (mot arabe), lieu où sont renfermées les femmes chez les Turcs; ces femmes elles-mêmes.

* HARENG, s. m. (aran), petit poisson de mer fort connu.
HARENGAISON, s. f. (aranguizzon), temps de la pêche du hareng; cette pêche.
HARENGÈRE, s. f. (aranjère), femme qui vend des harengs et autres poissons.
* HARGNEUX, EUSE, adj. (argnieu, euse), qui est d'humeur querelleuse.
* HARICOT, s. m. (ariko), sorte de petite fève, plante qui la porte; ragoût.
HARIDELLE, s. f. (aridèle) (arida, maigre), méchant cheval maigre.
HARMONICA, s. m. (armonika), instrument de musique.
HARMONIE, s. f. (armoni) (αρμονια, accord, de αρω, je concerte), accord; effet agréable des divers sons; théorie des accords; genre de musique; fig. accord parfait; intelligence; union entre des personnes.
HARMONIER, v. a. (armonié), mot nouveau qui signifie: mettre en harmonie.
HARMONIEUSEMENT, adv. (armonieuzeman), avec harmonie.
HARMONIEUX, EUSE, adj. (armonieu, euze), plein d'harmonie; qui a de l'harmonie.
HARMONIQUE, adj. des deux g. (armonike), qui produit l'harmonie.
HARMONIQUEMENT, adv. (armonikeman), avec harmonie.
* HARNACHÉ, E, part. pass. de harnacher.
* HARNACHER, v. a. (arnaché), mettre à un cheval son harnais.
HARNAIS, s. m. (arnè) (de l'italien arnese), ce qui est nécessaire à l'équipement d'un cheval; armure complète.
* HARO, s. m. indéclinable (aro), t. de pratique dont on se servait pour faire arrêt.
se HARPAILLER, v. pr. (ce-arpaïé), se quereller avec aigreur. Vieux et fam.
* HARPE, s. f. (arpè) (harpa), instrument de musique à cordes; pierre d'attente qui sort du mur; coquille; espèce de pont-levis.
* HARPÉ, E, part. pass. de harper, et adj.: se dit d'un lévrier qui a l'estomac fort bas et le ventre fort élevé.
HARPÈGE. Voy. ARPÉGE.
HARPÉGER. Voy. ARPÉGER.
HARPER, v. a. (arpé) (αρπάζειν, ravir), serrer fortement avec les mains.—V. n., t. de man., se dit d'un cheval qui lève les jambes de derrière précipitamment et sans plier le jarret.
* HARPIE, s. f. (arpi) (αρπυια, de αρπάζειν, ravir), monstre fabuleux; fig. homme avide; femme méchante et criarde.
* HARPISTE, s. des deux g. (arpicte), qui pince de la harpe.
* HARPON, s. m. (arpon) (αρπαγη, de αρπάζειν, enlever), gros javelot attaché au bout d'une corde, etc.; forte pièce de fer.
* HARPONNÉ, E, part. pass. de harponner.

* HARPONNER, v. a. (arponé), darder ou accrocher avec le harpon.
* HARPONNEUR, s. m. (arponeur), pêcheur choisi pour lancer le harpon.
* HART, s. f. (are) (corruption du celtique éré, lien), lien d'osier dont on lie les fagots; corde pour pendre.
* HASARD, s. m. (azar) (du mot as, point unique au jeu de dés), risque, péril; cas fortuit, fortune; sort. — par HASARD, adv., par accident, fortuitement.
* HASARDÉ, E, part. pass. de hasarder, et adj., qui n'est pas bien fondé.
* HASARDER, v. a. (azardé), mettre, exposer au hasard; avancer témérairement.— V. pr., s'exposer au hasard.
* HASARDEUSEMENT, adv. (azardeuzeman), d'une manière hasardeuse; avec risque.
* HASARDEUX, EUSE, adj. (azardeu, euze), hardi, courageux; périlleux.
* HASE, s. f. (aze) (de l'allemand hase, lièvre), femelle du lièvre ou du lapin.
HAST, s. m. (acete) (hasta, lance): arme d'hast, arme au bout d'un long bâton. Inus.
HASTAIRE, s. m. (acetère) (hasta, pique), soldat armé d'une pique.
HASTE, s. f. (acete) (hasta, pique), javelot sans fer; ancien sceptre. Inus.
HASTÉ, E, adj. (aceté) (hasta, pique), se dit des feuilles échancrées à leur base.
* HÂTE, s. f. (âte), vitesse, diligence.
* HÂTÉ, E, part. pass. de hâter.
* HÂTER, v. a. (âté) (de l'allemand hasten), presser, accélérer.—V. pr., faire en diligence.
* HÂTEUR, s. m. (âteur) (du vieux mot hâte, broche), officier de cuisine. Inus.
* HÂTIER, s. m. (âtié), grand chenet de cuisine.
* HÂTIF, TIVE, adj. (âtif, tive), précoce, en parlant des fruits ou des fleurs.
* HÂTIVEAU, s. m. (âtivô), sorte de poire ou de raisin précoce.
* HÂTIVEMENT, adv. (âtiveman), d'une manière hâtive.
* HÂTIVETÉ, s. f. (âtiveté), précocité des fruits, des fleurs, etc. Vieux.
* HAUBAN, s. m. (ôban), t. de mar., gros cordage qui assure le mât.
* HAUBERGEON, s. m. (ôberjon), petit haubert.
* HAUBERT, s. m. (du lat. barbare halsberga, fait de l'allemand hals, cou, et bergen, couvrir), cuirasse ancienne; cotte de mailles.
* HAUSSE, s. f. (ôce), tout ce qui sert à hausser; augmentation du cours des changes et des effets publics.
* HAUSSÉ, E, part. pass. de hausser.
* HAUSSE COL, s. m. (ôcekol), plaque de cuivre doré que les officiers d'infanterie portent au cou lorsqu'ils sont de service.

*HAUSSEMENT, s. m. (óceman), action de hausser.

*HAUSSER, v. a. (ócé), rendre plus haut; lever en haut.—V. n., monter plus haut.

HAUSSIÈRE, s. f. (ócière), cordage.

*HAUT, s. m. (ó) (altus), élévation, hauteur; faîte, sommet.

*HAUT, E, adj. (ó, óte) (altus), élevé; éclatant; excellent; grand, magnanime; excessif.

*HAUT-À-BAS, s. m. (ótabá), petit mercier, porte-balle. Vieux.

*HAUT-À-HAUT, s. m. (óta-ó), cri de chasse pour appeler son camarade.

*HAUTAIN, E, adj. (ótein, tène), fier, superbe, orgueilleux.

*HAUTAINEMENT, adv. (ótèneman), d'une manière hautaine.

*HAUTBOIS, s. m. (óboa), instrument à vent; celui qui en joue.

*HAUT-BORD, s. m. (óbore), t. de mar.; vaisseau de haut-bord, grand vaisseau.

*HAUT-DE-CASSE, s. m. (ódekáce), partie supérieure de la casse d'imprimerie.

*HAUT-DE-CHAUSSES, s. m. (ódechóce), partie du vêtement de l'homme qui le couvre depuis la ceinture jusqu'aux genoux.

*HAUTE-CONTRE, s. f. (ótekontre), partie de la musique entre la taille et le dessus.

*HAUTE-LICE, s. f. (ótelice), sorte de tapisserie.

*HAUTEMENT, adv. (óteman), hardiment, résolument, avec hauteur; à force ouverte.

*HAUTE-PAIE, s. f. (ótepè), solde plus grande que la solde ordinaire.

*HAUTESSE, s. f. (ótèce), titre d'honneur qu'on donne au Grand-Seigneur.

*HAUTE-TAILLE, s. f. (ótetá-ie), voix moyenne entre la taille et la haute-contre.

*HAUTEUR, s. f. (óteur), étendue d'un corps en tant qu'il est haut; colline, éminence; profondeur; fig. fermeté, arrogance, fierté.

*HAUT-FOND, s. m. (ófon), t. de mar., lieu où la mer a peu de profondeur.

*HAUT-LE-CORPS, s. m. (ólekor), convulsion d'estomac très-forte.

*HAUT-MAL, s. m. sans pl. (ómal), le mal caduc.

*HAUTURIER, IÈRE, adj. (óturié, tère), se dit de la navigation en pleine mer.

*HÂVE, adj. des deux g. (áve), pâle, maigre, défiguré.

*HAVI, E, part. pass. de havir.

*HAVIR, v. a. et n. (avir) (aven), dessécher au feu, en parlant d'une viande.

*HÂVRE, s. m. (ávre) (du vieux mot gaulois aber, décharge d'un fleuve), port de mer.

*HÂVRE-SAC, s. m. (ávreçak) (mot allemand composé de haber, avoine, et de sake, sac), sac de soldat, d'ouvrier.

*HÉ! (é), sorte d'interjection qui sert principalement à appeler.

*HEAUME, s. m. (óme) (du bas-lat. helmus, fait de l'allemand hem), casque qui couvrait la tête et le cou; barre de gouvernail.

HEBDOMADAIRE, adj. des deux g. (èbedomadère) (εϐδομας, semaine), qui se renouvelle chaque semaine.

HEBDOMADIER, s. m. (èbedomadié), chanoine qui est de semaine pour officier.

HÉBÉ, s. m. (éϐé), insecte; plante.

HÉBERGE, s. f. (èbèreje), hauteur d'un bâtiment élevé contre un mur mitoyen. Vieux.

HÉBERGÉ, E, part. pass. de héberger.

HÉBERGER, v. a. (èbèrejé) (de l'allemand hebergen), recevoir, loger chez soi. Fam.

HÉBÉTÉ, E, part. pass. de hébéter, adj. et s., stupide.

HÉBÉTER, v. a. (éϐété), rendre bête.— V. pr., devenir stupide.

HÉBRAÏQUE, adj. des deux g. (ébra-ike), qui concerne l'hébreu.

HÉBRAÏSANT, s. m. (ébra-izan), se dit d'un savant qui s'attache à l'étude de l'hébreu.

HÉBRAÏSME, s. m. (ébra-iceme), façon de parler particulière à la langue hébraïque.

HÉBREU, s. et adj. m. (ébreu), langue hébraïque.

HÉCATOMBE, s. f. (ékatonbe) (εκατομϐη, de εκατον, cent, et ϐους, bœuf), sacrifice de cent victimes.

HECTARE, s. m. (éktare) (εκατον, cent, et du français are), cent ares.

HECTIQUE. Voy. ÉTIQUE.

HECTISIE. Voy. ÉTISIE.

HECTOGRAMME, s. m. (éktogurame) (εκατον, pour εκατον, cent, et γραμμα, gramme), poids de cent grammes.

HECTOLITRE, s. m. (óktolitre) (εκατον, pour εκατον, cent, et λιτρα, litre), mesure contenant cent litres.

HÉGIRE, s. f. (éjire) (mot arabe), ère des Mahométans.

HEIDUQUE, s. m. (éduke), fantassin hongrois; domestique vêtu à la hongroise.

HEIN (ein), interjection dont on accompagne une interrogation. Fam.

HÉLAS, (éláce), interjection de plainte.—Il s'emploie quelquefois comme s. m.

*HÉLER, v. a. (élé), parler à un vaisseau avec le porte-voix; appeler de loin.

HÉLIANTHE, s. m. (éli-ante) (ηλιος, soleil, et ανθος, fleur), plante nommée aussi soleil.

HÉLIANTHÈME, s. m. (éli-antème) (ηλιος, soleil, et ανθος, fleur), plante vulnéraire.

HÉLIAQUE, adj. des deux g. (éli-ake) (ηλιος, soleil), se dit d'un astre qui se lève ou se couche dans les rayons du soleil.

HÉLIASTE, s. m. (*éli-acete*)(ηλιαστης), t. d'hist. anc., nom de magistrat d'Athènes.

HÉLICE, s. f. (*élice*) (ελιξ, ce qui tourne en rond, de ειλεω, entourer), ligne tracée en forme de vis autour d'un cylindre; mollusque; tour intérieur de l'oreille; constellation.

HÉLICON, s. m. (*élikon*) (ελικων),montagne de Béotie consacrée à Apollon et aux muses.

HÉLIOCENTRIQUE, adj. des deux g. (*éli-o-centrike*)(ηλιος, soleil, et κεντρον, centre), dont le cercle est le soleil.

HÉLIOSCOPE, s. m. (*éli-oeckope*)(ηλιος, soleil, et σκεπω, je regarde), lunette pour regarder le soleil en affaiblissant sa lumière.

HÉLIOTROPE, s. m.(*éli-otrope*)(ηλιοτροπιον, de ηλιος, soleil, et τρεπω, je tourne), plante. — S. f., pierre précieuse semée de points jaunes.

HÉLIX, s. m. (*élikce*), le grand bord, le tour de l'oreille externe.

HELLANODICE ou HELLANODIQUE, s. m. (*èlelanodice,dike*)(ελλανοδικας,juge des Grecs), président des jeux olympiques.

HELLÉNIQUE, adj. des deux g. (*élelénikc*) (ελληνικος, de Ελλην, Grec), de Grèce.

HELLÉNISME, s. m. (*éleléniceme*)(ελληνισμος), expression propre à la langue grecque.

HELLÉNISTE, s. m.(*élelénicete*)(ελληνιστης), savant versé dans la langue grecque.

HÉLOSE, s. m. (*éloze*) (ειλησις, de ειλιω, je retourne), rebroussement des paupières.

HELVÉTIQUE, adj. des deux g. (*élevétike*), qui appartient à la nation suisse.

* HEM ! (*ème*), interjection dont on se sert pour appeler.

HÉMATITE, s. f. (*ematite*) (αιματιτης, de αιμα, sang),sanguine; oxyde de fer.

HÉMATOCÈLE, s. f.(*èmatocèle*)(αιμο,sang, et κηλη, tumeur), fausse hernie du scrotum.

HÉMATOSE, s. f. (*ématoze*) (αιμα, sang), action par laquelle le chyle se convertit en sang.

HÉMATURIE, s. f. (*ématuri*) (αιμα, sang, et ουρεω, j'urine), pissement de sang.

HÉMÉROCALLE, s. f. (*émérokale*) (ημερα, jour, et καλλος, beauté), plante.

HÉMI, (*émi*) (ημιοις, demi), mot qui entre dans la composition de divers termes de science et d'art, et qui signifie *demi*.

HÉMICYCLE, s. m. (*émicikle*) (ημικυκλος, de ημιοις, demi, et κυκλος, cercle), demi-cercle ; lieu formé en amphithéâtre.

HÉMINE, s. f. (*émine*) (ημιοις, demi), mesure des anciens ; mesure pour les grains.

HÉMIPLÉGIE ou HÉMIPLEXIE, s. f. (*émipléji, plèkeci*) (ημιοις, demi, et πλισσω, je frappe), paralysie de la moitié du corps.

HÉMIPTÈRE, s. m. et adj. des deux g. (*émipetère*) (ημιοις, demi, et πταρον, aile), ordre d'insectes dont les ailes sont recouvertes à moitié par des étuis, en partie coriaces.

HÉMISPHÈRE, s. m. (*émicefère*) (ημισφαιριον, de ημιοις, moitié, et σφαιρα, sphère), demi-globe ; moitié du globe terrestre.

HÉMISPHÉRIQUE, adj. des deux g. (*émiceférike*), qui est en forme d'*hémisphère*.

HÉMISTICHE, s. m. (*émiceticke*) (ημιοις, moitié, et στιχος, vers), moitié d'un vers.

HÉMOPTOÏQUE. Voy. HÉMOPTYSIQUE.

HÉMOPTYSIE, s. f. (*émopetizi*) (αιμα, sang, et πτυσις, crachement), crachement de sang.

HÉMOPTYSIQUE, adj. et s. des deux g. (*émopetizike*), qui crache le sang.

HÉMORRHAGIE, s. f. (*émoraji*) (αιμα, sang, et ρηγνυμι, rompre), perte de sang.

HÉMORRHOÏDAL, E, adj. (*émoro-idale*), qui a rapport aux *hémorrhoïdes*.— Au pl. m. *hémorrhoïdaux*.

HÉMORRHOÏDES, s. f. (*émoro-ide*)(αιμορ-ρυις, de αιμα, sang, et ρεω, je coule), écoulement de sang par les vaisseaux de l'anus.

HÉMORRHOÏSSE, s. f. (*émoro-ice*), femme malade d'un flux de sang.

HÉMOSTATIQUE, adj. des deux g. et s. m. (*émocetatike*) (αιμα, sang, et ιστημι, arrêter , remède qui arrête les *hémorrhagies*.

HENDÉCAGONE, s. m. et adj. des deux g. (*eindékaguóne*) (ενδεκα, onze, et γωνια, angle), figure géométrique qui a onze angles et onze côtés.

HENDÉCASYLLABE, s. et adj. des deux g. (*eindékacilelabe*) (ενδεκα, onze, et σιλλαβη, syllabe), vers de onze *syllabes*.

* HENNI, part. pass. de *hennir*.

* HENNIR, v.n. (*anir*) (*hinnire*), faire un *hennissement*.

* HENNISSEMENT, s. m. (*aniceman*)(*hinnitus*), cri naturel du cheval.

HÉPAR, s. m. (*épar*) (ηπαρ, foie), ancien nom du foie de soufre ou sulfure d'alcali.

HÉPATIQUE, adj.des deux g. (*épatike*)(ηπατικος, fait de ηπαρ, foie), qui concerne le foie.

HÉPATIQUE, s. f. (*épatike*), plante.

HÉPATITE ou HÉPATITIS, s. f. (*épatite, titice*) (ηπατιτις, de ηπαρ, foie), inflammation du foie ; pierre précieuse.

HEPTACORDE, adj. des deux g. (*èpetakorde*) (επτα, sept, et χορδη, corde), qui joue sur un instrument à sept cordes. — S. m., lyre à sept cordes.

HEPTAGONE, adj.des deux g. (*èpetaguone*)

(επτα, sept, et γωνια, angle), qui a sept côtés.
— S. m., place qui a sept bastions.

HEPTAMÉRON, s. m. (èpetaméron) (επτα, sept, et ημερα, jour), ouvrage divisé en sept journées.

HEPTANDRIE, s. f. (èpetandri) (επτα, sept, et ανηρ, ανδρος, homme), classe de plantes.

HÉRALDIQUE, adj. des deux g. (èraldikè), qui concerne le héraut; qui regarde le blason.

*HÉRAUT, s. m. (èrô) (du lat. barbare heraldus, formé de l'allemand herald, gendarme), officier dont la charge était de faire les défis publics, de déclarer la guerre, etc.

HERBACÉ, E, adj. (èrebacé), se dit des plantes qui périssent après la fructification.

HERBAGE, s. m. (èrebaje), toutes sortes d'herbes; pré qu'on ne fauche jamais.

HERBE, s. f. (èrebe) (herba), toute plante qui perd sa tige en hiver.

HERBÉ, E, part. pass. de herber, et adj.

HERBEILLER, v. n. (èrebè-ié), t. de vèn., se dit du sanglier qui va paître l'herbe.

HERBER, v. a. (èrebé), exposer sur l'herbe.

HERBETTE, s. f. (èrebète), herbe courte et menue.

HERBEUX, EUSE, adj. (èrebeu, euze), se dit des lieux où il croit de l'herbe.

HERBIER, s. m. (èrebié), collection de plantes desséchées; panse des ruminants.

HERBIÈRE, s. f. (èrebière), vendeuse d'herbes.

HERBIVORE, s. m. et adj. des deux g. (èrebivore) (herba, herbe, et vorare, manger), famille d'insectes qui vivent de végétaux.

HERBORISATION, s. f. (èreborizacion), action d'herboriser.

HERBORISÉ, E, part. pass. de herboriser et adj., qui offre des figures de plantes.

HERBORISER, v. n. (èreborizé), chercher des herbes, des plantes dans la campagne.

HERBORISEUR, s. m. (èreborizeur), qui aime à herboriser.

HERBORISTE, s. des deux g. (èreboricete), qui vend des herbes; qui connaît les simples.

HERBU, E, adj. (èrebu), couvert d'herbe.

HERCOTECTONIQUE, s. f. (èrekotèktonikè) (ερχος, mur, et τεκτονικη, art de bâtir), art de fortifier, de retrancher, etc.

HERCULE, s. m. (èrekule), dieu de la fable auquel on attribuait la force du corps; constellation; fig. homme très-vigoureux.

*HÈRE, s. m. (èrè) (de l'allemand herr, seigneur), t. de mépris, homme sans mérite, sans considération; jeu de cartes.

HÉRÉDITAIRE, adj. des deux g. (èréditère) (hæreditarius), qui vient par succession.

HÉRÉDITAIREMENT, adv. (èréditèreman), par droit d'hérédité.

HÉRÉDITÉ, s. f. (èrédité) (hæreditas), droit de succession; biens dont on hérite.

HÉRÉSIARQUE, s. m. (èréziarke) (αιρεσις, hérésie, et αρχος, chef), auteur d'une hérésie.

HÉRÉSIE, s. f. (èrézi) (αιρεσις, secte), erreur condamnée par l'église.

HÉRÉTICITÉ, s. f. (èréticité), qualité d'une proposition condamnée par l'église.

HÉRÉTIQUE, adj. des deux g. (èrétikè), qui appartient à l'hérésie. — S., qui professe une hérésie.

*HÉRISSÉ, E, part. pass. de hérisser, et adj., se dit des plantes couvertes de poils rudes.

*HÉRISSER, v. a. (èricé), se dit des animaux qui dressent leur poil et leurs plumes; garnir de choses aiguës. — V. pr., se dit du poil et des plumes qui se dressent.

*HÉRISSON, s. m. (èriçon), petit animal couvert d'un poil long et hérissé; roue dentelée; poutre garnie de pointes de fer.

*HÉRISSONNÉ, E, adj. (èriçoné), t. de blas., ramassé et accroupi.

HÉRITAGE, s. m. (èritaje) (du lat. barbare hæritaginum, fait d'hæres, héritier), ce qui vient par succession.

HÉRITER, v. n. et a. (èrité), recueillir une succession.

HÉRITIER, IÈRE, s. (èritié, ière) (hæres, hæredis), qui hérite.

HERMANDAD (SAINTE-), s. f. (èremandade), inquisition en Espagne.

HERMAPHRODISME, s. m. (èremafrodiceme), état d'hermaphrodite.

HERMAPHRODITE, s. et adj. des deux g. (èremafrodite) (ερμαφροδιτος, de Ερμης, Mercure, et Αφροδιτη, Vénus), qui a ou qui paraît avoir les deux sexes.

HERMÉNEUTIQUE, adj. des deux g. (èreméneutike) (ερμενευτικη, de ερμηνεω, j'explique), qui sert à expliquer l'Écriture-Sainte.

HERMÈS, s. m. (èremèce) (Ερμης), gaine portant une tête de Mercure.

HERMÉTIQUE, adj. des deux g. (èremétike) qui a rapport au grand-œuvre; se dit d'une colonne surmontée d'un Hermès.

HERMÉTIQUEMENT, adv. (èremétikeman) fermé hermétiquement, scellé par le moyen du feu, bien fermé.

HERMINE, s. f. (èremine) (Αρμενιος, Arménien), petit animal blanc; sa fourrure.

HERMINÉ, adj. (èreminé), t. de blas., moucheté de noir, comme les fourrures d'hermine.

HERMINETTE, s. f. (èreminète), sorte de petite hache dont le fer est courbe.

*HERNIAIRE, adj. des deux g. (èrenière), qui a rapport aux hernies; se dit d'un chirurgien qui s'attache à la cure des hernies.

*HERNIE, s. f. (èreni) (hernia), t. de chir., descente de boyaux.

HERNIOLE ou HERNIAIRE, s. f. (èreniole,

éronière), f. de bot., turquette; plante bonne pour guérir les *hernies*, les plaies, etc.

HERNUTE, s. propre m. (*èrenute*), nom de sectaires chrétiens réunis en société religieuse.

HÉRODIEN, s. propre m. (*érodiein*), nom de sectaires chez les juifs.

HÉROÏ-COMIQUE, adj. des deux g. (*éro-i-komike*), qui tient de l'*héroïque* et du *comique*.

HÉROÏDE, s. f. (*éro-ide*) (ηρως, de ηρος, héros); épître en vers composée sous le nom d'un *héros* ou d'un personnage fameux.

HÉROÏNE, s. f. (*éro-ine*) (ηρωινη), femme pleine de courage et de fermeté.

HÉROÏQUE, adj. des deux g. (*éro-ike*)(ηρωικος), qui appartient au *héros*.

HÉROÏQUEMENT, adv. (*éro-ikeman*), d'une manière *héroïque*.

HÉROÏSME, s. m. (*éro-iceme*), ce qui est propre et particulier au *héros*; grandeur d'âme.

HÉRON, s. m. (*éron*)(ερωδιος ou ερωδιος), oiseau aquatique qui vit de poisson.

HÉRONNEAU, s. m. (*éronó*), petit *héron*.

HÉRONNIER, IÈRE, adj. (*éronié, ière*), se dit d'un oiseau dressé à la chasse du *héron*.

HÉRONNIÈRE, s. f. (*éronière*), lieu où les *hérons* font leurs petits, où on les élève.

HÉROS, s. m. (*éró*)(ηρως), chez les païens, né d'une divinité et d'une personne mortelle, guerrier d'une valeur extraordinaire; homme rempli de grandeur d'âme; principal personnage d'un poëme, d'un évènement.

HERPES-MARINES, s. f. pl. (*érepemariné*) (du vieux mot gaulois *harpir*, prendre, richesses que la mer jette sur les côtes.

HERSAGE, s. m. (*èrçaje*), action de *herser*.

HERSE, s. f. (*èrcè*) (ερπιαρ, clôture), instrument de labourage pour recouvrir les semis; grand chandelier en triangle; grille qui se lève et s'abaisse selon les occasions.

HERSÉ, E, part. pass. de *herser*, et adj., en t. de blas., dont la *herse* est abattue.

HERSER, v. a. (*èrcé*), passer la *herse* dans un champ.

HERSEUR, s. m. (*èreceur*), celui qui *herse*.

HÉSITATION, s. f. (*ésitâcion*) (*hæsitatio*), action d'*hésiter*; embarras, incertitude.

HÉSITER, v. a. (*ézité*) (*hæsitare*, de *hærere*, rester immobile), être embarrassé, incertain, indécis.

HÉTÉROCLITE, adj. des deux g. (*étéroklite*)(ετεροκλιτος), qui s'écarte des règles communes; fig. irrégulier, bizarre.

HÉTÉRODOXE, adj. des deux g. (*étérodokce*) (ετερος, autre, et δοξα, opinion), contraire à la vraie doctrine en matière de religion.

HÉTÉRODOXIE, s. f. (*étérodokci*), opposition aux sentiments *orthodoxes*.

HÉTÉROGÈNE, adj. des deux g. (*étérojène*) (ετερογενης, de ετερος, autre, et γενος, genre), qui est de différente nature.

HÉTÉROGÉNÉITÉ, s. f. (*étérojéné-ité*), qualité, état de ce qui est *hétérogène*.

HÉTÉROSCIEN, s. m. (*étérociein*) (ετερος, autre, et σκια, ombre), nom d'habitants des zônes tempérées, qui ont les ombres contraires.

HETMAN ou HETMANN, s. m. (*ètemane*), titre de dignité chez les Cosaques.

HÊTRE, s. m. (*ètre*), grand arbre.

HEUR, s. m. (*eure*) (*hora*, heure), bonne fortune, chance heureuse. Vieux.

HEURE, s. f. (*eure*) (*hora*), vingt-quatrième partie du jour, divisée en soixante minutes.

HEUREUSEMENT, adv. (*eureuzeman*), d'une manière *heureuse*.

HEUREUX, EUSE, adj. (*eureu, euzè*) (du mot *heur*), qui jouit du bonheur; favorisé de la fortune; qui contribue au bonheur; qui est favorable, propice; excellent, rare.

HEURT, s. m. (*eurte*), choc, coup donné ou reçu en *heurtant* contre quelque chose.

HEURTÉ, E, part. pass. de *heurter*.

HEURTER, v. a. (*eurté*) (du flamand *hurten*), toucher ou rencontrer rudement; fig. blesser, choquer, contredire.—V. n., frapper contre; frapper à la porte.

HEURTOIR, s m. (*eurtoar*), marteau pour *heurter* à une porte.

HEXAÈDRE, s. m. et adj. des deux g. (*èguesa-èdre*)(εξ, six, et εδρα, siège), corps régulier à six faces; cube.

HEXAGONE, s. m. et adj. des deux g. (*èguesaguone*) (εξ, six, et γωνια, angle), qui a six angles et six côtés.

HEXAMÈTRE, s. m. et adj. des deux g. (*èguezamètre*) (εξ, six, et μετρον, mesure), qui a six mesures ou six pieds.

HEXANDRIE, s. f. (*èguezandri*) (εξ, six, et ανηρ, ανδρος, mari), classe de plantes.

HEXAPLES, s. m. pl. (*èguezaple*) (εξ, six, et απλοω, j'explique), ouvrage en six colonnes qui contient six versions grecques de la Bible.

HIATUS, s. m. (*iátuce*) (*hiare*, bâiller), heurt causé par la rencontre de deux voyelles.

HIBOU, s. m. (*ibou*) (*bubo*), oiseau nocturne appelé aussi *chat-huant cornu*.

HIC, s. m. (*ike*), le nœud, la principale difficulté d'une affaire. Fam.

HIDALGO, s. m. (*idalguó*) (mot espagnol), titre des nobles d'Espagne qui se prétendent descendus de l'ancienne race chrétienne.

HIDEUR, s. f. (*ideur*), qualité de ce qui est *hideux*.

HIDEUSEMENT, adv. (*ideuzeman*), d'une manière *hideuse*.

HIDEUX, EUSE, adj. (*ideu, euze*) (*hispidus*, hérissé), horrible à voir, affreux, dégoûtant.

* **HIE**, s. f. (*i*) (*hiare*, bailler), instrument pour enfoncer le pavé, nommé aussi *demoiselle*; instrument pour enfoncer les pilotis.

HIÈBLE, s. f. (*ièble*) (*ebulus*), sorte d'herbe à longues tiges.

HIER, adv. (*ière*) (*heri*), jour qui précède celui où l'on est; *fig.* temps récemment écoulé.

* **HIÉRARCHIE**, s. f. (*i-érarchi*) (ιερος, sacré, et αρχη, empire), ordre et subordination des neuf chœurs des anges, des divers degrés de l'état ecclésiastique, et, par extension, de toutes sortes de pouvoirs ou de rangs subordonnés les uns aux autres.

* **HIÉRARCHIQUE**, adj. des deux g. (*i-érarchike*), qui appartient à la *hiérarchie*.

* **HIÉRARCHIQUEMENT**, adv. (*i-érarchikeman*), en *hiérarchie*.

HIÉRATIQUE, adj. des deux g. (*i-ératike*)(ιερος, sacré), qui concerne les choses sacrées.

HIÉROGLYPHE, s. m. (*i-éroguelife*) (ιερος, sacré, et γλυφω, je grave), caractère symbolique et mystérieux.

HIÉROGLYPHIQUE, adj. des deux g.(*i-éroguelifike*), qui tient de l'*hiéroglyphe*.

HIÉRONIQUE, adj. des deux g. (*i-éronike*)(ιερονικης, de ιερος, sacré, et νικη, victoire), t. d'antiq., se dit de certains jeux chez les Romains.—S., les vainqueurs dans ces jeux.

HIÉROPHANTE, s. m (*i-érofante*) (ιεροφαντης, de ιερος, sacré, et φαινω, je brille), pontife qui présidait aux mystères d'Éleusis, qui révélait les choses sacrées.

HILARITÉ, s. f. (*ilarité*) (*hilaritas*), joie douce et calme; gaieté subite.

HILE, s. m. (*ile*) (*hilum*), ombilic de la graine.

HIPPIATRIQUE, s. f. (*ipepiatrike*) (ιππος, cheval, et ιατρικη, médecine), art de connaître les maladies des chevaux et autres animaux.

HIPPOCENTAURE, s. m. (*ipepoçantore*)(ιππος, cheval, κεντρον, je pique, et ταυρος, taureau), centaure.

HIPPOCRAS. Voy. HYPOCRAS.

HIPPOCRÈNE, s. f. (*ipepokrène*) (ιππος, cheval, et κρηνη, fontaine), fontaine du mont Hélicon, qui était consacrée aux Muses.

HIPPODROME, s. m. (*ipepodrome*) (ιππος, cheval, et δρομος, course), lice pour les courses de chevaux et de chars.

HIPPOGRIFFE, s. m. (*ipepoguerife*) (ιππος, cheval, et *gryphus*, griffon), monstre fabuleux, moitié cheval et moitié griffon.

HIPPOLITHE, s. f. (*ipepolite*) (ιππος, cheval, et λιθος, pierre), pierre jaune qu'on trouve dans la vessie d'un cheval.

HIPPOMANE, s. m. (*ipepomane*) (ιππομανης), liqueur qui s'écoule de la vulve d'une jument en chaleur; arrière-faix de la jument.

HIPPOPOTAME, s. m. (*ipepopotame*) (ιπποποταμος, fait de ιππος, cheval, et ποταμος, fleuve), animal amphibie commun en Afrique.

HIRONDELLE, s. f. (*irondèle*) (*hirundo*), oiseau de passage; poisson de mer; coquillage.

HISPIDE, adj. des deux g. (*icepide*) (*hispidus*), t. de méd., velu, couvert de poil.

* **HISSÉ**, E, part. pass. de *hisser*.

* **HISSER**, v. a. (*icé*), hausser, faire monter.

HISTOIRE, s. f. (*icetoare*) (*historia*), récit des faits donnés pour vrais; récit des choses et des actions dignes de mémoire; récit d'aventures particulières.

HISTORIAL, E, adj. (*icetorial-ale*), qui contient quelques points d'*histoire*.

HISTORIÉ, E, part. pass. de *historier*, et adj., orné, enjolivé.

HISTORIEN, IENNE, s. (*icetoriein*, *ièvne*), qui écrit l'*histoire*.

HISTORIER, v. a. (*icetorié*), enjoliver de divers petits ornements.

HISTORIETTE, s. f. (*icetoriète*), petite *histoire*; récit d'une chose peu importante.

HISTORIOGRAPHE, s. m. (*icetori-ografe*) (ιστορια, histoire, et γραφω, j'écris), qui est chargé d'écrire l'*histoire* du temps.

HISTORIQUE, adj. des deux g. (*icetorike*), qui est de l'*histoire*.—S. m., détail des faits *historiques*.

HISTORIQUEMENT, adv. (*icetorikeman*), d'une manière *historique*.

HISTRION, s. m. (*icetri-on*) (*histrio*), farceur, bouffon; mauvais comédien.

HIVER, s. m. (*ivère*) (du lat. barbare *hibernum*, pour *hiems*), saison la plus froide.

HIVERNAGE, s. m. (*ivèrenaje*), temps que l'on passe en relâche pendant l'*hiver*; labour donné avant l'*hiver*.

HIVERNAL, E, adj. (*ivèrenale*), qui est d'*hiver*. — Au pl. m. *hivernaux*.

HIVERNER, v. n. (*ivèrené*), passer l'*hiver* en quelque lieu.—V. pr., s'endurcir au froid.

* **HO !** sorte d'interjection qui marque l'admiration, et quelquefois l'improbation, l'étonnement, la menace.

* **HOBEREAU**, s. m. (*oberô*) (du gallois *hobel*, faucon), petit oiseau de proie; *fig.* petit gentilhomme de campagne.

* **HOC**, s. m. (*ok*), jeu de cartes.

* **HOCA**, s. m. (*oka*), jeu de hasard.

* **HOCHE**, s. f. (*oche*), coche, entaillure.

* **HOCHÉ**, part. pass. de *hocher*.

* **HOCHEMENT**, s. m. (*ocheman*), action de *hocher* la tête.

* **HOCHE-PIED**, s. m. (*ochepié*), oiseau qu'on jette seul après le héron.

* **HOCHE-POT**, s. m. (*ochepô*), ragoût.

* **HOCHE-QUEUE**, s. m. (*ochekieu*), bergeronnette, oiseau qui remue toujours la *queue*.

*HOCHER, v. a. (oché) (de l'anglais schake, secouer); secouer, branler.
*HOCHET, s. m. (oché) (de hocher), joujou d'enfant; chose futile qui flatte quelque passion.
HOGNER, v. n. (ognié), gronder, murmurer, se plaindre. Pop.
HOIR, s. m. (oar) (hæres, héritier), en t. de prat., héritier. Il ne s'emploie qu'au pl.
HOIRIE, s. f. (oari) (de hoir), héritage.
*HOLÀ! (ola), interjection qui sert à appeler. — Adv., tout beau, c'est assez. — S. m., mettre le holà, apaiser une querelle.
*HOLLANDÉ, E, part. pass. de hollander.
*HOLLANDER, v. a. (olandé), passer une plume par des cendres chaudes.
HOLOCAUSTE, s. m. (olokôcete)(ολοκαυστος, de ολος, entier, et καιω, je brûle), sacrifice où la victime était entièrement consumée par le feu; la victime ainsi sacrifiée.
*HOM! (ome), exclamation qui marque la défiance.
*HOMARD, s. m. (omar), grosse écrevisse de mer.
HOMBRE, s. m. (onbre) (de l'espagnol hombre, homme), jeu de cartes; celui qui fait jouer.
HOMÉLIE, s. f. (oméli) (ομιλια, entretien), instruction chrétienne; fig. discours ennuyeux.
HOMÉOPATHE, s. m. (omé-opate), médecin qui suit le système de l'homéopathie.
HOMÉOPATHIE, s. f. (omé-opati) (ομοιος, semblable, et παθος, affection), système médical de la guérison par les semblables.
HOMÉOPATHIQUE, adj. des deux g. (omé-opatike), de l'homéopathie.
HOMICIDE, s. m. (omicide) (homicidium, de homo, homme, et cædere, tuer), meurtre; meurtrier.—Adj. des deux g., qui tue.
HOMICIDER, v. a. (omicidé), tuer. Vieux.
HOMMAGE, s. m. (omaje) (du lat. barbare hommagium, fait de homo, homme), devoir du vassal envers son seigneur; fig. soumission, vénération, respect; offrande.
HOMMAGÉ, E, adj. (omajé), t. de féodalité, qui est tenu en hommage.
HOMMAGER, s. et adj. m. (omajé), celui qui devait hommage au seigneur du fief.
HOMMASSE, s. et adj. des deux g. (omace), se dit d'une femme dont les traits, la voix, tiennent plus de l'homme que de la femme.
HOMME, s. m. (ome) (homo), animal raisonnable; espèce humaine; le sexe masculin.
HOMOCENTRIQUE, adj. des deux g. (omoçantrike) (ομοκεντρις), concentrique.
HOMOGÈNE, adj. des deux g. (omojène) (ομος, pareil, et γενος, genre), de même nature.
HOMOGÉNÉITÉ, s. f. (omojéné-ité), qualité de ce qui est homogène.
HOMOLOGATION, s. f. (omologâcion), action d'homologuer.

HOMOLOGUE, adj. des deux g. (omologue) (ομος, pareil, et λογος, rapport), se dit des côtés qui, dans des figures semblables, se correspondent et sont opposés à des angles égaux.
HOMOLOGUÉ, E, part. pass. de homologuer.
HOMOLOGUER, v. a. (omologué), approuver, confirmer par autorité de justice.
HOMONYME, adj. des deux g. (omonime) (ομος, pareil, et ονυμα, nom), de même nom.
HOMONYMIE, s. f. (omonimi), ressemblance de noms à double sens.
HOMOPHONIE, s. f. (omofoni) (ομος, semblable, et φωνη, voix), concert de plusieurs voix qui chantent à l'unisson.
*HONCHETS. Voy. JONCHETS.
*HONGRE, adj. et s. m. (onguere), cheval châtré. On les amenait autrefois de Hongrie.
*HONGRÉ, E, part. pass. de hongrer.
*HONGRER, v. a. (onguéré), châtrer un cheval.
*HONGROYEUR, s. m. (onguero-ieur), ouvrier qui façonne le cuir de Hongrie.
HONNÊTE, adj. des deux g. (onète) (honestus), vertueux; bienséant, convenable; plein d'honneur; civil, gracieux, affable.
HONNÊTEMENT, adv. (onèteman) (honestè), avec civilité, avec honneur.
HONNÊTETÉ, s. f. (onèteté) (honestas), bienséance; civilité; manière d'agir obligeante, pudeur, modestie.
HONNEUR, s. m. (oneur) (honor), témoignage, démonstration de respect, etc.; vertu, probité; gloire, réputation.— Au pl., dignités; places honorables.
*HONNI, E, part. pass. de honnir, et adj.
*HONNIR, v. a. (onir) (de l'allemand honen, se moquer), couvrir de honte; déshonorer.
HONORABLE, adj. des deux g. (onorable) (honorabilis), qui fait honneur; splendide.
HONORABLEMENT, adv. (onorableman), d'une manière honorable, splendide.
HONORAIRE, adj. des deux g. (onorère), qui a les honneurs d'une place sans en exercer les fonctions.
HONORAIRE, s. m. (onorère), salaire des médecins, des avocats, etc.
HONORÉ, E, part. pass. de honorer.
HONORER, v. a. (onoré) (honorare), rendre honneur et respect.
ad HONORES, loc. adv. (adonorèce), à titre d'honneur, sans émoluments. Fam.
HONORIFIQUE, adj. des deux g. (onorifike) (honorificus), qui procure des honneurs.
*HONTE, s. f. (onte) (de l'italien onta), confusion; déshonneur.
*HONTEUSEMENT, adv. (onteuzeman), avec honte et ignominie.
*HONTEUX, EUSE, adj. (onteu, euze), qui a de la honte; qui cause de la honte.
HÔPITAL, s. m. (ôpitale) (hospitium, lieu

destiné à recevoir les étrangers), maison fondée pour les pauvres malades ou sains.
*HOQUET, s. m. (okiè) (du flamand *hick*), mouvement convulsif du diaphragme.
*HOQUETON, s. m. (oketon) (ο χιτων, la casaque) casaque d'archer ; archer. Vieux.
HORAIRE, adj. des deux g. (orère) (*hora*, heure), qui a rapport aux *heures.*
*HORDE, s. f. (orde) (du tartare *ort* ou *orda*, famille), peuplade errante.
*HORION, s. m. (orion) coup déchargé sur la tête ou sur les épaules. Vieux.
HORIZON, s. m. (orizon) (ορίζω, qui termine), cercle qui coupe la sphère en deux parties ; ce qui sépare la partie du ciel que nous voyons d'avec celle que nous ne voyons pas.
HORIZONTAL, E, adj. (orizontale), qui est parallèle à l'*horizon*.—Au pl. m. *horizontaux.*
HORIZONTALEMENT, adv. (orizontaleman), dans une situation *horizontale.*
HORLOGE, s. f. (orloje) (ωρολογιον, de ωρα, heure, et λεγω, j'annonce), machine pour marquer et sonner les heures.
HORLOGER, ÈRE, s. (orlojé, jère), qui fait ou vend des *horloges* et des montres.
HORLOGERIE, s. f. (orlojeri), commerce, trafic et métier d'*horlogerie.*
*HORMIS, prép. (ormi), hors, excepté, comme qui dirait *mis hors* ou *en dehors.*
HOROGRAPHIE, s. f. (orograraﬁ) (ωρα, heure, et γραφω, je trace), gnomonique.
HOROSCOPE, s. m. (orocekope) (ωρα, heure, et σκοπεω, je considère), prédiction de la destinée d'après l'inspection des astres au moment de la naissance.
HORREUR, s. f. (orereur) (*horror*, de *horrere*, se hérisser), terreur ; saisissement de l'âme qui la fait frémir ; saisissement de crainte ; détestation ; énormité ; personne, chose fort laide.— Au pl., choses déshonorantes.
HORRIBLE, adj. des deux g. (oreriblé) (*horribilis*), qui fait *horreur* ; extrême ; excessif.
HORRIBLEMENT, adv (oreribleman), d'une manière *horrible.*
HORRIPILATION, s. f. (oreripilacion) (*horripilatio*, de *horrere*, se hérisser, et *pilus*, poil), hérissement des cheveux.
*HORS, prép. (or) (*foris*, dehors) ; elle marque exclusion ; hormis, excepté.
*HORS-D'OEUVRE, s. m (ordeuvre), pièce détachée ; digression.— Au pl., petits plats qu'on sert avec le potage.
HORTENSIA, s. m. (ortansia) (*hortensis*, de jardin, fait de *hortus*), plante.
HORTICULTEUR, s. m. (ortikuleteur), celui qui s'occupe d'*horticulture.*
HORTICULTURE, s. f. (ortikuleture) (*hortus*, jardin, et *colere*, cultiver), art de cultiver les jardins.
HOSPICE, s. m. (ocepice) (*hospitium*, de *hospes*, hôte), maison de charité ; hôpital.

HOSPITALIER, IÈRE, adj. et s. (ocepitalié, ière) (*hospitalis*), qui exerce l'*hospitalité.*
HOSPITALITÉ, s. f. (ocepitalité) (*hospitalitas*), vertu qui consiste à recevoir et à retirer chez soi les étrangers et les passants.
*HOSPODAR, s.m. (ocepodar), titre de certains princes vassaux du grand seigneur.
HOSTIE, s. f. (ocetí) (*hostia*), victime ; pain que le prêtre consacre.
HOSTILE, adj. des deux g. (ocetile) (*hostilis*), qui concerne ; qui annonce la guerre.
HOSTILEMENT, adv. (ocetileman) (*hostiliter*), d'une manière *hostile* ; en ennemi.
HOSTILITÉ, s. f. (ocetilité) (*hostilitas*, de *hostis*, ennemi), acte d'ennemi.
HÔTE, ESSE, s. (ôte, ôtesse) (*hospes*, *hospitis*), qui tient auberge ou cabaret ; qui donne l'hospitalité ; qui la reçoit ; *fig.* habitant.
HÔTEL, s.m. (ôtèle) (*hospitale*), grande maison, demeure somptueuse ; maison garnie.
HÔTEL-DIEU, s.m. (ôtèledieu), maison fondée pour les pauvres malades.
HÔTELIER, IÈRE, s. (ôtelier, ière), qui tient une *hôtellerie.*
HÔTELLERIE, s. f. (ôtèleri), maison où on loge et mange pour de l'argent.
*HOTTE, s. f. (ote) (de l'allemand *huten*, couvrir), panier qu'on porte sur le dos.
*HOTTÉE, s. f. (oté), *hotte* pleine de quelque chose ; plein une *hotte.*
*HOTTEUR, EUSE, s. (oteur, euze), qui porte la *hotte.*
*HOUBLON, s. m. (oublon) (mot flamand), plante qui entre dans la composition de la bière.
*HOUBLONNÉ, E, part. pass. de *houblonner.*
*HOUBLONNER, v. a. (oubloné), mettre du houblon dans la bière.
*HOUBLONNIÈRE, s.f. (oublonière), champ planté de *houblon.*
*HOUE, s. f. (ou) (*upupa*, huppe), instrument propre à remuer la terre.
*HOUÉ, E, part. pass. de *houer.*
*HOUER, v. a. et n. (ou-é), labourer à la *houe*, avec la *houe.*
*HOUILLE, s. f. (ou-ie), sorte de charbon de terre.
*HOUILLER, ÈRE, adj. (ou-ié, ière), qui tient de la *houille*, qui renferme de la *houille.*
*HOUILLÈRE, s. f. (ou-ière), mine de houille.
*HOUILLEUR, s. m. (ou-ieur), ouvrier qui travaille dans les mines de *houille.*
*HOUILLEUX, EUSE, adj. (ou-ieu, euze), qui contient de la *houille.*
*HOULE, s. f. (oule), vagues longues et hautes après une tempête.
*HOULETTE, s. f. (oulète) (*agolum*), bâton de berger ; outil de jardinier.
*HOULEUX, EUSE, adj. (ouleu, euze), se dit de la mer agitée par la *houle.*
*HOUPPE, s. f. (oupe) (de *huppe*), touffe de fils, etc., en bouquets.

*HOUPPÉ, E, part. pass. de *houpper.*
*HOUPPELANDE, s. f. (*oupelande*), sorte de casaque à manches courtes.
*HOUPPER, v. a. (*oupé*), faire en *houppe*; en t. de chasse, appeler son compagnon.
*HOURAILLER, v. n. (*ourâ-ié*), chasser avec des *hourets*.
*HOURAILLIS, s. m. (*ourâ-ie-i*), meute de mauvais chiens de chasse.
*HOURDAGE, s. m. (*ourdaje*), maçonnage grossier avec du mortier et du plâtre.
*HOURDÉ, E, part. pass. de *hourder*.
*HOURDER, v. a. (*ourdé*), maçonner gros sièrement.
*HOURDIS, s. m. (*ourdi*), première couche de gros plâtre qu'on met sur un lattis.
*HOURET, s. m. (*ouré*), mauvais chien de chasse.
*HOURI, s. f. (*ouri*) (de l'arabe *hour-al-ouy-youn*, grands yeux noirs), nom des femmes que *Mahomet* a placées dans son paradis.
*HOURQUE, s. f. (*ourke*), bâtiment hollandais de soixante à cinq cents tonneaux.
*HOURRA, s. m. (*ourera*), cri de guerre des Cosaques, etc.; cri de joie en Angleterre.
*HOURVARI, s. m. (*ourvari*), cri du chasseur qui rappelle ses chiens; grand bruit.
*HOUSARD, s. m. (*ouzar*). Voy. HUSSARD.
*HOUSÉ, E, adj. (*ouzé*), crotté. Inus.
*HOUSEAUX, s. m. pl. (*ouzò*) (du lat. barbare *hoselium*), espèce de guêtres. Vieux.
*HOUSPILLÉ, E, part. pass. de *houspiller*.
*HOUSPILLER, v. a. (*oucepi-ié*), maltraiter quelqu'un en le tiraillant. Fam.
*HOUSSAGE, s. m. (*oucaje*), action de housser; fermeture d'ais à un moulin à vent.
*HOUSSAIE, s. f. (*oucé*), lieu où il croît quantité de houx.
*HOUSSARD, s. m. (*ouçar*). Voy. HUSSARD.
*HOUSSE, s. f. (*ouce*) (*ursa*, ourse), couverture de cheval, de meubles; garniture de lit.
*HOUSSÉ, E, part. pass. de *housser*, et adj.
*HOUSSER, v. a. (*oucé*), nettoyer avec un *houssoir*.
*HOUSSINE, s. f. (*oucine*), baguette de houx, ou d'un autre arbre.
*HOUSSINÉ, E part. pass. de *houssiner*.
*HOUSSINER, v. a. (*ouciné*), fouetter, frapper avec une *houssine*. Pop.
*HOUSSOIR, s. m. (*oucoar*), balai de houx ou d'autre branchage; balai de plumes.
*HOUSSON. Voy. HOUX.
*HOUX, s. m. (*ou*), arbre toujours vert.
*HOYAU, s. m. (*oè-iô*), sorte de *houe* à deux fourchons pour creuser la terre.
*HUARD, s. m. (*uar*), aigle de mer.
*HUBLOT, s. m. (*ubló*), petit sabord.
*HUCHE, s. f. (*uche*), grand coffre de bois où l'on pétrit le pain et où on le serre.
*HUCHER, v. a. (*uché*), appeler à haute voix ou en sifflant. Vieux.
*HUCHET, s. m. (*uchè*), espèce de cornet

avec lequel on appelle ou l'on avertit de loin.
*HUE (*u*), t. de charretier pour faire tourner les chevaux à droite.
*HUÉ, E, part. pass. de *huer*.
*HUÉE, s. f. (*ué*) (onomatopée), cri ou bruit pour effrayer le loup; *fig.* cris de dérision.
*HUER, v. a. (*ué*), faire des *huées* après un loup; *fig.* crier après quelqu'un. — V. n. (*ululare*), crier; en parlant d'un hibou.
HUETTE. Voy. HULOTTE.
*HUGUENOT, OTE, s. et adj. (*uguenó*, *note*) (du mot suisse *eidgnossen*, alliés en la foi), sobriquet donné en France aux calvinistes.
*HUGUENOTE, s. f. (*uguenote*), petit fourneau avec une marmite dessus.
*HUGUENOTISME, s. m. (*uguenotisme*), doctrine et sentiments des *huguenots*.
*HUHAU (*u-ó*), le même que *hue*.
HUI, adv. de temps (*ui*) (par corruption de *hodié*); il servait à marquer le jour où l'on est.
HUILE, s. f. (*uile*) (*oleum*), liqueur grasse et onctueuse tirée de diverses substances.
HUILÉ, E, part. pass. de *huiler*, et adj.
HUILER, v. a. (*uilé*), oindre, frotter avec de l'huile; mettre de l'huile sur quelque chose.
HUILEUX, EUSE, adj. (*uileu*, *euse*), qui tient de la nature de l'huile.
HUILIER, s. m. (*uilié*), vase où l'on met de l'huile.
HUIS, s. m. (*ui*) (*ostium*), porte. Vieux.
HUISSERIE, s. f. (*uiceri*), pièces de bois qui forment l'ouverture d'une porte.
HUISSIER, s. m. (*uicié*) (de *huis*), officier qui garde la porte; officier de justice.
*HUIT, adj. numéral (*uite*; le *t* final ne se prononce que devant les voyelles, ou lorsque *huit* n'est pas suivi de son substantif), nombre pair contenant deux fois quatre.
*HUITAIN, s. m. (*uitein*), stance de *huit* vers.
*HUITAINE, s. f. (*uitène*), espace de *huit* jours.
*HUITIÈME, s. et adj. des *deux g.* (*uitième*), nombre ordinal de *huit*.
*HUITIÈMEMENT, adv. (*uitièmeman*), en *huitième* lieu.
HUÎTRE, s. f. (*uitre*) (*ostreum*), genre de mollusques à coquille bivalve.
HUÎTRIER, s. m. (*uitrié*), genre d'oiseaux échassiers qui vivent d'*huîtres*, etc.
*HULAN. Voy. UHLAN.
*HULOTTE, s. f. (*ulote*) (*ulula*), espèce de hibou.
HUMAIN, E, adj. (*umein*, *mène*) (*humanus*), qui concerne l'homme; qui a de l'humanité, bienfaisant. — Subst. au pl. m., les hommes.
HUMAINEMENT, adv. (*umènoman*) (*humanè*), suivant le pouvoir de l'homme.
HUMANISÉ, E, part. pass. de *humaniser*.
HUMANISER, v. a. (*umanizé*), rendre plus humain, plus doux. — V. pr., devenir plus doux.

HUMANISTE, s. m. (umanicete), celui qui fait ses humanités; celui qui les enseigne.

HUMANITÉ, s. f. (umanité)(humanitas), la nature humaine; les hommes en général; bonté, sensibilité, douceur.—Au pl., études.

HUMBLE, adj. des deux g. (eunble) (humilis), qui a de l'humilité; respectueux; médiocre; simple.—S. m., celui qui a de l'humilité.

HUMBLEMENT, adv. (eunbleman) (humiliter), avec humilité, avec soumission.

HUMECTANT, E, adj. (umèktan, ante) (humectans), qui humecte, qui rafraîchit. — On emploie aussi subst. au m.

HUMECTATION, s. f.;(umèktácion) (humeotare, humecter), action d'humecter.

HUMECTÉ, E, part. pass. de humecter.

HUMECTER, v. a. (umèkté) (humectare, de humidus, humide), rendre humide, mouiller.

* HÛME, E, part. pass. de humer.

* HUMER, v. a. (umé) (humere), avaler un liquide en retirant son haleine.

HUMÉRAL, E, adj. (umérale), qui a rapport à l'humérus.—Au pl. m. huméraux.

HUMÉRUS, s. m. (uméruce) (mot tout latin), os du bras qui s'attache à l'épaule.

HUMEUR, s. f. (umeur) (humor), substance ténue et fluide de quelque corps que ce soit; qualité du tempérament; disposition d'esprit; fantaisie, caprice.

HUMIDE, s. m. (umide), l'opposé du sec. — Humide radical, humeur lymphatique qui abreuve toutes les fibres du corps.

HUMIDE, adj. des deux g. (umide) (humidus), qui a de l'humidité, qui est mouillé.

HUMIDEMENT, adv. (umideman) (humidè), avec humidité.

HUMIDITÉ, s. f. (umidité), qualité de ce qui est humide. — Au pl., humeurs, sérosité.

HUMILIANT, E, adj. (umilian, ante)!, qui humilie, qui donne de la confusion.

HUMILIATION, s. f. (umiliácion) (humiliatio), action par laquelle on s'humilie, on est humilié; état d'une personne humiliée.

HUMILIÉ, E, part. pass. de humilier.

HUMILIER, v. a. (umilié)(humiliare), abaisser, mortifier, donner de la confusion. — V. pr., s'abaisser.

HUMILITÉ, s. f. (umilité), vertu par laquelle on s'humilie soi-même; sentiment intérieur de sa propre faiblesse; soumission.

HUMORAL, E, adj. (umorale), qui vient des humeurs.—Au pl. m. humoraux.

HUMORISTE, adj. et s. des deux g. (umoricete), qui a de l'humeur. Fam.—S. m., médecin galéniste.

HUMUS, s. m. (umuce) (mot latin), couche de terre végétale qui enveloppe notre globe.

* HUNE, s. f. (une), t. de mar., guérite qui est au bout du grand mât.

* HUNIER, s. m. (unié), mât qui porte la hune; voile du mât de hune; filet.

* HUPPE, s. f. (upe) (upupa), oiseau; touffe de plumes qui est sur la tête de cet oiseau et de quelques autres.

* HUPPÉ, E, adj. (upé), qui a une huppe; fig. riche, notable. Fam.

* HURE, s. f. (ure) (du vieux mot français hurepé, hérissé), tête d'un sanglier, d'un saumon, d'un thon; grosse brosse.

* HURHAU! (uró), le même que hue.

* HURLEMENT, s. m. (urleman)(ululatus), cri prolongé de quelques animaux carnassiers.

* HURLER, v. n. (urlé) (de l'italien urlare, fait du lat. ululare), pousser des hurlements.

HURLUBERLU, adv. (urelubèrelu) (onomatopée), brusquement, inconsidérément. Pop. — S. et adj. m., étourdi, inconsidéré.

* HUSSARD, s. m. (uçar), cavalier hongrois; corps de cavalerie légère.

* HUTTE, s. f. (ute) (de l'allemand hütte, maisonnette), petite cabane.

* HUTTER, v. a. (uté), t. de mar., amener les vergues.—V. pr., se loger dans des huttes.

HYACINTHE, s. f. (i-aceinte) (ιαχινθος), fleur printanière; pierre précieuse.

HYADES, s. f. pl. (i-ade)(υαδες, de υειν, pleuvoir), constellation.

HYBRIDE, s. m. et adj. des deux g. (ibride) (υβρις, υβριδος, animal dont le père et la mère sont de deux espèces différentes), qui est né de deux espèces différentes; en t. de gramm., se dit d'un mot tiré de deux langues.

HYDATISME, s. m. (idaticeme) (υδατισμος, gén. de υδωρ, eau), bruit causé par la fluctuation des humeurs contenues dans un abcès.

HYDRAGOGUE, s. m. (idraguogue) (υδωρ, eau, et αγω, je chasse), médicament qui chasse les sérosités.

HYDRATE, s. m. (idrate) (υδωρ, υδατος, eau), combinaison d'oxyde et d'eau.

HYDRATÉ, E, adj. (idraté) (υδωρ, υδατος, eau), combiné avec l'eau.

HYDRAULIQUE, adj. des deux g. (idrôlike), qui enseigne à conduire, à élever les eaux; que l'eau fait mouvoir.—S. f., science hydraulique.

HYDRE, s. f. (idre) (υδρος, de υδωρ, eau), serpent d'eau douce; serpent fabuleux.

HYDROCÈLE, s. f. (idrocèle) (υδρκηλη, de υδωρ, eau, et κηλη, tumeur), tumeur du scrotum causée par des humeurs aqueuses.

HYDROCÉPHALE, s. f. (idrocéfale) (υδρκεφαλη, de υδωρ, eau, et κεφαλη, tête), hydropisie de la tête.

HYDROCHLORATE, s. m. (idroklorate), sel formé d'acide hydrochlorique et d'une base quelconque.

HYDROCHLORIQUE, adj. des deux g. (idroklorike), se dit d'un acide formé de chlore et d'hydrogène.

HYD   HYP   305

HYDROCOTYLE, s. f. (*idrokotile*) (υδωρ, eau, et κοτυλη, écuelle), plante aquatique.

HYDRODYNAMIQUE, s. f. (*idrodinamike*) (υδωρ, eau, et δυναμις, force), science des lois du mouvement des fluides.

HYDROGÈNE, s. m. et adj. des deux g. (*idrojène*) (υδωρ, eau, et γενναω, j'engendre), principe générateur de l'eau.

HYDROGÉNÉ, E, adj. (*idrojéné*), tenant de l'*hydrogène*.

HYDROGRAPHE, s. m. (*idroguerafe*), celui qui est versé dans l'*hydrographie*.

HYDROGRAPHIE, s. f. (*idroguerafi*) (υδωρ, eau, et γραφω, je décris), description des eaux, des mers; art de naviguer.

HYDROGRAPHIQUE, adj. des deux g.(*idroguerafike*), de l'*hydrographie*.

HYDROLOGIE, s. f. (*idroloji*) (υδωρ, eau, et λογος, discours), traité des eaux.

HYDROMEL, s. m. (*idromèle*) (υδρομελι, de υδωρ, eau, et μελι, miel), breuvage composé d'eau et de miel.

HYDROMÈTRE, s. m. (*idromètre*) (υδωρ, eau, et μετρον, mesure), instrument pour mesurer la pesanteur, la force et les autres propriétés de l'eau; insecte.

HYDROMÉTRIE, s. f. (*idrométri*), science qui traite des propriétés des eaux.

HYDROPHOBE, s. et adj. des deux g. (*idrofobe*), qui a les liquides en horreur; enragé.

HYDROPHOBIE, s f. (*idrofobi*) (υδροφοβεια de υδωρ, eau, et φοβος, crainte), horreur de l'eau, symptôme de la rage; la rage elle-même.

HYDROPIQUE, adj. et s. des deux g. (*idropike*) (υδρωπικος), qui a une *hydropisie*.

HYDROPISIE, s. f. (*idropizi*) (υδρωψ, de υδωρ, eau, et ωψ, aspect), tumeur aqueuse contre nature.

HYDROPNEUMATIQUE, s. m. et adj. des deux g. (*idropeneumatike*) (υδωρ, eau, et πνευμα, air), se dit d'un appareil pour recueillir le gaz.

HYDROSCOPE, s. m. (*idrocekope*) (υδροσκοπος, de υδωρ, eau, et σκοπεω, j'examine), qui prétend avoir la faculté de sentir les émanations des eaux souterreines; horloge d'eau.

HYDROSCOPIE, s. f. (*idrocekopi*) (même étym.), divination par le moyen de l'eau; faculté de l'*hydroscope*.

HYDROSTATIQUE, s.f.(*idrocetatike*)(υδωρ, eau, et στατικη, statique), science de la pesanteur des liquides.—Il est aussi adj. des deux g.

HYDROSULFATE ou **HYDROSULFURE**, s. m. (*idroculefate, fure*), combinaison de l'*hydrogène sulfuré* avec une base.

HYDROSULFURIQUE, adj. des deux g. (*idroculefurike*), se dit d'un acide tiré de l'*hydrogène sulfuré*.

HYDROTIQUE, adj. des deux g. et s m. (*idrotike*) (υδωρ, eau), sudorifique.

HYDRURE, s. m. (*idrure*). nom de toutes les combinaisons de l'*hydrogène* avec les terres, les alcalis, les métaux.

HYÉMAL, E, adj. (*i-émale*) (*hiemalis*), de l'hiver. — Au pl. m. *hyémaux*.

HYÈNE, s. f. (*i-ène*) (υαινα), animal féroce.

HYGIÈNE, s. f. (*ijiène*) (υγιεια, fém. de υγιεινος, sain), partie de la médecine qui a pour objet la conservation de la santé.

HYGIÉNIQUE, s. f. (*ijiénike*), médecine préservative. — Adj. des deux g., de l'*hygiène*.

HYGROMÈTRE ou **HYGROSCOPE**, s. m. (*igueromètre*) (υγρος, humide, et μετρον, mesure), instrument pour mesurer les divers degrés de sécheresse ou d'humidité de l'air.

HYGROMÉTRIE, s. f. (*iguerométri*), mesure du degré d'humidité de l'air.

HYGROMÉTRIQUE, adj. des deux g. (*iguerométrike*), se dit des corps sensibles à l'humidité de l'air.

HYMEN, s. m. (*imein*) (υμην, membrane), petite membrane aux parties naturelles des filles vierges; divinité de la fable qui présidait au mariage; mariage.

HYMÉNÉE, s. m. (*iméné*) (υμεναιος), le même qu'*hymen*.

HYMÉNOPTÈRE, s. m. (*iménoptère*) (υμην, membrane, et πτερον, aile), ordre d'insectes.

HYMNE, s. m. et f. (*imene*) (υμνος), cantique en l'honneur de la divinité. Il est fém. quand on parle des hymnes d'église.

HYOÏDE, adj m. (*i-o-ide*)(υιοδης), se dit d'un petit os fourchu situé à la racine de la langue.

HYPALLAGE, s. f. (*ipalaje*) (υπαλλαγη, changement), changement dans la construction d'une phrase.

HYPER (*ipère*) (υπερ, au-dessus), prép. grecque qu'on joint à quelques mots pour leur donner quelque chose au-delà de leur signification.

HYPERBATE, s. f. (*ipèrebate*) (υπερβατον), renversement de l'ordre des mots dans le discours.

HYPERBOLE, s.f.(*iperebole*) (υπερβολη, excès), figure qui consiste à exagérer au-delà même de la vraisemblance; en géom., section d'un cône.

HYPERBOLIQUE, adj. des deux g. (*ipèrebolike*), qui tient de l'*hyperbole*.

HYPERBOLIQUEMENT, adv. (*ipèrcbolikéman*), d'une manière *hyperbolique*.

HYPERBORÉE, adj. des deux g. (*ipèreboré*) (υπερ, par-dessus, et βορεας, borée), se dit des

20

nations des pays du Nord. On dit aussi et mieux, *hyperboréen, enne.*

HYPERCRITIQUE, s. et adj. m. (*ipèrekritike*) (υπερ, au-delà, et κριτικος, critique), censeur outré, *critique* qui ne pardonne rien.

HYPERDULIE, s. f. (*ipèreduli*) (υπερ, au-dessus, et δουλεια, servitude), culte qu'on rend à la sainte Vierge.

HYPÈTHRE, s. m. (*ipètre*)(υπαιθρος, de υπο, sous, et αιθρα, air), temple, édifice découvert et exposé à l'air.

HYPNOTIQUE, adj. des deux g. (*ipenotike*) (υπνωτικος, fait de υπνοω, je fais dormir), qui provoque le sommeil.

HYPO (*ipo*) (υπο, dessous), prép. grecque qu'on joint à quelques mots français, et qui marque en général abaissement, diminution.

HYPOCHONDRE, s. m. (*ipokondre*) (υπο, χονδρια, de υπο, sous, et χονδρος, cartilage), parties latérales du bas-ventre; *fig.* homme bizarre.

HYPOCHONDRIAQUE, s. et adj. des deux g. (*ipokondri-ake*), malade dont l'indisposition vient du vice des *hypochondres*; *fig.* bizarre, atrabilaire.

HYPOCHONDRIE, s. f. (*ipokondri*), affection *hypochondriake*.

HYPOCRAS, s. m. (*ipokrace*) (υπο, sous, et κρασις, mélange), breuvage fait avec du vin, du sucre et de la cannelle.

HYPOCRISIE, s. f. (*ipokrizi*) (υποκρισις, de υποκρινομαι, feindre), fausse apparence de la piété, de la vertu, de la probité.

HYPOCRITE, s. et adj. des deux g. (*ipokrite*), qui a de l'*hypocrisie*; faux dévôt.

HYPOGASTRE, s. m. (*ipogacetre*) (υπο, sous, et γαστηρ, ventre), partie inférieure du bas-ventre.

HYPOGASTRIQUE, adj. des deux g. (*ipoguacetrike*), qui appartient à l'*hypogastre.*

HYPOGÉE, s. f. (*ipojé*) (υπογειον, de υπο, sous, et γη, terre), lieu souterrein où les Grecs et les Romains déposaient leurs morts.

HYPOGLOSSE, s. et adj. m. (*ipogueloce*) (υπογλωσσιος), se dit des nerfs qui rendent la langue l'organe du goût.

HYPOSTASE, s. f (*ipocetase*) (υποστασις), t. de théolog.. suppôt, personne ; t. de méd., sédiment des urines.

HYPOSTATIQUE, adj. des deux g. (*ipocetatike*), qui tient de l'*hypostase.*

HYPOSTATIQUEMENT, adv. (*ipocetatikeman*), d'une manière *hypostatique.*

HYPOTHÉCAIRE, adj. des deux g. (*ipotékière*), qui a ou donne le droit d'*hypothèques.*

HYPOTHÉCAIREMENT, adv. (*ipotékièreman*), par une action *hypothécaire.*

HYPOTÉNUSE, s. f. (*ipoténuze*) (υπο, sous, et τεινω, je tends), côté opposé à l'angle droit dans un triangle rectangle.

HYPOTHÈQUE, s. f. (*ipotèke*) (υποθηκη, de υπο, sous, et τιθημι, je place), droit d'un créancier sur les immeubles affectés à la sûreté de sa dette; autrefois sorte de liqueur.

HYPOTHÉQUÉ,E,part.pass.de *hypothéquer.*

HYPOTHÉQUER, v. a. (*ipotékié*), donner pour *kypothèque*; soumettre à l'*hypothèque.*

HYPOTHÈSE, s. f. (*ipotèze*) (υποθεσις), de υποτιθημι, supposer), supposition; système.

HYPOTHÉTIQUE, adj. des deux g. (*ipotétike*), fondé sur une *hypothèse.*

HYPOTHÉTIQUEMENT, adv. (*ipotétikeman*), d'une manière *hypothétique.*

HYPOTYPOSE, s. f. (*ipotipôze*)(υποτυπωσις, de υποτυπω, je peins), en t. de rhét., description vive et animée.

HYSSOPE et non **HYSOPE**, s. f. (*içope*) (υσσωπις), plante d'une odeur très-aromatique.

HYSTÉRIE, s. f. (*icetéri*) (υστερα, utérus), affection *hystérique.*

HYSTÉRIQUE, adj. des deux g. (*icetérike*) (υστερικος), qui a rapport à l'utérus.

HYSTÉRITE ou **HYSTÉRITIS**, s. f. (*icetérite*) (υστερα, utérus), maladie de l'utérus.

HYSTÉROCÈLE, s. f. (*icetérocèle*) (υστερα, utérus, et κηλη, tumeur), descente causée par le passage de la matrice à travers le péritoine.

HYSTÉROLITHE, s. f. (*icetérolite*) (υστερα, utérus, et λιθος, pierre), sorte de pierre figurée.

HYSTÉROTOME, s. m. (*icetérotome*) (υστερα, utérus, et τομευς, coupeur, de τεμνω, je coupe), instrument propre à ouvrir le col de l'utérus.

HYSTÉROTOMIE, s. f.(*icetérotomi*)(υστερα, utérus, et τομη, incision), dissection de l'utérus; opération césarienne.

HYSTRICITE, s. f. (*icetricite*) (υστριξ, porc-épic), bézoard du porc-épic.

I, s. m., neuvième lettre et troisième voyelle de l'alphabet français. Lettre numérale qui vautun.

IAMBE, s. et adj. m. (i-anbe) (ιαμϐος), pied de vers grec ou latin, composé d'une brève et d'une longue ; vers composé d'iambes.

IAMBIQUE, adj. des deux g. (i-anbike), qui concerne le vers iambe.

IATRIQUE, adj. des deux g. (i-atrike) (ιατρικη, médecine), qui appartient à la médecine.

IATROCHIMIE, s. f. (i-atrochimi) (ιατρος, médecin, et χειμεια, chimie), art de guérir par des remèdes chimiques.

IATROPHYSIQUE, s. f. (i-atrofizike) (ια-τρεια, je guéris, et φυσικη, physique), physique médicale. — Il est aussi adj. des deux g.

IBÉRIDE, s. f. (ibéride), plante.

IBIDEM, sorte d'adv. (ibidème), mot latin qui signifie au même lieu, dans le même endroit, dans la même page, ou, la même chose.

IBIS, s. m. (ibice), oiseau qui dévore les serpents, espèce de courlis.

ICELUI, ICELLE, adj. (icelui, cèle), celui, celle dont on a parlé auparavant. Vieux.

ICHNEUMON, s. m. (ikneumon) (ιχνευμων), quadrupède de la grosseur d'un chat ; insecte.

ICHNOGRAPHIE, s. f. (iknograſi (ιχνος,

trace, et γραφω, je décris), plan horizontal et géométral d'un édifice.

ICHNOGRAPHIQUE, adj. des deux g. (*iknoguerafike*), qui appartient à l'*ichnographie*.

ICHOR, s. m. (*ikor*) (ιχωρ, sang aqueux), sérosité âcre.

ICHOREUX, EUSE, adj. (*ikoreu, euze*), séreux et âcre.

ICHOROÏDE, s. f. (*ikoro-ide*) (ιχωρ, sanie, et ειδος, forme); sueur semblable à la sanie.

ICHTHYITE, s. f (*ikti-ite*) (ιχθυς, poisson), pierre où l'on trouve une cavité qui a la figure d'un poisson.

ICHTHYODONTE, s. m. (*ikti-odonte*) (ιχθυς, poisson, et οδους, οδοντος, dent), dent de poisson pétrifiée.

ICHTHYOLITHE, s. m. (*ikti-olite*) (ιχθυς, poisson, et λιθος, pierre), poisson pétrifié, pierre chargée d'empreintes de poissons.

ICHTHYOLOGIE, s. f. (*ikti-oloji*) (ιχθυς, poisson, et λογος, discours), histoire naturelle des poissons.

ICHTHYOLOGIQUE, adj. des deux g. (*ikti-olojike*), qui concerne l'*ichthyologie*.

ICHTHYOLOGISTE, s. m. (*ikti-olojicete*), qui s'occupe de l'*ichthyologie*.

ICHTHYOPHAGE, s. et adj. des deux g. (*ikti-ofaje*) (ιχθυς, poisson, et φαγω, je mange), qui ne mange que du poisson.

ICHTHYOSE, s. f. (*ikti-oze*), dartre qui affecte le cuir chevelu.

ICI, adv. de lieu (*ici*), en ce lieu-ci, en cet endroit. — ICI-BAS, adv., dans ce bas monde.

ICOGLAN, s. m. (*ikoguelan*), page du grand-seigneur.

ICONOCLASTE, s. m. (*ikonoklacete*) (εικων, image, et κλαω, je brise), nom d'une secte d'hérétiques du huitième siècle qui brisaient les images des saints.

ICONOGRAPHE, s. m. (*ikonoguerafe*), qui s'occupe de l'*iconographie*.

ICONOGRAPHIE, s. f. (*ikonografi*) (εικων, image, et γραφω, je décris), description des images, des tableaux, etc.

ICONOGRAPHIQUE, adj. des deux g. (*ikonoguerafike*), qui appartient à l'*iconographie*.

ICONOLATRE, s. m. (*ikonolâtre*) (εικων, image, et λατρις ou λατρις, adorateur), adorateur des images.

ICONOLOGIE, s. f. (*ikonoloji*) (εικων, image, et λογος, discours), explication des images, des monuments figurés.

ICONOMAQUE, s. m. (*ikonomake*) (εικων, image, et μαχιοθαι, combattre), qui combat le culte des images.

ICONOSTROPHE, s. m. (*ikonocetrofe*)(εικων, image, et στρεφω, je renverse), instrument d'optique qui montre les objets renversés.

ICOSAÈDRE, s. m. (*ikoza-èdre*) (εικοσι, vingt, et εδρα, base), corps solide et régulier qui a vingt faces.

ICOSANDRIE, s. f. (*ikozandri*) (εικοσι, vingt, et ανηρ, ανδρος, homme), classe de plantes à vingt étamines.

ICTÈRE, s. m. (*iktère*) (ικτερος, de ικταρ, subitement), débordement de bile qui cause la jaunisse.

ICTÉRIQUE, adj. des deux g. (*iktérike*), qui a la jaunisse; propre à guérir la jaunisse.

IDE, s. m. (*ide*), poisson d'eau douce; t. du jeu de piquet.

IDÉAL, E, adj. (*idé-ale*), qui n'est qu'en idée; chimérique.—S. m., dans les beaux-arts, résultat de plusieurs perceptions qu'on unit dans la pensée, mais dont l'assemblage n'existe pas dans la nature.

IDÉE, s. f. (*idé*) (ιδεα, de ειδω, je vois), notion que l'esprit se forme de quelque chose; mémoire; vision; pensée; esquisse.

IDEM, sorte d'adv. (*idème*), mot latin qui signifie *le même*.

IDENTIFIÉ, E, part. pass. de *identifier*.

IDENTIFIER, v. a. (*identifié*) (*idem*, le même, et *facere*, faire), comprendre deux choses sous une même idée. — V. pr., confondre son existence avec celle d'un autre.

IDENTIQUE, adj. des deux g. (*idantike*) (*idem*, le même), qui est le même.

IDENTIQUEMENT, adv. (*idantikeman*), d'une manière *identique*.

IDENTITÉ, s. f. (*idantité*) (*idem*, le même), qualité qui fait que deux ou plusieurs choses n'en font qu'une.

IDÉOLOGIE, s. f. (*idé-oloji*) (ιδεα, idée, et λογος, discours), science des facultés intellectuelles de l'homme.

IDÉOLOGIQUE, adj. des deux g. (*idé-olojike*), qui a rapport à l'*idéologie*.

IDÉOLOGUE, s. m. (*idé-ologue*), celui qui s'occupe d'*idéologie*.

IDES, s. f. pl. (*ide*) (*idus, iduum*), à Rome, le quinzième jour de mars, mai, juillet et octobre, et le treizième des autres mois.

IDIOME, s. m. (*idi-ôme*) (ιδιωμα, propriété, de ιδιος, particulier), langue propre à une nation; langage d'une partie d'une nation.

IDIOPATHIE, s. f. (*idi-opati*) (ιδιος, propre, et παθος, affection), maladie propre à quelque partie du corps; inclination pour une chose.

IDIOPATHIQUE, adj. des deux g. (*idi-opatike*), qui appartient à l'*idiopathie*.

IDIOT, E, adj. et s. (*idiô, diote*) (ιδιωτης, homme privé, ignorant), imbécille, stupide.

IDIOTISME, s. m. (*idi-oticeme*) (ιδιος, propre), manière de parler particulière à une langue ; imbécillité.

IDOINE, adj. des deux g. (*idoène*) (*idoneus*, de *idios*, propre), propre à. Vieux.

IDOLÂTRE, s. et adj. des deux g. (*idolâtre*) (ειδωλολατρης, de ειδωλον, idole, et λατρις, adorateur), qui adore les idoles ; *fig.* qui aime avec excès.

IDOLÂTRÉ, E. part. pass. de *idolâtrer*.

IDOLÂTRER, v. a. (*idolâtré*), adorer les idoles ; *fig.* aimer avec trop de passion.

IDOLÂTRIE, s. f. (*idolâtri*)(ειδωλολατρια), culte des idoles ; *fig.* amour excessif.

IDOLE, s. f. (*idole*) (ειδωλον, de ειδος, forme), figure représentant une fausse divinité ; *fig.* objet d'une passion extrême.

IDYLLE, s. f. (*idile*) (ειδυλλιον), petit poème de la nature de l'églogue.

IF, s. m. (*ife*) (du gallois *iw*), arbre toujours vert ; triangle qui porte des lampions.

IGNAME, s. m. (*iguename*), plante de Nigritie, dont la racine sert d'aliment.

IGNARE ; s. et adj. des deux g. (*ignare*) (*ignarus*), ignorant. Fam.

IGNÉ,E, adj. (*igné*)(*igneus*, de *ignis*, feu), qui est de feu, de la nature du feu.

IGNICOLE, adj. des deux g. (*iguenikole*) *ignis*, feu, et *colere*, adorer), qui adore le feu.

IGNITION, s. f. (*iguenicion*) (*ignis*, feu), état d'un métal rougi au feu.

IGNOBLE, adj. des deux g. (*ignoble*) (*ignobilis*), bas, vil.

IGNOBLEMENT, adv. (*ignobleman*), d'une manière *ignoble*.

IGNOMINIE, s. f. (*igniomini*) (*ignominia*), infamie, grand déshonneur.

IGNOMINIEUSEMENT, adv. (*igniominieuzeman*), avec *ignominie*.

IGNOMINIEUX, EUSE, adj. (*igniominieu, euze*) (*ignominiosus*), plein d'*ignominie*.

IGNORAMMENT, adv. (*ignioraman*) (*ignoranter*), avec *ignorance*.

IGNORANCE, s. f. (*igniorance*) (*ignorantia*), manque de savoir.

IGNORANT, E, adj. et s. (*igniorant, ante*) (*ignorans* ou *ignarus*), qui n'a point de savoir, qui n'est pas instruit.

IGNORANTIN, s. et adj m. (*igniorantein*), ignare ; membre d'une confrérie chargée d'enseigner à lire aux petits enfants pauvres.

IGNORÉ, E, part. pass. de *ignorer*.

IGNORER, v. a. (*ignioré*) (*ignorare*), ne savoir pas.

IL, pronom personnel dont le fém. est *elle*, (du lat. *ille*). Il se met devant les troisièmes personnes des verbes. — Au pl., *ils* et *elles*.

ILE, s. f. (*ile*) (*insula*), espace de terre entouré d'eau de tous côtés.

ILES, s. m. pl. (*ile*) (*ilia*), t. d'anat., les flancs.

ILEUM ou ILÉON, s. m. (*ilé-ome*)(ειλεον, de ειλειν, tourner), le dernier intestin grêle.

ILÉUS, s. m. (*ilé-uce*), maladie qui a son siège dans l'*iléon*.

ILIAQUE, adj. des deux g. (*ili-ake*), t. de méd., des *iles*.

ILION, s. m. (*ilion*) (ειλεω, j'entortille), os des hanches.

ILLÉGAL, E, adj.(*ilelégale*), qui est contre la loi. —Au pl. m. *illégaux*.

ILLÉGALEMENT, adv. (*ilelégualeman*), d'une manière *illégale*.

ILLÉGALITÉ, s. f. (*ilelégualité*), caractère de ce qui est *illégal*.

ILLÉGITIME, adj. des deux g. (*ileléjitime*), qui n'est pas *légitime*; injuste.

ILLÉGITIMEMENT, adv. (*ileléjitimeman*), d'une manière *illégitime*.

ILLÉGITIMITÉ, s. f. (*ileléjitimité*), défaut de *légitimité*.

ILLETTRÉ, E, adj. (*ilelètré*), qui n'a point de connaissances en littérature ; ignorant.

ILLICITE, adj. des deux g. (*ilelicite*) (*in*, non, et *licitus*, permis), qui n'est pas permis.

ILLICITEMENT, adv. (*ileliciteman*), d'une manière *illicite*.

ILLIMITÉ, E, adj. (*ilelimité*), sans bornes, sans limites.

ILLISIBLE, adj. des deux g. (*ilelizible*), qu'on ne peut *lire*.

ILLUMINATEUR, s. m. (*ileluminateur*), qui *illumine*.

ILLUMINATIF , TIVE, adj. (*ileluminatif, tive*), qui *illumine*.

ILLUMINATION, s. f. (*ileluminácion*) (*illuminatio*), action d'*illuminer* ; feux et lumières employés à cet effet ; inspiration divine.

ILLUMINÉ, E, part. pass. de *illuminer*, et adj., éclairé. — S., visionnaire, fanatique.

ILLUMINER, v. a. (*illuminé*) (*illuminare*, de *lumen*, lumière), éclairer, répandre de la lumière sur ; faire des *illuminations* pour une fête publique.

ILLUMINISME, s. m. (*ileluminicemo*), doctrine des *illuminés*.

ILLUSION, s. f. (*ileluzion*) (*illusio*), apparence trompeuse; erreur, songe.

ILLUSOIRE, adj. des deux g. (*ileluzoare*), qui tend à tromper ; captieux ; inutile.

ILLUSOIREMENT , adv. (*ileluzoareman*), d'une manière *illusoire*.

ILLUSTRATION, s. f. (*ilelucetrácion*) (*illustratio*), ce qui rend *illustre*.

ILLUSTRE, adj. des deux g. (*ilelucetre*) (*illustris*), éclatant, célèbre par le mérite, etc.

ILLUSTRÉ, E, part. pass. de *illustrer*.

ILLUSTRER, v. a. (*ilelucetré*) (*illustrare*), donner de l'éclat, rendre *illustre*.

ILLUSTRISSIME, adj. des deux g. (*ilelucetricime*) (*illustrissimus*), très-*illustre*.

ILOT, s. m. (*ilô*), très-petite *île*.

ILOTE, s. m. (ilote), à Lacédémone; esclave. — S. f., sorte de coquille.

ILOTISME, s. m. (iloticeme), condition, servitude semblable à celle de l'ilote.

IMAGE, s. f. (imaje) (imago), représentation; estampe; ressemblance; idée; description, tableau; métaphore.

IMAGER, ÈRE, s. (imajé, ère), qui vend des images, des estampes.

IMAGINABLE, adj. des deux g. (imajinable), qui se peut imaginer.

IMAGINAIRE, adj. des deux g. (imajinère), qui n'existe que dans l'imagination; en t. d'algéb., impossible.

IMAGINATIF, TIVE, adj. (imajinatif, tive), qui imagine aisément.

IMAGINATIVE, s. f. (imajinative), faculté d'imaginer. Fam.

IMAGINATION, s. f. (imajinacion) (imaginatio), faculté de l'âme par laquelle elle imagine; idée; pensée; vision, chimère.

IMAGINÉ, E, part. pass. de imaginer.

IMAGINER, v. a. (imajiné) (imaginari), former quelque chose dans son esprit; inventer. — V. pr., croire, se persuader.

IMAN, s. m. (iman) (du v. arabe amma, conduire), ministre de la religion mahométane.

IMARET, s. m. (imarè), chez les Turcs, hôpital pour les pauvres et les voyageurs.

IMBÉCILLE, s. et adj. des deux g. (einbécile) (imbecillis), faible d'esprit; sot.

IMBÉCILLEMENT, adv. (einbécileman), avec imbécillité.

IMBÉCILLITÉ, s. f. (einbécilité) (imbecillitas), faiblesse d'esprit.

IMBERBE, adj. des deux g. (einbèrebè) (imberbis), qui est sans barbe.

IMBIBÉ, E, part. pass. de imbiber.

IMBIBER, v. a. (einbibé) (imbibere), mouiller. — V. pr., devenir imbibé; pénétrer dans.

IMBIBITION, s. f. (einbibicion), action d'imbiber; faculté de s'imbiber.

IMBRIQUÉ, E, adj. (einbrikié) (imbricatus), couvert de parties disposées en recouvrement comme les tuiles ou briques d'un toit.

IMBROGLIO, s. m. (einbroguelio) (de l'italien imbrogliare, embrouiller), mot italien qui signifie : intrigue compliquée d'une pièce de théâtre; embrouillement, confusion.

IMBU, E, adj. (einbu) (imbutus, part. pass. de imbuere, mouiller), pénétré de...

IMITABLE, adj. des deux g. (imitable) (imitabilis), qu'on peut imiter.

IMITATEUR, TRICE, s. et adj. (imitateur, trice) (imitator), qui imite.

IMITATIF, TIVE, adj. (imitatif, tive); qui imite, qui a la faculté d'imiter.

IMITATION, s. f. (imitacion) (imitatio), action par laquelle on imite; représentation artificielle d'un objet.

IMITÉ, E, part. pass. de imiter.

IMITER, v. a. (imité) (imitari), prendre pour exemple; se conformer à un modèle.

IMMACULÉ, E, adj. (imemakulé) (immaculatus, de in priv., et de macula, tache); qui est sans tache de péché.

IMMANENT, E, adj. (imemanan, ante) (immanens), qui est continu, constant.

IMMANGEABLE, adj. des deux g. (imemanjable), qui ne peut se manger. Peu us.

IMMANQUABLE, adj. des deux g. (imemankable), qui ne peut manquer d'arriver.

IMMANQUABLEMENT, adv. (imemankableman), sans manquer, sans faute.

IMMARCESSIBLE, adj. des deux g. (imemarcècecible) (immarcessibilis), incorruptible.

IMMATÉRIALITÉ, s. f. (imematérialité), qualité de ce qui n'a point de matière.

IMMATÉRIEL, ELLE, adj. (imematérièle), qui est sans matière; qui est pur esprit.

IMMATÉRIELLEMENT, adv. (imematérièleman), d'une manière immatérielle.

IMMATRICULATION, s. f. (imematrikulácion), action d'immatriculer.

IMMATRICULE, s. f. (imematrikulé), enregistrement sur un registre public.

IMMATRICULÉ, E, part. pass. de immatriculer.

IMMATRICULER, v. a. (imematrikulé), écrire et enregistrer sur la matricule.

IMMÉDIAT, E, adj. (imemédia, diate) (In priv., et medium, milieu), qui agit sans intermédiaire; qui suit ou précède sans intervalle.

IMMÉDIATEMENT, adv. (imemédiateman), d'une manière immédiate.

IMMÉMORIAL, E, adj. (imemémoriale) (im memoria, défaut de mémoire), qui est si ancien qu'il n'en reste aucune mémoire. — Au pl. m. immémoriaux.

IMMENSE, adj. des deux g. (imemance) (immensus), infini, sans bornes; fig. très-grand.

IMMENSÉMENT, adv. (imemancéman) (immense), d'une manière immense.

IMMENSITÉ, s. f. (imemancité) (immensitas), grandeur, étendue immense.

IMMERSION, s. f. (imemèrecion) (immersio), action de plonger dans l'eau; en t. d'astron., entrée d'une planète dans l'ombre d'une autre planète.

IMMEUBLE, s. m. et adj. des deux g. (imemeuble) (immobilis, immobile), bien fixe qui ne peut être transporté d'un lieu à un autre.

IMMINENCE, s. f. (imeminance), qualité de ce qui est imminent.

IMMINENT, E, adj. (imeminan, ante) (imminens), qui est près de tomber sur; qui menace.

s'IMMISCER, v. pr. (cimemicecé) (inmiscere), se mêler de; s'ingérer.

IMMIXTION, s. f. (imemikcetion), action de s'immiscer dans une succession.

IMMOBILE, adj. des deux g. (imemobile) (immobilis), qui ne se meut point.

IMMOBILIER, IÈRE, adj. (*immobilié, ière*), qui concerne les biens *immeubles*.
IMMOBILISATION, s. f. (*imemobilizácion*), action d'*immobiliser*.
IMMOBILISÉ, E, part. pass. de *immobiliser*.
IMMOBILISER, v. a. (*imemobilizé*), rendre *immobile* ; rendre *immobilier*.
IMMOBILITÉ, s. f. (*imemobilité*) (*immobilitas*), qualité de ce qui est *immobile*.
IMMODÉRÉ, E, adj. (*imemodéré*), excessif, démesuré, outré.
IMMODÉRÉMENT, adv. (*imemodéréman*), sans modération, avec excès.
IMMODESTE, adj. des deux g. (*imemodèste*), qui manque de *modestie*.
IMMODESTEMENT, adv. (*imemodèceteman*), d'une manière *immodeste*.
IMMODESTIE, s. f. (*imemodèceti*), manque de *modestie* ; action *immodeste*.
IMMOLATION, s. f. (*imemolácion*) (*immolatio*), action d'*immoler*.
IMMOLÉ, E, part. pass. de *immoler*.
IMMOLER, v. a. (*imemolé*) (*immolare*), offrir en sacrifice ; tuer, égorger ; *fig.* sacrifier.
IMMONDE, adj. des deux g. (*imemonde*) (*immundus*), impur.
IMMONDICE, s. f. (*imemondice*) (*immunditia* ou *immundities*), ordure.
IMMORAL, E, adj. (*imemorale*), contraire aux bonnes *mœurs* ; qui est sans mœurs et sans principes. — Au pl. m. *immoraux*.
IMMORALITÉ, s. f. (*imemoralité*), manque de *morale*.
IMMORTALISÉ, E, part. pass. de *immortaliser*.
IMMORTALISER, v. a. (*imemortalizé*), rendre *immortel* dans la mémoire des hommes.
IMMORTALITÉ, s. f. (*imemortalité*) (*immortalitas*), qualité de ce qui ne peut mourir ; vie perpétuelle dans la mémoire des hommes.
IMMORTEL, ELLE, adj. (*imemortèle*) (*immortalis*), non sujet à la *mort* ; *fig.* dont la mémoire doit durer toujours — S. m., Dieu.
IMMORTELLE, s. f. (*imemortèle*), plante dont les fleurs ne se fanent point.
IMMORTIFICATION, s. f. (*imemortifikácion*), vice contraire à la *mortification*.
IMMORTIFIÉ, E, adj. (*imemortifié*), qui n'est point *mortifié* ; sensuel.
IMMUABLE, adj. des deux g. (*imemu-able*), *immutabilis*, qui ne change point.
IMMUABLEMENT, adv. (*imemu-ableman*), d'une manière *immuable*.
IMMUNITÉ, s. f. (*imemunité*) (*immunitas*), exemption d'impôts, de devoirs, etc.
IMMUTABILITÉ, s. f. (*imemutabilité*), qualité de ce qui est *immuable*.
IMPAIR, E, adj. (*einpère*) (*impar*), qui ne peut se diviser exactement par deux.
IMPALPABLE, adj. des deux g. (*einpalpable*) (*in* priv., et *palpare*, toucher), qui est si fin qu'il ne fait aucune impression au toucher.
IMPANATION, s. f. (*einpanácion*) (*in*, dans, et *panis*, pain), subsistance du pain avec le corps de *Jésus-Christ* après la consécration.
IMPARDONNABLE, adj. des deux g. (*einpardonable*), qu'on ne peut pardonner.
IMPARFAIT, s. et adj. m. (*einparfè*), en t. de gramm., prétérit qui marque le cours d'une action sans en désigner la fin.
IMPARFAIT, E, adj. (*einparfè, ète*) (*imperfectus*), qui n'est pas achevé ; qui a des imperfections.
IMPARFAITEMENT, adv. (*einparfèteman*) d'une manière *imparfaite*.
IMPARISYLLABIQUE, adj. des deux g. (*einpárisilelabike*) (*impar.*, inégal, et συλλαβι, syllabe), se dit, en t. de gramm. grecque, des noms qui ont, au génitif singulier, une syllabe de plus qu'au nominatif.
IMPARTABLE, adj. des deux g. (*einparíable*) (*impertilis*), qui ne peut être partagé.
IMPARTAGEABLE, adj. des deux g. (*einpartajable*), qu'on ne peut *partager*.
IMPARTIAL, E, adj. (*einparciale*), qui ne prend *parti* ni pour l'un ni pour l'autre ; équitable. — Au pl. m. *impartiaux*.
IMPARTIALEMENT, adv. (*einparcialeman*), sans *partialité*.
IMPARTIALITÉ, s. f. (*einparcialité*), qualité de ce qui est *impartial*.
IMPASSE, s. f. (*einpáce*), cul-de-sac, petite rue qui n'a point d'issue.
IMPASSIBILITÉ, s. f. (*einpacecibilité*), qualité de ce qui est *impassible*.
IMPASSIBLE, adj. des deux g. (*einpacecible*) (*impassibilis*), qui ne peut souffrir de douleur ni de changement ; insensible.
IMPASTATION, s. f. (*einpacetácion*), composition faite de substances mises en *pâte*.
IMPATIEMMENT, adv. (*einpaciaman*), avec *impatience*, avec chagrin.
IMPATIENCE, s. f. (*einpaciance*) (*impatientia*), manque de *patience* ; sentiment d'inquiétude ; vif désir.
IMPATIENT, E, adj. (*einpacian, ante*) (*impatiens*), qui manque de *patience*.
IMPATIENTANT, E, adj. (*einpaciantan, ante*), qui *impatiente*.
IMPATIENTÉ, E, part. pass. de *impatienter*.
IMPATIENTER, v. a. (*einpacianté*), faire perdre *patience*.
s'IMPATRONISER, v. pr. (*einpatronizé*) (de l'italien *inpadronirsi*, se rendre maître), s'introduire dans une maison et y dominer.
IMPAYABLE, adj. des deux g. (*einpè-iable*), qui ne se peut trop *payer*. Fam.
IMPECCABILITÉ, s. f. (*einpèkekabilité*), état de celui qui ne peut pas *pécher*.
IMPECCABLE, adj. des deux g. (*einpèkekable*) (*impeccabilis*), incapable de *pécher*.

IMPÉNÉTRABILITÉ, s.f. (einpénétrabilité), qualité qui rend *impénétrable*.

IMPÉNÉTRABLE, adj. des deux g. (einpénétrable), qui ne peut être *pénétré*.

IMPÉNÉTRABLEMENT, adv. (einpénétrableman), d'une manière *impénétrable*.

IMPÉNITENCE, s. f. (einpénitance), endurcissement dans le péché.

IMPÉNITENT, E, adj. et s. (einpénitan, ante), qui ne se repent point de ses fautes.

IMPENSES, s. f. pl. (einpance) (impensus), dépense), dépenses pour améliorer un bien.

IMPÉRATIF, s. m. (einpératif), mode du verbe qui exprime commandement, exhortation, défense, etc.

IMPÉRATIF, TIVE, adj. (einpératif, tive) (imperativus), impérieux.

IMPÉRATIVEMENT, adv. (einpérativeman), d'une manière *impérative*.

IMPÉRATOIRE, s. f. (einperatoare), plante dont la racine est très-âcre.

IMPÉRATRICE, s. f. (einpératrice) (imperatrix), femme d'un *empereur* ; celle qui possède un *empire*.

IMPERCEPTIBLE, adj. des deux g. (einpèrecèpetible) (in priv., et percipere, apercevoir), qu'on n'aperçoit pas.

IMPERCEPTIBLEMENT, adv. (einpèrecèpetibleman), d'une manière *imperceptible*.

IMPERDABLE, adj. des deux g. (einpèredable), qui ne peut se *perdre*.

IMPERFECTION, s. f. (einpèréfèkcion), manquement, défaut contraire à la *perfection*.

IMPERFORATION, s. f. (einpèreforácion) (in priv., et perforatio, ouverture), t. de méd., défaut d'ouverture.

IMPERFORÉ, E, adj. (einpèreforé), qui manque d'ouverture.

IMPÉRIAL, E, adj. (einpériale), de l'*empereur* ou de l'*empire*. — Au pl. m. *impériaux*.

IMPÉRIALE, s. f. (einpériale), dessus d'un carrosse ; prune ; tulipe ; jeu de cartes ; étoffe ; monnaie d'or de Russie.

IMPÉRIEUSEMENT, adv. (einpérieuzeman), d'une manière *impérieuse*, avec orgueil.

IMPÉRIEUX, EUSE, adj. (einpérieu, euze) (imperiosus), qui commande avec hauteur.

IMPÉRISSABLE, adj. des deux g. (einpéricable), qui ne peut *périr*.

IMPÉRITIE, s. f. (einpérici) (imperitia), défaut d'habileté.

IMPERMÉABILITÉ, s f. (einpèremèabilité), qualité de ce qui est *imperméable*.

IMPERMÉABLE, adj. des deux g. (einpèremè-able) (in nég., et permeabilis, pénétrable), qui ne peut être traversé par un fluide.

IMPERSONNEL, ELLE, adj (einpèreçonèle) (impersonalis), se dit de certains verbes défectifs qui n'ont que la troisième personne du singulier : *il faut, il pleut*, etc.

IMPERSONNELLEMENT, adv. (einpèreconèleman), d'une manière *impersonnelle*.

IMPERTINEMMENT, adv. (einpèretinaman), d'une manière *impertinente*.

IMPERTINENCE, s. f. (einpèretinance), caractère d'une chose ou d'une personne *impertinente* ; action, parole *impertinente*.

IMPERTINENT, E, adj. et s. (einpertinan, ante) (impertinens), qui parle, qui agit, q .i est contre la raison, la bienséance.

IMPERTURBABILITÉ, s. f. (einpèreturbalilité), état de l'âme tranquille.

IMPERTURBABLE, adj. des deux g. (einpèreturbable) (imperturbabilis), tranquille, qu'on ne peut *troubler*.

IMPERTURBABLEMENT, adv. (einpèreturbableman), d'une manière *imperturbable*.

IMPÉTRABLE, adj. des deux g. (einpétrable), qu'on peut *impétrer*, obtenir.

IMPÉTRANT, E, s. (einpétran, ante), qui *impètre* ; qui a obtenu un diplôme.

IMPÉTRATION, s. f. (einpétrácion), action d'*impétrer* ; obtention.

IMPÉTRÉ, E, part. pass. de *impétrer*.

IMPÉTRER, v. a. (einpétré) (impetrare), obtenir par des prières.

IMPÉTUEUSEMENT, adv. (einpétu-euzeman) (impetuosè), avec impétuosité.

IMPÉTUEUX, EUSE, adj. (einpétu-eu, euze) (impetuosus), véhément, violent ; vif, emporté.

IMPÉTUOSITÉ, s.f. (einpétu-ôzité), effort de ce qui est *impétueux*.

IMPIE, s. et adj. des deux g. (einpi) (impius), contraire à la religion ; qui a du mépris pour la religion.

IMPIÉTÉ, s. f. (einpièté) (impietas), mépris pour la religion ; action, parole *impie*.

IMPITOYABLE, adj. des deux g. (einpitoèiable), qui est insensible à la *pitié*.

IMPITOYABLEMENT, adv. (einpitoè-lableman), sans pitié.

IMPLACABLE, adj. des deux g. (einplakable) (implacabilis), qui ne peut être apaisé.

IMPLANTATION, s. f. (einplantácion), action d'*implanter*.

IMPLANTÉ, E, part. pass. de *implanter*.

IMPLANTER, v. a. (einplanté) (in, dans, et plantare, planter), planter une chose dans une autre ; insérer ; ficher.

IMPLEXE, adj. des deux g. (einplèkce) (implexus, entrelacé), se dit des ouvrages dramatiques où il y a reconnaissance ou péripétie.

IMPLICATION, s. f. (einplikácion) (implicatio, entrelacement), engagement dans u... affaire criminelle ; contradiction.

IMPLICITE, adj. des deux g. (einplicite) (implicitus, enveloppé), tiré par induction sans être formellement exprimé ; non expliqué.

IMPLICITEMENT, adv. (einpliciteman), d'une manière *implicite*.

IMPLIQUÉ, E, part. pass. de *impliquer*, et adj., engagé, compris.

IMPLIQUER, v. a. (*einplikié*) (*implicare*), envelopper dans; renfermer.

IMPLORÉ, E, part. pass. de *implorer*.

IMPLORER, v. a. (*einploré*) (*implorare*), demander avec ardeur.

IMPOLI, E, adj. et s.(*einpoli*), sans *politesse*; qui est opposé à la *politesse*.

IMPOLIMENT, adv. (*einpoliman*), sans politesse, d'une manière *impolie*.

IMPOLITESSE, s. f. (*einpolitèce*), grossièreté dans les manières, dans le discours.

IMPOLITIQUE, adj. des deux g. (*einpolitike*), contraire à la *politique*.

IMPOLITIQUEMENT, adv.(*einpolitikeman*), d'une manière *impolitique*.

IMPONDÉRABLE, adj. des deux g. (*einpondérable*), qu'on ne saurait peser.

IMPOPULAIRE, adj. des deux g. (*einpopulère*), qui n'est pas *populaire*.

IMPOPULARITÉ, s. f. (*einpopularité*), défaut, manque de *popularité*.

IMPORTANCE, s. f. (*einportance*), ce qui rend considérable et *important*. — d'IMPORTANCE, loc. adv., très-fort. Fam.

IMPORTANT, E, adj. et s.(*einportan, ante*), qui importe, qui est de grande conséquence.

IMPORTATION, s. f. (*einportácion*), action d'*importer*; chose *importée*.

IMPORTÉ, E, part. pass. de *importer*, et adj.

IMPORTER, v. a. (*einporté*) (*importare*), introduire dans un pays.

IMPORTER, v. n. et unip. (*einporté*) (*importare*, être utile), être de conséquence.

IMPORTUN, TUNE, adj. et s. (*einporteun, tune*)(*importunus*), qui cause de l'*importunité*.

IMPORTUNÉ, E, part. pass. de *importuner*.

IMPORTUNÉMENT, adv. (*einportunéman*) (*importuné*), avec *importunité*.

IMPORTUNER, v. a. (*einportuné*), incommoder, fatiguer; être *importun*.

IMPORTUNITÉ, s. f. (*einportunité*), action de la personne qui *importune*.

IMPOSABLE, adj. des deux g. (*einpósable*), sujet aux *impositions*.

IMPOSANT, E, adj. (*einpózan, ante*), qui *impose*, qui inspire du respect.

IMPOSÉ, E, part. pass. de *imposer*.

IMPOSER, v. a. (*einpózé*) (*imponere*), mettre dessus; charger, soumettre à; établir un impôt; t. d'impr., disposer les pages; fig. inspirer du respect; imputer à tort. — En *imposer*, mentir, tromper.

IMPOSITION, s.f.(*einpózicion*), action d'*imposer*; impôt.

IMPOSSIBILITÉ, s. f. (*einpocibilité*), caractère de ce qui est *impossible*.

IMPOSSIBLE, adj des deux g. et s. m. (*einpocible*) (*impossibilis*), qui ne peut être.

IMPOSTE, s. f. (*einpocete*)(en italien *impostura*), lit de pierres sur lequel s'établit une voûte; traverse d'un dormant de croisée.

IMPOSTEUR, s. et adj. m. (*einpoceteur*)(*impostor*), celui qui trompe; calomniateur.

IMPOSTURE, s. f. (*einpoceture*) (*impostura*), calomnie; mensonge; hypocrisie.

IMPÔT, s. m. (*einpô*) (*impositum*, sous-entendu *vectigal*), contribution que les particuliers sont obligés de payer à l'état.

IMPOTENCE, s. f. (*einpotance*), état de celui qui est *impotent*.

IMPOTENT, E, s. et adj. (*einpotan, ante*) (*impotens*), privé de l'usage des membres.

IMPRATICABLE, adj. des deux g. (*einpratikable*), qui ne peut se faire, se pratiquer.

IMPRÉCATION, s. f. (*einprékácion*) (*precatio*), malédiction.

IMPRÉGNÉ, E, part. pass. de *imprégner*.

IMPRÉGNER, v. a. (*einprégnié*) (*imprægnare*), charger une liqueur de quelques particules étrangères; imbiber, remplir.

IMPRENABLE, adj. des deux g. (*einprenable*), qui ne peut être *pris*.

IMPRESCRIPTIBILITÉ, s. f. (*einprèckripetibilité*),qualité de ce qui est *imprescriptible*.

IMPRESCRIPTIBLE, adj. des deux g. (*einprèckripetible*), qui ne peut se *prescrire*.

IMPRESSES, adj. f. pl. (*einprèce*) (*impressus*, imprimé), intentionnelles.

IMPRESSION, s. f. (*einprècion*) (*impressio*), effet de l'action d'un corps sur un autre; empreinte; effet de l'imprimerie; première couche de peinture; fig. opinion; persuasion.

IMPRESSIONNABLE, adj. des deux g. (*einprècionable*), qui peut être *impressionné*.

IMPRESSIONNÉ, E, part. pass. de *impressionner*, et adj., qui a reçu une *impression*.

IMPRESSIONNER, v. a. (*einprècioné*), faire impression sur quelqu'un; émouvoir.

IMPRÉVOYANCE, s. f. (*einprévoè-iance*), défaut de *prévoyance*.

IMPRÉVOYANT, E, adj. et s. (*einprévoèian, ante*), qui manque de *prévoyance*.

IMPRÉVU, E, adj. (*einprévu*), qu'on n'a pas *prévu*, qui surprend.

IMPRIMÉ, E, part pass. de *imprimer*.

IMPRIMER, v. a. (*einprimere*), faire une *empreinte* sur; communiquer; empreindre des lettres sur du papier, etc., avec des caractères; fig. graver dans l'esprit.

IMPRIMERIE, s. f. (*einprimeri*), art d'imprimer des livres; tout ce qui sert à *imprimer*; lieu où l'on *imprime*.

IMPRIMEUR, adj. et s. m. (*einprimeur*), qui exerce l'art de l'*imprimerie*.

IMPROBABLE, adj des deux g. (*einprolable*), qui n'a point de *probabilité*.

IMPROBATEUR, TRICE, adj. (*einprolateur, trice*), qui désapprouve.

IMPROBATION, s.f (*einprobácion*) (*improbatio*), action d'*improuver* une chose.

IMPROBITÉ, s. f. (*einprobité*), défaut de

probité ; mépris de la justice et de l'honnêteté.

IMPRODUCTIF, TIVE, adj. (*einproduktif, tive*), qui ne peut *produire*.

IMPROMPTU, s. m. (*einpronptu*) (*in promptu*, sur-le-champ), chose faite sur-le-champ ; pièce de poésie improvisée.

IMPROPRE, adj. des deux g. (*einpropre*), qui n'est pas *propre*, qui ne convient pas.

IMPROPREMENT, adv. (*einpropreman*), d'une manière *impropre*.

IMPROPRIÉTÉ, s. f. (*einpropri-été*), qualité de ce qui est *impropre*.

IMPROUVÉ, E, part. pass. de *improuver*.

IMPROUVER, v. a. (*einprouvé*) (*improbare*), ne pas *approuver*, condamner.

IMPROVISATEUR, TRICE, s. (*einprovisateur, trice*), qui a le talent d'*improviser*.

IMPROVISATION, s. f. (*einprovisácion*), action d'*improviser*.

IMPROVISÉ, E, part. pass. de *improviser*, et adj., fait et récité sur-le-champ.

IMPROVISER, v. a. et n. (*einprovizé*) (de l'italien *improvisare*), composer et réciter sur-le-champ ; parler d'abondance.

à l'IMPROVISTE, loc. adv. (*aleinproviceté*) (*improvisé*), subitement.

IMPRUDEMMENT, adv. (*einprudaman*) (*imprudenter*), avec *imprudence*.

IMPRUDENCE, s. f. (*einprudance*) (*imprudentia*), manque de *prudence*.

IMPRUDENT, E, adj. et s. (*einprudan, ante*) (*imprudens*), qui manque de *prudence*.

IMPUBÈRE, s. et adj. des deux g. (*einpubère*) (*impuber*), qui n'a pas atteint l'âge de *puberté*.

IMPUDEMMENT, adv. (*inpudaman*) (*impudenter*), effrontément.

IMPUDENCE, s. f. (*einpudance*) (*impudentia*), effronterie.

IMPUDENT, E, adj. et s. (*einpudan, ante*) (*impudens*), insolent, effronté.

IMPUDEUR, s. f. (*einpudeur*), manque de *pudeur* ; effronterie.

IMPUDICITÉ, s. f. (*einpudicité*) (*impudicitia*), vice contraire à la *pudicité*.

IMPUDIQUE, adj. et s. des deux g. (*einpudike*) (*impudicus*), qui n'est pas chaste.

IMPUDIQUEMENT, adv. (*einpudikeman*), d'une manière *impudique*.

IMPUGNÉ, E, part. pass. de *impugner*.

IMPUGNER, v. a (*einpugué*) (*impugnare*), combattre quelque doctrine. Vieux.

IMPUISSANCE, s. f. (*einpuiçance*) (*impotentia*), manque de force, de moyens ; incapacité d'engendrer.

IMPUISSANT, E, adj. et s. (*einpuiçan, ante*) (*impotens*), qui a peu ou point de pouvoir ; qui est incapable d'engendrer.

IMPULSIF, SIVE, adj. (*einpulcif, cive*), t. de phys., qui agit par *impulsion*.

IMPULSION, s. f. (*einpulecion*) (*impulsio*), mouvement qu'un corps reçoit d'un autre.

IMPUNÉMENT, adv. (*einpunéman*) (*impuné*), avec *impunité* ; sans inconvénient.

IMPUNI, E, adj. (*einpuni*) (*impunis*, ou *impunitus*), qui demeure sans *punition*.

IMPUNITÉ, s. f. (*einpunité*) (*impunitas*), manque de *punition*.

IMPUR, E, adj. (*einpure*) (*impurus*), qui n'est pas *pur* ; impudique.

IMPURETÉ, s. f. (*einpureté*), ce qu'il y a d'*impur* dans quelque chose ; obscénité.

IMPUTABLE, adj. des deux g. (*einputable*), qui peut être *imputé*.

IMPUTATION, s. f. (*einputácion*) (*imputatio*), compensation d'une somme sur une autre ; accusation faite sans preuve.

IMPUTÉ, E, part. pass. de *imputer*.

IMPUTER, v. a. (*einputé*) (*imputare*), attribuer à ; charger de ; destiner à.

IN, (*ein* ou *ine*), prép. latine dont on se sert, en t. de librairie, pour la placer devant le mot qui indique le format d'un livre. — Particule qui se joint à beaucoup de mots et leur donne un sens négatif ou privatif, ou signifie *dedans*.

INABORDABLE, adj. des deux g. (*inabordable*), qu'on ne peut *aborder*.

INACCEPTABLE, adj. des deux g. (*inakcèpetable*), que l'on ne peut *accepter*.

INACCESSIBLE, adj. des deux g. (*inakcècecible*), qui n'est pas *accessible*.

INACCOMMODABLE, adj. des deux g. (*inakomodable*), qui ne peut être *accommodé*.

INACCORDABLE, adj. des deux g. (*inakordable*), qu'on ne peut *accorder*.

INACCOSTABLE, adj des deux g. (*inakocctable*), qu'on ne peut *accoster*.

INACCOUTUMÉ, E, adj. (*inakoutumé*), qu'on n'a pas *coutume* de faire ; inusité.

INACHEVÉ, E, adj. (*inachevé*), qui n'a pas été achevé.

INACTIF, TIVE, adj. (*inaktif tive*), sans *activité* ; indolent ; qui ne peut agir.

INACTION, s. f. (*inakcion*), cessation de toute *action* ; indolence, indifférence.

INACTIVITÉ, s. f. (*inaktivité*), défaut, manque d'*activité*.

INADMISSIBILITÉ, s. f. (*inademicecibilité*), qualité d'une demande *inadmissible*.

INADMISSIBLE, adj. des deux g. (*inademicecible*), qui ne peut être *admis*.

INADVERTANCE, s. f. (*inadèvèretance*), défaut d'attention à quelque chose.

INALIÉNABILITÉ, s. f. (*inaliénabilité*), qualité de ce qui est *inaliénable*.

INALIÉNABLE, adj. des deux g. (*inaliénable*), qui ne peut être *aliéné*, vendu.

INALLIABLE, adj. des deux g. (*inaliable*), qu'on ne peut *allier*.

INALTÉRABLE, adj. des deux g. (*inaltérable*), qui ne peut s'*altérer*.

INAMISSIBILITÉ, s. f. (*inamicecibilité*) qualité de ce qui est *inamissible*.

INAMISSIBLE, adj. des deux g. (*inamiceciblé*) (*inamissibilis*), qui ne peut se perdre.
INAMOVIBILITÉ, s. f. (*inamovibilité*), qualité de ce qui est *inamovible*.
INAMOVIBLE, adj. des deux g. (*inamovible*) (de la partic. nég. *in*, et de *movere*, mouvoir), qui ne peut être destitué ou déplacé.
INANIMÉ, E, adj. (*inanimé*) (*inanimis*), qui n'est pas *animé*, qui n'a point de vie.
INANITÉ, s. f. (*inanité*) (*inanitas*, vide) vide d'une chose; néant; *fig.* vanité.
INANITION, s. f. (*inanicion*) (*inanitas*), faiblesse par défaut de nourriture.
INAPERCEVABLE, adj. des deux g. (*inaperecevable*), qui ne peut être *aperçu*.
INAPERÇU, E, adj. (*inaperèçu*), qui n'a point été *aperçu*.
INAPPÉTENCE, s. f. (*inapepétance*), défaut d'appétit, qu'on appelle aussi *anorexie*.
INAPPLICABLE, adj. des deux g. (*inaplikablé*), qui ne peut être *appliqué*.
INAPPLICATION, s. f. (*inaplikácion*), défaut d'*application*, d'attention.
INAPPLIQUÉ, E, adj. (*inapliké*), qui manque d'*application*, d'attention.
INAPPRÉCIABLE, adj. des deux g. (*inapréciable*), qui ne peut être *apprécié*.
INAPTITUDE, s. f. (*inapetitude*), défaut d'aptitude.
INARTICULÉ, E, adj. (*inartikulé*), qui n'est point *articulé*.
INATTAQUABLE, adj. des deux g. (*inatakablé*), qu'on n'oserait *attaquer*.
INATTENDU, E, adj. (*inatandu*), à quoi l'on ne s'*attendait* pas.
INATTENTIF, TIVE, adj. (*inatantif, tive*), qui n'a point d'*attention*.
INATTENTION, s. f. (*inatancion*), manque d'*attention*.
INAUGURAL, E, adj. (*inôgurale*), de l'*inauguration*. — Au pl. m. *inauguraux*.
INAUGURATION, s. f. (*inôgurácion*), action d'*inaugurer*; consécration.
INAUGURÉ, E, part. pass. de *inaugurer*.
INAUGURER, v. a. (*inôguré*) (*inaugurare*), dédier, initier, sacrer, consacrer.
INCAGUER, v. a. (*inkagué*), défier quelqu'un, le braver. Vieux et inus.
INCALCULABLE, adj. des deux g. (*einkalkulablé*), qui passe les bornes du *calcul*.
INCAMÉRATION, s. f. (*einkamérácion*), action d'*incamérer*.
INCAMÉRÉ, E, part. pass. de *incamérer*.
INCAMÉRER, v. a. (*einkaméré*) (de l'italien *incamerare*), réunir au domaine du pape.
INCANDESCENCE, s. f. (*einkandèçance*) (*incandescere*, s'échauffer), état du fer, etc., chauffé jusqu'au blanc.
INCANDESCENT, E, adj. (*einkandèçean, ante*), qui est en *incandescence*; embrasé.
INCANTATION, s. f. (*einkantácion*) (*incantatio*); enchantement.

INCAPABLE, adj. des deux g. (*einkapablé*) (*incapax*), qui n'est pas *capable*; inhabile.
INCAPACITÉ, s. f. (*einkapacité*), défaut de *capacité*; insuffisance.
INCARCÉRATION, s. f. (*einkarcérácion*), action d'*incarcérer*; son effet.
INCARCÉRÉ, E, part. pass. de *incarcérer*.
INCARCÉRER, v. a. (*einkarcéré*) (*in*, dans, et *carcer*, prison), mettre en prison.
INCARNADIN, E, adj. (*einkarnadein, dine*), d'un *incarnat* faible.
INCARNAT, E, adj. (*einkarna, nate*) (*incarnatus*, de *caro, carnis*, chair), qui tire sur la couleur de chair. — Il est aussi s. m.
INCARNATION, s. f. (*einkarnácion*) (*incarnatio*), union du fils de Dieu avec la nature humaine; en chir., formation des chairs.
INCARNÉ, E, adj. (*einkarné*) (*incarnatus*), qui a pris un corps de chair.
S'INCARNER, v. pr. (*ceinkarné*), t. de théol., se revêtir d'un corps de chair.
INCARTADE, s. f. (*einkartade*), insulte faite inconsidérément; saillie brusque. Fam. — Au pl., extravagances, folies.
INCENDIAIRE, s. et adj. des deux g. (*einçandière*) (*incendiarius*), qui met à dessein le feu en un lieu; *fig.* séditieux.
INCENDIE, s. m. (*einçandi*) (*incendium*), grand embrasement; *fig.* trouble.
INCENDIÉ, E, part. pass. de *incendier*.
INCENDIER, v. a. (*einçandié*) (*incendere*), brûler, consumer par le feu.
INCERTAIN, E, adj. (*eincèretein, tène*) (*incertus*), douteux; variable; indéterminé; irrésolu; qui doute. — S. m., ce qui est douteux.
INCERTAINEMENT, adv. (*eincèretèneman*), avec doute et *incertitude*.
INCERTITUDE, s. f. (*eincèretitude*), défaut de *certitude*; instabilité.
INCESSAMMENT, adv. (*eincèçeçaman*) (*incessanter*), sans *cesser*; au plus tôt, sans délai; sans tarder; continuellement.
INCESSANT, E, adj. (*eincèçeçan, ante*), qui ne *cesse* pas, sans fin.
INCESSIBLE, adj. des deux g. (*eincèceciblé*), qui ne peut être *cédé*.
INCESTE, s. m. (*eincècete*) (*incestum*), conjonction illicite entre parents.
INCESTUEUSEMENT, adv. (*eincècetueuseman*), d'une manière *incestueuse*.
INCESTUEUX, EUSE, adj. (*eincècetueu, euze*), souillé d'*inceste*, où il y a *inceste*. — S., qui a commis un *inceste*.
INCHOATIF, TIVE, adj. (*einko-atif, tive*) (*inchoare*, commencer), t. de gramm., qui exprime un commencement d'action, etc.
INCIDEMMENT, adv. (*eincidaman*), par occasion, par suite, par connexité.
INCIDENCE, s. f. (*eincidance*) (*incidere*, tomber sur), t. de géom., rencontre d'une ligne avec une autre ligne.
INCIDENT, s. m. (*eincidan*), événement

inattendu ; contestation accessoire dans une cause principale.

INCIDENT, E, adj. *(eincidan, ante)* *(incidens,* part. de *incidere*, survenir), qui survient pendant le cours de l'affaire principale.

INCIDENTAIRE, s. m. *(eincidantère)*, qui forme des *incidents*; chicaneur. Inus.

INCIDENTER, v. n. *(eincidanté)*, chicaner en faisant naître des *incidents*.

INCINÉRATION, s. f. *(eincinérácion)* *(in,* en, et *cinis*, cendre), réduction en cendres.

INCINÉRER, v. a. *(eincinéré)*, réduire en cendres.

INCIRCONCIS, E, adj. et s. *(eincirkonci, cize)*, qui n'est point *circoncis*; *fig.* immortifié.

INCIRCONCISION, s. f. *(eincirkoncizion)*, état de l'*incirconcis*.

INCISE, s. f. *(eincise)* *(incisa*, sous-entendu *propositio* ou *phrasis*), petite phrase détachée.

INCISÉ, part. pass. de *inciser*. — Adj., en bot., découpé en pointe.

INCISER, v. a. *(eincizé)* *(incidere*, couper), tailler, faire des *incisions*.

INCISIF, IVE, adj. *(eincisif, zive)* *(incidere,* couper), propre à couper ; pénétrant.

INCISION, s. f. *(eincizion)* *(incisio)*, fente avec un instrument tranchant.

INCITANT, E, adj. (*eincitan, ante*), qui excite, qui pousse à; en méd., qui donne du ton.

INCITATION, s. f. *(eincitácion)* *(incitatio)*, instigation ; action de celui qui *incite*.

INCITÉ, E, part. pass. de *inciter*.

INCITER, v. a. *(eincité)* *(incitare)*, induire à faire quelque chose ; exciter.

INCIVIL, E, adj. et s. *(eincivile)*, qui n'est pas *civil*; impoli ; en jur., illégal.

INCIVILEMENT, adv. *(einciviléman)*, d'une manière *incivile*.

INCIVILITÉ, s. f. *(eincivilité)*, manque de *civilité*; action contraire à la *civilité*.

INCIVIQUE, adj. des deux g. *(eincivike)*, qui pèche par défaut de *civisme*.

INCIVISME, s. m. *(einciviceme)*, défaut de *civisme*.

INCLÉMENCE, s. f. *(einklémance)* *(inclementia)*, défaut de *clémence*; rigueur.

INCLÉMENT, E, adj. *(einkléman, ante)*, sans *clémence*.

INCLINAISON, s. f. *(einklinèson)* *(inclinatio)*, obliquité des lignes droites sur le plan de l'horizon; relation d'obliquité.

INCLINANT, E, adj. *(einklinan, ante)*, qui incline, qui penche de quelque côté.

INCLINATION, s. f. *(einklinácion)* *(inclinatio)*, action de pencher; penchant, affection.

INCLINÉ, E, part. pass. de *incliner*.

INCLINER, v. a. *(einkliné)* *(inclinare)*, baisser, pencher, courber. — V. n. avoir du penchant pour ; pencher d'un côté. — V. pr., se pencher; pencher la tête par respect.

INCLUS, E, adj. *(einklu, kluze)* *(inclusus)*, part. pass. de *includere*), enfermé.

INCLUSIVEMENT, adv. *(einkluziveman)*, en y comprenant, y compris.

INCOËRCIBLE, adj. des deux g. *(einko-ère-cible)*, qui n'est pas *coërcible*.

INCOGNITO, adv. et s. m. *(einkognitó)* (de l'italien *incognito*, inconnu), sans être connu.

INCOHÉRENCE, s. f. *(einko-érance)*, qualité de ce qui est *incohérent*.

INCOHÉRENT, E, adj. *(einko-éran, ante)*, qui manque de liaison.

INCOLORE, adj. des deux g. *(einkolore)*, sans couleur.

INCOMBUSTIBILITÉ, s. f. *(einkonbucetibilité)*, qualité de ce qui est *incombustible*.

INCOMBUSTIBLE, adj. des deux g. *(einkonbucetible)*, qui ne se consume point au feu.

INCOMMENSURABILITÉ, s. f. *(eincomomancurabilité)*, état, qualité de ce qui est *incommensurable*.

INCOMMENSURABLE, adj. des deux g. *(eincomemancurable)*, qui ne peut être *mesuré*.

INCOMMODE, adj. des deux g. *(einkomode)* *(incommodus)*, fâcheux, gênant.

INCOMMODÉ, E, part. pass. de *incommoder*, et adj., malade.

INCOMMODÉMENT, adv. *(einkomodéman)*, d'une manière *incommode*.

INCOMMODER, v. a. *(einkomodé)*, causer quelque *incommodité* ; nuire ; indisposer.

INCOMMODITÉ, s. f. *(einkomodité)* *(incommoditas)*, peine, gêne; indisposition.

INCOMMUNICABLE, adj. des deux g. *(einkomunikable)*, qui ne peut se *communiquer*.

INCOMMUTABILITÉ, s. f. *(einkomemutabilité)* *(incommutabilitas)*, se dit d'une possession où l'on ne peut être troublé.

INCOMMUTABLE, adj. des deux g. *(einkomemutable)* *(incommutabilis)*, qui ne peut être légitimement dépossédé.

INCOMMUTABLEMENT, adv. (*einkomemutableman*) *(incommutabiliter)*, d'une manière *incommutable*.

INCOMPARABLE, adj. des deux g. *(einkonparable)*, à quoi rien ne peut être *comparé*.

INCOMPARABLEMENT, adv. *(einkonparableman)*, sans comparaison.

INCOMPATIBILITÉ, s. f. *(einkonpatibilité)*, antipathie ; opposition.

INCOMPATIBLE, adj. des deux g. *(einkonpatible)*, qui n'est pas *compatible*.

INCOMPÉTEMMENT, adv. (*einkonpétaman*), sans compétence.

INCOMPÉTENCE, s. f. *(einkonpétance)*, défaut de *compétence*.

INCOMPÉTENT, E, adj. *(einkonpétan, ante)*, qui n'est pas *compétent*.

INCOMPLET, E, adj. *(einkonplè, ète)*, qui n'est pas *complet*.

INCOMPLEXE, adj. des deux g. *(einkonplèkce)*, qui n'est pas *complexe* ou *composé*.

INCOMPRÉHENSIBILITÉ, s. f. *(einkonpré-*

amcibilité), état de ce qui est *incompréhensible.*

INCOMPRÉHENSIBLE, adj. des deux g. (*einkonpré-ancible*) (*incomprehensibilis*), qui ne peut être *compris.*

INCOMPRESSIBILITÉ, s. f. (*einkonprècecibilité*), qualité de ce qui est *incompressible.*

INCOMPRESSIBLE, adj. des deux g. (*einkonprècecible*), qui ne peut être *comprimé.*

INCONCEVABLE, adj. des deux g. (*einkoncevable*), qu'on ne peut *concevoir.*

INCONCILIABLE, adj. des deux g. (*einkonciliable*), qui ne peut se *concilier.*

INCONDUITE, s. f. (*einkonduite*), défaut de conduite.

INCONGRU, E, adj. (*einkongueru*) (*incongruus*), qui est contre les règles.

INCONGRUEMENT, adv. (*einkongueruman*), d'une manière *incongrue.*

INCONGRUITÉ, s. f. (*einkongueru-ité*) (*incongruentia*), faute contre les règles de la grammaire; *fig.* faute contre la bienséance.

INCONNU, E, adj. et s. (*einkonu*) (*incognitus*), qui n'est pas *connu.*

INCONSÉQUENCE, s. f. (*einkoncékance*) (*inconsequentia*), défaut de *conséquence.*

INCONSÉQUENT, E, adj. et s. (*einkoncékan, ante*), qui n'est point *conséquent.*

INCONSIDÉRATION, s. f. (*cinkoncidéracion*) *inconsiderantia*), imprudence légère.

INCONSIDÉRÉ, E, adj. et s. (*einkoncidéré*) (*inconsiderans*), imprudent, peu réfléchi.

INCONSIDÉRÉMENT, adv. (*einkoncidéréman*), d'une manière *inconsidérée.*

INCONSOLABLE, adj. des deux g. (*einkonçolable*), qui ne peut se *consoler.*

INCONSOLABLEMENT, adv. (*einkonçolableman*), de manière à ne pouvoir être *consolé.*

INCONSTAMMENT, adv. (*einkoncetaman*), avec *inconstance.*

INCONSTANCE, s. f. (*einkoncetance*) (*inconstantia*), facilité à changer.

INCONSTANT, E, adj. et s. (*einkoncetan, ante*) (*inconstans*), sujet à changer; variable.

INCONSTITUTIONNALITÉ, s. f. (*einkoncetiucionalité*), caractère de ce qui est contraire à la *constitution.*

INCONSTITUTIONNEL, ELLE, adj. (*einkoncetiucionèle*), contraire à la *constitution.*

INCONSTITUTIONNELLEMENT, adv. (*einkoncetitucionèleman*), d'une manière *inconstitutionnelle.*

INCONTESTABLE, adj. des deux g. (*einkontècetable*), qu'on ne peut *contester.*

INCONTESTABLEMENT, adv. (*cinkontècetableman*), certainement.

INCONTESTÉ, E, adj. (*einkontèceté*), qui n'est point *contesté.*

INCONTINENCE, s. f. (*einkontinance*) (*incontinentia*), vice opposé à la *continence*; en méd., écoulement involontaire.

INCONTINENT, E, adj. (*einkontinan, ante*) (*incontinens*), qui n'est pas chaste.

INCONTINENT, adv. (*einkontinan*)(*in continenti*, sur l'heure), aussitôt; tout de suite.

INCONVENANCE, s. f. (*einkonvenance*), qualité, état de ce qui est *inconvenant.*

INCONVENANT, E, adj. (*einkonvenan, ante*), qui ne *convient* pas; blâmable.

INCONVÉNIENT, s. m. (*einkonvénian*) (*inconveniens*, qui ne convient pas), incident fâcheux; conséquence fâcheuse.

INCORPORALITÉ, s. f. (*einkorporalité*) (*incorporalitas*), qualité des êtres *incorporels.*

INCORPORATION, s. f. (*einkorporácion*), action d'*incorporer.*

INCORPORÉ, E, part. pass. de *incorporer.*

INCORPOREL, ELLE, adj. (*einkorporèle*) (*incorporalis*), qui n'a point de corps.

INCORPORER, v. a. (*einkorporé*) (*incorporare*), mêler, unir, joindre.

INCORRECT, E, adj. (*einkorerèkte*), qui manque de *correction.*

INCORRECTION, s. f. (*einkorerèkcion*), défaut de *correction.*

INCORRIGIBILITÉ, s. f. (*einkorerijibilité*), caractère de celui qui est *incorrigible.*

INCORRIGIBLE, adj. des deux g. (*einkorerijible*), qu'on ne peut *corriger.*

INCORRUPTIBILITÉ, s. f. (*einkorerupetibilité*), qualité de ce qui est *incorruptible.*

INCORRUPTIBLE, adj. des deux g. (*einkorerupetible*), qui ne peut se *corrompre.*

INCRASSANT, E, adj. (*einkraçan, ante*), qui épaissit le sang, les humeurs.

INCRÉDIBILITÉ, s. f. (*einkrédibilité*) (*incredibilitas*), qui rend *incroyable.*

INCRÉDULE, s. et adj. des deux g. (*einkrédule*) (*incredulus*), qui ne croit pas aisément.

INCRÉDULITÉ, s. f. (*einkrédulité*) (*incredulitas*), répugnance à croire.

INCRÉÉ, E, adj. (*einkré-é*), qui existe sans avoir été *créé.*

INCRIMINÉ, E, part. pass. de *incriminer.*

INCRIMINER, v. a. (*cinkriminé*), supposer *criminel*; imputer à *crime.*

INCROYABLE, adj. des deux g. (*einkroèiable*) (*incredibilis*), qui ne peut être *cru.*

INCROYABLEMENT, adv. (*einkroèiableman*), d'une manière *incroyable.*

INCRUSTATION, s. f. (*einkrucelácion*) (*incrustatio*), action d'*incruster*; son effet.

INCRUSTÉ, E, part. pass. de *incruster.*

INCRUSTER, v. a. (*einkruceté*), couvrir, revêtir.

INCUBATION, s. f. (*einkubácion*) (*incubatio*), action des volatiles qui couvent des œufs.

INCUBE, s. m. (*einkube*) (*incubus*), sorte de démon qui, suivant une erreur populaire, abuse des femmes.

INCULPATION, s. f. (*einkulpácion*), attribution d'une faute à quelqu'un.

INCULPÉ, E, part. pass. de *inculper*.
INCULPER, v. a. (*einkulpé*) (*in*, sur, et *culpa*, faute), jeter une faute sur quelqu'un.
INCULQUÉ, E, part. pass. de *inculquer*.
INCULQUER, v. a. (*einkulkié*) (*inculcare*), imprimer dans l'esprit.
INCULTE, adj. des deux g. (*einkulte*) (*incultus*), qui n'est pas *cultivé*.
INCULTURE, s. f. (*einkulture*), état de ce qui est *inculte*.
INCURABILITÉ, s. f. (*einkurabilité*), état de ce qui est *incurable*.
INCURABLE, adj. et s. des deux g. (*einkurable*), qu'on ne peut guérir.
INCURIE, s. f. (*einkurî*) (*incuria*), défaut de soins, négligence.
INCURIOSITÉ, s. f. (*einkuriozité*); insouciance, négligence de s'instruire.
INCURSION, s. f. (*einkurcion*) (*incursio*), course de soldats en pays ennemi; irruption.
INCUSE, s. f. et adj. des deux g. (*einkuze*) (*incusus*, battu), médaille gravée en creux.
INDE, s. m. (*einde*), bois dont la décoction est fort rouge; bleu d'indigo.
INDÉBROUILLABLE, adj. des deux g. (*eindebrou-iable*), qui ne peut être *débrouillé*.
INDÉCEMMENT, adv. (*eindécaman*), avec *indécence*.
INDÉCENCE, s. f. (*eindécance*), manque de *décence*; action, discours *indécent*.
INDÉCENT, E, adj. (*eindécan, ante*), contraire à la *décence*, à l'honnêteté publique.
INDÉCHIFFRABLE, adj. des deux g. (*eindéchifrable*), qui ne peut être *déchiffré*.
INDÉCIS, E, adj. (*eindéci, cize*), qui n'est pas *décidé*; irrésolu.
INDÉCISION, s. f. (*eindécizion*), état d'un homme *indécis*; indétermination.
INDÉCLINABILITÉ, s. f. (*eindéklinabilité*), qualité de ce qui est *indéclinable*.
INDÉCLINABLE, adj. des deux g. (*eindéklinable*), qui ne peut se *décliner*.
INDÉCOMPOSABLE, adj. des deux g. (*eindékonpôzable*), qui ne peut être *décomposé*.
INDÉCROTTABLE, adj. des deux g. (*eindékrotable*), qui ne peut se *décrotter*, se polir.
INDÉFECTIBILITÉ, s. f. (*eindéfektibilité*), qualité de ce qui est *indéfectible*.
INDÉFECTIBLE, adj. des deux g. (*eindéfektible*) (*in*, négatif, et *deficere*, défaillir), qui ne peut *défaillir*, cesser d'être.
INDÉFINI, E, adj. (*eindéfini*) (*indefinitus*), indéterminé, sans bornes certaines.
INDÉFINIMENT, adv. (*eindéfiniman*), d'une manière *indéfinie*.
INDÉFINISSABLE, adj. des deux g. (*eindéfinicable*), qu'on ne saurait *définir*.
INDÉLÉBILE, adj. des deux g. (*eindélébile*) (*indelebilis*), qui ne peut être effacé.

INDÉLIBÉRÉ, E, adj. (*eindélibéré*), ce sur quoi on n'a point *délibéré*.
INDÉLICAT, E, adj. et s. (*eindélika, kate*), sans *délicatesse*.
INDÉLICATESSE, s. f. (*eindélikatèce*); manque de *délicatesse*.
INDEMNE, adj. des deux g. (*eindèmene*), dédommagé, *indemnisé*.
INDEMNISÉ, E, part. pass. de *indemniser*.
INDEMNISER, v. a. (*eindèmenizé*), dédommager; payer le dommage.
INDEMNITÉ, s. f. (*eindèmenité*) (*indemnitas*), dédommagement.
INDÉPENDAMMENT, adv. (*eindépandaman*), d'une manière *indépendante*; outre.
INDÉPENDANCE, s. f. (*eindépandance*); état de celui qui ne *dépend* de personne.
INDÉPENDANT, E, adj. et s. (*eindépandan, ante*), qui ne *dépend* de personne.
INDESTRUCTIBILITÉ, s. f. (*eindècetrnktibilité*), qualité de ce qui est *indestructible*.
INDESTRUCTIBLE, adj. des deux g. (*eindècetruktible*), qui ne peut se *détruire*.
INDÉTERMINATION, s. f. (*eindètèrminâcion*), irrésolution.
INDÉTERMINÉ, E, adj. (*eindètèreminé*) (*indeterminatus*), qui n'est pas *déterminé*; sans bornes certaines; irrésolu.
INDÉTERMINÉMENT, adv. (*eindètèreminéman*), d'une manière *indéterminée*.
INDÉVOT, E, adj. et s. (*eindévô, vote*), qui n'est pas *dévot*.
INDÉVOTEMENT, adv. (*eindévoteman*), d'une manière *indévote*.
INDÉVOTION, s. f. (*eindévôcion*), défaut de *dévotion*.
INDEX, s. m. (*eindèkce*) (mot latin), table d'un livre; doigt le plus proche du pouce; catalogue des livres défendus à Rome.
INDICATEUR, TRICE, adj. (*eindicateur, trice*), qui *indique*.—S. et adj. m., doigt qui suit le pouce.
INDICATIF, TIVE, adj. (*eindicatif, tive*), qui *indique*. — Subst. au m., en t. de gramm., premier mode du verbe.
INDICATION, s. f. (*eindikâcion*), action d'indiquer; ce qui *indique*.
INDICE, s. m. (*eindice*) (*indictum*), signe apparent et probable d'une chose.
INDICIBLE, adj. des deux g. (*eindicible*) (*in* nég., et *dicere*, dire), inexprimable.
INDICTION, s. f. (*eindikcion*) (*indictio*), convocation d'un concile, etc.; révolution de quinze années.
INDICULE, s. m. (*eindikule*) (*indiculum*), ce qui montre, qui enseigne. Peu us.
INDIENNE, s. f. (*eindiène*), toile de coton peinte à la manière des *Indes*.
INDIFFÉREMMENT, adv. (*eindiféraman*), d'une manière *indifférente*.

INDIFFÉRENCE, s. f. (eindiférance), état d'une personne indifférente; froideur.

INDIFFÉRENT, E, adj. (eindiféran, ante) (indifferens), qui n'intéresse guère; qui n'est en soi ni bon ni mauvais; qui n'a d'attachement à rien; qui n'est touché de rien. — S., personne indifférente.

INDIGENCE, s. f. (eindijance) (indigentia), grande pauvreté; absence d'une chose.

INDIGÈNE, s. et adj. des deux g. (eindijène) (indigena), naturel d'un pays.

INDIGENT, E, adj. et s. (indijan, ante) (indigens), pauvre, nécessiteux.

INDIGESTE, adj. des deux g. (eindijèete) (indigestus), difficile à digérer; fig. confus.

INDIGESTION, s. f. (eindijècetion) (indigestio), mauvaise digestion.

INDIGÈTES, s. m. (eindijète) (In diis ago, je suis parmi les dieux), nom que les anciens donnaient aux demi-dieux d'un pays.

INDIGNATION, s. f. (eindignidcion), colère que donne une chose indigne.

INDIGNE, adj. des deux g. (eindignie) (indignus), qui n'est pas digne; qui ne convient pas; condamnable.

INDIGNÉ, E, part. pass. de indigner, et adj.

INDIGNEMENT, adv. (eindignieman), d'une manière indigne.

INDIGNER, v. a. (eindignié) (indignari), exciter l'indignation. — V. pr., se fâcher.

INDIGNITÉ, s. f. (eindignite), qualité de ce qui est indigne; énormité; outrage.

INDIGO, s. m. (eindiguô) (indicum), fécule de couleur bleue qu'on tire de l'indigotier; anil; couleur semblable à celle de l'indigo.

INDIGOTERIE, s. f. (eindiguoterî), lieu où l'on cultive, où l'on prépare l'indigo.

INDIGOTIER, s. m. (eindiguotié), arbuste qui donne l'indigo.

INDILIGENT, E. s. et adj. (cindilijan, ante), qui n'est pas diligent.

INDIQUÉ, E, part. pass. de indiquer.

INDIQUER, v. a. (eindikié) (indicare), montrer; donner à connaître; marquer.

INDIRECT, E, adj. (eindirèkte), qui n'est pas direct.

INDIRECTEMENT, adv. (eindirèkteman), d'une manière indirecte.

INDISCIPLINABLE, adj. des deux g. (eindiciplinable), qu'on ne peut discipliner.

INDISCIPLINE, s. f. (eindicipline), manque de discipline.

INDISCIPLINÉ, E, part. pass. de discipliner; et adj., qui n'est pas discipliné.

INDISCIPLINER, v. a (eindiciplinè), rendre indisciplinable.

INDISCRET, E, s. et adj. (eindicekrè, ète), q i n'a point de discrétion.

INDISCRÈTEMENT, adv. (eindicekrèteman), d'une manière indiscrète.

INDISCRÉTION, s. f. (eindicekrécion), manque de discrétion; action indiscrète.

INDISPENSABLE, adj. des deux g. (eindicepançable), dont on ne peut se dispenser.

INDISPENSABLEMENT, adv. (eindicepançableman), nécessairement.

INDISPONIBLE, adj. des deux g. (eindiceponible), dont on ne peut disposer.

INDISPOSÉ, E, part. pass. de indisposer, et adj., légèrement malade.

INDISPOSER, v. a. (eindiccpózé) (rac. non, dispos), rendre un peu malade; fâcher.

INDISPOSITION, s. f. (eindicepózicion), maladie légère; aversion, éloignement.

INDISSOLUBILITÉ, s f. (eindicecolubilité), qualité de ce qui est indissoluble.

INDISSOLUBLE, adj. des deux g. (eindicecoluble), qui ne peut se dissoudre.

INDISSOLUBLEMENT, adv. (eindicecolubleman), d'une manière indissoluble.

INDISTINCT, E, adj. (eindiceteinkte), qui n'est pas distinct.

INDISTINCTEMENT, adv. (eindiceteinkteman), d'une manière indistincte; confusément; sans distinction.

INDIVIDU, s. m. (eindividu) (individuum, indivisible), être particulier de chaque espèce qui ne peut être divisé; personne.

INDIVIDUALISÉ, E, part. pass. de individualiser.

INDIVIDUALISER, v. a. (eindividu-alizé), considérer individuellement.

INDIVIDUALITÉ, s. f. (eindividu-alité), état de l'individu; ce qui le constitue.

INDIVIDUEL, ELLE, adj. (individuèle), qui a rapport à l'individu.

INDIVIDUELLEMENT, adv. (eindividuèleman), d'une manière individuelle.

INDIVIS, E, adj. (eindivi, vize) (indivisus), qui n'est pas divisé, ou partagé. — Par INDIVIS, loc. adv., en commun.

INDIVISÉMENT, adv. (eindivizéman), d'une manière indivise.

INDIVISIBILITÉ, s. f. (eindivizibilité), état de ce qui ne peut être divisé.

INDIVISIBLE, adj. des deux g. (eindivizible) (indivisibilis), qui ne peut se diviser.

INDIVISIBLEMENT, adv. (eindivizibleman), d'une manière indivisible.

INDIVISION, s. f. (eindivizion), état de ce qui est indivis.

IN-DIX-HUIT, s. m. (eindizuite), livre dont la feuille se plie en dix-huit feuillets.

INDOCILE, adj. des deux g. (eindocile) (indocilis), qui n'est pas docile.

INDOCILITÉ, s. f. (eindocilité), manque de docilité.

INDOLENCE, s. f. (eindolance) (indolentia), apathie, insouciance, nonchalance.

INDOLENT, E, adj. et s. (eindolan, ante), qui a de l'indolence; en t. de méd., qui ne cause point de douleur.

INDOMPTABLE ou INDOMTABLE, adj. des deux g. (*eindontable*), qui ne peut être dompté.

INDOMPTÉ, E, ou INDOMTÉ, E, adj. (*eindonté*), qui n'a pu encore être dompté.

IN-DOUZE, s. m. (*eindouze*), livre dont la feuille se plie en *douze* feuillets.

INDU, E, adj. (*eindu*), hors de saison; qui est à contre-temps, contre ce qui est dû.

INDUBITABLE, adj. des deux g. (*eindubitable*) (*indubitabilis*), assuré.

INDUBITABLEMENT, adv. (*eindubitableman*), assurément, sans doute.

INDUCTION, s. f. (*eindukcion*) (*inductio*), instigation; conséquence que l'on tire.

INDUIRE, v. a. (*einduire*) (*inducere*), porter à quelque chose; inférer.

INDUIT, E, part. pass. de *induire*.

INDULGENCE, s. f. (*einduljance*) (*indulgentia*), bonté; facilité à excuser, à pardonner; rémission des péchés.

INDULGENT, E, adj. (*einduljan, ante*), qui a de l'*indulgence*.

INDULT, s. m (*eindulte*) (*indultum*), grace, droit accordé par une bulle.

INDULTAIRE, s m. (*eindultère*), qui avait droit en vertu d'un *indult*.

INDÛMENT, adv. (*einduman*) (*indebitè*), t. de prat., d'une manière *indue*.

INDUSTRIE, s. f. (*einducetri*) (*industria*), dextérité, adresse à faire quelque chose; savoir-faire; commerce; arts mécaniques. — *Chevalier d'industrie*, homme qui vit d'adresse.

INDUSTRIEL, ELLE, adj. (*einducetri-èle*), produit par l'*industrie*. — S. m., celui qui s'adonne à l'*industrie*.

INDUSTRIEUSEMENT, adv. (*einducetri-euzeman*), avec *industrie*.

INDUSTRIEUX, EUSE, adj.(*einducetri-eu, euze*), qui a de l'*industrie*.

INDUT, s. m. (*eindu*) (*indutus*, part. pass. de *induere*, vêtir), ecclésiastique revêtu d'une aube et d'une tunique.

INÉBRANLABLE, adj. des deux g.(*inébranlable*), qui ne peut être ébranlé.

INÉBRANLABLEMENT, adv. (*inébranlableman*), d'une manière *inébranlable*.

INÉDIT, E, adj. (*inédi, dite*) (*ineditus*), qui n'a jamais été publié, mis au jour.

INEFFABILITÉ, s. f. (*inèfabilité*), impossibilité d'exprimer par des paroles.

INEFFABLE, adj. des deux g. (*inèfable*) (*ineffabilis*), qu'on ne peut exprimer.

INEFFAÇABLE, adj. des deux g. (*inèfaçable*), qui ne peut être effacé.

INEFFICACE, adj. des deux g. (*inèfikace*) (*inefficax*), qui n'a nulle *efficacité*.

INEFFICACITÉ, s. f. (*inèfikacité*), manque de vertu, d'*efficacité*.

INÉGAL, E, adj. (*inégual*e), qui n'est point égal; raboteux; irrégulier.

INÉGALEMENT, adv. (*inégualeman*), d'une manière *inégale*.

INÉGALITÉ, s. f. (*inégualité*), défaut d'égalité; bizarrerie dans l'humeur.

INÉLÉGANCE, s. f. (*inéléguance*), manque d'*élégance*.

INÉLÉGANT, E, adj. (*inéléguan, ante*), qui manque d'*élégance*. Inus.

INÉLIGIBLE, adj. des deux g. (*inélijible*), qui ne peut être *élu*.

INÉNARRABLE, adj. des deux g.(*inénarrable*) (*inenarrabilis*), qui ne peut être raconté.

INEPTE, adj. des deux g. (*inèpete*) (*ineptus*), sans aptitude, absurde.

INEPTIE, s. f. (*inèpeci*) (*ineptia*), sottise; action, propos *inepte*.

INÉPUISABLE, adj. des deux g. (*inépuizable*), qu'on ne peut tarir, épuiser.

INERME, adj. des deux g. (*inèreme*) (*inermis*, sans armes), dépourvu de piquants.

INERTE, adj. des deux g. (*inèrete*), sans ressort, sans activité.

INERTIE, s. f. (*inèreci*) (*inertia*), en phys., résistance d'un corps aux efforts qui tendent à le déplacer; *fig.* indolence, inaction.

INESPÉRÉ, E, adj. (*inèceperé*) (*inesperatus*), à quoi l'on ne s'attendait pas.

INESPÉRÉMENT, adv.(*inèceperéman*) (*inesperatè*), lorsqu'on s'y attend le moins.

INESTIMABLE, adj. des deux g. (*inècetimable*), qu'on ne peut assez *estimer*.

INÉVITABLE, adj. des deux g. (*inévitable*), qu'on ne peut *éviter*.

INÉVITABLEMENT, adv. (*inévitableman*), d'une manière *inévitable*.

INEXACT, E, adj.(*inèguesakte*), qui manque d'*exactitude*.

INEXACTEMENT, adv. (*inèguesakteman*) d'une manière *inexacte*.

INEXACTITUDE, s. f. (*inèguesaktitude*), qui manque d'*exactitude*.

INEXCUSABLE, adj. des deux g. (*inèkcekuzable*), qui ne peut être *excusé*.

INEXÉCUTABLE, adj. des deux g. (*inèguezékutable*), qui ne peut être *exécuté*.

INEXÉCUTION, s. f. (*inèguezékucion*), défaut d'*exécution*.

INEXERCÉ, E, adj. (*inèguesèrcé*), qui n'est pas *exercé*.

INEXIGIBLE, adj. des deux g. (*inèguesijible*), qui ne peut être *exigé*.

INEXORABLE, adj. des deux g. (*inèguesorable*) (*inexorabilis*), qu'on ne peut fléchir.

INEXORABLEMENT, adv. (*inèguezorableman*), d'une manière *inexorable*.

INEXPÉRIENCE, s. f. (*inèkcepériance*) défaut d'*expérience*.

INEXPÉRIMENTÉ, E, adj. (*inèkcepérimanté*), qui n'a point d'*expérience*.

INEXPIABLE, adj. des deux g. (inèkcepiable), qui ne se peut *expier*.

INEXPLICABLE, adj. des deux g. (inèkceplikable), qu'on ne peut *expliquer*.

INEXPRIMABLE, adj. des deux g. (inèkceprimable), qu'on ne saurait *exprimer*.

INEXPUGNABLE, adj. des deux g. (inèkcepuguenable) (inexpugnabilis), imprenable.

INEXTINGUIBLE, adj. des deux g. (inèkceteingu-ible), qui ne peut être *éteint*.

IN EXTREMIS. Voy. EXTREMIS.

INEXTRICABLE, adj. des deux g. (inèkcetricable) (inextricabilis), qui ne peut être démêlé; *fig.* obscur, embrouillé.

INFAILLIBILITÉ, s. f. (einfaie-ibilité), certitude pleine et entière; impossibilité d'errer, de se tromper.

INFAILLIBLE, adj. des deux g. (einfaie-ible) (infallibilis), certain et immanquable; qui ne peut *faillir*; qui ne peut errer.

INFAILLIBLEMENT, adv. (einfaie-ibleman), assurément, indubitablement.

INFAISABLE, adj. des deux g. (einfèzable), qui ne peut être *fait*. Fam.

INFAMANT, E, adj. (einfaman, ante) (infamans), qui porte *infamie*.

INFAMATION, s. f. (einfamácion) (infamatio), note *infame*.

INFAME, adj. et s. des deux g. (einfâme) (infamis, formé de *in* nég., et *fama*, réputation), flétri par la loi ou par l'opinion; honteux, déshonorant; malpropre, malséant.

INFAMIE, s. f. (einfami), flétrissure, ignominie; action *infame*.

INFANT, E, s. (einfan, ante) (infans, enfant), titre qu'on donne aux *enfants* puinés des rois d'Espagne et de Portugal.

INFANTERIE, s. f. (einfanteri), troupe qui combat à pied.

INFANTICIDE, s. m. (einfanticide) (infanticida), meurtre d'un *enfant*. — S. et adj. des deux g., meurtrier d'un *enfant*.

INFATIGABLE, adj. des deux g. (einfatiguable), qu'on ne peut *fatiguer*.

INFATIGABLEMENT, adv. (einfatiguableman), d'une manière *infatigable*.

INFATUATION, s. f. (einfatuácion) (infatuare, infatuer), prévention ridicule.

INFATUÉ, E, part. pass. de infatuer.

INFATUER, v. a. (einfatué) (infatuare, rendre fou), prévenir, préoccuper, entêter.

INFÉCOND, E, adj. (einfékon, onde) (infecundus), stérile ou qui produit peu.

INFÉCONDITÉ, s. f. (einfékondité) (infecunditas), stérilité.

INFECT, E, adj. (einfèkte) (infectus, dérivé de *non factus*), puant, corrompu.

INFECTÉ, E, part. pass. de *infecter*.

INFECTER, v. a. (einfèkté) (inficere), rendre *infect*; empuantir; corrompre.

INFECTION, s. f. (einfèkcion) (inficere, infecter), grande puanteur.

INFÉODATION, s. f. (einfé-odácion), action d'*inféoder*.

INFÉODÉ, E, part. pass. de *inféoder*.

INFÉODER, v. a. (einfé-odé), donner une terre pour être tenue en *fief*.

INFÉRÉ, E, part. pass. de *inférer*.

INFÉRER; v. a. (einféré) (inferre, porter dans), tirer une conséquence de...

INFÉRIEUR, E, adj. et s. (einférieur) (inferior, de infrà, au-dessous), qui est placé au-dessous, qui est au-dessous d'un autre.

INFÉRIEUREMENT, adv. (einférieureman), au-dessous. Il régit la préposition à.

INFÉRIORITÉ, s. f. (einfériorité), rang de l'*inférieur* à l'égard du supérieur.

INFERNAL, E, adj. (einfèrenale) (infernus), de l'enfer. — Au pl. m. *infernaux*.

INFERTILE, adj. des deux g. (einfèretile), stérile; qui n'est pas *fertile*; qui produit peu.

INFERTILITÉ, s. f. (einfèretilité), stérilité.

INFESTÉ, E, part. pass. de *infester*.

INFESTER, v. a. (einfècté) (infestare), piller, ravager; incommoder, tourmenter.

INFIBULATION, s. f. (einfibulácion) (fibula, boucle), opération pour empêcher un jeune homme d'avoir commerce avec les femmes.

INFIBULER, v. a. (einfibulé) (infibulare), faire l'opération de l'*infibulation*. Inus.

INFIDÈLE, s. et adj. des deux g. (einfidèle) (infidelis), qui manque de foi, de *fidélité*; qui n'a pas la vraie foi.

INFIDÈLEMENT, adv. (einfidèleman), d'une manière *infidèle*.

INFIDÉLITÉ, s. f. (einfidélité) (infidelitas), déloyauté; manque de *fidélité*.

INFILTRATION, s. f. (einfiltrácion), action d'un liquide qui s'*infiltre*.

INFILTRÉ, E, part. pass. de s'*infiltrer*.

S'INFILTRER, v. pr. (ceinfiltré), passer dans les pores d'un solide comme par un *filtre*.

INFIME, adj. des deux g. (einfime), dernier; placé le plus bas.

INFINI, s. m. (einfini) (in nég., et *finis*, borne), ce qui n'a point de *bornes*.

INFINI, E, adj. (einfini), qui n'a point de bornes; innombrable; très-grand; excellent.

INFINIMENT, adv. (einfiniman), sans bornes, sans mesure; extrêmement.

INFINITÉ, s. f. (einfinité), qualité de ce qui est *infini*; grand nombre.

INFINITÉSIMAL, E, adj. (einfinitézimale), se dit du calcul des *infiniment* petits. — Au pl. m. *infinitésimaux*.

INFINITIF, s. m. (einfinitif) (infinitivus, sous-entendu *modus*, mode), mode du verbe qui ne marque ni nombres ni personnes.

INFIRMATIF, TIVE, adj. (einfirmatif, tive), qui *infirme*, qui rend nul.

INFIRMATION, s. f. (einfirmácion), action d'*infirmer*.

INFIRME, s. et adj. des deux g. (einfirme) (infirmus), malade, qui a quelque infirmité.
INFIRME, E, part. pass. de infirmer.
INFIRMER, v. a. (einfirmé) (infirmare), invalider, déclarer nul; affaiblir.
INFIRMERIE, s. f. (einfirmeri), lieu où l'on rassemble les infirmes, les malades.
INFIRMIER, IÈRE, s. (einfirmié, ière), qui a soin d'une infirmerie.
INFIRMITÉ, s. f. (einfirmité) (infirmitas), maladie habituelle; faiblesse.
INFLAMMABLE, adj. des deux g. (einflâmable), qui s'enflamme facilement.
INFLAMMATION, s. f.(einflamâcion),action qui enflamme un combustible; fig. âcreté aux parties du corps trop échauffées.
INFLAMMATOIRE, adj. des deux g. (einflâmato-are), qui cause des inflammations.
INFLÉCHI, part. pass. de s'infléchir, et adj.
s'INFLÉCHIR, v. pr. (ceinfléchir), dévier.
INFLEXIBILITÉ, s. f. (einflèkcibilité), qualité, caractère de ce qui est inflexible.
INFLEXIBLE, adj. des deux g. (einflèkcible) (inflexibilis), qu'on ne peut fléchir.
INFLEXIBLEMENT, adv.(einflèkcibleman), d'une manière inflexible.
INFLEXION, s. f. (einflèkcion) (inflexio), changement de la voix lorsqu'elle passe d'un son à un autre.
INFLIGÉ, E, part. pass. de infliger.
INFLIGER, v. a. (einfligé) (infligere), imposer une peine, un châtiment.
INFLORESCENCE, s. f. (einflorèceçance), disposition des fleurs d'une plante.
INFLUENCE, s. f. (einflu-ance) (influentia), vertu prétendue des astres; action d'une chose qui influe sur une autre; ascendant, crédit.
INFLUENCÉ, E, part. pass. de influencer.
INFLUENCER, v. a. (einflu-ancé), exercer une influence; agir par influence.
INFLUÉ, E, part. pass. de influer.
INFLUENT, E, adj. (einflu-an, ante), qui influe.
INFLUER, v. a.(einflu-é)(influere), communiquer par une vertu secrète. — V. n., faire impression sur une chose.
IN-FOLIO, s. m. (einfolio), livre à feuilles pliées en deux feuillets.
INFORMATION, s. f. (einformâcion), action de s'informer; action d'informer.
INFORME, adj. des deux g. (einforme) (informis), qui n'a pas la forme qu'il devrait avoir.
INFORMÉ, E, part. pass. de informer, et adj. —S. m., en t. de pal., information.
INFORMER, v. a. (einformé) (informare), avertir, instruire.—V. n., t. de pal., faire une enquête.—V. pr., s'enquérir.
INFORTUNE, s. f. (einfortune) (infortunitas), malheur, adversité.
INFORTUNÉ, E, s. et adj. (einfortuné), qui a contre lui la fortune; malheureux.

INFRACTEUR, s. m. (einfraktèur), celui qui viole un traité, une loi, etc.
INFRACTION, s. f. (einfraction) (infractio), action de violer, d'enfreindre.
INFRUCTUEUSEMENT, adv. (einfructueuzeman) (infructuozè), sans profit, sans utilité.
INFRUCTUEUX, EUSE, adj. (einfructueneuse) (infructuosus), stérile), sans fruit, inutile.
INFUS, E, adj.(einfus, fuze)(infusus), donné par la nature.
INFUSÉ, E, part. pass. de infuser.
INFUSER, v. a. (einfuzé) (infundere), verser dans, mettre une drogue dans quelque liqueur.
INFUSIBLE, adj. des deux g. (einfuzible), qui n'est pas fusible.
INFUSION, s. f. (einfuzion) (infusio), action d'infuser; chose infusée.
INFUSOIRES, s. et adj. m. pl.(einfuzoare) animalcules qu'on trouve dans les liquides.
INGAMBE, adj. des deux g.(einguanbe)(corruption des mots en jambe), léger, dispos.
s'INGÉNIER, v. pr. (ceingénié) (ingenium, esprit), tâcher de trouver dans son esprit quelque moyen pour réussir. Fam.
INGÉNIEUR, s. m. (einjénieur) (ingenium, invention ingénieuse), homme instruit dans le génie civil ou militaire.
INGÉNIEUSEMENT, adv. (einjénieuzeman) (ingenio'sè), avec esprit.
INGÉNIEUX, EUSE, adj. (einjénieu, euze)(ingeniosus), qui a de l'esprit; qui en annonce.
INGÉNU, E, s. et adj. (einjénu) (ingenuus), franc, naïf jusqu'à la simplicité.
INGÉNUITÉ, s. f. (einjénu-ité) (ingenuitas), sincérité, franchise, naïveté.
INGÉNUMENT, adv.(einjénum'an) (ingenuè), franchement, naïvement.
s'INGÉRER, v. pr. (ceinjéré) (ingèrere), se mêler d'une chose sans en être requis.
IN-GLOBO (ineguelôbô) (expression lat. qui s'emploie comme adv.), en globe, en masse.
INGRAT, E, s. et adj. (einguera, rate) (ingratus), sans reconnaissance; stérile.
INGRATITUDE, s. f.(einguératitude), manque de reconnaissance.
INGRÉDIENT, s. m. (einguerédian) (ingrediens), part. prés. de ingredi, entrer), ce qui entre dans diverses compositions.
INGUÉRISSABLE, adj. des deux g.(einguéricable), qui ne peut être guéri.
INGUINAL, E, adj.(eingu-inale)(inguinalis), de l'aine.—Au pl. m. inguinaux.
INHABILE, adj. des deux g. (inabile), qui n'est pas habile; incapable.
INHABILETÉ, s. f. (inabileté), manque d'habileté.
INHABILITÉ, s. f. (inabilité), qualité qui rend inhabile; incapacité.
INHABITABLE, adj. des deux g. (inabitable), qu'on ne peut habiter.

INHABITÉ, E, adj. (inabité), où personne n'habite, ne demeure.
INHÉRENCE, s. f. (inérance) (inhærentia), jonction de choses inséparables.
INHÉRENT, E, adj. (inéran, ante)(inhærens, part. prés. de inhærere, être attaché), qui est joint inséparablement à un sujet.
INHIBE, E, part. pass. de inhiber.
INHIBER, v. a. (inibé) (inhibere), t. de pal., défendre, prohiber.
INHIBITION, s. f. (inibicion) (inhibitio), défense, prohibition.
INHOSPITALIER, IÈRE, adj. (inocepitalié, ière) (inhospitalis), qui manque d'hospitalité.
INHOSPITALITÉ, s. f. (inocepitalité), défaut d'hospitalité.
INHUMAIN, E, s. et adj. (inumein, ène) (inhumanus), qui n'a point d'humanité.
INHUMAINEMENT, adv. (inumèneman), d'une manière inhumaine.
INHUMANITÉ, s. f. (inumanité), vice contraire à l'humanité, cruauté.
INHUMATION, s. f. (inumácion), action d'inhumer, enterrement.
INHUMÉ, E, part. pass. de inhumer.
INHUMER, v. a. (inumé) (inhumare, de in, dans, et humus, terre), enterrer.
INIMAGINABLE, adj. des deux g. (inimajinable), qu'on ne peut imaginer.
INIMITABLE, adj. des deux g. (inimitable), qu'on ne peut imiter; qui ne peut être imité.
INIMITIÉ, s. f. (inimitié) (inimicitia), haine, malveillance, rancune.
ININTELLIGIBLE, adj. des deux g. (inintélelijible), qu'on ne peut entendre.
INIQUE, adj. des deux g. (inike) (iniquus), contraire à l'équité, injuste à l'excès.
INIQUEMENT, adv. (inikeman), d'une manière inique.
INIQUITÉ, s. f. (inikité) (iniquitas), vice contraire à l'équité; péché, crime.
INITIAL, E, adj. (iniciale) (initialis, de initium, commencement), qui commence. — Au pl. m. initiaux.
INITIATION, s. f. (iniciácion), action d'initier ou d'être initié.
INITIATIVE, s. f. (iniciative), droit, action de proposer le premier quelque chose.
INITIÉ, E, part. pass. de initier, et s., celui qui est initié, admis dans...
INITIER, v. a. (inicié) (initiare), admettre dans une société, etc. — V. pr., se mettre au fait de quelque chose.
INJECTÉ, E, part. pass. de injecter, et adj.
INJECTER, v. a. (einjèkté) (injicere, jeter dans), jeter avec une seringue quelque liqueur dans la cavité d'un corps.
INJECTION, s. f. (einjèkcion) (injectio), action d'injecter; ce qu'on injecte.
INJONCTION, s. f. (einjonkcion)(injunctio), commandement, ordre exprès.

INJURE, s. f. (einjure) (injuria, de in, contre, et jus, droit), tort, outrage.
INJURIÉ, E, part. pass. de injurier.
INJURIER, v. a. (einjurié), dire des paroles injurieuses à quelqu'un.
INJURIEUSEMENT, adv. (einjurieuseman), d'une manière injurieuse.
INJURIEUX, EUSE, adj. (einjurieu, euse) (injuriosus), outrageux, offensant.
INJUSTE, adj. des deux g. et s. m. (einjucete) (injustus), contraire à la justice.
INJUSTEMENT, adv. (einjuceteman), avec injustice.
INJUSTICE, s. f. (einjucetice) (injustitia), vice contraire à la justice; action injuste.
INLISIBLE, adj. des deux g. (einlizible), qui ne saurait être lu.
IN MANUS, Voy. MANUS (IN).
IN NATURALIBUS, Voy. NATURALIBUS (IN).
INNAVIGABLE, adj. des deux g. (inenaviguable), où l'on ne peut naviguer.
INNÉ, E, adj. (inené) (innatus, de in, dans, et natus, né), qui est né avec nous.
INNOCEMMENT, adv. (inocaman), avec innocence; niaisement.
INNOCENCE, s. f. (inocance) (innocentia), état de l'innocent; pureté d'âme, simplicité.
INNOCENT, E, adj. et s. (inocan, ante) (innocens), qui n'est point coupable, candide, simple et sans malice; qui ne nuit point.
INNOCENTÉ, E, part. pass. de innocenter.
INNOCENTER, v. a. (inocanté), déclarer innocent; absoudre. Peu us.
INNOCUITÉ, s. f. (inenoku-ité), qualité de ce qui n'est pas nuisible. Peu us.
INNOMBRABLE, adj. des deux g. (inenonbrable), qui ne se peut nombrer.
INNOMBRABLEMENT, adv. (inenonbrableman), d'une manière innombrable.
INNOMÉ, E, adj. (inenomé) (in, priv., et nomen, nom), t. de dr., qui n'a point de dénomination particulière.
INNOMINÉ, E, adj. (inenominé), t. d'anat., qui n'a point de nom.
INNOVATEUR, TRICE, s.(inenovateur, trice), qui innove. On dit mieux novateur, trice.
INNOVATION, s. f. (inenovácion) (innovatio), introduction d'une nouveauté.
INNOVÉ, E, part. pass. de innover.
INNOVER v. a. et n. (inenové) (innovare), faire des innovations.
INOBSERVATION, s. f. (inobecèrevácion) (inobservantia), manque d'obéissance.
INOCCUPÉ, E, adj. (inokupé), qui est sans occupation.
IN-OCTAVO, s. m. (inoktávô) (emprunté du lat.), livre dont chaque feuille se plie en huit feuillets, et forme seize pages.
INOCULATEUR, TRICE, s. (inokulateur, trice), qui inocule.
INOCULATION, s. f. (inokulácion) (inocu-

latio, action de greffer), communication artificielle d'une maladie contagieuse.

INOCULÉ, E, part. pass. de *inoculer*.

INOCULER, v. a. (*inokulé*), communiquer la petite vérole par *inoculation*.

INOCULISTE, s. m. (*inoculicete*), partisan de l'*inoculation*.

INODORE, adj. des deux g. (*inedore*)(*inodorus*), qui n'a pas d'*odeur*.

INOFFENSIF, SIVE, adj. (*inofancif, cive*), qui n'*offense*, qui n'attaque personne.

INOFFICIEUX, EUSE, adj. (*inoficieu, euze*) (*inofficiosus*), qui déshérite sans motif.

INOFFICIOSITÉ, s. f. (*inoficiózité*), qualité d'un acte *inofficieux*.

INONDATION, s. f. (*inondácion*) (*inundatio*), débordement d'eaux; *fig.* multitude.

INONDÉ, E, part. pass. de *inonder*.

INONDER, v. a. (*inondé*) (*inundare*), submerger, couvrir d'eau; envahir, remplir.

INOPINÉ, E, adj. (*inopiné*) (*inopinatus*), à quoi l'on n'avait pas songé.

INOPINÉMENT, adv. (*inopinéman*) (*inopinate*), d'une manière imprévue.

INOPPORTUN, E, adj. (*inoporteun, tune*), qui n'est pas ou n'est plus *opportun*.

INOPPORTUNITÉ, s. f. (*inoportunité*), qualité de ce qui est *inopportun*.

INORGANIQUE, adj. des deux g. (*inorganike*), qui n'est point *organisé*.

INOUÏ, E, adj. (*inou-ï*) (*in*, nég. et de l'adj. *ouï*, entendu), tel qu'on n'a jamais rien ouï dire de semblable; singulier, étrange.

IN-PACE, s. m. (*inepácé*)(mots lat. qui signifient *dans la paix*), prison des moines.

IN PARTIBUS. Voy. PARTIBUS (IN).

IN-PETTO. Voy. PETTO (IN).

IN-PLANO, adj. et s. m. (*ineplano*)(mots latins), t. d'impr., format où la feuille imprimée ne contient qu'une page de chaque côté.

IN-PROMPTU. Voy. IMPROMPTU.

INQUART, s. m. (*einkar*), espèce de purification de l'or.

IN-QUARTO, s. m. (*einkouartô*), livre dont chaque feuille contient *quatre* feuillets.

INQUIET, E, adj. (*einkiè, kiète*)(*inquietus*), qui a de l'*inquiétude*.

INQUIÉTANT, E, adj.(*einkiétan, ante*), qui cause de l'*inquiétude*.

INQUIÉTÉ, E, part. pass. d'*inquiéter*.

INQUIÉTER, v. a. (*einkiété*), donner de l'*inquiétude*; chagriner; troubler.

INQUIÉTUDE, s. f.(*einkiétude*)(*inquietudo*), trouble, agitation d'esprit; impatience; petites douleurs aux jambes.

INQUISITEUR, s. m. (*einkiziteur*) (*inquisitor*), juge de l'*inquisition*.

INQUISITION, s. f. (*einkizicion*) (*inquisitio*), perquisition; tribunal établi en certains pays pour rechercher et punir ceux qui ont des sentiments contraires à la foi.

INQUISITORIAL, E, adj. (*einkizitoriale*). de l'*inquisition*.— Au pl. m. *inquisitoriaux*.

INSAISISSABLE, adj. des deux g. (*eincèzicable*), qui ne peut être *saisi*.

INSALUBRE, adj. des deux g.(*einçalubre*), malsain, qui nuit à la santé.

INSALUBRITÉ, s. f. (*einçalubrité*), qualité de ce qui est nuisible à la santé.

INSATIABILITÉ, s. f. (*einçaciabilité*)(*insatiabilitas*), avidité *insatiable* de manger.

INSATIABLE, adj. des deux g.(*einçaciable*) (*insatiabilis*), qu'on ne peut rassasier.

INSATIABLEMENT, adv. (*einçaciableman*), d'une manière *insatiable*.

INSCRIPTION, s. f.(*eincekripcion*)(*inscriptio*), mots gravés sur le cuivre, le marbre, etc.; action d'écrire son nom sur un registre.

INSCRIRE, v. a. (*eincekrire*) (*inscribere*), mettre un nom sur un registre.

INSCRIT, E, part. pass. de *inscrire*.

INSCRUTABLE, adj. des deux g. (*eincekrutable*) (*inscrutabilis*), qu'on ne peut pénétrer.

à l'INSCU, adv. Voy. INSU.

INSECTE, s. m. (*eincèkte*) (*insectum*), petit animal dont le corps est divisé en anneaux.

IN-SEIZE. s.m.(*eincèze*), format où la feuille est composée de *seize* feuillets.

INSENSÉ, E, adj. et s. (*einçancé*) (*insensatus*), qui n'a point de *sens*; qui est fou.

INSENSIBILITÉ, s. f.(*einçancibilité*), défaut de *sensibilité*.

INSENSIBLE, adj. des deux g. (*einçancible*) (*insensibilis*), qui ne *sent* point; imperceptible.

INSENSIBLEMENT, adv. (*einçancibleman*), peu à peu; d'une manière peu *sensible*.

INSÉPARABLE, adj. des deux g. (*eincéparable*) (*inseparabilis*), qu'on ne peut *séparer*.

INSÉPARABLEMENT, adv. (*eincéparableman*), d'une manière *inséparable*.

INSÉRÉ, E, part. pass. de *insérer*.

INSÉRER, v. a. (*eincéré*) (*inserare*), mettre dans, parmi; ajouter, faire entrer.

INSERTION, s. f. (*eincèrecion*) (*insertio*, greffe), action d'*insérer*.

INSIDIEUSEMENT, adv. (*eincidieuseman*), avec piège; d'une manière *insidieuse*.

INSIDIEUX, EUSE, adj (*eincidieu, euze*)(*insidiosus*), qui tend à surprendre.

INSIGNE, adj. des deux g. (*eincignie*) (*insignis*), signalé, remarquable.— S. m. pl., marque d'honneur, signes honorables.

INSIGNIFIANCE, s. f. (*eincignifiance*), qualité, état de l'être *insignifiant*.

INSIGNIFIANT, E, adj. (*eincignifian, ante*), qui ne *signifie* rien; sans caractère.

INSINUANT, E, adj. (*eincinuan, ante*), qui a le talent de s'*insinuer* ou d'*insinuer*.

INSINUATION, s. f. (*eincinuácion*) (*insinuatio*), adresse dans le langage; action d'*insinuer*.

INSINUÉ, E, part. pass. de *insinuer*.

INSINUER, v. a. (*eincinué*) (*insinuare*), introduire doucement; faire entrer dans l'esprit.
INSIPIDE, adj. des deux g. (*eincipide*) (*insipidus*), fade, qui n'a point de goût.
INSIPIDITÉ, s. f. (*eincipidité*), qualité de ce qui est fade et *insipide*.
INSISTANCE, s. f. (*eincicetance*), action d'*insister*.
INSISTÉ, E, part. pass. de *insister*.
INSISTER, v. n. (*einciceté*) (*insistare*), persévérer à demander; faire instance.
INSOCIABILITÉ, s. f. (*einçociabilité*), caractère de ce qui est *insociable*.
INSOCIABLE, adj. des deux g. (*einçociable*) (*insociabilis*), avec qui l'on ne peut vivre.
INSOLATION, s. f. (*einçolácion*)(*insolatio*), exposition au soleil.
INSOLEMMENT, adv. (*einçolaman*), avec *insolence*; d'une manière *insolente*.
INSOLENCE, s. f. (*eincolance*) (*insolentia*), manque de respect; injure.
INSOLENT, E, adj. et s. (*einçolan, ante*) (*insolens*), trop hardi; effronté; orgueilleux.
INSOLITE, adj. des deux g. (*einçolite*) (*insolitus*), qui est contre l'usage.
INSOLUBILITÉ, s. f. (*einçolubilité*), qualité de ce qui est *insoluble*.
INSOLUBLE, adj. des deux g. (*einçoluble*) (*insolubilis*), qui ne peut se *résoudre*.
INSOLVABILITÉ, s. f. (*einçolvabilité*), impuissance de payer.
INSOLVABLE, adj. des deux g.(*einçolvable*) (*insolubilis*), qui n'a pas de quoi payer.
INSOMNIE, s. f. (*einçomeni*) (*insomnia*), manque de sommeil.
INSOUCIANCE, s. f. (*einçouciance*), caractère de celui qui est *insouciant*.
INSOUCIANT, E, adj. et s. (*einçoucian, ante*), qui n'a point de souci.
INSOUMIS, E, adj. et s. (*einçoumi, ize*), qui n'est point *soumis*.—S. m., soldat réfractaire.
INSOUMISSION, s. f.(*einçoumicion*),manque de *soumission*.
INSOUTENABLE, adj. des deux g. (*einçoutenable*), qu'on ne peut *soutenir*.
INSPECTÉ, E, part. pass. de *inspecter*.
INSPECTER, v. a. (*eincepekté*), examiner en qualité d'*inspecteur*.
INSPECTEUR, TRICE, s. (*eincepèkteur, trice*) (*inspector*), qui a *inspection* sur...
INSPECTION, s. f. (*eincepèkcion*) (*inspectio*), action d'examiner; soin de veiller sur...
INSPIRATEUR, TRICE, adj.(*eincepirateur, trice*), qui *inspire*; se dit des muscles qui contribuent à l'*inspiration*.
INSPIRATION, s. f. (*eincepirácion*)(*inspiratio*),suggestion, chose *inspirée*; idée pensée; action par laquelle le poumon attire l'air.
INSPIRÉ, E, part. pass. de *inspirer*, adj. et s.
INSPIRER, v. a. (*eincepiré*) (*inspirare*), suggérer quelque pensée; souffler.

INSTABILITÉ, s. f. (*eincetabilité*) (*instabilitas*), manque de *stabilité*, de solidité.
INSTALLATION, s. f. (*eincetalácion*), action d'*installer*; effet de cette action.
INSTALLÉ, E, part. pass. de *installer*.
INSTALLER, v. a.(*eincetalé*)(*in*, dans, sur, et *stallus*, stalle), mettre en possession.
INSTAMMENT, adv. (*eincetaman*), avec *instance*, d'une manière pressante.
INSTANCE, s. f. (*eincetance*) (*instantia*), sollicitation pressante; demande en justice.
INSTANT, s. m. (*eincetan*),moment, le plus petit espace de temps.
INSTANT, E, adj. (*eincetan, ante*), pressant.
INSTANTANÉ, E, adj. (*eincetantané*), qui ne dure qu'un *instant*.
à l'**INSTAR**, adv. (*aleincetar*) (emprunté du latin), à la manière, à l'exemple de...
INSTAURATION, s. f. (*eincetôracion*) (*instauratio*), établissement solennel.
INSTIGATEUR, TRICE, s. (*eincetiguateur, trice*)(*instigator*), qui incite, qui pousse à...
INSTIGATION, s. f. (*eincetiguácion*) (*instigatio*), incitation; suggestion.
INSTIGUER, v. a. (*eincetiguié*) (*instigare*), inciter à faire quelque chose. Peu us.
INSTILLATION, s. f. (*eincetilácion*), action d'*instiller*.
INSTILLÉ, E, part. pass. de *instiller*.
INSTILLER, v. a. (*eincetilé*) (*instillare*), faire couler, verser goutte à goutte.
INSTINCT, s. m. (*eincetein*)(*instinctus*), sentiment qui dirige les animaux.
INSTINCTIF,TIVE, adj. (*einceteinktif,tive*), qui vient de l'*instinct*; produit par l'*instinct*.
INSTINCTIVEMENT, adv. (*einceteinktiveman*), par instinct.
INSTITUÉ, E, part. pass. de *instituer*.
INSTITUER, v. a. (*eincetitué*) (*instituere*), établir; mettre en fonction; nommer.
INSTITUT, s. m. (*eincetitu*) (*institutum*), règle, constitution; académie; société savante.
INSTITUTES, s. f. pl. (*eincetitute*), principes et éléments du droit romain.
INSTITUTEUR, TRICE, s. (*eincetituteur, trice*) (*institutor*), qui *institue*, qui établit; précepteur; chef d'une maison d'éducation.
INSTITUTION, s. f. (*eincetitucion*) (*institutio*), action par laquelle on *institue*; chose *instituée*; maison d'éducation.
INSTRUCTEUR, s. m. et adj.(*eincetrukteur*), celui qui *instruit*.
INSTRUCTIF, TIVE, adj.(*eincetruktif,tive*), qui *instruit*.
INSTRUCTION, s. f. (*eincetrukcion*)(*instructio*), éducation; préceptes; connaissances qu'on donne; examen; mandement.—Au pl., ordres.
INSTRUIRE, v. a. (*eincetruire*) (*instruere*, dresser), enseigner, informer.
INSTRUIT, E, part. pass. de *instruire*, et adj.
INSTRUMENT, s. m. (*eincetruman*)(*instru-*

mentum), tout ce qui sert à faire quelque chose; outil; machine qui rend des sons.

INSTRUMENTAIRE, adj. des deux g. (*eincetrumantère*), qui *instrumente*.

INSTRUMENTAL, E, adj.(*eincetrumantale*), qui concerne les *instruments*.

INSTRUMENTATION, s. f. (*eincetrumantation*), art de rendre la musique avec des *instruments*.

INSTRUMENTER, v. n. (*eincetrumanté*) (*instrumentum*), acte judiciaire; faire des contrats, des exploits et autres actes publics.

INSU, s. m. (*einçu*) (*inscius*), ignorance de quelque chose.

INSUBORDINATION, s. f. (*einçubordinâcion*), défaut de *subordination*.

INSUBORDONNÉ, E, adj. (*einçubordoné*), qui a l'esprit d'*insubordination*.

INSUCCÈS, s. m.(*einsukcè*), défaut de *succès*.

INSUFFISAMMENT, adv. (*einçufizaman*), d'une manière *insuffisante*.

INSUFFISANCE, s. f. (*einçufizance*), manque de *suffisance*; incapacité, inaptitude.

INSUFFISANT, E, adj. (*einçufizan, ante*) (*insufficiens*), qui ne *suffit* pas.

INSUFFLATION, s. f. (*einçuflâcion*), action d'*insuffler*.

INSUFFLER, v.a. (*einçuflé*)(*insufflare*), souffler dedans.

INSULAIRE, adj. et s. des deux g. (*einçulère*) (*insula*, île), habitant d'une île.

INSULTANT, E, adj. (*einçuletan, ante*), qui insulte; qui est propre à *insulter*.

INSULTE, s. f. (*einçulete*) (*insultatio*), affront, injure, offense.

INSULTÉ, E, part. pass. de *insulter*.

INSULTER, v. a. (*einçuleté*) (*insultare*), faire *insulte*; attaquer.

INSUPPORTABLE, adj. des deux g. (*einçuportable*), qui ne peut être *supporté*.

INSUPPORTABLEMENT, adv. (*einçuportableman*), d'une manière *insupportable*.

INSURGÉ, E, part. pass. de *insurger*.—S. m., celui qui s'est révolté.

INSURGENTS, s. m. pl. (*einçurjan*) (*insurgens*), troupes hongroises levées extraordinairement; révoltés, rebelles.

INSURGER, v. a. (*einçurjé*), soulever; porter à la révolte.—V. pr., se révolter.

INSURMONTABLE, adj. des deux g. (*einçurmontable*), qu'on ne peut *surmonter*.

INSURRECTION, s. f. (*einçurèkcion*) (*in*, contre, et *surgere*, se lever), soulèvement contre le gouvernement.

INSURRECTIONNEL, ELLE, adj. (*einçurèkcionèle*), qui tient de l'*insurrection*.

INTACT, E, adj. (*eintakte*) (*intactus*), pur, entier, à quoi l'on n'a pas touché.

INTACTILE, adj. des deux g. (*eintaktile*) (*intactilis*), qui échappe au sens du *tact*.

INTARISSABLE, adj. des deux g. (*eintarisable*), qui ne peut se *tarir*, s'épuiser.

INTÉGRAL, E, adj. (*eintéguerale*) (*integer*, entier), entier; total.—Sans pl. m.

INTÉGRALEMENT, adv. (*eintégueraleman*), entièrement.

INTÉGRALITÉ, s. f. (*eintégueralité*), état d'une chose entière, complète.

INTÉGRANT, E, adj. (*eintégueran, ante*), qui contribue à l'*intégrité* d'un tout.

INTÉGRATION, s. f. (*eintéguerâcion*), action d'*intégrer*.

INTÈGRE, adj. des deux g. (*eintéguerc*) (*integer*), qui a une grande *intégrité*.

INTÉGRÉ, E, part. pass. de *intégrer*.

INTÉGRER, v. a. (*eintégueré*), t. de math, trouver une quantité *intégrale*.

INTÉGRITÉ, s. f. (*eintéguerité*) (*integritas*), intégralité; probité incorruptible.

INTELLECT, s. m. (*eintèlelèkte*) (*intellèctus*), entendement.

INTELLECTIF, TIVE, adj. (*eintèlelèktif, tive*), appartenant à l'*intellect*.

INTELLECTUEL, ELLE, adj. (*eintèlelèktuèle*), qui tient de l'*intellect*; spirituel.

INTELLIGENCE, s. f. (*eintèlelijance*)(*intelligentia*), faculté, capacité de comprendre, connaissance; accord; correspondance.

INTELLIGENT, E, adj. (*eintèlelijan, ante*) (*intelligens*), qui a de la pénétration; habile.

INTELLIGIBLE, adj. des deux g. (*eintèlelijible*) (*intelligibilis*), aisé à comprendre.

INTELLIGIBLEMENT, adv. (*eintèlelijibleman*), d'une manière intelligible.

INTEMPÉRANCE, s. f. (*eintanpérance*)(*intemperantia*), vice opposé à la *tempérance*.

INTEMPÉRANT, E, adj. et s. (*eintanpéran, ante*) (*intemperans*), qui a de l'*intempérance*.

INTEMPÉRÉ, E, adj. (*eintanpéré*) (*intemperatus*), déréglé dans ses passions.

INTEMPÉRIE, s. f. (*eintanpéri*) (*intemperies*), déréglement.

INTEMPESTIF, TIVE, adj. (*eintanpècetif, tive*) (*intempestivus*), hors de saison.

INTEMPESTIVEMENT, adv. (*eintanpècetiveman*), à contre-temps, mal à propos.

INTENDANCE, s. f. (*eintandance*), charge, fonction d'*intendant*; administration.

INTENDANT, s. m. (*eintandan*)(*intendens*), qui s'applique), celui qui est préposé pour avoir la direction de certaines affaires.

INTENDANTE, s. f. (*eintandante*), femme d'un *intendant*.

INTENSE, adj. des deux g. (*eintance*) (*intensus*), tendu, grand, fort, vif, ardent.

INTENSITÉ, s. f. (*eintancité*), degré de puissance, de force, d'activité d'une chose.

INTENTÉ, E, part. pass. de *intenter*.

INTENTER, v. a.(*eintanté*)(*intentare*), commencer.

INTENTION, s. f. (*eintancion*)(*intentio*), dessein par lequel on *tend* à quelque fin.

INTENTIONNÉ, E, adj. (eintancioné); qui a quelque intention.
INTENTIONNEL, ELLE, adj. (bintancionèlé), fait avec intention; relatif à l'intention.
INTERCADENCE, s. f. (eintèrekadance), mouvement déréglé du pouls.
INTERCADENT, E, adj. (eintèrekadán) (intercadens), se dit d'un pouls déréglé.
INTERCALAIRE, adj. des deux g. (eintèrekalère) (intercalaris), inséré dans un autre.
INTERCALATION, s. f. (eintèrekaldcion) (intercalatio), action d'intercaler.
INTERCALÉ, E, part. pass. de intercaler.
INTERCALER, v. a. (eintèrekalé) (intercalare), insérer.
INTERCÉDER, v. n. (eintèrecédé) (intercedere), se mettre entre), prier pour quelqu'un.
INTERCEPTÉ, E, part. pass. de intercepter.
INTERCEPTER, v. a. (intèrecèpeté) (intercipere), arrêter, interrompre le cours.
INTERCEPTION, s. f. (eintèrecèpecion), interruption du cours direct.
INTERCESSEUR, s. m. (èintèrecèceur), qui intercède.
INTERCESSION, s. f. (eintèrecècion), action, prière par laquelle on intercède.
INTER-COSTAL, E, adj. (eintèrekocetale) (intercostalis), qui est entre les côtes.—Au pl. m. inter-costaux.
INTERCURRENT, E, adj. (eintèrekurerán), ante) (inter-currens), se dit d'un pouls inégal.
INTERDICTION, s. f. (eintèredikcion), action d'interdire; prohibition.
INTERDIRE, v. a. (eintèredire) (interdicere), défendre, prohiber, déconcerter.
INTERDIT, s. m. (eintèredi), censure ecclésiastique qui suspend les prêtres.
INTERDIT, E, part. pass. de interdire, adj. et s., suspendu de; troublé, déconcerté.
INTÉRESSANT, E, adj. (eintèrèçan, ante), qui intéresse.
INTÉRESSÉ, E, part. pass. de intéresser, et adj., qui est fort attaché à ses intérêts; avare. —S., qui a intérêt à quelque chose.
INTÉRESSER, v. a. (eintèrèçé) (inter esse, esse intervenir), faire prendre part à; émouvoir; importer; engager; attacher.
INTÉRÊT, s. m. (eintèrè), ce qui intéresse, ce qui importe; passion pour l'argent; sentiment de bienveillance; produit d'un capital.
INTERFOLIER, v. a. (eintèrefolié), relier un livre en insérant des feuillets blancs entre les feuillets écrits ou imprimés.
INTÉRIEUR, E, adj. (eintèrieur) (interior), qui est au-dedans.—S. m., le dedans; pensées secrètes, mouvements intimes; vie privée.
INTÉRIEUREMENT, adv. (eintèrieureman), au-dedans.
INTERIM, s. m. (eintèrime) (mot lat.!) l'entre-temps; administration par interim.

INTÉRIMAIRE, adj. et s. des deux g. (eintèrimère), qui jouit par interim.
INTERJECTION, s. f. (eintèrejèkcion) (interjectio), mot qui sert à exprimer quelques mouvements de l'âme; action d'interjeter.
INTERJETÉ, E, part. pass. de interjeter.
INTERJETER, v. a. (eintèrejeté), t. de pal., interjeter appel, appeler d'un jugement.
INTERLIGNES, s. m. et f. (eintèrelignie), espace entre les lignes.
INTERLIGNÉ, E, part. pass. de interligner.
INTERLIGNER, v. a. (eintèrelignié), mettre des interlignes.
INTERLINÉAIRE, adj. des deux g. (eintèreliné-ère), qui est écrit dans les interlignes.
INTERLOCUTEUR, TRICE, s. (eintèrelókuteur, trice), personnage qu'on introduit dans un dialogue.
INTERLOCUTION, s. f. (eintèrelokucion) (interlocutio), jugement interlocutoire.
INTERLOCUTOIRE, s. m. et adj. des deux g. (eintèrelokutoare), sentence qui interloque.
INTERLOPE, s. m. (eintèrelope), vaisseau marchand qui trafique en fraude.
INTERLOQUÉ, E, part. pass. de interloquer.
INTERLOQUER, v. a. (eintèrelokié) (interloqui), t. de prat., ordonner une instruction préalable; embarrasser.
INTERMÈDE, s. m. (eintèremède) (intermedius), qui est au milieu, divertissement entre les actes d'une pièce de théâtre.
INTERMÉDIAIRE, adj. des deux g. (eintèremèdière) (intermedius), qui est entre deux. —S. m., personne, chose intermédiaire.
INTERMÉDIAT, E, adj. (eintèremèdiate), se dit d'un intervalle entre deux actions.
INTERMINABLE, adj. des deux g. (eintèreminable), qui ne peut être terminé, fini.
INTERMISSION, s. f. (eintèremicion) (intermissio), interruption, discontinuation.
INTERMITTENCE, s. f. (eintèremitèsance), cessation, interruption.
INTERMITTENT, E, adj. (eintèremitètan, ante) (intermittens), qui cesse et qui reprend.
INTERMUSCULAIRE, adj. des deux g. (eintèremuceulère), situé entre les muscles.
INTERNAT, s. m. (eintèrena), pension où les élèves sont à demeure.
INTERNE, adj et s. des deux g. (eintèrene) (internus), qui est au-dedans.
INTERNONCE, s. m. (eintèrenonce) (internuncius), remplaçant du nonce.
INTER-OSSEUX, EUSE, adj. (eintèroceu, euse), qui est entre les os.
INTERPELLATION, s. f. (eintèrepèlciacion), sommation de répondre.
INTERPELLÉ, E, part. pass. de interpeller.
INTERPELLER, v. a. (eintèrepèlé) (interpellare), sommer de répondre.
INTERPOLATEUR, s. m. (eintèrepolateur) (interpolator), qui interpole.

INTERPOLATION, s. f. (*einterpolácion*), (*interpolatio*), insertion.

INTERPOLÉ, E, part. pass. de *interpoler*.

INTERPOLER, v. a. (*eintèrpolé*) (*interpolare*), entre-mêler, insérer un mot, une phrase dans le texte d'un manuscrit.

INTERPOSÉ, E, part. pass. de *interposer*.

INTERPOSER, v. a. (*eintèropózé*) (*interponere*); mettre entre deux.

INTERPOSITION, s. f. (*eintèropózicion*)(*interpositio*), situation d'un corps entre deux autres; *fig.* intervention.

INTERPRÉTATIF, TIVE, adj.(*eintèrprétatif, tive*), qui *interprète*, qui explique.

INTERPRÉTATION, s.f. (*eintèreprétácion*), action d'*interpréter*; explication.

INTERPRÈTE, s des deux g. (*eintèreprète*) (*interpres*), celui qui *interprète*.

INTERPRÉTÉ, E, part.pass. de *interpréter*.

INTERPRÉTER, v. a. (*eintèreprété*) (*interpretare*), traduire; expliquer, éclaircir.

INTERRÈGNE, s. m. (*eintèrerègnie*) (*interregnum*), intervalle de temps pendant lequel il n'y a point de roi dans un royaume.

INTERROGANT, adj. m. (*eintèreroguan*), qui sert à marquer l'*interrogation*.

INTERROGATEUR, TRICE, s. (*eintèrocroguateur, trice*), qui *interroge*.

INTERROGATIF, TIVE, adj. (*eintèreroguatif, tive*), qui sert à *interroger*.

INTERROGATION, s. f. (*eintèreroguácion*) (*interrogatio*), demande, question.

INTERROGATOIRE, s. m. (*eintèreroguatoare*), questions que fait un juge.

INTERROGÉ, E, part. pass. de *interroger*.

INTERROGER, v. a. (*eintèrerojé*)(*interrogare*), faire une question, une demande à.

INTERROMPRE, v. a. (*eintèronpre*) (*interrumpere*), empêcher la continuation.

INTERROMPU, E, part.pass. de *interrompre*.

INTERRUPTEUR, TRICE, s. (*eintèrupeteur, trice*) (*interruptor*), qui *interrompt*.

INTERRUPTION, s. f. (*eintèrupecion*)(*intèrruptio*), action d'*interrompre*.

INTERSECTION, s. f. (*eintèrecèkcion*) (*intersectio*), point où deux lignes, deux cercles se coupent l'un l'autre.

INTERSTICE, s. m.(*eintèrecetice*)(*interstitium*), intervalle.

INTERVALLE, s. m.(*eintèrevale*)(*intervallum*), distance d'un lieu, d'un temps à un autre.

INTERVENANT, E, adj. et s. (*eintèrevenante*), qui *intervient*.

INTERVENIR, v. n. (*eintèrevenir*), entrer dans une affaire; s'entremettre.

INTERVENTION, s. f. (*eintèrevancion*), action par laquelle on *intervient*.

INTERVENU, E, part. pass. de *intervenir*.

INTERVERSION, s. f. (*eintèrevèrecion*)(*interversio*), dérangement d'ordre.

INTERVERTI, E, part. pass. de *intervertir*.

INTERVERTIR, v. a. (*eintèrevèretir*) (*intervertere*), déranger, renverser.

INTESTAT, adv. (*eintèceta*) (*intestatus*, qui n'a pas testé), sans *testament*.

INTESTIN, E, adj. (*eintècetein, tine*)(*intestinus*), qui est au-dedans.

INTESTIN, s. m. (*eintècetein*), boyau.

INTESTINAL, E, adj. (*eintècetinale*), des *intestins*.— Au pl. m. *intestinaux*.

INTIMATION, s. f. (*eintimácion*), action par laquelle on *intime*.

INTIME, adj. des deux g. (*eintime*)(*intimus*), intérieur et profond; avec qui on est étroitement lié.

INTIMÉ, E, part. pass. de *intimer*.—S., qui se défend en cause d'appel.

INTIMEMENT, adv. (*eintimeman*) (*intimè*), avec une affection très-particulière.

INTIMER, v. a. (*eintimé*) (*intimare*), signifier; appeler en justice.

INTIMIDATION, s. f.(*eintimidácion*), action d'*intimider*; menace.

INTIMIDÉ, E, part. pass. de *intimider*.

INTIMIDER, v. a. (*eintimidé*) (*in*, dans, et *timor*, crainte), effrayer.

INTIMITÉ, s. f. (*eintimité*), liaison *intime*.

INTITULÉ, E, part. pass. de *intituler*.—S. m., titre qu'on met à un acte, à un livre.

INTITULER, v. a. (*eintitulé*) (*intitulare*), donner un *titre* à un livre, à un acte, etc.

INTOLÉRABLE, adj. des deux g. (*eintolérable*), qu'on ne peut *tolérer*; insupportable.

INTOLÉRANCE, s. f. (*eintolérance*), défaut de *tolérance*; rigueur inflexible.

INTOLÉRANT, E, s. et adj. (*eintolèran, ante*), qui manque de *tolérance*.

INTOLÉRANTISME, s. m. (*eintolérantiseme*), doctrine des *intolérants*.

INTONNATION, s. f. (*eintonácion*), action d'*entonner*; ton de la voix en parlant.

INTRADOS, s. m. (*eintradó*), t. d'archit., surface intérieure ou concave.

INTRADUISIBLE, adj. des deux g. (*eintraduizible*), qu'on ne peut *traduire*.

INTRAITABLE, adj. des deux g. (*eintrèlable*), rude, qui n'est pas *traitable*.

INTRA-MUROS, adv. (*eintramuróce*)(mots lat.), dans l'enceinte des *murs* de la ville.

INTRANSITIF, TIVE, adj. (*eintranzitif, tive*)(in nég., et *transire*, passer), t. de gramm., dont l'action ne passe pas hors du sujet.

INTRANT, s. m. (*eintran*) (*intrans*), celui qui nommait le recteur de l'université.

IN-TRENTE-DEUX, s. m. (*eintrantedeu*), format dans lequel la feuille est pliée en *trente-deux* feuillets.

INTRÉPIDE, adj. et s. des deux g. (*eintrépide*) (*intrepidus*), qui ne craint point le danger.

INTRÉPIDEMENT, adv. (*eintrépideman*), d'une manière *intrépide*.

INTRÉPIDITÉ, s. f. (eintrépidité), fermeté inébranlable dans le péril.

INTRIGANT, E, adj. et s. (eintriguan, ante), qui se mêle de beaucoup d'intrigues.

INTRIGUE, s. f. (eintrigue) (intricatura), brigue, cabale; embarras; nœud d'une pièce de théâtre.

INTRIGUÉ, E, part. pass. de intriguer.

INTRIGUER, v. a. (eintrigué) (intricare), embarrasser.—V. n., faire des intrigues.

INTRINSÈQUE, adj. des deux g. (eintreincèke) (intrinsecus), intérieur.

INTRINSÈQUEMENT, adv. (eintreincèkeman), d'une manière intrinsèque.

INTRODUCTEUR, TRICE, s. (eintroduktéur, trice), qui introduit.

INTRODUCTIF, TIVE, adj. (eintroduktif, tive), qui introduit.

INTRODUCTION, s. f. (eintrodukcion) (introductio), action d'introduire.

INTRODUIRE, v. a. (eintroduire) (introducere), faire entrer; fig. donner cours à.

INTRODUIT, E, part. pass. de introduire.

INTROÏT, s. m. (eintro-ite)(introïtus, exorde), commencement de la messe; prière.

INTROMISSION, s. f. (eintromicion) (intromissio), introduction.

INTRONISATION, s. f. (eintronizácion), action d'introniser.

INTRONISÉ, E, part. pass. de introniser.

INTRONISER, v. a. (eintronizé) (εἰ, sur, et θρόνος, trône), installer un évêque.

INTROUVABLE, adj. des deux g. (eintrouvable), qu'on ne saurait trouver.

INTRUS, E, adj. et s. (eintru, uze) (intrusus), introduit par force, par ruse.

INTRUSION, s. f. (eintruzion) (se intrudere, s'ingérer), entrée frauduleuse.

INTUITIF, TIVE, adj. (eintu-itif, tive) (intuere, considérer), que l'on voit face à face.

INTUITION, s. f. (eintu-icion), vision claire des bienheureux à l'égard de Dieu.

INTUITIVEMENT, adv. (eintu-itiveman), d'une manière intuitive.

INTUMESCENCE, s. f. (eintumèceçance)(intumescere, s'enfler), gonflement.

INTUS-SUSCEPTION, s. f. (eintuceçucèpecion)(intùs, dedans, et suscipere, recevoir), t. de phys., introduction.

INUSITÉ, E, adj. (inuzité) (inusitatus), qui n'est pas usité.

INUTILE, adj. des deux g. (inutile) (inutilis), qui ne sert à rien, qui n'est pas utile.

INUTILEMENT, adv. (inutileman), sans utilité, en vain.

INUTILITÉ, s. f. (inutilité), manque d'utilité; défaut d'emploi; chose inutile.

INVAINCU, E, adj. (einveinku), qui n'a jamais été vaincu.

INVALIDE, adj. et s. des deux g. (einvalide) (invalidus), estropié, infirme.

INVALIDEMENT, adv. (einvalideman), sans validité.

INVALIDÉ, E, part. pass. de invalider.

INVALIDER, v. a. (einvalidé), rendre ou déclarer invalide, nul.

INVALIDITÉ, s. f. (einvaliditê), défaut qui rend un acte invalide et nul.

INVARIABILITÉ, s. f. (einvariabilité), qualité de ce qui est invariable.

INVARIABLE, adj. des deux g. (einvariable); qui ne varie point.

INVARIABLEMENT, adv. (einvariableman), d'une manière invariable.

INVASION, s. f. (einvásion) (invasio), action de celui qui envahit un pays.

INVECTIVE, s. f. (einvèktive) (invectio), parole, expression injurieuse.

INVECTIVER, v. n. (einvèktivé) (invehi), déclamer contre.

INVENDABLE, adj. des deux g. (einvandable), qu'on ne peut vendre.

INVENDU, E, adj. (einvandu), qui n'est pas vendu.

INVENTAIRE, s. m. (einvantère) (inventarium), dénombrement; état de biens.

INVENTÉ, E, part. pass. de inventer.

INVENTER, v. a.(einvanté)(invenire), trouver par son esprit; supposer.

INVENTEUR, TRICE, s. (einvanteur, trice) (inventor), qui a inventé.

INVENTIF, TIVE, adj. (einvantif, tive), qui a le génie, le talent d'inventer.

INVENTION, s. f. (einvancion) (inventio), faculté, action d'inventer; chose inventée.

INVENTORIÉ, E, part. pass. de inventorier.

INVENTORIER, v. a. (einvantorié), mettre dans un inventaire; dresser un inventaire.

INVERSABLE, adj. des deux g. (einvèrecable), qui ne peut verser.

INVERSE, adj. des deux g. (einvèrece) (inversus), dans un sens contraire; opposé, renversé.—S. m., le contraire.

INVERSION, s. f. (einvèrecion) (inversio), transposition de l'ordre.

INVERTÉBRÉ, E, adj. (einvèrctébré), qui est sans vertèbres.

INVESTI, E, part. pass. de investir, et adj.

INVESTIGATEUR, TRICE, s.(einvèceliguateur, trice), qui cherche quelque chose.

INVESTIGATION, s. f.(einvestiguácion) (investigatio), perquisition.

INVESTIR, v. a. (einvècetir)(investire, couvrir), mettre en possession; environner, cerner.

INVESTISSEMENT, s. m. (einvèceticeman), action d'investir une place, une ville.

INVESTITURE, s. f. (einvècetiture), mise en possession d'un fief.

INVÉTÉRÉ, E, part. pass. de s'invétérer.

s'INVÉTÉRER, v. pr. (ceinvétéré) (inveterascere, vieillir), devenir ancien.

INVINCIBLE, adj. des deux g. (einvincible) (invincibilis), qu'on ne saurait vaincre.

INVINCIBLEMENT, adv. (einveincibleman), d'une manière *invincible*.
INVIOLABILITÉ, s. f. (einviolábilité), qualité de ce qui est *inviolable*.
INVIOLABLE, adj. des deux g. (einviolable) (*inviolabilis*), qu'on ne doit jamais *violer*.
INVIOLABLEMENT, adv. (einviolableman), d'une manière *inviolable*.
INVISIBILITÉ, s. f. (einvizibilité), qualité, état de ce qui est *invisible*.
INVISIBLE, adj. des deux g. (einvizible) (*invisibilis*), qu'on ne peut voir.
INVISIBLEMENT, adv. (einvizibleman), d'une manière *invisible*.
INVITATION, s. f. (einvitácion) (*invitatio*), action d'*inviter*.
INVITATOIRE, s. m. (einvitatoare), antienne qui *invite* à louer Dieu.
INVITÉ, E, part. pass. de *inviter*. —S., personne *invitée* à un dîner, etc.
INVITER, v. a. (einvité)(*invitare*), prier de, convier de; engager, exciter à.
INVOCATION, s. f. (einvokácion) (*invocatio*), action d'*invoquer*.
INVOLONTAIRE, adj. des deux g. (einvolontère), indépendant de la *volonté*.
INVOLONTAIREMENT, adv. (einvolontèreman), sans le vouloir; contre sa *volonté*.
INVOLUCRE, s. m. (einvolukre) (*involucrum*, enveloppe), t. de bot., enveloppe.
INVOLUTÉ, E, adj. (einvoluté) (*involutus*), roulé en dedans.
INVOLUTION, s. f. (einvolucion), t. de pal., assemblage de difficultés.
INVOQUÉ, E, part. pass. de *invoquer*.
INVOQUER, v. a. (einvoké) (*invocare*), appeler à son secours.
INVRAISEMBLABLE, adj. des deux g. (einvrèçanblable), non *vraisemblable*.
INVRAISEMBLANCE, s. f. (einvrèçanblance), défaut de *vraisemblance*.
INVULNÉRABLE, adj. des deux g. (einvulnérable), qui ne peut être blessé.
IODE, s. m. (i-ode), corps chimique.
IONIEN, IENNE, adj. (i-onien, iène), se dit du dialecte grec qu'on parlait en *Ionie*.
IONIQUE, adj. des deux g. (i-onique), se dit du troisième des ordres d'architecture.
IOTA, s. m. (i-ota)(ιωτα), la neuvième lettre de l'alphabet grec (ι); *fig.* rien. Fam.
IOTACISME, s. m. (i-otaciceme)(ιωτα,ι), prononciation vicieuse de l'*i*.
IPÉCACUANHA, s. m. (ipékaku-ana), racine médicinale; vomitif.
IPSO-FACTO (ipecófaktó), loc. adv. prise du latin et qui signifie : par le seul fait.
IRASCIBLE, adj. des deux g. (iracecible) (*irascibilis*), facile à *irriter*.
IRE, s. f. (ire) (*ira*), colère. Vieux.
IRIS, s. m. (*irice*), arc-en-ciel; partie colorée de l'œil qui entoure la prunelle; couleurs

changeantes sur les verres; genre de plantes.
IRISÉ, E, adj. (irizé), qui a les couleurs de l'arc-en-ciel; de l'*iris*.
IRONIE, s. f. (ironi) (ειρωνεια, raillerie), figure du discours par laquelle on dit le contraire de ce qu'on veut faire entendre.
IRONIQUE, adj. des deux g. (ironike), qui tient de l'*ironie*; où il y a de l'*ironie*.
IRONIQUEMENT, adv. (ironikeman); d'une manière *ironique*; par ironie.
IROQUOIS, E, s. et adj. (irókoá, áze), peuple d'Amérique; *fig.* intraitable; bizarre.
IRRACHETABLE, adj. des deux g. (irerachetable), qu'on ne peut *racheter*.
IRRADIATION, s. f. (ireradiácion) (*irradiare*, éclairer de ses rayons), débordement de lumière qui environne les astres.
IRRADIER, v. n. (ireradié); se séparer en rayons. Peu us.
IRRAISONNABLE, adj. des deux g. (irerèzonable), qui n'est pas doué de *raison*.
IRRATIONNEL, ELLE, adj. (ireracionèle) (*irrationalis*), se dit des quantités qui n'ont aucune mesure avec l'unité.
IRRÉCONCILIABLE, adj. des deux g. (irerékonciliable), qui ne peut se *réconcilier*.
IRRÉCONCILIABLEMENT, adv. (irerékonciliableman), d'une manière *irréconciliable*.
IRRÉCUSABLE, adj. des deux g. (irerékuzable), qui ne peut être *récusé*.
IRRÉDUCTIBILITÉ, s. f. (ireréduktibilité), qualité de ce qui est *irréductible*.
IRRÉDUCTIBLE, adj. des deux g. (ireréduktible), qu'on ne peut *réduire*.
IRRÉFLÉCHI, E, adj. (ireréfléchi), qui n'est pas *réfléchi*.
IRRÉFLEXION, s. f. (ireréflèkcion), défaut de *réflexion*.
IRRÉFORMABLE, adj. des deux g. (ireréformable), qui ne peut être *réformé*.
IRRÉFRAGABLE, adj. des deux g. (ireréfragable), qu'on ne peut contredire.
IRRÉGULARITÉ, s. f. (irerégularité) (*irregularitas*), manque de *régularité*.
IRRÉGULIER, IÈRE, adj. (irerégulié, ière), qui est contre les *règles*.
IRRÉGULIÈREMENT, adv. (iregulièreman), d'une manière *irrégulière*.
IRRELIGIEUSEMENT, adv. (irerelijieuzeman), d'une manière *irreligieuse*.
IRRELIGIEUX, EUSE, adj. (irerelijieu, euze)(*irreligiosus*), contraire à la *religion*.
IRRELIGION, s. f. (irerelijion) (*irreligio*), manque de *religion*; impiété.
IRRÉMÉDIABLE, adj. des deux g. (irerémédiable); à quoi l'on ne peut *remédier*.
IRRÉMISSIBLE, adj. des deux g. (irerémicecible), qui ne peut se pardonner.
IRRÉMISSIBLEMENT, adv. (irerémicecibleman), d'une manière *irrémissible*.

IRRÉPARABLE, adj. des deux g. (*ireréparable*), qu'on ne peut *réparer*.
IRRÉPARABLEMENT, adv. (*ireréparableman*), d'une manière *irréparable*.
IRRÉPRÉHENSIBLE, adj. des deux g. (*irérépré-ancible*), qu'on ne peut *reprendre*.
IRRÉPROCHABLE, adj. des deux g. (*ireréprochable*), qui est sans *reproches*.
IRRÉPROCHABLEMENT, adv. (*ireréprochableman*), d'une manière *irréprochable*.
IRRÉSISTIBLE, adj. des deux g. (*irerézicetible*), à quoi l'on ne peut *résister*.
IRRÉSISTIBLEMENT, adv. (*irerézicetibleman*), d'une manière *irrésistible*.
IRRÉSOLU, E, s. et adj. (*irerézolu*), qui a peine à se *résoudre*; indécis.
IRRÉSOLUMENT, adv. (*irerézoluman*), d'une manière *irrésolue*, incertaine.
IRRÉSOLUTION, s. f. (*irerézolucion*), état d'un esprit *irrésolu*; indécision.
IRRESPECTUEUX, EUSE, adj. (*irerècepèktueu, euze*), qui manque de *respect*.
IRRESPONSABLE, adj. des deux g. (*irerèceponçable*), qui n'est point *responsable*.
IRRÉVÉREMMENT, adv. (*irerévéraman*), d'une manière *irrévérente*.
IRRÉVÉRENCE, s. f. (*irerévérance*) (*irreverentia*), manque de respect.
IRRÉVÉRENT, E, adj. (*irerévéran, ante*) (*irreverens*), qui est contre le respect.
IRRÉVOCABILITÉ, s. f. (*irerévokabilité*), qualité de ce qui est *irrévocable*.
IRRÉVOCABLE, adj. des deux g. (*irerévokable*), qui ne peut être *révoqué*, rappelé.
IRRÉVOCABLEMENT, adv. (*irerévokableman*), d'une manière *irrévocable*.
IRRIGATION, s. f. (*ireriguácion*) (*irrigatio*), arrosement par des rigoles.
IRRITABILITÉ, s. f. (*ireritabilité*) (*irritabilitas*), qualité de ce qui est *irritable*.
IRRITABLE, adj. des deux g. (*ireritable*) (*irritabilis*), qui s'irrite facilement.
IRRITANT, E, adj. (*ireritan, ante*), en t. de méd., qui *irrite*; en t. de pal., qui annule.
IRRITATION, s. f. (*ireritácion*) (*irritatio*), action de ce qui *irrite* les humeurs.
IRRITÉ, E, part. pass. de *irriter*, et adj.
IRRITER, v. a. (*irerité*) (*irritare*), mettre en colère; augmenter; aigrir; provoquer.
IRRORATION, s. f. (*ireroración*)(*irrorare*, arroser), arrosement.
IRRUPTION, s. f. (*irerupcion*) (*irruptio*), entrée soudaine dans un pays; débordement.
ISABELLE, s. m. et adj. des deux g. (*izabèle*), couleur entre le blanc et le jaune.
ISCHION, s. m. (*icekion*) (ισχιον), os dans lequel s'emboîte la tête du fémur.
ISCHURÉTIQUE, adj. des deux g. (*icekurétike*), bon contre l'*ischurie*.

ISCHURIE, s. f. (*icekuri*) (ισχυρια), suppression totale d'urine.
ISIAQUE, adj. des deux g. (*iziake*), qui appartient à *Isis*, divinité égyptienne.
ISLAMISME, s. m. (*icelamiceme*) (de l'arabe *salama*, se résigner), mahométisme.
ISOCHRONE, adj. des deux g. (*izokrone*)(ισος, égal, et χρονος, temps), à temps égaux.
ISOCHRONISME, s. m. (*izokroniceme*) (même étym.), égalité de durée.
ISOLATION, s. f. (*isolácion*), action d'*isoler*.
ISOLÉ, E, part. pass. de *isoler*, et adj., à qui rien ne touche; seul.
ISOLEMENT, s. m. (*izoleman*), état de ce qui est *isolé*; abandon.
ISOLÉMENT, adv. (*izoléman*), d'une manière *isolée*.
ISOLER, v. a. (*izolé*) (de l'italien *isola* île), séparer de tout; rendre seul.
ISOLOIR, s. m. (*izoloar*), corps pour *isoler* les autres corps qu'on veut électriser.
ISOSCÈLE, adj. des deux g. (*izocèle*) (ισοσκελης), se dit d'un triangle à deux côtés égaux.
ISRAÉLITE, s. et adj. des deux g. (*icera-élite*), peuple hébreu, juif de l'ancienne loi.
ISSU, E, part. pass. du v. inus. *issir*, et adj., sorti, venu, descendu d'une race.
ISSUE, s. f. (*iceçu*) (du v. inus. *issir*, lieu par où l'on peut sortir; fig. moyen; succès.
ISTHME, s. m. (*iceme*) (*isthmus*), langue de terre resserrée entre deux mers.
ITALICISME, s. m. (*italiciceme*), façon de parler particulière à la langue *italienne*.
ITALIQUE, adj. des deux g. (*italike*), t. d'impr., se dit d'un caractère un peu couché.
ITEM, adv. (*itème*), mot pris du latin qui signifie *de plus*. On s'en sert dans les comptes.
ITÉRATIF, TIVE, adj. (*itératif, tive*)(*iterare*, refaire), fait plusieurs fois.
ITÉRATIVEMENT, adv. (*itérativeman*), deux ou plusieurs fois de suite.
ITINÉRAIRE, s. m. (*itinérère*) (*itinerarium*), note de tous les lieux que l'on doit parcourir.—Adj. des deux g., du chemin.
IULE, s. m. (*iule*), genre d'insectes.
IVE ou **IVETTE**, s. f. (*ive, ivète*), plante.
IVOIRE, s. m. (*ivoare*), dent d'éléphant détachée de la mâchoire de l'animal.
IVRAIE, s. f. (*ivrè*) (*ebrietas*, ivresse), mauvaise herbe qui croit parmi le froment.
IVRE, adj. des deux g. (*ivre*) (*ebrius*), qui a perdu la raison par excès de vin.
IVRESSE, s. f. (*ivrèce*) (*ebrietas*), état d'une personne *ivre*.
IVROGNE, GNESSE, s. et adj. (*ivrognie, gnièce*), qui est sujet à l'*ivrognerie*.
IVROGNER, v. n. (*ivrognié*), boire trop.
IVROGNERIE, s. f. (*ivrognieri*), l'habitude ou l'acte même de s'enivrer.

J, s. m. (*je*, et non pas *ji*), dixième lettre de l'alphabet français et la septième des consonnes.

JA, adv. (*ja*), pour *déjà*. Vieux mot qui ne se dit plus.

JABLE, s. m. (*jable*), rainure ou entaille qu'on fait aux douves d'un tonneau.

JABLÉ, E, part. pass. de *jabler*.

JABLER, v. a. (*jablé*); faire le *jable* des douves.

JABOT, s. m. (*jabô*), poche près du cou des oiseaux; ornement de chemise.

JABOTER, v. n. (*jaboté*) (du mot *jabot*), caqueter, jaser, babiller. Fam.

JACASSER, v. n. (*jakacé*), crier comme la pie; *fig.* babiller. Fam.

JACÉE, s. f. (*jacé*), plante.

JACENT, E, adj. (*jaçan, ante*) (*jacens*, de *jacere*, être couché), en t. de pal., abandonné.

JACHÈRE, s. f. (*jachère*) (du lat. barbare *vacania*), terre qu'on laisse reposer.

JACHÉRÉ, E, part. pass. de *jachérer*.

JACHÉRER, v. a. (*jachéré*), labourer des jachères.

JACINTHE, s. f. (*jaceinte*), plante qu'on nomme aussi *hyacinthe*.

JACOBÉE, s. f. (*jakobé*), plante.

JACOBIN, E, s. (*jakobein, bine*), religieux, religieuse; démocrate.

JACOBINISME, s. m. (*jakobiniceme*), système des *Jacobins*; démocratie pure.

JACONAS, s. m. (*jakonâce*), espèce de mousseline double.

JACTANCE, s. f. (*jaktance*) (*jactancia*), vanterie, forfanterie.

JACULATOIRE, adj. des deux g. (*jakulatoare*) (*jaculatorius*), se dit d'une oraison où l'esprit s'élance vers Dieu.

JADE, s. m. (*jade*), pierre verdâtre et fort dure.

JADIS, adv. (*jádice*) (corruption des mots lat. *jam diù*), autrefois, au temps passé.

JAGUAR, s m.(*jaguar*), féroce quadrupède de l'Amérique.

JAILLIR, v. n. (*ja-ie-ire*) (ιαλλειν, jeter), sortir impétueusement; être dit d'inspiration.

JAILLISSANT, E, adj. (*ja-ie-içan, ante*), qui *jaillit*.

JAILLISSEMENT, s. m. (*ja-ie-iceman*), action de *jaillir*.

JAIS, s. m. (*jé*) (γαγατης), bitume fossile très-noir.

JALAGE, s. m. (*jalaje*), droit seigneurial sur le vin vendu en détail.

JALAP, s. m. (*jalape*), racine purgative d'Amérique.

JALE, s. f. (*jale*), jatte, grand baquet.

JALET, s. m. (*jalè*), caillou rond.

JALON, s. m. (*jalon*), bâton qu'on plante en terre pour aligner.

JALONNÉ, E, part. pass. de *jalonner*.

JALONNER, v. n. et a. (*jaloné*), planter des *jalons* de distance en distance.

JALONNEUR, s. m. (*jaloneur*), homme qui sert de *jalon* pour aligner.

JALOUSÉ, E, part. pass. de *jalouser*.

JALOUSER, v. a. (*jalouzé*), avoir de la *jalousie* contre.....

JALOUSIE, s. f.(*jalouzi*)(en italien *gelosia*), chagrin, crainte qu'on a de voir posséder par un autre ce qu'on désirerait pour soi-même ; émulation; envie; treillis; poire.

JALOUX, OUSE, s. et adj. (*jalou, ouze*) (de l'italien *geloso*), qui a de la *jalousie* ; envieux ; empressé.

JAMAIS, adv. (*jamè*) (des mots latins *jàm, magis*), en aucun temps. — S. m., un temps sans fin. Fam.

JAMBAGE, s. m. (*janbaje*), pied droit d'une porte, d'une fenêtre ; ligne droite de certaines lettres.

JAMBE, s. f. (*jambe*) (du lat. barbare *campa*), partie du corps depuis le genou jusqu'au pied ; branche d'un compas.

JAMBÉ, E, adj. (*jambé*), qui a la *jambe* bien ou mal faite.

JAMBETTE, s. f. (*jambète*), petit couteau sans ressort.

JAMBIER, IÈRE, adj. (*jambié, ière*), qui appartient à la *jambe*.

JAMBON, s. m. (*jambon*), cuisse ou épaule de porc assaisonnée de sel.

JAMBONNEAU, s. m. (*janbonô*), petit *jambon* ; genre de moules de mer.

JAN, s. m. (*jan*), t. du jeu de trictrac.

JANISSAIRE, s. m. (*janicère*) (du mot turc *iehi-tchéri* qui se prononce *ieni-tchèri*, nouveau soldat), soldat de l'infanterie turque.

JANSÉNISME, s. m. (*jancénicœme*), doctrine de *Jansénius* ; morale sévère.

JANSÉNISTE, s. et adj. des deux g. (*jancénicete*), partisan du *jansénisme*.

JANTE, s. f. (*jante*) (καιθις, fer de roue), partie du cercle de la roue.

JANVIER, s. m. (*janvié*) (*januarius*), le premier mois de l'année.

JAPON, s. m. (*japon*), porcelaine apportée du *Japon*.

JAPPEMENT, s. m. (*japeman*), action de *japper*.

JAPPER, v. n. (*japé*), aboyer.

JAQUE, s. f. (*jake*) (en allemand *jacke*), autrefois, petite casaque.

JAQUEMART, s. m. (*jakemar*), figure qui frappe les heures avec un marteau sur la cloche d'une horloge.

JAQUETTE, s. f.(*jakiète*)(dimin. de *jaque*), habillement qui vient jusqu'aux genoux.

JAQUIER, s. m. (*jakié*), plante.

JARDIN, s. m. (*jardein*) (de l'allemand *garten*), lieu où l'on cultive des plantes.

JARDINAGE, s. m. (*jàrdinaje*), science du *jardinier* ; grains dans le diamant.

JARDINER, v. n. (*jardiné*), faire le *jardin*, cultiver le *jardin*.

JARDINET, s. m. (*jardinè*), petit *jardin*.

JARDINEUSE, adj. f. (*jardineuze*), se dit d'une émeraude sombre et peu nette.

JARDINIER, IÈRE, s. (*jardinié, ière*), qui cultive un *jardin*.

JARDINIÈRE, s. f. (*jardinière*), broderie légère ; meuble pour mettre des plantes; mets.

JARDON, s. m. (*jàrdon*), tumeur aux jambes d'un cheval et placée hors du jarret.

JARGON, s. m. (*jargûon*) (de l'espagnol *gerigonza*, jargon des bohémiens), langage corrompu ou de convention ; diamant jaune.

JARGONNÉ, E, part. pass. de *jargonner*.

JARGONNER, v. a. et n. (*jarguoné*), parler un langage barbare, corrompu, inintelligible.

JARRE, s. f. (*jàre*) (de l'espagnol *jarro*, pot), grande cruche; fontaine de terre cuite.

JARRET, s. m. (*jàré*) (du celtique *garr*, jambe), la partie postérieure du genou ; l'endroit où se plie la jambe de derrière des animaux à quatre pieds.

JARRETÉ, E, adj. (*járeté*), se dit d'un cheval qui a les jambes de derrière tournées en dedans.

JARRETIÈRE, s. f. (*járetière*) (du mot *jarret*), lien pour retenir les bas.

JARS, s. m. (*jar*) (du breton *jar*, poule), le mâle de l'oie.

JAS, s. m. (já), t. de mar., pièces de bois qui soutiennent l'ancre dans l'eau.

JASER, v. n. (jázé) (de l'italien gazza, pie), causer, babiller. Fam.

JASERIE, s. f. (jáseri), action de jaser.

JASEUR, EUSE, s. (jázeur, euze), qui jase.

JASMIN, s. m. (jacemein) (du persan ias-min), arbuste; sa fleur.

JASPE, s. m. (jacepe) (ιασπις), pierre précieuse très-dure.

JASPÉ, part. pass. de jasper, et adj.

JASPER, v. a. (jacepé), bigarrer de diverses couleurs, en forme de jaspe.

JASPURE, s. f. (jacepure), action de jasper, ou effet de cette action.

JATTE, s. f. (jate) (gabata), grande écuelle de bois, vase rond sans rebords.

JATTÉE, s. f. (jaté), plein une jatte.

JAUGE, s. f. (jóje) (du lat. golba), juste mesure d'un vaisseau; verge pour mesurer les futailles; petite règle de bois; nom de divers instruments.

JAUGÉ, E, part. pass. de jauger.

JAUGEAGE, s. m. (jójaje), action de jauger; droit que prend le jaugeur.

JAUGER, v. a. (jójé), mesurer avec la jauge la capacité d'un vaisseau quelconque.

JAUGEUR, s. m. (jójeur), qui jauge.

JAUNÂTRE, adj. des deux g. (jónâtre), qui tire sur le jaune.

JAUNE, s. m et adj. des deux g. (jóne), couleur d'or, de citron, etc.

JAUNI, E, part. pass. de jaunir.

JAUNIR, v. a. (jónir), devenir jaune. — V. a., teindre en jaune; rendre jaune.

JAUNISSANT, E, adj. (jónican, ante), qui jaunit.

JAUNISSE, s. f. (jónice), maladie causée par une bile répandue qui jaunit la peau.

JAVART, s. m. (javar), tumeur dure et douloureuse à la jambe des chevaux.

JAVEAU, s. m. (javó), île formée de sable et de limon au milieu d'une rivière.

JAVELÉ, E, part. pass. de javeler.

JAVELER, v. a. (javelé), mettre le blé en javelle.

JAVELEUR, s. m. (javeleur), qui javelle.

JAVELINE, s. f. (javeline), espèce de dard long et menu qui se lançait.

JAVELLE, s. f. (javèle) (corruption de garbelle, dimin. de gerbe), plusieurs poignées de blé scié; petit fagot de sarment.

JAVELOT, s. m. (javeló) (jaculum), espèce de dard, arme de trait; serpent.

JE (je), pronom qui signifie moi, et qui marque la première personne sing. d'un verbe.

JECTISSES, adj. f. pl. (jèktice) (jacere, jeter), se dit de terres rapportées.

JÉHOVAH, s. m. (jé-ova), nom de Dieu, en hébreu; assemblage de lettres qui représente ce nom.

JÉJUNUM, s. m. (jéjunome)(jejunus, à jeun), le second des intestins grêles.

JÉRÉMIADE, s. f. (jérémiade), plainte fréquente et importune. Fam.

JÉSUITE, s. m. (jésuite), religieux de la compagnie de Jésus.

JÉSUITIQUE, adj. des deux g. (jésuitike), de jésuite.

JÉSUITISME, s. m. (jésuiticeme), caractère, morale de jésuite; hypocrisie.

JÉSUS, s. m. (jésu), le fils de Dieu. — Adj m., sorte de papier.

JET, s. m. (jè) (jactus), action de jeter, liquide qui s'élance; coup de filet; bourgeon, rejeton; calcul par des jetons.

JETÉ, s. m. (jeté), pas de danse.

JETÉ, E, part. pass. de jeter.

JETÉE, s. f. (jeté), digue de pierres, etc.; amas de cailloux le long d'un chemin.

JETER, v. a. (jeté) (jactus, jet), lancer, mettre; abandonner; produire; faire couler.

JETON, s. m. (jeton) (de jeter), pièce pour calculer, pour marquer au jeu.

JEU, s. m. (jeu) (jocus), divertissement, récréation; lieu où l'on joue; manière de jouer; ce qu'on joue; règles du jeu; liberté des mouvements; action d'un ressort.—Au pl., spectacles publics des anciens.

JEUDI, s. m. (jeudi) (par contraction de Jovis dies, jour de Jupiter), cinquième jour de la semaine.

à JEUN, adv. (ajeun) (jejune), avant le repas, sans avoir mangé de la journée.

JEUNE, s. et adj. des deux g. (jeune) (juvenis), peu avancé en âge; étourdi; cadet.

JEÛNE, s. m. (jeûne) (jejunium), abstinence commandée par l'église.

JEUNEMENT, adv. (jeuneman), nouvellement.

JEÛNER, v. n. (jeûné) (jejunare), ne pas manger, se priver de.

JEUNESSE, s. f. (jeunèce), l'âge qui suit immédiatement l'adolescence.

JEUNET, ETTE, adj. (jeunè, ète), qui est fort jeune. Fam.

JEÛNEUR, EUSE, s. (jeûneur, euze), qui jeûne, qui aime à jeûner.

JOAILLERIE, s. f. (jo-á-ieri), marchandise de joyaux, etc.; art de les tailler.

JOAILLIER, IÈRE, s. (jo-á-ié, ière), qui vend ou taille des joyaux.

JOCKEY, s. m. (jokiè) (mot anglais), postillon, valet de pied.

JOCKO, s. m. (jokó), singe ressemblant beaucoup à l'homme; orang-outang.

JOCRISSE, s. m. (jokrice), benêt qui se laisse gouverner.

JOIE, s. f. (jod) (jocus, jeu), sentiment de plaisir; satisfaction

JOIGNANT, E, adj. (joignian, ante), qui joint, qui est auprès.—Prép., tout contre.
JOINDRE, v. a. (joeindre) (jungere), approcher; ajouter, unir, allier; atteindre.
JOINT, s. m. (joein), point de jonction; articulation.
JOINT, E, part. pass. de joindre, et adj.
JOINTE, E, adj. (joeinté), se dit d'un cheval qui a le pâturon trop court ou trop long.
JOINTÉE, s. f. (joeinté), ce que peuvent contenir les deux mains jointes. Peu us.
JOINTIF, TIVE, adj. (joeintif; tive), qui est joint.
JOINTOYÉ, E, part. pass. de jointoyer.
JOINTOYER, v. a. (joeintoè-ié), remplir les joints de pierres avec du mortier, etc.
JOINTURE, s. f. (joeinture) (junctura), joint; paturon; tout ce qui assemble.
JOLI, E, adj. (joli) (du bas-breton jolis), gentil, agréable; qui plait.
JOLI-COEUR, s. m. (jolikieur), homme qui fait l'aimable. Fam.
JOLIET, ETTE, adj. (jolie, ète), dimin. de joli. Fam.
JOLIMENT, adv. (joliman), d'une manière jolie, d'une manière agréable, etc.
JOLIVETÉ, s. f. (joliveté), babiole.
JONC, s. m. (jon) (juncus), plante; canne de jonc; bague.
JONCHÉ, E, part. pass. de joncher.
JONCHÉE, s. f. (jonché), herbes, fleurs, etc., dont on jonche; fromage.
JONCHER, v. a. (jonché) (de jonc), couvrir de fleurs et d'herbes.
JONCHETS, s. m. pl. (jonchè), petits bâtons fort menus avec lesquels on joue.
JONCTION, s. f. (jonkcion) (junctio), action de joindre; union, assemblage.
JONGLERIE, s. f. (jongleleri) (joculatio), jeu; tour de passe-passe.
JONGLEUR, s. m. (jongleleur) (joculator), bouffon, de jocus, jeu); bateleur, charlatan; autrefois, espèce de ménétrier.
JONQUE, s. f. (jonke), vaisseau fort en usage dans les Indes.
JONQUILLE, s. f. (jonki ie), plante.
JOSEPH, s. et adj. m. (jôsèfe), papier très mince et transparent.
JOUAIL, s. m. (jou-a-ie). Voy. Jas.
JOUAILLER, v. n. (joua-ié), jouer petit jeu et seulement pour s'amuser; mal jouer. Fam.
JOUBARBE, s. f. (joubarbe), plante.
JOUE, s. f. (jou) (genicula, dimin. de gena, joue), partie du visage depuis les tempes et le dessous des yeux jusqu'au menton.
JOUÉ, E, part. pass. de jouer.
JOUÉE, s. f. (joué), épaisseur de mur dans l'ouverture d'une fenêtre, etc.
JOUER, v. n. et a. (joué) (jocari, de jocus, jeu), se récréer, se divertir à des jeux; toucher avec art un instrument; exécuter une pièce de musique.— V. a., tromper; railler; représenter. — V. pr., mépriser; se moquer; folâtrer; attaquer; s'exposer à.
JOUEREAU, s. m. (jouró), qui joue mal ou qui joue petit jeu. Peu us.
JOUET, s. m. (joué), ce avec quoi l'on joue; fig. personne dont on se joue.
JOUEUR, EUSE, s. (joueur, euze), qui joue à quelque jeu; qui a la passion du jeu.
JOUFFLU, E, s. et adj. (jonflu), qui a de grosses joues. Fam.
JOUG, s. m. (jougue) (jugum), pièce de bois pour atteler les bœufs; pique placée en travers et sous laquelle les anciens Romains faisaient passer leurs ennemis vaincus; fig. sujétion, dépendance.
JOUIR, v. n. (jouir) (gaudire, pour gaudere), éprouver du plaisir; être heureux; avoir l'usage, la possession de...
JOUISSANCE, s. f. (jouiçance), action de jouir; usage et possession de...; plaisir.
JOUISSANT, E, adj. (jonican, ante), qui jouit.
JOUJOU, s. m. (joujou), jouet d'enfant — Au pl., des joujoux.
JOUR, s. m. (jour) (diurnum, sous-entendez spatium, fait de dies, jour), clarté du soleil; temps où il est sur l'horizon; espace de vingt-quatre heures; la vie; ouverture.
JOURNAL, s. m. (journal), relation jour par jour; feuille périodique, gazette; mesure agraire. — Au pl. journaux.
JOURNALIER, IÈRE, adj. (journalié, ière), qui se fait par jour; sujet à changer. — S., ouvrier qui travaille à la journée.
JOURNALISME, s. m. (journaliceme), fonction, influence des journalistes.
JOURNALISTE, s. m. (journalicete), celui qui fait un journal.
JOURNÉE, s. f. (journé), jour; durée ou travail d'un jour.
JOURNELLEMENT, adv. (journèlèman), tous les jours.
JOÛTE, s. f. (joute) (juxtà, auprès), autrefois, combat à cheval avec des lances; divertissement sur l'eau.
JOÛTER, v. n. (jouté), faire des joûtes.
JOÛTEUR, EUSE, s. (jouteur, euze), qui joûte.
JOUVENCE, s. f. (jouvancè) (juventus, jeunesse), jeunesse.
JOUVENCEAU, s. m. (jouvançô), jeune homme beau et bien fait. Fam.
JOUVENCELLE, s. f. (jouvancèle), jeune fille. Fam.
JOUXTE, prép. (joukcete), proche, près; conformément à. Vieux.
JOVIAL, E, adj. (joviale) (Jovis, gén. de Jupiter), gai, joyeux. Fam. — Au pl. m. joviaux.
JOVIALEMENT, adv. (jovialeman), d'une manière joviale.

JOVIALITÉ, s. f. (*jovialité*), qualité de l'être *jovial*.

JOYAU, s. m. (*joè-iau*) (en lat. barbare, *ocale*), ornement précieux, bijou.

JOYEUSEMENT, adv. (*joè-ieuzeman*), avec joie.

JOYEUSETÉ, s. f. (*joè-ieuzeté*), plaisanterie, mot pour rire.

JOYEUX, EUSE, adj. (*joè-ieu, euze*), qui a de la *joie* ; qui donne de la *joie*.

JUBÉ, s. m. (*jubé*) (mot latin qui signifie *commandez*), tribune d'église ; *fig.* soumission.

JUBILAIRE, adj. des deux g. (*jubilère*), qui appartient au *jubilé*.

JUBILATION, s. f. (*jubilâcion*) (*jubilatio*, acclamation), réjouissance. Fam.

JUBILÉ, s. m. (*jubilé*) (*jubilæum, annus jubilæus*), fête chez les Juifs ; solennité catholique où l'on accorde l'indulgence plénière.

JUCHÉ, E, part. pass. de *jucher*.

JUCHER, v. n. (*juché*), se percher pour dormir, en parlant des oiseaux.

JUCHOIR, s. m. (*juchoar*), endroit où juchent les poules.

JUDAÏQUE, adj. des deux g. (*juda-ike*) (*judaicus*), qui appartient aux *Juifs*.

JUDAÏSER, v. n. (*juda-izé*), suivre en quelques points les cérémonies *judaïques*.

JUDAÏSME, s. m. (*juda-iceme*)(*judaismus*), religion *juive*.

JUDAS, s. m. (*judâ*), nom propre devenu commun pour signifier un traître ; ouverture à un plancher pour voir au-dessous.

JUDELLE, s. f. (*judèle*), oiseau aquatique.

JUDICATUM SOLVI, s. m. (*judikatomeçolvi*) (mots latins), caution d'un étranger.

JUDICATURE, s. f. (*judikatur*) (*judicare*, juger), charge ou office de *juge*.

JUDICIAIRE, adj. des deux g. (*judicière*) (*judicare*, juger), qui est fait en *justice*.

JUDICIAIRE, s. f. (*judicière*), jugement ; faculté de *juger*.

JUDICIAIREMENT, adv. (*judicièreman*), selon les formes de la *justice*.

JUDICIEUSEMENT, adv. (*judicieuzeman*), avec *jugement* ; d'une manière *judicieuse*.

JUDICIEUX, EUSE, adj. (*judicieu, euze*) (*judicium*, jugement), qui a le *jugement* bon ; qui est fait avec *jugement*.

JUGE, s. m. (*juje*) (*judex*), qui a l'autorité de *juger* ; arbitre.

JUGÉ, E, part. pass. de *juger*, et adj.

JUGE-DE-PAIX, s. m. (*jujedepè*), officier de justice et de police.

JUGEMENT, s. m. (*jujeman*) (*judicium*), faculté de l'âme qui *juge* des choses ; décision prononcée en justice ; avis, opinion ; sens.

JUGER, v. a. (*jujé*) (*judicare*), rendre la justice ; décider en justice ; penser.

JUGULAIRE, adj. des deux g. (*jugulère*) (*jugularis*), qui appartient à la gorge.—S. f.,

la veine *jugulaire* ; mentonnière d'un schako, d'un casque, etc.

JUIF, IVE, s. et adj. (*juif, juive*) *Judæus*, qui est né *juif* ou professe le judaïsme ; *fig.* qui prête à usure, qui vend trop cher.

JUILLET, s. m. (*jui-iète*) (*julius*), septième mois de l'année.

JUIN, s. m. (*juein*) (*junius*), sixième mois de l'année.

JUIVERIE, s. f. (*juiveri*), quartier d'une ville où demeurent les *juifs*.

JUJUBE, s. f. (*jujube*), fruit du *jujubier*.

JUJUBIER, s. m. (*jujubié*), grand arbrisseau originaire d'Arabie.

JULE ou **JULES**, s.m.(*jule*),petite monnaie de Rome. Voy. IULE.

JULEP, s. m. (*julèpe*) (du persan *djoulab*), sorte de potion médicinale.

JULIEN, IENNE, adj. (*juliein, ième*), se dit de l'ère qui a pour époque la réformation du calendrier romain par *Jules-César*.

JULIENNE, s. f. (*juliène*), plante ; espèce de potage aux légumes.

JUMART ou **GÉMART**, s. et adj. m. (*jumar*) (du lat. barbare *gemardus*), animal né d'animaux de deux espèces.

JUMEAU, ELLE, s. et adj. (*jumé, mèle*)(*geminus* ou *gemellus*), un des deux enfants nés d'une même couche ; se dit aussi de deux fruits, joints ensemble.

JUMELÉ, E, adj. (*jumelé*), se dit, en blas., de toute pièce formée de deux *jumelles*.

JUMELLES, adj. et s. f. pl.(*jumèle*),se dit de deux pièces semblables d'une machine ; voiture ; lorgnette à deux branches.

JUMENT, s. f. (*juman*) (*jumentum*, bête de somme), femelle du cheval.

JUNON, s. f. (*junon*) (*juvans*, qui aide), nom d'une déesse du paganisme qu'on a donné à une planète.

JUNTE, s. f. (*jonte*) (de l'espagnol *junta*), conseil, assemblée en Espagne et en Portugal.

JUPE, s. f. (*jupe*) de (l'allemand *giupp*, jupon), vêtement de femme.

JUPITER, s. m. (*jupitère*)(*juvans*, qui aide, et *pater*, père), nom d'un dieu du paganisme donné à une planète ; en t. de chim., étain.

JUPON, s. m. (*jupon*), *jupe* de dessous.

JURANDE, s. f. (*jurande*), autrefois charge de *juré* ; le corps des *jurés*.

JURAT, s. m. (*jura*), à Bordeaux, les consuls et les échevins d'autrefois.

JURATOIRE, adj. des deux g. (*juratoare*), *caution juratoire*, serment de se représenter en justice.

JURÉ, s. m. (*juré*) (*juratus*, qui a juré), officier de certaines communautés ; membre d'une commission nommée *juri*.

JURÉ, E, part. pass. de *jurer* et adj., assuré avec serment ; déclaré ; assermenté.

JUREMENT, s. m. (*jureman*), serment fait en justice ; blasphème, imprécation.

JURER, v. a. (juré) (jurare, de jus, juris, droit), affirmer, confirmer par serment; promettre fortement. — V. n., blasphémer ; *fig.* ne pas s'accorder.

JUREUR, s. m. (jureur), qui jure beaucoup par mauvaise habitude ou par passion.

JURI ou **JURY**, s. m (juri) (mot anglais), commission de simples citoyens appelés dans les affaires criminelles.

JURIDICTION, s. f. (juridikcion) (jurisdictio), pouvoir du juge; ressort.

JURIDICTIONNEL, ELLE, adj. (juridikcionèle), qui a juridiction.

JURIDIQUE, adj. des deux g. (juridike) uridicus, dans les formes de la justice.

JURIDIQUEMENT, adv. (juridikeman), d'une manière juridique.

JURISCONSULTE, s. m. (jurickonculete) (jurisconsultus), versé dans la jurisprudence.

JURISPRUDENCE, s. f. (juriceprudance) (jurisprudentia), science du droit.

JURISTE, s. m. (juricete) (jus, juris, droit), qui sait le droit ; docteur en droit.

JURON, s. m. (juron), façon particulière de jurer; jurement.

JURY. Voy. JURI.

JUS, s. m. (ju) (jus, juris, jus), suc qu'on tire par expression, coction, etc.

JUSANT, s. m. (jusan), t. de mar., reflux de la marée.

JUSÉE, s. f. (juzé) manière prompte de tanner le cuir.

JUSQUE (juceke) (usque), préposition qui marque certains termes de temps et de lieu au delà, desquels on ne passe point. En poésie, on écrit quelquefois jusques.

JUSQUIAME, s. f. (jnouki-ame)(υοσκυαμος), plante d'une odeur forte.

JUSSION, s. f. (jucecion) (jussio, ordre), commandement, injonction.

JUSTAUCORPS, s. m. (jucetôkor), habit d'homme qui descend jusqu'aux genoux et qui serre le corps.

JUSTE, adj. des deux g. (jucetc) (justus, de jus, juris, droit), qui est ou qui agit selon les lois de la justice ; équitable; qui a la justesse convenable; étroit. — S. m., homme juste ; ce qui est juste ; habillement de paysanne. — Adv. précisément.

JUSTEMENT, adv. (juceteman), avec justice ; précisément; avec raison.

JUSTE-MILIEU, s. m. (juscetemilieu), gouvernement conciliateur ; partisan de ce gouvernement.

JUSTESSE, s. f. (jucetèce), précision exacte.

JUSTICE, s. f. (jucetice) (justitia), vertu morale qui fait qu'on rend à chacun ce qui lui appartient ; équité ; raison ; ordre judiciaire ; les gens de loi, les juges.

JUSTICIABLE, adj. des deux g. (juceticiable), soumis à la juridiction de quelque juge.

JUSTICIÉ, E, part. pass. de justicier.

JUSTICIER, s. et adj. m. (juceticié), qui aime à rendre justice ; qui a droit de justice.

JUSTICIER, v. a. (juceticié), punir corporellement, en exécution d'une sentence.

JUSTIFIABLE, adj. des deux g. (jucetifiable), qui peut être justifié.

JUSTIFIANT, E, adj. (jucetifian, ante), qui justifie.

JUSTIFICATIF, TIVE, adj. (jucetificatif, tive), qui sert à justifier.

JUSTIFICATION, s. f. (jucetifikácion)(justificatio), action par laquelle on justifie; son effet ; en t. d'impr., longueur des lignes.

JUSTIFIÉ, E, part. pass. de justifier.

JUSTIFIER, v. a. (jucetifié) (justificare), montrer qu'on n'est point coupable ; prouver la bonté, la vérité d'une chose ; en t. d'impr., donner aux lignes la longueur convenable. — V. pr., prouver son innocence.

JUSTINE, s. f. (jucetine), monnaie d'argent de Venise.

JUTEUX, EUSE, adj. (juteu, euze), qui a beaucoup de jus.

JUVÉNIL, E, adj. (juvénile) (juvenilis), qui appartient à la jeunesse.

JUXTA-POSÉ, E, adj. (jukcetapôzé), uni par juxta-position.

se **JUXTA-POSER**, v. pr. (cejukcetapôzé), il se dit de molécules qui se joignent successivement à d'autres.

JUXTA-POSITION, s. f. (jukcetapôzicion) (juxta, auprès, et ponere, poser), action des molécules qui se juxta-posent.

JUZAM, s. m (juzame). t. de méd., nom donné à l'éléphantiasis.

K, s. m. (prononcez *ke* et non point *ka*) onzième lettre de l'alphabet français, et la huitième des consonnes.

KABAK, s. m. (*kabak*), en Moscovie, lieu public où l'on vend du vin, de la bière, etc.

KABIN, s. m. (*kabein*), mariage pour un temps limité, chez les Turcs.

KAHOUANNE, s f. (*ka-ouane*). tortue dont on emploie l'écaille dans les ouvrages de marqueterie.

KAKATOÈS ou KAKATOUÈS, s. m. (*ka kato-èce ou tou-èce*), perroquet à huppe.

KALÉIDOSCOPE, s. m. (*kalé-idocekope*) (καλὸς, beau, εἶδος, image, et σκοπέω, je vois). tube ressemblant à une lunette.

KALI, s. m. (*kali*), soude, plante maritime; sa cendre.

KAMICHI, s. m. (*kamichi*), genre d'oiseaux de la famille des échassiers.

KAN, s. m. (*kan*), prince, commandant, chez les Tartares, les Persans, etc.

KANGIAR, s. m. (*kangiar*), poignard indien.

KANGUROO, s. m. (*kanguro ó*), animal de la Nouvelle-Hollande.

KAOLIN, s. m. (*ka-olein*), sorte de terre qui entre dans la composition de la porcelaine de Chine.

KARABÉ, s. m. Voy. CARABÉ.

KARAT, s. m. Voy. CARAT.

KARATAS, s. m. (*karatáce*), espèce d'aloès sauvage de l'Amérique.

KARMESSE, s. f. Voy. KERMESSE.

KÉRATOPHYTE ou KÉRATOPHYLLON,

s. m. (*kiératofite*) (κερας, κερατος, corne, et φυτον, plante, ou φυλλον, feuille), espèce de polypier transparent.

KERMÈS, s. m. (*hièremèce*)(mot arabe signifiant *qui teint en écarlate*), genre d'insectes ; espèce de cochenille ; préparation d'antimoine et de soufre de couleur rouge.

KERMESSE ou **KARMESSE**, s. f. (*kièr*, *karmèce*), foire annuelle dans les Pays-Bas.

KILOGRAMME, s. m. (*kiloguerame*)(χιλοι, pour χιλιοι, mille, et γραμμα, gramme), poids de mille *grammes*, environ deux livres six gros.

KILOLITRE, s. m. (*kilolitre*) (χιλοι, pour χιλιοι, mille, et λιτρα, litre), capacité égale à un mètre cube, et contenant mille litres.

KILOMÈTRE, s. m. (*kilomètre*) (χιλοι, pour χιλιοι, mille, et μετρον, mètre), longueur de mille *mètres*, petit quart de lieue.

KING, s. m. (*kieïngue*), livres canoniques ou sacrés des Chinois.

KININE, s. et adj. f. Voy. QUININE.

KINKAJOU, s. m. (*kieïnkajou*), animal d'Amérique.

KINO, s. m. (*kinô*), gomme d'Afrique, astringente, fébrifuge, pour la dyssenterie.

KION, s. m. (*kion*), t. de méd., gonflement de la luette.

KIOSQUE, s. m. (*ki-ocèke*) (mot turc), pavillon sur une terrasse de jardin.

KIRSCH ou **KIRSCH-WASSER,** s. m. (*kireche-ouaceur*) (de l'allemand *kirsch*, cerise, et *wasser*, eau), espèce d'eau-de-vie obtenue par distillation du suc des cerises sauvages.

KLOPODE, s. m. (*klopode*), genre d'animalcules infusoires.

KNOUT, s. m. (*knoute*), supplice du fouet en Russie ; le fouet même.

KOPECK, s. m. (*kopèk*), monnaie de Russie qui vaut à peu près un sou de France.

KORAN, s. m. (*koran*). Voy. ALCORAN.

KOUAN, s. m. (*kouan*), plante dont on emploie la graine pour faire le carmin.

KRAKEN, s. m. (*krakène*), le plus grand des animaux marins ; énorme polype dans l'Océan.

KREUTZER, s. m. (*kreutezère*), monnaie allemande qui vaut neuf deniers de France.

KURTCHIS. s. m. pl. (*kurtechi*), en Perse, corps de cavalerie noble.

KYNANCIE, s. f. Voy. CYNANCHIE.

KYRIÉ ÉLÉISON, s. m. (*kirié-élé-içone*) (mots grecs formés de κυριος, vocatif κυριε, seigneur, et ελεειν, avoir pitié, à l'impér. ελεισον, ayez pitié), partie de la messe ; commencement des litanies.

KYRIELLE, s. f. (*kirièle*) (κυριε, commencement ordinaire des litanies), dénombrement de choses ennuyeuses ou fâcheuses.

KYSTE, s. m.(*kicete*)(κυστις, vessie), membrane en forme de poche ou de vessie, qui renferme certaines humeurs contre nature.

KYSTIQUE, adj. des deux g. (*kicetike*), qui appartient au *kyste*, qui peut le guérir.

KYSTOTOME, s. m. Voy. CYSTOTOME.

KYSTOTOMIE, s. f. Voy. CYSTOTOMIE.

KZEL-BACHE, s. m. (*kzèlebache*), ornement de tête des Persans.

L, s. m. (*le*, et non plus *èle*), douzième lettre de l'alphabet et la neuvième des consonnes.

LA (*la*), art. ou pron. fém. Voy. LE.

LA, s.m. (*la*) sixième note de musique; troisième corde de quelques instruments.

LÀ, adv. démonstr. (*la*), se dit d'un lieu que l'on désigne d'une manière expresse, ou d'un lieu différent de celui où l'on est ; l'opposé de *ici*. — *Là là*, locution familière qu'on emploie pour menacer, réprimander ou consoler.

LABARUM, s. m. (*labárome*) (*labarum*), étendard impérial sur lequel Constantin fit mettre le monogramme de Jésus-Christ.

LABEUR, s. m. (*labeur*) (*labor*, travail), travail ; t. d'impr., ouvrage considérable.

LABIAL, E, adj. (*labiale*) (*labia, labiorum*, lèvres), qui appartient aux lèvres ; en gramm., qui se prononce des lèvres.

LABIÉ, E, adj. (*labié*) (*labia*, lèvres), se dit d'une corolle fendue en deux lèvres.

LABILE, adj. des deux g. (*labile*) (*labilis*, caduc), se dit d'une mémoire peu fidèle.

LABORATOIRE, s. m. (*laboratoare*) (*laborare*, travailler), lieu où l'on travaille.

LABORIEUSEMENT, adv. (*laborieuzeman*) (*laboriosè*), avec beaucoup de peine.

LABORIEUX, EUSE, adj. (*laborieu, euze*) (*laboriosus*), qui travaille beaucoup ; pénible.

LABOUR, s. m. (*labour*), façon qu'on donne à la terre en la *labourant*.

LABOURABLE, adj. des deux g. (*labourable*), qui est propre à être *labouré*.

LAC   LAI   341

LABOURAGE, s. m. *(labouraje)*, art de labourer la terre ; ouvrage du *laboureur*.

LABOURÉ, E, part. pass. de *labourer*.

LABOURER, v. a. et n. *(labouré)(laborare)*, remuer la terre avec la charrue; en t. de mar. se dit d'une ancre qui ne tient pas dans le fond où on l'a jetée.

LABOUREUR, s. m. *(laboureur)*, celui qui fait métier de *labourer* la terre.

LABYRINTHE. s. m. *(labireinte)* *(labyrinthus)*, lieu coupé de détours ; *fig.* complication d'affaires ; cavité de l'oreille.

LAC, s. m. *(lak)(lacus*, fait de λαxxos, fossé), grand amas d'eaux dormantes.

LACÉ, E, part. pass. de *lacer*.

LACER, v. a. *(lacé)*, serrer avec un *lacet* ; se dit du chien qui couvre la femelle.

LACÉRATION, s. f. *(lacéracion)*, action de *lacérer*.

LACÉRÉ, E, part. pass. de *lacérer*.

LACÉRER, v. a. *(lacéré) (lacerare)*, déchirer.

LACERNE, s. f. *(lacèrene) (lacerna)*, manteau des anciens Romains.

LACERON, s. m. Voy. LAITERON.

LACET, s. m. *(lacé) (laqueus)*, cordon de fil ou de soie pour serrer ; lacs avec lesquels on prend les perdrix, les lièvres; pièges.

LÂCHE, s. et adj. des deux g. *(lâche) (laxus)* de *laxare*, lâcher), qui n'est pas tendu ; mou, sans vigueur ; rempli de *lâcheté*.

LÂCHEMENT, adv. *(lâcheman)*, mollement, honteusement, sans cœur et sans honneur.

LÂCHÉ, E, part. pass. de *lâcher*.

LÂCHER, v. a. *(lâché) (laxare)*, desserrer; laisser aller, laisser échapper.

LÂCHETÉ, s. f. *(lâcheté)*, défaut de courage; mollesse; bassesse d'âme ; action basse.

LACINIÉ, E, adj. *(lacinié) (laciniatus)*, découpé en forme de lanières.

LACIS, s. m. *(laci) (laqueus*, lacs), espèce de réseau de fil ou de soie.

LACONIQUE, adj. des deux g. *(lakonike)*(λαxωnιxos), concis.

LACONIQUEMENT, adv. *(lakonikeman)*, d'une manière *laconique*.

LACONISME, s. m. *(laconiceme)* (λαxωnιoμos), façon de parler concise.

LACRYMAL, E, adj. *(lakrimale)(lacrymœ* larmes), qui appartient aux larmes. — Au pl. m. *lacrymaux*.

LACRYMATOIRE, s. m. *(lakrimatoare)*, vase dans lequel les Romains conservaient les larmes versées aux funérailles d'un mort.

LACS, s. m. pl. *(lâ) (laqueus)*, cordon délié; nœud coulant pour prendre du gibier; *fig.* pièges; embarras.

LACTATION, s. f. *(laktacion)*, action de nourrir les enfants avec du *lait*.

LACTÉ, E, adj. *(lakté) (lacteus*, de lait), qui a rapport, qui ressemble au *lait*.

LACUNE, s. f. *(lakune) (lacuna)*, vide, défaut de suite dans un livre, etc.

LADRE, adj. des deux g. *(ladre)* (du vieux français *lastre* ou *lazre*, dérivé de *Lazare*), attaqué de *ladrerie*; lépreux; *fig.* vilain, avare, sordide ; insensible.

LADRE, ESSE, s. *(ladre, èce)*, lépreux, lépreuse ; *fig.* avare.

LADRERIE, s. f. *(ladreri)*, lèpre ; hôpital pour les lépreux; *fig.* avarice sordide.

LADY, s. f. *(lédi)*, titre que les Anglais donnent aux femmes des personnes de qualité.

LAGOPHTHALMIE, s. f. *(lagoofetalmi)*, maladie des paupières.

LAGUNE, s. f. *(lagune)* (de l'italien *laguna*), petit lac ou flaque d'eau.

LAI, E, adj. *(lé)*, laïque.

LAI, s. m. *(lé) (lessus*, lamentation funèbre), laïque; autrefois, plainte, poème plaintif.

LAÏC, s. m. Voy. LAÏQUE.

LAÎCHE, s. f. *(lèche)*, mauvaise herbe.

LAID, E, adj. *(lè, lède) (lœsus*, part. de *lœdere*, blesser), désagréable à voir; déshonnête.

LAIDERON, s. m. *(lèderon)*, jeune fille ou jeune femme *laide*.

LAIDEUR, s. f. *(lèdeur)*, qualité de ce qui est *laid*.

LAIE, s. f. *(lé)* (en lat. barbare *laia)*, femelle du sanglier ; sentier de forêt.

LAINAGE, s. m. *(lènaje)*, marchandise de *laine*; façon qu'on donne aux draps.

LAINE, s. f. *(lène) (lana)*, ce qui couvre la peau des moutons, etc.

LAINÉ, E, part. pass. de *lainer*.

LAINER, v. a. *(lèné)*, tirer la *laine* sur une étoffe au moyen des chardons.

LAINERIE, s. f. *(lèneri)*, fabrique, marchandise de *laine*.

LAINEUX, EUSE, adj. *(lèneu, euze)*, qui a beaucoup de *laine*; bien fourni de *laine*.

LAINIER, s. m. *(lènié)*, marchand de *laine*, ouvrier en *laine*.

LAÏQUE, s. et adj. des deux g. *(la-ike)(λaixos*, de λaos, peuple), ni ecclésiastique, ni religieux.

LAIS, s. m. *(lé)*, jeune baliveau.

LAISSE, s. f. *(lèce)* (du lat. barbare *lexa)*, corde pour mener des lévriers attachés.

LAISSÉ, E, part. pass. de *laisser*.

LAISSÉE, s. f. *(lècé) (laxare*, lâcher le ventre), fientes du loup.

LAISSER, v. a. *(lècé) (laxare)*, quitter, abandonner ; ne pas emporter ; mettre en dépôt ; céder ; permettre ; léguer.

LAISSER-ALLER, mieux LAISSÉ-ALLER, s. m. *(lècé-alé)*, abandon, négligence.

LAIT, s. m. *(lé)(lac*, *lactis)*, liqueur blanche qui se forme dans les mamelles · suc de quelques plantes; liqueur artificielle.

LAITAGE, s. m. (*lètage*), ce qui se fait avec du *lait* ; beurre, crème, fromage.

LAITANCE ou **LAITE**, s. f. (*lètance*, *lète*), sperme des poissons mâles.

LAITÉ, E, adj. (*lèté*), qui a de la *laite*.

LAITERIE, s. f. (*lèteri*), lieu où l'on trait le *lait* des animaux.

LAITERON, s. m. (*lèteron*), plante *laiteuse*.

LAITEUX, EUSE, adj. (*lètou, euze*), qui a un suc blanc comme du *lait*.

LAITIER, s. m. (*lètié*), matière vitreuse sur métal fondu.

LAITIER, IÈRE, s. et adj. (*lètié, ière*), qui vend du *lait* ; qui donne du *lait*.

LAITON, s. m. (*lèton*) (de l'anglais *latten*), cuivre rendu jaune.

LAITUE, s. f. (*lètu*), plante potagère.

LAIZE, s. f. (*lèze*), largeur d'une étoffe, d'une toile, etc., entre deux lisières.

LAMA, s. m. (*lama*), prêtre des Tartares ; animal d'Amérique.

LAMANAGE, s. m. (*lamanaje*), travail, profession des *lamaneurs*.

LAMANEUR ou **LOCMAN**, s. m. (*lamancur, lokman*), pilote côtier.

LAMANTIN, s. m. (*lamantein*), mammifère amphibie.

LAMBEAU, s. m. (*lanbô*) (*limbus*, bord), pièce d'une étoffe déchirée ; fig. fragment.

LAMBEL, s. m. (*lanbèle*), t. de blas, sorte de brisure.

LAMBIN, INE, s. et adj. (*lanbein, bine*), qui *lambine*.

LAMBINER, v. n (*lanbiné*), agir lentement.

LAMBOURDE, s. f. (*lambourde*), pierre tendre ; pièce de charpente.

LAMBREQUIN, s. m. (*lanbrekiein*), t. de blas., ornement du casque.

LAMBRIS, s. m. (*lanbri*) (λαμπρις, brillant), revêtement d'une muraille.

LAMBRISSAGE, s. m. (*lanbriçaje*), ouvrage de celui qui a *lambrissé*.

LAMBRISSÉ, E, part. pass. de *lambrisser*.

LAMBRISSER, v. a. (*lanbricé*), faire un *lambris* ; revêtir d'un *lambris*.

LAMBRUCHE ou **LAMBRUSQUE**, s. f. (*lanbruche*) (*labrusca*), vigne sauvage.

LAME, s. f. (*lame*) (*lamina*), table de métal fort mince ; fer des instruments tranchants ; clinquant ; vagues d'une mer agitée.

LAMÉ, E, adj. (*lamé*), relevé et enrichi avec de la *lame*, du clinquant.

LAMELLÉ, E, ou **LAMELLEUX, EUSE**, adj. (*lamèlelé, leleu, euze*), garni de *lames*.

LAMENTABLE, adj. des deux g. (*lamentable*) (*lamentabilis*), déplorable, douloureux.

LAMENTABLEMENT, adv. (*lamentableman*), d'une manière *lamentable*.

LAMENTATION, s. f. (*lamantâcion*) (*lamentatio*), cris plaintifs.

LAMENTÉ, E, part. pass. de *lamenter*.

LAMENTER, v. a. (*lamanté*) (*lamentari*), plaindre. — V. pr., se plaindre.

LAMIE, s. f. (*lami*), requin.

LAMINAGE, s. m. (*laminaje*), action de *laminer*.

LAMINÉ, E, part. pass. de *laminer*, et adj.

LAMINER, v. a. (*laminé*), donner à une *lame* de métal une épaisseur uniforme.

LAMINOIR, s. m. (*laminoar*), machine qui sert à *laminer*.

LAMPADAIRE, s. m. (*lanpadère*) (*lampadarius*), instrument propre à soutenir des *lampes* ; officier qui portait des flambeaux.

LAMPADISTE, s. m. (*lanpadicte*) (λαμπας, lampe), t. d'antiq., nom de ceux qui faisaient la course aux flambeaux.

LAMPADOPHORE, s. m. (*lanpadofore*), (λαμπαδηφορος), celui qui portait les lumières.

LAMPAS, s. m. (*lanpâce*) (λαμπας), enflure au palais du cheval ; étoffe de soie.

LAMPE, s. f. (*lanpe*) (λαμπας), vase avec huile et mèche pour éclairer.

LAMPÉ, E, part. pass. de *lamper*.

LAMPÉE, s. f. (*lanpé*), grand verre de vin.

LAMPER, v. a. (*lanpé*) (*lambere*, happer), boire avidement.

LAMPERON, s. m. (*lanperon*), tuyau, languette qui soutient la mèche dans une *lampe*.

LAMPION, s. m. (*lanpion*)(λαμπας, lampe), petit vase pour illuminer.

LAMPISTE, s. et adj. m. (*lanpicete*), celui qui fait et vend des *lampes*.

LAMPROIE, s. f. (*lanproè*)(par contraction des mots lat. *lambere petras*, lécher les pierres), genre de poissons.

LAMPROYON ou **LAMPRILLON**, s m.(*lanproè-ion, pri-ion*), petite *lamproie*.

LANCE, s. f. (*lance*) (*lancea*), arme à long bois et à fer pointu.

LANCÉ, E, part. pass. de *lancer*, et adj.

LANCÉOLÉ, E, adj. (*lancé-olé*), t. de bot., en fer de *lance*.

LANCER, v. a. (*lancé*) (du s. *lance*), darder, jeter avec roideur. — V. pr., se jeter sur.

LANCETTE, s. f. (*lancète*), instrument de chirurgie pour ouvrir la veine.

LANCIER, s. m. (*lancié*), ouvrier qui fait des *lances* ; cavalier armé d'une *lance*.

LANCINANT, E, adj. (*lancinan, ante*), qui se fait sentir par élancement.

LANDAMMAN, s. m. (*landaman*), premier magistrat des républiques de la Suisse.

LANDAU, s. m. (*landô*), voiture de luxe dont le dessus se lève en deux parties.

LANDE, s. f. (*lande*) (de l'allemand *land*, terre), étendue de terre inculte.

LANDGRAVE, s. m. (*landeguerave*), titre de quelques princes d'Allemagne.

LANDGRAVIAT, s. m. (*landegueravia*), état d'un *landgrave*.

LANDIER, s. m. *(landié)*, gros chenet.
LANDWER, s. f. *(landouère)*, garde nationale; citoyens armés en Allemagne.
LANERET, s. m.*(lanerè)*,le mâle du *lanier*.
LANGAGE, s. m. *(languaje)*, idiome d'une nation ; discours; style ; cri des animaux.
LANGE, s. m. *(lanje)* *(laneum*, de, laine) , ce qui sert à emmailloter.
LANGOUREUSEMENT, adv.*(languoureuseman)*, d'une manière *langoureuse*.
LANGOUREUX, EUSE, adj. et s. *(languoureu, euze)*, qui ne fait que *languir*; qui marque de la *langueur*.
LANGOUSTE, s. f. *(languoucete)* *(locusta)*, écrevisse de mer ; espèce de sauterelle.
LANGUE , s. f. *(langue)* *(lingua)* , partie mobile qui est dans la bouche; langage.
LANGUETTE, s. f. *(languiète)*, t. d'arts, petite chose en forme de *langue*.
LANGUEUR, s. f. *(languieur)* *(languor)*, abattement; ennui ; stagnation.
LANGUEYÉ, E, part. pass. de *langueyer*.
LANGUEYER, v. a. *(languié-ié)*, visiter la langue d'un porc pour savoir s'il est sain.
LANGUEYEUR , s. m. *(languié-ieur)*, celui qui est commis pour *langueyer* les porcs.
LANGUIER, s. m. *(languié)*, la langue et la gorge d'un porc, quand elles sont fumées.
LANGUIR, v. n. *(languir)* *(languere)*, être en *langueur* ; souffrir un supplice lent.
LANGUISSAMMENT, adv. *(languiçaman)*, d'une manière *languissante*.
LANGUISSANT, E, adj. *(languiçan, ante)* *(languens)*, qui *languit*.
LANICE , adj. des deux g. *(lanice)* : *bourre lanice*, bourre qui provient de la *laine*.
LANIER , s. m. *(lanié)* *(laniarius)*, qui déchire), espèce de faucon.
LANIÈRE, s. f. *(lanière)* *(lanaria*, de *lana*, laine), courroie longue et étroite.
LANIFÈRE, adj. des deux g. *(lanifère)* *(lana*, laine , et *fero*, je porte), qui porte de la laine. On dit aussi *lanigère*.
LANISTE, s. m. *(laniçete)(lanista)*, t. d'antiq., celui qui formait des gladiateurs.
LANSQUENET, s. m. *(lancekenè)* (de l'allemand *landsknecht*, serviteur du pays), autrefois, fantassin allemand; jeu de cartes.
LANTERNE, s.f. *(lànterenè)(laterna)*,boîte transparente où l'on met de la lumière ; tourelle ouverte; tribune grillée.—Au pl., fadaises.
LANTERNÉ, E, part. pass. de *lanterner*.
LANTERNER, v. a. *(lantèrené)*, amuser par des fadaises.—V. n., être irrésolu.
LANTERNERIE, s. f. *(lantèreneri)*, fadaise; irrésolution ; difficulté futile. Fam.
LANTERNIER, IÈRE, s. *(lantèrenié, ière)*, qui fait des *lanternes* ; *fig.* diseur de fadaises.
LANTURLU, s. m. *(lanturlu)*, mot qui marque un refus accompagné de mépris.
LANUGINEUX, EUSE, adj. *(lanujineu, euze)(lanuginosus)*,t. de bot., couvert de duvet.

LAPÉ, E, part. pass. de *laper*.
LAPER, v. a. *(lapé)* (λαπτειν), boire en prenant l'eau avec la langue.
LAPEREAU, s. m. *(laperô)*, jeune *lapin*.
LAPIDAIRE, s. m. *(lapidère)* *(lapidarius)*, marchand de pierres précieuses, ouvrier qui les taille. — Adj. des deux g., se dit du style des inscriptions.
LAPIDATION, s. f. *(lapidácion)(lapidatio)*, action de *lapider*. Peu us.
LAPIDÉ, E, part. pass. de *lapider*.
LAPIDER, v. a. *(lapidé)* *(lapidare)*, assommer à coups de pierre.
LAPIDIFICATION, s. f.*(lapidifikácion)*, formation des pierres.
LAPIDIFIÉ, E, part. pass. de *lapidifier*.
LAPIDIFIER, v. a. *(lapidifié)* *(lapis*, pierre, et *facere*, faire) , réduire en pierre.
LAPIDIFIQUE, adj. des deux g. *(lapidifike)*, propre à former les pierres.
LAPIN, INE, s. *(lapein, ine)* (en bas lat. *lapinus*, dimin. de *lepus*, lièvre), petit animal.
LAPIS, s. m. *(lapice)* *(lapis)* , pierre précieuse de couleur bleue.
LAPS, E, adj. *(lapece)* *(lapsus*, part. pass. de *labi*, tomber), tombé.
LAPS , s. m. *(lapece)* (même étym.) , t. de jur., ce qui est tombé ; espace de temps.
LAQUAIS, s. m. *(lakiè)* (du vieux mot *naquet*, valet allant à pied), valet.
LAQUE, s. et adj. f. *(lake)*, sorte de gomme alumine colorée. — S. m. , vernis de la Chine.
LAQUETON, s. m. *(laketon)* , diminutif de *laquais*.
LAQUEUX, EUSE, adj. *(lakieu, euze)*, qui est de la nature ou de la couleur de la *laque*.
LARAIRE, s. m. *(larère)(lararium)*, petite chapelle destinée à placer les dieux *lares*.
LARCIN, s. m. *(larcein)* *(latrocinium)*, action de dérober ; *fig.* plagiat.
LARD , s. m. *(lar)* *(laridum)*, graisse du cochon, de la baleine, du marsouin, etc.
LARDÉ, E, part. pass. de *larder*, et adj.
LARDER, v. a. *(lardé)*, garnir de *lardons* ; *fig.* percer; brocarder.
LARDOIRE, s. f. *(lardoare)*, instrument propre à *larder*.
LARDON, s. m. *(lardon)*, petit morceau de lard ; *fig.* brocard, mot piquant.
LARES,s. et adj.m.pl.*(lare)(lares, larium)*, dieux domestiques des païens.
LARGE, adj. des deux g. *(larje)* *(largus)*, copieux), qui a de la *largeur*.—S. m., largeur; haute mer.—AU LARGE, adv., à l'aise; au loin.
LARGEMENT, adv. *(larjeman)* , abondamment.
LARGESSE, s. f. *(larjèce)* *(largitas)*, libéralité.
LARGEUR, s. f. *(larjeur)*, étendue du côté le moins long d'une chose.
LARGO, adv. *(larguô)* (mot italien), t. de mus., avec un mouvement lent.

LARGUE, s. m. (*largue*), la haute mer.
LARGUÉ, E, part. pass. de *larguer*.
LARGUER, v. a. (*larguié*), démarrer ce qui est amarré ; lâcher ce qu'on tient à la main.
LARIGOT, s. m. (*larigo*), autrefois, espèce de flûte champêtre.
LARIX, s. m. (*larikce*), arbre.
LARME, s. f. (*larme*) (*lacryma*), goutte d'eau qui sort de l'œil ; *fig.* petite quantité.
LARMIER, s. m. (*larmié*), en t. d'archit., saillie.—Au pl., tempes du cheval.
LARMIÈRES, s. f. pl. (*larmière*), fentes au-dessous des yeux du cerf.
LARMOIEMENT, s. m. (*larmoèman*), écoulement continu de *larmes*.
LARMOYANT, E, adj. (*larmoè-ian, ante*), qui fond en *larmes*.
LARMOYER, v. n. (*larmoè-ié*), pleurer, jeter des *larmes*.
LARRON, ONNESSE, s. (*làron, onèce*) (*latro*, voleur), qui vole furtivement.—S. m., pli non rogné d'un feuillet.
LARRONNEAU, s. m. (*làronô*), petit *larron*.
LARVE, s. f. (*larve*) (*larva*, masque), insecte au sortir de l'œuf.—Au pl., t. d'antiq., génies malfaisants.
LARYNGÉ, E, ou **LARYNGIEN, IENNE**, adj. (*larcinjé, jiein, iène*), du *larynx*.
LARYNGOTOMIE, s. f. (*lareinguotomi*) (λαρυγξ, larynx, et τομη, incision), incision à la trachée-artère, au *larynx*.
LARYNX, s. m. (*lareinkce*) (λαρυγξ), le haut de la trachée-artère.
LAS (*làce*) (de l'italien *lasso*, malheureux), interjection qui s'est dite pour *hélas*.
LAS, LASSE, adj.(*là, làce*) (*lassus*), fatigué, ennuyé.
LASCIF, IVE, adj. (*lacecif, ive*)(*lascivus*), enclin à la luxure ; qui porte à la luxure.
LASCIVEMENT, adv. (*laceciveman*), d'une manière *lascive*.
LASCIVETÉ, s. f. (*laceciveté*) (*lascivitas*), forte inclination à la luxure.
LASSANT, E, adj. (*làçan, ante*), qui *lasse*, fatigant ; ennuyeux.
LASSÉ, E, part. pass. de *lasser*.
LASSER, v. a. (*làcé*) (*lassare*), fatiguer ; ennuyer ; importuner.
LASSITUDE, s. f. (*làcitude*), état de la personne qui est *lasse* ; fatigue.
LASTE, s. m. (*lacete*), t. de mar., poids de deux tonneaux de mer.
LATANIER, s. m. (*latanié*), palmier.
LATENT, E, adj. (*latan, ante*)(*latens*, part. prés. de *latere*, être caché), caché.
LATÉRAL, E, adj. (*latérale*) (*lateralis*, de *latus*, côté), qui appartient au côté. — Au pl. m. *latéraux*.
LATÉRALEMENT, adv. (*latéraleman*), d'une manière *latérale*.

à LATERE (*àlatéré*)(expression lat.): *légat à latere*, cardinal député par le pape.
LATICLAVE, s. m. (*latiklave*) (*latusclavus*), tunique des sénateurs romains.
LATIN, INE, adj.(*latein, ine*), qui concerne la langue *latine* ; écrit en *latin*. — S. m., la langue *latine*.
LATINISÉ, E, part. pass. de *latiniser*.
LATINISER, v. a. (*latinizé*), donner à un mot une terminaison *latine*.
LATINISME, s. m. (*latinicème*), construction, tour de phrase propre à la langue *latine*.
LATINISTE, s. m. (*latinicete*), qui entend et parle bien la langue *latine*.
LATINITÉ, s. f. (*latinité*), langage *latin*. — Au pl., les auteurs *latins*.
LATITUDE, s. f. (*latitude*) (*latitudo*), en géogr., distance d'un lieu à l'équateur ; étendue ; *fig.* liberté d'action.
LATOMIE, s. f. (*latomi*)(λατομια, carrière), t. d'hist. anc., prison souterraine.
LATRIE, s. f. (*latri*) (λατρεια, culte), culte souverain qu'on rend à Dieu.
LATRINES, s. f. pl. (*latrine*), lieu où l'on satisfait les besoins naturels.
LATTE, s. f. (*late*), pièce de bois longue, étroite et plate ; bande de fer plate.
LATTÉ, E, part. pass. de *latter*.
LATTER, v. a. (*laté*), garnir de *lattes*.
LATTIS, s. m.(*lati*), arrangement des *lattes* sur un comble.
LAUDANUM, s. m. (*lôdánome*)(corrupt. du lat. *laudandum*, chose à louer), extrait d'opium.
LAUDATIF, IVE, adj. (*lôdatif, ive*), qui loue.
LAUDES, s. f. pl. (*lôde*) (*laudes*, louanges), partie de l'office divin.
LAURÉAT, s. et adj. m. (*lôré-a*) (*laureatus*, de *laurus*, laurier), celui qui a remporté un prix d'honneur.
LAURÉOLE, s. f. (*lôré-ole*), arbrisseau.
LAURIER, s. m. (*lôrié*) (*laurus*), arbre toujours vert, symbole de la victoire.
LAVABO, s. m. (*lavàbô*) (mot lat.), linge d'autel ; guéridon à aiguière.
LAVAGE, s. m. (*lavoje*), action de *laver* ; grande quantité d'eau mêlée au breuvage, aux mets ; opération métallurgique.
LAVANDIER, s. m.(*lavandié*), officier chez le roi qui faisait blanchir le linge.
LAVANDIÈRE, s. f. (*lavandière*), femme qui *lave* la lessive ; oiseau.
LAVARET, s. m. (*lavarè*), poisson.
LAVASSE, s. f. (*lavace*), pluie subite et impétueuse ; sauce fade ; pierre plate.
LAVE, s. f. (*lave*), matière en fusion qui sort des volcans ; cette matière devenue solide.
LAVÉ, E, part. pass. de *laver*, et adj., se dit d'une couleur trop délayée.
LAVEMENT, s. m. (*laveman*), action de *laver* ; clystère.

LAVER, v. a. (*lavé*)(*lavare*), nettoyer avec quelque liquide; ombrer un dessin; *fig.* justifier.

LAVETTE, s. f. (*lavète*), linge dont on se sert pour *laver* la vaisselle.

LAVEUR, EUSE, s (*laveur, euze*), qui *lave*.

LAVIS, s. m. (*lavi*), manière de *laver* un dessin.

LAVOIR, s. m. (*lavoar*), lieu destiné à *laver*; machine à *laver*.

LAVURE, s. f. (*lavure*), eau qui a servi à *laver*; action de *laver* certaines choses.

LAXATIF, IVE, adj. (*lakçatif, ive*) (*laxativus*), qui a la vertu de *lâcher* le ventre.

LAYÉ, E, part. pass. de *layer*, et adj.

LAYER, v. a. (*lè-ié*), tracer une *laie* dans une forêt.

LAYETIER, s. m. (*lè-ietié*), artisan qui fait des *layettes* et toute sorte de boîtes.

LAYETTE, s. f. (*lè-ïète*), petit coffre; tiroir; langes d'un enfant nouveau-né.

LAYEUR, s. m. (*lè-ieur*), celui qui fait des *laies* dans une forêt.

LAZARET, s. m. (*lazarè*) (du *Lazare*, souffrant à la porte du mauvais riche), lieu où l'on fait quarantaine.

LAZULI, s. m. Voy. LAPIS.

LAZZI, s. m. (*lazezi*), mouvement, jeu muet d'un comédien; épigramme, bon mot.

LE, LA, LES (*le, la, lè*), articles, lorsqu'ils sont joints à des noms; pronoms, quand ils sont joints à des verbes.

LÉ, s. m. (*lé*), largeur d'étoffe entre deux lisières; chemin de halage.

LÈCHE, s. f. (*lèche*), tranche fort mince de quelque chose à manger; plante.

LÉCHÉ, E, part. pass. de *lécher*, et adj.

LÈCHE-FRITE, s. f.(*lèchefrite*)(*lanx*, bassin plat, et *frigere, frire*), ustensile de cuisine.

LÉCHER, v. a. (*léché*) (λειχω), passer la langue sur; en peinture, travailler un tableau avec trop de soin.

LEÇON, s. f. (*leçon*) (*lectio*), instruction; chose à apprendre; *fig.* avis, réprimande.

LECTEUR, TRICE, s. (*lèkteur, trice*) (*lector*), qui *lit.*—S. m., autrefois, professeur; un des quatre ordres mineurs.

LECTURE, s. f. (*lèkture*), action de *lire*; habitude de *lire*; art de *lire*; étude.

LÉGAL, E, adj. (*légale*) (*legalis*), qui est selon la loi.—Au pl. m. légaux.

LÉGALEMENT, adv. (*légaleman*) (*legaliter*), selon les lois.

LÉGALISATION, s. f. (*légalizácion*), certification d'authenticité.

LÉGALISÉ, E, part. pass. de *légaliser*.

LÉGALISER, v. a.(*légalizé*) (du mot *légal*), certifier l'authenticité d'un acte.

LÉGALITÉ, s. f. (*légalité*), fidélité, droiture, probité.

LÉGAT, s. m. (*légua*) (*legatus*, député), cardinal envoyé par le pape.

LÉGATAIRE, s. et adj. des deux g. (*léguatère*) (*legatarius*), à qui on a *légué*.

LÉGATION, s. f. (*léguácion*), charge du *légat*; temps que durent ses fonctions; ce qui fait partie active d'une ambassade.

LÉGATOIRE, adj. des deux g. (*léguatoare*) (*legare*, envoyer): *province légatoire*, gouvernée par un lieutenant.

LÉGE, adj. des deux g. (*lèje*) (du mot *léger*): *vaisseau lège*, qui n'a pas assez de lest.

LÉGENDAIRE, s. m. (*léjandère*), auteur d'une *légende*.

LÉGENDE, s. f. (*léjande*) (*legenda*, choses à lire), livre contenant la vie des saints; inscription autour d'une médaille; vieille tradition.

LÉGER, ÈRE, adj. (*léjé, ère*) (*levis*), qui ne pèse guère; facile à digérer; agile; délicat; agréable; volage; superficiel; peu grave, peu important. — *à la* LÉGÈRE, légèrement.

LÉGÈREMENT, adv. (*léjèreman*), d'une manière légère; un peu; inconsidérément.

LÉGÈRETÉ, s. f. (*léjèreté*), qualité de ce qui est *léger*; *fig.* inconstance; imprudence.

LÉGION, s. f. (*léjion*)(*legio*), corps de gens de guerre; *fig.* grand nombre.—*Légion d'Honneur*, ordre institué en France.

LÉGIONNAIRE, s. m. (*léjionère*) (*legionarius*), qui fait partie d'une *légion*.

LÉGISLATEUR, TRICE, s. (*léjiçlateur, trice*) (*legislator*), qui fait des lois.

LÉGISLATIF, IVE, adj. (*léjiçlatif, ive*), pouvoir de faire des lois.

LÉGISLATION, s. f. (*léjiçlácion*) (*lex, legis*, loi, et *latio*, action de porter), droit de faire des lois; corps de lois.

LÉGISLATURE, s. f. (*léjiçlature*) (tiré de l'anglais), corps *législatif* en activité; temps de sa durée.

LÉGISTE, s. m. (*léjicete*),celui qui connaît ou étudie les lois; jurisconsulte.

LÉGITIMAIRE, adj. des deux g.(*léjitimère*), qui appartient à la *légitime*.

LÉGITIMATION, s. f. (*léjitimácion*), acte par lequel un naturel est *légitimé*.

LÉGITIME, adj. des deux g. (*léjitime*) (*legitimus*), qui a les qualités requises par la loi. —S. f., portion d'héritage assurée par la loi.

LÉGITIMÉ, E, part. pass. de *légitimer*, et adj.

LÉGITIMEMENT, adv. (*léjitimeman*) (*léjitimè*), justement, avec raison.

LÉGITIMER, v. a. (*léjitimé*), rendre *légitime*.

LÉGITIMISTE, s. et adj. des deux g. (*léjitimicete*), partisan de la *légitimité*.

LÉGITIMITÉ, s. f. (*léjitimité*), qualité de ce qui est *légitime*; équité.

LEGS, s. m. (*lègue*) (*legatum*), ce qui est laissé par testament à une personne.

LÉGUÉ, E, part. pass. de *léguer*.

LÉGUER, v. a. (*légué*) (*legare*), laisser par testament.

LÉGUME, s. m.(*légume*)(*legumen*), gousse; toutes sortes d'herbes potagères.

LÉGUMINEUX, EUSE, adj. (*légumineu, euse*), qui a pour fruit un *légume*.

LEMME, s. m. (*lème*) (λημμα), en math., proposition préliminaire; en mus., pause.

LÉMURES, s. m. pl. (*lémure*) (*lemures*), t. d'antiq.; esprits, âmes des morts.

LENDEMAIN, s. m. (*landemein*) (des deux mots *en demain*), le jour suivant.

LÉNIFIÉ, E, part. pass. de *lénifier*.

LÉNIFIER, v. a. (*lénifié*) (*lenis*, doux, et *facere*, faire), adoucir.

LÉNITIF, IVE, adj. (*lénitif, ive*) (*lenire*, adoucir), remède qui adoucit.—Subst. au m., adoucissant; *fig.* soulagement.

LENT, E, adj. (*lan, ante*) (*lentus*), qui est tardif et n'agit pas avec promptitude.

LENTE, s. f. (*lante*) (*lens, lentis*), œuf d'où naissent les poux.

LENTEMENT, adv. (*lanteman*), avec *lenteur*.

LENTEUR, s. f. (*lanteur*) (*lentitudo*), manque d'activité et de célérité.

LENTICULAIRE, adj. des deux g. (*lantikulère*), qui a la forme d'une *lentille*.

LENTICULÉ, E, et **LENTIFORME**, adj.(*lantikulé, forme*). Voy. LENTICULAIRE.

LENTILLE, s. f. (*lanti-ie*) (*lens, lentis*), plante; sa semence; verre convexe des deux côtés; poids du pendule.—Au pl., rousseurs.

LENTISQUE, s. m. (*lantiseke*) (*lentiscum* ou *lentiscus*), sorte de pistachier.

LÉONIN, INE, adj. (*lé-onein, ine*) (*leo*, lion), propre au *lion*; se dit de vers latins dont les deux hémistiches riment ensemble.

LÉOPARD, s. m. (*lé-opar*) (λευπαρδαλις), animal féroce marqueté sur la peau.

LÉPAS, s. m.(*lépáce*),genre de mollusques.

LÉPIDOPTÈRE, s. m. (*lépidoptère*)(λεπις, λεπιδος, écaille, et πτερον, aile), ordre d'insectes qui ont quatre ailes écaillées.

LÈPRE, s. f. (*lèpre*) (λεπρα), ladrerie, sorte de gale; lichen.

LÉPREUX, EUSE, s. et adj. (*lépreu, euse*), qui a la *lèpre*.

LÉPROSERIE, s. f. (*léprôzeri*), hôpital pour les *lépreux*.

LEQUEL, LAQUELLE, au pl. **LESQUELS, LESQUELLES**, pron. relatif (*lekièle, lakièle, lekièle*), qui; celui, celle qui.

LÉROT, s. m. (*léró*), petit loir gris.

LES, art. ou pron. pl. des deux g. Voy LE et LA.

LÈSE, adj. f. (*lèze*) (*læsus.*, part. pass. de *lædere*, blesser): *crime de lèse-majesté*, de *lèse-nation*, commis contre une tête couronnée, contre une *nation*.

LÉSÉ, E, part. pass. de *léser*.

LÉSER, v. a. (*lézé*) (*lædere*, blesser), faire souffrir à quelqu'un quelque préjudice.

LÉSINE, s. f. (*lézine*) (en italien *lesina*), épargne sordide et raffinée.

LÉSINER, v. n. (*léziné*), user de *lésine*.

LÉSINERIE, s. f. (*lézineri*), acte de *lésine*.

LÉSINEUX, EUSE, s. et adj. (*lézineu, euse*), qui *lésine*.

LÉSION, s. f.(*lézion*)(*læsio*),tort, dommage; blessure.

LESSE, s. f. Voy. LAISSE.

LESSIVAGE, s. m. (*lècivaje*), blanchissage du linge par la *lessive*.

LESSIVE, s. f. (*lècive*) (*lixivium*, de *lix, licis*, cendre), eau de cendre pour laver le linge; action de *lessiver*; lotion.

LESSIVÉ, E, part. pass. de *lessiver*.

LESSIVER, v. a. (*lécivé*), mettre à la *lessive*; nettoyer au moyen de la *lessive*.

LEST, s. m. (*lècete*) (de l'allemand *last*, charge), poids au fond d'un navire.

LESTAGE, s. m. (*lècetaje*), action de *lester* un vaisseau.

LESTE, adj. des deux g. (*lècete*) (en bas-breton *laste*), agile; svelte; adroit; léger; hardi, peu circonspect.

LESTÉ, E, part. pass. de *lester*, et adj.

LESTEMENT, adv. (*lèceteman*), d'une manière *leste*; avec agilité; hardiment.

LESTER, v. a. (*lècelé*), garnir, charger un vaisseau de *lest*.

LESTEUR, s. et adj. m. (*lèceteur*), bateau qui sert à transporter le *lest*.

LÉTHARGIE, s. f. (*létarji*) (ληθαργια), assoupissement profond; *fig.* insensibilité.

LÉTHARGIQUE, adj. des deux g.(*létarjike*), qui tient de la *léthargie*.

LÉTHIFÈRE, adj. des deux g. (*létifère*) (*lethifer*), qui donne la mort; mortel.

LETTRE, s. f. (*lètre*) (*littera*), caractère de l'alphabet; épître, missive; texte d'un livre.— Au pl., actes; littérature.

LETTRÉ, E, adj. (*lètré*), qui a de l'érudition, qui a des *lettres*.

LETTRINE, s. f. (*lètrine*), t. d'impr., petite lettre qui marque un renvoi.

LEUCORRHÉE, s. f.(*leukoré*)(λευκος, blanc, et ρεω, je coule), maladie des femmes nommée aussi *fleurs blanches*.

LEUDE, s. f. (*leude*), ancien droit de péage. —S. m., noble franc sous Clovis.

LEUR, s. m. (*leur*), ce qui est à eux. — Au pl., ceux qui *leur* sont attachés.

LEUR, pron. pers. pl. des deux g. (*leur*), à

eux, à elles.—Adj. possessif des deux g., d'eux, d'elles. — Au pl., *leurs*.

LEURRE, s. m. (*leure*) (*lorum*, courroie), cuir façonné en forme d'oiseau, pour rappeler le faucon; appât; *fig.* piège; artifice.

LEURRÉ, E, part. pass. de *leurrer*.

LEURRER, v. a. (*leuré*), dresser un oiseau au leurre; *fig.* attirer par un appât trompeur.

LEVAIN, s. m. (*levein*) (du lat. barbare *levamum*, fait de *levare*, lever), tout ce qui cause un gonflement, une fermentation; ferment.

LEVANT, s. m (*levan*), partie du monde où le soleil se *lève*; Orient.—Adj., qui se *lève*.

LEVANTIN, INE, s. et adj. (*levantcin, ine*), natif des pays du *Levant*.

LEVANTINE, s. f.(*levantine*), étoffe.

LÈVE, s. f. (*lève*), cuiller de bois dont on se sert au jeu de mail.

LEVÉ, E, part. pass. de *lever*, et adj.

LEVÉE, s. f. (*levé*), action de *lever*, de recueillir; perception; digue; enrôlement; t. du jeu de cartes.

LEVER, s. m. (*levé*), heure, temps où l'on se *lève*; action de se *lever*.

LEVER, v. a. (*levé*)(*levare*), hausser; dresser; recueillir; ôter; faire cesser. — V. n., sortir de terre.— V. pr., se mettre debout; sortir du *lit*; paraître sur l'horizon; fermenter.

LEVER-DIEU, s. m. (*levédieu*), le temps de la messe où le prêtre *élève* l'hostie.

LÉVIATHAN, s. m. (*lévi-atan*), crocodile du Nil; animal marin.

LEVIER, s. m.(*levié*), barre pour soulever; *fig.* mobile puissant.

LEVIS, adj. m. (*levi*) (rac. *lever*) : *pont-levis*, qui se *lève* et se baisse.

LÉVITE, s. m. (*lévite*)(*levita*), prêtre juif de la tribu de *Lévi*.—S. f., robe.

LÉVITIQUE, s. m. (*lévitike*)(*leviticus*), troisième livre du Pentateuque.

LEVRAUDER, v. a. (*levrôdé*), harceler, poursuivre comme un *lièvre*.

LEVRAUT, s. m. (*levrô*), jeune *lièvre*.

LÈVRE, s. f. (*lèvre*) (*labrum*), partie extérieure de la bouche qui couvre les dents.

LEVRETTE, s. f. (*levrète*), femelle du *lévrier*.

LEVRETTÉ, E, adj. (*levrèté*), qui a la taille mince comme un *lévrier*.

LÉVRIER, s. m.(*lévrié*), chien courant pour la chasse du *lièvre*.

LEVRON, s. m. (*levron*), sorte de *lévrier* de petite taille; jeune *lévrier*.

LEVURE, s. f. (*levure*), écume de la bière quand elle bout; lard qui s'*enlève*.

LEXICOGRAPHE, s. m. (*lèkikographe*) (λέξικον, lexique, et γραφω, j'écris), auteur d'un *lexique*, d'un dictionnaire.

LEXICOGRAPHIE, s. f. (*lèkikografi*), art de faire les dictionnaires.

LEXICOGRAPHIQUE, adj. des deux g.(*lèkikoguerafike*), de la *lexicographie*.

LEXIQUE, s. et adj. m. (*lèkike*) (λέξικον) dictionnaire, surtout de la langue grecque.

LEZ, adv. (*lé*), à côté de, proche de , tout contre. Vieux.

LÉZARD, s. m. (*lézar*) (*lacerta*), reptile.

LÉZARDE, s. f. (*lézarde*), crevasse qui se fait dans les murs, etc., par vétusté.

LÉZARDÉ, E, adj. (*lézardé*), crevassé.

LIAIS, s. m. (*liè*), sorte de pierre dure.

LIAISON, s. f. (*li-èzon*), ce qui sert à *lier*; union, jonction de plusieurs choses; amitié.

LIAISONNÉ, E, part. pass. de *liaisonner*.

LIAISONNER, v. a. (*li-èzoné*), arranger des pierres, des pavés en *liaison*.

LIANE, s. f. (*li-ane*), plante sarmenteuse.

LIANT, E, adj. (*li-an, ante*), souple; doux; affable.—Subst. au m., douceur.

LIARD, s. m. (*li-are*), petite monnaie, la quatrième partie d'un sou.

LIARDER, v. n. (*li-ardé*), boursiller; lésiner, donner *liard* à *liard*.

LIASSE, s. f. (*li-ace*), papiers cotés et *liés* ensemble; ce qui sert à *lier* les papiers.

LIBAGE, s. m. (*libaje*), moellon mal taillé.

LIBATION, s. f. (*libácion*) (*libatio*), effusion de vin ou d'autres liqueurs.

LIBELLE, s. m. (*libèle*)(*libellus*, petit livre), écrit injurieux, diffamatoire.

LIBELLÉ, E, part. pass. de *libeller*.—S. m., rédaction d'un ordre, d'une demande.

LIBELLER, v. a.(*libèlelé*)(*libellus*, requête), dresser un acte dans les formes.

LIBELLISTE, s. m. (*libèlelicele*), auteur d'un *libelle*.

LIBER, s. m. (*libère*) (*liber*, écorce intérieure), partie de l'écorce.

LIBERA, s. m. (*libéra*) (*libera*, impér. de *liberare*, délivrer), premier mot latin d'une prière que l'église fait pour les morts.

LIBÉRAL, E, adj. (*libérale*)(*liberalis*), qui aime à donner; noble et libre.—*Arts Libéraux*, de l'esprit.—Au pl. m. *libéraux*.

LIBÉRAL, s m. (*libéral*), celui qui professe des idées d'homme *libre*.

LIBÉRALISME, s. m. (*libéraliceme*), système, ensemble d'idées *libérales*.

LIBÉRALITÉ, s. f. (*libéralité*)(*liberalitas*), vertu qui porte à donner; don.

LIBÉRATEUR, TRICE, s. (*libérateur, trice*) (*liberator*), qui délivre ou qui a délivré.

LIBÉRATION, s. f. (*libéracion*) (*liberatio*), délivrance), affranchissement; décharge.

LIBÉRÉ, E, part. pass. de *libérer*.

LIBÉRER, v. a. (*libéré*)(*liberare*, délivrer), décharger de quelque obligation.

LIBERTÉ, s. f. (*libèrté*)(*libertas*), pouvoir d'agir ou de n'agir pas; indépendance; facilité; droit de faire tout ce qui n'est pas défendu par les lois; manières trop familières ou trop hardies.—Au pl., franchises, immunités.

LIBERTICIDE, adj. des deux g. (*libèreticide*) (*libertas*, liberté, et *cædere*, tuer), destructif de la *liberté*.

LIBERTIN, INE, adj. et s. (*libèretein, ine*), qui aime sa *liberté*; débauché; incrédule.

LIBERTINAGE, s. m. (*libèretinaje*), désordre, dérèglement de vie.

LIBERTINER, v. n. (*libèretiné*), vivre dans le *libertinage*; être dissipé. Fam.

LIBIDINEUX, EUSE, adj. (*libidineu, euze*) (*libidinosus*), dissolu, lascif.

LIBRAIRE, s. m. (*librère*) (*librarius*) (de *liber*, livre), marchand de livres.

LIBRAIRIE, s. f. (*librèri*), art, profession de *libraire*; corps des *libraires*.

LIBRATION, s. f. (*librácion*), balancement apparent de la lune autour de son axe.

LIBRE, adj. des deux g. (*libre*) (*liber*), qui a le pouvoir de se déterminer; indépendant; qui n'est pas contraint; licencieux, hardi.

LIBREMENT, adv. (*libreman*), avec *liberté*, sans contrainte; familièrement; sans égard.

LICE, s. f. (*lice*) (du lat. barbare *liciæ, arum*), lieu où l'on fait des courses, tournois, etc.; chienne de chasse; fabrique de tapisserie.

LICENCE, s. f. (*licance*) (*licentia*), permission; liberté trop grande; degré d'études; dérèglement de mœurs.

LICENCIÉ, E, part. pass. de *licencier*, et adj.—S. m., qui a pris ses degrés de *licence*.

LICENCIEMENT, s. m. (*licanciman*), congé qu'on donne à des troupes.

LICENCIER, v. a. (*licancié*), congédier des troupes; conférer le degré de *licence*.

LICENCIEUSEMENT, adv. (*licancieuzeman*), d'une manière *licencieuse*.

LICENCIEUX, EUSE, adj. (*licancieu, euze*), désordonné, déréglé.

LICET, s. m. (*licète*), mot latin qui signifie: permission.

LICHEN, s. m. (*likiène*) (λιχην), plante cryptogame, genre d'algues.

LICITATION, s. f. (*licitácion*) (*licitatio*), vente au plus offrant.

LICITE, adj. des deux g. (*licite*) (*licitus*), qui n'est point défendu par les lois.

LICITEMENT, adv. (*liciteman*), d'une manière *licite* et permise.

LICITER, v. a. (*licité*)(*licitari*), faire vendre en justice par *licitation*.

LICOL, s. m. Voy. LICOU.

LICORNE, s. f. (*likorne*), animal fabuleux à une *corne*; cétacé.

LICOU ou **LICOL**, s. m. (*likou*) (*ligare*, lier, et *collum*, cou), lien à la tête du cheval.

LICTEUR, s. m (*likteur*) (*lictor*), à Rome, huissier armé d'une hache.

LIE, s. f. (*li*) (*limus*, limon), dépôt d'une liqueur; ce qu'il y a de plus grossier — Adj. des deux g. (*lætus*), gai. Vieux.

LIÉ, E, part. pass. de *lier*, et adj.

LIÈGE, s. m. (*lièje*) (*levis*, léger), espèce de chêne; son écorce.

LIEN, s. m. (*liein*) (*ligamen*), ce qui sert à *lier*, à attacher.

LIENTERIE, s. f. (*liantéri*) (en grec λειντερια), dévoiement sans digestion.

LIENTÉRIQUE, adj. des deux g.(*liantérike*), qui tient de la *lienterie*.

LIER, v. a. (*lié*) (*ligare*), serrer, attacher avec un *lien*; joindre; faire une *liaison*; arranger; contracter.—V. pr., s'obliger.

LIERRE, s. m. (*lière*) (*hedera*), grand arbrisseau grimpant.

LIESSE, s. f. (*lièce*) (*lætitia*), joie. Vieux.

LIEU, s. m. (*lieu*) (*locus*), espace qu'un corps occupe; endroit; place; rang; sujet; famille.—Au pl., latrines.

LIEUE, s. f. (*lieu*) (*leuca*), mesure de distance.

LIEUR, s. m.(*lieure*), celui qui *lie* les gerbes durant la moisson.

LIEUTENANCE, s. f. (*lieutenance*), charge, emploi de *lieutenant*.

LIEUTENANT, s. m. (*lieutenan*) (*locus*, lieu, et *tenere*, tenir), celui qui est sous un officier en chef; grade dans l'armée.

LIÈVRE, s. m. (*lièvre*) (*lepus, leporis*), animal fort timide; constellation.

LIGAMENT, s. m. (*liguaman*) (*ligamen*), t. d'anat., ce qui *lie* une partie à une autre.

LIGAMENTEUX, EUSE, adj. (*liguamanteu, euze*), se dit de plantes à racines entortillées.

LIGATURE, s. f. (*liguature*) (*ligatura*), bande de drap pour la saignée.

LIGE, adj. des deux g. (*lije*)(en lat. barbare *ligius*), t. de féod., obligé envers son seigneur.

LIGNAGE, s. m. (*ligniaje*) (*linea*, ligne), race, extraction; espèce de vin rouge.

LIGNAGER, s. et adj. m. (*ligniajé*), celui qui est de même *lignage*.

LIGNE, s. f. (*lignie*) (*linea*, fil de lin), trait simple; rangée de mots; cordeau pour tracer; ficelle ou crin pour pêcher, retranchement; rang, rangée; raie; race; l'équateur; douzième partie d'un pouce.

LIGNÉE, s. f. (*lignié*) (*linea*, ligne), race, enfant, suite d'enfants.

LIGNETTE, f. (*lignièle*), ligne très-déliée pour la pêche à la canne.

LIGNEUL, s. m. (*lignieul*) (*linum*, lin), sorte de fil ciré qui sert aux cordonniers.

LIGNEUX, EUSE, adj. (*lignieu, euze*)(*ligneus*, de *lignum*, bois), de la nature du bois.

LIGUE, s. f.(*ligue*) (en lat. barbare *liga*, fait de *ligare*, lier), confédération; complot; faction au XVIe siècle.

LIGUÉ, E, part. pass. de *liguer*.

LIGUER, v. a. (*ligué*), unir dans une *ligue*.

LIGUEUR, EUSE, s. (*ligueur, euze*), membre de la *ligue* sous Henri III et Henri IV.

LILAS, s. m. (*lilá*) (de l'arabe *lilac*), arbrisseau; couleur bleue mêlée de rouge.

LILIACÉE, s. et adj. f. (*liliacé*), en forme de *lis*, de la famille des *lis*.

LIMACE, s. f. (*limace*) (*limax*), limaçon sans coquille; vis d'Archimède.

LIMAÇON ou **LIMAS**, s. m. (*limaçon, limá*), sorte d'insecte rampant; cavité de l'oreille.

LIMAILLE, s. f. (*limá-ie*), petites parties du métal que la *lime* fait tomber.

LIMANDE, s. f. (*limande*), poisson plat.

LIMAS, s. m. (*limá*). Voy. LIMAÇON.

LIMBE, s. m. (*leinbe*) (*limbus*), en astron. et en math., bord.—Au pl., lieu où vont les enfants morts sans baptême.

LIME, s. f. (*lime*)(*lima*), outil de fer qui sert à polir et à couper le fer; sorte de citron.

LIMÉ, E, part. pass. de *limer*, et adj.

LIMER, v. a. (*limé*) (*limare*), polir, couper avec la *lime*; *fig.* polir.

LIMIER, s. m. (*limié*) (*limen*, demeure), gros chien de chasse.

LIMITATIF, IVE, adj. (*limitatif, ive*), qui renferme dans des bornes certaines.

LIMITATION, s. f. (*limitácion*) (*limitatio*), restriction; action de *limiter*.

LIMITE, s. f. (*limite*)(*limes, limitis*), borne, extrémité; frontières.

LIMITÉ, E, part. pass. de *limiter*.

LIMITER, v. a. (*limité*), borner; mettre, donner des *limites*.

LIMITROPHE, adj. des deux g. (*limitrofe*), dont les *limites* se touchent; sur les *limites*.

LIMON, s. m. (*limon*)(*limus*), boue, bourbe; citron; branche de *limonière*; pièce d'escalier.

LIMONADE, s. f. (*limonade*), jus de *limon* ou de citron avec de l'eau et du sucre.

LIMONADIER, IÈRE, s. (*limonadié, ière*), qui fait et vend de la *limonade*, du café, etc.

LIMONEUX, EUSE, adj. (*limoneu, euze*), bourbeux, plein de *limon*.

LIMONIER, s. m. (*limonié*), cheval de *limon*; arbre qui porte le *limon*.

LIMONIÈRE, s. f. (*limonière*), brancard formé par les deux *limons*.

LIMOUSINAGE, s. m. (*limouzinaje*), maçonnerie faite de petits moellons.

LIMPIDE, adj. des deux g. (*leinpide*) (*limpidus*), clair, net.

LIMPIDITÉ, s. f. (*leinpidité*), qualité d'une liqueur claire et *limpide*.

LIMURE, s. f. (*limure*), action de *limer*; état d'une chose *limée*.

LIN, s. m. (*lein*) (*linum*), plante dont la tige fournit un fil; fil de *lin*; toile de *lin*.

LINAIRE, s. f. (*linère*), plante.

LINCEUL, s. m (*leinceule*) (*linteolum*, de *linteum*, linge), drap pour ensevelir les morts.

LINÉAIRE, adj. des deux g. (*liné-ère*) (*linearis*), qui a rapport aux *lignes*.

LINÉAL, E, adj. (*liné-ale*) (*linealis*), qui est dans l'ordre d'une *ligne*.—Au pl. m. *linéaux*.

LINÉAMENT, s. m. (*liné-aman*)(*lineamentum*), trait délicat; première trace.

LINGE, s. m. (*leinje*) (*linium*, dit pour *lineum*, qui est fait de lin), toile employée aux divers besoins du ménage.

LINGER, ÈRE, s. (*leinjé, ère*), qui vend, qui fait du *linge*.—Subst. au f., femme qui a soin du *linge*; insecte.

LINGERIE, s. f. (*linjeri*), lieu où l'on met le *linge*; commerce de *linge*.

LINGOT, s. m. (*leinguô*) (*lingua*, langue), morceau de métal brut.

LINGOTIÈRE, s. f. (*leinguotière*), moule où on réduit les métaux en *lingots*.

LINGUAL, E, adj. (*leinguouale*)(*lingua*, langue), qui a rapport à la *langue*.

LINGUISTE, s. m. (*leingu-icete*), qui s'occupe de l'étude des *langues*.

LINGUISTIQUE, s. f. (*leinguiicetike*), étude et connaissance des *langues*.

LINIÈRE, s. f. (*linière*), terre semée de *lin*.

LINIMENT, s. m. (*liniman*) (*linimentum*), médicament fait pour adoucir.

LINON, s. m. (*linon*), toile de lin déliée.

LINOT, OTTE, s. (*linô, ote*), oiseau.

LINTEAU, s. m. (*leintô*), pièce de bois qui se met en travers au-dessus d'une ouverture.

LION, ONNE, s. (*lion, lione*) (λεων, dont les Latins ont fait *leo*), animal féroce; *fig.* homme hardi.—S. m., signe du zodiaque.

LIONCEAU, s. m. (*lioncô*), petit du *lion*.

LIPOGRAMMATIQUE, adj. des deux g. (*lipogueramematike*) (λιπω, je laisse, et γραμμα, lettre), se dit des ouvrages d'où l'on exclut certaines lettres de l'alphabet.

LIPOTHYMIE, s. f. (*lipotimi*) (λιποθυμια), évanouissement léger.

LIPPE, s. f. (*lipe*) (en allemand *lippe*), lèvre d'en bas trop grosse ou trop avancée.

LIPPÉE, s. f. (*lipé*) (du mot *lippe*, lèvre), bouchée; repas.

LIPPITUDE, s. f. (*lipitude*) (*lippitudo*, lessive), flux de chassie.

LIPPU, E, s. et adj. (*lipu*), qui a la lèvre d'en bas trop grosse et trop avancée.

LIQUATION, s. f. (*likoûácion*) (*liquatio*, fonte), séparation de l'argent contenu dans le cuivre, à l'aide du plomb.

LIQUÉFACTION, s. f. (*likiéfakcion*) (*liquefactio*), changement d'un solide en *liquide*.

LIQUÉFIÉ, E, part. pass. de *liquéfier*.

LIQUÉFIER, v. a. (*likiéfié*) (*liquefacere*), fondre, rendre *liquide*.

LIQUEUR, s. f. (*likieur*)(*liquor*), substance liquide; boisson spiritueuse.

LIQUIDATEUR, TRICE, s. (*likidateur, trice*), qui *liquide* un compte.

LIQUIDATION, s. f. (*likidácion*), action de *liquider*; fixation de dépens, etc.

LIQUIDE, adj. des deux g. (*likide*) (*liqui-*

dus), qui a ses parties fluides et coulantes; net, clair.—S. m., ce qui est *liquide*.

LIQUIDÉ, E, part. pass. de *liquider*.

LIQUIDER, v. a. (*likidé*), t. de prat., régler, fixer, arrêter un compte.

LIQUIDITÉ, s. f. (*likidité*), qualité d'une chose *liquide*.

LIQUOREUX, EUSE, adj. (*likoreu*, *euze*), se dit de vins doux comme de la *liqueur*.

LIQUORISTE, s. des deux g. (*likoriceté*), marchand de *liqueurs*.

LIRE, v. a. et n. (*lire*) (*legere*), parcourir des yeux ce qui est écrit ou imprimé, soit qu'on profère ou qu'on ne profère pas les mots ; *fig.* deviner, augurer; expliquer.

LIRON, s. m. Voy. LÉROT.

LIS, s. m. (*lice*) (*lilium*), plante; sa fleur.

LISERÉ, s. m. (*liseré*), cordonnet brodé sur une étoffe.

LISERON, s. m. (*lizeron*), plante.

LISEUR, EUSE, s. (*liseur*, *euze*), qui aime à *lire*, qui *lit* beaucoup.

LISIBLE, adj. des deux g. (*lizible*), facile à *lire*.

LISIBLEMENT, adv. (*lizibleman*), d'une manière *lisible*.

LISIÈRE, s. f. (*lisière*) (*licium*, trame), le bord d'une étoffe; bretelles pour soutenir un enfant dans ses premiers pas; extrémité.

LISSE, adj. des deux g. (*lice*) (*λισσος*), uni. en t. de bot., glabre. — S. f. Voy. PRÉCEINTE.

LISSÉ, E, part. pass. de *lisser*, et adj.

LISSER, v. a. (*licé*), polir, rendre *lisse*.

LISSOIR, s. m. (*liçoar*), instrument avec lequel on *lisse* le linge, le papier, etc.

LISTE, s. f. (*liceté*) (du lat. barbare *lista*, fait de l'allemand *leista*, bordure), catalogue; nomenclature. — *Liste civile*, somme allouée au roi pour l'entretien de sa maison.

LISTEAU ou **LISTEL,** s. m. (*liceto*, *tèle*), petite moulure carrée.

LISTON, s. m. (*liceton*), t. de blas., petite bande sur laquelle on écrit la devise.

LIT, s. m. (*li*) (*lectus*), meuble pour coucher; canal d'une rivière; chose étendue en couches; *fig.* mariage.

LITANIES, s. f. pl. (*litani*) (*λιτανια*, prières), prières à Dieu, à la sainte Vierge et aux saints.—Au sing., longue énumération.

LITEAU, s. m. (*lito*), gîte du loup; tringle de bois.—Au pl., raies sur du linge.

LITER, s. f. (*lité*), réunion de plusieurs animaux dans le même gîte.

LITERIE, s. f. (*literi*), tout ce qui compose un *lit*.

LITHARGE, s. f. (*litarje*), chaux de plomb.

LITHARGÉ ou **LITHARGYRÉ, E,** adj. (*litarjé*, *jiré*), mêlé, falsifié avec la *litharge*.

LITHIASIS, s. f. (*liti-azice*) (*λιθιασις*), formation de la pierre dans le corps humain; maladie des paupières.

LITHOCOLLE, s. f. (*litokole*) (*λιθοκολλά* colle à pierre), ciment des lapidaires.

LITHOGRAPHE, s. et adj. des deux g. (*litoguerafe*), qui travaille à la *lithographie*.

LITHOGRAPHIE, s. f. (*litoguerafi*) (*λιθος*, pierre, et *γραφω*, j'écris), art de reproduire, par l'impression, ce qu'on a dessiné sur une pierre; feuille imprimée d'après ce procédé.

LITHOGRAPHIÉ, E, part. pass. de *lithographier*.

LITHOGRAPHIER, v. a. (*litoguerafié*), graver par les procédés *lithographiques*.

LITHOGRAPHIQUE, adj. des deux g. (*litoguerafike*), qui concerne la *lithographie*.

LITHOLOGIE, s. f. (*litoloji*) (*λιθος*, pierre, et *λογος*, discours), traité des pierres.

LITHOLOGUE, s. m. (*litologue*), qui s'occupe de l'étude des pierres.

LITHONTRIPTIQUE, adj. des deux g. (*litontripetike*) (*λιθος*, pierre, et *τριπτικος*, qui brise), qui dissout la pierre dans la vessie.

LITHOPHAGE, s.m. (*litofaje*) (*λιθος*, pierre, et *φαγω*, je mange), petit ver qui se trouve dans l'ardoise et qui la ronge.

LITHOPHYTE, s. m. (*litofite*) (*λιθος*, pierre, et *φιτον*, plante), sorte de polypier.

LITHOTOME, s. m. (*litotome*), instrument propre à l'opération de la taille.

LITHOTOMIE, s. f. (*litotomi*) (*λιθος*, pierre, et *τεμνω*, je coupe), opération pour tirer une pierre de la vessie.

LITHOTOMISTE, s. m. (*litotomicete*), chirurgien qui s'applique à la *lithotomie*.

LITHOTRITEUR, s. m. (*litotriteur*), instrument pour broyer la pierre dans la vessie.

LITHOTRITIE, s. f. (*litotrici*)(*λιθος*, pierre, et *τριβω*, broyer), art de broyer la pierre dans la vessie.

LITIÈRE, s. f. (*litière*) (*lectica*), voiture ou chaise couverte et portée sur deux brancards; paille étendue pour les bestiaux.

LITIGANT, E, adj.(*litiguan*, *ante*)(*litigans*), qui plaide en justice.

LITIGE, s. m. (*litije*) (*litigium*), procès, différend, contestation en justice.

LITIGIEUX, EUSE, adj. (*litijieu*, *euze*) (*litigiosus*), qui peut être en *litige*.

LITISPENDANCE, s. f.(*liticependance*), durée d'un procès.

LITORNE, s. f. (*litorne*), grosse grive.

LITOTE, s. f. (*litote*) (*λιτοτης*, simplicité), en t. de rhét., figure qui dit le moins pour faire entendre le plus.

LITRE, s. m. (*litre*) (*λιτρα*), mesure de capacité qui contient un décimètre cube.— S. f., bande noire autour d'une église où sont peintes les armoiries du seigneur.

LITRON, s. m. (*litron*), ancienne mesure.

LITTÉRAIRE, adj. des deux g. (*litetèrère*) (*litterarius*), qui appartient aux belles-*lettres*.

LITTÉRAIREMENT, adv. (*litetèrèreman*), sous le rapport *littéraire*.

LITTÉRAL, E, adj. (*litetérale*) (*litteralis*), qui est à la *lettre*; selon la *lettre*; algébrique. — Au pl. m. *littéraux*.

LITTÉRALEMENT, adv. (*litetéralsman*), selon le sens *littéral*; à la *lettre*.

LITTÉRALITÉ, s. f. (*litetéralité*), attachement à la *lettre* dans une traduction.

LITTÉRATEUR, TRICE, s. (*litetérateur, trice*) (*litterator*), personne versée dans la *littérature*; homme de *lettres*.

LITTÉRATURE, s. f. (*litetérature*) (*litteratura*), connaissance des ouvrages *littéraires*; productions *littéraires* d'un pays; érudition.

LITTORAL, E, adj. (*litetorale*) (*littoralis*), qui baigne une rive. — Subst. au m., étendue de pays le long des côtes. — Au pl. m. *littoraux*.

LITURGIE, s. f. (*liturji*) (λειτουργια), service public; ordre du service divin.

LITURGIQUE, adj. des deux g. (*liturjike*), qui appartient à la *liturgie*.

LITURGISTE, s. m. (*liturjicete*), auteur qui a recueilli les différentes *liturgies*.

LIURE, s. f. (*liure*), câble pour *lier* les fardeaux dont on charge une charrette.

LIVIDE, adj. des deux g. (*livide*) (*lividus*), de couleur plombée et tirant sur le noir.

LIVIDITÉ, s. f. (*lividité*), état *livide*.

LIVRAISON, s. f. (*livrèzon*), action de *livrer*; partie d'un ouvrage publié par cahiers.

LIVRE, s. f. (*livre*) (*libra*), poids de seize onces; ancienne monnaie.

LIVRE, s. m. (*livre*) (*liber*, écorce intérieure des arbres sur laquelle les anciens écrivaient), volume; feuilles de papier, etc., écrites ou imprimées et reliées ensemble; registre; journal.

LIVRÉ, E, part. pass. de *livrer*.

LIVRÉE, s. f. (*livré*), habits de couleur dont on habille les pages, les laquais, etc.

LIVRER, v. a. (*livré*) (*liberare*, donner), mettre en possession de; abandonner.

LIVRET, s. m. (*livrè*), petit *livre*. En bot., voy. LIBER.

LIXIVIATION, s. f. (*likciviácion*) (*lixivia*, lessive), lavage des cendres.

LIXIVIEL, ELLE, adj. (*likcivièle*), se dit des sels alcalis tirés par la *lixiviation*.

LLAMA, s. m. Voy. LAMA.

LOBE, s. m. (*lobe*) (λοβος), t. d'anat., pièce molle et un peu plate; bout de l'oreille, t. de bot., partie d'une semence.

LOBÉ, E, adj. (*lobé*), partagé en *lobes*.

LOBULE, s. m. (*lobule*), petit *lobe*.

LOCAL, E, adj. (*lokale*) (*localis*), qui a rapport au lieu. — S. m. (*locus*, lieu), toutes les parties d'un lieu. — Au pl. *locaux*.

LOCALITÉ, s. f. (*lokalité*) (de l'italien *localita*), lieu; circonstance *locale*.

LOCATAIRE, s. des deux g. (*lokatère*), qui tient à loyer.

LOCATIF, IVE, adj. (*lokatif, ive*), qui regarde le *locataire*.

LOCATION, s. f. (*lokácion*) (*locatio*), action par laquelle on donne à louer.

LOCATIS, s. m. (*lokatice*), cheval de louage.

LOCH, s. m. (*loke*), instrument pour mesurer la vitesse d'un vaisseau.

LOCHE, s. f. (*loche*), petit poisson.

LOCHÉ, E, part. pass. de *locher*.

LOCHER, v. n. (*loché*), être près de tomber, en parlant d'un fer à cheval.

LOCHIES, s. f. pl. (*lochi*) (λοχεια), évacuations qui suivent les accouchements.

LOCMAN, s. m. Voy. LAMANEUR.

LOCOMOTEUR, TRICE, s. et adj. (*lokomóteur, trice*), qui opère le déplacement.

LOCOMOTIF, IVE, adj. (*lokomótif, ive*), qui change, qui fait changer de place.

LOCOMOTION, s. f. (*lokomócion*) (*locus*, lieu, et *movere*, mouvoir), changement de lieu.

LOCUTION, s. f. (*lokucion*) (*locutio*), façon de parler; expression.

LODS ET VENTES, s. m. pl. (*lozévante*), droit seigneurial pour l'acquisition d'un bien.

LOF, s. m. (*lofe*), t. de mar., moitié du navire dans sa longueur.

LOFER, v. n. (*lofé*), venir au vent.

LOGARITHME, s. m. (*loguaritème*) (λογος, raison, et αριθμος, nombre), nombre d'une progression arithmétique, lequel répond à un autre dans une progression géométrique.

LOGARITHMIQUE, s. f. (*loguaritòmike*), sorte de ligne courbe. — Adj. des deux g., qui a rapport aux *logarithmes*.

LOGE, s. f. (*loje*) (de l'italien *loggia*), petite hutte; petit réduit; petit cabinet dans une salle de spectacle; réunion de francs-maçons.

LOGÉ, E, part. pass. de *loger*.

LOGEABLE, adj. des deux g. (*lojable*), où l'on peut *loger* convenablement.

LOGEMENT, s. m. (*lojeman*), lieu où l'on *loge*; appartement; gîte d'un soldat.

LOGER, v. a. (*lojé*)(*locare*), donner à *loger*; placer. — V. n., demeurer, habiter.

LOGETTE, s. f. (*lojète*), petite *loge*.

LOGEUR, EUSE, s. (*lojeur, euse*), qui tient des *logements* garnis.

LOGICIEN, IENNE, s. (*lojiciein, ième*), qui possède bien la *logique*, qui raisonne bien.

LOGIQUE, s. f. (*lojike*) (λογικη), art de penser et de raisonner avec justesse. — Adj. des deux g., conforme à la *logique*.

LOGIQUEMENT, adv. (*lojikeman*), conformément à la *logique*.

LOGIS, s. m. (*loji*) (λογιον), habitation, maison; hôtellerie.

LOGOGRIPHE, s. m. (*logoguerife*) (λογος, γριφος, discours obscur), sorte d'énigme.

LOGOMACHIE, s. f. (*loguomachi*) (λογομαχια), dispute de mots.

LOI, s. f. (*loè*) (*lex, legis*), règle établie par autorité divine ou humaine ; obligation de la vie civile, puissance; titre des monnaies.

LOIN. adv. (*loein*) (*longinquè*), à grande distance.—LOIN DE, prép., au lieu de.

LOINTAIN, E, adj. (*loeintein, ène*), qui est fort *loin*.—Subst. au m., éloignement.

LOIR, s. m. (*loar*), petit quadrupède rongeur qui dort tout l'hiver.

LOISIBLE, adj. des deux g. (*loèzible*) (*licet*, il est permis), permis.

LOISIR, s. m. (*loèzir*) (*otium*), temps où l'on n'a rien à faire; temps suffisant.

LOK. Voy. LOOCH.

LOMBAIRE, adj. des deux g. (*lonbère*), qui appartient aux *lombes*.

LOMBARD, s. m. (*lonbar*), établissement où l'on prête de l'argent sur gages.

LOMBES, s. m. pl. (*lonbe*) (*lumbus*), partie inférieure du dos.

LONDRIN, s. m. (*londrein*), drap qui imite les draps de *Londres*.

LONG, ONGUE, adj. (*lon, longue*) (*longus*), qui a de la *longueur*; tardif, lent. — Subst. au m., longueur.

LONGANIMITÉ, s. f. (*longnanimité*) (*longus*, long, et *animus*, âme), clémence.

LONGE, s. f. (*lonje*) rac. *long*, moitié de l'échine de veau; lanière.

LONGÉ, E, part. pass. de *longer*, et adj.

LONGER, v. a. (*lonjé*), marcher le *long* de.

LONGÉVITÉ, s. f. (*lonjévité*), longue durée de la vie.

LONGIMÉTRIE, s. f. (*lonjimétri*) (*longus*, long, et μετρον, mesure), art de mesurer les *longueurs*.

LONGITUDE, s. f. (*lonjitude*) (*longitudo*), distance d'un lieu au premier méridien.

LONGITUDINAL, E, adj. (*lonjitudinale*), étendu en *long*.—Au pl. m. *longitudinaux*.

LONGITUDINALEMENT, adv. (*lonjitudinaleman*), en longueur.

LONG-JOINTÉ, E, adj. (*lonjoeinté*), se dit d'un cheval dont le paturon est trop *long*.

LONG-TEMPS, adv. (*lontan*), pendant un *temps* considérable.

LONGUE, s. f. (*longue*), note de musique; en gramm., syllabe *longue*.

LONGUEMENT, adv. (*longueman*), durant un *long* temps.

LONGUET, ETTE, adj. (*longuè, guiète*), qui est un peu *long*. Fam.

LONGUEUR, s. f. (*longuieur*) (*longitudo*), étendue de l'un des bouts à l'autre; durée du temps; lenteur.

LONGUE-VUE, s. f. (*longuevu*), grande lunette d'approche.

LOOCH, s. m. (*loke*) (de l'arabe *laonak*, potion), potion adoucissante.

LOPIN, s. m. (*lopein*) (λιβιον, dimin. de λοβος, lobe), morceau. Pop.

LOQUACE, adj. des deux g. (*lokouace*), bavard. Peu us.

LOQUACITÉ, s. f. (*lokouacité*) (*loquacitas*), babil, multitude de paroles.

LOQUE, s. f. (*loke*), pièce. Fam.

LOQUÈLE, s. f. (*loku-èle*) (*loquela*), facilité de parler des choses communes. Fam

LOQUET, s. m. (*lokiè*) (de l'anglais *lock*, serrure), fermeture à bascule.

LOQUETEAU, s. m. (*loketô*), petit *loquet*.

LOQUETTE, s. f. (*lokiète*), petit morceau; rouleau de laine cardée.

LORD, s. m. (*lor*), titre d'honneur usité en Angleterre. Il signifie *seigneur*.

LORGNÉ, E, part. pass. de *lorgner*.

LORGNER, v. a. (*lorgné*), regarder avec une *lorgnette*; regarder de côté ; viser à.

LORGNERIE, s. f. (*lorgnieri*), action de *lorgner*. Fam.

LORGNETTE, s. f. (*lorgniète*), lunette pour regarder les objets peu éloignés.

LORGNEUR, EUSE, s. (*lorgnieur, euse*), qui *lorgne*. Fam.

LORGNON, s. m. (*lorgnion*), petite lunette à un seul verre qu'on suspend à un cordon.

LORIOT, s. m. (*lorió*) (*aureolus*, de couleur d'or), oiseau ; baquet de boulanger.

LORS, adv. (*lor*) (par contraction de *illâ horâ*), alors, en ce temps-là.

LORSQUE, conj. (*lorceke*), quand, dans le temps que...

LOS, s. m. (*lô*) (*laus, laudis*), louange. Vieux.

LOSANGE, s. f. (*lozanje*) (du lat. barbare *laurengia*), figure quadrilatère ayant deux angles aigus et deux autres obtus.

LOT, s. m. (*lô*) (du flamand *lot*, sort), portion d'un tout ; condition, sort ; partie de marchandises ; ce que l'on gagne à une *loterie*.

LOTERIE, s. f. (*loteri*), banque où les *lots* sont tirés au sort; *fig.* affaire de hazard.

LOTI, E, part. pass. de *lotir*, et adj., partagé.

LOTIER, s. m. (*lotié*), plante.

LOTION, s. f. (*lócion*) (*lotio*), action de laver; ablution; remède qui lave.

LOTIR, v. a. (*lotir*) (de *lot*), partager.

LOTISSAGE, s. m. (*loticaje*), opération de docimastique.

LOTISSEMENT, s. m. (*loticeman*), action de faire des *lots*, de partager. Peu us.

LOTO, s. m. (*lotô*), espèce de jeu ressemblant à une *loterie*.

LOTTE, s. f. (*lote*), poisson de rivière.

LOTUS ou **LOTOS**, s. m. (*lótuce, toce*)(λωτος), plante aquatique d'Égypte.

LOUABLE, adj. des deux g. (*louable*), digne de *louange*; qui est de la qualité requise.

LOUABLEMENT, adv. (*louableman*), d'une manière *louable*.

LOUAGE, s. m. (*louaje*) ; transport de l'usage d'une chose pour un certain temps.

LOUANGE, s. f. (*louanje*) (*laus, laudis*), éloge, discours pour relever le mérite.

LOUANGE, E, part. pass. de *louanger*.

LOUANGER, v. a. (*louanjé*), donner des *louanges* exagérées.

LOUANGEUR, EUSE. s. (*louanjeur, euze*), qui se plaît à *louer* sans discernement.

LOUCHE, adj. des deux g. (*louche*) (*luscus*, borgne), qui a la vue de travers ; *fig.* équivoque, obscur.—S. m., défaut de clarté.

LOUCHER, v. n. (*louché*), regarder de travers.

LOUCHET, s. m. (*louché*), hoyau.

LOUÉ, E. part. pass. de *louer*, et adj.

LOUER v. a. (*loué*) (*locare*), donner, prendre à *louage* ; donner des *louanges*.

LOUEUR, EUSE, s. (*loueur, euze*), qui donne quelque chose à *louage* ; *louangeur*.

LOUGRE, s. m. (*louguere*), espèce de bâtiment marchand.

LOUIS, s. m. (*loui*), monnaie d'or de vingt-quatre livres.

LOUP, s. m. (*lou*) (*lupus*), animal carnassier ; masque de velours ; filet ; constellation ; ulcère aux jambes.

LOUP-CERVIER, s. m. (*loucèrvié*), loup qui ressemble à un grand chat sauvage.

LOUPE, s. f. (*loupe*)(*loba*, pour *lobus*, lobe), tumeur ronde ; excroissance sur les arbres ; verre qui grossit beaucoup les objets.

LOUPEUX, EUSE, adj. (*loupeu, euze*), qui a des *loupes*.

LOUP-GAROU, s. m. (*louguarou*), mauvais *loup* dont il faut se *garer* ; sorcier ; jeu d'enfants ; *fig.* personne insociable.

LOUP-MARIN, s. m. (*loumarein*), poisson de mer.

LOURD, E, adj. (*lour, lourde*) (en lat. barbare *lurdus*), pesant ; onéreux ; rude à faire ; grossier ; *fig.* stupide ; lent.

LOURDAUD, E, s. (*lourdô, ôde*), grossier et maladroit.

LOURDEMENT, adv. (*lourdeman*), pesamment, rudement; *fig.* grossièrement.

LOURDERIE ou **LOURDISE**, s. f. (*lourderi, dize*), faute grossière. Vieux.

LOURDEUR, s. f. (*lourdeur*), pesanteur.

LOURE, s. f. (*loure*), air de danse.

LOURER, v. a. et n. (*louré*), t. de mus., lier des notes en chantant. Inus.

LOUTRE, s. f. (*loutre*), animal amphibie. — S. m., chapeau, etc., de poil de *loutre*.

LOUVE, s. f. (*louve*), femelle du loup; *fig.* femme débauchée ; outil de fer pour lever.

LOUVER, v. a. (*louvé*), faire un trou dans une pierre pour y mettre la *louve*.

LOUVET, ETTE, adj (*louvè, ète*), se dit d'un cheval à poil de *loup*.

LOUVETEAU, s. m. (*louveto*), petit *loup*.

LOUVETER, v. n. (*louveté*), mettre bas des *louveteaux*.

LOUVETERIE, s. f. (*louveteri*), tout ce qui regarde la chasse du *loup*.

LOUVETIER, s. m. (*louvetié*), officier qui a la surintendance de la chasse du *loup*.

LOUVIERS, s. m. (*louvié*), drap fabriqué à *Louviers*, en Normandie.

LOUVOYER, v. n. (*louvoè-ié*), t. de mar., faire plusieurs routes en zigzag.

LOUVRE, s. m. (*louvre*), palais des rois de France à Paris; *fig.* maison superbe.

LOXODROMIE, s. f. (*lokçodromi* (λοξὸς, oblique, et δρόμος, course), route oblique.

LOXODROMIQUE, adj des deux g. (*lokçodromike*), qui a rapport à la *loxodromie*.

LOYAL, E, adj. (*loè-iale*) (du mot *loi* qu'on écrivait autrefois *loy*), suivant les *lois* ; sans fraude; probe ; franc. —Au pl. m. *loyaux*.

LOYALEMENT, adv. (*loè-ialeman*), d'une manière *loyale*.

LOYAUTÉ, s. f. (*loè-iôté*), probité.

LOYER, s. m. (*loè-ié*), prix du *louage* d'une maison, etc ; salaire; récompense.

LU, E, part. pass. de *lire*.

LUBIE, s. f. (*lubi*) (*lubet* ou *libet*, il plaît), folie, fantaisie ridicule.

LUBRICITÉ, s. f. (*lubricité*), impudicité.

LUBRIFIER, v. a. (*lubrifié*) (*lubricus*, glissant, et *facere*, faire), rendre glissant.

LUBRIQUE, adj. des deux g. (*lubrike*) (*lubricus*, glissant), qui a de la *lubricité*.

LUBRIQUEMENT, adv. (*lubrikeman*), d'une manière *lubrique*.

LUCARNE, s. f. (*lukarne*) (*lucerna*, lampe), petite fenêtre au toit.

LUCIDE, adj. des deux g. (*lucide*)(*lucidus*), lumineux, clair, net.

LUCIDITÉ, s. f. (*lucidité*), qualité, état de ce qui est *lucide*.

LUCIFER, s. m. (*lucifère*) (*lucifer*, de *lux, lucis*, lumière, et *ferre*, porter), chef des démons; planète de Vénus.

LUCRATIF, IVE, adj. (*lukratif, ive*), qui apporte du profit, du *lucre*.

LUCRE, s. m (*lukre*) (*lucrum*), gain, profit.

LUCUBRATION, s. f. Voy. ÉLUCUBRATION.

LUETTE, s f. (*lu-ète*) (*uva*, raisin), morceau de chair qui est à l'entrée du gosier.

LUEUR, s. f. (*lu-eur*) (*luere*, luire), clarté faible; *fig.* légère apparence.

LUGUBRE, adj. des deux g. (*lugubre*) (*lugubris*), triste ; qui marque de la douleur.

LUGUBREMENT, adv. (*lugubreman*), d'une manière *lugubre*.

LUI (*lui*), pron. sing. de la 3e personne.

LUIRE, v. n. (*luire*) (*lucere*), éclairer, répandre de la lumière; *fig.* briller.

LUISANT, E, adj. (*luisan, ante*), qui luit, qui a de l'éclat.—Subst. au m., éclat.

LUITES, s f. pl. (*luite*), t. de vén., testicules d'un sanglier. Voy. SUITES.

LUMACHELLE, s. f. (*lumachèle*)(de l'italien *lumachella*), espèce de marbre.

LUMBAGO, s. m. (*lonbagô*) (mot lat.), douleur violente dans les lombes.

LUMIÈRE, s. f. (*lumière*) (*lumen*), ce qui éclaire; bougie ou chandelle allumée; trou à la culasse d'une arme à feu; *fig.* clarté; vie; intelligence; connaissances; éclaircissement.

LUMIGNON, s. m. (*lumignion*), bout de la mèche d'une chandelle allumée.

LUMINAIRE, s. m. (*luminère*) (*luminare*), corps naturel qui éclaire; cierge.

LUMINEUX, EUSE, adj. (*lumineu, euse*), qui a, qui jette, envoie, répand de la *lumière*.

LUNAIRE, adj. des deux g. (*lunère*); qui appartient à la *lune*.—S. f., plante.

LUNAISON, s. f. (*lunèzon*), temps compris entre deux nouvelles *lunes*.

LUNATIQUE, adj. des deux g. (*lunatike*), soumis aux influences de la *lune*; fantasque.

LUNDI, s. m. (*leundi*) (par contraction des deux mots lat. *luna*, lune, et *dies*, jour), second jour de la semaine.

LUNE, s. f. (*lune*) (*luna*), planète; *fig.* mois; dans l'ancienne chimie, argent.

LUNETIER, IÈRE, s. (*lunetié, ière*), qui fait et vend des *lunettes*.

LUNETTE, s. f. (*lunète*) (rac. *lune*), verre qui aide la vue; ouverture ronde; demi-*lune*.

LUNI-SOLAIRE, adj. des deux g. (*luniçolère*), qui a rapport à la révolution du *soleil* et à celle de la *lune* considérées ensemble.

LUNULE, s. f. (*lunule*) (*lunula*), croissant.

LUPERCALES, s. f. pl. (*lupèrkale*) (*lupercalia*), t. d'antiq., fêtes en l'honneur de Pan.

LUPIN, s. m. (*lupein*) (*lupinus*), plante.

LURON, ONNE, s (*luron, one*), personne joyeuse, sans souci, vigoureuse, décidée.

LUSTRAL, E, adj. (*lucetrale*) (*lustralis*), se dit de l'eau dont les païens se servaient pour purifier le peuple.

LUSTRATION, s. f. (*lucetràcion*)(*lustratio*), cérémonies pour purifier.

LUSTRE, s. m. (*lucetre*) (*lucere*, luire), éclat; vernis; girandole de crystal; espace de cinq années.

LUSTRÉ, E, part. pass. de *lustrer*.

LUSTRER, v. a. (*lucetré*), donner le *lustre* à une étoffe, à un chapeau, etc.

LUSTRINE, s. f. (*lucetrine*), étoffe.

LUT, s. m. (*lute*), t. de chim., enduit pour boucher un vase.

LUTÉ, E, part. pass. de *luter*.

LUTER, v. a. (*luté*) (*lutare*), enduire de *lut* les vases que l'on met au feu.

LUTH, s. m. (*lute*) (de l'espagnol *laud*), instrument de musique à cordes

LUTHÉRANISME, s. m. (*lutéranicome*), doctrine de *Luther*; sa secte.

LUTHÉRIEN, IENNE, adj. et s. (*lutériein, iène*), qui suit la doctrine de *Luther*.

LUTHIER, s. m. (*lutié*), ouvrier qui fait des *luths* et autres instruments à cordes.

LUTIN, s. m. (*lutein*), esprit follet; *fig.* personne qui fait des espiègleries.

LUTINER, v. a. et n. (*luliné*), tourmenter comme ferait un *lutin*.

LUTRIN, s. m. (*lutrein*) (du lat. barbare *lectrinum*, dimin. de *lectrum*, pupitre), pupitre d'église pour les livres de chant.

LUTTE, s. f. (*lute*) (*lucta* ou *luctatio*), combat corps à corps; *fig.* guerre.

LUTTER, v. n. (*luté*)(*luctari*), combattre à la *lutte*; *fig.* faire effort.

LUTTEUR, EUSE, s. (*luteur, euse*) (*luctator*), qui *lutte*.

LUXATION, s. f. (*lukçácion*) (*luxatio*), dislocation, déplacement des jointures.

LUXE, s. m. (*lukce*) (*luxus*), somptuosité excessive; faste; profusion.

LUXÉ, E, part. pass. de *luxer*.

LUXER, v. a. (*lukcé*) (*luxare*), faire sortir un os de sa place.

LUXUEUX, EUSE, adj. (*lukçu-eu, euse*), qui a du *luxe*.

LUXURE, s. f. (*lukçure*) (*luxuria*), incontinence.

LUXURIANT, E, adj. (*lukçurian, ante*), trop fertile.

LUXURIEUSEMENT, adv. (*lukçurieuzeman*), avec *luxure*.

LUXURIEUX, EUSE, adj. (*lukçurieu, euse*) (*luxuriosus*), impudique.

LUZERNE, s. f. (*luzèrene*), plante vivace à feuilles en trèfle.

LUZERNIÈRE, s. f. (*luzèrenière*), terre semée en *luzerne*.

LYCANTHROPE, s. m. (*likantrope*), malade atteint de *lycanthropie*.

LYCANTHROPIE, s. f. (*likantropi*) (λυκος, loup, et ανθρωπος, homme), maladie qui consiste à se croire changé en loup.

LYCÉE, s. m. (*licé*) (λυκειον, dont les Latins ont fait *lycæum*), académie; collège.

LYCÉEN, s. et adj. m. (*licé-ein*), qui fréquente un *lycée*.

LYCOPODE, s. m. (*likopode*), plante.

LYMPHATIQUE, adj. des deux g. (*leinfatike*), qui concerne la *lymphe*.

LYMPHE, s. f. (*leinfe*) (*lympha*, eau), humeur aqueuse du corps humain; sève.

LYNX, s. m. (*leinkce*) (λυγξ), animal d'Afrique qui a la vue très-perçante.

LYRE, s. f. (*lire*) (λυρα), instrument de musique à cordes; constellation boréale.

LYRIQUE, adj. des deux g. (*lirike*), se dit des poésies qui se chantaient sur la *lyre*, et, par analogie, des ouvrages qui sont propres à être chantés, et de leurs auteurs. — S. m., auteur *lyrique*.

M., s. m. (me. et non pas éme), treizième lettre de l'alphabet, et la dixième des consonnes.

MA, adj. et pron. fém. dont le masc. est mon.

MACAQUE, s. m. (makake), singe.

MACARON, s. m. (makaron) (en italien macarone), petite pâtisserie.

MACARONÉE, s. f. (makaroné), pièce de vers en style burlesque.

MACARONI, s. m. (makaroni)(mot italien), pâte de farine de froment.

MACARONIQUE, adj des deux g. (makaronike) (par allusion au macaroni) , se dit d'une sorte de poésie burlesque.

MACÉDOINE, s. f. (macédoène), mélange ; ragoût ; jeu de cartes.

MACERATION, s. f. (macéràcion) (maceratio), mortification; séjour d'une substance dans une liqueur.

MACÉRER, v. a. (macéré) (macerare), mortifier; faire tremper.

MACHABÉES, s. m. pl. (makabé), les deux derniers livres de l'Ancien-Testament.

MÂCHE, s. f. (mâche), plante potagère.

MÂCHÉ, E, part. pass. de mâcher.

MÂCHECOULIS ou MÂCHICOULIS, s. m. (mâchekouli), ouverture dans les anciennes fortifications pour défendre le pied du mur.

MÂCHEFER, s. m. (mâchefer), scorie qui sort du fer lorsqu'on le forge.

MÂCHELIÈRE, adj. et s. f. (mâchelière), se dit des dents qui servent à mâcher.

MÂCHER, v. a. (*mâché*)(μασσομαι), broyer avec les dents; *fig.* préparer.

MÂCHEUR, EUSE, s. (*mâcheur, euze*), qui mâche, qui mange beaucoup. Pop.

MACHIAVÉLIQUE, adj. des deux g. (*machi-avélike*), qui tient du machiavélisme.

MACHIAVÉLISME, s. m. (*machi-avéliceme*), système politique de *Machiavel*; conduite artificieuse et de mauvaise foi.

MACHIAVÉLISTE, s. des deux g. (*machi-avélicete*), partisan du machiavélisme.

MACHICATOIRE, s. m. (*machikato-are*), drogue que l'on mâche sans l'avaler.

MÂCHICOULIS. Voy. MACHECOULIS.

MACHINAL, E, adj. (*machinale*), qui tient de la machine.—Au pl. m. *machinaux*.

MACHINALEMENT, adv. (*machinaleman*), d'une manière machinale.

MACHINATEUR, TRICE, s. (*machinateur, trice*), qui machine quelque complot.

MACHINATION, s. f. (*machinâcion*), action de machiner un complot, etc.

MACHINE, s. f. (*machine*)(*machina*), instrument propre à faire mouvoir, à tirer, lever, lancer quelque chose; assemblage de ressorts.

MACHINÉ, E, part. pass. de machiner.

MACHINER, v. a. (*machiné*), former quelque mauvais dessein.

MACHINISTE, s. m. (*machinicete*), celui qui conduit ou invente des machines.

MÂCHOIRE, s. f. (*mâchoare*) (*maxilla*), os dans lequel les dents sont plantées.

MÂCHONNÉ, E, part. pass. de mâchonner.

MÂCHONNER, v. a. (*mâchoné*), mâcher avec difficulté ou avec négligence.

MÂCHURÉ, E, part. pass. de mâchurer.

MÂCHURER, v. a. (*mâchuré*), noircir; en t. d'impr., ne pas tirer la feuille nette.

MACIS, s. m. (*macis*), écorce intérieure de la noix muscade.

MACLE, s. f. (*makle*), pierre figurée; châtaigne aquatique.

MAÇON, s. m. (*maçon*)(du lat. barbare *machio*, fait de *machina*, machine), artisan qui fait les ouvrages où il entre du plâtre, de la chaux, de la pierre, etc.

MAÇONNAGE, s. m. (*maçonaje*), travail du maçon.

MAÇONNÉ, E, part. pass. de maçonner.

MAÇONNER, v. a. (*maçoné*), bâtir, travailler en pierre, brique, etc.; boucher.

MAÇONNERIE, s. f. (*maçoneri*), ouvrage du maçon.

MAÇONNIQUE, adj. des deux g. (*maçonike*), qui appartient à la franc-maçonnerie.

MACREUSE, s. f. (*makreuze*), oiseau.

MACULATION, s. f. (*makulâcion*), action de maculer.

MACULATURE, s. f. (*makulature*), feuille d'impression maculée, mal tirée.

MACULE, s. f. (*makule*) (*macula*), tache, souillure; tache sur le disque du soleil.

MACULÉ, E, part. pass. de maculer, et adj.

MACULER, v. a. et n. (*makulé*) (*maculare*), tacher, barbouiller.

MADAME, s. f. (*madame*) (réunion des deux mots *ma* et *dame*), titre d'honneur qu'on donne aux femmes mariées et aux religieuses.—Au pl. *mesdames*.

MADAPOLAM, s. m. (*madapolame*), espèce de percale.

MADÉFACTION, s. f. (*madéfakcion*)(*madefacere*, arroser), action d'humecter.

MADÉFIER, v. a. (*madéfié*), t. de chim., humecter une substance.

MADEMOISELLE, s. f. (*mademoèzèle*), titre qui se donne aux filles.

MADONE, s. f. (*madone*) (en italien *madonna*, *mia donna*, madame), image représentant la sainte Vierge.

MADRAGUE, s. f. (*madrague*), enceinte de filets pour prendre des thons, etc.

MADRAS, s. m. (*madráce*), fichu de soie et de coton des Indes.

MADRÉ, E, adj. (*madré*), tacheté.—S. et adj., fin, rusé matois.

MADRÉPORE, s. m. (*madrépore*), polypier qui ressemble à un arbrisseau.

MADRIER, s. m. (*madri-é*) (de l'espagnol *madera*, bois), planche de chêne fort épaisse.

MADRIGAL, s. m. (*madriguale*), petite pièce de poésie qui renferme dans quelques vers une pensée ingénieuse et délicate.—Au pl. *madrigaux*.

MAESTRAL, s. m. (*ma-ècetrale*), vent de nord-ouest sur la mer Méditerranée.

MAFFLÉ, E, adj. et s. (*maflé*), bouffi.

MAGASIN, s. m. (*maguazein*) (de l'arabe *maghazin*), lieu où l'on serre des marchandises; amas de diverses choses.

MAGASINAGE, s. m. (*maguazinaje*), temps qu'une marchandise reste en magasin.

MAGASINIER, s. m. (*maguazinié*), qui a la garde d'un magasin.

MAGDALÉON, s. m. (*maguedalé-on*)(μαγδαλια, petite masse), rouleau d'emplâtre.

MAGE, s. m. (*maje*) (μαγος), prêtre chez les anciens Perses.—Adj. m. (*major*, supérieur), se disait du lieutenant du sénéchal.

MAGICIEN, IENNE, s. (*majiciein, iène*), qui fait profession de magie.

MAGIE, s. f. (*maji*) (μαγεια), art de produire des effets merveilleux.

MAGIQUE, adj. des deux g. (*majike*), qui a rapport à la magie.

MAGISTER, s. m. (*majicetère*) (mot latin qui signifie maître), maître d'école.

MAGISTÈRE, s. m. (*majicetère*), dignité du grand-maître de Malte; poudre médicinale.

MAGISTRAL, E, adj. (*majicetrale*), qui convient à un maître.—Au pl. m. *magistraux*.

MAGISTRALEMENT, adv. (majicétraleman), d'une manière magistrale.
MAGISTRAT, s. m.(majicetra)(magistratus), celui qui exerce un office de judicature ou de police.
MAGISTRATURE, s. f. (majicetrature), dignité du magistrat; ordre des magistrats.
MAGNANIME, adj. des deux g. (magnianime) (magnanimus), qui a l'âme grande.
MAGNANIMEMENT, adv. (magnianimeman), d'une manière magnanime.
MAGNANIMITÉ, s. f. (magnianimité) (magnanimitas), grandeur d'âme.
MAGNAT, s. m.(maguena)(magnus, grand), grand seigneur polonais.
MAGNÉSIE, s. f. (magniézi) (μαγνης, aimant), espèce de terre blanche.
MAGNÉTIQUE, adj. des deux g. (magniétike) (magneticus), qui a rapport à l'aimant.
MAGNÉTISÉ, E, part. pass. de magnétiser.
MAGNÉTISER, V. a. (magniétizé), développer le magnétisme.
MAGNÉTISEUR, EUSE, s.(magniétizeur, euse), qui magnétise.
MAGNÉTISME, s. m. (magniéticeme), propriétés de l'aimant.
MAGNIFICAT, s. m. (maguenifikate) (mot latin), nom d'un cantique à la Vierge.
MAGNIFICENCE, s. f. (magnificance)(magnificentia), qualité du magnifique; somptuosité; pompe du style.
MAGNIFIER, v. a. (maguenifié), exalter, élever la grandeur de...
MAGNIFIQUE, adj. des deux g. (magnifike) (magnificus), qui se plaît à faire de grandes dépenses; splendide, somptueux, pompeux.
MAGNIFIQUEMENT, adv.(magnifikeman), avec magnificence.
MAGNOLIER, s. m.(magniolié), arbre d'Amérique.
MAGOT, s. m. (magué), singe; figure de la Chine; homme fort laid; amas d'argent caché.
MAHALEB, s. m. (ma-alèbe), cerisier sauvage.
MAHOMÉTAN, E, s. et adj. (ma-ométan, ane), qui professe le mahométisme.
MAHOMÉTISME, s. m. (ma-ométiceme), religion de Mahomet.
MAI, s. m. (mè) (majores, vieillards), cinquième mois de l'année; arbre qu'on plante le premier jour de mai.
MAIDAN, s. m. (mèdan), en Orient, place où se tient le marché; le marché lui-même.
MAÏEUR, s. m. (ma-ieur), en divers endroits, la même chose que maire. Vieux.
MAIGRE, adj. des deux g. (mèguere) (macer), qui a très peu de graisse; sec et décharné, fig. chétif, sans valeur.—S m., viande sans graisse; œufs, poisson, et autres mets différant de la viande; poisson de mer.

MAIGRELET, ETTE, adj.(mèguerelè, ète), un peu maigre. Fam.
MAIGREMENT, adv. (mègueremen), d'une manière maigre; fig. petitement.
MAIGRET, ETTE, adj. (mèguerè, ète), un peu maigre. Fam.
MAIGREUR, s. f. (mèguereur), état d'un corps maigre.
MAIGRI, E, part. pass. de maigrir.
MAIGRIR, v. n. (mèguerir), devenir maigre.
MAIL, s. m. (ma-ié)(malleus), marteau, instrument pour jouer en poussant une boule de bois; ce jeu lui-même; allée.
MAILLE, s. f.(ma-ie)(macula), anneau dont plusieurs réunis font un tissu; annelets de fer; tache sur les plumes du perdreau; ancienne monnaie au-dessous du denier.
MAILLÉ, E, part. pass. de mailler.
MAILLER, v. n. (ma-ié), se dit des perdreaux à qui les mailles viennent.
MAILLET, s. m. (ma-iè) (malleus), espèce de marteau de bois à deux têtes.
MAILLOCHE, s. f.(ma-ioche), gros maillet de bois.
MAILLOT, s. m. (ma-iô), couches et langes dont on emmaillotte un enfant.
MAILLURE, s. f. (ma-iure), taches sur les ailes d'un oiseau de proie.
MAIN, s. f. (mein) (manus), partie du corps humain qui est au bout du bras et qui a cinq doigts; fig. dépendance, soin; levée au jeu de cartes; anneau de fer à la corde d'un puits; cahier de vingt-cinq feuilles de papier.—Mainchaude, jeu. — Main-courante, petit registre.— Main-de-Dieu, emplâtre. — Main-de-justice, sceptre terminé par une main.
MAIN-D'ŒUVRE, s. f. (meindeuvre), le travail de l'ouvrier.
MAIN-FORTE, s. f. (meinforte), assistance qu'on donne à la justice.
MAIN-LEVÉE, s. f. (meinlevé), permission de disposer de ce qui a été saisi.
MAIN-MISE, s. f. (meinmize), t. de pal., saisie.
MAIN-MORTABLE, adj. des deux g. (meinmortable), qui est de main-morte.
MAIN-MORTE, s. f. (meinmorte) (manus mortua, main coupée), sorte de servitude.
MAINT, E, adj. (mein, meinte) (multus), plusieurs.
MAINTENANT, adv. (meintenan) (manus, main, et tenere, tenir), présentement.
MAINTENIR, v. a. (meintenir) (manus, main, et tenere, tenir), tenir au même état; affirmer.
MAINTENUE, s. f. (meintenu), t. de pal., confirmation dans la possession provisoire.
MAINTIEN, s. m. (meintiein), conservation; port du corps; air du visage.
MAIRE, s. m. (mère) (major, supérieur), premier officier d'une commune.

MAIRIE, s. f. (méri), charge de maire; maison, bureaux du maire

MAIS, conj. adversative (mè) (magis, davantage); elle marque contrariété, exception, différence, augmentation ou diminution.

MAÏS, s. m. (ma-ice), blé de Turquie.

MAISON, s. f. (mèzon) (mansio, demeure), habitation; logis; race, famille; établissement de commerce.

MAISONNÉE, s. f. (mèzonè); tous les gens d'une famille demeurant ensemble. Fam.

MAISONNETTE, s. f. (mèzonète), petite maison.

MAÎTRE, ESSE, s. (métre, èce) (de l'italien maestro, fait du lat. magister), qui a des serviteurs; qui commande; qui enseigne; savant, habile; reçu dans un corps de métier; propriétaire. — Grand-maître, chef d'un ordre. — Petit-maître, fat, freluquet.

MAÎTRESSE, s. f. (métrèce), celle qui commande; amante. — Petite-maîtresse, femme qui est d'une élégance recherchée.

MAÎTRISE, s. f. (métrize), qualité de maître; en parlant des arts et métiers.

MAÎTRISÉ, E, part. pass. de maîtriser.

MAÎTRISER, v. a. (métrizé), gouverner en maître.

MAJESTÉ, s. f. (majècté) (majestas), grandeur auguste et souveraine; noblesse extérieure; titre des rois et des empereurs.

MAJESTUEUSEMENT, adv. (majècetu-eûzman), avec majesté.

MAJESTUEUX, EUSE, adj. (majècetu-eû, euze), qui a de la majesté, de la grandeur.

MAJEUR, E, adj. (majeure) (major, plus grand), qui est plus grand; qui a atteint l'âge fixé par la loi pour jouir de ses droits.

MAJEURE, s. f. (majeure), première proposition d'un syllogisme.

MAJOR, s. et adj. m. (major) (major, plus grand), officier supérieur.

MAJORAT, s. m. (majora), immeubles affectés à un titre de noblesse.

MAJORDOME, s. m. (majordôme) (major domûs, chef de la maison), maître d'hôtel.

MAJORITÉ, s. f. (majorité), état de celui qui est majeur; majeure partie.

MAJUSCULE, adj. des deux g. et s. f. (majucekule) (majusculus, un peu plus grand), lettre capitale.

MAKI, s. m. (maki), animal.

MAL, s. m. (male) (malum), ce qui est contraire au bien; imperfection; vice; douleur; maladie; dommage; médisance; peine. — Adv., autrement qu'il ne faut.

MAL, E, adj. (male) (malus), mauvais.

MALACHITE, s. f. (malachite) (μαλαχη, mauve), pierre opaque.

MALACIE, s. f. (malaci) (μαλακια, mollesse), appétit dépravé.

MALACTIQUE, s. m. et adj. des deux g. (malaktike) (μαλασσω, j'amollis), émollient.

MALADE, s. et adj. des deux g. (malade) (μαλακις, faible), qui souffre quelque altération dans la santé.

MALADIE, s. f. (maládi), altération dans la santé.

MALADIF, IVE, adj. (maladif, ive), sujet à être souvent malade.

MALADRERIE, s. f. (maladreri) (de mal et ladre), hôpital pour les lépreux.

MALADRESSE, s. f. (maladrèce), défaut d'adresse; défaut de conduite, bévue.

MALADROIT, E, s. et adj. (maladroè, ète), qui n'a point d'adresse.

MALADROITEMENT, adv. (maladroèteman), d'une manière maladroite.

MALAGUETTE, s. f. (malaguiète), poivre qui vient de la côte de Malaguette.

MALAI, s. m. (malè), la langue la plus pure de l'Inde Orientale.

MALAISE, s. m. (malèse), état fâcheux, déplaisant, incommode.

MALAISÉ, E, adj. (malèzé), difficile, incommode; peu riche.

MALAISÉMENT, adv. (malèzéman), difficilement.

MALANDRES, s. f. pl. (malandre) (μελανδρυον, moelle du chêne), fentes aux genoux d'un cheval; défectuosités dans le bois.

MALANDREUX, EUSE, adj. (malandreû, euze), qui a des malandres.

MAL-APPRIS, ISE, s. et adj. (malapri, ise), sans usage, grossier.

MALART, s. m. (malar), mâle des canes sauvages.

MALAVISÉ, E, s. et adj. (malavizé), imprudent, indiscret.

MALAXÉ, E, part. pass. de malaxer.

MALAXER, v. a. (malakcé) (μαλασσω, j'amollis), pétrir des drogues.

MAL-BÂTI, E, s. et adj. (malbâti), mal fait, mal tourné.

MAL-CADUC, s. m. (malkaduk), épilepsie, haut-mal.

MAL-CONTENT, E, s. et adj. (malkontan, ante), mal satisfait; mécontent

MAL DISANT, E. Voy. MÉDISANT.

MÂLE, s. m. (mâle) (masculus), celui qui est du sexe masculin. — Adj. des deux g., du sexe masculin; fig vigoureux, énergique.

MALEBÊTE, s. f. (malebête) (mala bestia, mauvaise bête), personne dangereuse.

MALÉDICTION, s. f. (malédikcion) (maledictio, action de maudire); fatalité.

MALEFAIM, s. f. (malefein), faim. Inus.

MALÉFICE, s. m. (maléfice) (maleficium), action de nuire par magie.

MALÉFICIE, E, adj. (*maléficié*); malade; incommode, languissant; ensorcelé.

MALÉFIQUE, adj. des deux g. (*maléfike*) (*maleficus*), d'influence maligne.

MALEMORT, s. f. (*malemor*), mauvaise mort, mort funeste. Inus.

MALENCONTRE, s. f. (*malankontre*), mauvaise rencontre; malheur.

MALENCONTREUSEMENT, adv. (*malankontreuzeman*), par malencontre.

MALENCONTREUX, EUSE, adj. (*malankontreu, euze*), malheureux.

MAL-EN-POINT, adv. (*malanpoein*), en mauvais état. Inus.

MALENTENDU, s. m. (*malantandu*), paroles mal interprétées; erreur.

MALEPESTE (*malepèeste*), imprécation qui marque l'étonnement. Fam.

MAL-ÊTRE, s. m. (*malètre*), état de langueur, indisposition sourde.

MALÉVOLE, adj. des deux g. (*malévole*) (*malevolus*), qui veut du mal. Fam.

MALFAÇON, s. f. (*malfaçon*), ce qu'il y a de *mal fait*; fig. supercherie.

MALFAIRE, v. n. (*malfère*) (*malefacere*), faire de méchantes actions. Peu us.

MALFAISANCE, s. f. (*malfèsance*) (*maleficentia*), disposition à *faire du mal*.

MALFAISANT, E, adj. *malfèsan, ante*) (*malefaciens*), nuisible; qui *fait du mal*.

MALFAITEUR, TRICE, s. (*malfétœur, trice*), qui commet de méchantes actions.

MALFAMÉ, E, adj. (*malfamé*), qui a une mauvaise réputation. Fam.

MALGRACIEUSEMENT, adv. (*malgracieuzeman*), d'une manière *malgracieuse*.

MALGRACIEUX, EUSE, adj. (*malgracieu, euze*), rude, incivil. Fam. et peu us.

MALGRÉ, prép. (*malgueré*), contre le gré de; nonobstant.

MALHABILE, s. et adj. des deux g. (*malabile*), qui manque d'*habileté*; maladroit.

MALHABILEMENT, adv. (*malabileman*), d'une manière *malhabile*.

MALHABILETÉ, s. f. (*malabileté*), manque d'*habileté*, d'adresse.

MALHEUR, s. m. (*maleur*) (*mala hora*), mauvaise heure, mauvaise fortune; désastre, accident. — Sorte d'interj.

MALHEUREUSEMENT, adv. (*maleureuzeman*), par *malheur*; avec *malheur*.

MALHEUREUX, EUSE, s. et adj. (*maleureu, euze*), qui n'est pas *heureux*; infortuné.

MALHONNÊTE, s. et adj. des deux g. (*malonète*), qui n'est point *honnête*; incivil.

MALHONNÊTEMENT, adv. (*malonèteman*), d'une manière *malhonnête*.

MALHONNÊTETÉ, s. f. (*malonèteté*), incivilité; action, discours *malhonnête*.

MALICE, s. f. (*malice*) (*malitia*), inclination à nuire; tour de gaieté.

MALICIEUSEMENT, adv. (*malicieuzeman*), avec *malice*.

MALICIEUX, EUSE, adj. (*malicieu, euze*), qui a de la *malice*.

MALIGNEMENT, adv. (*malignieman*), avec *malignité*.

MALIGNITÉ, s. f. (*malignité*) (*malignitas*); qualité nuisible; malice; mal.

MALIN, IGNE, s. et adj. (*malein, ignie*), qui prend plaisir à faire ou dire du mal; nuisible; mordant, satirique.

MALINE, s. f. (*maline*), t. de mar., temps des grandes marées.

MALINES, s. f. (*maline*), dentelle de Flandre dont le commerce se fait à *Malines*.

MALINGRE, adj. des deux g. (*maleingœre*) (*malè œger*, malade), d'une santé faible. Fam.

MALINTENTIONNÉ, E, s. et adj. (*maleintancioné*), qui a de mauvaises *intentions*.

MALITORNE, s. et adj. des deux g. (*malitorne*), maladroit, inepte. Fam.

MAL-JUGÉ, s. m. (*maljujé*), jugement défectueux, mais sans prévarication.

MALLE, s. f. (*male*), espèce de coffre pour le voyage; voiture des courriers pour les lettres; grand panier.

MALLÉABILITÉ, s. f. (*malelé-abilité*), qualité de ce qui est *malléable*.

MALLÉABLE, adj. des deux g. (*malelé-able*) (*malleus*, marteau), qui peut se forger et s'étendre à coups de marteau.

MALLÉOLE, s. f. (*malelé-ole*) (*malleolus*), os de la cheville du pied.

MALLE-POSTE, s. f. (*malepocete*), voiture qui transporte les dépêches.

MALLETTE, s. f. (*maleté*), petite *malle*.

MALLIER, s. m. (*malié*), cheval de brancard à une chaise de poste.

MALMENER, v. a. (*malmené*), maltraiter de coups ou de paroles.

MALOTRU, E, adj. et s. (*malotru*), misérable, méprisable, mal fait.

MALPEIGNÉ, E, adj. et s. (*malpègnié*), qui est en désordre, mal arrangé.

MALPLAISANT, E, adj. (*malplèzan, ante*), désagréable, fâcheux. Il vieillit.

MALPROPRE, adj des deux g. (*malpropre*), qui manque de *propreté*, sale.

MALPROPREMENT, adv. (*malpropreman*), avec *malpropreté*; salement.

MALPROPRETÉ, s. f. (*malpropreté*), vice contraire à la *propreté*; saleté.

MALSAIN, E, adj. (*malcein, ène*), qui n'est pas *sain*; contraire à la santé.

MALSÉANT, E, adj. (*malcéan, ante*), messéant, contraire à la bienséance.

MALSONNANT, E, adj. (*malçonan, ante*), qui choque, qui répugne.

MALT, s. m. (*malte*) (mot anglais qui signifie *drèche*), orge pour faire de la bière.

MALTÔTE, s. f. (*maltôte*) (des deux mots

MAN

mal, et *teulte*, part. fém. du v. *tollir*), sorte d'impôt et d'exaction indue.

MALTÔTIER, s. m. (*maltôtié*), celui qui lève une *maltôte* sur le peuple.

MALTRAITÉ, E, part. pass. de *maltraiter*.

MALTRAITER, v. a. (*maltrété*), outrager de coups ou de paroles.

MALVACÉE, s. et adj. f. (*malvacé*) (*malva*, mauve), famille des *mauves*.

MALVEILLANCE, s. f. (*malvè-iance*), haine, mauvaise volonté.

MALVEILLANT, E, s. et adj. (*malvè-ian, ante*), qui a de la *malveillance*.

MALVERSATION, s. f. (*malvèreçácion*), délit grave dans l'exercice d'un emploi.

MALVERSER, v. n. (*malvèrecé*), se conduire mal dans un emploi.

MALVOISIE, s. m. (*malvoèzi*), vin grec fort doux; vin muscat cuit.

MALVOULU, E, adj. (*malvoulu*), qui est haï, à qui l'on *veut du mal*.

MAMAN, s. f. (*maman*), t. de tendresse qui signifie *mère*.

MAMELLE, s. f. (*mamèle*) (*mamilla*, dimin. de *mamma*, mamelle et mère), organe où se forme le lait.

MAMELON, s. m. (*mamelon*), le bout de la *mamelle*; *fig.* toute éminence arrondie.

MAMELONNÉ, E, adj. (*mamelonè*), recouvert de petits *mamelons*.

MAMELU, E, s. et adj. (*mamelu*), qui a de grosses *mamelles*.

MAMILLAIRE, adj. des deux g. (*mamilère*), qui a la figure d'un *mamelon*.

MAMLOUK, MAMELUK, MAMMELUK, s. m. (*mamelouk, luk*) (du v. arabe *malak* ou *malaka*, posséder), en Égypte, soldat qui appartient à un bey à titre d'esclave.

MAMMAIRE, adj. des deux g. (*mamemère*), qui porte le sang aux *mamelles*.

MAMMIFÈRE, s. m. et adj. des deux g. (*mamemifère*) (*mamma*, mamelle, et *fero*, je porte), qui a des *mamelles*.

MAMMOUT ou **MAMMOUTH**, s. m. (*mamoute*), animal dont on trouve les ossements fossiles dans la Sibérie.

MANANT, s. m. (*manan*) (*manens*, part. prés. de *manere*, demeurer), rustre. Fam.

MANCENILLIER, s. m. (*mancenilié*), arbre d'Amérique.

MANCHE, s. m. (*manche*) (*manubium*), poignée d'un instrument.

MANCHE, s. f. (*manche*) (*manica*), partie du vêtement où l'on met le bras; en t. de jeu, partie.

MANCHETTE, s. f. (*manchète*) (rac. *manche*), ornement du poignet de la chemise.

MANCHON, s. m. (*manchon*), fourrure pour garantir les mains du froid.

MANCHOT, E; s. et adj. (*manchó, ote*) (*mancus*), estropié d'une main ou d'un bras. — S. m., sorte d'oiseau.

MAN

MANDANT, s. m. (*mandan*), celui qui donne un *mandat*.

MANDARIN, s. m. (*mandarein*), titre de dignité à la Chine.

MANDAT, s. m. (*manda*) (*mandare*, commander), pouvoir, procuration; ordre de payer une somme à présentation.

MANDATAIRE, s. m. (*mandatère*), celui qui est chargé d'une procuration.

MANDÉ, E, part. pass. de *mander*.

MANDEMENT, s. m. (*mandeman*) (*mandatum*), ordre; instruction d'un évêque.

MANDER, v. a. (*mandé*) (*mandare*), faire savoir; faire venir.

MANDIBULE, s. f. (*mandibule*) (*mandibula*), mâchoire inférieure.

MANDILLE, s. f. (*mandi-ie*) (*mantellum*, manteau), autrefois casaque.

MANDOLINE, s. f. (*mandoline*), espèce de petite guitare, ou plutôt *mandore*.

MANDORE, s. f. (*mandore*) (πανδουρα), sorte de luth.

MANDRAGORE, s. f. (*mandragore*) (μανδραγορας), plante vénéneuse.

MANDRIN, s. m. (*mandrein*), pièce sur laquelle le tourneur assujétit ses ouvrages; poinçon pour percer le fer à chaud.

MANDUCATION, s. f. (*mandukácion*) (*manducatio*), action de manger.

MANÉAGE, s. m. (*mané-aje*), t. de mar., travail gratuit des matelots.

MANÉGE, s. m. (*manèje*) (en italien *maneggio*), lieu où l'on exerce les chevaux de selle; cet exercice; *fig.* manigance, ruse.

MÂNES, s. m. pl. (*mâne*) (*manes*), âmes des morts chez les anciens. — Adj.: *dieux mânes*, dieux infernaux.

MANGANÈSE, s. m. (*manguanèse*) (μαγνης, aimant), métal gris-blanc.

MANGÉ, E, part. pass. de *manger*, et adj.

MANGEABLE, adj. des deux g. (*manjable*), qui peut être *mangé*.

MANGEAILLE, s. f. (*manjá-ie*), ce qu'on donne à *manger* à certains animaux.

MANGEANT, E, adj. (*manjan, ante*), qui mange.

MANGEOIRE, s. f. (*manjoare*), auge où mangent les chevaux, etc.

MANGER, v. a. (*manjé*) (*mandare* ou *manducare*), mâcher et avaler quelque aliment pour se nourrir; *fig.* détruire, dissiper. — V. n., prendre ses repas. — S. m., ce qu'on *mange*.

MANGERIE, s. f. (*manjeri*), action de *manger*; *fig.* exaction.

MANGE-TOUT, s. m. (*manjetou*), dépensier. Fam.

MANGEUR, EUSE, s. (*manjeur, euze*), qui mange beaucoup.

MANGEURE, s. f. (*manjure*), endroit mangé d'une étoffe, d'un pain.

MANGOUSTE, s. f. (*manguoucete*), animal des Indes.
MANGUE, s. f.(*mangue*), fruit du *manguier*.
MANGUIER, s. m. (*manguié*), arbre.
MANIABLE, adj. des deux g. (*maniable*), qui se *manie* aisément.
MANIAQUE, s. et adj. des deux g.(*maniake*), possédé de quelque *manie*.
MANICHÉEN, ENNE, s. (*maniché-ein, ène*), nom d'hérétiques qui reconnaissaient un bon et un mauvais principe.
MANICHÉISME, s. m. (*maniché-iceme*), doctrine, hérésie des *Manichéens*.
MANICHORDION, s. m. (*manikordion*)(μο-ϝοχορδον, instrument à une seule corde), sorte d'épinette.
MANIE, s. f. (*mani*) (μανια, fureur), altération d'esprit; passion bizarre; goût particulier.
MANIÉ, E, part. pass. de *manier*, et adj.
MANIEMENT, s. m. (*maniman*), action de *manier*.
MANIER, v. a. (*manié*)(*manus*, main), toucher avec la main; *fig.* disposer de; diriger.
MANIÈRE, s. f. (*manière*) (en lat. barbare *maneries* ou *maneria*), façon, sorte; mode; usage; affectation.—Au pl., façon d'agir.
MANIÉRÉ, E, adj. (*maniéré*), qui a beaucoup de *manière*, d'affectation.
MANIEUR, EUSE, s. (*manicur, euze*), qui *manie*. Fam.
MANIFESTATION, s. f. (*manifecetácion*), action par laquelle on *manifeste*.
MANIFESTE, s. m. (*manifécete*), proclamation d'une puissance.
MANIFESTE, adj. des deux g. (*manifècete*) (*manifestus*), notoire, évident.
MANIFESTÉ, E, part. pass. de *manifester*.
MANIFESTEMENT, adv. (*manifèceteman*) (*manifèste*), clairement, évidemment.
MANIFESTER, v. a. (*manifèceté*) (*manifestare*), rendre *manifeste*; déclarer.
MANIGANCE, s. f. (*maniguance*), intrigue secrète. Fam.
MANIGANCÉ, part. pass. de *manigancer*.
MANIGANCER, v. a.(*maniguancé*), tramer quelque petite ruse. Fam.
MANILLE, s. f. (*mani-ie*) (en espagnol *manilla*), t. du jeu de l'hombre.
MANIOC, s. m.(*maniok*), plante d'Amérique.
MANIPULAIRE, s. m. (*manipulère*), t. d'antiq., chef d'un *manipule*.
MANIPULATEUR, s. m. (*manipulateur*), t. de chim., celui qui *manipule*.
MANIPULATION, s. f. (*manipulácion*), manière d'opérer en chimie, etc.
MANIPULE, s. m. (*manipule*) (*manipulus*), petite étole; chez les anciens Romains, compagnie de soldats; en t. de méd., poignée.
MANIPULÉ, E, part. pass. de *manipuler*.

MANIPULER, v. a. (*manipulé*) (*manus*, main), opérer avec la *main* ; pétrir.
MANIQUE, s. f.(*manike*)(*manica*, mitaine), morceau de cuir, etc., dont certains ouvriers se couvrent la paume de la main.
MANIVEAU, s. m. (*manivó*), petit panier plat, fait d'osier; son contenu.
MANIVELLE, s. f. (*manivèle*), instrument pour faire tourner un essieu, etc.
MANNE, s. f. (*màne*) (*manna*), suc qui découle de certains végétaux.
MANNE, s. f. (*màne*) (du saxon *mand*), panier grand et plat avec des anses.
MANNEQUIN, s. m.(*manekiein*), panier long et étroit; figure de forme humaine à l'usage des peintres et des sculpteurs.
MANNEQUINÉ, E, adj. (*manekiné*), en peinture, drapé, disposé avec affectation.
MANOEUVRE, s. m. (*maneuvre*), celui qui travaille de ses mains; aide-maçon.
MANOEUVRE, s. f.(*maneuvre*), tous les cordages d'un vaisseau; usage de ces cordages; mouvements de troupes; *fig.* intrigues.
MANOEUVRER, v. n. (*maneuvré*), faire la *manœuvre*.
MANOEUVRIER, s. m. (*maneuvrié*), qui *manœuvre* bien.
MANOIR, s. m. (*manoar*) (*manere*, demeurer), demeure, maison.
MANOUVRIER, s. m. (*manouvrié*)(*manus*, main, et *operarius*, ouvrier), ouvrier qui travaille de ses mains et à la journée.
MANQUE, s. m. (*manke*), défaut.
MANQUÉ, E, part. pass. de *manquer*, et adj.
MANQUEMENT, s. m. (*mankeman*), faute d'omission, défaut.
MANQUER, v. a. (*manké*) (*mancus*, manchot), laisser échapper; ne pas trouver. — V. n., faillir; défaillir; tomber; périr; avoir faute de; omettre; être sur le point de.
MANSARDE, s. f. (*mançarde*), toit dont le comble est presque plat.
MANSUÉTUDE, s. f. (*mançuétude*)(*mansuetudo*), vertu qui rend doux, traitable.
MANTE, s. f. (*mante*) (*mantellum*), grand voile noir; vêtement de femme.
MANTEAU, s. m. (*mantó*)(*mantellum*), vêtement ample; saillie de cheminée.
MANTELET, s. m. (*mantelè*), petit *manteau*; machine de guerre pour se garantir.
MANTELURE, s. f. (*mantelure*), poil du dos d'un chien.
MANTILLE, s. f. (*manti-ie*), sorte de *mantelet* de femme, sans coqueluchon.
MANUEL, ELLE, adj. (*manuèle*)(*manualis*, de *manus*, main), qui se fait avec la *main*. — Subst. au m., livre d'instructions abrégées; livre portatif.
MANUELLEMENT, adv. (*manuèleman*), de la *main* à la main.
MANUFACTURE, s. f. (*manufakture*) (*ma-*

nufactum, ouvrage de main), fabrication de certains ouvrages; lieu où on les fabrique.

MANUFACTURÉ, E, part. pass. de *manufacturer*.

MANUFACTURER, v. a. (*manufakturé*), fabriquer.

MANUFACTURIER, IÈRE, s. et adj. (*manufakturié, ière*), maître, ouvrier d'une manufacture.

MANUMISSION, s. f. (*manumicion*) (*manumissio*), affranchissement des esclaves.

MANUS (IN) (*inemánuce*) (mots lat. qui signifient *dans les mains*) dire son *in manus*; recommander son âme à Dieu.

MANUSCRIT, ITE, adj. (*manucekri, ite*) (*manuscriptus*, écrit à la main), écrit à la main. — S. m., ouvrage écrit à la main.

MANUTENTION, s. f. (*manutancion*), action de maintenir; gestion.

MAPPEMONDE, s. f. (*mapemonde*)(*mappa*, nappe, et *mundus*, monde), carte géographique des deux hémisphères.

MAQUEREAU, s. m. (*makeró*) (*macula*, tache), poisson de mer. — Au pl., taches aux jambes pour s'être chauffé de trop près.

MAQUETTE, s. f. (*makiète*)(de l'italien *machietta*), ébauche de sculpture.

MAQUIGNON, s. m. (*makignion*) (du vieux mot *maque*, vente), marchand de chevaux.

MAQUIGNONNAGE, s. m. (*makignionaje*), métier de *maquignon*; commerce secret.

MAQUIGNONNÉ, E, part. pass. de *maquignonner*.

MAQUIGNONNER, v. a. (*makignioné*), user d'artifice pour vendre un cheval.

MARABOUT, s. m. (*marabou*), prêtre mahométan; cafetière; oiseau; ses plumes; pop., homme fort laid.

MARAÎCHER, ÈRE, s. (*maréché, ère*), jardinier qui cultive un *marais*, des légumes.

MARAIS, s. m. (*maré*)(*mariscus*, joue marin), eau qui croupit en certains lieux; terroir où l'on cultive des légumes, etc.

MARASME, s. m. (*maraceme*)(μαρασμος), consomption, maigreur extrême.

MARASQUIN, s. m. (*maracekiein*), sorte de liqueur.

MARÂTRE, s. et adj. f. (*marátre*) (en lat. barbare *marastra*), belle-mère qui maltraite les enfants du premier lit; mère cruelle.

MARAUD, E, s.(*maró, óde*)(μιαρος, coquin), fripon.

MARAUDE, s. f. (*maróde*) (du mot *maraud*), action de butiner.

MARAUDER, v. n. (*marodé*), aller en maraude.

MARAUDEUR, EUSE, s. (*maródeur, euze*), qui maraude.

MARAVÉDIS, s. m.(*maravédi*), petite monnaie de cuivre en Espagne.

MARBRE, s. m. (*marbre*)(*marmor*), pierre calcaire très-dure qui reçoit le poli; t. d'impr., pierre sur laquelle on pose une forme.

MARBRÉ, E, part. pass. de *marbrer*; et adj.

MARBRER, v. a. (*marbré*), imiter par la peinture, etc., les couleurs du marbre.

MARBRERIE, s. f. (*marbreri*), atelier, art du *marbrier*; art de polir le *marbre*.

MARBREUR, EUSE, s. (*marbreur, euze*), qui *marbre* du papier.

MARBRIER, s. m. (*marbri-é*), qui scie, polit et vend le *marbre*.

MARBRIÈRE, s. f. (*marbri-ère*), carrière d'où l'on tire le *marbre*.

MARBRURE, s. f. (*marbrure*), imitation du marbre sur du papier, etc.

MARC, s. m. (*mar*) (corruption du lat. *amurca*), résidu d'une substance qu'on a pressée ou fait bouillir; poids de huit onces.

MARCASSIN, s. m. (*markacein*)(*meracus*, pur), le petit de la laie.

MARCASSITE, s. f. (*markacite*), substance minérale d'un jaune d'or.

MARCHAND, E, s. (*marchan, ande*)(*mercator*), qui trafique de quelque *marchandise*, négociant.— Adj., vendable; navigable.

MARCHANDÉ, E, part. pass. de *marchander*.

MARCHANDER, v. a. (*marchandé*), demander et discuter le prix d'une chose.

MARCHANDISE, s. f. (*marchandize*) (*mercatura*), chose dont on trafique.

MARCHE, s. f. (*marche*) (en lat. barbare *marca*, autrefois, frontière d'un état; mouvement de celui qui *marche*; air de musique pour la *marche*; conduite; degré d'escalier.

MARCHÉ, s. m. (*marché*) (*mercatus*), lieu public où l'on vend; vente; convention.

MARCHÉ, E, part. pass. de *marcher*.

MARCHE-PIED, s. m.(*marchepié*), marche sur laquelle on pose les *pieds*.

MARCHER, s. m. (*marché*), manière dont on *marche*; endroit où l'on *marche*.

MARCHER, v. n. (*marché*) *mercari*; acheter), aller d'un lieu à un autre.

MARCHEUR, EUSE, s. (*marcheur, euze*), qui *marche* bien ou mal.

MARCOTÉ, E, part. pass. de *marcoter*.

MARCOTER, v. a. (*markoté*), coucher des *marcottes*.

MARCOTTE, s. f. (*markote*) (*mergus*), branche mise en terre pour prendre racine.

MARDELLE, s. f. Voy. MARGELLE.

MARDI, s. m. (*mardi*) *Martis Dies*, jour de Mars), troisième jour de la semaine.

MARE, s. f. (*mare*) (de l'allemand *morast*, lieu bourbeux), amas d'eau dormante.

MARÉCAGE, s. m. (*marékaje*), terres humides et bourbeuses comme sont les *marais*.

MARÉCAGEUX, EUSE, adj. (*marekajeu*, *euze*, plein de *marécage*; humide.

MARÉCHAL, s. m. (*maréchal*)(du bas lat. *mareschalcus*), titre de divers officiers militaires; artisan qui ferre les chevaux. —Au pl. *maréchaux*.

MARÉCHALE, s. f. (*maréchale*), épouse d'un *maréchal* de France.

MARÉCHALERIE, s. f. (*maréchaleri*), art du *maréchal* ferrant.

MARÉCHAUSSÉE, s. f. (*maréchôcé*), compagnie de gens à cheval; gendarmerie.

MARÉE, s. f. (*maré*), tout le poisson de mer; flux et reflux de la *mer*.

MARELLE, s. f. (*marèle*), jeu d'enfants.

MARGAY, s. m. (*marguiè*), chat sauvage de la Guyane.

MARGE, s. f. (*marje*) (*margo, marginis*), blanc autour d'une page; *fig.* temps et moyens de reste pour agir.

MARGELLE, s. f. (*marjèle*)(*margo*), pierre qui borde le tour d'un puits.

MARGER, v. a. (*marjé*), compasser les *marges* d'une feuille à imprimer.

MARGINAL, E, adj. (*marjinale*), qui est à la *marge*.—Au pl. m. *marginaux*.

MARGINÉ, E, part. pass. de *marginer*.

MARGINER, v. a. (*marjiné*), écrire sur la marge d'un livre, etc.

MARGOUILLIS, s. m. (*marguouie-i*); gâchis plein d'ordures; *fig.* embarras.

MARGRAVE, s. m. (*marguerave*) (de l'allemand *mark*, limite, et *graf*, comte), titre de quelques princes d'Allemagne.

MARGRAVIAT, s. m.(*margueravia*), état, dignité d'un *margrave*.

MARGUERITE, s. f. (*marguerite*), petite plante vivace; perle.

MARGUILLERIE, s.f.(*margui-ieri*),charge de *marguillier*. Peu us.

MARGUILLIER, s. m. (*margui-ié*) (du lat. barbare *matricularius*), administrateur des biens d'une église; bedeau.

MARI, s. m. (*mari*)(*maritus*), celui qui est joint à une femme par le lien conjugal.

MARIABLE, adj. des deux g. (*mariable*), qui est en âge d'être *marié* ou *mariée*.

MARIAGE, s. m. (*mariaje*)(en lat. barbare *maritagium*, de *matrimonium*), union d'un homme et d'une femme par le lien conjugal.

MARIÉ, E, part. pass. de *marier*, et adj.— S., qui vient d'être *marié*.

MARIER, v. a. (*marié*)(*maritare*), joindre ar mariage; *fig.* unir, allier.

MARIEUR, EUSE, s. (*maricur, euze*), faiseur, faiseuse de mariage. Fam.

MARIN, INE, adj. (*marein, ine*) (*marinus*), qui est de mer, qui sert pour la mer. — Subst. au m., homme de mer.

MARINADE, s. f. (*marinade*), friture de viande marinée.

MARINE, s. f. (*marine*), science de la navigation sur mer; service de mer; les *marins*; puissance navale d'une nation.

MARINÉ, E, part. pass. de *mariner*, et adj.

MARINER, v. a. (*mariné*), assaisonner de la viande, du poisson.

MARINGOUIN, s.m (*mareingouein*),insecte d'Amérique et d'Afrique.

MARINIER, s. m. (*marinié*), celui qui conduit des bateaux; *marin*.

MARIONNETTE, s. f. (*marionète*) (dimin. de *Marion, petite Marie*), petite figure qu'on fait remuer par ressort; *fig.* personne frivole.

MARITAL, E, adj. (*maritale*), qui appartient au mari.—Au pl. m. *maritaux*.

MARITALEMENT, adv. (*maritaleman*), en mari; comme doit faire un mari.

MARITIME, adj. des deux g. (*maritime*), qui est auprès de la mer; relatif à la mer.

MARITORNE, s. f.(*maritorne*), femme mal bâtie et maussade. Peu us.

MARIVAUDAGE, s. m. (*marivôdaje*), style prétentieux et affecté.

MARJOLAINE, s. f. (*marjolène*) (en lat. barbare *majorana*), plante aromatique.

MARJOLET, s. m. (*marjolè*)(*major*; plus grand), petit fat qui fait l'entendu.

MARLI, s. m. (*marli*), espèce de gaze de fil à claire-voie.

MARMAILLE, s. f. (*marmâ-ie*), nombre de petits enfants, de *marmots*. Fam.

MARMELADE, s. f. (*marmelade*) (en portugais *marmelada*), confiture de fruits.

MARMENTEAU, s. et adj. m. (*marmantô*), se dit des bois qui ornent une terre.

MARMITE, s. f. (*marmite*) (*marmor*, marbre), pot pour faire bouillir.

MARMITEUX, EUSE, adj. (*marmiteu, euze*), qui est à plaindre. Fam. et peu us.

MARMITON, s. m. (*marmiton*), valet de cuisine.

MARMONNÉ, E, part. pass. de *marmonner*.

MARMONNER, v. a. et n.(*marmoné*), murmurer tout bas. Fam.

MARMOT, s. m. (*marmô*) (μορμω, masque), gros singe; petite figure laide; petit garçon.

MARMOTÉ, E, part. pass. de *marmoter*.

MARMOTER, v. a. (*marmoté*), parler confusément et entre ses dents.

MARMOTTE, s. f. (*marmote*), mammifère rongeur; petite fille; coiffure.

MARMOUSET, s. m. (*marmouzè*), petite figure grotesque; petit garçon.

MARNAGE, s. m.(*marnaje*), action de marner les terres.

MARNE, s. f. (*marne*)(du celtique *marga*), terre qui engraisse les champs.

MARNÉ, E, part. pass. de *marner*.

MARNER, v. a. (*marné*), mettre de la *marne* sur la terre que l'on cultive.

MARNEUX, EUSE, adj. (*marneu, euze*), de la nature de la *marne*.

MARNIÈRE, s. f. (*marnière*), lieu d'où l'on tire de la *marne*.

MARONITE, s. et adj. des deux g. (*maronite*), catholique du mont Liban.

MAROQUIN, s. m.(*marokiein*), cuir de bouc ou de chèvre apprêté; sorte de raisin.
MAROQUINÉ, E, part. pass. de *maroquiner*.
MAROQUINER, v. a. (*marokiné*), apprêter des peaux de veau en forme de *maroquin*.
MAROQUINERIE, s. f. (*marokineri*), art de faire du *maroquin*.
MAROQUINIER, s. m. (*marokinié*), ouvrier qui façonne les peaux en *maroquin*.
MAROTIQUE, adj. des deux g. (*marotike*), imité du poëte Clément *Marot*.
MAROTTE, s. f. (*marote*), sceptre que portait autrefois celui qui faisait le personnage de fou; objet de quelque passion.
MAROUFLE, s. m.(*maroufle*)(de *maraud*), fripon. —S. f., colle très-tenace.
MAROUFLÉ, E, part. pass. de *maroufler*.
MAROUFLER, v. a. (*mauflé*), coller un ouvrage de peinture avec de la *maroufle*.
MARQUANT, E, adj. (*markan, ante*), qui marque; qui se fait remarquer.
MARQUE, s. f. (*marke*) (de l'allemand *mark*), ce qui sert à désigner; empreinte; impression juridique du fer chaud; chiffre; trace; indice; présage; preuve; distinction.
MARQUÉ, E. part. pass. de *marquer*.
MARQUER, v. a.(*markié*), mettre une marque; laisser des traces; indiquer; spécifier.
MARQUETÉ, E, part. pass. de *marqueter*, et adj., semé de petites taches.
MARQUETER, v. a.(*marketé*), marquer de plusieurs taches.
MARQUETTE, s. f.(*markiète*), pain de cire vierge.
MARQUETTERIE, s. f. (*markièteri*), ouvrage de bois de diverses couleurs.
MARQUEUR, EUSE, s. (*markieur, euse*), qui *marque*.
MARQUIS, ISE, s. (*marki, ize*), titre de dignité.
MARQUISAT, s. m. (*markiza*), terre de *marquis*; titre de *marquis*.
MARQUISE, s. f. (*markise*), femme d'un *marquis*; toile qu'un officier fait tendre par-dessus sa tente; poire; fusée volante.
MARRAINE, s. f. (*mrène*)(en lat. moderne *matrina*, de *mater*, mère), celle qui tient un enfant sur les fonts de baptême.
MARRI, E, adj. (*mari*) (*mœrens*), part. de *mœrere*, être triste), fâché. Vieux.
MARRON, s. m. (*máron*) (en italien *marrone*), grosse châtaigne. — Adj., qui est de la couleur du *marron*.
MARRON, ONNE, adj. (*máron, one*) (par contraction de l'espagnol *cimarron*, sauvage): nègre marron, nègre fugitif; courtier marron, celui qui exerce furtivement le courtage.
MARRONNAGE, s. m. (*máronaje*), état d'un esclave fugitif.
MARRONNÉ, E, part. pass. de *marronner*.
MARRONNER, v. a. et n. (*márone*), friser en grosses boucles; murmurer sourdement.

MARRONNIER, s. m. (*máronié*), arbre qui porte les *marrons*.
MARRUBE, s. m. (*márube*), plante.
MARS, s. m. (*márce*), le troisième mois de l'année, ainsi nommé du dieu *Mars*; planète; en t. de chim., le fer.
MARSOUIN, s. m. (*marçouein*) (*maris sus*, cochon de mer), poisson de mer.
MARSUPIAUX, s. et adj. m. pl. (*marçıpió*) (*marsupium*. poche), animaux à poches.
MARTAGON, s. m. (*martaguon*), plante.
MARTE, s. f. Voy. MARTRE.
MARTEAU, s. m. (*martô*) (*martellus*), outil de fer qui sert à cogner; heurtoir.
MARTEL, s. m. (*martèle*), marteau. Vieux.
MARTELAGE, s. m. (*martelaje*), marque sur les arbres avec un *marteau*.
MARTELÉ, E, part. pass. de *marteler*.
MARTELER, v. a. et n. (*martelé*), battre à coups de *marteau*. —V. pr., s'inquiéter.
MARTELET, s. m. (*martelè*), petit *marteau*.
MARTELEUR, s m. (*marteleur*), ouvrier qui dirige le *marteau* dans les forges.
MARTIAL, E, adj. (*marciale*) (*martialis*) (*Mars, Martis*, Mars), guerrier; en t. de chim., ferrugineux. —Au pl. m. *martiaux*.
MARTINET, s. m. (*martinè*), oiseau; petit chandelier; marteau de forge; cordes au bout d'un manche.
MARTINGALE, s. f. (*marteinguale*), t. de man., courroie; t. de jeu, mise doublée.
MARTINISME, s. m. (*martiniceme*), doctrine des *martinistes*.
MARTINISTE, s. des deux g. (*martiniceté*), secte de francs-maçons.
MARTIN-PÊCHEUR, s. m. (*marteinpêcheur*), sorte d'oiseau.
MARTRE, s. f. (*martre*) (*martes, martis*), petit animal du Nord; sa peau.
MARTYR, YRE, s. (*martire*)(*martyr*), qui souffre par zèle pour sa croyance, etc.
MARTYRE, s. m. (*martire*), tourments endurés pour la foi; fig. peines violentes.
MARTYRISÉ, E, part. pass. de *martyriser*.
MARTYRISER, v. a. (*martirizé*), faire souffrir le *martyre*; fig. tourmenter cruellement.
MARTYROLOGE, s. m. (*martiroloje*)(μαρτυρ, martyr, et λογος, discours), catalogue des *martyrs* et de tous les saints connus.
MARUM, s. m. (*marome*) (*marum*), plante aromatique; sorte de thym.
MASCARADE, s. f. (*macekarade*), troupe de gens déguisés et masqués; sorte de danse.
MASCARET, s. m. (*macekarè*), reflux violent de la mer dans la Dordogne.
MASCARON, s. m. (*macekaron*) (du mot *masque*), t. d'archit., tête grotesque.
MASCULIN, INE, s. et adj. (*macekulcin, ine*) (*masculinus*), qui convient au mâle. — Subst. au m., le genre *masculin*.

MASCULINITÉ, s. f. (*macekulinité*), caractère, qualité de *mâle*.

MASQUE, s. m. (*maceke*) (du vieux mot gothique *masca*, sorcière), faux visage de carton, etc.—personne *masquée*; *fig.* fausse apparence.—S. f., femme vieille et laide.

MASQUÉ, E, part. pass. de *masquer*, et adj., couvert d'un *masque*.

MASQUER, v. a.(*macekié*), mettre un *masque*; déguiser; cacher.

MASSACRANT, E, adj. (*maçakran, ante*), très-difficile; intraitable. Fam.

MASSACRE, s. m. (*maçakre*) (en lat. barbare *mazacrium*), tuerie, carnage.

MASSACRÉ, E, part. pass. de *massacrer*, et adj., gâté, mal fait.

MASSACRER, v. a. (*maçakré*), tuer des hommes sans défense; *fig.* gâter.

MASSACREUR, EUSE, s. (*maçakreur, euze*), qui fait un *massacre*.

MASSAGE, s. m.(*maçaje*), pression momentanée qu'on fait sur le corps.

MASSE, s. f. (*mace*)(*massa*), corps très-solide et compacte; corps informe;totalité; fonds d'argent ; massue ; gros bout d'une queue de billard ; bâton surmonté d'une pomme d'argent; somme qu'on met au jeu; en peinture, partie qui a de l'étendue.

MASSÉ, E, part. pass. de *masser*.

MASSEPAIN, s. m. (*macepein*) (*massa*, masse, et *panis*, pain), pâtisserie.

MASSER, v. a. (*macé*)(μασσω, pétrir), faire une *masse*; faire le *massage*; en peinture, disposer les *masses* d'un tableau.

MASSETTE, s. f. (*macéto*), plante.

MASSICOT, s. m. (*macikó*), couleur jaune pour peindre; oxyde de plomb jaune.

MASSIER, s. m. (*macié*), espèce d'huissier, de bedeau qui porte une *masse*.

MASSIF, IVE, adj. (*macif, ive*), épais et pesant; grossier.—Subst. au m , chose pleine et solide; plein bois.

MASSIVEMENT, adv. (*maciveman*), d'une manière *massive*.

MASSORAH ou **MASSORE**, s. f. (*macora, ore*)(mot hébreu), examen critique de la Bible

MASSORÉTIQUE, adj. des deux g. (*maçorétike*), qui a rapport à la *massore*.

MASSORÈTE, s. m. (*maçorète*), un des auteurs de la *massore*.

MASSUE, s. f. (*maçu*) (*massa*, masse), bâton plus gros par un bout que par l'autre.

MASTIC, s. m. (*macetike*) (μαστιχη), gomme, résine; sorte de ciment.

MASTICATION, s. f (*macetikácion*) (*masticatio*), action de *mâcher*.

MASTICATOIRE, s. m. (*macetikatoare*), composition qu'on *mâche*.

MASTIGADOUR, s. m. (*macetiguadour*), mors pour faire écumer les chevaux.

MASTIQUÉ, E, part. pass. de *mastiquer*.

MASTIQUER, v. a.(*macetikié*), joindre, coller avec du *mastic*.

MASTODONTE, s. m. (*macetodonte*), mammifère fossile très-rapproché de l'éléphant.

MASTOÏDE, adj. des deux g. (*maceto-ide*) (μαστις, mamelle, et ειδυς, forme), se dit d'une apophyse de l'os temporal.

MASTOÏDIEN, IENNE, adj.(*maceto-idiein, iène*), de l'apophyse *mastoïde*.

MASTURBATION, s. f. (*maceturbâcion*), action de se *masturber* ; onanisme.

MASTURBER, v. a. (*maceturbé*), polluer. —V. pr., abuser de soi-même.

MASULIPATAN, s. m. (*mazulipatan*), toile de coton très-fine des Indes.

MASURE, s. f. (*mâsure*) (*mansura*), reste d'un bâtiment tombé en ruine.

MAT, ATTE, adj. (*mate*) (de l'allemand *matte*, languissant) , sans éclat; lourd , compacte.—Subst. au m., terme du jeu d'échecs.

MÂT, s. m. (*mâ*) (*malus*), arbre d'un navire qui porte les voiles, etc.

MATADOR, s. m. (*matadore*)(de l'espagnol *matar*, tuer), t. du jeu de l'hombre ; *fig.* personne considérable dans son état.

MATAMORE, s. m. (de l'espagnol *matamaro*), faux brave. Fam.

MATASSIN, s. m. (*matacein*) (de l'espagnol *matachin*), danse bouffonne.

MATÉ, E, part. pass. de *mater*.

MÂTÉ, E, part. pass. de *mâter*.

MATELAS, s. m. (*matelâ*) (*matta*, natte), coussin rempli de laine, etc., pour un lit; coussin piqué aux deux côtés d'un carrosse.

MATELASSÉ, E, part. pass. de *matelasser*.

MATELASSER, v. a. (*matelacé*), garnir en façon de *matelas*.

MATELASSIER, IÈRE, s.(*matelacié, ière*), qui fait et rebat des *matelas*.

MATELOT, s. m. (*matelô*)(du mot *mât*), qui sert à la manœuvre d'un vaisseau ; vaisseau qui en accompagne un plus grand.

MATELOTTE, s. f. (*matelote*), mets composé de plusieurs sortes de poisson.—à la MATELOTTE, à la mode des *matelots*.

MATER, v. a. (*maté*) (ματτω, piler), aux échecs, faire *mat*; *fig.* humilier; mortifier.

MÂTER, v. a. (*mâté*), garnir un vaisseau de *mâts* ; en t. de mar., mettre debout.

MÂTEREAU, s. m. (*mâteró*), pièce de bois propre à faire un petit *mât*.

MATÉRIALISER, v. a. (*matérialisé*), réduire tout à la *matière*.

MATÉRIALISME, s. m. (*matérialiceme*), opinion de ceux qui n'admettent point d'autre substance que la *matière*.

MATÉRIALISTE, s. et adj. des deux g.(*matérialicete*), partisan du *matérialisme*.

MATÉRIALITÉ, s. f. (matérialité), qualité de ce qui est matériel.

MATÉRIAUX, s. m. pl. (matérió) (materia ou materies), tout ce qui sert à bâtir, à composer quelque ouvrage.

MATÉRIEL, ELLE, adj. (matérièle), qui est composé de matière; grossier.

MATÉRIELLEMENT, adv. (matérièleman), d'une manière matérielle.

MATERNEL, ELLE, adj. (matèrenèle) (maternus), qui est de la mère, propre à la mère.

MATERNELLEMENT, adv. (matèrenèleman), d'une manière maternelle.

MATERNITÉ, s. f. (matèrenité), état, qualité de mère.

MATHÉMATICIEN, IENNE, s. (matématicièn, ième), qui sait les mathématiques.

MATHÉMATIQUE, s. f. (matématike)(μαθήμα, science), science qui a pour objet les propriétés de la grandeur. —Adj. des deux g. qui appartient aux mathématiques; démontré.

MATHÉMATIQUEMENT, adv. (matématikeman), selon les règles mathématiques.

MATIÈRE, s. f. (matière) (materia ou materies), ce dont une chose est faite; sujet; occasion; cause; excrément.

MÂTIN, s. m. (mâtein)(en lat. barbare mastinus), gros chien.

MATIN, s. m (matein), commencement du jour; temps depuis minuit jusqu'à midi.

MATINAL, E, adj. (matinale), qui se lève matin; qui appartient au matin.

MÂTINEAU, s. m. (mâtinó), petit mâtin.

MATINÉE, s. f. (matiné), temps qui s'écoule depuis le point du jour jusqu'à midi.

MÂTINER, v. a. (mâtiné), se dit d'un mâtin qui couvre une chienne d'une plus noble espèce; fig. gourmander. Fam.

MATINES, s. f. pl. (matiné), partie de l'office divin qui doit se chanter le matin.

MATINEUX, EUSE, adj.(matineu, euze), qui est dans l'habitude de se lever matin.

MATINIER, IÈRE, adj. (matinié, ière), du matin.

MATIR, v. a. (matir), rendre mat.

MATOIS, E, adj. et s. (matoa, oaze) (du vieux mot français matte, tromperie), fin, rusé

MATOISERIE, s. f. (matoazeri), qualité du matois; tromperie, fourberie.

MATOU, s. m. (matou), chat mâle et entier.

MATRAS, s. m. (matrá), vase chimique; trait armé d'un gros fer rond.

MATRICAIRE, s. f. (matrikière), plante.

MATRICE, s. f. (matrice) (matrix, matricis), partie de la femelle où se fait la conception et où le fœtus se nourrit; moule; étalons des poids et mesures —Adj. f., primitive.

MATRICULE, s. f. (matrikule)(matricula), registre; liste.

MATRIMONIAL, E, adj. (matrimoniale) (matrimonialis), qui appartient au mariage. —Au pl. m matrimoniaux.

MATRONE, s. f. (matrone)(matrona), sage-femme; femme d'un certain âge.

MATTE, s. f. (mate), herbe du Paraguay; matière métallique.

MATURATIF, IVE, adj. (maturatif, ive) (maturare, mûrir), qui fait suppurer.

MATURATION, s. f. (maturácion)(maturatio), progrès vers la maturité.

MÂTURE, s. f. (mâture), tous les mâts d'un vaisseau; art de mâter.

MATURITÉ, s. f. (maturité), qualité de ce qui est mûr; état d'un fruit mûr.

MATUTINAL, E, adj. (matutinale), qui a rapport au matin.—Au pl. m. matutinaux.

MAUDIRE, v. a. (môdire)(maledicere), faire des imprécations contre.

MAUDISSON, s. m. (môdiçon), malédiction. Vieux.

MAUDIT, E. part. pass. de maudire, et adj., exécrable, détestable.—S., réprouvé.

MAUGRÉER, v. n. (môgueré-é) (des mots mauvais et gré), jurer, pester. Pop.

MAUPITEUX, EUSE, adj. (môpiteu, euze), qui se lamente; cruel. Vieux.

MAURESQUE. Voy. MORESQUE.

MAURICAUD. Voy. MORICAUD.

MAUSOLÉE, s. m. (môzolé), tombeau avec ornements d'architecture; catafalque.

MAUSSADE, adj. et s. des deux g.(môçade) (de mal, et du vieux mot sade, gentil), qui a mauvaise grâce; mal fait.

MAUSSADEMENT, adv. (môçademan); d'une manière maussade et sans grâce.

MAUSSADERIE, s. f. (môçaderi), mauvaise grâce; façon désagréable.

MAUVAIS, E, adj. (mové, éze) (maleficus, malfaisant), qui n'est pas bon; fâcheux.— S. m., le contraire de bon. — Il est aussi adv.

MAUVE, s. f. (môve) (malva), plante vivace émolliente ; genre d'oiseaux.

MAUVIETTE, s. f. (môvièle), espèce d'alouette.

MAUVIS, s. m. (móvi), petite grive.

MAXILLAIRE, adj. des deux g. (makcilère) (maxilla, mâchoire), des mâchoires.

MAXIME, s. f. (makcime) (maxima, très-grande, sous-entendu sententia, sentence), proposition générale qui sert de règle.

MAXIMUM, s. m. (makcimome).(mot latin), le plus haut degré.

MAZETTE, s. f. (mazète), méchant cheval; fig. personne inhabile à quelque jeu.

ME, pron. pers. des deux g. (me). Il signifie la même chose que je et que moi.

MÉANDRE, s. m. (mé-andre), nom d'un fleuve d'Asie; fig. sinuosités d'une rivière.

MÉAT, s. m. (mé-a) (meatus, conduit), canal quelconque du corps.

MÉCANICIEN, IENNE, s. (mécaniciein, icne), qui est versé dans la mécanique.

MÉCANIQUE, s. f. (mékanike) (μηχανη, machine), science des lois du mouvement, de l'équilibre, des forces motrices, etc.; structure d'un corps. — Adj. des deux g., qui a rapport à la mécanique.

MÉCANIQUEMENT, adv. (mékanikeman), d'une manière mécanique.

MÉCANISME, s. m. (mékaniceme), structure suivant les lois de la mécanique.

MÉCÈNE, s. m. (nicène) (nom du favori d'Auguste, devenu appellatif), protecteur des lettres et des savants.

MÉCHAMMENT, adv. (méchaman), avec méchanceté.

MÉCHANCETÉ, s. f. (méchanceté), malice, malignité, iniquité; opiniâtreté.

MÉCHANT, E, s. et adj. (méchan, ante) (du vieux mot français meschoir), mauvais, nuisible, enclin à faire le mal; contraire à la justice.

MÈCHE, s. f. (mèche) (mixa), coton pour les lampes, etc.; bout d'une vrille, etc.

MÉCHEF, s. m. (méchèfe), malheur.

MÉCHER, v. a. (méché), faire entrer dans un tonneau la vapeur du soufre brûlant.

MÉCOMPTE, s. m. (mékonte) (mala computatio, mauvais compte), erreur de calcul.

se MÉCOMPTER, v. pr. (cemékonté), se tromper dans un calcul, dans ses espérances.

MÉCONIUM, s. m. (mékoniome) (μηκων, pavot), excrément d'un enfant nouveau-né.

MÉCONNAISSABLE, adj. des deux g. (mékonèçable), qui n'est pas reconnaissable.

MÉCONNAISSANCE, s. f. (mékonèçance), manque de reconnaissance. Vieux.

MÉCONNAISSANT, E, adj. (mékonèçan, ante), ingrat, qui oublie les bienfaits reçus.

MÉCONNAÎTRE, v. a. (mékonètre), ne pas reconnaître; désavouer; être ingrat.

MÉCONNU, E, part. pass. de méconnaître.

MÉCONTENT, E, adj. et s. (mékontan, ante), qui n'est pas content, satisfait.

MÉCONTENTEMENT, s. m. (mékontanteman), déplaisir; motif d'être mécontent.

MÉCONTENTER, v. a. (mékontanté), rendre mécontent, donner sujet de l'être.

MÉCRÉANT, s. m. (mékré-an), impie, infidèle, incrédule.

MÉCROIRE, v. a. (mékroare), refuser de croire; ne pas croire; soupçonner.

MÉDAILLE, s. f. (méda-ie) (metallum, métal), pièce de métal frappée et marquée.

MÉDAILLIER, s. m (méda-ié), armoire dans laquelle on conserve des médailles.

MÉDAILLISTE, s. m. (méda-ie-icete), celui qui se connait en médailles.

MÉDAILLON, s. m. (méda-ion), grande médaille.

MÉDECIN, s. m. (médecin), celui qui sait, qui exerce la médecine.

MÉDECINE, s. f. (médecine) (medicina), art de guérir; potion purgative.

MÉDECINÉ, E, part. pass. de médeciner.

MÉDECINER, v. a. (médeciné), donner des médecines, des remèdes. Fam.

MÉDIAN, E, adj. (médian, ane) (medius, milieu), t. d'anat., qui est au milieu.

MÉDIANOCHE, s. m. (médianoche) (mot espagnol qui signifie minuit), repas après minuit; réveillon.

MÉDIANTE, s. f. (médiante), en mus., la troisième note au-dessus du ton.

MÉDIASTIN, s. m. (médiacetein) (medium, milieu), membrane de la poitrine.

MÉDIAT, E, adj. (média, ate) (mediatus), qui ne touche que par intermédiaire.

MÉDIATEMENT, adv. (médiateman), d'une manière médiate.

MÉDIATEUR, TRICE, s. (médiateur, trice) (mediator), qui accorde. — S. m., jeu.

MÉDIATION, s. f. (médiácion), entremise; office de médiateur.

MÉDIATISER, v. a. (médiatizé), faire qu'un pays, etc., ne relève plus d'un empire.

MÉDICAL, E, adj. (médikale), qui appartient à la médecine. — Au pl. m. médicaux.

MÉDICAMENT, s. m. (médikaman) (medicamentum), remède.

MÉDICAMENTAIRE, adj. des deux g. (médikamantère), qui traite des médicaments.

MÉDICAMENTER, v. a. (médikamanté), donner des médicaments à un malade.

MÉDICAMENTEUX, EUSE, adj. (médikamanteu, euze), qui sert de médicament.

MÉDICINAL, E, adj (médicinale) (medicinalis), qui sert de remède.

MÉDIMNE, s. m. (médimene), t. d'antiq., mesure qui valait quatre de nos boisseaux.

MÉDIOCRE, adj. des deux g. (médiokre) (mediocris), qui est entre le trop et le trop peu, le grand et le petit, le bon et le mauvais.

MÉDIOCREMENT, adv. (médiokreman), avec médiocrité; en petite quantité.

MÉDIOCRITÉ, s. f. (médiokrité) (mediocritas), qualité de ce qui est médiocre.

MÉDIRE, v. n. (médire) (maledicere), mal parler de quelqu'un; en dire du mal.

MÉDISANCE, s. f (médizance), discours médisant; inclination à médire.

MÉDISANT, E, adj. (médizan, ante), qui médit. — S., personne médisante.

MÉDITATIF, IVE, s. et adj. (méditatif, ive), qui s'applique souvent à méditer.

MÉDITATION, s. f. (*méditâcion*) (*meditatio*), opération de l'esprit qui s'applique à approfondir quelque sujet.

MÉDITÉ, E, part. pass. de *méditer*, et adj.

MÉDITER, v. a. (*médité*) (*meditore*), penser attentivement à quelque chose. — V. n., avoir dessein de; délibérer.

MÉDITERRANÉ, E, adj. (*méditèrané*)(*medius*, qui est au milieu, et *terra*, terre), qui est au milieu des terres.

MÉDIUM, s. m. (*médiome*) (mot latin qui signifie *milieu*), moyen d'accommodement.

MÉDULLAIRE, adj. des deux g.(*médulelère*) (*medulla*, moelle), de la *moelle*.

MÉFAIRE, v. n. (*méfère*) (*malè facere*), faire mal.

MÉFAIT, s. m. (*méfè*), action mauvaise.

MÉFIANCE, s. f. (*méfiance*), défaut de confiance; action de se *méfier*.

MÉFIANT, E, adj. (*méfian, ante*), qui se *méfie*, qui est naturellement soupçonneux.

se **MÉFIER**, v. pr. (*ceméfié*), soupçonner de peu de sincérité; se défier.

MÉGALANTHROPOGÉNÉSIE, s. f. (*mégualantropojénézi*) (μεγας, grand, ανθρωπος, homme, et γινομαι, engendrer), art prétendu de créer de grands hommes.

MÉGARDE, s. f.(*méguarde*), inadvertance, manque d'attention.

MÉGÈRE, s. f. (*méjère*) (μεγαιρειν, porter envie), myth., l'une des trois furies; *fig.* femme méchante et emportée.

MÉGIE, s. f. (*méji*) (du vieux mot *mégir*, préparer les peaux), art d'aluner les peaux.

MÉGISSERIE, s. f. (*méjiceri*), trafic et commerce de *mégissier*.

MÉGISSIER, s. m. (*méjicié*) (voy. MÉGIE), artisan qui prepare les peaux.

MEILLEUR, E, adj. et s. (*mè-ieur*) (*melior*), qui a plus de bonté; qui vaut mieux.— *Le meilleur, la meilleure*, adj. superlatif.

MEISTRE, s. m. (*mècetre*)(*magister*), maître le plus grand des mâts d'une galère.

MÉLANCOLIE, s. f. (*mélankoli*) (μελαγχολια), bile noire; tristesse.

MÉLANCOLIQUE, s. et adj. des deux g.(*mélankolike*), en qui domine la *mélancolie*.

MÉLANCOLIQUEMENT, adv. (*mélankolikeman*), d'une manière *mélancolique*.

MÉLANGE, s. m. (*mélanje*), résultat de plusieurs choses *mélées* ensemble.

MÉLANGÉ, E, part. pass. de *mélanger*.

MÉLANGER, v. a. (*mélanjé*), mêler ensemble.

MÉLASSE, s. f. (*mélacè*) (μελι, miel), résidu mielleux des sucres raffinés.

MÊLÉ, E, part. pass. de *mêler*, et adj.

MÊLÉE, s. f. (*mélé*), combat opiniâtre; vive contestation.

MÊLER, v. a. (*mélé*) (*misculare*), brouiller ensemble plusieurs choses; unir. — V. pr., se mélanger; s'entremettre.

MÉLÈZE, s. m. (*méleze*), arbre des forêts peu différent du sapin.

MÉLILOT ou **MIRLILOT**, s. m. (*mélilô, mirlilô*), plante odorante.

MÉLISSE, s. f. (*mélice*) (μελισσα, abeille), plante d'une odeur forte et agréable.

MELLIFÈRE, adj. des deux g.(*mélelifère*), qui donne du miel.— S. m., famille d'insectes.

MÉLODIE, s. f. (*mélodi*) (μελωδια), suite de sons qui forment un chant régulier.

MÉLODIEUSEMENT, adv. (*mélodieuseman*), avec *mélodie*.

MÉLODIEUX, EUSE, adj. (*mélodieu, euse*), plein de *mélodie*.

MÉLODRAME, s. m. (*mélodrame*) (μελος, chant, et δραμα, drame), drame mêlé de chants, de musique, etc.

MÉLOMANE, s. des deux g. (*mélomane*), qui aime la musique avec passion.

MÉLOMANIE, s. f. (*mélomani*)(μελος, chant, et μανια, passion), passion de la musique.

MELON, s. m. (*melon*) (*melo, melonis*), plante potagère.

MELONGÈNE, s. m. (*melonjène*), plante.

MELONNIÈRE, s. f. (*melonière*), partie du jardin où l'on cultive les *melons*.

MÉLOPÉE, s. f. (*mélopé*) (μελοπεια),art de la composition du chant.

MÉLOPLASTE, s. m. (*méloplacete*) (μελος, son, et πλασσω, je trace), méthode pour enseigner la musique au moyen d'un tableau.

MÉMARCHURE, s. f. (*mémarchure*), entorse que se donne un cheval.

MEMBRANE, s. f. (*manbrane*) (*membrana*), partie mince et nerveuse du corps qui sert d'enveloppe à d'autres parties.

MEMBRANEUX, EUSE, adj. (*manbraneu, euse*), qui participe de la *membrane*; mince.

MEMBRE, s. m. (*manbre*) (*membrum*), partie extérieure du corps de l'animal ; *fig.* partie d'une compagnie; partie d'une période.

MEMBRÉ, E, adj. (*manbré*), qui a les *membres* bien ou mal faits.

MEMBRU, E, adj. (*manbru*), qui a de gros *membres*.

MEMBRURE, s. f. (*manbrure*), mesure pour corder le bois ; pièce de bois pour enchâsser les panneaux.

MÊME, pron. relat. et adj.des deux g.(*mémé*) (de l'italien *medesimo*), qui n'est point autre, point différent.—Adv., aussi, encore.

MEN   MEN   369

MÊMEMENT, adv. *(mêmeman)*; même; de même. Vieux.

MEMENTO, s. m. *(mémeintô)* (mot lat. qui signifie *souviens-toi*), signe pour se souvenir.

MÉMOIRE, s. m. *(mémoare)*, facture de marchand; état sommaire; relation d'événements; dissertation; écrit sur une affaire.

MÉMOIRE, s. f. *(mémoare)* (*memoria*), faculté de se souvenir; réputation après la mort.

MÉMORABLE, adj. des deux g. *(mémorable)*.(*memorabilis*), digne de mémoire.

MÉMORATIF, IVE, adj. (*mémoratif, ive*), qui a mémoire de quelque chose. Vieux.

MÉMORIAL, s. m. *(mémorial)*, mémoire; placet; registre.—Au pl. *mémoriaux*.

MENAÇANT, E, adj. *(menaçan, ante)*, qui menace.

MENACE, s. f. *(menace)* (*minaciæ*), parole ou geste pour faire craindre.

MENACÉ, E, part. pass. de *menacer*.

MENACER, v. a. *(menacé)*, faire des menaces; *fig.* pronostiquer.

MÉNADE, s. f. *(ménade)* (μαινας, furieuse), bacchante; *fig.* femme emportée.

MÉNAGE, s. m. *(ménaje)* (*manere*, demeurer), gouvernement domestique; meubles; famille; économie.

MÉNAGÉ, E, part. pass. de *ménager*.

MÉNAGEMENT, s. m. *(ménajeman)*, égard qu'on a pour quelqu'un; circonspection.

MÉNAGER, v. a. *(ménajé)*, user d'économie; épargner; procurer.

MÉNAGER, ÈRE, s. et adj. *(ménajé, ère)*, qui entend bien le *ménage*, l'économie. — Subst. au f., personne qui a soin du *ménage*.

MÉNAGERIE, s. f. *(ménajeri)*, lieu où l'on nourrit des animaux de toute espèce.

MENDIANT, E, s. *(mandian, ante)* (*mendicus* ou *mendicans*), qui mendie.

MENDICITÉ, s. f. *(mandicité)*(*mendicitas*), état de celui qui mendie.

MENDIÉ, E, part. pass. de *mendier*.

MENDIER, v. a. *(mandié)*, demander l'aumône; *fig.* rechercher avec bassesse.

MENÉ, E, part. pass. de *mener*.

MENEAU, s. m. *(mené)*, traverse qui sépare l'ouverture d'une croisée.

MÉNECHME, s. m. *(ménèkme)*, se dit de deux individus d'une ressemblance parfaite.

MÉNÉE, s. f. *(mené)*, secrète et mauvaise pratique pour faire réussir quelque dessein.

MENER, v. a. *(mené)* (*menare*), conduire, guider; diriger; gouverner.

MÉNESTREL, s. m. *(ménècetrèle)* (du bas lat. *ministerialis*), jadis musicien ambulant.

MÉNÉTRIER, s. m. *(ménétrié)* (*ministerium*), métier; musicien qui fait danser.

MENEUR, EUSE, s. *(meneur, euse)*, qui mène.

MÉNIANE, s. f. *(méniane)*, t. d'archit., terrasse ou balcon en avant-corps.

MÉNIANTHE, s. f. *(méniante)*(μηριανθος), plante vivace des marais.

MENIN, s. m. *(mencin)* (en espagnol *menino*), gentilhomme attaché au dauphin.

MÉNINGE, s. f. *(méneinje)* (μηνιγξ), membrane qui enveloppe le cerveau.

MÉNISQUE, s. m. *(méniceke)* (μηνισκος, croissant), verre convexe d'un côté et concave de l'autre.

MÉNOLOGE, s. m. *(ménoloje)* (μην, mois, et λογος, discours), calendrier de l'église grecque.

MENON, s. f. *(menon)*, chèvre du Levant, dont la peau sert à faire du maroquin.

MENOTTE, s. f. *(menote)*, main d'un enfant. Fam.—Au pl., fers aux mains.

MENSE, s. f. *(mance)* (*mensa*), autrefois, table où l'on mangeait; revenu.

MENSONGE, s. m. *(mançonje)*(*mentis somnium*, rêve de l'esprit), discours contre la vérité; erreur, illusion.

MENSONGER, ÈRE, adj. *(mançonjé, ère)*, faux, trompeur.

MENSTRUE, s. f. *(mancetru)* (*menstruum*, de *mensis*, mois), liqueur propre à dissoudre les corps solides.—Au pl., évacuations périodiques de sang chez les femmes.

MENSTRUEL, ELLE, adj. *(mancetru-èle)* (*menstrualis*), des *menstrues*.

MENSUEL, ELLE, adj. *(mançuèle)* (*mensis*, mois), qui se fait par mois.

MENTAGRE, s. f. *(mantaguere)*, dartre rougeâtre au *menton*.

MENTAL, E, adj. *(mantale)* (*mens*, esprit), qui se fait en esprit. — Au pl. m. *mentaux*.

MENTALEMENT, adv. *(mantaleman)*, d'une manière *mentale*; dans son esprit.

MENTERIE, s. f. *(manteri)* (*mentiri*), mensonge. Fam.

MENTEUR, EUSE, s. et adj. *(manteur, euse)*, qui ment; trompeur.

MENTHE, s. f. *(mante)* (*mentha*), plante aromatique.

MENTION, s. f. *(mancion)* (*mentio*), commémoration, mémoire.

MENTIONNÉ, E, part. pass. de *mentionner*.

MENTIONNER, v. a. *(mancioné)*, faire mention.

MENTIR, v. n. *(mantir)* (*mentiri*), affirmer pour vrai ce qu'on sait être faux.

MENTON, s. m. *(manton)* (*mentum*), partie du visage au-dessous de la bouche.

MENTONNIÈRE, s. f. *(mantonière)*, partie du masque qui couvre le *menton*.

MENTOR, s. m. *(meintor)*, nom du gouverneur de Télémaque, devenu appellatif pour signifier : guide, gouverneur.

MENU, E, adj. *(menu)* (*minutus*), délié, peu

24

gros.—S. m., grand détail; note détaillée d'un repas — Adv., en petits morceaux.

MENUAILLE, s. f. *(menuá-ie)*, quantité de petites monnaies, de petites choses.

MENUET, s. m. *(menuè)* (rac. *menu*), sorte de danse; air sur lequel on la danse.

MENUISE, E, part. pass. de *menuiser*.

MENUISER, v. a. et n. *(menuizé)*, travailler en menuiserie.

MENUISERIE, s. f. *(menuizeri)*, art du menuisier; ouvrage qu'il fait.

MENUISIER, s. m. *(menuizié)* (en lat. barb. *minutarius*), artisan qui travaille le bois.

MENU-PLAISIR, s. m. *(menuplèzir)*, dépense de fantaisie et d'amusement.

MÉPHITIQUE, adj. des deux g. *(méfitike)* *(mephiticus)*, malfaisant.

MÉPHITISME, s. m. *(méfiticeme)*, corruption, défaut de salubrité dans l'air.

MÉPLAT, E, adj. *(mépla, ate)*, qui a plus d'épaisseur que de largeur. — S. m., t. de peinture, indication des plans d'un objet.

se MÉPRENDRE, v. pr. *(ceméprandre)* (de *mal prendre*), se tromper.

MÉPRIS, s. m. *(mépri)* *(minus pretium,* moindre prix), sentiment par lequel on juge indigne d'égards, d'estime. — Au pl., paroles ou actes de *mépris*.

MÉPRIS, E, part. pass. de *se méprendre*.

MÉPRISABLE, adj. des deux g. *(méprizable)*, digne de *mépris*.

MÉPRISANT, E, adj. *(méprizan, ante)*, qui marque du *mépris*.

MÉPRISE, s. f. *(méprize)*, erreur de celui qui se *méprend*.

MÉPRISÉ, E, part. pass. de *mépriser*.

MÉPRISER, v. a. *(méprizé)*, avoir du *mépris* pour...; n'attacher aucun prix à...

MER, s. f. *(mère)* *(mare)*, eau qui environne la terre; certaine étendue d'eau salee.

MERCANTILE, adj. des deux g. *(mèrekantile)* *(mercans,* marchand), qui se vend.

MERCANTILLE, s. f. *(mèrekanti-ie)*, négoce de peu de valeur.

MERCENAIRE, s. et adj. des deux g. *(mèrcenère)* *(mercenarius)*, qui sert ou travaille pour de l'argent; qui se fait pour le gain.

MERCENAIREMENT, adv. *(mèrcenèreman)*, d'une manière mercenaire.

MERCERIE, s. f. *(mèrceri)*, toute sorte de marchandises de *mercier*.

MERCI, s. f. *(mèreci)* *(merces, mercedis,* salaire), miséricorde; discrétion — S. m., remerciment. — Il est aussi adv.

MERCIER, IÈRE, s. *(mèrcié, ière)* *(merx,* marchandise), marchand de fil, de rubans, etc.

MERCREDI, s. m. *(mèrekredi)*, quatrième jour de la semaine.

MERCURE, s. m. *(mèrckure)* *(mercurius)*, planète; en chimie, le vif argent.

MERCURIALE, s. f. *(mèrekuriale)*, assemblée du parlement qui se tenait le *mercredi*; fig. réprimande; plante; prix des grains.

MERCURIEL, ELLE, adj. *(mèrekurièle)*, qui contient du *mercure*.

MÈRE, s f. *(mère)* *(mater)*, femme qui a mis un enfant au monde; femelle qui a des petits; matrice; religieuse. — Adj. f., pure.

MERELLE, s. f. Voy. **MARELLE**.

MÉRIDIEN, s. m. *(méridi-cin)* *(meridianus,* sous-entendu *circulus)*, grand cercle de la sphère qui passe par le pôle du monde, et par le zénith du lieu.

MÉRIDIEN, IENNE, adj. *(meridiein, ièné)* *(meridianus)*, qui regarde le midi.

MÉRIDIENNE, s. f. *(méridiène)*, ligne qui marque le *midi*; sommeil court après *midi*.

MÉRIDIONAL, E, adj. *(méridionale)* *(meridionalis)*, qui est du côté du midi. — Au pl. m. *méridionaux*.

MERINGUE, s. f. *(mereïngue)*, pâtisserie faite de blancs d'œufs fouettés, etc.

MÉRINOS, s. m *(mérinóce)* (de l'espagnol *merino,* troupeau), moutons d'Espagne; étoffe de leur laine; châle.

MERISE, s. f. *(merize)*, petite cerise douce.

MERISIER, s. m. *(merisier)*, arbre.

MÉRITANT, E, adj. *(méritan, ante)*, qui a beaucoup de *mérite*.

MÉRITE, s. m. *(mérite)* *(meritum)*, ce qui rend digne d'estime.

MÉRITÉ, E, part. pass. de *mériter*.

MÉRITER, v. a. et n. *(mérité)* *(meritare)*, être ou se rendre digne de...

MÉRITOIRE, adj des deux g. *(méritoare)*, digne de récompense.

MÉRITOIREMENT, adv. *(méritoareman)*, d'une manière *méritoire*.

MERLAN, s. m. *(mèrelan)*, espèce de poissons; pop., garçon perruquier.

MERLE, s. m. *(mèrele)* *(merula)*, oiseau qui a le plumage noir et le bec jaune.

MERLETTE, s. f. *(mèrelète,* t. de blas., petit oiseau représenté sans pieds ni bec.

MERLIN, s. m. *(mèrelein)*, outil pour fendre du bois; massue de boucher.

MERLON, s m *(mèrelon)*, t. de fortif., partie du parapet entre les embrasures.

MERLUCHE, s. f. *(mèreluche)* *(maris lucius,* brochet de mer), morue sèche.

MERRAIN, s. m. *(mèrein)* *(materia,* bois coupé), bois de chêne refendu en plusieurs planches; tige des andouillers du bois de cerf.

MERVEILLE, s. f. *(mèrevè-ie)* (de l'italien *maraviglia)*, chose extraordinaire.

MERVEILLEUSEMENT, adv. *(mèrevè-ieuzeman)*, d'une manière *merveilleuse*.

MERVEILLEUX, EUSE, adj. *(mèrevè-ieu, euse)*, surprenant, digne d'admiration; excel-

lent. — S., petit-maître, petite-maîtresse. — Subst. au m., tout ce qui surprend l'esprit.
MES, adj. possessif pl. Voy. MON.
MÉSAIR, s. m. Voy. MÉZAIR.
MÉSAISE, s. m. (mézèze), malaise.
MÉSALLIANCE, s. f. (mézaliance), mariage avec une personne d'une condition inférieure.
MÉSALLIÉ, E, part. pass. de mésallier.
MÉSALLIER, v. a. (mézalié), marier à une personne d'une condition fort inférieure.
MÉSANGE, s. f. (mézanje), petit oiseau.
MÉSARRIVER, v. unip. (mézarivé), se dit de quelque accident qui arrive.
MÉSAVENIR, v. unip. (mézavenir); il a le même sens que mésarriver. Peu us.
MÉSAVENTURE, s. f. (mézavanture), accident malheureux.
MÉSENTÈRE, s. m. (mézantère) (μεσεντερον), membrane des intestins.
MÉSENTÉRIQUE, adj. des deux g. (mézantérike), qui appartient au mésentère.
MÉSESTIME, s. f. (mézècetime), mépris, privation de l'estime.
MÉSESTIMÉ, E, part. pass. de mésestimer.
MÉSESTIMER, v. a. (mézècetimé), n'estimer pas; dépriser.
MÉSINTELLIGENCE, s. f. (mézeintèlelijance), mauvaise intelligence.
MESMÉRISME, s. m. (mècemériceme), doctrine de Mesmer sur le magnétisme.
MÉSOFFRIR, v. n. (mézofrir), offrir moins que la chose ne vaut. Peu us.
MESQUIN, INE, adj. (mècekioin, ine) (de l'italien meschino, misérable), chiche; pauvre.
MESQUINEMENT, adv. (mècekineman), d'une manière mesquine.
MESQUINERIE, s. f. (mècekineri), épargne sordide.
MESSAGE, s. m. (mècaje) (missio, envoi), charge de dire ou porter quelque chose.
MESSAGER, ÈRE, s. (mècajé, ère) (missus, envoyé), qui fait un message.
MESSAGERIE, s. f. (mècajeri), office de messager public; voiture publique.
MESSALINE, s. f. (mècaline), nom propre de la femme d'un empereur romain et qui se dit d'une femme de mœurs licencieuses.
MESSE, s. f. (mèce) (missa), sacrifice du corps de Jésus-Christ dans l'Eglise catholique.
MESSÉANCE, s. f. (mècé-ance), manque de bienséance; le contraire de bienséance.
MESSÉANT, E, adj. (mècé-an, ante), qui n'est pas séant, convenable.
MESSEOIR, v. n. (mècoare), ne pas convenir; n'être pas séant.
MESSER, s. m. Voy. MESSIRE.
MESSIDOR, s. m. (mècidor) (messis, moisson), premier mois d'été de l'année républicaine.
MESSIE, s. m. (mècí) (messias, de l'hébreu masihh, oint), le Christ.
MESSIER, s. m. (mècié) (messis, moisson), gardien des vendanges et des moissons.
MESSIEURS, pl. de monsieur (mècieu).
MESSIRE, s. m. (mècire) (de l'italien messere), titre d'honneur. — Messire-Jean, espèce de poire.
MESTRE, s. m. (mècetre), t. de mar.: arbre de mestre, grand mât de galère.
MESTRE-DE-CAMP, s. m. (mècetredekan), autrefois colonel d'un régiment.
MESURABLE, adj. des deux g. (mezurable), qui peut se mesurer.
MESURAGE, s. m. (mesuraje), action de mesurer; procès-verbal d'un arpenteur.
MESURE, s. f. (mezure), ce qui sert de règle pour mesurer; dimension; cadence; moyen; bornes; fig. modération; ménagement.
MESURÉ, E, part. pass. de mesurer, et adj., circonspect, prudent.
MESURER, v. a. (mezuré) (mesurare), chercher à connaître une quantité par une mesure; proportionner. — V. pr., lutter.
MESUREUR, EUSE, s. (mezureur, euze), qui mesure.
MÉSUSER, v. n. (mézuzé), mal user.
MÉTABOLE, s. f. (métabole) (μεταβολη, changement), réunion de plusieurs expressions synonymes pour peindre une même idée.
MÉTACARPE, s. m. (métakarpe) (μετα, après, et καρπος, le carpe), partie de la main entre le poignet et les doigts.
MÉTACHRONISME, s. m. (métakroniceme) (μετα, après, et χρονος, temps), sorte d'anachronisme.
MÉTAIRIE, s. f. (métèri) (en lat. barbare medietaria), ferme.
MÉTAL, s. m. (metal) (metallum), corps minéral. — Au pl. métaux.
MÉTALEPSE, s. f. (métalèpce) (μεταληψις, transmutation), figure de rhét. par laquelle on prend l'antécédent pour le conséquent, ou le conséquent pour l'antécédent.
MÉTALLIQUE, adj. des deux g. (métalike) (metallicus), qui concerne les métaux. — S. f., métallurgie.
MÉTALLISATION, s. f. (métalelizácion), formation naturelle des métaux.
MÉTALLISÉ, E, part. pass. de métalliser.
MÉTALLISER, v. a. (métalelizé), faire prendre la forme métallique à une substance.
MÉTALLOGRAPHIE, s. f. (métalelografi), science, connaissance des métaux.
MÉTALLURGIE, s. f. (métalelurji) (μεταλ-

λος, métal, et εργον, travail), art de tirer les métaux des mines et de les travailler.

MÉTALLURGIQUE, adj. des deux g. (*métalelurjike*), de la *métallurgie*.

MÉTALLURGISTE, s. m. (*métalelurjicete*), qui s'occupe de la *métallurgie*.

MÉTAMORPHOSE, s. f. (*métamorfóze*) (μεταμορφωσις), changement de forme.

MÉTAMORPHOSÉ, E, part. pass. de *métamorphoser*.

MÉTAMORPHOSER, v.a.(*métamorfóze*)(μεταμορφοω), changer d'une forme en une autre.

MÉTAPHORE, s. f. (*métafore*) (μεταφορα, transposition), figure par laquelle on transporte un mot du sens propre au sens figuré.

MÉTAPHORIQUE, adj. des deux g. (*métaforike*), qui tient de la *métaphore*.

MÉTAPHORIQUEMENT, adv. (*métaforikeman*), d'une manière *métaphorique*.

MÉTAPHYSICIEN, IENNE, s. (*métafizicien*, *iène*), qui étudie la *métaphysique*.

MÉTAPHYSIQUE, s. f. (*métafizike*) (*métaphysica*), science des idées et des choses abstraites; art d'abstraire ses idées. — Adj. des deux g., qui appartient à la *métaphysique*; trop abstrait, trop subtil.

MÉTAPHYSIQUEMENT, adv. (*métafizikeman*), d'une manière *métaphysique*.

MÉTAPHYSIQUER, v. n. (*métafizikié*) parler d'une manière abstraite. Peu us.

MÉTAPLASME, s. m. (*métaplaceme*) (μεταπλασμος), altération d'un mot.

MÉTASTASE, s. f. (*métacetáze*) (μεταστασις), transport d'une maladie d'une partie du corps dans une autre.

MÉTATARSE, s. m. (*métatarce*) (μετα, après, et ταρσος, le tarse), partie du pied entre le *tarse* et les orteils.

MÉTATHÈSE, s. f. (*métatèze*) (μεταθεσις, transposition), transposition d'une lettre.

MÉTAYER, ÈRE, s. (*métè-ié*, *ière*), fermier qui fait valoir une *métairie*.

MÉTEIL, s. m. (*métè-ie*) (*mixtura*, chanlange), froment et seigle mêlés ensemble.

MÉTEMPSYCHOSE, s. f. (*métanpecikóze*) (μετα, qui signifie changement, et ψυχη, âme), passage de l'âme d'un corps dans un autre.

MÉTÉORE, s. m. (*mété-ore*) (μετεωρος, haut), phénomène dans l'air.

MÉTÉORIQUE, adj. des deux g. (*mété-orike*), qui appartient aux *météores*.

MÉTÉORISÉ, E, adj. (*mété-orizé*), gonflé.

MÉTÉOROLOGIE, s. f. (*mété-oroloji*) (μετεωρος, météore, et λογος, discours), partie de la physique qui traite des *météores*.

MÉTÉOROLOGIQUE, adj. des deux g. (*mété-orolojike*), qui concerne les *météores*.

MÉTHODE, s. f. (*métode*) (*methódus*), manière de dire ou de faire quelque chose avec un certain ordre; arrangement; règle.

MÉTHODIQUE, adj. des deux g. (*métodike*), qui a de la *méthode*; qui est fait avec *méthode*.

MÉTHODIQUEMENT, adv. (*métodikeman*), avec *méthode*.

MÉTHODISME, s. m. (*métodicéme*), doctrine des *méthodistes*.

MÉTHODISTE, s. des deux g. (*métódicete*), nom de sectaires d'Angleterre.

MÉTICULEUX, EUSE, adj. et s. (*méticuleu*, *euze*) (*meticulosus*), susceptible de crainte.

MÉTIER, s. m. (*métié*) (*ministerium*), profession; machine.

MÉTIS, ISSE, s. et adj. (*métice*) (*mixtus*, mêlé), né de deux espèces.

MÉTONOMASIE, s. f. (*métonomazi*) (μετονομασια, changement de nom), changement d'un nom propre par la traduction.

MÉTONYMIE, s. f. (*métonimi*) (μετωνυμια, changement de nom), figure du discours par laquelle on met la cause pour l'effet, etc.

MÉTOPE, s. f. (*métope*) (μετοπη), t. d'archit., intervalle entre les triglyphes.

MÉTOPOSCOPIE, s. f. (*métopocekopi*)(μετωπον, front, et σκεπτω, je considère), art de conjecturer par les traits du visage le caractère, le tempérament d'une personne.

MÉTOPOSCOPIQUE, adj. des deux g. (*métopocekopike*), de la *métoposcopie*.

MÈTRE, s. m. (*mètre*) (*metrum*), mot ancien qui signifie vers, poésie; pied ou mesure de vers; mesure de longueur qui équivaut à trois pieds onze lignes et demie.

MÉTRÈTE, s. f. (*métrète*) (μετρητης), mesure ancienne pour les liquides.

MÉTRIQUE, adj. des deux g. (*métrike*)(*metricus*), composé de *mètres*; qui a rapport au *mètre*.— S. f., partie de la musique ancienne qui s'occupait de la prosodie.

MÉTROMANE, s. des deux g. (*métromane*), qui a la *manie* de faire des vers.

MÉTROMANIE, s. f. (*métromani*) (μετρον, vers, et μανια, manie), manie de faire des vers.

MÉTROPOLE, s. f. (*métropole*) (μητροπολις, ville principale), ville mère par rapport à ses colonies; ville avec siège épiscopal.

MÉTROPOLITAIN, E, adj. (*métropolitein*, *tène*), archiépiscopal.—S. m., archevêque.

METS, s. m. (*mè*) (*missus*, service), tout ce qu'on sert sur la table pour manger.

METTABLE, adj. des deux g. (*mètable*), qui peut se *mettre*.

METTEUR, s. m. (*mèteur*), qui *met*.

METTRE, v. a. (mètre) (mittere, placer); placer; exposer; employer. — V. pr., se placer; se vêtir.

MEUBLANT, E, adj. (meublan, ante), qui est propre à meubler.

MEUBLE, s. m. (meuble) (mobilis, mobile), tout ce qui sert à meubler.— Adj. des deux g., aisé à remuer.

MEUBLÉ, E, part. pass. de meubler.

MEUBLER, v.a.(meublé) garnir de meubles.

MEUGLEMENT, s. m. Voy. BEUGLEMENT.

MEUGLER, v. n. Voy. BEUGLER.

MEULE, s. f. (meule) (mola), corps rond et plat qui sert à broyer, à aiguiser; monceau, pile de foin, de paille, de gerbes, etc.

MEULIÈRE (PIERRE DE), s. f. (meulière), pierre dont on fait les meules de moulin.

MEUNIER, s. m. (meunié) (du bas lat. molinarius), qui gouverne un moulin à blé.

MEUNIÈRE, s. f. (meunière), femme d'un meunier; mésange; corneille.

MEURTRE, s. m. (meurtre) (du lat. barbare murdrum), homicide; fig. grand dommage.

MEURTRIER, IÈRE, s. et adj. (meurtri-é, ière), qui tue; qui a fait un meurtre.

MEURTRIÈRE, s. f. (meurtri-ère), ouverture dans un mur de fortification.

MEURTRIR, v. a. (meurtrir), faire quelque meurtrissure, quelque contusion.

MEURTRISSURE, s. f. (meurtricure), marque livide causée par quelque coup.

MEUTE, s. f. (meute) (mota, part. f. de movere, lancer), nombre de chiens courants.

MÉVENDRE, v. a. (mévandre) (malè vendere), vendre à vil prix. Peu us.

MÉVENTE, s. f. (mévante), vente à vil prix; cessation de vente.

MÉZAIR, s. m. (mézère) (de l'italien mezza aria), allure du cheval.

MEZZANINE, s. f. (mézanine), t. d'archit., petit attique.

MEZZO-TERMINE, s. m. (mèdezôtèreminé) (emprunté de l'italien), parti moyen.

MEZZO-TINTO, s. m. (mèdezôtinetô) (pris de l'italien), estampe en manière noire.

MI, s. m. (mi), troisième note de la gamme.

MI (mi), particule indéclinable qui entre dans la composition de plusieurs mots, et qui signifie demi, moitié, milieu.

MIASME, s. m. (miacsme) (μιασμα, contagion), exhalaisons morbifiques.

MIAULEMENT, s. m. (miôleman) (fait par onomatopée), cri du chat.

MIAULER, v. n. (miôlé) (fait par onomatopée), crier, en parlant du chat.

MICA, s. m. (mika) (micare, briller), pierre brillante, feuilletée et écailleuse.

MICACÉ, E, adj. (mikacé), qui est de la nature du mica; qui contient du mica.

MICHE, s. f. (miche) (mica, miette), petit pain blanc; gros morceau de mie.

MICMAC, s. m. (mikmak), pratique secrète faite à mauvais dessein.

MICOCOULIER, s. m. (mikokoulié), arbre.

MICROCOSME, s. m. (mikrokosme)(μικρος, petit, et κοσμος, monde), petit monde.

MICROGRAPHIE, s. f. (mikrograæfi)(μικρος, petit, et γραφω, je décris), description des objets microscopiques.

MICROMÈTRE, s. m. (mikromètre)(μικρος, petit, et μετρον, mesure), instrument pour mesurer de très-petites distances.

MICROSCOPE, s. m. (mikroceôpe)(μικρος, petit, et σκοπια, je regarde), instrument qui sert à grossir les petits objets.

MICROSCOPIQUE, adj. des deux g. (mikrocekopike), propre à être examiné à l'aide du microscope; extrêmement petit.

MIDI, s. m. (midi) (medius dies), milieu du jour; heure qui le marque; le sud.

MIE, s. f. (mi) (mica), partie du pain enfermée entre les deux croûtes; diminutif d'amie. —Partic. négat., au lieu de point.

MIEL, s. m. (mièle) (μελι), suc doux que les abeilles tirent des fleurs et des plantes.

MIELLEUX, EUSE, adj. (mièleu, euze), qui tient du miel; fade, doucereux.

MIEN, IENNE, adj. (mien, ièn) (meus, mea), qui est à moi. — S. m. : le mien, mon bien.—Les miens, mes proches, mes alliés.

MIETTE, s. f. (mièté) (mica), parcelle de pain; petit morceau.

MIEUX, adv. (mieu) (melius), comparatif de bien.—S. m., meilleur.—Le mieux, superlatif de bien.

MIGNARD, E, adj.(migniar, arde), mignon, délicat, agréable; caressant.

MIGNARDEMENT, adv. (migniardeman), délicatement.

MIGNARDER, v. a. (migniardé), dorloter, traiter délicatement.

MIGNARDISE, s. f. (migniardize), délicatesse; manières caressantes; œillet.

MIGNON, ONNE, adj. (mignon, one), délicat, gentil.—S., bien aimé.

MIGNONNE, s. f. (mignone), nom d'un caractère d'imprimerie; pêche; prune.

MIGNONNEMENT, adv. (mignoneman), d'une manière mignonne et délicate.

MIGNONNETTE, s. f. (mignionète), dentelle légère; poivre concassé; œillet.

MIGNOTÉ, E, part. pass. de mignoter.

MIGNOTER, v. a. (mignioté), traiter délicatement, dorloter, caresser. Pop.

MIGNOTISE, s. f. (migniotize), caresses.

MIGRAINE, s. f. (miguerène) (εμικραρια), douleur qui occupe une moitié de la tête.

MIGRATION, s. f. (migueracion)(migrare, émigrer), action d'émigrer en foule.

MIJAURÉE, s. f. (mijôré), fille ou femme dont les manières sont affectées. Fam.

MIJOTÉ, E, part. pass. de *mijoter*.
MIJOTER, v. a. et n. (*mijoté*), faire cuire lentement et doucement; mignoter. Fam.
MIL ou **MILLET**, s. m. (*mi-ie, mi-iè*) (*milium*), plante; son grain.
MIL, adj. numéral (*mile*), c'est une abréviation de *mille*: il se dit pour *millième* dans la supputation des années.
MILADY, s. f. (*milédi*), femme d'un *milord*.
MILAN, s. m. (*milan*) (*milvus* ou *milvius*), oiseau de proie.
MILIAIRE, adj. des deux g. (*milière*), qui ressemble à des grains de *mil*.
MILICE, s. f. (*milice*) (*militia*, fait de *miles*, soldat), art de la guerre; armée; troupes composées de bourgeois; nouvelles recrues.
MILICIEN, s. m. (*milicien*), soldat de milice.
MILIEU, s. m. (*milieu*) (*medius locus*), centre; lieu également distant des extrémités.
MILITAIRE, adj. des deux g. (*militère*) (*militaris*), qui regarde la guerre. — S. m., soldat.
MILITAIREMENT, adv. (*militèreman*), d'une manière *militaire*.
MILITANTE, adj. f. (*militante*) (*militans*, part. prés. de *militare*, combattre): église *militante*, assemblée des fidèles sur la terre.
MILITER, v. a. (*milité*) (*militare*, fait de *miles*, soldat), combattre.
MILLE, adj. numéral des deux g. (*mile*) (*mille*), dix fois cent; un grand nombre.
MILLE, s. m. (*mile*), espace de chemin d'environ *mille* pas géométriques.
MILLE-FEUILLES, s. f. (*milefeu-ie*), plante.
MILLE-FLEURS, s. f. (*milefleur*): eau de *mille-fleurs*, urine de vache.
MILLÉNAIRE, adj. des deux g. (*milélénère*), qui contient *mille*. — S. m., dix siècles.
MILLE-PERTUIS, s. m. (*milepèretui*), plante.
MILLE-PIEDS, s. m. (*milepié*), insecte.
MILLÉPORE, s. m. (*milelépore*), polypier pierreux percé de trous.
MILLÉSIME, s. m. (*milelézime*), année marquée sur une médaille, etc.
MILLET, s. m. (*mi-iè*). Voy. **MIL**.
MILLIAIRE, s. m. et adj. des deux g. (*milière*), borne placée sur les grands chemins pour marquer les distances.
MILLIARD, s. m. (*miliar*), dix fois cent millions.
MILLIASSE, s. f. (*miliace*), un nombre illimité. Il ne se dit qu'en mauvaise part.
MILLIÈME, adj. des deux g. (*milième*) (*milesimus*), qui achève le nombre *mille*. — S. m., *millième* partie.
MILLIER, s. m. (*milié*), nombre collectif contenant *mille*; *mille* livres pesant.
MILLIMÈTRE, s. m. (*milelimètre*), millième partie du *mètre*.
MILLION, s. m. (*milion*), dix fois cent *mille*; nombre indéterminé.

MILLIONIÈME, adj. des deux g. (*milionième*), qui complète un *million*. — S. m., une des parties d'un tout divisé en un *million*.
MILLIONNAIRE, s. et adj. des deux g. (*milionère*), personne riche d'un *million*.
MILORD, s. m. (*milor*), mot anglais qui veut dire *monseigneur*; pop., homme riche.
MIME, s. m. (*mime*) (μιμος, imitateur, bouffon), comédie bouffonne chez les anciens; acteur qui jouait dans ces pièces.
MIMIQUE, adj. des deux g. (*mimike*), appartenant aux *mimes*. — S. f., art d'imiter par les gestes.
MIMOSA, s. f. (*mimósa*), sensitive.
MINABLE, adj. des deux g. (*minable*), qui a mauvaise *mine*; qui fait pitié.
MINAGE, s. m. (*minaje*), droit pris sur la *mine* de blé.
MINARET, s. m. (*minarè*) (de l'arabe *menareh*, tour), chez les Turcs, tour faite en forme de clocher.
MINAUDER, v. n. (*minódé*), affecter des mines, des façons pour plaire.
MINAUDERIE, s. f. (*minóderi*), mines affectées; action de *minauder*.
MINAUDIER, IÈRE, s. et adj. (*minódié, ière*), qui *minaude*.
MINCE, adj. des deux g. (*meince*) (*minutus*, menu), de peu d'épaisseur; modique; faible.
MINE, s. f. (*mine*) (du bas-breton *moina*), air du visage; accueil; semblant; contenance.
MINE, s. f. (*mine*) (de l'allemand *mine*), lieu où se forment les métaux et les minéraux; cavité souterraine pour faire sauter par le moyen de la poudre; minerai; — (de *mina*, sorte de poids grec) demi-setier; monnaie ancienne; mesure pour les terres.
MINÉ, E, part. pass. de *miner*.
MINER, v. a. (*miné*), faire une *mine* sous..., creuser, caver; détruire peu à peu.
MINERAI, s. m. (*minerè*), métal combiné dans la *mine* avec des substances étrangères.
MINÉRAL, s. m. (*minérale*), corps solide qui se tire des *mines*. — Au pl. *minéraux*.
MINÉRAL, E, adj. (*minérale*), qui tient des *minéraux*, qui leur appartient.
MINÉRALISATEUR, s. m. (*minéralisateur*), substance qui *minéralise*.
MINÉRALISATION, s. f. (*minéralizácion*), formation des *minerais*.
MINÉRALISÉ, E, part. pass. de *minéraliser*, et adj.
MINÉRALISER, v. a. (*minéralizé*), donner à un métal la forme de *minerai*.
MINÉRALOGIE, s. f. (*minéraloji*) (*minera*, mine ou minéral, et λογος, discours), connaissance des *minéraux*.
MINÉRALOGIQUE, adj. des deux g. (*minéralojike*), qui concerne la *minéralogie*.

MINÉRALOGISTE, s. m. (*minéralojicete*), qui est versé dans la *minéralogie*.
MINERVE, s. f. (*minèreve*), myth., déesse des beaux-arts et de la sagesse ; fig. femme sage et belle; génie d'un poëte.
MINET, ETTE, s. (*minè, èle*), petit chat, petite chatte. Fam.
MINEUR, s. m. (*mineur*), qui fouille la *mine*; qui travaille à une *mine*.
MINEUR, E, s. et adj. (*mineur*)(*minor*), qui n'a point l'âge de majorité.—Adj., plus petit.
MINEURE, s. f. (*mineure*), deuxième proposition d'un syllogisme; thèse des étudiants en théologie.
MINIATURE, s. f. (*miniature*), peinture en petit; tableau peint en ce genre; personne, chose petite et jolie.
MINIATURISTE, s. des deux g. (*miniaturicete*), peintre en *miniature*.
MINIÈRE, s. f. (*minière*), mine.
MINIME, adj. ou superlatif des deux g. (*mixime*) (*mininius*), très-petit ou le plus petit. —S. f., t. de mus., blanche.—S. m., religieux.
MINIMUM, s. m. (*miniome*) (emprunté du latin), le plus petit degré.
MINISTÈRE, s. m. (*minicetère*) (*ministerium*), emploi, charge; entremise; hôtel, bureaux d'un *ministre*; tous les *ministres*.
MINISTÉRIALISME, s. m. (*minicetérialiceme*), système des *ministériels*.
MINISTÉRIEL, ELLE, adj. (*minicetérièle*), qui appartient au *ministère*.—S. et adj., partisan du *ministère*.
MINISTÉRIELLEMENT, adv. (*minicetérièlemen*), dans la forme *ministérielle*.
MINISTRE, s. m. (*minicetre*) (*minister*), homme public chargé des affaires du gouvernement; ambassadeur; pasteur protestant.
MINIUM, s. m. (*miniome*), chaux ou oxyde de plomb rouge.
MINOIS, s. m. (*minoa*) (de mine, air de visage), visage plus joli que beau. Fam.
MINON, s. m. (*minon*), nom que les enfants donnent aux chats.
MINORATIF, s. et adj. m. (*minoratif*), remède qui purge doucement.
MINORITÉ, s. f. (*minorité*), état d'une personne *mineure*; le petit nombre.
MINOT, s m. (*minó*), mesure qui est proprement la moitié de la *mine*.
MINUIT, s. m. (*minui*), le milieu de la nuit.
MINUSCULE, s. f. et adj. des deux g. (*minucekule*) (*minusculus*, un peu plus petit), t. d'impr., se dit des petites lettres.
MINUTE, s. f. (*minute*) (*minutus*, petit), la soixantième partie d'une heure, d'un degré ; brouillon original d'un écrit, d'un acte, etc.
MINUTÉ, E, part. pass. de *minuter*.
MINUTER, v. a. (*minuté*), faire la *minute*, le brouillon d'un écrit; fig. projeter.

MINUTIE, s. f. (*minuci*) (*minutia*, poussière), bagatelle, chose frivole.
MINUTIEUSEMENT, adv. (*minucieuzeman*), d'une manière *minutieuse*.
MINUTIEUX, EUSE, adj. (*minucieu, euze*), qui s'attache aux *minuties*.
MIOCHE, s. m. (*mioche*), petit garçon. Pop.
MI-PARTI, E, adj. (*miparti*), composé de deux *parties* égales, mais différentes; partagé.
MIQUELET, s. m. (*mikelè*), nom de bandits qui vivaient dans les Pyrénées.
MIRABELLE, s. f. (*mirabèle*), prune.
MIRACLE, s. m. (*miràkle*) (*miraculum*), effet de la puissance divine contre l'ordre de la nature; chose rare.
MIRACULEUSEMENT, adv. (*mirakuleuzman*), d'une manière *miraculeuse*.
MIRACULEUX, EUSE, adj. (*mirakuleu, euse*), qui tient du *miracle*.
MIRAGE, s. m. (*miraje*), phénomène d'optique sur mer et dans la Haute-Egypte.
MIRE, s. f. (*mire*), bouton au bout d'un fusil ou d'un canon, qui sert à *mirer*.
MIRÉ, E, part. pass. de *mirer*, et adj., se dit d'un sanglier à défenses recourbées.
MIRER, v. a. et n. (*miré*) (*mirare* ou *mirari*), viser; regarder à travers — V. pr., se regarder dans quelque chose qui rend l'image.
MIRLIFLORE, s. m. (*mirliflore*), un agréable, un merveilleux. Fam.
MIRLIROT, s. m. Voy. MÉLILOT.
MIRLITON, s. m. (*mirliton*), flûte de roseau, garnie par les bouts de pelure d'ognons.
MIRMIDON, s. m. Voy. MYRMIDON.
MIROIR, s. m. (*miroar*) (de *mirer*), glace de verre qui représente les objets placés devant.
MIROITÉ, E, adj. (*miroèté*), se dit d'un cheval bai à croupe pommelée.
MIROITERIE, s. f. (*miroèteri*), commerce de *miroirs*.
MIROITIER, s. m. (*miroètié*), ouvrier, marchand qui fait ou vend des *miroirs*, etc.
MIROTON, s. m. (*miroton*), mets composé de tranches de viande déjà cuites.
MIS, E, part. pass. de *mettre*, et adj.
MISAINE, s. f. (*mizène*) (de l'italien *mezzana*), voile entre le beaupré et la grande voile.
MISANTHROPE, s. m. et adj. des deux g. (*mizantrope*) (μισω, je hais, et ανθρωπος, homme), qui hait les hommes; homme bourru.
MISANTHROPIE, s. f. (*misantropi*), haine des hommes; humeur chagrine.
MISANTHROPIQUE, adj des deux g. (*mizantropike*), qui naît de la *misanthropie*.
MISCELLANÉE, s. m. (*micèlané*) (*miscere*, mêler), recueil de différents ouvrages.
MISCIBILITÉ, s. f. (*micecibilité*), qualité de ce qui peut se mêler.
MISCIBLE, adj. des deux g. (*micecible*) (*miscere*, mêler), qui peut se mêler avec.

MISE, s. f. (*mize*), ce qu'on met au jeu ou dans une société de commerce; cours de la monnaie; manière de se vêtir; action de mettre.

MISÉRABLE, adj. des deux g. (*mizérable*) (*miserabilis*), qui est dans la *misère*; méchant; funeste; mauvais.

MISÉRABLEMENT, adv. (*misérableman*), d'une manière *misérable*.

MISÈRE, s. f. (*misère*) (*miseria*), état malheureux; peines; bagatelle.

MISERERE, s. m. (*miséréré*), psaume qui commence par ce mot latin; maladie.

MISÉRICORDE, s. f. (*mizérikorde*) (*misericordia*), grâce, pardon; pitié; bonté; dague.

MISÉRICORDIEUSEMENT, adv. (*mizérikordieuzeman*), avec *miséricorde*.

MISÉRICORDIEUX, EUSE, adj. (*mizérikordieu, euze*), qui a de la *miséricorde*.

MISSEL, s. m. (*micèle*), livre qui contient les prières de la messe.

MISSION, s. f. (*micion*)(*missio*), envoi avec pouvoir d'agir; prédications; congrégation.

MISSIONNAIRE, s. m. (*micionère*), ecclésiastique employé aux *missions*.

MISSIVE, adj. et s. f. (*micive*)(*mittere*, envoyer), lettre écrite pour être envoyée.

MISTRAL, s. m. (*micétrale*), vent violent de mer, en Provence.

MITAINE, s. f. (*mitène*) (du celtique *mittain*), gants sans séparation pour les doigts; petits gants qui ne couvrent que le dessus de la main; *fig.* soins, précautions.

MITE, s. f. (*mite*) (μίδας, cosson), petit insecte qui naît dans le fromage.

MITHRIDATE, s. m. (*mitridate*), sorte de composition bonne contre le poison.

MITIGATION, s. f. (*mitiguácion*) (*mitigatio*), adoucissement.

MITIGÉ, E, part. pass. de *mitiger*.

MITIGER, v. a.(*mitijé*)(*mitigare*); adoucir.

MITON, s. m. (*miton*), sorte de gant qui ne couvre que l'avant-bras.

MITONNÉ, E, part. pass. de *mitonner*.

MITONNER, v. n. (*mitoné*) (*mitis*, doux), tremper long-temps sur le feu dans du bouillon.—V. a., dorloter; cajoler; ménager. Fam.

MITOYEN, ENNE, adj. (*mitoè-ièin, iène*) (*medianus*), qui est entre deux.

MITOYENNETÉ, s. f. (*mitoè-ièneté*), état de ce qui est *mitoyen*.

MITRAILLADE, s. f.(*mitrā-iade*),décharge de canons chargés à *mitraille*.

MITRAILLE, s. f. (*mitrā-ie*), ferraille dont on charge le canon; basse monnaie.

MITRAILLÉ, E, part. pass. de *mitrailler*.

MITRAILLER, v. a. (*mitrā-ié*), tuer au moyen de canons chargés à *mitraille*.

MITRE, s. f. (*mitre*) (μίτρα, nom d'une coiffure grecque); coiffure des évêques.

MITRÉ, E, adj. (*mitré*), qui a une *mitre*.

MITRON, s. m. (*mitron*) (*mitra*, mitre) garçon boulanger ou pâtissier. Pop.

MIXTE, adj. des deux g. (*mikcete*), composé; mêlé, mélangé.—S. m., corps *mixte*.

MIXTILIGNE, adj. des deux g. (*mikcetiligne*), à *lignes* diverses.

MIXTION, s. f. (*mikcetion*) (*mixtio*), mélange de drogues dans un liquide.

MIXTIONNÉ, E, part. pass. de *mixtionner*.

MIXTIONNER, v. a. (*mikcetioné*), mêler, faire une *mixtion*.

MIXTURE, s. f. (*mikceture*), *mixtion*.

MNÉMONIQUE, s. f. et adj. des deux g. (*mnémonike*) (μνημονικη), art d'exercer la mémoire, d'en faciliter les opérations.

MNÉMOTECHNIE, s. f. (*mnémotèkni*), *mnémonique*.

MOBILE, adj. des deux g. (*mobile*) (*mobilis*), qui se *meut*; changeant. — S. m., motif.

MOBILIAIRE, adj. des deux g. (*mobilière*), qui tient de la nature des *meubles*.

MOBILIER, IERE, adj (*mobilié, ière*), qui est *meuble*.—S. m., tous les *meubles*.

MOBILISATION, s. f. (*mobilizácion*), action de *mobiliser*.

MOBILISÉ, E, part. pass. de *mobiliser*.

MOBILISER, v. a. (*mobilizé*), ameublir un immeuble; rendre *mobile*.

MOBILITÉ, s. f. (*mobilité*) (*mobilitas*), facilité à être *mu*.

MODALITÉ, s. f. (*modalité*), mode; qualité.

MODE, s. m.(*mode*)(*modus*); manière d'être; forme; en gramm., manière d'exprimer l'action du verbe; en mus., arrangement de sons, ton. — S. f., usage passager qui dépend du goût et du caprice; manière, fantaisie: — Au pl., parures à la *mode*.

MODELAGE, s. m. (*modelaje*), action de *modeler*.

MODÈLE, s. m. (*modèle*)(*modulus*, mesure), tout ce qu'on veut imiter; patron; exemple.

MODELÉ, E, part. pass. de *modeler*.

MODELER, v. a. (*modelé*), imiter un objet en cire, en plâtre, etc.; *fig.* régler.

MODÉNATURE, s. f. (*modénature*), t. d'archit., proportion des moulures d'une corniche.

MODÉRATEUR, TRICE, s. et adj. (*modérateur, trice*) (*moderator*), qui *modère*.

MODÉRATION, s. f. (*modérácion*)(*moderatio*), retenue; diminution.

MODÉRÉ, E, part. pass. de *modérer*, et adj. éloigné de tout excès; sage retenue.—S. m., celui qui a des opinions *modérées*.

MODÉRÉMENT, adv. (*modéréman*), avec *modération*, avec retenue.

MODÉRER, v. a. (*modéré*) (*moderare*), tempérer, adoucir; mettre des bornes.

MODERNE, adj. des deux g. (*modèrne*) (en

lat. barbare *modernus*), nouveau, récent. — S. m., auteur *moderne*.

MODERNÉ, E, part. pass. de *moderner*.

MODERNER, v. a. (*modèrené*), rétablir, restaurer une antique à la moderne. Peu us.

MODESTE, adj. des deux g. (*modèste*)(*modestus*), qui a de la *modestie*; médiocre.

MODESTEMENT, adv. (*modèceteman*), avec *modestie*.

MODESTIE, s. f. (*modèceti*) (*modestia*), retenue dans la manière de se conduire, de parler de soi; pudeur; modération.

MODICITÉ, s. f. (*modicité*) (*modicus*, modique), petite quantité.

MODIFICATIF, IVE, adj. (*modifikatif*, *ive*), qui *modifie*.—Subst. au m., mot qui *modifie* le sens d'un autre.

MODIFICATION, s. f. (*modifikácion*)(*modificatio*), action de *modifier*.

MODIFIÉ, E, part. pass. de *modifier*.

MODIFIER, v. a. (*modifié*) (*modificare*), adoucir; restreindre; changer.

MODILLON, s. m. (*modi-ion*) (en italien *modiglione*), petite console.

MODIQUE, adj. des deux g. (*modike*) (*modicus*), médiocre, qui est de peu de valeur.

MODIQUEMENT, adv. (*modikeman*), avec *modicité*.

MODISTE, s. et adj. des deux g.(*modicete*), qui fait les *modes*.

MODULATION, s. f. (*modulácion*) (*modulatio*), en mus., passage d'un ton à un autre.

MODULE, s. m. (*module*) (*modulus*), mesure pour régler les proportions d'un ordre d'architecture; diamètre d'une médaille.

MODULÉ, E, part. pass. de *moduler*.

MODULER, v. a. et n. (*modulé*)(*modulari*), t. de mus., passer d'un *mode* dans un autre.

MOELLE, s. f. (*moèle*) (μυελος), substance *molle* dans la concavité des os; substance spongieuse dans le centre des corps ligneux.

MOELLEUSEMENT, adv. (*moèleuzeman*), d'une manière *moelleuse*.

MOELLEUX, EUSE, adj. (*moèleu*, *euse*), rempli de *moelle*; doux, tendre, souple. — Subst. au m., douceur, souplesse.

MOELLON, s. m. (*moèlon*) (du mot *moelle*), pierre à bâtir.

MOEUF, s. m. (*meufe*), t. de gramm., mode, manière de conjuguer les verbes.

MOEURS, s. f. pl. (*meurce*) (*mos*, *moris*, *usage*), habitudes naturelles ou acquises dans la conduite ordinaire de la vie; caractère.

MOFETTE. Voy. MOUFETTE.

MOHATRA, adj. m. (*mo-atra*), se dit d'une sorte de contrat usuraire. Vieux.

MOI (*moè*)(*me*), pron. pers. des deux g. dont *nous* est le pluriel.

MOIGNON, s. m. (*moègnion*) (du bas-breton *moign*, manchot), reste d'un membre coupé.

MOINAILLE, s. f. (*moènâ-ie*), les moines en général. Fam.

MOINDRE, adj. comparatif des deux g. (*moeindre*) (*minor*), comparatif de *petit*. plus petit.—Le *moindre*, superlatif de *petit*.

MOINE, s. m. (*moène*)(μονος, solitaire), religieux; ustensile pour chauffer un lit.

MOINEAU, s. m. (*moènô*) (μονος, solitaire), petit oiseau à plumage gris.

MOINERIE, s. f. (*moèneri*), tous les *moines*; l'esprit et l'humeur des *moines*.

MOINESSE, s. f. (*moènèce*), religieuse. Fam.

MOINILLON, s. m. (*moèni-ion*), petit *moine*.

MOINS, adv. (*moein*)(*minùs*), comparatif de *peu*; il marque l'infériorité. — Le *moins*, superlatif de *peu*.

MOIRE, s. f. (*moare*), sorte d'étoffe de soie ondée, dont le grain est fort serré.

MOIRÉ, E, part. pass. de *moirer*, et adj., ondé comme la *moire*.

MOIRER, v. a. (*moaré*), donner à une étoffe unie la façon de la *moire*.

MOIS, s. m. (*moá*) (*mensis*), douzième partie de l'année.

MOISE, s. f. (*moèze*), pièce de bois qui sert à lier ensemble d'autres pièces.

MOISER, v. a. (*moèzé*), mettre des *moises*.

MOISI, E, part. pass. de *moisir*.—S. m., ce qui est *moisi*; odeur, goût de ce qui est *moist*.

MOISIR, v. a. et n. (*moèzir*) (*mucere*), couvrir d'une mousse blanchâtre qui marque un commencement de corruption.

MOISISSURE, s. f. (*moèticure*) (*mucedo*), altération d'une chose *moisie*.

MOISSINE, s. f. (*moècine*), faisceau de branches de vigne avec leurs grappes.

MOISSON, s. f.(*moèçon*)(*messis*), récolte des blés et autres grains.

MOISSONNÉ, E, part. pass. de *moissonner*.

MOISSONNER, v. a. (*moèçoné*), faire la *moisson*.

MOISSONNEUR, EUSE, s. (*moèçoneur*, *euze*), qui *moissonne*.

MOITE, adj. des deux g. (*moète*) (*matidus*), un peu humide, mouillé.

MOITEUR, s. f. (*moèteur*) (*mador*), petite humidité.

MOITIÉ, s. f. (*moètié*) (*medietas*), partie d'un tout divisé en deux parties égales.

MOKA, s. m. (*moka*), café d'excellente qualité qui vient de *Moka*, ville d'Arabie.

MOL, MOLLE, adj. Voy. MOU.

MOLAIRE, adj. des deux g. (*molère*)(*molaris*), se dit des dents qui servent à broyer.

MÔLE, s. f. (*môle*) (*mola*), masse de chair informe; poisson de mer.

MÔLE, s. m. (*môle*) (*moles*, masse), jetée de grosses pierres au-devant d'un port.

MOLÉCULAIRE, adj. des deux g. (*molékulère*), qui appartient aux *molécules*.

MOLÉCULE, s. f. (*molékule*)(*molecula*), petite partie d'un corps.

MOLÈNE, s. f. (*molène*), sorte d'herbe.

MOLESTÉ, E, part. pass. de *molester*.
MOLESTER, v. a. (*molèceté*) (*molestare*), chagriner, importuner.
MOLETTE, s. f. (*molite*) (*mola*, meule), étoile de l'éperon; maladie des chevaux.
MOLINISME, s. m. (*moliniceme*), opinions du jésuite *Molina* sur la grace.
MOLINISTE, s. et adj. des deux g. (*molinicete*), disciple, partisan de *Molina*.
MOLLAH, s. m. (*molela*), prêtre musulman.
MOLLASSE, adj. des deux g. (*molace*)(*mollis*), qui est trop *mou*.
MOLLEMENT, adv. (*moleman*), d'une manière *molle*; faiblement, lâchement.
MOLLESSE, s. f. (*molèce*) (*molities*), qualité de ce qui est *mou*; vie voluptueuse.
MOLLET, ETTE, adj. (*molè, ète*) (*mollis*), qui n'est pas dur.
MOLLET, s. m. (*molè*), gras de la jambe; petite frange fort basse d'un lit, d'un siège.
MOLLETON, s. m. (*moleton*), petite étoffe de laine douce et *mollette*.
MOLLIFIÉ, E, part. pass. de *mollifier*.
MOLLIFIER, v. a. (*molelifié*), t. de méd., rendre *mou* et fluide.
MOLLIR, v. n. (*molir*) (*mollire*), devenir *mou*; manquer de vigueur; *fig*. céder.
MOLLUSQUE, s. et adj. m. (*moluceke*)(*mollis*, mou), classe d'animaux non vertébrés.
MOLY, s. m. (*moli*) (μωλυ), plante.
MOLYBDÈNE, s. m. (*molibedène*) (μολυβδαινα, masse de plomb), substance métallique.
MOMENT, s. m. (*moman*)(*momentum*), petite partie du temps; instant.
MOMENTANÉ, E, adj. (*momantené*) (*momentaneus*), qui ne dure qu'un *moment*.
MOMENTANÉMENT, adv. (*momantanémun*), passagèrement; pendant un *moment*.
MOMERIE, s. f. (*mémeri*) (μωμος, un moqueur), mascarade; déguisement de sentiments; *fig*. cérémonies ridicules. Fam.
MOMIE, s. f. (*momi*) (*mumia*), corps embaumé par les anciens Égyptiens.
MON, adj. et pron. possessif mas. (μον, pour εμον); il répond au pronom personnel, *moi, je*; il fait *ma* au fém., et *mes* au pl. des deux g.
MONACAL, E, qu'on devrait écrire **MONACHAL**, adj. (*monakale*) (*monachus*, moine), qui tient du *moine*.—Au pl. m. *monacaux*.
MONACALEMENT, adv. (*monakaleman*), d'une façon *monacale*. Voy. MONACAL.
MONACHISME, s. m. (*monachiceme*), t. de mépris, état des *moines*.
MONADE, s. f. (*monade*) (μονας, μοναδος, unité), être simple et sans parties; animalcule.
MONADELPHIE, s. f. (*monadèlcfi*) (μονος, seul, et αδελφος, frère), classe de plantes.
MONANDRIE, s. f. (*monandri*) (μονος, seul, et ανηρ, ανδρος, mari), classe de plantes.

MONARCHIE, s. f. (*monarchi*) (μονος, seul, et αρχη, puissance), gouvernement d'un état par un seul chef; état gouverné ainsi.
MONARCHIQUE, adj. des deux g. (*monarchike*), qui appartient à la *monarchie*.
MONARCHIQUEMENT, adv. (*monarchikeman*), d'une manière *monarchique*.
MONARQUE, s. m. (*monarke*), chef d'une *monarchie*; roi.
MONASTÈRE, s. m. (*monacetère*) (*monasterium*) demeure de religieux.
MONASTIQUE, adj. des deux g. (*monacetike*), qui regarde les *moines*.
MONAUT, adj. m. (*monô*)(μονος, seul, et ους, ωτος, oreille), qui n'a qu'une oreille. Peu us.
MONCEAU, s. m. (*moncô*) (*mons, montis*), tas en forme de petit *mont*.
MONDAIN, E, adj. et s. (*mondein, ène*), qui sent le *monde*; attaché au *monde*.
MONDAINEMENT, adv. (*mondèneman*), d'une manière *mondaine*.
MONDANITÉ, s. f. (*mondanité*), attachement aux choses vaines du *monde*.
MONDE, s. m. (*monde*) (*mundus*), l'univers, le ciel, la terre, et tout ce qu'ils renferment; le globe terrestre; les hommes; personnes.
MONDE, adj. des deux g. (*monde*), pur, net.
MONDÉ, E, part. pass. de *monder*, et adj.
MONDER, v. a. (*mondé*) (*mundare*), nettoyer.
MONDIFIÉ, E, part. pass. de *mondifier*.
MONDIFIER, v. a. (*mondifié*) (*mundare*), nettoyer, déterger. Peu us.
MONERON, s. m. (*moneron*), ancienne monnaie de billon.
MONÉTAIRE, s. m. (*monétère*) (*monetarius*), intendant des *monnaies*.—Adj. des deux g., des *monnaies*.
MONITEUR, s. m. (*moniteur*) (*monitor*), celui qui avertit; élève-répétiteur dans les écoles d'enseignement mutuel; journal.
MONITION, s. f. (*monicion*) (*monitio*, avis), avertissement juridique.
MONITOIRE, s. m. et adj. des deux g. (*monitoare*) (*monitorius*, qui avertit), lettres d'un juge d'église pour obliger à venir à révélation.
MONITORIAL, E, adj. (*monitoriale*), écri en forme de *monitoire*.
MONNAIE, s. f. (*monè*)(*moneta*), espèce d'or et d'argent ou d'autre métal qui a cours; menues espèces; lieu où l'on fait les *monnaies*.
MONNAYAGE, s. m. (*monè-iaje*), action de *monnayer*.
MONNAYÉ, E, part. pass. de *monnayer*, et adj.
MONNAYER, v. a.(*monè-ié*), faire de la *monnaie* de quelque sorte de métal.
MONNAYEUR, s. m. (*monè-ieur*), ouvrier qui fabrique de la *monnaie*.
MONOCHROMATE ou **MONOCHROME**, s.

m. (*monokromate, króme*) (μοτις, seul, et χρω-μα, couleur), tableau d'une seule couleur.

MONOCLE, s. m. (*monokle*) (μοτις, seul, et *oculus*, œil), lunette qui ne sert que pour un seul œil.—Adj. des deux g., qui n'a qu'un œil.

MONOCORDE, s. m. (*monokorde*) (μοτις, seul, et χερδη, corde), instrument de musique à une seule corde.

MONOCOTYLÉDONE, adj. des deux g. (*monokotilédone*) (μοτις, seul, et χοτυληδων, cotylédon), t. de bot., qui n'a qu'un seul *cotylédon*.

MONOECIE, s. f. (*monéci*) (μοτις, seul, et οιχια, maison), classe de plantes.

MONOGRAMME, s. m. (*monoguerame*) (μοτις, seul, et γραμμα, lettre), chiffre qui contient les lettres d'un nom entrelacées.

MONOGRAPHIE, s. f. (*monografi*) (μοτις, seul, et γραφω, je décris), description d'un seul objet, d'un seul genre, etc.

MONOÏQUE, adj. des deux g. (*mono-ike*), qui appartient à la *monœcie*.

MONOLITHE, s. m. et adj. des deux g. (*monolite*) (μοτις, seul, et λιθος, pierre), ouvrage fait d'une seule pierre.

MONOLOGUE, s. m. (*monologue*) (μοτις, seul, et λογος, discours), scène dramatique où un acteur parle seul.

MONOMANE, s. et adj. des deux g. (*monomane*), atteint de *monomanie*.

MONOMANIE, s. f. (*monomani*) (μοτις, seul, et μανια, passion), passion, fureur pour un seul objet; manie de la solitude.

MONÔME, s. m. (*monóme*) (μοτις, seul, et νομη, part), quantité qui n'a qu'un terme.

MONOPÉTALE, s. m. et adj. des deux g. (*monopétale*) (μοτις, seul, et πεταλον, feuille), qui n'a qu'un *pétale*, qu'une feuille.

MONOPHYLLE, adj. des deux g. (*monofile*) (μοτις, seul, et φυλλον, feuille), se dit d'un calice composé d'une seule feuille.

MONOPOLE, s. m. (*monopole*) (μοτις, seul, et πωλεω, vendre), privilège exclusif de vendre seul certaines marchandises.

MONOPOLEUR, s. m. (*monopoleur*), celui qui exerce un *monopole*.

MONOPTÈRE, s. m. et adj. des deux g. (*monoptère*) (μοτις, seul, et πτερον, aile), temple rond des anciens, soutenu par des colonnes.

MONOSTIQUE, s. m. (*monocetike*) (μοτις, seul, et στιχος, vers), épigramme en un seul vers.

MONOSYLLABE, s. m. et adj. des deux g. (*monocilelabe*) (μοτις, seul, et συλλαβη, syllabe), qui n'est que d'une *syllabe*.

MONOSYLLABIQUE, adj. des deux g. (*monocilelabike*), formé d'un *monosyllabe*.

MONOTONE, adj. des deux g. (*monotone*) (μοτις, seul, et τονος, ton), qui est toujours sur le même ton; *fig.* ennuyeux.

MONOTONIE, s. f. (*monotoni*), uniformité, égalité ennuyeuse de tons, etc.

MONS., abréviation du mot *monsieur*.

MONSEIGNEUR, s. m. (*moncègneur*) (des deux mots *mon* et *seigneur*), titre d'honneur. —Au pl. *messeigneurs* et *nosseigneurs*.

MONSEIGNEURISER, v. a. (*moncègneurizé*), traiter de *monseigneur*. Fam.

MONSIEUR, s. m. (*mocieu*) (des deux mots *mon* et *sieur*), titre que l'on donne par civilité; grosse prune.—Au pl. *messieurs*.

MONSTRE, s. m. (*moncetre*) (*monstrum*), prodige contre l'ordre de la nature; ce qui est hideux, énorme; *fig.* personne cruelle.

MONSTRUEUSEMENT, adv. (*moncetru-euzeman*), prodigieusement, excessivement.

MONSTRUEUX, EUSE, adj. (*moncetru-eu, euze*), qui tient du *monstre*; prodigieux.

MONSTRUOSITÉ, s. f. (*moncetru-ósité*), vice de ce qui est *monstrueux*.

MONT, s. m. (*mon*) (*mons*), montagne.

MONTAGE, s. m. (*montaje*), action de *monter*; peine, travail pour *monter*.

MONTAGNARD, E, s. et adj. (*montagniar, arde*), qui habite les *montagnes*.

MONTAGNE, s. f. (*montagnie*) (*montana*, dit pour *mons*), grande éminence fort élevée au-dessus de la surface de la terre.

MONTAGNEUX, EUSE, adj. (*montagnieu, euze*), où il y a beaucoup de *montagnes*.

MONTANT, s. m. (*montan*), pièce posée de haut en bas; total d'un compte; goût.

MONTANT, E, adj. (*montan, ante*), qui monte.

MONT-DE-PIÉTÉ, s. m. (*mondepiété*), lieu où l'on prête sur nantissement.

MONTE, s. f. (*monte*), accouplement de chevaux et de cavales.

MONTÉ, E, part. pass. de *monter*, et adj.

MONTÉE, s. f. (*monté*), lieu qui va en montant; petit escalier; action de *monter*.

MONTER, v. n. (*monté*) (*mons, montis, meot*), aller plus haut; se mettre sur; s'élever. —V. a., porter plus haut; élever; mettre en état; établir; pourvoir.

MONTEUR, s. m. (*monteur*), celui qui monte des pierres fines, des bijoux.

MONTGOLFIÈRE, s. f. (*mongoléfière*), sorte d'aérostat inventé par *Montgolfier*.

MONTICULE, s. m. (*montikule*) (*monticulus*), très-petite montagne.

MONT-JOIE, s. f. (*monjoa*), monceau de pierres; autrefois, cri de guerre des Français.

MONTOIR, s. m. (*montoar*), gros billot pour monter plus aisément à cheval.

MONTRE, s. f. (*montre*), petite horloge qui

se porte dans la poche ; échantillon ; boîte à étalage; *fig.* apparence.

MONTRÉ, E, part. pass. de *montrer*.

MONTRER, v. a. (*montré*) (*monstrare*), indiquer; faire voir; enseigner.

MONTUEUX, EUSE, adj. (*montueu, euse*), inégal, mêlé de plaines et de collines.

MONTURE, s. f. (*monture*), bête sur laquelle on *monte*; ce qui sert à assembler les parties principales d'un ouvrage.

MONUMENT, s. m. (*monuman*) (*monumentum*), marque publique qui transmet quelque souvenir à la postérité; édifice; tombeau.

MONUMENTAL, E, adj. (*monumantale*), du *monument*.—Au pl. m. *monumentaux*.

se MOQUER, v. pr. (*cemokié*), se railler; plaisanter ; mépriser, braver.

MOQUERIE, s. f. (*mokeri*), parole ou action par laquelle on se *moque*.

MOQUETTE, s. f. (*mokiète*), étoffe à chaîne et trame de fil veloutée en laine.

MOQUEUR, EUSE, s. et adj. (*mokieur, euse*), qui se *moque*, qui raille.

MORAILLES, s. f. pl. (*morá-ie*), espèces de tenailles de fer.

MORAILLON, s. m. (*mord-ion*) (du bas-breton *moraille*), pièce de serrure.

MORAL, E, adj. (*morale*) (*moralis*), qui regarde les mœurs ; qui a des mœurs ; qui ne tombe point sous les sens.—Subst. au m., disposition *morale*.—Au pl. *moraux*.

MORALE, s. f. (*morale*), science, doctrine des mœurs ; règle des mœurs; réprimande.

MORALEMENT, adv. (*moraleman*) , suivant les règles de la *morale*.

MORALISÉ, E, part. pass. de *moraliser*.

MORALISER, v. a. (*moralizé*) , faire des réflexions *morales*; rendre moral.

MORALISEUR, EUSE, s. (*moralizeur, euse*), qui affecte de parler *morale*. Fam.

MORALISTE , s. m. et adj. des deux g. (*moralicete*), écrivain qui traite des mœurs.

MORALITÉ, s. f. (*moralité*), réflexion morale; qualité de celui qui a des mœurs ; sens moral d'une fable ; but moral.

MORBIDE, adj. des deux g. (*morbide*) (de l'italien *morbido*, doux), t. de peinture, se dit des chairs mollement exprimées; en t. de méd., qui a rapport à la maladie.

MORBIDESSE, s. f. (*morbidèce*) (de l'italien *morbidezza*), souplesse des chairs.

MORBIFIQUE, adj. des deux g. (*morbifike*) (*morbificus*), qui cause la maladie.

MORBLEU, interj. (*morbleu*), sorte de jurement.

MORCEAU, s. m. (*morçô*) (*morsus*, morsure), partie d'une chose; bouchée.

MORCELÉ, E, part. pass. de *morceler*.

MORCELER, v. a. (*morcelé*), diviser par *morceaux*.

MORCELLEMENT, s. m. (*morcèleman*), action de *morceler*.

MORDACITÉ, s. f. (*mordacité*) (*mordacitas*), qualité corrosive; *fig.* médisance.

MORDANT, E, adj. (*mordan, ante*), qui mord; *fig.* piquant. — Subst. au m., acide qui fixe l'or en feuille sur les métaux; *fig.* force.

MORDICANT, E, adj. (*mordikan, ante*) (*mordicans*), âcre, corrosif; *fig.* médisant.

MORDICUS, adv. (*mordikuce*) (mot latin qui signifie : avec les dents), avec ténacité.

MORDIENNE, à la grosse MORDIENNE, sorte d'adv. (*mordiène*), sans finesse. Pop.

MORDILLÉ, E, part. pass. de *mordiller*.

MORDILLER, v. a. (*mordi-ié*), mordre légèrement à plusieurs reprises.

MORDORÉ, E, adj. (*mordoré*), qui est de couleur brune mêlée de rouge.

MORDRE, v. a. (*mordré*) (*mordere*), serrer avec les dents; *fig.* médire.

MORDU, E, part. pass. de *mordre*, et adj.

MORE ou MAURE, s. m. (*môre*) (μαυρος, noirâtre), nom de peuple.

MOREAU, adj. m. (*moró*) (μαυρος, noirâtre), se dit d'un cheval extrêmement noir.

MORELLE, s. f. (*morèle*), plante.

MORÈNE, s. f. (*morène*), plante.

MORESQUE ou MAURESQUE, adj. des deux g. (*môrèceke*), qui a rapport aux coutumes des *Mores*. — S. f., danse, peinture à la manière des *Mores*; arabesque.

MORFIL, s. m. (*morfile*), ce qui reste à un tranchant repassé; dent d'éléphant.

MORFONDRE, v. a. (*morfondré*), causer un froid qui pénètre.—V. pr., s'ennuyer.

MORFONDURE, s. f. (*morfondure*), maladie des chevaux saisis de froid.

MORGELINE, s. f. (*morjeline*), plante.

MORGUE, s. f. (*morgue*), mine sérieuse et fière; orgueil; guichet de prison; endroit où l'on expose les corps morts.

MORGUÉ, E, part. pass. de *morguer*.

MORGUER, v. a. (*morguié*), braver avec insolence.

MORIBOND, E, adj. et s. (*moribon, onde*) (*moribundus*), qui va mourir.

MORICAUD, E, s. et adj. (*morikô, ôde*), (μαυρος, noirâtre), qui a le teint brun.

MORIGÉNÉ, E, part. pass. de *morigéner*.

MORIGÉNER, v. a. (*morijéné*) (*mores*, mœurs, et *gignere*, produire), instruire aux bonnes mœurs; gourmander.

MORILLE, s. f. (*mori-ie*), plante.

MORILLON, s. m. (*mori-ion*) (μαυρος, noirâtre). raisin noir.—Au pl., émeraudes brutes.

MORION, s. m. (*morion*), armure de tête; ancienne punition militaire.

MORNE, adj. des deux g. (*morne*) (de l'anglais *to mourn*, être triste), triste, sombre. — S. m., petite montagne.

MORNÉ, E, adj. (*morné*), t. de blas., se dit d'une lance émoussée.

MORNIFLE, s. f. (*mornifle*), coup de la main sur le visage. Pop.

MOROSE, adj. des deux g. (*moróze*) (*morosus*), morne, triste.

MOROSITÉ, s. f. (*morózité*), caractère *morose*.

MORPHINE, s. f. (*morfine*), t. de chim., principe amer, fusible à la chaleur.

MORPION, s. m. (*morpion*) (*mordens*, mordant, et *pes, pedis*, pou), vermine.

MORS, s. m. (*mor*) (*morsus*, mordu), pièce de métal qu'on met dans la bouche du cheval.

MORSURE, s. f. (*morcure*) (*morsus*), plaie, marque faite en *mordant*.

MORT, s. f. (*mor*) (*mors, mortis*), fin, cessation de la vie; *fig.* violent chagrin.

MORT, E, part. pass. de *mourir*, et adj. (*mortuus*), qui a perdu la vie; sans vigueur; sans éclat.—S., personne *morte*.

MORTADELLE, s. f. (*mortadèle*), gros saucisson qui vient d'Italie.

MORTAILLABLE, adj. des deux g. (*mortáiable*), dont le seigneur héritait.

MORTAISE, s. f. (*mortèze*) (*mordere*, mordre), entaillure pour recevoir un tenon.

MORTALITÉ, s. f. (*mortalité*) (*mortalitas*), condition de ce qui est *mortel*.

MORT-BOIS, s. m. (*morboa*), ronces, bois blanc qui ne peut servir aux ouvrages.

MORTE-EAU, s. f. (*morte-ó*), la saison des plus basses marées.

MORTEL, ELLE, s. et adj. (*mortèle*), qui est sujet à la *mort*; qui cause la *mort*; extrême; grand; excessif.— S.. homme, femme.

MORTELLEMENT, adv. (*mortèleman*), à *mort*; grièvement; excessivement.

MORTE-PAIE, s. f. (*mortepè*), soldat *payé* en tout temps et tenu en garnison.

MORTE-SAISON, s. f. (*mortecèzon*), temps où l'artisan ne travaille pas faute d'ouvrage; temps où le commerce languit.

MORT-GAGE, s. m. (*morguaje*), *gage* dont on laisse jouir le créancier.

MORTIER, s. m. (*mortié*) (*mortarium*), chaux détrempée; vase pour piler; pièce d'artillerie; coiffure; bougie.

MORTIFÈRE, adj. des deux g. (*mortifère*) (*mortifer*), qui cause la *mort*.

MORTIFIANT, E, adj. (*mortifian, ante*), qui *mortifie* en causant du chagrin.

MORTIFICATION, s. f. (*mortifikácion*) (*mortificatio*), corruption; action de *mortifier* sa chair, ses sens, etc. ; humiliation.

MORTIFIÉ, E, part. pass. de *mortifier*.

MORTIFIER, v. a. (*mortifié*) (*mortificare*), faire que la viande devienne plus tendre; macérer; *fig.* humilier.

MORT-IVRE, adj. m. (*morivre*), *ivre* au point d'avoir perdu tout sentiment.

MORT-NÉ, adj. m. (*morené*), enfant, animal tiré *mort* du ventre de sa mère.

MORTUAIRE, adj. des deux g. (*mortii-ère*), qui concerne les *morts*.

MORUE, s. f. (*moru*) (*mormyra*), poisson de mer.

MORVE, s. f. (*morve*) (*morbus*, maladie), excrément visqueux qui sort des narines; maladie des chevaux.

MORVEUX, EUSE, s. et adj. (*morveu, euze*), qui a de la *morve* au nez; petit enfant.

MOSAÏQUE, s. f. (*moza-ike*) (du grec du moyen-âge μουσειον), ouvrage de rapport composé de petites pierres, etc., de différentes couleurs.—Adj. des deux g., de *Moïse*.

MOSARABE. Voy. MOZARABE.

MOSCOUADE, s. f. (*mocekouade*), sucre brut, avant qu'il ait été raffiné.

MOSQUÉE, s. f. (*mocekié*) (de l'arabe *masdjid*, lieu d'adoration), temple turc.

MOT, s. m. (*mô*) (de l'ancien lat. *muttum*, fait de *mutire*, parler bas), terme, expression.

MOTET, s. m. (*motè*) (de *mot*), paroles de dévotion mises en musique.

MOTEUR, TRICE, s. et adj. (*môteur, trice*) (*motor*), qui donne le *mouvement*.

MOTIF, s. m. (*motife*), ce qui porte à faire une chose; en mus., idée principale.

MOTION, s. f. (*môcion*), action de *mouvoir*; proposition faite dans une assemblée.

MOTIVÉ, E, part. pass. de *motiver*.

MOTIVER, v. a. (*motivé*), rapporter les *motifs*, les raisons d'un avis, etc.

MOTTE, s. f. (*mote*) (*meta*, borne pyramidale), petit morceau de terre détaché; butte; petite masse de tan que l'on brûle.

se **MOTTER**, v. pr. (*cemoté*), t. de chasse, se cacher derrière des mottes de terre.

MOTUS, s. m. (*môtuce*), mot latin pour signifier: *ne dites mot*. Fam.

MOU, MOLLE, adj. (*mou, mole*) (*mollis*), qui reçoit facilement l'impression des autres corps; qui a peu de vigueur; indolent; efféminé. —Subst. au m., poumon de certains animaux.

MOUCHARD, E, s. (*mouchar*) (de *mouche*), espion de police.

MOUCHE, s. f. (*mouche*) (*musca*), petit insecte; petit rond de taffetas noir; mouchard.

MOUCHÉ, E, part. pass. de *moucher*.

MOUCHER, v. a. (*mouché*) (*mucare*), faire sortir la morve du nez; ôter le bout du lumignon d'une chandelle, etc.

MOUCHEROLLE, s. f. (*moucherole*), oiseau qui se nourrit de *mouches*.

MOUCHERON, s. m. (*moucheron*), petite *mouche*; bout d'une mèche qui brûle.

MOUCHETÉ, E, part. pass. de *moucheter*, et adj., tacheté.

MOUCHETER, v. a. (*mouchelé*), faire de petites marques en forme de *mouches*.

MOUCHETTES, s. f. pl. (*mouchète*), instrument pour *moucher* une chandelle.

MOUCHETURE, s. f. (*moucheture*), ornement d'une étoffe *mouchetée*; scarification.

MOUCHEUR, EUSE, s. (moucheur, euze), qui mouchait les chandelles au théâtre.
MOUCHOIR, s. m. (mouchoar), linge dont on se sert pour se moucher.
MOUCHURE, s. f. (mouchure), ce qui est ôté d'une chandelle en la mouchant.
MOUÇON. Voy. MOUSSON.
MOUDRE, v. a. et n. (moudre) (molere) broyer avec la meule.
MOUE, s. f. (mou) (μυιω, je serre les lèvres), grimace de mécontentement que l'on fait en allongeant les deux lèvres ensemble.
MOUÉE, s. f. (mouée), mélange de sang de cerf, etc., qu'on donne aux chiens à la curée.
MOUETTE, s. f. (mouète) de l'anglais mewe), oiseau aquatique.
MOUFETTE, s. f. (moufète) (mephiticus, méphitique). miasmes.
MOUFLARD, E, s. (mouflar, arde), qui a le visage gros et rebondi. Peu us.
MOUFLE, s. m. (moufle) (de l'allemand moffel), mitaine; assemblage de poulies; en chim., vase de terre.
MOUFLÉ, E, adj. (mouflé), se dit d'une poulie qui agit avec une autre.
MOUFLON, s. m. (mouflon), animal ruminant, espèce de bélier sauvage.
MOUILLAGE, s. m. (mou-iaje), t. de mar., fond propre pour mouiller.
MOUILLÉ, E, part. pass. de mouiller.
MOUILLE-BOUCHE, s. f. (mou-iebouche), sorte de poire qui a beaucoup d'eau.
MOUILLER, v. a. (mou-ié) (du lat. barbare molliare, dit pour mollire, amollir), tremper, humecter. — V. n., t. de mar., jeter l'ancre.
MOUILLETTE, s. f. (mou-iète), tranche de pain longue et menue.
MOUILLOIR, s. m. (mou-ie-oar), petit vase pour mouiller le bout des doigts en filant.
MOUILLURE, s. f. (mou-iure), action de mouiller; état de ce qui est mouillé.
MOULAGE, s. m. (moulaje), action de mouler; mesurage du bois à brûler.
MOULE, s. m. (moule) (modulus, mesure), matière creusée de manière à donner une forme à la cire, au plomb, etc.; fig. modèle.
MOULE, s. f. (moule) (mutilus), espèce de coquillage de forme oblongue.
MOULÉ, E, part. pass. de mouler, et adj.
MOULER, v. a. (moulé), jeter en moule; imprimer; mesurer du bois.
MOULEUR, s. m. (mouleur), ouvrier qui moule des ouvrages de sculpture.
MOULIN, s. m. (moulein) (molina, moulin à eau), machine à moudre, à fouler, etc.
MOULINAGE, s. m. (moulinaje), façon qu'on donne à la soie en la moulinant.
MOULINÉ, E, part. pass. de mouliner.
MOULINER, v. a. (mouliné), préparer la soie. — V. n.; creuser, en parlant des vers.
MOULINET, s. m. (mouliné), petit moulin;
petite roue d'un moulin à vent; tourniquet.
— Faire le moulinet, tourner rapidement.
MOULINIER, s. m. (moulinié), qui travaille au moulinage des soies.
MOULT, adv. (moulte) (multùm); beaucoup, en grande quantité. Vieux.
MOULU, E, part. pass. de moudre, et adj., broyé, pulvérisé; fig. meurtri.
MOULURE, s. f. (moulure), ornement d'architecture et de menuiserie.
MOURANT, E, adj. (mouran, ante) (moriens), qui se meurt.
MOURIR, v. n. (mourir) (mori), cesser de vivre; fig. souffrir. — V. pr., être près de mourir; s'éteindre.
MOURON, s. m. (mouron), plante.
MOURRE, s. f. (moure), sorte de jeu.
MOUSQUET, s. m. (mouceki), ancienne arme à feu; fusil de munition.
MOUSQUETADE, s. f. (moucekelade), décharge de mousquets.
MOUSQUETAIRE, s. m. (mouceketère), soldat à pied qui portait le mousquet.
MOUSQUETON, s. m. (mouceketon), espèce de fusil court.
MOUSQUETTERIE, s. f. (moucekièteri), décharge de plusieurs mousquets ou fusils.
MOUSSE, E, part. pass. de mousser.
MOUSSE, s. f. (mouce) (muscus), plante cryptogame; écume sur les liqueurs.
MOUSSE, s. m. (mouce) (de l'espagnol maço, jeune valet), jeune matelot.
MOUSSE, adj. des deux g. (mouce), qui est émoussé. Vieux.
MOUSSELINE, s. f. (mouceline), toile de coton très-fine et très-claire.
MOUSSER, v. n. (moucé), se dit des liqueurs sur lesquelles il se forme de la mousse.
MOUSSERON, s. m. (mouceron), petit champignon qui vient sur la mousse.
MOUSSEUX, EUSE, adj. (mouceu, euze), qui mousse.
MOUSSOIR, s. m. (mouçoar), instrument pour faire mousser le chocolat.
MOUSSON, s. f. (mouçon) (motiones, pl. de motio, mouvement), vents périodiques de la mer des Indes.
MOUSSU, E, adj. (mouçu), qui est couvert de mousse.
MOUSTACHE, s. f. (moucetache) (μυσταξ) barbe au-dessus de la lèvre d'en haut.
MOUSTIQUAIRE, s. f. (moucetikière), rideau pour préserver des moustiques.
MOUSTIQUE, s. m. (moucetike), petit insecte du genre des cousins.
MOÛT, s. m. (mou) (mustum), vin doux qui n'a point encore bouilli.
MOUTARD, s. m. (moutar), gamin. Pop.
MOUTARDE, s. f. (moutarde) (mustum, moût, et ardor, ardeur), plante très-âcre; sa graine broyée avec du moût, etc.

MOUTARDIER, s. m. (moutardié), vase à moutarde; marchand de moutarde.

MOUTIER, s. m. (moutié) (contraction de monasterium), monastère, église. Vieux.

MOUTON, s. m. (mouton), bélier châtré qu'on engraisse; sa viande; sa peau préparée; billot pour enfoncer les pieux; fig. homme doux; espion.

MOUTONNÉ, E, part. pass. de moutonner.

MOUTONNER, v. a. (moutoné), rendre frisé comme la laine d'un mouton.

MOUTONNIER, IÈRE, adj. (moutonié, ière), qui a la nature et le caractère des moutons.

MOUTURE, s. f. (mouture), action de moudre le blé; mélange de blés.

MOUVANCE, s. f. (mouvance), dépendance d'un fief à l'égard d'un autre. Vieux.

MOUVANT, E, adj. (mouvan, ante) (movens), qui meut; qui se déplace; qui relève de.

MOUVÉ, E, part. pass. de mouver.

MOUVEMENT, s. m. (mouveman) (movere, mouvoir), changement de place, ou transport d'un lieu à un autre; passion de l'âme; impulsion; mécanisme d'une horloge; agitation.

MOUVER, v. a. (mouvé), donner un petit labour à la terre d'une caisse; remuer.

MOUVOIR, v. a. (mouvoar) (movere), donner du mouvement; remuer; fig. exciter.

MOXA, s. m. (mokça), matière enflammée qu'on applique sur une partie du corps.

MOYE, s. f. (moè-ie), couche tendre qui se trouve dans la pierre.

MOYEN, s. m. (moè-iein) (medianum, pour medium), ce qui sert pour parvenir à quelque fin: raison; pouvoir.—Au pl., richesses.

MOYEN, ENNE, adj. (moè-ioin, ièn) (medianus, qui est au milieu), ni grand ni petit; médiocre; qui est entre deux.

MOYEN-AGE, s. m. (moè-ienàje), temps depuis le cinquième siècle jusqu'au quinzième.

MOYENNANT, prép. (moè-iènan), au moyen de...—Moyennant que, loc. conj., à condition que...

MOYENNÉ, E, part. pass. de moyenner.

MOYENNEMENT, adv. (moè-ièneman), d'une façon moyenne. Vieux.

MOYENNER, v. a. (moè-ièné), procurer par son entremise.

MOYEU, s. m. (moè-ieu) (mediolus), milieu de la roue; jaune d'œuf; prune confite.

MOZARABE, s. et adj. des deux g. (mozarabe), chrétien d'origine moresque.

MU, E, part. pass. de mouvoir, et adj.

MUABLE, adj. des deux g. (muable), qui est sujet au changement.

MUANCE, s. f. (muance), t. de mus. anc., changement de note.

à MUCHE-POT, loc. adv. (amuchepò), en cachette.

MUCILAGE, s. m. (mucilaje) (mucilago), principe immédiat des végétaux.

MUCILAGINEUX, EUSE, adj. (mucilajineu, euze), qui contient du mucilage.

MUCOSITÉ, s. f., ou MUCUS, s. m. (mukôzité, mukuce) (mucus, morve), humeur épaisse de la nature de la morve.

MUE, s. f. (mu) (du bas lat. muta, dit pour mutatio, changement), action de muer; grande cage.

MUÉ, E, part. pass. de muer, et adj., qui a mué.

MUER, v. n. (mué) (mutare), changer naturellement de plumage, de peau, de poil.

MUET, MUETTE, s. et adj. (muè, ète) (mutus), qui n'a point l'usage de la parole; qui se tait; en gramm., qui ne se prononce point.

MUETTE, s. f. (muète), pavillon servant de rendez-vous de chasse.

MUFLE, s. m. (mufle) (du lat. barbare mafflatus), extrémité du museau; vilaine face.

MUFLIER, s. m. (mufli-é), plante.

MUFTI, s. m. (mufti). Voy. MUPHTI.

MUGE, s. m. (muje) (mugis), sorte de poisson de mer.

MUGIR, v. n. (mujir) (mugire), crier, en parlant des taureaux, des bœufs, etc.

MUGISSANT, E, adj. (mujiçan, ante) (mugiens), qui mugit.

MUGISSEMENT, s. m. (mujiceman) (mugitus), cri naturel du taureau, etc.

MUGUET, s. m. (muguiè) (muscatus, muscat), plante; homme galant près des dames.

MUGUETÉ, E, part. pass. de mugueter.

MUGUETER, v. a. et n. (mugueté), faire le muguet, le galant. Fam.

MUID, s. m. (mui) (modium), ancienne mesure; futaille qui contient un muid de vin.

MULÂTRE, s. et adj. des deux g. (mulâtre), né d'un nègre et d'une blanche, ou d'un blanc et d'une négresse.—Au s. f. on dit aussi mulâtresse.

MULCTER, v. a. (muleketé), t. d'anc. jur., condamner, punir. Inus.

MULE, s. f. (mule) (mula), femelle de la nature du mulet; pantoufle du pape.—Au pl., engelures au talon.

MULET, s. m. (mulè) (mulus), quadrupède provenant d'un cheval et d'une ânesse, ou d'un âne et d'une cavale; tout animal métis; poisson de mer.

MULETIER, s. m. (muletié), celui qui fait le métier de conduire des mulets.

MULOT, s. m. (mulô) (mus, muris, rat, souris), espèce de rat des champs.

MULTIFLORE, adj. des deux g. (multiflore) (multus, nombreux, et flos, floris, fleur), qui porte plusieurs fleurs.

MULTIFORME, adj. des deux g. (multiforme) (multus, nombreux, et forma, forme), qui est de plusieurs formes.

MULTINÔME. Voy. POLYNÔME.

MULTIPLE, adj. des deux g. et s. m. (multiple) (multiplicare, multiplier), nombre qui en contient plusieurs fois un autre exactement.

MULTIPLIABLE, adj. des deux g. (*multipli-able*), qui peut être *multiplié*.
MULTIPLICANDE, s. m. (*multiplikande*), nombre à *multiplier* par un autre.
MULTIPLICATEUR, s. m. (*multiplikateur*), nombre par lequel on *multiplie*.
MULTIPLICATION, s. f. (*multiplikâcion*) (*multiplicatio*), augmentation en nombre; règle d'arithmétique.
MULTIPLICITÉ, s. f. (*multiplicité*), grand nombre de choses diverses.
MULTIPLIÉ, E, part. pass. de *multiplier*.
MULTIPLIER, v. a. (*multipli-é*) (*multiplicare*), augmenter en nombre; faire une *multiplication*. — V. n., croître en nombre.
MULTITUDE, s. f. (*multitude*) (*multitudo*), grand nombre ; le vulgaire.
MULTIVALVE, s. f. et adj. des deux g. (*multivalve*) (*multus*, nombreux, et *valvæ*, panneaux), coquille composée de plusieurs pièces.
MUNI, E, part. pass. de *munir*.
MUNICIPAL, E, adj. (*municipale*) (*municipalis*), qui appartient à une *municipalité*. — Au pl. m. *municipaux*.
MUNICIPALITÉ, s. f. (*municipalité*), commune; corps des officiers *municipaux*; lieu où ils s'assemblent.
MUNICIPE, s. f. (*municipe*) (*municipium*), ville d'Italie qui participait aux droits de bourgeoisie romaine.
MUNIFICENCE, s. f. (*munificance*) (*munificentia*), grande libéralité.
MUNIR, v. a. (*munir*) (*munire*), pourvoir de tout ce qui est nécessaire.
MUNITION, s. f. (*municion*) (*munitio*), provisions de guerre. — *Pain de munition*, pain des soldats. — *Fusil de munition*, de gros calibre.
MUNITIONNAIRE, s. m. (*municionère*), qui fournit les *munitions* d'une armée.
MUPHTI, s. m. (*mufti*), grand-prêtre chez les Turcs.
MUQUEUX, EUSE, adj. (*mukieu, euze*)(*mucosus*), qui a de la mucosité.
MUR, s. m. (*mure*) (*murus*), ouvrage de maçonnerie pour clore ou séparer.
MÛR, E, adj (*mure*)(*maturus*), qui est dans sa maturité; *fig.* sage, formé; vieux.
MURAILLE, s. f. (*murá-ie*) (*murus*), mur long et considérable.
MURAL, E, adj. (*murale*) (*muralis*), qui croît sur les *murs*; se dit aussi d'une couronne qui se donnait à ceux qui étaient montés les premiers sur les *murs* d'une ville assiégée.
MÛRE, s. f. (*mure*)(μαυρος, noirâtre), fruit du *mûrier*. — *Mûre sauvage*, fruit de la ronce.
MÛRÉ, E, part. pass. de *murer*, et adj.
MÛREMENT, adv. (*mureman*) (*maturè*), avec beaucoup d'attention et de réflexion.
MURÈNE, s. f. (*murène*) (μυραινα), poisson qui ressemble à l'anguille.
MURER, v. a. (*muré*), environner de *murailles*; boucher avec de la maçonnerie.

MUREX, s. m. (*murèkce*) *murex*, pointe de rocher), coquillages hérissés de pointes.
MÛRI, E, part. pass. de *mûrir*.
MURIATE, s. m. (*muriate*), sel formé de l'acide *muriatique*.
MURIATIQUE, adj. des deux g. (*muriatike*) (*muria*, saumure), se dit d'un acide qui, avec la soude, constitue le sel marin.
MÛRIER, s. m. (*murié*) (*morus*), arbre des pays chauds.
MÛRIR, v. n. (*murir*), rendre *mûr*. — V. n., venir en maturité.
MURMURE, s. m. (*murmure*) (*murmur*) bruit sourd ; plaintes secrètes.
MURMURER, v. n. (*murmuré*) (*murmurare*), se plaindre sourdement; produire un bruit sourd.
MURRHIN, INE, s. et adj. (*murerein, ine*) (*murra*, sorte de pierre), vase antique.
MUSAGÈTE, adj. m. (*muzajète*) (μυσα, muse, et αγω, je conduis), surnom d'Apollon.
MUSARAIGNE, s. f. (*muzarègne*) (*mus*, rat, et *araneus*, de sable), sorte de souris.
MUSARD, E, s. et adj. (*muzar, arde*), qui s'arrête, qui s'amuse partout; qui *muse*. Fam.
MUSC, s. m. (*mucèke*), quadrupède; parfum qu'on en tire.
MUSCADE, s. f. (*mucekade*) (de *musc*), noix aromatique; balle d'escamoteur.
MUSCADET, s. m. (*mucekadè*), gros raisin blanc ; vin qui a quelque goût du vin *muscat*.
MUSCADIER, s. m. (*mucekadié*), arbre qui porte la *muscade*.
MUSCADIN, INE, s. (*muskadein, ine*), fat, petit-maître. — S. m., pastille au *musc*.
MUSCAT, s. et adj. m. (*muceka*)(ruc. *musc*), se dit de certains raisins parfumés et des vins qu'on en tire.
MUSCLE, s. m. (*mucekle*) (*musculus*), partie fibreuse qui est l'organe des mouvements de l'animal.
MUSCLÉ, E, adj. (*mucekle*), qui a les *muscles* bien marqués.
MUSCULAIRE, adj. des deux g. (*mucekulère*), qui concerne les *muscles*.
MUSCULE, s. m. (*mucekule*) (*musculus*), machine de guerre des anciens.
MUSCULEUX, EUSE, adj. (*mucekuleu,euse*), plein de *muscles*.
MUSE, s. f. (*muze*) (*musa*), chacune des déesses qui, suivant la fable, présidaient aux arts libéraux; *fig.* poésie; en t. de vén., ruf des cerfs. — Au pl., les belles-lettres.
MUSEAU, s. m. (*muzó*) (μυτις, nez), la gueule et le nez de quelques animaux.
MUSÉE, s. m. (*muzé*) (*musæum*), lieu destiné à l'étude des beaux-arts; collection de monuments précieux; académie.
MUSELER, v. a. (*muzelé*), mettre une muselière.
MUSELIÈRE, s. f. (*muzelière*) (du mot mu-

seau), ce qu'on met à quelques animaux pour les empêcher de mordre, de paître, etc.

MUSER, v. n (*musé*) (de l'allemand *müsse*, oisiveté), s'amuser à des riens.

MUSEROLLE, s. f. (*muzerole*), partie de la bride qu'on met au-dessus du nez du cheval.

MUSETTE, s. f. (*musète*) (dimin. de *muse*), instrument de musique champêtre.

MUSÉUM, s. m. (*muzé-ome*), la même chose que *musée*.

MUSICAL, E, adj. (*muzikale*), qui appartient à la *musique*.—Au pl. m. *musicaux*.

MUSICALEMENT, adv. (*muzikaleman*), d'une manière *musicale*.

MUSICIEN, IENNE, s. (*muziciein, ième*), qui sait, qui enseigne la *musique*.

MUSIQUE, s. f. (*muzike*) (*musica*), science de l'accord des sons; art de composer des airs; chant, concert; compagnie de *musiciens*.

MUSQUÉ, E, part. pass. de *musquer*, et adj., parfumé de *musc*; fig. affecté.

MUSQUER, v. a. (*muскié*), parfumer avec du *musc*.

se **MUSSER**, v. pr. (*cemucé*), se cacher. Vieux.

MUSULMAN, E, s. et adj. (*muzuleman, ane*), titre que prennent les mahométans, et qui signifie : vrai croyant.

MUSURGIE, s. f. (*muzurji*) (μυσουργια), emploi des consonnances et des dissonances.

MUTABILITÉ, s. f. (*mutabilité*) (*mutabilitas*), état, qualité de ce qui est *muable*.

MUTATION, s. f. (*mutácion*) (*mutatio*), changement; révolution.

MUTILATION, s. f. (*mutilácion*)(*mutilatio*), retranchement d'un membre.

MUTILÉ, E, part. pass. de *mutiler*.

MUTILER, v. a. (*mutilé*) (*mutilare*), couper, retrancher quelque membre.

MUTIN, INE, s. et adj. (*mutein, ine*) (du bas lat. *motinus*), entêté, obstiné ; séditieux.

MUTINÉ, E, part. pass. de *mutiner*, et adj.

se **MUTINER**, v. pr. (*cemutiné*), faire le mutin; se porter à la sédition.

MUTINERIE, s. f. (*mutineri*), obstination d'un enfant qui se dépite ; sédition.

MUTISME, s. m. (*muticeme*) (*mutus*, muet), état d'une personne *muette*.

MUTUEL, ELLE, adj. (*mutuèle*) (*mutuus*), réciproque.

MUTUELLEMENT, adv. (*mutuèleman*)(*mutuè*, ou *mutuò*), réciproquement.

MUTULE, s. f. (*mutule*)(*mutulus*), modillon carré dans la corniche de l'ordre dorique.

MYOGRAPHIE, s. f.(*mi-oguerafi*)(μυς, μυις, muscle, et γραφω, je décris), traité des muscles.

MYOLOGIE, s. f. (*mi-oloji*)(μυς, μυις, muscle, et λογις, discours), traité des muscles.

MYOPE, s. et adj. des deux g. (*mi-ope*) (μιωψ),qui a la vue fort courte; insecte.

MYOPIE, s. f. (*mi-opi*), état des personnes qui ont la vue courte.

MYOSOTIS, s. m. (*mi-ozotice*), plante.

MYOTOMIE, s. f. (*mi-otomi*) (μυς, muscle, et τεμνω, je coupe), dissection des muscles.

MYRIADE, s. f. (*miriade*) (μυριας, dix mille), nombre de dix mille ; grand nombre.

MYRIAMÈTRE, s. m. (*miriamètre*) (μυριοι, dix mille, et μητρον, mètre) , dix mille *mètres*.

MYRIAPODES, s. m. pl. (*miriapode*)(μυριοι, dix mille, et πυς, pied) , famille d'insectes.

MYRMIDON, s. m. (*mirmidon*) (μιρμυδων, bataillon de fourmis), jeune homme très-petit.

MYROBOLAN, s. m. (*mirobolan*)(μυρον, onguent, et βαλανος, gland), fruit des Indes.

MYRRHE, s. f. (*mire*) (μυρρα), gomme odorante qui vient d'Éthiopie.

MYRTE, s. m. (*mirte*)(*myrtus*), arbrisseau toujours vert.

MYRTIFORME, adj. des deux g. (*mirtiforme*), en *forme* de feuille de *myrte*.

MYRTILLE, s. f. (*mirtile*), airelle.

MYSTAGOGUE, s. m. (*micetagogue*)(μυστης, qui apprend les mystères, et αγειν, conduire), prêtre qui initiait aux *mystères*.

MYSTÈRE, s. m. (*micetère*) (*mysterium*) chose cachée et difficile à comprendre.

MYSTÉRIEUSEMENT, adv. (*micetérieuseman*), d'une manière *mystérieuse*.

MYSTÉRIEUX, EUSE, s. et adj. (*micetérieu, euze*), qui contient quelque *mystère*; qui fait *mystère* de choses sans importance.

MYSTICITÉ, s. f. (*miceticité*), raffinement de dévotion.

MYSTIFICATEUR, TRICE, s. (*micetifikateur, trice*), qui *mystifie*.

MYSTIFICATION, s. f. (*micetifikácion*), action de *mystifier*.

MYSTIFIÉ, E, part. pass. de *mystifier*.

MYSTIFIER, v. a. (*micetifié*) (de *mystère*), jouer un tour ; rendre ridicule.

MYSTIQUE, adj. des deux g. (*micetike*) (*mysticus*), figuré, allégorique. — S. et adj., qui raffine sur les matières de dévotion.

MYSTIQUEMENT, adv. (*micetikeman*) , d'une manière *mystique*.

MYTHE, s. m. (*mite*) (μυθος, fable), trait de la fable ou des temps fabuleux.

MYTHOLOGIE, s. f. (*mitoloji*)(μυθος, fable, et λογος, discours), science de la fable.

MYTHOLOGIQUE, adj. des deux g. (*mitolojike*), qui appartient à la *mythologie*.

MYTHOLOGISTE ou **MYTHOLOGUE**, s. m. (*mitolojicete*), qui traite de la *mythologie*.

MYURE ou **MYURUS**,adj.m,(*mi-ure,nruce*) (μυς, rat, et ουρα, queue), se dit d'un pouls qui s'affaiblit peu à peu.

N, s. m. (prononcez ne et non plus ène), quatorsième lettre et onzième consonne de l'alphabet français. Comme lettre numérale, elle vaut neuf cents.

NABAB, s. m. (nababé), prince indien; négociant enrichi dans les Indes.

NABABIE, s. f. (nababi), dignité, territoire d'un nabab.

NABOT, E, s. (nabô, ote), (napus, navet), t. de mépris, qui est de petite taille.

NACARAT, s. m. (nākara) (en espagnol nacarado), rouge clair.

NACELLE, s. f. (nacèle) (navicella), petit bateau.

NACRE, s. f. (nākre) (de l'espagnol nacar), partie brillante de certains coquillages.

NACRÉ, E, adj. (nākré), qui imite la nacre —S. m., papillon de jour.

NADIR, s. m. (nadir) (de l'arabe nadhara, regarder), point du ciel qui est sous nos pieds.

NAFFE, s. f. (nafe) : eau de naffe, eau de senteur.

NAGE, s. f. (nâje), t. de mar., vogue d'un navire ; action de nager. — A la nage, loc. adv., en nageant. — En nage, en sueur.

NAGÉE, s. f. (naje), espace d'eau que l'on parcourt à la nage.

NAGEOIRE, s. f. (najoare), partie du poisson en forme d'aileron, qui lui sert à nager.

NAGER, v. n (nâjé) (navigare, naviguer), se mouvoir sur l'eau, flotter sur l'eau; ramer.

NAGEUR, EUSE, s. (najeur, euse), qui nage; batelier qui rame.

NAGUÈRE ou **NAGUÈRES**, adv. (*naguière*) (contraction des mots *il n'y a guère*), il n'y a pas long-temps.

NAÏADE, s. f. (*na-iade*) (*ναιας*), nymphe des fontaines et des rivières.

NAÏF, IVE, adj. (*na-if, ive*) (*nativus*), naturel, sans artifice, ingénu.

NAIN, E, s. et adj. (*nein, nène*) (*νανος*), qui est au-dessous de la taille naturelle.

NAÏRE, s. m. (*na-ire*), noble Indien du Malabar.

NAISSANCE, s. f. (*nècance*) (*nascentia*), sortie du sein de la mère ; extraction ; *fig.* commencement.

NAISSANT, E, adj. (*nècan, ante*), qui naît ; qui commence à paraître.

NAÎTRE, v. n. (*nétre*) (*nasci*), venir au monde ; commencer ; prendre origine.

NAÏVEMENT, adv. (*na-iveman*), avec naïveté.

NAÏVETÉ, s. f. (*na-iveté*), ingénuité, simplicité ; grâce naturelle ; trait *naïf*.

NANAN, s. m. (*nanan*), mot dont se servent les enfants pour signifier : friandises.

NANKIN, s. m. (*nankiein*), cotonnade couleur chamois qui se fabrique en Chine.

NANTI, E, part. pass. de *nantir*, et adj.

NANTIR, v. a. (*nantir*) (*ναντιζειν*), donner des gages ; pourvoir.

NANTISSEMENT, s. m. (*nanticeman*) ; ce qu'on donne pour sûreté.

NAPÉE, s. f. (*napé*) (*ναπη*, vallée, forêt), nymphe des forêts ; plante.

NAPEL, s. m. (*napèle*), plante, poison mortel et subtil ; sudorifique en poudre.

NAPHTE, s. f. (*nafete*) (*ναφθας*), bitume liquide très-inflammable.

NAPOLÉON, s. m. (*napolé-on*), pièce d'or française de 20 francs, de 40 francs.

NAPPE, s. f. (*nape*) (*mappa*), linge pour la table ; filet. — *Nappe d'eau*, cascade.

NAPPERON, s. m. (*naperon*), petite *nappe*.

NARCISSE, s. m. (*narcice*) (*narcissus*), plante ; *fig.* homme amoureux de sa figure.

NARCOTINE, s. f. (*narkotine*), matière crystalline tirée de l'opium.

NARCOTIQUE, adj. des deux g. et s. m., (*narkotike*) (*ναρκωτικος*), qui assoupit.

NARD, s. m. (*nar*), plante aromatique.

NARGUE, s. f. (*nargue*), t. de dépit, de raillerie ou de mépris. Fam.

NARGUÉ, E, part. pass. de *narguer*.

NARGUER, v. a. (*narguié*), faire *nargue* à..., braver avec mépris. Fam.

NARINE, s. f. (*narine*) (*naris*), l'une des deux ouvertures du nez.

NARQUOIS, E, s. (*narkoa, oaze*) (du vieux mot *narquin*, mendiant), fin ; rusé. Pop.

NARRATEUR, TRICE, s. (*narerateur, trice*), qui *narre*, qui raconte.

NARRATIF, IVE, adj. (*nareratif, ive*), qui appartient à la *narration*.

NARRATION, s. f. (*narerncion*) (*narratio*), récit.

NARRÉ, s. m. (*nareré*), récit.

NARRÉ, E, part. pass. de *narrer*, et adj.

NARRER, v. a. (*nareré*) (*narrare*), raconter, faire un récit.

NARVAL ou **NARWAL**, s. m. (*narval*), gros poisson de mer.

NASAL, E, adj. (*nazalé*) (*nasus*, nez), t. de gramm., qui se prononce du *nez* ; en anat., qui appartient au *nez*. — Au pl. m. *nasals*. — S. f. pl., voyelles ou consonnes *nasales*.

NASALEMENT, adv. (*nazaleman*), avec un son *nasal*.

NASALITÉ, s. f. (*nazalité*), caractère des voyelles *nasales*, du son *nasal*.

NASARD, s. m. (*nazar*), jeu de l'orgue qui imite une voix *nasillarde*.

NASARDE, s. f. (*nazarde*), chiquenaude sur le *nez*.

NASARDÉ, E, part. pass. de *nasarder*.

NASARDER, v. a. (*nazardé*), donner des *nasardes* ; se moquer. Inus.

NASEAU, s. m. (*nazó*), narine des animaux, particulièrement du cheval.

NASI, s. m. (*nasi*), président du sanhédrin chez les juifs.

NASILLARD, E, s. et adj. (*nazi-iar, arde*), qui *nasille* ; qui vient du *nez*.

NASILLER, v. n. (*nazi-ié*), parler du *nez*.

NASILLEUR, EUSE, s. (*nasi-ieur, euze*), qui parle du *nez*.

NASILLONNER, v. n. (*nazi-ioné*), diminutif de *nasiller*.

NASSE, s. f. (*náce*) (*nassa*), panier pour pêcher ; filet ; coquille.

NATAL, E, adj. (*natale*) (*natalis*), où l'on est *né*. — Inus. au pl. m.

NATATION, s. f. (*natácion*) (*natatio*), exercice ou art de *nager*.

NATIF, IVE, adj. (*natif, ive*), né en certain lieu ; apporté en naissant ; naturel. Se dit aussi d'un métal tiré de la terre tout formé.

NATION, s. f. (*nâcion*) (*natio*), tous les habitants d'un même état, d'un même pays.

NATIONAL, E, adj. (*nacionale*), qui est de la *nation*. — Au pl. m. *nationaux*.

NATIONALEMENT, adv. (*nacionaleman*), d'une manière *nationale*.

NATIONALITÉ, s. f. (*nacionalité*), caractère *national* ; patriotisme.

NATIVITÉ, s. f. (*nativité*) (*nativitas*), naissance du Sauveur, de la Vierge, etc.

NATRON ou **NATRUM**, s. m. (*nátron, trome*), substance alcaline, carbonate de soude.

NATTE, s. f. (*nate*) (*natta*), tissu de paille ou de jonc ; tresse.

NATTÉ, E, part. pass. de *natter*.

NATTER, v. a. (*naté*), couvrir de *nattes*; tresser en *nattes*.

NATTIER, IÈRE, s. (*natié, ière*), qui fait et vend des *nattes*.

in **NATURALIBUS**, adv. (*inenaturálibuce*), (expression purement latine), dans l'état de nature, dans l'état de nudité.

NATURALISATION, s. f. (*naturalizácion*), action de *naturaliser*.

NATURALISÉ, E, part. pass. de *naturaliser*.

NATURALISER, v. a. (*naturalizé*), donner à un étranger les droits des *naturels* du pays; acclimater.

NATURALISME, s. m. (*naturaliceme*), caractère de ce qui est *naturel*; système de religion où l'on attribue tout à la *nature*.

NATURALISTE, s. m. (*naturalicete*), savant qui s'applique à l'histoire *naturelle*.

NATURALITÉ, s. f. (*naturalité*), état de celui qui est *naturel* d'un pays.

NATURE, s. f. (*nature*) (*natura*), toutes les choses créées; ordre établi dans l'univers; genre humain; essence d'un être; propriété de chaque être; complexion; inclination; sorte; production *naturelle*.

NATUREL, ELLE, adj. (*naturèle*) (*naturalis*), qui appartient à la *nature*; qui n'est pas déguisé, altéré; facile; naïf, franc; se dit aussi d'un enfant né hors mariage.

NATUREL, s. m. (*naturèle*), propriété naturelle; tempérament; caractère; inclination; habitant originaire d'un pays.

NATURELLEMENT, adv. (*naturèleman*), par impulsion *naturelle*; d'une manière naïve; aisément; sans art, sans culture.

NAUFRAGE, s. m. (*nôfrajé*) (*naufragium*), perte d'un vaisseau sur mer; *fig.* revers.

NAUFRAGÉ, E, s. et adj. (*nôfrajé*), qui a péri par un *naufrage*.

NAUFRAGER, v. n. (*nôfrajé*), faire *naufrage*.

NAULAGE, s. m. (*nólaje*), prix pour le passage sur un navire.

NAUMACHIE, s. f. (*nômachi*) (ναυμαχια), spectacle d'un combat naval.

NAUSÉABOND, E, adj. (*nózé-abon, onde*) (*nauseabundus*), qui cause des *nausées*.

NAUSÉE, s. f. (*nózé*) (*nausea*), envie de vomir, soulèvement de cœur.

NAUTILE, s. m. (*nôtile*), coquille.

NAUTIQUE, adj. des deux g. (*nôtike*) (ναυτικις), qui appartient à la navigation.

NAUTONIER, IÈRE, s. (*nótonié, ière*) (ναυτης), qui conduit une barque, un navire.

NAVAL, E, adj. (*navale*) (*navalis*), qui concerne les vaisseaux de guerre.

NAVÉE, s. f. (*navé*) (*navis*, navire), charge d'un bateau.

NAVET, s. m. (*navè*) (*napus*), plante potagère; sa racine.

NAVETTE, s. f. (*navète*), navet sauvage; vase pour l'encens; instrument de tisserand.

NAVICULAIRE, adj. des deux g. (*navikulière*) (*navicula*, nacelle), en forme de nacelle.

NAVIGABLE, adj. des deux g. (*naviguable*) (*navigabilis*), où l'on peut *naviguer*.

NAVIGATEUR, s. et adj. m. (*naviguateur*) (*navigator*), qui a fait des voyages de long cours sur mer; marin expérimenté.

NAVIGATION, s. f. (*navigáción*) (*navigatio*), art et action de *naviguer*.

NAVIGUER, v. n. (*naviguié*) (*navigari*), aller sur mer ou sur les grandes rivières.

NAVILLE, s. f. (*navi-ie*) (emprunté de l'italien), petit canal d'irrigation.

NAVIRE, s. m. (*navire*) (*navis*), bâtiment pour aller sur mer; constellation.

NAVRANT, E, adj. (*navran, ante*), très-affligeant.

NAVRÉ, E, part. pass. de *navrer*.

NAVRER, v. a. (*navré*) (du bas lat. *naufragare*, faire naufrage), blesser; *fig.* affliger.

NE, particule qui rend une proposition négative, et qui précède toujours le verbe.

NÉ, E, part. pass. de *naître*, et adj. (*né*) (*natus*), natif; qui a des talents pour.

NÉANMOINS, adv. (*né-anmoein*) (*nihilominus*), toutefois, pourtant, cependant.

NÉANT, s. m. (*né-an*) (de l'italien *niente*, pas un être), rien; ce qui n'existe pas; fragilité; *fig.* peu de valeur, nullité.

NÉBULEUX, EUSE, adj. (*nébuleu, euzé*) (*nebulosus*), couvert de nuages.

NÉCESSAIRE, adj. des deux g. (*nécècère*) (*necessarius*), dont on ne peut se passer; infaillible, inévitable. — S. m., ce qui est *nécessaire*, essentiel; coffret.

NÉCESSAIREMENT, adv. (*nécècèreman*), par un besoin absolu; infailliblement.

NÉCESSITANT, E, adj. (*nécècitan, ante*), qui *nécessite*.

NÉCESSITÉ, s. f. (*nécècité*) (*necessitas*), chose *nécessaire*; contrainte; besoin pressant; indigence.

NÉCESSITÉ, E, part. pass. de *nécessiter*.

NÉCESSITER, v. a. (*nécècité*), réduire à la *nécessité* de faire; rendre *nécessaire*.

NÉCESSITEUX, EUSE, s. et adj. (*nécèciteu, euze*), pauvre, qui est dans le besoin.

NEC PLUS ULTRA. Voy. NON PLUS ULTRA.

NÉCROLOGE, s. m. (*nékroloje*) (νεκρος, mort, et λογος, discours), registre des morts.

NÉCROLOGIE, s. f. (*nékroloji*) (même étym.), notice historique sur un mort.

NÉCROLOGIQUE, adj. des deux g. (*nékrolojike*), qui appartient à la *nécrologie*.

NÉCROMANCE ou **NÉCROMANCIE**, s. f. (*nékromance, manci*) (νεκρος, mort, et μαντεια, divination), art d'évoquer les morts.

NÉCROMANCIEN, IENNE, s. (*nékroman-cien, iène*), qui se mêle de *nécromancie*.
NÉCROMANT, s. m. Voy. NÉCROMANCIEN.
NÉCROSE, s. f. (*nékroze*) (νεκρωσις, mortification), mortification des os.
NECTAIRE, s. m. (*nèktère*) (*nectere*, lier), partie des fleurs qui contient le suc.
NECTAR, s. m. (*nèktare*) (νεκταρ), breuvage des dieux; *fig.* liqueur agréable.
NEF, s. f. (*nèfe*) (*navis*), autrefois navire; partie d'une église qui est depuis le portail jusqu'au chœur; vase.
NÉFASTE, adj. des deux g. (*néfacete*) (*nefas,* défendu), illicite, malheureux.
NÈFLE, s. f. (*nèfle*), fruit du *néflier*.
NÉFLIER, s. m. (*néflié*) (*mespilus*), arbre qui produit les *nèfles*.
NÉGATIF, IVE, adj. (*néguatif, ive*) (*negativus*), qui nie, qui exprime une *négation*. — Subst. au f., proposition qui *nie*.
NÉGATION, s. f. (*néguâcion*) (*negatio*), action de *nier*; particule qui *nie*.
NÉGATIVEMENT, adv. (*néguativeman*), d'une manière *négative*.
NÉGLIGÉ, E, part. pass. de *négliger*, et adj., méprisé; sans ornement. — Subst. au m., costume d'une personne non parée.
NÉGLIGEMENT, s. m. (*néguelijeman*), action de *négliger* à dessein. Peu us.
NÉGLIGEMMENT, adv. (*néguelijaman*), avec *négligence*.
NÉGLIGENCE, s. f. (*néglijance*) (*negligentia*), manque de soin; faute.
NÉGLIGENT, E, s. et adj. (*néguelijan, ante*) (*negligens*), qui a de la *négligence*.
NÉGLIGER, v. a. (*néguelijé*) (*négligere*), n'avoir pas soin d'une chose; ne point faire par insouciance.—V. pr., se relâcher.
NÉGOCE, s. m. (*néguoce*) (*negotium*), commerce, trafic.
NÉGOCIABLE, adj. des deux g. (*néguociable*), qui peut se *négocier*.
NÉGOCIANT, E, s. (*néguocian, ante*), qui fait *négoce*, qui *négocie*.
NÉGOCIATEUR, TRICE, s. (*néguociateur, trice*), qui *négocie* quelque affaire.
NÉGOCIATION, s. f. (*néguociâcion*), art et action de *négocier* les affaires.
NÉGOCIÉ, E, part. pass. de *négocier*.
NÉGOCIER, v. a. et n. (*néguocié*) (*negotiare*), trafiquer; traiter une affaire.
NÈGRE, s. m (*nèguere*) (du portugais *negro*, noir), nom qu'on donne à la race des noirs; esclave noir qu'on tire d'Afrique.
NÉGRERIE, s. f. (*néguereri*), lieu où l'on renferme les *nègres* dont on fait commerce.
NÉGRESSE, s. f. (*néguerèce*), féminin de *nègre*.

NÉGRIER, s. et adj. m. (*néguerié*), vaisseau qui sert à la traite des *nègres*.
NÉGRILLON, ONNE, s. (*négueri-ion, one*), petit *nègre*, petite *négresse*.
NEIGE, s. f. (*nèje*) (*ninguis*), eau congelée qui tombe sur la terre en petits flocons blancs; *fig.* blancheur extrême.
NEIGER, v. unip. (*nèjé*) (*ningere*), tomber de la *neige*.
NEIGEUX, EUSE, adj. (*nèjeu, euze*), chargé de *neige*.
NÉMÉENS, adj. m. pl (*némé-cin*), t. d'antiq., *jeux néméens*, célèbres près de *Némée*.
NÉNIES, s. f. pl. (*néni*) (*nenia*), à Rome, chants funèbres aux funérailles.
NENNI, partic. nég. (*nanni*) (du lat. barbare *nenilum*, pour *ne hilum*), non. Fam.
NÉNUPHAR ou **NÉNUFAR,** s. m. (*nénufar*), plante aquatique.
NÉOCORE, s. m. (*né-okore*) (νεωκορος), t. d'antiq., gardien d'un temple.
NÉOGRAPHE, s. et adj. des deux g. (*né-o-guerafe*) (νεος, nouveau, et γραφω, j'écris), qui admet ou propose une orthographe nouvelle.
NÉOGRAPHISME, s. m. (*né-oguerajiceme*), nouvelle orthographe.
NÉOLOGIE, s. f. (*né-oloji*) (νεος, nouveau, et λογος, mot), invention, emploi de nouveaux mots.
NÉOLOGIQUE, adj. des deux g. (*né-olojike*), qui concerne la *néologie*.
NÉOLOGISME, s. m. (*né-olojiceme*), abus de *néologie*.
NÉOLOGUE, s. m. (*né-ologue*), celui qui affecte d'employer des termes nouveaux.
NÉOMÉNIE, s. f. (*né-oméni*) (νεομηνια, nouvelle lune), fête chez les anciens Romains.
NÉOPHYTE, s. et adj. des deux g. (*né-ofité*), (νεοφυτος), nouveau converti.
NÉPHRÉTIQUE, adj. des deux g. (*néfrétike*) (νεφρος, rein), se dit d'une colique des reins, et des remèdes propres à la calmer.—S. et adj., qui est affligé de cette colique.
NÉPOTISME, s. m. (*népoticeme*) (en italien *nepotismo,* de *nepote*, neveu), autorité des neveux des papes à Rome; faiblesse qu'un homme en place a d'avancer ses parents.
NÉRÉIDE, s. f. (*néré-ide*) (ναρος, humide), nymphe de la mer.
NERF, s. m. (*nère* ou *nèrfe*; *f* ne se prononce point au pluriel) (*nervus*), muscle ou tendon; *fig.* force; t. de relieur, cordelettes du dos du livre.
NERF-FÉRURE, s. f. (*nèreférure*), coup qu'un cheval a reçu sur un *nerf*.
NÉRITE, s. f. (*nérite*) (νηρος, humide), coquillage d'eau douce ou de mer.
NÉROLI, s. m. (*néroli*), essence de fleur d'oranger.

NERPRUN, s. m. (nèrepreun), arbrisseau.
NERVÉ, E, part. pass. de nerver, et adj.
NERVER, v. a. (nèrevé), garnir du bois avec des nerfs que l'on colle dessus.
NERVEUX, EUSE, adj. (nèreveu, euse), où il y a beaucoup de nerfs; fig. fort, vigoureux.
NERVIN, s. et adj. m. (nèrevein), remède propre à fortifier les nerfs.
NERVURE, s. f. (nèrevure), art de nerver; parties élevées sur le dos d'un livre; moulure.
NESCIO VOS (nècecìovóce), mots latins qui signifient je ne vous connais pas, formule familière de refus.
NESTOR, s. m. (nècetor), nom d'un Grec célèbre; fig. vieillard sage et expérimenté.
NESTORIANISME, s. m. (nècetorianiceme), hérésie de Nestorius.
NESTORIEN, s. m. (nècetoriein), partisan de l'hérésie de Nestorius.
NET, ETTE, adj. (nè, nète) (nitidus), propre; vide; uni; poli; distinct; clair; aisé; sans ambiguïté; franc. — Adv., tout d'un coup.
NETTEMENT, adv. (nèteman), d'une manière nette.
NETTETÉ, s. f. (nèteté), qualité par laquelle une chose est nette; propreté.
NETTOIEMENT, s. m. (nètoèman), action de nettoyer; enlèvement des boues.
NETTOYAGE, s. m. (nètoè-iaje), nettoiement.
NETTOYÉ, E, part. pass. de nettoyer.
NETTOYER, v. a. (nètoè-ié), ôter les ordures; rendre net.
NEUF, nom de nombre des deux g. (neufe), trois fois trois —S. m., valeur du chiffre neuf.
NEUF, EUVE, adj. (neufe, neuve) (novus), qui est fait depuis peu; qui n'a pas encore servi; qui a peu servi; novice.
NEUTRALEMENT, adv. (neutraleman), t. de gramm., dans un sens neutre.
NEUTRALISATION, s. f. (neutralizácion), action de neutraliser.
NEUTRALISÉ, E, part. pass. de neutraliser.
NEUTRALISER, v. a. (neutralizé), rendre neutre, nul; tempérer l'effet d'un principe.
NEUTRALITÉ, s. f. (neutralité), état de celui qui demeure neutre entre deux partis.
NEUTRE, adj. des deux g. (neutre) (neuter, ni l'un ni l'autre), qui ne prend point de parti; qui appartient à un état neutre; en gramm., se dit des noms qui ne sont ni masculins ni féminins, et des verbes qui ne peuvent pas avoir de régime direct.
NEUVAINE, s. f. (neuvène), prières qu'on fait pendant neuf jours.
NEUVIÈME, adj. des deux g. (neuvième), nombre ordinal de neuf. —Il est aussi s.
NEUVIÈMEMENT, adv. (neuvièmeman), en neuvième lieu.
NEVEU, s. m. (neveu) (nepos), petit-fils, fils du frère ou de la sœur.— Au pl., la postérité.

NÉVRALGIE, s. f. (névraleji) (νευρον, nerf, et αλγος, douleur), douleur des nerfs.
NÉVRITIQUE, s. m. et adj. des deux g. (névritike), médicament propre aux maladies des nerfs.
NÉVROGRAPHIE, s. f. (névrografi) (νευρον, nerf, et γραφω, je décris), description des nerfs.
NÉVROLOGIE, s. f. (névroloji) (νευρον, nerf, et λογος, discours), traité des nerfs.
NÉVROPTÈRE, s. m. (névroptère) (νευρον, nerf, et πτερον, aile), ordre d'insectes.
NÉVROSE, s. f. (névrose) (νευρον, nerf), affection nerveuse.
NÉVROTOMIE, s. f. (névrotomi) (νευρον, nerf, et τεμνω, je coupe), dissection des nerfs.
NEWTONIANISME, s. m. (neutonianiceme), philosophie naturelle de Newton.
NEWTONIEN, IENNE, adj. (neutoniein, ième), qui concerne la doctrine de Newton.— S., partisan de cette doctrine.
NEZ, s. m. (né) (nasus), partie éminente du visage qui sert à l'odorat; odorat; proue.
NI, particule conjonctive et négative.
NIABLE, adj. des deux g. (niable), qui peut être nié.
NIAIS, E, s. et adj. (niè, nièse), se dit des oiseaux qui ne sont pas encore sortis du nid; fig. simple, sans usage du monde; benêt.
NIAISEMENT, adv. (nièseman), d'un air niais; d'une façon niaise.
NIAISER, v. n. (nièzé), s'amuser à des niaiseries, à des choses de rien.
NIAISERIE, s. f. (nièzeri), caractère de ce qui est niais; bagatelle, chose frivole.
NICE, adj. des deux g. (nice), niais. Vieux.
NICHE, s. f. (niche) (en italien nicchia), enfoncement pour placer une statue; petit réduit; tour de malice ou d'espièglerie.
NICHÉE, s. f. (niché), nid où il y a plusieurs oiseaux, plusieurs souris; réunion de personnes de mauvaise vie.
NICHER, v. n. (niché), faire son nid.—V. a., placer en quelque endroit. Fam.
NICHET, s. m (nichè), œuf mis dans un nid, pour que les poules aillent y pondre.
NICHOIR, s. m. (nichoar), cage propre à mettre couver les serins, etc.
NICKEL, s. m. (nikièle), substance métallique.
NICODÈME, s. m. (nikodème), niais. Fam.
NICOTIANE, s. f. (nikociane), nom que le tabac porta d'abord en France.
NID, s. m. (ni) (nidus), petit logement que se font les oiseaux pour y pondre, etc.
NIDOREUX, EUSE, adj. (nidoreu, euse) (nidorosus), qui a une odeur, un goût de pourri.
NIÉ, E, part. pass. de nier.
NIÈCE, s. f. (nièce) (en bas lat. neptia, de neptis, petite-fille), fille du frère ou de la sœur.

NIELLE, s. f. *(nièle),* maladie des grains; ornement d'orfèvrerie.

NIELLÉ, E, part. pass. de *nieller.*

NIELLER. v. a. *(nielé),* gâter par la *nielle*; émailler sur or, sur argent.

NIER, v. a. et n. *(nié) (negare),* dire qu'une chose n'est pas vraie.

NIGAUD, E, s. et adj. *(niguô, ôde),* sot, niais. — S. m., genre d'oiseaux.

NIGAUDER, v. n. *(niguôdé) (nigari,* niaiser), faire des *nigauderies.*

NIGAUDERIE, s. f. *(niguôdéri),* niaiserie, action de *nigaud.*

NILOMÈTRE, s. m. *(nilomètre)* (Νεῖλος, le Nil, et μετρον, mesure), haute colonne qui sert à mesurer la crue des eaux du *Nil.*

NIMBE, s. m. *(neinbe) (nimbus),* cercle de lumière autour de la tête des saints.

NIPPES, s. f. pl. *(nipe)* (de l'espagnol *naypes,* cartes à jouer), habits, meubles.

NIPPÉ, E, part. pass. de *nipper.*

NIPPER, v. a. *(nipé),* fournir de *nippes.*

NIQUE, s. f. *(nike)* (de l'allemand *niken,* cligner les yeux) : faire la nique, se moquer.

NITÉE, s. f. Voy. **NICHÉE.**

NITOUCHE (SAINTE), s. f. (ceint enitouche) (qui *n'y touche*), hypocrite.

NITRATE, s. m. *(nitrate)* (νιτρον), sel formé par les combinaisons de l'acide *nitrique.*

NITRE, s. m. *(nitre),* salpêtre; sel composé d'acide *nitrique* et de potasse.

NITREUX, EUSE, adj. *(nitreu, euze),* qui tient du *nitre.*

NITRIÈRE, s. f. *(nitrière),* lieu où se forme le *nitre.*

NITRIQUE, adj. des deux g. *(nitrike),* se dit d'un acide tiré du *nitre.*

NIVEAU, s. m. *(nivô) (libellum* pour *libella,* fléau d'une balance), instrument pour reconnaître si un plan est horizontal; état d'une surface horizontale; parité de rang.

NIVELÉ, E, part. pass. de *niveler.*

NIVELER, v. a. *(nivelé),* mesurer avec le *niveau*; mettre de *niveau,* égaliser.

NIVELEUR, s. m. *(niveleur),* qui fait profession de *niveler.*

NIVELLEMENT, s. m. *(nivèleman),* action de *niveler.*

NIVET, s. m *(nivè),* remise illicite accordée au commissionnaire de commerce.

NIVÔSE, s. m. *(nivôze),* premier mois de l'année républicaine.

NOBILIAIRE, s. m. *(nobilière),* catalogue des maisons *nobles* d'un pays. — Adj. des deux g., des *nobles.*

NOBILISSIME, adj des deux g. *(hobilicicime) (nobilissimus),* très *noble*; titre.

NOBLE, adj des deux g. *(noble) (nobilis),* qui fait partie d'une classe distinguée dans l'état; distingué. — S. m., personne *noble.*

NOBLEMENT, adv. *(nobleman),* d'une manière *noble*; en gentilhomme.

NOBLESSE, s. f. *(noblèce) (nobilitas),* qualité par laquelle on est *noble*; tout le corps des *nobles*; grandeur; élévation.

NOCE, s. f., ou **NOCES,** s. f. pl. *(noce) (nuptiæ),* mariage.

NOCHER, s. m. *(noché) (nauclerus),* qui conduit un vaisseau.

NOCTAMBULE, s. et adj. des deux g. *(noktanbule) (nocte,* de nuit, et *ambulare,* marcher), somnambule.

NOCTAMBULISME, s. m. *(noktanbuliceme),* maladie du *noctambule.*

NOCTURNE, adj. des deux g., *(noklurne) (nocturnus),* qui arrive durant la *nuit.* — S. m., partie de l'office de nuit; morceau de musique; famille d'insectes.

NODOSITÉ, s. f. *(nodôzité),* état de ce qui a des *nœuds.*

NODUS, s. m. *(nôduce)* (mot lat. qui signifie *nœud*). t. de méd., tumeur sur les os.

NOËL, s. m. *(noèle)* (par contraction du lat. *natale),* fête de la nativité de Notre-Seigneur; cantique.

NOEUD, s. m. *(neu) (nodus),* enlacement d'une chose flexible; rosette; excroissance; saillie; articulation ; larynx ; fig. difficulté; liaison.

NOIR, E, adj. *(noare) (niger),* qui est de la couleur la plus obscure; livide; sombre; sale; fig. triste, méchant, atroce. — S. m., couleur noire; nègre.

NOIRÂTRE, adj. des deux g. *(noarâtre),* qui tire sur le *noir.*

NOIRAUD, E, s. et adj. *(noarô, ôde),* qui a le teint très-brun. Fam.

NOIRCEUR, s. f. *(noarceur),* qualité de ce qui est *noir*; fig. atrocité.

NOIRCI, E, part. pass. de *noircir.*

NOIRCIR, v. a. *(noarcir),* rendre *noir*, fig. diffamer; attrister. — V. n., devenir *noir.*

NOIRCISSURE, s. f. *(noarcicure),* tache de *noir.*

NOIRE, s. f. *(noare),* note de musique qui vaut la moitié d'une blanche.

NOISE, s. f. *(noaze) (noxia* ou *noxa,* débat), querelle, dispute. Fam.

NOISETIER, s. m. *(noazetié),* coudrier, arbre qui porte des *noisettes.*

NOISETTE, s. f. *(noazète),* sorte de petite noix que porte le coudrier; sa couleur.

NOIX, s. f. *(noâ) (nux, nucis),* fruit qui vient dans une coque ligneuse; partie du ressort d'un fusil, etc.; os de la jambe; glande de l'épaule du veau.

NOLI ME TANGERE, s. m. *(nolimétanjéré)* mots lat. qui signifient *ne me touches pas*; sorte de plantes; ulcère très-malin.

NOLIS ou **NOLISSEMENT,** s. m. *(nolice, liceman) (ναῦλος,* naulage), frêt d'un vaisseau.

NOLISÉ, E, part. pass. de *noliser.*

NOLISER, v. a. (nolisé), fréter.
NOM, s. m. (non) (nomen). terme qui sert à désigner; en gramm., mot qui sert à qualifier; fig. réputation; titre.
NOMADE, s. et adj. des deux g. (nomade) (νομάς, νομάδος; qui recherche les pâturages), errant, sans habitation fixe.
NOMARQUE, s. m. (nomarke) (νομός, province, et αρχη, commandement), gouverneur d'un nome ou région d'Égypte.
NOMBRANT, adj. m. (nombran), qui nombre.
NOMBRE, s. m. (nombre) (numerus), unité; assemblage d'unités, de choses de même espèce; quantité; dans le style, arrangement mélodieux des paroles.
NOMBRÉ, E, part. pass. de nombrer.
NOMBRER, v. a. (nombré)(numerare), compter; exprimer par des chiffres.
NOMBREUX, EUSE, adj. (nonbreu, euze) (numerosus), qui est en grand nombre; en parlant du style, harmonieux.
NOMBRIL, s. m. (nonbri) (umbilicus), nœud qui lie les intestins; œil de fruit.
NOME, s. m. (nome) (νομος, loi, règle), chant en cadence; loi; gouvernement.
NOMENCLATEUR, s. m. (nomanklateur) (nomenclator), esclave romain; celui qui s'applique à la nomenclature d'une science ou d'un art.
NOMENCLATURE, s. f. (nomanklature) (nomenclatura), ensemble des termes techniques d'une science, d'un art; ensemble des mots qui composent un dictionnaire.
NOMINAL, E, adj. (nominale), qui dénomme. —Au pl. m. nominaux.
NOMINATAIRE, s. m. (nominatère), celui qui était nommé à un bénéfice.
NOMINATEUR, s. m. (nominateur), celui qui nomme. Peu us.
NOMINATIF, s. m. (nominatife) (nominativus, sous-entendu casus), t. de gramm., sujet de la proposition; premier cas des noms.
NOMINATIF, IVE, adj. (nominatif, ive), qui dénomme, qui contient des noms.
NOMINATION, s. f. (nominâcion), action par laquelle on nomme à une charge.
NOMINATIVEMENT, adv. (nominativeman), en désignant le nom.
NOMINAUX, s. m. pl. (nominô), anciens scolastiques opposés aux réalistes.
NOMMÉ, E, part. pass. de nommer, adj. et s., qui porte un nom.
NOMMÉMENT, adv. (noméman), spécialement; en désignant par le nom.
NOMMER, v. a. (nomé)(nominare), donner un nom; dire le nom; faire mention; choisir, désigner pour quelque emploi.
NON, partic. nég (non)(en lat. non), l'opposé de oui.—Il s'emploie aussi comme s. m.
NONAGÉNAIRE, s. et adj. des deux g. (nonajénère) (nonaginta, quatre-vingt-dix), âgé de quatre-vingt-dix ans.
NONAGÉSIME, s. et adj. m. (nonajézime), point de l'écliptique éloigné de 90 degrés des points où l'écliptique coupe l'horizon.
NONANTE, nom de nombre indéclinable, (nonante) (nonaginta), quatre-vingt-dix.
NONANTIÈME, adj. des deux g. et nombre ordinal (nonantième), quatre-vingt-dixième.
NON-AVENU, E, adj. (non-avenu), nul.
NONCE, s. m. (nonce) (nuntius, envoyé), ambassadeur du pape; député.
NONCHALAMMENT, adv. (nonchalaman), avec nonchalance.
NONCHALANCE, s. f. (nonchalance), négligence, indolence.
NONCHALANT, E, s. et adj. (nonchalan, ante) (part. du vieux mot nonchaloir, avoir peu de soin), négligent.
NONCIATURE, s. f. (nonciature), emploi, charge de nonce du pape.
NON-CONFORMISTE, s. et adj. des deux g. (nonkonformicete), en Angleterre, qui ne professe pas la religion anglicane.
NONE, s. f. (none), heure canoniale qui se dit à la neuvième heure du jour.—Au pl., chez les Romains, huitième jour avant les ides.
NONIDI, s. m. (nonidi), neuvième jour de la décade dans le calendrier républicain.
NONIUS, s. m. (noni-uce), échelle de certains instruments de mathématiques.
NON-JOUISSANCE, s. f. (nonjouicance), t. de prat., privation de jouissance.
NONNAIN ou NONNE, s. f. (nonein)(nonna, religieuse), religieuse.
NONNETTE, s. f. (nonète), jeune nonnain. —Au pl., pain d'épice de Reims.
NONOBSTANT, prép. (nonobecetan) (non, non, et obstare, s'opposer), malgré, sans avoir égard à...
NON-PAIEMENT, s. m. (nonpèman), défaut de paiement.
NON-PAIR, E, adj. (nonpère), impair.
NON-PAREIL, EILLE, adj. (nonparè-ie), qui est sans pareil, sans égal.
NON-PAREILLE, s. f. (nonparè-ie), ruban fort étroit; petite dragée; petit caractère d'imprimerie.
NON ou NEC PLUS ULTRA, s. m. (nonepluzuletra) (loc. lat. qui signifie non, ou pas au-delà), terme qu'on ne saurait passer.
NON-RÉSIDENCE, s. f. (nonrézidance), absence du lieu où l'on devrait résider.
NON-SENS, s. m. (nonçance), phrase qui n'offre aucun sens; absence de jugement.
NONUPLE, adj. des deux g. (nonuple), qui contient neuf fois. Peu us.
NONUPLÉ, E, part. pass. de nonupler.
NONUPLER, v. a. (nonuplé), répéter neuf fois. Peu us.
NON-USAGE, s. m. (non-uzaje), manque d'usage.

NON-VALEUR, s. f. (*nonvaleur*), manque de *valeur*.

NON-VUE, s. f. (*nonvu*), impossibilité de *voir*.

NOPAL, s. m. (*nopale*), figuier d'Inde.

NORD, s. m. (*nor*) (du saxon *north*), le côté du monde qui est opposé au *midi*.

NORD-EST, s. m. (*nordècete*), partie du monde entre le *nord* et l'*est*.

NORD-OUEST, s. m. (*nordouècete*), partie du monde entre le *nord* et l'*ouest*.

NORMAL, E, adj. (*normale*) (*normalis*, fait à l'équerre), qui sert de règle; ordinaire et régulier.—Subst. au f., ligne perpendiculaire. —Au pl. m. *normaux*.

NORMAND, E, s. et adj. (*norman*, *ande*), de *Normandie*; *fig*. peu sincère, ambigu.

NOS, adj. poss. pl. Voy. MON, NOTRE.

NOSOGRAPHIE, s. f. (*nozogueraft*) (νοσος, maladie, et γραφειν, écrire), traité sur les maladies en général.

NOSOLOGIE, s. f. (*nozoloji*) (νοσος, maladie, et λογος, discours), traité sur les maladies.

NOSTALGIE, s. f. (*nocetaléji*) (νοστος, retour, et αλγος, ennui), ennui causé par le désir du retour dans la patrie.

NOSTOC, s. m. (*nocetok*), plante qui ressemble à une espèce de gelée gluante.

NOTA, s. m. (*nota*) (mot latin qui signifie *remarquez*), se dit d'une marque qu'on met à la marge d'un livre.—*Nota bene*, remarquez bien.

NOTABILITÉ, s. f. (*notabilité*), qualité de ce qui est *notable*.

NOTABLE, adj. des deux g. (*notable*) (*notabilis*), remarquable. — S. m., se dit des citoyens les plus considérables d'une ville.

NOTABLEMENT, adv. (*notableman*) (*notabiliter*), grandement, extrêmement.

NOTAIRE, s. m. (*notère*) (*notarius*, de *nota*, note), officier public qui reçoit et qui passe les contrats et autres actes.

NOTAMMENT, adv. (*notaman*), spécialement, nommément.

NOTARIAT, s. m. (*notaria*), office, fonction de *notaire*.

NOTARIÉ, E, adj. (*notarié*), passé par-devant *notaire*.

NOTATION, s. f. (*notácion*) (*notatio*), en arithmétique, art de marquer les nombres.

NOTE, s. f. (*note*) (*nota*), marque; commentaire; caractère de musique; remarque.

NOTÉ, E, part. pass. de *noter* et adj.

NOTER, v. a. (*noté*) (*notare*), marquer, remarquer; écrire de la musique.

NOTEUR, s. m. (*noteur*), copiste de musique.

NOTICE, s. f. (*notice*) (*notitia*, connaissance), extrait raisonné d'un livre; courte description; compte succinct; catalogue.

NOTIFICATION, s. f. (*notifikácion*), acte par lequel on *notifie*.

NOTIFIÉ, E, part. pass. de *notifier*.

NOTIFIER, v a (*notifié*) (*notificare*), faire savoir dans les formes reçues.

NOTION, s. f. (*nocion*) (*notio*), connaissance, idée qu'on a d'une chose.

NOTOIRE, adj. des deux g. (*notoère*) (*notorius*), connu, manifeste.

NOTOIREMENT, adv. (*notoèreman*), manifestement.

NOTORIÉTÉ, s. f. (*notoriété*), évidence d'une chose de fait généralement reconnue.

NOTRE, adj. poss. sing. des deux g. (*notre*) (*noster*), qui nous appartient.—Au pl. *nos*.

NÔTRE (LE), adj. poss. et s m. (*lenôtre*), ce qui est à nous.—Au pl., ceux de *notre* parti.

NOTRE-DAME, s. f. (*notredame*), la sainte Vierge; sa fête.

NOUE, s. f. (*nou*), en archit., angle rentrant de deux combles; tuile pour égoutter l'eau; terre grasse et humide.

NOUÉ, E, part. pass. de *nouer*.

NOUEMENT, s. m. (*nouman*), action de *nouer*.

NOUER, v. a. (*noué*) (*nodare*), lier en faisant un nœud; *fig*. lier.—V pr., passer de l'état de fleur à celui de fruit; devenir rachitique.

NOUET, s. m. (*nouè*, linge *noué*, dans lequel on a mis quelque drogue.

NOUEUX, EUSE, adj. (*noueu*, *euze*) (*nodosus*), qui a des nœuds, en parlant du bois.

NOUGAT, s. m. (*nouga*) *nux*, *nucis*, noix), gâteau fait d'amandes ou de noix.

NOUILLE, s. f. (*nou-ie*), pâte d'Allemagne semblable au vermicelle.

NOULET, s. m. (*noulè*), canal fait avec des *noues*, pour l'écoulement des eaux.

NOURRAIN, s. m. (*nourein*) (du mot *nourrir*), synonyme d'*alevin*.

NOURRI, E, part. pass. de *nourrir*, et adj.

NOURRICE, s. f. (*nourice*) (*nutrix*, *nutricis*), femme qui allaite.

NOURRICIER, IÈRE, adj. (*nouricié*, *ière*), qui *nourrit*.—S. m., mari d'une *nourrice*.

NOURRIR, v. a (*nourir*) (*nutrire*), entretenir d'aliments; servir d'aliment; allaiter un enfant; instruire; former; entretenir; produire.

NOURRISSAGE, s. m. (*nouriçaje*), manière de *nourrir* et d'élever les bestiaux.

NOURRISSANT, E, adj. (*nouriçan*, *ante*), qui *nourrit* beaucoup.

NOURRISSEUR, s. m. (*nouriceur*), qui *nourrit* des vaches, des ânesses, etc.

NOURRISSON, s. m. (*nouriçon*), enfant qu'on *nourrit*.

NOURRITURE, s. f. (*nouriture*), ce qui *nourrit*; aliment; action de *nourrir*.

NOUS, pron. de la 1re pers. pl. et des deux g., de *moi* ou *je* (*nou*) (*nos*), se dit des personnes et des choses personnifiées.

NOUÛRE, s. f. (nou-ûre), maladie des enfants qui se nouent.

NOUVEAU, ou NOUVEL, au f. NOUVELLE, adj. (nouvó, vèle; nouvel ne se dit que devant les noms qui commencent par une voyelle ou un h muet) (novus), qui commence d'être ou de paraître.—Subst. au m., ce qui est nouveau; chose surprenante.

NOUVEAU-NÉ, s. m. (nouvóné), enfant qui vient de naître.

NOUVEAUTÉ, s. f. (nouvóté), qualité de ce qui est nouveau; chose nouvelle.

NOUVEL, adj. m. Voy. NOUVEAU.

NOUVELLE, s. f. (nouvèle), premier avis qu'on reçoit d'une chose arrivée récemment.

NOUVELLEMENT, adv. (nouvèleman), depuis peu.

NOUVELLETÉ, s. f. (nouvèleté), t. de pal., trouble dans la possession. Presque inus.

NOUVELLISTE, s. m. (nouvèlicete), celui qui est curieux de savoir des nouvelles et qui aime à en débiter.

NOVALE, s. f. (novale), terre nouvellement défrichée.—Au pl., dîmes.

NOVATEUR, TRICE, s. et adj. (novateur, trice) (novator), qui innove.

NOVATION, s. f. (novácion) (novatio), t. de jur., changement de titre.

NOVELLES, s. f. pl. (novèle) (novellæ), constitutions de l'empereur Justinien, etc.

NOVEMBRE, s. m. (novanbre) (november), onzième mois de l'année.

NOVICE, s. et adj. des deux g. (novice) (novitius), qui a pris nouvellement l'habit de religion; fig. apprenti; encore peu exercé.

NOVICIAT, s. m. (novicia), état des novices avant qu'ils fassent profession; temps que dure cet état; apprentissage.

NOVISSIMÈ, adv. (novicecimé), mot emprunté du latin qui signifie tout récemment.

NOYALE, s. f. (noè-iale), toile de chanvre écrue pour faire des voiles.

NOYAU, s. m. (noè-ió) (nucellus), partie dure et ligneuse qui contient la semence des fruits; origine d'un établissement; vis d'escalier.

NOYÉ, E, part. pass. de noyer, et adj.

NOYER, s. m. (noè-ié), grand arbre qui porte des noix.

NOYER, v. a. (noè-ié) (necare, tuer), faire mourir dans l'eau, etc.; inonder.

NOYON, s. m. (noè-ion), t. de jeu, ligne qui borne le jeu de boule.

NU, E, adj. (nu) (nudus), qui n'est point vêtu. Il se dit aussi des choses.—S. m., t. de peint., figure non drapée.—A nu, à découvert.

NUAGE, s. m. (nuaje) (nubes), amas de vapeurs dans l'air; ce qui offusque la vue.

NUAGEUX, EUSE, adj. (nuajeu, euze), où il y a des nuages; qui n'est pas net.

NUAISON, s. f. (nuèzon), t. de mar., temps que dure un même vent.

NUANCE, s. f. (nuance) (du mot nuage), augmentation ou diminution insensible d'une même couleur; différence délicate entre deux choses du même genre.

NUANCÉ, E, part. pass. de nuancer.

NUANCER, v. a. (nuancé), assortir différentes couleurs.

NUBÉCULE, s. f. (nubékule) (nubécula), maladie de l'œil.

NUBILE, adj. des deux g. (nubile) (nubilis), qui est en âge de se marier.

NUBILITÉ, s. f. (nubilité), état de celle qui est nubile.

NUDITÉ, s. f. (nudité) (nuditas), état d'une personne nue; les parties nues; figure nue.

NUE, s. f. (nue) (nubes), nuée, nuage.

NUÉ, E, part. pass. de nuer.

NUÉE, s. f. (nué), nue, nuage épais et sombre; fig. multitude.

NUEMENT, adv. (numan), d'une manière nue; sans déguisement.

NUER, v. a. (nué), assortir des couleurs dans des ouvrages de laine ou de soie.

NUI, part. pass. de nuire.

NUIRE, v. n. (nuire) (nocere), porter dommage, faire tort; incommoder.

NUISIBLE, adj. des deux g. (nuizible), qui peut nuire ou qui nuit.

NUIT, s. f. (nui) (nox, noctis), espace de temps que le soleil est sous notre horizon.

NUITAMMENT, adv. (nuitaman), de nuit.

NUITÉE, s. f. (nuité), espace d'une nuit; ouvrage, travail d'une nuit.

NUL, NULLE, adj. (nule) (nullus), aucun, pas un; fig. sans valeur, sans mérite.

NULLE, s. f. (nule), caractère nul qu'on emploie dans les lettres en chiffres.

NULLEMENT, adv. (nuleman), en aucune manière; d'une manière nulle.

NULLITÉ, s. f. (nulelité), défaut de forme, etc., qui rend un acte nul; défaut de talents; inaction.

NUMENT, adv. Voy. NUEMENT.

NUMÉRAIRE, adj. des deux g. (numérère) (numerare, nombrer), se dit de la valeur fictive des espèces.—S. m., argent comptant.

NUMÉRAL, E, adj. (numérale) (numeralis), qui marque quelque nombre.—Au pl. m. numéraux.

NUMÉRATEUR, s. m. (numérateur) (numerator), chiffre supérieur d'une fraction, qui indique combien de fois elle renferme le dénominateur.

NUMÉRATION, s. f. (numérácion) (numeratio) art de nombrer.

NUMÉRIQUE, adj. des deux g. (numérike), qui appartient aux nombres.

NUMÉRIQUEMENT, adv. (numérikeman), en nombre exact.

NUMÉRO, s. m. (numéro) (ablatif de numerus, nombre), indication numérale.

NUMÉROTAGE, s. m. (numérotaje), action de numéroter.

NUMÉROTÉ, E, part. pass. de numéroter, et adj.

NUMÉROTER, v. a (numéroté), coter, mettre le numéro sur quelque chose.

NUMISMATE ou NUMISMATISTE ; s. m. (numicemate, maticete), qui étudie, connaît et décrit les médailles, la numismatique.

NUMISMATIQUE, adj. des deux g. (numicematike) (νομισμα, médaille), qui a rapport aux médailles antiques. — S. f.; science des médailles.

NUMISMATOGRAPHIE, s. f. (numicematograrafi), (νομισμα, médaille, et γραφω, je décris), description des médailles antiques.

NUMMULAIRE, s. f (nummulère), plante agreste qui habite les lieux humides.

NUNCUPATIF, adj. m (nonkupatif) (nuncupare, déclarer de vive voix), se dit d'un testament fait de vive voix.

NUNDINAL, E, s. et adj. (nondinale) (nonus, neuvième, et dies, jour), se disait chez les Romains des lettres qui indiquaient les jours de marché.

NU-PROPRIÉTÉ, s. f. (nupropri-été), possession d'une chose dont un autre a l'usufruit.

NUPTIAL, E, adj. (nupeciale) (nuptialis), qui appartient aux noces, au mariage. — Au pl. m nuptiaux.

NUQUE, s. f. (nuke) (nux, nucis, noix), creux entre la tête et le chignon du cou.

NUTATION, s. f. (nutácion) (nutatio), t. d'astr. balancement.

NUTRITIF, IVE, adj. (nutritif, ive) (nutritius), qui nourrit, qui sert d'aliment.

NUTRITION, s. f. (nutricion) (nutritio), fonction par laquelle le suc nourricier est converti en notre propre substance.

NYCTALOPE, s. et adj. des deux g. (niketalope) (νιξ, νυκτες, nuit, et ωψ, œil), qui voit mieux la nuit que le jour.

NYCTALOPIE, s. f. (nikétalopi), maladie du nyctalope.

NYMPHE, s. f. (neinfe) (νυμφη), divinité fabuleuse; jeune fille ou femme belle et bien faite; premier degré de métamorphose dans les insectes. — Au pl., t. d'anat., petites lèvres de la vulve.

NYMPHÉE, s. f. (neinfé) (νυμφαιον, temple de nymphes), t. d'antiq., bain public.

NYMPHOMANIE, s. f. (neinfomani) (νυμφη, nymphe, et μανια, manie), t. de méd., fureur utérine.

O, s. m. (o ou ô), quinzième lettre de l'alphabet et la quatrième des voyelles; zéro dans les chiffres.

Ô. interj. qui sert à marquer divers mouvements de l'âme, elle désigne également l'apostrophe et le vocatif.

OASIS, s. f. (o-azice), lieu fertile au milieu des déserts; fig. lieu fortuné.

OBÉDIENCE, s. f. (obédiance) (obedientia), autrefois obéissance; ordre ou congé pour sortir du couvent.

OBÉDIENCIER, s. m. (obédiancié) (obedire, obéir), religieux desservant un bénéfice dont il n'est pas titulaire.

OBÉDIENTIEL, ELLE, adj. (obédi-anciele), qui appartient à l'obédience.

OBÉIR, v. n. (obé-ir) (obedire), se soumettre aux ordres de; être sujet de; céder.

OBÉISSANCE, s. f. (obé-içance), action de celui qui obéit; soumission.

OBÉISSANT, E, adj. (obé-içan, ante), qui obéit; fig. souple, qui cède aisément.

OBÉLISQUE, s. m. (obéliceke) (ὀϐελίσκος petite broche), pyramide étroite et longue.

OBÉRÉ, E, part. pass. de obérer, et adj.

OBÉRER, v. a. (obéré), endetter.

OBÈSE, adj. des deux g. (*obèze*), trop gras, chargé d'embonpoint.

OBÉSITÉ, s. f. (*obézité*), excès d'embonpoint.

OBIER, s. m. (*obié*), arbrisseau.

OBIT, s. m. (*obite*) (*obitus*, mort), service fondé pour le repos de l'âme d'un mort.

OBITUAIRE, adj. m. (*obituère*), des obits. —S. m., personne pourvue d'un bénéfice vacant par mort.

OBJECTÉ, E, part. pass. de *objecter*.

OBJECTER, v. a. (*objèkté*) (*objicere*, jeter au devant), faire une *objection*.

OBJECTIF, IVE, adj. (*objèktif, ive*), se dit du verre d'une lunette destiné à être tourné vers l'*objet*; qui a rapport à l'*objet*. — Subst. au m., verre *objectif*.

OBJECTION, s. f. (*objèkcion*) (*objectio*), difficulté qu'on oppose à une proposition, etc.

OBJET, s. m. (*objè*) (*objectum*), ce qui s'offre à la vue; ce qui émeut l'âme; but.

OBJURGATION, s. f. (*objurguâcion*) (*objurgatio*), reproche, réprimande.

OBLAT, s. m. (*obla*) (*oblatus*, offert), moine lai.

OBLATION, s. f. (*oblâcion*) (*oblatio*), offrande à Dieu; chose *offerte*.

OBLIGATION, s. f. (*obliguâcion*) (*obligatio*), engagement qu'impose le devoir; reconnaissance; promesse de payer.

OBLIGATOIRE, adj. des deux g. (*obligatoare*), qui a la force d'*obliger*.

OBLIGÉ, E, part. pass. de *obliger*. — S. et adj., qui a *obligation* à quelqu'un. — S. m., acte entre un apprenti et un maître.

OBLIGEAMMENT, adv. (*oblijaman*), d'une manière *obligeante*.

OBLIGEANCE, s. f. (*oblijance*), disposition, penchant à *obliger*.

OBLIGEANT, E, adj. (*oblijan, ante*), officieux; qui aime à *obliger*, à faire plaisir.

OBLIGER, v. a. (*oblijé*) (*obligare*), engager par quelque acte; forcer; rendre service.

OBLIQUE, adj. des deux g. (*oblike*) (*obliquus*), qui est de biais; détourné, frauduleux.

OBLIQUEMENT, adv. (*oblikeman*), d'une manière *oblique*; *fig.* insidieusement.

OBLIQUITÉ, s. f. (*oblikuité*) (*obliquitas*), inclinaison d'une ligne, d'une surface sur une autre; *fig.* fausseté, astuce.

OBLITÉRATION, s. f. (*oblitérâcion*), action d'*oblitérer*, état de ce qui est *oblitéré*.

OBLITÉRÉ, E, part. pass. de *oblitérer*.

OBLITÉRER, v. a. et n. (*oblitéré*), effacer insensiblement en laissant des traces.

OBLONG, ONGUE, adj. (*oblon, ongue*) (*oblongus*), qui est beaucoup plus *long* que large.

OBOLE, s. f. (*obole*) (ὀβολός), monnaie ancienne; poids de douze grains.

OBOMBRÉ, E, part. pass. de *obombrer*.

OBOMBRER, v. a. (*obonbré*) (*obumbrare*, ombrager), cacher, couvrir.

OBREPTICE, adj. des deux g. (*obrèptice*) (*obreptitius*), obtenu par surprise, par fraude.

OBREPTICEMENT, adv. (*obrèpticeman*), d'une manière *obreptice*.

OBREPTION, s. f. (*obrèpecion*) (*obreptio*), réticence d'un fait vrai.

OBSCÈNE, adj. des deux g. (*obcène*) (*obscenus*), qui blesse la pudeur, déshonnête.

OBSCÉNITÉ, s. f. (*obcénité*) (*obscenitas*), ce qui blesse la pudeur.

OBSCUR, E, adj. (*obcekure*) (*obscurus*), sombre, ténébreux; moins clair, moins vif; inintelligible; peu connu.

OBSCURCIR, v. a. (*obcekurcir*) (*obscurare*), rendre *obscur*; *fig.* diminuer l'éclat.

OBSCURCISSEMENT, s. m. (*obcekurciceman*), affaiblissement de lumière.

OBSCURÉMENT, adv. (*obcekuréman*), avec *obscurité*.

OBSCURITÉ, s. f. (*obcekurité*) (*obscuritas*), privation de la lumière; défaut de clarté; vie cachée; bassesse.

OBSÉCRATION, s. f. (*obcékrâcion*) (*obsecratio*), figure de rhétorique pour implorer. — Au pl., prières publiques chez les Romains.

OBSÉDÉ, E, part. pass. de *obséder*.

OBSÉDER, v. a. (*obcédé*) (*obsidere*, assiéger), être assidu pour capter; tourmenter.

OBSÈQUES, s. f. pl. (*obcèke*) (*obsequia*), funérailles pompeuses.

OBSÉQUIEUSEMENT, adv. (*obcékui-euzman*), avec beaucoup de respect.

OBSÉQUIEUX, EUSE, adj. (*obcékui-eu, euze*) (*obsequiosus*), poli à l'excès.

OBSERVABLE, adj. des deux g. (*obcèrvable*), qui peut être *observé*.

OBSERVANCE, s. f. (*obcèrvance*) (*observantia*), règle, statut, coutume.

OBSERVANTIN, s. m. (*obcèrvantein*), religieux de l'*observance* de Saint-François.

OBSERVATEUR, TRICE, s. (*obcèrvateur, trice*) (*observator*), qui observe.

OBSERVATION, s. f. (*obcèrvâcion*) (*observatio*), action d'*observer*; examen; objection; remarque, note.

OBSERVATOIRE, s. m. (*obcèrvatoare*), édifice pour les *observations* astronomiques.

OBSERVÉ, E, part. pass. de *observer*.

OBSERVER, v. a. (*obcèrvé*) (*observare*), accomplir ce qui est prescrit; considérer avec application; remarquer, épier.

OBSESSION, s. f. (*obcècion*), action d'*obséder*; son effet.

OBSIDIANE ou **OBSIDIENNE**, s. f. (*obcidiane*) (ὄψις, vue), pierre transparente.

OBSIDIONAL, E, adj. (*obcidionale*) (*obsidionalis*), de siège.

OBSTACLE, s. m. (*obcetakle*)(*obstaculum*), empêchement, opposition.

OBSTINATION, s. f. (*obcetinácion*) (*obstinatio*), opiniâtreté, entêtement.

OBSTINÉ, E, part. pass. de *obstiner*, adj. et s., opiniâtre, entêté.

OBSTINÉMENT, adv. (*obcetinéman*), avec *obstination*.

OBSTINER, v. a. (*obcetiné*) (*obstinare*), rendre opiniâtre.

OBSTRUCTIF, IVE, adj. (*obcetruktíf, ive*), qui cause des *obstructions*.

OBSTRUCTION, s. f. (*obcetruckcion*)(*obstructio*), t. de méd.; engorgement.

OBSTRUÉ, E, part. pass. de *obstruer*.

OBSTRUER, v. a. (*obcetru-é*) (*obstruere*), interposer un obstacle; boucher; embarrasser.

OBTEMPÉRER, v. n. (*obtanpéré*) (*obtemperare*), t. de pal., obéir.

OBTENIR, v. a. (*obtenir*)(*obtinere*), se faire accorder; parvenir à.

OBTENTION, s. f. (*obtancion*), t. de prat., action d'*obtenir*; impétration.

OBTENU, E, part. pass. de *obtenir*.

OBTURATEUR, TRICE, s. et adj. (*obturateur, trice*) (*obturare*, boucher), t. de chir., qui bouche.—S. m., pièce pour boucher une ouverture.

OBTURATION, s. f. (*obturácion*) (*obturatio*), obstruction.

OBTUS, E. adj.(*obtu, uze*)(*obtusus*,émoussé), se dit d'un angle plus grand qu'un angle droit; *fig.* se dit d'un esprit sans pénétration.

OBTUSANGLE, adj. des deux g. (*obtusangle*), qui a un *angle obtus*.

OBUS, s. m. (*óbuce*), petite bombe sans anse.

OBUSIER, s. m. (*obusié*), mortier pour lancer les *obus*.

OBVENTION, s. f. (*obvancion*) (*obventio*), impôt ecclésiastique.

OBVIER; v. n. (*obvié*) (*obviare*), prendre des mesures pour prévenir un mal.

OCA, s. m. (*oka*), racine d'Amérique.

OCCASE, adj. f. (*okáze*)(*occasus*, couchant), t. d'astron., *amplitude occase*, la même chose que *amplitude occidentale*.

OCCASION, s. f. (*okázion*) (*occasio*); conjoncture; circonstance opportune; rencontre.

OCCASIONEL, ELLE, adj. (*okázionèle*), qui donne *occasion*.

OCCASIONELLEMENT, adv. (*okázionèleman*), par *occasion*.

OCCASIONÉ, E, part. pass. de *occasioner*.

OCCASIONER, v. a. (*okázioné*), donner *occasion*, donner lieu.

OCCIDENT, s. m. (*okecidan*) (*occidens*, de *occidere*, se coucher), côté où le soleil paraît se coucher; ouest.

OCCIDENTAL, E, adj. (*okecidantale*)(*occidentalis*), qui est à l'*occident*.—Au pl. m. *occidentaux*.

OCCIPITAL, E, adj. (*okecipitale*), qui appartient à l'*occiput*.—Au pl. m. *occipitaux*.

OCCIPUT, s. m. (*okecipu*)(*occiput* ou *occipitium*), derrière de la tête.

OCCIRE, v. a. (*okecire*) (*occidere*), tuer. Vieux.

OCCIS, E, part. pass. d'*occire*.

OCCISEUR, s. m. (*okecizeur*), tueur. Vieux.

OCCISION, s. f. (*okecizion*), meurtre. Vieux.

OCCLUSION, s. f. (*oklusion*) (*occlusio*), oblitération des intestins.

OCCULTATION, s. f. (*okultácion*) (*occultatio*), disparition d'un astre.

OCCULTE, adj. des deux g. (*okulte*) (*occultus*), caché, dont la cause est inconnue.

OCCUPANT, E, s. et adj. (*okupan, ante*), qui *occupe*, qui se met en possession.

OCCUPATION, s. f. (*okupácion*) (*occupatio*), action d'*occuper*; ce à quoi on s'occupe; affaire; emploi; habitation d'une maison prise.

OCCUPÉ, E, part. pass. de *occuper*.

OCCUPER, v. a. (*okupé*) (*occupare*), tenir, remplir; habiter; s'emparer; employer.—V. n., t. de prat., agir au nom d'un autre. — V. pr., s'employer à.

OCCURRENCE, s. f. (*okurerance*) (*occurrere*, rencontrer), conjoncture; occasion.

OCCURRENT, E, adj. (*okureran, ante*) (*occurrens*). qui survient.

OCÉAN, s. m. (*océ-an*) (*oceanus*), grande mer qui environne toute la terre.

OCÉANE, s. f. (*océ-ane*) : *la mer océane*, l'océan.

OCHLOCRATIE, s. f. (*oklokraci*) (ὄχλος, populace, et κράτος, puissance), gouvernement du peuple.

OCRE, mieux **OCHRE**, s. f. (*okre*)(ὤχρα), terre ferrugineuse.

OCREUX, EUSE, mieux **OCHREUX, EUSE**, adj. (*okreu, euze*), de la nature de l'ocre.

OCTAÈDRE, s. m. (*okta-èdre*)(ὀκτώ, huit, et ἕδρα, base), corps solide à huit faces égales.

OCTAÉTÉRIDE, s. f. (*okta-étéride*)(ὀκταετηρίς), chez les Grecs, cycle de huit ans.

OCTANDRIE, s. f. (*oktandri*) (ὀκτώ, huit, et ἀνήρ, ἀνδρός, mari), classe de plantes à huit étamines.

OCTANT, s. m. (*oktan*) (*octans*), huitième partie, instrument qui contient la huitième partie du cercle; distance de quarante degrés entre deux planètes.

OCTANTE, adj. numéral des deux g. (*oktante*)(*octoginta*), quatre-vingts. Vieux.

OCTANTIÈME,adj des deux g.(*oktantième*), quatre-vingtième. Vieux.

OCTAVE, s. f. (*oktave*) (*octava*, sous-entendu *dies*, huitième jour), huitaine, huit jours ; huitième jour ; stance de huit vers ; t. de mus., huit degrés.

OCTAVIN, s. m. (oktavein); petite flûte.

OCTAVO, s. m. Voy. IN-OCTAVO.

OCTAVON, ONNE, s. (oktavon; one), qui provient d'un quarteron et d'une blanche, ou d'un blanc et d'une quarteronne.

OCTIDI, s. m. (oktidi), huitième jour de la décade républicaine.

OCTILE, adj. m. (oktile)(octo, huit), t. d'astron., position de deux planètes éloignées l'une de l'autre de quarante-cinq degrés.

OCTOBRE, s. m. (oktobre) (october), dixième mois de l'année.

OCTOGÉNAIRE, s. et adj. des deux g. (oktojénère) (octogenarius), qui a quatre-vingts ans.

OCTOGONE, s. m. et adj. des deux g. (oktogône) (οκτω, huit, et γωνια, angle), qui a huit angles et huit côtés.

OCTOSTYLE, s. m. et adj. des deux g. (oktocétile)(οκτω, huit et στυλις, colonne); édifice qui a huit colonnes de front.

OCTROI, s. m. (oktroè), concession ; droit sur les denrées ; bureau où il se paie.

OCTROYÉ, E, part. pass. de octroyer.

OCTROYER, v. a. (oktroè-ié) (en lat. barbare ortorgare), concéder.

OCTUPLE, adj. des deux g. (oktuple) (octuplus), qui contient huit fois.

OCTUPLÉ, E, part. pass. de octupler.

OCTUPLER, v. a. (oktuplé) (octo, huit), répéter huit fois.

OCULAIRE, s. m. (okülère) (ocularis), verre d'une lunette destiné à être placé du côté de l'œil. — Adj. des deux g., qui appartient aux yeux.

OCULAIREMENT, adv. (okülèreman), visiblement, sensiblement ; à l'œil. Peu us.

OCULISTE, s. et adj. m. (bkulicete) (oculus), celui qui traite les maladies des yeux.

ODALISQUE, s. f. (odaliceke) (du turc oda, chambre), simple favorite du grand-seigneur.

ODE, s. f. (ode)(ωδη, chant), poème lyrique divisé par strophes.

ODÉON, s. m. (odé-on) (ωδειον, de ωδη, chant), théâtre d'Athènes.

ODEUR, s. f. (odeur) (odor), sensation que les émanations des corps produisent sur l'odorat; senteur. — Au pl ; parfums.

ODIEUSEMENT, adv. (ódieuseman) (odiosè), d'une manière odieuse.

ODIEUX, EUSE, adj. (odieu, euze) (odiosus), digne de haine, repoussant. — S. m., ce qu'il y a d'odieux.

ODOMÈTRE, s. m. (odomètre) (οδος, chemin, et μετρον, mesure), instrument pour mesurer le chemin qu'on a fait.

ODONTALGIE, s. f. (odontalji) (οδονταλγια), douleur de dents.

ODONTALGIQUE, adj. des deux g. (odontaljike), qui calme les douleurs des dents.

ODONTOÏDE, adj. des deux g. (odonto-ide) (οδους, οδοντος, dent, et ειδος, forme), qui a la forme d'une dent.

ODONTOLOGIE, s. f. (odontoloji) (οδους, οδοντος, dent, et λογος, discours), partie de l'anatomie qui traite des dents.

ODORANT, E, adj. (odoran, ante) (odorans), qui répand une bonne odeur.

ODORAT, s. m. (odora) (odoratus), celui des cinq sens qui perçoit les odeurs.

ODORIFÉRANT, E, adj. (odoriféran, ante), qui a une agréable odeur.

ODYSSÉE, s. f. (odicé) (Οδυσσεια, de Οδυσσευς, Ulysse), poème d'Homère qui contient le retour d'Ulysse dans sa patrie.

OECUMÉNICITÉ, s. f. (ékuménicité), qualité de ce qui est œcuménique.

OECUMÉNIQUE, adj. des deux g. (ékuménike) (οικεω, j'habite), universel.

OECUMÉNIQUEMENT, adv. (ékuménikeman), d'une manière œcuménique.

OEDÉMATEUX, EUSE, adj. (édémateu, euse), qui est de la nature de l'œdème.

OEDÉMATIE, s. f., ou OEDÈME, s. m. (édémaci, dème) (οιδημα), sorte de tumeur.

OEDIPE, s. m. (édipe), nom propre devenu nom commun pour désigner un homme qui devine des choses très-embrouillées.

OEIL, s. m. (euie) (oculus), pl. œils et yeux (ieu), organe de la vue ; ouverture ; bourgeon ; fig. esprit, intelligence ; lustre ; éclat ; t. d'impr., relief de la lettre; trou d'une meule. — Au pl., trous du pain, etc.

OEIL-DE-BOEUF, s. m. (euiedebeufe), petite fenêtre ronde ; plante. — Au pl., des œils-de-bœuf.

OEILLADE, s. f. (eu-iade), coup d'œil.

OEILLÈRE, s. f. (eu-ière), petit vase dans lequel on baigne l'œil ; partie de la bride d'un cheval. — Adj. f., se dit d'une dent dont la racine répond à l'œil.

OEILLET, s. m. (eu-iè), plante vivace ; sa fleur ; petit trou pour passer un lacet.

OEILLETON, s. m. (eu-ieton), rejeton, marcotte d'œillet ; rejeton d'artichaut.

OEILLETTE, s. f. (eu-iète), nom vulgaire du pavot cultivé.

OENOLOGIE, s. f. (énoloji) (οινος, vin, et λογος, discours), art de faire le vin.

OENOMANCIE, s. f. (énomanci) (οινος, vin, et μαντεια, divination), t. d'antiq., divination qui se faisait avec le vin des libations.

OENOMÈTRE, s. m. (énomètre) (οινος, vin, et μετρον, mesure), instrument pour mesurer le degré de force ou de qualité du vin.

OENOPHORE, s. m. (*énofore*) (οινος, vin, et φερω, je porte), t. d'antiq., vase pour le vin.

OESOPHAGE, s. m. (*ézofage*) (οισοφαγος), canal qui conduit les aliments depuis la bouche jusque dans l'estomac.

OESTRE, s. m. (*ècetre*) (οιστρος, taon), insecte diptère; fureur, enthousiasme.

OEUF, s. m. (dites *eufe* au sing. et *eu* au pl.) (*ovum*), corps organique que pondent la poule et l'oiseau femelle et qu'ils couvent; il se dit aussi des poissons, des fourmis, des tortues, etc.

OEUVÉ, E, adj. (*euvé*), qui a des œufs.

OEUVRE, s. f. (*euvre*) (*opus, operis*), ce qui est produit par quelque agent; ouvrage; fabrique d'église; action morale. — S. m., la pierre philosophale; production d'esprit; recueil d'estampes; ouvrage d'un musicien.

OFFENSANT, E, adj. (*ofançan, ante*), choquant, injurieux.

OFFENSE, s. f. (*ofance*) (*offensa*), injure de fait ou de parole; faute, péché.

OFFENSÉ, E, part. pass. de *offenser*, adj. et s., qui a reçu une *offense*.

OFFENSER, v. a. (*ofancé*) (*offendere*), faire une *offense*; choquer — V. pr., se fâcher.

OFFENSEUR, EUSE, s. (*ofanceur, euze*) (*offensor*), qui *offense*.

OFFENSIF, IVE, adj. (*ofancif, ive*), qui attaque, qui *offense*. — Subst. au f., attaque.

OFFENSIVEMENT, adv. (*ofanciveman*), d'une manière *offensive*.

OFFERT, E, part. pass. de *offrir*, et adj.

OFFERTE, s f. ou **OFFERTOIRE**, s. m. (*oférete, oferétoare*), partie de la messe.

OFFICE, s. m. (*ofice*) (*officium*), devoir; assistance, service; charge, fonction; cérémonies de l'église. —S. f., garde-manger.

OFFICIAL, s. m. (*oficial*) (*officialis*), juge de cour d'église. —Au pl. *officiaux*.

OFFICIALITÉ, s. f. (*oficialité*), juridiction de l'*official*; lieu où il rendait justice.

OFFICIANT, E, s. et adj. (*ofician, ante*), qui *officie* à l'église.

OFFICIEL, ELLE, adj. (*oficièle*), publié, déclaré par l'autorité.

OFFICIELLEMENT, adv. (*oficièleman*), d'une manière *officielle*.

OFFICIER, s. m. (*oficié*), celui qui a un *office*, une charge; celui qui a un grade militaire.

OFFICIER, v. n. (*oficié*), faire l'*office* divin à l'église; célébrer une messe.

OFFICIEUSEMENT, adv (*oficieuzeman*) (*officiosè*), d'une manière *officieuse*.

OFFICIEUX, EUSE, adj. (*oficieu, euse*) (*officiosus*), obligeant, serviable.

OFFICINAL, E, adj. (*oficinale*) (*officina*, boutique), se dit des compositions qui se trouvent chez les apothicaires.

OFFICINE, s. f. (*oficine*), laboratoire d'un pharmacien.

OFFRANDE, s. f. (*ofrande*), don que l'on *offre*; cérémonie d'église.

OFFRANT, E, s. (*ofran, ante*), t. de pal., qui *offre*.

OFFRE, s. f. (*ofre*), action d'*offrir*; ce que l'on *offre*.

OFFRIR, v. a. (*ofrir*) (*offerre*), présenter, proposer quelque chose à quelqu'un.

OFFUSQUÉ, E, part pass. de *offusquer*.

OFFUSQUER, v. a. (*ofuscekié*) (*offuscare*), empêcher de voir; éblouir; fig. troubler l'esprit; gêner; déplaire.

OGIVE, s. f. (*ojive*), arceau qui passe au-dedans d'une voûte, d'un angle à l'autre.

OGNON, s. m. (*ognion*) (*unio*), nom qu'on donne aux caïeux des racines bulbeuses; plante potagère; tumeur, durillon.

OGNONET, s. m. (*ognionè*), poire d'été.

OGNONIERE, s. f. (*ognionière*), terre semée d'*ognons*.

OGRE, ESSE, s. (*oguere, èce*), monstre imaginaire, avide de chair humaine.

OH (*ô*)! interjection qui marque la surprise, l'admiration, l'affirmation.

OIE, s. f. (*oâ*) (en lat. barbare *auca*), oiseau aquatique; jeu.

OIGNON, et ses dérivés. Voy. OGNON.

OILLE, s. f. (*oèle*) (de l'espagnol *olla*), potage de racines et de viandes différentes.

OINDRE, v. a. (*oeindre*) (*ungere*), frotter avec quelque chose d'onctueux.

OING, s. m. (*oein*) (*unctum*), graisse de porc pour graisser les roues.

OINT, E, part. pass. de *oindre*, et adj. — S. m., celui qui a reçu une *onction* sainte.

OISEAU, s. m. (*oèzó* (en lat. barbare *avicellus*, fait d'*avis*), bipède ailé; auge de maçon. — *Oiseau - mouche*, très-petit oiseau.

OISELÉ, E, part. pass. de *oiseler*.

OISELER, v. a. (*oèzelé*), dresser un *oiseau*. —V. n., tendre des pièges aux *oiseaux*.

OISELEUR, s. m. (*oèzeleur*), celui qui prend les *oiseaux* à la pipée, etc.

OISELIER, s. m. (*oèzelié*), celui qui élève et vend des petits *oiseaux*.

OISELLERIE, s. f. (*oèzeleri*), art de prendre et d'élever les *oiseaux*.

OISEUX, EUSE, adj. (*oèseu, euse*), oisif; fainéant; inutile.

OISIF, IVE, adj. et s. (*oèsif, ive*) (*otiosus*), qui ne fait rien; qui ne sert à rien.

OISILLON, s. m. (*oèzi-ion*), petit *oiseau*.

OISIVEMENT, adv. (*oèziveman*) (*otiosè*), d'une manière *oisive*.

OISIVETÉ, s. f. (*oèziveté*) (*otium*), état de celui qui est *oisif*.

OISON, s. m. (*oèzon*), le petit de l'*oie*; fig. idiot.

OLÉAGINEUX, EUSE, adj. (*olé-ajinèu, euse*) (*oleaginus*), huileux.

OLÉANDRE, s. m. (*olé-andre*), arbrisseau aquatique.

OLFACTIF, IVE, adj. (olefaktif, ive)(olfactus, odorat), qui a rapport à l'odorat.

OLIBAN, s. m. (oliban), premier encens qui découle de l'arbre; encens mâle.

OLIBRIUS, s. m. (olibri-uce), glorieux, arrogant, fanfaron. Fam.

OLIGARCHIE, s. f. (oligarchi) (ολιγις, peu, et αρχη, puissance), gouvernement où l'autorité est entre les mains d'un petit nombre.

OLIGARCHIQUE, adj. des deux g. (oligarchike), qui appartient à l'oligarchie.

OLIM (olime), mot emprunté du latin et qui signifie : autrefois. — S. m. pl., anciens registres du parlement de Paris.

OLINDE, s. f. (oleinde), sorte de lame d'épée très-fine.

OLIVAIRE, adj. des deux g. (olivère), t. d'anat., qui ressemble à une olive.

OLIVAISON, s. f. (olivèzon), récolte des olives; saison de cette récolte.

OLIVÂTRE, adj. des deux g. (olivâtre), qui tire sur la couleur d'olive; jaune et basané.

OLIVE, s. f. (olive) (oliva ou olea), fruit à noyau dont on tire de l'huile; sa couleur; ornement fait en olive.

OLIVETTE, s. f. (olivète), danse provençale; plante.

OLIVIER, s. m. (olivié), arbre des pays chauds qui produit l'olive; symbole de la paix.

OLLAIRE, adj. des deux g. (olelère) (ollaris), se dit d'une pierre dont on fait des pots.

OLOGRAPHE, adj. des deux g.(ologuerafe, (ολος, entier, et γραφω, j'écris), se dit d'un testament écrit de la main du testateur.

OLYMPE, s. m. (oleinpe) (ολυμπος), montagne de Thessalie; en poésie, le ciel.

OLYMPIADE, s. f. (oleinpiade)(ολυμπιας), t. d'antiq., espace de quatre ans.

OLYMPIEN, IENNE, s. et adj. (oleinpiein, ième), se dit des douze divinités de l'Olympe.

OLYMPIQUE, adj. des deux g. (oleinpike), se dit des jeux qui se célébraient tous les quatre ans auprès d'Olympie.

OMBELLE, s. f. (onbèle) (umbella, parasol), assemblage de fleurs ou de fruits.

OMBELLIFÈRE, adj. des deux g. et s. f (onbèlelifère) (umbella, parasol, et ferre, porter), fleur qui est en ombelle ou en parasol.

OMBILIC, s. m. (onbilik) (ombilicus), nombril; en t. de bot., œil de bouc.

OMBILICAL, E, adj. (onbilikale), de l'ombilic.—Au pl. m. ombilicaux.

OMBILIQUÉ, E, adj. (onbilikié), t. de bot., où l'on observe un ombilic.

OMBRAGE, s. m. (onbraje), ombre que font les arbres; fig. défiance, soupçon.

OMBRAGÉ, E, part. pass. de ombrager.

OMBRAGER, v. a. (onbrajé), faire, donner de l'ombre.

OMBRAGEUX, EUSE, adj. (onbrajeu, euze), qui a peur de son ombre; fig. soupçonneux.

OMBRE, s. f. (onbre) (umbra), espace privé de lumière; obscurité; fig. protection; prétexte; âme séparée du corps; couleurs sombres.

OMBRÉ, E, part. pass. de ombrer, et adj.

OMBRELLE, s. f. (onbrèle), petit parasol.

OMBRER, v. a. (onbré), mettre les ombres dans un tableau.

OMBREUX, EUSE, adj. (onbreu, euze), qui fait de l'ombre.

OMÉGA, s. m. (omégua), dernière lettre de l'alphabet grec; fig. la fin.

OMELETTE, s. f. (omelète) (contraction des deux mots œufs mêlés), œufs cuits dans une poêle avec du beurre.

OMETTRE, v. a. (omètre) (omittere), manquer à faire ou à dire quelque chose.

OMISSION, s. f. (omicion) (omissio), action de celui qui omet; chose omise.

OMNIBUS, s. m. (omenibuce) (mot latin qui signifie pour tous), voiture publique.

OMNIPOTENCE, s. f. (omenipotance), toute-puissance, pouvoir absolu.

OMNISCIENCE, s. f. (omeniciance) (omniscientia), connaissance infinie de Dieu.

OMNIVORE, adj. des deux g. (omenivore, (omnis, tout, et vorare, manger), qui mange de tous les aliments.

OMOPLATE, s. f. (omoplate) (ωμος, épaule, et πλατυς, large), os de l'épaule.

ON, pron. pers. indéfini des deux g., faisant fonction d'un s. m. (on) (contraction du mot homme); il ne se joint jamais qu'avec la troisième personne du verbe au singulier.

ONAGRE, s. m. (onaguere) (αγρος), âne sauvage; ancienne machine de guerre.

ONANISME, s. m. (onaniceme), habitude de la masturbation.

ONC, ONCQUES, adv.(onke)(unquàm), vieux mots qui signifiaient : jamais.

ONCE, s. f (once) (uncia), seizième partie de la livre; quadrupède carnivore.

ONCIALE, adj. f. (onciale) (uncialis), se dit de lettres pour les inscriptions.

ONCLE, s. m. (onkle) (avunculus), frère du père ou de la mère.

ONCTION, s. f. (onkcion) (unctio), action d'oindre; choses qui portent à la piété.

ONCTUEUSEMENT, adv. (onktueuzeman), avec onction.

ONCTUEUX, EUSE, adj. (onketueu, euze) (onctuosus), gras, huileux; qui a de l'onction.

ONCTUOSITÉ, s. f. (onktuôzité), qualité de ce qui est onctueux.

ONDE, s. f. (onde) (unda), flot, soulèvement de l'eau agitée; fig. l'eau, la mer.

ONDÉ, E, adj. (ondé), fait en ondes.

ONDÉE, s. f. (ondé), averse passagère.

ONDIN, INE, s. (ondein, ine), prétendus génies qui habitent les eaux.

ON-DIT, s. m. (ondi), rapport indiscret, hasardé.—Au pl., propos vagues.

ONDOIEMENT, s. m. (ondoèman), baptême donné sans les cérémonies de l'église.

ONDOYANT, E, adj. (ondoè ian, ante), qui ondoie, qui flotte par ondes.

ONDOYÉ, E, part. pass. de ondoyer.

ONDOYER, v. n. (ondoè-ié), flotter par ondes.— V. a., donner l'ondoiement.

ONDULATION, s. f. (ondulácion), mouvement des ondes.

ONDULATOIRE, adj. des deux g. (ondulatoère), d'ondulation.

ONDULÉ, E, adj. (ondulé), qui présente des ondulations.

ONDULER, v. n. (ondulé), produire, avoir un mouvement d'ondulation.

ONDULEUX, EUSE, adj. (onduleu, euze), qui forme des ondulations.

ONÉIROCRITIE, s. f. (oné-irokrici) (ονειρος, songe, et κρινω, je juge), explication des songes.

ONÉIROMANCIE, s. f. (oné-iromanci) (ονειρος, songe, et μαντεια, divination), divination par les songes.

ONÉRAIRE, adj. des deux g. (onérère) (onerarius), qui a le soin et la charge d'une chose.

ONÉREUX, EUSE, adj (onéreu, euze) (onerosus), incommode, qui est à charge.

ONGLE, s. m. (onguele) (ungula, dimin. de unguis), partie dure et ferme qui couvre le dessus des doigts; griffe de certains animaux; sabot du cheval; maladie de l'œil.

ONGLÉE, s. f. (onguelé), engourdissement au bout des doigts, causé par le froid.

ONGLET, s. m. (onguelè), bande pour coller des cartes, etc.; carton ou feuillet que l'on ajoute à un volume; assemblage de menuiserie; en bot., partie inférieure du pétale.

ONGLETTE, s. f. (onguelète), burin; échancrure sur une lame pour la lever avec l'ongle.

ONGUENT, s. m. (onguan) (unguentum), médicament extérieur.

ONGUICULÉ, E, adj. (ongu-ikulé) unguiculus, petit ongle), se dit des animaux qui ont un ongle à chaque doigt.

ONGULÉ, E, adj. (ongulé), qui a des ongles.

ONIROCRITIE. Voy. ONÉIROCRITIE.

ONIROMANCIE. Voy. ONÉIROMANCIE.

ONOCROTALE, s. m. (onokrotale) (ονοκροταλος). pélican.

ONOMATOPÉE, s. f. (onomatopé) (ονοματοποιια, formation d'un nom), formation d'un mot dont le son imite la chose qu'il signifie.

ONTOLOGIE, s. f. (ontoloji) (ων, οντος, être, et λογος, discours), traité des êtres en général.

ONTOLOGIQUE, adj. des deux g. (ontolojike), qui appartient à l'ontologie.

ONYX, s. m. (onikce) (ονυξ, ongle), espèce d'agate très-fine.

ONZE, nom de nombre indécl. et adj. des deux g. (onze) (undecim), dix et un.

ONZIÈME, adj. numéral des deux g. (onzième) (undecimus), nombre d'ordre qui suit le dixième. — S. m., onzième partie.

ONZIÈMEMENT, adv. (onzièmeman), en onzième lieu.

OOLITHE, s. m. (o-olite) (ωον, œuf, et λιθος, pierre), pierre composée de petites coquilles pétrifiées.

OPACITÉ, s. f. (opacité) (opacitas), qualité de ce qui est opaque.

OPALE, s. f. (opale) (opalus), pierre précieuse de couleur laiteuse.

OPAQUE, adj. des deux g. (opake) (opacus), qui n'est point transparent.

OPÉRA, s. m. (opéra) (de l'italien opera, ouvrage), drame en musique; théâtre où on le représente; fig. chose difficile.

OPÉRATEUR, TRICE, s. (opérateur, trice), qui fait des opérations de chirurgie; charlatan.

OPÉRATION, s. f. (opérácion) (operatio), action de ce qui opère; action militaire; action d'un chirurgien sur le corps; calcul.

OPERCULE, s. m. (opèrekule) (operculum), t. d'hist. nat. et de bot., couvercle.

OPERCULÉ, E, adj. (opèrekulé), qui a un opercule.

OPÉRER, v. a. et n. (opéré) (operari), faire, produire quelque effet; calculer; faire une opération chirurgicale.

OPES, s. m. pl. (ope) (οπη, trou), t. d'archit., trous des boulins, etc., dans les murs.

OPHICLÉIDE, s. m. (ofklé-ide) (οφις, serpent, et ειδος, forme), instrument de musique.

OPHITE, adj. des deux g. (ofite) (οφις, serpent), marbre vert mêlé de jaune.

OPHTHALMIE, s. f. (ofetalmi) (οφθαλμις, œil), maladie des yeux.

OPHTHALMIQUE, adj. des deux g. (ofetalmike), qui concerne les yeux.

OPHTHALMOGRAPHIE, s. f. (ofetalmografi) (οφθαλμις, œil, et γραφω, je décris), description anatomique de l'œil.

OPIACÉ, E, adj. (opiacé), qui contient de l'opium.

OPIAT, s. m. (opiate) (οπιον, opium), sorte d'électuaire : pâte pour les dents.

OPILATIF, IVE, adj. (opilatif, ive); qui peut causer des obstructions.

OPILATION, s. f. (opilácion) (opilatio), obstruction.

OPILÉ, E, part. pass. de opiler.

OPILER, v. a. (opilé) (opilare), boucher les conduits du corps.

OPIMES, adj. f. pl. (opime) (opimus, abundant), se dit des dépouilles que remportait un général romain qui avait tué de sa main le général ennemi.

OPINANT, E, s. et adj. (*opinan, ante*), qui opine.

OPINER, v. n. (*opiné*) (*opinari*), dire son avis sur une chose mise en délibération.

OPINIÂTRE, adj. et s. des deux g. (*opiniâtre*), obstiné, entêté, acharné ; trop attaché à son opinion.

OPINIÂTRÉ, E, part. pass. de *opiniâtrer*.

OPINIÂTRÉMENT, adv. (*opiniâtréman*), avec *opiniâtreté* ; avec fermeté et constance.

OPINIÂTRER, v. a. (*opiniâtré*), soutenir un fait avec *opiniâtreté* ; obstiner.

OPINIÂTRETÉ, s. f. (*opiniâtreté*), obstination forte, entêtement invincible.

OPINION, s. f. (*opinion*) (*opinio*), croyance probable ; sentiment ; avis.

OPIUM, s. m. (*opiome*) (ιπιον), suc narcotique qu'on tire par incision du pavot blanc.

OPLOMACHIE, s. f. (*oplomachi* (οπλον, arme, et μαχι, combat), t. d'antiq., escrime.

OPPORTUN, E, adj. (*oporteun, une*) (*opportunus*), qui vient à propos, favorable.

OPPORTUNITÉ, s. f. (*oportunité*) (*opportunitas*), occasion favorable.

OPPOSANT, E, s. et adj (*opôzan, ante*), t. de pal., qui s'oppose à une sentence.

OPPOSÉ, E, part. pass. de *opposer*, et adj., contraire, placé vis-à-vis. — S. m., ce qui est directement contraire.

OPPOSER, v. a. (*opôzé*) (*opponere*), faire obstacle ; mettre vis-à-vis ; mettre en parallèle. — V. pr., être contraire.

OPPOSITE, s. m. (*opôzite*) (*oppositum*), le contraire.— *A l'opposite*, loc. adv., vis-à-vis.

OPPOSITION, s. f. (*opôzicion*) (*oppositio*), obstacle, contrariété ; parti opposé.

OPPRESSÉ, E, part. pass. de *oppresser*.

OPPRESSER, v. a. (*oprécé*) (*opprimere*), presser fortement ; gêner la respiration.

OPPRESSEUR, s. et adj. m. (*opréceur*) (*oppressor*), qui opprime.

OPPRESSIF, IVE, adj. (*oprécif, ive*), qui opprime.

OPPRESSION, s. f. (*oprécion*), action d'opprimer, d'oppresser ; son effet.

OPPRIMÉ, E, part. pass. de *opprimer*, et adj. — S., celui, celle qu'on opprime.

OPPRIMER, v. a. (*oprimé*) (*opprimere*), accabler par abus d'autorité.

OPPROBRE, s m. (*oprobre*) (*approbrium*), ignominie, honte, affront.

OPTATIF, IVE, adj. (*opetatif, ive*) (*optare*, souhaiter), qui exprime le souhait.

OPTÉ, part. pass. de *opter*.

OPTER, v. n. (*opeté*) (*optare*), choisir entre plusieurs choses.

OPTICIEN, IENNE, s. (*opeticiein, iène*), qui est versé dans l'*optique*.

OPTIMÈ, adv. (*opetimé*), mot emprunté du latin qui signifie : fort bien, très-bien.

OPTIMISME, s. m. (*opetimicme*) (*optimus*, le meilleur), système de celui qui prétend que ce qui existe est le mieux possible.

OPTIMISTE, s. et adj. des deux g. (*opetimicete*), partisan de l'*optimisme*.

OPTION, s. f. (*opecion*) (*optio*), pouvoir d'*opter* ; action d'*opter*.

OPTIQUE, s. f. (*opetike*) (οπτικη), science de la vision ; perspective.—Adj. des deux g., qui concerne la vue.

OPULEMMENT, adv. (*opulaman*), avec opulence.

OPULENCE, s. f. (*opulance*) (*opulentia*), richesse, abondance de biens.

OPULENT, E, adj. (*opulan, ante*), riche, dans l'*opulence*.

OPUNTIA, s. f. (*oponcia*), nopal.

OPUSCULE, s. m. (*opucekule*) (*opusculum*), petit ouvrage de littérature.

OR, s. m. (*ore*) (*aurum*), métal jaune, le plus précieux de tous ; monnaie d'or ; *fig.* richesse, opulence.

OR, partic. conjonctive qui sert à lier un discours à un autre, à exhorter, à convier.

ORACLE, s. m. (*orakle*) (*oraculum*), réponse que les païens croyaient recevoir des dieux ; le dieu qui rendait l'*oracle*.

ORAGE, s. m. (*oraje*) (*aura*, vent), tempête ; *fig.* malheur ; agitation ; désordre.

ORAGEUX, EUSE, adj. (*orajeux, euze*), qui cause de l'*orage* ; sujet aux *orages*.

ORAISON, s. f. (*orèzon*) (*oratio*), discours d'éloquence ; prière ; méditation.

ORAL, E, adj. (*orale*), qui se transmet de bouche en bouche.

ORANG, s. m. (*oran*), singe à tête arrondie comme celle de l'homme.

ORANGE, s. f. (*oranje*) (*aurata*, dorée), fruit de couleur jaune doré ; sa couleur.

ORANGÉ, E, adj. (*oranjé*), de couleur d'orange.—S. m., la couleur d'orange.

ORANGEADE, s. f. (*oranjade*), boisson faite avec du jus d'orange, du sucre, etc.

ORANGEAT, s. m. (*oranja*), confiture ou dragées faites d'écorce d'orange.

ORANGER, s. m. (*oranjé*), arbre qui porte les oranges.

ORANGER, ÈRE, s. (*oranjé, ère*), qui vend des oranges.

ORANGERIE, s. f. (*oranjeri*), endroit où l'on place des orangers.

ORANG-OUTANG, s. m. (*oran-outan*), espèce de grand singe.

ORATEUR, s. m. (*orateur*) (*orator*), celui qui prononce des discours.

ORATOIRE, s. m. (*oratoare*) (*oratorium*), petit lieu pour *prier* Dieu ; congrégation.—Adj. des deux g., qui appartient à l'*orateur*.

ORATOIREMENT, adv. (*oratoareman*), d'une manière *oratoire*.

ORATORIEN, s. m. (oratoriein), qui est de la congrégation de l'oratoire.

ORATORIO, s. m. (oratorió) (mot italien), petit drame écrit en latin fait pour être mis en musique.

ORBE, s.m.(orbe)(orbis, cercle), espace que parcourt une planète dans son cours; globe.—Adj. des deux g., t. de chir., qui meurtrit.

ORBICULAIRE, adj. des deux g. (orbikulère) (orbicularis), qui est de figure ronde.

ORBICULAIREMENT, adv. (orbikulèreman) (orbiculatim), en rond.

ORBITAIRE, adj. des deux g. (orbitère), t. d'anat., qui est relatif à l'orbite.

ORBITE, s. f. (orbite) (orbita), en astron., chemin que décrit une planète ; en anat., cavité dans laquelle l'œil est placé.

ORCANETTE, s. f.(orkanète), plante.

ORCHESTIQUE, s. f. et adj. des deux g. (orkièstike) ορχηστικη), partie de la gymnastique ancienne qui avait rapport à la danse.

ORCHESTRE, s. m. (orkièstre) (ορχηστρα), place des musiciens; réunion des musiciens d'un concert, d'un bal, etc.

ORCHIS, s. m. (orkice), plante.

ORD, E. adj. (or, orde), sale. Vieux.

ORDALIE, s. f. (ordali), au moyen-âge, épreuve par les éléments.

ORDINAIRE, adj. des deux g. (ordinère) (ordinarius), qui a coutume de se faire; habituel; vulgaire, commun.—S. m., ce qu'on a coutume de servir pour le repas; ce qui a coutume d'être; courrier. — D'ORDINAIRE, adv., souven'.

ORDINAIREMENT, adv. (ordinèreman), d'ordinaire, pour l'ordinaire.

ORDINAL, E, adj. (ordinale) (ordinalis), qui marque l'ordre.—Au pl. m. ordinaux.

ORDINAND, s. m. (ordinan) (ordinandus), qui veut être promu aux ordres.

ORDINANT, s. m. (ordinan) (ordinans), évêque qui confère les ordres.

ORDINATION, s. f. (ordinácion)(ordinare), action de conférer les ordres sacrés.

ORDO, s. m. (ordó) (mot latin qui signifie ordre, règle), petit livret qui contient la manière de faire l'office de chaque jour.

ORDONNANCE, s. f. (ordonance) arrangement ; règlement; loi, constitution; prescription du médecin ; uniforme ; mandat.

ORDONNANCÉ, E, part. pass. de ordonnancer.

ORDONNANCER, v. a. (ordonancé), donner un ordre pour payer.

ORDONNATEUR, TRICE, s. (ordonateur, trice), qui ordonne, qui dispose pour.

ORDONNÉ, E, part. pass. de ordonner, et adj., disposé, mis en ordre.

ORDONNÉE, s. f. (ordoné), ligne tirée d'un point de la circonférence d'une courbe perpendiculairement à son axe.

ORDONNER, v. a. et n. (ordoné)(ordinare), mettre en ordre; commander; prescrire;conférer les ordres sacrés.

ORDRE, s. m. (ordre) (ordo), arrangement, disposition ; mot du guet; exactitude; état bien réglé; ensemble; situation; rang; loi, règle; classe; tranquillité; discipline; commandement; injonction; compagnie de personnes qui vivent sous certaines règles; compagnie de chevalerie ; décoration; sacrement qui confère la prêtrise; proportion.

ORDURE, s. f. (ordure), excréments; malpropreté. — Au pl., balayures ; paroles sales.

ORDURIER, IÈRE, s. et adj. (ordurié, ière), qui se plaît à dire des ordures, qui contient des ordures.

ORÉADE, s. f. (oré-ade)(ορειας), nymphe des montagnes.

ORÉE, s. f. (oré) (ora, bord), bord d'un bois. Vieux.

OREILLARD, E. adj (orè-iar, arde), qui a les oreilles longues, basses ou mal plantées.

OREILLE, s. f. (orè-ie) (auricula), organe de l'ouïe ; cartilage qui l'entoure. — Oreille-d'ours, plante.—Oreille-de-souris, plante.

OREILLER, s. m. (orè-ié), coussin pour soutenir la tête quand on est couché.

OREILLETTE, s. f. (orè-ièté), petit linge qu'on met derrière une oreille; cavité du cœur.

OREILLONS ou ORILLONS, s. m. pl. (orèion), fluxion à l'oreille.

OREMUS, s. m. (orémuce) (mot latin qui signifie prions), prière, oraison.

ORÉOGRAPHIE, s. f. Voy. OROGRAPHIE.

ORFÈVRE, s. m. (orfèvre) (aurum, or, et faber, ouvrier), qui fait et vend des ouvrages d'or et d'argent.

ORFÈVRERIE, s. f. (orfèvreri), art, commerce, marchandise d'orfèvre.

ORFÈVRI, E, adj. (orfèvri), travaillé par l'orfèvre.

ORFRAIE, s. f. (orfrè) (ossifraga), oiseau de nuit.

ORFROI, s. m. (orfroé) (aurum phrygium, broderie en or), ornement des chapes, des chasubles.

ORGANDI, s. m. (orguandi), mousseline ou toile de coton.

ORGANE, s. m. (orguane) (organum), ce qui sert aux sensations et aux opérations de l'animal; voix ; personne par le moyen de laquelle on fait quelque chose.

ORGANEAU, s. m. Voy. ARGANEAU.

ORGANIQUE, adj. des deux g. (orguanike), qui agit par le moyen des organes; destiné à organiser. — S. f., chez les anciens, musique instrumentale.

ORGANISATION, s. f. (orguanizácion), manière dont un corps est organisé.

ORGANISÉ, E, part. pass. de organiser, et adj., qui a des organes réglés.

ORGANISER, v. a. (organizé), former les organes d'un corps; donner une forme fixe; régler; joindre un petit orgue à un instrument.
ORGANISME, s m. (organiceme), disposition. arrangement des organes.
ORGANISTE, s. des deux g. (organicete), qui joue de l'orgue.—S. m., sorte d'oiseau.
ORGANSIN, s. m. (organcein) (de l'italien organsino), soie torse apprêtée.
ORGANSINAGE, s. m. (organcinaje), méthode, opération d'organsiner.
ORGANSINÉ, E, part. pass. de organsiner.
ORGANSINER, v. a. (organciné), tordre la soie et la faire passer deux fois au moulin.
ORGASME, s. m. (orguaceme) (οργασμος), t. de méd., agitation des humeurs.
ORGE, s. f. et m. (orje) (hordeum), plante graminée.
ORGEAT, s. m. (orja), boisson rafraîchissante dont la décoction d'orge est la base.
ORGIE, s. f. (orji) (οργια), débauche de table. — Au pl., t. d'antiq., fêtes de Bacchus.
ORGELET, s. m. (orjelé), maladie des paupières.
ORGUE, s. m., et ORGUES, s. f. pl. (orgue) (οργανον, instrument), instrument de musique à vent et à touches; t. de fortif., espèce de herse; assemblage de canons.—Orgue-de-mer, s. f., coquillage.
ORGUEIL, s. m. (orguieu-ic)(οργιλος, sujet à la colère), opinion trop avantageuse de soi-même; fierté, hauteur.
ORGUEILLEUSEMENT, adv. (orguieu-ieuzeman), d'une manière orgueilleuse.
ORGUEILLEUX, EUSE, s. et adj. (orguieu-ieu, euze), rempli d'orgueil.
ORIENT, s. m. (orian) (oriens), point du ciel où le soleil se lève; états de l'Asie.
ORIENTAL, E, adj. (oriantale), qui est du côté de l'orient.—Au pl. m. orientaux.
ORIENTALISTE, s. m. (oriantalicete), celui qui sait les langues orientales.
ORIENTÉ, E, part. pass. de orienter.
ORIENTER, v. a. (orianté), disposer suivant les quatre points cardinaux. — V. pr., reconnaître l'orient du lieu où l'on est; fig. examiner, réfléchir.
ORIFICE, s. m. (orifice)(orificium), ouverture; goulot.
ORIFLAMME, s. f. (oriflâme) (aurum, or, et flamma, flamme), étendard des anciens rois de France.
ORIGAN, s. m. (origuan) (οριγανον), plante.
ORIGINAIRE, adj. des deux g. (orijinère), qui tire, qui prend son origine de...
ORIGINAIREMENT, adv. (orijinèreman), primitivement, dans l'origine.
ORIGINAL, E, adj. (orijinale), qui n'est d'après aucun modèle; primitif; neuf. — S. m., chose qui n'est point une copie; modèle; personne bizarre.—Au pl. originaux.

ORIGINALEMENT, adv. (orijinaleman), d'une manière originale.
ORIGINALITÉ, s. f. (orijinalité), caractère de ce qui est original; bizarrerie.
ORIGINE, s. f. (orijine) (origo), principe; extraction; étymologie; commencement.
ORIGINEL, ELLE, adj. (orijinèle), qui vient de l'origine.
ORIGINELLEMENT, adv. (orijinèleman), dès l'origine, dès le commencement.
ORILLARD, E, adj. Voy. OREILLARD.
ORILLONS, s. m. pl. Voy OREILLONS.
ORIGNAL, s. m. (originale), nom qu'on donne à l'élan dans le Canada.
ORIN, s. m. (orein), câble qui tient à la croisée d'une ancre et à la bouée.
ORION, s. m. (orion), constellation méridionale.
ORIPEAU, s m. (oripô) (en italien orpello), cuivre mince et brillant; faux-brillant.
ORLE, s. m. (orle) (de l'italien orlo, bord), t. d'archit., filet sous l'arc du chapiteau.
ORMAIE, s. f. (ormé), plant d'ormes.
ORME, s. m. (orme) (ulmus), grand et gros arbre de futaie.
ORMEAU, s. m. (ormô), petit orme.
ORMILLE, s. f. (ormi-ie), plant de petits ormes.
ORMIN, s. m. (ormein) (ορμινον), plante aromatique et d'une saveur amère.
ORNE ou ORNIER, s. m. (orne, ornié) (ornus), espèce de frêne d'Italie.
ORNEMANISTE, s. et adj. des deux g. (ornemanicete), qui fait des ornements.
ORNEMENT, s. m. (orneman) (ornementum), tout ce qui sert à orner; parure.
ORNER, v. a. (orné) (ornare) parer, décorer.
ORNIÈRE, s. f. (ornière), trace que les roues d'une voiture font dans les chemins.
ORNITHOGALON, s. m. (ornitogualon) (ορνις, ορνιθος, oiseau, et γαλα, lait), plante
ORNITHOLOGIE, s. f. (ornitoloji) (ορνις, ορνιθος, oiseau, et λογος, discours), histoire naturelle des oiseaux.
ORNITHOLOGISTE ou ORNITHOLOGUE, s. m. (ornitolojicete, logue), savant en ornithologie.
ORNITHOMANCE ou ORNITHOMANCIE, s. f. (ornitomance, manci) (ορνις, ορνιθος, oiseau, et μαντεια, divination), divination par le vol ou par le chant des oiseaux.
OROBANCHE, s. f. (orobanche) (ορεβαγχη), plante parasite.
OROBE ou ERS, s. m. (orobe)(οροβος), plante légumineuse.
OROGRAPHIE, s. f. (orougurafi)(ορος, montagne, et γραφω, je décris), représentation des montagnes.

ORONGE, s. m.(oronje), nom vulgaire d'une sorte de champignon.

ORPAILLEUR, s. m (orpá;ieur), celui qui tire les *paillettes d'or* du sable des rivières.

ORPHELIN, INE, s. (orfelein, ine)(ορφανος), enfant en bas âge qui a perdu son père et sa mère ou l'un des deux, surtout le père.

ORPHIQUE, adj. des deux g. (orfike), qui appartient à Orphée.

ORPIMENT, s m. (orpiman) (auripigmentum), oxyde d'arsenic sulfuré jaune.

ORPIN, s. m. (orpein), plante.

ORQUE, s. m. (orke), épaulard.

ORSEILLE, s. f. (orcè-ie), espèce de lichen dont on tire une belle couleur bleue.

ORT, adj. et adv. (or), t. de commerce: peser ort, avec l'emballage.

ORTEIL, s. m. (orté-ie) (corruption d'*arteil*, fait du lat. *articulus*, article, jointure), gros doigt du pied.

ORTHODOXE, adj. des deux g. et s. m. (ortodokce) (ορθος, droit, et δοξα, opinion), qui est conforme à la doctrine de l'église.

ORTHODOXIE, s. f. (ortodokci), qualité de ce qui est *orthodoxe*.

ORTHODROMIE, s. f. (ortodromi) (ορθος, droit, et δρομος, course), route en droite ligne d'un vaisseau.

ORTHOGONAL, E, adj. (ortoguonale) (ορθος, droit, et γωνια, angle), à angles droits.

ORTHOGRAPHE, s. f. (ortoguerafe)(ορθος, droit, et γραφω, j'écris), art d'écrire correctement les mots.

ORTHOGRAPHIE, s. f. (ortoguerafi)(ορθος, droit, et γραφω, je décris), t. d'archit., élévation géométrale.

ORTHOGRAPHIÉ, E, part. pass. de *orthographier*.

ORTHOGRAPHIER, v. a. (ortoguerafié), écrire selon les règles de l'*orthographe*.

ORTHOGRAPHIQUE, adj. des deux g. (ortoguerafike), qui appartient à l'*orthographe* ou à l'*orthographie*.

ORTHOPÉDIE, s. f. (ortopédi) (ορθος, droit, et παις, παιδος, enfant), art de corriger ou de prévenir les difformités du corps.

ORTHOPÉDIQUE, adj. des deux g. (ortopédike), de l'*orthopédie*.

ORTHOPNÉE, s. f. (ortopené) (ορθος, droit, et πνεω, je respire), oppression qui ne permet de respirer que debout.

ORTIE, s. f. (orti) (*urtica*), plante agreste; mèche qu'on insinue entre la chair et le cuir d'un cheval.

ORTIVE, adj. f. (ortive), t. d'astronomie.

ORTOLAN, s. m (ortolan) (de l'italien *ortolano*), oiseau.

ORVALE, s. f. (orvale), plante.

ORVIÉTAN, s. m. (orviétan), sorte de contre-poison; drogue de charlatan.

ORYCTOGRAPHIE, s f. (oriktografi) (ορυκτος, fossile, et γραφω, je décris), description des fossiles.

ORYCTOLOGIE, s. f. (oriktoloji) (ορυκτος, fossile, et λογος, discours), science qui traite des fossiles.

OS, s. m. (ό) (os, ossis), partie dure et solide du corps de l'animal.

OSCILLATION, s. f. (ociletácion) (oscillatio), balancement; fluctuation.

OSCILLATOIRE, adj. des deux g. (ocilelatoare), qui est de la nature de l'*oscillation*.

OSCILLER, v. n. (ocilelé) (oscillare), se mouvoir alternativement en sens contraire.

OSÉ, E, part. pass. de *oser*, et adj., hardi, audacieux.

OSEILLE, s. f. (osè-ie) (oxalis), plante agreste et potagère.

OSER, v. a. (ôzé) (audere), avoir la hardiesse, la prétention de.

OSERAIE, s. f. (ôzerè), plant d'osiers.

OSIER, s. m. (ôzié) (ιτεα), arbrisseau dont les jets sont fort pliants.

OSMAZÔME, s.f.(ocemazôme)(οσμη, odeur), base du bouillon.

OSMONDE, s. f. (ocemonde), fougère qui croit au bord des fleuves.

OSSELET, s. m. (ocelè) (ossiculum), petit os; tumeur à la jambe d'un cheval. — Au pl., petits os pour jouer; autrefois, torture.

OSSEMENTS, s. m. pl. (oceman), os décharnés des hommes, des animaux morts.

OSSEUX, EUSE, adj. (oceu, euze), qui est de nature d'os.

OSSIFICATION, s. f. (ocecifikácion), formation des os.

OSSIFIÉ, E, part. pass. de *ossifier*.

OSSIFIER, v. a. (ocecifié), changer en os.

OSSUAIRE, s. m. (ocecuère), monument formé avec des *ossements*.

OSTENSIBLE, adj. des deux g. (ocetancible) (ostendere, montrer), qui peut être montré; qui tombe sous le sens; évident.

OSTENSIBLEMENT, adv. (ocetancibleman), d'une manière *ostensible*.

OSTENSOIR, s. m. (ocetançoare) (ostendere, montrer), pièce d'orfèvrerie dans laquelle on expose l'hostie.

OSTENTATION, s. f. (ocetantácion) (ostentatio), montre affectée.

OSTÉOCOLLE, s. f. (ocetè-okole)(οστεον, os, et κολλα, colle), concrétion calcaire.

OSTÉOCOPE, s. f. et adj. des deux g. (ocetè-okope)(οστεον, os, et κοπτω, je brise), se dit d'une douleur aiguë dans les os.

OSTÉOGRAPHIE, s. f. (ocetè-oguerafi)(οστεον, os, et γραφω, j'écris), description des os.

OSTÉOLITHE, s. m. (océté-olite) (ωστεον, os, et λιθος, pierre), os fossile.
OSTÉOLOGIE, s. f. (océté-oloji) (ωστεον, os, et λογος, discours), partie de l'anatomie qui traite des os.
OSTÉOTOMIE, s. f. (océté-otomi)(ωστεον, os, et τεμνω, je coupe), dissection des os.
OSTRACÉ, E, adj. (ocetracé) (οστρακον, écaille), qui est de la nature de l'huître.
OSTRACISME, s. m. (ocetracicsme) (οστρακισμος), t. d'antiq., loi qui, chez les Athéniens, bannissait pour dix ans ceux qui devenaient suspects à la république.
OSTRACITE, s. f. (ocetracite) (οστρακον, coquille), coquille d'huître pétrifiée.
OSTROGOTH, s. et adj. m. (ocetrogoô) (de l'allemand ost, orient), autrefois, Goths orientaux ; fig. homme qui ignore les usages, les bienséances.
ÔTAGE, s. m. (ôtaje) (du bas lat. hospitagium, fait de hospes, hôte); personne qu'on remet pour sûreté de l'exécution d'un traité.
OTALGIE, s. f. (otalji) (ους, ωτος, oreille, et αλγος, douleur), douleur d'oreille.
ÔTÉ, E, part. pass. de ôter.
ÔTÉ, sorte de prép. (ôté), hormis. Vieux.
ÔTER, v. a. (ôté) (obstare, faire obstacle). tirer une chose de la place où elle est ; priver d'une chose ; détruire ; délivrer ; faire cesser.
OTTOMANE, s. f. (otetomane), grand siège qui sert de sopha et de lit de repos.
OU, sans accent, conj. alternative (ou), au froment, en d'autres termes.
OÙ, avec un accent, adv. de lieu (ou) (ω), en quel lieu, en quel endroit.
OUAICHE, s. m. (ouèche), t. de mar., sillage d'un vaisseau.
OUAILLE, s. f. (ouâ-ie) (ovilia, pl. d'ovile, bergerie), brebis ; fig. personne commise aux soins d'un prêtre.
OUAIS, (ouè) (ω,), interjection qui marque de la surprise.
OUATE, s. f. (ouate), coton fin et soyeux que l'on met entre deux étoffes.
OUATER, v. a. (ouaté), mettre de la ouate entre une étoffe et la doublure.
OUBLI, s. m. (oubli), manque de souvenir ; inadvertance ; omission.
OUBLIANCE, s. f. (oubli ance), oubli, faute de mémoire. Vieux.
OUBLIE, s. f. (onbli), sorte de pâtisserie lêche et mince.
OUBLIÉ, E, part. pass. de oublier.
OUBLIER, v. a. (oubli-é)(oblivisci), perdre le souvenir ; laisser par inadvertance ; omettre.
— V. pr., manquer de respect ; négliger ses intérêts.

OUBLIETTES, s. f. pl.(oubli-ète). autrefois, cachot.
OUBLIEUR, EUSE, s. (oubli-eur, euse), qui fait et vend des oublies.
OUBLIEUX, EUSE, adj. (oublieu, euse), qui oublie aisément.
OUEST, s. m. (ouècete) (en anglais wesi), partie du monde qui est au soleil couchant.
OUF (oufe), interjection qui marque une douleur subite, l'étouffement, etc.
OUI, adv. ou particule d'affirmation (oui), il est vrai; je l'avoue, j'y consens.
OUÏ, E, part. pass. de ouïr, et adj.
OUI-COU, s. m. (ou-ikou), boisson dont on se sert en Amérique.
OUÏ-DIRE, s. m. (ou-idire), ce qu'on ne sait que sur le dire d'autrui.
OUI-DÀ, adv. (ou-ida), volontiers.
OUÏE, s. f. (oui), celui des cinq sens par lequel on reçoit les sons. — Au pl., parties de la tête des poissons qui leur servent pour respirer.
OUÏR, v. a. (on-ir) (audire), entendre; donner audience; écouter.
OUISTITI, s. m. (ouicetiti), petit sagouin d'une très-jolie figure.
OURAGAN, s. m. (ouraguan) (du mot indien huracan), tempête violente.
OURDI, E, part. pass. de ourdir.
OURDIR, v. a. (ourdir) (ordiri), disposer les fils pour faire la toile; fig. tramer.
OURDISSAGE, s. m. (ourdiçaje), première opération pour ourdir.
OURDISSEUR, EUSE, s. (ourdiceur, euse), qui ourdit.
OURDISSOIR, s. m. (ourdiçoar), outil dont on se sert pour ourdir.
OURLÉ, E, part. pass. de ourler.
OURLER, v. a. (ourlé), faire un ourlet à du linge ou à quelque étoffe.
OURLET, s. m. (ourlè) (ora, bord), pli, rebord que l'on fait à du linge.
OURS, s m. (ource) (ursus), quadrupède carnassier ; fig. homme qui fuit la société.
OURSE, s. f. (ource), femelle de l'ours; nom de deux constellations.
OURSIN, s m. (ourcein), coquillage de mer de forme ronde.
OURSON, s. m. (ourçon), petit d'un ours.
OURVARI, s. m. Voy. HOURVARI.
OUTARDE, s. f. (outarde), oiseau.
OUTARDEAU, s. m. (outardô), petit d'une outarde.
OUTIL, s. m. (outi) (utile, chose utile), tout instrument dont on se sert pour travailler.
OUTILLÉ, E, part. pass. de outiller, et adj. fourni d'outils.
OUTILLER, v. a. (outi-ié), fournir d'outils.
OUTRAGE, s. m. (outraje) (en lat. barbare ultragium), injure atroce.
OUTRAGÉ, E, part. pass de outrager.

OUTRAGEANT, E, adj. (*outrajan, ante*), qui outrage.
OUTRAGER, v. a. (*outrajé*), offenser cruellement; faire outrage.
OUTRAGEUSEMENT, adv. (*outrajeuzeman*), avec outrage; à outrance.
OUTRAGEUX, EUSE, adj. (*outrajeu, euze*), qui fait outrage, tort ou injure.
à OUTRANCE, à TOUTE OUTRANCE, loc. adv. (*a-outrance, atoutoutrance*), jusqu'à l'excès.
OUTRE, s. f. (*outre*) (*uter*), peau de bouc préparée pour y mettre quelque liquide.
OUTRE, prép. et adv. (*outre*) (*ultrà*), au-delà, pardessus. — *En outre*, adv., de plus. — *D'outre en outre*, adv., de part en part.
OUTRÉ, E, part. pass. de *outrer*, et adj., fatigué; transporté; fâché; indigné.
OUTRECUIDANCE, s. f. (*outrekuidance*) (des deux mots *outre*, au-delà, et *cuider*, penser, croire), présomption, témérité. Vieux.
OUTRECUIDANT, E, adj. (*outrekuidan, ante*), présomptueux, téméraire, contrariant.
OUTRECUIDÉ, E, adj. (*outrekuidé*), présomptueux, téméraire.
OUTRÉMENT, adv. (*outréman*), d'une manière outrée; à outrance. Peu us.
OUTREMER, s. m. (*outremère*), couleur bleue céleste qui vient du Levant.
OUTRE-MESURE, loc. adv. (*outremezure*), déraisonnablement, avec excès.
OUTRE-PASSE, s f (*outrepáce*), abattis de bois au-delà des limites.
OUTRE-PASSÉ, E, part. pass. de *outre-passer.*
OUTRE-PASSER, v. a. (*outrepácé*), passer au-delà des bornes prescrites; aller au-delà.
OUTRER, v. a. (*outré*) (*ultrà*, outre), accabler, surcharger; porter les choses trop loin; offenser; pousser à bout.
OUVERT, E, part. pass. de *ouvrir*, et adj., non fermé; fig. franc, sincère.
OUVERTEMENT, adv. (*ouvèreteman*), franchement, sans déguisement.
OUVERTURE, s. f. (*ouvèreture*)(*apertura*), fente, trou; action d'ouvrir; fig. commencement; proposition; occasion; franchise; symphonie avant une pièce de théâtre.
OUVRABLE, adj. des deux g. (*ouvrable*) (*operarius*), se dit d'un jour de travail.
OUVRAGE, s. m. (*ouvraje*) (*opus, operis*), produit, résultat du travail; façon; production de l'esprit.
OUVRAGÉ, E, adj. (*ouvrajé*), où il y a beaucoup d'ouvrage.
OUVRANT, E, adj. (*ouvran, ante*), à jour suivant, dès que le jour paraît.
OUVRÉ, E, part. pass. de *ouvrer*, et adj.
OUVREAUX, s. m. pl. (*ouvró*), ouvertures latérales par lesquelles on travaille dans les fourneaux de la verrerie.

OUVRER, v. a. (*ouvré*, travailler, fabriquer. Vieux.
OUVREUR, EUSE, s. (*ouvreur, euze*), qui ouvre les loges au théâtre.
OUVRIER, IÈRE, s. (*ouvri-é, ière*) (*operarius*), qui travaille dans quelque métier que ce soit. —Adj , des *ouvriers;* ouvrable
OUVRIR, v. a (*ouvrir*) (*aperire*), faire que ce qui était fermé ne le soit plus; percer; fig. commencer.—V. n., *ouvrir* la porte; s'ouvrir; commencer.—V. pr., n'être plus fermé; confier ses pensées.
OUVROIR, s. m. (*ouvroar*), lieu de travail.
OVAIRE, s. m. (*ovère*) (*ovum*, œuf), partie des animaux où se forme l'œuf.
OVALAIRE, adj. des deux g. (*ovalère*), qui est de forme *ovale.*
OVALE, adj. des deux g. (*ovale*), de figure ronde et oblongue comme celle d'un œuf. — S. m., figure ronde et oblongue.
OVATION, s f. (*ovácion*) (*ovatio*), petit triomphe chez les anciens Romains.
OVE, s. m. (*ove*) (*ovum*), ornement d'architecture en forme d'œufs.
OVIPARE, adj. des deux g. (*ovipare*)(*ovum*, œuf, et *parere*, produire), se dit des animaux qui se multiplient par le moyen des œufs. — Il s'emploie aussi comme s. m.
OVOÏDE, adj. des deux g. (*ovo-ide*) (*ovum*, œuf, et ειδος, forme), qui est en forme d'œuf.
OXYCRAT, s. m. (*okcikra*) (οξυκρατον), mélange d'eau et de vinaigre.
OXYDABLE, adj. des deux g. (*okcidable*), susceptible d'*oxydation.*
OXYDATION, s. f. (*okcidácion*), action d'*oxyder;* son effet.
OXYDE, s. m. (*okcide*) (οξυς, acide), résultat de la combinaison de l'*oxygène* avec quelque autre substance.
OXYDÉ, E, part. pass. de *oxyder.*
OXYDER, v. a. (*okcidé*), réduire à l'état d'*oxyde*, combiner avec l'*oxygène.*
OXYGÉNATION, s. f. (*okcijénácion*), action d'*oxygéner;* son effet.
OXYGÈNE, s. m. (*okcijène*) (οξυς, acide, et γεννᾶν, j'engendre), principe de l'air atmosphérique, qui, combiné avec différentes bases, forme les oxydes et les acides.
OXYGÉNÉ, E, part. pass. de *oxygéner*, et adj , mêlé d'*oxygène.*
OXYGÉNER, v. a. (*okcijéné*), combiner avec l'*oxygène.*
OXYGONE, adj. des deux g. (*okciguone*) (οξυς, aigu, et γωνια, angle), qui a tous les angles aigus.
OXYMEL, s. m. (*okcimèle*)(οξυς, vinaigre, et μελι, miel), mélange de miel et de vinaigre.
OYANT, E, adj. (*oè-ian, ante*), t. de prat., à qui on rend un compte en justice.

P, s. m. (prononcez *pe*, et non pas *pé*), seizième lettre de l'alphabet français, et la douzième des consonnes.

PACAGE, s. m. (*pakaje*) (*pascua*), lieu où le bétail va paître.

PACAGER, v. n. (*pakajé*), paître, pâturer.

PACANT, s. m (*pakan*), manant, homme du peuple. Pop.

PACE (IN-). Voy. IN-PACE.

PACHA, s. m. (*pacha*), titre d'honneur en Turquie.

PACHALIK, s. m. (*pachalik*), province turque gouvernée par un *pacha*.

PACHYDERME, s. m. et adj. des deux g. (*pachidèreme*) (παχυς, épais, et δερμα, peau), famille de mammifères quadrupèdes.

PACIFICATEUR, s. m. (*pacifikateur*) (*pacificator*), qui fait la paix.

PACIFICATION, s. f. (*pacifikácion*) (*pacificatio*), rétablissement de la paix.

PACIFIÉ, E, part. pass. de *pacifier*.

PACIFIER, v. a. (*pacifié*) (*pacificare*), apaiser, rétablir la paix.

PACIFIQUE, adj. des deux g. (*pacifike*) (*pacificus*), paisible, tranquille.

PACIFIQUEMENT, adv. (*pacifikeman*), d'une manière *pacifique*.

PACOTILLE, s. f. (*pakoti-ie*), marchandises qu'un passager embarque pour son compte; cargaison d'un navire.

PACTA-CONVENTA, s. m. pl. (*paktakonveinta*) (expression latine), *conventions que le roi de Pologne nouvellement élu et la répu-*

bliques'obligeaient mutuellement d'observer.

PACTE, s. m. (pakte) (pactum), accord, convention.

PACTISER, v. n. (paktise) (pacisci), faire un pacte, une convention.

PADOU, s. m. (padou), ruban moitié fil et moitié soie.

PADOUANE, s. f. (padouane), médaille contrefaite d'après l'antique.

PAGAIE, s. f. (paguiè), rame des Indiens.

PAGANISME, s. m (paguaniceme) (paganismus), religion païenne, idolâtrie.

PAGE, s. f. (paje)(pagina), côté d'un feuillet; ce qu'il contient.

PAGE, s. m. (paje) (pædagogium, troupe des enfants d'honneur), petit serviteur.

PAGINATION, s. f. (pajinâcion), série des numéros des pages d'un livre.

PAGINÉ, E, part pass. de paginer.

PAGINER, v. a. (pajiné), numéroter les pages d'un livre.

PAGNE, s. m. (pagnie), morceau de toile de coton des nègres indiens qui vont nus.

PAGNON, s. m. (pagnion), drap noir très-fin, fabriqué à Sédan.

PAGNOTTE, s. m. (pagniote) (de l'italien pagnotta, petit pain), poltron.

PAGNOTTERIE, s. f. (pagnioteri), lâcheté, bévue. Peu us.

PAGODE, s. f. (paguode), temple des Indiens idolâtres; idole qu'on y adore; petite figure à tête mobile; monnaie indienne.

PAIE, s. f. (pè), solde des gens de guerre; salaire; débiteur; payeur.

PAIEMENT, s. m. (pèman)(du lat. barbare pagamentum), action de payer.

PAÏEN, ENNE, s. et adj. (pa-iein, iène)(paganus), adorateur des faux dieux.

PAILLARD, E, s. et adj. (pa-iar, arde) (de paille), lascif, débauché.

PAILLARDER, v. n. (pa-iardé), commettre le péché de paillardise.

PAILLARDISE, s. f. (pa-iardise), débauche, impudicité. Bas et pop.

PAILLASSE, s. f. (pá-ince), sac plein de paille pour un lit.—S. m., bateleur, bouffon.

PAILLASSON, s. m. (pá-iaçon), natte de paille.

PAILLE, s. f. (pá-ie) (palea), tuyau du blé, du seigle, de l'orge; défaut dans un métal, dans un diamant.

PAILLER, s. m (pá-iè), cour d'une ferme où il y a des pailles, des grains.

PAILLET, adj. m. (pá-iè), se dit du vin rouge peu chargé de couleur.

PAILLETTE, s. f. (pá-iète), petite parcelle d'or; petite lame d'or, etc., pour mettre sur les broderies.

PAILLEUR, EUSE, s. (pá-ieur, euse), qui vend et fournit de la paille.

PAILLEUX, EUSE, adj. (pá-ieu, euze), se dit du fer et des métaux qui ont des pailles.

PAILLON, s. m. (pá-ion), grosse paillette.

PAIN, s. m. (pein) (panis), aliment fait de farine pétrie et cuite au four.—Pain d'épices, pain fait de seigle, de miel et d'épices.

PAIR, s. m. (père) (par, égal), autrefois grand vassal du roi; seigneur qui avait droit de séance au parlement; aujourd'hui, membre de la haute chambre législative.

PAIR, E, adj (père) (par). égal, semblable.
— de PAIR, adv., d'une manière égale.

PAIRE, s. f. (père) (par), couple de choses de même espèce qui vont ensemble.

PAIREMENT, adv. (pèreman); nombre pairement pair, nombre dont la moitié est aussi un nombre pair.

PAIRESSE, s. f. (pèrèce), femme d'un pair.

PAIRIE, s. f. (péri), dignité de pair.

PAISIBLE, adj. des deux. g. (pèzible), qui aime la paix; qui est d'humeur douce.

PAISIBLEMENT, adv. (pèzibleman), sans trouble; d'une manière paisible et tranquille.

PAISSON, s. f. (pèçon), tout ce que les bestiaux et les bêtes fauves paissent et broutent.

PAÎTRE, v. a. et n. (pètre)(pasci), manger; brouter l'herbe; mener paître; donner à manger. — V. pr., se nourrir.

PAIX, s. f. (pè) (pax), état d'un peuple qui n'est point en guerre; traité de paix; concorde; tranquillité; calmes patène. — Interjection pour faire faire silence.

PAL, s. m. (pale), pieu aiguisé par un bout.
—Au pl. paux ou pals.

PALADIN, s. m. (paladein) (corruption de palatin), chevalier errant.

PALAIS, s. m. (palè) (palatium), bâtiment convenable pour loger un roi ou un prince; maison magnifique; lieu où l'on rend la justice; partie supérieure du dedans de la bouche.

PALAN, s. m. (palan), cordes, moufles et poulies pour enlever des fardeaux.

PALANÇONS, s. m pl. (palançon), morceaux de bois qui retiennent les torchis.

PALANQUE, s. f. (palanke), retranchement fait avec de pieux ou pals.

PALANQUIN, s. m. (palankiein), petit palan; chaise, litière indienne.

PALASTRE, s. m. (palaçetre), partie extérieure d'une serrure.

PALATALE, adj. f. (palatale) (palatum palais), se dit des consonnes produites par le mouvement de la langue qui touche le palais.

PALATIN, INE, s. et adj. (palatein, ine), gouverneur de province en Pologne.—Adj., t. d'anat., qui a rapport au palais.

PALATINAT, s. m. (palatina), dignité du palatin; province polonaise.

PALATINE, s. f. (palatine), fourrure que les femmes mettent sur leur cou.

PALE, s. f. (pale) (palla), carton carré qui se met sur le calice; bout plat d'un aviron; vanne d'écluse.

PÂLE, adj. des deux g. (*pâle*) (*pallidus*), qui a de la *pâleur*; blême; peu coloré.

PALÉE, s. f. (*palé*), rang de pieux ou *pals* enfoncés en terre.

PALEFRENIER, s. m. (*palefrenié*) (de *pa lefroi*, cheval), valet qui panse les chevaux.

PALEFROI, s. m. (*palefroé*) (des trois mots *par le frein*), cheval de parade.

PALÉOGRAPHIE, s. f. (*palé-ografi*) (παλαιος, ancien, et γραφη, écriture), science des écritures anciennes.

PALERON, s. m. (*paleron*) (*pala*, pelle), partie de l'épaule de certains animaux.

PALESTINE, s. f. (*palèctine*), nom d'un caractère d'imprimerie.

PALESTRE, s. f. (*palèctre*) (παλαιστρα), lieu où les anciens se formaient aux exercices du corps; ces exercices mêmes.

PALESTRIQUE, adj. des deux g. et s. f. (*palèctrike*), se dit des exercices qui se faisaient dans les *palestres*.

PALET, s. m. (*palè*) (*patulus*, large), pièce plate et ronde pour jouer.

PALETOT, s. m. (*paletô*), justaucorps; sorte de vêtement d'homme.

PALETTE, s. f. (*palète*) (*pala*, pelle), raquette de bois; petite planche pour mélanger les couleurs; petit plat pour la saignée.

PALÉTUVIER, s. m. (*paléuvié*), grand arbre d'Amérique.

PÂLEUR, s. f. (*pâleur*) (*palor*), certaine couleur tirant sur le blanc fade et qui paraît sur le visage.

PÂLI, s. m. (*pâli*), langue sacrée de l'île de Ceylan.

PALIER, s. m. (*palié*), plate-forme sur un escalier.

PALIFICATION, s. f. (*palifikácion*), action d'affermir un sol sur des pilotis. Inus.

PALIMPSESTE, s. m. (*paleinpecècete*) (*palimpsestus*), parchemin dont on a fait disparaître l'écriture pour y écrire de nouveau.

PALINGÉNÉSIE, s. f. (*paleinjénézi*) (παλιν, de nouveau, et γενεσις, génération), renaissance; régénération.

PALINOD, s. m (*palinô*) (παλιν, de nouveau, et ωδη, chant), poésie en l'honneur de l'immaculée conception de la Vierge.

PALINODIE, s. f. (*palinodi*) (παλιν, de nouveau, et ωδη, chant), désaveu, rétractation de ce qu'on a dit.

PÂLIR, v. n. (*pâlir*) (*pallescere*), devenir pâle.—V. a., rendre pâle.

PALIS, s. m. (*pali*), pal ou pieu; lieu entouré de pieux; clôture de perches.

PALISSADE, s. f. (*palicade*), rang de palis ou de pieux; haie d'arbrisseaux.

PALISSADÉ, E, part. pass. de *palissader*.

PALISSADER, v. a. (*palicadé*), entourer de *palissades*; dresser des *palissades*.

PALISSAGE, s. m. (*palicaje*), action de *palisser*; ses effets.

PALISSANDRE, s. m. (*palicandre*), bois violet et odorant, propre à la marqueterie.

PÂLISSANT, E, adj. (*pâliçan*, *ante*), qui pâlit.

PALISSÉ, E, part. pass. de *palisser*, et adj.

PALISSER, v. a. (*palicé*), attacher les branches des arbres contre un mur.

PALLADIUM, s. m (*paladi-ome*) (παλλαδιον), statue de *Pallas*; objet auquel un empire attachait sa durée; *fig.* appui; sorte de métal.

PALLAS, s. f. (*palláce*) (παλλας), nom d'une divinité païenne qu'on a donné à une planète.

PALLIATIF, IVE, adj (*paléi-atif*, *ive*), qui ne guérit qu'en apparence.

PALLIATION, s. f. (*paléi-ácion*), action de *pallier* une faute, etc.; adoucissement.

PALLIER, v. a. (*paléi-é*) (*palliare*), atténuer, excuser; ne guérir qu'en apparence.

PALLIUM, s. m. (*paléi-ome*) (mot latin), ornement ecclésiastique.

PALMA-CHRISTI, s. m. (*palmakricti*), (mots latins), ricin, plante.

PALME, s. f. (*palme*) (*palma*), petite branche de *palmier*; *fig.* victoire.

PALME, s. f (*palme*), mesure en Italie; mesure ancienne.

PALMÉ, E, adj. (*palmé*), t. de bot. et d'hist. nat., disposé en éventail.

PALMETTE, s. f. (*palmète*), ornement en forme de feuilles de *palmier*.

PALMIER, s. m. (*palmié*) (*palma*), arbre qui porte les dattes.

PALMIPÈDE, s. m. et adj. des deux g. (*palmipède*) (*palma* paume de la main, et *pes*, *pedis*, pied), famille d'oiseaux à pieds *palmés*.

PALMISTE, s. et adj m. *palmicete*, nom qu'on donne à un ordre de *palmiers*.

PALMITE, s. m. (*palmite*), moelle du palmier.

PALOMBE, s. f. (*palonbe*) (*palumbus*), espèce de pigeon ramier.

PALONNIER, s. m. (*palonié*), pièce du train d'un carrosse.

PALOT, s. m. (*palô*), villageois fort grossier. Pop.

PÂLOT, OTTE, adj (*pâlô*, *ote*), un peu *pâle*.

PALPABLE, adj des deux g (*palpable*) (de *palper*), qu'on sent au toucher; évident.

PALPABLEMENT, adv. (*palpableman*), d'une manière *palpable*.

PALPE, s. f. (*palpe*), petite antenne; barbillon des poissons.

PALPÉ, E, part. pass. de *palper*.

PALPÉBRAL, E, adj (*palpébrale*) (*palpebra*, paupière), qui a rapport aux paupières.—Au pl. m. *palpébraux*.

PALPER, v. a. (*palepé*) (*palpare*), toucher doucement avec la main; manier.

PALPITANT, E, adj. (*palepitan, ante*), qui palpite.

PALPITATION, s. f. (*palepitácion*)(*palpitatio*), mouvement déréglé du cœur.

PALPITER, v. n. (*palepité*) (*palpitare*), avoir des *palpitations*

PALTOQUET, s m. (*paletokiè*) (du vieux mot *paletot*), homme grossier, paysan.

PALUS, s. m. (*páluce*) (*palus*), marais.

PÂMÉ, E, part. pass. de *pámer*, et adj.

PÂMER, v. n. (*pámé*) (σπασμα, spasme), tomber en *pâmoison*.

PÂMOISON, s. f. (*pámoèzon*), défaillance.

PAMPE, s. f. (*panpe*), feuille du blé, de l'orge, de l'avoine.

PAMPHLET, s. m.(*panflè*)(tiré de l'anglais), brochure.

PAMPHLETIER ou **PAMPHLÉTAIRE**, s. m. (*panfletié, ètère*), auteur de *pamphlets*.

PAMPLEMOUSSE, s. f. (*panplemouce*), arbre des Indes; son fruit.

PAMPRE, s. m. (*panpre*) (*pampinus*), branche de vigne avec ses feuilles.

PAN, s. m. (*pan*) (*pannus*, étoffe), partie considérable d'un vêtement; partie d'un mur; un des côtés d'un ouvrage.

PANACÉE, s. f. (*panacé*)(παν, tout, et ακιυμαι, je guéris), remède universel.

PANACHE, s. m. (*panache*) (de l'italien *pennachio*), plumes dont on ombrage un casque; partie supérieure d'une lampe.

PANACHÉ, E, part. pass. de *panacher*, et adj., t. de bot., nuancé de diverses couleurs.

PANACHER, v. n., et *se* **PANACHER**, v. pr. (*panaché*), devenir *panaché*.

PANACHURE, s. f. (*panachure*), t. de bot., taches blanches sur les feuilles.

PANADE, s. f. (*panade*), pain émié et longtemps mitonné dans l'eau.

se **PANADER**, v. pr. (*cepanadé*), se carrer, se pavaner. Fam.

PANAGE, s m. (*panaje*)(*pasci*, paître), droit de laisser paître des porcs.

PANAIS, s. m (*pané*) (*pastinaca*), plante potagère; sa racine.

PANARD, adj. m. (*panar*); cheval *panard*, dont les pieds de devant sont tournés en dehors.

PANARIS, s. m. (*panari*) (παρωνυχια), tumeur au bout des doigts.

PANATHÉNÉES, s. f. pl. (*panaténé*) (παν, tout, et Αθηνα, Minerve), fêtes annuelles de Minerve, à Athènes.

PANCALIERS, s. et adj. m. (*pankalié*), sorte de chou.

PANCARTE, s. f. (*pankarte*) (παν, tout, et χαρτης, papier), placard, affiche; écrit.

PANCRACE, s. m. (*pankrace*) (παν, tout, et κρατος, force), exercice gymnique des anciens.

PANCRATIASTE, s. m. (*pankraciacete*), t. d'antiq., celui qui avait remporté le prix à la lutte et au pugilat.

PANCRÉAS, s. m. (*pankré-áce*) (παν, tout, et κρεας, chair), glande dans l'abdomen

PANCRÉATIQUE, adj. des deux g. (*pankré-atike*), qui appartient au *pancréas*.

PANDECTES, s. f. pl. (*pandèkete*) (παιδεκται), recueil de lois compilées sous Justinien.

PANDÉMONION, s. m. (*pandémonion*)(παν, tout, et δαιμων, démon), salle du conseil des démons dans Milton.

PANDICULATION, s. f. (*pandikulácion*) (*pandiculatio*), extension du corps, causée par lassitude ou envie de dormir.

PANDOUR, s. m. (*pandoure*), soldat hongrois; *fig*. homme brusque. Peu us.

PANÉGYRIQUE, s. m. et adj. des deux g. (*panéjirike*), discours louangeur.

PANÉGYRISTE, s. m. (*panéjiricete*), celui qui fait un *panégyrique*.

PANER, v. a. (*pané*), couvrir de *pain* émié la viande qu'on fait griller ou rôtir.

PANERÉE, s. f. (*paneré*), plein un *panier*.

PANETIER, s. m. (*panetié*), officier qui faisait distribuer le *pain*.

PANETIÈRE, s. f. (*panetière*), poche ou sac où les bergers mettent leur *pain*.

PANETTERIE, s. f. (*panèteri*), endroit où l'on distribue le *pain*.

PANICULE, s. f. (*panikule*) (*paniculus*), t. de bot., épi en bouquet; corymbe.

PANICULÉ, E, adj. (*panikulé*), t. de bot., qui forme une *panicule*.

PANIER, s. m. (*panié*) (*panis*, pain), ustensile d'osier, etc., où l'on met diverses choses; ruche d'abeilles; jupon garni de baleines.

PANIFICATION, s. f. (*panifikácion*), conversion des matières farineuses en *pain*.

PANIQUE, adj. des deux g. (*panike*) (παιικος), se dit d'une terreur subite et sans fondement.—S. f., terreur *panique*.

PANNE, s. f. (*pane*)(*pannus*, étoffe de laine), sorte d'étoffe; graisse du porc; pièce de charpente; bout aplati du marteau. — *Mettre en panne*, t. de mar., ralentir la marche.

PANNEAU, s. m. (*pané*), petit *pan*; pièce de menuiserie; piège, filet; coussinet de selle.

PANNEAUTER, v. n. (*panôté*), tendre des *panneaux* à lapins.

PANNETON, s. m. (*paneton*), partie d'une clef qui entre dans la serrure.

PANONCEAU, s. m. (*panonçô*), écusson d'armoiries mis sur une affiche.

PANORAMA, s. m. (*panorama*) (παν, tout, et οραμα, vue), grand tableau circulaire.

PANSAGE, s. m. (pançaje), action de panser un cheval.
PANSE, s. f. (pance) (pantex), estomac des animaux ; ventre.
PANSÉ, E, part pass. de panser.
PANSEMENT, s. m. (panceman), action de panser une plaie.
PANSER, v. a. (pancé), soigner une plaie ; avoir soin d'un cheval.
PANSU, E, s. et adj. (pançu), qui a une grosse panse. Fam.
PANTALON, s. m. (pantalon) (de l'italien pantaloni), culotte longue ; bouffon italien.
PANTALONNADE, s. f. (pantalonade), bouffonnerie ; subterfuge.
PANTELANT, E, adj. (pantelan, ante), haletant, palpitant ; étendu sans connaissance.
PANTELER, v. n. (pantelé), haleter, palpiter fortement.
PANTHÉE, adj. et s. f. (panté) (παν, tout, et θεος, dieu), t. d'antiq., figure qui réunissait les attributs de plusieurs divinités.
PANTHÉISME, s. m. (panté-iceme) (même étym.), système de ceux qui n'admettent d'autre dieu que l'universalité des êtres.
PANTHÉON, s. m. (panté-on) (même étym.) temple consacré à tous les dieux ; monument où l'on dépose les restes des grands hommes.
PANTHÈRE, s. f. (pantère) (pantera), espèce de bête féroce.
PANTIÈRE, s. f. (pantière) (panther), filet pour prendre les oiseaux.
PANTIN, s. m. (pantein), figure de carton plat et peint, qui se meut avec des fils.
PANTOGRAPHE, s. m. (pantoguerafe) (παν, παντος, tout, et γραφω, je décris), instrument pour copier un dessin.
PANTOIEMENT, s. m. (pantoèman), asthme dont les oiseaux sont attaqués.
PANTOIS, adj. m. (pantoa), haletant, hors d'haleine. Vieux.
PANTOMÈTRE, s. m. (pantomètre) (παν, παντος, tout, et μετρον, mesure), instrument pour mesurer toute sorte d'angles.
PANTOMIME, s. m. (pantomime) (παν, παντος, tout, et μιμεισται, imiter), acteur qui s'exprime par des gestes. — S. f., art du pantomime ; pièce de ce genre. — Il est aussi adj. des deux g.
PANTOUFLE, s. f. (pantoufle) (de l'allemand pantoffel), chaussure pour la chambre.
PAON, s. m. (pan) (pavo, pavonis), oiseau domestique ; papillon ; constellation.
PAONNE, s. f. (pane), femelle du paon.
PAONNEAU, s. m. (panó), jeune paon.
PAPA, s. m. (papa) (παππας), t. de mignardise, père ; vautour d'Amérique.
PAPABLE, adj. m. (papable), propre à être élu pape, en parlant des prélats. Peu us.

PAPAL, E, adj. (papale), qui appartient au pape. — Au pl. m. papals.
PAPAS, s. m. (papáce) (παππας, père), prêtre chrétien du Levant.
PAPAUTÉ, s. f. (papôté), dignité du pape ; durée de l'occupation du saint-siège.
PAPAYER, s. m. (papa-ié), arbre d'Amérique et des Indes.
PAPE, s. m. (pape) (παππας, père), chef de l'église universelle ; oiseau du Canada.
PAPEGAI, s. m. (papeguiè), oiseau de bois peint planté au bout d'une perche.
PAPELARD, E, s. et adj. (papelar, arde), hypocrite. — Adj., qui annonce l'hypocrisie.
PAPELARDISE, s. f. (papelardize), hypocrisie, fausse dévotion. Fam.
PAPELINE, s. f. (papeline), étoffe tramée de fleuret.
PAPERASSE, s. f. (paperace), papier écrit qui n'est plus d'aucun usage.
PAPERASSER, v. n. (paperacé), feuilleter des paperasses ; faire des écritures inutiles.
PAPERASSIER, s. m. (paperacié), qui aime à paperasser.
PAPESSE, s. f. (papèce), femme pape.
PAPETIER, IÈRE, s. (papetié, ière), qui fait ou vend du papier.
PAPETTERIE, s. f. (papèteri), lieu où l'on fait le papier ; commerce de papiers.
PAPIER, s. m. (papié) (παπυρος, papyrus), composition faite de vieux linge pour écrire, imprimer, etc. ; billets de commerce. — Au pl., titres ; mémoires ; documents ; journaux.
PAPILIONACÉ, E, adj. (papilionacé), dont la fleur a la forme d'un papillon.
PAPILLAIRE, adj. des deux g. (papilelère), t. d'anat., qui a des papilles, des mamelons.
PAPILLE, s. f. (papile) (papilla, mamelon), t. d'anat., petites éminences.
PAPILLON, s. m. (papi-ion) (papilio), insecte volant ; esprit volage.
PAPILLONNER, v. n. (papi-ioné), voltiger d'un objet à l'autre, comme les papillons.
PAPILLOTAGE, s. m. (papi-iotaje), effet de ce qui papillote.
PAPILLOTER, v. n. (papi-ioté), se dit des yeux qu'un mouvement involontaire empêche de se fixer sur les objets ; t. d'impr., marquer double ; t. de peinture, avoir des reflets inégaux ; être trop chargé d'ornements.
PAPILLOTTE, s. f. (papi-iote), papier pour envelopper une boucle de cheveux.
PAPISME, s. m. (papiceme), nom que les protestants donnent à l'église catholique.
PAPISTE, s. et adj. des deux g. (papicete), nom donné par les protestants aux catholiques.
PAPYRACÉ, E, adj. (papiracé) (papyraceus), membraneux comme du papier.
PAPYRUS, s. m. (papiruce), arbrisseau d'Egypte dont l'écorce intérieure servait de papier aux anciens.

PÂQUE, s. f. (pâke) (pascha), fête des Juifs. — Au pl., fête chrétienne en mémoire de la résurrection de Notre-Seigneur.

PAQUEBOT, s. m. (pakebô) (de l'anglais packet-boat), navire qui porte des dépêches et des passagers.

PÂQUERETTE, s. f. (pâkerète), petite marguerite blanche qui fleurit vers Pâques.

PAQUET, s. m. (pakiè) (de l'allemand pack), assemblage de choses attachées ensemble.

PAQUETIER, s. m. (paketié), compositeur d'imprimerie qui travaille en paquets.

PAR (par), prép. qui exprime la cause, le motif qui fait agir, le moyen qu'on emploie. — C'est aussi une prép. de lieu ou de temps.

PARA, s. m. (para), monnaie turque valant huit centimes de France.

PARABOLAIN, s. m. (parabolein) (parabolani), nom donné aux plus hardis gladiateurs.

PARABOLE, s. f. (parabole) (παραβολη, comparaison), similitude; allégorie; en géom., ligne courbe.

PARABOLIQUE, adj. des deux g. (parabolike), de la parabole.

PARABOLIQUEMENT, adv. (parabolikeman), en parabole, par paraboles.

PARACHEVÉ, E, part. pass. de parachever.

PARACHÈVEMENT, s. m. (parachèveman), fin, perfection d'un ouvrage.

PARACHEVER, v. a. (parachevé), achever, terminer.

PARACHRONISME, s. m. (parakroniceme) (παρα, au-delà, et χρονος, temps), retard de date.

PARACHUTE, s. m. (parachute), machine pour ralentir la chute des corps.

PARACLET, s. m. (paraklè) (παρακλητος, consolateur), le Saint-Esprit.

PARADE, s. f. (parade), étalage; ostentation; revue de troupes; scène burlesque; imitation ridicule; action de parer un coup.

PARADER, v. a. (paradé), t. de mar., croiser; faire mine d'attaquer; faire la parade.

PARADIGME, s. m. (paradigme) (παραδειγμα), exemple, modèle.

PARADIS, s. m. (paradi) (παραδεισος, jardin), jardin délicieux; séjour des bienheureux; au théâtre, galerie au-dessus des loges.

PARADOXAL, E, adj. (paradokçale), qui tient du paradoxe. — Au pl. m. paradoxaux.

PARADOXE, s. m. (paradokçe) (παραδοξον), proposition avancée contre l'opinion commune.

PARADOXISME, s. m. (paradokçiceme), t. de rhét., réunion sur le même sujet des attributs qui semblent inconciliables.

PARAGE, s. m. (paraje) (en lat. barbare paragium), autrefois, extraction, qualité; endroit de la mer; contrée, pays.

PARAGOGE, s. f. (paraguoje) (παραγωγη, accroissement), addition d'une lettre ou d'une syllabe à la fin d'un mot.

PARAGOGIQUE, adj. des deux g. (paraguojike), qui s'ajoute.

PARAGRAPHE, s. m. (paraguerafe) (παραγραφος), section d'un chapitre, d'un discours.

PARAGUANTE, s. f. (paragouante) (mot espagnol), présent fait en reconnaissance de quelque service.

PARAÎTRE, v. n. (parètre) (parere), se montrer; être exposé à la vue; briller; se faire remarquer; sembler. — Il s'emploie souvent comme verbe impersonnel.

PARALIPOMÈNES, s. m. pl. (paralipomène), titre d'un des livres de la Bible.

PARALIPSE, s. f. (paralipece) (παραλειψις), figure de rhét. par laquelle on fixe l'attention sur un objet en feignant de le négliger.

PARALLACTIQUE, adj. des deux g. (paralaktike), qui appartient à la parallaxe.

PARALLAXE, s. f. (paralakçe) (παραλλαξις), différence entre le lieu où un astre paraît être, vu de la terre, et celui où il nous paraîtrait si nous étions au centre de la terre.

PARALLÈLE, adj. des deux g. (paralèle) (παραλληλος), se dit d'une ligne ou d'une surface également distante, dans toute son étendue, d'une autre ligne ou surface. — S. f., ligne parallèle; t. de fortif., communication d'une tranchée à une autre. — S. m., cercle parallèle à l'équateur; comparaison.

PARALLÈLEMENT, adv. (paralelèleman), en parallèle.

PARALLÉLIPIPÈDE, s. m. (paralelèlipipède) (παραλληλος, parallèle, επι, sur, et πεδιον, plaine), corps solide terminé par six parallélogrammes.

PARALLÉLISME, s. m. (paralelèliceme), propriété ou état de deux lignes parallèles.

PARALLÉLOGRAMME, s. m. (paralelèloguerame) (παραλληλος, parallèle, et γραμμα, ligne), figure dont les côtés opposés sont égaux et parallèles.

PARALOGISME, s. m. (paralojiceme) (παραλογισμος), faux raisonnement, sophisme.

PARALYSÉ, E, part. pass. de paralyser, et adj.

PARALYSER, v. a. (paralizé), rendre paralytique; fig. rendre inutile.

PARALYSIE, s. f. (paralizi) (παραλυσις), privation ou diminution considérable du sentiment et du mouvement volontaire dans quelque partie du corps.

PARALYTIQUE, adj. et s. des deux g. (paralitike), qui est atteint de paralysie.

PARAMÈTRE, s. m. (parametre) (παρα, à

côté, et μετρεῖν, mesure), ligne invariable qui entre dans l'équation ou la construction d'une courbe.

PARANGON, s. m. (*paranguon*), autrefois, modèle, comparaison; caractère d'imprimerie. —S. m. et adj., diamant sans défaut.

PARANGONNAGE, s. m. (*paranguonaje*), action de *parangonner*.

PARANGONNÉ, E, part. pass. de *parangonner*.

PARANGONNER, v. a. (*paranguoné*) (παραγγέλλειν), comparer. Vieux.

PARANT, E, adj. (*paran*, *ante*), qui pare.

PARANYMPHE, s. m. (*paraneinfe*) (παράνυμφος), t. de théol., discours solennel.

PARAPET, s. m. (*parapè*) (en italien *parapetto*), élévation au-dessus d'un rempart; mur à hauteur d'appui.

PARAPHE, s. m. (*parafe*) (corruption de *paragraphe*), marque après la signature.

PARAPHÉ, E, part. pass. de *parapher*.

PARAPHER, v. a. (*parafé*), mettre son *paraphe* au bas d'un écrit.

PARAPHERNAL, E, adj. (*paraferenale*) (παρα, outre, et φερνη, dot), t. de jur., qui arrive outre la dot. — Il s'emploie aussi subst. au m. —Au pl. m. *paraphernaux*.

PARAPHIMOSIS, s. m. (*parafimôzice*) (παρα, trop, et φιμοω, je serre), t. de méd., resserrement du prépuce.

PARAPHRASE, s. f. (*parafrâze*) (παραφρασις), explication étendue d'un texte.

PARAPHRASÉ, E, part. pass. de *paraphraser*, et adj.

PARAPHRASER, v. a. (*parafrâzé*), faire des *paraphrases*; fig. amplifier.

PARAPHRASEUR, EUSE, s. (*parafrâzeur*, *euze*), qui fait des *paraphrases*.

PARAPHRASTE, s. m. (*parafracete*), celui qui fait une *paraphrase*; interprète.

PARAPLUIE, s. m. (*paraplui*), petit pavillon portatif pour se parer de la *pluie*.

PARASANGE, s. f. (*paraçanje*), mesure itinéraire chez les anciens Perses.

PARASÉLÈNE, s. f. (*paracélène*) (παρα, proche, et σελήνη, la lune), image de la lune réfléchie dans un nuage.

PARASITE, s. m. (*parazite*) (παράσιτος), qui fait métier d'aller manger à la table d'autrui.—Adj. des deux g., se dit d'une plante qui végète sur une autre.

PARASOL, s. m. (*paraçole*), petit pavillon pour se *parer* du soleil.

PARATITLAIRE, s. m. (*paratitelère*), auteur de *paratitles*.

PARATITLES, s. m. pl. (*paratitele*) (παρατιτλα), explication des titres.

PARATONNERRE, s. m. (*paratonère*), appareil pour garantir du *tonnerre*.

PARAVENT, s. m. (*paravan*), meuble pour se *parer* du *vent* et du froid.

PARBLEU, interj. (*parbleu*), sorte d'exclamation, de jurement.

PARC, s. m. (*parke*) (du celtique *pferch*, lieu clos), grande étendue de terre entourée de murailles; pâtis; clôture pour les bestiaux; place où l'on met l'artillerie; lieu où on laisse grossir et verdir des huîtres.

PARCELLAIRE, adj. des deux g. (*parcelètère*), par *parcelles*.

PARCAGE, s. m. (*parkaje*), séjour des moutons *parqués* sur des terres labourables.

PARCELLE, s. f. (*parcèle*) (*particula*, dimin. de *pars*, partie), petite partie.

PARCE QUE, conj. (*parceke*), à cause que, attendu que...

PARCHEMIN, s. m. (*parchemein*) (*pergamenus*, de Pergame), peau de mouton préparée pour écrire, couvrir des livres, etc.— Au pl., titres de noblesse.

PARCHEMINERIE, s. f. (*parchemineri*) art de préparer le *parchemin*.

PARCHEMINIER, IÈRE, s. (*parcheminié*, *ière*), qui vend le *parchemin*.

PARCIMONIE, s. f. (*parcimoni*) (*parcimonia*), économie minutieuse.

PARCIMONIEUX, EUSE, adj. (*parcimonieu*, *euze*), qui a de la *parcimonie*.

PARCOURIR, v. a. (*parkourir*) (*percurrere*), visiter rapidement; aller d'un bout à l'autre; jeter les yeux en passant.

PARCOURS, s. m. (*parkour*), droit de mener paître les moutons sur un terrain.

PARDON, s. m. (*pardon*), rémission d'une faute, d'une offense.— Au pl., indulgences de l'Église.— Sorte d'interj.

PARDONNABLE, adj. des deux g. (*pardonable*), qui mérite *pardon*, excuse.

PARDONNÉ, E, part. pass. de *pardonner*.

PARDONNER, v. a. (*pardoné*) (*per*, partic. augm., et *donare*, donner), accorder le *pardon*; faire grace; excuser.

PARÉ, E, part. pass. de *parer*, et adj., orné, embelli; bien vêtu.

PARÉAGE ou **PARIAGE**, s. m. (*paré-aje*) (*par*, égal), égalité de droit.

PARÉATIS, s. m. (*paré-átice*) (mot lat. qui signifie : *obéissez*), lettres pour faire exécuter une sentence, etc.

PARÉGORIQUE, adj. des deux g. et s. m. (*paréguorike*) (παρηγορέω, je calme), calmant.

PAREIL, EILLE, adj. et s. (*parè-ie*) (*par*), égal, semblable.— Subst. au f., la même chose.

PAREILLEMENT, adv. (*parè-ieman*), semblablement, aussi.

PARÉLIE, s. m. Voy. **PARHÉLIE**.

PARELLE, s. f. (*parèle*), plante.

PAREMENT, s. m. (*pareman*) (de *parer*),

ce qui orne, ce qui *pare*; bout de manche d'un habit ; gros bâtons d'un fagot ; surface extérieure d'un ouvrage.

PARENCHYME, s. m. (*paranchime*) (παρεγχυμα, effusion), substance des viscères.

PARÉNÈSE, s. f. (*parénèse*) (παραινεσις, exhortation), discours moral.

PARÉNÉTIQUE, adj. des deux g. (*parénétike*), qui a rapport à la *parénèse*, à la morale.

PARENT, s. m. (*paran*) (*parens*), qui nous est uni par le sang.—Au pl., le père et la mère.

PARENTAGE, s. m. (*parantaje*), parenté. Il vieillit.

PARENTÉ, s. f. (*paranté*), qualité de *parent*; tous les *parents*.

PARENTÈLE, s. f. (*parantèle*), les parents. Vieux.

PARENTHÈSE, s. f. (*parantèze*) (παρενθεσις), mots qu'on insère dans une période et qui font un sens à part; marques qui indiquent une *parenthèse* ( ).

PARER, v. a. (*paré*) (*parare*), orner, embellir; apprêter; éviter un coup; garantir.

PARÈRE, s. m. (*parère*) (*parere*, paraître), avis sur une question de commerce.

PARESSE, s. f. (*parèce*) (πιγρσις, relâchement), fainéantise, nonchalance.

PARESSER, v. n. (*parècé*), faire le paresseux; se laisser aller à la paresse. Fam.

PARESSEUX, EUSE, s. et adj. (*parèceu, euze*), fainéant, nonchalant; qui aime à éviter le travail. — S. m., quadrupède.

PARFAIRE, v. a. (*parfère*) (*perficere*), achever.

PARFAIT, E, part. pass. de *parfaire*, ci adj., accompli dans son genre ; à qui il ne manque rien.—S. m., perfection; t. de gramm., prétérit qui marque une chose faite.

PARFAITEMENT, adv. (*parfèteman*), d'une manière *parfaite*.

PARFILAGE, s. m. (*parfilaje*), action de *parfiler*; ce qui résulte de cette action.

PARFILÉ, E, part. pass. de *parfiler*.

PARFILER, v. a. (*parfilé*), séparer l'or et l'argent de la soie qu'ils recouvrent.

PARFOIS, adv. (*parfoè*), quelquefois.

PARFONDRE, v. a. (*parfondre*), faire *fondre* l'émail également partout.

PARFONDU, E, part. pass. de *parfondre*.

PARFOURNI, E, part. pass. de *parfournir*.

PARFOURNIR, v. a. (*parfournir*), fournir en entier; achever de *fournir*.

PARFUM, s. m. (*parfeun*) (*per*, au milieu, et *fumus*, fumée), senteur agréable; corps odorant; arômate.

PARFUMÉ, E, part. pass. de *parfumer*.

PARFUMER, v. a. (*parfumé*), répandre une bonne odeur ; donner une bonne odeur.

PARFUMEUR, EUSE, s. (*parfumeur, euze*), qui fait et vend toute sorte de *parfums*.

PARHÉLIE, s. m. (*paréli*) (παρα, proche, et ηλιος, soleil), sorte de météore, image du soleil réfléchie dans une nuée.

PARI, s. m. (*pari*) (*par*, *paris*, égal), gageure; ce qu'on a gagé.

PARIA, s. m. (*paria*), homme de la dernière caste des Indiens.

PARIADE, s. f. (*pariade*), saison où les perdrix s'*apparient*; perdrix *appariées*.

PARIÉ, E, part. pass. de *parier*.

PARIER, v. a. (*parié*), faire un *pari*; gager.

PARIÉTAIRE, s. f. (*pariétère*) (*parietaria*), plante qui croît sur les murailles humides.

PARIÉTAL, E, adj. (*pariétale*), se dit d'os du crâne.—Au pl. m. *pariétaux*.

PARIEUR, EUSE, s. (*parieur, euze*), qui parie.

PARISIENNE, s. f. (*parisiène*), petit caractère d'imprimerie.

PARISIS, adj. des deux g. (*parizice*), se disait autrefois de la monnaie frappée à Paris.

PARISYLLABIQUE, adj. des deux g. (*parisilelabike*) (*par*, *paris*, égal, et συλλαβη, syllabe), qui a le même nombre de *syllabes*.

PARITÉ, s. f. (*parité*), égalité, comparaison.

PARJURE, s. m. (*parjure*) (*perjurium*), faux serment.— Adj. des deux g. (*perjurus*), qui a violé son serment.

se PARJURER, v. pr. (*ceparjuré*) (*perjurare*), faire un *parjure*, violer son serment.

PARLAGE, s. m. (*parlaje*), verbiage.

PARLANT, E, adj. (*parlan, ante*), qui parle; qui semble *parler*; fort ressemblant.

PARLEMENT, s. m. (*parleman*) (du lat. barbare *parlamentum*, conférencé), cour souveraine de justice; assemblée des pairs et des députés du royaume en Angleterre.

PARLEMENTAIRE, s. m. (*parlemantère*), négociateur. —Adj. des deux g., du *parlement*.

PARLEMENTER, v. n. (*parlemanté*), entrer en pourparler ; négocier.

PARLER, s. m. (*parlé*), langage.

PARLER, v. n. (*parlé*) (du lat. barbare *parabolare*), articuler des mots ; adresser la parole à quelqu'un; s'expliquer; plaider.

PARLERIE, s. f. (*parleri*), babil importun.

PARLEUR, EUSE, s. (*parleur, euze*), qui parle, qui discourt ; babillard.

PARLOIR, s. m. (*parloar*), dans les couvents, lieu destiné pour *parler*.

PARMESAN, s. m. (*parmezan*), sorte d fromage.

PARMI, prép. (*parmi*)(*per medium*, par l milieu), entre, au milieu.

PARNASSE, s. m. (*parnace*) (*parnassus*) montagne de la Phocide consacrée à Apollon et aux Muses.

PARODIE, s. f. (*parodi*) (παρωδια), imitation ridicule; travestissement burlesque.

PARODIÉ, E, part. pass. de *parodier*.

PAR   PAR

PARODIER, v. a. (*parodié*), faire une *parodie*.

PARODISTE, s. m. (*parodicete*), auteur d'une *parodie*.

PAROI, s. f. (*paroa*)(*paries*, muraille), muraille; surface interne d'un vase, d'un tube.

PAROISSE, s. f. (*paroèce*) (παρτικια), territoire d'une cure; église de la *paroisse*.

PAROISSIAL, E, adj. (*paroèciale*), qui appartient à la *paroisse*.

PAROISSIEN, IENNE, s. (*paroèciein, iène*), qui habite dans une *paroisse*. — Adj., de la *paroisse*.— S. m., livre d'heures.

PAROLE, s. f. (*parole*)(du lat. barbare *parabola*), mot prononcé; faculté de parler; ton de la voix; mot notable; promesse. — Au pl., mots d'une chanson.

PAROLI, s. m. (*paroli*), le double de ce qu'on a joué la première fois.

PARONOMASE, s. f. (*paronomâze*) (παρα, proche, et ινομα, nom), rapprochement de mots consonnants, quoique de sens différent.

PARONOMASIE, s. f. (*paronomazi*) (même étym.), ressemblance entre les mots de différentes langues.

PARONYME, s. m. (*paronime*) (même étym.), mot qui a de l'affinité avec un autre.

PAROTIDE, s. f. (*parotide*) (παρα, auprès, et ους, ωτος, oreille), glande derrière l'oreille.

PAROXYSME, s.m.(*parokciceme*)(παροξυσμος, irritation), accès, redoublement.

PARPAING, s. m.(*parpein*), pierre qui tient toute l'épaisseur d'un mur.

PARQUE, s. f. (*parke*) (*parcæ, parcarum*), nom des trois déesses qui, suivant la fable, présidaient à la vie des hommes.

PARQUÉ, E, part. pass. de *parquer*.

PARQUER, v. a. (*parkié*), mettre dans un *parc*.—V. n., être dans un *parc*.

PARQUET, s. m. (*parkiè*)(dimin. de *parc*), compartiment de menuiserie ; parterre de théâtre; espace renfermé par les sièges des juges et par le barreau où l'on plaide ; officiers chargés du ministère public.

PARQUETAGE, s. m. (*parketaje*), ouvrage de *parquet*.

PARQUETÉ, E, part. pass. de *parqueter*.

PARQUETER, v. a. (*parketé*), mettre du *parquet* dans une chambre.

PARQUETEUR, s. m. (*parketeur*), ouvrier qui fait du *parquet*.

PARQUETTERIE, s. f. (*parkièteri*), art de faire du *parquet*.

PARRAIN, s. m. (*pérein*) (du lat. barbare *patrinus*, fait de *pater*, père), celui qui tient un enfant sur les fonts de baptême.

PARRICIDE, s. et adj. des deux g. (*parericide*)(*parricida*), qui tue ou qui a tué son père, sa mère ou son aïeul.—S. m., crime que commet le *parricide*.

PARSEMÉ, E, part. pass. de *parsemer*, et adj.

PARSEMER, v. a. (*parcemé*)(*per*, parmi, et *seminare*, semer), semer.

PARSI, s. m. (*parci*), idolâtre; disciple de Zoroastre, appelé autrement *guèbre*.

PART, s. m. (*parte*) (*partus*), t. de dr., enfant dont une femme vient d'accoucher.

PART, s. f. (*par*) (*pars, partis*), portion ; intérêt qu'on prend ; lieu ; endroit.

PARTAGE, s. m. (*partaje*) (*partitio*), division d'une chose entre plusieurs personnes ; portion; égalité de suffrages.

PARTAGÉ, E, part. pass. de *partager*.

PARTAGEABLE, adj. des deux g. (*partajable*), qui peut être *partagé*.

PARTAGEANT, E, s. (*partajan, ante*), qui reçoit une *part* de quelque chose.

PARTAGER, v. a. (*partajé*)(*partiri*), diviser en plusieurs *parts*; donner en *partage*; prendre *part* à ; posséder en commun.

PARTANCE, s. f. (*partance*) (rac. *partir*), t. de mar., *départ* d'un vaisseau.

PARTANT, adv. (*partan*), c'est pourquoi, par conséquent. Peu us.

PARTENAIRE, s. des deux g. (*partenère*) (*pars, partis*, partie, et *tenere*, tenir), qui partage au jeu; personne avec laquelle on danse.

PARTERRE, s. m. (*partère*), aire plate et unie ; le sol et le rez-de-chaussée ; jardin à fleurs; au théâtre, espace entre l'orchestre et l'amphithéâtre ; les spectateurs.

PARTHÉNON, s. m. (*parténon*) (παρθενος, vierge), temple de Minerve à Athènes.

PARTI, s. m. (*parti*) (*partes*), union de plusieurs personnes contre d'autres ; résolution; profession ; personne à marier ; troupe.

PARTI, E, part. pass. de *partir*, et adj.

PARTIAIRE, adj. des deux g. (*parcière*), fermier *partiaire*, d'une partie de domaine.

PARTIAL, E, adj. (*parciale*), qui favorise un *parti*.—Au pl. m. *partiaux*.

PARTIALEMENT, adv.(*parcialeman*), avec *partialité*.

PARTIALITÉ, s. f. (*parcialité*), préférence qui fait prendre *parti* pour ou contre.

in **PARTIBUS** (on sous-entend *infidelium*) (*inepartibuce*) (loc. lat.), se dit en parlant de celui qui a un évêché dans un pays occupé par les infidèles.

PARTICIPANT, E, adj. (*participan, ante*), qui *participe* à...

PARTICIPATION, s. f. (*participácion*), action de *participer* à; consentement.

PARTICIPE, s. m. (*participe*), partie du discours qui est une modification du verbe.

PARTICIPER, v. n. (*participé*), avoir *part* à ..; prendre *part*, s'intéresser à...

PARTICULARISÉ, E, part. pass. de *particulariser*.

PARTICULARISER, v. a. (*partikularisé*), marquer les *particularités* d'une affaire.

PARTICULARITÉ, s. f. (partikularité), circonstance particulière; détail, incident.

PARTICULE, s. f. (partikule) (particula), petite partie; en gramm., petite partie du discours, comme les conjonctions, etc.

PARTICULIER, IÈRE, adj. (partikulié, ière) (particularis), qui appartient proprement à...; extraordinaire ; secret ; singulier, bizarre; vif; séparé.— S., personne privée.

PARTICULIÈREMENT, adv. (particulièreman), singulièrement; spécialement; en détail.

PARTIE, s. f. (parti) (pars, partis), portion d'un tout ; projet de divertissement ; jeu; celui qui plaide.—Au pl., personnes contractantes; articles d'un mémoire.

PARTIEL, ELLE, adj. (parciéle), qui fait partie d'un tout.

PARTIELLEMENT, adv. (parcièleman), par partie.

PARTIR, v. a. (partir) (partiri, de pars, partis, partie), partager. Vieux.

PARTIR, v. n. (partir) (partiri, séparer), se mettre en chemin; se mettre à courir; sortir avec impétuosité; émaner; tirer son origine.— à PARTIR de, loc. adv., en commençant à.

PARTISAN, s. m. (partizan), attaché à un parti; financier; chef de parti.

PARTITIF, IVE, adj. (partitif, ive), qui marque une partie.

PARTITION, s. f. (particion) (partitio), partage, division; toutes les parties d'une composition musicale.

PARTNER, s. m. (partenère). Voy. PARTENAIRE.

PARTOUT, adv. (partou), en tout lieu.

PARU, part. pass. de paraître.

PARURE, s. f. (parure), ce qui sert à parer.

PARVENIR, v. n. (parvenir) (pervenire), arriver au terme.

PARVENU, E, part. pass. de parvenir. — S. m., homme obscur qui a fait fortune.

PARVIS, s. m. (parvi) (pervitus, ouvert), place devant la grande porte d'une église.

PAS, s. m. (pâ) (passus), mouvement pour marcher ; vestige du pied ; espace entre les deux pieds quand on marche ; défilé ; mouvement de danse; seuil d'une porte ; préséance; mesure de distance.

PAS, adv. (pâ), particule négative.

PASCAL, E, adj. (pacèale) (paschalis), qui est de Pâques.—Au pl. m. pascals.

PASIGRAPHIE, s. f. (paziguerafi) (πασι, à tous, et γραφω, j'écris), écriture universelle.

PASQUIN, s. m. (pacekuin), statue à Rome, à laquelle on affiche des placards satiriques ; fig. esprit bouffon; valet de comédie.

PASQUINADE, s. f. (pacekinade), raillerie satirique.

PASSABLE, adj. des deux g. (paçable), qui n'est pas mauvais dans son espèce.

PASSABLEMENT, adv.(paçableman), d'une manière supportable.

PASSACAILLE, s. f. (paçakâ-ie), espèce de chaconne; danse sur cet air.

PASSADE, s. f. (paçade), passage dans un lieu; aumône demandée en passant.

PASSAGE s. m. (paçaje), action de passer, de traverser; lieu où l'on passe; conduit; communication; droit qu'on paie pour le passage; chose de peu de durée; phrase citée.

PASSAGÉ, E, part. pass. de passager.

PASSAGER, v. a. et n. (paçajé, t. de man., conduire un cheval dans l'action du passage.

PASSAGER, ÈRE, adj. (paçajé, ère), qui est de peu de durée; qui ne fait que passer.— S., voyageur embarqué sur un bâtiment.

PASSAGÈREMENT, adv. (paçajèreman) en passant, pour peu de temps.

PASSANT, E, adj (paçan, ante), fréquenté. —S. m., qui passe par une rue, etc.

PASSATION, s. f. (paçacion), action de passer un contrat, etc.

PASSAVANT ou **PASSE-AVANT**, s. m. (paçavan), ordre de laisser passer; t. de mar., passage de chaque côté d'un navire de guerre.

PASSE, s. f. (pâcé), action de passer ; t. d'escr., botte en passant le pied gauche devant le droit ; mise à certains jeux ; permis de passer; canal ; complément d'une somme.

PASSÉ, s. m. (pâcé), temps écoulé; chose faite; chose qui s'est passée.

PASSÉ, E, part. pass. de passer, et adj., qui n'est plus ; qui est vieux.

PASSE-CARREAU, s. m. (pâcekâro), tringle pour passer les coutures au fer.

PASSE-CHEVAL, s. m.(pâcecheval), bateau plat pour passer un cheval.

PASSE-DEBOUT, s. m. (pâcedebou), permission de passer des marchandises sans payer de droits.

PASSE-DIX, s. m. (pâcedice), sorte de jeu avec trois dés.

PASSE-DROIT, s. m. (pâcedroè), grâce accordée contre le droit; faveur injuste.

PASSÉE, s. f. (pâcé), action de passer, en parlant des bécasses; filet.

PASSE-FLEUR, s. f. (pâcefleur), plante.

PASSEMENT, s. m. (pâceman), petite dentelle d'or, de fil ou de soie.

PASSEMENTÉ, E, part. pass. de passementer.

PASSEMENTER, v. a. (pâcemanté), chamarrer de passements.

PASSEMENTERIE, s. f. (pâcemanteri), art de fabriquer des passements, galons, etc.

PASSEMENTIER, IÈRE, s. (pâcemantié, ière), qui vend des rubans et des passements.

PASSE-MÉTEIL, s. m. (pâcemétèie), mélange de froment et de seigle.

PASSE-PAROLE, s. m. (pâceparole), ordre

donné à la tête de l'armée, et qui *passe* de bouche en bouche jusqu'à la queue.

PASSE-PARTOUT, s. m. (*pâcepartou*), clef qui ouvre plusieurs serrures; clef commune.—Au pl., des *passe-partout*.

PASSE-PASSE, s. m. (*pâcepâce*): *tours de passe-passe*, tours d'adresse.

PASSE PIED, s. m. (*pâcepié*), sorte de danse bretonne; air propre à cette danse.

PASSE-PIERRE ou PERCE-PIERRE, s. f. (*pâcepierre*), plante maritime.

PASSE-POIL, s. m. (*pâcepoèle*), petit liseré aux coutures d'un habit.

PASSE-PORT, s. m. (*pâcepor*), permission de *passer* librement.

PASSER. v. n. (*pâcé*), aller d'un lieu à un autre: circuler, s'écouler; traverser un *passage*; dépasser: cesser; aller vers sa fin; suffire; être admis; trépasser.—V. a., aller au-delà; employer; approuver; omettre; tamiser; pardonner; transmettre; transporter d'un lieu à un autre; devancer; introduire.—V. pr., s'écouler; perdre son éclat; s'abstenir; arriver.—*Passer pour*, être regardé comme.

PASSE-RAGE ou CHASSE-RAGE, s.f. (*pâceraje*), plante vivace.

PASSEREAU, s. m. (*pâceró*) (*passer, passeris*), moineau franc.

PASSERELLE, s. f. (*pâcerèle*), sorte de pont étroit pour les piétons.

PASSE-ROSE, s. f. (*pâceróze*), nom vulgaire de l'alcée-rose.

PASSE-TEMPS, s. m. (*pâcetan*), plaisir, divertissement.

PASSEUR, EUSE, s. (*pâceur, euse*), qui conduit un bateau pour *passer* une rivière.

PASSE-VELOURS, s. m. (*pâcevelour*), plante.

PASSE-VOLANT, s. m. (*pâcevolan*), autrefois, homme qui se présentait aux revues sans être enrôlé; *fig.* intrus.

PASSIBILITE, s. f. (*pacecibilité*), qualité de ce qui est *passible*.

PASSIBLE, adj. des deux g. (*pacecible*) (*passibilis*), qui peut souffrir; condamnable.

PASSIF, IVE, adj. (*pacecif, ive*) (*passivus*), qui est opposé à actif.—S. m., dettes *passives*.

PASSION, s. f. (*pâcion*) (*passio*), souffrances de J.-C.; sermon sur ce sujet; affection violente; amour; partialité outrée; maladie.

PASSIONNÉ, E, part. pass. de *passionner*, et adj., rempli de *passion*.

PASSIONNEMENT, adv. (*pâcionéman*), avec beaucoup de *passion*.

PASSIONNER, v. a. (*pâcioné*), intéresser fortement.—V. pr., devenir amoureux.

PASSIVEMENT, adv. (*paceciveman*), d'une manière *passive*.

PASSOIRE, s. f. (*pâçoare*), vase de cuisine percé de plusieurs trous.

PASTEL, s. m. (*pacetèle*) (du mot *pâte*),

crayon formé de couleurs pulvérisées; tableau peint au *pastel*; plante.

PASTENADE, s. f. Voy. PANAIS.

PASTEQUE, s. f. (*pacetèke*); melon d'eau.

PASTEUR, s. m. (*pâceteur*) (*pastor*), berger; *fig.* évêque, curé.

PASTICHE, s. m. (*pacetiche*) (de l'italien *pasticcio*, pâté), tableau d'imitations; imitation affectée.

PASTILLE. s. f. (*paceti-ie*) (*pastillus*), petit gâteau rond; composition de pâte d'odeur, bonne à manger ou à brûler.

PASTORAL, E adj. (*pacetorale*) (*pastoralis*), qui appartient au *pasteur*; champêtre.

PASTORALE, s. f. (*pacetorale*), pièce de théâtre où figurent des bergers.

PASTORALEMENT, adv. (*pacetoraleman*), en bon *pasteur*.

PASTOUREAU. ELLE, s. (*pacetouró, èle*), petit berger, petite bergère.

PAT, s. m. (*pate*) (en italien *patto*), t. du jeu d'échecs.

PATACHE, s. f. (*patache*) (de l'italien *patascia*), vaisseau léger; espèce de voiture.

PATAGON, s. m. (*pataguon*), monnaie d'argent fabriquée au coin du roi d'Espagne.

PATARAFFE, s. f. (*patarafe*), traits d'écriture informes, lettres confuses, etc. Fam.

PATARD, s. m. (*patar*), petite monnaie.

PATATE, s. f. (*patate*), sorte de pomme de terre d'Amérique.

PATATRAS! (*patatrâ*), sorte d'interj. pour exprimer le bruit, la chute, la rupture.

PATAUD, E, s. et adj. (*pató, óde*), se dit d'une personne grossièrement faite.—S. m., jeune chien qui a de grosses pattes.

PATAUGER, v. n. (*patójé*), marcher dans une eau bourbeuse.

PÂTE, s. f. (*pâté*) (*pasta*), farine détrempée et pétrie; *fig.* complexion.

PÂTÉ, s. m. (*pâté*) pâtisserie qui renferme de la chair, etc.; tache d'encre; fortification.

PÂTÉE, s. f. (*pâté*), aliments en *pâte* pour les animaux domestiques.

PATELIN, INE, s. et adj. (*patelein, ine*), flatteur souple et artificieux.

PATELINAGE, s. m. (*patelinaje*), manière insinuante et artificieuse d'un *patelin*. Fam.

PATELINÉ, E, part. pass. de *pateliner*.

PATELINER, v. n. (*patelinè*), agir en *patelin*.

PATELINEUR, EUSE, s. (*patelineur, euse*), se dit dans le même sens que *patelin*.

PATELLE, s. f. (*patèle*) (*patella*, petit vase), vase ancien; coquille; insecte.

PATÈNE, s. f. (*patène*) (*patena*), vase consacré qui sert à couvrir le calice.

PATENÔTRE, s. f. (*patenôtre*) (corruption du lat. *pater noster*), prière; chapelet.

PATENÔTRIER, s. m. (*patenôtri-é*), celui qui fait et vend des *patenôtres*.

PATENT, E, adj. (patan, ante) (patens, ouvert), manifeste; évident.

PATENTE, s. f. (patante), titre qui confère le droit d'exercer un état, un métier.

PATENTÉ, E, adj. et s. (patanté), qui paie patente.

PATER, s. m. (patère) (mot pris du lat.), l'oraison dominicale; grain d'un chapelet.

PATÈRE, s. f. (patère) (patera), vase ancien; ornement.

PATERNE, adj. des deux g. (paterne), paternel; qui appartient à un père. Vieux.

PATERNEL, ELLE, adj. (patèrenèle) (paternus), de père.

PATERNELLEMENT, adv. (patèrenèleman), d'une manière paternelle.

PATERNITÉ, s. f. (patèrenité), titre, qualité de père.

PÂTEUX, EUSE, adj. (pâteu, euze), qui est en pâte; empâté; gras.

PATHÉTIQUE, s. m. et adj. des deux g. (patétike) (παθος, passion), touchant.

PATHÉTIQUEMENT, adv. (patétikeman), d'une manière pathétique et touchante.

PATHOGNOMONIQUE, adj. des deux g. (patoguenomonike) (παθυς, maladie, et γνωμιτικος, qui indique), en méd., se dit de signes propres à chaque maladie.

PATHOLOGIE, s. f. (patoloji) (παθυς, affection, et λογος, discours), traité de la nature et des causes des maladies.

PATHOLOGIQUE, adj. des deux g. (patolojike), qui appartient à la pathologie.

PATHOS, s. m. (patôce) (mot grec), chaleur de style affectée et boursouflée. Fam.

PATIBULAIRE, adj. des deux g. (patibulère) (patibulum, gibet), de gibet.

PATIEMMENT, adv. (paciaman), avec patience.

PATIENCE, s. f. (paciance) (patientia), vertu qui fait supporter les adversités, etc., avec modération; persévérance; plante.

PATIENT, E, adj. (pacian, ante), qui a de la patience. — S., qui souffre une opération; condamné à mort qu'on va exécuter.

PATIENTER, v. n. (pacianté), prendre patience, attendre avec patience.

PATIN, s. m. (patein) (ππττυ, fouler aux pieds), chaussure garnie de fer pour glisser.

PATINE, s. f. (patine), brillante couleur de vert-de-gris.

PATINÉ, E, part. pass. de patiner.

PATINER, v. n. (patiné), glisser avec des patins. — V. a., manier indiscrètement.

PATINEUR, EUSE, s. (patineur, euze), qui patine.

PÂTIR, v. n. (pâtir) (pati, souffrir), souffrir de la misère; être puni.

PÂTIS, s. m. (pâti), lieu où l'on met paître les bestiaux.

PÂTISSER, v. n. (pâticé), faire de la pâtisserie.

PÂTISSERIE, s. f. (pâticeri), pâte préparée, assaisonnée et cuite au four.

PÂTISSIER, IÈRE, s. (pâticié, ière), qui fait des pâtés et autres pièces de four.

PÂTISSOIRE, s. f. (pâticoare), table à rebord pour pâtisser.

PATOIS, s. m. (patoa), langage grossier du peuple, particulier à quelques provinces.

PÂTON, s. m. (pâton) (rac. pâte), morceau de pâte pour engraisser les chapons, etc.

PATRAQUE, s. f. (patrake), machine usée et de peu de valeur.

PÂTRE, s. m. (pâtre) (pastor, pasteur), celui qui garde des troupeaux de bœufs, etc.

PATRES (AD). Voy. AD PATRES.

PATRIARCHAL, E, adj. (patri-arkale), du patriarche. — Au pl. m. patriarchaux.

PATRIARCHAT, s. m. (patri-arka), dignité de patriarche.

PATRIARCHE, s. m. (patri-arche) (πατρια, famille, et αρχος, chef), chef de la famille; titre de dignité dans l'église; vieillard qui a une figure respectable.

PATRICE, s. m. (patrice) (patricius), titre de dignité dans l'empire romain.

PATRICIAT, s. m. (patricia), dignité de patrice.

PATRICIEN, IENNE, s. et adj. (patricieîn, iène) (patricius), descendant des premiers sénateurs de Rome.

PATRIE, s. f. (patri) (patria), pays où l'on est né; lieu de la naissance.

PATRIMOINE, s. m. (patrimoène) (patrimonium), héritage de ses pères.

PATRIMONIAL, E, adj. (patrimoniale), en patrimoine. — Au pl. m. patrimoniaux.

PATRIOTE, s. et adj. des deux g. (patri-ote) (patria, patrie), qui aime sa patrie.

PATRIOTIQUE, adj. des deux g. (patri-otike), qui appartient au patriote.

PATRIOTIQUEMENT, adv. (patri-otikeman), en vrai patriote.

PATRIOTISME, s. m. (patri-oticeme), caractère du patriote; civisme généreux.

PATROCINER, v. n. (patrociné) (patrocinari, plaider), plaider longuement. Inus.

PATRON, ONNE, s. (patron, one) (patronus), protecteur; maître d'une maison. — S. m., modèle; officier marinier.

PATRONAGE, s. m. (patronaje), droit de nommer à un bénéfice vacant; protection.

PATRONAL, E, adj. (patronale), qui a rapport au patron.

PATRONNER, v. n. (patroné), enduire de couleur au moyen d'un patron évidé.

PATRONYMIQUE, adj. des deux g. (patronimike) (πατηρ, πατρις, père, et ονυμα, nom), se dit d'un nom commun à tous les descendants d'une race.

PATROUILLAGE, s. m. (*patrou-iaje*), malpropreté qu'on fait en *patrouillant*.
PATROUILLE, s. f. (*patrou-ie*) (de *patrouiller*), marche nocturne d'une escouade; soldats qui la font.
PATROUILLER, v. n. (*patrou ié*), faire *patrouille*; agiter de l'eau bourbeuse.
PATROUILLIS, s. m. (*patrouie-i*), bourbier dans lequel on *patrouille*. Peu us.
PATTE, s. f. (*pate*), pied des animaux; espèce de clou.
PATTE-D'OIE, s. f. (*patedoa*), plante; point de réunion de divers chemins divergents.
PATTE-PELUE, s. f. (*patepelu*), fourbe, doucereux.
PATTU, E, adj. (*patu*), qui a des plumes jusque sur les *pattes*.
PÂTURAGE, s. m. (*pâturaje*), lieu où les bêtes vont *paître*; herbe du *pâturage*.
PÂTURE, s. f. (*pâture*), ce qui sert à la nourriture des bêtes, des oiseaux.
PÂTURER, v. n. (*pâturé*), paître. Peu us.
PÂTUREUR, s. m. (*pâtureur*), à l'armée, celui qui mène les chevaux à l'herbe.
PATURON, s. m. (*paturon*), partie de la jambe du cheval, qui est entre le boulet et la couronne.
PAULETTE, s. f. (*pôlète*), droit annuel qui se payait pour certains offices. Inus.
PAULO-POST-FUTUR, s. m. (*pôlopocetcfuture*) (mot lat.), t. de gramm., *futur* très-prochain. Peu us.
PAUME, s. f. (*pôme*) (*palma*), le dedans de la main; mesure; jeu de balle; balle.
PAUMELLE, s. f. (*pômèle*), espèce d'orge; sorte de penture de porte.
PAUMER, v. a. (*pômé*) (du mot *paume*): *paumer la gueule*, frapper au visage. Pop.
PAUMIER, s. m. (*pômié*), maître d'un jeu de paume.
PAUMURE, s. f. (*pômure*), sommet du bois d'un cerf.
PAUPÉRISME, s. m. (*pôpériceme*), état du *pauvre* à la charge du public.
PAUPIÈRE, s. f. (*pôpière*) (*palpebra*), peau qui recouvre l'œil.
PAUSE, s. f. (*pôze*) (*pausa*), suspension d'une action; t. de mus., intervalle.
PAUSER, v. n. (*pôzé*), t. de mus., appuyer sur une syllabe en chantant.
PAUVRE, adj. des deux g. (*pôvre*)(*pauper*), qui n'a pas de bien.—S. m., mendiant.
PAUVREMENT, adv. (*pôvreman*), dans la *pauvreté*; d'une manière qui sent la misère.
PAUVRESSE, s. f.(*pôvrèce*), femme *pauvre*; mendiante.
PAUVRET, ETTE, s. (*pôvrè, ète*), diminutif de *pauvre*. Fam.
PAUVRETÉ, s. f. (*pôvreté*) (*paupertas*), manque des choses nécessaires à la vie.

PAVAGE, s. m. (*pavaje*), ouvrage du *paveur*.
PAVANE, s. f. (*pavane*) (de l'italien *pavana*), danse grave et sérieuse.
se **PAVANER**, v. pr. (*cepavané*) (*pavo*, paon), marcher d'une manière fière. Fam.
PAVÉ, s. m. (*pavé*) (*pavimentum*), pierre dure; chemin *pavé*.
PAVÉ, E, part. pass. de *paver*, et adj.
PAVEMENT, s. m. (*paveman*), action de *paver*; matériaux qu'on emploie à cet effet.
PAVER, v. a. et n. (*pavé*) (*pavire*), couvrir le sol avec des *pavés*.
PAVESADE, s. f. (*pavezade*) (rac. *pavois*), toile tendue le long d'un vaisseau pour empêcher les ennemis de découvrir ce qu'on y fait.
PAVEUR, s. m. (*paveur*), celui qui *pave*.
PAVIE, s. f. (*papi*), pêche qui ne quitte point le noyau; sorte de marronnier.
PAVILLON, s. m. (*pavi-ion*)(*pavilio*), tente; logement portatif; extrémité évasée d'une trompette; corps de bâtiment; étendard de marine.
PAVOIS, s. m. (*pavoè*) (de l'italien *pavese*), sorte de grand bouclier; tenture; pavesade.
PAVOISÉ, E, part. pass. de *pavoiser*, et adj.
PAVOISER, v. a. (*pavoèzé*), garnir de *pavois* et de pavillons.
PAVOT, s. m. (*pavô*), plante qui fournit l'opium.
PAYABLE, adj. des deux g. (*pè-iable*), qui doit être *payé* en certain temps.
PAYANT, E, adj. (*pè-ian, ante*), qui paie.
PAYE. Voy. PAIE.
PAYÉ, E, part. pass. de *payer*.
PAYEMENT. Voy. PAIEMENT.
PAYER, v. a. (*pè-ié*) (en bas lat. *pacare*), acquitter une dette; récompenser; être puni.
PAYEUR, EUSE, s. et adj. (*pè-ieur, euze*), qui paie.
PAYS, s. m. (*pè-i*) (*pagus*), région, contrée; patrie; lieu.
PAYSAGE, s. m. (*pè-izaje*), pays vu d'un seul aspect; tableau représentant un *paysage*.
PAYSAGISTE, s. m. (*pè-izajicete*), peintre qui ne fait que des *paysages*.
PAYSAN, ANNE, s. et adj. (*pè-izan, ane*) (*pagus*), village; homme, femme de campagne.
PAYSANNERIE, s. f. (*pè-izaneri*), classe des *paysans*.
PÉAGE, s. m. (*pé-aje*), droit levé pour un passage; lieu où on le *paie*.
PÉAGER, s. m. (*pé-ajé*), fermier de *péage*.
PEAU, s. f. (*pô*) (*pellis*), enveloppe du corps; dépouille de l'animal; enveloppe des fruits.
PEAUSSERIE, s. f. (*pôceri*), commerce ou marchandise de *peaux*.
PEAUSSIER, s. m. (*pôcié*), artisan qui prépare les *peaux*; marchand qui les vend.
PEAUTRE, s. m.(*pôtre*), gouvernail de bateau.—*Envoyer au peautre*, chasser. Vieux.

PEC, adj. m. (*pèk*) : *hareng pec*, hareng en caque, fraîchement salé.

PECCABLE, adj. des deux g. (*pèkekable*) (*peccare*, pécher), qui est capable de *pécher*.

PECCADILLE, s. f. (*pèkèkadi-ie*), faute légère; *péché* léger.

PECCANT, E, adj. (*pèkekan. ante*)(*peccans*), t. de méd., qui *pèche* par quelque endroit.

PECCATA, s. m. (*pèkekata*), âne dans les combats d'animaux.

PECCAVI, s. m. (*pèkekavi*) (mot lat. qui signifie : *j'ai péché*), contrition, repentir.

PÊCHE, s. f. (*pêche*) (en lat. barbare *pessicum*), fruit à noyau; action de *pécher* du poisson; droit de *pécher*; poisson que l'on a *pêché*.

PÉCHÉ, s. m. (*péché*) (*peccatum*), transgression de la loi de Dieu.

PÉCHÉ, E, part. pass. de *pécher*.

PÉCHER, v. n. (*péché*) (*peccare*), faire un *péché*; *fig.* manquer à quelque devoir, etc.

PÊCHER, v. a. (*péché*) (*piscari*), prendre du poisson ou autre chose dans l'eau.

PÊCHER, s. m. (*péché*) (*pessica*), arbre qui produit des *pêches*.

PÊCHERIE, s. f. (*pécheri*), lieu où l'on *pêche*; lieu préparé pour la *pêche*.

PÊCHEUR, CHERESSE, s. (*pécheur, cherèce*), qui commet quelque *péché*.

PÊCHEUR, EUSE, s. (*pécheur, euze*), qui fait métier de *pêcher*.

PÉCORE, s. f. (*pékore*) (*pecus, pecoris*), animal, bête; *fig.* sot. Fam.

PECQUE, s. f. (*pèke*), femme sotte et impertinente. Fam.

PECTORAL, s. m. (*pèktoral*) (*pectorale*), ornement que le grand-prêtre des juifs mettait devant sa poitrine.—Au pl. *pectoraux*.

PECTORAL, E, adj. (*pèktorale*)(*pectoralis*), qui concerne la poitrine; qui est bon pour la poitrine.—Au pl. m. *pectoraux*.

PÉCULAT, s. m. (*pékula*) (*peculatus*), vol de deniers publics.

PÉCULE, s. m. (*pékule*)(*peculium*), épargne, argent amassé.

PÉCUNE, s. f. (*pékune*) (*pecunia*), argent. Vieux.

PÉCUNIAIRE, adj. des deux g. (*pékunière*) (*pecuniarius*), qui consiste en argent.

PÉCUNIEUX, EUSE, adj. (*pékunieu, euze*) (*pecuniosus*), qui a beaucoup d'argent. Fam.

PÉDAGOGIE, s. f. (*pédaguoji*) (παιδαγωγια), éducation des enfants.

PÉDAGOGIQUE, adj. des deux g.(*pédaguoiike*), de la *pédagogie*.

PÉDAGOGUE, s. m. (*pédaguogue*) (παιδαγωγος), précepteur.

PÉDALE, s. f. (*pédale*) (mot italien, fait du lat. *pes, pedis*, pied), tuyau d'orgue qu'on fait jouer avec le *pied*.

PÉDANÉ, adj. m. (*pédané*)(*pedaneus*), se disait de certains juges de village.

PÉDANT, E, adj.(*pédan, ante*) (παις, παιδος, enfant), qui sent le *pédant*.—S., qui enseigne les enfants ; qui affecte de paraître savant; qui parle avec un ton trop décisif.

PÉDANTER, v. n. (*pédanté*), enseigner dans les collèges. Peu us.

PÉDANTERIE, s. f. (*pédanteri*), érudition *pédante*; air *pédant*; manières *pédantes*.

PÉDANTESQUE, adj. des deux g. (*pédantèceke*), qui sent le *pédant*.

PÉDANTESQUEMENT, adv. (*pédantècekeman*), d'une manière *pédantesque*.

PÉDANTISER, v. n. (*pédantizé*), faire le *pédant*. Fam.

PÉDANTISME, s. m. (*pédanticeme*), esprit et caractère du *pédant*.

PÉDÉRASTE, s. m. (*pédéracete*) (παιδηραστης), qui est adonné à la *pédérastie*.

PÉDÉRASTIE, s. f. (*pédéraceti*) (παιδεραστια), passion contre nature.

PÉDESTRE, adj. des deux g. (*pédècetre*) (*pedestris*), posé sur ses pieds; qui se fait à pied.

PÉDESTREMENT, adv. (*pédècetreman*), à pied. Fam.

PÉDICELLE, s. m. (*pédicèle*) (*pédicellus*), petit *pédoncule*.

PÉDICULAIRE, adj. des deux g. (*pédikulère*) (*pedicularis*), se dit d'une maladie dans laquelle il s'engendre des poux.—S. f., plante.

PÉDICULE, s. m. (*pédikule*) (*pediculus*), support de certaines parties des plantes.

PÉDIGULE, E, adj. porté par un *pédicule*.

PÉDICURE, s. et adj. m. (*pédikure*) (*pes*, pied, et *cura*, soin), qui a soin des pieds.

PÉDILUVE, s. m. (*pédiluve*) *pes, pedis*, pied, et *lavare*, laver), bain de pieds.

PÉDIMANE, s. et adj. m. (*pédimane*) (*pes*, pied, et *manus*, main), famille de mammifères.

PÉDOMÈTRE, s. m. Voy. ODOMÈTRE.

PÉDON, s. m. (*pédon*), courrier à pied.

PÉDONCULE, s. m. (*pédonkule*)(*pediculus*), tige qui supporte la fleur et le fruit.

PÉDONCULÉ, E, adj. (*pédonkulé*), porté par un *pédoncule*.

PÉGASE, s. m. (*pégaze*) (πηγασος), myth., cheval fabuleux; constellation.

PEIGNE, s. m. (*pègnie*) (*pecten*), instrument pour démêler les cheveux; coquillage.

PEIGNÉ, E, part. pass. de *peigner*, et adj.

PEIGNER, v. a. (*pègnié*) (*pectere*), démêler, nettoyer, ajuster avec le *peigne*.

PEIGNIER, s. m. (pègnié), qui fait et vend des *peignes*. Peu us.
PEIGNOIR, s. m. (pègnioar), sorte de manteau de toile ou de mousseline.
PEIGNURES, s. f. pl. (pègniure), cheveux qui tombent lorsqu'on se *peigne*.
PEINDRE, v. a. (peindre)(pingere), enduire de couleurs ; représenter par les traits et les couleurs ; former des lettres ; *fig.* décrire.
PEINE, s. f. (pène) (pœna), sentiment de quelque mal ; chagrin ; travail ; inquiétude ; fatigue ; punition ; difficulté ; salaire. — à PEINE, presque pas ; difficilement.
PEINE, E, part. pass. de *peiner*.
PEINER, v. a. et n. (pène), faire de la *peine* ; travailler beaucoup ; répugner à.
PEINTRE, s. m. (peintre) (pictor), qui exerce l'art de la peinture.
PEINTURAGE, s. m. (peinturaje), enduit de couleur sur du bois, sur un mur, etc.
PEINTURE, s. f. (peinture) (pictura), art de peindre ; couleurs pour peindre ; description.
PEINTURÉ, E, part. pass. de *peinturer*.
PEINTURER, v. a. (peinturé), enduire une chose d'une seule couleur.
PEINTUREUR, s. m. (peintureur), ouvrier qui imprime en couleur les bois, etc.
PÉKIN, s. m. (pékiein), étoffe de soie de Chine ; t. de soldat, qui n'est pas militaire.
PELADE, s. f. (pelade) (rac. *peler*), maladie qui fait tomber le *poil* et les cheveux.
PELAGE, s. m. (pelaje) (pilus, poil), couleur du poil de certains animaux.
PÉLAMIDE, s. f. (pélamide)(πυλας, bouc), jeune thon d'un an ; genre de reptiles
PELARD, adj. m. (pelar) : *bois pelard*, qui a été écorcé sur pied ; *pelé* pour en faire du tan.
PELÉ, E, part. pass. de *peler*, adj. et s., à qui on a ôté le poil.
PÊLE-MÊLE, adv. (pélemêle), en désordre. —S. m., état où l'on est *pêle-mêle*.
PELER, v. a. (pelé)(pilus, poil), ôter le poil ; ôter la peau d'un fruit ou l'écorce d'un arbre. —V. n., perdre sa *peau*.
PÈLERIN, INE, s.(pèlerein, ine)(peregrinus, voyageur), qui va en *pèlerinage*.
PÈLERINAGE, s. m. (pèlerinaje), voyage fait en quelque lieu par dévotion.
PÈLERINE, s. f. (pèlerine), ajustement de femme.
PÉLICAN, s. m. (pélikan) (πελεκαν), oiseau aquatique ; sorte d'alambic ; instrument pour arracher les dents.
PELISSE, s. f. (pelice) (pellis, peau), manteau de femme doublé d'une fourrure.
PELLE, s. f. (pèle) (pala), instrument large et plat à long manche.
PELLÉE, PELLERÉE, PELLETÉE, s. f. (pelé, pèleré, pèleté), autant qu'il peut en tenir sur une *pelle*.

PELLETIER, IÈRE, s. (pèletié, ière)(pellis, peau), qui fait ou vend des fourrures.
PELLETTERIE, s. f. (pèlèteri), art de faire des fourrures ; commerce de fourrures.
PELLICULE, s. f. (pèlelikule) (pellicula), peau extrêmement mince.
PELOTÉ, E, part. pass. de *peloter*.
PELOTER, v. n. (peloté), jouer à la paume. —V. a., maltraiter de coups ou de paroles.
PELOTON, s. m. (peloton), petite *pelotte* ; petit nombre de soldats ; assemblage ; amas.
PELOTONNÉ, E, part. pass. de *pelotonner*.
PELOTONNER, v. a. (pelotoné), mettre en *peloton*.
PELOTTE, s. f. (pelote) (pila, balle à jouer), petite boule qu'on forme en dévidant du fil, etc. ; coussinet à épingles.
PELOUSE, s. f. (pelouze) (pilus, poil), terrein couvert d'une herbe courte et douce.
PELTASTE, s. m. (pèletacete) (πελτη, bouclier), soldat armé de la *pelte*.
PELTE, s. f. (pèlete) (pelta), petit bouclier des anciens.
PELU, E, adj. (pelu)(pilosus), garni de poil.
PELUCHE, s. f. (peluche), étoffe à grands poils.
PELUCHÉ, E, part. pass. de *pelucher*, et adj., velu.
PELUCHER, v. n. (peluché), se couvrir de poils.
PELURE, s. f. (pelure), peau qu'on ôte de dessus quelque fruit ou quelque fromage.
PELVIEN, IENNE, adj. (pèleviein, iène) (pelvis, bassin), t. d'anat., du bassin.
PENAILLON, s. m. (pená-ion) (pannus, étoffe), haillon, moine. Fam.
PÉNAL, E, adj. (pénale) (pœnalis), qui assujetit à quelque peine.—Sans pl. m.
PÉNALITÉ, s. f. (pénalité), qualité de ce qui est *pénal*.
PENARD, s. m. (penar) : un *vieux penard*, un vieillard cassé et libertin.
PÉNATES, s. et adj. m. pl. (pénate) (penates), dieux domestiques des anciens païens ; *fig.* habitation, demeure.
PENAUD, E, adj. et s. (pené, ôde), embarrassé, honteux. Fam.
PENCHANT, s. m. (panchan), pente, terrein qui va en *penchant* ; *fig.* inclination naturelle de l'âme ; propension.
PENCHANT, E, adj. (panchan, ante), qui penche, qui menace ruine.
PENCHÉ, E, part. pass. de *pencher*, et adj.
PENCHEMENT, s. m. (panchenian), action d'une personne qui se *penche*.
PENCHER, v. a. (panché) (pendere, être suspendu), incliner ; mettre hors de l'aplomb. —V. n., être hors de son aplomb ; *fig.* être porté à quelque chose.
PENDABLE, adj. des deux g. (pandable), qui mérite la potence.

PENDAISON, s. f. (*pandèzon*), action de *pendre* au gibet. Pop.

PENDANT, E, adj. (*pandan, ante*), qui *pend*; qui n'est pas encore décidé. — Subst. au m., boucles d'oreilles; tableau ou estampe qui est en symétrie avec un autre.

PENDANT, prép. (*pandan*), durant un certain temps. —*Pendant que*, tandis que.

PENDARD, E, s. (*pandar, arde*), méchant, coquin, vaurien, fripon à *pendre*. Fam.

PENDELOQUE, s. f. (*pandeloke*), pierreries ajoutées à des boucles d'oreilles; crystal taillé en poire ; lambeau *pendant*.

PENDENTIF, s. m. (*pandantif*), t. d'archit., portion de voûte sphérique.

PENDILLER, v. n. (*pandi-ié*). être suspendu en l'air et agité par le vent. Peu us.

PENDRE, v. a. (*pandre*) (*pendere*), attacher une chose en haut; attacher à un gibet. — V. n., être suspendu.

PENDU, E, part. pass. de *pendre*, adj. et s.

PENDULE, s. m. (*pandule*) (*pendulum*), poids suspendu qui oscille.—S. f., horloge à poids ou à ressorts.

PÈNE, s. m. (*pène*), partie d'une serrure qui entre dans la gâche.

PÉNÉTRABILITÉ, s. f. (*pénétrabilité*), qualité qui rend *pénétrable*.

PÉNÉTRABLE, adj. des deux g. (*pénétrable*) (*penetrabilis*), qu'on peut *pénétrer*.

PÉNÉTRANT, E, adj. (*pénétran, ante*), qui *pénètre*.

PÉNÉTRATIF, IVE, adj. (*pénétratif, ive*), qui *pénètre* aisément.

PÉNÉTRATION, s. f. (*pénétrácion*) (*penetratio*), vertu et action de *pénétrer*; sagacité.

PÉNÉTRÉ, E, part. pass. de *pénétrer*, et adj., touché, affligé.

PÉNÉTRER, v. a. (*pénétré*) (*penetrare*), percer, passer à travers; *fig.* parvenir à connaître; toucher vivement.—V. n., entrer dans. —V. pr., se remplir d'une idée.

PÉNIBLE, adj. des deux g. (*pénible*), difficile; qui donne de la *peine*; qui afflige.

PÉNIBLEMENT, adv. (*pénibleman*), d'une manière *pénible*.

PÉNICHE, s. f. (*péniche*), petite chaloupe.

PÉNICILLÉ, E, adj. (*pénicilelé*) (*penicillum*, pinceau), t. de bot., formé par des glandes déliées en pinceau.

PÉNIL, s. m. (*pénil*), partie antérieure de l'os pubis autour des parties naturelles.

PÉNINSULE, s. f. (*péneincule*) (*pene*, presque, et *insula*, île), presqu'île.

PÉNITENCE, s. f. (*pénitance*) (*pœnitentia*), repentir; regret d'une faute commise; sacrement de l'église.

PÉNITENCERIE, s. f. (*pénitanceri*), charge, dignité de *pénitencier*.

PÉNITENCIER, s. m. (*pénitancié*), prêtre commis pour absoudre des cas réservés.

PÉNITENT, E, adj. (*pénitan, ante*) (*pœnitens*), qui a regret d'avoir offensé Dieu.—S, qui confesse ses péchés à un prêtre.

PÉNITENTIAIRE, adj. des deux g. (*pénitancière*), qui concerne la *pénitence*.

PÉNITENTIAUX, adj. m. pl. (*pénitancio*), de la *pénitence*.

PÉNITENTIEL, s. m. (*pénitancièle*), rituel de la *pénitence*.

PENNAGE, s. m. (*pènenaje*), toutes les plumes qui couvrent les oiseaux de proie.

PENNE, s. f. (*pène*) (*penna*, plume), grosse plume d'oiseau de proie.

PENNON, s. m. (*pènenon*) (*pannus*, étoffe), autrefois, étendard; t. de mar., girouette garnie de plumes.

PÉNOMBRE, s. f. (*pénonbre*) (*pene*, presque, et *umbra*, ombre), partie de l'*ombre* éclairée par une partie du corps lumineux.

PENSANT, E, adj. (*pançan, ante*), qui *pense*.

PENSÉ, E, part. pass. de *penser*, et adj.

PENSÉE, s. f. (*pancé*), action de l'esprit qui *pense*; opération de l'intelligence; méditation; opinion; esprit; petite fleur.

PENSER, s. m. (*pancé*), *pensée*.

PENSER, v. a. (*pancé*) (*pensare*, examiner), avoir dans l'esprit; imaginer; croire. — V. n., former dans son esprit l'idée, l'image de quelque chose ; raisonner; songer à ; prendre garde ; croire; être sur le point de.

PENSEUR, EUSE, s. (*panceur, euze*), qui est accoutumé à *penser*, à réfléchir.

PENSIF, IVE, adj. (*pancif, ive*), qui songe, qui rêve.

PENSION, s. f. (*pancion*) (*pensio*, paiement), somme pour l'entretien ; rente; auberge; pensionnat, maison d'éducation.

PENSIONNAIRE, s. et adj. des deux g. (*pancionère*), qui paie *pension* pour être logé, etc.; à qui l'on fait une *pension*; élève nourri et instruit dans une *pension*.

PENSIONNAT, s. m. (*panciona*), maison où l'on prend des enfants en *pension*.

PENSIONNÉ, E, part. pass. de *pensionner*.

PENSIONNER, v. a. (*pancioné*), donner, faire une *pension* à quelqu'un.

PENSUM, s. m. (*peinçome*) (mot lat. qui signifie : *tâche*), surcroît de travail qu'on exige d'un écolier pour le punir.

PENTACORDE, s. m. (*peintakorde*) (πεντε, cinq, et χορδη, corde), lyre à cinq *cordes*.

PENTAGONE, s m. et adj. des deux g. (*peintaguone*) (πεντε, cinq, et γωνια, angle), figure qui a cinq côtés et cinq angles.

PENTAMÈTRE, s. m. et adj. des deux g (*peintamètre*) (πεντε, cinq, et μετρον, mètre), vers qui a cinq pieds.

PENTANDRIE, s. f. (*peintandri*) (πεντε,

PER PER

cinq, et ανηρ, ανδρος, homme), classe de plantes à cinq étamines.

PENTATEUQUE, s. m. *(pantateuke)* (πεντατευχις), les cinq livres de Moïse.

PENTATHLE, s. m. *(peiniatele)* (πεντάθλον), t. d'antiq., jeux athlétiques.

PENTE, s. f. *(pante)*, penchant; manière d'être d'un terrain qui va en *penchant*; ce terrein lui-même; *fig.* inclination.

PENTECÔTE, s. f. *(pantekôte)* (πεντηκοστη), fête catholique.

PENTURE, s. f. *(panture)*, bande de fer plat pour soutenir une porte, etc.

PENULTIÈME, s. et adj. des deux g. *(pénultième)* (penè, presque, et *ultimus*, dernier), avant-dernier.

PÉNURIE, s. f. *(pénuri)* (*penuria*), grande disette des choses les plus nécessaires.

PÉOTTE, s. f. *(pé-ote)* (de l'italien *peota*), bâtiment rond, espèce de gondole.

PÉPERIN, s. m. *(péperin)* (de l'italien *peperino*), pierre volcanique.

PÉPIE, s. f. *(pépi)* (*pituita*), pellicule qui vient au bout de la langue des oiseaux.

PEPIN, s. m. *(pepein)* (*pappinus*), semence qui se trouve au centre de certains fruits.

PÉPINIÈRE, s. f. *(pépinière)* (de pepin), plant de jeunes arbres.

PÉPINIÉRISTE, s. m. *(pépiniéricete)*, jardinier qui soigne des *pépinières*.

PÉPLUM ou **PÉPLON**, s. m. *(péplome, plon)*, vêtement de femme chez les anciens.

PERCALE, s. f. *(pèrekale)*, toile de coton blanche et fine, des Indes.

PERCALINE, s. f. *(pèrakaline)*, toile de coton grise, façon des Indes.

PERÇANT, E, adj. *(pèreçan, ante)*, qui perce, qui pénètre.

en PERCE, loc. adv. *(anpèrece)*: mettre du vin *en perce*, ouvrir le tonneau.

PERCÉ, E, part. pass. de *percer*, et adj. —S. m. Voy. PERCÉE.

PERCE-BOIS, s. m. *(pèreceboa)*, insecte.

PERCÉE, s. f. *(pèrecé)*, ouverture faite dans un bois.

PERCE FEUILLE, s. f. *(pèrecefeu-ie)* (*perfoliata*), plante annuelle.

PERCE-FORÊT, s. m. *(pèreceforè)*, chasseur déterminé Fam.

PERCEMENT, s. m. *(pèreceman)*, action de *percer*; ouverture faite en *perçant*.

PERCE-NEIGE, s. f. *(pèrecenèje)*, plante.

PERCE-OREILLE, s. m. *(pèreçorè-ie)*, insecte.

PERCE-PIERRE, s. f. *(pèrecepière)*, plante.

PERCEPTEUR, s. m. *(pèrecèpeteur)* (*percipere, recevoir)*, qui *perçoit* les impôts.

PERCEPTIBILITÉ, s. f. *(pèrecèpetibilité)*, qualité de ce qui est *perceptible*.

PERCEPTIBLE, adj. des deux g. *(pèrecèpetible)*, qui peut être *perçu*.

PERCEPTION, s. f. *(pèrecèpecion)* (*perceptio*), recouvrement de deniers, etc.; action de connaître par l'esprit et par les sens.

PERCER, v. a. *(pèrecé)* (*pertundere*), faire une ouverture; pénétrer. —V. n., se faire ouverture; se montrer; s'avancer.

PERCEVOIR, v. a. *(pèrecevoar)* (*percipere)*, recevoir des revenus, etc.; recevoir l'impression des objets.

PERCHE, s. f. *(pèreche)* (πέρκη), poisson; mesure agraire; croc de batelier; long morceau de bois; bois du cerf, du daim, etc.

PERCHÉ, E, part. pass. de *percher*.

PERCHER, v. n. *(pèreché)*, se mettre sur une *perche* pour se reposer et dormir.

PERCHOIR, s. m *(pèrechoar)*, bâton sur lequel un oiseau se *perche*.

PERCLUS, E, adj. *(pèreklu, uze)* (*praeclusus*, part. de *praecludere*, interdire), qui a perdu l'usage d'un bras, d'une jambe.

PERÇOIR, s. m. *(pèreçoar)*, instrument avec lequel on *perce*.

PERCUSSION, s. f. *(pèrekucion)* (*percussio*), impression d'un corps qui en frappe un autre ou qui tombe sur un autre.

PERDABLE, adj. des deux g. *(pèredable)*, qui peut se *perdre*.

PERDANT, E, s. *(pèredan, ante)*, qui perd au jeu.

PERDITION, s. f. *(pèredicion)* (*perditio*), dissipation; égarement.

PERDRE, v. a. *(pèredre)* (*perdere*), cesser d'avoir; avoir du désavantage; ruiner; égarer; gâter; corrompre.—V. n., éprouver quelque perte.—V. pr., s'égarer.

PERDREAU, s. m. *(pèredrô)*, petit de la *perdrix*.

PERDRIGON, s. m. *(pèredriguon)*, sorte de prune.

PERDRIX, s. f. *(pèredri)*, oiseau gallinacé dont la chair est fort estimée.

PERDU, E, part. pass. de *perdre*, et adj.

PÈRE, s. m. *(père)* *(pater)*, celui qui a un ou plusieurs enfants; titre des religieux prêtres.

PÉRÉGRINATION, s. f. *(péréguerinâcion)* (*peregrinatio*), voyage en pays éloignés.

PÉRÉGRINITÉ, s. f. *(péréguerinité)* (*peregrinitas*), état d'étranger.

PÉREMPTION, s. f. *(péranpecion)* (*peremptio*), état de ce qui est *périmé*.

PÉREMPTOIRE, adj. des deux g. *(péranpetoare)*, décisif.

PÉREMPTOIREMENT, adv. *(péranpetoareman)*, d'une manière décisive.

PERFECTIBILITÉ, s. f. *(pèrefèktibilité)*, qualité de ce qui est *perfectible*.

PERFECTIBLE, adj. des deux g. (*pèrefektible*), qui peut être *perfectionné*.

PERFECTION, s. f. (*pèrefekcion*) (*perfectio*), qualité de ce qui est *parfait*.

PERFECTIONNE, E, part. pass. de *perfectionner*, et adj.

PERFECTIONNEMENT, s. m. (*pèrefekcioneman*), action de *perfectionner*.

PERFECTIONNER, v. a. (*pèrefekcioné*) (*perficere*), rendre *parfait*, accompli.

PERFIDE, s. et adj. des deux g. (*pèrefide*) (*perfidus*), qui manque à sa foi; déloyal; trompeur; astucieux.

PERFIDEMENT, adv. (*pèrefideman*), d'une manière *perfide*.

PERFIDIE, s. f. (*pèrefidi*) (*perfidia*), manquement de foi, de loyauté.

PERFOLIÉ, E, adj. (*pèrefolié*) (*per*, à travers, et *folium*; feuille), t. de bot., se dit d'une feuille qui est traversée par la tige.

PERFORATION, s. f. (*pèreforácion*) (*perforatio*), action de *perforer*, de percer.

PERFORÉ, E, part. pass. de *perforer*.

PERFORER, v. a. (*pèreforé*) (*perforare*), percer.

PÉRI, s. des deux g. (*péri*), nom que les Persans donnent aux fées.

PÉRI, part. pass. de *périr*, et adj.

PÉRIANTHE, s. m. (*périante*) (περι, autour, et ανθος, fleur), calice des fleurs.

PÉRIBOLE, s. m. (*péribole*) (περιϐαλλω, j'entoure), enceinte des temples anciens.

PÉRICARDE, s. m. (*périkarde*) (περικαρδιον), t. d'anat., enveloppe du cœur.

PÉRICARPE, s. m. (*périkarpe*) (περικαρπιον), t. de bot., enveloppe de la graine.

PÉRICHONDRE, s. m. (*périkondre*) (περι, autour, et χονδρος, cartilage), membrane qui recouvre certains cartilages.

PÉRICLITER, v. n. (*périklité*) (*periclitari*), être en péril.

PÉRICRÂNE, s. m. (*périkráne*) (περικρανιον), membrane qui couvre le *crâne*.

PÉRIDOT, s. m. (*péridó*), pierre précieuse qui tire un peu sur le vert.

PÉRIDROME, s. m. (*péridrome*) (περιδρομος), t. d'archit. anc., galerie couverte.

PÉRIGÉE, s. m. (*périjé*) (περι, autour, et γη, terre), endroit du ciel où se trouve une planète quand elle est le plus proche de la terre.—Il est aussi adj. des deux g.

PÉRIGUEUX, s. m. (*périgieu*), pierre noire fort dure des environs de *Périgueux*.

PÉRIHÉLIE, s. m. (*péri-éli*) (περι, autour, et ηλιος, soleil), point où une planète est le plus près du soleil.—Il est aussi adj. des deux g.

PÉRIL, s. m. (*périle*) (*periculum*, danger), danger, risque; état où il y a quelque chose de fâcheux à craindre.

PÉRILLEUSEMENT, adv. (*péri-ieuzeman*), dangereusement.

PÉRILLEUX, EUSE, adj. (*péri-ieu, euse*) (*periculosus*), dangereux.

PÉRIMÉ, E, part. pass. de *périmer*.

PÉRIMER, v. n. (*périmé*) (*perimere*, détruire), t. de jur., se perdre par une trop longue interruption.

PÉRIMÈTRE, s. m. (*périmètre*) (περι, autour, et μετρον, mesure), contour.

PÉRINÉE, s. m. (*périné*) (περιναιος), espace entre l'anus et les parties naturelles.

PÉRIODE, s. f. (*période*) (περιοδος, circuit), révolution d'un astre; époque; phrase à plusieurs membres.—S. m., le plus haut point; espace de temps vague, indéterminé.

PÉRIODICITÉ, s. f. (*périodicité*), qualité de ce qui est *périodique*.

PÉRIODIQUE, adj. des deux g. (*périodike*), qui revient à des temps marqués.

PÉRIODIQUEMENT, adv. (*périodikeman*), d'une manière *périodique*.

PÉRIŒCIENS, s. m. pl. (*péri-éciein*) (περι, autour, et οικεω, j'habite), peuples qui habitent le même parallèle terrestre.

PÉRIOSTE, s. m. (*périocete*) (περι, autour, et οστεον, os), membrane qui enveloppe les os.

PÉRIOSTOSE, s. f. (*périocetôze*), gonflement du *périoste*.

PÉRIPATÉTICIEN, IENNE, s. et adj. (*péripatéticiein, iène*) (περι, autour, et πατεω, je me promène), qui suit la doctrine d'Aristote.

PÉRIPATÉTISME, s. m. (*péripatéticeme*), doctrine des *péripatéticiens*.

PÉRIPÉTIE, s. f. (*péripéci*) (περιπεταια, incident), changement inopiné de fortune; dénouement d'un drame, etc.

PÉRIPHÉRIE, s. f. (*périféri*) (περι, autour, et φερω, je porte), contour.

PÉRIPHRASE, s. f. (*périfráze*) (περιφρασις), tour de paroles pour exprimer ce qu'on ne veut pas dire en termes propres.

PÉRIPHRASER, v. n. (*périfrázé*), parler par *périphrases*.

PÉRIPLE, s. m. (*périple*) (περι, autour, et πλεω, je navigue), navigation autour d'une mer ou de quelque côte.

PÉRIPNEUMONIE, s. f. (*péripeneumoni*) (περι, autour, et πνευμα, poumon), inflammation du poumon.

PÉRIPTÈRE, s. m. (*péripetère*) (περι, au-

PER   **PER**   427

tour, et περι, aile), édifice entouré de colonnes isolées.

PÉRIR, v. n. *(périr)* (perire), prendre fin; faire une fin malheureuse ; tomber en ruine.

PÉRISCIENS, s. m. pl. *(périceciens)* (περι, autour, et σκια, ombre), habitants des zônes froides.

PÉRISSABLE, adj. des deux g. *(périçable)*, sujet à *périr*; peu durable.

PÉRISTALTIQUE, adj. des deux g. *(pericetallike)* (περιστελλω, je contracte), se dit du mouvement propre des intestins.

PÉRISTYLE, s. m. *(péricetile)* (περι, au tour, et στυλις, colonne), galerie à colonnes isolées construite autour d'un édifice.

PÉRISYSTOLE, s. f. *(péricicetole)* (περι, autour, et σιστολι, contracté), t. de méd., intervalle entre la *systole* et la diastole.

PÉRITOINE, s. m. *(péritoène)* (περιτοναιον), membrane qui revêt le bas ventre.

PERLE, s. f. *(pèrele)* (du lat. barbare *pirula*, dimin. de *pirum*, poire), substance qui se forme dans certaines coquilles ; très-petit caractère d'imprimerie.

PERLÉ, E, adj. *(pèrelé)*, orné de *perles*; fig fait avec goût.

PERLURE, s. f. *(pèrelure)*, grumeaux sur le bois des cerfs, des daims, etc.

PERMANENCE, s. f. *(pèremanance)* (permanere, être stable), durée constante; stabilité.

PERMANENT, E, adj. *(pèremanan, ante)* (permanens), stable, durable, immuable.

PERMÉABILITÉ, s. f. *(pèremé-abilité)*, qualité de ce qui est *perméable*.

PERMÉABLE, adj. des deux g. *(pèremé-ablo)* (permeabilis), qui peut être traversé par...

PERMESSE, s. m. *(pèremèce)*, petite rivière de la Béotie consacrée à Apollon et aux Muses.

PERMETTRE, v. a. et n. *(pèremètre)* (permittere), donner pouvoir de faire, de dire; tolérer; donner le moyen de...

PERMIS, s. m. *(pèremi)*, permission.

PERMIS, E, part. pass. de *permettre*, et adj., qui n'est pas défendu; juste.

PERMISSION, s. f. *(pèremicion)* (permissio), liberté de dire, de faire...

PERMUTANT, E, s. *(pèremutan, ante)*, qui permute.

PERMUTATION, s. f. *(pèremutacion)* (permutatio), échange.

PERMUTÉ, E, part. pass. de *permuter*.

PERMUTER, v. a. *(pèremuté)* (permutare), échanger un emploi contre un autre.

PERNICIEUSEMENT, adv. *(pèrenicieuzeman)*, d'une manière *pernicieuse*.

PERNICIEUX, EUSE, adj. *(pèrenicieu, euze)*, (perniciosus), nuisible.

PER OBITUM, loc. adv. *(pèrobitome)*, mots lat. qui signifient : par mort.

PÉRONÉ, s. m. *(pèroné)* (περονη), os extérieur le plus menu de la jambe.

PÉRONNELLE, s. f. *(pèronèle)* (par corruption de *petronille*, nom propre de femme), femme sotte et babillarde. Fam.

PÉRORAISON, s. f. *(pèrorèzon)* (peroratio), conclusion d'un discours d'éloquence.

PÉRORER, v. n. *(pèroré)* (perorare), déclamer avec une certaine emphase.

PÉROREUR, EUSE, s. *(pèroreur, euze)*, qui pérore.

PÉROT, s. m. *(péro)*, bois de l'âge de deux coupes.

PÉROU, s. m. *(pérou)*, contrée de l'Amérique méridionale.

PÉROXYDE, s. m. *(pérokcide)* (περι, à l'entour, et οξις, acide), métal au plus haut degré d'oxygénation.

PERPENDICULAIRE, adj. des deux g. *(pèrepandikulère)* (perpendicularis), qui pend, qui tombe d'aplomb ; vertical. — S. f., ligne *perpendiculaire*.

PERPENDICULAIREMENT, adv. *(pèrepandikulèreman)*, d'une manière *perpendiculaire*.

PERPENDICULARITÉ, s. f. *(pèrepandikularité)*, état de ce qui est *perpendiculaire*.

PERPENDICULE, s. m. *(pèrepandikule)* (perpendiculum), ligne verticale et *perpendiculaire* qui mesure la hauteur d'un objet.

PERPÉTRÉ, E, part. pass. de *perpétrer*.

PERPÉTRER, v. a. *(pèrepétré)* (perpetrare), faire, commettre.

PERPÉTUATION, s. f. *(pèrepétuacion)*, action qui *perpétue*; effet de cette action.

PERPÉTUÉ, E, part. pass. de *perpétuer*.

PERPÉTUEL, ELLE, adj. *(pèrepétuèle)* (perpetuus), continuel; qui dure toujours.

PERPÉTUELLEMENT, adv. *(pèrepétuèlaman)* (perpetuò), toujours, sans cesse.

PERPÉTUER, v. a. *(pèrepétué)* (perpetuare), rendre *perpétuel*: faire durer toujours.

PERPÉTUITÉ, s. f. *(pèrepétuité)* (perpetuitas), durée sans interruption.

PERPLEXE, adj. des deux g. *(pèreplèkce)* (perplexus, embarrassé), irrésolu, incertain.

PERPLEXITÉ, s. f. *(pèreplèkcité)* (perplexitas), irrésolution, incertitude.

PERQUISITION, s. f. *(pèrekizicion)* (perquisitio), recherche exacte.

PERRON, s. m. *(pèron)*, escalier découvert et en dehors.

PERROQUET, s. m. *(pèrokiè)* (de *perrot*, dimin. de *Pierre*), oiseau d'Amérique; petit mât.

PERRUCHE, s. f. *(pèruche)*, femelle du *perroquet*; espèce de petit *perroquet*.

PERRUQUE, s. f. (pèruke) (πυρριχὸς, pour πυρρος, jaune), coiffure de faux cheveux.
PERRUQUIER, IÈRE, s. (pèrukié, ière), qui fait et vend des *perruques*, qui coiffe et rase.
PERS, E, adj. (père, pèrece), de couleur entre le vert et le bleu.
PER SALTUM, loc. adv. (pèrecaletome), mots latins qui signifient : par saut.
PERSE, s. f. (pèrece), belle toile peinte qui vient de *Perse*, royaume d'Asie.
PERSÉCUTANT, E, adj. (pèrecékutan, ante), qui *persécute*; qui rend incommode.
PERSÉCUTÉ, E, part. pass. de *persécuter*.
PERSÉCUTER, v. a. (pèrecékuté) (persequi), inquiéter par des poursuites injustes et violentes; importuner.
PERSÉCUTEUR, TRICE, s. (pèrecékuteur, trice), qui *persécute*.
PERSÉCUTION, s. f. (pèrecékucion) (persecutio), poursuite injuste et violente.
PERSÉE, s. m. (pèrecé), constellation boréale.
PERSÉVÉRAMMENT, adv. (pèrecévéraman), avec *persévérance*.
PERSÉVÉRANCE, s. f. (pèrecévérance) (perseverantia), qualité de celui qui *persévère*.
PERSÉVÉRANT, E, s. et adj. (pèrecévéran, ante), qui *persévère*.
PERSÉVÉRER, v. n. (pèrecévéré) (perseverare), persister; demeurer constant.
PERSICAIRE, s. f. (pèrecikière) (persicaria), plante.
PERSICOT, s. m. (pèreciko) (persicum malum, pêche), liqueur spiritueuse.
PERSIENNE, s. f. (pèreciène), jalousies composées de lames de bois fort minces.
PERSIFFLAGE, s. m. (pèreciflaje), action de *persiffler*; discours d'un *persiffleur*.
PERSIFFLÉ, E, part. pass. de *persiffler*.
PERSIFFLER, v. a. (pèreciflé) (rac. *siffler*), railler finement.
PERSIFFLEUR, EUSE, s. (pèrecifleur, euze), qui aime à *persiffler*.
PERSIL, s. m. (pèreci) (πετροσέλινον, persil sauvage), plante potagère.
PERSILLADE, s. f. (pèreci-iade), tranches de bœuf avec du *persil*, etc.
PERSILLÉ, E, adj. (pèreci-ié), se dit d'un fromage tacheté de vert.
PERSIQUE, adj. des deux g. (pèrecike), se dit d'un ordre d'archit. où l'entablement est porté par des figures d'esclaves *perses*.
PERSISTANCE, s. f. (pèrecicetance), qualité de ce qui est *persistant*; persévérance.
PERSISTANT, E, adj. (pèrecicetan, ante), qui dure au-delà du temps accoutumé.
PERSISTER, v. n. (pèrecicité) (persistere), demeurer ferme dans son sentiment.
PERSONNAGE, s. m. (pèreçonaje), personne; rôle de comédie.

PERSONNALITÉ, s. f. (pèreçonalité) (rac. *personne*), ce qui est propre à la *personne*; caractère de ce qui est *personnel*; égoïsme; trait injurieux et *personnel*.
PERSONNAT, s. m. (pèreçona), sorte de dignité particulière dans un chapitre.
PERSONNE, s. f. (pèreçone) (persona), un homme ou une femme; en t. de gramm., on appelle *personnes* les trois relations générales que peut avoir à l'acte de la parole le sujet de la proposition.— Pron. indéf. m., nul.
PERSONNÉ, E, adj. (pèreçoné), se dit des plantes dont les fleurs ont la forme d'un mufle d'animal.
PERSONNEL, ELLE, adj. (pèreçonèle), propre et particulier à chaque *personne*; égoïste.
—S. m., ce qui regarde la *personne*.
PERSONNELLEMENT, adv. (pèreçonèleman), en propre *personne*.
PERSONNIFICATION, s. f. (pèreçonifikácion), action de *personnifier*; ses effets.
PERSONNIFIÉ, E, part. pass. de *personnifier*, et adj.
PERSONNIFIER, v. a. (pèreçonifié), attribuer à une chose les manières d'une *personne*.
PERSPECTIF, IVE, adj. (pèrecepèktif, ive), qui représente un objet en *perspective*.
PERSPECTIVE, s. f. (pèrecepèktive) (perspectare, considérer), art de représenter les objets selon la différence que l'éloignement et la position y apportent; peinture; aspect des objets vus de loin; *fig.* espérance.
PERSPICACE, adj. des deux g. (pèrecepikace), qui a de la *perspicacité*.
PERSPICACITÉ, s. f. (pèrecepikacité) (perspicacitas), pénétration d'esprit.
PERSPICUITÉ, s. f. (pèrecepiku-ité) (perspicuitas), clarté, netteté.
PERSPIRATION, s. f. (pèrecepiràcion) (perspirare, souffler), transpiration.
PERSUADÉ, E, part. pass. de *persuader*.
PERSUADER, v. a. et n. (pèreçuadé) (persuadere), déterminer quelqu'un à croire.
PERSUASIF, IVE, adj. (pèreçuazif, ive), qui *persuade*, qui a la force de *persuader*.
PERSUASION, s. f. (pèreçuazion) (persuasio), action de *persuader*; ferme croyance.
PERTE, s. f. (pèrete) (πέρσις, ravage, ruine), privation de quelque avantage qu'on avait; dommage; ruine; mauvais succès.
PERTINEMMENT, adv. (pèretinaman), comme il faut, avec jugement.
PERTINENCE, s. f. (pèretinance), qualité de ce qui est *pertinent*.
PERTINENT, E, adj. (pèretinan, ante) (pertinens), qui est tel qu'il convient.
PERTUIS, s. m. (pèretui) (pertusus, part. de *pertundere*, percer), ouverture; détroit.
PERTUISANE, s. f. (pèretuizane) (pertundere, percer), ancienne hallebarde.

PERTURBATEUR, TRICE, s. (*pèreturbateur, trice*) (*perturbator*), qui trouble.

PERTURBATION, s. f. (*pèreturbácion*) (*perturbatio*), trouble, émotion de l'âme.

PERVENCHE, s. f. (*pèrevanche*) (*peivinca*), plante vivace.

PERVERS, E, s. et adj. (*pèrevère, vèrece*) (*perversus*), méchant, dépravé.

PERVERSION, s. f. (*pèrevèrecion*) (*perversio*), changement de bien en mal.

PERVERSITÉ, s. f. (*pèrevèrecité*) (*perversitas*), méchanceté, dépravation.

PERVERTI, E, part. pass. de *pervertir*.

PERVERTIR, v. a. (*pèrevèrtir*) (*pervertere*), changer de bien en mal.

PESADE, s. f. (*pezade*), mouvement par lequel un cheval lève les pieds de devant sans remuer ceux de derrière.

PESAMMENT, adv. (*pezaman*), d'une manière *pesante*; lourdement; sans grâce.

PESANT, E, adj. (*pezan, ante*), qui pèse, qui est lourd; *fig.* onéreux; fâcheux.

PESANTEUR, s. f. (*pezanteur*), tendance des corps vers le centre de la terre; qualité de ce qui est *pesant*; lenteur.

PESÉ, E, part. pass. de *peser*.

PESÉE, s. f. (*pezé*), action de *peser*; tout ce qu'on pèse en une seule fois.

PÈSE-LIQUEURS, s. m. (*pèzelikieur*), instrument pour *peser* les *liqueurs*.

PESER, v. a. (*pezé*)(*pensare*), examiner la *pesanteur* d'une chose; *fig.* considérer.— V. n., avoir un certain poids; appuyer sur; *fig.* être à charge.

PESEUR, EUSE, s. (*pezeur, euze*), qui pèse.

PESON, s. m. (*pezon*), sorte de balance appelée autrement *balance romaine*.

PESSAIRE, s. m. (*pècère*), instrument dont on se sert dans certaines maladies des femmes.

PESSIMISME, s. m. (*pècimicème*) (*pessimus*, très-mauvais), opinion des *pessimistes*.

PESSIMISTE, s. des deux g. (*pècimicète*), celui qui croit que tout va mal.

PESTE, s. f. (*pècete*)(*pestis*), maladie épidémique et contagieuse.

PESTER, v. n. (*pècete*) (*pestis*, peste), murmurer avec vivacité.

PESTIFÈRE, adj. (*pècetifère*) (*pestifer*), qui communique la *peste*.

PESTIFÉRÉ, E, s. et adj. (*pècetiféré*), infecté de la *peste*; qui a la *peste*.

PESTILENCE, s. f. (*pècetilance*) (*pestilentia*), corruption de l'air.

PESTILENT, E, adj. (*pècetilan, ante*), qui tient de la *peste*; *fig.* contagieux.

PESTILENTIEL, ELLE, adj. (*pècetilancièle*), pestilent, infecté de *peste*.

PET, s. m. (*pè*)(*peditus*), vent qui sort du fondement avec bruit.

PÉTALE, s. m. (*pétale*) (πεταλον, feuille), chacune des pièces qui composent la corolle de la fleur.

PÉTALISME, s. m. (*pétalicème*) (πεταλισμος, feuille), sorte d'ostracisme.

PÉTARADE, s. f. (*pétarade*), plusieurs pets de suite que font les chevaux en ruant.

PÉTARD, s. m. (*pétar*), machine de métal chargée de poudre; pièce d'artifice.

PÉTARDÉ, E, part. pass. de *pétarder*.

PÉTARDER, v. a. (*pétardé*), faire jouer le *pétard* contre... Peu us.

PÉTARDIER, s. m. (*pétardié*), celui qui fait ou applique les *pétards*.

PÉTASE, s. m. (*pétaze*) (πετασος), sorte de chapeau ou de bonnet des anciens.

PÉTAUD, s. m. (*pétô*) : *la cour du roi Pétaud*, lieu de confusion.

PÉTAUDIÈRE, s. f. (*pétôdière*), assemblée sans ordre; lieu où chacun est maître. Fam.

PÉTÉCHIAL, E, adj. (*pétéchiale*), se dit d'une fièvre accompagnée de *pétéchies*.

PÉTÉCHIES, s. f. pl. (*pétéchi*), taches sur la peau dans les fièvres malignes.

PET-EN L'AIR, s. m. (*pètanlère*), vêtement de femme fort court. Fam.

PÉTER, v. n. (*pété*) (*pedere*), faire un *pet*; *fig.* éclater avec bruit.

PÉTEUR, EUSE, s. (*péteur, euze*), qui *pette*.

PÉTILLANT, E, adj. (*péti-ian, ante*), qui pétille; qui brille avec éclat.

PÉTILLEMENT, s. m. (*péti-ieman*), action de *pétiller*.

PÉTILLER, v. n. (*péti-ié*) (dimin. de *péter*), éclater en faisant du bruit à plusieurs reprises; briller avec éclat; être impatient de...

PÉTIOLE, s. m. (*pétiole*) (*petiolus*), queue ou support des feuilles.

PÉTIOLÉ, E, adj. (*pétiolé*), porté par un *pétiole*.

PETIT, E, adj. et s. (*peti, ite*) (du vieux mot lat. *petilus*, délié), qui a peu d'étendue ou de volume; fort jeune.— Subst. au m., ce qui est *petit* ; animal nouvellement né. — EN PETIT, adv., en raccourci.

PETITE-FILLE, s. f. (*petitefi-ie*), fille du *fils* ou de la *fille*.

PETITEMENT, adv. (*petiteman*), d'une manière *petite* et pauvre; à l'étroit.

PETITESSE, s. f. (*petitèce*), peu d'étendue; modicité; bassesse; minutie.

PETIT-FILS, s. m. (*petifice*), fils du *fils* ou de la *fille*.

PÉTITION, s. f. (*péticion*) (*petitio*), demande adressée à une autorité.

PÉTITIONNAIRE, s. des deux g. (*péticionère*), qui fait une *pétition*.

PÉTITOIRE, s. m. (*pétitoare*) (*petitorius*), t. de prat., demande en justice.

PETON, s. m. *(peton)*, t. enfantin, qui signifie : petit pied.

PÉTONCLE, s. f. *(pétonkle)*, sorte de coquillage bivalve.

PÉTRÉE, adj. f. *(pétré)* (πετρα, rocher), couverte de rochers.

PÉTREL, s. m. *(pétrèle)*, oiseau.

PÉTRI, E, part. pass. de *pétrir*, et adj., formé, composé de...

PÉTRIFIANT, E, adj. *(pétrifian ante)*, qui a la faculté de *pétrifier*.

PÉTRIFICATION, s. f. *(pétrifikácion)*, conversion en pierre; chose *pétrifiée*.

PÉTRIFIÉ, E, part. pass. de *pétrifier*.

PÉTRIFIER, v. a. *(pétrifié)* (petra, pierre, et *fieri*, devenir), convertir en pierre; fig. interdire, rendre immobile d'étonnement.

PÉTRIN, s. m. *(pétrein)*, coffre dans lequel on *pétrit*, où l'on serre le pain.

PÉTRIR, v. a. *(pétrir)*, détremper de la farine avec de l'eau, la mêler, la remuer et en faire de la pâte; fouler l'argile.

PÉTRISSAGE, s. m. *(pétriçaje)*, action de *pétrir*.

PÉTRISSEUR, EUSE, s. *(pétriceur, euze)*, qui *pétrit* la pâte.

PÉTROLE, s. m. *(pétrole)*, bitume liquide et noir, qui sort des fentes des rochers.

PÉTRO-SILEX, s. m. *(pétrocilèkce)*(πετρος, pierre, et *silex*, caillou), sorte de pierre.

PETTO, *in* PETTO, loc. adv. *(inepèteto)* (t. italien), dans l'intérieur du cœur, en secret.

PÉTULAMMENT, adv. *(pétulaman)* *(petulanter)*, avec *pétulance*.

PÉTULANCE, s. f. *(pétulance)*(petulantia), qualité de ce qui est *pétulant*.

PÉTULANT, E, adj. *(pétulan, ante)* *(petulans)*, vif, brusque, impétueux.

PETUN, s. m. *(peteun)*, tabac.

PETUNER, v. n. *(petuné)*, prendre du tabac en fumée. Vieux et inus.

PETUN-SÉ, s. m. *(peteuncé)*, pierre dont les Chinois font la porcelaine.

PEU, adv. *(peu)*, en petit nombre ou en petite quantité.—S. m., peu de chose.

PEUPLADE, s. f. *(peuplade)* (rac. *peuple*), colonie d'étrangers qui viennent chercher des habitations dans une contrée.

PEUPLE, s. m. *(peuple)* *(populus)*, multitude d'hommes qui habitent un même pays et vivent sous les mêmes lois; nation; populace.

PEUPLÉ, E, part. pass. de *peupler*, et adj.

PEUPLER, v. a. *(peuplé)* {de *peuple*}, remplir d'habitants un lieu où il n'y en avait point.

PEUPLIER, s. m. *(peupli-é)*(*populus*), grand arbre qui croît dans les lieux humides.

PEUR, s. f. *(peur)* *(pavor)*, crainte, frayeur.

PEUREUX, EUSE, s. et adj. *(peureu, euze)*, sujet à la *peur*; qui manque de résolution.

PEUT-ÊTRE, adv. *(peutétre)*, il peut se faire que...

PHAÉTHON et non **PHAÉTON**, s. m. *(faéton)* (φαεθων, brillant), myth., fils du Soleil; constellation; petite calèche à deux roues.

PHAGÉDÉNIQUE, adj des deux g. *(fajedénike)*(φαγεδαινα, grande faim), corrosif.

PHALANGE, s. f. *(falanje)* (φαλαγξ), bataillon d'infanterie; corps d'armée; os qui composent les doigts de la main et du pied.

PHALANGITE, s. m. *(falanjite)*, soldat de la *phalange*; genre de poissons.

PHALÈNE, s. f. *(falène)*(φαλαινα), sorte de papillon de nuit.

PHALEUCE ou **PHALEUQUE**, s. et adj. m. *(faleuce, leuke)* (φαλαικις, nom d'un poète grec), espèce de vers latin qui a cinq pieds.

PHALLUS, s. m.*(faleuce)* (φαλλυς), t. d'antiq., image des parties viriles.

PHANÉROGAME, s. f et adj. des deux g. *(fanéroguame)* (φανερος, apparent, et γαμος, mariage), plantes pourvues de fleurs.

PHARAON, s. m. *(fara-on)*, jeu de cartes.

PHARE, s. m. *(fare)* (φαω, luire), grand fanal placé sur une haute tour pour indiquer une côte, etc ; tour où il est placé.

PHARISAÏQUE, adj, des deux g. *(farizaike)* (pharisaicus), qui tient du *pharisaïsme*.

PHARISAÏSME, s. m. *(fariza-iceme)*, caractère des *Pharisiens*; fig. hypocrisie.

PHARISIEN, s m. *(fariziein)*, nom de sectaires parmi les Juifs.

PHARMACEUTIQUE, s. f. *(farmaceutike)* (φαρμακον, médicament), traité de la composition des médicaments.—Adj. des deux g., qui appartient à la *pharmacie*.

PHARMACIE, s. f. *(farmaci)* (φαρμακεια), art de composer et de préparer les remèdes ; lieu où on les prépare.

PHARMACIEN, IENNE, s. *(farmaciein, iène)*, qui exerce la *pharmacie*.

PHARMACOPÉE, s. f. *(farmakopé)* (φαρμακον, remède, et ποιω, je fais), traité, recueil des remèdes usités ; manière de les faire.

PHARMACOPOLE, s. m. *(farmakopolé)* (φαρμακον, remède, et πωλειν, vendre), marchand de drogues.

PHARYNGIEN, IENNE, adj. *(fareinjiein, iène)*, qui appartient au *pharynx*.

PHARYNX, s. m. *(fareinkce)* (φαρυγξ), orifice supérieur du gosier ou de l'œsophage.

PHASE, s. f. *(fáse)* (φασις, apparence), t. d'astron., différentes apparences de quelques planètes; fig. changement.

PHÉBUS, s. m. *(fébuce)* (φοιβος, clair), dans la fable, Apollon; fig. style ampoulé.

PHÉNICOPTÈRE, s. m. (fénikopètre) (φοινιξ, rouge, et πτερον, aile), genre d'oiseaux.

PHÉNIX ou PHOENIX, s. m. (fénikce) (φοινιξ, rouge), oiseau fabuleux ; constellation ; fig. supérieur à tous ceux de son genre.

PHÉNOMÉNAL, E, adj. (fénoménale), qui tient du phénomène.—Au pl. m. phénoménaux.

PHÉNOMÈNE, s. m. (fénomène) (φαινομαι, apparaître), tout ce qui paraît de nouveau dans la nature; chose extraordinaire.

PHILANTHROPE, s. m. (filantrope) (φιλος, ami, et ανθρωπος, homme), ami des hommes.

PHILANTHROPIE, s. f. (filantropi), caractère, vertu du philanthrope.

PHILANTHROPIQUE, adj. des deux g. (filantropike), inspiré par la philanthropie.

PHILHARMONIQUE, adj. des deux g. (filarmonike) (φιλος, ami, et αρμονια, harmonie), qui aime la musique.

PHILHELLÈNE, s. et adj. des deux g. (filèlène) (φιλος, ami, et ελλην, Grec, ami des Grecs.

PHILIPPIQUE, s. f. (filipike), harangue de Démosthène contre Philippe, roi de Macédoine; discours violent et satirique.

PHILOLOGIE, s. f. (filoloji) (φιλεω, j'aime, et λογος, discours), érudition qui embrasse diverses parties des belles-lettres.

PHILOLOGIQUE, adj. des deux g. (filolojike), qui concerne la philologie

PHILOLOGUE, s. m. (filologue), qui s'attache à la philologie.

PHILOMATHIQUE, adj. des deux g. (filomatike) (φιλος, ami, et μαθη, connaissance), se dit d'une société composée d'amis des sciences.

PHILOSOPHALE, adj. f. (filosofale) : pierre philosophale, la prétendue transmutation des métaux en or; fig. chose difficile à trouver.

PHILOSOPHE, s. m. (filozofe) (φιλεω, j'aime, et σοφια, sagesse), celui qui s'applique à la philosophie; homme-sage; étudiant en philosophie.—Il est aussi adj. des deux g.

PHILOSOPHER, v. n. (filosofé), raisonner de matières philosophiques.

PHILOSOPHIE, s. f. (filozofi) (φιλοσοφια), connaissance claire et distincte des choses naturelles et divines; système des philosophes ; sagesse ; caractère d'imprimerie.

PHILOSOPHIQUE, adj. des deux g. (filosofike), qui appartient à la philosophie.

PHILOSOPHIQUEMENT, adv. (filozofikeman), d'une manière philosophique.

PHILOSOPHISME, s. m. (filozoficeme), secte, doctrine des faux philosophes.

PHILOTECHNIQUE, adj. (filotèknike), qui aime les arts.

PHILTRE, s. m. (filtre)(φιλειν, aimer), breuvage, drogue, etc., qu'on supposait propre à donner de l'amour.

PHIMOSIS, s. m. (fimozice) (φιμωσις), resserrement du prépuce.

PHLÉBOTOME, s. m. (flébotome), instrument dont on se sert pour saigner.

PHLÉBOTOMIE, s. f. (flébotomi) (φλεψ, φλεβος, veine, et τομη, incision), art de saigner.

PHLÉBOTOMISER, v. a. (flébotomizé), saigner, ouvrir la veine.

PHLÉBOTOMISTE, s. m. (flébotomicete), celui qui saigne.

PHLEGMAGOGUE. Voy. FLEGMAGOGUE.
PHLEGMASIE. Voy. FLEGMASIE.
PHLEGMATIQUE. Voy. FLEGMATIQUE.
PHLEGME. Voy. FLEGME.
PHLEGMON. Voy. FLEGMON.
PHLEGMONEUX. Voy. FLEGMONEUX.

PHLOGISTIQUE, s. m. (flojicetike) (φλογιστος, brûlé), calorique.

PHLOGOSE, s. f. (flogoze) (φλογωσις), t. de méd., inflammation interne ou externe.

PHLYCTÈNE, s. f. (fliktène) (φλυκταινα), pustule qui s'élève sur la peau.

PHOENICURE, s. m. (fénikure) (φοινιξ, rouge, et ουρα, queue), oiseau.

PHOLADE, s. f. folade) (φωλεος, caverne), genre de coquilles.

PHONIQUE, adj. des deux g. (fonike) (φωνη, voix), qui a rapport à la voix.

PHOQUE, s. m. (foke) (φωκη, veau marin), quadrupède amphibie.

PHOSPHATE, s. m. (focefate), sel formé par l'acide phosphorique.

PHOSPHORE, s. m. (focefore)(φως, lumière, et φερω, je porte), substance qui paraît lumineuse dans l'obscurité.

PHOSPHORESCENCE, s. f. (foceforècance), lumière que rendent certains corps.

PHOSPHORESCENT, E, adj. (foceforècan, ante), qui a la propriété de la phosphorescence.

PHOSPHOREUX, EUSE, adj. foceforeu, euze), se dit d'un acide obtenu par la combustion lente du phosphore.

PHOSPHORIQUE, adj. des deux g. (foceforike), qui appartient au phosphore.

PHRASE, s. f. (fráze) (φρασις), assemblage de mots formant un sens.

PHRASÉOLOGIE, s. f. (frázé-oloji)(φρασις, et λογος, discours), construction de phrase particulière à une langue, à un écrivain, etc.

PHRASER, v. n. (frázé), t. de mus., faire des suites régulières d'accords.

PHRASIER, s. m. (frázié), discoureur qui fait des phrases. Fam.

PHRÉNIQUE, adj. des deux g. (frénike)(φρενος, le diaphragme), du diaphragme.

PHRÉNOLOGIE, s. f. (*frénoloji*) φρ⸱ι, esprit, et λογος, discours), connaissance de l'homme moral, intellectuel.

PHTHISIE, s. f. (*fetizi*) (φθισις), maigreur, dépérissement du corps.

PHTHISIQUE, s. et adj. des deux g. (*fetizike*), qui est atteint de *phthisie*.

PHYLACTÈRE, s. m. (*filaktère*) (φυλασσω, je garde), t. d'antiq., talisman, préservatif.

PHYLARQUE, s. m. (*filarke*) (φυλη, tribu, et αρχος, chef), magistrat athénien.

PHYLLITHE, s. f. (*filelite*) (φυλλον, feuille, et λιθος, pierre), feuille pétrifiée.

PHYSICIEN, IENNE, s. (*fiziciein, iène*) (φυσις, nature), qui sait la *physique*.

PHYSICO-MATHÉMATIQUE, adj. des deux g (*fizikomatématike*), qui a rapport à la *physique* et aux *mathématiques*.

PHYSIOGNOMONIE, s f. (*fizioguenomoni*) (φυσιογνωμονια), art de connaître par l'inspection des traits du visage, etc., le caractère, les penchants, les mœurs, etc.

PHYSIOGNOMONIQUE, adj. des deux g. (*fizioguenomonike*), de la *physiognomonie*.

PHYSIOGRAPHIE, s. f. (*fiziograft*) (φυσις, nature, et γραφω, je décris), description des productions de la nature.

PHYSIOGRAPHIQUE, adj. des deux g. (*fiziograftke*), de la *physiographie*.

PHYSIOLOGIE, s. f. (*fizioloji*) (φυσις, nature, et λογος, discours), partie de la médecine qui traite des phénomènes de la vie, de l'usage et du jeu des différents organes.

PHYSIOLOGIQUE, adj. des deux g. (*fiziolojike*), qui concerne la *physiologie*.

PHYSIOLOGISTE, s. m. (*fiziolojicete*), celui qui est versé dans la *physiologie*.

PHYSIONOMIE, s. f. (*fizionomi*) (φυσις, nature, et γινωσκω, je connais), air, traits du visage; physiognomonie.

PHYSIONOMISTE, s. des deux g. (*fizionomicete*), qui juge sur la *physionomie*.

PHYSIQUE, s. f. (*fizike*) (φυσις, nature), science des choses naturelles, des propriétés des corps. — S. m., constitution *physique* de l'homme. —Adj. des deux g., naturel.

PHYSIQUEMENT, adv. (*fizikeman*), d'une manière réelle et *physique*.

PHITOLITHE, s. f. (*fitolite*) (φυτον, plante, et λιθος, pierre), plante pétrifiée.

PHYTOLOGIE, s. f. (*fitoloji*) (φυτον, plante, et λογος, tráité), art de décrire les plantes.

PIACULAIRE, adj. des deux g. (*piakulère*) (*piacularis*), expiatoire.

PIAFFE, s. f. (*piafe*), faste, ostentation, vaine somptuosité.

PIAFFER, v. n. (*piafé*), faire de la *piaffe*;

t. de man., passager dans une même place, sans avancer ni reculer.

PIAFFEUR, EUSE, s. et adj.(*piafeur, euze*), cheval qui *piaffe*.

PIAILLER, v. n. (*pia-ié*) (*pipilare*, piauler), criailler, crier continuellement. Fam.

PIAILLERIE, s. f. (*pia-ieri*), criaillerie.

PIAILLEUR, EUSE, s. (*pia-ieur, euze*), criard, qui ne fait que *piailler*. Fam.

PIAN, s. m. (*pian*), nom que l'on donne en Amérique à la maladie vénérienne.

PIANISTE, s. des deux g. (*pianicete*), qui touche du *piano*.

PIANO, adv. (*pianó*), t. de mus., emprunté de l'italien, doux, doucement.

PIANO-FORTE ou FORTE-PIANO, et plus ordinairement PIANO, s. m. (*pianôforté*), espèce de clavecin.

PIASTE, s. m. (*piacete*), descendant des anciennes maisons de Pologne.

PIASTRE, s. f. (*piacetre*), monnaie d'argent qui se fabrique en Espagne et aux Indes.

PIAULER, v. n. (*piólé*) (*pipilare*), se dit du cri des petits poulets; se plaindre en pleurant.

PIC, s. m. (*pike*), coup du jeu de piquet.; instrument de fer pour casser des choses dures; montagne très-haute; oiseau grimpeur.

PICA, s. m. (*pika*), appétit dépravé auquel sont sujettes les femmes enceintes.

PICHOLINE, s. f. (*pikoline*), olive de la plus petite espèce.

PICORÉE, s. f. (*pikoré*), action de *picorer*; pillage des soldats; maraude.

PICORER, v. n. (*pikoré*), aller en maraude.

PICOREUR, s. m. (*pikoreur*), soldat qui va à la *picorée*.

PICOT, s. m. (*pikó*), petite pointe qui reste du bois coupé près de terre; petite engrelure qu'on fait au bout des dentelles.

PICOTÉ, E, part. pass. de *picoter*, et adj.

PICOTER, v. a. (*pikoté*), causer des *picotements*; fig. piquer; harceler, taquiner.

PICOTIN, s. m. (*pikotein*), mesure pour l'avoine; quantité d'avoine qu'elle contient.

PICOTTEMENT, s. m.(*pikoteman*), impression douloureuse sur la peau.

PICOTTERIE, s. f. (*pikoteri*), paroles malignes dites pour *picoter*, pour fâcher.

PIC-VERT. Voy. PIVERT.

PIE, s. f. (*pi*) (*pica*), oiseau de plumage blanc et noir.

PIE, adj. des deux g. (*pi*) (*pius*), pieux.

PIÈCE, s. f.(*pièce*), portion, morceau; chacun, chacune; chambre; tonneau; canon; monnaie; ouvrage d'esprit; ouvrage de théâtre. — Au pl., t. de pal., écritures.

PIED, s. m. (*pié*) (*pes, pedis*), partie de l'animal qui lui sert de point d'appui pour se poser, se soutenir et marcher; base; tige; mesure contenant douze pouces.

PIED-A-PIED, adv. (*piétapié*), peu à peu.

PIED-À-TERRE, s. m. (*piétatère*), petit logement où l'on ne couche qu'en passant.

PIED-BOT, s. m. (*piébó*), pied de forme ronde et qui fait qu'on marche avec peine.

PIED-D'ALOUETTE, s. m. (*piédalouète*), plante.

PIED-DE-BOEUF, s. m. (*piédebeufe*), jeu d'enfants.

PIED-DE-ROI, s. m. (*piéderoè*), mesure de douze pouces.

PIED-DROIT, s. m. (*piédroè*), partie du jambage d'une porte, d'une fenêtre, etc.

PIÉDESTAL, s. m. (*piédècetal*)(du français *pied*, et du teutonique *stall*, base), partie sur laquelle porte le fût de la colonne. — Au pl. *piédestaux*.

PIED-FORT, s. m. (*piéfor*), pièce de monnaie très-épaisse qui sert de modèle.

PIÉDOUCHE, s. m. (*piédouche*) (de *pied*, et d'*adoucir*), petit piédestal.

PIÈGE, s. m. (*pièje*) (*pedica*), machine pour attraper certains animaux; *fig.* embûche.

PIE-GRIÈCHE. Voy. GRIÈCHE.

PIE-MÈRE, s. f.(*pimère*)(*pia mater*), membrane qui couvre le cerveau.

PIERRAILLE, s. f. (*pièrá-ie*), amas de petites *pierres*.

PIERRE, s. f. (*pière*) (πετρε), corps dur qui se forme dans la terre; caillou; diamant, rubis, etc.; gravelle.—*Pierre de touche*, pierre pour éprouver l'or.

PIERRÉE, s. f. (*pièré*), conduit fait à *pierres* sèches, pour l'écoulement des eaux.

PIERRERIES, s. f. pl. (*pièreri*), pierres précieuses.

PIERRETTE, s. f. (*pièrète*), petite *pierre*; personnage de comédie.

PIERREUX, EUSE, s. (*pièreu, euze*), plein de *pierres*.—S., qui est attaqué de la *pierre*.

PIERRIER, s. m. (*pièrié*), sorte de petit canon de marine qui sert à lancer des *pierres*.

PIERROT, s. m. (*pièró*), nom vulgaire du moineau franc; bateleur.

PIERRURES, s. f. pl. (*pièrure*), ce qui entoure la racine du bois de cerf.

PIÉTÉ, s. f. (*piété*)(*pietas*), dévotion et respect pour les choses de la religion; sentiment religieux; amour.

PIÉTER, v. n. (*piété*), diviser une toise, etc., en *pieds*, en pouces, etc.—V. a., disposer quelqu'un à la résistance. Peu us.

PIÉTINEMENT, s. m. (*piétineman*), action de *piétiner*; son effet.

PIÉTINER, v. n.(*piétiné*), remuer fréquemment les *pieds*.

PIÉTISTE, s. des deux g. (*piéticete*), sectaire qui s'attache à la lettre de l'évangile.

PIÉTON, ONNE, s.(*piéton, one*), qui voyage, va à *pied*; soldat à *pied*.

PIÈTRE, adj. des deux g. (*pitère*), chétif, mesquin, en mauvais état. Fam.

PIÈTREMENT, adv. (*pièterman*), chétivement, en mauvais état. Fam.

PIÈTRERIE, s. f. (*pièteri*), chose vile et méprisable en son genre.

PIETTE, s. f. (*pièle*) (dimin. de *pie*), oiseau aquatique.

PIEU, s. m. (*pieu*) (*palus*), pièce de bois pointue par l'un des bouts.

PIEUSEMENT, adv.(*pieuzeman*), d'une manière *pieuse*; par déférence.

PIEUX, EUSE, adj. (*pieu, euze*) (*pius*), qui a de la *piété*; qui part d'un sentiment de *piété*.

PIFFRE, ESSE, s. (*pifre - pifrèce*)(de l'allemand *pfeiffer*, joueur de fifre), gourmand; gros et replet.

PIGEON, s. m. (*pijon*) (*pipio, pipionis*), pigeonneau; oiseau domestique.

PIGEONNEAU, s. m. (*pijonó*), petit *pigeon*.

PIGEONNIER, s. m. (*pijonié*), lieu où l'on élève des *pigeons*.

PIGNE, s. f. (*pignie*), masse d'or ou d'argent tirée du minerai, et séparée du mercure.

PIGNOCHER, v. n. (*pignioché*), manger négligemment et par petits morceaux. Fam.

PIGNON, s. m. (*pignion*) (du celtique *pen*, pointe d'une montagne), mur d'une maison qui est terminé en pointe et qui porte le haut du faîtage; amande de la pomme de *pin*; t. d'horlog., petite roue dentée.

PIGNORATIF, IVE, adj. (*piguenoratif, ive*), t. de droit, qui engage.

PILASTRE, s. m. (*pilacetre*) (*pila*, pilier), pilier carré.

PILAU, s. m. (*piló*), riz cuit avec du beurre ou de la graisse et de la viande.

PILE, s. f.(*pile*)(πιλος, laine entassée), amas de choses entassées avec ordre; maçonnerie qui soutient les arches d'un pont; grosse pierre pour broyer; côté de la monnaie où sont les armes du prince.

PILÉ, E, part. pass. de *piler*.

PILER, v. a. (*pilé*) (πιλειν, fouler, serrer), broyer, écraser dans un mortier.

PILEUR, EUSE, s. (*pileur, euze*), qui *pile*.

PILIER, s. m. (*pilié*) (*pila*), support de maçonnerie; *fig.* celui qui ne quitte pas un lieu.

PILLAGE, s. m. (*pi-iaje*), action de *piller*; dégât qui en est la suite.

PILLARD, E, adj. (*pi-iar, arde*), qui aime à *piller*.

PILLÉ, E, part. pass. de *piller*.

PILLER, v. a. (*pi-ié*) (de l'ancien mot lat. *pilare*), emporter violemment les biens.

PILLERIE, s. f. (*pi-ieri*), action de *piller*; volerie, extorsion.

PILLEUR, EUSE, s. (*pi-ieur, euze*), qui *pille*.

PILON, s. m. (*pilon*), instrument pour *piler* dans un mortier.

PILORI, s. m. (*pilori*), espèce de poteau où l'on expose les criminels.
PILORIÉ, E, part. pass. de *pilorier*.
PILORIER, v. a. (*pilorié*), mettre au pilori; diffamer. Peu us.
PILORIS, s. m. (*pilorice*), rat musqué des Antilles.
PILOSELLE, s. f. (*pilozèle*) (*pilus*, poil), plante.
PILOTAGE, s. m. (*pilotaje*), ouvrage de *pilotis*; art de conduire un vaisseau.
PILOTE, s. m. (*pilote*), celui qui dirige un vaisseau.
PILOTÉ, E, part. pass. de *piloter*.
PILOTER, v. n. (*piloté*), enfoncer des *pilotis*.—V. a., conduire un bâtiment de mer.
PILOTIN, s. m. (*pilotein*), jeune marin qui étudie le *pilotage*; baguette d'orgue.
PILOTIS, s. m. (*piloti*), pieux qui composent le *pilotage*.
PILULE, s. f. (*pilule*) (*pilula*), composition médicinale qu'on met en petites boules.
PIMBÊCHE, s. f. (*peinbèche*), femme qui fait la précieuse. Fam.
PIMENT, s. m. (*piman*), plante qui sert à assaisonner les mets.
PIMPANT, E, adj. (*peinpan, ante*), superbe et magnifique en vêtements.
PIMPESOUÉE, s. f. (*peinpezoué*), femme qui a des manières affectées. Fam.
PIMPRENELLE, s. f. (*peinprenèle*), plante.
PIN, s. m. (*pein*) (*pinus*), grand arbre qui porte la résine.
PINACLE, s. m. (*pinakle*) (*pinaculum*), comblé terminé en pointe.
PINASTRE, s. m. (*pinacetre*), espèce de pin sauvage.
PINASSE, s. f. (*pinace*) (*pinus*, pin), sorte de bâtiment de transport.
PINCARD, s. et adj. m. (*peinçar*), se dit d'un cheval qui use son fer en pince.
PINCE, s. f. (*peince*), bout du pied de certains animaux; devant d'un fer de cheval; barre de fer qui sert de levier; pli qu'on fait à du linge.—Au pl., tenailles.
PINCÉ, E, part. pass. de *pincer*.
PINCEAU, s. m. (*peinçô*) (*penicillus*), assemblage de poils pour peindre.
PINCÉE, s. f. (*peincé*), quantité qu'on peut saisir de quelque chose avec trois doigts.
PINCELIER, s. m. (*peincelié*), vase dans lequel les peintres nettoient leurs *pinceaux*.
PINCE-MAILLE, s. m. (*peincemâ-ie*), homme très-avare.
PINCER, v. a. (*peincé*) (*pungere*, piquer), serrer la superficie de la peau avec le bout des doigts ou autrement; jouer de certains instruments à cordes; *fig.* railler.
PINCETTES, s. f. pl. (*peincète*), instrument de fer pour accommoder le feu.
PINCHINA, s. m. (*peinchina*), gros drap.

PINÇON, s. m. (*peinçon*), marque noire qui reste sur la peau lorsqu'on a été pincé.
PINDARIQUE, adj. des deux g. (*peindarike*), qui est dans le goût de *Pindare*.
PINDARISER, v. a. (*peindarizé*), affecter un style enflé sous prétexte d'imiter *Pindare*.
PINDARISEUR, s. m. (*peindarizeur*), celui qui *pindarise*. Fam.
PINDE, s. m. (*peinde*) (πινδος), poétiquement, le Parnasse.
PINÉALE, adj. f. (*piné-ale*), se dit d'une petite glande du cerveau.
PINEAU, s. m. (*pinô*), raisin fort noir.
PINGOUIN, s. m. (*peingouein*), oiseau de mer.
PINNÉ, E, adj. (*pinené*), t. de bot., se dit d'une feuille ailée en folioles.
PINNE-MARINE, s. f. (*pinemarine*), grand coquillage bivalve.
PINNULE, s. f. (*pinenule*) (*pinnula*), petite plume, petite plaque de cuivre élevée perpendiculairement à chaque extrémité d'une alidade et percée d'un petit trou.
PINQUE, s. f. (*peinke*), vaisseau à fond plat et dont l'arrière est rond et élevé.
PINSON, s. m. (*peinçon*) (*spinthio*), petit oiseau qui a le bec gros et dur.
PINTADE, s. f. (*peintade*) (de l'espagnol *pintada*), sorte d'oiseau gallinacé.
PINTE, s. f. (*peinte*) (πινειν, boire), mesure pour les liquides; ce qu'elle contient.
PINTER, v. n. (*peinté*), boire. Pop.
PIOCHE, s. f. (*pioche*), sorte d'outil pour remuer la terre.
PIOCHÉ, E, part. pass. de *piocher*.
PIOCHER, v. a. (*pioché*), fouir avec la pioche; travailler fort et rudement.
PIOCHEUR, EUSE, s. (*piocheur, euse*), qui pioche; fort travailleur.
PION, s. m. (*pion*), petite pièce du jeu des échecs; dame simple au jeu de dames.
PIONNER, v. n. (*pioné*), prendre des pions.
PIONNIER, s. m. (*pionié*), pedites, gens de pied), t. de guerre, travailleur qui aplanit les chemins, ouvre les tranchées, etc.
PIOT, s. m. (*pió*), vin. Vieux et pop.
PIPE, s. f. (*pipe*) (de *pipeau*), petit tuyau dont on se sert pour prendre du tabac en fumée; grande futaille.
PIPÉ, E, part. pass. de *piper*.
PIPEAU, s. m. (*pipô*) (de l'anglo-saxon *pipe*), flûte champêtre; instrument pour attirer les oiseaux.—Au pl., branches enduites de glu.
PIPÉE, s. f. (*pipé*), sorte de chasse aux oiseaux avec des gluaux et des *pipeaux*.
PIPER, v. a. (*pipé*), prendre à la pipée; *fig.* tromper au jeu.
PIPERIE, s. f. (*piperi*), tromperie au jeu.
PIPEUR, EUSE, s. (*pipeur, euse*), trompeur au jeu. Pop.
PIQUANT, s. m. (*pikan*), tout ce qui pique; pointe, aiguille; goût relevé.

PIQUANT, E, adj. (pikan, ante); qui pique; fig. offensant; qui plaît, qui touche.

PIQUE, s. f. (pike) (en bas lat. pica), arme à long bois garnie d'un fer pointu; petite querelle. — S. m., une des deux couleurs noires des cartes, en forme de pique.

PIQUÉ, s. et adj. m. (pikié), t. de mus., jeu en pointant fortement les notes; étoffe piquée.

PIQUÉ, E, part. pass. de piquer.

PIQUE-NIQUE, s. m. (pikenike) (du celtique picken), repas où chacun paie son écot.

PIQUER, v. a. (pikié), percer, entamer légèrement avec quelque chose de pointu; larder; mordre, en parlant des serpents; fig. fâcher, offenser.

PIQUET, s. m. (pikié), petit pieu qu'on fiche en terre; jeu de cartes; petite escouade.

PIQUETTE, s. f. (pikiète), boisson faite avec de l'eau et du marc de raisin; vin faible.

PIQUEUR, s. m. (pikieur), surveillant d'ouvriers; sous-écuyer; valet.

PIQUIER, s. m. (pikié), soldat armé d'une pique.

PIQÛRE, s. f. (pikure), petite blessure que fait une chose qui pique.

PIRATE, s. m. (pirate) (πειρατης), celui qui court les mers pour piller.

PIRATER, v. n. (piraté), faire le métier de pirate.

PIRATERIE, s. f. (pirateri), métier de pirate; fig. concussion, exaction.

PIRE, adj. des deux g. (pire) (pejor), comparatif de mauvais. — Le pire, superlatif de mauvais.

PIROGUE, s. f. (pirogue), bateau de sauvage, fait d'un arbre creusé.

PIROLE, s. f. (pirole) (pirus, poirier), plante.

PIROUETER, v. n. (pirouété), faire une pirouette.

PIROUETTE, s. f. (pirouète) (gyruetta, fait de gyrus, tour), sorte de jouet; tour entier qu'on fait de tout le corps en se tenant sur un pied; volte.

PIS, s. m. (pi) (πιπιζω, je suce), tétine d'une vache, d'une chèvre, d'une brebis.

PIS, adv. (pi) (pejus), comparatif de mal; plus mal. — Le pis, superlatif de mal.

PIS-ALLER, s. m. (pizalé), le pis qui puisse arriver.

PISCINE, s. f. (picecine) (piscina), vivier, réservoir d'eau.

PISÉ, s. m. (pizé), construction en terre rendue compacte.

PISSASPHALTE, s. m. (piçacefalte) (πισσα, poix, et ασφαλτος, bitume), mélange de poix et d'asphalte.

PISSAT, s. m. (piça), l'urine hors du corps de l'animal.

PISSEMENT, s. m. (piceman), action de pisser.

PISSENLIT, s. m. (piçanli), plante vivace; enfant qui pisse au lit. Fam.

PISSER, v. a. et n. (picé) (de l'allemand pissen), uriner.

PISSEUR, EUSE, s. (piceur, euze), qui pisse souvent.

PISSOIR, s. m. (piçoar), baquet pour pisser dans certains endroits publics.

PISSOTER, v. n. (piçoté), uriner fréquemment et en petite quantité.

PISSOTIÈRE, s. f. (piçotière), lieu où l'on pisse; fontaine qui jette peu d'eau.

PISTACHE, s. f. (picetache) (πιστακια), fruit du pistachier.

PISTACHIER, s. m. (picetachié), arbre à fleurs apétales qui croit aux Indes.

PISTE, s. f. (picete) (pista, part. pass. fém. de pisare, battre, piler), trace, vestige.

PISTIL, s. m. (picetile) (pistilum, pilon), organe femelle de la fécondation des fleurs.

PISTOLE, s. f. (picetole), monnaie d'or d'Italie, d'Espagne, etc.; en France, monnaie de compte qui valait dix livres.

PISTOLET, s. m. (picetolè) (de Pistoie, ville d'Italie), arme à feu très-courte.

PISTON, s. m. (piceton), cylindre d'une pompe; sorte de trompette.

PITANCE, s. f. (pitance) (du lat. barbare pietancia), ce qu'on donne à chaque religieux pour son repas.

PITAUD, E, s. (pitô, ôde), paysan lourd et grossier. Vieux et inus.

PITEUSEMENT, adv. (piteuzeman), d'une manière piteuse.

PITEUX, EUSE, adj. (piteu, euze), digne de pitié, de compassion. Fam.

PITIÉ, s. f. (pitié) (pietas), compassion, douleur qu'on a du mal d'autrui.

PITON, s. m. (piton), sorte de fiche au bout de laquelle est un anneau.

PITOYABLE, adj. des deux g. (pitoè-iablé), qui est enclin à la pitié; qui excite la pitié; qui fait pitié.

PITOYABLEMENT, adv. (pitoè-iableman), d'une manière pitoyable, misérable.

PITTE, s. f. (pite) (picta), abrégé de pictavina), petite monnaie de cuivre; espèce d'aloès.

PITTORESQUE, adj. des deux g. (pitetorèceke) (de l'italien pittoresco), qui est d'un grand effet en peinture; propre à être peint, fig. qui peint bien à l'esprit.

PITTORESQUEMENT, adv. (pitetorèceman), d'une manière pittoresque.

PITUITAIRE, adj. des deux g. (pituitère), qui a rapport à la pituite.

PITUITE, s. f. (pituite) (pituita), humeur blanche et visqueuse du corps humain.

PITUITEUX, EUSE, s. et adj. (pituiteu, euze), qui abonde en pituite.

PIVERT, s. m. (pivère), oiseau dont le plumage est jaune et vert.

PIVOINE, s. f. (*pivoène*), plante. — S. m., petit oiseau à gorge rougeâtre.
PIVOT, s. m. (*pivô*) (de *pieu*), morceau de métal arrondi en pointe, et sur lequel tourne un corps solide; tronc d'une racine.
PIVOTANT, E, adj. (*pivotan, ante*), t. de bot., qui s'enfonce perpendiculairement.
PIVOTER, v. a. (*pivoté*), tourner sur un pivot; se dit de l'arbre qui pousse son *pivot*.
PIZZICATO, s. m. (*pidezikato*)(mot italien), passage que l'on exécute en pinçant les cordes d'un instrument qu'on joue ordinairement avec un archet.
PLACAGE, s. m. (*plakaje*), ouvrage de menuiserie fait de bois scié en feuilles.
PLACARD, s. m. (*plakar*) (de *plaque*), écrit ou imprimé que l'on affiche; composition d'imprimerie établie par colonnes; assemblage de menuiserie; armoire.
PLACARDÉ, E, part. pass. de *placarder*.
PLACARDER, v. a. (*plakardé*), mettre, afficher un *placard*.
PLACE, s. f. (*place*) (*platea*), lieu, espace qu'occupe ou que peut occuper une personne ou une chose; *fig.* dignité, emploi; lieu public; ville de guerre.
PLACÉ, E, part. pass. de *placer*, et adj.
PLACEMENT, s. m. (*placeman*), action de placer; effet de cette action.
PLACENTA, s. m. (*placenta*) (*placenta*, gâteau), membrane qui enveloppe le fœtus; t. de bot., enveloppe des graines.
PLACER, v. a. (*placé*), mettre, poser dans une *place*; procurer un emploi; situer.
PLACET, s. m. (*placè*) (*placet*, pour *placeat*, qu'il plaise à...), demande succincte par écrit; siège sans bras ni dossier.
PLAFOND, s. m. (*plafon*), dessous d'un plancher cintré ou plat.
PLAFONNAGE, s. m. (*plafonaje*), action de *plafonner*; travail du *plafonneur*.
PLAFONNÉ, E, part. pass. de *plafonner*.
PLAFONNER, v. a. (*plafoné*), garnir de plâtre, etc., le dessous d'un plancher.
PLAFONNEUR, s. m. (*plafoneur*), celui qui fait des *plafonds*.
PLAGAL, s. et adj. m. (*plagale*), mode de musique.
PLAGE, s. f. (*plaje*) (*plaga*), rivage de mer plat et découvert; contrée.
PLAGIAIRE, s. m. et adj. des deux g. (*plajière*) (*plagiarius*), qui pille ou qui s'attribue les ouvrages d'autrui.
PLAGIAT, s. m. (*plajia*), action du *plagiaire*.
PLAID, s. m. (*plè*), ce qu'on dit en *plaidant* pour défendre une cause; manteau écossais.
PLAIDABLE, adj. des deux g. (*plèdable*), qu'on peut *plaider*.
PLAIDANT, E, adj. (*plèdan, ante*), qui *plaide*.—Il est aussi s.
PLAIDÉ, E, part. pass. de *plaider*.

PLAIDER, v. a. (*plèdé*) (*placitare*), défendre quelqu'un en justice.—V. n., être en procès; parler en faveur de quelqu'un.
PLAIDEUR, EUSE, s. (*plèdeur, euse*), qui *plaide*; qui aime à *plaider*.
PLAIDOIRIE, s. f. (*plèdoèri*), action de *plaider*; art de *plaider* une cause.
PLAIDOYABLE, adj. des deux g. (*plèdoèiable*), se dit des jours d'audience.
PLAIDOYER, s. m. (*plèdoè-ié*), discours prononcé pour *plaider* une cause.
PLAIE, s. f. (*plè*) (*plaga*), blessure, cicatrice; *fig.* affliction; peine.
PLAIGNANT, E, adj. (*plègnian, ante*), qui se *plaint* en justice.
PLAIN, E, adj. (*plein, plène*) (*planus*), qui est uni, plat, sans inégalité.
PLAIN-CHANT, s. m. (*pleinchan*), chant ordinaire de l'église catholique.
PLAINDRE, v. a. (*pleindre*)(*plangere*, pleurer), avoir pitié, avoir compassion de... — V. pr., faire des *plaintes*, se lamenter.
PLAINE, s. f. (*plène*) (*planum*), grande étendue de terre sans montagnes.
PLAIN-PIED, s. m. (*pleinpié*), pièces d'un appartement qui sont de niveau.
PLAINTE, s. f. (*pleinte*) (*planctus*), gémissement, lamentation; grief.
PLAINTIF, IVE, adj. (*pleintif, ive*), qui se *plaint*; triste, dolent.
PLAINTIVEMENT, adv. (*pleintiveman*), d'un ton *plaintif*, d'une voix plaintive.
PLAIRE, v. n. (*plère*) (*placere*), agréer à...; être au gré de...—V. unip., vouloir, trouver bon.—V. pr., trouver du plaisir à.
PLAISAMMENT, adv. (*plèzaman*), d'une manière *plaisante*, agréable; ridiculement.
PLAISANCE, s. f. (*plèzance*), plaisir.
PLAISANT, E, adj. (*plèzan, ante*), qui récrée, qui divertit. — Subst. au m., celui qui cherche à faire rire; ce qu'il y a de *plaisant*.
PLAISANTÉ, E, part. pass. de *plaisanter*.
PLAISANTER, v. n.(*plèzanté*), dire ou faire quelque chose pour exciter à rire; ne pas parler sérieusement. — V. a., railler.
PLAISANTERIE, s. f. (*plèzanteri*), chose dite ou faite pour réjouir; raillerie.
PLAISIR, s. m. (*plèzir*) (*placere*, plaire), sentiment ou sensation agréable; divertissement, etc.; consentement; grace; bon office.
PLAMÉE, s. f. (*plamé*), chaux avec laquelle on enlève le poil des cuirs.
PLAN, E, adj. (*plan, plane*) (*planus*, plat), se dit d'une surface plate et unie.
PLAN, s. m. (*plan*)(*planum*), surface plane; dessin d'un bâtiment, etc.; esquisse; projet.
PLANCHE, s. f. (*planche*)(*planca*), ais, morceau de bois scié en long; plaque où l'on a gravé des figures pour en tirer des estampes; petit carré long dans un jardin.
PLANCHÉIÉ, E, part. pass. de *planchéier*.

PLANCHÉIER, v. a. (planché-ié), couvrir de *planches* le sol d'un appartement.
PLANCHER, s. m. (planché), partie d'une chambre sur laquelle on marche.
PLANCHETTE, s. f. (planchète), petite *planche*; en géom., instrument d'arpentage.
PLANÇON, s. m. (planson), branches de saule, etc., qui viennent de bouture.
PLANE, s. m. (plane), arbre appelé autrement *platane*.
PLANE, s. f. (plane) (planula), outil tranchant et à deux poignées.
PLANÉ, E, part. pass. de *planer*.
PLANER, v. a. (plané), unir, polir avec la *plane*. — V. n., se dit des oiseaux qui se soutiennent en l'air sur les ailes étendues sans paraître les remuer.
PLANÉTAIRE, adj. des deux g. (planétère), qui concerne les *planètes*.—S. m., instrument qui représente le mouvement des *planètes*.
PLANÈTE, s. f. (planète)(πλανητις, errant), astre qui ne luit qu'en réfléchissant la lumière du soleil, autour duquel il se meut.
PLANEUR, EUSE, s. (planeur, euze), artisan qui *plane* la vaisselle d'or et d'argent.
PLANIMÉTRIE, s. f. (planimétri) (planus, plan, et μετρς, mesure), art de mesurer les surfaces *planes*.
PLANISPHÈRE, s. m. (planicefère)(planus, plan, et σφαιρα, sphère), projection de la *sphère* et de ses différents cercles sur une surface *plane*.
PLANT, s. m. (plan), jeunes tiges pour *planter*; lieu où on les a *plantées*.
PLANTAGE, s. m. (plantaje), tout ce qu'on a *planté*; action de *planter*.
PLANTAIN, s. m. (plantein), plante.
PLANTARD, s. m. (plantar), plançon.
PLANTATION, s. f. (plantácion), action de *planter*; le *plant* même.
PLANTE, s. f. (plante) (planta), corps organique vivant, qui tire sa nourriture et son accroissement de la terre.—*Plante des pieds*, le dessous des pieds.
PLANTÉ, E, part. pass. de *planter*, et adj.
PLANTER, v. a. (planté) (plantare), mettre une *plante* en terre; ficher, enfoncer en terre; placer debout; quitter.
PLANTEUR, EUSE, s. (planteur, euze), qui *plante* des arbres, etc.; propriétaire d'une *plantation*.
PLANTOIR, s. m. (plantoar), outil pour *planter*.
PLANTON, s. m. (planton), soldat qui est de service près d'un officier supérieur.
PLANTULE, s. f. (plantule) (plantula), t. de bot., embryon qui commence à germer.
PLANTUREUSEMENT, adv. (plantureuzeman), copieusement, abondamment. Vieux.

PLANTUREUX, EUSE, adj. (plantureu, euze), copieux, abondant. Vieux.
PLANURE, s. f. (planure), bois retranché des pièces qu'on *plane*.
PLAQUE, s. f. (plake) (πλαξ, πλακις, tablette), table de métal; décoration.
PLAQUÉ, E, part. pass. de *plaquer*, et adj. — S. m., métal sur lequel on a appliqué une feuille d'argent.
PLAQUEMINIER, s. m. (plakeminié), arbre originaire d'Afrique.
PLAQUER, v. a. (plakié), appliquer une chose plate sur une autre.
PLAQUETTE, s. f. (plakète), monnaie de billon dans plusieurs pays.
PLAQUEUR, s. m. (plakieur), ouvrier en *placage*, en *plaqué*.
PLASTIQUE, adj. des deux g. (placétike) (πλαστικος), qui a la puissance de former. — S. f., art de modeler des figures.
PLASTRON, s. m. (placetron) (en italien *plastrone*), pièce de devant d'une cuirasse; corselet rempli de bourre.
PLASTRONNÉ, E, part. pass. de *plastrouner*.
PLASTRONNER, v. a. (placetroné), se garnir d'un *plastron*.
PLAT, E, adj. (pla, plate) (πλατυς, large), uni, sans inégalités; *fig.* sans agrément, sans mérite; insipide.
PLAT, s. m. (pla) (πλατυς, large), partie *plate*; vaisselle creuse à l'usage de la table; ce qui est contenu dans le *plat*.
PLATANE, s. m. (platane)(platanus), grand arbre.
PLATANISTE, s. m. (platanicete), lieu ombragé de *platanes*.
PLAT-BORD, s. m. (plabor), garde-fou autour du pont d'un vaisseau.
PLATEAU, s. m. (plató), fond de bois des grosses balances; petit plat; terrain élevé, mais *plat* et uni par le haut.
PLATE-BANDE, s. f. (platebande), morceau de terre assez étroit qui règne le long d'un parterre; t. d'archit., moulure carrée.
PLATÉE, s. f. (platé), massif sans fondement; *plat* chargé de nourriture. Pop.
PLATE-FORME, s. f. (plateforme), toit d'une maison *plat* et uni; tertre.
PLATE-LONGE, s. f. (platelonje), sorte de longe.
PLATEMENT, adv. (plateman), d'une manière *plate*, avec *platitude*.
PLATEURE, s. f.(platûre), couche ou filon horizontal.
PLATINE, s. f. (platine), ustensile de ménage pour sécher et pour repasser le linge; pièce d'une arme à feu; plaque.
PLATINE ou OR BLANC, s. m. (platine) (en espagnol *platina*), substance métallique.

PLE | PLI

PLATITUDE, s. f. (*platitude*), qualité, défaut de ce qui est *plat*; chose *plate*.

PLATONICIEN, IENNE, s. et adj. (*platonicien, iène*), qui suit la philosophie de *Platon*.

PLATONIQUE, adj. des deux g. (*platonike*), qui a rapport au système de *Platon*.

PLATONISME, s. m. (*platoniceme*), système de *Platon*.

PLÂTRAGE, s. m. (*plâtraje*), ouvrage fait en *plâtre*.

PLÂTRAS, s. m. (*plâtrâ*), plâtre qui a déjà été employé; débris de vieilles murailles.

PLÂTRE, s. m. (*plâtre*)(πλαττειν, former), pierre calcinée qui sert à bâtir, à enduire; figure moulée en *plâtre*.

PLÂTRÉ, E, part. pass. de *plâtrer*, et adj.

PLÂTRER, v. a. (*plâtré*), enduire de *plâtre*; fig. déguiser, cacher.

PLÂTREUX, EUSE, adj. (*plâtreu, euse*), se dit d'un terrain qui est mêlé de craie.

PLÂTRIER, s. m. (*plâtri-é*), celui qui fait, vend ou emploie le *plâtre*.

PLÂTRIÈRE, s. f. (*plâtri-ère*), lieu où l'on fait le *plâtre*; carrière d'où on le tire.

PLAUSIBILITÉ, s. f. (*plôzibilité*), qualité de ce qui est *plausible*.

PLAUSIBLE, adj. des deux g. (*plôzible*) (*plausibilis*), qui a une apparence spécieuse.

PLAUSIBLEMENT, adv. (*plôziblemar*), d'une manière *plausible*.

PLÉBÉIEN, IENNE, s. et adj. (*plébé-ien, iène*) (*plebs, plebis*, peuple), du peuple.

PLÉBISCITE, s. m. (*plébicite*) (*plebiscitum*), décret du peuple romain.

PLÉIADES, s. f. pl. (*plé-iade*) (πλειαδες), constellation de six étoiles.

PLEIGE, s. m. (*plèje*) (*præs, prædis*, caution), caution, répondant. Vieux.

PLEIGER, v. a. (*pléjé*), cautionner en justice. Vieux.

PLEIN, E, adj. (*plein, plène*) (*plenus*), qui contient tout ce qu'il peut contenir; rempli; abondant; entier. —Subst. au m., ce qui est opposé au vide.

PLEINEMENT, adv. (*plèneman*), entièrement, tout-à-fait.

PLÉNIÈRE, adj. f. (*plénière*), entière et parfaite; solennelle.

PLÉNIPOTENTIAIRE, s. m. et adj. des deux g. (*plénipotancière*) (*plenus*, plein, et *potentia*, pouvoir), envoyé d'un souverain.

PLÉNITUDE, s. f. (*plénitude*) (*plenitudo*), abondance excessive.

PLÉONASME, s. m. (*plé-onaceme*) (πλεοναομος), redondance vicieuse de paroles.

PLÉTHORE, s. f. (*plétore*) (πληθωρα, plénitude), réplétion d'humeurs ou de sang.

PLÉTHORIQUE, adj. des deux g. (*plétorike*), replet, abondant en humeurs.

PLEURANT, E, adj. (*pleuran, ante*), qui jette des larmes, qui *pleure*.

PLEURARD, E, s. et adj. (*pleurar, arde*), avare, larmoyant, qui se plaint de misères.

PLEURÉ, E, part. pass. de *pleurer*.

PLEURE, s. f. Voy. PLÈVRE.

PLEURER, v. a. et n. (*pleuré*), répandre des larmes.

PLEURÉSIE, s. f. (*pleurézi*) (πλευριτις), inflammation de la *plèvre*.

PLEUREUR, EUSE, s. et adj. (*pleureu, euze*), qui *pleure* presque sans raison.

PLEUREUSES, s. f. pl. (*pleureuze*), t. d'antiq., femmes louées pour *pleurer* aux funérailles; larges manchettes de batiste.

PLEUREUX, EUSE, adj. (*pleureu, euse*), qui *pleure* facilement.

PLEURNICHER, v. n. (*pleurniché*), faire semblant de *pleurer*.

PLEURNICHEUR, EUSE, s. (*pleurnicheur, euze*), qui feint de *pleurer*.

PLEURONECTE, s. f. (*pleuronèkte*)(πλευρα, côté, et νηκτης, qui nage), genre de poissons.

PLEUROPNEUMONIE, s. f. (*pleuropneumoni*) (πλευρα, plèvre, et πνευμων, poumon), inflammation de la *plèvre* et des poumons.

PLEURS, s. m. pl. (*pleur*), larmes, plainte, gémissement.

PLEUTRE, s. m. (*pleutre*), homme de nulle capacité, de nulle valeur.

PLEUVOIR, v. n. et unipers. (*pleuvoar*) (*pluere*), se dit de l'eau qui tombe du ciel.

PLÈVRE, s. f. (*plèvre*)(πλευρα), membrane qui garnit intérieurement les côtes.

PLEXUS, s. m. (*plèkcuce*) (*plectere*, enlacer), lacis de plusieurs filets de nerfs.

PLEYON, s. m. (*plè-ion*), paille liée en botte; brin d'osier qui sert à *plier* la vigne.

PLI, s. m. (*pli*) (*plica*), double qu'on fait à une étoffe, à du linge; marque qui en reste; enveloppe; endroit où une chose se *plie*; fig. habitude; tournure.

PLIABLE, adj. des deux g. (*pli-able*), pliant, flexible, aisé à *plier*.

PLIAGE, s. m. (*pli-aje*), action de *plier*; ou effet de cette action.

PLIANT, E, adj. (*plian, ante*), qui est facile à *plier*. — Subst. au m., siège qui se *plie*.

PLICA, s. m. (*plika*). Voy. PLIQUE.

PLICATILE, adj. des deux g. (*plikatile*), t. de bot., qui peut se *plier*.

PLIE, s. f. (*pli*), poisson.

PLIÉ, E, part. pass. de *plier*. — s. m., t. de danse, mouvement des genoux qu'on *ploie*.

PLIER, v. a. (*pli-é*) (*plicare*), mettre en un ou plusieurs *plis*; courber, fléchir.— V. n., devenir courbé.—V. pr., se courber; céder.

PLIEUR, EUSE, adj. (*pli-eur, euse*), qui *plie*.

PLINTHE, s. f. (pleinte)(πλινθος), membre d'architecture; socle; tailloir ; plate-bande.

PLIOIR, s. m. (pli-oar), instrument pour plier et pour couper du papier.

PLIQUE, s. f. (plike) (plica), maladie très-commune en Pologne.

PLISSÉ, E, part. pass. de plisser, et adj.

PLISSEMENT, s. m. (pliceman); action de plisser.

PLISSER, v. a. (plicé); faire des plis à des habits, etc.—V. n., avoir des plis.

PLISSURE, s. f. (plicure), manière de plisser; assemblage de plusieurs plis.

PLOC, s. m. (plok) (πλοκη, tissu), composition de poil de vache et de verre pilé.

PLOMB, s. m. (plon)(plumbum), métal d'un blanc bleuâtre, très-mou et très-pesant.

PLOMBAGE, s. m. (plonbaje), action de plomber.

PLOMBAGINE, s. f. (plonbajine), sorte de crayon, substance minérale.

PLOMBÉ, E, part. pass. de plomber, et adj.

PLOMBER, v. a. (plonbé), attacher, appliquer du plomb; venir avec du plomb; remplir de plomb; battre des terres rapportées.

PLOMBERIE, s. f. (plonberi), art de travailler le plomb; ouvrage du plombier.

PLOMBEUR, s. m. (plonbeur), celui qui plombe les marchandises.

PLOMBIER, s. m. (plonbié), ouvrier qui travaille en plomb.

PLONGE, E, part. pass. de plonger.

PLONGEANT, E, adj. (plonjan, ante), dont la direction est de haut en bas.

PLONGÉE, s. f. (plonjé), t. de fortif., partie du parapet qui va en glacis à l'extérieur.

PLONGEON, s. m. (plonjon), oiseau aquatique qui plonge souvent; action de plonger.

PLONGER, v. a. (plonjé) (en bas lat plumbiare), enfoncer quelque chose dans l'eau pour l'en retirer; fig. enfoncer. — V. n., s'enfoncer dans l'eau.

PLONGEUR, s. m. (plonjeur), celui qui plonge.

PLOQUÉ, E, part. pass. de ploquer.

PLOQUER, v. a. (plokié), t. de mar., garnir un vaisseau de ploc.

PLOYÉ, E, part. pass. de ployer.

PLOYER, v. a. et n. (ploé-ié), fléchir, courber; fig. faiblir, mollir, céder.

PLU, part. pass. de plaire.

PLU, part. pass. de pleuvoir.

PLUCHE, s. f. (pluche). Voy. PELUCHE.

PLUIR, s. f. (plui) (pluvia), l'eau qui tombe du ciel.

PLUMAGE, s. m. (plumaje), toute la plume qui est sur le corps d'un oiseau.

PLUMASSEAU, s. m. (plumacô), balai de plumes; tampon de charpie aplati.

PLUMASSERIE, s. f. (plumaceri), métier et commerce de plumassier.

PLUMASSIER, IÈRE, s. (plumacié, ière), qui vend et prépare des plumes d'autruche, des aigrettes, etc.

PLUME, s. f. (plume) (pluma), ce qui couvre les oiseaux; tuyau de plume pour écrire.

PLUMÉ, E, part. pass. de plumer.

PLUMEAU, s. m. (plumô), petit balai de plumes.

PLUMÉE, s. f. (plume), plein la plume d'encre.

PLUMER, v. a. (plumé), arracher les plumes d'un oiseau ; fig. tirer de l'argent de quelqu'un.

PLUMET, s. m. (plumè), plume d'autruche autour d'un chapeau ; bouquet de plumes.

PLUMETIS, s. m. (plumeti), brouillon d'une écriture; sorte de broderie.

PLUMEUX, EUSE, adj. (plumeu, euze), t. de bot., garni de poils disposés comme les barbes d'une plume.

PLUMITIF, s. m. (plumitif), minute originale des jugements.

PLUMULE, s. f. (plumule)(plumula), t. de bot., partie supérieure de l'embryon.

la PLUPART (on devrait écrire PLUS-PART), s. f. (laplupar), la plus grande partie.

PLURALITÉ, s. f. (pluralité) (pluralitas), plus grand nombre ; multiplicité.

PLURIEL, ELLE, adj. (plurièle), t. de gramm., qui marque plusieurs.—Subst. au m., nombre qui marque plusieurs.

PLUS, adv. (plu) (plus), davantage.

PLUSIEURS, s. et adj. pl.(pluzieur) (plurimi), un grand nombre.

PLUS-PÉTITION, s. f. (plucepéticion), t. de prat., demande trop forte.

PLUS-QUE-PARFAIT, s. m. (plucekeparfè), t. de gramm., temps des verbes qui désigne une action antérieure à une autre déjà passée elle-même.

PLUS TÔT, PLUTÔT, PLUTÔT QUE (plutô), adv. de temps, de lieu, de préférence. — Au plus tôt, loc. adv., promptement.

PLUS-VALUE, s. f. (pluvalu), augmentation de valeur d'une chose quelconque.

PLUVIAL, s m. (pluvial)(pluviale), grande chape de prêtre.

PLUVIALE, adj. f. (pluviale), qui est de pluie.

PLUVIER, s. m. (pluvié) (pluvia , pluie) , oiseau de la grosseur du pigeon.

PLUVIEUX, EUSE, adj. (pluvieu, euze), abondant en pluie.

PLUVIÔSE, s. m. (pluviôze), cinquième mois de l'année française républicaine.

PNEUMATIQUE, adj. des deux g.(peneumalike) (πνευμα, air, vent), qui est relatif à l'air.
—S. f., science des propriétés de l'air, du gaz.

PNEUMATOCÈLE, s. f. (peneumatocèle) (πνευμα, vent, et κηλη, tumeur), fausse hernie du scrotum.

PNEUMATOLOGIE, s. f. (peneumatoloji)

πνευμα, vent , et λογος, discours), traité des substances spirituenses.

PNEUMONIE, s. f. *(peneumoni)* (πνευμων, poumon), maladie du poumon.

PNEUMONIQUE, adj. des deux g. *(peneumonike)*, propre aux maladies du poumon.

PNYX, s. m. *(penikce)* (πνυξ), t. d'antiq., place publique à Athènes.

POCHADE, s. f. *(pochade)* (de *pocher*), esquisse imparfaite, croquis grossier.

POCHE, s. f. *(poche)* (du saxon *pack*, sac), petit sac au vêtement; sac ; faux pli ; cuiller à long manche ; jabot des oiseaux; filet pour les lapins; petit violon.

POCHÉ, E, part. pass. de *pocher*, et adj.

POCHER, v. a. *(poché)* *(pungere*, piquer), meurtrir avec enflure; charger de trop d'encre.

POCHETÉ, E, part. pass. de *pocheter*.

POCHETER, v. a. *(poché)*, porter pour quelque temps dans sa *poche*.

POCHETTE, s. f. *(pochète)* petite *poche ;* petit filet ; petit violon.

PODAGRE, s. et adj. des deux g. *(podaguėre)* (πους, ποδος, pied, et αγρα, prise), qui a la goutte.—S. f., goutte aux pieds.

PODESTAT, s. m. *(podèceta)* (en italien *podesta*), magistrat en Italie.

PODIUM, s. m. *(podiome)*, t. d'antiq., galerie formant amphithéâtre.

POECILE, s. m. *(pécile)* *(pœcile)*, t. d'antiq., portique public orné de peintures.

POÊLE, s. m. *(poale)*, fourneau pour chauffer un appartement; drap mortuaire ; voile qu'on étend sur la tête des mariés.

POÊLE, s. f. *(poale)*, ustensile de cuisine pour frire, pour fricasser; bassine.

POÊLIER, s. m. *(poalié)*, artisan qui fait et vend des *poêles*.

POÊLON, s. m. *(poalon)*, petite *poêle*.

POÊLONNÉE, s. f. *(poaloné)*, ce que peut contenir un *poêlon*.

POÊME, s. m. *(poème)* *(poema)*, ouvrage en vers d'une certaine étendue.

POÉSIE, s. f. *(po-ézi)* *(poesis)*, art de faire des ouvrages en vers; versification.

POÈTE, s. m. et adj. *(poète)* *(poeta)*, celui qui s'adonne à la *poésie*, qui fait des vers.

POÈTEREAU, s.m.*(poèteró)*, mauvais *poète*.

POÉTESSE, s. f. *(po-étèce)*, femme *poète*. Inus.

POÉTIQUE, adj. des deux g. *(po-étike)* *(poeticus)*, qui a le caractère de la *poésie*; qui la concerne.—S. f., traité de l'art de la *poésie*.

POÉTIQUEMENT, adv. *(po-étikeman)* , d'une manière *poétique*.

POÉTISER, v. a. et n. *(po étizé)*, versifier.

POIDS, s. m. *(poa)* *(pondus)*, pesanteur; qualité de ce qui est pesant; morceaux de métal pour peser; *fig.* force; importance.

POIGNANT, E, adj. *(poègnian, ante)*(*pungens*), qui fait souffrir.

POIGNARD, s. m. *(poègniar)* (*pungere*, piquer), sorte d'arme pour frapper de la pointe.

POIGNARDÉ, E, part. pass. de *poignarder*.

POIGNARDER, v. a. *(poègniardé)*, frapper, tuer avec un *poignard*.

POIGNÉE, s. f. *(poègnié)*, autant que le *poing* peut contenir; partie d'une chose par où on la tient à la main ; *fig.* petit nombre.

POIGNET, s. m. *(poègniè)* *(pugnus*, poing), endroit par où le bras se joint à la main; bord de la manche d'une chemise.

POIL, s. m. *(poèle)* *(pilus)*, sorte de filet délié qui sort de la peau; barbe; couleur des animaux; partie velue des étoffes.

POILU, E, adj. *(poèlu)*, garni de *poil*.

POINCILLADE, s. f. *(poeinci-iade)*, arbre d'Amérique.

POINÇON, s. m. *(poeinçon)* *(pungiunculus*, dimin. de *pungio*, poignard), instrument pour percer; ciseau de graveur; tonneau ; mesure.

POINDRE, v. a. *(poindre)* *(pungere*, piquer), piquer, offenser. Inus. — V. n., commencer à paraître.

POING, s. m. *(poein)*(*pugnus*), main fermée.

POINT, s. m. *(poein)* *(punctum)* , coutures ouvrage de broderie ou de tapisserie; endroit; douzième partie d'une ligne; marque qu'on met sur l'*i*, ou à la fin d'une phrase; ce qui n'a point d'étendue; douleur; difficulté ; situation; division; instant; degré; matière; question.

POINT *(poein)*, adv. de négation qui signifie *pas, nullement*.

POINTAGE, s. m. *(poeintaje)*, action de *pointer*.

POINTAL, s. m. *(poeintal)*, étai de bois perpendiculaire.

POINTE, s. f. *(poeinte)* *(punctio)*, bout piquant et aigu; extrémité; saveur piquante; petit clou ; outil pour graver; jeu de mots; *fig.* dessein; entreprise.

POINTÉ, E, part. pass. de *pointer*, et adj.

POINTEMENT, s. m. *(poeinteman)*, action de *pointer* le canon.

POINTER, v. a. *(poeinté)*, porter des coups de la *pointe* de l'épée ; diriger vers un *point ;* marquer de *points*. — V. n., voler en haut ; poindre; pointiller.

POINTEUR, s. m. *(poeinteur)*, officier d'artillerie qui *pointe* le canon.

POINTILLAGE, s. m. *(poeinti-iaje)*, petits *points* dans les ouvrages en miniature.

POINTILLÉ, E, part. pass. de *pointiller*. — S. m., manière de graver en petits *points*.

POINTILLER, v. n. *(poeinti-ié)*, faire des *points* avec la plume, le burin, etc. ; *fig.* contester sur les moindres choses. — V. a., piquer, tourmenter.

POINTILLERIE, s. f. (*poeinti-ieri*), contestation sur des bagatelles.
POINTILLEUX, EUSE, s. et adj. (*poeintieu, euze*), qui aime à *pointiller*.
POINTU, E, adj. (*poeintu*), qui a une *pointe* aiguë.
POINTURE, s. f. (*poeinture*), t. d'impr., lame garnie d'une *pointe* pour tenir le papier.
POIRE, s. f. (*poare*) (*pirum*), fruit à pepin.
POIRÉ, s. m. (*poaré*), boisson faite avec du jus de *poire*.
POIREAU ou **PORREAU**, s. m. (*poaró, poró*), espèce de verrue; plante potagère.
POIRÉE, s. f. (*poaré*), plante potagère.
POIRIER, s. m. (*poarié*) (*pirus*), arbre qui produit la *poire*.
POIS, s. m. (*poâ*) (*pisum*), plante dont la semence sert d'aliment.
POISON, s. m. (*poèzon*) (*potio*), ce qui empoisonne; venin; *fig.* maximes pernicieuses.
POISSARD, E, s. (*poèçar, arde*), qui vend du *poisson* à la halle. — Adj., qui imite les mœurs et le langage des halles.
POISSÉ, E, part. pass. de *poisser*.
POISSER, v. a. (*poècé*), enduire de *poix*; salir avec quelque chose de gluant.
POISSON, s. m. (*poèçon*) (*piscis*), animal qui naît et qui vit dans l'eau; mesure de liquide; signe du zodiaque.
POISSONNAILLE, s. f. (*poèçoná-ie*), petits poissons; fretin.
POISSONNERIE, s. f. (*poèçoneri*), lieu où l'on vend le *poisson*.
POISSONNEUX, EUSE, adj. (*poèçoneu, euze*), qui abonde en *poisson*.
POISSONNIER, IÈRE, s. (*poèçonié, ière*), qui vend le *poisson*.
POISSONNIÈRE, s. f. (*poèçonière*), vaisseau où l'on fait cuire le *poisson*.
POITRAIL, s. m. (*poètra-ie*) (*pectorale*), partie de devant du cheval; poutre.
POITRINAIRE, s. et adj. des deux g. (*poètrinère*), qui a la *poitrine* mauvaise.
POITRINE, s. f. (*poètrine*) (*pectus, pectoris*), partie de l'animal qui contient les poumons et le cœur; sein d'une femme; poumons.
POIVRADE, s. f. (*poèvrade*), sauce faite avec du *poivre*, du sel et du vinaigre.
POIVRE, s. m. (*poavre*) (*piper*), épice aromatique.
POIVRÉ, E, part. pass. de *poivrer*, et adj.
POIVRER, v. a. (*poavré*), mettre du *poivre* dans quelque chose.
POIVRIER, s. m. (*poavri-é*), arbrisseau qui porte le *poivre*; boîte à *poivre*.
POIVRIÈRE, s. f. (*poavri-ère*), vase à mettre du *poivre*.
POIX, s. f. (*poâ*) (*pix, picis*), matière gluante et noire, faite de résine brûlée.
POLACRE ou **POLAQUE**, s. m (*polakre, lake*), cavalier polonais.—S. f., navire.

POLAIRE, adj. des deux g. (*polère*), qui appartient aux *pôles* du monde.
POLARISATION, s. f. (*polarisácion*), modification de la lumière.
POLARISER, v. a. (*polarizé*), causer la *polarisation*.
POLARITÉ, s. f. (*polarité*), propriété qu'a l'aimant de se tourner vers les *pôles*.
POLDER, s. m. (*poledère*), dans les Pays-Bas, terrein entouré de digues.
PÔLE, s. m. (*pôle*) (πολις), extrémité de l'axe sur lequel le monde paraît tourner en vingt-quatre heures.
POLÉMARQUE, s. m. (*polèmarke*) (πολιμαρχος), t. d'antiq., magistrat d'Athènes.
POLÉMIQUE, s. f. (*polémike*) (πολεμις, guerre), dispute par écrit. — Adj. des deux g., qui appartient à la *polémique*.
POLI, s. m. (*poli*), lustre, éclat de ce qui a été *poli*; pureté, élégance de style.
POLI, E, part. pass. de *polir*, et adj., qui a la superficie unie; *fig.* doux, civil, honnête.
POLICE, s. f. (*police*) (πολιτεια), ordre établi dans une ville pour tout ce qui regarde la sûreté des habitants; tribunal; règlement; contrat de garantie; t. d'imprim., évaluation de la quantité relative des lettres dont une fonte est composée.
POLICÉ, E, part. pass. de *policer*, et adj.
POLICER, v. a. (*policé*), établir la *police* dans un pays; civiliser; adoucir les mœurs.
POLICHINEL ou **POLICHINELLE**, s. m. (*polichinèle*), acteur de farce; marionnette.
POLIMENT, adv. (*poliman*), d'une manière polie.
POLIMENT, s. m. (*poliman*), action de polir; état de ce qui est poli.
POLIR, v. a. (*polir*) (*polire*), rendre clair et luisant à force de frotter, etc.; *fig.* orner l'esprit, adoucir les mœurs, etc.
POLISSEUR, EUSE, s. (*policeur, euze*), ouvrier, ouvrière qui *polit*.
POLISSOIR, s. m. (*policoar*), instrument qui sert à *polir*.
POLISSOIRE, s. f. (*policoaré*), brosse douce à cirer le cuir.
POLISSON, ONNE, s. et adj. (*policon, one*), garnement; mauvais drôle; vagabond; homme méprisable.—Adj., libre, libertin.
POLISSONNER, v. a. (*policoné*), dire ou faire des *polissonneries*.
POLISSONNERIE, s. f. (*policoneri*), action, paroles de *polisson*; plaisanterie basse.
POLISSURE, s. f. (*policure*), action de *polir*, ou effet de cette action.
POLITESSE, s. f. (*politèce*), civilité, manière civile, honnête et polie.
POLITIQUE, s. f. (*politike*) (πολιτικη, sous-entendu τεχνη, art), art de gouverner les états.

—Adj. des deux g., qui concerne le gouvernement des états ; *fig.* fin, adroit ; dissimulé.— S. m , savant dans la *politique*.
POLITIQUEMENT , adv. (*politikeman*), selon l'esprit de la *politique*, adroitement.
POLITIQUER , v. n. (*politikié*), raisonner sur la *politique*. Fam.
POLLEN , s. m. (*polelène*) (mot lat.) , poussière séminale.
POLLICITATION, s. f. (*potelicitácion*)(*pollicitatio*), promesse.
POLLUÉ, E, part. pass. de *polluer*, et adj.
POLLUER, v. a. (*polelu-é*)(*polluere*), profaner, souiller.
POLLUTION , s. f. (*polelucion*) (*pollutio*), profanation; impureté.
POLTRON, ONNE, s. et adj. (*poletron*, *one*), lâche, qui manque de courage.
POLTRONNERIE , s. f. (*poletroneri*), lâcheté, manque de courage du *poltron*.
POLYADELPHIE , s. f. (*poli-adélefi*)(πολυς, plusieurs, et αδελφος, frère), classe de plantes.
POLYANDRIE, s. f. (*poli-andri*)(πολυς, plusieurs, et ανηρ, homme), classe de plantes.
POLYCHRESTE , adj. des deux g. (*polikrècete*) (πολυς, beaucoup, et χρηστος, utile), t. de pharm., servant à plusieurs usages.
POLYÈDRE , s. m. (*poli-èdre*) (πολυς, plusieurs, et εδρα, siège), corps solide à plusieurs plans rectilignes.
POLYGAME, s. des deux g. (*poliguame*)(πολυς, plusieurs, et γαμος, noce), homme marié à plusieurs femmes ; femme mariée à plusieurs hommes en même temps.
POLYGAMIE, s. f. (*poliguami*)(πολυγαμια), état d'un *polygame*.
POLYGLOTTE , adj. des deux g. (*poliguelote*) (πολυς, plusieurs, et γλωσσα, langue), qui est écrit en plusieurs langues.
POLYGONE , adj. des deux g. (*poliguone*) (πολυς, plusieurs, et γωνια, angle), à plusieurs angles. — S. m., figure à plusieurs angles ; endroit destiné aux exercices de l'artillerie.
POLYGRAPHE , s. m. (*poliguerafe*)(πολυς, plusieurs, et γραφω, j'écris), auteur qui a écrit sur plusieurs matières.
POLYGRAPHIE, s. f. (*poliguerafi*), art d'écrire de plusieurs manières secrètes.
POLYNÔME , s. m. (*polinôme*)(πολυς, plusieurs, et νομη, part), quantité algébrique composée de plusieurs termes.
POLYPE, s. m. (*polipe*) (πολυς, plusieurs, et πους, pied), sorte de ver aquatique ; t. de chir., excroissance de chair.
POLYPÉTALE , adj. des deux g. (*polipétale*) (πολυς, plusieurs, et πεταλον, feuille), se dit des fleurs à plusieurs *pétales*.

POLYPEUX , EUSE , adj. (*polipeu*, *euze*), t. de chir., de la nature du *polype*.
POLYPIER , s. m. (*polipié*), habitation des *polypes* qui y vivent réunis.
POLYPODE , s. m. (*polipode*) (πολυς, plusieurs, et πους, pied), sorte de fougère.
POLYSTYLE , adj. des deux g. (*policetile*) (πολυς, plusieurs, et στυλος, style), se dit d'un monument qui a beaucoup de colonnes.
POLYSYLLABE, adj. des deux g. (*policilelabe*) (πολυς, plusieurs, et συλλαβη, syllabe), qui est de plusieurs *syllabes*.
POLYSYNODIE , s. f. (*policinodi*) (πολυς, beaucoup, et συνοδος, conseil), multiplicité de conseils.
POLYTECHNIQUE , adj. des deux g. (*politèknike*) (πολυς, plusieurs, et τεχνη, art), qui embrasse plusieurs arts ou sciences.
POLYTHÉISME, s. m. (*polité-icime*)(πολυς, plusieurs, et θεος, dieu), système de religion qui admet la pluralité des dieux.
POLYTHÉISTE, s. des deux g. (*polité-icete*), qui professe le *polythéisme*.
POLYTYPAGE , s. m. (*politipaje*), art, action de *polytyper*.
POLYTYPER , v. a. (*politipé*) (πολυς, plusieurs, et τυπος, empreinte), tirer l'empreinte d'une chose gravée pour en former une matrice à l'aide de laquelle on répète et multiplie la même empreinte.
POMMADE , s. f. (*pomade*), composition molle et onctueuse, faite avec divers ingrédients ; t. de manège, tour de main sur le *pommeau* d'une selle.
POMMADÉ, E, part. pass. de *pommader*.
POMMADER, v. a. (*pomadé*), mettre de la *pommade* aux cheveux, à la perruque.
POMME , s. f. (*pome*) (*pomum*, fruit), fruit à pepin ; ornement en forme de *pomme*.
POMMÉ, E, part. pass. de *pommer*, et adj., formé en manière de *pomme*.—S. m., cidre de *pommes*.
POMMEAU, s. m. (*pomô*) (de *pomme*), petite boule au bout de la poignée d'une épée, et au bout d'une selle de cheval.
POMMELÉ, E, part. pass. de *pommeler*, et adj., tacheté.
se POMMELER , v. pr. (*cepomelé*) (de *pomme*), se tacheter de petites marques rondes.
POMMELLE, s. f. (*pomèle*), plaque percée de petits trous au bout d'un tuyau.
POMMER, v. n. (*pomé*) , se former en *pomme*, en parlant des choux et des laitues.
POMMERAIE, s. f. (*pomerè*), lieu planté de *pommiers*.
POMMETTE , s. f. (*pomète*), ornement de bois ou de métal, en forme de *pomme*.
POMMIER , s. m. (*pomié*) (*pomus* , arbre

fruitier), arbre qui produit les *pommes* ustensile propre à faire cuire des *pommes*

POMPE, s. f. (*ponpe*) (πομπη), appareil superbe et magnifique. éclat; splendeur; machine pour élever l'eau.

POMPÉ, E, part. pass. de *pomper*.

POMPER, v. a. (*ponpé*), épuiser avec une pompe.—V. n., faire agir la *pompe*.

POMPEUSEMENT, adv. (*ponpeuzeman*), avec *pompe*.

POMPEUX, EUSE, adj. (*ponpeu, euze*), qui a de la *pompe*; qui est magnifique.

POMPIER, s. m. (*ponpié*), celui qui fait des *pompes*; soldat qui fait aller les *pompes* pour éteindre les incendies.

POMPON, s. m. (*ponpon*)(de *pompe*), houppe de laine; parure.

POMPONNÉ, E, part. pass. de *pomponner*.

POMPONNER, v. a. (*ponponé*), orner de *pompons*.

PONANT, s. m. (*ponan*), t. de mar., occident. Vieux.

PONCE, s. f. (*ponce*), pierre poreuse; petit sachet contenant du charbon broyé pour *poncer* un dessin.—Il est aussi adj. des deux g.

PONCÉ, E, part. pass. de *poncer*.

PONCEAU, s. m. (*ponço*) (*puniceus*), d'un rouge éclatant; pavot sauvage; petit *pont* d'une arche.—S. et adj. m., rouge vif et très foncé.

PONCER, v. a. (*poncé*), polir avec la pierre *ponce*; piquer un dessin et le frotter avec du charbon en poudre.

PONCIRE, s. m. (*poncire*) (en lat. barbare *poncira*), sorte de gros citron.

PONCIS, s. m. (*ponci*), dessin sur lequel on passe du charbon en poudre.

PONCTION, s. f. (*ponkcion*) (*punctio*), opération de chirurgie pour évacuer les eaux épanchées dans le ventre d'un hydropique.

PONCTUALITÉ, s. f. (*ponktu-alité*), grande exactitude.

PONCTUATION, s. f. (*ponktu-ácion*).(*punctum*, point). art ou action de *ponctuer*.

PONCTUÉ, E, part. pass. de *ponctuer*, et adj., marqué de petits *points*.

PONCTUEL, ELLE, adj. (*ponktuèle*) (*punctum*, instant), exact, régulier; qui fait à *point* nommé ce qu'il doit faire.

PONCTUELLEMENT, adv. (*ponktuèleman*), avec *ponctualité*.

PONCTUER, v. a. (*ponktué*), mettre les *points* et les virgules dans un discours écrit.

PONDAGE, s. m. (*pondaje*), droit de douane en Angleterre.

PONDÉRABLE, adj. des deux g. (*pondérable*), qu'on peut peser.

PONDÉRATION, s. f. (*pondéracion*)(*ponderatio*), science qui détermine l'équilibre.

PONDÉRÉ, E, part. pass. de *pondérer*.

PONDÉRER, v. a. (*pondéré*) (*ponderare*), donner le poids; balancer.

PONDEUSE, s. et adj. f. (*pondeuze*), femelle d'oiseau qui *pond*, qui donne des œufs.

PONDRE, v. a. et n. (*pondre*) (*ponere*, mettre bas), faire des œufs.

PONDU, E, part. pass. de *pondre*.

PONGO, s. m. (*pongüo*), sorte de singe.

PONT, s. m. (*pon*) (*pons*), construction sur l'eau pour la traverser; étage d'un vaisseau.

PONTE, s. m. (*ponte*), à certains jeux, celui qui joue contre le banquier.

PONTE, s. f. (*ponte*), action de *pondre* des œufs; temps où les oiseaux *pondent*.

PONTÉ, E, adj. (*ponté*), se dit d'un vaisseau qui a un *pont*.

PONTER, v. n. (*ponté*), jouer contre le banquier, à la bassette, au pharaon, etc.

PONTET, s. m. (*ponté*). demi-cercle de fer qui forme la sous-garde d'un fusil, etc.

PONTIFE, s. m. (*pontife*) (*pontifex*), ministre du culte; grand-prêtre; pape; prélat.

PONTIFICAL, E, adj (*pontifikale*) (*pontificalis*), qui appartient à la dignité de *pontife*, d'évêque.—Subst. au m., livre des cérémonies qui regardent le ministère de l'évêque.

PONTIFICALEMENT, adv. (*pontifikaleman*), d'une manière *pontificale*.

PONTIFICAT, s. m. (*pontifika*) (*pontificatus*), dignité de *pontife*.

PONT-NEUF, s. m. (*ponneuf*), chanson populaire sur un air fort connu.

PONTON, s. m. (*ponton*), pont de bateaux joints par des poutres; vieux vaisseau rasé; grand bateau plat.

PONTONAGE, s. m. (*pontonaje*), droit payé par ceux qui traversent une rivière.

PONTONIER, s. m. (*pontonié*), celui qui perçoit le droit du *pontonage*; soldat d'artillerie chargé du service des *pontons*.

PONTS-ET-CHAUSSÉES, s. m. pl. (*ponzéchôcé*), ce qui regarde les grands chemins et les voiries.

PONTUSEAU, s. m. (*pontuzô*), t. de papet., verge de métal qui traverse les vergeures dans les formes sur lesquelles se fabrique le papier.

POPE, s. m. (*pope*), prêtre du rite grec.

POPELINE, s. f. (*popeline*), sorte d'étoffe.

POPLITAIRE ou POPLITÉ, E, adj. (*poplitère*) (*poples*, jarret), qui a rapport au jarret.

POPULACE, s. f.(*populace*), le bas *peuple*.

POPULACIER, IÈRE, s. (*populacié, ière*), qui est propre à la *populace*.

POPULAIRE, adj. des deux g. (*populère*) (*popularis*), du *peuple*; qui concerne le *peuple*; qui se fait aimer du *peuple*, affable, etc.

POPULAIREMENT, adv. (*populèreman*), d'une manière *populaire*.

POPULARISÉ, E, part. pass. de *populariser*.

POPULARISER, v. a. (*popularizé*), propager parmi le *peuple*; rendre *populaire*.

POPULARITÉ, s. f. (*popularité*) (*popularitas*), affabilité, faveur du *peuple*.

POPULATION, s. f. (populácion), nombre d'hommes dont un pays est peuplé.

POPULÉUM, s. m. (populé-ome) (populus, peuplier), onguent de bourgeons de peuplier.

POPULEUX, EUSE, adj. (populeu, euze), très-peuplé; où il y a beaucoup d'habitants.

POPULO, s. m. (populó), petit enfant gras et potelé. Inus.

PORC, s. m. (por) (porcus), cochon, pourceau; chair de cochon.

PORC-ÉPIC, s. m. (porképik) (porcus spicatus), animal couvert de piquants.

PORCELAINE, s. f. (porcelène), terre cuite très-fine; sorte de coquillage.

PORCHAISON, s. f. (porchèzon) (porcus, sanglier), temps où le sanglier est gras.

PORCHE, s. m. (porche) (porticus), lieu couvert à l'entrée d'une église.

PORCHER, ÈRE, s. (porché, ère), qui garde les pourceaux.

PORE, s. m. (pore)(πόρος), ouverture imperceptible dans la peau.

POREUX, EUSE, adj. (poreu, euze), qui a des pores.

POROSITÉ, s. f. (porózité), qualité d'un corps poreux.

PORPHYRE, s. m. (porfire)(πορφυρα, pourpre), marbre très-dur, d'un rouge pourpré.

PORPHYRISATION, s. f. (porfirizácion), action de porphyriser.

PORPHYRISÉ, E, part. pass. de porphyriser.

PORPHYRISER, v. a. (porfirizé), broyer une substance sur le porphyre.

PORPHYROGÉNÈTE, s. m. (porfirojénète) (πορφυρα, pourpre, et γινομαι, je nais), titre des enfants des empereurs d'Orient.

PORRACÉ, E, adj. (poracé), qui a la couleur verte du porreau ou poireau.

PORREAU, s. m. (poró). Voy. POIREAU.

PORRECTION, s. f. (porerékcion) (porrectio), action de présenter une chose.

PORT, s. m. (por)(portus), lieu propre à recevoir des vaisseaux; abri; lieu où abordent les marchandises; ce qu'un vaisseau peut porter; action de porter; fig. asyle; maintien.

PORTABLE, adj. des deux g. (portable), qui doit, qui peut être porté.

PORTAGE, s. m. (portaje), action de porter.

PORTAIL, s. m. (porta-ie), principale porte d'une église ou d'un temple.

PORTANT, E, adj. (portan, ante), qui porte. — Bien ou mal portant, qui est en bonne ou mauvaise santé.

PORTATIF, IVE, adj. (portatif, ive),qu'on peut porter aisément.

PORTE, s. f. (porte) (porta), ouverture par où l'on entre dans un lieu et par où l'on en sort; la cour de l'empereur des Turcs. — Adj. f., se dit d'une veine du foie.

PORTÉ, E, part. pass. de porter.

PORTE-AIGUILLE, s. m. (portègu-i-ie) instrument de chirurgie.

PORTE-ARQUEBUSE, s. m. (portarkebuze), officier qui portait le fusil du roi.

PORTE-BAGUETTE, s. m (portebaguiète), anneau placé le long du fût d'un fusil, d'un pistolet pour recevoir et porter la baguette.

PORTE-BALLE, s. m. (portebale), petit mercier qui porte une balle.

PORTE-BARRES, s. m. pl. (portebáre) anneaux de corde dans l'anneau d'un licou.

PORTE-BOUGIE, s. m. (porteboují), instrument de chirurgie.

PORTE-CARABINE, s. m. (portekarabine) Voy. PORTE-MOUSQUETON.

PORTE-CHAPE, s. m. (portechape), celui qui porte la chape dans une église.

PORTE-CHOUX, s. m. (portechou), petit cheval de jardinier.

PORTE-CLEFS, s. m. (porteklé), guichetier qui porte les clefs.

PORTE-COLLET, s. m. (portekolè), pièce sur laquelle on met le collet ou le rabat.

PORTE-CRAYON, s. m. (portekrè-ion), instrument dans lequel on met un crayon.

PORTE-CROIX, s. m. (portekroè), celui qui porte la croix à la procession.

PORTE-CROSSE, s. m. (portekroce), celui qui porte la crosse devant un évêque.

PORTE-DIEU, s. m. (portedieu), celui qui porte le viatique aux malades.

PORTE-DRAPEAU, s. m. (portedrapô), celui qui porte le drapeau.

PORTÉE, s. f. (porté), tous les petits que les femelles des animaux portent ou mettent bas en une fois; ce qu'on peut atteindre, concevoir, faire; étendue; capacité; importance; t. de mus., chacune des cinq lignes sur lesquelles on pose les notes.

PORTE-ENSEIGNE, s. m. (portancègnie), celui qui portait l'enseigne.

PORTE-ÉPÉE, s. m. (portépé), morceau de cuir pour porter l'épée.

PORTE-ÉTENDARD, s. m. (portétandar), celui qui porte l'étendard; pièce de cuir attachée à la selle pour appuyer l'étendard.

PORTE-ÉTRIER, s. m. (portétri-é), sangle qui sert à lever les étriers.

PORTE-ÉTRIVIÈRES, s. m. pl. (portétrivière), anneaux de la selle.

PORTE-FAIX, s. m. (portefè), crocheteur.

PORTE-FER, s. m. (portefère), étui d'une selle où l'on met un fer de cheval.

PORTE-FEUILLES et non pas PORTE-FEUILLE, s. m. (portefeu-ie), carton plié en deux, couvert de peau ou d'étoffe, et où l'on met des papiers, des dessins, etc.

PORTE-HACHE, s. m. (porte-ache), étui d'une hache de sapeur.

PORTE-MALHEUR, s. m. (portemaleur), homme dont la compagnie est funeste.

PORTE-MANTEAU, s. m. (*portemantô*), crochet pour attacher des habits; valise.

PORTEMENT, s. m. (*porteman*), action de *porter*.

PORTE-MONTRE, s. m. (*portemontre*), coussinet sur lequel on pose une *montre*.

PORTE-MORS, s. m. (*portemor*), cuirs qui soutiennent le *mors* et la bride.

PORTE-MOUCHETTES, s. m. (*portemouchète*), instrument pour mettre les *mouchettes*.

PORTE-MOUSQUETON, s. m. (*portemousketon*), crochet qui aide à *porter* le *mousqueton*; agrafe aux chaines de montre.

PORTE-PAGE, s. m. (*portepaje*), t. d'imprim., morceau de papier pour poser les *pages*.

PORTE-PIERRE, s. m. (*portepière*), instrument qui sert à *porter* la *pierre* infernale.

PORTER, s. m. (*portère*) (mot tiré de l'anglais), sorte de bière forte.

PORTER, v. a. (*porté*)(*portare*), avoir sur soi quelque charge ou fardeau; transporter; avoir sur soi; tenir; étendre; être cause; adresser; être étendu; produire; endurer; montrer; avoir; déclarer; assurer. Il se dit aussi des femelles des animaux lorsqu'elles sont pleines.—V. n., poser; atteindre.—V. pr., aller; s'appliquer à...; être en bonne ou mauvaise santé.

PORTE-RESPECT, s. m. (*porterècepèke*), arme; ce qui impose le *respect*.

PORTE-TAPISSERIE, s. m. (*portetapiceri*), châssis sur lequel on tend de la *tapisserie*.

PORTE-TRAIT, s. m. (*portetrè*), cuir qui soutient les *traits* des chevaux attelés.

PORTEUR, EUSE, s. (*porteur, euze*), qui porte quelque fardeau; crocheteur. — S. m., cheval de postillon.

PORTE-VENT, s. m. (*portevan*), tuyau d'orgue.

PORTE-VERGE, s. m. (*porteverje*), bedeau qui porte une baguette dans l'église.

PORTE-VIS, s. m. (*portevice*), pièce d'un fusil qui reçoit les *vis* de la batterie.

PORTE-VOIX, s. m. (*portevoè*), instrument pour *porter* la *voix* au loin.

PORTIER, IÈRE, s. (*portié, ière*), qui est chargé d'ouvrir une *porte*.

PORTIÈRE, s. f. (*portière*), ouverture d'une voiture; rideau qu'on met devant une *porte*.— Adj. f.; se dit d'une vache, d'une brebis qui est en âge de *porter* des petits.

PORTION, s. f. (*porcion*) (*portio*), partie d'un tout; pitance.

PORTIONCULE, s. f. (*porcionkule*), petite *portion*. Peu us.

PORTIQUE, s. m. (*portike*) (*porticus*), galerie ouverte.

PORTOR, s. m. (*portor*), sorte de marbre noir dont les taches imitent l'or.

PORTRAIRE, v. a. (*portrère*), tirer la ressemblance d'une personne.

PORTRAIT, s. m. (*portrè*) (*portractus*), représentation d'une personne; description.

PORTRAITURE, s. f. (*portrèture*), portrail; art de faire des *portraits*. Vieux.

PORTULAN, s. m. (*portulan*) (*portus*, port), description des *ports* de mer.

POSAGE, s. m. (*pózaje*), travail et dépense pour *poser* certains ouvrages.

POSE, s. f. (*póze*), travail pour *poser* les *pierres*; attitude; sentinelle.

POSÉ, E, part. pass. de *poser*, et adj., mis, placé; fig. modeste, rassis, grave.

POSÉMENT, adv. (*pózéman*), lentement, d'une manière *posée*, grave.

POSER, v. a. (*pózé*) (*ponere*, placer), mettre, placer; établir; supposer. — V. n., être *posé*, porter sur...

POSEUR, s. m. (*pózeur*), celui qui *pose* ou dirige la *pose* des pierres, etc.

POSITIF, IVE, adj. (*pózitif, ive*) (*positivus*), certain, constant, assuré.—Subst. au m., t. de gramm., premier degré dans les adjectifs qui admettent comparaison; buffet d'orgues.

POSITION, s. f. (*pózicion*) (*positio*), situation d'un lieu, d'une chose; état; attitude.

POSITIVEMENT, adv. (*pózitiveman*), d'une manière *positive*; expressément.

POSPOLITE, s. f. (*pocepolite*), noblesse de Pologne assemblée en corps d'armée.

POSSÉDÉ, E, part. pass. de *posséder*, et adj., tourmenté du démon.—Il est aussi s.

POSSÉDER, v. a. (*pocédé*) (*possidere*), avoir à soi, en son pouvoir; savoir.—V. pr., être maître de soi.

POSSESSEUR, s. m. (*pocèceur*)(*possessor*), celui qui *possède*.

POSSESSIF, IVE, adj. (*pocècif, ive*) (*possessivus*), qui marque quelque *possession*.

POSSESSION, s. f. (*pocècion*) (*possessio*), action de *posséder*; ce qu'on *possède*.

POSSESSOIRE, s. m. (*pocècoare*), t. de pal., droit de *posséder*.

POSSIBILITÉ, s. f. (*pocibilité*), qualité de ce qui est *possible*.

POSSIBLE, adj. des deux g. (*pocible*) (*possibilis*), ce qui peut être ou peut arriver.— S. m., ce que l'on peut faire.

POST-COMMUNION, s. f. (*pocetekomunion*) (*post communionem*, après la communion), oraison après la *communion*.

POST-DATE, s. f. (*pocetedate*), date postérieure à la vraie *date* d'un acte, etc.

POST-DATÉ, E, part. pass. de *post-dater*, et adj.

POST-DATER, v. a. (*pocetedaté*), dater une lettre, etc., d'un temps postérieur.

POSTE, s. m. (*pocete*) (*postus*, pour *positus*, placé), lieu où un militaire est placé; corps-de-garde; charge; emploi. — S. f., relai établi pour voyager diligemment; maison où sont ces relais; distance qu'il y a de l'un de ces relais à l'autre; bureau pour l'envoi et la distribution des lettres; petite balle de plomb.

POSTÉ, E, part. pass. de *poster.*
POSTER, v. a. *(pocété)*, placer dans un *poste*; placer en quelque endroit.
POSTÉRIEUR, E, adj. *(pocétérieure)* *(posterior)*, qui suit, qui est après ou derrière.— Subst. au m., le derrière.
POSTÉRIEUREMENT, adv. de temps *(pocétérieureman)*, après.
à POSTERIORI, adv. *(apocétériori)* *(posterior*, postérieur), d'après la conséquence.
POSTÉRIORITÉ, s. f. *(pocétériorité)* *(posterioritas)*, état, rang, ordre d'une chose postérieure à une autre.
POSTÉRITÉ, s. f. *(pocétérité)* *(posteritas)*, les descendants; tous ceux qui viendront après ceux qui vivent.
POSTES, s. f. pl. *(pocété)*, ornement d'architecture.
POST-FACE, s. f. *(pocéteface)* *(post*, après et *facies*, face), avertissement qui se met à la fin d'un livre; épilogue.
POSTHUME, s. et adj. des deux g. *(pocétume)* *(posthumus)*, né après la mort de son père; *fig.* qui a paru après la mort de l'auteur.
POSTICHE, adj. des deux g. *(pocétiche)* *(posticus)*, fait et ajouté après coup; faux.
POSTILLON, s. m. *(poceti-ion)*, homme qui conduit ceux qui courent la *poste*.
POSTSCENIUM, s. m. *(pocetecénium)* (mot latin), partie des théâtres anciens située derrière la scène.
POST-SCRIPTUM, s. m. *(pocetecékripetome)* *(post*, après, et *scriptum*, écrit), ce qu'on ajoute à une lettre, etc.
POSTULANT, E, s. et adj. *(pocétulan, ante)* *(postulans)*, qui demande, qui *postule.*
POSTULATION, s. f. *(pocétulácion)* *(postulatio)*, action de *postuler.*
POSTULÉ, E, part. pass. de *postuler.*
POSTULER, v. a. *(pocétulé)* *(postulare)*, demander avec instance.— V. n., faire toutes les procédures dans une affaire.
POSTURE, s. f. *(poceture)* *(positura*, position), attitude du corps, etc.
POT, s. m. *(pô)* (du bas lat. *potus*, boisson), vase; mesure de liquide; son contenu; marmite; sorte de casque. — *Pot-pourri*, ragoût; achet de fleurs; mélange. — *Pot-de-vin*, ce qu'on donne au-delà du prix d'un marché.
POTABLE, adj. des deux g. *(potable)* *(potabilis)*, qu'on peut boire.
POTAGE, s. m. *(potaje)* *(potare*, boire), bouillon avec des tranches de pain.
POTAGER, s. m. *(potajé)*, fourneau de cuisine; jardin où l'on cultive des légumes.
POTAGER, ÈRE, adj. *(potajé, ère)*, qui a rapport à la cuisine ou au *potage.*
POTASSE, s. f. *(potace)* (de l'allemand *potasche*, cendre de pot), sel alcali.
POTE, adj. f. *(pote)*, se dit d'une main grosse et enflée. Fam.

POTEAU, s. m. *(potô)*(*postis*), pièce de bois posée en terre pour divers usages.
POTÉE, s. f. *(poté)*, ce qui est contenu dans un *pot*; oxyde d'étain.
POTELÉ, E, adj. *(potelé)*, gras et plein.
POTELET, s. m. *(potelé)*, petit *poteau* qui soutient l'appui d'un escalier.
POTENCE, s. f. *(potance)*, gibet; béquille; pièces de charpente; étai.
POTENTAT, s. m. *(potanta)*, celui qui a la puissance souveraine.
POTENTIEL, ELLE, adj. *(potancièle)* *(potentia*, puissance), se dit des remèdes qui n'agissent pas immédiatement.
POTERIE, s. f. *(poteri)*, pots, vaisselle de terre, de grès; lieu où on fait les *pots* de terre.
POTERNE, s. f. *(potèrne)* (en lat. barbare *posterna)*, porte secrète.
POTIER, s. m. *(potié)*, marchand qui fait et vend de la *poterie.*
POTIN, s. m. *(potin)*, métal factice composé de l'excrément du cuivre jaune.
POTION, s. f. *(pôcion)* *(potio)*, tout remède liquide qu'on prend par la bouche.
POTIRON, s. m. *(potiron)*, sorte de citrouille toute ronde; champignon très-gros.
POTRON-JAQUET ou POTRON-MINET, s. m. *(potronjakiè, minè)*, point du jour. Pop.
POU, s. m. *(pou)* *(pediculus)*, insecte parasite, vermine.
POUACRE, s. et adj. des deux g.*(pouâkré)*, salop, vilain. Pop.
POUAH *(poua)*! interj. qui exprime le dégoût.
POUCE, s. m. *(pouce)* *(pollex)*, le plus gros doigt de la main; mesure de douze lignes.
POUCETTES, s. f. pl. *(poucète)*, corde ou ferrement qui lie les *pouces.*
POUCIER, s. m. *(poucié)*, ce qui couvre le *pouce* de certains ouvriers.
POU-DE-SOIE, s. m. *(poudeçoâ)*, étoffe de soie unie et sans lustre.
POUDING, s. m. *(poudingué)* (de l'anglais *pudding*), ragoût anglais.
POUDINGUE, s. m. *(poudeingue)*, pierre formée de petits cailloux.
POUDRE, s. f. *(poudre)* *(pulvis, pulveris)*, poussière; composition médicinale desséchée et broyée; amydon pulvérisé; composition de soufre et de salpêtre dont on charge les armes à feu.
POUDRÉ, E, part. pass. de *poudrer.*
POUDRER, v. a. *(poudré)*, couvrir les cheveux de *poudre.*
POUDRETTE, s. f. *(poudrète)*, engrais d'excréments desséchés et réduits en *poudre.*
POUDREUX, EUSE, adj. *(poudreu, euze)*, plein de *poudre*, de poussière.
POUDRIER, s. m. *(poudri-é)*, boîte où l'on met de la *poudre* pour sécher l'écriture; celui qui fait de la *poudre* à canon.

POUDRIÈRE, s. f. (*poudrière*), lieu où l'on fait la poudre à canon; boîte à *poudre*.

POUF, interj. (*poufe*), mot qui exprime le bruit sourd que fait un corps en tombant.

POUF, POUFFE, adj. (*poufe*), se dit des pierres qui se pulvérisent.

POUFFER, v. n. (*poufé*) : pouffer de rire, éclater de rire involontairement. Fam.

POUILLÉ, s. m. (*pou-ié*), inventaire de tous les bénéfices d'une province. Inus.

POUILLER, v. a. (*pou-ié*), dire des *pouilles*; dire des injures grossières. Pop.

POUILLES, s. f. pl. (*pou-ié*), injures grossières.

POUILLEUX, EUSE, adj. (*pou-ieu, euze*), qui a des *poux*.

POULAILLER, s. m. (*poulâ-ié*), lieu où couchent les *poules*; marchand de volaille.

POULAIN, et mieux POULIN, s. m. (*poulein*) (*pullus*), cheval jusqu'à l'âge de trois ans; tumeur aux aines.

POULAINE, s. f. (*poulène*), partie de l'avant d'un navire; sorte de souliers.

POULAN, s. m. (*poulan*), t. des jeux de l'hombre, de quadrille, de tri, etc.

POULARDE, s. f. (*poularde*), poule jeune et grasse à laquelle on a enlevé les ovaires.

POULE, s. f. (*poule*) (*pulla*), la femelle du coq; somme mise au jeu par plusieurs joueurs et qui reste à celui qui gagne tous les autres.

POULET, s. m. (*poulè*) (*pullus*), petit de la *poule*; billet de galanterie.

POULETTE, s. f. (*poulète*); jeune *poule*; fig. jeune fille. Fam.

POULEVRIN, s. m. (*poulevrein*) (*pulvis*, poussière), poudre fine pour amorcer; poire qui contient cette poudre.

POULICHE, s. f. (*pouliche*), cavale de trois ans.

POULIE, s. f. (*pouli*) (en anglais *pulley*), machine en forme de roue pour élever ou descendre des fardeaux.

POULIN, s. m. Voy. POULAIN.

POULINER, v. n. (*pouliné*), mettre bas, en parlant de la cavale.

POULINIÈRE, adj. f. (*poulinière*), se dit d'une jument destinée à produire des *poulins*.

POULIOT, s. m. (*poulió*), espèce de menthe vivace très-âcre et très-amère.

POULPE, s. f. Voy. PULPE.

POULPE, s. m. (*poulrpe*), mollusque.

POULS, s. m. (*pou*) (*pulsus*), battement des artères, principalement aux poignets.

POUMON, s. m. (*poumon*) (*pulmo*), organe de la respiration.

POUPARD, s. m. (*poupar*), enfant au maillot; grosse *poupée*. Fam.

POUPART, s. m. (*poupar*), poisson crustacé.

POUPE, s. f. (*poupé*) (*puppis*), arrière d'un vaisseau.

POUPÉE, s. f. (*poupé*) (*pupa*), petite figure humaine de bois, de carton, etc.; petite personne fort parée; filasse de la quenouille; certaine manière d'enter.

POUPIN, INE, adj. et s. (*poupein, ine*), qui est d'une propreté affectée. Fam. et peu us.

POUPON, ONNE, s. (*poupon, one*) (*pupas, pupa*, petit garçon, petite fille), petit garçon, petite fille dont le visage est plein, potelé.

POUR, prép. et conj. (*pour*), à cause; à la considération de...; en faveur de...; en échange de...; au lieu de...; par rapport à...; afin de...; de même que; envers; quant à...—*Le pour et le contre*, l'affirmative et la négative.

POUR-BOIRE, s. m. (*pourboâre*), petite récompense au-delà du prix convenu.

POURCEAU, s. m. (*pourçô*) (*porcellus*), porc, cochon.

POURCHASSÉ, E, part. pass. de *pourchasser*.

POURCHASSER, v. a. (*pourchacé*), poursuivre, tâcher d'avoir. Vieux.

POURFENDEUR, s. m. (*pourfandeur*), celui qui *pourfend*; fanfaron. Fam.

POURFENDRE, v. a. (*pourfandre*), fendre un homme de haut en bas. Vieux.

POURFENDU, E, part. pass. de *pourfendre*.

POURPARLER, s. m. (*pourparlé*), conférence sur une affaire.

POURPIER, s. m. (*pourpié*), plante potagère.

POURPOINT, s. m. (*pourpoein*) (*perpunctum*), ancien habillement français.

POURPRE, s. m. (*pourpre*) (*purpura*), coquillage d'où l'on tirait la *pourpre*; couleur d'un rouge foncé tirant sur le violet; maladie maligne.—S. f., teinture tirée du *pourpre*; étoffe teinte de cette couleur; fig. dignité des rois, des cardinaux.

POURPRÉ, E, adj. (*pourpré*), où il y a du *pourpre*, où il paraît du *pourpre*.

POURPRIS, s. m. (*pourpri*), enceinte, habitation. Vieux.

POURQUOI, conj. causative (*pourkoè*) (de l'italien *perchè*), à cause de quoi.—S. m., motif.

POURRI, E, part. pass. de *pourrir*, et adj., altéré, corrompu.

POURRIR, v. a. (*pourir*), altérer, corrompre, gâter.—V. n., demeurer, croupir.

POURRISSAGE, s. m. (*pouriçage*), pourriture des chiffons à papier.

POURRISSOIR, s. m. (*pouriçoar*), atelier où l'on met fermenter des chiffons.

POURRITURE, s. f. (*pouriture*), corruption, état de ce qui est *pourri*.

POURSUITE, s. f. (*pourçuite*), action de *poursuivre*; démarche; procédure.

POURSUIVANT, E, s. (*pourçuivan, ante*), qui *poursuit* un emploi, un mariage, etc.

POURSUIVRE, v. a. (*pourçuivre*) (*persequi*), courir après pour atteindre.

POURTANT, adv. (*pourtan*) (*pro tanto*), cependant, toutefois, néanmoins.

POURTOUR, s. m. (*pourtour*), étendue du contour d'un espace; circuit d'un corps.

POURVOI, s. m. (*pourvoè*), action de se pourvoir en justice; acte qui l'opère.

POURVOIR, v. n. (*pourvoar*) (*providere*), avoir soin; donner ordre à quelque chose. — V. a., munir; garnir; établir. — V. pr., se fournir; recourir à un autre tribunal.

POURVOIRIE, s. f. (*pourvoèri*), lieu où sont les provisions.

POURVOYEUR, EUSE, s. (*pourvoè-ieur, euze*), qui fournit les viandes, etc.

POURVU, E, part. pass. de *pourvoir*, et adj.

POURVU QUE, loc. conj. (*pourvuke*), en cas que, à condition que...

POUSSE, s. f. (*pouce*), jets, petites branches que les arbres *poussent* au printemps; maladie des chevaux; recors.

POUSSÉ, E, part. pass. de *pousser*, et adj.

POUSSE-CUL, s. m. (*pouceku*), nom que donnait le peuple aux recors. Vieux.

POUSSÉE, s. f. (*poucé*), action de *pousser*; effet de ce qui *pousse*.

POUSSE-PIED, s. m. (*poucepié*), espèce de coquillage.

POUSSER, v. a. (*poucé*) (*pulsare*), tâcher de déplacer; donner du mouvement; faire avancer; faire entrer; étendre; *fig.* jeter; favoriser; attaquer; exciter. — V. n., végéter, croître, en parlant des plantes; battre des flancs.

POUSSETTE, s. f. (*poucète*), jeu d'enfant.

POUSSIER, s. m. (*poucié*), poussière du charbon qui demeure au fond du bateau, etc.

POUSSIÈRE, s. f. (*poucière*), terre réduite en poudre fort menue.

POUSSIF, IVE, adj. (*poucif, ive*), qui a la maladie de la *pousse*.

POUSSIN, s. m. (*poucein*) (en bas lat. *pulcinus*, de *pullus*, poulet), le petit d'une poule.

POUSSINIÈRE, s. f. (*poucinière*), constellation, les Pléiades.

POUSSOIR, s. m. (*poucoar*), instrument de dentiste; bouton d'une montre à répétition.

POUSSOLANE, s. f. Voy. POUZZOLANE.

POUTRE, s. f (*poutre*), grosse pièce de bois carrée pour soutenir les planchers.

POUTRELLE, s. f. (*poutrèle*), petite *poutre*.

POUVOIR, v. n. (*pouvoar*) (*posse*), avoir la faculté, le crédit, être en état de... — V. a., avoir l'autorité, le moyen.

POUVOIR, s. m. (*pouvoar*) (*potestas*), autorité, crédit, faculté de faire; droit d'agir pour un autre; gouvernement; puissance.

POUZZOLANE, s. f. (*pouzezolane*), terre volcanique des environs de *Pouzzol*.

PRAGMATIQUE, adj. des deux g. (*pragmatike*) (*pragmatica*), qui concerne les affaires. — S. f., règlement ecclésiastique.

PRAIRIAL, s. m. (*prèrial*), troisième mois de printemps de l'année républicaine.

PRAIRIE, s. f. (*prèri*) (rac. *pré*), étendue de terre où l'on recueille du foin.

PRALINE, s. f. (*práline*), amande rissolée dans du sucre.

PRALINÉ, E, part. pass. de *praliner*.

PRALINER, v. a. (*práliné*), griller avec du sucre.

PRAME, s. f. (*prame*), vaisseau à fond plat et d'un petit tirant d'eau.

PRATICABLE, adj. des deux g. (*pratikable*), qui se peut *pratiquer*.

PRATICIEN, s. m. (*patriciein*), celui qui entend bien la *pratique* judiciaire; médecin qui a beaucoup d'expérience dans son art.

PRATIQUE, s. f. (*pratike*) (πρακτική), exercice d'un art, d'une science; exécution; action de *pratiquer*; usage; facilité d'opérer; chaland. — Au pl., intrigues secrètes.

PRATIQUE, adj. des deux g. (*pratike*), qui agit, qui exécute.

PRATIQUÉ, E, part. pass. de *pratiquer*.

PRATIQUEMENT, adv. (*pratikeman*), en pratique, en suivant la *pratique*.

PRATIQUER, v. a. (*pratikié*), mettre en pratique; exercer; ménager une place; hanter.

PRÉ (*pré*) (*præ*), syllabe qui, placée au commencement des mots, marque supériorité ou antériorité.

PRÉ, s. m. (*pré*) (*pratum*), pièce de terre où il vient de l'herbe, du foin, etc.

PRÉADAMITES, s. pl. des deux g. (*pré-adamite*), sectaires qui prétendaient que les hommes existaient avant *Adam*.

PRÉALABLE, adj. des deux g. (*pré-alable*), qui doit être dit, fait, examiné avant de passer outre. — S. m., ce qui doit être fait d'abord. — *Au préalable*, loc. adv., auparavant.

PRÉALABLEMENT, adv. (*pré-alableman*), au *préalable*, avant tout.

PRÉAMBULE, s. m. (*pré-anbule*) (*præ*, devant, et *ambulare*, marcher), espèce d'exorde, d'avant-propos.

PRÉAU, s. m. (*pré-ô*), autrefois petit *pré*; cour d'une prison, d'un cloître.

PRÉBENDE, s. f. (*prébande*) (*præbenda*), revenu d'une chanoinie; canonicat.

PRÉBENDÉ, E, adj. (*prébandé*), qui jouit d'une *prébende*.

PRÉBENDIER, s. m. (*prébandié*), bénéficier inférieur aux chanoines.

PRÉCAIRE, adj. des deux g. (*prékière*) (*precarius*), qui ne s'exerce que par tolérance; incertain. — S. m., concession révocable.

PRÉCAIREMENT, adv. (*prékièreman*), par tolérance; d'une manière *précaire*.

PRÉCAUTION, s. f. (*prékôcion*) (*præcautio*), ce qu'on fait par prévoyance pour éviter quelque mal; circonspection; ménagement.

PRÉCAUTIONNER, v. a. (prékócioné), munir. — V. pr., prendre ses *précautions*.
PRÉCÉDÉ, E, part. pass. de *précéder*.
PRÉCÉDEMMENT, adv. (*précédaman*), auparavant, ci-devant.
PRÉCÉDENT, E, adj. (*précèdan*, *ante*), qui *précède*.—S. m., usage déjà établi.
PRÉCÉDER, v. a. (*précédé*) (*præcedere*), aller, marcher devant; être auparavant.
PRÉCEINTE, s. f. (*prèceinte*) (*præcingere*), environner; *ceinture* d'un vaisseau.
PRÉCEPTE, s. m (*prècèpete*)(*præceptum*), règle, enseignement; commandement.
PRÉCEPTEUR, s. m. (*prècèpeteur*) (*præceptor*), chargé de l'éducation d'un enfant.
PRÉCEPTORAL, E, adj. (*prècèpetorale*), du *précepteur*.—Au pl. m. *préceptoraux*.
PRÉCEPTORAT, s. m. (*prècèpetora*), qualité, fonctions de *précepteur*.
PRÉCESSION, s. f. (*précècion*) (*præcedere*, précéder), t. d'astron., mouvement rétrograde des points équinoxiaux.
PRÊCHE, s. m. (*prêche*), prédication, temple chez les protestants.
PRÊCHÉ, E, part. pass. de *prêcher*.
PRÊCHER, v. a. (*prêché*) (*prædicare*), proclamer, annoncer la parole de Dieu; remontrer; vanter; publier.
PRÊCHEUR, EUSE, s. (*prêcheur*, *euze*) (*prædicator*), qui prêche.
PRÉCIEUSE, s. f. (*prècieuze*), femme affectée dans le langage, dans les manières.
PRÉCIEUSEMENT, adv. (*prècieuzeman*), (*pretiosè*), avec grand soin.
PRÉCIEUX, EUSE, adj. (*précieu*, *euze*)(*pretiosus*), qui est de grand prix; affecté.
PRÉCIOSITÉ, s. f. (*prèciozité*), défaut ridicule d'une *précieuse*. Presque inus.
PRÉCIPICE, s. m. (*précipice*) (*præcipitium*), gouffre, abyme; *fig.* grand malheur.
PRÉCIPITAMMENT, adv. (*précipitaman*), avec *précipitation*.
PRÉCIPITANT, s. m. (*précipitan*), t. de chim., ce qui opère la *précipitation*.
PRÉCIPITATION, s. f. (*précipitácion*) (*præcipitatio*), extrême vitesse; t. de chim., chute des parties les plus grossières d'une liqueur, d'un métal, etc., au fond d'un vase.
PRÉCIPITÉ, E, part. pass. de *précipiter*, et adj., hâté.—S. m., matière dissoute.
PRÉCIPITER, v. a. (*précipité*) (*præcipitare*), jeter de haut en bas; faire tomber dans; *fig.* accélérer. — V. pr., t. de chim., faire tomber au fond du vase la matière dissoute.
PRÉCIPUT, s. m. (*précipu*) (*præcipuum*), prélèvement avant partage; avantage.
PRÉCIS, s. m. (*préci*), sommaire, abrégé de ce qu'il y a de plus essentiel.

PRÉCIS, E, adj. (*préci*, *ize*) (*præcisus*), fixe, déterminé; formel; juste; concis.
PRÉCISÉ, E, part. pass. de *préciser*.
PRÉCISÉMENT, adv. (*précizèman*) (*præcisè*), avec *précision*.
PRÉCISER, v. a. (*précisé*), fixer, déterminer; présenter d'une manière *précise*.
PRÉCISION, s. f. (*précizion*) (*præcisio*), exactitude; justesse.
PRÉCITÉ, E, adj. (*précité*), déjà cité.
PRÉCOCE, adj. des deux g. (*prékoce*)(*præcox*), mûr avant le temps; hâtif, prématuré.
PRÉCOCITÉ, s. f. (*prékocité*), qualité d'un fruit *précoce*.
PRÉCOMPTÉ, E, part. pass. de *précompter*.
PRÉCOMPTER, v. a. (*prékonté*), compter auparavant, et déduire certaines sommes.
PRÉCONISATION, s. f. (*prékonizácion*) (*præconium*, louange), action de *préconiser*.
PRÉCONISÉ, E, part. pass. de *préconiser*.
PRÉCONISER, v. n. (*prékonizé*), louer excessivement.
PRÉCORDIAL, E, adj. (*prékordiale*) (*præcordia*, *orum*, diaphragme), qui a rapport au diaphragme. — Au pl. m. *précordiaux*.
PRÉCURSEUR, s. m. (*prékurceur*) (*præcursor*), qui est venu devant; avant-courrier.
PRÉDÉCÉDÉ, E, part. pass. de *prédécéder*.
PRÉDÉCÉDER, v. n. (*prédécédé*), t. de jur., mourir, *décéder* avant un autre.
PRÉDÉCÈS, s. m. (*prédécè*), mort d'une personne avant celle d'une autre.
PRÉDÉCESSEUR, s. m. (*prédécèceur*), celui qui en a *précédé* un autre.
PRÉDESTINATION, s. f. (*prédècetinácion*) (*prædestinatio*), fatalisme.
PRÉDESTINÉ, E, part. pass. de *prédestiner*; adj. et s., destiné à la gloire éternelle.
PRÉDESTINER, v. a. (*prédècetiné*) (*præ*, d'avance, et *destinare*, destiner), *destiner* au salut, à faire de grandes choses.
PRÉDÉTERMINANT, E, adj. (*prédéterminan*, *ante*), qui *prédétermine*.
PRÉDÉTERMINATION, s. f. (*prédétèreminácion*) (*prædeterminatio*), action par laquelle Dieu *détermine* la volonté humaine.
PRÉDÉTERMINÉ, E, part. pass. de *prédéterminer*.
PRÉDÉTERMINER, v. a. (*prédétèreminé*) (*prædeterminare*), déterminer d'avance.
PRÉDICABLE, adj. des deux g. (*prédikable*)(*prædicabilis*), t. de log., applicable.
PRÉDICAMENT, s. m. (*prédikaman*) (*prædicamentum*), t. de log., ordre des êtres.
PRÉDICANT, s. m. (*prédikan*)(*prædicans*) ministre protestant.

29

PRÉDICATEUR, s. m. (prédikateur) (prædicator), celui qui prêche.

PRÉDICATION, s. f. (prédikácion) (prædicatio), action de prêcher; sermon.

PRÉDICTION, s. f. (prédikcion) (prædictio), action de prédire; chose prédite.

PRÉDILECTION, s. f. (prédilèkcion) (præ, et diligere, aimer), préférence d'affection.

PRÉDIRE, v. a. (prédire) (præ, d'avance, et dicere, dire), annoncer ce qui doit arriver.

PRÉDISPOSANT, E, adj. (prédicepôsan, ante), qui prédispose.

PRÉDISPOSER, v. a. (prédicepôzé), disposer d'avance, amener une disposition.

PRÉDISPOSITION, s. f. (prédicepôzicion), disposition à contracter certaines maladies.

PRÉDIT, E, part. pass. de prédire.

PRÉDOMINANCE, s. f. (prédominance), action de ce qui prédomine.

PRÉDOMINANT, E, adj. (prédominan, ante), qui prédomine.

PRÉDOMINÉ, E, part. pass. de prédominer.

PRÉDOMINER, v. n. (prédominé), prévaloir, exceller, s'élever au dessus.

PRÉÉMINENCE, s. f. (pré-éminance) (præeminentia), prérogative, supériorité.

PRÉÉMINENT, E, adj. (pré-éminan, ante) (præeminens), qui excelle au-dessus.

PRÉÉTABLI, E, part. pass. de préétablir.

PRÉÉTABLIR, v. a. (pré-établir), établir d'abord.

PRÉEXISTANT, E, adj. (pré-èguezicetan, ante), qui existe avant un autre.

PRÉEXISTENCE, s. f. (pré-èguezicetance), existence antérieure à une autre.

PRÉEXISTÉ, E, part. pass. de préexister.

PRÉEXISTER, v. n. (pré-èguezicelé) (præ, avant, et existere, exister), exister avant.

PRÉFACE, s. f. (préface) (præ, avant, et fari, parler), avertissement qu'on met à la tête d'un livre; préambule; partie de la messe.

PRÉFECTURE, s. f. (préfékture) (præfectura), dignité de préfet; l'hôtel où il demeure; sa juridiction; ses bureaux.

PRÉFÉRABLE, adj. des deux g. (préférable), qui doit être préféré.

PRÉFÉRABLEMENT, adv. (préférableman), par préférence.

PRÉFÉRÉ, E, part. pass. de préférer.

PRÉFÉRENCE, s. f. (préférance), choix d'une personne ou d'une chose plutôt que d'une autre.

PRÉFÉRER, v. a. (préféré) (præferre), donner l'avantage à...; aimer mieux.

PRÉFET, s. m. (préfè) (præfectus), magistrat qui administre un département; autrefois, inspecteur des études d'un collège.

PRÉFINI, E, part. pass. de préfinir.

PRÉFINIR, v. a. (préfinir) (præfinire), t. de pal., fixer un terme, un délai.

PRÉFIX, E, adj. (préfikce) (præfixus), t. de pal., déterminé, conclu, arrêté.

PRÉFIXION, s. f. (préfikcion), t. de pal., détermination.

PRÉJUDICE, s. m. (préjudice) (præjudicium), tort, dommage.

PRÉJUDICIABLE, adj. des deux g. (préjudiciable), qui porte préjudice; nuisible.

PRÉJUDICIAUX, adj. m. pl. (préjudició) (præjudicialis), t. de pal., se dit des frais de procédure qu'on doit rembourser avant de se pourvoir contre un jugement.

PRÉJUDICIEL, ELLE, adj. (préjudicièle) (præjudicialis), se dit d'une question qui doit être jugée avant la question principale.

PRÉJUDICIER, v. n. (préjudicié) (præjudicare), porter préjudice; nuire; faire tort.

PRÉJUGÉ, s. m (préjujé) (præjudicium), marque, signe de ce qui arrivera; précédent; opinion adoptée sans examen.

PRÉJUGÉ, E, part. pass. de préjuger.

PRÉJUGER, v. a. (préjujé) (præjudicare), rendre un jugement interlocutoire; prévoir par conjecture; décider sans examen.

se PRÉLASSER, v. pr. (ceprélacé), affecter l'air grave, la dignité d'un prélat.

PRÉLAT, s. m. (préla) (prælatus), porté au-dessus des autres), celui qui a une dignité considérable dans l'église.

PRÉLATION, s. f. (prélácion) (prælatio), préférence), droit par lequel les enfants sont maintenus dans les charges de leurs pères.

PRÉLATURE, s. f. (prélature), qualité ou état de prélat.

PRÈLE, s. f. (prèle), plante vivace et marécageuse qui sert à polir.

PRÉLEGS, s. m. (prélègue) (prælegatum), legs qui doit être pris avant les autres.

PRÉLÉGUÉ, E, part. pass. de prélèguer.

PRÉLÉGUER, v. a. (prélégué) (prælegare), faire un ou plusieurs prélegs.

PRÉLEVÉ, E, part. pass. de prélever.

PRÉLÈVEMENT, s. m. (prélèveman), action de prélever.

PRÉLEVER, v. a. (prélevé), lever quelque somme sur la masse avant le partage.

PRÉLIMINAIRE, adj. des deux g. (préliminère) (præ, devant, et timen, seuil), qui précède la matière principale. — S. m., article préliminaire.

PRÉLIMINAIREMENT, adv. (préliminèreman), au préalable.

PRÉLIRE, v. a. (prélire), t. d'imprim., lire une première épreuve avant de l'envoyer à l'auteur. Inus.

PRÉLU, E, part. pass. de *prélire*.

PRÉLUDE, s. m. (*prélude*)(*præludium*), ce qu'on chante ou ce qu'on exécute pour se mettre dans le ton; *fig.* ce qui prépare à...

PRÉLUDER, v. n. (*préludé*) (*præludere*), faire des *préludes*; se préparer à...

PRÉMATURÉ, E, adj. (*prématuré*) (*præmaturus*), qui vient avant le temps.

PRÉMATURÉMENT, adv. (*prématuréman*) (*præmaturé*), d'une manière *prématurée*.

PRÉMATURITÉ, s. f. (*prématurité*) (*præmaturitas*), maturité avant le temps.

PRÉMÉDITATION, s. f. (*préméditácion*), action de *préméditer*.

PRÉMÉDITÉ, E, part. pass. de *préméditer*.

PRÉMÉDITER, v. a. (*prémédité*) (*præmeditari*), méditer d'avance.

PRÉMICES, s. f. pl. (*prémice*) (*primitiæ, arum*), premiers fruits, etc.

PREMIER, IÈRE, s. et adj. (*premiè, ière*) (*primus*), nombre ordinal; qui précède tous les autres; qui est en avant; le plus excellent.

PREMIÈREMENT, adv. (*premièreman*), en *premier* lieu.

PREMIER-NÉ, s. m. (*premiéné*), qui est *né* le *premier*; l'aîné.

PRÉMISSES, s. f. pl. (*prémice*) (*præ*, devant, et *missus*, envoyé), les deux premières propositions d'un syllogisme.

PRÉMONTRÉ, s. m. (*prémontré*), ordre religieux sous la règle de saint Augustin.

PRÉMOTION, s. f. (*prémôcion*)(*præmotio*), action de Dieu sur la créature.

PRÉMUNI, E, part. pass. de *prémunir*.

PRÉMUNIR, v. a (*prémunir*) (*præmunire*), munir par précaution.

PRENABLE, adj. des deux g. (*prenable*), qui peut être pris.

PRENANT, E, adj. (*prenan, ante*), qui *prend*.

PRENDRE, v. a. (*prandre*)(*prehendere*), saisir; tirer à soi; mettre en sa main; voler; s'emparer de...; arrêter; attaquer; surprendre; manger, boire, avaler, contracter; recevoir; tirer de...; ôter; se charger de...; choisir; entendre; concevoir; affecter; adopter.—V. n, *prendre* racine; s'attacher; se figer, se glacer; *fig.* réussir. — V. pr., s'accrocher à...; commencer à...; se figer; être employé.

PRENEUR, EUSE, s. (*prencur, euse*), qui *prend*.

PRÉNOM, s. m. (*prénon*) (*prænomen*), nom qui précède le *nom* de famille.

PRÉNOTION, s. f. (*prénôcion*) (*prænotio*), connaissance avant l'examen.

PRÉOCCUPATION, s. f. (*pré-okupácion*) (*præoccupatio*), prévention d'esprit; état d'un esprit trop *occupé* d'un seul objet.

PRÉOCCUPÉ, E, part. pass. de *préoccuper*, et adj., trop fortement *occupé*.

PRÉOCCUPER, v. a. (*pré-okupé*) (*præoccupare*), occuper fortement l'esprit; prévenir l'esprit de quelqu'un.

PRÉOPINANT, E, adj. et s. (*pré-opinan, ante*), qui a opiné avant un autre.

PRÉOPINER, v. n. (*pré-opiné*), opiner avant un autre.

PRÉPARANT, adj. m. (*préparan*), t. d'anat., se dit des vaisseaux qui servent à la *préparation* de la semence.

PRÉPARATIF, s. m. (*préparatif*), apprêt.

PRÉPARATION, s. f. (*préparácion*), action de *préparer* ou de se *préparer*.

PRÉPARATOIRE, adj. des deux g. (*préparatoare*), qui *prépare*.

PRÉPARÉ, E, part. pass. de *préparer*.

PRÉPARER, v. a. (*préparé*) (*præparare*), arrêter, disposer, mettre en état de...

PRÉPONDÉRANCE, s. f. (*prépondérance*), supériorité d'autorité, de crédit.

PRÉPONDÉRANT, E, adj. (*prépondéran, ante*) (*præ*, et *ponderare*, peser), qui a plus de poids qu'un autre.

PRÉPOSÉ, E, part. pass. de *préposer*, adj. et s, commis.

PRÉPOSER, v. a. (*préposé*) (*præponere*), commettre, charger du soin de...

PRÉPOSITIF, IVE, adj. (*prépozitif, ive*) (*præpositivus*), t. de gramm., qui sert à être mis avant ou à la tête d'un mot.

PRÉPOSITION, s. f. (*prépozicion*) (*præpositio*), t. de gramm., mot indéclinable qui se met devant le nom qu'il régit.

PRÉPUCE, s. m. (*prépuce*) (*præputium*), peau qui couvre l'extrémité du membre viril.

PRÉROGATIVE, s. f. (*prérogative*) (*prærogativa*), avantage attaché à une dignité.

PRÈS, (*pré*) (*pressum*, pour *proximè*), prép. qui marque proximité de lieu ou de temps; presque, environ.

PRÉSAGE, s. m. (*prézaje*) (*præsagium*), augure, signe de l'avenir; conjecture.

PRÉSAGÉ, E, part. pass. de *présager*.

PRÉSAGER, v. a. (*prézajé*) (*præsagire*), annoncer une chose future; conjecturer.

PRESBYTE, s. m. et f. (*précebite*) (πρεσβυς), vieillard, et ωψ, œil), qui ne voit que de loin.

PRESBYTÉRAL, E, adj. (*précebitérale*) (*presbyter*, prêtre), qui appartient à la prêtrise.—Au pl. m. *presbytéraux*.

PRESBYTÈRE, s. m. (*précebitère*) (*presbyterium*), maison du curé dans une paroisse.

PRESBYTÉRIANISME, s. m. (*précebitérianicme*), système, secte des *presbytériens*.

PRESBYTÉRIEN, IENNE, s. et adj. (*précé-*

bitérien, iène) (πρισ́ύτερος, prêtre), protestant d'Angleterre.

PRESCIENCE, s. f. (prèciance) (præscientia), connaissance de ce qui doit arriver.

PRESCRIPTIBLE. adj. des deux g. (prècekripetible), qui peut se prescrire.

PRESCRIPTION, s. f. (prèceskripecion)(præscriptio), manière d'acquérir la propriété d'une chose, quand on l'a possédée pendant un temps déterminé par la loi; précepte.

PRESCRIRE, v. a. (prècekrire)(præscribere), ordonner.—V. n., acquérir par prescription.—V. pr., se perdre par prescription.

PRÉSÉANCE, s. f. (prècé-ance) (præ, au-dessus, et sedere. s'asseoir), droit de prendre place au-dessus de quelqu'un et de le précéder.

PRÉSENCE, s. f. (prézance) (præsentia), existence dans un lieu marqué. — Présence d'esprit, promptitude de jugement.

PRÉSENT, s. m. (prézan), tout ce qu'on donne par pure libéralité; don.

PRÉSENT, E, adj. (prézan, ante) (præsens), qui est dans le temps où nous sommes, ou dans le lieu dont on parle.—Subst. au m., le temps présent; le premier temps de chaque mode d'un verbe.

PRÉSENTABLE, adj. des deux g. (prèsantable), qu'on peut présenter.

PRÉSENTATEUR, TRICE, s. (prézantateur, trice), qui avait le droit de présenter à un bénéfice.

PRÉSENTATION, s. f. (prézantâcion), action de présenter.

PRÉSENTÉ, E, part. pass. de présenter.

PRÉSENTEMENT, adv. (prézanteman), à présent, maintenant.

PRÉSENTER, v. a. (prézanté) (præsentare), offrir; désigner; mettre sous les yeux; exposer; introduire en présence de...

PRÉSERVATEUR, TRICE, s. et adj. (prézèrevateur, trice), qui préserve, qui garantit.

PRÉSERVATIF, IVE, adj. (prèsèrevatif, ive), qui a la vertu de préserver. — On l'emploie subst. au m.

PRÉSERVÉ, E, part. pass. de préserver.

PRÉSERVER, v. a. (prézèrevé) (præ, par avance, et servare, conserver), garantir de...

PRÉSIDÉ, E, part. pass. de présider.

PRÉSIDENCE, s. f. (prézidance), action, droit de présider; fonction de président.

PRÉSIDENT, s. m. (prézidan) (præsidens), qui préside à une assemblée.

PRÉSIDENTE, s. f. (prézidante), celle qui préside; femme d'un président.

PRÉSIDER, v. a. et n. (prézidé) (præsidere, s'asseoir au-dessus), occuper la première place dans une assemblée; surveiller; diriger.

PRÉSIDES, s. f. pl. (prézide), lieux de déportation chez les Espagnols.

PRÉSIDIAL, s. m. (prézidial), sorte d'ancienne juridiction.

PRÉSIDIALEMENT, adv. (prézidialeman): juger présidialement, sans appel.

PRÉSOMPTIF, IVE, adj. (prézonpetif, ive) (præsumptivus), se dit de l'héritier présumé.

PRÉSOMPTION, s. f. (prézonpecion) (præsumptio), conjecture; vanité; fatuité.

PRÉSOMPTUEUSEMENT, adv. (prézonpetueuzeman), avec présomption.

PRÉSOMPTUEUX, EUSE, s. et adj. (prézonpetueu, euze), qui a de la présomption.

PRESQUE, adv. (prèceke) (de l'italien pressochè), à peu près, peu s'en faut.

PRESQU'ÎLE, s. f. (prècekile), terre qui ne tient au continent que par un côté.

PRESSAMMENT, adv. (prècaman), d'une manière pressante. Peu us.

PRESSANT, E, adj. (prècan, ante), qui presse sans relâche; urgent; aigu et violent.

PRESSE, s. f. (prèce), foule; machine pour presser, pour imprimer ; l'imprimerie en général ; enrôlement des matelots ; pêche.

PRESSÉ, E, part. pass. de presser, et adj., empressé, désireux; qui a hâte; urgent.

PRESSENTI, E, part. pass. de pressentir.

PRESSENTIMENT, s. m. (prècantiman), sentiment secret de ce qui doit arriver; indice.

PRESSENTIR, v. a. (prècantir) (præsentire), avoir un pressentiment, prévoir confusément; tâcher de connaître.

PRESSER, v. a. (prècé) (premere), étreindre avec force; mettre en presse; hâter ; fig. solliciter; pousser vivement; harceler.—V. n., être urgent.

PRESSIER, s. m. (prècié), ouvrier d'imprimerie qui travaille à la presse.

PRESSION, s. f. (prècion) (pressio), action de presser.

PRESSIS, s. m. (prèci), suc ou jus exprimé de quelques viandes ou herbes.

PRESSOIR, s. m. (prèçoar), machine pour presser, pour pressurer.

PRESSURAGE, s. m. (prècuraje), action de pressurer; vin qui vient à force de pressurer.

PRESSURÉ, E, part. pass. de pressurer.

PRESSURER, v. a. (prècuré), presser des raisins, etc., pour en tirer la liqueur; fig. épuiser par des impôts.

PRESSUREUR, EUSE, s. (prècureur, euze), qui a la conduite du pressoir.

PRESTANCE, s. f. (prècetance) (præstantia), maintien imposant.

PRESTANT, s. m. (prècetan) (præstans, qui l'emporte sur...), jeu de l'orgue.

PRESTATION, s. f. (prècetâcion) (præstatio), action de prêter serment; redevance en nature, en argent.

PRESTE, adj. des deux g. (prècete) (de l'italien presto), prompt, agile.—Adv., vite.

PRESTEMENT, adv. (prèceteman), habilement, brusquement, à la hâte.

PRESTESSE, s. f. (prècetèce) (de l'italien prestezza), agilité, subtilité.

PRESTIDIGITATEUR, s. m. (prècetidijitateur) (de l'italien presto, vif, et du lat. digitus, doigt), escamoteur.

PRESTIGE, s. m. (prècetije)(præstigia, æ), illusion; fascination.

PRESTIGIEUX, EUSE, adj. (prècetijieu, euze), qui tient du prestige.

PRESTIMONIE, s. f. (prècetimoni) (præstimonia), fonds pour l'entretien d'un prêtre.

PRESTO, adv. (prècetô) (emprunté de l'italien), t. de mus., vite, promptement. —Au superlatif, prestissimo, très-vite.

PRESTOLET, s. m. (prècetolè), t. de dénigrement, ecclésiastique.

PRÉSUMABLE, adj. des deux g. (présumable), qui doit être présumé, à présumer.

PRÉSUMÉ, E, part. pass. de présumer.

PRÉSUMER, v. a. (prézumé) (præsumere), conjecturer, avoir opinion que...

PRÉSUPPOSER, v. a. (précupôzé), poser pour vrai, supposer préalablement.

PRÉSUPPOSITION, s. f. (précupôzicion), supposition préalable.

PRÉSURE, s. f. (prézure)(pressura), action de presser, ce qui sert à faire cailler le lait.

PRÊT, s. m. (prê), action de prêter; chose prêtée; solde des militaires.

PRÊT, E, adj. (prê, prête) (præsto esse, être présent), qui est en état de..., qui est disposé, préparé à...

PRETANTAINE, s. f. (pretantène) : courir la pretantaine, courir çà et là sans dessein.

PRÊTÉ, E, part. pass. de prêter.

PRÉTENDANT, E, s. (prétandan, ante), qui prétend, qui aspire à quelque chose.

PRÉTENDRE, v. a. (prétandre) (prætendere), réclamer comme un droit. — V. n., soutenir; avoir intention, vouloir; aspirer à...

PRÉTENDU, E, part. pass. de prétendre, et adj., faux, supposé.— S., celui, celle qui doit se marier. Fam.

PRÊTE-NOM, s. m. (prétenon), celui qui prête son nom à quelqu'un pour un bail, etc.

PRÉTENTIEUX, EUSE, adj. (prétancieu, euze), qui annonce des prétentions; affecté.

PRÉTENTION, s. f. (prétancion), droit que l'on a ou que l'on croit avoir de prétendre à...; espérance; fatuité; désir de briller.

PRÊTER, v. a. (prêté) (præstare), donner à condition qu'on rendra; attribuer. — V. n., s'étendre. — V. pr., consentir; se plier.

PRÉTÉRIT, s. m. (prétérite) (præteritum), inflexion du verbe par laquelle on marque le temps passé.

PRÉTÉRITION ou **PRÉTERMISSION**, s. f. (prétéricion) (præteritio), t. de rhét., omission feinte.

PRÉTEUR, s. m. (préteur) (prætor), t. d'antiq., magistrat romain.

PRÊTEUR, EUSE, s. (prêteur, euze), qui prête de l'argent.

PRÉTEXTE, s. m.(prétèkcete)(prætextum), cause simulée et supposée.— S. f. (prætexta), longue robe que portaient les enfants de qualité à Rome.

PRÉTEXTÉ, E, part. pass. de prétexter.

PRÉTEXTER, v. a. (prétèkceté), couvrir d'un prétexte; prendre pour prétexte.

PRÉTINTAILLE, s. f. (préteintâ-ie), ornement sur une robe; légers accessoires.

PRÉTINTAILLÉ, E, part. pass. de prétintailler, et adj.

PRÉTINTAILLER, v. a. (préteintâ-ié), mettre des prétintailles.

PRÉTOIRE, s. m. (prétoare) (prætorium), à Rome, tribunal, maison du préteur.

PRÉTORIEN, IENNE, adj. (prétoriein, iène) (prætorianus), du préteur. — Subst. au m., garde du préteur.

PRÊTRAILLE, s. f. (prétrâ-ie), t. injurieux appliqué aux prêtres.

PRÊTRE, s. m. (prêtre)(presbyter), ministre de la religion.

PRÊTRESSE, s. f. (prêtrèce), femme attachée au service d'une divinité païenne.

PRÊTRISE, s. f. (prétrize), ordre sacré par lequel un homme est fait prêtre.

PRÉTURE, s. f. (préture) (prætura), dignité du préteur.

PREUVE, s. f. (preuve) (probatio ou probâ), ce qui établit la vérité d'une proposition, d'un fait; marque, témoignage.

PREUX, adj. et s. m. (preu)(probus, homme d'honneur), brave, vaillant. Vieux.

PRÉVALOIR, v. n. (prévaloar) (prævalere), avoir, remporter l'avantage sur. — V. pr., tirer avantage de.

PRÉVARICATEUR, TRICE, s. (prévarikateur, trice) (prævaricator), qui prévarique.

PRÉVARICATION, s. f. (prévarikâcion) (prævaricatio), action de prévariquer.

PRÉVARIQUER, v. a. (prévarikié) (prævaricari), agir contre le devoir de sa charge.

PRÉVENANCE, s. f. (prévenance), manière obligeante de prévenir.

PRÉVENANT, E, adj. (prévenan, ante), qui prévient; agréable; gracieux.

PRÉVENIR, v. a. (prévenir) (prævenire), venir le premier; rendre de bons offices sans en être prié; anticiper; détourner; instruire; avertir d'avance; préoccuper.

PRÉVENTIF, IVE, adj. (prévantif, ive), qui prévient.

PRÉVENTION, s. f. (prévancion) (praeventio), préoccupation d'esprit; état d'un prévenu.

PRÉVENTIVEMENT, adv. (préventiveman), d'une manière préventive.

PRÉVENU, E, part. pass. de prévenir, adj. et s., accusé de.

PRÉVISION, s. f. (prevision) (praevisio), vue des choses futures; conjecture.

PRÉVOIR, v. a. (prévoar) (praevidere), juger par avance qu'une chose doit arriver.

PRÉVÔT, s. m. (prévó)(praepositus), titre de divers officiers; celui qui donne des leçons sous un maître d'armes, etc.

PRÉVÔTAL, E, adj. (prévôtale), qui concerne la juridiction du prévôt.

PRÉVÔTALEMENT, adv. (prévôtaleman), d'une manière prévôtale, sans appel.

PRÉVÔTÉ, s. f. (prévôté), dignité, fonction et juridiction des prévôts.

PRÉVOYANCE, s. f. (prévoè-iance), faculté ou action de prévoir.

PRÉVOYANT, E, adj. (prévoè-ian, ante), qui prévoit, qui a de la prévoyance.

PRIAPÉE, s. f. (pri-apé), poésie ou peinture obscène.

PRIAPISME, s. m. (priapicème), érection continuelle et douloureuse.

PRIÉ, E, part. pass. de prier.—S. m., invité à un festin.

PRIE-DIEU, s. m. (pridieu), pupitre où l'on s'agenouille pour prier Dieu.

PRIER, v. a. (pri-é) (precari), demander par grace; intercéder; inviter.

PRIÈRE, s. f. (pri-ère) (prex, precis), acte de religion; demande à titre de grace.

PRIEUR, s. m. (pri-eur) (prior), supérieur de certains monastères de religieux.

PRIEURE, s. f. (pri eure) (priorissa), religieuse supérieure d'un monastère de filles.

PRIEURÉ, s. m. (pri-euré; (prioratus), bénéfice ecclésiastique.

PRIMAGE, s. m. (primaje), avantage accordé à un capitaine de navire.

PRIMAIRE, adj. des deux g. (primère), qui est au premier degré en commençant.

PRIMAT, s. m. (prima) (primas, matis), prélat au-dessus des archevêques.

PRIMATIAL, E, adj. (primaciale), qui a pour chef un primat.

PRIMATIE, s. f. (primaci) (primatus), dignité, juridiction du primat.

PRIMAUTÉ, s. f. (primôté) (primatus), prééminence, premier rang.

PRIME, s. f. (prime) (prima), première des sept heures canoniales; jeu de cartes; prix de l'assurance; gratification accordée comme encouragement; t. d'escrime.—de PRIME abord, loc. adv., du ou au premier abord.

de **PRIME-SAUT**, loc. adv. (deprimeçô), tout d'un coup, subitement.

PRIMÉ, E, part. pass. de primer.

PRIMER, v. a. et n. (primé), tenir la première place; surpasser; devancer.

PRIME-SAUTIER, adj. m. (princeçotié), qui agit sans réflexion préalable. Vieux.

PRIMEUR, s. f. (primeur), première saison des fruits, etc.—Au pl., fruits précoces.

PRIMEVÈRE, s. f. (primevère), plante vivace.—S. m., printemps. Vieux.

PRIMICÉRIAT, s. m. (primicéria), qualité, dignité, office du primicier.

PRIMICIER, s. m. (primicié) (primicerius), qui a la première dignité d'un chapitre.

PRIMIDI, S. m. (primidi), premier jour de la décade dans le calendrier républicain.

PRIMIPILAIRE ou **PRIMIPILE**, s. m. (primipilère) (primus, premier, et pitum, javelot), le premier centurion chez les Romains.

PRIMITIF, IVE, adj. (primitif, ive) (primitivus), ancien; naissant; t. de gramm., se dit du mot radical dont se forment d'autres mots.

PRIMITIVEMENT, adv. (primitiveman), originairement, d'une manière primitive.

PRIMO, adv. (primô) (mot emprunté du latin), premièrement.

PRIMOGÉNITURE, s. f. (primojéniture) (primogenitus, premier-né), ainesse.

PRIMORDIAL, E, adj. (primordiale) (primordium, origine), premier et original.—Au pl. m. primordiaux.

PRIMORDIALEMENT, adv. (primordialeman), primitivement, originairement.

PRINCE, s. m. (preince), titre de dignité ou de souveraineté.

PRINCEPS, adj. f. (preincèpece) (mot tout latin), se dit de la première édition d'un auteur ancien.

PRINCERIE, s. f. (preinceri), dignité de prince ou de primicier.

PRINCESSE, s. f. (preincèce), fille ou femme de prince; souveraine d'un état.

PRINCIER, IÈRE, adj. (preincié, ière), de prince, de princesse.—S. m., primicier.

PRINCIPAL, s. m. (preincipal) (principium, commencement), ce qu'il y a de plus important; fonds capital d'une dette; fonds d'une affaire; directeur d'un collège.

PRINCIPAL, E, adj. (preincipale) (principalis), qui est le plus considérable en son genre.—Au pl. m. principaux.

PRINCIPALEMENT, adv. (preincipaleman), surtout; particulièrement.

PRINCIPALITÉ, s. f. (preincipalité), charge de principal de collège.

PRINCIPAUTÉ, s. f. (preincipôté), dignité, terre de prince.

PRINCIPE, s. m. (preintipe) (principium), source, origine, première cause.—Au pl., premières règles d'un art; maximes de conduite.

PRINCIPION, s. m. (preincipion), t. de mépris, petit prince.

PRINTANIER, IÈRE, adj. (prèintanié, ière), qui est du printemps.
PRINTEMPS, s. m. [preintan] (primum tempus, première saison), la première saison de l'année.
à PRIORI, loc. adv. (apri-ôri): démontrer à priori, d'après un principe évident.
PRIORITÉ, s. f. (pri-orité) (prior, premier), primauté en ordre de temps ou de rang.
PRIS, E, part. pass. de prendre, et adj.
PRISE, s. f. (prise), action de prendre; capture; moyen de prendre; querelle; combat; dose; pincée de tabac.
PRISÉ, E, part. pass. de priser, et adj.
PRISÉE, s. f. (prisé), prix qu'on met aux choses qui doivent être vendues à l'enchère.
PRISER, v. a. (prise), mettre le prix à...; estimer.—V. n., prendre du tabac par le nez.
PRISEUR, EUSE, s. (prizeur, euze), qui prend du tabac.—S. et adj. m., se dit du commissaire qui fait les prisées.
PRISMATIQUE, adj. des deux g. (pricematike), qui a la figure d'un prisme.
PRISME, s. m. (priceme)(πρισμα), polyèdre composé de deux bases égales et parallèles, unies par des parallélogrammes; verre ou crystal triangulaire qui décompose la lumière.
PRISON, s. f. (prizon) (en bas lat. prisio), lieu de détention.
PRISONNIER, IÈRE, s. (prizonié,ière), mis en prison; pris à la guerre.
PRIVATIF, IVE, adj. (privatif, ive) (privativus), t. de gramm., qui marque privation.
PRIVATION, s. f. (privâcion) (privatio), perte d'un bien, d'un avantage; abandon volontaire qu'on en fait; manque du nécessaire.
PRIVATIVEMENT, adv. (privativeman), exclusivement, à l'exclusion.
PRIVAUTÉ, s. f. (privôté), grandes familiarités.
PRIVÉ, s. m. (privé), lieux d'aisance.
PRIVÉ, E, part. pass. de priver, et adj., à qui il manque quelque chose; qui est simple particulier; apprivoisé; familier.
PRIVÉMENT, adv. (priveman), d'une manière privée, libre et familière.
PRIVER, v. a. (privé) (privare), ôter à quelqu'un ce qu'il possède ou doit posséder.
PRIVILÈGE, s. m. (priviléje) (privilegium), avantage accordé à quelqu'un à l'exclusion des autres; droit, prérogative.
PRIVILÉGIÉ, E, adj. et s. (priviléjié), qui jouit de quelque privilège.
PRIX, s. m. (pri) (pretium), valeur, estimation d'une chose; ce qu'une chose se vend; récompense.—Au prix de, en comparaison de...
PROBABILISME, s. m. (probabiliceme), doctrine de la probabilité.
PROBABILITÉ, s. f. (probabilité) (probabilitas), apparence de vérité.

PROBABLE, adj. des deux g. (probable) (probabilis), qui paraît fondé en raison
PROBABLEMENT, adv. (probableman), avec probabilité, vraisemblablement.
PROBANTE, adj. f. (probante) (probans, prouvant), qui prouve.
PROBATION, s. f. (probâcion) (probatio), temps du noviciat; épreuve.
PROBATIQUE, adj. f. (probatike) (προβατον, brebis), se dit de la piscine où on lavait les animaux destinés aux sacrifices.
PROBATOIRE, adj. des deux g. (probatoare) (probatorius), qui prouve.
PROBE, adj. des deux g. (probe) (probus), qui a de la probité; honnête, juste.
PROBITÉ, s. f. (probité) (probitas), droiture d'esprit et de cœur.
PROBLÉMATIQUE, adj. des deux g. (problématike), qui tient du problème; douteux.
PROBLÉMATIQUEMENT, adv. (problématikeman), d'une manière problématique.
PROBLÈME, s. m. (probléme) (προβλημα, proposition), question à résoudre; ce qui est difficile à concevoir, à débrouiller.
PROBOSCIDE, s. f. (probocecide) (προβοσκις), trompe d'un éléphant, d'un insecte.
PROCÉDÉ, s. m. (procédé), manière d'agir; démêlé; méthode.
PROCÉDER, v. n. (procédé) (procedere), s'avancer), provenir de..; agir; se comporter.
PROCÉDURE, s. f. (procédure), manière de procéder en justice; instruction judiciaire; actes de justice.
PROCÈS, s. m. (procè) (processus), instance devant un juge.
PROCESSIF, IVE, adj. (procécif, ive), qui aime les procès. Peu us.
PROCESSION, s. f. (procécion) (processio), cérémonie religieuse dans laquelle le clergé et le peuple marchent en ordre, en chantant des prières, etc.
PROCESSIONNAL, s. m. (procècional), recueil des prières chantées aux processions.
PROCESSIONNELLEMENT, adv. (procècionèleman), en procession.
PROCÈS-VERBAL, s. m. (procèvèrebal), rapport par écrit.
PROCHAIN, E, adj. (prochein, ène) (praximus), qui est proche. — Subst. au m., chaque homme en particulier ou tous les hommes en général.
PROCHAINEMENT, adv. (prochèneman), bientôt.
PROCHE, prép. (proche) (propè), près, auprès de.—Adv., auprès.
PROCHE, adj. des deux g. (proche) (proximus), voisin, qui est près de...—S. m., parent.
PROCHRONISME, s. m. (prokronicme) (προχρονις, antérieur), avance de date

PROCLAMATION, s. f. (*proklamácion*), action de *proclamer*; publication solennelle.
PROCLAMÉ, E, part. pass. de *proclamer*.
PROCLAMER, v. a. (*proklamé*) (*proclamare*), publier avec solennité.
PROCONSUL, s. m. (*prokonçule*) (*proconsul*), t. d'antiq., celui qui gouvernait une province romaine avec l'autorité de *consul*.
PROCONSULAIRE, adj. des deux g. (*prokonçulère*), propre au *proconsul*.
PROCONSULAT, s. m. (*prokonçula*), charge et dignité de *proconsul*.
PROCRÉATION, s. f. (*prokré-ácion*) (*procreatio*), génération.
PROCRÉÉ, E, part. pass. de *procréer*.
PROCRÉER, v. a. (*prokré-é*) (*procreare*), engendrer.
PROCURATEUR, s. m. (*prokurateur*) (*procurator*, agent), magistrat vénitien ou génois.
PROCURATION, s. f. (*prokurácion*) (*procuratio*), pouvoir d'agir en notre nom.
PROCURÉ, E, part. pass. de *procurer*.
PROCURER, v. a. (*prokuré*), faire obtenir; causer.
PROCUREUR, s. m. (*prokureur*) (*procurator*), celui qui est chargé d'une *procuration*; officier près d'un tribunal; avoué.
PROCUREUSE, s. f. (*prokureuze*), femme d'un *procureur*.
PRODIGALITÉ, s. f. (*prodigualité*) (*prodigalitas*), profusion, dépense excessive.
PRODIGE, s. m. (*prodije*) (*prodigium*), effet surprenant qui arrive contre le cours de la nature; tout ce qui excelle en son genre.
PRODIGIEUSEMENT, adv. (*prodijieuzeman*), d'une manière *prodigieuse*.
PRODIGIEUX, EUSE, adj. (*prodijieu, euze*) (*prodigiosus*), qui tient du *prodige*.
PRODIGUE, s. et adj. des deux g. (*prodigue*) (*prodigus*), qui dépense son bien en folles et excessives dépenses.
PRODIGUÉ, E, part. pass. de *prodiguer*.
PRODIGUER, v. a. (*prodigué*) (*prodigare*), donner avec profusion.
PRODITOIREMENT, adv. (*proditoareman*) (*proditor*, traître), t. de pal., en trahison.
PRODROME, s. m. (*prodrôme*) (προδρομος), préface; t. de méd., avant-coureur.
PRODUCTEUR, TRICE, s. et adj. (*produkteur, trice*), qui *produit*.
PRODUCTIF, IVE, adj. (*produktif, ive*), qui *produit*, qui rapporte.
PRODUCTION, s. f. (*produkcion*) (*productio*), action de *produire*; ouvrage.
PRODUIRE, v. a. (*produire*) (*producere*), donner naissance; procurer du revenu; faire, créer; exposer; introduire; être cause de...
PRODUIT, E, part. pass. de *produire*.
PRODUIT, s. m. (*produi*), ce que *produit* une terre, une charge, etc.

PROÉMINENCE, s. f. (*pro-éminance*) (*prominentia*), état de ce qui est *proéminent*.
PROÉMINENT, E, adj. (*pro-éminan, ante*) (*prominens*), qui est en relief.
PROFANATEUR, TRICE, s. (*profanateur, trice*), qui *profane* les choses saintes.
PROFANATION, s. f. (*profanácion*) (*profanatio*), action de *profaner*.
PROFANE, s. et adj. des deux g. (*profâne*) (*profanus*, loin du temple), qui est contre la révérence due aux choses saintes; non initié; ignorant, grossier.
PROFANÉ, E, part. pass. de *profaner*.
PROFANER, v. a. (*profané*) (*profanare*), employer les choses de la religion à des usages *profanes*; faire un mauvais usage.
PROFECTIF, IVE, adj. (*profektif, ive*) (*profectitius*), t. de pal., se dit du bien qui vient de nos parents ascendants.
PROFÉRÉ, E, part. pass. de *proférer*.
PROFÉRER, v. a. (*proféré*) (*proferre*), dire, prononcer quelques mots; articuler.
PROFÈS, FESSE, s. et adj. (*profè, fèce*) (*professus*, qui a promis), religieux, religieuse qui a fait ses vœux.
PROFESSE, s. et a. f. Voy. **PROFÈS**.
PROFESSÉ, E, part. pass. de *professer*.
PROFESSER, v. a. (*profécé*) (*profiteri*), faire profession de...; avouer; enseigner.
PROFESSEUR, s. m. (*proféceur*) (*professor*), celui qui enseigne un art, une science.
PROFESSION, s. f. (*profécion*) (*professio*), déclaration publique; état, métier.
ex **PROFESSO**, loc. adv. et toute latine (*èkceproféceco*), à fond, complètement.
PROFESSORAL, E, adj. (*proféçorale*), du *professorat*. — Au pl. m. *professoraux*.
PROFESSORAT, s m. (*proféçora*), emploi, état, condition de *professeur*.
PROFIL, s. m. (*profile*) (*filum*), trait, délinéation d'un objet vu de côté.
PROFILÉ, E, part. pass. de *profiler*.
PROFILER, v. a. (*profilé*), représenter en *profil*; faire le *profil* de...
PROFIT, s. m. (*profi*) (*profectus*), gain, avantage qu'on tire de quelque chose.
PROFITABLE, adj. des deux g. (*profitable*), utile, avantageux.
PROFITER, v. n. (*profité*) (*proficere*), faire un gain; tirer avantage de; être utile; servir; croître; avancer; faire du progrès.
PROFOND, E, adj (*profon, onde*) (*profundus*), très-creux; grand; difficile; savant.
PROFONDÉMENT, adv. (*profondéman*), bien avant, d'une manière *profonde*.
PROFONDEUR, s. f. (*profondeur*) (*profunditas*), étendue d'une chose considérée depuis la superficie jusqu'au fond; grandeur; impénétrabilité.
PROFUSÉMENT, adv. (*profuzéman*) (*profusè*), avec *profusion*.

PRO PRO 457

PROFUSION, s. f. (*profusion*) (*profusio*), excès de libéralité, de dépense.

PROGÉNITURE, s. f. (*projéniture*), les enfants. Vieux.

PROGNOSTIC, s. m. Voy. PRONOSTIC.

PROGNOSTIQUE, adj. Voy. PRONOSTIQUE.

PROGRAMME, s. m. (*proguerame*) (πρόγραμμα), placard, écrit pour annoncer, proposer, exposer quelque chose.

PROGRÈS, s. m. (*proguerè*) (*progressus*), avancement; accroissement.

PROGRESSIF, IVE, adj. (*proguerècif, ive*), qui avance.

PROGRESSION, s. f. (*proguerècion*) (*progressio*), mouvement qui porte en avant.

PROGRESSIVEMENT, adv. (*proguerèciveman*), d'une manière *progressive*.

PROHIBÉ, E, part. pass. de *prohiber*, et adj., qui est défendu.

PROHIBER, v. a. (*pro-ibé*) (*prohibere*), défendre, interdire.

PROHIBITIF, IVE, adj. (*pro-ibitif, ive*), qui *prohibe*, qui défend.

PROHIBITION, s. f. (*pro-ibicion*) (*prohibitio*), défense.

PROIE, s. f. (*proa*) (*præda*), ce que ravissent les animaux carnassiers; butin.

PROJECTILE, s. m. (*projèktile*) (*projicere*, lancer), corps lancé par une force quelconque; boulets, obus, etc.—Adj. des deux g., de *projection*.

PROJECTION, s. f. (*projèkcion*) (*projectio*), action de lancer un corps pesant; représentation faite sur un plan.

PROJECTURE, s. f. (*projèkture*) (*projectura*), t. d'archit, saillie.

PROJET, s. m. (*projè*) (*projectum*), entreprise, dessein; première pensée.

PROJETÉ, E, part. pass. de *projeter*.

PROJETER, v. a. et n. (*projeté*) (*projicere*, jeter en avant), former le *projet* de...; lancer, jeter en avant; tracer sur une surface.—V. pr., paraître en avant.

PROLÉGOMÈNES, s. m. pl. (*proléguomène*) (προλεγόμενα), longue préface.

PROLEPSE, s. f. (*prolèpce*) (πρόληψις, anticipation), figure de rhétorique par laquelle on réfute d'avance les objections.

PROLEPTIQUE, adj. des deux g. (*proléptike*) (προληπτικός, qui anticipe), se dit d'une fièvre qui redouble à chaque accès.

PROLÉTAIRE, s. m (*prolétère*) (*proletarius*), ouvrier; qui vit de son travail; qui ne possède rien.

PROLIFÈRE, adj. des deux g. (*prolifère*) *proles*, race, et *fero*, je porte), se dit d'une fleur qui en produit d'autres.

PROLIFIQUE, adj. des deux g. (*prolifike*) (*proles*, race, et *facio*, je fais), qui est propre pour la génération.

PROLIXE, adj. des deux g. (*prolikce*) (*prolixus*), diffus, trop long.

PROLIXEMENT, adv. (*prolikcemán*) (*prolixè*), avec *prolixité*.

PROLIXITÉ, s. f. (*prolikcité*) (*prolixitas*), longueur, diffusion du discours.

PROLOGUE, s. m. (*prologue*) (πρόλογος), préface; prélude d'une pièce de théâtre.

PROLONGATION, s. f. (*prolonguácion*), action de *prolonger*; temps ajouté.

PROLONGE, s. f. (*prolonje*), cordage qui sert à tirer le canon; voiture d'artillerie.

PROLONGÉ, E, part. pass. de *prolonger*.

PROLONGEMENT, s. m. (*prolonjeman*), continuation de quelque portion d'étendue.

PROLONGER, v. a. (*prolonjé*) (*prolongare*), faire durer plus long-temps; étendre.

PROMENADE, s. f. (*promenade*), action de se *promener*; lieu où l'on se *promène*.

PROMENÉ, E, part. pass de *promener*.

PROMENER, v. a. (*promené*) (*prominare*, conduire), mener çà et là. — V. pr., faire quelque *promenade*.

PROMENEUR, EUSE, s. (*promeneur, euze*) qui *promène*; qui se *promène*.

PROMENOIR, s. m. (*promenoar*), lieu disposé pour qu'on s'y promène.

PROMESSE, s. f. (*promèce*) (*promissio*), action de *promettre*; obligation par écrit.

PROMETTEUR, EUSE, s. (*prométeur, euze*), qui *promet* beaucoup et qui tient peu.

PROMETTRE, v. a. et n. (*promètre*) (*promittere*), donner parole de vive voix ou par écrit; assurer; présager.—V. pr., espérer.

PROMINENCE, s. f. (*prominance*) (*prominentia*), avancement. Vieux.

PROMINENT, E, adj. (*prominan, ante*), qui *promine*. Vieux.

PROMINER, v. n. (*prominé*) (*prominere*), s'élever au-dessus de quelque chose.

PROMIS, E, part. pass. de *promettre*, et adj.

PROMISCUITÉ, s. f (*promìceku-ité*) (*promiscuitas*), mélange, confusion.

PROMISSION, s. f. (*promicion*) : la *terre de promission*, la terre que Dieu avait *promise* au peuple hébreu

PROMONTOIRE, s m. (*promontoare*) (*promontorium*), terre qui avance dans la mer.

PROMOTEUR, TRICE, s. (*prométeur, trice*) (*promotor*, qui prend le soin d'une affaire; qui donne la première impulsion.

PROMOTION, s. f. (*promócion*) (*promotio*), élévation à une dignité

PROMOUVOIR. v. a (*promouvoar*) (*promovere*), élever à quelque dignité.

PROMPT, E, adj. (*pron, pronte*) (*promptus*), qui ne tarde pas long-temps; diligent; colère.

PROMPTEMENT, adv. (*pronteman*) (*promptè*), avec *promptitude*.

PROMPTITUDE, s. f. (*prontitude*) (*promptus*, prompt), célérité, vitesse; colère.

PRO

PROMU, E, part. pass. de *promouvoir*.
PROMULGATION, s. f. (*promulgácion*) (*promulgatio*), publication des lois.
PROMULGUÉ, E, part. pass. de *promulguer*.
PROMULGUER, v. a. (*promulgué*) (*promulgare*), publier avec les formalités requises.
PRONAOS, s. m. (*prona-ôce*), mot grec qui signifiait : vestibule. Inus.
PRONATEUR, s. et adj. m. (*pronateur*) (*pronare*, pencher), muscle de l'avant-bras.
PRONATION, s. f. (*pronácion*) (*pronare*, pencher), action de tourner la paume de la main vers la terre.
PRÔNE, s. m. (*prône*) (*praeconium*, proclamation), instruction chrétienne que fait un curé; sermon; remontrance.
PRÔNÉ, E, part. pass. de *prôner*.
PRÔNER, v. a. (*prôné*), vanter, louer avec exagération; faire de longs discours.
PRÔNEUR, EUSE, s. (*prôneur, euze*), qui loue avec excès; qui parle beaucoup.
PRONOM, s. m. (*pronon*) (*pronomen*), t. de gramm., mot qui tient la place d'un *nom*.
PRONOMINAL, E, adj. (*pronominale*), qui appartient au *pronom*; se dit d'un verbe qui se conjugue avec deux *pronoms* de la même personne —Au pl. m. *pronominaux*.
PRONOMINALEMENT, adv. (*pronominaleman*), d'une manière *pronominale*.
PRONONCÉ, E, part. pass. de *prononcer*, et adj., marqué, décidé.—Subst. au m., ce que le juge *prononce*.
PRONONCER, v. a. (*prononcé*) (*pronuntiare*), articuler les mots; réciter; déclarer; décider; marquer. —V. pr., se déclarer.
PRONONCIATION, s. f. (*prononciácion*) (*pronuntiatio*), articulation des mots; manière de réciter; action de *prononcer*.
PRONOSTIC, s. m. (*pronocetike*) (*prognôstikon*), conjecture sur ce qui doit arriver.
PRONOSTIQUE, adj. des deux g. (*pronocetike*), se dit des signes par lesquels on prévoit quelle sera l'issue d'une maladie.
PRONOSTIQUÉ, E, part. pass. de *pronostiquer*.
PRONOSTIQUER, v. a. (*pronocetikié*), faire un *pronostic*; prédire.
PRONOSTIQUEUR, EUSE, s. (*pronocetikieur, euze*), qui *pronostique*.
PROPAGANDE, s. f. (*propagande*), congrégation pour la *propagation* de la foi; association pour *propager* certains principes.
PROPAGANDISTE, s. m. (*propaguandicete*), membre d'une *propagande*.
PROPAGATEUR, TRICE, s. (*propagateur, trice*) (*propagator*), qui *propage*.
PROPAGATION, s. f. (*propaguácion*) (*propagatio*), multiplication; accroissement.
PROPAGÉ, E, part. pass. de *propager*.
PROPAGER, v. a. (*propajé*) (*propagare*), étendre, répandre, faire croître.

PRO

PROPENSION, s. f. (*propancion*) (*propensio*), pente naturelle; inclination, penchant.
PROPHÈTE, ÉTESSE, s. (*profète, étèce*) (προφήτης), qui prédit l'avenir.
PROPHÉTIE, s. f. (*proféci*) (προφητεία), prédiction; chose *prophétisée*.
PROPHÉTIQUE, adj. des deux g. (*profétike*) qui tient du *prophète*.
PROPHÉTIQUEMENT, adv. (*profétikeman*), d'une manière *prophétique*, en *prophète*.
PROPHÉTISER, v. a. (*profétisé*) (προφητεύειν), prédire l'avenir.
PROPHYLACTIQUE, s. et adj. des deux g. (*profilaktike*) (προφυλακτικη), hygiène.
PROPICE, adj. des deux g. (*propice*) (*propitius*), favorable.
PROPITIATION, s. f. (*propiciácion*) (*propitiatio*), sacrifice expiatoire.
PROPITIATOIRE, adj. des deux g. (*propitiatoare*) (*propitiatorius*), qui rend *propice*.
PROPOLIS, s. f. (*propolice*) (πρόπολις), cire rouge que les abeilles emploient pour boucher les fentes de leurs ruches.
PROPORTION, s. f. (*proporcion*) (*proportio*), convenance et rapport des parties entre elles et avec leur tout.—Au pl., dimensions.
PROPORTIONNALITÉ, s. f. (*proporcionalité*), ce qui rend *proportionnel*.
PROPORTIONNÉ, E, part. pass. de *proportionner*.
PROPORTIONNEL, ELLE, adj. (*proporcionèle*), qui est en *proportion*.
PROPORTIONNELLEMENT, adv. (*proporcionèleman*), avec *proportion*.
PROPORTIONNÉMENT, adv. (*proporcionéman*), en *proportion*.
PROPORTIONNER, v. a. (*proporcioné*), observer la *proportion* convenable.
PROPOS, s. m. (*propó*) (*propositum*, chose proposée), discours, entretien; paroles malignes; proposition; résolution.— *A propos*, loc. adv., convenablement.
PROPOSABLE, adj. des deux g. (*propôsable*), qui peut être *proposé*.
PROPOSANT, s m. (*propôzan*), jeune théologien de la religion réformée qui étudie pour être pasteur.—Adj. m., qui propose.
PROPOSÉ, E, part. pass. de *proposer*.
PROPOSER, v. a. (*propôzé*) (*proponere*), mettre en avant; offrir; promettre. — V. pr., avoir dessein de.
PROPOSITION, s. f. (*propôzicion*) (*propositio*), discours qui affirme ou qui nie; chose *proposée*; problème; conditions.
PROPRE, adj. des deux g. (*propre*) (*proprius*), qui appartient à quelqu'un; même; convenable; qui peut servir; qui a de la *propreté*; net; bienséant. — S. m., qualité particulière; attribut essentiel; *propriété*.

PROPREMENT, adv. (*propreman*), précisément; exactement; avec *propreté*.

PROPRET, ETTE, adj. (*proprè, ète*), qui a une *propreté* affectée. Fam.

PROPRETÉ, s. f. (*propreté*), netteté; qualité de ce qui est *propre*.

PROPRÉTEUR, s. m. (*propréteur*)(*propretor*), chez les Romains, celui qui avait été *prétaur* ou gouverneur d'une province.

PROPRIÉTAIRE, s. des deux g. (*propri-étère*)(*proprietarius*), qui possède en *propre*.

PROPRIÉTÉ, s. f. (*propri-été*)(*proprietas*), droit par lequel une chose appartient en *propre*; domaine; qualité particulière d'un corps.

PROPYLÉE, s. m. (*propilé*) (*πρωπυλαια*), vestibule d'un temple.

au PRORATA, loc. adv. (*óprorata*) (emprunté du lat.), à proportion.

PROROGATIF, IVE, adj. (*proroguatif, ive*), qui *proroge*.

PROROGATION, s. f. (*proroguácion*) (*prorogatio*), prolongation de temps.

PROROGÉ, E, part. pass. de *proroger*.

PROROGER, v. a. (*prorojé*) (*prorogare*), donner du temps; ajourner.

PROSAÏQUE, adj. des deux g. (*proza-ike*), qui tient trop de la *prose*.

PROSAÏSER, v. n. (*prosa-isé*), écrire en *prose*. Peu us.

PROSAÏSME, s. m. (*prosa-iceme*), défaut de poésie dans les vers.

PROSATEUR, TRICE, s. (*prosateur, trice*) (de l'italien *prosatore*), écrivain en prose.

PROSCÉNIUM, s. m. (*procceéniòme*)(*προσκηνιον*), la partie des théâtres anciens où les acteurs venaient jouer la pièce.

PROSCRIPTEUR, s. m. (*procekripteur*) (*proscriptor*), auteur de *proscriptions*.

PROSCRIPTION, s. f. (*procekripecion*) (*proscriptio*), action de *proscrire*.

PROSCRIRE, v. a. (*procekrire*) (*proscribere*), condamner sans forme judiciaire; chasser; défendre; abolir.

PROSCRIT, E, part. pass. de *proscrire*, et adj.—S. m., celui qui a été *proscrit*.

PROSE, s. f. (*próze*) (*prosa*), discours qui n'est pas assujéti à une certaine mesure.

PROSECTEUR, s. m. (*prosekteur*) (*secare*, couper), celui qui dissèque pour un professeur d'anatomie.

PROSÉLYTE, s. m. (*prozélite*) (*προσηλυτης*), nouveau converti; partisan.

PROSÉLYTISME, s. m. (*proséliticeme*), zèle de faire des *prosélytes*.

PROSODIE, s. f. (*prosodi*)(*προσωδια*), manière de prononcer chaque syllabe.

PROSODIQUE, adj. des deux g. (*prozodike*), qui appartient à la *prosodie*.

PROSOPOPÉE, s. f. (*prosopopé*) (*προσωποποιια*), figure de rhétorique qui consiste à faire parler une personne feinte ou un être inanimé.

PROSPECTUS, s. m. (*procepèktuce*) (*prospectus*, vue), programme dans lequel on annonce le prix, le format d'un livre, les conditions d'une entreprise, etc.

PROSPÈRE, adj. des deux g. (*procepère*)(*prosper*), favorable, heureux, propice.

PROSPÉRER, v. n. (*procepéré*) (*prosperari*), avoir la fortune favorable; réussir.

PROSPÉRITÉ, s. f. (*procepérité*)(*prosperitas*), bonheur; heureux état des affaires.

PROSTATE, s. m. (*procetate*) (*προστατης*, qui est placé devant), t. d'anat., corps glanduleux situé à la racine de la verge.

PROSTERNATION, s. f. (*procetèrénácion*), état de celui qui est *prosterné*.

PROSTERNÉ, E, part. pass. de *prosterner*.

PROSTERNEMENT, s. m. (*procetèreneman*), action de se *prosterner*.

se PROSTERNER, v. pr. (*ceprocetèrné*) (*prosternere*, abattre), se jeter à genoux.

PROSTHÈSE, s. f. (*procetèze*) (*προθεσις*), figure de grammaire qui consiste à ajouter une lettre au commencement d'un mot; en chir., addition d'une partie artificielle.

PROSTITUÉ, E, part. pass. de *prostituer*, et adj., dévoué lâchement.—Subst. au f., fille de mauvaise vie.

PROSTITUER, v. a. (*procetitué*) (*prostituere*), livrer à l'impudicité; avilir.

PROSTITUTION, s. f. (*procetitucion*)(*prostitutio*), abandonnement à l'impudicité.

PROSTRATION, s. f. (*procetrácion*), prosternation; affaiblissement.

PROSTYLE, s. et adj. m. (*procetile*) (*προστυλος*), temple qui n'avait de colonnes qu'à la face antérieure.

PROTAGONISTE, s. m. (*protagnoniste*) (*πρωτος*, premier, et *αγωνιστης*, combattant), t. d'antiq., principal personnage d'une tragédie.

PROTASE, s. f. (*protáze*) (*προτασις*, proposition), la partie d'un poème dramatique qui contient l'exposition du sujet.

PROTATIQUE adj. des deux g (*protatike*), se dit du personnage qui ne paraissait sur le théâtre qu'au commencement de la pièce.

PROTE, s. m. (*prote*) (*πρωτος*, le premier), t. d'imprim., celui qui, sous les ordres du maître, dirige et conduit les ouvrages.

PROTECTEUR, TRICE, s. et adj. (*protèkteur, trice*) (*protector*), qui *protège*.

PROTECTION, s. f. (*protèkcion*)(*protectio*), action de *protéger*; appui, secours.

PROTECTORAT, s. m. (*protèktora*), dignité de *protecteur*.

PROTÉE, s. m. (*proté*) (*πρωτευς*, premier), personnage mythologique; fig. homme qui change toujours de manières, etc.

PROTÉGÉ, E, part. pass. de *protéger*, adj. et s., personne *protégée* par une autre.

PROTÉGER, v. a. (*protéjé*) (*protegere*), donner *protection* à...; prêter secours.

PROTESTANT, E, s. et adj. (*protècetan, ante*), chrétien qui ne reconnaît pas l'autorité du pape.

PROTESTANTISME, s. m. (*protècetanticème*), croyance des églises *protestantes*.

PROTESTATION, s. f. (*protècetácion*) (*protestatio*), déclaration publique; assurance positive; acte par lequel on *proteste*.

PROTESTÉ, E, part. pass. de *protester*.

PROTESTER, v. n. (*protèceté* (*protestari*), assurer ou promettre positivement; déclarer qu'on s'oppose à...; faire un *protét*.

PROTÊT, s. m. (*protè*), acte par lequel le porteur d'un effet de commerce conserve son recours contre les endosseurs.

PROTHÈSE, s. f. Voy. PROSTHÈSE.

PROTOCANONIQUE, adj. des deux g. (*protokanonike*) (πρωτος, premier, et κανονικος, canonique), se dit des livres sacrés reconnus pour tels avant même qu'on eût fait des *canons*.

PROTOCOLE, s. m. (*protokole*) (πρωτος, premier, et κωλον, parchemin), procès-verbal d'une conférence diplomatique; formule pour dresser des actes publics.

PROTONOTAIRE, s. m. (*protonotère*) (πρωτος, premier, et *notarius*, notaire), officier de la cour de Rome.

PROTOSYNCELLE, s. m. (*protoceincèle*) (πρωτος, premier, et συγκελλος, camarade), vicaire d'un patriarche grec.

PROTOTYPE, s. m. (*prototipe*) (πρωτοτυπος), original, modèle.

PROTOXYDE, s. m. (*protokcide*), t. de chim., *oxyde* qui tient le moins d'oxygène.

PROTUBÉRANCE, s. f. (*protubérance*)(*protuberare*. s'élever), éminence.

PROTUTEUR, TRICE, s. (*protuteur, trice*) (*prolutor*), subrogé *tuteur*.

PROU, adv. (*prou*), assez, beaucoup. Vieux

PROUE, s. f. (*prou*) (*prora*), partie du vaisseau qui s'avance la première en mer.

PROUESSE, s. f. (*prou-èce*), action de *preux*, acte de valeur.

PROUVÉ, E, part. pass. de *prouver*.

PROUVER, v. a. (*prouvé*) (*probare*), établir la vérité d'une chose.

PROVÉDITEUR, s. m. (*provéditeur*) (*proveditor*), magistrat de la république de Venise.

PROVENANCE, s. f. (*provenance*), tout ce qui *provient* d'un pays étranger.

PROVENANT, E, adj. (*provenan, ante*), qui *provient*; qui dérive.

PROVENDE, s. f. (*provande*)(*prabere*, fournir), provision de vivres; mélange de grains qu'on donne aux brebis et aux moutons.

PROVENIR, v. n. (*provenir*) (*provenire*), procéder, dériver, émaner de...

PROVERBE, s. m.(*provèrebe*)(*proverbium*), maxime en peu de mots et devenue vulgaire; adage; petite comédie sur un proverbe.

PROVERBIAL, E, adj. (*provèrebiale*), qui tient du *proverbe*. — Au pl. m *proverbiaux*.

PROVERBIALEMENT, adv. (*provèrebialeman*), d'une manière *proverbiale*.

PROVIDENCE, s. f (*providance*) (*providentia*), la suprême sagesse par laquelle Dieu conduit toutes choses; appui.

PROVIDENTIEL, ELLE, adj. (*providancièle*), de la *providence*.

PROVIGNEMENT, s. m. (*provignieman*), action de *provigner*.

PROVIGNÉ, E, part. pass. de *provigner*.

PROVIGNER, v. a. (*provignié*), coucher en terre les brins d'un cep de *vigne*. — V. n., multiplier.

PROVIN, s. m. (*provein*), rejeton d'un cep de vigne qui a *provigné*.

PROVINCE, s. f. (*province*) (*provincia*), étendue de pays qui fait partie d'un grand état; se dit aussi par opposition à *capitale*.

PROVINCIAL, E, adj. et s (*proveinciale*), qui est de *province*; qui sent la *province*. — S. et adj. m., supérieur de plusieurs monastères du même ordre. — Au pl. *provinciaux*.

PROVINCIALAT, s. m. (*proveinciala*), charge de *provincial* chez les religieux.

PROVISEUR, s. m. (*provizeur*) (*provisor*), chef d'un collège royal.

PROVISION, s. f. (*provision*) (*provisio*), amas et fourniture des choses nécessaires et utiles ; droit de *pourvoir*; quantité. — Au pl, nomination. — *Par provision*, préalablement.

PROVISIONNEL, ELLE, adj.(*provizionèle*), qui se fait par *provision*, en attendant.

PROVISIONNELLEMENT, adv. (*provizionèleman*), par *provision*.

PROVISOIRE, adj. des deux g. (*provisoare*), préalable; temporaire.

PROVISOIREMENT, adv. (*provizoareman*), par *provision*; en attendant.

PROVISORAT, s. m. (*provisora*), dignité de *proviseur*.

PROVISORERIE, s. f. (*provizorèri*), office, emploi de *proviseur*.

PROVOCATEUR, TRICE, s. et adj. (*provokateur, trice*), qui *provoque*.

PROVOCATION, s. f (*provokácion*) (*provocatio*), action par laquelle on *provoque*.

PROVOQUÉ, E, part. pass. de *provoquer*.

PROVOQUER, v. a. (*provokié*) (*provocare*), inciter, exciter à...; causer.

PROXÉNÈTE, s. m. (*prokcénète*) (προξενητης, courtier), entremetteur.

PROXIMITÉ, s. f. (*prokcimité*) (*proximitas*), voisinage; parenté.

PRUDE, adj. des deux g. (*prude*) (*prudens*,

prudent), qui affecte un air sage, réglé, etc.—
S. f., femme prude.

PRUDEMMENT, adv. (prudaman) (prudenter), avec prudence.

PRUDENCE, s. f. (prudance) (prudentia), circonspection; vertu qui fait apercevoir et éviter les dangers et les fautes.

PRUDENT, E, adj. (prudan, ante)(prudens), qui a de la prudence.

PRUDERIE, s. f. (pruderi), affectation de sagesse; circonspection excessive.

PRUD'HOMIE, s. f. (prudomi), probité, sagesse dans la conduite. Vieux.

PRUD'HOMME, s. m. (prudome) (prudens, sage, et homo, homme), homme sage; expert.

PRUNE, s. f. (prune) (prunum), fruit à noyau.

PRUNEAU, s. m. (pruné), prune qu'on a fait sécher.

PRUNELAIE, s. f. (prunelè), lieu planté de pruniers.

PRUNELIER, s. m. (prunèlié), arbrisseau qui porte des prunelles.

PRUNELLE, s. f. (prunèle), prune sauvage; ouverture qui paraît noire dans le milieu de l'œil; étoffe de laine.

PRUNIER, s. m. (prunié) (prunus), arbre qui porte les prunes.

PRURIGINEUX, EUSE, adj. (prurijineu, euse), qui cause de la démangeaison.

PRURIT, s. m. (prurite) (prurigo), démangeaison vive; chatouillement agréable.

PRUSSIQUE, adj. des deux g. (prucike), se dit d'un acide tiré des substances animales.

PRYTANE, s. m. (pritane) (πρυτανις), magistrat athénien.

PRYTANÉE, s. m. (pritané) (πρυτανειν), vaste édifice d'Athènes; collège.

PSALLETTE, s. f. (peçalelète) (psallere, chanter), lieu où on élève les enfants de chœur.

PSALMISTE, s. m (peçalemicete)(psalmista), auteur de psaumes.

PSALMODIE, s. f. (peçalemodi) (ψαλμωδια), manière de chanter les psaumes.

PSALMODIER, v. n.(peçalemodié), réciter, chanter des psaumes.

PSALTÉRION, s. m. (peçaletérion) (ψαλτειν, jouer des instruments), instrument de musique à plusieurs cordes.

PSAUME, s. m.(peçôme), cantique sacré qui contient quelques prières à Dieu.

PSAUTIER, s. m. (peçôtié), recueil des psaumes de David.

PSEUDO (peçeudô)(ψευδης, faux), mot qui entre dans la composition de beaucoup de mots, et dans lesquels il signifie faux.

PSEUDONYME, s. et adj. des deux g. (peçeudonime) (ψευδης, faux, et ονμα, nom), qui a pris un nom faux et supposé.

PSORA, s. m. (peçora) (ψωρα), gale.

PSORIQUE, adj. des deux g. (peçorike); de la gale —S. m., remède contre la gale.

PSYCHÉ, s. f. (peciché), grande glace mobile que l'on peut incliner à volonté.

PSYCHOLOGIE, s. f. (pecikoloji) (ψυχη, âme, et λογος, discours), traité sur l'âme.

PSYCHOLOGIQUE, adj. des deux g. (pecikolojike), de la psychologie.

PSYCHOLOGISTE ou PSYCHOLOGUE, s. m.(pecikolojicete, logue), qui s'occupe de psychologie.

PSYLLE, s. m (pecile), charlatan qui apprivoise des serpents.

PTYALISME, s. m. (peti-alicème)(πτυαλιν, salive), salivation abondante.

PUAMMENT, adv. (puaman), avec puanteur.

PUANT, E, adj. (puan, ante), qui pue.

PUANTEUR, s. f. (puanteur) (putor), mauvaise odeur.

PUBÈRE, adj. des deux g. (pubère) (puber), qui a atteint l'âge de puberté.

PUBERTÉ, s. f. (puberté) (pubertas), état des garçons et des filles qui sont nubiles.

PUBESCENT, E, adj. (pubeçecan, ante) (pubescens), se dit des plantes garnies de poils.

PUBIEN, ENNE, adj. (pubiein, iène), qui appartient au pubis.

PUBIS, s. et adj. m. (pubice), os situé à la partie antérieure du bassin.

PUBLIC, IQUE, adj. (publike) (publicus), qui concerne tout un peuple; manifeste, notoire, connu de tout le monde; commun à tous. — Subst. au m., le peuple.

PUBLICAIN, s. m. (publikiein), chez les Romains, fermier des deniers publics.

PUBLICATION, s. f. (publikácion), action de publier.

PUBLICISTE, s. m. (publicicete), celui qui écrit ou fait des leçons sur le droit public.

PUBLICITÉ, s. f. (publicité), état de ce qui est à la connaissance du public; notoriété.

PUBLIÉ, E, part. pass. de publier.

PUBLIER, v. a. (publi-é)(publicare), rendre public; faire paraître; divulguer.

PUBLIQUEMENT, adv.(publikeman), d'une manière publique, avec publicité.

PUCE, s. f. (puce) (pulex, pulicis), insecte qui s'attache à la peau.

PUCEAU, s. m. (puçô) (pudicellus, dimin. de pudicus, chaste), garçon qui n'a jamais connu de femme.

PUCELAGE, s. m. (pucelaje), virginité; sorte de coquillage univalve. Fam. et libre.

PUCELLE, s. f. (pucèle) (pudicella, dimin. de pudica, chaste), vierge; sorte de poisson.

PUCERON, s. m. (puceron), genre d'insectes qui vivent en société sur les plantes.

PUDEUR, s. f. (pudeur) (pudor), chasteté; virginité; modestie; retenue.

PUDIBOND, E, adj. (pudibon, onde) (pudibundus), qui a de la pudeur.

PUDICITÉ, s. f. (pudicité) (pudicitia), chasteté.

PUDIQUE, adj. des deux g. (pudike) (pudicus), chaste, pur, honnête, modeste.

PUDIQUEMENT, adv. (pudikeman) (pudicè), d'une manière pudique.

PUER, v. n. et a. (pué) (putere), sentir mauvais ; infecter.

PUÉRIL, E, adj. (puérile) (puerilis), qui appartient à l'âge qui suit l'enfance.

PUÉRILEMENT, adv. (puérileman), d'une manière puérile.

PUÉRILITÉ, s. f. (puérilité) (puerilitas), discours, action d'enfant.

PUERPÉRALE, adj. f. (puèrepérale), t. de méd., se dit d'une fièvre de couches.

PUGILAT, s. m. (pujila) (pugilatus), combat à coups de poing.

PUINE, s. m. (puine), mort-bois. Vieux.

PUÎNÉ, E, adj. et s. (puiné) (des mots puis, ensuite, et né), né ou née depuis un de ses frères ou une de ses sœurs.

PUIS, adv. de temps (pui), ensuite, après.

PUISAGE, s. m. (puizaje), action de puiser.

PUISARD, s. m. (puisar), espèce de puits pour recevoir les eaux des combles.

PUISÉ, E, part. pass. de puiser.

PUISER, v. a. et n. (puizé), prendre de l'eau avec un vase, un seau, etc.

PUISQUE, conj. (puiceke), sert à marquer la cause, le motif pour lequel on agit.

PUISSAMMENT, adv. (puiçaman), d'une manière puissante; avec force, etc.; beaucoup.

PUISSANCE, s. f. (puicance) (potentia), pouvoir, autorité; force; domination; état souverain; nation; faculté.—Toute-puissance, puissance sans bornes.

PUISSANT, E, adj. (puiçan, ante) (potens), qui a beaucoup de pouvoir; robuste. — Tout-puissant, Toute-puissante, qui peut tout. — S. m., le Tout-puissant, Dieu.

PUITS, s. m. (pui) (puteus), trou profond fait exprès pour puiser de l'eau ; creux pour éventer les mines.—Puits artésien, puits formé par un trou de sonde.

PULLULER, v. n. (pululé) (pullulare), multiplier en abondance.

PULMONAIRE, adj. des deux g. (pulmonère) (pulmonarius), qui appartient au poumon.—S. f., plante ; espèce de mousse.

PULMONIE, s. f. (pulemoni) (pulmo, pulmonis, poumon). maladie du poumon

PULMONIQUE, adj. et s. des deux g. (pulemonike) (pulmonarius), malade du poumon.

PULPATION, s. f. (pulepâcion), action de réduire en pulpe.

PULPE, s. f. (pulepe) (pulpa), substance des fruits; pulpe des végétaux réduite en bouillie; partie molle du cerveau.

PULPER, v. a. (pulepé), réduire en pulpe.

PULPEUX, EUSE, adj. (pulepeu, euze) (pulposus), qui est composé de pulpe.

PULSATIF, IVE, adj. (pulecatif, ive) (pulsare, battre), se dit d'un battement douloureux.

PULSATION, s. f. (puleçâcion) (pulsatio), battement du pouls.

PULVÉRIN, s. m. (pulevérein) (pulvis, pulveris, poudre), poudre fine pour amorcer.

PULVÉRISATION, s. f. (pulevérizâcion), action de pulvériser; son effet.

PULVÉRISÉ, E, part. pass. de pulvériser.

PULVÉRISER, v. a. (pulevérizé) (pulvis, pulveris, poudre), réduire en poudre; détruire.

PULVÉRULENT, ENTE, adj. (pulevérulan, ante) (pulverulens), poudreux.

PUMICIN, s. m. (pumicein), huile de palme.

PUNAIS, E, adj. (punè, èze), qui rend par le nez une odeur infecte.—Il est aussi s. m.

PUNAISE, s. f. (punèze) (putere, puer), insecte puant.

PUNAISIE, s. f. (punèsi), maladie du punais.

PUNCH, s. m. (ponche), boisson composée d'eau-de-vie, de jus de citron et de sucre.

PUNI, E, part. pass. de punir.

PUNIQUE, adj. des deux g. (punike) (punicus), qui concerne les Carthaginois.

PUNIR, v. a. (punir) (punire), faire souffrir une peine pour une faute; châtier.

PUNISSABLE, adj. des deux g. (puniçable), qui mérite punition.

PUNISSEUR, EUSE, s. (puniceur, euze), qui punit, qui châtie.

PUNITION, s. f. (punicion) (punitio), peine par laquelle on punit.

PUPILLAIRE, adj. des deux g. (pupilèlère) (pupillaris), qui appartient au pupille.

PUPILLARITÉ, s. f. (pupilelarité), le temps qu'un enfant est pupille.

PUPILLE, s. des deux g. (pupile) (pupillus), enfant sous la conduite d'un tuteur.

PUPILLE, s. f. (pupile) (pupilla), prunelle de l'œil.

PUPITRE, s. m. (pupitre) (pupitum), meuble pour poser un livre, pour écrire.

PUR, E, adj. (pure) (purus), qui est sans mélange, sans tache, sans souillure; chaste; intègre ; véritable ; correct ; sans condition.

PUREAU, s. m. (puró), partie d'une tuile ou d'une ardoise qui est à découvert.

PURÉE, s. f. (puré), bouillie tirée des pois, des fèves, et autres légumes de cette espèce.

PUREMENT, adv. (pureman), d'une manière pure.

PURETÉ, s. f. (pureté), qualité par laquelle une chose est pure; chasteté.

PURGATIF, IVE, adj. (purgatif, ive) (purgativus), qui purge.—Il est aussi s. au m.

PURGATION, s. f. (purgâcion) (purgatio), évacuation procurée par un purgatif.

PURGATOIRE, s. m. (purguatoare) (purgatorium), lieu d'expiation.

PURGÉ, E, part. pass. de purger.

PURGER, v. a. (purjé) (purgare), purifier les humeurs du corps; délivrer; dégager.

PURIFICATION, s. f. (purifikácion) (purificatio), action de purifier; fête chrétienne.

PURIFICATOIRE, s. m. (purifikatoare) (purificatorius), linge avec lequel le prêtre essuie le calice après la communion.

PURIFIÉ, E, part. pass. de purifier.

PURIFIER, v. a. (purifié) (purificare), rendre pur; ôter ce qu'il y a d'impur.

PURIFORME, adj. des deux g. (puriforme) (pus, pus, et forma, forme), semblable à du pus.

PURISME, s. m. (puriceme), défaut de celui qui affecte trop la pureté du langage.

PURISTE, s. des deux g. (puricete), qui affecte la pureté du langage.

PURITAIN, E, s. et adj. (puritein, ène), presbytérien rigide d'Angleterre.

PURITANISME, s. m. (puritaniceme), doctrine des puritains.

PURPURIN, E, adj. (purpurein, ine), qui approche de la couleur de pourpre.

PURPURINE, s. f. (purpurine), bronze moulu qui s'applique à l'huile, au vernis.

PURULENCE, s. f. (purulance), qualité de ce qui est purulent; suppuration.

PURULENT, E, adj. (purulan, ante), mêlé de pus.

PUS, s. m. (pu) (pus, puris), sang ou matière corrompue dans les plaies, abcès, etc.

PUSILLANIME, adj. des deux g. (puzilelanime) (pusillanimis), trop timide.

PUSILLANIMITÉ, s. f. (puzilelanimité) (pusillanimitas), timidité excessive.

PUSTULE, s. f. (pucetule) (pustula), tumeur inflammatoire sur la peau.

PUSTULEUX, EUSE, adj. (puceluleu, euze), qui a la forme d'une pustule.

PUTATIF, IVE, adj (putatif, ive) (putativus), qui passe pour être ce qu'il n'est pas.

PUTOIS, s. m. (putoa), animal qui a la fourrure noire; sa fourrure.

PUTRÉFACTION, s. f. (putréfakcion), action par laquelle un corps se pourrit.

PUTRÉFAIT, E, adj (putréfè) (putrefactus), corrompu, infect, puant.

PUTRÉFIÉ, E, part. pass. de putréfier.

PUTRÉFIER, v. a. (putréfié) (putrefacere), corrompre, faire pourrir.

PUTRIDE, adj. des deux g. (putride) (putridus), pourri, corrompu, dissous.

PUTRIDITÉ, s. f. (putridité), état de ce qui est putride.

PYGMÉE, s. m. (piguemé)(πυγμαιις), nain, homme fort petit.

PYLÔNE, s. m. (pilône), grand portail.

PYLORE, s. m. (pilore) (πυλη, porte, et τηρω, je garde), orifice intérieur de l'estomac.

PYLORIQUE, adj. des deux g. (pilorike), qui a rapport au pylore.

PYRACANTHE, s. m. (pirakante) (πυρ, feu, et ακανθα, épine), plante.

PYRAMIDAL, E, adj. (piramidale), en forme de pyramide. — Au pl. m. pyramidaux.

PYRAMIDALE, s. f. (piramidale), plante qui s'élève très-haut et va en s'étrécissant.

PYRAMIDE, s. f. (piramide) (πυραμις), corps solide composé de triangles qui ont un même plan pour base, et dont les sommets se réunissent en un même point.

PYRAMIDER, v. n. (piramidé), être disposé, groupé en forme de pyramide.

PYRÈTHRE, s. m. (pirètre), espèce de camomille.

PYRIQUE, adj. des deux g. (pirike) (πυρ, πυρος, feu), qui concerne le feu.

PYRITE, s. f. (pirite) (πυριτης), combinaison de soufre avec un métal quelconque.

PYRITEUX, EUSE, adj (piriteu, euze), de la nature de la pyrite, qui en contient.

PYROLIGNEUX, EUSE, adj. (piroligueneu, euze) (πυρ, πυρος, feu, et lignum, bois), se dit d'un acide tiré des substances végétales par la distillation.

PYROMÈTRE, s. m. (piromètre) (πυρ, πυρος, feu, et μετρον, mesure), instrument pour mesurer les divers degrés du feu.

PYROPHORE, s. m. (pirofore) (πυρ, πυρος, feu, et φερω, je porte), poudre qui s'enflamme à l'air.

PYROTECHNIE, s. f. (pirotékni) (πυρ, feu, et τεχνη, art), art de se servir du feu, de faire des feux d'artifice.

PYROTECHNIQUE, adj. des deux g. (pirotéknike), qui tient à la pyrotechnie.

PYRRHIQUE, s. et adj. f. (pirerike) (πυρριχη), chez les anciens, danse militaire. — S. et adj. des deux g., pied de vers grec ou latin.

PYRRHONIEN, IENNE, s. et adj. (pireroniein, iène), secte de philosophes qui doutaient de tout.

PYRRHONISME, s. m. (pireroniceme); doctrine de Pyrrhon; affectation douter de tout.

PYTHAGORICIEN, IENNE, s. et adj. (pitaguoriciein, iène), secte d'anciens philosophes.

PYTHIE, s. f. (piti) (πυθια), prêtresse qui rendait des oracles à Delphes.

PYTHIEN, adj. m. (pitiein), myth., surnom d'Apollon.

PYTHIQUE, adj. des deux g. (pitike), se dit de jeux qui se célébraient à Delphes en l'honneur d'Apollon pythien.

PYTHONISSE, s. f. (pitonice) (πυθια, devin), la même prêtresse que la Pythie; sorcière.

PYURIE, s. f. (pi-uri) (πυρ, pus, et ουρεω, je pisse), pissement de pus.

Q, s. m. (prononcez *ke* et non pas *ku*), dix-septième lettre et treizième consonne de l'alphabet français.

QUADRAGÉNAIRE, adj. des deux g.(*kouadrajénère*) (*quadragenarius*), qui contient quarante unités. — S. et adj. des deux g., âgé de quarante ans.

QUADRAGÉSIMAL, E, adj. (*kouadrajésimale*) (*quadragesima*, carême), appartenant au carême.—Au pl. m. *quadragésimaux*.

QUADRAGÉSIME, s. f. (*kouadrajézime*) (*quadragesima*), premier dimanche de carême.

QUADRANGULAIRE, adj. des deux g. (*kouadrangulère*) (*quadrangularis*), qui a quatre angles.

QUADRAT. Voy. CADRAT. — Adj. m., t. d'astr. Voy. QUARTILE.

QUADRATIN. Voy. CADRATIN.

QUADRATRICE, s. f. (*kouadratrice*), courbe pour approcher de la *quadrature* du cercle.

QUADRATURE, s. f. (*kouadrature*) (*quadratura*), réduction géométrique de quelque figure curviligne à un *carré*.— T. d'horlog. Voy. CADRATURE.

QUADRIENNAL, adj Voy. QUATRIENNAL.

QUADRIFIDE, adj des deux g. (*kouadrifide*) (*quadrifidus*), divisé en quatre.

QUADRIGE, s. m. (*kouadrije*) (*quadriga*), t. d'antiq., char monté sur deux roues et attelé de *quatre* chevaux de front.

QUADRILATÈRE, adj. des deux g. et s. m.

(*kouadrilatère*) (*quadrilaterus*), qui a *quatre* côtés. ·

QUADRILLE, s. m. (*kadri-ie*), jeu de cartes; groupe de danseurs. — S. f., troupe de chevaliers d'un même parti dans un carrousel.

QUADRINOME, s. m. (*kouadrinome*) (*quadrinus*, de quatre, et *νομη*, partie, t. d'algèb.), grandeur composée de *quatre* termes.

QUADRUMANE, adj des deux g. et s. m. (*kouadrumane*) (*quadrinus*, de quatre, et *manus*, main), se dit des animaux qui ont les pieds comme des mains d'hommes.

QUADRUPÈDE, adj. des deux g. et s. m. (*kouadrupède*) (*quadrupes, pedis*), se dit des animaux à quatre pieds.

QUADRUPLE, adj. des deux g. (*kouadruplé*) (*quadruplex*), quatre fois aussi grand. — S. m. (*quadruplum*), quatre fois autant; monnaie d'or d'Espagne.

QUADRUPLÉ, E, part. pass. de *quadrupler*.

QUADRUPLER, v. a. (*kouadruplé*)(*quadruplicare*), prendre quatre fois le même nombre. — V. n., être augmenté au *quadruple*.

QUAI, s. m. (*kiè*) (du vieux lat. *caiare*, arrêter), chaussée le long d'une rivière, etc.; rivage d'un port de mer.

QUAICHE, s. m.(*kièche*), petite embarcation à un pont.

QUAKER, QUAKERESSE, s. (*kouakre, krèce*) (de l'anglais *quaker*, trembleur), secte religieuse en Angleterre.

QUALIFICATEUR, s. m. (*kalifikateur*), titre de certains théologiens de Rome.

QUALIFICATIF, IVE, adj. (*kalifikatif, ive*), qui *qualifie*.

QUALIFICATION, s. f. (*kalifikâcion*), attribution d'une *qualité*, d'un titre.

QUALIFIÉ, E, part. pass. de *qualifier*, et adj., qui a quelque titre.

QUALIFIER, v. a. (*kalifié*), marquer la *qualité* d'une chose, d'une personne.

QUALITÉ, s. f. (*kalité*) (*qualitas*), ce qui fait qu'une chose est telle ou telle, bonne ou mauvaise, etc.; inclination; titre; noblesse distinguée.

QUAND, adv. (*kan*) (*quando*), lorsque; dans le temps que; dans quel temps? — Conj., encore que, quoique, bien que, si.

QUANQUAM, s. m. (*kouankouame*) (mot lat. qui signifie *quoique*), harangue latine que prononçait un écolier à l'ouverture d'une thèse. Inus.

QUANQUAN. Voy. CANCAN.

QUANT À, adv., ou plutôt sorte de prép. (*kanta*) (*quantum*), pour ce qui est de...

QUANTES, adj. f. pl. (*kante*) (*quantus*): toutes et quantes fois, toutes les fois que. Fam.

QUANTIÈME, adj. des deux g. (*kantième*) (*quotus*), il désigne le rang, l'ordre numérique. — S. m., le *quantième* jour.

QUANTITÉ, s. f. (*kantité*) (*quantitas*) ce qui peut être mesuré ou nombré; abondance.

QUARANTAINE, s. f. (*karantène*, nombre de *quarante*; séjour dans un lazaret pour empêcher la contagion.

QUARANTE, adj. num. des deux g. (*karante*) (*quadraginta*), quatre fois dix.

QUARANTIE, s. f. (*karanti*), tribunal des *quarante*, à Venise.

QUARANTIÈME, s et adj. des deux g. (*karantième*) (*quadragesimus*), nombre ordinal de *quarante*

QUARRE, s. f. Voy. CARRE.

QUARRÉ, s. et adj. Voy. CARRÉ.

QUARRÉMENT, adv. Voy. CARRÉMENT.

QUARRER, v. a Voy. CARRER.

QUARRURE, s. f Voy. CARRURE.

QUART, s. m (*kar*) (*quarta*, sous-entendu *pars*), quatrième partie d'un tout. — *Quart de cercle*, instrument de mathématiques. — *Quart de rond*, sorte de moulure.

QUART, E, adj. (*kar, karte*), quatrième. — *Fièvre quarte*, dont les accès prennent tous les *quatre* jours.

QUARTAINE, adj. f.(*kartène*): *fièvre quartaine*, fièvre quarte.

QUARTAN, s. m. (*kartan*), quatrième année, en parlant d'un sanglier.

QUARTANIER, s. m. (*kartanié*), sanglier de quatre ans.

QUARTATION, s. f.(*kartâcion*), alliage d'un *quart* d'or avec trois *quarts* d'argent.

QUARTAUT, s. m. (*kartô*), vaisseau tenant le *quart* d'un muid.

QUARTE, s. f. (*karte*), mesure de deux pintes; soixantième partie d'une tierce; coup d'épée qu'on porte à son adversaire; t. de mus., intervalle de deux tons et demi.

QUARTENIER, s. m. Voy. QUARTINIER.

QUARTERON, s. m. (*karteron*), quatrième partie d'une livre, d'un cent.

QUARTERON, ONNE, s. (*karteron, one*), qui provient d'un blanc et d'une mulâtre, ou d'un mulâtre et d'une blanche.

QUARTIDI, s. m. (*kartidi*), quatrième jour de la décade républicaine.

QUARTIER, s. m. (*kartié*), quatrième partie de certaines choses; partie d'un tout; gros morceau; canton, division d'une ville; voisinage; grâce qu'on accorde aux vaincus; caserne; espace de trois mois; partie d'un soulier.

QUARTIER-MAÎTRE, s. m. (*kartiémètre*), caissier d'un régiment.

QUARTIER-MESTRE, s. m. (*kartiémècetre*), autrefois, maréchal-des-logis.

QUARTILE, adj. m. (*kouartile*): *quartile aspect*, aspect de deux planètes éloignées l'une de l'autre de la quatrième partie du zodiaque.

QUARTINIER, s. m. (*kartinié*), officier de ville chargé du soin d'un *quartier*.

in-QUARTO, s m. et adj. (*inkouartô*) livre dont les feuilles sont pliées en quatre.

QUARTZ, s. m. (*kouarteze*) (emprunté de l'allemand), pierre très-dure, fort pesante.

QUARTZEUX, EUSE, adj. (*kouarteze, euse*), de la nature du *quartz*.

QUASI, adv. (*kazi*) (mot purement lat.), presque. Fam.—S. m., morceau de cuisse de veau.

QUASI-CONTRAT, s m. (*kazikontra*), engagement contracté par le fait et sans écrit.

QUASI-DÉLIT, s. m. (*kazidéli*), dommage causé sans intention.

QUASIMODO, s. f. (*kazimodô*) (emprunté de l'italien), dimanche d'après Pâques.

QUATERNAIRE, adj. des deux g. (*katèrenère*) (quaternarius), de quatre unités.

QUATERNE, s. m. (*katèrene*), quatre numéros.

QUATORZAINE, s. f.(*katorzène*), t. de pal., espace de *quatorze* jours entre les criées.

QUATORZE, s. m. et adj. des deux g. (*katorze*) (quatuordecim), dix et *quatre*. — S. m., au jeu de piquet, quatre cartes de même valeur.

QUATORZIÈME, adj. et s. des deux g. (*katorzième*) (*quatuordecimus*), nombre ordinal de *quatorze*.

QUATORZIÈMEMENT, adv. (*katorzièmeman*), en *quatorzième* lieu.

QUATRAIN, s. m. (*katrein*), stance de quatre vers; quatre vers qui font partie d'un sonnet.

QUATRE, adj. numér. des deux g.(*katre*) (quatuor), deux fois deux, trois et un; quatrième.

QUATRE-TEMPS, s m pl (*katretan*), trois jours de jeûne dans chaque saison.

QUATRE-VINGTIÈME, adj. et s. des deux g.(*katreveintième*), nombre ordinal de *quatre-vingts*.

QUATRE-VINGTS, adj. num. des deux g. (*katrevein*), quatre fois vingt.

QUATRIÈME, adj. et s. des deux g. (*katrième*) (quartus), nombre ordinal de *quatre*. —S. m., *quatrième* étage. — S. f., *quatrième* classe; au jeu de piquet, quatre cartes qui se suivent.

QUATRIÈMEMENT, adv. (*katrièmeman*), en *quatrième* lieu.

QUATRIENNAL, E, adj. (*katriènenal*), qui dure *quatre* ans.—Au pl. m. *quatriennaux*.

QUATUOR, s. m. (*kouatu-or*) (mot lat.), morceau de musique à quatre parties.

QUAYAGE, s m (*kè-iaje*) droit qu'on paie pour avoir la liberté de vendre sur un *quai*.

QUE (*ke*), pron. relatif ou absolu des deux genres et des deux nombres, conjonction, etc.

QUEL, ELLE, adj. pron. (*kièle*) (qualis), il exprime la qualité des choses dont on parle.

QUELCONQUE, adj. pron. des deux g. (*kièlekonke*)(qualiscumque), nul, aucun, quel que ce soit, quel qu'il soit.

QUELLEMENT, adv. (*kièleman*): tellement quellement, ni bien ni mal. Fam.

QUELQUE, adj. des deux g. (*kièleke*)(quisquam), un ou une entre plusieurs; quel que soit le. Il sert aussi à indiquer une petite quantité. — Adv., environ, à peu près; à quelque point que...

QUELQUEFOIS, adv.(*kièlekefoè*), de fois à autre, parfois.

QUELQU'UN, E, S. (*kièlekieun, une*), un entre plusieurs, une personne.—Au pl., quelques-uns, quelques-unes.

QUÉMANDER, v. n. (*kièmandé*), mendier clandestinement.

QUÉMANDEUR, EUSE, s. (*kièmandeur, euse*), qui quémande.

QU'EN DIRA-T-ON, s. m. (*kandiraton*), propos que pourra tenir le public.

QUENOTTE, s. f. (*kenote*), dent de petit enfant. Fam.

QUENOUILLE, s. f. (*kenou-ie*), petite canne ou bâton qui sert à filer.

QUENOUILLÉE, s. f. (*kenou-ié*), laine nécessaire pour entourer la *quenouille*.

QUÉRABLE, adj. des deux g. (*kièrable*), se dit d'une rente que le créancier doit aller quérir (chercher). Inus.

QUERCITRON, s. m.(*kièrecitron*)(quercus, chêne, et *citrum*, citronnier), écorce d'un chêne de l'Amérique septentrionale.

QUERELLE, s. f. (*kerèle*)(*querela*, plainte), contestation, dispute avec aigreur.

QUERELLÉ, E, part. pass. de *quereller*.

QUERELLER, v. a. (*kerelé*), faire querelle à...; dire des paroles aigres et fâcheuses.

QUERELLEUR, EUSE, s. et adj. (*kerèleur, euse*), qui aime à quereller; hargneux.

QUÉRIMONIE, s. f. (*kuérimoni*)(querimonia), t. de droit canon, requête.

QUÉRIR, v. a. (*kièrir*) (quærere), chercher avec charge d'amener ou d'apporter.

QUESTEUR, s. m. (*kuèceteur*) (quæstor), magistrat de l'ancienne Rome; celui qui surveille les recettes et dépenses d'un corps.

QUESTION, s. f. (*kiècetion*) (quæstio), demande qu'on fait à une personne; difficulté, point sur lequel on dispute; torture qu'on donnait aux criminels pour leur arracher des aveux.

QUESTIONNAIRE, s. m. (*kiècetionère*) (*quæstionarius*), celui qui donnait la *question*.

QUESTIONNÉ, E, part. pass. de *questionner*.

QUESTIONNER, v. a. (*kiècetioné*), faire des questions; interroger, demander.

QUESTIONNEUR, EUSE, s. (*kiècetioneur, euse*), qui fait sans cesse des *questions*.

QUESTURE, s. f. (*kuèceture*) (quæstura), charge de *questeur*.

QUÊTE, s. f. (*kiète*) (quærere, chercher), action de chercher; collecte pour les pauvres; t. de mar., saillie de l'étrave et de l'étambord.

QUÊTÉ, E, part. pass. de *quêter*.

QUÊTER, v. a. (*kièté*), chercher; faire la *quête*; *fig.* mendier.

QUÊTEUR, EUSE, adj. et s. (*kièteur, euse*), qui fait une *quête*.

QUEUE, s. f. (*kieu*) (*cauda*), partie qui termine par derrière le corps de la plupart des animaux; plumes qui sortent du croupion des oiseaux; partie par laquelle les fleurs, les feuilles, les fruits tiennent aux arbres, aux plantes; bout, fin; file de gens; dernier rang; instrument du jeu de billard; sorte de futaille; pierre à aiguiser.

QUEUSSI-QUEUMI, adv. (*kieucikieumi*), de même, pareillement. Inus.

QUEUTER, v. a. (*kieuté*), au billard, pousser d'un seul coup les deux billes avec la *queue*.

QUEUX, s. m. (*kieu*) (*cos, cotis*), pierre à aiguiser; —(*coquus*), cuisinier. Vieux.

QUI (*ki*) (*qui, quœ, quod*), pron. relatif et absolu des deux g. qui se met pour *lequel*; on l'emploie aussi pour *quiconque*; il sert encore pour interroger, etc.

à QUIA, adv. emprunté du lat. (*akui-a*): mettre à quia, mettre hors d'état de répondre.

QUIBUS, s. m. (*kuibuce*) mot latin qui signifie pop. : de l'argent.

QUICONQUE, pron. indéfini mas. sing., sans pl. (*kikonke*) (*quicumque*), qui que ce soit.

QUIDAM, ANE, s. (*kuidame, ane*) mot lat. qui signifie *quelque, quelqu'un*). personne dont on ignore ou dont on n'exprime point le nom.

QUIDDITÉ, s. f. (*kuidedité*), essence; ce qu'une chose est en elle-même.

QUIESCENT, E, adj. (*kui-èceçan, ante*) (*quiescens*), t. de gramm. hébraïque, se dit de lettres qui ne se prononcent point

QUIET, E, adj. (*kui-è, èto*) (*quietus*), tranquille, calme. Vieux.

QUIÉTISME, s. m. (*kui-èticeme*), fausse spiritualité; sentiments des *quiétistes*.

QUIÉTISTE, s. et adj. des deux g. (*kui-èticte*) (*quietus*), qui fait consister toute la perfection chrétienne dans le repos ou l'inaction de l'âme.

QUIÉTUDE, s. f. (*kui-ètude*) (*quies*), tranquillité, repos.

QUIGNON, s. m. (*kignion*), gros morceau de pain. Pop.

QUILLAGE, s. m. (*ki-iaje*) : droit de *quillage*, droit de première entrée d'un navire.

QUILLE, s. f. (*ki-ie*) (κοιλος, profond), longue pièce de bois qui va de la poupe à la proue d'un vaisseau; morceau de bois façonné servant à un jeu fort connu.

QUILLER, v. n. (*ki-ié*), jeter chacun une *quille* pour voir ceux qui seront ensemble.

QUILLETTE, s. f. (*ki-iète*), brin d'osier que l'on plante.

QUILLIER, s. m. (*ki-ié*), espace dans lequel on range les neuf *quilles* ensemble.

QUINA. Voy. QUINQUINA.

QUINAIRE, s. m. (*kinère*) (*quinarius*), médaille du plus petit module.—Adj. des deux g., divisible par cinq.

QUINAUD, E; adj. (*kinô, ôde*), confus, honteux de n'avoir pas réussi. Vieux et inus.

QUINCAILLE, s. f. (*kieinkâ-ie*), toute sorte d'ustensiles de fer ou de cuivre.

QUINCAILLERIE, s. f. (*kieinkâ-ieri*), commerce, marchandise de *quincaille*.

QUINCAILLIER, s. m. (*kieinkâ-ié*), marchand de *quincaille*.

QUINCONCE, s. m. (*kieinkonce*)(*quincunx*), plant d'arbres en échiquier.

QUINDÉCAGONE, s. m. (*kueindékagone*) (*quinque*, cinq, δεκα, dix, et γωνα, angle), figure de quinze angles et de quinze côtés.

QUINDÉCEMVIRS, s. m. pl. (*kueindécemvir*) (*quindecim*, quinze, et *vir*, homme), t. d'antiq. romaine, officiers préposés à la garde des livres sibyllins, etc.

QUINE, s. m. (*kine*), au trictrac, deux cinq; cinq numéros.

QUININE, s. f. (*kinine*), substance extraite du *quinquina* jaune.

QUINOLA, s. m. (*kinola*), valet de cœur au revers.

QUINQUAGÉNAIRE, s. et adj. des deux g. (*kueinkouajénère*) (*quinquagenarius*), qui est âgé de cinquante ans.

QUINQUAGÉSIME, s. f. (*kueinkouajésime*) (*quinquagesima*), dimanche qui précède immédiatement le premier dimanche de carême.

QUINQUE, s. m. (*kueinkue*) (mot latin), morceau de musique à cinq voix.

QUINQUENNAL, E, adj. (*kueinkuènenale*) (*quinquennalis*), qui dure cinq ans. Au pl. m. *quinquennaux*.

QUINQUENNIUM, s. m. (*kueinkuèneni-ome*) mot latin qui signifie : cinq ans, cours d'étude de cinq ans, espace de cinq ans.

QUINQUENOVE, s. f. (*kueinkenôve*), jeu de dés à cinq et neuf points.

QUINQUERCE, s. m. (*kueinkuèrece*) (*quinquertium*), t. d'antiq., prix disputé à cinq sortes de combats différents.

QUINQUÉRÈME, s. f. (*kueinkuérème*) (*quinque*, cinq, et *remus*, rame), galère à cinq rangs de rames.

QUINQUET, s. m. (*kieinkiè*), sorte de lampe à un ou plusieurs becs.

QUINQUINA, s. m. (*kieinkina*), écorce amère d'un arbre du Pérou.

QUINT, adj. m. (*kiein*) (*quintus*), cinquième. —S. m., cinquième partie.

QUINTAINE, s. f. (*kieintène*), poteau fiché en terre, contre lequel on s'exerçait autrefois à courir avec la lance, à jeter des dards.

QUINTAL, s. m. (*kieintal*) (*centum*, cent), poids de cent livres.—Au pl. m. *quintaux*.

QUINTAN, s. m. (*kieintan*), mannequin sur un pivot.

QUINTANE, adj. f. (*kieintane*), se dit d'une fièvre qui revient tous les cinq jours.

QUINTE, s. f. (*kieinte*) (*quinta*, cinquième), en mus., intervalle de cinq degrés ; sorte de violon ; au piquet, suite de cinq cartes de la même couleur ; accès de toux ; *fig.* caprice, bizarrerie. — Adj. f. Voy. QUINTANE.

QUINTEFEUILLE, s. f. (*kieintefeu-ie*), plante vivace à cinq *feuilles* sur la même queue.

QUINTESSENCE, s. f. (*kieintèceçance*) (*quinta essentia*, cinquième essence), principe le plus subtil des corps; toute la vertu d'une chose; ce qu'elle renferme de plus excellent.

QUINTESSENCIÉ, E, part. pass. de *quintessencier*.

QUINTESSENCIER, v. a. (*kieintèceçancié*), tirer la *quintessence* d'une chose; raffiner.

QUINTETTE ou QUINTETTO, s. m. (*kueintète, tètetó*), morceau de musique à cinq parties. — Au pl., des *quintetti*.

QUINTEUX, EUSE, adj. (*kieinteu, euze*), fantasque, bizarre, capricieux, bourru.

QUINTIDI, s. m. (*kueintidi*), cinquième jour de la décade républicaine.

QUINTIL, E, adj. (*kueintile*) (*quintilis*), t. d'astr., *quintil aspect*, position de deux planètes éloignées l'une de l'autre de la cinquième partie du zodiaque.

QUINTUPLE, adj. des deux g. et s. m. (*kueintuple*) (*quintuplex*), cinq fois autant.

QUINTUPLÉ, E, part. pass. de *quintupler*.

QUINTUPLER, v. a. (*kueintuplé*), répéter cinq fois; multiplier cinq fois.

QUINZAIN, adj. m. (*kieinzein*), au jeu de paume : *être quinzain*, avoir chacun *quinze*.

QUINZAINE, s. f. (*kieinzène*), quinze unités; quinze jours.

QUINZE, adj. num. des deux g. (*kieinze*) (*quindecim*), trois fois cinq, dix et cinq.

QUINZIÈME, adj. et s. des deux g. (*kieinzième*) (*quindecimus*), nombre ordinal de *quinze*.

QUINZIÈMEMENT, adv. (*kieinzièmeman*), en *quinzième* lieu.

QUIPOS, s. m. (*kipó*) (du mot péruvien *quipu*, nouer), cordons noués qui servaient d'écriture aux Péruviens.

QUIPROQUO, s. m. (*kiprokó*) (du lat. *qui pro quo*, le nominatif *qui* au lieu de l'ablatif *quo*), méprise. Fam.

QUITTANCE, s. f. (*kitance*), acte par lequel le créancier reconnaît que son débiteur est *quitte* envers lui.

QUITTANCÉ, E, part. pass. de *quittancer*.

QUITTANCER, v. a. (*kitancé*), donner quittance au dos, en marge d'une obligation.

QUITTE, adj. des deux g. (*kite*) (*quietus*, tranquille), qui a fait ce qu'il devait faire ; qui a payé; qui est exempt et libéré.

QUITTEMENT, adv. (*kiteman*), exempt de toute dette, de toute hypothèque.

QUITTÉ, E, part. pass. de *quitter*.

QUITTER, v. a. (*kité*) (*quietare*, rendre tranquille), se séparer de quelqu'un ou se retirer de quelque lieu; se défaire de; abandonner; renoncer à ; laisser aller

QUITUS, s. m (*kuituce*), arrêté d'un compte définitif.

QUI VA LÀ! QUI VIVE! sorte d'exclamation (*kivala, kivive*), cris de la sentinelle lorsqu'elle entend du bruit.

QUOAILLER, v. n. (*koä-ié*), se dit du cheval qui remue toujours la queue.

QUOI, pron. relatif qui est aussi quelquefois absolu (*koè*) (*quid*), quelle chose? lequel, laquelle. — Sorte d'interj. qui sert à marquer l'étonnement, l'indignation, etc.

QUOIQUE, conj. (*koèke*), encore que, bien que.

QUOLIBET, s. m. (*kolibè*) (*quod libet*, ce qu'il vous plaira), mauvais jeu de mots, mauvaise pointe.

QUOTE-PART, s. f. (*kotepar*) (*quota pars*, quelle part?), part que chacun doit payer ou recevoir.

QUOTIDIEN, IENNE, adj. (*kotidiein, ièn*) (*quotidianus*), de chaque jour.

QUOTIENT, s. m. (*kocian*) (*quoties*), t. d'arithm., résultat de la division

QUOTITÉ, s. f. (*kotité*) (*quoties*), somme fixe à laquelle monte chaque *quote*-part.

R, s. m. (re, et non plus ère), dix-huitième lettre et quatorzième consonne de l'alphabet français.

RABÂCHAGE, s. m. (rabâchaje), défaut du discours de celui qui rabâche. Fam.

RABÂCHÉ, E, part. pass. de rabâcher.

RABÂCHER, v. a. et n. (rabâché), revenir souvent et inutilement sur ce qu'on a dit. Fam.

RABÂCHERIE, s. f. (rabâcheri), répétition fatigante, inutile.

RABÂCHEUR, EUSE, s. (rabâcheur, euse), qui rabâche.

RABAIS, s. m. (rabè), diminution de prix et de valeur.

RABAISSEMENT, s. m. (rabèceman), diminution.

RABAISSÉ, E, part. pass. de rabaisser.

RABAISSER, v. a. (rabècé), mettre plus bas; diminuer; fig. déprécier; humilier.

RABAT, s. m. (raba), ornement de toile qui se rabat des deux côtés sur la poitrine; coup du jeu de quilles; bout du toit d'un jeu de paume qui sert à rejeter la balle; t. de chasse, action de rabattre le gibier.

RABAT-JOIE, s. m. (rabajoè), ce qui trouble la joie; homme triste, ennemi de la joie.

RABATTRE, v. a. (rabatre), rabaisser, faire descendre; diminuer du prix; aplatir. — V. n., changer de direction.

RABATTU, E, part. pass. de rabattre.

RABBIN, s. m. (rabein) (mot hébreu qui signifie maître), docteur de la loi judaïque.

RABBINAGE, s. m. (rabinaje), étude des livres des rabbins.
RABBINIQUE, adj. des deux g. (rabinike), qui est particulier aux rabbins.
RABBINISME, s. m. (rabiniceme), doctrine des rabbins.
RABBINISTE s. m.(rabiniste), qui étudie, qui suit la doctrine des rabbins.
RABDOLOGIE, s. f. (rabedologi) (ραϐδος, baguette, et λογος, discours), calculs à l'aide de baguettes.
RABDOMANCE ou **RABDOMANCIE**, s. f. (rabedomance, ci) (ραϐδος, baguette, et μαντεια, divination), divination par des baguettes.
RABÊTI, E, part. pass. de rabêtir.
RABÊTIR, v. a. (rabêtir), rendre bête et stupide.—V. n., devenir bête. Pop.
RABIOLE, s. f.(rabiole), sorte de rave.
RÂBLE, s. m. (râble) (rapum, queue), partie du lièvre ou du lapin qui est depuis les côtes jusqu'aux cuisses ; crochet pour remuer la braise.
RÂBLU, E, adj. (râblu), qui est bien fourni de râble, en parlant d'un lièvre, etc.
RABONNI, E, part. pass. de rabonnir.
RABONNIR, v. a. (rabonir), rendre meilleur.—V. n., devenir meilleur.
RABOT, s. m. (rabô), outil de menuisier pour aplanir et polir le bois; outil de maçon.
RABOTÉ, E, part. pass. de raboter.
RABOTER, v. a. (raboté), rendre uni et poli avec le rabot.
RABOTEUR, s. m.(raboteur), ouvrier qui rabotte.
RABOTEUX, EUSE, adj. (raboteu, euze), qui a besoin d'être uni avec le rabot; inégal.
RABOUGRI, E, part. pass. de rabougrir, et adj., petit, mal conformé.
RABOUGRIR, v. n. (rabouguerir), mal venir, en parlant des arbres.
RABOUILLÈRE, s. f. (rabou-ière), trou où les lapins font leurs petits.
RABOUTI, E, part. pass. de raboutir.
RABOUTIR, v. a. (raboutir), mettre bout à bout quelques morceaux d'étoffe.
RABROUER, v. a. (rabrou-é), rebuter quelqu'un avec rudesse. Fam.
RACAHOUT, s. m. (raka-ou) (mot arabe), préparation de fécule.
RACAILLE, s. f. (raká-ie) (dimin. de race), la lie du peuple; chose de rebut.
RACCOMMODAGE, s. m. (rakomodaje), travail de celui qui raccommode.
RACCOMMODÉ, E, part. pass. de raccommoder.
RACCOMMODEMENT, s. m. (rakomodeman), réconciliation, renouvellement d'amitié.
RACCOMMODER, v. a. (rakomodé), remettre en bon état ; rajuster; corriger ; réparer; mettre d'accord.—V. pr., se réconcilier.

RACCOMMODEUR, EUSE, s. (rakomodeur euze), qui raccommode.
RACCORD, s. m. (rakor), liaison que l'on établit entre deux parties d'un ouvrage dont l'une est vieille et l'autre neuve.
RACCORDÉ, E, part. pass. de raccorder.
RACCORDEMENT, s. m. (rakordeman), action de faire des raccords.
RACCORDER, v. a. (rakordé), faire un raccord.
RACCOURCI, E, part. pass. de raccourcir, et adj., trop court ; abrégé. — S. m., abrégé ; effet de perspective.
RACCOURCIR, v. a. (rakourcir), rendre plus court ; fig. abréger ; faire moins durer.— V. n., devenir plus court.
RACCOURCISSEMENT, s. m. (rakourciceman), action de raccourcir; son effet.
RACCOUTRÉ, E, part. pass. de raccoutrer.
RACCOUTREMENT, s. m. (rakoutreman), action de raccoutrer; effet de cette action.
RACCOUTRER, v. a. (rakoutré), raccommoder; recoudre Vieux.
se **RACCOUTUMER**, v. pr. (cerakoutumé), reprendre une habitude.
RACCROC, s. m. (rakrô), au jeu, coup où il y a plus de bonheur que d'adresse.
RACCROCHÉ, E, part. pass. de raccrocher.
RACCROCHER, v. a.(rakroché), accrocher de nouveau.
RACE, s. f. (race), lignée, tous ceux qui viennent d'une même famille.
RACHAT, s. m. (racha), action de racheter, délivrance, rédemption.
RACHETABLE, adj. des deux g. (rachetable), qui peut se racheter.
RACHETÉ, E, part. pass. de racheter.
RACHETER, v. a. (racheté), acheter ce qu'on a vendu; délivrer en payant; compenser.
RACHIDIEN, IENNE, adj. (rachidiein, iène) (ραχις, épine du dos), qui a rapport à la colonne vertébrale.
RACHITIQUE, s. et adj. des deux g. (rachitike), affecté de rachitis.
RACHITIS, s. m. (rachitice) (ραχις, épine du dos), courbure de l'épine du dos.
RACHITISME, s. m. (rachiticeme), rachitis; maladie du blé.
RACINAGE, s. m. (racinaje), décoction propre pour la teinture.
RACINAL, s. m. (racinal), t. de charp., grosse pièce de bois qui sert au soutien des autres. — Au pl. racinaux.
RACINE, s. f. (racine) (radicula. dimin. de radix), partie chevelue par laquelle les plantes tiennent à la terre; plante dont ce qui est bon à manger vient en terre ; fig. principe; commencement; mot primitif.
RACK, s. m. Voy. ARACK.
RÂCLÉ, E, part. pass. de râcler.

RÂCLER, v. a. (râklé) (radiculare), râtisser; fig. jouer mal du violon.

RÂCLEUR, s. m. (râkleur), mauvais joueur de violon.

RÂCLOIR, s. m. (râkloar), instrument avec lequel on râcle.

RÂCLOIRE, s. f. (râkloare), planchette qui sert à râcler le dessus d'une mesure de grains.

RÂCLURE, s. f. (râkture), petites parties qu'on enlève en râclant.

RACOLAGE, s. m. (rakolaje), métier de racoleur.

RACOLÉ, E, part. pass. de racoler.

RACOLER, v. a. (rakolé), engager des hommes pour le service militaire.

RACOLEUR, EUSE, s. (rakoleur, euze), qui fait métier de racoler.

RACONTÉ, E, part. pass. de raconter.

RACONTER, v. a. (rakonté), conter, narrer une chose, soit vraie, soit fausse.

RACONTEUR, EUSE, s. (rakonteur, euze), qui a la manie de raconter.

RACORNI, E, part. pass. de racornir.

RACORNIR, v. a.(rakornir), donner la consistance de la corne; rendre dur et coriace. — V. pr., se retirer, se replier.

RACORNISSEMENT, s. m.(rakorniceman), état de ce qui est racorni.

se RACQUITTER, v. pr. (cerakité), regagner ce qu'on avait perdu.

RADE, s. f. (rade) (de l'allemand rand, rivage), espace de mer près de la côte, où les vaisseaux peuvent demeurer à l'abri du vent.

RADEAU, s. m. (radó) (ratis), assemblage flottant de pièces de bois.

RADÉ, E, part. pass. de rader.

RADER, v. a. (radé), mettre en rade; passer la radoire par-dessus la mesure de sel.

RADEUR, s. m (radeur), mesureur de sel.

RADIAL, E, adj. (radiale)(radius, rayon), où il y a des rayons; qui appartient au radius. — Au pl. m. radiaux.

RADIANT, E, adj. (radian, ante), qui envoie des rayons de lumière à l'œil.

RADIATION, s. f. (radiácion) (radiatio), émission de rayons; action de rayer; rature.

RADICAL, E, adj. (radikale) (radix, radicis, racine), qui est comme la racine, le principe de quelque chose. — Au pl. m. radicaux.

RADICALEMENT, adv. (radikaleman), jusqu'à la racine; dans la source.

RADICANT, E, adj. (radikan, ante) (radicans), qui jette des racines.

RADICULE, s. f. (radikule) (radicula), petite racine.

RADIÉ, E, adj. (radié): fleur radiée, dont les fleurons occupent le centre.

RADIER, s. m. (radié), grille de charpente.

RADIEUX, EUSE, adj (radieu, euze), rayonnant, brillant, qui répand des rayons

RADIOMÈTRE, s. m. (radiomètre)(radius, rayon, et μετρεω, mesure), instrument propre à observer sur mer les hauteurs des astres.

RADIS, s. m. (radi), espèce de raifort cultivé.

RADIUS, s. m. (radi-uce) (mot latin), l'un des os de l'avant-bras.

RADOIRE, s. f. (radoare), instrument qui sert à rader le sel.

RADOTAGE, s. m.(radotaje), discours sans suite et dénué de sens. Fam

RADOTER, v. n. (radoté) (en anglais to dote), tenir des discours dénués de sens.

RADOTERIE, s. f.(radoteri), extravagance qu'on dit en radotant. Fam.

RADOTEUR, EUSE, s. (radoteur, euse), qui radotte

RADOUB, s. m. (radoube), t. de mar., travail qu'on fait pour réparer un vaisseau.

RADOUBÉ, E, part. pass. de radouber.

RADOUBER, v. a. (radoubé), donner le radoub à un vaisseau.

RADOUCI, E, part. pass. de radoucir.

RADOUCIR, v. a. (radoucir), rendre plus doux; fig apaiser.

RADOUCISSEMENT, s. m. (radouciceman), action de se radoucir.

RAFALE, s. f. (rafale) (de l'italien refolo), t. de mar., augmentation subite du vent.

RAFFE Voy. BAFLE.

RAFFERMI, E, part. pass. de raffermir.

RAFFERMIR, v. a.(raferemir), rendre plus ferme, plus stable.

RAFFERMISSEMENT, s. m. (raferemiceman), affermissement.

RAFFINAGE, s. m. (rafinaje), action de raffiner le sucre.

RAFFINÉ, E, part. pass. de raffiner, adj. et s., subtil, fin, délicat; adroit, rusé.

RAFFINEMENT, s. m. (rafineman), trop grande subtilité; excès de recherche.

RAFFINER, v. a (rafiné), rendre plus fin, plus pur.— V. n., subtiliser.

RAFFINERIE, s. f. (rafineri), lieu où l'on raffine le sucre.

RAFFINEUR, EUSE, s. (rafineur, euze), qui raffine.

RAFFOLER, v. n. (rafolé), se passionner follement pour quelqu'un ou quelque chose.

RAFFOLIR, v. n. (rafolir), devenir fou.

RÂFLE, s. f. (râfle), grappe de raisin qui n'a plus de grains; t. du jeu de dés, — Faire râfle, enlever tout.

RÂFLÉ, E, part. pass de râfler.

RÂFLER, v. a. (râflé) (du lat. barbare rapulare), enlever, prendre, ravir. Fam.

RAFRAÎCHI, E, part. pass. de rafraîchir,

RAFRAÎCHIR, v. a. (rafrèchir), rendre frais; réparer; rogner; renouveler. — V. pr., devenir plus frais; boire un coup.

RAFRAÎCHISSANT, E, adj. (rafréchican, ante), qui rafraîchit, qui calme l'agitation.—Il est aussi s. au m.

RAFRAÎCHISSEMENT, s. m. (rafrèchiceman), ce qui *rafraîchit*.

RAGAILLARDI, E, part. pass. de *ragaillardir*.

RAGAILLARDIR, v. a. (ragua-iardir), redonner de la *gaieté*, rendre *gaillard*. Fam.

RAGE, s. f. (raje) (rabies), délire furieux; hydrophobie; violent transport de colère; violente douleur; violente passion; cruauté.

RAGOT, E, adj. et s (raguó. ote), court, petit.—S. m., bavardage, médisance.

RAGOÛT, s. m. (raguoû), mets apprêté pour irriter le *goût*, pour exciter l'appétit.

RAGOÛTANT, E, adj. (raguoûtan, ante), qui donne de l'appétit; qui *ragoûte*; qui flatte.

RAGOÛTÉ, E, part. pass. de *ragoûter*.

RAGOÛTER, v. a. (raguoûté), redonner du *goût*; remettre en appétit; exciter le désir.

RAGRAFÉ, E, part. pass de *ragrafer*.

RAGRAFER, v. a. (raguerafé), agrafer de nouveau.

RAGRANDI, E, part. pass. de *ragrandir*.

RAGRANDIR, v. a. (raguerandir), agrandir de nouveau.

RAGRÉÉ, E, part. pass. de *ragréer*.

RAGRÉER, v. a. (ragueré-é), unir les parements d'un mur; rajuster; réparer.

RAGRÉMENT, s. m. (ragueréman), action de *ragréer* ou effet de cette action.

RAGUÉ, E, adj. (ruguié), t. de mar., se dit d'un câble altéré, écorché.

RAÏA, s. m. (ra-ia), sujet de l'empire turc soumis à la capitation.

RAIDE et ses dérivés. Voy. ROIDE.

RAIE, s. f. (rè) (du bas lat. *radia*), trait tiré de long; ligne; poisson plat.

RAIFORT, s. m. (rèfor) (raphanus), rave sauvage et très piquante.

RAILLÉ, E, part. pass. de *railler*.

RAILLER, v. a. et n. (râ-ié) (ridiculum, raillerie), plaisanter quelqu'un; le tourner en ridicule.— V. n., badiner.

RAILLERIE, s. f. (râ-ieri); plaisanterie, action de *railler*.

RAILLEUR, EUSE, s. et adj. (râ-ieur, euze), qui aime la *raillerie*; plein de *raillerie*.

RAINE, RAINETTE, s. f. (rène, nèts)(rana), grenouille, sorte de grenouille. Vieux.

RAINETTE, s. f. (renète), sorte de pomme. Voy. REINETTE.

RAINURE, s. f. (rènure), entaillure faite en long; cavité légère d'un os.

RAIPONCE, s. f. (rèponce) (rapunculus), plante dont on mange la racine.

RAIRE ou RÉER, v. n (rère, ré-é), t. de vèn., crier. Il se dit du cri du cerf en rut.

RAIS, s m (rè) (radius, rayon), rayon d'une roue; rayon, trait de lumière.

RAISIN, s. m. (rèzein) (racemus), fruit de la vigne.

RAISINÉ et non pas **RAISINET**, s. m. (rèziné). confiture de *raisins* et de poires.

RAISON, s. f. (rèzon) (ratio), faculté de l'âme de poser des principes et de tirer des conséquences; bon sens; sujet, motif; compte; preuve; satisfaction; droit; devoir; justice.

RAISONNABLE, adj. des deux g. (rèzonable), doué de la *raison*; conforme à la *raison*.

RAISONNABLEMENT, adv. (rèzonableman), conformément à la *raison*; convenablement.

RAISONNÉ, E, part. pass. de *raisonner*, et adj., appuyé de *raisons*.

RAISONNEMENT, s. m. (rèzoneman), faculté ou action de *raisonner*; argument.

RAISONNER, v. a. et n. (rèzoné) (ratiocinari), se servir de sa *raison* pour connaître, pour juger; alléguer des *raisons*; répliquer.

RAISONNEUR, EUSE, s. et adj. (rèzoneur, euze), qui *raisonne*; qui réplique trop.

RAJAH, s m. (raja), prince indou.

RAJEUNI, E, part. pass. de *rajeunir*.

RAJEUNIR, v. a.(rajeunir), faire redevenir *jeune*.—V. n., redevenir *jeune*.

RAJEUNISSEMENT, s. m. (rajeuniceman), action de *rajeunir*.

RAJUSTÉ, E, part. pass. de *rajuster*.

RAJUSTEMENT, s. m. (rajuceteman), action de *rajuster*; effet de cette action.

RAJUSTER, v. a (rajucté), raccommoder, *ajuster* de nouveau.

RÂLE, s m. (râle), genre d'oiseaux; action de *râler*; bruit qu'on fait en *râlant*.

RÂLEMENT, s. m. (râleman), râle

RALENTI, E, part. pass. de *ralentir*.

RALENTIR, v. a. (ralantir), rendre plus *lent*.

RALENTISSEMENT, s. m. (ralanticeman), diminution de mouvement, d'activité.

RÂLER, v. n. (râlé) (mot formé par onomatopée), rendre en respirant un son enroué.

RALINGUE, s. f. (raleingue), t. de mar., cordage qui borde les voiles.

RALINGUÉ, E, part. pass. de *ralinguer*.

RALINGUER, v. a. (raleinguié), coudre les *ralingues* aux voiles.

RALLIEMENT, s. m. (raliman), action de *rallier* ou de se *rallier*.

RALLIÉ, E, part. pass. de *rallier*.

RALLIER, v. a. (ralié), rassembler, réunir, remettre ensemble.

RALLONGE, s f. (ralonje), portion ajoutée à quelque chose que ce soit.

RALLONGÉ, E, part. pass. de *rallonger*.

RALLONGEMENT, s. m. (ralonjeman), augmentation en *longueur*.

RALLONGER, v. a. (ralonjé), rendre plus *long* en ajoutant quelque chose.

RALLUMÉ, E, part. pass. de *rallumer*.

RALLUMER, v. a. (ralumé), *allumer* de nouveau.

RAMADAN, s. m. (ramadan), chez les Turcs, carême qui dure un mois.
RAMAGE, s. m. (ramaje) (du lat. barbare ramagium), chant des petits oiseaux; branchage; représentation de feuillages, de fleurs sur une étoffe; fig. babil des enfants.
RAMAGER, v. n. (ramajé), chanter, en parlant des oiseaux.
RAMAIGRI, E, part. pass. de ramaigrir.
RAMAIGRIR, v. a. (ramèguerir), rendre maigre de nouveau.
RAMAS, s. m. (ramá), assemblage de diverses choses de peu de valeur.
RAMASSE, s. f. (ramáce), traîneau pour descendre des montagnes couvertes de neige.
RAMASSÉ, E, part. pass. de ramasser, et adj., épais, trapu, vigoureux.
RAMASSER, v. a. (ramácé), faire un ramas; rassembler; prendre ce qui est à terre.
RAMASSEUR, s. m. (ramáceur), qui conduit une ramasse; qui ramasse.
RAMASSIS, s. m. (ramáci), assemblage de choses ramassées sans choix.
RAMAZAN, s. m. Voy. RAMADAN.
RAMBOUR, s. m. (ranbour), sorte de grosse pomme qui se mange en été.
RAME, s. f. (rame) (ramus), aviron pour faire voguer un bateau, etc.; branchage pour soutenir des plantes rampantes; assemblage de vingt mains de papier.
RAMÉ, E, part. pass. de ramer, et adj. se dit de balles, de boulets joints ensemble.
RAMEAU, s. m. (ramó) (ramus), petite branche d'arbre; subdivision d'une chose.
RAMÉE, s. f. (ramé), assemblage de rameaux; branches avec leurs feuilles vertes.
RAMENDÉ, E, part. pass. de ramender.
RAMENDER, v. a. et n. (ramandè), baisser, diminuer de prix.
RAMENÉ, E, part. pass. de ramener.
RAMENER, v. a. (ramené), amener une seconde fois; conduire; faire revenir avec soi.
RAMENTEVOIR, v. a. (ramantevoar), remettre en mémoire. Vieux.
RAMEQUIN, s. m. (ramekiein), espèce de pâtisserie faite avec du fromage.
RAMÉ, E, part. pass. de ramer.
RAMER, v. a. (ramé), soutenir des pois, etc., avec de petites rames qu'on plante en terre.—V. n., tirer à la rame.
RAMEREAU, s. m. (ramerô), jeune ramier.
RAMETTE, s. f. (ramète), t. d'imprim.. châssis qui n'a pas de barre au milieu.
RAMEUR, s. m. (rameur), qui rame, qui tire à la rame.
RAMEUX, EUSE, adj. (rameu, euze) (ramosus), qui se divise en branches.
RAMIER, s. et adj. m. (ramié), gros pigeon sauvage qui niche sur les arbres.
RAMIFICATION, s. f. (ramifikácion), disposition des rameaux; subdivision d'une chose.
se RAMIFIER, v. pr. (ramifié), se diviser en plusieurs rameaux, en plusieurs branches.
RAMILLE, s. f. (rami-ie), division de rameaux.—Au pl., menus bois.
RAMINGUE, adj. des deux g. (rameingue), se dit d'un cheval qui résiste à l'éperon.
RAMOITI, E, part. pass de ramoitir.
RAMOITIR, v. a. (ramoètir), rendre moite.
RAMOLLI, E, part. pass. de ramollir.
RAMOLLIR, v. a. (ramolir), rendre plus mou, plus souple; fig. rendre efféminé.
RAMOLLISSANT, E, adj. (ramolican, ante), se dit des remèdes qui ramollissent.
RAMON, s. m. (ramon), vieux mot qui signifiait : balai.
RAMONAGE, s. m. (ramonaje), action de ramoner.
RAMONÉ, E, part. pass. de ramoner.
RAMONER, v. a. (ramoné) (de ramon), nettoyer le tuyau d'une cheminée.
RAMONEUR, s. m. (ramoneur), qui ramone des cheminées.
RAMPANT, E, adj. (ranpan, ante), qui rampe.
RAMPE, s. f. (ranpe), suite des marches d'un escalier depuis un palier jusqu'à l'autre; sa balustrade; plan incliné; rangée de quinquets sur l'avant-scène d'un théâtre.
RAMPEMENT, s. m. (ranpeman), action de ramper.
RAMPER, v. n. (ranpé) (repere), se traîner sur le ventre comme le font les serpents, les vers, etc.; se traîner sur terre; fig. s'avilir.
RAMPIN, adj. m. (ranpein), se dit d'un cheval bouleté des pieds de derrière.
RAMURE, s. f. (ramure) (ramus, rameau), bois d'un cerf; branches d'un arbre.
RANCE, adj. des deux g. (rance) (rancidus), qui commence à se corrompre.—S. m., odeur, goût rance.
RANCHER, s. m. (ranché), échelle formée par une pièce de bois garnie de chevilles.
RANCI, E, part. pass. de rancir.
RANCIDITÉ, s. f. (rancidité) (rancor), qualité de ce qui est rance.
RANCIO, adj. et s. m. (rancio) (mot pris de l'espagnol), vin d'Espagne qui, de rouge qu'il était, est devenu jaunâtre en vieillissant.
RANCIR, v. n. (rancir), devenir rance.
RANCISSURE, s. f. (rancicure), état d'un corps ranci.
RANÇON, s. f. (rançon), prix que l'on donne pour la délivrance d'un captif.
RANÇONNÉ, E, part. pass. de rançonner.
RANÇONNEMENT, s. m. (rançoneman), action de rançonner; exaction.
RANÇONNER, v. a. (rançoné), mettre à rançon; exiger plus qu'il ne faut.
RANÇONNEUR, EUSE s. (rançoneur, euze), qui exige plus qu'il ne faut.

RANCUNE, s. f. (rankune) (rancor), haine invétérée; souvenir d'une offense.

RANCUNIER, IÈRE, s. et adj. (rankunié, ière), qui a de la rancune.

RANDONNÉE, s. f. (randoné), t. de chasse, circuit.

RANG, s. m. (ran) (en allemand ring), disposition sur une même ligne; ordre; suite de soldats; place convenable; dignité, degré d'honneur, classe; nombre.

RANGÉ, E, part. pass. de ranger, et adj.

RANGÉE, s. f. (ranjé), suite de plusieurs choses rangées les unes après les autres.

RANGER, v. a. (ranjé), mettre dans un certain ordre; mettre au nombre, au rang de...; mettre de côté; t. de mar., passer près. — V. pr., s'écarter; se placer.

RANIMÉ, E, part. pass. de ranimer.

RANIMER, v. a. (ranimé), animer de nouveau; redonner de la vigueur; fig. exciter.

RANULAIRE, adj. des deux g. (ranulère), se dit de veines situées sous la langue.

RANULE, s. f. (ranule), tumeur œdémateuse sous la langue; grenouillette

RANZ-DES-VACHES, s. m. (rancedèvache), t. de mus., air suisse.

RAPACE, adj. des deux g. (rapace) (rapax), avide, ardent à la proie, à la rapine.

RAPACITÉ, s. f. (rapacité) (rapacitas), avidité.

RAPATELLE, s. f. (rapatèle), toile de crin pour faire des tamis, etc.

RAPATRIAGE, s. m. (rapatriaje), réconciliation. Fam.

RAPATRIÉ, E, part. pass. de rapatrier.

RAPATRIER, v. a. (rapatrié) (rac. patrie), raccommoder des personnes brouillées. Fam.

RÂPE, s. f. (râpe), ustensile pour râper; espèce de lime; grappe de raisin de laquelle tous les grains sont ôtés.—Au pl., crevasses au pli du genou d'un cheval.

RÂPÉ, s. m. (râpé), raisin qu'on met dans un tonneau de vin pour le raccommoder quand il se gâte; vin ainsi raccommodé.

RÂPÉ, E, part. pass. de râper, et adj., usé.

RÂPER, v. a. (râpé) (en allemand raspeln), mettre en poudre avec la râpe; limer.

RAPETASSÉ, E, part. pass. de rapetasser.

RAPETASSER, v. a. (rapetacé) (παπ-τω, coudre), raccommoder grossièrement.

RAPETISSÉ, E, part. pass. de rapetisser.

RAPETISSER, v. a. (rapeticé), rendre plus petit.—V. n., devenir plus petit.

RAPIDE, adj. des deux g. (rapide) (rapidus), qui va extrêmement vite.

RAPIDEMENT, adv. (rapideman), d'une manière rapide.

RAPIDITÉ, s. f. (rapidité), célérité, vitesse.

RAPIÉCÉ, E, part. pass. de rapiécer.

RAPIÉCER, v. a. (rapiécé), mettre des pièces, raccommoder.

RAPIÈCETAGE, s. m. (rapiècetaje), action de rapiéceter; hardes rapiècetées.

RAPIÈCETÉ, E, part. pass. de rapièceter.

RAPIÈCETER, v. a. (rapièceté), mettre pièces sur pièces.

RAPIÈRE, s. f. (rapière) (de l'allemand rappier, épée), vieille et longue épée.

RAPIN, s. m. (rapein), t. d'atelier, élève peintre.

RAPINE, s. f. (rapine) (rapina), action de ravir par la violence; volerie; concussion.

RAPINÉ, E, part. pass. de rapiner.

RAPINER, v. a. et n. (rapiné) (rapers), ravir avec adresse, avec finesse.

RAPPAREILLÉ, E, part. pass. de rappareiller.

RAPPAREILLER, v. a. (raparé-ié), rejoindre des choses pareilles.

RAPPARIER, v. a. (raparié), rejoindre à une chose une autre chose qui fasse la paire.

RAPPEL, s. m. (rapèle), action par laquelle on rappelle; batterie de tambour.

RAPPELÉ, E, part. pass. de rappeler.

RAPPELER, v. a. (rapelé), appeler de nouveau; faire revenir; révoquer; faire souvenir; battre le rappel.—V. pr., se souvenir.

RAPPORT, s. m (rapor), action de rapporter; revenu, produit; récit; témoignage; compte que l'on rend d'un examen particulier; relation indiscrète; convenance; analogie; connexion, relation entre les choses; vapeur qui monte de l'estomac à la bouche. —Par RAPPORT à, loc. prép., quant à...

RAPPORTABLE, adj. des deux g. (raportable), qui doit être rapporté.

RAPPORTÉ, E, part. pass. de rapporter.

RAPPORTER, v. a. (raporté), remettre une chose au lieu où elle était; joindre, ajouter; faire un récit; rendre compte; citer; attribuer; produire.—V. pr., avoir du rapport.

RAPPORTEUR, EUSE, s. (raporteur, euze), qui fait des rapports indiscrets.—S. m., celui qui est chargé de faire un rapport; instrument de géométrie.

RAPPRENDRE, v. a. (raprandre), apprendre de nouveau.

RAPPRIS, E, part. pass. de rapprendre.

RAPPROCHÉ, E, part. pass. de rapprocher.

RAPPROCHEMENT, s. m. (raprocheman), action de rapprocher; effet de cette action.

RAPPROCHER, v. a. (raproché), approcher de nouveau ou de plus près; fig. réconcilier.—V. pr, s'approcher.

RAPSODE, s. m. (rapeçode) (ραψῳδος), t. d'antiq., chantre des poèmes d'Homère.

RAPSODIE, s. f. (rapeçodi) (ραψῳδια), morceaux détachés des poésies d'Homère; aujourd'hui, ramas insignifiant de vers ou de prose.

RAPSODISTE, s. des deux g. (*rapçodicete*), qui ne fait que des *rapsodies*.

RAPT, s. m. (*rapete*) (*raptus*), enlèvement par violence ou par séduction.

RÂPURE, s. f. (*râpure*), ce qu'on enlève d'un corps avec la *râpe* ou en grattant.

RAQUETIER, s. m. (*raketié*), celui qui fait et vend des balles et des *raquettes*.

RAQUETTE, s. f. (*rakiète*) (*reticulum*), instrument pour jouer à la paume, etc.

RARE, adj. des deux g. (*râre*) (*rarus*), qui n'est pas commun ; extraordinaire.

RARÉFACTIF, IVE, adj. (*ráréfaktif, ive*), qui a la propriété de *raréfier*.

RARÉFACTION, s. f. (*ráréfakcion*), action de *raréfier*; effet de cette action.

RARÉFIANT, E, adj. (*ráréfian, ante*), qui *raréfie*, qui dilate.

RARÉFIÉ, E, part. pass. de *raréfier*.

RARÉFIER, v. a. (*ráréfié*) (*rarus*, rare, et *facere*, faire), dilater.

RAREMENT, adv. (*ráreman*) (*raró*), peu souvent, peu fréquemment.

RARETÉ, s. f. (*râreté*) (*raritas*), disette; ce qui est *rare*; singularité.

RARISSIME, adj. des deux g. (*raricecime*), très-rare.

RAS, E, adj. (*râ*, *râze*), qui a le poil coupé jusqu'à la peau ou fort court; uni, plat; plein jusqu'aux bords.—Subst. au m., étoffe croisée.

RASADE, s. f. (*râzade*), verre *ras*, tout plein de vin ou de quelque autre liqueur.

RASANT, E, adj. (*râzan, ante*), qui *rase*.

RASÉ, E, part. pass. de *raser*.

RASEMENT, s. m. (*râzeman*), action de *raser* et de démolir ; son effet.

RASER, v. a. (*râzé*) (*radere*), couper le poil tout près de la peau avec un *rasoir*; démolir; effleurer.—V. pr., t. de chasse, se blottir.

RASIBUS, adv. (*râzibuce*), tout près, tout contre. Pop.

RASOIR, s. m. (*râzoar*), instrument qui a le tranchant très-fin.

RASSADE, s. f. (*raçade*), verre dont on fait de petits grains, pour des bracelets, etc.

RASSASIANT, E, adj. (*raçasian, ante*), qui *rassasie*.

RASSASIÉ, E, part. pass. de *rassasier*.

RASSASIEMENT, s. m. (*raçasiman*), état d'une personne *rassasiée*.

RASSASIER, v. a. (*raçasié*) (*readsatiare*), apaiser la faim; *fig.* accorder ce qu'on désire.

RASSEMBLÉ, E, part. pass. de *rassembler*.

RASSEMBLEMENT, s. m. (*raçanbleman*), action de *rassembler*; concours d'hommes.

RASSEMBLER, v. a. (*raçanblé*), assembler de nouveau; mettre ensemble; réunir.

RASSEOIR, v. a. (*raçoar*), asseoir de nouveau; *fig.* reposer, calmer. — V. pr., s'épurer en se reposant.

RASSÉRÉNÉ, E, part. pass. de *rasséréner*.

RASSÉRÉNER, v. a. (*racecéréné*), rendre serein.

RASSOTÉ, E, part. pass. de *rassoter*.

RASSOTER, v. a. (*raçoté*), faire devenir sot; infatuer, entêter. Fam.

RASSURANT, E, adj. (*raçuran, ante*), qui rend la confiance, qui *rassure*.

RASSURÉ, E, part. pass. de *rassurer*.

RASSURER, v. a. (*raçuré*), affermir; rendre stable; rendre la confiance, etc.—V. pr., reprendre l'*assurance*.

RAT, s. m. (*ra*) (de l'allemand *ratze*), petit quadrupède rongeur.— Au pl., *fig.* caprices.

RATAFIA, s. m. (*ratafia*) (mot indien), liqueur faite d'eau-de-vie, de fruits, etc.

RATATINÉ, E, part. pass. de *ratatiner*.

se **RATATINER**, v. pr. (*ceratatiné*) (rac. *rat*), se raccourcir, se resserrer.

RAT-DE-CAVE, s. m. (*radekave*), bougie longue et mince ; commis qui visite les *caves*.

RATE, s. f. (*rate*), viscère mou et spongieux situé dans l'hypochondre gauche.

RATÉ, E, part. pass. de *rater*, et adj.

RÂTEAU, s. m. (*râtó*) (*rastellum*), instrument d'agriculture et de jardinage.

RÂTELÉ, E, part. pass. de *râteler*.

RÂTELÉE, s. f. (*râtelé*), ce qu'on peut ramasser en un coup de *râteau*.

RÂTELER, v. a. (*râtelé*), amasser avec le *râteau*; nettoyer avec le *râteau*.

RÂTELEUR, EUSE, s. (*râteleur, euze*), qui *râtelle* du foin, des avoines.

RÂTELIER, s. m. (*râtelié*) (*rastellum*), sorte de grille de bois attachée dans une écurie au-dessus de la mangeoire, et où l'on met le foin, etc. ; pièces de bois garnies de plusieurs chevilles où l'on pose des fusils, etc ; les deux rangées de dents.

RATER, v. n. (*raté*), se dit d'une arme à feu qui manque à tirer; *fig.* ne pas réussir.

RATIER, IÈRE, s. et adj. (*ratié, ière*), capricieux, qui a des *rats* dans la tête. Pop.

RATIÈRE, s. f. (*ratière*), machine à prendre les *rats*.

RATIFICATION, s. f. (*ratifikácion*), action de *ratifier*; approbation.

RATIFIÉ, E, part. pass. de *ratifier*.

RATIFIER, v. a. (*ratifié*) (*ratus*, assuré, et *facere*, faire), approuver, confirmer.

RATINE, s. f. (*ratine*), étoffe de laine.

RATINÉ, E, part. pass. de *ratiner*.

RATINER, v. a. (*ratiné*), passer un drap à la frise pour le rendre semblable à la *ratine*.

RATION, s. f. (*râcion*) (*ratio*, mesure), portion de pain, de vivres, de fourrage, qui se distribue à chaque soldat ou matelot.

RATIONAL, s. m. (*râcional*) (*rationale*), ornement du grand-prêtre des Juifs.

RATIONNEL, ELLE, adj. (*râcionèle*) (*ratio*, raison), conforme à la *raison*; logique.

RATISSAGE, s. m. (*ratiçaje*), action de *ratisser*; travail de celui qui *ratisse*.
RATISSÉ, E, part. pass. de *ratisser*.
RATISSER, v. a. (*raticé*), ôter, emporter en râclant la superficie de quelque chose.
RATISSOIRE, s. f. (*ratiçoare*), instrument de fer avec lequel on *ratisse*.
RATISSURE, s. f. (*ratiçure*), ce qu'on ôte en *ratissant*.
RATON, s. m. (*raton*), petit *rat*; petit quadrupède; pièce de pâtisserie.
RATTACHÉ, E, part. pass. de *rattacher*.
RATTACHER, v. a. (*rataché*), *attacher* de nouveau.
RATTEINDRE, v a. (*rateindre*), rattraper; atteindre de nouveau; rejoindre.
RATTEINT, E, part. pass de *ratteindre*.
RATTRAPÉ, E, part. pass. de *rattraper*.
RATTRAPER, v. a. (*ratrapé*), *attraper* de nouveau; atteindre; ressaisir; recouvrer.
RATURE, s. f. (*rature*) (*ratura*), trait de plume passé sur ce qu'on a écrit.
RATURÉ, E, part. pass. de *raturer*.
RATURER, v. a. (*raturé*), effacer ce qui est écrit en y faisant des *ratures*.
RAUCITÉ, s. f. (*rôcité*) (*raucitas*), rudesse, âpreté de voix.
RAUQUE, adj. des deux g. (*rôke*) (*raucus*), se dit d'un son de voix rude.
RAVAGE, s. m. (*ravaje*) (en bas lat. *rapagium*), dégât fait avec violence et rapidité.
RAVAGÉ, E, part. pass. de *ravager*.
RAVAGER, v. a. (*ravajé*), faire du *ravage*.
RAVAGEUR, EUSE, s. (*ravajeur, euze*), qui *ravage*.
RAVALEMENT, s. m. (*ravaleman*), crépi fait par dehors à un mur; *fig.* abaissement.
RAVALÉ, E, part. pass. de *ravaler*.
RAVALER, v. a. (*ravalé*), avaler de nouveau; rabaisser; déprimer; avilir; crépir.
RAVAUDAGE, s. m. (*ravôdaje*), raccommodage de méchantes hardes.
RAVAUDÉ, E, part pass. de *ravauder*.
RAVAUDER, v. a. (*ravôdé*) (du lat. barbare *readvalidare*), raccommoder à l'aiguille.
RAVAUDERIE, s. f. (*ravôderi*), discours de niaiseries, de bagatelles Fam.
RAVAUDEUR, EUSE, s. (*ravôdeur, euze*), qui *ravaude*.
RAVE, s. f. (*rave*) (*rapa* ou *rapum*), plante potagère très-connue.
RAVELIN, s. m. (*ravelein*), ouvrage de fortification extérieure.
RAVI, E, part. pass. de *ravir*, et adj., transporté, bien aise, charmé.
RAVIGOTÉ, E, part. pass. de *ravigoter*.
RAVIGOTER, v. a. (*raviguoté*), remettre en force un homme qui semb ait faible.
RAVIGOTTE, s. f. (*raviguote*), sauce verte à l'échalotte, etc.
RAVILI, E, part. pass. de *ravilir*.

RAVILIR, v. a. (*ravilir*), rendre *vil* et méprisable.
RAVIN, s. m. (*ravein*), fosse, chemin creux cavé par la chute des eaux, par la *ravine*.
RAVINE, s. f. (*ravine*) (du lat. barbare *lavina*), débordement d'eau de pluie; ravin.
RAVIR, v. a. (*ravir*) (*rapere*), enlever par force; ôter; *fig.* charmer.
RAVISÉ, E, part. pass. de *raviser*.
se RAVISER, v. pr. (*ceravizé*), changer d'avis, de dessein, de pensée.
RAVISSANT, E, adj. (*raviçan, ante*), qui *ravit*, qui prend; *fig.* qui charme, qui plaît.
RAVISSEMENT, s. m. (*raviceman*), enlèvement; *fig.* état de l'esprit charmé.
RAVISSEUR, EUSE, s. (*raviceur, euze*), qui *ravit*, qui enlève avec violence.
RAVITAILLÉ, E, part. pass. de *ravitailler*.
RAVITAILLEMENT, s. m. (*ravitâ-ieman*), action de *ravitailler*.
RAVITAILLER, v. a. (*ravitâ-ié*) (de *victuaille*), remettre des vivres et des munitions dans une place.
RAVIVÉ, E, part. pass. de *raviver*.
RAVIVER, v. a. (*ravivé*), rendre plus *vif*; *fig.* faire revivre; ranimer.
RAVOIR, v. a. (*ravoar*), *avoir* de nouveau; retirer des mains de quelqu'un.
RAYÉ, E, part pass. de *rayer*, et adj., qui a des *raies* ou des *rayures*.
RAYER, v. a. (*rè-ié*), faire des *raies* sur quelque chose; effacer par des *ratures*.
RAYON, s. m. (*rè-ion*) (*radius*), trait de lumière; rais de la roue; tablette de bibliothèque, d'armoire, etc.; sillon; gâteau de miel.
RAYONNANT, E, adj. (*rè-ionan, ante*), qui *rayonne*; *fig.* brillant, éclatant.
RAYONNÉ, E, part. pass. de *rayonner*, et adj., disposé en forme de *rayon*.
RAYONNEMENT, s. m. (*rè-ioneman*), action de *rayonner*. Peu us.
RAYONNER, v. n. (*rè-ioné*), répandre, jeter des *rayons*; *fig.* briller.
RAYURE, s. f. (*rè-iure*), manière dont une chose est *rayée*; cannelure.
RE ou RÉ, particule qui sert à la composition de plusieurs mots, et qui est ordinairement réduplicative.
RÉ, s. m. (*ré*), t. de mus., note qui marque le second ton de la gamme.
RÉACTIF, IVE, adj. (*ré-aktif, ive*), t. de chim., qui *réagit*.—Subst. au m., substance pour reconnaître dans un composé les différents corps qui le constituent.
RÉACTION, s. f. (*ré-akcion*), t. de phys., action de *réagir*; *fig.* vengeance.
RÉAGGRAVE, s. m. (*ré-aguerave*), dernier monitoire qu'on publie après l'*aggravé*.
RÉAGGRAVÉ, E, part. pass. de *réaggraver*.
RÉAGGRAVER, v. a. (*ré-agueravé*), dé-

clarer que quelqu'un a encouru le réaggrave.

RÉAGI, E, part. pass. de réagir.

RÉAGIR, v. n. (ré-ajir), t. de phys., agir sur un corps dont on a éprouvé l'action; résister à l'action du corps frappant.

RÉAJOURNÉ, E, part. pass. de réajourner.

RÉAJOURNEMENT, s. m. (ré-ajourneman), nouvel ajournement.

RÉAJOURNER, v. a. (ré-ajourné), ajourner de nouveau.

RÉAL, E, adj. (ré-ale) (corruption de royal); galère réale, la principale des galères de France.—Au pl. m. réaux.

RÉAL, s. m et RÉALE, s. f. (ré-ale), pièce de monnaie espagnole.

RÉALGAR, s. m. (ré-alegar), chaux ou oxyde d'arsenic sulfuré rouge.

RÉALISATION, s. f. (ré-alizâcion), action de réaliser.

RÉALISÉ, E, part. pass. de réaliser.

RÉALISER, v. a. (ré-alizé), rendre réel et effectif.

RÉALISTE, s. m. (ré-aliste), philosophe qui regarde les êtres abstraits comme réels.

RÉALITÉ, s. f. (ré-alité), existence réelle et effective; chose réelle.

RÉAPPARITION, s. f. (ré-aparicion), action d'apparaître de nouveau.

RÉAPPEL, s. m. (ré-apèle), second appel.

RÉAPPELÉ, E, part. pass. de réappeler.

RÉAPPELER, v. a. (ré-apelé), appeler une seconde fois.

RÉAPPOSÉ, E, part. pass. de réapposer.

RÉAPPOSER, v. a. (ré-apôzé), apposer de nouveau.

RÉAPPOSITION, s. f. (ré-apôzicion), action de réapposer.

RÉASSIGNATION, s. f. (ré-acignâcion), nouvelle assignation.

RÉASSIGNÉ, E, part. pass. de réassigner.

RÉASSIGNER, v. a. (ré-acigné), assigner de nouveau.

RÉATTELÉ, E, part. pass. de réatteler.

RÉATTELER, v. a. (ré-atelé), atteler de nouveau.

in REATU, loc. adv. (iné-ré-atu) (mot lat.): être in reatu, être accusé d'un crime.

REBAISSÉ, E, part. pass. de rebaisser.

REBAISSER, v. a. (rebécé), baisser de nouveau.

REBANDÉ, E, part. pass. de rebander.

REBANDER, v. a. (rebandé), bander de nouveau.

REBAPTISANT, E, s. (rebatizan, ante), hérétique qui rebaptise.

REBAPTISÉ, E, part. pass. de rebaptiser.

REBAPTISER, v. a. (rebatizé), baptiser de nouveau.

RÉBARBATIF, IVE, adj. (rébarbatif, ive), rude, peu civil. Fam.

REBÂTI, E, part. pass. de rebâtir.

REBÂTIR, v. a. (rebâtir), construire de nouveau.

REBATTRE, v. a. (rebatre), battre de nouveau et en réitérant. Peu us.

REBATTU, E, part. pass. de rebattre, et adj., qui a été répété bien souvent.

REBAUDI, E, part. pass. de rebaudir.

REBAUDIR, v. a. (rebôdir), t. de chasse, caresser les chiens.

REBEC, s. m. (rebèke), violon à trois cordes.

se REBECQUER, v. pr. (cerebèkié) (rac. bec), répondre avec fierté à son supérieur.

REBELLE, s. et adj. des deux g. (rebèle) (rebellis), qui se révolte.

se REBELLER, v. pr. (cerebèlé) (rebellare), se révolter contre...

RÉBELLION, s. f. (rébèlion) (rebellio), révolte, soulèvement.

REBÉNI, E, part. pass. de rebénir.

REBÉNIR, v. a. (rebénir), bénir de nouveau.

se REBIFFER, v. pr. (cerebifé), regimber.

REBLANCHI, E, part. pass. de reblanchir.

REBLANCHIR, v. a. (reblanchir), blanchir de nouveau.

REBONDI, E, part. pass. de rebondir, et adj., arrondi par embonpoint. Fam.

REBONDIR, v. n. (rebondir), faire un ou plusieurs bonds.

REBONDISSEMENT, s. m. (rebondiceman), mouvement d'un corps qui rebondit.

REBORD, s. m. (rebor), bord élevé et ordinairement ajouté, rapporté.

REBORDÉ, E, part. pass. de reborder.

REBORDER, v. a. (rebordé), border une seconde fois; mettre un nouveau bord.

REBOTTÉ, E, part. pass. de rebotter.

REBOTTER, v. a. (reboté), botter de nouveau.

REBOUCHÉ, E, part. pass. de reboucher.

REBOUCHER, v. a. (rebouché), boucher de nouveau quelque chose.

REBOUILLI, E, part. pass. de rebouillir.

REBOUILLIR, v. n. (rebouie-ir), bouillir de nouveau.

REBOUISAGE, s. m. (rebouizaje), action de rebouiser un chapeau.

REBOUISÉ, E, part. pass. de rebouiser.

REBOUISER, v. a. (rebouizé), lustrer un chapeau à l'eau simple; fig. réprimander.

REBOURS, s. m. (rebour) (du lat. barbare reburrus, velu), contrepoil des étoffes; fig. le contre-pied, le contraire de...

REBOURS, E, adj. (rebour, ource), revêche, peu traitable. Fam. et peu us.

REBOUTEUR, s. m. (rebouteur), celui qui remet les os cassés, les luxations. Pop.
REBOUTONNÉ, E, part. pass. de reboutonner.
REBOUTONNER, v. a. (reboutoné), boutonner une seconde fois.
REBRASSÉ, E, part. pass. de rebrasser.
REBRASSER, v. a. (rebrácé), retrousser.
REBRIDÉ, E, part. pass. de rebrider.
REBRIDER, v. a. (rebridé), brider de nouveau.
REBRODÉ, E, part. pass. de rebroder.
REBRODER, v. a. (rebrodé), broder sur ce qui est déjà brodé.
à REBROUSSE-POIL, loc. adv. (arebrouce-poèle), à contre-poil; fig. à contre-sens.
REBROUSSÉ, E, part. pass. de rebrousser.
REBROUSSER, v. a. et n. (rebroucé) (du mot rebours), relever dans un sens contraire; fig. retourner subitement en arrière.
REBUFFADE, s. f. (rebufade) (du vieux mot français buffe, soufflet), mauvais accueil. Fam.
REBUS, s.m (rébuce)(mot lat.), jeu d'esprit qui consiste en allusions, en équivoques.
REBUT, s. m. (rebu), action par laquelle on rebute; ce qui a été rebuté.
REBUTANT, E, adj. (rebutan, ante), qui rebute; qui décourage; déplaisant.
REBUTÉ, E, part. pass. de rebuter.
REBUTER, v. a. (rebuté), rejeter avec dureté; refuser; décourager; choquer. —V. pr., se décourager.
RECACHETÉ, E, part. pass. de recacheter.
RECACHETER, v. a. (rekacheté), cacheter une seconde fois après avoir décacheté.
RÉCALCITRANT, E, adj. et s. (rékalcitran, ante), qui résiste avec opiniâtreté.
RÉCALCITRER, v. n. (rékalcitré) (recalcitrare), résister avec humeur et opiniâtreté.
RÉCAPITULATION, s. f. (rékapituládcion), répétition sommaire.
RÉCAPITULÉ, E, part. pass. de récapituler.
RÉCAPITULER, v. a. (rékapitulé) (recapitulare), résumer ce qu'on a déjà dit.
RECARDÉ, E, part. pass. de recarder.
RECARDER, v. a. (rekardé), carder de nouveau.
RECARRELÉ, E, part. pass. de recarreler.
RECARRELER, v. a. (rekárelé), carreler de nouveau.
RECASSÉ, E, part. pass. de recasser.
RECASSER, v. a. (rekácé), casser de nouveau; donner le premier labour à une terre.
RECÉDÉ, E, part. pass. de recéder.
RECÉDER, v. a. (recédé) céder à quelqu'un ce qu'il avait cédé.
RECEL, s. m. (recèle), recellement.
RECELÉ, E, part. pass. de receler.—S. m., recellement.
RECELER, v. a. (recelé) (de celer), garder

et cacher le vol de quelqu'un; donner retraite chez soi aux coupables; renfermer.
RECELEUR, EUSE, s. (receleur, euse), qui recelle une chose volée.
RECELLEMENT, s. m. (recèleman), action par laquelle on recelle.
RÉCEMMENT, adv. (récaman) (recens, récent), nouvellement, depuis peu.
RECENSÉ, E, part. pass. de recenser.
RECENSEMENT, s. m. (reçanceman)(recensio), dénombrement.
RECENSER, v. a. (reçancé) (recensere), faire un recensement.
RÉCENT, E, adj. (réçan, ante) (recens), nouveau, nouvellement fait ou arrivé.
RECEPAGE, s. m. (recepaje), action de receper; effet de cette action.
RECEPÉ, E, part. pass. de receper.
RECEPÉE, s. f. (recepé), partie d'un bois qu'on a recepée.
RECEPER, v. a. (recepé), tailler jusqu'au pied; couper par le pied.
RECEPISSÉ, s. m. (récipicecé) (mot lat. qui signifie : avoir reçu), reçu.
RÉCEPTACLE, s. m. (récèpetakle)(receptaculum), lieu de rassemblement.
RÉCEPTION, s. f. (récèpcion) (receptio), action par laquelle on reçoit; installation; accueil; manière de recevoir.
RECERCLÉ, E, part. pass. de recercler.
RECERCLER, v. a. (recèreklé), mettre de nouveaux cercles à un tonneau.
RECETTE, s. f. (recète) (recepta), sous-entendu formula), ce qui est reçu ; action de recouvrer ce qui est dû ; composition de certaines drogues; moyen, procédé.
RECEVABLE, adj. des deux g. (recevable), qui peut être admis, qui doit être reçu.
RECEVEUR, EUSE, s. (receveur, euse), qui est chargé d'une recette.
RECEVOIR, v. a. (recevoar) (recipere), prendre ce qui est donné, présenté; toucher ce qui est dû; ressentir; éprouver; accueillir; installer; faire venir de...; retenir.
RECEZ, s. m. (recé) (recessus imperii, fait de recedere, se retirer), cahier des délibérations d'une diète de l'empire.
RÉCHAMPI, E, part. pass. de réchampir.
RÉCHAMPIR, v. a. (réchanpir), échampir; donner plusieurs couches de couleur.
RECHANGE, s. m. (rechanje), droit d'un nouveau change.—De rechange, en remplacement.
RÉCHAPPER, v. n. (réchapé), se tirer d'une maladie, d'un péril; sortir de prison.
RECHARGÉ, E, part. pass. de recharger.
RECHARGEMENT, s. m. (recharjeman), action de recharger.

RECHARGER, v. a. (recharjé), imposer de nouveau quelque charge, quelque fardeau.
RECHASSÉ, E, part. pass. de rechasser.
RECHASSER, v. a. (rechacé), repousser d'un lieu en un autre; chasser de nouveau.
RÉCHAUD, s. m. (réchô), instrument pour réchauffer quelque chose.
RÉCHAUFFÉ, E, part. pass. de réchauffer, et adj.—S. m., chose réchauffée; fig. plagiat.
RÉCHAUFFEMENT, s. m. (réchôfeman), t. de jard., fumier pour réchauffer.
RÉCHAUFFER, v. a. (réchôfé), chauffer ce qui était refroidi; fig. ranimer.
RÉCHAUFFOIR, s. m. (réchôfoar), fourneau qui sert à échauffer les plats.
RECHAUSSÉ, E, part. pass. de rechausser.
RECHAUSSER, v. a. (rechôcé), chausser de nouveau.
RÊCHE, adj. des deux g. (rèche), rude.
RECHERCHE, s. f. (rechèreche), action de rechercher; perquisition; soin; raffinement.
RECHERCHÉ, E, part. pass. de rechercher, et adj., maniéré, affecté.
RECHERCHER, v. a. (rechèrché), chercher de nouveau; chercher avec soin; réparer.
RECHIGNÉ, E, adj. et s (rechignié), qui rechigne, qui est de mauvaise humeur.
RECHIGNER, v. n. rechignié) (du bas-breton rech, chagrin), être de mauvaise humeur.
RECHOIR, v. n. (rechoar), choir de nouveau, retomber. Vieux.
RECHUTE, s. f. (rechute), nouvelle chute.
RÉCIDIVE, s. f. (récidive), rechute dans une faute, un délit, un crime.
RÉCIDIVER, v. n. (récidivé) (recidere, retomber), retomber dans la même faute.
RÉCIF, s. m. (récif). Voy. RESCIF.
RECIPE, s. m. (récipé) (mot lat. qui signifie prenez), ordonnance de médecin.
RÉCIPIENDAIRE, s. m. et f. (récipianndère) (recipiendus, devant être reçu), celui que l'on reçoit dans une compagnie, etc.
RÉCIPIENT, s. m. (récipian) (recipere, recevoir), vase pour recevoir les produits d'une distillation.
RÉCIPROCITÉ, s, f. (réciprocité), état et caractère de ce qui est réciproque.
RÉCIPROQUE, adj. des deux g. (réciproke) (reciprocus), mutuel; t. de gramm., se dit de verbes qui expriment l'action de plusieurs sujets qui agissent les uns sur les autres.—S. m., la pareille.
RÉCIPROQUEMENT, adv. (réciprokeman), mutuellement, d'une manière réciproque.
RÉCIT, s. m. (réci), narration d'une chose qui s'est passée; ce qui est chanté par une voix seule.
RÉCITANT, E, adj. (récitan, ante), t. de mus., qui exécute seul.

RÉCITATEUR, s. m. (récitateur), qui récite ce qu'il a appris par cœur.
RÉCITATIF, s. m. (récitatif), chant qui n'est point assujéti à la mesure.
RÉCITATION, s. f. (récitacion) (recitatio), action de réciter.
RÉCITÉ, E, part. pass. de réciter.
RÉCITER, v. a. (récité) (recitare), prononcer ce qu'on sait par cœur; raconter.
RÉCLAMATION, s. f. (réklamácion) (reclamatio), action de réclamer.
RÉCLAME, s. f. (rékláme), t. d'imprim., mot de renvoi ; petit article dans un journal. —S. m., t. de fauconn., signe ou cri pour rappeler l'oiseau. Vieux.
RÉCLAMÉ, E, part. pass. de réclamer.
RÉCLAMER, v. a. (réklamé) (reclamare), implorer; revendiquer.—V. n., protester.
RECLOUÉ, E, part. pass. de reclouer.
RECLOUER, v. a. (reklou-é), clouer une seconde fois.
RECLURE, v. a. (reklure) (recludere), renfermer dans une clôture étroite et rigoureuse.
RECLUS, E, part. pass. de reclure, adj et s., renfermé.
RECLUSION, s. f (rekluzion), demeure d'un reclus; action de reclure ; détention.
RECOGNÉ, E, part. pass. de recogner.
RECOGNER, v. a. (rekognié), cogner de nouveau; repousser, battre. Pop.
RÉCOGNITIF, IVE, adj. (rékognenitif, ive), contenant la confirmation d'un titre.
RECOIFFÉ, E, part. pass. de recoiffer.
RECOIFFER, v. a. (rekoèfé), coiffer de nouveau.
RECOIN, s. m. (rekouin), petit coin ; coin plus caché ou moins en vue.
RÉCOLÉ, E, part. pass. de récoler.
RÉCOLER, v. a. (rékolé) (recolere, repasser dans son esprit), lire aux témoins leurs dépositions pour savoir s'ils y persistent.
RÉCOLLECTION, s. f. (rékolèkcion), recueillement d'esprit.
RÉCOLLEMENT, s. m. (rékoleman), vérification; action de récoller des témoins.
RECOLLÉ, E, part. pass. de recoller.
RECOLLER, v. a. (rekolé), coller une seconde fois.
RÉCOLLET, s. m. (rékolè), religieux réformé de l'ordre de Saint-François.
se RÉCOLLIGER, v. pr. (cerékoleljié), se recueillir en soi-même. Vieux.
RÉCOLTE, s. f. (rékolte) (recollecta, sous-entendu messis, moisson), dépouille des biens de la terre; temps où on les recueille.
RÉCOLTÉ, E, part. pass. de récolter.
RÉCOLTER, v. a. (rékolté) (recolligere, recueillir), faire la récolte de...

RECOMMANDABLE, adj. des deux g. (*rekomándable*), digne de *recommandation*.

RECOMMANDATION, s. f. (*rekomandácion*), action de *recommander*; estime; considération.

RECOMMANDÉ, E, part. pass. de *recommander*.

RECOMMANDER, v. a. (*rekomandé*), charger de faire, en ordonnant; exhorter; prier d'être favorable à. —V. pr., demander la protection de.

RECOMMANDERESSE, s. f. (*rekomanderèce*), femme préposée à un bureau où l'on procure des nourrices.

RECOMMENCÉ, E, part. pass. de *recommencer*.

RECOMMENCER, v. a. et n. (*rekomancé*), commencer de nouveau.

RÉCOMPENSE, s. f. (*rékonpance*), prix, salaire; compensation; châtiment.

RÉCOMPENSÉ, E, part. pass. de *récompenser*.

RÉCOMPENSER, v. a. (*rékonpancé*), donner une *récompense*; dédommager.

RECOMPOSÉ, E, part. pass. de *recomposer*.

RECOMPOSER, v. a. (*rekonpózé*), composer de nouveau.

RECOMPOSITION, s. f. (*rekonpózicion*), action de *recomposer* un corps; son effet.

RECOMPTÉ, E, part. pass. de *recompter*.

RECOMPTER, v. a. (*rekonté*), compter de nouveau.

RÉCONCILIABLE, adj. des deux g. (*rékonciliable*), qui peut être *réconcilié*.

RÉCONCILIATEUR, TRICE, s. et adj. (*rékonciliateur, trice*), qui réconcilie des personnes brouillées.

RÉCONCILIATION, s. f. (*rékonciliácion*) (*reconciliatio*), raccommodement.

RÉCONCILIÉ, E, part. pass. de *réconcilier*.

RÉCONCILIER, v. a. (*rékoncilié*) (*reconciliare*), remettre en bonne intelligence.

RECONDUCTION, s. f. (*rekondukcion*) (de la particule *re*, et de *conductio*, louage), jouissance d'une ferme, etc., après le bail expiré.

RECONDUIRE, v. a. (*rekonduire*), accompagner, ramener.

RECONDUIT, E, part. pass. de *reconduire*.

RECONDUITE, s. f. (*rekonduite*), action de *reconduire* quelqu'un.

RÉCONFORT, s. m. (*rékonfor*), consolation.

RÉCONFORTATION, s. f. (*rékonfortácion*), action de *réconforter*.

RÉCONFORTÉ, E, part. pass. de *réconforter*.

RÉCONFORTER, v. a. (*rékonforté*), consoler; fortifier, rendre des *forces*.

RECONNAISSABLE, adj. des deux g. (*rekonèçable*), qu'on peut *reconnaître*.

RECONNAISSANCE, s. f. (*rekonèçance*), action de *reconnaître*; aveu d'une faute; écrit par lequel on *reconnaît* qu'on a reçu quelque chose; examen détaillé; gratitude; souvenir des bienfaits reçus.

RECONNAISSANT, E, adj. (*rekonèçan, ante*), qui a de la *reconnaissance*.

RECONNAÎTRE, v. a. (*rekonètre*) (*recognoscere*), se remettre dans l'esprit l'idée d'une chose, d'une personne quand on la voit; découvrir; remarquer; récompenser; avouer.

RECONNU, E, part. pass. de *reconnaître*, et adj., avoué pour ..; récompensé.

RECONQUÉRIR, v. a. (*rekonkiérir*), conquérir de nouveau; recouvrer.

RECONQUIS, E, part. pass. de *reconquérir*.

RECONSTITUTION, s. f. (*rekoncetitucion*), substitution d'une rente à une autre.

RECONSTRUCTION, s. f. (*rekoncetrukcion*), action de *reconstruire*; son effet.

RECONSTRUIRE, v. a. (*rekoncetruire*), réédifier, *construire* de nouveau.

RECONSTRUIT, E, part. pass. de *reconstruire*.

RECONVENTION, s. f. (*rekonvancion*) (*reconventio*), demande contre celui qui en a lui-même déjà formé une devant le même juge.

RECOPIÉ, E, part. pass. de *recopier*.

RECOPIER, v. a. (*rekopié*), copier de nouveau.

RECOQUILLÉ, E, part. pass. de *recoquiller*.

RECOQUILLEMENT, s. m. (*rekoki-ieman*), état de ce qui est *recoquillé*.

RECOQUILLER, v. a. (*rekoki-ié*), retrousser en forme de *coquille*.

RECORDÉ, E, part. pass. de *recorder*.

RECORDER, v. a. (*rekordé*) (*recordari*), répéter; se rappeler quelque chose.

RECORRIGÉ, E, part. pass. de *recorriger*.

RECORRIGER, v. a. (*rekorijé*), corriger de nouveau.

RECORS, s. m. (*rekor*), celui qui assiste un huissier dans ses expéditions.

RECOUCHÉ, E, part. pass. de *recoucher*.

RECOUCHER, v. a. (*rekouché*), remettre au lit, *coucher* de nouveau.

RECOUDRE, v. a. (*rekoudre*), coudre ce qui est décousu ou déchiré.

RECOUPE, s. f. (*rekoupe*), éclat des pierres que l'on taille; farine tirée du son remis au moulin.

RECOUPÉ, E, part. pass. de *recouper*.

RECOUPEMENT, s. m. (*rekoupeman*), t. d'archit., retraites à chaque assise de pierre.

RECOUPER, v. a. (*rekoupé*), couper de nouveau.

RECOUPETTE, s. f. (*rekoupète*), farine qu'on tire du son de la *recoupe* même.

RECOURBÉ, E, part. pass. de *recourber*, et adj., *courbé*, plié d'une manière *courbe*.

RECOURBER, v. a. (*rekourbé*), courber en rond par le bout.

RECOURIR, v. n. (*rekourir*) (*recurrere*), courir de nouveau; avoir recours à...; demander du secours.

RECOURS, s. m. (*rekour*), action par laquelle on recherche de l'assistance ; refuge; droit de reprise; pourvoi.

RECOURU, part. pass. de *recourir*.

RECOUSSE, s. f. (*rekouce*), délivrance.

RECOUSU, E, part. pass. de *recoudre*.

RECOUVERT, E, part. pass. de *recouvrir*.

RECOUVRABLE, adj. des deux g. (*rekouvrable*), qui peut se *recouvrer*.

RECOUVRANCE, s. f. (*rekouvrance*) (*recouvrement*; action de *recouvrer*. Vieux.

RECOUVRÉ, E, part. pass. de *recouvrer*.

RECOUVREMENT, s. m. (*rekouvreman*), action de *recouvrer*; recette ; somme à *recouvrer*; rebord qui *recouvre*; ce qui *couvre*.

RECOUVRER, v. a. (*rekouvré*)(*recuperare*), rentrer en possession de...; percevoir.

RECOUVRIR, v. a. (*rekouvrir*), *couvrir* de nouveau; cacher avec soin.

RECRACHÉ, E, part. pass. de *recracher*.

RECRACHER, v. a. (*rekraché*), cracher de nouveau; rejeter de sa bouche.

RECRÉANCE, s. f. (*rékré-ance*) (du bas lat. *recredentia*, remise en possession), jouissance de l'usufruit d'un bénéfice en litige.

RÉCRÉATIF, IVE, adj. (*rékré-atif, ive*), qui *récrée*, qui divertit, qui donne du plaisir.

RÉCRÉATION, s. f. (*rékré-âcion*), action de se *récréer*; passe-temps.

RÉCRÉÉ, E, part. pass. de *recréer*.

RÉCRÉÉ, E, part. pass. de *récréer*.

RECRÉER, v. a. (*rekré-é*)(*recreare*), créer de nouveau; remettre sur pied.

RÉCRÉER, v. a. (*rékré-é*), divertir, réjouir.

RÉCRÉMENT, s. m. (*rékréman*) (*recrementum*), humeurs qui se séparent du sang.

RÉCRÉMENTEUX, EUSE, et **RÉCRÉMENTITIEL, ELLE**, adj. (*rékrémanteu, euse; rékrémanticièle*), se dit des humeurs appelées *récréments*.

RÉCRÉPI, E, part. pass. de *récrépir*.

RÉCRÉPIR, v. a. (*rékrépir*), crépir de nouveau.

se RÉCRIER, v. pr. (*cerékri-é*), faire un cri, une exclamation de surprise.

RÉCRIMINATION, s. f. (*rékriminâcion*), action de *récriminer*.

RÉCRIMINATOIRE, adj. des deux g. (*rékriminatoare*), qui tend à *récriminer*.

RÉCRIMINER, v. n. (*rékriminé*) (*re*, pour *rursus*, et *criminari*, accuser), répondre à des accusations par d'autres accusations.

RÉCRIRE, v. a. (*rékrire*), écrire de nouveau; écrire plusieurs fois une même chose.

RÉCRIT, E, part. pass. de *récrire*.

RECROÎTRE, v. n. (*rekroître*), croître de nouveau.

se RECROQUEVILLER, v. pr. (*cerekrokevi-ié*), se dit du parchemin qui se replie quand on l'approche trop près du feu.

RECRU, E, adj. (*rekru*), las, harassé.

RECRUDESCENCE, s. f. (*rekrudêceçance*), augmentation dans l'intensité.

RECRUE, s. f. (*rekru*), levée de soldats ; conscrit.

RECRUTÉ, E, part. pass. de *recruter*.

RECRUTEMENT, s. m. (*rekruteman*) action de *recruter*.

RECRUTER, v. a. (*rekruté*), faire des *recrues*; attirer dans un parti.

RECRUTEUR, EUSE, s. (*rekruteur, euse*), qui fait les *recrues*.

RECTA, adv. tiré du lat. (*rèkta*), en droiture, directement, ponctuellement. Fam.

RECTANGLE, s. m. et adj. des deux g. (*rèktanguele*) (*rectus*, droit, et *angulus*, angle), qui a un *angle* droit; qui a tous les *angles* droits.

RECTANGULAIRE, adj. des deux g. (*rèktangulère*), qui a des *angles* droits.

RECTEUR, s. m. (*rèkteur*) (*rector*), supérieur de collège; curé; chef d'une université.

RECTEUR, adj. m. (*rèkteur*), t. de chim., *esprit recteur*, partie aromatique d'une plante.

RECTIFICATION, s. f. (*rèktifikâcion*), action de *rectifier*.

RECTIFIÉ, E, part. pass. de *rectifier*.

RECTIFIER, v. a. (*rèktifié*) (*rectus*, droit, et *facere*, faire), remettre dans l'ordre et en bon état; distiller une seconde fois.

RECTILIGNE, adj. des deux g. (*rèktilignie*) (*rectus*, droit, et *linea*, ligne), se dit des figures terminées par des *lignes* droites.

RECTITUDE, s. f. (*rèktitude*) (*rectitudo*), état d'une ligne droite ; *fig.* droiture; justesse.

RECTO, s. m. (*rèktô*) (*recto*, datif de *rectus*, droit), première page d'un feuillet.

RECTORAL, E, adj.(*rèktorale*), de *recteur*. —Au pl. m. *rectoraux*.

RECTORAT, s. m. (*rèktora*), charge, office, dignité de *recteur*.

RECTUM, s. m. (*rèktome*) (mot lat.), le dernier des trois gros intestins.

REÇU, s. m. (*reçu*), quittance par laquelle on reconnaît avoir *reçu* quelque chose.

REÇU, E, part. pass. de *recevoir*.

RECUEIL, s. m. (*rekieu-ie*)(de *recueillir*), amas de divers actes, écrits etc.

RECUEILLEMENT, s. m. (*rekieu-ieman*), action de l'esprit qui se *recueille* en lui même.

RECUEILLI, E, part. pass. de *recueillir*.

RECUEILLIR, v. a.(*rekieu-ie-ir*)(*recolligere*), faire la dépouille des fruits d'une terre ; rassembler; recevoir chez soi; compiler; prendre; inférer.—V. pr., rassembler ses esprits.

RECUIRE, v. a. (*rekuire*), *cuire* une seconde fois.

RECUIT, E, part. pass. de *recuire*, et adj.

RECUL, s. m. (*rekule*), mouvement en arrière que fait le canon qu'on décharge.

RECULADE, s. f. (*rekulade*), action de voitures qui *reculent*; pas en arrière.

RECULÉ, E, part. pass. de *reculer*, et adj., éloigné, lointain.

RECULÉE, s. f. (*rekulé*) : feu de *reculée*, qui oblige à se *reculer*. Fam. et peu us.

RECULEMENT, s. m. (*rekuleman*), action de *reculer*.

RECULER, v. a. (*rekulé*) (re pour *retro*, en arrière, et *culus*, derrière), pousser ou tirer en arrière; *fig.* retarder.—V. n., aller en arrière.

à RECULONS, loc. adv. (*arekulon*), en *reculant*, en allant en arrière; *fig.* en empirant.

RÉCUPÉRÉ, E, part. pass. de *récupérer*.

RÉCUPÉRER, v. a. (*rékupéré*) (*recuperare*), recouvrer.—V. pr., se dédommager.

RÉCURÉ, E, part. pass. de *récurer*.

RÉCURER, v. a. (*rékuré*) (re, et *curare*, soigner), donner un troisième labour; nettoyer les métaux avec du grès.

RÉCUSABLE, adj. des deux g. (*rékuzable*), qui peut être *récusé*.

RÉCUSATION, s. f. (*rékuzácion*), action par laquelle on *récuse*.

RÉCUSÉ, E, part. pass. de *récuser*.

RÉCUSER, v. a. (*rékuzé*) (*recusare*), alléguer des moyens pour obliger un juge, un témoin, à se déporter d'une affaire.

RÉDACTEUR, TRICE, s. (*rédakteur, trice*), qui *rédige*.

RÉDACTION, s. f. (*rédakcion*), action par laquelle on *rédige*; effet de cette action.

REDAN, s. m. (*rédan*), pièce de fortification à angles saillants et rentrants.

RÉDARGUER, v. a (*rédargu-é*), reprendre, réprimander, blâmer. Vieux.

REDDITION, s. f. (*rèdedicion*) (*redditio*), action de *rendre*.

REDÉFAIRE, v. a. (*redéfère*), défaire de nouveau.

REDÉFAIT, E, part. pass. de *redéfaire*.

REDEMANDÉ, E, part. pass. de *redemander*.

REDEMANDER, v. a. (*redemandé*), demander de nouveau.

RÉDEMPTEUR, s. m. (*rédanpeteur*) (*redemptor*), celui qui *rachette*.

RÉDEMPTION, s. f. (*rédanpecion*)(*redemptio*), rachat du genre humain par Jésus-Christ.

REDESCENDRE, v. a. et n. (*redèçandre*), descendre de nouveau.

REDESCENDU, E, part. pass. de *redescendre*.

REDEVABLE, s. et adj. des deux g. (*redevable*), qui est reliquataire après un compte rendu; qui a quelque obligation à...

REDEVANCE, s. f. (*redevance*), rente ou autre charge que l'on doit annuellement.

REDEVANCIER, IÈRE, s. (*redevancié, ière*), qui est obligé à des *redevances*.

REDEVENIR, v. n. (*redevenir*), recommencer à être ce qu'on était auparavant.

REDEVOIR, v. a. (*redevoir*) (re, pour *retro*, en arrière, et *debere*, devoir), être en reste, *devoir* après un compte fait.

RÉDHIBITION, s. f. (*rédibicion*)(*redhibitio*), action pour faire casser la vente d'une chose défectueuse.

RÉDHIBITOIRE, adj. des deux g. (*rédibitoare*) (*redhibitorius*), se dit des cas où la *rédhibition* a lieu.

RÉDIGÉ, E, part. pass. de *rédiger*.

RÉDIGER, v. a. (*rédijé*) (*redigere*), mettre en ordre et par écrit.

se RÉDIMER, v. pr. (*cerédimé*) (*redimere*), se racheter, se délivrer.

REDINGOTE, s. f. (*redeinguote*) (de l'anglais *riding-coat*, habit de cheval), sorte de vêtement; sorte de robe de femme.

REDIRE, v. a. (*redire*), dire de nouveau; révéler ce qu'on nous a confié; blâmer.

REDISEUR, EUSE, s. (*redizeur, euze*), qui redit, qui répète ce qu'il a *dit* ou ouï dire. Fam.

REDIT, E, part. pass. de *redire*.

REDITE, s. f. (*redite*), répétition fréquente d'une chose qu'on a *dite*.

RÉDONDANCE, s. f. (*rédondance*) (*redundantia*), superfluité de paroles.

RÉDONDANT, E, adj. (*rédondan, ante*) (*redundans*); qui est de trop dans un discours.

RÉDONDER, v. n. (*rédondé*) (*redundare*, déborder), être superflu.

REDONNÉ, E, part. pass. de *redonner*.

REDONNER, v. a. (*redoné*), donner une seconde fois.

REDORÉ, E, part. pass. de *redorer*.

REDORER, v. a. (*redoré*), dorer une seconde fois ce qui est *dédoré*.

REDOUBLÉ, E, part. pass. de *redoubler*.

REDOUBLEMENT, s. m. (*redoubleman*), accroissement, augmentation considérable.

REDOUBLER, v. a. (*redoublé*) (*reduplicare*), réitérer avec augmentation; remettre une *doublure*.—V a. et n., augmenter.

REDOUTABLE, adj. des deux g. (*redoutable*), qui est fort à *redouter*.

REDOUTE, s. f. (*redoute*) (de l'italien *ridotto*, réduit), pièce de fortification détachée; fortin; endroit où l'on danse, où l'on joue.

REDOUTÉ, E, part. pass. de *redouter*.

REDOUTER, v. a. (*redouté*), craindre.

REDRESSÉ, E, part. pass. de *redresser*.

REDRESSEMENT, s. m. (*redrèceman*); action de *redresser*; effet de cette action.

REDRESSER, v. a. (*redrécé*), rendre *droit*, remettre dans le *droit* chemin; élever de nouveau; châtier; réparer.—V. pr., se relever.

REDRESSEUR, EUSE, s. (*redrèceur, euse*), qui *redresse*.

REDÛ, E, part. pass. de *redevoir*.—Subst. au m., ce qui reste dû après un compte fait.

RÉDUCTIBLE, adj. des deux g. (*réduktible*), qui peut être *réduit*.

RÉDUCTIF, IVE, adj. (*réduktif, ive*), qui *réduit*.

RÉDUCTION, s. f. (*rédukcion*), action de *réduire*; effet de cette action.

RÉDUIRE, v. a. (*réduire*) (*reducere*, ramener), contraindre; soumettre; restreindre.

RÉDUIT, s. m. (*rédui*) (de l'italien *ridotto*, lieu où l'on se retire), misérable galetas.

RÉDUIT, E, part. pass. de *réduire*, et adj.

RÉDUPLICATIF, IVE, adj. (*réduplikatif, ive*), qui sert à *redoubler*.

RÉDUPLICATION, s. f. (*réduplikacion*), répétition d'une syllabe ou d'une lettre.

RÉÉDIFICATION, s. f. (*ré-édifikacion*), action de rebâtir, reconstruction.

RÉÉDIFIÉ, E, part. pass. de *réédifier*.

RÉÉDIFIER, v. a. (*ré-édifié*) (*reædificare*), rebâtir, reconstruire.

RÉEL, ELLE, adj. (*ré-èlc*) (*realis*), qui est vraiment et *réellement*.

RÉÉLECTION, s. f. (*ré-élèkcion*), action d'*élire* de nouveau.

RÉÉLIRE, v. a. (*ré-élire*), élire de nouveau.

RÉELLEMENT, adv. (*ré-èleman*) (*realiter*), effectivement, véritablement.

RÉÉLU, E, part. pass. de *réélire*.

RÉER, v. n. Voy. RAIRE.

RÉEXPORTATION, s. f. (*ré-èkceportacion*), action d'*exporter* ce qui a été importé.

RÉEXPORTÉ, E, part. pass. de *réexporter*.

RÉEXPORTER, v. a. (*ré-èkceporté*), exporter ce qui a été importé

RÉFACTION, s. f. (*réfakcion*), remise de l'excédant de poids des marchandises qui ont été mouillées ou avariées.

REFAIRE, v. a. (*refère*), faire encore ce qu'on a déjà *fait*; réparer; tromper; recommencer; remettre en bon état.

REFAIT, E, part. pass. de *refaire*.

REFAIT, s. m. (*refè*), t. de jeu, coup ou partie à *refaire*, à recommencer.

REFAUCHÉ, E, part. pass. de *refaucher*.

REFAUCHER, v. a. (*refôché*), faucher une seconde fois.

RÉFECTION, s. f. (*réfèkcion*) (*refectio*), repas; réparation d'un édifice.

RÉFECTOIRE, s. m. (*réfèktoare*) (*reficere*, restaurer), lieu d'un couvent, d'un collège, où l'on s'assemble pour le repas.

REFEND, s. m. (*refan*), action de partager, de *fendre*.

REFENDRE, v. a. (*refandre*), fendre du bois en long; fendre de nouveau.

REFENDU, E, part. pass. de *refendre*.

RÉFÉRÉ, s. m. (*référé*), rapport que fait un juge sur quelque incident d'un procès.

RÉFÉRÉ, E, part. pass. de *référer*.

RÉFÉRENDAIRE, s. m. (*référandère*) (*referendarius*), titre de divers fonctionnaires.

RÉFÉRER, v. a. (*référé*), rapporter; attribuer.—V. pr., s'en rapporter; avoir rapport.

REFERMÉ, E, part. pass. de *refermer*.

REFERMER, v. a. (*référemé*), fermer de nouveau.

REFERRÉ, E, part. pass. de *referrer*.

REFERRER, v. a. (*referé*), ferrer de nouveau.

RÉFLÉCHI, E, part. pass. de *réfléchir*, et adj., fait par *réflexion*.

RÉFLÉCHIR, v. a. (*réfléchir*) (*reflectere*), renvoyer, repousser.— V. n., rejaillir, être renvoyé; penser mûrement.

RÉFLÉCHISSEMENT, s. m. (*réfléchiceman*), rejaillissement, réverbération.

RÉFLECTEUR, s. m. (*réflèkteur*), qui *réfléchit* la lumière.

REFLET, s. m. (*reflè*), réflexion de la lumière ou de la couleur d'un corps sur un autre.

REFLÉTÉ, E, part. pass. de *refléter*.

REFLÉTER, v. a. (*reflété*), renvoyer la lumière ou la couleur sur le corps voisin.

REFLEURI, E, part. pass. de *refleurir*.

REFLEURIR, v. n. (*refleurir*), fleurir de nouveau.

RÉFLEXIBILITÉ, s. f. (*réflèkcibilité*), propriété d'un corps susceptible de *réflexion*.

RÉFLEXIBLE, adj. des deux g. (*réflèkcible*), propre à être *réfléchi*.

RÉFLEXION, s. f. (*réflèkcion*) (*reflectio*), rejaillissement, réverbération; méditation sérieuse; pensées qui en résultent.

REFLUER, v. n. (*reflu-é*) (*refluere*), retourner vers sa source.

REFLUX, s. m. (*reflu*) (*refluxus*), mouvement de la mer qui se retire après le *flux*.

REFONDÉ, E, part. pass. de *refonder*.

REFONDER, v. a. (*refondé*), t. de prat., rembourser les frais d'un défaut.

REFONDRE, v. a. (*refondre*), fondre une seconde fois.

REFONDU, E, part. pass. de *refondre*.

REFONTE, s. f. (*refonte*), action de *refondre*.

RÉFORMABLE, adj. des deux g. (*réformable*), qui peut ou qui doit être *réformé*.

RÉFORMATEUR, TRICE, s. (*reformateur, trice*), qui *réforme*.

RÉFORMATION, s. f. (*réformacion*) (*reformatio*), action de *réformer*, de corriger.

RÉFORME, s. f. (*réforme*), rétablissement

dans l'ordre ou dans l'ancienne *forme*; retranchement des abus; congé avec retraite.

RÉFORMÉ, E, part. pass. de *reformer*.

RÉFORMÉ, E, part. pass. de *réformer*.

REFORMER, v. a. (*reformé*), former de nouveau.

RÉFORMER, v. a. (*réformé*) (*reformare*), retrancher les abus; établir une *forme* meilleure; corriger; réduire; retrancher.

REFOULÉ, E, part. pass. de *refouler*.

REFOULEMENT, s. m. (*refoulemant*), action de *refouler*.

REFOULER, v. a. (*refoulé*), fouler de nouveau; bourrer une pièce de canon; faire refluer.

REFOULOIR, s. m. (*refouloar*), bâton qui sert à bourrer les pièces de canon.

RÉFRACTAIRE, s. et adj. des deux g. (*réfraktère*) (*refractarius*), rebelle, désobéissant.

RÉFRACTÉ, E, part. pass. de *réfracter*.

RÉFRACTER, v. a. (*réfrakté*) (*refringere*, briser), produire la *réfraction*.

RÉFRACTIF, IVE, adj. (*réfraktif, ive*), qui produit la *réfraction*.

RÉFRACTION, s. f. (*réfrakcion*)(*refractio*), changement de direction qu'éprouve un rayon de lumière lorsqu'il passe obliquement d'un milieu dans un autre.

REFRAIN, s. m. (*refrein*) (de l'espagnol *refran*, proverbe), mots ou vers qui se répètent à chaque couplet d'une chanson, etc.

REFRANGIBILITÉ, s. f. (*refranjibilité*), propriété des rayons *refrangibles*.

REFRANGIBLE, adj. des deux g. (*refranjible*), susceptible de *réfraction*.

REFRAPPÉ, E, part. pass. de *refrapper*.

REFRAPPER, v. a. (*refrapé*), frapper de nouveau.

REFRÉNÉ, E, part. pass. de *refréner*.

REFRÉNER, v. a. (*refréné*)(*refrenare*), réprimer, tenir en bride.

RÉFRIGÉRANT, E, adj. (*réfrijéran, ante*) (*refrigerans*), qui rafraîchit. — Subst. au m., remède qui rafraîchit; vaisseau rempli d'eau pour condenser les vapeurs dans un alambic.

RÉFRIGÉRATIF, IVE, adj. (*réfrijératif, ive*), qui rafraîchit. — Il est aussi s. m.

RÉFRIGÉRATION, s. f. (*réfrijéracion*) (*refrigeratio*), action de se refroidir.

RÉFRINGENT, E, adj. (*réfreinjan, ante*) (*refringens*), qui cause une réfraction.

REFROGNÉ, E, ou RENFROGNÉ, E, part. pass. de *se refrogner* ou *se renfrogner*, et adj., qui se *refrogne*.

REFROGNEMENT ou RENFROGNEMENT, s. m. (*refrognieman*), action de se *refrogner*; effet de cette action.

se REFROGNER ou *se* RENFROGNER, v. pr.(*cerefrognié, ceranfrognié*), se faire des plis au *front* en signe de mécontentement.

REFROIDI, E, part. pass. de *refroidir*.

REFROIDIR, v. a. (*refroèdir*), rendre *froid*; fig. ralentir. — V. n., devenir *froid*.

REFROIDISSEMENT, s. m. (*refroèdiceman*), diminution de chaleur; ralentissement.

REFUGE, s. m. (*refuje*) (*refugium*), asyle, lieu où l'on se met en sûreté; fig. excuse.

RÉFUGIÉ, E, part. pass. de *se réfugier*, adj. et s., qui s'est *réfugié* dans un autre pays.

se RÉFUGIER, v. pr. (*cerèfujié*) (*refugere*, s'enfuir), se retirer en lieu de sûreté.

REFUIR, v. n. (*refuir*) (*refugere*), t. de vén., fuir de nouveau.

REFUITE, s. f. (*refuite*), endroit où une bête a coutume de passer lorsqu'on la chasse.

REFUS, s. m. (*refu*), action de *refuser*; chose *refusée*.

REFUSÉ, E, part. pass. de *refuser*.

REFUSER, v. a. (*refuzé*)(*refutare*), ne pas accorder ce qu'on nous demande; ne pas recevoir ce qu'on nous offre.

RÉFUSION, s. f. (*réfuzion*) (*refusio*), remboursement des frais préjudiciaires, etc.

RÉFUTATION, s. f. (*réfutácion*)(*refutatio*), discours par lequel on *réfute*.

RÉFUTÉ, E, part. pass. de *réfuter*.

RÉFUTER, v. a. (*réfuté*) (*refutare*), combattre, détruire ce qu'un autre a avancé.

REGAGNÉ, E, part. pass. de *regagner*.

REGAGNER, v. a. (*reguagnié*), gagner ce qu'on avait perdu; reprendre; rejoindre.

REGAIN, s. m. (*reguiein*), second foin, herbe qui revient après le fauchage.

RÉGAL, s. m. (*régual*) (en espagnol *regalo*), festin, grand repas.

RÉGALADE, s. f. (*régualade*), action de *régaler*.

RÉGALANT, E, adj. (*régualan, ante*), amusant, réjouissant. Fam.

RÉGALE, s. m. (*réguale*), un des jeux de l'orgue. — S. f., droit qu'avait le roi de conférer certains bénéfices. — Adj. f.: *eau régale*, eau dont on se sert pour dissoudre l'or.

RÉGALÉ, E, part. pass. de *régaler*.

RÉGALEMENT, s. m. (*régualeman*), travail pour mettre un terrein de niveau.

RÉGALER, v. a. (*régualé*), faire ou donner un *régal*; réjouir, divertir; aplanir un terrein.

RÉGALIEN, adj. m. (*régualiein*)(*regalis*, royal), qui a rapport à la souveraineté.

RÉGALISTE, s. m. (*régualicete*), celui qui était pourvu d'un bénéfice vacant en *régale*.

REGARD, s. m. (*reguar*), action par laquelle on *regarde*; jour d'aqueduc. — en REGARD, loc. adv., vis-à-vis.

REGARDANT, E, s. (*reguardan, ante*), celui qui *regarde*. — Adj., trop ménager. Fam.

REGARDÉ, E, part. pass. de *regarder*.

REGARDER, v. a. (*reguardé*) (de l'italien

riguardare), jeter la vue sur quelque chose; être vis-à-vis; considérer; prendre garde; réputer; concerner.

REGARNI, E, part. pass. de regarnir.

REGARNIR, v. a. (reguarnir), garnir de nouveau.

RÉGENCE, s. f. (réjance) (regere, gouverner), gouvernement d'un état pendant la minorité ou l'absence du souverain, etc.; gouvernement de certains petits états.

RÉGÉNÉRATEUR, TRICE, s. et adj. (réjénérateur, trice), qui régénère.

RÉGÉNÉRATION, s. f. (réjénéracion) (regeneratio), reproduction, réformation.

RÉGÉNÉRÉ, E, part. pass. de régénérer.

RÉGÉNÉRER, v. a. (réjénéré) (regenerare), faire renaître; réformer.

RÉGENT, E, s. et adj. (réjan, ante), qui régit un état pendant la minorité du roi.—Subst. au m., qui enseigne dans un collège.

RÉGENTE, E, part. pass. de régenter.

RÉGENTER, v. n. et a. (réjante), professer dans un collège; fig. aimer à dominer.

RÉGICIDE, s. m. (réjicide) (rex, regis, roi, et cædere, tuer), meurtre d'un roi; celui qui tue un roi.—Il est aussi adj. des deux g.

RÉGI, E, part. pass. de régir.

RÉGIE, s. f. (réji) (regere, régir), administration.

REGIMBER, v. n. (rejinbé) (de re, et de l'italien gamba, jambe), ruer; fig. résister.

RÉGIME, s. m. (réjime) (regimen), règle dans la manière de vivre par rapport à la santé; administration; t. de gramm., mot qui dépend immédiatement d'un verbe ou d'une préposition.

RÉGIMENT, s. m. (réjiman) (du lat. barbare regimentum), corps de gens de guerre.

RÉGIMENTAIRE, adj. des deux g. (réjimantère), de régiment.

RÉGION, s. f. (réjion) (regio), grande étendue, soit sur la terre, soit dans l'air.

RÉGIR, v. a. (réjir) (regere), gouverner; gérer; en gramm., exiger un certain régime.

RÉGISSEUR, EUSE, s. (réjiceur, euze), qui régit à charge de rendre compte.

REGISTRATEUR, s. m. (rejicetrateur), officier de la chancellerie romaine.

REGISTRE, s. m. (rejicetre) (registrum), livre où l'on écrit les actes et les affaires de chaque jour; en chim., ouverture du fourneau.

REGISTRÉ, E, part. pass. de registrer.

REGISTRER, v. a. (rejicetré) (registrare), insérer dans le registre.

RÈGLE, s. f (règuele) (regula), instrument qui sert à tirer des lignes droites; fig. maxime; foi; bon ordre; exemple; opération d'arithmétique; statuts d'un ordre.—Au pl., purgations menstruelles des femmes.

RÉGLÉ, E, part. pass. de régler, et adj. sage; régulier; décidé; arrêté.

RÈGLEMENT, s. m. (règueleman), ordonnance, statut qui doit servir de règle.

RÉGLÉMENT, adv. (régueléman), avec règle, d'une manière réglée.

RÉGLÉMENTAIRE, adj. des deux g. (riguélémantère), qui appartient au règlement.

RÉGLÉMENTER, v. a. (réguelémanté), faire des règlements; organiser.

RÉGLER, v. a. (régulé) (regulare), tirer des lignes; fixer; décider; donner la forme.

RÉGLET, s. m. (règuelé), t. d'imprim., espèce de lame de fonte.

RÉGLETTE, s. f. (réguelète), petite règle de bois dont on se sert dans l'imprimerie.

RÉGLEUR, EUSE, s. (réguleur, euze), ouvrier ou ouvrière qui règle le papier.

RÉGLISSE, s. f. (réguélice) (glycyrrhisa), plante médicinale.

RÉGNANT, E, adj. (règnian, ante), qui règne; fig. qui domine.

RÈGNE, s. m. (règnie) (regnum), gouvernement d'un royaume; pouvoir; vogue; une des trois divisions de la nature.

RÉGNER, v. n. (régnié) (regnare), régir, gouverner un royaume; dominer.

RÉGNICOLE, s. et adj. des deux g. (réguenikole) (regnicola), habitant d'un royaume.

REGONFLÉ, E, part. pass. de regonfler.

REGONFLEMENT, s. m. (reguonfleman), élévation des eaux dont le cours est arrêté.

REGONFLER, v. a. (reguonflé), gonfler de nouveau.—V. n., s'enlever et se soulever, en parlant des eaux dont le cours est arrêté.

REGORGÉ, E, part. pass. de regorger.

REGORGEMENT, s. m. (reguorjeman), action de regorger, de ce qui regorge.

REGORGER, v. n. (reguorjé), déborder; fig. avoir en grande abondance.

REGOULÉ, E, part. pass. de regouler.

REGOULER, v. a. (reguoulé), maltraiter de paroles; rassasier jusqu'au dégoût. Pop.

REGRAT, s. m. (reguera), marchandise qu'on achète pour la revendre.

REGRATTÉ, E, part. pass de regratter.

REGRATTER, v. a. (reguératé), gratter de nouveau; nettoyer un vieux bâtiment.

REGRATTERIE, s. f. (regueratéri), marchandise de regrat.

REGRATTIER, IÈRE, s. (regueratié, ière), qui vend certaines denrées en détail.

REGRÈS, s. m. (reguerè) (regressus), droit de rentrer dans un bénéfice résigné.

REGRET, s. m. (reguerè) (regressus), retour en arrière); déplaisir; repentir; souvenir pénible.—Au pl., plaintes.

REGRETTABLE, adj. des deux g. (reguerètable), digne d'être regretté.

REGRETTÉ, E, part. pass. de regretter.

REGRETTER, v. a. (*reguerèté*), avoir du regret; être affligé d'une perte.

RÉGULARISATION, s. f. (*régularizácion*), action de *régulariser*; son effet.

RÉGULARISÉ, E, part. pass. de *régulariser*.

RÉGULARISER, v. a. (*régularizé*), rendre *régulier*, donner de la régularité à...

RÉGULARITÉ, s. f. (*régularité*), conformité aux *règles*; observation des devoirs.

RÉGULATEUR, TRICE, adj. (*régulateur, trice*), qui *règle*. — Subst. au m., pièce d'une machine qui en *règle* les mouvements.

RÉGULE, s. m. (*régule*), dans l'ancienne chimie, tout métal cassant.

RÉGULIER, IÈRE, adj. (*régulié, ière*) (*regularis*), conforme aux *règles*; bien réglé, exact, ponctuel.

RÉGULIÈREMENT, adv. (*régulièreman*), selon les *règles*, avec *régularité*.

RÉHABILITATION, s. f. (*ré-abilitácion*), action de *réhabiliter*.

RÉHABILITÉ, E, part. pass. de *réhabiliter*.

RÉHABILITER, v. a. (*ré-abilité*) (re, et *habilis*, habile), rétablir dans l'état, dans les droits dont on était déchu.

RÉHABITUÉ, E, part. pass. de *réhabituer*.

RÉHABITUER, v. a. (*ré-abitué*), habituer de nouveau.

REHAUSSÉ, E, part. pass. de *rehausser*.

REHAUSSEMENT, s. m. (*re-óceman*), action par laquelle on rend plus *haut*.

REHAUSSER, v. a (*re-ócé*), hausser davantage; relever; faire paraître davantage.

REHAUTS, s. m. pl. (*re-ó*), endroits les plus éclairés d'un tableau.

RÉIMPORTÉ, E, part. pass. de *réimporter*.

RÉIMPORTER, v. a. (*ré-einporté*), importer de nouveau.

RÉIMPOSÉ, E, part. pass. de *réimposer*.

RÉIMPOSER, v. a. (*ré-einpózé*), imposer de nouveau.

RÉIMPOSITION, s. f. (*ré-einpózicion*), action de *réimposer*; imposition nouvelle.

RÉIMPRESSION, s. f. (*ré-einprècion*), nouvelle *impression* d'un ouvrage.

RÉIMPRIMÉ, E, part. pass. de *réimprimer*.

RÉIMPRIMER, v. a. (*ré-einprimé*), imprimer de nouveau.

REIN, s. m. (*rein*) (*renes, um*), rognon, viscère où se fait la sécrétion de l'urine.—Au pl., le bas de l'épine du dos.

REINE, s. f. (*rène*) (*regina*), femme de roi ou princesse qui possède un royaume.

REINE-CLAUDE, s. f. (*rènèklóde*), sorte de prune verte ou violette d'un goût exquis.

REINE-MARGUERITE, s. f. (*rènemarguerite*), plante; sa fleur.

REINETTE, s. f. (*rènète*), sorte de pomme très-estimée.

RÉINSTALLATION, s. f. (*ré-eincetalácion*), action d'*installer* de nouveau.

RÉINSTALLÉ, E, part. pass. de *réinstaller*.

RÉINSTALLER, v. a. (*ré-eincetalé*), installer de nouveau.

REINTÉ, E, adj. (*rè-einté*): chien réinté, qui a les *reins* larges et élevés en arcs.

RÉINTÉGRANDE, s. f. (*ré-eintéguerande*), rétablissement dans la jouissance d'un bien.

RÉINTÉGRATION, s. f. (*ré-cintèguerácion*), action de *réintégrer*; son effet.

RÉINTÉGRÉ, E, part. pass. de *réintégrer*.

RÉINTÉGRER, v. a. (*ré-eintèguéré*) (re, et *integrare*, rétablir), rétablir dans la possession d'une chose.

REIS-EFFENDI, s. m. (*rèce-èfeindi*), chancelier de l'empire turc.

RÉITÉRATIF, IVE, adj. (*ré-itératif, ive*), réitéré, qui réitère.

RÉITÉRATION, s. f. (*ré-itérácion*), action de *réitérer*.

RÉITÉRÉ, E, part. pass. de *réitérer*.

RÉITÉRER, v. a. (*ré-itéré*)(*reiterare*), faire de nouveau ce qu'on a déjà fait.

REÎTRE, s. m. (*rètre*) (de l'allemand *reiter*, cavalier), autrefois, cavalier allemand.

REJAILLI, E, part. pass. de *rejaillir*.

REJAILLIR, v. n. (*rejaie-ir*), sortir avec impétuosité; *jaillir*; être repoussé.

REJAILLISSEMENT, s. m. (*rejaie-iceman*), mouvement de ce qui *rejaillit*.

REJET, s. m. (*rejè*), action d'exclure, de *rejeter*; nouveau *jet* d'une plante.

REJETABLE, adj. des deux g. (*rejetable*), qui doit être *rejeté*.

REJETÉ, E, part. pass. de *rejeter*.

REJETER, v. a. (*rejeté*), jeter une seconde fois; repousser; jeter dehors; n'agréer pas.

REJETON, s. m. (*rejeton*), nouveau *jet*; fig. fils, descendant.

REJOINDRE, v. a. (*rejoeindre*), réunir des parties séparées; ratteindre.

REJOINT, E, part. pass. de *rejoindre*.

REJOINTOYÉ, E, part. pass. de *rejointoyer*.

REJOINTOYER, v. a. (*rèjoeintoè-ié*), ragréer les *joints* des pierres d'un bâtiment.

REJOUER, v. n. et a.(*rejoué*), jouer de nouveau; se remettre à *jouer*.

RÉJOUI, E, part. pass. de *réjouir*, et adj. gai, de bonne humeur.

RÉJOUIR, v. a. (*réjouir*), donner de la *joie*, du plaisir, du divertissement.

RÉJOUISSANCE, s. f. (*réjouiçance*), démonstration de *joie*; basse viande.

RÉJOUISSANT, E, adj. (*réjouiçan, ante*), qui *réjouit*.

RELÂCHANT, E, adj. (*relâchan, ante*), t. de méd., qui *relâche*, qui amollit.

RELÂCHER, s. m.(relâcha) (relaxatio), interruption d'un travail, etc.,— s. f. t. de mar., lieu propre pour y relâcher.
RELÂCHÉ, E, part. pass. de relâcher.
RELÂCHEMENT, s. m. (relâcheman). (relaxatio), diminution de tension; fig. ralentissement de piété, de zèle; délassement.
RELÂCHER, v. a. (relâché) (relaxare), détendre; remettre en liberté; céder; ralentir.— V. n., tomber dans le relâchement; t. de mar., s'arrêter.—V. pr., n'être plus si ferme.
RELAIS, s. m. (relè), chevaux, chiens, destinés à en remplacer d'autres; lieu où ils sont; station de poste; t. de fortif., chemin entre le rempart et le fossé; ouverture qu'un ouvrier en tapisserie laisse quand il change de couleur.
RELAISSÉ, adj. m. (relècé), se dit d'un lièvre qui s'arrête de lassitude.
RELANCÉ, E, part. pass. de relancer.
RELANCER, v. a. (relancé), lancer de nouveau; repousser.
RELAPS, E, s. et adj. (relapece) (relapsus, retombé), qui est retombé dans l'hérésie.
RÉLARGI, E, part. pass. de rélargir.
RÉLARGIR, v. a. (rélarjir), élargir de nouveau; élargir ce qui est trop étroit.
RELATÉ, E, part. pass. de relater.
RELATER, v. a (relaté) (relatum, supin de referre, rapporter), raconter, mentionner.
RELATIF, IVE, adj. (relatif, ive) (relativus), qui a quelque rapport à...
RELATION, s. f. (relácion) (relatio), rapport d'une chose à une autre; liaison; commerce, correspondance; narration.
RELATIVEMENT, adv. (relativeman), par rapport; d'une manière relative.
RELAVÉ, E, part. pass. de relaver.
RELAVER, v. a. (relavé), laver de nouveau.
RELAXATION, s. f. (relakçácion) (relaxatio), relâchement.
RELAXÉ, E, part. pass. de relaxer, et adj., t. de chir., qui a perdu sa tension naturelle.
RELAXER, v. a. (rélakcé) (relaxare, relâcher), remettre en liberté un prisonnier.
RELAYÉ, E, part. pass. de relayer.
RELAYER, v. a. et n. (relè-ié), changer de chevaux, de chiens, d'ouvriers, etc.—V. pr., travailler alternativement.
RELÉGATION, s. f. (relégudcion) (relegatio), exil dans un certain lieu.
RELÉGUÉ, E, part. pass. de reléguer.
RELÉGUER, v. a. (relégué) (relegare), exiler dans un lieu déterminé.
RELENT, s. m. (relan), mauvais goût d'une viande renfermée dans un lieu humide.
RELEVAILLES, s. f. pl. (relevá-ie), cérémonie qui se fait à l'église la première fois qu'une femme y vient en relevant de couches.
RELEVÉ, E, part. pass. de relever, et adj.,

haut, élevé.—S. m., extrait des articles d'un compte, etc.; action de lever et de remettre un fer de cheval; t. de vèn., sortie du gîte.
RELEVÉE, s. f. (relevé), après midi.
RELÈVEMENT, s. m. (rclèveman), action de relever; énumération exacte.
RELEVER, v. a. (relevé), relever de terre ce qui était tombé; remettre debout; rétablir; exciter, ranimer, retrousser; hausser; donner du goût, de l'éclat; louer; exalter; reprendre avec aigreur; remplacer. — V. n., dépendre de......—V. pr., sortir de nouveau du lit; fig. se remettre d'une perte, d'une maladie.
RELEVEUR, s. et adj. m. (relevcur), muscle qui relève.
RELIAGE, s. m. (reliaje), action de relier des tonneaux.
RELIÉ, E, part. pass. de relier; et adj.
RELIEF, s. m. (reliéfe) (de l'italien relievo), ouvrage de sculpture relevé en bosse; saillie; fig. éclat qui relève.
RELIER, v. a. (relié), lier de nouveau; coudre ensemble et recouvrir les feuillets d'un livre; mettre des cercles à un tonneau, etc.
RELIEUR, EUSE, s. (relieur, euse), dont le métier est de relier des livres.
RELIGIEUSEMENT, adv. (relijieuseman), d'une manière religieuse.
RELIGIEUX, EUSE, adj. (relijieu, euse) (religiosus), qui a rapport à la religion; qui a de la religion; exact, fidèle.—S., membre d'un ordre monastique.
RELIGION, s. f. (relijion), culte rendu à la divinité; piété, dévotion; conscience.
RELIGIONNAIRE, s. des deux g. (relijibnère), qui suit la religion réformée.
RELIQUAIRE, s. m. (relikière), boîte ou coffre où l'on enchâsse des reliques.
RELIQUAT, s. m. (relika) (reliquæ, reste), reste de compte ; suites d'une maladie.
RELIQUATAIRE, s. et adj. des deux g. (relikatère), débiteur d'un reliquat.
RELIQUE, s. f. (relike) (reliquiæ, reste); ce qui reste d'un saint.—Au pl., restes.
RELIRE, v. a. (relire), lire de nouveau.
RELIURE, s. f. (reliure), manière dont un livre est relié; ouvrage d'un relieur.
RELOCATION, s. f. (relokácion), acte par lequel on reloue une chose.
RELOUÉ, E, part. pass. de relouer.
RELOUER, v. a. (reloué) (relocare), louer de nouveau; sous-louer.
RELU, E, part. pass. de relire.
RELUIRE, v. n. (reluire), luire par réflexion; fig. briller avec éclat.
RELUISANT, E, adj. (reluizan, ante), qui brille, qui luit beaucoup.
RELUQUÉ, E, part. pass. de reluquer.
RELUQUER, v. a (relukié), regarder d'une manière affectée, du coin de l'œil. Fam.
REMÂCHÉ, E, part. pass. de remâcher.

REMÂCHER, v. a. (remâché), mâcher de nouveau; fig. repasser souvent dans son esprit.
REMANIÉ, E, part. pass. de remanier.
REMANIEMENT, s. m. (remaniman), action de remanier; son effet.
REMANIER, v. a. (remanié), manier de nouveau; refaire; raccommoder.
REMARIÉ, E, part. pass. de remarier.
REMARIER, v. a. (remarié), refaire un mariage; marier de nouveau.
REMARQUABLE, adj. des deux g. (remarkable), qui est digne d'être remarqué.
REMARQUABLEMENT, adv. (remarkableman), d'une manière remarquable.
REMARQUE, s. f. (remarke), action de remarquer; note, observation.
REMARQUÉ, E, part. pass. de remarquer.
REMARQUER, v. a. (remarkié), marquer une seconde fois; observer; distinguer.
REMBALLÉ, E, part. pass. de remballer.
REMBALLER, v. a. (ranbalé), emballer de nouveau.
REMBARQUÉ, E, part. pass. de rembarquer.
REMBARQUEMENT, s. m. (ranbarkeman), action de rembarquer.
REMBARQUER, v. a. (ranbarkié), embarquer de nouveau.
REMBARRÉ, E, part. pass. de rembarrer.
REMBARRER, v. a. (ranbâré), repousser vigoureusement, avec fermeté.
REMBLAI, s. m. (ranblè), action de remblayer; travail de terres rapportées et battues.
REMBLAYÉ, E, part. pass. de remblayer.
REMBLAYER, v. a. (ranblè-ié), apporter des terres pour combler un creux.
REMBOÎTÉ, E, part. pass. de remboîter.
REMBOÎTEMENT, s. m. (ranboèteman), action de remboîter; effet de cette action.
REMBOÎTER, v. a. (ranboèté), remettre en sa place ce qui était désemboîté.
REMBOURRÉ, E, part. pass. de rembourrer.
REMBOURREMENT, s. m. (ranboureman), action de rembourrer; son effet.
REMBOURRER, v. a. (ranbouré), garnir de bourre, de crin, etc.; fig. repousser.
REMBOURSABLE, adj. des deux g. (ranbourçable), qui doit être remboursé.
REMBOURSÉ, E, part. pass. de rembourser.
REMBOURSEMENT, s. m. (ranbourseman), action de rembourser; son effet.
REMBOURSER, v. a. (ranbourcé), rendre à quelqu'un l'argent qu'il a déboursé.
REMBRUNI, E, part. pass. de rembrunir.
REMBRUNIR, v. a. (ranbrunir); rendre brun ou plus brun; fig. attrister.
REMBRUNISSEMENT, s. m. (ranbruniceman), état de ce qui est rembruni.
REMBÛCHÉ, E, part. pass. de rembûcher.
REMBÛCHEMENT, s. m. (ranbucheman), rentrée d'un cerf dans son fort.

se REMBÛCHER, v. pr. (ceranbûché), t. de vén., rentrer dans le bois.
REMÈDE, s. m. (remède) (remedium), tout ce qui sert à guérir; lavement.
REMÉDIER, v. n. (remédié), apporter remède.
REMÊLÉ, E, part. pass. de remêler.
REMÊLER, v. a. (remêlé), mêler de nouveau.
REMEMBRANCE, s. f. (remanbrance), souvenir. Vieux.
REMÉMORATIF, IVE, adj. (remémoratif, ive), qui fait ressouvenir.
REMÉMORÉ, E, part. pass. de remémorer.
REMÉMORER, v. a. (remémoré) (rememorare), faire ressouvenir.
REMENÉ, E, part. pass. de remener.
REMENER, v. a. (remené), reconduire au même lieu.
REMERCIÉ, E, part. pass. de remercier.
REMERCIEMENT, s. m. (remèreciman), action de graces, paroles pour remercier.
REMERCIER, v. a. (remèrecié) (rac. merci), rendre grace; refuser poliment; renvoyer.
RÉMÉRÉ, s. m. (réméré) (re et emere, acheter), rachat.
REMETTRE, v. a. (remètre) (remittere), mettre au même endroit; mettre de nouveau; rétablir; raccommoder; rassurer; rendre; confier; différer; faire remise; pardonner; donner.—V. pr., se replacer; se rétablir; s'en rapporter; se souvenir.
REMEUBLÉ, E, part. pass. de remeubler.
REMEUBLER, v. a. (remeublé), regarnir de meubles.
RÉMINISCENCE, s. f. (réminicecance) (reminiscentia), ressouvenir faible et léger.
REMIS, E, part. pass. de remettre, et adj.
REMISE, s. f. (remize), action de remettre; délai; argent remis; grace; rabais; lieu pour mettre les voitures; carrosse de louage; retraite du gibier.
REMISÉ, E, part. pass. de remiser.
REMISER, v. a. (remizé), mettre sous la remise.
RÉMISSIBLE, adj. des deux g. (rémicecible) (remissibilis), qui mérite grace, pardon.
RÉMISSION, s. f. (rémicecion) (remissio), pardon, grace; diminution.
RÉMISSIONNAIRE, s. des deux g. (rémicecionère), qui a obtenu rémission.
RÉMITTENT, E, adj. (rémitetan, ante), t. de méd., qui présente des rémissions.
REMMENÉ, E, part. pass. de remmener.
REMMENER, v. a. (ranmené), emmener ce qu'on avait amené.
RÉMOLADE ou RÉMOULADE, s. f. (rémolade), remède pour les foulures des chevaux.
RÉMOLE, s. f. (rémole), tournant d'eau dangereux. Peu us.

REMONTAGE, s. m. (*remontaje*), action de *remonter* des bottes.
REMONTE, s. f. (*remonte*), chevaux qu'on donne à des cavaliers pour les *remonter*.
REMONTÉ, E, part. pass. de *remonter*.
REMONTER, v. n. et a. (*remonté*), monter une seconde fois; retourner d'où l'on est descendu; examiner une chose dès son principe; s'élever. —V. a., raccommoder; remettre à neuf; réparer; équiper de nouveau; aller contre le courant.
REMONTRANCE, s. f. (*remontrance*), action de *remontrer*; avis; avertissement.
REMONTRÉ, E, part. pass. de *remontrer*.
REMONTRER, v. a. (*remontré*), montrer de nouveau; donner des avis; représenter.
RÉMORA, s. m. (*rémora*) (*remorari*, retarder), obstacle, retardement; petit poisson.
REMORDRE, v. a. et n. (*remordre*), mordre de nouveau.
REMORDS, s. m. (*remor*)(*remordere*, bourreler), reproche que fait la conscience.
REMORDU, E, part. pass. de *remordre*.
RÉMORE, s. f. Voy. RÉMORA.
REMORQUE, s. f. (*remorke*), action de *remorquer*.
REMORQUÉ, E, part. pass. de *remorquer*.
REMORQUER, v. a. (*remorkié*)(*remulcare*), se dit d'un bâtiment qui en traîne un autre.
REMORQUEUR, s. et adj. m. (*remorkieur*), qui *remorque*.
à **REMOTIS** (*arémôtice*), expression latine qui signifie : à l'écart. Fam.
REMOUDRE, v. a. (*remoudre*), moudre de nouveau.
RÉMOUDRE, v. a. (*rémoudre*), émoudre de nouveau.
RÉMOULADE, s. f. (*rémoulade*) (rac. *moudre*), sauce piquante.
RÉMOULEUR, s. m. (*rémouleur*), celui qui *émoud* les couteaux, les ciseaux, etc.
REMOULU, E, part. pass. de *remoudre*.
RÉMOULU, E, part. pass. de *rémoudre*.
REMOUS, s. m (*remou*), t. de mar., tournoiement d'eau; contre-courant.
REMPAILLÉ, E, part. pass. de *rempailler*.
REMPAILLER, v. a.(*ranpá-ié*), regarnir de paille.
REMPAILLEUR, EUSE, s. (*ranpá-ieur, euze*), qui fait le métier de *rempailler*.
REMPARÉ, E, part. pass. de *remparer*.
REMPARER, v. a. (*ranparé*), fortifier une place de *remparts*.
REMPART, s. m. (*ranpar*) (de l'espagnol *amparo*, protection), levée de terre qui environne et défend une place; *fig.* ce qui sert de défense.
REMPLAÇANT, E, s. (*ranplaçan, ante*), qui *remplace*.
REMPLACÉ, E, part. pass. de *remplacer*.

REMPLACEMENT, s. m. (*ranplaceman*), action de *remplacer*; son effet.
REMPLACER, v. a. (*ranplacé*), remplir la place de...; tenir lieu de; mettre à la *place*.
REMPLAGE, s. m. (*ranplaje*), action de *remplir* jusqu'au bord une pièce de vin.
REMPLI, s. m. (*ranpli*), pli qu'on fait à du linge, à une étoffe.
REMPLI, E, part. pass. de *remplir*, et adj., empli, plein, comblé.
REMPLIÉ, E, part. pass. de *remplier*.
REMPLIER, v. a.(*ranpli-é*), faire un *rempli*.
REMPLIR, v. a. (*ranplir*), emplir de nouveau; rendre *plein*; occuper.
REMPLISSAGE, s. m. (*ranpliçaje*), action de *remplir*; chose dont on *remplit*.
REMPLISSEUSE, s. f. (*ranpliceuze*), raccommodeuse de points, de dentelles.
REMPLOI, s. m. (*ranploè*), remplacement, nouvel emploi.
REMPLOYÉ, E, part. pass. de *remployer*.
REMPLOYER, v. a. (*ranploè-ié*), employer de nouveau.
REMPLUMÉ, E, part. pass. de *remplumer*.
REMPLUMER, v. a. (*ranplumé*), regarnir de plumes. — V. pr., reprendre de nouvelles plumes; *fig.* rétablir ses affaires.
REMPOCHÉ, E, part. pass. de *rempocher*.
REMPOCHER, v. a. (*ranpoché*), remettre dans la *poche*.
REMPOISSONNEMENT, s. m. (*ranpoèçoneman*), action de *rempoissonner*.
REMPOISSONNER, v. a. (*ranpoèçoné*), repeupler de *poissons* un étang, un vivier.
REMPORTÉ, E, part. pass. de *remporter*.
REMPORTER, v. a. (*ranporté*), rapporter d'un lieu ce qu'on avait *apporté*; emporter; gagner, obtenir.
REMPOTAGE, s. m. (*ranpotaje*), action de *rempoter*.
REMPOTER, v. a. (*ranpoté*), remettre une plante dans un *pot*; la changer de *pot*.
REMUAGE, s. m. (*remuaje*), action de *remuer*.
REMUANT, E, adj. (*remuan, ante*), qui est sans cesse en mouvement; *fig.* actif.
REMUÉ, E, part. pass. de *remuer*.
REMUE-MÉNAGE, s. m. (*remuménaje*), dérangement de meubles; *fig.* trouble.
REMUEMENT ou **REMUMENT**, s. m. (*remuman*), action de *remuer*; trouble.
REMUER, v. a. (*remué*) (*removere*), ôter d'un lieu), mouvoir. — V. n., émouvoir; faire quelque mouvement; agir; exciter des troubles.
REMUEUR, EUSE, s. (*remueur, euse*), qui *remue*.
REMUGLE, s. m. (*remuguele*), odeur de renfermé. Vieux.
RÉMUNÉRATEUR, TRICE, s. (*rémunérateur, trice*) (*remunerator*), qui récompense.

RÉMUNÉRATION, s. f. (rémunéracion) (remuneratio), récompense.

RÉMUNÉRATOIRE, adj. des deux g. (rémunératoare), qui tient lieu de récompense.

RÉMUNÉRÉ, E, part. pass. de *rémunérer*.

RÉMUNÉRER, v. a. (rémunéré) (remunerari), récompenser.

RENÂCLER, v. n. (renâklé), retirer vite son haleine par le nez quand on est en colère.

RENAISSANCE, s. f. (renèçance), nouvelle naissance; renouvellement.

RENAISSANT, E, adj. (renèçan, ante), qui renaît.

RENAÎTRE, v. n. (renétre), naître de nouveau; reparaître; croître de nouveau.

RÉNAL, E, adj. (rénale) (renalis), qui appartient aux reins.—Au pl. m. *rénaux*.

RENARD, s. m. (renar) (de l'allemand *rein*, rusé), bête maligne et rusée.

RENARDE, s. f. (renarde), femelle du renard.

RENARDÉ, E, adj. (renardé), éventé.

RENARDEAU, s. m. (renardô), petit renard.

RENARDIER, s. m. (renardié), qui prend, qui tue des *renards*.

RENARDIÈRE, s. f. (renardière), tanière de *renards*.

RENCAISSAGE, s. m. (rankièçaje), action de *rencaisser*.

RENCAISSÉ, E, part. pass. de *rencaisser*.

RENCAISSER, v. a. (rankièçé), remettre dans une *caisse*.

RENCHÉRI, E, part. pass. de *renchérir*, et adj., devenu plus *cher*; qui fait le précieux.

RENCHÉRIR, v. a. (rancherir), rendre plus cher.—V. n., devenir plus cher; surpasser.

RENCHÉRISSEMENT, s. m. (ranchericeman), augmentation de prix.

RENCOGNÉ, E, part. pass. de *rencogner*.

RENCOGNER, v. a. (rankognié), pousser, serrer dans un coin.

RENCONTRE, s. f. (rankontre), approche fortuite de deux personnes ou de deux choses; jonction; choc; trait d'esprit; duel.

RENCONTRÉ, E, part. pass. de *rencontrer*.

RENCONTRER, v. a. (rankontré) (contrà, contre), trouver une personne ou une chose. — V. n., dire un bon mot et qui soit à propos.

RENCORSER, v. a. (rankorcé), mettre un corsage neuf à une robe.

RENDANT, E, s. (randan, ante), qui *rend* compte.

RENDEZ-VOUS, s. m. (randévou), convention de se trouver ensemble à certaine heure en un lieu désigné; lieu où l'on doit se *rendre*.

RENDONNÉE, s. f. Voy. RANDONNÉE.

RENDORMI, E, part. pass. de *rendormir*.

RENDORMIR, v. a. (randormir), faire dormir de nouveau.

REDOUBLÉ, E, part. pass. de *rendoubler*.

RENDOUBLER, v. a. (randoublé), mettre en double le bord d'une étoffe.

RENDRE, v. a. (randre) (reddere), redonner, remettre, restituer; payer de retour; faire recouvrer; faire devenir; ramener à; produire; rejeter; représenter; exprimer; prononcer; exercer; traduire; répéter; livrer; céder.—V. n., aboutir. —V. pr., se transporter; devenir; se soumettre; n'en pouvoir plus.

RENDURCI, E, part. pass. de *rendurcir*.

RENDURCIR, v. a. (randurcir), rendre plus dur ce qui l'était déjà.

RÊNE, s. f. (rène) (retinaculum), courroie de la bride d'un cheval; *fig.* gouvernement.

RENÉGAT, E, s. (renégua, ate) (de l'espagnol *renegado*), qui a renié sa religion, sa foi.

RÉNETTE, s. f. (rénète), instrument pour couper l'ongle du cheval par sillons.

RÉNETTÉ, E, part. pass. de *rénetter*.

RÉNETTER, v. a. (rènèté), couper le sabot d'un cheval par sillons.

RENFAÎTAGE, s. m. (ranfétaje), action de *renfaîter*; son résultat.

RENFAÎTÉ, E, part. pass. de *renfaîter*.

RENFAÎTER, v. a. (ranfété), raccommoder le *faîte* d'une maison.

RENFERMÉ, E, part. pass. de *renfermer*.—Subst. au m., odeur de ce qui a été longtemps *renfermé*.

RENFERMER, v. a. (ranfèrmé), enfermer une seconde fois; contenir; restreindre.

RENFLÉ, E, part. pass. de *renfler*.

RENFLEMENT, s. m. (ranfleman), augmentation de volume.

RENFLER, v. n. (ranflé), enfler de nouveau; augmenter de volume.

RENFONCÉ, E, part. pass. de *renfoncer*.

RENFONCEMENT, s. m. (ranfonceman), profondeur; effet de perspective.

RENFONCER, v. a. (ranfoncé), enfoncer de nouveau; repousser vers le *fond*.

RENFORCÉ, E, part. pass. de *renforcer*, et adj.

RENFORCEMENT, s. m. (ranforceman), action de *renforcer*; effet de cette action.

RENFORCER, v. a. (ranforcé), rendre plus fort.—V. pr., se *fortifier*.

RENFORMI, E, part. pass. de *renformir*.

RENFORMIR, v. a. (ranformir), réparer un vieux mur en y mettant des pierres.

RENFORMIS, s. m. (ranformi), crépi épais.

RENFORT, s. m. (ranfor), augmentation de force.

se **RENFROGNER**. Voy. se REFROGNER.

RENGAGÉ, E, part. pass. de *rengager*.

RENGAGEMENT, s. m. (ranguajeman), action de se *rengager*.

RENGAGER, v. a. (ranguajé), engager de nouveau.

RENGAÎNÉ, E, part. pass. de rengaîner.
RENGAÎNER, v. a. (ranguîéné), remettre dans le fourreau, dans la gaîne.
RENGORGÉ, E, part. pass. de se rengorger.
se RENGORGER, v. pr. (ceranguorje), avancer la gorge; fig. faire l'important.
RENGRAISSÉ, E, part. pass. de rengraisser.
RENGRAISSER, v. a. (ranguerècé), faire redevenir gras.—V. n., redevenir gras.
RENGRÉGÉ, E, part. pass. de rengréger.
RENGRÉGEMENT, s. m. (ranguerèjeman), augmentation, accroissement du mal.
RENGRÉGER, v. a. (ranguerèjé), augmenter le mal, le rendre plus grave, plus grief.
RENGRÉNÉ, E, part. pass. de rengréner.
RENGRÈNEMENT, s. m. (ranguerèneman), action de rengréner.
RENGRÉNER, v. a. (ranguerèné), remettre du grain dans la trémie d'un moulin.
RENIABLE, adj. des deux g. (reniable), qu'on peut ou qu'on doit renier.
RENIÉ, E, part. pass. de renier.
RENIEMENT ou RENÎMENT, s. m. (reniman), action de renier.
RENIER, v. a. (renié) (negare), déclarer contre la vérité qu'on ne connaît point une personne, une chose; désavouer; renoncer à.
RENIEUR, EUSE, s. (renieur, euze), qui renie; qui blasphème.
RENIFLÉ, E, part. pass. de renifler.
RENIFLEMENT, s. m. (renifleman), action de renifler.
RENIFLER, v. n. (reniflé), retirer en respirant l'humeur qui remplit les narines.
RENIFLERIE, s. f. (renifleri), reniflement.
RENIFLEUR, EUSE, s. (renifleur, euze), qui renifle.
RENNE, s. m. (rène), mammifère ruminant, du genre des cerfs.
RENOM, s. m. (renon) (de la partic. augm. re, et de nom), réputation.
RENOMMÉ, E, part. pass. de renommer, et adj., célèbre, illustre; qui a du renom.
RENOMMÉE, s. f. (renomé), réputation, célébrité; le bruit public.
RENOMMER, v. a. (renomé), nommer de nouveau; donner du renom.
RENONCE, s. f. (renonce), t. du jeu de cartes, manque d'une certaine couleur.
RENONCÉ, E, part. pass. de renoncer.
RENONCEMENT, s. m. (renonceman), action de renoncer.
RENONCER, v. n. (renoncé), se désister, se déporter de quelque chose.—V. a., renier.
RENONCIATION, s. f. (renonciácion), acte par lequel on renonce à quelque chose.
RENONCULE, s. f. (renonkule)(ranunculus), plante.
RENOUÉE, s. f. (renoué), plante.
RENOUÉ, E, part. pass. de renouer.

RENOUEMENT ou RENOÛMENT, s. m. (renouman), renouvellement.
RENOUER, v. a. (renoué), nouer une chose dénouée; fig. renouveler.
RENOUEUR, EUSE, s. (renoueur, euze) (rac. renouer), qui remet les membres disloqués.
RENOUVEAU, s. m. (renouvó), le printemps, la saison nouvelle. Fam. et peu us.
RENOUVELÉ, E, part. pass. de renouveler.
RENOUVELER, v. a. (renouvelé), rendre nouveau; faire de nouveau; faire revivre.
RENOUVELLEMENT, s. m. (renouvèleman), rénovation; accroissement; réitération.
RÉNOVATEUR, TRICE, s. (rénovateur, trice) (renovator), qui renouvelle.
RÉNOVATION, s. f. (rénovácion) (renovatio), renouvellement.
RENSEIGNÉ, E, part. pass. de renseigner.
RENSEIGNEMENT, s. m. (rancègnieman), indice qui sert à faire connaître une chose.
RENSEIGNER, v. a. (rancègnié), enseigner de nouveau, avec un nouveau soin.
RENTE, s. f. (rante) (redditus, ûs), revenu annuel.
RENTÉ, E, part. pass. de renter, et adj., qui a des rentes, du revenu.
RENTER, v. a. (ranté), assigner des rentes, un certain revenu à...
RENTIER, IÈRE, s. (rantié, ière), qui a des rentes; qui vit de son revenu.
RENTOILAGE, s. m. (rantoèlaje), nouvel entoilage mis à une dentelle, etc.
RENTOILÉ, E, part. pass. de rentoiler.
RENTOILER, v. a. (rantoèlé), regarnir de toiles; regarnir d'un entoilage.
RENTRAIRE, v. a. (rantrère), coudre, rejoindre deux morceaux de drap.
RENTRAIT, E, part. pass. de rentraire.
RENTRAITURE, s. f. (rantrèture), couture de ce qui est rentrait.
RENTRANT, E, s. (rantran, ante), qui remplace le joueur qui a perdu.— Adj., se dit d'un angle dont l'ouverture est en dehors.
RENTRAYEUR, EUSE, s. (rantrè-ieur, euze), qui sait rentraire.
RENTRÉ, E, part. pass. de rentrer.
RENTRÉE, s. f. (rantré), action de rentrer; recouvrement d'une somme.
RENTRER, v. n. (rantré), entrer de nouveau, porter dedans.
à la RENVERSE, loc. adv. (alaranvèrce) (de renverser), sur le dos, le visage en haut.
RENVERSÉ, E, part. pass. de renverser, et adj., qui est à la renverse; contre l'usage.
RENVERSEMENT, s. m.(ranvèreceman), action de renverser; état de ce qui est renversé; fig. désordre, destruction, dérangement.
RENVERSER, v. a. (ranvèrecé) (re, pour retro, en arrière, et vertere, tourner); jeter par terre; retourner; abattre; troubler; détruire; transposer.

RENVI, s. m. (*ranvi*), à certains jeux, ce qu'on met par-dessus la vade ou l'enjeu.

RENVIÉ, E, part. pass. de *renvier*.

RENVIER, v. n. (*ranvié*), au jeu de brelan, mettre par-dessus la vade ou l'enjeu.

RENVOI, s. m. (*ranvoè*), envoi d'une chose à celui qui l'avait envoyée; action de *renvoyer*; marque dans un livre, etc.; ajournement.

RENVOYÉ, E, part. pass. de *renvoyer*.

RENVOYER, v. a. (*ranvoè-ié*), envoyer de nouveau; faire reporter; donner congé; refuser; ajourner; répercuter.

RÉORDINATION, s. f. (*ré-ordinácion*), action de conférer de nouveau les *ordres* sacrés.

RÉORDONNÉ, E, part. pass. de *réordonner*.

RÉORDONNER, v. a. (*ré-ordoné*), conférer de nouveau les *ordres* sacrés.

RÉORGANISATION, s. f. (*ré-organizácion*), action de *réorganiser*.

RÉORGANISÉ, E, part. pass. de *réorganiser*.

RÉORGANISER, v. a. (*ré-organizé*), organiser de nouveau.

RÉOUVERTURE, s. f. (*ré-ouvèrture*), action de *rouvrir*; nouvelle *ouverture*.

REPAIRE, s. m. (*repère*) (du lat. barbare *repatria*), retraite des bêtes féroces ou des brigands; fiente des loups, etc.

REPAÎTRE, v. n. (*repètre*), manger; prendre sa réfection.—V. a., nourrir.

RÉPANDRE, v. a. (*répandre*) (de la partic. augm. re, et de *pandere*, étendre), verser; épancher; distribuer; étendre au loin.

RÉPANDU, E, part. pass. de *répandre*, et adj., qui voit beaucoup de monde.

RÉPARABLE, adj. des deux g. (*réparable*), qu'on peut *réparer*.

REPARAÎTRE, v. n. (*réparètre*), paraître, se montrer de nouveau.

RÉPARATEUR, TRICE, s. et adj. (*réparateur, trice*) (*reparator*), qui *répare*.

RÉPARATION, s. f. (*réparácion*), ouvrage pour *réparer*; satisfaction d'une offense.

RÉPARÉ, E, part. pass. de *réparer*.

RÉPARER, v. a. (*réparé*) (*reparare*), rétablir; raccommoder; effacer.

RÉPARITION, s. f. (*réparicion*), réapparition d'un astre après une éclipse.

REPARLER, v. n. (*réparlé*), parler de nouveau.

REPARTI, E, part. pass. de *repartir*.

RÉPARTI, E, part. pass. de *répartir*.

REPARTIE, s. f. (*reparti*), réplique.

REPARTIR, v. n. (*repartir*), partir de nouveau.—V. a et n., répliquer sur-le-champ.

RÉPARTIR, v. a. (*répartir*) (re, et *partiri*, partager), partager, distribuer.

RÉPARTITEUR, s. et adj. m. (*répartiteur*), qui fait une *répartition*.

RÉPARTITION, s. f. (*réparticion*) (*partitio*), division, partage, distribution.

REPARU, E, part. pass. de *reparaître*.

REPAS, s. m. (*repá*) (re, et *pastus*, nourriture), nourriture qu'on prend à des heures réglées.

REPASSAGE, s. m. (*repáçaje*), action de *repasser*.

REPASSÉ, E, part. pass. de *repasser*.

REPASSER, v. n. (*repácé*), passer une autre fois ou plusieurs fois.—V. a., traverser de nouveau; aiguiser; passer un fer chaud sur du linge, etc.; répéter.

REPASSEUR, EUSE, s. (*repáceur, euze*), qui *repasse*.

REPAVER, v. a. (*repavé*), paver de nouveau.

REPÊCHÉ, E, part. pass. de *repêcher*.

REPÊCHER, v. a. (*repéché*), retirer de l'eau ce qui y était tombé.

REPEINDRE, v. a. (*repeindre*), peindre de nouveau.

REPEINT, E, part. pass. de *repeindre*, et adj.—Subst. au m., endroit d'un tableau qui a été *repeint*.

REPENSER, v. n. (*repancé*), penser de nouveau; méditer avec plus d'attention.

REPENTANCE, s. f. (*repantance*), repentir, regret.

REPENTANT, E, adj. (*repantan, ante*), qui se repent.

REPENTI, E, part. pass. de se *repentir*.

REPENTIR, s. m. (*repantir*), regret d'avoir fait ou de n'avoir pas fait quelque chose.

se REPENTIR, v. pr. (*cerepantir*) (*poenitere*), avoir un véritable regret.

REPERCÉ, E, part. pass. de *repercer*.

REPERCER, v. a. (*repèrcé*), percer de nouveau.

RÉPERCUSSIF, IVE, adj. (*répèrkucecif, ive*), t. de méd., qui *répercute*, qui fait rentrer les humeurs.—Il est aussi s. au m.

RÉPERCUSSION, s. f. (*répèrekucion*) (*repercussio*), action des remèdes *répercussifs*; renvoi, réflexion de la lumière, du son, etc.

RÉPERCUTÉ, E, part. pass. de *répercuter*.

RÉPERCUTER, v. a. (*répèrekuté*) (*repercutere*), faire rentrer les humeurs en dedans, réfléchir la lumière, le son, etc.

REPERDRE, v. a. (*repèrdre*), perdre de nouveau; perdre ce qu'on avait gagné.

REPERDU, E, part. pass. de *reperdre*.

REPÈRE, s. m. (*repère*), t. d'arts, marque aux pièces d'assemblage.

RÉPERTOIRE, s. m. (*répèretoare*) (*repertorium*), table, recueil où les matières sont rangées dans un certain ordre; liste.

RÉPÉTAILLÉ, E, part. pass. de *répétailler*.

RÉPÉTAILLER, v. a. (*répétá-ié*), répéter la même chose jusqu'à l'ennui.

RÉPÉTÉ, E, part. pass. de *répéter*.

RÉPÉTER, v. a. (*répété*) (*repetere*), dire

ce qu'on a déjà dit; redire; repasser un sermon, un rôle, une leçon; redemander; recommencer; faire des *répétitions*.

RÉPÉTITEUR, s. m. (*répétiteur*), maître qui va en ville *répéter* des écoliers.

RÉPÉTITION, s. f. (*répéticion*) (*repetitio*), redite; réitération; leçons; essai d'une pièce avant de la jouer en public; réclamation.

REPEUPLÉ, E, part. pass. de *repeupler*.

REPEUPLEMENT, s. m. (*repeupleman*), action de *repeupler* un pays, un étang, etc.

REPEUPLER, v. a. (*repeuplé*), peupler de nouveau ce qui avait été *dépeuplé*.

REPIC, s. m. (*repik*), t. du jeu de piquet.

RÉPIT, s. m. (*répi*) (*respectus*, égard), relâche, délai, surséance.

REPLACÉ, E, part. pass. de *replacer*.

REPLACER, v. a. (*replacé*), remettre une chose dans la *place* d'où on l'avait ôtée.

REPLANTÉ, E, part. pass. de *replanter*.

REPLANTER, v. a. (*replanté*), planter de nouveau.

REPLÂTRAGE, s. m. (*replâtraje*), action de *replâtrer*; son effet.

REPLÂTRÉ, E, part. pass. de *replâtrer*.

REPLÂTRER, v. a. (*replâtré*), enduire de *plâtre*; *fig.* chercher à couvrir une faute.

REPLET, ÈTE, adj. (*replè, ète*) (*repletus*), gros, gras, qui a beaucoup d'embonpoint.

RÉPLÉTION, s. f. (*réplécion*) (*repletio*), excès d'embonpoint.

REPLI, s. m. (*repli*), pli doublé.

REPLIÉ, E, part. pass. de *replier*.

REPLIER, v. a. (*repli-é*), plier une chose dépliée; courber.— V. pr., rétrograder.

RÉPLIQUE, s. f. (*réplike*) (*replicatio*), réponse; t. de mus., répétition.

RÉPLIQUÉ, E, part. pass. de *répliquer*.

RÉPLIQUER, v. a. (*répliké*) (*replicare*), faire une *réplique*; répondre.

REPLONGÉ, E, part. pass. de *replonger*.

REPLONGER, v. a. et n. (*replonjé*), plonger de nouveau.

REPOLI, E, part. pass. de *repolir*.

REPOLIR, v. a. (*repolir*), polir de nouveau.

REPOLON, s. m. (*repolon*), t. de manège, volte en cinq temps.

RÉPONDANT, E, s. (*répondan, ante*), qui subit un examen; qui *répond*; caution.

RÉPONDRE, v. a. et n. (*répondre*) (*respondere*), répartir à quelqu'un sur ce qu'il a dit ou demandé; répliquer; réfuter; s'accorder avec; aboutir; être garant.

RÉPONDU, E, part. pass. de *répondre*.

RÉPONS, s. m. (*répon*) (*responsorium*), espèce d'antienne.

RÉPONSE, s. f. (*réponce*) (*responsum*), ce qu'on *répond*; réplique; repartie.

REPORT, s. m. (*repor*), action de *reporter* une somme, un total; le total *reporté*.

REPORTÉ, E, part. pass. de *reporter*.

REPORTER, v. a. (*reporté*), porter une chose où elle était auparavant; transporter.

REPOS, s. m. (*repô*) (*pausa*), cessation de mouvement; tranquillité; calme; sommeil; césure; pause; petit palier.

REPOSÉ, E, part. pass. de *reposer*.

REPOSÉE, s. f. (*repôzé*), t. de chasse, lieu où une bête fauve se *repose*.

REPOSER, v. a. (*repôzé*) (du lat. barbare *repausare*), mettre dans une situation tranquille.—V. n., dormir; être tranquille; être placé; être appuyé; cesser d'agir.

REPOSOIR, s. m. (*repôzoar*), autel qu'on élève où passe la procession de la Fête-Dieu.

REPOUSSANT, E, adj. (*repouçan, ante*), qui repousse, qui inspire du dégoût.

REPOUSSÉ, E, part. pass. de *repousser*.

REPOUSSEMENT, s. m. (*repouceman*), action de *repousser*.

REPOUSSER, v. a. (*repoucé*), rejeter; renvoyer; pousser et faire reculer; réfuter une objection.—V. n., pousser de nouveau.

REPOUSSOIR, s. m. (*repouçoar*), instrument qui sert à *repousser*.

RÉPRÉHENSIBLE, adj. des deux g. (*répréancible*), qui mérite *réprehension*.

RÉPRÉHENSION, s. f. (*répré-ancion*) (*reprehensio*), réprimande, blâme.

REPRENDRE, v. a. (*reprandre*) (*reprehendere*), prendre de nouveau; continuer ce qui avait été interrompu; recouvrer; ranimer; réprimander, censurer. — V. n., se rétablir; prendre de nouveau racine; recommencer.

REPRÉSAILLE, s. f. (*représá-ie*), injure pour injure; vengeance.

REPRÉSENTANT, E, s. (*réprézantan, ante*), qui *représente*; député.

REPRÉSENTATIF, IVE, adj. (*réprézantatif, ive*), qui *représente*.

REPRÉSENTATION, s. f. (*réprézantácion*) (*repræsentatio*), exposition devant les yeux; action de *représenter*; image; peinture; remontrance; pompe; droit de succéder.

REPRÉSENTÉ, E, part. pass. de *représenter*.

REPRÉSENTER, v. a. (*réprézanté*) (*præsentare*), présenter de nouveau; montrer; rappeler; rendre l'image; exprimer; peindre; jouer; tenir la place de...; faire respecter son rang; remontrer.

RÉPRESSIF, IVE, adj. (*réprècif, ive*), qui réprime.

RÉPRESSION, s. f. (*réprècion*), action de *réprimer*.

RÉPRIMABLE, adj. des deux g. (*réprimable*), qui doit ou qui peut être *réprimé*.

RÉPRIMANDE, s. f. (*réprimande*), répréhension, reproche fait avec autorité.

RÉPRIMANDÉ, E, part. pass. de *réprimander*.

RÉPRIMANDER, v. a. (*réprimandé*), reprendre avec autorité, reprocher une faute.

RÉPRIMANT, E, adj. (*répriman, ante*), qui réprime.

RÉPRIMÉ, E, part. pass. de *réprimer*.

RÉPRIMER, v. a. (*réprimé*) (*reprimere*), arrêter les progrès; contenir.

REPRIS, E, part. pass. de *reprendre*, et s.

REPRISE, s. f. (*reprize*), continuation d'une chose interrompue; action de *reprendre*; réparation à une étoffe; t. de manège, leçon.

RÉPROBATEUR, TRICE, adj. (*réprobateur, trice*), qui exprime la *réprobation*.

RÉPROBATION, s. f. (*réprobácion*) (*reprobatio*), action de *réprouver*; blâme.

REPROCHABLE, adj. des deux g. (*reprochable*), digne de *reproche*, d'être *reproché*.

REPROCHE, s. m. (*reproche*), blâme, réprimande.

REPROCHÉ, E, part. pass. de *reprocher*.

REPROCHER, v. a. (*reproché*), faire des reproches.

REPRODUCTEUR, TRICE, adj. (*reprodukteur, trice*), qui sert à la *reproduction*.

REPRODUCTIBILITÉ, s. f. (*reproduktibilité*), faculté d'être *reproduit*.

REPRODUCTIBLE, adj. des deux g. (*reproduktible*), susceptible d'être *reproduit*.

REPRODUCTION, s. f. (*reprodukcion*), action par laquelle une chose est *reproduite*.

REPRODUIRE, v. a. (*reproduire*), produire de nouveau; montrer de nouveau.

REPRODUIT, E, part. pass. de *reproduire*.

RÉPROUVÉ, E, part. pass. de *reprouver*.

RÉPROUVÉ, E, part. pass. de *réprouver*. —S., maudit de Dieu.

REPROUVER, v. a. (*reprouvé*), prouver de nouveau.

RÉPROUVER, v. a. (*réprouvé*) (*reprobare*), condamner; rejeter; désavouer.

REPS, s. m. (*rèpece*), sorte d'étoffe.

REPTILE, s. m. et adj. des deux g. (*rèpetile*) (*reptilis*), animal qui rampe.

RÉPUBLICAIN, E, adj. (*républikien, ène*), qui appartient à la *république* —S. et adj., qui favorise le gouvernement *républicain*; partisan de ce gouvernement.

RÉPUBLICANISME, s. m. (*republikaniceme*), qualité, opinion du *républicain*.

RÉPUBLIQUE, s. f. (*républike*) (*res*, chose, et *publica*, publique), état libre gouverné par plusieurs; état où l'on n'est soumis qu'aux lois; la chose *publique*.

RÉPUDIATION, s. f. (*répudiácion*) (*repudiatio*), action de *répudier*.

RÉPUDIÉ, E, part. pass. de *répudier*.

RÉPUDIER, v. a. (*répudié*) (*repudiare*), renvoyer sa femme; divorcer.

RÉPUGNANCE, s. f. (*répugniance*) (*repugnantia*), aversion.

RÉPUGNANT, E, adj. (*répugnian, ante*) (*repugnans*), qui *répugne*, qui est contraire.

RÉPUGNER, v. n. (*répugnié*) (*repugnare*), être opposé; éprouver ou causer de la répugnance.

REPULLULER, v. a. (*repululé*) (*repullulare*), renaître en grande quantité.

RÉPULSIF, IVE, adj. (*répulcif, ive*), qui repousse.

RÉPULSION, s. f. (*répulcion*) (*repulsio*), action de ce qui *repousse*; son effet.

RÉPUTATION, s. f. (*réputácion*), renom, estime, opinion publique.

RÉPUTÉ, E, part. pass. de *réputer*, et adj., censé, regardé comme.

RÉPUTER, v. a. (*réputé*) (*reputare*, considérer), croire, regarder comme...

REQUÉRABLE, adj. des deux g. (*rekiérable*), qui peut être *requis*, demandé.

REQUÉRANT, E, adj. et s. (*rekiéran, ante*), qui requiert, qui demande.

REQUÉRIR, v. a. (*rekiérir*) (*requirere*), prier; sommer; réclamer; exiger; demander.

REQUÊTE, s. f. (*rekiéte*) (*requisitio*), demande en justice; prière, etc.

REQUÊTÉ, E, part. pass. de *requêter*.— S. m., ton de chasse pour rappeler les chiens.

REQUÊTER, v. a. (*rekiété*), t. de chasse, quêter de nouveau.

REQUIEM, s. m. (*rékui-ème*) (accusatif de *requies*, repos), prière pour les morts.

REQUIN, s. m. (*rekiein*), gros poisson de mer très vorace.

REQUINQUÉ, E, part. pass. de *se requinquer*, et adj.

se REQUINQUER, v. pr. (*cerekieinkié*), se parer plus qu'il ne convient.

REQUINT, s. m. (*rekiein*), redevance féodale.

RÉQUISITION, s. f. (*rékizicion*) (*requisitio*), action de *requérir*; demande.

RÉQUISITOIRE, s. m. (*rékizitoare*), acte de *réquisition* qui se fait par écrit.

RESCIF, s. m. (*rècif*), chaîne de rochers à fleur d'eau.

RESCINDANT, s. m. (*rèceceindan*) (*rescindens*), voie, moyen pour casser un arrêt.

RESCINDÉ, E, part. pass. de *rescinder*.

RESCINDER, v. a. (*rèceceindé*) (*rescindere*), casser, annuler un acte.

RESCISION, s. f. (*rèccizion*) (*rescisio*), action par laquelle un acte est cassé.

RESCISOIRE, s. m. (*rècecizoare*), motif de *rescision*.

RESCRIPTION, s. f. (*rècekripecion*), mandement pour toucher une somme.

RESCRIT, s. m. (*rècekri*) (*rescriptum*), lettre des empereurs romains; bulle.

RÉSEAU, s. m. (rézô) (rete, retis), petit rets; tissu léger à mailles ouvertes.

RÉSÉDA, s. m. (rézéda), plante d'une odeur très-agréable.

RÉSERVATION, s. f. (rézèrvâcion), action par laquelle on réserve.

RÉSERVE, s. f. (rézèrve), action de réserver; chose réservée; discrétion. — à la RÉSERVE, loc. adv., à l'exception.

RÉSERVÉ, E, part. pass. de réserver, adj. et s., circonspect, discret, prudent.

RÉSERVER, v. a. (rézèrvé) (reservare), retenir quelque chose d'un tout; garder pour un autre temps. — V. pr., attendre.

RÉSERVOIR, s. m. (rézèrvoar), lieu où l'on conserve de l'eau; t. d'anat., cavité.

RÉSIDANT, E, adj. (rézidan, ante), qui réside.

RÉSIDENCE, s. f. (rézidance) (residere, résider), demeure habituelle et fixe.

RÉSIDENT, s. m. (rézidan), envoyé qui réside auprès d'un gouvernement étranger.

RÉSIDENTE, s. f. (rézidante), femme d'un résident.

RÉSIDER, v. n. (rézidé) (residere), faire sa demeure en quelque endroit; consister.

RÉSIDU, s. m. (rézidu) (residuum), reste, restant; sédiment.

RÉSIGNANT, E, s. (rézignan, ante), qui résigne un office, un bénéfice à un autre.

RÉSIGNATAIRE, s. m. (rézigniatère), celui à qui l'on a résigné une charge.

RÉSIGNATION, s. f. (rézigniâcion), démission d'un bénéfice, etc.; soumission.

RÉSIGNÉ, E, part. pass. de résigner.

RÉSIGNER, v. a. (rézignié) (resignare), se démettre de... — V. pr., se soumettre.

RÉSILIATION, s. f. (résiliâcion), résolution d'un acte.

RÉSILIÉ, E, part. pass. de résilier.

RÉSILIER, v. a. (résilié) (resilire, se dédire), casser, annuler un acte.

RÉSILÎMENT ou RÉSILIEMENT, s. m. (réziliman), cassation d'un acte.

RÉSILLE, s. f. (rézi-ie), sorte de coiffure espagnole; réseau.

RÉSINE, s. f. (rézine) (resina), matière qui coule de certains arbres.

RÉSINEUX, EUSE, adj. (rézineu, euze), qui produit la résine.

RÉSIPISCENCE, s. f. (résipicçance) (resipiscentia), reconnaissance de sa faute avec amendement.

RÉSISTANCE, s. f. (rézicetance) (resistentia), action par laquelle on résiste; obstacle; défense; opposition.

RÉSISTER, v. n. (rézicté) (resistere), ne pas céder; faire effort contre. ; s'opposer à...

RÉSOLU, E, part. pass. de résoudre, décidé, arrêté. — Adj. et s., déterminé, hardi.

RÉSOLUBLE, adj. des deux g. (rézoluble), qui peut être résolu.

RÉSOLUMENT, adv. (rézoluman), avec une résolution fixe et déterminée.; hardiment.

RÉSOLUTIF, IVE, adj. (rézolutif, ive), t. de méd., qui peut résoudre une humeur peccante. — Il est aussi s. au m.

RÉSOLUTION, s. f. (rézolucion) (resolutio), cessation totale de consistance; rescision; décision d'une question; dessein que l'on forme; fermeté, courage.

RÉSOLUTOIRE, adj. des deux g. (rézolutoare), qui emporte la résolution d'un acte.

RÉSOLVANT, E, adj. (rézolvan, ante) (resolvens), qui résout.

RÉSONNANCE, s. f. (rézonance) (resonantia), prolongation de la durée du son.

RÉSONNANT, E, adj. (rézonan, ante), qui résonne, qui retentit, qui renvoie le son.

RÉSONNEMENT, s. m. (rézoneman), retentissement.

RÉSONNER, v. n. (rézoné) (resonare), retentir, renvoyer le son.

RÉSORPTION, s. f. (rézorption), action d'absorber une seconde fois.

RÉSOUDRE, v. a. (rézoudre) (resolvere), faire cesser la consistance; décider; annuler; déterminer; réduire; dissiper.

RÉSOUS, part. pass. de résoudre, dans le sens de réduire, changer en... — Sans fém.

RESPECT, s. m. (rècepèk) (respectus), vénération; déférence; égard.

RESPECTABLE, adj. des deux g. (rècepèktable), digne de respect, qui mérite du respect.

RESPECTÉ, E, part. pass. de respecter.

RESPECTER, v. a. (rècepèkté), honorer, porter respect; fig. épargner. — V. pr., garder la bienséance convenable à son état.

RESPECTIF, IVE, adj. (rècepèktif, ive), réciproque, relatif.

RESPECTIVEMENT, adv. (rècepèktiveman), d'une manière respective.

RESPECTUEUSEMENT, adv. (rècepèktueuzeman), d'une manière respectueuse.

RESPECTUEUX, EUSE, adj. (rècepèktueu, euze), plein de respect.

RESPIRABLE, adj. des deux g. (rècepirable), qu'on peut respirer.

RESPIRATION, s. f. (rècepirâcion) (respiratio), action de respirer.

RESPIRATOIRE, adj. des deux g. (rècepiratoare), propre à la respiration.

RESPIRÉ, E, part. pass. de respirer.

RESPIRER, v. n. et a. (rècepiré) (respirare), attirer l'air dans sa poitrine et le repousser dehors; vivre; fig. se reposer; annoncer; marquer; désirer ardemment.

RESPLENDIR, v. n. (rèceplandir) (resplendere), briller avec grand éclat.
RESPLENDISSANT, E, adj. (rèceplandiçan, ante), qui resplendit; éclatant.
RESPLENDISSEMENT, s. m. (rèceplandiceman), grand éclat.
RESPONSABILITÉ, s. f. (rèceponçabilité), qualité de ce qui est responsable.
RESPONSABLE, adj. des deux g. (rèceponçable), qui doit répondre et être garant de.....
RESPONSIF, IVE, adj. (rèceponcif, ive), qui contient une réponse.
RESSAC, s. m. (reçak), t. de mar., retour de la lame du côté du large.
RESSAIGNER, v. a. et n. (recègnié), saigner de nouveau.
RESSAISI, E, part. pass. de ressaisir.
RESSAISIR, v. a. (recèsir), saisir de nouveau; reprendre.
RESSASSÉ, E, part. pass. de ressasser.
RESSASSER, v. a. et n. (reçácé), sasser de nouveau; fig. examiner de nouveau.
RESSAUT, s. m. (reçô), avance ou saillie d'une corniche qui sort de la ligne directe.
RESSAUTÉ, E, part. pass. de ressauter.
RESSAUTER, v. a. et n. (reçôté), sauter de nouveau ou plusieurs fois.
RESSEMBLANCE, s. f. (reçanblance), conformité entre des personnes, entre des choses.
RESSEMBLANT, E, adj. (reçanblan, ante), qui est conforme et semblable.
RESSEMBLER, v. n. (reçanblé), avoir de la ressemblance.
RESSEMELAGE, s. m. (recemelaje), action de ressemeler; son résultat.
RESSEMELÉ, E, part. pass. de ressemeler.
RESSEMELER, v. a. (recemelé), mettre de nouvelles semelles à une vieille chaussure.
RESSEMÉ, E, part. pass. de ressemer.
RESSEMER, v. a. (recemé), semer de nouveau.
RESSENTI, E, part. pass. de ressentir.
RESSENTIMENT, s. m. (reçantiman), faible renouvellement d'une douleur; souvenir des injures et désir de vengeance.
RESSENTIR, v. a. (reçantir), sentir vivement.—V. pr., se souvenir de; avoir part.
RESSERRÉ, E, part. pass. de resserrer.— Adj., constipé.
RESSERREMENT, s. m. (recèreman), action par laquelle une chose est resserrée.
RESSERRER, v. a. (recèré), serrer davantage; abréger; rétrécir; renfermer.
RESSIF, s. m. Voy. RÉCIF.
RESSORT, s. m. (reçor) (resurgere, se relever), élasticité; retour naturel d'un corps à son premier état dès qu'il cesse d'être pressé, plié ou tendu; fig. moyen; énergie, force, activité; étendue de juridiction.
RESSORTI, E, part. pass. de ressortir.
RESSORTIR, v. a. et n. (reçortir), être du ressort, de la dépendance de...—V. n., sortir de nouveau; sortir après être entré.
RESSORTISSANT, E, adj. (reçortiçan, ante), qui ressortit à un tribunal.
RESSOUDÉ, E, part. pass. de ressouder.
RESSOUDER, v. a. (reçoudé), remettre de la soudure aux endroits où il en manque.
RESSOURCE, s. f. (reçource), ce à quoi on a recours; expédient.
RESSOUVENIR, s. m. (reçouvenir), mémoire qu'on a d'une chose.
se RESSOUVENIR, v. pr. (cereçouvenir), se rappeler, se souvenir.
RESSUAGE, s. m. (recuaje), état, action d'un corps qui ressue; opération pour séparer l'argent contenu dans le cuivre.
RESSUER, v. n. (rèçué), rendre, laisser sortir l'humidité intérieure.
RESSUI, s. m. (rèçui), endroit où le gibier se ressuie après la pluie.
RESSUSCITER, v. a. (rècucité) (resuscitare), ramener de la mort à la vie; fig. guérir; faire revivre.—V. n., revenir à la vie.
RESSUYÉ, E, part. pass. de ressuyer.
RESSUYER, v. a. (rècui-ié), sécher.
RESTANT, E, adj. (rècetan, ante), qui reste.—S. m., ce qui reste d'une grande quantité.
RESTAUR, s. m. (rècetôre), t. de mar., recours des assureurs. Vieux.
RESTAURANT, E, adj. (rècetoran, ante), qui restaure.—Subst. au m, ce qui restaure; établissement d'un restaurateur.
RESTAURATEUR, TRICE, s. (rècetorateur, trice) (restaurator), qui restaure, qui rétablit; traiteur.
RESTAURATION, s. f. (rècetorácion) (restauratio), action de restaurer; rétablissement.
RESTAURER, v. a. (rècetoré) (restaurare), réparer, rétablir; remettre en vigueur.
RESTE, s. m. (rècete), tout ce qui demeure et qui reste de quelque chose; ce qu'on a refusé.— au RESTE, du RESTE, loc. adv., au surplus, d'ailleurs, cependant.
RESTER, v. n. (rècèté) (restare), demeurer après les autres; demeurer.
RESTITUABLE, adj des deux g. (rècetituable), qui peut ou doit être restitué.
RESTITUÉ, E, part. pass. de restituer.
RESTITUER, v. a. (rècetitué), rendre ce qui a été pris ou possédé indûment; rétablir.
RESTITUTION, s. f. (rècetitucion), action de restituer.
RESTREINDRE, v. a. (rècetrindre) (restringere), resserrer; fig. diminuer; limiter.
RESTREINT, E, part. pass. de restreindre.
RESTRICTIF, IVE, adj. (rècetriktif, ive), qui restreint, qui limite.
RESTRICTION, s. f. (rècetrikcion) (restrictio), condition qui restreint
RESTRINGENT, E, adj. (rècetreinjan, ante), t. de méd., qui restreint, qui resserre le ventre.—Subst. au m., remède restringent.

RÉSULTANT, E, adj. (*rézultan, ante*), qui *résulte*.

RÉSULTANTE, s. f. (*résultante*), force qui *résulte* de la composition de plusieurs forces.

RÉSULTAT, s. m. (*rézulta*), ce qui *résulte*, ce qui s'ensuit.

RÉSULTER, v. n. (*résulté*), s'ensuivre.

RÉSUMÉ, E, part. pass. de *résumer*. — S. m., précis d'un discours, etc.

RÉSUMER, v. a. (*rézumé*) (*resumere*), reprendre en peu de mots ce qui a été dit.

RÉSUMPTE, s. f. (*rézonpete*) (*resumpta*), dernière thèse en théologie.

RÉSUMPTÉ, adj. m. (*rézonpeté*), se dit du docteur qui a soutenu sa *résumpte*.

RÉSUMPTION, s. f. (*rézonpecion*), action de *résumer*; récapitulation.

RÉSURRECTION, s. f. (*rézurèkcion*) (*resurrectio*), retour de la mort à la vie.

RÉTABLE, s. m. (*rétable*), ornement d'architecture qui décore un autel.

RÉTABLI, E, part. pass. de *rétablir*.

RÉTABLIR, v. a. (*rétablir*) (*restibilire*), remettre au premier état ou en meilleur état.

RÉTABLISSEMENT, s. m. (*rétabliceman*), action de *rétablir*.

RETAILLE, s. f. (*retá-ie*), morceau qu'on *taille* d'une chose en la façonnant.

RETAILLÉ, E, part. pass. de *retailler*.

RETAILLER, v. a. (*retá-ié*), *tailler* de nouveau.

RETAPÉ, E, part. pass. de *retaper*.

RETAPER, v. a. (*retapé*), remettre un chapeau à neuf.

RETARD, s. m. (*retar*), délai, *retardement*; action de *retarder*.

RETARDATAIRE, s. des deux g. (*retardatère*), qui est en *retard*.

RETARDATION, s. f. (*retardácion*) (*retardatio*), délai, retardement; ralentissement.

RETARDATRICE, adj. f. (*retardatrice*), se dit de la force qui *retarde* le mouvement d'un corps.

RETARDÉ, E, part. pass. de *retarder*.

RETARDEMENT, s. m. (*retardeman*), délai, remise, *retard*.

RETARDER, v. a. (*retardé*) (*retardare*), empêcher d'aller.—V. n., être en *retard*.

RETEINDRE, v. a. (*reteindre*), remettre en couleur; *teindre* de nouveau.

RETEINT, E, part. pass. de *reteindre*.

RETENDRE, v. a. (*retandre*), *tendre* de nouveau.

RETENDU, E, part. pass. de *retendre*.

RETENIR, v. a. (*retenir*), tenir encore une fois; garder; conserver; réserver; prélever; arrêter; faire demeurer; réprimer; modérer.

RÉTENTION, s. f. (*rétancion*), réserve, réservation; t. de méd., difficulté d'uriner.

RÉTENTIONNAIRE, s. des deux g. (*rétancionère*), qui *retient* ce qui est aux autres.

RETENTIR, v. n. (*retantir*) (*retinnire*), rendre un son éclatant; résonner.

RETENTISSANT, E, adj. (*retantiçan, ante*), qui *retentit*.

RETENTISSEMENT, s. m. (*retantiçeman*), bruit, son renvoyé avec éclat.

RETENTUM, s. m. (*réteintome*) (mot lat. qui signifie : chose retenue), article non exprimé dans une sentence.

RETENU, E, part. pass. de *retenir*, et adj., posé, sage, modéré, circonspect.

RETENUE, s. f. (*retenu*), modération, discrétion, modestie; ce qu'on *retient*.

RETERSAGE, s. m. (*retèrçaje*), action de *reterser*; son résultat.

RETERSER, v. a. (*retèrcé*), donner un second labour à la vigne.

RÉTIAIRE, s. m. (*réciére*) (*rete*, filet), gladiateur armé d'un trident et d'un filet.

RÉTICENCE, s. f. (*réticance*) (*reticentia*), omission volontaire de ce qu'on devrait dire.

RÉTICULAIRE, adj. des deux g. (*rétikulère*) (*rete*, filet), qui ressemble à un réseau.

RÉTICULÉ, E, adj. (*rétikulé*) (*reticulatus*), marqué de nervures en forme de réseau.

RÉTIF, IVE, adj. et s. (*rétif, ive*) (du lat. barbare *retivus*), se dit des animaux qui reculent au lieu d'avancer; *fig*. qui résiste.

RÉTINE, s. f. (*rétine*) (*retina*), membrane interne de l'œil.

RETIRADE, s. f. (*retirade*), t. de fortif., retranchement fait derrière un ouvrage.

RETIRATION, s. f. (*retirácion*), t. d'imprim., action d'imprimer le verso d'une feuille.

RETIRÉ, E, part. pass. de *retirer*, et adj., solitaire, peu fréquenté.

RETIREMENT, s. m. (*retireman*), contraction, raccourcissement.

RETIRER, v. a. (*retiré*), *tirer* de nouveau; *tirer* en arrière ôter; recueillir; donner asyle. —V. pr., s'en aller; se reculer; se raccourcir.

RETOMBÉ, E, part. pass. de *retomber*.

RETOMBÉE, s. f. (*retonbé*), t. d'archit., naissance d'une voûte.

RETOMBER, v. n. (*retonbé*), *tomber* une seconde fois ou plusieurs fois.

RETONDRE, v. a. (*retondre*), *tondre* de nouveau.

RETONDU, E, part. pass. de *retondre*.

RETORDEMENT, s. m. (*retordeman*), action de *retordre* la soie.

RETORDRE, v. a. (*retordre*), *tordre* de nouveau.

RETORDU, E, part. pass. de *retordre*.

RÉTORQUÉ, E, part. pass. de *rétorquer*.

RÉTORQUER, v. a. (*rétorkié*) (*retorquere*),

tourner contre son adversaire les arguments, les preuves dont il s'est servi.

RETORS, E, part. pass. de *retordre*, adj. et s., qui a été tordu; *fig.* rusé et astucieux.

RÉTORSION, s. f. (*rétorcion*), action de rétorquer.

RETORTE, s. f. (*retorte*), vase de chimie à bec recourbé.

RETOUCHE, s. f. (*retouche*), endroits retouchés d'un tableau, etc.

RETOUCHÉ, E, part. pass. de *retoucher*.

RETOUCHER, v. a. (*retouché*), toucher de nouveau; revoir, corriger, perfectionner.

RETOUR, s. m. (*retour*), action de retourner, de revenir; arrivée au lieu d'où l'on est parti; changement; tour multiplié; action de vieillir; supplément de prix; reconnaissance.

RETOURNE, s. f. (*retourne*), au jeu de cartes, la carte qu'on retourne.

RETOURNÉ, E, part. pass. de *retourner*.

RETOURNER, v. a. (*retourné*), tourner d'un autre sens.—V. n., aller de nouveau dans un lieu.—V. pr., regarder derrière soi.

RETRACÉ, E, part. pass. de *retracer*.

RETRACER, v. a. (*retracé*), tracer de nouveau; *fig.* décrire les choses passées.

RÉTRACTATION, s. f. (*rétraktâcion*) (*retractatio*), action de se rétracter.

RÉTRACTÉ, E, part. pass. de *rétracter*.

RÉTRACTER, v. a. (*rétrakté*) (*retractare*), renoncer à son opinion.—V. pr., se dédire.

RÉTRACTILE, adj. des deux g. (*rétraktile*), qui a la faculté de se retirer en dedans.

RÉTRACTILITÉ, s. f. (*rétraktilité*), qualité de ce qui est rétractile.

RÉTRACTION, s. f. (*rétrakcion*) (*retractio*), t. de méd., contraction d'une partie.

RETRAIRE, v. a. (*retrère*) (*retrahere*), t. de jur., retirer un héritage qui a été vendu.

RETRAIT, s. m. (*retrè*), action de retirer; action par laquelle on retire un héritage aliéné; lieux d'aisances; diminution de volume.

RETRAIT, E, part. pass. de *retraire*, et adj., se dit des blés qui mûrissent sans se remplir.

RETRAITE, s. f. (*retrète*), action de se retirer; mouvement rétrograde; signe pour avertir de se retirer; état de celui qui s'est retiré du monde; lieu où l'on se retire; pension; traite tirée par le porteur d'une traite protestée sur celui qui l'avait donnée.

RETRAITÉ, E, part. pass. de *retraiter*, et adj., qui reçoit une pension de *retraite*.

RETRAITER, v. a. (*retrèté*), accorder une pension ou une place de *retraite* à quelqu'un.

RETRANCHÉ, E, part. pass. de *retrancher*.

RETRANCHEMENT, s. m. (*retrancheman*), suppression; espace séparé d'un plus grand; travaux qu'on fait à la guerre.

RETRANCHER, v. a. (*retranché*) (de *tran-*

cher), séparer une partie du tout; diminuer; supprimer; fortifier.—V. pr., se restreindre.

RETRAVAILLÉ, E, part. pass. de *retravailler*.

RETRAVAILLER, v. a. (*retravaïé*), travailler de nouveau.

RETRAYANT, E, s. et adj. (*retrè-ian, ante*), qui exerce l'action de *retrait*.

RÉTRE, s. m. Voy. REITRE.

RÉTRÉCI, E, part. pass. de *rétrécir*, et adj. *fig.* étroit, borné.

RÉTRÉCIR, v. a. (*rétrécir*), rendre plus étroit, moins large.

RÉTRÉCISSEMENT, s. m. (*rétrécîceman*), action par laquelle une chose est *rétrécie*.

RETREMPÉ, E, part. pass. de *retremper*.

RETREMPER, v. a. (*retranpé*), tremper de nouveau; *fig.* redonner de la force.

RÉTRIBUÉ, E, part. pass. de *rétribuer*.

RÉTRIBUER, v. a. (*rétribué*), donner le salaire, la récompense qu'on mérite.

RÉTRIBUTION, s. f. (*rétribucion*)(*retributio*), salaire, récompense.

RÉTROACTIF, IVE, adj. (*rétro-aktif, ive*), qui agit sur le passé.

RÉTROACTION, s. f. (*rétro-akcion*), effet de ce qui est *rétroactif*.

RÉTROACTIVITÉ, s. f. (*rétro-aktivité*), qualité de ce qui est *rétroactif*.

RÉTROCÉDÉ, part. pass. de *rétrocéder*.

RÉTROCÉDER, v. a. (*rétrocédé*) (*retrocedere*), rendre le droit qu'on nous avait *cédé*.

RÉTROCESSION, s. f. (*rétrocècecion*), acte par lequel on *rétrocède*.

RÉTROGRADATION, s. f. (*rétrogradâcion*) (*retrogradatio*), action de *rétrograder*.

RÉTROGRADE, adj. des deux g. (*rétrograde*) (*retrogradus*), qui va en arrière.

RÉTROGRADER, v. n. (*rétrograde*)(*retro*, en arrière, et *gradi*, marcher), retourner en arrière.

RETROUSSÉ, E, part. pass. de *retrousser*.

RETROUSSEMENT, s. m. (*retrouceman*), action de *retrousser*.

RETROUSSER, v. a. (*retroucé*), trousser, relever en haut, replier.

RETROUSSIS, s. m. (*retrouci*), partie retroussée.

RETROUVÉ, E, part. pass. de *retrouver*.

RETROUVER, v. a. (*retrouvé*), trouver une seconde fois; trouver ce qu'on avait perdu.

RETS, s. m. (*ré*) (*rete, retis*), filet pour prendre des oiseaux, des poissons, etc.

RÉUNI, E, part. pass. de *réunir*.

RÉUNION, s. f. (*ré-union*), action de *réunir*; effet de cette action; réconciliation.

RÉUNIR, v. a. (*ré-unir*) (de la partic. *re*,

et de *unire*, unir), rassembler, *unir*, joindre ce qui était épars, désuni, séparé.

RÉUSSIR, v. n. (ré-ucir) (de la partic. *re*, et de *succedere*, avoir une issue), avoir un heureux succès; venir bien.

RÉUSSITE, s. f. (ré-ucite), bon succès.

REVALOIR, v. a. (revaloar) (rac. *valoir*), rendre la pareille, soit en bien, soit en mal.

REVALU, E, part. pass. de *revaloir*.

REVANCHE, s. f. (revanche), action par laquelle on se *revanche* du mal qu'on a reçu; au jeu, seconde partie que joue le perdant pour se racquitter de la première. — en REVANCHE, loc. adv., en récompense.

REVANCHÉ, E, part. pass. de *revancher*.

REVANCHER, v. a. (revanché) (de la partic. itérative *re*, et de *vindicare*, venger), défendre quelqu'un. — V. pr., rendre la pareille.

REVANCHEUR, s. m. (revancheur), qui *revanche*, qui défend quelqu'un.

RÊVASSER, v. n. (révacé), avoir de fréquentes *rêvasseries*. Fam.

RÊVASSERIE, s. f. (révaceri), rêve sans suite, pendant un sommeil agité.

RÊVASSEUR, EUSE, s. (révaceur, *euze*), qui *rêvasse*.

RÊVE, s. m. (rêve) (ριμϐς), songe qu'on fait en dormant; idée chimérique.

REVÊCHE, adj. des deux g. (revêche)(ρηχαdis, raboteux), rude, âpre au goût, *fig*. rude, peu traitable.

RÉVEIL, s. m. (révè-ie), cessation de sommeil, moment où l'on cesse de dormir.

RÉVEILLÉ, E, part. pass. de *réveiller*.

RÉVEILLE-MATIN, s. m. (révè-iematein), horloge qui *réveille* par son bruit.

RÉVEILLER, v. a. (révè-ié), tirer du sommeil; ranimer. — V. pr., s'éveiller.

RÉVEILLON, s. m. (révè-ion), petit repas qu'on fait au milieu de la nuit.

RÉVÉLATEUR, TRICE, s. (révélateur, trice), qui *révèle*.

RÉVÉLATION, s. f. (réveldcion), action de *révéler*; inspiration; chose révélée.

RÉVÉLÉ, E, part. pass. de *révéler*.

RÉVÉLER, v. a. (révélé) (revelare), faire savoir ce qui était inconnu et secret.

REVENANT, E, adj. (revenan, ante), qui plaît, qui *revient*. — Subst. au m., esprit que le peuple croit *revenir* de l'autre monde.

REVENANT-BON, s. m. (revenanbon), profit casuel; boni; *fig*. avantage.

REVENDEUR, EUSE, s. (revandeur, *euse*), qui *revend* des marchandises.

REVENDICATION, s. f. (revandikdcion), action de *revendiquer*.

REVENDIQUÉ, E, part. pass. de *revendiquer*.

REVENDIQUER, v. a. (revandikié) (revindicare), réclamer ce qui nous a été pris.

REVENDRE, v. a. (revandre), vendre de nouveau; vendre ce qu'on a acheté.

REVENDU, E, part. pass. de *revendre*.

REVENIR, v. n. (revenir), venir de nouveau; retourner au lieu d'où l'on était parti; repousser; reparaître; causer des rapports; se départir d'une opinion, d'une erreur; se rétablir d'une maladie; plaire.

REVENTE, s. f. (revante), seconde *vente*.

REVENU, s. m. (revenu), rente, profit annuel qui *revient* de quelque chose.

REVENU, E, part. pass. de *revenir*.

REVENUE, s. f. (revenu), jeune bois qui *revient* sur une coupe de taillis.

RÊVER, v. n. et a. (révé) (ρημϐιν, avoir l'esprit égaré), faire quelque *rêve*; penser; extravaguer; être distrait.

RÉVERBÉRATION, s. f. (révèreberácion), réfléchissement, réflexion.

RÉVERBÈRE, s. m. (révèrebère), lanterne des rues; miroir de métal adapté à une lampe.

RÉVERBÉRÉ, E, part. pass. de *réverbérer*.

RÉVERBÉRER, v. a. et n. (révèrebéré) (reverberare), réfléchir, repousser, renvoyer.

REVERDIR, v. a. (revèrdir), repeindre en vert; *fig*. rajeunir. — V. n., redevenir vert.

RÉVÉREMMENT, adv. (révèraman), avec respect, avec révérence.

RÉVÉRENCE, s. f. (révérance) (reverentia), respect, vénération; mouvement du corps qu'on fait pour saluer.

RÉVÉRENCIEL, ELLE, adj. (révérancièle), se dit des sentiments de respect que les enfants doivent avoir pour leur père et leur mère.

RÉVÉRENCIEUSEMENT, adv. (révérancieuzeman), avec respect.

RÉVÉRENCIEUX, EUSE, adj. (révérancieu, euse), qui fait trop de *révérences*. Fam.

RÉVÉREND, E, adj. et s. (révéran, ande), digne d'être *révéré*, honoré.

RÉVÉRENDISSIME, adj. des deux g. (révérandicecime), titre donné aux prélats.

RÉVÉRÉ, E, part. pass de *révérer*.

RÉVÉRER, v. a. (révéré) (revereri), honorer, respecter.

RÊVERIE, s. f. (révèri), pensée vague; chimère; délire.

REVERQUIER, s. m. (revèrkié) (do l'allemand *verkehren*, renverser), jeu de trictrac.

REVERS, s. m. (revèr) (reversus), coup d'arrière-main; côté d'une chose opposé à celui que l'on regarde; côté d'une médaille opposé à la tête; verso d'un feuillet; disgrâce, accident fâcheux, malheur.

RÉVERSAL, E, adj. (révèreçale) (reverti, retourner), se dit d'un acte d'assurance donné à l'appui d'un engagement précédent.

REVERSÉ, E, part. pass. de *reverser*.
REVERSEMENT, s. m. (*revèreceman*), action de *reverser*; transbordement.
REVERSER, v. a. (*revèrecé*), verser de nouveau; transborder.
REVERSI, s. m. (*revèreci*) (*reversus*, sous-entendu *ludus*), sorte de jeu de cartes.
RÉVERSIBILITÉ , s. f. (*révèrecibilité*), qualité de ce qui est *réversible*.
RÉVERSIBLE, adj. des deux g. (*revèrecible*) (*reverti*, retourner), qui doit retourner au propriétaire.
RÉVERSION, s. f. (*révèrecion*) (*reversio*, retour), retour ou droit de retour.
REVERTIER. Voy. REVERQUIER.
REVESTIAIRE, s. m. (*revècetière*), lieu où les prêtres se *revêtent*. Vieux.
REVÊTEMENT, s. m. (*revêteman*), ouvrages dont on *revêt* un fossé, un bastion, etc.
REVÊTIR, v. a. (*revêtir*) (*vestire*), habiller, donner des habits; mettre des habits; faire un *revêtement* ; *fig*. prendre telle ou telle apparence; recouvrir; enduire.
REVÊTU, E, part. pass. de *revêtir*, et adj.
RÊVEUR, EUSE, adj. et s. (*rêveur, euze*), qui *rêve*, qui s'entretient de ses imaginations.
REVIRADE, s. f. (*revirade*), au trictrac, action d'employer une dame casée.
REVIRÉ, E, part. pass. de *revirer*.
REVIREMENT, s. m. (*revireman*), action de *revirer* un navire; virement.
REVIRER, v. n. (*reviré*), tourner d'un autre côté.
RÉVISÉ, E, part. pass. de *réviser*.
RÉVISER, v. a. (*révizé*) (*revisere*), revoir, examiner de nouveau.
RÉVISEUR, EUSE, s. (*révizeur, euze*), qui *revoit* après un autre.
RÉVISION, s. f. (*révizion*) (*revisio*), action par laquelle on examine de nouveau.
RÉVIVIFICATION, s. f. (*révivifikácion*), opération par laquelle on *révivifie*.
RÉVIVIFIÉ, E, part. pass. de *révivifier*.
RÉVIVIFIER, v. a. (*révivifié*), vivifier de nouveau; rétablir un métal en son état naturel.
REVIVRE, v. n. (*revivre*), retourner de la mort à la *vie*; se renouveler.
RÉVOCABLE, adj. des deux g. (*révokable*), sujet à *révocation*.
RÉVOCATION, s. f. (*révokácion*), action de *révoquer*; acte par lequel on *révoque*.
RÉVOCATOIRE, adj. des deux g. (*révokatoare*), qui *révoque*.
REVOICI ou REVOILA, prép. réduplicatives (*revoèci, voèla*), voici, voilà de nouveau.
REVOIR, v. a. (*revoar*), voir de nouveau; corriger; retoucher; examiner de nouveau.—Il s'emploie aussi comme s. m.
REVOLÉ, E, part. pass. de *revoler*.

REVOLER, v. n. (*revolé*), voler de nouveau vers... —V. a., dérober de nouveau.
REVOLIN, s. m. (*revolein*), action du vent qui se réfléchit d'une voile sur une autre.
RÉVOLTANT, E, adj. (*révoletan, ante*), qui *révolte*, qui choque à l'excès, qui indigne.
RÉVOLTE, s. f. (*révoleté*), rébellion, soulèvement contre l'autorité légitime.
RÉVOLTÉ, E, part. pass. de *révolter*, adj. et s., qui est en *révolte*.
RÉVOLTER, v. a. et n. (*révoleté*), porter à la *révolte*; choquer, indigner.—V. pr., se soulever contre une autorité légitime.
RÉVOLU, E, adj. (*révolu*) (*revolutus*, roulé), achevé, fini.
RÉVOLUTION, s. f. (*révolucion*) (*revolutio*), retour d'un astre au point d'où il était parti; changement dans les affaires publiques, dans les choses du monde; émotion violente.
RÉVOLUTIONNAIRE, adj. des deux g. (*révolucionère*), qui a rapport, qui est favorable aux *révolutions*.—S. des deux g., partisan des *révolutions*.
RÉVOLUTIONNAIREMENT, adv. (*révolucionèreman*), d'une manière *révolutionnaire*.
RÉVOLUTIONNER, v. a. (*révolucioné*), mettre en état de *révolution*.
REVOMI, E, part. pass. de *revomir*.
REVOMIR, v. a. (*revomir*), vomir ce qu'on vient d'avaler; vomir de nouveau.
RÉVOQUÉ, E, part. pass. de *révoquer*.
RÉVOQUER, v. a. (*révokié*) (*revocare*), rappeler; destituer; annuler.
REVU, E, part. pass. de *revoir*, et adj.
REVUE, s. f. (*revu*), recherche, examen; inspection; écrit périodique.
RÉVULSIF, IVE, adj. (*révulecif, ive*), qui détourne les humeurs.
RÉVULSION, s. f. (*révulcion*) (*revulsio*), détour des humeurs du corps humain.
REZ, prép. (*ré*) (*rasus*, ras), tout contre; joignant.
REZ-DE-CHAUSSÉE , s. m. (*rédechócé*), lieu situé au niveau du sol.
RHABDOLOGIE, s. f. Voy. RABDOLOGIE.
RHABILLAGE, s. m. (*rabi-iaje*), raccommodage. Fam.
RHABILLÉ, E, part. pass. de *rhabiller*.
RHABILLER, v. a. (*rabi ié*), habiller de nouveau; *fig*. raccommoder; pallier.
RHAGADE, s. f. (*ragade*) (ραγας, ραγαδος, rupture), ulcère, gerçure.
RHAPONTIC, s. m. (*rapontik*) (ρα, racine, et ποντιχος, du Pont), espèce de rhubarbe.
RHÉTEUR, s. m. (*réteur*) (*rhetor*), celui qui enseigne l'éloquence; orateur dont l'éloquence consiste dans un style emphatique.
RHÉTORICIEN, s. m. (*rétoriciein*), qui sait la rhétorique; élève de rhétorique.

RHÉTORIQUE, s. f. (rétorike) (ρητορικη, sous-entendu τέχνη, art), art de bien dire ; classe où on l'enseigne.

RHINGRAVE, s. m. (reinguerave) (de l'allemand Rhein, Rhin, et graf, comte), comte du Rhin. — S. f., espèce de culotte fort ample.

RHINOCÉROS, s. m. (rinocéróce) (ρις, ριτος, nez, et κέρας, corne), grand quadrupède qui a une corne sur le nez.

RHODIUM, s. m. (rodiome), métal qu'on trouve allié au platine.

RHODODENDRON, s. m. (rododeindron) (ροδον, rose, et δενδρον, arbre), laurier rose.

RHOMBE, s. m. (ronbe) (ρομβος), losange; coquille; poisson.

RHOMBOÏDAL, E, adj. (ronbo-idale), en forme de rhombe. — Au pl. m. rhomboïdaux.

RHOMBOÏDE, s. m. (ronbo-ide) (ρομβος, rhombe, et ειδος, forme), corps solide ayant six faces parallèles deux à deux.

RHUBARBE, s. f. (rubarbe)(rhabarbarum), plante médicinale.

RHUM, s. m. (rome), eau-de-vie de canne à sucre; chevaux qui tirent un bateau.

RHUMATIQUE, adj. des deux g.(rumatike), du rhume.

RHUMATISMAL, E, adj. (rumaticemale), du rhumatisme. — Au pl. m. rhumatismaux.

RHUMATISME, s. m. (rumaticeme) (ρευμα, fluxion), douleurs dans les muscles, les membranes, les articulations.

RHUME, s. m. (rume) (ρευμα, fluxion), fluxion accompagnée de toux, d'enrouement.

RHUS, s. m. (ruce), sumac.

RHYTHME, s. m. (riteme)(ρυθμος),nombre, cadence, mesure.

RHYTHMIQUE, adj. des deux g. (ritemike), qui appartient au rhythme.

RIANT, E, adj. (rian, ante) (ridens), qui marque de la gaieté; gracieux; agréable.

RIBAMBELLE, s. f. (ribanbèle), kyrielle, longue suite.

RIBAUD, E, adj. et s. (ribó, óde), luxurieux, impudique. Pop.

RIBAUDERIE, s.f. (ribóderi), action de ribaud; divertissement licencieux.

RIBLEUR, s. m. (ribeleur), qui court les rues la nuit comme les filous. Vieux.

RIBORDAGE, s. m. (ribordaje), dommage qu'éprouvent les navires en s'abordant.

RIBOTE, mieux RIBOTTE, s. f. (ribote), action de boire et de manger avec excès.

RIBOTER, v. n. (riboté), faire ribotte.

RIBOTEUR, EUSE, s. (riboteur, euze), qui aime à faire ribotte.

RIBOTTE, s. f. Voy. RIBOTE.

RICANEMENT, s. m. (rikaneman), ris moqueur; action de ricaner.

RICANER, v. n. (rikané), rire à demi.

RICANERIE, s. f. (rikaneri), ris malin.

RICANEUR, EUSE, s. et adj. (rikaneur, euze), qui ricane.

RIC-A-RIC, loc. adv.(rikarike)(rigidè, à la rigueur), avec rigueur.

RICHARD, E, s. (richar, arde), homme, femme très riche. Fam.

RICHE, s. et adj. des deux g.(riche)(de l'allemand reich), qui a beaucoup de bien; opulent; abondant; précieux.

RICHEMENT, adv. (richeman), magnifiquement; d'une manière riche.

RICHESSE, s. f. (richèce), abondance de biens; luxe. — Au pl., grands biens.

RICHISSIME, adj. des deux g. (richiceçime), fort riche. Fam.

RICIN, s. m. (ricein), plante.

RICOCHER, v. n. (rikoché), faire des ricochets.

RICOCHET, s. m. (rikoché), bond d'une pierre jetée obliquement sur la surface de l'eau; détour, contre-coup; petit oiseau.

RIDE, s. f. (ride) (ρυτις), pli sur le front, sur le visage, sur les mains, etc.

RIDÉ, E, part. pass. de rider, et adj.

RIDEAU, s. m. (ridó) (de ride), étoffe pour cacher, couvrir, conserver quelque chose.

RIDELLE, s. f. (ridèle), un des côtés d'une charrette, fait en forme de ratelier.

RIDER, v. a. (ridé), faire, causer des rides.

RIDICULE, adj. et s. des deux g. (ridikule) (ridiculus), digne de risée, de moquerie. — S. m., ce qui est ridicule.

RIDICULEMENT, adv. (ridikuleman),d'une manière ridicule.

RIDICULISÉ, E, part. pass. de ridiculiser.

RIDICULISER, v. a. (ridikulizé), rendre ridicule; tourner en ridicule.

RIDICULITÉ, s. f. (ridikulité), qualité de ce qui est ridicule; chose ridicule.

RIÈBLE, s. m. Voy. GRATERON.

RIEN, s. m. (rien) (rem, accusatif de res, chose), nulle chose, néant.

RIEUR, EUSE, s. et adj.(rieur, euze),qui rit.

RIFLARD, s. m. (riflar), gros rabot; ciseau dentelé; grand parapluie.

RIGAUDON. Voy. RIGODON.

RIGIDE, adj. des deux g. (rijide)(rigidus), sévère, extrêmement exact.

RIGIDEMENT, adv. (rijideman), d'une manière rigide et austère.

RIGIDITÉ, s. f. (rijidité) (rigiditas), manière d'agir rigide et austère.

RIGODON, s. m (riguodon), sorte de danse; air de cette danse; pas de danse.

RIGOLE, s. f. (riguole) (rivulus, ruisseau), petite tranchée pour faire couler les eaux.

RIGORISME, s. m. (riguoriceme), morale trop rigoureuse et trop sévère.

RIGORISTE, s. et adj. des deux g. (riguoricete), qui pousse trop loin la rigueur.

RIGOUREUSEMENT, adv. (*riguoureuzeman*), avec *rigueur*, d'une manière sévère.

RIGOUREUX, EUSE, adj. (*riguoureu, euze*), qui a beaucoup de *rigueur* et de sévérité.

RIGUEUR, s. f. (*rigueur*) (*rigor*), sévérité, austérité, dureté, âpreté.— à la RIGUEUR, loc. adv., à la lettre, sans adoucissement.

RIMAILLER, v. n. (*rimâ-ié*), faire de mauvais vers. Fam.

RIMAILLEUR, EUSE, s. (*rimâ-ieur, euze*), qui *rimaille*; méchant poète.

RIME, s. f. (*rime*) (ρυθμος, cadence), uniformité de son dans la terminaison de deux mots.

RIMER, v. n. (*rimé*), se terminer par le même son; employer des *rimes*; faire des vers.—V. a., mettre en vers.

RIMEUR, s. m. (*rimeur*), mauvais poète; poète qui emploie des *rimes* très-riches.

RINCÉ, E, part. pass. de *rincer*.

RINCEAU, s. m. (*reinçô*), t. d'archit., feuillage qui sert d'ornement.

RINCER, v. a. (*reincé*) (de l'allemand *reinigen*, nettoyer), nettoyer en lavant et frottant.

RINCURE, s. f. (*reinçure*), eau avec laquelle on a *rincé* un verre, une bouteille, etc.

RINGRAVE, s. m. Voy. RHINGRAVE.

RIOTER, v. n. (*rioté*), rire à demi. Pop.

RIOTEUR, EUSE, s. (*rioteur, euze*), qui ne fait que *rioter*. Pop.

RIPAILLE, s. f. (*ripâ-ie*), grande chère; débauche. Pop.

RIPE, s. f. (*ripe*), outil acéré et denté qui sert à gratter la pierre, etc.

RIPÉ, E, part. pass. de *riper*.

RIPER, v. a. (*ripé*), ratisser avec la *ripe*.

RIPOPÉE, s. f. (*ripopé*), mélange de restes de vins, de différentes sauces. Pop.

RIPOSTE, s. f (*ripocete*), réponse vive, faite sur-le-champ ; coup porté en parant.

RIPOSTER, v. n. (*ripocété*), répondre, repartir vivement.

RIPUAIRE, adj. des deux g. (*ripuère*) (*ripuarii*), se dit des anciens peuples qui habitaient les bords du Rhin et de la Meuse.

RIRE, v. n. (*rire*) (*ridere*), faire certain mouvement de la bouche, causé par quelque chose de plaisant; se réjouir; railler, badiner. —V. pr., se moquer de…

RIRE, s. m. (*rire*), action de *rire*.

RIS, s. m. (*ri*) (*risus*), rire.

RIS, s m. (*ri*), glandule sous la gorge du veau; t. de mar., œillets dans les voiles pour passer les garcettes.

RISBAN, s. m (*riceban*), terre-plein garni de canons, pour la défense d'un port.

RISDALE. Voy. RIXDALE.

RISÉE, s. f. (*rizé*) (*risus*), grand éclat de *rire* de plusieurs personnes ; moquerie.

RISIBILITÉ, s. f. (*rizibilité*), faculté de *rire*.

RISIBLE, adj. des deux g. (*rizible*), qui a la faculté de *rire*; propre à faire *rire*.

RISQUABLE, adj. des deux g. (*ricekable*), où il y a du *risque*; qu'on peut *risquer*.

RISQUE, s. m. (*ricke*), péril, hasard.

RISQUÉ, E, part. pass. de *risquer*.

RISQUER, v. a. et n. (*ricekié*), hasarder, mettre en danger.

RISSOLE, s. f. (*riçole*), pâtisserie mêlée de viande hachée frite dans du saindoux.

RISSOLÉ, E, part. pass. de *rissoler*, et adj. —S. m., viande qui est *rissolée*.

RISSOLER, v. a. (*riçolé*), rôtir de manière que ce qu'on rôtit tire sur le roux.

RISTORNE ou **RISTOURNE**, s. f. (*ricetorne, tourne*), annulation d'une police d'assurance.

RIT ou **RITE**, s. m. (*rite*) (*ritus*), ordre des cérémonies religieuses.

RITOURNELLE, s. f. (*ritournèle*) (de l'italien *ritornello*), retour d'un chant; répétition.

RITUALISTE, s. m. (*ritualicete*), celui qui a traité des divers *rites* de l'Église.

RITUEL, s. m. (*rituel*), livre contenant les cérémonies, les prières, etc., de l'Église.

RIVAGE, s. m. (*rivaje*) (*ripa*), les bords de la mer; le bord des rivières.

RIVAL, E, s. et adj. (*rivale*) (*rivalis*), concurrent; qui aspire à la même chose.

RIVALISÉ, E, part. pass. de *rivaliser*.

RIVALISER, v. a. (*rivalizé*), être le *rival* de…; disputer de talent, etc.

RIVALITÉ, s. f. (*rivalité*) (*rivalitas*), concurrence entre deux personnes.

RIVE, s. f. (*rive*) (*ripa*), le bord d'une rivière, d'un ruisseau, etc.

RIVÉ, E, part. pass. de *river*.

RIVER, v. a. (*rivé*), rabattre la pointe d'un clou et l'aplatir pour la fixer.

RIVERAIN, s m. (*riverein*) (*riparius*), qui habite le long d'une rivière, etc.

RIVET, s. m. (*rivè*), clou *rivé*.

RIVIÈRE, s. f. (*rivière*) (*rivus*, ruisseau), assemblage considérable d'eaux courantes.

RIVURE, s. f. (*rivure*), broche de fer qui entre dans les charnières des fiches.

RIXDALE, s. f. (*rikcedale*), monnaie d'argent d'Allemagne qui vaut 2 fr. 50 cent.

RIXE, s. f. (*rikce*) (*rixa*), querelle accompagnée d'injures et de coups; débat.

RIZ, s. m. (*ri*) (*oryza*), plante graminée des pays chauds; son fruit.

RIZE, s. m. (*rize*), monnaie de compte dans les états du Grand-Seigneur.

RIZIÈRE, s. f. (*rizière*), campagne semée de *ris*.

ROB, s. m. (*robe*), suc dépuré de fruits cuits en consistance de miel.

ROB ou **ROBRE**, s m. (*robe* ou *robre*) (en anglais *rubbers*), au whist, parties liées.

ROBE, s. f. (*robe*) (en lat. barbare *rauba*), sorte de vêtement long; profession des gens de judicature; poil des animaux.

ROBIN, s. m. (*robein*), t. de mépris, homme de *robe*, de palais: Inus.

ROBINET, s. m. (*robinè*), pièce d'un tuyau de fontaine qui sert à donner de l'eau ou à la retenir; clef du *robinet*.

ROBINIER, s. m. (*robinié*), plante.

ROBORATIF, IVE, adj. (*roboratif, ive*) (*roborare*, fortifier), qui fortifie.

ROBRE, s. m., t. de jeu. Voy. ROD.

ROBUSTE, adj. des deux g. (*robuste*) (*robustus*), vigoureux, fort.

ROBUSTEMENT, adv. (*robusteman*), d'une manière *robuste*.

ROC, s. m. (*rok*) (ρωξ, rocher), masse de pierre très-dure qui a sa racine en terre.

ROCAILLE, s. f. (*roká-ie*) (dimin. de *roc*), cailloux; coquillages.

ROCAILLEUR, s. m. (*rokà-ieur*), celui qui travaille en *rocaille*.

ROCAILLEUX, EUSE, adj. (*rokà-ieu, euse*), plein de cailloux; *fig.* dur.

ROCAMBOLE, s. f. (*rokanbole*) (de l'allemand *rockenbollen*), espèce d'ail.

ROCHE, s. f. (*roche*), roc isolé.

ROCHER, s. m. (*roché*), roc très-élevé.

ROCHET, s. m. (*rochè*) (du lat. barbare *rocchus*, tunique), surplis d'évêque.

ROCK, s. m. Voy. ROCC.

ROCOU, s. m. Voy. ROUCOU.

RÔDER, v. n. (*rôdé*) (*rotare*, rouler), tournoyer; courir, errer çà et là.

RÔDEUR, EUSE, s. (*rôdeur, euse*), qui *rôde*, qui court çà et là.

RODOMONT, s. m. (*rodomon*) (de l'italien *rodomonte*), fanfaron, faux brave.

RODOMONTADE, s. f. (*rodomontade*), fanfaronnade.

ROGATIONS, s. f. pl. (*rogasion*) (*rogatio*, prière), prières publiques.

ROGATOIRE, adj. des deux g. (*rogatoare*) (*rogare*, prier), se dit d'une commission qu'un juge adresse à un autre juge.

ROGATON, s. m. (*rogaton*) (*rogatum*, supplique), restes de viandes; mets réchauffés; choses de rebut.

ROGNE, s. f. (*rognie*) (du bas-breton *roug*, gale), gale invétérée; mousse sur le bois.

ROGNÉ, E, part. pass. de *rogner*.

ROGNE-PIED, s. m. (*rogniépié*), outil pour couper la corne du cheval.

ROGNER, v. a. et n. (*rognié*) (*rodere*, ronger), retrancher quelque chose des extrémités.

ROGNEUR, EUSE, s. (*rognieur, euse*), qui *rogne*.

ROGNEUX, EUSE, adj. (*rognieu, euse*), qui a la *rogne*.

ROGNON, s. m. (*rognion*) (du lat. barbare *renio*), rein d'un animal; testicule.

ROGNONER, v. n. (*rognioné*), gronder, murmurer entre ses dents. Pop.

ROGNURE, s. f. (*rogniure*), ce qu'on a *rogné* de quelque chose.—Au pl., restes.

ROGOMME, s. m. (*roguôme*), eau-de-vie ou autre liqueur forte.

ROGUE, adj. des deux g. (*rogue*) (en bas-breton, *roc*), fier, arrogant. Fam.

ROI, s. m. (*roè*) (*rex, regis*), prince souverain d'un *royaume*; pièce du jeu d'échecs; figure du jeu de cartes.—Au pl., le jour de l'Épiphanie.

ROIDE ou **RAIDE**, adj. des deux g. (*rède* et *roède*) (*rigidus*), qui est fort tendu et qu'on a de la peine à plier; dur; *fig.* opiniâtre; difficile à monter.—Adv., vite.

ROIDEUR ou **RAIDEUR**, s. f. (*rèdeur* et *roèdeur*) (*rigor*), qualité de ce qui est *roide*; rapidité; *fig.* fermeté ou sévérité.

ROIDI, E, part. pass. de *roidir*.

ROIDILLON ou **RAIDILLON**, s. m. (*rèdiion*), pente *roide* à monter dans un chemin.

ROIDIR ou **RAIDIR**, v. a. (*rèdir* et *roèdir*), rendre *roide*.—V. n., devenir *roide*.—V. pr., *fig.* tenir ferme.

ROITELET, s. m. (*roètelè*), oiseau très-petit; roi d'un très-petit état. Fam.

RÔLE, s. m. (*rôle*) (du bas-latin *rotulus*, rouleau), feuillet écrit; liste, catalogue; liste, ordre des causes à plaider; ce que doit réciter un acteur dans une pièce de théâtre, personnage qu'il représente; rang, condition.

RÔLER, v. n. (*rôlé*), faire des *rôles* d'écriture. Fam.

RÔLET, s. m. (*rôlè*), petit *rôle*.

ROMAIN, E, adj. et s. (*romein, ène*), qui est de *Rome*, qui a rapport à *Rome*.—Subst. au m., caractère d'imprimerie.

ROMAINE, s. f. (*romène*), laitue *romaine*; instrument pour peser avec un seul poids.

ROMAN, s. m. (*roman*), récit fictif d'aventures.

ROMAN, E, adj. et s. (*roman, ane*), ancien idiome français composé de latin et de celtique.

ROMANCE, s. f. (*romance*), chanson.— Adj. f., se dit de la langue *romane*.

ROMANCIER, IÈRE, s. (*romancié, ière*), auteur de *romans*.

ROMANESQUE, adj des deux g. et s. m. (*romanèceke*), qui tient du *roman*.

ROMANESQUEMENT, adv. (*romanècekeman*), d'une manière *romanesque*.

ROMANTIQUE, adj. des deux g. (*romantike*), qui rappelle à l'imagination les descriptions des *romans*.—S. et adj., se dit d'écrivains qui affectent de s'affranchir des règles établies par l'exemple des auteurs classiques.—S. m., le genre *romantique*.

ROMARIN, s. m. (*romarin*), arbuste aromatique.

ROMPEMENT, s. m. (*rompeman*), rompement de tête, fatigue que cause le bruit.

ROMPRE, v. a. (*ronpre*) (*rumpere*), casser, briser, mettre en pièces; enfoncer; arrêter; détourner; faire cesser; rendre nul; accoutumer.—V. n. se briser; reculer.

ROMPU, E, part. pass. de *rompre*, et adj., brisé; fatigué; exercé à...

RONCE, s. f. (*ronce*) (*runcare*, sarcler), arbrisseau épineux et rampant.

ROND, E, adj. (*ron, onde*) (*rotundus*), de forme circulaire ou sphérique; *fig.* franc, sincère.—Subst. au m., cercle.

RONDACHE, s. f. (*rondache*), espèce de grand bouclier rond et fort.

RONDE, s. f. (*ronde*), visite militaire qui se fait la nuit; troupe qui la fait; sorte d'écriture; note de musique; air, chanson; danse.—à la RONDE, loc. adv., à l'entour.

RONDEAU, s. m. (*rondó*), petite pièce de poésie.

RONDELET, ETTE, adj. (*rondelè, ète*), qui a un peu trop d'embonpoint. Fam.

RONDELETTES, s. f. pl. (*rondelète*), toiles à voile qui se fabriquent en Bretagne.

RONDELLE, s. f. (*rondèle*), petit bouclier rond; pièce de métal ronde et plate; ciseau.

RONDEMENT, adv. (*rondeman*), également; uniment; promptement; sans façon.

RONDEUR, s. f. (*rondeur*), qualité de ce qui est *rond*; forme *ronde*; *fig.* franchise.

RONDIN, s. m. (*rondein*), morceau de bois de chauffage qui est *rond*; gros bâton.

RONDINÉ, E, part. pass. de *rondiner*.

RONDINER, v. a. (*rondiné*), battre avec un *rondin*.

RONDON, s. m. (*rondon*), t. de fauconn.; *en rondon*, avec impétuosité.

ROND-POINT, s. m. (*ronpoein*), plan circulaire au centre d'un grand espace.

RONFLANT, E, adj. (*ronflan, ante*), qui *ronfle*; sonore, bruyant.

RONFLEMENT, s. m. (*ronfleman*), bruit qu'on fait en *ronflant*.

RONFLER, v. n. (*ronflé*) (du bas lat. *roncu-lare*), faire un certain bruit de la gorge et des narines, en respirant pendant le sommeil.

RONFLEUR, EUSE, s. (*ronfleur, euze*), celui qui *ronfle* en dormant.

RONGE, s. m. (*ronje*), t. de vèn., *le cerf fait le ronge*, il rumine.

RONGÉ, E, part. pass. de *ronger*.

RONGER, v. a. (*ronjé*) (*rodere*), couper avec les dents à plusieurs reprises; corroder, consumer peu à peu; *fig.* tourmenter.

RONGEUR, EUSE, adj. (*ronjeur, euze*), qui *ronge*.—*Ver rongeur*, remords.

ROQUEFORT, s. m. (*rokefor*), fromage très estimé.

ROQUENTIN, s. m. (*rokantein*), vieillard ridicule. Fam.

ROQUER, v. n. (*roké*), t. du jeu d'échecs.

ROQUET, s. m. (*rokiè*), espèce de manteau; petit chien à oreilles droites.

ROQUETTE, s. f. (*rokiète*), plante.

ROQUILLE, s. f. (*roki-ie*), petite mesure de vin contenant le quart d'un setier.

ROSACE, s. f. (*rózace*), ornement d'architecture en forme de grande *rose*.

ROSACÉE, adj. et s. f. (*rózacé*), famille de fleurs à pétales disposés en *rose*.

ROSAGE, s. m. Voy. RHODODENDRON.

ROSAIRE, s. m. (*rózère*) (de l'italien ou de l'espagnol *rosario*), chapelet à quinze dizaines.

ROSAT, adj. des deux g. (*róza*), où il entre des *roses*; qui a l'odeur des *roses*.

ROSBIF, s. m. (*rocbif*) (corruption de l'anglais *roast-beef*), bœuf rôti.

ROSE, s. f. (*róze*) (*rosa*), fleur odoriférante; ce qui a la forme d'une *rose*; diamant plat en dessous; fenêtre ronde.

ROSE, adj. des deux g. (*róze*), qui est de la couleur de la *rose*.—S. m., la couleur *rose*.

ROSÉ, E, adj. (*rózé*), d'une couleur rouge et vermeille.

ROSEAU, s. m. (*rózó*) (de l'ancien allemand *raus*), plante aquatique.

ROSE-CROIX, s. m. (*rózekroè*), secte d'empiriques; franc-maçon.

ROSÉE, s. f. (*rózé*) (*ros, roris*), pluie fine qui tombe le matin sur la terre.

ROSERAIE, s. f. (*rózerè*), lieu planté de *rosiers*.

ROSETTE, s. f. (*rózète*), ruban noué en forme de *rose*; encre rouge; cuivre pur.

ROSIER, s. m. (*rózié*), arbrisseau épineux qui porte la *rose*.

ROSIÈRE, s. f. (*rózière*), jeune fille qui obtient le prix de sagesse.

ROSON, s. m. Voy. ROSACE.

ROSSE, s. f. (*roce*) (de l'allemand *ross*, cheval), cheval sans force, sans vigueur.

ROSSÉ, E, part. pass. de *rosser*.

ROSSER, v. a. (*rocé*) (de *rosse*), battre quelqu'un violemment.

ROSSIGNOL, s. m. (*rocigniol*) (*lusciniola*), petit oiseau; flûte; instrument pour ouvrir les serrures.

ROSSIGNOLER, v. n. (*rocigniolé*), imiter le chant du *rossignol*. Fam. et peu us.

ROSSINANTE, s. f. (*rocinante*) (de l'espagnol *rocinante*), mauvais cheval, *rosse*. Fam.

ROSSOLIS, s. m. (*rocoli*) (de l'italien *rosso liquore*, liqueur rouge), liqueur; plante.

ROSTRALE, adj. f. (*rocetrale*) (*rostralis*), t. d'antiq., se dit d'une couronne, d'une colonne ornée de proues de navire.

ROSTRES, s. m. pl. (*rocetre*), la tribune aux harangues chez les Romains.

ROT, s. m. (*ro*) (*ructus*), vent qui sort de l'estomac par la bouche avec bruit.

RÔT, s. m. (*ró*), viande rôtie à la broche.

ROTANG, s. m. (*rotan*), palmier.

ROTATEUR, s. et adj. m. (*rotateur*) (*rotator*), muscle oblique de l'œil.

ROTATION, s. f. (*rotácion*) (*rotatio*), mouvement circulaire du corps.

ROTE, s. f. (*rote*) (de l'italien *rota*), juridiction de la cour de Rome.

ROTER, v. n.(*roté*)(*ructare*), faire des *rots*.

RÔTI, s. m. (*rôti*), rôt, viande *rôtie*.

RÔTI, E, part. pass. de *rôtir*, et adj.

RÔTIE, s. f. (*rôti*), morceau de pain grillé.

ROTIN, s. m. (*rotein*), roseau qui croit sur les côtes du détroit de Malaca.

RÔTIR, v. a. (*rôtir*) (de l'allemand *rôsten*), faire cuire de la viande à la broche; griller.— V. n., se cuire à la broche; avoir trop chaud.

RÔTISSERIE, s. f. (*rôticeri*), lieu où l'on débite de la viande *rôtie* ou prête à *rôtir*.

RÔTISSEUR, EUSE, s. (*rôticeur, euze*); qui vend des viandes *rôties*.

RÔTISSOIRE, s. f. (*rôtiçoare*), ustensile de cuisine pour faire *rôtir*.

ROTONDE, s. f. (*rotonde*) (*rotundus*, rond), bâtiment *rond* par dedans et par dehors.

ROTONDITÉ, s. f. (*rotondité*) (*rotunditas*), grosseur, rondeur. Fam.

ROTULE, s. f. (*rotule*) (*rotula*), petit os de l'articulation du genou.

ROTURE, s. f. (*roture*), état d'une personne qui n'est pas noble; les *roturiers*.

ROTURIER, IERE, s. et adj. (*roturié, ière*), qui n'est pas noble.

ROTURIÈREMENT, adv. (*roturièrsman*), en *roture*, d'une manière *roturière*.

ROUAGE, s. m. (*rouaje*), ensemble de toutes les *roues* d'une machine.

ROUAN, s. et adj. m. (*rouan*), cheval à poil mêlé de blanc, de gris et de bai.

ROUANNE, s. f. (*rouane*), outil pour marquer les bois, les pièces de vin.

ROUANNÉ, E, part. pass. de *rouanner*.

ROUANNER, v. a. (*rouané*), marquer avec la *rouanne*.

ROUANNETTE, s. f. (*rouanète*), instrument pour marquer les bois.

ROUBLE, s. m. *rouble*), monnaie d'argent de Russie, valant à peu près 5 francs.

ROUC ou **ROCK**, s. m. (*rouk* ou *rok*), oiseau fabuleux d'une force prodigieuse.

ROUCHE, s. f. (*rouche*), carcasse d'un vaisseau sur le chantier.

ROUCOU, s. m. (*roukou*) fécule rouge faite avec la graine du *roucouyer*.

ROUCOUÉ, E, part. pass. de *roucouer*.

ROUCOUER, v. a. (*roukoué*), peindre en rouge avec le *roucou*.

ROUCOULEMENT, s. m. (*roukouleman*), bruit fait en *roucoulant*.

ROUCOULER, v. n. (*roukoulé*), se dit du bruit que fait le pigeon avec son gosier.

ROUCOUYER, s. m. (*roukou-ié*), arbre qui fournit le *roucou*.

ROUDOU ou **REDOUL**, s. m. (*roudou* ou *redoule*), plante.

ROUE, s. f. (*rou*)(*rota*), machine qui tourne autour d'un essieu; supplice.

ROUÉ, E, part. pass. de *rouer*, et adj. — S., personne sans principes et sans mœurs.

ROUELLE, s. f. (*rouèle*) (*rota*, roue), tranche coupée en rond.

ROUENNERIE, s f. (*rouaneri*), toiles et autres marchandises qu'on tire de *Rouen*.

ROUER, v. a. (*roué*), punir du supplice de la *roue*; *fig.* battre; fatiguer.

ROUERIE, s. f. (*rouri*), action de *roué*.

ROUET, s. m. (*rouè*), machine à *roue* qui sert à filer.

ROUGE, adj. des deux g. (*rouje*) (*rubeus*), qui est d'une couleur semblable à celle du feu, du sang, etc. — S. m., couleur *rouge*; fard; oiseau de rivière.

ROUGEÂTRE, adj. des deux g. (*roujâtre*), qui tire sur le *rouge*.

ROUGEAUD, E, s. et adj. (*roujô, ôde*), qui a les joues *rouges*. Fam.

ROUGE-GORGE, s. m. (*roujeguorje*), petit oiseau qui a la gorge *rouge*.

ROUGEOLE, s. f. (*roujole*), maladie qui couvre de petites pustules *rouges*.

ROUGE-QUEUE, s. m. (*roujekieu*), oiseau de passage, du genre du rossignol.

ROUGET, s. m. (*roujè*), poisson de mer qui a la tête et les nageoires *rouges*.

ROUGETTE, s. f. (*roujète*), sorte de chauve-souris monstrueuse.

ROUGEUR, s. f. (*roujeur*), qualité de ce qui est *rouge*; tache *rouge* au visage.

ROUGI, E, part. pass. de *rougir*, et adj.

ROUGIR, v. a. (*roujir*), rendre *rouge*.— V. n., devenir *rouge*; *fig.* avoir honte.

ROUI, E, part. pass. de *rouir*, et adj.

ROUILLE, s. f. (*rou-ie*), oxyde, crasse rougeâtre qui se forme sur les métaux; maladie des plantes.

ROUILLÉ, E, part. pass. de *rouiller*; et adj., couvert de *rouille*; *fig.* devenu inhabile.

ROUILLER, v. a. (*rou-ié*), faire venir de la *rouille*; *fig.* affaiblir les facultés, le talent, etc.

ROUILLURE, s. f. (*rou-iure*), effet de la *rouille*.

ROUIR, v. a. et n.(*rouir*) (du vieux mot *rou*, ruisseau), mettre le chanvre dans l'eau.

ROUISSAGE, s. m. (*rouiçaje*), action de *rouir*.

ROULADE, s. f. (*roulade*), action de rouler de haut en bas; agrément de chant.

ROULAGE, s. m. (*roulaje*), action de *rouler*; transport des marchandises par *roulier*.

ROULANT, E, adj. (*roulan, ante*), qui *roule*.

ROULÉ, E, part. pass. de *rouler*, et adj.

ROULEAU, s. m. (*roulô*), paquet de ce qui est *roulé*; fiole; gros bâton rond.

ROULEMENT, s. m. (*rouleman*), mouvement de ce qui *roule*; *roulade*; batterie de tambour.

ROULER, v. a. (roulé) (du lat. barbare rotulare), faire avancer en tournant ; plier en rouleau. — V. n., avancer en tournant sur soi-même.

ROULETTE, s. f. (roulète), sorte de petite roue; petite chaise à deux roues; jeu de hasard.

ROULEUR, s. m. (rouleur), charançon de la vigne.

ROULEUSE, s. f. (rouleuze), sorte de chenille.

ROULIER, s. m. (roulié), charretier qui voiture par charroi.

ROULIS, s. m. (rouli), agitation d'un navire sur mer.

ROULOIR, s. m. (rouloar), outil qui sert à rouler les bougies et les cierges.

ROUPIE, s. f. (roupi) (rubens, rouge), goutte d'eau qui pend au nez; monnaie des Indes.

ROUPIEUX, EUSE, adj. (roupieu, euze), qui a souvent la roupie au nez.

ROUPILLER, v. n. (roupi-ié), sommeiller à demi.

ROUPILLEUR, EUSE, s. (roupi-ieur, euze), qui roupille toujours. Fam.

ROURE, s. m. Voy. ROUVRE.

ROUSSÂTRE, adj. des deux g. (rouçâtre), qui tire sur le roux.

ROUSSEAU, s. et adj. m. (rouçô), celui qui a le poil roux ou rougeâtre. Fam.

ROUSSELET, s. m. (rouçelè), poire à peau roussâtre.

ROUSSETTE, s. f. (rouçète), chien de mer; chauve-souris; fauvette des bois.

ROUSSEUR, s. f. (rouceur), qualité de ce qui est roux; tache rousse au visage.

ROUSSI, s. m. (rouci), cuir rouge qui vient de Russie; odeur d'étoffe qui brûle.

ROUSSI, E, part. pass. de roussir, et adj.

ROUSSIN, s. m. (rouçein) (de l'allemand ross, cheval), cheval entier un peu épais.

ROUSSIR, v. a. (rouçir), rendre roux. — V. n., devenir roux.

ROUT, s. m. (route) (mot anglais), assemblée nombreuse de personnes du grand monde.

ROUTAILLÉ, E, part. pass. de routailler.

ROUTAILLER, v. a. (routâ-ié), t. de chasse, suivre une bête avec le limier.

ROUTE, s. f. (route), voie, chemin; direction; allée; fig. conduite.

ROUTIER, s. m. (routié), livre qui enseigne les routes de mer, les mouillages, etc.; fig. homme qui a beaucoup d'expérience.

ROUTINE, s. f. (routine), capacité acquise par une longue habitude; vieil usage.

ROUTINÉ, E, part. pass. de routiner, et adj.

ROUTINER, v. a. (routiné), faire apprendre par routine.

ROUTINIER, IÈRE, s. (routinié, ière), qui n'agit que par routine.

ROUTOIR, s. m. (routoar), fosse pleine d'eau où l'on fait rouir le chanvre.

ROUVERIN, adj m. (rouverein), se dit d'un fer rempli de gerçures.

ROUVERT, E, part. pass. de rouvrir.

ROUVIEUX ou ROUX-VIEUX, s. m. (rouvieu), maladie cutanée du cheval.

ROUVRE, s. m. (rouvre) (robur, chêne), chêne gros, tortu et peu élevé.

ROUVRIR, v. a. (rouvrir), ouvrir de nouveau.

ROUX, OUSSE, adj. (rou, ouce) (russus), qui est de couleur entre le jaune et le rouge. — Subst. au m., la couleur rousse; sauce.

ROYAL, E, adj. (roè-tale) (regalis), de roi.

ROYALE, s. f. (roè-iale), sorte de bouquet de barbe sous la lèvre inférieure.

ROYALEMENT, adv. (roè-ialeman), d'une manière superbe, magnifique et royale.

ROYALISME, s. m. (roè-ialiceme), parti du roi; amour pour un roi.

ROYALISTE, s. et adj. des deux g. (roè-ialicete), partisan d'un roi.

ROYAUME, s. m. (roè-iôme), état gouverné par un roi; fig. domaine, empire.

ROYAUTÉ, s. f. (roè-iôté), dignité d'un roi.

RU, s. m. (ru) (ρυαξ), petit ruisseau.

RUADE, s. f. (ruade), action d'un cheval, âne ou mulet qui rue.

RUBACE ou RUBACELLE, s. f. (rubace, bacèle), rubis d'une couleur claire.

RUBAN, s. m. (ruban) (rubens, rouge), tissu de soie, de fil, etc., plat et mince.

RUBANERIE, s. f. (rubaneri), commerce, marchandise de rubans.

RUBANIER, IÈRE, s. et adj. (rubanié, ière), qui fait et vend toute sorte de rubans.

RUBARBE, s. f. Voy. RHUBARBE.

RUBÉFACTION, s. f. (rubéfakcion) (rubefacere, rougir), inflammation de la peau.

RUBÉFIANT, E, adj. (rubéfian, ante) (rubefaciens), qui rubéfie.

RUBÉFIÉ, E, part. pass. de rubéfier.

RUBÉFIER, v. a. (rubéfié) rubefacere, rougir), exciter une rougeur sur la peau.

RUBIACÉ, E, adj. (rubi-acé) (rubia, garance), rouge. — S. f. pl., famille de plantes.

RUBICAN, adj. m. (rubikan) (rubeus, rouge, et canus, blanc), se dit d'un cheval dont la robe est parsemée de poils blancs ou gris.

RUBICOND, E, adj. (rubikon, onde) (rubicundus), rouge, en parlant du visage.

RUBINE, s. f. (rubine), préparation de métaux couleur de rubis.

RUBIS, s. m. (rubi) (rubias, pour rubens, rouge), pierre précieuse; boutons au nez.

RUBRICAIRE, s. m. (rubrikière), qui sait bien les rubriques de bréviaire.

RUBRIQUE, s. f. (rubrike) (rubrica), espèce de terre et de craie rouge; titres qui sont dans les livres de droit. — Au pl., règles du bréviaire; fig. ruse, détour, finesse.

RUCHE, s. f. (*ruche*)(du lat. barbare *rusca*), panier où l'on met des abeilles; ornement de collerette.

RUCHER, s. m. (*ruché*), endroit où sont les ruches.

RUDANIER, IÈRE, adj. (*ruddnié, ière*), qui est rude à ceux à qui il parle.

RUDE, adj. des deux g. (*rude*) (*rudis*, raboteux), âpre au toucher; âpre au goût; raboteux; difficile; violent; qui fatigue; qui choque; grossier; dur; rigide; redoutable.

RUDEMENT, adv. (*rudeman*), avec rudesse.

RUDENTÉ, E, adj. (*rudanté*) (*rudens, dentis*. câble), se dit des colonnes dont les cannelures sont remplies de *rudentures*.

RUDENTURE, s. f. (*radanture*), bâton qui remplit le bas des cannelures de colonnes.

RUDÉRAL, E, adj. (*rudérale*)(*rudera, um*, décombres), se dit des plantes qui croissent dans les masures.—Au pl. m. *rudéraux*.

RUDESSE, s. f. (*rudèce*), qualité de ce qui est rude; dureté; action, parole *rude*.

RUDIMENT, s. m. (*rudiman*) (*rudimenta, torum*), principes d'une science; livre contenant les principes de la langue latine.

RUDOYÉ, E, part. pass. de *rudoyer*.

RUDOYER, v. a. (*rudoè-ié*), traiter rudement.

RUE, s. f. (*ru*) (du bas lat. *ruga*), chemin dans une ville, etc., bordé de maisons; plante.

RUELLE, s. f. (*ruèle*), petite rue; espace entre un des côtés du lit et la muraille.

RUELLÉ, E, part. pass. de *rueller*.

RUELLER, v. a. (*ruèlé*), faire une *ruelle*, un petit chemin dans une vigne.

RUER, v. a. (*rué*) (*ruere*), entraîner avec force), jeter avec impétuosité. — V. n., jeter les pieds de derrière en l'air.

RURUR, EUSE, adj. (*rueur, euze*), qui a l'habitude de *ruer*.

RUFIEN, s. m. (*rufian*), homme débauché.

RUGINE, s. f. (*rujine*) (*runcina*, rabot), instrument pour râcler les os.

RUGINER, v. a. (*rujiné*), râcler, ratisser un os avec une *rugine*.

RUGIR, v. n. (*rujir*) (*rugire*), se dit du cri du lion; *fig.* montrer beaucoup de colère.

RUGISSANT, E, adj. (*rujiçan, ante*), qui rugit.

RUGISSEMENT, s. m. (*rujiceman*) (*rugitus*), cri du lion, etc.; *fig.* cris de fureur.

RUGOSITÉ, s. f. (*rugôzité*) (*rugositas*), rides sur une surface raboteuse.

RUGUEUX, EUSE, adj. (*ruguieu, euse*)(*rugosus*, plein de rides), qui a des *rugosités*.

RUILÉE, s. f. (*ruilé*), enduit de mortier ou de plâtre sur les tuiles ou ardoises.

RUINE, s. f. (*ruine*) (*ruina*), destruction d'un bâtiment; perte de biens.—Au pl., débris.

RUINÉ, E, part. pass. de *ruiner*.

RUINER, v. a. (*ruiné*) (*ruere*), abattre, détruire; ravager; causer la perte de la fortune, du crédit, etc.; détériorer.

RUINEUX, EUSE, adj. (*ruineu, euze*), qui menace ruine; qui *ruine*.

RUINURE, s. f. (*ruinure*), entaille faite dans la charpente avec la cognée.

RUISSEAU, s. m. (*ruiço*)(*rivulus*, dimin. de *rivus*), courant d'eau, etc.

RUISSELANT, E, adj. (*ruicelan, ante*) qui ruisselle.

RUISSELER, v. n. (*ruicelé*), couler en manière de ruisseau.

RUMB, s. m. (*ronbe*), aire de vent; une des trente-deux parties de la boussole.

RUMEUR, s. f. (*rumeur*) (*rumor*), bruit sourd et général; bruit confus.

RUMINANT, E, adj. (*ruminan, ante*), qui rumine.—On l'emploie aussi subst. au m.

RUMINATION, s. f. (*ruminácion*), action de ruminer.

RUMINÉ, E, part. pass. de *ruminer*.

RUMINER, v. a. et n. (*ruminé*) (*ruminare*), remâcher; *fig.* penser et repenser à...

RUNIQUE, adj. des deux g. (*runike*) (du goth *rune*, tailler), se dit des caractères et de la langue des anciens peuples du Nord.

RUPTION, s. f. (*rupecion*), solution de continuité; interruption.

RUPTOIRE, s. et adj. m. (*rupetoare*) (*ruptorium*), cautère potentiel.

RUPTURE, s. f. (*rupeture*), action par laquelle une chose est rompue; fracture; division; annulation; hernie.

RURAL, E, adj. (*rurale*) (*ruralis*), qui est situé à la campagne.

RUSE, s. f. (*ruze*) (*usus*, pratique), artifice, moyen dont on se sert pour tromper.

RUSÉ, E, part. pass. de *ruser*, adj. et s. (*ruzé*), fin, adroit, qui est plein de *ruses*.

RUSER, v. n. (*ruzé*), user de *ruses*.

RUSTAUD, E, s. et adj. (*rucetô, ôde*) (*rusticus*), grossier, qui tient du paysan.

RUSTICITÉ, s. f. (*ruceticité*) (*rusticitas*), grossièreté, rudesse.

RUSTIQUE, adj. des deux g. (*rucetike*)(*rusticus*), champêtre; inculte; grossier; rude; peu poli; en archit., se dit d'un ouvrage fait de pierres brutes.

RUSTIQUÉ, E, part. pass. de *rustiquer*.

RUSTIQUEMENT, adv.(*rucetikeman*), d'une manière *rustique*.

RUSTIQUER, v. a. (*rucetikié*), crépir une muraille en façon d'ordre *rustique*.

RUSTRE, adj. et s. des deux g. (*rucetre*), fort *rustique*, très-grossier.

RUT, s. m. (*rute*) (*rugitus*, rugissement), temps où les bêtes fauves sont en amour.

RUTOIR. Voy. ROUTOIR.

RYTHME, s. m. Voy. RHYTHME.

RYTINE, s. m. (*ritine*), cétacé herbivo-

S, s. m. (prononcez *ce* et non plus *èce*), dix-neuvième lettre et quinzième consonne de l'alphabet français.

SA, adj. poss. fém. de la 3ᵉ pers. (*ça*), au m. *son*.

SABAÏSME, s. m. Voy. SABÉISME.

SABBAT, s. m.(*çaba*), chez les Juifs, dernier jour de la semaine; prétendue assemblée nocturne de sorciers; *fig.* tumulte.

SABBATINE, s. f. (*çabatine*) (*sabbatum*), thèse de philosophie.

SABBATIQUE, adj. f.(*çabatike*)(*sabbaticus*), se dit de chaque septième année chez les Juifs.

SABÉEN, s. et adj. m. (*çabé-ein*), qui professe le *sabéisme*.

SABÉISME, s. m. (*çabé-iceme*) (mot hébreu qui signifie : ordre, milice), culte du feu, du soleil, des astres.

SABINE, s. f. (*çabine*), espèce de genévrier.

SABISME, s. m. Voy. SABÉISME.

SABLE, s. m. (*câble*) (*sabulum*), terre formée de petits grains de gravier, gravier.

SABLÉ, E, part. pass. de *sabler*.

SABLER, v. a. (*çâblé*), couvrir de *sable*; *fig.* boire tout d'un trait.

SABLEUX, EUSE, adj.(*câbleu, euse*),se dit de la farine où se trouve mêlé du *sable*.

SABLIER, s. m. (*çâbeli-é*), horloge qui mesure le temps par l'écoulement du *sable*; vase à *sable*; arbre.

SABLIÈRE, s. f. (*çabeli-ère*), lieu d'où l'on tire le *sable*; pièce de charpente.

SABLON, s. m. (çabelon), sable fin.
SABLONNÉ, E, part. pass. de sablonner.
SABLONNER, v. a. (çabeloné), nettoyer, écurer avec du sablon.
SABLONNEUX, EUSE, adj. (çaboloneu, euze), où il y a beaucoup de sable.
SABLONNIER, s. m. (çabelonié), celui qui vend du sablon.
SABLONNIÈRE, s. f. (çabelonière), lieu abondant en sablon, d'où l'on tire le sablon.
SABORD, s. m. (çabor), embrasure dans le côté d'un vaisseau par où le canon tire.
SABOT, s. m. (çabó) (du lat. barbare saputus), chaussure de bois d'une seule pièce; corne du pied du cheval, etc.; jouet d'enfant.
SABOTER, v. n. (çaboté), faire du bruit en marchant avec des sabots; jouer au sabot.
SABOTIER, s. m. (çabotié), ouvrier qui fait des sabots; celui qui porte des sabots.
SABOTIÈRE, s. f. (çabotière), sorte de danse qu'on exécute avec des sabots.
SABOULER, v. a. (çaboulé), tourmenter, tirailler, renverser, houspiller quelqu'un. Pop.
SABRE, s. m. (çabre) (de l'allemand sabel), arme tranchante.
SABRÉ, E, part. pass. de sabrer.
SABRENAS, s. m. (çabrená), artisan qui travaille grossièrement. Pop.
SABRENASSÉ, E, ou SABRENAUDÉ, E, part. pass. de sabrenasser, et adj., mal fait.
SABRENASSER ou SABRENAUDER, v. a. (çabrenacé, nôdé), travailler mal. Pop.
SABRER, v. a. (çabré), frapper à coups de sabre; fig. expédier très-vite.
SABRETACHE, s. f. (çabretache), espèce de sac qui pend à côté du sabre d'un hussard.
SABREUR, EUSE, s. (çabreur, euze), qui aime à sabrer. Fam.
SABURRAL, E, adj. (çaburerale), qui appartient à la saburre.—Au pl. m. saburraux.
SABURRE, s. f. (çaburé) (saburra), t. de méd., embarras dans les premières voies.
SAC, s. m. (çake) (saccus), sorte de poche; son contenu; habit de pénitence; dépôt dans une plaie; le ventre; pillage d'une ville.
SACCADE, s. f. (çakade) (secussus, secousse), secousse violente; rude réprimande.
SACCADÉ, E, part. pass. de saccader, et adj., brusque et irrégulier.
SACCADER, v. a. (çakadé), donner des saccades à un cheval.
SACCAGE, s. m. (çakaje), bouleversement, confusion, amas confus. Pop.
SACCAGÉ, E, part. pass. de saccager.
SACCAGEMENT, s. m. (çakajeman), sac, pillage d'une ville, etc.
SACCAGER, v. a. (çakajé), mettre à sac, au pillage; mettre tout en désordre.
SACERDOCE, s. m. (çaceredoce) (sacerdotium), prêtrise.

SACERDOTAL, E, adj. (çacèredotale), du sacerdoce.—Au pl. m. sacerdotaux.
SACHÉE, s. f. (caché), plein un sac.
SACHET, s. m. (caché), petit sac; petit coussin où l'on met des parfums.
SACOCHE, s. f. (çakoche), deux petits sacs joints ensemble.
SACRAMENTAIRE, s. m. (çakramantère), nom d'une secte d'hérétiques.
SACRAMENTAL, E, ou SACRAMENTEL, ELLE, adj. (çakramantale, tèle), qui appartient à un sacrement.—Au pl. m. sacramentaux.
SACRAMENTALEMENT ou SACRAMENTELLEMENT, adv. (çakramantaleman, tèleman), d'une manière sacramentale.
SACRE, s. m. (çakre), action par laquelle on sacre un roi, un évêque; sorte de faucon.
SACRÉ, E, part. pass. de sacrer, et adj., qui a reçu l'onction sainte; saint, respectable; t. d'anat, qui a rapport au sacrum. — Subst. au m., ce qui est sacré.
SACREMENT, s. m. (çakreman) (sacramentum), signe d'une chose sainte ou sacrée.
SACRER, v. a. (çakré) (sacrare), conférer un caractère de sainteté. —V. n., blasphémer.
SACRET, s. m. (çakrè), le mâle du sacre.
SACRIFICATEUR, TRICE, s. (çakrifikateur, trice), qui sacrifie.
SACRIFICATURE, s. f. (çakrifikature), dignité, office du sacrificateur.
SACRIFICE, s. m. (çakrifice) (sacrificium), offrande à la divinité; immolation; abandon.
SACRIFIÉ, E, part. pass. de sacrifier.
SACRIFIER, v. a. et n. (çakrifié), offrir en sacrifice; renoncer à... — V. pr., se dévouer.
SACRILÈGE, s. m. (çakrilèje) (sacrilegium), profanation des choses saintes. — S. et adj. des deux g., qui commet un sacrilège.
SACRILÈGEMENT, adv. (çakrilèjeman); d'une manière sacrilège.
SACRIPANT, s. m. (çakripan), rodomont, faux brave. Fam.
SACRISTAIN, s. m. (çakricetein), celui qui a soin de la sacristie d'une église.
SACRISTIE, s. f. (çakriceti), lieu où l'on serre les ornements d'église, et où les prêtres vont s'habiller.
SACRISTINE, s. f. (çakricetine), celle qui a soin de la sacristie d'un couvent.
SACRUM, s. m. (çakrome), t. d'anat., l'os qui termine l'épine du dos.
SADUCÉENS, s. m. pl. (çaducé-ein), nom d'une secte fameuse chez les Juifs.
SADUCÉISME, s. m. (çaducé-iceme), doctrine des Saducéens.
SAETTE, s. f. Voy. SAGETTE.
SAFRAN, s. m. (çafran), plante dont le pistil fournit une couleur jaune à la teinture.
SAFRANÉ, E, part. pass. de safraner, et adj., où il y a du safran.
SAFRANER, v. a. (çafrané), apprêter ou jaunir avec du safran.

SAFRE, s. m. (cafre), minéral bleuâtre avec lequel on fait le bleu d'émail. —Adj. des deux g., goulu, glouton. Pop.

SAGACE, adj. des deux g. (cagnace)(sagax), doué d'une grande pénétration d'esprit.

SAGACITÉ, s. f. (caguacité) (sagacitas). pénétration d'esprit.

SAGE, adj. des deux g. (caje) (sagire, avoir de la sagacité), prudent; judicieux; modéré; doux; chaste.— S. m, homme sage.

SAGE-FEMME, s.f (cajefame), celle qui accouche les femmes.

SAGEMENT, adv. (cajeman), d'une manière sage, prudente.

SAGESSE, s. f. (cajèce), circonspection, prudence; retenue; chasteté.

SAGETTE, s. f. (cajète) (sagitta), flèche. Vieux.

SAGITTAIRE, s. m. (cajitère) (sagittarius), archer; l'un des douze signes du zodiaque.—S. f., plante.

SAGITTALE, adj. f. (cajitale) (sagitta, flèche), se dit d'une des sutures du crâne.

SAGITTÉ, E, adj. (cajité), qui a la forme d'un fer de flèche.

SAGOU, s. m. (caguou), fécule qu'on tire de certains palmiers.

SAGOUIN, s. m. (caguouein), sorte de petit singe; fig. homme malpropre.

SAGUM, s. m. (caguome) (mot lat.), t. d'antiq., vêtement militaire.

SAIE, s. f. (cè). Voy. SAGUM et SAYON.

SAIGNANT, E, adj. (cègnian, ante), qui dégoutte de sang.

SAIGNÉ, E, part. pass. de saigner.

SAIGNÉE, s. f. (cègnié), ouverture de la veine pour tirer du sang; rigole.

SAIGNEMENT, s. m. (cègnieman), épanchement de sang.

SAIGNER, v. a. (cègnié), tirer du sang en ouvrant la veine; égorger; fig. tirer de l'argent.— V. n., perdre du sang.

SAIGNEUR, s. m. (cègnieur), médecin qui ordonne souvent la saignée. Fam.

SAIGNEUX, EUSE, adj. (cègnieu, euze), sanglant, taché de sang.

SAILLANT, E , adj. (ca-ian, ante), qui avance, qui sort en dehors; fig. brillant.

SAILLI, E, part. pass. de saillir.

SAILLIE, s. f.(caie-i), sortie qui se fait avec impétuosité; fig. boutade ; trait d'esprit; éminence ; en archit., avance en dehors.

SAILLIR, v. a. (caie-ir) (salire), couvrir la femelle, en parlant du cheval, etc. — V. n., sortir avec impétuosité et par secousses; jaillir; s'avancer en dehors.

SAIN, E, adj. (cein, cène) (sanus), qui n'est pas sujet à être malade; qui est en bon état; salubre; sage; judicieux.

SAINBOIS, s. m. (ceinboa), écorce du garou.

SAINDOUX, s. m. (ceindou), graisse de porc fondue.

SAINEMENT, adv. (cèneman), d'une manière saine; fig. judicieusement.

SAINFOIN, s. m. (ceinfoein)(sanum frenum, foin salubre), plante.

SAINT, E, adj. (cein, ceinte), essentiellement pur; dédié, consacré à Dieu; parfait; respectable.—Il est aussi subst. en parlant des personnes.

SAINT-AUGUSTIN, s. m. (ceintóguceteîn), caractère d'imprimerie.

SAINTE-BARBE, s. f. (ceintebarbe), endroit d'un navire où l'on met la poudre.

SAINTEMENT , adv. (ceinteman); d'une manière sainte.

SAINTETÉ, s. f. (ceinteté), qualité de ce qui est saint; titre du pape.

SAINT-GERMAIN, s. m. (ceinjèremein), sorte de poire.

SAINT-SIMONIEN, IENNE, s. et adj. (ceincimonieîn, iène), disciple de Saint-Simon.

SAÏQUE, s. f. (ca-ike), vaisseau de charge dont on se sert dans le Levant.

SAISI, E, part. pass. de saisir, et adj., dont on s'est emparé; séquestré; nanti; pénétré.

SAISIE, s. f. (cèzi), arrêt par ordre de justice sur les biens d'une personne.

SAISINE, s. f. (cèzine), possession où l'on est d'un bien immeuble.

SAISIR, v. a. (cèzir) (en lat. barbare sacire), prendre; comprendre; s'emparer de...; faire une saisie.— V. pr., prendre subitement.

SAISISSABLE, adj. des deux g. (cèzicable), qui peut être saisi.

SAISISSANT, E, adj. (cèzican, ante), qui saisit, qui surprend tout d'un coup.

SAISISSEMENT, s. m. (cèziceman), impression subite et violente.

SAISON, s. f. (cèzon) (statio, position), une des quatre parties de l'année.

SALADE, s. f. (calade) (sal, salis, sel), mélange de certaines herbes assaisonnées; sorte d'ancien casque.

SALADIER, s. m. (caladié), plat où l'on met la salade; panier pour la secouer.

SALAGE, s. m. (calaje), action de saler; quantité de sel qu'on y emploie.

SALAIRE, s. m. (calère), paiement pour travail ou pour service; récompense.

SALAISON, s. f. (calèzon), action de saler; viande salée.

SALAMALEC, s. m. (calamalèke) (de l'arabe salam à leika, que la paix soit avec toi), révérence profonde. Fam.

SALAMANDRE, s. f. (calamandre) (salamandra), genre de reptiles; prétendu esprit du feu; amiante.

SALANT, adj. m. (calan), se dit des marais, des puits d'où l'on tire le sel.

SALARIÉ, E, part. pass. de salarier, adj. et s., qui reçoit un salaire.

SALARIER, v. a. (çalarié), donner un salaire à...

SALAUD, E, s. et adj. (çaló, óde), sale, malpropre. Fam.

SALE, adj. des deux g. (çale) (de l'allemand sal, ordure), malpropre; fig. deshonnête.

SALÉ, E, part. pass. de saler, et adj., où il y a du sel.—S. m., porc salé.

SALEMENT, adv. (çaleman), d'une manière sale; malproprement.

SALEP, s. m. (çalèpe), substance nourrissante qu'on tire de certains orchis.

SALER, v. a. (çalé), assaisonner avec du sel; mettre du sel sur les viandes.

SALERON, s. m. (çaleron), partie d'une salière où l'on met le sel.

SALETÉ, s. f. (çaleté), qualité de ce qui est sale; chose sale; fig. obscénité.

SALEUR, EUSE, s. (çaleur, euze), qui sale.

SALI, E, part. pass. de salir, et adj.

SALICAIRE, s. f. (çalikère), plante.

SALICOQUE, s. f. (çalikoke), espèce d'écrevisse de mer.

SALICOR, s. m. (çalikor), soude du Languedoc. On dit aussi salicorne.

SALIEN, s. et adj. m. (çaliein) (salii, orum), prêtre de Mars chez les Romains.

SALIÈRE, s. f. (çalière), ustensile pour mettre le sel; fig. creux sur le corps.

SALIFIABLE, adj. des deux g. (çalifiable), qui peut être facilement converti en sel.

SALIGAUD, E, s. et adj. (çaligó, óde), personne sale, malpropre. Pop.

SALIGNON, s. m. (çalignion), pain de sel fait d'eau de fontaine salée.

SALIN, E, adj. (çalein, ine), qui contient des parties de sel.—Subst. au m., saline.

SALINE, s. f. (çaline), salaison; chair salée; lieu où se fabrique le sel; mine de sel.

SALIQUE, adj. des deux g. (çalike), se dit de la loi qui exclut les femmes de la succession à la couronne de France.

SALIR, v. a. (çalir), rendre sale.

SALISSANT, E, adj. (çaliçan, ante), qui salit; qui se salit aisément.

SALISSON, s. f. (çaliçon), petite fille malpropre. Pop.

SALISSURE, s. f. (çaliçure), ordure qui demeure sur une chose salie. Peu us.

SALIVAIRE, adj. des deux g. (çalivère), qui a rapport à la salive.

SALIVATION, s. f. (çalivàcion), évacuation de la salive.

SALIVE, s. f. (çalive) (saliva), humeur aqueuse qui coule dans la bouche.

SALIVER, v. n. (çalivé), rendre beaucoup de salive.

SALLE, s. f. (çale) (en allemand saal), grande pièce dans un appartement; lieu couvert; lieu de rassemblement.

SALMIGONDIS, s. m. (çalemigondi), ragoût de plusieurs sortes de viandes.

SALMIS, s. m. (çalemi), ragoût de certaines pièces de gibier déjà cuites à la broche.

SALOIR, s. m. (çaloar), vase pour saler ou pour conserver le sel.

SALON, s. m. (çalon), pièce dans un appartement où l'on reçoit compagnie.

SALOPE, adj. des deux g. (çalope), sale, malpropre. Fam.

SALOPEMENT, adv. (çalopeman), d'une manière salope.

SALOPERIE, s. f. (çaloperi), saleté; chose malpropre; discours ordurier.

SALORGE, s. f. (çalorje), amas de sel.

SALPÊTRE, s. m. (çalepêtre)(sal petra, sel de pierre), sel qui se tire des plâtras de vieilles murailles, des étables, etc.

SALPÊTRÉ, E, part. pass. de salpêtrer.

SALPÊTRER, v. a. (çalepêtré), couvrir de salpêtre.

SALPÊTRIER, s. m. (çalepêtri-é), ouvrier qui travaille à faire du salpêtre.

SALPÊTRIÈRE, s. f. (çalepêtri-ère), lieu où l'on fait le salpêtre.

SALSEPAREILLE, s. f. (çaleçeparè-ie), racine qui vient du Pérou.

SALSIFIS, s. m. (çaleçifi), sorte de plante dont la racine est bonne à manger.

SALTATION, s. f. (çaletácion) (saltatio), chez les Romains, l'art des gestes en général.

SALTIMBANQUE, s. m. (çaleteinbanke), de l'italien saltimbanco), bateleur, charlatan.

SALUADE, s. f. (çaluade), action de saluer. Vieux.

SALUBRE, adj. des deux g. (çalubre)(saluber), sain, qui contribue à la santé.

SALUBRITÉ, s. f. (çalubrité) (salubritas), qualité de ce qui est salubre.

SALUÉ, E, part. pass. de saluer.

SALUER, v. a. (çalué) (salutare), donner quelque marque de respect; proclamer.

SALURE, s. f. (çalure), qualité que le sel communique à diverses substances.

SALUT, s. m. (çalu) (salus, lutis), conservation dans le bien ou préservation du mal; félicité éternelle; action de saluer; prière.

SALUTAIRE, adj. des deux g. (çalutère) (salutaris), utile, avantageux pour la conservation de la vie, de la santé, etc.

SALUTAIREMENT, adv. (çalutèreman) d'une manière salutaire.

SALUTATION, s. f. (çalutácion) (salutatio), salut; action de saluer.

SALVAGE, s. m. (çalvaje) (salvare, sauver), sauvetage.

SALVA-NOS, s. m. (çalevanóce) (mots lat. qui signifient sauve-nous), t. de mar., bouée de sauvetage.

SALVATIONS, s. f. pl. (çalvácion), écritures en justice pour appuyer les contredits.

SALVE, s. f. (çaleve) (salve, signe du salut des Romains), décharge d'un grand nombre de canons ou de fusils.

SALVE, s. m. (çalevé) (mot latin), prière à la sainte Vierge.

SAMEDI, s. m. (çamedi) (Saturni dies, jour de Saturne), dernier jour de la semaine.

SAMSCRIT, E, adj. Voy. SANSCRIT, E.

SAN-BENITO, s. m. (çanbénitó) (de l'espagnol saco, sac, benito, béni), vêtement qu'on met aux condamnés de l'inquisition.

SANCIR, v. n. (çancir), t. de mar., couler bas en plongeant son avant le premier.

SANCTIFIANT, E, adj. (çanktifian, ante), qui sanctifie.

SANCTIFICATION, s. f. (çanktifikácion) (sanctificatio), action et effet de la grace qui sanctifie.

SANCTIFIÉ, E, part. pass. de sanctifier.

SANCTIFIER, v. a. (çanktifié) (sanctificare), rendre saint; célébrer, fêter.

SANCTION, s. f. (çankcion) (sanctio), confirmation; approbation; constitution.

SANCTIONNÉ, E, part. pass. de sanctionner.

SANCTIONNER, v. a. (çankcioné), donner la sanction à....; confirmer, approuver.

SANCTUAIRE, s. m. (çanktuère) (sanctuarium), lieu saint; fig. l'église.

SANDAL, s. m. Voy. SANTAL.

SANDALE, s. f. (çandale) (sandalium), chaussure qui ne couvre qu'en partie le dessus du pied.

SANDALIER, s. m (çandalié), celui qui fait des sandales. Peu us.

SANDARAQUE, s. f. (çandarake) (σαιδαμαχη), sorte de résine odorante.

SANDJIAK, s. m. Voy. SANGIAC.

SANDJIAKAT, s. m. Voy. SANGIACAT.

SANG, s. m. (çan) (sanguis), liqueur rouge qui coule dans les veines; fig. race.

SANG-DE-DRAGON, s. m. (çandedraguon), plante; sorte de résine.

SANG-FROID, s. m. (çanfroa), présence d'esprit, tranquillité d'esprit.

SANGIAC, s. m. (çanjiak), gouverneur turc; province qu'il gouverne.

SANGIACAT, s. m. (çanjiaka), dignité du gouverneur d'un sangiac.

SANGLADE, s. f. (çanguelade), grand coup de fouet, de sangle.

SANGLANT, E, adj. (çanguelan, ante), ensanglanté; souillé de sang; fig. outrageux.

SANGLE, s. f. (çanguele) (cingulum) bande plate et large qui sert à ceindre, etc.

SANGLÉ, E, part. pass. de sangler.

SANGLER, v. a. (çanguelé), ceindre, serrer avec des sangles; frapper.

SANGLIER, s. m. (çangueli-é) (singularis, seul, solitaire), porc sauvage; poisson de mer.

SANGLOT, s. m. (çanguelô) (singultus), soupir poussé avec une voix entre-coupée.

SANGLOTER, v. n. (çanguelote), pousser des sanglots.

SANGSUE, s. f. (çançu) (sanguisuga), animal aquatique qui suce le sang.

SANGUIFICATION, s. f. (çangu-ifikácion), transformation du chyle en sang.

SANGUIN, E, adj. (çanguiein, ine), qui abonde en sang; qui est de couleur de sang.

SANGUINAIRE, adj. des deux g. (çanguinère), cruel; qui aime à répandre du sang.

SANGUINE, s. f. (çanguine), mine de fer; pierre précieuse de couleur de sang.

SANGUINOLENT, E, adj. (çanguinolan, ante), teint de sang.

SANHÉDRIN, s. m. (çanédrein) (mot hébreu), principal tribunal chez les juifs.

SANICLE, s. f. (çanikle), plante.

SANIE, s. f. (çani) (sanies), pus séreux qui sort des ulcères.

SANIEUX, EUSE, adj. (çanieu, euse), chargé de sanie.

SANITAIRE, adj. des deux g. (çanitère) (sanitas, santé), qui a rapport à la santé.

SANS, prép. exclusive (çan) (sinè), manquant de...

SANS-COEUR, s. m. et f. (çankieur), lâche.

SANS-DENT, s. f. (çandan), vieille femme qui a perdu ses dents.

SANSCRIT, E, adj. (çancekri, ite), se dit de l'ancienne langue des Indous.—Il est aussi s. m.

SANS-FLEUR, s. f. (çanfleur), sorte de pomme, pomme-figue.

SANSONNET, s. m. (çançonè), oiseau qui apprend facilement à parler; poisson de mer.

SANS-PEAU, s. f. (çanpó), poire d'été.

SANTAL, s. m. (çantal), bois des Indes; sorte d'étoffe de soie.

SANTÉ, s. f. (çanté) (sanitas), état de celui qui est sain, qui se porte bien; toast.

SANTOLINE, s. f. (çantoline), plante.

SANTON, s. m. (çanton), moine turc.

SANVE, s. f. (çanve), plante.

SAOUL, SAOULER. Voy. SOÛL, SOÛLER.

SAPA, s. m. (çapa), moût, suc de raisins cuits; raisiné.

SAPAJOU, s. m. (çapajou), petit singe à museau court et à tête plate; fig. homme laid.

SAPAN, s. m. (çapan), bois de teinture.

SAPE, s. f. (çape), action de saper; ouvrage fait en sapant.

SAPÉ, E, part. pass. de saper.

SAPER, v. a. (çapé), détruire les fondements d'un édifice, etc., pour le démolir.

SAPEUR, s. m. (çapeur), soldat employé au travail de la sape; soldat armé d'une hache.

SAPHÈNE, s. f. (çafène) (σαφηνς), veine qu'on ouvre quand on saigne au pied.

SAPHIQUE, adj. des deux g. et s. m. (çafike), sorte de vers inventée par Sapho.

SAPHIR, s. m. (*çafir*)σαπφειρος, pierre précieuse ordinairement de couleur bleue.
SAPHIRINE, s. f. (*çafirine*), variété de chalcédoine d'un bleu de *saphir*.
SAPIDE, adj. des deux g. (*çapide*), qui a du goût, de la saveur ; l'opposé d'*insipide*.
SAPIENCE, s. f. (*çapience*) (*sapientia*), sagesse. Vieux.
SAPIENTIAUX. adj. m. pl. (*çapiencio*). se dit de quelques livres de l'Écriture sainte.
SAPIN, s. m. (*çapein*), grand arbre résineux et toujours vert; *fig.* fiacre.
SAPINE, s. f. (*çapine*), solive de bois de sapin ; grand bateau de bois de *sapin*.
SAPINIÈRE, s. f. (*çapinière*), lieu planté de *sapins*.
SAPONAIRE, s. f. (*çaponère*) (*sapo*, savon), plante qui contient un savon végétal.
SAPORIFIQUE, adj. des deux g. (*çaporifike*) (*saporificus*), qui produit la saveur.
SAPOTE ou SAPOTILLE, s. f. (*çapote*, *poti-ie*), fruit du *sapotier* ou *sapotillier*.
SAPOTIER ou SAPOTILLIER, s. m. (*çapotié, ti-ié*), arbre de Saint-Domingue.
SAQUEBUTE, s. f. (*çakebute*), ancien instrument de musique ; trombone.
SARABANDE, s. f. (*çarabande*) (de l'espagnol *sarabanda*), danse ; son air.
SARBACANE, s. f. (*çarbakane*) (de l'espagnol *cerbatana*), tube pour lancer quelque chose en soufflant.
SARBOTIÈRE, s. f. (*çarbotière*), vase de limonadier pour servir les glaces et *sorbets*.
SARCASME, s. m. (*çarkaceme*) (σαρχασμος), raillerie amère et insultante.
SARCASTIQUE, adj. des deux g. (*çarkacetike*), du *sarcasme*.
SARCELLE, s. f. Voy. CERCELLE.
SARCLAGE, s. m. (*çarklaje*), action de *sarcler*; résultat de cette action.
SARCLÉ, E, part. pass. de *sarcler*.
SARCLER, v. a. (*çarklé*) (*sarculare*), arracher les méchantes herbes.
SARCLEUR, EUSE, s. (*çarkleur, euze*), qui *sarcle*.
SARCLOIR, s. m. (*çarkloar*), instrument pour *sarcler*.
SARCLURE, s. f. (*çarklure*), ce qu'on arrache en *sarclant*.
SARCOCÈLE, s. m. (*çarkocèle*) (σαρξ, σαρκος, chair, et κηλη, tumeur), tumeur charnue qui se forme au scrotum.
SARCOCOLLE, s. f. (*çarkokole*) (*sarcocola*), sorte de gomme-résine.
SARCOCOLLIER, s. m. (*çarkokolié*), arbuste qui produit le *sarcocolle*.
SARCOLOGIE, s. f. (*çarkoloji*) (σαρξ, σαρκος, chair, et λογος, discours), partie de l'anatomie qui traite des chairs.

SARCOMA ou SARCOME, s. m. (*çarkoma, kome*) (σαρκωμα), tumeur indolente.
SARCOMATEUX, EUSE, adj. (*çarkomateu, euze*), qui tient du *sarcoma*.
SARCOPHAGE, s. m. (*çarkofaje*) (σαρξ, σαρκος, chair, et φαγω, je mange), tombeau, cercueil. — S. m. et adj. des deux g., médicament qui brûle les chairs.
SARCOTIQUE, adj. des deux g. (*çarkotike*) (σαρκοω, je rends charnu), remède qui accélère la régénération des chairs.
SARDANAPALE, s. m. (*çardanapale*), prince, grand qui vit dans la mollesse.
SARDINE, s. f. (*çardine*), petit poisson de mer pêché sur les côtes de *Sardaigne*.
SARDOINE, s. f. (*çardoène*), espèce de pierre précieuse demi-transparente.
SARDONIEN, IENNE, adj., ou SARDONIQUE, adj. des deux g. (*çardoniein, iène, ou nike*), se dit d'un ris forcé, convulsif ou malin.
SARIGUE, s. m. (*çarigue*), animal mammifère.
SARMENT, s. m. (*çarman*), bois que pousse un cep de vigne.
SARMENTEUX, EUSE, adj. (*çarmanteu, euze*), se dit des plantes qui poussent de chaque nœud des *sarments* ou rameaux.
SARONIDE, s. m. (*çaronide*) (σαρωνιδης), classe de prêtres gaulois.
SARRASIN, s. et adj. m. (*çarazein*), sorte de blé originaire d'Afrique.
SARRASINE, s. f. (*çarazine*), t. de fortif., sorte de herse.
SARRAU, s. m. (*çaro*), souquenille que portent les paysans, les rouliers, etc.
SARRETTE ou SERRETTE, s. f. (*çarète, cèrète*), plante.
SARRIETTE, s. f. (*çariète*), plante.
SARROT, s. m. Voy. SARRAU.
SAS, s. m. (*çà*) (*seta*, crin), tissu de crin, etc., pour passer de la farine, etc. ; bassin pratiqué dans la longueur d'un canal.
SASSAFRAS, s. m. (*çaçafrá*), espèce de laurier d'Amérique.
SASSÉ, E, part. pass. de *sasser*.
SASSE, s. f. (*çáce*), t. de mar., pelle creuse pour jeter l'eau.
SASSENAGE, s. m. (*çacenaje*), fromage de *Sassenage* en Dauphiné.
SASSER, v. a. (*çáce*), passer au *sas* ; *fig.* examiner, rechercher, éplucher.
SATAN, s. m. (*çatan*) (mot hébreu qui signifie ennemi), le démon.
SATANÉ, E, adj. (*çatané*), de *Satan*.
SATANIQUE, adj. des deux g. (*çatanike*), de *Satan* ; diabolique.
SATELLITE, s. m. (*çatèlelite*) (*satelles, litis*), homme armé qui est aux gages d'un autre ; petite planète qui tourne autour d'une autre.

SATIÉTÉ, s. f. (çaciété) (satietas), réplétion d'aliments qui va jusqu'au dégoût.

SATIN, s. m. (çatein) (seta, soie), étoffe de soie fine, douce et lustrée.

SATINADE, s. f. (çatinade), étoffe de soie très-mince qui imite le satin.

SATINAGE, s. m. (çatinaje), action de satiner; résultat de cette action.

SATINÉ, E, part. pass. de satiner, et adj., doux comme le satin.

SATINER, v. a. (çatiné), donner à une étoffe, à du papier, l'éclat du satin.

SATIRE, s. f. (çatire) (satyra), peinture du vice et du ridicule en discours ou en action; écrit ou discours piquant, médisant.

SATIRIQUE, adj. des deux g. (çatirike), qui appartient à la satire; enclin, porté à la médisance.—S. m., auteur de satires.

SATIRIQUEMENT, adv. (çatirikeman), d'une manière satirique.

SATIRISÉ, E, part. pass. de satiriser.

SATIRISER, v. a. (çatirizé), railler d'une manière piquante et satirique.

SATISFACTION, s. f. (çaticefakcion) (satisfactio), plaisir, joie, contentement; réparation d'une offense.

SATISFACTOIRE, adj. des deux g. (çaticefaktoare), propre à réparer les fautes.

SATISFAIRE, v. a. (çaticefère) (satisfacere, en faire assez), contenter; payer ce qui est dû; faire ce qu'on doit.

SATISFAISANT, E, adj. (çaticefezan, ante), qui contente, qui satisfait.

SATISFAIT, E, part. pass. de satisfaire, et adj., content.

SATRAPE, s. m. (çatrape) (σατραπης), gouverneur de province chez les Perses.

SATRAPIE, s. f. (çatrapie), gouvernement d'un satrape.

SATURATION, s. f. (çaturacion), état d'un liquide qui est saturé.

SATURÉ, E, part. pass. de saturer.

SATURER, v. a. (çaturé) (saturare), dissoudre dans un liquide le plus de matière qu'il est possible; fig. rassasier.

SATURNALES, s. f. pl. (çaturnale), fêtes en l'honneur de Saturne; temps de licence.

SATURNE, s. m. (çaturne), en myth., le même dieu que le Temps; en astron., planète; dans l'anc. chim., le plomb.

SATYRE, s. m. (çatire) (satyrus), demi-dieu du paganisme, moitié homme, moitié bouc.— S. f., chez les Grecs, poème mordant où figuraient les satyres.

SATYRIASIS, s. m. (çatiri-azice), t. de méd., érection continuelle et douloureuse.

SATYRION, s. m. (çatirion), plante.

SATYRIQUE, adj. des deux g. (çatirike), de satyre, qui appartient aux satyres.

SAUCÉ, E, part. pass. de saucer, et adj., se dit d'une médaille de cuivre couverte d'étain.

SAUCER, v. a. (çocé) tremper dans la sauce; fig. gronder fortement. Pop.

SAUCIÈRE, s. f. (çócière), petit vase dans lequel on met des sauces sur la table.

SAUCISSE, s. f. (çócice), boyau de porc rempli de viande hachée et assaisonnée.

SAUCISSON, s. m. (çócicon), sorte de saucisse fort grosse; grosse fusée; rouleau d'artifice; long fagot.

SAUF, AUVE, adj. (çófe, óve) (salvus), qui n'est point endommagé; qui est hors de péril.

SAUF, prép. (çó.f), sans blesser; sans préjudice; hormis, excepté.

SAUF-CONDUIT, s. m. (çóf konduí), passeport donné par autorité publique.

SAUGE, s. f. (çóje), plante.

SAUGRENU, E, adj. (çójnerenu), impertinent, absurde, ridicule. Fam.

SAULAIE, s. f. (çolé), lieu planté de saules.

SAULE, s. m. (çóle)(salix, icis), arbre qui croît dans les lieux humides.

SAUMATRE, adj. des deux g. (çómâtre), se dit d'une eau un peu salée.

SAUMON, s. m. çomon)(salmo), genre de poissons; masse de plomb ou d'étain.

SAUMONÉ, E, adj. (çómoné), se dit d'une truite à chair rouge comme celle du saumon.

SAUMONEAU, s. m. (çómonó), petit saumon.

SAUMURE, s. f. (çómure), liqueur formée du sel fondu et du suc de la chose salée.

SAUNAGE, s. m. 'çónaje), trafic de sel.

SAUNER, v. n. (çóné), faire du sel.

SAUNERIE, s. f. (çóneri), magasin de sel, fabrique de sel.

SAUNIER, s. m. (çónié), celui qui fait et vend le sel.

SAUNIÈRE, s. f. (çónière), vaisseau, coffre où l'on conserve le sel.

SAUPIQUET, s. m. (çópikiè), sauce qui pique, qui excite l'appétit.

SAUPOUDRÉ, E, part. pass. de saupoudrer.

SAUPOUDRER, v. a. (çópoudré), poudrer de sel; poudrer d'autre matière.

SAUR, adj. m. (çóre): hareng saur, hareng fumé et salé.

SAURAGE, s. m. (çóraje), première année d'un oiseau avant qu'il ait mué.

SAURE, adj. des deux g. (çóre) (du goth saur, roux), d'un jaune qui tire sur le brun.

SAURÉ, E, part. pass. de saurer.

SAURER, v. a. (çóré), faire sécher à la fumée.

SAURET, adj. m. (çóré). Voy. SAUR.

SAURIENS, s. et adj. m. pl. (çóriein) (σαυρα, lézard), ordre de reptiles.

SAUSSAIE, s. f. (çócé). Voy. SAULAIE.

SAUT, s. m. (çó) (saltus), mouvement par lequel on saute; chute.

SAUTE, s. f. (çóte), t. de mar., changement subit de vent.

SAUTÉ, E, part. pass. de *sauter*, et adj. — S. et adj. m., sorte de ragoût.

SAUTELLE, s. f. (*ôtèle*), sarment que l'on transplante avec sa racine.

SAUTER, v. a. (*ôté*) (*salire*) franchir : saillir ; *fig.* omettre. — V. n., s'élever de terre avec effort ; s'élancer.

SAUTEREAU, s. m. (*ôterô*), petite pièce de bois qui fait sonner la corde du clavecin.

SAUTERELLE, s. f. (*ôterèle*), insecte qui ne s'avance qu'en *sautant* ; fausse équerre.

SAUTEUR EUSE, s. (*ôteur, euze*), qui fait des *sauts*, qui aime à *sauter*. — Subst. au f., sorte de danse.

SAUTILLANT, E, adj. (*ôti-ian, ante*), qui *sautille*.

SAUTILLEMENT, s. m. (*ôti-tieman*), action de *sautiller*.

SAUTILLER, v. n. (*ôti-ié*), marcher en faisant de petits *sauts*.

SAUTOIR, s. m. (*ôtoar*), figure qui ressemble à une croix de Saint-André.

SAUVAGE, adj. des deux g. (*ôvaje*) (*silvaticus*, pour lequel on a dit *salvaticus*), farouche ; non apprivoisé ; inculte et inhabité ; qui ne vit pas en société ; *fig.* qui aime à vivre seul ; grossier ; rude ; qui vient sans culture. — S., habitant d'un pays non civilisé.

SAUVAGEON, s. m. (*ôvajon*), jeune arbre venu sans culture.

SAUVAGERIE, s. m. (*ôvajeri*), dégoût de la société ; humeur *sauvage*.

SAUVAGIN, E, s. et adj. (*ôvajein, ine*), se dit du goût, de l'odeur qu'ont certains oiseaux de mer, d'étang.

SAUVAGINE, s f. (*ôvajine*), oiseau qui a un goût *sauvagin*.

SAUVÉ, E, part. pass. de *sauver*.

SAUVEGARDE, s. f. (*ôveguarde*), protection accordée par celui qui en a droit ; ce qui sert de garantie, de défense.

SAUVER, v. a. (*ôvé*) (du lat. *salvare*). garantir, tirer du péril ; garder, observer ; épargner ; préserver ; excuser ; procurer le salut éternel. — V. pr., fuir, s'échapper ; s'excuser.

SAUVETAGE, s. m. (*ôvetaje*), action de *sauver* des flots.

SAUVETÉ s. f. (*ôveté*), état de ce qui est mis hors de péril. Vieux.

SAUVEUR, s. et adj. m. (*ôveur*), celui qui *sauve*.

SAUVE-VIE, s. f. (*ôvevi*), petite fougère.

SAVAMMENT, adv. (*savaman*), d'une manière *savante* ; avec connaissance.

SAVANE, s. f. (*savane*) (de l'espagnol *savana*), forêt, prairie en Amérique.

SAVANT, E, adj. et s. (*savan, ante*), qui a beaucoup de science ; instruit ; habile.

SAVANTASSE, s. m. (*savantâce*), celui qui affecte de paraître *savant*.

SAVATE, s. f. (*ôvate*) (du bas lat. *sapata*, dimin. de *sapa*, lame), vieux soulier usé ; piéton.

SAVATERIE, s. f. (*savateri*), lieu où l'on vend des *savates*, des vieux souliers.

SAVETÉ, E, part. pass. de *saveter*.

SAVETER, v. a. (*saveté*), gâter un ouvrage en le faisant maproprement. Pop.

SAVETIER, s. m. (*savetié*), ouvrier qui raccommode de vieux souliers.

SAVEUR, s. f. (*saveur*) (*sapor*), qualité par laquelle un aliment, etc., affecte le goût.

SAVOIR, v. a. (*savoar*)(*sapere*), connaître ; posséder quelque science ; avoir dans la mémoire. — V. n., avoir l'esprit orné ; pouvoir ; apprendre, être informé.

SAVOIR, s. m. (*savoar*), érudition, science.

SAVOIR-FAIRE, s. m. (*savoarfère*), habileté pour faire réussir ce qu'on entreprend.

SAVOIR-VIVRE, s. m. (*savoarvivre*), connaissance des usages du monde.

SAVON, s. m. (*savon*)(*sapo, saponis*), composition pour nettoyer le linge, etc.

SAVONNAGE, s. m. (*savonaje*), nettoiement, blanchissage par le *savon*.

SAVONNÉ, E, part. pass. de *savonner*.

SAVONNER, v. a. (*savoné*), nettoyer, blanchir avec du *savon* ; *fig.* réprimander.

SAVONNERIE, s. f. (*savoneri*), lieu où l'on fabrique le *savon*.

SAVONNETTE, s. f. (*savonète*), boule de savon préparée pour attendrir la barbe.

SAVONNEUX, EUSE, adj. (*savoneu, euze*), qui tient de la qualité du *savon*.

SAVONNIER, s. m. (*savonié*), fabricant de savon ; arbre du Brésil.

SAVOURÉ, E, part. pass. de *savourer*.

SAVOUREMENT, s. m. (*savoureman*), action de *savourer*. Peu us.

SAVOURER, v. a. (*savouré*), goûter avec attention et avec plaisir ; jouir de.

SAVOURET, s. m. (*savouré*), os de bœuf ou de porc pour donner du goût au bouillon.

SAVOUREUSEMENT, adv. (*savoureuzeman*), en *savourant*. Peu us.

SAVOUREUX, EUSE, adj. (*savoureu, euze*), qui a beaucoup de *saveur*, un très-bon goût.

SAXATILE, adj. des deux g. (*sakçatile*) (*saxatilis*), qui se trouve parmi les pierres.

SAXIFRAGE, adj. des deux g. (*çakçifraje*) (*saxum*, pierre, et *frangere*, briser, lithontriptique. — S. f., plante médicinale.

SAYON, s. m. (cè-ion), ancienne casaque ouverte des gens de guerre.

SBIRE, s. m. (*cebire*) (de l'italien *sbirro*), en Italie, archer, sergent.

SCABELLON, s. m. (*cekabèlelon*) (*scabellum*), piédestal, socle.

SCABIEUSE, s. f. (*cekabieuze*) (*scabiosa*), plante vivace.

SCABIEUX, EUSE, adj. (*cekabieu, euze*) (*scabiosus*), qui ressemble à la gale.

SCABREUX, EUSE, adj. (*cekabreu, euze*) (*scabrosus*), rude ; dangereux, difficile.

SCALDE, s. m. (*cekalde*), ministre de la religion chez les Celtes.

SCALÈNE, adj. des deux g. (cekalène) (σκα-
ληνις, inégal), se dit d'un triangle dont les trois
côtés sont inégaux.

SCALPEL, s. m. (cekalepèle) (scalpellum),
instrument de chirurgie pour disséquer.

SCALPER, v. a. (cekalepé), arracher la
peau du crâne.

SCAMMONÉE, s. f. (cekamemoné) (scam-
monea), plante purgative.

SCANDALE, s. m. (cekandale) (scandalum),
occasion de péché; indignation; éclat.

SCANDALEUSEMENT, adv. (cekandaleuze-
man), d'une manière scandaleuse.

SCANDALEUX, EUSE, adj. (cekandaleu,
euze), qui cause du scandale.

SCANDALISÉ, E, part. pass. de scandaliser.

SCANDALISER, v. a. (cekandalizé), donner
du scandale.

SCANDÉ, E, part. pass. de scander.

SCANDER, v. a. (cekandé) (scandere), mesurer un vers.

SCAPHANDRE, s. m. (cekafandre) (σκαφη,
bateau, et ανηρ, ανδρος, homme), habillement
de liège qui soutient sur l'eau.

SCAPULAIRE, s. m. (cekapulère) (scapula-
rium), pièce d'étoffe que portent certains religieux; morceaux d'étoffe bénite; bandage.

SCARABÉE, s. m. (cekarabé) (σκαραβος,
escarbot), insecte à ailes membraneuses, renfermées dans des étuis écailleux.

SCARAMOUCHE, s. m. (cekaramouche),
acteur bouffon de la comédie italienne.

SCARE, s. m. (cekare) (σκαρος), poisson.

SCARIFICATEUR, s. m. (cekarifikateur),
instrument de chirurgie.

SCARIFICATION, s. f. (cekarifikácion)
(scarificatio), incision faite sur la peau.

SCARIFIÉ, E, part. pass. de scarifier.

SCARIFIER, v. a. (cekarifié) (scarificare),
faire des incisions sur la peau.

SCARIOLE, s. f. Voy. ESCAROLE.

SCARLATINE, adj. f. Voy. ÉCARLATINE.

SCAZON, s. m. (cekázon) (scazon, ontis),
sorte de vers latin ou grec.

SCEAU ou SCEL, s. m. (çó) (sigillum),
grand cachet; son empreinte.

SCEL, s. m. (cèl). Voy. SCEAU.

SCÉLÉRAT, E, adj. et s. (céléra, ate) (sce-
leratus), méchant, pervers; atroce.

SCÉLÉRATESSE, s. f. (célératèce), méchanceté noire; action de scélérat.

SCÉLITHE, s. f. (célite) (σκελις, jambe),
pierre figurée qui représente une jambe.

SCELLÉ, s. m. (cèlé), sceau qu'on appose à
des serrures par autorité de justice.

SCELLÉ, E, part. pass. de sceller.

SCELLEMENT, s. m. (cèleman), action de
sceller.

SCELLER, v. a. (celé) (sigillare), appliquer
le sceau; fig. affermir, cimenter; attacher avec
du plâtre ou du plomb.

SCELLEUR, s. m. (cèleur), officier qui appose le sceau, qui scelle.

SCÈNE, s. f. (cène) (scena), partie du théâtre où les acteurs jouent; représentation d'une
pièce; division d'une pièce; art dramatique;
spectacle; querelle.

SCÉNIQUE, adj. des deux g. (cénike), qui a
rapport à la scène, au théâtre.

SCÉNOGRAPHIE, s. f. (cénoguerafi) (σκηνη, scène, et γραφη, description), art de représenter en perspective.

SCÉNOGRAPHIQUE, adj. des deux g. (cé-
noguerafike), de la scénographie.

SCÉNOPÉGIE, s. f. (cénopéji) (σκηνη, tente,
et πηγνυω, j'établis), fête juive.

SCEPTICISME, s. m. (cèpeticiceme), doctrine des sceptiques.

SCEPTIQUE, s. et adj. des deux g. (cèpetike) (σκεπτικος), qui doute de tout.

SCEPTRE, s. m. (cèpetre) (sceptrum), bâton de commandement; marque de la royauté;
fig. pouvoir souverain; supériorité.

SCHABRAQUE, s. f. (chabrake) (mot allemand), harnachement militaire.

SCHAH, s m (chá), titre qu'on donne au
roi de Perse.

SCHAKO, s. m. (chakó), chapeau de militaire en feutre.

SCHALL, s. m Voy. CHALE.

SCHEIK, s. m. Voy. CHEIK.

SCHELLING, s. m. Voy. SCHILLING.

SCHÈNE, s. m. (cekiène) (σχοινος), mesure
itinéraire chez les anciens.

SCHÉRIF, s. m. (chérife) (de l'arabe schérif, noble), descendant de Mahomet.

SCHILLING ou SCHELLING, s. m. (chi-
lein, chelein) (tiré de l'anglais), monnaie d'Angleterre qui vaut 1 fr. 20 c. de France.

SCHISMATIQUE, adj. et s. des deux g.
(chicematike), qui est dans le schisme.

SCHISME, s. m (chiceme) (σχισμα, division), séparation, scission.

SCHISTE, s. m. (chicete) (σχιζειν, diviser),
pierre qui se sépare par feuilles.

SCHISTEUX, EUSE, adj. (chiceteu, euze),
feuilleté.

SCHLAGUE, s. f. (chelague), punition militaire chez les Allemands.

SCHLICH, s. m (chelik) (mot allemand), mi-
nérai préparé pour la fusion.

SCHNAPAN, s. m. Voy. CHENAPAN.

SCHOLAIRE, adj. des deux g. (cekolère)
(scholaris), d'école.

SCHOLARITÉ, s. f. (cekolarité) (scholaris,
écolier), droit qu'avaient les écoliers de l'Université d'en réclamer les privilèges.

SCHOLASTIQUE, adj. des deux g. (cekola-

SCL · SCR · 517

ætike) (*scholasticus*), qui appartient à l'école.
—S. f., théologie *scholastique*.

SCHOLASTIQUEMENT, adv. (*ceholaceli-keman*), d'une manière *scholastique*.

SCHOLIASTE, s. m. (*cekoli-acete*)(σχολιαστης), commentateur d'un auteur grec.

SCHOLIE, s. f. (*cekoli*) (σχολιον), note pour l'intelligence des auteurs classiques.

SCIAGE, s. m. (*ciaje*), action de *scier*; travail, ouvrage du *scieur*.

SCIATÉRIQUE, adj. des deux g. (*ciatérike*) (σκια, ombre, et τηρειν, observer), qui montre l'heure par le moyen de l'ombre du style.

SCIATIQUE, s. f. (*ciatike*) (ισχιον, la hanche), goutte aux hanches. — Adj. des deux g., qui a rapport aux hanches.

SCIE, s. f. (*ci*) (*sicare*, couper), lame de fer longue, étroite et dentelée.

SCIEMMENT, adv. (*ciaman*), avec connaissance de ce que l'on fait.

SCIENCE, s. f. (*ciance*) (*scientia*), connaissance, savoir, érudition.

SCIENTIFIQUE, adj. des deux g. (*cianti-fike*), qui concerne les *sciences*.

SCIENTIFIQUEMENT, adv. (*ciantifikeman*), d'une manière *scientifique*.

SCIÉ, E, part. pass. de *scier*.

SCIER, v. a. (*cié*)(*secare*, couper), couper, fendre avec une *scie*.

SCIERIE, s. f. (*ciri*), machine pour mouvoir des *scies*; atelier où l'on *scie*.

SCIEUR, EUSE, s. (*cieur*, *euze*), qui *scie*.

SCILLE ou SQUILLE, s. f. (*cile*, *cekile*) (σχιλλα), plante.

SCILLITIQUE, adj. des deux g. (*cilitike*), composé avec la *scille*.

SCINDÉ, E, part. pass. de *scinder*.

SCINDER, v. a. (*cende*), couper, diviser.

SCINQUE, s. m. (*ceinke*) (*scincus*), genre de reptiles.

SCINTILLANT, E, adj. (*ceintilelan*, *ante*) (*scintillans*), qui étincelle.

SCINTILLATION, s. f. (*ceintiletácion*) *scintilla*, étincelle), étincellement.

SCINTILLER, v. n. (*ceintilelé*)(*scintillare*), étinceler.

SCIOGRAPHIE, s. f. (*ciograrafi*), représentation de l'intérieur d'un bâtiment.

SCION, s. m. (*cion*), petit rejeton tendre et flexible d'un arbre, d'un arbrisseau.

SCISSILE, adj. des deux g. (*cicecile*) (*scissilis*), qui peut être fendu.

SCISSION, s. f. (*cicecion*)(*scissio*, division), division dans un parti, un état, etc.

SCISSIONNAIRE, s. et adj. des deux g. (*cicecionère*), qui fait *scission*.

SCISSURE, s. f. (*cicecure*), fente.

SCIURE, s. f. (*ci-ure*), ce qui tombe du bois quand on le *scie*.

SCLÉROPHTHALMIE, s. f.(*ceklérofetalmi*) (σκληρος,dur, et οφθαλμος, œil), ophthalmie.

SCLÉROTIQUE, s. f. (*ceklérotike*)(σκληρος, dur), membrane de l'œil.

SCOLAIRE, SCOLIE, et leurs dérivés. Voy SCUOLAIRE, SCHOLIE, etc.

SCOLOPENDRE, s. f. (*cekolopandre*)(σκολοπενδρα), insecte; plante.

SCOMBRE, s. m. (*cekonbre*) (σκομβρος), genre de poissons de mer.

SCORBUT, s. m. (*cekorbu*)(mot hollandais), maladie qui corrompt le sang.

SCORBUTIQUE, s. et adj. des deux g. (*cekorbutike*), qui a le *scorbut*; qui tient de la nature du *scorbut*.

SCORIE, s. f. (*cekori*) (*scoria*), ordure des métaux fondus; produit volcanique.

SCORIFICATION, s. f. (*cekorifikacion*), action de réduire en *scories*.

SCORIFICATOIRE, s. m.(*cekorifikatoare*), test ou écuelle à *scorifier*.

SCORIFIÉ, E, part. pass. de *scorifier*.

SCORIFIER, v. a. (*cekorifié*), réduire en *scories*.

SCORPIOÏDE, s. f. (*cekorpi-o-ide*), plante.

SCORPIOJELLE, s. f. (*cekorpi-ojèle*), huile de *scorpion*.

SCORPION, s. m. (*cekorpion*) (σκορπιος), insecte venimeux; signe du zodiaque.

SCORSONÈRE, s f. (*cekorçonère*) (de l'italien *scorsa nera*, écorce noire), plante.

SCOTIE, s. f. (*cekoci*) (σκοτος, obscurité), t. d'archit., moulure concave.

SCRIBE, s. m. (*cekribe*) (*scribere*, écrire), docteur juif; copiste.

SCRIPTEUR, s. m. (*cekripteur*), t. de chancellerie romaine, officier qui lit les bulles.

SCROFULAIRE, s. f. (*cekrofulère*), plante bonne contre les écrouelles ou *scrofules*.

SCROFULES, s. f. pl.(*cekrofule*)(*scrofulæ*), maladie qu'on nomme aussi *écrouelles*.

SCROFULEUX, EUSE, s et adj. (*cekrofuleu*, *euze*), qui cause, qui a les écrouelles.

SCROTOCÈLE, s. f. (*cekrotocèle*), hernie qui descend jusqu'au *scrotum*.

SCROTUM, s. m. (*cekrótome*) (*scrotum*), enveloppe des testicules.

SCRUPULE, s. m. (*cekrupule*) (*scrupulus*), doute qui trouble la conscience; grande exactitude; répugnance; petit poids.

SCRUPULEUSEMENT, adv. (*cekrupuleuzeman*), avec *scrupule*.

SCRUPULEUX, EUSE, adj. (*cekrupuleu*, *euze*), qui a des *scrupules*.

SCRUTATEUR, s. et adj. m. (*cekrutateur*) (*scrutator*), qui *scrute*; celui qui est appelé à la vérification d'un *scrutin*.

SCRUTÉ, E, part. pass. de *scruter*.

SCRUTER, v. a. (*cekruté*), examiner à fond, chercher à pénétrer dans les choses cachées.

SCRUTIN, s. m. (*cekrutin*) (*scrutarium*), vote par suffrages secrets.

SCUBAC, s. m. (cèkubak), liqueur sucrée et safranée.
SCULPTÉ, E, part. pass. de *sculpter*.
SCULPTER, v. a. (cèkulté) (sculptere), tailler au ciseau.
SCULPTEUR, s. m. (cèkulteur) (sculptor), celui qui travaille en *sculpture*.
SCULPTURE, s. f. (cèkulture), art de *sculpter*; ouvrage du *sculpteur*.
SCYLLA, s. m. (cilela), gouffre opposé à celui de *Charybde*.
SCYTALE, s. f. (citale) (σκυταλη), chiffre dont les Lacédémoniens se servaient pour écrire secrètement.
SE, pron. de la troisième personne des deux genres et des deux nombres.
SÉANCE, s. f. (cé-ance) (sessio), droit d'avoir place dans une assemblée; temps que dure une assemblée; temps passé à une chose.
SÉANT, E, adj. (cé-an, ante), qui tient séance; décent; qui sied bien.—Subst. au m., posture d'un homme assis dans son lit.
SEAU, s. m. (cô) (situlus), vaisseau propre à puiser, à transporter de l'eau.
SÉBACÉ, E, adj. (cébacé) (sebaceus), t. d'anat., se dit de certaines glandes.
SÉBESTE, s. m. (cébècete), fruit d'Égypte semblable à une petite prune noirâtre.
SÉBESTIER, s. m. (cébècetié), arbre qui porte le *sébeste*.
SÉBILE, s. f. (cébile), écuelle de bois.
SEC, ÈCHE, adj. (cèke, cèche) (siccus), qui n'a point ou qui a peu d'humidité; maigre; sans aménité; dur; non vert.
SÉCABLE, adj. des deux g. (cékable) (secabilis), qui peut être coupé.
SÉCANTE, s. f. (cékante) (secans), t. de géom., toute ligne qui en coupe une autre.
SÈCHE, s. f. (cèche) (sepia), mollusque qui distille une liqueur noire.
SÉCHÉ, E, part. pass. de sécher.
SÈCHEMENT, adv. (cècheman), en lieu *sec*; fig. d'une manière *sèche*, rude, incivile.
SÉCHER, v. a. (céché) (siccare), rendre *sec*; mettre à *sec*.—V. n., devenir *sec*.
SÉCHERESSE, s. f. (cécherèce) (siccitas), état, qualité de ce qui est *sec*.
SÉCHOIR, s. m. (céchoar), lieu où l'on fait *sécher* les toiles, les cuirs, etc.
SECOND, E, adj. et s. (cekon, onde) (secundus), qui suit immédiatement le premier.—S. m., second étage; témoin d'un duel.
SECONDAIRE, adj. des deux g. (cekondère), accessoire, qui ne vient qu'en *second*.
SECONDAIREMENT, adv. (cekondèreman), d'une manière *secondaire*.
SECONDE, s. f. (cekonde), 60e partie d'une minute; classe qui précède la rhétorique.
SECONDÉ, E, part. pass. de *seconder*.

SECONDEMENT, adv. (cekondemàn), en second lieu.
SECONDER, v. a. (cekondé) (secundare), aider, servir, favoriser.
SECONDINES, s. f. pl. (cekondiné) (secundinæ, arum), arrière-faix.
SECOUÉ, E, part. pass. de *secouer*.
SECOUEMENT ou SECOÛMENT, s. m. (cekouman), action de *secouer*.
SECOUER, v. a. (cekoué) (succutere), remuer; agiter pour faire tomber, pour nettoyer.
SECOURABLE, adj. des deux g. (cekourable), qui secourt; qui peut être secouru.
SECOURIR, v. a. (cekourir), aider, donner du *secours*; assister dans le besoin.
SECOURS, s. m. (cekour), aide, assistance dans le besoin; ce qui sert à *secourir*.
SECOURU, E, part. pass. de *secourir*.
SECOUSSE, s. f. (cekouce), agitation; ébranlement de ce qui est *secoué*.
SECRET, s. m. (cekrè) (secretum), ce qui doit être tenu caché; silence; moyen; ressort caché; lieu séparé dans une prison.
SECRET, ÈTE, adj. (cekrè, ète) (secretus), caché; qui est connu de peu de personnes.
SECRÉTAIRE, s. m. (cekrétèrc) (secretarius), celui qui fait des lettres, des dépêches pour un autre dont il dépend; celui qui rédige; bureau où l'on écrit et où l'on renferme des papiers; oiseau.
SECRÉTAIRERIE, s. f. (cekrétai eri), bureau des *secrétaires*.
SECRÉTARIAT, s. m. (cekrétaria), emploi, fonction de *secrétaire*; son bureau.
SECRÈTE, s. f. (cekrète) (secreta), oraison qui se dit à la messe après l'offertoire.
SECRÈTEMENT, adv. (cekrèteman), en secret; sans être aperçu.
SÉCRÉTER, v. a. (cékrété), opérer la *sécrétion*.
SÉCRÉTEUR, adj. m. Voy. SÉCRÉTOIRE.
SÉCRÉTION, s. f. (cékrécion) (secretio), filtration des humeurs alimentaires, etc. — Au pl., matières qui sortent du corps.
SÉCRÉTOIRE, adj. des deux g. (cékrétoare) secernei e, séparer), où s'opère la sécrétion.
SECTAIRE, s m. et f. (cektère), qui est attaché à quelque *secte* d'hérétiques.
SECTATEUR, TRICE, s. (cèktateur, trice) (sectator), qui suit les opinions d'une *secte*, etc.
SECTE, s. f. (cèktc) (secta), plusieurs personnes qui suivent les mêmes opinions.
SECTEUR, s m. (cèkteur) (sector), t. de géom., portion de cercle.
SECTION, s. f. (cèkcion), division, subdivision; coupe.
SÉCULAIRE, adj. des deux g. (cékulèrc) (secularis), qui se fait de siècle en siècle; âgé d'un siècle.

SÉCULARISATION, s. f. (cékularizácion), action de *séculariser.*

SÉCULARISÉ, E, part. pass. de *séculariser.*

SÉCULARISER, v. a. (*cékularizé*), rendre *séculier.*

SÉCULARITÉ, s. f. (*cékularité*), juridiction séculière d'une église.

SÉCULIER, IÈRE, adj. (*kékulié, ière*) (*secularis*), qui vit dans le *siècle;* mondain.—S. m., laïque.

SÉCULIÈREMENT, adv. (*cékulièreman*), d'une manière *séculière* et mondaine.

SÉCURITÉ, s. f. (*cékurité*) (*securitas*), assurance, tranquillité d'esprit.

SÉDAN, s. m. (*cédan*), drap fin qui se fabrique à *Sédan.*

SÉDANAISE, s. f. (*cédanèze*), sorte de caractère d'imprimerie.

SÉDATIF, IVE, adj. (*cédatif, ive*), t. de méd., qui calme les douleurs.

SÉDENTAIRE, adj. des deux g. (*cédantère*) (*sedentarius*), assis; qui sort peu; fixe.

SÉDIMENT, s. m. (*cédiman*) (*sedimentum*), dépôt d'une liqueur.

SÉDITIEUSEMENT, adv. (*cédicieuzeman*), d'une manière *séditieuse.*

SÉDITIEUX, EUSE, adj. (*cédicieu, euze*), qui fait une *sédition;* qui tend à la *sédition.*

SÉDITION, s. f. (*cédicion*) (*seditio*), révolte, soulèvement populaire.

SÉDUCTEUR, TRICE, s. (*cédukteur, trice*) (*seductor*), qui séduit; corrupteur.

SÉDUCTION, s. f. (*cédukcion*) (*seductio*), action par laquelle on *séduit.*

SÉDUIRE, v. a. (*céduire*) (*seducere*), tromper; corrompre, débaucher; toucher, plaire.

SÉDUISANT, E, adj. (*céduzan, ante*), qui est propre à séduire, à toucher, à persuader.

SÉDUIT, E, part. pass. de *séduire.*

SEGMENT, s. m. (*cègueman*) (*segmentum*), portion de cercle entre un arc et sa corde.

SÉGRAIRIE, s. f. (*céguerèri*), bois possédé en commun.

SÉGRAIS, s. m. (*céguerè*), bois séparé des grands bois, et qu'on exploite à part.

SÉCRÉGATION, s. f. (*céguerégacion*), action par laquelle on met à part.

SEICHE, s. f. Voy. SÈCHE.

SEIGLE, s. m. (*cèguele*) (*secale*), sorte de blé plus menu que le froment.

SEIGNEUR, s. m. (*cègnieur*) (*senior*), vieillard), maître, possesseur d'un pays, etc.; titre.

SEIGNEURIAGE, s. m. (*cègnieuriaje*), droit sur la fabrication de la monnaie.

SEIGNEURIAL, E, adj. (*cègnieuriale*), qui est du *seigneur.*—Au pl. m. *seigneuriaux.*

SEIGNEURIE, s. f. (*cègnieuri*), droits, autorité du *seigneur;* terre *seigneuriale;* titre.

SEIME, s. f. (*cème*), fente ou division de l'ongle du cheval dès la couronne.

SEIN, s. m. (*cein*), partie du corps humain depuis le bas du cou jusqu'au creux de l'estomac; mamelles des femmes; *fig.* milieu, cœur; golfe.

SEINE, s. f. (*cène*) (*sagena*), espèce de filet de pêche qui se traine sur les grèves.

SEING, s. m. (*cein*) (*signum*, signe), signature.—*Seing-privé,* signature d'un acte qui n'a point été reçu par un officier public.

SEIZE, adj. numéral des deux g. (*cèze*) (*sexdecim*), nombre contenant dix et six.

SEIZIÈME, adj. et s. des deux g. (*cèzième*), qui suit immédiatement le quinzième.

SEIZIÈMEMENT, adv. (*cèzièmeman*), en seizième lieu.

SÉJOUR, s. m. (*céjour*), résidence dans un lieu; demeure.

SÉJOURNÉ, E, adj. (*céjourné*), reposé, qui a pris du repos. Vieux.

SÉJOURNER, v. n. (*céjourné*), demeurer, faire son *séjour.*

SEL, s. m. (*cèle*) (*sal, salis*), substance pour assaisonner; substance formée par la combinaison d'un acide avec une base; *fig.* finesse, causticité piquante.

SÉLAM, s. m. (*célame*), bouquet de fleurs dont l'arrangement est une sorte d'écriture.

SÉLÉNITE, s. f. (*célénite*) (σελήνη, la lune), sulfate de chaux.

SÉLÉNITEUX, EUSE, adj. (*céléniteu, euze*), qui a rapport à la *sélénite.*

SÉLÉNOGRAPHIE, s. f. (*célénoguerafi*) (σελήνη, lune, et γραφω, je décris), description de la lune.

SÉLÉNOGRAPHIQUE, adj. des deux g. (*célénoguerafike*), de la *sélénographie.*

SELLE, s. f. (*cèle*) (*sella*), petit siège sans dossier; siège qu'on met sur le dos d'un cheval; évacuation à la garde-robe.

SELLÉ, E, part. pass. de *seller.*

SELLER, v. a. (*cèlé*), mettre la *selle* sur le dos d'un cheval, d'une mule, etc.— V. pr., se dit d'un terrain qui se serre, s'endurcit.

SELLERIE, s. f. (*cèleri*), lieu où l'on serre les *selles* et les harnais des chevaux.

SELLETTE, s. f. (*cèlète*) (dimin. de *selle*), petit banc ou siège de bois.

SELLIER, s. m. (*cèlié*), ouvrier qui fait des *selles,* des carrosses.

SELON, prép. (*celon*) (*secundùm*), suivant, eu égard; conformément à; à proportion de...

SEMAILLE, s. f. (*cemá-ie*), action, temps de *semer;* grains semés.

SEMAINE, s. f. (*cemène*) (du lat. barbare *septimana*), suite de sept jours.

SEMAINIER, IÈRE, s. (*cemèniè, ière*), qui est de fonction durant une *semaine.*

SÉMAPHORE, s. m. (*cémafore*) (σημα, signe, et φερω, je porte), télégraphe.

SEMBLABLE, adj. des deux g. (*çanblable*) (*similis*), pareil, qui ressemble.

SEMBLABLEMENT, adv. (*çanblableman*), pareillement, aussi. Vieux.

SEMBLANT, s. m. (*çanblan*), apparence.

SEMBLER, v. n. (*çanblé*), (*simulare*), paraître, avoir une certaine qualité.

SEMÉ, E, part. pass. de *semer*, et adj.

SÉMÉIOLOGIE, s. f. (*cémé-ioloji*) (σημειον, signe, et λογος, discours), traité des signes de maladie ou de santé.

SEMELLE, s. f. (*cemèle*) (en bas lat. *sapella*), dessous du soulier, etc.

SEMENCE, s. f. (*cemance*) (*semen*), grain que l'on *sème*; sperme; petits clous.

SEMENCINE, s. f. (*cemancine*), une des trois sortes de semen-contra.

SEMEN-CONTRA, s. m. (*cémènekontra*) (mot latin), graine vermifuge.

SEMER, v. a. (*cemé*) (*seminare*), mettre des *semences* en terre.

SEMESTRE, adj. des deux g. (*cemècetre*)(*semestris*), qui dure six mois.—S. m., espace de six mois; congé de six mois.

SEMESTRIER, s. m. (*cemècetrié*), officier, soldat en *semestre*.

SEMEUR, EUSE, s. (*cemeur, euse*) qui *sème*.

SEMI (*cemi*), mot emprunté du latin, et qui signifie *demi*.

SÉMILLANT, E, adj. (*cémi-ian, ante*), remuant, éveillé, fort vif. Fam.

SÉMINAIRE, s. m. (*cémirère*) (*seminarium*), lieu où l'on forme des ecclésiastiques.

SÉMINAL, E, adj. (*céminale*), qui a rapport à la *semence*.—Au pl. m. *séminaux*.

SÉMINARISTE, s. m. (*céminaricete*), celui qui est élevé dans un *séminaire*.

SEMIS, s. m. (*cemi*), endroit où l'on *sème* des graines d'arbres, etc.

SÉMITIQUE, adj. des deux g. (*cémitike*), se dit du langage des descendants de *Sem*.

SEMOIR, s. m. (*cemoar*), sac, instrument pour *semer*.

SEMONCE, s. f. (*cemonce*) (*submonitio*), invitation; réprimande.

SEMONCÉ, E, part. pass. de *semoncer*.

SEMONCER, v. a. (*cemoncé*), faire une *semonce*, une réprimande.

SEMONDRE, v. a. (*cemondre*)(*submonere*), convier à quelque cérémonie. Vieux.

SEMONNEUR, s. m. (*cemonéur*), qui porte des billets d'invitation. Vieux.

SEMOULE, s. f. (*cemoule*) (*sumula*, fleur de farine), pâte faite avec la farine la plus fine réduite en petits grains.

SEMPER-VIRENS, s. m. (*ceinpèrevircince*) (expression latine), chèvre-feuille.

SEMPITERNEL, ELLE, adj. (*ceinpitèrnele*) (*sempiternus*), qui dure toujours. Vieux.

SÉNAT, s. m. (*céna*)(*senatus*), assemblée législative; tribunal suprême.

SÉNATEUR, s. m. (*cénateur*) (*senator*), membre d'un *sénat*.

SÉNATORIAL, E, adj. (*cénatoriale*), de *sénateur*.—Au pl. m. *sénatoriaux*.

SÉNATORIEN, IENNE, adj. (*cénatoriein, iène*), qui est de famille de *sénateur*.

SÉNATRICE, s. f. (*cénatrice*), femme d'un *sénateur*.

SÉNATUS-CONSULTE, s. m. (*cénatucekonçulte*)(*senatus-consultum*), décision du *sénat*.

SÉNAU, s. m. (*cenô*), petit bâtiment de mer dont on se sert pour la course.

SÉNÉ, s. m. (*céné*), plante dont les feuilles sont purgatives.

SÉNÉCHAL, s. m. (*cénéchal*) (du lat. barbare *seniscalcus*), ancien officier judiciaire.

SÉNÉCHALE, s. f. (*cénéchale*), femme du *sénéchal*.

SÉNÉCHAUSSÉE, s. f. (*cénéchôcé*), juridiction du *sénéchal*.

SENEÇON, s. m. (*ceneçon*), plante.

SENELLE, s. f. (*cenèle*), fruit du houx.

SÉNESTRE, adj. des deux g.(*cénècetre*)(*sinistra*), gauche.

SÉNEVÉ, s. m. (*cénevé*) (*sinapi*), petite graine dont on fait la moutarde.

SÉNIEUR, s. m. (*cénieur*) (*senior*), doyen dans certaines communautés.

SÉNIL, E, adj. (*cénile*) (*senilis*), de vieillard, de la vieillesse.

SENNE, s. f. Voy. SEINE.

SENS, s. m. (*cance*)(*sensus*), faculté de *sentir*.—Au pl., sensualité; faculté de comprendre; opinion; sentiment; signification; côté d'une chose.—*Sens dessus-dessous*, sans aucun ordre.—*Sens devant-derrière*, à rebours.

SENSATION, s. f. (*cançâcion*) (*sensatio*), impression que l'âme reçoit par les *sens*.

SENSÉ, E, adj. (*cancé*) (*sensatus*), sage, judicieux, prudent.

SENSÉMENT, adv. (*canceman*), avec jugement, sagement, prudemment.

SENSIBILITÉ, s. f. (*cancibilité*), qualité par laquelle on est *sensible*; sentiments d'humanité, de tendresse.

SENSIBLE, adj. des deux g. (*cancible*) (*sensibilis*), qui se fait *sentir*; qui a du sentiment; qui est aisément attendri; compatissant.

SENSIBLEMENT, adv. (*cancibleman*), d'une manière sensible.

SENSIBLERIE, s. f. (*cancibleri*), affectation, exagération de *sensibilité*.

SENSITIF, IVE, adj. (*cancitif, ive*), qui a le pouvoir de *sentir*.

SENSITIVE, s. f. (*cancitive*), plante qui replie ses feuilles dès qu'on la touche.

SENSORIUM, s. m. (ceinçori-ome) (mot latin), partie du cerveau qui passe pour être le siège de l'âme.
SENSUALITÉ, s. f. (çançualité), attachement au plaisir des sens.
SENSUEL, ELLE, adj. et s. (çançuèle), qui est trop attaché au plaisir des sens.
SENSUELLEMENT, adv. (çançuèleman), d'une manière sensuelle.
SENTE, s. f. Voy. SERTIER.
SENTENCE, s. f. (çantance) (sententia), maxime d'un grand sens; décision des juges.
SENTENCIÉ, E, part. pass. de sentencier.
SENTENCIER, v.a. (çantancié), condamner par une sentence. Vieux.
SENTENCIEUSEMENT, adv. (çantancieuseman), d'une manière sentencieuse.
SENTENCIEUX, EUSE, adj. et s. (çantancieu, euse), qui contient des sentences; qui parle par sentences.
SENTÈNE, s. f. (çantène), endroit par où l'on commence à dévider un écheveau.
SENTEUR, s. f. (çanteur), parfum.
SENTI, E, part. pass. de sentir, et adj.
SENTIER, s. m. (çantié) (semita), chemin étroit au travers des champs, des bois.
SENTIMENT, s. m. (çantiman), faculté de sentir; sensation; passion, mouvement de l'âme; sensibilité; opinion, pensée.
SENTIMENTAL, E, adj. (çantimantale), où il y a du sentiment.
SENTINE, s. f. (çantine) (sentina), partie du navire dans laquelle s'écoulent les ordures.
SENTINELLE, s. f. (çantinèle) (du lat. barbare sentinella), soldat qui fait le guet.
SENTIR, v. a. (çantir) (sentire), ressentir quelque impression par le moyen des sens; être ému; éprouver; flairer; connaître. — V. a. et n., exhaler une odeur; avoir un goût.
SEOIR, v. n. (çoar) (sedere), être assis; être convenable; être séant.
SÉPARABLE, adj. des deux g. (céparable), qui peut être séparé, désuni.
SÉPARATION, s. f. (céparacion), action de séparer ou de se séparer; ce qui sépare.
SÉPARÉ, E, part pass. de séparer, et adj., différent, distinct.
SÉPARÉMENT, adv. (céparéman), à part l'un de l'autre.
SÉPARER, v. a. (céparé) (separare), désunir; distinguer; ranger; diviser; partager.
SÉPIA, s. f. (cépia) (nom latin de la sèche), liqueur noire que répand la sèche, et qu'on emploie en peinture.
SEPS, s. m. (cépece), sorte de lézard.
SEPT, adj. numéral des deux g. (cète) (septem), nombre qui suit le nombre six.
SEPTANTE, adj. numéral des deux g. (cèpetante) (septuaginta), soixante et dix.
SEPTEMBRE, s. m. (cèpetanbre) (september), neuvième mois de l'année.

SEPTÉNAIRE, adj. des deux g. (cèpeténère) (septenarius), qui contient sept.
SEPTENNAL, E, adj. (cèpetènenale) (septènn, sept, et annus, année), qui arrive tous les sept ans. — Au pl. m. septennaux.
SEPTENNALITÉ, s. f. (cèpetènenalité), qualité de ce qui dure sept ans.
SEPTENTRION, s. m. (cèpetantrion) (septentrio), nord, pôle arctique; constellation.
SEPTENTRIONAL, E, adj. (cèpetantrionale), qui est du côté du septentrion. — Au pl. m. septentrionaux.
SEPTIDI, s. m. (cèpetidi), septième jour de la décade républicaine.
SEPTIÈME, adj. et s. des deux g. (cètième) (septimus), nombre ordinal, qui suit immédiatement le sixième. — S. m., septième partie.
SEPTIÈMEMENT, adv. (cètièmeman), en septième lieu.
SEPTIER, s. m. Voy. SETIER.
SEPTIQUE, adj. des deux g. (cèpetike)(cuxτικος, putréfiant), qui fait pourrir.
SEPTUAGÉNAIRE, adj. et s. des deux g. (cèpetu-ajénère) (septuagenarius), âgé de soixante et dix ans.
SEPTUAGÉSIME, s. f. (cèpetu-ajézime) (septuagesima), dimanche qui est le troisième avant le premier dimanche de carême.
SEPTUPLE, s. m. et adj. des deux g. (cèpetuple) (septulus), sept fois autant.
SEPTUPLÉ, E, part. pass. de septupler.
SEPTUPLER, v. a. (cèpetuplé), répéter sept fois.
SÉPULCRAL, E, adj. (cépulekrale), qui appartient au sépulcre. — Au pl. m. sépulcraux.
SÉPULCRE, s. m. (cépulekre) (sepulcrum), tombeau, lieu pour mettre un corps mort.
SÉPULTURE, s. f. (cépuleture) (sepultura), lieu où l'on enterre; inhumation.
SÉQUELLE, s. f. (cékièle) (sequela), nombre de gens attachés à un même parti. Fam.
SÉQUENCE, s. f. (cékance) (sequentia), suite de cartes de même couleur; conséquence.
SÉQUESTRATION, s. f. (cékièçetrâcion) (sequestratio), action de séquestrer.
SÉQUESTRE, s. m. (cékièçetre) (sequestrum), état d'une chose litigieuse remise en main tierce; gardien d'un séquestre.
SÉQUESTRÉ, E, part. pass. de séquestrer.
SÉQUESTRER, v. a. (cékièçetré)(sequestrare), mettre en séquestre; fig. écarter.
SEQUIN, s. m. (cekiein), monnaie d'or qui a cours en Italie et dans le Levant.
SÉRAIL, s. m. (céra-ie) (du persan seraï, palais), palais de l'empereur des Turcs; harem. — Au pl. sérails.
SÉRANCOLIN, s. m. (cérankolein), marbre des Pyrénées, tacheté de rouge.

SÉRAPHIN, s. m. (cérafein) (de l'hébreu, saraphim, ange lumineux), esprit céleste.
SÉRAPHIQUE, adj. des deux g. (cérafike), qui appartient aux séraphins.
SÉRASQUIER, s. m. (céracekié), général turc.
SERDEAU, s. m. (cerdô), office où l'on portait les plats relevés de devant le roi.
SEREIN, s. m. (cerein) (serotinus, du soir), vapeur froide qui tombe au coucher du soleil.
SEREIN, E, adj. (cerein, éne) (serenus), beau, clair, doux et calme.—Goutte sereine, privation de la vue.
SÉRÉNADE, s. f. (cérénade), concert qu'on donne le soir, la nuit, sous les fenêtres.
SÉRÉNISSIME, adj. des deux g. (cérénicecime) (serenissimus), titre d'honneur.
SÉRÉNITÉ, s. f. (cérénité), état de ce qui est serein; titre d'honneur.
SÉREUX, EUSE, adj. (céreu, euze), t. de méd., aqueux, trop chargé de sérosité.
SERF, ERVE, s. et adj. (cèrfe, cèreve) (servus), qui n'est pas libre, esclave.
SERFOUETTE, s. f. (cèrefouète), outil de jardinier qui sert à remuer la terre.
SERFOUI, E, part. pass. de serfouir.
SERFOUIR, v. a. (cèrfouir), remuer la terre avec la serfouette.
SERFOUISSAGE, s. m. (cèrefouiçaje), action de serfouir.
SERGE, s. f. (cèreje), étoffe croisée.
SERGENT, s. m (cèrejan) (serviens, part. de servire, servir), sous officier; autrefois, huissier; outil de menuisier.
SERGENTÉ, E, part. pass. de sergenter.
SERGENTER, v. a. (cèrejanté), envoyer un sergent à quelqu'un pour le faire payer.
SERGENTERIE, s. f. (cèrejanteri), office de sergent. Vieux.
SERGER ou SERGIER, s. m. (cèrejé, jié), ouvrier qui fait et vend de la serge.
SERGERIE, s. f. (cèrejeri), fabrique, commerce de serges.
SÉRIE, s. f. (céri) (series, suite), suite; succession; division.
SÉRIEUSEMENT, adv. (cérieuzeman), d'une manière sérieuse; froidement.
SÉRIEUX, EUSE, adj. (cérieu, euze) (serius), qui n'est pas gai; grave; solide; important, sincère.—Subst. au m., gravité.
SERIN, INE, s. (cerein, ine) (de sirène), petit oiseau dont le chant est fort agréable.
SERINÉ, E, part. pass. de seriner.
SERINER, v. a. (ceriné), instruire un serin au moyen de la serinette.
SERINETTE, s. f. (cerinète), très petit orgue pour apprendre aux serins à chanter.
SERINGAT ou SYRINGA, s. m. (cereingna) (σῦριγξ, flûte), arbrisseau à fleurs blanches.
SERINGUE, s. f. (cereingue) (σῦριγξ, flûte),
petite pompe portative qui sert à attirer et à repousser l'air ou les liqueurs.
SERINGUÉ, E, part. pass. de seringuer.
SERINGUER, v. a. (cereingué), pousser une liqueur avec une seringue.
SERMENT, s. m. (cèreman) (sacramentum), affirmation; promesse; jurement.
SERMENTÉ, E, adj. (cèremanté), qui a prêté le serment requis.
SERMON, s. m. (cèremon) (sermo, discours), discours fait pour être prononcé en chaire.
SERMONNAIRE, adj. des deux g. (cèremonère), qui convient aux sermons.—S. m., auteur, recueil de sermons.
SERMONNÉ, E, part. pass. de sermonner.
SERMONNER, v. a. (cèremoné), faire d'ennuyeuses remontrances, des sermons.
SERMONNEUR, EUSE, s. (cèremoneur, euse), qui aime à sermonner.
SÉROSITÉ, s. f. (cérôzité) (serum, lait clair), portion aqueuse du sang et du lait.
SERPE, s. f. (cèrpe) (sarpere, tailler la vigne), outil qui sert à couper des branches.
SERPENT, s. m. (cèrpan) (serpens), reptile; instrument à vent; celui qui en joue.
SERPENTAIRE, s. m. (cèrpantère), constellation.—S. f., plante médicinale.
SERPENTE, s. f. (cèrpante), papier mince et fort transparent.
SERPENTEAU, s. m. (cèrpantô), petit serpent; sorte de fusée volante.
SERPENTER, v. n. (cèrpanté), avoir un cours tortueux, une direction tortueuse.
SERPENTIN, s. m. (cèrpantein), pièce de la platine d'un mousquet; tuyau d'alambic.—Adj m., se dit d'un marbre vert tacheté.
SERPENTINE, s. f. (cèrpantine), pierre fine tachetée; plante.—Adj. f., se dit de la langue du cheval lorsqu'elle remue sans cesse au dehors ou au dedans de sa bouche.
SERPETTE, s. f. (cèrpete), petite serpe.
SERPILLIÈRE, s. f. (cèrpi-ière), toile grosse et claire; tablier de toile; insecte.
SERPOLET, s. m. (cèrpolè) (serpyllum), petite plante odoriférante.
SERRE, s. f. (cère), lieu couvert où, pendant l'hiver, on serre les arbres et les plantes; action de serrer; pied des oiseaux de proie.
SERRÉ, E, part. pass. de serrer, et adj., avare.—Adv., bien fort.
SERRE-FILE, s. m. (cèrefile), soldat qui est le dernier de sa file.
SERREMENT, s. m. (cèreman), action de serrer; état d'une chose serrée.
SERRÉMENT, adv. (cèréman), d'une manière serrée, très économe.
SERRE-PAPIERS, s. m. (cèrepapié, lieu où l'on serre des papiers.
SERRER, v. a. (cèré) (serere, approcher), étreindre, presser; joindre; mettre à couvert.
SERRE-TÊTE, s. m. (cèretéte), coiffe dont on se serre la tête.

SERRETTE, s. f. Voy. SARRETTE.
SERRON, s. m. (cèron), boîte dans laquelle on apporte des drogues des pays étrangers.
SERRURE, s. f. (cèrure) (sera), machine à clef attachée à une porte, etc., pour la fermer.
SERRURERIE, s. f. (cèrureri), métier, travail et commerce de serrurier.
SERRURIER, IÈRE, s. (cèrurié, ière), qui fait ou vend des serrures, etc.
SERTI, E, part. pass. de sertir.
SERTIR, v. a. (cèretir) (serere, unir), enchâsser une pierre précieuse.
SERTISSURE, s. f. (cèretieure), manière dont une pierre est sertie.
SÉRUM, s. m. (cérome) (mot latin qui signifie : petit-lait), sérosité.
SERVAGE, s. m. (cèrvaje), état de celui qui est serf ou esclave.
SERVAL, s. m. (cèreval), quadrupède du genre du lynx.
SERVANT, s. et adj. m. (cèrvan), qui sert.
SERVANTE, s. f. (cèrvante), fille ou femme qui sert de domestique.
SERVI, E, part. pass. de servir.
SERVIABLE, adj. des deux g. (cèreviable), officieux, obligeant.
SERVICE, s. m. (cèrvice) (servitus), état d'un domestique; usage qu'on tire de..; secours, bons offices; condition; emploi; fonction de ceux qui servent l'état; célébration des offices divins; messe pour un mort; plats servis sur une table; vaisselle, linge de table.
SERVIETTE, s. f. (cèreviète) (servire, servir), linge de table, etc.
SERVILE, adj. des deux g. (cèrevile) (servilis), d'esclave ; fig. bas, rampant.
SERVILEMENT, adv. (cèrevileman), d'une manière servile.
SERVILITÉ, s. f. (cèrevilité), esprit de servitude; bassesse d'âme; exactitude servile.
SERVIR, v. a. et n. (cèrevir) (servire), être à un maître comme son domestique; donner les mets; être utile; assister; tenir lieu; être destiné à...; être dans le service militaire. — V. pr., faire usage de ..
SERVITEUR, s. m. (cèreviteur) (servus), domestique attaché à...
SERVITUDE, s. f. (cèrevitude) (servitudo), état de celui qui est esclave; assujétissement.
SES (cè), pl. de l'adj. poss. son, sa.
SÉSAME, s. m. (cézame) (σήσαμη), plante exotique dont on fait de l'huile à brûler.
SÉSAMOÏDE, adj. m. (cézamo-ide), t. d'anat., se dit des petits os des articulations.
SÉSÉLI, s. m. (céséli) (σέσελι), plante.
SESQUIALTÈRE, adj des deux g. (cèce-kui-altère) (sesquialter), se dit de quantités dont l'une contient l'autre une fois et demie.
SESSILE, adj. des deux g. (cècecile) (sessilis), se dit en bot., des fleurs sans queue.
SESSION, s. f. (cècion) (sessio), temps pendant lequel un corps délibérant est assemblé.

SESTERCE, s. m. (cècetèrece) (sestertius), monnaie d'argent chez les Romains.
SETIER, s. m (cétié) (sextarius), mesure de grains ou de liqueurs.
SÉTON, s. m. (céton) (seta, soie), cordon de soie, etc., qu'on passe à travers les chairs.
SEUIL, s. m. (ceu-ie) (solium), partie inférieure d'une porte.
SEUL, E, adj. et s. (ceule) (solus), qui est sans compagnie; unique; simple.
SEULEMENT, adv. (ceuleman)(solummodò), rien de plus, pas davantage; du moins; même.
SEULET, ETTE, adj. (ceulè, ètè), diminutif de seul.
SÈVE, s. f. (cève) (sapa), humeur nutritive des végétaux; force du vin.
SÉVÈRE, adj. des deux g. (cévère)(severus), rigide; austère, rigoureux.
SÉVÈREMENT, adv. (cévèreman) (severè), avec sévérité.
SÉVÉRITÉ, s. f. (cévérité) (severitas), rigidité, rigueur, austérité.
SÉVICES, s m pl. (cévice) (sævitiæ), mauvais traitements; coups.
SÉVIR, v. n. (cévir) (sævire), agir avec rigueur; maltraiter.
SEVRAGE, s m. (cevraje), action de sevrer; temps où l'on sèvre.
SEVRÉ, E, part. pass. de sevrer.
SEVRER, v. a. (cevré) (separare, séparer); ôter à un enfant l'usage du lait; fig. priver.
SEVREUSE, s. f. (cevreuze), femme qui sèvre un enfant.
SEXAGÉNAIRE, adj. et s. des deux g. (cegzajènère), qui a soixante ans.
SEXAGÉSIME, s. f. (cegzazéisime), le dimanche avant le dimanche gras.
SEX-DIGITAIRE, s. et adj. des deux g. (cèkcedijitère) (sex, six, et digitus, doigt), qui est né avec six doigts.
SEX-DIGITAL, E, adj. (cèkcedijitale) (sex, six, et digitus, doigt), qui a six doigts. — Au pl. m sexdigitaux.
SEXE, s. m. (cèkce), différence physique du mâle et de la femelle; les femmes.
SEXTANT, s. m. (cèkcetan)(sextans, sixième partie), t. d'astron., instrument qui contient la sixième partie d'un cercle.
SEXTE, s. f. (cèkcete) (sexta), heure canoniale. — S. m., sixième livre des décrétales.
SEXTIDI, s. m. (cèkcetidi), sixième jour de la décade dans l'année républicaine.
SEXTIL, E, adj. (cèkcetile) (sextilis), se dit de l'aspect de deux planètes éloignées entre elles de la sixième partie du zodiaque.
SEXTULE, s. m. (cèkcetule) (sextula), sixième partie d'une once.
SEXTUPLE, s. m. et adj. des deux g. (cèkcetuple), six fois autant.
SEXTUPLÉ, E, part. pass. de sextupler.

SEXTUPLER, v. a. (cèkcetuplé), répéter six fois; multiplier par six.
SEXUEL, ELLE, adj (cèkcuèle), qui caractérise le sexe, qui tient au sexe.
SGRAFFITE, s. m. (ceguerafite) (mot italien), dessin tracé avec une pointe.
SHALL, s. m. Voy. CHALE.
SHAKO, s. m. (chakô). Voy. SCHAKO.
SHELLING, s. m. Voy. SCHILLING.
SHÉRIF, s. m. (chérif), officier de justice en Angleterre.
SI, conj. conditionnelle (ci) (si), en cas que, pourvu que, à moins que, supposé que; néanmoins; combien. — Adv., tellement, autant.
SI, s. m. (ci), septième note de la gamme.
SIALAGOGUE, adj ets.m.(cialaguogue)(σιαλον, salive, et αγω, je chasse), qui fait saliver.
SIALISME, s. m. (cialiceme) (σιαλοι, salive), évacuation abondante de salive.
SIAMOISE, s. f. (ciamoèze), étoffe de coton imitée de celles de Siam.
SIBYLLE, s. f. (cibile) (σίβυλλα), prophétesse chez les païens.
SIBYLLIN, adj. m. (cibilein), de la sibylle.
SICAIRE, s. m. (cikière) (sica, poignard), assassin gagé; juif à Jérusalem.
SICCATIF, IVE, adj. (cikekatif, ive)(siccativus), qui fait sécher. — Il est aussi s. au m.
SICCITÉ, s. f. (cikcité) (siccitas), qualité de ce qui est sec.
SICILIQUE, s. m. (cicilike)(sicilicum), poids de droguiste.
SICLE, s. m. (cikle) (siclus), monnaie d'argent des Hébreux.
SICOMORE, s. m. Voy. SYCOMORE.
SIDÉRAL, E, adj. (cidérale) (sideralis), qui concerne les astres. — Au pl. m. sidéraux.
SIDÉRITIS, s. m. Voy. CRAPAUDINE.
SIÈCLE, s. m. (cièkle) (sœculum), espace de cent ans; temps; état de la vie mondaine.
SIÈGE, s. m (cièje) (sedes), meuble fait pour s'asseoir; lieu de juridiction d'un juge, d'un évêque, d'un pape; ville capitale; opérations d'une armée pour prendre une place.
SIÉGER, v. n. (ciéjé), tenir quelque siège.
SIEN, IENNE, adj. poss. et relat. de la troisième personne (ciein, ciène) (suus, sua), qui est à lui, à elle. — Subst. au m., son bien. — Au pl., ses parents, ses amis, ceux de son parti.
SIESTE, s. f. (ciecete)(de l'espagnol siesta), sommeil pendant le jour.
SIEUR, s. m. (cieure), dimin. de monsieur.
SIFFLABLE, adj. des deux g. (ciflable), que l'on peut ou que l'on doit siffler.
SIFFLANT, E, adj. (ciflan, ante), qui siffle.
SIFFLÉ, E, part. pass. de siffler.
SIFFLEMENT, s. m.(cifleman), bruit qu'on fait en sifflant.
SIFFLER, v. n. (ciflé) (sibilare), former un son aigu. — V. a., chanter en sifflant; désapprouver avec dérision.
SIFFLET, s. m. (ciflè), petit instrument à vent qui sert à siffler; trachée-artère.
SIFFLEUR, EUSE, s. (cifleur, euze), qui siffle.
SIGILLÉ, E, adj.(cijilelé)(sigillatus), se dit d'une sorte de terre glaise de l'Archipel.
SIGISBÉE s. m. (cigicebé) (mot italien), galant assidu, cavalier servant.
SIGMOÏDE, adj. des deux g. (cigmoeno-idé), qui a la forme du sigma des Grecs (σ).
SIGNAL, s. m. (cignial), signe donné pour servir d'avertissement. — Au pl. signaux.
SIGNALÉ, E, part. pass. de signaler, et adj., remarquable, insigne.
SIGNALEMENT, s. m. (cignialeman), description de la figure de quelqu'un.
SIGNALER, v. a (cignialé), donner le signalement; donner avis par signaux; appeler l'attention. — V.pr., se rendre remarquable.
SIGNATAIRE, s. des deux g. (cigniatère), qui signe un contrat, une pétition.
SIGNATURE, s. f. (cigniature), seing et paraphe d'une personne; action de signer.
SIGNE, s. m (cignié)(signum), indice, marque de...; indication; marque sur la peau; un douzième de la zone zodiacale.
SIGNÉ, E, part. pass. de signer.
SIGNER, v. a. (cignié), mettre son seing, sa signature. — V. pr., faire le signe de la croix.
SIGNET, s. m. (cignié) (signum, signe), petit ruban dans les livres pour servir de marque.
SIGNIFIANT, E, adj. (cignifian, ante), qui signifie, qui exprime beaucoup.
SIGNIFICATIF, IVE, adj. (cignifikatif, ive), qui signifie, qui exprime bien la pensée.
SIGNIFICATION, s. f. (cignifikácion) (significatio), ce que signifie une chose; sens d'un mot; notification juridique.
SIGNIFIÉ, E, part. pass. de signifier.
SIGNIFIER, v. a. (cignifié) (significare), être signe de; exprimer ce qu'on entend par un mot; déclarer; notifier par voie de justice.
SIL, s. m. (cil), terre minérale dont les anciens faisaient des couleurs.
SILENCE, s. m. (cilance) (silentium), état d'une personne qui se tait; cessation du bruit.
SILENCIEUX, EUSE, adj. (cilancieu, euze) (silentiosus), qui ne dit mot; taciturne, etc.
SILEX, s. m. (cilèkce)(silex, silicis), pierre qui fait feu avec le briquet; caillou.
SILHOUETTE, s. f. (cilouèle), profil tracé autour de l'ombre du visage.
SILICE, s. f. (cilice), substance silicéuse.
SILICEUX, EUSE, adj. (ciliceu, euze), de la nature du silex ou caillou.
SILICULE, s. f. (cilikule), silique d'une largeur égale à sa longueur.
SILICULEUX, EUSE, adj. (cilikuleu, euze), dont le fruit est une silicule.

SILIQUE, s. f. (*cilike*), t. de bot., péricarpe composé de deux valves réunies.

SILIQUEUX, EUSE, adj. (*cilikieu, euze*), dont le fruit est une *silique* allongée.

SILLAGE, s. m. (*ci-iaje*), trace que fait le vaisseau lorsqu'il navigue.

SILLE, s. m. (*cile*) (σιλλις, raillerie), poème mordant en usage chez les Grecs.

SILLER, v. n. (*ci-ié*), se dit d'un vaisseau qui fend les flots en avançant. —V. a., coudre les paupières d'un oiseau de proie.

SILLET, s. m. (*ci-iè*), morceau d'ivoire au haut du manche d'un instrument de musique.

SILLON, s. m. (*ci-ion*) (*sulcus*), trace que fait le soc de la charrue dans la terre.

SILLONNÉ, E, part. pass. de *sillonner*.

SILLONNER, v. a. (*ci ioné*), faire des *sillons*; *fig.* laisser des traces; rider.

SILO, s. m. (*cilô*), fosse en terre, souterrain pour conserver les grains.

SILOUETTE, s. f. Voy. SILHOUETTE.

SILPHE, PHIDE, s (*cilefe, fide*)(σιλφν, sorte d'insecte), génie de l'air.

SILURE, s. m. (*cilure*) (*silurus*), poisson.

SILVE, s. f. (*cileve*)(*silva*), recueil de pièces détachées.

SIMAGRÉE, s. f. (*cimagueré*)(*simia*, singe), faux-semblant.—Au pl., façons affectées.

SIMAISE, s. f. Voy. CYMAISE.

SIMAROUBA, s. m. (*cimarouba*), arbre de la Guiane; son écorce.

SIMARRE, s. f. (*cimare*) (en italien *zimarra*), robe longue et traînante.

SIMBLEAU, s. m.(*ceinblô*), cordeau servant à tracer de grands cercles.

SIMILAIRE, adj. des deux g. (*cimilère*)(*similaris*), homogène; de même nature.

SIMILITUDE, s. f. (*cimilitude*)(*similitudo*), comparaison : ressemblance.

SIMILOR, s. m. (*cimilor*) (de *similis*, semblable, et du français *or*), mélange de cuivre et de zinc.

SIMONIAQUE, adj. et s. des deux g. (*cimoniake*), où il y a de la *simonie*; qui commet une *simonie*.

SIMONIE, s. f. (*cimoni*) (*simonia*), trafic illicite des biens et graces de l'église.

SIMPLE, adj. des deux g. (*ceinple*) (*simplex*), qui n'est point composé ; seul ; unique ; qui n'est point compliqué ; sans ornement , sans recherche ; sans malice; niais. — S. m., herbe ou plante médicinale.

SIMPLEMENT, adv. (*ceinpleman*) (*simpliciter*), seulement; sans ornement; bonnement.

SIMPLESSE, s. f. (*ceinplèce*), simplicité.

SIMPLICITÉ, s. f. (*ceinplicité*) (*simplicitas*), qualité de ce qui est *simple* ; ingénuité.

SIMPLIFICATION, s. f (*ceinplifikácion*), action de *simplifier*; son effet.

SIMPLIFIÉ, E, part. pass. de *simplifier*.

SIMPLIFIER, v. a. (*ceinplifié*), rendre *simple*, moins composé.

SIMULACRE, s. m. (*cimulakre*) (*simulacrum*), idole; vaine représentation; spectre.

SIMULATION, s. f. (*cimulácion*) (*simulatio*), déguisement.

SIMULÉ, E, part. pass. de *simuler*, et adj., déguisé, feint.

SIMULER, v. a.(*cimulé*)(*simulare*), feindre.

SIMULTANÉ, E, adj. (*cimultané*) (*simul*, ensemble), qui se fait dans un même instant.

SIMULTANÉITÉ, s. f. (*cimultané-ité*), existence dans le même instant.

SIMULTANÉMENT, adv. (*cimultanéman*), en même temps, au même instant.

SINAPISÉ, E, adj.(*cinapizé*), t. de méd., où l'on met de la graine de moutarde.

SINAPISME, s. m. (*cinapicme*)(σιναπι, moutarde), médicament dont la graine de moutarde fait la base.

SINCÈRE, adj. des deux g. (*ceincère*) (*sincerus*), franc, sans artifice, sans déguisement.

SINCÈREMENT, adv. (*ceincèreman*), avec sincérité et franchise.

SINCÉRITÉ, s. f. (*ceincérité*) (*sinceritas*), franchise, candeur.

SINCIPITAL, E, adj. (*ceincipitale*), qui a rapport au *sinciput*.—Au pl. m. *sincipitaux*.

SINCIPUT, s. m. (*ceincipu*) (*sinciput*), partie supérieure de la tête.

SINDON, s m. (*ceindon*) (*sindo, donis*), suaire; plumasseau de charpie pour le trépan.

SINÉCURE, s. f. (*cinékure*) (*sine curâ*, sans peine), charge salariée sans fonctions.

SINGE, s. m. (*ceinje*) (*simia*), celui des animaux qui ressemble le plus à l'homme; *fig.* personne qui contrefait ; personne très-laide.

SINGÉ, E, part. pass. de *singer*.

SINGER, v. a. (*ceinjé*), contrefaire, imiter à la manière des *singes*.

SINGERIE, s. f. (*ceinjerî*), grimaces, gestes, tours de *singe*; *fig.* imitation gauche.

SINGULARISER, v. a. (*ceingularizé*), rendre *singulier*.

SINGULARITÉ, s. f. (*ceingularité*), ce qui rend *singulier*; manières *singulières*.

SINGULIER, IÈRE, adj.(*ceingulié,ière*)(*singularis*), unique, particulier; rare; bizarre.—S. et adj. m., t. de gramm., nombre qui ne marque qu'un objet.— *Combat singulier*, combat d'homme à homme.

SINGULIÈREMENT, adv. (*ceingulièreman*), particulièrement; d'une manière *singulière*.

SINISTRE, adj. des deux g. (*cinicetre*) (*sinister*), qui cause des malheurs ; qui en présage; pernicieux. — S. m., perte , incendie.

SINISTREMENT, adv. (*cinicetreman*), d'une manière *sinistre*, défavorable.

SINON, conj. (*cinon*), autrement, sans quoi; faute de quoi; si ce n'est.

SINOPLE, s. m. (cinople), en t. de blas., la couleur verte; craie verte.

SINUÉ, E, adj. (cinué) (sinuatus), se dit des feuilles dont le bord a des sinuosités.

SINUEUX, EUSE, adj. (cinueu, euse) (sinuosus), qui fait plusieurs plis et replis.

SINUOSITÉ, s. f. (cinu-ôzité), état d'une chose sinueuse.

SINUS, s. m. (cinuce), t. de math., ligne perpendiculaire menée d'une des extrémités de l'arc au rayon qui passe par l'autre extrémité; t. de chir., cavité au fond d'une plaie.

SIPHILIS, s. f. (cifilice) (mot latin), t. de méd., maladie vénérienne.

SIPHILITIQUE, adj. des deux g. (cifilitike), qui tient de la siphilis.

SIPHON, s. m. (cifon) 'sipho), tuyau recourbé; t. de mar., trombe.

SIRE, s. m. (cire) (senior, plus vieux), autrefois, seigneur; titre qu'on donne aux rois et aux empereurs.

SIRÈNE, s. f. (cirène) (σιρήν), monstre fabuleux, moitié femme, moitié poisson.

SIRIUS, s. m. (ciri-uce) (σειρος), étoile de la constellation du grand chien.

SIROC ou SIROCO, s. m. (cirok, rokö) (de l'italien sirocco), nom qu'on donne, sur la Méditerranée, au vent du sud-est

SIROP, s. m. (ciró) (de l'arabe scharab, boisson préparée), liqueur composée du suc épaissi des végétaux, avec du sucre.

SIROTER, v. n. (ciroté) (rac. sirop), boire à petits coups et longtemps.

SIRSACAS, s. m. Voy. CIRSAKAS.

SIRTES, mieux SYRTES, s. f. pl. (cirte) (syrtes), sables mouvants.

SIRUPEUX, EUSE, adj. (cirupeu, euse), de la nature du sirop.

SIRVENTE, s. m. (cirvante) (du vieux mot provençal cervel, cerveau), poésie ancienne des troubadours et des trouvères.

SIS, E, part. pass. de seoir, et adj. (ci, cize), t. de prat., situé.

SISON, s. m. (cizon), plante.

SISTRE, s. m. (cicetre) (sistrum), instrument égyptien; espèce de luth.

SISYMBRE, s. m. (cizeinbre), plante.

SITE, s. m. (cite) (situs), situation, aspect d'un paysage.

SITÔT QUE, conj. (citôke), dès que.

SITUATION, s. f. (cituâcion) (situs), assiette, position; état; posture.

SITUÉ, E. part. pass. de situer.

SITUER, v. a. (cilué), poser, placer en certain endroit.

SIX, adj. numéral des deux g. (ci et cice) (sex), deux fois trois. — S. m., le chiffre six; carte, face d'un dé marquée de six points.

SIXAIN, s. m. (cizein), stance de six vers; six jeux de cartes en un paquet.

SIXIÈME, adj. et s. des deux g. (cizième), nombre ordinal de six. — S. m., sixième partie. — S. f., sixième classe d'un collège.

SIXIÈMEMENT, adv. (cizièmeman), en sixième lieu.

SIXTE, s. f. (cikcete), t. de mus., intervalle de six sons de la gamme.

SIZETTE, s. f. (cizète), jeu de cartes qui se joue à six personnes.

SLOOP, s. m. (mot anglais qui se prononce celoupe), petit navire à un mât.

SMILLE, s. f. (cemi-ie), marteau à deux pointes, pour piquer le moellon ou le grès

SMILLÉ, E, part. pass. de smiller.

SMILLER, v. a. (cemi-ié), piquer du grès avec le marteau nommé smille.

SOBRE, adj. des deux g. (cobre) (sobrius), qui a de la sobriété; fig. retenu, modéré.

SOBREMENT, adv. (cobreman) (sobrié), avec sobriété

SOBRIÉTÉ, s. f. (cobri-été) (sobrietas), tempérance dans le boire et le manger.; réserve.

SOBRIQUET, s. m. (cobrikiè) (subridiculum, un peu ridicule), surnom ou épithète burlesque qu'on donne à quelqu'un.

SOC, s. m. (cok) (soccus), fer large et pointu qui fait partie de la charrue.

SOCIABILITÉ, s. f. (cociabilité), qualité de ce qui est sociable.

SOCIABLE, adj. des deux g. (cociable) (sociabilis), fait pour la société.

SOCIABLEMENT, adv. (cociableman), d'une manière sociable.

SOCIAL, E, adj. (cociale) (socialis), qui concerne la société. — Au pl m. sociaux.

SOCIÉTAIRE, s. et adj. des deux g. (cociétère), qui fait partie d'une société.

SOCIÉTÉ, s. f. (cociété) (societas), union des hommes entre eux formée par la nature ou les lois; compagnie; réunion de personnes.

SOCINIANISME, s. m. (cocinianiceme), secte des sociniens.

SOCINIEN, IENNE, s. et adj. (cociniein, ième), qui suit la doctrine de Socin.

SOCLE, s. m. (cokle) (soccus, brodequin), t. d'archit., base; piédestal.

SOCQUE, s. m. (coke), chaussure de bois ou de cuir, pour se garantir de l'humidité.

SOCRATIQUE, adj. des deux g. (cokratike), de Socrate.

SODIUM, s. m (codiome), substance métallique qui est la base de la soude.

SODOMIE, s. f. (codomi) (de la ville de Sodome), péché contre nature.

SODOMITE, s. m. (codomite), homme coupable de sodomie.

SOEUR, s. f. (ceur) (soror), fille née de même père et de même mère qu'une autre personne, ou née de l'un des deux seulement; titre que prennent les religieuses.

SOEURETTE, s. f. (ceurète), dimin. de soeur.

SOFA ou SOPHA, s. m. (cofa) (de l'arabe

ssoffah), estrade fort élevée et couverte d'un tapis; lit de repos qui sert de siège.

SOFFITE, s. m. (çofite)(de l'italien soffito), plafond ou lambris de menuiserie.

SOFI ou SOPHI, s. m. (çofi), roi de Perse

SOI, pron. sing. de la 3e pers. et des deux g. (çoa)(sui); il marque le rapport d'une personne ou d'une chose à elle-même.

SOI-DISANT (çoidizan), terme qu'on emploie quand on ne veut pas reconnaître la qualité que prend quelqu'un.

SOIE, s. f. (çoa) (seta). fil délié produit par un ver qu'on appelle ver à soie; poil long et rude de certains animaux; partie du fer d'une épée, etc., qui entre dans la poignée.—T. d'art vétérinaire. Voy. SEIME.

SOIERIE, s. f. (çoari), toute sorte de marchandises de soie; fabrique de soie.

SOIF, s. f. (çoéfe), besoin, envie de boire; fig. désir immodéré.

SOIGNÉ, E, part. pass. de soigner.

SOIGNER, v. a. (çoégnié), avoir soin; apporter de l'attention; veiller à...

SOIGNEUSEMENT, adv. (çoégnieuzeman), avec soin, avec attention.

SOIGNEUX, EUSE, adj. (çoégnieu, euze), qui agit avec soin, qui veille sur...

SOIN, s. m. (çoein) (senium, ennui), attention, application, exactitude.—Au pl., démarches; attentions; services; peine, souci.

SOIR, s. m. (çoar) (serum), première partie de la nuit.

SOIRÉE, s. f. (çoaré), espace de temps depuis le déclin du jour jusqu'à ce qu'on se couche; assemblée, réunion de personnes.

SOIT (çoé), façon de parler elliptique pour: je le veux bien.—Soit est souvent conjonction alternative.

SOIXANTAINE, s. f. (çoéçantene), environ soixante; soixante ans.

SOIXANTE, adj. numéral des deux g. (çoéçante), nombre composé de six dizaines.

SOIXANTER, v. n. (çoéçanté), au piquet, faire un soixante un pic.

SOIXANTIÈME, adj. et s. des deux g. (çoéçantième) (sexagesimus), nombre ordinal de soixante.—S. m., soixantième partie.

SOL, s. m. (çol) (solum), terrein; note de musique.—Pièce de monnaie, voy. SOU.

SOLACIER, v. a. (çolacié) (solatium, consolation), consoler.—V. pron., se divertir. Vieux.

SOLAIRE, adj. des deux g. (çolère) (solaris), qui appartient au soleil.

SOLANDRE, s. f. (çolandre), ulcère qui vient au pli du jarret d'un cheval.

SOLANÉES, s. f. pl. (çolané), famille de plantes qui renferme les solanums.

SOLANUM, s. m. (çolanome)(solanum, morelle), genre de plantes.

SOLBATTU, E, adj. (çolebatu) (de sol et de battu), se dit d'un cheval dont la sole est foulée.

SOLBATURE, s. f. (çolebature), maladie d'un cheval solbattu.

SOLDANELLE s. f. (çoledanéle) (soldanella), plante médicinale.

SOLDAT, s. m. (çoleda), homme de guerre à la solde d'un État; militaire sans grade.

SOLDATESQUE, s. f. (çoledatècke), les simples soldats.—S. m. des deux g. de soldat.

SOLDE, s. f. (çolede) (solidum), paie des soldats.—S. m. complément d'un paiement.

SOLDÉ, E, part. pass. de solder.

SOLDER, v. a. çoledé)(solvere),donner une solde à des troupes; acquitter un compte.

SOLE, s. f. (çole) (solum, terre), certaine étendue de champ; dessous du pied d'un cheval, etc.; poisson de mer.

SOLÉAIRE adj. des deux g. (çolé-ère), se dit d'un muscle de la jambe.

SOLÉCISME, s. m. (çoléciceme) (solecismus), faute grossière contre la syntaxe.

SOLEIL, s. m. (çolè-ie) (sol, solis), astre qui produit la lumière du jour; pièce d'artifice; cercle d'or ou d'argent où l'on met l'hostie consacrée; fleur jaune.

SOLEN, s. m. (çoléne) (σωλήν, tuyau), mollusque; appareil de chirurgie.

SOLENNEL, ELLE, adj. (çolanéle), accompagné de cérémonies publiques; authentique; pompeux; emphatique.

SOLENNELLEMENT, adv. (çolanéleman), d'une manière solennelle.

SOLENNISATION, s. f. (çolanizâtion), action de solenniser.

SOLENNISÉ, E, part. pass. de solenniser.

SOLENNISER, v. a. (çolanizé), célébrer avec solennité.

SOLENNITÉ, s. f. (çolanité), cérémonie qui rend solennel; formalités.

SOLFÈGE, s. m. (çoleféje), recueil de leçons de musique vocale.

SOLFIÉ, E, part pass. de solfier.

SOLFIER, v. a. (çolfié)(des deux notes sol, fa, chanter un air en nommant les notes.

SOLIDAIRE, adj des deux g. (çolidère)(solidare, consolider), qui emporte l'obligation de payer la totalité d'une dette commune à plusieurs personnes; obligé solidairement.

SOLIDAIREMENT, adv. (çolidèreman), d'une manière solidaire.

SOLIDARITÉ, s. f. (çolidarité), qualité qui rend solidaire.

SOLIDE, adj. des deux g. (çolide)(solidus), qui a de la consistance; qui peut résister au choc; réel; durable.— S. m., ce qui est solide.

SOLIDEMENT, adv. (çolideman), d'une manière solide.

SOLIDIFIÉ, E, part. pass. de solidifier.

SOLIDIFIER, v. a. (çolidifié), rendre solide.

SOLIDITÉ, s. f. (çolidité) (soliditas), qualité de ce qui est solide.

SOLILOQUE, s. m. (çoliloke) (soliloquium), discours d'un homme qui parle seul.

SOLINS, s. m. pl. (çolein), intervalles qui sont entre les solives.

SOLIPÈDE, s. m. et adj. des deux g. (çolipède) (solidus, solide, et pes, pied), se dit des animaux qui n'ont qu'une corne à chaque pied.

SOLITAIRE, adj. des deux g. (çolitère) (solitarius), qui aime à être seul; désert; écarté. —S. m. anachorète; jeu; diamant monté seul.

SOLITAIREMENT, adv. (çolitèreman), d'une manière solitaire.

SOLITUDE, s. f. (çolitude) (solitudo), état d'une personne solitaire; désert, lieu écarté.

SOLIVE, s. f. (çolive) (solum, sol), pièce de charpente qui sert à soutenir le plancher.

SOLIVEAU, s. m. (çolivó), petite solive.

SOLLICITATION, s. f. (çolelicitaçion) (sollicitatio), action de solliciter; instigation.

SOLLICITÉ, E. part. pass. de solliciter.

SOLLICITER, v. a. (çolelicité) (sollicitare), inciter, exciter à...; demander avec instance.

SOLLICITEUR, EUSE, s. (çoleliciteur, euze), qui sollicite, qui postule.

SOLLICITUDE, s. f. (çolelicitude) (sollicitudo), soin inquiet ou affectueux.

SOLO, s. m. (çoló) (solus, seul), pièce de musique exécutée par un seul musicien.

SOLSTICE, s. m. (çolcetice) (solsticium), temps auquel le soleil est dans son plus grand éloignement de l'équateur.

SOLSTICIAL, E, adj (çolceticiale), qui regarde le solstice.—Au pl. m. solsticiaux.

SOLUBILITÉ, s. f. (çolubilité), qualité de ce qui est soluble.

SOLUBLE, adj. des deux g. (çoluble) (solubilis), qui peut se résoudre.

SOLUTION, s. f. (çoluçion) (solutio), dénouement d'une difficulté; action de se fondre; séparation; libération.

SOLVABILITÉ, s. f. (çolevabilité), état de celui qui est solvable.

SOLVABLE, adj. des deux g. (çolevable) (solvere, payer), qui a de quoi payer.

SOMATOLOGIE s. f. (çomatoloji) (σωμα, σωματος, corps, et λογος, discours), traité des parties solides du corps humain.

SOMBRE, adj. des deux g. (çonbre) (umbra, ombre), qui est peu éclairé; ténébreux; fig. morne, rêveur.

SOMBRER, v. n. (çonbré), t. de mar., être renversé d'un coup de vent.

SOMMAIRE, s. m. (çomemère) (summarium), extrait, précis, abrégé.—Adj. des deux g.; bref, succinct.

SOMMAIREMENT, adv. (çomemèreman), succinctement, en abrégé.

SOMMATION, s. f. (çomaçion), action de sommer; acte qui contient la sommation; t. de math., opération pour trouver la somme de plusieurs quantités.

SOMME, s. f. (çome) (sagma, atis), charge, fardeau que peut porter un cheval, etc.; — (summa), certaine quantité d'argent; quantité qui résulte de plusieurs quantités jointes ensemble; abrégé.—S. m. (somnus), sommeil.

SOMMÉ, E, part. pass. de sommer.

SOMMEIL, s. m. (çomè-ie), repos causé par l'assoupissement de tous les sens; envie de dormir; état des fleurs fermées.

SOMMEILLER, v. n. (çomè-ié), dormir d'un sommeil léger, imparfait.

SOMMELIER, IÈRE, s. (çomelié, ière) (summa, somme, compte), qui a en sa charge le linge, la vaisselle, le pain, le vin, etc.

SOMMELLERIE, s. f. (çomèleri), charge, fonction de sommelier, etc.

SOMMER, v. a. (çomé), requérir de faire; trouver la somme de plusieurs quantités.

SOMMET, s. m. (çomè), haut d'une montagne, d'une tour, etc.; t. de bot., anthère.

SOMMIER, s. m. (çomié) (sagmarius), cheval de somme; matelas de crin; coffre d'orgue; pièce de charpente; support; linteau; registre.

SOMMITÉ, s. f. (çomité) (summitas), sommet, partie la plus élevée.

SOMNAMBULE, s. et adj. des deux g. (çomenanbule) (somnus, sommeil, et ambulare, marcher), qui marche la nuit en dormant.

SOMNAMBULISME, s. m. (çomenanbuliceme), maladie du somnambule.

SOMNIFÈRE, adj. des deux g. et s. m. (çomenifère) (somnifer), qui endort.

SOMNOLENCE, s. f. (çomenolance), disposition habituelle à dormir.

SOMNOLENT, E, adj. (çomenolan, ante), qui a rapport à la somnolence.

SOMPTUAIRE, adj. des deux g. (çonpetuère) (somptuarius), qui réforme le luxe.

SOMPTUEUSEMENT, adv. (çonpetu-euzeman), d'une manière somptueuse.

SOMPTUEUX, EUSE, adj. (çonpetu-eu, euze) (sumptuosus), magnifique, splendide.

SOMPTUOSITÉ, s. f. (çonpetu-ozité) (sumptuositas), grande, magnifique dépense.

SON, s. m. (çon) (sonus), bruit qui frappe l'ouïe; partie la plus grossière du blé moulu.

SON, SA, SES, adj. possessifs (çon, ça, cè) (suus); ils répondent aux pronoms de la troisième personne soi, se, il.

SONATE, s. f. (çonate) (de l'italien suonata), pièce de musique.

SONDAGE, s. m. (çondaje), action de sonder.

SONDE, s. f. (çonde) (funda), instrument pour sonder.

SONDÉ, E, part. pass. de sonder.

SONDER, v. a. (çondé), chercher à connaître, au moyen de la sonde, la profondeur de l'eau, la nature d'un terrain, l'état d'une plaie, etc.; fig. tâcher de pénétrer la pensée.

SONDEUR, EUSE, s. (çondeur, euze), qui sonde.

SONGE, s. m. (*çonje*) (*somnium*), rêve, imagination d'une personne qui dort.
SONGE-CREUX, s. m. (*conjekreu*), qui pense habituellement à des idées chimériques.
SONGE-MALICE, s. m. (*conjemalice*), celui qui fait souvent des *malices*. Vieux.
SONGER, v. n. et a. (*conje*) (*somniare*), faire un *songe*; penser, considérer.
SONGEUR, EUSE, s. (*conjeur*, *euze*), qui est accoutumé à rêver.
SONICA (*çonica*), t. du jeu de bassette.
SONNA, s. m. (*çona*), livre de tradition religieuse chez les musulmans.
SONNAILLE, s. f. (*çoná-ie*), clochette attachée au cou des bêtes.
SONNAILLÉ, E, part. pass. de *sonnailler*.
SONNAILLER, s. m. (*çoná-ié*), animal qui, dans un troupeau, etc., porte la *sonnaille*.
SONNAILLER, v. a. et n. (*çoná-ié*), sonner souvent et sans besoin. Fam.
SONNANT, E, adj. (*conan*, *ante*), qui rend un son clair et distinct; *fig*. précis.
SONNER, v. n. (*çoné*), rendre un *son*; être annoncé par quelque *son*. — V. a., tirer du *son*; avertir en *sonnant*.
SONNERIE, s. f. (*çoneri*), *son* de plusieurs cloches; ce qui fait *sonner* une pendule; air de trompette.
SONNET, s. m. (*çonè*), pièce de vers composée de deux quatrains et de deux tercets.
SONNETTE, s. f. (*conète*), petite clochette; grelot; machine pour piloter.
SONNEUR, s. m. (*çoneur*), celui qui est chargé de *sonner* les cloches, etc.
SONNEZ, s. m. (*çoné*) (*seni*, *æ*, six en nombre), au jeu de trictrac, le double six.
SONORE, adj. des deux g. (*conore*) (*sonorus*), qui a un beau *son*; qui renvoie bien le *son*.
SONORITÉ, s. f. (*conorité*) (*sonoritas*), qualité de ce qui est *sonore*.
SOPEUR, s. f. (*çopeur*) (*sopor*), engourdissement voisin du sommeil.
SOPHA, s. m. Voy. SOFA.
SOPHI, s. m. Voy. SOFI.
SOPHISME, s. m. (*çoficeme*) (σοφισμα), argument captieux, qui ne conclut pas juste.
SOPHISTE, s. m. (*çoficete*) (σοφιστης), rhéteur; homme qui fait des *sophismes*.
SOPHISTICATION, s. f. (*çoficetikácion*), altération, falsification des drogues.
SOPHISTIQUE, adj. des deux g. (*çoficetike*) (σοφιστικος), captieux, trompeur.
SOPHISTIQUÉ, E, part. pass. de *sophistiquer*.
SOPHISTIQUER, v. a. et n. (*çoficetikié*) (σοφιζειν, user de fourberie), subtiliser avec excès; frelater des drogues.
SOPHISTIQUERIE, s. f. (*çoficetikeri*), fausse subtilité; frelaterie.
SOPHISTIQUEUR, EUSE, s. (*çoficetikieur*, *euze*), qui *sophistique*.

SOPHORE, s. m. (*çofore*), plante.
SOPHRONISTES, s. m. pl. (*çofronicete*), t. d'antiq., censeurs à Athènes.
SOPOR, s. m. Voy. SOPEUR.
SOPORATIF, IVE, adj. (*çoporatif*, *ive*) (*soporare*, endormir), qui endort; *fig*. ennuyeux.
SOPOREUX, EUSE, adj. (*çoporeu*, *euze*), qui cause un sommeil dangereux.
SOPORIFÈRE et SOPORIFIQUE, adj. des deux g. et s. m. (*çoporifère*, *fike*) (*soporifer*), qui fait dormir.
SOPRANO, s. m. (*çoprano*), mot italien qui désigne la voix que nous nommons *dessus*.
SOR, adj. m. Voy. SAURE.
SORBE, s. f. (*çorbe*), fruit du *sorbier*.
SORBET, s. m. (*çorbè*) (*sorbere*, boire), composition de citron, de sucre, etc.
SORBETIÈRE, s. f. (*çorbètière*), vase dans lequel on fait geler les *sorbets*.
SORBIER, s. m. (*çorbié*), arbre.
SORBONIQUE, s. f. (*çorbonike*), acte de théologie en *Sorbonne*.
SORBONISTE, s. m. (*çorbonicete*), docteur de *Sorbonne*.
SORBONNE, s. f. (*çorbone*) (du nom de son fondateur *Robert Sorbon*), faculté de théologie de Paris.
SORCELLERIE, s. f. (*çorcèleri*), opération de *sorcier*; *fig*. tour d'adresse.
SORCIER, IÈRE, s. (*çorcié*, *ière*) (du latin barbare *sortiarius*), personne que le peuple croit liée avec le démon.
SORDIDE, adj. des deux g. (*çordide*) (*sordidus*), sale, vilain; avare.
SORDIDEMENT, adv. (*çordideman*), d'une manière *sordide*.
SORDIDITÉ, s. f. (*çordidité*), mesquinerie, avarice. Peu us.
SORET, adj. m. Voy. SAURET.
SORITE, s. m. (*çorite*) (σωρειτης), argument captieux et embarrassant.
SORNE, s. f. (*corne*), scorie, écume, crasse qui sort du fer en le forgeant.
SORNETTE, s. f. (*cornète*) (dimin. de *sorne*), discours frivole.
SORT, s. m. (*çor*) (*sors*), l'effet de la destinée; le hasard; prétendu maléfice.
SORTABLE, adj. des deux g. (*çortable*), convenable.
SORTANT, adj. et s. m. (*çortan*), qui *sort*.
SORTE, s. f. (*çorte*) (*sors*, *sortis*, condition), espèce, genre; manière; état, condition.
SORTI, E, part. pass. de *sortir*.
SORTIE, s. f. (*çorti*), action de *sortir*; issue par où l'on *sort*; attaque des assiégés pour détruire les travaux des assiégeants.
SORTILÈGE, s. m. (*çortilèje*), maléfice des prétendus *sorciers*; enchantement.
SORTIR, v. n. (*çortir*) (*sortiri*), passer du dedans au dehors; se tirer; être issu; pousser au dehors. — V. a., faire *sortir*; tirer; avoir.

34

SOT, OTTE, adj. et s. (çô, çote) (en saxon *sot*), stupide, sans esprit et sans jugement.

SOTIE, s. f. (çoti), ancienne farce du théâtre français à sa naissance.

SOT-L'Y-LAISSE, s. m. (côlilèce), morceau délicat sur le croupion d'une volaille.

SOTTEMENT, adv. (çoteman), d'une sotte manière.

SOTTISE, s. f. (çotize), défaut d'esprit; bêtise; action sotte; injure.

SOTTISIER, IÈRE, s. (çotizié, ière), diseur de sottises. — S. m., recueil de sottises.

SOU, s. m. (çou) (soldus), vingtième partie de la livre de compte, valant douze deniers.

SOUBARBE, s. f. Voy. SOUS-BARBE.

SOUBASSEMENT, s. m. (çoubâceman), piédestal continu qui sert de base à un édifice.

SOUBRESAUT, s. m. (çoubreçô) (suprà, sur, et salire, sauter), saut subit, inopiné; tressaillement involontaire.

SOUBRETTE, s. f. (çoubrète), femme de chambre intrigante; suivante de comédie.

SOUBREVESTE, s. f. (çoubrevècete) (suprà vestem, sur l'habit), ancien vêtement.

SOUCHE, s. f. (çouche) (stok, tronc), bas du tronc d'un arbre; grosse bûche; tuyau de cheminée; feuille qui reste au registre; fig. celui d'où sort une génération; sot, stupide.

SOUCHET, s. m. (çouchè), mauvaise pierre; genre de plantes.

SOUCHETAGE, s. m. (çouchetaje), visite pour compter les souches abattues.

SOUCHETEUR, s. m. (çoucheteur), expert nommé pour assister au souchetage.

SOUCI, s. m. (çouci) (sollicitudo), inquiétude d'esprit, plante; sa fleur.

se SOUCIER, v. pr. (ceçoucié), s'inquiéter, se mettre en peine de...

SOUCIEUX, EUSE, adj. (çoucieu, euse), inquiet, pensif, morne, chagrin.

SOUCOUPE, s. f. (çoukoupe), assiette sur laquelle on place les verres.

SOUDAIN, E, adj. (çoudein, ène) (subitaneus, subit), subit, qui vient tout-à-coup. — Adv., dans le même instant.

SOUDAINEMENT, adv. (çoudèneman), subitement.

SOUDAINETÉ, s. f. (çoudèneté), qualité de ce qui est soudain. Peu us.

SOUDAN, s. m. (çoudan) (en langue moresque soldan), sultan d'Égypte.

SOUDARD ou SOUDART, s. m. (çoudar) (corruption du mot soldat), vieux soldat.

SOUDE, s. f. (çoude), plante; sel qu'on retire des cendres de cette plante.

SOUDÉ, E, part. pass. de souder.

SOUDER, v. a (çoudé) (solidare, affermir), joindre et unir par le moyen de la soudure.

SOUDIVISER ou SOUS-DIVISER, v. a. Voy. SUBDIVISER.

SOUDOYE, E, part. pass. de soudoyer.

SOUDOYER, v. a. (çoudoû-ié), payer la solde aux gens de guerre; payer.

SOUDRE, v. a. (çoudre), résondre. Vieux

SOUDRILLE, s. m. (çoudri-ie), soldat libertin et fripon. Fam. et peu us.

SOUDURE, s. f. (çoudure), matière pour souder; action de souder; endroit soudé.

SOUFFERT, E, part. p. ss. de souffrir.

SOUFFLAGE, s. m (çouflaje), art de souffler le verre; action de celui qui souffle.

SOUFFLE, s. m. (çoufle) (sufflatus), vent qu'on fait en poussant l'air par la bouche.

SOUFFLÉ, E, part. pass. de souffler, et adj.

SOUFFLER, v. n. (çouflé) (sufflare), faire du vent; respirer avec effort; pousser l'air; fig. se plaindre. — V. a., suggérer; fig. enlever.

SOUFFLERIE, s. f. (coufleri), les soufflets de l'orgue; le lieu où ils sont posés.

SOUFFLET, s. m. (çouflè), instrument servant à souffler; coup du plat de la main sur la joue; fig. mortification; affront; échec.

SOUFFLETADE, s. f. (çoufletade), plusieurs soufflets déchargés coup sur coup.

SOUFFLETÉ, E, part. pass de souffleter.

SOUFFLETER, v. a. (çoufleté), donner des soufflets à quelqu'un.

SOUFFLEUR, EUSE, s. (coufleur, euse), qui souffle; au théâtre, celui qui soutient la mémoire des acteurs. — S. m., cétacé.

SOUFFLURE, s. f. (çouflure), cavité dans un ouvrage de fonte ou de verre.

SOUFFRANCE, s. f. (çoufrance), état de celui qui souffre; tolérance.

SOUFFRANT, E, adj. (çoufran, ante), qui souffre; patient, endurant.

SOUFFRE-DOULEUR, s. m. (çoufredouleur), celui qui a toute la peine et toute la fatigue d'une maison; celui dont on se moque.

SOUFFRETEUX, EUSE, adj. (çoufreteu, euse), qui souffre de la misère, de la pauvreté.

SOUFFRIR, v. a. (çoufrir) (sufferre), endurer, supporter; tolérer, permettre; admettre. — V. n., pâtir, sentir de la douleur.

SOUFRE, s. m. (çoufre) (sulfur), minéral qui s'enflamme aisément.

SOUFRÉ, E, part. pass. de soufrer, et adj.

SOUFRER, v. a. (çoufré), enduire, frotter de soufre.

SOUGARDE, s. f. Voy. SOUS-GARDE.

SOUGORGE, s. f. Voy. SOUS-GORGE.

SOUHAIT, s. m. (çou-è), vœu, désir. — à souhait, loc adv., selon ses désirs.

SOUHAITABLE, adj. des deux g. (çou è-table), désirable.

SOUHAITÉ, E. part. pass. de souhaiter.

SOUHAITER, v. a. (çou-èté) (suboptare), désirer.

SOUILLE, s. f. (çou-ie) (suile, établi à cochon), bourbe où se vautre le sanglier.

SOUILLÉ, E, part. pass. de souiller.

SOUILLER, v. a. (çou-ié) (du lat. barbare suillare), salir, remplir d'ordures.

SOU SOU 531

SOUILLON, s. des deux g. (cou-ion) (rac. souiller), personne malpropre.

SOUILLURE, s. f. (cou-iure) (rac. souiller), tache.

SOÛL, E, adj. (cou. coule) (satur), pleinement repu; rassasié; ivre.

SOULAGÉ, E, part. pass. de soulager.

SOULAGEMENT, s. m. (coulajeman) (solatium), diminution de peine.

SOULAGER, v. a. (coulajé) (solatium), ôter une partie du fardeau ; fig. diminuer le mal.

SOÛLANT, E, adj. (coulan, ante), qui soûle, qui rassasie. Bas et vieux.

SOÛLARD, E, adj. et s. (coular, arde), ivrogne. Pop.

SOÛLAS, s. m. (coulá) (solatium), soulagement, consolation. Vieux.

SOÛLÉ, E, part. pass. de soûler.

SOÛLER, v. a. (coulé) (rac. soûl), rassasier avec excès ; gorger de nourriture ; enivrer.

SOULEUR, s. f. (couleur), frayeur subite et violente. Fam.

SOULEVÉ, E, part. pass. de soulever.

SOULÈVEMENT, s. m. (coulèveman), mal d'estomac ; fig. émotion, révolte, etc.

SOULEVER, v. a (coulevé) (sublevare), élever un peu ; fig. exciter à la révolte.

SOULIER, s. m. (coulié) (solea, semelle), chaussure qui couvre le pied.

SOULIGNÉ, E, part. pass. de souligner.

SOULIGNER, v. a. (couligné), tirer une ligne sous un mot ou sous plusieurs mots.

SOULOIR, v. n. (couloir) (solere), avoir coutume. Vieux et inus.

SOULTE, s. f. (coulete), solde d'un compte.

SOUMETTRE, v. a. (coumètre) (submittere), réduire, dompter; maîtriser; présenter. — V. pr., consentir.

SOUMIS, E, part. pass. de soumettre, et adj. docile, respectueux, obéissant.

SOUMISSION, s. f. (coumicion) (submissio, abaissement), déférence respectueuse ; acte pour se charger d'une fourniture, etc.

SOUMISSIONNAIRE, s. des deux g. (coumicionère), qui fait sa soumission.

SOUMISSIONNÉ, E, part. pass. de soumissionner.

SOUMISSIONNER, v. a. (coumicioné), faire sa soumission pour quelque marché, etc.

SOUPAPE, s. f. (coupape), languette mobile d'une pompe, d'un tuyau, etc.

SOUPÇON, s. m. (coupeçon) (suspicio), croyance désavantageuse, accompagnée de doute; conjecture; très-petite quantité.

SOUPÇONNÉ, E, part. pass. de soupçonner.

SOUPÇONNER, v. a. (coupeçoné), avoir un soupçon sur... — V. n., conjecturer.

SOUPÇONNEUX, EUSE, s. et adj. (coupeçoneu, euze), enclin à soupçonner, ombrageux.

SOUPE, s. f. (coupe) (de l'allemand supp), potage; aliment fait de bouillon et de pain.

SOUPÉ ou SOUPER, s. m. (coupé), repas du soir.

SOUPENTE, s. f. (coupente), grosses courroies pour tenir le corps d'un carrosse suspendu; espèce d'entre-sol, de faux plancher.

SOUPER, v. n (coupé), prendre le repas du soir. — S. m. Voy. SOUPÉ.

SOUPESÉ, E, part. pass. de soupeser.

SOUPESER, v. a. (coupezé), lever un corps, et le soutenir pour juger de son poids.

SOUPEUR, EUSE, s. (coupeur, euze), qui aime à souper.

SOUPIÈRE, s. f. (coupière), vase creux et profond dans lequel on sert la soupe.

SOUPIR, s m. (coupir) (suspirium), respiration forte et prolongée; en mus., pause.

SOUPIRAIL, s. m. (coupira-ie), ouverture en glacis ou talus, pour donner de l'air à un lieu souterrein. — Au pl., des soupiraux.

SOUPIRANT, E, s. (coupiran, ante), amant, amante; galant; aspirant. Fam.

SOUPIRER, v. n. (coupiré) (suspirare), pousser, faire des soupirs ; fig. désirer.

SOUPLE, adj. des deux g. (couple) (supplex), flexible; agile, leste; soumis, docile.

SOUPLEMENT, adv. (coupleman), avec souplesse.

SOUPLESSE, s. f. (couplèce), flexibilité de corps ou d'esprit.

SOUQUENILLE, s. f. (coukeni ie) (en bas lat. succania), long surtout de grosse toile.

SOURCE, s. f. (cource), eau qui commence à sourdre; fig. principe, origine.

SOURCIER, s. m. (courcié), celui qui prétend découvrir les sources.

SOURCIL, s. m. (courci) (supercilium), poil en forme d'arc au-dessus de l'œil.

SOURCILIER, IÈRE, adj. (courcilié, ière), qui a rapport aux sourcils.

SOURCILLER, v. n. (courci-ié), froncer le sourcil.

SOURCILLEUX, EUSE, adj (courci-leu, euze) (superciliosus), fig. haut, élevé.

SOURD, E, s. et adj. (cour, ourde) (surdus), qui n'entend pas ou qui n'entend pas bien; qui ne retentit pas; fig. inflexible.

SOURD, s. m. (cour), nom de la salamandre dans certaines provinces.

SOURDAUD, E, s. (courdô, ôde), qui n'entend qu'avec peine.

SOURDEMENT, adv. (courdeman), d'une manière sourde; secrètement.

SOURDINE, s. f. (courdine), ce qui affaiblit le son. — à la SOURDINE, loc. adv., avec peu de bruit.

SOURDRE, v. n. (courdre) (surgere, jaillir), sortir de terre, etc., en parlant de l'eau.

SOURICEAU, s. m. (couricó), petit d'une souris.

SOURICIÈRE, s. f. (*çouricière*), piège pour prendre des *souris*.

SOURIRE, v. n. (*courire*) (*subridere*), rire sans éclater; *fig.* n. plaire.

SOURIRE ou **SOURIS**, s. m. (*courire*, *couri*), action d'une personne qui *sourit*.

SOURIS, s. f. (*couri*) (*sorex*), genre de petits rats; cartilage des naseaux du cheval.

SOURNOIS, E, s. et adj. (*cournoa*, *oase*), pensif, caché, dissimulé.

SOUS, prép. (*cou*) (*sublùs*); elle marque la situation d'une chose à l'égard d'une autre qui est au-dessus; elle marque aussi la dépendance, le temps, le lieu; moyennant, avec.

SOUS-AFFERMÉ, E, part. pass. de *sous-affermer*.

SOUS-AFFERMER, v. a. (*couzafermé*), donner, prendre à *sous-ferme*.

SOUS-AMENDÉ, E, part. pass. de *sous-amender*.

SOUS-AMENDEMENT, s. m. (*couzamandeman*), modification à un *amendement*.

SOUS-AMENDER, v. a. (*couzamandé*), modifier un *amendement*.

SOUS-ARBRISSEAU, s. m. (*couzarbriço*), plante entre l'*arbrisseau* et l'herbe.

SOUS-BAIL, s. m. (*couba-ie*), cession d'une partie de ce qui a été donné à ferme.

SOUS-BARBE, s. f. (*coubarbe*), partie postérieure de la mâchoire inférieure du cheval.

SOUS CLAVIER, IÈRE, adj. (*couklavié*, *ière*), qui est sous la *clavicule*.

SOUSCRIPTEUR, s. m. (*coucekripeteur*), qui prend part à une *souscription*.

SOUSCRIPTION, s. f. (*coucekripecion*) (*subscriptio*), action de *souscrire*.

SOUSCRIRE, v. a. (*coucekrire*) (*subscribere*), approuver en signant.—V. n, consentir; s'engager à concourir à une entreprise, etc.

SOUSCRIT, E, part. pass. de *souscrire*.

SOUS-DÉLÉGUER, v. a. Voy. SUBDÉLÉGUER.

SOUS-DIACONAT, s m. (*coudiakona*) (*subdiaconatus*), troisième ordre sacré.

SOUS-DIACRE, s. m. (*coudiakre*) (*subdiaconus*), qui a reçu le *sous-diaconat*.

SOUS-DIVISER, v. a. Voy. SUBDIVISER.

SOUS-DOMINANTE, s. f. (*coudominante*), en mus., quatrième note du ton.

SOUS-DOUBLE, adj. des deux g. (*coudouble*), qui est la moitié.

SOUS-DOUBLÉ, E, adj. (*coudoublé*) t. de math., qui est en raison des racines carrées.

SOUS-ENTENDRE, v. a. (*couzantandre*), ne point exprimer.

SOUS-ENTENDU, E, part. pass. de *sous-entendre*, adj. et s.

SOUS-ENTENTE, s. f. (*couzantante*), ce qu'on *sous-entend* par artifice.

SOUS-FAÎTE, s. m. (*coufète*), pièce de charpente placée au-dessous du *faîte*.

SOUS-FERME, s. f. (*coufreme*), partie d'un bail général que l'on *afferme* à un autre.

SOUS-FERMER. Voy. SOUS-AFFERMER.

SOUS-FERMIER, IÈRE, s. (*couferemié*, *ière*), qui tient à *sous-ferme*.

SOUS-FRÉTER, v. a. (*coufrété*), *fréter* à un autre le bâtiment qu'on avait *affrété* pour soi.

SOUS-GARDE, s. f. (*couguarde*), demi-cercle en fer sous la détente d'une arme à feu.

SOUS-GORGE, s. f. (*couguorje*), morceau de cuir qui se met sous la *gorge* du cheval.

SOUS-LOCATAIRE, s. des deux g. (*coulokatère*), qui *sous-loue*.

SOUS-LOCATION, s. f. (*coulokácion*), action de *sous-louer*.

SOUS-LOUÉ, E, part. pass. de *sous-louer*.

SOUS-LOUER, v. a. (*couloué*), louer une partie d'une chose dont on est fermier.

SOUS-MARIN, E, adj. (*coumarein*, *ine*), qui est *sous la mer*.

SOUS-MULTIPLE, s. et adj. m. (*coumultetiple*), nombre compris un certain nombre de fois exactement dans un plus grand.

SOUS-NORMALE, s. f. (*counoremale*), t. de géom., partie de l'axe d'une courbe.

SOUS-ORDRE, s. m. (*couzordre*), celui qui est soumis aux *ordres* d'un autre. — En *sous-ordre*, sous la direction d'un autre.

SOUS-PERPENDICULAIRE, s. f. (*coupèrepandikulère*), sous-normale.

SOUS-PIED, s. m. (*coupié*), petite courroie qui passe *sous le pied*.

SOUS-PRÉFECTURE, s. f. (*coupréfekture*), principale division d'un département.

SOUS-PRÉFET, s. m. (*coupréfè*), officier civil qui administre une *sous-préfecture*.

SOUS-SEL, s. m. (*coucel*), t. de chim., nom donné aux *sels* avec excès de base.

SOUSSIGNÉ, E, adj. et s. (*coucigné*), dont la *signature* est ci-dessous.

SOUS-STYLAIRE, s. f. (*coucetilère*) (*sub*, sous, et *stylus*, style), section du cadran.

SOUS-TANGENTE, s. f. (*coutanjante*), partie de l'axe d'une courbe.

SOUS-TENDANTE, s. f. (*coutandante*), ligne tirée d'un bout de l'arc à l'autre.

SOUSTRACTION, s. f. (*coucetrakcion*), opération par laquelle on ôte un nombre d'un autre nombre; action de *soustraire*.

SOUSTRAIRE, v. a. (*coucetrère*) (*subtrahere*), ôter par adresse ou par fraude; dérober à...; ôter un nombre d'un autre.

SOUSTRAIT, E, part. pass. de *soustraire*.

SOUS-TRAITANT, E, s. (*coutrètan*, *ante*), sous-fermier, sous-fermière.

SOUS-TRAITÉ, E, part. pass. de *sous-traiter*.

SOUS-TRAITER, v. n. (*coutrèté*), prendre une *sous-ferme* d'un fermier-général.

SOUS-TRIPLE, adj. des deux g. (*coutriple*), qui est contenu trois fois dans un nombre.

SOUS-TRIPLÉ, E, adj. (*coutriplé*), qui est en raison des racines cubiques.

SOUS-VENTRIÈRE, s. f. (*couvantrière*), courroie *sous* le *ventre* du limonier.
SOUTANE, s f. (*coutane*) (de l'italien *sotana*), long habit d'ecclésiastique.
SOUTANELLE, s. f. (*coutanèle*), petite soutane courte et sans manches.
SOUTE, s. f. (*coute*) (*sublùs*, sous), le plus bas étage d'un vaisseau.
SOUTENABLE, adj. des deux g. (*coutenable*), qui se peut *soutenir*.
SOUTENANT, s. m. (*coutenan*), celui qui *soutient* une thèse.
SOUTÈNEMENT, s. m. (*coutèneman*), défense d'un compte; soutien, appui.
SOUTENEUR, s. m. (*coutenenr*), celui qui se fait le champion d'un mauvais lieu.
SOUTENIR, v. a. (*coutenir*) (*sustinere*), appuyer; supporter; assurer, affirmer; défendre; protéger; résister à...; endurer; sustenter.—V. pr., se tenir droit.
SOUTENU, E, part. pass. de *soutenir*, et adj., se dit d'un style constamment élevé.
SOUTERREIN, E, adj. (*coutèrein, ène*), qui est *sous terre*.—Subst. au m., lieu voûté *sous terre*.
SOUTIEN, s. m. (*couticin*), ce qui *soutient*, ce qui appuie; *fig.* appui, défense.
SOUTIRAGE, s. m. (*coutiraje*), action de *soutirer*.
SOUTIRÉ, E, part. pass. de *soutirer*.
SOUTIRER, v. a. (*coutiré*), transvaser une liqueur d'un tonneau dans un autre.
SOUVENANCE, s. f. (*couvenance*), souvenir, mémoire. Vieux.
SOUVENIR, s. m. (*couvenir*), action de la mémoire par laquelle on se *ressouvient*; ce qui fait *souvenir*; tablettes pour écrire.
se **SOUVENIR**, v. pr. (*ceçouvenir*) (*subvenire*), se présenter à l'esprit), avoir mémoire; garder la mémoire; avoir soin.
SOUVENT, adv. (*couvan*) (*subinde*), plusieurs fois en peu de temps; fréquemment.
SOUVENTEFOIS, adv. (*couvantefoa*), souvent, fréquemment. Vieux.
SOUVENU, E, part. pass. de *se souvenir*.
SOUVERAIN, E, adj. (*couverein, ène*) (*suprà*, dessus), suprême; très-excellent.—S., qui possède l'autorité *souveraine*.
SOUVERAINEMENT, adv. (*couverèneman*), parfaitement; extrêmement; sans appel.
SOUVERAINETÉ, s. f. (*couverèneté*), autorité, puissance *souveraine*.
SOY, s. m. (*coè*), sorte de sauce dont l'usage est venu du Japon.
SOYEUX, EUSE, adj. (*coâ-ieu, euze*), fin comme de la *soie*; bien garni de *soie*.
SPACIEUSEMENT, adv. (*cepacieuzeman*), d'une manière *spacieuse* et vaste.
SPACIEUX, EUSE, adj. (*cpacien, euze*) (*spatiosus*), qui est d'une grande étendue.
SPADASSIN, s. m. (*cepadacein*) (en italien *spadaccino*), bretteur; ferrailleur.

SPADILLE, s. m. (*cepadi-ie*) (de l'espagnol *espadilla*), à certains jeux, l'as de pique.
SPAHI ou plutôt **SIPAHY**, s. m. (*cepa-i*, ou *cipa-i*), cavalier turc.
SPALME, s. m. (*cepalme*), t. de mar., mastic incorruptible.
SPALMÉ, E, part. pass. de *spalmer*.
SPALMER, v. a. (*cepalmé*), enduire de goudron, de brai, etc.
SPALT, s. m. (*cepalete*), pierre luisante qui sert pour mettre en fusion les métaux.
SPARADRAP, s. m. (*ceparadra*) (mot arabe), toile trempée dans un emplâtre fondu.
SPARE, s. m. (*cepare*) (*sparum*), genre de poissons.
SPARTE, s. m. (*ceparte*) (*spartum*), plante graminée dont on fait des nattes, etc.
SPARTERIE, s. f. (*ceparteri*), manufacture de tissus de *sparte*.
SPASME, s. m. (*cepaceme*) (σπασμος), sorte de convulsion ou retirement de nerfs.
SPASMODIQUE, adj. des deux g. (*cepacemodike*), de *spasme*.
SPASMOLOGIE, s. f. (*cepacemoloji*) (σπασμος, spasme, et λογος, discours), traité sur les *spasmes* ou convulsions.
SPATH, s. m. (*cépate*) (mot allemand), pierre feuilletée qu'on trouve dans les mines.
SPATHE, s. f. (*cepate*) (σπαθι, pique), membrane qui recouvre certaines fleurs.
SPATHULE, s. f. (*cepatule*) (*spathula*), instrument de chirurgie; oiseau.
SPÉCIAL, E, adj. (*cepéciale*) (*specialis*), particulier.—Au pl. m. *spéciaux*.
SPÉCIALEMENT, adv. (*cepécialeman*) (*specialiter*), particulièrement.
SPÉCIALITÉ, s. f. (*cepécialité*), désignation d'une chose *spéciale*.
SPÉCIEUSEMENT, adv. (*cepécieuzeman*), d'une manière *spécieuse*.
SPÉCIEUX, EUSE, adj. (*cepéciex, euze*) (*speciosus*), qui a une apparence de vérité et de justice.
SPÉCIFICATION, s. f. (*cepécifikácion*), désignation *spéciale*.
SPÉCIFIÉ, E, part. pass. de *spécifier*.
SPÉCIFIER, v. a. (*cepécifié*) (*specificare*), particulariser, exprimer en détail.
SPÉCIFIQUE, adj. des deux g. (*cepécifike*) (*specificus*), propre spécialement à.—S. m., remède propre à quelque maladie.
SPÉCIFIQUEMENT, adv. (*cepécifikeman*), d'une manière *spécifique* et particulière.
SPÉCIMEN, s. m. (*cepécimène*) (mot latin), modèle, échantillon.
SPECTACLE, s. m. (*cepèktakle*) (*spectaculum*), tout objet qui attire les regards; représentation théâtrale.
SPECTATEUR, TRICE, s. (*cepèktateur*,

trice) (spectator), qui assiste à un spectacle; témoin oculaire d'un évènement.

SPECTRE, s. m (cepèktre) (spectrum), fantôme, figure fantastique.

SPÉCULAIRE, adj. des deux g. (cepékulère)(specularis), se dit de plusieurs minéraux qui réfléchissent la lumière.

SPÉCULATEUR, TRICE, s. (cepékulateur, trice), qui spécule, qui fait des spéculations.

SPÉCULATIF, IVE. adj. (cepékulatif, ive), qui a coutume de spéculer attentivement

SPÉCULATION, s. f (cepékulácion) (speculatio), action de spéculer; théorie.

SPÉCULÉ, E, part. pass. de spéculer.

SPÉCULER, v a. et n. (cepékulé) (speculari), observer; méditer attentivement; faire des opérations de commerce.

SPECULUM, s. m. (cepékulome) (mot latin), instrument de chirurgie.

SPÉE ou CÉPÉE, s. f. (cepé), bois d'un an ou deux.

SPENCER, s. m. (cepincèrc) (mot anglais), corsage sans jupe.

SPERGULE, s. f. (cepèregule), plante.

SPERMA-CETI, s. m. (cepèremacéti) (mots latins qui signifient : semence de baleine), substance analogue à la cire et à la graisse.

SPERMATIQUE, adj. des deux g. (cepèrematike), qui a rapport au sperme

SPERMATOLOGIE, s. f. (cepèrematoloji) (σπερμα, semence, et λογος, discours), traité ou dissertation sur le sperme.

SPERME, s. m. (cepèrme) (σπερμα), semence dont l'animal est engendré.

SPHACÈLE, s. m. (cefacèle) (σφακελος), mortification de quelque partie du corps.

SPHACÉLÉ, E, adj (cefacélé), qui est affecté de sphacèle.

SPHÉNOÏDAL, E, adj. (cefèno-idale), du sphénoïde.—Au pl. m. sphénoïdaux.

SPHÉNOÏDE, s. m.(cefèno-ide(σφαι, coin, et ειδος, ressemblance), os de la tête.

SPHÈRE, s. f. (cefère) (σφαιρα), globe; machine ronde et mobile, composée de divers cercles qui représentent ceux que les astronomes imaginent dans le ciel; disposition du ciel; fig. étendue de pouvoir, etc.; condition.

SPHÉRICITÉ, s. f. (cefèricité), qualité de ce qui est sphérique.

SPHÉRIQUE, adj. des deux g. (cefèrike), qui est en forme de globe ou de sphère.

SPHÉRIQUEMENT, adv. (cefèrikeman), d'une manière sphérique.

SPHÉRISTE, s. m. (ceféricète) (σφαιριστης), t. d'antiq, celui qui enseignait les divers exercices où l'on se servait de balles.

SPHÉR STÈRE, s. m (ceféricetère) (σφαιριστηριον), t. d'antiq., jeu de paume.

SPHÉRISTIQUE, s. f. (ceféricetike) (σφαιριστικη), art de jouer à la paume.

SPHÉROÏDE, s. m. (ceféro-ide) (σφαιρα, sphère, et ειδος, forme), t de géom., corps qui approche de la figure de la sphère.

SPHÉROMÈTRE, s. m. (ceféromètre) (σφαιρα, sphère, et μετρον, mesure), instrument pour mesurer la courbure des verres.

SPHINCTER, s. m. (cefeinktère)(σφιγκτηρ), t. d'anat., muscle qui resserre.

SPHINX, s. m. (cefeinkce)(σφιγξ), monstre fabuleux; genre de papillons.

SPIC, s. m. (cepike), nom vulgaire de la grande lavande.

SPICA, s. m. (cepika) (spica, épi), t. de chir , bandage qu'on nomme autrement épi.

SPICILÈGE, s. m. (cepicilèje)(spicilegium), recueil de pièces, d'actes, etc. Peu us.

SPINAL, E, adj. (cepinale) (spinalis), de l'épine.—Au pl. m. spinaux.

SPINA-VENTOSA, s. m. (cepinaveintoza) (spina, épine, et ventosus, plein de vent), carie interne des os.

SPINELLE, adj. et s. m. (cepinèle), rubis d'un rouge pâle.

SPINOSISME, s. m. (cepinoziceme), doctrine de l'athée matérialiste Spinosa.

SPINOSISTE, s. des deux g. (cepinozicete), partisan du spinosisme.

SPIRAL, E, adj. (cepiralé), roulé en spirale.—Au pl. m. spiraux.

SPIRALE, s. f. (cepirale) (spira, tour), ligne courbe qui tourne autour de son centre et qui s'en écarte de plus en plus.

SPIRATION, s. f. (cepirácion) (spiratio), manière dont le Saint-Esprit procède du Père et du Fils.

SPIRE, s. f (cepire) (spira), ligne spirale, ou un seul de ses tours.

SPIRÉE ou SPIRÉA, s. f. (cepirè ; cepiré-a), arbrisseau du Canada.

SPIRITUALISATION, s. f (cepiritualizácion) (spiritus, esprit), réduction des corps solides et liquides en esprit.

SPIRITUALISÉ, E, part. pass. de spiritualiser.

SPIRITUALISER, v. a. (cepiritualizé)(spiritus, esprit), t. de chim , réduire en esprit.

SPIRITUALISME, s. m. (cepiritualiceme), système de ceux qui n'admettent rien que de spirituel; abus de la spiritualité.

SPIRITUALISTE , s. et adj. des deux g. (cepiritualicete', partisan du système de la spiritualité des êtres.

SPIRITUALITÉ, s. f (cepiritualité) (spiritualitas), qualité de ce qui est incorporel: théologie mystique.

SPIRITUEL, ELLE, adj. (cepirituèle) (spiritualis), qui est esprit, incorporel; qui a de l'esprit; ingénieux.

SPIRITUELLEMENT, adv. (*cepirituèleman*), d'une manière *spirituelle*.

SPIRITUEUX, EUSE, adj. (*cepiritueu, euze*), qui contient de l'alcool.—On l'emploie aussi subst. au m.

SPLANCHNIQUE, adj. des deux g. (*ceplankenike*) (σπλαγχιον, viscère), qui a rapport aux viscères.

SPLANCHNOLOGIE, s. f. (*ceplankenoloji*) (σπλαγχιον, viscère, et λογος, discours), partie de l'anatomie qui traite des viscères.

SPLEEN, s. m. (*cepline*) (pris de l'anglais), maladie qui consiste dans le dégoût de la vie.

SPLENDEUR, s. f. (*ceplandeur*) (*splendor*), grand éclat de lumière, de gloire; pompe.

SPLENDIDE, adj. des deux g. (*ceplandide*) (*splendidus*), plein de *splendeur*.

SPLENDIDEMENT, adv. (*ceplandideman*) (*splendidè*), avec *splendeur*.

SPLÉNIQUE, adj. des deux g. (*ceplénike*) (σπλην, la rate), qui concerne la rate.

SPODE, s. f. (*cepode*) (σποδος, cendre), oxyde de zinc.

SPOLIATEUR, TRICE, adj. et s. (*cepoliateur, trice*) (*spoliator, trix*), qui *spolie*.

SPOLIATION, s. f. (*cepoliácion*), action de *spolier*.

SPOLIÉ, E, part. pass. de *spolier*.

SPOLIER, v. a (*cepolié*) (*spoliare*), déposséder par fraude ou par violence.

SPONDAÏQUE, adj. des deux g. et s. m. (*ceponda-ike*), se dit d'un vers qui a deux *spondées* à la fin.

SPONDÉE, s. m. (*cepondé*) (σπονδεῖος), pied de vers grec ou latin composé de deux syllabes longues.

SPONDYLE, s. m. (*cepondile*) (σπονδυλος), vertèbre; coquillage bivalve.

SPONGIEUX, EUSE, adj. (*ceponjieu, euze*) (*spongiosus*), de la nature de l'*éponge*.

SPONGITE, s. f. (*ceponjite*) (*spongia*, éponge), pierre qui imite l'*éponge*.

SPONTANÉ, E, adj. (*cepontané*) (*spontaneus*), que l'on fait volontairement.

SPONTANÉITÉ, s. f. (*cepontané-ité*), qualité de ce qui est *spontané*.

SPONTANÉMENT, adv. (*cepontanéman*), d'une manière *spontanée*.

SPONTON, s. m. Voy. ESPONTON.

SPORADIQUE, adj des deux g. (*ceporadike*) (σποραδικος, épars), se dit des maladies qui ne sont point particulières à un pays.

SPORTULE, s. f. (*ceportule*) (*sportula*, dimin. de *sporta*, corbeille), t. d'antiq., dons ou aumônes en comestibles.

SPUTATION, s. f. (*céputácion*) (*sputare*, cracher), action de cracher.

SQUALE, s. m. (*cekoualè*) (*squalus*), genre de poissons de mer.

SQUAMMEUX, EUSE, adj. (*cekouameu, euze*) (*squama*, écaille), écailleux.

SQUELETTE, s. m. (*cekelète*) (σκελετος), cadavre décharné.

SQUINANCIE, s. f. Voy. ESQUINANCIE.

SQUINE, s. f. (*cekine*), plante.

SQUIRRHE, s. m. (*cekire*) (σκιρρος), t. de méd., tumeur dure et non douloureuse.

SQUIRRHEUX, EUSE, adj. (*cekireu, euse*), qui est de la nature du *squirrhe*.

ST (*st*), terme invariable qu'on emploie pour appeler.

STABILITÉ, s. f. (*cetabilité*) (*stabilitas*), qualité de ce qui est *stable*.

STABLE, adj. des deux g. (*cetable*) (*stabilis*), qui est dans une situation ferme; assuré.

STADE, s. m. (*cetade*) (σταδιον), carrière où les Grecs s'exerçaient à la course; ancienne mesure de chemin d'environ 184 mètres.

STAGE, s. m. (*cetaje*) (du lat. barbare *stagium*), noviciat d'avocat.

STAGIAIRE, adj. et s. m. (*cetajière*), qui fait son *stage*.

STAGNANT, E, adj. (*cetaguenan, ante*)(*stagnans*), qui ne coule pas.

STAGNATION, s. f. (*cetaguenácion*) (*stagnatio*), état de ce qui est *stagnant*.

STALACTITE, s. f. (*cetalaktite*) (σταλακτος, qui distille), concrétion pierreuse qui se forme à la voûte des souterreins.

STALAGMITE, s. f. (*cetalagmite*) (σταλαγμος, distillation), espèce de stalactite.

STALLE, s. f. (*cetale*), sorte de siège dans une église, dans un théâtre.

STANCE, s. f. (*cetance*) (de l'italien *stanza*), strophe; ouvrage de poésie.

STAPHISAIGRE, s. f. (*cetafizèguere*)(σταφις, raisin, et αγριος, sauvage), plante.

STAPHYLIN, s. m.(*cetafilein*)(σταφυλη, raisin), genre d'insectes.

STAPHYLÔME, s. m. (*cetafilôme*) (σταφυλη, raisin), tumeur sur la cornée de l'œil.

STAROSTE, s. m. (*cetarocele*), noble polonais qui a une *starostie*.

STAROSTIE, s. f. (*cetaroceli*), grand fief royal en Pologne.

STASE, s. f. (*cetáze*) (στασις, repos), stagnation du sang et des humeurs.

STATHOUDER, s. m. (*cetatoudre*), mot hollandais par lequel on désignait le chef de l'ancienne république de Hollande.

STATHOUDÉRAT, s. m. (*cetatoudéra*), dignité de *stathouder*; ses fonctions.

STATICE ou **STATICÉE**, s. f. (*cetatice, ticé*), plante.

STATION, s. f. (*cetácion*) (*statio*), pause; action de s'arrêter; lieu où l'on s'arrête.

STATIONNAIRE, adj. des deux g. (*cetácio-*

nère) (*stationarius*), qui reste immobile. — S. m., navire en *station*.

STATIONNAL, E, adj (*cetácionale*)(*stationalis*), où l'on fait des *stations*.

STATIONNEMENT, s. m. (*cetácioneman*), action de *stationner*.

STATIONNER, v. n. (*cetácioné*), faire une *station*; s'arrêter à...; être *stationnaire*.

STATIQUE, s. f. (*cetatike*)(στατικη), science de l'équilibre des corps solides.

STATISTIQUE, s. f. (*cetaticetike*) (*status*, état), partie de l'économie politique qui considère un état sous ses rapports agricoles, industriels, commerciaux, etc.; description. — Il est aussi adj. des deux g.

STATUAIRE, s. m. (*cetatu ère*), sculpteur qui fait des *statues*. — S. f., art du *statuaire*. — Adj., se dit du marbre à faire des *statues*.

STATUE, s. f. (*cetatu*) (*statua*), figure de plein relief représentant un homme, etc.

STATUÉ, E, part. pass. de *statuer*.

STATUER, v. n. (*cetatu-é*) (*statuere*), ordonner, régler, déclarer.

STATU QUO, s. m. (*cetatukó*), mots pris du latin qui signifient: dans le même état.

STATURE, s. f. (*cetature*) (*statura*), hauteur de la taille d'une personne.

STATUT, s. m. (*cetatu*) (*statutum*), loi, règlement, ordonnance.

STÉATITE, s. f. (*ceté-atite*) (στεαρ, στατις, suif), sorte de pierre onctueuse.

STÉATOCÈLE, s. f. (*ceté-atocèle*)(στεαρ, suif, et κηλη, tumeur), tumeur du scrotum.

STÉATÔME, s. m. (*ceté-atôme*)(στεαρ, στατις, suif), tumeur enkistée.

STÉGANOGRAPHIE, s. f. (*cetéguanografi*) (στεγανος, secret, et γραφω, j'écris), art d'écrire en chiffres et de les expliquer.

STÉGANOGRAPHIQUE, adj. des deux g. (*cetéguanoguerafike*), de la *stéganographie*.

STÈLE, s. f. (*cetèle*), monument monolithe.

STELLAIRE, adj. des deux g. (*cetèlelère*) (*stella*, étoile), qui a rapport aux étoiles.

STELLIONAT, s. m. (*cetèliona*) (*stellionatus*), crime de celui qui vend l'héritage d'autrui, ou qui vend comme libre un bien qui ne l'est pas.

STELLIONATAIRE, s. des deux g. (*cetèlionatère*), qui commet un *stellionat*.

STÉNOGRAPHE, s. m. (*ceténoguerafe*), qui se sert de la *sténographie*.

STÉNOGRAPHIE, s. f. (*ceténoguerafi*)(στενος, serré, et γραφω, j'écris), art d'écrire par abréviations.

STÉNOGRAPHIÉ, E, part. pass. de *sténographier*.

STÉNOGRAPHIER, v. a. (*ceténoguerafié*), transcrire un discours par la *sténographie*.

STÉNOGRAPHIQUE, adj. des deux g.(*ceténoguerafike*), de la *sténographie*.

STENTOR, s. m. (*cetantor*), t. d'antiq., guerrier grec renommé par la force de sa voix.

STEPPE, s. m. (*cetèpe*), vastes plaines dans l'empire de Russie.

STÈRE, s. m. (*cetère*) (στερεος, solide), mesure qui vaut un mètre cube.

STÉRÉOBATE, s. m. (*cetéré-obate*), soubassement sans moulure.

STÉRÉOGRAPHIE, s. f. (*cetéré-ografi*) (στερεος, solide, et γραφω, je décris), art de représenter les solides sur un plan.

STÉRÉOGRAPHIQUE, adj. des deux g.(*cetéré-ografike*), de la *stéréographie*.

STÉRÉOMÉTRIE, s. f.(*cetéré-ométri*)(στερεος, solide, et μετρω, mesure), science qui traite de la mesure des solides.

STÉRÉOTOMIE, s. f. (*cetéré-otomi*) (στερεος, solide, et τεμνω, je coupe), science de la coupe des solides.

STÉRÉOTYPAGE, s. m. (*cetéré-otipaje*), action de *stéréotyper*; son effet.

STÉRÉOTYPÉ, adj. des deux g. (*cetéré-otipe*), de la *stéréotypie*; qui a été *stéréotypé*.

STÉRÉOTYPER, v. a. (*cetéré-otipé*) (στερεος, solide, et τυπος, type), imprimer avec des pages ou planches qui ont été converties en formes solides.

STÉRÉOTYPIE, s. f. (*cetéré otipi*), art de *stéréotyper*.

STÉRILE, adj. des deux g. (*cetérile*) (*sterilis*), qui ne porte point de fruits.

STÉRILITÉ, s. f. (*cetérilité*) (*sterilitas*), qualité de ce qui est *stérile*.

STERLING, s. m. (*cetèrelein*), monnaie de compte en Angleterre.

STERNUM, s. m. (*cetèrenome*) (mot lat.), partie osseuse du devant de la poitrine.

STERNUTATOIRE, adj. des deux g. (*cetèrenutatoare*), qui fait éternuer.

STÉTHOSCOPE, s. m. (*cetétocckope*), sorte de cornet acoustique.

STIBIÉ, E, adj. (*cetibié*) (*stibium*, antimoine), qui est tiré de l'antimoine.

STIGMATE, s. m. (*cetiguemate*)(*stigma, matis*), cicatrice; sommet du pistil.

STIGMATISÉ, E, part. pass. de *stigmatiser*.

STIGMATISER, v. a. (*cetiguomatizé*), marquer avec un fer rouge; *fig*. diffamer.

STIL-DE-GRAIN, s. m. (*cetiledeguerein*), couleur jaune pour la peinture.

STILLATION, s. f. (*cetilelácion*) (*stilla*, goutte), filtration de l'eau à travers les terres.

STIMULANT, E, adj. (*cetimulan, ante*) (*stimulans*), qui excite, qui éveille.—Subst. au m., ce qui excite.

STIMULÉ, E, part. pass. de *stimuler*.
STIMULER, v. a. (*cetimulé*) (*stimularé*), aiguillonner, exciter.
STIMULUS, s. m. (*cetimuluce*) (mot latin qui signifie : aiguillon), excitant.
STIPE, s. m (*cetipe*), tige des palmiers, des grandes fougères, etc.
STIPENDIAIRE, s. et adj. des deux g. (*cetipandière*) (*stipendiarius*), qui est aux gages, à la solde d'un autre.
STIPENDIÉ, E, part. pass. de *stipendier*.
STIPENDIER, v. a. (*cetipandié*) (*stips*, petite monnaie romaine, et *pendere*, payer), avoir à sa solde; soudoyer.
STIPULANT, E, adj. (*cetipulan, ante*), qui stipule.
STIPULATION, s. f. (*cetipulácion*) (*stipulatio*), clauses, conditions d'un contrat.
STIPULE, s. f. (*cetipule*) (*stipula*), t. de bot., appendice membraneuse du pétiole.
STIPULÉ, E, part. pass. de *stipuler*.
STIPULER, v. a. (*cetipulé*) (*stipulari*), faire une *stipulation*.
STOCH-FISCH, s. m. (*cetokfiche*) (mot flamand), tout poisson salé et séché.
STOÏCIEN, IENNE, s. (*ceto-icicin, ième*) (στωικος), philosophe de la secte de Zénon; *fig.* homme ferme et inébranlable.—Adj., qui appartient à la secte de Zénon.
STOÏCISME, s. m. (*ceto-iciceme*), fermeté, constance dans les revers et les douleurs.
STOÏQUE, adj. des deux g. (*ceto-ike*), qui tient de la fermeté des *stoïciens*.
STOÏQUEMENT, adv. (*ceto-ikeman*), d'une manière *stoïque*.
STOMACAL, E, adj. (*cetomakale*) (*stomachus*, estomac), bon pour l'estomac.— Au pl. m. *stomacaux*.
STOMACHIQUE, adj. des deux g. et s. m. (*cetomachike*) (*stomachicus*), bon à l'estomac.
STORAX ou STYRAX, s. m. (*cetórakce*, *cetirakce*) (στυραξ), résine odoriférante.
STORE, s. m. (*cetore*) (*storea*, natte de jonc), espèce de rideau à ressort.
STRABISME, s. m. (*cetrabiceme*) (στραβισμος), action de loucher.
STRAMOINE ou STRAMONIUM, s. m. (*cetramoène, moni-ome*), plante.
STRANGULATION, s. f. (*cetrangulácion*) (*strangulatio*), étranglement.
STRANGURIE, s. f. (*cetranguri*) (στραγγουρια), envie fréquente d'uriner.
STRAPASSÉ, E, part. pass. de *strapasser*.
STRAPASSER, v. a. (*cetrapácé*), maltraiter de coups; peindre ou dessiner à la hâte.
STRAPASSONNER, v. a. (*cetrapáçoné*), peindre grossièrement.
STRAPONTIN, s. m (*cetrapontein*) (*stratus*, étendu, et *pons*, pont), siège de carrosse.
STRAS, s. m. (*cetráce*), composition qui imite le diamant.

STRASSE, s. f. (*cetrace*), bourre ou rebut de soie; papier épais et grossier.
STRATAGÈME, s. m. (*cetratajème*) (στρατηγημα), ruse de guerre; finesse.
STRATÈGE, s. m. (*cetratèje*) (στρατηγος), général d'armée chez les Athéniens.
STRATÉGIE, s. f. (*cetratéji*), art de commander les armées.
STRATÉGIQUE, adj. des deux g. (*cetratéjike*), de la *stratégie*.
STRATÉGISTE, s. m. (*cetratéjicete*), celui qui connaît la *stratégie*.
STRATIFICATION, s. f. (*cetratifikácion*) (*stratum*, lit, et *facio*, je fais), arrangement de diverses matières qu'on place par couches.
STRATIFIÉ, E, part. pass. de *stratifier*.
STRATIFIER, v. a. (*cetratifié*), arranger par couches diverses substances dans un vase.
STRATOCRATIE, s. f. (*cetratokraci*) (στρατος, armée, et κρατεω, je commande), gouvernement militaire. Peu us.
STRATOGRAPHIE, s. f. (*cetratoguerafi*) (στρατος, armée, et γραφω, je décris), description de tout ce qui compose une armée.
STRÉLITZ, s. m. pl. (*cetrélitze*), corps d'infanterie moscovite.
STRIBORD, s. m. (*cetribor*), le côté droit du navire.
STRICT, E, adj. (*cetrikte*) (*strictus*), serré, étroit, resserré; *fig.* exact, sévère.
STRICTEMENT, adv. (*cetrikteman*), d'une manière *stricte*.
STRIÉ, E, adj. (*cetri-é*), dont la surface présente des *stries*.
STRIES, s. f. pl. (*cetri*) (*stria*), petites côtes ou filets; cannelures.
STRIGILLE, s. m. (*cetrijile*) (*strigillis*, brosse, frottoir), t. d'antiq., instrument pour se râcler la peau.
STRIURES, s. f. pl. (*cetri-ure*), stries, cannelures de colonnes; rayures de coquillages.
STROBILE, s. m. (*cetrobile*), t. de bot., synonyme de *cône*.
STROPHE, s. f. (*cetrofe*) (στρεφω, je tourne) stance ou couplet d'une ode, etc.
STRUCTURE, s. f. (*cetrukture*) (*structura*), manière dont un édifice est bâti.
STRYGE, s. m. (*cetrije*), vampire.
STUC, s. m. (*cetuke*) (*stucco*), composé de chaux et de marbre blanc broyé et sassé.
STUCATEUR, s. m. (*cetukateur*), ouvrier qui travaille en *stuc*.
STUDIEUSEMENT, adv. (*cetudieuzeman*), avec une application *studieuse*.
STUDIEUX, EUSE, adj. (*cetudieu, euze*) (*studiosus*), qui aime l'étude.
STUPÉFACTIF, IVE, adj. (*cetupéfaktif, ive*), qui *stupéfie*.
STUPÉFACTION, s. f. (*cetupéfakcion*), engourdissement; étonnement extraordinaire.

STUPÉFAIT, E, adj. (cétupéfè, ète), surpris, étonné, interdit et immobile. Fam.
STUPÉFIANT, E, adj. (cetupéfian, ante), qui *stupéfie*.
STUPÉFIÉ, E, part. pass. de *stupéfier*.
STUPÉFIER, v. a. (cetupéfié) (stupefacere) engourdir; rendre comme interdit.
STUPEUR, s. f. (cetupeur) (stupor), engourdissement; stupéfaction.
STUPIDE, s. et adj. des deux g. (cetupide) (*stupidus*), hébété, d'un esprit lourd et pesant.
STUPIDEMENT, adv (cetupideman), d'une manière *stupide*.
STUPIDITÉ, s. f. (cetupidité) (stupiditas), bêtise, pesanteur d'esprit.
STYLE, s. m. (cetile) (*stylus*), t. d'antiq., poinçon pour écrire sur des tablettes de cire; manière de composer, d'écrire; manière d'exécuter les ouvrages d'art; aiguille d'un cadran solaire; t. de bot., partie du pistil.
STYLÉ, E, part. pass. de *styler*.
STYLER, v. a. (cetilé) (de *style*, manière d'agir, de parler), former, dresser.
STYLET, s. m. (cetilé) (στυλις, poinçon à écrire), petit poignard très-pointu.
STYLITE, adj des deux g. (cetilite) (στυλις, colonne), qui est sur une colonne.
STYLOBATE, s. m. (cetilobate) (στυλοϐατης), piédestal d'une colonne.
STYPTIQUE, adj. des deux g. et s. m. (cetipetike) (στυπτικις), remède qui resserre.
STYRAX, s. m. Voy. STORAX.
SU, E, part. pass. du v. irrég *savoir*. — S m., connaissance de quelque chose
SUAIRE, s. m. (cuère) (sudarium), linceul dans lequel on ensevelit un mort.
SUANT, E, adj (cuan, ante), qui *sue*.
SUAVE, adj. des deux g. (cuave) (suavis), doux, d'agréable odeur.
SUAVITÉ, s. f. (cuavité) (suavitas), qualité de ce qui est *suave*.
SUBALTERNE, adj. et s. des deux g. (cubaletèrene) (*sub*, sous, et *alter*, autre), inférieur, secondaire, subordonné.
SUBDÉLÉGATION, s f. (cubedéléguácion), action de *subdéléguer*.
SUBDÉLÉGUÉ, E, part. pass. de *subdéléguer*, et s., celui qui est *subdélégué*.
SUBDÉLÉGUER, v. a. (cubedélégué), commettre avec pouvoir d'agir, de négocier.
SUBDIVISÉ, E, part. pass. de *subdiviser*.
SUBDIVISER, v. a. (cubedivizé) (subdividere), diviser la partie d'un tout déjà *divisé*.
SUBDIVISION, s. f. (cubedivizion), division d'une partie d'un tout déjà *divisé*.
SUBHASTATION, s. f. (cubacetácion) (*subhastatio*), vente au plus offrant.
SUBI, E, part pass. de *subir*.
SUBINTRANTE, adj. f. (cubeintrante) (subintrare), se dit d'une fièvre dont un accès commence avant la fin du précédent.
SUBIR, v. a. (cubir) (subire), souffrir; être assujéti à...
SUBIT, E, adj (cubi, ite) (subitus), prompt, soudain, qui arrive tout-à-coup.
SUBITEMENT, adv. (cubiteman) (subitó), soudainement.
SUBITO, adv. (cubito) (mot latin), subitement; tout-à-coup.
SUBJONCTIF, s. m. (cubejonktif) (subjunctivus), mode du verbe subordonné à un autre
SUBJUGUÉ, E, part. pass. de *subjuguer*.
SUBJUGUER, v. a. (cubejugué) (subjugare), réduire en sujétion; soumettre.
SUBLIMATION, s. f. (cubelimácion), action de *sublimer*.
SUBLIMATOIRE, s. m. (cubelimatoare), vaisseau qui sert à la *sublimation*.
SUBLIME, adj. des deux g. (cubelime) (sublimis), haut, élevé, grand.
SUBLIMÉ, s. m. (cubelimé), préparation de mercure.
SUBLIMÉ, E, part. pass. de *sublimer*.
SUBLIMEMENT, adv. (cubelimeman), d'une manière *sublime*. Peu us.
SUBLIMER, v. a. (cubelimé) (sublimare), élever par le moyen du feu les parties volatiles d'un corps.
SUBLIMITÉ, s. f. (cubelimité) (sublimitas), qualité de ce qui est *sublime*.
SUBLINGUAL, E, adj. (cubeleingnouale) (*sub*, sous, et *lingua*, langue), sous la langue.
SUBLUNAIRE, adj. des deux g. (cubelunère) (*sub*, sous, et *luna*, lune), qui est entre la terre et l'orbite de la *lune*.
SUBMERGÉ, E, part. pass. de *submerger*.
SUBMERGER, v. a. (cubemèrejé) (submergere), couvrir d'eau; engloutir dans l'eau.
SUBMERSION, s. f. (cubemèrecion) (submersio), action de *submerger*; inondation.
SUBODORER, v. a. (cubodoré), sentir de loin à la trace. Peu us.
SUBORDINATION, s. f. (cubordinácion), ordre de dépendance.
SUBORDONNÉ, E, part. pass. de *subordonner*, adj. et s., soumis à..
SUBORDONNÉMENT, adv. (cubordonéman), en sous-ordre.
SUBORDONNER, v. a. (cubordoné), établir un ordre de dépendance.
SUBORNATION, s. f. (cubornácion), séduction.
SUBORNÉ, E, part. pass. de *suborner*.
SUBORNER, v. a. (cuborné) (subornare), porter à faire une action contre le devoir.
SUBORNEUR, EUSE, s. (cuborneur, euze), qui *suborne*.
SUBRÉCARGUE, s. m. (cubrékargue) (de l'espagnol *sobrecarga*), celui qui est chargé de veiller sur la cargaison d'un navire.

SUBRÉCOT, s. m. (çubrékó), surplus de l'écot; demande en sus.
SUBREPTICE, adj. des deux g. (çubrèpetice) (subreptitius), obtenu par surprise.
SUBREPTICEMENT, adv. (çubrèpeticeman), d'une manière subreptice.
SUBREPTION, s. f. (çubrèpecion) (subreptio), déguisement, mensonge.
SUBROGATION, s. f. (çubroguácion), acte par lequel on subroge.
SUBROGÉ, E, part. pass. de subroger.
SUBROGER, v. a. (çubrojé) (subrogare), mettre en place de quelqu'un.
SUBSÉQUEMMENT, adv. (çubecékaman) (subsequenter), ensuite, après.
SUBSÉQUENT, E, adj. (çubecékan, ante) (subsequens), qui suit, qui vient après.
SUBSIDE, s. m. (çubecide) (subsidium), levée de deniers; impôt; secours d'argent.
SUBSIDIAIRE, adj. des deux g. (çubecidière) (subsidiarius), qui vient en second ordre, qui vient à l'appui.
SUBSIDIAIREMENT, adv. (çubecidièreman), d'une manière subsidiaire.
SUBSISTANCE, s. f. (çubecicetance) (subsistantia), nourriture et entretien.
SUBSISTER, v. n. (çubecicetè) (subsistere), exister, continuer d'être; vivre.
SUBSTANCE, s. f. (çubecetance) (substantia), être qui subsiste par lui-même; toute sorte de matière; ce qu'il y a de meilleur, de précis en quelque chose. — en SUBSTANCE, loc. adv., sommairement.
SUBSTANTIEL, ELLE, adj. (çubecetancièle), où il y a beaucoup de substance.
SUBSTANTIELLEMENT, adv. (çubecetancièleman), quant à la substance.
SUBSTANTIF, s. et adj. m. (çubecetantif), nom qui seul, et sans le secours d'aucun autre mot, signifie tout être, toute chose qui est l'objet de notre pensée.
SUBSTANTIVEMENT, adv. (çubecetantiveman), en manière de substantif.
SUBSTITUÉ, E, part. pass. de substituer.
SUBSTITUER, v. a. (çubecetitué) (substituere), mettre à la place.
SUBSTITUT, s. m. (çubecetitu) (substitutus), suppléant.
SUBSTITUTION, s. f. (çubecetitucion), action de substituer.
SUBSTRUCTION, s. f. (çubecetrukcion) (substructio), construction souterraine.
SUBTERFUGE, s. m. (çubetèrefuje) (subterfugium), échappatoire, ruse.
SUBTIL, E, adj (çubetile) (subtilis), délié, fin; qui s'insinue promptement; adroit, rusé.
SUBTILEMENT, adv. (çubetileman), d'une manière subtile et adroite.
SUBTILISATION, s. f. (çubetilizácion), action de subtiliser par le feu.

SUBTILISER, v. a. (çubetilizé), rendre subtil, délié; tromper. — V. n., raffiner.
SUBTILITÉ, s. f. (çubetilité) (subtilitas), qualité de ce qui est subtil; ruse.
SUBULÉ, E, adj. (çubulé) (subula, alêne), qui est en forme d'alêne.
SUBURBICAIRE, adj. des deux g. (çuburbikière) (suburbicarius), se dit des provinces d'Italie qui composent le diocèse de Rome.
SUBVENIR, v. n. (çubevenir) (subvenire), secourir, soulager; suffire.
SUBVENTION, s. f. (çubevancion) (subventio), secours d'argent, subside.
SUBVENTIONNER, v. a. (çubevancioné), accorder des secours d'argent.
SUBVERSIF, IVE, adj. (çubevèrecif, ive), qui renverse, qui détruit.
SUBVERSION, s. f. (çubevèrecion) (subversio), renversement.
SUBVERTI, E, part. pass. de subvertir.
SUBVERTIR, v. a. (çubevèretir) (subvertere), renverser.
SUC, s. m. (çuk) (succus), liqueur qui s'exprime des viandes, des plantes, etc.
SUCCÉDANÉ, E, adj (çukcédané) (succedancus), t. de pharm., qu'on substitue.
SUCCÉDER, v. n. (çukcédé) (succedere), prendre la place de...; venir après; hériter.
SUCCÈS, s. m. (çukcé) (successus), réussite; issue d'une affaire.
SUCCESSEUR, s. m. (çukcècèçeur), qui succède à un autre.
SUCCESSIBILITÉ, s. f. (çukcècècibilité), qualité de ce qui est successible
SUCCESSIBLE, adj. des deux g. (çukcècècible), qui est ou qui rend habile à succéder.
SUCCESSIF, IVE, adj. (çukcècècif, ive), qui se succède sans interruption.
SUCCESSION, s. f. (çukcècècion) (successio), suite non interrompue; héritage.
SUCCESSIVEMENT, adv. (çukcècèciveman), tour-à-tour, l'un après l'autre.
SUCCIN, s. m. (çukcein) (succinum), ambre jaune.
SUCCINCT, E, adj. (çukceinkte) (succinctus, ceint), court, bref.
SUCCINCTEMENT, adv. (çukceinkteman), d'une manière succincte, en peu de mots.
SUCCION, s. f. (çukecion) (suctus, ús), action de sucer.
SUCCOMBER, v. n. (çukonbé) (succumbere), être accablé; être vaincu; mourir; avoir du désavantage.
SUCCUBE, s. m. (çukube) (succubare, être couché dessous), prétendu démon qui prend la forme d'une femme; cauchemar.
SUCCULENT, E, adj. (çukulan, ante), qui a beaucoup de suc, qui est fort nourrissant.
SUCCURSALE, adj et s. f. (çukurçale) (succurrere, aider), église qui sert d'aide à une paroisse; établissement subordonné à un autre.

SUCCURSALISTE, s. m. (çukurçalicete), desservant d'une *succursale*.

SUCÉ, E, part. pass. de *sucer*.

SUCEMENT, s. m. (*çuceman*), action de *sucer*.

SUCER, v. a. (çucé) (*sugere*), tirer quelque *suc* avec les lèvres.

SUCEUR, s. m. (*çuceur*), qui *suce* les plaies pour les guérir; ordre d'insectes.

SUÇOIR, s. m. (*çuçoar*), organe d'un insecte, etc., qui lui sert à *sucer*.

SUÇON, s. m. (*çuçon*), espèce d'élevure qu'on fait à la peau en la *suçant* fortement.

SUÇOTÉ, E, part. pass. de *suçoter*.

SUÇOTER, v. a. (*çuçoté*), *sucer* peu à peu et à diverses reprises. Fam.

SUCRE, s. m. (*çukre*) (*saccharum*), suc très-doux, tiré de plusieurs végétaux.

SUCRÉ, E, part. pass. de *sucrer*, et adj., où il y a du *sucre*; qui a le goût du *sucre*.

SUCRER, v. a. (çukré), mettre du *sucre* dans quelque chose.

SUCRERIE, s. f. (*çukreri*), lieu où l'on fait le *sucre*; raffinerie. — Au pl., choses où il entre beaucoup de *sucre*.

SUCRIER, s. m. (*çukri-é*), vase où l'on met du *sucre* en poudre ou en morceaux.

SUCRIN, adj. m. (*çukrein*), se dit d'un melon qui a le goût du *sucre*.

SUD, s. m. (*çude*), le midi, la partie du monde opposée au nord; vent du midi.

SUD-EST, s. m. (*çudèceie*), plage située au milieu de l'espace qui sépare le *sud* de *l'est*; vent qui souffle de cette plage.

SUDORIFÈRE et **SUDORIFIQUE**, adj. des deux g. et s. m. (*çudorifère, fike*) (*sudor*, sueur, et *ferre*, porter), remède qui provoque la *sueur*.

SUD-OUEST, s. m. (*çudouèceie*), plage située au milieu de l'espace qui sépare le *sud* de *l'ouest*; vent qui souffle de cette plage.

SUÉE, s. f. (*çué*), inquiétude mêlée de crainte qui fait *suer*. — Pop., grande dépense.

SUER, v. n. et a. (*çué*) (*sudare*), rendre par les pores quelques humeurs.

SUETTE, s. f. (*çuète*), maladie contagieuse qui consiste dans une *sueur* abondante.

SUEUR, s. f. (*cueur*) (*sudor*), humeur qui sort par les pores quand on *sue*; peine.

SUFFÈTES, s. m. pl. (*çufète*), t. d'antiq., nom des premiers magistrats de Carthage.

SUFFIRE, v. n. (*çufire*) (*sufficere*), pouvoir fournir et satisfaire aux besoins.

SUFFISAMMENT, adv. (*çufizaman*) (*sufficienter*), assez.

SUFFISANCE, s. f. (*çufizance*), ce qui *suffit*; habileté; vanité; présomption.

SUFFISANT, E, adj. et s. (*çufizan, ante*), qui *suffit*; orgueilleux, présomptueux.

SUFFOCANT, E, adj. (*çufokan, ante*), qui *suffoque*.

SUFFOCATION, s. f. (*çufokâcion*) (*suffocatio*), étouffement, perte de respiration.

SUFFOQUÉ, E, part. pass. de *suffoquer*.

SUFFOQUER, v. a. (*çufokié*) (*suffocare*), étouffer, faire perdre la respiration. — V. n.; perdre la respiration.

SUFFRAGANT, s. et adj. m. (*çufraguan*) *suffragans*), se dit d'un évêque à l'égard de son métropolitain.

SUFFRAGE, s. m. (*çufraje*) (*suffragium*), voix qu'on donne dans les délibérations et en matière d'élection; approbation.

SUFFUMIGATION, s. f. (*çufumiguácion*) (*suffumigatio*), fumigation.

SUFFUSION, s. f. (*çufusion*) (*suffusio*), épanchement.

SUGGÉRÉ, E, part. pass. de *suggérer*.

SUGGÉRER, v. a. (*çuguejére*) (*suggerere*), insinuer, inspirer une chose à quelqu'un.

SUGGESTION, s. f. (*çuguejècetion*) (*suggestio*), instigation, persuasion.

SUICIDE, s. m. (*cuicide*) (*sui*, de soi, et *cædes*, meurtre), action de celui qui se tue lui-même. — S. des deux g., qui se *suicide*.

se SUICIDER, v. pr. (*ceçuicidé*), se donner la mort volontairement.

SUIE, s. f. (*çui*) (en anglo-saxon *soothe*), matière noire et épaisse que laisse la fumée.

SUIF, s. m. (*çuife*) (*sebum*), graisse dont on fait la chandelle.

SUIFFER, v. a. Voy. SUIVER.

SUINT, s. m. (*çuein*), humeur épaisse qui *suinte* du corps des animaux.

SUINTEMENT, s. m. (*çueinteman*), action de *suinter*.

SUINTER, v. n. (*çueinté*) (*sudare*, suer), s'écouler presque insensiblement.

SUISSE, s. m. (*çuice*), portier, concierge; gardien d'une église; sorte de poisson.

SUITE, s. f. (*çuite*), ceux qui *suivent*; postérité; cortège; série; enchaînement, liaison, dépendance entre plusieurs choses; résultat; ce qui *suit*; continuation d'un ouvrage. — Au pl., testicules d'un sanglier.

SUIVANT, prép. (*çuivan*), selon, à proportion de...

SUIVANT, E, adj. et s. (*çuivan, ante*), qui *suit*. — Au f., femme de chambre.

SUIVÉ, E, part. pass. de *suiver*.

SUIVER, v. a. (*çuivé*), enduire de *suif*.

SUIVI, E, part. pass. de *suivre*, et adj., qui attire la foule; continu.

SUIVRE, v. a. (*çuivre*), aller après; aller dans une certaine direction; observer; accompagner, escorter; s'abandonner à...; se conformer à...; être après; résulter de...

SUJET, s. m. (*çujè*) (*subjectum*, ce qui est mis dessous), cause, raison, motif; matière d'un écrit, d'un tableau; objet; personne; cadavre qu'on dissèque.

SUJET, ETTE, adj. *(çujè, èle)*, qui est soumis, astreint à...; exposé à..; enclin à...— S., qui est soumis à une autorité souveraine.

SUJÉTION, s. f. *(çujécion) (subjectio)*, dépendance, assujétissement.

SULFATE, s. m. *(culefate)*, sel formé par l'acide *sulfurique* combiné avec une base.

SULFITE, s. m. *(culefite)*, sel formé par l'acide *sulfureux* combiné avec une base.

SULFURE, s. m. *(culefure)*, combinaison du *soufre* avec différentes bases.

SULFUREUX, EUSE, adj. *(culefureu, euze)*, qui tient de la nature du *soufre*.

SULFURIQUE, adj. des deux g. *(culefurike)*, se dit de l'acide du *soufre* le plus oxygéné.

SULTAN, s. m. *(culetan)*, l'empereur des Turcs; meuble de toilette.

SULTANE, s. f.*(culetane)*, femme du Grand-Seigneur; vaisseau de guerre turc.

SULTANIN, s. m. *(culetanein)*, espèce de monnaie d'or de Turquie.

SUMAC, s m. *(cumak)*, arbrisseau.

SUPER, v n. *(cupé)*, t. de mar., se boucher.

SUPERBE, adj. des deux g. *(cupèrebe) (superbus)*, orgueilleux, arrogant; grand, magnifique, somptueux. — S. f. *(superbia)*, orgueil.

SUPERBEMENT, adv. *(çupèrebeman)*, d'une manière *superbe*; magnifiquement.

SUPERCHERIE, s. f *(çupèrecheri)*, tromperie faite avec finesse.

SUPERFÉTATION, s. f. *(cupèrefétacion) (superfætatio)*, conception d'un fœtus lorsqu'il y en a déjà un dans le sein de la mère; *fig.* redondance, inutilité.

SUPERFICIE, s. f. *(cupèrefici) (superficies)*, surface; *fig.* aperçu.

SUPERFICIEL, ELLE, adj. *(cupèrefioièle)*, qui n'est qu'à la *superficie*.

SUPERFICIELLEMENT, adv. *(cupèreficièleman)*, d'une manière *superficielle*.

SUPERFIN, E, adj. *(cupèrefein, ine)*, très-*fin*; d'une qualité supérieure.

SUPERFLU, E, adj. *(cupèreflu)(superfluus)*, qui est de trop, inutile.—S. m., ce qui est au-delà du nécessaire.

SUPERFLUITÉ, s. f. *(cupèreflu-ité) (superfluitas)*, ce qui est *superflu*.

SUPÉRIEUR, E, s. *(cupèrieure)(superior)*, qui est au-dessus, qui a l'autorité. — Adj., qui est au-dessus, plus élevé.

SUPÉRIEUREMENT, adv. *(cupèrieureman)*, d'une manière *supérieure*, très-bien.

SUPÉRIORITÉ, s. f. *(cupèriorité)*, autorité, prééminence; excellence au-dessus des autres.

SUPERLATIF, IVE, adj. *(cupèrelatif, ive) (superlativus)*, t. de gramm., qui exprime la qualité bonne ou mauvaise portée au plus haut degré.— Il est aussi s. au m.

SUPERLATIVEMENT, adv. *(cupèrelativeman)*, au plus haut degré.

SUPERPOSÉ, E, part. pass. de *superposer*.

SUPERPOSER, v. a. *(cupèrepózé)*, poser dessus.

SUPERPOSITION, s. f. *(cupèrepózicion)*, action de *superposer*.

SUPERPURGATION, s. f. *(cupèrepureguácion)*, *purgation* excessive.

SUPERSÉDER, v. n. *(cupèrecédé)*, surseoir, différer pour un temps.

SUPERSTITIEUSEMENT, adv. *(cupèreceticieuzeman)*, d'une manière *superstitieuse*.

SUPERSTITIEUX, EUSE, adj. et s.*(cupèreceticieu, euze)*, qui a de la *superstition*.

SUPERSTITION, s. f. *(cupèreceticion) (superstitio)*, fausse idée des pratiques de la religion; vain présage; *fig.* excès de soin.

SUPIN, s. m. *(cupein) (supinus)*, partie d'un verbe latin qui sert à former plusieurs temps.

SUPINATEUR, s. et adj. m. *(cupinateur)*, muscle de l'avant-bras.

SUPINATION, s. f. *(cupinácion)*, action des muscles supinateurs.

SUPPLANTÉ, E, part. pass. de *supplanter*.

SUPPLANTER, v. a. *(cuplanté) (supplantare)*, déplanter), ruiner quelqu'un dans l'esprit d'un protecteur, etc., et se mettre à sa place.

SUPPLÉANT, E, s. et adj. *(cuplé-an, ante)*, qui *supplée*.

SUPPLÉÉ, E, part. pass. de *suppléer*.

SUPPLÉER, v. a. et n. *(cuplé-é) (supplere)*, ajouter ce qui manque; remplacer.

SUPPLÉMENT, s. m. *(cupléman) (supplementum)*, ce qu'on donne pour *suppléer*.

SUPPLÉMENTAIRE, adj. des deux g. *(cuplémantère)*, qui sert de *supplément*.

SUPPLÉTIF, IVE, adj. *(cuplétif, ive)*, qui sert de *supplément*.

SUPPLIANT, E, s. et adj. *(cupli-an, ante)*, qui prie, qui *supplie*.

SUPPLICATION, s. f. *(cuplikácion) (supplicatio)*, humble prière.

SUPPLICE, s. m. *(cuplice) (supplicium)*, punition corporelle ordonnée par la justice; douleur vive et longue; *fig.* peine.

SUPPLICIÉ, E, part. pass. de *supplicier*.— S., personne condamnée au *supplice*.

SUPPLICIER, v. a. *(cuplicié)*, faire souffrir le *supplice* de la mort à un criminel.

SUPPLIÉ, E, part. pass. de *supplier*.

SUPPLIER, v. a. *(cupli-é) (supplicare)*, prier humblement et avec instance.

SUPPLIQUE, s. f. *(cuplike)*, requête présentée pour demander quelque grace.

SUPPORT, s. m. *(cupor)*, ce qui *porte*, ce qui soutient une chose; *fig.* aide, appui.

SUPPORTABLE, adj. des deux g. *(cuportable)*, qu'on peut *supporter*.

SUPPORTABLEMENT, adv. *(cuportableman)*, d'une manière *supportable*.

SUPPORTÉ, E, part. pass. de *supporter*.

SUPPORTER, v. a. *(cuporté) (supportare)*, porter, soutenir; endurer; tolérer.

SUPPOSABLE, adj. des deux g. (çupósable), que l'on peut *supposer*.

SUPPOSÉ, E, part. pass. de *supposer*, et adj., faux.

SUPPOSER, v. a. (cupózé) (*supponere*), admettre une chose comme établie ; présumer; alléguer comme vrai ce qui est faux.

SUPPOSITION, s. f. (cupózicion), chose supposée; fausse allégation.

SUPPOSITOIRE, s. m. (cupózitoare) (*suppositorium*), médicament pour lâcher le ventre.

SUPPÔT, s. m. (çupó), membre d'un corps; fauteur et partisan.

SUPPRESSION, s. f. (cuprècion) (*suppressio*), action de *supprimer*.

SUPPRIMER, v. a. (cuprimé (*supprimere*), faire cesser de paraitre; taire; abolir.

SUPPURATIF, IVE, adj. (cupuratif, ive), qui fait *suppurer*.

SUPPURATION, s. f. (cupurácion) (*suppuratio*), écoulement du *pus* d'une plaie.

SUPPURER, v. n. (çupuré) (*suppurare*), rendre, jeter du *pus*.

SUPPUTATION, s f. (cupeputácion) (*supputatio*), compte, calcul.

SUPPUTÉ, E, part. pass. de *supputer*.

SUPPUTER, v. a et n. (cupeputé) (*supputare*), compter, calculer.

SUPRÉMATIE, s f. (cuprémaci), pouvoir *suprême*; supériorité.

SUPRÊME, adj. des deux g. (cupréme) (*supremus*), au-dessus de tout en son genre.

SUR (çur), prép. qui marque la situation d'une chose à l'égard d'une autre qui est au-dessous; tout proche; vers ; parmi ; à l'égard de...; d'après; durant.

SUR, E, adj. (cure) (de l'allemand *sauer*), qui a un goût acide, aigrelet.

SÛR, E, adj. (curé)(contraction de *securus*), certain, indubitable. infaillible.

SURABONDAMMENT, adv. (curabondaman), plus que suffisamment.

SURABONDANCE, s. f. (curabondance) , grande, excessive *abondance*.

SURABONDANT, E, adj.(curabondan, ante), qui *surabonde*.—S. m., le superflu.

SURABONDER, v. n. (curabondé) (*superabundare*), abonder au-delà du nécessaire.

SURACHETÉ, E, part. pass. de *suracheter*.

SURACHETER, v. a. (curacheté), acheter une chose plus qu'elle ne vaut. Peu us.

SUR-AIGU, E, adj (curégu), t. de mus., fort aigu.

SURAJOUTER, v. a. (curajouté), ajouter à ce qui a déjà été *ajouté*.

SUR-ALLER, v. n. (curalé), t. de chasse, se dit d'un chien qui passe sur la voie sans crier.

SUR-ANDOUILLER, s. m. (curandou-ié), *andouiller* plus grand que les autres.

SURANNATION, s. f. (curanenácion), cessation de l'effet d'un acte non renouvelé.

SURANNÉ, E, adj.(curanené), vieux; qui n'est plus d'usage.

SURANNER, v. n. (curanené), avoir plus d'un *an* de date.

SUR-ARBITRE, s. m. (curarbitre), arbitre qui juge entre deux autres *arbitres*.

SURARD, adj. m. (curar), se dit du vinaigre qui est préparé avec des fleurs de *sureau*.

SURBAISSÉ, E, adj. (curbècé) , se dit des voûtes qui s'*abaissent* vers le milieu.

SURBAISSEMENT, s. m. (curbèceman) quantité dont une arcade est *surbaissée*.

SUR-CENS, s. m. (curçance), rente seigneuriale.

SURCHARGE, s. f. (curcharjé), surcroît de *charge*; mots écrits sur d'autres.

SURCHARGÉ, E, part. pass. de *surcharger*.

SURCHARGER, v. a. (curcharjé), *charger* trop; faire une *surcharge*.

SURCHAUFFER, v. a. (curchófé), t. de forge, brûler le fer en partie.

SURCHAUFFURE, s. f. (curchófure), défaut dans l'acier pour avoir été trop *chauffé*.

SURCOMPOSÉ, E, adj. (curkonpózé), se dit des temps d'un verbe où l'on emploie deux fois l'auxiliaire *avoir*. — S. m., corps résultant de la combinaison d'autres *composés*.

SURCROÎT, s. m (curkroè), augmentation.

SURCROÎTRE, v. n. et a. (curkroètre) augmenter trop.

SURDENT, s. f. (curdan), dent qui vient sur une autre ou entre deux autres.

SURDITÉ, s. f. (curdité) (*surditas*), perte ou diminution du sens de l'ouïe.

SURDORÉ, E, part pass. de *surdorer*.

SURDORER, v. a. (curdoré), *dorer* doublement, dorer davantage, à fond.

SURDOS, s. m. (curdô), bande de cuir qui porte *sur* le *dos* d'un cheval de carrosse.

SUREAU, s m. (curó), arbrisseau.

SÛREMENT, adv. (cureman), avec *sûreté*; en assurance; certainement.

SURÉMINENT, E, adj. (curéminan, ante), éminent au suprême degré.

SURENCHÈRE, s. f. (curanchère), *enchère* faite sur une autre *enchère*.

SURENCHÉRI, E, part. pass. de *surenchérir*.

SURENCHÉRIR, v. a. et n. (curanchérir), faire une *surenchère*.

SURÉROGATION, s. f. (curéroguácion), ce qu'on fait au-delà de ce qu'on a promis.

SURÉROGATOIRE, adj. des deux g.(curéroguatoare), qui est au-delà de ce qu'on doit.

SURET, ETTE, adj. (curè, ète) dimin. de *sur*), qui est un peu acide, aigrelet.

SÛRETÉ, s. f. (cureté), état de ce qui est *sûr* et à l'abri de tout danger; caution.

SUREXCITATION, s. f. (curèkcitácion), augmentation de l'énergie vitale.

SURFACE, s. f. (curface, (superficies), longueur et largeur sans profondeur; dehors.
SURFAIRE, v. a. et n. (curfère), demander plus qu'il ne faut de sa marchandise.
SURFAIT, E, part. pass. de surfaire.
SURFAIX, s. m. (curfè), sangle de cheval qui se met sur les autres sangles.
SURGEON, s m. (curjon) (surculus), rejeton qui sort du tronc d'un arbre.
SURGIR, v. n. (curjir) (surgere), arriver, aborder; sortir de..., s'élever au-dessus de...
SURHAUSSEMENT, s. m. (curôceman), action de surhausser.
SURHAUSSER, v. a. (curôcé), élever plus haut.
SURHUMAIN, E, adj. (curumein, ine), qui surpasse les forces de l'homme.
SURINTENDANCE, s f (cureintandance), inspection et direction générale au-dessus des autres; charge de surintendant.
SURINTENDANT, s. m. (cureintandan), celui qui a la surintendance; directeur.
SURINTENDANTE, s. f. (cureintandante), femme de surintendant; directrice.
SURJET, s. m. (curjè), espèce de couture.
SURJETÉ, E, part. pass. de surjeter.
SURJETER, v. a. (curjeté), coudre en surjet.
SURLENDEMAIN, s. m. (curlandemein), le jour qui suit le lendemain.
SURLONGE, s. f. (curlonje), partie du bœuf où l'on prend les aloyaux
SURMENÉ, E, part. pass. de surmener.
SURMENER, v. a (curmené), excéder de fatigue en menant trop vite ou trop long-temps.
SURMONTABLE, adj. des deux g. (curmontable), qu'on peut surmonter.
SURMONTÉ, E, part. pass. de surmonter.
SURMONTER, v. a. (curmonté), monter au-dessus; fig. vaincre, surpasser.
SURMOÛT, s. m (curmoû), vin tiré de la cuve sans avoir cuvé ni avoir été pressuré.
SURMULET, s. m. (curmulé), poisson.
SURNAGER, v. n. (curnajé), se soutenir au-dessus d'un liquide sans s'y mêler.
SURNATUREL, ELLE, adj. (curnaturèle), qui est au-dessus des forces de la nature.
SURNATURELLEMENT, adv. curnaturèleman), d'une manière surnaturelle.
SURNOM, s. m. (curnon), nom ajouté au nom propre.
SURNOMMÉ, E, part. pass de surnommer
SURNOMMER, v. a. (curnomé), donner un surnom.
SURNUMÉRAIRE, s. et adj. des deux g. (curnumérère) (supernumerarius), au-dessus du nombre déterminé; commis non appointé.
SURNUMÉRARIAT, s. m. (curnumeraria), temps pendant lequel on reste surnuméraire.
SUROS, s. m. (curôce), tumeur dure située sur la jambe du cheval.

SURPASSÉ, E, part. pass. de surpasser.
SURPASSER, v. a. (curpácé), excéder, être plus élevé; surmonter; être au-dessus de...
SURPAYÉ, E, part. pass. de surpayer.
SURPAYER, v. a. (curpè-ié, payer une chose plus qu'elle ne vaut; acheter trop cher.
SURPEAU, s. f. (curpô), épiderme.
SURPLIS, s. m (curpli) (en bas lat. superpellicum), vêtement d'église.
SURPLOMB, s. m. (curplon), défaut de ce qui n'est pas à plomb.
SURPLOMBER, v. n. (curplonbé), n'être pas à plomb.
SURPLUS, s m (curplu), ce qui reste, l'excédant.—au SURPLUS, loc. adv., au reste.
SURPRENANT, E, adj. (curprenan, ante), qui surprend, qui étonne.
SURPRENDRE, v. a. (curprandre), prendre sur le fait; prendre à l'imprévu; étonner; tromper; obtenir frauduleusement.
SURPRIS, E, part. pass. de surprendre.
SURPRISE, s. f. (curpiize), action par laquelle on surprend; étonnement.
SURSAUT, s. m. (curcô) (contraction de soubresaut), surprise; réveil subit.
SURSÉANCE, s. f. (curcé-ance), délai, temps pendant lequel une affaire est sursise.
SURSEMÉ, E, part pass. de sursemer.
SURSEMER, v. a. (curcemé), semer sur une terre déjà ensemencée.
SURSEOIR, v a. et n. (curçoar), suspendre, remettre, différer.
SURSIS, E, part. pass. de surseoir.—S. m., délai.
SURSOLIDE, s. et adj. des deux g. (curçolide), quatrième puissance d'une grandeur.
SURTAUX, s. m. (curtô), taux qui excède ce qui devrait être imposé.
SURTAXE, s. f. curtakce), taxe trop forte; taxe ajoutée à d'autres.
SURTAXÉ, E, part. pass. de surtaxer.
SURTAXER, v. a. (curtakcé), taxer trop haut.
SURTOUT, s. m. (curtou), vêtement qu'on met par dessus tous les autres; pièce de vaisselle; petite charrette.
SURTOUT, adv. (curtou), avant toute chose; principalement.
SURVEILLANCE, s. f. (curvè-iance), action de surveiller.
SURVEILLANT, E, s. et adj. (curvè-ian, ante), qui surveille, qui prend garde.
SURVEILLE, s. f. (curvè ie), jour qui précède la veille.
SURVEILLÉ, E, part. pass. de surveiller.
SURVEILLER, v. a. el n. (curvè-ié), veiller, avoir l'œil sur...
SURVENANCE, s. f. (curvenance), arrivée qu'on n'a point prévue; action de survenir.
SURVENANT, E, s. et adj. (curvenan, ante), qui survient.

SURVENDRE, v. a. (çurvandre), vendre plus cher qu'il ne faut.
SURVENDU, E, part. pass. de *survendre*.
SURVENIR, v. n. (curvenir) (supervenire), arriver inopinément.
SURVENTE, s. f. (curvante), vente trop chère, au-dessus du prix de la chose.
SURVENU, E, part. pass. de *survenir*.
SURVIDÉ, E, part. pass. de *survider*.
SURVIDER, v. a. (çurvidé) (de *sur*, et de *vider*), désemplir un vaisseau trop plein.
SURVIE, s. f. (çurvi), t. de pal., état de celui qui *survit* à un autre.
SURVIVANCE, s. f. (çurvivance), droit de succéder à quelqu'un dans sa charge, etc.
SURVIVANCIER, IÈRE, s. (çurvivancié, ière), qui a la *survivance*.
SURVIVANT, E, s. et adj. (çurvivan, ante), qui *survit*.
SURVIVRE, v. n. (çurvivre) (supervivere), demeurer en *vie* après un autre.
SUS, prép. (çuce), sur.— Interj. dont on se sert pour exhorter. — en **SUS**, adv., au-delà.
SUSCEPTIBILITÉ, s. f. (çucecèpetibilité), disposition à se choquer trop aisément.
SUSCEPTIBLE, adj. des deux g. (çucecèpetible) (*suscipere*, recevoir), capable de recevoir une modification; qui s'offense aisément.
SUSCEPTION, s. f. (çucecèpecion) (*susceptio*), action de prendre les ordres sacrés.
SUSCITATION, s. f. (çucecitácion) (*suscitatio*), suggestion, instigation.
SUSCITÉ, E, part. pass. de *susciter*.
SUSCITER, v. a. (çucecité) (*suscitare*), faire naître, faire paraître.
SUSCRIPTION, s. f. (çucekripecion) (*susùm* pour *sursùm*, sur, et *scribere*, écrire), adresse qu'on met à une lettre, etc.
SUSDIT, E, adj. et s. (çucedi, ite), nommé ci-dessus.
SUSPECT, E, s. et adj. (çucepèkte) (*suspectus*), qui est soupçonné.
SUSPECTÉ, E, part. pass. de *suspecter*.
SUSPECTER, v. a. (çucepèkté) (*suspectare*), tenir pour *suspect*; soupçonner.
SUSPENDRE, v. a. (çucepandre) (*suspendere*), élever et attacher un corps en l'air; *fig.* surseoir, différer; interdire pour un temps.
SUSPENDU, E, part. pass. de *suspendre*.
SUSPENS, adj. m. (çucepan), interdit. — en **SUSPENS**, loc. adv., dans l'indécision.
SUSPENSE, s. f. (çucepance), censure qui *suspend* un ecclésiastique; interdiction.
SUSPENSEUR, s. m. (çucepançeur), muscle qui soutient, qui *suspend*.
SUSPENSIF, IVE, adj. (çucepancif, ive); qui *suspend*, qui arrête.
SUSPENSION, s. f. (çucepancion) (*suspensio*), action de *suspendre*; surséance.
SUSPENSOIR, s. m. (çucepançoar), bandage contre les hernies, etc.

SUSPICION, s. f. (çucepicion) (*suspicio*), soupçon, défiance.
SUSTENTÉ, E, part. pass. de *sustenter*.
SUSTENTER, v. a. (çucetanté) (*sustentare*), soutenir la vie de l'homme.
SUTURE, s. f. (çuture) (*sutura*, couture), jointure des os du crâne; couture d'une plaie.
SUZERAIN, E, adj. et s. (çuzerein, ène) (*susùm*, pour *sursùm*, sur), qui possède un fief dont d'autres fiefs relèvent.
SUZERAINETÉ, s. f. (çuzerèneté), qualité de *suzerain*.
SVELTE, adj. des deux g. (cèvèlete)(de l'italien *svelto*), délié, léger, délicat, élégant.
SYBARITE, s. m. (cibarite) (συβαριτυς), homme livré à la mollesse.
SYCOMORE, s. m. (cikomore) (συκομορεα), érable blanc, arbre à larges feuilles.
SYCOPHANTE, s. m. (cikofante) (συκοφαντης, délateur), fourbe; délateur; coquin.
SYLLABAIRE, s. m. (cilelabère), livre élémentaire pour apprendre à lire.
SYLLABE, s. f. (cilelabe) (συλλαβη), son qui se prononce par une seule émission de voix.
SYLLABIQUE, adj. des deux g. (cilelabike), qui a rapport aux *syllabes*.
SYLLEPSE, s. f. (cilelèpce) (συλληψις), expression, figure qui répond plutôt à notre pensée qu'aux règles de la grammaire.
SYLLOGISME, s. m. (cilelojiceme) (συλλογισμος, raisonnement), raisonnement renfermé dans trois propositions.
SYLLOGISTIQUE, adj. des deux g. (cilelojicetike), qui appartient au *syllogisme*.
SYLVAIN, s. m. (cilevein) (*sylva*, forêt), dieu des forêts, selon la fable.
SYMBOLE, s. m. (ceinbole) (συμβολον), figure qui désigne une chose; signe, emblème.
SYMBOLIQUE, adj. des deux g.(ceinbolike), qui sert de *symbole*.
SYMBOLISER, v. n. (ceinbolizé), avoir du rapport, de la conformité avec...
SYMÉTRIE, s. f.(cimétri)(συμμετρια), proportion et rapport entre les parties d'un tout.
SYMÉTRIQUE, adj. des deux g. (cimétrike), qui a de la *symétrie*.
SYMÉTRIQUEMENT, adv. (cimétrikeman), avec *symétrie*.
SYMÉTRISER, v. n. (cimétrizé), faire *symétrie*.
SYMPATHIE, s. f. (ceinpati) (συμπαθεια), convenance, rapport d'inclination.
SYMPATHIQUE, adj. des deux g. (ceinpatike), qui appartient à la *sympathie*.
SYMPATHISER, v. n.(ceinpatizé), avoir de la *sympathie*.
SYMPHONIE, s. f. (ceinfoni) (συμφωνια), concert d'instruments de musique.

SYMPHONISTE, s. m. (ceinfonicete), qui compose ou exécute des *symphonies*.

SYMPHYSE, s. f. (ceinfize) (συμφυσις), t. d'anat., liaison de deux os du bassin.

SYMPTOMATIQUE, adj. des deux g. (ceinpetomatike), qui appartient au *symptôme*.

SYMPTÔME, s. m. (ceinpetôme) (συμπτωμα), signe dans une maladie; indice, présage.

SYNAGOGUE, s. f. (cinaguogue) (συναγωγη), congrégation, assemblée des Juifs.

SYNALÈPHE, s. f. (cinalèfe) (συναλειφα), contraction de syllabes.

SYNALLAGMATIQUE, adj. des deux g. (cinalaguematike) (συναλλαγμα, échange), qui contient des engagements mutuels.

SYNARTHROSE, s. f. (cinartrôse) (συναρθρωσις) articulation des os sans mouvement.

SYNCHONDROSE, s. f. (cinkondrôze)(συγχονδρωσις), symphyse cartilagineuse.

SYNCHRONE, adj. des deux g. (ceinkrone) (συν, avec, et χρονος, temps), simultané.

SYNCHRONIQUE, adj. des deux g. (ceinkronike). qui se fait en même temps.

SYNCHRONISME, s. m. (ceinkroniceme), simultanéité.

SYNCHYSE, s. f. (ceinkize) (συγχυσις, confusion), transposition de mots.

SYNCOPE, s. f.(ceinkope) (συγκοπη, retranchement), défaillance, pâmoison; t. de gramm., retranchement d'une lettre ou d'une syllabe au milieu d'un mot; en mus., note qui commence sur un temps et finit sur un autre.

SYNCOPÉ, E, part. pass. de *syncoper*.

SYNCOPER, v. a. et n. (ceinkopé), t. de mus., faire une *syncope*.

SYNCRÉTISME, s. m. (ceinkréticeme)(συγκρητισμος), conciliation de diverses sectes.

SYNDÉRÈSE, s. f. (ceindérèze) (συντηρησις), remords de conscience. Vieux.

SYNDIC, s. m. (ceindik) (συνδικος, avocat), celui qui est chargé des affaires d'un corps.

SYNDICAL, E, adj. (ceindikale), qui a rapport au *syndic*.—Au pl. m. syndicaux.

SYNDICAT, s. m. (ceindika), charge, emploi, commission de *syndic*.

SYNECDOCHE ou **SYNECDOQUE**, s. f. (cinèkdoche, doke) (συνεκδοχη), figure par laquelle on prend la partie pour le tout, etc.

SYNÉRÈSE, s. f. (cinérèze)(συναιρησις), contraction, réunion de deux syllabes en une.

SYNÉVROSE, s. f. (cinévrôze)(συν, avec, et νευρον, nerf), symphyse ligamenteuse.

SYNGÉNÉSIE, s. f. (ceinjénézi)(συν, avec, et γινομαι, naître), classe de plantes.

SYNODAL, E, adj. (cinodale), qui a rapport au *synode*.—Au pl. m. synodaux.

SYNODALEMENT, adv.(cinodalman), en *synode*.

SYNODE, s. m. (cinode)(συνοδος), assemblée d'ecclésiastiques.

SYNODIQUE, adj. des deux g. (cinodike), qui est émané du *synode*.

SYNONYME, adj. des deux g. et s. m.(cinonime)(συν, avec, et ονυμα, nom), mot qui a la même signification qu'un autre.

SYNONYMIE, s. f. (cinonimi), qualité des mots *synonymes*.

SYNONYMIQUE, adj. des deux g. (cinonimike), qui appartient à la *synonymie*.

SYNOPTIQUE, adj. des deux g. (cinopetike) (συνοπτικος), qui se voit d'un seul coup d'œil.

SYNOQUE, adj. et s. f. (cinoke) (συν, avec, et εχω, je tiens), se dit d'une fièvre continue.

SYNOVIAL, E, adj. (cinoviale), qui a rapport à la *synovie*.—Au pl. m. synoviaux.

SYNOVIE, s. f. (cinovi) (συν, ensemble, et ωον, œuf), humeur des articulations.

SYNTAXE, s. f. (ceintakce) (συνταξις), t. de gramm., construction des phrases.

SYNTAXIQUE, adj. des deux g. (ceintakcike), de la syntaxe.

SYNTHÈSE, s. f. (ceintèze)(συνθεσις), méthode de composition qui va des principes aux conséquences; t. de chir. et de chim., réunion de parties divisées.

SYNTHÉTIQUE, adj. des deux g. (ceintétike), qui appartient à la *synthèse*.

SYNTHÉTIQUEMENT, adv. (ceintétikeman), d'une manière *synthétique*.

SYRIAQUE, s. m. et adj. des deux g. (ciriake), se dit de la langue des anciens *Syriens*.

SYRINGAT, s. m. Voy. SERINGAT.

SYRINGOTOMIE, s. f. (cireinguotomi) (συριγξ, συριγγος, tuyau, et τεμνω, je coupe), t. de chir., opération de la fistule.

SYRTES, s. m. pl. Voy. SIRTES.

SYSTALTIQUE, adj. des deux g. (cicetaletike) (συσταλλω, je contracte), qui contracte.

SYSTÉMATIQUE, adj. des deux g. (cicetématike), qui appartient au *système*.

SYSTÉMATIQUEMENT, adv. (cicetématikeman), d'une manière *systématique*.

SYSTÈME, s. m. (cicetème) (συστημα, assemblage), assemblage de principes vrais ou faux formant une doctrine; distribution; assemblage de corps; plan, dessein; méthode.

SYSTOLE, s. f. (cicetole), mouvement du cœur lorsqu'il se resserre.

SYSTYLE, adj. des deux g. et s. m. (cicetile), entre-colonnement à quatre modules.

SYZYGIE, s. f. (ciziji) (συζυγια, conjonction), nouvelle ou pleine lune.

T, s. m. (prononcez *te*, et non plus *té*), vingtième lettre et seizième consonne de l'alphabet français.

TA, adj. poss. f. de la 2e pers: (*ta*), au m. *ton*.

TABAC, s. m. (*taba*), plante qu'on prépare de diverses manières et qu'on mâche, qu'on fume, ou qu'on prend en poudre par le nez.

TABAGIE, s. f. (*tabaji*), lieu public où l'on va fumer du *tabac*.

TABARIN, s. m. (*tabarein*), bouffon.

TABARINAGE, s. m. (*tabarinaje*), action de *tabarin*, bouffonnerie.

TABATIÈRE, s. f. (*tabatière*), petite boîte où l'on met du *tabac* en poudre.

TABELLION, s. m. (*tabèléti-on*) (*tabellio*), notaire. Vieux.

TABELLIONAGE, s. m. (*tabèléti-onaje*), office, fonction, étude du *tabellion*.

TABERNACLE, s. m. (*tabèrenakle*) (*tabernaculum*), tente, pavillon; coffret où l'on renferme le saint ciboire.

TABIDE, adj. des deux g. (*tabide*) (*tabidus*), qui est d'une maigreur excessive.

TABIS, s. m. (*tabi*), gros taffetas ondé.

TABISÉ, E, part. pass. de *tabiser*.

TABISER, v. a. (*tabisé*), rendre une étoffe ondée comme le *tabis*.

TABLATURE, s. f. (*tablature*), marques pour indiquer le chant; *fig.* embarras.

TABLE, s. f. (*table*) (*tabula*), meuble à pieds qui sert à divers usages; table à manger; lame de métal; pierre plate; index; sommaire d'un livre; le haut d'un instrument à cordes.

TABLEAU, s. m. (tabló) (tabula), ouvrage de peinture; ce qui frappe la vue; description; résumé succinct; liste; table; cadre.

TABLER, v. n. (tablé), au jeu de trictrac, disposer les dames selon les règles du jeu.

TABLETIER, IÈRE, s. (tabletié, ière), qui fait des ouvrages d'ivoire, etc.

TABLETTE, s. f. (tablète) (tabula, planche), planche posée pour mettre quelque chose dessus; pierre plate; composition solide d'une forme aplatie.—Au pl., feuilles préparées pour écrire.

TABLETTERIE, s. f. (tableteri), métier du tabletier; ouvrage du tabletier.

TABLIER, s. m. (tablié), pièce d'étoffe ou de peau qu'on met devant soi; ornement sur la face d'un piédestal; partie d'un pont-levis qui se lève et s'abaisse; damier ou échiquier.

TABLOIN, s. m. (tabloein) (tabula, planche), t. de fortif., plate-forme.

TABOURET, s. m. (tabouré), siège sans bras ni dos; plante.

TAC, s. m. (tak), maladie contagieuse des moutons.

TACET, s. m. (tácète) (mot latin qui signifie : il se tait, t. de mus., silence.

TACHE, s. f. (tache) (du bas-breton tache, souillure), souillure, marque qui salit.

TÂCHE, s. f. (táche) (taxare, taxer), ouvrage à faire dans un certain temps.

TACHÉ, E, part. pass. de tacher.

TACHÉOGRAPHIE, Voy. TACHYGRAPHIE.

TACHER, v. a. (taché), souiller, salir, faire une tache.

TÂCHER, v. n. (táché) (satagere, s'empresser), s'efforcer de; viser, songer à...

TACHETÉ, E, part. pass. de tacheter; et adj., marqueté.

TACHETER, v. a. (tacheté); marquer de plusieurs taches.

TACHYGRAPHE, s. m. (tachiguerafe), qui connaît la tachygraphie.

TACHYGRAPHIE, s. f. (tachiguerafi) (ραχυς, vite, et γραφω, j'écris), art d'écrire par abréviations et aussi vite que l'on parle.

TACHYGRAPHIQUE, adj. des deux g. (tachiguerafike), de la tachygraphie.

TACITE, adj. des deux g. (tacite) (tacitus), qui est sous-entendu.

TACITEMENT, adv. (taciteman), d'une manière tacite.

TACITURNE, adj. des deux g. (taciturne) (taciturnus), qui parle peu, sombre, rêveur.

TACITURNITÉ, s. f. (taciturnité), état, humeur de celui qui est taciturne.

TACT, s. m. (takte) (tactus), le sens du toucher; fig., jugement; goût.

TAC-TAC, s. m. (taketak), onomatopée dont on se sert pour exprimer un bruit réglé.

TACTICIEN, s. m. (takticieïn), celui qui est versé, habile dans la tactique.

TACTILE, adj. des deux g. (taketile) (tactilis), qui se peut toucher.

TACTION, s. f. (taketion) (tactio), action du toucher. Peu us.

TACTIQUE, s. f. (taketike) (ταχτος, rangé), science de la guerre.

TAEL, s. m. (ta-iel), monnaie de compte de la Chine, du Japon, etc.

TAFFETAS, s. m. (tafetá), étoffe de soie fort mince et tissue comme la toile.

TAFIA, s. m. (tafia), eau-de-vie de sucre.

TAÏAUT (ta-ió), cri du chasseur quand il voit le cerf, le daim, le chevreuil, etc.

TAIE, s. f. (tè), sac qui enveloppe un oreiller; tache blanche sur l'œil.

TAILLABLE, adj. des deux g. (tá-iable), sujet à la taille.

TAILLADE, s. f. (tá-iade), coupure, entaille dans la chair, etc.

TAILLADÉ, E, part. pass. de taillader.

TAILLADER, v. a. (tá-iadé), faire des taillades.

TAILLANDERIE, s. f. (tá-ianderi), métier ou ouvrage du taillandier.

TAILLANDIER, s. m. (tá-iandié), ouvrier qui fait toute sorte d'outils.

TAILLANT, s. m. (tá-ian), tranchant d'une lame.

TAILLE, s. f. (tá-ie), tranchant; coupe; manière de tailler; stature; conformation du corps; ancien impôt; bâton pour marquer des fournitures; terme de musique; t. de chir., extraction de la pierre.

TAILLÉ, E, part. pass. de tailler.

TAILLE-DOUCE, s. f. (tá-iedouce), gravure sur cuivre faite au burin seul.

TAILLE-MER, s. m. (tá-iemère), partie inférieure de l'éperon d'un navire.

TAILLER, v. a. (tá-ié) (du lat. barbare taliare), couper; retrancher en coupant; faire l'opération de la taille.

TAILLERESSE, s. f. (tá-ierèce), ouvrière qui taillait les monnaies. Vieux.

TAILLEUR, EUSE, s. (tá-ieur, euse), qui taille; qui fait des habits.

TAILLIS, s. m. (tá-ie-i), bois que l'on taille, que l'on coupe de temps en temps.

TAILLOIR, s. m. (tá-ioar), bois sur lequel on taille, ou coupe de la viande; en archit., partie supérieure du chapiteau.

TAILLON, s. m. (tá-ion), impôt qui se levait autrefois sur la taille.

TAIN, s. m. (tein) (stannum), mince lame d'étain qu'on met derrière les miroirs.

TAIRE, v. a. (tère) (tacere), ne dire pas, garder le secret sur quelque chose.—V. pr., ne point parler.

TAISSON, s. m. (tècon), blaireau.

TALAPOIN, s. m. (talapoeïn), prêtre idolâtre dans certaines parties de l'Inde.

TALC, s. m. (taleke), sorte de pierre transparente et qui se lève par feuilles.

TALED, s. m. (*talède*), voile dont les Juifs se couvrent la tête dans leurs synagogues.

TALENT, s. m. (*talan*) (*talentum*) t. d'antiq., certain poids d'or ou d'argent; *fig.* don, aptitude pour certaines choses; habileté.

TALER ou DALER. Voy. THALER.

TALION, s. m. (*talion*) (*talio*), punition pareille à l'offense.

TALISMAN, s. m. (*taliceman*) (τελεσμα, conservation), prétendu préservatif.

TALISMANIQUE, adj. des deux g. (*talicemanike*), qui a rapport au *talisman*.

TALLE, s. f. (*tale*), branche, jet qu'un arbre, une plante pousse à son pied.

TALLER, v. n. (*talé*), pousser une ou plusieurs *talles*.

TALLIPOT, s. m. (*talipô*), palmier.

TALMOUSE, s. f. (*talemouze*), sorte de pâtisserie.

TALMUD, s. m. (*talemude*), livre qui contient la loi et les traditions des Juifs.

TALMUDIQUE, adj. des deux g. (*talemudike*), qui appartient au *Talmud*.

TALMUDISTE, s. m. (*talemudicete*), qui est attaché aux opinions du *Talmud*.

TALOCHE, s. f. (*taloche*) (du vieux mot français *taler*, meurtrir), coup sur la tête.

TALON, s. m. (*talon*), partie postérieure du pied; au jeu, reste des cartes distribuées.

TALONNÉ, E, part. pass. de *talonner*.

TALONNER, v. a. (*taloné*), poursuivre de près; *fig.* presser, importuner. Fam.

TALONNIÈRE, s. f. (*talonière*), ailes que, selon la fable, Mercure portait au *talon*.

TALUS, s. m. (*tálu*), pente qu'on donne à une muraille ou à une élévation de terre.

TALUTÉ, E, part. pass. de *taluter*.

TALUTER, v. a. (*taluté*), élever en *talus*; donner du pied, de la pente.

TAMARIN, s. m. (*tamarein*), fruit du *tamarinier*; espèce de singe.

TAMARINIER, s. m. (*tamarinié*), arbre des Indes.

TAMARIS ou TAMARIX, s. m. (*tamaricc, rikce*), arbrisseau à feuilles très-petites.

TAMBOUR, s. m. (*tanbour*) (en espagnol *tambor*), instrument militaire; celui qui en bat; boîte du ressort d'une montre; saillie de maçonnerie; avance de menuiserie; cylindre; tamis; tympan de l'oreille; assise de colonne; t. de fortif., retranchement.

TAMBOURIN, s. m. (*tanbourein*), sorte de *tambour*, air vif et gai.

TAMBOURINÉ, E, part. pass. de *tambouriner*.

TAMBOURINER, v. a. (*tanbouriné*), réclamer, proclamer au son du *tambour*. — V. n., battre le *tambour* ou le *tambourin*.

TAMBOURINEUR, s. m. (*tanbourineur*), celui qui *tambourine*.

TAMINIER, s. m. (*taminié*), plante.

TAMIS, s. m. (*tami*) (*attaminare*, sasser), espèce de sas qui sert à passer des matières pulvérisées ou des liqueurs épaisses.

TAMISÉ, E, part. pass. de *tamiser*.

TAMISER, v. a. (*tamisé*), passer par le *tamis*.

TAMPON, s. m. (*tanpon*) (du celtique *tampon*), morceau de bois, etc., qui sert à boucher.

TAMPONNÉ, E, part. pass. de *tamponner*.

TAMPONNER, v. a. (*tanponé*), boucher avec le *tampon*.

TAM-TAM, s. m. (*tametame*), sorte d'instrument de musique.

TAN, s. m. (*tan*) (en bas lat. *tannum*), poudre d'écorce de chêne pour *tanner*.

TANAISIE, s. f. (*tanezi*), plante.

TANCÉ, E, part. pass. de *tancer*.

TANCER, v. a. (*tancé*) (*tangere*, toucher), réprimander, gronder, menacer.

TANCHE, s. f. (*tanche*), poisson d'eau douce.

TANDIS QUE, conj. (*tandike*), en attendant, pendant que.

TANDOUR, s. m. (*tandoure*), chez les Turcs, table carrée couverte d'un tapis et sous laquelle on met un réchaud rempli de braise.

TANGAGE, s. m. (*tanguaje*), t. de mar., balancement d'un navire.

TANGARA, s. m. (*tanguara*), oiseau.

TANGENCE, s. f. (*tanjance*), contact.

TANGENTE, s. f. (*tanjante*) (*tangere*, toucher), ligne droite qui touche une courbe.

TANGIBLE, adj. des deux g. (*tanjible*), qu'on peut toucher.

TANGUER, v. n. (*languié*), avoir du *tangage*, en parlant d'un vaisseau.

TANIÈRE, s. f. (*tanière*) (en bas lat. *tana*), cavité où des bêtes sauvages se retirent.

TANNAGE, s. m. (*taneje*), art d'imprégner de *tanin* les peaux et les cuirs.

TANNANT, E, adj. (*tanan, ante*), qui *tanne*.

TANNE, s. f. (*tané*), petite tache noire sur le visage; bulbe dans les pores de la peau.

TANNÉ, E, part. pass. de *tanner*, et adj., qui a la couleur du *tan*.

TANNER, v. a. (*tané*), préparer les cuirs avec du *tan*; *fig.* fatiguer; molester. Pop.

TANNERIE, s. f. (*taneri*), lieu où l'on *tanne*.

TANNEUR, s. m. (*taneur*), celui qui *tanne* des cuirs, qui vend des cuirs *tannés*.

TANNIN, s. m. (*tanein*), substance qui se trouve dans l'écorce du chêne.

TANT, adv. (*tan*) (*tantùm*), tellement; si fort; en si grand nombre; à tel point. — TANT MIEUX, loc. adv. pour marquer qu'on est content d'une chose. — TANT PIS, loc. adv. pour marquer qu'on est fâché d'une chose.

TANTE, s. f. (*tante*) (*amita*), sœur du père ou de la mère; femme de l'oncle.

TANTET, s. m. (*tanté*), une très-petite quantité, tant soit peu. Fam.

TANTINET, s. m. (*tantiné*), un peu. Pop.

TANTÔT, adv. (*tantô*) (de l'italien *tosto*), dans un peu de temps; il y a peu de temps.

TAON, s. m. (*ton*) (*tabanus*), grosse mouche à aiguillon qui s'attache aux bœufs, etc.

TAPABOR, s. m. (*tapabor*) (corruption de *cap à bord*), bonnet de campagne.

TAPAGE, s. m. (*tapaje*), désordre accompagné d'un grand bruit. Fam.

TAPAGEUR, EUSE, s. (*tapajeur, euze*), qui fait du *tapage*.

TAPE, s. f. (*tape*) (de l'espagnol *tapa*, couvercle), coup de main.

TAPÉ, E, part. pass. de *taper*, et adj., se dit de fruits aplatis et séchés au four.

TAPE-CUL, s. m. (*tapeku*), bascule qui s'abaisse par contrepoids; voiture cahotante.

TAPER, v. a. et n. (*tapé*), donner des *tapes*; frapper; friser. Fam.

en **TAPINOIS**, loc. adv. (*tapinoa*) (*talpa*, taupe), sourdement, en cachette.

TAPIOCA, s. m. (*tapioka*), sédiment que dépose la racine de manioc.

TAPIR, s. m. (*tapir*), mammifère d'Amérique.

se **TAPIR**, v. pr. (*cetapir*), se cacher en se tenant dans une posture raccourcie.

TAPIS, s. m. (*tapi*) (*tapes, tapetis*), pièce d'étoffe dont on couvre une table, etc.

TAPISSÉ, E, part. pass. de *tapisser*.

TAPISSER, v. a. (*tapicé*), orner de *tapisseries* les murs d'une chambre, etc.; couvrir.

TAPISSERIE, s. f. (*tapiceri*), ouvrage fait à l'aiguille sur du canevas avec de la laine, de la soie, etc.; étoffe pour tenture.

TAPISSIER, IÈRE, s. (*tapicié, ière*), qui travaille en meubles de *tapisserie*.

TAPISSIÈRE, s. f. (*tapicière*), voiture suspendue pour transporter des meubles.

TAPON, s. m. (*tapon*) (de l'espagnol *tapar*, boucher), se dit des étoffes qu'on bouchonne.

TAPOTÉ, E, part. pass. de *tapoter*.

TAPOTER, v. a. (*tapoté*), donner de petits coups à plusieurs reprises. Fam.

TAQUÉ, E, part. pass. de *taquer*.

TAQUER, v. a. (*takié*), promener le *taquoir* sur une forme d'impression.

TAQUET, s. m. (*takè*), petit piquet enfoncé dans la terre; t. de mar., crochet.

TAQUIN, E, s. et adj. (*takiein, ine*) (de l'italien *tasca*, bourse); avare; mutin; opiniâtre.

TAQUINÉ, E, part. pass. de *taquiner*.

TAQUINEMENT, adv. (*takineman*), d'une manière *taquine*.

TAQUINER, v. a. et n. (*takiné*), avoir l'habitude de contrarier sur de petits objets.

TAQUINERIE, s. f. (*takineri*), caractère mutin, opiniâtre; action de *taquin*. Fam.

TAQUOIR, s. m. (*takoar*), petite planche de bois tendre dont on se sert pour *taquer*.

TARABUSTÉ, E, part. pass. de *tarabuster*.

TARABUSTER, v. a. (*tarabuceté*), importuner; brusquer; traiter rudement.

TARARE, interj. (*tarare*), je m'en moque, je n'en crois rien. Fam.

TARAUD, s. m. (*taro*) (augm. de *tarière*), pièce d'acier à vis qui sert à faire les écrous.

TARAUDÉ, E, part. pass. de *tarauder*.

TARAUDER, v. a. (*taròdé*), percer une pièce de bois ou de métal en écrou.

TARD, adv. (*tar*) (*tardè*), hors d'heure, au-delà du temps prescrit; vers la fin du jour.

TARDER, v. n. (*tardé*) (*tardare*), différer. —V. impers., avoir impatience.

TARDIF, IVE, adj (*tardif, ive*) (*tardus*), qui vient *tard*; lent; qui mûrit après les autres.

TARDIVEMENT, adv. (*tardiveman*) (*tardè*), avec lenteur.

TARDIVETÉ, s. f. (*tardiveté*) (*tarditas*), lenteur à mûrir; lenteur de mouvement.

TARE, s. f. (*tare*) (φθορά, corruption), déchet, diminution; vice, défectuosité.

TARÉ, E, part. pass. de *tarer*, et adj., avarié; fig. perdu d'honneur.

TARENTELLE, s. f. (*tarantèle*), danse des environs de *Tarente*, en Italie.

TARENTISME, s. m. (*taranticeme*), maladie causée par la piqûre de la *tarentule*.

TARENTULE, s. f. (*tarantule*), grosse araignée venimeuse; petit lézard.

TARER, v. a. (*taré*), causer de la *tare*; corrompre; peser un vase avant de le remplir.

TARGE, s. f. (*tarje*), sorte de bouclier.

TARGETTE, s. f. (*tarjète*), petit verrou plat pour fermer les portes, les fenêtres.

se **TARGUER**, v. pr. (*cetargué*) (du mot *targe*), se prévaloir avec ostentation.

TARGUM, s. m. (*targuome*), commentaire chaldaïque de l'Ancien Testament.

TARI, s. m. (*tari*), liqueur agréable qu'on tire des palmiers et des cocotiers.

TARI, E, part. pass. de *tarir*.

TARIÈRE, s. f. (*tarière*) (*terebra*), outil qui sert à percer; sonde.

TARIF, s. m. (*tarif*) (mot arabe), rôle qui marque les prix ou les droits à payer.

TARIFÉ, E, part. pass. de *tarifer*.

TARIFER, v. a. (*tarifé*), réduire à un *tarif*.

TARIN, s. m. (*tarein*), petit oiseau.

TARIR, v. a. (*tarir*) (*arere*, être à sec), mettre à sec, épuiser. — V. n., s'épuiser.

TARISSABLE, adj des deux g. (*tariçable*), qui peut se *tarir* ou être *tari*.

TARISSEMENT, s. m. (*tariceman*), dessèchement, état de ce qui est *tari*.

TARLATANE, s. f. (*tarlatane*), espèce de mousseline très-claire.

TAROTÉ, E, adj. (*taroté*), se dit de cartes marquées de grisaille sur le dos.

TAROTS, s. m. pl. (*taro*), cartes *tarotées*.

TAROUPE, s. f. (*taroupe*), espace entre les sourcils; poils qui y croissent. Peu us.

TARSE, s. m. (*tarce*) (*tarsos*, claie), partie du pied qu'on appelle communément coudepied; troisième article du pied des oiseaux.

TARSIEN, IENNE, adj. (*tarciein, iène*), qui a rapport au *tarse*.

TARSIER, s. m. (*tarcié*), mammifère de l'ordre des quadrumanes.

TARTAN, s. m. (*tartan*), étoffe de laine à carreaux; châle de *tartan*.

TARTANE, s. f. (*tartane*), barque, petit bâtiment en usage sur la Méditerranée.

TARTARE, s. m. (*tartare*) (*tartarus*), myth., lieu où les coupables sont tourmentés dans les enfers; autrefois, valet des troupes à cheval.

TARTAREUX, EUSE, adj. (*tartareu, euze*), qui a la qualité du *tartre*.

TARTARIQUE, adj. des deux g. (*tartarike*), qui a rapport au sel de *tartre*.

TARTE, s. f. (*tarte*) (*torta*, tourte), pièce de pâtisserie.

TARTELETTE, s. f. (*tartelète*), petite *tarte*.

TARTINE, s. f. (*tartine*), tranche de pain recouverte de quelque aliment.

TARTRATE, s. m. (*tartrate*), sel formé d'acide *tartarique*.

TARTRE, s. m. (*tartre*) (*tartarum*), dépôt terreux du vin émétique; concrétion pierreuse autour des dents.

TARTRIQUE, adj. des deux g. Voy. TARTARIQUE.

TARTUFE, s. m. (*tartufe*) (du nom du principal personnage d'une des comédies de Molière), faux dévôt, hypocrite.

TARTUFERIE, s. f. (*tartuferi*), caractère, action, maintien de *tartufe*. Fam.

TAS, s. m. (*tâ*) (*tassen*, arranger), amas, monceau; multitude; enclume portative.

TASSE, s. f. (*tâce*) (de l'arabe *thas*), vase dont on se sert pour boire; son contenu.

TASSÉ, E, part. pass. de *tasser*, et adj.

TASSEAU, s. m. (*tâcô*), morceau de bois qui sert à soutenir une tablette.

TASSEMENT, s. m. (*tâceman*), mouvement de ce qui *tasse*; action de *tasser*.

TASSER, v. a. (*tâcé*), mettre des choses en tas.— V. n., s'élargir; t. d'arcbit., s'affaisser.

TASSETTE, s. f. (*tâcète*), pièces d'une armure au bas et au défaut de la cuirasse.

TÂTÉ, E, part. pass. de *tâter*.

TÂTER, v. a. (*tâté*) (*tactum*, supin de *tangere*, toucher), toucher, manier; essayer

TÂTEUR, EUSE, s. et adj. (*tâteur, euze*), qui *tâte*; fig. qui est irrésolu.

TÂTE-VIN, s. m. (*tâtevein*), instrument pour tirer le *vin* par un bondon.

TÂTILLON, ONNE, s. (*tâti-ion, one*), qui *tâtillonne*. Fam.

TÂTILLONNAGE, s. m. (*tâti-ionaje*), action de *tâtillonner*. Fam.

TÂTILLONNER, v. n. (*tâti-ioné*) (de *tâter*), entrer inutilement dans de petits détails. Fam.

TÂTONNÉ, E, part. pass. de *tâtonner*.

TÂTONNEMENT, s. m. (*tâtoneman*), action de *tâtonner*.

TÂTONNER, v. n. (*tâtoné*), marcher dans l'obscurité en *tâtant*; fig. hésiter.

TÂTONNEUR, EUSE, s. (*tâtoneur, euze*), qui *tâtonne*.

à TÂTONS, loc. adv. (*atâton*), en tâtonnant dans l'obscurité.

TATOU, s. m. (*tatou*), genre de mammifères.

TATOUAGE, s. m. (*tatouaje*), action de *tatouer*.

TATOUÉ, E, part. pass. de *tatouer*.

TATOUER, v. a. (*tatoué*), bariolerle corps de diverses couleurs.

TAUDION ou TAUDIS, s. m. (*tôdion, tôdi*), lieu petit et malpropre.

TAUPE, s. f. (*tôpe*) (*talpa*), petit animal qui vit sous terre; tumeur à la tête.

TAUPE-GRILLON, s. m. (*tôpegrèion*), insecte qui habite sous terre.

TAUPIER, s. m. (*tôpié*), preneur de *taupes*.

TAUPIÈRE, s. f. (*tôpière*), piège pour prendre des *taupes*.

TAUPINÉE ou TAUPINIÈRE, s. f. (*tôpiné, pinière*), trou de *taupe*; fig. hutte, cabane.

TAUPINS, s. m. pl. (*tôpein*), nom d'un corps de milice sous Charles VII.

TAURE, s. f. (*tôre*) (du chaldéen *tor*, taureau), jeune vache qui n'a point encore porté.

TAURÉADOR, s. m. (*toré-ador*), en Espagne, homme qui lutte contre les *taureaux*.

TAUREAU, s. m. (*torô*) (*taurus*), le mâle de la vache; second signe du zodiaque.

TAUROBOLE, s. m. (*tôrobole*), t. d'antiq., sacrifice d'un *taureau*.

TAUTOCHRONE, adj. des deux g. (*tôtokrone*) (*ταυτὸ*, le même, et *χρόνος*, temps), qui se fait dans des temps égaux.

TAUTOCHRONISME, s. m. (*tôtokronicéme*), égalité de durée.

TAUTOGRAMME, s. m. (*tôtogramme*) (*ταυτὸ*, le même, et *γράμμα*, lettre), poème composé de mots qui commencent tous par la même lettre.

TAUTOLOGIE, s. f. (*tôtoloji*) (*ταυτὸ*, le même, et *λόγος*, discours), répétition inutile.

TAUTOLOGIQUE, adj. des deux g. (*tôtolojike*), qui a rapport à la *tautologie*.

TAUX, s. m. (*tô*), *taxare*, taxer), prix établi pour la vente des marchandises.

TAVAÏOLLE, s. f. (*tava-iole*) (de l'italien *tovaglia*, nappe), linge garni de dentelle.

TAVELÉ, E, part. pass. de *taveler*, et adj.

TAVELER, v. a. (*tavelé*), moucheter.

TAVELURE, s. f. (*tavelure*), bigarrure.

TAVERNE, s. f. (*taverne*) (*taberna*, cabaret), lieu où l'on vend du *vin* en détail.

TAVERNIER, IÈRE, s. *(tavèrenié, ièré)*, qui tient *taverne*.
TAXATEUR, s. m. *(takçateur)*, qui *taxe*.
TAXATION, s. f. *(takçácion)*, action de *taxer*. — Au pl., droits.
TAXE, s. f. *(takce)(taxatio)*, règlement pour le prix des denrées, etc.; impôt.
TAXÉ, E, part. pass. de *taxer*.
TAXER, v. a. *(takcé)(taxare)*, régler le prix des denrées, l'impôt, etc.; accuser.
TE, pron. de la seconde personne *(te)*, toi, à toi. Voy. TU.
TÉ, s. m. *(té)*, disposition de plusieurs fourneaux de mine, en forme de T.
TECHNIQUE, adj. des deux g. *(teknike)* (τεχνικις), se dit des mots affectés aux arts.
TECHNOLOGIE, s. f. *(teknoloji)* (τεχνη, art, et λογος, discours), traité des arts en général; science des mots *techniques*.
TECHNOLOGIQUE, adj. des deux g. *(teknolojike)*, qui appartient à la *technologie*.
TE DEUM, s. m. *(tédé-ome)* (mots latins), hymne qu'on chante à l'église.
TÉGUMENT, s. m. *(téguman)(tegumentum)* t. de bot. et d'anat., ce qui sert à couvrir.
TEIGNASSE, s. f. *(tègniace)*, mauvaise perruque; coiffe enduite d'onguent. Pop.
TEIGNE, s. f. *(tègnie)(tinea)*, sorte de gale qui vient à la tête; gale à l'écorce des arbres; pourriture de la fourchette du pied du cheval; insecte qui ronge les étoffes, etc.
TEIGNEUX, EUSE, s. et adj. *(tègnieu, euze)*, qui a la *teigne*.
TEILLE, s. f. *(tè-ie)*, écorce d'un brin de chanvre ou de lin qu'on appelle aussi *tille*.
TEILLÉ, E, part. pass. de *teiller*.
TEILLER, v. a. *(tè-ié)* (τιλλω, arracher), détacher les *teilles* du chanvre.
TEINDRE, v. a. *(teindre)(tingere)*, colorier, mettre en couleur.
TEINT, E, part. pass. de *teindre*, et adj.
TEINT, s. m. *(tein)*, manière de *teindre* les étoffes; coloris du visage.
TEINTE, s. f. *(teinte)*, degré de force que les peintres donnent aux couleurs; nuances qui résultent d'un mélange de couleurs.
TEINTÉ, E, part. pass. de *teinter*, et adj.
TEINTER, v. a. *(teinté)*, colorier d'une manière plus ou moins foncée.
TEINTURE, s. f. *(teinture)*, liqueur pour *teindre*; impression de couleur que cette liqueur laisse; connaissance superficielle.
TEINTURIER, IÈRE, s. *(teinturié, ère)*, qui exerce l'art de *teindre*.
TEL, TELLE, adj. *(tèle)(talis)*, pareil, semblable; si grand. — S. m., quelqu'un. *Tel quel*, médiocre; sans changement.
TÉLAMONS, s. m. pl. *(télamon)*, t. d'archit., statues pour porter les corniches.

TÉLÉGRAPHE, s. m. *(télégrafe)*(τηλε, de loin, et γραφω, j'écris), machine pour correspondre par signaux.
TÉLÉGRAPHIQUE, adj. des deux g. *(téléguernfike)*, qui a rapport au *télégraphe*.
TÉLESCOPE, s. m. *(télecekope)* (τηλε, loin, et σκοπω, je regarde), instrument qui sert à observer les objets éloignés.
TÉLESCOPIQUE, adj. des deux g. *(télécekopike)*, qu'on ne voit qu'à l'aide du *télescope*.
TELLEMENT, adv. *(tèleman)*, de telle sorte, si fort. — *Tellement quellement*, tant bien que mal.
TELLIÈRE, s. f. *(tèlière)*, papier à placets.
TELLURE, s. m. *(tèlure)* *(tellus, tellurus)*, terre, métal lamelleux et fragile.
TÉMÉRAIRE, s. et adj. des deux g. *(téméreré)(temerarius)*, hardi avec imprudence.
TÉMÉRAIREMENT, adv. *(témérèreman)*, inconsidérément; d'une manière *téméraire*.
TÉMÉRITÉ, s. f. *(témérité)(temeritas)*, hardiesse imprudente.
TÉMOIGNAGE, s. m. *(témoègniaje)(testimonium)*, rapport d'un ou de plusieurs *témoins*; preuve ou marque.
TÉMOIGNÉ, E, part. pass. de *témoigner*.
TÉMOIGNER, v. a. et n. *(témoègnié)*, porter *témoignage*; marquer, faire connaître.
TÉMOIN, s. m. *(témoein)(testimonium)*, qui a vu ou entendu quelque fait; assistant; spectateur; marque; monument.
TEMPE, s. f. *(tanpe)(tempora)*, partie de la tête depuis l'oreille jusqu'au front.
TEMPÉRAMENT, s. m. *(tanpéraman)(temperamentum)*, complexion; constitution du corps; caractère; accommodement; moyen terme; expédient; en mus., altération.
TEMPÉRANCE, s. f. *(tanpérance)(temperantia)*, vertu qui *tempère*; sobriété.
TEMPÉRANT, E, adj. *(tanpéran, ante)*, qui a la vertu de *tempérance*.
TEMPÉRATURE, s. f. *(tanpérature)(temperatura)*, disposition de l'air.
TEMPÉRÉ, E, part. pass. de *tempérer*, et adj., modéré; sage; mitoyen.
TEMPÉRER, v. a. *(tanpéré)(temperare)*, modérer, diminuer l'excès.
TEMPÊTE, s. f. *(tanpéte)(tempestas)*, violente agitation dans l'air; orage.
TEMPÊTER, v. n. *(tanpété)*, faire bien du bruit, du vacarme. Fam.
TEMPÉTUEUX, EUSE, adj. *(tanpétueu, euze)*, sujet à de fréquentes *tempêtes*.
TEMPLE, s. m. *(tanple)(templum)*, édifice consacré à Dieu; église.
TEMPLIER, s. m. *(tanpli-é)*, chevalier de l'ancien ordre du *Temple*.

TEMPORAIRE, adj. des deux g. (tanporère), qui est pour un temps.
TEMPORAIREMENT, adv. (tanporèreman), pour un temps.
TEMPORAL, E, adj. (tanporale), qui a rapport aux tempes.—Au pl. m. temporaux.
TEMPORALITÉ, s. f. (tanporalité), juridiction du domaine temporel d'un évêché, etc.
TEMPOREL, ELLE, adj. (tanporèle), qui passe avec le temps; périssable; séculier.—S. m., revenu d'un bénéfice.
TEMPORELLEMENT, adv. (tanporèleman), durant un temps.
TEMPORISATION, s. f. (tanporizácion), action de temporiser.
TEMPORISEMENT, s. m. (tanporizeman), retardement. Vieux.
TEMPORISER, v. n. (tanporizé), différer, dans l'attente d'un temps plus favorable.
TEMPORISEUR, s. m. (tanporizeur), celui qui temporise.
TEMPS, s. m. (tan) (tempus), mesure de la durée des choses; succession des moments; température; terme préfix; délai; loisir; conjoncture; t. de gramm., modification des verbes; exécution d'un ou de plusieurs mouvements dans la musique, la danse, l'escrime, etc.
TENABLE, adj. des deux g. (tenable), où l'on peut rester, se défendre.
TENACE, adj. des deux g. (tenace) (tenax), visqueux; adhérent; avare; opiniâtre.
TENACITÉ, s. f. (tenacité) (tenacitas), qualité de ce qui est tenace.
TENAILLE, s. f. (tená-ie), instrument de fer pour saisir; ouvrage de fortification.
TENAILLÉ, E, part. pass. de tenailler.
TENAILLER, v. a. (tená-ié), tourmenter un criminel avec des tenailles ardentes.
TENAILLON, s. m. (tená-ion), pièce de fortification.
TENANCIER, IÈRE, s. (tenancié, ière), qui tenait des terres dépendantes d'un fief.
TENANT, E, adj. (tenan, ante), qui tient.
TENANT, s. m. (tenan), défenseur; galant.—Au pl., limites; fig. circonstances.
TÉNARE, s. m. (ténare) (tœnarus), l'enfer, suivant la Fable.
TENDANCE, s. f. (tandance), action de tendre vers; propension.
TENDANT, E, adj. (tandan, ante), qui tend, qui est dirigé à...
TENDEUR, s. m. (tandeur), celui qui tend quelque chose.
TENDINEUX, EUSE, adj. (tandineu, euze), qui a rapport au tendon.
TENDON, s. m. (tandon) (tendo), extrémité du muscle; cartilage du pied du cheval.
TENDRE, adj. des deux g. (tandre) (tener), qui peut être aisément coupé, divisé; sensible; délicat; frais; touchant; qui a de la tendresse.—S. m., tendresse.

TENDRE, v. a. (tandre) (tendere), bander, dresser; tapisser; présenter.—V. n., aboutir.
TENDREMENT, adv. (tandreman), avec tendresse.
TENDRESSE, s. f. (tandrèce), sensibilité à l'amitié ou à l'amour; amour tendre.
TENDRETÉ, s. f. (tandreté), qualité de ce qui est tendre.
TENDRON, s. m. (tandron), bourgeon, rejeton; cartilage; fig. jeune fille.
TENDU, E, part. pass. de tendre, et adj.
TÉNÈBRES, s. f. pl. (ténèbre) (tenebræ), privation de lumière, obscurité; nuit; office de la semaine sainte; fig. ignorance.
TÉNÉBREUX, EUSE, adj. (ténébreu, euze), obscur, plein de ténèbres; qui se cache.
TÈNEMENT, s. m. (tèneman), métairie dépendante d'une seigneurie.
TÉNESME, s. m. (ténèceme) (τεινεσμος), tension), épreintes douloureuses au fondement.
TENETTE, s. f. (tenète) (tenere, tenir), pincette pour tirer la pierre de la vessie.
TENEUR, s. m (teneur) : teneur de livres, qui tient les livres d'une maison de commerce.
TENEUR, s. f. (teneur), ce qui est contenu dans un écrit, un acte, etc.
TÉNIA, s. m. (téni-a) (mot latin), ver qui s'engendre dans le corps humain.
TENIR, v. a. (tenir) (tenere), avoir à la main ou entre les mains; posséder; supporter; occuper; présider; garder en quelque lieu; contenir; maintenir; réputer.—V. n., subsister; résister; être attaché; être contigu; dépendre de...—V. pr., être dans un lieu; avoir lieu.
TENON, s. m. (tenon), bout d'une pièce qui entre dans une mortaise; pièce du fusil.
TENOR, s. m. (tenor) (mot italien), voix entre la haute-contre et la basse-taille; chanteur qui a cette voix.
TENSION, s. f. (tancion) (tensio), état de ce qui est tendu; grande application d'esprit.
TENSON, s. m. (tançon), ancienne lutte poétique.
TENTACULE, s. m. (tantakule), membrane particulière aux mollusques.
TENTANT, E, adj. (tantan, ante), qui tente, qui cause des désirs.
TENTATEUR, TRICE, s. et adj. (tantateur, trice), qui tente, qui cherche à séduire.
TENTATION, s. f. (tantácion), mouvement intérieur qui tente, qui excite au mal.
TENTATIVE, s. f. (tantative) (tentamen), effort qu'on fait; essai.
TENTE, s. f. (tante) (tentorium), pavillon dont on se sert à l'armée, à la campagne.
TENTÉ, E, part. pass. de tenter.
TENTER, v. a. (tanté) (tentare), essayer; hasarder; solliciter au mal; donner envie.
TENTURE, s. f. (tanture), certain nombre de pièces de tapisserie.

TENU, E, part. pass. de *tenir*, et adj.
TÉNU, E, adj. (*ténu*) (*tenüis*), fort délié; peu compacte.
TENUE, s. f. (*tenu*), temps pendant lequel une assemblée *tient* ou se *tient*; manière de se *tenir*; costume.
TÉNUITÉ, s. f. (*ténuité*) (*tenuitas*), qualité d'une substance *ténue* et déliée.
TENURE, s. f. (*tenure*), dépendance, mouvance d'un fief ou d'un seigneur supérieur.
TÉORBE, s. m. (*té-orbe*), espèce de luth à long manche.
TERCÉ, E, part. pass. de *tercer*.
TERCER ou TERSER, v. a. (*tèrcé*) (*tertiare*), donner un troisième labour à la vigne.
TERCET, s. m. (*tèrcè*), espèce de couplet composé de trois vers.
TÉRÉBENTHINE, s. f. (*térébantine*), résine qui coule du *térébinthe*.
TÉRÉBINTHE, s. m. (*térébeinte*)(τερεβιvθos), arbre résineux et toujours vert.
TÉRÉBRATION, s. f. (*térébrácion*) (*terebratio*), action de percer un arbre pour en tirer la résine, etc.
TERGIVERSATION, s.f. (*tèrejivèrcâcion*), action de *tergiverser*.
TERGIVERSER, v. n. (*tèrejivèrcé*) (*tergiversari*), chercher des détours, biaiser.
TERME, s. m. (*tèrme*) (*terminus*), fin, borne; temps préfix de paiement; buste terminé en gaine; mot; expression.
TERMES, s. m. (*tèrmèce*). Voy. TERMITE.
TERMINAISON, s. f. (*tèreminèzon*), désinence d'un mot.
TERMINAL, E, adj. (*tèreminale*), qui termine.—Au pl. m. *terminaux*.
TERMINÉ, E, part. pass. de *terminer*.
TERMINER, v. a. (*tèreminé*) (*terminare*), borner; achever, finir.
TERMITE, s. m. (*tèremite*), genre d'insectes appelés aussi *fourmis blanches*.
TERNAIRE, adj. des deux g. (*tèrenère*) (*ternarius*), se dit du nombre trois.
TERNE, adj. des deux g. (*tèrene*), qui a peu d'éclat; qui paraît *terni*.
TERNE, s. m. (*tèrene*) (*terni*, trois), trois numéros.—Au pl., au jeu de dés, deux trois.
TERNÉ, E, adj. (*tèrèné*), se dit des feuilles dont le pétiole porte trois folioles.
TERNI, E, part. pass. de *ternir*, et adj., qui a perdu son lustre.
TERNIR, v. a. (*tèrnir*), ôter le lustre, l'éclat, la couleur; *fig*. ôter l'honneur, la gloire.
TERNISSURE, s. f. (*tèrnicure*), action de *ternir*; état de ce qui est *terni*.
TERRAGE, s. m. (*tèraje*), droit seigneurial sur les fruits de la *terre*; action de *terrer* le sucre.
TERRAIN, mieux TERREIN, s. m. (*tèrein*), espace de *terre*.

TERRAL, s. m. (*tèral*), t. de mar., vent de terre. Peu us.
TERRAQUÉ, E, adj. (*tèrerakié*) (*terra*, terre, et *aqua*, eau), composé de *terre* et d'eau.
TERRASSE, s. f. (*tèrace*), levée de terre, espèce de balcon; plate-forme.
TERRASSÉ, E, part. pass. de *terrasser*.
TERRASSEMENT, s. m. (*tèraceman*), action de *terrasser*; son résultat.
TERRASSER, v. a. (*tèracé*), garnir un mur de *terre*; jeter par *terre*; *fig*. abattre.
TERRASSIER, IÈRE, s. (*tèracié*, ière), ouvrier qui travaille à des *terrasses*.
TERRE, s. f. (*tèrc*) (*terra*), sol sur lequel nous marchons; globe *terrestre*; pays, contrée; limon qui nourrit les plantes; domaine.
TERRÉ, E, part. pass. de *terrer*.
TERREAU, s. m. (*tèró*), fumier pourri et réduit en *terre*.
TERREIN, s. m. Voy. TERRAIN.
TERRE-NEUVIER, s. m. (*tèreneuvié*), pécheur sur le banc de *Terre-Neuve*.
TERRE-NOIX, s. f. (*tèrenoa*), plante.
TERRE-PLEIN, s. m. (*tèreplein*), surface plate et unie d'un amas de *terre* élevé.
TERRER, v. a. (*tèré*), garnir, couvrir de *terre*.—V. pr., se cacher sous *terre*.
TERRESTRE, adj. des deux g. (*tèrerècetre*) (*terrestris*), qui appartient à la *terre*.
TERREUR, s. f. (*tirereur*) (*terror*), épouvante, grande crainte.
TERREUX, EUSE, adj. (*tèreu*, *euze*), mêlé de *terre*; sali de *terre* et de poussière.
TERRIBLE, adj. des deux g. (*tèrerible*) (*terribilis*), qui donne de la *terreur*; extraordinaire, étrange.
TERRIBLEMENT, adv. (*tèreribleman*), d'une manière *terrible*; excessivement.
TERRIEN, IENNE, s. et adj. (*tèriein*, *ièn*e), qui possède des *terres*.
TERRIER, s. et adj. m.(*tèrié*), registre contenant le dénombrement des terres.
TERRIER, s. m. (*tèrié*), trou dans la *terre*, où certains animaux se retirent.
TERRINE, s. f. (*tèrine*), vase de *terre* qui sert à mettre diverses choses.
TERRINÉE, s. f. (*tèriné*), plein une *terrine*.
TERRIR, v. n. (*tèrir*), se dit proprement des tortues qui viennent pondre à *terre*; t. de mar., prendre *terre*.
TERRITOIRE, s. m. (*tèreritoare*), l'espace de *terre* qui dépend d'un empire, etc.
TERRITORIAL, E, adj. (*tèreritoriale*), du *territoire*.—Au pl. m. *territoriaux*.
TERROIR, s. m. (*tèroar*), *terre* considérée par rapport à l'agriculture.
TERSER, v. a. Voy. TERCER.
TERTRE, s. m. (*tèrtre*) (du bas-breton *tertir*), éminence de terre dans une plaine.
TES (*tè*), pl. de l'adj. possessif *ton*.

TESSON, s. m. (tèçon) (testa), pièce rompue d'un vase de terre, de verre ou de grès.

TEST ou TÊT, s. m. (tè) (testa), la partie la plus dure qui forme le corps d'une coquille; écuelle pour l'opération de la coupelle.

TEST, s. m. (tè) (mot anglais), en Angleterre, acte par lequel on nie la transsubstantiation.

TESTACÉ, E, s. et adj. (tècetacé), qui est couvert d'un test, d'une écaille dure et forte.

TESTAMENT, s. m. (tècetaman) (testamentum), acte par lequel on déclare ses dernières volontés; les livres saints.

TESTAMENTAIRE, adj. des deux g. (tècetamantère), qui regarde le testament.

TESTATEUR, TRICE, s. (tècetateur, trice), qui fait ou a fait son testament.

TESTER, v. n. (tècté), faire son testament; mettre de nouvelles dents à un peigne.

TESTICULE, s. m. (tècetikule) (testiculus), t. d'anat., corps glanduleux où se perfectionne la semence, le sperme.

TESTIF, s. m. (tècetife), poil de chameau.

TESTIMONIAL, E, adj (tècetimoniale) (testimonialis), qui rend témoignage. — Au pl. m. testimoniaux.

TESTON, s. m. (tèton), monnaie d'argent frappée en France sous Louis XII.

TESTONNER, v. a. (tètoné), peigner et friser les cheveux.

TÊT, s. m. (tè) (testa), tesson, morceau d'un pot de terre cassé; autrefois, crâne. — T. de chim. et d'hist. nat. voy. TEST.

TÉTANOS, s. m. (tétanôce) (τετανος), sorte de convulsion.

TÉTARD, s. m. (tétar), petit de la grenouille; saule qu'on étête.

TÉTASSES, s. f. pl. (tétace), mamelles flasques et pendantes. Fam.

TÊTE, s. f. (tête), partie de l'animal qui tient au reste du corps par le cou; crâne; personne; esprit; imagination; fantaisie, énergie, jugement; bois du cerf; sommet; commencement. — A la tête, au premier rang.

TÊTE-À-TÊTE, s. m. (tétatéte), entretien particulier entre deux personnes.

TÉTÉ, E, part. pass. de téter.

TÉTER, v. a. et n. (tété) (τιτθη, mamelle), tirer le lait de la mamelle et s'en nourrir.

TÉTIÈRE, s. f. (tétière), partie de la bride où se met la tête du cheval; coiffe de toile.

TÉTIN, s. m. (tétein) (τιτθη, mamelle), bout de la mamelle.

TÉTINE, s. f. (tétine), pis de la vache ou de la truie considéré comme bon à manger.

TÉTON, s. m. (tèton) (τιτθη ou τιτθος), mamelle de la femme.

TÉTONNIÈRE, s. f. (tétonière), femme qui a beaucoup de gorge. Pop.

TÉTRACORDE, s. m. (tétrakorde) (τετρα, quatre, et χορδη, corde), lyre à quatre cordes.

TÉTRADRACHME, s. m. (tétradrakme) (τετρα, quatre, et δραχμη, drachme), monnaie qui valait quatre drachmes.

TÉTRADYNAMIE, s. f. (tétradinami) (τετρα, quatre, et δυναμις, force), classe de plantes.

TÉTRAÈDRE, s. m. (tétra-èdre) (τετρα, quatre, et εδρα, siège), corps régulier formé de quatre triangles égaux et équilatéraux.

TÉTRAGONE, adj. des deux g. (tétragône) (τετρα, quatre, et γωνια, angle), qui a quatre angles et quatre côtés.

TÉTRALOGIE, s. f. (tétraloji) (τετρα, quatre, et λογος, discours), ensemble de quatre pièces de théâtre.

TÉTRANDRIE, s. f. (tétrandri) (τετρα, quatre, et ανηρ, ανδρος, mâle), classe de plantes.

TÉTRARCHIE, s. f. (tétrarchi), quatrième partie d'un état démembré.

TÉTRARQUE, s. m. (tétrarke) (τετρα, quatre, et αρχη, commandement), prince qui gouvernait la quatrième partie d'un état.

TÉTRASTYLE, s. m. (tétracetile) (τετρα, quatre, et στυλος, colonne), édifice à quatre colonnes de front.

TETTE, s. f. (tète) (τιτθη, mamelle), bout de la mamelle des bêtes femelles.

TÊTU, E, adj. (tétu), qui a de la tête, entêté, opiniâtre, obstiné.

TEUTONIQUE, adj. des deux g. (teutonike) (teutonicus), des Tentons.

TEXTE, s. m. (tècete) (textus, ûs), les propres paroles d'un auteur; sujet d'un discours; caractère d'imprimerie.

TEXTILE, adj. des deux g. (tekcetile) (textilis), qui peut être tiré en filets.

TEXTUAIRE, adj. et s. m. (tècetuère), livre où il n'y a que le texte sans commentaire.

TEXTUEL, ELLE, adj. (tècetuèle), conforme au texte.

TEXTUELLEMENT, adv. (tècetuèleman), sans s'écarter du texte.

TEXTURE, s. f. (tèkceture) (textura), action de tisser; liaison des parties d'un corps.

THALER, s. m. (talèr), mot allemand qui signifie : écu, monnaie d'Allemagne.

THAUMATURGE, s. et adj. des deux g. (tômaturje) (θαυμα, merveille, et εργον, ouvrage), qui fait des miracles.

THÉ. s. m. (té), arbrisseau de la Chine; ses feuilles; infusion de thé; collation dans laquelle on sert du thé.

THÉATIN, s. m. (té-atin), religieux.

THÉÂTRAL, E, adj. (té-âtrale), qui concerne le théâtre. — Au pl. m. théâtrals.

THÉÂTRE, s. m. (té-âtre)(θιατρον), lieu où l'on représente des ouvrages dramatiques; scène; profession de comédien; lieu où se passe un événement, une action.

THÉIÈRE, s. f. (té-ière), vase pour faire infuser le thé.

THÉIFORME, adj. des deux g. (té-iforme), en guise de thé. Peu us.

THÉISME, s. m. (té-iceme)(θεις, Dieu), doctrine qui admet l'existence d'un Dieu.

THÉISTE, s. des deux g. (té-icete) (θεος, Dieu), qui reconnaît l'existence d'un Dieu.

THÈME, s. m. (tème)(θεμα), sujet, matière, proposition; ce qu'on donne à un écolier à traduire dans une langue étrangère.

THÉMIS, s. f. (témice), myth., déesse de la justice; constellation.

THÉOCRATIE, s. f. (té-okraci) (θεος, Dieu, et κρατος, pouvoir), gouvernement des prêtres.

THÉOCRATIQUE, adj. des deux g. (té-okratike), qui appartient à la théocratie.

THÉODICÉE, s. f. (té-odicé) (θεος, Dieu, et δικη, justice), justice de Dieu.

THÉOGONIE, s. f. (té-ogoni) (θεογονια), naissance, généalogie des dieux.

THÉOLOGAL, E, adj. (té-ologale), qui a Dieu pour objet. — S. m., chanoine qui enseignait la théologie.—Au pl. m. théologaux.

THÉOLOGALE, s. f. (té-ologale), qualité, dignité de théologal.

THÉOLOGIE, s. f. (té-oloji) (θεος, Dieu, et λογος, discours), science qui a Dieu pour objet; classe où l'on enseigne la théologie.

THÉOLOGIEN, s. m. (té-olojien), celui qui sait ou étudie la théologie.

THÉOLOGIQUE, adj. des deux g. (té-olojike), qui concerne la théologie.

THÉOLOGIQUEMENT, adv. (té-olojikeman), d'une manière théologique.

THÉORÈME, s. m. (té-orème) (θεωρημα), proposition d'une vérité spéculative qu'on peut démontrer.

THÉORICIEN, IENNE, s. (té-oricien, ienne), qui connaît la théorie d'un art.

THÉORIE, s. f. (té-ori)(θεωρια), spéculation; connaissance des principes d'un art.

THÉORIQUE, adj. des deux g. (té-orike), qui regarde la théorie.

THÉORIQUEMENT, adv. (té-orikeman), d'une manière théorique.

THÉRAPEUTES, s. m. pl. (térapeute)(θεραπευται), moines juifs.

THÉRAPEUTIQUE, adj. des deux g. (térapeutike), qui a rapport aux thérapeutes.— S. f., art de guérir.

THÉRIACAL, E, adj. (tériakale), qui a la vertu de la thériaque. — Au pl. m. thériacaux.

THÉRIAQUE, s. f. (tériake), composition médicinale en forme d'opiat.

THERMAL, E, adj. (termale) (θερμος), chaud, se dit des eaux minérales et chaudes. —Au pl. m. thermaux.

THERMANTIQUE, adj. des deux g. et s. m. (termantike) (θερμαντικος, qui échauffe), remède qui échauffe, qui excite.

THERMES, s. m. pl. (tèrme) (θερμαι), bains publics chez les anciens.

THERMIDOR, s. m. (tèremidor), second mois d'été de l'année républicaine.

THERMOMÈTRE, s. m. (tèremomètre)(θερμος, chaud, et μετρον, mesure), instrument destiné à mesurer la chaleur.

THÉSAURISER, v. n. (tézorisé) (θησαυριζειν), amasser des trésors, des richesses.

THÉSAURISEUR, EUSE, s. (tézoriseur, euse), qui thésaurise.

THÈSE, s. f. (tèze) (θεσις, position), proposition à discuter; question qu'on soutient dans les écoles.

THESMOTHÈTE, s. m. (tècemotète) (θεσμοθετης), gardien des lois, chez les Grecs.

THÉURGIE, s. f. (té-urji)(θεουργια), espèce de magie.

THÉURGIQUE, adj. des deux g. (té-urjike), qui a rapport à la théurgie.

THIBAUDE, s. f. (tibôde), tissu grossier de poil de vache.

THLASPI, s. m. (tolaccpi), plante.

THON, s. m. (ton) (θυννος), gros poisson de la Méditerranée.

THORACHIQUE ou THORACIQUE, adj. des deux g. (torachike, cike) (θωραξ, θωρακος, poitrine), relatif à la poitrine, pectoral.

THORAX, s. m. (tôrakce)(θωραξ), t. d'anat., capacité de la poitrine.

THROMBUS, s m. (tronbuce) (θρομβος, grumeau), petite partie graisseuse qui vient boucher l'orifice de la saignée.

THURIFÉRAIRE, s. m (turiférère) (thus, thuris, encens, et fero, je porte), clerc qui porte l'encensoir.

THUYA, s. m. (tui-ia), arbre toujours vert, espèce de cèdre.

THYM, s. m. (tein) (θυμος), plante odoriférante.

THYRSE, s. m. (tirce) (θυρσος), javelot entouré de pampre et de lierre.

TIARE, s. f. (tiare)(τιαρα); triple couronne du pape; la papauté.

TIBIA, s. m. (tibi-a) (tibia), os antérieur de la jambe.

TIBIAL, E, adj. (*tibi-ale*) (*tibia*, os de la jambe), se dit d'un muscle qui sert à étendre la jambe.—Au pl. m. *tibiaux*.

TIC, s. m. (*tik*), habitude vicieuse du cheval; mouvement convulsif habituel.

TIC-TAC, s. m. (*tiktak*) (fait par onomatopée), bruit du balancier.

TIÈDE, adj. des deux g. (*tiède*) (*tepidus*), entre le chaud et le froid; *fig.* nonchalant.

TIÈDEMENT, adv. (*tièdeman*), d'une manière *tiède*, avec nonchalance.

TIÉDEUR, s. f. (*tiédeur*) (*tepor*), qualité entre le chaud et le froid; *fig.* relâchement.

TIÉDIR, v. n. (*tiédir*), devenir *tiède*.

TIEN, TIENNE, adj. poss. de la 2ᵉ pers. (*tien*, *tiène*) (*tuus*), qui t'appartient, qui est à toi.— *Le tien*, ce qui t'appartient.— *Les tiens*, tes proches, tes parents, tes partisans.

TIERCE, s. f. (*tièrece*) (*tertia*), en mus., intervalle de deux tons; manière de porter un coup d'épée; troisième heure canoniale; soixantième partie d'une seconde; t. d'imprim., dernière épreuve; au jeu de piquet, trois cartes de même couleur qui se suivent.

TIERCÉ, E, part. pass. de *tiercer*, et adj.

TIERCELET, s. m. (*tièrecelè*), nom commun aux mâles de quelques oiseaux de proie.

TIERCEMENT, s. m. (*tièrceman*), enchère qui augmente du *tiers* le prix de la vente.

TIERCER, v. n. (*tièrecé*), hausser d'un *tiers*.—V. a., donner un *troisième* labour.

TIERCERON, s. m. (*tièreceron*), t. d'archit., nervure de voûte gothique.

TIERÇON, s. m. (*tièreçon*), mesure de liquides, le *tiers* d'une mesure entière.

TIERS, TIERCE, adj. (*tière*, *tièrece*) (*tertius*), troisième.—S. m., troisième partie; troisième personne.

TIERS-ÉTAT, s. m. (*tièrezéta*), troisième ordre dans un *état*; l'ordre du peuple.

TIERS-POINT, s. m. (*tièrepoein*), triangle; en archit., courbure des voûtes gothiques.

TIGE, s. f. (*tije*), partie du végétal qui sort de la terre; *fig.* le premier père d'où sont sorties les branches d'une famille.

TIGETTE, s. f. (*tijète*), t. d'archit., *tige* cannelée du chapiteau corinthien.

TIGNASSE. Voy. TEIGNASSE.

TIGNON, s. m. (*tignion*), partie des cheveux qui est derrière la tête.

TIGNONNER, v. a. (*tignioné*), mettre en boucles les cheveux du *tignon*.— V. pr., se prendre aux cheveux.

TIGRE, ESSE, s. (*tiguere*, *tiguerèce*) (τίγρις), bête féroce; insecte; *fig.* homme cruel.

TIGRÉ, E, adj. (*tigueré*), moucheté comme un *tigre*.

TILBURY, s. m. (*tileburi*)(mot anglais), cabriolet de luxe, découvert et fort léger.

TILLAC, s. m. (*ti-iak*) (*tegula*), le plus haut pont d'un vaisseau.

TILLE, s. f. (*ti-ie*), écorce des jeunes *tilleuls*; insecte; petit *tillac*; outil.

TILLÉ, E, part. pass. de *tiller*.

TILLER, v. a. (*ti-ié*), faire une corde avec l'écorce du *tilleul*, nommée *tille*.

TILLEUL, s. m. (*ti-ieul*)(*tilia*), arbre.

TIMAR, s. m. (*timar*), bénéfice d'un *timariot*.

TIMARIOT, s. m. (*timarió*), soldat turc qui jouit d'un bénéfice militaire.

TIMBALE, s. f. (*teinbale*) (τύβαλα, sorte de tambour), tambour à l'usage de la cavalerie; gobelet de métal; raquette.

TIMBALIER, s. m. (*teinbalié*), celui qui bat des *timbales*.

TIMBRE, s. m. (*teinbre*) (τυμπανον, tambour), cloche frappée par un marteau; son de la voix; marque imprimée sur le papier, etc.; droit de *timbre*.

TIMBRÉ, E, part. pass. de *timbrer*, et adj., marqué d'un *timbre*; *fig.* fou.

TIMBRER, v. a. (*teinbré*), mettre un *timbre*; marquer le *timbre* sur le papier, etc.

TIMBREUR, s. m. (*teinbreur*), qui *timbre*.

TIMIDE, adj. des deux g. (*timide*) (*timidus*), craintif, qui manque de hardiesse.

TIMIDEMENT, adv. (*timideman*), avec *timidité*.

TIMIDITÉ, s. f. (*timidité*), qualité de ce qui est *timide*.

TIMON, s. m. (*timon*) (*temo*, *temonis*), pièce du train d'un carrosse; pièce de bois attachée au gouvernail d'un navire.

TIMONIER, s. m. (*timonié*), cheval qu'on attache au *timon* d'une voiture; celui qui gouverne le *timon* d'un navire.

TIMORÉ, E, adj. (*timoré*) (*timoratus*), qui craint Dieu; craintif.

TIN, s. m. (*tein*), t. de mar., pièce de bois qu'on emploie comme support ou garniture.

TINCTORIAL, E, adj. (*teinketoriale*), qui sert à *teindre*.

TINE, s. f. (*tine*) (*tina*), tonneau.

TINETTE, s. f. (*tinète*), petite *tine*.

TINTAMARRE, s. m. (*teintamare*), bruit éclatant accompagné de désordre.

TINTAMARRER, v. n. (*teintamaré*), faire du *tintamarre*. Pop.

TINTÉ, E, part. pass. de *tinter*.

TINTEMENT, s. m. (*teinteman*) (*tinnitus*), prolongement du bruit d'une cloche; action de *tinter*; bruit sourd dans l'oreille.

TINTENAGUE, s. m. (*teintenague*), cuivre fort estimé qu'on tire de la Chine.

TINTER, v. a. (*teinté*) (*tinnire*), faire sonner lentement une cloche; appuyer sur des *tins*.— V. n., sonner lentement, etc.

TINTOUIN, s. m. (*teintouein*) (*tinnitus*), bruit dans les oreilles; *fig.* inquiétude.

TIQUE, s. f. (tike), genre d'insectes qui s'attachent aux oreilles des animaux.

TIQUER, v. n. (tikié), avoir un tic.

TIQUETÉ, E, adj. (tiketé), tacheté, marqué de petites taches.

TIQUEUR, EUSE, s. et adj. (tikieur, euze), se dit d'un cheval, d'une jument qui a le tic.

TIR, s. m. (tir), action de tirer une arme à feu; endroit où l'on s'exerce à tirer.

TIRADE, s. f. (tirade), longue suite de phrases ou de vers sur le même sujet.

TIRAGE, s. m. (tiraje), action de tirer; chemin de halage.

TIRAILLÉ, E, part. pass. de tirailler.

TIRAILLEMENT, s. m. (tirá-ieman), action de tirailler; ébranlement, agitation.

TIRAILLER, v. a. et n. (tirá-ié), tirer tantôt d'un côté, tantôt d'un autre; tirer souvent.

TIRAILLERIE, s. f. (tirá-ieri), action de tirailler.

TIRAILLEUR, s. m. (tirá-ieur), soldat qui tire souvent et irrégulièrement.

TIRANT, s. m. (tiran), cordon de bourse; morceau de cuir pour boucler le soulier, pour tirer les bottes; nerf de viande; quantité d'eau que tire un navire.

TIRASSE, s. f. (tirace), filet pour prendre des cailles, etc.

TIRASSÉ, E, part. pass. de tirasser.

TIRASSER, v. a. et n. (tiracé), chasser ou prendre à la tirasse.

TIRE, s. f. (tire) : tout d'une tire, sans discontinuation.

TIRÉ, E, part. pass. de tirer, et adj., amené, ôté; fig. amaigri.—S. m., chasse au fusil.

TIRE-BALLE, s. m. (tirebale), instrument pour retirer les balles d'une arme à feu, etc.

TIRE-BOTTE, s. m. (tirebote), instrument pour chausser ou tirer une botte.

TIRE-BOUCHON, s. m. (tirebouchon), sorte de vis pour tirer les bouchons des bouteilles.

TIRE-BOURRE, s. m. (tireboure), crochet pour tirer la bourre d'une arme à feu.

TIRE-BOUTON, s. m. (tirebouton); instrument qui sert à boutonner.

TIRE-D'AILE, s. m. (tiredèle), battement d'aile d'un oiseau quand il vole vite.

TIRE-FOND, s. m. (tirefon), instrument de chirurgie; outil de tonnelier.

TIRE-LAISSE, s. m. (tirelèce), état d'un homme qui est frustré de quelque chose.

TIRE-LARIGOT, loc. adv. (tirelariguó): boire à tire-larigot, excessivement. Pop.

TIRE-LIGNE, s. m. (tirelignie), instrument pour tirer des lignes à la règle.

TIRE-LIRE, s. f. (tirelire), petit vase de terre, etc., propre à serrer l'argent.

TIRE-MOELLE, s. m. (tiremoèle), instrument pour tirer la moelle des os.

TIRE-PIED, s. m. (tirepié), courroie à l'usage des cordonniers.

TIRER, v. a. (tiré) (trahere), amener à soi ou après soi; ôter; dégager; recueillir; décharger une arme à feu; extraire; étendre; tracer; imprimer; envoyer une lettre de change.—V. n., être situé, vers...; aller vers...

TIRET, s. m. (tire), lien pour des papiers; trait d'union.

TIRETAINE, s. f. (tiretène), étoffe de laine grise; drap, tissu très-grossièrement.

TIRE-TÊTE, s. m. (tiretéte), instrument de chirurgie pour les accouchements.

TIREUR, s. m. (tireur), qui tire; chasseur au fusil; celui qui tire une lettre de change.

TIREUSE, s. f. (tireuse), qui tire. — Tireuse de cartes, devineresse.

TIROIR, s. m. (tiroar), petite caisse mobile qui est emboîtée dans une armoire, etc.

TIRONIEN, IENNE, adj. (tironiein, iène), se dit de lettres d'abréviation.

TISANE, s. f. (tizane) (πτισανη), orge mondé), boisson médicamenteuse.

TISON, s. m. (tizon) (titio, titionis), reste d'une bûche brûlée en partie.

TISONNÉ, E, adj. (tizoné), se dit d'un cheval dont le poil est parsemé de taches.

TISONNER, v. n. (tizoné), remuer les tisons sans besoin.

TISONNEUR, EUSE, s. (tizoneur, euze), qui aime à tisonner.

TISONNIER, s. m. (tizonié), outil de forgeron qui sert à remuer les tisons.

TISSAGE, s. m. (ticaje), action de tisser.

TISSÉ, E, part. pass. de tisser.

TISSER, v. a. (ticé), faire un tissu.

TISSERAND, s. m. (ticeran), ouvrier qui tisse, qui fait des toiles, des étoffes.

TISSERANDERIE, s. f. (ticeranderi), profession de ceux qui tissent.

TISSU, s. m. (ticu) (textum), ouvrage de toile, d'étoffe fait au métier; tissure; fig. suite.

TISSU, E, part. pass. de tisser et de tistre.

TISSURE, s. f. (ticure) (textura), liaison de ce qui est tissu.

TISSUTIER, s. m. (ticutié), qui fait des passements, des galons, etc.

TISTRE, v. a. (ticetre) (texere), faire de la toile, du drap et des étoffes sur un métier.

TITAN, s. m. (titan), nom des géants qui, selon la fable, voulurent escalader le ciel.

TITHYMALE, s. m. (titimale) (τιθυμαλος), plante.

TITILLATION, s. f. (titilelâcion), chatouillement; légère agitation.

TITILLER, v. n. (titilelé) (titillare), chatouiller, causer une titillation.

TITRE, s. m. (titre) (titulus), inscription à la tête d'un livre, d'un chapitre, etc.; nom de dignité, d'emploi; acte authentique; droit; degré de fin de l'or ou de l'argent.

TITRÉ, E, part. pass. de titrer, et adj., qui a un titre.

TITRER, v. a. (titré), donner un titre d'honneur à une personne, à une terre.

TITRIER, s. m. (titrié), religieux qui veille à la conservation des titres d'un monastère.
TITUBATION, s. f. (titubáxion) (titubatio), action de chanceler.
TITULAIRE, adj. et s. des deux g. (titulère), qui a un titre, qui porte un titre.
TOAST, s. m. (tocete) (mot anglais), proposition de boire à la santé de quelqu'un.
TOASTER, v. a. et n. (toceté), porter un toast.
TOCANE, s. f. (tokane), vin nouveau fait de la mère-goutte.
TOCSIN, s. m. (tokcein) (de toquer, frapper, et du vieux mot sing, cloche), bruit d'une cloche qui sonne l'alarme.
TOGE, s. f. (toje) (toga), robe longue que portaient les Romains en temps de paix.
TOHU-BOHU, s. m. (to-ubo-u), chaos.
TOI (toè), pron. poss. sing. de la 2e pers.
TOILE, s. f. (toile) (tela), tissu de fil de lin, de chanvre ou de coton; tissu que font les araignées; rideau qui cache le théâtre.— Au pl., filets de chasse.
TOILERIE, s. f. (toèleri), marchandise de toile.
TOILETTE, s. f. (toèlète), parure; petite toile; meuble.
TOILIER, IÈRE, s. (toèlié, ière), marchand de toiles.
TOISE, s. f. (toèze) (en lat. barbare tesa), mesure longue de six pieds.
TOISÉ, s. m. (toèzé), mesurage à la toise; art de mesurer les surfaces et les solides.
TOISÉ, E, part. pass. de toiser, et adj.
TOISER, v. a. (toèzé), mesurer avec la toise; fig. examiner avec attention.
TOISEUR, s. m. (toèzeur), celui qui mesure avec la toise.
TOISON, s. f. (toèzon) (tonsio), action de tondre), laine d'une brebis, d'un mouton.
TOIT, s. m. (toè) (tectum), couverture d'un bâtiment; espèce d'auvent; maison; fig. asyle.
TOITURE, s. f. (toèture), toit; confection des toits.
TÔLE, s. f. (tôle) (tela, toile), fer battu et réduit en feuilles.
TOLÉRABLE, adj. des deux g. (tolérable) (tolerabilis), qu'on peut supporter.
TOLÉRANCE, s. f. (tolérance) (tolerantia), condescendance; liberté des cultes.
TOLÉRANT, E, adj. (toléran, ante), qui tolère; indulgent.
TOLÉRANTISME, s. m. (toléranticeme), système de ceux qui sont tolérants.
TOLÉRÉ, E, part. pass. de toléré.
TOLÉRER, v. a. (toléré) (tolerare), supporter des abus; permettre.
TOLLE, sorte d'interj. (tolé) (mot latin qui sign. fie : ôtez); crier tolle sur quelqu'un, exciter de l'indignation contre lui.

TOLLIR, v. a. (tolir), enlever. Vieux.
TOMAISON, s. f. (tomèzon), indication du tome auquel appartient une feuille.
TOMAN, s. m. (toman), somme de compte en usage dans la Perse.
TOMATE, s. f. (tomate) (de l'espagnol tomata), plante nommée aussi pomme d'amour.
TOMBAC, s. m. (tonbak), cuivre jaune mêlé de zinc.
TOMBANT, E, adj. (tonban, ante), qui tombe.
TOMBE, s. f. (tonbe) (τυμϐος), pierre, etc., dont on couvre une sépulture; sépulcre.
TOMBEAU, s. m. (tonbô) (τυμϐος), monument sépulcral; fig. mort, fin.
TOMBÉE, s. f. (tonbé) : à la tombée de la nuit, au moment où la nuit approche.
TOMBELIER, s. m. (tonbelié), charretier qui conduit un tombereau.
TOMBER, v. n. (tonbé), être emporté de haut en bas par son propre poids; faire une chute; ce ser; fig. déchoir; succomber; ne pas réussir; dépérir; échoir; aboutir; pendre.
TOMBEREAU, s. m. (tonberô), sorte de charrette; ce qui y est contenu.
TOME, s. m. (tôme) (tomus), volume d'un ouvrage imprimé ou manuscrit.
TOMENTEUX, EUSE, adj (tomanteu, euze) (tomentum, bourre), t. de bot. cotonneux.
TOMER, v. a. (tômé); multiplier les tomes; diviser un ouvrage par tomes.
TON, s. m. (ton) (tonus), inflexion de voix; caractère de la voix ou d'un son; manière; nuance; procédé; coloris; caractère du style.
TON (ton), adj. poss. m. qui répond au pronom personnel tu, toi, te.—Au pl. tes.
TONARION, s. m. (tonarion), t. d'antiq., sorte de flûte.
TONDAISON, s. f. (tondèzon), action de tondre.
TONDEUR, EUSE, s. (tondeur, euze), qui tond.
TONDRE, v. a. (tondre) (tundere), couper la laine ou le poil des bêtes.
TONDU, E, part. pass. de tondre, et adj.
TONIQUE, adj. des deux g. et s. m. (tonike) (rares, ton), remède qui tend les fibres, qui donne du ton, de l'énergie aux organes.—S. f., note fondamentale d'un ton.
TONLIEU, s. m. (tonlieu), ancien droit de vente dans un marché.
TONNAGE, s m. (tonaje), droit perçu en Angleterre sur les vaisseaux marchands.
TONNANT, E, adj. (tonan, ante), qui tonne.
TONNE, s f. (tone) (de l'allemand tonne), grand vaisseau de bois en forme de muid.
TONNEAU, s. m. (tonô), petite tonne; son contenu; mesure pour les liquides; sorte de jeu; t. de mar., poids de deux mille livres.
TONNELÉ, E, part. pass. de tonneler.
TONNELER, v. n. et a. (tonelé), prendre du gibier à la tonnelle.

TONNELET, s. m. (tonelè), petit baril; partie basse d'un habit à la romaine.
TONNELEUR, s. m. (toneleur), chasseur qui prend des perdrix, etc., à la tonnelle.
TONNELIER, s. m. (tonelié), artisan qui fait toute sorte de muids, de tonneaux, etc.
TONNELLE, s. f. (tonèle), berceau de treillage; filet pour prendre des perdrix.
TONNELLERIE, s. f. (tonèleri), profession du tonnelier, lieu où il travaille.
TONNER, v. n. et unip. (tone) (tonare), se dit du bruit du tonnerre, du canon; fig. parler avec force.
TONNERRE, s. m. (tonère) (tonitruum), bruyante détonnation électrique dans l'air; la foudre; fond du canon d'une arme à feu.
TONNES, s. f. pl. (tone), genre de coquilles.
TONSURE, s. f. (tonsure) (tonsura), couronne que l'on fait sur la tête des ecclésiastiques en leur rasant les cheveux.
TONSURÉ, E, part. pass. de tonsurer, et adj.
TONSURER, v. a. (tonsuré), donner la tonsure.
TONTE, s. f. (tonte), action de tondre; laine tondue; temps où l'on tond.
TONTINE, s. f. (tontine), rente viagère avec accroissement pour les survivants.
TONTINIER, IÈRE, s. (tontinié, ièrc), qui a des rentes de tontine.
TONTISSE, adj. m. (tontice), se dit d'un papier colorié avec de la tonte de laines.
TONTURE, s. f. (tonture), ce que l'on tond.
TOPAZE, s. f. (topâze) (τοπαζιος), pierre précieuse de couleur jaune.
TOPE, interj. (tope), j'y consens.
TOPER, v. n. (topé), consentir.
TOPINAMBOUR, s. m. (topinanbour), plante originaire du Brésil; ses tubercules.
TOPIQUE, s. m. et adj. des deux g. (topike) (τοπικος, local), médicament appliqué à l'extérieur — s. m. pl. lieux communs d'où l'on tire des arguments.
TOPOGRAPHIE, s. f. (topogurafè) (τοπος, lieu, et γραφω, je décris), description d'un lieu.
TOPOGRAPHIQUE, adj. des deux g. (topogurafike), qui appartient à la topographie.
TOQUE, s. f. (toke) (du bas-breton tocq, chapeau), sorte de coiffure; plante.
TOQUÉ, E, part. pass. de toquer.
TOQUER, v. a. (toké), frapper. Vieux.
TOQUET, s. m. (tokiè), bonnet d'enfant; coiffure à l'usage des femmes.
TORCHE, s. f. (torche) (torquere, tordre), flambeau de cire, de bois résineux, etc.
TORCHÉ, E, part. pass. de torcher.
TORCHE-NEZ, s. m. (torchené), instrument de bois pour serrer le nez d'un cheval.
TORCHER, v. a. (torché) (torquere, tordre), essuyer, nettoyer en frottant.

TORCHÈRE, s. f. (torchère) (torche, flambeau), guéridon pour mettre un flambeau.
TORCHIS, s. m. (torchi), terre grasse mêlée de paille ou de foin coupé.
TORCHON, s. m. (torchon), serviette de grosse toile pour torcher la vaisselle, etc.
TORDAGE, s. m. (tordaje), façon qu'on donne à la soie en doublant les fils.
TORDRE, v. a. (tordre) (torquere), tourner de biais en serrant; fig. mal interpréter.
TORDU, E, part. pass. de tordre, et adj.
TORE, s. m. (tore) (torus, corde), t. d'archit., moulure ronde au bas des colonnes.
TORÉADOR. Voy. TAUREADOR.
TORMENTILLE, s. f. (tormanti-ie), plante dont la racine est vulnéraire.
TORON, s. m. (toron) (torus), assemblage de fils de caret qui composent un cordage.
TORPEUR, s. f. (torpeur) (torpor), engourdissement.
TORPILLE, s. f. (torpi-ie) (torpedo), espèce de poisson du genre des raies.
TORQUET, s. m. (torkiè): donner un torquet, le torquet, tromper quelqu'un. Pop.
TORQUETTE, s. f. (torkiète) (torquere, tordre), marée entortillée dans de la paille.
TORRÉFACTION, s. f. (torerefakcion) (torrefactio), action de torréfier.
TORRÉFIÉ, E, part. pass. de torréfier.
TORRÉFIER, v. a. (toreréfié) (torrefacere, griller), griller, rôtir.
TORRENT, s. m. (toreran) (torrens), courant d'eau impétueux et momentané.
TORRIDE, adj. des deux g. (toreride) (torridus), brûlant.
TORS, E, adj. (tor, torce), qui est tordu ou qui paraît l'être. — Un cou tors, un hypocrite.
TORSADE, s. f. (torcade), étoffe, ruban tors en rouleau.
TORSE, s. m. (torce), statue sans tête, ou sans bras, ou sans jambes.
TORSION, s. f. (torcion), effet produit en tordant, en se tordant.
TORT, s. m. (tor) (tortum), ce qui est opposé à la justice, à la raison; dommage.
TORTELLE, s. f. (torelèle), plante.
TORTICOLIS, s. m. (toretikoli), mal qui fait qu'on ne peut tourner le cou sans douleur. — S. et adj., qui porte le cou de travers.
TORTILLAGE, s. m. (toreti-iaje), paroles confuses, embarrassées.
TORTILLÉ, E (toreti-ié), allée étroite et tortueuse dans un bois, etc.
TORTILLÉ, E, part. pass. de tortiller.
TORTILLEMENT, s. m. (toreti-ieman), action de tortiller; fig. détour, finesse.
TORTILLER, v. a. (toreti-ié), tordre à plusieurs tours. — V. n., chercher des détours.
TORTILLÈRE, s. f. (toreti-ière), tortille.
TORTILLON, s. m. (toreti-ion), coiffure de paysanne, etc.; petite servante. Vieux.

TORTIONNAIRE, adj. des deux g. (*torecio-nère*) (*tortio*, torture), violent, inique.
TORTIS, s. m. (*toreti*), assemblage de fils de chanvre, de laine, etc., *tordus* ensemble.
TORTU, E, adj. (*toretu*)(*tortus*, tordu), qui n'est pas droit; qui est de travers; contrefait.
TORTUE, s. f. (*toretu*)(*tortus*, tordu), animal amphibie dont le corps est couvert d'une écaille; constellation.
TORTUÉ, E, part. pass. de *tortuer*.
TORTUER, v. a. (*toretu-é*), rendre *tortu*.
TORTUEUSEMENT, adv.(*toretu-euzeman*), d'une manière *tortueuse*.
TORTUEUX, EUSE, adj. (*toretu-eu*, *euze*) (*tortuosus*), qui fait plusieurs tours; *fig.* sans franchise, plein de détours.
TORTUOSITÉ, s. f.(*toretu-ôsité*)(*tortuositas*), état de ce qui est *tortueux*.
TORTURE, s. f. (*toreture*)(*tortura*), gêne, tourment qu'on fait souffrir.
TORTURÉ, E, part. pass. de *torturer*.
TORTURER, v. a.(*toreturé*), faire éprouver la *torture*.
TORY, s. m. (*tori*), nom donné en Angleterre aux royalistes.
TOSCAN, E, adj. (*tocekan*, *ane*), se dit du plus simple des ordres d'architecture.
TOSTE, s. m. Voy. TOAST.
TOSTER, v. a. et n. Voy. TOASTER.
TÔT, adv. (*tô*) (de l'italien *tosto*), vite, incontinent, sans tarder.
TOTAL, E, adj. (*totale*) (*totus*), entier, complet.—S. m., le tout.—Au pl. *totaux*.
TOTALEMENT, adv. (*totaleman*), entièrement.
TOTALITÉ, s. f. (*totalité*), le *total*.
TOTON, s. m. (*toton*) (*totum*, tout), dé qu'on fait tourner sur un pivot.
TOUAGE, s. m. (*touaje*), action de *touer*; effet de cette action.
TOUAILLE, s. f. (*touâ-ie*) (corruption de *toile*), linge pour s'essuyer les mains.
TOUC, s. m. Voy. TOUG.
TOUCAN, s. m. (*toukan*), genre d'oiseaux grimpeurs; constellation.
TOUCHANT, E, adj. (*touchan*, *ante*), qui *touche* le cœur, qui émeut.
TOUCHANT, prép. (*touchan*), sur, à l'égard de..., pour ce qui concerne.
TOUCHE, s. f. (*touche*), chacune des pièces d'un clavier; épreuve de l'or ou de l'argent par le moyen d'une certaine pierre; disgrace; manière de peindre.
TOUCHÉ, E, part. pass. de *toucher*, et adj.
TOUCHER, v. a. et n. (*touché*) (du gothique *tekan*), mettre la main, le doigt, le pied, etc., sur quelque chose; frapper; chasser; recevoir; atteindre à...; être contigu; intéresser.
TOUCHER, s. m. (*touché*), le tact, le sens par lequel on *touche*; action de *toucher*.
TOU-COI (*toukoè*), t. de chasse, mot qu'on emploie pour faire taire un limier qui crie.

TOUE, s. f. (*tou*), bateau commun sur certaines rivières.
TOUÉ, E, part. pass. de *touer*.
TOUÉE, s. f. (*toué*), action de *touer*; longueur de câble de cent vingt brasses.
TOUER, v. a. (*toué*) (de l'anglais *tô tow*), faire avancer un vaisseau en tirant un câble.
TOUFFE, s. f. (*toufe*) (*tufa*), assemblage d'herbes, de cheveux, etc., très-rapprochés.
TOUFFEUR, s. f. (*toufeur*), exhalaison chaude qui saisit.
TOUFFU, E, adj. (*toufu*), épais, bien garni.
TOUG ou **TOUC**, s. m. (*tougue*, *touk*), étendard qu'on porte devant le grand-visir.
TOUJOURS, adv. (*toujour*) (contraction de *tous les jours*), sans cesse, continuellement.
TOUPET, s. m. (*toupè*), petite touffe; touffe de cheveux au haut du front; *fig.* hardiesse.
TOUPIE, s. f. (*toupi*) (τυπη, coup), sorte de jouet de bois qu'on fait tourner.
TOUPILLER, v. n. (*toupi-ié*), ne faire qu'aller et venir comme une *toupie*. Peu us.
TOUPILLON, s. m. (*toupi-ion*), petit *toupet*; branches confuses d'un oranger.
TOUR, s. m. (*tour*), mouvement en rond; promenade; détour; circuit; tournure; façon; rang; machine pour façonner en rond; trait d'adresse; attrape; ruse; rang successif; armoire ronde et tournant sur un pivot.
TOUR, s. f. (*tour*) (*turris*), bâtiment élevé; pièce du jeu d'échecs.
TOURBE, s. f. (*tourbe*) (*turba*), multitude confuse; terre combustible.
TOURBEUX, EUSE, adj. (*tourebeu*, *euze*), propre à faire de la *tourbe*.
TOURBIÈRE, s. f.(*tourebière*), terrein d'où l'on tire de la *tourbe*.
TOURBILLON, s. m. (*tourebi-ion*) (*turbo*, *turbonis*), vent impétueux qui va en tournoyant; eau qui tournoie.
TOURBILLONNER, v.n.(*tourebi-ioné*), aller en tournoyant.
TOURD, s. m. (*tour*), poisson de mer.
TOURD, s. m., ou **TOURDELLE**, s. f.(*tour*, *touredèle*), espèce de grive.
TOURDILLE, adj. des deux g.(*touredi-ie*): gris *tourdille*, gris sale.
TOURELLE, s. f. (*tourèle*), petite *tour*.
TOURET, s. m. (*tourè*), petite roue qui reçoit son mouvement d'une plus grande.
TOURIÈRE, s. et adj. f.(*tourière*), religieuse qui fait passer au *tour* ce qu'on y apporte.
TOURILLON, s. m. (*touri-ion*), gros pivot.
TOURLOUROU, s. m. (*tourelourou*), crabe d'Amérique; jeune soldat. Pop.
TOURMALINE, s. f. (*touremaline*), pierre précieuse qui a des pôles comme l'aimant.
TOURMENT, s. m.(*toureman*)(*tormentum*), violente douleur; *fig.* peine d'esprit.
TOURMENTANT, E, adj. (*touremantan*, *ante*), qui *tourmente*.

TOURMENTE, s. f. (*touremante*), tempête sur la mer; orage.

TOURMENTÉ, E, part. pass. de *tourmenter*.

TOURMENTER, v. a. (*touremanté*), faire souffrir quelque tourment; *fig.* importuner.

TOURMENTEUX, EUSE, adj.(*touremanteu, euze*), sujet aux tourmentes.

TOURMENTIN, s. m. (*touremantein*), petite voile qui ne sert que dans les tourmentes.

TOURNAILLER, v. n. (*tourenâ-ié*), faire beaucoup de tours et détours sans s'éloigner. Fam.

TOURNANT, E, adj. (*tourenan, ante*), qui tourne. — S. m., endroit où l'eau tourne toujours; coin de rue, de rivière, etc.; *fig.* moyen détourné.

TOURNÉ, E, part. pass. de *tourner*, et adj.

TOURNE-BRIDE, s. m. (*tourenebride*), espèce de cabaret auprès d'un château.

TOURNE-BROCHE, s. m. (*tourenebroche*), machine qui sert à faire tourner la brocke.

TOURNÉE, s. f. (*tourené*), voyage périodique; course pour inspecter; excursion; petite promenade.

TOURNELLE, s. f. (*tourenèle*), autrefois, petite tour; chambre du parlement.

TOURNEMAIN, s. m.(*tourenemein*) : *en un tournemain*, en aussi peu de temps qu'il en faut pour tourner la main. Vieux.

TOURNER, v.a.(*tourené*), mouvoir en rond; changer de sens, de place; cerner; prendre à travers; façonner au tour; *fig.* interpréter; éviter. — V. n., se mouvoir en rond; s'altérer; se changer; mûrir.

TOURNE-SOL, s. m. (*tourenesol*), plante; espèce de teinture bleue.

TOURNEUR, s. m. (*toureneur*), artisan qui fait des ouvrages au tour.

TOURNE-VIS, s. m. (*tourenevice*), petit instrument de fer pour serrer les vis.

TOURNIQUET, s. m.(*tourenikiè*), moulinet à quatre bras, qui tourne horizontalement.

TOURNIS, s. m.(*toureni*), maladie des moutons.

TOURNOI, s. m. (*tourenoa*), sorte de fête publique et militaire.

TOURNOIEMENT ou **TOURNOÎMENT**, s. m. (*tourenoèman*), action de ce qui tournoie.

TOURNOIS, adj. des deux g. (*tourenoa*), se disait d'une ancienne monnaie.

TOURNOYER, v. n. (*tourenoè-ié*), tourner en faisant plusieurs tours; *fig.* biaiser.

TOURNURE, s f.(*tourenure*), conformation, habitude du corps; tour; forme; façon.

TOURTE, s. f. (*tourete*) (*tarta*), pièce de four qu'on fait cuire dans une tourtière.

TOURTEAU, s. m. (*toureté*), autrefois sorte de gâteau. Vieux.

TOURTEREAU, s. m.(*toureteró*), le petit de la tourterelle.

TOURTERELLE, s. f. (*toureterèle*) (*turtur, turturis*), oiseau.

TOURTIÈRE, s. f. (*touretière*), ustensile de cuisine, servant à faire cuire des tourtes.

TOURTRE, s. f. Voy. TOURTERELLE.

TOUSELLE, s. f. (*touzèle*), sorte de grain qui se cultive en plusieurs endroits.

TOUSSAINT, s. f. (*toucein*), la fête de tous les saints.

TOUSSER, v. n. (*toucé*), faire l'effort et le bruit que cause la toux.

TOUSSEUR, EUSE, s. (*touceur, euze*), qui tousse souvent.

TOUT, s. m. (*tou*)(*totum*), chose considérée en son entier; *toute chose*. — Adv., entièrement; quoique; encore que. — *Tout à coup*, soudain. — *Tout à fait*, entièrement.

TOUT, E, adj. (*tou, toute*) (*totus, a, um*), se dit de l'universalité d'une chose considérée en son entier; chaque; quelconque.

TOUTE-BONNE, s. f. (*toutebone*), nom vulgaire d'une espèce de sauge.

TOUTE-ÉPICE, s. f. (*toutépice*), nom vulgaire d'une espèce de nielle.

TOUTEFOIS, adv. (*toutefoé*), néanmoins, cependant, pourtant.

TOUTENAGUE, s. f. (*toutenague*), alliage métallique d'étain et de bismuth.

TOUTE-PUISSANCE, s. f. (*toutepuiçance*), puissance, pouvoir sans bornes. —Sans pl.

TOUTE-SAINE, s. f. (*toutecène*), arbrisseau employé en médecine.

TOUTOU, s. m. (*toutou*), petit chien. Fam.

TOUT-OU-RIEN, s. m. (*toutourien*), partie de la répétition d'une montre.

TOUT-PUISSANT, TOUTE PUISSANTE, adj. (*toupuiçan, toutepuiçante*), qui a un pouvoir sans bornes. —S. m., Dieu.

TOUX, s. f. (*tou*) (*tussis*), mouvement de la poitrine accompagné de bruit.

TOXICODENDRON, s. m. (*tokcikodeindron*) (τοξικον, poison, et δενδρον, arbre), espèce de sumac fort vénéneux.

TOXICOLOGIE, s. f. (*tokcikoloji*) (τοξικον, poison, et λογος, discours), science qui traite des poisons; traité sur les poisons.

TOXIQUE, s. m. (*tokcike*)(τοξικον), nom générique de toute sorte de poison.

TRABAN, s. m.(*traban*), soldat de la garde impériale en Allemagne.

TRABÉE, s. f. (*trabé*) (*trabea*), robe des généraux romains dans leur triomphe.

TRAC, s. m. (*trak*), allure du cheval, du mulet; trace des bêtes.

TRAÇANT, E, adj. (*traçan, ante*), se dit d'une racine qui s'étend horizontalement.

TRACAS, s. m. (*traká*), mouvement accompagné de trouble, d'embarras.

TRACASSÉ, E, part. pass. de *tracasser*.

TRACASSER, v. n. (*trakacé*) (de *trac* ou *trace*), aller, venir, s'agiter pour peu de chose, être inquiet, brouillon, etc. —V. a., inquiéter.

TRACASSERIE, s. f. (trakaceri), chicane; discours propre à brouiller les sens.
TRACASSIER, IÈRE, s. et adj. (trakacié, ière), qui tracassé, qui chicane; indiscret.
TRACE, s. f. (trace) (du lat. barbare tracia), vestige d'un homme ou d'un animal; marque; impression; premier trait.
TRACÉ, E, part. pass. de tracer, et adj. — S. m., effet de l'action de tracer.
TRACEMENT, s. m. (traceman), action par laquelle on trace ou l'on dessine.
TRACER, v. a. (tracé) (en lat. barbare trassare), tirer les lignes d'un dessin, d'un plan; indiquer d'avance.—V. n., s'étendre horizontalement, en parlant des racines.
TRACHÉE-ARTÈRE, s. f. (traché-artère) (τραχυς, épais, et αρτηρια, artère), canal qui porte l'air aux poumons.
TRACHÉOTOMIE, s. f. (traché-otomi) (τραχεια, trachée-artère, et τεμνω, je coupe), incision à la trachée-artère.
TRACTION, s. f. (trakcion), action par laquelle on est attiré.
TRADITEUR, s. m. (traditeur) (traditor), celui qui livrait les livres saints aux païens.
TRADITION, s. f. (tradicion) (traditio), action de livrer à...; transmission orale d'âge en âge; chose transmise oralement.
TRADITIONNAIRE, s. m. (tradicionère), juif qui suit les traditions du Talmud.
TRADITIONNEL, ELLE, adj. (tradicionèle), qui est de tradition.
TRADITIONNELLEMENT, adv. (tradicionèleman), selon la tradition.
TRADUCTEUR, TRICE, s. (traduktèur, trice) (traductor), qui traduit.
TRADUCTION, s. f. (traduksion) (traductio), action de traduire.
TRADUIRE, v. a. (traduire) (traducere), faire passer d'une langue dans une autre; expliquer; citer en justice; transférer.
TRADUISIBLE, adj. des deux g. (traduizible), qui peut être traduit.
TRADUIT, E, part. pass. de traduire.
TRAFIC, s. m. (trafik), commerce, négoce; fig. convention indue.
TRAFIQUANT, E, s. (trafikan, ante), qui trafique; négociant.
TRAFIQUÉ, E, part. pass. de trafiquer.
TRAFIQUER, v. a. et n. (trafikié), faire commerce, faire trafic.
TRAGACANTHE, s. f. (traguakante), arbrisseau.
TRAGÉDIE, s. f. (trajédi) (τραγωδια), drame représentant une action héroïque.
TRAGÉDIEN, IENNE, s. (trajédiein, ièn), acteur, actrice qui joue dans la tragédie.
TRAGI-COMÉDIE, s. f. (trajikomédi), tragédie mêlée d'incidents comiques.
TRAGI-COMIQUE, adj. des deux g. (trajikomike), qui tient du tragique et du comique.

TRAGIQUE, adj. des deux g. (trajike), qui concerne la tragédie; fig. funeste.—S. m., le genre tragique; auteur de tragédies.
TRAGIQUEMENT, adv. (trajikèman), d'une manière tragique.
TRAHI, E, part. pass. de trahir.
TRAHIR, v. a. (tra-ir) tradere, livrer), faire une perfidie à...; user de trahison; manquer de foi; déceler.—V. pr., se découvrir.
TRAHISON, s. f. (tra-izon), action de trahir; fourberie et tromperie.
TRAILLE, s. f. (trâ-ie) (trahere, tirer), bac qui sert à passer une grande rivière.
TRAIN, s. m. (trein), allure, façon d'aller; attirail militaire; suite de valets; manière de vivre; courant des affaires; redeau; tout le charronnage qui porte le corps d'une voiture; bruit, tapage.
TRAÎNAGE, s. m. (trènaje), manière de voyager sur des traîneaux.
TRAÎNANT, E, adj. (trènan, ante), qui traîne à terre; fig. languissant.
TRAÎNARD, s. et adj. m. (trènar), traîneur; homme lent à marcher, à agir.
TRAÎNASSE, s. f. (trènace), plante.
TRAÎNE, s. f. (trène): bateau à la traîne, traîné par un autre.
TRAÎNÉ, E, part. pass. de traîner.
TRAÎNEAU, s. m. (trèno) (trahere, tirer), voiture sans roues; grand filet.
TRAÎNÉE, s. f. (trèné), petite quantité de certaines choses épanchées en long.
TRAÎNER, v. a. (trèné) (trahere, tirer), tirer après soi; mener avec soi; fig. attirer; différer.—V. n., pendre à terre; être exposé; languir; durer long-temps.—V. pr., marcher avec peine.
TRAÎNEUR, s. et adj. m. (trèneur), qui traîne; soldat qui reste en arrière.
TRAIRE, v. a. (trère) (trahere, tirer), faire sortir le lait du trayon de la vache.
TRAIT, s. m. (trè) (tractus), dard, javelot, flèche; longe; ce qu'on avale d'une liqueur sans reprendre haleine; ligne; linéament; action ou pensée remarquable; rapport; coupe des pierres. — Trait d'union, petit trait qu'on fait au bout d'une ligne ou entre deux mots.
TRAIT, E, part. pass. de traire, et adj., se dit des métaux passés à la filière.
TRAITABLE, adj. des deux g. (trètable), doux, avec qui on peut traiter; maniable.
TRAITANT, s. m. (trètan), celui qui se chargeait du recouvrement des impositions.
TRAITE, s. f. (trète), chemin fait sans s'arrêter; transport; trafic; lettre de change.
TRAITÉ, s. m. (trèté), ouvrage où l'on traite de quelque art, etc.; convention.
TRAITÉ, E, part. pass. de traiter, et adj.
TRAITEMENT, s. m. (trèteman), accueil, réception; manière de soigner une maladie; appointements.

TRAITER, v. a. et n. (*trété*) (*tractare*, toucher), discuter un sujet; négocier; accueillir; régaler; qualifier; soigner; médicamenter.

TRAITEUR, s. m. (*tréteur*), celui qui traite; qui donne à manger pour de l'argent.

TRAITRE, ESSE, s. et adj. (*trétre, èse*) (*traditor*), qui trahit; perfide.

TRAITREUSEMENT, adv. (*trétreuzeman*, en trahison; à la manière des traîtres.

TRAJECTOIRE, s. f. (*trajèktoare*) (*trajisere*, traverser), t. de math., courbe.

TRAJET, s. m. (*trajè*) (*trajectus*), espace à traverser d'un lieu à un autre.

TRAMAIL, s. m. (*trama-ie*) (du lat. barbare *tramallum*), filet de pêche.

TRAME, s. f. (*trame*) (*trama*), fils ourdis; fig. complot; intrigue.

TRAMÉ, E, part. pass. de *tramer*.

TRAMER, v. a. (*tramé*), passer la trame entre les fils de la chaîne; fig. machiner.

TRAMONTANE, s. f. (*tramontane*) (de l'italien *tramontana*), vent du nord; côté du nord. —Perdre la tramontane, se troubler.

TRANCHANT, s. m. (*tranchan*), le fil d'un couteau, d'une épée, d'un rasoir, etc.

TRANCHANT, E, adj. (*tranchan, ante*), qui tranche; fig. décisif, qui décide hardiment.

TRANCHE, s. f. (*tranche*), morceau coupé un peu mince; bord rogné d'un livre.

TRANCHÉ, E, part. pass. de *trancher*.

TRANCHÉE, s. f. (*tranché*), fosse, fossé; colique intestinale.

TRANCHE-FILE, s. f. (*tranchefile*), rouleau de papier, etc., recouvert de soie ou de fil aux deux extrémités du dos du livre.

TRANCHE-LARD, s. m. (*tranchelar*), couteau qui a la lame fort mince.

TRANCHE-MONTAGNE, s. m. (*tranchemontagne*), fanfaron. Fam.

TRANCHER, v. a. (*tranché*) (*transcindere*), séparer en coupant; fig. décider hardiment.

TRANCHET, s. m. (*tranchè*), outil de cordonnier, de bourrelier, etc.

TRANCHOIR, s. m. (*tranchoare*), plateau de bois sur lequel on tranche la viande.

TRANQUILLE, adj. des deux g. (*trankile*) (*tranquillus*), paisible, calme.

TRANQUILLEMENT, adv. (*trankileman*), en repos; d'une manière tranquille.

TRANQUILLISANT, E, adj. (*trankilisan, ante*), qui tranquillise.

TRANQUILLISÉ, E, part. pass. de *tranquilliser*.

TRANQUILLISER, v. a. (*trankilisé*), rendre tranquille, calme.

TRANQUILLITÉ, s. f. (*trankilité*) (*tranquillitas*), état de ce qui est tranquille.

TRANS, prép. qui entre dans la composition de plusieurs mots pour ajouter à leur signification celle de : à travers, entre, au-delà.

TRANSACTION, s. f. (*tranzaksion*), acte par lequel on *transige* sur un différend.

TRANSALPIN, E, adj. (*transalepein, ine*), au-delà des *Alpes*.

TRANSBORDEMENT, s. m. (*trancebordeman*), action de *transborder*.

TRANSBORDER, v. a. (*trancebordé*), transporter d'un navire dans un autre.

TRANSCENDANCE, s. f. (*tranceçandance*), supériorité marquée; éminente.

TRANSCENDANT, E, adj. (*tranceçandan, ante*) (*transcendens*), élevé, sublime; infini.

TRANSCRIPTION, s. f. (*trancekripecion*), action par laquelle on *transcrit*.

TRANSCRIRE, v. a. (*trancekrire*) (*transcribere*), copier quelque écrit.

TRANSCRIT, E, part. pass. de *transcrire*.

TRANSE, s. f. (*trance*), grande appréhension d'un mal qu'on croit prochain.

TRANSFÉRÉ, E, part. pass. de *transférer*.

TRANSFÉRER, v. a. (*trancefèré*) (*transferre*), transporter d'un lieu à un autre.

TRANSFERT, s. m. (*trancefère*), transport de la propriété d'une rente, etc.

TRANSFIGURATION, s. f. (*trancefiguracion*), action de *se transfigurer*.

TRANSFIGURÉ, E, part. pass. de *se transfigurer*.

se TRANSFIGURER, v. pr. (*setrancefiguré*) (*transfigurare*), changer de *figure*.

TRANSFORMATION, s. f. (*tranceformacion*) (*transformatio*), métamorphose.

TRANSFORMÉ, E, part. pass. de *transformer*.

TRANSFORMER, v. a. (*tranceformé*) (*transformare*), métamorphoser.

TRANSFUGE, s. m. (*trancefuje*) (*transfuga*), celui qui passe dans le parti ennemi.

TRANSFUSÉ, E, part. pass. de *transfuser*.

TRANSFUSER, v. a. (*trancefuzé*) (*transfundere*, transvaser), faire passer le sang artériel d'un animal dans les veines d'un autre.

TRANSFUSION, s. f. (*trancefuzion*) (*transfusio*), action de *transfuser*.

TRANSGRESSÉ, E, part. pass. de *transgresser*.

TRANSGRESSER, v. a. (*tranceguerècecé*) (*transgredi*, passer outre), contrevenir à...

TRANSGRESSEUR, EUSE, s. (*tranceguerèceur, euse*), qui *transgresse*.

TRANSGRESSION, s. f. (*tranceguerècecion*) (*transgressio*), action de *transgresser*.

TRANSI, E, part. pass. de *transir*, et adj.

TRANSIGER, v. n. (*tranzijé*) (*transigere*), passer un acte pour accommoder une affaire.

TRANSIR, v. a. (*trancir*) (du lat. barbare *strinxire*), pénétrer de froid : saisir de peur. V. n., avoir un grand froid; avoir peur.

TRANSISSEMENT, s. m. (*tranciceman*), état d'un homme *transi* de froid ou de frayeur.

TRANSIT, s. m. (*tranzite*) (mot lat. qui signifie : il passe), le même que *passavant*.

TRANSITIF, IVE, adj. (*tranzitif, ive*) (*transitivus*), se dit des verbes qui marquent une action qui passe d'un sujet dans un autre.

TRANSITION, s. f. (*tranzicion*) (*transitio*), manière de passer d'une chose à une autre.

TRANSITOIRE, adj. des deux g. (*tranzitoare*) (*transitorius*), passager.

TRANSLATER, v. a. (*trancelaté*), traduire d'une langue en une autre. Vieux.

TRANSLATEUR, s. m. (*trancelateur*), traducteur. Vieux.

TRANSLATIF, IVE, adj. (*trancelatif, ive*), qui transmet, transfère, transporte.

TRANSLATION, s. f. (*trancelácion*) (*translatio*), action de *transférer*; transport.

TRANSMETTRE, v. a. (*trancemètre*)(*transmittere*), céder, faire passer.

TRANSMIGRATION, s. f. (*trancemiguerácion*) (*transmigratio*), émigration; métempsychose.

TRANSMIS, E, part. pass. de *transmettre*.

TRANSMISSIBLE, adj. des deux g. (*trancemicible*), qui peut être *transmis*.

TRANSMISSION, s. f. (*trancemicion*)(*transmissio*), action de *transmettre*.

TRANSMUABLE, adj. des deux g. (*trancemu-able*), qui peut être changé.

TRANSMUE, E, part. pass. de *transmuer*.

TRANSMUER, v. a. (*trancemu-é*) (*transmutare*), changer, transformer.

TRANSMUTABILITÉ, s. f. (*trancemutabilité*), propriété de ce qui est *transmuable*.

TRANSMUTATION, s. f. (*trancemutácion*) (*transmutatio*), changement d'une chose en une autre.

TRANSPARENCE, s. f. (*tranceparance*), qualité de ce qui est *transparent*.

TRANSPARENT, E, adj. (*tranceparan, ante*)(*trans*, au-delà, et *parere*, paraître), au travers de quoi l'on peut voir les objets. — S. m., papier tracé; tableau sur papier huilé, etc., derrière lequel on place des lumières.

TRANSPERCÉ, E, part. pass. de *transpercer*.

TRANSPERCER, v. a. (*trancepercé*), percer de part en part.

TRANSPIRABLE, adj. des deux g. (*trancepirable*), qui peut sortir par *transpiration*.

TRANSPIRATION, s. f. (*trancepirácion*), exhalation à la surface de la peau.

TRANSPIRER, v. n. (*trancepiré*)(*trans*, au-delà, et *spirare*, souffler), suer; s'exhaler; sortir du corps par les pores; *fig.* se divulguer.

TRANSPLANTATION, s. f. (*tranceplantácion*), action de *transplanter*.

TRANSPLANTÉ, E, part. pass. de *transplanter*.

TRANSPLANTER, v. a. (*tranceplanté*), planter en un autre endroit; transporter.

TRANSPORT, s. m. (*trancepor*), action par laquelle on *transporte*; cession d'un droit; *fig.* mouvement violent d'une passion; délire.

TRANSPORTABLE, adj. des deux g.(*tranceportable*), qu'on peut *transporter*.

TRANSPORTÉ, E, part. pass. de *transporter*.

TRANSPORTER, v. a.(*tranceporté*), porter d'un lieu à un autre; céder, transférer; *fig.* impressionner vivement.

TRANSPOSÉ, E, part. pass. de *transposer*.

TRANSPOSER, v. a. (*trancepózé*) (*transponere*), changer de place.

TRANSPOSITEUR, adj. m. (*trancepóziteur*), se dit d'un piano qui *transpose* le ton.

TRANSPOSITIF, IVE, adj. (*trancepózitif, ive*), où l'on peut *transposer* les mots.

TRANSPOSITION, s. f. (*trancepózicion*), action de *transposer*.

TRANSRHÉNANE, adj. f. (*trancerénane*) (*trans*, au-delà, et *Rhenus*, Rhin), au-delà du Rhin.

TRANSSUBSTANTIATION, s. f. (*trancecubcetanciácion*) (*trans*, au-delà, et *substantia*, substance), changement d'une *substance* en une autre.

TRANSSUBSTANTIÉ, E, part. pass. de *transsubstantier*.

TRANSSUBSTANTIER, v. a. (*trancecubcetancié*), changer une *substance* en une autre.

TRANSSUDATION, s. f. (*tranceçudácion*), action de *transsuder*.

TRANSSUDER, v. n. (*trancecudé*)(*trans*, au-delà, et *sudare*, suer), transpirer.

TRANSVASÉ, E, part. pass. de *transvaser*.

TRANSVASER, v. a. (*trancevázé*), verser d'un *vase* dans un autre.

TRANSVERSAL, E, adj. (*trancevèreçalc*), qui *traverse* obliquement. — Au pl. m. *transversaux*.

TRANSVERSALEMENT, adv. (*trancevèreçaleman*), obliquement.

TRANSVERSE, adj. des deux g. (*trancevèrece*) (*transversus*), oblique.

TRANTRAN, s. m. (*trantran*), le cours de certaines affaires. Fam.

TRAPÈZE, s. m. (*trapèze*) (τραπέζιον), figure rectiligne de quatre côtés inégaux, dont deux sont parallèles.

TRAPÉZOÏDE, s. m. (*trapézo-ide*) (τραπέζιον, trapèze, et εἶδος, forme), figure semblable au *trapèze*, mais sans côtés parallèles.

TRAPPE, s. f. (*trape*) (*trappa*), porte couchée sur une ouverture; porte ou fenêtre à coulisse; sorte de piège.

TRAPPISTE, s. et adj. m. (*trapicete*), religieux d'un ordre dont le chef-lieu était à la Trappe, près de Mortagne.

TRAPU, E, adj. (*trapu*), membru, ramassé, gros et court.

TRAQUE, s. f. (*trake*), en t. de chasse, action de *traquer*.

TRAQUÉ, E, part. pass. de *traquer*.

TRAQUENARD, s. m. (*trakenar*) (tricena

TRE TRE 565

rius, qui fait des pas mal réglés), sorte d'amble ou d'entre-pas; sorte de danse gaie; piège.

TRAQUER, v. a. (*trakié*), entourer un bois, y envelopper le gibier.

TRAQUET, s. m. (*trakiè*), petite soupape d'un moulin; piège; oiseau.

TRAQUEUR, s. m. (*trakieur*), qui traque.

TRAUMATIQUE, s. m. et adj. des deux g. (*traumatike*) (τραυμα, plaie), vulnéraire.

TRAVAIL, s. m. (*trava-ie*)(trans vigilia, au-delà des veilles), labeur; peine, fatigue qu'on éprouve en faisant quelque chose, ouvrage; manière dont on travaille; mal d'enfant; machine de maréchal. — Au pl. *travaux*.

TRAVAILLÉ, E, part. pass. de *travailler*.

TRAVAILLER, v. n. (*trava-ié*), faire un travail; s'occuper à...; se déjeter; fermenter. — V. a., faire avec soin; façonner; exercer; tourmenter. — V. pr., s'inquiéter.

TRAVAILLEUR, EUSE, s. (*trava-ieur, euze*), qui aime le *travail*; ouvrier.

TRAVÉE, s. f. (*travé*) (trabs, trabis, poutre), espace qui est entre deux poutres.

TRAVERS, s. m. (*travère*) (transversum), étendue d'un corps considéré selon sa largeur; biais; irrégularité; *fig.* bizarrerie, caprice. — à TRAVERS, de part en part, au milieu.

TRAVERSE, s. f. (*travèrece*), pièce de bois qu'on met en *travers*; tranchée; chemin qui coupe; *fig.* affliction; revers; obstacle.

TRAVERSÉ, E, part. pass. de *traverser*.

TRAVERSÉE, s. f. (*travèrecé*), trajet par mer d'un endroit à un autre.

TRAVERSER, v. a. (*travèrecé*), passer au travers; percer de part en part; être au travers de...; *fig.* susciter des obstacles.

TRAVERSIER, IÈRE, adj. (*travèrecié, ière*), qui traverse.

TRAVERSIN, s. m. (*travèrecein*), long oreiller qui s'étend de toute la largeur du lit.

TRAVERTIN, s. m. (*travertein*), pierre calcaire des environs de Tivoli, en Italie.

TRAVESTI, E, part. pass. de *travestir*.

TRAVESTIR, v. a. (*travècetir*) (trans, au-delà, et *vestis*, habit), déguiser; *fig.* traduire burlesquement.

TRAVESTISSEMENT, s. m. (*travèceticeman*), déguisement.

TRAYON, s. m. (*trè-ion*), bout du pis d'une vache, d'une chèvre, etc.

TRÉBELLIANIQUE ou TRÉBELLIENNE, adj. f. (*trébelianike, ième*), se dit de la quatrième partie que l'héritier institué a droit de retenir sur une succession.

TRÉBUCHANT, E, adj. (*trébuchan, ante*), qui *trébuche*; qui est de poids.

TRÉBUCHEMENT, s. m. (*trébucheman*), action de *trébucher*.

TRÉBUCHER, v. n. (*trébuché*) (du lat. bar-bare *trabuccare*), faire un faux pas; tomber; *fig.* broncher; emporter par son poids.

TRÉBUCHET, s. m. (*trébuché*), balance pour peser l'or et l'argent; piège.

TRÉFILÉ, E, part. pass. de *tréfiler*.

TRÉFILER, v. a. (*tréfilé*), faire passer par la *filière*.

TRÉFILERIE, s. f. (*tréfileri*), machine pour tirer le laiton à la *filière*.

TRÉFILEUR, s. m. (*tréfileur*), qui travaille à la *tréfilerie*.

TRÈFLE, s. m. (*trèfle*) (trefolium), plante herbacée; une des couleurs du jeu de cartes.

TRÉFONCIER, s. m. (*tréfoncié*), propriétaire de bois sujets à certains droits.

TRÉFONDS, s. m. (*tréfon*) (terræ fundus, fonds de terre), propriété des mines qui peuvent exister sous un terrain.

TREILLAGE, s. m. (*trè-iaje*), treillis de lattes, de fil de fer, etc.

TREILLAGEUR, s. m. (*trè-iajeur*), qui fait des *treillages*.

TREILLE, s. f. (*trè-ie*) (trichila), berceau fait de ceps de vigne entrelacés; vigne qui monte contre une muraille.

TREILLIS, s. m. (*trè-ie-i*), barreaux de bois ou de fer qui se croisent; grosse toile.

TREILLISSÉ, E, part. pass. de *treillisser*.

TREILLISSER, v. a. (*trè-ie-icé*), garnir de *treillis*.

TREIZE, adj. numéral des deux g. et s. m. (*trèze*), dix et trois.

TREIZIÈME, adj. et s. des deux g. (*trèzième*), nombre d'ordre qui suit le douzième. — S. m., treizième partie.

TREIZIÈMEMENT, adv. (*trèzièmeman*), en treizième lieu.

TRÉMA, adj. des deux g. et des deux nombres (*tréma*) (τρημα, trou), se dit d'une voyelle accentuée de deux points (ë, ï, ü). — S. m., ces deux points.

TREMBLAIE, s. f. (*tranblè*), lieu planté de *trembles*.

TREMBLANT, E, adj. (*tranblan, ante*), qui *tremble*; saisi d'effroi.

TREMBLE, s. m. (*tranble*), peuplier dont les feuilles *tremblent* au moindre vent.

TREMBLÉ, E, part. pass. de *trembler*, et adj., se dit d'une écriture tracée par une main tremblante.

TREMBLEMENT, s. m. (*tranbleman*), agitation de ce qui *tremble*; grande crainte.

TREMBLER, v. n. (*tranblé*) (tremulare, dimin. de *tremere*), être agité; n'être pas ferme; craindre, avoir peur.

TREMBLEUR, EUSE, s. (*tranbleur, euze*), qui *tremble*; timide. — S. m., quaker.

TREMBLOTANT, E, adj. (*tranblotan, ante*), qui *tremble*.

TREMBLOTER, v. n. (*tranbloté*), diminutif de *trembler*. Fam.

TRÉMIE, s. f. (trémi) (trimodia, mesure de trois boisseaux), auge carrée où l'on met le blé qui de là tombe entre les meules du moulin; mesure pour le sel.

TRÉMIÈRE, adj. f. (trémière) : rose trémière; espèce de mauve.

TRÉMOUSSEMENT, s. m. (trémouceman), action de se trémousser.

TRÉMOUSSER, v. n. (trémoucé) (tremulare, trembler), s'agiter.—V. pr., se remuer.

TRÉMOUSSOIR, s. m. (trémouçoar), machine propre à se donner de l'exercice.

TREMPE, s. f. (tranpe), action et manière de tremper le fer; fig. caractère.

TREMPÉ, E, part. pass. de tremper, et adj.

TREMPER, v. a. (tranpé) (temperare), mouiller, imbiber en mettant dans quelque liqueur; plonger le métal tout rouge dans l'eau pour le durcir.—V. n., être dans un liquide.

TREMPERIE, s. f. (tranperi), lieu dans une imprimerie où l'on trempe le papier.

TREMPLIN, s. m. (tranplein), planche élastique pour faire des sauts périlleux.

TRENTAIN, s. m. (trantein), t. du jeu de paume : être trentain, avoir chacun trente.

TRENTAINE, s. f. (trantène), nombre de trente ou environ.

TRENTE, adj. numéral des deux g. et s. m. (trante) (triginta), trois fois dix. — Trente et quarante, jeu de hasard.—Trente et un, jeu de cartes.

TRENTIÈME, adj. et s. des deux g. (trantième) (trigesimus), nombre ordinal de trente. —S. m., trentième partie.

TRÉPAN, s. m. (trépan) [τρυπανον, tarière), opération chirurgicale pour ôter du crâne les corps étrangers; instrument pour trépaner.

TRÉPANÉ, E, part. pass. de trépaner.

TRÉPANER, v. a. (trépané), faire l'opération du trépan.

TRÉPAS, s. m. (trépâ) (trans, au-delà, et passus, pas), mort, décès.

TRÉPASSÉ, E, part. pass. de trépasser, adj. et s., mort.

TRÉPASSEMENT, s. m. (trépáceman), moment de la mort. Vieux.

TRÉPASSER, v. n. (trépâcé), mourir de mort naturelle.

TRÉPIDATION, s. f. (trépidácion) (trepidatio), tremblement de nerfs.

TRÉPIED, s. m. (trépié) (tropis), ustensile de cuisine à trois pieds; siège à trois pieds.

TRÉPIGNEMENT, s. m. (trépignieman), action de trépigner.

TRÉPIGNER, v. n. (trépignié) (tripudiare), battre des pieds contre terre.

TRÉPOINTE, s. f. (trépoeinte); petite bande de cuir entre deux autres.

TRÈS, adv. (trè) (τρις, trois fois); il marque le superlatif absolu.

TRÉ-SEPT, s. m. (trécète), jeu de cartes.

TRÉSOR, s. m. (trésor) (thesaurus), amas d'or, d'argent ou d'objets de prix; endroit où ils sont déposés; chose précieuse; richesses.

TRÉSORERIE, s. f. (trézoreri), le trésor public; office du trésorier.

TRÉSORIER, s. m. (trézorié), celui à qui est confiée la garde du trésor d'un prince, d'une communauté, etc.

TRÉSORIÈRE, s. f. (trézorière), gardienne du trésor d'une communauté, etc.

TRESSAILLEMENT, s. m. (trèça-ieman), mouvement convulsif, émotion subite.

TRESSAILLI, adj. m. (trècaie-i), se dit d'un nerf déplacé par un effort violent.

TRESSAILLIR, v. n. (trècaie-ir) (de tris et de saillir), éprouver une agitation vive et passagère.

TRESSE, s. f. (trèce) (τριςςος, triple), tissu plat de cheveux, de fils, etc., entrelacés.

TRESSÉ, E, part. pass. de tresser.

TRESSER, v. a. (trècé), cordonner en tresse; mettre, arranger en tresses.

TRESSEUR, EUSE, s. (trèceur, euzé), qui tresse des cheveux pour faire des perruques.

TRÉTEAU, s. m. (trété) (du lat. barbare trestellum, trépied), pièce de bois portée sur quatre pieds et qui soutient une table, etc. —Au pl., théâtre de bateleur, etc.

TREUIL, s. m. (treuie), machine qui sert à élever des fardeaux.

TRÈVE, s. f. (trève) (en lat. barbare treuga), suspension d'armes; relâche.

TRI, s. m. (tri), triage; jeu de cartes.

TRIAGE, s. m. (tri-aje), choix; la chose triée; certains cantons de bois en coupe.

TRIAIRES, s. m. pl. (tri-ère) (triarii), troisième corps de la légion romaine.

TRIANDRIE, s. f. (tri-anderi) (τρεις, trois, et ανηρ, ανδρος, mâle, mari), classe de plantes.

TRIANGLE, s. m. (tri-anguele), figure qui a trois côtés et trois angles; instrument de musique en forme de triangle; constellation.

TRIANGULATION, s. f. (tri-angulácion), action de tracer des triangles.

TRIBORD, s. m. (tribor), côté droit du vaisseau, en partant de la poupe.

TRIBU, s. f. (tribu) (tribus), division du peuple; peuplade.

TRIBULATION, s. f. (tribulácion) (tribulatio), affliction, adversité.

TRIBUN, s. m. (tribeun) (tribunus), t. d'antiq., magistrat, officier romain; membre du tribunal créé en France par la constitution de l'an VIII.

TRIBUNAL, s. m. (tribunal) (tribunal), siège du juge, du magistrat; sa juridiction.

TRIBUNAT, s. m. (tribuna), charge, dignité de tribun.
TRIBUNE, s. f. (tribune) (du lat. barbare tribuna), lieu élevé pour haranguer; estrade.
TRIBUNITIEN, IENNE, adj. (tribuniciein, iène), qui appartient au tribunat.
TRIBUT, s. m. (tribu) (tributum), imposition qu'un état paie à un autre ; impôt; fig. dette, devoir.
TRIBUTAIRE, s. et adj. des deux g. (tributère), qui paie le tribut.
TRICEPS, adj. et s. m. (tricèpece) (mot lat. qui signifie : qui a trois têtes), muscle dont la partie supérieure est divisée en trois.
TRICHÉ, E, part. pass. de tricher.
TRICHER, v. a. et n. (triché) (tricari, tracasser), tromper au jeu; fig. tromper. Fam.
TRICHERIE, s. f. (tricheri) (de tricker), sornettes), tromperie faite au jeu.
TRICHEUR, EUSE, s. (tricheur, euse), trompeur, trompeuse.
TRICLINIUM, s. m. (triklini-ome) (τρικλινιον), salle à manger des Romains.
TRICOISES, s. f. pl. (trikoèze), tenailles de maréchal.
TRICOLOR, s. m. (trikolore), plante.
TRICOLORE, adj. des deux g. (trikolore) (tres, trois, et color, couleur), de trois couleurs.
TRICOT, s. m. (trikó) (de l'allemand strick, lacet), bâton gros et court; tissu en mailles.
TRICOTAGE, s. m. (trikotaje), travail de celui ou de celle qui tricote.
TRICOTÉ, E, part. pass. de tricoter.
TRICOTER, v. a. (trikoté), faire du tricot.—V. n., r. muer les jambes.
TRICOTETS, s. m. pl. (trikoté), espèce de danse.
TRICOTEUR, EUSE, s. (trikoteur, euse), qui s'occupe à tricoter.
TRICTRAC, s. m. (triktrak), jeu de dés et de dames ; meuble dans lequel on joue.
TRICYCLE, s. f. (tricikle) (τρεις, trois, et κυκλις, roue), voiture à trois roues.
TRIDE, adj. des deux g. (tride), t. de manège, vif, prompt, serré.
TRIDENT, s. m. (tridan), fourche à trois dents ou pointes.
TRIDI, s. m. (tridi), troisième jour de la décade dans l'année républicaine.
TRIENNAL, E, adj. (tri-ènenal) (τρεις, trois, et annus, année), qui dure trois ans.—Au pl. m. triennaux.
TRIENNALITÉ, s. f. (tri-ènenalité), qualité de ce qui est triennal.
TRIENNAT, s. m. (tri-ènena) (triennium), espace de trois ans.
TRIÉ, E, part. pass. de trier.
TRIER, v. a. (tri-é) (trahere, tirer), choisir entre plusieurs.

TRIÉRARQUE, s. m. (tri-érarke) (τριηραρχος), t. d'antiq., capitaine de galère.
TRIFIDE, adj. des deux g. (trifide) (trifidus, fendu en trois), t. de bot., divisé en trois.
TRIGAUD, E, s. et adj. (trigoó, óde) (tricoonis, tracassier), qui n'agit pas franchement.
TRIGAUDER, v. n. (trigoódé), n'agir pas franchement. Fam.
TRIGAUDERIE, s. f. (trigoóderi), action de trigaud ; mauvaise finesse. Fam.
TRIGLYPHE, s. m. (triguelife) (τρεις, trois, et γλυφω, gravure), ornement d'architecture.
TRIGONOMÉTRIE, s. f. (triguonométri) (τριγωνον, triangle, et μετρον, mesure), art de calculer tous les éléments d'un triangle.
TRIGONOMÉTRIQUE, adj. des deux g. (triguonométrike), de la trigonométrie.
TRIGONOMÉTRIQUEMENT, adv. (triguonométrikeman), suivant la trigonométrie.
TRIL ou TRILLE, s. m. (tril, tri-ie) (de l'italien trille), t. de mus., espèce de cadence.
TRILATÉRAL, E, adj. (trilatérale) (τρεις, trois, et latus, lateris, côté), qui a trois côtés.—Au pl. m. trilatéraux.
TRILATÈRE, s. m. (trilatère) (même étym.), triangle. Peu us.
TRILLE, s. m. Voy. TRIL.
TRILLION, s. m. (trilion), mille billions ou mille fois mille millions.
TRILOGIE, s. f. (triloji) (τρεις, trois, et λογος, discours), t. d'antiq., ensemble de trois pièces de théâtre.
TRIMBALÉ, E, part. pass. de trimbaler.
TRIMBALER, v. a. (treinbalé), remuer, traîner, porter partout. Pop.
TRIMER, v. n. (trimé) (τρεμειν, courir), aller vite, courir. Pop.
TRIMESTRE, s m. (trimècetre) (trimestris), espace de trois mois.
TRIMESTRIEL, ELLE, adj. (trimecetri-èle), qui comprend, qui dure trois mois.
TRIMÈTRE, s. et adj. m. (trimètre) (τρεις, trois, et μετρον, mesure), vers latin de six pieds séparé en trois mesures.
TRIN ou TRINE, adj. m. (trein, trine), se dit de l'aspect de deux planètes éloignées l'une de l'autre du tiers du zodiaque.
TRINGA, s. m. (treingna), oiseau.
TRINGLE, s. f. (treingule) (du lat. barbare tringula), verge de fer ou de bois.
TRINGLÉ, E, part. pass. de tringler.
TRINGLER, v. a. et n. (treinguelé), tracer une ligne droite avec un cordon blanchi.
TRINITAIRE, s. m. (trinitère), religieux de l'ordre de la Trinité.
TRINITÉ, s. f. (trinité) (trinitas), un seul Dieu en trois personnes; fête chrétienne.

TRINOME, s. m. (*trinôme*) (τρεις, trois, et ιομη, division), quantité de trois termes.

TRINQUER, v. n. (*treinkié*) (de l'allemand *trinken*, boire), boire en choquant le verre.

TRINQUET, s. m. (*treinkié*), mât et voile de l'avant d'une galère.

TRINQUETTE, s. f. (*treinkiète*), voile triangulaire.

TRIO, s. m. (*tri-ô*), composition de musique à trois parties; *fig.* trois personnes.

TRIOLET, s. m. (*tri-olè*), petite pièce de poésie.

TRIOMPHAL, E, adj. (*tri-onfale*), qui est du *triomphe*.—Au pl. m. *triomphaux*.

TRIOMPHALEMENT, adv. (*tri-onfaleman*), en *triomphe*, en victorieux.

TRIOMPHANT, E, adj. (*tri-onfan, ante*), qui *triomphe*; victorieux; pompeux.

TRIOMPHATEUR, TRICE, s. (*tri-onfateu, trice*), qui *triomphe* ou qui a *triomphé*.

TRIOMPHE, s. m. (*tri-onfe*) (*triumphus*), t. d'antiq. romaine , honneur accordé à un général d'armée après de grandes victoires; grands succès; victoire; avantage; honneur; joie.—S. f., jeu de cartes.

TRIOMPHER, v. n. (*tri-onfé*) (*triumphare*), recevoir les honneurs du *triomphe*; vaincre ; exceller; être ravi de joie; tirer vanité de...

TRIPAILLE, s. f. (*tripâ-ie*), toutes les *tripes* de quelque animal.

TRIPARTITE, adj. f. (*tripartite*), se dit d'une histoire qui est divisée en trois.

TRIPE, s. f. (*tripe*), partie des entrailles d'un animal; étoffe de laine ou de fil.

TRIPE-MADAME. Voy. TRIQUE-MADAME.

TRIPERIE, s. f. (*triperi*), lieu où l'on vend des *tripes*.

TRIPETTE, s. f. (*tripète*), petite *tripe*.

TRIPHTHONGUE, s. f. (*trifetongue*) (τρεις, trois, et φθογγος, son), syllabe composée de trois voyelles.

TRIPIER, IÈRE, s. (*tripié, ière*), qui vend des *tripes*, des fressures, etc.—Subst. et adj. m., oiseau de proie qui ne peut être dressé.

TRIPLE, adj. des deux g. (*triple*) (*triplex*), qui contient trois fois le simple.—S. m., trois fois autant.

TRIPLÉ, E, part. pass. de *tripler*, et adj.

TRIPLEMENT, adv. (*tripleman*), d'une manière *triple*; en trois manières.

TRIPLEMENT, s. m. (*tripleman*), augmentation jusqu'au *triple*.

TRIPLER, v. a. (*triplé*), rendre *triple*.— V. n., devenir *triple*.

TRIPLICATA, s. m. (*triplikáta*), troisième copie, troisième expédition d'un acte.

TRIPLICITÉ, s. f. (*triplicité*), qualité de ce qui est *triple*; trinité.

TRIPOLI, s. m. (*tripoli*), sorte de terre pour polir les métaux, les glaces, etc.

TRIPOT, s. m. (*tripô*), jeu de paume; maison de jeu; mauvais lieu.

TRIPOTAGE, s. m. (*tripotaje*), mélange malpropre et dégoûtant; *fig.* intrigues.

TRIPOTÉ, E, part. pass. de *tripoter*.

TRIPOTER, v. a. et n. (*tripoté*), faire du *tripotage*; toucher, manier.

TRIPOTIER, IÈRE, s. (*tripotié, ière*), maître d'un *tripot*; qui aime à *tripoter*.

TRIQUE, s. f. (*trike*), gros bâton; parement de fagot. Pop.

TRIQUE-BALLE, s. m. (*trikebale*), machine pour transporter des pièces de canon.

TRIQUE-MADAME, s. f. (*trikemadame*), espèce de petite joubarbe.

TRIQUET, s. m. (*trikie*), battoir étroit pour jouer à la paume.

TRIRÈGNE, s. m. (*trirègne*), nom donné quelquefois à la tiare du pape.

TRIRÈME, s. f. (*trirème*) (*triremis*), galère à trois rangs de rames.

TRISAÏEUL, E, s. (*triza-ieule*), le père, la mère du bisaïeul ou de la bisaïeule.

TRISECTION, s. f. (*tricèkecion*) (τρις, trois fois, et *sectio*, section), division d'un angle en trois parties égales.

TRISMÉGISTE, s. et adj. m. (*tricéméjicete*) (τρις, trois fois, et μεγιστος, très-grand), surnom du Mercure égyptien ou Hermès ; caractère d'imprimerie.

TRISSYLABE, adj. des deux g. et s. m. (*tricilelabe*) (τρεις, trois, et συλλαβη, syllabe), mot composé de trois syllabes.

TRISTE, adj. des deux g. (*tricete*) (*tristis*), affligé, abattu de chagrin; affligeant; pénible; obscur, sombre.

TRISTEMENT, adv. (*triceteman*), d'une manière *triste*.

TRISTESSE, s. f. (*tricetèce*) (*tristitia*), affliction, déplaisir, chagrin, mélancolie.

TRITON, s. m. (*triton*) (τριτων), dieu marin selon la fable;—(τρις, trois, et τονος, ton), t. de mus., intervalle de trois *tons* entiers.

TRITOXYDE, s. m. (*tritokcide*), t. de chim., le troisième *oxyde* d'un métal.

TRITURABLE, adj. des deux g. (*triturable*), qui peut être pilé, broyé, *trituré*.

TRITURATION, s. f. (*trituracion*) (*trituratio*), action de broyer.

TRITURÉ, E, part. pass. de *triturer*.

TRITURER, v. a. (*trituré*) (*triturare*), broyer, réduire en très-petites parties.

TRIUMVIR, s. m. (*tri-omevir*) (*triumvir*), magistrat romain.

TRIUMVIRAL, E , adj. (*tri-omevirale*), qui concerne les *triumvirs*. — Au pl. m. *triumviraux*.

TRIUMVIRAT, s. m. (*tri-omevira*), le gouvernement des *triumvirs*.

TRIVELIN, s. m. (*trivelein*) (du nom d'un ancien acteur), bouffon, baladin.

TRIVELINADE, s. f. (*trivelinade*), bouffonnerie, pasquinade.

TRIVIAIRE, adj. des deux g. (*trivière*)(*trivium*, carrefour), se dit d'un carrefour où aboutissent trois chemins.

TRIVIAL, E, adj. (*triviale*) (*trivialis*), commun, usé, rebattu.

TRIVIALEMENT, adv.(*trivialeman*), d'une manière *triviale*.

TRIVIALITÉ, s. f. (*trivialité*), caractère de ce qui est *trivial*; chose *triviale*.

TROC, s. m. (*troke*), échange de meubles, de bijoux, de chevaux, etc.

TROCART, s. m. (*trokare*), instrument de chirurgie pour faire des ponctions.

TROCHAÏQUE, adj. m. (*troka-ike*), se dit des vers latins composés de *trochées*.

TROCHANTER, s. m. (*trokantère*)(τροχαω, je tourne), apophyse du fémur.

TROCHÉE, s. m. (*trokié*)(τροχαιις), pied de vers composé d'une longue et d'une brève.

TROCHÉE, s. m. (*troché*), t. d'agric., rameaux que pousse un arbre venu de graine.

TROCHES, s. m. pl. (*troche*), t. de vén., fumées d'hiver mal formées des bêtes fauves.

TROCHET, s. m. (*troché*), fleurs ou fruits en forme de bouquet.

TROCHISQUE, s. m. (*trochicche*) (τρχισ-κος), composition de médicaments pulvérisés.

TROCHURE, s. f. (*trochure*), t. de vén., quatrième andouiller de la tête du cerf.

TROÈNE, s. m. (*tro-ène*), arbrisseau.

TROGLODYTE, s. m. (*troguelodite*) (τρογλοδυται), qui habite sous terre; oiseau.

TROGNE, s. f. (*trognie*) (du bas-breton *tron*, visage), visage plein et gai.

TROGNON, s. m. (*trognion*) (corruption de *tronçon*, morceau), le milieu d'un fruit.

TROIS, adj. numéral des deux g. (*troa*) (*tres*), deux et un.—S. m., chiffre qui marque *trois*; carte ou face d'un dé qui est marquée de trois points.

TROISIÈME, adj. et s. des deux g. (*troazième*), qui est après le deuxième.

TROISIÈMEMENT, adv. (*troazièmeman*), en *troisième* lieu.

TROIS-MÂTS, s. m. (*troamá*), navire de commerce à *trois mâts*.

TROIS-QUARTS, s. m. (*troakar*), grosse lime; t. de chir., voy. TROCART.

TRÔLÉ, E, part. pass. de *trôler*.

TRÔLER, v. a. (*trôlé*), mener avec soi.—V. n., aller, courir.

TROLLE, s. f. (*trole*), t. de vén., action de découpler des chiens courants.

TROMBE, s. f. (*tronbe*)(τρομβος, tourbillon), amas de vapeurs mu en tourbillon.

TROMBLON, s. m. (*tronblon*), grosse espingole qui porte plusieurs balles.

TROMBONNE, s. m. (*tronbone*) (de l'italien *trombone*), sorte de grande trompette.

TROMPE, s. f. (*tronpe*), tuyau d'airain recourbé dont on se sert à la chasse pour sonner; trompette; museau de l'éléphant; suçoir d'insecte; coquille; guimbarde; t. d'archit., saillie; t. d'anat., conduit.

TROMPÉ, E, part. pass. de *tromper*.

TROMPE-L'OEIL, s. m. (*tronpeleu-ie*), tableau où des objets de nature morte sont représentés avec une grande vérité.

TROMPER, v. a. (*tronpé*) (en bas-breton *trompa*), induire en erreur; décevoir.

TROMPERIE, s. f. (*tronperi*), fraude, artifice employé pour *tromper*.

TROMPETÉ, E, part. pass. de *trompéter*.

TROMPÉTER, v. a. (*tronpété*), publier, crier à son de *trompe*; fig. divulguer. —V. n. se dit du cri de l'aigle.

TROMPÉTEUR, s. m. (*tronpéteur*), muscle de la bouche.

TROMPETTE, s. f. (*tronpète*) (τρομβεις, conque), tuyau de métal dont on sonne à la guerre, etc.; coquille; fig. indiscret. — S. m., celui qui sonne de la *trompette*.

TROMPEUR, EUSE, s. et adj. (*tronpeur, euze*), qui *trompe*.

TROMPILLON, s. m. (*tronpi-ion*), t. d'archit., petite *trompe*.

TRONC, s. m. (*tron*) (*truncus*), le gros d'un arbre, la tige; fig. souche d'une famille; t. d'anat., le corps sans la tête et les membres; boîte pour les aumônes, pour les lettres; fût de colonne.

TRONCHET, s. m. (*tronché*) (*truncus*), gros billot de bois qui porte sur trois pieds.

TRONÇON, s. m. (*tronçon*)(*trunculus*), morceau coupé ou rompu d'une plus grosse pièce.

TRONÇONNÉ, E, part. pass. de *tronçonner*.

TRONÇONNER, v. a. (*tronçoné*), couper par tronçons.

TRÔNE, s. m. (*trône*) (*thronus*), siège royal; fig. la puissance souveraine. — Au pl., un des neuf chœurs des anges.

TRONQUÉ, E, part. pass. de *tronquer*, et adj., où il manque quelque partie essentielle.

TRONQUER, v. a. (*tronkié*) (*truncare*), retrancher une partie de...

TROP, adv. (*trô*, plus qu'il ne faut, avec excès.—Il est aussi s. m.—*Pas trop*, guère.—*Trop peu*, pas assez.

TROPE, s. m. (*trope*) (τροπος, tour), emploi d'une expression dans un sens figuré.

TROPHÉE, s. m. (*trofé*) (*trophæum*), dépouille d'un ennemi vaincu; assemblage d'armes ou d'objets propres aux arts, etc.

TROPIQUE, s. m. (*tropike*), cercle de la sphère, parallèle à l'équateur.

TROPOLOGIQUE, adj. des deux g. (*tropolojike*) (τριπολογεν, je parle par figures ; figuré.

TROP-PLEIN, s. m. (*troplein*), ce qui excède la capacité d'un vase.

TROQUÉ, E, part. pass. de *troquer*.

TROQUER, v. a. (*trokié*) (de l'anglo-saxon *to truck*, commercer), échanger, permuter.

TROQUEUR, EUSE, s. (*trokieur euse*), qui aime à *troquer*.

TROT, s. m. (*tró*), allure, manière de marcher entre le pas et le galop.

TROTTE, s. f. (*trote*), espace de chemin.

TROTTER, v. n. (*troté*), aller le *trot* ; marcher beaucoup à pied.

TROTTEUR, s. m. (*troteur*), cheval dressé au *trot*.

TROTTIN, s. m.(*trotein*), petit laquais. Pop.

TROTTINER, v. n (*trotiné*), trotter en raccourci.

TROTTOIR, s. m. (*trotoar*), chemin élevé pratiqué le long des quais et des rues.

TROU, s. m.(*trou*)(τρυμα),creux,ouverture ; lieu fort petit.

TROUBADOUR, s. m. (*troubadour*), ancien poète provençal.

TROUBLE, s. m. (*trouble*)(*turba*, tumulte), brouillerie, désordre, confusion ; inquiétude. —Au pl., guerre civile, soulèvement.

TROUBLE ou **TRUBLE**, s. f. (*trouble, truble*), sorte de filet pour pêcher.

TROUBLE, adj. des deux g. (*trouble*), qui est brouillé, qui n'est pas clair.

TROUBLÉ, E, part. pass. de *troubler*, et adj.

TROUBLE-FÊTE, s. m. (*troublefète*), ce qui *trouble* la joie d'une compagnie. Fam.

TROUBLER, v. a. (*troublé*) (*turbare*), rendre *trouble ; fig.* apporter du *trouble ;* inquiéter ; intimider ; interrompre.

TROUÉ, E, part. pass de *trouer*, et adj.

TROUÉE, s. f. (*trou-é*), espace vide, ouverture dans une haie, dans un rang, etc.

TROUER, v.a.(*trou-é*),percer, faire un *trou*.

TROU-MADAME, s. m. (*troumadame*), sorte de jeu.

TROUPE, s. f. (*troupe*), plusieurs personnes ou plusieurs animaux ensemble ; corps de soldats ; société.—Au pl., armée.

TROUPEAU, s. m. (*troupó*), troupe d'animaux d'une même espèce.

TROUSSE, s. f. (*trouce*) (de l'allemand *tross*), faisceau de choses liées ensemble ; carquois ; étui de chirurgien, de barbier.

TROUSSÉ, E, part. pass. de *trousser*, et adj., fait, arrangé.

TROUSSEAU, s. m. (*troucó*), petite *trousse* ; hardes, habits, linge.

TROUSSE-ÉTRIERS. Voy. PORTE-ÉTRIERS.

TROUSSE-GALANT, s. m. (*troucegalan*), choléra-morbus. Fam.

TROUSSE-PÈTE, s. f. (*troucepète*), petite fille. Pop.

TROUSSE-QUEUE, s. f. (*troucekieu*), cuir qui sert à envelopper la *queue* d'un cheval.

TROUSSEQUIN, s. m. (*troucekicin*), cintre sur l'arçon de derrière d'une selle.

TROUSSER, v. a. (*troucé*) (rac. *trousse*), replier, relever ce qui pend; expédier.

TROUSSIS, s. m. (*trouci*), pli qu'on fait à une étoffe repliée pour la rendre plus courte.

TROUVAILLE, s. f. (*trouvá-ie*), chose trouvée heureusement. Fam.

TROUVÉ, E, part. pass. de *trouver*, et adj.

TROUVER, v. a. (*trouvé*), rencontrer ; surprendre ; estimer ; remarquer ; juger ; inventer ; imaginer.—V. pr., être bien ou mal ; être dans un lieu.

TROUVÈRE, s. m. (*trouvère*), ancien poète français.

TRUAND, E, s. (*tru-an, ande*), vagabond, vaurien, mendiant. Pop. et vieux.

TRUANDER, v. n. (*tru-audé*), gueuser, mendier. Pop. et peu us.

TRUANDAILLE, s. f. (*tru-andá-ie*), ceux qui *truandent*. Pop. et peu us.

TRUANDERIE, s. f. (*tru-anderi*), métier de *truand*. Pop. et peu us.

TRUBLE, s. f. (*truble*). Voy. TROUBLE.

TRUCHEMENT, s. m. (*truchemun*), interprète.

TRUCHER, v. n. (*truché*), demander l'aumône par fainéantise. Pop. et vieux.

TRUCHEUR, EUSE, s. (*trucheur, euse*), qui *truche*. Pop. et vieux.

TRUELLE, s. f. (*tru-èle*) (*trulla*), instrument de maçon.

TRUELLÉE, s. f. (*tru-èlé*) tout le plâtre ou le mortier qui peut tenir sur une *truelle*.

TRUFFE, s. f. (*trufe*) (*tuber, tuberis*), substance végétale qui croît sous terre.

TRUFFÉ, E, part. pass. de *truffer*, et adj.

TRUFFER, v. a. (*trufé*), farcir de *truffes ; fig.* tromper.

TRUFFIÈRE, s. f. (*trufière*), terrein dans lequel viennent les *truffes*.

TRUIE, s. f. (*trui*) (du celtique *troia*), femelle du porc.

TRUITE, s. f. (*truite*) (du bas lat. *truita* ou *tructa*), poisson de rivière fort délicat.

TRUITÉ, E, adj. (*truité*), marqué de petites taches rousses comme une *truite*.

TRULLISATION, s. f. (*trulelisácion*), travail de crépis qu'on fait à la *truelle*.

TRUMEAU, s. m. (*trumó*) (τρμρ), jarret de bœuf ; espace, glace entre deux fenêtres.

TSAR, s. m. (*tsar*), nom qu'on donne à l'empereur de Russie. Voy. CZAR.

TU, TOI, TE, pron. sing. de la seconde personne des deux g. (*tu, toa, te*).

TUABLE, adj des deux g. (*tuable*), qu'on peut tuer.

TUANT, E, adj. (*tuan, ante*), fatigant, pénible, incommode ; ennuyeux, importun. Fam.

TU-AUTEM, s. m. *(tu-ôtème)* (mots latins), point essentiel d'une affaire.

TUBE, s. m. *(tube)* *(tubus)*, tuyau ou cylindre creux.

TUBERCULE, s. m. *(tubèrkule)* *(tuberculum)*, excroissance qui se forme à une racine, etc.; tumeur; abcès au poumon.

TUBERCULEUX, EUSE, adj. *(tubèrekuleu, euze)*, garni de *tubercules*.

TUBÉREUSE, s. f. *(tubéreuze)* *(tuberosus)*, garni de *tubercules*), plante.

TUBÉREUX, EUSE, adj. *(tubéreu, euze)* *(tuberosus*, plein de bosses), se dit des racines qui forment un corps arrondi et charnu.

TUBÉROSITÉ, s. f. *(tubérózité)* *(tuber, tuberis)*, bosse ou tumeur.

TUBULÉ, E, adj. *(tubulé)*, garni d'un *tube* ou d'un tuyau.

TUBULEUX, EUSE, adj. *(tubuleu, euze)*, long et creux comme un *tube*.

TUBULURE, s. f. *(tubulure)*, ouverture destinée à recevoir un *tube*.

TUDESQUE, adj. des deux g. *(tudèceke)* (du lat. barbare *teutisci*, nom des *Teutons*), qui a rapport aux Allemands; *fig*. rude, grossier, dur.—S. m , langue *tudesque*.

TUDIEU, interj. *(tudieu)*, jurement.

TUE-CHIEN, s. m. *(tuchiein)*, plante.

TUER, v. a. *(tué)*, ôter la vie d'une manière violente; faire périr; détruire; anéantir; *fig*. fatiguer.

TUERIE, s. f. *(turi)*, carnage; massacre; endroit où les bouchers *tuent* leurs bêtes.

à **TUE-TÊTE**, loc. adv. *(atutéte)*, de toute sa force. Fam.

TUEUR, s. m. *(tueur)*, celui qui *tue*.

TUF. S. m. *(tufe)* *(tufus)*, pierre tendre et grossière; terre blanchâtre.

TUFFEAU, s. m. Voy. TUF.

TUFIER, IÈRE, adj. *(tufié, ière)*, qui est de la nature du *tuf*.

TUILE, s. f. *(tuile)* *(tegula)*, terre cuite faite pour couvrir les toits.

TUILEAU, s. m. *(tuilô)*, morceau de *tuile* cassée.

TUILERIE, s. f. *(tuileri)*, lieu où l'on fait la *tuile*.—Au pl., palais du roi, à Paris.

TUILIER, s. m. *(tuilié)*, ouvrier qui fait des *tuiles*.

TULIPE, s. f. *(tulipe)* (du turc *tulipant*), plante: sa fleur; coquillage.

TULIPIER, s. m. *(tulipié)*, arbre originaire de l'Amérique septentrionale.

TULLE, s m. *(tule)*, sorte d'entoilage en réseau, sans fleurs.

TUMÉFACTION, s. f. *(tumefakcion)*, tumeur, enflure en quelque partie du corps.

TUMÉFIÉ, E, part. pass. de *tuméfier*.

TUMÉFIER, v. a. *(tuméfié)* *(tumefacere)*, causer une *tumeur*.

TUMEUR, s. f. *(tumeur)* *(tumor)*, enflure en quelque partie du corps.

TUMULAIRE, adj. des deux g. *(tumulère)*, de tombeau.

TUMULTE, s. m. *(tumulte)*,*(tumultus)*, grand bruit confus; désordre.

TUMULTUAIRE, adj. des deux g. *(tumultuère)*, qui se fait avec *tumulte*.

TUMULTUAIREMENT, adv. *(tumultuèreman)*, d'une manière *tumultuaire*.

TUMULTUEUSEMENT, adv. *(tumultueuzeman)*, en *tumulte*, séditieusement.

TUMULTUEUX, EUSE, adj. *(tumultueu, euze)*, qui se fait avec *tumulte*,séditieux.

TUMULUS, s. m. *(tumuluce)* (mot latin), amas de terre ou construction de pierre en cône sur les tombeaux des anciens.

TUNIQUE, s. f. *(tunike)* *(tunica)*, vêtement de dessous des anciens; habillement des évêques; dalmatique des diacres et sous-diacres; t. d'anat. et de bot., membrane, enveloppe.

TUORBE, s. m. Voy. TÉORBE.

TURBAN, s. m. *(turban)* (du mot turc *tulbant*), coiffure des Orientaux.

TURBE, s. f. *(turbe)* *(turba*, foule) : enquête par *turbe*, sorte d'enquête.

TURBINÉ, E, adj. *(turbiné)* *(turbineus)*, qui a la forme d'une toupie.

TURBINITE, s. f. *(turbinite)*, coquille *turbinée* ou en spirale, qui est fossile.

TURBITH, s. m. *(turbite)*, espèce de liseron qui est un purgatif violent.

TURBOT, s. m. *(turbô)*, poisson de mer.

TURBOTIÈRE, s. f. *(turbotière)*, casserole pour faire cuire le poisson.

TURBOTIN, s. m. *(turbotein)*, turbot de la petite espèce.

TURBULEMMENT, adv. *(turbulaman)*, d'une manière *turbulente*.

TURBULENCE, s. f. *(turbulance)*, caractère de celui qui est *turbulent*.

TURBULENT, E, adj. *(turbulan, ante)* *(turbulentus)*, impétueux ; porté à faire du bruit, à exciter du désordre.

TURC, TURQUE, s. et adj. *(turke)*, qui est de *Turquie*; *fig*. dur, robuste.—S. m., langue *turque*; petit ver qui suce la sève des arbres.

TURCIE, s. f. *(turci)* *(turgere*, s'enfler), chaussée de pierre en forme de digue.

TURELURE, s. f. *(turelure)*, refrain de chanson.

TURGESCENCE, s. f. *(turjèceçance)* *(turgescere*, s'enfler), gonflement.

TURGESCENT, E, adj. *(turjèceçan, ante)* *(turgescere*, s'enfler), qui s'enfle.

TURLUPIN, s. m. *(turlupein)* (du nom d'un fameux bouffon), mauvais plaisant.

TURLUPINADE, s. f. *(turlupinade)*, plaisanterie de mauvais jeux de mots.

TURLUPINÉ, E, part. pass. de *turlupiner*.

TURLUPINER, v. n. *(turlupiné)*, faire ou dire des *turlupinades*.—V. a., railler. Fam.

TURNEPS, s. m. (*turnèpece*), espèce de navet bon pour la nourriture des bestiaux.

TURPITUDE, s. f. (*turpitude*) (*turpitudo*), infamie, ignominie.

TURQUETTE, s. f. (*turkiète*), petite plante.

TURQUIN, adj. m. (*turkiein*) (de l'italien *turchino*), se dit d'un bleu foncé.

TURQUOISE, s. f. (*turkoaze*), pierre précieuse bleue et qui n'est point transparente.

TUSSILAGE, s. f. (*tucecilaje*) (*tussilago*), plante vivace qu'on emploie en médecine.

TUTÉLAIRE, adj. des deux g. (*tutélère*) (*tutelarius*), qui garde, qui protège.

TUTELLE, s. f. (*tutèle*) (*tutela*, défense), autorité sur un mineur.

TUTEUR, TRICE, s. (*tuteur, trice*) (*tutor*), qui a la *tutelle* de quelqu'un. — S. m., pieu, perche pour soutenir la tige d'un arbre.

TUTIE, s. f. (*tuti*) (de *tutenag*, nom que les Chinois donnent au zinc), oxyde de zinc.

TUTOIEMENT ou **TUTOÎMENT**, s. m. (*tutoèmain*), action de tutoyer.

TUTOYÉ, E, part. pass. de *tutoyer*.

TUTOYER, v. a. (*tutoè-ié*), user des mots *tu*, *te* et *toi* en parlant à quelqu'un.

TUYAU, s. m. (*tui-iô*) (*tubellus*), tube ou canal de fer, de plomb, etc.; ouverture d'une cheminée; bout creux d'une plume; tige du blé, etc.

TUYÈRE, s. f. (*tui-ière*), dans les forges, tuyau par où passe le vent des soufflets.

TYMPAN, s. m. (*teinpan*) (τυμπανον, tambour), partie de l'intérieur de l'oreille; t. d'imprim., espèce de châssis; t. d'archit., espace uni entre les trois corniches du fronton.

TYMPANISÉ, E, part pass. de *tympaniser*.

TYMPANISER, v. a. (*teinpanizé*) (τυμπανιζειν, battre du tambour), se moquer hautement de quelqu'un; décrier.

TYMPANITE, s. f. (*teinpanite*) (τυμπανον, tambour), enflure du bas-ventre.

TYMPANON, s. m. (*teinpanon*) (τυμπανον, tambour), instrument de musique à cordes.

TYPE, s. m. (*tipe*) (τυπος, modèle), modèle, figure originale; symbole; caractère d'imprimerie; t. d'astron., description graphique.

TYPHON, s. m. (*tifon*) (τυφων), vent impétueux qui change souvent de direction.

TYPHUS, s. m. (*tifuce*) (mot latin), fièvre contagieuse avec prostration de force.

TYPIQUE, adj. des deux g. (*tipike*) (τυπικος), symbolique, allégorique.

TYPOGRAPHE, s. m. (*tipoguerafe*), qui sait, qui exerce la *typographie*.

TYPOGRAPHIE, s. f. (*tipoguerafi*) (τυπος, type, et γραφω, j'écris), art de l'imprimerie.

TYPOGRAPHIQUE, adj. des deux g. (*tipoguerafike*), de la *typographie*.

TYRAN, s. m. (*tiran*) (τυραννος), usurpateur; prince cruel et injuste; celui qui abuse de son autorité.

TYRANNEAU, s. m. (*tiranô*), tyran subalterne; sorte de roitelet. Fam.

TYRANNIE, s. f. (*tirani*), gouvernement d'un *tyran*; oppression, violence.

TYRANNIQUE, adj. des deux g. (*tiranike*), qui tient du *tyran*, de la *tyrannie*.

TYRANNIQUEMENT, adv. (*tiranikeman*), d'une manière *tyrannique*.

TYRANNISÉ, E, part. pass. de *tyranniser*.

TYRANNISER, v. a. (*tiranizé*), traiter tyranniquement; tourmenter, importuner.

TZAR, s. m. (*tezar*). Voy. CZAR.

U, s. m., vingt-unième lettre de l'alphabet, et la cinquième des voyelles.

UBIQUISTE, s. m. (*ubikuicete*) (*ubiquè*, partout), homme qui se trouve bien partout.

UBIQUITAIRE, s. m. (*ubikuitère*) (*ubiquè*, partout), secte de protestants.

UBIQUITÉ, s. f.(*ubikuité*)(*ubiquè*, partout), état de ce qui est partout.

UHLAN, s. m. (*ulan*), cavalier autrichien.

UKASE, s. m. (*ukáze*) (mot russe), édit, décret impérial en Russie.

ULCÉRATION, s. f. (*ulcérácion*), formation d'un *ulcère*.

ULCÈRE, s. m. (*alcère*) (*ulcus, ulceris*), plaie causée par la corrosion des humeurs.

ULCÉRÉ, E, part. pass. de *ulcérer*, et adj., qui a un *ulcère*; *fig.* fâché, irrité.

ULCÉRER, v. a. (*ulcéré*) (*ulcerare*), causer un *ulcère*; *fig.* causer de la haine.

ULCÉREUX, EUSE, adj. (*ulcéreu, euse*), de la nature de l'*ulcère*; couvert d'*ulcères*.

ULÉMA, s. m. (*uléma*), nom donné aux docteurs de la loi en Turquie.

ULMAIRE, s. f. (*ulmère*), plante.

ULTÉRIEUR, E, adj. (*ultérieur*) (*ulterior*), qui est au-delà; qui vient après.

ULTÉRIEUREMENT, adv. (*ultérieuremàn*) (*ulteriùs*), par-delà, postérieurement.

ULTIMATUM, s. m. (*ultimátome*) (mot la tin), dernières conditions d'un traité.

ULTRA (*ultra*) (mot latin qui signifie: outre cela), mot dont on se sert pour désigner une personne exagérée dans ses opinions politiques.

ULTRAMONTAIN, E, adj. et s. *(ultramontein, êne)* (*ultra*, au-delà, et *mons, montis*, montagne), qui est situé au-delà des Alpes; partisan des prétentions de la cour de Rome.

UMBLE, s. m. *(omble)*, poisson.

UN, UNE, adj. *(eun, une)* (*unus*), le premier de tous les nombres; seul; simple; quelqu'un; certain; tout, quiconque.—S.m., le chiffre qui désigne *un*.

UNANIME, adj. des deux g. *(unanime)* (*unanimus*), qui est d'un commun accord.

UNANIMEMENT, adv. *(unanimeman)* (*unanimiter*), d'une commune voix.

UNANIMITÉ, s. f. *(unanimité)* (*unanimitas*), accord de suffrages, etc.

UNAU, s. m. *(unô)*, quadrupède, espèce de paresseux.

UNCIALE, adj. f. Voy. ONCIALE.

UNGUIS, s. m. *(onguice)* (mot latin), os de la face.

UNI, E, part. pass. d'*unir*, et adj., égal; non raboteux; sans ornement; sans façon.—Adv., uniment, également.

UNIÈME, adj. des deux g. *(unième)*, nombre ordinal qui répond à *un*. — Il ne s'emploie qu'avec les nombres vingt, trente, etc.

UNIÈMEMENT, adv. *(unièmeman)*; il ne s'emploie, comme le mot précédent, qu'avec les nombres vingt, trente, etc.

UNIFLORE, adj. des deux g. *(uniflore)* (*unus*, un, et *flos, floris*, fleur), qui ne porte qu'une *fleur*.

UNIFORME, adj. des deux g. *(uniforme)* (*unus*, un, et *forma*, forme), conforme, semblable; toujours égal.—S. m., habit fait suivant un modèle prescrit; habit militaire.

UNIFORMÉMENT, adv. *(uniforméman)*, avec *uniformité*.

UNIFORMITÉ, s. f. *(uniformité)* (*uniformitas*), conformité, ressemblance.

UNIMENT, adv. *(uniman)*, d'une manière unie, égale; simplement, sans façon.

UNION, s. f. *(union)* (*unio*), jonction; *fig.* concorde; accord; société; mariage.

UNIQUE, adj. des deux g. *(unike)* (*unicus*), seul; *fig.* excellent en son espèce.

UNIQUEMENT, adv. *(unikeman)*, exclusivement à toute autre chose.

UNIR, v. a. *(unir)*(*unire*), joindre; marier; rendre égal; aplanir.

UNISEXUEL, ELLE, adj. *(unicèkçuèle)*, se dit des fleurs qui n'ont qu'un *sexe*.

UNISSON, s. m. *(uniçon)*, accord de voix, de cordes, d'instruments.

UNITAIRE, s. m. *(unitère)*, sectaire qui ne reconnaît qu'une seule personne en Dieu.

UNITÉ, s. f. *(unité)* (*unitas*), principe du nombre; qualité de ce qui est *un*.

UNITIF, IVE, adj. *(unitif, ive)* : *vie unitive*, vie où l'âme est *unie* à Dieu.

UNIVALVE, adj. des deux g. *(univalve)*, qui n'a qu'une *valve*.

UNIVERS, s. m. *(univèrce)* (*universus*, sous-entendu *mundus*), le monde.

UNIVERSALITÉ, s. f. *(univèrçalité)* (*universalitas*), généralité.

UNIVERSAUX, s. m. pl. Voy. UNIVERSEL, subst.

UNIVERSEL, s. m. *(univèrcèle)*, t. de log., nature commune qui convient à plusieurs choses de même sorte.—Au pl. *universaux*.

UNIVERSEL, ELLE, adj. *(univèrcèle)* (*universalis*), général; qui s'étend à tout.

UNIVERSELLEMENT, adv. *(univèrcèleman)*, généralement.

UNIVERSITAIRE, adj. des deux g. *(univèrcitère)*, de l'*université*.

UNIVERSITÉ, s. f. *(univèrcité)* (*universitas*), corps de professeurs établis par autorité publique.

UNIVOCATION, s. f. *(univokácion)*, caractère de ce qui est *univoque*.

UNIVOQUE, adj. des deux g. *(univoke)* (*unus*, un, et *vox*, voix), se dit des noms communs à plusieurs choses.

UPAS, s. m. *(upácc)*, arbre à poison.

URANE ou URANIUM, s. m. *(urane, urani-ome)* (ύρανος, le ciel), métal gris.

URANOGRAPHIE, s. f. *(uranoguerafi)*(ύρανος, ciel, et γραφω, je décris), description du ciel.

URANOGRAPHIQUE, adj. des deux g. *(uranoguerafike)*, de l'*uranographie*.

URANOSCOPE, s. m. *(uranocekope)*(ύρανος, ciel, et σκοπεω, je regarde), poisson de mer.

URANUS, s. m. *(uranuce)* (ύρανος, ciel), planète découverte par *Herschell*.

URATE, s. m. *(urate)*, sel formé par la combinaison de l'acide *urique* avec une base.

URBAIN, E, adj. *(urbein, ène)* (*urbanus*), de la ville.

URBANITÉ, s. f. *(urbanité)* (*urbanitas*), politesse que donne l'usage du monde.

URCÉOLÉ, E, adj. *(urcé-olé)*(*urceolus*, petite outre), t. de bot., renflé comme une petite outre.

URE, s. m. *(ure)*, espèce de taureau sauvage.

URÉE, s. f. *(uré)* (*urina*, urine), substance nouvellement découverte dans l'*urine*.

URETÈRE, s. m. *(uretèxe)* (ουρητήρ), canal qui porte l'*urine* des reins à la vessie.

URETRE, mieux **URÉTHRE,** s. m. *(urètre)* (ουρητηρ, ou ουρηθρα), canal par où sort l'*urine*.

URGENCE, s. f. *(urjance)*, nécessité pressante de prendre une résolution.

URGENT, E, adj. *(urjan, ante)* (*urgens*), pressant, qui ne souffre point de délai.

URINAIRE, adj. des deux g. (urinère), qui a rapport à l'urine.

URINAL, s. m. (urinal), vase où les malades urinent.— Au pl. m. urinaux.

URINE, s. f. (urine) (urina), liquide excrémentiel qui sort de la vessie.

URINER, v. n. (uriné), évacuer l'urine.

URINEUX, EUSE, adj. (urineu, euze), qui est de la nature de l'urine.

URIQUE, adj. des deux g. (urike), se dit d'un acide qu'on trouve dans l'urine.

URNE, s. f. (urne) (urna), vase antique, ou de forme antique.

URSULINE, s. f. (ursuline), religieuse de sainte Ursule.

URTICAIRE, s. f. (urtikière)(urtica, ortie), éruption sur la peau.

URTICATION, s. f. (urtikâcion) (urtica, ortie), flagellation avec de l'ortie.

URTICÉES, s. et adj. f. pl. (urticé), famille de plantes.

US, s. m. pl. (uce) (contraction du lat. usus, coutume), usages.

USAGE, s. m. (uzaje) (usus), coutume, pratique reçue; emploi; habitude; expérience; droit d'user, de se servir de...

USAGER, s. m. (uzajé), celui qui a droit d'usage dans les forêts, etc.

USANCE, s. f. (uzance), usage reçu; terme pour le paiement des lettres de change.

USANT, E, adj. (uzan, ante), qui use de...

USÉ, E, part. pass. de user, et adj., détérioré; affaibli; vieux; émoussé.—Subst. au m., service; usage.

USER, v. n. (uzé) (uti), faire usage, se servir de...—V. a., consommer; diminuer; détériorer; affaiblir.—S. m. Voy. USE.

USINE, s. f. (uzine) (usus, usage), établissement tel que forge, moulin, etc.

USITÉ, E, adj. (uzité), qui est en usage.

USQUEBAC, s. m. (uceкebak), liqueur forte dans laquelle entre du safran.

USTENSILE, s. m. (ucetancile) (ustensile, fait de uti, se servir), toutes sortes de petits meubles de ménage; instrument.

USTION, s. f. (ucetion) (ustio), action de brûler; calcination.

USUCAPION, s. f. (usukapion) (usus, usage,

et capio, je prends), manière d'acquérir par la possession, par l'usage.

USUEL, ELLE, adj. (uzuèle) (usualis), dont on se sert ordinairement.

USUELLEMENT, adv (uzuèleman), communément, à l'ordinaire.

USUFRUCTUAIRE, adj. des deux g. (uzufruktuère) (usus, usage, et fructus, fruit), qui ne donne que la faculté de jouir des fruits.

USUFRUIT, s. m. (uzufrui), jouissance des fruits, du revenu d'un héritage, etc.

USUFRUITIER, IÈRE, s. (uzufruitié, ière), qui jouit de l'usufruit de quelque chose.

USURAIRE, adj. des deux g. (uzurère), où il y a de l'usure.

USURAIREMENT, adv. (uzurèreman), d'une manière usuraire.

USURE, s. f. (uzure) (usura), intérêt illégal de l'argent; état de ce qui est usé.

USURIER, IÈRE, s. (uzurié, ière), qui prête son argent à usure.

USURPATEUR, TRICE, s. (uzurpateur, trice), qui usurpe.

USURPATION, s. f. (uzurpâcion), action d'usurper.

USURPÉ, E, part. pass. d'usurper, et adj.

USURPER, v. a. (uzurpé) (usurpare), s'emparer par violence ou par ruse de...

UT, s. m. (ute), la première des notes de la gamme.

UTÉRIN, E, s. et adj. (utérein, ine) (uterus, ventre), né d'une même mère.

UTÉRUS, s. m. (uteruce) (mot latin), matrice.

UTILE, adj. des deux g. (utile) (utilis), profitable, qui apporte du gain, du profit, de l'utilité.—S. m., ce qui est utile.

UTILEMENT, adv. (utileman), avec utilité, d'une manière utile.

UTILISÉ, E, part. pass. de utiliser.

UTILISER, v. a. (utilizé), rendre utile.

UTILITÉ, s. f. (utilité) (utilitas), profit, avantage.

UTOPIE, s. f. (utopi) (ou, non, et topos, lieu), ce qui n'existe pas; fig. plan d'un gouvernement imaginaire où tout est parfaitement réglé pour le bonheur de chacun.

UVÉE, s. f. (uvé) (uva, raisin), la troisième tunique de l'œil où est l'iris et la prunelle

V, s. m. (prononcez *ve* et non plus *vé*), vingt-deuxième lettre et dix-septième consonne de l'alphabet français.

VA, impér. du v. *aller* employé comme adv. (*va*), soit, j'y consens. Fam.

VACANCE, s. f. (*vakance*), temps pendant lequel une place *vaque*. — Au pl., cessation annuelle des études, des audiences.

VACANT, E, adj. (*vakan, ante*) (*vacans*), qui n'est pas occupé.

VACARME, s. m. (*vakarme*), grand bruit de gens qui se querellent ou qui se battent.

VACATION, s. f. (*vakácion*) (*vacatio*), profession; temps employé à une affaire. — Au pl., honoraires; vacances.

VACCIN, s. m. (*vakcein*), virus des *vaches*, matière propre à communiquer la *vaccine*.

VACCINATION, s. f. (*vakcinácion*), inoculation de la *vaccine*.

VACCINE, s. f. (*vakcine*) (*vacca*, vache), maladie propre à la *vache*; inoculation de la petite vérole.

VACCINÉ, E, part. pass. de *vacciner*.

VACCINER, v. a. (*vakciné*), inoculer la *vaccine*.

VACHE, s. f. (*vache*) (*vacca*), femelle du taureau; sa peau corroyée; coffre de voiture.

VACHER, ÈRE, s. (*vaché, ère*), qui garde les *vaches*.

VACHERIE, s. f. (*vacheri*), étable à *vaches*; lieu où l'on tire le lait des *vaches*.

VACILLANT, E, adj. (*vacilelan, ante*), qui vacille; qui n'est pas ferme; *fig.* irrésolu.

VACILLATION, s. f. (*vacilelácion*), mouvement de ce qui *vacille*; *fig.* variation.

VACILLER, v. n. (*vacilelé*) (*vacillare*), ne pas bien se soutenir; *fig.* hésiter.

VACUITÉ, s. f. (*vakuité*) (*vacuitas*), état d'une chose vide.

VADE, s. f. (*vade*) (du mot *va*), mise au jeu; intérêt dans une affaire.

VADEMANQUE, s. m. (*vademanke*), t. de banque, diminution du fonds d'une caisse.

VADE-MECUM, s. m. (*vadémékome*) (mots latins qui signifient *va avec moi*), chose qu'on porte ordinairement avec soi.

VA-ET-VIENT, s. m. (*va-éviein*), machine pour le dévidage des soies.

VAGABOND, E, adj. (*vaguabon, onde*)(*vagabundus*), qui erre çà et là; déréglé — S. homme sans aveu; fainéant.

VAGABONDAGE, s. m. (*vaguabondaje*), état de *vagabond*.

VAGABONDER, v. n. (*vaguabondé*), faire le *vagabond*. Pop.

VAGIN, s. m. (*vajein*) (*vagina*, fourreau), t. d'anat., canal de la matrice.

VAGINAL, E, adj. (*vajinale*), qui a rapport au *vagin* — Au pl. m. *vaginaux*.

VAGISSEMENT, s. m. (*vajiceman*), cri des enfants nouveaux-nés.

VAGUE, s. f. (*vague*) (*vaga*, sous-entendu *unda*, onde), flot, lame de mer qui s'élève au-dessus du niveau.

VAGUE, adj. des deux g. (*vague*) (*vagus*), qui n'est pas fixé; indécis; inculte. — S. m., ce qui est *vague*; grand espace vide.

VAGUEMENT, adv. (*vagueman*), d'une manière *vague*.

VAGUEMESTRE, s. m. (*vaguemèccre*) (de l'allemand *wagein-meister*, maître des charriots), officier chargé de la conduite des équipages d'une armée.

VAGUER, v. n. (*vaguié*) (*vagari*), errer çà et là; aller de côté et d'autre. Peu us.

VAILLAMMENT, adv. (*va-iaman*), avec *vaillance*.

VAILLANCE, s. f. (*va-iance*) (*valentia*, vigueur), valeur, courage.

VAILLANT, E, adj. (*va-ian, ante*), qui a de la *vaillance*; courageux. — Subst. au m., (*valere*, valoir), bien qu'on possède.

VAILLANTISE, s. f. (*va-iantize*), action de *valeur* et de bravoure. Vieux.

VAIN, E, adj. (*vein, ène*) (*vanus*), inutile; frivole, chimérique; orgueilleux, superbe.

VAINCRE, v. a. (*veinkre*) (*vincere*), remporter quelque grand avantage à la guerre; subjuguer; soumettre; surmonter; surpasser.

VAINCU, E, part. pass. de *vaincre*, et adj. — S. m., ennemi subjugué, soumis.

VAINEMENT, adv. (*veneman*), en *vain*.

VAINQUEUR, s. m. (*veinkieur*), celui qui a *vaincu*.

VAIR, s. m. (*vère*) (*varius*, bigarré), un des métaux du blason.

VAIRON, adj. m. (*véron*) (*varius*, varié), se dit d'un œil disparate ou dont la prunelle est entourée d'un cercle blanchâtre. — S. m., petit poisson.

VAISSEAU, s. m. (*vècó*) (*vas, vasis*), vase destiné à contenir des liqueurs; bâtiment de bois pour naviguer; veine, artère, canal.

VAISSELLE, s. f.(*vècèle*)(*vas*, au pl. *vasa*), ce qui sert à l'usage ordinaire de la table.

VAL, s. m. (*vale*) (*vallis*), vallée. Vieux. — Au pl. *vaux*.

VALABLE, adj. des deux g. (*valable*) (*valere*, valoir), recevable, admissible.

VALABLEMENT, adv.(*valableman*), d'une manière *valable*.

VALÉRIANE, s. f. (*valériane*) (*valeriana*), plante médicinale.

VALET, s. m. (*valè*) (en lat. barbare *valetus*), domestique, serviteur; figure du jeu de cartes; instrument de menuisier; poids derrière une porte pour la fermer.

VALETAGE, s. m. (*valetaje*), service de *valet*.

VALETAILLE, s. f. (*valetá-ie*), t. de mépris, troupe de *valets*.

VALET-À-PATIN, s. m. (*valètapatein*), pince de chirurgien.

VALETER, v. n. (*valeté*), avoir une assiduité basse et servile près de quelqu'un.

VALÉTUDINAIRE, s. et adj. des deux g. (*valétudinère*) (*valetudinarius*), maladif.

VALEUR, s. f. (*valeur*) (*valor*), ce que vaut une chose; signification des termes; courage, bravoure, vaillance; en mus., durée de chaque note.

VALEUREUSEMENT,adv.(*valeureuseman*) avec courage, avec *valeur*.

VALEUREUX, EUSE, adj.(*valeureu, euse*), plein de cœur, plein de courage.

VALIDATION, s. f. (*validácion*), action de *valider*.

VALIDE, adj. des deux g. (*valide*) (*validus*), valable; sain, vigoureux.

VALIDÉ, s. et adj. f. (*validé*) (du turc *walidéh*), en Turquie, mère du sultan régnant.

VALIDÉ, E, part. pass. de *valider*.

VALIDEMENT, adv. (*valideman*), valablement, d'une manière *valide*.

VALIDER, v. a. (*validé*), rendre *valide*.

VALIDITÉ, s. f. (*validité*) (*validitas*), bonté d'une chose faite dans les formes.

VALISE, s. f. (*valize*), long sac de cuir qui s'ouvre dans sa longueur.

VALISNÈRE ou **VALISNÉRIE**, s. f. (*valicenère, néri*), plante aquatique.

VALKYRIES, s. f. pl. (*valkiri*), nymphes dans la religion des scandinaves.

VALLAIRE, adj. f. (*valère*) (*vallum*, rempart), se dit de la couronne qu'on donnait

37

chez les Romains à celui qui avait le premier franchi les retranchements de l'ennemi.

VALLÉE, s. f. (valé) (vallis), descente; espace entre deux montagnes.

VALLON, s. m. (valon), petite vallée.

VALOIR, v. a. et n. (valoar) (valere), être d'un certain prix; rapporter, produire, procurer; tenir lieu.

VALSE, mieux WALSE, s. f. (valcé) (de l'allemand walsen, danser en rond), danse qui consiste à tourner en pirouetant; air de cette danse.

VALSER, mieux WALSER, v. n. (valcé), danser la valse.

VALSEUR, mieux WALSEUR, EUSE, s. (valceur, euze), qui valse.

VALU, E, part. pass. de valoir.

VALUE, s. f. (valu); plus value, valeur au delà du prix.

VALVE, s. f. (valve) (valvæ, varum), coquille; en bot., partie d'un péricarpe sec.

VALVULE, s. f. (valvule) (valvæ, battants de porte), t. d'anat., membrane qui ferme et ouvre les oreillettes du cœur.

VAMPIRE, s. m. (vanpire), sorte de revenant; grosse chauve-souris; fig. exacteur.

VAN, s. m. (van) (vannus), panier à deux anses pour nettoyer le grain.

VANDALE, s. et adj. m. (vandale), peuple barbare; fig. ennemi des beaux-arts.

VANDALISME, s. m. (vandalicème), système destructif des sciences et des arts.

VANDOISE, s. f. (vandoèse), poisson d'eau douce qu'on nomme aussi dard.

VANILLE, s. f. (vani-ie), fruit du vanillier.

VANILLIER, s m. (vani-ié) (de l'espagnol vaynilla), plante de l'Amérique.

VANITÉ, s. f. (vanité) (vanitas), inutilité, peu de solidité; amour-propre, orgueil.

VANITEUX, EUSE, adj. et s. (vaniteu, euze), qui a une vanité puérile et ridicule.

VANNE, s. f. (vane) (du lat. barbare venna, clôture), porte d'écluse, etc.

VANNÉ, E, part. pass. de vanner.

VANNEAU, s. m. (vanô), oiseau.

VANNER, v. a. (vané), nettoyer le grain par le moyen d'un van.

VANNERIE, s. f. (vaneri), métier, ouvrage et marchandise de vannier.

VANNETTE, s. f. (vanète), corbeille pour vanner l'avoine.

VANNEUR, EUSE, s. (vaneur, euze), qui bat en grange et qui vanne les grains.

VANNIER, s. m (vanié), artisan qui travaille en osier, et qui fait des vans, etc.

VANTAIL, s. m. (vanta-ie), battant d'une porte, d'une fenêtre.—Au pl. vantaux.

VANTARD, ARDE, s. et adj. (vantar, arde), qui a l'habitude de se vanter.

VANTÉ, E, part. pass. de vanter.

VANTER, v. a. (vanté) (venditare), louer beaucoup.—V. pr., se glorifier.

VANTERIE, s. f. (vanteri), vaine louange qu'on se donne à soi-même.

VA-NU-PIEDS, s. des deux g. (vanupié), personne malheureuse, misérable.

VAPEUR, s. f. (vapeur) (vapor), toute substance réduite en gaz; fumée qui s'élève des choses humides par l'effet de la chaleur; exhalaison.—Au pl., affection maladive.

VAPOREUX, EUSE, adj. (vaporeu, euze), qui a de la vapeur; qui est sujet aux vapeurs.

VAPORISATION, s. f. (vaporizâcion), passage d'un liquide à l'état de vapeur.

VAPORISÉ, E, part. pass. de vaporiser.

VAPORISER, v. a. (vaporizé), réduire en vapeur.

VAQUER, v. n. (vaké) (vacare), n'être pas rempli, être vacant; s'adonner à...

VARAIGNE, s. f. (varègnie), première ouverture des marais salants.

VARANGUE, s. f. (varangue), membre d'un navire qui porte sur la quille.

VARE, s. f. (vare), mesure espagnole qui équivaut à une aune et demie.

VAREC ou VARECH, s. m. (varèk), plante aquatique; tous les débris que la mer rejette sur ses côtes; vaisseau submergé.

VARENNE, s. f. (varène) (en lat. barbare warenna), plaine inculte.

VARIABILITÉ, s. f. (variabilité), disposition habituelle à varier.

VARIABLE, adj. des deux g (variable), qui est sujet à varier; changeant, inconstant.

VARIANT, E, adj. (varian, ante), qui change souvent.

VARIANTE, s. f. (variante), se dit des diverses leçons d'un même texte.

VARIATION, s. f. (variâcion) (variatio), changement; action, effet de ce qui varie.

VARICE, s. f. (varice) (varix, varicis), veine excessivement dilatée.

VARICELLE, s. f. (varicèle), petite vérole volante; boutons qui se dessèchent.

VARICOCÈLE, s. f. (varikocèle) (varix varicis, varice, et κήλη, tumeur), tumeur du scrotum, causée par des varices.

VARIÉ, E, part. pass. de varier.

VARIER, v. a. (varié) (variare), diversifier, apporter de la variété.—V. n., changer; manquer de fixité.

VARIÉTÉ, s. f. (variété) (varietas), diversité.—Au pl., mélanges; différences d'espèces.

ne VARIETUR (névariétur) (expression lat. qui signifie qu'il ne soit point varié), t. de prat., se dit des précautions prises pour constater l'état actuel d'une pièce et prévenir les changements qu'on pourrait y faire.

VARIOLE, s. f. (variole) (varius, bigarré), petite vérole.

VARIOLIQUE, adj. des deux g. (*variolike*), qui a rapport à la petite vérole.

VARIQUEUX, EUSE, adj. (*varikieu, euze*), se dit d'une tumeur causée par des varices.

VARLET, s. m. (*varlè*), page de l'ancienne chevalerie.

VARLOPE, s. f. (*varlope*), gros rabot.

VASCULAIRE, adj. des deux g. (*vaceknlère*) (*vasculum*, petit vaisseau), t. d'anat., rempli de vaisseaux, ou qui leur appartient.

VASCULEUX, EUSE, adj. (*vaskuleu, euze*), vasculaire.

VASE, s. m. (*vâze*) (*vas, vasis*); vaisseau fait pour contenir des liquides, etc.

VASE, s. f. (*vâse*), bourbe.

VASEUX, EUSE, adj. (*vâzeu, euze*), qui a de la vase.

VASISTAS, s. m. (*vazicetâce*), partie mobile d'une porte ou d'une fenêtre.

VASSAL, E, s. (*vaçal*) (en bas lat. *vassalus*), qui relève d'un seigneur à cause d'un fief; subalterne.—Au pl. m. *vassaux*.

VASSELAGE, s. m. (*vacelaje*), état du vassal; hommage que devait un vassal.

VASTE, adj. des deux g. (*vacète*) (*vastus*), qui est d'une fort grande étendue; immense.

VATICAN, s. m. (*vatikan*) (*vaticanus*), palais du pape à Rome; la cour de Rome.

VA-TOUT, s. m. (*vatou*), t. de jeu, vade de tout l'argent qu'on a devant soi.

à VAU-DE-ROUTE, loc. adv. (*avôderoute*); en désordre, précipitamment.

VAUDEVILLE, s. m. (*vôdeville*) (de *vaux-de-vire*, nom donné autrefois à des chansons à boire); chanson épigrammatique; petite comédie mêlée de couplets.

VAUDEVILLISTE, s. m. (*vôdevilicete*), auteur de vaudevilles.

à VAU-L'EAU, loc. adv. (*avôlô*) (d'aval ou à vau, en descendant), au courant de l'eau.

VAURIEN, s. m. (*vôrien*), fainéant, libertin, qui ne veut rien faire, rien valoir.

VAUTOUR, s. m. (*vôtour*), gros oiseau de proie très-vorace; *fig.* homme cruel, dur.

VAUTRAIT, s. m. (*vôtrè*), équipage de chasse pour le sanglier.

se VAUTRER, v. pr. (*cevôtré*) (*volvere*, rouler), se rouler, s'étendre dans la boue.

VAYVODE, s. m. (*vèvode*) (du sclavon *woyna*, guerre, et *woda*, chef), gouverneur en Valachie, Moldavie, Transylvanie, etc.

VEAU, s. m. (*vô*) (*vitulus*), petit de la vache; sa chair, son cuir.—*Veau marin*, espèce de phoque.

VECTEUR, s. m. (*vèkteur*), se dit d'un rayon tiré du soleil à une planète.

VÉDA ou **VÉDAM**, s. m. (*véda, dame*), livre sacré parmi les nations de l'Indoustan.

VÉDETTE, s. f. (*védète*) (en italien *vedetta*), sentinelle à cheval; sorte de guérite.

VÉGÉTABLE, adj. des deux g. (*véjétable*), qui peut végéter.

VÉGÉTAL, E, adj. (*véjétale*), qui a rapport aux végétaux.—Subst. au m., ce qui croît par la végétation.—Au pl. *végétaux*.

VÉGÉTANT, E, adj. (*véjétan, ante*), qui végète, qui se nourrit des sucs de la terre.

VÉGÉTATIF, IVE, adj. (*véjétatif, ive*), qui a la faculté de végéter.

VÉGÉTATION, s. f. (*véjétâcion*), action de végéter; les végétaux.

VÉGÉTER, v. n. (*véjété*) (*vegetare*), croître par un principe intérieur et par le moyen de racines; *fig.* vivre dans la détresse, l'oisiveté.

VÉHÉMENCE, s. f. (*vé-émance*) (*vehementia*), impétuosité; énergie.

VÉHÉMENT, E, adj. (*vé-éman, ante*) (*vehemens*), ardent, impétueux.

VÉHÉMENTEMENT, adv. (*vé-émanteman*) (*vehementer*), très-fort.

VÉHICULE, s. m. (*vé-ikule*) (*vehiculum*, char), ce qui sert à conduire, à préparer.

VEILLE, s. f. (*vè-ie*) (*vigilia*), privation du sommeil de la nuit; partie de la nuit; jour précédent; travail d'esprit long et assidu.

VEILLÉ, E, part. pass. de veiller.

VEILLÉE, s. f. (*vè-ié*), action de veiller auprès d'un malade; veille que plusieurs personnes font ensemble.

VEILLER, v. n. (*vè-ié*), s'abstenir de dormir; faire la veillée; passer la nuit; prendre garde.—V. a., garder un malade pendant la nuit; *fig.* épier, surveiller.

VEILLEUR, s. m. (*vè-ieur*), celui qui veille auprès d'un mort.

VEILLEUSE, s. f. (*vè-ieuze*), petite lampe qu'on laisse brûler pendant la nuit.

VEINE, s. f. (*vène*) (*vena*), vaisseau, canal qui contient le sang de l'animal; couche de terre, de métal; filon; raie dans le bois, le marbre; *fig.* génie poétique.

VEINÉ, E, part. pass. de veiner, et adj., qui a des veines.

VEINER, v. a. (*vèné*), imiter en peinture les veines du marbre ou du bois.

VEINEUX, EUSE, adj. (*vèneu, euze*), plein de veines.

VEINULE, s. f. (*vènule*), petite veine dans les mines.

VÉLAR, s. m. (*vélar*), plante.

VELAUT! interj. (*velô*), cri pour exciter les chiens à la chasse.

VELCHE, s. et adj. m. (*velche*), peuple barbare; *fig.* homme ignorant ou sans goût.

VÊLER, v. n. (*vèlé*), se dit d'une vache qui met bas un veau.

VÉLIN, s. m. (*vélein*), peau de veau préparée.—Adj. et s. m., papier sans vergeure.

VÉLITES, s. m. pl. (*vélite*) (*velites*), soldats armés à la légère.

VELLÉITÉ, s. f. (*vèleté-ité*) (*velle*, vouloir), volonté faible et sans effet.

VÉLOCE, adj. des deux g. (*véloce*)(*velox*), d'une extrême vitesse. Vieux.

VÉLOCITÉ, s. f. (*vélocité*) (*velocitas*), vitesse, promptitude, rapidité.

VELOURS, s. m. (*velour*) (*villosus*, velu), étoffe de soie à poil court et serré.

VELOUTÉ, E, part. pass. de *velouter*, et adj., qui imite le *velours*; couvert de duvet, doux au toucher; moelleux. — Subst. au m., galon fabriqué comme du *velours*.

VELOUTER, v. a. (*velouté*), donner à la soie travaillée sur le métier un air de *velours*.

VELTAGE, s. m. (*vèletaje*), mesurage fait avec une *velte*.

VELTE, s. f. (*vèlete*), instrument qui sert à jauger les tonneaux ; mesure de six pintes.

VELTÉ, E, part. pass. de *velter*.

VELTER, v. a. (*vèleté*), mesurer avec la *velte*.

VELTEUR, s. m. (*vèleteur*), celui qui jauge, qui mesure à la *velte*.

VELU, E, adj. (*velu*) (*villosus*), couvert de poil ou de duvet.

VELVOTE, s. f. (*vèlevote*), plante.

VENAISON, s. f. (*venèson*)(*venatio*), chair du cerf et d'autres bêtes fauves.

VÉNAL, E, adj. (*vénal*) (*venalis*), qui se vend ou peut se vendre; *fig*. qu'on gagne par argent. — Au pl. m. *vénaux*.

VÉNALEMENT, adv. (*vènaleman*), d'une manière *vénale*, intéressée.

VÉNALITÉ, s. f. (*vénalité*), qualité de ce qui est *vénal*.

VENANT, adj. et s. m. (*venan*), qui *vient*.

VENDABLE, adj. des deux g. (*vandable*), qui peut être *vendu*.

VENDANGE, s. f. (*vandanje*)(*vindemia*), récolte de raisins pour faire du vin.—Au pl., temps où se fait cette récolte.

VENDANGÉ, E, part. pass. de *vendanger*.

VENDANGER, v. a. (*vandanjé*) (*vindemiare*), faire la récolte des raisins.

VENDANGEUR, EUSE, s. (*vandanjeur, euze*), qui aide à faire la *vendange*.

VENDÉMIAIRE, s. m. (*vandémière*), premier mois d'automne de l'année républicaine.

VENDEUR, DERESSE, s. (*vandeur, derèce*), t. de pal., qui *vend*, qui a *vendu*.

VENDEUR, EUSE, s. (*vandeur, euze*), qui *vend* quelque denrée et en fait commerce.

VENDICATION, s. f. Voy. REVENDICATION.

VENDIQUER, v. a. Voy. REVENDIQUER.

VENDITION, s. f.(*vandicion*), vente. Vieux.

VENDRE, v. a. (*vandre*) (*vendere*), céder pour un prix ; faire commerce de...; révéler un secret, trahir, découvrir par quelque raison d'intérêt. —V. pr., avoir débit; se trahir ; se livrer par intérêt.

VENDREDI, s. m.(*vandrèdi*)(*Veneris dies*, jour de *Vénus*), sixième jour de la semaine.

VENDU, E, part. pass. de *vendre*, et adj.

VENÉ, E, part. pass. de *vener*, et adj., se dit de la viande qui commence à se gâter.

VÉNÉFICE, s. m. (*vénéfice*) (*veneficium*), empoisonnement. Vieux.

VENELLE, s. f. (*venèle*) (*venella*), petite rue; ruelle du lit.

VÉNÉNEUX, EUSE, adj. (*vénéneu, euze*) (*venenosus*), qui a du *venin*.

VENER, v. a. (*vené*) (*venari*), courre une bête pour en attendrir la chair.

VÉNÉRABLE, adj. des deux g. (*vénérable*) (*venerabilis*), digne de respect et de *vénération*; titre d'honneur.

VÉNÉRATION, s. f. (*vénérácion*) (*veneratio*), respect; estime respectueuse.

VÉNÉRÉ, E, part. pass. de *vénérer*.

VÉNÉRER, v. a. (*vénéré*) (*venerare*), porter honneur; avoir de la *vénération*.

VÉNERIE, s. f. (*vèneri*) (*venatio*), art de chasser avec des chiens courants; corps des *veneurs*; leurs équipages.

VÉNÉRIEN, IENNE, s. (*vénérièin, ième*) (*venereus*, de Vénus), se dit du commerce charnel entre les deux sexes ; siphilitique.

VENETTE, s. f.(*venète*), peur, alarme. Fam.

VENEUR, s. m. (*veneur*) (*venator*), celui qui fait chasser les chiens courants.

VENGÉ, E, part. pass. de *venger*.

VENGEANCE, s. f. (*vanjance*), action par laquelle on se *venge*; désir de se *venger*.

VENGER, v. a. (*vanjé*) (*vindicare*), tirer satisfaction de quelque outrage.—V. pr., tirer *vengeance* de...

VENGEUR, GERESSE, s. et adj. (*vanjeur, jerèce*), qui *venge*, qui punit.

VENIAT, s. m. (*véniate*) (mot latin qui signifie *qu'il vienne*), ordonnance d'un juge qui mande pour venir rendre compte.

VÉNIEL, ELLE, adj. (*vénièle*) (*venialis*), qui peut se pardonner; léger.

VÉNIELLEMENT, adv. (*venièleman*), légèrement.

VENI-MECUM, s. m. (*vénimékome*) (mots latins). Voy. VADE-MECUM.

VENIMEUX, EUSE, adj. (*venimeu, euze*), qui a du *venin*; *fig*. malin, médisant.

VENIN, s. m. (*venein*) (*venanum*), poison; suc, liqueur qui sort du corps de quelques animaux; virus; *fig*. malignité; rancune.

VENIR, v. n. (*venir*) (*venire*), se transporter d'un lieu à un autre; arriver; échoir; succéder; naître; croître; être produit; profiter; monter; couler; sortir; dériver; procéder.

VENT, s. m. (*van*) (*ventus*), mouvement de l'air ; air agité; flatuosité du corps; haleine, odeur; *fig*. vanité; indice.

VENTAIL, s. m. (vanta-ie), bas de l'ouverture d'un casque.—Au pl. ventaux.

VENTE, s. f. (vante), action de vendre; coupe dans un bois; débit de marchandises.

VENTER, v. n. (vanté), faire du vent.

VENTEUX, EUSE, adj. (vanteu, euze), sujet aux vents; qui cause des vents.

VENTILATEUR, s. m. (vantilateur) (ventilator), machine qui sert à renouveler l'air.

VENTILATION, s. f. (vantilácion), t. de jur., estimation des biens pour venir à un partage; action de renouveler l'air.

VENTILÉ, E, part. pass. de ventiler.

VENTILER, v. a. (vantilé) (ventilare, agiter), évaluer une ou plusieurs portions de...

VENTOLIER, s. m. (vantolié): oiseau bon ventolier, qui résiste bien au vent.

VENTÔSE, s. m. (vantôze), troisième mois d'hiver de l'année républicaine.

VENTOSITÉ, s. f. (vantôzité) (ventositas), vents enfermés dans le corps de l'animal.

VENTOUSE, s. f. (vantouze) (ventosus, plein de vent), instrument de chirurgie; ouverture pour donner passage à l'air.

VENTOUSÉ, E, part. pass. de ventouser.

VENTOUSER, v. a. (vantouzé), appliquer les ventouses à un malade.

VENTRAL, E, adj. (vantrale), qui a rapport au ventre.—Au pl. m. ventraux.

VENTRE, s. m. (vantre) (venter), capacité du corps d'un animal, où sont les boyaux.

VENTRÉE, s. f. (vantré), tous les petits que les femelles d'animaux font en une fois.

VENTRICULE, s. m. (vantrikule), se dit de cavités qui sont dans le corps de l'animal.

VENTRIÈRE, s. f. (vantri-ère), partie du harnais d'un cheval qui passe sous le ventre.

VENTRILOQUE, s. et adj. des deux g. (vantriloke) (venter, ventre, et loqui, parler); qui semble parler du ventre.

se VENTROUILLER, v. pr. (cevantrou-ié), se vautrer dans la boue. Peu us.

VENTRU, E, s. et adj. (vantru), qui a un gros ventre.

VENU, E, part. pass. de venir, adj. et s.

VENUE, s. f. (venu), arrivée; croissance; taille, stature; premier coup au jeu de quilles.

VÉNUS, s. f. (vénuce), déesse de la fable; fig. femme d'une grande beauté; t. d'astr.; planète; dans l'ancienne chim., le cuivre.

VÊPRE, s. m. (vépre) (vesperus), le soir.

VÊPRES, s. f. pl. (vépre) (vesperæ), partie des heures de l'office divin.

VER, s. m. (vère) (vermis), animal long et rampant. — Ver luisant, insecte qui luit dans l'obscurité.—Ver à soie, insecte qui file la soie. — Ver solitaire, ver intestinal fort long.—Ver rongew, remords.

VÉRACITÉ, s. f. (véracité) (verax, vrai), attachement constant à la vérité.

VERBAL, E, adj. (vèrebale) (verbum, parole), qui est dérivé du verbe; qui n'est que de vive voix et non par écrit. —Au pl. m. verbaux.

VERBALEMENT, adv. (vèrebaleman), de vive voix et non par écrit.

VERBALISER, v. n. (vèrebalizé), dresser, faire un procès-verbal.

VERBE, s. m. (vèrebe) (verbum, mot), t. de gramm., partie d'oraison qui désigne une action faite ou reçue par le sujet, ou qui marque simplement l'état du sujet; son de la voix; seconde personne de la sainte Trinité.

VERBÉRATION, s. f. (vèrebérácion) (verberatio), l'air frappé qui produit le son.

VERBEUX, EUSE, adj. (vèrebeu, euze) (verbosus), qui abonde en paroles inutiles.

VERBIAGE, s. m. (vèrebi-aje) (verbositas), paroles inutiles, superflues. Fam.

VERBIAGER, v. n. (vèrebi-ajé) (verbosare), employer beaucoup de paroles inutiles.

VERBIAGEUR, EUSE, s. (vèrebi-ajeur, euze), qui verbiage.

VERBOSITÉ, s. f. (vèrebôzité) (verbositas), superfluité de paroles.

VER-COQUIN, s. m. (vèrekokiein); petit ver qui ronge le bourgeon de la vigne.

VERD, adj. Voy. VERT.

VERDÂTRE, adj. des deux g. (vèredâtre), qui tire sur le vert.

VERDÉE, s. f. (vèredé), vin blanc de Toscane qui tire sur le vert.

VERDELET, ETTE, adj. (vèredelè, ète), diminutif de vert; un peu vert.

VERDERIE, s. f. (vèrederi), étendue de bois soumis à un verdier.

VERDET, s. m. (vèredè), drogue composée de cuivre et de marc de raisin.

VERDEUR, s. f. (vèredeur), sève qui est dans le bois; acidité du vin; fig. vigueur et jeunesse des hommes; âcreté de paroles.

VERDI, E, part. pass. de verdir.

VERDICT, s. m. (vèredikte) (verum, véritable, et dictum, parole), résultat de la délibération du juri.

VERDIER, s. m. (vèredié), officier qui commande aux gardes d'une forêt; oiseau.

VERDIR, v. a. (vèredir), peindre en vert; tacher de vert.—V. n., devenir vert.

VERDOYANT, E, adj. (vèredoè-ian, ante), qui verdoie ou verdit.

VERDOYER, v. n. (vèredoè-ié), devenir vert.

VERDURE, s. f. (vèredure), herbes et feuilles des arbres quand elles sont vertes.

VERDURIER, s. m. (vèreduri é), celui qui fournit les salades dans les maisons royales.

VÉREUX, EUSE, adj. (véreu, euze), qui a des vers; fig. défectueux.

VERGE, s. f. (vèreje) (virga), petite baguette longue et flexible; masse de bedeau, d'huissier; membre viril; ancienne mesure de longueur: tringle; anneau sans chaton. — Au pl., faisceau de brins de bouleau, etc.

VERGÉ, E, part. pass. de *verger*, et adj., se dit d'une étoffe dans laquelle se trouvent des fils plus grossiers que le reste.

VERGÉE, s. f. (*verjé*), étendue d'une *verge* carrée. Vieux.

VERGER, s. m. (*vèrejé*) (*viridarium*), lieu clos et planté d'arbres fruitiers.

VERGER, v. a. (*vèrejé*), mesurer, jauger avec la *verge*.

VERGETÉ, E, part. pass. de *vergeter*, et adj., où il paraît de petites raies.

VERGETER, v. a. (*vèrejeté*), nettoyer, brosser avec des *vergettes*.

VERGETIER, s. m. (*vèrejetié*), artisan qui fait et qui vend des *vergettes*.

VERGETTE, s. f. (*vèrejète*) (*virgula*, petite verge), brosse de poil; époussette.

VERGEURE, s. f. (*vèrejure*) (*virgula*, petite verge), fils de laiton attachés sur la forme du papier; raies que font ces fils sur le papier.

VERGLAS, s. m. (*vèreglà*), pluie qui se glace aussitôt qu'elle est tombée.

VERGNE, s. m. (*vèregnie*) (*verna*, sous-entendu *arbor*), arbre printanier.

VERGOGNE, F. f. (*vèreguognie*) (*verecundia*), honte. Fam.

VERGUE, s. f. (*vèregue*), pièce de bois qui pend en travers d'un mât de vaisseau pour en soutenir les voiles.

VÉRICLE, s. m. (*vérikle*), se dit des diamants faux contrefaits avec du *verre*.

VÉRIDICITÉ, s. f. (*véridicité*), caractère de *vérité* dans le discours; véracité.

VÉRIDIQUE, adj. des deux g. (*véridike*) (*veridicus*), qui aime à dire la *vérité*; sincère.

VÉRIFICATEUR, TRICE, s. (*vérifikateur*, *trice*), qui *vérifie*.

VÉRIFICATION, s. f. (*vérifikâcion*), action de *vérifier*.

VÉRIFIÉ, part. pass. de *vérifier*.

VÉRIFIER, v. a. (*vérifié*) (*verus*, vrai, et *facere*, faire), rechercher si une chose est vraie, si elle est telle qu'elle doit être; enregistrer; faire voir la *vérité* d'une chose.

VÉRIN, s. m. (*vérin*), machine pour élever de très-grands fardeaux.

VÉRINE, s. f. (*vérine*), nom de la meilleure espèce de tabac; t. de mar., lampe.

VÉRITABLE, adj. des deux g. (*véritable*) (*verus*), conforme à la *vérité*; réel; qui n'est pas falsifié; solide; bon, excellent.

VÉRITABLEMENT, adv. (*véritableman*), conformément à la *vérité*; réellement.

VÉRITÉ, s. f. (*vérité*) (*veritas*), conformité de l'idée avec son objet; d'un récit avec un fait, du discours avec la pensée; ce qui est opposé à *erreur*; principe, axiome certain; maxime constante; sincérité; imitation fidèle.

VERJUS, s. m. (*vèrejû*) (de *jus vert*), espèce de raisin âpre et acide; son suc; raisin encore vert; vin trop *vert*.

VERJUTÉ, E, adj. (*vèrejuté*), où l'on a mis du *verjus*; acide comme le *verjus*.

VERMEIL, EILLE, adj. (*vèremè-ie*) (*vermiculus*, petit ver), qui est d'un rouge un peu plus foncé que l'incarnat; frais et coloré.— Subst. au m., argent doré.

VERMICELLE, s. m. (*vèremicèle*) (de l'italien *vermicelli*, petits vers), espèce de pâte faite en filaments menus et longs.

VERMICELLIER, s. m. (*vèremicèlié*), qui fait et vend du *vermicelle*, etc.

VERMICULAIRE, adj. des deux g. (*vèremikulère*) (*vermiculus*, petit ver), qui a quelque rapport aux *vers*; qui leur ressemble.

VERMICULÉ, E, adj. (*vèremiculé*) (*vermiculatus*), qui représente des traces de *vers*.

VERMICULURES, s. f. pl. (*vermikulure*), travail d'architecture *vermiculé*.

VERMIFORME, adj. des deux g. (*vèremiforme*) (*vermis*, ver, et *forma*, forme), t. d'anat., qui ressemble à des *vers*.

VERMIFUGE, adj. des deux g. et s. m. (*vèremifuje*) (*vermis*, ver, et *fugare*, mettre en fuite), remède qui fait mourir les *vers*.

VERMILLER, v. n. (*vèremi-ié*), t. de vén. remuer la terre pour y chercher des *vers*.

VERMILLON, s. m. (*vèremi-ion*) (rac. *vermeil*), minéral de couleur rouge fort éclatante; cette couleur même.

VERMILLONNER, v. a. (*vèremi-ioné*), peindre en *vermillon*. — V. n., *vermiller*.

VERMINE, s. f. (*vèremine*) (*vermis*, ver), toute sorte d'insectes incommodes.

VERMINEUX, EUSE, adj. (*vèremineû*, *eûze*), qui contient des *vers*.

VERMISSEAU, s. m. (*vèremiço*), petit ver de terre.

se VERMOULER, v. pr. (*cevèremiculé*), être piqué des *vers*.

VERMOULU, E, part. pass. de *se vermouler*, et adj., piqué des *vers*.

VERMOULURE, s. f. (*vèremoulure*), piqûre des *vers* dans le bois, le papier, etc.

VERMOÛT, s. m. (*vèremou*), vin dans lequel on a mêlé de l'absinthe.

VERNAL, E, adj. (*vèrenale*) (*vernalis*), qui est du printemps.

VERNE, s. m. (*vèrene*), arbre. Voy. AUNE.

VERNI, E, part. pass. de *vernir*.

VERNIR, v. a. (*vèrenir*), appliquer le vernis sur le bois, le fer, etc.; enduire de *vernis*.

VERNIS, s. m. (*vèreni*) (en lat. barbare *vernix*), enduit liquide dont on couvre la surface des corps pour les rendre brillants; arbrisseau d'Asie; *fig.* ce qui donne une apparence favorable ou défavorable.

VERNISSÉ, E, part. pass. de *vernisser*.

VERNISSER, v. a. (*vèrnicé*), vernir de la poterie.

VERNISSEUR, s. m. (*vèreniceur*), artisan qui fait des *vernis* ou qui les emploie.

VERNISSURE, s. f. (*vèrenicure*), application de *vernis*; le *vernis* appliqué.

VÉROLE, s. f. (*vérolé*) (*varius*, bigarré), maladie vénérienne.—Petite *vérole*, maladie.

VÉROLÉ, E, s. et adj. (*vérolé*), qui a la *vérole*, qui tient de la *vérole*.

VÉROLIQUE, adj. des deux g. (*vérolike*), appartenant à la *vérole*.

VÉRON, s. m. (*véron*), petit poisson de rivière. Voy. VAIRON.

VÉRONIQUE, s. f. (*véronike*), plante.

VERRAT, s. m. (*vèra*) (*verres*), pourceau mâle; porc non châtré.

VERRE, s. m. (*vère*) (*vitrum*), corps transparent et fragile; vase à boire; son contenu.

VERRÉE, s. f. (*vèré*), plein un *verre*.

VERRERIE, s. f. (*vèreri*), art de faire le *verre*; fabrique, ouvrages de *verre*.

VERRIER, s. et adj. m. (*vèrié*), ouvrier qui fait du *verre*; celui qui vend des *verres*; ustensile pour ranger des *verres*.

VERRIÈRE, s. f. (*vèrière*), cuvette remplie d'eau pour mettre les *verres* à boire.

VERRIÈRE ou **VERRINE**, s. f. (*vèrière, rine*), morceau de *verre* devant un tableau, etc.

VERROTTERIE, s. f. (*vèroteri*), menue marchandise de *verre*.

VERROU, s. m. (*vèrou*) (*verruculum*), pièce de fer pour fermer une porte en dedans.

VERROUILLÉ, E, part. pass. de *verrouiller*.

VERROUILLER, v. a. (*vèrou-ié*), fermer au *verrou*.

VERRUE, s. f. (*vèru*) (*verruca*), sorte de durillon et d'excroissance de chair.

VERS (*vère*) (*versus* ou *versum*), préposition de lieu qui sert à désigner à peu près un certain côté, un certain endroit; environ.

VERS, s. m. (*vère*) (*versus, sûs*), assemblage de mots mesurés et cadencés selon certaines règles déterminées.

VERSANT, E, adj. (*vèreçan, ante*), sujet à *verser*.—Subst. au m., pente d'un des côtés d'une chaîne de montagnes.

VERSATILE, adj. des deux g. (*vèreçatile*) (*versatilis*), sujet à tourner, à changer; variable, inconstant.

VERSATILITÉ, s. f. (*vèreçatilité*), qualité de ce qui est *versatile*.

VERSE, adj. m. (*vèrce*) (*versus*, tourné), t. de géom.—*sinus verse*, excès de rayon sur le *cosinus*.—À VERSE, abondamment.

VERSÉ, E, part. pass. de *verser*, et adj., répandu; expérimenté, exercé.

VERSEAU, s. m. (*vèreço*), onzième signe du zodiaque.

VERSEMENT, s. m. (*vèreceman*), action de *verser* de l'argent dans une caisse.

VERSER, v. a. (*vèrecé*) (*versare*, tourner), répandre, transvaser; mettre, déposer; faire tomber.—V. n., tomber sur le côté; se coucher.

VERSET, s. m. (*vèrecé*) (*versus*), passage de l'Écriture.

VERSICULES ou **VERSICULETS**, s. m. pl. (*vèrecikule, kulè*), diminutif de *vers*. Fam.

VERSIFICATEUR, s. m. (*vèrecifikatcur*), celui qui fait des *vers*.

VERSIFICATION, s. f. (*vèrecifikâcion*), art de faire des *vers*.

VERSIFIÉ, E, part. pass. de *versifier*.

VERSIFIER, v. n. et a. (*vèrecifié*) (*versus*, vers, et *facere*, faire), faire des *vers*.

VERSION, s. f. (*vèrecion*) (*vertere*, tourner), traduction d'une langue dans une autre; manière de raconter un fait.

VERSO, s. m. (*vèreço*) (mot latin), seconde page d'un feuillet.

VERSTE, s. f. (*vèrecete*), mesure itinéraire de Russie.

VERT, E, adj. (*vère, vèrete*) (*viridis*), qui a la couleur des herbes; qui a de la sève, de la vigueur; qui n'est pas encore mûr.—Subst. au m., couleur *verte*; verdure; acidité.

VERT-DE-GRIS, s. m. (*vèredegueri*), rouille *verte* sur le cuivre.

VERTÉBRAL, E, adj. (*vèretébrale*), qui a rapport aux *vertèbres*.—Au pl. m. *vertébraux*.

VERTÈBRE, s. f. (*vèretèbre*) (*vertebra*), chacun des os qui composent l'épine dorsale.

VERTÉBRÉ, E, adj. (*vèretébré*), qui a des *vertèbres*.

VERTEMENT, adv. (*vèreteman*), avec fermeté, avec vigueur.

VERTICAL, E, adj. (*vèretikale*) (*vertex, verticis*, faîte), perpendiculaire à l'horizon.—Au pl. m. *verticaux*.

VERTICALEMENT, adv. (*vèretikaleman*), perpendiculairement à l'horizon.

VERTICILLE, s. m. (*vèretici-ie*) (*verticilium*), bouquet de feuilles ou de fleurs.

VERTICILLÉ, E, adj. (*vèretici-ié*), disposé en *verticille*.

VERTIGE, s. m. (*vèretije*) (*vertigo*), tournoiement de tête; fig. folie.

VERTIGINEUX, EUSE, adj. (*vèretijineu, euse*), qui a des *vertiges*.

VERTIGO, s. m. (*vèretiguô*) (*vertigo*, vertige), maladie de certains animaux; caprice.

VERTU, s. f. (*vèretu*) (*virtus*), tendance habituelle de l'âme vers le bien; chasteté; propriété; efficacité.

VERTUEUSEMENT, adv. (*vèretueuzeman*), d'une manière *vertueuse*.

VERTUEUX, EUSE, adj. (*vèretueu, euse*), qui a de la *vertu*; inspiré par la *vertu*.

VERTUGADIN, s. m. (*vèretuguadein*) (de

l'espagnol *vertugado*), autrefois, partie de l'habillement des femmes.

VERVE, s. f. (*vèreve*), enthousiasme qui échauffe l'imagination du poète, etc.

VERVEINE, s. f. (*vèrevène*) (*verbena*), plante.

VERVELLE, s. f. (*vèrevèle*), t. de fauconn., petite plaque au pied d'un oiseau de proie.

VERVEUX, s. m. (*vèreveu*), sorte de filet à prendre du poisson; panier d'osier.

VÉSANIE, s. f. (*vézani*) (*vesania*), aliénation mentale.

VESCE, s. f. (*véce*) (*vicia*), plante légumineuse; sa graine.

VÉSICAL, E, adj. (*vézikale*), qui a rapport à la *vessie*.—Au pl. m. *vésicaux*.

VÉSICATOIRE, adj. des deux g. et s. m. (*vézikatoare*) (*vesica*, vessie), médicament externe qui fait venir des *vessies* sur la peau.

VÉSICULE, s. f. (*vézikule*) (*vesicula*), petite *vessie*.

VESOU, s. m. (*vezou*), liqueur exprimée de la tige de la canne à sucre.

VESPÉRIE, s. f. (*vècepéri*), autrefois, dernière thèse; *fig.* réprimande.

VESPÉRISER, v. a. (*vècepérizé*), réprimander quelqu'un. Vieux.

VESPÉTRO, s. m. (*vècepétro*), sorte de ratafia.

VESSE, s. f. (*vèce*), ventosité qui sort sans bruit du corps de l'animal.

VESSER, v. n. (*vècé*) (*visire*), lâcher une *vesse*. Fam.

VESSEUR, EUSE, s. (*vèçeur, euze*), qui *vesse*. Fam.

VESSIE, s. f. (*vèci*) (*vesica*), sac qui reçoit les urines; ampoule sur la peau.

VESSIGON, s. m. (*vèciguon*) (*vesica*, vessie), enflure au jarret d'un cheval.

VESTA, s. f. (*vèceta*) (*vesta*), déesse de la fable; planète.

VESTALE, s. f. (*vècetale*), t. d'antiq., prêtresse de *Vesta* à Rome.

VESTE, s. f. (*vècete*) (*vestis*, habillement), sorte de vêtement.

VESTIAIRE, s. m. (*vècetière*) (*vestiarium*), lieu où l'on serre les habits.

VESTIBULE, s. m. (*vècetibule*) (*vestibulum*), pièce qui est à l'entrée d'un édifice.

VESTIGE, s. m. (*vècetije*) (*vestigium*), empreinte du pied; reste; marque, indice.

VÊTEMENT, s. m. (*vèteman*) (*vestimentum*), ce qui sert à couvrir le corps.

VÉTÉRAN, s. m. (*vétéran*) (*veteranus*), militaire qui a fait un long service; écolier qui recommence une classe.

VÉTÉRANCE, s. f. (*vétérance*), qualité de *vétéran*.

VÉTÉRINAIRE, adj. des deux g. (*vétérinère*) (*veterinarius*), se dit de la médecine des animaux domestiques.—S. m., celui qui soigne les animaux malades.

VÉTILLARD, E, s. (*véti-iar, arde*), vétilleur.

VÉTILLE, s. f. (*véti-ie*), bagatelle, chose de rien ou de peu de conséquence.

VÉTILLER, v. n. (*véti-ié*) (*vitilitigare*, chicaner), s'amuser à des *vétilles*; chicaner.

VÉTILLEUR, EUSE, s. (*véti-ieur, euze*), qui *vétille*; tracassier.

VÉTILLEUX, EUSE, adj. (*véti-ieu, euze*), qui demande beaucoup de petits soins.

VÊTIR, v. a. (*vétir*) (*vestire*), habiller; mettre un *vêtement*; habiller.

VETO, s. m. (*vétô*) (mot latin qui signifie : je m'oppose), opposition à la promulgation d'une loi, d'un décret, d'une décision.

VÊTU, E, part. pass. de *vêtir*, et adj.

VÊTURE, s. f. (*véture*), prise d'habit de religion dans les couvents.

VÉTUSTÉ, s. f. (*vétucoté*) (*vetustas*), ancienneté.

VÉTYVER, s. m. (*vétivère*), plante odorante dont la racine préserve des insectes.

VEUF, EUVE, s. et adj. (*veuf, veuve*), qui n'a plus de femme, qui n'a plus de mari; *fig.* privé de...—Subst. au f., tulipe.

VEULE, adj. des deux g. (*veule*), mou, faible; léger; menu. Vieux.

VEUVAGE, s. m. (*veuvaje*), temps qu'on est *veuf* ou *veuve*; cet état.

VEXATION, s. f. (*vèkçácion*), action de *vexer*; persécution qu'on fait souffrir.

VEXATOIRE, adj. des deux g. (*vèkçatoare*), qui a le caractère de la *vexation*.

VEXÉ, E, part. pass. de *vexer*.

VEXER, v. a. (*vèkcé*) (*vexare*, agiter), persécuter, tourmenter.

VIABILITÉ, s. f. (*vi-abilité*), qualité d'un enfant *viable*; possibilité de *vivre*.

VIABLE, adj. des deux g. (*vi-able*) (*vita*, vie), t. de méd., qui peut *vivre*.

VIAGER, ÈRE, adj. (*vi-ajé, ère*), qui est à *vie*.—Subst. au m., revenu qui n'est qu'à *vie*.

VIANDE, s. f. (*viande*) (du bas lat. *vivanda*), chair des animaux dont on se nourrit.

VIANDER, v. n. (*viandé*), t. de vén., manger, paître, en parlant des bêtes fauves.

VIANDIS, s. m. (*viandi*), pâture des bêtes fauves.

VIATIQUE, s. m. (*vi-atike*) (*viaticum*), provisions pour un voyage; sacrement de l'eucharistie qu'on donne aux malades.

VIBORD, s. m. (*vibor*), t. de mar., parapet du vaisseau au-dessus du pont supérieur.

VIBRANT, E, adj. (*vibran, ante*), qui vibre, qui fait des *vibrations*.

VIBRATION, s. f. (*vibrácion*) (*vibratio*), mouvement régulier et réciproque d'un corps qui balance tantôt d'un côté, tantôt d'un autre; oscillation; tremblement.

VIBRER, v. n. (vibré) (vibrare), faire des vibrations.

VICAIRE, s. m. (vikière) (vicarius), suppléant.

VICAIRIE, s. f. (vikièri) cure desservie par un *vicaire* perpétuel; fonction d'un *vicaire*.

VICARIAL, E, adj. (vikariale), du *vicariat*. — Au pl. m. *vicariaux*.

VICARIAT, s. m. (vikaria), fonction, emploi de *vicaire*; sa durée.

VICARIER, v. n. (vikarié), faire les fonctions de *vicaire*.

VICE, s. m. (vice) (vitium), défaut, imperfection; disposition habituelle au mal; libertinage; débauche; corruption.

VICE-AMIRAL, s. m. (viçamiral), officier le plus considérable après l'*amiral*.

VICE-AMIRAUTÉ, s. f. (viçamiroté), charge de *vice-amiral*.

VICE-BAILLI, s. m. (vicebaie-i), ancien officier judiciaire.

VICE-CHANCELIER, s. m. (vicechancelié), celui qui fait fonction de *chancelier*.

VICE-CONSUL, s. m. (vicekonçul), celui qui tient la place du *consul*.

VICE-CONSULAT, s. m. (vicekonçula), emploi de *vice-consul*.

VICE-GÉRANT, s. m. (vicejéran), celui qui tient la place du *gérant*.

VICE-GÉRENT, s. m. (vicejéran), celui qui tient la place de l'official.

VICE-LÉGAT, s. m. (vicelégua), prélat qui tient la place du *légat*.

VICE-LÉGATION, s. f. (viceléguâcion), emploi de *vice-légat*.

VICENNAL, E, adj. (vicènnale) (vicenni, vingt, et *anni*, années), qui se fait après vingt ans. — Au pl. m. *vicennaux*.

VICE-PRÉSIDENCE, s. f. (viceprésidance), fonction, dignité de *vice-président*.

VICE-PRÉSIDENT, E, s. (viceprézidan, ante), qui remplace le *président*.

VICE-REINE, s. f. (vicerène), femme d'un *vice-roi*.

VICE-ROI, s. m. (viceroé), gouverneur d'un état qui a ou qui a eu le titre de *royaume*.

VICE-ROYAUTÉ, s. f. (viceroé-ioté), charge et dignité de *vice-roi*.

VICE-SÉNÉCHAL, s. m. (vicesénéchal), lieutenant du *sénéchal*.

VICE-VERSA, loc. adv. (vicévèreça), mots latins qui signifient : réciproquement.

VICIÉ, E, part. pass. de *vicier*, et adj., gâté.

VICIER, v. a. (vicié) (vitiare), altérer, corrompre, gâter; rendre nul.

VICIEUSEMENT, adv. (viciuzeman), d'une manière *vicieuse*.

VICIEUX, EUSE, adj. (viciou, euze), qui a des *vices*, des défauts.

VICINAL, E, adj. (vicinale) (vicinalis), voisin d'un autre. — Au pl. m. *vicinaux*.

VICISSITUDE, s. f. (vicicecitude) (vicissitudo), révolution réglée; instabilité; évènement fâcheux; variation.

VICOMTE, s. m. (vikonte), titre de noblesse au-dessous de *comte*; prévôt.

VICOMTÉ, s. f. (vikonté), titre de noblesse attaché à une terre.

VICOMTESSE, s. f. (vikontèce), femme de *vicomte* ou celle qui a une *vicomté*.

VICTIMAIRE, s. m. (viktimère) (victimarius), celui qui frappait les *victimes*.

VICTIME, s. f. (viktime) (victima), animal qu'on immolait et qu'on offrait en sacrifice; *fig.* personne sacrifiée aux intérêts, aux passions d'autrui.

VICTIMÉ, E, part. pass. de *victimer*.

VICTIMER, v. a. (viktimé), immoler, sacrifier; rendre *victime*.

VICTOIRE, s. f. (viktoare) (victoria), avantage qu'on remporte à la guerre; heureux succès; divinité païenne.

VICTORIEUSEMENT, adv. (viktorieuzeman), d'une manière *victorieuse*.

VICTORIEUX, EUSE, adj. (viktorieu, euze), qui remporte quelque *victoire*.

VICTUAILLE, s. f. (viktu-á-ie) (victus, vivres), vivres et munitions de bouche.

VIDAME, s. m. (vidame) (vicis, lieu, place, et *dominus*, seigneur), autrefois, lieutenant d'un évêque en tant que seigneur temporel.

VIDAMÉ, s. m., ou VIDAMIE, s. f. (vidamé, mi), dignité, charge de *vidame*.

VIDANGE, s. f. (vidanje), action de *vider*; état d'un vase qui n'est pas plein. — Au pl., ordures retirées d'un lieu qu'on *vide*; lochies.

VIDANGEUR, s. m. (vidanjeur), celui qui vide les fosses d'aisances, les puits, etc.

VIDE, adj. des deux g. (vide) (viduus), qui n'est rempli que d'air; dégarni. — S. m., espace *vide*; ouverture; *fig.* vanité, néant.

VIDÉ, E, part. pass. de *vider*.

VIDE-BOUTEILLES, s. m. (videbouté-ie), petite maison près de la ville. Fam.

VIDER, v. a. (vidé) (viduare), rendre *vide*; désemplir; évider; terminer, finir.

VIDIMÉ, E, part. pass. de *vidimer*.

VIDIMER, v. a. (vidimé) (videre, voir), collationner et certifier une copie.

VIDIMUS, s. m. (vidimuce) (mot lat. qui signifie : nous avons vu), titre qui a été authentiquement collationné.

VIDRECOME, s. m (vidrekome) (mot allemand), grand verre à boire. Peu us.

VIDUITÉ, s. f. (viduité) (viduitas), veuvage.

VIE, s. f. (vi) (vita), état des êtres animés tant qu'ils ont en eux le principe des sensations et du mouvement; espace de temps depuis la naissance jusqu'à la mort; nourriture; manière de *vivre*; histoire; *fig.* vivacité.

VIÉDASE, s. m. (viédáze), t. injurieux, qui signifiait visage d'âne. Inus.

VIEIL ou VIEUX, VIEILLE, adj. et s. (viè ie, vieu) (vetus), qui est fort avancé en âge; qui dure depuis long-temps; antique; ancien; suranné; gâté; usé.

VIEILLARD, s. m. (vie-iar), celui qui est dans la vieillesse.

VIEILLERIE, s. f. (viè-ieri), choses vieilles et usées.

VIEILLESSE, s. f. (viè-ièce) (vetustas), dernier âge de la vie; ancienneté.

VIEILLI, E, part. pass. de vieillir.

VIEILLIR, v. n. (vièie-ir), devenir vieux; paraître vieux; s'user.—V. a., rendre vieux.

VIEILLISSANT, E, adj. (vièie-içan, ante), qui commence à vieillir.

VIEILLISSEMENT, s. m. (vièie-iceman), état de ce qui vieillit.

VIEILLOT, OTTE, s. (vie-iô, ote)(vetulus), qui commence à devenir vieux.

VIELLE, s. f. (vièle) (de l'espagnol vihuela, guitare), instrument à cordes et à roue.

VIELLER, v. n. (vièlé), jouer de la vielle.

VIELLEUR, EUSE, s. (vièleur, euse), qui joue de la vielle.

VIERGE, s. f. (vièreje) (virgo), fille qui n'a point connu d'homme; la mère de Dieu; signe du zodiaque.—Adj. des deux g., qui a vécu dans une continence parfaite; pur; qui n'a pas encore servi.

VIEUX, adj. et s. Voy. VIEIL.

VIF, IVE, adj. (vif, vive) (vivus), qui est en vie; plein de vigueur, d'activité; ardent; bouillant; emporté; énergique; éclatant.

VIF-ARGENT, s. m. (vivarjan), métal liquide appelé autrement mercure.

VIGIE, s. f. (viji) (vigiles, sentinelles), t. de mar., sentinelle; écueil hors de l'eau.

VIGILAMMENT, adv. (vijilaman), avec vigilance.

VIGILANCE, s. f. (vijilance) (vigilantia), attention accompagnée d'activité.

VIGILANT, E, adj. (vijilan, ante) (vigilans), qui a de la vigilance.

VIGILE, s. f. (vijile) (vigilia), le jour qui précède quelque fête.

VIGNE, s. f. (vignie) (vinea), plante qui porte le raisin; terre plantée de vignes.

VIGNERON, ONNE, s. (vignieron, one); qui cultive la vigne.

VIGNETTE, s. f. (vigniète) (vinea), petite estampe ou dessin.

VIGNOBLE, s. et adj. m. (vignioble), lieu, pays, canton abondant en vignes.

VIGOGNE, s. f. (viguognie), animal du Pérou; sa laine.

VIGOUREUSEMENT, adv. (viguoureuzeman), avec vigueur, avec force.

VIGOUREUX, EUSE, adj. (viguoureu,euze), qui a de la vigueur; fort, robuste.

VIGUERIE, s. f. (vigueri), charge de viguier; juridiction du viguier.

VIGUEUR, s. f. (viguieur) (vigor), force pour agir; ardeur; courage; énergie; activité.

VIGUIER, s. m. (vignié) (corruption de vicaire), ancien juge.

VIL, E, adj. (vile) (vilis), bas, abject, méprisable; de peu de valeur.

VILAIN, E, adj. et s. (vilein, ène), qui n'est pas beau; désagréable; déshonnête; avare.—s. m. (villa, ferme), paysan, roturier.

VILAINEMENT, adv. (vilèneman), d'une manière vilaine; sordidement.

VILEBREQUIN, s. m. (vilebrekieiu), outil qui sert à trouer, à percer.

VILEMENT, adv. (vilèman), d'une manière vile et basse.

VILENIE, s. f. (vileni) (rac. vil, vile), ordure, saleté; obscénité; avarice; bassesse.

VILETÉ, s. f. (vileté), qualité de ce qui est vil et à bas prix; peu d'importance.

VILIPENDÉ, E, part. pass. de vilipender.

VILIPENDER, v. a. (vilipandé) (vilis, vil, et pendere, priser), traiter de vil; mépriser.

VILITÉ, s. f. Voy. VILETÉ.

VILLA, s. f. (vilelá) (mot emprunté de l'italien), maison de campagne.

VILLACE, s. f. (vilelace), grande ville mal peuplée et mal bâtie. Fam.

VILLAGE, s. m. (vilaje) (du lat. barbare villagium), assemblage de maisons dans la campagne.

VILLAGEOIS, E, s. (vilajoa, oaze), habitant de village.—Adj. qui est de village.

VILLANELLE, s. f. (vilanèle), sorte de poésie pastorale.

VILLE, s. f. (vile)(en bas lat. villa), assemblage d'un grand nombre de maisons disposées par rues; les habitants d'une ville.

VILLETTE, s. f. (vilète), très-petite ville.

VIMAIRE, s. f. (vimère) (vis major, force majeure), dégât causé par des ouragans.

VIN, s. m. (vein) (vinum), liqueur propre à boire qu'on tire du raisin.

VINAIGRE, s. m. (vinéguere) (rac. vin aigre), liqueur acide faite avec du vin.

VINAIGRÉ, E, part. pass. de vinaigrer.

VINAIGRER, v. a. (vinéguéré), assaisonner avec du vinaigre.

VINAIGRERIE, s. f. (vinéguéreri), fabrique de vinaigre.

VINAIGRETTE, s. f. (vinéguerète), sauce au vinaigre; sorte de brouette.

VINAIGRIER, s. m. (vinégueri-é), qui fait et vend du vinaigre; vase où l'on met du vinaigre; arbre du Canada.

VINAIRE, adj. des deux g. (vinère), propre à contenir du vin.

VINDAS, s. m. (vindáce), cabestan.

VINDICATIF, IVE, adj. (vindikatif, ive) (vindicatio, vengeance), qui aime à se venger.

VINDICTE, s. f. *(veindikte)* *(vindicta)*, poursuite, punition des crimes.

VINÉE, s. f. *(viné)*, ce qu'on recueille de vin dans une année.

VINEUX, EUSE, adj. *(vineu, euze)*, qui sent le vin; qui tire sur le vin.

VINGT, adj. numéral des deux g. *(vein)*(*viginti*), deux fois dix.

VINGTAINE, s. f. *(veintène)*, le nombre de vingt ou environ.

VINGTIÈME, adj. et s. des deux g. *(veintième)* *(vigesimus)*, nombre ordinal de vingt.

VINIFICATION, s. f. *(vinifikâcion)*, art de faire, de conserver, d'épurer le vin.

VIOL, s. m. *(viol)*, violence faite à une femme qu'on veut prendre de force.

VIOLACÉ, E, adj. *(violacé)*, d'une couleur tirant sur le violet.

VIOLAT, adj. m. *(viola)*, où il entre de la violette.

VIOLATEUR, TRICE, s. *(violateur, trice)* *(violator)*, qui viole les lois, etc.

VIOLATION, s. f. *(violâcion)*, action de violer, d'enfreindre, de profaner.

VIOLÂTRE, adj. des deux g. *(violêtre)*, d'une couleur tirant sur le violet.

VIOLE, s. f. *(viale)*, instrument de musique à quatre cordes.

VIOLÉ, E, part. pass. de violer.

VIOLEMENT, s. m. *(violeman)* *(violatio)*, infraction; en t. de pal., viol.

VIOLEMMENT, adv. *(violaman)*, avec violence; d'une manière violente.

VIOLENCE, s. f. *(violance)* *(violentia)*, qualité de qui est violent; force.

VIOLENT, E, adj. *(violan, ante)* *(violens)*, impétueux; rude; injuste.

VIOLENTÉ, E, part. pass. de violenter.

VIOLENTER, v. a. *(violanté)*, faire faire par force, contraindre, forcer.

VIOLER, v. a. *(violé)* *(violare)*, enfreindre, agir contre; prendre par force.

VIOLET, ETTE, adj. *(violè, ète)* *(violaceus)*, de la couleur de la fleur qu'on nomme violette.—S. m., la couleur violette.

VIOLETTE, s. f. *(violète)* *(viola)*, petite plante printanière; sa fleur.

VIOLIER, s. m. *(violié)*, plante.

VIOLON, s. m. *(violon)* (de l'espagnol violin), instrument de musique à quatre cordes; celui qui en joue; espèce de prison.

VIOLONCELLE, s. m. *(violoncèle)* (de l'italien violoncello), instrument à cordes; basse ; celui qui en joue.

VIOLONISTE, s. des deux g. *(violonicete)*, qui joue du violon.

VIORNE, s. f. *(viorne)*, plante très-flexible qui s'entortille autour des arbres.

VIPÈRE, s. f. *(vipère)* *(viviparus)*, vivipare; serpent venimeux; fig. médisant.

VIPÉREAU, s. m. *(vipérô)*, petit de la vipère.

VIPÉRINE, s. f. *(vipérine)*, plante.

VIRAGO, s. f. *(viraguô)* (vir, homme, et d'ago, je fais), fille ou femme de grande taille, et qui a l'air d'un homme. Fam.

VIRÉ, E, part. pass. de virer.

VIRELAI, s. m. *(virelè)* (de virer, tourner, et de lai, autre poésie ancienne), sorte d'ancienne petite poésie française en rondeau.

VIREMENT, s. m. *(vireman)*, action de virer; transport d'une dette.

VIRER, v. n. et a. *(viré)* *(gyrare)*, aller en tournant, tourner.

VIREUX, EUSE, adj. *(vireu, euze)*(*virosus*, fétide), qui tient du poison.

VIRE-VOLTE, s. f. *(virevolte)*, t. de man., tour et retour fait avec vitesse.

VIREVOUSSE ou **VIREVOUSTE**, s. f. *(virevouce, voucete)*, corruption de virevolte.

VIRGINAL, E, adj. *(virjinale)*(*virginalis*), qui appartient, qui a rapport à une vierge.

VIRGINITÉ, s. f. *(virjinité)* *(virginitas)*, état d'une personne vierge.

VIRGOULEUSE, s. f. *(virgouleuze)*, sorte de poire d'hiver.

VIRGULE, s. f. *(virgule)* *(virgula)*, petite marque qui sert à séparer les mots.

VIRIL, E, adj. *(virile)* *(virilis)*, qui est d'homme, qui appartient à l'homme.

VIRILEMENT, adv. *(virileman)*, d'une manière virile; avec vigueur.

VIRILITÉ, s. f. *(virilité)* *(virilitas)*, l'âge d'un homme fait; capacité d'engendrer.

VIROLE, s. f. *(virolo)*(*virio*, bracelet), petit cercle de métal.

VIROLÉ, E, adj. *(virolé)*, t. de blas., se dit des cornes, trompes, etc., qui portent des boucles d'un autre émail.

VIRTUALITÉ, s. f. *(virtu-alité)*, qualité de ce qui est virtuel.

VIRTUEL, ELLE, adj. *(virtuèle)* (*virtus*, force, puissance), qui a seulement la force et la vertu d'agir, sans agir en effet.

VIRTUELLEMENT, adv. *(virtuèleman)*, d'une manière virtuelle.

VIRTUOSE, s. *(virtu-ôze)* (de l'italien virtuoso), qui a des talents pour les beaux-arts et particulièrement pour la musique.

VIRULENCE, s. f. *(virulance)*, qualité de ce qui est virulent.

VIRULENT, E, adj. *(virulan, ante)*, qui a du virus, du venin; fig. violent, mordant.

VIRUS, s. m. *(viruce)* (mot latin), venin de certains maux.

VIS, s. m. *(vice)* *(gyrus*, tour, rond), pièce ronde cannelée en ligne spirale.

VISA, s. m. *(visa)* *(visa*, part. pass. fém. de videre, voir), formule qui rend un acte authentique ou valable.

VISAGE, s. m. (*vizaje*) (en lat. barbare *visagium*, de *visus*, vue), face de l'homme; air du *visage; fig.* personne.

VIS-À-VIS de, loc. prép. et adv. (*vizavi*), en face, à l'opposite.—S. m., voiture où il n'y a qu'une seule place dans chaque fond; personne qui est en face d'une autre.

VISCÉRAL, E, adj. (*vicécérale*), qui appartient aux *viscères*.

VISCÈRE, s. m. (*vicecère*) (*viscera*), t. d'anat., nom de divers organes dont l'action sert à l'entretien de la vie.

VISCOSITÉ, s. f. (*vicekôsité*) (*viscum* ou *viscus*), qualité de ce qui est *visqueux*.

VISÉ, E, part. pass. de *viser*.

VISÉE, s. f. (*visé*) (*visus*, vue), direction de la vue vers un certain point.

VISER, v. a. et n. (*vizé*) (*viscre*, voir), mirer, regarder un but pour y adresser un coup; tendre à...—V. a., mettre le *visa* sur...

VISIBILITÉ, s. f. (*vizibilité*) (*visibilitas*), qualité qui rend les choses *visibles*.

VISIBLE, adj. des deux g. (*vizible*) (*visibilis*), qui peut se *voir*; évident, clair.

VISIBLEMENT, adv. (*vizibleman*), d'une manière *visible*; manifestement.

VISIÈRE, s. f. (*vizière*), point de mire d'un fusil; pièce mobile du casque ancien au travers de laquelle on pouvait voir et respirer; rebord antérieur de certaines coiffures; *fig.* la vue; l'esprit.

VISION, s. f. (*vision*) (*visio*), action de *voir*; révélation; chimère; idée folle.

VISIONNAIRE, adj. des deux g. (*vizionère*), qui a des *visions*.

VISIR ou **VIZIR,** s. m. (*visir*), ministre d'état du Grand-Seigneur.

VISIRAT ou **VIZIRAT,** s. m. (*vizira*), place, office de *visir*.

VISITANDINE, s. f. (*vizitandine*), religieuse de l'ordre de la *Visitation*.

VISITATION, s. f. (*vizitâcion*) (*visitatio*), fête chrétienne; ordre de religieuses.

VISITE, s. f. (*vizite*) (*visitatio*), action d'aller *visiter* quelqu'un; recherche.

VISITÉ, E, part. pass. de *visiter*.

VISITER, v. a. (*vizité*), rendre *visite*; aller *voir*; examiner; faire recherche.

VISITEUR, s. m. (*viziteur*), commis pour *visiter*; celui qui fait des *visites*.

VISON-VISU, loc. adv. (*visonvizu*) (corruption de *visum visú*), vis à vis l'un de l'autre. Fam.

VISORIUM, s. m. (*vizoriome*) (*visere*, voir), t. d'imprim., ustensile pour placer la copie.

VISQUEUX, EUSE, adj. (*vicékieu*, *euze*) (*viscosus*), gluant, tenace, glutineux.

VISSÉ, E, part. pass. de *visser*.

VISSER, v. a. (*vicé*), attacher avec des *vis*.

VISUEL, ELLE, adj. (*vizuèle*), qui appartient à la *vue*.

VITAL, E, adj. (*vitale*) (*vitalis*), qui appartient à la *vie*.—Au pl. m. *vitaux*.

VITALITÉ, s. f. (*vitalité*), disposition à *vivre*; mouvement *vital*.

VITCHOURA, s. m. (*vitechoura*) (mot polonais), surtout garni de fourrure.

VITE, adj. des deux g. (*vite*) (*vegetus*, actif, vif), qui se meut, qui court avec célérité.—Adv., rapidement, promptement.

VITEMENT, adv. (*viteman*), *vite*.

VITESSE, s. f. (*vitèce*), célérité, grande promptitude.

VITRAGE, s. m. (*vitraje*), toutes les *vitres* d'un bâtiment; châssis de verre.

VITRAIL, s. m. (*vitra-ie*), grande fenêtre d'église.—Au pl. *vitraux*.

VITRAUX, s. m. pl. Voy. **VITRAIL**.

VITRE, s. f. (*vitre*) (*vitrum*, verre), pièce de verre qu'on met aux fenêtres.

VITRÉ, E, part. pass. de *vitrer*, et adj.

VITRER, v. a. (*vitré*), garnir de *vitres*.

VITRERIE, s. f. (*vitreri*), art et commerce du *vitrier*.

VITRESCIBLE, adj. Voy. **VITRIFIABLE**.

VITREUX, EUSE, adj. (*vitreu*, *euze*), qui a de la ressemblance avec le verre.

VITRIER, IÈRE, s. (*vitrié*, *ière*), qui travaille en *vitres*, qui vend des *vitres*.

VITRIFIABLE ou **VITRESCIBLE,** adj. des deux g. (*vitrifiable*, *vitrècecible*) (*vitrum*, vitre), propre à être changé en verre.

VITRIFICATION, s. f. (*vitrifikácion*), conversion en verre.

VITRIFIÉ, E, part. pass. de *vitrifier*.

VITRIFIER, v. a. (*vitrifié*) (*vitrum*, verre, et *facere*, faire), convertir en verre.

VITRIOL, s. m. (*vitri-ol*), sel composé d'oxyde métallique et d'acide sulfurique.

VITRIOLÉ, E, adj. (*vitri-olé*), fait avec de l'esprit de *vitriol*.

VITRIOLIQUE, adj. des deux g. (*vitri-olike*), qui tient de la nature du *vitriol*.

VITUPÈRE, s. m. (*vitupère*) (*vituperium*), blâme. Vieux.

VITUPÉRER, v. a. (*vitupéré*), blâmer. Vieux.

VIVACE, adj. des deux g. (*vivace*) (*vivax*), qui a en soi les principes d'une longue vie; se dit des plantes qui durent plus de deux ans.

VIVACITÉ, s. f. (*vivacité*) (*vivacitas*), activité, promptitude à agir, à se mouvoir, etc.; *fig.* brillant, éclat.

VIVANDIER, IÈRE, s. (*vivandié*, *ière*), qui suit les troupes et vend des *vivres*.

VIVANT, E, s. et adj. (*vivan*, *ante*), qui est en *vie*; qui subsiste.—Subst. au m., la *vie*.

VIVAT, s. m. (*vivate*) (mot lat. qui signifie qu'il vive), cri d'applaudissement.

VIVE, s. f. (*vive*), poisson de mer.

VIVEMENT, adv. (*viveman*), avec ardeur et vivacité; sensiblement; fortement.

VIVIER, s. m. (*vivié*) (*vivarium*), lieu où l'on nourrit du poisson.

VIVIFIANT, E, adj. (*vivifian, ante*), qui vivifie.

VIVIFICATION, s. f. (*vivifikácion*), action de *vivifier*.

VIVIFIÉ, E, part. pass de *vivifier*.

VIVIFIER, v. a. (*vivifié*) (*vivus*, vivant, et *facere*, faire), donner la vie; *fig.* donner la vigueur, la force.

VIVIFIQUE, adj. des deux g. (*vivifike*), qui a la propriété de *vivifier*.

VIVIPARE, adj. des deux g. (*vivipare*) (*vivus*, vivant, et *parere*, engendrer), se dit de l'animal qui met au monde des petits tout vivants. — Il est aussi s. m.

VIVOTER, v. n. (*vivoté*), vivre doucement et pauvrement. Fam.

VIVRE, v. n. (*vivre*) (*vivere*), être en vie; exister; durer, subsister; se nourrir; se conduire; *fig.* jouir de la vie.

VIVRE, s. m. (*vivre*), nourriture. — Au pl., toutes les choses dont on se nourrit.

VIZIR, VIZIRAT. Voy. VISIR, VISIRAT.

VOCABULAIRE, s. m. (*vokabulère*) (*vocabulum*, mot), liste alphabétique des mots d'une langue, des termes d'une science, etc.

VOCABULISTE, s. m. (*vokabuliccte*), auteur d'un *vocabulaire*. Peu us.

VOCAL, E, adj. (*vokale*) (*vocalis*), qui s'énonce, qui s'exprime par la voix. — Au pl. m. *vocaux*.

VOCALISATION, s. f. (*vokalizácion*), t. de mus., action de *vocaliser*.

VOCALISER, v. n. (*vokalizé*), chanter et assembler des notes pour en former des sons.

VOCATIF, s. m. (*vokátif*) (*vocativus*, sous-entendu *casus*), t. de gramm., cinquième cas de la déclinaison des noms qui ont des cas.

VOCATION, s. f. (*vokácion*) (*vocatio*), inclination, penchant pour un état; disposition.

VOCIFÉRATIONS, s. f. pl. (*vociférácion*), paroles accompagnées de clameurs.

VOCIFÉRER, v. n. (*vociféré*), parler avec colère, pousser des clameurs.

VOEU, s. m. (*veu*) (*votum*), promesse faite à Dieu; offrande promise par un vœu; suffrage. — Au pl., souhaits, désirs; profession solennelle de l'état religieux.

VOGUE, s. f. (*vogue*), mouvement d'un bâtiment causé par la force des rames; *fig.* crédit, réputation; cours, débit; mode.

VOGUER, v. n. (*vogué*) (de l'allemand *wagen*/se mouvoir), naviguer; siller; ramer.

VOGUEUR, s. m. (*vogueur*), rameur.

VOICI, prép. (*voaci*); elle sert à montrer ce qui est près de celui qui parle.

VOIE, s. f. (*voa*) (*via*), chemin, route par où l'on va d'un lieu à un autre; espace entre les deux roues d'une voiture; trace; mesure; *fig.* moyen, entremise.

VOILÀ, prép. (*voala*); elle sert à montrer ce qui est un peu éloigné de celui qui parle.

VOILE, s. m. (*voale*) (*velum*), pièce d'étoffe qui sert à cacher quelque chose; couverture de tête que portent les religieuses; étoffe; *fig.* prétexte, apparence spécieuse.

VOILE, s. f. (*voale*), pièces de toile qu'on attache aux vergues pour recevoir le vent qui doit pousser le vaisseau; *fig.* navire.

VOILÉ, E, part. pass. de *voiler*, et adj., couvert d'un *voile*; *fig.* caché; se dit d'un navire qui a ses *voiles* bien ou mal placées.

VOILER, v. a. (*voalé*), couvrir d'un *voile*; donner le *voile* à une fille; *fig.* cacher.

VOILERIE, s. f. (*voaleri*), lieu où l'on fait, où l'on raccommode les *voiles* du vaisseau.

VOILIER, s. m. (*voalié*), qui travaille aux *voiles* d'un vaisseau. — Adj. m., se dit d'un vaisseau qui va plus ou moins vite.

VOILURE, s. f. (*voalure*), toutes les *voiles* d'un vaisseau; fabrication de *voiles*.

VOIR, v. a. (*voar*) (*videre*), connaître par les yeux; faire visite; examiner; observer; remarquer; s'informer, s'assurer de...; fréquenter; s'apercevoir; juger.

VOIRE, adv. (*voare*) (*verùm*), même, vraiment. Vieux et fam.

VOIRIE, s. f. (*voari*) (du lat. barbare *viatura*; fait de *via*, chemin), grand chemin; charge de *voyer*; lieu où l'on porte les immondices d'une ville.

VOISIN, E, adj. et s. (*voazein, ine*) (*vicinus*), qui est proche, qui demeure auprès; adjacent; attenant.

VOISINAGE, s. m. (*voazinaje*), proximité; les *voisins* ou les lieux *voisins*.

VOISINER, v. n. (*voaziné*), voir ses *voisins* ou *voisines*, les fréquenter. Fam.

VOITURE, s. f. (*voature*) (*vectura*), ce qui sert au transport des marchandises ou des personnes; carrosse; transport.

VOITURÉ, E, part. pass. de *voiturer*.

VOITURER, v. a. (*voaturé*) (*vectare*), transporter par *voiture*.

VOITURIER, s. m. (*voaturié*), celui qui voiture et conduit d'un lieu à un autre.

VOITURIN, s. m. (*voaturein*), celui qui loue et conduit des *voitures* attelées.

VOIX, s. f. (*voa*) (*vox, vocis*), son qui sort de la bouche; cri; chanteur ou chanteuse; avis, opinion; suffrage; droit de suffrage.

VOL, s. m. (*vol*) (*vola*, paume de la main), action de celui qui dérobe; la chose *volée*; (*volatus*), mouvement des oiseaux et des insectes dans l'air par le moyen de leurs ailes.
— **A VOL D'OISEAU**, loc. adv.; en ligne droite.

VOLABLE, adj. des deux g. (*volable*), qui peut être *volé*.

VOLAGE, adj. et s. des deux g. (*volaje*) (*volatilis*), léger, changeant, inconstant.

VOLAILLE, s. f. (*vola-ie*), se dit des oiseaux qu'on nourrit dans une basse-cour.
VOLANT, E, adj. (*volan, ante*), qui a la faculté de *voler*, de se soutenir en l'air.
VOLANT, s. m. (*volan*), morceau de liège, etc., garni de plumes, qu'on pousse avec des raquettes; aile de moulin; pièce d'horloge; garniture de robe.
VOLATIL, E, adj. (*volatile*)(*volatilis*), qui se vaporise par l'action du feu.
VOLATILE, s. m. et adj. des deux g. (*volatile*), animal qui *vole*.
VOLATILISATION, s. f. (*volatilisâcion*), action de *volatiliser* un corps.
VOLATILISÉ, E, part. pass. de *volatiliser*.
VOLATILISER, v. a. (*volatilisé*), rendre *volatil*.
VOLATILITÉ, s. f. (*volatilité*), qualité de ce qui est *volatil*; mobilité.
VOLATILLE, s. f. (*volati-ie*), se dit de petites espèces d'oiseaux bons à manger.
VOLCAN, s. m. (*volkan*) (*vulcanus*, Vulcain, dieu du feu), montagne qui vomit du feu et des matières embrasées; *fig.* imagination ardente.
VOLCANIQUE, adj. des deux g. (*volkanike*), qui a rapport aux *volcans*.
VOLCANISÉ, E, adj. (*volkanizé*), où il y a eu des *volcans*.
VOLE, s. f. (*vole*) (*vola*), au jeu de cartes : faire la vole, faire toutes les mains.
VOLE-AU-VENT, s. m. (*volóvan*), pâté dont la croûte est légère.
VOLÉE, s. f. (*volé*), le *vol* d'un oiseau; bande d'oiseaux qui *volent* ensemble; branle des cloches; décharge de plusieurs canons; traverse au timon d'une voiture; coups de bâton; *fig.* rang, qualité, force.
VOLÉ, E, part. pass. de *voler*.
VOLER, v. a. (*volé*)(*volare*), prendre furtivement ou par force la chose d'autrui; au jeu, faire la *vole*.
VOLER, v. n. (*volé*) (*volare*), se mouvoir en l'air par le moyen des ailes; *fig.* courir avec une grande vitesse.
VOLEREAU, s. m. (*voleró*), petit voleur. Fam.
VOLERIE, s. f. (*voleri*), larcin, pillerie; chasse avec des oiseaux de fauconnerie.
VOLET, s. m. (*volè*), volière, pigeonnier; ais qui bouche une fenêtre.
VOLETER, v. n. (*voleté*), voler à plusieurs reprises, comme font les petits oiseaux.
VOLEUR, EUSE, s. et adj. (*voleur, euze*), qui *vole*; qui exige plus qu'il ne devrait.
VOLIÈRE, s. f. (*volière*), lieu où l'on nourrit et où l'on enferme des oiseaux.
VOLIGE, s. f. (*volije*), planche mince de sapin ou de peuplier.
VOLITION, s. f. (*volicion*), acte par lequel la *volonté* se détermine. Peu us.

VOLONTAIRE, adj. des deux g. (*volontèrie*), qui se fait de pure *volonté*.—S. et adj., qui ne veut faire qu'à sa *volonté*.—S. m., soldat qui sert sans y être obligé.
VOLONTAIREMENT, adv. (*volontèreman*), sans contrainte.
VOLONTÉ, s. f. (*volonté*) (*voluntas*), puissance de l'âme par laquelle on *veut*; acte de la *volonté*; intention.—Au pl., caprices.
VOLONTIERS, adv. (*volontié*) (*volo*), je veux, de bon cœur.
VOLTE, s. f. (*volte*) (*volitatio*), trace circulaire sur laquelle on manie un cheval; t. d'escrime, mouvement pour éviter un coup.
VOLTE-FACE, s. f. (*volteface*): faire volte-face, se retourner.
VOLTER, v. n. (*volté*) (*volvere*), t. d'escrime, changer de place pour éviter les coups de son adversaire.
VOLTIGE, s. f. (*voltije*), exercice sur la corde lâche; corde qu'on emploie; art de monter à cheval légèrement et sans étriers.
VOLTIGEMENT, s. m. (*voltijeman*), action de ce qui *voltige*.
VOLTIGER, v. n. (*voltijé*), voler çà et là; flotter au gré des vents; *fig.* être léger, inconstant; faire différentes sortes d'exercices sur le cheval; faire des tours de souplesse sur une corde tendue fort lâche; courir çà et là.
VOLTIGEUR, s. m. (*voltijeur*), qui *voltige*; soldat armé à la légère.
VOLUBILITÉ, s. f. (*volubilité*) (*volubilitas*), facilité de se mouvoir ou d'être mû en rond; articulation nette et rapide; habitude de parler trop et trop vite.
VOLUME, s. m. (*volume*) (*volumen*), étendue, grosseur d'un corps; livre relié ou broché.
VOLUMINEUX, EUSE, adj. (*volumineu, euze*), qui est fort étendu.
VOLUPTÉ, s. f. (*volupté*) (*voluptas*), plaisir du corps et des sens; plaisir de l'âme.
VOLUPTUAIRE, adj. des deux g. (*volupetuère*), t. de dr., fait pour l'agrément.
VOLUPTUEUSEMENT, adv. (*volupetueuzeman*), avec volupté.
VOLUPTUEUX, EUSE, adj. et s. (*volupetueu, euze*), qui aime la *volupté*; qui cause de la *volupté*.
VOLUTE, s. f. (*volute*)(*voluta*), partie d'un chapiteau tournée en ligne spirale.
VOLVE, s. f. (*volve*) (*volva*), enveloppe radicale des champignons.
VOMI, E, part. pass. de *vomir*.
VOMIQUE, s. f. (*vomike*) (*vomica*), abcès au poumon.
VOMIQUE, adj. f. (*vomike*) (*vomica*, pestilentiel) : *noix vomique*, sorte de poison.
VOMIR, v. a. (*vomir*)(*vomere*), rejeter par la bouche ce qu'on a dans l'estomac; *fig.* jeter, proférer.
VOMISSEMENT, s. m. (*vomiceman*), action de *vomir*.

VOMITIF, IVE, adj. (*vomitif, ive*), qui fait vomir.—Il s'emploie subst. au m.

VOMITOIRE, s. m. (*vomitoare*), vomitif. Vieux.

VORACE, adj. des deux g. (*vorace*)(*vorax, acis*), carnassier, qui mange avec avidité.

VORACITÉ, s. f. (*voracité*) (*voracitas*), avidité à manger.

VOTANT, E, s. et adj. (*votan, ante*), qui vote; qui a le droit de voter.

VOTATION, s. f. (*votácion*), action de voter.

VOTE, s. m. (*vote*)(*votum*), opinion émise; vœu énoncé; suffrage donné.

VOTER, v. n. (*voté*)(*votnm, vœu*), donner son suffrage dans une élection, etc.

VOTIF, IVE, adj. (*votif, ive*) (*votivus*), qui a rapport à un *vœu*.

VOTRE, adj. poss. des deux g. (*votre*) (*vester, tra, trum*); il répond au pron. pers. *vous*.—Au pl. *vos*.

VÔTRE, adj. poss. et relatif des deux g. (*vôtre*).—S. m. ce qui est à *vous*.—Au pl., vos parents, vos amis, etc.

VOUÉ, E, part. pass. de *vouer*.

VOUER, v. a. (*voué*) (*vovere*), consacrer, promettre par *vœu*.

VOULOIR, v. a. (*vouloar*) (*velle*), désirer, souhaiter; consentir.—V. n., avoir la volonté de...; commander; exiger.

VOULOIR, s. m. (*vouloar*), acte de la volonté; intention, dessein.

VOUS, pron. pers. (*von*)(*vos*), pluriel de *tu* ou *toi*. — On se sert de *vous* au sing. pour *tu*, par civilité.

VOUSSOIR ou **VOUSSEAU**, s. m. (*voucoar, cô*), pierre propre à former le cintre d'une voûte.

VOUSSURE, s. f. (*voucure*), courbure ou élévation d'une *voûte*.

VOÛTE, s. f. (*voûte*) (en bas lat. *volta*), ouvrage de maçonnerie fait en arc; partie supérieure.

VOÛTÉ, E, part. pass. de *voûter*, et adj.

VOÛTER, v. a. (*voûté*), faire une *voûte* dans une pièce d'un bâtiment. — V. pr., se courber.

VOYAGE, s. m. (*voè-iaje*) (du lat. barbare *viagium*, fait de *via*, route), chemin qu'on fait pour aller d'un lieu à un autre lieu éloigné; allée d'un lieu à un autre; relation d'un voyage.

VOYAGER, v. n. (*voè-iajé*), faire voyage; aller dans un pays éloigné.

VOYAGEUR, EUSE, s. (*voè-iajeur, euse*), qui est en *voyage*; qui a *voyagé*.

VOYANT, E, adj. (*voè-ian, ante*), qui voit; qu'on voit.

VOYELLE, s. f. (*voè-ièle*) (*vox, vocis*, voix), lettre qui a un son par elle-même et sans être jointe à une autre, comme *a, e, i, o, u*.

VOYER, s. m. (*voé-ié*) (*viarius*), officier préposé aux *voies*, aux chemins.

VRAI, E, adj. (*vrè*) (*verus*), qui est conforme à la *vérité*; réel; sincère; principal; convenable.—Subst. au m., la vérité.—Adv., véritablement.

VRAIMENT, adv. (*vrèman*), véritablement, effectivement.

VRAISEMBLABLE, adj. des deux g. (*vrècanblable*)(*verum*, vrai, et *similis*, semblable), qui a de la *vraisemblance*, probable.

VRAISEMBLABLEMENT, adv. (*vrècanblableman*), avec vraisemblance.

VRAISEMBLANCE, s. f. (*vrècanblance*) (*verisimilitudo*), apparence de la vérité.

VRILLE, s. f. (*vri-ie*) (*terebella*), outil de fer pour percer; pousse en spirale de la vigne et de certaines autres plantes.

VU, E, part. pass. de *voir*, et adj. — Subst. au m., t. de prat., énumération de pièces; visa. —*Vu que*, attendu que, puisque.

VUE, s. f. (*vu*), faculté naturelle qu'on a de *voir*; les yeux; le regard; objets qu'on peut *voir* à la fois d'un même lieu; tableau qui les représente; fenêtre, ouverture par où l'on peut *voir*; pénétration de l'esprit; *fig*. but qu'on se propose; intention, dessein, projet.

VULGAIRE, adj. des deux g. (*vulgière*) (*vulgaris*), ce qui est commun; trivial. — S. m., le commun des hommes.

VULGAIREMENT, adv. (*vulgaièreman*) (*vulgariter*), communément.

VULGATE, s. f. (*vulgúate*)(*vulgata*, divulguée), traduction latine de l'Écriture sainte.

VULNÉRABLE, adj. des deux g. (*vulnérable*) (*vulnerabilis*), qui peut être blessé.

VULNÉRAIRE, adj. des deux g. et s. m. (*vulnérère*) (*vulnus*, plaie), propre pour la guérison des plaies, etc.—S. f., plante médicinale.

VULVE, s. f. (*vulve*) (*vulva*), t. d'anat., orifice extérieur du vagin.

W, s. m. On nomme cette lettre *double ve*; elle n'appartient point à l'alphabet français : on ne s'en sert que pour les mots qui nous viennent du Nord.

WALSE, WALSER, WALSEUR. Voy. VALSE, VALSER, VALSEUR.

WARANDEUR, s. m. (*varandeur*), à Dunkerque, commis nommé pour assister à la salaison des harengs.

WARANT, s. m. (*varan*), décret en Angleterre.

WAUX-HALL, s. m. (*vôkcale*), salle de spectacle et de réunion en Angleterre.

WHIST, s. m. Voy. WISK.

WIGH, s. et adj. m. (*ouigue*), parti de l'opposition en Angleterre.

WISK ou WHIST, s. m. (*ouiceke*, *ouicete*) (mot anglais), sorte de jeu de cartes.

WISKI, s. m. (*ouiceki*) (mot anglais), espèce de voiture très-légère et très-élevée.

WISKY, s. m. (*ouiceki*), espèce d'eau-de-vie que les montagnards écossais tirent de l'orge.

WLLAN, s. m. (*oulan*), Voy. UHLAN.

WOLFRAM, s. m. (*oulframe*) (mot suédois), substance métallique.

WURST, s. m. (*ourcete*), sorte de caisson pour les chirurgiens de l'ambulance.

X, s. m. (prononcez *ics* ou *gueza*, et non plus *ikse*), vingt-troisième lettre et dix-huitième consonne de l'alphabet français.

XÉNÉLASIE, s. f. (*guezénélazi*) (ξένος, étranger, ἐλαύνω, j'éloigne), interdiction faite aux étrangers du séjour d'une ville.

XÉRASIE, s. f. (*guezérazi*) (ξηρασια), maladie des cheveux.

XÉROPHAGIE, s. f. (*guezérofaji*) (ξηρος, sec, et φαγω, je mange), usage des fruits secs.

XÉROPHTHALMIE, s. f. (*guezérofetalemi*) (ξηρος, sec, et ὀφθαλμος, œil), démangeaison, rougeur dans les yeux sans enflure.

XIPHIAS, s. m. (*guezifiàcs*) (ξιφιας), poisson; constellation australe.

XIPHOÏDE, adj. m. (*guezifo-ide*) (ξιφις, épée, et εἰδὸς, forme), t. d'anat., se dit d'un cartilage au bas du sternum.

XYLOPHAGE, s. m. (*guezilofaje*) (ξυλον, bois, et φαγω, je mange), insecte qui ronge le vieux bois.

XYSTE, s. m. (*guezicete*) (ξυστος), lieu consacré chez les anciens à divers exercices.

XYSTIQUE, s. et adj. m. (*guezicetike*) (ξυστικος), nom des athlètes et des gladiateurs qui, pendant l'hiver, combattaient sous des portiques.

Y, s. m. (prononcez simplement *i*), vingt-quatrième lettre et sixième voyelle de l'alphabet français.

Y, adv. relatif (*i*), dans cet endroit là, encore, à cela, à cet homme-là. — C'est aussi une espèce de particule explétive.

YACHT, s. m. (*iake*), petit navire à un pont; bâtiment à voiles et à rames.

YACK, s. m. (*iake*), buffle à queue de cheval.

YATAGAN, s. m. (*iataguan*), sorte de poignard turc.

YÈBLE, s. m. Voy. HIÈBLE.

YEUSE, s. f. (*ieuze*), petite espèce de chêne qui a une écorce unie et rousse.

YEUX, s. m. pl. (*ieu*), pluriel du mot *œil*.

YOLE, s. f. (*iole*), sorte de petit canot fort léger qui va à la voile et à l'aviron.

YPRÉAU ou **YPEREAU**, s. m. (*iperé-ô*, *iperô*), espèce d'orme ou de peuplier qui nous est venu d'*Ypres*, en Flandre.

YPSILOÏDE, adj. des deux g. (*ipecilo-ide*) (υψιλοιδις), t. d'anat., qui appartient à la suture du crâne.

YUCCA, s. m. (*iuka*), plante exotique.

Z, s. m. (prononcez ze et non p!us zède), vingt-cinquième lettre et dix-neuvième consonne de l'alphabet français.

ZAGAIE, s. f. (zaguiè), javelot dont se servent les Indiens.

ZAÏM, s. m. (za-ime), cavalier turc obligé au service en redevance d'un fief.

ZAIN, adj. m. (zein), se dit d'un cheval tout noir ou tout bai, sans aucune marque de blanc.

ZANNI, s. m. (zanoni), personnage bouffon dans les comédies italiennes.

ZÈBRE, s. m. (zèbre), quadrupède d'Afrique à peau rayée.

ZÉBRÉ, E, adj. (zèbré), marqué de raies semblables à celles du zèbre.

ZÉBU, s. m. (zébu), petit bison.

ZÉLATEUR, TRICE, s. (zélateur, trice), qui agit avec beaucoup de zèle pour la patrie, pour la religion, etc.

ZÈLE, s. m. (zèle) (zelus), affection ardente; ferveur; empressement.

ZÉLÉ, E, adj. et s. (zélé), qui a du zèle, de l'ardeur et de la ferveur pour...

ZEND, ou ZEND-AVESTA, s. m. (zeinde, zeindavèceta), livre sacré des Persans.

ZÉNITH, s. m. (zénite) (de l'arabe semt, point), point du ciel élevé perpendiculairement sur chaque point du globe terrestre.

ZÉNONIQUE, adj. des deux g. (zénonike), conforme à la doctrine de Zénon.

ZÉNONISME, s. m. (*zénoniceme*), secte, philosophie de *Zénon*.

ZÉOLITHE, s. f. (*zé-olite*) (ζιω, bouillir, et λιθος, pierre), substance minérale que l'action du feu fait bouillir.

ZÉPHYR, s. m. (*séfir*) (ζιςυρις), vent doux et agréable.

ZÉPHYRE, s m. (*zéfire*), myth., le vent d'occident personnifié et considéré comme divinité.

ZÉRO, s. m. (*zéró*), nom donné au caractère d'arithmétique qui s'exprime par *o*, et qui de lui-même ne marque rien; *fig.* homme nul, rien.

ZEST, s. m. (*zècte*) : être entre le *zist et le zest*, être indécis, ou n'être ni bon ni mauvais. — Sorte d'interj. pour se moquer de ce qu'un autre dit.

ZESTE, s. m. (*zecte*) (*cicus*, ou *ciccum*), ce qui est au-dedans de la noix et qui la sépare en quatre; partie mince qu'on coupe sur le dessus de l'écorce d'orange, de citron, etc.

ZÉTÉTIQUE, adj des deux g. et s. f. (*sététike*) (ζητητικις), se dit de la méthode dont on se sert pour rechercher la raison et la nature d'une chose.

ZIBELINE, s. et adj. f. (*zibeline*), sorte de martre à poil très-fin; sa fourrure.

ZIGZAG, s. m. (*ziguezague*), lignes formant entre elles des angles très-aigus ; machine composée de triangles mobiles qui s'allongent ou se resserrent à volonté; t. de fortif., chemin pratiqué en *zigzag*.

ZINC, s. m. (*scinke*) (mot allemand), métal blanc et lamelleux.

ZINZOLIN, s. et adj. m. (*zinzolein*), sorte de couleur d'un violet rougeâtre.

ZIST, s. m. Voy. ZEST.

ZIZANIE, s f. (*zizani*) (ζιζανιον, ivraie), ivraie; *fig.* discorde, division.

ZODIACAL, E, adj. (*zodiakale*), qui appartient au *zodiaque*—Au pl. m. *zodiacaux*.

ZODIAQUE, s. m. (*zodiake*) (ζωδιακος), grand cercle de la sphère divisé en douze signes; espace où se meuvent les planètes; carte des douze constellations *zodiacales*.

ZOÏLE, s. m. (*zo-ile*), nom d'un ancien critique d'*Homère*; *fig.* mauvais critique, envieux.

ZÔNE, s. f. (*zône*) (ζωνη, ceinture), chacune des cinq parties du globe qui sont entre les pôles ; parties du ciel qui leur répondent; bandes ou marques circulaires; couches; en géom., divisions par des sections parallèles.

ZOOGRAPHIE, s. f. (*zo-ographi*) (ζωον, animal, et γραφω, je décris), description des animaux.

ZOOLÂTRIE, s. f. (*zo-olâtri*) (ζωον, animal, et λατρεια, culte); adoration des animaux.

ZOOLITHE, s. f. (*zo-olite*) (ζωον, animal, et λιθος, pierre), partie des animaux qui s'est changée en pierre.

ZOOLOGIE, s. f. (*zo-oloji*) (ζωον, animal, et λογος, discours), partie de l'histoire naturelle qui traite des animaux.

ZOOLOGIQUE, adj. des deux g.(*zo-olojike*), qui a rapport à la *zoologie*.

ZOOLOGISTE, s. m. (*zo-olojicete*), qui se livre à l'étude de la *zoologie*.

ZOOPHORE, s. m. (*zo-ofore*) (ζωοφορος), t. d'archit. anc., frise d'un bâtiment qu'on chargeait autrefois de figures d'animaux.

ZOOPHYTE, s. m. (*zo-ofite*) (ζωον, animal, et φυτον, plante), classe d'animaux qui ont quelque chose de l'organisation des plantes.

ZYGOMA, s. m. (*ziguoma*) (ζυγομα, jonction), os de la pommette.

ZYGOMATIQUE, adj. des deux g. (*zignomatike*), qui a rapport au *zygoma*.

ZYMOLOGIE, s. f. (*zimoloji*)(ζυμη, levain, et λογος, discours), partie de la chimie qui traite de la fermentation.

ZYMOTECHNIE, s. f. (*zimotekni*) (ζυμη, levain, et τεχνη, art). Voy. ZYMOLOGIE.

&; caractère d'imprimerie qui signifie la conjonction *et*; les Anglais s'en servent aussi pour *and*, qui est dans leur langue la même conjonction que *et* en latin et en français.

&C ou ETC., abréviation de la locution *et cætera*, qui signifie : et le reste.

Impr. Panckoucke, rue des Poitevins, 14.

Ouvrages de M. Napoléon Landais

GRAND DICTIONNAIRE
GÉNÉRAL
DES DICTIONNAIRES FRANÇAIS.

Extrait et complément de tous les dictionnaires anciens et modernes les plus célèbres, contenant la nomenclature exacte des mots *académiques, artistiques, géographiques, industriels, scientifiques, etc.; la conjugaison de tous les verbes irréguliers, la prononciation figurée de tous les mots, les étymologies savantes, la solution de toutes les questions grammaticales*, etc., par NAPOLÉON LANDAIS. 7ᵉ édit. revue et corrigée, 2 forts vol. gr. in-4° 1843. 26 fr.

> Jamais la librairie n'eut à enregistrer un succès aussi grand, aussi soutenu que celui qui accueillit et qui accueille toujours cet important ouvrage. La vente de 65,000 exemplaires en six ans le dit assez. Il contient environ 68,000 mots de plus que le *Dictionnaire de l'Académie*, et 36,000 de plus que le *Dictionnaire de Boiste*. On peut donc avancer que cet excellent livre est le dictionnaire le plus commode, le plus complet, le plus réellement universel qui existe : en effet, consultez-le, et non seulement vous trouverez à côté de la *définition exacte des mots, leur étymologie savante* et *leur prononciation figurée, la différence synonymique, la conjugaison des verbes irréguliers*, si embarrassante même pour les gens instruits, *la solution des questions grammaticales* les plus ardues; mais encore des notes historiques précieuses et des dates certaines sur de grandes institutions, des événements importants, des découvertes mémorables, etc.; de sorte que le Dictionnaire de Landais se trouve être une encyclopédie réelle contenant toutes les notions essentielles, et pouvant donner une réponse immédiate à tous les genres d'interrogations : il peut donc suppléer à tous les autres dictionnaires, sans pouvoir être suppléé par aucun. Voilà ce qui explique le brillant accueil que cette belle publication reçoit par toute la France et à l'Étranger.

GRAMMAIRE
GÉNÉRALE
DES GRAMMAIRES FRANÇAISES,

Présentant la solution analytique, raisonnée et logique de toutes les questions grammaticales anciennes et modernes. 1 volume in-4. 4ᵉ édition imprimée sur 2 colonnes. 1843.   12 fr.

> NOTA. Cette grammaire est supérieure à toutes celles du même genre publiées jusqu'à ce jour. M. Landais a été plus hardi que Girault-Duvivier, qui présente bien les opinions diverses des grands maîtres, mais n'émet point d'opinion personnelle; notre auteur, au contraire, motive et dit franchement son avis, et cet avis est toujours fondé sur une sage et froide raison.

Petit Dictionnaire français portatif contenant tous les mots du Dictionnaire de l'Académie, et un grand nombre d'autres qui ne s'y trouvent pas; extrait du Grand Dictionnaire de NAPOLÉON LANDAIS, 9ᵉ édit. 1 joli vol. gr. in-32 de 600 p., orné de 25 vign. 1844. 2 fr.

> Cet excellent petit Dictionnaire portatif est beaucoup plus complet que tous ceux qui ont paru jusqu'à ce jour dans ce format.

Dictionnaire Classique de la Langue française, avec l'étymologie et la prononciation figurée, etc., extrait du Grand Dictionnaire de NAPOLÉON LANDAIS, 3ᵉ édition. 1 joli vol. in-8 carré. 1844.   4 fr.

Sous presse :

Dictionnaire des Rimes, précédé d'un Traité de Versification, par NAPOLÉON LANDAIS. 1 vol. in-32.   2 fr.

Imprimerie de Ducessois, quai des Augustins, 55.

www.ingramcontent.com/pod-product-compliance
Lightning Source LLC
Chambersburg PA
CBHW060302230426
43663CB00009B/1555